D1640130

Trechsel

Schweizerisches Strafgesetzbuch

Schweizerisches Strafgesetzbuch

vom 21. Dezember 1937

Kurzkommentar

von

Dr. iur. Stefan Trechsel

Professor an der Universität St. Gallen

unter Mitarbeit von lic. iur. Istok Egeter

2., neubearbeitete Auflage

Schulthess Polygraphischer Verlag Zürich 1997

© Schulthess Polygraphischer Verlag, Zürich 1997
ISBN 3 7255 3658 9

Für   Franca
*   Charlotte*
*   Anna Cristina*

Vorwort zur 2. Auflage

Endlich, später als erhofft, liegt die zweite Auflage dieses Kurz-kommentars vor. Die Überarbeitung erforderte, weniger wegen des steten Stroms der Rechtsprechung als wegen der wachsenden Flut der wissenschaftlichen Publikationen und dem Eifer des Gesetzgebers, dessen üppige Novellierungen nicht immer von glücklicher Hand geführt waren, einen sehr beträchtlichen Arbeitsaufwand.

Form und Stil wurden beibehalten, auch wenn die Erwähnun-gen von Namen zu den Urteilen, soweit sie publiziert sind, auf Kritik gestossen ist. Literatur und Rechtsprechung sind grund-sätzlich bis zum 31. Juli 1997 berücksichtigt. Nach Möglichkeit habe ich auch bei revidierten Tatbeständen die Numerierung der Bemerkungen beibehalten, um die Orientierung zu erleichtern – hie und da fehlen deshalb eine oder mehrere Ziffern, was also (zuzutrauen wäre es mir!) *nicht* auf mangelnde Sorgfalt zurück-zuführen ist.

Selbstverständlich wird es auch in dieser Auflage Fehler haben. Ich danke den Benützern, die mich auf Mängel in der ersten Auf-lage hingewiesen haben und wiederhole die Einladung zu solchen Korrekturen.

In grösserem Masse als bei der ersten Auflage habe ich mir von meinen Assistenten helfen lassen, wobei in erster Linie Istok Egeter zu erwähnen ist, der mit seinem unermüdlichen, loyalen und gleichzeitig kritischen Einsatz ein unersetzlicher Mitarbeiter wurde. Ihm danke ich in erster Linie, dann aber ebenso herzlich auch Carlo Bertossa, Natalie Kuchowsky, Roberto Fornito, Peter Hangartner und Thomas Reutter. Bei den Korrekturen hat schliesslich auch Frau Doris Baumgartner mitgeholfen.

Damit sind längst nicht alle Personen genannt, denen zu dan-ken ist. Ich möchte in meinen Dank alle Leser einschliessen, die mich auf Fehler hingewiesen haben, und weiterhin zu solchen Kritiken einladen. Einzelne Teile des Buches wurden von Kolle-gen überprüft, für viele sei Guido Jenny für die kollegiale Dis-kussion über das Sexualstrafrecht gedankt. Mit Geduld und Freundschaft hat Herr Bénon Eugster beim Verlag die Herstel-lung überwacht – trotz grossem Zeitdruck stets liebenswürdig, hat er manche Krisenverzweiflung gemildert.

Zu danken ist aber auch der Universität St. Gallen, die mir an meinem Arbeitsplatz die nötige Infrastruktur zur Verfügung hielt, wobei sich Swisslex und die CD-Rom Navigator als so hilfreich erwiesen haben, dass mir die Erinnerung an «prä-elektronische» Arbeitsmethoden vorsintflutlich vorkommen.

Das Buch bleibt meiner Frau Franca und meinen Töchtern Charlotte und Anna Cristina gewidmet. Nicht weniger als bei der ersten Auflage habe ich vor allem meine Frau arg, über jedes vernünftige Mass, vernachlässigt. Wenn ich ihr hier für ihre Geduld und Nachsicht danke, ist das wohl nur ein Tropfen auf einen heissen Stein.

St. Gallen, im Oktober 1997   Stefan Trechsel

Inhaltsverzeichnis

Erstes Buch: Allgemeine Bestimmungen
Erster Teil: Verbrechen und Vergehen

Zweiter Teil: Übertretungen

Zweites Buch: Besondere Bestimmungen

Art.

Drittes Buch: Einführung und Anwendung des Gesetzes

Erster Titel:
Verhältnis dieses Gesetzes zu andern Gesetzen des Bundes und zu den Gesetzen
der Kantone

Zweiter Titel:
Verhältnis dieses Gesetzes zum bisherigen Recht

Dritter Titel:
Bundesgerichtsbarkeit und kantonale Gerichtsbarkeit

Abkürzungen

a	Vor Gesetzen oder Artikeln: alt
a.a.O.	am angegebenen Ort
AB-BL	Amtsbericht des Obergerichts und der Aufsichtsbehörde über Schuldbetreibung und Konkurs an den Landrat des Kt. BL (Liestal); Amtsbericht des Verwaltungsgerichts an den Landrat des Kt. BL
AB-GL	Amtsbericht des Regierungsrates und der Gerichte an den Landrat des Kt. GL (Glarus)
AB-OW	Amtsbericht über die Rechtspflege des Kt. OW (Sarnen)
AB-SH	Amtsbericht des Obergerichtes an den Grossen Rat des Kt. SH (Schaffhausen)
a.E.	am Ende
AEA	Arbeitserziehungsanstalt
AFG	Bundesgesetz vom 18.3.1994 über die Anlagefonds (SR 951.31)
AG	Kanton Aargau; Aktiengesellschaft
AGVE	Aargauische Gerichts- und Verwaltungsentscheide
AHVG	Bundesgesetz über die Alters- und Hinterlassenenversicherung vom 20. Dezember 1946 (SR 831.10)
AI	Kanton Appenzell-Innerrhoden
AJP	Aktuelle Juristische Praxis (Lachen)
AK	Anklagekammer
al.	alinea
ALBRECHT	Martin Schubarth/Peter Albrecht, Kommentar zum schweizerischen Strafrecht, Besonderer Teil, Bd. II: Delikte gegen das Vermögen, Art. 163–172 StGB, Bern 1990; Bd. IV: Delikte gegen die sexuelle Integrität und gegen die Familie, Art. 217, Bern 1997
a.M.	anderer Meinung
AmtlBull	Amtliches Bulletin
ANAG	Bundesgesetz vom 26. März 1931 über Aufenthalt und Niederlassung der Ausländer (SR 142.20)
Anm.	Anmerkung
Ann.	Annuaire de la Convention Européenne des Droits de l'Homme

AO	Verordnung über Ausverkäufe und ähnliche Veranstaltungen vom 14. Dezember 1987 (SR 241.1)
AR	Kanton Appenzell-Ausserrhoden
Art.	Artikel; fehlen abweichende Angaben, sind Art. des StGB gemeint.
AS	Amtliche Sammlung des Bundesrechts; bis 1987: Sammlung der eidgenössischen Gesetze
ASA	Archiv für schweizerisches Abgaberecht (Bern)
Asyl	Schweizerische Zeitschrift für Asylrecht und -praxis (Zürich)
AsylG	Asylgesetz vom 5. Oktober 1979 (SR 142.31)
Aufl.	Auflage
AVIG	Bundesgesetz über die obligatorische Arbeitslosenversicherung und die Insolvenzentschädigung vom 25. Juni 1982 (SR 837.0)
B	Beschwerde
BAP	Bundesamt für Polizeiwesen
BB	Bundesbeschluss
BBl	Bundesblatt der Schweizerischen Eidgenossenschaft
Bd.	Band
BdBSt	Bundesratsbeschluss vom 9.12.1940 über die Erhebung einer direkten Bundessteuer (SR 642.11)
BE	Kanton Bern
BEHG	Bundesgesetz über die Börsen und den Effektenhandel vom 24. März 1995 (SR 954.1)
bed.StrV	Bedingter Strafvollzug
Bem.	Bemerkung
best.	bestätigt
BetmG	Bundesgesetz über die Betäubungsmittel vom 3. Oktober 1951 (SR 812.121)
betr.	betreffend
Bf.	Beschwerdeführer
BFS	Bundesamt für Statistik
BG	Bundesgesetz
BGE	Entscheidungen des Schweizerischen Bundesgerichts, Amtliche Sammlung
BGer	Bundesgericht
BGHStr	Entscheidungen des (deutschen) Bundesgerichtshofes in Strafsachen
BJM	Basler Juristische Mitteilungen

BkG	Bundesgesetz über die Banken und Sparkassen vom 8. November 1934 (SR 952.0)
BL	Kanton Basel Landschaft
BlSchK	Blätter für Schuldbetreibung und Konkurs
BOEHLEN	Marie Boehlen, Kommentar zum schweizerischen Jugendstrafrecht, Bern 1975
Botsch.	Botschaft
BR	Bundesrat
BRB	Bundesratsbeschluss
BS	Kanton Basel Stadt
BStP	Bundesgesetz über die Bundesstrafrechtspflege vom 15. Juni 1934 (SR 312.0)
BtG	Bundesgesetz über das Dienstverhältnis der Bundesbeamten vom 30. Juni 1927 (SR 172.221)
BTJP	Berner Tage für die juristische Praxis
BV	Bundesverfassung der Schweizerischen Eidgenossenschaft vom 29. Mai 1874 (SR 101)
BVG	Bundesgesetz über die berufliche Alters-, Hinterlassenen- und Invalidenvorsorge vom 25. Juni 1982 (SR 831.40)
BVR	Bernische Verwaltungsrechtsprechung
bzw.	beziehungsweise
c.	contra
CASSANI	Ursula Cassani, Commentaire du droit pénal suisse, Bd. IX: Crimes ou délits contre l'administration de la justice, art. 303–311 CP, Bern 1996
CERD	Convention on the Elimination of all Forms of Racial Discrimination; Internationales Übereinkommen zur Beseitigung jeder Form von Rassendiskriminierung vom 21. Dezember 1965 (SR 0.104)
CORBOZ	Bernard Corboz, Les principales infractions, Bern 1997
CP	Code pénal, Codice penale
DBG	Bundesgesetz vom 14. Dezember 1990 über die direkte Bundessteuer (SR 642.11)
DERS.	derselbe
DIES.	dieselbe
Diss.	Dissertation
DR	Décisions et Rapports de la Commission européenne des droits de l'homme

DSG	Bundesgesetz vom 19.6.1992 über den Daten-schutz (SR 235.1)
DStGB	Deutsches Strafgesetzbuch
E	Entwurf
E.	Erwägung
EBK Bull.	Bulletin der Eidgenössischen Banken-kommission (Bern)
ed.	édition, edizione
EDI	Eidgenössisches Departement des Innern
EG	Einführungsgesetz
EGMR	Europäischer Gerichtshof für Menschen-rechte
EGV-SZ	Entscheide der Gerichts- und Verwaltungs-behörden des Kantons Schwyz
EJPD	Eidgenössisches Justiz- und Polizei-departement
EKMR	Europäische Kommission für Menschen-rechte
ELG	Bundesgesetz über Ergänzungsleistungen zur Alters-, Hinterlassenen- und Invalidenver-sicherung vom 19. März 1965 (SR G 831.30)
EMPA	Eidgenössische Materialprüfungsanstalt
EMRK	Europäische Konvention zum Schutze der Menschenrechte und Grundfreiheiten vom 4. November 1950, für die Schweiz in Kraft getreten am 28. November 1974 (SR 0.101)
Erl.Z.	Erläuterungen Zürcher zum VE 1908
etc.	et cetera
ETK	Europäisches Übereinkommen zur Bekämp-fung des Terrorismus vom 27. Januar 1977 (SR 0.353.3) (Europäische Terrorismus-Konvention)
EUeR	Europäisches Übereinkommen über die Rechtshilfe in Strafsachen vom 20. April 1959 (SR 0.351.1)
EuGRZ	Europäische Grundrechte-Zeitschrift
EVGE	Entscheidungen des Eidgenössischen Versicherungsgerichts
ExpK Prot.	Protokoll der Expertenkommission zur Revision des StGB
Extr.Fr.	Extraits des principaux arrêts rendus par les divers sections du Tribunal Cantonal de l'Etat de Fribourg (ab 1992: RFJ)
FELBER	Markus Felber, Bundesgerichtsentscheide, Die vollständigen NZZ-Berichte zu publi-

	zierten und unpublizierten Urteilen 1995, Zürich 1996
FiaZ	Fahren in angetrunkenem Zustand
FJJ	Fichier de jurisprudence du Tribunal cantonal jurassien (Porrentruy)
FMG	Fernmeldegesetz vom 21. Juni 1991 (SR 784.10)
Fn	Fussnote
FR	Kanton Freiburg
FROWEIN/PEUKERT	Jochen Abr. Frowein/Wolfgang Peukert, Europäische Menschenrechtskonvention, EMRK-Kommentar, 2. Aufl. Kehl/Strassburg/Arlington 1996
FS	Festschrift
GA	Goltdammer's Archiv für Strafrecht, Hamburg und Heidelberg; gemeinnützige Arbeit
GarG	Bundesgesetz über die politischen und polizeilichen Garantien zugunsten der Eidgenossenschaft vom 26. März 1934 (SR 170.21)
GE	Kanton Genf
gem.	gemäss
GL	Kanton Glarus
GERMANN Verbrechen	Oskar Adolf Germann, Das Verbrechen im neuen Strafrecht, Zürich 1942
GERMANN Taschenausgabe	Oskar Adolf Germann, Schweizerisches Strafgesetzbuch (Taschenausgabe), 9. Aufl. Zürich 1974
GR	Kanton Graubünden
GRAVEN AT	Philippe Graven, L'infraction pénale punissable, 2. Aufl. Bern 1995
GRN	Geschäftsreglement des Nationalrates vom 4. Oktober 1974 (SR 171.13)
GSchG	Bundesgesetz über den Schutz der Gewässer gegen Verunreinigung (SR 814.20)
GVP-AR	Ausserrhodische Gerichts- und Verwaltungspraxis (Herisau)
GVP-SG	St. Gallische Gerichts- und Verwaltungspraxis
GVP-ZG	Gerichts- und Verwaltungspraxis des Kt. ZG
H.	Heft
h.L.	herrschende Lehre
HAFTER AT	Ernst Hafter, Schweizerisches Strafrecht, Allgemeiner Teil, 2. Aufl. Bern 1946

HAFTER BT I	Ernst Hafter, Schweizerisches Strafrecht, Besonderer Teil, Bd. I, Berlin 1937
HAFTER BT II	Ernst Hafter, Schweizerisches Strafrecht, Besonderer Teil, Bd. II, Berlin 1943
HAURI	Kurt Hauri, Militärstrafgesetz (MStG) Kommentar, Bern 1983
HAUSER/SCHWERI	Robert Hauser/Erhard Schweri: Kurzlehrbuch des schweizerischen Strafprozessrechts, 3. Aufl. Basel 1997
Hinw.	Hinweise
h.M.	herrschende Meinung
HRLJ	Human Rights Law Journal (Kehl am Rhein/Strasbourg/Arlington)
Hrsg.	Herausgeber
HURTADO POZO AT	José Hurtado Pozo, Droit pénal, Partie générale I, 2. Aufl. Zürich 1997
HURTADO POZO BT	José Hurtado Pozo, Droit pénal, Partie spéciale I, 3. Aufl. Zürich 1997
i.c.	in casu
i.e.S.	im engeren Sinne
inkl.	inklusive
IntKomm EMRK	Heribert Golsong u.a. (Hrsg.), Internationaler Kommentar zur Europäischen Menschenrechtskonvention, Köln/Berlin/Bonn 1986
IPbpR	Internationaler Pakt über bürgerliche und politische Rechte vom 16. Dezember 1966 (SR 0.103.2)
IRSG	Bundesgesetz über internationale Rechtshilfe in Strafsachen (Rechtshilfegesetz) vom 20. März 1981 (SR 351.1)
IRSV	Verordnung über internationale Rechtshilfe in Strafsachen vom 24. Februar 1982 (SR 351.11)
ISMV	Informationen über den Straf- und Massnahmenvollzug, Bundesamt für Justiz
i.S.	in Sachen
i.S.v.	im Sinne von
IVG	Bundesgesetz über die Invalidenversicherung vom 19. Juni 1959 (SR 831.20)
i.V.m.	in Verbindung mit
JdT	Journal des Tribunaux
JENNY	Guido Jenny, Kommentar zum schweizerischen Strafrecht, Besonderer Teil, Bd. IV: Delikte gegen die sexuelle Integrität

m.Hinw.	mit Hinweisen
Mio.	Million(en)
MKGE	Entscheidungen des Militärkassationsgerichts
m.krit.Anm.	mit kritischer Anmerkung
MMG	Bundesgesetz betreffend die gewerblichen Muster und Modelle vom 30. März 1900 (SR 232.12)
Mschr.Krim.	Monatsschrift für Kriminologie und Strafrechtsreform, Köln und Berlin
MSchG	Bundesgesetz vom 28. August 1992 über den Schutz von Marken und Herkunftsangaben (Markenschutzgesetz) (SR 232.11)
MStG	Militärstrafgesetz vom 13. Juni 1927 (SR 321.0)
MStP	Militärstrafprozess vom 23. März 1979 (SR 322.1)
m.W.	meines Wissens
m.w.Hinw.	mit weiteren Hinweisen
m.zust.Anm.	mit zustimmenden Anmerkungen
N	Note, Nummer, Randziffer
Nr.	Nummer
NBG	Nationalbankgesetz vom 23. Dezember 1953 (SR 951.11)
NE	Kanton Neuenburg
NJW	Neue Juristische Wochenschrift
NOLL BT	Peter Noll, Schweizerisches Strafrecht, Besonderer Teil I, Delikte gegen den Einzelnen, Zürich 1983
NW	Kanton Nidwalden
NR	Nationalrat
NStZ	Neue Zeitschrift für Strafrecht
OBERHOLZER	Niklaus Oberholzer, Grundzüge des Strafprozessrechts, dargestellt am Beispiel des Kantons St. Gallen, Bern 1994
OBG	Bundesgesetz über Ordnungsbussen im Strassenverkehr vom 24. Juni 1970 (SR 741.03)
OBV	Verordnung über Ordnungsbussen im Strassenverkehr vom 22. März 1972 (SR 741.031)
OG	Bundesgesetz über die Organisation der Bundesrechtspflege vom 16. Dezember 1943 (SR 173.110)
OGer	Obergericht
OHG	Bundesgesetz vom 4. Oktober 1991 über die Hilfe an Opfer von Straftaten (Opferhilfe-

	gesetz) (SR 312.5)
ÖJZ	Österreichische Juristenzeitung
OR	Bundesgesetz betreffend die Ergänzung des Schweizerischen Zivilgesetzbuches (Fünfter Teil: Obligationenrecht) vom 30. März 1911 (SR 220)
OW	Kanton Obwalden
PatG	Bundesgesetz über die Erfindungspatente vom 25. Juni 1954 (SR 232.14)
PIQUEREZ	Gérard Piquerez, Précis de procédure pénale suisse, 2. Aufl. Lausanne 1994
PKG	Praxis des Kantonsgerichts Graubünden
plädoyer	plädoyer, Magazin für Recht und Politik (Zürich)
POPP	Peter Popp, Kommentar zum Militärstrafgesetz, Besonderer Teil, St. Gallen 1992
Pra	Praxis des Bundesgerichts
PVG	Praxis des Verwaltungsgerichtes des Kantons Graubünden (Chur); Postverkehrsgesetz vom 2. Oktober 1924 (SR 783.0)
RB AR	Rechenschaftsbericht über die Rechtspflege: an den Kantonsrat von Appenzell A. Rh. vom Obergericht erstattet (Herisau)
RB TG	Rechenschaftsbericht des Obergerichts des Kt. TG an den Grossen Rat (Frauenfeld)
RB UR	Rechenschaftsbericht über die Rechtspflege des Kt. UR: an den Landrat des Kt. UR vom Obergericht erstattet (Altdorf); Rechenschaftsbericht über die Staatsverwaltung des Kt. UR (Altdorf)
RB ZG	Rechenschaftsbericht des Obergerichts: erstattet an den Kantonsrat des Standes Zug
RDAF	Revue de droit administratif et de droit fiscal et Revue genevoise de droit public (Lausanne/Genève)
RDPC	Revue de droit pénal et de criminologie (Bruxelles)
Rdz	Randziffer
Rec.	Recueil de décisions de la Commission européenne des Droits de l'Homme
recht	recht, Zeitschrift für juristische Ausbildung und Praxis, Bern
Rec.p.p.	Recueil de documents en matière pénale et pénitentiaire

REHBERG I	Jörg Rehberg, Strafrecht I, Verbrechenslehre, 6. Aufl. Zürich 1996
REHBERG II	Jörg Rehberg, Grundriss Strafrecht II, Strafen und Massnahmen / Jugendstrafrecht, 6. Aufl. Zürich 1994
REHBERG IV	Jörg Rehberg, Strafrecht IV, Delikte gegen die Allgemeinheit, 2. Aufl. Zürich 1996
REHBERG StGB	Jörg Rehberg, StGB, Schweizerisches Strafgesetzbuch, Zürich 1997
REHBERG/SCHMID	Jörg Rehberg/Niklaus Schmid, Grundriss Strafrecht III, Delikte gegen den Einzelnen, 7. Aufl. Zürich 1997
Rep.	Repertorio di Giurisprudenza Patria (Bellinzona)
resp.	respektive
rev.	revidiert
RFJ	Revue fribourgeoise de jurisprudence (Fribourg; vor 1992: Extraits)
RICPT	Revue internationale de criminologie et de police technique
RIDC	Revue internationale de droit comparé (Paris)
RIDP	Revue Internationale de Droit Pénal
RIDU	Rivista internazionale dei diritti dell'uomo
RIKLIN AT	Franz Riklin, Schweizerisches Strafrecht Allgemeiner Teil I: Verbrechenslehre, Zürich 1997
RJJ	Revue jurassienne de Jurisprudence (Porrentruy)
RJN	Recueil de Jurisprudence Neuchâteloise
RS	Rechtsprechung in Strafsachen, auch RStrS
RSCDPC	Revue de science criminelle et de droit pénal comparé (Paris)
Rspr.	Rechtsprechung
RStrS	Rechtsprechung in Strafsachen, auch RS
RTVG	Bundesgesetz vom 21. Juni 1991 über Radio und Fernsehen (SR 784.40)
RUDH	Revue universelle des droits de l'homme
RVJ	Revue valaisanne de jurisprudence (Sion; = ZWR)
RVUS	Staatsvertrag zwischen der Schweiz. Eidgenossenschaft und den Vereinigten Staaten von Amerika über gegenseitige Rechtshilfe in Strafsachen vom 25. Mai 1973 (SR 0.351.933.6)
S.	Seite, Schweden

s.	siehe
SAG	Schweizerische Aktiengesellschaft (Zürich; seit 1990: SZW)
SAV	Schweizerischer Anwaltsverband; Schriftenreihe des Schweizerischen Anwaltsverbandes (Zürich)
SchKG	Bundesgesetz vom 11. April 1889 über Schuldbetreibung und Konkurs (SR 281.1)
SCHMID StP	Niklaus Schmid, Strafprozessrecht, Eine Einführung auf der Grundlage des Strafprozessrechts des Kantons Zürich und des Bundes, 2. Aufl. Zürich 1993
SCHUBARTH SE	Martin Schubarth, Systematische Einleitung, in: Kommentar zum schweizerischen Strafrecht, Besonderer Teil, Bd. I: Delikte gegen Leib und Leben Art. 111–136 StGB, Bern 1982, Rdz 1–182
SCHUBARTH	Martin Schubarth, Kommentar zum schweizerischen Strafrecht, Besonderer Teil, Bd. I: Delikte gegen Leib und Leben, Art. 111–136 StGB, Bern 1982; Bd. II: Martin Schubarth/Peter Albrecht, Delikte gegen das Vermögen Art. 137–162 StGB, Bern 1990; Bd. III: Delikte gegen die Ehre, den Geheim- oder Privatbereich und gegen die Freiheit, Art. 173–186 StGB, Bern 1984; Bd. IV: Delikte gegen die sexuelle Integrität und gegen die Familie, Art. 213, 215, 219, 220 StGB, Bern 1997
SCHULTZ I	Hans Schultz, Einführung in den Allgemeinen Teil des Strafrechts, Bd. I, 4. Aufl. Bern 1982
SCHULTZ II	Hans Schultz, Einführung in den Allgemeinen Teil des Strafrechts, Bd. II, 4. Aufl. Bern 1982
SCHULTZ VE	Hans Schultz, Bericht und Vorentwurf zur Revision des Allgemeinen Teils und des Dritten Buches «Einführung und Anwendung des Gesetzes» des Schweizerischen Strafgesetzbuches, Bern 1987
SCHWANDER	Vital Schwander, Das schweizerische Strafgesetzbuch, 2. Aufl. Zürich 1964
scil.	scilicet (das heisst)
Sem.jud.	La semaine judiciaire
SG	Kanton St. Gallen
SH	Kanton Schaffhausen
SJIR	Schweizerisches Jahrbuch für Internationales

	Recht
SJK	Schweizerische Juristische Kartothek (Genf)
SJV	Schweizerischer Juristenverein
SJZ	Schweizerische Juristen-Zeitung (Zürich)
SKG	Schweizerische Kriminalistische Gesellschaft
SO	Kanton Solothurn
SOG	Solothurnische Gerichtspraxis
sog.	sogenannt
SR	Systematische Sammlung des Bundesrechts
ST	Der Schweizer Treuhänder (Zürich)
StE	Der Steuerentscheid, Sammlung aktueller steuerrechtlicher Entscheidungen (Basel)
Sten.Bull.	Stenographisches Bulletin (seit 1967: Amtl.Bull.)
Sten. NR	Stenographisches Bulletin Nationalrat
Sten. StR	Stenographisches Bulletin Ständerat
StG	Bundesgesetz vom 27. Juni 1973 über die Stempelabgaben (SR 641.10); Steuergesetz
StGB	Schweizerisches Strafgesetzbuch vom 21. Dezember 1937 (SR 311.0)
StHG	Bundesgesetz vom 14. Dezember 1990 über die Harmonisierung der direkten Steuern der Kantone und Gemeinden (SR 642.14)
StP(O)	Strafprozess(-ordnung)
StR	Ständerat
STR	Steuerrevue
STRATENWERTH AT I	Günter Stratenwerth, Schweizerisches Strafrecht, Allgemeiner Teil I: Die Straftat, 2. Aufl. Bern 1996
STRATENWERTH AT II	Günter Stratenwerth, Schweizerisches Strafrecht, Allgemeiner Teil II: Strafen und Massnahmen, Bern 1989
STRATENWERTH BT I	Günter Stratenwerth, Schweizerisches Strafrecht, Besonderer Teil I: Straftaten gegen Individualinteressen, 5. Aufl. Bern 1995
STRATENWERTH BT II	Günter Stratenwerth, Schweizerisches Strafrecht, Besonderer Teil II: Straftaten gegen Gemeininteressen, 4. Aufl. Bern 1995
StV	Strafverfahren(-sgesetz)
SV	Sachverhalt
SVG	Bundesgesetz über den Strassenverkehr vom 19. Dezember 1958 (SR 741.01)
SZ	Kanton Schwyz
SZIER	Schweizerische Zeitschrift für internationales und europäisches Recht (Zürich)
SZW	Schweizerische Zeitschrift für Wirtschafts-

rect (bis 1989: SAG)

TG	Kanton Thurgau
THORMANN/ v. OVERBECK	Philipp Thormann/Alfred von Overbeck, Das Schweizerische Strafgesetzbuch, Bd. I, Allgemeine Bestimmungen, Zürich 1940; Bd. II, Besondere Bestimmungen, Zürich 1941
TI	Kanton Tessin
TRECHSEL EMRK	Stefan Trechsel, Die Europäische Menschenrechtskonvention, ihr Schutz der persönlichen Freiheit und die Schweizerischen Strafprozessrechte, Bern 1974
TRECHSEL/NOLL	Stefan Trechsel/Peter Noll, Schweizerisches Strafrecht Allgemeiner Teil I, 4. Aufl. Zürich 1994
TRÖNDLE	Herbert Tröndle, Strafgesetzbuch und Nebengesetze, 48. Aufl. München 1997
TschG	Tierschutzgesetz vom 9. März 1978 (SR 455)
u.	und
u.a.	und andere
UeBestBV	Übergangsbestimmungen der Bundesverfassung
UH	Untersuchungshaft
u.ö.	unveröffentlicht
UR	Untersuchungsrichter
URG	Bundesgesetz vom 9. Oktober 1992 über das Urheberrecht und verwandte Schutzrechte (Urheberrechtsgesetz) (SR 231.1)
usw.	und so weiter
u.U.	unter Umständen
u.v.a.	und viele andere
UVG	Bundesgesetz über die Unfallversicherung vom 20. März 1981 (SR 832.20)
UWG	Bundesgesetz über den unlauteren Wettbewerb vom 19. Dezember 1986 (SR 241)
VAR	Vierteljahresschrift für Aargauische Rechtsprechung
v.A.w.	von Amtes wegen
Vb	Vorbemerkung(en)
VD	Kanton Waadt
VE	Vorentwurf
VE 1982	Vorentwurf der Expertenkommission für die Revision des Strafgesetzbuches, Änderung des Strafgesetzbuches und des Militärstrafgesetzes betreffend die strafbaren Handlun-

	gen gegen das Vermögen und die Urkunden-fälschung, Bern 1982
VE 1993	Vorentwurf der Expertenkommission zum Allgemeinen Teil und zum Dritten Buch des Strafgesetzbuches und zu einem Bundesgesetz über die Jugendstrafrechtspflege, Bern 1993
VE STETTLER	Martin Stettler, Avant-projet de la loi fédérale concernant la condition pénale des mineurs et rapport explicatif, Bern 1986
VEB	Verwaltungsentscheide der Bundesbehörden
VG	Bundesgesetz über die Verantwortlichkeit des Bundes sowie seiner Behördemitglieder und Beamten (Verantwortlichkeitsgesetz) vom 14. März 1958 (SR 170.32)
vgl.	vergleiche
Vi	Vorinstanz
VPB	Verwaltungspraxis der Bundesbehörden
VRV	Verordnung über Strassenverkehrsregeln vom 13. November 1962 (SR 741.11)
VS	Kanton Wallis
VStG	Bundesgesetz vom 13. Oktober 1965 über die Verrechnungssteuer (SR 642.21)
VSB	Vereinbarung über die Standesregeln zur Sorgfaltspflicht der Banken, Fassung vom 1. Juli 1992
VStGB	Verordnung zum Schweizerischen Strafgesetzbuch: VStGB 1 vom 13. November 1973 (SR 311.01); VStGB 2 vom 6. November 1982 (SR 311.02); VStGB 3 vom 16. Dezember 1985 (SR 311.03)
VStrR	Bundesgesetz über das Verwaltungsstrafrecht vom 22. März 1974 (SR 313.0)
VUV	Verordnung über die Verhütung von Unfällen und Berufskrankheiten vom 19. Dezember 1983 (SR 832.30)
VVGE-OW	Verwaltungs- und Verwaltungsgerichtsentscheide des Kt. OW (Sarnen)
VwVG	Bundesgesetz über das Verwaltungsverfahren vom 20. Dezember 1968 (SR 172.021)
VZV	Verordnung über die Zulassung von Personen und Fahrzeugen zum Strassenverkehr vom 27. Oktober 1976 (SR 741.51)
WuR	Wirtschaft und Recht, Zeitschrift für Wirtschaftspolitik und Wirtschaftsrecht
ZBGR	Schweiz. Zeitschrift für Beurkundungs- und

	Grundbuchrecht (Wädenswil)
ZBl	Schweizerisches Zentralblatt für Staats- und Verwaltungsrecht (Zürich; bis 1988: Schweizerisches Zentralblatt für Staats- und Gemeindeverwaltung)
ZBJV	Zeitschrift des Bernischen Juristenvereins (Bern)
ZfV	Zeitschrift für Vormundschaftswesen
ZG	Kanton Zug; Zollgesetz vom 1. Oktober 1925 (SR 631.0)
ZGB	Schweizerisches Zivilgesetzbuch vom 10. Dezember 1907 (SR 210)
ZGRG	Zeitschrift für Gesetzgebung und Rechtsprechung in Graubünden (Chur)
ZH	Kanton Zürich
zit.	zitiert
z.N.	zum Nachteil
ZöF	Zeitschrift für öffentliche Fürsorge
ZP	Zusatzprotokoll (zur EMRK)
ZPO	Zivilprozessordnung
ZR	Blätter für Zürcherische Rechtsprechung (Zürich)
ZSGV	s. ZBl
ZSR NF	Zeitschrift für Schweizerisches Recht, Neue Folge, Basel
ZStrR	Schweizerische Zeitschrift für Strafrecht, Bern
ZStW	Zeitschrift für die gesamte Strafrechtswissenschaft, Berlin/New York
zust.	zustimmend
ZWR	Zeitschrift für Walliser Rechtsprechung (= RVJ)

Erstes Buch

Allgemeine Bestimmungen

Erster Teil:
Verbrechen und Vergehen

Erster Titel:
Der Bereich des Strafgesetzes

1. Keine Strafe ohne Gesetz

1 Strafbar ist nur, wer eine Tat begeht, die das Gesetz ausdrücklich mit Strafe bedroht.

VE 1893 Art. 1, Mot. 9, VE 1894 Art. 1, 1. ExpK I 13 ff., II 353 ff., VE 1908 Art. 1, Erl.Z. 19 f., 2. ExpK I 14 f., 279, VE 1916 Art. 1, E Art. 1, Botsch. 8, StenNR 71 ff., StR 55.

FRANÇOIS CLERC, *Les travaux préparatoires et l'interprétation de la loi pénale,* ZStrR 64 (1949) 1; THOMAS COTTIER, Die Verfassung und das Erfordernis der gesetzlichen Grundlage, Diss. BE 1983; HANS DUBS, Praxisänderungen. Eine methodologische Untersuchung über die Stellung des Richters zum eigenen Präjudiz auf Grund von Entscheidungen des Schweizerischen Bundesgerichts, Basel 1949; DERS., Die Forderung der optimalen Bestimmtheit belastender Rechtsnormen, ZSR 93 (1974) II 223; OSKAR ADOLF GERMANN, Zum sogenannten Analogieverbot, ZStrR 61 (1946) 119; DERS., Kommentar zum Schweizerischen Strafgesetzbuch, Art. 1, Zürich 1953; PETER GRABHERR, Zulässige Interpretation und verbotene Analogie nach schweizerischem Strafgesetzbuch, Diss. FR 1952; JEAN GRAVEN, *Les principes de la légalité, de l'analogie et de l'interprétation et leur application en droit pénal suisse,* ZStrR 66 (1951) 377; DERS., *L'analogie en droit pénal suisse,* RSCDPC 9 (1954) 653; DERS., *L'analogie en droit pénal suisse,* in Schweizerische Beiträge zum vierten internationalen Kongress für Rechtsvergleichung, Genf 1954, 189; ULRICH HÄFELIN, Bindung des Richters an den Wortlaut des Gesetzes, in FS Hegnauer, Bern 1986, 111; ERNST HAFTER, Lücken im Strafgesetzbuch, ZStrR 62 (1947) 133; HANS HUBER, «Nulla poena sine lege» und schweizerisches Strafgesetzbuch, SJZ 36 (1939) 21; CHRISTIAN HUBER, Gesetzesauslegung am Beispiel des Betäubungsmittelgesetzes, SJZ 89 (1993) 169; JOSÉ HURTADO POZO, *Le principe de la légalité, le rapport de causalité et la culpabilité: réflexions sur la dogmatique pénale,* ZStrR 104 (1987) 23; DERS., *Principe de la légalité et interprétation en droit pénal,* ZStrR 110 (1992) 221; ARTHUR JOST, Zum Analogieverbot im Strafrecht, ZStrR 65 (1950) 358; SALISH MAHSOUB, *La force obligatoire de la loi pénale pour le juge,* Diss. Laus. 1952; GILBERT KOLLY, Selbständige Verordnungen als Grundlage für Freiheitsstrafen, SJZ 89 (1993) 352, MARCEL ALEXANDER NIGGLI, Zur Problematik der Auslegung in Zivil- und Strafrecht: Analogie Subsumtion, Selbstreferenz und Wortlautgrenze, AJP 2 (1993) 154; DERS., Ultima Ratio? Über Rechtsgüter und das Verhältnis von Straf- und Zivilrecht bezüglich der sogenannt «subsidiären oder sekundären Natur» des Strafrechts, ZStrR 111 (1993) 236; PETER NOLL, Zusammenhänge zwischen Rechtssetzung und Rechtsanwendung in allgemeiner Sicht, ZSR 93 (1974) II 249; WERNER RITTER, Schutz der Menschenrechte durch genügend bestimmte Normen, Diss. SG 1994; GÜNTHER STRATENWERTH, Zum Streit der Auslegungstheorien, in FS Germann, Bern 1969, 257; MAX WAIBLINGER, Die Bedeutung des Grundsatzes «nullum crimen sine lege» für die Anwendung und Fortentwicklung des schweizerischen Strafrechts, ZBJV 91bis (1955) 212; DERS., Keine Strafe ohne Gesetz, SJK 1192; ARTHUR WOLFFERS, Zum Legalitätsprinzip im schweizerischen Strafrecht, ZBJV 122 (1986) 569.

1 Der **Grundsatz der Legalität**, *nulla poena sine lege (n.p.s.l.),* folgt aus BV Art. 4 und ist dann verletzt, wenn ein Bürger wegen einer Handlung, die im Gesetz überhaupt nicht als strafbar bezeichnet ist, strafrechtlich verfolgt wird, oder wenn eine Handlung, derentwegen ein Bürger strafrechtlich verfolgt wird, zwar in einem Gesetz mit Strafe bedroht ist, dieses Gesetz selber aber nicht als rechtsbeständig angesehen werden kann, oder endlich, wenn der Richter eine Handlung unter ein Strafgesetz subsumiert, die darunter auch bei weitestgehender Auslegung nach allgemeinen strafrechtlichen Grundsätzen nicht subsumiert werden kann (BGE 27, S. 339 E. 1, BGE 112 Ia 112, ähnlich 118 Ia 140, 318 f., 117 Ia 489, 103 Ia 96, 96 I 28); HURTADO POZO AT N 240. Explizit findet sich die Regel in EMRK Art. 7. Weil die Verfassungsnorm ins Gesetzesrecht übernommen wurde, ist eine behauptete Verletzung mit Nichtigkeitsbeschwerde gemäss BStP Art. 268 zu rügen, BGE 119 IV 244, 80 I 114 (Häfliger), 75 I 215, was auch für die Rüge der EMRK-Verletzung gilt, BGE 119 IV 107, 116 IV 388 m.w.Hinw., in analoger Abweichung von BGE 101 Ia 67.

2 Art. 1 schützt nicht nur vor ungesetzlichem Schuldspruch, sondern **auch vor ungesetzlicher Sanktion:** Der Richter darf keine belastendere Sanktion als die gesetzlich vorgesehene ausfällen, BGE 117 IV 401 E. 2. b) cc) (zu Art. 43), JdT 1960 III 62, LOGOZ / SANDOZ Art. 1 N 4, WAIBLINGER SJK 2, h.M.

3 Art. 1 dient dem **Schutz vor Willkür,** der **Rechtssicherheit,** GERMANN, Kommentar N 10/3, LOGOZ / SANDOZ Art. 1 N 4, WAIBLINGER SJK 1, ZBJV 224. Die von v. LISZT geprägte Formel, es handle sich um eine *«Magna Charta des Verbrechers»* wird abgelehnt bei GERMANN, Kommentar N 10/3, SCHULTZ I 53, WAIBLINGER SJK 2, DERS., ZBJV 91bis (1955) 225 ff., 230, zustimmend ZR 88 (1989) Nr. 25. Immerhin «müssen die Merkmale strafbaren Verhaltens und dessen Folgen im Zeitpunkt seiner Ausführung bestimmt und für jedermann klar erkennbar gewesen sein», BGE 112 Ia 113. Das Strafrecht dient auch dem «Schutz des potentiellen Angeschuldigten vor nicht voraussehbaren und ungerechtfertigten Anklagen und Verurteilungen», StE 1994 B 101.2 Nr. 17, NOLL 262, ähnlich STRATENWERTH AT I § 4 N 4. Entgegen WAIBLINGER SJK 1, ist Art. 1 schliesslich auch als Ausfluss der Gewaltentrennung zu sehen, SCHWANDER Nr. 97, WOLFFERS 570 f.: Der Richter ist an das Gesetz gebunden und muss hinnehmen, «dass im Einzelfall eine Tat, die nach den Grundgedanken des Gesetzes Strafe verdient und auch strafwürdig ist,

straflos bleibt», WAIBLINGER SJK 2, SCHWANDER Nr. 97, 109, vgl. z.B. BGE 69 IV 106 (Bieri), 70 IV 105 (Augsburger), 70 IV 110 (Gammenthaler), 71 IV 155 (Müller). Das BGer leitet auch den Gleichheitssatz aus Art. 1 ab: Er ist nicht verletzt, wenn nur Automobilisten verzeigt werden, welche die Höchstgeschwindigkeit auf der Autobahn um mindestens 15 km/h überschreiten, ZBl 1992 232. Nicht mehr nachvollziehbar ist m.E. JdT 1991 III 26, wo auch der Grundsatz *ne bis in idem* aus Art. 1 abgeleitet wird.

Schon aus seinem Grundrechtscharakter ergibt sich, dass Art. 1 **nur zugunsten** des Verfolgten wirkt, GERMANN, Kommentar N 1/4, SCHULTZ I 94, s. z.B. BGE 73 IV 138 (Robert), 73 IV 241 (Leuenberger), 77 IV 202 (Roth), 87 IV 4 (Schlumpf), 98 IV 201, 101 Ib 155, ZR 78 (1979) Nr. 89, 90 (1991) Nr. 38. Besonders wichtig sind die ungeschriebenen Rechtfertigungsgründe, STRATENWERTH AT I § 4 N 28.   4

Für den **Zweifelsfall** lehnt BGE 83 IV 205 (Clerc) den Grundsatz *in dubio pro reo*, der nur die Sachverhaltsfeststellung betrifft, ab, s. auch BGE 75 IV 154. BGE 96 IV 18 (Hefti) bezeichnet die Meinung, Qualifikationsmerkmale seien einschränkend auszulegen, als «abwegig», zustimmend SCHULTZ I 93. Bei der Auslegung gibt es keine Verumutungsregeln, STRATENWERTH AT I § 4 N 33. Für die Geltung von *in dubio mitius* SCHWANDER Nr. 108, WAIBLINGER ZBJV 237 ff.   5

Der Satz *nulla poena sine culpa* ist im StGB zwar nur unvollkommen verwirklicht, s. z.B. PH. GRAVEN, ZStrR 98 (1981) 159 ff., im wesentlichen ergibt er sich aber aus dem Willkürverbot, BV Art. 4, BGE 103 Ia 227 f.   6

Der Grundsatz *n.p.s.l.* gilt selbstverständlich für das gesamte **Nebenstrafrecht**, z.B. BGE 118 IV 406 ff. (Anweisung zum Anpflanzen von Hanf fällt nicht unter BetmG Art. 19. 1 al. 8), 117 IV 350 (Exportnachweispflicht für Sprechapparate – keine gesetzliche Grundlage), 114 Ia 111 (Skilagerobligatorium – keine gesetzliche Grundlage), 105 Ia 64 (Steuerstrafrecht), Sem.jud. 1990 256 (Genfer Taxireglement), LGVE 1988 I Nr. 53 (Verbot von Doppelflügen mit Hängegleiter), 1993 I Nr. 44 (Anschluss an eine Vorsorgeeinrichtung, BVG), PKG 1988 Nr. 39 (Gewässerschutz, manuelle Goldwäscherei), ZR 88 (1989) Nr. 25 (BkG).   7

Im kantonalen Strafrecht gilt der Satz nicht gemäss Art. 1, sondern direkt als kantonales Verfassungsrecht oder aus BV Art. 4 (bzw. EMRK Art. 7), BGE 118 Ia 139, 112 Ia 112, 103 I 96, 96 I 28 (Euw), 73 IV 138, RB UR 1990 Nr. 30, RJN 1986 91, 1990 75, SJZ 62 (1966) Nr. 119. Eine Verletzung muss deshalb mit staatsrechtlicher Beschwerde angefochten werden. Dasselbe gilt für Gemeindestrafrecht, RJN 1986 91.   8

Art. 1 gilt **auch für den Allgemeinen Teil** der Verbrechenslehre. Das Gesetz lässt zwar wichtige Fragen offen, z.B. B. Kausalität, unechtes Unterlassungsdelikt, SCHULTZ I 54, STRATENWERTH AT I § 4 N 26; dadurch wird das Verbot freier Rechtsfindung zum Nachteil des Verfolgten nicht aufgehoben – verboten sind etwa verschärfte Voraussetzungen für Rechtfer-   9 tigung oder Entschuldigung, neue Strafschärfungsgründe, strengere Strafen, ebenso GERMANN, Kommentar N 2/7, WAIBLINGER SJK 3; anders offenbar GRABHERR 19 f., SCHWANDER Nr. 113.

10   Art. 1 gilt schliesslich **auch für Massnahmen,** BGE 75 I 216 ff. (wegen des Strafcharakters der Veröffentlichung des Führerausweisentzugs), RS 1959 Nr. 1, SJZ 65 (1969) Nr. 55, GERMANN, Kommentar N 18, SCHULTZ I 53, STRATENWERTH AT I § 4 N 8, WAIBLINGER SJK 2, DERS., ZBJV 91bis (1955) 234, a.M. GRABHERR 17 f. Weil die Praxis zu Art. 2 (N 12) zur umgekehrten Auffassung neigt, schlägt VE SCHULTZ 9 einen ausdrücklichen Hinweis im Gesetzestext vor, ebenso *VE 1993* Art. 1.

11   Der Legalitätsgrundsatz **gilt nicht im Disziplinarrecht,** jedenfalls was die Voraussetzung der Sanktion, die präzise Umschreibung des verpönten Verhaltens, betrifft, BGE 73 I 291, 97 I 835, krit. COTTIER 62. Dasselbe gilt für **fürsorgerische Massnahmen** gemäss ZGB Art. 397a, STRATENWERTH AT I § 4 N 8 (s. aber EMRK Art. 8 Ziff. 2); Art. 1 ist nicht anwendbar auf das **Verfahrensrecht,** VPB 42 (1978) Nr. 87, PKG 1958 Nr. 43, GERMANN, Kommentar N 18/3, einschliesslich Gerichtsstand (vgl. aber SJZ 73 [1977] Nr. 62) und das Vollstreckungsrecht.

12   Der Grundsatz *n.p.s.l.* lässt sich **in drei Richtungen präzisieren.** Er erfordert *n.p.s.l. scripta* und schliesst damit Gewohnheitsrecht aus; *n.p.s.l. praevia,* was rückwirkende Strafgesetze verbietet; und *n.p.s.l. stricta* oder *certa,* Bestimmtheitsgebot (dazu N 20), HURTADO POZO AT N 260 f., REHBERG I 22 f., SCHULTZ I 53.

13   Zum **Begriff des Gesetzes** galt bis vor kurzem, dass nur das Gesetz im materiellen Sinne gemeint sei, dass insbesondere auch Verordnungen Straftatbestände und Strafdrohungen enthalten dürften, sofern sie sich «im Rahmen von Verfassung und Gesetz halten» halten, BGE 96 I 29, GERMANN, Kommentar N 3, GRABHERR 15, LOGOZ/SANDOZ Art. 1 N 2, REHBERG I 22 f., SCHULTZ I 52, STRATENWERTH AT § 4 N 7, WAIBLINGER SJK 2, DERS., ZBJV 91bis (1955) 233. VPB 46 (1982) Nr. 50 präzisiert die Rechtsprechung des Bundesgerichts zusammenfassend dahin, dass der Bundesrat nur Übertretungsstrafrecht selbständig in Verordnungen erlassen dürfe, wobei zudem eine ausdrückliche Delegation vorliegen müsse. COTTIER 53 ff., 63 f. hat diese Praxis kritisiert, und BGE 112 Ia 112 f. verlangt nunmehr eine gesetzliche Grundlage im formellen Sinn, wann immer Strafe «einen Freiheitsentzug mit sich bringt», best. in BGE 118 Ia 319. M.E. ist diese Formulierung dahin zu verstehen, dass in Verordnungen überhaupt keine Freiheitsstrafen – auch nicht Haft – angedroht werden dürfen, anders für verfassungsunmittelbare Polizeiverordnungen BGE 123 IV 38 ff. Die Möglichkeit der Umwandlung von Busse in Haft ist dagegen nicht zu berücksichtigen. Unabdingbare Voraussetzung ist die Veröffentlichung des Erlasses, N 113, COTTIER 61, deshalb bietet ein unveröffentlichtes interkantonales Reglement keine Grundlage, Extr.Fr. 1979 99, vgl. auch allgemein EGMR, Fall Sunday Times, Nr. 30, EuGRZ 1979 386.

Verordnungen müssen die Schranken wahren, «die ihrem Regelungsbe- 14
reich insbesondere durch die Prinzipien der Gewaltenteilung und der
Normenhierarchie gesetzt sind», BGE 112 Ia 113. Ob eine kantonale
Verordnung den vom kantonalen Recht gesetzten Rahmen wahrt, prüft
das Bundesgericht nur auf Willkür, BGE 96 I 29. Wird ein Gesetz aufgehoben, so verliert auch die darauf abgestützte Verordnung ihre Geltung,
Extr.Fr. 1983 55.

Während einerseits Gewohnheitsrecht kein «Gesetz» i.S.v. Art. 1 ist (N 15
12), kann *desuetudo* andererseits dazu führen, dass ein Gesetz seine Geltung verliert, was allerdings sehr selten sein dürfte, Logoz/Sandoz Art.
1 N 3c, Stratenwerth AT § 4 N 28, Waiblinger SJK 2 – die Frage hätte
sich zu Art. 210 gestellt, wurde jedoch weder in BGE 108 IV 174 noch in
111 IV 69 diskutiert.

Die Texte in den **drei Sprachen** sind (wenn nicht ein Übersetzungsfehler 16
vorliegt, BGE 109 Ib 83) gleichwertig – auf dem Wege der Auslegung ist
der Sinn zu ermitteln, woraus sich erst ergibt, welche Version ihn am
klarsten ausdrückt, Germann, Kommentar N 7/2, Rehberg I 25,
Schultz I 91, Schwander Nr. 117, Waiblinger, ZBJV 91bis (1955) 231,
241. Es kommt nicht auf die Sprache des Betroffenen oder der Beratun-
gen im Parlament an. Beispiele: **BGE 69 IV 179** (Strautmann; zu
aArt. 217 – richtig der italienische Text ohne den Begriff «Angehörige»);
70 IV 31 (Lehner; zu Art. 194 – richtig die [weiteren] romanischen Texte
mit *«induire»*/ *«indurre»* i. Vgl. zu «verführen»); **70 IV 81** (Mariot; zu
Art. 196 – richtig die romanischen Texte, Vertrauen «oder» Unerfahrenheit); **81 IV 30** (Widmer; zu Art. 165.2 – richtig der italienische Text *«es-
cusso in via di pignoramento»); 83 IV 206** (Clerc; Spielbankengesetz – zu
eng der französische Text *«exploiter»* i. Vgl. zu «betreiben»/*«esercitare»);
107 IV 121, 109 IV 119* (zu aArt. 198, «Gewinnsucht» i. Vgl. zu *«dessein
de lucre»,* nicht *«cupidité»); 117 IV 261** (zu Art. 100 II – im Gegensatz
zum französischen Text ist auf den deutschen und italienischen abzustellen, wo der Zusatz «soweit erfordelich»/«ove occorra» zu finden ist). Aus
anderen Rechtsgebieten z.B. BGE 107 Ib 230, 105 Ib 54 (Cicciarelli), 100
Ib 488 (Bucher). Die Mehrsprachigkeit der schweizerischen Gesetzgebung führt so zu einer Schwächung der Bestimmtheit *(lex stricta* bzw.
certa), s. N 20.

Titel und Marginalien gehören zwar zum Gesetz und können zur Ausle- 17
gung mit herangezogen werden – bei Diskrepanzen geht der aus dem
Text des Artikels gewonnene Sinn jedoch vor, weil sie «meistens nur un-
vollständig oder ungenau» sind, BGE 89 IV 20. Beispiele: **BGE 74 IV 208**
(Duval; Art. 273); **76 IV 55** (Schmutz; MFG); **78 IV 176** (Thommen;
Überschrift des 8. Titels/Art. 234); **81 IV 219** (Champod; Art. 58); **89 IV
20** (Art. 198 I); **90 IV 141** (Vassaux; SVG Art. 15 IV); **94 IV 87** (Köchli;
SGV aArt. 102.2b); **97 IV 108** (Villard; Art. 276); **108 IV 163**
(Art. 179ter); **119 IV 62** (Art. 305bis).

18   Einer **verfassungskonformen Auslegung** scheint sich BGE 104 IV 13 f. (zu Art. 173/Pressefreiheit) schroff entgegenzustellen. Es gilt aber auch im Strafrecht die Regel, dass im Zweifelsfalle die Auslegung vorzuziehen ist, die besser mit der Verfassung in Einklang steht, vgl. BGE 112 Ib 469 f., ebenso im Grundsatz BGE 102 IV 155. Dieses Vorgehen wird sich in der Regel zugunsten des Verfolgten auswirken, vgl. oben N 5. BGE 116 IV 298 verlangt andererseits, dass bei der Strafzumessung mit Rücksicht auf Verfassung und EMRK die Mitwirkung eines V-Mannes zu berücksichtigen sei. Zum Verhältnis Meinungsäusserungsfreiheit/Ehrverletzung BGE 118 IV 262 f.

19   Die Frage, ob Art. 1 auch einer **Praxisänderung** zum Nachteil des Verfolgten im Wege steht, ist umstritten. Die EKMR hat sie in B 10505/83, Enkelmann c. CH, VPB 49 (1985) Nr. 76, grundsätzlich bejaht, GERMANN, Kommentar N 17/6, klar verneint. BGE 104 Ia 3 erklärt eine Praxisänderung dann für mit BV Art. 4 unvereinbar, wenn dadurch ohne Vorwarnung ein Rechtsmittel für unzulässig erklärt oder die Verwirkung eines Rechts bewirkt wird, ebenso 101 Ia 371 f., 94 I 16. SCHULTZ I 54 und STRATENWERTH AT I § 4 N 37 weisen darauf hin, dass ein Schutz zwar wünschbar wäre, aus prozessualen Gründen aber nicht realisiert werden könne. In der Tat ist dem schweizerischen Recht z.B. eine Beschwerde der Staatsanwaltschaft, die nur der Fortentwicklung des Rechts dient, ohne das konkrete Urteil anzutasten, fremd. Wie DUBS, Praxisänderung 171, nachweist, wird das Problem nur in den seltenen Fällen brennend, wo die Praxisänderung ein Verhalten, das vorher für straflos galt, neu unter einen Tatbestand subsumiert. In diesen Fällen sollte gestützt auf Verbotsirrtum freigesprochen werden, vgl. Art. 20 N 10. BJM 1988 211 f. billigt Strafmilderung zu. Zur Praxisänderung allgemein THOMAS PROBST, Die Änderung der Rechtsprechung, Diss. SG 1993; unter dem Gesichtspunkt von EMRK Art. 7.

20   Das **Bestimmtheitsgebot** *(lex stricta* bzw. *certa)* fordert als notwendige Ergänzung zu *n.p.s.l. de lege ferenda* eine präzise Umschreibung der Tatbestände. Neu UWG Art. 23 (in Kraft seit 1.3.1988) zählt im Gegensatz zu alt UWG Art. 13 die einzelnen strafbaren UW-Tatbestände nicht mehr auf, sondern er verweist auf zivilrechtliche Tatbestandskataloge. Ein Verweis auf die zivilrechtliche **Generalklausel** (Art. 2) erfolgt indessen nicht, s. auch BGE 122 IV 35. Das Postulat ist im StGB unterschiedlich verwirklicht, zu Art. 43 DUBS, ZSR 93 (1974) II 230. Wer im Rückfall einen untauglichen Diebstahlversuch begeht, steht unter einem Strafrahmen von einem Franken Busse bis zu 20 Jahren Zuchthaus! Bedenklich vor allem die unbegrenzte Höhe der Busse bei Gewinnsucht, Art. 48.1 II, SCHULTZ II 123. Eine Kontrolle eidgenössischer Gesetze verhindert BV Art. 113 III, s. aber BGE 53 I 71, u.ö. Urteil der Cour de Cassation GE vom 28.6.1988 Nr. 69 i.S. L. D. Blankettstrafbestimmungen hielt das BGer 1927 noch für zulässig, das Genfer Gericht heute nicht mehr. Höchst bedenklich MStG Art. 72: «Wer ein Reglement oder eine Dienstvorschrift, die er kennt oder kennen müsste, nicht befolgt...». Hinrei-

chend bestimmt findet BGE 119 IV 244 den Tatbestand von Art. 305bis, BGE 117 Ia 489 das Vermummungsverbot gem. § 40 IV des basel-städtischen Übertretungsstrafgesetzes.

Zum **Rückwirkungsverbot** «*lex praevia*» s. Art. 2. VE SCHULTZ 9 wollte schon in Art. 1 darauf hinweisen.   21

Die *crux* von Art. 1 liegt im Wort **«ausdrücklich».** Vereinzelt wurde daraus der Schluss gezogen, dass die Auslegung des Strafrechts zugunsten des Verfolgten an den **Wortlaut** gebunden sei, GRABHERR 60 f., SCHWANDER Nr. 114, neuerdings WOLFFERS a.a.O. Überwiegend wird diese These in der Lehre abgelehnt, GERMANN Kommentar N 6/3, 10, HAFTER 136, JOST 361, MAHSOUB 70, STRATENWERTH AT I § 4 N 31, WAIBLINGER SJK 4 f., eingehend DERS., ZBJV 91bis (1955) 235 ff. REHBERG I 24 f., SCHULTZ I 93 halten wenigstens grundsätzlich an der Begrenzungsfunktion des Wortlauts fest.   22

Die **bundesgerichtliche Praxis** entspricht der Auffassung von REHBERG und SCHULTZ. BGE 95 IV 72 f. (m.w.Hinw.) überprüfte ein Urteil, welches wegen Gebrauchs eines von einem Dritten gefälschten Ausweises auch denjenigen bestrafte, der den Ausweis (möglicherweise ohne die Absicht täuschenden Gebrauchs) selber gefälscht hatte: «Damit ist [das Obergericht] über den Wortlaut dieser Bestimmung hinausgegangen... Das heisst indessen nicht notwendig, dass die Vorinstanz entgegen Art. 1 StGB auch über das Gesetz hinaus gegangen sei. Der Gesetzestext ist Ausgangspunkt der Gesetzesanwendung. Selbst der klare Wortlaut bedarf aber der Auslegung, wenn er vernünftigerweise nicht der wirkliche Sinn des Gesetzes sein kann. Massgeblich ist nicht der Buchstabe des Gesetzes, sondern dessen Sinn, der sich namentlich aus den ihm zugrundeliegenden Zwecken und Wertungen ergibt, im Wortlaut jedoch unvollkommen ausgedrückt sein kann. Sinngemässe Auslegung kann auch zu Lasten des Angeklagten vom Wortlaut abweichen. Der Grundsatz ‹keine Strafe ohne Gesetz› (Art. 1) verbietet bloss, im Gesetz fehlende Wertungen zugrundezulegen, also neue Straftatbestände zu schaffen oder bestehende derart zu erweitern, dass die Auslegung durch den Sinn des Gesetzes nicht mehr gedeckt ist», bestätigt in BGE 103 IV 129, 111 IV 122, 116 IV 136, 118 Ib 555. Die Weite und Unbestimmtheit dieser Formulierung ist unbefriedigend; Art. 1 ist weitgehend wirkungslos, wenn der Zielsetzung des Gesetzes ein so starkes Übergewicht zugestanden wird – mit dem Grundsatz *n.c.s.l. scripta* ist dies schwerlich vereinbar – es ist eben gerade Aufgabe des Gesetzgebers, die dem Gesetz zugrundeliegenden Wertungen in Tatbestände zu giessen, welche die Bestrafungsmacht des Richters eingrenzen, Es ist kein weiter Weg von der Bestrafung nach den Wertungen des Gesetzes hin zur Berücksichtigung des sogenannten gesunden Volksempfindens. Vor der Gefahr für die Rechtsstaatlichkeit bei solch allzu nachlässigem Umgang mit dem Wortlaut warnen auch NOLL 261 f., STRATENWERTH AT I § 4 N 31, WAIBLINGER, ZBJV 91bis (1955) 236 – nicht ohne Grund, wie BGE 87 IV 117 ff. (Nehmad), best. in 116 IV   23

136, und 111 IV 119 ff. zeigen. Beide Urteile passten das Gesetz geänderten technischen und wirtschaftlichen Verhältnissen an: BGE 87 IV 117 ff. subsumierte für Art. 141 Forderungen dem Begriff «Sache», BGE 111 IV 119 ff. behandelte elektronische Datenträger als Urkunden. Die Revision vom 17.6.1994 hat das Gesetz entsprechend geändert.

24   Im Zusammenhang mit Art. 1 wird auch vom **«Analogieverbot»** im Strafrecht gesprochen. Damit ist nur gemeint, dass der Richter nicht mittels Analogie neue Straftatbestände schaffen darf. Im übrigen gelten für das Strafrecht jedoch die allgemeinen Auslegungsregeln, auf die Denkform der Analogie kann dabei nicht verzichtet werden, BGE 116 IV 139, 117 IV 398 f., s. ferner z.B. GERMANN, ZStrR 61 (1946) 119 ff., J. GRAVEN, RSCDPC 9 (1954) 653 ff., HAFTER 138, JOST a.a.O., WAIBLINGER SJK 6, DERS., ZBJV 91bis (1955) 254 ff. Für die Auslegungsregeln muss auf die allgemeine methodologische Literatur verwiesen werden.

25   Die **Bedeutung der Methode** für die Rechtsfindung sollte allerdings nicht überschätzt werden, zumal in der Praxis eine Tendenz zu beobachten ist, wonach zunächst ein Vorentscheid zugunsten des erwünschten Resultats fällt und anschliessend erst eine überzeugende Begründung dafür gesucht wird, vgl. TRECHSEL/NOLL 42. Mit Recht lehnt STRATENWERTH eine Kritik dieses Befundes ab, AT I § 4 N 36. Es ist ausreichend, wenn der Richter bereit ist, vom vorgewählten Ergebnis abzurücken, wenn es sich nicht methodologisch sauber und überzeugend begründen lässt.

Exkurs 1: Das unechte Unterlassungsdelikt

PETER BÖCKLI, Zur Garantenhaftung des Vorgesetzten im Verwaltungsstrafrecht, namentlich in Steuerstrafsachen, ZStrR 97 (1980) 73; PHILIPPE GRAVEN, *La responsabilité pénale du chef d'entreprise et de l'entreprise elle-même,* Sem.jud. 1985 497; RENÉ MEYER, Die Garantenstellung beim unechten Unterlassungsdelikt, Diss. ZH 1972; HEINZ PFANDER, Die Rechtspflicht zum Handeln aus Vertrag beim unechten Unterlassungsdelikt, Diss. BS 1967; MARTIN SCHUBARTH, Zur strafbaren Haftung des Geschäftsherrn, ZStrR 92 (1967) 370.

26   Straftatbestände können nicht nur durch aktives Tun, sondern u. U. auch durch **Unterlassen** eines rechtlich geforderten Verhaltens erfüllt werden. Ein *echtes Unterlassungsdelikt* liegt vor, wenn das Strafgesetz selber eine bestimmte Handlung vorschreibt, z.B. Art. 128, 217, s. auch MEYER 19 ff.; vom *unechten Unterlassungsdelikt* spricht die Lehre, wenn ein Tatbestand, der als Tätigkeit umschrieben ist, durch Unterlassen erfüllt wird, zur Terminologiediskussion STRATENWERTH AT I § 14 N 10.

27   Beim unechten Unterlassungsdelikt handelt es sich **stets** um ein **Erfolgsdelikt** – der Täter wird bestraft, weil er nicht in einen ohne sein vorwerfbares Tun in Gang gesetzten Kausalablauf eingegriffen und den Erfolg abgewendet hat, BGE 86 IV 220, REHBERG I 214, TRECHSEL/NOLL 211 f., a.M. SCHULTZ VE 26. «Erfolg» in diesem Sinne ist allerdings auch die

Haupttat für einen Teilnehmer – über diesen «Umweg» sind z. B. sexuelle Handlungen mit Kindern, Art. 187, durch Unterlassung möglich, vgl. SJZ 59 (1963) Nr. 169, 62 (1966) Nr. 90, aber auch BGE 105 IV 176 (zu aArt. 204).

Dass das unechte Unterlassungsdelikt, obwohl **im Gesetz nicht geregelt,** 28 strafbar ist, wird nicht bestritten, wenngleich die Lehre hinsichtlich der Vereinbarkeit mit Art. 1 «erhebliche rechtsstaatliche Bedenken» äussert, Trechsel / Noll 214 f. Eine Verletzung von Art. 1 (und damit auch von EMRK Art. 7, s. N 1) stellen fest Meyer 66 ff., Schubarth SE N 129, Stratenwerth AT I § 14 N 9, s. auch BGE 105 IV 177; a.M. Pfander 106, wonach die Strafbarkeit des unechten Unterlassungsdelikts durch Auslegung der betreffenden Straftatbestände gewonnen wird. Anders lässt sich die herrschende Praxis nicht legitimieren. *VE 1993* schlägt einen neuen *Art. 22, Begehen durch Unterlassen,* vor: «Wer es unterlässt, den Eintritt eines tatbestandsmässigen Erfolges zu verhindern, wird wegen Begehung des Verbrechens oder Vergehens bestraft, wenn er kraft einer besonderen Rechtspflicht dafür einzustehen hatte, dass der Erfolg nicht eintritt, und das Unterlassen der mit Strafe bedrohten Handlung gleichkommt. – Die Strafe kann ... gemildert werden.» Ob dieser Text allerdings den Anforderungen an eine *lex stricta* (oben N 20) genügt, und ob sich eine praktikable Fassung überhaupt formulieren lässt, muss bezweifelt werden, Graven 507, Popp Vb N 27, Trechsel / Noll 215.

Gemäss **Definition des Bundesgerichts** ist ein «unechtes Unterlassungs- 29 delikt ... gegeben, wenn wenigstens die Herbeiführung des Erfolges durch Tun ausdrücklich mit Strafe bedroht wird, der Beschuldigte durch sein Tun den Erfolg tatsächlich hätte abwenden können und infolge seiner besonderen Rechtsstellung dazu auch so sehr verpflichtet war, dass die Unterlassung der Erfolgsherbeiführung durch aktives Handeln gleichwertig erscheint» BGE 113 IV 72, s. auch 118 IV 313, 117 IV 132, 109 IV 139, 108 IV 5, 106 IV 277, 105 IV 176, 96 IV 174. «Die Strafbarkeit des unechten Unterlassungsdeliktes findet ihre Rechtfertigung darin, dass derjenige, der verpflichtet ist, durch Handeln einen bestimmten Erfolg abzuwenden, und dazu auch in der Lage ist, aber untätig bleibt, grundsätzlich ebenso strafwürdig ist wie derjenige, der den Erfolg durch sein Tun herbeiführt», BGE 96 IV 174 m.Hinw. auf 86 IV 220, 81 IV 202, 79 IV 147.

Für den **Aufbau** des unechten Unterlassungsdelikts ist es zweckmässig, 30 erst nach dem Bestehen einer Garantenpflicht zu fragen, dann nach der Möglichkeit der Erfolgsabwendung, der «Kausalität» und dem subjektiven Tatbestand.

In erster Linie ist allerdings zu entscheiden, ob ein **Tun oder** ein **Unter-** 31 **lassen** Gegenstand des strafrechtlichen Vorwurfs ist. Darüber wurden zahlreiche Theorien entwickelt, s. z.B. Pfander 1 ff. Für das schweizerische Strafrecht kann die *Subsidiaritätstheorie* als herrschend angesehen werden. In erster Linie ist demnach immer zu prüfen, ob der fragliche Erfolg (N 27) nicht einem Tun des Täters zugerechnet werden kann. Erst wenn dies nicht möglich ist, darf geprüft werden, ob allenfalls ein unechtes Unterlassungsdelikt vorliegt, DONATSCH in recht 6 (1988) 130, POPP Vb N 27, REHBERG I 214, SCHULTZ I 127, STRATENWERTH AT I N 2 vor § 14, TRECHSEL/NOLL 216 ff.. Die Praxis geht m.E. tendenziell zu weit in der Annahme einer Unterlassung. Wird eine gefährliche Unternehmung ohne genügende Sicherungsmassnahmen durchgeführt, so liegt in der Regel ein Begehungsdelikt vor. In BGE 108 IV 3 z.B. hätte der Schuldvorwurf an die Aufforderung zum «Durchhalten» in der Therapie mit «kosmischer Ernährung» geknüpft werden können, vgl. auch BGE 105 IV 19, 102 IV 100, 83 IV 25; REHBERG I 214 f., HURTADO POZO in Baurecht 1988 36. Andererseits nimmt BGE 120 IV 269 ff. m.E. fälschlicherweise an, der Fahrer eines Autos, in welchem zwei Bekannte ein Mädchen erdrosselten, begehe Gehilfenschaft durch Tun, obwohl er vorher nicht erkannt hatte, dass es zu einer Tötung kommen würde; der Vorwurf bezieht sich darauf, dass er nicht angehalten, also nicht gehandelt hat; dabei handelt es sich um einen Unterlassungsvorwurf – es hätte Unterlassung der Nothilfe (Art. 128) angenommen werden müssen.

32   **Garantenstellung** hat eine Person inne, wenn sie *rechtlich verpflichtet* war, gerade den *in concreto* eingetretenen Erfolg nach Möglichkeit abzuwenden. Eine moralische oder sittliche Pflicht genügt nach einhelliger Meinung nicht, z.B. BGE 108 IV 6, 100 IV 212, 98 IV 172. In der älteren Lehre und Rechtsprechung wurde nach der Quelle der Garantenpflicht gefragt; sie wurde auf Gesetz, Vertrag oder «besondere Umstände», insbesondere Ingerenz (vorangegangenes gefährdendes Tun), zurückgeführt, z.B. BGE 100 IV 212, 98 IV 172, 96 IV 174. In neuerer Zeit wird gestützt auf ARMIN KAUFMANN unterschieden in *Obhuts- oder Schutzgarantenpflichten,* welche die Abwehr unbestimmter Gefahren von einem geschützten Wert fordern (z.B. Nachtwächter einer Bank), und *Sicherungs- oder Überwachungsgarantenpflichten,* bei denen es darum geht, eine bestimmte Gefahrenquelle zum Schutz unbestimmter Rechtsgüter unter Kontrolle zu halten (z.B. Betreiber einer chemischen Fabrikationsstätte), BGE 113 IV 73, 108 IV 5, 106 IV 278. Die beiden Aspekte können auch gleichzeitig auftreten, z.B. wenn jemand im Interesse eines Dritten für eine kostbare Giftschlange zu sorgen hat. Die neuere Typisierung befreit aber nicht von der Frage nach dem Rechtsgrund der Garantenstellung, STRATENWERTH AT I § 14 N 11 ff., TRECHSEL/NOLL 220 ff., wobei stets nach einer qualifizierten Rechtspflicht zu suchen ist, BGE 113 IV 73, gestützt auf STRATENWERTH, recht 2 (1984) 93 ff. Zur rechtlichen Begründung der Garantenpflicht eingehend POPP Vb 34 ff.

33   **Gesetzliche Obhutspflichten** bestehen vor allem im engsten Familienkreis, für Eltern gegenüber ihren unmündigen Kindern, im einzelnen SCHUBARTH SE N 134 ff. Sie müssen z.B. aktiv werden zum Schutz vor Verstössen gegen Art. 187, SJZ 59 (1963) Nr. 169, 62 (1966) Nr. 90. Die Pflicht, als Zeuge auszusagen, umfasst dagegen nicht die Verantwortung für erfolgreiche Strafverfolgung, ihre Verletzung ist nicht Begünstigung

(Art. 305), BGE 106 IV 278, dazu STRATENWERTH a.a.O., ablehnend REHBERG ZBJV 117 (1981) 385 ff.; dasselbe gilt für die prozessrechtliche Editionspflicht, BGE 120 IV 278. Selbst eine allgemeine Anzeigepflicht begründet nicht notwendigerweise eine Garantenstellung, BGE 118 IV 314 f. Dagegen sind z.B. Jagdaufseher zur Mitwirkung bei der Strafverfolgung verpflichtet, BGE 74 IV 167, 86 IV 221. Die allgemeine Verpflichtung auf Treu und Glauben verlangt nicht, dass der Insider (s. Art. 161) beim Handel an der Börse auf sein Sonderwissen hinweist, BGE 109 Ib 54. Generell begründet die Handlungspflicht eines echten Unterlassungsdelikts (z.B. Art. 128) keine Garantenstellung, SCHULTZ I 141, STRATENWERTH a.a.O., TRECHSEL/NOLL 221 f.

Obhutspflicht aus Gefahrengemeinschaft entsteht dann, wenn sich jemand einem Garanten anvertraut hat, damit ihn dieser kraft seiner physischen oder intellektuellen Überlegenheit in einer ausgewählten Gefahrensituation beschütze. Ein Musterbeispiel zeigt SJZ 41 (1945) Nr. 14 (Bergtour). Zur Garantenstellung im Alpinismus eingehend GERBER (zu Art. 18). Ob das Verhältnis durch einen förmlichen Vertrag zustande kommt oder nicht, ist m.E. bedeutungslos, weil es immer darauf ankommt, dass eine Gefahr im Vertrauen auf Obhut eingegangen wird, s. auch STRATENWERTH AT I § 14 N 16 f. Daran fehlte es in BJM 1985 211 (Rheinschwimmen), weil der Beschuldigte nicht «Leiter» war. Die Obhutspflicht entsteht auch nicht in unfreiwilligen Gefahrenlagen; SCHUBARTH SE N 142, STRATENWERTH AT I § 14 N 25, TRECHSEL/NOLL 223 f., weshalb BGE 100 IV 213 (Vismara) keine Zustimmung verdient. Eine enge Lebensgemeinschaft begründet an sich noch keine Garantenstellung, MEYER 108 f., REHBERG I 220, TRECHSEL/NOLL 224; STRATENWERTH AT I § 14 N 24 nimmt eine Ausnahme an für Notfälle.   34

Obhutspflichten aus Vertrag werden etwa für Ärzte, Krankenschwestern, Nachtwächter usw. angenommen. Entscheidend ist jedoch auch hier (vgl. N 34), dass der Garant tatsächlich die Verpflichtung eingeht, und dass ihm im Hinblick darauf ein gefährdetes Rechtsgut anvertraut wird, h.M. Zur vertraglichen Garantenpflicht eines Skitourenleiters SJZ 84 (1988) Nr. 50. Kritisch differenzierend POPP Vb 34 f.   35

Sicherungspflichten aus Gesetz finden sich insbesondere bei Bestimmungen über den Umgang mit gefährlichen Stoffen, z.B. spaltbares Material, Transport gefährlicher Güter usw. Bestimmungen über die zivilrechtliche Haftung begründen nicht automatisch eine strafrechtliche Garantenpflicht (dazu Pra 1991 Nr. 212 E. 2a), STRATENWERTH AT I § 14 N 12 f., POPP Vb 34, weiter offenbar SCHUBARTH SE N 149. Eltern sind insbesondere nicht verpflichtet, Straftaten erwachsener Kinder abzuwenden, BGE 79 IV 145, anders bei noch nicht selbstverantwortlichen Kindern unter ihrer Obhut, SCHUBARTH SE N 151; s. auch Art. 18 N 42.   36

Sicherungspflichten aus Vertrag entstehen dann, wenn es jemand tatsächlich übernommen hat, eine bestimmte Gefahrenquelle unter Kontrolle zu halten, z.B. die Überwachung einer Baustelle, ZR 67 (1968)   37

Nr. 67. Keine Sicherungspflicht gegen sexuelle Verfehlungen von Kameraden übernimmt der Zögling einer Erziehungsanstalt als «Gruppenchef», AGVE 1963 Nr. 42. BGE 113 IV 73 ff. äussert sich eingehend zu der Frage, inwiefern die Pflicht eines Arbeitnehmers, für das Vermögen des Arbeitgebers zu sorgen (OR Art. 321a), ein aktives Einschreiten bei strafbaren Handlungen anderer Angestellter erfordert. Aus VStrR Art. 6 II zieht das BGer den Schluss, es bestehe keine Pflicht, S. 75.

38 Besonders bedeutsam und umstritten ist im einzelnen die Begründung der **Sicherungspflicht aus Ingerenz,** vorangegangenem gefährdendem Tun, s. schon BGE 53 I 351. Wer eine nahe Gefahr für ein Rechtsgut gesetzt oder eine solche Gefahr vergrössert hat, ist rechtlich verpflichtet, dafür zu sorgen, dass sie sich nicht verwirklicht. Eine Ausnahme gilt für den Fall, dass die Gefahr auf eine rechtmässige, nicht pflichtwidrige Handlung zurückgeht, SCHUBARTH SE N 155 f., STRATENWERTH AT I § 14 N 19 ff., TRECHSEL/NOLL 225 f., a.M. MEYER 154, REHBERG I 221 f. SCHULTZ I 140. Die Handlungspflicht entsteht in jedem Fall, wenn ein Dauerdelikt vorliegt, SCHUBARTH SE N 156. Eine Grenze der Garantenpflicht bildet die Eigenverantwortung anderer Personen, STRATENWERTH AT I § 14 N 22, TRECHSEL/NOLL 226 f. Ingerenz begründete eine Garantenpflicht bei Behandlung durch «kosmische Ernährung», BGE 108 IV 3, Vi SJZ 78 (1982) Nr. 48; bei Konstruktion einer mangelhaften Seilbahn, RS 1960 Nr. 126; bei ungesichertem Zugang zu gefährlichen Orten, ZBJV 112 (1976) 341 (Schwimmbad), PKG 1983 Nr. 23 (Schacht im Heuabladeraum), ZR 41 (1942) Nr. 18 (Kohlenschacht); Abgabe von Heroin, SJZ 82 (1986) Nr. 55 (wo m. E. aber das Prinzip der Eigenverantwortung missachtet wurde). Keine Ingerenz stellte die Übergabe eines Schlüssels dar – dass er zu einem Vermögensdelikt missbraucht würde, war nicht voraussehbar, ZBJV 121 (1985) 114 f.

39 Besonders umstritten ist die **strafrechtliche Haftung des Geschäftsherrn,** die in Art. 179sexies und VStrR Art. 6 II weit ausgedehnt wird, dazu kritisch BÖCKLI und SCHUBARTH a.a.O. In BGE 96 IV 174 ff. wurde Bührle kraft seiner beherrschenden Stellung als Garant wegen illegaler Waffenausfuhr behaftet, jedenfalls soweit er über die fraglichen Geschäfte im Bild war, s. dazu auch SCHULTZ, ZBJV 107 (1971) 451. BGE 105 IV 176 ff. entlastete den einzigen (nebenberuflichen) Verwaltungsrat einer AG, die u.a. unzüchtiges Material gelagert hatte – es bestehe keine Pflicht zur totalen Überwachung. S. auch GRAVEN a.a.O., REHBERG I 229 ff., STRATENWERTH AT I § 14 N 28, TRECHSEL/NOLL 233 f. In vernünftiger Beschränkung der Strafbarkeit erkannte BGE 118 IV 246, dass eine Garantenstellung nur für die Pflichten anzunehmen ist, die dem Beamten oder dem Behördemitglied kraft seiner Stellung obliegen – keine allgemeine Obhutspflicht für das Vermögen des Gemeinwesens, ähnlich BGE 118 IV 314. Eine fahrlässige Verletzung von KMG Art. 19 II resp. III durch Unterlassen hat das BGer in BGE 122 IV 103 ff. angenommen, weil der Konzernchef nicht mit der nötigen Vorsicht agierte und insbe-

sondere in seinem Unternehmen kein adäquates Sicherheitsdispositiv aufgezogen hatte, das es erlaubt hätte, die notwendigen Vorkehrungen in bezug auf das laufende Geschäft zu tätigen, S. 126 ff.

Dass es für den Täter **objektiv möglich** gewesen sein muss, **den Erfolg abzuwenden** (Tatmacht), ist selbstverständlich.   40

Besondere Probleme ergeben sich bei der **«Kausalität»**, weil dabei an das Ingangsetzen einer Kausalkette gedacht ist, während es beim Unterlassungsdelikt darum geht, dass ein vorbestehender Kausalverlauf nicht unterbrochen wurde. Gefordert ist eine *hypothetische Prüfung:* Lässt sich die Handlung, zu welcher der Garant verpflichtet war, nicht hinzudenken, ohne dass der eingetretene Erfolg wegfiele, so wird der Erfolg dem Unterlassen zugeschrieben, BGE 109 IV 139 f., 108 IV 7, 106 IV 402, 105 IV 19 f. Weil jedes hypothetische Urteil mit einem Unsicherheitsfaktor behaftet ist, stellt sich die Frage, wie Zweifelsfälle zu lösen sind. Die Antwort ist umstritten. Nach der *Risikoerhöhungstheorie,* die von STRATENWERTH, AT I § 14 N 36, und HANS WALDER, ZBJV 104 (1968) 177 f., DERS., ZStrR 96 (1977) 157 ff., vertreten wird, ist der Erfolg schon (und nur) dann zuzurechnen, wenn das Eingreifen die Gefahr, das Risiko der Verletzung, herabgesetzt hätte; nach der *Wahrscheinlichkeitstheorie,* von ARZT in recht 6 (1988) 71, POPP Vb 26, 29, REHBERG I 225, SCHULTZ I 128 f. und TRECHSEL/NOLL 230 f. vertreten ist, ist erforderlich, dass der Erfolg mit höchster Wahrscheinlichkeit abgewendet worden wäre. Das Bundesgericht folgt der Wahrscheinlichkeitstheorie, BGE 109 IV 140 («sehr wahrscheinlich»), 53 I 358, 108 IV 8 («höchste Wahrscheinlichkeit»), 105 IV 20, 102 IV 102 («mit an Sicherheit grenzender Wahrscheinlichkeit»), 106 IV 402 («hohe Wahrscheinlichkeit»), s. auch PKG 1993 Nr. 36. Für die Wahrscheinlichkeitstheorie sprechen vor allem rechtsstaatliche Erwägungen, s. TRECHSEL/NOLL a.a.O. Zur Risikoerhöhungstheorie nimmt das BGer in BGE 116 IV 311 Stellung: «Der Anwendungsbereich ... beschränkt sich auf Fälle, in denen, wie etwa bei der Beurteilung des Genesungsprozesses eines Kranken bei korrekter ärztlicher Diagnose und Behandlung, ein hypothetischer Geschehensablauf in Frage steht, über den beweismässig keine Aussagen gemacht werden können.» Es ging allerdings *in casu* um Relevanz.   41

Von der Kausalität zu unterscheiden ist die **Relevanz beim fahrlässigen Unterlassungsdelikt:** Es geht dabei um die Frage, ob sich die mangelnde Sorgfaltspflicht auch ausgewirkt habe, dazu Art. 18 N 38 f.   41a

Der **subjektive Tatbestand** weist Schwierigkeiten nur beim vorsätzlichen Unterlassungsdelikt auf, wo vor allem der Eventualvorsatz (Art. 18 N 13 ff.) als Inkaufnehmen Bedeutung hat – eingehend STRATENWERTH AT I § 14 N 38 ff., 45. Das Bundesgericht schliesst auch hier vom Wissen auf das Wollen, BGE 109 IV 140, 106 IV 398, 105 IV 177 (wo es am Wissen fehlte). BGE 109 IV 46 fordert einen besonderen «Kausalitätsvorsatz» (vgl. Art. 18 N 5).   42

43 Vielfach wird schliesslich noch ein **vages Kriterium der Gleichwertigkeit**
angeführt, TRECHSEL/NOLL 231 f., SCHULTZ I 128, BGE 113 IV 72, 106
IV 277. Was damit anzufangen sei, bleibt aber unklar. SCHUBARTH SE N
156 leitet daraus ab, dass eine rechtmässige Gefährdung keine Garantenstellung begründet (s. N 38). Gerechtfertigt wäre generell eine
Strafmilderung beim vorsätzlichen unechten Unterlassungsdelikt, so
SCHUBARTH SE N 162, *VE 1993* Art. 22 II.

44 **Kasuistik**
BGE 53 I 351: Wörler hätte als Veranstalter einer Demonstration in
Basel zur Vermeidung von Verkehrsbehinderung einschreiten müssen;
73 IV 167: Liselotte Erismann hatte durch Unterlassen des Beizugs eines
Arztes den Tod ihres Kindes nicht verursacht und es auch nicht i.S.v.
Art. 127 ausgesetzt, weil es wegen eines Tumors nicht zu retten war; **74
IV 165: Steiner** hätte als beeidigter Jagdaufseher seinen Bruder, der ille-
gal eine Rehgeiss erlegt hatte, anzeigen müssen; **79 IV 145: Ida Veillon**
war nicht verpflichtet, ihren volljährigen Sohn an einer Ehrverletzung zu
hindern; **81 IV 198: Stierli** hätte als Wirt gegen verbotenes Glücksspiel
einschreiten müssen; **83 IV 10: B.** hätte seiner Frau auf einer Hoch-
gebirgstour Hilfe leisten (bzw. sie gar nicht mitnehmen) sollen; **83 IV 25:**
Vater **Rufener** war nicht verpflichtet, den von seinem Sohn an einer
Scheunenwand deponierten hölzernen Aschenbehälter, in dem sich noch
Glut befand, zu entfernen; **86 IV 219: Sutter** hätte als Jagdaufseher einen
illegalen Abschuss melden und das Tier beschlagnahmen sollen; **96 IV
156, 174: Bührle** hätte gegen illegale Waffenexporte einschreiten sollen;
101 IV 28: X. hätte als Bauführer dafür sorgen sollen, dass sich während
Baggerarbeiten keine Arbeiter im Graben aufhalten; **101 IV 149: Zahnd**
hätte eine Meldung über die Einrichtung eines Gasdurchlauferhitzers an
die Installations-Kontrolle weiterleiten sollen – weil eine Kontrolle
wenig wahrscheinlich war, fehlte die «Kausalität»; **102 IV 100: Mischler**
hätte als technischer Leiter verhindern sollen, dass sich ein Mädchen an
einem elektrischen Falttor verletzt; **105 IV 173: W.,** einziges Verwaltungsratsmitglied der G. AG, war nicht dafür verantwortlich, dass diese
in ihrem Lager auch Unzüchtiges führte; **106 IV 276: Fürsprecherkandidat U.** beging dadurch, dass er die Zeugnispflicht verletzte, keine Begünstigung (dazu Anm. STRATENWERTH in recht 2 (1984) 94; **108 IV 3: S.,** der
als Gehilfe einer Frau H. die Frau B. mit kosmischer (d.h. keiner) Nahrung behandelte, hätte einen Arzt zuziehen sollen, als sich ihr Zustand
verschlechterte; **109 Ib 55:** Ein Insider ist beim Börsenhandel nicht verpflichtet, seine Handelspartner über das eigene Sonderwissen aufzuklären (Rechtshilfe); **109 IV 46: R.** hätte als Chef der Kantonspolizei eine
diebische Dirne anzeigen sollen; **109 IV 139: X.** war nach Unfall auf glat-
ter Strasse ohne Personenschaden nicht verpflichtet, für die Ermöglichung einer Blutprobe zu sorgen; **113 IV 68: X.** war nicht verpflichtet,
Urkunden weiterzuleiten, aus denen sich auf strafbare Handlungen des
im gleichen Bereich selbständig tätigen A. schliessen liess; **117 IV 131: X.**
wurde vorgeworfen, er habe Kranführer A. ungenügend überwacht und

nicht dafür gesorgt, dass sich eine Betriebsanleitung auf dem Schaufel-
bagger war – weil A. die Bremsriemen nicht getrocknet hatte, wurde ein
Arbeiter getötet – es fehlte am Kausalzusammenhang *(recte:* Relevanz);
117 IV 467: Das Pfarrerehepaar X. war nicht verpflichtet, die Polizei darüber zu verständigen, dass sich der flüchtige Mörder Z. bei ihnen aufgehalten und dass sie ihn nach O. gebracht hatten; **118 IV 244: Stadtrat L.,
Leiter der öffentlichen Betriebe in L.,** verstiess gegen die Pflicht, Sit-
zungsgelder aus Verwaltungsratsmandaten an die Stadtkasse abzuliefern
– keine ungetreue Geschäftsführung, weil seine Garantenstellung sich
nicht auf diese Pflicht erstreckte; **118 IV 310: F., Leiter des audiovisuellen
Laboratoriums** der Universität Genf, versäumte es, Anzeige zu erstatten,
nachdem er festgestellt hatte, dass S. mit gefälschten Bestellscheinen
Betrug versucht hatte – keine Garantenpflicht; **120 IV 99: Der Generaldirektor der SRG** beging keine Begünstigung, als er sich weigerte, Filmaufnahmen von einem Krawall in Bern herauszugeben – keine Garantenstellung; **120 IV 266: B.** hielt nicht an, als er bemerkte, dass E. und G. die
R. erdrosselten – m.E. zuunrecht als Tun (Gehilfenschaft) angesehen;
122 IV 62: X., der für die Sicherheit verantwortlich war, hielt den Betrieb
einer Seilbahn aufrecht, obwohl er von gravierenden Mängeln Kenntnis
hatte; **122 IV 103:** Die Verantwortlichen der **Firma Von Roll** waren
verpflichtet, Sicherheitsvorkehrungen zu treffen, um Widerhandlungen
gegen das KMG (in casu Export von Bestandteilen für eine irakische
Superkanone) nach Möglichkeit auszuschliessen; **SJZ 90 (1994) Nr. 23:**
Der Angeklagte hatte vor 17 Jahren zum Schutz brütender Vögel Sta-
cheldraht angebracht, an dem sich nun eine Katze verletzte – keine Garantenstellung aus Ingerenz. S. ferner **Art. 25** N 5.

Exkurs 2: Die Strafbarkeit der juristischen Person

PIERRE-HENRI BOLLE, *La responsabilité pénale des personnes morales,* SJK 6;
PHILIPPE GRAVEN, *La responsabilité pénale du chef d'entreprise et de l'entreprise elle-
même, Sem.jud.* 1985 497, 515 ff.; PHILIPPE GRAVEN et CHARLES-ANDRÉ JUNOD,
Societas delinquere potest? in Mélanges ROBERT PATRY, Lausanne 1988, 351;
SANDRA HILDA LÜTOLF, Strafbarkeit der juristischen Person, Diss. ZH 1997; FELIX
RICHNER, Die Strafbarkeit der juristischen Person im Steuerhinterziehungsverfah-
ren, ASA 59 441; VITAL SCHWANDER, Der Einfluss der Fiktions- und Realitätstheo-
rie auf die Lehre von der strafrechtlichen Verantwortlichkeit der juristischen Personen, in FS GUTZWILLER, 1959, 603; WALTER SEILER, Strafrechtliche Massnahmen als
Unrechtsfolgen gegen Personenverbände, Diss. FR 1967.

Im schweizerischen Strafrecht ist der Grundsatz *societas delinquere non*   45
potest allgemein anerkannt; für die Lehre s. HAFTER AT 71 ff.,
LOGOZ / SANDOZ N 2 vor Art. 9, REHBERG I 45, RIKLIN AT § 12 N 12,
SCHULTZ I 115, DERS. VE 112 ff., SCHWANDER Nr. 129, STRATENWERTH
AT I § 9 N 3, TRECHSEL/NOLL 132. Auch das Bundesgericht folgt seit
1959 (anders noch BGE 82 IV 41) dieser Auffassung, BGE 85 IV 100, 97
IV 203, 100 IV 40, 104 IV 141, 105 IV 175. Eine Ausnahme gilt nur dort,

wo sie (im Nebenstrafrecht) ausdrücklich vorgesehen ist, s. die Hinweise bei SCHULTZ I 116 f., wo die Ausnahmen kritisiert werden.

46   Zur **Begründung** wird angeführt, dass die juristische Person nicht im Sinne des Strafrechts handlungsfähig sei, dass ihr die Schuld- bzw. Zurechnungsfähigkeit abgehe und dass sie auch mit Strafen nicht getroffen werden könne (Fehlen der Straffähigkeit oder Strafempfindlichkeit). LGVE 1993 II Nr. 25 betont, der Satz, eine juristische Person könne mangels Schuldfähigkeit nicht bestraft werden, habe Verfassungsrang – jedenfalls bedürfe es einer gesetzlichen Grundlage, die im Gesetz über die Grundstückgewinnsteuer fehle.

47   GRAVEN / JUNOD 361 ff. haben überzeugend nachgewiesen, dass diese Argumente **nicht Stich halten:** Die juristische Person ist zivilrechtlich handlungsfähig, wieso sollte sie es nicht auch strafrechtlich sein? Sie besitzt sogar eine Ehre, BGE 71 IV 37, weshalb sollte ihr nicht Schuld zugeschrieben werden können? Sie besitzt Rechtsgüter, weshalb sollte es nicht möglich sein, darein strafend einzugreifen? *De lege ferenda* wäre es demnach möglich und zulässig, Strafen auch für juristische Personen vorzusehen; ob und inwiefern dies wünschbar sei, muss hier offen bleiben, s. dazu auch GRAVEN 520 ff., LÜTOLF 421 ff.

48   Im **Steuerstrafrecht,** insbesondere bei der Steuerhinterziehung, ist die Strafbarkeit der juristischen Person anerkannt, was insbesondere damit zu erklären ist, dass diese Materie bis vor wenigen Jahren nicht als Strafrecht galt, vgl. BGE 116 IV 266, für Strafbarkeit der juristischen Person mit eingehender Begründung RICHNER a.a.O.

49   Es ist grundsätzlich vorgesehen, mit der ***Revision*** des AT die Strafbarkeit der juristischen Person zu regeln (Botsch. über die Änderung des Schweizerischen Strafgesetzbuches und des Militärstrafgesetzes vom 30.6.1993, BBl 1993 III 277 ff., 293 f.), ein entsprechender Textvorschlag fehlt aber im *VE 1993,* s. dazu RIKLIN AT § 12 N 15.

2. Zeitliche Geltung des Gesetzes

VE 1893 Art. 4, Mot. 15 f. VE 1894 Art. 4. 1. ExpK I 38 f., II 366 f. VE 1908 Art. 2. Erl. Z. 20. 2. ExpK I 15 ff., 279. VE 1916 Art. 2E, Art. 2. StenBull. NR 71 ff., StR 55 f.

2

   [1]**Nach diesem Gesetze wird beurteilt, wer nach dessen Inkrafttreten ein Verbrechen oder ein Vergehen verübt.**

   [2]**Hat jemand ein Verbrechen oder ein Vergehen vor Inkrafttreten dieses Gesetzes verübt, erfolgt die Beurteilung aber erst nachher, so ist dieses Gesetz anzuwenden, wenn es für den Täter das mildere ist.**

LAURENT MOREILLON/JEAN GAUTHIER, *L'application dans le temps de la novelle du 17 juin 1994*, ZStrR 113 (1995) 369; ALFRED VON OVERBECK, Die zeitliche Geltung des Schweizerischen Strafgesetzbuches und die Behandlung der Übergangsfälle, ZStrR 56 (1942) 353; **Lit.** zu Art. 1.

Im **Grundsatz** wird der zeitliche Geltungsbereich des StGB in Art. 401 I geregelt: Es trat am 1.1.1942 in Kraft, wobei das kantonale Strafrecht gleichzeitig aufgehoben wurde, Art. 400 I, BGE 68 IV 39, (Wüthrich), 63 (Helwig), 69 IV 138 f. (Bay), ZR 41 (1942) Nr. 109, RS 1951 Nr. 2. Dasselbe gilt grundsätzlich für spätere Änderungen, BGE 117 IV 375. Art. 2 I bildet davon eine Ausnahme, die in Abs. 2 mit dem Grundsatz der *lex mitior* eingeschränkt wird. Einzelne Fragen regeln Art. 336 (Vollziehung früherer Strafurteile), 337 (Verjährung), Art. 338 (Rehabilitation) und Art. 339 (Strafantrag). Art. 2 bezieht sich nicht auf Praxisänderungen, SCHWANDER Nr. 61a, s. ferner Art. 1 N 19.

Art. 2 I hat wie Art. 1 **Grundrechtscharakter,** vgl. EMRK Art. 7. Er «will verhindern, dass der Gesetzgeber nachträglich die Lage des Täters verschlimmern kann», BGE 105 IV 9, s. auch 68 IV 39, 63. Unter dem Gesichtspunkt der Generalprävention ist bedeutsam, dass eine motivierende Wirkung nur vom zur Zeit der Tat geltenden Tatbestand ausgehen kann, vgl. auch STRATENWERTH AT I § 4 N 11. Zum Rückwirkungsverbot allgemein BGE 107 Ib 203 f.

Der **Geltungsbereich** von Art. 2 umfasst alle späteren Revisionen des StGB, BGE 77 IV 105 (Rosenbusch), 145 (Gloor), SCHULTZ I 95, aber (Art. 102, 333) auch die Nebenstrafgesetze, BGE 76 IV 53 (Lang u. Legler), 89 IV 115 (Lischer u. Mühlemann), RS 1949 Nr. 118; Sem.jud. 1973 134. Dagegen gilt Art. 2 nicht für Zuständigkeits- und Verfahrensvorschriften, z.B. die Gerichtsstandsregeln in Art. 340 ff., BGE 68 IV 4 (Wenzin), 68 IV 39 (Wüthrich), 69 IV 138, 109 IV 158, 117 IV 375, JdT 1990 III 126. Das Rückwirkungsverbot gilt jedoch dort, wo es um die Grundlage der territorialen Strafhoheit nach Art. 3 – 7 geht, BGE 117 IV 376.

Anknüpfungspunkt kann nur das **Täterverhalten** sein, nicht der Erfolgseintritt, RIKLIN AT § 8 N 5, SCHULTZ AT I 95, STRATENWERTH AT I § 4 N 10; anders HAFTER AT 92, v. OVERBECK 355, THORMANN/v. OVERBECK N 11 zu Art. 7, LOGOZ N 4 zu Art. 2 (wo allerdings die Auffassung gleich widerlegt wird – Art. 2 II anwendbar bei Gesetzesänderung zwischen Handlung und Erfolgseintritt); BGE 103 IV 233 f. lässt die Frage offen. Zum Täterverhalten gehört noch nicht der Tatentschluss, BGE 72 IV 134, aber auch noch die Beendigung der Tat, BGE 107 IV 2.

Stehen gleichzeitig **mehrere Taten** zur Beurteilung, die teilweise unter altem, teilweise unter neuem Recht begangen wurden, ist eine getrennte Beurteilung vorzunehmen, BGE 69 IV 148 (Lieberherr), 72 IV 134, 181 (Gruber), 102 IV 197, BJM 1977 76, ZR 75 (1976) Nr. 40, wobei aber **eine Gesamtstrafe** in Anwendung von Art. 68 auszufällen ist. Abweichend noch: ZR 41 (1942) Nr. 109: nur neues Recht. Bei *Dauerdelikt* ist das neue Recht anzuwenden, SJZ 39 (1942/43) Nr. 113, 114; ZBJV 81 (1945) 92; ZR 43 (1944) Nr. 248, 44 (1945) Nr. 13; abweichend RS 1943 Nr. 6.

6   Die *lex mitior* des Abs. 2 führt zur Grundregel – Anwendung des gelten-den (neuen) Rechts – zurück: Ist es günstiger, so fällt das Interesse des Täters am Grundrechtsschutz dahin.

7   Unter Geltung neuen Rechts «**beurteilt**» ist eine Tat nur, wenn nach der Revision ein Sachurteil ergeht, sei es auch (nach Kassation oder im Berufungsverfahren) nicht das erste, s. z.B. LGVE 1990 I Nr. 51, SOG 1992 Nr. 19: nach Appellation, rev. Art. 195. Eine Kassationsinstanz kann seit Ergehen des angefochtenen Entscheides in Kraft getretenes Recht nicht berücksichtigen, BGE 69 IV 227 (Schneeberger c. Zürcher), 120 IV 133, 117 IV 386, 101 IV 361, Rep. 104 (1971) 411, abweichend 97 I 924 E. 2 (Buholzer). Dieselbe Regel gilt gemäss BGE 97 IV 235 (Schwab) auch für kantonale kassatorische Rechtsmittel – kritisch wegen der dadurch geförderten Rechtsungleichheit SCHULTZ, ZBJV 108 (1972) 334; s. auch BGE 117 IV 387.

Das neue Recht ist ferner beachtlich, wenn eine Revision zur Neube-urteilung führt, BGE 69 IV 227, dagegen SCHULTZ I 98, weil sonst ein Freispruch kraft neuer Beweislage unmöglich würde – stossender wäre aber m.E. erneute Verurteilung nach längst abgeschafftem Recht oder nach überholt strenger Strafdrohung. Kein Problem bietet die Berück-sichtigung altrechtlicher Vorstrafen unter neuem Recht, SJZ 61 (1965) Nr. 28.

8   **Nachträgliche Anordnungen** zum Vollzug von unter altem Recht ver-hängten Sanktionen sind gemäss Art. 336 grundsätzlich nach altem Recht zu beurteilen, BGE 68 IV 120 (Kistler), 69 IV 50 (Lippert), Sem.jud. 1987 389, ZBJV 79 (1953) 81, ZR 46 (1947) Nr. 40.

9   Auf **Zeitgesetze,** deren Dauer von vornherein beschränkt war (Sonntags-fahrverbot, Mietzinsregelung), ist Abs. 2 nicht anwendbar, BGE 116 IV 262, 105 IV 3, 102 IV 202, 89 IV 116 f., ZR 68 (1969) Nr. 27, LGVE 1988 I Nr. 54. Dasselbe gilt, wenn das Angriffsobjekt in der Zwischenzeit weg-gefallen ist, BGE 98 IV 112 (Spicher), SJZ 56 (1960) Nr. 118 (Wegfall der Kantonsverweisung), ZBJV 82 (1946) 225 (Art. 220 – Änderung der Kin-derzuteilung nach Provisorium). Die *lex mitior* ist dagegen anzuwenden, wenn das Zeitgesetz nicht ersatzlos aufgehoben, sondern durch ein mil-deres Gesetz abgelöst wurde, SCHULTZ, ZBJV 113 (1977) 522, gegen BGE 102 IV 199.

10   **Verwaltungsnormen,** z.B. Verkehrsregeln, sollten nach BGE 89 IV 118, 123 IV 87 ebenfalls von der Regel des Art. 2 II ausgeschlossen sein, weil sie nur nach Zweckmässigkeit zu bewerten seien, ablehnend SCHULTZ, ZBJV 101 (1965) 6 ff., wonach Verkehrsregeln Teil des Straftatbestands bilden, so auch BGE 89 IV 36 (Rey), 97 IV 237 (Schwab), sinngemäss auch 76 IV 52 f. E. 5, RVJ 1993 332, SJZ 59 (1963) Nr. 126. Ausdrücklich

für die Anwendung von Art. 2 II im Verwaltungsstrafrecht: BGE 116 IV 260, vgl. auch BGE 120 IV 213, 303. M.E. ist eine differenzierende Lösung zu treffen: Völlig wertneutrale Regeln werden von Abs. 2 nicht erfasst – *lex mitior* gilt hingegen dort, wo eine andere Bewertung des geregelten Verhaltens getroffen wurde, TRECHSEL/NOLL 47, s. auch HURTADO POZO AT N 513, RIKLIN AT § 8 N 14, in diesem Sinn auch BGE 123 IV 87 f.

Bei der Gesetzesrevision ist somit für die fragliche Bestimmung zu prüfen, ob sie eine mildere ethische Wertung zum Ausdruck bringt, z.B. geringere Anforderung an die Sorgfaltspflicht. Trifft dies zu, so ist Art. 2 II zu berücksichtigen.

Beim **Vergleich der Schwere** der Strafnormen ist nach der *«konkreten Methode»* eine umfassende Beurteilung des Sachverhalts nach altem und neuem Recht vorzunehmen, z.B. RIKLIN AT § 8 N 7, h.L.; BGE 68 IV 34 (Ruch), 130 f. (Stübi); 69 IV 149, 89 IV 36 (Steinemann), 104 IV 267 (vgl. aber 68 IV 61), 114 IV 4, 82, 118 IV 124, 119 IV 151, 120 IV 8, BJM 1992 23, Sem.jud. 1986 522. Zu beachten sind z.B. die Regelung des bedingten Strafvollzugs, der Anrechnung der Untersuchungs- und Sicherheitshaft, der Verjährung (dazu BGE 114 IV 3, 107 Ib 203, 104 IV 267, 77 IV 207 [Baumann], anders mit Hinweis auf Art. 337 RB TG 1991 Nr. 17) und des Entlastungsbeweises, ZBJV 78 (1942) 571, 79 (1943) 45. Auf die Qualifikation der Tat kommt es nicht an, BGE 68 IV 131 (Stübi), 69 IV 69 (Bünter), 71 (Scherer), 78 IV 129 (Julen); BJM 1977 76; ZR 45 (1946) Nr. 60.

Grundsätzlich ist *nur ein Gesetz* anzuwenden – Kombinationen sind unzulässig, BGE 68 IV 131, 114 IV 5, 81, 119 IV 151; SOG 1995 15; s. auch HURTADO POZO AT N 508. Eine Ausnahme gilt für Massnahmen des Jugendstrafrechts, SJZ 38 (1941/42) Nr. 156. Dieselben Regeln gelten, wenn sich das Problem der lex mitior im Verhältnis zu ausländischem Recht stellt, s. z.B. BGE 109 IV 93, 118 IV 307.

Auf **Massnahmen** soll gemäss BGE 68 IV 37, 66 f., 97 I 923, 101 Ib 158, Art. 2 II nicht anwendbar sein, weil sie nicht streng oder milde, sondern nur mehr oder weniger zweckmässig seien, ebenso SJZ 68 (1972) Nr. 243. Für das neue Recht spricht die Vermutung grösserer Zweckmässigkeit, s. auch HURTADO POZO AT N 514 ff. BGE 97 I 924 E. 2 spricht allerdings dennoch mit Bezug auf Massnahmen von einer «günstigeren» Lösung. Dies soll sogar für Verwahrung gemäss Art. 42 gelten, Sem.jud. 1973 134 (BGer), SJZ 38 (1941/42) Nr. 164. Nach der Ideologie des StGB ist dies richtig, die Realität des Massnahmenvollzugs lässt die Regel jedoch als Euphemismus erscheinen. Ablehnend, mit Vorbehalt für eine Massnahme, die «ausgesprochen bessernd ist und im dringenden Interesse des Verurteilten selber liegt», SCHULTZ I 99 f., für jede Massnahme, die nur kriminalrechtliche Sanktion verhängt werden kann, STRATENWERTH AT I § 4 N 13. Dieser Auffassung ist beizupflichten, so dass in jedem Fall zu prüfen ist, ob die Anwendung des neuen Rechts für den Täter *in concreto* eine günstigere Lösung bringt, vgl. auch BGE 75 I 216 ff. Der

11

12

VE 1993 sieht in Art. 2 III vor, dass Art. 2 bei jeder Änderung dieses Gesetzes anzuwenden ist; Massnahmen wären demzufolge eingeschlossen.

3. Räumliche Geltung des Gesetzes

VE 1893 Art. 3. Mot. 12 ff., VE 1894 Art. 3, Mot. 124 ff. 1. ExpK I 29 ff., 85 ff., II 358 ff. VE 1908 Art. 6 ff.- Erl. Z. 22 ff. 2. ExpK I 22 ff., 118 ff., VIII 177 ff., IX 39 ff. VE 1916 Art. 3 ff. E Art. 3 ff., Botsch. 8 f. Sten.NR 71 ff., StR 55 ff., 67 f., NR 613 ff., StR 306.

URSULA CASSANI, Die Anwendbarkeit des schweizerischen Strafrechts auf internationale Wirtschaftsdelikte, ZStrR 114 (1996) 237; JEAN-LUC COLOMBINI, *La prise en considération du droit étranger (pénal et extra-pénal) dans le jugement pénal,* Diss. Laus. 1983; JAKOB EUGSTER, Die Anwendbarkeit schweizerischen Rechtes auf im Ausland begangene Straftaten, ZStrR 73 (1958) 141; OSKAR ADOLF GERMANN, Rechtsstaatliche Schranken im internationalen Strafrecht, ZStrR 69 (1954) 237; HERBERT HUBER, Das Schweizerische Grenzstrafrecht, Diss. ZH 1947; ERNST LOHSING, Beiträge zum internationalen Strafrecht des schweizerischen Strafgesetzbuches, ZStrR 57 (1943) 418; RUTH ESTHER MAAG-WYDLER, Die Vollstreckung ausländischer Straferkenntnisse im Inland, Diss. ZH 1978; CURT MARKEES, Die Vollstreckung im Ausland gefällter Strafentscheide in der Schweiz, insbesondere gegen Schweizerbürger, ZStrR 104 (1987) 118; HANS FELIX PFENNINGER, Der Umfang der Strafberechtigung nach Territorialität oder nach Volkszugehörigkeit, SJZ 42 (1946) 49; JEAN-DOMINIQUE SCHOUWEY, *L'exécution en Suisse de jugements pénaux prononcés à l'étranger,* in F. KNOEPFLER (Hrsg.) *Le juriste, suisse face au droit et aux jugements étrangers,* Fribourg 1988, 249; ROBERT ROTH, *Territorialité et extraterritorialité en droit pénal international,* ZStrR 112 (1994) 1; HANS SCHULTZ, Das Schweizerische Auslieferungsrecht, Basel 1953; DERS., Der Begriff der Auslieferung in den Bestimmungen über die räumliche Geltung des schweizerischen Strafrechts, ZStrR 69 (1954) 376; DERS., Die räumliche Geltung des schweizerischen Strafgesetzbuches nach der neueren Gerichtspraxis, ZStrR 72 (1957) 306; DERS., Die räumliche Geltung des Strafgesetzes, SJK 1208-1210 (1960); DERS., Wandlungen im internationalen Strafrecht der Schweiz, in Gedächtnisschrift für H. Schröder, München 1978, 37; DERS., Neue Probleme des internationalen Strafrechts und des Auslieferungsrechtes, SJZ 60 (1964) 81; DERS., Gesetzgebung und Rechtsprechung der Schweiz im internationalen Strafrecht, SJIR XXIII (1966) 161, XXVI (1969-1970) 233, XXIX (1973) 407, XXXIV (1978) 289; XXXVIII (1982) 233; JAKOB THEILER, Das Fremdrechtsprinzip im Strafrecht, Diss. ZH 1943; NIKLAUS WITSCHI, Die Übernahme der Strafverfolgung nach künftigem schweizerischem Recht, Diss. BE 1977; KARIN ZIMMERLI, Das Europäische Übereinkommen über die Verfolgung von Zuwiderhandlungen im Strassenverkehr, Diss. ZH 1968.

1   Art. 3–7 regeln das sog. internationale Strafrecht der Schweiz, die «in autonomer Weise die Grenzen ihrer eigenen strafrechtlichen Zuständigkeit» bestimmt, BGE 119 IV 116, 117 IV 376. Das **Völkerrecht,** *sedes materiae* für die Abgrenzung der Strafrechtshoheit zwischen den Staaten, hat kaum verbindliche Regeln entwickelt. Insbesondere «verbietet es einem Staat im Prinzip nicht, seine Strafgesetze und Gerichtsbarkeit auf Ausländer ausserhalb seines Gebiets auszudehnen», VPB 40 (1976) Nr. 89. Voraussetzung dafür ist lediglich das *Bestehen eines Anknüp-*

fungspunkts, einer Binnenbeziehung, wie Begehungsort, geschütztes Rechtsgut, Nationalität des Täters oder des Opfers. BGE 118 Ia 138 ff. (Vi: PKG 1991 Nr. 41) betrifft die Ausdehnung der Strafhoheit des Kantons Graubünden auf die Verwendung von Motorfahrzeugen ausserhalb des Kantonsgebiets zum Zweck der Jagd auf dem Kantonsgebiet – das BGer erachtet eine hinreichende Binnenbeziehung als gegeben, weil das geschützte Rechtsgut auf Kantonsgebiet liegt. Es beruft sich dabei auf das Real- oder Schutzprinzip – es wird in diesem Fall auch vom *Auswirkungsprinzip* gesprochen. Dieses Prinzip führt in BJM 1991 200 zur Anwendung von ZG Art. 76.3, Bannbruch, auf Taten, die im Ausland begangen wurden, aber auf Verletzung der schweizerischen Zollhoheit gerichtet sind.

Strafrechtshoheit ist gegeben, wenn einer der erwähnten Anknüpfungspunkte vorliegt – umstritten für Art. 6, BGE 79 IV 50 mit Kritik SCHULTZ, ZStrR 68 (1953) 127 f., zustimmend STRATENWERTH AT I § 5 N 11.   2

Gerichtshoheit ist die Zuständigkeit zur gerichtlichen Beurteilung und geht weiter als die Strafrechtshoheit – in solchen Fällen wird das StGB als *«stellvertretendes Strafrecht»* angewandt, SCHULTZ SJZ 60 (1964) 83, DERS. AT I 102 ff., z.B. in Art. 6bis.   3

Ist Gerichtshoheit gegeben, so lässt sich innerhalb der Schweiz nach Art. 346 ff. auch ein **Gerichtsstand** bestimmen, BGE 108 IV 146.   4

Art. 3 regelt das *Territorialitäts-,* Art. 4 das *Staatsschutz-,* Art. 5 das *passive,* Art. 6 das *aktive Personalitätsprinzip* und Art. 6bis das *Weltrechtsprinzip.* Diese Regelung ist **nicht abschliessend** – sie wird z.B. ergänzt durch das *Flaggenprinzip.*   5

Das **Flaggenprinzip** sieht die Anwendung des StGB auf Schiffen und Flugzeugen unter schweizerischer Flagge vor, RIKLIN AT § 8 N 27, eingehend: HURTADO POZO AT N 453 ff. Das BG über die Seeschiffahrt unter Schweizerflagge vom 23.9.1953, SR 747.30, erklärt in Art. 4 für Schiffe unter schweizerischer Flagge das schweizerische Recht auf hoher See als ausschliesslich anwendbar – für strafbare Handlungen an Bord gilt dies auch, wenn das Schiff sich in Territorialgewässern befindet. Ausländische Strafverfolgung wird nach der Regelung von Art. 6.2 berücksichtigt.   6

Art. 97 I BG über die Luftfahrt vom 21.12.1948, SR 748.0, erklärt das schweizerische Strafrecht für anwendbar auf Taten, die an Bord eines schweizerischen Luftfahrzeugs ausserhalb der Schweiz begangen werden – für Besatzungsmitglieder gilt dies selbst bei dienstlichen Handlungen ausserhalb des Flugzeugs. Der Täter muss in der Schweiz sein und nicht ausgeliefert werden, Art. 6.2 gilt auch hier.

Das **Weltrechts- oder Universalitätsprinzip** unterstellt dem StGB als stellvertretendes Strafrecht bestimmte strafbare Handlungen unabhängig vom Begehungsort und von der Nationalität von Täter und Opfer. Dazu gehören vor allem strafbare Handlungen, zu deren Verfolgung die   7

Schweiz aufgrund internationaler Übereinkommen verpflichtet ist. Neben der allgemeinen Kompetenznorm von Art. 6bis s. Art. 185.5, 240 III, 245.1 II; ferner aus dem Nebenstrafrecht z.B. BetmG Art. 19.4, LFG Art. 89 II, 97bis.

Die Gerichtshoheit ist subsidiär zur Auslieferung, ausländische Urteile sind gemäss Art. 6.2 zu berücksichtigen.

8   Die Schweiz kann gestützt auf IRSG Art. 85 ff. **stellvertretende Strafverfolgung** ausüben, aber nur subsidiär zu einer genuinen eigenen Zuständigkeit, BGE 119 IV 116, 117 IV 379.

9   **Sonderregelungen** zum örtlichen Geltungsbereich finden sich in Art. 185.5, 240 III, 245.1 IV, 260bis III, 260ter.3, ferner in SVG Art. 101, BetmG Art. 19.4 und LFG Art. 89 IV, 97.

10 *Revision: VE 1993* sieht vor allem redaktionelle Anpassungen des internationalen Strafrechts vor. Ferner soll dem Schweizer Richter bei der stellvertretenden Strafrechtspflege nicht mehr zugemutet werden, ausländisches Recht anzuwenden – er hat nur zu vermeiden, dass der Täter strenger bestraft wird, als es das Tatortrecht zuliesse. Eine Ausdehnung der Anwendbarkeit des Gesetzes erfolgt insofern, als anstelle von Art. 5 und 6 eine allgemeine Bestimmung über die stellvertretende Strafrechtspflege tritt – entscheidend ist, dass ein Auslieferungshindernis besteht. Neu wird auch die Übernahme der Vollstreckung ausländischer Urteile geregelt.

3 Verbrechen oder Vergehen im Inland

1. Diesem Gesetz ist unterworfen, wer in der Schweiz ein Verbrechen oder ein Vergehen verübt.

Hat der Täter im Auslande wegen der Tat eine Strafe ganz oder teilweise verbüsst, so rechnet ihm der schweizerische Richter die verbüsste Strafe an.

2. Ist ein Ausländer auf Ersuchen der schweizerischen Behörde im Auslande verfolgt worden, so wird er in der Schweiz wegen dieser Tat nicht mehr bestraft:

wenn das ausländische Gericht ihn endgültig freigesprochen hat,

wenn die Strafe, zu der er im Auslande verurteilt wurde, vollzogen, erlassen oder verjährt ist. Hat der Täter die Strafe im Auslande nicht oder nur teilweise verbüsst, so wird in der Schweiz die Strafe oder deren Rest vollzogen.

VITAL SCHWANDER, Das Territorialitätsprinzip im schweizerischen Strafrecht, Recueil de Travaux suisses, VIIIe Congrès international de droit comparé, Basel 1970, 365; **Lit.** vor Art. 3.

1   Art. 3 regelt das **Territorialitätsprinzip,** «die primäre Grundlage des sogenannten internationalen Strafrechts», BGE 108 IV 146, s. auch 118 Ia

140, 111 IV 3, 102 IV 83, ROTH 2 f. m. Hinw. auf BECCARIA, SCHWANDER a.a.O. 373, PFENNINGER 50 f., RIKLIN AT § 8 N 23 ff. Es gilt auch für das MSchG, Sem.jud. 1991 258 f.

Daraus ergibt sich, dass grundsätzlich (s. aber N 3) ausländisches Recht **nicht als *lex mitior*** angewandt werden kann, Sem.jud. 1980 241. Eine Amnestie in Spanien bleibt ohne Einfluss auf Strafbarkeit aus Art. 226 wegen Transportes von Sprengstoff dorthin, BGE 104 IV 244 (Egloff).   2

Zum schweizerischen **Territorium** gehört auch der Luftraum über der Erdoberfläche; auf Strafverfolgung kann aber verzichtet werden, wenn die Tat in einem ausländischen Flugzeug über der Schweiz begangen wurde, LFG Art. 96, 98, SCHWANDER a.a.O. 368. Zum Flaggenprinzip s. N 6 vor Art. 3. Botschaftsareal ist vom schweizerischen Hoheitsgebiet nicht ausgenommen, BGE 109 IV 157 f. (Kruszyk u. Mitbeteiligte). Aufgrund zwischenstaatlicher Vereinbarungen, SR 0.631.252.913 ff., gelten in bestimmten Grenzzonen bezüglich Grenzabfertigung die Vorschriften des Nachbarstaats, während für das übrige Strafrecht die Gesetzgebung des Gebietsstaates anwendbar bleibt, RVJ 1979 394, HUBER 85, SCHULTZ, SJIR XXII (1966) 169 ff. Strafbar gemäss SVG Art. 91 ist schon, wer nur bis zum schweizerischen Grenzposten angetrunken fährt, BGE 111 IV 2.   3

Wann eine Tat in der Schweiz **«verübt»** ist, regelt Art. 7 (s. dort) nach dem *Ubiquitätsprinzip*.   4

Grundsätzlich hindert **Beurteilung im Ausland** erneute Beurteilung in der Schweiz nicht – der Grundsatz *ne bis in idem* gilt nur innerstaatlich, BGE 111 IV 3, 105 IV 227 E.3, 99 IV 123 f. (Irving), AGVE 1977 Nr. 18, 7. ZP zur EMRK, Art. 4.1, was CASSANI 249 veranlasst, eine enge Handhabung des Ubiquitätsprinzips zu fordern. Zur Einstellung des Verfahrens in der Schweiz während des Verfahrens im Ausland gem. Ziff. 2 s. GVP-ZG 1991 Nr. 92.   5

Das **Anrechnungsprinzip,** Ziff. 1 II, soll eine «ungerechte Häufung von Strafen» vermeiden, BGE 105 IV 227. Die Auslandsstrafe wird aber nur als «verbüsst» angerechnet, wenn sie durch «Vollstreckung im Strafvollzug» verbüsst wurde, BGE 105 IV 227 f., AGVE 1977 Nr. 18. Bei bedingtem Strafvollzug setzt dies Widerruf und Vollstreckung voraus, ZR 67 (1968) Nr. 62. Eine Busse muss bezahlt worden sein, BGE 105 IV 228.   6

Schwierig kann die **Bemessung einer Auslandsstrafe** zur Anrechnung sein, wenn verschiedene Strafarten sich gegenüberstehen. BGE 105 IV 228 lehnt den «Umwandlungstarif» von Art. 49.3 III zwischen Busse und Gefängnis ab – dagegen mit Recht SCHULTZ, ZBJV 117 (1981) 18 mit Hinweis auf Art. 37bis.1I; bei Geldstrafe nach dem Tagessatzsystem (§ 40 DStGB) entspricht ein Tagessatz einem Tag Freiheitsstrafe (analog § 43 DStGB). Eine Differenzierung nach der Schwere freiheitsentziehender Strafen ist kaum sinnvoll, vgl. ZR 67 (1968) Nr. 62.   7

Bildet die in der Schweiz begangene Tat *Teil einer ausländischen Gesamtstrafe,* so hat der Richter den Anteil nach Ermessen zu bestimmen.

8   Das **Erledigungsprinzip** gilt nur, wenn die Strafverfolgung im Ausland auf offizielles Ersuchen der Schweiz zurückzuführen ist, vgl. IRSG Art. 88 f., BGE 111 IV 3, AGVE 1977 Nr. 18. Die blosse Mitteilung betr. Strafverfolgung in der Schweiz ist kein solches «Ersuchen», BGE 111 IV 3. Wurde eine auf Ersuchen hin verhängte Strafe nicht (vollständig) vollstreckt, so vollzieht nach dem Anerkennungsprinzip die Schweiz (den Rest), ohne ein neues Urteil zu fällen. Solange der ersuchte Staat nicht mitgeteilt hat, dass er die Strafverfolgung übernimmt, bleibt das StGB anwendbar und der Täter kann in der Schweiz verfolgt werden, Rep. 117 (1984) 415.

9   Als **vollstreckt ist die bedingt ausgesprochene Strafe** anzusehen, wenn der Verurteilte die Probezeit bestanden hat, im Falle von Ziff.2 auch dann, wenn er in Genuss einer Amnestie kommt, Schultz, SJK 1209 5. Eine Sonderregelung für das Jugendstrafrecht sieht Art. 372.2 vor.

10   AGVE 1967 Nr. 60 gestattet dem Richter, bei unmittelbar bevorstehender Beurteilung durch ein ausländisches Gericht dessen **Entscheid abzuwarten.**

4 Verbrechen oder Vergehen im Auslande gegen den Staat

[1] Diesem Gesetz ist auch unterworfen, wer im Ausland ein Verbrechen oder Vergehen gegen den Staat begeht (Art. 265, 266, 266bis, 267, 268, 270, 271, 275, 275bis, 275ter), verbotenen Nachrichtendienst betreibt (Art. 272–274) oder die militärische Sicherheit stört (Art. 276 und 277).

[2] Hat der Täter wegen der Tat im Ausland eine Strafe ganz oder teilweise verbüsst, so rechnet ihm der schweizerische Richter die verbüsste Strafe an.

Fassung gemäss BG vom 5.10.1950.

E 4. – Teilrevision 1950: BRB vom 28.10.48 (GS 1948 S. 1075) Art. 10. BBl 1949 I 1258. StenB 1949 StR 565, 650, 1950 NR 180, 246.

E. Szereszewski, *L'article 4 du Code pénal suisse est-il contraire au Droit international?,* ZStrR 64 (1949) 461; **Lit.** vor Art. 3.

1   Art. 4 verkörpert das **Real- oder Staatsschutzprinzip,** dessen Zulässigkeit völkerrechtlich nicht bezweifelt wird (so schon Szereszewski a.a.O.): Angriffe auf den Staat können gerade vom Ausland und von Ausländern drohen, und nur das StGB sieht dafür angemessene Strafdrohung vor (vgl. mit den in Abs. 1 genannten Tatbeständen z.B. Art. 299, 301).

2   Über den **Katalog** der Delikte in Abs. 1 lässt sich streiten: Wenig sinnvoll die Erwähnung des Art. 271, der Begehung «auf schweizerischem Gebiet» voraussetzt. Kritisch i.V.m. Art. 272 ff., Germann 245 ff., Hurtado Pozo AT N 399 f., Stratenwerth AT I § 5 N 17.

Nur nach **Anrechnungsprinzip** wird gemäss Abs. 2 eine Verfolgung im   3
Ausland berücksichtigt – irrig EUGSTER 147.

Das Schutzprinzip wird als **Auswirkungsprinzip** auch auf andere Tat-   4
bestände angewandt, s. N 1 vor Art. 3.

5 Verbrechen oder Vergehen im Auslande gegen Schweizer

[1] **Wer im Auslande gegen einen Schweizer ein Verbrechen oder ein
Vergehen verübt, ist, sofern die Tat auch am Begehungsorte strafbar ist,
dem schweizerischen Gesetz unterworfen, wenn er sich in der Schweiz
befindet und nicht an das Ausland ausgeliefert, oder wenn er der Eidgenossenschaft wegen dieser Tat ausgeliefert wird. Ist das Gesetz des Begehungsortes für den Täter das mildere, so ist dieses anzuwenden.**

[2] **Der Täter wird wegen des Verbrechens oder Vergehens nicht mehr
bestraft, wenn die Strafe, zu der er im Auslande verurteilt wurde, vollzogen, erlassen oder verjährt ist.**

[3] **Hat der Täter die Strafe im Auslande nicht oder nur teilweise verbüsst, so wird in der Schweiz die Strafe oder deren Rest vollzogen.**

GUNTHER ARZT, Zur identischen Strafnorm beim Personalitätsprinzip und bei der
Rechtshilfe, in Die schweizerische Rechtsordnung in ihren internationalen Bezügen,
Bern 1988, 417; E. SZERESZEWSKI, *Crimes ou délits commis à l'étranger contre un
Suisse ou par un Suisse,* ZStrR 62 (1947) 235; **Lit.** vor Art. 3.

Art. 5 realisiert das **passive Personalitäts-** oder **Individualschutzprinzip.**   1
Die völkerrechtliche Zulässigkeit dieses Prinzips ist umstritten, vgl. das
Lotus-Urteil des Ständigen Internationalen Gerichtshofes, StIGH Sér. A
Nr. 10, 1927. Für restriktive Auslegung wegen der schwachen Legitima-
tion SJZ 61 (1965) Nr. 41, SCHULTZ ZBJV 110 (1974) 378, 120 (1984) 3,
a.M. SZERESZEWSKI 236 f.

Ratio legis ist einerseits ein gewisses Misstrauen gegenüber auslän-   2
discher Strafrechtspflege, SJZ 52 (1956) Nr. 119, SCHULTZ, ZBJV 120
(1984) 3 f., RIKLIN AT § 8 N 29, andererseits der Gedanke, dass dem Opfer nicht zugemutet werden soll, in der Schweiz den unbestraften Täter
immun zu wissen.

Art. 5 hat nur **«subsidiäre Funktion»,** BGE 121 IV 148, 108 IV 147, SJZ   3
61 (1965) Nr. 41, SCHULTZ, Auslieferungsrecht, 49. Trat der Erfolg in der
Schweiz ein, ist entgegen BGE 91 IV 233 nicht Art. 5, sondern Art. 3 zu
folgen. Auslieferung geht vor, ein Ersuchen von Seiten des Tatortstaates
um Strafverfolgung ist nicht erforderlich, ZR 47 (1948) Nr. 113. Andererseits muss auch nicht unbedingt beim Tatortstaat nachgefragt werden, ob
ein Auslieferungsgesuch zu erwarten sei, BGE 121 IV 149.

Gegen einen **«Schweizer»** ist die Tat verübt, wenn dieser unmittelbar ver-   4
letzt ist, vgl. Art. 28 N 1, 2. Strittig ist, ob auch *juristische Personen*
«Schweizer» i.S. von Art. 5 sein können, mit Recht bejahend BGE 121 IV

147, allerdings «nicht abschliessend» – bei Automiete sei «es in der Regel reiner Zufall, ob der Vermieter als Einzelfirma oder als juristische Person organisiert» sei, mit Recht krit. CASSANI 242, die darauf abstellen will, ob «hinter der Gesellschaft offensichtlich wenige Einzelpersonen stehen, die als mittelbare Verletzte in Betracht kommen»; SJZ 52 (1956) Nr. 169, 62 (1966) Nr. 158; JdT 1963 IV 158, implizit BGE 80 IV 34 (Nova-Werke Junker & Ferber c. Brandenberger), HAFTER AT 60, THORMANN/VON OVERBECK N 4 zu Art. 5 (wenn mittelbar «natürliche Schweizer» verletzt sind), s. auch die Stellungnahme des EDA in VPB 52 (1988) N 24; ablehnend HURTADO POZO AT N 409, SCHULTZ I 110, vgl. auch den Sachverhalt in BGE 95 I 596 (Securities Management c. Noël). Problematisch ist m.E. der Fall, wo im Ausland eine strafbare Handlung gegen eine dort domizilierte schweizerische Firma ausgeführt wird. Der Lösungsvorschlag von CASSANI ist aber vage und kompliziert – es ist schwer einzusehen, weshalb der Schutz des schweizerischen Strafrechts im Ausland nur «natürlichen Schweizern» zukommen sollte.

Kein Hindernis für die Anwendung von Art. 5 ist nach h.L. Doppelbürgerschaft. Der Aufenthaltsort des Schweizers ist ohne Bedeutung, SJZ 61 (1965) Nr. 41.

5 Die Tat muss **am Begehungsort strafbar** sein, vgl. JdT 1963 IV 159. Dass es sich um ein Auslieferungsdelikt handelt, ist nicht erforderlich, BGE 119 IV 117. Ein Antragserfordernis sei wegen seiner prozessualen Natur und in Anlehnung an das Auslieferungsrecht unbeachtlich, meint BGE 99 IV 259 ff. (Unzucht mit Kind in Italien), ebenso RB TG 1991 Nr. 17; mit Recht kritisch ARZT 421, SCHULTZ, ZBJV 110 (1974) 379. Selbst wenn der Strafantrag selber nur als Prozessvoraussetzung verstanden wird, N 4 vor Art. 28, ist es eine Frage des materiellen Rechts, ob ein Tatbestand Antragsdelikt sei.

6 Der Täter muss sich **«in der Schweiz befinden»,** freiwillig oder kraft Auslieferung – Überlistung begründet keine Anwesenheit i.S. v. Art. 5, ZR 66 (1967) Nr. 119, vgl. auch SCHULTZ, *Male captus bene iudicatus?* SJIR XXIV (1967) 67, TRECHSEL, EuGRZ 1987 69.

Ein Kontumazialurteil ist unzulässig, BGE 108 IV 147. ZR 66 (1967) Nr. 39 (BGer) verlangt Anwesenheit mindestens bei Eröffnung des gerichtlichen Verfahrens – vorzuziehen ist der Zeitpunkt des Abschlusses der Parteiverhandlung, allenfalls in der Berufungsinstanz.

7 Es gilt der Grundsatz der *lex mitior,* die (vgl. Art. 2 N 6, 11) nach der konkreten Methode zu ermitteln ist, ZR 62 (1963) Nr. 103, RS 1978 Nr. 623, Sem.jud. 1972 545, BJM 1977 74 – die Beweislast für grössere Milde des Tatortrechts trägt die Verteidigung, Sem.jud. a.a.O., RB TG 1991 Nr. 17. Eine kombinierte Anwendung ausländischen und schweizerischen Rechts ist nicht zulässig, BJM 1977 74 mit einem Vorbehalt für die Verjährung; RS 1978 Nr. 623 mit Vorbehalt für die Frage des bedingten Strafvollzugs.

Bei Verurteilung im Ausland wird nach **Erledigungs- oder Anerkennungsprinzip** ein allfälliger Strafrest in der Schweiz vollstreckt, ohne dass eine neue Beurteilung vorgenommen würde. Ein besonderes Exequatur-Verfahren ist nicht vorgesehen, s. BGE 108 IV 85.   8

Bei der Tat eines **Schweizers gegen einen Schweizer** im Ausland sollen gemäss BGE 108 IV 84, bestätigt in 119 IV 118, Art. 5 und 6 in der Weise kombiniert werden, dass der Täter zwar schweizerischem Strafrecht auch unterworfen ist, wenn die Tat kein Auslieferungsdelikt ist, und dass er sich auf einen Freispruch nicht berufen kann; er hat aber Anspruch auf neue Beurteilung, dazu SCHOUWEY 251; gemäss MARKEES a.a.O. ist auch nach Art. 6 eine Vollstreckung des ausländischen Urteils zulässig. Die frühere Praxis und Lehre liess Art. 5 vorgehen, BGE 99 IV 259, ZR 47 (1948) Nr. 113; SCHULTZ I 111, LOGOZ N 2 zu Art. 5, HAFTER AT 60, THORMANN / VON OVERBECK N 6 zu Art. 5. Für Vorrang von Art. 6, aber gegen Kombination der Bestimmungen SCHULTZ, ZBJV 120 (1984) 4. BGE 108 IV 84 verdient den Vorzug – das Legalitätsprinzip wird durch Kombination zweier eindeutig anwendbarer Bestimmungen nicht verletzt, zumal die «Anleihe» bei Art. 6 wenigstens prozessual zugunsten des Täters wirkt, in diesem Sinne schon SZERESZEWSKI 240.   9

Hat ein schweizerischer Richter ausländisches Recht anzuwenden, kann er nur eine **Sanktion** des schweizerischen Rechts aussprechen. Er muss also die im ausländischen Recht vorgesehene Sanktion durch eine (gleichartige und gleichwertige) schweizerische Sanktion ersetzen, BGE 118 IV 308, vgl. auch IRSG Art. 86 II für die stellvertretende Rechtspflege.   10

6 Verbrechen oder Vergehen von Schweizern im Ausland

1. Der Schweizer, der im Ausland ein Verbrechen oder ein Vergehen verübt, für welches das schweizerische Recht die Auslieferung zulässt, ist, sofern die Tat auch am Begehungsorte strafbar ist, diesem Gesetz unterworfen, wenn er sich in der Schweiz befindet oder der Eidgenossenschaft wegen dieser Tat ausgeliefert wird. Ist das Gesetz des Begehungsortes für den Täter das mildere, so ist dieses anzuwenden.

2. Der Täter wird in der Schweiz nicht mehr bestraft:

wenn er im Auslande wegen des Verbrechens oder Vergehens endgültig freigesprochen wurde;

wenn die Strafe, zu der er im Auslande verurteilt wurde, vollzogen, erlassen oder verjährt ist.

Ist die Strafe im Auslande nur teilweise vollzogen, so wird der vollzogene Teil angerechnet.

A. SCHLATTER-LERCH, Berücksichtigung eines ausländischen Strafurteils bei Beurteilung von Auslandtaten gemäss Art. 6 StGB, ZStrR 74 (1959) 381; E. SZERES-

ZEWSKI, *Crimes ou délits commis à l'étranger contre un Suisse ou par un Suisse,* ZStrR 62 (1947) 235; **Lit.** vor Art. 3 und 5.

1 Das **aktive Personalitätsprinzip** wurde ins StGB aufgenommen nicht aus Gründen der Personalhoheit (dazu PFENNINGER, SJZ 42 (1946) 52, 129 ff.), sondern als Korrelat zum Grundsatz, dass Schweizer nicht ausgeliefert werden – ohne Art. 6 liefe die Schweiz Gefahr, ein Verbrecherasyl zu werden, BGE 76 IV 214 (Kaiser und Attenhofer), 79 IV 56 (Rupff), 117 IV 380 (Vi: Rep. 1990 333 = SJZ 89 [1993] Nr. 3, Baragiola), BJM 1979 314 f., SCHULTZ, SJK 1209 12, STRATENWERTH AT I § 5 N 11, SZERESZEWSKI 238. Eines Ersuchens des Tatortstaats bedarf es nicht, BGE 122 IV 170, 119 V 116, 76 IV 210, AGVE 1959 Nr. 35, abweichend noch ZR 48 (1949) Nr. 84. Es handelt sich vorwiegend um einen Fall der stellvertretenden Strafrechtspflege, CASSANI 239 m.w.Hinw., BGE 117 IV 380 ff., RB TG 1991 Nr. 17, was die Berücksichtigung der *lex mitior* rechtfertigt, dazu N 6 f.

2 Nach einer älteren Auffassung musste der Täter zur Zeit der Tat und der Beurteilung «Schweizer» sein, BJM 1964 243, weitere Hinweise in BGE 117 IV 379 – das Bundesgericht kommt hier zum Schluss, es genüge, wenn die Staatsangehörigkeit zum Zeitpunkt der Beurteilung gegeben sei, zust. SCHULTZ, ZBJV 129 (1993) 24, mit der Hoffnung auf Klarstellung bei der Revision. Vgl. auch VPB 58 (1994) N 106.

3 Art. 6 gilt nur beim **Auslieferungsdelikt,** dem Verbrechen oder Vergehen, für das die Schweiz nach ihrem Recht ausliefern kann, BGE 79 IV 50 f., vgl. auch BGE 80 IV 217 f. E. 5 (Schneeberger), 81 IV 37 (Leutwyler), 104 IV 87; er braucht nicht ausgeliefert worden zu sein, BGE 119 IV 117. Massgebend ist IRSG Art. 35 I a). Entgegen BJM 1977 76 sind Auslieferungsverträge nicht zu beachten, ebenso SCHULTZ, SJIR XXXIV (1978) 303. Auch Tatbestände des Nebenstrafrechts fallen in Betracht, SCHULTZ, ZStrR 99 (1982) 11 f. SVG Art. 101 geht, wenn ein Ersuchen gestellt wurde, als *lex specialis* vor, SJZ 59 (1963) Nr. 131.

4 Für **Strafbarkeit am Begehungsort** hat die Anklagebehörde Beweis zu führen, BJM 1957 50 betr. Art. 252 in Mexico. Der Kassationshof behandelt die Frage als Element des Sachverhalts, zu dessen Überprüfung er nicht kompetent ist, BGE 104 IV 87.

5 Zur Voraussetzung der **Anwesenheit** s. Art. 5 N 6.

6 Die *lex mitior* ist auch hier (vgl. Art. 2 N 11) *nach der konkreten Methode* zu ermitteln, BGE 118 IV 307 f., BJM 1977 74, ZR 54 (1955) Nr. 35, 59 (1960) Nr. 40, 62 (1963) Nr. 113; AGVE 1979 Nr. 35, dazu SCHLATTER-LERCH a.a.O. In einfachen Fällen führt schon abstrakte Vergleichung zum Ergebnis, BJM 1961 204, ZR 53 (1954) Nr. 90, 55 (1956) Nr. 28. Übertrieben skeptisch zur Fähigkeit des Richters, den Vergleich anzustellen, SJZ 75 (1979) Nr. 1. Der Kassationshof ist dazu, weil Tatfrage, nicht kompetent, BGE 104 IV 87. S. auch Art. 2 N 11, 5 N 7. RB TG 1991

Nr. 17 lehnt die Berücksichtigung der Verjährung ab, was nicht überzeugt, vgl. BGE 120 IV 8, 117 IV 477 f.

Für die **Sanktion** kommt nur schweizerisches Recht zur Anwendung, wo-   6a
bei nach der der ausländischen ähnlichsten zu suchen ist. «Freiheitsstrafe» von einem Monat nach deutschem Recht wird somit Gefängnis,
die «Strafaussetzung zur Bewährung» kann dem bedingten Strafvollzug
gleichgestellt werden, BGE 118 IV 308 f.

Das **Erledigungsprinzip** gilt bei **Freispruch,** was die Praxis an der *ratio*   7
legis gemessen zu eng auslegt. Zu Unrecht wurde Anerkennung abge-
lehnt bei Amnestie, SJZ 75 (1979) Nr. 1, und bei Einstellung wegen
Zurechnungsunfähigkeit, BJM 1979 313 – eine Massnahme hätte hier nur
nach ZGB Art. 397a angeordnet werden dürfen. MARKEES a.a.O. hält
auch die Vollstreckung des ausländischen Urteils für zulässig, dagegen
SCHOUWEY 251 f.

Eine **Bestrafung wird anerkannt,** wenn keine Sanktion zu vollstrecken   8
bleibt. Die Voraussetzung ist bei bedingtem Strafvollzug vor Ablauf der
Probezeit nach dem Wortlaut des Gesetzes nicht erfüllt, AGVE 1959
Nr. 35. Vorzuziehen ist aber nach der *ratio legis* die Anerkennung des Urteils, SJZ 50 (1954) Nr. 141; nur wenn der bedingte Strafvollzug im Ausland widerrufen wurde, besteht Anlass zu einem Auslieferungsbegehren
und damit zur Bestrafung in der Schweiz. Der Widerruf kann nicht durch
den schweizerischen Richter ausgesprochen werden, ZBJV 115 (1979)
425. Kritisch *de lege ferenda* MAAG-WYDLER 50.

Zum **Verhältnis zu Art. 5** s. dort N 9.   9

Gemäss VG Art. 16 unterstehen **Beamte** für im Ausland begangene   10
Amtsdelikte uneingeschränkt dem StGB; für andere, auf die amtliche
Tätigkeit oder Stellung bezogene Delikte gilt das Erfordernis der Straf-
barkeit am Tatort und Art. 6.2, aber nicht *lex mitior.*

6bis Andere Verbrechen oder Vergehen im Ausland

**1. Wer im Ausland ein Verbrechen oder Vergehen verübt, zu dessen
Verfolgung sich die Schweiz durch ein internationales Übereinkommen
verpflichtet hat, ist diesem Gesetz unterworfen, sofern die Tat auch am
Begehungsort strafbar ist, der Täter sich in der Schweiz befindet und
nicht an das Ausland ausgeliefert wird. Ist das Gesetz des Begehungsortes für den Täter das mildere, so ist dieses anzuwenden.**

2. Der Täter wird in der Schweiz nicht mehr bestraft:

**wenn er im Tatortstaat wegen des Verbrechens oder Vergehens end-
gültig freigesprochen wurde;**

**wenn die Strafe, zu der er im Ausland verurteilt wurde, vollzogen,
erlassen oder verjährt ist.**

Ist die Strafe im Ausland nur teilweise vollzogen, so wird der vollzogene Teil angerechnet.

Eingeführt durch BG vom 17.3.1982 mit dem Beitritt zum Europäischen Übereinkommen vom 27.1.1977 zur Bekämpfung des Terrorismus, SR 0.353.3, in Kraft seit 1. 7. 1983.

E 1982 Art. 6bis, Botsch. BBl 1982 II 11 f., Sten.NR 1982 1154 ff., StR 1982 679 f.

Ilse Lacoste, Die Europäische Terrorismus-Konvention, Diss. FR 1982. **Lit.** vor Art. 3 und 6.

1   **ETK Art. 6** verpflichtet die Vertragsstaaten, ihre Gerichtsbarkeit zu begründen für eine Reihe von in Art. 1 aufgeführten Straftaten, auch wenn sie von Ausländern im Ausland begangen und nicht gegen den betreffenden Staat gerichtet sind. Art. 6bis kommt dieser Verpflichtung nach, BGE 117 IV 373, Rep. 1992 225, ist aber so allgemein gehalten, dass er auch auf andere Übereinkommen anwendbar ist – gedacht war u. a. an die New Yorker Diplomatenschutzkonvention, BBl 1982 II 7. Es handelt sich «um eine Art stellvertretende Strafrechtspflege», *«una specie di perseguimento penale in via sostitutiva»*, BGE 117 IV 376.

1a   Es braucht sich bei Art. 6bis **nicht** um ein **Auslieferungsdelikt** zu handeln, BGE 116 IV 247.

2   Im Vergleich zu Art. 6 ist Art. 6bis **subsidiär**, BGE 117 IV 379, insbes. zur Auslieferung. Ziff. 2 unterscheidet sich insofern von Art. 6, als das Erledigungsprinzip bei Freispruch in Drittstaaten nicht gilt.

3   BGE 117 IV 377 lehnt (entgegen der Vi, Rep. 1990 333 [Baragiola]) **Rückwirkung** von Art. 6bis ab mit etwas formalistischen, nicht ganz überzeugenden Argumenten. Entscheidend ist m.E., dass in beiden Staaten das Verhalten strafbar war.

4   **BetmG Art. 19.4** geht Art 6bis vor. Es müssen deshalb die höheren Anforderungen an die Anwendbarkeit des schweizerischen Rechts («in der Schweiz angehalten») erfüllt sein, hier gilt *lex posterior generalis non derogat legi priori speciali,* BGE 116 IV 246 f., Colombini 51. Dort ist nicht das Universalitätsprinzip verwirklicht, sondern dasjenige der stellvertretenden Strafrechtspflege, BGer a.a.O. 248 m.w.Hinw.: *In casu* sollte die Tatsache, dass sich der Betroffene infolge Auslieferung auf schweizerischem Hoheitsgebiet befand, kein Hindernis für die Bestrafung der in Holland begangenen Taten bieten, sofern nicht geradezu seine Auslieferung zu diesem Zweck erlangt wurde, vgl. auch BGE 118 IV 418 f.

7 Ort der Begehung

[1] **Ein Verbrechen oder ein Vergehen gilt als da verübt, wo der Täter es ausführt, und da, wo der Erfolg eingetreten ist.**

² Der Versuch gilt als da begangen, wo der Täter ihn ausführt, und da, wo nach seiner Absicht der Erfolg hätte eintreten sollen.

HANS SCHULTZ, Der Begehungsort (StrGB Art. 7), SJK 1210; VITAL SCHWANDER, Das Territorialitätsprinzip im schweizerischen Strafrecht, Recueil de travaux suisses, VIIIe Congrès international de droit comparé, Basel 1970, 365; **Lit.** vor Art. 3.

Art. 7 bestimmt den Begehungsort des Distanzdelikts, bei dem Täter-   1
verhalten und Erfolgseintritt räumlich auseinanderfallen, nach der **Ubi-
quitätstheorie:** die Tat ist sowohl am einen wie am andern Ort begangen.
Art. 7 regelt nicht die örtliche Zuständigkeit der Strafbehörden, BJM
1992 273. Die Bestimmung ist auch nicht anwendbar, wenn der *interkantonale* Gerichtsstand streitig ist, BGE 120 IV 151 f.

Ausführung ist jedes einzelne tatbestandmässige Verhalten, Sem.jud.   2
1980 241. Dazu gehört noch nicht blosse Entschlussfassung und Vorbereitung, BGE 104 IV 86, CASSANI 245 f., aber schon der «erste Schritt»,
der den Übergang zum Versuch verkörpert, z.B. die Abreise zum Geheimnisverrat im Ausland, BGE 104 IV 181 (Adams).

Zur Ausführung gehört auch noch die **Beendigung** der Tat, z.B. Abhe-   3
ben des ertrogenen Geldes, BGE 99 IV 124 f. (Irving), 109 IV 3 f. (wo in
Erweiterung des technischen Begriffes «Erfolg» auch der Eintritt der angestrebten Bereicherung einbezogen wird).

Das **Dauerdelikt** (z.B. Art. 183.1 I) wird während einer gewissen Zeit-   4
spanne fortwährend «ausgeführt», AGVE 1968 Nr. 32, SCHULTZ SJK
1210 3, das **Zustandsdelikt** (z.B. Art. 215) nur bei Herstellung des verpönten Zustandes, BGE 105 IV 327, Abschluss einer zweiten Ehe in
Kamerun. Es genügt, wenn nur ein kleiner Teil der Tat auf Schweizer Gebiet begangen wurde, BGE 111 IV 3 (angetrunken bis Zollamt fahren).

Das **Unterlassungsdelikt** ist dort «ausgeführt», wo der Täter hätte han-   5
deln sollen, BGE 105 IV 330, 82 IV 69 (Zistler c. Zistler); JdT 1983 IV
159, ZR 62 (1963) Nr. 121, BJM 1997 76 (zu Art. 220).

«Erfolg» ist im Sinne der technischen Begriffsbildung eine räumlich   6
und zeitlich vom Täterverhalten getrennte (u.U. auch psychische –
Art. 173 ff.: Kenntnisnahme der Ehrverletzung, BGE 102 IV 38 [Knaut c.
Metzger u. Bogert]) Veränderung der Aussenwelt, BGE 118 Ia 141, 105
IV 326 ff. in Abänderung der früheren Praxis, BGE 87 IV 153 f. (Ludä-
scher c. Lorenzi), 91 IV 231 ff. (Cramer c. Cramer), 97 IV 209 (Garcia),
welche als Erfolg den Schaden bezeichnete, (um dessentwillen die Handlung unter Strafe gestellt ist, oft kritisiert von SCHULTZ, z.B. ZStrR 72
(1957) 313 ff., SJZ 60 (1964) 84 f., ZBJV 99 (1963) 43 f., 102 (1966) 331 f.;
eingehend zum Erfolg CASSANI 248 ff., ROTH 6 ff.; GUNTHER ARZT, Erfolgsdelikt und Tätigkeitsdelikt, ZStrR 108 (1990) 168 ff. lehnt die Unterscheidung in Erfolgs- und schlichte Tätigkeitsdelikte ab und stimmt
deshalb der älteren Praxis des BGer zu, S. 178. Nach ROTH 7 soll abgestellt werden auf den Ort, wo sich die Absicht des Täters verwirklichen

sollte. Eine *Ausnahme* – kein «Erfolg» – anerkannte schon BGE 97 IV
209 für das abstrakte *Gefährdungsdelikt*. BGE 109 IV 3 f. erweitert den
Begriff über den tatbestandsmässigen Erfolg hinaus auf den *Beendi-
gungserfolg* (Bereicherung beim Betrug), zust. BERNASCONI, SJZ 83
(1987) 77 f., zum Begehungsort bei Betrug auch BGE 122 IV 169, 117 Ib
214. Unproblematisch als Erfolgsort des Betrugs ist der Ort der schädigenden Vermögensverfügung, Sem.jud. 1976 375, Rep. 117 (1984) 414;
der Eintrag ins Familienregister kann entgegen RS 1983 Nr. 456 kaum
als Erfolg einer Fälschung des Personenstandes, Art. 216, angesehen
werden, wohl aber als Tatort gemäss Art. 253. BGE 103 Ia 621 (Veraldi)
behandelt den Ort, an welchem der Hehler gehehlte Sachen *(in casu*
Wertpapiere) verkaufte, als weiteren Tatort der Hehlerei; richtig ist
dies nur, wenn der Verkauf noch Absatzhilfe für den Vortäter war, vgl.
auch SCHULTZ, SJIR XXVI (1969–1970) 237. Zum Pressedelikt s. Art. 27
N 21.

7   Bei **Mittäterschaft** begründen alle Täter mit ihrem Beitrag einen Ausführungsort, BGE 99 IV 125, RB TG 1991 Nr. 35; bei **mittelbarer Täterschaft** ist Tatort sowohl der Ort, wo der Hintermann, wie derjenige, wo
das «Werkzeug» handelt, BGE 78 IV 252 (Compagnie Ferbrik S.A.), 85
IV 203 (Amacker), RB TG 1991 Nr. 35.

8   **Teilnahme i.e.S.** (Art. 24, 25) wird in Analogie zu Art. 349 unter Berufung auf den Grundsatz der Akzessorietät als nur am Ausführungsort der
Haupttat verübt angesehen in BGE 108 Ib 303 (Bagci), 104 IV 86, 81 IV
37, BJM 1961 271, ebenso WAIBLINGER, ZBJV 93 (1957) 431. Das StGB
findet auch Anwendung auf den im Ausland verübten Anstiftungsversuch, wenn die Haupttat in der Schweiz begangen werden sollte, Sem.jud.
1984 160. BGE 81 IV 292 (Buser und Novic) behandelt für Anstiftung
auch den Ort, wo der Tatentschluss hervorgerufen wird, als Erfolgsort.
Mit SCHULTZ, ZBJV 115 (1979) 530 ist als Ausführungsort subsidiär der
Ort anzusehen, wo der Teilnehmer tätig wird, vorausgesetzt, die Haupttat ist dort, wo sie begangen wird, strafbar, ebenso SJZ 56 (1960) Nr. 126,
SCHWANDER 372.

9   Die strikte Befolgung des Territorialitätsprinzips i.V.m. der Ubiquitäts-
theorie führt zu **unbefriedigenden Ergebnissen**, wenn die Tat am Ausführungsort nicht strafbar ist und der Erfolg nur zufällig in der Schweiz
eintritt, JdT 1963 IV 159, COLOMBINI 30 f., GERMANN 243, SCHULTZ, SJZ
60 (1964) 85, STRATENWERTH AT I § 5 N 8. SCHULTZ VE 30 sah Abhilfe
vor, *VE 1993* hat den Vorschlag zum Bedauern von CASSANI 246 Fn. 50,
nicht übernommen.

4. Persönliche Geltung des Gesetzes

VE 1893 Art. 5. Mot. 16. VE 1894 Art. 5. 1. ExpK I 39, II 367 ff. VE 1908 Art. 3 ff.,
Erl.Z. 20 ff. 2. ExpK I 17 ff. VE 1916 Art. 10 f. E Art. 9. StenNR 72 ff., StR 55 f.

REGULA BAUR, Die parlamentarische Immunität in Bund und Kantonen der schweizerischen Eidgenossenschaft, Diss. ZH 1963; RUDOLF L. BINDSCHEDLER, Die Wiener Konvention über die diplomatischen Beziehungen, SJIR XVIII (1961) 29; PHILIPPE CAHIER, *Le droit diplomatique contemporain,* Genève 1964; MATHIAS KRAFFT, *Les privilèges et immunités diplomatiques en droit international – leurs conséquences pour l'instruction pénale,* ZStrR 101 (1984) 141; GEORGES PERRENOUD, *Régime des Privilèges et Immunités des Missions diplomatiques étrangères et des Organisations Internationales en Suisse,* Lausanne 1949; DOMINIQUE PONCET/PHILIPPE NEYROUD, *Immunité, exterritorialité et droit d'asile en droit pénal international,* Travaux du Colloque préparatoire au XIIe Congrès de l'Association Internationale de Droit Pénal, RIDP 49 (1978) Nr. 2, 579. HANS WALDER, Die strafrechtliche Verantwortlichkeit der schweizerischen National- und Ständeräte, der Bundesräte, der Bundesrichter etc., sowie der übrigen Bundesbeamten, Kriminalistik 1963 445; MARIANGELA WALLIMANN-BORNATICO, Die parlamentarische Immunität der Mitglieder des National- und Ständerates, ZBl 89 (1988) 351.

Das StGB ist ausnahmsweise nicht anwendbar, obschon die Voraussetzungen der Art. 2–7 vorliegen. **Persönliche Ausnahmen** können auf dem Vorrang eines anderen Gesetzes (Art. 8) oder auf *Immunität* beruhen (Art. 366). Die Ausnahmen gelten immer nur für bestimmte Kategorien von Straftaten, STRATENWERTH AT I § 5 N 30 und HURTADO POZO AT N 578 (zu Art. 8). 1

Von der materiellrechtlichen *Immunität* oder *Indemnität* zu unterscheiden ist die **prozessuale Beschränkung der Verfolgbarkeit.** Sogenannt «exterritoriale» Personen unterstehen den Normen des StGB, können aber, solange der berechtigte Staat nicht auf ihren Schutz verzichtet, nicht verfolgt werden, SCHULTZ I 112, STRATENWERTH AT I § 5 N 28, VOGLER in RIDP 49 (1978) Nr. 2, S. 644; abweichend ZBJV 98 (1962) 350 m.krit. Anm. SCHULTZ, HAFTER AT 65, LOGOZ-SANDOZ N 2 zu Art. 8. 2

Die Stellung der Exterritorialen ist im Wiener Übereinkommen über diplomatische Beziehungen vom 18.4.1961, SR 0.191.01, und im Wiener Übereinkommen über konsularische Beziehungen vom 24.4.1963, SR 0.191.02, geregelt. Im konkreten Fall erteilt der Chef des Protokolls im Eidgenössischen Departement für auswärtige Angelegenheiten Auskunft. Für Spionage fällt die Immunität mit dem Aufhören der diplomatischen Akkreditierung dahin, VPB 43 (1979) Nr. 57.

Zur **Parlamentarischen Immunität** s. Art. 366. 3

8

Dieses Gesetz ist nicht anwendbar auf Personen, die nach dem Militärstrafrecht zu beurteilen sind.

VINCENZO AMBERG, Grenzlinien zwischen militärischem und bürgerlichem Strafrecht, Diss. BE 1975; JAKOB EUGSTER, Die Zuständigkeit zur Ahndung gemeinrechtlicher Straftatbestände durch die schweizerischen Militärgerichte, ZStrR 75 (1959) 124; EDOUARD KRAFFT, *Délégation et jonction de cause en cas de participation de civils, ou de concours d'infractions ou de lois pénales,* ZStrR 59 (1945) 199; KARL STUDER, Die Militärgerichtsbarkeit im Bundesstaat, Aarau 1983.

1   Als *lex specialis* kommt das Militärstrafgesetz (MStG) vom 13.6.1927, SR 321, im Zweifel nicht zur Anwendung, BGE 103 Ia 354 (Imhof).

2   Den **Anwendungsbereich** des Militärstrafrechts regeln MStG Art. 2–7 nach Personen- und Deliktskategorien abgestuft für verschiedene strategische Lagen unterschiedlich, s. AMBERG, HAURI a.a.O.

3   **Kompetenzkonflikte** entscheidet gemäss MStG Art. 223 das Bundesgericht, und zwar die I. öffentlichrechtliche Abteilung, HAURI N 3 zu Art. 223.

Zweiter Titel:
Die Strafbarkeit

1. Verbrechen und Vergehen

Botsch. 7 f. Sten.StR 60, NR 615

9

¹ **Verbrechen sind die mit Zuchthaus bedrohten Handlungen.**

² **Vergehen sind die mit Gefängnis als Höchststrafe bedrohten Handlungen.**

JEAN GRAVEN, *La classification des infractions du Code pénal et ses effets,* ZStrR 73 (1958) 3; ERNST HAFTER, Verbrechen, Vergehen und Übertretung, ZStrR 45 (1931) 149; J. MOULY, *La classification tripartite d'infractions dans la législation contemporaine,* RSCDPC 1982 3; CARL STOOSS, Zweiteilung oder Dreiteilung der Delikte? ZStrR 45 (1931) 327.

Das StGB übernimmt aus dem französischen Recht die **Dreiteilung** in Verbrechen, Vergehen und Übertretungen (Art. 101), die ursprünglich ihre Entsprechung in der Gerichtsorganisation fand (Geschworenengericht, Kriminalgericht, Kriminalkammer; Korrektions-, Bezirks-, Amtsgericht; Polizeigericht, Einzelrichter in Strafsachen). Heute beurteilen auch Einzelrichter Verbrechen (z.B. Ladendiebstahl – soweit nicht Art. 172ter Anwendung findet).   1

Der Versuch, diese Typen nicht **nur quantitativ,** sondern auch qualitativ zu unterscheiden, ist gescheitert: Ein sozialethischer Vorwurf trifft den Täter jeder strafbaren Handlung, mag er auch von unterschiedlicher Schwere sein. Dies gilt entgegen verbreiteter Ideologie auch für sog. Ordnungswidrigkeiten, VStrR Art. 3. Zum deutschen Recht unter prozessualen Gesichtspunkten EGMR Nr. 73, Öztürk, EuGRZ 1985 62.   2

Kriterium der Klassifizierung ist die angedrohte Höchststrafe – die Bestimmung erfolgt nach der *abstrakten Methode,* BGE 72 IV 51 (Läubli), 74 IV 16 (Lerch), 96 IV 32 (Rey), 102 IV 203; ZR 63 (1964) Nr. 16; SJZ 63 (1967) Nr. 179; AGVE 1972 Nr. 22. Strafmilderungsgründe des Allgemeinen Teils sind nicht zu berücksichtigen, schon gar nicht Strafminderungsgründe, BGE 104 IV 244 (Egloff; politisches Motiv). Die Strafschärfungsgründe der Art. 67 f. können *per definitionem* die Deliktsart nicht beeinflussen, weil sie keine Änderung der Strafart zulassen. Die Einteilung gilt auch für Taten von Kindern und Jugendlichen, BGE 81 IV 145 f. (Berger), 92 IV 123. Ausländisches Strafrecht wird analog etikettiert – «Untreue» gemäss DStGB § 266, Freiheitsstrafe bis zu fünf Jahren   3 oder Geldstrafe, erklärt BGE 104 Ia 52 f., im Vergleich zu aArt. 140.1 und 159 nicht überzeugend, ohne Diskussion zum Verbrechen; BGE 119 V 245 f. subsumiert die Auslandstat unter das schweizerische Strafrecht, um sie zu qualifizieren.

4   Bei **abgewandelten Tatbeständen des Besonderen Teils** handelt es sich gemäss BGE 108 IV 46, 96 IV 32, 74 IV 78, um Abstufungen nach der objektiven Schwere der Tat, und zwar auch dann, wenn Qualifikationsgründe nicht spezifiziert sind, z.B. aArt. 140.2, BGE 117 IV 22; Art. 273 II, *«schwerer Fall»*, BGE 108 IV 42 ff., dagegen GRAVEN AT 71, SCHULTZ I 121 f., DERS., ZBJV 113 (1977) 532, STRATENWERTH AT I § 6 N 9 f. ZR 63 (1964) Nr. 16 zieht den Schluss, Art. 273 sei immer mit Zuchthaus bedroht. Für Strafmilderungsgründe wird dies in BGE 102 IV 205 f. abgelehnt, weil die Gesetzestechnik nur den unteren Strafrahmen verschiebe. Für Art. 251.3 wird aber deutlich genug, dass der *«besonders leichte Fall»* jedenfalls nicht Verbrechen sein kann.

5   Die **praktische Auswirkung** der Einteilung in Verbrechen und Vergehen ist gering, s. Art. 24 II, 259, 260ter, 305bis, 360, vgl. auch Art. 70.

6   Die **Revision** 1971 scheiterte insofern, als das Parlament nicht bereit war, eine Einheitsstrafe anstelle von Gefängnis und Zuchthaus zu setzen; *VE 1993* will zwar anstelle von Zuchthaus und Gefängnis die Einheitsfreiheitsstrafe einführen (s. N 1 vor Art. 35), an der Zweiteilung zwischen Verbrechen und Vergehen jedoch festhalten, vgl. Bericht VE 1993 22 f.; entsprechend dem geltenden Recht sind dabei die mit mehr als drei Jahren Freiheitsstrafe bedrohten Delikte als Verbrechen, Taten mit geringerer Strafdrohung als Vergehen zu qualifizieren, VE 1993 Art. 9.

2. Zurechnungsfähigkeit

VE 1893 Art. 8 ff., Mot. 20 ff. VE 1894 Art. 8 ff., Mot. 126 ff. 1. ExpK I 65 ff., II 375 ff. VE 1908 Art. 14 ff. Erl.Z. 39 ff. 2. ExpK I 109 ff., 124 ff., 198 ff., 304, 414; Beilagenband 186 ff. VE 1916 Art. 12 ff. E Art. 10 ff. Botsch. 9 f. Sten.NR 76 ff., StR 60 ff., 68, NR 615 ff., StR 306 f., NR 728 f., StR 339, NR 778.

J. AMBRUS, J. BERNHEIM u.a., Psychiatrie und Strafrecht – Überlegungen einer Arbeitsgruppe, ZStrR 100 (1983) 72, dazu VOSSEN a.a.O. 426; GUNTHER ARZT, Alkohol und Kriminalität, Therapeutische Umschau 49 (1990) 390; JACQUES BERNHEIM, *Justice pénale et délinquants mentalement anormaux: les expertises de responsabilité en psychiatrie légale,* ZStrR 95 (1978) 337; HANS BINDER, Die Geisteskrankheit im Recht, Zürich 1952; GIORGIO BOMIO, *La taxonomie psychiatrique entre fait et norme. Le Manuel diagnostique et statistique des troubles mentaux et son utilisation en matière pénale,* ZStrR 108 (1991) 417; WERNER BRANDENBERGER, Bemerkungen zu der Verübung einer Tat in selbstverschuldeter Zurechnungsunfähigkeit, Bern 1970; HANS DUBS, Zur Stellung und Aufgabe des Psychiaters im Strafverfahren, ZStrR 106 (1989) 337; BENNO DUKOR, Die Zurechnungsfähigkeit der Psychopathen, ZStrR 66 (1951) 418; DERS., Kriminalpsychiatrie auf der Anklagebank, BJM 1973 73; KLAUS ERNST, Was antwortet der Psychiater dem Strafrichter?, ZStrR 96 (1979) 45; PETER FINK, Was erwartet der Strafrichter vom Psychiater, ZStrR 96

(1979) 37; Christmuth Flück, Alkoholrausch und Zurechnungsfähigkeit, Basel 1968; Ronald Furger, Hinweise zum kritischen Umgang mit psychiatrischen Gutachten, ZStrR 105 (1988) 385; ders., Aufgaben, Möglichkeiten und Grenzen der Psychiatrie im Strafverfahren, AJP 1 (1992) 1120; Jean Graven, *Le rôle et les pouvoirs du juge pénal par rapport à l'expert médical,* ZStrR 75 (1959) 349; ders., *Répertoire de jurisprudence, V. Responsabilité,* JdT 119 (1971) 2 ff., 34 ff.; Lukas Gschwend, Zur Geschichte der Lehre von der Zurechnungsfähigkeit. Ein Beitrag insbesondere zur Regelung im Schweizerischen Strafrecht, Diss. ZH 1996; Ernst Hafter, Normale Menschen? Zurechnungsfähigkeit, Zurechnungsunfähigkeit, ZStrR 66 (1951) 1; A. Harder, Was erwartet der Psychiater vom Juristen, SJZ 69 (1973) 373; Willy Heim, *Justice pénale et délinquants mentalement anormaux,* ZStrR 95 (1978) 350; Peter X. Iten, Verkehrs- und Kriminaldelikte unter Drogen- oder Medikamenteneinfluss, ZStrR 110 (1992) 437; Rainer Luthe, Schuldfähigkeit – ein rationales Mittel sozialer Regulation?, ZStrR 103 (1986) 345; Albert Maier, *La responsabilité restreinte selon le Code pénal suisse,* Fribourg 1941; Tillmann Moser, Repressive Kriminalpsychiatrie, Frankfurt 1971; Alfred v. Overbeck, *Les éléments de l'infraction, en particulier le problème de la responsabilité et de la culpabilité,* in *Le nouveau droit pénal suisse,* Fribourg 1942; Hans Felix Pfenninger, Zehn Jahre Schweizerisches Strafgesetzbuch, SJZ 49 (1953) 217; Probleme der strafrechtlichen Begutachtung aus juristischer und forensisch-psychiatrischer Sicht, ZStrR 97 (1980) 353 (Bertschi), 362 (Gehrig), 369 (Keller), 376 (Vossen); Die psychiatrische Beurteilung der Zurechnungsfähigkeit und ihre rechtlichen Folgen, Kriminalistik 1974 419 (Thürer), 465 (Baer). 467 (Vossen und Ernst), 511 (Bachmann); Jörg Rehberg (Hrsg.), Probleme der gerichtspsychiatrischen Gutachtens, Diessenhofen 1976; ders., Die strafrechtliche Bedeutung der *Alkoholisierung,* Kriminalistik 1983 507; ders., Neuere Bundesgerichtsentscheide zum Thema «Alkohol am Steuer», recht 14 (1996) 81; Christian-Nils Robert, *Délinquants mentalement anormaux et justice pénale,* XVIe Journée juridique, Genève 1976, 15; ders., *Délinquants mentalement déficients, psychiatrie et justice pénale en Suisse,* RDPC 57 (1976–77) 3; Felix Rom, Die Bedeutung des psychiatrischen Gutachtens im schweizerischen Strafrecht, Diss. ZH 1953; Eugen Spirig, Zum psychiatrischen Gerichtsgutachten, ZSR NF 109 (1990) I 415; Günter Stratenwerth, Die Zukunft des strafrechtlichen Schuldprinzips, Heidelberg/Karlsruhe 1977; Hans Walder, Der Affekt und seine Bedeutung im schweizerischen Strafrecht, ZStrR 81 (1965) 24; Hermann Witter, Grundriss der gerichtlichen Psychologie und Psychiatrie, Berlin 1970; Jakob Wyrsch, Gerichtliche Psychiatrie, Bern 1946; ders., Über psychische Norm und ihre Beziehung zur Urteils- und Zurechnungsfähigkeit, ZStrR 73 (1958) 382; ders., Über «schwere Bewusstseinsstörung» (Art. 10 StrGB) und «in seinem Bewusstsein beeinträchtigt» (Art. 11 StrGB), ZStrR 84 (1968) 113.

Zurechnungsfähigkeit ist nach der impliziten Definition des StGB die Fähigkeit zur Einsicht in das Unrecht der Tat *(intellektuelles Element)* und zum Steuern des eigenen Verhaltens nach dieser Einsicht *(voluntatives, affektives Element).* Art. 10 ff. «sind Ausfluss des das ganze Strafrecht beherrschenden Schuldprinzips», BGE 118 IV 4, h.L. 1

Bei **Kindern unter 7 Jahren** fehlt diese Fähigkeit kraft gesetzlicher Vermutung, Art. 82 I. 2

Im **Jugendstrafrecht** sollen gemäss BGE 76 IV 274 (Gysin), SJZ 39 (1942/43) Nr. 166, Art. 10 und 11 nicht anwendbar sein, weil Art. 84 f. und 91 f. bereits Massnahmen für Täter mit verminderter geistiger Ge- 3 sundheit oder gestörter Entwicklung versehen. Die Regel geht zu weit, weil das Jugendstrafrecht einerseits Störungen des Bewusstseins nicht erfasst, andererseits auch Strafen vorsieht, ebenso WAIBLINGER, ZBJV 89 (1953) 420, SCHULTZ II 232. Im übrigen spricht Art. 95 zwar nur davon, dass der Jugendliche *«fehlbar»* sei, aber damit ist nichts anderes als die Schuld gemeint, BGE 88 IV 75 (Rudin). Für Berücksichtigung der Schuldfähigkeit wenigstens dann, wenn eine Strafe in Frage kommt, SJZ 90 (1994) Nr. 42.

4   Zurechnungsfähigkeit ist **relativ,** bezogen auf ein bestimmtes Verhalten, REHBERG I 188, RIKLIN AT § 15 N 36, SCHULTZ I 220, TRECHSEL/NOLL 135, VOSSEN in REHBERG (Hrsg.) 17, vgl. auch BGE 100 IV 131 (Silvestrini), 78 IV 57. Auf dieses Verhalten muss sich der psychische Defekt ausgewirkt haben, Sem.jud. 1972 601.

5   Massgeblich ist die Fähigkeit **zur Zeit der Täterhandlung.** Erst im Verfahren eintretende Zurechnungsunfähigkeit ist entgegen RS 1969 Nr. 172 nicht nach Art. 10, sondern ausschliesslich gemäss Prozess-, Vollstreckungs- oder Fürsorgerecht zu berücksichtigen.

6   **Verschuldete Herabsetzung der Zurechnungsfähigkeit** s. Art. 12, 263.

7   Das Gesetz umschreibt Mängel der Zurechnungsfähigkeit nach der **biologisch-psychologisch gemischten Methode:** Als erste Voraussetzung muss ein spezifischer psychiatrischer Befund (Geisteskrankheit…) vorliegen, als zweite Voraussetzung muss sich der pathologische Zustand auf die einschlägige psychische Leistungsfähigkeit (Vb 1) negativ ausgewirkt haben. Das biologische Erfordernis lässt sich vor dem Schuldprinzip nicht rechtfertigen – es soll kriminalpolitisch eine Schranke gegen uferlose Exkulpation setzen, STRATENWERTH a.a.O. 13 f., DERS. AT I § 11 N 15. Entsprechend der Problematik und Unbestimmtheit der biologischen Begriffe ist ihre limitative Wirkung eher gering, kritisch z.B. DUKOR, BJM 1973 77.

8   Für das **Verfahren** regelt Art. 13 die Pflicht zur Einholung von Gutachten. Bei Zurechnungsunfähigkeit können die kantonalen Prozessordnungen einer *nicht-richterlichen* (z.B. Überweisungs- oder Anklage-) Behörde die Kompetenz erteilen, das Verfahren einzustellen und *Massnahmen* i.S. V. Art. 43 *anzuordnen,* JdT 1967 III 53; ob dies mit EMRK Art. 6 vereinbar sei, ist durchaus ungewiss. Die Begutachtung kann im Kassationsverfahren nicht mehr angeordnet werden, Rep. 115 (1982) 444. Die Kassationsinstanz ist an die Feststellung des biologisch-psychologischen Zustandes des Täters gebunden und prüft nur, ob «die rechtlichen Merkmale der verminderten Zurechnungsfähigkeit» vorliegen, BGE 102 IV 227, 81 IV 8 (Wenger), RS 1975 Nr. 839, Rep. 1983 357, Sem.jud. 1985 49. Kritik an der Sachverhaltsfeststellung ist mit staatsrechtlicher Beschwerde anzubringen.

9   *VE 1993* will Art. 10 und 11 – unter gleichzeitiger Präzisierung des Wortlauts – in einem neuen Art. 14 zusammenfassen; inhaltliche Änderungen

werden damit nicht beabsichtigt, Bericht VE 1993 25. VE 1993 Art. 14b verzichet darauf, ausdrücklich zu sagen, es sei eine Begutachtung anzuordnen, wenn dies erforderlich sei, um zu entscheiden, ob eine Massnahme angeordnet werden müsse (Art. 13 I letzter Halbsatz); zur *actio libera in causa* s. Art. 12 N 6.

10 Unzurechnungsfähigkeit

Wer wegen Geisteskrankheit, Schwachsinn oder schwerer Störung des Bewusstseins zur Zeit der Tat nicht fähig war, das Unrecht seiner Tat einzusehen oder gemäss seiner Einsicht in das Unrecht der Tat zu handeln, ist nicht strafbar. Vorbehalten sind Massnahmen nach den Artikeln 43 und 44.

Fassung gemäss BG vom 18.3.71.

Zur Teilrevision 1971: E 1965 Art. 10, Botsch. 1965 564 f., Sten.NR 1969 81, StR 1967 49, 1970 84. **Lit.** vor Art. 10.

Sprachlich logisch, wenn auch graphisch und phonetisch weniger markant, ist von **Zurechnungs*un*fähigkeit** zu sprechen, SCHULTZ I 217, TRECHSEL/NOLL 134.   1

Eine verbindliche Definition der **Geisteskrankheit** gibt es nicht. Die Psychiatrie bestimmt den Begriff von zwei Seiten her – von körperlichen (somatischen) Veränderungen einerseits, von psychologischer «Nicht-Verstehbarkeit» andererseits, WITTER 12, STRATENWERTH AT I § 11 N 18 ff. Enumerativ werden genannt die Paralyse, syphilitische Veränderung des Gehirns, Vergiftungen durch Alkohol und andere Drogen, senile Verblödung, Entzugserscheinungen *(«cold turkey»),* Schizophrenie, manisch-depressives Irresein, epileptische Anfälle. Hilflos wird allgemein auf Zustände verwiesen, die der Beobachter als «verrückt» empfindet, BINDER 62 f., SCHULTZ I 219. In Extremfällen kann auch die Neurose als Geisteskrankheit gelten. Zur Psychopathie s. N 4 zu Art. 11.   2

In neuerer Zeit stehen medizinische Kataloge von psychischen Diagnosen zur Verfügung; zur ICD *(International Classification of Diseases)* LAEMMEL (zu Art. 13) 248, zum (US-amerikanischen) DSM *(Diagnostic and Statistical Manual of Mental Disorders)* eingehend BOMIO a.a.O. Es ist dringend zu hoffen, dass sich Psychiatrie und Strafjustiz in der Schweiz auf eine dieser Listen als Verständigungsmittel einigen und die Praktiker der Strafrechtspflege entsprechend ausgebildet werden.

Schwachsinn, bis zur Revision «Blödsinn», bezeichnet Mangel an Intelligenz. Unterschieden werden *Debilität, Imbezillität* und *Idiotie* oder *Oligophrenie.* Die praktische Bedeutung ist gering, weil Idioten i.e.S. regelmässig stationär gepflegt werden, Imbezille selten, Debile als solche nie zurechnungsunfähig sind.   3

Schwere Störung des Bewusstseins hebt die einigermassen wirklichkeitsgetreue Wahrnehmung und Deutung der Umwelt und der Stellung des   4

Subjekts in ihr auf. Sie kann z.B. auf Vergiftung zurückzuführen sein, aber auch auf Hypnose, epileptischen Dämmerzustand, Erschöpfung oder Affekt, wie in GVP-SG 1989 Nr 38; s. auch POPP Vb N 113 ff., WYRSCH, ZStrR 84 (1968) 113 ff., SJZ 62 (1966) Nr. 84.

5 **Psychologisch** muss die Erkenntnisfähigkeit oder auch nur die Fähigkeit zu einsichtsgemässem Handeln völlig aufgehoben sein, Sem.jud. 1947 38.

6 Zurechnungsunfähigkeit führt, wenn überhaupt ein Urteil ergeht, immer zu **Freispruch**. Sie ist, wenn Zweifel nicht völlig ausgeräumt werden, nach dem Grundsatz *in dubio pro reo* anzunehmen, GVP-SG 1989 Nr. 38, SJZ 57 (1961) Nr. 26, anders AGVE 1985 Nr. 20. Das Verfahren endete mit Einstellung in LGVE 1990 I Nr. 58. Kommt es zu einer «Dahinstellung» nach BS StPO § 189 IV, so verstossen die blosse Feststellung des Sachverhalts und die Auflage der Kosten gemäss BJM 1992 91 nicht gegen EMRK Art. 6 II, was m.E. richtig ist – die Strassburger Organe haben sich zu der Frage aber noch nicht geäussert. Zur Kostenauflage s. auch BGE 115 Ia 111 ff. , ZR 89 (1990) Nr. 128. BGE 115 IV 223 f. anerkennt, dass auch jemand, der gemäss Art. 10 freigesprochen wurde, zur Nichtigkeitsbeschwerde legitimiert ist, weil ihm eine rechtswidrige Tat zugerechnet wurde, anders RJN 1989 88 f.

Fehlende Zurechnungsfähigkeit hindert die fremdenpolizeiliche Ausweisung wegen schweren Verbrechens nicht, VPB 54 (1989) Nr. 24.

11 Verminderte Zurechnungsfähigkeit

War der Täter zur Zeit der Tat in seiner geistigen Gesundheit oder in seinem Bewusstsein beeinträchtigt oder geistig mangelhaft entwickelt, so dass die Fähigkeit, das Unrecht seiner Tat einzusehen oder gemäss seiner Einsicht in das Unrecht der Tat zu handeln, herabgesetzt war, so kann der Richter die Strafe nach freiem Ermessen mildern (Art. 66). Vorbehalten sind Massnahmen nach den Artikeln 42–44 und 100bis.

Fassung gemäss BG vom 18.3.1971.

Zur Teilrevision 1971: E 1965 Art. 11, Botsch. 1965 565, Sten.NR 1969 81, StR 1967 49. **Lit.** vor Art. 10.

1 Ob der **Begriff** «verminderte Zurechnungsfähigkeit» überhaupt zulässig sei, ist umstritten, dagegen SCHULTZ I 222 («blosser Strafmilderungsgrund»). Praktisch hat die Frage keine Bedeutung.

2 Im **Aufbau** entspricht Art. 11 dem Art. 10 – die beiden ersten biologischen Merkmale bezeichnen quantitativ weniger gravierende Befunde, wobei sich der Massstab aus dem psychologischen Kriterium als Symptom ergibt (Beeinträchtigung der Gesundheit ist Krankheit!), vgl. RIKLIN AT § 15 N 51, STRATENWERTH AT I § 11 N 31. Besonders unbestimmt ist das quantitative Merkmal bei der mangelhaften geistigen Ent-

wicklung – im Gegensatz zum «Schwachsinn» fallen darunter auch
Schwächen im affektiven Bereich, z.B. Neurose, Infantilität.

Das Bundesgericht fordert eine **qualifizierte Erheblichkeit** der Mängel   3
an Zurechnungsfähigkeit. Als Ausgangspunkt nimmt es den «normalen
Menschen», wobei der Begriff «nicht zu eng» zu fassen sei, BGE 116 IV
276, 102 IV 226, 81 IV 8 (Wenger), 78 IV 212 (Knechtle), 73 IV 210 (Guggenheim); dazu kritisch schon HAFTER a.a.O. ferner BERNHEIM 344 ff.,
DUKOR, ZStrR 66 (1951) 419, ROBERT, RDPC 57 (1976–77) 7. Abweichungen werden erst relevant, wenn sie «in hohem Masse in den Bereich
des Abnormen fallen», die Geistesverfassung des Täters «nach Art und
Grad stark vom Durchschnitt nicht bloss der Rechts-, sondern auch der
Verbrechensgenossen» abweicht, BGE 102 IV 226, 100 IV 130 (Silvestrini; dazu kritisch SCHULTZ, ZBJV 111 [1975] 481 f.), 98 IV 154 f.
(Scheuber), Sem.jud. 1986 76; zur *Wirkung des Alkohols* analog BGE 107
IV 5, REHBERG, Alkoholisierung, 507; AGVE 1980 Nr. 12 verneint Herabsetzung der Zurechnungsfähigkeit bei einem «komplexen Rausch».
Triebhaftigkeit wird erst relevant, wenn sich der Täter «nur mit ungewöhnlicher Willensanstrengung» hätte beherrschen können, BGE 91 IV
68, 78 IV 212 (Knechtle), 77 IV 216; zu eng jedenfalls BGE 96 IV 98 f., wo
eine *«contrainte psychique irrésistible»* verlangt wird, was schon zu
Schuldlosigkeit führt. Dem Tatrichter wird ein weites Ermessen eingeräumt, BGE 102 IV 226, 73 IV 211.

Heftig umstritten sind Begriff und Beurteilung des **Psychopathen,** der als   4
Mensch abnorm schlechten Charakters (willensschwach, labil, haltlos,
aggressiv, gemütsarm…) beschrieben wird, mit der These, Psychopathie
sei anlagebedingt und therapeutisch nicht zu beeinflussen; vgl. als Pole
der Diskussion MOSER a.a.O. und DUKOR, BJM 1973 73 ff. SCHULTZ I 217
und TRECHSEL/NOLL 138 behandeln Psychopathie als grundsätzlich
(wenn auch schwer) zu beeinflussende Entwicklungsstörung, STRATEN-
WERTH AT I § 11 N 22 möchte den Begriff aus dem Strafrecht verbannen;
ablehnend auch ROBERT, in Journée juridique 20 ff.

Das **Bundesgericht** sieht in der Psychopathie in erster Linie eine «vom   5
Durchschnitt abweichende Persönlichkeitsveranlagung», BGE 100 IV
130, 98 IV 154. «Schlechtigkeit und Gewissenlosigkeit» seien keine Beeinträchtigung der psychischen Gesundheit, BGE 100 IV 131, 98 IV 154,
77 IV 215 f. Unter Berufung auf DUKOR anerkennt es, dass neben den
«banalen Typen krimineller Psychopathen, aus denen sich die Mehrheit
der Rechtsbrecher zusammensetzt», in Extremfällen die Zurechnungsfähigkeit doch herabgesetzt sein kann, BGE 100 IV 131, 98 IV 155. BGE
116 IV 276 verweist nunmehr zustimmend auf Fachliteratur, die «bei Per-
sönlichkeitsstörungen von einem gewissen Schweregrad mit einer Beeinträchtigung der Schuldfähigkeit … rechnet».

Strafmilderung ist nach der Revision fakultativ – schon die frühere Praxis   6
hatte dem Richter praktisch völlige Freiheit gelassen, BGE 81 IV 46, 80

IV 158 (Brügger), 76 IV 39, 71 IV 69 (Honegger), PKG 1961 Nr. 22. Verzicht auf Herabsetzung der Strafe bei verminderter Zurechnungsfähigkeit ist mit einem Schuldstrafrecht nicht vereinbar, GRAVEN AT 234, REHBERG I 196 f., RIKLIN AT § 15 N 55, ROBERT, in Journée Juridique 19, SCHULTZ I 223, STRATENWERTH AT I § 11 N 33, TRECHSEL/NOLL 140; eingehend GISEL, *L'individualisation d'une peine mesurée sur la culpabilité du délinquant*, Genève 1978, 49–56; a.M. HEIM 355. HAFTER a.a.O. S. 20, hatte Streichung von Art. 11 vorgeschlagen! BGE 116 IV 303, best. in 118 IV 4, best. in 123 IV 51, anerkennt die Berechtigung der Kritik und stellt klar, dass der Richter bei Anwendung von Art. 11 die Strafe mildern *muss,* so schon generell zu den Strafmilderungsgründen BGE 116 IV 13. Auch bei Fahren in angetrunkenem Zustand ist die Verminderung in vollem Umfang zu berücksichtigen, die objektive Tatschwere ist dabei unbeachtlich, BGE 118 IV 5.

In der Praxis wird die Herabsetzung der Zurechnungsfähigkeit regelmässig gewichtet – in *leichtem, mittlerem, schwerem Grade,* was als 25, 50, 75% verstanden werden kann. Dem pflichtet BGE 118 IV 5, best. in 123 IV 51 f. jetzt grundsätzlich bei, anders noch BGE 76 IV 38 («offensichtlich verfehlt»), HAFTER 16 («Unsinn»), HEIM 356, DUKOR, ZStrR 66 (1951) 430 f. M.E. ist jedenfalls eine grössere Transparenz der Strafzumessung zu begrüssen, s. Art. 63 N 24.

7 Wo **an anderen Stellen des Gesetzes** Herabsetzung der Zurechnungsfähigkeit berücksichtigt wird, ist eine Doppelverwertung desselben Kriteriums unzulässig. **Art. 64 al. 9:** Neben Art. 11 nicht mehr zu berücksichtigen, BGE 103 IV 148; eine Kombination altersbedingter Unreife mit Bewusstseinstrübung ist jedoch nicht undenkbar.
Art. 84 f., 91 f.: s. N 3 vor Art. 10.
Art. 113 schliesst zusätzliche Berücksichtigung des Affekts aus, Rep. 80 (1947) 83, PKG 1976 Nr. 12.
Art. 116 erfasst abschliessend den Einfluss des Geburtsvorganges, Rep. 80 (1947) 389; denkbar ist eine zusätzliche Verminderung der Zurechnungsfähigkeit, z.B. als Nebenwirkung von Medikamenten.
SVG Art. 91 schliesst die Anwendung von Art. 11 nicht aus, insbesondere dann nicht, wenn sich der Täter erst in angetrunkenem Zustand zum Fahren entschloss, BGE 117 IV 294, wo ausdrücklich von 95 IV 98 (Meili) abgerückt wird, so schon RS 1982 Nr. 325; das Problem liegt in der Frage, ob Art. 12 anzuwenden sei, s. dort N 5.

8 Zur **Feststellung** des Zustands des Täters und zur Bindung des Richters an psychiatrische Gutachten s. Art. 13.

9 **Kasuistik**
Affekt: SJZ 62 (1966) Nr. 84.
Alkoholisierung: BGE 107 IV 5, 102 IV 226, 91 IV 68, 73 IV 211; AGVE 1980 Nr. 12, 1992 Nr. 33; Sem.jud. 1945 214; RS 1948 Nr. 1, 1960 Nr. 59, 1969 Nr. 3, 1975 Nr. 838; RVJ 1979 400, 1992 285; ZBJV 81 (1945) 142; eingehend REHBERG, recht 14 (1996) 83 ff., FLÜCK, BRANDENBERGER

a.a.O. Gemäss BGE 122 IV 50 f. kann als Faustregel zwischen 2 und 3 Promille eine Verminderung der Zurechnungsfähigkeit angenommen werden («Vermutung»), ab 3 Promille dürfte regelmässig Schuldunfähigkeit gegeben sein.

Drogen, Medikamente: BJM 1968 184, 1984 42, 1994 210.

Geistesschwäche: BGE 77 IV 214.

Hirnorganische Schädigung: BGE 78 IV 57.

Neurotische Fehlentwicklung: BGE 102 IV 226.

Psychopathie: BGE 78 IV 212, 98 IV 154, 100 IV 130; GVP-SG 1956 Nr. 37; Sem.jud. 1985 49 (BGer); RS 1975 Nr. 837; SJZ 54 (1958) Nr. 126; ZBJV 82 (1946) 226, 85 (1949) 131, 87 (1951) 39; ZR 45 (1946) Nr. 102, 68 (1969) Nr. 28.

Sexuell abweichendes Verhalten (wohl eher ein Syndrom für neurotische Fehlentwicklung): BGE 71 IV 193, 73 IV 210; 75 IV 148, 77 IV 216, 96 IV 98 (relevant höchstens ein quantitativ abnormer Trieb); RS 1943 Nr. 52, 1975 Nr. 838; SJZ 61 (1965) Nr. 79; ZR 42 (1943) Nr. 127; BJM 1968 184 i.V.m. Weckaminen.

12 Ausnahme

Die Bestimmungen der Artikel 10 und 11 sind nicht anwendbar, wenn die schwere Störung oder die Beeinträchtigung des Bewusstseins vom Täter selbst in der Absicht herbeigeführt wurde, in diesem Zustande die strafbare Handlung zu verüben.

E 10.2 NR, 11bis StR. StenNR 76 ff. StR 68. Vgl. auch Mat. zum Entwurf MStG: StenB 1921 StR 230 ff., 1924 NR 648, 1926 NR 763 ff.

MICHAEL HETTINGER, Die *«actio libera in causa»:* Strafbarkeit wegen Begehungstat trotz Schuldunfähigkeit? Berlin 1988, zum schweizerischen Recht *222 ff.;* JOACHIM HRUSCHKA, Methodenprobleme bei der Tatzurechnung trotz Schuldunfähigkeit des Täters. Zugleich eine Apologie des Art. 12 SchwStrGB, ZStrR 90 (1974) 48; GÜNTER STRATENWERTH, Vermeidbarer Schuldausschluss, in Gedächtnisschrift für Armin Kaufmann, Köln 1989, 485; **Lit.** vor Art. 10.

Actio libera in causa: Der Täter setzt gewissermassen sich selber als Tatmittler ein, TRECHSEL / NOLL 140. Die Umschreibung im Gesetz ist zu eng, entscheidend ist, dass der Täter «die Weichen für den ins Delikt führenden Geschehensablauf» schon in einem Zeitpunkt stellt, in dem ihm sein Verhalten zugerechnet werden kann, STRATENWERTH AT I § 11 N 39, BJM 1993 87.   1

Art. 10/11 sind unbeachtlich, wenn der Täter vorsätzlich im Hinblick auf ein strafbares Verhalten seine **Zurechnungsfähigkeit herabsetzt** – häufigstes Mittel ist Berauschung mit Alkohol oder anderen Drogen (s. z.B. BJM 1993 85), unter Art. 12 fiele aber auch das Auslösen einer auf Geisteskrankheit zurückzuführenden Psychose. Typisch das Sich-Mut-Antrinken, z.B. zu Brandstiftung, RS 1956 Nr. 85.   2

3   Der **Vorsatz** muss sich auf die Herabsetzung der Zurechnungsfähigkeit
und auf die Tat beziehen – im einzelnen STRATENWERTH AT I § 11 N 38.
Eventualdolus genügt, BGE 117 IV 295, BJM 1993 88, Sem.jud. 1960 81.
Eine vorsätzliche *actio libera in causa* liegt vor, wenn der Automobilist
beim Trinken «mindestens in Kauf nahm, dass er in angetrunkenem Zustand noch ein Fahrzeug lenken würde», BGer a.a.O, ebenso AGVE
1992 Nr. 33 S. 111. In BJM 1993 85 hatte der Täter in einem durch Rohyp-
nol verursachten Rauschzustand mehrere Vermögensdelikte begangen;
es wurde Eventualvorsatz angenommen, weil der Täter bereits einschlägig vorbestraft war – m.E. fehlte es i.c. am Erfordernis der *Bestimmtheit*
des Vorsatzes, welches BJM 1994 211 mit Recht betont. STRATENWERTH
AT I § 11 N 40 will eine vorsätzliche *actio libera in causa* auch dann annehmen, wenn sich der Täter «fahrlässig» in einen Rauschzustand versetzt, obwohl er weiss, dass er in diesem Zustand zu einer bestimmten Art
von Delikten neigt; anders BGE 117 IV 295, GRAVEN AT 239 f., REH-
BERG I 192, RIKLIN AT § 15 N 48.

4   BGE 85 IV 2 (Genoud) unterstellt entgegen dem Wortlaut auch die **fahrlässige** *actio libera in causa* Art. 12, bestätigt in BGE 93 IV 41, 104 IV 254,
117 IV 295, 120 IV 171; ebenso AGVE 1992 107 ff., BJM 1993 87, SJZ 52
(1956) Nr. 17. Hier ist allerdings Art. 12 völlig überflüssig, vgl. BGE 68 IV
20 (Dreyer; Verschlafen eines Stationsvorstands), AGVE 1976 Nr. 30
(Verletzung der Sorgfaltspflicht durch Übernahme bzw. Fortsetzen des
Dienstes als Lokomotivführer trotz Neigung zu Bewusstseinsstörungen
unbekannter Ursache). Zur fordern ist konkrete Vorhersehbarkeit, Neigung zu Gefühlsausbrüchen und Unbeherrschtheit genügen nicht, BGE
120 IV 171 (wer sich angetrunken ans Steuer setzt, braucht nicht vorauszusehen, dass er sich zu einer Verfolgungsjagd wird provozieren lassen),
93 IV 43, AGVE 1992 111 (Unfall und dessen Folgen sind voraussehbar
für den Fastnachtsbesucher, der sich betrinkt, obwohl er noch autofahren
wird), BJM 1994 211 (Drogensucht lässt evtl. allgemein eine spätere Be-
schaffungsdelinquenz voraussehbar erscheinen, nicht aber ein identifi-
zierbares Delikt), RS 1984 Nr. 634, SJZ 57 (1961) Nr. 26, Sem.jud. 1960
81, ZR 93 (1994) Nr. 33; zu streng BGE 85 IV 2 – voraussehbar, dass be-
trunkener Automobilist sich heimbringen lässt und dann listig doch noch
mit dem Wagen fährt, s. auch TRECHSEL / NOLL 141. Hätte der Automobilist erst im Zustand verminderter Zurechnungsfähigkeit erkennen können, dass er in zurechnungsunfähigem Zustand noch fahren würde, ist er
wegen fahrlässigen Fahrens in angetrunkenem Zustand schuldig zu sprechen, wobei die Strafe gemäss Art. 11 gemildert werden kann, BGE 117
IV 295 (B. hatte viel getrunken und begonnen, bei einem Berufskollegen
zu übernachten, erwachte aber nach 3 1/2 Stunden Schlaf, fuhr heimwärts
und verursachte einen Selbstunfall; zum gleichen Sachverhalt s. auch
BGE 118 IV 1). Das BGer behauptet (BGE 117 IV 296) weiter: «Ist …
fahrlässige ‹actio libera in causa› gegeben, hätte also der Fahrzeuglenker
zur Zeit, als er noch voll zurechnungsfähig war, bei pflichtgemässer Aufmerksamkeit voraussehen können, dass er in angetrunkenem Zustand

noch fahren würde, ist die Verminderung der Zurechnungsfähigkeit zur Zeit der Fahrt grundsätzlich beachtlich. Fahrlässige ‹actio libera in causa› schliesst bei vorsätzlicher Verübung der Tat im Zustand verminderter Zurechnungsfähigkeit die Anwendung von Art. 11 StGB nicht aus»; krit. REHBERG, recht 14 (1996) 83, SCHULTZ, ZBJV 129 (1993) 44; vgl. demgegenüber BGE 120 IV 171, wonach die Verminderung der Zurechnungsfähigkeit unbeachtlich ist, wenn der Täter zum Zeitpunkt, als er noch voll zurechnungsfähig war, die Tat bei pflichtgemässer Aufmerksamkeit hätte voraussehen können. Trifft dies zu, bleibt für die Anwendung von Art. 11 kein Raum, solange der Täter nicht ein völlig unvorhergesehenes Delikt begeht, z. B. eine Mitfahrerin sexuell belästigt. Die Schwierigkeit besteht in diesen Fällen darin, dass hinsichtlich der Tatsache des (späteren) Fahrens Fahrlässigkeit vorliegt, während der Täter sich vorsätzlich ans Steuer setzt – Autofahren ist immer eine vom Vorsatz getragene Tätigkeit, AGVE 1992 111, REHBERG, ZStrR 86 (1970) 122.

Art. 263 ist gegenüber Art. 12 subsidiär, BGE 93 IV 41, 104 IV 254;   5
AGVE 1992 111, RS 1975 Nr. 876.

VE 1993 Art. 14a will die Zurechnungsunfähigkeit nicht anerkennen,   6
wenn der Täter «den Ausschluss der Schuldfähigkeit vermeiden und dabei die im Zustand der Schuldunfähigkeit begangene Tat voraussehen konnte».

13 Zweifelhafter Geisteszustand des Beschuldigten

[1] **Die Untersuchungs- oder die urteilende Behörde ordnet eine Untersuchung des Beschuldigten an, wenn sie Zweifel an dessen Zurechnungsfähigkeit hat oder wenn zum Entscheid über die Anordnung einer sichernden Massnahme Erhebungen über dessen körperlichen oder geistigen Zustand nötig sind.**

[2] **Die Sachverständigen äussern sich über die Zurechnungsfähigkeit des Beschuldigten sowie auch darüber, ob und in welcher Form eine Massnahme nach den Artikeln 42–44 zweckmässig sei.**

Fassung gemäss BG vom 18.3.1971.

Zur Teilrevision 1971: Botsch. 1965 565, Sten.NR 1969 81 ff., 1970 516, StR 1970 84 f.

STEFAN BAUHOFER, Der Richter und sein Helfer, Psychiater oder Psychologen als Gutachter, Krim.Bull. 6 (1980) Heft 2, S. 3; VOLKER DITTMANN, Die Begutachtung bei Drogendelikten, Plädoyer 1/1991 44; KLAUS LAEMMEL, Der psychiatrische Gutachter im Spannungsfeld zwischen Richter, Anklage und Verteidigung, SJZ 90 (1994) 245; HANS-WERNER LEIBUNDGUT, Der Stellenwert des psychiatrischen Gutachtens im Strafverfahren und seine kriminalprognostischen Möglichkeiten, ZStrR 99 (1982) 159; **Lit.** vor Art. 10.

Art. 13 greift als Regel über die Beweisführung ins kantonale **Prozess-**   1
recht ein. Der Richter darf sich nicht selber «als Autodidakt der Psychia-

trie oder mit Hilfe psychiatrischer Lehrbücher» ein Urteil über den biologisch-psychologischen Zustand des Täters bilden, WAIBLINGER, ZBJV 96 (1960) 82, BGE 118 IV 7, 116 IV 273 f., 98 IV 157, GVP-SG 1990 Nr. 60. Art. 13 verbietet grundsätzlich auch die Annahme verminderter Zurechnungsfähigkeit ohne Begutachtung, BGE 118 IV 7, 116 IV 274, 107 IV 6, 106 IV 242, Sem.jud. 1973 268, WAIBLINGER a.a.O.; anders JdT 1970 III 119, 121, ZR 49 (1950) Nr. 76, vgl. auch BGE 84 IV 138 (Grob). Wurde Art. 11 in dem von der Verteidigung beantragten Masse berücksichtigt, fehlt jedoch die Beschwer, BGE 106 IV 242.

2   Voraussetzung der Begutachtungspflicht ist, dass **«ernsthafter Anlass zu Zweifeln»** besteht, BGE 116 IV 274, «etwa ein Widerspruch zwischen Tat und Täterpersönlichkeit oder völlig unübliches Verhalten», bei früherer psychiatrischer Behandlung oder Befunden wie Epilepsie, Zurückgebliebensein, Schwachsinn, Hirnschäden, altersbedingter Abbau, «wenn die Tatausführung auffällige Eigenheiten zeigt oder die Tat mit der bisherigen Lebensführung unvereinbar erscheint», bei wiederholten Sexualdelikten, Kriminalität nach Klimakterium, Affektzuständen, Selbstmordversuchen, BGE a.a.O.; s. auch 98 IV 157, 102 IV 75 (Conconi), 106 IV 242, strenger noch 78 IV 55, 211 (Knechtle), 88 IV 51 (Schwendimann), GVP-SG 1990 Nr. 60 (mit reichhaltigem Katalog der Kriterien); Kasuistik in N 10. Liegt ein früheres Gutachten vor, so darf darauf abgestellt werden, wenn nicht inzwischen veränderte Verhältnisse ernsthafte Zweifel wecken, BGE 88 IV 51 (verneint nach 8 Jahren), 106 IV 238 f. (verneint nach 3 Jahren); RS 1975 Nr. 893. Die Verteidigung kann zum Erregen von Zweifeln einen ärztlichen Bericht einlegen, RS 1949 Nr. 91, 1953 Nr. 1.

3   Die Frage, ob eine **Massnahme** anzuordnen sei, begründet selbständig eine Begutachtungspflicht, BGE 84 IV 138, 101 IV 128 (Pfister), 115 IV 92, 116 IV 101, 118 IV 105. Den grossen Ermessensspielraum des kantonalen Richters betont das BGer in Sem.jud. 1991 26.

4   Ein Anspruch auf **«ausreichende Begutachtung»** ist gemäss BGE 106 IV 99, 105 IV 163, 103 Ia 57 (in Abänderung von BGE 96 I 71 [Kiefer]) Art. 13 nicht zu entnehmen – die Bestimmung gebe keinen Anspruch auf eine *Oberexpertise.* Dem ist entgegenzuhalten, dass der Pflicht aus Art. 13 nicht Genüge getan ist, wenn nach einer ersten, unzureichenden Begutachtung ernsthafte Zweifel bestehen bleiben, vgl. auch N 9.

    Zur Begutachtung aus psychiatrischer Sicht DITTMANN a.a.O., FURGER, AJP 1 (1992) 1123 ff., LAEMMEL a.a.O.

5   Art. 13 verlangt ein **Gutachten;** ob auch das von der Verteidigung eingereichte genügt, liegt im Ermessen des Richters, BGE 72 IV 63 (Schmid), 113 IV 1. Das blosse Zeugnis des behandelnden Arztes genügt nicht, RS 1983 Nr. 415, ebensowenig das Gutachten aus einem Verfahren auf Entmündigung gemäss ZGB Art. 369, ZBJV 82 (1946) 227.

6   Im **Wiederaufnahmeverfahren** gilt gemäss BGE 101 IV 249 (vgl. auch Rep. 1989 28) Art. 13 jedenfalls dann, wenn mit der Verminderung der

Zurechnungsfähigkeit eine neue Tatsache behauptet wird, die geeignet ist, zu erheblich milderer Bestrafung zu führen *(in casu* durfte das Gericht auf zwei neuere Gutachten abstellen, die auch für die fragliche Tat schlüssig waren). Das Urteil weicht implizit ab von BGE 78 IV 54, wonach die Pflicht im Wiederaufnahmeverfahren nicht besteht, s. auch BGE 77 IV 216, 76 IV 38, 73 IV 46 (Regazzoni). Das kantonale Prozessrecht bestimmt, ob gegebenenfalls eine Begutachtung im Wiederaufnahme- oder im wiederaufgenommenen Verfahren stattfinden soll, BGE 73 IV 46.

Gegenstand der Begutachtung bildet in erster Linie der *biologisch-psy-*   7
chologische Zustand des Täters sowie dessen Auswirkungen; es obliegt
dagegen *nur dem Richter*, den Rechtsbegriff der *Zurechnungsfähigkeit* zu
handhaben, BGE 75 IV 148, 81 IV 8 (Wenger). Eine scharfe Trennung
der Aufgaben ist allerdings schwierig – es darf dem Psychiater nicht verwehrt werden, seine Meinung zu äussern, wenn auch die Entscheidungsverantwortung letztlich beim Richter bleibt, Dubs 340 f.

Die **Bindung** des Richters **an das Gutachten** ist als Frage der Beweiswür-   8
digung nach den Regeln über Willkür zu beurteilen: Er darf abweichen,
«wenn wirklich gewichtige zuverlässig begründete Tatsachen oder Indizien deren Überzeugungskraft ernstlich erschüttern», BGE 101 IV 130;
vgl. auch 107 IV 8, 102 IV 226 f.; BJM 1993 86; Sem.jud. 1985 49, 1977 421,
1973 134, 1964 161; die Ungebundenheit wird unter Hinweis auf BStP
Art. 249 stärker betont in BGE 96 IV 98, 75 IV 148, RS 1984 Nr. 676. Der
Richter kann auch in Abweichung vom Experten Art. 11 bejahen, BGE
81 IV 7 (mit Anordnung einer Massnahme nach Art. 14, jetzt 43.1 II!).

Verfahrensfragen: Der Kassationshof überprüft eine behauptete Verlet-   9
zung von Art. 13 auch dann, wenn vor dem Sachrichter keine entsprechende Behauptung vorgetragen wurde, BGE 102 IV 75 (Conconi), anders Rep. 1976 121; Sem.jud. 1960 81.

    Nichtigkeitsbeschwerde ist zu erheben, wenn der Richter das Vorliegen der Voraussetzungen gemäss Art. 13 verkennt oder zu Unrecht bestreitet, oder trotz Anerkennung der Voraussetzungen vom Anordnen einer Begutachtung absieht, RS 1985 Nr. 861, oder wenn er eine obligatorische Begutachtung (Art. 43.1 III) unterlässt. Wurde ohne Gutachten mindestens die behauptete Veminderung zugebilligt, fehlt die Legitimation, BGE 106 IV 242, 117 IV 297, was nicht bedeute, dass der Richter generell ohne Gutachten verminderte Zurechnungsfähigkeit annehmen dürfe, BGE 119 IV 124. Richtet sich die Kritik jedoch gegen das Gutachten selber, z.B. wegen mangelnder Qualifikation oder Voreingenommenheit des Experten, wegen innerer Widersprüche, wegen ungenügender Berücksichtigung relevanter Tatsachen oder wegen vom Sachverhalt nicht gestützter Feststellungen, so wird die Beweiswürdigung angefochten, was mit **staatsrechtlicher Beschwerde** zu rügen ist. Dasselbe gilt für den Vorwurf, es hätte eine Oberexpertise angeordnet werden sollen, BGE 103 Ia 57 f. in Abweichung von 96 I 71; ebenso BGE 105 IV 163, 106

IV 100, 238, 107 IV 4; JdT 1954 III 60; Sem.jud. 1985 49, 1986 76, ZR 64 (1965) Nr. 56; ähnlich die frühere Praxis, BGE 78 IV 211, 81 IV 8, 96 IV 98, 101 IV 125, 129, 102 IV 227.

JdT 1990 III 28 ff. betont mit Recht die Bedeutung der (amtlichen) Verteidigung, wenn die Zurechnungsfähigkeit zweifelhaft ist.

10 **Kasuistik**
Eine Pflicht zur Begutachtung wurde *bejaht* bei einem *Sexualdelinquenten* mit möglicherweise abnorm starkem Geschlechtstrieb, **BGE 71 IV 193;** bei einem wegen *Geisteskrankheit* nach Art. 369 ZGB bevormundeten Täter, **BGE 72 IV 63;** bei einer Frau, die mit ihrer schizophrenen Tochter zusammenlebt, **BGE 98 IV 157;** bei *Drogensüchtigen,* sofern nicht überzeugende Gründe gegen die Begutachtung vorliegen, **BGE 102 IV 76, 106 IV 243, Rep. 113 (1980) 359; RS 1980 Nr. 971; Sem.jud. 1986 77** (BGer – *in casu* keine Begutachtung); anders BJM 1978 309; s. auch Weiss, ZStrR 95 (1978) 206; bei einem gewalttätigen Psychopathen, bei dem schon vor über 15 Jahren eine verminderte Zurechnungsfähigkeit angenommen worden war, **BGE 116 IV 275;** bei Bestehen einer möglicherweise psychogenen schweren Hautallergie, **BGE 118 IV 7 ff;** *Verneint* bei Arbeitsscheu verbunden mit sicherem Auftreten, **BGE 69 IV 53** (Rubi); bei epileptiformen Anfällen, aber nicht zur Tatzeit, **BGE 73 IV 212** (Guggenheim); bei *Angetrunkenheit,* **BGE 91 IV 68, 107 IV 4 f.,** insbesondere bei einer BAK von über 2 Gewichtspromille, wenn der Richter Verminderung in mittlerem Grade zubilligen will, **BGE 117 IV 296 f.;** bei 2,39 – 3,0 Gewichtspromille und Fehlen weiterer Indizien – Annahme einer mittleren bis schweren Herabsetzung, **BGE 119 IV 122,** s. auch **BGE 122 IV 50 f.** – Arzt 393 hält Begutachtung von alkoholisierten Tätern für «selbstverständlich»; bei überdurchschnittlicher sexueller Aktivität eines Notzuchttäters, **BJM 1986 336;** bei umsichtiger Planung der Tat, **GVP-SG 1990 Nr. 60.** Für statistische Befunde s. Laemmel 247.

14–17

Aufgehoben (Art. 16) bzw. ersetzt durch Art. 43 (Art. 14, 15) und 45 (Art. 17), gemäss BG vom 18. 3. 1971.

3. Schuld

VE 1893 Art. 12 ff., Mot. 26 ff. VE 1894 Art. 11 f., Mot. 128 f. 1. ExpK I 62 ff., II 377 ff. VE 1908 Art. 19 ff. Erl.Z. 47 ff. 2. ExpK I 144 ff., 200 ff., VIII 179 ff. VE 1916 Art. 19 ff. E Art. 16 ff. Botsch. 10. Sten.NR 87 f., StR 63

18 Vorsatz und Fahrlässigkeit

[1]**Bestimmt es das Gesetz nicht ausdrücklich anders, so ist nur strafbar, wer ein Verbrechen oder ein Vergehen vorsätzlich verübt.**

²**Vorsätzlich verübt ein Verbrechen oder ein Vergehen, wer die Tat mit Wissen und Willen ausführt.**

³**Ist die Tat darauf zurückzuführen, dass der Täter die Folge seines Verhaltens aus pflichtwidriger Unvorsichtigkeit nicht bedacht oder darauf nicht Rücksicht genommen hat, so begeht er das Verbrechen oder Vergehen fahrlässig. Pflichtwidrig ist die Unvorsichtigkeit, wenn der Täter die Vorsicht nicht beobachtet, zu der er nach den Umständen und nach seinen persönlichen Verhältnissen verpflichtet ist.**

E 16. Sten.NR 87, 88, StR 63. Vgl. auch 1. ExpK II 377 ff., 2. ExpK I 145 ff.

HEIDI AFFOLTER-EIJSTEN, Die Absicht im Strafrecht unter besonderer Berücksichtigung des Willensmomentes und des Motivs, Diss. ZH 1983; PIERRE ANTONIOLI, *Quelques cas récents de responsabilité pénale en matière d'accidents de ski*, ZStrR 99 (1982) 129; GUNTHER ARZT, Vorsatz und Fahrlässigkeit, recht 6 (1988) 66; DERS., 50 km/h innerorts – zu schnell? Dogmatische Bemerkungen zu BGE 121 IV 286, SJZ 92 (1996) 305; GREGOR BENISOWITSCH, Die strafrechtliche Beurteilung von Bergunfällen, Diss. ZH 1993; MICHEL CARRARD, *La responsabilité pénale en matière d'accidents du travail*, ZStrR 104 (1987) 276; BERNARD CORBOZ, *L'homicide par négligence*, Sem.jud. 1994 169; OLIVIER CORNAZ, *Intention, dessein, mobile*, JdT 1958 66; JEAN DARBELLAY, *Théorie générale de l'illicéité en droit civil et en droit pénal*, Fribourg 1955; ANDREAS DONATSCH, Sorgfaltsbemessung und Erfolg beim Fahrlässigkeitsdelikt, Zürich 1987; DERS., Garantenstellung und Sorgfaltsbemessung beim fahrlässigen Erfolgsdelikt, recht 6 (1988) 128; DERS., Die Selbstgefährdung des Verletzten im Strafrecht, ZStrR 105 (1988) 361; DERS., Gedanken zum strafrechtlichen Schutz des Sportlers, ZStrR 107 (1990) 400; DERS., Sicherungspflicht abseits der Pisten? ZGRG 1990 80; HANS DUBS, Die fahrlässigen Delikte im modernen Strafrecht, ZStrR 78 (1962) 31; DERS., Kann im Strafrecht auf das Kriterium der Adäquanz des Kausalzusammenhangs verzichtet werden? in Mélanges en l'honneur du Professeur Jean Gauthier, Sonderband ZStrR 114 (1996) 23; PAUL EHRSAM, Bewusstsein der Rechtswidrigkeit und Vorsatz im schweizerischen Strafgesetzbuch, SJZ 41 (1945) 229; FRÉDÉRIC FITTING, *Intention dolosive et erreur de droit*, JdT 1953 IV 2; STEFAN FLACHSMANN, Fahrlässigkeit und Unterlassung, Diss. ZH 1992; ERWIN R. FREY, Reobjektivierung des Strafrechts im Zeitalter der Technik, in Festschrift zum Zentenarium des Schweizerischen Juristenvereins, 1961, 269; JÜRG FURGER, Unrechtbewusstsein, Bewusstsein der Rechtswidrigkeit, Rechtsirrtum, Diss. ZH 1958; JEAN GAUTHIER, *La réglementation pénale de l'erreur en droit suisse,* in Recueil des travaux suisses présentés au Xᵉ Congrès international de droit comparé, Basel 1979, 261; ANDREAS GERBER, Strafrechtliche Aspekte von Lawinen- und Bergunfällen, unter Berücksichtigung der schweizerischen Gerichtspraxis, Diss. ZH 1979; OSKAR A. GERMANN, Vorsatzprobleme, dargestellt auf Grund kritischer Analyse der neueren Judikatur des Schweizerischen Bundesgerichts, ZStrR 77 (1961) 345; MAX GRAF, Über das Verhältnis von Unrechtsbewusstsein und Vorsatz, ZStrR 60 (1946) 363; JEAN GRAVEN, *Comment le droit suisse réprime-t-il les infractions par négligence?* RICPT 20 (1966) 171; DERS., *Les délits de négligence en droit pénal suisse,* RIDP 1979 344; MARTIN GSCHWIND, Zur Kriminologie des Vorsatzes, FS Germann, Bern 1961, 59; BEATRICE GUCKELBERGER, Die Absichtsdelikte des schweizerischen Strafgesetzbuches, Diss. BE 1968; WERNER GULDIMANN, Fahrlässigkeit bei Flugunfällen, SJZ 56 (1960) 17; MATTHIAS HEIERLI, Die Bedeutung des Vertrauensprinzips im Strassenverkehr und für das Fahrlässigkeitsdelikt, Diss. ZH 1996; GUIDO JENNY, Tatbestands- und Verbotsirrtum im Nebenstrafrecht, ZStrR 107 (1990) 241; MONIKA KÖLZ-OTT, Eventualvorsatz und Versuch, Diss. ZH 1974; FRANCIS MEYER,

Le problème posé dans le droit pénal moderne par le développement des infractions non intentionelles, RIDP 32 (1961) 1107; PETER NOLL, Das Unrechtsbewusstsein im schweizerischen Strafrecht, in Schweizerische Beiträge zum IV. Internationalen Kongress für Rechtsvergleichung, Genf 1954, 209; FERDINAND OEHEN, Die Entwicklung der strafrechtlichen Schuldlehre in der schweizerischen Literatur seit 1890, Diss. FR 1960; WILLY PADRUTT, Grenzen der Sicherungspflicht für Skipisten, ZStrR 103 (1986) 384; JÖRG REHBERG, Zur Lehre vom «Erlaubten Risiko», Diss. ZH 1962; DERS., Kolloquium über Probleme bei Fahrlässigkeitstaten, Kriminalistik 1975 560, 1976 36; MARKUS REINHARDT, Die strafrechtliche Bedeutung der FIS-Regeln, Diss. ZH 1976; ROBERT ROTH, *Le droit pénal face au risque et à l'accident individuels,* Laus. 1987; MAGDALENA RUTZ, Abgrenzungs- und Konkurrenzprobleme zwischen fahrlässigem Begehungs- und Unterlassungsdelikt, ZStrR 88 (1972) 81; DIES., Der objektive Tatbestand des Fahrlässigkeitsdelikts, ZStrR 89 (1973) 358; FORTUNAT SALIS, Die Bedeutung des Erfolges im schweizerischen Strafrecht, Diss. ZH 1949; EDGAR SCHMID, Die strafrechtliche Verantwortlichkeit bei Betriebsunfällen, ZStrR 104 (1987) 310; MARTIN SCHUBARTH, Sicherheitsdispositiv und strafrechtliche Verantwortlichkeit im Eisenbahnverkehr, SJZ 92 (1996) 37; HANS SCHULTZ, Bemerkungen zur Fahrlässigkeit im Strafrecht des Strassenverkehrs, in Festschrift ASSISTA 1968–1978, Genf 1979, 39; PAUL SCHWARTZ, Adäquate Kausalität und Verschuldenshaftung, BJM 1970 1; JEAN-MARC SCHWENTER, *De la faute sportive à la faute pénale,* ZStrR 108 (1991) 321; HANS-KASPAR STIFFLER, Verkehrssicherungspflicht für Variantenskiabfahrten? Bemerkungen zum BGE 115 IV 189, SJZ 87 (1991) 77; DERS., Die Verkehrssicherungspflicht für Skiabfahrten, ZGRG 1992 2; GÜNTHER STRATENWERTH, Grundfragen des Verkehrsstrafrechts, BJM 1966 53; DERS., Zur Individualisierung des Sorgfaltsmassstabes beim Fahrlässigkeitsdelikt, in FS Jescheck, Berlin 1985, 285; WERNER STAUFFACHER, Die Teilnahme am fahrlässigen Delikt, Diss. ZH 1980; BRUNO SUTER, Fahrlässige Verletzung und Gefährdung im Verkehrsstrafrecht, Diss. ZH 1976; HANS VEST, Vorsatznachweis und materielles Strafrecht, Diss. BS 1986; HANS WALDER, Probleme bei Fahrlässigkeitsdelikten, ZBJV 104 (1968) 161; DERS., Die Fahrlässigkeit im Strassenverkehr, in Rechtsprobleme des Strassenverkehrs, Bern 1975 37; DERS., Die Kausalität im Strafrecht, ZStrR 93 (1977) 113; ALICE YOTOPOULOS-MARANGOPOULOS, *Les mobiles du délit,* Paris 1973; ALBERT ZOLLER, Die Abgrenzung des dolus eventualis von der bewussten Fahrlässigkeit in der Praxis, Diss. FR 1946.

Die Angaben zu Strassenverkehr, Sport (insb. Skisport), Bauwesen usw. stellen nur eine Auswahl dar – im übrigen sei auf die Spezialliteratur verwiesen.

1   Abs. 1 schafft die **gesetzliche Vermutung,** dass grundsätzlich nur Vorsatztaten strafbar sind. Gemäss Art. 102 gilt sie auch für Übertretungen des StGB, während Art. 333 III für Übertretungen des Nebenstrafrechts die Vermutung umkehrt; dort kann Strafbarkeit wegen Fahrlässigkeit allerdings auch ausgeschlossen werden, wenn sich dies aus dem Sinn der Bestimmung ergibt.

2   Vorsatz und Fahrlässigkeit werden nach der Gesetzgebungssystematik (Marginale) und der älteren Literatur, GERMANN, Verbrechen, 175, HAFTER AT 114, SCHULTZ I 187, SCHWANDER Nr. 90, usw. als **Schuldformen** angesehen, während die neuere Lehre darin in Anlehnung an die deutsche Doktrin ein **Element des Unrechtstatbestandes** erblickt, DONATSCH, Sorgfaltsbemessung, 25 f., REHBERG I 60 ff., RIKLIN AT § 13

N 49 ff., STRATENWERTH AT I § 9 N 46 ff., TRECHSEL / NOLL 61, 84, anders aber GRAVEN AT 60, 168 ff.

Vorsatz

Abs. 2 definiert den **Vorsatz** als Kombination von Wissen und Wollen.   **3** Kern des Begriffs ist das affektive Merkmal des Willens, das eine Erkenntnis aller wesentlichen Elemente des Tatbestands voraussetzt.

Mit **«Wissen»** ist nicht nur ein akutes und reflektiertes Bewusstsein   **4** gemeint; es genügt, dass dem Täter die wesentlichen Umstände im Sinne eines Begleitwissens mitbewusst sind, SCHULTZ I 190, STRATENWERTH AT I § 9 N 72 mit Hinweis auf PLATZGUMMER.

Gegenstand des Vorsatzes ist die Gesamtheit der *objektiven Tatbestands-*   **5** *merkmale,* also Tatobjekt, Tatmittel, Täterhandlung, allenfalls weitere wesentliche Umstände, wie die Voraussetzungen für Strafausschliessungsgründe, BGE 117 IV 270, und der Kausalzusammenhang. Eine Abweichung des wirklichen vom vorgestellten Kausalverlauf ist nur von Bedeutung, «wenn die irrige Vorstellung die Schwere der Tat und das Mass des Verschuldens des Täters in einem anderen Lichte erscheinen lässt», BGE 109 IV 97; *in casu* war nicht wesentlich, dass der Täter das Opfer niederschlug und ihm dann in der irrigen Vorstellung, es sei tot, den Kopf abtrennte. Ein sicheres Wissen ist entgegen BGE 96 IV 99 (Würsch) nicht erforderlich, TRECHSEL / NOLL 95.

Normative Tatbestandsmerkmale, z.B. «pornographisch» (Art. 197),   **6** sind bisweilen so unscharf begrenzt, dass auch der Fachmann nicht ohne Mühe erkennen kann, ob das Merkmal vorliegt oder nicht. Hier genügt es, «wenn der Täter den Tatbestand so verstanden hat, wie es der landläufigen Anschauung eines Laien entspricht (sog. *Parallelwertung in der Laiensphäre)»,* BGE 99 IV 59; s. auch BGE 100 IV 237 (Dietrich und Kons.), alle zu aArt. 204 (BGE 99 IV 185 [Stocker], 250 [Kunzi] behandeln den Irrtum über die Unzüchtigkeit eines Films dagegen als Verbotsirrtum); ein normatives Tatbestandsmerkmal ist auch das «offensichtliche Missverhältnis», Art. 157 (aber anders BGE 80 IV 21 [Weyeneth und Flückiger]). Wurde die Parallelwertung vollzogen, so sind weitergehende juristische Überlegungen bedeutungslos – bei unzutreffenden Überlegungen spricht man von einem rechtlich unerheblichen *Subsumtionsirrtum,* BGE 114 IV 172, 112 IV 137 f., dazu STRATENWERTH AT I § 9 N 70, s. auch Art. 20 N 3.

Ob auch das **Bewusstsein der Rechtswidrigkeit** zum Vorsatz gehöre, ist   **7** umstritten. Bejahend vor allem die ältere Literatur: DARBELLAY 141, EHRSAM a.a.O., FITTING a.a.O., FURGER 84, 265 f., GERMANN, Verbrechen, 176, HAFTER AT 124, OEHEN 81 ff., v. SALIS 24, SCHULTZ I 191 ff., SCHWANDER Nr. 182; verneinend die Praxis: BGE 115 IV 221, 107 IV 192, 207, 104 IV 182 (Adams), 99 IV 58 f. m.w.Hinw.; (vgl. aber 99 IV 107 E. 1 c: der Täter war «sich der Widerrechtlichkeit seines Tuns bewusst und [hat] demzufolge vorsätzlich gehandelt»), ZR 76 (1977) Nr. 35, RS

1970 Nr. 5, RVJ 1990 193, SJZ 55 (1959) Nr. 126, 70 (1974) Nr. 34; verneinend auch die neuere Literatur: GAUTHIER 265 f., GRAF 374, GRAVEN
AT 185, LOGOZ/SANDOZ 91, REHBERG I 198, RIKLIN AT § 16 N 14, 16,
STRATENWERTH AT I § 11 N 58 ff., TEORMANN/v. OVERBECK N 14 zu
Art. 18, TRECHSEL/NOLL 96. Art. 20 führt zu der dogmatisch nicht ganz
überzeugenden Lösung, dass Art. 18 II ein Bewusstsein der Rechtswidrigkeit nicht verlangt (Schuldtheorie); die Ablehnung der Vorsatztheorie
ist vor allem auf die Befürchtung von Beweisschwierigkeiten zurückzuführen, anders STRATENWERTH AT I § 11 N 58. JENNY 251 ff. befürwortet
eine «flexible» Schuldtheorie für das Nebenstrafrecht, um die «Rechts-
fahrlässigkeit» sachgerecht erfassen zu können. *VE 1993* Art. 15 folgt
der Schuldtheorie.

8   *A fortiori* ist **Kenntnis der Strafbarkeit** nicht gefordert, BGE 107 IV 207;
     abweichend ZR 76 (1977) Nr. 35, wo für den Anstiftervorsatz Kenntnis
     der Strafbarkeit der Haupttat verlangt wird.

9   Das Wissen muss sich nicht auf die **Auslegung von Qualifikationsmerk-
     malen** erstrecken, BGE 105 IV 182 (zwei Mitglieder können eine
     «Bande» i.S.v. Art. 139.3 bilden).

10   Nicht erforderlich ist Wissen um **subjektive Tatbestandsmerkmale**, gege-
     benenfalls aber um deren Gegenstand, z.B. die beabsichtigte Bereiche-
     rung und ihre Unrechtmässigkeit.

11   Vorsatz braucht **objektive Strafbarkeitsbedingungen** nicht zu erfassen.

12   Der **Wille** muss als *Verwirklichungswille* auf die Realisierung aller *tat-
     bestandsrelevanten Umstände* gerichtet sein. Auf das Motiv kommt es
     grundsätzlich nicht an, BGE 101 IV 66, 100 IV 182 f. (Demuth und Hugg-
     ler). *Dolus directus* liegt auch vor, wenn es dem Täter nicht direkt um die
     Begehung der strafbaren Handlung geht und diese nur «mitgewollt» ist,
     BGE 99 IV 60, 98 IV 66 (Bing), wenn es ihm z.B. bei Widerhandlung ge-
     gen das UVG nur darum ging, Vorschriften des ANAG zu missachten,
     BGE 119 IV 194, s. auch BGE 119 IV 3.

13   **Eventualvorsatz,** *dolus eventualis,* liegt nach ständiger Rechtsprechung
     vor, wenn der Täter die Verwirklichung eines Tatbestandes zwar nicht
     mit Gewissheit voraussieht, aber doch ernsthaft für möglich hält, und die
     Erfüllung des Tatbestandes für den Fall, dass sie eintreten sollte, auch
     will, BGE 69 IV 80, 72 IV 125, 74 IV 47, 83, 75 IV 6 (Langenegger), 79 IV
     34 (Arnold), 80 IV 191, 81 IV 202, 84 IV 128 (Fleurier Watch Co. S.A. c.
     Beuret), 86 IV 11 (Zimmermann), 17, 92 IV 69, 96 IV 101, 99 IV 62, 103
     IV 68, 104 IV 36, 105 IV 14, 177, 109 IV 151, 117 IV 192, 119 IV 3, 121 IV
     253. Die Ungewissheit kann sich auf den Erfolgseintritt beziehen, z.B.
     Eintritt des Todes, BGE 103 IV 66, oder auf andere Tatbestandsmerk-
     male, z.B. Schutzalter, BGE 75 IV 5, oder Richtigkeit von Angaben,
     BJM 1996 92.
         Nach der ältern Praxis und Lehre liegt der Unterschied zum *dolus
     directus* nur auf der *Wissensseite,* BGE 86 IV 11, 96 IV 99, 105 IV 14, 109

IV 151, AGVE 1984 Nr. 23, RS 1976 Nr. 54; FLACHSMANN 38, GERMANN 380, SCHULTZ I 196, DERS. ZBJV 103 (1967) 420. *Richtigerweise* ist die Unterscheidung auf der *Willensseite* zu suchen: Bei *dolus eventualis* ist die Erfüllung des Tatbestandes nur noch ganz knapp gewollt, LGVE 1987 I Nr. 51, vgl. STRATENWERTH AT I § 9 N 100, 104, TRECHSEL/NOLL 89.

Die **Umschreibung des Willenselementes** hat denn auch zu erheblichen   14
Kontroversen Anlass gegeben – eine ältere Praxis, vgl. insbesondere BGE 86 IV 17 (Cretenoud) verlangte ein *«Billigen»*, dagegen GERMANN 363 ff., 374 ff., SCHULTZ I 196, DERS. ZBJV 103 (1967) 418 ff., WAIBLINGER, ZBJV 93 (1957) 345. BGE 96 IV 99 übernimmt mit eingehender Begründung die bereits früher (z.B. BGE 74 IV 83) verwendete Formulierung, wonach der Täter die Tatbestandserfüllung *in Kauf nehmen, hinnehmen, sich damit abfinden* muss, auch wenn sie durchaus nicht seinen Wünschen entspricht, also nicht gebilligt wird; bestätigt in BGE 103 IV 68, 104 IV 36, 109 IV 151, 119 IV 3, 121 IV 253; ebenso SJZ 67 (1971) Nr. 108, RS 1971 Nr. 89, AGVE 1985 Nr. 21. Bewusste Fahrlässigkeit ist demgegenüber «bewusste Verneinung des Erfolgseintrittes», BGE 96 IV 101.

Praktisch dient das Institut des Eventualvorsatzes vor allem als **Beweis-**   15
hilfe zum Schluss vom Wissen auf das Wollen, «wenn sich dem Täter der Eintritt des Erfolges als so wahrscheinlich aufdrängte, dass sein Handeln vernünftigerweise nicht anders denn als Billigung dieses Erfolges ausgelegt werden kann», sofern nicht «Gegenindizien diesen Schluss entkräften», BGE 69 IV 80; ebenso 72 IV 125, 74 IV 47, 83, 80 IV 191, 81 IV 203, 84 IV 128, 92 IV 67, 99 IV 62, 101 IV 46, 104 IV 36 f., 109 IV 140, AGVE 1984 Nr. 23, BJM 1997 33, LGVE 1987 I Nr. 51, PKG 1983 Nr. 13, RB TG 1994 Nr. 13, SJZ 67 (1971) Nr. 108, 85 (1989) Nr. 63, kritisch ARZT 67 f. BGE 119 IV 3 bestätigt, dass je höher die Wahrscheinlichkeit des Erfolgseintritts, desto eher auf Inkaufnahme des Erfolges geschlossen werden dürfe. Bei Steuerhinterziehung wird ohne weiteres von der Kenntnis auf den Willen geschlossen, RDAF 1994 387. Eingehende Begründung zum Eventualvorsatz bei Schüssen in EGV-SZ 1992 Nr. 32; anschaulich die Befragung des Angeklagten anlässlich der Hauptverhandlung vor Geschworenengericht, wiedergegeben in ZR 96 (1997) Nr. 9; für die Jagd PKG 1991 Nr. 39. Zum Eventualvorsatz bezüglich der einfachen Körperverletzung bei einem sportlichen Wettkampf s. BGE 121 IV 253 ff., zur Bedeutung von Verdachtsmomenten BGE 122 IV 125. Wirklichkeitsfremd erscheint aber das u.ö. Urteil des BGer vom 6. 10.1986 i.S. L., wo einem Automobilisten, der infolge extrem hoher Geschwindigkeit (mindestens 240 km/h) einen tödlichen Unfall verursachte, Eventualvorsatz zugeschrieben wird, dazu kritisch GUIGNARD, JdT 1988 IV 131.

Kasuistik zum Eventualvorsatz   16
BGE 69 IV 75: Elsasser unterstützt Herbig beim Verkauf von nicht lieferbarem Zucker und nimmt dabei in Kauf, dass Kunden geschädigt werden und ihm ungerechtfertigte Bereicherung erwächst; **72 IV 121:**

Schmid, stark überschuldet, nimmt in Kauf, dass er ein betrügerisch aufgenommenes Darlehen nicht rechtzeitig wird zurückzahlen können; **74 IV 41: Schödler** begünstigt den Gläubiger Hagenbucher im Bewusstsein, «dass er sehr wahrscheinlich nicht alle Gläubiger voll werde befriedigen können»; **74 IV 81: Rohrbach** schlägt Gerber «mit brutaler Wucht die Faust ins Gesicht», und nimmt damit zumindest eine einfache Körperverletzung in Kauf; **80 IV 184: Scarpellini** sorgt als Arbeitgeber nicht dafür, dass er die Mittel zur Leistung der AHV-Beiträge für seine Arbeiter am letzten Tag der Mahnfrist beisammen hat und nimmt damit die Verletzung von AHVG Art. 87 Abs. 3 in Kauf; **81 IV 198: Stierli** schreitet als Wirt zwar ein, wenn unerlaubte Glücksspiele veranstaltet werden, unterlässt aber genügend strenge Anweisungen an das Personal und nimmt so in Kauf, dass während seiner Abwesenheit gespielt wird; **86 IV 13: Cretenoud** vernachlässigt die Führung des ihm anvertrauten Kiosks und nimmt Schädigung der Schmidt-Agence S.A. in Kauf; **92 IV 65: Regamey** liess sich von Dubaux Vorschüsse leisten im Hinblick auf die Übertragung der Verwaltung einer Liegenschaft, wobei die Vorinstanz nicht hinreichend abgeklärt hatte, ob die Erfolgsaussichten so gering waren, dass Schädigungseventualvorsatz angenommen werden konnte; **99 IV 57: Gass** zeigte offensichtlich unzüchtige Filme und musste damit den Tatbestand von Art. 204 auch wollen; **104 IV 35: H.,** einschlägig vorbestraft, nahm durch die Fahrt zu einem Anlass, von dem er wusste, dass er mit Alkoholkonsum verbunden sein würde, in Kauf, dass er angetrunken zurückfahren werde, ähnlich BJM 1965 151, zust. SCHULTZ, ZBJV 115 (1979) 550 f., krit. STEFFEN, SJZ 78 (1982) 233; **105 IV 173: W.** war nicht nachgewiesen, dass er als einziges Verwaltungsratsmitglied der G. AG vom Vorhandensein unzüchtiger Schriften im Sortiment wusste, deshalb war ein Schluss auf Eventualdolus nicht zulässig; **109 IV 147:** Eventualdolus beim Verkäufer verbotener Funkgeräte nur, wenn der Verkäufer mit Missbrauch durch einen konkreten Käufer rechnen muss; **119 IV 1: J.** schlug sein Kind so heftig, dass es einfache Körperverletzungen erlitt, aber nichts liess darauf schliessen, dass er mehr als eine Tätlichkeit verursachen wollte; **119 IV 242:** Versicherungstreuhänder **S.** musste damit rechnen, dass 205 000 Franken, die ihm G. zum Anlegen in bar übergeben hatte, aus einem Verbrechen stammten; **122 IV 103** betraf die Lieferung von Kriegsmaterial an den Irak: **G.,** der verantwortliche Produktionsleiter, hätte den wahren Verwendungszweck der unter seiner technischen Leitung hergestellten Gegenstände intensiver hinterfragen müssen – fahrlässige Widerhandlung gegen das Kriegsmaterialgesetz (E. IV 2); **M.** hatte, obwohl er vom Verdacht auf Zuwiderhandlung gegen das deutsche Kriegswaffenkontrollgesetz erfahren hatte, alles unternommen, damit die Lieferung doch noch ihren Bestimmungsort erreichte – eventualvorsätzlicher Verstoss gegen das Kriegsmaterialgesetz (E. IV 3); wer mit Steinen auf eine Hausfassade wirft, nimmt Glasbruch in Kauf, **ZBJV 82 (1946) 229;** kein Eventualdolus bei Wegnahme von verstaubten Möbeln aus einem Abbruchobjekt, **PKG 1970 Nr. 28.** Zum **Eventualvorsatz bei Tötungsdelikten:** Den Tod des Opfers nimmt in Kauf, wer es in einer kalten Aprilnacht in die reissende Aare stösst, **BGE 103 IV 66;** wer einem befreundeten Terroristen eine Schusswaffe zur Verfügung stellt, **BGE 108 Ib 303 (Bagci,** Auslieferung); wer Messerstiche in Brust und Bauch führt, **BJM 1982 92, 1997 34;** oder wer ein Entführungsopfer in einem engen, ungenügend belüfteten Loch gefangenhält und ihm abwechselnd Schlaf- und Aufputschmittel abgibt, **Rep. 116 (1983) 165,** aber nicht, wer aus 60 cm auf den Arm schiesst und trifft, **RS 1984 Nr. 693;** wer sich zwecks Flucht aus dem Gefängnis mit einem scharfen Messer bewaffnet in ein Handgemenge mit einem Wärter einlässt, nimmt in Kauf, dass dieser schwer verletzt wird, **RVJ 1990 206 f.;** bei Verwendung einer Schusswaffe in einer tätlichen Auseinandersetzung, **EGV-SZ 1990 Nr. 47;** wer dem Opfer Mund und Nase zuhält und es anschliessend mit einem Tuch stranguliert, **ZR 96 (1997) Nr. 9.** Gegen zu allgemeine Präsumptionen mit Recht GERMANN 385. Abzulehnen ist eine Vermutung des Eventualvorsatzes bei gefährlichen Überholmanövern (s. N 15 a.E.). Zur Problematik bei Ansteckung mit AIDS Art. 231 N 10 f.

Eventualvorsatz wird **dem direkten Vorsatz gleichgestellt,** BGE 75 IV 6. 17
Er verhindert weder die Annahme eines Fortsetzungszusammenhanges, BGE 105 IV 14, noch der Gewerbsmässigkeit, BGE 86 IV 10 f. Sogar eventualvorsätzlicher Mord soll möglich sein, AGVE 1958 Nr. 33, auch Mordversuch, Pra 1987 Nr. 53. Die beiden zuletzt zitierten Urteile sind nicht vereinbar mit der Auffassung, dass *dolus eventualis* eine abgeschwächte Form des Vorsatzes sei (SCHWANDER Nr. 191, TRECHSEL/NOLL 89). Möglich ist auch eventualvorsätzlicher tauglicher Versuch, BGE 103 IV 66, zu dieser Frage, eingehend KÖLZ-OTT a.a.O.

Eventualvorsatz **genügt nicht,** wo **Handeln wider besseres Wissen** vor- 18
ausgesetzt ist, Art. 174, 303, 304.

Als **Absicht** wird eine verstärkte Form des Vorsatzes bezeichnet, bei 19
welcher Handlungsziel und Verwirklichungswille sich decken, wo es dem Täter gerade um die tatbestandsmässige Handlung und deren Erfolg geht. Wann eine solche Absicht erforderlich sei, ist strittig. Grundsätzlich *genügt einfacher oder eventueller Vorsatz,* insbesondere kommt es auch auf das Motiv nicht an, BGE 100 IV 182, 101 IV 66.

Absichtsdelikte zeichnen sich dadurch aus, dass die Tat schon vor Eintritt 20
des Erfolgs *(kupiertes Erfolgsdelikt)* oder vor Vornahme einer Folgehandlung *(verkümmert-zweiaktiges Delikt)* vollendet ist. Die Praxis lässt auch hier **Eventualabsicht** genügen, BGE 69 IV 79, 72 IV 125, 105 IV 36, 118 IV 34 zur Bereicherungsabsicht. BGE 101 IV 207, 102 IV 83 und 105 IV 335 weichen von dieser Praxis ab; es wird in diesen Urteilen aber dem Motiv zuviel Gewicht beigemessen; krit. auch SCHULTZ, ZBJV 112 (1976) 419, 113 (1977) 538. Zu anderen Absichten BGE 74 IV 47, 80 IV 121, 105 IV 14, RVJ 1990 193, LGVE 1992 I Nr. 58 (zu Art. 287). BGE 79 IV 34 lässt die Frage, ob Eventualabsicht für Art. 266bis genügt, offen.
   Im Schrifttum äussern sich gegen die Möglichkeit der Eventualabsicht AFFOLTER-EIJSTEN 80, GERMANN 354 f., YOTOPOULOS-MARANGOPOULOS

263; differenzierend GUCKELBERGER 55, POPP Vb N 99, STRATENWERTH AT I § 9 N 117 ff., 123 f.; bejahend REHBERG I 71, RIKLIN AT § 9 N 37, SCHULTZ I 197, TRECHSEL/NOLL 94.

21 **Massgeblicher Zeitpunkt** für das Vorliegen des Vorsatzes ist die Täterhandlung, später entstandener böser Wille, *dolus subsequens,* ist ohne rechtliche Bedeutung. Beim Dauerdelikt ist der Tatbestand ab Hinzukommen des *dolus superveniens* erfüllt.

22 Welches die innere Einstellung des Täters zur Tat, sein Wissen und Wollen war, ist **Tatfrage,** BGE 107 IV 185, 104 IV 36, 100 IV 182, 98 IV 66, 90 IV 79, 120 u.v.a.; **Rechtsfrage** ist dagegen, ob bei einem bestimmten Sachverhalt auf den Willen geschlossen werden darf, wobei die beiden Aspekte nicht leicht zu unterscheiden sind; das BGer kann jedoch «wenigstens in einem gewissen Ausmass die richtige Bewertung dieser Umstände im Hinblick auf den Rechtsbegriff des Eventualdolus überprüfen» BGE 119 IV 3, 248 mit Hinw. auf SCHUBARTH in AJP 1 (1992) 851 f.

Fahrlässigkeit

23 **Abs. 3** definiert die **Fahrlässigkeit** als leichtere Schuldform (gleiche Strafdrohung wie bei Vorsatz nur in Art. 225 und 325); im neueren Schrifttum (DONATSCH, Sorgfaltsbemessung, 35 ff., REHBERG I 232 ff., RUTZ, ZStrR 89 [1973] 385, STRATENWERTH AT I § 16 N 1 ff., TRECHSEL/NOLL 235 ff., WALDER, ZBJV 104 [1968] 161 ff.) wird die fahrlässige Tat als *eigenständiger Deliktstypus* behandelt. Je nachdem, ob der Täter die mögliche Bedeutung seines Verhaltens beachtet hat, liegt bewusste *(luxuria)* oder unbewusste Fahrlässigkeit *(negligentia)* vor. Die meisten Fahrlässigkeitstatbestände des StGB sind Erfolgsdelikte (Ausnahmen: Art. 187.4, 236 II, 317.2, 318.2, 325). Der Erfolg kann dabei in der Verletzung (z.B. Art. 117, 125) oder in der Gefährdung eines Rechtsguts (z.B. Art. 222, 230 II) liegen. Bei der bewussten Fahrlässigkeit liegt regelmässig eine Kombination von vorsätzlicher (evtl. abstrakter) Gefährdung mit unvorsätzlicher Verletzung (evtl. konkreter Gefährdung) vor.

    «*Grobe Fahrlässigkeit*» liegt vor, wenn der Täter die Sorgfalt ausser Acht lässt, die «jedem verständigen Menschen in gleicher Lage und unter gleichen Umständen als beachtlich hätte einleuchten müssen», LGVE 1992 I Nr. 58, ebenso BGE 111 II 90, 108 II 424, Eidg. Versicherungsgericht in Plädoyer 4/1994 53 f. Der Begriff hat im Strafrecht keine Bedeutung.

24 Das fahrlässige Erfolgsdelikt setzt Eintritt des **Erfolgs** voraus – Versuch ist nicht denkbar, aber möglicherweise ist das sorgfaltswidrige Verhalten selbständig strafbar, z.B. SVG Art. 90, 91.

25 Der Erfolg muss beim fahrlässigen Begehungsdelikt vom Täter **verursacht** sein im Sinne der **Äquivalenz-** oder **Bedingungstheorie.** Ob dies zutrifft, ist Tatfrage, BGE 98 IV 173, 103 IV 289.

26 Die bundesgerichtliche Praxis fordert überdies **adäquate Kausalität:** Es wird gefragt, ob das Verhalten des Täters geeignet war, «nach dem

gewöhnlichen Lauf der Dinge und den Erfahrungen des Lebens einen Erfolg wie den eingetretenen herbeizuführen oder mindestens zu begünstigen», BGE 120 IV 312, ebenso 122 IV 23, 121 IV 15, 212, 118 IV 130, 116 IV 182, 306, 111 IV 19, s. auch 68 IV 19, 73 IV 232, 81 IV 255, 82 IV 34, 112, 83 IV 38, 141, 84 IV 64, 86 IV 155, 87 IV 65, 160, 88 IV 106, 109 f., 91 IV 119, 92 IV 25, 87, 94 IV 27, 95 IV 143, 98 IV 10, 15, 173, 99 IV 12, 100 IV 214, 283, 101 IV 31, 70, 106 IV 403. Dabei handelt es sich um eine Rechtsfrage, BGE 99 IV 129, 98 IV 173, 91 IV 156.

Nur ausnahmsweise ist eine **Unterbrechung des Kausalzusammenhangs**   27
anzunehmen: «Die Vorhersehbarkeit ist zu verneinen, wenn ganz aussergewöhnliche Umstände, wie das Mitverschulden eines Dritten oder Material- oder Konstruktionsfehler, als Mitursachen hinzutreten, mit denen schlechthin nicht gerechnet werden musste und die derart schwer wiegen, dass sie als wahrscheinlichste und unmittelbarste Ursache des Erfolges erscheinen und so alle andern mitverursachenden Faktoren – namentlich das Verhalten des Angeschuldigten – in den Hintergrund drängen», BGE 121 IV 290, ebenso 122 IV 23, 310, 121 IV 213, 120 IV 312, 115 IV 207, bejaht in 115 IV 103 f. Grundsätzlich ist also ein Drittverschulden oder ein Verschulden des Opfers ohne Bedeutung, s. auch BGE 68 IV 19, 77 IV 181, 188, 81 IV 138, 82 IV 34, 84 IV 64, 85 IV 91, 86 IV 155 ff., 87 IV 65, 159, 88 IV 106, 110, 90 IV 235, 91 IV 157, 92 IV 88, 94 IV 27, 76, 97 IV 126, 100 IV 214, 284, 103 IV 290.
    Vgl. auch BJM 1972 30, 1994 84 f., 1996 204, AGVE 1975 Nr. 34, RS 1961 Nr. 115, 1978 Nr. 627.

An dieser Rechtsprechung wird in zweifacher Hinsicht **Kritik** geübt.   28
Einerseits insofern, als das Bundesgericht davon ausgeht, dass praktisch bei jedem pflichtwidrigen Setzen einer Gefahr die schlimmsten Folgen vorauszusehen sind, auch wenn sie auf sehr ungewöhnliche Weise eintreten, vgl. z. B. BGE 86 IV 153, kritisiert bei REHBERG I 248 f., DERS., Kriminalistik 1975 564, RUTZ, ZStrR 89 (1973) 380; zu BGE 77 IV 187, RUTZ a.a.O. 381, ferner DUBS, ZStrR 78 (1962) 37 f. *Andererseits* setzt sich im Schrifttum die Ansicht durch, dass auf das Erfordernis der Adäquanz verzichtet und nur geprüft werden soll, ob der eingetretene Erfolg für den Täter vorhersehbar war, DONATSCH, Sorgfaltsbemessung, 262 f., DUBS, a.a.O. 38, GRAVEN, RIDP 1979 352, DERS. I 224, SCHULTZ I 126, STRATENWERTH AT I § 16 N 16, TRECHSEL/NOLL 80, 244 f. Vgl. auch W. LANZ, Alternativen zur Lehre vom adäquaten Kausalzusammenhang, Diss. SG 1974 (Zivilrecht); zum neuesten Stand der Diskussion DUBS in Mélanges Jean Gauthier, 23 ff.

Der Täter muss mit seinem Verhalten eine **Sorgfaltspflicht** verletzt   28a
haben. Sein Verhalten ist sorgfaltswidrig, wenn er «zum Zeitpunkt der Tat aufgrund der Umstände sowie seiner Kenntnisse und Fähigkeiten die damit bewirkte Gefährdung der Rechtsgüter des Opfers hätte erkennen können und müssen und wenn er zugleich die Grenzen des erlaubten Risikos überschritt», BGE 121 IV 14, ebenso 118 IV 133, 116 IV 308.

29 Als **Rechtsquelle** dieser Sorgfaltspflicht kommen in Frage *Gesetz* (z.B.
SVG, GSchG und zahllose weitere Gesetze über gefährliche Tätigkeiten)
und *Verordnung, Reglemente* (z.B. Reglement über den Rangierdienst,
vgl. BGE 79 IV 168 f.; Fahrdienstreglement, vgl. BGE 88 IV 108), *Be-
triebsvorschriften* (ZR 59 [1960] Nr. 63), *Richtlinien nichtstaatlicher Organisationen* (z.B. FIS-Regeln, BGE 106 IV 352 f., 122 IV 20 f., 147, PKG
1982 Nr. 27, 28, RVJ 1991 458 u.v.a., REINHARDT a.a.O., Richtlinien der
Schweizerischen Kommission für Unfallverhütung auf Skiabfahrten und
Loipen, SKUS, STIFFLER 78), *Sportregeln,* DONATSCH, ZStrR 107 (1990)
402 f., 407 ff., SCHWENTER 330 ff., *Spielregeln,* (BGE 121 IV 249 ff., ROTH
31 ff.), *anerkannte Regeln für die Ausübung gefährlicher Tätigkeiten («leges artis»,* dazu ROTH 62 ff.) usw. Ob überhaupt eine Regel über die im
konkreten Fall erforderliche Sorgfalt bekannt ist, hat keine Bedeutung –
als Grundlage genügen auch *allgemeine Grundsätze,* z.B., «dass derjenige, welcher einen Gefahrenzustand schafft, alles Zumutbare tun müsse,
damit die Gefahr zu keiner Verletzung fremder Rechtsgüter führe (sog.
allgemeiner Gefahrensatz)», BGE 106 IV 81, vgl. auch 78 IV 75, 80 IV 51,
90 IV 11, 250, 101 IV 30, 121 IV 290, 122 IV 21, SJZ 62 (1966) Nr. 135,
PKG 1990 Nr. 33. Während der Gefahrensatz eine über die formellen
Vorschriften hinausgehende Sorgfalt fordern kann (BGE 85 IV 48), begründet die Verletzung einer Regel nicht automatisch die Fahrlässigkeit,
BGE 88 IV 103, 99 IV 65, 104 IV 19, implizit auch 106 IV 404 f. (u.U. ist
Probefahrt mit nicht voll betriebssicherem Fahrzeug zulässig), Rep. 119
(1986) 185, s. auch DONATSCH, Sorgfaltsbemessung, 123 ff., ROTH 123; in
anderen Urteilen wird allerdings direkt von der Verletzung einer Vor-
schrift auf Fahrlässigkeit geschlossen, z.B. BGE 81 IV 138, 88 IV 108.
Auf den «Verantwortungsbereich» will FLACHSMANN 131 ff. abstellen.
Zur Praxis in verschiedenen Tätigkeitsbereichen s. Kasuistik N 43. S.
auch Art. 187 N 13.

30 Zur **Bemessung der geforderten Sorgfalt** sind zunächst die **Umstände**
heranzuziehen. Je näher die Wahrscheinlichkeit einer Verletzung und je
höher die zu befürchtende Schädigung, desto grösser muss die Sorgfalt
sein. Zu den Umständen gehören z.B.: das Wetter bei Skitouren, BGE 83
IV 14, im Strassenverkehr, BGE 82 IV 109, 106 IV 401; die Schneever-
hältnisse beim Skilauf, BGE 80 IV 152, bei einer Bergwanderung mit
Schülern, BGE 122 IV 303; das allgemeine Verhalten der Skifahrer (Verlassen der Piste), BGE 109 IV 101; die Zeitnot bei einer Rettungsaktion,
BGE 98 IV 9, oder die Wahl einer ungewöhnlichen Konstruktionsweise
beim Bauen, BGE 106 IV 267, kurz alle Umweltfaktoren, welche die
Höhe der Gefahr mitbeeinflussen.

31 Grenzen der Sorgfaltspflicht setzt das **erlaubte Risiko,** BGE 121 IV 14,
118 IV 133, 116 IV 308: Manche gefährlichen Tätigkeiten, z.B. Autofahren, Bauen, Operieren, bringen einen sozialen Nutzen, den ein Übermass an Vorsicht wieder eliminieren würde, BGE 80 IV 132, 90 IV 11,
117 IV 61 f.; eingehend REHBERG a.a.O., ferner ARZT, SJZ 92 (1996)
307 f., CORBOZ 185 f., DONATSCH, Sorgfaltsbemessung, 158 ff., 178 ff.,

REHBERG I 241 ff., RIKLIN AT § 13 N 44, ROTH 14 ff., SCHULTZ I 207, STRATENWERTH AT I § 9 N 29 ff., § 16 N 20, TRECHSEL/NOLL 124, WALDER ZBJV 104 (1968) 173, DERS., ZStrR 93 (1977) 147. Trotz Risiko ist es z.B. erlaubt, einen wenig geübten Schwimmer zum Schwimmen im Rhein mitzunehmen, BJM 1985 211; Jugendliche dürfen als Erziehung zur Selbständigkeit auf eine vorbereitete Rekognoszierungstour geschickt werden, PKG 1978 Nr. 28.

Eine weitere Grenze setzt das **Vertrauensprinzip,** das SVG Art. 26 für   32
den Strassenverkehr regelt: Solange keine besonderen Anzeichen dagegen sprechen, darf darauf vertraut werden, dass sich Dritte rechtmässig verhalten, s. auch BGE 106 IV 353 zur FIS-Regel 5. Die meisten Urteile betreffen das Vortrittsrecht, BGE 122 IV 133, 120 IV 252, 118 IV 277, 106 IV 393, 104 IV 30, 101 IV 241, 99 IV 175, 98 IV 275, 96 IV 38, 132; s. aber auch 107 IV 46, 85 IV 48, 80 IV 53. Das Vertrauensprinzip soll nur dem zugute kommen, der sich selber ordnungsgemäss verhalten hat, BGE 120 IV 254, 118 IV 281, 106 IV 391, 100 IV 189, 99 IV 175, 91 IV 94. «Jedoch gilt diese Einschränkung dort nicht, wo gerade die Frage, ob der Verkehrsteilnehmer eine Verkehrsvorschrift verletzt hat, davon abhängt, ob er sich auf den Vertrauensgrundsatz berufen kann oder nicht», BGE 120 IV 254. REHBERG, Kriminalistik 1975 562, wendet dagegen ein, dass der fehlerhafte Lenker nur mit Verkehrsregelverletzungen zu rechnen habe, die im Zusammenhang mit seinem Fehler erwartet werden müssten. BGE 107 IV 47 schliesst den Vertrauensgrundsatz nicht schon deshalb aus, weil der betroffene Fahrzeuglenker angetrunken war. S. dazu auch HEIERLI 226 ff., STRATENWERTH AT I § 16 N 48 ff.
     Von Bedeutung ist das Vertrauensprinzip nicht nur im Strassenverkehr, sondern auch in anderen Lebensbereichen, «wo es um Koordinierung der Verhaltensweisen verschiedener Personen geht», TRECHSEL/NOLL 240, ebenso GRAVEN AT 223, REHBERG I 244, STRATENWERTH AT I § 16 N 49, so z.B. in verschiedenen Berufen (Medizin, Architektur), im Sport usw., vgl. dazu HEIERLI 252 ff., 279 ff.

Der Vertrauensgrundsatz kann insbesondere auch im Rahmen von   32a
arbeitsteiligen **Unternehmungen** Bedeutung erlangen, BGE 118 IV 227, 120 IV 310, denn «grundsätzlich besteht die Handlungspflicht nur innerhalb der sachlichen und zeitlichen Grenzen der jeweiligen Aufgaben und der Kompetenz» des Täters, BGE 113 IV 68. Vorausgesetzt ist aber, dass mehrere Personen in einem Team zusammenarbeiten; keine Anwendung findet der Vertrauensgrundsatz soweit es um eine «Unterlassung von Sicherheitsvorkehrungen im Rahmen eines Mehrfachsicherungssystems» geht – mit dem Funktionieren der anderen Systemteile darf hier nicht gerechnet werden, BGE 120 IV 310. Zur Anwendung des Vertrauensgrundsatzes auf Sicherheitsdispositive HEIERLI 267 ff.

Steht fest, dass die nach den Umständen geforderte Sorgfalt nicht aufge-   33
wendet wurde (objektive Sorgfaltspflicht), so ist nach den **persönlichen Verhältnissen** zu prüfen, ob auch die **subjektive Sorgfaltspflicht** verletzt

wurde, dazu STRATENWERTH in FS Jescheck. Es ist danach zu fragen, «was ein gewissenhafter und besonnener Mensch mit der Ausbildung und den individuellen Fähigkeiten des Angeschuldigten in der fraglichen Situation getan oder unterlassen hätte», BGE 122 IV 307. Zu den persönlichen Verhältnissen gehören «namentlich die geistigen Anlagen, die Bildung, die berufliche Erfahrung usw… Sie können im gegebenen Fall den Täter befähigen, die Grenzen des allgemeinen, objektiven Erfahrungsbereichs zu überschreiten…, mit der Folge, dass im genannten Masse auch seine Vorsichtspflicht weiter reicht als diejenige des Täters, dem entsprechende Fähigkeiten, Fachkenntnisse usw. abgehen», BGE 97 IV 172 (Müller) m.w.Hinw., ferner 104 IV 19, 103 IV 292 f., 98 IV 177, 76 IV 79; so wurde z.B. berücksichtigt. dass der Beschwerdeführer ein langjähriger Radfahrer (BGE 73 IV 36), erfahrener Schlittschuhläufer (BGE 75 IV 10), mittelmässiger Skifahrer (BGE 80 IV 51), erfahrener diplomierter Baumeister (BGE 106 IV 269) oder überdurchschnittlich intelligent (BGE 108 IV 9) war, über eine «aussergewöhnliche, in vielen Kursen und Lagern erworbene und erprobte Berg- und Skierfahrung» verfügte (BGE 98 IV 177) oder «ein besonderes technisches Fachwissen und eine langjährige Erfahrung als Pilot» hatte (BGE 97 IV 172).

34 Stellt sich heraus, dass der Täter subjektiv nicht zur erforderlichen Sorgfalt befähigt war, so ist zu prüfen, ob ihm nicht vorzuwerfen sei, dass er sich überhaupt in die objektive Verpflichtungssituation geraten liess. Ein solches **Übernahmeverschulden** war die Annahme einer Stellung als Sprengmeister trotz fehlender Vorbildung und Erfahrung, BGE 106 IV 312 f., wahrscheinlich auch die Vornahme einer Abtreibung ohne Kenntnisse, insbesondere hinsichtlich Sterilität (anders BGE 69 IV 232). Kein Übernahmeverschulden beim überforderten Stationslehrling, BGE 99 IV 66, auch nicht im Fall eines ungelernten und unerfahrenen Arbeiters, der sich der Gefahr seiner Verrichtung gar nicht bewusst war, BGE 122 IV 145. Ein Sonderfall von Übernahmeverschulden liegt bei fahrlässiger *actio libera in causa* vor, s. Art. 12 N 4.

35 Generelle Grenzen bestehen hinsichtlich der **Reaktionszeit.** Hat der Täter auf plötzliche Gefahr Sekundenbruchteile zu spät reagiert, so erblickt das Bundesgericht darin keine Verletzung der subjektiven Sorgfaltspflicht, BGE 89 IV 105, 92 IV 23. Ebensowenig ist vorwerfbar, wenn ein Fahrer, der sich «plötzlich in eine gefährliche Lage versetzt sieht, von verschiedenen möglichen Massnahmen nicht diejenige ergreift, welche bei nachträglicher Überlegung als die zweckmässigste erscheint», BGE 83 IV 84 m.w.Hinw., 95 IV 90, 97 IV 168, 106 IV 395. Dies gilt *nicht, wenn der Täter die Gefahr selber verschuldet,* SJZ 59 (1963) Nr. 157. Für einmaliges menschliches Versagen, z.B. Vergreifen bei der Weichenstellung, anerkennt das Bundesgericht dagegen keine Entschuldigung, BGE 104 IV 18, dazu krit. STRATENWERTH, BJM 1966 65.

36 Grundvoraussetzung für das Bestehen einer Sorgfaltspflicht ist bei der unbewussten Fahrlässigkeit die **Voraussehbarkeit** des Erfolges, denn an

diese knüpft die Motivierung zur Sorgfalt an. S. auch ARZT, SJZ 92 (1996) 305 ff., der betont, dass «aus der Voraussehbarkeit des Erfolgs die Sorgfaltswidrigkeit folgt», a.a.O. 305. Bisweilen wird sie praktisch mit der subjektiven Sorgfaltspflicht gleichgesetzt, z.B. BGE 97 IV 172. Andererseits ist objektive Voraussehbarkeit das Kriterium für die Adäquanz der Verursachung (N 26). Umstritten ist die Frage, wie konkret der Täter den Erfolg muss voraussehen können. Das Bundesgericht lässt einen hohen Abstraktionsgrad genügen, z.B. BGE 98 IV 17 f., Überlassen des Fahrzeugs an einen übermüdeten und angetrunkenen Fahrer, der eine Passantin auf einer Traminsel anfährt: «Es genügt, dass er überhaupt die Möglichkeit der Verletzung eines Menschen als Folge seines pflichtwidrigen Verhaltens... voraussehen konnte». Voraussehbarkeit wird auch bei sehr komplexen und aussergewöhnlichen Kausalabläufen bejaht, z.B. BGE 79 IV 165, 86 IV 154, 87 IV 64, 158; ferner BGE 100 IV 280, 93 IV 115 (Fussgänger bzw. Stuhl auf Autobahn) – restriktiver 99 IV 127 (Gasvergiftung nach Grabarbeiten). Kritisch DONATSCH, Sorgfaltsbemessung, 149 ff., DUBS, ZStrR 78 (1962) 37 f., GRAVEN, RIDP 1979 352, WALDER, ZBJV 104 (1968) 175; Voraussehbarkeit des Kausalverlaufes in seinen wesentlichen Zügen fordern mit Recht BGE 120 IV 171, REHBERG I 247 f., RIKLIN AT § 16 N 44, STRATENWERTH AT I § 16 N 17, s. auch TRECHSEL/NOLL 245. Treffend ist ferner die Beobachtung, dass zu grosse Strenge die Zuschreibung des Erfolgs und die Bestrafung als «Schicksal» erscheinen lässt und Solidarisierung mit dem Bestraften fördert, GRAVEN RIDP 1979 384 *(«così fan tutte-Effekt»)*, STRATENWERTH, BJM 1966 60 ff.

Selbstverständliche Voraussetzung der Strafbarkeit ist die **Vermeidbarkeit** des Erfolges. Sie ist immer insofern gegeben, als auf das gefährliche Tun verzichtet werden sollte (z.B. N 34, Übernahmeverschulden), ferner dann, wenn Beachtung der geforderten Sorgfalt das Eintreten des Erfolgs verhindert hätte.   37

Zu fragen ist somit nach der **Relevanz** der Sorgfaltswidrigkeit. Das Problem gleicht demjenigen der «Kausalität» des Unterlassungsdelikts (N 41 zu Art. 1) insofern, als ebenfalls eine hypothetische Prüfung erforderlich ist, fordert aber eine selbständige Lösung, DONATSCH, Sorgfaltsbemessung, 187 ff., GRAVEN AT 225, HEIERLI 70 f., REHBERG I 248 f., RIKLIN AT § 16 N 63, SCHULTZ I 211, TRECHSEL/NOLL 246 f., WALDER, ZBJV 104 (1968) 174 ff., DERS., Fahrlässigkeit im Strassenverkehr, 52 ff., anders DERS., ZStrR 93 (1977) 151 ff.   38

Die ältere Praxis stellte die Frage nach der Relevanz nicht, vgl. z.B. BGE 77 IV 178; *später* wurde sie als Problem der «natürlichen Kausalität» missverstanden, BGE 100 IV 283, 102 IV 102 f., 103 IV 291, 106 IV 395, 115 IV 191 E. 2, 206 E. 5, vgl. auch 95 IV 142; *in neuerer Zeit* wird sie der «Kausalität» des Unterlassungsdelikts gleichgesetzt, BGE 105 IV 19 f., 108 IV 7, LGVE 1987 I Nr. 52, PKG 1993 Nr. 36, RVJ 1988 392; wie hier BJM 1994 87. AGVE 1974 Nr. 32 verwechselt die Frage mit derjenigen der Adäquanz.

39   Strittig ist vor allem, wie in **Zweifelsfällen,** wenn der hypothetische Kausalverlauf unter Annahme der geforderten Sorgfalt nicht eindeutig feststellbar ist, zu entscheiden sei. Das *Bundesgericht* verlangt, dass der Erfolg «höchstwahrscheinlich» (BGE 105 IV 20, 108 IV 8), «mit hoher Wahrscheinlichkeit» (BGE 102 IV 102, 104 IV 97, 110 IV 74, 115 IV 206, 118 IV 141, ebenso BJM 1971 127) oder «nach menschlichem Ermessen» (BGE 101 IV 32, wo auch von der Erhöhung der Gefahr gesprochen wird) abgewendet worden wäre *(Wahrscheinlichkeitstheorie).* An Sicherheit grenzende Wahrscheinlichkeit verlangen BGE 116 IV 310, 121 IV 290, ZBJV 115 (1979) 426, dazu kritisch SCHULTZ a.a.O.

     In der *Literatur* fordern mindestens an Sicherheit grenzende Wahrscheinlichkeit GRAVEN, RIDP 1979 352, DERS. AT 91, HEIERLI 65 f., REHBERG I 249 f., DERS., Kriminalistik 1975 563; auf «allgemeine menschliche Erfahrung» abstellen will RUTZ, ZStrR 89 (1973) 374; vorzuziehen ist hier – im Gegensatz zur «Kausalität» beim unechten Unterlassungsdelikt, Art. 1 N 41 – die *Risikoerhöhungstheorie,* SCHULTZ I 211, STRATENWERTH AT I § 9 N 42, TRECHSEL/NOLL 248, ebenso BJM 1975 200, 1984 85, WALDER, ZBJV 104 (1968) 179: Relevanz ist zu bejahen, wenn das unsorgfältige Vorgehen des Täters die Gefahr erheblich gesteigert hat, im Ergebnis ebenso DONATSCH, Sorgfaltsbemessung, 284 ff.

     Hätte der Täter bei ausreichender Sorgfalt zwar Tötung, nicht aber Körperverletzung vermeiden können, soll er nach BGE 105 IV 21 gemäss Art. 125 bestraft werden, was, wie SCHULTZ I 211, DERS. ZBJV 117 (1981) 13 nachweist, nicht richtig sein kann.

40   Zu prüfen ist schliesslich, ob zwischen Sorgfaltswidrigkeit und Erfolg ein **Risikozusammenhang** besteht, d.h., ob Vermeidung des schädigenden Kausalverlaufs dem **Schutzzweck der Norm** entspricht, LGVE 1987 I Nr. 52, STRATENWERTH AT I § 16 N 23, REHBERG, Kriminalistik 1976 36. So soll die Begrenzung der Geschwindigkeit nicht bewirken, dass sich der Täter erst zu einem bestimmten Zeitpunkt an einem bestimmten Ort befindet, BGE 94 IV 26 f., dazu WALDER, Fahrlässigkeit im Strassenverkehr, 39 ff., 52 f. Bedenklich BGE 92 IV 24, wo zwar festgestellt wird, dass die gegenüber P. geforderte Sorgfalt dessen Tod nicht hätte verhindern können, der Täter aber B. den Vortritt hätte lassen müssen, was P. (zufällig) gerettet hätte.

41   Als **Rechtfertigungsgründe** sind Notwehr, BGE 79 IV 151, und Notstand, BGE 75 IV 49, denkbar. Einwilligung des Verletzten in das mit einem Vorgang verbundene Risiko wird angenommen bei Kampfsportarten, sofern die Spielregeln eingehalten werden, BGE 121 IV 249, 109 IV 105 m.w. Hinw., aber nicht beim Einzelsport, BGE 75 IV 10 (Schlittschuhlaufen); ob Teilnehmer einer Skifahrergruppe rechtswirksam einwilligen können, dass sie Lawinengefahr ausgesetzt werden, lässt BGE 91 IV 124 offen. Für Einwilligung in Lebensgefährdung nur «aus sachlich mindestens vertretbaren Gründen» STRATENWERTH AT I § 16 N 26. DONATSCH, Sorgfaltsbemessung, 76 ff. lehnt Rechtfertigung bei Fahrlässigkeit ab – in entsprechenden Situationen falle schon die Sorgfaltspflicht weg, nuan-

cierter, nur gegen Annahme einer «Generaleinwilligung», DERS. in ZStrR 107 (1990) 421 ff.; s. auch Art. 32 N 10, N 7 vor Art. 122.

Bei einer **Mehrheit von Verantwortlichen** liegt Nebentäterschaft vor – jeder ist für die Erfüllung der ihm obliegenden Sorgfaltspflicht verantwortlich, sei es bei der direkten Vornahme der gefährlichen Verrichtung oder durch *culpa in eligendo, instruendo* oder *custodiendo*. Dazu BGE 110 IV 70, 109 IV 18, 104 IV 100 ff., Rep. 117 (1984) 424. Verantwortlichkeit für unsorgfältige Verwahrung einer Pistole, mit welcher ein Dritter fahrlässig tötet: BGE 103 IV 13. BGE 113 IV 58 betraf zwei Täter, die je einen schweren Stein den Abhang zur Töss hinunterrollen liessen. Von einem der Steine wurde der Fischer C. getötet. A wurde verurteilt, obwohl nicht bewiesen war, dass «sein» Stein getroffen hatte – entscheidend ist der gemeinsame Entschluss – Mittäterschaft bei der vorsätzlichen Gefährdung, dagegen mit Recht DONATSCH, Mittäterschaft oder Teilnahme am fahrlässigen Erfolgsdelikt? SJZ 85 (1989) 109, SCHULTZ, ZBJV 125 (1989) 39 f., Sem.jud. 1995 249 f.; zustimmend ARZT 72, im Ergebnis zustimmend – gegenseitige Garantenstellung – WALDER, *The Rolling Stones,* recht 7 (1989) 56. 42

BGE 105 IV 331 lehnte die Möglichkeit fahrlässiger Brandstiftung, begangen durch die Äusserung, man könnte ein Gebäude «warm abbräche», was die Angesprochenen auch taten, mit dem Hinweis auf das Regressverbot ab; dazu kritisch ARZT in recht 1 (1983) 24 ff., mit der Auffassung, die Äusserung liege im Bereich des erlaubten Risikos (S. 29 f.); es ist aber nicht einzusehen, weshalb man bei verbalem Verhalten von jeder Pflicht zur Vorsicht befreit sein sollte.

Kasuistik zur Fahrlässigkeit 43

Verkehr

Eisenbahn – BGE 79 IV 165: Salzmann ordnet Rangiermanöver an, obschon er hätte feststellen müssen, dass die Klapptür eines Güterwagens nicht geschlossen war; diese klappt in einer Kurve auf und bricht einen Beleuchtungsmast ab, der auf Gnägi und Grossenbacher fällt und sie tödlich verletzt; s. ferner SJZ 69 (1973) Nr. 113, Rep. 118 (1985) 183, RS 1960 Nr. 126 (Luftseilbahn) sowie **Art. 238** N. 11.

Luftverkehr – BGE 97 IV 169: Müller setzt einen Helikopterflug fort, obwohl er hätte feststellen müssen, dass Treibstoff ausfloss; **98 IV 5: Ammann** und **Perren** wollen bei einer schwierigen Rettungsaktion Bergführer von Bergen auf dem Tellersitz am Knotentau unter dem Helikopter transportieren, wobei dieser tödlich abstürzt; **104 IV 49: B.** versucht, von Samedan nach Zürich zu fliegen und gerät vorhersehbarerweise in ein Wetter, das Sichtflug über den Julier nicht zulässt; **PKG 1989 Nr. 54:** Holztransport per Helikopter.

Schiffsverkehr – RS 1964 Nr. 204; RS 1972 Nr. 315: Mitnahme Angetrunkener im Motorboot ohne Rettungsausrüstung; **AGVE 1983 Nr. 15:** Manipulation am Ventil eines mit betrunkenen Nichtschwimmern besetzten Schlauchbootes; **RB TG 1986 Nr. 21:** Tötung eines Schwimmers mit Motorboot wegen übersetzter Geschwindigkeit; **ZR 90 (1991) Nr. 13:** Verantwortlichkeit eines Segellehrers, der nicht das Tragen von Schwimmwesten angeordnet hatte.

Strassenverkehr (Auswahl)

Vorsicht gegenüber Fussgängern – BGE 73 IV 34: Trombetta erschreckt eine Fussgängerin mit unnötigem (?) Fahrradgeklingel; **92 IV 21: Meier** verletzt Polentarutti, der unerwartet die Fahrbahn betreten hat – zwar hätte er darauf nicht rechtzeitig reagieren können, aber er hätte auf Frau Aimée Bühler Rücksicht nehmen müssen, die von links die Strasse überquerte; **94 IV 72: Schmied** fährt zwischen haltendem Tram und Traminsel durch und verletzt Frau Kohli, die auf der Traminsel gewartet hatte; **100 IV 280: Gremaud** überfährt einen Mann, der die Autobahn überquert (vgl. auch 93 IV 115: Stuhl auf Überholspur). **106 IV 392: X.** überfährt Frau Y., die auf der Fahrbahn eine Tüte Kartoffeln hatte fallenlassen; **121 IV 287: A.** fährt zur Mittagszeit innerorts – unter Beachtung der Höchstgeschwindigkeit – den Fussgänger K. an, der überraschend den Fussgängerstreifen betreten hatte – Fahrlässigkeit bejaht.

Sicherung von Mitfahrenden – BGE 78 IV 73: Compte liess zwei Personen auf dem dafür nicht eingerichteten Traktor mitfahren, ähnlich RS 1962 Nr. 127; **90 IV 210: Gees** liess zu, dass Just auf der Platte einer hölzernen Werkbank mitfuhr, die ungesichert auf der Ladebrücke des Unimog stand; **85 IV 45: Tschannen** war nicht verpflichtet zu kontrollieren, ob sich ein Radfahrer seitlich am Brückenwagen, den er mit dem Traktor nachzog, angehängt hatte; **115 IV 239: Falls O.** die Fussgängerin als alte Frau erkannt hatte (was die Vi noch abklären sollte), hätte er von vornherein besonders vorsichtig sein müssen;

Sicherung abgestellter Fahrzeuge – BGE 82 IV 29: Zürcher lässt einen unbeleuchteten Anhängerwagen am Strassenrand stehen, während er ein zweites Fuder vom Feld holt – Rupp fährt mit dem Motorroller in das Hindernis; **84 IV 60: Poschung** parkiert seinen Lastwagen in einer Kurve; wie Hugi das Hindernis umfährt, kollidiert er mit einem entgegenkommenden Fahrzeug; **90 IV 230: Gallay** vermutet, dass ein Reifen platt ist, und hält zur Kontrolle hinter einer Kuppe an, was eine Automobilistin zu einer Schnellbremsung mit Schleuderunfall veranlasst, wobei ein Fussgänger schwer verletzt wird; **106 IV 399: L.** parkiert bei Dunkelheit und Sturmregen seinen Lastwagenanhänger auf gut beleuchteter Strasse, ohne das Pannendreieck aufzustellen – ein Mofafahrer kollidiert mit dem Hindernis.

Varia – BGE 77 IV 184: Stüdli und Egger fahren gleichzeitig bei Gelblicht auf eine Kreuzung und kollidieren; **82 IV 107: Geier** gerät frühmorgens auf frisch vereister Strasse ins Schleudern und kollidiert mit dem entgegenkommenden Ott; **86 IV 154: Beutler** stösst auf der schneebedeckten Strasse Oberburg-Krauchthal mit einem Stationswagen zusammen, auf dessen Ladefläche ein schlecht gesicherter Motormäher mitgeführt wird, der von hinten dem Fahrer in den Rücken dringt; **87 IV 64: Molnar** überholt mit dem Motorrad Dorner und gerät auf die linke Strassenseite – ein entgegenkommender Automobilist weicht aus und kollidiert mit Dorner, dessen Mitfahrerin getötet wird; **87 IV 158: Schär** fährt langsam gegen die Strassenmitte und will einem berechtigten Fahrer den Vortritt lassen, verursacht dabei aber eine Streifkollision – der andere Fahrer verliert im Schock die Herrschaft über seinen Wagen, der nach ca. 50 m einen Radfahrer tödlich zu Fall bringt; **94 IV 23: Schafroth** fährt bei einbrechender Dämmerung mit mindestens 100 km/h durch die Steinialle zwischen Wimmis und Spiez und kollidiert mit einem einbiegenden landwirtschaftlichen Fahrzeug, dessen Führer tödlich verletzt wird; **97 IV 39: Frau Bolzan** wird auf einer Lernfahrt von einem Windstoss zur Seite getrieben und verliert die Herrschaft über das Fahrzeug – ihr Ehemann gerät unter den sich überschlagenden VW und wird getötet; **98 IV 11: Lutz** überträgt dem erheblich angetrunkenen und übermüdeten Spadin für eine Spritztour das Steuer seines Wagens – dieser verletzt auf einer Traminsel Frau Zörgiebel; **115 IV 241: B.** führte einen Lastenzug mit einer dem Glatteis auf der Autobahn nicht angemessenen Geschwindigkeit; **116 IV 182: A. und B.** hatten versäumt, die Strasse Täsch-Zermatt zu sperren – 11 Personen kamen in einer Lawine um; **117 IV 302: A.** hatte von einer «Frau X.» im Strassenverkehrsamt erfahren, dass vermutlich der Führerausweisentzug auf ein bestimmtes Datum hin vorzeitig aufgehoben wurde, worauf er sich fahrlässig verliess; **119 IV 256: Restaurateur S.** durfte sich nicht auf sein Alkoholmessgerät verlassen, als er sich ans Steuer setzte; **122 IV 133: L.** handelte pflichtgemäss, als sie sich bei dichtem Verkehr und eingeschränkter Sicht langsam und vorsichtig in die Strasse «hineintastete»; sie musste nicht mit einem Motorradfahrer rechnen, der die stehende Kolonne links überholte; zum «Hineintasten» s. auch BGE 105 IV 339; **122 IV 225: D.,** dem Fahrer eines Sattelschleppers, war kein Vorwurf daraus zu machen, dass er seine Aufmerksamkeit vor allem dem vortrittsberechtigten Querverkehr zuwandte und eine Mofafahrerin nicht bemerkte, die sich in krasser Verletzung der Verkehrsregeln in den Verkehr einfügte; **LGVE 1982 I Nr. 63** erklärt generell die Verwendung eines «Walkman» auf dem Mofa für sorgfaltswidrig; **PKG 1991 Nr. 53:** Vorsichtspflichten beim Führen einer Pferdekutsche, s. auch **Art. 237 N 17**.

Sport

Skifahren – BGE 80 IV 49: Bucher gerät bei einer Schussfahrt kurz vor der Talstation in eine tiefe Rille und fährt in eine stehende Gruppe, wobei er Frau Bommer verletzt; **97 IV 117: Bogner** lässt zwecks Herstellung eines Films trotz Lawinengefahr eine Gruppe von Ski-Assen das Val Selin befahren, worauf Barbara Henneberger und Bud Werner in einer Lawine umkommen; **106 IV 350: W.** will auf dem Platz bei der Bergstation Corvatsch ungebremst zwischen zwei stehenden Gruppen hindurchfahren – aus einer von ihnen löst sich Frau K., mit der er zusammenstösst; **122 IV 17: G.** musste bei einer unübersichtlichen Pistenkuppe damit rechnen, dass sich dahinter Personen befinden könnten; er war angesichts dieser Möglichkeit zu schnell gefahren; **PKG 1979 Nr. 35:** Eine Schülerin von **D.** stürzt an einem steilen Hang, rutscht ab und verletzt sich an einem Stein; **SJZ 84 (1988) Nr. 50: B.** versäumte als Tourenleiter, das Lawinenbulletin zu konsultieren – 6 Teilnehmer kamen ums Leben; **PKG 1992 Nr. 52:** Keine Fahrlässigkeit bei Betreuung einer verunfallten Schülerin; **RVJ 1991 457:** Zusammenstoss zweier Skifahrer am kleinen Matterhorn.

Pistensicherungspflicht – BGE 101 IV 396: Pflicht zur Markierung des Pistenrandes vor abfallender Stelle; wenig oberhalb der Talstation des Balmeregghornskiliftes stösst A. mit einem quer zum Abfahrtshang gespannten Heuseil zusammen, für dessen Markierung **X.** nicht gesorgt hatte; **111 IV 15: S.** stürzt auf vereister Piste, fällt auf den Hinterkopf und schlittert, Kopf voran, gegen einen ungepolsterten Skiliftmast; **115 IV 190:** Lawinenunglück an der Pleusbahn (GL) – zur Sicherungpflicht für Piste, «Varianten» bzw. «Nebengelände», dazu krit. STIFFLER a.a.; **122 IV 193:** Vor aussergewöhnlichen Gefahren auf «Nebenflächen» – es ging um eine 5 m neben dem Rand der präparierten Piste beginnende Geländemulde – muss durch unmissverständliche Signalisation gewarnt werden; **PKG 1988 Nr. 34** (= SJZ 85 [1989] Nr. 56), **1990 Nr. 22:** Zur Verkehrssicherungspflicht bei Verwendung von Pistenbearbeitungsmaschinen.

Transportbetrieb – BGE 103 IV 289: Der Verwaltungsrat der Skilift W. AG hatte versäumt, einen Zielwächter einzusetzen; wie F. den Bügel zu früh loslässt, verfängt sich dieser, das Seil reisst, ein Mast fällt um und tötet einen Knaben; **RS 1971 Nr. 79:** Während des Baus eines Skilifts lassen sich Knaben am Seil hinaufziehen – einer wird durch den Drall des Seils in die Luft gewirbelt und stirbt an den Unfallfolgen; s. auch RS 1960 Nr. 126.

Alpinismus – BGE 83 IV 10: B. unternimmt unzureichend ausgerüstet mit seiner Frau bei schlechtem Wetter eine Skitour, wählt schwierige Routen, lässt den Kontakt mit Rettern abreissen und verlässt die Frau schliesslich, um Helfer zu holen, die sie freilich nur noch tot vor Erschöpfung vorfinden; **91 IV 181: Brunner** lässt beim Abstieg von der Wilden Frau von einem vorgefundenen Haken abseilen, der plötzlich ausbricht, worauf ein Kursteilnehmer zu Tode stürzt; **98 IV 168: Zinsli** hatte es unterlassen, als Gesamtleiter eines Tourenlagers das neueste Lawinenbulletin zu konsultieren und Sondertouren zu verbieten – auf einem ungeplanten Abstecher geraten drei Burschen in eine Lawine – nur einer überlebt; **100 IV 211: Vismara** hat beim Abstieg vom Piz Badile die Führung übernommen und bereitet das Abseilen vor, wobei er das Hauptseil nicht mit hinreichender Sorgfalt befestigt; Zucchetti stürzt tödlich ab; s. auch PKG 1978 Nr. 28, 1979 Nr. 22, 1981 Nr. 26, SJZ 41 (1945) Nr. 14, 68 (1972) Nr. 43, RVJ 1980 366; **122 IV 303: Primarlehrer X.** musste mit zwanzig Schülern der sechsten Klasse und einer erwachsenen Begleitperson auf einer Wanderung vom Hohen Kasten in Richtung Furgglen mehrere Schneefelder überqueren, wobei auf dem dritten

Schneefeld ein Schüler tödlich abstürzte – X. hätte für das Überqueren der Schneefelder besondere Sicherungsvorkehren treffen müssen.

Jagd – PKG 1944 Nr. 36, 1946 Nr. 63, 1991 Nr. 39.

Schlittschuhlaufen – BGE 75 IV 8: Vonlanthen rast mit gesenktem Kopf über die «patinoire du Jura» in Freiburg und stösst Geinoz um, der sich ein Bein bricht.

Wasserski – BGE 88 IV 1: José Julita fährt so nahe an der Badeanstalt Kusen vorbei, dass er einen Schwimmer gefährdet.

Rudern – ZR 50 (1951) Nr. 245: Verletzen eines Schwimmers beim Training.

River-Rafting – PKG 1993 Nr. 36: Bootsunfall auf dem Vorderrhein – keine mangelhafte Signalisation.

Schwimmen – BJM 1985 211: Keine Fahrlässigkeit durch Mitnehmen eines ungeübten Schwimmers bei niedrigem Wasserstand, wenn dieser an einen Brückenpfeiler prallt und im Rhein ertrinkt.

Reiten – BGE 91 IV 125: Favrat lässt seinen 15jährigen Gehilfen mit einer Gruppe ausreiten; plötzlich brennen die Pferde durch und ein Mädchen wird tödlich verletzt.

Fussball – BGE 109 IV 103: Bei einem Freundschaftsspiel stürzt sich S. auf D., der nicht mehr im Besitz des Balles ist, was bei D. zu einem doppelten Beinbruch führt.

Eishockey – BGE 121 IV 249: Die Sorgfaltspflicht bestimmt sich nach den einschlägigen Spielregeln und dem Grundsatz *«neminem laedere»;* bei grober Verletzung der Spielregeln kann nicht eine stillschweigende Einwilligung in das Risiko angenommen werden.

Autorennen – RS 1975 Nr. 820: Pflicht zur Sicherung der Zuschauer.

Fallschirmspringen – RS 1985 Nr. 866: Wegen eines zu kleinen Landeplatzes verletzt ein Springer eine Zuschauerin mit dem Bleigewicht der Fahne.

Gesundheitswesen
BGE 108 IV 3: Sch. vermittelt Frau B. eine «Behandlung» mittels «kosmischer Ernährung»; wie sich deren Gesundheitszustand dramatisch verschlechtert, unterlässt er es, eine sachkundige Person beizuziehen, worauf die Patientin wegen Flüssigkeitsmangels an einer Thrombose stirbt; **SJZ 51 (1955) Nr. 190:** eine Zahnärztin narkotisiert eine Patientin mit Lachgas, worauf sich diese unvorhersehbarerweise aus dem Fenster stürzt; **PKG 1973 Nr. 22:** eine Schwester spritzt Kaliumchlorid intravenös statt *per infusionem*, was zum Tod führt, den auch der Arzt zu verantworten hat, vgl. zum Verhältnis Arzt-Krankenschwester auch SJZ 66 (1970) Nr. 121; **Rep. 1980 185:** ein Arzt, der einem Patienten 1500 ml Methadon-Sirup anvertraut, hat die Weitergabe an andere Süchtige zu

verantworten; s. auch RS 1957 Nr. 188 zur Verantwortlichkeit des Tierarztes als Fleischschauer; **RJJ 1991 72:** Fehldiagnose – Verkennen eines geplatzten Blinddarms.

Bauwesen

BGE 90 IV 80: Aubert lässt beim Bau einer Unterführung in Cointrin 700 kg schwere Betonplatten senkrecht transportieren; eine davon kippt und verletzt einen Arbeiter schwer, s. auch Rep. 113 (1980) 315; **91 IV 154: Valloton** unterlässt es, als Strassenmeister für genügende Beleuchtung einer Baustelle zu sorgen, was zu einem tödlichen Unfall führt; **99 IV 128: Capozzi** lässt den Graben über einer Gasleitung mit Aushubmaterial auffüllen, wobei die Leitung beschädigt wird; das ausströmende Gas vergiftet unvorhersehbarerweise einen Anwohner tödlich; **112 IV 4: S.** ist verantwortlich für den Sturz eines Unterakkordanten vom Dach mangels vorschriftsgemässer Sicherung; **114 IV 173:** Sicherungspflicht beim Auswechseln der Dachrinne; **115 IV 200:** Einsturz des Daches des Hallenbads in Uster, wobei 12 Menschen den Tod fanden; **122 IV 145: B.,** ein ungelernter und unerfahrener Arbeiter verursachte durch den unsachgemässen Einbau einer Durchgangstüre in ein Garagentor den Tod eines vierjährigen Kindes; **Rep. 1969 152:** Ein unerfahrener Arbeiter stürzt tödlich von einer unbefestigten Dachtraufe, ähnlich Rep. 1984 424; **RS 1973 Nr. 520:** 2 Mio m^3 Eismassen stürzen vom Allalingletscher auf das Barackenlager von **Mattmark,** was den Tod von 88 Menschen verursacht – das Unglück war nicht voraussehbar; **ZBJV 112 (1976) 341: B.** lässt ein Schwimmbassin bauen und unterlässt genügende Absicherung des Gartens, worauf ein fünfjähriger Knabe ins Bassin fällt und ertrinkt; **Rep. 1986 257:** Tödlicher Unfall beim Reinigen eines Stausees; **BJM 1994 83: Bauvorarbeiter Domenico G.,** vom Kranführer dazu aufgefordert, schaltet den Strom ein, wegen Sturmwinds fällt der Kran um, der Führer wird getötet; **RVJ 1994 213:** Bei Arbeiten im Dachstock fiel P. durch einen ungesicherten Freiraum zwischen Betonrundach und Fassadengerüst, wobei er schwer verletzt wurde; eingehend zur Verantwortlichkeit des bauleitenden Architekten; s. ferner **Art. 229 N 12.**

Elektrizität

BGE 76 IV 76: Wetter feilt eine 15-Ampère-Dose so zurecht, dass sie einen 25-Ampère-Stecker aufnehmen kann; wie Casani versehentlich den Stecker verkehrt einführt, wird die Schleifmaschine unter Strom gesetzt, der ihn tötet, s. auch SJZ 58 (1962) Nr. 1; **88 IV 100: Merz** setzt auf dem Güterbahnhof St. Fiden eine Fahrleitung unter Strom, obwohl auf dem betreffenden Gleis noch ein Wagen zu entladen ist; wie Jenni die Blachen löst, kommt er in Kontakt mit der Fahrleitung und verletzt sich schwer.

Gas

BGE 92 IV 86: Walzer hat im Berghaus Niederauen eine Gasbeleuchtung für die Toilette installiert und in Betrieb genommen, obwohl eine Lüftungseinrichtung fehlt; ein alkoholisierter Gast, der sich längere Zeit dort aufhält, erleidet eine tödliche Kohlenmono- und -dioxydvergiftung; ähnlich RS 1971 Nr. 16; **101 IV 149: Zahnd** versäumte es, die Meldung über die Installation eines Gasdurchlauferhitzers an die Installations-Kontrolle weiterzuleiten; später erleidet Carmen Gabriele wegen unvollständiger Verbrennung eine Kohlenmonoxydvergiftung, die aber nicht mit Sicherheit oder an Sicherheit grenzender Wahrscheinlichkeit durch die Weiterleitung der Meldung verhindert worden wäre, weil eine Kontrolle nur «sehr wahrscheinlich» vorgenommen worden wäre; **110 IV 69: W.K.** stellte seinem Bruder Gasbrenner und Gasflasche zum Aufwärmen des Bodens einer Tiefkühlanlage zur Verfügung, ohne ihn ausreichend zu instruieren; das Gerät wird in Betrieb gesetzt und unbeaufsichtigt gelassen, worauf die Flamme erlischt – beim Versuch, sie wieder anzuzünden, explodiert das ausgeströmte Gas, dazu DONATSCH in recht 6 (1988) 130; SJZ 73 (1977) Nr. 66, (vgl. **Art. 223**).

Umweltschutz
BGE 120 IV 300: Z. ging beim Ablassen eines atrazinhaltigen Herbizids unsorgfältig vor – in der Folge gab es «bis Mannheim Probleme mit dem Trinkwasser»; **GVP-AR 1991 93:** Abpumpen von Wasser, das wegen ungenügenden Abbindens von Beton verschmutzt war – keine Fahrlässigkeit.

Feuer – s. Art. 222 N 3.

Waffengebrauch durch die Polizei – BGE 121 IV 211 ff., s. Art. 32 N 6.

Sprengstoff – BGE 106 IV 80, 312, ohne Angabe des Sachverhalts.

Verschiedene – BGE 83 IV 138: Schüssler überanstrengt den minderjährigen Bäckergehilfen Himmelreich und trägt damit zur Verschlimmerung von dessen Gesundheitszustand (Tuberkulose) bei; **102 IV 100: Mischler** war wegen mangelhafter Konstruktion einer Falttür schuldig an der Verletzung eines Mädchens; **103 IV 152:** Unfall bei der chemischen Produktion; **103 IV 13: G.** manipuliert vor jungen Leuten mit seiner Dienstpistole; bevor er sich schlafen legt, versorgt er sie im unverschlossenen Korridorschrank, ohne das Entladen geprüft zu haben; beim Herumspielen damit erschiesst H. den Sch.; **121 IV 10: G.** hätte als Geschäftsleiter dafür zu sorgen gehabt, dass bei Verwendung der von der E. AG gelieferten Hebebühne nicht Leben und Gesundheit gefährdet werden; **122 IV 103: G.,** der verantwortliche Produktionsleiter, hätte den wahren Verwendungszweck der unter seiner technischen Leitung hergestellten Gegenstände (Bestandteile für eine irakische Superkanone) intensiver hinterfragen müssen – fahrlässige Widerhandlung gegen das Kriegsmaterialgesetz (E. IV 2); **ZR 54 (1955) Nr. 133:** Durch Unvorsichtigkeit des Bühnenmeisters stürzt eine Sängerin nach Versenken des Schiffes bei der Hauptprobe zum «fliegenden Holländer» $5^1/_2$ Meter tief; **RJN 1990 139:** Zur Fahrlässigkeit bei Steuerhinterziehung.

19 Irrige Vorstellung über den Sachverhalt

[1] Handelt der Täter in einer irrigen Vorstellung über den Sachverhalt, so beurteilt der Richter die Tat zugunsten des Täters nach dem Sachverhalte, den sich der Täter vorgestellt hat.

[2] Hätte der Täter den Irrtum bei pflichtgemässer Vorsicht vermeiden können, so ist er wegen Fahrlässigkeit strafbar, wenn die fahrlässige Verübung der Tat mit Strafe bedroht ist.

WALO FRÜH, Die irrtümliche Annahme eines Rechtfertigungsgrundes, Diss. ZH 1962; JEAN GAUTHIER, *La réglementation pénale de l'erreur en droit suisse*, in Recueil des travaux suisses présentés au 10ᵉ Congrès international de droit comparé, Basel 1979, 261; GUIDO JENNY, Tatbestands- und Verbotsirrtum im Nebenstrafrecht, ZStrR 107 (1990) 241; PAUL LEMP, Die Abgrenzung des Rechtsirrtums von der irrigen Vorstellung über den Sachverhalt in der Rechtsprechung des Militärkassationsgerichtes, ZStrR 76 (1960) 404; EMIL LERCH, Tatirrtum und Rechtsirrtum im schweizerischen Strafrecht, ZStrR 66 (1951) 158; HANS SCHULTZ, Zur bundesgerichtlichen Rechtsprechung über den Sachverhaltsirrtum, ZStrR 77 (1961) 74; ALEXANDER WILI, Schuld und Irrtum im schweizerischen Strafrecht, Diss. BE 1960; **Lit.** zu Art. 18.

1   Art. 19, **Sachverhaltsirrtum,** auch «Tatirrtum» oder «Tatbestandsirrtum», präzisiert, was sich schon aus Art. 18 II ergibt: dass bei Abweichen der Vorstellung des Täters über den Sachverhalt von der Wirklichkeit für den Vorsatz die *Vorstellung entscheidend* ist.

2   Dem Irrtum gleichgestellt ist das **Nichtwissen,** die unvollständige Vorstellung vom Sachverhalt, GAUTHIER 267, SCHULTZ 76, STRATENWERTH AT I § 9 N 76; unnötig differenzierend WILI 1 f.

3   Zum «**Sachverhalt**» i.S.v. Art. 19 gehören *sämtliche objektiven Tatbestandsmerkmale, auf die sich der Vorsatz beziehen muss,* z.B. das Geladensein einer Schusswaffe (Sachverhalt von BGE 103 IV 13), die Breite eines Fahrzeugs, BGE 104 IV 263, die Verbreitung pornographischer Tonaufnahmen an Jugendliche unter 16 Jahren über den Telekiosk, BGE 121 IV 125, die Wirkung von Schüssen in ein Wildrudel, PKG 1947 Nr. 38, die Bedeutung der Zeichen eines militärischen Einweisepostens, RS 1986 Nr. 3, das Alter eines Sexualpartners (s. Art. 187 N 13 f.), das Alter eines Rehbocks, PKG 1993 Nr. 27; zu normativen Tatbestandsmerkmalen Art. 18 N 6. Zum Sachverhalt gehört ferner, als Gegenstand der Absicht, die (Un-)Rechtmässigkeit einer angestrebten Bereicherung, BGE 81 IV 28, 105 IV 35, JdT 1991 III 104 (Bestehen einer Verrechnungsforderung bei Veruntreuung) .

4   Zu den möglichen Gegenständen des Sachverhaltsirrtums gehören auch **qualifizierende** und **privilegierende Merkmale,** z.B. der Wert einer gestohlenen Sache, PKG 1969 Nr. 35, die Gefahr strafrechtlicher Verfolgung bei wahrer Zeugenaussage, BGE 75 IV 70 (Stierli).

5   Praktisch bedeutsam ist vor allem der Irrtum über **rechtlich normierte Elemente des Sachverhalts,** was BGE 72 IV 155 (Ruch; Irrtum über

Rechtsverhältnisse an Sachen Toter) noch verkannt hatte. Dazu gehört etwa die Eigenschaft von Goldmünzen als Zahlungsmittel, BGE 82 IV 202 (Kramer); die Eigenschaft einer fremden Sache als derelinquiert, BGE 85 IV 192 (Bucher; Jutesack) oder verloren, BGE 71 IV 186 (Racine; Uhr von Oberst Furger), BJM 1960 208; Umfang einer Dienstbarkeit, BGE 115 IV 30; Bestehen von Unterhaltspflichten, RJJ 1994 61; Eigenschaft eines PC-Handbuchs als urheberrechtlich geschütztes Werk, SJZ 84 (1988) Nr. 61; Eigentum an geliefertem Material, BGE 109 IV 67; Sperrung einer Strasse an der Grenze, BGE 101 Ib 36 (Boder); Geltung einer publizierten, aber noch nicht signalisierten Aufhebung des Vortrittsrechts, BGE 102 IV 111; Tatsache, dass ein Habicht abgerichtet und in fremdem Eigentum ist, BGE 116 IV 143; Unzulässigkeit einer Betreibungshandlung am Samstag, BGE 116 IV 155; Fortbestehen des Führerausweisentzugs, BGE 117 IV 303; Tragweite einer Ausnahmebewilligung, RB UR 1988 Nr. 22 (fraglich – Fahrlässigkeit wird denn auch auf Fehlen zureichender Gründe gestützt); Geltung eines Einreiseverbots, GVP-SG 1989 Nr. 39; Folgen der Auflösung eines Verlöbnisses, SJZ 39 (1942/43) Nr. 268; s. auch SJZ 41 (1945) Nr. 142, 58 (1962) Nr. 65. Kein Irrtum über den Sachverhalt ist die falsche Auffassung über das Entscheidungsermessen, so aber SJZ 85 (1989) Nr. 63.

Sachverhaltsirrtum liegt auch vor bei falscher Vorstellung über die **Voraussetzungen eines Rechtfertigungsgrundes,** z.B. Putativnotwehr, BGE 93 IV 83 (Zulli), 102 IV 67 (Gil y Duarte), RS 1983 Nr. 420, 1977 Nr. 409, 1976 Nr. 160, Sem.jud. 99 418, SJZ 74 (1978) Nr. 64 (rechtswidriger Angriff durch abendliche Betreibungshandlung); Putativnotstand, BGE 98 IV 50 (Rieder), JdT 1991 III 127; vermeintliche Einwilligung des Verletzten.   6

Auch ein Irrtum über die Voraussetzung eines **Strafausschliessungs- oder Strafmilderungsgrundes** ist als Sachverhaltsirrtum wesentlich, BGE 122 IV 4 f.; 117 IV 270: Frau D. beschimpfte Jäger als *«bande de salauds»*, weil sie meinte, diese hätten illegal ein Reh erlegt, Provokation gem. Art. 177 II.   6a

Kein rechtserheblicher Irrtum liegt vor, wenn der Täter über **unwesentliche Merkmale des Sachverhalts** irrt, z.B. unwesentliche Abweichung des wirklichen vom vorgestellten Kausalverlauf, BGE 109 IV 96; Identität des Opfers *(error in persona),* selbst wenn die Tat nach Vorstellung des Täters nur auf Antrag strafbar wäre, SJZ 57 (1961) Nr. 124, ZBJV 87 (1951) 45; unwesentlich ist auch die Tatsache, dass ein Angestellter nicht ins Handelsregister eingetragen werden kann, wenn im übrigen falsche Angaben gemacht wurden, RJJ 1994 356, s. auch Wili 80 ff.   7

Kein Irrtumsfall ist die üblicherweise in diesem Zusammenhang erwähnte *aberratio ictus:* Der Täter will Rechtsgut A verletzen, trifft aber B. Nach herrschender Lehre liegt *Versuch in Konkurrenz mit fahrlässiger Verletzung* vor, Graven AT 174 f., Logoz-Sandoz Art. 19 N 3c), Schultz I 233, Schwander Nr. 185, Stratenwerth AT I § 9 N 87,   8

TRECHSEL/NOLL 101, a.M. GERMANN, Verbrechen, 46, HAFTER AT 186, REHBERG I 77 (vollendetes Delikt, sofern im Rahmen des mit der Handlung verbundenen Risikos).

9 Ist der Irrtum **vermeidbar,** also auf mangelhafte Sorgfalt zurückzuführen, so liegt Fahrlässigkeit vor, Abs. 2, was beim Vorsatzdelikt zu Freispruch führt, s. z.B. BGE 116 IV 145, PKG 1970 Nr. 28. BGE 119 IV 256: Sorgfaltspflichtverletzung, weil auf das Ergebnis eines privaten Atemlufttests wenig Verlass ist.

10 Die **Wirkung** des Sachverhaltsirrtums besteht darin, dass der Täter beurteilt wird, *wie wenn seine Vorstellung richtig wäre;* wer eine Sache, an der noch Gewahrsam besteht, die er aber für verloren hält, an sich nimmt, wird wegen Fundunterschlagung verfolgt, BGE 71 IV 186; wer die Sache für derelinquiert hält, wird freigesprochen, BGE 85 IV 192, u.s.w.

11 Irrtum **zuungunsten** des Täters liegt vor, wenn dieser sein Verhalten für tatbestandsmässig hält, obwohl es in Wirklichkeit harmlos ist. In diesem Fall ist *untauglicher Versuch* gegeben, Art. 23.

20 Rechtsirrtum

Hat der Täter aus zureichenden Gründen angenommen, er sei zur Tat berechtigt, so kann der Richter die Strafe nach freiem Ermessen mildern (Art. 66) oder von einer Bestrafung Umgang nehmen.

E 18. Sten.NR 88. Über Rechtsirrtum und Bewusstsein der Rechtswidrigkeit schon 1. ExpK II 386 ff., 2. ExpK I 152 ff., vgl. auch StenB 1924 NR 663 zum Entwurf des MStG.

ANDREAS DONATSCH, Unrechtsbewusstsein und Verbotsirrtum, ZStrR 102 (1985) 16; PHILIPPE GRAVEN, Rechtsirrtum, SJK 1992 Nr. 91; ULRICH HAUG, Bemerkungen zu Art. 20 StGB (Rechtsirrtum) unter besonderer Berücksichtigung der bundesgerichtlichen Praxis, Diss. BE 1989; **Lit.** zu Art. 18 und 19.

1 Art. 20 regelt den **Verbotsirrtum** – diese Bezeichnung bringt besser als das Marginale zum Ausdruck, dass es nicht um Irrtum über Rechtsfragen schlechthin geht (so irrtümlich noch BGE 72 IV 155), sondern über die Verbotenheit eines bestimmten Verhaltens (h.L.); beim Unterlassungsdelikt ist von *Gebotsirrtum* zu sprechen, ZR 90 (1991) Nr. 13 E. 3. In Abkehr von der Regel *ignorantia iuris nocet* soll Art. 20 den Grundsatz *«keine Strafe ohne Schuld»* verwirklichen, BGE 70 IV 100. Im Gegensatz zu Art. 19 behandelt Art. 20 den Verbotsirrtum nicht als den Vorsatz ausschliessend, s. Art. 18 N 5. Dort, wo ausnahmsweise die Bestrafung keine Schuld voraussetzt, ist auch die Berufung auf Art. 20 unbehelflich, BGE 100 IV 8 E. 4 betr. Art. 27.3 I.

2 Zum **Irrtum** ist auch hier das *Fehlen einer Vorstellung* zu zählen, BGE 104 IV 217, – aus dem Wortlaut darf insbesondere auch nicht geschlossen werden, Art. 20 gelte nur für den Fall, dass der Täter irrtümlich einen Rechtfertigungsgrund in Anspruch nimmt, BGE 70 IV 78 ff.

Zur **Abgrenzung vom Sachverhaltsirrtum:** Erst ist zu fragen, ob der Täter   3
die technische und soziale Bedeutung seines Verhaltens erkannte, *«wusste, was er tat»;* Verbotsirrtum ist in einem zweiten Schritt zu prüfen mit
der Frage: *«Wusste der Täter, dass sein Tun verboten war?»,* anschaulich
JENNY, ZStrR 107 (1990) 242 f. Schwierigkeiten bieten normative Tatbestandsmerkmale. So behandelt BGE 80 IV 21 den Irrtum über das «offensichtliche Missverhältnis» zwischen Leistung und Gegenleistung beim
Wucher nach Art. 20, obwohl es sich dabei um ein objektives Tatbestandsmerkmal handelt (vgl. BGE 92 IV 137). Bei aArt. 204 wurde der
Irrtum über des unzüchtigen Charakters des Gegenstandes als Sachverhaltsirrtum behandelt in BGE 99 IV 58 ff. und 100 IV 237; hält der Täter
die Vorführung trotz des unzüchtigen Charakters für erlaubt, so wird dieser Irrtum in BGE 99 IV 250 als Verbotsirrtum behandelt; geht es nur um
die Auslegung des Begriffs, so liegt nach BGE 99 IV 62 ein unbeacht-
licher *Subsumtionsirrtum* vor. GVP-SG 1989 Nr. 39 weicht der Abgren-
zungsproblematik aus, indem ein Irrtum gleichzeitig unter Art. 19 und 20
subsumiert wird – alle Voraussetzungen seien erfüllt. Zum unbeacht-
lichen Subsumtionsirrtum s. auch BGE 112 IV 137 f., 114 IV 172. Eingehend zur Abgrenzung zwischen Art. 19 und 20 HAUG 24 ff.

Verbotsirrtum liegt nicht schon vor, wenn der Täter sein Verhalten nicht   4
für strafbar hält, sondern nur, wenn er meint, **kein Unrecht** zu tun, BGE
70 IV 100, 78 IV 179, 91 IV 29, 164, 93 IV 124, 98 IV 51, 303, 99 IV 185,
250, 100 IV 49, 101 Ib 36, 104 IV 184, 115 IV 167, 118 IV 174; BJM 1983
196, ZR 90 (1991) Nr. 94, ZWR 1986 397. Irrelevant ist insbesondere der
Subsumtionsirrtum, BGE 112 IV 132, 105 IV 182 (Täter meinten, zwei
Personen bildeten noch keine Bande), 99 IV 62. BGE 69 IV 180 schloss
Verbotsirrtum sogar aus, obschon sich der Täter auf den Gesetzestext
stützte – eine andere sprachliche Fassung war «richtig», und es genügte
das Bewusstsein, pflichtwidrig zu handeln – bei normativen Tatbestandsmerkmalen wird analog (Art. 18 N 5) auf die *Parallelwertung in der
Laiensphäre* verwiesen, BGE 104 IV 218, 99 IV 185, 250. Zur Ausschaltung eines Verbotsirrtums soll schon «das unbestimmte Empfinden, dass
das in Aussicht genommene Verhalten gegen das verstösst, was recht ist»,
genügen, wobei dieses Bewusstsein vorliege, wenn der Täter wisse, «dass
sein Verhalten den Rechtsvorstellungen der Rechtsgemeinschaft
widerspricht, in der er lebt», BGE 104 IV 218 f., dazu treffend krit.
DONATSCH, ZStrR 102 (1985) 17, 20, STRATENWERTH AT I § 11 N 48. Das
Empfinden, Unrecht zu tun, muss sich auf die Norm beziehen, die
tatsächlich übertreten wird, BGE 104 IV 219 f. (Zweifel betreffend ausserehelichen Geschlechtsverkehr, aber nicht das Schutzalter).

Das blosse Bewusstsein der **Sittenwidrigkeit** ist kein Verbotsirrtum, nach   5
BGE 104 IV 219 aber doch ein «starkes Indiz für das Bestehen des
Unrechtbewusstseins, das nur durch aussergewöhnliche Umstände entkräftet werden kann», dazu krit. DONATSCH, ZStrR 102 (1985) 30: Bewusstsein der Sittenwidrigkeit gibt erst Anlass zu Zweifeln und verpflichtet zu Erkundigung – unterlässt der Täter diese, so wird es freilich an

zureichenden Gründen für den Verbotsirrtum fehlen. Nach STRATEN-
WERTH AT I § 11 N 48 muss der Täter «damit rechnen, dass sein Verhalten *staatlichen Zwang* auslösen kann»; im Ergebnis ebenso HAUG 110 f.
m.w.Hinw.

6 Art. 20 verlangt **«zureichende Gründe»** für den Verbotsirrtum. «Zureichend ist ein Grund nur dann, wenn dem Täter aus seinem Rechtsirrtum
kein Vorwurf gemacht werden kann, weil er auf Tatsachen beruht, durch
die sich auch ein *gewissenhafter* Mensch hätte in die Irre führen lassen»,
BGE 98 IV 303 , ebenso 75 IV 153, 99 IV 186.

7 **Unkenntnis der rechtlichen Normierung** ist grundsätzlich *kein zureichender Grund,* BGE 91 IV 151, 98 IV 303, 100 IV 247 (alle betr. Strassenverkehr), 106 IV 319 (Jagd), 112 IV 132 (Handel mit Elektrogeräten), PKG
1946 Nr. 61 (Fischerei), 1993 Nr. 39 (Ausschank gebrannter Wasser), RS
1965 Nr. 4 (Warenhandel), und im Kernstrafrecht auch praktisch von geringer Bedeutung, JENNY, ZStrR 107 (1990) 243 f., mit Gegenbeispielen
zum Nebenstrafrecht auf S. 247. Wo Anlass zu Zweifel besteht, sind Erkundigungen einzuholen, BGE 99 IV 186, 100 IV 247, 101 Ib 33, 103 IV
254, 104 IV 220, 120 IV 215, RS 1977 Nr. 407. Die *Sorgfaltspflicht* ist, ähnlich wie bei der Fahrlässigkeit, unter Berücksichtigung der persönlichen
Verhältnisse, der Intelligenz, Ausbildung und Erfahrung des Täters zu
bemessen. Nach dem Denkmodell des Übernahmeverschuldens (Art. 18
N 33) ist vorwerfbar die Ignoranz dessen, der sich in einem dicht durch-
normten Bereich (Strassenverkehr, Jagd, Fischerei usw.) bewegt, mindestens wenn er eine bewilligungspflichtige Tätigkeit ausführt, DONATSCH,
ZStrR 102 (1985) 35. Unkenntnis entschuldigt namentlich dann nicht,
wenn das Verhalten offensichtlich *gefährlich* ist, BGE 75 IV 136, 79 IV
137, die Verbotenheit *allgemein bekannt* ist, BGE 104 IV 46, oder wenn
der Täter auf die Unzulässigkeit hingewiesen worden war, BGE 75 IV 43,
97 IV 83, 100 IV 51, 108 IV 170, 121 IV 126 (Hinweis auf den illegalen Gebrauch des Telekiosks und auf das Risiko der Strafbarkeit).

8 **Ausnahmen** sind denkbar, wenn die Auffassung des Täters *«dans certains
milieux et dans certaines régions»* vorherrscht, BGE 70 IV 162 (betr. Beischlaf unter Verlobten; nicht die Meinung einer Minderheit, 75 IV 173),
wenn das Gesetz eben erst geändert wurde, RS 1943 Nr. 258, Rep. 1948
448, oder wenn zu Zweifeln nicht der geringste Anlass bestand, BGE 104
IV 220 f., BJM 1967 193 (sexuelle Beziehungen eines Ausländers mit
einem Kind; anders noch BGE 86 IV 215, SJZ 60 [1964] Nr. 112, AGVE
1967 Nr. 44, RS 1968 Nr. 178), PKG 1969 Nr. 36 (Verbleiben des Arbeitnehmers im Hotel nach angefochtener fristloser Kündigung).

9 **Ständige Duldung** eines an sich vorschriftswidrigen Verhaltens durch die
zuständige Behörde ist ein zureichender Grund, BGE 91 IV 204 (Parkieren), SJZ 57 (1961) Nr. 21, ebenso eine ständige, unangefochtene Praxis,
RS 1973 Nr. 443, AGVE 1975 Nr. 38, RS 1984 Nr. 637. *Blosses Nichtein-
schreiten* von Behörden trotz Kenntnis des Sachverhalts soll dagegen
keinen zureichenden Grund bilden, BGE 78 IV 181, SJZ 56 (1960) Nr. 22,

ebensowenig Duldung in einem anderen Kanton, BGE 99 IV 252, RS 1978 Nr. 628. Zureichend ist gemäss BGE 90 IV 207 Duldung durch die geschützte Person (die aber *in casu* nicht vorlag).

Früherer Freispruch wegen desselben Verhaltens ist «zureichender 10 Grund», BGE 91 IV 165, 99 IV 186, RS 1961 Nr. 116; zu streng ZBJV 82 (1946) 230, wo nach Inkrafttreten eines neuen Gesetzes mit identischem Wortlaut Erkundigung nach allfälliger Praxisänderung verlangt wurde.

Auskunft oder Anweisung durch die *zuständige Behörde* ist zureichend, 11 BGE 116 IV 67 ff. (Bundesrätin), SJZ 87 (1991) Nr. 56 (Regierungsrat); BGE 98 IV 280, 287 f.: schriftliche Weisung an Busfahrer Imfeld, von der Signalisation abweichend zu fahren; ZWR 1986 397: mündliche Dienst- anweisung an einen Wildhüter; ebenso grundsätzlich die Auskunft eines *Rechtsanwaltes* – die Praxis hat freilich vor allem Beispiele von Ausnah- men: der Sachverhalt war dem Anwalt nicht vollständig und richtig un- terbreitet worden, BGE 98 IV 303; die Auskunft war nicht kausal für das Verhalten des Täters, BGE 100 IV 247 f.; die Antwort hatte nur man- gelnde Strafbarkeit behauptet, BGE 92 IV 74, RS 1969 Nr. 197; ausrei- chend war die Auskunft über eine fremdenpolizeiliche Frage in GVP-SG 1989 Nr. 39. Völlig bedeutungslos sind Informationen aus ausländischer Literatur, BGE 75 IV 173, oder aus einer ausländischen Illustrierten, BJM 1970 203.

Entschuldbar ist schliesslich der Verbotsirrtum, der auf eine **völlig un-** 12 **klare Norm** zurückzuführen ist, BGE 97 IV 58 (Rezept für Fleischkäse), vgl. auch ZBJV 79 (1943) 317.

Der **Überzeugungstäter** kann sich nicht auf Verbotsirrtum berufen, BGE 13 88 IV 123.

Irrige Auffassung über die **Tragweite eines Rechtfertigungsgrundes** ist in 14 der Praxis selten; Annahme eines Notstands, SJZ 70 (1974) Nr. 8, (un)er- laubte Selbsthilfe, RS 1946 Nr. 6.

Die **Wirkung** des Verbotsirrtums besteht in *fakultativer Strafmilderung* 15 *oder Strafbefreiung.* Entschuldbarer Verbotsirrtum sollte stets zur Straflosigkeit führen, so jetzt BGE 120 IV 316 f. m.Hinw., GVP-SG 1989 Nr. 39 – gemäss PKG 1992 Nr. 53 ist in klaren Fällen sogar Einstellung des Verfahrens zulässig; anders noch BGE 70 IV 100, 91 IV 164. Straf- milderung ist angemessen bei verschuldetem Verbotsirrtum, DONATSCH, ZStrR 102 (1985) 24 f., *de lege ferenda* auch PERRIN, ZStrR 78 (1962) 141 ff., SCHULTZ I 233, DERS. VE 50 ff. *VE 1993* Art. 15 bestimmt, dass wer bei Begehung der Tat «nicht weiss und nicht wissen kann, dass er rechtswidrig handelt», straflos bleibt; bei Vermeidbarkeit des Irrtums ist die Strafe zu mildern.

Gemäss BGE 106 IV 193 muss stets, auch bei Umgangnehmen von 16 Strafe, ein **Schuldspruch** erfolgen, was formell vertretbar, *materiell un-* *haltbar ist,* SCHULTZ, ZBJV 118 (1982) 29, richtig SJZ 70 (1974) Nr. 9, Ur- teil des BGer vom 15.12.1944, zit. in BGE 73 IV 262 E. 2.

17 Ein strafloses **Putativdelikt** (Wahndelikt) liegt vor, wenn der Täter ein
    erlaubtes Verhalten für strafbar hält (Verbotsirrtum zu seinen Gunsten),
    Sem.jud. 1995 116, ZR 93 (1994) Nr. 43. Wer jemanden wider besseres
    Wissen eines Wahndelikts beschuldigt, begeht selbst ein solches, EGV-
    SZ 1991 145 f.

18 **Kasuistik (Auswahl)**
    BGE 70 IV 97: Görner verkannte das Verbot für politische Betätigung
    von Refraktären; **70 IV 160: Ischer** behauptete, er habe Geschlechtsver-
    kehr mit 17jähriger Lehrtochter als Verlobter für rechtmässig gehalten –
    Verlobung aber erst später; **75 IV 131: Baumann** verursachte einen Ver-
    kehrsunfall, weil er eine einzelne, noch in der Mitte der Kühlerfront
    befestigte Nebellampe verwendete, was er für zulässig hielt; **75 IV 170:
    Moser** hielt Schrotschüsse auf den Hund für ein zulässiges Erziehungs-
    mittel; **76 IV 110: Angel** hielt sich nach Heirat mit einer Schweizerin nicht
    für unterhaltsverpflichtet, weil er nicht auch kirchlich getraut worden
    war; **78 IV 171: Thommen** glaubte, durch Ausführen von Jauche Gewäs-
    ser verschmutzen zu dürfen; **91 IV 201: Troxler** hielt von der Polizei stets
    geduldetes Parkieren aus zureichenden Gründen für rechtmässig, ähnlich
    ZR 78 (1979) Nr. 89; **91 IV 160: Mermoud** durfte sich zur Gewährung
    vom Sonderrabatt auf Büchern für berechtigt halten, nachdem er von der
    Anklage wegen desselben Verhaltens früher freigesprochen worden war;
    94 IV 69: Detektivwachtmeister **Meier** meinte, er dürfe zur Aufdeckung
    illegaler Privilegierung prominenter Verkehrssünder das Amtsgeheimnis
    verletzen; **97 IV 58: Brenner** irrte aus zureichenden Gründen über eine
    unverständliche Norm betreffend die Herstellung von Fleischkäse; **98 IV
    41: Rieder** hielt sich für berechtigt, als Journalist bei einem zusammenge-
    rotteten Haufen i.S.v. Art. 285 zu stehen; **98 IV 280: Imfeld** konnte sich
    auf Verbotsirrtum berufen, als er unter Missachtung von Lichtsignal und
    Markierung den Trolleybus weisungsgemäss über die Einmündung der
    Luzerner Lidostrasse führte; **98 IV 294: Iseli** durfte sich bei der lotterie-
    ähnlichen Vermarktung des «*SAWACO Golden Slip*» nicht auf die
    Rechtsauskunft des Anwalts verlassen, weil er diesem den Sachverhalt
    nicht ganz richtig geschildert hatte; **99 IV 249: Kunzi** durfte die Vor-
    führung des Films «*Pornographie sans masque*» nicht für rechtmässig an-
    sehen; **100 IV 244: Gerigk** konnte sich nicht für berechtigt halten, trotz
    Ausweisung in die Schweiz zu reisen, ähnlich SJZ 55 (1959) Nr. 126; **104
    IV 43: W.** musste wissen, dass das Versenken eines gestohlenen Kassen-
    schranks in der Aare als Gewässerverschmutzung rechtswidrig war; **104
    IV 175: Adams** musste die Rechtswidrigkeit der Informierung der EG-
    Kommission über wettbewerbsrechtswidrige Praktiken der Firma Hoff-
    mann/La Roche erkennen; **104 IV 217: R.,** Sizilianer, hatte keinen
    Grund, das Bestehen der Schutzaltersgrenze zu vermuten; **106 IV 314: Z.**
    musste als Pächter eines Jagdreviers, Präsident einer Jagdgesellschaft
    und Jurist wissen, dass der Abschuss streunender Hunde nicht erlaubt
    war; **112 IV 132: Die Fa X.** exportierte ungeprüfte Elektrogeräte in die
    Schweiz in der Meinung, dies sei zulässig, weil die Verträge in der BRD

abgeschlossen wurden – blosser Subsumtionsirrtum; **115 IV 163: Polizei-beamter A.** hatte keinen Grund, sein unvorsichtiges Verhalten – gela-dene, entsicherte Dienstwaffe, mit Finger am Abzug, gegen den vage ver-dächtigen Fahrer eines Pontiac gerichtet, worauf sich ein Schuss löste, der diesen schwer verletzte – für rechtmässig zu halten; **116 IV 67 ff.: Katharina Schoop** hatte zureichende Gründe anzunehmen, sie sei verpflich-tet, auf Anordnung ihrer Vorgesetzten Elisabeth Kopp hin deren Ehe-mann Hans W. Kopp über bevorstehende Ermittlungen gegen die Fa. Shakarchi Trading AG zu unterrichten (Bundesstrafgericht); **117 IV 49: X.** hatte nicht ausreichende Gründe für die Annahme, er brauche keine Bewilligung für einen Ausverkauf oder eine ähnliche Veranstaltung; **118 IV 168: Q.** und andere Hausbesetzer wussten, nachdem sie schon mit Ge-walt eingedrungen waren, dass ihr Tun rechtswidrig war; **BJM 1991 200: J. M.,** ein elsässischer Metzger, hatte Grund zur Annahme, er dürfe Fleisch unter Umständen liefern, die nach Schweizer Recht Bannbruch bedeuteten; **ZBJV 79 (1943) 317: Römer und Wysseier** stellten Fallen gegen Füchse, denen ihre Trauben nicht zu sauer waren – durch Verbots-irrtum gestützt auf kantonales Recht entschuldigt; **SJZ 56 (1960) Nr. 22:** Obschon die Verwendung von Facsimile-Geigenzetteln weitverbreitete Usanz darstellt, handelt es sich dabei um einen Missbrauch – keine zurei-chenden Gründe; **SJZ 87 (1991) Nr. 56:** Ein **Journalist** durfte sich zur Veröffentlichung eines als geheim erklärten Berichtsentwurfs für berech-tigt halten, nachdem ihn ein Regierungsrat dazu aufgefordert hatte; **ZR 90 (1991) Nr. 13 E. 3:** Der Segellehrer hatte keinen Grund anzunehmen, er sei nicht verpflichtet, bei Sturm das Tragen von Schwimmwesten vor-zuschreiben; **ZR 90 (1991) Nr. 94 E. 6: Stadtarchivar X.** informierte Pri-vate über Nachforschungen einer Person; sie vermuteten, vom selben Va-ter abzustammen – kein Grund, den Geheimnisverrat für zulässig zu halten.

4. Versuch

VE 1893 Art. 15, Mot. 29 f. VE 1894 Art. 14, Mot. 131. 1. ExpK I 89 ff., II 394 ff. VE 1908 Art. 22 Erl.Z. 57 ff. 2. ExpK I 158 ff., 201 f. VE 1916 Art. 22 ff. E Art. 19 ff. Botsch. 10. Sten.NR 88 ff., StR 63 f., NR 618.

GUNTHER ARZT, Strafbarer Versuch und Vorbereitung, recht 3 (1985) 78; OSKAR A. GERMANN, Die Rechtsprechung über den Versuch nach schweizerischem Straf-gesetzbuch, ZStrR 60 (1946) 1; MONIKA KÖLZ-OTT, Eventualvorsatz und Versuch, Diss. ZH 1974; LUIGI ROSSI, Die Strafbarkeit der Vorbereitungshandlungen im schweizerischen Strafrecht, Diss. ZH 1942; HANS SCHULTZ, Strafbare Vorbe-reitungshandlungen nach StrGB Art. 260bis und deren Abgrenzung vom Versuch, ZStrR 107 (1990) 68; GÜNTER STRATENWERTH, Die fakultative Strafmilderung beim Versuch, Festgabe zum Schweizerischen Juristentag Basel 1963, 247; MAX WAIBLIN-GER, Die Abgrenzung des strafbaren Versuchs von der straflosen Vorbereitungs-handlung, ZStrR 72 (1957) 121; DERS., Versuch I, II, SJK 1199, 1200; HANS WALDER, Straflose Vorbereitung und strafbarer Versuch, ZStrR 99 (1982) 225; THEODOR WE-BER, Die Abgrenzung von Versuch und Vorbereitung in Österreich, der Schweiz und der DDR, Diss. Marburg 1970; Manfred Westphal, Zum Unrecht im Versuch. Bemerkungen zur Versuchslehre in Deutschland, Österreich und der Schweiz, Diss. München 1974; Kurt Witz, Vorbereitungshandlung und Versuch nach schweizerischem Strafrecht, Diss. BE 1944.

1   **Versuch** liegt vor, wenn der Täter sämtliche subjektiven Tatbestandsmerkmale erfüllt und seine Tatentschlossenheit manifestiert hat, ohne dass alle objektiven Tatbestandsmerkmale verwirklicht wären.

2   Die **subjektiven Tatbestandsmerkmale** müssen bei allen Versuchstypen vollständig erfüllt sein, in erster Linie der Vorsatz (es gibt keinen fahrlässigen Versuch, vgl. SJZ 59 [1963] Nr. 141, Walder 227 f.), wobei Eventualvorsatz genügt, BGE 122 IV 248, 120 IV 22, 206, 112 IV 65, 103 IV 66, implizit schon 77 IV 164 E. 4.; ZBJV 82 (1946) 229, RS 1957 Nr. 132, SJZ 62 (1966) Nr. 132, AGVE 1981 Nr. 18, RB TG 1989 Nr. 21. Ferner müssen die tatbestandsmässigen Absichten, Gesinnungsmerkmale usw. gegeben sein.

3   Es lassen sich **vier Arten des Versuchs** nach den Kriterien vollendet / unvollendet, tauglich / untauglich unterscheiden: der *vollendete taugliche* (Art. 22), der *unvollendete taugliche* (Art. 21), der *vollendete untaugliche* (Art. 23) und der *unvollendete untaugliche* (Art. 23). Das Gesetz schweigt über die Differenzierung des untauglichen Versuchs, sie ist aber von Bedeutung bei Rücktritt bzw. tätiger Reue, was allgemein anerkannt ist, Stratenwerth AT I § 12 N 72 m.w.Hinw.

4   Zur **Begründung der Strafbarkeit** des Versuchs wurden zahlreiche Theorien aufgestellt. Entscheidend ist m.E., dass die Manifestation des verbrecherischen Willens als Bedrohung empfunden wird und dadurch den Rechtsfrieden stört – *Eindruckstheorie* (dazu Stratenwerth AT I § 12 N 18, Walder 240 f.), und dass andererseits mit der Erfüllung der subjektiven Tatbestandsmerkmale eine Schuldzuschreibung gerechtfertigt ist.

5   Bei allen Versuchstypen sieht das Gesetz vom Wortlaut her **fakultative Strafmilderung** vor. Einerseits trägt es damit der Tatsache Rechnung, dass das versuchte Delikt *den Rechtsfrieden weniger nachhaltig stört* als das vollendete, weshalb die Strafe nicht nur fakultativ, sondern obligatorisch zu mildern ist, BGE 121 IV 54 f., ebenso Stratenwerth a.a.O., ders. AT I § 12 N 41, abweichend Rehberg I 86, Schultz I 274, Sem.jud. 1955 369. Andererseits kann das Misslingen auch als *«Fehlhandlung»* i.S. der psychoanalytischen Theorie gedeutet werden, bei der sich rechtstreue Tendenzen durchsetzten, Trechsel / Noll 155. Der Umfang der Strafmilderung hängt beim vollendeten Versuch «unter anderem von der Nähe des tatbestandsmässigen Erfolgs und den tatsächlichen Folgen der Tat ab», BGE 121 IV 54.

6   **Die strafbare Handlung ist vollendet,** wenn alle subjektiven und objektiven Merkmale des betreffenden Tatbestandes erfüllt sind, z.B. Gefährdung

oder Verletzung eingetreten, die verpönten Handlungen vorgenommen worden sind.

Beendet ist die strafbare Handlung, wenn der Täter überdies *sein Ziel erreicht,* seine (z.B. Bereicherungs-)Absicht realisiert hat. Während der Phase der Beendigung ist noch Mittäterschaft oder Gehilfenschaft (BGE 106 IV 297, 98 IV 85) möglich und Notwehr zulässig (BGE 107 IV 14). Ferner begründen Handlungen im Dienste der Beendigung einen Begehungsort i.S.v. Art. 7 (BGE 109 IV 3, 99 IV 124; umgekehrt begründet schon der Versuchsbeginn einen Tatort, BGE 104 IV 180 f.) und eine Tatzeit i.S.v. Art. 2 (BGE 107 IV 2).   7

Grenzen der Strafbarkeit des Versuchs setzt zunächst Art. 104: Versuchte *Übertretung* ist nur strafbar, wo es das Gesetz ausdrücklich vorsieht, Art. 329.2. Manche Tatbestände sind ferner so weit gefasst, dass schon erste Schritte auf dem Weg zum Ziel sie erfüllen, z.B. Art. 265 ff., *Unternehmungsdelikte,* ähnlich BetmG Art. 19.1 VI. Hier ist Versuch nicht denkbar, WALDER 230. Keine Strafmilderung unter Anwendung der allgemeinen Regeln von Art. 21 f. bei BetmG Art. 19.1 VI, BGE 121 IV 200.   8

Das Gesetz stellt zahlreiche **Vorbereitungshandlungen** unter Strafe, s. SCHULTZ 68, STRATENWERTH AT I § 12 N 5, ROSSI a.a.O., was den Strafschutz ins Feld abstrakter Gefährdung vorverlegt. Hier ist *grundsätzlich ein Versuch nicht ausgeschlossen,* vgl. z.B. RS 1949 Nr. 238. Art. 260bis schliesst implizit den Versuch aus, ARZT 80.   9

21 Unvollendeter Versuch. Rücktritt

[1] **Führt der Täter, nachdem er mit der Ausführung eines Verbrechens oder eines Vergehens begonnen hat, die strafbare Tätigkeit nicht zu Ende, so kann er milder bestraft werden (Art. 65).**

[2] **Führt er aus eigenem Antriebe die strafbare Tätigkeit nicht zu Ende, so kann der Richter von einer Bestrafung wegen des Versuches Umgang nehmen.**

Beim **unvollendeten Versuch** hat der Täter *mit der Ausführung der Tat begonnen, aber nicht alles vorgekehrt, was nach seiner Vorstellung zur Vollendung erforderlich war,* und diese Vollendung ist auch nicht eingetreten. Warum der Täter die strafbare Tätigkeit nicht zu Ende führt, ist für die Abgrenzung vom vollendeten Versuch bedeutungslos.   1

Die Hauptschwierigkeit liegt in der **Abgrenzung von der straflosen Vorbereitung.** Nach ständiger Praxis des Bundesgerichts gehört *«zur Ausführung schon jede Tätigkeit, die nach dem Plan, den sich der Täter gemacht hat, auf dem Weg zum Erfolg den letzten entscheidenden Schritt darstellt, von dem es in der Regel kein Zurück mehr gibt, es sei denn wegen äusserer Umstände, die eine Weiterverfolgung der Absicht erschweren*   2 *oder verunmöglichen»,* BGE 99 IV 153; 71 IV 211, 74 IV 132, 75 IV 177, 80 IV 178, 83 IV 145, 87 IV 155, 104 IV 175, 114 IV 114, 115 IV 272, 117 IV 384, 396, 119 IV 227, 120 IV 115. Dem folgt die kantonale Praxis: SJZ 39 (1942/43) Nr. 44, Sem.jud. 1947 49, 1978 65, AGVE 1980 Nr. 13, 1981 Nr. 16, Rep. 1990 364 f.; einschränkend SJZ 76 (1980) Nr. 18.

3   Strittig ist bei dieser auf GERMANN zurückzuführenden Formel, **nach welchen Kriterien** zu entscheiden sei, ob der Täter den entscheidenden Schritt getan hat. Nach der Praxis soll der Richter dabei «nach der Persönlichkeit des Täters und den Umständen des einzelnen Falles» entscheiden, BGE 87 IV 155, 83 IV 145. Manche Urteile halten sich aber an vorwissenschaftliche *allgemeine Erfahrungsregeln, z.B.* BGE 87 IV 157: «Indem sich die Schwangere zum Abtreiber begibt, um sich der Leibesfrucht zu entledigen, tut sie, besondere Verhältnisse vorbehalten, den nach ihrer Vorstellung letzten entscheidenden Schritt zum Erfolg; die Schwelle der Wohnung oder des Besuchsraumes des Abtreibers ist in diesem Fall für sie zugleich die Schwelle von der Vorbereitung zur Ausführung der Straftat», daher auch *«Schwellentheorie»;* anders noch BGE 74 IV 134. Eine deutliche Subjektivierung trifft BGE 83 IV 146, wo unter anderem darauf abgestellt wird, dass der Täter «innert kurzer Zeit eine ganze Reihe ähnlicher Raubtaten beging». Strafbarer Versuch ist immer dann anzunehmen, *wenn der Täter bereits Ausführungshandlungen vorgenommen hat,* BGE 80 IV 178, 99 IV 151.

4   Die Subjektivierung der Schwellentheorie wird in der **Literatur** noch von SCHULTZ I 271 f. und WAIBLINGER, ZBJV 95 (1959) 171 gutgeheissen, vorwiegend aber **kritisiert,** ARZT 85, GRAVEN AT 267, SCHWANDER Nr. 238, STRATENWERTH AT I § 12 N 33 (aber im allgemeinen zustimmend zu den Ergebnissen der bundesgerichtlichen Praxis N 36), TRECHSEL/NOLL 159 ff., WALDER 245. Anstoss erregt namentlich, dass *durch* die *Individualisierung Ungleichheit* entstehe, was aber nicht überzeugt, weil ein objektives Vergleichskriterium fehlt. Es ist durchaus plausibel, dass ein bestimmtes Verhalten für den hartgesottenen Täter schon Beginn der Ausführung bedeutet, für den Anfänger aber noch nicht. Unter diesem Gesichtspunkt stellt sich vor allem ein *Beweisproblem.* Im übrigen ist der Tendenz zuzustimmen, welche objektivere Kriterien sucht, z.B. Nähe der Tatsituation, BGE 117 IV 396 f., ARZT 82 f., WALDER 262. Für alle Fälle eine feste Grenze zu ziehen, ist bis jetzt nicht gelungen.

Aus rechtsstaatlichen Gründen ist darauf zu achten, dass die Schwelle *nicht zu weit vorverlegt* wird. *De lege ferenda* ist deshalb vorzuziehen die DStGB § 22 angeglichene Formulierung: *«Hat der Täter nach seiner Vorstellung von der Tat unmittelbar zur Verwirklichung eines Verbrechens oder Vergehens angesetzt, ohne die Tat zu vollenden… »,* SCHULTZ VE 33, *«individuell-objektive Theorie».* **VE 1993** Art. 17 I 1. Halbsatz übernimmt bedauerlicherweise den heutigen Wortlaut. Besonders anschaulich das amerikanische Beispiel vom Filmriss, GRAVEN AT 263, übernommen in TRECHSEL/NOLL 159 f., zu anderen Theorien a.a.O. 158.

Versuch eines **qualifizierten Delikts** liegt noch nicht vor, wenn erst   4a
versucht wurde, den Grundtatbestand zu verwirklichen – der Versuch
des gem. Ziff. 4 qualifizierten Raubes ist erst gegeben, wenn sich der
Täter anschickt, das Opfer in unmittelbare Lebensgefahr zu bringen,
BGE 120 IV 115 ff. m.Hinw. (zu aArt. 139.3), zustimmend REHBERG I 83,
STRATENWERTH AT I § 12 N 36, anders noch BGE 108 IV 19 f., s. auch
Art. 140 N 20.

Zum Versuch des **falschen Zeugnisses** Art. 307 N 16.   5

Konkurrenz: Die vollendete Tat konsumiert unmittelbar vorangegan-   6
gene Versuche, ZR 64 (1965) Nr. 32; abzulehnen BGE 79 IV 60, wonach
Abtreibung einen vorangegangenen Versuch nur konsumiere, wenn der
erste Eingriff sich weiterhin ausgewirkt habe – vgl. dagegen RS 1962
Nr. 117: Rücktritt nach dem zweiten Versuch. Gewerbsmässiger Betrug
deckt auch Versuch ab, SJZ 42 (1946) Nr. 142, ZR 66 (1967) Nr. 49.

Kasuistik
BGE 71 IV 205: Behrenstamm und Sennhauser standen Schmiere,   7
während Smith vergeblich versuchte, mit einem Dietrich in ein Lebens-
mittelgeschäft einzudringen, ähnlich RS 1962 Nr. 4; **74 IV 132: Walthert**
verkaufte Frau K. die Adresse einer Abtreiberin, die aber nicht bereit
war, den Eingriff vorzunehmen – Vorbereitungshandlung der Frau K.; **75
IV 176: Odermatt** veranlasste **Amborn,** sein Auto anzuzünden, um einen
Versicherungsbetrug zu verüben – Versuch, obschon bei Verhaftung der
Schaden noch nicht gemeldet war; **80 IV 173: H.** versuchte, zwei junge
Burschen zu homosexuellen Handlungen zu überreden – Beginn der
Ausführung von «verführen»; vgl. auch **90 IV 201: Meier** führte mit Schü-
lerinnen unzüchtige Reden, um später mit ihnen sexuelle Handlungen
vorzunehmen; ferner RS 1944 Nr. 5, 119, SJZ 52 (1956) Nr. 14, 63 (1967)
Nr. 70, BJM 1957 293, PKG 1956 Nr. 36; noch kein Versuch das lüsterne
Herumlungern auf dem Schulplatz, **RS 1944 Nr. 121;** das Vereinbaren
eines Stelldicheins, wenn der Täter nicht hingeht, **RS 1945 Nr. 75;** die
Aufforderung, in eine Scheune zu kommen bzw. die Kammertür zu öffnen, weil der Täter noch hätte nach dem Alter fragen können (!), **RS
1965 Nr. 6;** Versuch der Unzucht mit einem Kind, das der Täter fahrläs-
sig für älter als 16 hält, ist aber nicht strafbar, **SJZ 59 (1963) Nr. 141,**
WALDER 228;
BGE 83 IV 143: Wickihalder versuchte, mit seiner Ehefrau und mit Ro-
genmoser Passanten auf der Strasse Baar-Neuheim oder Baar-Sihlbrugg
zu berauben; vgl. auch SJZ 62 (1966) Nr. 291; **87 IV 155: B.** vermittelte für
Pia X., die eine Abtreibung wünschte, einen Arzt, der jedoch beim ersten
Besuch ablehnte – trotzdem wurde Versuch angenommen; **99 IV 151:
Faetan** nahm die Autostopperin X. mit, fuhr in eine Nebenstrasse und
versuchte mit Gewalt aber erfolglos, sie zu vergewaltigen, dazu WALDER
244, ähnlich BJM 1961 15, PKG 1968 Nr. 14; in **AGVE 1953 Nr. 30** wurde
Versuch zu aArt. 187 bejaht, obschon der Täter nur unter dem Bett des
Opfers gewartet und dann die Geduld verloren hatte; **BGE 117 IV 369,**

383 ff. bestätigt **Rep. 1990 333,** *364 ff.:* **Baragiola/Loiacono** beging zusammen mit anderen Angehörigen der *brigate rosse* noch keinen Versuch, als Wohnung und Lebensgewohnheiten des zu ermordenden Richters Vinventi ausgekundschaftet wurden, wohl aber hinsichtlich der
Beraubung einer Bank, die bis ins Detail geplant war und am folgenden
Tag hätte durchgeführt werden sollen – die Behauptung der zeitlichen
Tatnähe überzeugt nicht ganz; **BGE 117 IV 396: S.** plante für anfangs Oktober eine Gefangenenbefreiung, wurde aber schon am 20. September
verhaftet – kein Versuch mangels zeitlicher Tatnähe; **119 IV 155,** *162:*
Lässt offen, ob das Anbieten von Falschgeld Versuch des Inverkehrbringens sei – die Frage ist zu bejahen; **119 IV 225: S** hatte eine junge Frau bedroht und das Zimmer von innen abgeschlossen – Vergewaltigungsversuch; **120 IV 114: X.** hatte mit Y. beabsichtigt, in die Villa von Z.
einzudringen und die dort anwesenden Personen mit geladener Waffe zu
bedrohen; sie gaben jedoch nach einigem Lauern das Vorhaben auf –
noch kein Versuch des lebensgefährdenden Raubes; **120 IV 324:** Versuch
der Geldwäscherei ist schon möglich vor Begehung des Verbrechens,
dessen Erlös gewaschen werden soll; **122 IV 246: M.** wollte am Bank-
schalter einen gestohlenen und mit gefälschter Unterschrift versehenen
Check einlösen – Betrugsversuch; **ZBJV 81 (1945) 89** sah noch keinen
Versuch im Bemühen um die Adresse der Ehefrau des zu bestechenden
Richters; **AGVE 1953 Nr. 31:** Versuchte Tötung durch Zielen mit geladener und entsicherter Waffe auf die Stelle, wo das Opfer erwartet wird
(Tötungsversuch aus Erbarmen aufgegeben), vgl. auch PKG 1966 Nr. 8;
BJM 1959 126: Totschlagsversuch des eifersüchtigen Ehemanns, der sei-
ner Frau mit geladener Waffe nachreist, um sie in verfänglicher Situation
zu erschiessen; **BJM 1960 306:** Versuch des Fahrens in angetrunkenem
Zustand durch Besteigen des Fahrzeuges und Ergreifen des Steuers, ana-
log zur Entwendung zum Gebrauch, **BJM 1961 275; SJZ 65 (1969)
Nr. 186:** Erpressungsversuch bei Betreten des Postbüros mit geladener
Schreckpistole in der Tasche, ähnlich (Raubversuch) AGVE 1981 Nr. 16,
Rep. 1984 427, wo aufgegeben wurde, weil zuviel Leute anwesend waren;
sehr weit geht **Sem.jud. 1978 65** (BGer): Drei Franzosen waren bewaffnet
und mit dem festen Plan, eine Bijouterie zu überfallen, in Genf über die
Grenze gekommen – Versuch bejaht, dazu Arzt 80; **PKG 1991 Nr. 14:**
Versuchte Fälschung des Passes durch Entfernen des Fotos des rechtmässigen Inhabers; **Rep. 1980 329** nahm dagegen bezüglich dreier Ausländer, die in Raubabsicht bewaffnet über die Grenze gekommen waren,
aber noch keinen konkreten Plan hatten, bloss Vorbereitung an; **SJZ 76
(1980) Nr. 18:** Der Täter machte sich mit Plastikschlauch an einem Auto
zu schaffen, um Benzin zu stehlen, wurde aber dabei gestört – Vorbereitungshandlung, mit Recht ablehnend Walder 234, in 2. Instanz berichti-
gend **AVGE 1980 Nr. 13; Rep. 1982 63** (BGer): Minutiöse Vorbereitung
(im Tessin) der Befreiung von Gefangenen aus der Strafanstalt Orbe –
Versuch trotz Fehlens der Tatnähe (m.E. zu Unrecht) bejaht.

8 **Rücktritt** vom Versuch liegt vor, wenn der Täter sein Vorhaben aufgibt,
solange er nicht alles getan hat, was er sich zur Vollendung der Tat vor-

genommen hatte. Der Gehilfe, der zunächst beim Versuch des Täters Schmiere steht und sich dann entfernt, hat Gehilfenschaft vollendet, BGE 92 IV 114. Zögern ist noch kein Rücktritt, PKG 1966 Nr. 8. Rücktritt liegt auch nicht vor, wenn der Täter meint, der Erfolg sei schon eingetreten, ZR 48 (1949) Nr. 88.

Die Möglichkeit der *Strafbefreiung* soll den Täter **zur Umkehr motivieren** und die **Umkehr belohnen,** sie trägt schliesslich der Geringfügigkeit des Verschuldens Rechnung, TRECHSEL / NOLL 162 (umstritten).   9

Freiwillig ist der Rücktritt, wenn der Täter die Tat *noch* für *vollendbar* hält, Sem.jud. 1978 65. Dies ist nicht der Fall, wenn er mit Misstrauen des Betrugsopfers rechnet, BGE 83 IV 2, oder wenn es beim Abtreibungsversuch nicht gelingt, den Katheter in die Gebärmutter einzuführen, ZR 51 (1952) Nr. 94. An Freiwilligkeit fehlt es auch, wenn der Täter unter intensivem Druck von Seiten Dritter handelt, BGE 108 IV 104 (zu Art. 308 I) m.w.Hinw. Blosse Anregung schliesst Freiwilligkeit nicht aus, STRATENWERTH BT II § 53 N 49, a.M. SCHULTZ, ZStrR 73 (1958) 262, offengelassen in BGE 108 IV 105. Entscheidend ist, *ob subjektiv praktisch eine Wahl bleibt oder nicht,* BGE 108 IV 106.   10

Auf das **Motiv** kommt es nicht an, BGE 118 IV 370, 108 IV 104 f., 83 IV 2, 69 IV 223, RS 1944 Nr. 207, es soll aber bei der **Strafzumessung** berücksichtigt werden (zitierte Rechtsprechung, GRAVEN AT 271, REHBERG I 87, RIKLIN AT § 17 N 44, SCHULTZ I 274, STRATENWERTH AT I § 12 N 68, TRECHSEL / NOLL 163). Dies bedeutet, dass entgegen der von SCHULTZ a.a.O. geäusserten Meinung auch die Ausfällung einer gemilderten Strafe zulässig ist.   11

22 Vollendeter Versuch. Tätige Reue

[1] Wird die strafbare Tätigkeit zu Ende geführt, tritt aber der zur Vollendung des Verbrechens oder des Vergehens gehörende Erfolg nicht ein, so kann der Täter milder bestraft werden (Art. 65).

[2] Hat der Täter aus eigenem Antriebe zum Nichteintritt des Erfolges beigetragen oder den Eintritt des Erfolges verhindert, so kann der Richter die Strafe nach freiem Ermessen mildern (Art. 66).

GUNTHER ARZT, Erfolgsdelikt und Tätigkeitsdelikt, ZStrR 107 (1990) 168; **Lit.** vor Art. 21.

Der Versuch ist **vollendet,** wenn der Täter *alles getan* hat, *was nach seiner Vorstellung zur Erfüllung des Tatbestands erforderlich war,* ohne dieses Ziel zu erreichen. Wann die Tat vollendet ist, ergibt sich aus dem jeweiligen besonderen Tatbestand.   1

Der **taugliche** Versuch kann **nur beim Erfolgsdelikt vollendet** werden, weil beim schlichten Tätigkeitsdelikt notwendigerweise der Tatbestand erfüllt ist, sobald sich der Täter entsprechend verhält (z.B. wegnimmt,   2

Art. 139, das Glied in die Scheide einführt, Art. 190, das Kind vorenthält, Art. 220), BGE 91 IV 232, 101 IV 3, ZR 45 (1946) Nr. 59, 66 (1967) Nr. 41, RS 1947 Nr. 7, SJZ 51 (1955) Nr. 119, 52 (1956) Nr. 16; irrig insofern BGE 99 IV 153, ZBJV 106 (1970) 158 (zu SVG Art. 91, 94, m.krit.Anm. Schultz), BJM 1968 294, SJZ 49 (1953) Nr. 147. Zum Begriff des Erfolgs Art. 7 N 6. Vollendeter untauglicher Versuch ist auch beim Tätigkeitsdelikt möglich, Rehberg I 84 Fn 98, Riklin AT § 17 N 15 Fn 14, Stratenwerth AT I § 12 N 76, Trechsel / Noll 166.

3   Vollendeter Versuch liegt ferner vor, wenn der Erfolg zwar eintritt, aber nicht dem Täterverhalten zuzuschreiben ist **(fehlende Kausalität),** ZR 60 (1961) Nr. 19, 81 (1982) Nr. 78.

4   **Unvollendeter und vollendeter Versuch** gelten als **gleichwertig,** BGE 73 IV 26 (nicht kassiert), 101 IV 4 (kassiert, obwohl sonst am Urteil «nichts zu ändern»); immerhin ist der Handlungsunwert bei Art. 22 etwas grösser, Stratenwerth AT I § 12 N 78.

5   **Kasuistik**
BGE 73 IV 24: Frau Gilgen versucht erst über ihr Kind, dann durch Täuschung, Fr. 20.–, die gefunden worden waren, herauszubekommen; **77 IV 163: Beauverd** verlässt seinen Arbeitsplatz als Aufseher der Strafanstalt Bochuz unter Mitnahme von Pistolen und Schlüsseln, die aber schon am folgenden Tag wieder in Besitz der Anstalt gelangen; **101 IV 1: H.** versucht vergeblich, mit der überwältigten Monika B. geschlechtlich zu verkehren, Versuch nicht vollendet; **111 IV 82: C.** wollte den französischen Steuerbehörden Einblick in Kundenlisten der Schweizerischen Bankgesellschaft verschaffen; **RVJ 1992 285: X.** hatte immer wieder gedroht, seine Frau umzubringen – er brachte ihr acht Messerstiche bei und brüstete sich mit der Duchführung seines Vorhabens – vollendeter Versuch; **ZBJV 117 (1981) 396:** Rechtsanwalt X. bewirtet nachts den L., der einen Unfall verursacht hatte, vollendeter Versuch der Begünstigung, m.krit. Anm. Schultz (Vollendung).

6   **Tätige Reue** setzt voraus, dass sich der Täter aktiv und erfolgreich um die Abwendung des Erfolgs bemüht. Beim fehlgeschlagenen Delikt *(délit manqué* i.e.S.) ist dies nicht möglich, weil die vom Täter ausgelöste Kausalkette endet, z.B. Schuss, der das Ziel verfehlt. Trägt das Bemühen des Täters nichts zum Ausbleiben des Erfolgs bei, so soll *de lege ferenda* ebenfalls tätige Reue angenommen werden, VE Schultz 34, *VE 1993* Art. 18 II. BGE 112 IV 67 billigt tätige Reue der Täterin zu, die Massnahmen zur Abwehr des Erfolgs traf, obwohl gar keine objektive Gefahr bestand. Misslingen die Rettungsversuche, so ist die Tat vollendet, Stratenwerth AT I § 12 N 75 – allenfalls kann aufrichtige Reue (Art. 64) vorliegen. Zur Freiwilligkeit s. Art. 21 N 10 f.

7   Abs. 2 ermöglicht nur **Strafmilderung** nach Art. 66 – die Abstufung gegenüber Art. 21 ist nicht gerechtfertigt, Stratenwerth AT I § 12 N 78, VE Schultz 34, *VE 1993* Art. 18 I.

23 Untauglicher Versuch

[1] **Ist das Mittel, womit jemand ein Verbrechen oder ein Vergehen auszuführen versucht, oder der Gegenstand, woran er es auszuführen versucht, derart, dass die Tat mit einem solchen Mittel oder an einem solchen Gegenstande überhaupt nicht ausgeführt werden könnte, so kann der Richter die Strafe nach freiem Ermessen mildern (Art. 66).**

[2] **Handelt der Täter aus Unverstand, so kann der Richter von einer Bestrafung Umgang nehmen.**

PETER ALBRECHT, Der untaugliche Versuch, Diss. BS 1981; HANS KÜNZLER, Subjektivismus und Objektivismus in der Lehre vom absolut untauglichen Versuch, Diss. ZH 1947; ANDRÉ MARTIN, *Essai sur le délit impossible,* ZStrR 57 (1943) 317; WILLY SCHNYDER, Der Versuch am untauglichen Objekt im Falle der Abtreibungshandlung an einer Nichtschwangeren, Diss. FR 1950; **Lit.** vor Art. 21.

Beim untauglichen Versuch besteht ein **Sachverhaltsirrtum zuungunsten des Täters:** nach seiner Vorstellung erfüllt er einen Tatbestand, in Wirklichkeit ist sein Verhalten harmlos. Grund der Privilegierung ist die *mangelnde Gefährlichkeit,* ALBRECHT 88, STRATENWERTH AT I § 12 N 46.   1

Die Untauglichkeit muss sich auf **Mittel oder Objekt** der Tat oder auf beide (BGE 83 IV 132, Abtreibung an einer Nichtschwangeren mit untauglichem Mittel) beziehen. *Fehlt dem Subjekt eine tatbestandsmässige Qualität,* so liegt *kein Versuch* vor, h.L.; BGE 70 IV 9, 152, 75 IV 7 hielten die Nichtschwangere für ein untaugliches Subjekt, was 76 IV 155 richtigstellte; BGE 94 IV 3 nahm bei Falschaussage anlässlich rogatorischer Einvernahme vor einem Gemeindeschreiber untauglichen Versuch an, obwohl hier die Zeugeneigenschaft fehlte, SCHULTZ, ZBJV 105 (1969) 383 f. Zu Freispruch führt auch ein *Mangel an der objektiven Strafbarkeitsbedingung,* BGE 70 IV 77 (nichtige Pfändung).   2

Unter Art. 23 fällt nur der **absolut** untaugliche Versuch *(«überhaupt»)* – *ex post* erweist sich jeder Versuch als untauglich.   3

Das **Tatobjekt** ist **untauglich,** wenn ihm ein wesentliches Merkmal fehlt, z.B. Fremdheit bei Art. 138.1 I, BGE 90 IV 189 f., 194, 106 IV 256, fremder Gewahrsam bei Art. 139, SJZ 66 (1970) Nr. 90, «Frau» gemäss Art. 110.1 bei aArt. 187, SJZ 65 (1969) Nr. 69, oder «Person weiblichen Geschlechts» bei Art. 190. Dies ist auch der Fall, wenn der anvisierte *Erfolg bereits eingetreten* ist, z.B. der Anzustiftende den Tatentschluss bereits gefasst hat, BGE 116 IV 2, anders noch BGE 69 IV 205, 72 IV 100, oder *wenn er nicht mehr abgewendet werden konnte,* BGE 73 IV 169 f. (Aussetzung). Dem untauglichen wird das fehlende Objekt gleichgestellt, BGE 70 IV 152, 74 IV 66, 76 IV 155, 83 IV 132 (Abtreibung an einer Nichtschwangeren). PKG 1955 Nr. 36 verneint Untauglichkeit des Beischlafsversuchs an einem 11jährigen Mädchen.   4

Das **Mittel** ist zunächst problemlos **untauglich,** wenn ihm eine wesentliche **Qualität** fehlt, z.B. Sprengstoff für Art. 224 (REHBERG I 91 Fn 127)   5 oder Betäubungsmittel für Art. 19 BtmG (dazu BGE 122 IV 360, 111 IV 100, wo es allerdings nur um das Qualifikationsmerkmal des schweren Falles geht; ist es wegen zu schwacher Konzentration des Stoffes nicht erfüllt, so liegt kein Versuch vor und es ist der Grundtatbestand anzuwenden). Untauglich zur Begünstigung eines Gläubigers sind unwirksame Rechtsgeschäfte, BJM 1959 219.

6   Problematisch ist die **quantitative Untauglichkeit des Mittels,** die ungenügende Dosis bei Gift, aber auch z.B. die ungeladene Waffe. MARTIN 327 meint, hier komme nur Abs. 2 in Frage. Die Schwierigkeit liegt darin, dass *auf einem bestimmten Abstraktionsgrad jedes Mittel* z.B. zu Tötung taugt (Luft intravenös!), STRATENWERTH AT I § 12 N 46, TRECHSEL/NOLL 168. Entscheidend ist, *ob der Versuch als gefährlich* erscheint. Ein Teil der Lehre zieht zur Prüfung der Gefährlichkeit subjektive Kriterien heran und fragt, ob der Täter es gerade auf dieses Mittel in dieser Verwendungsart abgesehen hatte, ohne (tauglichere) Alternativen zu erwägen, ALBRECHT 89 ff., SCHULTZ I 278, STRATENWERTH AT I § 12 N 47 f., TRECHSEL/NOLL 168, im Grundsatz wohl auch REHBERG I 92.

7   Auch beim untauglichen Versuch ist **Rücktritt** möglich, ebenso **tätige Reue,** obwohl der Erfolg gar keinen Abwendungsbemühungen zugänglich ist, STRATENWERTH AT I § 12 N 77, TRECHSEL/NOLL 168, wobei als Rechtsfolge wegen Kumulation von Strafmilderungsgründen nach Art. 66 *Strafbefreiung angemessen* ist.

8   Aus **Unverstand** gemäss **Abs. 2** handelt der Täter, wenn die Untauglichkeit seines Vorgehens «von jedem normal denkenden Menschen ohne weiteres erkannt werden kann», BGE 70 IV 50, der Täter «seine Verhaltensweise nur aus besonders exquisiter Dummheit für tauglich» hielt, ALBRECHT 47, der Versuch «lächerlich» erscheint, STRATENWERTH AT I § 12 N 54. Senfbäder und Seifenwasserspülungen als Abtreibungsmittel erfüllen diese Voraussetzungen nicht, BGE 70 IV 50 – als Beispiel wird stets «Totbeten» genannt. Kein Unverstand beim Versuch, durch unwirksame Rechtsgeschäfte einen Gläubiger zu begünstigen, wenn ein Rechtsanwalt das Vorgehen für tauglich erklärt hatte, BJM 1959 129.

9   **Kasuistik**
     BGE 73 IV 165: Frau Erismann schlug ihre dreijährige Ursula mit der Teppichbürste und schüttelte das Kind, worauf es Symptome zeigte, welche die frühere Krankenschwester als besorgniserregend erkannte; sie holte dennoch keinen Arzt, was aber die Gefahr nicht erhöhte; weil im Gehirn eine Geschwulst geplatzt war, konnte der Kleinen nicht mehr geholfen werden; **78 IV 145: Frau Bayard** verabfolgte ihrem Ehemann Brote, die ausser mit Butter und Marmelade noch mit dem Rattengift Surux bestrichen waren, was zwar Gesundheitsschäden, aber nicht den Tod herbeiführte – Mittel nicht absolut untauglich; **87 IV 17: Boss** stahl nicht gegengezeichnete Checks, was sogar Vollendung des Tatbestands bedeutete; **90 IV 190: Schwank** verkaufte unter Eigentumsvorbehalt ge-

kaufte Möbel, an denen er, ohne es zu wissen, Eigentum erlangt hatte, ähnlich 90 IV 181, 106 IV 254, SJZ 56 (1960) Nr. 36, 71 (1975) Nr. 49; **120 IV 199:** Der Protokollführer vermerkte richtigerweise, alle Aktien seien bei der Hauptverhandlung vertreten, meinte aber, dies sei nicht der Fall gewesen; **122 IV 360:** War der Stoff über Erwarten gestreckt, so liegt kein untauglicher Versuch des mengenmässig schweren Falles nach BetmG Art. 19.2 a) vor, anders ZR 93 (1994) Nr. 43; **ZR 69 (1970) Nr. 42:** Periodefördernde Pillen, die rezeptfrei erhältlich sind, werden erst in Überdosis zur Abtreibung relativ tauglich, vgl. auch ZR 50 (1951) Nr. 243; **RS 1954 Nr. 187:** Nicht untaugliches Anstiftungsobjekt ist ein Arzt, der sich nicht zu einer Tötung bestimmen lässt; **BJM 1980 33:** Bevormundete als untaugliches Objekt für Betrug um Fr. 20 000.–, nicht um Fr. 500.–; **EGV-SZ 1991 145:** Untauglicher Versuch des Fahrens ohne genügenden Versicherungsschutz, wenn der Fahrer nicht wusste, dass die Deckung erst 60 Tage nach Ablauf der Gültigkeit des Ausweises endet; **SJZ 90 (1994) Nr. 34:** Das Anbringen von weiteren Sprayereien auf eine bereits völlig verunstaltete Hauswand ist untauglicher Versuch der Sachbeschädigung (mit abweichender Meinung); **ZR 93 (1994) Nr. 43:** S. dazu BGE 122 IV 360.

5. Teilnahme

VE 1893 Art. 16, Mot. 30 ff. VE 1894 Art. 13, Mot. 129 f. 1. ExpK I 101 ff., II 388 ff. VE 1908 Art. 23 Erl.Z. 60 ff. 2. ExpK I 165 ff., 202 f. VE 1916 Art. 25 ff. E Art. 22 ff. Botsch. 10 f. Sten.NR 92 f., StR 64 f., NR 618 f., StR 307.

KHALIL KHALED ABDULNOUR, *La distinction entre co-activité et complicité*, Diss. GE 1967; EDY GIOVANNI BERNASCONI, *La reità mediata avuto riguardo della partecipazione al delitto*, Diss. BE 1945; MARCEL BERTSCHI, Die Konkurrenz der Beteiligungsformen im Strafrecht, Diss. ZH 1961; ANDREA ENGI-CANOVA, Die Teilnahme am Verbrechen, SJZ 45 (1949) 97; ANDREAS DONATSCH, Mittäterschaft oder Teilnahme am fahrlässigen Erfolgsdelikt? SJZ 85 (1989) 109; DIETER CHRISTIAN HUBER, Die mittelbare Täterschaft beim gemeinen vorsätzlichen Begehungsdelikt, Diss. ZH 1995; RAYMOND LECROQ, Die Abhängigkeit einer strafbaren Handlung von einer anderen strafbaren Handlung im speziellen Teil des Schweizerischen Strafgesetzbuches, Diss. BE 1959; BERNHARD PETER, Zur Mittäterschaft nach schweizerischem Strafrecht, Diss. ZH 1984; PAUL PIOTET, *La théorie de l'auteur médiat et le problème de l'instrument humain intentionnel* («doloses Werkzeug»), Bern 1954; DERS., Systematik der Verbrechenselemente und Teilnahmelehre, ZStrW 69 (1956) 17; DERS., *La doctrine dite finaliste de l'infraction,* ZStrR 71 (1956) 385; DERS., *Pluralité d'actes de participation d'une personne à un ou plusieurs délits,* JdT 1959 IV 130; JÖRG REHBERG, Fremdhändige Täterschaft bei Verkehrsdelikten? ZStrR 94 (1977) 72; GRACE SCHILD TRAPPE, Zur Abgrenzung und Begrenzung von Mittäterschaft und Gehilfenschaft, recht 13 (1995) 240; MARTIN SCHUBARTH, Eigenhändiges Delikt und mittelbare Täterschaft, ZStrR 114 (1996) 325; HANS SCHULTZ, Täterschaft und Teilnahme im modernen schweizerischen Strafrecht, ZStrR 71 (1956) 244; DERS., Teilnahme, SJK 1189–1191; WERNER STAUFFACHER, Die Teilnahme am fahrlässigen Delikt, Diss. ZH 1980; GÜNTER STRATENWERTH, Gibt es eigenhändige Delikte? ZStrR 115

(1997) 86; Stefan Trechsel, Der Strafgrund der Teilnahme, Diss. BE 1967; Stefan Wehrle, Fahrlässige Beteiligung am Vorsatzdelikt – Regressverbot? Diss. BS 1986, (dazu Arzt in ZBJV 124 [1988] 279).

1   **Grundsätzlich** geht das Strafgesetz davon aus, dass ein **Alleintäter** tatbestandsmässig handelt (Ausnahmen etwa Art. 133, 139.3 al. 2, 260ter, 275ter). Als *Teilnahme* i.e.S. regeln Art. 24 f. *Anstiftung und Gehilfenschaft. Mittäterschaft* wird nur in Art. 349 II erwähnt, *mittelbare Täterschaft* gar nicht. Neu kennt das schweizerische Strafrecht auch einen Tatbestand der Beteiligung an einer kriminellen Organisation (Art. 260ter) und einen Strafschärfungsgrund der «gemeinsamen Begehung» für die Sexualdelikte (Art. 200).

Mittelbare Täterschaft

2   **Mittelbarer Täter** ist, *wer die Tat durch einen andern, dessen Willen mit dem seinen nicht koordiniert ist, ausführen lässt;* in der Formulierung des Bundesgerichts: «wer einen andern als willenloses oder wenigstens nicht vorsätzlich handelndes Werkzeug benützt, um durch ihn die beabsichtigte strafbare Handlung ausführen zu lassen», BGE 101 IV 310; s. auch 120 IV 22 f., 85 IV 23, 77 IV 91, 71 IV 136. Als selbständigen Tatbestand mittelbarer Täterschaft hat das Gesetz z.B. Art. 253, Erschleichen einer falschen Beurkundung, ausgestaltet, vgl. auch Art. 146, 156.

3   Beim Verhalten des Tatmittlers kann es **an der Tatbestandsmässigkeit fehlen.** Dies trifft vor allem zu, wenn das Opfer als Tatmittler handelt und sich selber schädigt, dazu näher Huber 142 ff.

4   Typisch ist **Fehlen des Vorsatzes** beim Tatmittler, den der mittelbare Täter in einen Sachverhaltsirrtum versetzt hat, so das Beispiel in BGE 78 IV 89: Jemand gibt einem Gutgläubigen an, ein bestimmter Koffer gehöre ihm, und lässt ihn sich in den eben abfahrenden Zug reichen.

5   Der Tatmittler kann auch **fahrlässig** handeln, z.B. dann, wenn pflichtgemässe Sorgfalt zur Aufklärung des Irrtums geführt hätte, Art. 19 II. Entgegen BGE 77 IV 91 kann der Tatmittler also durchaus strafbar sein (h.L.).

6   Der Tatmittler handelt **rechtmässig,** wenn der mittelbare Täter eine entsprechende Situation inszeniert, beispielsweise einen Verdacht aufbaut, der Verhaftung rechtfertigt, oder eine Notwehr- oder Notstandssituation herbeiführt (abweichend Stratenwerth AT I § 13 N 33).

7   **Schuldlos** handelt der Tatmittler, wenn er nicht schuldfähig ist (Art. 10), in einen Verbotsirrtum (Art. 20) geführt oder durch Zwang in entschuldigenden Notstand *(Nötigungsnotstand)* (Art. 34 N 3) versetzt wurde.

8   Mittelbare Täterschaft ist nicht möglich **beim eigenhändigen Sonderdelikt,** das nur erfüllt ist, wenn der Täter vorsätzlich tatbestandsmässig handelt. Wer einen Zeugen durch Irreführung dazu bringt, dass er in guten Treuen unwahr aussagt, ist nicht mittelbarer Täter nach Art. 307, BGE 71

IV 136 f., dazu kritisch WAIBLINGER, ZBJV 83 (1947) 325; an der Berechtigung von eigenhändigen Delikten zweifeln SCHUBARTH 334 f. (s. dazu die Entgegnung von STRATENWERTH a.a.O.), SCHULTZ I 284, anders POPP Vb N 179 ff. und REHBERG 77 ff., der auch Delikte wie Fahren in angetrunkenem Zustand zu dieser Kategorie rechnet.

Mittäterschaft

9

Mittäterschaft ist *gleichwertiges koordiniertes Zusammenwirken bei Begehung einer strafbaren Handlung.* Die Grenzziehung zwischen Mittäterschaft und Teilnahme i.e.S., insbesondere Gehilfenschaft, ist ausserordentlich heftig umstritten – ob die Beteiligung gleichgewichtig war, ist letztlich eine Wertungsfrage, deren Entscheidung präzisierende Kriterien nur bis zu einem gewissen Grad erleichtern können.

Drei Theoriegruppen lassen sich unterscheiden: Nach der *objektiven* 10 kommt es darauf an, ob der Täter selber tatbestandsmässig gehandelt hat. Sie ist unbrauchbar, weil überhaupt erst dann ein Problem entsteht, wenn einem Beteiligten das tatbestandsmässige Verhalten eines anderen zugerechnet werden soll, BGE 81 IV 149. Die *subjektive* Theorie stellt allein auf die innere Einstellung des Täters ab *(animus auctoris / socii)* und kann, abgesehen von der Schwierigkeit, die Einstellung zu ermitteln, zu abwegigen Ergebnissen führen, Beispiele bei TRECHSEL / NOLL 175. Nach der Lehre von der (funktionalen) *Tatherrschaft,* kommt es darauf an, ob der «Tatbeitrag, nach den Umständen des konkreten Falles, für die Ausführung des Deliktes so wesentlich ist, dass sie mit ihm steht oder fällt», STRATENWERTH AT I § 13 N 55, s. auch PETER 38 ff., 53 f., TRECHSEL / NOLL 176 ff., kritisch dazu, näher der subjektiven Theorie, REHBERG I 117 f.

Die **Praxis des Bundesgerichts** bezeichnet als Mittäter, *«wer bei der Ent-* 11 *schliessung, Planung oder Ausführung eines Deliktes vorsätzlich und in massgebender Weise mit andern Tätern zusammenwirkt, so dass er als Hauptbeteiligter dasteht»,* BGE 108 IV 92; s. auch BGE 69 IV 98, 70 IV 101, 76 IV 103, 77 IV 88, 80 IV 266, 81 IV 62, 149, 85 IV 133 f., 86 IV 45, 88 IV 53, 98 IV 259, 99 IV 85, 101 IV 49 f., 115 IV 161, 116 Ia 147, 118 IV 230, 399, 120 IV 23, 141, 271 f.; BJM 1983 304, LGVE 1991 I Nr. 59, GVP-SG 1995 Nr. 49. Während in älteren Entscheiden noch – in Anlehnung an die subjektive Theorie – betont wird, dass «insbesondere auf das Mass des schuldhaften Willens abzustellen» sei, so noch BGE 115 IV 161, wird in neueren Urteilen stattdessen danach gefragt, «ob der Tatbeitrag nach den Umständen des konkreten Falles und dem Tatplan für die Ausführung des Deliktes so wesentlich ist, dass sie mit ihm steht oder fällt», BGE 120 IV 272, ebenso 118 IV 399; ähnlich BGE 120 IV 23, 141: *«que son rôle soit plus ou moins indispensable».* Im einzelnen finden sich aber Widersprüche: BGE 108 IV 92 lehnt das Erfordernis der Tatherrschaft ausdrücklich ab, während BGE 111 IV 53 Mittäterschaft verneint, weil «keine Herrschaft über den Tatablauf» bestanden habe. In BGE 118 IV 230 bezeichnet das BGer die Vermutung, es habe sich in BGE 108 IV 92 von der Tatherrschaftslehre abgewandt, als «zweifelhaft», ohne explizit Stellung zu nehmen. In neuen Entscheiden wird nunmehr das Kriterium der Tatherrschaft betont: BGE 120 IV 23, 141, 272, 118 IV 399 f. Zu berücksichtigen sind die folgenden Kriterien:

12   Unabdingbare Voraussetzung für Mittäterschaft ist der **koordinierte Vorsatz,** BGE 118 IV 230, 122 IV 206, Sem.jud. 1995 250, ein «gemeinsamer Tatentschluss», BGE 118 IV 399. Eventualvorsatz genügt, BGE 115 IV 161. Dabei ist aber nicht erforderlich, dass der Mittäter bei der Entschlussfassung mitwirkte, es genügt, wenn er sich später den Vorsatz seines Mittäters zu eigen macht, BGE 111 IV 77, 118 IV 230, 399, 120 IV 23, Sem.jud. 1994 502, LGVE 1991 I Nr. 59, GVP-SG 1995 Nr. 49; er braucht auch nur konkludent geäussert zu sein, BGE 120 IV 23, 272, 118 IV 230, 399, 115 IV 161. Es ist nicht erforderlich, dass die Tat «im voraus geplant und aufgrund eines vorher gefassten gemeinsamen Tatenschlusses ausgeführt wurde», BGE 120 IV 272, 118 IV 231. Dagegen genügt blosse Billigung nicht, BGE 120 IV 141. BGE 116 Ia 148 prüft, ob der Täter «in *gemeinsamer* Verantwortung» mit den Haupttätern agiert hat. Zu BGE 113 IV 58 (fahrlässige Mittäterschaft?) Art. 18 N 42.

13   Mittäter ist sodann **immer, wer selber** tatbestandsmässig handelt, z.B. an der falschen Urkunde schreibt, BGE 100 IV 1, oder Betäubungsmittel lagert, BGE 106 IV 73, s. auch 118 IV 400; mit ungerechtfertigter Einschränkung AGVE 1967 Nr. 40; unrichtig AGVE 1970 Nr. 27, Mitwirkung bei Gruppensex mit Kind als Gehilfenschaft, und RS 1967 Nr. 163, Festhalten des Notzuchtsopfers als Gehilfenschaft.

14   **Indiz** für Mittäterschaft ist das **Interesse** an der Tat, insbesondere die **anteilsmässige Beteiligung an der Beute,** BGE 69 IV 98, 76 IV 106, 109 IV 165, ZR 66 (1967) Nr. 42, LGVE 1991 I Nr. 59, GVP-SG 1995 Nr. 49; vgl. auch BGE 101 IV 311, 111 IV 77.

15   Vereinzelt verlangt das Bundesgericht ausdrücklich einen **Kausalzusammenhang** zwischen dem Beitrag des Mittäters und der Vollendung des Tatbestands, z.B. BGE 88 IV 54 f. Was daran fehlt, kann ersetzt werden durch die **Bereitschaft** des Mittäters, **notfalls selber** tätig zu werden, BGer a.a.O., 73 IV 218, SJZ 60 (1964) Nr. 213, so wohl auch die Vi in BGE 121 IV 180 (das BGer selbst musste zur Frage keine Stellung nehmen), dagegen SCHULTZ I 287. Die Auffassung muss heute als veraltet angesehen werden, s. z. B. LVGE 1991 I Nr. 59.

16   Zu richtigen Lösungen dürfte eine **erweiterte Tatherrschaftslehre** führen, welche keine physische Mitwirkung bei der Ausführung verlangt. Wenn das Bundesgericht Beteiligung an der Planung oder gar bloss am Entschluss genügen lässt, so verdient dies insofern Zustimmung, als danach getrachtet wird, auch die eigentlichen Drahtzieher, Hinter- und Dunkelmänner, die Schreibtischtäter, der vollen Strafdrohung zu unterwerfen, so ausdrücklich BGE 86 IV 48, vgl. auch 121 IV 180, wo der Komplize zu einem Banküberfall in einem nahen Park gewartet hatte. Wer aber bloss am Entschluss oder an der Planung mitwirkt, und sich sonst um die Tat

nicht kümmert, ist Anstifter oder Gehilfe, PETER 97, REHBERG I 115 f., STRATENWERTH AT I § 13 N 59. *Mittäterschaft ist dann anzunehmen, wenn der betreffende Beteiligte zwar nach Entschlussfassung und Planung nicht mehr selber in das Geschehen eingreift, aber kraft seiner Beziehungen zum oder zu den Handelnden weiterhin einen tragenden Einfluss ausübt, sei es, dass sie ihm Rechenschaft ablegen müssen oder dass ihm, z. B. als Abnehmer, nach Vollendung der Tat wichtige Funktionen zukommen.*

Nach diesem Prinzip sind auch die Probleme mit dem **Zeitpunkt der Mittäterschaft** zu lösen. BGE 88 IV 54 betont, dass ein Tatbeitrag in der **Vorbereitungsphase** genüge (zurückhaltender Rep. 1982 148). Dem ist nur zuzustimmen mit dem Vorbehalt, dass der Beteiligte *weiterhin das Geschehen verfolgen muss in einer Weise, die für den Ausführenden* mitbestimmend ist. Das Bundesgericht hat andererseits die Möglichkeit der Mittäterschaft bei der **Beendigung** der Tat (N 7 vor Art. 21) bejaht, BGE 106 IV 296 f., Pra. 70 (1981) Nr. 121. Das erste dieser Urteile ist richtig – die Beschwerdeführerin hatte beim Betäubungsmittelhandel regelmässig mitgewirkt und das Inkasso besorgt, womit ihr Komplize rechnen konnte; anders im zweiten Fall, wo der Mittäter überraschend hinzukam, als der Täter eben DM 350000 aus dem Hotelsafe genommen und damit den Tatbestand des Diebstahls erfüllt hatte – ein koordinierter Tatentschluss fehlte überhaupt, ablehnend auch REHBERG I 119. Zustimmung verdient wiederum BGE 108 IV 91 f.: Clemens Wagner hatte zusammen mit drei Komplizen einen Raubüberfall verübt und war schon festgenommen, als ein Mittäter auf der Flucht einen Mord beging; die Tat war nicht nur auf gemeinsamen Entschluss und Planung zurückzuführen; kraft seiner Beziehungen zu den Mittätern beherrschte Wagner das Geschehen auch weiterhin mit, jedenfalls solange seine Verhaftung den übrigen Beteiligten nicht bekannt war. Vgl. auch BGE 111 IV 75, 121 IV 180.

Tritt ein Mittäter zurück, bevor die Tat ins Versuchsstadium getreten ist, bleibt er als Gehilfe strafbar, SJZ 66 (1970) Nr. 164, REHBERG I 120 f. Weil sein Wille die Tat nicht mehr mitträgt, kann er entgegen STRATENWERTH AT I § 13 N 70 nicht Mittäter sein.

Bei **echten Sonderdelikten** kann als Täter, demnach auch als Mittäter, nur strafbar sein, *wer selber die strafbegründende Voraussetzung erfüllt.* Höchstens Anstifter oder Gehilfe ist, wer bei Veruntreuung von Sachen mitwirkt, die nicht *ihm* anvertraut sind, BGE 98 IV 150, SJZ 53 (1957) Nr. 148, RS 1970 Nr. 26, 1949 Nr. 230, oder wer beim Imstichelassen des durch einen Dritten Verletzten mitwirkt, AGVE 1984 Nr. 27. Nur dem Bankengesetz (SR 952.0) Unterstellte können Täter einer Bankgeheimnisverletzung sein, BkG Art. 47, BGE 111 IV 82, vgl. auch BGE 86 IV 47, abweichend Rep. 1957 136; nur Gehilfe beim Konkursdelikt kann sein, wer nicht zum in Art. 172 genannten Personenkreis gehört, RS 1949 Nr. 230, SCHULTZ I 287. Unrichtig Rep. 113 (1980) 158, wonach der Dritte, der den Verletzer zum Imstichelassen des Verletzten überredet, als Mittäter gemäss aArt. 128 strafbar sei. Bei *Fahren in angetrunkenem*

17

18

19

Zustand kann nur (Mit-)Täter sein, wer selber angetrunken am Steuer sitzt, BGE 116 IV 74, 117 IV 187 f., in Abkehr von 98 IV 11 ff.

20 **Kasuistik**
69 IV 97: Ischy hatte mit anderen Bloch ermordet (vgl. BGE 73 IV 216); das auf dem Opfer gefundene Geld wurde Vollotton übergeben, der jedem einen Anteil übergab – Mittäter des Diebstahls, obwohl nur Joss das Geld weggenommen hatte; **70 IV 101: Cassat** gab Brulhart einen Vorschuss für Material zur Fälschung von Rabattmarken und versprach Abnahme; **77 IV 88: Brüllmann** veranlasste den Küfer Blum, Wein zu panschen, vgl. auch RVJ 1986 171; **80 IV 259: Schnorf** organisierte den Import und Verkauf gefälschter Goldmünzen aus Italien, ähnlich **86 IV 45, Yassine**; **81 IV 61: Grass** kaufte zusammen mit Bojdanov Castillon in Deutschland Fotomaterial, das B.C. «schwarz» durch die Schweiz und Spanien transportierte; **81 IV 147: Truninger** und andere stifteten gemeinsam (?) die Eheleute Wegmann zu falschem Zeugnis an; **85 IV 131: Schmid** ergriff die Initiative zu Brandstiftung, entwarf den Tatplan, verteilte die Rollen und gab seinem Bruder nützliche Anweisungen; **88 IV 53: Josette Bauer** diskutierte mit ihrem Mann Gerard die Ermordung ihres Vaters, schlug die Verwendung eines Revolvers vor und holte Gerard, als er in Frankreich einen solchen beschafft hatte, über die Grenze – Mittäterschaft bejaht, obwohl der Revolver nicht verwendet wurde – mindestens ein Grenzfall! **98 IV 256: B.** organisierte und finanzierte für A den Massagesalon X. AG, stellte Räumlichkeiten und Einrichtung zur Verfügung, wirkte als kaufmännischer Berater und sorgte für die Werbeinserate; **101 IV 306: Klawdia Mürner** liess durch ihren Mann Igor, einem Ostagenten, auch für sich falsche Papiere besorgen; **104 IV 167: R. und Kons.** hatten in Moutier einen Hungerstreik der «Jeunesse-Sud» organisiert, wobei ein Transparent mit der beschimpfenden Aufschrift «Sangliers plus police = SS» gezeigt wurde; **108 IV 89: Clemens Wagner** verübte mit Komplizen einen Raubüberfall auf die Schweizerische Volksbank in Zürich; auf der Flucht wurde er festgenommen, später erschossen die übrigen auf der Flucht eine Passantin und verletzten einen Polizisten; **111 IV 75: C.** plante zusammen mit P., der bereits vorher zu der Tat entschlossen war, den Diebstahl von Magnetbändern der EDV-Anlage der Bankgesellschaft zuhanden der französischen Zollbehörden, wirkte bei der Übergabe mit und versuchte, die Bänder zu entschlüsseln; **116 Ia 143:** Keine Mittäterschaft des Sohnes, der dem wegen Betrugs angeklagten Vater «sklavische Gefolgschaft» leistete und von diesem «punktuell für einzelne Operationen» eingesetzt wurde; **118 IV 228:** Drei Pakistani überfielen einen Inder und brachten ihm Verletzungen bei – Mittäterschaftsexzess; **118 IV 397:** Keine Mittäterschaft (Art. 349) unter wegen Drogenkriminalität Angeschuldigten; **120 IV 17:** Chef einer nötigenden Inkassofirma hatte sich als mittelbarer Täter oder Mittäter zu verantworten; **120 IV 137:** Der Mitfahrer war nicht Mittäter beim Durchbrechen einer Polizeisperre; **121 IV 178: L.,** der in einem nahe gelegenen

Park wartete, musste sich das dem Tatplan entsprechende Verhalten seines Komplizen beim Banküberfall voll zurechnen lassen.

Von **Nebentäterschaft** wird gesprochen, wenn mehrere Personen unabhängig voneinander denselben Tatbestand verwirklichen, was namentlich bei Fahrlässigkeit vorkommt. Der Nebentäter wird als Alleintäter behandelt (vgl. BJM 1967 283 – Duldung schwerer Kindsmisshandlung durch den Vater, der zwar gegenüber der brutalen Mutter protestiert, aber nicht einschreitet). S. auch Art. 18 N 42. 21

Allgemeine Regeln zur Teilnahme

Im schweizerischen Recht ist die Teilnahme **akzessorisch,** das heisst, abhängig von einer Haupttat, ausgestaltet. Insofern wird von *logischer Akzessorietät* gesprochen. 22

Akzessorietät nach dem Grad der Vollendung besteht in der Weise, dass die Teilnahme vollendet ist, wenn die Tat wenigstens versucht wurde (auch *«tatsächliche Akzessorietät»*), BGE 81 IV 292, RS 1948 Nr. 65. Versuchte Teilnahme ist nur bei Anstiftung zu einem Verbrechen strafbar, Art. 24 II, N 12. Wurde die Haupttat versucht, ist der Teilnehmer nach der Strafdrohung für Versuch zu bestrafen, Schultz I 294. Es ist nicht erforderlich, dass der Haupttäter tatsächlich verfolgt wird. 23

Die **Akzessorietät nach Tatbestandsverwirklichung** war Gegenstand üppiger Theoriebildung. Heute gilt der Grundsatz der *limitierten Akzessorietät:* Der Haupttäter muss tatbestandsmässig und rechtswidrig gehandelt haben, nicht unbedingt auch schuldhaft. Vorsatz ist mit Ausnahme der mittelbaren Täterschaft immer erforderlich – nach schweizerischem Recht ist Beteiligung an einem Fahrlässigkeitsdelikt nicht strafbar, AGVE 1984 Nr. 23, RS 1996 Nr. 118, h.L. Für Einzelheiten s. Art. 26. 24

Akzessorietät der Strafdrohung besteht insofern, als sich die Strafdrohung – vorbehältlich Art. 26 – nach derjenigen richtet, die auf den Haupttäter Anwendung findet. 25

Exzess des Haupttäters liegt vor, wenn dieser ein schwereres Delikt begeht als dasjenige, das Gegenstand des Teilnehmervorsatzes war. Dem Teilnehmer wird die Haupttat nur so weit zugerechnet, wie sein Vorsatz ging, BGE 118 IV 232, h.L., vgl. auch RS 1954 Nr. 101. 26

Begeht der Haupttäter eine **geringfügigere Tat** als diejenige, bei welcher der Teilnehmer mitwirken wollte, so wird der Teilnehmer wegen vollendeter Mitwirkung an dieser Tat und überdies gegebenenfalls wegen versuchter Anstiftung zu der seinem Vorsatz entsprechenden Tat verurteilt, BGE 85 IV 135. 27

Begeht der Haupttäter eine **andere** als die vom Vorsatz des Teilnehmers erfasste **Tat,** so liegt Versuch der Teilnahme vor, der nur im Fall des Art. 24 II strafbar ist, vgl. BJM 1961 273, Erpressung statt Betrug als unwesentliche Abweichung. 28

29   **Notwendige Teilnahme** liegt vor, wo ein Tatbestand das Zusammenwirken mehrerer Personen vorsieht, von denen einige nicht strafbar sind.
Bei Tatbeständen, die nicht geradezu das Opfer schützen (Art. 146, 156,
157, 187 usw.), stellt sich die Frage, ob der straflose Teil sich strafbar
macht, wenn er intensiver bei der Tatbestandsverwirklichung mitwirkt
als unbedingt erforderlich.

   Das Bundesgericht bejaht die Frage. BGE 74 IV 49, 75 IV 112, (ebenso
BJM 1959 129) zu Art. 167; 80 IV 22 *(e contrario)* zu Art. 162; 70 IV 70
(grundsätzlich auch SJZ 42 [1946] Nr. 117) zur Teilnahme am Vermögensverschiebungsdelikt durch den Hehler, anders noch SJZ 39 (1942/43)
Nr. 263; Anstiftung zur Begünstigung des Anstifters galt lange Zeit als
strafbar, was mit der Schuldteilnahmetheorie (Art. 24 N 3) begründet
wurde, BGE 73 IV 239, vgl. auch JdT 1970 IV 154, Anstiftung des Gefangenen zu seiner eigenen Befreiung. BGE 115 IV 232 f. rückt davon ab
und erklärt diese Anstiftung für straflos.

30   Zwischen Täterschaft und Teilnahme i.e.S. am gleichen Delikt gibt es **nur
unechte Konkurrenz:** Die Täterstrafe gilt alle übrigen Beteiligungsformen mit ab, BGE 100 IV 4, 101 IV 50 f., BJM 1969 30; anders noch BGE
85 IV 134, ferner Sem.jud. 1969 209, ZR 48 (1949) Nr. 164, RS 1954 Nr. 6,
1950 Nr. 12.

24 Anstiftung

   [1] **Wer jemanden zu dem von ihm verübten Verbrechen oder Vergehen
vorsätzlich bestimmt hat, wird nach der Strafandrohung, die auf den Täter Anwendung findet, bestraft.**

   [2] **Wer jemanden zu einem Verbrechen zu bestimmen versucht, wird
wegen Versuchs dieses Verbrechens bestraft.**

Hans Baumgartner, Zum V-Mann-Einsatz unter besonderer Berücksichtigung
des Scheinkaufs im Betäubungsmittelverfahren und des Zürcher Strafprozesses,
Diss. ZH 1990, *250 ff.;* Peter Paul Baur, Die Anstiftung, Diss. FR 1962; Marion
Bertschi-Riemer, Die Anstiftung gemäss Art. 24 StGB, Diss. ZH 1961; Hans
Dubs, Ist fahrlässige Mitwirkung bei einem Vorsatzdelikt strafbar? in Mélanges Patry, Lausanne 1988, 295; Ernst R. Gnägi, Der V-Mann-Einsatz im Betäubungsmittelbereich, Diss. BE 1991, *11 ff.;* Franz Riklin, Lockspitzelproblematik, recht 4
(1986) 40; **Lit.** vor Art. 24.

1   **Anstiftung** ist *Hervorrufung des Vorsatzes zu einer bestimmten rechtswidrigen Tat,* vgl. BGE 116 IV 2, 69 IV 205. Deshalb liegt keine Anstiftung vor, wenn der Angestiftete nach Vorstellung des Anstifters nicht
vorsätzlich einen bestimmten Tatbestand erfüllen soll, BGE 71 IV 135 f.
(Verleitung zu gutgläubig unwahrer Zeugenaussage), 74 IV 49. Dagegen
ist nicht erforderlich, dass der Angestiftete unter Erwachsenenstrafrecht
fällt, BGE 81 IV 146. Als *selbständige Anstiftungstatbestände* im Besonderen Teil s. z.B. Art. 115, 259, 275ter, 276. *VE 1993* Art. 19 entspricht inhaltlich der heutigen Bestimmung.

Anstiftung zu **Übertretung** ist gemäss Art. 102 strafbar, auch im Neben-   2
strafrecht, Art. 333, s. z.B. AGVE 1958 Nr. 38, Sem.jud. 1950 593.
Ebenso Anstiftung zu Anstiftung, BGE 74 IV 41, Sem.jud. 1969 209,
Anstiftung zu Gehilfenschaft (vgl. BGE 100 IV 1) und Anstiftung zu Mittäterschaft.

Als **Strafgrund der Anstiftung** lässt das Bundesgericht seit BGE 100 IV 4   3
nurmehr die Mitwirkung am Unrecht der Haupttat gelten, 101 IV 51, vgl.
auch 109 IV 152, 115 IV 232, *Unrechtsteilnahme- oder Verursachungs-*
theorie, so auch PIOTET, JdT 1959 IV 134, REHBERG I 96, RIKLIN AT § 18
N 60, 63; STRATENWERTH AT I § 13 N 79, ablehnend SCHULTZ, ZBJV 111
(1975) 483 f. Die frühere Praxis, BGE 73 IV 240, 244, 74 IV 49, 81 IV 40,
folgte der *Korruptions- oder Schuldteilnahmetheorie,* wonach der Strafgrund der Anstiftung unter anderem darin zu sehen ist, dass sich
die Tat zunächst auch gegen den Angestifteten richtet, vgl. auch
BERNASCONI 48, BERTSCHI 75 f., BERTSCHI-RIEMER 31 f., GERMANN, Verbrechen 83, LECROQ 138, SCHULTZ I 293, DERS. SJK 1190 1, DERS., ZStrR
71 (1956) 275 Fn 1, TRECHSEL 31 ff. Die Verursachungstheorie vermag
nicht zu erklären, weshalb der Anstifter, obschon ihm die Tatherrschaft
per definitionem fehlt, mit der vollen Täterstrafe belegt wird.

Als **Mittel** kommt jedes motivierende Tun (durch Unterlassung kann   4
man nicht anstiften – das Wesen der Anstiftung liegt im Impuls, SCHULTZ
SJK 1190 2) in Frage, BGE 74 IV 49, ZR 57 (1958) Nr. 113, 76 (1977)
Nr. 35. Die Überwindung eines Widerstands ist nicht erforderlich, BGE
116 IV 2, 100 IV 2, BJM 1957 333. Ein Grenzfall ist Anstiftung zur Nötigung durch den Vorschlag, vom Drogenverkäufer «das Geld (zu) verlangen», worauf der Angesprochene mit der Bemerkung, «er wisse schon,
wie man das Bürschli unter Druck setzen könne» reagierte, offengelassen
in BGE 101 IV 50, zu eng wohl RS 1962 Nr. 6, wonach nicht jedes auf
Verübung eines Delikts gerichtete Ansinnen genüge. Zu weit dagegen
RS 1965 Nr. 61, Ersuchen um unwahre schriftliche Erklärung im Strafprozess als Anstiftung zu falschem Zeugnis; mit Recht verneint Rep. 1947
393 Anstiftung zu Kindstötung durch das nicht auf diese Tat gerichtete,
ungewollt motivierende Verhalten des Geliebten. Das Delikt braucht
nicht präzis definiert zu werden – es genügte in BGE 73 IV 217 die Aufforderung, «einen Juden» zu erledigen, in 116 IV 1 die Anweisung, Dirnen zu schlagen oder ein Auto anzuzünden.

Zwischen motivierendem Verhalten und Tatentschluss muss ein **Kausal-**   5
bzw. **Motivationszusammenhang** bestehen, BGE 74 IV 49. Daran fehlt es
insbesondere dann, wenn der Täter im Zeitpunkt der Anstifterhandlung
bereits zu der Tat entschlossen war *(omnimodo facturus),* BGE 100 IV 2,
93 IV 57, 81 IV 148, 72 IV 100, 69 IV 205; MKGE 6 Nr. 32, PKG 1946
Nr. 27. Entgegen BGE 81 IV 149 und Sem.jud. 1969 209 (BGer) gilt dies
auch dann, wenn der Tatentschluss auf das Wirken einer vorangegangenen Anstiftung zurückzuführen ist, SCHULTZ, ZStrR 71 (1956) 273,
STRATENWERTH AT I § 13 N 97, WAIBLINGER, ZBJV 93 (1957) 348 f. Der

Täter ist *omnimodo facturus,* wenn er zu der konkreten Tat, die der An-stifter meint, entschlossen ist; wer einen nur allgemein Tatbereiten auf ein bestimmtes Handlungsziel lenkt, ist Anstifter, STRATENWERTH a.a.O., BGE 116 IV 2, anders noch 69 IV 205. Damit ist nicht gesagt, dass, wer auf einen Tatentschlossenen motivierend einwirkt, freizusprechen ist. Sein Verhalten kann psychische Gehilfenschaft (Art. 25 N 4) sein, BGE 70 IV 19, 72 IV 100; sofern es sich bei der Haupttat um ein Verbrechen handelt, kann ferner untauglicher Versuch vorliegen, TRECHSEL/NOLL 197, SCHULTZ I 292, SCHWANDER Nr. 262a (anders Nr. 262), STRATEN-WERTH AT I § 13 N 98; a.M. REHBERG I 102 (tauglicher Anstiftungsver-such).

6   Subjektiv ist **Vorsatz** verlangt, wobei *Eventualvorsatz genügt,* BGE 116 IV 23, 74 IV 41. Der Vorsatz hat einen doppelten Gegenstand. Erstens ist er darauf gerichtet, dass der Angestiftete einen Tatentschluss fasse. Zweitens aber auch darauf, dass dieser Entschluss verwirklicht, dass die Haupttat selber vollendet werde, BGE 74 IV 50; Sem.jud. 1984 160, ZR 76 (1977) Nr. 35. *Besondere Unrechtsmerkmale* wie Gewerbsmässigkeit und Gewinnsucht muss der Anstifter nicht in seiner Person verwirklichen – es genügt das Wissen, dass sie beim Haupttäter vorliegen, BGE 74 IV 50, ZR 76 (1977) Nr. 35. Anstiftung zu falschem Zeugnis setzt insbeson-dere voraus, dass der Anstifter an Befragung als Zeuge im technischen Sinne denkt, BGE 98 IV 217, RS 1962 Nr. 6, PKG 1956 Nr. 30, extensiv RS 1952 Nr. 2. Hat jemand fahrlässig einen Tatentschluss provoziert, so soll keine fahrlässige Täterschaft vorliegen, s. BGE 105 IV 331, grund-sätzlich ARZT in recht 1 (1983) 25 ff., DUBS a.a.O.

7   Umstritten ist die Frage nach Strafbarkeit des *agent provocateur,* der jemanden zu einer Tat bestimmt in der Absicht, ihn noch im Versuchs-stadium zu überführen bzw. die Polizei intervenieren zu lassen. Soll erst nach Vollendung der Tat eingegriffen werden, ist Anstiftung gegeben. Nicht strafbar ist das blosse Deutlichmachen einer Gelegenheit zur Tat *(larvierte Fahndung,* z.B. Signalisierung von Kaufinteresse für gestohlene Sachen), ZR 83 (1984) Nr. 124, oder Falschgeld, Rep. 1987 181. Der *agent provocateur* i.e.S. ist nicht strafbar, weil sein Versuch nicht auf Vollen-dung der Haupttat gerichtet ist, REHBERG I 100, RIKLIN AT § 18 N 87, STRATENWERTH AT I § 13 N 104, TRECHSEL/NOLL 189; a.M. auf Grund-lage der Schuldteilnahmetheorie SCHULTZ I 195, DERS., ZStrR 71 (1956) 275 Fn 1, SJK 1190 2, für Strafbarkeit auch auf Grundlage der Verursa-chungstheorie GRAVEN AT 305 f.; BJM 1984 258 stellt das Verfahren ge-gen einen Täter ein, weil die Einwirkung des Lockspitzels so erheblich war, dass der eigene Tatbeitrag des Angeschuldigten in den Hintergrund trat; zum ganzen Problem BGE 112 Ia 21, 108 Ib 538 f., Urteil Lüdi gegen die Schweiz, EGMR Nr. 238; eingehend Baumgartner 122 ff., GNÄGI 91 ff., RIKLIN 40 ff., LÜDERSSEN (Hrsg.), V-Leute, Die Falle im Rechtsstaat, Frankfurt am Main 1985.

8   Der Anstifter untersteht derselben **Strafdrohung** wie der Täter, was nur mit der Schuldteilnahmetheorie zu rechtfertigen ist, weil ihm im Gegen-

satz zum (Mit-)Täter die Tatherrschaft fehlt. Ist die Haupttat nur zum Versuch gediehen, so unterliegt auch der Anstifter der Versuchsstrafe, Schultz I 294, abweichend RS 1948 Nr. 65.

Ort der Anstiftung ist nach h.L. der Ort der Haupttat, Sem.jud. 1984 160, s. auch Art. 7 N 8.   9

Für die Verjährung massgeblicher **Zeitpunkt** ist bei Beteiligung mehrerer an einer strafbaren Handlung der «Zeitpunkt, an dem einer der Beteiligten den letzten Teilakt gesetzt hat», BGE 102 IV 81.   10

Akzessorietät: N 22 f. vor Art. 24; **Exzess** N 26 f. vor Art. 24; **Konkurrenzen** N 30 vor Art. 24; **Notwendige Teilnahme** N 29 vor Art. 24.   11

Versuchte Anstiftung ist gemäss **Art. 24 II** nur strafbar, wenn es sich bei der Haupttat um ein *Verbrechen* i.S.v. Art. 9 handelt, BGE 81 IV 146. Anstiftung kann im Versuchsstadium stecken bleiben, weil der Anstifter seine Bemühungen vorzeitig abbricht (Art. 21), weil es ihm trotz aller Bemühungen nicht gelingt, im Anzustiftenden einen Tatentschluss zu wecken (Art. 22, ZBJV 82 [1946] 230) oder wenn der Tatentschluss zwar gefasst, die Tat aber dennoch nicht wenigstens versucht wurde (Art. 22, Sem.jud. 1984 160). Zum untauglichen Anstiftungsversuch (Art. 23) s. N 5. Ist der Anzustiftende noch nicht strafmündig, so liegt, auch wenn der Anstifter in diesem Punkt irrte, nicht untauglicher Versuch vor, weil ein persönlicher Strafausschliessungsgrund i.S.v. Art. 26 gegeben ist.   12

Kasuistik   13
BGE 69 IV 203: Angehörige der Familie **Torriani** ersuchten Fischer, der gewerbsmässig Abtreibungen vornahm, eine Frucht abzutreiben – Anstiftung verneint; **71 IV 132: Harnisch,** beim Fischfrevel ertappt, redete Ruepp und seiner Schwägerin ein, er sei zur fraglichen Zeit bei ihnen gewesen, was diese gutgläubig als Zeugen aussagten, Anstiftung verneint; **72 IV 97: Dubi** veranlasste Anna Eschler, in einem Ehrverletzungsprozess zu seinen Gunsten falsches Zeugnis abzulegen, wozu sie möglicherweise ohnehin entschlossen war – für diesen Fall nur psychische Gehilfenschaft; vgl. auch 81 IV 147 (Truniger), 98 IV 212 (Kathriner); **73 IV 216: Lugrin,** fanatischer Nazi, äusserte gegenüber seinem Zeloten Ischy, man müsse einen Juden umbringen, worauf dieser an Joss, Vallotton und die Gebrüder Marmier den Auftrag weiterleitete, der durch Ermordung von Arthur Bloch ausgeführt wurde; **115 IV 230: B.** veranlasste X., ihn bei der Flucht aus dem Gefängnis abzuholen – Anstiftung zu Begünstigung des Anstifters ist nicht (mehr) strafbar; **116 IV 1: Ein Prostitutionsgegner** veranlasste H. und B., einen Brandanschlag auf ein Auto vorzunehmen oder Dirnen zu prügeln (Vi: GVP-SG 1990 Nr. 61).

25 Gehilfenschaft

Wer zu einem Verbrechen oder zu einem Vergehen vorsätzlich Hilfe leistet, kann milder bestraft werden (Art. 65).

VICTORIA NEUENSCHWANDER-HESSE, Die Strafbarkeitsvoraussetzungen der Beihilfe nach Art. 25 StGB, Diss. ZH 1954; GRACE SCHILD TRAPPE, Harmlose Gehilfenschaft? Diss. BE 1995; **Lit.** vor Art. 24.

1   **Gehilfe** ist, *wer vorsätzlich in untergeordneter Stellung die Vorsatztat eines anderen fördert.* Zur Abgrenzung von der Mittäterschaft s. N 10 ff. vor Art. 24. Einzelne Fälle von *Gehilfenschaft* sind als Tatbestände des Besonderen Teils *selbständig strafbar* s. z. B. Art. 115, 119, 310. Dies hat z. B. zur Folge, dass Versuch strafbar sein kann, Rep. 1982 63. Besonders weit gefasst sind die Straftatbestände des BetmG, was aber Gehilfenschaft nicht völlig ausschliesst; so ist etwa Gehilfe, wer beim Drogentransport nur Pannenhilfe leistet, BGE 113 IV 91, oder wer für andere, ohne eigene Interessen zu verfolgen, Heroin testet, ihnen zeigt, wie man es abpackt und ihnen ein Fahrzeug leiht, BGE 117 IV 61, s. auch 115 IV 262 ff. (zu BetmG Art. 19.1 VII) und 115 IV 62 (zu BetmG Art. 19.2). Möglich ist auch Gehilfenschaft zu Gehilfenschaft *(«entfernte Gehilfenschaft»),* RS 1956 Nr. 282, a.M. SCHILD TRAPPE 134, 161, oder zu Anstiftung.

2   Gehilfenschaft zu **Übertretungen** ist gemäss Art. 104 I nur strafbar, wo es das Gesetz ausdrücklich vorsieht, 293 II, 329.2. Gemäss Art. 333 I gilt dies auch für das Nebenstrafrecht des Bundes, soweit dort keine abweichende Regelung getroffen ist, BGE 75 IV 139, 81 IV 62 f.

3   Phänomenologisch wird die Gehilfenschaft in physische und psychische eingeteilt, ohne dass daran unterschiedliche Folgen geknüpft wären; die Abgrenzung ist unscharf. **Physische Gehilfenschaft** ist Förderung der Haupttat durch materielle Unterstützung und Dienstleistungen, z. B. Brandlegung für Versicherungsbetrug, BGE 75 IV 180; Vermittlung einer Abtreiberadresse, BGE 78 IV 7; Schmuggeln von Briefen, BGE 88 IV 21; finanzielle Unterstützung, BGE 96 IV 115; Transportdienste, BGE 98 IV 83, SJZ 64 (1968) Nr. 45; Vornahme des Inkassos bei Drogenhandel, BGE 106 IV 295; Verkauf von Geräten zu illegalem Gebrauch, BGE 109 IV 147, 111 IV 33; Beschaffung der Tatwaffe, BGE 108 Ib 301; Zurverfügungstellen von Räumen, BJM 1961 97, usw.

4   **Psychische Gehilfenschaft** kann intellektueller Natur sein, z. B. technische Anleitung, NEUENSCHWANDER-HESSE 14, oder den affektiven Bereich betreffen, indem der Täter im Tatentschluss bestärkt, von einer Umkehr abgehalten wird, BGE 70 IV 19, 72 IV 97, 75 IV 106; vgl. auch ZBJV 121 (1985) 114: Arglose Übergabe eines Schlüssels zur Ausführung von Installationsarbeiten – nachdem ihm bekannt wurde, dass ein Diebstahl geplant war, liess sich der Übergeber des Schlüssels 1000 Franken bezahlen (s. aber N 5), vgl. auch BJM 1956 36. Physische Hilfe wird jedenfalls dann, wenn der Täter darum weiss, regelmässig auch eine psychische Unterstützung bedeuten. *Blosse Billigung* der Tat eines anderen ist noch *nicht psychische Gehilfenschaft,* BGE 70 IV 13. Physische, nicht psychische Gehilfenschaft liegt vor, wenn der Täter durch seine bedrohliche Haltung die Einschüchterung des Notzuchtsopfers fördert, Sem.jud. 1985 53.

Gehilfenschaft kann auch **durch Unterlassen** geleistet werden, sofern   5
eine *Rechtspflicht* besteht, einzugreifen und eine geplante Tat zu verhindern, für viele BGE 118 IV 313. So haben insbesondere Eltern die Pflicht,
gegen sexuelle Handlungen mit ihren Kindern einzuschreiten, PKG 1967
Nr. 19, RS 1968 Nr. 200, SJZ 62 (1966) Nr. 90, ZR 71 (1972) Nr. 107. Sehr
weit geht Sem.jud. 1978 182, wonach ein Mittäter den Komplizen daran
hindern soll, von der Waffe Gebrauch zu machen. Eine *Rechtspflicht* zum
Eingreifen *(Garantenstellung,* vgl. N 32 ff. zu Art. 1) *fehlt:* für den Beamten gegenüber einem Geschäftspartner, BGE 118 IV 313 ff.; für die Mutter gegen Ehrverletzung durch den Sohn, BGE 79 IV 145; wenn jemand
arglos einen Schlüssel ausgehändigt hat und später erfährt, dass dieser für
einen Diebstahl missbraucht werden soll, ZBJV 121 (1985) 114 f.; wenn
von einer Dreiergruppe zwei sich mit einem vierten schlagen und ihn verletzt zurücklassen, für den Unbeteiligten, PKG 1969 Nr. 12; für den Zögling einer Erziehungsanstalt, der eine Gruppe leitet, hinsichtlich unzüchtiger Handlungen eines anders Zöglings mit einem Kind, AGVE 1963
Nr. 42; für den Ehemann hinsichtlich Abtreibung durch die Ehefrau, SJZ
43 (1947) Nr. 4; für den Bruder und Gesellschafter eines Winzers, der
selbständig Rotwein mit Glycerin «aufbesserte», RVJ 1986 171 f. BGE
120 IV 271 nimmt beim Weiterfahren während mehrerer Minuten am
Steuer des Wagens, in welchem unerwartet ein Mord verübt wird, ein
Tun an, m. E. war nur vorzuwerfen, dass der Lenker *nicht angehalten* hat,
was eine Unterlassung ist. Zur Abrenzung der aktiven von der passiven
Gehilfenschaft s. BGE 121 IV 120.

Gehilfenschaft verlangt **keine Kausalität** i.S. der Äquivalenztheorie.   6
«Art. 25 StGB setzt nicht voraus, dass es ohne die Hilfeleistung nicht zur
Tat gekommen wäre; *es genügt, dass sie, so wie sich die Ereignisse ab-
spielten, das Verbrechen oder Vergehen förderte»*, BGE 78 IV 7, bestätigt in 98 IV 85, 104 IV 160, 108 Ib 302 113 IV 109, 117 IV 188, 118 IV
312, Sem.jud. 1985 56 1978 182, 1958 53. Die Frage nach der Adäquanz
stellt sich nicht, BGE 78 IV 7, s. auch RS 1968 Nr. 73. Zu weit die Formulierung in BGE 109 IV 149, 118 IV 312, 119 IV 292, 121 IV 119, wonach es genügt, «dass sich die Tat ohne... Mitwirkung anders abgespielt
hätte.» Richtig dagegen die Ergänzung: «Der Gehilfe muss die Erfolgschancen der tatbestandserfüllenden Handlung erhöhen», BGE 120 IV
272, 119 IV 292, 117 IV 186. Besteht die Hilfeleistung z.B. im Hinweis auf
die Möglichkeit, eine Pistole zu erwerben, so fehlt es an der Kausalität,
wenn der Täter anderswo einkaufte oder die Pistole überhaupt nicht verwendete, Rep. 1980 359. Eingehend zum gesamten Kausalitätsproblem
SCHILD TRAPPE 57 ff., die eine erfolgreiche psychische Einwirkung auf
den Haupttäter fordert, a.a.O. 96.

Neben Handlungen wie Beschaffen einer Waffe oder Schmierestehen,   6a
kann auch an sich **harmloses Alltagsverhalten** als Gehilfenschaft strafbar
sein, wenn der Handelnde wusste oder damit rechnete, dass er damit das
deliktische Verhalten eines anderen fördere, z.B. durch das Spendieren
von alkoholischen Getränken an Autofahrer, BGE 117 IV 187, dem Ver-

kauf von afrikanischem Antilopenfleisch im Wissen darum, dass es als einheimisches Wild weiterverkauft werden sollte, BGE 119 IV 230, oder durch das Zurverfügungstellen des Telekiosks an Anbieter pornographischen Materials, BGE 121 IV 109; weitere Beispiele bei SCHILD TRAPPE 5 ff., STRATENWERTH AT I § 13 N 115. Es ist fraglich, ob und inwieweit sich die Kriminalisierung solcher Alltagsgeschäfte rechtfertigen lässt, weil die Strafbarkeit im Ergebnis allein damit begründet wird, dass der Täter die «Missbrauchsabsicht» seines Geschäftspartners kennt. Das BGer spricht dieses Problem der «Gehilfenschaft durch übliche Geschäftstätigkeit» in BGE 119 IV 292 f. und 120 IV 272 an, ohne dazu abschliessend Stellung zu nehmen; s. auch RIKLIN AT § 18 N 34, SCHILD TRAPPE 8, 182 ff., STRATENWERTH AT I § 13 N 115. SCHILD TRAPPE 186 ff. will in solchen Fällen die Grenze der strafbaren Gehilfenschaft über das Kriterium der Solidarisierung mit dem Täter ziehen, während STRATENWERTH a.a.O. auf das Kriterium des unerlaubten Risikos abstellt – ein Gesichtspunkt, der auch in BGE 119 IV 293 diskutiert wird. Ein wesentliches Kriterium liesse sich ferner in der Ersetzbarkeit des Beitrags sehen: Kann das fragliche Geschäft praktisch an jeder Strassenecke mit zahlreichen anderen Partnern abgeschlossen werden, ist Gehilfenschaft abzulehnen, im Gegensatz zum Fall, wo der Beitrag praktisch unersetzlich ist.

7   Fehlt es an der Kausalität oder hat der Haupttäter nicht einmal einen Versuch begangen, so liegt **versuchte Gehilfenschaft** vor, die straflos ist, SJZ 44 (1948) Nr. 62, ZR 47 (1948) Nr. 10.

8   Die Gehilfenschaft muss **vor** oder **während** der Tat, spätestens bei der Beendigung geleistet werden, BGE 98 IV 85, 106 IV 295, 118 IV 312, 121 IV 120; SJZ 76 (1980) Nr. 23, Pra. 70 (1981) Nr. 121. Die Hilfe kann an sich in einer *Vorbereitungshandlung* bestehen, BGE 109 IV 150. Finanzielle Hilfe nach Vornahme einer Abtreibung ist (strafloser) Versuch der Gehilfenschaft, ZR 47 (1948) Nr. 10. Als Unterstützung nach der Tat sind *Hehlerei*, Art. 160, und *Begünstigung*, Art. 305, selbständig strafbar.

9   Der **subjektive Tatbestand** fordert den Vorsatz, die Haupttat zu fördern. Der Gehilfe braucht Einzelheiten der Haupttat, z.B. Identität des Opfers, Ort und Zeit, Tatmittel, die nicht zum Tatbestand gehören, nicht zu kennen, BGE 108 Ib 303, 117 IV 188. Es braucht auch keine «direktere psychische Beziehung zur konkreten Deliktshandlung», BGE 96 IV 116. *Eventualdolus genügt*, BGE 104 IV 159, 109 IV 151, 118 IV 312, 121 IV 120, abweichend SCHILD TRAPPE 161 ff. Geringfügige *Abweichungen* des wirklichen vom vorgestellten Kausalzusammenhang gelten als vom Vorsatz mitumfasst, BJM 1961 97, aber auch hier gehört die «Voraussicht des Geschehensablaufs» zum Vorsatz, BGE 113 IV 109, 111 IV 34, 118 IV 312. Zum subjektiven Tatbestand bei Alltagsgeschäften s. N 6a.

10 Art. 25 sieht **fakultative Strafmilderung** vor – wegen der untergeordneten Rolle des Gehilfen sollte Strafmilderung obligatorisch sein, so auch SCHULTZ VE 55, *VE 1993* Art. 20.

Begehungsort ist nach der Praxis der Ort der Haupttat, BGE 104 IV 86,   11
108 Ib 303, BJM 1961 271; anders SJZ 1956 (1960) Nr. 26. Bei der Anwendung des Grundsatzes in BGE 96 IV 115 wurde offenbar übersehen,
dass das «missbrauchte» Mädchen dem Schutzalter nach französischem
Recht entwachsen war, SCHULTZ, ZBJV 107 (1971) 456, DERS., ZStrR 72
(1957) 312 f.

Akzessorietät N 22 ff. vor Art. 24; **Exzess** N 26 vor Art. 24; **Konkurrenz-**   12
fragen N 30 vor Art. 24; **notwendige Teilnahme** N 29 vor Art. 24; **Gehil-**
fenschaft bei Abtreibung Art. 118 N 6.

Kasuistik   13
70 IV 13: Heiniger duldete, dass Hulda Ammann, die von einem früheren
Geliebten schwanger war, eine Abtreibung vornehmen liess – keine Gehilfenschaft; **78 IV 7: Stauffer** führte Judith Gerber mit dem Vermittler
Ineichen zusammen, der ihr die Adresse des Abtreibers Wyss gab; **79 IV**
145: Ida Veillon war anwesend, als ihr Sohn zusammen mit anderen ein
Pamphlet gegen ihren Ehemann, mit dem sie zerstritten war, herstellte –
keine Gehilfenschaft; **88 IV 21: Fürsprecher Dr. X** schmuggelte Briefe
aus dem Gefängnis, in denen seine Klientin K., wie er wusste, Anweisungen für die Beseitigung von Vermögensstücken machte; **96 IV 115: A.** unterstützt eine Frankreichreise der fünfzehnjährigen Tochter mit ihrem
Freund, wodurch die Einweisung in ein Mädchenheim verhindert werden
sollte; **98 IV 83: Arn** trug die Plastictasche mit Kleidungsstücken, die
seine Freundin im Modehaus Spengler gestohlen hatte, an der Kasse vorbei; **104 IV 157: A.,** Abwart-Stellvertreter im Hotel Aarauerhof, überliess
F. seinen Passepartout, damit er sich Getränke aus dem Keller holen
konnte; **108 Ib 301: Bagci** hatte dem Papstattentäter Mehmet Ali Agca
die Tatwaffe, die er in der Schweiz aufbewahrt hatte, nach Mailand gebracht – Auslieferung an Italien, ähnlich **113 IV 108** (Gerichtsstand); **113**
IV 84: Keine Gehilfenschaft des passiven Passagiers zu Fahren in angetrunkenem Zustand; **113 IV 90:** Gehilfenschaft durch Pannenhilfe zu
Drogentransport; **114 IV 112: X.** machte sich durch den Verkauf von
Decodiergeräten der Gehilfenschaft zu versuchter Erschleichung einer
Leistung schuldig; **116 Ia 143: S.** N 20 vor Art. 24; **117 IV 187: W.** und **A.**
machten sich der Gehilfenschaft zum Fahren in angetrunkenem Zustand
schuldig, weil sie W., den Fahrer, durch Spendieren von Runden zum
Trinken animierten; **118 IV 310: F.** schritt nicht ein, als er feststellte, dass
S., ein Lieferant von Material für das F. unterstellte Sprachlabor, Bestell-
scheine fälschte – keine Garantenstellung; **119 IV 230:** Verkauf von afrikanischem Antilopenfleisch unter dieser Bezeichnung an Käufer, die es
mit grösster Wahrscheinlichkeit als einheimisches Wild weiterverkaufen
würden, war Gehilfenschaft zu Betrug; **120 IV 265: B.** hielt nicht an, als er
bemerkte, dass E. und G. die neben ihm sitzende R. mit einem Gürtel erdrosselten – m.E. war B. nur wegen Unterlassen der Hilfeleistung nach
Art. 128 zu bestrafen; **121 IV 109: R.,** der Verantwortliche für die Einführung des Telekiosks, hatte sich als Gehilfe zu verantworten, weil er

wusste, dass über diese Einrichtung pornographisches Material Personen unter 16 Jahren zugänglich gemacht wurde; **Sem.jud. 1985 55: Z.** leistete durch bedrohende Anwesenheit Gehilfenschaft zu Notzucht; **Sem.jud. 1978 182:** Bei Anhaltung durch die Polizei erschiesst einer von zwei Mittätern an einem Diebstahl einen Polizisten – Gehilfenschaft des Untätigen; **RS 1967 Nr. 206:** Gehilfenschaft zu Fahren in angetrunkenem Zustand durch Anbieten von Alkohol; **ZBJV 79 (1943) 41:** Gehilfenschaft einer Mutter zur Abtreibung an ihrer 17jährigen Tochter durch Unterlassen von hindernder Intervention (diskutabel).

26 Persönliche Verhältnisse

Besondere persönliche Verhältnisse, Eigenschaften und Umstände, die die Strafbarkeit erhöhen, vermindern oder ausschliessen, werden bei dem Täter, dem Anstifter und dem Gehilfen berücksichtigt, bei dem sie vorliegen.

ARTHUR HAEFLIGER, Die Berücksichtigung der persönlichen Verhältnisse nach Art. 26 StGB, SJZ 47 (1951) 372 ff.; PAUL PIOTET, *La participation aux délits spéciaux en doctrine générale et en droit pénal suisse*, Diss. Lausanne 1950; DERS., *Le champ d'application de l'art. 26 CP*, JdT 1961 IV 98; DERS., *Encore les circonstances personnelles spéciales (Art. 26 CP)*, ZStrR 83 (1967) 337; DERS., *L'influence de la réalisation d'un élément personnel spécial constitutif de l'infraction sur la punissabilité de divers participants*, ZSR NF 98 (1979) I 183; OSCAR SCHNYDER, Täterschaft und Teilnahme bei den Sonderdelikten des Schweizerischen Strafgesetzbuches, Diss. ZH 1962; BERND SCHÜNEMANN, Besondere persönliche Verhältnisse und Vertreterhaftung im Strafrecht, ZSR NF 97 (1978) I 131; **Lit.** vor Art. 24, zu Art. 24, 25.

1 Art. 26 soll im Dienste des **Schuldprinzips** sicherstellen, dass *unterschiedliches Verschulden* bei Täter und Teilnehmer zu entsprechend *unterschiedlicher Bestrafung* führt. Viele Einzelfragen sind umstritten.

2 **Persönlich** sind Merkmale, welche das Verschulden betreffen, z.B. Gewerbsmässigkeit, BGE 70 IV 125 (Bühler), Sem.jud. 1951 117; die Eigenschaft, Mutter unter Einfluss der Geburt zu sein, Art. 116, RS 1947 Nr. 30 (zweifelnd BGE 87 IV 53); die Situation des Strafverfolgten, Art. 305 II, BGE 73 IV 240 (Leuenberger); die Eigenschaft, als Zeuge unter Aussagezwang in Konflikt zu geraten, Art. 308 II, BGE 81 IV 40 (Rudin), 73 IV 244 f. (Gass); die Tatsache, dass dem Zeugen ein Zeugnisverweigerungsrecht zusteht («faktische Zwangslage»), BGE 118 IV 182; die Skrupellosigkeit beim Mord, BGE 120 IV 275. Als weitere Beispiele für persönliche Elemente erwähnt BGE 87 IV 52 verminderte Zurechnungsfähigkeit, Verbotsirrtum, Rücktritt vom Versuch, tätige Reue, mildernde Umstände nach Art. 64, den Affekt bei Totschlag und die Gewinnsucht in Art. 48.1 II, 50 I, s. auch BGE 94 IV 101 f. Ob das Merkmal im Allgemeinen oder im Besonderen Teil des Gesetzes geregelt ist, hat keine Bedeutung, BGE 105 IV 188, zweifelnd noch 87 IV 52, 92 IV 205 (Mattmann und Kons.), 95 IV 115 (Blank).

Während **Gefährlichkeit** als Qualifikationsgrund bei Diebstahl   3
(Art. 139.3) und Raub (Art. 140.3) nach altem Recht als persönliches
Merkmal galt, BGE 105 IV 186, Rep. 1982 148, SJZ 66 (1970) Nr. 164,
muss sie heute als sachliche Eigenschaft der Tat, nicht des Täters, angesehen werden, so schon BGE 109 IV 165 – die Brutalität der Ausführenden wird dem Mittäter zugerechnet, wenn er darum wusste, ebenso das
OGer BE in ZBJV 130 (1994) 565.

Sachliche Merkmale, die dem Teilnehmer (sofern er sie kennt) zugerech-   4
net werden, sind ferner die Qualifikationsgründe der Lebensbedrohung
bei Raub, Rep. 1982 148, 1975 316, oder die qualifizierende Beziehung
zwischen Täter und Opfer in aArt. 191.1 II, 2 II und 192, weil sie «ebenso
an die Person des Opfers wie an diejenige des Täters anknüpft, unmittelbar aber weder auf die eine noch auf die andere Bezug hat, sondern die
zwischen den beiden bestehende Beziehung betrifft», BGE 87 IV 54,
ebenso SJZ 59 (1963) Nr. 169, 57 (1961) Nr. 4; in diesem Fall dürfte ein
eigenhändiges Delikt anzunehmen sein mit der Wirkung, dass ein Teilnehmer an der qualifizierten Tat *stets nach dem Grundtatbestand* zu bestrafen ist. Als weitere Beispiele für sachliche Elemente erwähnt BGE 87
IV 51 die geeigneten Vorkehren gegen Lebensgefahr, aArt. 131.2, den
geringen Wert der Sache in aArt. 138 und 142 (Art. 172ter) und die Geringfügigkeit des Schadens in Art. 223.

Besonders strittig ist die Einordnung der **Beamteneigenschaft,** die BGE   5
81 IV 289 f. (Buser und Novic; ebenso schon BGE 77 IV 46, Freuler und
Handschin), als sachliche behandelt, zustimmend Piotet, *La participation,* 174, Schultz I 300, Waiblinger, ZBJV 93 (1957) 249, ablehnend
Germann, ZStrR 54 (1940) 373 f., Graven AT 324, Haefliger 374,
ders., ZStrR 69 (1954) 292, Hafter AT 238, Schnyder 194 ff., Schultz
VE 56 f., Schwander Nr. 271 f., Stratenwerth AT I § 13 N 141 f.,
Trechsel/Noll 203. Die qualifizierende oder strafbegründende Eigenschaft hat objektive (Schutz der Vertrauenswürdigkeit des Staates und
der Verlässlichkeit der Verwaltung) *und* persönliche (besondere Pflich-
tenstellung) Aspekte, wobei mit der vorherrschenden Lehre die letzteren
als entscheidend anzusehen sind. Auf jeden Fall kann die Beamteneigenschaft nur einem Teilnehmer zugerechnet werden, der sie gekannt hat,
ZR 76 (1977) Nr. 35.

Strafbegründende persönliche Merkmale werden in Art. 26 nicht er-   6
wähnt mit der Folge, dass z.B. Gewinnsucht des Haupttäters dem nicht
gewinnsüchtigen Nebentäter in aArt. 198 zuzurechnen war, in aArt. 129
dagegen nicht, eine Regel, die «mit dem Schuldprinzip kaum zu vereinbaren» ist, BGE 95 IV 116, 87 IV 52. Der *Extraneus* wird somit derselben
Strafdrohung unterstellt wie der Täter, BGer a.a.O., AGVE 1984 Nr. 23.
Piotet hat in zahlreichen Publikationen analoge Anwendung von Art. 26
auf diese Fälle gefordert, ist damit aber nicht durchgedrungen. *De lege
ferenda* sieht Schultz VE 60 f. und *VE 1993* Art. 21 für Teilnehmer am
echten Sonderdelikt und an den Delikten mit strafbegründenden beson-

deren persönlichen Merkmalen obligatorische Strafmilderung vor, was auch REHBERG I 133, STRATENWERTH AT I § 13 N 144, TRECHSEL / NOLL 205, vorschlagen. SCHÜNEMANN 157 hält Strafmilderung schon *de lege lata* für zulässig.

6. Verantwortlichkeit der Presse

27

1. Wird eine strafbare Handlung durch das Mittel der Druckerpresse begangen, und erschöpft sich die strafbare Handlung in dem Presse-erzeugnis, so ist, unter Vorbehalt der nachfolgenden Bestimmungen, der Verfasser dafür allein verantwortlich.

2. Kann bei nicht periodischen Druckschriften der Verfasser nicht ermittelt werden oder hat die Veröffentlichung ohne sein Wissen oder gegen seinen Willen stattgefunden, so ist der Verleger und, wenn ein solcher fehlt, der Drucker als Täter strafbar.

3. Kann der Verfasser eines in einer Zeitung oder Zeitschrift erschienenen Artikels nicht ermittelt oder in der Schweiz nicht vor Gericht gestellt werden, oder hat die Veröffentlichung ohne sein Wissen oder gegen seinen Willen stattgefunden, so ist der als verantwortlich zeichnende Redaktor als Täter strafbar.

Der Redaktor ist nicht verpflichtet, den Namen des Verfassers zu nennen. Weder gegen den Redaktor, noch gegen den Drucker und sein Personal, noch gegen den Herausgeber oder Verleger dürfen prozessuale Zwangsmittel angewendet werden, um den Namen des Verfassers zu ermitteln.

4. Kann der Einsender eines in einem Anzeigeblatt oder im Anzeigeteil einer Zeitung oder Zeitschrift erschienenen Inserates nicht ermittelt werden, so wird diejenige Person als Täter bestraft, die als für die Anzeigen verantwortlich bezeichnet ist und, wenn eine solche nicht genannt ist, der Verleger oder Drucker.

Wird die für die Anzeigen verantwortliche Person zu einer Busse verurteilt, so haftet dafür auch der Verleger.

5. Die wahrheitsgetreue Berichterstattung über die öffentlichen Verhandlungen einer Behörde bleibt straflos.

6. Die Bestimmungen der Ziffer 3 Absatz 2 finden keine Anwendung bei Hochverrat und Landesverrat (Art. 265–267), bei Unterstützung ausländischer Unternehmungen und Bestrebungen, die gegen die Sicherheit der Schweiz gerichtet sind (Art. 266bis), bei verbotenem Nachrichtendienst (Art. 272–274), bei Angriffen auf die verfassungsmässige Ordnung (Art. 275), bei staatsgefährlicher Propaganda (Art. 275bis), bei rechtswidriger Vereinigung (Art. 275ter) und bei Störung der militärischen Sicherheit (Art. 276 und 277).

Fassung gemäss BG vom 5.10.1950.

2. ExpK II 456 ff., 511 ff., VIII 182 ff., IX 40 ff. VE 1916 Art. 28. E Art. 26. Botsch. 11. Sten.NR 93 ff., StR 68 ff. Teilrevision 1950: BBl 1949 I 1258. StenB 1949 StR 567, 650, 1950 NR 180 f., 246.

Jürg Aeschlimann, Zum Auskunftsverweigerungsrecht der Medienschaffenden – die bernische Lösung, in FS für Jörg Rehberg zum 65. Geburtstag, Zürich 1996, 1; Denis Barrelet, *Droit suisse du mass média*, 2. A. Bern 1987; ders., *Le journalisme d'investigation devant la loi pénale*, ZStrR 107 (1990) 329; Carl Buess, Strafrechtliche Verantwortlichkeit und Zeugnisverweigerungsrecht des Medienschaffenden, Diss. BE 1991; Andrea Engi, Zur Entwicklung des Pressestrafrechts, ZStrR 64 (1949) 315; Walter Gut, Pressefreiheit und Zeugnisverweigerungsrecht der Presseleute im Strafprozess, ZStrR 85 (1969) 160; Carl Ludwig, Die Verantwortlichkeit des Redaktors für Agenturmeldungen, ZStrR 72 (1957) 194; ders., Die Rechtsprechung des Bundesgerichts zu Art. 27 des Schweizerischen Strafgesetzbuches, ZStrR 73 (1958) 118; ders., Schweizerisches Presserecht, Basel 1964; Jörg Paul Müller, Zur Bedeutung der Pressefreiheit bei privat- und strafrechtlichem Ehrenschutz, ZSR NF 86 (1967) 115; Max Nef, Pressefreiheit und Zeugnisverweigerungsrecht, ZStrR 85 (1969) 113; John Noseda, *Presse et justice pénale – une analyse critique du modèle dogmatique traditionnel*, in Wem dient die Medienfreiheit? Bern 1981, 185; Manfred Rehbinder, Schweizerisches Presserecht, Bern 1975; ders., Der Quellenschutz im schweizerischen Medienrecht, SJZ 79 (1983) 221; Franz Riklin, Pressedelikte im Vergleich zu den Rundfunkdelikten, ZStrR 98 (1981) 189; ders., Medienfreiheit und Strafverfolgung aus schweizerischer Sicht, in Medienfreiheit und Strafverfolgung, München 1985, 27; ders., Schweizerisches Presserecht, Bern 1995, *148 ff.;* Martin Schubarth, Grundfragen des Medienstrafrechts im Lichte der neueren bundesgerichtlichen Rechtsprechung, ZStrR 113 (1995) 141; Hans Schultz, Das Problem einer Sonderstellung der Presse im Strafverfahren, in Das Problem der Sonderstellung im Strafverfahren, Arbeiten zur Rechtsvergleichung 29, Frankfurt a.M. 1966, 9; ders., Die unerlaubte Veröffentlichung – ein Pressedelikt? ZStrR 108 (1991) 273; Ulrich Weber, Betrachtungen zur Stellung der periodischen Druckschriften im Strafprozess, Diss. BE 1971; Ernst Weilenmann, Die Stellung der Presseagentur im schweizerischen Pressestrafrecht, Diss. ZH 1972.

Art. 27 sieht für Pressedelikte eine **Kaskadenhaftung** nach dem «belgischen System» vor, Riklin, Medienfreiheit, 35. Die Bestimmung verfolgt verschiedene Anliegen. Zunächst dient sie der *Pressefreiheit* (Art. 55 BV), indem sie eine gewisse Anonymität ermöglicht. «Die Presse ist zur Erfüllung ihrer Aufgabe unter Umständen auch auf Mitarbeiter angewiesen…, deren Namen sie nicht preisgeben will», BGE 76 IV 8; hierin sieht Riklin, ZStrR 98 (1981) 195, das Hauptargument für die Sonderregelung. Andererseits schützt Art. 27 aber auch *die Interessen des Verletzten* – die Anonymität wird sozusagen erkauft mit der «Kausalhaftung» des Redaktors, BGer a.a.O., die kein Verschulden voraussetzt, sondern eine «stellvertretende Verantwortung (ist), um dem Verletzten mit der Möglichkeit der Bestrafung Genugtuung zu verschaffen», BGE 100 IV 8. Schliesslich rechtfertigt sich eine Sonderregelung, «weil das Presseerzeugnis *mit geringem Aufwand in einer unbeschränkten Zahl* von Exemplaren hergestellt werden kann», BGE 74 IV 130. Art. 27 will «allgemein die strafrechtliche Verantwortlichkeit der Presse mit Rücksicht auf die besondere Art der Begehung… teils verschärfen, teils mildern», BGE 77 IV 194. Eine Anwendung der allgemeinen Teilnahmeregeln auf Pressedelikte würde nicht nur einen freien Meinungsmarkt weitgehend lähmen (TRECHSEL/NOLL 207 f.), sondern auch die Strafverfolgung vor kaum lösbare Aufgaben stellen, müsste doch letztlich bei jedem Zeitungsverkäufer untersucht werden, ob er (eventual-)vorsätzlich an der Verbreitung einer z.B. ehrverletzenden Äusserung mitwirkte. Zum Konfliktfeld eingehend SCHULTZ I 303 ff. Dass grundsätzlich auch die Presse dem Strafrecht untersteht, ist freilich unbestritten, BGE 107 IV 210, 104 IV 13.

2   **Mittel der Druckerpresse** ist jedes Vervielfältigungsverfahren, neben «Druck» i.e.S. Matrizenvervielfältigungen, Umdruckverfahren, Hektographien, Photokopien usw., BGE 74 IV 130, 78 IV 128, 82 IV 80; SJZ 66 (1970) Nr. 29. Auch Plakate gehören dazu, BGE 117 IV 366.

3   Ein typisches Merkmal des Druckwerkes i.S.v. Art. 27 ist seine **Veröffentlichung.** Eine Schrift ist dann veröffentlicht, «wenn sie auch bloss in einem begrenzten Kreise… verbreitet wird, vorausgesetzt, dass sie nicht nur an bestimmte Personen, sondern (innerhalb des Kreises) an irgendwen, der sich dafür interessiert, abgegeben wird», BGE 74 IV 131; *bejaht* a.a.O. für die Verteilung von 200 vervielfältigten Schriften in der Gemeinde Leuk; für die Verbreitung von Agenturmeldungen an Abonnenten, SJZ 46 (1950) Nr. 78, WEILENMANN 65, offengelassen in BGE 82 IV 81; *verneint* für den Versand eines Rundschreibens an die Genossenschafter einer (kleineren) Genossenschaft, SJZ 45 (1949) Nr. 6; für das Ausstellen eines Ausschnitts aus einer Broschüre im Schaufenster, Sem.jud. 1978 357. Art. 27 kann nicht schon vor Veröffentlichung in Anspruch genommen werden, ZBJV 88 (1952) 306.

4   Ein **Pressedelikt** liegt vor, wenn sich die Tat in der Veröffentlichung **«erschöpft»,** also bei Ehrverletzung, unlauterem Wettbewerb, Geheimnisverrat, öffentlicher Aufforderung zu Verbrechen oder zur Gewalttätigkeit, öffentlichem Aufruf zur Rassendiskriminierung, dagegen nicht bei Betrug, Erpressung, Anstiftung, BGE 83 IV 61, 117 IV 365, ZBJV 88 (1952) 44, dazu RIKLIN, ZStrR 98 (1981) 191 f., DERS., Presserecht § 5 N 82, STRATENWERTH AT I § 13 N 165. Umstritten ist die Zuordnung von pornographischen und Brutalo-Darstellungen; als Pressedelikte betrachten sie RIKLIN a.a.O. und STRATENWERTH a.a.O., anders aber SCHULTZ, ZStrR 108 (1991) 278 f. Für die Auffassung von SCHULTZ spricht, dass die Institution des Pressedelikts den Fluss von Informationen erleichtern soll, bei Verstössen gegen Art. 135 und 197 und 261bis jedoch nicht Informationen vermittelt werden, sondern unmittelbar auf Gefühle des Lesers oder Betrachters eingewirkt wird.

5   **In erster Linie** verantwortlich ist der **Verfasser.** Als solcher «gilt zunächst nach dem allgemeinen Sprachgebrauch derjenige, der (den Artikel) in Gedanken entwirft und ihm durch eigenhändige Niederschrift oder Diktat die zur Veröffentlichung bestimmte äussere Form gibt. Darüber hinaus…, wer den Artikel zum Zwecke der Veröffentlichung durch einen

Dritten aufsetzen lässt und dann als seine eigene Meinungsäusserung der Presse übergibt, oder wer in anderer Weise sich als Verfasser ausgibt und die Verantwortlichkeit dafür übernimmt», BGE 73 IV 220, 222, ähnlich RS 1966 Nr. 5. BGE 82 IV 74 f. präzisiert, dass die am Presseerzeugnis Mitwirkenden *nicht nach Belieben* die eigene Stellung juristisch qualifizieren können, s. auch BGE 70 IV 177.

    Nicht Verfasser ist die Presseagentur, BGE 82 IV 74 ff.; der Redaktor einer Zeitung, aus welcher eine andere Zeitung einen Beitrag abgedruckt hat, BGE 79 IV 52; der Auftraggeber für den Druck eines Flugblattes, VAR 42 (1942) 71. Problematisch ist vor allem, dass der *Informant* nicht als Verfasser geschützt werden kann, ZBJV 88 (1952) 306, RIKLIN, Medienfreiheit, 36.

Die **Hauptverantwortung des Verfassers** ist eine **ausschliessliche,** es gibt   6
keine Solidarhaftung zwischen Verfasser und Redaktor oder Drucker, und der Verletzte kann auch nicht frei wählen, gegen wen er vorgehen will, BGE 70 IV 149, 73 IV 67, 76 IV 4 f., 67, 82 IV 74; SJZ 50 (1954) Nr. 164.

Damit stellt sich die Frage, welche **Anstrengungen** zur **Ermittlung des**   7
Verfassers bzw. zur Abklärung der Frage, ob die Veröffentlichung ohne sein Wissen oder gegen seinen Willen erfolgt sei und ob er gegebenenfalls in der Schweiz verfolgt werden kann, aufgewendet werden müssen, bevor gegen einen subsidiär Verantwortlichen vorgegangen werden kann. Bei nichtperiodischen Druckschriften ist die Identität des Verfassers nicht geschützt, es sind deshalb Nachforschungen anzustellen, z.B. im Ermittlungsverfahren, SJZ 50 (1954) Nr. 164, 72 (1976) Nr. 25. Anders bei Zeitungen und Zeitschriften gemäss Ziff. 2; hier genügt *eine Anfrage bei der Redaktion* – wird die Auskunft verweigert oder ausweichend reagiert, so kann gegen den Redaktor vorgegangen werden, BGE 76 IV 67 (in erklärter Abweichung von 70 IV 150), vgl. auch 76 IV 6.

Strittig ist, inwiefern auch bei Pressedelikten **Teilnahme** möglich ist. Un-   8
bestreitbar ist dies *zu bejahen für Zusammenwirken innerhalb einer Verantwortungsstufe,* z.B. im Autoren-, Redaktions-, Drucker- oder Verlegerkollektiv, RS 1966 Nr. 5. Es ist auch durchaus denkbar, dass der Autor Anstifter und Gehilfen hatte – schwieriger ist die Frage beim Redaktor usw., weil dort das Schuldprinzip suspendiert ist. In der Praxis wird vereinzelt Teilnahme über Stufengrenzen hinweg angenommen, z.B. BGE 73 IV 68, 86 IV 147, AGVE 1958 Nr. 29, zustimmend RIKLIN, ZStrR 98 (1981) 190, SCHULTZ, ZStrR 108 (1991) 273; für Möglichkeit der Teilnahme nur innerhalb einer Stufe LUDWIG, ZStrR 73 (1958) 130. Sobald ein Verfasser vorhanden ist, ergibt sich kein Problem – er ist ein «gewöhnlicher» Täter; ob ein Mittäter, Anstifter oder Gehilfe zufällig noch Redaktor ist, spielt keine Rolle. Ist nur ein Gehilfe des Verfassers ermittelt, so fällt die subsidiäre Haftung des Redaktors ebenfalls weg – unklar BGE 73 IV 67 f. Mittäter kann auf Stufe der Redaktion nur ein gleichgestellter Redaktor sein.

9 **Verleger** ist, *wer das Manuskript* oder eine andere Vorlage zur *Veranlassung der technischen Bearbeitung* (Satz, Druck, Einbinden…), *zur Herausgabe und zum Vertrieb übernommen hat,* SJZ 53 (1957) Nr. 3 (wo überdies das sachfremde Merkmal «berufsmässig» genannt ist).

10 **Herausgeber** ist, *wer die Publikation von Werken eines oder mehrerer Autoren in einem Sammelwerk übernimmt,* Ludwig, Presserecht 103. Er hat in der Regel eine Zwischenstellung zwischen Verfasser(n) und Verleger.

11 **Drucker** ist, *«wer die Gesamtheit der mit dem Druck verbundenen Arbeiten besorgt oder in dem von ihm geleiteten Betriebe besorgen lässt* und dazu insbesondere die technischen Einrichtungen zur Verfügung stellt», BGE 70 IV 177, ebenso SJZ 53 (1957) Nr. 3.

12 **Zeitung** oder **Zeitschrift** ist im Gegensatz zu nicht periodischen Druckschriften eine *in regelmässigen, kürzeren Abständen* (in der Regel höchstens vierteljährlich, ausnahmsweise ein Jahrbuch) *erscheinende Publikation,* die *unter einheitlicher und auf längere Zeit angelegter Planung und Organisation steht,* ZBJV 98 (1962) 140, GVP-SG 1974 Nr. 16. Dazu gehören auch Mitteilungsorgane sektorieller wirtschaftlicher Orientierung, z.B. die Schweiz. Milchzeitung, BGE 77 IV 193 (wie sich aus Ziff. 4 ergibt, reicht Art. 27 über den Schutzbereich der Pressefreiheit gemäss BV Art. 55 hinaus) und Korrespondenzen von Presseagenturen, SJZ 46 (1950) Nr. 78. Ob das Vorhandensein des in Art. 322 vorgeschriebenen *Impressums* Voraussetzung für den Schutz als periodische Druckschrift ist, so SJZ 55 (1959) Nr. 141, mag bezweifelt werden. Keine Periodika sind jeweils einmal jährlich erscheinende Fastnachtszeitungen, bei denen die inhaltliche und technische Herstellung Jahr für Jahr neu organisiert wird, GVP-SG 1974 Nr. 16, RS 1955 Nr. 88, SJZ 55 (1959) Nr. 141, 58 (1962) Nr. 67, ZBJV 98 (1962) 140.

13 **Redaktor** «ist *diejenige Person, die kraft ihrer eigenen öffentlichen Erklärung die Haftung für den Inhalt der periodischen Schrift zu tragen hat»,* BGE 100 IV 7. Entsprechend der formellen Verantwortlichkeit ist auch die Funktion selber nach formellen Kriterien bestimmt.

14 Wird ein **Strafverfahren gegen den Redaktor** geführt, so soll gemäss BGE 82 IV 1 eine *Entlastung durch den später ans Licht tretenden Verfasser nicht mehr möglich* sein, anders SJZ 71 (1975) Nr. 59, s. auch Ludwig, ZStrR 73 (1958) 128. Die vom Bundesgericht heraufbeschworene Missbrauchsgefahr besteht tatsächlich, insbesondere angesichts der relativ kurzen Verjährungsfrist. Es wäre aber vorzuziehen, *von Fall zu Fall* zu prüfen, ob Missbrauch vorliegt – eine generelle Vermutung ist nicht gerechtfertigt. Umgekehrt soll der Verfasser, nachdem er eine Äusserung unter eigenem Namen zur Veröffentlichung gebracht hat, die Verantwortung nicht mehr durch Bestreiten der Autorschaft auf die Redaktion abwälzen können.

Ein *Kernstück* von Art. 27 ist **Ziff. 3 Abs. 2,** der bei periodischen Druck-   15
schriften, aber auch nur dort, die Anwendung von Zwangsmitteln bei der
Suche nach dem Verfasser untersagt. Der Personenkreis ist *zu eng* umschrieben, sinngemäss sind Nachforschungen auch beim Hilfspersonal
des Redaktors, Herausgebers oder Verlegers ausgeschlossen, SCHULTZ,
Problem einer Sonderstellung, 22. Nicht als verboten angesehen wurden
früher Nachforschungen nach Gewährsleuten und Informanten, ZBJV
88 (1952) 306, RIKLIN, Medienfreiheit, 36, was aus der Sicht der Presse
Bedenken weckt, RIKLIN, ZStrR 98 (1981) 197. Mittlerweile geht BGE
115 IV 78 davon aus, dass der Schutz des Verfassers grundsätzlich auch
dem Informanten gilt, sofern sich dieser bei der Beschaffung seiner Informationen nicht eines Delikts schuldig gemacht hat. Ein weitergehendes *Zeugnisverweigerungsrecht für Journalisten gibt es nicht,* BGE 83 IV
62, 115 IV 78 f., s. auch 98 Ia 423 (Danuser).

Diese Rechtsprechung ist nicht im Einklang mit der neueren Strassburger Rechtsprechung zu EMRK Art. 10. Im *Urteil Goodwin* c. Vereinigtes Königreich vom 27. 3. 1996, *Recueil des Arrêts et Décisions* 1996 II
N° 7, (Zusammenfassung in Plädoyer 3/1996 73 und SJZ 93 [1997] Nr. 13)
stellte der EGMR eine Verletzung der Meinungsäusserungsfreiheit fest,
weil ein Journalist wegen Verweigerung der Preisgabe seiner Quelle, die
ein Geschäftsgeheimnis verraten hatte, bestraft worden war. Im Anschluss an das Urteil Goodwin hat das Bezirksgericht ZH einem Fern-
sehjournalisten ein Zeugnisverweigerungsrecht zum Schutz seiner Informationsquelle zuerkannt, SJZ 93 (1997) Nr. 13.

Einsender eines Inserates i.S.v. Ziff. 4 ist, wer gegenüber der Zeitung   16
oder dem Anzeigeblatt als Auftraggeber in Erscheinung tritt, wobei der
Verfasser Mittäter sein kann, offengelassen in BGE 73 IV 65 f. Ziff. 4
Abs. 2 enthält mit der *Solidarhaftung* des Verlegers für eine dem Anzei-
geredaktor auferlegte *Busse* einen weiteren Einbruch in das Schuldprinzip, der begründet sein dürfte mit der Vermutung, dass der Verleger ein
wirtschaftliches Interesse daran hat, möglichst viele Anzeigen notfalls
unbesehen zu veröffentlichen.

Ziff. 5 enthält einen **Strafausschliessungsgrund** für *wahrheitsgetreue Be-*   17
richterstattung über öffentliche Verhandlungen von Behörden. «Behörden
sind Organe, die mit hoheitlicher Zuständigkeit staatliche Funktionen
ausüben» (119 IV 274, 114 IV 35) – dazu gehört beispielsweise die Bür-
gerversammlung, die auch öffentlich verhandelt; Öffentlichkeit ist auch
gegeben, wenn der betroffene Bürger aus dem Saal gewiesen wurde,
BGE 119 IV 274 f. Grund der Privilegierung ist die Öffentlichkeit der
Verhandlung, BGE 106 IV 165. Die Berichterstattung ist wahr, wenn sie
die in der Beratung gefallenen Äusserungen wörtlich oder sinngemäss
wiedergibt, auch wenn diese Äusserungen selber unwahr sind. Ihre Richtigkeit hat der Journalist nicht zu prüfen, BGE 106 IV 172 f. Zu der
öffentlichen Beratung gehören *auch schriftliche Unterlagen* wie Kommis-
sionsberichte, sofern sie nur öffentlich zugänglich sind, BGE 106 IV

173 ff., JdT 1981 IV 130. Weitere Privilegien geniesst ein Journalist nicht, BGE 118 IV 161.

18   Der Begriff der **Berichterstattung** wird (entgegen der Affirmation, dass Ziff. 5 als Ausnahmeregel eng auszulegen sei, BGE 106 IV 165) *weit gefasst* und erstreckt sich auf *Kommentierung und Kritik* (a.a.O. 166, mit Hinw. auf BGE 50 I 204, 64 I 180). Erst mit *tendenziösen Verzerrungen* wird der Boden der Berichterstattung verlassen. Dies ist insbesondere auch der Fall, wenn Äusserungen, die nicht gefallen sind, mittels Gänsefüsschen als wörtliches Zitat ausgegeben werden (a.a.O., insbes. 170 f.). Dass nicht lückenlos berichtet wird, führt noch nicht zu einer Verzerrung, BGE 119 IV 276.

19   **Ziff. 6** setzt dem Privileg der Presse relativ *enge Grenzen* – keine Rede davon, dass es dabei immer (Art. 276!) um lebenswichtige Interessen, Existenzgrundlagen des Staates (BGE 83 IV 62) geht, s. auch Schultz a.a.O. 23: «keineswegs schwerwiegende Taten». Die Liste entspricht weitgehend (Art. 268-271 fehlen) derjenigen in Art. 4.

20   Bei Antragsdelikten beginnt die **Antragsfrist** *erst* zu laufen, *wenn entweder der Verfasser bekannt ist,* wobei «eine sichere, zuverlässige Kenntnis» erforderlich ist, «die ein Vorgehen gegen den Täter als aussichtsreich erscheinen lässt und den Antragsberechtigten gleichzeitig davor schützt, wegen falscher Anschuldigung oder übler Nachrede belangt zu werden, d. h. eine Kenntnis, wie sie insbesondere der Besitz von Beweismitteln vermittelt», BGE 76 IV 6; s. auch 70 IV 149 f., 76 IV 67 f., *oder wenn feststeht,* z. B. durch Erklärung der Redaktion (N 7), *dass der Verfasser nicht verfolgt werden kann.*

21   **Tatort** ist auch der *Erfolgsort;* er liegt «grundsätzlich dort, wo das Presseerzeugnis gelesen oder sonst zur Kenntnis genommen wird», BGE 102 IV 38. Das Pressedelikt ist demnach in der Schweiz verfolgbar, auch wenn das Druckerzeugnis im Ausland hergestellt wurde. Zum Gerichtsstand Art. 347.

22   **Kasuistik**
BGE 70 IV 146, Frey c. Pfändler: Frey hatte behauptet, ein von Pfändler im Abstimmungskampf um die Reorganisation des Nationalrats verwendetes Bild des halbleeren Sitzungssaals sei eine Fälschung; **73 IV 65, Herzog c. Künzi: Herzog** hatte in einem Inserat irreführend und ehrverletzend über ein Strafurteil gegen Künzi berichtet; **73 IV 219, Böni u. Kons. c. Metzler:** Fünf Mitglieder der Grossloge Alpina veröffentlichten Artikel über Metzler, einen Gegner der Freimaurerei, u. a. in der «Alpina»: «Heinrich Metzler und die Nazi»; **74 IV 129, Mathieu und Staatsanwaltschaft des Kantons Wallis c. Willa und Pfammatter:** Willa und Pfammatter hatten in einer 47seitigen, mit Matrize in 200 Exemplaren hergestellten Schrift, die in der Gemeinde Leuk verteilt wurde, die Gemeindeverwaltung angegriffen; **76 IV 1, Heller c. Stadelmann:** Heller hatte im freisinnigen Luzerner Tagblatt behauptet, im Entlebuch könne

man wegen konservativen Drucks nur geheim liberal stimmen und wählen, was Stadelmann im «Entlebucher Anzeiger» u. a. als «Verleumdung» bezeichnete; **76 IV 65, Burgel c. Ministère public du canton de Fribourg:** Jagdaufseher Richoz empfand zwei in der Wochenzeitung «Travail» erschienene Artikel als ehrverletzend; **77 IV 193, Eheleute Bühler c. Ryser:** Die Firma Bühler-Meyer & Co. hatte mittels Inserat in der Schweiz. Milchzeitung ihre Kunden vor dem ehemaligen Vertreter Ryser gewarnt; **BGE 79 IV 52, Rupff c. Bezirksgericht Zürich und Generalprokurator des Kantons Bern:** Nachdem Lt. Rupff beim Spaziergang mit einer verheirateten Frau in einen Brunnen geworfen worden war, veröffentlichte das «Thuner Geschäftsblatt» ein Spottgedicht, das von der Schweiz. Schreinerzeitung abgedruckt wurde; **82 IV 71, Jaccard c. Loriol:** In der «Nouvelle Revue de Lausanne» erschien ein Bericht, den die Zeitung von der Schweizerischen Depeschenagentur, diese von Agence France-Presse übernommen hatte, worin de Loriol haltlos schwer verdächtigt wurde; **83 IV 59, Goldsmith c. a.o. eidg. Untersuchungsrichter:** Beugehaft gegen Goldsmith, Korrespondent der Associated Press, damit er als Zeuge einen Informanten in der Strafuntersuchung gegen Ulrich wegen u.a. politischen Nachrichtendienstes nenne, rechtmässig; **100 IV 5, Schmid c. Staatsanwaltschaft des Kantons St. Gallen:** Schmid musste als zeichnender Redaktor des «Roten Gallus» auch ohne Nachweis eines Verschuldens für die Veröffentlichung des als Aufforderung zur Verletzung militärischer Dienstpflichten (Art. 276) angesehenen, weitgehend Borchert abgeschriebenen Beitrags «Dann gibt's nur eins: Sag NEIN!» einstehen; **106 IV 162, G. c. L.:** in Einzelheiten tendenziöse Berichterstattung über Verhandlungen im Walliser Grossrat zur Savro-Affäre; **107 IV 208, Ministère public de la Confédération c.V.:** nach dem Sprengstoffanschlag auf eine Hochspannungsleitung erhielt die von V. redigierte Zeitung einen Bekennerbrief, welcher der Bundesanwaltschaft nicht vorenthalten werden durfte; **115 IV 75:** Kein Zeugnisverweigerungsrecht über die Quelle einer Information, welche eine Wochenzeitschrift unter mutmasslicher Verletzung des Amtsgeheimnisses erhalten hatte; **119 IV 273: I.** berichtete wahrheitsgemäss über unfreundliche Aussagen, die an einer Bürgergemeindeversammlung über M. gefallen waren; **SJZ 93 (1997) Nr. 13:** Ein **Fernsehjournalist** hat als Zeuge das Recht, die Preisgabe seiner Informationsquelle zu verweigern – die Sendung «Kassensturz» hatte über exzessive Honorarforderungen und das entsprechend hohe Einkommen von Augenarzt Dr. X berichtet.

De lege ferenda soll Art. 27 auch auf andere Medien ausgedehnt werden.   23 Zudem ist vorgesehen, die Haftung für fremdes Verschulden abzuschaffen; Redaktoren, Verleger und Drucker sollen nur noch dann strafrechtlich haften, wenn sie Veröffentlichungen mit deliktischem Inhalt schuldhaft nicht verhindert haben. Schliesslich soll ein weitergehendes Zeugnisverweigerungsrecht für Medienschaffende eingeführt werden, RIKLIN, Presserecht § 5 N 99 m.Hinw. auf die Materialien; vgl. auch AESCHLIMANN 4 f.

7. Strafantrag

VE 1893 Art. 2, Mot. 9 ff. VE 1894 Art. 2, Mot. 123 ff. 1. ExpK I 19 ff., II 355 ff. VE
1908 Art. 24. Erl.Z. 54 ff. 2. ExpK I 172 ff., 203 f. VE 1916 Art. 29 ff. E Art. 27 ff.
Botsch. 11. Sten.NR 97 ff., StR 65, NR 619 f. StR 307 f., NR 728 f., StR 339 f., 355 f.,
NR 778.

Georges Bindschedler, Zur Rechtsnatur des Strafantrages, SJZ 71 (1975) 289;
Pierre Cavin, Droit pénal fédéral et Procédure cantonale, ZSR 65 (1964) 1a, 18a ff.;
Richard Frank, Gedanken zum zürcherischen Ehrverletzungsprozess, SJZ 59
(1963) 65; Erwin Frey, Der Strafantrag im Jugendstrafverfahren, SJZ 38 (1941/42)
260; Arthur Grawehr-Butty, Rechtsfragen aus dem Gebiete des Strafantrages
unter besonderer Berücksichtigung des schweizerischen und italienischen Rechtes,
Diss. FR 1959; Walter Huber, Die allgemeinen Regeln über den Strafantrag im
schweizerischen Recht (StGB 28-31), Diss. ZH 1967; Pierre Jeanneret, Des effets
de la plainte du lésé dans la procédure pénale concernant les enfants ou adolescents,
SJZ 39 (1942/43) 6; Walter Meyer, Der Strafantrag im Jugendstrafverfahren, SJZ
39 (1942/43) 59; René A. Paillard, Poursuite sur plainte et droit pénal des mineurs,
ZStrR 81 (1965) 243; Hans Felix Pfenninger, Zum Strafantrag im schweizerischen
Strafgesetzbuch, SJZ 40 (1944) 245; Jörg Rehberg, Der Strafantrag, ZStrR 85
(1969) 247; Pierluigi Schaad, Die objektiven Strafbarkeitsbedingungen im schweizerischen Strafrecht, Diss. ZH 1964; Emil Schultheisz, Ein neues Verbrechens-
merkmal, ZStrR 64 (1949) 338.

1 Bezüglich der **ratio legis** des Strafantragserfordernisses sind drei Gruppen von Fällen zu unterscheiden: Fälle mit geringem **Unrechtsgehalt,**
z.B. Art. 123.1, 126 I, 141, 144 I, 172ter; Antragserfordernis zur *Schonung
des Verletzten,* für den sich der Schaden durch das Verfahren vergrössern
könnte, z.B. Art. 173 ff.; schliesslich das Antragserfordernis *zum Schutze
der Familie und ähnlicher enger Lebensgemeinschaften,* z.B. Art. 137.2
III, 138.1 III, 146 III: «Zunächst sollen einem Vater oder einer Mutter ein
Familienskandal und der Schmerz, ihren Sohn, der sie bestohlen hat, gegen ihren Willen vor dem Strafrichter zu sehen, erspart bleiben. Sodann
sollen die Behörden nicht wider den Willen des Bestohlenen bloss um
vermögensrechtlicher Interessen willen, die zu wahren in erster Linie
seine eigene Sache ist, die Geschehnisse in seinem Haushalt untersuchen,
denn solche Einmischung trägt Unfrieden unter die Familiengenossen,
erschwert ihre gütliche Auseinandersetzung und das weitere Zusammenleben», BGE 72 IV 6 (Keller). Das Antragserfordernis der Art. 189 II,
190 II dürfte gleichzeitig den Interessen des Opfers und der Rettung der
Lebensgemeinschaft dienen. Das Bundesgericht betont mehrmals die
ideelle Bedeutung des Strafantrags: Er «dient (bei Art. 217) nicht der Ein-
treibung der Forderung, sondern soll die Sühne des Unrechts ermöglichen», BGE 78 IV 216 (Buch); er soll (bei Art. 321) das Vertrauen in die
geheimhaltungspflichtigen Berufe stützen, BGE 87 IV 108, vgl. auch 92
IV 2. S. aber Art. 31 N 10.

2 Der Strafantrag wird vom **Bundesgericht definiert** als «*die Willenserklärung des Verletzten, dass die Strafverfolgung stattfinden solle, und zwar
eine Willenserklärung, welche nach dem massgebenden Prozessrecht die*

Strafverfolgung auch tatsächlich in Gang bringt und das Verfahren ohne weitere Erklärung des Antragstellers seinen Lauf nehmen lässt», BGE 69 IV 198 (Kopp u. Künzli c. Fanger); vgl. auch 68 IV 70 (Bragagnolo), 71 IV 67 (Birchler c. Ebnöther), 228 f.(Müller c. Rossi), 106 IV 244, 108 Ia 99 f., 115 IV 2, 118 IV 169. Er kann sich nur auf bereits begangene Straftaten beziehen, SOG 1990 Nr. 34. Ein bedingter Strafantrag ist nicht zulässig und deshalb ungültig, SJZ 56 (1960) Nr. 38. Von der *Anzeige* unterscheidet sich der Strafantrag durch die Willenserklärung im Gegensatz zur blossen Information, vgl. RS 1956 Nr. 171. Die Stellung als Kläger im Prozess hat nur prozessuale Bedeutung, vgl. RS 1961 Nr. 3.

Absolute Antragsdelikte sind diejenigen, die überhaupt nur auf Antrag   3
strafbar sind, **relative Antragsdelikte** sind Offizialdelikte, die dann nur auf Antrag verfolgt werden, wenn zwischen Täter und Opfer eine *privilegierende Beziehung* besteht, vgl. z.B. BGE 69 IV 72 (Scherer).

Problematisch und umstritten ist die Frage nach der **Rechtsnatur** des   4
Strafantrags. Sie ist von Bedeutung insbesondere für die Strafbarkeit der Hehlerei, wenn die Haupttat ein relatives Antragsdelikt war, für Teilnahme eines Extraneus beim relativen Antragsdelikt und für den Widerruf des bedingten Strafvollzugs, Art. 41.3 I. Nach der bundesgerichtlichen Praxis ist der Strafantrag lediglich eine *Prozessvoraussetzung,* nicht auch eine *Strafbarkeitsbedingung,* BGE 69 IV 72, 73 IV 97 (Zurlinden), 81 IV 92 (Foschi), 98 IV 146, ebenso ZR 56 (1956) Nr. 165. In der Literatur wird diese Auffassung vertreten von CAVIN 18a, GERMANN, Verbrechen, 206, GRAVEN AT 16, 97, GRAWEHR-BUTTY 15 f., REHBERG I 270, TRECHSEL/NOLL 67, 263, PFENNINGER 246, SCHAAD 55, SCHWANDER Nr. 417. Als Strafbarkeitsbedingung wird der Strafantrag eingeordnet bei HAFTER AT 135, HUBER 103 (mit eingehender Begründung), JEANNERET 7, LOGOZ N 5 zu Art. 28, SCHULTHEISZ 348, SCHULTZ I 237.

    Eine *differenzierende Lösung* entwickelt BINDSCHEDLER 292: Strafbarkeitsbedingung bei den absoluten, bloss Prozessvoraussetzung bei den relativen Antragsdelikten. Obgleich diese Lösung weitgehend überzeugt (s. auch HUBER 82 f.; ein Vorbehalt muss mindestens für Art. 174 angebracht werden), ist doch der bundesgerichtlichen Auffassung wegen ihrer Einfachheit zuzustimmen.

Das Antragserfordernis gilt auch im **Jugendstrafrecht,** obschon dadurch   5
Ergebnisse erzielt werden können, die vom Erziehungszweck her nicht befriedigen, SJZ 38 (1941/42) Nr. 161, JEANNERET a.a.O., PFENNINGER 249; anders selbst *de lege lata* FREY a.a.O., *de lege ferenda* PAILLARD a.a.O.; für eine Zwischenlösung MEYER a.a.O.

Als Prozessvoraussetzung müsste der Strafantrag in der Prozessordnung   6
geregelt sein, welche in die **Kompetenz der Kantone** fällt. Der Eingriff des Bundesgesetzgebers führt denn auch zu nicht unerheblichen Problemen, s. Art. 29 N 11. Nach *Bundesrecht* zu entscheiden ist freilich *nur, ob der Inhalt einer Erklärung Strafantrag sei* – die Regelung der Form und der Zuständigkeit bleibt dem kantonalen Strafprozessrecht vorbehalten,

BGE 69 IV 198, 78 IV 49 (Poch c. Genné), 122 IV 208, s. auch 103 IV 132, 105 IV 165, 106 IV 245, 108 Ia 100, RVJ 1992 420, SOG 1991 Nr. 34, GVP-SG 1990 Nr. 67, 1954 Nr. 48. Neuenburg schreibt z.B. Schriftform vor, RJN 1985 106. Wird der Strafantrag im an sich für die Strafverfolgung zuständigen Kanton form- und fristgerecht gestellt, der Gerichtsstand jedoch in der Folge wegen Zusammentreffens mehrerer Handlungen (Art. 350.1) oder eines Entscheides der Anklagekammer (BStP Art. 263 f.) in einen anderen Kanton verschoben, so muss dieser zweite Kanton den Strafantrag anerkennen, BGE 122 IV 256 f.

7   Aus dem **Inhalt** der Erklärung muss der **unbedingte Wille des Verletzten** hervorgehen, gegen den Verdächtiger (ob er bekannt sei oder nicht) eine Strafverfolgung auszulösen, BGE 69 IV 198, 71 IV 229, 78 IV 49, RS 1959 Nr. 5, SJZ 56 (1960) Nr. 38, 64 (1968) Nr. 139. Dass der Antrag als solcher bezeichnet sei, ist nicht erforderlich, BGE 115 IV 2 f., ZR 45 (1946) Nr. 153, BJM 1984 194 f. Wer «Strafantrag» wegen falscher Anschuldigung (Art. 303) stellt und darauf hingewiesen wird, er könne Antrag wegen Ehrverletzung stellen, hat auf diesen verzichtet, wenn er nicht reagiert, BGer a.a.O.

8   Der Antrag muss ferner den **Sachverhalt** präzisieren, der Gegenstand der Strafverfolgung sein soll, ZBJV 88 (1952) 88, LGVE 1982 I Nr. 57, RS 1983 Nr. 418, wobei der Antragsteller aus mehreren Sachverhalten, z.B. Serie beleidigender Briefe, nach Belieben eine Auswahl treffen kann, BGE 85 IV 75 (Loeser) *(argumentum e contrario* aus Art. 30). Nicht erforderlich ist dagegen eine (richtige) rechtliche Würdigung, BGE 68 IV 70; RVJ 1992 419, RS 1943 Nr. 175, Nr. 206, PKG 1958 Nr. 45, 1967 Nr. 10, AGVE 1954 Nr. 38. Stellt der Verletzte Strafantrag «wegen falscher Anschuldigung StGB Art. 303» und erhält er rechtzeitig Kenntnis von der Möglichkeit, Strafantrag wegen Ehrverletzung zu stellen, was er unterlässt, liegt kein gültiger Antrag wegen Ehrverletzung vor, BGE 115 IV 2.

9   Die **Person des Verdächtigen** braucht nicht genannt zu sein – gültig ist auch ein Strafantrag gegen Unbekannt, s. Art. 29 N 4.

10   Das **Verfassungsrecht** setzt den Kantonen in der Ausgestaltung und Handhabung der Formvorschriften insofern Grenzen, als *überspitzter Formalismus* BV Art. 4 verletzt: Die Kantone dürfen «nicht Formvorschriften erlassen…, welche die Durchsetzung des materiellen Bundesrechts ohne sachlichen Grund erschweren und sich durch keine schutzwürdige Interessen rechtfertigen lassen», BGE 108 Ia 101 zur Pflicht, eine Vollmacht einzureichen, m.w.Hinw. Die Bedenken von Cavin, 20a f., dass schon die Erhebung eines Kostenvorschusses bundesrechtswidrig sei, sind nicht begründet. Zur Anerkennung des in einem anderen Kanton form- und fristgerecht gestellten Straftantrags s. oben N 6.

11   Die **Wirkung des Fehlens oder** des **Wegfalls** eines Strafantrags ist eine Frage des Prozessrechts. Richtigerweise muss das Verfahrenshindernis

zu einer *Einstellung* führen, nicht zu einem Freispruch, weil der Richter nicht prüft, ob der Vorwurf berechtigt sei, PKG 1964 Nr. 38; ähnlich äussert sich das BGer in 69 IV 74. Ohne Strafantrag ist eine Festnahme wegen Verleumdung nicht zulässig, Sem.jud. 1959 601. Dagegen gibt es keine allgemeine Regel, dass ohne Antrag keine Ermittlungs- und Untersuchungshandlungen vorgenommen werden dürfen. *Vielfach* ist zunächst *ungewiss*, ob überhaupt ein Offizial- oder ein Antragsdelikt vorliegt, z.B. Art. 125, Art. 137.2.

Der Strafantrag ist **rechtsmissbräuchlich,** wenn damit die Strafverfolgung   12
wegen eines Verhaltens, das der Antragsteller durch rechtswidrige Provokation ausgelöst hat, herbeigeführt werden soll, so, wenn der Vater die Ausübung des Besuchsrechts durch die Mutter immer wieder schikanös behindert hat und dann wegen geringfügiger Überschreitung Strafantrag stellt (Art. 220), BGE 104 IV 94 ff., 105 IV 231; vgl. auch 106 IV 179, PKG 1983 Nr. 27. Ablehnend zur Möglichkeit von Rechtsmissbrauch durch Antragstellung REHBERG 272 f., allerdings bezogen auf SJZ 39 (1942/43) Nr. 208, wonach Missbrauch schon anzunehmen wäre, wenn der Antragsteller dasselbe Vergehen begangen hatte. *Kein Rechtsmissbrauch* ist die Antragstellung nach jahrelanger Vorbereitung, BGE 90 IV 171 (Letter).

Der **Antragsteller** ist gemäss BStP Art. 270 I **legitimiert zur** Einreichung   13
einer **Nichtigkeitsbeschwerde** an den Kassationshof des Bundesgerichts, was auch für Angehörige des verstorbenen Verletzten gilt, BGE 83 IV 183 (Plesch c. Plesch). In interkantonalen Gerichtstandsstreitigkeiten kann der Antragsteller die Anklagekammer des Bundesgerichts anrufen, BGE 88 IV 143 (François). Die staatsrechtliche Beschwerde steht ihm dann zur Verfügung, wenn er eine Rechtsverweigerung geltend macht, weil sein Antrag willkürlich für ungültig erklärt wurde, BGE 97 I 773 (von Däniken).

28 Antragsrecht

[1] **Ist eine Tat nur auf Antrag strafbar, so kann jeder, der durch sie verletzt worden ist, die Bestrafung des Täters beantragen.**

[2] **Ist der Verletzte handlungsunfähig, so ist sein gesetzlicher Vertreter zum Antrage berechtigt. Ist er bevormundet, so steht das Antragsrecht auch der Vormundschaftsbehörde zu.**

[3] **Ist der Verletzte 18 Jahre alt und urteilsfähig, so ist auch er zum Antrage berechtigt.**

[4] **Stirbt ein Verletzter, ohne dass er den Strafantrag gestellt oder auf den Strafantrag ausdrücklich verzichtet hat, so steht das Antragsrecht jedem Angehörigen zu.**

[5] **Hat der Antragsberechtigte ausdrücklich auf den Antrag verzichtet, so ist der Verzicht endgültig.**

ESTHER KNELLWOLF, Postmortaler Persönlichkeitsschutz – Andenkenschutz für Hinterbliebene, Diss. ZH 1990, *69 ff.;* ADOLF STUDER, Das Antragsrecht bei Zechprellerei, SJZ 40 (1944) 344; FRITZ ZIMMERMANN, Keine Strafantragslegitimation des Checkremittenten gegen den Unterschlager seines Checks? SJZ 69 (1973) 306; **Lit.** vor Art. 28.

1   Antragsberechtigt ist **der Verletzte.** «Verletzt im Sinne des Art. 28 Abs. 1 ist nicht jeder, dessen Interessen durch die strafbare Handlung irgendwie beeinträchtigt werden, sondern nur *der Träger des unmittelbar angegriffenen Rechtsgutes»*, BGE 78 IV 215, vgl. auch 74 IV 7, 86 IV 82, 87 IV 106, 121, 90 IV 76, 92 IV 2, 116, 98 IV 243, 101 IV 407, ferner 108 IV 23, 111 IV 67. Ist eine Erbengemeinschaft geschädigt, so ist jeder Erbe antragsberechtigt, RB TG 1986 Nr. 19. Ob eine geschädigte Personengruppe ein Verein oder eine einfache Gesellschaft sei, spielt keine Rolle, der Präsident kann als Vertreter des Vereins oder als geschädigter Gesellschafter Antrag stellen, BGE 117 IV 439 f. (Groupe Sangliers). *VE 1993* Art. 25 I kodifiziert die Praxis des BGer, wonach strafantragsberechtigt nur ist, wer «unmittelbar» durch die Tat verletzt worden ist.

2   Wer **Träger des angegriffenen Rechtsguts** ist, ergibt erst die Auslegung des betreffenden Tatbestands, BGE 87 IV 107. *Aus der Praxis:* **aArt. 138 (172**ter**):** H. hatte als Galtvieh-Hirte Holzpfosten für einen Viehzaun bereitgestellt, die von B. entwendet worden waren; obschon er nicht Eigentümer war, wurde seine Legitimation als Gewahrsamsinhaber anerkannt, BGE 118 IV 211; **aArt. 141 (137):** Bei Unterschlagung eines irrtümlich ins Postfach gelegten Checks nicht der Adressat, BGE 98 IV 241, dazu kritisch ZIMMERMANN a.a.O.; nicht die SBB, die irrtümlich Gepäck einem nicht Berechtigten herausgegeben hatte, BJM 1984 191; **Art. 141**bis**:** Die Bank ist antragsberechtigt, soweit sie aus der Fehlüberweisung unmittelbar einen Vermögensschaden erleidet, BGE 121 IV 260 f.; **aArt. 143 (141):** Wer die tatsächliche Verfügungsmacht hatte, VAR 1967 61; **aArt. 145 (144):** Auch der Kinobesitzer, der den zerstörten Film nur gemietet hatte, BGE 74 IV 6 (Grimm), bestätigt in 117 IV 438 ff. (H., Beschädigung des Gerechtigkeitsbrunnens in Bern); der Pächter einer Gastwirtschaft, ZR 50 (1951) Nr. 168; nicht der Mieter des beschädigten Autos, SJZ 57 (1961) Nr. 51, was nur richtig ist, wenn der Gebrauch nicht beeinträchtigt wurde; **aArt. 150 (149):** Nur der Wirt, nicht das Servierpersonal, ZR 51 (1952) Nr. 19, 61 (1962) Nr. 152, STUDER a.a.O. – anders SJZ 58 (1962) Nr. 30, wenn das Servierpersonal den Schaden trägt, was LGVE 1989 I Nr. 40 für die Gerantin eines Nachtklubs bejaht; **Art. 173:** Nicht der Mann, dessen Frau als «Luder» bezeichnet wird, BGE 86 IV 81, wohl aber der, dessen Frau «Huer» geschimpft wurde, BGE 92 IV 115; bejaht für den Ehemann, dessen Frau der Untreue bezichtigt wurde, VAR 46 (1946) 44, verneint für die Ehefrau, deren Mann der Untreue bezichtigt wurde, RS 1968 Nr. 25; bei Presseehrverletzung nur, wer namentlich erwähnt oder erkenntlich gemeint ist, ZR 52 (1953) Nr. 17; **Art. 179:** Die Adressatin des Briefes, auch wenn das Schreiben eigentlich für einen anderen bestimmt ist, BGE 101 IV 406 (Lenzlinger); **Art. 179**ter**:** Nicht die

römisch-katholische Kirchgemeinde Spiez, wenn eine öffentliche Versammlung auf Tonband aufgenommen wurde, BGE 111 IV 63; **Art. 186:** Berechtigt ist «derjenige, dem die Verfügungsgewalt über den Raum zusteht, im Falle einer Mietwohnung der Wohnungsmieter», BGE 87 IV 121 (Koch c. Übelhart), ebenso BGE 118 IV 170, 112 IV 33, 108 IV 39, 103 IV 163, 90 IV 76, 83 IV 156, PKG 1988 Nr. 50, RS 1945 Nr. 34, 1953 Nr. 82; bei unbefugtem Eindringen in ein Zimmer des Kantonsspitals der Kanton (zur Vertretung s. N 6), BGE 90 IV 76 (Ritler); **Art. 217:** Eine Amtsstelle, die sich mit dem Eintreiben von solchen Forderungen befasst, auch wenn die Unterhaltsansprüche nicht auf sie übergegangen sind und sie keinen Schaden erlitten hat, die Behörde muss aber im Interesse der Familie handeln, BGE 119 IV 317 ff.; nicht die Armenpflege gegen nachlässige Eltern, wenn der Kanton keine entsprechende Verfügung erlassen hat, BGE 78 IV 214 (Buch), SJZ 48 (1952) Nr. 9; nicht der Dritte, dem Scheidungskinder zur Erziehung anvertraut wurden, RS 1966 Nr. 32; zu den Sonderproblemen Art. 217 N 15 ff.; s. auch N 5; **Art. 220:** Die Mutter der ins Ausland entführten Tochter auch ohne Mitwirkung des Vaters, BGE 92 IV 1; nicht die Jugendschutzbehörde gegen die Eltern, die noch die elterliche Gewalt haben, BGE 108 IV 23; **Art. 321:** Eltern eines verstorbenen Kindes, BGE 87 IV 105; Angehörige des verstorbenen Klienten eines Anwalts, wenn die Verletzung vor dessen Tod begangen wurde, SJZ 91 (1995) Nr. 12.

Für **Handlungsunfähige** stellen *die gesetzlichen Vertreter* Antrag – auf den Willen des Vertretenen kommt nichts an, BGE 92 IV 3. Das Antragsrecht der Vormundschaftsbehörde gilt nicht bei blosser Verbeiständung, AGVE 1957 Nr. 22. Fragwürdig RS 1956 Nr. 284, wonach in dringenden Fällen (?) der Amtsvormund zur Antragstellung befugt sei; ebenso SJZ 49 (1953) Nr. 132, wo Antragstellung durch den Beistand des unterstützungsberechtigten Kindes zugelassen wird. **3**

Das **Antragsrecht der Angehörigen für Verstorbene** setzt grundsätzlich voraus, dass der Verstorbene zu *Lebzeiten Opfer* eines Antragsdelikts wurde, BGE 87 IV 106, 102 IV 149, SJZ 91 (1995) Nr. 12, *und nicht* auf den Antrag ausdrücklich *verzichtet* hat. Im Urteil «Barschel», BGE 118 IV 322, anerkennt das Bundesgericht mit Hinweis auf SCHUBARTH Art. 137 N 61 ff. eine «Tabuzone» nach dem Todeseintritt, während welcher die Persönlichkeitsrechte bestehen bleiben, insbesondere im Hinblick darauf, dass nicht mit Bestimmtheit gesagt werden kann, zu welchem Zeitpunkt der letzte Rest Leben den Körper verlassen hatte. Die Angehörigen waren deshalb legitimiert, gemäss Abs. 4 Strafantrag gegen den Journalisten K. zu stellen, der in das Hotelzimmer von Barschel eingedrungen war und seinen Leichnam photographiert hatte. Die Angehörigen können nachträglich in den Prozess eintreten, LGVE 1988 I Nr. 57; ob sie die Erbschaft antreten oder ausschlagen, spielt keine Rolle, ZR 61 (1962) Nr. 180. Bei Auflösung einer AG gilt Art. 28 IV nicht analog, BGE 102 IV 149. Eine Sonderregelung für Ehrverletzung findet sich in Art. 175. **4**

5   Ein **gewählter Vertreter** kann grundsätzlich *nicht selber entscheiden,* ob Strafantrag gestellt werden soll oder nicht – das Recht ist ein *höchstpersönliches.* Gemäss BGE 122 IV 209, 118 IV 170 gilt dies jedoch nur bei Verletzung «höchstpersönlicher immaterieller Rechtsgüter, welche dem Berechtigten naturgemäss innewohnen» oder von seinem Status herrühren; genannt werden Leib und Leben, Ehre, persönliche Freiheit, Eheschliessung und Kindesverhältnis – in solchen Fällen bedarf es einer speziellen Ermächtigung für den Einzelfall, ebenso bei den relativen Antragsdelikten. Stellvertretung mit Entscheidungsbefugnis wird dort für zulässig erachtet, wo es um materielle Rechtsgüter geht, die nicht unmittelbar von der Person des Berechtigten abhängen, sondern z.B. von einer vertraglichen Beziehung, BGE 122 IV 209 (Ermächtigung der Beratungsstelle zum Strafantrag nach Art. 217 II), 118 IV 170 (Hausfrieden gemäss Art. 186 ist kein höchstpersönliches Recht wie die Ehre), 103 IV 71, 99 IV 1 (Garoni c. Fa. Maroquin). In solchen Fällen kann sich der Strafantrag auch auf eine vor der Tat erteilte, generelle Ermächtigung stützen, wobei eine solche Vollmacht regelmässig anzunehmen ist, wenn durch das Delikt Rechtsgüter verletzt wurden, mit deren Wahrung der Vetreter durch den Verletzten allgemein betraut wurde. So räumt BGE 122 IV 209 der Beratungsstelle generell das Antragsrecht gemäss Art. 217 II ein; s. auch BGE 73 IV 71, wo dem Hoteldirektor eine entsprechende Generalvollmacht zugeschrieben wurde, kritisch dazu WAIBLINGER, ZBJV 85 (1949) 423; PKG 1988 Nr. 50: Vetretungsbefugnis des Generalbevollmächtigten, selbst wenn er nicht im Handelsregister eingetragen ist; s. auch SJZ 45 (1949) Nr. 176. Antragstellung im Auftrag des Verletzten ist zulässig, auch wenn der Anwalt nur mündlich instruiert wurde, SJZ 77 (1981) Nr. 16.

Inwiefern der Vertreter eine Vollmacht vorzulegen hat, ist eine Frage des kantonalen Verfahrensrechts, BGE 118 IV 170 f., 108 Ia 100, PKG 1993 Nr. 23, ZR 71 (1972) Nr. 67, vgl. Vb 6, 10. Gemäss BGE 103 IV 72, 106 IV 246, 118 IV 171 genügt es, wenn die *Vollmacht vor Ablauf der Frist erteilt* wurde, sie kann auch nach Antragstellung beigebracht werden, ebenso RB TG 1986 Nr. 19. Gemäss PKG 1993 Nr. 23 kann das kantonale Recht die Einreichung der Vollmacht nach Ablauf der Frist zulassen.

6   Ist der Kanton oder eine andere **Körperschaft des öffentlichen Rechts** verletzt, so richtet sich die Kompetenz zur Antragstellung nach der organisatorischen Regelung der betreffenden Körperschaft. Bei Verletzung des Hausrechts im Kantonsspital Luzern waren nebeneinander zur Einreichung des Strafantrags befugt: der Regierungsrat, der Spitalverwalter, der Chefarzt der chirurgischen Klinik, BGE 90 IV 76. Aus der kantonalen Praxis RS 1945 Nr. 153, 1946 Nr. 217, AGVE 1960 Nr. 22, SJZ 68 (1972) Nr. 55.

7   Der **Verzicht** auf den Strafantrag muss *ausdrücklich erklärt* werden und ist *unwiderruflich.* Als ausdrücklicher Verzicht galt der Abschluss eines Vergleichs, in welchem die Antragstellerin ihr «Desinteressement» am Strafverfahren erklärte, BGE 68 IV 70 (Bragagnolo), aber nicht eine in-

formelle «Versöhnung», bei der die Kontrahenten zusammen eine Flasche Wein tranken, BGE 74 IV 87 f. (Rohrbach), RS 1975 Nr. 843; auch nicht jahrelanges Dulden eines fortgesetzt unlauteren Wettbewerbs, BGE 90 IV 168 (Letter). Verzicht ist die Erklärung zu Protokoll gegenüber der Polizei, der Verletzte wolle nicht, dass der Täter verfolgt werde, RS 1949 Nr. 5, SJZ 58 (1962) Nr. 183 (Einrede der ungenügenden Rechtsbelehrung *in casu* unbegründet).

Selbstverständlich ist nur der Verzicht durch den Berechtigten verbindlich. Er kann *auch gegenüber einem Privaten* rechtsgültig erklärt werden, REHBERG 277.

29 Frist

Das Antragsrecht erlischt nach Ablauf von drei Monaten. Die Frist beginnt mit dem Tag, an welchem dem Antragsberechtigten der Täter bekannt wird.

OSKAR LUTZ, Zur Antragsfrist des Art. 29 StGB in Ehrverletzungssachen, SJZ 40 (1944) 357; HANS FELIX PFENNINGER, Antragsfrist und Sühnvorstand bei Ehrverletzungen, SJZ 41 (1945) 281; DERS., Zur Frage: Antragsfrist und Sühnevorstand bei Ehrverletzungen, SJZ 42 (1946) 333; DERS., Nochmals: Antragsfrist und Sühnevorstand bei Ehrverletzungen, SJZ 44 (1948) 301; J. VACHERON, *A propos du droit de porter plainte prévu à l'article 29 CP*, JdT 1955 IV 97; **Lit.** vor Art. 28.

Bei der Antragsfrist handelt es sich um eine **Verwirkungsfrist,** die *nicht*   1
unterbrochen und nicht erstreckt werden kann, BGE 118 IV 328 – es gibt auch keine Wiedereinsetzung, SJZ 66 (1970) Nr. 156, auf ein Verschulden des Berechtigten kommt nichts an, BGE 103 IV 133 (Rechtsunkenntnis – Irreführung durch eine an sich richtige Belehrung); in SJZ 87 (1991) Nr. 6 war die Belehrung (an einen Laien) eindeutig falsch – das Zürcher Obergericht liess deshalb die Restitution der Frist zu. Die Befristung dient unter anderem dem Beschleunigungsgebot gemäss EMRK Art. 6.1, BGE 120 IV 111.

Die Frist von drei Monaten wird **nach dem Kalender bemessen,** Art.   2
110.6. Dabei ist der Tag, mit dem die Frist beginnt, nicht mitzuzählen, BGE 73 IV 6 (Schmid c. Funk), 97 IV 239 f. (Christen c. Meier), 103 IV 132, vgl. auch 103 V 158 f., abweichend dazwischen BGE 77 IV 209 f. (Baumann), 83 IV 186 (Leuenberger c. Leuenberger). Wird beispielsweise der Täter dem Opfer am 1.1. bekannt, so läuft die Frist ab 2.1. und endet am 1.4. um 24.00 Uhr. S. aber N 10!

Die «Frist **beginnt** mit dem Tage, an welchem dem Antragsberechtigten   3
der Täter und – was Art. 29 nicht ausdrücklich sagt, sich aber von selbst versteht – die Tat bekannt wird», BGE 75 IV 20 (Feisst), 80 IV 3, 101 IV 116 usw. Gemäss BGE 79 IV 59, 80 IV 3, 213 (Wiget c. Leir u. Schmolka), RS 1973 Nr. 525, 1988 Nr. 3, soll die Kenntnis des objektiven Tatbestands genügen, BGE 101 IV 116 lässt die Frage offen. Mit REHBERG 266 f., SCHULTZ I 239, WAIBLINGER, ZBJV 92 (1956) 210, ist dagegen *auch*

Kenntnis des subjektiven Tatbestands zu fordern – Sachbeschädigung wird überhaupt erst durch Vorsatz zur strafbaren Handlung! (Wie BGE 79 IV 59: HUBER 25). Die Antragsfrist gegen einen Anstifter beginnt erst, wenn die Haupttat verübt wird, zu laufen, ZR 66 (1967) Nr. 120.

4   Strafantrag kann aber auch **schon vor Beginn des Fristenlaufes** gestellt werden, nämlich gegen **«unbekannte Täterschaft»**, mit der Wirkung, dass eine Erneuerung nach Bekanntwerden des Täters sich erübrigt, BGE 68 IV 101 (Steinmann), 71 IV 230 (Müller c. Rossi), 73 IV 72 f. (Villemin), 80 IV 146 (Bösch c. Zinniker), 92 IV 75 (Föllmi c. Popper u. Kons.), RS 1947 Nr. 15, JdT 1963 IV 159, 1965 IV 120, ZBJV 85 (1949) 174, (Vi zu 73 IV 72); anders Sem.jud. 1947 276, 284. Dementsprechend ist gültig auch ein Antrag gegen den Verfasser, eventualiter den Redaktor oder den Drucker (s. Art. 27), BGE 80 IV 147 in Abkehr von 70 IV 149 (Frey c. Pfändler). Inkonsequent m.E. BGE 97 IV 158 f. (Achermann c. Bachmann, Böschenstein, Lüönd und Petermann), wo die Ungültigerklärung eines Antrags, in dem der Verdächtige nicht richtig bezeichnet wurde, geschützt wird; richtig JdT 1965 IV 28 mit Hinweis auf Art. 30. Ungültig ist dagegen der Antrag wegen einer zukünftigen Tat, SJZ 79 (1983) Nr. 58.

5   **Bekannt** ist dem Verletzten der Täter «nicht schon, wenn er eine bestimmte Person im Verdacht hat, sondern erst, wenn er so gewichtige Anhaltspunkte für deren Täterschaft hat, dass er davon überzeugt sein und in guten Treuen Strafantrag stellen darf, ohne selbst Bestrafung, etwa wegen übler Nachrede (beziehungsweise Kostenauflage) gewärtigen zu müssen», BGE 74 IV 75 (Hofstetter u. Stampfli c. Käch), GVP-AR 1991 95. Nach 76 IV 6 (Heller c. Stadelmann) braucht es sogar «sichere, zuverlässige Kenntnis, die ein Vorgehen gegen den Täter [!] als aussichtsreich erscheinen lässt... d.h. eine Kenntnis, wie sie insbesondere der Besitz von Beweismitteln vermittelt». BGE 80 IV 3 ff. stellt indessen klar, dass eine gesicherte Beweislage nicht erforderlich ist – der Verletzte hatte das inkriminierte Schreiben durchgelesen, die «Ausfälle im Briefe waren heftig und eindrücklich genug, dass der Beschwerdeführer als Fachmann... in der Lage war, sich das Wesentliche davon zu merken und sich schlüssig zu werden, ob er Antrag stellen wolle» (a.a.O. 5) – dass er den Brief nicht besass, war kein Hindernis, vgl. auch BGE 101 IV 115, 97 I 774 (von Däniken), RS 1973 Nr. 525, 1988 Nr. 3, Sem.jud. 1967 545, ZR 53 (1954) Nr. 59.

6   Massgebend ist die **effektive Kenntnis,** nicht die blosse Möglichkeit, den Sachverhalt zu kennen, BGE 97 I 774. Der Verletzte hat keine Diligenzpflicht, er braucht nicht nach dem Täter zu suchen, SJZ 41 (1945) Nr. 8, WAIBLINGER, ZBJV 89 (1953) 422.

7   Beim **Unterlassungsdelikt** ist als «Begehung» der Zeitpunkt anzusehen, an welchem oder bis zu welchem der Täter *hätte handeln sollen,* BGE 107 IV 10 (Christian Dior S.à.r.l. c. Daniel Beck), SCHULTZ I 239. Die Frist beginnt, sobald der Verletzte dies erkennt. Für Einzelheiten s. Art. 149 N 5, 217 N 21 f.

Nach der alten Rechtsprechung zum **fortgesetzten Delikt** begann die 8
Frist zu laufen, «wenn der Verletzte von der letzten strafbaren Tätigkeit
des Beschuldigten Kenntnis erhalten hat», BGE 91 IV 66, 90 IV 171 (Letter), 80 IV 8 f. Nach Aufgabe dieses Begriffs in BGE 117 IV 412 wurde
eine juristische Handlungseinheit für die Verjährung wie für den Beginn
der Antragsfrist neu definiert: «Erforderlich sind ... die Gleichartigkeit
der Begehungsweise und die Beeinträchtigung desselben Rechtsgutes.
Die erforderliche Einheit ist zu bejahen, wenn die gleichartigen und gegen dasselbe Rechtsgut gerichteten strafbaren Handlungen ... ein *andauerndes pflichtwidriges Verhalten* bilden», BGE 117 IV 413 f., 118 IV
317 ff. (zu Art. 71 II), für Art. 29 übernommen in 118 IV 329. Ein
Musterbeispiel dafür ist die Vernachlässigung von Unterhaltspflichten,
Art. 217, BGer. a.a.O. Hier beginnt die Frist «erst mit der letzten schuldhaften Unterlassung zu laufen», z. B. mit dem (Wieder-)Beginn der Zahlungen oder mit dem Eintritt der nicht verschuldeten Leistungsunfähigkeit, BGE 121 IV 275 m.Hinw.

Nur Kenntnisnahme **durch den Antragsberechtigten** löst die Frist aus – 9
Kenntnis des Anwalts oder eines anderen Dritten bleibt wirkungslos,
BGE 80 IV 213, 97 I 774. Leistet der nach Art. 217 Unterhaltspflichtige
seine Zahlungen erst schuldhaft, dann schuldlos nicht, so beginnt die
Frist erst mit dem Wissen des Antragsberechtigten um die Schuldlosigkeit zu laufen, BGE 121 IV 275.

Die Frist ist **gewahrt** mit Übergabe des schriftlichen Antrages an die 10
schweizerische Post, BGE 81 IV 322 (Kuj c. Wenger, Vi ZR 55 [1956]
Nr. 20). Fällt der *letzte Tag* der Frist auf einen *Samstag, Sonntag* oder
einen anerkannten *Feiertag*, so wird sie bis zum nächsten folgenden
Werktag verlängert, wobei die Feiertagsordnung des zuständigen Kantons entscheidend ist, BGE 83 IV 186 f., SJZ 53 (1957) Nr. 19, anders
noch RS 1955 Nr. 91.

Wo das kantonale Verfahrensrecht die Verfolgung von Antragsdelikten 11
auf dem Weg der *Privatstrafklage* oder des *Zivilprozesses* vorsieht, was
vor allem bei Ehrverletzung in Frage kommt, stellt sich die Frage, **welche
Prozesshandlung** als fristwahrende Antragstellung anzusehen sei: schon
das *Sühnebegehren* oder erst die *Anklageerhebung?* Das Bundesgericht
stellt darauf ab, ob die Willenserklärung «die Strafverfolgung auch
tatsächlich in Gang bringt und das Verfahren ohne weitere Erklärung des
Antragstellers seinen Lauf nehmen lässt», BGE 69 IV 198 (Kopp u.
Künzli c. Fanger) bestätigt in 71 IV 66 (Birchler c. Ebnöther), 227, 74 IV
10, 98 IV 247 (Imfeld c. von Däniken).
    Beim Sühneverfahren trifft dies nur zu, wenn der Friedensrichter
(Vermittler, Sühnerichter) nach Scheitern der Vermittlungsversuche die
Klage von Amtes wegen weiterleitet. In Kantonen mit anderer Regelung
muss deshalb binnen Frist *geklagt und gleichzeitig* mit der Klage das *Sühnebegehren gestellt* werden, für ZH: ZR 46 (1947) Nr. 63, 50 (1951) Nr. 27,
51 (1952) Nr. 112, SJZ 48 (1952) Nr. 20; UR: RS 1963 Nr. 460; OW: RS

1961 Nr. 4, 1969 Nr. 60, 1985 Nr. 767; ZG: RS 1984 Nr. 62; BL: BJM 1978 88. In GR genügt dagegen schon telefonische Mitteilung an die Polizei, PKG 1956 Nr. 19! AG: AGVE 1961 Nr. 33, RS 1985 Nr. 767.

Die Praxis des Bundesgerichts ist namentlich von PFENNINGER nachdrücklich kritisiert worden, ausser den hier genannten Beiträgen in SJZ 51 (1955) 201, ebenso LUTZ a.a.O. Mit MAHNING (zu Art. 30) wäre eine Regelung zu empfehlen, welche nach Scheitern der Sühneverhandlung dem Berechtigten eine *Verwirkungsfrist* zur Einreichung der Strafklage ansetzen lässt.

Art. 29 ist nicht verletzt, wenn der Verletzte zwar rechtzeitig, wenn auch nicht in der Gerichtssprache, den Antrag einreicht, sich dann aber mit der Übersetzung zwei Jahre Zeit lässt, BGE 120 IV 110 ff. Andererseits ist – jedenfalls nach Solothurner Recht, die Antragsfrist auch mit einer französischen Schrift gewahrt, SOG 1991 Nr. 34.

12   Wie die **Einreichung bei einer nicht zuständigen Behörde** zu behandeln sei, regelt ausschliesslich das kantonale Recht, BGE 86 IV 225 (Golder c. Schenini), 87 IV 112, 98 IV 248, 103 IV 132, BJM 1992 275. Die Frist gilt in diesem Fall als gewahrt in SG, GVP-SG 1990 Nr. 67, RS 1980 Nr. 976; in ZH, REHBERG 271; in BE, ZBJV 31 (1945) 90; in OW, vgl. BGE 98 IV 248; in FR, wenn der Irrtum entschuldbar ist, SJZ 60 (1964) Nr. 113, vgl. auch BGE 87 IV 111 (Crausaz c. Savary); in LU, innerhalb der kantonalen Zuständigkeit, RS 1968 Nr. 3, SJZ 49 (1953) Nr. 24; in GR, wenn der Antrag noch innerhalb der Frist an die zuständige Instanz weitergeleitet wurde oder bei normalem Geschäftsgang weitergeleitet worden wäre, PKG 1979 Nr. 39; in VD, selbst wenn der Antrag in einem andern Kanton eingereicht wurde, RS 1987 Nr. 172, anders BJM 1992 274 ff.; s. auch BGE 86 IV 225. Bei *interkantonalen Kompetenzkonflikten* entscheidet *die Anklagekammer des BGer's,* ob der Kanton, in welchem der Antrag gestellt wurde, zuständig sei oder nicht, BGE 88 IV 143 (François) – im zweiten Fall muss der Verletzte im zuständigen Kanton Antrag stellen, BGE 89 IV 181 (Düringer u. Jetzer). Die Frist muss jedenfalls als gewahrt gelten, wenn wegen einer anderen Tat nicht der Gerichtsstand des Begehungsortes gilt, WAIBLINGER, ZBJV 85 (1949) 425. Rechtunkenntnis schützt nicht, BGE 103 IV 133. Zu Inhalt und Form des Strafantrags N 6 ff. vor Art. 28.

13   Ob ein gültiger Antrag vorliege, ist **von Amtes wegen** zu prüfen, HUBER 73, REHBERG 273, SCHULTZ, ZBJV 98 (1962) 101, anders BGE 86 IV 226, wonach es sich dabei um eine Frage des kantonalen Prozessrechts handle. S. auch RJN 1985 107.

14   Die **Beweislast** ist so verteilt, dass der *Beschuldigte* zu beweisen hat, dass der Berechtigte bereits mehr als drei Monate vor Antragstellung hinreichende *Kenntnis* von Tat und Täter hatte, BGE 97 I 774 f., RS 1953 Nr. 12. Im Zweifel gilt die Frist somit als eingehalten – der Grundsatz *in dubio pro reo* findet keine Anwendung, HUBER 76.

30 Unteilbarkeit

Stellt ein Antragsberechtigter gegen einen an der Tat Beteiligten Strafantrag, so sind alle Beteiligten zu verfolgen.

HANS MAHNIG, Die Unteilbarkeit des Strafantrags bei prinzipalen Privatstrafklagen, SJZ 57 (1961) 17; MARTIN SCHUBARTH, Unteilbarkeit des Strafantrages? ZStrR 112 (1994) 220; KARL SEILER, Die Unteilbarkeit des Strafantrages im Ehrverletzungs-prozess, SJZ 49 (1953) 300; **Lit.** vor Art. 28.

Mit dem Grundsatz der **Unteilbarkeit** des Strafantrags «soll verhindert werden, dass der Verletzte nach seinem Belieben nur einen einzelnen am Antragsberechtigten Beteiligten herausgreife und unter Ausschluss der anderen bestrafen lasse», BGE 97 IV 1, 105 IV 11, 121 IV 152.   1

Beteiligte sind *Mittäter, Anstifter und Gehilfen,* selbstverständlich gilt die Regel nicht, soweit Offizialdelikte in Frage stehen, BGE 105 IV 11, vgl. auch 81 IV 90 (Foschi), 82 IV 130 (Eggler). Der Teilnehmer muss ferner rechtswidrig und schuldhaft gehandelt haben, SJZ 68 (1972) Nr. 155. Bei Ehrverletzungen durch Anwälte wird Beteiligung des Klienten vermutet, BGE 110 IV 90, 97 IV 4, 80 IV 212 (Wiget c. Leir u. Schmolka), AGVE 1961 Nr. 34, RS 1969 Nr. 58.   2

Bei **Fahrlässigkeit** gibt es nur **Nebentäterschaft,** was gemäss BGE 81 IV 274 (Joyet) eine Beschränkung zulässt, anders offenbar SJZ 62 (1966) Nr. 236. Entgegen HUBER 54 ist der Lösung des Bundesgerichts zuzustimmen. Bedenkenswert der Vorschlag von REHBERG 276, Art. 30 auf Fälle der mittäterschaftlichen Gefährdung anzuwenden.   3

Umstritten sind die **Folgen der Beschränkung des Strafantrags auf einzelne Beteiligte** – Nichtigkeit oder Verpflichtung zur Ausdehnung von Amtes wegen? Gemäss BGE 80 IV 211 f., 86 IV 148 (Wittelsbach c. Egger), 97 IV 3, 110 IV 90 *galt* der gegen einen von mehreren Beteiligten (oder gegen Unbekannt) gerichtete Strafantrag, sofern er nicht ausdrücklich beschränkt war, *gegen alle,* ebenso RS 1964 Nr. 13, AGVE 1961 Nr. 34; abweichend RS 1967 Nr. 7, SJZ 62 (1966) Nr. 236, im Ergebnis wohl auch SJZ 57 (1961) Nr. 19, 109, BJM 1965 106, wo für die Ausdehnung ein formelles Verfahren verlangt wird. BGE 121 IV 153 rückt von dieser Rechtsprechung ab und erklärt, dass in Fällen, wo der Strafantrag nur gegen einzelne Beteiligte gestellt wurde, weder ein Verfahren gegen alle Tatbeteiligten durchzuführen sei, noch der Strafantrag für ungültig erklärt werden dürfe; vielmehr habe die zuständige Behörde eine *Aufklärungs- und Belehrungspflicht* gegenüber dem Antragsteller. Erst wenn der Antragsteller trotz Belehrung über die Folgen der Verletzung des Grundsatzes der Unteilbarkeit des Strafantrags einzelne Tatbeteiligte auch weiterhin verschonen will, ist der Strafantrag für ungültig zu erklären. Diese Lockerung ist zu begrüssen. Nach JdT 1965 IV 28 ist der Strafantrag auch gültig, wenn sich der Verletzte in der Person des Täters geirrt hat, und das Verfahren wird von Amtes wegen auf die wirklichen   4

Täter ausgedehnt – nur dies ist vereinbar mit der Tatsache, dass auch ein Antrag gegen Unbekannt gültig ist, vgl. Art. 29 N 4.

5   Wurde innerhalb der **Frist** gegen einen von mehreren Beteiligten Antrag gestellt, so ist die Frist *für alle gewahrt,* BGE 80 IV 212, SJZ 57 (1961) Nr. 127, was jedoch im Privatstrafklageverfahren nicht automatisch eintritt, dazu SEILER a.a.O.

6   Unproblematisch ist die Beschränkung des Strafantrags auf einzelne selbständige **Sachverhalte,** RS 1977 Nr. 448, auch auf einzelne Tatbeteiligte, soweit sie Delikte allein verübt haben; zur *zulässigen sachlichen Beschränkung* BGE 121 IV 154.

31 Rückzug

[1] **Der Berechtigte kann seinen Strafantrag zurückziehen, solange das Urteil erster Instanz noch nicht verkündet ist.**

[2] **Wer seinen Strafantrag zurückgezogen hat, kann ihn nicht nochmals stellen.**

[3] **Zieht der Berechtigte seinen Strafantrag gegenüber einem Beschuldigten zurück, so gilt der Rückzug für alle Beschuldigten.**

[4] **Erhebt ein Beschuldigter gegen den Rückzug des Strafantrages Einspruch, so gilt der Rückzug für ihn nicht.**

RENATO CADUFF, Bis wann kann der Strafantrag im Strafbefehls- und Abwesenheitsverfahren zurückgezogen werden? ZStrR 85 (1969) 314; FRANÇOIS CLERC, *Peut-on vraiment assimiler le mandat de répression à un jugement de première instance (Art. 31 CP)?* ZStrR 79 (1963) 100, D. FARBSTEIN, Rückzug des Strafantrages nach Art. 31 und Rückzug der Privatklage nach kantonalem Prozessrecht, SJZ 39 (1942/43) 351; ROBERT HAUSER, Der Einspruch gegen den Rückzug des Strafantrages, ZStrR 72 (1957) 36; J.D. KEHRLI, Vom Rückzug des Strafantrages nach Verkündung des erstinstanzlichen Urteils, Art. 31 Abs. 1 StGB, SJZ 40 (1944) 97; CARL LUDWIG, Rückzug von Privatklagen vor II. Instanz, ZStrR 62 (1947) 273; **Lit.** vor Art. 28, 29, 30.

1   Die Möglichkeit eines **Rückzugs** des Strafantrags ist eine logische Konsequenz aus der gesetzgeberischen Entscheidung, die Strafverfolgung in gewissen Fällen vom Willen des Verletzten abhängen zu lassen. Wie bei der Antragstellung unterstehen Form und Ort der Erklärung dem kantonalen Prozessrecht, «während das eidgenössische Recht bestimmt, wann inhaltlich ein gültiger Rückzug vorliegt», BGE 79 IV 100 (Schmid c. Weidmann); wo das kantonale Recht ein Privatstrafklageverfahren vorsieht, entstehen allerdings kaum lösbare Konflikte, vgl. zu Zürich HUBER 105 ff., 120 ff.

2   Der Rückzug muss vom **Berechtigten** ausgehen, also grundsätzlich vom *Antragsteller.* Die Erklärung von dessen Angehörigen ist unbeachtlich, BGE 73 IV 74 f. (Perdrisat), 95 IV 161 (Tribelhorn); nach dem Tod des

Antragstellers ist ein Rückzug nicht mehr möglich. Rehberg 279 hält bei konkurrierendem Antragsrecht nur den Antragsteller selber für zum Rückzug legitimiert; m.E. sollte wegen der höchstpersönlichen Natur des Antragsrechts *der Verletzte bindend* entscheiden können, Trechsel/ Noll 264 f.

Die **Rückzugserklärung** muss unmissverständlich, wenn auch nicht unbedingt in expliziten Worten, **geäussert** werden, BGE 89 IV 57 (François c. Züblin), 86 IV 149 (Wittelsbach c. Egger), RVJ 1989 358. In der Literatur wird Ausdrücklichkeit oder ein Verhalten gefordert, das mit Fortführung der Strafverfolgung nicht vereinbar ist, Rehberg 279, Schultz, ZBJV 98 (1962) 102, 101 (1965) 11. *Grenzfälle* sind RS 1946 Nr. 15, wo Rückzug aus dem Nichtbefolgen einer Vorladung, und RS 1976 Nr. 158, wo er daraus geschlossen wurde, dass ursprünglich Strafantrag gegen drei Personen gestellt, später aber nur gegen zwei davon vorgegangen wurde. 3

Adressat ist die mit der Sache befasste *Strafverfolgungsbehörde,* nicht der Beschuldigte, SJZ 54 (1958) Nr. 57. 4

Das Vorliegen eines **Urteils** erster Instanz lässt das Rücktrittsrecht dahinfallen. Urteil ist «jeder Entscheid der zuständigen Behörde, der verbindlich darüber erkennt, ob sich der Beschuldigte einer strafbaren Handlung schuldig gemacht hat, und gegebenenfalls die Rechtsfolgen bestimmt, die diese Handlung nach sich zieht», BGE 78 IV 151 (Brüschweiler); ebenso 81 IV 15 (Neuhäusler), 82, 92 IV 162 (Nötzli). Besondere Anforderungen an das Verfahren werden nicht gestellt – immerhin muss Gelegenheit zu Akteneinsicht bestanden haben, BGE 96 IV 8 f. (Waser), 92 IV 163. Nach *VE 1993* Art. 28 I kann der Antragsberechtigte seinen Strafantrag zurückziehen, «solange das Urteil der letzten kantonalen Instanz noch nicht verkündet ist». 5

Der **Strafbefehl** wird zum Urteil mit Ablauf der Einsprachefrist; wird Einsprache erhoben, so kann im ordentlichen Verfahren der Antrag noch zurückgezogen werden. BGE 92 IV 161, 96 IV 5, RS 1958 Nr. 140, AGVE 1966 Nr. 18, BJM 1966 32, 1991 314 anders noch BGE 78 IV 148, 81 IV 13, AGVE 1961 Nr. 35, PKG 1959 Nr. 45, dagegen kritisch Waiblinger, ZBJV 91 (1955) 86, 93 (1957) 354, Clerc a.a.O. 6

Hat nach einem **Abwesenheitsverfahren** der Beschuldigte ein ordentliches Verfahren verlangt, so kann auch in diesem Verfahren der Antrag zurückgezogen werden, SJZ 51 (1955) Nr. 72; das Urteil wurde m.E. zu Unrecht in BGE 81 IV 81 (Schärer) kassiert; das Bundesgericht schenkte m.E. den rechtsstaatlichen Garantien zuwenig Beachtung, s. auch Clerc 102. 7

Wurde ein **Urteil kassiert,** so fällt damit das Hindernis für den Rückzug des Strafantrags weg, RS 1956 Nr. 285, 1974 Nr. 695bis, ZBJV 91 (1955) 344 (mit skeptischer Anmerkung Waiblinger a.a.O. 350 zur automatischen Wirkung des zunächst verspäteten Rückzuges), anders SJZ 54 (1958) Nr. 17, Rehberg 284. 8

9   Die Sperrwirkung tritt schon mit der **ersten Instanz** ein, RS 1988 Nr. 3,
     der grosszügigere Vorschlag von THORMANN (II. ExpK Prot.
     I 175) setzte sich nicht durch. *Im Rahmen eines Privatstrafklageverfahrens wirkt der
     Rückzug im Appellationsverfahren* aus prozessualen Gründen *dennoch,*
     so die Zürcher Praxis, FRANK 69, HUBER 122 – im Grundsatz zustimmend
     FARBSTEIN, GRAWEHR-BUTTY 71, LUDWIG, ablehnend KEHRLI, PFENNIN-
     GER, Strafantrag 249 f. BJM 1979 264 erklärt den Rückzug der Privat-
     klage in zweiter Instanz für unbeachtlich.

10   Zur **Begründung seiner strengen Praxis** betont das **Bundesgericht,** das
     Antragsdelikt dürfe nicht «zum Mittel des (ominösen) Marktens um den
     Schadenersatz oder die Genugtuung» missbraucht werden, BGE 79 IV
     103, 81 IV 83, ähnlich CADUFF a.a.O., grundsätzlich ablehnend zur Rück-
     zugsmöglichkeit PFENNINGER, SJZ 40 (1944) 246 ff., 250. Die Auffassung
     ist wirklichkeitsfremd – in der Praxis *dient* die Antragsmacht dem Ver-
     letzten *zur Durchsetzung seiner Ansprüche,* was m.E. durchaus legitim ist
     und den modernen Tendenzen zu Dekriminalisierung und Diversion ent-
     spricht, vgl. SCHULTZ VE 70 ff., wo Abschaffung der Beschränkung vor-
     gesehen ist.

11   Die **Urteilsverkündung** ist ein Begriff des Prozessrechts – zulässig ist der
     Rückzug zweifellos noch während der Beratung, BGE 76 IV 217 (Schnei-
     der). In Bern kommt es auf die öffentliche Urteilsverkündung an, ZBJV
     91 (1955) 344, im Aargau muss das Urteil (mündlich oder schriftlich)
     begründet sein, AGVE 1983 Nr. 26. BGE 117 IV 1 ff. stellt nun mit Hin-
     weis auf die Entstehungsgeschichte klar, dass die (mündliche oder
     schriftliche) Eröffnung des Dispositivs entscheidend ist.

12   Als **Prozesshandlung** untersteht der Rückzug nicht den Regeln von OR
     Art. 23 ff. über **Willensmängel** – er ist z.B. wirksam, wenn er als Teil
     eines Vergleichs erklärt wurde und sich nachträglich herausstellt, dass die
     Gegenseite nicht handlungsfähig war, BGE 79 IV 100, s. auch ZR 45
     (1946) Nr. 64, 46 (1947) Nr. 130, SJZ 53 (1957) Nr. 45, RS 1964 Nr. 12. Mit
     Recht wurde eingewendet, dass diese Auffassung zu eng sei und *Aus-
     nahmen für Arglist und Zwang,* WAIBLINGER, ZBJV 92 (1956) 215, je-
     denfalls für *strafbare Einwirkung,* REHBERG 281, vorzusehen wären, s.
     auch SCHULTZ I 244. BGE 106 IV 175 weist in diese Richtung: Wer sich
     zu Rückzug verpflichtet, sofern eine Bedingung erfüllt wird, und trotz Er-
     füllung die Strafverfolgung weiter betreiben will, handelt *wider Treu und
     Glauben,* also *rechtsmissbräuchlich.* Gleich zu qualifizieren wäre die Be-
     rufung auf Rückzug, der durch Arglist oder Drohung herbeigeführt
     wurde.

13   Der Rückzug erfolgt **endgültig,** er kann nicht an Bedingungen geknüpft
     werden, BGE 79 IV 100 – offen gelassen in 106 IV 177, anders RS 1955
     Nr. 94. Wird ein *bedingter Rückzug* erklärt, so gilt *nicht* etwa der *Rück-
     zug ohne Bedingung* – vielmehr ist die Erklärung als ganze *unbeachtlich.*

14   Der Rückzug **gilt für alle Beteiligten,** auch wenn er nur bezüglich eines
     einzelnen erklärt wurde, was auch gilt, wenn getrennte Verfahren geführt

werden, BGE 80 IV 211 (Wiget c. Leir u. Schmolka), 86 IV 148, SJZ 53 (1957) Nr. 19, RS 1946 Nr. 87. Eine erste, selbstverständliche Ausnahme gilt für den Fall, dass der Verletzte von der Unschuld eines Verfolgten anhand sachlicher Kriterien *(prima facie* – Beweis) überzeugt ist, 80 IV 214, ZBJV 101 (1965) 272, ebenso REHBERG 285, WAIBLINGER, ZBJV 92 (1956) 214. Eine zweite fordert REHBERG 284 für den Fall, dass ohne Zutun des Klägers eines von mehreren Verfahren bereits zu einem Urteil gediehen ist – Rückzug zugunsten der übrigen dennoch möglich.

Das Problem stellt sich nicht, wenn gar keine «Beteiligung» vorliegt, BGE 81 IV 90 (Foschi, Hehlerei) oder die Tat nicht für alle Beteiligten Antragsdelikt ist, BGE 82 IV 129 (Eggler, Art. 137.3).

Der Beschuldigte kann sich dem Rückzug **widersetzen** – auch hier muss   15 die Willensäusserung in den Formen des kantonalen Rechts gegenüber der Verfolgungsbehörde abgegeben werden, SJZ 52 (1956) Nr. 168. Damit soll dem unschuldig in ein Strafverfahren Geratenen *Gelegenheit* gegeben werden, *sich reinzuwaschen,* nicht «mit Verdacht entlassen» zu werden. Das Mittel zu diesem Ziel ist unvollkommen – die Verfolgungsorgane sind nicht zu Anklageerhebung verpflichtet, das Verfahren kann auch auf andere Weise abgeschlossen werden als durch Freispruch, z.B. Einstellung mangels Beweis, dazu HAUSER 41, s. auch den Sachverhalt in BGE 74 IV 130 (Mathieu c. Willa u. Pfammatter). Im Privatklageverfahren dürfte der Einspruch völlig wirkungslos sein, HUBER 122. JdT 1989 III 96 schreibt dem Untersuchungsrichter vor, den Angeschuldigten zu benachrichtigen, wenn in seiner Abwesenheit der Antrag zurückgezogen wurde, und ihm Gelegenheit zu geben, sich zu widersetzen.

8. Rechtmässige Handlungen

VE 1893 Art. 17 ff., Mot. 31 ff. VE 1894 Art. 15 ff., Mot. 131 f. 1. ExpK I 105 ff., II 402 ff. VE 1908 Art. 25 ff. Erl.Z. 50 ff. 2. ExpK I 180 ff., 204, 305. VE 1916 Art. 33 ff. E Art. 31 ff. Botsch. 11. Sten.NR 99 f., StR 65 f., 268 ff., NR 620, StR 308 f.

Grundsätzlich ist jedes Verhalten, das einen Tatbestand des Besonderen   1 Teils erfüllt, rechtswidrig – **rechtswidrigkeitsindizierende Wirkung der Tatbestandsmässigkeit,** h.L.

Eine Ausnahme anerkennt die **Lehre vom erlaubten Risiko,** die in der   2 Regel den Fahrlässigkeitsdelikten zugeordnet wird, dazu Art. 18 N 31. Gemäss BGE 117 IV 61 f. kann erlaubtes Risiko die Rechtswidrigkeit auch bei Vorsatz ausschliessen, STRATENWERTH AT I § 9 N 34, so *in casu* bei Transport von Betäubungsmitteln zwecks Vernichtung – das BGer verwirft die Auffassung der Vi, dass ein solcher Transport den Tatbestand des BetmG Art. 19 nicht erfülle, weil keine Förderung des Konsums intendiert sei. Ähnlich die «Umstiftung» zu einem weniger schweren Delikt, s. dazu TRECHSEL/NOLL 197.

32 Gesetz, Amts- oder Berufspflicht

Die Tat, die das Gesetz oder eine Amts- oder Berufspflicht gebietet, oder die das Gesetz für erlaubt oder straflos erklärt, ist kein Verbrechen oder Vergehen.

GUNTHER ARZT, Die Aufklärungspflicht des Arztes aus strafrechtlicher Sicht, in Berner Tage für die juristische Praxis 1984, Bern 1985, 49; ALBERT BRUNNER, Die Sportverletzung im schweizerischen Strafrecht, Diss. ZH 1949; DANIEL BUSSMANN, Die strafrechtliche Beurteilung von ärztlichen Heileingriffen, Diss. ZH 1984; ANDREAS DONATSCH, Die strafrechtliche Beurteilung von Rechtsgutsverletzungen bei der hoheitlichen Anwendung unmittelbaren Zwangs, Diss. ZH 1981; DERS., Gedanken zum strafrechtlichen Schutz des Sportlers, ZStrR 107 (1990) 358; PHILIPPE GRAVEN, *Répertoire de jurisprudence – Illicéité et faits justificatifs,* JdT 1970 IV 130; ARTHUR HAEFLIGER, Über die Einwilligung des Verletzten im Strafrecht, ZStrR 67 (1952) 92; DERS., Rechtmässigkeit der durch Gesetz oder Berufspflicht gebotenen Tat, ZStrR 80 (1964) 27; PETER HILFIKER Das Recht des privaten Überwachungspersonals, Diss. ZH 1984; HEINRICH HONSELL, Die Aufklärungspflicht des Arztes in Deutschland, Österreich und der Schweiz, in Schweizerische Versicherungs-Zeitschrift 1995, 329; THOMAS HUG, Schusswaffengebrauch durch die Polizei, Diss. ZH 1980; SERGIO JACOMELLA, *Il consenso del leso,* ZStrR 59 (1945) 358; DETLEF KRAUSS, Prinzipien von Rechtfertigung und Entschuldigung im deutschen und schweizerischen Recht, Zweites deutsch-polnisches Kolloquium über Strafrecht und Kriminologie, Baden-Baden 1986, 11; VALENTIN LANDMANN, Notwehr, Notstand und Selbsthilfe im Privatrecht, Diss. ZH 1975; SUZANNE LEHMANN, Zur Frage der rechtlichen Beurteilung von Doppelblindversuchen am Patienten, ZStrR 99 (1982) 174; HANS-JÜRG NIEDERER, Strafrechtlich zulässiger Selbstschutz privater Betriebe, Diss. ZH 1977; PETER NOLL, Übergesetzliche Rechtfertigungsgründe, im besonderen die Einwilligung des Verletzten, Basel 1955; DERS., Geheimnisschutz und Zeugnispflicht, in Festgabe Max Gerwig, Basel 1960, 135; DERS., Die Rechtfertigungsgründe im Gesetz und in der Rechtsprechung, ZStrR 80 (1964) 160; JÖRG REHBERG, Der Schusswaffengebrauch der Polizei, Kriminalistik 1976 563, 1977 35, 81, 128; ROBERT ROTH, *Le droit pénal du sport,* in Chapitres choisis du droit du sport, Genève 1993, 101; ROLF SCHÖNING, Rechtliche Aspekte der Organtransplantation, Diss. ZH 1996; HANS SCHULTZ, Aktuelle Probleme des Arztrechts, Schweiz. Ärztezeitung 65 (1984) 1014; DERS., Die eigenmächtige Heilbehandlung: eine kantonalrechtliche Lösung? ZStrR 107 (1990) 281; JEAN-MARC SCHWENTER, *De la faute sportive à la faute pénale,* ZStrR 108 (1991) 321; WALTER SPILLMANN, Die Strafausschliessungsgründe im schweizerischen Strafgesetzbuch, Diss. ZH 1963; EMIL N. STARK, Das sogenannte Handeln auf eigene Gefahr, SJZ 50 (1954) 40 ff.; JEREMY STEPHENSON, Art. 100 Ziff. 4 SVG: Carte blanche auf dringlichen Dienstfahrten? SJZ 81 (1985) 287; HANS FELIX VÖGELI, Strafrechtliche Aspekte der Sportverletzungen, im besonderen die Einwilligung des Verletzten im Sport, Diss. ZH 1974; MAX WAIBLINGER, Rechtfertigungsgründe, SJK 1204-1207; PHILIPPE WEISSENBERGER, Die Einwilligung des Verletzten bei Delikten gegen Leib und Leben, Diss. BS 1996.

1 **Art. 32** steht mit seiner Verweisung auf Gesetz und Amts- oder Berufspflicht gewissermassen als *Blankettnorm im Dienst der Einheit der Rechtsordnung:* Es versteht sich von selbst, dass das Recht ein und dasselbe Verhalten nicht einerseits gebieten oder doch ausdrücklich erlauben, andererseits aber gleichzeitig verbieten kann. Während diese Fest-

stellung banal ist, bleibt andererseits die Frage offen, in welchen Fällen das gebietende bzw. erlaubende, in welchen das verbietende Gesetz den Ausschlag gibt. Diese Frage muss jeweils im konkreten Fall entschieden werden, HAEFLIGER 30, h.M. Die Bestimmung könnte ersatzlos gestrichen werden, a.M. SCHULTZ VE 38 f., *VE 1993* Art. 21a.

Der Begriff **«Gesetz»** ist im *materiellen Sinne* zu verstehen, BGE 85 IV 5,   2
94 IV 7 – es fallen darunter *Verordnungen,* gemäss BGE 94 IV 7 genügen auch *Dienstreglemente,* dazu kritisch NOLL, ZStrR 80 (1964) 182, SCHULTZ, ZBJV 105 (1969) 385 f., sogar *Weisungen des Departements,* BGE 100 Ib 16 ff. Neben eidgenössischen können auch *kantonale Erlasse* dem StGB vorgehen, BGE 101 IV 316, doch ist in diesem Fall stets zu prüfen, ob der kantonalen Regelung «Vorrang vor dem Satz des Bundesrechtes zuzuerkennen ist», SCHULTZ I 154. Abschuss eines jagenden Hundes rechtfertigt z.B. das Jagdgesetz BL, SJZ 51 (1955) Nr. 131.
   Bei Anklage wegen Widerhandlung gegen eine kantonale Strafbestimmung kann Art. 32 nicht vor dem Kassationshof angerufen werden, BGE 97 IV 69; ergibt sich der Rechtfertigungsgrund aus eidgenössischem Recht, ist staatsrechtliche Beschwerde möglich.

Auch **Gewohnheitsrecht** kann *ausnahmsweise* tatbestandsmässiges Ver-   3
halten rechtfertigen – als Beispiel wird etwa der Lärm des «Morgestraich» erwähnt, HAEFLIGER 35, WAIBLINGER SJK 1204 9 (vgl. aber RS 1943 Nr. 297: der Bündner Brauch des «Grabens» rechtfertigt Hausfriedensbruch nicht). Einen Rechtfertigungsgrund der *Satire,* wie ihn NOLL, BJM 1959 3 ff., vorgeschlagen hat, anerkennt das Bundesgericht nicht, BGE 85 IV 185. Es fragt sich, ob eine Rechtfertigung auch durch *desuetudo* eintreten kann – die Frage wird in BGE 108 IV 173 und 111 IV 68 nicht berührt, grundsätzlich ist sie zu bejahen.

Kasuistik zu «Gesetz»   4
ZGB aArt. 278: Vor der Revision des Kindesrechts sah aArt. 278 ZGB für die Eltern ein Züchtigungsrecht vor, das Art. 405 II auf den Vormund übertrug. Gemäss RS 1945 Nr. 194, ZR 46 (1947) Nr. 41 konnten die Eltern es auf Dritte übertragen, dem Mesmer stand es nicht zu. Im Rahmen der Erziehung wird den Eltern weiterhin das Recht auf milde körperliche Zurechtweisung zugebilligt werden müssen. Zum Züchtigungsrecht s. Art. 126 N 7.

ZGB Art. 641, 684 I: BGE 78 IV 171: die Brüder Thommen konnten sich zur Rechtfertigung der Gewässerverschmutzung durch Ausführen von Jauche nicht auf das Eigentumsrecht (ZGB Art. 641) berufen;

ZGB Art. 737: BGE 115 IV 29: A. reparierte auf einer Parzelle des B. einen Fahrweg, was im Rahmen seiner Servitutsberechtigung gemäss ZGB Art. 737 rechtmässig war; **118 IV 292 f.** erwägt diesen Rechtfertigungsgrund (neben Art. 926) für den Wegberechtigten, der einen aus Schikane angebrachten Pflock entfernte – die Beschwerde wurde wegen offensichtlich missbräuchlicher Prozessführung, OG Art. 36a II, zurückgewiesen.

ZGB Art. 926: BGE 85 IV 225: Reinhold Müller, der die Seilbahn Rei-goldswil-Wasserfallen erstellt hatte und dafür nicht voll bezahlt worden war, erwarb die Parzelle, auf welcher der erste Trägermast der Bahn stand, demontierte diesen und zerschnitt das Tragseil; die Störung von Betrieben, die der Öffentlichkeit dienen (Art. 239), war weder durch das Eigentumsrecht noch durch das Selbstschutzrecht gemäss ZGB Art. 926 gerechtfertigt; **85 IV 5: Keller** riss Verstrebungspfosten einer Rollenreu-teranlage zum Heutrocknen aus, die Koch auf seinem Grundstück einge-schlagen hatte, worauf die Drähte rissen, das Heu auf den Boden fiel und im Regen Schaden nahm – keine Rechtfertigung als Selbstschutz gemäss ZGB Art. 926, weil Keller zumindest erst mit dem Nachbarn hätte reden müssen und der verursachte Schaden unverhältnismässig war; nicht un-bedenklich **SJZ 63 (1967) Nr. 125,** wonach der Versuch, einen ohne Recht auf einem Privatparkplatz abgestellten Wagen gewaltsam zu ent-fernen, auch das Abdrücken der Radioantenne rechtfertigt.

OR Art. 52 III, BGE 76 IV 228: Renaud griff zu betrügerischen Machenschaften, um den vollen Gegenwert von Obligationen vom fran-zösischen Staat zu erhalten, was nicht als Selbsthilfe zu rechtfertigen war – der Behauptung, OR Art. 52 III lasse den Gebrauch qualifizierter Täu-schungsmanöver nicht zu, kann allerdings nicht generell zugestimmt wer-den; **BGE 104 IV 90; Gisèle Y.** überzog das Besuchsrecht (Art. 220), was nicht als erlaubte Selbsthilfe gerechtfertigt war – offengelassen, ob Selbsthilfe zur Durchsetzung des Besuchsrechts überhaupt zulässig; **PKG 1983 Nr. 27:** Keine erlaubte Selbsthilfe ist das Umparkieren eines frem-den Fahrzeuges, das für 15–30 Minuten eine Zufahrt versperrt (?).

OR Art. 57: BGE 77 IV 195: Bucheli durfte den Chow-Chow der Frau Schnyder, welcher in seinem Hühnerhof wütete, anschiessen, ähnlich RS 1959 Nr. 121; **78 IV 83: Fyg** erschoss ohne Recht die Katze von Born, wel-che er zwar an seinem Fischweiher sah, von der aber nicht einmal be-hauptet wurde, sie habe je einen Fisch auch nur beschädigt.

StGB Art. 358ter entbindet vom Amts- und Berufsgeheimnis, wenn ein Unmündiger Opfer einer Straftat wurde.

SVG Art. 14 IV: Für die Mitteilung von Zweifeln an der Fahrtüchtigkeit eines Patienten darf ein Arzt das Berufsgeheimnis verletzen. **SVG Art. 100 IV** erlaubt als *lex specialis* Fahrern von Feuerwehr-, Sanitäts- oder Polizeifahrzeugen bei Dringlichkeitsfahrten Verkehrsregeln zu missach-ten, sofern sie die Warnsignale einsetzen und die nach den Umständen gebotene Sorgfalt beachten, dazu JdT 1993 I 766, vgl. auch Art. 34 N 10.

BetmG Art. 15 erlaubt Mitteilungen unter Verletzung des Berufsgeheim-nisses, s. ROBERT, in ZStrR 93 (1977) 47; **BetmG Art. 23** erklärt für straf-los den Fahndungsbeamten, der Betäubungsmittel entgegennimmt, aber nicht den eigentlichen *agent provocateur,* BJM 1984 258, offengelassen in BGE 116 IV 296, abweichend BGE 108 Ib 538, dazu RIKLIN in recht 4 (1986) 45, s. auch Art. 24 N 7.

Gesetzliche Auskunftspflichten und -rechte finden sich vor allem im Prozessrecht: **BGE 80 IV 57 (Röthlin c. Ettlin):** Zeugenaussage in guten Treuen rechtfertigt Ehrverletzung, ebenso SJZ 74 (1978) Nr. 30, s. auch BGE 122 IV 142 (Vi) und Art. 173 N 5; entgegen GVP-SG 1956 Nr. 38 muss dies auch bei Befragung als Auskunftsperson gelten. Umgekehrt ist Inanspruchnahme des Zeugnisverweigerungsrechts nicht als Begünstigung strafbar, BGE 101 IV 316, Art. 1 N 33.

Strafprozessordnungen räumen regelmässig Privaten ein Recht auf Festnahme des *in flagranti* überraschten Täters ein, was aber nicht zum Schiessen berechtigt, SJZ 57 (1961) Nr. 4.

Jagd- und Tierschutzgesetzgebung: Weder nach eidgenössischer noch nach kantonaler Regelung ist Abschuss angeschossenen, nicht jagdbaren Wildes geboten, PKG 1991 Nr. 40.

Gesetzgebung über den Fernmeldeverkehr: Sie gebietet der PTT nicht, die Einrichtung des Telekiosks zur Verfügung zu stellen, wenn sie zur Begehung von Delikten missbraucht wird, BGE 121 IV 123 ff.

Das BGer ging in seiner früheren Praxis davon aus, dass die Strafbarkeit 4a von **Ehrverletzungen im Prozess** allein nach Massgabe der Art. 173 ff. zu beurteilen sei, BGE 98 IV 90 – Art. 32 könne seit Einführung des Gutglaubensbeweises bei Art. 173 keine Anwendung mehr finden, BGE 109 IV 42. Entgegen dieser älteren Praxis geht BGE 116 IV 213 ff. *neu* davon aus, dass ehrverletzende Äusserungen in prozessualen Auseinandersetzungen durch Art. 32 i.V.m. den Regeln des entsprechenden Verfahrensrechts gerechtfertigt sein können. Die Schranken solcher Ehrverletzungen fasst das BGer a.a.O. 214 wie folgt zusammen: «Die Prozesspartei muss sich auf das für die Erläuterung ihres Standpunktes Notwendige beschränken; ihre Ausführungen müssen sachbezogen sein; Behauptungen dürfen nicht wider besseres Wissen aufgestellt und blosse Vermutungen müssen als solche bezeichnet werden», wobei es für den Umfang der Straffreiheit im einzelnen auf das konkrete Prozessrecht ankommt. Ohne Hinweis auf eine gesetzliche Bestimmung leitet BGE 118 IV 250 ff. einen Rechtfertigungsgrund für ehrverletzende Äusserungen aus dem Recht sich zu verteidigen ab: Wer wahrheitswidrig bestreitet, eine strafbare Handlung begangen zu haben, macht sich nicht implizit der falschen Anschuldigung gegen den Anzeiger schuldig; er darf sich freilich nicht unnötig verletzend äussern.

Amtspflicht bildet insofern keine selbständige Rechtfertigung, als amt- 5 liches Handeln immer *auf gesetzlicher Grundlage beruhen muss,* wobei sich der Beamte nicht um die Verfassungsmässigkeit einer Verordnung oder Weisung zu kümmern braucht, BGE 100 Ib 17 (Abhörung einer Sitzung der *Ligue marxiste révolutionnaire* in Epalinges durch Bundespolizei, dazu kritisch SCHUBARTH, BJM 1974 9, mit Erwiderung von MERZ a.a.O. S. 208). BGE 111 II 54 bezeichnet die richterliche Anordnung als Rechtfertigungsgrund für deren Adressaten. Zur Amtspflicht als Rechtfertigung bei Ehrverletzung Art. 173 N 6. Der Inhalt der Amtspflicht ergibt sich aus dem anwendbaren Verwaltungsrecht, z.b. dem Dienstreglement der Kantonspolizei, BGE 115 IV 165; ob diesen Amtspflichten rechtfertigende Wirkung zukommt, bestimmt sich dagegen nach Art. 32, wobei insbesondere das Verhältnismässigkeitsprinzip zu beachten ist, BGE 121 IV 212. Rechtmässig ist die Überschreitung der Höchstgeschwindigkeit durch die Polizei, um das Tempo eines Verkehrsdelinquenten zu messen, JdT 1993 I 766.

6 **Kasuistik zu «Amtspflicht»**
Waffengebrauch durch die Polizei, BGE 94 IV 6: Polizeimann **Jakob** schiesst auf einen Verdächtigen (seinen Bruder), der sich einer Festnahme zu entziehen versucht, nachdem schon ein Mitverdächtiger trotz Warnschuss geflüchtet war; **99 IV 253:** Unverhältnismässig waren Schüsse, die **Schneider** gegen harmlose und identifizierte Wilderer abgab; **111 IV 113: Gefreiter M.** verfolgte einen Autofahrer, der auf Frage nach Ausweispapieren geflüchtet war, und gab gezielte Schüsse ab, die Fahrer und Beifahrerin verletzten, was mangels Verdacht auf ein schweres Verbrechen nicht gerechtfertigt war; **115 IV 163 (Vi: SOG 1988 Nr. 17):** Der **Polizeibeamte B.** steckte die Dienstpistole ins Innere eines Pontiac, als A. damit wegfahren wollte; bei der Anfahrt löste sich ein Schuss, der A. schwer verletzte, was nicht gerechtfertigt war; **BGE 121 IV 207: Polizeibeamter B.** steckte seine Pistole mit gespanntem Hahn in die halbgeöffnete Autotür; als die Beifahrerin R. vom Fahrer ins Autoinnere gezogen wurde, klemmte sie mit der Autotür dem Polizisten die Hand ein, wodurch sich ein Schuss löste, der R. schwer verletzte – nicht gerechtfertigt; s. auch AGVE 1985 Nr. 21, GVP-SG 1974 Nr. 17, SJZ 83 (1987) Nr. 22, ZWR 1986 392; zum Problem ausser den Arbeiten von DONATSCH, GRAVEN (zu Art. 33), HUG und REHBERG auch H. HUBER, Schusswaffen und Rechtsbrecher, in Mélanges A. Grisel, Neuchâtel 1983, 433, *442 ff.,* FRANK, ZStrR 103 (1986) 292 f., SCHUBARTH SE N 169 ff.

Sonstige Gewaltanwendung durch die Polizei ist ebenfalls am *Massstab der Verhältnismässigkeit* zu messen. **BGE 107 IV 85:** Unzulässig, einen Mofafahrer bei einer Routinekontrolle durch ausgebreitete Arme so zum Anhalten zu drängen, dass er stürzt und sich schwer verletzt (ebenso Vi, Rep. 1982 48); **RS 1970 Nr. 6:** Zulässigkeit mässiger Knüppelschläge gegen renitenten Automobilisten, vgl. aber **BGE 96 IV 20:** Kein Verständnis für Polizisten (Hefti), der als Schläger Unbeteiligte knüppelt; **SJZ 60 (1964) Nr. 114:** Zulässigkeit des «Armschlüsselgriffes» gegen randalierenden Betrunkenen. Bei schweren Delikten darf auch ein Polizist ausser Dienst eingreifen, **SJZ 65 (1969) Nr. 127.** Der *agent provocateur* kann sich nicht auf Amtspflicht berufen, BJM 1984 258, RIKLIN in recht 4 (1986) 46; dazu Art. 24 N 7. Praktisch wichtig ist die **Rechtfertigung ehrverletzender amtlicher Äusserungen:** Sie setzt allgemein voraus, dass die Äusserung sachbezogen ist, nicht über das Notwendige hinausgeht und in guten Treuen vorgebracht wird (BGE 106 IV 182). **BGE 108 IV 94:** Stadtrat **Frick** (ZH) hatte pflichtgemäss einen Journalisten darüber unterrichten dürfen, dass Blumati als «Drahtzieher» von Krawallen in Präventivhaft genommen worden sei; **RS 1965 Nr. 7:** Ein Untersuchungsrichter durfte Gläubigern Auskunft über ein Strafverfahren wegen Betruges, betrügerischen Konkurses u.a. geben; **BGE 106 IV 180:** Amtsstatthalter **Büttiker** (LU) durfte in der Begründung eines Strafbefehls gegen Achermann auf dessen «Profitgier» verweisen, selbst wenn das Obergericht an dieser Qualifikation später nicht festhielt; **BGE 76 IV 25:** Landjäger **Pianzola** handelte leichtfertig, als er gestützt auf unüberprüfte Gerüchte einen Hotelinhaber, dessen Frau und eine Angestellte einer unzüchtigen Lebensweise bezichtigte; s. auch JdT 1967 IV 24; RS 1964 Nr. 188, 1980 Nr. 1073; SJZ 50 (1954) Nr. 130; ZBJV 85 (1949) 137, 226, ferner **Art. 173** N 5.

Keine selbständig rechtfertigende Bedeutung hat auch die **Berufspflicht** –   7 entscheidend ist die gesetzliche Grundlage, das Vorliegen einer Notstandssituation oder Geschäftsführung ohne Auftrag, BGE 113 IV 6.

Kasuistik zur Berufspflicht   8
In **BGE 72 IV 178 E. 3** wird *obiter* erwogen, dass Lehrer **Hunold** von Berufes (nicht Amtes?) wegen berechtigt gewesen sei, Schüler Sutter wegen unsittlicher Sprache zur Rede zu stellen; **109 IV 39:** Ein **Rechtsanwalt** kann ehrrührige Äusserungen in Erfüllung seines Mandats nicht mit Berufspflicht rechtfertigen; auch **ZR 72 (1973) Nr. 107** billigt einem Rechtsanwalt und Verwaltungsrat keine Rechtfertigung aus Berufspflicht zu (anders noch ZR 45 [1946] Nr. 95); immerhin rechtfertigt eine korrekte Verteidigung die dadurch erreichte Begünstigung, vgl. Art. 305 N 10.

   BGE 99 IV 211: Keine **ärztliche Berufspflicht** rechtfertigt Eingriffe in die Persönlichkeitsrechte, insbesondere die körperliche Integrität eines Patienten (Injektion), vgl. auch **108 II 59; ZBJV 90 (1954) 410:** Auch die Verletzung des Berufsgeheimnisses wird durch Wahrung ärztlicher Berufsinteressen nicht rechtmässig; **SJZ 77 (1981) Nr. 42:** Die Berufspflicht des Journalisten vermag eine Widerhandlung gegen Art. 293 nicht zu rechtfertigen.

Neben den gesetzlichen anerkennen Praxis und Lehre auch **ausser- oder**   9 **übergesetzliche Rechtfertigungsgründe,** BGE 94 IV 70, GERMANN, Verbrechen 211 ff., GRAVEN AT 150 ff., RIKLIN AT § 14 N 55 ff., SCHULTZ I 149 f., STRATENWERTH AT I § 10 N 3 ff., 54 ff., TRECHSEL/NOLL 104. Dazu gehören die *Pflichtenkollision,* BGE 113 IV 8, die *Wahrnehmung berechtigter Interessen,* BGE 94 IV 70, das *erlaubte Risiko («soziale Adäquanz»),* s. Art. 18 N 31, die *Einwilligung des Verletzten* und die *mutmassliche Einwilligung des Verletzten (negotiorum gestio).*

Von grosser praktischer Bedeutung ist vor allem die **Einwilligung des**   10 **Verletzten.** Sie setzt voraus, dass es um ein verzichtbares Rechtsgut geht, also nicht das Leben, vgl. Art. 114, nicht Güter der Allgemeinheit BGE 78 IV 175 ff.; zu eng RS 1945 Nr. 6 mit der Beschränkung auf Antragsdelikte. Private Sachgüter stehen uneingeschränkt zur Disposition des Berechtigten, BJM 1968 156. *Schwere Körperverletzung* muss aber einem *sittlichen Wert* (z. B. Nierentransplantation) dienen, REHBERG I 175, POPP Vb N 86, RIKLIN AT § 14 N 62, SCHULTZ I 168, TRECHSEL / NOLL 126, eingehend STRATENWERTH AT I § 10 N 16 f., WEISSENBERGER a.a.O. Die Einwilligung muss ferner vom Berechtigten vor dem Eingriff in Kenntnis aller wesentlichen Umstände und freiwillig (ausdrücklich oder stillschweigend) geäussert worden sein. Zum ärztlichen Eingriff BGE 99 IV 211, zur Aufklärungspflicht auch 105 II 284, 108 II 59. Die Einwilligung in die **Gefährdung beim Kampfsport** ist an die Bedingung geknüpft, dass sich die Mitspieler an die Regeln halten; von der Einwilligung nicht gedeckt sind absichtliche oder grobe Verstösse gegen Spielregeln, die den Sportler vor Verletzungen schützen sollen, BGE 121 IV 257 (Eishockeyspiel); dazu eingehend DONATSCH, ZStrR 107 (1990) 421 ff. BGE 109 IV 103: Während eines Freundschafts-Fussballspiels in Bottens stürzte sich S auf D, der nicht am Ball war, und verursachte einen doppelten Beinbruch, was zur Verurteilung führte; dazu REHBERG in recht 2 (1984) 56, SCHWENTER 217 f.; ähnlich RVJ 1986 252.

10a **Einwilligung in gefährliches Handeln** wirkt rechtfertigend, «wenn die Einwilligung aus sachlich vertretbaren Gründen erfolgte, wobei dies dann angenommen wird, wenn mit der gefährlichen Handlung gewichtige sozial positiv bewertete Ziele, wie z. B. die Heilung bei einer schweren Operation verfolgt werden ...[und] dieses Ziel nicht auf einem anderen weniger gefährlichen Weg verwirklicht werden kann», BJM 1994 89 mit Hinweis auf SCHUBARTH – *in casu* abgelehnt bei Benutzung eines Krans trotz starkem Wind.

11 Auf **Wahrung berechtigter Interessen** kann sich der Anwalt berufen, der zur Abwehrung einer Schadenersatzforderung das Berufsgeheimnis lüftet, ZR 80 (1981) Nr. 6. Für Rechtfertigung über den Entlastungsbeweis des Art. 173.2 hinaus GVP-SG 1955 Nr. 42. Rechtfertigung verbotenen Parkierens aus Hilfsbereitschaft, ZBJV 112 (1976) 388. Auch hier gilt der Grundsatz der Verhältnismässigkeit, ZR 76 (1977) Nr. 98 (verneint bei Besetzung von Baggern zur Verhinderung eines Abbruchs). Verletzung des Amtsgeheimnisses zur Wahrung berechtigter Interessen ist nur zulässig, wenn keine andere Möglichkeit besteht, BGE 94 IV 70 ff. (Meier). Zu Ehrverletzungen im Prozess s. N 4a. Das Geheimhaltungsinteresse einer nationalrätlichen Kommission geht dem Interesse des Journalisten an einem «Primeur» vor, SJZ 77 (1981) Nr. 42. Gerechtfertigt war ein Politiker, der sich weigerte, einen Informanten (Umweltverschmutzung) zu nennen, SJZ 83 (1987) Nr. 16. BGE 113 IV 7 rechtfertigt den Geschwindigkeitsexzess eines Begleitfahrers eines Velorennens.

12 Handeln **mit mutmasslicher Einwilligung des Verletzten** (Geschäftsführung ohne Auftrag, *negotiorum gestio)* ist in der Regel Notstandshilfe mit Eingriff in (andere) Rechtsgüter des Nutzniessers, wobei der Eingriff nicht nur in dessen Interesse liegen, sondern auch seinem mutmasslichen Willen entsprechen muss, eingehend STRATENWERTH AT I § 10 N 25 ff., ferner POPP Vb N 87, SCHULTZ I 170 f., TRECHSEL / NOLL 127 f., N 6 vor

Art. 122. PKG 1991 Nr. 40 anerkennt, dass der Fangschuss an einem nicht jagdbaren, schussverletzten Gemsbock durch die mutmassliche Einwilligung bzw. das Interesse des Kantons als Berechtigten rechtmässig war.

Auch die praktisch wenig bedeutsame **Pflichtenkollision** ist ein Sonderfall des Notstands, s. dazu STRATENWERTH AT I § 10 N 63 ff., TRECHSEL/ NOLL 121 f. Sie gleicht auch der Wahrung berechtigter Interessen, BGE 113 IV 8. 13

33 Notwehr

[1] **Wird jemand ohne Recht angegriffen oder unmittelbar mit einem Angriffe bedroht, so ist der Angegriffene und jeder andere berechtigt, den Angriff in einer den Umständen angemessenen Weise abzuwehren.**

[2] **Überschreitet der Abwehrende die Grenzen der Notwehr, so mildert der Richter die Strafe nach freiem Ermessen (Art. 66). Überschreitet der Abwehrende die Grenzen der Notwehr in entschuldbarer Aufregung oder Bestürzung über den Angriff, so bleibt er straflos.**

ANDREAS DONATSCH, Garantenpflicht – Pflicht zur Notwehr- und Notstandshilfe? ZStrR 106 (1989) 345; HANS DUBS, Notwehr, ZStrR 89 (1973) 337; ANTON EBERLE, Die Bedeutung der Selbsthilfe im Strafrecht, Diss. BE 1951; MARIA GABRIELE FRANKE, Die Grenzen der Notwehr im französischen, schweizerischen und österreichischen Strafrecht im Vergleich mit der neueren deutschen Entwicklung, Diss. Freiburg im Breisgau 1976; PHILIPPE GRAVEN, «Si j'étais flic…», ZStrR 107 (1990) 190; H. HUBER, Schusswaffen und Rechtsbrecher, in Mélanges ANDRÉ GRISEL, Neuchâtel 1983, 433; KARL-LUDWIG KUNZ, Die automatisierte Gegenwehr, GA 1984 539; DERS., Der Umfang der *Notwehrbefugnis* in vergleichender Betrachtung, in Die schweizerische Rechtsordnung in ihren internationalen Bezügen, Festgabe zum schweizerischen Juristentag 1988, Bern 1988, 161; KURT MÜLLER, Notwehr und Notwehrexzess nach dem neuen schweizerischen Strafgesetz, Diss. BE 1948; HORST SCHRÖDER, Die Not als Rechtfertigungs- und Entschuldigungsgrund im deutschen und schweizerischen Strafrecht, ZStrR 76 (1960) 1; **Lit.** zu Art. 32.

Notwehr *rechtfertigt Eingriffe in Rechtsgüter eines rechtswidrig Angreifenden, die auf angemessene Abwehr des Angriffs gerichtet sind.* 1

Im **Verhältnis zum Notstand** ist Notwehr *zweifach lex specialis:* die «Gefahr» besteht in einem *rechtswidrigen Angriff* und die «Tat» richtet sich *gegen Rechtsgüter des Angreifers.* Zum Unterschied zwischen Angriff und Gefahr bemerkt BGE 122 IV 5: *«Cette différence, entre la notion d'attaque et celle de danger, suggère que l'atteinte au bien que l'auteur veut protéger, est plus proche dans le temps en cas d'attaque qu'en cas de danger. En d'autres termes, l'imminence de cette atteinte est plus grande dans l'hypothèse d'une attaque que dans celle d'un danger. Une attaque est une agression, un danger est un risque d'agression».* Eingriffe in Rechte Dritter zur Rettung vor einem rechtswidrigen Angriff sind nach Art. 34 zu beurteilen, BGE 75 IV 51, s. auch 122 IV 5. Mit Notwehr wird nicht nur das angegriffene Gut, sondern *auch das Recht schlechthin* verteidigt, DUBS 340, 2

GRAVEN AT 122, REHBERG I 147, STRATENWERTH AT I § 10 N 68, TRECHSEL/NOLL 112.

3 Das Notwehrrecht ist im Gegensatz zum Notstand (Art. 34 N 7) **nicht subsidiär** – der Angegriffene braucht weder zu fliehen noch sonstwie dem Angriff auszuweichen, BGE 79 IV 152, 101 IV 121, 102 IV 230, SJZ 59 (1963) Nr. 81 (z.b. um Hilfe rufen), ZR 49 (1950) Nr. 134, unklar RS 1988 Nr. 323. Der Angreifer muss die Notwehrhandlung dulden, weil er durch seinen rechtswidrigen Angriff den *Anspruch auf Rechtsschutz im Umfang des Abwehrrechts verwirkt* hat, vgl. ZR 45 (1946) Nr. 132; überdies wird vom Notwehrrecht eine *abschreckende Wirkung* erwartet, BGE 79 IV 153. Es gilt grundsätzlich: *«Recht muss Unrecht nicht weichen»*, SCHULTZ I 157, «Recht braucht vor Macht nicht zu weichen», BGE 79 IV 154, s. auch GRAVEN AT 122, REHBERG I 147, RIKLIN AT § 14 N 36, TRECHSEL/NOLL 116.

4 **Angriff** ist ein Verhalten, das *auf Verletzung eines Rechtsgutes gerichtet ist.* Jedes Individualrecht ist grundsätzlich notwehrfähig, z.B. Leib und Leben: BGE 75 IV 49, 79 IV 148, 104 IV 234, 109 IV 5; Vermögen: 107 IV 12, 109 IV 7; Ehre: TRECHSEL/NOLL 112; Geheim- und Privatbereich: STRATENWERTH AT I § 10 N 71; Hausfrieden: 102 IV 2, SJZ 53 (1957) Nr. 80; persönliche Freiheit: 104 IV 55; auch relativ unspezifische, nicht strafrechtlich geschützte Rechtsgüter, vgl. RS 1954 Nr. 194 – Störung der Ruhe älterer Leute, im Grundsatz auch BGE 104 IV 55. *Nicht notwehrfähig* sind dagegen *Rechtsgüter der Allgemeinheit,* TRECHSEL/NOLL 113, mit Einschränkungen REHBERG I 148; insbesondere darf der Staat für den Schutz öffentlicher Rechtsgüter nicht Notwehr in Anspruch nehmen, NOLL, ZStrR 91 (1975) 55, SCHULTZ I 159, STRATENWERTH AT I § 10 N 71.

5 Auch ein **Unterlassen** kann als «Angriff» angesehen werden, BGE 102 IV 4, SCHULTZ I 158, STRATENWERTH AT I § 10 N 74 m.w.Hinw. TRECHSEL/NOLL 113, gegen SCHULTZ a.a.O. gilt dies auch für das echte Unterlassungsdelikt, STRATENWERTH a.a.O., wobei freilich die zur Auswahl stehenden Nötigungsmittel beschränkt sind. In Frage kommt auch Ersatzvornahme mit Mitteln des «Angreifers». *Erlaubte Selbsthilfe, OR Art. 52 III,* kann *subsidiär* zur Anwendung kommen.

6 Ausser dem gegenwärtigen, löst auch der **unmittelbar drohende** und bevorstehende **Angriff** das Notwehrrecht aus: «Der Angegriffene braucht… nicht zu warten, bis es zu spät ist, sich zu wehren», BGE 93 IV 83. Die Bestimmung des Zeitpunktes ist heikel – wird die Grenze zu weit gezogen, so leistet dies unerwünschter Aggressivität Vorschub, wird sie zu eng gezogen, wird das Notwehrrecht entkräftet. Verlangt werden «Anzeichen einer Gefahr… , die eine Verteidigung nahelegen», was etwa gegeben ist, «wenn der Angreifer eine drohende Haltung einnimmt, sich zum Kampf vorbereitet oder Bewegungen macht, die in diesem Sinne gedeutet werden können» – unzulässig sind «Handlungen, die darauf gerichtet sind, einem zwar möglichen aber noch unsicheren Angriff vorzu-

beugen», BGE 93 IV 81; eine extensive Auslegung wird abgelehnt in 104 IV 236, wo das Hauptgewicht auf die unmittelbare Gefahr einer materiellen oder körperlichen Schädigung gelegt wird; zur Präventivnotwehr angesichts einer Dauergefahr vgl. BGE 122 IV 5 f. Der Griff in die Tasche darf nicht als Griff nach der Waffe gedeutet werden, RS 1944 Nr. 81. Eine relativ harmlose Schlägerei in Anwesenheit neutraler Personen begründet keine Notwehrlage, RVJ 1975 135, schon gar nicht «blosses Stossen», PKG 1953 Nr. 20, oder ein zur Seite Schieben, BJM 1997 39, jedoch das Packen am Oberkörper und an den Armen und das gleichzeitige Drücken gegen die Zugswand, BJM 1996 154. Treffend DUBS 343: Abwehr ist zulässig, «sobald mit einem Angriff ernstlich zu rechnen ist und jedes weitere Zuwarten die Verteidigungschance gefährdet». *Automatisierte Abwehr* wird erst durch den Angriff ausgelöst und erfüllt insofern die Anforderung der Notwehr, KUNZ, GA 1984, 541, STRATENWERTH AT I § 10 N 72 m.w.Hinw.

«Gegenwärtig» ist der Angriff **bis zu seiner Beendigung.** «Der begonnene, schon in Verletzung übergegangene Angriff bleibt solange gegenwärtig, als die Zufügung einer neuen oder die Vergrösserung der bereits eingetretenen Verletzung durch das Verhalten des Angreifers unmittelbar bevorsteht», BGE 102 IV 4 f. (Verweilen des Hausfriedensbrechers), 107 IV 14 (Flucht mit Diebesbeute – «solange der Berechtigte und der Angreifer unmittelbar im Anschluss an die Tat um den Gewahrsam an der Sache streiten», abweichend DUBS 344), vgl. auch 109 IV 7 (Verfolgung eines betrügerischen Gastes durch den Taxichauffeur). Nach Beendigung des Angriffs ist Art. 33 nicht mehr anwendbar, BGE 44 II 151 (Mosimmann c. Tanner), 99 IV 188; RS 1946 Nr. 219, 1983 Nr. 20; SJZ 59 (1963) Nr. 107; PKG 1969 Nr. 12.   7

Der Angriff muss **rechtswidrig** sein. Das *Verhalten von Tieren* erfüllt diese Anforderung, *soweit Menschen* dafür *verantwortlich* sind, BGE 97 IV 73. Gegen Notwehr gibt es demnach keine Notwehr, BGE 93 IV 84, SJZ 53 (1957) Nr. 80, auch nicht gegen Retorsion, BJM 1969 171, oder gegen eine gemäss StPO zulässige Festnahme durch eine Privatperson, PKG 1961 Nr. 17. Zur Notwehr gegen Amtshandlungen N 7 vor Art. 285, PKG 1961 Nr. 17, 1967 Nr. 27. Dagegen ist nicht erforderlich, dass der Angriff tatbestandsmässig sei – entgegen dem Alltagssprachgebrauch ist *auch ein fahrlässiger Angriff denkbar,* SCHULTZ I 159, TRECHSEL/NOLL 112 f. Der Angreifer braucht *nicht schuldhaft* zu handeln.   8

Abwehr ist *die Reaktion auf den Angriff, die in Rechtsgüter des Angreifers eingreift,* in der Regel eine Verteidigungshandlung. Zu eng aber BGE 79 IV 152: «Flucht und Anrufung der Polizei sind nicht Abwehrmittel» – auf Notwehr kann sich auch berufen, wer auf der Flucht den ihn verfolgenden Angreifer verletzt, BGE 86 IV 1, oder wer zur Flucht Mittel des Angreifers, z.B. dessen Auto, benützt.   9

Die Abwehr muss in zweierlei Hinsicht den **Grundsatz der Verhältnismässigkeit** wahren. Einerseits muss die Abwehr dem Angriff angemessen   10 sein – unter diesem Gesichtspunkt ist verhältnismässig, was es braucht, um den Angriff zurückzuschlagen. «Angemessen ist die Abwehr, wenn der Angriff nicht mit andern weniger gefährlichen Mitteln hätte abgewendet werden können», BGE 107 IV 15, RS 1988 Nr. 329, dazu KUNZ, Notwehrbefugnis, 167 ff. Andererseits muss geprüft werden, ob das *Verhältnis zwischen dem Wert des angegriffenen und demjenigen des verletzten Rechtsguts* angemessen sei, BGE 79 IV 151, 107 IV 15. Weil der Angegriffene sich in einer dramatisch drängenden Lage befindet, dürfen aber an seine Fähigkeiten, die Situation abzuwägen, *nicht zu hohe Anforderungen* gestellt werden, BGE 79 IV 155, 99 IV 188, 107 IV 15. Eine Grenze setzt EMRK Art. 2 II a, wonach Tötung nur zulässig ist, «um die Verteidigung eines Menschen gegenüber rechtswidriger Gewaltanwendung sicherzustellen», dazu krit. KUNZ, Notwehrbefugnis, 172 f. Für Einzelheiten s. Kasuistik, N 18.

11   Strittig ist das Bestehen des Abwehrrechts bei **Provokation** des Angreifers, eingehend DUBS 350 ff., STRATENWERTH AT I § 10 N 82. Eine *unbeabsichtigte Aufreizung* stellt noch *keine Provokation* dar, BGE 79 IV 154, auch nicht der Vorstoss in Richtung auf verbale Auseinandersetzung, BGE 102 IV 230, oder ein «ungebührliches Verhalten», BGE 104 IV 55 f. eingehend EGV-SZ 1990 134 f. Auf die Motive kommt es überhaupt nicht an, auch nicht darauf, «ob der Angegriffene zum Angriff Anlass gegeben hat», BGE 102 IV 230. Das Abwehrrecht *entfällt* jedoch, *wenn* der Angriff *vorsätzlich provoziert* wurde, BGE 102 IV 230, 104 IV 56, SJZ 58 (1962) Nr. 74; dies bedeutet, dass der Provokateur ausweichen muss, h.L.

12   Zu Notwehr berechtigt ist ausser dem Angegriffenen jeder Dritte **(Notwehrhilfe),** was eine wichtige Unterstützung von erwünschter Solidarität darstellt.

13   Beim **subjektiven Tatbestand** setzt Notwehr nach der bundesgerichtlichen Praxis voraus, dass der Täter vom rechtswidrigen Angriff weiss und mit dem Ziel der Abwehr handelt, BGE 79 IV 154, 93 IV 83, 104 IV 1 f., EGV-SZ 1990 Nr. 47, WAIBLINGER SJK Nr. 1204 Ziff. 7, ebenso REHBERG I 154, NOLL, Rechtfertigungsgründe, 52, 134, STRATENWERTH AT I § 10 N 84, 106 ff., s. aber N 14. Auch hier kommt es nicht auf das Motiv an, STRATENWERTH, AT I § 10 N 108, WALDER, ZStrR 81 (1965) 48. Die Auffassung ist abzulehnen – Rechtmässigkeit ist zu vermuten; wenn die Tat objektiv gerechtfertigt ist, braucht es kein zusätzliches subjektives Rechtfertigungsmerkmal; kannte der Täter die Notwehrsituation nicht, liegt untauglicher Versuch vor, s. TRECHSEL / NOLL 105 f. Der Täter *muss allerdings nicht auch den Erfolg seiner Abwehrhandlung wollen* – eine andere Lösung wäre «stossend, ja unvernünftig», BGE 79 IV 151, 104 IV 1.

14   Stellt sich der Täter irrtümlich vor, er werde (schon) rechtswidrig angegriffen **(Putativnotwehr),** gilt Art. 19 (s. insbes. N 6), BGE 102 IV 67, 93 IV 83 f., BJM 1997 35. Beim Irrtum zuungunsten des Täters (Unkenntnis des Notwehrtatbestandes) liegt untauglicher Versuch vor (vgl. Art. 19 N

11), TRECHSEL/NOLL 105 f., SCHULTZ I 150. Abgelehnt wird das Erfordernis des subjektiven Rechtfertigungsgrundes bei SCHULTZ a.a.O. und TRECHSEL/NOLL a.a.O.: In der Tat *fehlt* es, wo eine Notwehrsituation gegeben ist, am *Erfolgsunwert der Tat,* den der Handlungsunwert nicht aufzuwiegen vermag. Das moderne liberale Strafrecht geht von der Vermutung der Rechtmässigkeit aus – mag auch der Vorsatz als Unrechtselement angesehen werden, so darf daraus doch nicht abgeleitet werden, dass die Rechtmässigkeit eines Verhaltens von einer besonderen Einstellung des Täters abhängt.

Hat der Täter den Sachverhalt richtig erkannt, irrt er aber hinsichtlich der Abwehrbefugnis, liegt **Verbotsirrtum** (Art. 20) vor.   15

Notwehrexzess führt zu Strafmilderung nach freiem Ermessen. Art. 33   16
erfasst nur den *intensiven, quantitativen Exzess,* der vorliegt, wenn der Täter in einer mindestens in seiner Vorstellung bestehenden Notwehrsituation die durch den Grundsatz der *Verhältnismässigkeit* gezogenen Grenzen überschreitet, s. z.B. BGE 99 IV 187, 102 IV 5, 68, 229, 109 IV 7, ZBJV 112 (1976) 341, RS 1977 Nr. 199, 1985 Nr. 768, 1988 Nr. 323. Bei *extensivem, qualitativem Notwehrexzess,* wo der Täter *ausserhalb der Notwehrsituation* handelt, z.B. bevor eine unmittelbare Bedrohung vorliegt, kennt das Gesetz keine Strafmilderung, s. z.B. BGE 93 IV 83; WALDER, ZStrR 81 (1965) 46.

Handelt der Täter im **entschuldbaren Affekt,** so bleibt er «straflos», was   17
prozessual einen *Freispruch* bedeutet, BGE 73 IV 261, 101 IV 121. Wie bei Art. 113 ist zu prüfen, *ob auch ein rechtlich gesinnter Mensch durch den Angriff in Aufregung und Bestürzung geraten wäre;* zudem stellt sich die Frage, ob das Mass des Exzesses durch die Heftigkeit der Erregung gedeckt sei. Art. 33 II 2. Satz verlangt keine «heftige» Erregung und setzt nicht Schuldlosigkeit voraus, BGE 102 IV 7. Nicht entschuldbar ist die Erregung, wenn der Angegriffene «selber schuldhaft durch deliktisches Verhalten die Ursache des Angriffs gesetzt hat», BGE 109 IV 7, PKG 1983 Nr. 13, BJM 1997 35: Konfliktsituation durch Entreissdiebstahl herbeigeführt. Bejaht für angegriffenen Asthmatiker, SJZ 69 (1973) Nr. 114, wenig überzeugend verneint in ZR 51 (1952) Nr. 83, wo Schwierigkeit beim Öffnen eines Klappmessers als Zeichen fehlender Bestürzung gedeutet wird, kritisch auch WALDER, ZStrR 81 (1965) 48. Entschuldbar ist verständliche Todesangst, SJZ 69 (1973) Nr. 114. Die Ablehnung eines Affekts muss begründet werden, BGE 115 IV 171 ff., Sem.jud. 1988 126. Keine Zustimmung verdient ZR 91/92 (1992/93), wonach der entschuldbare Affekt nicht mehr berücksichtigt werden dürfe, wenn Totschlag angenommen worden sei; das «Entgegenkommen», welches in der Subsumtion unter Art. 113 liegt, wird zum Bumerang und verhindert den Freispruch nach Art. 33 II; bevor nach der Qualifikation der Tötung gefragt wird, muss die Anwendung von Art. 33 geprüft werden, sonst kann das Ergebnis ungerecht werden. *VE 1993* Art. 12 II sieht beim entschuldbaren Affekt nurmehr fakultative Strafbefreiung vor.

18 **Kasuistik**
BGE 79 IV 148: Pfadfinderführer Koller kam zwei von einer Übung
heimkehrenden Pfadfindern zu Hilfe, denen der betrunkene Metzger
Lehmann zusammen mit einem Kumpel das Fahrrad weggenommen
hatte; nachdem er Warnschüsse abgegeben hatte, fiel ihn der körperlich
kräftigere Lehmann an, im Handgemenge löste sich ein tödlicher Schuss
– Notwehr bejaht; **86 IV 1: Kurer** war nachts von **Laube** überholt worden
und verfolgte ihn bis zur Wohnung, wo er im Hof die Polizeinummer ab-
las; bei der Wegfahrt stellte sich ihm Laube in den Weg und wollte ihn
aus dem Auto holen; Kurer beschleunigte, worauf Laube stürzte und sich
verletzte – Notwehr bejaht: **93 IV 81: Zulli** wurde von seinen kalabre-
sischen Arbeitskameraden gequält; eines Abends begegnete er auf der
Strasse Vincenzi und Armentano; nach kurzem Wortwechsel stiess Zulli
mit dem Brotmesser zu, tötete Vincenzi und verletzte Armentano – Notwehr verneint, weil noch keine unmittelbare Bedrohung vorlag; **99 IV
187: M.,** der mit der Gattin von A ein Verhältnis hatte, wurde von diesem
nach Aufbrechen der Tür in einem Zimmer angegriffen; er schoss zur
Abwehr mit einer Gaspistole aus geringer Distanz, verletzte A. an den
Augen und gab noch zwei Schüsse ab, nachdem dieser am Boden lag –
Notwehr bejaht; sollte hinsichtlich der letzten Schüsse Exzess vorliegen,
wäre dieser entschuldbar; **101 IV 119: W.** wurde vom Stiefvater M. grundlos brutal angegriffen und wehrte sich, indem er mit einem Meissel einen
leichten Schlag gegen den Hinterkopf des Angreifers führte – kein Exzess; **102 IV 2: X.** hatte A bei einem Überholmanöver zu brüsker Bremsung gezwungen, worauf dieser ihm bis zum Arbeitsplatz in seiner Wechselstube folgte und ihn masslos erregt beschimpfte, worauf X. schliesslich
einen Warnschuss abgab, der 80 cm neben A. in ein mit Holz und Gips
verkleidete Backsteinwand drang – Notwehr gegen Hausfriedensbruch
durch Verweilen bejaht, Exzess angenommen wegen Gefahr von Prellschüssen; ob entschuldbar, geht aus dem Text nicht hervor; **102 IV 65: Gil
y Duarte** stellte bei Verlassen des Gasthauses fest, dass sein Hut weg war,
und griff nach dem einzigen vorhandenen; später fiel dieser Hut seinem
Besitzer auf, es kam zu einer Auseinandersetzung, an welcher sich neben
dem Hutbesitzer weitere Personen beteiligten; Gil fühlte sich bedroht,
zückte eine Pistole und erschoss schliesslich Witschi, der auf Warnrufe
nicht reagiert hatte – Notwehr bejaht, aber Exzess, Warnschuss war gefordert, weil er ein volles Magazin hatte und Witschi jedenfalls in der
Hand keine Waffe trug; **102 IV 229: C.** begegnete im Wirtshaus seinem
früheren Freund und nunmehrigen Rivalen R., von dem er sich verspottet fühlte; um eine Aussprache herbeizuführen, folgte er R. in die Toilette, wo jener ihn sofort tätlich angriff; C. zückte ein Küchenmesser und
fügte R. eine tödliche Bauchverletzung zu – Notwehr bejaht trotz vorsorglicher Bewaffnung und Initiative zur Auseinandersetzung; Exzess –
obwohl auf Tötung Art. 113 angewandt, keine Diskussion über Entschuldbarkeit der Erregung nach Art. 33 II 2. Satz; **104 IV 1: G.,** durch
Peitschenhiebe bedrängt, ergriff ein Messer, an dem sich der Angreifer
verletzte – Notwehr in exzessiver Betonung des fehlenden Abwehrwil-

lens verneint; **104 IV 53: H.,** alkoholisiert, störte im Hotel Post in Samnaun durch Kapriolen und wurde von den Brüdern Z. «abgeführt», wogegen er sich mit Recht wehrte; nicht mehr Notwehr, sondern zu Notwehr berechtigender Angriff war es, dass er nachher mit Kies nach den Brüdern Z. warf; **104 IV 234 (Boegli und Kons.):** Landfriedensbruch im bernischen Jura; Droz und Koller machten vergeblich geltend, sie seien von Antiseparatisten i.S. von Art. 33 in die Enge getrieben worden – Art. 133 als Spezialregelung für Notwehr führt zum Schluss, dass Art. 260, wo eine entsprechende Präzisierung fehlt, überhaupt nicht durch Notwehr gerechtfertigt werden kann; **107 IV 12: S.,** Inhaber einer Wechselstube und geübter Schütze, verfolgte den Dieb, der samt seiner Mappe floh, die mit 53 000 Franken 1 1/2 bis 2 Jahresverdienste enthielt, und traf ihn nach drei erfolglosen Warnschüssen in den Unterschenkel – Notwehr bejaht (kritisch Schultz, ZBJV 118 [1982] 541, zustimmend Huber 439 f.); **109 IV 5: M.** wollte einen Taxifahrer prellen und rannte davon, verfolgt vom Fahrer, der mit einem Kabelstück auf ihn einschlug; zur Abwehr dieses (an sich gerechtfertigten, aber exzessiven) Angriffs fügte er dem Verfolger tödliche Messerstiche bei – nicht entschuldbarer Exzess; **115 IV 163: Polizist B.** hielt die Dienstwaffe durch die offene Beifahrertüre eines Pontiac und rief «Halt!» – der Fahrer startete und wurde durch einen Schuss verletzt – keine Notwehr; **115 IV 168: Privatdetektiv M.** war von einer Prostituierten zu ihrem Schutz angestellt – er erschoss einen Freier, der die Dirne nach heftigem Streit würgte – die Genfer Justiz hatte nicht klar zu der Frage Stellung genommen, ob der Täter in entschuldbarer Aufregung oder Bestürzung gehandelt hatte; **118 IV 292 f.: S.** hatte einen Metallpfosten beschädigt, den Nachbar Z. aus reiner Schikane auf dem Zufahrtsweg angebracht hatte – als *obiter dictum* erwähnt das BGer, dass man auch Notwehr annehmen könnte.

AGVE 1984 Nr. 23: Exzess durch Schlag mit geladener und entsicherter Pistole auf den Hinterkopf eines unbewaffneten Eindringlings, von dem höchstens Sachbeschädigung und Tätlichkeit drohte; **BJM 1960 212:** Exzessiv der Wurf mit einem 1 kg schweren Tonkrug gegen den Angreifer, der mit einem Stück Eisenrohr an einer Eisenstange von der Terrasse des 1. im Balkon des 2. Stocks kletterte; **BJM 1969 171:** Setzt sich ein Gast dagegen zur Wehr, dass ihn der Wirt mit einem Strahl aus der Syphonflasche weckt, so steht dem Wirt gegen die Reaktion des Gastes kein Notwehrrecht zu; **BJM 1996 153:** Zugführer K. zückt die Pistole, als ihn ein erboster Passagier von hinten am Oberkörper und an den Armen packt und an die Zugswand drückt – entschuldbarer Notwehrexzess; **BJM 1997 32: Peter Sch.** hatte dem P. Heroin gestohlen; dieser verfolgte ihn hartnäckig und hatte ihm bereits zwei Stichwunden beigebracht, als Peter Sch. ihn mit einem kräftigen Stich in die Herzgegend tötete – Notwehrexzess; **EGV-SZ 1987 Nr. 23:** Angemessen die Abwehr mit dem Rechen gegen einen Angreifer mit Armierungseisen; **EGV-SZ 1990 127: A.** geriet mit G. in Streit, holte den mit Man-Stopper- und scharfen Patronen geladenen Revolver; als sich später G. gegen ihn wandte, schoss er zunächst mit den Man-Stopper-Patronen; es kam dann zu einem Hand-

gemenge, in dessen Verlauf sich ein scharfer Schuss löste, der G. verletzte
– der Schuss mit dem Man-Stopper-Geschoss war in Notwehr gerechtfertigt, keine Provokation; Notwehr wurde dagegen beim Schuss mit scharfer Munition verneint, weil sich der Täter «überrüstet» hatte und der Ab-
wehrwille fehlte; **PKG 1943 Nr. 35:** Exzessiv waren Ohrfeigen aus der
Hand eines Akademikers gegen eine unbotmässige Dienstbotin, die ihn
in die Küche gesperrt hatte; **PKG 1969 Nr. 12:** Exzessiv waren heftige,
schwere Körperverletzung verursachende Schläge ins Gesicht eines
schwer betrunkenen Angreifers; **PKG 1983 Nr. 13:** Schuss in den Kopf
eines Mannes, der im Zorn den Wohnwagen des Täters betritt – Notwehrexzess; **Sem.jud. 1988 121 (BGer):** Notwehrhilfeexzess durch tödlichen Schuss des Leibwächters einer Prostituierten auf den Freier, der
die Frau würgte; **SJZ 57 (1961) Nr. 148:** Abwehr tätlicher Angriffe (u.a.
Würgen) eines kräftigen Mannes durch einen schmächtigen Jüngling ist
angemessen; **SJZ 59 (1963) Nr. 81:** Abwehr durch Gegenangriff mit Messerstichen angemessen; **SJZ 69 (1973) Nr. 164:** Entschuldbarer Exzess
des angegriffenen Asthmatikers, der einen Würggriff anlegte und zudrückte, bis sich der Angreifer ein «ordentliches Weilchen» nicht mehr
geregt hatte; **ZBJV 112 (1976) 341:** Exzess der Grundeigentümer, die
Schläuche zerschnitten, um die Sandstrahlbehandlung eines auf ihrem
Grund stehenden Seilbahnmastes zu verhindern; **ZR 51 (1952) Nr. 83:**
Exzessiv die (tödliche) Abwehr tätlicher Angriffe durch den unterlege-
nen Asthmatiker mittels Soldatenmesser, das als Schlagwaffe (sic!) hätte
verwendet werden sollen, m.krit.Anm.; **ZR 91/92 (1992/93) Nr. 78:** Der
bewaffnete Angeklagte wurde von H. und K. angegriffen, K. entwand
ihm die Pistole, er nahm sie zurück und schoss K. auf kurze Distanz tödlich in die Brust – Totschlag in Notwehrexzess, das Doppelverwertungsverbot schliesse die (nochmalige) Berücksichtigung des Affekts i.S.v.
Art. 33 II aus (dazu oben N 17).

34 Notstand

1. **Die Tat, die jemand begeht, um sein Gut, namentlich Leben, Leib,
Freiheit, Ehre, Vermögen, aus einer unmittelbaren, nicht anders abwendbaren Gefahr zu erretten, ist straflos, wenn die Gefahr vom Täter
nicht verschuldet ist und ihm den Umständen nach nicht zugemutet werden konnte, das gefährdete Gut preiszugeben.**

**Ist die Gefahr vom Täter verschuldet, oder konnte ihm den Umstän-
den nach zugemutet werden, das gefährdete Gut preiszugeben, so mildert
der Richter die Strafe nach freiem Ermessen (Art. 66).**

2. **Die Tat, die jemand begeht, um das Gut eines andern, namentlich
Leben, Leib, Freiheit, Ehre, Vermögen, aus einer unmittelbaren, nicht
anders abwendbaren Gefahr zu erretten, ist straflos. Konnte der Täter erkennen, dass dem Gefährdeten die Preisgabe des gefährdeten Gutes zuzumuten war, so mildert der Richter die Strafe nach freiem Ermessen
(Art. 66).**

VE 1893 Art. 18, Mot. 32 ff. VE 1894 Art. 16. 1. ExpK I 119 ff., II 405. Vgl. ferner Erl.Z. 52 ff.

GUNTHER ARZT, Kleiner Notstand bei kleiner Kriminalität? in FS für Jörg Rehberg zum 65. Geburtstag, Zürich 1996, 25; ERNST BRÄGGER, Der Notstand im Schweizerischen Strafrecht, Diss. BE 1937; ARTHUR HAEFLIGER, Der Notstand im schweizerischen Strafrecht, in Recueil de travaux suisses présentés au VIIIe Congrès international de droit comparé, Basel 1970, 379; **Lit.** zu Art. 32, 33.

Auf **Notstand** kann sich berufen, *wer in Rechtsgüter unbeteiligter Dritter eingreift, weil nur so mindestens gleichwertige eigene (oder fremde* – Notstandshilfe, Ziff. 2) *Rechtsgüter aus einer akuten Gefahr gerettet werden können.* Wird in Rechtsgüter des Dritten in dessen eigenem Interesse eingegriffen, z.B. Einbruch, um ein Feuer zu löschen, liegt Handeln *mit mutmasslicher Einwilligung* der Verletzten vor, dazu STRATENWERTH AT I § 10 N 24 ff., TRECHSEL/NOLL 128 f., die als *Geschäftsführung ohne Auftrag (negotiorum gestio),* OR Art. 422, rechtmässig ist.   1

Nach herrschender Auffassung ist bei Notstand je nach dem Verhältnis der kollidierenden Werte *Rechtfertigung* oder bloss *Entschuldigung* anzunehmen. Rechtfertigung liegt nur vor, wenn dem abgewendeten Schaden erheblich mehr Gewicht zukommt als dem bei der Rettung angerichteten (N 8); wiegen sich Gewinn und Verlust in etwa auf, so liegt nur Entschuldigung vor, weil das Recht unter Gleichwertigem keine Präferenz treffen kann, BGE 122 IV 4, s. schon BRÄGGER 134, GERMANN, Verbrechen, 214; ferner GRAVEN AT 137, HAEFLIGER 383, NOLL, ZStrR 80 (1964) 175, REHBERG I 164 f., STRATENWERTH AT I § 10 N 36; TRECHSEL/NOLL 107, a.M. SCHULTZ I 163. Diese Unterscheidung trifft auch *VE 1993* in Art. 13 und 16. *Zivilrechtlich* befreit Notstand nicht von der Schadenersatzpflicht, OR Art. 52 II.

Verschiedene **Spezialregeln** des Besonderen Teils drücken den Notstandsgedanken aus, z.B. Art. 120, 242 II, 305 II, 308 II. In diesen Fällen darf die vom Tatbestand schon berücksichtigte Notlage nicht nochmals nach Art. 34 verwertet werden, BGE 87 IV 21.   2

Erste Voraussetzung des Notstandes ist die **Gefahr,** die *Wahrscheinlichkeit einer Verletzung.* Die Gefahr kann irgendwelchen Ursprung haben, sie kann auch in einem rechtswidrigen Angriff bestehen, BGE 75 IV 51, 104 IV 189 *(Nötigungsnotstand),* bzw. in einem drohenden Angriff, *«risque d'agression»,* BGE 122 IV 5. Zwar gehört dazu kein Element der Rechtswidrigkeit (Naturgewalten z.B. entziehen sich solcher Bewertung), aber eine rechtmässige Handlung, die der Betroffene zu dulden verpflichtet ist, stellt keine «Gefahr» i.S.v. Art. 34 dar, z.B.: Festnahme durch die Polizei, BGE 98 IV 50; Betreibungshandlung, solange sie nicht zu Widerstand berechtigt (vgl. N 16 vor Art. 285), BGE 103 IV 75, SJZ 50 (1954) Nr. 138; von der Regierung angeordnete Impfung, BGE 104 IV 232, RS 1970 Nr. 81 (dass die Entscheidung des Regierungsrates den Richter *a priori* und in allen Fällen binde, muss freilich bezweifelt werden). Wann eine Gefahr, wann nur *Ausbleiben* eines *Vorteils* droht, muss   3 von Fall zu Fall geprüft werden – Verpassen des Flugzeuges ist u.a. wegen Verfalls des Tickets eine Gefahr, SJZ 65 (1969) Nr. 87, s. auch ARZT 32 ff., a.M. REHBERG I 160 Fn 422; blosses Erlangen eines Vorteils bei Halten unter Anhalteverbot, um Kofferschleppen zu vermeiden, SJZ 70 (1974) Nr. 8.

4   Notstand kann zur Rettung jeder Art von **Individualrechtsgütern** in Anspruch genommen werden, dagegen nicht für «die Wahrnehmung allgemeiner Rechtsgüter, wie … die Gleichheit der Bürger vor dem Gesetz», BGE 94 IV 69, ZR 76 (1977) Nr. 98. Gefährlich ist die Auffassung von GERMANN, Verbrechen, 219, wonach auch öffentliche Interessen notstandsfähig seien – das Beispiel der aushilfsweisen Verkehrsregelung zur Stosszeit betrifft nicht Notstand, weil nicht in Rechte unbeteiligter Dritter eingegriffen wird. Problematisch ist auch die Berufung des Staates selber auf Notstand – nur in seltenen Ausnahmefällen ist sie hinzunehmen, etwa bei Freilassung von Gefangenen oder Bezahlung eines Lösegeldes unter dem Druck von Geiselnehmern. Kein Notstand aus Gründen des Heimatschutzes, ZR 76 (1977) Nr. 98 (Behinderung des Abbruchs einer Fabrik). Im übrigen sind Notmassnahmen gesetzlich zu regeln, z.B. im Polizeigesetz.

5   Die Gefahr muss **«unmittelbar»** drohen, d.h. mit solcher Dringlichkeit, *dass ein weiterer Aufschub das Gelingen von Rettungshandlungen in Frage stellen würde*, vgl. Art. 33 N 6, HAEFLIGER 380. Verlangt wird *«un danger qui n'est ni passé ni futur, c'est-à-dire un danger actuel mais aussi concret»*, BGE 122 IV 5, Sem.jud. 1995 738 f. m.w.Hinw. Daran fehlte es z.B. bei der Besetzung der polnischen Botschaft, BGE 109 IV 158; ferner im Fall eines Bijoutiers, der aus allgemeiner Furcht vor Verbrechern bei wertvollen Stücken gegen Vorschriften über die Preisangabe im Schaufenster verstiess, BGE 108 IV 121; äusserst riskante Transportmethode im Hochgebirge für verzichtbaren Zeitgewinn, BGE 98 IV 5, 10; unzulässig ist auch der Schuss auf einen sich entfernenden Hund, der früher Kaninchen gewürgt hatte, RS 1955 Nr. 54, oder das Überschreiten der Höchstgeschwindigkeit, weil man sich verfolgt fühlt, Sem.jud. 1995 739. Die unmittelbare Gefahr wurde bejaht in BGE 122 IV 7, wo eine Frau von ihrem Ehemann, einem grausamen Haustyrannen, regelmässig schwer misshandelt worden war, der Mann hatte zudem einen Revolver gekauft und ihr angekündigt, er werde sie damit erschiessen – *«Dauergefahr»*.

6   Die Vorschrift, dass die Gefahr **nicht selbst verschuldet** sein darf, ist *zu streng – VE 1993* verzichtet denn auch auf dieses Erfordernis, Art. 13, 16. Nach vorherrschender Meinung ist sie in dem Sinne zu verstehen, dass Rechtfertigung dann ausgeschlossen ist, wenn der Täter voraussah, dass er in fremde Rechtsgüter würde eingreifen müssen, und dies durch andere Weichenstellung in zumutbarer Weise verhindern konnte, GRAVEN AT 145, REHBERG I 162, RIKLIN AT § 14 N 48, SCHULTZ I 164, TRECHSEL /NOLL 109 f.; eher noch weiter gehen HAEFLIGER 380, STRATENWERTH

AT I § 10 N 48; s. auch Arzt 33, der im Zusammenhang mit «kleiner Kriminalität» betont, dass «das Verschulden bei der Gefahrherbeiführung auch in Relation zum Notstands-Ausweg gesehen werden muss». PKG 1943 Nr. 32 warf Selbstverschulden einem Viehhirten vor, der nicht rechtzeitig reagiert hatte, obwohl vorauszusehen war, dass das Futter ausgehen würde; Rep. 1976 133 sieht Selbstverschulden darin, dass sich P. in dunkle Geschäfte einliess, worauf er nicht eigenmächtig durch Nötigung Schulden eintreiben durfte.

Notstand ist – im Gegensatz zur Notwehr – **subsidiär:** In Rechte unbeteiligter Dritter darf nur eingegriffen werden, wenn sich keine andere Möglichkeit zur Rettung bietet, z.B. BGE 75 IV 49: kein anderer als der Fluchtweg, auf dem ein Hindernis zu beseitigen ist; 94 IV 71: keine Flucht des Beamten in die Öffentlichkeit, solange nicht dienstliche Mittel versucht wurden; 101 IV 5: eine private Sicherungsfirma muss Alternativen zur illegalen eigenmächtigen Ausrüstung der Fahrzeuge mit Notfall-Alarmzeichen prüfen; 106 IV 1: bevor jemand mit übersetztem Tempo ins Spital fährt, muss er nicht prüfen, ob eine Rettungsmöglichkeit in der Nähe zur Verfügung steht oder eine Ambulanz rechtzeitig Hilfe brächte. In Extremfällen kann die Tötung eines Haustyrannen der letzte Ausweg sein, um dem Leiden ein Ende zu setzen, BGE 122 IV 7 f.

Mit dem Hinweis auf **Zumutbarkeit der Preisgabe** verweist das Gesetz auf die notwendige **Interessenabwägung.** Nur Rettung eines höherwertigen auf Kosten eines geringerwertigen Interesses kann die Tat rechtfertigen, wobei nicht abstrakte Vorstellungen, sondern nur *konkrete Verhältnisse massgebend* sind – unverhältnismässig war die Besetzung der polnischen Botschaft wohl nicht zum angestrebten, sicher aber zum zu erwartenden Erfolg, BGE 109 IV 158; Bequemlichkeit rechtfertige keine Fahrt auf Feldweg, ZBJV 123 (1987) 449. Als höherwertig wurden angesehen: das Interesse der Mutter, den sterbenden Vater noch zu sprechen, gegenüber den Höchstgeschwindigkeitsvorschriften, SJZ 70 (1974) Nr. 15; die Sicherheit gegenüber dem Leben eines tollwütigen Hasen, SJZ 75 (1979) Nr. 6; die Sicherheit des Ehemannes, der desertiert war, gegenüber den Vermögensinteressen des betreffenden Staates, RS 1944 Nr. 163; der Einsatz des Notfallarztes gegenüber Höchstgeschwindigkeitsvorschriften, Rep. 1982 335. Gleichwertige Interessen standen sich gegenüber in BGE 122 IV 1: Tötung eines Haustyrannen; RS 1962 Nr. 129: Schuss auf einen von zwei Hunden, die die eigene Katze verfolgten; möglicherweise auch in RS 1977 Nr. 410: Rückwärtsfahren und Kollidieren mit einem dahinterstehenden Fahrzeug, um einem aus der Gegenseite kommenden Fahrzeug auszuweichen. In solchen Fällen kann Notstand nur entschuldigen.

Angehörige von **Berufen im Dienst der Gefahrenabwehr,** namentlich **Feuerwehrleute, Bergführer, Polizisten, Soldaten,** tragen eine besondere Risikopflicht; ihnen wird zugemutet, die persönliche Sicherheit im Dienste der Pflichterfüllung in einem erhöhten Masse preiszugeben,

HAEFLIGER 285, POPP Vb N 85, REHBERG I 165, SCHULTZ I 165, STRA-
TENWERTH AT I § 10 N 47, TRECHSEL/NOLL 109. Nach dieser Regel müssen auch eine schweizerische Bank und ihr Personal gegenüber Druck-
versuchen amerikanischer Behörden zum Schutz des Bankgeheimnisses
erhöhte Widerstandskraft mobilisieren.

10 Der Grundsatz der **Verhältnismässigkeit** fordert ferner, dass die unver-
zichtbaren Eingriffe in Rechtsgüter Dritter *möglichst schonend* vorgenommen, auf das Minimum beschränkt werden, vgl. BGE 75 IV 53:
schonendes Beiseiteschieben der den Fluchtweg versperrenden Schwiegermutter; 106 IV 1: Vorsicht bei Fahren mit übersetzter Geschwindigkeit – Berücksichtigung der Strassenverhältnisse; wenn der Rettungsfah-
rer «Verkehrsregeln missachtet, so muss er eine erhöhte, den besonderen
Verhältnissen angepasste Sorgfalt beobachten», ZBJV 106 (1970) 387.
Vgl. auch Sem.jud. 1995 737: Überschreitung der Höchstgeschwindigkeit,
weil man sich verfolgt fühlt. Notstand befreit eher von formellen als von
materiellen Sorgfaltspflichten, zu restriktiv m.E. REHBERG I 164.

11 Zur **subjektiven Seite** des Notstandes gilt dasselbe wie bei Notwehr, vgl.
Art. 33 N 13 f.: Der vorherrschenden Meinung, dass erst ein Rettungs-
vorsatz rechtfertige, s. auch BGE 116 IV 370, ZR 68 (1969) Nr. 54, kann
nicht zugestimmt werden. Auf das Motiv kommt es ohnedies nicht an –
irrte der Täter insofern, als er die Not verkannte, liegt *untauglicher Versuch* vor; nahm er umgekehrt irrtümlich eine Notlage an, z.B. BGE 106
IV 1, ist nach Art. 19 vorzugehen *(Putativnotstand)*. War der Irrtum vermeidbar, so führt dies zu Strafmilderung nach freiem Ermessen, BGE
122 IV 4.
    Beim entschuldigenden Notstand ist dagegen erforderlich, dass der Tä-
ter bewusst rettend handelt.

12 Abs. 2 sieht bei **Notstandsexzess** Strafmilderung nach freiem Ermessen
vor. Im Gegensatz zur Notwehr (Art. 33 N 16) kommt hier *auch* eine
Berücksichtigung des qualitativen Exzesses in Betracht, wobei das Bundesgericht von «übergesetzlichem Notstand» (BGE 94 IV 70) oder von
«notstandsähnlichem Widerstand» (BGE 103 IV 75 – dazu kritisch
SCHULTZ, ZBJV 114 [1978] 460) spricht. Ebenso HAEFLIGER 388 unter
Berufung auf WAIBLINGER 7 f.

13 **Notstandshilfe** ist dem Notstand analog geregelt. Die Strafmilderung bei
Exzess gilt (vgl. Art. 33 II) wie in Ziff. 1 II, BGE 106 IV 2. Auf Selbst-
verschulden an der Notlage wurde im Gesetz nicht hingewiesen, weil dem
Dritten eine Prüfung dieser Frage kaum möglich oder zumutbar ist,
HAEFLIGER 387, REHBERG I § 166, a.M. STRATENWERTH AT I § 10 N 51,
wonach eine sachliche Abweichung in der Auslassung nicht zu erblicken
sei. BJM 1992 149 lehnt denn auch Notstandshilfe wegen Selbstverschul-
dens der Begünstigten ab. Zur Notstandshilfe s. auch SJZ 92 (1996)
Nr. 28: Polizeihauptmann Grüninger verhilft 1940 verfolgten Juden zur
Flucht.

Kasuistik   14
BGE 75 IV 49: Julie Humberset, von ihrem Ehemann Louis mit dem Messer verfolgt, flüchtete die steile Treppe hinunter, auf welcher ihre Schwiegermutter entgegenkam; sie schob die Frau beiseite, wobei diese stürzte und sich tödlich verletzte – Notstand bejaht; **94 IV 69:** Detektiv-Wachtmeister **Kurt Meier** übergab einer Pressestelle Polizeiakten, um auf Schonung Prominenter bei Verkehrswiderhandlungen aufmerksam zu machen – Notstand verneint, ebenso die Vi, ZR 68 (1969) Nr. 45; **97 IV 73: Mottier** beobachtete, wie zwei schwere Bernhardiner einen älteren Mann angriffen, und erschoss einen von ihnen in Notstand *(recte:* Notwehr, TRECHSEL / NOLL 108); **98 IV 41: Rieder** stellte anlässlich der Globuskrawalle einem Polizisten ein Bein – keine Notstandshilfe für flüchtende Jugendliche; **101 IV 5: X.** liess für die SIPOL Fahrzeuge mit Blinklicht und Lukashorn ausrüsten und die Alarmsignale beim Einsatz verwenden – kein Notstand; **104 IV 230: M.** weigerte sich, seine Kinder nach dem Reglement des Neuenburger Regierungsrates zur Tbc-Prophylaxe röntgen zu lassen – kein Notstand; **106 IV 1: L.** brachte M., der unter bedrohlichen Kopfschmerzen litt, in rasender Fahrt ins Kantonsspital Zürich – Notstand bejaht; **106 IV 66: X.** schleppte einen Unfallwagen ohne Kontrollschilder auf einem Rollgestell ab und liess ihn, als am Rollgestell ein Defekt auftrat, auf einem öffentlichen Parkplatz stehen, um Verkehrsbehinderungen zu vermeiden – Notstand bejaht, eher wäre Pflichtenkollision anzunehmen; **108 IV 121: X.** unterliess in Verletzung von UWG Art. 20a und der Verordnung über die Bekanntgabe von Preisen bei wertvolleren Ausstellungsstücken die Preisangaben, um Vermögensdelikten vorzubeugen – kein Notstand; **109 IV 157: Kruszyk** und seine Mitstreiter besetzten vom 6. bis 9.9.1982 die polnische Botschaft in Bern, was keine Notstandshilfe für das polnische Volk darstellte; **116 IV 364: Tierarzt X.** hatte gefeiert und getrunken, gegen halb zehn ging er schlafen, nach einer guten Stunde wurde er zu einem Notfall gerufen; er fuhr mit dem Auto los, fiel aber der Polizei durch seine Fahrweise auf; die Trunkenheitsfahrt war weder gerechtfertigt noch entschuldigt – Notstandshilfe wurde dagegen angenommen bezüglich des Umstandes, dass X. vergessen hatte, ein «L» von der Heckscheibe zu entfernen; **122 IV 1: R.** wurde von ihrem Mann regelmässig schwer misshandelt; nachdem er ihr einen Revolver gezeigt hatte, mit dem er sie umbringen würde, erschoss sie ihn im Schlaf – entschuldigender Notstand; **AGVE 1993 115:** Kopfschmerzen und Husten der Beifahrerin rechtfertigen nicht 195 km/h auf der Autobahn; **BJM 1989 148: Dr. X.** fälschte Rechnungen, was nicht durch Notstandshilfe für Patienten während der Karenzzeit gerechtfertigt war; **BJM 1992 146: Ein Taxichauffeur** stand zehn Minuten im Anhalteverbot, weil er seinen Gästen mit dem Gepäck half – weil diese zu spät aufgebrochen waren (Selbstverschulden) kein Notstand; **JdT 1991 III 125:** Fahrt mit 182 statt 100 km/h, um die von einem *malaise* befallene Mutter zu besuchen – 1. Instanz sprach frei, kassiert weil zweifelhaft; **JdT 1992 I 707:** Keine Geschwindigkeitsexzesse zulassende Notstandshilfe, wenn ein Arzt einen Patienten ins Spital fährt und mit Material für den

Ernstfall ausgerüstet ist; **LGVE 1991 III Nr. 7** (Regierungsrat – Entzug des Führerausweises): **Ein Tierarzt** fuhr 33 km/h zu schnell zu einem Notfall – «Im Verhältnis zum bescheidenen Zeitgewinn für die Behandlung des Tieres ist die ... Verkehrsgefährdung stärker zu gewichten»; **PKG 1991 Nr. 42: R.** fuhr verbotenerweise mit dem Auto aus dem Jagdgebiet nach Hause, weil das Knie schmerzte – er hätte aber beim Wildhüter eine Bewilligung einholen können – kein Notstand; **RB UR 1990 Nr. 25:** Ein (geringfügiger) Stau rechtfertigt nicht das Wenden im Gotthardtunnel; **Rep. 1982 335** (BGer.): Notstand anerkannt für einen Arzt, der mit 166 statt 100 km/h einen ohnmächtigen Patienten transportierte; **Rep. 1992 320: Tognoli** war mit falschem Pass eingereist, um sich den schweizerischen Behörden zu stellen, nicht gerechtfertigt – er hätte sich an einem Grenzposten melden können; **RVJ 1995 196:** Notstand kann das Eindrücken der Tür zum Heizungsraum rechtfertigen, wenn Wohnräume ungenügend beheizt sind; **Sem. jud. 1986 636:** Beweisnotstand rechtfertigt Aufnahme von Telefongesprächen mit Morddrohung; **Sem.jud. 1995 737:** Frau L. Q. musste im Auftrag ihres Arbeitgebers eine Uhr im Wert von Franken 300 000 abliefern; als eine Zivilautostreife sie verfolgte, glaubte sie, es handle sich dabei um Kriminelle und überschritt deutlich die Höchstgeschwindigkeit – es fehlte sowohl an der unmittelbaren Gefahr als auch an der Verhältnismässigkeit; **SJZ 87 (1991) Nr. 63:** Notstandshilfe bei Geschwindigkeitsexzess anerkannt für den spezialisierten Monteur, der eine Panne bei der Eisenbahn beheben soll, allenfalls Putativnotstand, wenn keine Kollisionsgefahr bestand; **SJZ 89 (1993) Nr. 38:** Zur Rettung von Fröschen im Biotop vor Katzen darf nicht auf diese geschossen werden – vorher ist mit dem Halter eine Lösung zu suchen; **SJZ 92 (1996) Nr. 13/16:** Ein mittelloser **Obdachloser** kann sich auf Notstand berufen, wenn er in einer kalten Winternacht ohne Billett eine Bahnfahrt unternimmt, um bei einem Bekannten zu übernachten; **SJZ 92 (1996) Nr. 28: Polizeihauptmann Paul Grüninger** hatte Notstandshilfe (beurteilt nach dem früheren sanktgallischen Strafgesetz) geleistet, als er 1940 Juden zur Flucht verholfen und dabei Urkunden gefälscht und seine Amtspflicht verletzt hatte; **ZR 87 (1988) Nr. 13:** Verletzung der Vorschrift über Nachtarbeit war gerechtfertigt bei Einführung eines neuen EDV-Systems für die Bank.

Dritter Titel:
Strafen, sichernde und andere Massnahmen

Erster Abschnitt:
Die einzelnen Strafen und Massnahmen

1. Freiheitsstrafen

VE 1893 Art. 19 ff., Mot. 37 ff. VE 1894 Art. 18 ff., Mot. 132 f. 1. ExpK I 122 ff., II 409 ff. VE 1908 Art. 28 ff., 61. Erl.Z. 71 ff. 106 ff. 2. ExpK I 227 ff., 279 ff., 415 ff., 453. VIII 195 ff., IX 70 ff.; vgl. auch Beilagen bd. 30 ff., 102 ff. VE 1916 Art. 36 ff. E Art. 34 ff. Botsch. 13 ff. Sten.NR 137 ff., StR 91 ff., 259 ff., NR 620 ff., StR 309 ff., NR 729 f., StR 340.

Lit. (Auswahl)
Amtliche Publikationen: Bundesamt für Justiz: Informationen über den Straf- und Massnahmenvollzug, Vierteljahresschrift, 1976 ff.; Schweizerischer Verein für Straf-, Gefängniswesen und Schutzaufsicht: Der Strafvollzug in der Schweiz, Vierteljahresschrift 1953–1990; Conseil de l'Europe: *Bulletin d'information pénitentiaire;* Bundesamt für Statistik / Bundesamt für Justiz: Anstalten des Strafvollzugs. Katalog der Anstalten zum Vollzug von Strafen, Massnahmen und Untersuchungshaft in der Schweiz, Bern 1995.

Allgemein zu Freiheitsstrafen und Strafvollzug: PETER AEBERSOLD, Ausbildung wozu? Personalbildung im Strafvollzug darf kein Alibi werden, ZStrR 92 (1976) 225 (mit einer offiziellen Erwiderung a.a.O. 249); DERS., Der Zweck des Strafvollzuges und die Rechtsstellung der Gefangenen, Festgabe zum schweizerischen Juristentag 1973, Basel / Stuttgart 1973, 169; ALTERNATIVEN ZU KURZEN FREIHEITSSTRAFEN, Hrsg. vom Schweiz. Nationalkomitee für geistige Gesundheit, Arbeitsgruppe für Kriminologie, Diessenhofen 1979; ANDREA BAECHTOLD, Die Arbeitspflicht im Strafvollzug – ein Grundpfeiler der Freiheitsstrafe oder eine überkommene Ideologie? ZStrR 110 (1992) 379; DERS., Straf- und Massnahmenvollzug, Bern 1990; STEFAN BAUHOFER, Der gesetzliche Auftrag des Strafvollzugs, Krim. Bull. 13 (1987) Nr. 2 S. 28; STEFAN BAUHOFER / PIERRE-HENRI BOLLE (Hrsg.), Innere Sicherheit – Innere Unsicherheit? Reihe Kriminologie, Bd. 13, Chur und Zürich 1995; PIERRE-HENRI BOLLE, Über verfassungs- und allgemeinrechtliche Bestimmungen des Freiheitsentzugs in der Schweiz, Der Strafvollzug in der Schweiz, 2/3 1988 44; DERS., *De quelques aspects de la révision du Code pénal suisse,* in Grandes orientations de la politique criminelle comparative, Paris 1990, 127; ERNST BURREN, Moderne Tendenzen im Strafvollzug, ZStrR 92 (1976) 258; DERS., Der Vollzug der Zuchthaus- und Gefängnisstrafe gemäss Art. 37 StGB in den schweizerischen Strafanstalten, ZStrR 94 (1977) 482; REGULA ENDERLIN CAVIGELLI, Schweizer Frauenstrafvollzug, Schweizerische kriminologische Untersuchungen, Bd. 4, Bern u.a. 1992; MARC FORSTER, Die Korrektur des strafrechtlichen Rechtsgüter- und Sanktionenkatalogs im gesellschaftlichen Wandel, ZSR NF 114 (1995) II 1; LUKAS HUBER, Disziplinarmassnahmen im Strafvollzug, Diss. BS 1995; JOSÉ HURTADO POZO, *L'image du délinquant en droit pénal suisse,* Festgabe der rechtswissenschaftlichen Fakultät zur Hundertjahrfeier der Universität Freiburg, Freiburg 1990, 265; PHILIPPE KLOETI, *Le concordat romand sur l'exécution des peines et mesures concernant les adultes et les jeunes adultes dans les cantons romands et du Tessin,* RICPT 40 (1987) 48; JÜRG KNAUS, Das Problem der kurzfristigen Freiheitsstrafe, Diss. ZH 1973; JÜRGEN KORTH, Vertrauensvollzug – ein neues Strafvollzugskonzept [Saxerriet], Göttingen 1976; KRIMINALITÄT: Straf- und Massnahmenvollzug, Gottlieb Duttweiler-Institut, Rüschlikon/Zürich 1976; ANDRÉ KUHN, *Punitivité, politique criminelle et surpeuplement carcéral,* Schweizerische kriminologische Untersuchungen, Bd. 6, Bern u.a. 1993; KARL-LUDWIG KUNZ, *Alternative sanctions in Switzerland. A comparative overview,* in Rapports suisses présentés au XIVème Congrès international de droit comparé, Zürich 1994, 75; DERS., Leitlinien der Strafrechtsreform im Sanktionenbereich (Thesen), recht 6 (1988) 61; DERS., Die kurzfristige Freiheitsstrafe und die Möglichkeit ihres Ersatzes, ZStrR 103 (1986) 182; KARL-LUDWIG KUNZ/ THOMAZINE VON WITZLEBEN, Gemeinnützige Arbeit – Modellversuch im Kanton Bern, Schweizerische kriminologische Untersuchungen, Bd. 8, Bern u.a. 1996; CHRISTOPH MAEDER, In totaler Gesellschaft – Eine ethnographische Untersuchung zum offenen Strafvollzug, Diss. SG 1995; KARL MÜHLEBACH, Strafvollzug an gerichtlich verurteilten Erwachsenen nach aargauischem Strafprozessrecht, Diss. ZH 1971; RUTH MURBACH, Der Strafvollzug heute. Der Strafvollzug in den Anstalten des Kantons Zürich und des Ostschweizer Konkordats, Diss. ZH 1975; MARCEL ALEXANDER NIGGLI, Mehr innere Sicherheit durch Strafjustiz und Strafvollzug, Reihe Kriminologie, Bd. 13, Chur und Zürich 1995, 89; ALEX PEDRAZZINI, *Nuove tendenze in materia di pena con accenno specifico al carcere,* Rivista di diritto amministrativo ticinese 1990 395; EVA PLESS-BÄCHLER, Die lebenslängliche Freiheitsstrafe in der Schweiz, Diss. BS 1993; FRANZ RIKLIN, Gemeinnützige Arbeit statt Freiheitsstrafe? in Festgabe Alfred Rötheli zum 65. Geburtstag, Solothurn 1990, 511; JÖRG SCHENK, Zur Behandlung des Rechtsbrechers in Unfreiheit, Diss. FR 1980; JÖRG SCHUH (Hrsg.), Aktuelle Probleme des Straf- und Massnahmenvollzugs, Reihe Kriminologie, Bd. 1, Chur und Zürich 1987; HANS SCHULTZ, Zum schweizerischen Strafvollzug heute, ZStrR 81 (1965) 337; DERS., Der schweizerische Standpunkt, in Der Strafvollzug an Verkehrsdelinquenten, ACS, 15. Vortragstagung, Bern 1971, 57; DERS., Die Lehre von den kriminalrechtlichen Sanktionen der Schweiz. Eine Rezensionsabhandlung. ZStrR 108 (1991) 92; RENATE SCHWOB, Zwangsbehandlung im Straf- und Massnahmevollzug, Diss. BS 1981; Martin Stettler, *L'interdiction découlant de la condamnation à une peine privative de liberté,* ZfV 35 (1980) 81; STIGMATISIERUNG durch Strafverfahren und Strafvollzug, Schweizerisches Nationalkomitee für geistige Gesundheit, Arbeitsgruppe für Kriminologie, Diessenhofen 1980; GÜNTER STRATENWERTH/PETER AEBERSOLD, Der Schweizerische Strafvollzug, Programm, Methode und Durchführung einer empirischen Untersuchung: Bd. 1, Aarau 1976; Bd. 2: ANDREA HÄMMERLE, Die Strafanstalt Solothurn (Oberschöngrün) Aarau 1976; Bd. 3: CLAUDE FRANÇOIS JANIAK, Die Anstalten in Witzwil BE, Aarau 1976; Bd. 4: PIERRE JOSET, Die waadtländische Strafanstalt Etablissements de la Plaine de l'Orbe (Bochuz), Aarau 1976; Bd. 5: MARTIN CLERC, Die Strafanstalt Basel-Stadt, Aarau 1977; Bd. 6: PAUL BAUMANN, Die Straf- und Verwahrungsanstalt Thorberg BE, Aarau 1978; Bd. 7: MARTIN LUCAS PFRUNDER, Die Strafanstalt Lenzburg, Aarau 1978; Bd. 8: JÜRG HOFER, Die Strafanstalt Wauwilermoos LU, Aarau 1978; Bd. 9: ANNELIES LEUTHARDT, Die Anstalten in Hindelbank BE, Aarau 1979; Bd. 10: ANDREAS BERNOULLI, Die Anstalten von Bellechasse FR, Aarau 1980; Bd. 11: RICCARDO STEINER, Die Strafanstalt La Stampa TI, Aarau 1980; Bd. 12: MAX BLEULER, Die Strafanstalt Regensdorf, Aarau 1983; zum ganzen Projekt zusammenfassend Bd. 13: GÜNTER STRATENWERTH/ANDREAS BERNOULLI, Der Schweizerische Strafvollzug, Ergebnisse einer empirischen Untersuchung, Aarau 1983; FIAMMETTA A. TÖNDURY-WEY, Der Straf- und Massnahmenvollzug von Frauen in der Schweiz, Diss. ZH 1970; RUDOLF TUOR, Die Berücksichtigung der einheitlichen Mindestgrundsätze über die Behandlung der Gefangenen in der Schweiz, Diss. BE 1971; BEAT VOSER, Die Eignung der Busse zur Ersetzung der kurzen Freiheitsstrafe. Eine theoretische und empirische Untersuchung, Diss. BS 1985.

Zum VE 1993: STEFAN BAUHOFER, Reform strafrechtlicher Sanktionen in der Schweiz. Ein kriminalstatistischer Überblick, Reihe Kriminologie, Bd. 12, Chur und Zürich 1994, 225; BERNARD BERTOSSA, *Une réforme surréaliste: Peut-on encore parler de peines privatives de liberté?* ZStrR 112 (1994) 430; JEAN GAUTHIER, *Les nouvelles peines et la politique criminelle de Carl Stooss,* ZStrR 112 (1994) 380; GEORGES KELLENS, *Le projet suisse de réforme des sanctions pénales en perspective internationale,* Reihe Kriminologie, Bd. 12, Chur und Zürich 1994, 45; MARTIN KILLIAS, Der Kreuzzug gegen kurze Freiheitsstrafen: Historische Hintergründe, neue Erwartungen – und die verdrängten Folgen, Reihe Kriminologie, Bd. 12, Chur und Zürich 1994, 111; MARKUS HANS KNÜSEL, Die teilbedingte Freiheitsstrafe, Diss. BE 1995; ANDRÉ KUHN, *Les effets probables de certaines mesures proposées par le projet de révision de la partie générale du CPS,* Reihe Kriminologie, Bd. 12, Chur und Zürich 1994, 87; THOMAS MAURER, Die neuen Strafen, ZStrR 112 (1994) 388; FRANZ RIKLIN, Die Schweizerische Kriminalistische Gesellschaft (SKG) und die Strafrechtsreform – Ein kritischer Kommentar, ZStrR 112 (1994) 432; DERS., Neue Sanktionen und ihre Stellung im Sanktionensystem, Reihe Kriminologie, Bd. 12, Chur und Zürich 1994, 143; DERS., Der Straf- und Massnahmenvollzug im Vorentwurf zum Strafgesetzbuch, Forum 11/1993 5; DERS., *Projet de révision du Code pénal: L'exécution des peines et des mesures,* Forum 11/1993 7; PAUL-E. ROCHAT, *Le sursis partiel,* ZStrR 112 (1994) 427; SCHWEIZERISCHE KRIMINALISTISCHE GESELLSCHAFT, Vernehmlassung zur Totalrevision des Allgemeinen Teils des Schweizerischen Strafgesetzbuches, ZStrR 112 (1994) 354; JOSEF SACHS/MARIO ETZENSBERGER, Revision des Strafgesetzbuches: Was meinen die, die damit arbeiten, Reihe Kriminologie, Bd. 12, Chur und Zürich 1994, 269; BEAT SCHNELL, Teilweise quer in der Landschaft. Zur Revision des Allgemeinen Teils des Schweizerischen Strafgesetzbuches, Kriminalistik 1994 283; GÜNTER STRATENWERTH, Gesellschaftliche Sicherheit und Strafrechtsreform, in Verunsicherung durch schwindende Sicherheit – Strafrechtsreform unter Druck? Luzern 1995, 67; DERS., Gesellschaftliche Sicherheit und Strafrechtsreform, Plädoyer 3/94 24; DERS., Die Strafrechtsreform beeinträchtigt die innere Sicherheit nicht, in Zeitschrift für Kultur, Politik, Kirche 43 (1994) 288; HANS STUDER, Revision des Sanktionenrechts – Gedanken eines Anstaltsleiters, Reihe Kriminologie, Bd. 12, Chur und Zürich 1994, 307; HANS WIPRÄCHTIGER, Das Massnahmenrecht der Expertenkommission – Verbesserte Hilfe für die Täter und verbesserter Schutz für die Allgemeinheit, ZStrR 112 (1994) 405.

Zu den rechtsstaatlichen Anforderungen: PIERRE-HENRI BOLLE, Über verfassungs- und allgemeinrechtliche Bestimmungen des Freiheitsentzuges in der Schweiz. Requiem für die verblichenen Mindestgrundsätze, Der Strafvollzug in der Schweiz 1988 2/3, 42; HEIKE JUNG, Sanktionensysteme und Menschenrechte, Schweizerische kriminologische Untersuchungen, Bd. 5, Bern u.a. 1992, *69 ff.;* GÜNTHER KAISER, Die Europäische Antifolterkonvention als Bestandteil internationalen Strafverfahrens- und Strafvollzugsrechts, ZStrR 108 (1991) 213; HEINRICH KOLLER, Die Sicherstellung eines menschenwürdigen Strafvollzugs – Möglichkeiten und Grenzen des Bundes, ZStrR 110 (1992) 393; KARL SPÜHLER, Die Europäische Menschenrechtskonvention in der bundesgerichtlichen Rechtsprechung zum Straf- und Strafprozessrecht, ZStrR 107 (1990) 313, *321 ff.;* STEFAN TRECHSEL, *Droits de l'homme des personnes privées de leur liberté / Les droits des détenus,* in Actes du 7ᵉ Colloque international sur la Convention européennes des Droits de l'Homme, Strasbourg 1994, 33.

1   Das StGB unterscheidet drei Arten von **Freiheitsstrafen:** Zuchthaus, Gefängnis und Haft. Die Beibehaltung dieses Anachronismus war schon bei der Revision 1971 sehr umstritten. SCHULTZ VE 5 f. folgend schlägt VE 1993 Art. 40 nunmehr die *Einheitsstrafe* vor, s. auch Bericht VE 1993 9, 37. Zur Bedeutung des *bedingten Strafvollzugs* für die Freiheitsstrafen s. Art. 41 N 1, 4. Seit 1990 kann eine Person, die zu einer kurzen unbedingten Strafe von nicht mehr als drei Monaten verurteilt wurde, auf Gesuch hin die Strafe in Form der *gemeinnützigen Arbeit* (GA) verbüssen, VStGB 3 Art. 3a. Das EJPD hat bis 1995 bereits 15 Kantonen bewilligt, die GA als Alternative zum Strafvollzug einzuführen, Alternativen zum Strafvollzug: Gemeinnützige Arbeit, BFS aktuell 19 Rechtspflege, 4). Die GA-Einsätze in den Jahren 1994 und 1995 entsprechen rund einem Zehntel der in diesem Zeitraum erfolgten Einweisungen in den Strafvollzug. Der Anteil der Freiheitsstrafen an den verhängten Sanktionen betrug in den Jahren 1994/95 rund zwei Drittel (Angaben des BFS).

2   Im **Strafvollzugsrecht** herrscht heute eine unter rechtsstaatlichen Gesichtspunkten bedenkliche Rechtszersplitterung, STRATENWERTH AT II § 3 N 28. Für Einzelheiten der Ausgestaltung des Vollzugs bleibt das Recht des Kantons massgebend, auf dessen Gebiet die Anstalt liegt. Das Strafvollzugsrecht ist nur vereinzelt in Gesetzen im formellen Sinn geregelt, vgl. STRATENWERTH a.a.O., STRATENWERTH / BERNOULLI 6 f. Allgemeine bundesrechtliche Vollzugsvorschriften finden sich etwa in Art. 37, 40, 46, 376 ff., VStGB 1 Art. 5, 6; s. dazu BGE 118 Ia 71, vgl. auch Art. 397ᵇⁱˢ; das Anstaltsregime muss immerhin in groben Zügen in einem Gesetz im materiellen Sinn festgelegt sein, BGE 106 Ia 282, so bereits BGE 99 Ia 268, anders aber BGE 100 Ia 459 f., 101 Ia 150. Gewisse Grundsätze des Anstaltsregimes enthält *VE 1993* in Art. 76, 82a und 84 f., die Detailregelung bleibt weiterhin den Kantonen vorbehalten.

3   Das **Bundesgericht** lässt in seiner **Praxis** den kantonalen Instanzen beim Erlass von Gefängnisverordnungen einen weiten Ermessensspielraum, «[d]a die Haftbedingungen in hohem Masse von den lokalen Gegebenheiten, insbesondere den sachlichen und personellen Möglichkeiten der einzelnen Vollzugseinrichtungen, abhängig sind», BGE 118 Ia 72. Besondere Bedeutung kommt dabei dem Grundsatz der Verhältnismässigkeit zu: «Die Beschränkung der Freiheitsrechte von Gefangenen darf nicht über das hinausgehen, was zur Gewährleistung des Haftzweckes und zur

Aufrechterhaltung eines ordnungsgemässen Anstaltsbetriebes notwendig ist», BGE 118 Ia 73, 113 Ia 328, 106 Ia 281, s. auch *VE 1993* Art. 76 I. Zum *Anstaltsregime* allgemein BGE 122 I 222 ff., 118 Ia 74 ff., 106 Ia 283 ff., 102 Ia 279, 99 Ia 262 (veraltet); zum Schutz des Briefverkehrs von Untersuchungsgefangenen 119 Ia 71 (Urteil *Stürm,* beleidigende Äusserungen, Bericht der EKMR vom 16.5.1995 zu B 22686/93, s. dazu auch FORSTER, recht 14 [1996] 203 ff.), 119 Ia 505 (Nichtweiterleitung von Briefen an Anwalt und Dritte), 117 Ia 465 (Heiratsantrag zwischen Untersuchungsgefangenen), 107 Ia 148 (Briefverkehr zwischen Untersuchungsgefangenem und Untersuchungsrichter), 101 Ia 148 («ungebührlicher Inhalt»), 100 Ia 454 (allgemein zur Überwachung und Beschränkung des Briefverkehrs); zur Abhaltung eines islamischen Gottesdienstes BGE 113 Ia 304; zur Zusendung von Nahrungsmitteln BGE 113 Ia 325; zur Unterschriftensammlung in einem Gefängnis BGE 109 Ia 208; zu *Disziplinarstrafen* BGE 118 Ia 90, 117 Ia 187, 106 Ia 297 f., 100 Ia 77.

Leitbild des Vollzugs muss die **Achtung der Menschenwürde** sein, so ausdrücklich *VE 1993* Art. 76 I. Neben der Rechtsprechung dient z.B. die Empfehlung (87) 3 des Ministerkomitees des Europarats vom 12.2.1987 betreffend Europäische Gefängnisregeln der Konkretisierung dieses Grundsatzes, s. dazu BGE 118 Ia 69 f., 111 Ia 344 f., TRECHSEL 34 ff., *Actes du 7ᵉ Colloque international sur la Convention européennes des Droits de l'Homme: Droits des personnes privées de leur liberté,* Europarat (Hrsg.), Strasbourg 1994; geplant ist zudem ein 12. ZP zur EMRK über Rechte der Gefangenen.   4

Anliegen des *VE 1993* ist es, für Straftaten von mittlerer und geringerer Schwere zusätzliche Sanktionsmöglichkeiten zu schaffen, Bericht VE 1993 3. Insbesondere sollen kurze Freiheitsstrafen zurückgedrängt werden, Bericht VE 1993 8; an deren Stelle treten die bedingte Verurteilung (VE Art. 36 ff.), gemeinnützige Arbeit (VE Art. 32 ff., heute: VStGB 3 Art. 3a), Geldstrafe (VE Art. 29 ff.) und Fahrverbot (VE Art. 45 ff.). VE 1993 sieht neu eine Einheitsfreiheitsstrafe vor, die regelmässig mindestens sechs Monate und höchstens 20 Jahre oder, wo es im Gesetz vorgesehen ist, auch lebenslänglich dauert, VE Art. 40. Der Richter kann nur noch ausnahmsweise auf eine vollziehbare Freiheitsstrafe von acht Tagen bis zu sechs Monaten erkennen, insbesondere bei Verweigerung der gemeinnützigen Arbeit und bei Nichtbezahlen der Geldstrafe (VE Art. 41). Eine weitere bedeutsame Änderung ist die Ausdehnung des bedingten Strafvollzuges, s. dazu Art. 41 N 67.   5

35 Zuchthausstrafe

Die Zuchthausstrafe ist die schwerste Freiheitsstrafe. Ihre kürzeste Dauer ist ein Jahr, die längste Dauer 20 Jahre. Wo das Gesetz es besonders bestimmt, ist sie lebenslänglich.

Fassung gemäss BG vom 18.3.1971.

Zur Teilrevision 1971: E 1965 Art. 35, Botsch. 1965 565 f., Sten.NR 1969 85 f., StR 1967 50.

Lit. vor Art. 35.

1   **Art. 35** regelt eine nur durch ihre Bezeichnung und Dauer **qualifizierte Freiheitsstrafe** für Verbrechen (Art. 9). Im Vollzug besteht gegenüber der Gefängnisstrafe kein Unterschied, Art. 37.2 I, s. aber Art. 65, 70, 73, 80. Zur Kritik an dieser Unterscheidung s. Vb N 1, zur geplanten Einführung der Einheitsstrafe Vb N 5.

2   Eine **Zusatzstrafe von weniger als einem Jahr** Zuchthaus zu einer *(in casu* im Ausland verhängten) Strafe ist zulässig, SJZ 63 (1967) Nr. 50.

3   **Lebenslängliche** Zuchthausstrafe bedeutet, dass der Verurteilte nach frühestens zehn Jahren in Halbfreiheit übertreten, Art. 37.3 II, nach *15 Jahren* bedingt entlassen werden kann, Art. 38.1 II. Sie ist seit dem 1.1.1990 nurmehr fakultativ vorgesehen in Art. 112, 185.3, 266.2 II. SCHULTZ VE 77 ff. schlägt *Abschaffung* der lebenslänglichen Freiheitsstrafe vor; angesichts ihrer demonstrativen Wirkung dürfte sie jedoch kaum verzichtbar sein; sie ist nicht unmenschlich, weil die tatsächliche Schwere diejenige einer zwanzigjährigen Strafe nur um ein Geringes übersteigt. *VE 1993* Art. 40 sieht die Beibehaltung der lebenslänglichen Freiheitsstrafe vor, s. dazu Bericht VE 1993 59.

36 Gefängnisstrafe

Die kürzeste Dauer der Gefängnisstrafe ist drei Tage. Wo das Gesetz nicht ausdrücklich anders bestimmt, ist die längste Dauer drei Jahre.

Fassung gemäss BG vom 18.3.1971.

Zur Teilrevision 1971: E 1965 Art. 36, Botsch. 1965 565 f., Sten.NR 1969 86 ff., 1970 516 ff., StR 1967 50, 1970 85 f.

Lit. vor Art. 35.

1   Gefängnis ist **die Strafe für Vergehen** (Art. 9). Sie ist aber auf viele Verbrechen neben Zuchthaus angedroht, z.B. Art. 139, 146, 183, 187, 189, 251.

2   Eine **Höchstdauer von fünf Jahren** sehen vor Art. 113, 122, 134, 148, 165.1, 225, 231.1 I, 265, 266.1, 266bis I, 267.1, 275, aus dem Nebenstrafrecht: z.B. MSchG Art. 62 II. Die Sonderregel soll relativ schwere Strafen ermöglichen, denen jedoch das qualifiziert entehrende Stigma «verbrecherisch» nicht anhaftet – Art. 265 ff., die auch Zuchthaus androhen, überlassen den Entscheid hierüber dem Richter, ebenso Art. 65, während die übrigen Tatbestände Gefängnis als Höchststrafe vorsehen und damit Vergehen i.S.v. Art. 9 sind.

Während für die **Strafschärfungsgründe** der Art. 67 und 68 die Höchst-   3
grenze von drei Jahren gilt, ist bei **Strafmilderung** nach freiem Ermessen
eine Gefängnisstrafe bis zu fünf Jahren zulässig, BGE 104 IV 154 ff. E. 4.

37 Vollzug der Zuchthaus- und Gefängnisstrafe

**1. Der Vollzug der Zuchthaus- und Gefängnisstrafen soll erziehend
auf den Gefangenen einwirken und ihn auf den Wiedereintritt in das bürgerliche Leben vorbereiten. Er soll zudem darauf hinwirken, dass das
Unrecht, das dem Geschädigten zugefügt wurde, wiedergutgemacht
wird.**

**Der Gefangene ist zur Arbeit verpflichtet, die ihm zugewiesen wird. Er
soll womöglich mit Arbeiten beschäftigt werden, die seinen Fähigkeiten
entsprechen und die ihn in den Stand setzen, in der Freiheit seinen Unterhalt zu erwerben.**

**2. Zuchthaus- und Gefängnisstrafen können in der gleichen Anstalt
vollzogen werden. Diese ist, unter Vorbehalt von Sonderbestimmungen
dieses Gesetzes, von den andern im Gesetz genannten Anstalten zu trennen.**

**Der Verurteilte, der innerhalb der letzten fünf Jahre vor der Tat weder
eine Zuchthausstrafe noch eine Gefängnisstrafe von mehr als drei Monaten verbüsst hat und noch nie in eine Anstalt gemäss Artikel 42 oder 91
Ziffer 2 eingewiesen war, ist in eine Anstalt für Erstmalige einzuweisen.
Er kann in eine andere Anstalt eingewiesen werden, wenn besondere
Umstände wie Gemeingefährlichkeit, ernsthafte Fluchtgefahr oder besondere Gefahr der Verleitung anderer zu strafbaren Handlungen vorliegen.**

**Die zuständige Behörde kann ausnahmsweise einen Rückfälligen in
eine Anstalt für Erstmalige einweisen, wenn dies notwendig ist und dem
erzieherischen Zweck der Strafe entspricht.**

**3. Der Gefangene wird während der ersten Stufe des Vollzuges in Ein-
zelhaft gehalten. Die Anstaltsleitung kann mit Rücksicht auf den körperlichen oder geistigen Zustand des Gefangenen davon absehen. Sie kann
ihn auch später wieder in Einzelhaft zurückversetzen, wenn sein Zustand
oder der Zweck des Vollzugs dies erfordert.**

**Gefangene, die mindestens die Hälfte der Strafzeit, bei lebensläng-
licher Zuchthausstrafe mindestens zehn Jahre verbüsst und sich bewährt
haben, können in freier geführte Anstalten oder Anstaltsabteilungen
eingewiesen oder auch ausserhalb der Strafanstalten beschäftigt werden.
Diese Erleichterungen können auch anderen Gefangenen gewährt werden, wenn ihr Zustand es erfordert.**

**Die Kantone regeln Voraussetzungen und Umfang der Erleichterun-
gen, die stufenweise dem Gefangenen gewährt werden können.**

Fassung gemäss BG vom 18.3.1971; Ziff. 1 I 2. Satz eingefügt durch das Opferhilfegesetz vom 4.10.1991.

E 35bis, Sten.NR 146, StR 94. Zur Teilrevision 1971: E 1965 Art. 37, Botsch. 1965 565 f., Sten.NR 1969 89 ff., 1970 518 f., StR 1967 50 ff., 1970 86 ff. Zur Teilrevison 1991: Botsch. vom 25.4.1990, BBl 1990 II 961ff., 995.

Andrea Baechtold, *La semi-liberté et la semi-détention dans l'exécution des peines en droit suisse,* RICPT 29 (1976) 31; ders., 1/2 Freiheit und 1/2 Gefangenschaft = ? Der Strafvollzug in der Schweiz 1976 Nr. 2 S. 1; Paul Brenzikofer, Die Praxis der Halbfreiheit in schweizerischen Anstalten, Der Strafvollzug in der Schweiz 1976 Nr. 2 (tabellarische Übersicht); Helen Pfister-Maguin, Die Luzernischen Ausführungsbestimmungen zu Art. 37 Ziff. 1 [*recte:* Ziff. 3] Abs. 2 StGB, SJZ 76 (1980) 329; Jörg Rehberg, Halbfreiheit und Halbgefangenschaft, ZöF 1978 1; Hans Schultz, *Semi-liberté et semi-détention,* RICPT 28 (1975) 159; ders., Halbfreiheit und Halbgefangenschaft, Der Strafvollzug in der Schweiz 1976 Nr. 1 S. 1; **Lit.** vor Art. 35.

1 Art. 37.1 I setzt dem Strafvollzug als **Idealziel** die **Resozialisierung** des Gefangenen, wobei jedoch die vom Gesetz dafür vorgesehenen Mittel unzureichend sind, Stratenwerth AT II § 3 N 31, 36 ff. Daran ist wesentlich, dass der Vollzug keinen über die Freiheitsentziehung hinausgehenden Übelscharakter haben darf. Lässt sich auch eine echte (Re-?) Sozialisierung mit den zur Verfügung stehenden Mitteln nur ausnahmsweise erreichen, so soll doch wenigstens nach dem Grundsatz *nil nocere* jede Schädigung des Verurteilten nach Möglichkeit vermieden werden, Schultz II 58, *VE 1993* Art. 76 II. Der Resozialisierungszweck kann nicht zur Gestaltung privatrechtlicher Beziehungen (*in casu* Kündigungsschutz) in Anspruch genommen werden, BGE 111 II 245 E. 2d).

1a Seit dem 1.1.1993 wird als Vollzugsziel neu die **Wiedergutmachung** genannt; sie lässt sich z.B. erreichen durch die Verwendung eines Teils des Verdienstanteils für die Opfer oder gemeinnützige Organisationen oder durch die Leistung gemeinnütziger Arbeit, Rehberg II 39. Die Botsch., BBl 1990 II 995, geht davon aus, dass «[e]rfolgreiche Anstrengungen zur Wiedergutmachung … die Chancen des Täters, künftig ein straffreies Leben zu führen, wesentlich verbessern» dürften. Zu Begriff und Formen der Wiedergutmachung s. A. Kley-Struller, Wiedergutmachung im Strafrecht, Diss. BS 1993, 3 ff., 141 ff.

2 Die Bestimmung wird **ergänzt** durch Art. 38, 40, 46, 47, 374–392, 397bis, VStGB 1–3. Bemerkenswert ist vor allem Art. 397bis IV, welcher dem Bundesrat die Befugnis gibt, *experimentell vom Gesetz abweichende Vollzugsformen* zu gestatten, was z.B. durch das Wohn- und Arbeitsexternat, VStGB 3 Art. 3, geschehen ist. Im übrigen zeigt die Tatsache, dass jeder Regel in Art. 37 eine Ausnahme zur Seite steht, wie flexibel die Strafvollstreckung zu handhaben ist, s. z.B. Burren, ZStrR 94 (1977) 488, krit. zur Unbestimmtheit Stratenwerth AT II § 3 N 34 f. Subjektive Rechte auf eine bestimmte Vollzugsform lassen sich kaum durchsetzen. EMRK Art. 5 gibt auch keinen entsprechenden Anspruch. Soweit das

Bundesrecht keine Regelungen trifft, ist der Strafvollzug *Sache der Kantone*.

Art. 37 **gilt nur für Freiheitsstrafen von über drei Monaten** Dauer, 3
Art. 37 bis.

Art. 37/38 gliedern den Vollzug grundsätzlich in **vier Stufen:** Einzelhaft, 4
Gemeinschaftshaft, Halbfreiheit und bedingte Entlassung. STRATEN-
WERTH AT II § 3 N 34 f. kritisiert an diesem System des Stufenstrafvoll-
zugs, dass die Kriterien für den Übertritt von einer Stufe zur andern vom
Gesetz nur sehr vage umschrieben sind («kann», «bewährt») und das
Wohlverhalten in der Anstalt häufig den Ausschlag geben dürfte; das
System werde denn auch in der Praxis eher als Instrument zur Diszipli-
nierung der Strafgefangenen als zu deren Wiedereingliederung genutzt.

Die **Trennung in Anstalten für Erstmalige und für Rückfällige** soll *«kri-* 5
minelle Infektion» verhüten, REHBERG 22. Entscheidend ist die Vollzugs-
erfahrenheit, mit der auch in der Art. 41.1 II zugrundegelegten Hypothese,
dass *in concreto* die Resozialisierungsversuche misslungen sind. Deshalb
schliesst nur Verbüssung von mindestens drei Monaten «am Stück» die
Einweisung in eine Erstmaligenanstalt aus. Als «verbüsst» gilt auch
Untersuchungshaft, die auf eine unbedingte Freiheitsstrafe angerechnet
wurde. Für eine Liste der Anstalten s. REHBERG 24 f. sowie den An-
staltskatalog. Abweichungen von der Regel müssen in den persönlichen
Verhältnissen des Betroffenen begründet sein, LOGOZ/SANDOZ 203.

Für die anfängliche **Einzelhaft** als Zeit der Besinnung sieht das Gesetz, 6
im Gegensatz zur ursprünglichen Fassung, keine feste Zeitgrenze vor.
Die Isolierung ist fragwürdig und wenig sinnvoll in den häufigen Fällen,
da der Gefangene in Untersuchungshaft war, SCHULTZ II 56. In der Praxis werden die ersten Tage nach Eintritt in die Anstalt vor allem zur Erstellung eines Vollzugsplans, der Abklärung des Arbeitsbereiches für den
Gefangenen und dergleichen genutzt, Einzelhaft i.S.v. Ziff. 3 kommt nur
noch ausnahmsweise vor, STRATENWERTH AT II § 3 N 40. Gemäss
VE 1993 Art. 78 V ist Einzelhaft nur noch in drei Fällen zulässig: bei *An-*
tritt der Strafe für höchstens eine Woche, zum *Schutz des Gefangenen*
oder Dritter oder als *Disziplinarstrafe*.

Ziff. 3 II führt die Vollzugsform der **Halbfreiheit** ein. Sie wird in der Re- 7
gel nur nach Verbüssung der halben Strafdauer (einschliesslich ange-
rechneter Untersuchungshaft) und bei Bewährung des Gefangenen gewährt; beide Voraussetzungen müssen kumulativ erfüllt sein, BGE 116
IV 278; Ausnahmen gestützt auf Abs. 2 letzter Satz werden nur zurückhaltend zugelassen, BGE a.a.O. In dieser Stufe bleibt der Gefangene in
der Anstalt oder in einem *Übergangsheim* untergebracht, geht jedoch
einer Arbeit ausserhalb nach, die ihm von der Anstalt zugewiesen wird,
VPB 45 (1981) Nr. 59. Die in BGE 99 Ib 46 vertretene Auffassung,
wonach auch Halbgefangenschaft (selbst gewählter Arbeitsplatz, s.
Art. 37 bis) zulässig sei, lehnt SCHULTZ II 57 mit Recht ab, ebenso

BAECHTOLD, 1/2 Freiheit, 6 f. Ob die Kantone befugt sind, einschränkende Voraussetzungen für die Gewährung der Halbfreiheit aufzustellen, ist fraglich (dazu, betreffend LU, PFISTER-MAGUIN a.a.O); AGVE 1994 590 nimmt an, es sei den Kantonen gestattet, die Gewährung der Halbfreiheit von einer gewissen Mindestdauer der zu verbüssenden Strafe abhängig zu machen. Problematisch ist eine lange Dauer der Halbfreiheit, weshalb in der Literatur eine *Beschränkung auf 6 Monate* vorgeschlagen wird, SCHULTZ II 57, REHBERG 26 (bei lebenslänglicher Strafe wären theoretisch fünf Jahre Halbfreiheit möglich!). Die Richtlinien der Konkordatskonferenz der Nordwest- und Innerschweiz sehen die Halbfreiheit nur bei Freiheitsstrafen von 18 Monaten und mehr vor, sie dauert in der Regel 3 bis 9 Monate, je nach Dauer der Freiheitsstrafe, AGVE 1994 592; nach den Richtlinien des Ostschweizer Konkordats dauert die Halbfreiheit zwischen 1 und 12 Monaten, REHBERG II 41. Rückversetzung aus erzieherischen Gründen ist zulässig, RS 1988 Nr. 446. *VE 1993* Art. 78 ersetzt den Ausdruck Halbfreiheit durch «Arbeitsexternat»; dieses kann angeordnet werden, wenn «es sich verantworten lässt», der Gefangene einen Teil seiner Strafe – «in der Regel mindestens die Hälfte» – verbüsst und bereits einen «Aufenthalt von angemessener Dauer in einer offenen Anstalt» hinter sich hat, VE 1993 Art. 78 III. Zudem soll das derzeit nur für Massnahmen an Erwachsenen zulässige Wohn- und Arbeitsexternat (VStGB 3 Art. 3) als weitere Vollzugsstufe eingeführt werden, VE 1993 Art. 78 IV.

8   Anstelle der Halbfreiheit kann die dritte Vollzugsstufe auch in einer **offenen Anstalt** durchgeführt werden.

9   **VStGB 3 Art. 2** gestattet den Vollzug der Freiheitsstrafe in Anstalten zum Vollzug von Massnahmen gemäss Art. 43 und 44, wenn eine ambulante Behandlung angeordnet wurde, die in der Strafanstalt «nicht ausreichend gewährleistet werden kann».

10   Der Strafvollzug führt faktisch zu zahlreichen und schwerwiegenden **Nebenfolgen,** vor allem für die Familie des Gefangenen. ZGB Art. 371 sieht die **Bevormundung** zwingend vor, wenn eine Person zu einer Freiheitsstrafe von einem Jahr oder mehr verurteilt wurde, dazu kritisch STETTLER, ZfV 35 (1980) 81 ff. BGE 109 II 9 präzisiert, dass auch in diesem Fall nur ein besonderes Schutzbedürfnis die Entmündigung zu rechtfertigen vermag, s. auch BGE 114 II 211 ff., 104 II 13 f. BGE 107 V 220 schreibt für die **Invalidenrente** vor, dass sie bei Übergang zur Halbfreiheit oder zur bedingten Entlassung nach Sistierung während des Vollzugs in der Anstalt wieder auszubezahlen sei.

37bis Vollzug kurzer Gefängnisstrafen

1. Ist für strafbare Handlungen des Verurteilten eine Gefängnisstrafe von nicht mehr als drei Monaten zu vollziehen, so sind die Bestimmungen über die Haft anwendbar.

Für gleichzeitig vollziehbare Strafen bleibt Artikel 397bis **Absatz 1 Buchstabe a vorbehalten, ebenso für Gesamtstrafen und Zusatzstrafen.**

2. Ist von einer längeren Gefängnisstrafe des Verurteilten infolge der Anrechnung von Untersuchungshaft oder aus andern Gründen nur eine Reststrafe von nicht mehr als drei Monaten zu vollziehen, so bestimmt die Vollzugsbehörde, ob er in eine Anstalt zum Vollzug von Haftstrafen einzuweisen sei.

Die Vollzugsgrundsätze des Artikels 37 bleiben in der Regel sinngemäss anwendbar.

3. Der Gefangene ist in jedem Fall zur Arbeit verpflichtet, die ihm zugewiesen wird.

Neu gemäss BG vom 18.3.1971.

Zur Teilrevision 1971: Botsch. 1965 566, Sten.NR 1970 519.

Lit. vor Art. 35, zu Art. 37.

Art. 37bis beruht auf der realistischen Annahme, dass bei Strafen *bis zu drei Monaten eine resozialisierende Wirkung von vornherein nicht zu erwarten* ist, s. auch BGE 99 IV 134, weshalb solche Strafen nach den Vorschriften für Haft (Art. 39) zu vollziehen sind. Die Bestimmung ist ein «geringer Beitrag zum Kampf gegen die kurzfristigen Freiheitsstrafen» (SCHULTZ II 55), die nach SCHULTZ VE 74 ff. völlig aus dem Gesetz verschwinden sollen (Mindestdauer: sechs Monate), im Grundsatz ebenso *VE 1993* Art. 40, zu den Ausnahmen s. Vb N 5.   1

Ziff. 1 betrifft Fälle, in denen das **Urteil** nicht mehr als drei Monate Gefängnis ausspricht. Die in Abs. 2 vorgesehene Regelung enthält VStGB 1 Art. 2 II b), c): Übersteigt die Summe der Strafen nicht drei Monate, ist Art. 37bis anzuwenden. Der Verurteilte hat nach Ziff. 1 ein *Recht* auf die privilegierte Vollzugsform, was mit der relativ geringen Schuld begründet wird, die im Urteil zum Ausdruck kommt, LOGOZ/SANDOZ 210. Die Löschung im Strafregister richtet sich nach den Vorschriften für Haft, Art. 80.1 I al. 3.   2

Ziff. 2 betrifft Fälle, in denen das Urteil zwar eine höhere Strafe ausspricht, aber höchstens noch drei Monate **zu vollziehen** sind, weil z.B. der Verurteilte in Untersuchungs- oder Sicherheitshaft war oder weil es sich um eine Rückversetzung in die Anstalt nach bedingter Entlassung handelt. Hier fehlt die Voraussetzung der geringen Schuld, der Entscheid über die Vollzugsform ist ins Ermessen der zuständigen Behörde gelegt. Ob in diesen Fällen generell ein strengeres Regime angebracht ist, wie LOGOZ/SANDOZ 212 meinen, mag bezweifelt werden. Auf Reste von Zuchthausstrafen ist Art. 37bis nie anwendbar, LOGOZ/SANDOZ 210.   3

Ziff. 3 war als pönale Bestimmung gedacht und sollte die Möglichkeit selber beschaffter **Arbeit** für den zu Gefängnis Verurteilten ausschliessen, REHBERG, ZöF 1978, 23, woraus LOGOZ/SANDOZ 212 folgern, dass   4 auch Halbgefangenschaft nicht in Frage komme. Demgegenüber ist, abgesehen von den berechtigten Zweifeln bei SCHULTZ II 55 f., auf VStGB 3 Art. 1 II hinzuweisen, wonach Gefängnisstrafen bis zu einem Jahr nunmehr in Form der Halbgefangenschaft vollzogen werden können. Abs. 3 nimmt davon die *Reststrafen* aus, was freilich nur dann gelten kann, wenn die Gesamtstrafe sechs Monate überstieg. Für Art. 37bis ergibt sich ferner, dass Halbgefangenschaft für die Fälle gemäss Ziff. 2 ausgeschlossen, für diejenigen gemäss Ziff. 1 zulässig ist. Die Kantone dürfen die Gewährung der Halbgefangenschaft von weiteren Bedingungen abhängig machen, sofern dadurch keine zu kurzen Freiheitsstrafen verurteilten Personen ungerechtfertigt diskriminiert werden, BGE 115 IV 134 ff.; gemäss BVR 1995 326 ff. ist es zulässig, Arbeitslose von der Vollzugsform der Halbgefangenschaft auszuschliessen. Zum Vollzug an jungen Erwachsenen VPB 51 (1987) Nr. 26; allgemein zu den Voraussetzungen des Vollzugs in Halbgefangenschaft BGE 121 IV 101, 113 IV 9. Soweit gemäss VE 1993 Art. 41 kurze Freiheitsstrafen bis zu 6 Monaten überhaupt noch vollzogen werden, geschieht dies «in der Regel» in Form der Halbgefangenschaft, VE 1993 Art. 79 – das gleiche gilt für nach Anrechnung der Untersuchungshaft verbleibende Reststrafen von bis zu 6 Monaten.

38 Bedingte Entlassung

1. Hat der zu Zuchthaus oder Gefängnis Verurteilte zwei Drittel der Strafe, bei Gefängnis mindestens drei Monate, verbüsst, so kann ihn die zuständige Behörde bedingt entlassen, wenn sein Verhalten während des Strafvollzuges nicht dagegen spricht und anzunehmen ist, er werde sich in der Freiheit bewähren.

Hat ein zu lebenslänglicher Zuchthausstrafe Verurteilter 15 Jahre erstanden, so kann ihn die zuständige Behörde bedingt entlassen.

Die zuständige Behörde prüft von Amtes wegen, ob der Gefangene bedingt entlassen werden kann. Sie holt einen Bericht der Anstaltsleitung ein. Sie hört den Verurteilten an, wenn er kein Gesuch gestellt hat oder wenn auf Gesuch hin eine bedingte Entlassung nicht ohne weiteres gegeben ist.

2. Die zuständige Behörde bestimmt dem bedingt Entlassenen eine Probezeit, während der er unter Schutzaufsicht gestellt werden kann. Diese Probezeit beträgt mindestens ein und höchstens fünf Jahre. Wird ein zu lebenslänglicher Zuchthausstrafe Verurteilter bedingt entlassen, so beträgt die Probezeit fünf Jahre.

3. Die zuständige Behörde kann dem bedingt Entlassenen Weisungen über sein Verhalten während der Probezeit erteilen, insbesondere über Berufsausübung, Aufenthalt, ärztliche Betreuung, Verzicht auf alkoholische Getränke und Schadensdeckung.

4. Begeht der Entlassene während der Probezeit eine strafbare Handlung, für die er zu einer drei Monate übersteigenden und unbedingt zu

vollziehenden Freiheitsstrafe verurteilt wird, so ordnet die zuständige Behörde die Rückversetzung an. Wird der Entlassene zu einer milderen oder zu einer bedingt zu vollziehenden Strafe verurteilt, so kann die zuständige Behörde von der Rückversetzung Umgang nehmen.

Handelt der Entlassene trotz förmlicher Mahnung der zuständigen Behörde einer ihm erteilten Weisung zuwider, entzieht er sich beharrlich der Schutzaufsicht oder täuscht er in anderer Weise das auf ihn gesetzte Vertrauen, so ordnet die zuständige Behörde die Rückversetzung an. In leichten Fällen kann sie davon Umgang nehmen.

Die Haft während des Rückversetzungsverfahrens ist auf den noch zu verbüssenden Strafrest anzurechnen.

Wird von der Rückversetzung Umgang genommen, so kann die zuständige Behörde den Entlassenen verwarnen, ihm weitere Weisungen erteilen und die Probezeit höchstens um die Hälfte der ursprünglich festgesetzten Dauer verlängern.

Trifft eine durch den Entscheid über die Rückversetzung vollziehbar gewordene Reststrafe mit dem Vollzug einer Massnahme nach Artikel 43, 44 oder 100bis zusammen, so ist der Vollzug aufzuschieben.

Der Vollzug der Reststrafe kann nicht mehr angeordnet werden, wenn seit Ablauf der Probezeit fünf Jahre verstrichen sind.

5. Bewährt sich der Entlassene bis zum Ablauf der Probezeit, so ist er endgültig entlassen.

Fassung gemäss BG vom 18.3.1971.

E 36. – Zur Teilrevision von 1950: BBl 1949 I 1274. StenB 1949 StR 568, 1950 NR 181. Zur Teilrevision 1971: E 1965 Art. 38, Botsch. 1965 568 f., Sten.NR 1969 93 ff., 1970 519 f., StR 1967 53 f., 1970 91 f.

PIERRE-HENRI BOLLE, *L'application de la libération conditionnelle (Art. 38 CP),* in Festgabe zur Hundertjahrfeier des Bundesgerichts, 1975, 255; MICHEL ALEXANDRE GRABER, *La libération conditionnelle à l'épreuve du fédéralisme,* Krim. Bull. 13 (1987) 3; HANSPETER HÄNNI, Die Praxis der bedingten bzw. probeweisen Entlassung aus dem Straf- und Massnahmenvollzug im Kanton Graubünden, Diss. BS 1978; NOËLLE LANGUIN/ROBERT ROTH u.a., *La libération conditionnelle: risque ou chance?* Basel und Frankfurt a.M. 1994; JACQUES MEYER, *L'octroi de la libération conditionnelle: vers un réaménagement des compétences et de la procédure?* SJZ 89 (1993) 358; JUSTIN MÜLLER, Berechnung der Zwei-Drittel-Strafzeit bei der bedingten Entlassung nach Art. 38 StGB bzw. Art. 31 MilStG, ZStrR 58 (1944) 374; HERBERT STURZENEGGER, Die bedingte Entlassung im schweizerischen Strafrecht, Diss. ZH 1954, **Lit.** vor Art. 35.

Die bedingte Entlassung ist nicht primär eine Wohltat für den Gefangenen (wie z.B. die *remission* des englischen Rechts), sondern die **vierte Stufe des Strafvollzugs,** BGE 101 Ib 454, SJZ 70 (1971) Nr. 163; sie ist die Regel, von der nur aus guten Gründen abgewichen werden darf, BGE 119 IV 8. Der Verurteilte hat ein *Recht* auf diese Vollzugsmodalität, RS 1945 Nr. 9, an eine zweite bedingte Entlassung nach Rückversetzung   1 werden strengere Anforderungen gestellt, RS 1986 Nr. 57, RB TG 1986 Nr. 20.

2   Bei der **Berechnung der zwei Drittel** der Strafdauer ist die auf die Strafe angerechnete **Untersuchungshaft** mit zu berücksichtigen, BGE 110 IV 67, RS 1944 Nr. 142 (zu MStG Art. 31), SJZ 41 (1945) Nr. 71, selbst wenn nur ein kurzer Beobachtungszeitraum in der Anstalt bleibt, SJZ 43 (1947) Nr. 24. Die bedingte Entlassung kann sogar direkt aus der Untersuchungshaft erfolgen, ZSGV 47 (1946) 74. *VE 1993* Art. 86 will weiterhin die bedingte Entlassung von der Verbüssung von zwei Dritteln der Strafe abhängig machen – ausnahmsweise kann aber auch bereits nach der Hälfte der Strafdauer bedingt entlassen werden, «wenn besondere Umstände dies rechtfertigen», s. dazu Bericht VE 1993 106 f.

3   **Mehrere, gemeinsam zu vollziehende Strafen** sind gemäss VStGB 1, Art. 2 V zusammenzurechnen, so auch schon RS 1952 Nr. 7, 1974 Nr. 697, SJZ 47 (1951) Nr. 126, abweichend noch ZR 45 (1946) Nr. 57. Dabei darf auch «eine Reststrafe wegen Widerrufs der bedingten Entlassung … angemessen berücksichtigt werden», VStGB 1 a.a.O., was bedeutet, dass sie mindestens mitberücksichtigt wird, dazu RB TG 1978 Nr. 23; aus Art. 38.4 I folgt nicht, dass die Reststrafe vollständig zu verbüssen sei, BGE 115 IV 6 f. Wichtig ist diese Bestimmung vor allem bei lebenslänglicher Strafe – nach Rückversetzung muss eine erneute bedingte Entlassung möglich sein; dass dafür überhaupt keine Regelung getroffen ist, weckt rechtsstaatliche Bedenken. Die Kumulation gilt auch bei mehreren Haftstrafen, VStGB 1 Art. 2 VI. Das StGB enthält keine Regel darüber, in welcher Reihenfolge mehrere Strafen zu vollstrecken seien – es ist zulässig, diejenigen voranzustellen, die zuerst verjähren, BGE 113 IV 51.

4   Eine **im Ausland verbüsste** Strafe kann für die bedingte Entlassung aus einer in der Schweiz ausgefällten Zusatzstrafe nicht berücksichtigt werden, RS 1962 Nr. 152, 1966 Nr. 9.

5   Als **materielle Voraussetzung** wird zunächst verlangt, dass das **Verhalten in der Anstalt** nicht entgegenstehe (alte Fassung: Wohlverhalten). Ob diesem Kriterium neben der Prognose selbständige Bedeutung zukommt (Disziplinierung von Chicaneuren?) oder ob es sich dabei nur um ein *«simple élément supplémentaire d'appréciation pour établir le pronostic»* handelt, BGE 119 IV 7, ist unklar – jedenfalls ist zu berücksichtigen, dass sich gerade hartnäckig Rückfällige in Anstalten oft gut oder doch unauffällig benehmen, BGE 98 Ib 107 (Vuille), 101 Ib 153, 103 Ib 27. Schultz VE 302 schlägt *Verzicht* auf dieses Kriterium vor, ebenso *VE 1993* Art. 86, s. dazu Bericht *VE 1993* 106.

6   Entscheidend ist die **Prognose über das Verhalten nach Entlassung**, die notgedrungen mit einem Unsicherheitsfaktor belastet ist – Gewissheit kann nicht verlangt werden, BGE 119 IV 7, 98 Ib 107. Die zuständige Behörde hat eine Gesamtwürdigung zu treffen, BGE 103 Ib 27, 104 IV 282, 119 IV 8, AGVE 1993 320. Verweigert die zuständige Behörde die

bedingte Entlassung, so muss sie die Gründe für diesen Entscheid eingehend *(«de manière circonstanciée»)* darlegen, BGE 119 IV 8, s. dazu MEYER 359; die Begründungspflicht wird ausdrücklich statuiert in *VE 1993* Art. 92 I d).

Dem **erstmals eine Strafe Verbüssenden** wird man in der Regel eine 7 Chance geben, selbst wenn er nur vage Zukunftspläne hat, BGE 98 Ib 108. Die Deliktsart an sich darf nicht ausschlaggebend sein, doch ist nicht nur die Wahrscheinlichkeit, sondern auch die Schwere eines möglichen Rückfalls in Rechnung zu ziehen, BGE 103 Ib 28 – nur insofern dürfen Überlegungen zum Strafzweck eine Rolle spielen, BGE 105 IV 167 f. Eine gewisse *Zurückhaltung* bei Ausländern ist zulässig, vor allem bei eigentlichen *«Kriminaltouristen»*, BGE 101 Ib 153.

Bei **Rückfälligen** werden an die günstige Prognose höhere Anforderungen gestellt: «Wichtig ist vor allem die neuere seelische Einstellung, der Grad der Reife einer allfälligen Besserung sowie die voraussichtlichen Lebensverhältnisse nach der Entlassung, die während der Probezeit durch Schutzaufsicht und Weisungen beeinflusst werden können», BGE 104 IV 284. Die kantonale Praxis hält sich teilweise an starre Schemata, z.B. Neuenburg, RS 1966 Nr. 7, 8, 1970 Nr. 132, vgl. auch AGVE 1970 Nr. 17. Die Prognose ist negativ, wenn sich ein Alkoholiker weigert, eine schützende Weisung (Betreuung durch Alkoholfürsorger) zu befolgen, BGE 101 Ib 454.

Der zuständigen Behörde kommt ein weites **Ermessen** zu, BGE 98 Ib 9 107, 171, 176, 101 Ib 454, 104 IV 282 f., 105 IV 167; RJV 1978 475. Die bedingte Entlassung darf aber nicht verweigert werden, nur weil die Landesverweisung noch nicht vollzogen werden kann, AGVE 1987 Nr. 38.

Über die bedingte Entlassung wird **von Amtes wegen,** u. U. sogar *gegen* 10 *den Willen des Gefangenen* entschieden, so schon vor der Revision AGVE 1955 S. 240, SJZ 67 (1971) Nr. 163 (kein Verzicht möglich). Immerhin kann die Vollzugsstufe faktisch ausgeschlossen werden durch Weigerung, eine essentielle Weisung zu akzeptieren, BGE 101 Ib 454. Gemäss *VE 1993* Art. 86 III muss bei Verweigerung der bedingten Entlassung mindestens jährlich neu geprüft werden, ob die Voraussetzungen dafür erfüllt sind.

Zuständige Behörde ist mit Ausnahme von Thurgau nicht ein Richter, 11 sondern eine *Verwaltungsbehörde,* insbesondere die Justiz- und/oder Polizeidirektion (z.B. Bern) oder eine besondere Kommission (z.B. Genf); für die Einführung eines eigentlichen Vollstreckungsrichters z.B. DICK F. MARTY, *Le rôle et les pouvoirs du juge suisse dans l'application des sanctions pénales,* Lugano 1974; die EMRK verlangt ihn nicht, BGE 106 IV 156, vgl. die Urteile Wynne, EGMR Nr. 294-A, und Thynne, Wilson und Gunnell, EGMR Nr. 190-A. Gegen die kantonalen Entscheide ist gestützt auf OG Art. 98 g) die Verwaltungsgerichtsbeschwerde ans BGer zulässig. Durch die Revision des OG im Jahre 1991 wurden die Kantone in Art.

98a dazu verpflichtet, richterliche Behörden als letzte kantonale Instanzen zu bestellen, soweit gegen deren Entscheide unmittelbar die Verwaltungsgerichtsbeschwerde ans BGer zulässig ist. Unabhängig von der Möglichkeit des Weiterzugs ans BGer verlangt *VE 1993* Art. 92 die Einführung einer kantonalen gerichtlichen Beschwerdeinstanz für Entscheide über die bedingte Entlassung und die Rückversetzung sowie ein rasches, einfaches und unentgeltliches Verfahren, s. dazu Bericht VE 1993 110 ff. und MEYER 361.

12   Im **Verfahren** hat die Behörde einen Bericht der Anstaltsleitung einzuholen und den Gefangenen anzuhören, jedenfalls dann, wenn er kein Gesuch gestellt hat oder die Ablehnung eines Gesuchs in Betracht fällt. Dabei handelt es sich um einen dem *habeas corpus*-Verfahren ähnlichen, *qualifizierten Anspruch auf rechtliches Gehör:* BGE 99 Ib 350 verpflichtet die zuständige Behörde, den Gefangenen leibhaftig *(«de visu et de auditu»)* anzuhören, was BGE 101 Ib 251 mit starken Worten bekräftigt. BGE 105 IV 166 f. rückt jedoch von dieser Position etwas ab, indem dort Anhörung durch den Sekretär der Justizdirektion als genügend angesehen wird – immerhin geht das BGer (ablehnend) auf den Vorwurf der Befangenheit ein; s. auch BGE 109 IV 12 (zu Art. 100^(ter)); krit. MEYER 360. Einsicht in Akten ist zu gewähren, soweit sich die ablehnende Entscheidung darauf abstützt, BGE 98 Ib 169 f. Wird der Entscheid über die bedingte Entlassung frühzeitig gefällt, so kann er mit der Bedingung des Wohlverhaltens bis zum Entlassungstermin verknüpft werden; verstösst der Verurteilte gegen diese Bedingung, fällt die Entlassungsverfügung dahin und es ist neu zu entscheiden, AGVE 1990 233 f. Der Gesuchsteller hat Anspruch auf unentgeltlichen Rechtsbeistand, AGVE 1994 357 ff.

13   Dem Entlassenen ist eine **Probezeit** von einem bis zu fünf Jahren anzusetzen, wobei die Dauer im Verhältnis zur Rückfallsgefahr, aber auch zum Strafrest zu bemessen ist (bei lebenslänglicher Strafe obligatorisch fünf Jahre). Gemäss *VE 1993* Art. 87 I bemisst sich die Probezeit nach der Dauer des Strafrests, beträgt aber mindestens ein und höchstens fünf Jahre.

14   Zur **Schutzaufsicht** s. Art. 47.

15   **Weisungen** dürfen nicht «vorwiegend oder ausschliesslich den Zweck verfolgen, dem Verurteilten Nachteile zuzufügen (BGE 94 IV 12, 77 IV 76 E 4). Sie dienen, wie die Schutzaufsicht, dazu, die Gefahr der Begehung neuer Verbrechen oder Vergehen zu verhindern und/oder auf den Verurteilten erzieherisch einzuwirken (BGE 71 IV 178) und sollen mithelfen, die Bewährungschancen zu verbessern. Die Art einer bestimmten Weisung ist nach fürsorgerischen, kriminalpädagogischen oder medizinisch-therapeutischen Bedürfnissen zu wählen», BGE 107 IV 89. Zweckmässig und nicht unverhältnismässig einschneidend *in casu* (S. 90) die Weisung, der Schutzaufsicht Einblick in die Geschäftskorrespondenz zu geben, vgl. auch RS 1952 Nr. 6 – Zulässigkeit des Verbots selbstän-

diger Geschäftstätigkeit. Nicht unbedenklich ist die Weisung zur Schadensdeckung, die zur Privilegierung eines Gläubigers führen kann, vgl.
BGE 111 Ib 62 f. S. auch Art. 41 N 34 ff.

Die **Rückversetzung** ist obligatorisch bei Verurteilung zu einer **unbe- 16
dingten** Freiheitsstrafe von über drei Monaten. Der Widerruf der bedingten Entlassung ist dabei grundsätzlich erst möglich, wenn das Urteil
rechtskräftig ist, Rep. 1989 472. Wird der Entlassene wegen strafbarer
Handlungen während und nach der Probezeit zu einer Gesamtstrafe verurteilt, so hat die zuständige Behörde beim urteilenden Gericht Erkundigungen darüber anzustellen, welche Tat während der Probezeit begangen
wurde und welche Strafe auf diese Tat entfällt, BGE 101 Ib 154, 104 Ib
22, ZBJV 119 (1983) 508 f., AGVE 1994 360, wobei die Auskunft des
Präsidenten eines Kollegialgerichts nicht genügt, BGE 104 Ib 22 f. Die
zuständige Behörde soll die Auskunft kritisch würdigen, BGer a.a.O.
Entgegen der dort vertretenen Auffassung ist jedoch *nicht der Prozent-
satz der Gesamtstrafe* (mit «Mengenrabatt») entscheidend, sondern es
muss isoliert eine *hypothetische Strafzumessung* getroffen werden. Werden während der Probezeit gegenüber dem Entlassenen mehrere Freiheitsstrafen ausgesprochen, so ist auf deren Gesamtdauer abzustellen,
AGVE 1989 206 f. unter Hinw. auf BGE 101 Ib 155. Sind die Voraussetzungen für obligatorische Rückversetzung nicht gegeben, kann diese
Massnahme dennoch angeordnet werden, wenn ein Vertrauensbruch,
Art. 38.4 II, vorliegt.

Die **Rückversetzungsgründe** von **Art. 38.4 II und IV** entsprechen den- 17
jenigen von Art. 41.3 I und II, s. Art. 41 N 48 ff. Entscheidend für das
Umgangnehmen ist die günstige *Prognose*, LGVE 1982 III Nr. 21. Auch
Art. 41.3 IV ist analog anzuwenden, RS 1954 Nr. 195.

Das **Verfahren** entspricht demjenigen bei der bedingten Entlassung (s. N 18
11, 12). Auch hier gilt der Anspruch auf rechtliches Gehör, sogar dann,
wenn *prima vista* ein zwingender Rückversetzungsgrund vorliegt, BGE
98 Ib 174 f., Rep. 1989 472, anders noch RS 1953 Nr. 85. Zu frühzeitiger
Orientierung der zuständigen Behörde durch die Justizorgane verpflichtet ein Kreisschreiben des Obergerichts ZH, ZR 55 (1956) Nr. 119. Das
Tatopfer hat an der Rückversetzung kein schutzwürdiges Interesse, BGE
111 Ib 62.

Die **bedingte Entlassung** gibt **keinen Anspruch auf fremdenpolizeiliche 19
Aufenthaltsbewilligung,** BGE 109 Ib 178 f. Im Verhältnis zur Landesverweisung ist dagegen zu prüfen, ob die Resozialisierungschancen im
Ursprungsland gleich gut oder besser sind als in der Schweiz; ist dies nicht
der Fall, so ist der Vollzug der Landesverweisung aufzuschieben, BGE
114 Ib 4, 104 Ib 153, 331, 103 Ib 25 (Low); Sem.jud. 1979 293; s. auch BGE
114 IV 97 und Art. 55 N 6.

Die **Frist von fünf Jahren** gemäss Ziff. 4 VI läuft ab Rückversetzungsent- 20
scheid, BGE 113 IV 54.

39 Haftstrafe

1. Die Haftstrafe ist die leichteste Freiheitsstrafe. Ihre kürzeste Dauer ist ein Tag, die längste Dauer drei Monate.

Ist im Gesetz neben der Gefängnisstrafe wahlweise Busse angedroht, so kann der Richter statt auf Gefängnis auf Haft erkennen.

2. Die Haftstrafe wird in einer besondern Anstalt vollzogen, jedenfalls aber in Räumen, die nicht dem Vollzug anderer Freiheitsstrafen oder von Massnahmen dienen.

3. Der Haftgefangene wird zur Arbeit angehalten. Es ist ihm gestattet, sich angemessene Arbeit selbst zu beschaffen. Macht er von dieser Befugnis keinen Gebrauch, so ist er zur Leistung der ihm zugewiesenen Arbeit verpflichtet.

Wenn es die Umstände rechtfertigen, kann er ausserhalb der Anstalt mit Arbeit beschäftigt werden, die ihm zugewiesen wird.

Fassung gemäss BG vom 18.3.1971.

Zur Teilrevision 1971: E 1965 Art. 39 Ziff. 1 und 2, Botsch. 1965 570, Sten.NR 1969 101 f., 1970 520, StR 1967 55, 1970 92 f.

MARIE BOEHLEN, Tageweiser Vollzug und Halbgefangenschaft, Der Strafvollzug in der Schweiz 1977 Nr. 1 S.10; DVORA GROMAN/BÉATRICE PERRUCHOUD/CHRISTIAN-NILS ROBERT, *Courtes peines, semi-liberté et semi-détention en Suisse,* Travaux CETEL Nr. 2, Genève 1978; *Lit.* vor Art. 35, zu Art. 37.

1 Art. 39 regelt nach der Revision 1971 den **Vollzug der kurzen Freiheitsstrafe** schlechthin, vgl. Art. 37bis. Auf Appellation hin eine Strafe von fünf Tagen Gefängnis in fünf Tage Haft abzuändern, kann deshalb schwerlich als «erhebliche Strafminderung» bezeichnet werden, so aber ZBJV 111 (1975) 87. Der *VE 1993* sieht die Einführung der Einheitsfreiheitsstrafe vor und schafft kurze Freiheitsstrafen weitgehend ab, vgl. N 5 vor Art. 35.

2 **Haft** wird **immer nach Art. 39** vollzogen – treffen mehrere Haftstrafen zusammen, so ist bedingte Entlassung nach Art. 38 möglich, VStGB 1 Art. 2 VI.

3 **Ziff. 1 II** erlaubt, in den Fällen, wo das Gesetz Gefängnis oder Busse androht (z.B. Art. 117, 125, 133), Haft auszusprechen, AGVE 1974 Nr. 33. Weshalb dies nur in besonderen Grenzfällen angebracht sei, SJZ 69 (1973) Nr. 125, ist nicht einzusehen.

4 Auch der Haftgefangene ist zu **Arbeit** verpflichtet, kann sich diese jedoch selber beschaffen. Arbeitssuche ist keine Arbeit, RS 1986 Nr. 61. Halbgefangenschaft kann auch wegen Trölerei verweigert werden, EGV-SZ 1987 Nr. 10.

5 **Ziff. 3 II** lässt den Schluss zu, dass Haft nur in Form der Halbfreiheit vollzogen werden könne, nicht auch als *Halbgefangenschaft,* so BGE 97 Ib

48, Logoz/Sandoz 224. VStGB 1 Art. 4 schafft nun Klarheit: Haft kann als **Halbgefangenschaft** vollzogen werden, wobei der Verurteilte weiterhin seiner Arbeit nachgeht und nur die Freizeit hinter Gittern verbringt. Es darf sich allerdings nicht um Arbeit handeln, die der Verurteilte zuhause leistet, auch nicht um die Führung des eigenen Geschäfts, BGE 98 Ib 48. Haftstrafen bis zu zwei Wochen können auch im tageweisen Vollzug verbüsst werden, VStGB 1 Art. 4 I, II.

Einschränkungen sind in zweierlei Hinsicht denkbar: Einerseits können   6
Kantone die *Höchstdauer* der Halbgefangenschaft beschränken, was BGE 102 Ib 138 für zulässig hielt, weil VStGB 1 zu den liberalen Vollzugsformen nicht verpflichtet, sondern nur berechtigt; dass VStGB 3 Art. 1 II die Höchstdauer der Halbgefangenschaft auf ein Jahr erhöhte, dürfte daran nichts ändern. Die Dauer betrifft die Summe der zu vollziehenden Strafen, BGE 113 IV 8. Andererseits können *Kategorien von Tätern* von der Halbgefangenschaft *generell* ausgeschlossen werden, soweit Vorleben und Erfolgschancen der Vollzugsart dies nahelegen, was BGE 106 IV 108 f. in bezug auf Rückfällige i.S.v. Art. 37.2 II für zulässig hält, freilich mit berechtigt kritischem Unterton; bestätigt in BGE 115 IV 134 ff., jedoch mit der Einschränkung, dass dies zu keiner ungerechtfertigten Diskriminierung von zu kurzen Freiheitsstrafen verurteilten Personen führen darf; gemäss BVR 1995 326 ff. ist es zulässig, Arbeitslose generell von der Vollzugsform der Halbgefangenschaft auszuschliessen. Soweit gemäss *VE 1993* Art. 41 kurze Freiheitsstrafen bis zu 6 Monaten überhaupt noch vollzogen werden, geschieht dies «in der Regel» in Form der Halbgefangenschaft, VE 1993 Art. 79 – das gleiche gilt für nach Anrechnung der Untersuchungshaft verbleibende Reststrafen bis zu 6 Monaten. Vgl. auch Art. 37bis N 4.

40   Unterbrechung des Vollzuges

[1] **Der Vollzug einer Freiheitsstrafe darf nur aus wichtigen Gründen unterbrochen werden.**

[2] **Muss der Verurteilte während des Strafvollzuges in eine Heil- oder Pflegeanstalt verbracht werden, so wird ihm der Aufenthalt in dieser Anstalt auf die Strafe angerechnet. Die zuständige Behörde kann die Anrechnung ganz oder teilweise ausschliessen, wenn die Verbringung in die Heil- oder Pflegeanstalt wegen Krankheiten oder anderer Ursachen erforderlich wurde, die offenkundig schon vor dem Strafantritt bestanden haben. Die Anrechnung unterbleibt, wenn der Verurteilte die Verbringung arglistig veranlasst oder soweit er die Verlängerung des Aufenthalts in der Anstalt arglistig herbeigeführt hat.**

Neues Marginale gemäss BG vom 18.3.1971.

E 38. – Zur Teilrevision 1950: BBl 1949 I 1275. StenB 1949 StR 568, 1950 NR 181 f. – Zur Teilrevision 1971: E 1965 Art. 40, Botsch. 1965 570, Sten.StR 1967 55.

Max O. Keller, Haftfähigkeit und Verhandlungsfähigkeit aus der Sicht eines Psychiaters, ZStrR 97 (1980) 188.

1 **Art. 40** dient dem Zweck, die **Zerstückelung des Strafvollzugs** möglichst zu **vermeiden.** Er gilt nur für Strafen, nicht für Massnahmen (insb. Art. 42), BGE 105 IV 86 E. 2c (100 Ib 273 betont immerhin die Ähnlichkeit der Probleme). Eine Ausnahme zu Art. 40 bildet der tageweise Vollzug, den VStGB 1 Art. 4 II für zulässig erklärt. Die Regelungskompetenz liegt bei den Kantonen, VStGB 1 Art. 6 I, BGE 100 Ib 273.

2 Beim **vorzeitigen Strafantritt** befindet sich der noch nicht rechtskräftig Verurteilte aufgrund seiner *Einwilligung* im Strafvollzug. Während die Basler Praxis, BJM 1977 261, 1984 109 diese Einwilligung als widerruflich behandelt, schliesst das BGer die Entlassung gestützt auf Art. 40 aus, BGE 104 Ib 26, RS 1987 Nr. 253, 1966 Nr. 118. Die Strassburger Organe hatten noch nicht Gelegenheit, zu der Frage Stellung zu nehmen; angesichts des Urteils De Wilde, Ooms und Versyp, EGMR Nr. 12, § 65, ist *fraglich,* ob die Auffassung des BGer richtig ist. *Nicht unbedenklich* ist überhaupt die Anwendung von Art. 40 auf den Vollzug einer *Strafe ohne rechtsgültiges Urteil.*

3 **Wichtiger Grund** ist eine Krankheit nur dann, wenn sie so schwer ist, dass der Verurteilte voraussichtlich dauernd oder doch für sehr lange Zeit hafterstehungsunfähig ist, BGE 106 IV 324, RS 1987 Nr. 253, 1952 Nr. 8, ZStrR 62 (1947) 397, 59 (1945) 352. Unterbrechung zur Durchführung einer Operation: MBVR 44 (1946) 95; abgelehnt bei Suizidgefahr, Rep. 1986 57.

4 **Mangelnde Hafterstehungsfähigkeit** ist kein zwingender Grund zur Unterbrechung – wo «neben einer zweckentsprechenden therapeutischen Behandlung auch die Möglichkeit und Gewähr für eine den Umständen angemessene Weiterführung der Strafe besteht, hat eine Unterbrechung ihres Vollzugs zu unterbleiben», BGE 106 IV 324, s. auch 103 Ib 185 f. (Wolf), AGVE 1995 Nr. 25, VEB 26 (1956) Nr. 70, ZR 85 (1986) Nr. 4; Hafterstehungsfähigkeit eines AIDS-kranken und suizidgefährdeten Untersuchungsgefangenen bejaht in BGE 116 Ia 423 ff. EMRK Art. 3 wird durch den Vollzug von Freiheitsstrafen an Kranken grundsätzlich nicht verletzt, Frowein/Peukert Art. 3 N 13. Über die Frage der Hafterstehungsfähigkeit entscheidet in Zürich die Anklagebehörde, ZR 91/92 (1992/93) Nr. 94.

5 Ein Spitalaufenthalt während des Vollzugs ist grundsätzlich auf die Strafe **anzurechnen,** SJZ 65 (1969) Nr. 182. Abs. 2 sieht zwei Ausnahmen vor, nämlich Bestehen der Krankheit vor Strafantritt, z.B. Tuberkulose, RS 1975 Nr. 846, und arglistiges Herbeiführen oder Verlängern der Hospitalisierung, wozu MBVR 42 (1944) 301 auch das arglistige Verschweigen der Krankheit rechnete – der Verurteilte soll nicht auf bequeme Verbringung der Strafzeit im Spital spekulieren können, krit. Stratenwerth AT II § 3 N 45. In BJM 1974 37 wird der Spitalaufenthalt zur Ent-

fernung von Tätowierungen, die sich der Häftling z.T. im Gefängnis beigebracht hatte, nicht angerechnet. Die Generalklausel von Art. 40 I wird
von *VE 1993* Art. 91 übernommen.

41   Bedingter Strafvollzug

**1. Der Richter kann den Vollzug einer Freiheitsstrafe von nicht mehr
als 18 Monaten oder einer Nebenstrafe aufschieben, wenn Vorleben und
Charakter des Verurteilten erwarten lassen, er werde dadurch von
weiteren Verbrechen oder Vergehen abgehalten, und wenn er den
gerichtlich oder durch Vergleich festgestellten Schaden, soweit es ihm zuzumuten war, ersetzt hat.**

**Der Aufschub ist nicht zulässig, wenn der Verurteilte innerhalb der
letzten fünf Jahre vor der Tat wegen eines vorsätzlich begangenen Verbrechens oder Vergehens eine Zuchthaus- oder eine Gefängnisstrafe von
mehr als drei Monaten verbüsst hat. Ausländische Urteile sind den
schweizerischen gleichgestellt, wenn sie den Grundsätzen des schweizerischen Rechts nicht widersprechen.**

**Schiebt der Richter den Strafvollzug auf, so bestimmt er dem Verur-
teilten eine Probezeit von zwei bis zu fünf Jahren.**

**Beim Zusammentreffen mehrerer Strafen kann der Richter den be-
dingten Vollzug auf einzelne derselben beschränken.**

**2. Der Richter kann den Verurteilten unter Schutzaufsicht stellen. Er
kann ihm für sein Verhalten während der Probezeit bestimmte Weisungen erteilen, insbesondere über Berufsausübung, Aufenthalt, ärztliche
Betreuung, Verzicht auf alkoholische Getränke und Schadensdeckung
innerhalb einer bestimmten Frist.**

**Die Umstände, die den bedingten Strafvollzug rechtfertigen oder aus-
schliessen, sowie die Weisungen des Richters sind im Urteil festzuhalten.
Der Richter kann die Weisungen nachträglich ändern.**

**3. Begeht der Verurteilte während der Probezeit ein Verbrechen oder
Vergehen, handelt er trotz förmlicher Mahnung des Richters einer ihm
erteilten Weisung zuwider, entzieht er sich beharrlich der Schutzaufsicht
oder täuscht er in anderer Weise das auf ihn gesetzte Vertrauen, so lässt
der Richter die Strafe vollziehen.**

**Wenn begründete Aussicht auf Bewährung besteht, kann der Richter
in leichten Fällen statt dessen, je nach den Umständen, den Verurteilten
verwarnen, zusätzliche Massnahmen nach Ziffer 2 anordnen und die im
Urteil bestimmte Probezeit um höchstens die Hälfte verlängern.**

**Bei Verbrechen oder Vergehen während der Probezeit entscheidet der
dafür zuständige Richter auch über den Vollzug der bedingt aufgeschobenen Strafe oder deren Ersatz durch die vorgesehenen Massnahmen. In
den übrigen Fällen ist der Richter zuständig, der den bedingten Strafvollzug angeordnet hat.**

Trifft eine durch den Widerruf vollziehbar erklärte Strafe mit dem Vollzug einer Massnahme nach Artikel 43, 44 oder 100bis zusammen, so ist der Strafvollzug aufzuschieben.

Der Vollzug der aufgeschobenen Strafe kann nicht mehr angeordnet werden, wenn seit Ablauf der Probezeit fünf Jahre verstrichen sind.

4. Bewährt sich der Verurteilte bis zum Ablauf der Probezeit und sind die Bussen und die unbedingt ausgesprochenen Nebenstrafen vollzogen, so verfügt die zuständige Behörde des Urteilskantons die Löschung des Urteils im Strafregister.

Fassung gemäss BG vom 18.3.1971.

E 39. Sten.NR 147, 156, 163, StR 95 ff., NR 626 ff. – Zur Teilrevision – 1950: BBl 1949 I 1276 ff. StenB 1949 StR 569 ff., 653 ff., 1950 NR 183 ff. StR 138 f. Zur Teilrevision 1971: E 1965 Art. 41, Botsch. 1965 570 ff., Sten.NR 1969 102 ff., 1970 520, StR 1967 55 ff., 1970 93 ff.

PETER ALBRECHT, Der Widerruf des bedingten Strafvollzuges wegen neuer Delikte, BJM 1975 57; DERS., Die «leichten Fälle» gemäss Art. 41 Ziff. 3 Abs. 2 StGB, SJZ 74 (1978) 139; DERS., Der bedingte Strafvollzug bei Alkohol am Steuer, SJZ 84 (1988) 97; GILBERT BAECHTOLD, *Les nouvelles dispositions du CPS en matière de révocation de sursis,* JdT 1973 IV 34; ROLAND BERGER, *Le système de probation anglais et le sursis continental,* Diss. GE 1953; HEINZ BÜHLER, Die Bedeutung ausländischer Strafurteile nach deutschem, französischem und schweizerischem Recht, Diss. Köln 1966; ROLAND CHÂTELAIN, *La jurisprudence du Tribunal Cantonal vaudois relatif à l'octroi du sursis à des conducteurs pris de boisson,* JdT 1967 IV 2; OSKAR ADOLF GERMANN, Zum bedingten Strafvollzug nach schweizerischem Recht, in Etudes en l'honneur de Jean Graven, Genf 1969, 57; MONIQUE GISEL-BUGNON, *Punir sans prison,* Genève 1984; JEAN GRAVEN, *Le sens du sursis conditionnel et son développement,* ZStrR 69 (1954) 261; PHILIPPE GRAVEN, *Quelques considérations sur le sursis,* RICPT 24 (1970) 11; WILLY HEIM, *De quelques problèmes pratiques soulevés par la récente révision du Code pénal suisse,* JdT 1972 IV 34; THOMAS KNECHT, Auf der Suche nach Prädikatoren von Rückfall und Bewährung, ZStrR 109 (1992) 417; ANDRÉ KUHN, *Le sursis partiel: un moyen de lutter contre les longues peines?* ZStrR 113 (1995) 173; ERNST JABERG, Zur Ermittlung und strafrechtlichen Behandlung angetrunkener Strassenbenützer, ZStrR 80 (1964) 294, *308 ff.;* JEAN PIERRE KILCHMANN, Der bedingte Strafvollzug bei Trunkenheitsdelikten im Verkehr, Diss. ZH 1968; MARTIN KILLIAS (Hrsg.), Rückfall und Bewährung, Reihe Kriminologie, Bd. 10, Chur und Zürich 1992; MARKUS HANS KNÜSEL, Die teilbedingte Freiheitsstrafe, Diss. BE 1995; ROBERT LEVI, Bemerkungen zum bedingten Strafvollzug, SJZ 44 (1948) 368; ALEXANDER LÜTHY, Der bedingte Strafvollzug im schweizerischen Recht, Diss. BE 1948; HANS FELIX PFENNINGER, Bedingter Strafvollzug und schweizerische Strafrechtspraxis, SJZ 45 (1949) 177 und 193; PAUL-EUGÈNE ROCHAT, *La division de la peine,* ZStrR 95 (1978) 82; DERS., *Le sursis partiel,* ZStrR 112 (1994) 427; VERA ROTTENBERG, Der bedingte Strafvollzug, Diss. ZH 1973; CHRISTIAN EMIL SCHERRER, Die internationale Behandlung bedingt Verurteilter, Diss. ZH 1977; HANS SCHULTZ, Die kriminalpolitische Bedeutung des bedingten Strafvollzuges, ZBJV 91 (1955) 289; DERS., Die Berücksichtigung ausländischer Strafurteile wegen anderer Taten durch das StGB, ZStrR 72 (1957) 408; DERS., Der bedingte Strafvollzug nach Bundesgesetz vom 18. März 1971, ZStrR 89 (1973) 52; DERS., Bedingter Strafvollzug, SJK Nr. 1195–1198; RUDOLF SCHWEIZER, Die Rechtsstellung des mit bedingtem Strafvollzug Verurteilten im Sinne von Art. 41 Ziff. 3 StGB, ZStrR 58

(1944) 348; JEAN-MARC SCHWENTER, *Cinquante ans de sursis: et demain?* ZStrR 110 (1992) 284; SIDDIK TÜZEMEN, *L'institution du sursis et sa réglementation dans le code pénal suisse,* Diss. Lausanne 1947; [P.L.] USTERI, Massnahmen im Widerrufsverfahren, SJZ 47 (1951) 63; CLÉMY VAUTIER, *Crime ou délit de peu de gravité?* SJZ 78 (1982) 303; HANS WEBER, Der Widerruf des bedingten Strafvollzuges in besonders leichten Fällen, SJZ 52 (1956) 42; ALICE WEGMANN, Einschliessung und bedingter Strafvollzug, SJZ 57 (1961) 90; WILHELM P. WELLER, Das anglo-amerikanische Rechtsinstitut der Probation, Diss. BE 1946; BERNHARD WIDMER, Der bedingte Straferlass unter besonderer Berücksichtigung der Gerichtspraxis des Kantons Aargau, Diss. BE 1946; HANS WIPRÄCHTIGER, Strafzumessung und bedingter Strafvollzug – eine Herausforderung für die Strafbehörden, ZStrR 114 (1996) 422; FELIX ZILTENER, Bedingter Strafvollzug für einen Teil der ausgefällten Strafe(n), ZStrR 113 (1995) 56.

Allgemeines

Der bedingte Strafvollzug (bed.StrV) ist eine *Modalität der Strafvollstreckung, bei welcher der Freiheitsentzug zunächst mit oder ohne besondere Weisungen für eine bestimmte Probezeit ausgesetzt wird; bewährt sich der Verurteilte, so wird endgültig auf die Vollstreckung verzichtet und der Strafregistereintrag gelöscht, andernfalls wird der Vollzug angeordnet.* S. auch Art. 96. 1

Der **Zweck** des bed.StrV liegt einerseits in der *Vermeidung schädlicher (Neben-) Wirkungen des Strafvollzugs;* andererseits wird dem Verurteilten ein *Anreiz* gegeben, *sich* selber *um seine Resozialisierung zu bemühen,* vgl. z.B. RS 1944 Nr. 123. Es widerspricht dem Zweck des Instituts, wenn der bed.StrV verweigert wird aus generalpräventiven Gründen, s. z.B. BGE 68 IV 71, 79, 70 IV 2, 91 IV 60, 98 IV 160, 118 IV 100; SJZ 40 (1944) Nr. 130, 56 (1960) Nr. 108; RS 1955 Nr. 96; aus blossen Überlegungen der Sicherheit, BGE 104 IV 226 (betr. Landesverweisung, vgl. aber BJM 1964 139) oder aus repressiv-moralisierenden Gründen, z.B. BGE 86 IV 215 f., VAR 45 (1945) S. 49. Wo der Täter ein erhebliches Risiko für Leib und Leben darstellt, wird eine Strafe von über 18 Monaten oder eine freiheitsentziehende Massnahme auszufällen sein. 2

Ähnliche Institute sind die *Probation,* die das Jugendstrafrecht kennt, Art. 97, und die *bedingte Verurteilung.* Bei der Probation wird zwar eine Verurteilung, aber keine Sanktion ausgesprochen; nur dann, wenn der Verurteilte versagt, bestimmt der Richter eine Strafe. Bei der dem heutigen schweizerischen Recht fremden (vgl. RS 1972 Nr. 401) bedingten Verurteilung fällt nach Bewährung das Urteil selber dahin, LOGOZ / SANDOZ 229, SCHULTZ II 96 f., STRATENWERTH AT II § 4 N 3 f. Der *VE 1993* will in Art. 36 ff. die bedingte Verurteilung neu einführen; sie soll dabei die kurzen Freiheitsstrafen bis zu sechs Monaten ersetzen, Bericht VE 1993 52; zu den Vorteilen dieses Instituts s. RIKLIN, ZStrR 112 (1994) 446 ff. 3

Statistisch gesehen kommt dem *bedingten Strafvollzug* heute eine überragende Bedeutung zu – etwa drei Viertel aller Freiheitsstrafen wurden 4 in den Jahren 1994/95 bedingt ausgesprochen, Angaben des BFS, (zwei Drittel in früheren Jahren, vgl. Bericht VE 1993 38, STRATENWERTH AT II § 4 N 146), wobei sich i.d.R. rund 90 % der Verurteilten bewähren, Bericht VE 1993 38, STRATENWERTH a.a.O. Angesichts der Bedeutung des bedingten Strafvollzuges kann er als «selbständige Form der strafrechtlichen Sanktion» betrachtet werden, STRATENWERTH AT II § 1 N 14, § 4 N 6.

5   Der Verurteilte hat einen **Rechtsanspruch** auf bed.StrV, wenn die Voraussetzungen gegeben sind, wobei freilich dem Richter ein *weites Ermessen* offensteht, so schon BGE 68 IV 75 ff. (Tornare), h.M. Zur Begründungspflicht, Ziff. 2 II, s. hinten N 45.

6   **Nur für Strafen** kommt bed.StrV in Frage, nicht für Massnahmen, BGE 108 IV 159 (wo der Massnahmencharakter der Urteilsveröffentlichung gemäss Art. 61 relativiert wird); SJZ 58 (1962) Nr. 24; Sem.jud. 1949 433.

7   Zwischen **Strafzumessung** und Entscheid über den bed.StrV besteht *kein Zusammenhang* in dem Sinne, dass bei Gewährung des bed.StrV eine höhere, bei Verweigerung eine geringere Strafe angemessen wäre, SOG 1992 Nr. 28, GVP-SG 1972 Nr. 20, RS 1964 Nr. 139. Die Praxis zeigt jedoch eine gewisse Tendenz zu solchem «Ausgleichen», Rep. 1976 144, 1980 173, 1983 352, SJZ 67 (1971) Nr. 80; vgl. auch PKG 1975 Nr. 26; zustimmend SCHULTZ II 101; die neuere Praxis betont, dass zwischen der Frage, ob die Strafe aufgeschoben werden kann oder vollzogen werden muss, ein innerer Zusammenhang bestehe, GVP-SG 1994 Nr. 44, SOG 1994 Nr. 29; vgl. auch Art. 63 N 1, 9. Art. 66bis ist bei der Gewährung des bedingten Strafvollzugs weder direkt noch analog anwendbar; fehlt es an den objektiven Voraussetzungen, so kann trotz schweren Folgen nicht vom Vollzug abgesehen werden, ZR 91/92 (1992/1993) Nr. 50.

Voraussetzungen – Die Strafe

8   Der bed.StrV ist möglich bei **Freiheitsstrafe von nicht mehr als 18 Monaten** (nicht bei Busse [s. aber Art. 49.3 III, 4] ausser bei Jugendlichen, Art. 96.1). Dabei handelt es sich um eine «starre, objektive Schranke», die für eine Berücksichtigung der Resozialisierungschancen keinen Raum lässt, BGE 109 IV 73. Entscheidend ist die *ausgesprochene,* nicht die (z.B. nach Anrechnung der Untersuchungshaft) zu vollziehende Strafe, BGE 68 IV 103. Ist eine **Zusatzstrafe** auszufällen, die zusammen mit der bedingt ausgesprochenen ersten Strafe das zulässige Höchstmass für den bed.StrV übersteigt, so darf der Vollzug nicht aufgeschoben werden – das ursprüngliche Urteil bleibt jedoch unverändert, BGE 76 IV 75 (Diethelm), 109 IV 69; ZR 52 (1953) Nr. 11; der bed.StrV ist in solchen Fällen auch dann ausgeschlossen, wenn die Grundstrafe bereits gelöscht ist, BGE 94 IV 49 (Füchslin), oder gnadenweise erlassen wurde, BGE 80 IV 11 (Jegge; hier galt die Begnadigung einer ersten Zusatzstrafe). *Mehrere Zusatzstrafen* sind zu summieren, BGE 109 IV 71 f. Sind mehrere Straftaten zu beurteilen, die teils vor, teils nach einem den bed.StrV anord-

nenden Urteil begangen wurden, so ist eine *neue Gesamtstrafe,* nicht eine Zusatzstrafe auszufällen, BGE 109 IV 89, 75 IV 161; Es muss durch *Quotenausscheidung* bestimmt werden, ob auf die früheren Taten eine Strafe entfällt, die mit der Grundstrafe zusammen die Grenze von 18 Monaten übersteigt, BGE 109 IV 70; zu dem Problem mit eigenem Lösungsvorschlag KOLLY, ZStrR 98 (1981) 327; vgl. auch Art. 38 N 15. Im übrigen ist der Entscheid über den bed.StrV für die Zusatzstrafe vom Urteil der Grundstrafe *unabhängig,* insbesondere kann trotz Verweigerung im ersten Urteil der bed.StrV gewährt werden, BGE 73 IV 88 (Meyer), 109 IV 70; SJZ 41 (1945) Nr. 119, 143, RS 1949 Nr. 115. In *VE 1993* Art. 42 wird die Grenze für den bedingten Strafvollzug auf drei Jahre erhöht.

Auch für eine **Strafe, die durch Untersuchungshaft getilgt ist,** kann der   9 bed.StrV gewährt werden, BGE 81 IV 210 (Castella); PKG 1944 Nr. 31; RS 1950 Nr. 20; SJZ 41 (1945) Nr. 118, 43 (1947) Nr. 157; ZR 54 (1955) Nr. 36 (anders noch BGE 69 IV 151, SJZ 45 [1949] Nr. 153). In diesem Fall kann zwar kein Vollzug mehr angeordnet werden, aber motivierend kann auch die *vorzeitige Löschung* im Strafregister wirken; ferner kann bei einer späteren Verurteilung wichtig sein, ob eine Strafe als verbüsst gilt, z. B. Art. 38.4 I, 41.1 II, 67, aber auch 37.2. II.

Für **Nebenstrafen** ist der bed.StrV immer möglich, auch wenn die Haupt-   10 strafe das Höchstmass übersteigt, BGE 95 IV 15 f. (Fasola). Dabei gelten dieselben Grundsätze wie für die Hauptstrafe, BGE 104 IV 225 f., 86 IV 215. Praktisch bedeutsam ist vor allem die *Landesverweisung,* Art. 55; keine Nebenstrafe ist der kantonale Warnentzug des Jagdpatents, PKG 1991 Nr. 38. Gemäss Ziff. 1 IV hat der Richter die Frage *unabhängig vom Entscheid über die Hauptstrafe* zu entscheiden und die Prognose (s. hiernach N 12 ff.) für Haupt- und Nebenstrafe getrennt unter Berücksichtigung der gesamten Situation zu stellen, BGE 104 IV 225, 95 IV 15, 86 IV 215, 77 IV 145 (Gloor); BJM 1962 141, 1966 144, 1969 33; Rep. 1969 159; JdT 1957 IV 96; kantonale Urteile betonen öfters, dass eine Abweichung besonders zu begründen ist, BJM 1959 213, PKG 1981 Nr. 25, Sem.jud. 1975 399, RS 1956 Nr. 175, ZBJV 99 (1963) 70.

Wird zur Freiheitsstrafe eine **Busse** verhängt, so muss für die Löschung im Strafregister *dasselbe gelten wie für die Hauptstrafe,* so PKG 1962 Nr. 59, s. auch SJZ 69 (1973) Nr. 7 (gleiche Probezeit), N 2 vor Art. 48, Art. 80 N 8. Zur Umwandlungsstrafe Art. 49 N 10.

Wird eine **sichernde Massnahme nach Art. 43/44** ausgesprochen, so feh-   11 len zunächst regelmässig die Voraussetzungen für den bed.StrV, BGE 69 IV 194 (Bachmann), GVP-SG 1983 Nr. 47, PKG 1983 Nr. 12, ZBJV 111 (1975) 232 f. m. Anm. SCHULTZ S. 233, 88. Wird jedoch der Vollzug der Strafe aufgeschoben, so ist später beim Entscheid, ob die Strafe zu vollstrecken sei (Art. 43.3 I, 5, 44.3 I, 5), die Frage des bed.StrV zu prüfen, AGVE 1982 Nr. 20, SJZ 78 (1982) Nr. 36, anders ZBJV 114 (1978) 450, mit krit. Anm. SCHULTZ. Auch *die Kombination mit ambulanter Behandlung* ist denkbar. Für diesen Fall sieht jedoch *Art. 43.2 II* die Möglichkeit des Strafaufschubes vor, weshalb die Praxis eine Kombination mit bedingtem Strafvollzug nicht zulässt, AGVE 1982 Nr. 20, GVP-SG 1983 Nr. 47, PKG 1977 Nr. 36, RS 1977 Nr. 416, ZBJV 111 (1975) 232; der Praxis ist *zuzustimmen,* denn die ambulante Behandlung soll beim bed.StrV durch eine *Weisung* angeordnet werden.

Die Prognose

12 Rückgrat des bed.StrV ist die **günstige Prognose,** dass Vorleben und Charakter des Verurteilten die Bewährung erwarten lassen. Dabei darf es sich nicht nur um eine vage Hoffnung handeln, *«mit Bedenken»* darf der bed.StrV nicht angeordnet werden, BGE 102 IV 63, 100 IV 133 (Moser), 98 IV 81 (Pulfer), 91 IV 2 (Weibel); PKG 1965 Nr. 26, 1969 Nr. 32, auch wenn die Wirkung des Vollzugs noch ungünstiger sein dürfte, BGE 74 IV 195 (Hochstrasser), MKGE 6 Nr. 109. Die Prognose muss den Schluss erlauben, der Verurteilte werde sich *dauernd,* nicht nur während der Probezeit, *bewähren,* z.B. BGE 59 IV 201, 95 IV 52, 102 IV 64, und es soll gemäss SJZ 69 (1973) Nr. 4 auch zu erwarten sein, der Verurteilte werde sich vor weiteren Übertretungen abhalten lassen, was m.E. eine *zu hohe Schwelle* ist. Überdies sind Prognosen über menschliches Verhalten notgedrungen mit einem erheblichen Unsicherheitsfaktor belastet, was nicht nur zuungunsten des Verurteilten berücksichtigt werden darf, vgl. BGE 98 Ib 107 (zu Art. 38). Massgebend für die Prognose sind die Verhältnisse zur Zeit des Urteils, GVP-SG 1989 Nr. 40 unter Hinw. auf SCHULTZ II 105.

13 Bei der Beurteilung der Prognose hat der Sachrichter ein **weites Ermessen** – das Bundesgericht greift nur ein, wenn er sich auf «offensichtlich unhaltbare Überlegungen» stützt. also *willkürlich* entscheidet, s. z.B. BGE 105 IV 293, 101 IV 329, 100 IV 194, 96 IV 103, 92 IV 200, 77 IV 68, 142, 73 IV 77, 84, 115; Rep. 1983 356; ZR 49 (1950) Nr. 59; Sem.jud. 1946 436. Allgemein hat der Richter eine *Gesamtwürdigung* vorzunehmen und die einseitige Berücksichtigung einzelner Kriterien zu vermeiden, BGE 118 IV 101, 116 IV 281, 115 IV 94 f., 105 IV 292, 104 IV 38, 101 IV 123, 258, 330, 100 IV 10, 98 IV 161, 96 IV 104, 95 IV 52, 57, 74 IV 137, 68 IV 81 f., PKG 1993 Nr. 24. In der Praxis haben sich bis heute keine wissenschaftlichen Methoden der Prognosebildung durchgesetzt; die Praktiker bedienen sich weitgehend der *«intuitiven Methode»,* nach welcher die Beurteilung hauptsächlich gefühlsmässig erfolgt, gestützt auf die persönliche Lebens- und Berufserfahrung und den gesunden Menschenverstand des Richters, KNÜSEL 147, STRATENWERTH AT II § 4 N 56; s. auch SJZ 86 (1990) Nr. 79, wonach angesichts der fehlenden oder unzureichenden Kriterien für eine zuverlässige Prognosebildung der Ersttäter im allgemeinen die Chance der Bewährung erhalten soll, wenn es das Strafmass erlaubt.

14 **Unzulässig** ist die **Verweigerung des bed.StrV allein wegen der Art oder Schwere der Tat** (BGE in N 13), JdT 1967 IV 123, SJZ 56 (1960) Nr. 7,

ZR 49 (1950) Nr. 61. Neben Fahren in angetrunkenem Zustand (s. N 15 ff.) muss der Grundsatz immer wieder betont werden:

Keine allgemein erhöhte Rückfallgefahr bei **Sittlichkeitsdelikten,** SJZ 65 (1969) Nr. 91; keine prinzipielle Verweigerung des bed.StrV bei **Vernachlässigung der Unterstützungspflicht** (Art. 217), RS 1948 Nr. 10, (Bestreiten der durch Urteil festgestellten Vaterschaft stützt negative Prognose, BGE 93 IV 2 [Müller]); Zurückhaltung bei **falschem Zeugnis** (Art. 307): ZR 52 (1953) Nr. 110, SJZ 40 (1944) Nr. 131, 41 (1945) Nr. 135, weniger restriktiv JdT 114 (1966) IV 62, und bei **falscher Beweisaussage** (Art. 306), ZBJV 79 (1943) 81, AGVE 1957 Nr. 28; bei (vor allem auch folgen-) schweren Verstössen gegen **Sorgfaltspflichten im Verkehr** wird der Grundsatz bisweilen verletzt und wesentlich auf die Tat abgestellt, die ohne weitere Prüfungen als Indiz für den Charakter des Verurteilten gewertet wird, BGE 76 IV 72 (Elber), 91 IV 113 (Neuhaus); SJZ 55 (1959) Nr. 45, 67 (1971) Nr. 21, JdT 1955 IV 95, ZR 49 (1950) Nr. 80, PKG 1967 Nr. 49 – nuancierend RS 1983 Nr. 422; **Drogenhandel** führt an sich nicht zur Verweigerung des bed.StrV, BGE 101 IV 122, Sem.jud. 1974 443; bei **Querulanten** wird eine gute Prognose selten möglich sein, ZR 51 (1952) Nr. 199.

Exkurs – Insbesondere bei Fahren in angetrunkenem Zustand

PETER ALBRECHT, Der bedingte Strafvollzug bei Alkohol am Steuer, SJZ 84 (1988) 97; RUDOLF HAURI-BIONDA, Drogen/Medikamente: Anlass und Möglichkeiten der Fahreignungsuntersuchung aus medizinischer Sicht, AJP 3 (1994) 457; ANDREAS BLASER/AYESHA SCHNIDRIG-SALIE, Möglichkeiten und Grenzen von Diagnose und Prognose in der psychologisch-psychiatrischen Fahreignungsbeurteilung, AJP 3 (1994) 465; MATTHIAS HÄRRI, Alternative Sanktionen im Strassenverkehrsrecht, SJZ 93 (1997) 77; MARTIN KILLIAS, *Excès de sévérité pour les conducteurs en état d'ivresse?* SJZ 84 (1988) 265; JÖRG REHBERG, Neuere Bundesgerichtsentscheide zum Thema «Alkohol am Steuer», recht 14 (1996) 81; MARTIN SCHUBARTH, Die Strafe und deren Bedeutung im Strassenverkehr, AJP 3 (1994) 438; STEFAN SIEGRIST, Sind unsere Nachschulungsprogramme erfolgreich? AJP 3 (1994) 469; THOMAS SIGRIST, Zum Nachweis der Fahrunfähigkeit wegen Angetrunkenheit – Atemtest versus Blutalkoholbestimmung, AJP 5 (1996) 1111; EGON STEPHAN, Trunkenheitsdelikte im Verkehr: Welche Massnahmen sind erforderlich? AJP 3 (1994) 445.

Ein besonderes Problem bietet die Gewährung des bed.StrV bei **Fahren** 15 **in angetrunkenem Zustand (FiaZ),** dem das Verweigern der Blutprobe, Art. 91 III SVG, grundsätzlich gleichgestellt wird, BGE 117 IV 297, 106 IV 6, SJZ 70 (1974) Nr. 49, Rep. 1982 439; zur Vereitelung einer Blutprobe s. BGE 120 IV 73, 114 IV 148, eingehend REHBERG 86 ff. Unter dem Eindruck der Gefährlichkeit und Häufigkeit dieses Delikts wurde es vom BGer jahrzehntelang einer *generalpräventiv motivierten Sonderregelung* unterstellt, die in der Regel den bed.StrV ausschloss. Diese Praxis wurde nicht nur in der Literatur kritisiert z.B. ALBRECHT (N 15) (dagegen KILLIAS, SJZ 84 [1988] 265 ff.), CHÂTELAIN a.a.O., HEIM, JdT 1962 IV 42, JABERG 313 ff., KILCHMANN a.a.O., SCHULTZ II 109, DERS., ZBJV 106

(1970) 340 f., Stratenwerth AT II § 4 N 59 f., auch die kantonale Rechtsprechung distanzierte sich auffällig oft von ihr, s. z.B. *ZH:* ZR 63 (1964) Nr. 19, SJZ 59 (1963) Nr. 49; *SO:* RS 1966 Nr. 100; *AI:* RS 1980 Nr. 1027; *SG:* GVP-SG 1969 Nr. 19, SJZ 76 (1980) Nr. 24; *GR:* PKG 1971 Nr. 46, *TG:* SJZ 63 (1967) Nr. 194; *VD:* zahlreiche Hinweise bei Châtelain·a.a.O.; *VS:* RS 1975 Nr. 823. Noch in BGE 105 IV 291 ff. hielt das BGer fest, dass der bed.StrV bei FiaZ «nur mit grosser Zurückhaltung gewährt werden» dürfe; s. auch BGE 100 IV 9, 134, 99 IV 190, 98 IV 160 mit Verweisungen; zur älteren Praxis vgl. die Vorauflage. In BGE 118 IV 97 ist nun das BGer von dieser strengen Praxis abgerückt: «[B]ei der Gewährung oder Verweigerung des bedingten Strafvollzugs beim Tatbestand des Fahrens in angetrunkenem Zustand [sind] die gleichen Kriterien zugrunde zu legen wie bei anderen Delikten»; zur neuen kantonalen Praxis in Folge dieses Entscheides s. GVP-SG 1994 Nr. 41, RJJ 1993 358 f., 1996 275, SOG 1992 Nr. 21, s auch N 17a.

16 **Ausnahmen** waren bereits **nach der älteren Praxis** des BGer zulässig, wenn die Tat als «einmalige, persönlichkeitsfremde Entgleisung» erschien, BGE 104 IV 38, 90 IV 261 (Billieux). Dies konnte der Fall sein, wenn sich der Täter erst *unter der Wirkung des Alkohols* oder *auf starkes Drängen* hin zum FiaZ entschlossen hatte, BGE 105 IV 292, 90 IV 261, 88 IV 7 (Schönbrod), 80 IV 13 (Kägi), 79 IV 68 (Hofstetter), 76 IV 170 (Martinelli). Dass der Entschluss zum Führen eines Motorfahrzeugs erst unter dem Einfluss von Alkohol fiel, entlastete nicht automatisch – es musste eine gewisse Zwangslage hinzukommen, BGE 105 IV 292, 97 IV 38 (Fromaigeat), 76 IV 170; BJM 1981 156; SJZ 65 (1969) Nr. 54, ZR 71 (1972) Nr. 114; RS 1974 Nr. 699. Überzeugend ist die Berücksichtigung der Unfallfolgen für den Täter, SJZ 58 (1962) Nr. 123, ZR 57 (1958) Nr. 116.

17 **Besondere Gründe zur Verweigerung des bed.StrV** sind Rückfall und Alkoholismus. Zum **«Rückfall»** hatte sich über Jahrzehnte eine *gesetzesfremde Praxis* herausgebildet, wonach als «Ersttäter» nur galt, wer mindestens während der zehn vorangegangenen Jahre nie wegen FiaZ bestraft wurde, BGE 101 IV 9, 105 IV 293; GVP-SG 1970 Nr. 11, 1971 Nr. 24, 1974 Nr. 18, 1977 Nr. 17, 18, 1984 Nr. 44; BJM 1965 146, 1981 155, 1984 316; PKG 1967 Nr. 50, 1971 Nr. 45; Rep. 1984 435; RS 1971 Nr. 49 (12 Jahre!), 1974 Nr. 699, 1977 Nr. 8, 203, 204, 1985 Nr. 862, 1988 Nr. 647; ZBJV 123 (1987) 440, SOG 1987 Nr. 12, AGVE 1991 77 f.; zum «kriminologischen Rückfall» s. SOG 1989 Nr. 14. Bei ganz aussergewöhnlichen Umständen konnte trotz Rückfall eine günstige Prognose gestellt werden, BGE 100 IV 195 (Bärtschi; Entschluss zu FiaZ erst unter Einfluss von Alkohol nach längerer Abstinenz und auf Drängen der Kumpane, Vollzug einer widerrufenen Strafe); blosse Beteuerung, auf das Fahren verzichten zu wollen, genügte nicht, BGE 100 IV 132 (Moser). Regelmässiges oder quartalsweises Trinken («Dipsomanie») wurde berücksichtigt in BGE 99 IV 192, ZBJV 111 (1975) 87.

17a Diese **strenge Praxis** wurde zunächst in BGE 115 IV 83 etwas **gelockert,** wo das BGer feststellte, dass Rückfall nicht notwendigerweise zu einer

Verweigerung des bed.StrV führen müsse; gemäss BGE 115 IV 86 f. ist ein in jeder Hinsicht ausgezeichneter Leumund als entlastend anzusehen, bestätigt in BGE 116 IV 281. In BGE 118 IV 97, wo der bed.StrV einem gut beleumdeten Autofahrer gewährt wurde, obwohl er bereits vor etwas mehr als fünf Jahren wegen FiaZ zu einer bedingt vollziehbaren Gefängnisstrafe und Fr. 500.– Busse verurteilt worden war, hat das BGer endgültig seine Sonderrechtsprechung zu FiaZ aufgegeben. Die 10-Jahres-Regel lässt sich angesichts der neuen Praxis des BGer nicht mehr halten; es hat eine umfassende Gesamtwürdigung von Tatumständen und Täterpersönlichkeit zu erfolgen; ein Rückfall innert *fünf Jahren* kann jedoch nach wie vor «ein äusserst gewichtiges Indiz für die Uneinsichtigkeit des Fehlbaren» darstellen, SOG 1992 Nr. 21 S. 53 (= JdT 1994 I Nr. 62). Unzulässig, weil s*achfremd,* ist die beliebte Berücksichtigung der *Höhe der Blutalkoholkonzentration.* BGE 98 IV 162 (Voser) hielt zwar fest, dass eine starre Formel – Ausschluss des bed.StrV bei über 2‰ – unzulässig sei; im übrigen wurde das Kriterium verwendet in BGE 100 IV 10 (Ochsner), 134 (Gemperle); AGVE 1969 Nr. 20, 1973 Nr. 31; SJZ 68 (1972) Nr. 31; ZR 64 (1965) Nr. 26, 65 (1966) Nr. 62; SOG 1992 Nr. 21, RJJ 1993 360. Zur Problematik des Kriteriums REHBERG, ZStrR 86 (1970) 122 ff. Eine besonders günstige Prognose erlaubt – auch bei Rückfall – der auf Antrag des Täters hin endgültige Entzug des Führerscheins, RJN 1988 56.

VE 1993 Art. 45 ff. will das **Fahrverbot** als selbständige Hauptstrafe für **18** Verkehrsdelikte einführen, so bereits VE SCHULTZ Art. 38 ff. Damit könnte dem Täter für die Dauer von einem Monat bis zu fünf Jahren untersagt werden, im öffentlichen Verkehr Fahrzeuge bestimmter Art zu lenken. Im wesentlichen entspräche das Fahrverbot dem heutigen Warnentzug gemäss SVG Art. 16 II, III, Bericht VE 1993 64, dem – obwohl administrative Massnahme – weitgehend Straffunktion zukommt, s. z.B. BGE 116 Ib 148 m.w.H. und SCHUBARTH 438, 440. Die Einführung des Fahrverbots als Nebenstrafe würde auch die rechtsstaatlich bedenkliche Zweispurigkeit des heutigen Systems (vgl. Bericht VE 1993 64 f.), bei dem sowohl das Straf- als auch das Administrativverfahren bemüht wird (s. z.B. EGV-SZ 1991 103 f.), beseitigen; das Fahrverbot dürfte nurmehr der Richter anordnen – gemäss VE 1993 Art. 48 auch bedingt; s. zum ganzen SCHUBARTH 439 ff. Leider scheint das EJPD dazu zu neigen, unter dem Druck der Verwaltung, die eine Machtposition verteidigt, das Fahrverbot als Nebenstrafe fallenzulassen.

Besondere Kriterien der Prognosestellung

Allgemein wird **negativ** berücksichtigt unter dem Gesichtspunkt des Vor- **19** lebens eine **frühere Bestrafung,** BGE 98 IV 313 (Bräm), 79 IV 161 (Schurter), auch wenn sie kein formelles Hindernis i.S.v. Ziff. 1 II darstellt, insbesondere bei Vielzahl von Übertretungen, ZBJV 82 (1946) 230, PKG 1967 Nr. 49, oder wenn die Strafverbüssung länger zurückliegt, PKG 1969 Nr. 33, wobei besonders gleichartige Delinquenz gegen eine günstige Prognose spricht, BGE 100 IV 133 (Moser), ZBJV 82 (1946) 260, JdT 1980 I 456, JdT 1991 III 25. Für Zurückhaltung JdT 1970 III 122. Auch eine Verurteilung, welche im Strafregister gelöscht wurde, ist zu berücksichtigen, ZR 93 (1994) Nr. 92 Grösste *Bedenken* weckt im Lichte von EMRK Art. 6 (2) die Berücksichtigung von *Verfahren, die zu keiner Bestrafung führten,* so aber BGE 82 IV 151, 77 IV 69 (Blum). Wiederholte Begehung der Tat ist kein Grund zur Verweigerung des bed.StrV, BGE 73 IV 153 (Gailland); JdT 1966 IV 62; anders RS 1951 Nr. 95 f., ebensowenig mangelnder Wohnsitz in der Schweiz, BGE 71 IV 2 (Glas), ZR 48 (1949) N 165. Zuzustimmen ist SJZ 86 (1990) Nr. 79, wonach dem *Ersttäter* im allgemeinen der bedingte Strafvollzug gewährt wird, wenn es vom Strafmass her möglich ist.

20   Berücksichtigt wird auch das **Verhalten nach der Tat,** BGE 118 IV 101, Rep. 1983 352; AGVE 1969 Nr. 23; Sem.jud. 1972 572. Der bed.StrV wird verweigert, wenn der Täter während des Strafverfahrens weiter delinquiert, RVJ 1995 278 f., BJM 1977 194, RS 1967 Nr. 122, 1964 Nr. 190; Extr.FR 1976 146; ungünstig wirkt sich auch ein weiteres, gleichartiges Delikt aus, wenn zwar das Strafverfahren wegen des ersten Vorfalles noch nicht eröffnet wurde, der Täter jedoch weiss, dass er ein solches zu erwarten hat *(«kriminologischer Rückfall»),* SOG 1989 Nr. 14. Grundsätzlich sind **Einsicht** und **Reue** Voraussetzungen für eine gute Prognose, BGE 82 IV 82 (Thiébaud c. Zwahlen), 80 IV 94 (Bonnard), 79 IV 161 (Schurter), 75 IV 155; PKG 1954 Nr. 38, 1974 Nr. 36, 1993 Nr. 24; RS 1946 Nr. 220, 1947 Nr. 84, 1956 Nr. 286, 1959 Nr. 188; ZR 49 (1950) Nr. 61. Wie es damit steht, ist gründlich abzuklären, BGE 82 IV 82. Reue soll durch entsprechendes Verhalten dokumentiert sein, eingehend Sem.jud. 1972 572. Der bed.StrV wird abgelehnt für Überzeugungstäter, RVJ 1995 278 f., BJM 1988 212. Gegen eine günstige Prognose spricht ferner die «Verdrängungs- und Bagatellisierungstendenz» des Täters, PKG 1993 Nr. 24 S. 87.

Moralisieren ist allerdings zu *vermeiden.* Keine Reue kann erwartet werden von dem Täter, der sein Verhalten für rechtmässig hält, BGE 80 IV 94, 98 IV 133, oder die Tat bestreitet, BGE 101 IV 260 (zum Leugnen N 21). Als wichtiges Indiz gilt das Verhalten gegenüber dem Opfer, BGE 77 IV 141 f., Sem.jud. 1972 572.

21   Besonderes Interesse findet das **Verhalten im Strafverfahren,** was grundsätzlich zu billigen ist, BGE 69 IV 113 (Sager), zumindest soweit sich daraus Rückschlüsse auf den Charakter des Täters und seine Einsicht und Reue ziehen lassen, PKG 1993 Nr. 24. *Unzulässig* ist die generelle Verweigerung des bed.StrV im *Abwesenheitsverfahren,* RS 1977 Nr. 201, SJZ 59 (1963) Nr. 48, 92 (1996) Nr. 27/8, anders PKG 1956 Nr. 18, RS 1947 Nr. 85, 1943 Nr. 265. Kein Grund zur Verweigerung des bed.StrV ist das *Bestreiten* (Leugnen) der Tat oder die *Verweigerung der Auskunft,* weil ein solches Verhalten andere Gründe als mangelnde Einsicht haben kann (z.B. Scham, Angst, Sorge um die Familie, die vor Schande bewahrt werden soll), BGE 101 IV 258 ff. (Diaz), 95 IV 120

(Mathez), 94 IV 51, 82 IV 5 (Lauper), 82 (Thiéband c. Zwahlen), 75 IV 155; BJM 1981 202, 1961 210, 1959 213; JdT 1968 III 52; RS 1983 Nr. 421, 1954 Nr. 198, 1949 Nr. 102, 1947 Nr. 86; SJZ 86 (1990) Nr. 79, 73 (1977) Nr. 79; vgl. aber PKG 1993 Nr. 24, wo der Beschuldigte eine ganze Lügengeschichte auftische. Nutzung der Verteidigungsrechte darf nicht sanktioniert werden, SJZ 56 (1960) Nr. 7.

Bei der Prognosestellung ist die **gesamte Wirkung des Urteils** zu berück-   22
sichtigen, z.B. der Widerruf einer früher bedingt aufgeschobenen Strafe, BGE 116 IV 99 f., 178, 107 IV 93, 100 IV 196, 257 f., 99 IV 69 (Caluori), 193 f. (Corminbœuf), 98 IV 80 (Pulfer), RJN 1991 66, BJM 1973 296, GVP-SG 1977 Nr. 17, 1980 Nr. 16, ZBJV 117 (1981) 397; ebenso die Wirkung von Weisungen, BGE 99 IV 68, PKG 1943 Nr. 38, RS 1944 Nr. 123 (anders noch BGE 83 IV 65 [Morger], BJM 1961 115). Dasselbe muss für ambulante Behandlung gelten, s. aber N 11.

Ein wesentlicher Faktor der Prognosebildung ist die **Bewährung am**   22a
Arbeitsplatz, BGE 102 IV 64, 117 IV 4 f. (zur Frage des bedingten Vollzugs einer Landesverweisung). «Eine Verweigerung des bedingten Vollzugs trotz Bewährung am Arbeitsplatz kommt nur dann in Betracht, wenn im Rahmen einer Gesamtwürdigung schwerwiegende konkrete Gegenindizien derart überwiegen, dass sich trotz des genannten gewichtigen Bewährungsfaktors keine günstige Prognose stellen lässt», BGE 117 IV 5.

Das **Erfordernis der Schadensdeckung** hat geringe praktische Bedeutung   23
– dass es im Dienste der erzieherischen Wirkung des bed.StrV stehe, kann nicht gesagt werden (so aber BGE 79 IV 105 [Sarrasin]). Tatsache und Höhe des Schadenersatzes müssen feststehen, BGE 70 IV 104 (Augsburger), wobei BGE 79 IV 105 auch die vom Richter festgesetzte Genugtuungssumme an den Vater des i.S.v. Art. 187 geschädigten Mädchens als Schaden anerkennt. Die Forderung muss *formell fixiert* sein, eine formlose Anerkennung auch vor dem Untersuchungsrichter genügt nicht, BGE 77 IV 140 (Widmer), RS 1945 Nr. 11. Völlige Gleichgültigkeit kann als Zeichen mangelnder Reue eine günstige Prognose ausschliessen, BGE 70 IV 106, 77 IV 141 f., Sem.jud. 1972 572.

Formelle Voraussetzungen

Gemäss Art. **41.1 II** ist bed.StrV ausgeschlossen, «wenn der Verurteilte   24
innerhalb der letzten fünf Jahre vor der Tat wegen eines vorsätzlichen Verbrechens oder Vergehens eine Zuchthaus- oder Gefängnisstrafe von mehr als drei Monaten verbüsst hat». Das Gesetz stellt damit die **unwider-**
legliche Vermutung auf, dass keine günstige Prognose i.S.v. Art. 41.1 I möglich sei bei einem Täter, der, nachdem er einem resozialisierenden (Art. 37 im Vergleich zu Art. 37bis, 39) Strafvollzug ausgesetzt war, binnen fünf Jahren rückfällig wurde, BGE 99 IV 134 (Jaccoud), 108 IV 149 f. Relativierend (und realistischer) betont BGE 110 IV 66 f. die Bedeutung der Vorstrafe als (in den Wind geschlagene) *Warnung.* Ob die Strafe

wegen Vergehen oder Übertretungen ausgefällt wurde, ist ohne Bedeutung, BGE 113 IV 55.

25 Unter **«Zuchthaus- oder Gefängnisstrafe»** fallen auch Strafen mit militärischem Vollzug, BGE 68 IV 162 (Hutiger), VAR 1942 159, dagegen nicht Einschliessung, BGE 79 IV 2 (Weibel; zustimmend WEGMANN, a.a.O.), und auch nicht Massnahmen gegen Erwachsene, MKGE 9 Nr. 162, AGVE 1968 Nr. 22, RS 1957 Nr. 180, junge Erwachsene (Art. 100bis), GVP-SG 1984 Nr. 45, SJZ 82 (1986) Nr. 37, oder Jugendliche, SJZ 72 (1976) Nr. 93, ZBJV 85 (1949) 177; anders zu Art. 43 f. RS 1985 Nr. 863, und 100bis, SCHULTZ, ZStrR 89 (1973) 57 f.; DERS. II 103, hat seine Auffassung revidiert, ebenso jetzt BGE 113 IV 11. Die Privilegierung des *Verwahrten* (Art. 42) überzeugt kaum, doch wird in diesem Fall selten eine günstige Prognose möglich sein; das BGer scheint die Verwahrung dem Strafvollzug kurzerhand gleichzusetzen, BGE 110 IV 2, 113 IV 13.

26 Wurde die Vorstrafe wegen verschiedener Straftaten ausgefällt, muss durch Quotenausscheidung ermittelt werden, ob wenigstens drei Monate auf das Konto von **vorsätzlichen Vergehen oder Verbrechen** entfallen, EGV-SZ 1991 143 f., BJM 1973 102.

27 **Verbüsst** ist nur die Strafe, die der Verurteilte tatsächlich *«abgesessen»* hat, was nicht zutrifft bei Begnadigung, BGE 109 IV 9, Extr.FR 1982 47, anders noch AGVE 1960 Nr. 20; der Verurteilte muss sich innerhalb der Fünfjahresfrist auch tatsächlich mehr als drei Monate im Vollzug befunden haben, SOG 1994 Nr. 20 unter Hinw. auf STRATENWERTH AT II § 4 N 38. Zum militärischen Vollzug BGE 68 IV 163 (Hutiger). Bei Verurteilung im Ausland vermutet SJZ 50 (1954) Nr. 148 (nicht unbedenklich), dass die Strafe auch vollstreckt wurde. Soweit eine unbedingte Strafe als *durch Untersuchungshaft getilgt* erklärt wird, gilt sie als vollstreckt, BGE 110 IV 65, 101 IV 386 (Kubac); AGVE 1976 Nr. 26, RS 1961 Nr. 176, BJM 1957 333 (für Sicherheitshaft); anders SJZ 71 (1975) Nr. 95. BGE 101 IV 386 war von SCHULTZ II 104 und ZBJV 112 (1976) 407 kritisiert worden – in der Tat ist die Praxis zu Art. 41.1 II unter spezialpräventiven Gesichtspunkten *inkonsequent;* BGE 110 IV 67 f. überzeugt jedoch im Hinblick auf *Gerechtigkeit;* eingehend STRATENWERTH AT II § 4 N 34.

28 Mindestens drei Monate müssen **in einem Zug verbüsst** worden sein, BGE 108 IV 149, 99 IV 134, JdT 1991 III 53. Ob die Strafe wegen einer oder wegen mehrerer Taten verhängt wurde, oder ob die Dauer von drei Monaten nur durch Zusammenlegung mehrerer Strafen überschritten wurde, BGE 108 IV 150, ist ohne Bedeutung, anders SJZ 78 (1982) Nr. 6.

29 Für die **Berechnung der Fünfjahresfrist** kommt es auf die effektive Verbüssung, AGVE 1969 Nr. 22 (nicht die endgültige Entlassung nach Probezeit, wie AGVE 1953 Nr. 39 meinte) und die neue Tat an. BGE 110 IV 2 lässt die Sperrwirkung auch nicht entfallen, wenn zwischen der Tat und ihrer Beurteilung ein Zeitraum von über zehn Jahren liegt, den nicht der Verurteilte zu vertreten hat. Die analoge Anwendung von Art. 45.6

wäre vorzuziehen, s. auch SCHULTZ, ZBJV 122 (1986) 3 f. Umgekehrt betrifft LGVE 1982 I Nr. 58 den Fall, wo der Täter während der Beurteilung der Tat vorzeitig die Strafe antritt; vor Obergericht wird die neue Strafe auf 18 Monate festgesetzt, der «vorzeitige» Strafvollzug an die widerrufene Strafe angerechnet und keine Sperrwirkung angenommen – der Vollzug der früheren Strafe erfolgte auch erst nach der Tat.

Zur **Gleichstellung ausländischer Urteile** und Strafvollstreckung BGE   30
105 IV 226 E. 2, SJZ 50 (1954) Nr. 148, ZR 50 (1951) Nr. 229.

Begleitende Anordnungen

Die obligatorische **Probezeit** dauert zwei bis fünf Jahre, bei Übertretun-   31
gen ein Jahr, Art. 105. Massgebend ist die Qualifikation der Tat im Tatbestand, RS 1951 Nr. 94, PKG 1961 Nr. 65. Wird mit der Freiheitsstrafe eine Busse verbunden, so gilt für deren Löschbarkeit dieselbe Probezeit wie für die Freiheitsstrafe, SJZ 69 (1973) Nr. 7. Die Bemessung richtet sich nach der Höhe der Rückfallsgefahr, BGE 95 IV 121 (Gabathuler), AGVE 1991 S. 80 f., 1954 Nr. 36, nicht nach der Schwere der Tat, so aber PKG 1944 Nr. 34.

Die **Probezeit beginnt zu laufen** mit dem Zeitpunkt, da der Richter dem   32
Verurteilten das *Urteil,* das vollstreckbar wird, *eröffnet* und ihn auf die Probezeit hinweist, BGE 90 IV 242 (Osterwalder), 104 IV 59, 109 IV 89, 118 IV 104, 120 IV 174, also schon vor der Rechtskraft, ebenso RS 1981 Nr. 153, 1970 Nr. 13, 1950 Nr. 101, AGVE 1958 Nr. 30, PKG 1957 Nr. 53 (schriftliche Eröffnung); anders AGVE 1954 Nr. 35 (Rechtskraft), RS 1977 Nr. 209. Der erste Tag ist mitzuzählen, BJM 1956 331. Ergreift der Verurteilte ein *Rechtsmittel,* so schiebt sich der Beginn hinaus bis zum Vorliegen des Berufungsurteils, BGE 104 IV 59: Ein Verhalten während des Rechtsmittelverfahrens kann keinen Widerruf auslösen, wenn das Rechtsmittel mit Suspensiveffekt verbunden ist; anders verhält es sich bei der Nichtigkeitsbeschwerde gemäss BStP Art. 268, BGE 74 IV 14 (Lerch). Erfolgt nach Bestehen der Probezeit ein Wiederaufnahmeverfahren, in welchem die Strafe herabgesetzt wird, ist keine neue Probezeit zu bestimmen, BGE 79 IV 158 (Strub). Wird ein **Zusatzurteil** gefällt, so beginnt die darin festgesetzte Probezeit mit diesem Urteil, BGE 105 IV 295. Ein Verhalten im Zeitraum nach Ablauf der ursprünglichen und vor Beginn der zusätzlichen oder verlängerten Probezeit kann keinen Widerruf auslösen, ZR 66 (1967) Nr. 124. Die Zeit zwischen der Eröffnung eines vom BGer kassierten kantonalen Entscheids und der Mitteilung des Urteils des BGer muss bei der Neubeurteilung berücksichtigt werden; spricht das kantonale Gericht erneut eine bedingte Strafe aus, so muss es diese Zeit auf die neue Probezeit anrechnen, BGE 120 IV 175.

Weisungen müssen der «Resozialisierung ... dienen und [dürfen] vom   34
Betroffenen nicht mehr als eine zumutbare, verhältnismässige Anstrengung» verlangen, sie müssen überdies in einem *Zusammenhang mit dem Delikt* stehen, BGE 108 IV 152 f., 106 IV 327, 105 IV 238, 289, 103 IV 136,

102 IV 9, 94 IV 12, 79 IV 105 (Sarrasin), 77 IV 73 (Bühler), 71 IV 178 (Gnehm). Von mehreren sinnvollen Weisungen ist die zweckmässigere zu wählen, BGE 102 IV 11. Die zitierten Urteile, denen im Grundsatz auch die kantonale Praxis folgt, betonen die völlige Freiheit des Richters innerhalb dieser Grenzen. *Unzulässig* ist dagegen eine Weisung, die «vorwiegend oder ausschliesslich» *repressive Zwecke* verfolgt, BGE 107 IV 89 (zu Art. 38.3), sinngemäss auch 108 IV 152, wozu Schultz, ZBJV 118 (1982) 542, bemerkt, dass solche Zwecke bei Weisungen *überhaupt* nicht legitim sind – die Weisung soll im Interesse des Bestraften liegen, SJZ 68 (1972) Nr. 56, 43 (1947) Nr. 121. Zustimmung des Verurteilten ist allerdings nicht vorausgesetzt – erscheint eine Weisung als unerlässlich, so kann sie trotz Ablehnung durch den Betroffenen angeordnet werden, AGVE 1991 281. Die Weisung kann auf einen Teil der Probezeit beschränkt sein, ZR 72 (1973) Nr. 3 (mit Weisungen des ZH Obergerichts betr. Berechnung der Dauer). Weisungen bedürfen zu ihrer Gültigkeit der Aufnahme ins Urteils- bzw. Entscheidsdispositiv, LGVE 1993 I Nr. 38.

35 Zur **Berufsausübung** finden sich in der publizierten Praxis die Weisungen, keine Geschäfte mit Sexartikeln zu treiben, BGE 105 IV 290; einer unselbständigen Erwerbstätigkeit nachzugehen, BGE 107 IV 89, GVP-SG 1969 Nr. 20, ZR 51 (1952) Nr. 84; nicht als Anwalt tätig zu werden und weder ein Inkasso- noch ein Treuhandgeschäft zu führen, SJZ 43 (1947) Nr. 121; der Schutzaufsicht auf Verlangen Einsicht in die Geschäftskorrespondenz zu gewähren, BGE 107 IV 90; einen Beruf zu erlernen; PKG 1944 Nr. 21.

36 Die Weisung, eine andere **Unterkunft** zu beziehen, kommt bei Unzucht mit Kind in Frage, SJZ 43 (1947) Nr. 131.

37 Weisungen über **ärztliche Betreuung** haben neben der Möglichkeit der ambulanten Behandlung, Art. 43.1 I 2. Satz, keine Berechtigung.

38 Ausser **dem Verzicht auf alkoholische Getränke,** der neben dem Problem des FiaZ (N 15 ff.) weitere heilsame Nebenwirkungen erhoffen lässt, BGE 102 IV 8, kommt auch die Weisung in Frage, sich von einer Fürsorgestelle betreuen zu lassen, vgl. BGE 106 IV 326. Dagegen soll einem Verurteilten nicht die Weisung erteilt werden, Alkohol nicht im Übermass zu trinken, PKG 1972 Nr. 33; unzulässig ist auch ein Wirtshausverbot für drei Jahre (vgl. Art. 56), ZBJV 82 (1946) 261. Zwei Probleme stellen sich: Einerseits ist ein Alkoholverbot schwer zu überwachen, andererseits ist das Verbot nicht realistisch, wenn eine Abhängigkeit mit Krankheitswert vorliegt.

39 Auch die **Weisung, den Schaden zu decken,** soll im Dienst der Resozialisierung und im Interesse des Verurteilten stehen, wie das Bundesgericht ohne Überzeugungskraft beteuert, BGE 105 IV 238, 103 IV 136, 94 IV 12, 79 IV 105. Dass die Höhe des Schadens verbindlich festgelegt sei, ist im Gegensatz zu Ziff. 1 I nicht erforderlich, BGE 105 IV 236 ff., gestützt auf

SCHULTZ SJK 1197 4, ZBJV 85 (1949) 177; RS 1943 Nr. 29, Extr. FR 1944/ 45 246. Die Weisung kann nur einen Schaden betreffen, der durch ein Verhalten verursacht wurde, für das ein Schuldspruch erfolgte, Sem. jud. 1974 539, AGVE 1970 Nr. 19, RS 1956 Nr. 91, wobei auch immaterieller Schaden (Genugtuung) berücksichtigt werden kann, BGE 79 IV 105.

Ultra posse nemo teneatur: Die *wirtschaftliche Leistungsfähigkeit* ist bei   40
der Weisung zur Schadensdeckung zu berücksichtigen. Wurden z.B. Alimentenrückstände in Verlustscheinforderungen umgewandelt, so ist trotz SchKG Art. 265 III die Weisung zu ratenweiser Abzahlung zulässig; BGE 103 IV 237 betont aber mit Recht, dass sorgfältig zu prüfen sei, ob dadurch «eine erzieherisch günstige oder nachteilige Wirkung» erzielt werde. Fragwürdig die Weisung an den Konkursiten, mit Schadensdeckung einzelne Gläubiger zu begünstigen, RS 1951 Nr. 99. Ist der Verurteilte von vornherein der Ansicht, dass die Weisung nicht zumutbar sei, muss er gegen das Urteil Rechtsmittel ergreifen; tritt ein Erschwerungsgrund später auf, hat er beim Richter eine Änderung zu beantragen, Ziff. 2 II, 2. Satz; zum alten Recht BGE 92 IV 170 (Imesch). Kann der Betroffene infolge der Verschlechterung seiner wirtschaftlichen Lage, seiner Pflicht zur Schadensdeckung nicht mehr nachkommen, so fehlt es am Verschulden, RJJ 1995 294.

Zum Schaden werden bei **Art. 217** auch **rückständige Alimente** gerech-   41
net, BGE 105 IV 205, SJZ 50 (1954) Nr. 43, ZR 66 (1967) Nr. 122. Obschon es sich dabei nicht um «Schaden» i.S.v. Art. 41.2 I handelt, hält BGE 105 IV 204 auch die Weisung für zulässig, die *laufenden Unterhaltspflichten pünktlich zu erfüllen,* ebenso RS 1943 Nr. 227; ZBJV 82 (1946) 260 (mit krit. Anm. WAIBLINGER), ablehnend SJZ 50 (1954) Nr. 43, ZBJV 98 (1962) 351 (m.zust.Anm. SCHULTZ), SCHULTZ ZBJV 117 (1981) 19. Der Kritik ist zuzustimmen. Weder als Resozialisierungshilfe noch als pönale Auflage ist die banale Weisung, sich gesetzeskonform zu verhalten, sinnvoll und gerechtfertigt (vgl. BGE 105 IV 290). Unzulässig auch die Weisung bei Umwandlung einer Busse und bedingtem Vollzug der Haftstrafe, die Busse nun innert Frist zu bezahlen, AGVE 1984 Nr. 29.

Besonders beliebt und allgemein als zulässig angesehen ist die Weisung,   42
während einer bestimmten Zeit kein Motorfahrzeug zu führen, BGE 106 IV 328, 102 IV 9, 100 IV 257 (Rapold), 94 IV 13, 77 IV 73 (Bühler), PKG 1976 Nr. 27, 1974 Nr. 27; 1957 Nr. 15; RS 1973 Nr. 529; SJZ 68 (1972) Nr. 56; ZR 49 (1950) Nr. 60; beschränkt auf Fahrzeuge mit Automat SJZ 61 (1965) Nr. 90. Weil jeweils unterschiedliche Ziele verfolgt werden, ist *keinerlei Koordination mit* der zum Entzug des Führerausweises kompetenten *Verwaltungsbehörde* erforderlich, insb. ersetzt der Entzug die Weisung nicht, BGE 94 IV 13, 77 IV 74; RS 1955 Nr. 95, 1950 Nr. 21; SJZ 60 (1964) Nr. 214, 51 (1955) Nr. 41. In SJZ 64 (1968) Nr. 63 wird sogar eine vorübergehende Verlegung des Wohnsitzes zugemutet, vgl. aber BGE 94 IV 14, 106 IV 328; Milderung für einen Invaliden: SJZ 76 (1980) Nr. 16. SJZ 64 (1968) Nr. 63 warnt vor der Gefahr, dass *bei langer Dauer*

des Verbots die *Verbüssung als geringes Übel* angesehen werden könnte, für Zurückhaltung auch ZR 61 (1962) Nr. 130.

43   Trotz gegenteiliger Ideologie ist die Weisung **vornehmlich punitiv,** ihr Übelscharakter anerkannt, z. B. BGE 77 IV 76, 102 IV 9, 108 IV 153, SJZ 64 (1968) Nr. 63. Sie soll den Verurteilten «zur Besinnung bringen» (BGE 102 IV 9, 77 IV 73), er «verdient ... daran erinnert zu werden, dass man ... nicht darf» (BGE 94 IV 13), die Weisung ist der Schwere der Tat angemessen (BGE 106 IV 328) – alles *Formulierungen, die auf Strafen passen.* Fahrverbot ist Massnahme, wenn es der Sicherung dient, Strafe, wenn es dem Täter ein Denkzettel sein soll, vgl. DStGB §§ 69 resp. 44, ferner SCHULTZ, VE 95 ff. mit Nachweisen für den Strafcharakter des Warnentzuges nach SVG Art. 16 II. Kritisch zum Fahrverbot als Weisung auch GISEL-BUGNON 59 f. Mag die Sanktion auch kriminalpolitisch sinnvoll, ja wünschbar sein, so ist sie doch mit dem Sinn von Art. 41.2 I ehrlicherweise nicht vereinbar.

44   **«Unzulässig** sind **unerfüllbare oder unzumutbare** Weisungen sowie solche, die vorwiegend darauf abzielen, dem Verurteilten Nachteile zuzufügen oder Dritte vor ihm zu schützen», BGE 105 IV 289. Dazu gehören: die Weisung, eine gemeinnützliche Arbeit in einem Spital zu leisten, BGE 108 IV 152 (so sinnvoll sie kriminalpolitisch sein mag); Weisungen, die die Persönlichkeitssphäre verletzen, wie die Anordnung, ein Liebesverhältnis, das nicht (mehr) gegen Art. 194 verstösst, aufzulösen, so aber arg moralisierend BGE 70 IV 165 f., RS 1944 Nr. 143; ein ehebrecherisches Verhältnis aufzugeben, so aber RS 1947 Nr. 161; sich unterbinden zu lassen, ZR 59 (1960) Nr. 41; oder kein Kino mehr zu besuchen, so aber SJZ 43 (1947) Nr. 130; die Weisung, die Verfahrenskosten zu bezahlen, BGE 71 IV 178 (Gnehm), anders SJZ 43 (1947) Nr. 187, ZBJV 78 (1942) 234; Weisungen, deren Erfüllung von Dritten abhängen, SJZ 58 (1962) Nr. 69, RS 1944 Nr. 212.

45   **Ziff. 2 II** statuiert eine **Begründungspflicht** für alle den bed.StrV betreffenden Entscheidungen, was für den Verurteilten von erheblichem Schutzwert ist und zeigt, dass Art. 41 nicht eine eigentliche Kann-Vorschrift ist, SCHULTZ II 106 f. Zu den Anforderungen z. B. BGE 68 IV 74 (Tornare) 82 IV 5 (Lauper), 82 (Thiébaud c. Zwahlen, Nachweis fehlender Reue), 102 IV 10 f. (Weisung betr. Alkohol oder Autofahren?), LGVE 1980 I Nr. 597; RS 1943 Nr. 21, 1944 Nr. 11; 1951 Nr. 204; Sem.jud. 1945 481, 1959 361.

Der Widerruf

46   Der bed.StrV ist grundsätzlich **zu widerrufen,** wenn der Verurteilte während der Probezeit (N 32) ein Verbrechen oder Vergehen begeht. Dies gilt auch für militärische Strafen, BGE 93 IV 5 (Roulier), RS 1972 Nr. 398. Eine *Übertretung* hat diese Wirkung selbst dann nicht, wenn die erste Tat auch nur eine Übertretung war. Voraussetzung ist, dass der Täter vom früheren Urteil überhaupt Kenntnis hatte, PKG 1963 Nr. 41,

RS 1968 Nr. 166, ZR 54 (1955) Nr. 30. Eine allfällige Begnadigung hinsichtlich des neuen Urteils beeinflusst dessen Wirkung für den Widerruf nicht, BGE 83 IV 2 (Holderegger); ZR 45 (1946) Nr. 128, 55 (1956) Nr. 121.

Ausländische Urteile geben zum Widerruf Anlass, wenn sie wegen einer   47
Tat ergingen, die nach Art. 9 ein Verbrechen oder Vergehen war, und wenn die Bestrafung nicht dem schweizerischen *ordre public* widerspricht, BGE 95 IV 126 (Guttmann), 86 IV 152 (Challandes), 80 IV 216 (Schneeberger); ZR 83 (1984) Nr. 61, 54 (1955) Nr. 128. Ohne Wirkung bleibt ein Pariser Kontumazialurteil, das weder rechtskräftig noch vollstreckbar ist, BGE 95 IV 127. Das Bundesgericht weist daraufhin, dass der schweizerische Richter die Tat nach Art. 6 selber beurteilen könne, es müsse sich nämlich um ein Auslieferungsdelikt handeln, so schon BGE 86 IV 152, 80 IV 217 f. (als *obiter dictum),* ferner GVP-SG 1970 Nr. 12, BJM 1977 311. Diese Meinung wird von Schultz, ZBJV 98 (1962) 105, Ders. II 113, mit Recht abgelehnt; der Beurteilung durch den schweizerischen Widerrufsrichter stellt sich die Schwierigkeit entgegen, dass seine Zuständigkeit auch nach Art. 348 gegeben sein müsste.

Missachten von Weisungen ist Widerrufsgrund nur, wenn die Weisung   48
zulässig war, BGE 71 IV 179 (Gnehm). Formelle Voraussetzung ist die förmliche Mahnung durch den Richter, BGE 86 IV 4 (Frefel), Extr.Fr. 1975 140, PKG 1975 Nr. 27, RJN 1986 89. BGE 89 IV 126 behandelt diese Bedingung als *Fakultativum,* was unzulässig ist – der Verurteilte darf sich darauf verlassen, dass Nichtbefolgung einer Weisung vor Mahnung nicht zum Widerruf führen kann – das Urteil verletzt das Vertrauensprinzip, kritisch auch Schultz, ZBJV 101 (1965) 13.

Die **förmliche Mahnung** muss vom Richter ausgehen, SJZ 44 (1948) Nr.   49
89 (Vollzugsbehörde), LGVE 1982 I Nr. 60 (Sachbearbeiter Meldewesen); der zuständige Richter wird von den Kantonen bezeichnet; er braucht nicht mit dem urteilenden Richter identisch zu sein, BGE 72 IV 3 f., LGVE 1993 I Nr. 50, a.M. Thormann / von Overbeck Art. 41 N 17. Der Betroffene hat Anspruch auf rechtliches Gehör, AGVE 1962 Nr. 37, die Mahnung ist nur zulässig, wenn die schuldhafte Missachtung der Weisung festgestellt ist, AGVE 1958 Nr. 31, ZR 45 (1946) Nr. 55. Mit der Mahnung können keine weiteren Anordnungen wie Verlängerung der Probezeit oder neue Weisungen (AGVE 1962 Nr. 37) verbunden werden. Fehlt es an der förmlichen Mahnung, so darf – zur Umgehung dieses Erfordernisses – der Widerruf wegen Missachtung von Weisungen nicht auf die Generalklausel (s. N 52) abgestützt werden, RJJ 1995 293.

Ein Widerruf wegen Missachtung von Weisungen ist nur statthaft, wenn   50
den Verurteilten ein **Verschulden** trifft, BGE 118 IV 333, 71 IV 179, ZR 53 (1954) Nr. 96 – eines Verschuldens bedarf auch die Anordnung von Ersatzmassnahmen (s. N 57). Geht es um Schadenersatz, so ist auf Widerruf zu verzichten, wenn der Berechtigte auf die Restschuld verzichtet, ZBJV 1982 (1946) 261, oder wenn der Verurteilte verspätet leistet, ZR 51

(1952) Nr. 85; BGE 100 IV 198 (Infanger) verlangt implizit den Widerruf, wenn es sich bei der verspäteten Zahlung um ein prozesstaktisches Manöver handelt, was nur unter dem Gesichtspunkt des fragwürdigen (N 39) erzieherischen Ziels der Weisung verständlich ist, ähnlich ZR 52 (1953) Nr. 104. Gemäss ZR 50 (1951) Nr. 230 ist der Widerruf auch nicht anzuordnen, wenn die Weisung überholt ist und ihr Zweck auf andere Weise erreicht wurde; kein Verschulden liegt vor, wenn der Verurteilte wegen einer Verschlechterung seiner finanziellen Situation seiner Pflicht zur Schadensdeckung nicht nachkommen kann, RJJ 1995 294.

51   Widerruf, weil sich der Verurteilte **beharrlich der Schutzaufsicht entzieht,** setzt keine aktive Renitenz voraus – Nachlässigkeit genügt, LGVE 1983 I Nr 50, ZR 46 (1947) Nr. 45, ebenso Ungehorsam, RS 1943 Nr. 39, wobei grösste Zurückhaltung angezeigt ist.

52   Der Widerrufsgrund der **Täuschung des Vertrauens** ist eine gefährliche **Generalklausel,** mit der nicht nur übertriebene Erwartungen an das Wohlverhalten (BGE 85 IV 121 [Kolb]; 90 IV 178 [F. Wettstein]) durchgesetzt, sondern vor allem die Begrenzungen der spezifischen Widerrufsgründe umgangen werden kann, wovor BGE 75 IV 158 (Blaser) mit Recht aber wenig Erfolg warnt. Die Täuschung muss *erheblich* sein, BGer a.a.O., 72 IV 148 (Pulver), SJZ 69 (1973) Nr. 5, 100, zumal eine förmliche *Warnung nicht vorgesehen* ist, BGE 72 IV 148, 75 IV 158, Sem.jud. 1950 171, ZR 51 (1952) Nr. 87. Zum Widerruf führten zahlreiche Übertretungen, BGE 90 IV 173, BJM 1960 302; wurde ein erstes Mal auf Widerruf verzichtet, so sind bei der zweiten Prüfung alle *Übertretungen* in Rechnung zu ziehen, BGE 103 IV 138; eine einzelne Übertretung rechtfertigt Widerruf nur, wenn «die Natur und Schwere des Fehltrittes und die Umstände, unter denen er begangen wurde, von einer Schwäche zeugen, die der Verurteilte mit Rücksicht auf die Bewährungsfrist, unter der er stand, hätte meistern sollen», BGE 72 IV 148, 77 IV 3 (Müller), RS 1964 Nr. 192, ZBJV 102 (1966) 310, GVP-SG 1970 Nr. 13. Ein noch nicht abgeschlossenes Strafverfahren darf nicht als Täuschung des Vertrauens behandelt werden, ZR 45 (1946) Nr. 182, 49 (1950) Nr. 138, ebensowenig ein Verfahren wegen eines Antragsdeliktes, das mit einem Vergleich endete, anders SJZ 67 (1971) Nr. 164. An sich straflose Vorbereitungshandlungen führen zum Widerruf in Sem.jud. 1950 171, in einem Fall, der heute unter Art. 260bis fiele. Klarerweise erlaubtes, wenn auch unmoralisches Verhalten darf nicht zum Widerruf führen, abweichend der Zürcher Praxis zur Prostitution, ZR 58 (1959) Nr. 44, 60 (1961) Nr. 10, 63 (1964) Nr. 2, 66 (1967) Nr. 123; ebensowenig fehlende Anstrengungen zur Schadensdeckung ohne entsprechende Weisung, BJM 1954 167, SJZ 67 (1971) Nr. 30, ZR 51 (1952) Nr. 87, Nichtbezahlen der Verfahrenskosten (so aber RS 1977 Nr. 211) oder die Missachtung einer Weisung, wenn keine förmliche Mahnung vorausging RJN 1986 89, so aber BGE 89 IV 125 (dazu N 48). Zulässiger Widerrufsgrund ist hingegen haltlose Schuldenmacherei, BGE 75 IV 159, ZR 67 (1968) Nr. 64. Kein Widerruf beim Trunksüchtigen, der weiterhin trinkt, ZR 54 (1955) Nr. 38.

Wird wegen einer neuen Strafe **widerrufen,** so ist **keine Gesamtstrafe** zu bilden, ZBJV 110 (1974) 71. Es besteht auch kein Anspruch auf gemeinsame Verbüssung mit bedingter Entlassung, BGE 97 IV 7 (Smaldini), dazu kritisch Schultz, ZBJV 108 (1972) 342.   53

Die Alternative beim leichten Fall

Liegt ein leichter Fall vor, so kann der Richter **Ersatzmassnahmen** treffen. **Art. 41.3 II** gilt für alle Widerrufsgründe, BGE 98 IV 164 (Beguin), ZR 54 (1955) Nr. 38, hat aber praktische Bedeutung vor allem bei erneuter Bestrafung. Die Frage ist getrennt von einer neuen Prognose zu beantworten, GVP-SG 1972 Nr. 19, anders Rep. 1982 53. Im Falle gem. Art. 66 bis erfolgt kein Widerruf, s. dort N 5.   54

Für die Frage, **ob eine Straftat** als **leicht** anzusehen ist, kommt dem **Strafmass** «die massgebliche Bedeutung» zu, BGE 117 IV 101; dabei ist «eine Freiheitsstrafe von bis zu drei Monaten *in der Regel* als leicht im Sinne von Art. 41 Ziff. 3 Abs. 2 StGB» anzusehen, BGE a.a.O. 102, bestätigt in BGE 122 IV 161 f. Das BGer berücksichtigte durch diese Änderung der Rechtsprechung die in der Lehre vorgebrachte Kritik, s. z.B. Albrecht, BJM 1975, 65, ders., SJZ 74 (1978), 139 f., Schultz II 116, ders., SJK 1198 9 f., Stratenwerth AT II § 4 N 137, Vautier a.a.O. Nach älterer Praxis forderte das *Bundesgericht* eine Berücksichtigung nicht nur des Strafmasses, sondern der *Gesamtheit der schuldrelevanten Tatumstände,* BGE 105 IV 294, 104 IV 39, 102 IV 231, 101 IV 13 (Rebmann), 98 IV 251 (Leutenegger); dem folgte der Bundesrat, VPB 44 (1980) Nr. 18, ferner BJM 1968 89, Rep. 1982 59, RS 1983 Nr. 423. Die *Kantonale Praxis* orientierte sich schon von jeher enger am *Strafmass* und hielt sich *vorwiegend* an die Regel, dass eine Strafe *bis zu drei Monaten* Gefängnis als «gering» angesehen werden kann, AGVE 1988 S. 81 f., 1975 Nr. 32, 1974 Nr. 28; LGVE 1984 I Nr. 37; PKG 1972 Nr. 34, 1971 Nr. 36, 1994 Nr. 28; Rep. 1976 121; SJZ 92 (1996) Nr. 16/12; in LGVE 1984 I Nr. 37 wurde bei fünf Monaten noch ein leichter Fall angenommen, in RJN 1988 60 sogar bei sechs Monaten; s. auch Sem.jud. 1979 18; restriktiver noch SJZ 68 (1972) Nr. 57 (ZH: ein Monat). Eine Strafe von über drei Monaten muss der Annahme eines leichten Falles dann nicht entgegenstehen, wenn Vorstrafe und neue Verurteilung zwei völlig verschiedene Deliktsbereiche betreffen, SJZ 92 (1996) Nr. 16/12. Umfasst das neue Urteil mit einer Gesamtstrafe Taten, die *vor und nach Ablauf der Probezeit* begangen wurden, so muss eine *Quotenausscheidung* getroffen werden, vgl. BGE 105 IV 296, ZBJV 98 (1962) 143.   55

Ob erneut der bed.StrV gewährt wurde, ist ohne Bedeutung, BGE 100 IV 258 (Rapold) m.w. Hinw.; 101 IV 277, PKG 1972 Nr. 36; abweichend RS 1970 Nr. 8, 1944 Nr. 144, SJZ 40 (1944) Nr. 132, s. auch N 22.

Abweichungen von der Regel (drei Monate als Grenze) sind zulässig, müssen aber «durch besondere objektive oder subjektive Umstände gerechtfertigt ... und in diesem Sinn begründet» sein, BGE 117 IV 102, s. auch Trechsel in St. Galler-Festgabe zum Schweiz. Juristentag 1981,   55a

204. Für Annahme eines leichten Falles trotz höherer Strafe kann sprechen: der lange Zeitraum zwischen Ablauf der Probezeit und Entscheid über den Widerruf , BGE 117 IV 102, BJM 1977 310, 1965 147, ALBRECHT, BJM 1975 66 (anders noch BGE 102 IV 233, SJZ 61 [1965] Nr. 35); die lange Zeitspanne seit der neuen Verfehlung, BGE 117 IV 103, 86 IV 8 (Dellenbach), BJM 1977 310; dass der nachträgliche Vollzug der Strafe für den Täter eine unverhältnismässige Härte darstellen würde, BGE 117 IV 102 (unter Hinweis auf ALBRECHT a.a.O.); dass sich der Rückfall erst gegen Ende der Probezeit ereignet hat, BGE a.a.O. 103. Trotz einer Gefängnisstrafe von sechs Monaten (bedingt) kann ein leichter Fall bei einem jugendlichen Täter angenommen werden, der sich bis zum Widerrufsentscheid ernsthaft um den Wiedereinstieg in die Gesellschaft bemüht hat, LGVE 1984 I Nr. 37, in einem *obiter dictum* von BGE 117 IV 102 bestätigt. Eine Abweichung von der Regel kann auch notwendig sein, wenn das Gesetz noch übersetzte Mindeststrafdrohungen enthält, RJN 1988 60, ALBRECHT BJM 1975 66 f., STRATENWERTH AT II § 4 N 137.

55b   Geht es um die **Missachtung einer Weisung,** so ist der bed.StrV «in Fällen, in denen der Betroffene seit der Verurteilung nicht mehr straffällig geworden ist, in stabilen familiären Verhältnissen lebt und sich am Arbeitsplatz bewährt, nur mit Zurückhaltung zu widerrufen… Der Widerruf darf insbesondere nicht allein deshalb ausgesprochen werden, um die Missachtung einer Weisung zu ahnden», BGE 118 IV 336.

56   Getrennt von der Frage des leichten Falles hat der Richter zusätzlich zu prüfen, ob **begründete Aussicht auf Bewährung** besteht – die Anforderungen sind kumulativ, BGE 117 IV 103, AGVE 1971 Nr. 31. Für die Prognose gilt dasselbe wie nach Ziff. 1, BGE 98 IV 78 f. (Pulfer), s. N 12 ff. Insbesondere kann der Richter die Vollstreckung einer neuen Strafe berücksichtigen, PKG 1994 Nr. 28, RS 1988 Nr. 332, VAUTIER 305, Rechtsprechung in N 22, und verschiedene Strafen unterschiedlich behandeln, ZBJV 101 (1965) 273 (Vollzug der Gefängnisstrafe, nicht der Nebenstrafe nach Art. 53).

57   Der Richter **muss** jedoch eine **Ersatzmassnahme treffen,** wahlweise Verwarnung, zusätzliche Weisung(en) oder Verlängerung der Probezeit einzeln oder in Kombination, BGE 98 IV 77 f., anders, weil keine Ersatzmassnahmen mehr möglich, AGVE 1987 Nr. 17.

58   Eine **Verlängerung der Probezeit** kann nicht über die Dauer von 150 % vorgenommen werden, auch nicht in einem späteren Entscheid, SJZ 75 (1979) Nr. 45, sie ist aber auch nach Ablauf der ursprünglichen Probezeit noch möglich – in diesem Fall läuft die Verlängerung ab Datum des sie anordnenden Entscheides, BGE 110 IV 5, 104 IV 147, 79 IV 113 (Nüssli); AGVE 1971 Nr. 31; SJZ 72 (1976) Nr. 91; ZR 50 (1951) Nr. 232. Allfällige Weisungen bleiben vorbehältlich anderer Anordnungen in Kraft, AGVE 1972 Nr. 23, anders SJZ 61 (1965) Nr. 117.

Zuständigkeit und Verfahren

Zuständig zum Entscheid über den Widerruf ist im Fall der erneuten   59
Verurteilung der Richter, der sie ausspricht, in den übrigen Fällen der
Richter des ersten Urteils. Diese durch die Revision 1971 eingeführte
Regelung beruht auf der «Überlegung, dass der spätere Richter, der sich
vor Ausfällung seines Urteils ohnehin mit der Persönlichkeit des Angeklagten zu befassen hat, besser als der frühere Richter in der Lage ist,
darüber zu entscheiden, ob der bedingte Strafvollzug zu widerrufen»
oder ob Ersatzmassnahmen angebracht seien, BGE 104 IV 67, 101 Ia 285
(Willener), 101 IV 263, 98 Ia 222, 98 IV 74 (Stierli). Die Vorschrift ist
zwingend, SJZ 71 (1975) Nr. 148, und gilt entgegen BStP Art. 341 I auch
dann, wenn das erste Urteil vom Bundesgericht gefällt wurde, BGE 101
IV 262 (Montavon). Nach Anpassung von MStG Art. 32.2 an das StGB
ist der bürgerliche Richter auch zum Widerruf eines nach MStG ausgesprochenen bed.StrV zuständig und umgekehrt, RS 1983 Nr. 424, ZR
81 (1982) Nr. 50. Der Zweitrichter ist auch zuständig für den Widerruf
einer jugendrechtlichen Strafe, BGE 98 IV 166. Zum Vorgehen im sum-
marischen Verfahren nach BE StV Art. 227 ZBJV (119 (1983) 505. Der
Anspruch auf ein unabhängiges und unparteiisches Gericht gemäss
EMRK Art. 6.1 ist auch im Widerrufsverfahren zu beachten, AGVE
1993 140 f.; anders – Verzichtbarkeit der öffentlichen und mündlichen
Gerichtsverhandlung sowie der öffentlichen Urteilsverkündung – LGVE
1992 I Nr. 69; m.E. ist EMRK Art. 6 auf diesen Entscheid *nicht anwendbar.*
    Die Regel *gilt nicht für die Löschung von Bussen,* BGE 104 IV 67 f.

Ist der Anlass zum Widerruf eine **Auslandstat,** so ist der Erstrichter zum   60
Widerruf zuständig, BGE 106 IV 7, RJN 1988 57, RS 1985 Nr. 771. Um-
gekehrt ist der *Schweizer Richter nicht kompetent, den durch ein aus-
ländisches Urteil angeordneten bed.StrV zu widerrufen,* BGE 98 Ia 223,
SJZ 89 (1993) Nr. 36/1, RJN 1988 57, ZBJV 115 (1979) 425. Wurde der
Täter zu einer Strafverfolgung wegen einer in der Probezeit begangenen
Tat an die Schweiz ausgeliefert, so kann der Grundsatz der Spezialität
einem Widerruf im Wege stehen, BGE 90 IV 123 (Glaser).

Wurde der bed.StrV durch **Begnadigung** gewährt, so ist nur die Begnadi-   61
gungsbehörde zum Widerruf zuständig, BGE 84 IV 140 (Ronc), BJM
1962 144. Bei Widerruf des bed.StrV durch den Richter ist die Behörde
des Kantons, in welchem der bed.StrV angeordnet wurde, zur Begnadigung zuständig.

Im **Widerrufsverfahren** hat der Betroffene einen absoluten Anspruch auf   62
rechtliches Gehör, vgl. BGE 106 IV 333 f., 102 Ib 250, 98 Ib 175
m.w.Hinw.; PKG 1970 Nr. 40, RS 1953 Nr. 17, 1964 Nr. 18; SJZ 67 (1971)
Nr. 30; ZR 45 (1946) Nr. 182, 49 (1950) Nr. 139, 52 (1953) Nr. 103, 53
(1954) Nr. 95, 61 (1962) Nr. 133, 66 (1967) Nr. 73. Dies gilt entgegen RS
1966 Nr. 123, SJZ 64 (1968) Nr. 64, 67 (1971) Nr. 11, auch dann, wenn der
Widerruf zwingend vorgeschrieben ist, wie die oben angeführten BGE

betonen. Die *Vorladung* zur Verhandlung muss entgegen JdT 1972 III 115 auf den möglichen Widerruf aufmerksam machen. Grundsätzlich besteht Anspruch auf amtliche Verteidigung, ZR 66 (1967) Nr. 154. Eine *Zweiteilung des Verfahrens* ist möglich, RS 1977 Nr. 210, 1984 Nr. 644; dies kann vor allem zweckmässig sein, wenn gegen das neue Urteil Rechtsmittel ergriffen werden, SJZ 61 (1965) Nr. 95. Die Rechtsmittelbelehrung muss sich auch auf den Widerrufsentscheid beziehen, LGVE 1981 I Nr. 41. Anders als Art. 38.4 III regelt Art. 41.3 die Anrechnung der Haft nicht; RS 1984 Nr. 582 und AGVE 1966 Nr. 19 lassen sie in erfreulich weitgehendem Masse zu. Zur Meldung des Widerrufs an die Behörden des Kantons, in welchem das erste Urteil ergangen ist, RS 1977 Nr. 416bis.

Auch die **Entscheidung** im Widerrufsfall ist **zu begründen:** Der kantonale Richter hat nicht nur zu erklären, weshalb er einen Widerrufsgrund bejaht, sondern auch darzulegen, weshalb ein Verzicht gemäss Art. 41.3 II ausscheidet, BGE 118 IV 335.

63 **Intertemporal** ist die Zuständigkeitsregel von Art. 41.3 III als Verfahrensrecht auch auf den Widerruf eines unter altem Recht angeordneten bed.StrV anwendbar, BGE 98 IV 74 (Stierli), während materiell Art. 2 gilt, SJZ 69 (1973) Nr. 100, 39 (1942/43) Nr. 115.

Varia

64 **Art. 41.3 IV:** Aufschub der widerrufenen Strafe, wenn mit dem neuen Urteil eine Massnahme nach Art. 43, 44 oder 100bis angeordnet wird, RS 1982, Nr. 275, PKG 1964 Nr. 31, ist **auch bei analogen Massnahmen,** die ein Militärgericht ausfällt, anzuordnen, vgl. RS 1959 Nr. 126. Bei ambulanten Massnahmen teilt die erste Strafe das Schicksal der zweiten: entweder werden beide vollstreckt, BGE 100 IV 200 (van Laer), oder beide aufgeschoben, PKG 1972 Nr. 37.

65 **Art. 41.3 V befristet** den Widerruf auf *fünf Jahre nach Ablauf der Probezeit,* was auch für die Anordnung von Ersatzmassnahmen gilt, SJZ 72 (1976) Nr. 91. Dass der Widerruf nach Ablauf der Probezeit noch möglich sein muss, ergibt sich schon daraus, dass selbst ein Delikt am letzten Tag der Probezeit zum Widerruf oder Ersatzmassnahmen muss führen können. War das Urteil bereits gelöscht, ist die Löschung aufzuheben, BGE 76 IV 10 (Michel), Extr.Fr. 1976 147, RS 1972 Nr. 219, 221, ZBJV 82 (1946) 261, vgl. auch GVP-SG 1967 Nr. 57.

66 Die **Löschung** hat grundsätzlich **nach Ablauf der Probezeit** zu erfolgen, wenn weder widerrufen noch eine Ersatzmassnahme angeordnet wird – manche Urteile sehen keine Alternative, SJZ 69 (1973) Nr. 6, 75 (1979) Nr. 45; ZBJV 98 (1962) 351, 110 (1974) 71; ZR 54 (1955) Nr. 39; Ziff. 4 setzt aber voraus, dass sich der Verurteilte *«bewährt»* habe; fehlt es an dieser Voraussetzung, ist nicht immer Widerruf oder Ersatzmassnahme möglich, z.B. bei einem leichten Fall und Ablauf der verlängerten Probezeit. GVP-AR 1992 97 und 1993 73 verweigern auch in solchen Fällen die

Löschung, ebenso AGVE 1987 Nr. 18 und BJM 1981 für den Fall, dass die Busse schuldhaft nicht bezahlt wurde. Die Löschung soll andererseits aber auch dann erfolgen, wenn über die Bewährung, z.B. wegen Auslandaufenthaltes oder unbekannten Verbleibs, nichts bekannt ist, ZR 51 (1952) Nr. 88, 52 (1953) Nr. 105, 61 (1962) Nr. 134, anders RS 1968 Nr. 168, 1974 Nr. 595. Weitere *Nachforschungen* als das Einholen des Strafregisterauszugs sind *nicht erforderlich,* RS 1977 Nr. 226. Solange eine Nebenstrafe oder eine Massnahme vollzogen wird, muss die Löschung ebenfalls unterbleiben, ZR 48 (1949) Nr. 166 (betr. Art. 51) bzw. SJZ 62 (1966) Nr. 203; wurde der Vollzug nicht nach Art. 41, sondern nach Art. 43.2 I aufgeschoben, so richtet sich die Löschung ohnedies nach Art. 80. Zum Widerruf der Löschung s. N 65 a.E.

Gemäss *VE 1993* Art. 42 wird der Vollzug einer Freiheitsstrafe von nicht   67 mehr als drei Jahren in der Regel aufgeschoben; für eine Anhebung der Höchstgrenze der bedingt vollziehbaren Strafen auf drei Jahre bereits SCHULTZ VE 145. Abgelehnt wird sowohl von SCHULTZ VE 146 f. als auch vom VE 1993 die Einführung der z.B. im französischen Recht vorgesehenen und von ROCHAT vorgeschlagenen Möglichkeit, eine Strafe teilweise mit bedingtem Vollzug auszusprechen, der *sursis partiel* (z.B. drei Jahre Gefängnis, davon zwei bedingt); zur Problematik dieses Instituts s. RIKLIN, ZStrR 112 (1994) 436 f. Zur bedingten Verurteilung s. oben N 3.

2. Sichernde Massnahmen

VE 1893 Art. 23 f., 26, 40, Mot. 35 f., 49 ff., 58 f. VE 1894 Art. 22 f., 25, 41, Mot. 133 f., 139 f. 1. ExpK I 171 ff., II 414 ff. VE 1908 Art. 31 ff. Erl.Z. 75 ff. 2. ExpK I 250 ff., 282 ff., II 93 ff., VIII 201, IX 129 ff. VE 1916 Art. 42 ff. E Art. 40 ff. Botsch. 15 ff. Sten.NR 170 ff., StR 100 f., NR 637 ff., StR 311 f., NR 730 f., StR 341 f. – Teilrevision 1950: BBl 1949 I 1281. StenB 1949 StR 582 f., 1950: NR 192.

PETER ALBRECHT, Die allgemeinen Voraussetzungen zur Anordnung freiheitsentziehender Massnahmen gegenüber erwachsenen Delinquenten, Diss. BS 1981; HANS DRESSLER, Massnahmenkonkurrenz im schweizerischen Strafrecht, Diss. BS 1947; HANS DUBS, Wandlungen des strafrechtlichen Sanktionensystems, BJM 1969 261; BENNO DUKOR, Sühne, Sicherung und ärztliche Behandlung in der Strafrechtspflege, ZStrR 85 (1969) 49; ERWIN R. FREY, Das revidierte schweizerische und österreichische strafrechtliche Massnahmenrecht zum Vergleich, in FS Richard Lange, Berlin 1976, 347; OSKAR A. GERMANN, Massnahmerecht des schweizerischen Strafgesetzbuches, ZStrR 73 (1958) 44; HANSPETER HÄNNI, Die Praxis der bedingten bzw. probeweisen Entlassung aus dem Straf- und Massnahmenvollzug im Kanton Graubünden, Diss. BS 1978; GÜNTHER KAISER, Neue Wege im schweizerischen Massnahmevollzug, ZStW 38 (1988) 228; RÜDIGER MÜLLER-ISBERNER, Psychiatrische Gefährlichkeitsprognosen. Grundlagen, Methodik, Möglichkeiten und Grenzen psychiatrischer Kriminalprognosen und Risikoeinschätzungen, in Innere Sicherheit – Innere Unsicherheit? Reihe Kriminologie, Bd. 13, Chur und Zürich 1995, 271; ANDRÉ-FRANÇOIS MOOSBRUGGER, Sinngemässer Gebrauch der Ermessensbefugnis bei der Anordnung sichernder Massnahmen, Diss. BS 1963; VICTOR KURT, Die revidierten Bestimmungen des Schweizerischen Strafgesetzbuches, Der Strafvollzug in der Schweiz 1972, Nr. 77, 78, 79, je S. 1 ff.; DERS., Die Änderungen des Schweizerischen Strafgesetzbuches gemäss dem Bundesgesetz vom 18. März 1971, Kriminalistik 1972 155, 205, 251; JÖRG REHBERG, Fragen bei der Anordnung und Aufhebung sichernder Massnahmen nach StGB Art. 42–44, ZStrR 93 (1977) 164; HANS SCHULTZ, Die zweite Teilrevision des schweizerischen Strafgesetzbuches, ZBJV 106 (1970) 1; DERS., Dreissig Jahre Schweizerisches Strafgesetzbuch, ZStrR 88 (1972) 1; EUGEN SPIRIG, Zum psychiatrischen Gerichtsgutachten, ZSR NF 109 (1990) I 414; GÜNTER STRATENWERTH, Zur Rechtsstaatlichkeit der freiheitsentziehenden Massnahmen im Strafrecht, ZStrR 82 (1966) 337; DERS., Zur Rechtfertigung freiheitsbeschränkender sichernder Massnahmen, ZStrR 105 (1988) 105; HUBERT STURZENEGGER, Die bedingte Entlassung im schweizerischen Strafrecht, Diss. ZH 1954; RAINER VOSSEN, Das revidierte Massnahmenrecht aus der Sicht des Psychiaters, ZStrR 89 (1973) 113.

Zum *VE 1993:* HANS WIPRÄCHTIGER, Das Massnahmenrecht der Expertenkommission – Verbesserte Hilfe für die Täter und verbesserter Schutz für die Allgemeinheit, ZStrR 112 (1994) 405; **Lit.** vor Art. 35.

1   Der **Titel «sichernde» Massnahmen** ist unglücklich gewählt, weil nur Art. 42 und 43.1 II direkt der Sicherung dienen, die übrigen Massnahmen dagegen therapeutisch oder doch pädagogisch ausgerichtet sind, also «bessernde» Massnahmen.

2   Die **Konkurrenz** von Strafen und Massnahmen und von freiheitsentziehenden Massnahmen unter sich, die in verschiedenen Urteilen angeordnet wurden, ist in VStGB 1 Art. 2 VII, VIII und 3 V geregelt. Das StGB folgt weitgehend dem *dualistisch-vikariierenden System,* wonach der Richter Strafe und Massnahme ausspricht, der Massnahmenvollzug jedoch vorgeht und bei Erfolg zum Verzicht auf den Strafvollzug führt, REHBERG II 18, SCHULTZ II 35 f.

3   Treffen **Freiheitsstrafe und Verwahrung** oder mehrere Verwahrungen zusammen, so gehen die Strafen in der Verwahrung auf – die Summe der Freiheitsstrafen bzw. die längste Verwahrung bestimmen den frühesten Zeitpunkt für die Entlassung, VStGB 1 Art. 2 VII, ebenso schon BGE 83 IV 6 (Schuler), RS 1968 Nr. 182, 1952 Nr. 81.

4   Beim Zusammentreffen von **Massnahmen der Art. 43, 44, 100**[bis] mit **Verwahrung nach Art. 42 oder Freiheitsstrafen** ist *zuerst die dringlichste oder zweckmässigste* Massnahme zu vollziehen, VStGB 1 Art. 2 VIII. Dringlich kann insbesondere der körperliche Entzug von harten Drogen sein, der allerdings meist vor Fällung des Urteils erfolgt ist, oder die Behandlung einer akuten psychischen Störung. Trifft *Art. 44* mit *Art. 42* zusammen, so ist in der Regel die *Verwahrung* zu vollziehen, AGVE 1954 Nr. 38, anders bei einem psychisch abnormen Trinker BGE 86 IV 202 (Trachsler), vgl. auch BGE 107 IV 23: Eine lange Freiheitsstrafe geht der Einweisung in die Trinkerheilanstalt in der Regel vor, zumal sie in Verbindung mit ambulanter Behandlung dasselbe Ergebnis erreichen kann.

Die Massnahme gemäss *Art. 43* wird derjenigen von *Art. 44* in der Regel *vorzuziehen* sein – sie tritt an Stelle der Suchtbekämpfung, wenn primär ein psychischer Defekt zu behandeln ist, LGVE 1981 I Nr. 42, oder wenn die Sucht nicht (mehr) heilbar ist, BGE 109 IV 75, 102 IV 235. Ambulante Behandlung nach Art. 43.1 I soll gemäss ZR 75 (1976) Nr. 36 nicht mit Arbeitserziehungsanstalt, Art. 100bis, verbunden werden, was kaum überzeugt.

Die **Vereinbarkeit** des schweizerischen Massnahmenrechts **mit der**   5
EMRK ist hinsichtlich der Anordnung und Durchführung unproblematisch, vgl. zur Verwahrung nach Art. 42 Extr. FR 1979 104, Bericht der Kommission in der Beschwerdesache Nr. 7648/76 Christinet c. CH, DR 17.35. Weniger eindeutig ist die Frage der Haftprüfung zu beantworten. Die Urteile des Gerichtshofes in den Fällen Winterwerp, EGMR Nr. 33, EuGRZ 1979 650, X, EGMR Nr. 46, EuGRZ, 1982 101, van Droogenbroeck, EGMR Nr. 50, EuGRZ 1984 6 u.v.a. verlangen immer dann, wenn eine Freiheitsentziehung mit einer besonderen und wandelbaren Befindlichkeit des Betroffenen (Geisteskrankheit, Sucht, unsteter Lebenswandel usw.) begründet ist, die *Möglichkeit einer gerichtlichen Kontrolle der Freiheitsentziehung* nach EMRK Art. 5.4, s. etwa FROWEIN/ PEUKERT Art. 5 N 133 ff. Bis vor kurzem entschied in fast allen Kantonen der Schweiz eine *nichtrichterliche Behörde* über bedingte oder probeweise Entlassung aus dem Massnahmenvollzug. Mit der Einführung von OG Art. 98a wurden die Kantone jedoch verpflichtet, eine richterliche Behörde zu bestellen, soweit gegen deren Entscheide unmittelbar die Verwaltungsgerichtsbeschwerde an das BGer zulässig ist, s. dazu etwa S. PERRET-GENTIL in JdT 1992 III 22 f.

Besondere Beachtung bei der Anordnung von Massnahmen muss der   5a
Grundsatz der Verhältnismässigkeit finden, vgl. dazu STRATENWERTH AT II § 9 N 21 ff. So hat etwa unter Anwendung des Verhältnismässigkeitsgrundsatzes Art. 42 eine einschränkende Auslegung erfahren, BGE 118 IV 213, GVP-SG 1988 Nr. 54, s. auch BGE 118 IV 351 (zu Art. 100bis), 120 IV 1 und 118 IV 108 (zu Art. 43). Mit *VE 1993* Art. 59 soll der Verhältnismässigkeitsgrundsatz ausdrücklich im Gesetz verankert werden: «Eine Massnahme darf nur angeordnet werden, wenn der mit ihr verbundene Eingriff in die Persönlichkeitsrechte des Betroffenen im Hinblick auf ein bei ihm bestehendes Behandlungsbedürfnis sowie auf Wahrscheinlichkeit und Schwere weiterer Straftaten nicht als unverhältnismässig erscheint». Als Verfassungsprinzip wirkt sich das Verhältnismässigkeitsprinzip über die verfassungskonforme Auslegung (s. dazu Art. 1 N 18) bereits heute auf die Anwendung des Gesetzes aus.

Die **Kosten** der Behandlung trägt der Kanton, dessen Behörde sie an-   6
geordnet hat, VEB 40 (1982) I Nr. 9. Die Kantone können Kosten dem Betroffenen bzw. seinen Angehörigen belasten, VPB 46 (1982) Nr. 51, BGE 106 II 287.

42 Verwahrung von Gewohnheitsverbrechern

1. Hat der Täter schon zahlreiche Verbrechen oder Vergehen vorsätzlich verübt und wurde ihm deswegen durch Zuchthaus- oder Gefängnisstrafen oder eine Arbeitserziehungsmassnahme die Freiheit während insgesamt mindestens zwei Jahren entzogen, oder war er an Stelle des Vollzugs von Freiheitsstrafen bereits als Gewohnheitsverbrecher verwahrt, und begeht er innert fünf Jahren seit der endgültigen Entlassung ein neues vorsätzliches Verbrechen oder Vergehen, das seinen Hang zu Verbrechen oder Vergehen bekundet, so kann der Richter an Stelle des Vollzuges einer Zuchthaus- oder Gefängnisstrafe Verwahrung anordnen.

Der Richter lässt den geistigen Zustand des Täters soweit erforderlich untersuchen.

2. Die Verwahrung ist in einer offenen oder geschlossenen Anstalt zu vollziehen, jedoch in keinem Falle in einer Anstalt für Erstmalige, in einer Haftanstalt, in einer Arbeitserziehungsanstalt oder in einer Trinkerheilanstalt.

3. Der Verwahrte ist zur Arbeit verpflichtet, die ihm zugewiesen wird.

Verwahrte, die mindestens die Hälfte der Strafzeit und wenigstens zwei Jahre in der Anstalt verbracht und sich dort bewährt haben, können ausserhalb der Anstalt beschäftigt werden. Diese Erleichterung kann ausnahmsweise auch andern Verwahrten gewährt werden, wenn es ihr Zustand erfordert.

4. Der Verwahrte bleibt mindestens bis zum Ablauf von zwei Dritteln der Strafdauer und wenigstens drei Jahre in der Anstalt. Die vom Richter nach Artikel 69 auf die Strafe angerechnete Untersuchungshaft ist dabei zu berücksichtigen.

Die zuständige Behörde verfügt auf das Ende der Mindestdauer die bedingte Entlassung für drei Jahre, wenn sie annimmt, die Verwahrung sei nicht mehr nötig, und stellt den Entlassenen unter Schutzaufsicht.

Im Falle der Rückversetzung beträgt die Mindestdauer der neuen Verwahrung in der Regel fünf Jahre.

5. Die Verwahrung kann auf Antrag der zuständigen Behörde vom Richter ausnahmsweise schon vor Ende der Mindestdauer von drei Jahren aufgehoben werden, wenn kein Grund zur Verwahrung mehr besteht und zwei Drittel der Strafdauer abgelaufen sind.

Fassung gemäss BG vom 18.3.1971.

E 40. Sten.NR 173 ff., StR 101 ff. Stooß Mot. zum VE 1893 49 ff., 1. ExpK I 172 ff., Erl.Z. 75 ff., 2. ExpK I 251 ff., Beilagenbd. 114 ff. – Zur Teilrevision 1971: E 1965 Art. 42, Botsch. 1965 572 ff., Sten.NR 1969 109 ff., 1970 523, StR 1967 58 ff., 1970 98 f.

Peter Albrecht, Psychiatrische Behandlung: Strafe oder Therapie? Plädoyer 1/1991 38; A. Birrer, Die Verwahrung Verwahrter, SJZ 71 (1975) 55; Christian Brückner, Der Gewohnheitsverbrecher und die Verwahrung in der Schweiz gemäss Art. 42 StGB, Diss. BS 1971; Peter-Curdin Conrad, Das Verhalten von 100 Insassen der Verwahrungsanstalt Thorberg nach ihrer Entlassung, Diss. BE 1973; Philippe Graven, *Les mesures de «sûreté» dans le droit et la jurisprudence suisse,* in Mémoires publiés par la faculté de droit de Genève Nr. 24, Genève 1969, S. 49; Hans Rudolf Ganz, Erneute Straffälligkeit während der Durchführung der Massnahmen von Art. 42 und 43 des StGB (zwei Fälle aus der Praxis), SJZ 44 (1948) 101; Paul Gissinger, Die Verwahrung von Gewohnheitsverbrechern im schweizerischen Strafrecht, Diss. ZH 1948; Ueli Hofmann, Die Verwahrung nach Art. 42 StGB, insbesondere in der Praxis der Ostschweizer Konkordatskantone, Diss. ZH 1985; Rolf Ineichen, Die Gewerbs- und Berufsmässigkeit als allgemeine Strafschärfungsgründe und als Voraussetzungen zu sichernden Massnahmen, Diss. Fr. 1969, S. 60 ff.; Lorenz à Porta, Die Gemeingefährlichen im Schweizerischen Strafgesetzbuch unter besonderer Berücksichtigung der Gewohnheitsverbrecher nach Art. 42, Diss. BE 1949; Leena Hässig Ramming, Alltag der Psychotherapie im Gefängnis, in Bulletin der Schweizer Psychologen 11 (1990) Heft 10 S. 11; Jörg Rehberg, Die Behandlung der Rückfälligen nach den revidierten Artikeln 42 und 67 StrGB, ZStrR 89 (1973) 272; H. Suter, Behandlung bedingt entlassener Gewohnheitsverbrecher bei Rückfall, SJZ 41 (1945) 271 und 356, jeweils mit widersprechender Anmerkung von Pfenninger; **Lit.** vor Art. 42, vor Art. 35.

Die **Verwahrung** soll *«die Gesellschaft vor dem unverbesserlichen Gewohnheitsverbrecher wirksamer schützen als eine Freiheitsstrafe es vermöchte»,* BGE 101 IV 268, 99 IV 72 (Duelli); sinngemäss ebenso BGE 118 IV 12, 107, 107 IV 19, 92 IV 79 (Kümpel), 84 IV 147 f. (Frey). Die «Grundlage dieser Massnahme liegt nicht in der allenfalls erhofften Besserungswirkung, sondern im Sicherungszweck, in der Verhütung weiterer Delikte durch Internierung», BGE 105 IV 85. Nach der Botschaft zum Entwurf 1918, 16, richtet sie sich gegen «Leute schwachen Charakters, die, jeder Tatkraft ernsten Strebens bar, keiner Versuchung zu widerstehen vermögen und dadurch, dass sie immer und immer wieder vor den Strafrichter kommen, ein Spiel mit der Strafrechtspflege spielen, das sie ihres Ernstes zu entkleiden droht». Diese geradezu an den angelsächsischen *«contempt of court»* erinnernde Formulierung, auf die sich z.B. BGE 69 IV 102 (Horvath), 70 IV 58 (Vignola) und 84 IV 5 (Buri) berufen, ist mit dem Grundsatz der Verhältnismässigkeit (s. Vb 5a) nicht vereinbar. Als *ultima ratio* kann nur eine ernstliche Gefährdung der Gesellschaft (nicht der Würde der Strafrechtspflege) den schweren Eingriff in die persönliche Freiheit rechtfertigen, weil dabei eine Internierung verfügt wird, welche in vielen Fällen die Dauer der schuldangemessenen Strafe übersteigt (BGE 107 IV 18), sich im Vollzug aber von dieser unterscheidet. Es ist deshalb *grösste Zurückhaltung geboten* – im Zweifel ist gegen Verwahrung und zugunsten des Strafvollzugs zu entscheiden, BGE 107 IV 20, 118 IV 12. Die Entstehungsgeschichte zeigt zwar, dass anlässlich der Vorarbeiten für die Revision 1971 ein Vorstoss zur Beschränkung der Verwahrung auf gefährliche antisoziale Täter abgelehnt wurde und die Massnahme weiterhin auch auf Kleinkriminelle Anwendung finden sollte, BGE 102 IV 14 (mit Hinweisen); darauf lässt auch die Möglichkeit des offenen Vollzugs schliessen; zustimmend noch Rehberg, ZStrR 89 (1973) 287, anders aber jetzt Rehberg II 172. Wortlaut und Sinn der Bestimmung stehen jedoch einer verfassungskonform einschränkenden Auslegung nicht entgegen, vgl. auch REHBERG a.a.O., SCHULTZ VE 184, STRATENWERTH, ZStrR 82 (1966) 339 ff., DERS. AT II § 10 N 28 ff. Auch das BGer spricht sich in seiner neueren Rechtsprechung unter Anrufung des Grundsatzes der Verhältnismässigkeit für eine restriktive Auslegung der Bestimmung aus, BGE 118 IV 213, s. auch GVP-SG 1988 Nr. 54 und STRATENWERTH AT II § 10 N 28 ff.

2 Art. 42.1 I verlangt als **erste Voraussetzung zahlreiche Vortaten** – die Rechtsprechung hat noch keine Konkretisierung gebracht. SCHULTZ II 191 fordert eine Differenzierung je nach Schwere der Tat: 5–10 leichtere Sexualdelikte, 25–30 einfache Vermögensdelikte (DERS., ZStrR 89 [1972] 36: 15–20 – zustimmend REHBERG, ZStrR 88 [1973] 280); m.E. dürfte die Zahl von *5 Taten höchstens bei schweren Delikten* (z.B. Raub, qualifizierter Einbruchsdiebstahl, Notzucht) ausreichen, ähnlich REHBERG a.a.O. Mit Recht weist STRATENWERTH AT II § 10 N 30 darauf hin, dass es nur eine «Scheinlösung» sei, bei leichteren Vortaten eine entsprechend höhere Zahl solcher Delikte zu fordern; richtig ist, dass auch eine Vielzahl geringfügiger Delikte eine Verwahrung nie zu rechtfertigen vermag; vgl. auch BGE 118 IV 217, GVP-SG 1988 Nr. 54. Zu zählen sind die Tateinheiten – beim Kollektivdelikt jede einzelne Tat; Idealkonkurrenz führt dagegen nicht zu Mehrfachzählung, REHBERG a.a.O.

3 Zu zählen sind nur **vorsätzliche Verbrechen und Vergehen.** *Im Zweifel,* wenn ein Urteil über den subjektiven Tatbestand keine Angaben enthält, was z.B. bei Fahren in angetrunkenem Zustand vorkommt, ist das *Fehlen von Vorsatz zu vermuten.* Auch Auslandstaten sind zu zählen, sofern sie nach schweizerischem Recht strafbar sind und in einem Verfahren festgestellt wurden, das nicht im Widerspruch zum schweizerischen *ordre public* steht, BGE 101 IV 269, 99 IV 72, ferner Taten, die zu militärischen Verurteilungen führten, ZBJV 111 (1975) 234.

4 Eine bestimmte **Mindestschwere** der einzelnen Verbrechen oder Vergehen wurde lange Zeit nicht gefordert, BGE 102 IV 14, 101 IV 269, 84 IV 5 (Buri), 70 IV 58; RS 1946 Nr. 223; Sem.jud. 1955 85, 1961 593; ZR 45 (1946) Nr. 99, 55 (1956) Nr. 31. BGE 84 IV 5 bezeichnete schon Strafen von 30 Tagen als nicht «ausgesprochen leicht»; BGE 102 IV 14 präzisierte jedoch, dass damit nicht gesagt werden solle, «dass die Schwere der früheren und der neuen Delikte völlig bedeutungslos» sei; das Urteil deutete gleichzeitig an, dass eigentliche Bagatelldelikte (wozu auch der Ladendiebstahl gehört) nicht zu zählen seien. In Fortführung dieser Praxis hielt das BGer in einem u.ö. Urteil vom 27.9.1991 fest, dass bei Übertretungen und Bagatelldelikten eine Verwahrung nicht angeordnet werden könne und auf diese auch bei mittelschweren Delikten zu verzichten sei, wenn sie unverhältnismässig wäre, zit. in BGE 118 IV 216. Bezüglich der *Anlasstat* und der zu *erwartenden Delikte* fordert das BGer ausdrücklich eine gewisse Mindestschwere, BGE 118 IV 217; für die *Vortaten* muss grundsätzlich dasselbe gelten.

Dem Täter muss durch **Zuchthaus- oder Gefängnisstrafe** oder durch eine   5
Arbeitserziehungsmassnahme (Art. 93bis, 100bis) während mindestens
zweier Jahre die Freiheit entzogen worden sein. Damit drückt das Gesetz
die Vermutung aus, dass bei geringerer Vollzugserfahrung nicht gesagt
werden könne, eine Freiheitsstrafe erlaube keine günstige Prognose
mehr. Weil es sich dabei um eine therapeutische, nicht erzieherisch motivierende Massnahme handelt, ist *Versorgung* (Art. 43.1 I) *nicht mitzu-
rechnen,* AGVE 1981 Nr. 17 – dasselbe muss für Art. 43.1 II *(Verwahrung)* gelten. Ähnlich wie bei Art. 41 (N 27) wird dagegen *angerechnete
Untersuchungshaft mitgezählt,* AGVE 1976 Nr. 28. Abgesehen davon,
dass die Dauer von insgesamt zwei Jahren gegenüber einer Verwahrung
von mindestens drei Jahren als sehr kurz erscheint, REHBERG, ZStrR 89
(1973) 278 f., SCHULTZ VE 187, wird gefordert, dass unter den verbüssten
Vorstrafen *wenigstens eine längere von drei Monaten bis zu einem Jahr*
sei, REHBERG, ZStrR 93 (1977) 211, SCHULTZ II 192; vgl. auch BGE 118
IV 217, 100 IV 142, GVP-SG 1988 Nr. 54 S. 114. Hält man sich eng an den
Wortlaut, so können überhaupt *nur Strafen über drei Monate* als «Zucht-
haus- oder Gefängnisstrafe» vollzogen sein (Art. 37bis). Nur in diesem
Fall wird auch erprobt, ob der Täter sich erzieherisch beeinflussen lasse.
Schliesslich verraten frühestens Strafen ab dieser Höhe eine ernsthafte
Gefährlichkeit des Täters. Wortlaut und Sinn des Gesetzes führen zu
dem Schluss, dass bei Berechnung der zwei Jahre nur Strafen von über
drei Monaten einzubeziehen sind. Abweichend STRATENWERTH AT II §
10 N 11, der das Erfordernis schwerer Vortaten mit dem Prinzip der Verhältnismässigkeit begründet.

Wie die Vortaten, so brauchte auch die **Anlasstat** nach der älteren Recht-   6
sprechung nicht besonders schwer zu sein, BGE 102 IV 13 (Kleinbetrü-
ger, Deliktsumme Franken 4400; mit Recht kritisch SCHULTZ, ZBJV 113
[1977] 527), s. auch ZBJV 109 (1973) 126 m.krit.Anm. SCHULTZ. Nach der
neueren Praxis kann jedoch weder bei Übertretungen noch bei Bagatellver-
gehen eine Verwahrung angeordnet werden, und auch bei mittelschweren Delikten ist darauf zu verzichten, wenn eine solche Anordnung unverhältnismässig wäre, vgl. BGE 118 IV 216, wo Einbrüche, die zu einer
Beute von rund Franken 300 und zu Sachschaden von rund Franken 1700
geführt hatten, als nicht genügend angesehen wurden. Verminderte Zurechnungsfähigkeit steht, wenn der Verurteilte nicht behandlungs- oder
pflegebedürftig ist, der Verwahrung nach Art. 42 nicht im Wege, BGE 88
IV 10 (Schwendimann), 86 IV 204 (Trachsler), 71 IV 70 (Honegger); SJZ
41 (1945) Nr. 7; ZBJV 81 (1945) 143; ZR 51 (1952) Nr. 89, 49 (1950)
Nr. 67; bei Zurechnungsunfähigkeit fällt nur Art. 43.1 II in Betracht.

Verwahrung kann auch angeordnet werden, wenn die neue Strafe **durch**   7
Anrechnung der Untersuchungshaft getilgt, BGE 69 IV 52 (Rubi), oder
sonstwie **verbüsst** ist, BGE 87 IV 1 (Schlumpf). Zulässig ist ferner die Anordnung der Verwahrung in einem *Zusatzurteil* zu einem Urteil, das darauf verzichtete, doch dürfen dabei nur Straftaten vor dem Einsatzurteil
berücksichtigt werden, BGE 75 IV 99 (Ziegler), RS 1976 Nr. 13.

8   Die Anlasstat muss **innerhalb von fünf Jahren seit der endgültigen Entlassung** (also z.B. erst nach Ablauf der Probezeit gemäss Art. 38.2 oder 42.4 II, was zu einer «Verwahrungsprobezeit» von bis zu zehn Jahren führen kann!) begangen sein. Dabei handelt es sich um eine *Maximalfrist* – Verwahrung ist auch zulässig bei Taten, die während der Probezeit oder während des Vollzugs begangen wurden, BGE 106 IV 335, 104 IV 61, 102 IV 71, 100 IV 138 (Guntli) – abweichend noch 98 IV 2 (Schüpbach), SJZ 69 (1973) Nr. 67.

9   Die Anlasstat muss im Zusammenhang mit den Vorstrafen Indiz für **einen Hang zu Verbrechen oder Vergehen** sein. Dabei handelt es sich *nicht* um «*Lebensführungsschuld*», wie PKG 1963 Nr. 42 meint – es geht überhaupt nicht um Verschulden, BGE 73 IV 224 (Lautenschlager), sondern um eine *nicht zu bewältigende Neigung zu strafbaren Handlungen.* Der Richter muss eine Prognose darüber fällen, wie sich der Täter nach Vollzug einer schuldangemessenen Strafe verhalten würde, Stratenwerth, ZStrR 82 (1966) 343. «[E]ntsprechend dem Grundsatz der Verhältnismässigkeit [gilt], dass je geringfügiger die zu erwartenden Straftaten sind, desto zurückhaltender die Anordnung einer Verwahrung erfolgen muss», BGE 102 IV 14, bestätigt in BGE 118 IV 216. Besondere Zurückhaltung ist bei jungen Menschen angebracht, BGE 84 IV 6 (Buri), BJM 1967 135, Rep. 1982 424. Hier ist unter dem Gesichtspunkt der *Verhältnismässigkeit* ein *besonders intensiver deliktischer Wille* zu fordern, wie er dem harmlos lästig asozialen Kleinkriminellen fehlt, RS 1956 Nr. 10. Von Bedeutung als Indiz ist vor allem auch die Frequenz früherer Delikte, insbesondere die Kürze des Abstandes zwischen Entlassung und erstem neuem Delikt, vgl. BGE 99 IV 72, 92 IV 78 f. (Kümpel), 84 IV 5, 75 IV 100 (Ziegler), 73 IV 223 (Lautenschlager), ZR 49 (1950) Nr. 62; auch Taten die vor einer früheren Verwahrung begangen wurden, zählen, GVP-SG 1955 Nr. 43.

10 Art. 42 verweist als **«Kann-Vorschrift»** auf das *richterliche Ermessen.* «Hat der Richter gemäss Art. 42 die gesetzliche Möglichkeit Verwahrung anzuordnen, so muss er nach pflichtgemässem Ermessen darüber befinden, ob diese ultima ratio des Sanktionensystems Platz greifen soll, oder ob – trotz der bisherigen Misserfolge des Strafvollzuges – doch noch genügend Anhaltspunkte für eine relativ günstige Prognose bestehen», BGE 107 IV 18. Zur Ausübung dieses Ermessens hat sich eine zurückhaltende Praxis gebildet, wonach der Richter im Hinblick auf den Schutz der Gesellschaft vor unverbesserlichen Gewohnheitsverbrechern von der Anordnung der Verwahrung nur absehen dürfe, wenn er überzeugt ist, dass schon der Vollzug der Freiheitsstrafe den Verurteilten dauernd vor neuen Rückfällen bewahren werde, BGE 99 IV 72 f., 92 IV 79, 84 IV 147, SJZ 67 (1971) Nr. 166, RS 1968 Nr. 169, zu eng noch RS 1967 Nr. 128. Dies kann (muss aber nicht, RS 1944 Nr. 90) zutreffen, wenn eine lange Zuchthausstrafe ausgefällt wird, BJM 1974 263, wenn eine besonders vertrauenswürdige Betreuung sichergestellt ist, BGE 107 IV 18 f., RS 1970 Nr. 15, oder wenn die Sozialgefährlichkeit des Täters infolge Alters,

Krankheit oder Invalidität abnimmt, GVP-SG 1988 Nr. 54. Unzulässig ist es, den Sicherungsauftrag im Zusammenhang mit der Landesverweisung sozusagen an ausländische Behörden zu delegieren, BGE 101 IV 267, 99 IV 72 f., oder beim bedingt aus der Verwahrung Entlassenen der Widerrufsbehörde zu überlassen, AGVE 1970 Nr. 20.

Wenn die Kann-Formel den Richter zur Ermessensausübung ermächtigt, so hat er sich dabei insbesondere von *Verhältnismässigkeitserwägungen* leiten zu lassen, so bereits der – im Ergebnis verfehlte – BGE 102 IV 14, s. auch STRATENWERTH AT II § 10 N 29 f.; soweit die oben zitierte Praxis des BGer eine umfassende Prüfung der Verhältnismässigkeit nicht zulässt und stattdessen den Sicherungszweck über alles andere stellt, ist sie überholt; denn auch ein geeigneter und notwendiger Eingriff kann übermässig sein, wenn er in keiner vernünftigen Relation zum verfolgten Zweck steht, GVP-SG 1988 Nr. 54. So dürften z.B. unverbesserliche Kleinkriminelle auch dann nicht verwahrt werden, wenn die Gesellschaft anders vor ihnen nicht geschützt werden könnte, BGE 118 IV 217, s. auch N 6, 9.

Die Verwahrung tritt **an Stelle des Vollzugs** der Zuchthaus- und Gefängnisstrafe – Bussen werden durch sie nicht abgegolten (abweichend SJZ 41 [1945] Nr. 137, PKG 1947 Nr. 16), auch nicht spätere Straftaten, ZR 45 (1946) Nr. 85.   11

Die **Begutachtung** ist vom Gesetz nicht zwingend vorgeschrieben, sondern nur «soweit erforderlich» anzuordnen, doch dürften die Fälle, wo sie entbehrlich ist, die Ausnahme bilden; insbesondere bei früherer Begutachtung kann darauf verzichtet werden, BGE 118 IV 107 m.Hinw. auf die Materialien. Dabei soll vor allem festgestellt werden, ob nicht eine Massnahme nach Art. 43 oder 44 angebracht wäre, während der Richter selber zu entscheiden hat, ob ein Hang zum Verbrechen vorliegt, LOGOZ/SANDOZ 251, REHBERG, ZStrR 93 (1977) 215, STRATENWERTH AT II § 10 N 43, VOSSEN (vor Art. 42) 117 f. SCHULTZ II 194 hält die Begutachtung bei der ersten Verwahrung für unumgänglich, so auch GVP-SG 1988 Nr. 55, PKG 1963 Nr. 42, REHBERG, ZStrR 89 (1973) 284, STRATENWERTH AT II § 10 N 44.   12

Hatte die ursprüngliche Fassung von Art. 42 für den **Vollzug** noch eine besondere Anstalt gefordert, so ist in rev. Ziff. 2 von einer offenen oder geschlossenen Anstalt die Rede – ausgeschlossen ist die Anstalt für Erstmalige, was wegen unterschiedlicher Berechnung der straffreien Zeit (N 8) nicht für alle Fälle aus Art. 37.2 II hervorgeht. Für Frauen erlaubt VStGB 2 Art. 1 Ausnahmen. *Praktisch* wird Verwahrung *wie Strafe vollzogen,* HOFMANN 135, vgl. auch Sem.jud. 1975 433, 1980 620: Zuständig sind die Kantone, es gelten dieselben Urlaubsregelungen im Konkordat Westschweiz – geringe Differenz im Konkordat Ostschweiz s. HOFMANN 135.   13

Über die **Durchführung** des Vollzugs sagt Ziff. 3 nur, dass der Verwahrte zur Arbeit verpflichtet sei. Von irgendwelchen Beeinflussungen pädago-   14 gischer oder sozialtherapeutischer Art ist nicht die Rede, was etwa von SCHULTZ II 197 kritisiert wird, vgl. auch ALBRECHT (vor Art. 42) 29 ff. In der Praxis scheint es jedenfalls keine Diskriminierung gegenüber Strafgefangenen zu geben, HOFMANN 133. Der *Forderung* von Albrecht nach *einem Therapieangebot* ist grundsätzlich *zuzustimmen,* wobei der Realisierung enorme theoretische und praktische Schwierigkeiten im Weg stehen.

15 Art. 42.3 II ermöglicht die **Halbfreiheit** nach Verbüssen der Hälfte der Strafzeit, mindestens zwei Jahre, vgl. dazu Art. 37 N 7. Auffälligerweise wird *frühere Anordnung der Halbfreiheit* vorgesehen, *wenn es der Zustand des Verwahrten erfordert* – ob dies angesichts der Probleme mit lange dauernder Halbfreiheit (Art. 37 N 7) sinnvoll ist, mag bezweifelt werden, auch zur Vorbereitung einer vorzeitigen Aufhebung der Massnahme (N 21) ist sie kaum nötig. Sinnvoll ist jedoch die *Gleichstellung mit Strafgefangenen* (Art. 37.3 II).

16 Die **bedingte Entlassung** ist frühestens nach drei Jahren oder zwei Dritteln der Strafdauer möglich, RS 1968 Nr. 183. Kraft ausdrücklicher Regelung (zum Recht vor der Revision BGE 77 IV 82 [Deller], 85 IV 7 [Haslimeier]) ist die *Untersuchungshaft* auf die drei Jahre anzurechnen. Dasselbe gilt für die Auslieferungshaft, weil auch während dieser Zeit der Verurteilte wirksam an der Begehung weiterer Straftaten verhindert war, BGE 105 IV 85. Die Dauer der Verwahrung hängt in erster Linie von der Zeit ab, die notwendig ist, den Täter zu bessern und nicht von der Schwere des Delikts oder der Schuld des Täters, BGE 118 IV 12 f. mit Hinw. auf u.ö. Urteil vom 7.12.1981. Die zuständige Behörde ist von Amtes wegen verpflichtet, die Verwahrung abzusetzen, wenn sie nicht mehr gerechtfertigt erscheint, BGE 118 IV 13, 98 Ib 196 f. Dass die Verwahrung an sich zeitlich nicht begrenzt ist, verletzt nicht die EMRK, TRECHSEL EMRK 200.

17 Die **Probezeit** ist vom Gesetz auf drei Jahre bestimmt. Weshalb sie kürzer sein soll als das Maximum nach Art. 38, ist nicht einzusehen. Zweckmässig dürfte dagegen das *Obligatorium der Schutzaufsicht* sein.

18 **S. ferner Art. 45** zur Prüfung von Amtes wegen, Weisungen, Rückversetzung, Verfahren. Nicht unbedenklich ist m.E. der Entscheid des Zürcher Regierungsrats, die Rückversetzung auf dem Weg der Wiedererwägung anzuordnen, SJZ 67 (1971) Nr. 165, weil ein nachträglich entdeckter Vertrauensmissbrauch Zweifel an der Ungefährlichkeit geweckt hatte.

19 Bei **Rückversetzung** dauert die Verwahrung in der Regel *fünf Jahre,* was ausserordentlich hart ist. Es hat sich dazu eine *mildere Praxis* entwickelt: Frühestens nach weiteren drei Jahren ist eine erneute bedingte Entlassung möglich, BGE 101 Ib 32, 106 IV 335. Interne Richtlinien der Strafvollzugskonkordats-Kommissionen sehen bei Verurteilungen bis zu sechs Monaten eine Prüfung der Entlassung nach frühestens drei Jahren, bei Strafen bis zu 18 Monaten nach frühestens vier Jahren vor, HOFMANN

151 f., REHBERG, ZStrR 93 (1977) 220. Trotz der Nachteile, die schematischen Lösungen anhaftet, ist solche *Klarheit zu begrüssen.* Das BGer vertritt die Auffassung, dass auch bei Rückversetzung erneut eine Verwahrung ausgesprochen werden kann, BGE 104 IV 61, 102 IV 72 f., zustimmend REHBERG II 179, mit Recht ablehnend gegenüber diesem «Ungedanken» der doppelten oder dreifachen Verwahrung STRATENWERTH AT II § 10 N 40.

Ziff. 5 ermöglicht eine **endgültige Entlassung** bereits nach Verbüssung 20
von zwei Dritteln der Strafdauer, die sich besonders markant auswirken kann, wenn die Strafe auf weniger als viereinhalb Jahre lautet. In diesem Fall stellt sie eine *kaum zu rechtfertigende Privilegierung* gegenüber dem bloss oder schwerer Bestraften dar. Sie kommt nur in Frage, «wenn mit an Sicherheit grenzender Wahrscheinlichkeit feststeht, dass der Verwahrte nach seiner Entlassung auch ohne weitere Betreuung und Beaufsichtigung keine weiteren Straftaten mehr verüben wird, d. h. also, wenn er im Gefolge von Unfällen, Operationen und dergleichen die Deliktsfähigkeit verloren hat», BGE 106 IV 187, PKG 1977 Nr. 37, RS 1977 Nr. 215; entscheidend ist gemäss BGE 118 IV 13, dass die Verwahrung nicht mehr gerechtfertigt ist; i. c. ging es um einen Zuhälter und Dieb, der nach Verbüssung von zwei Dritteln der Strafe ins Ausland entflohen war, sich dort über mehrere Jahre bewährt hatte und sogar Kassier geworden war. Ein Wechsel von Vermögensdelinquenz auf Sittlichkeitsdelikte und Zuhälterei erfüllt diese Anforderungen in keiner Weise, ZBJV 118 (1982) 415. Die Bestimmung gilt sinngemäss auch bei Rückversetzung, RS 1977 Nr. 215.

Die Aufhebung ist durch den **Richter auf Antrag der zuständigen** 21
Behörde zu entscheiden. Der Verwahrte besitzt gemäss Gesetzeswortlaut kein direktes Antragsrecht, kann aber die zuständige Behörde, in der Regel ist es die Vollzugsbehörde, um Stellung eines Antrags ersuchen und unter Umständen eine Überprüfung des ablehnenden Entscheides veranlassen, BGE 106 IV 187 ff. Konsequenterweise ist er *im Verfahren* vor dem Richter gar *nicht Partei,* was annehmbar ist, weil der Richter mit der Sache nur befasst wird, wenn die zuständige Behörde die Entlassung beantragt. Das Verfahren ist zugunsten des Betroffenen nicht kontradiktorisch. Den Anforderungen von EMRK Art. 5.4 genügt diese Regelung allerdings nicht, JdT 1991 III 113 ff. m.w.Hinw. Es ist aber fraglich, ob die Bestimmung anwendbar ist – dagegen spricht, dass die Rechtmässigkeit der Haft im Falle der Verwahrung bereits im Anordnungsurteil integriert ist, vgl. Urteil de Wilde, Ooms und Versyp, EGMR Nr. 12 § 76.

Zur Konkurrenz mit anderen Massnahmen s. N 3 ff. vor Art. 42. 22

SCHULTZ VE 183 ff. schlägt Verzicht auf die Massnahme der Verwahrung 23
von Gewohnheitsverbrechern vor, ebenso Bericht VE 1993 88. Als Ersatz sieht *VE 1993* in Art. 68 jedoch die Sicherungsverwahrung vor, wenn der Täter «an einer tiefgreifenden Persönlichkeitsstörung» leidet und ein schweres Delikt begangen hat. Sie wird anschliessend an die

Strafe vollzogen, wobei im Vollzug aber kein Unterschied getroffen wird. Es handelt sich um eine «Mischform» zwischen den Verwahrungen nach Art. 43.1 II und Art. 42 des geltenden Rechts, die vor allem der Sicherung vor gefährlichen Verbrechern dient; eingehend zu VE 1993 Art. 68 WIPRÄCHTIGER (vor Art. 42) 422 ff.

43 Massnahmen an geistig Abnormen

1. **Erfordert der Geisteszustand des Täters, der eine vom Gesetz mit Zuchthaus oder Gefängnis bedrohte Tat begangen hat, die damit im Zusammenhang steht, ärztliche Behandlung oder besondere Pflege und ist anzunehmen, dadurch lasse sich die Gefahr weiterer mit Strafe bedrohter Taten verhindern oder vermindern, so kann der Richter Einweisung in eine Heil- oder Pflegeanstalt anordnen. Er kann ambulante Behandlung anordnen, sofern der Täter für Dritte nicht gefährlich ist.**

Gefährdet der Täter infolge seines Geisteszustandes die öffentliche Sicherheit in schwerwiegender Weise, so wird vom Richter seine Verwahrung angeordnet, wenn diese Massnahme notwendig ist, um ihn vor weiterer Gefährdung anderer abzuhalten. Die Verwahrung wird in einer geeigneten Anstalt vollzogen.

Der Richter trifft seinen Entscheid auf Grund von Gutachten über den körperlichen und geistigen Zustand des Täters und über die Verwahrungs-, Behandlungs- oder Pflegebedürftigkeit.

2. **Wird vom Richter Einweisung in eine Heil- oder Pflegeanstalt oder Verwahrung angeordnet, so schiebt er im Falle einer Freiheitsstrafe deren Vollzug auf.**

Zwecks ambulanter Behandlung kann der Richter den Vollzug der Strafe aufschieben, um der Art der Behandlung Rechnung zu tragen. Er kann in diesem Falle entsprechend Artikel 41 Ziffer 2 Weisungen erteilen und wenn nötig eine Schutzaufsicht anordnen.

3. **Wird die Behandlung in der Anstalt als erfolglos eingestellt, so entscheidet der Richter, ob und wieweit aufgeschobene Strafen noch vollstreckt werden sollen.**

Erweist sich die ambulante Behandlung als unzweckmässig oder für andere gefährlich, erfordert jedoch der Geisteszustand des Täters eine ärztliche Behandlung oder besondere Pflege, so wird vom Richter Einweisung in eine Heil- oder Pflegeanstalt angeordnet. Ist Behandlung in einer solchen Anstalt unnötig, so entscheidet der Richter, ob und wieweit aufgeschobene Strafen noch vollstreckt werden sollen.

An Stelle des Strafvollzugs kann der Richter eine andere sichernde Massnahme anordnen, wenn deren Voraussetzungen erfüllt sind.

4. **Die zuständige Behörde beschliesst die Aufhebung der Massnahme, wenn ihr Grund weggefallen ist.**

Ist der Grund der Massnahme nicht vollständig weggefallen, so kann die zuständige Behörde eine probeweise Entlassung aus der Anstalt oder der Behandlung anordnen. Sie kann den Entlassenen unter Schutzaufsicht stellen. Probezeit und Schutzaufsicht werden von ihr aufgehoben, wenn sie nicht mehr nötig sind.

Die zuständige Behörde hat ihren Beschluss dem Richter vor der Entlassung mitzuteilen.

5. Der Richter entscheidet nach Anhören des Arztes, ob und wieweit aufgeschobene Strafen im Zeitpunkt der Entlassung aus der Anstalt oder nach Beendigung der Behandlung noch vollstreckt werden sollen. Er kann insbesondere vom Strafvollzug ganz absehen, wenn zu befürchten ist, dass dieser den Erfolg der Massnahme erheblich gefährdet.

Die Dauer des Freiheitsentzugs durch Vollzug der Massnahme in einer Anstalt ist auf die Dauer einer bei ihrer Anordnung aufgeschobenen Strafe anzurechnen.

Die zuständige Behörde äussert sich bei der Mitteilung ihres Beschlusses zur Frage, ob sie der Ansicht ist, der Vollzug von Strafen sei für den Entlassenen nachteilig.

Fassung gemäss BG vom 18.3.1971.

Stooss Mot. zum VE 1893 54 ff. 1. ExpK I 199 ff., II 423 ff., Erl.Z. 79 ff., 2. ExpK I 261 ff., IX 140 ff. und 268 ff., Beilagenbd. 149 ff. – Zur Teilrevision 1971: E 1965 Art. 43, Botsch. 1965 575 f., Sten.NR 1969 117 ff., 1970 523 f., StR 1967 60 ff., 1970 99 f.

PETER AEBERSOLD, Die Verwahrung und Versorgung vermindert Zurechnungsfähiger in der Schweiz, Diss. BS 1970; HANS BINDER, Zur Frage der ambulanten ärztlichen Behandlung nicht voll zurechnungsfähiger Delinquenten, SJZ 48 (1952) 181; ROLF BINSWANGER, Probleme der Durchführbarkeit ambulanter Massnahmen nach Art. 43/44 StGB, ZStrR 95 (1978) 366; URSULA FRAUENFELDER, Die ambulante Behandlung geistig Abnormer und Süchtiger als strafrechtliche Massnahme nach Art. 43 und 44 StGB, Diss. ZH 1978; WILLY HEIM, *Justice pénale et délinquants mentalement anormaux*, ZStrR 95 (1978) 350; RUDOLF KNAB, Der Massnahmenvollzug gemäss Art. 43 f. und die Möglichkeiten der Psychotherapie, ZStrR 95 (1978) 143; THOMAS PERREZ / UDO RAUCHFLEISCH, Katamnestische Untersuchung über ambulante psychiatrische Behandlungen nach Art. 43 des Schweizer Strafgesetzbuches, Mschr.Krim. 68 (1985) 19; UDO RAUCHFLEISCH, Die ambulante psychiatrische Behandlung nach Art. 43 im Urteil von Richtern und Psychotherapeuten, ZStrR 102 (1985) 176; FRANZISKA RYSER-ZWYGART, Rechts- und sozialstaatliche Aspekte der psychiatrischen Betreuung, Diss. BE 1989; GÜNTER STRATENWERTH, Strafrechtliche Massnahmen an geistig Abnormen, ZStrR 89 (1973) 131; RAINER VOSSEN, Ambulante ärztliche Behandlungen gemäss Art. 43 und 44 StGB im Straf- und Massnahmenvollzug, SJZ 73 (1977) 133; **Lit.** vor Art. 42.

Die in Art. 43 vorgesehenen **Massnahmen gegen psychisch abnorme Täter** ersetzen die in aArt. 14 und 15 vorgesehene Verwahrung und Versorgung von Tätern mit fehlender oder herabgesetzter Zurechnungsfähigkeit. Damit auch Psychopathen versorgt und verwahrt werden können, wurde bei der Revision die *Beziehung zur Zurechnungsfähigkeit gelöst,* 1

SJZ 77 (1981) Nr. 53 – auf die meisten von einer Massnahme nach Art. 43
Betroffenen dürfte aber Art. 10 oder 11 zutreffen, SCHULTZ II 149 f. Die
Massnahmen sind zeitlich nicht begrenzt, was eine besonders wirksame
Kontrolle verlangt. AEBERSOLD 134 kam zum Ergebnis, dass mehr als die
Hälfte der nach aArt. 14/15 Eingewiesenen eine im Vergleich zu der
Strafe erheblich längere Freiheitsentziehung auf sich nehmen mussten.
Dies zeigt, dass es sich um einen schweren Eingriff handelt; dennoch ver-
letzt die Anordnung der (bessernden) Massnahme nach Art. 43.1 I im
Berufungsverfahren nicht das Verbot der *reformatio in peius,* ZR 73
(1974) Nr. 54, wohl aber die Anordnung der (sichernden) Massnahme
der Verwahrung gemäss Abs. 2, PKG 1989 Nr. 42. Krit. zur Unbestimmt-
heit von Art. 43 DUBS in ZSR 93 (1974) II 230 ff. Der *Entscheid* über die
Anordnung, Änderung oder Aufhebung der in Art. 43 vorgesehenen
Massnahmen bleibt allein dem Richter vorbehalten; eine Delegation dieser Entscheidungsbefugnis an den Arzt ist unzulässig, BGE 115 IV 224,
108 IV 86. Davon sind jedoch andere Massnahmen, die von zivilen
Behörden angeordnet werden können, z.B. der fürsorgerische Freiheitsentzug (FFE) nach ZGB Art. 397a ff., nicht betroffen, BGE 115 IV 224.
Ob Art. 43 als gesetzliche Grundlage für eine *Zwangsmedikation* ausreicht, ist m.E. fraglich, bejahend BJM 1992 272 f. m.w.Hinw.

2   Die **Anlasstat** muss ein Verbrechen oder Vergehen sein – von der Möglichkeit einer Anordnung der Massnahme für einzelne Übertretungen,
Art. 104 II, hat der Gesetzgeber mit Recht keinen Gebrauch gemacht –
auch ambulante Behandlung ist ausgeschlossen, SCHULTZ zu einem abweichenden Urteil in ZBJV 112 (1976) 342 f., sie kann aber Gegenstand
einer Weisung bei bedingtem Vollzug der Haftstrafe bilden. Das Verhalten muss *alle objektiven* und *subjektiven Tatbestandsmerkmale* erfüllen
und *rechtswidrig* sein. *Schuldausschliessungsgründe* dürfen keine vorliegen, soweit sie nicht gerade in Mängeln der Zurechnungsfähigkeit begründet sind, STRATENWERTH AT II § 11 N 8.

2a   Die Einweisung muss auch bei offensichtlich zurechnungsunfähigen Tätern gemäss EMRK Art. 5.4 raschmöglichst von einem **Gericht** auf ihre
Rechtmässigkeit hin **überprüft** werden können; wurde die Einweisung
durch eine Verwaltungsbehörde angeordnet, entsteht der Anspruch auf
gerichtliche Kontrolle sofort, liegt ein Urteil vor, ist eine Überprüfung in
angemessenen Abständen (nicht über ein Jahr) zu ermöglichen, s. auch
BGE 116 Ia 64, Kreisschreiben des OGer ZH in ZR 88 (1989) Nr. 68, anders noch BGE 72 IV 1 (Gumoens). Ob die Anordnung der Massnahme
durch eine nichtrichterliche Behörde (z.B. Staatsanwaltschaft) zulässig
sei oder ob die Garantien von EMRK Art. 6 auch zu beachten sind, wenn
es nicht zu einem Schuldspruch i.e.S. kommt, wurde bislang von den
Strassburger Organen nicht entschieden.

3   Die **psychische Abnormität** ist in Ziff. 1 mit Behandlungs- oder Pflegebedürftigkeit bezeichnet. *Behandlung* ist *therapeutische, dynamische Einflussnahme, Pflege statisch-konservative Zuwendung.* Die Tat muss mit

der Abnormität zusammenhängen, wobei unerheblich ist, ob ein unmittelbarer oder bloss ein mittelbarer Zusammenhang gegeben ist, s. dazu REHBERG II 150, STRATENWERTH AT II § 11 N 14.

Überdies muss der Richter eine **Prognose** stellen und zum Schluss kommen, dass die Massnahme weitere Straftaten verhindert oder vermindert, also jedenfalls *auf die Rückfalltstendenz* des Täters einen *günstigen Einfluss* hat. Von der Massnahme ist demnach abzusehen, wenn von vornherein keine Rückfallsgefahr besteht, oder wenn vorauszusehen ist, dass die Gefahr nicht beeinflusst werden kann (vorbehältlich Ziff. 1 II). Nur ärztliche Behandlung oder Behandlung unter ärztlicher Aufsicht ist gemeint, «nicht auch irgendwelche Betreuung durch eine Fürsorgestelle oder dergleichen», BGE 103 IV 3. An die Erfolgsaussichten der Behandlung dürfen nicht zu hohe Anforderungen gestellt werden – die Möglichkeit des Erfolgs, *«geringe Erfolgsaussichten», genügen,* BGE 105 IV 90. Dabei geht es nicht um den medizinischen, sondern nur um den «kriminologischen» Erfolg, die *Bekämpfung von strafrechtsrelevanten Symptomen,* ZR 76 (1977) Nr. 108. Die Massnahme muss zur Erreichung dieses Ziels notwendig sein, ZBJV 111 (1975) 233.

Die **Einholung eines Gutachtens** ist in Ziff. 1 III zwingend vorgeschrieben: «Eine Einweisung in eine Anstalt für geistig Abnorme soll wegen der Tragweite eines solchen Eingriffs nicht leichthin, sondern erst angeordnet werden können, wenn der Richter aufgrund eines sachverständigen Gutachtens in der Lage ist zu entscheiden, welche Massnahme und in welcher Form sie am besten Erfolg verspricht», BGE 100 IV 145 (Bretscher), vgl. auch BGE 118 IV 113. Zum Inhalt des Gutachtens s. BGE 116 IV 103, wonach der Richter Antworten auf alle Fragen, welche die Voraussetzungen oder den Vollzug der sichernden Massnahmen betreffen, einholen muss. Zu den Expertenfragen vgl. REHBERG, ZStrR 93 (1977) 222 f., SPIRIG (vor Art. 42) 428 f.

Die Gewährung des rechtlichen Gehörs fordert Beiordnung eines **amtlichen Verteidigers,** vor allem wenn eine Verwahrung nach Art. 43.1 II in Aussicht steht, BGE 106 Ia 181.

Der **Vollzug der Versorgung** soll in einer Heil- oder Pflegeanstalt erfolgen. Als Heilanstalt kommen vor allem *psychiatrische Kliniken* in Frage – ärztliche Leitung ist unabdingbar, ebenso STRATENWERTH AT II § 11 N 31, anders BGE 108 IV 87, wonach es genügen soll, wenn «ein Arzt zur Verfügung steht, der regelmässig die Anstalt besucht». Pflegeanstalt kann ausserdem ein Heim für geistig Behinderte, Taubstumme, Epileptiker oder alte Menschen sein, BGE a.a.O., SCHULTZ II 155. Gesetzeswidrig ist der Vollzug in einer Arbeitserziehungsanstalt, STRATENWERTH a.a.O., s. aber BJM 1972 296. Ordnet der Richter die stationäre Einweisung in eine Heil- oder Pflegeanstalt i.S.v. Art. 43.1 I an, so ist es widerrechtlich, stattdessen den Verurteilten in eine Strafanstalt einzuweisen, GVP-SG 1990 Nr. 4.

8   Bei **Einweisung** in eine Heil- oder Pflegeanstalt ist **Aufschub der Strafe** obligatorisch, was gemäss BGE 78 IV 221 (Baumann) auch für Neben-strafen *(in casu* Art. 54) gilt. Vgl. auch VStGB 1 Art. 2 VIII.

9   **Ambulante Behandlung** bedeutet in der Regel, dass der Betroffene ein-mal wöchentlich einen Therapeuten, meist einen Psychiater, aufsucht, RAUCHFLEISCH 179 – in gut der Hälfte der Fälle seiner Untersuchung war die Frequenz niedriger, vgl. auch den SV in BGE 106 IV 102. Zur Ergän-zung können Medikamente verwendet werden, z.B. *Cyproteronacetat* zur Dämpfung des Geschlechtstriebes, AGVE 1972 Nr. 24, PKG 1972 Nr. 37, *Androcur* mit analoger Wirkung, BGE 100 IV 202, SJZ 77 (1981) Nr. 53. In Frage kämen aber auch Gruppenveranstaltungen, sofern sie als Psychotherapie angesehen werden können, dazu HANS KIND, Psycho-therapie und Psychotherapeuten, Stuttgart/New York 1982, VOSSEN 135. Dass ausschliesslich ein Arzt und nicht auch ein therapeutisch erfahrener Psychologe die Behandlung durchführen kann, BGE 103 IV 3, dürfte zu eng sein – richtig aber, dass Betreuung durch eine Fürsorgestelle nicht genügt. Eingehend zum Begriff der ambulanten Behandlung STRATEN-WERTH AT II § 11 N 72 ff. SJZ 82 (1986) Nr. 12 betont, dass die Mass-nahme nur bei psychischen Besonderheiten mit Krankheitswert anzuord-nen sei, nicht schon bei Beeinträchtigung der geistigen Entwicklung, z.B. bei Süchtigen, was m.E. zu eng ist. Aufhebung der ambulanten Behand-lung im Rechtsmittelverfahren ist keine *reformatio in peius,* ZBJV 122 (1986) 42.

10   Ambulante Behandlung kann **an Stelle des Strafvollzugs, während des Vollzugs** und bei kurzen Strafen, **nach** deren **Vollzug** durchgeführt wer-den, BGE 105 IV 88, ZBJV 111 (1975) 234, SCHULTZ II 160. *Grundsätz-lich gilt, dass die Strafe vollstreckt und gleichzeitig die Massnahme durch-*geführt wird, nach SCHULTZ, ZBJV 111 (1975) 236, DERS. AT II 162, ein arger Fehler des Gesetzgebers; STRATENWERTH AT II § 11 N 94 stellt ebenfalls fest, dass sich ein absoluter Vorrang der Therapie nicht aus dem Gesetzeswortlaut ableiten lässt. Er wäre auch nicht leicht mit dem Ge-rechtigkeitspostulat zu vereinbaren. Das BGer betont mit Recht, dass die Möglichkeit des Strafaufschubs nicht dazu missbraucht werden dürfe, den Vollzug der Strafe zu umgehen oder ihn auf unbestimmte Zeit hin-auszuschieben, BGE 101 IV 358, bestätigt in 107 IV 23, 105 IV 89 f., ebenso 120 IV 3, 101 IV 271, 275, 100 IV 13, 202, AGVE 1987 Nr. 19, 20, SJZ 82 (1986) Nr. 12, ZR 76 (1977) Nr. 108. Dass die Gefahr besteht (ein krasses Beispiel bei FRAUENFELDER 165 f., vgl. auch AGVE 1972 Nr. 24), räumt auch SCHULTZ ein, ZBJV 117 (1981) 21 – stossend ist vor allem, *dass in erster Linie Angehörige der oberen Schichten Zugang zu solchen Umwegen finden.*

10a   Die Strafe ist **nur dann aufzuschieben,** wenn die **Massnahme «vordring-lich und mit dem Strafvollzug unvereinbar»** ist, BGE 101 IV 271, 100 IV 13, 202; BJM 1979 88, RS 1980 Nr. 984, PKG 1981 Nr. 10, JdT 1991 III 23 f., «wenn eine tatsächliche Aussicht auf erfolgreiche Behandlung durch den sofortigen Vollzug der Freiheitsstrafe erheblich beeinträchtigt würde», BGE 120 IV 4, etwas weniger streng PKG 1972 Nr. 37; doch ist der Strafaufschub nicht erst dann gerechtfertigt, wenn der sofortige Vollzug den Behandlungserfolg *«völlig»* in Frage stellt, BGE 115 IV 89, 116 IV 102, 119 IV 314, «[v]ielmehr geht die Therapie vor, sobald eine sofortige Behandlung gute Resozialisierungschancen bietet, welche der Vollzug der Freiheitsstrafe klarerweise verhindern oder vermindern würde», BGE 120 IV 3. Ist eine Behandlung bereits im Gang, kommt es auf die Aussicht erfolgreicher Weiterführung an, BGE 115 IV 88, 93. Der Richter hat bei der Beurteilung dieser Frage einen erheblichen *Ermessensspielraum,* BGE 120 IV 5, 116 IV 102, 105 IV 91, 101 IV 271, 275, 358, 100 IV 16, 202; dabei sind insbesondere die «Notwendigkeit und Chancen einer Behandlung im Vergleich zu den Auswirkungen des Strafvollzuges sowie des Erfordernisses, Straftaten zu ahnden», zu berücksichtigen, BGE 120 IV 5, 119 IV 314, 116 IV 104, BJM 1993 323; Grundlage des Entscheides muss ein Expertengutachten sein, BGE 116 IV 103, 115 IV 89, 101 IV 128, 271.

Der Richter urteilt **nach der Sachlage im Zeitpunkt der Urteilsfällung,** BGE 101 IV 274, und berücksichtigt dabei z.B. die Tatsache, dass eine Behandlung bereits begonnen wurde, BGE 101 IV 358, SJZ 81 (1985) Nr. 33, trotzdem ablehnend SJZ 82 (1986) Nr. 12. BGE 105 IV 88 ff. setzt sich mit den Äusserungen von KNAB, 166 ff., und VOSSEN, 133 ff., auseinander, wonach die Behandlung während des Vollzugs schwierig sei, findet darin aber keinen Grund zur Änderung der Praxis, s. auch BGE 116 IV 102, 119 IV 313. Gegenüber dem Einwand von SCHULTZ, der Vollzug der Strafe sei aufzuschieben, weil sonst zusätzlich die Einweisung in eine Anstalt nach Art. 43.3 II möglich sei, wiegt die Gefahr des Missbrauchs schwerer, zumal eine spätere Anstaltseinweisung praktisch nicht vorkommt (ZBJV 113 [1977] 276 dürfte eine Ausnahme sein, kein Hinweis bei FRAUENFELDER 176 f.). Analog Art. 41.2 können Weisungen auferlegt und/oder Schutzaufsicht angeordnet werden. Unzulässig ist dagegen die Festsetzung einer Probezeit, FRAUENFELDER 148.

10b

Auch lange Freiheitsstrafen (mehr als 18 Monate) können zwecks ambulanter Behandlung aufgeschoben werden, BGE 120 IV 3, 119 IV 314: *«[D]ans un tel cas cependant, on ne fera usage de cette faculté qu'avec davantage de retenue, en exigeant que l'interessé soit gravement perturbé, que les chances de succès du traitement soient particulièrement élevées et que le risque de compromettre le traitement par une exécution simultanée de la peine soit très important».* Allgemein gilt: «Unter dem Gesichtspunkt des Gleichheitsgebots muss die Abnormität desto ausgeprägter sein und mithin ein Aufschub um so zurückhaltender gehandhabt werden, je länger die zugunsten der ambulanten Behandlung aufzuschiebende Freiheitsstrafe ist», BGE 120 IV 3, vgl. auch 118 IV 357 (zu Art. 100bis). Das BGer hielt den Aufschub sogar bei einem zu *sechs* (!) Jahren Freiheitsentzug verurteilten Pädophilen für grundsätzlich möglich, lehnte ihn im konkreten Fall jedoch ab, weil die Behandlung mit

10c

dem Strafvollzug vereinbar und der Delinquent wenig motiviert war, BGE 119 IV 314 f.; Aufschub der Freiheitsstrafe bei einem zu zweieinhalb Jahren Gefängnis verurteilten Täter mit krankhafter, präschizophrener Persönlichkeit, BGE 120 IV 5.

11 **Kasuistik:** Aufschub bei einem depressiven Sexualdelinquenten zulässig: BGE 101 IV 273, PKG 1972 Nr. 37, aber nicht für die hormonelle Behandlung mit *Androcur,* BGE 100 IV 202, SJZ 77 (1981) Nr. 36; kein Aufschub bei Alkoholikern mit kürzeren Strafen, BGE 100 IV 200 (van Laer), 101 IV 275, ZBJV 111 (1975) 234 – Ausnahme für jungen Mann, bei welchem die Erfolgsaussichten gut sind und der Vollzug kontraproduktiv wäre, SJZ 81 (1985) Nr. 33; Aufschub bei Drogensüchtigen, BGE 101 IV 358 (Küderli), PKG 1981 Nr. 10, insbesondere zur Durchführung eines *Methadonprogrammes,* AGVE 1985 Nr. 22, ZBJV 122 (1986) 378, zur psychotherapeutischen Behandlung s. BGE 115 IV 87, 90; kein Aufschub bei alkoholfürsorgerischer Betreuung mit vierteljährlicher ärztlicher Kontrolle, GVP-AR 1992 99 f.; kein Aufschub bei einem zu sechseinhalb Jahren verurteilten Vermögensdelinquenten, Gefährlichkeit des Täters schliesst ambulante Behandlung in der Strafanstalt nicht aus, BGE 100 IV 13 (Mayer); trotz guter Erfolgsaussichten der Therapie kein Aufschub bei einem drogensüchtigen Dealer – in erster Linie wegen der langen Freiheitsstrafe von fünfeinhalb Jahren, BJM 1993 324; zur neuen Praxis des BGer bei langen Freiheitsstrafen s. N 10c.

12 **Alternativen** zur ambulanten Behandlung nach Art. 43.1 I sind **einerseits** der bedingte Strafvollzug mit der Weisung, sich einer Behandlung zu unterziehen; im Gegensatz zu Art. 43 ist dieses Vorgehen auf die Dauer der Probezeit befristet und die Einweisung in ein Heil- und Pflegeanstalt ist direkt nicht möglich, vgl. ZBJV 111 (1975) 87 f. *Massnahmen nach Art. 43* können entgegen PKG 1972 Nr. 37 *nicht anstelle des Widerrufs* gemäss Art. 41.3 angeordnet werden, wenn nicht mit der neuen Strafe eine Massnahme nach Art. 43 ausgesprochen und ihr Vollzug aufgeschoben wurde, BGE 100 IV 200 f., so jetzt auch PKG 1984 Nr. 32. **Andererseits** kann sich der Richter, wenn ein Aufschub der Strafe nicht in Frage kommt, *darauf verlassen,* dass eine *Behandlung* im Vollzug *gemäss Art. 46.2* durchgeführt wird, was sich vor allem bei längeren Strafen empfiehlt, BGE 102 IV 17 (Nicole), Schultz, ZBJV 111 (1975) 236, 490. Anzufügen ist, dass gemäss VStGB 3 Art. 2 ausnahmsweise auch Freiheitsstrafen in einer Anstalt gemäss Art. 43/44 vollzogen werden können, wenn die ambulante Behandlung in einer Strafanstalt nicht ausreichend gewährleistet werden kann, krit. Stratenwerth AT II § 11 N 102.

13 **Art. 43.1 II** sieht für psychisch abnorme Täter, deren Sozialgefährlichkeit nicht anders unter Kontrolle zu bringen ist, die **Verwahrung** vor – analog Art. 42 als *ultima ratio,* BGE 118 IV 113, 109 IV 77, 103 IV 141, 101 IV 127. Sie «findet ihre Rechtfertigung im Sicherungsbedürfnis der Gesellschaft und deren notwehrähnlichen Lage», BGE 121 IV 301 mit Hinw. auf G. Kaiser, Kriminologie, 9. Aufl., Heidelberg 1993, 609.

Erforderlich ist eine **schwerwiegende Gefährdung** der öffentlichen Si-   14
cherheit, BGE 123 IV 4, eine *hohe Wahrscheinlichkeit,* dass *wertvolle
Rechtsgüter* angegriffen werden, REHBERG II 157, SCHULTZ II 157, STRA-
TENWERTH AT II § 11 N 130, zu weit BJM 1980 309; kritisch zur gesetzlichen Regelung STRATENWERTH 142. Nach BGE 103 IV 141 rechtfertigt
sich die Verwahrung für einen «frühverwahrlosten, unintelligenten und
intelligenzverwahrlosten, arbeitsscheuen, haltlosen, verstimmbaren, miss-
trauisch-sensitiven, querulatorischen, hirnorganisch leicht geschädigten,
skrupellosen Psychopathen», BGE 101 IV 126 (Pfister), für einen Täter
mit abnormer seelischer Entwicklung, «die sich in wachsenden Insuffizi-
enzgefühlen mit kompensatorischem Geltungsstreben ... und in einer
Neigung zu paranoider Verarbeitung des Verhaltens seiner Umgebung
bemerkbar machte und dabei kurzschlüssige Reaktionen begünstigte» –
Pfister hatte aus geringfügigem Anlass seinen Vorgesetzten erschossen
und schon früher gedroht, es komme «der komplette Kurzschluss».
Grund für die Gefahr kann auch eine nicht mehr kontrollierbare Sucht
sein, BGE 109 IV 76 (Alkohol), 102 IV 236 (Opiate und Amphetamin).
Gemäss BGE 118 IV 108 genügt bei einem an Schizophrenie mit wahn-
haftem Erleben leidenden Täter, der ein Tötungsdelikt begangen hat, die
Möglichkeit, dass er trotz ärztlicher Behandlung weitere Tötungsdelikte
verüben werde, um Verwahrung anzuordnen. Bei der Gefährdung hoch-
wertiger Rechtsgüter wie Leib und Leben seien an Nähe und Ausmass
der Gefahr weniger hohe Anforderungen zu stellen.

Die Verwahrung findet **Anwendung** *einerseits* bei «hochgefährlichen Tä-   15
tern, die keiner Behandlung zugänglich sind», BGE 121 IV 301, s. auch
118 IV 113 mit Hinw. auf STRATENWERTH AT II § 11 N 135 und BGE 109
IV 76, 102 IV 236, andererseits aber auch bei Delinquenten, «bei denen
trotz ärztlicher Behandlung oder Pflege ernstlich die Gefahr schwerer
Straftaten und vor allem von Gewaltdelikten bleibt, sei es innerhalb oder
bei entsprechender Fluchtgefahr ausserhalb der Anstalt», BGE 121 IV
301 f., ebenso 123 IV 6, 118 IV 113 mit Hinw. auf STRATENWERTH, ZStrR
89 (1973) 143. Bei der *zweiten Kategorie* von Tätern bestehen zwar
Heilchancen, doch sind diese derart ungewiss, dass von ihnen weiterhin
die Begehung schwerer Delikte zu befürchten ist; bei der Beurteilung der
Notwendigkeit i.S.v. Art. 43.1 II muss sowohl dem Sicherungsaspekt als
auch dem Heilungsaspekt Rechnung getragen werden, BGE 121 IV 302.
Gegeneinander abzuwägen sind «Nähe und Ausmass der Gefahr sowie
Art und Bedeutung des gefährdeten Rechtsguts gegenüber den Hei-
lungschancen einer ärztlichen Behandlung», a.a.O., s. auch BGE 123 IV
6, 118 IV 113. Die Verwahrung ist insofern *subsidiär,* als sie *nicht* anzuordnen ist, *wenn die Gefahr sonstwie gebannt* werden kann, z.B. durch
eine lange Freiheitsstrafe, allenfalls verbunden mit ambulanter Behandlung während des Vollzugs. BGE 103 IV 141 hielt eine Strafe, von der
noch viereinhalb Jahre zu verbüssen waren, nicht für ausreichend, ähnlich BGE 101 IV 128 für eine Strafe von acht Jahren – hier fehlte eine
genügend klare gutachterliche Äusserung.

16   Wegen der Schwere des Eingriffs ist eine fundierte **gutachterliche Äusserung** zur Verwahrung besonders wichtig, BGE 101 IV 128; zur Bedeutung der mündlichen Äusserung in der Hauptverhandlung s. BGE 118 IV 114. Der Richter darf ohne Grund von den Schlussfolgerungen des Sachverständigen nicht abweichen, BGE 101 IV 129 f. S. auch Art. 13 N 8.

17   Weil die Verwahrung auch keine Pflegebedürftigkeit voraussetzt, BGE 109 IV 77, 81 IV 9 (Wenger), ZR 51 (1952) Nr. 185, kommt für den **Vollzug** vor allem eine nicht ärztlich geleitete, also auch eine Strafanstalt in Frage, BGE 109 IV 77 f., HEIM 362, kritisch SCHULTZ II 158 f., STRATENWERTH, ZStrR 89 (1973) 144 f.; s. aber jetzt BGE 123 IV 8 m.w.Hinw., wo betont wird, dass nach Möglichkeit therapeutische und ärztliche Hilfe zu leisten sei, weil ja auch *behandlungsfähige* gefährliche Täter gemäss Art. 43.1 II zu verwahren sind (oben N 15). Eine Arbeitsanstalt ist entgegen MBVR 44 (1946) 360 ungeeignet. Der Entscheid liegt bei den Vollzugsbehörden, BGE 109 IV 78.

18   Die Verwahrung gemäss Art. 43.1 II ist **mit der EMRK vereinbar,** u.ö. Entscheid der EKMR zur Beschwerde 10041/82 c. CH. S. aber N 5 vor Art. 42.

19   Erweist sich eine stationäre Behandlung (Ziff. 1) als **erfolglos,** so wird sie **eingestellt,** Ziff. 3 I. Eine erneute Verurteilung kann, muss aber nicht Misserfolg der Behandlung bedeuten. Die Frage, ob sich eine stationäre (Ziff. 1) oder ambulante Behandlung (Ziff. 2) als erfolglos, unzweckmässig, für Dritte gefährlich oder aussichtslos erwiesen hat, wird von der *zuständigen Vollzugsbehörde* in einer separaten Verfügung entschieden – diese Vollzugsentscheidung kann mit der Verwaltungsgerichtsbeschwerde angefochten werden, BGE 121 IV 306, 119 IV 191; das Bundesrecht lässt offen, welche Behörde zu entscheiden hat, vgl. BGE 106 IV 103 f., ZR 94 (1995) Nr. 102.

20   Der **Richter** hat in diesem Fall zu **entscheiden, ob die Strafe** ganz oder teilweise vollstreckt werden soll und inwiefern der Massnahmenvollzug auf die Strafe *anzurechnen* ist. BGE 109 IV 80 gibt dazu detaillierte Anweisungen: In erster Linie ist zu prüfen, inwieweit der Massnahmenvollzug als Beschränkung der persönlichen Freiheit dem Strafvollzug entspricht – u. U. beträgt die anrechenbare Dauer weniger als die tatsächliche Dauer des Anstaltsaufenthaltes (S. 82, E. 3 g). Die so ermittelte Dauer ist grundsätzlich auf die Strafe anzurechnen, ebenso eingehend PKG 1985 Nr. 16 (zu Art. 44), SCHULTZ II 163. Die von der Lehre kritisierte Praxis (REHBERG II 160, STRATENWERTH AT II § 11 N 56) wurde in BGE 117 IV 227 f. bestätigt, ebenso 120 IV 177, 121 IV 307, 122 IV 54. Der Grad der Freiheitsbeschränkung in einer geschlossenen Anstalt ist dabei mit demjenigen im Strafvollzug vergleichbar; soweit jedoch im Massnahmenvollzug Urlaubstage bezogen wurden, die im Strafvollzug nicht hätten gewährt werden können, sind diese nicht anrechenbar, BGE 117 IV 228. Zur Anrechnung eines im Ausland durchgeführten Rehabilitationsprogramms vgl. BGE 122 IV 51: Anrechnung i.c. abgelehnt,

weil die persönliche Freiheit nicht nennenswert eingeschränkt war; zur Anrechnung bei ambulanter Behandlung s. N 21. Von der Anrechnung ist ganz oder teilweise *abzusehen, wenn der Misserfolg auf «vorwerfbarer, böswilliger Obstruktion»* beruht, BGE 109 IV 83 E. 3 h), vgl. auch Art. 40 II, ebenso BGE 117 IV 227, ZBJV 109 (1973) 128, REHBERG II 160. Dabei ist zu prüfen, ob eine Obstruktion wirklich vorwerfbar oder eine Nebenfolge des Zustandes (Abnormität, Krankheit, Sucht) ist, welcher zur Anordnung der Massnahme führte. Selbst wenn die Vorwerfbarkeit bejaht wird, ist nach dem Verhältnismässigkeitsprinzip unter Berücksichtigung der Strafdauer zu entscheiden, ob die Anrechnung ganz oder teilweise zu verweigern sei (a.a.O.). Für volle Anrechnung ZBJV 110 (1974) 72, STRATENWERTH, ZStrR 89 (1973) 147, DERS. AT II § 11 N 55. Auf Anordnung der Strafe wird in RS 1976 Nr. 24 verzichtet, weil die Massnahme bereits länger gedauert hat als die Strafe. Zur Möglichkeit des bedingten Strafvollzugs s. unten N 27.

Bei ambulanter Behandlung spricht Ziff. 3 II nicht von Erfolg, sondern   21
von *Zweckmässigkeit.* Fehlt es daran oder erweist sich, dass die Beurteilung des Täters als «nicht gefährlich» falsch war, so ist in erster Linie eine stationäre Behandlung anzuordnen, was nach ZBJV 113 (1977) 278 auch möglich ist, wenn die Strafe schon vollstreckt wurde, dazu m.krit.Anm. SCHULTZ. Nur dann, wenn keine Behandlung oder Pflege (mehr) nötig ist, muss über den Vollzug der Strafe entschieden werden. Ambulante Behandlung lässt nur eine beschränkte Anrechnung zu. Der Richter hat einen erheblichen Ermessensspielraum; er muss prüfen, inwieweit die persönliche Freiheit des Verurteilten tatsächlich eingeschränkt wurde und dabei insbesondere dem *Mass der Belastung* (Zeitaufwand, Kosten) *Rechnung tragen,* BGE 121 IV 307, 120 IV 178, ZBJV 113 (1977) 278, m.krit.Anm. SCHULTZ. Anzurechnen war eine ambulante Behandlung, bei welcher der Verurteilte während sieben Jahren zwei Sitzungen pro Woche sowie jährlich ca. 8 Wochenend-Gruppentherapie-Behandlungen absolviert hatte, BGE 121 IV 307 f., ebenso eine im Ausland freiwillig durchgeführte Therapie, auch wenn die angeordnete ambulante Behandlung nicht angetreten wurde, BGE 114 IV 91 f. Erweist sich die «Unzweckmässigkeit» der Massnahme darin, dass der Verurteilte die Weisung, sich regelmässig beim Therapeuten einzustellen, missachtet, so kann trotz der Verweisung auf Art. 41.2 in Art. 43.2 II der *Vollzug der Strafe* angeordnet werden, *auch wenn keine förmliche Mahnung* (wie in Art. 43.1 I vorgesehen) erfolgte, BGE 109 IV 12.

Wurde der **Zweck erreicht,** ist nach Auffassung von STRATENWERTH AT   21a
II § 11 N 109 bei Strafen von bis zu 18 Monaten auf den nachträglichen Vollzug zu verzichten; weitergehend LGVE 1990 I Nr. 47, wo bei einem ehemaligen Drogensüchtigen auf den Vollzug einer Freiheitsstrafe von mehr als zwei Jahren verzichtet wurde. Wird die ambulante Behandlung nicht angetreten, das angestrebte Ziel der Drogenfreiheit jedoch durch freiwilligen Eintritt in ein ausländisches Drogenentzugszentrum erreicht, so kann auf den nachträglichen Vollzug der aufgeschobenen Strafe ver-

zichtet werden, wenn dieser den Resozialisierungserfolg gefährden würde, BGE 114 IV 89 ff. Zur *Zuständigkeit* s. N 19.

22   In beiden Fällen (Ziff. 3 I und II) kann der Richter anstelle des Strafvollzugs auch eine **«andere sichernde Massnahme»** anordnen, z.B. Verwahrung. Hat die Vollzugsbehörde festgestellt, dass eine ambulante Behandlung unzweckmässig sei, so *hindert* dies den Richter *nicht,* erneut *ambulante Behandlung,* wenn auch *bei einem anderen Therapeuten,* nach *anderer Methode* oder in *anderer Frequenz* anzuordnen, BGE 106 IV 103; s. auch AGVE 1995 Nr. 21.

23   Ist der **Grund der Massnahme weggefallen,** weil sie ihren Zweck erreicht hat oder nicht mehr erreichen kann, wird sie **aufgehoben,** BGE 122 IV 16 mit Hinw. auf STRATENWERTH AT II § 11 N 38, 107; wichtig ist insbesondere, ob die Rückfallsgefahr oder die psychische Abnormität weggefallen ist, BGE a.a.O. mit Hinw. auf REHBERG II 161. Bei Drogensüchtigen ist der Zweck nicht erst bei völliger Drogenabstinenz erreicht, sondern eine Resozialisierung «im Rahmen des realistisch Erreichbaren» genügt, LGVE 1988 I Nr. 41 (zu Art. 44). Der Entscheid kann mit der Verwaltungsgerichtsbeschwerde angefochten werden, BGE 122 IV 11 m.w.Hinw. Zur Frage des Strafvollzugs s. N 26 f.

24   Ist das **Ziel** der Massnahmen **teilweise erreicht** worden, kann der Verurteilte **probeweise entlassen** werden. Beim Entscheid über die probeweise Entlassung sind das Sicherheitsinteresse der Öffentlichkeit und das Freiheitsinteresse des Eingewiesenen gegeneinander abzuwägen, BJM 1968 188; unter Umständen muss die Behörde das Gutachten eines psychiatrischen Sachverständigen einholen, BGE 121 IV 2. Das Gesetz sieht gemäss Art. 43.4 II die probeweise Entlassung für alle Massnahmen des Art. 43 vor, also auch für ambulante Behandlung, praktisch dürfte sie allerdings hier eine geringe Rolle spielen. Im Gegensatz zur bedingten Entlassung (Art. 38) wird die Bewährung *nicht* in die *Verantwortlichkeit des Entlassenen* gelegt und auch *keine Probezeit* festgesetzt, RS 1963 Nr. 5. Art. 43.4 II, 2. Satz sieht zwar die Möglichkeit der Schutzaufsicht vor, erwähnt aber Weisungen nicht; s. dazu jedoch Art. 45.2. Endgültige Entlassung wird möglich, wenn das Ziel der Massnahme erreicht ist. Zur Regelung der probeweisen Entlassung s. Art. 45.

25   Ziff. 4 III schreibt **Mitteilung der bevorstehenden Entlassung** an den Richter vor, damit dieser rechtzeitig die in Ziff. 5 vorgesehenen Entscheidungen treffen kann, was freilich für die probeweise Entlassung (s. N 24) nicht sinnvoll ist. Gleichzeitig muss die zuständige Behörde sich zu der Frage äussern, ob der Vollzug von Strafen dem Entlassenen schaden, insbesondere den Erfolg der Massnahme in Frage stellen würde, Ziff. 5 III.

26   **Nach Beendigung der Massnahme** entscheidet der Richter über das Schicksal der aufgeschobenen Strafe. Im Falle der *probeweisen Entlassung* ist dieser Entscheid bis zur Aufhebung der Probezeit *aufzuschieben,*

RB TG 1989 Nr. 19, BJM 1980 36, ZR 77 (1978) Nr. 110, weil erst in diesem Zeitpunkt feststeht, ob die Massnahme zum Erfolg führte. Unorthodox ZBJV 114 (1978) 450, m.Anm. SCHULTZ, wo der Richter den Entscheid um fünf Jahre hinausschob.

Vom Vollzug der Strafe ist abzusehen, wenn er eine erhebliche *Gefährdung für den Erfolg der Massnahme* befürchten liesse. Ausser der Vernehmlassung der Vollzugsbehörde holt der Richter dazu die Meinung des Arztes ein. «Aus pädagogischtherapeutischen Gründen dürfte ... bei erfolgreicher Behandlung ein nachträglicher Vollzug der Strafe in der Regel ausser Betracht fallen», BGE 107 IV 24. Im Gegensatz zum Fall der ohne Erfolg beendeten Massnahme (N 19 f.) ist *volle Anrechnung* des Anstaltsaufenthaltes an die Strafe *obligatorisch;* PKG 1973 Nr. 6, 1974 Nr. 7. Die Dauer der Massnahme ist *auch* anzurechnen, wenn sich der Täter bereits vor ihrer Anordnung *freiwillig* in die Anstalt hat aufnehmen lassen, vorausgesetzt, es handelte sich um die Massnahme, die vom Richter zu verfügen war, BGE 105 IV 298. Für Möglichkeit des bedingten Strafvollzugs mit Recht BGE 114 IV 93 f., GVP-AR 1995 44, SJZ 78 (1982) Nr. 36, ZBJV 109 (1973) 128, FRAUENFELDER 168, SCHULTZ II 37, STRATENWERTH AT II § 11 N 45, dagegen REHBERG II 160 f. Zum Fall der ambulanten Behandlung N 21.   27

Gemäss *VE 1993* Art. 61 kann unter den gleichen Voraussetzungen wie bisher die stationäre Behandlung geistig Kranker angeordnet werden. Die Höchstdauer der Massnahme wird jedoch auf fünf Jahre beschränkt. Bleiben nach Ablauf dieser Zeit noch fürsorgerische Bedürfnisse, so ist die Massnahme entweder durch FFE oder – bei fortbestehender Gefährlichkeit – durch Verwahrung abzulösen. Bei Freiheitsstrafen von nicht mehr als drei Jahren kann gemäss VE 1993 Art. 67 eine ambulante Behandlung angeordnet werden.   28

44 Behandlung von Trunk- und Rauschgiftsüchtigen

1. Ist der Täter trunksüchtig und steht die von ihm begangene Tat damit im Zusammenhang, so kann der Richter seine Einweisung in eine Trinkerheilanstalt oder, wenn nötig, in eine andere Heilanstalt anordnen, um die Gefahr künftiger Verbrechen oder Vergehen zu verhüten. Der Richter kann auch ambulante Behandlung anordnen. Artikel 43 Ziffer 2 ist entsprechend anwendbar.

Der Richter holt, soweit erforderlich, ein Gutachten über den körperlichen und geistigen Zustand des Täters sowie über die Zweckmässigkeit der Behandlung ein.

2. Die Trinkerheilanstalt ist von den übrigen Anstalten dieses Gesetzes getrennt zu führen.

3. Zeigt sich, dass der Eingewiesene nicht geheilt werden kann oder sind die Voraussetzungen der bedingten Entlassung nach zwei Jahren

Aufenthalt in der Anstalt noch nicht eingetreten, so entscheidet nach Einholung eines Berichts der Anstaltsleitung der Richter, ob und wieweit aufgeschobene Strafen noch vollstreckt werden sollen.

An Stelle des Strafvollzuges kann der Richter eine andere sichernde Massnahme anordnen, wenn deren Voraussetzungen erfüllt sind.

4. Hält die zuständige Behörde den Eingewiesenen für geheilt, so beschliesst sie dessen Entlassung aus der Anstalt.

Die zuständige Behörde kann ihn für ein bis drei Jahre bedingt entlassen und ihn für diese Zeit unter Schutzaufsicht stellen.

Die zuständige Behörde hat ihren Beschluss dem Richter vor der Entlassung mitzuteilen.

5. Der Richter entscheidet, ob und wieweit aufgeschobene Strafen im Zeitpunkt der Entlassung aus der Anstalt oder der Behandlung noch vollstreckt werden sollen. Die zuständige Behörde äussert sich hierüber bei der Mitteilung ihres Beschlusses. Die Dauer des Freiheitsentzuges durch den Vollzug der Massnahme in einer Anstalt ist auf die Dauer der bei ihrer Anordnung aufgeschobenen Strafe anzurechnen.

6. Dieser Artikel ist sinngemäss auf Rauschgiftsüchtige anwendbar.

Erweist sich ein zu einer Strafe verurteilter Rauschgiftsüchtiger nachträglich als behandlungsbedürftig, behandlungsfähig und behandlungswillig, so kann ihn der Richter auf sein Gesuch hin in eine Anstalt für Rauschgiftsüchtige einweisen und den Vollzug der noch nicht verbüssten Strafe aufschieben.

Fassung gemäss BG vom 18.3.1971. Ziff. 6 II eingeführt durch BG vom 21.6.1991.

E 42. – Sten.NR 173 ff., StR 102, 106. Stooss Mot. zum VE 1893 58 f., auch 2. ExpK I 265 ff., Beilagenbd. 172 ff. – Zur Teilrevision 1971: E 1965 Art. 44, Botsch. 1965 577 f., Sten.NR 1969 119 f., 1970 524, StR 1967 63 f., 1970 100. Zur Teilrevsion von 1991: Sten.StR 1987 359, 361ff., 407 f., NR 1990 2263.

EDWIN BIGGER, Fürsorgerische Freiheitsentziehung (FFE) und Strafrechtliche Massnahmen bei Suchtkranken aus rechtlicher Sicht (Art. 397a ZGB/44 StGB), ZfV 47 (1992) 41; GUSTAV BRACHER, Die Bedeutung des Art. 44 StGB im Rahmen der Behandlung Alkoholkranker, ZStrR 85 (1969) 303; ROBERT GEORG FRICK, Die Behandlung der Gewohnheitstrinker im schweizerischen Strafrecht, Diss. ZH 1950; PETER KUENTZ, Die Behandlung der Gewohnheitstrinker nach Art. 44 StGB, Diss. BS 1975; ADRIAN MUFF, Möglichkeiten und Grenzen einer stationären Langzeitbehandlung von Drogenabhängigen im Rahmen des Art. 44 StGB, ZöF 79 (1982) 182; EUGEN POLLI/ELISABETH WEBER, Vergleichsstudie der Klienten mit Massnahmen nach StrGB 44 und Klienten mit einer Verfügung des Amtes für Administrativmassnahmen im Strassenverkehr, ZStrR 106 (1989) 312; ARISTE ROLLIER, Wie kann die Anwendung von Art. 44 StGB verbessert werden? ZStrR 85 (1969) 294; HANS SCHULTZ, Die Behandlung der Trunksucht im Strafrecht, in Arbeiten zur Rechtsvergleichung, Frankfurt a.M./Berlin 1960, 34; Wohin mit den drogensüchtigen Straftätern? ZStrR 100 (1983): A. MUFF, 159; RUEDI OSTERWALDER, 171; FRITZ

WERREN, 187; PIERRE JOSET, Drogenknast – Die Verbindung von Kriminalisierung und Therapie? 177; PIERRE ZAPPELLI, *Toxicomanie et détention préventive,* SJZ 76 (1980) 275. **Lit.** vor Art. 42 und zu Art. 43.

Die **Massnahmen für Süchtige** entsprechen, was die rechtliche Regelung   1
anbetrifft, *weitgehend denjenigen für psychisch Abnorme nach Art. 43.*
Abweichungen erklären sich aus einer *Ambivalenz* des Gesetzgebers:
Einerseits wird die Sucht als Krankheit angesehen, andererseits aber
doch angenommen, dass der Süchtige für seine Lage mitverantwortlich
sei. Im Gegensatz zu Art. 43.1 III ist ein Gutachten nur «soweit erforderlich» einzuholen, Art. 44.1 II, die Dauer der Massnahme ist beschränkt,
Art. 44.3 I, 45.3 VI, und anstelle der probeweisen, Art. 43.4 II, ist die
bedingte Entlassung auf eine Probezeit von einem bis zu drei Jahren vorgesehen, Art. 44.4 II.

Die **Anlasstat** wird in Ziff. 1 I nicht qualifiziert. Aus Art. 104 II ergibt sich   2
aber dieselbe Lösung wie für Art. 43 – Übertretungen können nur dort
zu einer Massnahme nach Art. 44 führen, wo es im Gesetz vorgesehen
ist, z.B. BetmG Art. 19a.4, unrichtig deshalb ZBJV 112 (1976) 342
m.krit.Anm. SCHULTZ – schon der Grundsatz der Verhältnismässigkeit
führt zu dieser Lösung. Für die Bekämpfung eines strafrechtlich harmlosen Alkoholismus stehen Massnahmen des Zivilrechts zur Verfügung,
ZGB Art. 397a. Sinnvoll kann die Massnahme sein bei Fahren in angetrunkenem Zustand, SVG Art. 91, s. LGVE 1983 I Nr. 51. Eine *Kombination* der stationären, AGVE 1982 Nr. 20, PKG 1983 Nr. 12, oder ambulanten Massnahme, GVP-SG 1983 Nr. 47, PKG 1977 Nr. 36, *mit dem
bedingten Strafvollzug* ist nicht schon bei der Anordnung, sondern *erst
dann möglich, wenn über den Vollzug der Strafe zu entscheiden ist.* Der
Widerruf des bedingten Strafvollzugs kann nicht durch eine Massnahme
ersetzt werden, ZR (1944) Nr. 93, anders RS 1946 Nr. 16. Art. 44 findet
auch Anwendung, wenn der Täter zurechnungsunfähig war, SCHULTZ II
166, *a fortiori* bei verminderter Zurechnungsfähigkeit, BGE 82 IV 134
(Keim); s. auch Art. 43 N 2.

Der Täter muss **trunk-** oder sonstwie **rauschgiftsüchtig** sein – der Unter-   3
schied ist vor allem sozialer Natur; gerade deswegen lassen sich bei den
Therapiemodellen zur Behandlung dieser beiden Arten von Sucht wenig
Gemeinsamkeiten feststellen, kritisch auch STRATENWERTH AT II § 12 N
1. *VE 1993* regelt die stationäre Behandlung Alkoholsüchtiger und Dro-
gensüchtiger in zwei getrennten Bestimmungen, Art. 62 und 63. Eine
kurze Typologie des Alkoholismus nach BINDER geben SCHULTZ II 165
und KUENTZ 14 ff. *Trunksüchtig* ist, wer «gewohnheitsmässig zuviel
Alkohol trinkt und … sich von dieser Gewohnheit aus eigener Willens-
kraft nicht lösen kann», BGE 104 Ib 47 (zu SVG Art. 16 I i.V.m. 14 IIc),
ähnlich FRICK 46, REHBERG II 165, SCHULTZ II 167, STRATENWERTH AT
II § 12 N 6, ferner SJZ 59 (1963) Nr. 81, ZR 61 (1962) Nr. 136. Dass eine
Tat im Rausch begangen wurde, genügt nicht, RS 1959 Nr. 64. Drogensucht bedeutet *körperliche und psychische Abhängigkeit* – sie ist mit dem

körperlichen Entzug noch nicht beseitigt, BGE 115 IV 92 f., 102 IV 76 f. (Conconi).

4   Zwischen Sucht und Tat muss ein **Zusammenhang** bestehen, was nicht bedeutet, dass der Täter bei der Tat unter dem Einfluss des Suchtmittels gehandelt haben muss, JdT 1965 IV 61, PKG 1952 Nr. 48. Bei Drogensüchtigen ist z. B. an die sogenannte *Beschaffungskriminalität* zu denken, Vermögensdelikte mit dem Ziel, Drogen oder Mittel zum Ankauf von Drogen zu erlangen. Der Zusammenhang zwischen Sucht und Tat hat vor allem pragmatisch Gewicht: Nur die Gefahr weiterer Straftaten rechtfertigt eine Massnahme, BJM 1970 300.

5   Obschon das Gesetz es nicht ausdrücklich sagt (vgl. Art. 43.1 I), sind auch nach Art. 44 die **Erfolgschancen** zu prüfen: Eine Massnahme soll nur angeordnet werden, wenn eine gewisse *Aussicht auf Heilung des Täters* besteht, BGE 109 IV 75, AGVE 1987 Nr. 20, BJM 1970 300, SJZ 39 (1942/43) Nr. 260, vgl. auch BGE 107 IV 23. Dabei sollen nach LGVE 1984 I Nr. 38, ZBJV 122 (1986) 378, nicht allzuhohe Anforderungen gestellt werden – dem ist vor allem bei jüngeren Tätern zuzustimmen.

6   Sind die Voraussetzungen von Art. 44.1 I erfüllt, so hat der Richter **drei Möglichkeiten:** *stationäre Behandlung, ambulante Behandlung unter Aufschub des Vollzugs der Strafe* und *ambulante Behandlung während des Strafvollzugs,* eventuell, besonders bei kurzen Strafen, auch über den Vollzug hinaus, BGE 107 IV 22.

7   **Bei stationärer Behandlung** ist der **Vollzug der Strafe aufzuschieben** (Art. 44.1 I verweist auf Art. 43.2). Bei langen Strafen ist dies fragwürdig, weil der Verzicht auf den Vollzug zur Privilegierung von Alkoholikern und anderen Süchtigen führt, der nachträgliche Vollzug jedoch den Erfolg der Massnahme gefährden würde, s. auch STRATENWERTH AT II § 12 N 16 ff. BGE 107 IV 23 ff. billigt deshalb die Lösung, in einem solchen Fall statt der stationären eine ambulante Behandlung anzuordnen, was m.E. keinen Verstoss gegen das dualistisch-vikariierende System des StGB darstellt, a.M. SCHULTZ, ZBJV 118 (1982) 543. Nur besonders überzeugende Erfolgsaussichten könnten den Ersatz der Strafe durch die Massnahme rechtfertigen. *VE 1993* Art. 62 will die stationäre Behandlung Alkoholsüchtiger bei Freiheitsstrafen von mehr als fünf Jahren generell ausschliessen.

8   Bei der **«anderen Heilanstalt»** ist vor allem an eine Heil- und Pflegeanstalt (Art. 43.1 I) zu denken. Die Variante ist dort zweckmässig, wo die Trunksucht *Symptom einer primären seelischen Störung* ist, LGVE 1981 I Nr. 42. Gefährliche unheilbar Süchtige können in analoger Anwendung von Ziff. 3 II auch gemäss Art. 43.1 II in eine geeignete (nicht Heil-) Anstalt eingewiesen werden, BGE 109 IV 76, 102 IV 236.

9   **Ambulante Behandlung** kann mit Abgabe von Vergällungsmitteln wie Antabus oder Ersatzdrogen wie *Methadon* verbunden werden, AGVE 1985 Nr. 22, SJZ 78 (1982) Nr. 64; zulässig ist auch die ärztlich kontrol-

lierte Abgabe harter Drogen (i.c. Kokain) verbunden mit einer wissenschaftlichen Begleitforschung zur Drogenprävention, SJZ 91 (1995) Nr. 2; die blosse Methadonabgabe stellt für sich allein noch keine ambulante Behandlung dar, GVP-SG 1993 Nr. 44; zur begleitenden Betreuung und der zusätzlichen Anordnung einer Schutzaufsicht s. LGVE 1990 I Nr. 55. Auch die ambulante Behandlung muss Erfolg versprechen, PKG 1972 Nr. 38. Fragwürdig SJZ 78 (1982) Nr. 64, wo ambulante Behandlung als *«ultima ratio»* angeordnet wurde. S. auch Art. 43 N 10 f.

Zum **Verhältnis ambulante Behandlung/Strafe** Art. 43 N 10 f.   10

Ein **Gutachten** hat das Gericht immer dann einzuholen, wenn Zweifel an   11
der Zurechnungsfähigkeit bestehen; der Richter muss zumindest begründen, weshalb er es nicht für nötig hält, BGE 102 IV 75 (Conconi), RJN 1982 67, RS 1980 Nr. 971 – ein Obligatorium sieht Rep. 1980 180 vor, wenn für einen Drogensüchtigen eine ambulante Massnahme vorgesehen ist; neuerdings geht auch das BGer davon aus, dass ohne Einholung eines Gutachtens weder die Massnahmebedürftigkeit noch die Frage des Strafaufschubs umfassend geprüft werden kann, BGE 115 IV 92 ff.; bei anerkanntem Zusammenhang zwischen den begangenen Delikten und der Drogensucht ist ein Gutachten auch dann einzuholen, wenn beim Täter zur Zeit der Urteilsfällung keine körperliche Drogenabhängigkeit mehr besteht, BGE a.a.O., vgl. auch BGE 102 IV 76. Der *Richter darf nicht* auf volle Abklärung des Sachverhalts *verzichten* im Vertrauen darauf, dass Fürsorge- oder Vormundschaftsbehörden die nötigen Massnahmen treffen würden, BGE 96 IV 107 (Steuri). Das Gutachten ist unverzichtbar, wenn im Rahmen von Art. 44.3 eine Massnahme nach Art. 43 angeordnet werden soll, BGE 100 IV 144 E. 3 (Bretscher). Das Gutachten muss sich auch zu der Frage des Aufschubs der Strafe äussern, BGE 100 IV 204.

Der **Vollzug** der stationären Massnahme darf (abgesehen von der «anderen Heilanstalt») **nur in einer Trinkerheilanstalt** erfolgen – diese Anstalt   12
braucht nicht unter ärztlicher Leitung zu stehen, was sich aus dem Hinweis auf die «andere Heilanstalt» ergibt; folglich braucht auch die ambulante Behandlung nicht von einem Arzt vorgenommen zu werden, Schultz, ZBJV 114 (1978) 114. VStGB 2 Art. 1 erwähnt Art. 44 nicht bei den Massnahmen, für welche abweichende Regelungen vom Vollzug an Frauen bewilligt werden können; dazu Art. 46 N 2.

Die **Dauer der Massnahme** ist auf *zwei Jahre* beschränkt (s. aber   13
Art. 45.3 VI). Die Regelung über das Vorgehen bei Misslingen ist, obschon der Text sich dazu nicht äussert, auch auf die ambulante Behandlung anzuwenden, SJZ 81 (1985) Nr. 50. Der nachträgliche Verzicht auf einen Entlassungsbeschluss ist unzulässig, BGE 114 IV 90 f.

Bei nur teilweisem Erfolg ist eine **Probezeit** von einem bis zu drei Jahren   14
festzusetzen. Zuständig ist die Vollzugsbehörde, ZBJV 109 (1973) 128. Bei Misserfolg der *ambulanten Behandlung* sind die Abs. 2 und 3 analog anwendbar, BGE 117 IV 398, einschränkend Stratenwerth AT II § 12 N 49.

14a Der 1991 **neu in Ziff. 6** eingefügte **Abs. 2** ermöglicht die *nachträgliche* Anordnung einer stationären Massnahme für Rauschgiftsüchtige, wenn der Richter ursprünglich eine Strafe verhängt hatte. Ein solcher Wechsel von der Strafe zur Massnahme kann sich z.B. nach einem Gesinnungswechsel des Süchtigen aufdrängen, JAGMETTI in Sten.StR 1987 407, zit. in BGE 122 IV 291; nicht zulässig ist hingegen die nachträgliche Anordnung einer *ambulanten* Massnahme unter Aufschub des Strafvollzuges, BGE a.a.O. Die neue Bestimmung ist analog auf stationäre Massnahmen für Trunksüchtige anwendbar, BGE 122 IV 297 – in diesem Sinn lässt auch *VE 1993* Art. 69 ganz allgemein die nachträgliche Anordnung einer stationären Massnahme zu.

15 Im übrigen gelten für die **Beendigung der Massnahme** und die weiteren richterlichen Entscheidungen dieselben Regeln wie bei der Massnahme nach Art. 43.

45 Bedingte und probeweise Entlassung

1. Die zuständige Behörde prüft von Amtes wegen, ob und wann die bedingte oder probeweise Entlassung anzuordnen ist.

In bezug auf die bedingte oder probeweise Entlassung aus einer Anstalt nach Artikel 42 oder 43 hat die zuständige Behörde mindestens einmal jährlich Beschluss zu fassen, bei Verwahrung nach Artikel 42 erstmals auf das Ende der gesetzlichen Mindestdauer.

In allen Fällen hat sie vor dem Entscheid den zu Entlassenden oder seinen Vertreter anzuhören und von der Anstaltsleitung einen Bericht einzuholen.

2. Die zuständige Behörde kann dem Entlassenen Weisungen über sein Verhalten während der Probezeit erteilen, insbesondere über Berufsausübung, Aufenthalt, ärztliche Betreuung, Verzicht auf alkoholische Getränke und Schadensdeckung.

3. Begeht der Entlassene während der Probezeit ein Verbrechen oder Vergehen, für das er zu einer drei Monate übersteigenden und unbedingt zu vollziehenden Freiheitsstrafe verurteilt wird, so beantragt die zuständige Behörde dem Richter den Vollzug aufgeschobener Strafen oder ordnet die Rückversetzung an.

Wird der Entlassene zu einer milderen oder zu einer bedingt zu vollziehenden Strafe verurteilt, so kann die zuständige Behörde von einem Antrag an den Richter auf Vollzug aufgeschobener Strafen absehen und von der Rückversetzung Umgang nehmen.

Handelt der Entlassene trotz förmlicher Mahnung der zuständigen Behörde einer ihm erteilten Weisung zuwider, entzieht er sich beharrlich der Schutzaufsicht oder täuscht er in anderer Weise das auf ihn gesetzte Vertrauen, so beantragt die zuständige Behörde dem Richter den Vollzug aufgeschobener Strafen oder ordnet die Rückversetzung an. In leich-

ten Fällen kann die zuständige Behörde von einem Antrag auf Vollzug aufgeschobener Strafen absehen und von der Rückversetzung Umgang nehmen.

Wird von der Rückversetzung Umgang genommen, so kann die zuständige Behörde den Entlassenen verwarnen, ihm weitere Weisungen erteilen und die Probezeit höchstens um die Hälfte der ursprünglich festgesetzten Dauer verlängern.

Die zuständige Behörde kann die Rückversetzung auch anordnen, wenn es sich herausstellt, dass der Zustand des Täters dies erfordert.

Bei Rückversetzung in den Vollzug der Massnahme des Artikels 44 beträgt die neue Höchstdauer zwei Jahre. Die Gesamtdauer der Massnahme bei mehrfacher Rückversetzung darf jedoch sechs Jahre nicht überschreiten.

Diese Ziffer gilt sinngemäss, wenn eine ambulante Behandlung unter Aufschub der Strafe gemäss Artikel 43 oder 44 angeordnet wurde.

4. Bewährt sich der Entlassene bis zum Ablauf der Probezeit so ist er endgültig entlassen.

5. Artikel 40 über Unterbrechung des Vollzugs ist anwendbar, soweit der Zweck der Massnahme dies zulässt.

6. Sind seit der Verurteilung, dem Rückversetzungsbeschluss oder der Unterbrechung der Massnahme mehr als fünf Jahre verstrichen, ohne dass deren Vollzug begonnen oder fortgesetzt werden konnte, so entscheidet der Richter, ob und wieweit die nicht vollzogenen Strafen noch vollstreckt werden sollen wenn die Massnahme nicht mehr nötig ist. Für die Verwahrung ist die Frist zehn Jahre; im Fall der Strafverjährung ist auch die Verwahrung nicht mehr zu vollziehen.

Fassung gemäss BG vom 18.3.1971.

E 42bis StR. Sten.StR 104 ff., NR 640. – Zur Teilrevision 1971: E 1965 Art. 45, Botsch. 1965 578 ff., Sten.NR 1969 120 f., 1970 524, StR 1967 64 ff., 1970 101.

Lit. vor Art. 42, zu Art. 42–44.

Art. 45 fasst in nicht sehr glücklicher Gesetzgebungstechnik einige Regeln über die bedingte oder probeweise Entlassung aus Massnahmen gemäss Art. 42, 43, 44 zusammen – eine analoge Bestimmung zur Arbeitserziehung enthält Art. 100ter.   1

Zur **probeweisen Entlassung** Art. 43 N 24, zur **bedingten Entlassung** Art. 38.   2

Art. 45.1 schreibt eine **regelmässige Prüfung** der Einweisung von Amtes wegen vor, was für den Schutz der persönlichen Freiheit von Bedeutung ist. Der Anspruch auf rechtliches Gehör kann verhindern, dass die Kontrolle zur Routine wird. Es ist zulässig, das rechtliche Gehör erst auf Ablauf der Mindestdauer hin zu gewähren, BGE 101 Ib 32.   3

4   Zu «**Weisungen**» Art. 41 N 34 ff., Art. 38 N 15.

5   **Bewährt** sich der Entlassene bis zum Ablauf der Probezeit, so ist er endgültig entlassen – die Strafe wird nicht mehr vollstreckt, LOGOZ / SANDOZ
227. Weil die probeweise Entlassung nicht befristet ist, muss die zuständige Behörde einen entsprechenden Beschluss fassen, SCHULTZ II 145.

6   Gibt das Verhalten des Entlassenen Grund für ein **Eingreifen der
Behörde** (vgl. Art. 38 N 16, 41 N 46 ff.), so hat in erster Linie die Vollzugsbehörde zu entscheiden, ob er in die Anstalt zurückversetzt werden
solle – in leichten Fällen (vgl. Art. 41 N 54) kann sie *Ersatzmassnahmen*
(vgl. Art. 41 N 57 f.) anordnen. Ist Widerrufsgrund die Verurteilung zu
einer unbedingten Freiheitsstrafe, so muss entweder die Rückversetzung
angeordnet oder – bei Massnahmen gemäss Art. 43 und 44 – dem Richter
die Anordnung des Strafvollzugs beantragt werden. Dieser ist verpflichtet, den Vollzug der aufgeschobenen Strafe anzuordnen und hat lediglich
nochmals zu prüfen, ob die in Art. 45.3 I umschriebenen objektiven Voraussetzungen für den Vollzug der Reststrafe gegeben sind, BGer in ZR
89 (1990) Nr. 59, s. auch BJM 1985 312, SJZ 75 (1979) Nr. 78; von der zuständigen Behörde muss über die Frage der Rückversetzung ein formeller und rechtskräftiger Entscheid gefällt worden sein, denn nur auf dieser
Basis kann der Richter seinen Folgeentscheid treffen, BGer a.a.O., vgl.
auch STRATENWERTH AT II § 11 N 58 ff. Zur Frage der Anrechnung des
Aufenthaltes in einer Anstalt auf die Strafe s. Art. 43 N 20.

7   Vor Fällung des Entscheides über Rückversetzung oder Vollzug der
Strafe hat der Entlassene einen absoluten Anspruch auf **rechtliches
Gehör**, BGer in ZR 89 (1990) Nr. 59, selbst dann, wenn die Rückversetzung zwingend vorgesehen ist – es genügt allerdings in diesem Fall die
Gelegenheit zu schriftlicher Äusserung, BGE 106 IV 333, 98 Ib 175, s.
auch Rep. 1984 421. Die Anordnung der Massnahme selber kann in diesem Stadium nicht mehr, BGE 106 IV 334, die Rückversetzung dagegen
mit Verwaltungsgerichtsbeschwerde angefochten werden – der Betroffene hat *Anspruch* auf entsprechende *Rechtsmittelbelehrung,* BGE 106
IV 332. Die vom BGer entwickelten Regeln zum *Anspruch auf unentgeltliche Rechtsverbeiständung* finden auch im Verwaltungsverfahren betreffend Rückversetzung in den Massnahmevollzug gemäss Art. 45.3 I Anwendung, BGE 117 Ia 279 ff., BVR 1995 431 f.

8   Die **Zuständigkeit der Verwaltungsbehörde** zum Entscheid über die
Rückversetzung in die Verwahrung nach Art. 42 wurde im Beschwerde-
fall Nr. 7648, Christinet c. CH, DR 17 35, auf ihre Vereinbarkeit mit der
EMRK geprüft. Die Kommission kam zum Schluss, dass Art. 5.4 EMRK
nicht verletzt sei, weil das Gesetz selber die Voraussetzungen zur Rückversetzung genügend klar regle (s. aber N 5 vor Art. 42). Ob an dieser
Praxis festgehalten wird, ist fraglich.

9   Ist nachträglich über den **Vollzug mehrerer Strafen** zu entscheiden, so ist
der Richter zuständig, der die Massnahme angeordnet hat, SJZ 78 (1982)

Nr. 58; SJZ 69 (1973) Nr. 146 und ZBJV 117 (1981) 398 hielten demgegenüber den Richter für zuständig, der die letzte Strafe ausgefällt hat. Der Richter muss, wenn die zuständige Behörde dies beantragt, die Vollstreckung anordnen, BJM 1985 312, hat aber über allfällige Anrechnung (Art. 43 N 20) zu entscheiden; s. auch oben N 6.

Art. 45.3 gilt gemäss Abs. VII auch für ambulante Behandlung.   10

Ziff. 6 trägt dem Umstand Rechnung, dass sich der Mensch mit der Zeit   11
weiterentwickelt, so dass **nach fünf Jahren** Intervall die Voraussetzungen, welche zur Anordnung der Massnahme geführt haben, weggefallen sein können. Der *Richter,* nicht die Verwaltungsbehörde, BGE 101 Ib 157 (Gloor), hat in diesem Fall zu prüfen, ob die Massnahme (weiter) durchzuführen sei. Kommt er zu einer negativen Antwort, so hat er zu prüfen, ob und inwieweit die aufgeschobene Strafe zu vollstrecken sei. Grundsätzlich besteht *kein Anlass,* den Verurteilten, für den eine Massnahme angeordnet wurde, *hinsichtlich* der *Vollstreckungsverjährung* (Art. 73 ff.) *zu privilegieren.*

Bei einem Intervall von zweieinhalb Jahren muss vor Vollzug der Verwahrung nach Art. 43.1 II Gelegenheit zum rechtlichen Gehör gewährt werden, BGE 99 Ib 353. Die Frist beträgt bei Verwahrung 10 Jahre. Mit Schultz II 148 ist anzunehmen, dass sich die Sonderfrist von zehn Jahren nur auf Verwahrung nach Art. 42 bezieht (anders Logoz / Sandoz 279); die Regel entspricht aArt. 42.7. Es scheint auch nicht sinnvoll, den Vollzug der Verwahrung an einem gefährlichen psychisch Abnormen mit der Strafverjährung dahinfallen zu lassen.

3. Gemeinsame Bestimmungen für Freiheitsstrafen und sichernde Massnahmen

46

1. In allen Anstalten werden Männer und Frauen getrennt.

2. In der Anstalt sind die dem seelischen, geistigen und körperlichen Wohl der Eingewiesenen dienenden geeigneten Massnahmen zu treffen und die entsprechenden Einrichtungen bereitzustellen.

3. Dem Rechtsanwalt und dem nach kantonalem Recht anerkannten Rechtsbeistand stehen in einem gerichtlichen oder administrativen Verfahren innerhalb der allgemeinen Anstaltsordnung das Recht zum freien Verkehr mit dem Eingewiesenen zu, soweit nicht eidgenössische oder kantonale Verfahrensgesetze entgegenstehen. Bei Missbrauch kann die Anstaltsleitung mit Zustimmung der zuständigen Behörde den freien Verkehr untersagen.

Der Briefverkehr mit Aufsichtsbehörden ist gewährleistet.

Fassung gemäss BG vom 18.3.1971.

E 1965 Art. 46, Botsch. 1965 579 f., Sten.NR 1969 121 ff., 1970 524 f., StR 1967 66, 1970 101 f.

CHR. MORGENTHALER, Seelsorge im Strafvollzug, Krim.Bull 13 (1987) Nr. 2 S. 3; PH. NICOLET, Praktische Seelsorge im Vollzug, Krim.Bull 13 (1987) Nr. 2 S. 75; E. TOBLER-STÄMPFLI, Seelsorge im Strafvollzug, Krim.Bull 13 (1987) Nr. 2 S. 16; **Lit.** vor Art. 35.

1   **Art. 46** gilt für die Freiheitsstrafen, Art. 37, 37bis, 39 und die stationären Massnahmen der Art. 42–44 und 100bis.

2   Die **Trennung der Geschlechter** führt in der Regel zu besonderen Anstalten. Nur *innerhalb der Anstalt* wird sie z.T. praktiziert bei der *Haft,* Art. 39, und in *Übergangsheimen,* ferner in La Stampa. Weil es keine Trinkerheilanstalt für Frauen gibt (VStGB 2 Art. 1 I sieht auch keine Sonderregelung für Art. 44 vor), kann die Massnahme auch in *privaten Heilanstalten durchgeführt werden, die Patienten beider Geschlechter aufnehmen.* Dies gilt generell für die Heil- und Pflegeanstalt gemäss Art. 43.1 I. Massnahmen für Drogensüchtige, Art. 44.6, werden *regelmässig in gemischten Institutionen* durchgeführt. Die Trennungsvorschrift ist *überaltert* und sollte gestrichen werden, krit. auch STRATENWERTH AT II § 3 N 39. Art. 397bis II gibt dem Bundesrat bereits die Kompetenz, auf Antrag der Kantone «besondere Bestimmungen» aufzustellen; er hat davon aber noch nicht Gebrauch gemacht.

3   **Ziff. 3** ist äusserst *unbestimmt* und lässt dem Kanton grösste Freiheit. Dem **seelischen Wohl** dienen zunächst die Einrichtungen der Seelsorge wie Anstaltsgeistliche und Gottesdienste. Ferner gehört dazu die Ermöglichung von Kontakten mit der Aussenwelt, insbesondere mit Familienangehörigen; VStGB 1 Art. 5 II schreibt die Erleichterung solcher Beziehungen vor – ein Anspruch darauf fliesst auch aus EMRK Art. 8, s. z.B. B 8065/77, DR 14 246. Schliesslich kann dem seelischen Wohl auch die psychiatrische oder psychologische Betreuung oder Behandlung zugeordnet werden. Beim **geistigen Wohl** ist an Bibliotheksdienst, Schulungsmöglichkeiten und kulturelle Leistungen zu denken. Dem körperlichen Wohl dienen neben Unterkunft und Verpflegung die hygienischen Einrichtungen und die Sportanlagen.

4   Das Gesetz gibt dem **Rechtsanwalt** das Recht auf *freien Verkehr mit dem Insassen,* der sich auch seinerseits auf dieses Recht berufen kann, BGE 107 IV 27 (Möller). Dieser *Anspruch geht* zunächst *den quantitativen Beschränkungen* der Anstaltsordnung *vor,* ferner soll «auf Kontrollen möglichst weitgehend verzichtet» werden, BGer a.a.O., wo die Kontrolle eines Dossiers mit Anwaltskorrespondenz eines Gefangenen mit Verbindungen zu Terroristengruppen für zulässig erachtet wurde. Vgl. auch N 3 vor Art. 35.

5   **VStGB 1 Art. 5** ergänzt die Regelung über den Verkehr mit der Aussenwelt. Abs. 5 enthält einen Vorbehalt für das Wiener Übereinkommen

vom 24. April 1963 über konsularische Beziehungen (SR 0.191.02) und
«andere für die Schweiz verbindliche völkerrechtliche Regeln über den
Besuchs- und Briefverkehr», z.B. EMRK Art. 8, 25, Europäisches Übereinkommen vom 6. Mai 1969 über die an den Verfahren vor der Europäischen Kommission und dem Europäischen Gerichtshof für Menschenrechte teilnehmenden Personen (SR 0.101.1) Art. 3. Vgl. auch N 3
vor Art. 35.

Zur Bedeutung der **EMRK,** s. insbesondere die Urteile des EGMR i.S.
Golder, Nr. 18, EuGRZ 1975 91, Silver u.a., Nr. 61, EuGRZ 1984 147,
Pfeifer und Plankl, Nr. 227, EuGRZ 1992 99, Campbell, Nr. 233, ÖJZ
1992 535, ferner FROWEIN/PEUKERT Art. 8 N 36 f.

47 Schutzaufsicht

**¹Die Schutzaufsicht sucht den ihr Anvertrauten zu einem ehrlichen
Fortkommen zu verhelfen, indem sie ihnen mit Rat und Tat beisteht,
namentlich bei der Beschaffung von Unterkunft und Arbeit.**

**²Sie beaufsichtigt die ihr Anvertrauten unauffällig, so dass ihr Fort-
kommen nicht erschwert wird.**

**³Sie hat darauf zu achten, dass trunksüchtige, rauschgiftsüchtige oder
wegen ihres geistigen oder körperlichen Zustandes zu Rückfällen nei-
gende Schützlinge in einer geeigneten Umgebung untergebracht und,
wenn nötig, ärztlich betreut werden.**

Fassung gemäss BG vom 18.3.1971

E 44. Beilagenbd. zum Protokoll des 2. ExpK 245 ff. – Zur Teilrevision 1971: E 1965
Art. 47, Botsch. 1965 580 f., Sten.NR 1969 123 ff., 1970 525, StR 1970 102 f.

PETER AEBERSOLD, Die Stellung der Strafaussetzung und Bewährungshilfe im strafrechtlichen Sanktionensystem in der Schweiz, in DÜNKEL/SPIESS (Hrsg.), Alternativen zur Freiheitsstrafe, Freiburg i.Br. 1983, 96; KONRAD AMBERG, Der Sozial-
dienst der Justizdirektion des Kantons Zürich – Seine Möglichkeiten und Grenzen,
ZStrR 100 (1983) 82; ROLAND BRIGGER (Hrsg.), 75 Jahre Schutzaufsichtsamt
des Kantons Bern, Bern 1986, mit Beiträgen von HOFSTETTER, RÖTHLISBERGER,
BIGLER, MOGGI, BAUHOFER, STÄHLI, LERCH, REUSSER, AMSEL, BERGER,
AESCHBACHER, BAKAUS, MUFF, DANIOTH, BRIGGER, HESS, BEHRINGER, WYSS und
SCHULTZ; FRANÇOIS CLERC, *De quelques problèmes actuels en matière de patronage,*
ZStrR 66 (1951) 271; G. COLOMBO, Polizei und Schutzaufsicht, Der Strafvollzug in
der Schweiz, Heft 4/84–1/85, 18; ANDREA HAEMMERLE, «Neustart» – ein
Modellversuch der Straffälligenhilfe, Aarau 1980; HEINZ LÜSCHER, Praxis der
Schutzaufsicht für Jugendliche in Basel-Stadt, Diss. BS 1974; Die Schutzaufsicht,
Der Strafvollzug in der Schweiz, Heft 4/80 Nr. 112, mit Beiträgen von WEIBEL,
SCHELBERT, BORNICCHIA, AMBERG, KELLER, MOSER, WALDER, SCHÄRER, ZAPPELLI
und KÜNZI; ARLÈNE WEINGART, Die Kontinuität in der sozialen Betreuung – die Er-
fahrung des Waadtländischen Vereins für Schutzaufsicht, Der Strafvollzug in der
Schweiz 1/84 S. 12; MARKUS ZINGG, Der Ausbau der Schutzaufsicht für Straffällige
zum Sozialdienst der Justizdirektion des Kantons Zürich, Diss. ZH 1975; Zürcher
Chronik, Sonderheft zur Straffälligenhilfe, 1992 Nr. 3.

1   Die Schutzaufsicht **dient zwei Zielen,** die nicht problemlos vereinbar sind: Einerseits soll sie dem Betreuten *Hilfe* leisten, andererseits den Behörden als *Informationsquelle* dienen.

2   Als **Hilfeleistung** nennt das Gesetz die Beschaffung von Arbeit und Unterkunft, wobei auf das Wohl und die Interessen des Betreuten Rücksicht zu nehmen ist, RS 1952 Nr. 6. Die Schutzaufsicht soll sich *zu Gunsten des Betroffenen* auswirken, BGE 118 IV 220, s. auch LGVE 1988 I Nr. 42. Befremdlich die Aussage in BGE 102 Ib 37: «Der Beschwerdeführer hat es übrigens in der Hand, durch klagloses Verhalten dafür zu sorgen, dass die Schutzaufsicht sich nicht als schwere persönliche Belastung auswirkt».

3   Das Bedürfnis nach **Beaufsichtigung** kann allein Anordnung der Schutzaufsicht rechtfertigen, wenn an der Dauerhaftigkeit einer bereits manifestierten Resozialisierung Zweifel bestehen, BGE 104 IV 63 f., s. auch RS 1979 Nr. 884.

4   **Abs. 3** verweist auf den Anwendungsbereich der Art. 43 und 44, ist aber auch zu beachten, wenn keine Massnahme ausgefällt wurde. In diesen Fällen ist eine besonders intensive Betreuung angezeigt.

5   Schutzaufsicht kann immer **dann angeordnet** werden, wenn der Vollzug einer Strafe bedingt aufgeschoben wurde, Art. 41.2 I, 43.2 II, 44.1 I, letzter Satz, 96.2, oder bei bedingter oder probeweiser Entlassung, Art. 38.2, 42.4 II (obligatorisch), 43.4 II, 44.4 II, 94.1, 94bis, 95.4 (bei allen jugendrechtlichen Entlassungen obligatorisch). *Ausserhalb* dieses Bereichs ist die Anordnung von Schutzaufsicht *nicht möglich,* ZR 57 (1958) Nr. 2. Mit dem Bestehen der Probezeit und, bei Strafaufschub zur Durchführung einer ambulanten Behandlung, mit Einstellung oder Aufhebung der Massnahme fällt sie dahin, LGVE 1984 I Nr. 39.

6   Wo Schutzaufsicht nicht obligatorisch ist, ist sie dann anzuordnen, wenn **Zweifel an der Bewährung** bestehen, dazu BGE 102 Ib 37, 104 IV 63. Sie ist bei bedingter Entlassung, vor allem nach längeren Strafen, besonders angezeigt, weil die Rückkehr in die Freiheit mit Schwierigkeiten verbunden ist, BGE 118 IV 220. Gemäss *VE 1993* Art. 87 II soll für die Dauer der Probezeit von bedingt Entlassenen «in der Regel» Bewährungshilfe angeordnet werden.

6a   Das Bestehen einer **Vormundschaft** schliesst Anordnung der Schutzaufsicht nicht aus, RS 1981 Nr. 151. Ist das Verhältnis zum Mündel nicht getrübt, wird der Vormund auch die Schutzaufsicht ausüben, AGVE 1991 279 f.

7   **Entzieht sich** der Betroffene **beharrlich der Schutzaufsicht,** so kann dies den Widerruf des bedingten Strafvollzugs, Art. 41.3, oder die Rückversetzung in die Anstalt, Art. 38.4 II, zur Folge haben. Auch Ungehorsam kann das Ausmass des beharrlichen Sich-Entziehens annehmen, RS 1943 Nr. 39.

8   Zur **Durchführung** s. auch Art. 379.

De lege ferenda ist die Schutzaufsicht durch **Bewährungshilfe** zu erset-   9
zen, s. SCHULTZ a.a.O., DERS. VE 211 ff., *VE 1993* Art. 38, die ausschliesslich betreuerische und helfende Aufgaben zu erfüllen hat.

4. Busse

VE 1893 Art. 27, Mot. 60 ff. VE 1894 Art. 26, Mot. 134 ff. 1. ExpK I 215 ff., II 429 ff.
VE 1908 Art. 36 f. Erl.Z. 84 ff. 2. ExpK I 271 ff., 284 ff., 353, 452, VIII 201 f., IX 398
ff. VE 1916 Art. 47 ff. E Art. 45 ff. Botsch. 20 f., Sten.NR 186 ff., StR 109 ff., NR 641
ff., StR 313 f., NR 731 ff., StR 342. – Zur Teilrevision 1971: E 1965 Art. 48 Ziff. 1
Abs. 1, Botsch. 1965 581, Sten.NR 1969 125 f., StR 1967 67, 1970 103.

ANDREA BRENN, Die Busse und ihr Vollzug nach dem schweizerischen Strafgesetzbuch, Diss. BE 1945; WOLFGANG BECKMANN, Statistische Angaben über die Geldstrafe in der Schweiz, in Jescheck / Grebing, Die Geldstrafe im deutschen und ausländischen Recht, Baden-Baden 1978, 841; MONIQUE GISEL-BUGNON, *Punir sans
prison*, Genève 1984, 133; FRANÇOIS CLERC, *A propos de la cupidité*, JdT 1962 IV 98;
MOHAMMED ALI HASSAN, *L'amende pénale dans le Code pénal suisse*, Diss. GE,
1958; JOSÉ HURTADO POZO, *L'amende*, ZStrR 102 (1985) 72; ROLF INEICHEN, Die
Gewerbs- und Berufsmässigkeit als allgemeine Strafschärfungsgründe und als Voraussetzungen zu sichernden Massnahmen, Diss. FR 1969, 45 ff.; ANDRÉ KUHN, *La
peine pécuniaire*, ZStrR 115 (1997) 147; HERBERT LANG, Die Geldstrafe in der
Schweiz, in Jescheck / Grebing (Hrsg.), Die Geldstrafe im deutschen und ausländischen Recht, Baden-Baden 1978, 801; THOMAS MAURER, Die Busse, ZStrR 102
(1985) 52; FRANZ RIKLIN, Geldstrafe versus kurze Freiheitsstrafe? Kriminologisches
Bulletin 1994, 81; MAX WAIBLINGER, Die Busse, SJK Nr. 1202; **Lit.** vor Art. 35.

Die Busse gilt als die **«leichteste Strafe für Strafmündige»**, SCHULTZ II   1
122. Richtig zugemessen, kann sie jedoch eine durchaus empfindliche
Sanktion sein, eine echte Alternative für die kurzfristige Freiheitsstrafe,
vor allem in einer Wohlstandsgesellschaft wie der schweizerischen,
HURTADO POZO 72 ff., MAURER 59, s. auch Bericht VE 1993 41.

Die Busse ist **Hauptstrafe,** auch wenn sie neben einer Freiheitsstrafe aus-   2
gefällt wird, BGE 115 IV 174, sei es, dass im konkreten Tatbestand beide
Sanktionen alternativ angedroht sind, z.B. Art. 117, 121, 125, 126 usw.;
i.V.m. Art. 50 II; dass Busse fakultativ vorgesehen ist, Art. 288; dass sie
obligatorisch ist, Art. 135 III, 197.4, 305bis Ziff. 2; oder dass sie schliesslich
in Anwendung von Art. 50 I zusätzlich zu einer Freiheitsstrafe verhängt
wird; in diesen Fällen verjährt die Busse selbständig, BGE 86 IV 231 ff.
(Métry).

Als **Strafe** trifft die Busse den Verurteilten **persönlich** (eine Ausnahme   3
bildet im StGB Art. 27.4 II). Mit dem Tod des Verurteilten fällt sie dahin,
Art. 48.3 – zur Erbenhaftung im Steuerstrafrecht s. Art. 48 N 8. Für Busse
kann keine Bürgschaft geleistet werden, BGE 86 II 75. Wer für den Verurteilten eine Busse bezahlt, macht sich theoretisch der Begünstigung,
Art. 305, schuldig, LOGOZ / SANDOZ 287, SCHULTZ II 122, s. auch Art. 305
N 11; im Verhältnis Arbeitgeber / Arbeitnehmer ist solches Vorgehen

jedoch *nicht unüblich,* ganz zu schweigen von engen persönlichen Beziehungen wie Ehegatten, Eltern/Kinder u.ä., ebenso KUHN 152.

4   Im **Nebenstrafrecht** ist mitunter Haftung dritter, vor allem juristischer Personen, für Bussen vorgesehen, z.B. DBG Art. 181 I, SR 642.11, BG über die Exportrisikogarantie, SR 946.11, Art. 16 IV. VStrR Art. 7 lässt sogar die Verhängung einer Busse bis zu 5000 Franken gegen eine juristische Person zu, wenn es unverhältnismässig aufwendig wäre, den Täter zu ermitteln. Zur Bemessung der Busse bei juristischen Personen s. ASA 62 672 f.

5   Die **Busse fällt dem Kanton zu,** dessen Behörden sie ausgesprochen haben; wenn sie von einer Bundesbehörde verhängt wurde, gehört sie dem Bund, s. Art. 381. In besonderen Fällen kann sie zugunsten des Opfers verwendet werden, s. Art. 60.

6   Die **geltende Regelung** der Busse im StGB ist höchst *unbefriedigend,* weil einerseits die Berücksichtigung des Verschuldens bei der Bussenzumessung untrennbar mit derjenigen der wirtschaftlichen Leistungsfähigkeit vermengt wird, andererseits aber Folgen der Geldstrafe wie Umwandlung oder Eintragung ins Zentralstrafregister allein auf die Summe der Busse abstellen, s. z.B. GVP-SG 1977 Nr. 19, KUHN 152 ff.

7   ***De lege ferenda*** ist die Einführung des Tagesbussensystems nach deutschem Vorbild zu fordern, so z.B. GISEL-BUGNON, HURTADO POZO, MAURER, SCHULTZ VE 80 ff., *VE 1993* Art. 29. Mit der Zumessung der Geldstrafe nach dem Tagessatzsystem soll vermehrt dem Gedanken der Opfergleichheit Rechnung getragen werden, Bericht VE 1993 42. Gemäss VE Art. 29 II entspricht dabei ein Tagessatz in der Regel dem durchschnittlichen Tages-Nettoeinkommen des Täters im Zeitpunkt des Urteils. KUHN 165 ff. schlägt vor. die Bemessung des Tagessatzes einer Verwaltungsbehörde zu überlassen und den bedingten Vollzug zu ermöglichen. Zur *gemeinnützigen Arbeit* s. N 1 vor Art. 35, zum *Fahrverbot* Art. 41 N 18.

8   Zur **statistischen Bedeutung** BECKMANN a.a.O., MAURER 52 ff.

48 Betrag

   1. Bestimmt es das Gesetz nicht ausdrücklich anders, so ist der Höchstbetrag der Busse 40 000 Franken.

   Handelt der Täter aus Gewinnsucht, so ist der Richter an diesen Höchstbetrag nicht gebunden.

   2. Der Richter bestimmt den Betrag der Busse je nach den Verhältnissen des Täters so, dass dieser durch die Einbusse die Strafe erleidet, die seinem Verschulden angemessen ist.

Für die Verhältnisse des Täters sind namentlich von Bedeutung sein Einkommen und sein Vermögen, sein Familienstand und seine Familienpflichten, sein Beruf und Erwerb, sein Alter und seine Gesundheit.

3. Stirbt der Verurteilte, so fällt die Busse weg.

Fassung gemäss BG vom 18.3.1971.

Lit. vor Art. 48.

Abweichende Strafrahmen enthält das StGB für *Übertretungen,* Art. 106: 5000 Franken, für den Tatbestand der qualifizierten Geldwäscherei, Art. 305bis.2: 1 Million Franken, und die *Nebenstrafgesetzgebung. Höhere Maxima* finden sich z.B. im Kartellgesetz, SR 251, Art. 54 (100000 Franken), BG über die friedliche Verwendung der Atomenergie und den Strahlenschutz, SR 732.0, Art. 33 (100000 Franken), Betäubungsmittelgesetz, SR 812.121, Art. 20.1 (500000 Franken), BG über die Anlagefonds, SR 951.31 Art. 69, 70 (200000, 100000, 50000 Franken), BG über die Banken und Sparkassen, SR 952.0, Art. 46, 47 (50000 Franken). Auch die *Bemessungsart* kann von derjenigen des Art. 48 abweichen, z.B. Zollgesetz, SR 631.0, Art. 75, 77 II (bis zum 20- bzw. 6fachen Betrag des hinterzogenen bzw. gefährdeten Zolles, bzw. des Wertes der Ware; s. aber BGE 103 Ia 227, Rep. 1983 173, 1984 189, wo Art. 48 korrigierend angewandt wird), DBG, SR 642.11, Art. 175 II (bei schwerem Verschulden bis zum Dreifachen der hinterzogenen Steuer), Sprengstoffgesetz, SR 941.41, Art. 37.2 II (im Wiederholungsfall bis zum 30fachen des Wertes der Ware); s. auch N 7.   1

Das Gesetz sieht keinen *Mindestbetrag* der Busse vor – *ein Franken* dürfte praktisch das Minimum darstellen, ebenso Kuhn 150.

Bei Gewinnsucht ist der Richter **an den Höchstbetrag nicht gebunden.** Die Bestimmung ist rechtsstaatlich kaum vertretbar, weil sie das Bestimmtheitsgebot verletzt, Schultz II 123.   2

Gewinnsucht i.S.v. Art. 48.1 II, 50, 106 II, ist «ein hemmungsloses oder besonders ausgeprägtes, zur Sucht gewordenes Streben nach Gewinn», BGE 74 IV 142, 79 IV 118, 96 IV 181, 109 IV 119, 115 Ia 411 f. und hiernach zitierte BGE. Vorteils-, Bereicherungsabsicht oder Eigennutz steigern sich zur Gewinnsucht, «wenn der Täter in besonders intensiver Weise auf geldwerte Vorteile bedacht ist, namentlich wenn er sich um des Geldes willen gewohnheitsmässig oder doch ohne Bedenken über die durch Gesetz, Anstand oder gute Sitte gezogenen Schranken hinwegsetzt, also auch vor verpöntem Gewinn nicht Halt macht», BGE 89 IV 17, 94 IV 100, 100 IV 264 f., 101 IV 134, 107 IV 124; Extr.Fr. 1975 166. Wo der Begriff *im Besonderen Teil* vorkommt, Art. 135 III, 197.4, 313, verwendet der französische Text nicht den Begriff *«cupidité»,* sondern *«dessein de lucre»* oder *«but de lucre»,* was nach BGE 107 IV 121 ff. und 109 IV 119 f. nicht viel mehr als Bereicherungsabsicht (qualitatives, nicht quantitatives Kriterium) bedeutet, anders die frühere Praxis, z.B. BGE 89 IV 17.   3

Gemäss BGE 118 IV 59 liegt Gewinnsucht (i.S.v. *dessein de lucre)* vor, «wenn der Täter eine in moralischer Hinsicht besonders verwerfliche Bereicherung anstrebt, indem er die Menschenwürde betreffende Werte in Frage stellt, die nicht in Geld messbar sind oder deren Umsetzung in Geld eine Verunglimpfung darstelllt», was insbesondere bei Vermarktung der Sexualität zutreffe.

4 **Kasuistik**
BGE 74 IV 139: Cottinelli verschnitt grosse Mengen Veltliner, die er als echt in Verkehr setzte; trotz relativ geringem Reingewinn wurde Gewinnsucht bejaht, die Busse von 200000 Franken lehnte sich grundsätzlich zu Recht an den Gewinn an, der aber falsch berechnet worden war (s. aber N 5); **75 IV 38: Schluep** beschäftigte in der Felca Watch A.G. mehr Arbeitskräfte als zulässig; Gewinnsucht bejaht, weil langjährige vorsätzliche Missachtung des Gesetzes nur mit dem Streben nach höherem Geschäftsgewinn zu erklären sei – die Busse von 30 Franken war «lächerlich», vgl. auch SJZ 57 (1961) Nr. 3; **89 IV 15: St.** vermietete Einzimmer-Studios an Dirnen und erzielte einen Mietzins, den ein seriöser Mieter nicht oder nur ausnahmsweise bezahlt hätte; Gewinnsucht bejaht, obschon die Rendite der Liegenschaft nur bei 2–3% lag; **94 IV 97: Brusadelli** und **Dony** wirkten bei einem spekulativen Grundstückskauf, der falsch verurkundet wurde, mit; Gewinnsucht bejaht für Brusadelli, weil er im Hinblick auf die illegalen Machenschaften zusätzliche Einnahmen erzielte, verneint für Dony, der sich mit einem angemessenen Mäklerlohn begnügte, vgl. auch SJZ 61 (1965) Nr. 186; **96 IV 156, 181: Bührle** hatte illegale Ausfuhr von Kriegsmaterial nicht verhindert; das passive Verhalten liess keinen Schluss auf Gewinnsucht zu; **98 IV 256: A.** liess in ihrem Massagesalon für sexuelle Dienstleistungen mehr als das doppelte des Preises für seriöse Massage verlangen, was zur Annahme von Gewinnsucht ausreichte; **100 IV 264: Lachat** betrieb Drogenhandel, um rasch zu viel Geld zu kommen – Gewinnsucht bejaht; **101 IV 132: D.** lebte in Spanien ausschliesslich von Mitteln, die seine Frau in Genf als Prostituierte erwarb – Gewinnsucht bejaht.

5 Die **Zumessung** der Busse richtet sich nach den allgemeinen Regeln (s. Art. 63 ff.). Die Höhe ist so zu bestimmen, dass der Täter «durch die Einbusse die Strafe erleidet, die seinem Verschulden angemessen ist». Mit Ziff. 2 II «will nichts anderes erreicht werden, als dass durch die auszufällende Busse der wirtschaftlich Starke nicht minder hart getroffen wird als der wirtschaftlich Schwache», BGE 92 IV 5, 101 IV 16, 114 Ib 31, 115 IV 174 f., 116 IV 6, 119 IV 13, 337, PKG 1954 Nr. 35, 1957 Nr. 55; einschränkend GVP-SG 1977 Nr. 19. Die Berücksichtigung von Verschulden und wirtschaftlicher Leistungsfähigkeit sind untrennbar miteinander verknüpft – anders noch BGE 90 IV 155 E. 5b) (Müller). *Unrichtig* ist das entscheidende *Abstellen auf* unrechtmässig erzielten *Gewinn,* BGE 74 IV 143 (Cottinelli); PKG 1948 Nr. 40 (Vi), 1955 Nr. 79, 1971 Nr. 36 – dem Grundsatz, dass niemand Früchte des Verbrechens soll geniessen dürfen,

trägt Art. 59.1 I Rechnung. Die finanziellen Verhältnisse müssen unter Berücksichtigung von *Einkommen* (direktem und indirektem, BGE 75 IV 45, auch Taschengeld eines Studenten, BGE 90 IV 156), *Vermögen* und *finanziellen Lasten* (Beruf, Alter und Gesundheit haben keine selbständige Bedeutung) ermittelt werden, BGE 101 IV 17, GVP-SG 1977 Nr. 19. Als «lächerlich» bezeichnet BGE 75 IV 46 eine Busse von 30 Franken gegen einen Uhrenfabrikanten bei schwerem Verschulden. Überzeugend ZBJV 123 (1987) 441 f. Der Umfang der durch ein Delikt erzielten *Kostenersparnis* ist bei der Strafzumessung mitzuberücksichtigen, doch darf der eingesparte Betrag nicht schematisch als Bestandteil in die Busse einfliessen, BGE 119 IV 14. Beim *haushaltsführenden Ehegatten* ist allein sein Einkommen und Vermögen massgebend für die Bemessung der Busse; hat er kein Erwerbseinkommen, so bestimmt sich sein Einkommen nach ZGB Art. 163 – 165; der praktisch im Vordergrund stehende Betrag zur freien Verfügung gemäss ZGB Art. 164 – ein allfälliges Taschengeld aus ZGB Art. 163 ist darin enthalten – macht in der Regel die Hälfte des Nettoüberschusses des Einkommens des erwerbstätigen Ehegatten aus, sofern dieser Betrag nicht mehr ausmacht als zur Wahrung der von den Ehegatten gewählten angemessenen Lebenshaltung notwendig ist, BGE 116 IV 8 ff., KUHN 151. Zur «Intensität der deliktischen Verhaltensweise» BGE 120 IV 216.

Zur **Anrechnung der Untersuchungshaft** s. Art. 69 N 16.   6

Bei der **Abschöpfung des unrechtmässigen Vermögensvorteils** gemäss   6a
aArt. 58 I, IV darf eine ausgesprochene Busse nicht auf die Ersatzforderung angerechnet werden, so der Leitsatz zu BGE 115 IV 173, zumindest darf auf die Einziehung nicht verzichtet werden, so die einschlägige Textstelle im Urteil selber, BGE 115 IV 175, s. ARZT, Einziehung und guter Glaube (zu Art. 58), 97 Fn 17, vgl. auch BGE 119 IV 15 f.

Eine **Ausnahme** zu Art. 48.2 sieht (ausser den in N 1 erwähnten Geset-   7
zen) das **BG über die Ordnungsbussen** im Strassenverkehr vom 24.6.1970, SR 741.03 (OBG) vor, indem es die Bestrafung geringfügiger Übertretungen nach einem festen Tarif (s. Verordnung vom 4.3.1996, SR 741.031) vorschreibt.
     Auch in Fällen, die nicht unter das OBG fallen, orientieren sich Gerichte oft an *Tarifen, Richtlinien, Taxen.* Im Bagatellbereich – etwa bis zu Bussen von 500 Franken – ist dies (mit einem Vorbehalt für wiederholten Spezialrückfall) aus prozessökonomischen Gründen hinzunehmen, s. auch MAURER 64 ff.; dagegen z.B. Extr.Fr. 1981 75 – keine strikte Abstufung nach dem Ausmass des Überschreitens der Höchstgeschwindigkeit. Zulässig und bei *häufigen Widerhandlungen empfehlenswert* sind *differenzierte Schemata,* dazu TRECHSEL in Rechtsprobleme des Strassenverkehrs, Bern 1975, 84 ff. Grundsätzlich «brauchbar» zur Bemessung der Bussen sind die Richtlinien der Eidgenössischen Steuerverwaltung, doch dürfen die dort angeführten Regeln nicht starr angewendet werden, BGE 114 Ib 32; lässt eine kantonale Bussenregelung die Berücksichtigung

subjektiver Momente nicht in genügendem Masse zu, ist sie verfassungswidrig, LGVE 1989 II Nr. 18. Verzicht auf eine umfassende Abklärung der persönlichen Verhältnisse bei Bussen bis 500 Franken, RB TG 1994 Nr. 12.

VStrR Art. 8 schreibt für Bussen bis zu 5000 Franken die Bemessung nur nach Schwere der Widerhandlung und des Verschuldens vor. Weil aber die «Schwere der Busse» nur in Berücksichtigung der wirtschaftlichen Leistungsfähigkeit des Schuldigen zu bestimmen ist, muss diese *wenigstens in groben Zügen* berücksichtigt werden. Generell gehen abweichende Bestimmungen des Nebenstrafrechts über die Zumessung der Busse vor, BGE 72 IV 189 (Desaules), RS 1963 Nr. 16, SJZ 39 (1942/43) Nr. 34.

8 Als persönliche Strafe ist die Busse **unvererblich.** Stirbt der Verfolgte vor Rechtskraft, fällt schon das Verfahren dahin, RS 1974 Nr. 711, BJM 1957 103; eine Erbenhaftung für verwirkte Bussen des Steuerpflichtigen aus Steuerhinterziehung sieht jedoch DBG Art. 179 vor, vgl. dazu BGE 117 Ib 369 ff. (zu aBdBSt Art. 130 I); eine solche Erbenhaftung verstösst gegen das Verschuldensprinzip und die Unschuldsvermutung, VGE-OW Bd. X Nr. 57, vgl. auch Trechsel in recht 11 (1993) 16 ff., ferner RDAF 1995 389 ff., BVR 1992 100 ff., BJM 1989 269 ff., VGE-BL 1988 49 ff. Die Frage ist vor dem EGMR hängig.

49 Vollzug

1. Die zuständige Behörde bestimmt dem Verurteilten eine Frist von einem bis zu drei Monaten zur Zahlung. Hat der Verurteilte in der Schweiz keinen festen Wohnsitz, so ist er anzuhalten, die Busse sofort zu bezahlen oder Sicherheit dafür zu leisten.

Die zuständige Behörde kann dem Verurteilten gestatten, die Busse in Teilzahlungen zu entrichten, deren Betrag und Fälligkeit sie nach seinen Verhältnissen bestimmt. Sie kann ihm auch gestatten, die Busse durch freie Arbeit, namentlich für den Staat oder eine Gemeinde abzuverdienen. Die zuständige Behörde kann in diesen Fällen die gewährte Frist verlängern.

2. Bezahlt der Verurteilte die Busse in der ihm bestimmten Zeit nicht und verdient er sie auch nicht ab, so ordnet die zuständige Behörde die Betreibung gegen ihn an, wenn ein Ergebnis davon zu erwarten ist.

3. Bezahlt der Verurteilte die Busse nicht und verdient er sie auch nicht ab, so wird sie durch den Richter in Haft umgewandelt.

Der Richter kann im Urteile selbst oder durch nachträglichen Beschluss die Umwandlung ausschliessen, wenn ihm der Verurteilte nachweist, dass er schuldlos ausserstande ist, die Busse zu bezahlen. Bei nachträglicher Ausschliessung der Umwandlung ist das Verfahren unentgeltlich.

Im Falle der Umwandlung werden 30 Franken Busse einem Tag Haft gleichgesetzt, doch darf die Umwandlungsstrafe die Dauer von drei Monaten nicht übersteigen. Die Bestimmungen über den bedingten Strafvollzug sind auf die Umwandlungsstrafe anwendbar.

4. Sind die Voraussetzungen von Artikel 41 Ziffer 1 gegeben, so kann der Richter im Urteil anordnen, dass der Eintrag der Verurteilung zu einer Busse im Strafregister zu löschen sei, wenn der Verurteilte bis zum Ablauf einer vom Richter anzusetzenden Probezeit von einem bis zu zwei Jahren nicht wegen einer während dieser Zeit begangenen strafbaren Handlung verurteilt wird und wenn die Busse bezahlt, abverdient oder erlassen ist. Artikel 41 Ziffern 2 und 3 sind sinngemäss anwendbar.

Die Löschung ist von der zuständigen Behörde des mit dem Vollzug betrauten Kantons von Amtes wegen vorzunehmen.

Fassung gemäss BG vom 5.10.1950 und vom 18.3.1971.

E 46, 346 = 260[septies] NR, 405. Umwandlung 2. ExpK I 274 ff., 287 ff., Sten.NR 186 ff., StR 110 ff., NR 645 ff., StR 313 f., NR 731 ff. BStrR Art. 8 (rev. Fassung nach BG 1922, GS 38. 523). – Zur *neuen Ziff. 4* nach der Teilrevision 1950 vgl. StenB 1949 StR 653 ff., 1950 NR 184 und 192, StR 139, auch ZStrR 1955 S. 197 ff. – Zur Teilrevision 1971: E 1965 Art. 49 Ziff. 3 und Ziff. 4, Botsch. 1965 581 f., Sten.NR 1969 126, 1970 525, StR 1967 67, 1970 103.

RETO BERNHARD, Der Bussenvollzug gemäss Art. 49 StGB, Diss. ZH 1982; A. ESCHER, Zur Frage der Umwandlung von Fiskalbussen in Haft, SJZ 42 (1946) 121; J.O. KEHRLI, Der Vollzug der Bussenurteile, Art. 49 StGB, ZBJV 80 (1944) 153; H. KUHN, Zur Umwandlung von Fiskalbussen, SJZ 42 (1946) 214; PAUL-EMILE ROCHAT, *Conséquences pratiques d'un arrêt de principe (RO 104 IV 64),* JdT 129 (1981) IV 2; A. SCHLATTER, Zur Frage der Löschung von bedingt im Strafregister eingetragenen Bussen (rev. Art. 49 Ziff. 4), ZStrR 70 (1955) 197; ELSA TANNENBLATT, Die Umwandlung einer Geldstrafe in eine Freiheitsstrafe, Diss. BE 1945; **Lit.** vor Art. 48.

Die Vollzugsbehörde hat dem Verurteilten, der einen festen Wohnsitz in der Schweiz hat, in jedem Fall eine **Frist zur Bezahlung** anzusetzen, selbst wenn von vornherein erkenntlich ist, dass er dieser Aufforderung nicht nachkommen wird, BGE 74 IV 19 (Hänsli), RS 1978 Nr. 641. Die Frist ist allerdings blosse *Ordnungsvorschrift* – die Busse kann auch noch später bezahlt werden, s. unten N 11. 1

Hat der Verurteilte keinen festen Wohnsitz in der Schweiz, so ist er anzuhalten, die Busse **sofort zu bezahlen oder Sicherheit zu leisten.** Beim praktisch häufigsten Anwendungsfall des Durchreisenden wird die Sicherheit in Höhe der mutmasslichen Busse (plus Kosten) regelmässig von der Polizei erhoben, wobei theoretisch die Verteidigungsrechte im Strafverfahren nicht angetastet werden, obschon der Fehlbare kaum je zu einem Gerichtsverfahren zurückkehrt. Mit der EMRK ist ein solches Vorgehen vereinbar. EKMR, 2.12.1985, B 11122/84, WELTER c. S., und 13.5.1986, B 11121, Lühr c. S., u.ö. 2

3   Während die Möglichkeit der **Ratenzahlung** durchaus verbreitet ist, (vgl.
z.B. BGE 74 IV 19), hat sich die Bussentilgung durch «freie», d.h. nicht
entschädigte, in Freiheit geleistete **Arbeit** nicht eingebürgert, BECKMANN
583, SCHULTZ II 126. Nach LOGOZ/SANDOZ 291 handelt es sich dabei um
eine Möglichkeit, von welcher das Gesetz den Kantonen erlaubt, nach
Belieben Gebrauch zu machen oder nicht – der E 1918 hatte in Art. 405
ein Obligatorium vorgesehen. Vorzuziehen ist eine Auslegung, welche
im Einzelfall nach pflichtgemässem Ermessen entscheiden lässt, ob die
Möglichkeit des Abverdienens einem Verurteilten zu gewähren sei, den
Kantonen jedoch *vorschreibt,* die Möglichkeit des Abverdienens *vorzusehen,* und dem Verurteilten das *Recht* gibt, diese Art der Bussenvollstreckung zu beantragen, vgl. Ziff. 3 I. Zu regeln wäre insbesondere ein
Umrechnungsmodus – es bietet sich das in Ziff. 3 III vorgesehene Verhältnis 30 Franken = 1 Tag an, das freilich allzu krass von den üblichen
Löhnen abweicht. Dass der Verurteilte das Abverdienen beantragen
muss, RS 1969 Nr. 180, ist nicht zu beanstanden; er hat seine Erklärung,
er wolle die Busse durch gemeinnützige Arbeit abverdienen, innert der
gesetzlichen Bussenzahlungsfrist abzugeben; die Vollzugsbehörde hat
ihn auf diese Möglichkeit ausdrücklich hinzuweisen, LGVE 1993 I Nr. 39.

4   Die **Betreibung** ist nur vorgeschrieben, wenn sie wenigstens teilweise
(LGVE 1981 I Nr. 43) Erfolg verspricht. Sie bleibt dabei eine strafrecht-
liche Vorkehr, es geht nicht primär darum, eine Forderung des Staates
einzutreiben, sondern darum, den Verurteilten zur Verbüssung der
Strafe zu zwingen, BGE 86 IV 229; der Verurteilte kann sich deshalb
nicht mit der Einrede, er sei nicht zu neuem Vermögen gekommen, der
Strafe entziehen, ZBJV 130 (1994) 564. Aussichtslosigkeit darf bei einem
Strafgefangenen vermutet werden, RS 1971 Nr. 3.

5   Die **Umwandlung** ist eine Ergänzung des Bussenentscheides, damit dieser vollstreckt werden kann; die Haft ersetzt die Busse, BGE 105 IV 16
m.Hinw. auf 103 Ib 190, 64 I 64, 63 I 189. Sie wird von einem Richter in
einem neuen Verfahren (dazu N 12, 13) ausgesprochen. Im Urteil darf sie
zwar angedroht, aber nicht angeordnet werden, BGE 74 IV 60 (Strebel),
PKG 1984 Nr. 33, RS 1956 Nr. 288, KEHRLI a.a.O. Nach Umwandlung
darf nicht mehr betrieben werden, AGVE 1984 Nr. 29. Für das Nebenstrafrecht sieht VStrR Art. 10 eine in Einzelheiten abweichende Regelung vor.

6   **Voraussetzung** der Umwandlung ist, dass die Busse weder bezahlt noch
abverdient wurde. Schuldet der Verurteilte dem Staat überdies aus anderen Gründen Geld, so hat er Anspruch darauf, dass seine Zahlungen in
erster Linie auf die Busse(n) angerechnet werden, BJM 1985 237. Ferner
muss zunächst das Verfahren gemäss Ziff. 1 und 2 durchgeführt werden,
BGE 74 IV 18, 77 IV 81; LVGE 1981 I Nr. 43 (selbst wenn nur ein Teil-
erfolg zu erwarten ist); RS 1959 Nr. 127, 1978 Nr. 641; ZR 47 (1948)
Nr. 107. Bestehen mehrere fällige und vollstreckbare Bussenforderun-

gen, so kann der Verurteilte analog OR Art. 86 I erklären, auf welche Schuld seine Zahlung anzurechnen sei, LGVE 1993 I Nr. 40. Völliger Verzicht auf das Verfahren bei einem mittellosen, in Strafhaft befindlichen Ausländer, ZR 45 (1946) Nr. 83, weckt Bedenken, vgl. BGE 77 IV 81. Wer die Pfändung betrügerisch sabotierte, kann sich nicht auf Mängel im Verfahren auf Einziehung berufen, RS 1979 Nr. 885. Verbüsst der zu Busse Verurteilte eine Freiheitsstrafe oder eine freiheitsentziehende Massnahme, so ist ihm nach Entlassung Gelegenheit zur Bezahlung zu geben, wenn er nicht von vornherein die Bezahlung ablehnt oder die Verjährung vor Entlassung droht, BGE 77 IV 81 (Deller), RS 1955 Nr. 109. *Schuldlosigkeit* schliesst Umwandlung grundsätzlich aus, BERNHARD 79; für teilweise Umwandlung AGVE 1986 Nr. 13.

Ausschluss der Umwandlung im Urteil ist *nur* zu rechtfertigen, *wo Busse obligatorisch*, z.B. Art. 135 III, aber kein Vollstreckungssubstrat vorhanden ist, ZBJV 85 (1949) 178 – gemäss Art. 48.2 sollte keine *a priori* uneinbringliche Busse ausgefällt werden. Nachträglicher Ausschluss der Umwandlung setzt schuldloses Ausbleiben der Zahlung voraus. Daran fehlt es, wenn der Gebüsste den von ihm selbst vorgeschlagenen Zahlungsplan nicht einhält und auf Erleichterungsvorschläge der zuständigen Behörde nicht eintritt, ZR 50 (1951) Nr. 238; wenn er nicht alle zumutbaren Anstrengungen zur Bezahlung der Busse auf sich genommen hat, SJZ 59 (1963) Nr. 51. In der Regel ist der im Vollzug sitzende Verurteilte insoweit schuldlos ausserstande, eine Busse zu bezahlen. Dies soll gemäss BGE 77 IV 82 (Deller) jedoch nicht zum Ausschluss der Umwandlung führen, anders ZR 43 (1944) Nr. 77. Kein Ausschluss, wenn der Verurteilte vor Antritt der Freiheitsstrafe hätte bezahlen können, RS 1970 Nr. 16. Sind die Voraussetzungen für Ausschluss gegeben, so besteht ein *Recht* darauf, anders ZR 45 (1946) Nr. 13. Art. 49.3 II sieht eine Umkehr der Beweislast zu Lasten des Verurteilten vor; an diesen Nachweis der Schuldlosigkeit dürfen jedoch keine zu hohen Ansprüche gestellt werden; Unklarheiten wegen mangelhafter Vorbringen hat der Richter durch Befragung des Verurteilten zu beheben, ZR 93 (1994) Nr. 77.

Die **Umrechnung** ist ein rein rechnerischer Vorgang – 30 Franken ergeben einen Tag Haft. Kleinere Bussen oder Bussenrestbeträge dürfen nicht umgewandelt werden, BGE 108 IV 1 m.Hinw. auf kantonale Urteile. Weder Art. 63 noch 68 sind anzuwenden – *mehrere Bussen* werden *einzeln umgewandelt*, wobei die Höchstgrenze von drei Monaten jedesmal gilt; eine Umwandlungsstrafe von insgesamt mehr als drei Monaten ist also möglich, BGE 105 IV 16, 68 IV 108 (Herzig), RS 1984 Nr. 648, Rep. 1985 382. Die Umwandlungsregel ist insgesamt *ungerecht,* weil der Betrag nicht direkt das Verschulden spiegelt, sondern nur in bezug auf die wirtschaftliche Leistungsfähigkeit, die so die Dauer der Umwandlungshaft mitbestimmt, kritisch auch LANG 836.

Die **Verjährungsfrist** für die Busse läuft ab Urteil. Der Umwandlungsentscheid selber setzt keine neue Frist in Gang, BGE 105 IV 16.

10   Für die **Umwandlungsstrafe** kann der **bedingte Strafvollzug** gewährt werden, RS 1988 Nr. 324, wobei die Bestimmungen des Art. 41 analog gelten, vgl. ZR 45 (1946) Nr. 13. Eine Weisung, während der Probezeit die Busse zu bezahlen, ist unzulässig, wenn diese durch die Umwandlung ersetzt wurde, AGVE 1984 Nr. 29.

11   Wird die Busse ganz oder teilweise **nach Umwandlung bezahlt,** so ist nach neuerer Rechtsprechung (anders noch der Bundesrat in VEB 1948-50 Nr. 104, KURT, ZStrR 59 [1945] 353, AGVE 1969 Nr. 25, RS 1952 Nr. 13, ZBJV 101 [1965] 274) analog zur Regelung des Verwaltungsstrafrechts (BGE 103 Ib 189 ff. m.Hinw. auf das fiskalische Interesse!) von der Vollstreckung der Haft abzusehen, BGE 105 IV 16. Zuständig zu diesem Entscheid ist die Vollstreckungsbehörde, BGE 69 IV 155 (Selmoni).

12   **Zuständig** für die Umwandlung ist das Gericht, das die Busse ausgefällt hat, ZR 53 (1954) Nr. 78; erging die Busse im Strafbefehlsverfahren, so obliegt in Neuenburg die Umwandlung dem Richter, der über eine Einsprache gegen die Bussenverfügung entschieden hätte, RS 1983 Nr. 428. Gegen einen Entscheid über die Umwandlung einer Busse in Haft, kann – unabhängig von der Höhe der seinerzeit ausgefällten Busse – Rekurs erhoben werden, anders noch ZR 77 (1978) Nr. 73, wonach dasselbe *Rechtsmittel* zu erheben sei *wie gegen das verurteilende Erkenntnis* – erwirkt die Verwaltung eine Umwandlung durch das Gericht, so ist nicht Verwaltungsgerichtsbeschwerde möglich, sondern Nichtigkeits- oder staatsrechtliche Beschwerde, BGE 96 I 89 (Walther). Zur Wiederaufnahme ZR 60 (1961) Nr. 69. Soweit die Umwandlung von Bussen der Verwaltung durch eine Verwaltungsbehörde geschieht, entsteht ein Konflikt mit der EMRK, s. TRECHSEL EMRK 301 ff. (teilweise überholt).

13   Im **Umwandlungsverfahren** besteht Anspruch auf rechtliches Gehör, BGE 76 IV 60 (Strebel); RS 1961 Nr. 179, 1978 Nr. 641, ZR 64 (1965) Nr. 59. Lässt sich der Aufenthaltsort des Gebüssten nicht ermitteln, so wird teilweise in Abwesenheit umgewandelt, RS 1962 Nr. 65 *(BE)*, ZR 65 (1966) Nr. 92, teilweise Umwandlung ausgeschlossen, SJZ 67 (1971) Nr. 12 *(SO* – anders noch RS 1955 Nr. 110). Das Verfahren ist unentgeltlich, wenn der Richter die Umwandlung ausschliesst, Ziff. 3 II 2. Satz; dies gilt nicht, wenn wegen nachträglicher Bezahlung nicht mehr umgewandelt, bzw. die Umwandlungsstrafe nicht vollstreckt wird, ZBJV 111 (1975) 236.

14   **Bedingter Strafvollzug für Bussen** an Erwachsenen (vgl. aber Art. 96.1) ist ausgeschlossen, RS 1972 Nr. 401, und auch nicht vorgesehen (SCHULTZ VE 146, Bericht VE 1993 42) – durch Einführung der bedingten Verurteilung (VE 1993 Art. 36 ff.) erübrigt sich eine solche Regelung. Damit der nur mit Busse Bestrafte nicht schlechter gestellt wird, sieht Art. 49.4 die Möglichkeit **vorzeitiger Löschung im Strafregister** vor, wenn die Voraussetzungen des Art. 41.1 gegeben sind. S. auch Art. 80.

15   Der **Anwendungsbereich** von **Ziff. 4** ist *auf Urteile beschränkt, in denen als Hauptstrafe nur Busse ausgefällt* wird; in den übrigen Fällen folgt die

Löschung der Busse derjenigen der Freiheitsstrafe, LGVE 1979 Nr. 520;
SJZ 48 (1952) Nr. 57, SJZ 69 (1973) Nr. 7, zumal im Strafregister nicht
Sanktionen, sondern Urteile eingetragen und gelöscht werden. Es ist
denn auch nicht möglich, hinsichtlich des bedingten Vollzugs bzw. der
bedingten Löschung im gleichen Urteil zu differenzieren, PKG 1962
Nr. 59. Zif. 4 ist *auch* anzuwenden auf Bussen, *die nicht ins Zentralstrafregister eingetragen werden,* BGE 77 IV 202 (Roth), 81 IV 215 (Stutz),
anders ZR 57 (1958) Nr. 119, z. Zt. also Bussen von bis zu 500 Franken für
bestimmte Übertretungen, VO über das Strafregister, SR 331, Art. 9.2[bis].
Für Bussen, die nicht einmal in ein kantonales Register aufgenommen
werden, hat Ziff. 4 keine Bedeutung und ist nicht anzuwenden.

Die **Voraussetzungen** der bedingten Löschbarkeit der Busse entsprechen   16
genau denjenigen von Art. 41.1 (N 12–30), vgl. z. B. RS 1961 Nr. 6. Auch
diese Frage ist von Amtes wegen zu prüfen, BGE 77 IV 105 (Rosenbusch), 81 IV 217 (Stutz), RS 1954 Nr. 200. Wurde eine Regelung vergessen, so kann sie nachträglich getroffen werden, RS 1954 Nr. 252.

Die **Probezeit** beträgt ein bis zwei Jahre, bei Übertretungen nur ein Jahr,   17
Art. 106 III, BGE 77 IV 202. Vgl. aber VO über das Strafregister, SR 331,
Art. 9.2[bis], 12.2, wonach Übertretungen nur noch in bestimmten Fällen
eingetragen werden.

Schutzaufsicht und **Weisungen** sind kraft Verweisung auf Art. 41.2 mög-   18
lich, in der Regel dürften sie aber nicht verhältnismässig sein.

Die **Voraussetzungen der Löschung** entsprechen weitgehend denen des   19
Art. 41.3/4. Jede neue Verurteilung steht der Löschung entgegen, wenn
sie ins Zentralstrafregister eingetragen wird, BGE 101 IV 19 f. (Couche),
was Rechtskraft voraussetzt, ZBJV 107 (1971) 277. Entgegen dem deutschen und italienischen Gesetzeswortlaut kann für die Löschung des Eintrags nicht enscheidend sein, ob innerhalb der Probezeit ein Urteil ergangen ist, sondern ob der Verurteilte während dieser Zeit erneut
delinquiert hat, auch wenn dies erst später durch ein rechtkräftiges Urteil
festgestellt wird, ZBJV 128 (1992) 417 ff. Obschon die Verweisung auf
Art. 41.3 die Frage des leichten Falles zulassen würde, vgl. RS 1970 Nr. 8,
1974 Nr. 712, soll die Prüfung gemäss BGer a.a.O. eher *schematisch* getroffen werden. Eine allgemeine Prüfung der Bewährung findet nicht
statt, SJZ 70 (1974) Nr. 10. Eine besonders wichtige Rolle spielt die Bezahlung der Busse. Als bezahlt gilt die Busse auch, wenn die Umwandlung ausgeschlossen wurde, SJZ 58 (1962) Nr. 221, ZR 55 (1956) Nr. 124;
Umwandlung schliesst dagegen die *vorzeitige Löschung* aus, AGVE 1954
Nr. 37, SJZ 75 (1979) Nr. 46, es sei denn, der Bestrafte war schuldlos ausserstande, die Busse zu bezahlen, RS 1989 Nr. 567.

Die **Zuständigkeiten** sind so verteilt, dass die *Löschung* gemäss Ziff. 4 II   20
von der *Vollzugsbehörde* vorgenommen wird, BGE 101 IV 19, ZBJV 119
(1983) 489. Vor der Löschung braucht der Betroffene nicht angehört zu
werden, RS 1964 Nr. 131. Für den *Widerruf* der bedingten Löschbarkeit

ist dagegen der *Richter* zuständig, der das Bussenurteil gefällt hat, BGE 104 IV 66, implizit auch 101 IV 18, SJZ 68 (1972) Nr. 16, kritisch ROCHAT a.a.O., mit Recht zustimmend SCHULTZ II 125.

S. auch Art. 380.

50 Verbindung mit Freiheitsstrafe

[1] **Handelt der Täter aus Gewinnsucht, so kann ihn der Richter neben der Freiheitsstrafe zu Busse verurteilen.**

[2] **Ist im Gesetz wahlweise Freiheitsstrafe oder Busse angedroht, so kann der Richter in jedem Falle die beiden Strafen verbinden.**

Lit. vor Art. 48.

1 Zum Begriff der **Gewinnsucht:** Art. 48 N 3,4.

2 Die **Verbindung von Freiheitsstrafe und Busse,** wo die Sanktionen wahlweise angedroht sind, Art. 117, 121, 125, 126 usw., ist abgesehen von den Fällen gemäss Abs. 1 vor allem üblich, wenn befürchtet wird, eine bedingt ausgesprochene Freiheitsstrafe vermöge den Verurteilten nicht genügend zu beeindrucken, SOG 1992 Nr. 22, SJZ 68 (1972) Nr. 58, was im Einzelfall zu prüfen ist, PKG 1975 Nr. 26. Für Zurückhaltung die Zürcher Praxis, SJZ 59 (1963) Nr. 149, 70 (1974) Nr. 88 (mit Ablehnung der «Denkzettelfunktion» der Busse). Der zusätzlichen Ausfällung einer Busse ist bei Bemessung der Freiheitsstrafe Rechnung zu tragen, RVJ 1989 364 f., PKG 1967 Nr. 51. Richtigerweise sollte vor *allem dann* die Freiheitsstrafe mit Busse verbunden werden, *wenn* Gewinnsucht oder doch *ökonomische Motive* bei der Tat *eine Rolle gespielt haben;* vgl. aber BGE 116 IV 6, SOG 1992 Nr. 22: Kumulation von Busse und Freiheitsstrafe bei FiaZ («mit Blick auf den Präventionsgedanken»). LGVE 1987 I Nr. 54 hält die Kombination auch bei Strafmilderung gemäss Art. 66 (bei aArt. 191.1 II) für zulässig, was m.E. fragwürdig ist.

3 Hat der Täter in **Konkurrenz** Strafbestimmungen verletzt, die teils Freiheitsstrafe, teils nur Busse androhen, so ist die Verbindung der beiden Strafarten zulässig. Der Auffassung, dass in einem solchen Fall beide Strafarten ausgesprochen werden *müssten,* BGE 75 IV 3 (Wipf), kann nicht beigestimmt werden.

4 Auch in Verbindung mit Freiheitsstrafe bleibt die Busse **Hauptstrafe,** BGE 86 IV 231 (Métry), s. N 2 vor Art. 48.

5. Nebenstrafen

VE 1893 Art. 25, 30 ff., Mot. 57 f., 68 f. VE 1894 Art. 24 f., 29 ff., Mot. 133 f. 1. ExpK I 202 ff., 230 ff., II 426 ff., 437 ff. VE 1908. Art. 40 ff. Erl.Z. 89 ff. 2. ExpK I 301 ff., 355 f., 382, VIII 202 f., 214 f., IX 163. VE 1916 Art. 52 ff. E Art. 48 ff. Botsch. 21 f. Sten.NR 191 ff., StR 111 ff., NR 650 f., StR 314, NR 740 f.

HANS SCHULTZ, Die Nebenstrafen nach Strafgesetzbuch und ihre Wirkungen nach der Bundesverfassung, Der Strafvollzug in der Schweiz 1966 Nr. 54, 1.

Nebenstrafen können *nur zusätzlich* zu *einer Hauptstrafe,* u.U. *auch Busse,* verhängt werden. Als Strafen können sie Gegenstand der Begnadigung sein, Art. 396 N 1. Die systematische Einordnung ist allerdings sehr umstritten – schon HAFTER AT 317 wies daraufhin, dass es sich *eigentlich um Massnahmen der Sicherung* handelt, so auch PETER HONEGGER, Die Amtsentsetzung des Richters, Diss. ZH 1949, 64, SCHULTZ 4 f., DERS. VE 107 (mit einer Ausnahme für Art. 51), STRATENWERTH AT II § 1 N 22 ff., BGE 71 IV 25 (Stauss), 78 IV 222 (Baumann); BGE 94 IV 103 (Gamberoni) betont demgegenüber den Strafcharakter. 1

Für Nebenstrafen kann unabhängig von der Hauptstrafe der **bedingte Strafvollzug** gewährt werden, Art. 41 N 10. 2

Eine Art. 38 entsprechende «bedingte Befreiung» von den Folgen der Nebenstrafen kennt das Gesetz nicht, wohl aber die vorzeitige **Rehabilitation,** Art. 77–79 zu Art. 51–54. Bei der Nebenstrafe gemäss Art. 54 ist ferner neben der Gewährung des bedingten Strafvollzugs eine probeweise Suspendierung des Berufs- …Verbots bei einer bedingten Entlassung möglich, Art. 54 II.

Das Verhindern der Vollstreckung einer Nebenstrafe ist nach BGE 104 IV 190 f. **Begünstigung,** Art. 305, vgl. aber Art. 295 II zu Art. 56. 3

Der *VE 1993* will auf sämtliche Nebenstrafen des geltenden Rechts verzichten; zu den Gründen s. Bericht VE 1993 91 ff. 4

51 Amtsunfähigkeit

1. Wer als Behördemitglied oder Beamter durch ein Verbrechen oder Vergehen sich des Vertrauens unwürdig erwiesen hat, ist vom Richter auf zwei bis zehn Jahre unfähig zu erklären, Mitglied einer Behörde oder Beamter zu sein.

2. Wer zu Zuchthaus oder Gefängnis verurteilt wird, kann vom Richter auf zwei bis zehn Jahre von der Wählbarkeit als Behördemitglied oder Beamter ausgeschlossen werden, wenn er sich durch seine Tat des Vertrauens unwürdig erwiesen hat.

Wer als Gewohnheitsverbrecher nach Artikel 42 in eine Verwahrungsanstalt eingewiesen wird, bleibt zehn Jahre lang nicht wählbar.

3. Die Folgen der Amtsunfähigkeit treten mit der Rechtskraft des Urteils ein.

Die Dauer wird vom Tage an gerechnet, an welchem die Freiheitsstrafe verbüsst oder erlassen ist, bei bedingter Entlassung für den in der Probezeit sich bewährenden Täter beginnend mit dem Tage, an dem er

bedingt entlassen wurde, bei der Verwahrung mit dem Tag der endgülti-gen Entlassung.

Fassung gemäss BG vom 18.3.1971.

Botsch. 1965 582, Sten.NR 1970 525, StR 1970 103 f.

EMILIO CATENAZZI, *Considerazioni sull'art. 51 e l'art. 58 del codice penale,* Rivista di diritto amministrativo ticinese 1978 243. **Lit.** vor Art. 51.

1   Zum Begriff des **Beamten** Art. 110.4. **Behörden** sind Gremien oder Magistraten, die öffentliche Funktionen ausüben, wie Parlamente, Regierungen, Gemeinderäte, Geschworene, BGE 76 IV 102.

2   **Ziff. 1** erklärt die Amtsunfähigkeit für **obligatorisch,** wenn ein Beamter oder ein Behördenmitglied sich durch eine strafbare Handlung während seiner Amtszeit, ZBJV 82 (1946) 334, ZR 49 (1950) Nr. 63, als amtsunwürdig erwiesen hat, z.B. ZR 45 (1946) Nr. 82, nachlässiger Gefängnisverwalter. Bei der Tat braucht es sich *nicht* um ein *Amtsdelikt* zu handeln, BGE 76 IV 287 (Gloor): Ein Betreibungsbeamter hatte schwer gegen das Verbot des Handelns in eigener Sache, SchKG Art. 10, verstossen, war aber nur wegen Anstiftung zur Begünstigung eines Gläubigers (Art. 25/167) schuldig; AGVE 1960 Nr. 20. Der Richter muss von Amtes wegen prüfen, ob die Nebenstrafe auszufällen sei, und darf die Angelegenheit *nicht der Disziplinarbehörde überlassen,* Rep. 1980 142. Der Betroffene hat Anspruch, zu der Frage gehört zu werden, Sem.jud. 1976 321. Die Nebenstrafe muss ins Urteilsdispositiv aufgenommen werden, RJV 1980 284.

2a   Während nach Ziff. 1 Bestrafung mit einer Busse genügt, setzt Ziff. 2 *(fakultative Nebenstrafe)* für **Täter, die nicht Beamte oder Behördenmitglieder sind,** Bestrafung mit Zuchthaus oder Gefängnis voraus. Als vertrauensunwürdig erachtete BGE 98 IV 125, *134* (Cuénod und Maerki) Täter, die sich des Angriffs auf die verfassungsmässige Ordnung (Art. 275) schuldig gemacht hatten; in Rücksicht auf das jugendliche Alter sprach das Bundesstrafgericht Amtsunfähigkeit auf nur fünf Jahre aus. *Obligatorisch* ist die Nebenstrafe für zehn Jahre bei *Verwahrung.*

3   Die **Dauer** umfasst den Zeitraum, währenddessen die Amtsunfähigkeit sich auswirkt – wurde nur eine Busse oder eine bedingte Freiheitsstrafe ausgefällt, beginnt sie mit der Rechtskraft, BGE 71 IV 28 ff. *«Erlassen»* ist die Strafe bei Begnadigung oder Amnestie, aber auch dann, wenn der Richter nach Vollzug einer Massnahme entschieden hat, dass die Strafe nicht mehr zu vollstrecken sei, Art. 43.3 I, II, 5; 44.3, 5; vgl. BGE 78 IV 219 (Baumann).

4   **Berufsverbot,** Art. 54, ist anzuwenden bei einem Lehrer, dem auch die Tätigkeit an Privatschulen untersagt werden soll, BJM 1962 141, SJZ 61 (1965) Nr. 187.

5   **Rehabilitation:** Art. 77.

52 Einstellung in der bürgerlichen Ehrenfähigkeit

Aufgehoben durch BG vom 18.3.1971.

53 Entziehung der elterlichen Gewalt und der Vormundschaft

[1]Hat jemand seine elterlichen oder die ihm als Vormund oder Beistand obliegenden Pflichten durch ein Verbrechen oder Vergehen verletzt, für das er zu einer Freiheitsstrafe verurteilt wird, so kann ihm der Richter die elterliche Gewalt oder das Amt des Vormundes oder Beistandes entziehen und ihn unfähig erklären, die elterliche Gewalt auszuüben oder Vormund oder Beistand zu sein.

[2]In anderen Fällen, in welchen der Richter den Verurteilten infolge der Begehung des Verbrechens oder des Vergehens für unwürdig hält, die elterliche Gewalt oder das Amt des Vormundes oder Beistandes auszuüben, macht er der Vormundschaftsbehörde davon Mitteilung.

Lit. vor Art. 51.

Auch ZGB Art. 311 I.2 sieht bei gröblicher Verletzung der elterlichen Pflichten den Entzug der elterlichen Gewalt vor; die Unfähigkeit zum Amt des Vormundes regelt ZGB Art. 384, die Amtsenthebung ZGB Art. 445 ff. Die Nebenstrafe des Art. 53 hat demgegenüber den Vorteil, dass sie *im gleichen Verfahren* wie die Strafe ausgefällt werden kann, LOGOZ / SANDOZ 301. — 1

Voraussetzung der Nebenstrafe kann gemäss Art. 104 II eine Übertretung sein, wo das Gesetz dies ausdrücklich vorschreibt – so früher bei Duldung gewerbsmässiger Kuppelei in den Mietsräumen, aArt. 209 II. Neben Sexualdelikten, z.B. in BGE 89 IV 1, und Kindsmisshandlung, Art. 123.2, können auch andere Tatbestände zu der Nebenstrafe führen, z.B. Hehlerei an Gut, das die Kinder gestohlen haben, RS 1943 Nr. 41, Veruntreuung von Mündelgeldern usw. — 2

BGE 89 IV 2 betont den **Strafcharakter** der Nebenstrafe: Es ist *nicht erforderlich, dass das Kind weiterhin gefährdet und schutzbedürftig sei.* Die Nebenstrafe ist folglich auch dann auszufällen, wenn bereits entsprechende vormundschaftliche Massnahmen ergriffen wurden. Das BGer lässt die Frage offen, ob es zulässig wäre, die «Strafe lediglich im Verhältnis zu einem einzigen oder einzelnen Kindern auszusprechen», BGE a.a.O. 3. STRATENWERTH AT II § 6 N 25, der den Massnahmencharakter des Art. 53 betont, will die Frage unter dem Gesichtspunkt der Wiederholungsgefahr beantwortet wissen und stellt deshalb darauf ab, wer gefährdet ist, Opfer weiterer Pflichtverletzungen zu werden. — 3

Die Nebenstrafe ist **nicht befristet.** Sie kann nur nach den Regeln für die Rehabilitation, Art. 78, aufgehoben werden. — 4

54 Verbot, einen Beruf, ein Gewerbe oder ein Handelsgeschäft auszuüben

[1] Hat jemand in der von einer behördlichen Bewilligung abhängigen Ausübung eines Berufes, Gewerbes oder Handelsgeschäftes ein Verbrechen oder ein Vergehen begangen, für das er zu einer drei Monate übersteigenden Freiheitsstrafe verurteilt worden ist, und besteht die Gefahr weitern Missbrauches, so kann ihm der Richter die Ausübung des Berufes, des Gewerbes oder des Handelsgeschäftes für sechs Monate bis zu fünf Jahren untersagen.

[2] Das Verbot wird mit der Rechtskraft des Urteils wirksam. Wird der Verurteilte bedingt entlassen, so entscheidet die zuständige Behörde, ob und unter welchen Bedingungen der Beruf, das Gewerbe oder das Handelsgeschäft probeweise ausgeübt werden darf.

[3] War dem bedingt Entlassenen die Weiterführung des Berufes, Gewerbes oder Handelsgeschäftes probeweise gestattet und bewährt er sich bis zum Ablauf der Probezeit, so wird die Nebenstrafe nicht mehr vollzogen. Wurde die Weiterführung nicht gestattet, so berechnet sich die Dauer des Verbotes vom Tage der bedingten Entlassung an.

[4] Wurde eine bedingte Entlassung nicht gewährt oder hat der bedingt Entlassene die Probezeit nicht bestanden, so wird die Dauer des Verbots von dem Tage an gerechnet, an dem die Freiheitsstrafe oder deren Rest verbüsst oder erlassen ist.

Fassung gemäss BG vom 5.10.1950.

E 51. Sten.NR 194, 196, 198, 199, 205, StR 113. – Teilrevision 1950: BBl 1949 I 1275. StenB 1949 StR 583, 1950 NR 152.

MARCO LEHNER, Das Berufsverbot als Sanktion im schweizerischen Strafrecht, Diss. ZH 1991; **Lit.** vor Art. 51.

1 Das Verbot, einen Beruf, ein Gewerbe oder ein Handelsgeschäft auszuüben (hier: **Berufsverbot),** ist eine besonders schwerwiegende Nebenstrafe, weil damit in scharfem Gegensatz zu den allgemeinen Bestrebungen des Gesetzes, insbesondere Art. 37.1 I, die Eingliederung des Verurteilten in die bürgerliche Gesellschaft geradezu erschwert wird, a. M. LEHNER 87 ff. Deshalb bestehen recht strenge Voraussetzungen für diese Sanktion.

2 Der **Zweck** des Berufsverbots wird in BGE 78 IV 222 (Baumann) so umschrieben: «Obwohl das Gesetz es zu den Nebenstrafen zählt, bezweckt es nicht bloss Abschreckung, Sühne und Besserung durch Züchtigung des Schuldigen, sondern soll diesem auch die Gelegenheit zur Begehung weiterer Verbrechen nehmen und die Gesellschaft vor ihm schützen». Durch die repressive Seite unterscheidet es sich von einer mit der Anordnung des bedingten Strafvollzugs verbundenen Weisung, einen bestimmten Beruf nicht auszuüben, die nur im Interesse des Täters stehen soll, SJZ 43 (1947) Nr. 121, vgl. auch BGE 95 IV 123 (Gabathuler), Art. 41 N 34.

Das Berufsverbot erfasst nur **bewilligungspflichtige** Tätigkeiten, etwa die 3
Berufe von Anwalt, Apotheker, Arzt, Kaminfeger, der Betrieb von
Nachtclubs, Banken usw. Soweit sich die Bewilligungspflicht aus kantonalen Bestimmungen ergibt, kann dies zu Ungleichheiten im Anwendungsbereich des Art. 54 führen, Lehner 8.

Voraussetzung des Berufsverbots ist Verurteilung zu einer drei Monate 4
übersteigenden Freiheitsstrafe, was Übertretungen ausschliesst; Art. 104
II besagt zwar, dass das Gesetz auch bei Übertretungen Berufsverbot
ausdrücklich vorsehen könne, davon wurde aber mit Recht kein Gebrauch gemacht; als Reaktion auf Übertretungen genügen neben Haft
und Busse administrative Massnahmen. Das Delikt muss mit der Berufsausübung zusammenhängen, wobei es ausreicht, wenn der Täter besondere Gelegenheiten, die der Beruf mit sich bringt, missbraucht, z.B. Unzucht mit Schüler(in), vgl. BGE 78 IV 217. Schliesslich muss, was den
Massnahmecharakter der Nebenstrafe verdeutlicht, die *Gefahr weiterer
Missbrauchs* bestehen, was allerdings nicht generell zur Verweigerung
des bedingten Strafvollzugs führen darf (in diesem Sinn aber BJM 1962
141), weil gerade dank Nebenstrafe eine günstige Prognose möglich sein
kann, ebenso Lehner 12.

Die **Dauer** des Berufsverbots ist auf *fünf Jahre* beschränkt. Sie berechnet 5
sich nach denselben Regeln wie die Amtsunfähigkeit, Art. 51 N 3, also
nach der effektiven Wirkung. Wird eine Strafe bedingt, das Berufsverbot
unbedingt ausgesprochen, so beginnt dieses mit Rechtskraft des Urteils –
die Dauer wird nicht erst ab Ende der Probezeit gerechnet, SJZ 61 (1965)
Nr. 187. Wird nach Durchführung einer Massnahme auf Vollzug der
Strafe verzichtet, so beginnt die Dauer mit dem Datum dieses Entschlus-
ses, BGE 78 IV 219. Der Richter kann auch vom Vollzug der Nebenstrafe
absehen. Es ist aber denkbar, dass die Nebenstrafe weiterhin notwendig
ist, damit Versuchungssituationen vermieden werden, BGE 78 IV 221 f.

Widerhandlung gegen das Berufsverbot bedroht Art. 294 mit Über- 6
tretungsstrafe. Die Übertretung im Ausland ist nicht strafbar, stellt aber
u.U. eine Täuschung des richterlichen Vertrauens dar, SJZ 61 (1965)
Nr. 187.

Die **Kompetenzen der kantonalen Behörden,** aus polizeilichen Gründen 7
die Bewilligung einer Berufsausübung für längere Zeit oder dauernd zu
entziehen, wird durch Art. 54 nicht tangiert, BGE 71 I 378 f.

Zur **Rehabilitation** s. Art. 79 und Lehner 18 f. 8

55 Landesverweisung

[1]**Der Richter kann den Ausländer, der zu Zuchthaus oder Gefängnis
verurteilt wird, für 3 bis 15 Jahre aus dem Gebiete der Schweiz verweisen. Bei Rückfall kann Verweisung auf Lebenszeit ausgesprochen werden.**

²Wird der Verurteilte bedingt entlassen, so entscheidet die zuständige Behörde, ob und unter welchen Bedingungen der Vollzug der Landesverweisung probeweise aufgeschoben werden soll.

³Hat sich ein bedingt Entlassener bis zum Ablauf der Probezeit bewährt, so wird die aufgeschobene Landesverweisung nicht mehr vollzogen. Wurde der Aufschub nicht gewährt, so wird die Dauer der Landesverweisung von dem Tag hinweg berechnet, an welchem der bedingt Entlassene die Schweiz verlassen hat.

⁴Wurde eine bedingte Entlassung nicht gewährt oder hat der bedingt Entlassene die Probezeit nicht bestanden, so wird die Verweisung an dem Tage wirksam, an dem die Freiheitsstrafe oder deren Rest verbüsst oder erlassen ist.

Fassung gemäss BG vom 5.10.1950.

E 52. – Teilrevision 1950: BBl 1949 I 1275. StenB 1949 StR 584, 1950 NR 192.

RAYMOND FOËX, *A propos de l'expulsion des étrangers,* ZStrR 73 (1958) 131; JEAN GAUTHIER, *Le délinquant étranger devant le juge pénal suisse,* in Les étrangers en Suisse, Lausanne 1982, 281, *288 ff.:* E. HOFMANN, Über das Verhältnis der gerichtlichen Landesverweisung als Nebenstrafe zur administrativen Ausweisung, SJZ 53 (1957) 313; WALTER KÄLIN, Das schwierige Verhältnis zwischen Asylverfahren und gerichtlicher Landesverweisung: eine Entgegnung, Asyl 2/1988 7; HANS FELIX PFENNINGER, Strafrechtliche Landesverweisung und administrative Ausweisung (Antwort auf Hofmann), SJZ 53 (1957) 316; HEINZ SCHÖNI, Asylverfahren und gerichtliche Landesverweisung nach Art. 55 StGB, Asyl 1/1988 13; PETER MARTIN TRAUTVETTER, Die Ausweisung von Ausländern durch den Richter im schweizerischen Recht, Diss. ZH 1957; STEFAN TRECHSEL, Artikel 3 EMRK als Schranke der Ausweisung, in Ausweisung im demokratischen Rechtsstaat, Baden-Baden 1996, 223; HANS WIPRÄCHTIGER/ANDREAS ZÜND, Kriminalitätsexport? a) durch strafrechtliche Landesverweisung, b) durch fremdenpolizeiliche Aus- und Wegweisung, Reihe Kriminologie, Bd. 11, Chur und Zürich 1993, 399; ANDREAS ZÜND, Der Dualismus von strafrechtlicher Landesverweisung und fremdenpolizeilichen Massnahmen, ZBJV 129 (1993) 73; DERS., Strafrechtliche Landesverweisung und fremdenpolizeiliche Ausweisung, FS für Kurt Eichenberger, Aarau 1990, 363; **Lit.** vor Art. 51.

1   Die Landesverweisung verfolgt **zwei Zwecke:** einerseits *schützt* sie *die öffentliche Sicherheit,* andererseits fügt sie dem Verurteilten als *echte Strafe ein Übel* zu, BGE 117 IV 118, 114 Ib 3, 104 IV 223, SJZ 88 (1992) Nr. 56, 82 (1986) Nr. 42. Weil sie «bewusst und gewollt als Nebenstrafe in das Gesetz aufgenommen» wurde, BGE 94 IV 102 (Gamberoni), wird sie auch als Strafe gehandhabt. Die Zumessung richtet sich nach dem Verschulden (Art. 63), BGE 104 IV 223, 94 IV 103, SJZ 88 (1992) Nr. 56 S. 373; Vereitelung wird als Begünstigung (Art. 305) bestraft, BGE 104 IV 190 f., dazu kritisch Art. 305 N 4. Wie die Strafzumessung generell (Art. 63 N 24), ist auch die Anordnung einer Landesverweisung so zu begründen, dass die richtige Anwendung des Bundesrechts nachprüfbar ist; insbesondere hat sich die Behörde zum Straf- und Sicherungsbedürfnis zu äussern, BGE 117 IV 117. Den Massnahmencharakter betont neuer-

dings BGE 117 IV 230 ff., ebenso BJM 1964 139. Dies führt dazu, dass in mehreren Urteilen verhängte Landesverweisungen nicht kumulativ, sondern nach dem Absorptionsprinzip vollzogen werden – die längere umfasst die kürzere(n). Von der Möglichkeit, die Nebenstrafe bei *Übertretungen* auszusprechen, Art. 104 II, hat der Gesetzgeber nicht Gebrauch gemacht.

Dem Tatrichter ist ein **weites Ermessen** eingeräumt. *Fahrlässigkeit* rechtfertigt nur bei ausserordentlich schwerem Verschulden eine Landesverweisung, BJM 1959 213.   1a

Landesverweisung findet nur auf **Ausländer** Anwendung, was keine unzulässige *Diskriminierung* ist, weil Ausländer im Gegensatz zu den Staatsangehörigen grundsätzlich keinen Rechtsanspruch auf Aufenthalt in der Schweiz besitzen, BGE 106 Ib 127, 109 Ib 178. Die Niederlassungsbewilligung (Aufenthaltsbewilligung C) schützt nicht vor Landesverweisung, BGE 112 IV 70, 116 IV 109. Als Ausländer gelten auch Staatenlose, SJZ 54 (1958) Nr. 64.   2

Für **Flüchtlinge** schränken Art. 32.1 des Abkommens über die Rechtsstellung der Flüchtlinge vom 28.7.1951 (Genfer Flüchtlingskonvention), SR 0.142.3, und AsylG Art. 44 (aArt. 43), 45, die Zulässigkeit der Landesverweisung ein, BGE 116 IV 110, 118 IV 224, SJZ 88 (1992) Nr. 56. Landesverweisung ist gemäss Art. 32.1 der Flüchtlingskonvention nur zulässig, wenn der Flüchtling die öffentliche Ordnung gefährdet, ein Begriff, der eng auszulegen ist, ZBJV 109 (1973) 129: Es müssen «die Grundlagen des staatlichen Zusammenlebens» gefährdet sein (u. ö. BGE vom 20.5.1960 i.S. Nicolitsch). Fehlt es an dieser Voraussetzung, so ist die Nebenstrafe gar nicht erst auszusprechen, RS 1969 Nr. 72. Eine Verletzung des Abkommens kann mit *Verwaltungsbeschwerde* beim Bundesrat gerügt worden, VwVG Art. 73 Ib, BGE 101 IV 375. Ähnlich verhält es sich mit der Regelung für *Staatenlose* gemäss Übereinkommen vom 28.9.1954, SR 0.142.40, Art. 31. Über die Verurteilung eines Flüchtlings zu einer Landesverweisung entscheidet allein der Strafrichter, doch hat er dabei die asylrechtlichen Ausweisungsbeschränkungen gemäss Art. 31.1 der Genfer Flüchtlinskonvention und AsylG Art. 44 I zu beachten, BGE 116 IV 111, 118 IV 224, 119 IV 196 f.; er muss auch vorfrageweise die Flüchtlingseigenschaft prüfen, sofern die Asylbehörden darüber noch nicht entschieden haben, BGE 116 IV 111 f., 118 IV 226, 119 IV 197. Das Asyl erlischt gemäss AsylG Art. 44 II, wenn die zuständige Vollzugsbehörde die strafrechtliche Landesverweisung als vollstreckbar erkennt, BGE 118 IV 225; gegen die Vollzugsverfügung einer Landesverweisung steht die Verwaltungsgerichtsbeschwerde offen, BGE 121 IV 347.   2a

Eine absolute Schranke ergibt sich aus **EMRK Art. 3.** Das Verbot der Folter oder der unmenschlichen oder erniedrigenden Behandlung steht einer Ausweisung entgegen, wenn der Betroffene im Empfangsstaat einer solchen Behandlung ausgesetzt wäre s. dazu TRECHSEL a.a.O. Der   3

Grundsatz des *Non-Refoulement* (dazu W. KÄLIN, Das Prinzip des Non-Refoulement, Diss. BE 1982 , s. z. B. BGE 118 IV 224) findet sich auch in AsylG Art. 45 und Art. 33 der Flüchtlingskonvention, seine Absolutheit findet er jedoch erst in EMRK Art. 3. Verfahrensrechtlich ist eine besondere Sicherheit in Art. 36 der Verfahrensordnung der EKMR und des EGMR vorgesehen, welche der Kommission – wenn sie nicht in Sitzung ist, ihrem Präsidenten – die Kompetenz gibt, eine Regierung zu ersuchen, während der Prüfung der Beschwerde von der Vollstreckung der Ausweisung abzusehen. Dieser vorläufige Entscheid ist zwar nicht bindend, wird aber regelmässig befolgt. Die Verfahrensordnung des Gerichtshofs nach Zusatzprotokoll Nr. 11 wird eine analoge Bestimmung enthalten.

3a   Schliesslich ist auch **ERMK Art. 8** zu berücksichtigen, der Anspruch auf Achtung des Privat- und Familienlebens garantiert. Gefahr droht vor allem Ausländern «der zweiten Generation», s. z. B. die Urteile Beldjoudi, EGMR Nr. 234–A, EuGRZ 1993 556 ff., Moustaquim, EGMR Nr. 193, EuGRZ 1993 552 ff., und Djeroud, EGMR Nr. 191-B, EuGRZ 1993 551 ff., ferner allgemein BGE 110 Ib 202 (Reneja-Dittli), wo dem *Schutz des Familienlebens* gegen fremdenpolizeiliche Ausweisung eines Strafentlassenen zum Durchbruch verholfen wird. Hat der Täter sämtliche Lebensbeziehungen in der Schweiz und keine Verbindung zum Heimatstaat, so ist auch nach schweizerischer Praxis von Landesverweisung abzusehen, BGE 117 IV 117, 104 IV 224; SJZ 66 (1970) Nr. 44, 45; Rep. 1983 375; RS 1983 Nr. 429; BJM 1980 90; ZR 66 (1967) Nr. 45; die Nebenstrafe könnte auch einen unzulässigen *Eingriff in das Privatleben* bedeuten (die Frage wurde in Strassburg bisher noch nicht eindeutig beantwortet, Hinw. bei TRECHSEL 226 f. mit Fn 11). *Heirat mit einer Schweizerin* hindert aber an sich die Landesverweisung nicht, SJZ 80 (1984) Nr. 46, Rep. 1985 273, so implizit auch BGE 117 IV 117 f., noch weniger sind schlechtere Lebensbedingungen im Ausland ein Hindernis, RS 1986 Nr. 114a.

3b   Ein Absehen von der Ausweisung aus den genannten asyl- und menschenrechtlichen Gründen ist jedoch **erst im Vollstreckungsverfahren zu prüfen;** es handelt sich dabei nicht um eine Vorfrage zu Art. 55, sondern um Gründe, die dem *Vollzug der* Landesverweisung im konkreten Fall entgegenstehen können, BGE 116 IV 113, 111 IV 13 f., SJZ 82 (1986) Nr. 46.

3c   Die **Kriterien** für Verhängung der Landesverweisung richten sich generell nach Art. 63: Verschulden unter Berücksichtigung der Beweggründe, des Vorlebens und der persönlichen Verhältnisse.

4   Die **Dauer** beträgt 3–15 Jahre, bei Rückfall kann lebenslängliche Landesverweisung ausgesprochen werden. Der Begriff des Rückfalls entspricht demjenigen des Art. 67, insbesondere können auch Auslandstaten berücksichtigt werden, BGE 94 IV 103 (Gamberoni), anders BJM 1980 155.

5   Unabhängig vom Entscheid über die Hauptstrafe ist zu prüfen, ob für die Landesverweisung der **bedingte Strafvollzug** gewählt werden kann (Art.

41 N 10), wobei die Kriterien des Art. 41.1 gelten, BGE 119 IV 197, 118 IV 194, 117 IV 4, 114 IV 97, SJZ 88 (1992) Nr. 56, Sem.jud. 1975 379, ZBJV 109 (1963) 70 – die Gefährlichkeit des Täters gehört nicht dazu, BGE 104 IV 226; vgl. zum ganzen WIPRÄCHTIGER (zu Art. 41) 460 ff. mit Hinw. auf u. ö. Urteile. Der Sachrichter *muss* prüfen, ob die Landesverweisung bedingt ausgesprochen werden kann; der Entscheid darüber kann nicht mit dem Hinweis auf Art. 55 II verweigert werden, BGE 117 IV 118. Der Zeitpunkt, zu dem die *Probezeit* für die bedingte Landesverweisung zu laufen beginnt, entspricht dem bei der bedingten Freiheitsstrafe; daran ändert auch nichts, wenn der Vollzug der gleichzeitig ausgesprochenen Freiheitsstrafe nicht aufgeschoben wird, BGE 118 IV 104.

Wurde weder für die Haupt- noch die Nebenstrafe der bedingte Vollzug   **6** gewährt, so hat bei der **bedingten Entlassung** (Art. 38) die zuständige Behörde darüber zu entscheiden, ob die Landesverweisung «probeweise» (gemeint ist *«bedingt», auf die Dauer der Probezeit*) aufzuschieben sei, BGE 116 IV 285. Die Entscheidung hat sich nur danach zu richten, ob zu erwarten ist, der Entlassene werde sich bewähren – den Ausschlag sollen immer *die besseren Resozialisierungschancen* in der Schweiz oder in der Heimat geben, BGE 122 IV 59, 116 IV 285, 114 Ib 4, BVR 1989 237. Dabei sind namentlich zu berücksichtigen die persönlichen Verhältnisse, die Beziehungen zur Schweiz, die Familienverhältnisse, die Arbeitsmöglichkeiten und die soziale Integration, *nicht* aber die *Schwere der Tat,* BGE 100 Ib 364 (Tsonis), 86 IV 215 f., 103 Ib 23, 104 Ib 154, 331, 116 IV 285 f.; zum Kontakt mit Familienmitgliedern s. BGE 116 IV 286, AGVE 1991 286 ff., BVR 1989 237 ff., alle unter Hinw. auf EMRK Art. 8. Die erneute Straffälligkeit in der Schweiz ist regelmässig ein Indiz dafür, dass die Resozialisierungschancen hier nicht gut sind, BGE 122 IV 60. Bessere Resozialisierungsaussichten in der Schweiz gaben den Ausschlag bei einem Griechen, der mit einer Griechin in der Schweiz verheiratet war, wo auch die vier Kinder zur Welt kamen, und der kaum mehr Beziehungen zu Griechenland hatte, 100 Ib 363; bei einem chinesischen Malaysier, der hier verheiratet ist und in Malaysia der Diskriminierung ausgesetzt wäre, 103 Ib 24 (Low); bei einer drogensüchtigen französischen Sekretärin, die in Frankreich keine festen Familien- oder andere Bindungen hatte, in Genf aber von einer kirchlichen Arbeitsgruppe erfolgreich betreut wurde, BGE 104 Ib 152; probeweiser Vollzug wurde auch angeordnet bei einem Ausländer, der weder in sein Herkunftsland ausreiste, noch in der Schweiz blieb, sondern sich mit seiner Ehefrau nahe der Grenze niederliess, BGE 116 IV 283. *Ohne Relevanz,* weil nicht auf die Persönlichkeit des Täters bezogen, sind dagegen *die wirtschaftlichen Verhältnisse,* BGE 104 I 331, PKG 1968 Nr. 35, RS 1986 Nr. 114a, ZR 85 (1986) Nr. 3. Der Aufschub kann ferner verweigert werden, wenn es um einen Drogenhändler geht, dem von vornherein, unabhängig vom Delikt, eine Aufenthaltsbewilligung verweigert worden wäre, BGer in Sem.jud. 1982 593, RS 1988 Nr. 456, ZR 85 (1986) Nr. 3. Schliesslich kann der Aufschub nicht gewährt werden, wenn lebenslängliche Landesverweisung bereits in einem früheren Urteil verhängt worden war, BGE 104 Ib 277. Weil möglicherweise die günstige Prognose für die Gewährung des bedingten Strafvollzugs vom (unbedingten) Vollzug der Nebenstrafe abhängt, kann der Richter nach Ablauf der Probezeit für eine bedingt ausgesprochene Freiheitsstrafe auf eine unbedingte Landesverweisung nicht mehr zurückkommen; Art. 55 II findet keine Anwendung, BGE 114 IV 97 f., anders noch zum alten Recht BGE 71 IV 30. Der probeweise Aufschub der Landesverweisung ist jedoch zulässig bei der bedingten Entlassung aus einer zuerst bedingt ausgesprochenen, später jedoch vollziehbar erklärten Strafe, BGE 122 IV 59.

7 Für den **Vollzug** der Landesverweisung enthält das Gesetz keine Vorschriften. Der Verurteilte ist deshalb an die *Grenze seiner Wahl* zu stellen, bzw. in das Land seiner Wahl reisen zu lassen, vorausgesetzt, das betreffende Land ist bereit, ihn aufzunehmen, BGE 110 IV 7. Wenn das BGer a.a.O. 8 auf Ausnahmen hinweist, so ist z.B. an eine Auslieferung zu denken. In der Praxis ist allerdings regelmässig nur der Heimatstaat bereit, einen Ausgewiesenen aufzunehmen.

8 Die **fremdenpolizeiliche Ausweisung** nach ANAG Art. 10 ist vom Entscheid über die strafrechtliche Landesverweisung unabhängig, weil sie andere, nicht strafrechtliche, sondern fremdenpolizeiliche Ziele verfolgt, BGE 114 Ib 4, 109 Ib 179 (Demir), 105 Ib 168, 98 Ib 89, 97 I 64, ZBl 1994 487, 1992 571, AGVE 1993 583 f., was, wie BGE 105 Ib 168 betont, zu *unbefriedigenden Ergebnissen* führen kann. Das BGer bejahte zwar in zwei u.ö. Urteilen die Notwendigkeit einer Koordination, blieb aber bei seiner Praxis, BGE 114 Ib 4. Im Grundsatz soll der Strafrichter auf den zu erwartenden Entscheid der Fremdenpolizei keine Rücksicht nehmen, BGE 103 Ib 26. Die Problematik, die sich aus dem Nebeneinander von strafrechtlicher und fremdenpolizeilicher Ausweisung ergibt (vgl. z.B. die sich widersprechenden Urteile in ZBl 1992 563 ff.), kann wohl nur *de lege ferenda*, durch Streichung der strafrechtlichen Landesverweisung, gelöst werden, Bericht VE 1993 92, ZÜND, ZBJV 129 (1993) 87, DERS. in FS EICHENBERGER 377 f., WIPRÄCHTIGER/ZÜND 406, so bereits HOFMANN a.a.O., für Streichung jetzt auch SCHULTZ, ZBJV 128 (1992) 6, anders noch DERS. VE 194, zweifelnd bezüglich der Berechtigung des Art. 55 auch STRATENWERTH AT II § 1 N 29, § 6 N 54.

Der Verurteilte, der sich im Strafvollzug befindet, ist nicht legitimiert, die Nichterneuerung der Aufenthaltsbewilligung anzufechten, BGE 109 Ib 178. BGE 105 Ib 167 hiess dagegen eine Verwaltungsgerichtsbeschwerde gut, die sich gegen eine Ausweisungsverfügung gemäss ANAG Art. 10 Ia richtete. Die Beschwerdeführerin war wegen vorsätzlicher Tötung zu 8 Jahren Zuchthaus verurteilt worden; nach der bedingten Entlassung wurde der Vollzug der Landesverweisung aufgeschoben; die Beschwerdeführerin habe einen Asylanten geheiratet und ein mongoloides Kind geboren, an dessen Pflege sie sich beteilige; das Bundesgericht rügt mangelnde Koordination zwischen Justizdirektion und Polizeidirektion sowie ungenügende Berücksichtigung der geänderten Situation. Zu dieser Problematik auch NETZER in Der Strafvollzug in der Schweiz, 4/ 84–1/85, 9 ff.

Die Landesverweisung darf nicht zu einer **verschleierten Auslieferung**   9 missbraucht werden; wurde ein Auslieferungsbegehren des Heimatstaates abgelehnt, so ist der Verurteilte nach Möglichkeit in einen Drittstaat auszuweisen, BGE 103 Ib 2.

Verstösse gegen die Landesverweisung sind gemäss Art. 291 als **Verwei-**   10 **sungsbruch** mit Gefängnis bedroht.

Für Landesverweisung gibt es **keine Rehabilitation.** Die Nebenstrafe   11 kann nur durch Begnadigung aufgehoben werden, BGE 122 IV 58, 104 Ib 278.

56 Wirtshausverbot

¹Ist ein Verbrechen oder ein Vergehen auf übermässigen Genuss geistiger Getränke zurückzuführen, so kann der Richter dem Schuldigen, neben der Strafe, den Besuch von Wirtschaftsräumen, in denen alkoholhaltige Getränke verabreicht werden, für sechs Monate bis zu zwei Jahren verbieten. Bei besondern Verhältnissen kann die Wirksamkeit des Verbotes auf ein bestimmt umschriebenes Gebiet beschränkt werden.

²Die Kantone treffen die Anordnungen über die Bekanntgabe des Wirtshausverbotes.

³Das Verbot wird mit der Rechtskraft des Urteils wirksam. Lautet das Urteil auf Freiheitsstrafe, so wird die Dauer des Verbotes von dem Tag an gerechnet, an dem die Freiheitsstrafe verbüsst oder erlassen ist. Hat sich ein bedingt Entlassener während der Probezeit bewährt, so wird die Dauer des Verbots vom Tage der bedingten Entlassung an gerechnet. Der Richter kann nach bestandener Probezeit das Wirtshausverbot aufheben.

Lit. vor Art. 51.

Die rustikal-folkloristische Nebenstrafe des **Wirtshausverbots** soll «den   1 Verurteilten ganz allgemein dahin beeinflussen..., nicht mehr durch den Besuch von Wirtshäusern, in denen alkoholische Getränke verabreicht werden, sich zu irgendwelchen strafbaren Handlungen verleiten zu lassen», BGE 78 IV 72 (Flury). Sie ist auch bei Übertretungen zulässig, BGE 78 IV 69, wird jedoch *kaum mehr ausgefällt,* SCHULTZ VE 195.

Voraussetzung ist, dass die Tat in Trunkenheit begangen wurde, SJZ 39   2 (1942/43) Nr. 71, dass der Täter nur angeheitert oder angetrunken war, genügt nicht, PKG 1944 Nr. 35.

Der Bann richtet sich **auch** auf **Wirtschaften im Freien,** SJZ 46 (1950)   3 Nr. 62. Auf das Verbot ist zu verzichten, wenn es nicht wirksam überwacht werden kann, ZR 49 (1950) Nr. 137, oder wenn nachteilige Folgen zu befürchten sind, ZBJV 112 (1976) 342.

4   Ein Schlaumeier machte sich die **Berechnung der Dauer** – ab Rechtskraft des Urteils – zunutze, indem er appellierte und nach sechs Monaten die Appellation zurückzog; während dieser Zeit hatte das Verbot nicht gegolten; weil die Rechtskraft aber rückwirkend auf das Datum des Urteils fiel, waren die sechs Monate abgelaufen; der Bundesrat korrigierte: Statt «*Rechtkraft*» ist «*Vollstreckbarkeit*» zu lesen, Kurt, ZStrR 62 (1947) 64.

5   **Verstösse** gegen das Wirtshausverbot sind als **Übertretung** strafbar – gleichermassen strafbar macht sich der Wirt, der einem Gast, von dem er weiss oder wissen muss, dass er unter Wirtshausverbot steht, geistige Getränke vorsetzt, Art. 295.

6   Eine **Rehabilitation** ist nicht vorgesehen.

6. Andere Massnahmen

VE 1893 Art. 28 f., 34 f. Mot. 65 ff., 71 ff. VE 1894 Art. 27 f., 33 f. 1. ExpK I 225 ff., II 435 ff. VE 1908 Art. 38 f. 46 ff. Erl.Z. 87 ff., 95 ff., 2. ExpK I 293 ff., 338 ff., 355, 382, 452. VE 1916 Art. 50 f., 57 ff. E Art. 54 ff. Botsch. 22 ff. Sten.NR 206 ff., StR 114 f., NR 651 f.

57 Friedensbürgschaft

1. Besteht die Gefahr, dass jemand ein Verbrechen oder ein Vergehen, mit dem er gedroht hat, ausführen werde, oder legt jemand, der wegen eines Verbrechens oder eines Vergehens verurteilt wird, die bestimmte Absicht an den Tag, die Tat zu wiederholen, so kann ihm der Richter auf Antrag des Bedrohten das Versprechen abnehmen, die Tat nicht auszuführen, und ihn anhalten, angemessene Sicherheit dafür zu leisten.

2. Verweigert er das Versprechen, oder leistet er böswillig die Sicherheit nicht innerhalb der bestimmten Frist, so kann ihn der Richter durch Sicherheitshaft dazu anhalten.

Die Sicherheitshaft darf nicht länger als zwei Monate dauern und wird wie die Haft vollzogen.

3. Begeht er das Verbrechen oder das Vergehen innerhalb von zwei Jahren, nachdem er die Sicherheit geleistet hat, so verfällt die Sicherheit dem Staate. Andernfalls wird sie zurückgegeben.

E 54. Erl.Z. 95 ff. 2. ExpK I 339 f. Bctsch. 22 f. Sten.NR 208, StR 114.

François Clerc, *Le cautionnement préventif en Droit Pénal Suisse,* RDPC 1958, abgedruckt in Varia Juridica, Fribourg 1981, 37; ders., *Un débat sur le cautionnement préventif,* ZStrR 73 (1958) 430; PHILIPPE GRAVEN, *Le cautionnement préventif,* Diss. GE 1963; JAKOB GRÜNBAUM, Die Friedensbürgschaft im schweizerischen Strafgesetz, Bern 1941; ALPHONSE HUSS, *Le Cautionnement Préventif. Une institution originale du Droit pénal suisse,* RDPC 1958 768.

Die Friedensbürgschaft ist eine **echte Präventivmassnahme** gegen verantwortbare Gefährlichkeit eines (jungen) Erwachsenen (vgl. GRAVEN 101). Die Massnahme ist nicht sehr wirksam, REHBERG II 183, STRATENWERTH AT II § 1 N 55, § 14 N 4, sie hat *kaum praktische Bedeutung* erlangt, SCHULTZ VE 195. Zum geschichtlichen Hintergrund vgl. SJZ 88 (1992) Nr. 21, STRATENWERTH AT II § 1 N 54. Während SCHULTZ a.a.O. die Friedensbürgschaft noch beibehalten wollte, verzichtet *VE 1993* wegen ihrer Bedeutungslosigkeit darauf, Bericht VE 1993 93.

Voraussetzung ist die **Gefahr,** dass der Täter eine explizite oder implizite Drohung wahrmacht, sei es, dass es sich um eine Wiederholung, sei es, dass es sich um eine neue Tat handelt, BGE 71 IV 75 (Gut c. Hübscher u. Balmer). Die Wiederholungsabsicht muss deutlich und spezifisch geäussert sein, was auch erst nach der Verurteilung geschehen kann, BGer a.a.O. 76. *Für andere Zwecke als die Verhinderung* von strafbaren Handlungen (auch Übertretungen, Art. 102), z.B. Verbot persönlicher Kontakte, darf Friedensbürgschaft *nicht* eingesetzt werden, RS 1950 Nr. 103.

Erforderlich ist ferner ein **Antrag des Bedrohten,** der an keine Frist gebunden ist, BGE 71 IV 76. Die Drohung muss aber noch gelten, was nach zwei Jahren «Wohlverhalten» nicht mehr zutrifft, SJZ 55 (1959) Nr. 20, offengelassen in BGE 71 IV 77. Aus dem historischen Hintergrund des Instituts ergibt sich, dass die Friedensbürgschaft gewaltsame Auseinandersetzungen zwischen *Privaten* verhindern soll; öffentlich-rechtliche Körperschaften können deshalb nicht gestützt auf Art. 57 die Leistung einer Sicherheit verlangen, SJZ 88 (1992) Nr. 21.

Die **Bürgschaft** besteht in einem *Versprechen, die Drohung nicht zu verwirklichen,* verbunden mit einer *Sicherheitsleistung.* Bei deren Bemessung hat der Richter einen weiten Ermessensspielraum, BGE 71 IV 78 – er wird ähnlich wie bei der Kaution als Sicherung für die Untersuchungshaft das Mass suchen, welches dem Betroffenen noch *zumutbar und geeignet* ist, ihn zum Aggressionsverzicht zu *motivieren,* vgl. auch LOGOZ / SANDOZ 321, STRATENWERTH AT II § 14 N 11.

Zur **Erzwingung** der Friedensbürgschaft (Versprechen und/oder Sicherheitsleistung) kann der Richter Haft (Art. 39) bis zu zwei Monaten anordnen, wobei es sich um eine *Beugehaft* handelt, denn sie soll nicht die Tat, mit welcher gedroht wurde, verhindern, sondern die Befolgung der richterlichen Aufforderung bewirken, GRÜNBAUM 54. Mit Eintritt dieses Erfolges ist sie aufzuheben, BGE 71 IV 78. Eine Sicherheit betreibungsrechtlich zu vollstrecken, ist nicht zulässig, u.a. weil der Richter feststellen muss ob *Böswilligkeit* vorliegt – daran fehlt es, wenn der Leistung von

Sicherheit Konkursmassnahmen im Weg stehen, SJZ 55 (1959) Nr. 20. Die Beugehaft ist zulässig gemäss EMRK Art. 5.1 b, TRECHSEL EMRK 338.

5a   Dass die Sicherheitshaft **wie die Haft vollzogen** werde, stimmt nur beschränkt: Halbgefangenschaft oder tageweiser Vollzug sind mit dem Zweck kaum zu vereinbaren.

6   **Mehrere Drohungen** gegen verschiedene Personen können Anlass für mehrere Friedensbürgschaften sein; bei mehreren zusammenhängenden Drohungen gegen eine Person ist nur eine Friedensbürgschaft möglich. Die zeitliche Begrenzung lässt sich durch neue Bürgschaft bei neuer Drohung überwinden.

7   Nach **Ablauf von zwei Jahren** ist die Sicherheit, wenn das Versprechen gehalten wurde, zurückzuzahlen. Entgegen SJZ 60 (1964) Nr. 119 ist der übliche Sparzins zu vergüten. Wird das Versprechen gebrochen, so verfällt die Sicherheit. Zur Verwendung für das Opfer s. Art. 60.

8   **Zuständig** ist der Richter des Ortes, wo die Drohung ausgestossen bzw. die Wiederholungsabsicht geäussert wurde, SJZ 41 (1945) Nr. 107. In einigen Kantonen, z.B. NE, RS 1983 Nr. 431, ist der Untersuchungsrichter zuständig, GRAVEN 99 f.

Einziehung

GUNTHER ARZT, Wechselseitige Abhängigkeit der gesetzlichen Regelung der Geldwäscherei und der Einziehung, in Stefan Trechsel (Hrsg.), Geldwäscherei. Prävention und Massnahmen zur Bekämpfung, Zürich 1997, 25; DERS., Einziehung und guter Glaube, in Mélanges en l'honneur du Professeur Jean Gauthier, Sonderband ZStrR 114 (1996) 89; DERS., Organisierte Kriminalität – Bemerkungen zum Massnahmenpaket des Bundesrates vom 30. Juni 1993, AJP 2 (1993) 1187; DERS., Beweiserleichterungen bei der Einziehung, recht 11 (1993) 77; GABRIEL AUBERT, *Note sur la confiscation de l'avantage illicite* (Art. 58 CP), Sem.jud. 1976 264; FLORIAN BAUMANN, «Deliktisches Vermögen». Dargestellt anhand der Ausgleichseinziehung (Art. 59 Ziff. 1, 2 und 4 StGB), Diss. ZH 1997; YVONNE BERCHER, *Le sequestre pénal: approche critique des rapports entre procédure et droit de fond,* Diss. Laus. 1992; ARTHUR BÖHLER, Die Einziehung im schweizerischen Strafrecht, Diss. ZH 1945; URSULA CASSANI, *L'argent des organisations criminelles,* in Journée 1994 de droit bancaire et financier, Bd. I, Bern 1994, 55; EMILIO CATENAZZI, *Considerazioni sull'art. 51 e l'art. 58 del codice penale,* Rivista die diritto amministrativo ticinese 1978 243; LOUIS GAILLARD; *La confiscation des gains illicites; le droit des tiers (Art. 58 et 58 bis du Code pénal),* in Le rôle sanctionnateur du droit pénal, Fribourg 1985, 155; JEAN GAUTHIER, *Quelques aspects de la confiscation selon l'article 58 du Code Pénal Suisse,* ZStrR 94 (1977) 364; HANS HAEMMERLI, Der Verfall von Geschenken und anderen Zuwendungen gemäss Art. 59 StGB, Diss. BE 1950; KARL-LUDWIG KUNZ, Massnahmen gegen die organisierte Kriminalität, Plädoyer 1/1996 32; THOMAS MAURER, Die Berechnung der Ersatzforderung des Staates gemäss Art. 58 StGB und Art. 24 BMG, SJZ 73 (1977) 357. LUDWIG A. MINELLI, Zur Frage der Einziehung von Vermögensvorteilen beim Tode des Angeschuldigten, SJZ 77 (1981) 26; JÜRG LUZIUS MÜLLER, Die Einziehung im schweizerischen Strafrecht (Art. 58 und

58bis), Diss. BS 1993; PETER MÜLLER, Organisiertes Verbrechen – Gegenstrategien des Gesetzgebers, AJP 2 (1993) 1180; NIKLAUS SCHMID, Das neue Einziehungsrecht nach StGB Art. 58 ff., ZStrR 113 (1995) 321; DERS., Zu den neuen Bestimmungen des Strafgesetzbuches in Art. 58 f., 260ter und 305ter Abs. 2 (Einziehung; Organisiertes Verbrechen; Melderecht des Financiers), ZGRG 1995 2; MARK PIETH, «Das zweite Paket gegen das Organisierte Verbrechen», die Überlegungen des Gesetzgebers, ZStrR 113 (1995) 225; DENIS PIOTET, *Les effets civils de la confiscation pénale,* Bern 1995; HANS SCHULTZ, Die Einziehung, der Verfall von Geschenken und anderen Zuwendungen sowie die Verwendung zugunsten des Geschädigten gemäss Art. 58 f., ZBJV 114 (1978) 305; ERNST STEINER, Die Einziehung gefälschter Bilder, ZStrR 60 (1946) 400; IRMA WEISS, Die Einziehung in der Schweiz liegender Vermögen aus ausländischem Drogenhandel, ZStrR 102 (1985) 192; **Lit.** zu Art. 260ter, 305bis.

a) Sicherungseinziehung

58

[1]**Der Richter verfügt ohne Rücksicht auf die Strafbarkeit einer bestimmten Person die Einziehung von Gegenständen, die zur Begehung einer strafbaren Handlung gedient haben oder bestimmt waren, oder die durch eine strafbare Handlung hervorgebracht worden sind, wenn diese Gegenstände die Sicherheit von Menschen, die Sittlichkeit oder die öffentliche Ordnung gefährden.**

[2]**Der Richter kann anordnen, dass die eingezogenen Gegenstände unbrauchbar gemacht oder vernichtet werden.**

Fassung gemäss BG vom 18.3.1994.

E 55. 2. ExpK I 343 ff. – Zur Teilrevision 1974: E 1971 Art. 58, Botsch. 1971 993 ff., Sten. NR 1973 496 ff., StR 1973 579 f. – Zur Revision 1994: Botsch. vom 24.8.1993, BBl 1993 III 277 ff., Sten. NR 1993 49 f., StR 1993 976 ff., NR 1994 55 ff., 64 ff., 664 f., StR 1994 374.

Art. 58 ff. regeln materiellrechtlich den Umgang mit Sachen und Vermögenswerten, die im Zusammenhang mit strafbaren Handlungen in Erscheinung getreten sind. **Prozessual** entspricht diesen Regeln die **Beschlagnahme,** welche der Strafverfolgungsbehörde ermöglicht, schon vor einem endgültigen Entscheid provisorisch Sachen und Vermögenswerte unter ihre Herrschaft zu nehmen, um neben der Beweisführung oder der Deckung der Verfahrenskosten auch die endgültige Einziehung sicherzustellen, vgl. BGE 117 Ia 428 f., JdT 1995 III 88 f., AGVE 1994 146 ff., 1991 81 ff., LGVE 1990 I Nr. 57, RS 1974 Nr. 715, 716, AGVE 1981 Nr. 24, eingehend BERCHER 12 ff. Insofern ist sie vom Bundesrecht vorgeschrieben, Sem.jud. 1980 525 (BGer). Beschlagnahme zur Deckung des Schadens ist zulässig bei Steuerbetrug, BGE 76 I 29, unzulässig im Hinblick auf private Schadenersatzansprüche, BGE 76 I 97, 116 IV 204. Auch 1

Vermögen im Ausland ist einzuziehen, Sem.jud. 1986 524. Die Beschlagnahme ist auch zulässig zur Sicherung der Durchsetzung der Ersatzforderungen gemäss Art. 59.

2   Das Einziehungsrecht wurde im Rahmen des **zweiten Massnahmenpakets** zur Bekämpfung des organisierten Verbrechens **revidiert** und ist in dieser Form nunmehr seit dem 1.8.1994 in Kraft. Erklärtes Ziel der Revision war es, die Schwächen des alten Einziehungsrechts im Hinblick auf die *Bekämpfung der Geldwäscherei und des organisierten Verbrechens* zu beseitigen, Botsch. 305; für die *internationale Zusammenarbeit* auf diesem Gebiet von Bedeutung ist das Übereinkommen Nr. 141 des Europarats über Geldwäscherei sowie Ermittlung, Beschlagnahme und Einziehung von Erträgen aus Straftaten, SR 0.311.53, das für die Schweiz am 1.9.1993 in Kraft getreten ist.

3   Zu unterscheiden sind **zwei Fallgruppen**, die das Gesetz als **«Einziehung von Vermögenswerten»** (Art. 59) und **«Sicherungseinziehung»** (Art. 58) bezeichnet. Sie unterscheiden sich in Zielsetzung und Charakter, was auch zu unterschiedlichen Lösungen von Einzelproblemen führt. Seit der Revision sind sie neu in zwei selbständigen Gesetzesbestimmungen geregelt. Die Trennung von Sicherungseinziehung und Vermögenseinziehung war eine «Leitidee der Revision», Botsch. 305. Bedeutende Veränderungen hat dabei das Institut der Vermögenseinziehung erfahren, während die Sicherungseinziehung inhaltlich im grossen und ganzen gleich geblieben ist.

4   Nach ihrer systematischen Einordnung ist die Einziehung eine **sachliche Massnahme**. Dies gilt uneingeschränkt für die Sicherungseinziehung, welche den Schutz vor i.w.S. gefährlichen Gegenständen bezweckt, vgl. z.B. Pra. 75 Nr. 170, BGE 89 IV 62 (Probst), 77 IV 20 (Imhof); GAUTHIER 369, SCHULTZ II 209. Bei der Vermögenseinziehung lässt sich jedoch eine hinreichend spezifische Sozialgefährlichkeit nicht ausmachen. Im Vordergrund stehen vielmehr *sozialethische Überlegungen,* was der Massnahme einen repressiven Charakter verleiht, den z.B. BGE 106 IV 11 (kritisch SCHULTZ, ZBJV 118 [1982] 11) und 105 IV 171 betonen. Vor Einführung des StGB war die Einziehung überhaupt regelmässig Nebenstrafe, BÖHLER 37; als dies gilt auch die Einziehung von *Wertersatz* gemäss § 74c DStGB, TRÖNDLE N 1. Wie bei den Nebenstrafen (N 1 vor Art. 51) ist deshalb für die Vermögenseinziehung ein *Mischcharakter* anzunehmen, GAILLARD 158, 164, GAUTHIER 371, SCHULTZ 308; zum pönalen Charakter der Vermögenseinziehung beim unentgeltlichen Erwerb durch Dritte vgl. ARZT, Einziehung und guter Glaube, 101 ff. Durch Einführung von Art. 59.3 kommt der Vermögenseinziehung neu auch eine *präventive* Zielsetzung zu, indem sie verhindern soll, dass Gelder krimineller Organisationen zur Begehung weiterer Delikte benützt werden könnten, Botsch. 317, CASSANI 75.

5   **Objekt** der Sicherungseinziehung können nur Gegenstände, d.h. körperliche Sachen sein – auch Grundstücke, BGE 114 IV 99; von Vermögens-

werten als solchen geht keine Gefahr aus, BAUMANN 3, STRATENWERTH AT II § 14 N 17; einziehungsfähig sind nach SCHMID, ZStrR 113 (1995) 326 Fn 19, aber auch Programme i.S.v. Art. 144bis Ziff. 2, unabhängig von ihrer Körperlichkeit – die Einziehung beschränkt sich in solchen Fällen, wenn es nicht auf Diskette, CD-Rom o.ä. greifbar ist, auf das Löschen des Programms auf der Festplatte.

Es muss ein **Bezug zur Straftat** nachgewiesen werden, Sem.jud. 1949 149, 6 eine allgemeine Bestimmung oder Eignung der Sache zu einer eventuellen deliktischen Verwendung genügt nicht, BGE 103 IV 79; kaum ein Gegenstand kann nur deliktisch verwendet werden, allenfalls gewisse Drogen, vgl. ZR 81 (1982) Nr. 1. Eine Waffe muss z.B. mindestens zur Drohung verwendet worden oder bestimmt gewesen sein, BGE 103 IV 77, SJZ 59 (1963) Nr. 9; anstössige Photographien müssen auf strafbare Weise entstanden (z.B. Art. 187, 189, 190) oder pornographisch (Art. 197) und veröffentlicht worden sein, SJZ 67 (1971) Nr. 57. BGE 112 IV 73 präzisiert, dass, wenn die Sache zur Begehung einer Straftat bestimmt ist, der objektive Tatbestand noch nicht erfüllt sein muss. Unzulässig ist die Einziehung einwandfreier Milch, die in vorschriftswidriger Aufmachung ohne Bewilligung verkauft wurde, RS 1971 Nr. 134, oder des Tagebuchs eines Homosexuellen, das seine Ausschweifungen schildert, RS 1974 Nr. 714.

Als ***instrumenta sceleris*** – Gegenstände, die zur Begehung eines Delikts 7 gedient haben oder dazu bestimmt waren – wurden eingezogen: ein vorwiegend zur Einrichtung eines verbotenen Nachrichtendienstes gekauftes Haus, BGE 114 IV 98 (Vi: LGVE 1988 I Nr. 49), vgl. auch AGVE 1991 81 ff. (Grundbuchsperre bei Tatverdacht auf Kuppelei nach aArt. 199), Kopierstrasse, die dem Kopieren von Porno- und Brutalofilmen gedient hat, ebenso die Videos selbst, ZR 91 (1992/93) Nr. 14, ein Geheimmittel gegen Tuberkulose, BGE 79 IV 176 (Hulliger), ein Destillierkolben, mit dem bereits dreimal Absinth gebrannt worden war, BGE 81 IV 218 (Champod), RS 1954 Nr. 201, eine Spionageausrüstung, BGE 101 IV 211 (Wolf), Polizeifunkgeräte, mit denen u.a. der Sanitäts- oder Feuerwehrdienst gefährdet werden konnte, BGE 104 IV 149, Waffen, BGE 103 IV 77, SJZ 59 (1963) Nr. 9, ein Radarwarngerät, BGE 112 IV 72, 119 IV 84 f. (gestützt auf SVG Art. 57b III kann es auch dann eingezogen werden, wenn der unmittelbare Zusammenhang mit einem konkreten Delikt fehlt), ein Auto, SJZ 82 (1986) Nr. 18, ein Motorrad, ZBJV 85 (1949) 179, bissige oder wildernde Hunde, ZBJV 107 (1971) 278, 113 (1977) 279, Extr.Fr. 1976 149, Bücher über den Anbau von Cannabis, ZR 81 (1982) Nr. 1, Plaketten und Diplome eines angeblich akademisch hochgebildeten Psychotherapeuten, Rep. 1982 23, die Zahnarztausrüstung eines im Hand des Zahntechnikers, ZBJV 81 (1945) 137, Pornographie, s. Art. 197 N 15 usw. Die Beispiele zeigen (ebenso wie Destillierkolben, Auto, Motorrad, Hunde), dass *relative Gefährlichkeit* in der Hand einer bestimmten Person *genügt* und auch die allgemeine Erhältlichkeit eines Gegenstandes Sicherungseinziehung nicht ausschliesst, vgl. auch Sem.jud. 1981

393; Relativität wird nicht berücksichtigt in BGE 114 IV 98 – Grundstück eines Spions. Nicht gefährlich ist die gefälschte Uhr in der Hand des Konsumenten, BGE 114 IV 7. BJM 1986 262 verzichtet auf Einziehung einer teuren Spezialwaage, die auch zum Wägen von Heroin verwendet wurde.

8 Als **producta sceleris** – Gegenstände, die durch ein Delikt hervorgebracht wurden – (die Unterscheidung ist nicht immer eindeutig – Fälschungen werden im Verkehr zu Mitteln) gelten insbesondere Fälschungen, z.b. Geldmünzen, BGE 89 IV 64 (Probst), 84 IV 7 (Martinelli), eine Uhr, BGE 101 IV 42, Briefmarken, SJZ 53 (1957) Nr. 1, Bilder, BJM 1983 20, SJZ 58 (1962) Nr. 184, Geigenzettel, auch echte in verfälschten Geigen, aber nicht Facsimiles in echten Geigen, SJZ 56 (1960) Nr. 22, usw. Im Rahmen der Revision 1994 wurde die Variante der Einziehung von Gegenständen, «an … denen eine strafbare Handlung begangen wurde» gestrichen, weil man sie als überflüssig erachtete, vgl. z.B. STRATENWERTH AT II § 14 N 22; demgegenüber weist SCHMID, ZStrR 113 (1995) 329 f. darauf hin, dass diese Formulierung auch die Beziehungsgegenstände, die *obiecta sceleris*, erfasst; es handelt sich dabei um Gegenstände, deren Rolle bei der Begehung des Delikts sich auf deren Gebrauch beschränkt – z.B. das Fahrzeug beim Transport von Drogen, vgl. BJM 1993 35 ff., und beim Fahren ohne Fahrausweis, oder das Haus beim unerlaubten Nachrichtendienst (das BGE 114 IV 99 jedoch als Tatwerkzeug betrachtet). Die Revision 1994 wollte an der früheren Rechtslage nichts ändern, weshalb diese Gegenstände auch weiterhin einziehbar bleiben, SCHMID a.a.O.

9 Die Sicherungseinziehung ist beschränkt auf **gefährliche Gegenstände**. An die Gefährlichkeit werden *nicht besonders hohe Anforderungen* gestellt; es muss jedoch ein ausreichendes Mass an Wahrscheinlichkeit bestehen, dass ohne die Einziehung die Sicherheit anderer, die Sittlichkeit oder die öffentliche Ordnung gefährdet wären, Botsch. 306. Ein Tatwerkzeug ist nicht schon dann einzuziehen, wenn der Täter damit die Sicherheit anderer gefährdet hat, sondern deren Sicherheit muss auch weiterhin gefährdet *sein,* BGE 116 IV 119 – wegen «einmaliger Entgleisung» des Täters für die Einziehung eines Karabiners verneint, vgl. auch AB-SH 1989 200 ff., RJN 1988 61 ff.; BGE 77 IV 18 (Imhof) liess die Möglichkeit einer Veröffentlichung des unzüchtigen Films genügen; beim an sich harmlosen Serum wurde die Gefahr in der Weckung trügerischer Hoffnungen angesehen, BGE 79 IV 176. Wird die Einziehung im *Besonderen Teil* vorgeschrieben, Art. 135 II, 197.3 II, 235.3, 236 III, 249, 274.2, 301.2, 327.3, 328.2, braucht Gefährlichkeit nicht geprüft zu werden, BGE 89 IV 65, REHBERG II 197, SCHMID, ZStrR 113 (1995) 327, STRATENWERTH AT II § 14 N 30, vgl. auch BGE 117 IV 340, 348 (zu KMG Art. 20), abweichend J.L. MÜLLER 21. Hat jemand eine, wie sich später erweist, gefälschte Uhr für den Eigengebrauch erworben, so erübrigt sich die Einziehung, BGE 114 IV 7 (zu aArt. 153 III, 154.3, 155 III). Das Problem der *Surrogatseinziehung* stellt sich bei Art. 58 nicht, vgl. MÜLLER 8, 15 f., SCHMID, ZStrR 113 (1995) 328 f.

Die Einziehung erfolgt **ohne Rücksicht auf die Strafbarkeit einer bestimmten Person.** Kein Hindernis stellt somit das Fehlen von Schuld dar, z.B. BGE 97 IV 100 (Marti; Verbotsirrtum hinsichtlich «Sexfilm»), der Umstand, dass der Täter unbekannt blieb, SJZ 58 (1962) Nr. 184, oder dass es sich um eine *Auslandstat* handelt, dazu WEISS a.a.O., wobei freilich ein Anknüpfungspunkt nach Art. 3 ff. gegeben sein muss, BGE 122 IV 94, 117 IV 238, 115 Ib 553, 112 Ib 599, REHBERG II 196, SCHULTZ 324, anders SCHMID, ZStrR 113 (1995) 325 f., 332, der zur Begründung unter anderem auch auf Art. 13 und 15 des Übereinkommens über Geldwäscherei sowie Ermittlung, Beschlagnahme und Einziehung von Erträgen aus Straftaten, SR 0.311.53, verweist, die nach seiner Auffassung die Einziehung auch ohne einen solchen Anknüpfungspunkt vorsehen, a.M. – zumindest bezüglich Art. 59 – U. CASSANI, Die Anwendbarkeit des schweizerischen Strafrechts auf internationale Wirtschaftsdelikte, ZStrR 114 (1996) 259 f. Zu BetmG Art. 24 BGE 122 IV 94, 109 IV 53, SJZ 79 (1983) Nr. 358. Bei *Verjährung* und *Tod* des Täters bleibt die Sicherungseinziehung weiterhin möglich, solange vom Gegenstand eine Gefahr ausgeht, BJM 1957 103, Botsch. 306 – sie hat im Todesfall zu unterbleiben, wenn der Gegenstand nur in der Hand des Verstorbenen gefährlich war.   10

Die Sicherungseinziehung ist **obligatorisch** und lässt keinen Raum für Ermessen.   11

Bei der Sicherungseinziehung ist der **Grundsatz der Verhältnismässigkeit** zu beachten, BGE 123 IV 59, 117 IV 346 f., 104 IV 149 f., AB-SH 1988 81 f. Wo durch einen weniger schwerwiegenden Eingriff der Sicherungszweck erreicht wird, muss es damit sein Bewenden haben. Soweit ein Gegenstand nur in den Händen des Täters eine Gefahr darstellt, gebietet der Verhältnismässigkeitsgrundsatz, die Sache zu verwerten; auch die Rückgabe an den Täter kommt in Frage, sofern der Gegenstand vorher unbrauchbar gemacht wurde, Botsch. 306. *Gefälschte Bilder* sind als solche zu *kennzeichnen,* BJM 1983 20, STEINER 403; eine *falsche Goldmünze* kann durch Einschneiden unbrauchbar gemacht werden, BGE 123 IV 60; gefährliche Hunde können sicher gehalten werden, Extr.Fr. 1976 149, ZBJV 112 (1977) 280 oben; Entzug des Führerausweises erübrigt bei fahrlässiger Tötung Konfiskation des Autos. Müssen Gegenstände von erheblichem Wert eingezogen werden, so sind sie zu *verwerten* und der *Erlös herauszugeben,* ZBJV 85 (1949) 179, so jetzt auch BGE 117 IV 347, anders noch BGE 84 IV 7. Für Sachen von geringerem Wert, wie eine banale Waffe, kann darauf verzichtet werden, RS 1986 Nr. 114b. Mit der Revision wurde auf Abs. 2 des aArt. 58 verzichtet, wonach nur der gefährliche Teil eines Gegenstandes einzuziehen sei, wenn eine Trennung ohne erhebliche Beschädigung des Gegenstandes und ohne unverhältnismässigen Aufwand möglich sei; diese Einschränkung ergibt sich aus dem Verhältnismässigkeitsgrundsatz, Botsch 306. Der Verhältnismässigkeitsgrundsatz und die Voraussetzung der Gefährlichkeit tragen bei der Sicherungseinziehung dem Schutz der Rechte Dritter genügend Rech-   12 nung, Botsch. a.a.O., vgl. auch BGE 121 IV 370; krit. aber PIOTET N 88 ff., 173 ff.

13   Auch die Möglichkeit der **Unbrauchbarmachung** oder **Vernichtung** gemäss Abs. 2 steht unter dem Vorbehalt der Verhältnismässigkeit («kann») – sogar dort, wo sie zwingend vorgeschrieben ist, sind schonendere Massnahmen zulässig; BGE 89 IV 134 (Rey) liess obszöne Holzschnitte von Hokusai im Museum verwahren; Waffen können dem Gerichtsarchiv, RS 1986 Nr. 114 b, Spionageutensilien zu Instruktionszwecken der Bundesanwaltschaft überlassen werden, BGE 101 IV 211. Sogar eine Rückerstattung ist möglich, s. EGMR, Urteil Müller c. CH, Nr. 133, dazu BERCHER 130 f.

14   Als **zuständig** bezeichnet Art. 58 den **Richter.** Gemäss RJN 1985 89 kann er den Entscheid auch nachträglich treffen. Probleme entstehen nur, wenn kein Strafurteil zu fällen ist. BGE 108 IV 155 spricht dem Genfer *Procureur Général* die Kompetenz ab; den Untersuchungsrichter *«en tant que magistrat»* hält für zuständig, RS 1983 Nr. 431, ebenso STEINER 403 ff.; für den Tessin benennt Rep. 1985 196 die Kriminalkammer, den Präsidenten und den *«pretore».* Ist ohne Zusammenhang mit einem Strafverfahren zu entscheiden, so ist ein *selbständiges Verfahren* durchzuführen, dazu AGVE 1981 Nr. 24, SJZ 79 (1983) Nr. 62. Interkantonal gelten die ordentlichen Gerichtsstandsregeln, BGE 107 IV 160: Zürich und Aargau stritten sich ausnahmsweise in positivem Kompetenzkonflikt, weil eine Drogenhandelsverdächtige nach Selbstmord höhere Summen hinterliess. Nichtigkeitsbeschwerde ist nicht zulässig gegen den Beschluss des Untersuchungsrichters, im Zusammenhang mit einem Aufhebungsbeschluss *(non-lieu)* die Beschlagnahme zur Einziehung nicht anzuordnen, BGE 106 IV 304. Zu *Auslandstaten* s. oben N 10 a.E.

15   Die Frage der **Verjährung** stellt sich bei der Sicherungseinziehung nicht; die Sicherungseinziehung bleibt solange möglich als die Gefahr bestehenbleibt, Botsch. 306; zum alten Recht s. BGE 117 IV 239 f. und Vorauflage Art. 58 N 20.

16   Bestimmungen über die Einziehung finden sich auch im **Nebenstrafrecht:** z.B. KMG Art. 20, SVG Art. 57b III, BetmG Art. 24, LMG Art. 28, MMG Art. 29, PatG Art. 69; MSchG Art. 68 verweist neuerdings – mit einer Einschränkung – auf Art. 58; das URG schliesst in Art. 72 die Anwendung von Art. 58 auf Werke der Baukunst aus. Das Verhältnis der Einziehungsbestimmungen des Nebenstrafrechts zu Art. 58 f. ist anhand der beiden Grundsätze *lex specialis derogat legi generali* und *lex posterior derogat legi priori* zu bestimmen, BGE 117 IV 338, SCHMID, ZStrR 113 (1995) 327. Die Spezialbestimmungen gehen grundsätzlich vor, doch ist bezüglich Art. 59 zu vermuten, dass er die Vermögenseinziehung für das gesamte schweizerische Strafrecht neu regeln wollte und deshalb ihm widersprechende Spezialbestimmungen ausser Kraft setzt, SCHMID a.a.O. Was das Verhältnis des jüngeren zum älteren Gesetz betrifft, so ist zu

bemerken, dass weder die Revision von 1994, noch jene von 1974 Art. 58 inhaltlich entscheidend geändert hat, weshalb KMG Art. 20 vom 30.6.1972 als die jüngere Bestimmung gilt, BGE 117 IV 339, vgl. auch AGVE 1988 Nr. 90. Allgemein zu KMG Art. 20 BGE 121 IV 365 ff., 122 IV 132 (Von Roll), zu BetmG Art. 24 BGE 122 IV 95.

Verweist das **kantonale Recht** auf den Allgemeinen Teil des StGB, so   17 sind Art. 58 f. als kantonales Recht anwendbar, dessen Verletzung mit der eidgenössischen Nichtigkeitsbeschwerde nicht gerügt werden kann, BGE 103 IV 78, ZR 94 (1995) Nr. 22.

Zur **Verwendung** des Eingezogenen s. Art. 60, 381.   18

b) Einziehung von Vermögenswerten

59

1. Der Richter verfügt die Einziehung von Vermögenswerten, die durch eine strafbare Handlung erlangt worden sind oder dazu bestimmt waren, eine strafbare Handlung zu veranlassen oder zu belohnen, sofern sie nicht dem Verletzten zur Wiederherstellung des rechtmässigen Zustandes ausgehändigt werden.

Die Einziehung ist ausgeschlossen, wenn ein Dritter die Vermögenswerte in Unkenntnis der Einziehungsgründe erworben hat und soweit er für sie eine gleichwertige Gegenleistung erbracht hat oder die Einziehung ihm gegenüber sonst eine unverhältnismässige Härte darstellen würde.

Das Recht zur Einziehung verjährt nach fünf Jahren; ist jedoch die Verfolgung der strafbaren Handlung einer längeren Verjährungsfrist unterworfen, so findet diese Frist auch auf die Einziehung Anwendung.

Die Einziehung ist amtlich bekanntzumachen. Die Ansprüche Verletzter oder Dritter erlöschen fünf Jahre nach der amtlichen Bekanntmachung.

2. Sind die der Einziehung unterliegenden Vermögenswerte nicht mehr vorhanden, so erkennt der Richter auf eine Ersatzforderung des Staates in gleicher Höhe, gegenüber einem Dritten jedoch nur, soweit dies nicht nach Ziffer 1 Absatz 2 ausgeschlossen ist.

Der Richter kann von einer Ersatzforderung ganz oder teilweise absehen, wenn diese voraussichtlich uneinbringlich wäre oder die Wiedereingliederung des Betroffenen ernstlich behindern würde.

Die Untersuchungsbehörde kann im Hinblick auf die Durchsetzung der Ersatzforderung Vermögenswerte des Betroffenen mit Beschlag belegen. Die Beschlagnahme begründet bei der Zwangsvollstreckung der Ersatzforderung kein Vorzugsrecht zugunsten des Staates.

3. Der Richter verfügt die Einziehung aller Vermögenswerte, welche der Verfügungsmacht einer kriminellen Organisation unterliegen. Bei Vermögenswerten einer Person, die sich an einer kriminellen Organisation beteiligt oder sie unterstützt hat (Art. 260ter), wird die Verfügungsmacht der Organisation bis zum Beweis des Gegenteils vermutet.

4. Lässt sich der Umfang der einzuziehenden Vermögenswerte nicht oder nur mit unverhältnismässigem Aufwand ermitteln, so kann der Richter ihn schätzen.

Fassung gemäss BG vom 18.3.1994.

E 56. Zum Abs. 1 vgl. 2. ExpK I 344 ff. – Zur Teilrevision 1974: E 1971 Art. 59, Botsch. 1971 993 ff., Sten.NR 1973 49⁹, StR 1973 580. Zur Revision 1994: Botsch. vom 24.8.1993, BBl 1993 III 277 ff., Sten. NR 1993 49 f., StR 1993 976 ff., NR 1994 55 ff., 64 ff., 664 f., StR 1994 374.

Lit. vor Art. 58.

1   Die **Vermögenseinziehung** steht wesentlich im Dienst des sozialethischen Gebotes, dass der Täter «nicht im Genuss eines durch strafbare Handlung erlangten Vorteils bleiben» darf – «strafbares Verhalten soll sich nicht lohnen», BGE 105 IV 171; ebenso BGE 106 IV 11, 337, 104 IV 5, 229, 100 IV 105 (Northen); vgl. auch ARZT, Einziehung und guter Glaube, 97, BAUMANN 29, PIOTET N 4, REHBERG II 201, STRATENWERTH AT II § 14 N 14 und Art. 58 N 4. Diese Funktion der Einziehung nach Art. 59 kommt präziser in den Bezeichnungen *Ausgleichs- oder Abschöpfungseinziehung* zum Ausdruck, vgl. BAUMANN 4, SCHMID, ZStrR 113 (1995) 324. Zur Revision 1994 und zur Einziehung im allgemeinen s. Art. 58 N 1 – 3.

2   Objekt der Einziehung sind **Vermögenswerte;** erfasst werden – anders als bei Art. 58 – «alle wirtschaftlichen Vorteile, gleichgültig ob sie in einer Vermehrung der Aktiven oder einer Verminderung der Passiven bestehen», Botsch. 307. Beispiele sind etwa Forderungen, BGE 110 IV 8 f., Inhaber-Papiere, Rep. 1985 171, ferner Einsparungen, BGE 119 IV 15 f. (Kostenersparnis durch illegale Abfallbeseitigung), Erlass von Forderungen, Vermeidung von Verlusten usw., SJZ 75 (1979) Nr. 2, GAILLARD 168, SCHULTZ 313, STRATENWERTH AT II § 14 N 49, eingehend BAUMANN 60 ff. Immer muss es sich aber um einen geldwerten Vorteil handeln, abweichend noch zum alten Recht BGE 100 IV 105 f., GAILLARD 168.

3   Bei der **strafbaren Handlung** muss es sich um ein tatbestandsmässiges (incl. subjektiver Tatbestand) und rechtswidriges, nicht unbedingt schuldhaftes Verhalten handeln. BGE 117 IV 238, 101 IV 41, 89 IV 65, ähnlich wie bei Art. 43 f. (N 2), SCHULTZ 322. Ob es sich um ein Vorsatz- oder Fahrlässigkeitsdelikt handelt, um Verletzung oder Gefährdung, spielt keine Rolle, ZBJV 107 (1971) 278 – Fahrlässigkeit wird allerdings praktisch keine Bedeutung erlangen. Unerheblich ist auch, ob der Täter verfolgt oder identifiziert werden kann, BGE 122 IV 94, Botsch. 307. Ein-

ziehung ist auch bei Übertretungen möglich, Art. 102, vgl. z.B. BGE 79
IV 171.

Durch eine strafbare Handlung erlangt sind zum einen *Gegenstände,* die 4
als *producta sceleris* auf strafbare Art hergestellt wurden, z.B. durch Fälschung (die freilich oft als gefährlich i.S.v. Art. 58 anzusehen ist), oder die
als *quaesita sceleris* mittels strafbarer Handlung beschafft wurden
(Hauptbeispiel: Beute). Ist nur ein Teil des Verhaltens strafbar, z.B.
wenn «weiche» Pornographie sowohl Personen unter als auch solchen
über 16 Jahren zugänglich gemacht wurde (Art. 197.1), so ist nur jener
Teil des Gewinnes einzuziehen, der durch den deliktischen Teil des Verhaltens erlangt wurde, BGE 119 IV 153, ebenso SCHMID, ZStrR 113
(1995) 338. Abwegig LGVE 1982 I Nr. 60, wo Eintrittsgelder aus der
Vorführung unzüchtiger Filme nicht eingezogen wurden, weil die Besucher freiwillig zahlten! Ähnlich RS 1964 Nr. 134. Auf die Einstellung der
Opfer kommt nichts an, vgl. BGE 103 IV 7.

Art. 59 sieht auch die Einziehung des Verbrecherlohns, des *pretium sce-* 5
leris, vor. Dabei ist *nicht erforderlich, dass eine strafbare Handlung*
tatsächlich begangen wurde, auch braucht sich der Zuwendende nicht als
Anstifter, psychischer Gehilfe oder sonstwie strafbar gemacht zu haben,
BGE 76 IV 18 f. (Richner), 103 IV 6. Damit soll verhindert werden, dass
(OR Art. 66!) *in pari turpitudine* der «wurmstichige Vermögenswert …
bei dem [bleibt], der ihn zufälligerweise zuletzt innehat», SCHULTZ II 216.
Während aArt. 59 noch von *Verfall* von Geschenken und Zuwendungen
sprach und damit eine gewisse Automatik nahelegte, wird nunmehr nur
noch der Ausdruck Einziehung verwendet, Botsch. 308. Damit wurde
auch klargestellt, dass die richterliche Entscheidung *konstitutiv* ist, insofern veraltet BGE 104 IV 6, 76 IV 20.

Als **Verbrecherlohn** gelten Zuwendungen auch dann, wenn erst die Ent- 6
geltlichkeit das Verhalten strafbar macht: BGE 71 IV 148 (Spring), 76 IV
16 (Richner; Annahme von Geschenken, Art. 316); zum alten Sexualstrafrecht BGE 72 IV 102 (Fischer, Kuppelei, aArt. 199), SJZ 51 (1955)
Nr. 13 (Zuhälterei, aArt. 201); die Entgeltlichkeit allein ist heute bei den
Sexualdelikten nicht mehr strafbegründend, vgl. Art. 195 N 7. Die Rechtsprechung vor der Revision 1974 überdehnte den Begriff des *pretium*
sceleris, weil eine Art. 59 entsprechende Einziehung nicht vorgesehen
war. BGE 97 IV 251 (Stettler) betrifft als Verstoss gegen das Lotteriege-
setz, SR 935.51, eine Kettenbriefaktion, deren Ertrag eher das *Ergebnis*
einer strafbaren Handlung ist; BGE 101 IV 211 (Wolf) zieht das Spesen-
konto «Sonntag» eines Spions ein, das eher als *instrumentum sceleris* anzusehen wäre, vgl. auch SCHULTZ II 216. Das Motiv der Leistung spielt
keine Rolle, BGE 103 IV 4.

Ähnlich wie bei Hehlerei stellt sich das **Problem des Surrogats** (vgl. 7
Art. 160 N 7). Gemäss Botsch. 308 soll dabei – gestützt auf das Spezia-
litätsprinzip – grundsätzlich nur der unmittelbar aus dem Delikt erlangte
Erlös mögliches Einziehungsobjekt sein, gegen eine solche Einschrän-

kung aber BR Koller und Leuenberger in Sten. NR 1994 63 f., welche den Text der Botsch. hierzu als «missverständlich» bezeichnen. Eine Ausnahme will die Botsch. a.a.O. ohnedies dann machen, wenn der unmittelbare Deliktserlös «reinen Wertcharakter» hat, z.B. aus Banknoten, Devisen, Checks oder Forderungen besteht. In solchen Fällen soll der zur Zirkulation bestimmte Wert solange einziehbar sein, als sein Weg sichtbar bleibt. SCHMID, ZStrR 113 (1995) 334 f. will im ersten Fall von «echten» Surrogaten sprechen, während er Vermögenswerte mit reinem Wertcharakter als «unechte» Surrogate bezeichnet. In den Fällen, wo der Vermögenswert infolge Umwandlung nicht mehr einziehbar ist («echtes» Surrogat), wird der Vermögensvorteil über eine Ersatzforderung nach Ziff. 2 abgeschöpft. Die Einschränkung der Einziehung auf «echte» Surrogate wird vor allem im Zusammenhang mit der Geldwäscherei problematisch, nämlich dann, wenn das Tatobjekt der Geldwäscherei auf einziehungsfähige Vermögenswerte beschränkt bleiben soll, s. dazu SCHMID a.a.O. 335, der sich für die Einziehbarkeit der «echten» Surrogate ausspricht; allgemein für die Einziehung «echter» und «unechter» Surrogate BAUMANN 223; gegen eine Einziehung der Surrogate PIOTET N 64 ff., J.L. MÜLLER 66, 79 ff., 110 f., zum alten Recht STRATENWERTH AT II § 14 N 54. Eingehend zum Zusammenwirken zwischen den Einziehungsbestimmungen und Art. 305bis ARZT, Wechselseitige Abhängigkeit, 25 ff.; vgl. auch DERS., AJP 2 (1993) 119.

8   Als sachliche Massnahme ist die Vermögenseinziehung **von der Strafbarkeit einer bestimmten Person unabhängig,** statt vieler BGE 115 IV 177; der Täter kann unbekannt oder zurechnungsunfähig sein, solange eine tatbestandsmässige und rechtswidrige Tat vorliegt, Botsch. 307 unter Hinw. auf BGE 105 IV 170, 108 IV 157, krit. dazu ARZT, Einziehung und guter Glaube, 97, der fordert, dass «keine oder nahezu keine Abstriche vom Erfordernis der *Strafbarkeit des Täters* gemacht werden»; zu *Auslandstaten* s. Art. 58 N 10, zu *Drittansprüchen* unten N 14.

9   Die Einziehung von Vermögenswerten ist, wie sich aus dem letzten Halbsatz von Ziff.1 Abs. 1 ergibt, **subsidiär zur Herausgabe an den Verletzten,** BGE 122 IV 368, SCHMID, ZStrR 113 (1995) 339, zum alten Recht BGE 100 IV 106, 91 IV 168 (Schwarb), RS 1980 Nr. 936; die Vollstreckungsbehörde hat jedoch eine strafrechtliche Einziehung zu respektieren, BGE 105 III 1.

Gemäss Botsch. 310 f. sind dem Verletzten nur Vermögenswerte, an denen er *dinglich* berechtigt ist, ohne vorgängige Einziehung zurückgegeben; andere Ansprüche muss er nach Art. 60 geltend machen; dieser Auffassung widerspricht BGE 122 IV 368, ebenso SCHMID a.a.O. 340 f., ferner BGE 112 IV 76 f. (Vermischung und Wechseln von Lösegeld), BJM 1993 35, SJZ 87 (1991) Nr. 56/9. Die Vermögenswerte sind jedoch grundsätzlich einzuziehen, wenn zum Zeitpunkt des Entscheides über die Einziehung die Schadenersatzansprüche des Geschädigten noch nicht befriedigt wurden, SCHMID a.a.O. 340. Kann der Verletzte erst nach Rechtskraft des Einziehungsentscheids ermittelt werden, so ist ihm das Einge-

zogene in Anwendung von Ziff. 1 I *in fine* und nicht über Art. 60 zurück-
zuerstatten, SCHMID a.a.O. 341. Konflikte zwischen den Ersatzan-
sprüchen des Geschädigten und den Rechten Dritter, deren Erwerb nach
Ziff. 1 II geschützt ist, sind nach den einschlägigen Bestimmungen des
Sachenrechts zu lösen (ZGB Art. 933 ff., 938 f.), Botsch. 310; Anwendung findet auch die Besitzesvermutung des ZGB Art. 930, wobei über
diese Fragen der Zivilrichter zu entscheiden hat, BGE 120 Ia 121 f., dazu
krit. PIOTET N 24, DERS. in JdT 1995 IV 162 ff. Ansprüche des Geschädigten müssen innert fünf Jahren (Ziff. 1 IV) seit der amtlichen Publikation des Urteils geltend gemacht werden, vgl. dazu Botsch. 310 f.

Wurden die Vermögenswerte dem Verletzten ausgehändigt, so ist die
Vermögenseinziehung ausgeschlossen; dadurch soll eine Doppelbela-
stung des Täters vermieden werden – der Vorteil ist nicht zweimal herauszugeben, so bereits zum alten Recht BGE 117 IV 110 ff. SCHULTZ 318,
GAILLARD 166; vgl. auch BAUMANN 157 ff.

Ziff. 2 sieht für die Vermögenseinziehung zwingend eine *Ersatzforderung*   10
des Staates «in gleicher Höhe» vor, wenn die Vermögenswerte nicht
mehr vorhanden sind. Damit soll verhindert werden, dass derjenige, der
sich der Vermögenswerte entledigt hat, besser gestellt wird als jener, der
sie behält, Botsch. 311 unter Hinw. auf BGE 104 IV 229 und SCHULTZ
319, BGE 123 IV 74, 119 IV 20. Die Ersatzforderung hat *subsidiären*
Charakter und kann nur angeordnet werden, wenn die direkte Einziehung gemäss Ziff. 1 nicht mehr möglich ist, so z.B. weil der Vermögenswert verbraucht, versteckt oder veräussert wurde, oder weil eine solche
Einziehung nie möglich war, weil sich z.B. der Vermögenswert als blosse
Verminderung der Passiven darstellte, Botsch. 311 f., BGE 123 IV 74, 119
IV 22, SCHMID, ZStrR 113 (1995) 333. Im übrigen müssen die gleichen
Voraussetzungen gegeben sein wie bei der Einziehung; umfangmässig
darf die Ersatzforderung den unrechtmässig erlangten Vermögensvorteil
nicht übersteigen, Botsch. 311 f.. Für die Erhebung der Ersatzforderung
ist grundsätzlich unerheblich, weshalb das ursprüngliche Einziehungsobjekt nicht mehr vorhanden ist, und wie sich der Täter des Vermögens-
werts entledigte; angesichts des pönalen Charakters von Art. 59 ist jedoch mit SCHMID a.a.O. 337 einschränkend zu fordern, dass dem
Betroffenen unmittelbar oder mittelbar ein Gegenwert zugeflossen ist,
andernfalls ist eine Ersatzforderung nur zu stellen, wenn der Betroffene
damit die Einziehung vereiteln wollte. Keine Ersatzforderung für den Ei-
genverbrauch von Drogen, BGE 119 IV 22 f., wohl aber für den bestimmungsgemässen Verbrauch von «sozial und rechtlich akzeptierten Werten», SCHMID a.a.O. Mehrere Tatbeteiligte haften nicht solidarisch,
sondern anteilsmässig, BGE 119 IV 21 f., JdT 1977 IV 64, SJZ 1979 Nr.
41. Zur Berechnung der Ersatzforderung N 12.

Von einer Ersatzforderung ist gemäss Ziff. 2 II ganz oder teilweise abzu-   11
sehen, wenn sie **«voraussichtlich uneinbringlich»** wäre oder die **«Wiedereingliederung des Betroffenen ernstlich behindern»** würde. Der Resozia-
lisierungsgedanke war bereits unter altem Recht ein von der Praxis

anerkannter Grund für die Reduktion der Ersatzforderung. Dem Verurteilten soll nicht durch übermässige Schulden die Wiedereingliederung verunmöglicht werden. Hatte BGE 103 IV 146 die Berücksichtigung dieses Gesichtspunktes noch auf die Vollstreckungsbehörden abgeschoben, so war bereits seit BGE 104 IV 229 der *Richter* – mit wechselnden Nuancen – gehalten, dem Anliegen Rechnung zu tragen. Eher zurückhaltend BGE 106 IV 10, wo die Reduktion einer Gesamtforderung von 88 450 Franken auf 10 000 (1000/ Jahr über 10 Jahre) angesichts des repressiven Charakters der Einziehung als ungerechtfertigt angesehen wurde, ähnlich LGVE 1983 I Nr. 54. Am anderen Ende der Skala hält Pra 74 (1985) Nr. 112 eine Reduktion von ca. 60 000 auf 4 000 Franken für vertretbar, ebenso die Vi, ZBJV 123 (1987) 36 m.Anm. SCHULTZ; ZR 77 (1979) Nr. 15 stellt die Sorge um Resozialisierungschancen an die erste Stelle, und Rep. 1980 162 verzichtet auf jegliche Einziehung im Hinblick auf Verschuldung und bevorstehende längerfristige Therapie, völliger Verzicht auch in GVP-ZG 1989 Nr. 90. Dazwischen liegen BGE 104 IV 229, 105 IV 21, 109 IV 125, PKG 1980 Nr. 11, RB TG 1995 Nr. 22. BGE 106 IV 337 lässt auch die *Berücksichtigung familiärer Unterstützungspflichten* zu. Um zu entscheiden, ob auf die Ersatzforderung ganz oder teilweise verzichtet werden soll, bedarf es einer umfassenden Beurteilung der finanziellen Lage des Betroffenen, BGE 122 IV 302, 119 IV 24. Die *liberale Praxis verdient Zustimmung* und sollte auch unter neuem Recht weiterverfolgt werden, vgl. auch GAILLARD 191, wobei die Reduktion den noch vorhandenen Nettogewinn jedoch nicht unterschreiten sollte, so zum alten Recht BGE 106 IV 10 f., Pra 74 (1985) Nr. 112, Extr.Fr. 1989 41 f. Geringere Bedeutung kommt dem Resozialisierungsgedanken beim organisierten Verbrechen zu.

12 Hinsichtlich der **Berechnung** des Vermögensvorteils war unter altem Recht äusserst kontrovers, ob bei illegaler Geschäftstätigkeit, insbesondere Drogenhandel, sämtliche Einnahmen dazugehören *(Bruttoprinzip)* oder ob Einstandspreis und Auslagen abzuziehen seien *(Nettoprinzip)*. Mit wenigen Ausnahmen (BGE 97 IV 252 [Stettler], Kettenbriefaktion; 109 IV 124, SJZ 74 [1978] Nr. 41, unzüchtige Veröffentlichung; AGVE 1986 Nr. 14, Vorschubleisten zur Unzucht) ging es dabei um Drogenhandel. Das **Bruttoprinzip** praktizierte insbesondere das BGer, BGE 97 IV 252 (Stettler) (zu Art. 59 I), 100 IV 264 (Lachat), 101 IV 363, 103 IV 143 ff., 123 IV 74 (illegal ausgestopfte Tiere); ihm folgten ZR 91 (1992/ 93) Nr. 14, AGVE 1979 75, Extr.Fr. 1976 149, LGVE 1983 I Nr. 54, SJZ 74 (1978) Nr. 41 *(LU)*, PKG 1980 Nr. 11; SCHULTZ 316, DERS. II 210, DERS. ZBJV 112 (1976) 343, 440, WEISS 215. Das **Nettoprinzip** praktizierten *BE:* ZBJV 112 (1976) 343, 117 (1981) 399, *BS:* BJM 1977 196, 1979 195, *NE:* SJZ 75 (1979) Nr. 2, *SG:* GVP-SG 1990 Nr. 62, *TG:* RS 1980 Nr. 1035, *TI:* Rep. 1978 398, *ZG:* SJZ 73 (1977) Nr. 37; in diesem Sinne auch AUBERT 266, CATENAZZI 249, GAUTHIER 375, MAURER 275, STRATENWERTH AT II § 14 N 60 ff.; differenzierend BAUMANN 169 ff.

Eine *wirtschaftliche Betrachtung führt zum Nettoprinzip,* bei welchem die Transaktion als Einheit angesehen wird (MAURER a.a.O., SJZ 75

[1979] Nr. 2), sie entspricht einer spontanen Lesart des Wortlauts und dem *Massnahmencharakter* der Einziehung. Das *Bruttoprinzip* beruht auf der Überlegung, dass der Täter mit der Umsetzung von Geld in Drogen oder Pornographie *rechtlich alles verloren* hat – er riskiert Einziehung der Ware nach Art. 58, natürlich ohne Entschädigung; es soll ihm keinen Vorteil bringen, wenn er einen Teil oder alles bereits umsetzen konnte; auch bei Abtreibern denke niemand an die Berücksichtigung von Auslagen (so Schultz a.a.O.; vgl. aber BGE 103 IV 4!); dass Drogen etwa Gegenstand von Betrug sein können, BGE 111 IV 57, 117 IV 150, steht der Ausnahme nicht entgegen (vgl. Art. 146 N 20).

Erwägungen der Gerechtigkeit und der Praktikabilität sprechen dafür, grundsätzlich das Bruttoprinzip anzuwenden, vor allem weil sich beim Nettoprinzip kaum lösbare Beweisprobleme stellen, vgl. BGE 103 IV 145, so z.B. wenn Gewinne des internationalen Drogenhandels auf Schweizer Banken einzuziehen sind, Weiss, ZStrR 95 (1978) 215; das neue Recht schliesst allerdings die Anwendung des Nettoprinzips nicht aus; Schmid, ZStrR 113 (1995) 338 meint, es sei «tendenziell» anzuwenden. M.E. muss eine differenzierende Lösung angestrebt werden. Die Beweisproblematik wurde durch Einführung von Ziff. 4 entkräftet, und soweit es um die Einziehung von Vermögenswerten des organisierten Verbrechens geht, kann gestützt auf Ziff. 3 auch weiterhin das Bruttoprinzip Anwendung finden. Auch beim Drogenhandel ist das Bruttoprinzip beizubehalten, während in anderen Fällen die Anwendung des Nettoprinzips angebracht sein kann, etwa dann, wenn sich Aufwendungen nachweisen lassen, denen – im Gegensatz zum Drogenkauf – ein an sich gültiges Rechtsgeschäft zugrundeliegt; ähnlich Baumann 171 f.

Bei einer **Mehrheit von Transaktionen** derselben Ware ist *jedesmal der* 13 *volle Erlös* einzuziehen, RVJ 1979 417, SJZ 75 (1979) Nr. 40, Schultz 317, anders SJZ 75 (1979) Nr. 39, Maurer 358 – natürlich nur unter der Einschränkung von Ziff. 1 II.

Ziff. 1 II regelt die Voraussetzungen der **Anerkennung von Dritterwerb** 14 *abweichend* von den entsprechenden zivilrechtlichen Bestimmungen. *Dritter* ist, wer «an der Anlasstat nicht in strafrechtlich relevanter Weise beteiligt ist», Schmid, ZStrR 113 (1995) 343. Die Gutgläubigkeit des Erwerbers, die als «Unkenntnis der Einziehungsgründe» umschrieben wird, soll vor allem den Schutz der Hehler ausschliessen – sie fehlt demnach, wenn der Betreffende weiss oder annehmen muss, dass der Gegenstand aus strafbarer Handlung stammt, vgl. Botsch. 309, Gaillard 181 f., Schmid a.a.O. und Art. 160 N 12, s. zum alten Recht BGE 115 IV 179, wo es um den Verkauf von Uhren ging, welche mit Drogengeld bezahlt wurden – keine Einziehung des Erlöses, weil der Verkäufer von den Drogengeschäften des Kunden nichts wusste und eine Gegenleistung erbracht hatte. Die vom Hehlertatbestand abweichende Formulierung macht aber deutlich, dass bösgläubig auch sein kann, wer nicht nach Art. 160 strafbar ist.

15 Nach ARZT, Einziehung und guter Glaube, 100, muss die Untersuchungsbehörde dem Dritten **nachweisen,** dass er «*keine Unkenntnis*» hatte; *juristische Personen* sind nach ihm, a.a.O. 108, grundsätzlich gutgläubig, es
sei denn, es bestehe zwischen natürlicher und juristischer Person wirtschaftliche Identität, oder es liessen sich aus dem Zivilrecht Ansprüche
gegen das Unternehmen ableiten. SCHMID, ZStrR 113 (1995) 343 geht
demgegenüber mit Recht davon aus, dass das Wissen der Organe und
Vertreter der juristischen Person zuzurechnen ist

16 Kumulativ zur Gutgläubigkeit wird vorausgesetzt, dass der Dritte eine
gleichwertige (geldwerte) **Gegenleistung** erbracht hat, was insbesondere
beim Erwerb zum Marktpreis der Fall ist, Botsch. 309. Die Regel schützt
den Geschäftsverkehr, vgl. BGE 115 IV 179, wo Drogengelder an einen
gutgläubigen Händler für Uhren bezahlt wurden, die er in die Türkei geliefert hatte. Andererseits wird sie praktisch auch eine Beweiserleichte-
rung mit sich bringen, denn im Erfordernis der Gegenleistung steckt eine
Art Schuldvermutung, vgl. dazu die eingehende Kritik bei ARZT, Einziehung und guter Glaube, 102 f.. krit. auch J.L. MÜLLER 103 f. Bei ungenügender Gegenleistung wird die entsprechende Differenz zwischen
wirklichem Wert und erfolgter Gegenleistung eingezogen bzw. eine entsprechende Ersatzforderung erhoben, Botsch. 309 f., SCHMID, ZStrR 113
(1995) 344. Ziff. 1 II gilt nicht nur für den Erwerb von Eigentum, sondern
auch für auch für den Erwerb anderer *dinglicher Rechte* – zu denken ist
vor allem an *Pfandrechte*, GAILLARD 180, SCHULTZ II 215; keine Anwendung findet die Bestimmung jedoch auf rein obligatorische Ansprüche
des Dritten, Botsch. 310, SCHMID a.a.O. 343. Ziff. 1 II findet keine Anwendung auf die Einziehung von Kriegsmaterial gemäss KMG Art. 20 I,
BGE 121 IV 372 f.

17 Die Einziehung ist schliesslich ausgeschlossen, wenn sie für den Dritten
eine **unverhältnismässige Härte** bedeuten würde. Diese Ausnahme
kommt zum Zuge, wo die Voraussetzung der gleichwertigen Gegenleistung nicht erfüllt ist – auch hier darf der Dritte keine Kenntnis der Einziehungsgründe haben. Immerhin wird die Einziehung von Geschenken
oder von Zuwendungen, die der Dritte geerbt hat, selten eine besondere
Härte bedeuten.

18 Aus **Ziff. 1 IV** ergibt sich, dass die geplante Einziehung – jedenfalls dann,
wenn nicht alle Betroffenen bekannt sind – **amtlich bekanntgemacht** werden muss, so bereits BGE 101 IV 380. Damit wird z.B. den Besitzern ab-
handengekommener Sachen ermöglicht, ihre Rechte aus ZGB Art. 934 I
geltend zu machen. Sie haben Anspruch auf rechtliches Gehör, BJM 1993
37.

19 Die **Verjährungsfrist** der Vermögenseinziehung entspricht gemäss **Ziff. 1
III** grundsätzlich der Verfolgungsverjährung der Anlasstat, beträgt aber
mindestens fünf Jahre. Zum alten Recht vgl. BGE 117 IV 239 ff.
m.w.Hinw. und die Vorauflage Art. 58 N 20. Die allgemeinen Regeln
über die Verfolgungsverjährung sind analog anwendbar, Botsch. 316. Die

Vollstreckung der Ersatzforderung verjährt innert 10 Jahren, Botsch. a.a.O.

Zur Sicherung der **Durchsetzung einer künftigen Ersatzforderung** kann   20 gemäss Ziff. 2 III die Untersuchungsbehörde Vermögenswerte des Betroffenen mit *Beschlag* belegen, z.B. Bankkonten sperren, s. dazu auch Art. 58 N 1. Die neue Bestimmung soll verhindern, dass jene Personen, welche sich der einziehbaren Vermögenswerte entledigt haben, dadurch begünstigt werden, dass gegen sie nur betreibungsrechtlich vorgegangen werden kann – wobei sie sich durch entsprechende Dispositionen den Anschein der Zahlungsunfähigkeit geben könnten, Botsch. 313. Das neue Recht genügt somit auch den Anforderungen von Art. 3 i.V.m. Art. 2.1 des Übereinkommens Nr. 141 des Europarats über Geldwäscherei sowie Ermittlung, Beschlagnahme und Einziehung von Erträgen aus Straftaten, SR 0.311.53, s. dazu Botsch. 314 und Botsch. 1992, BBl 1992 VI 16 f. Die Verwertung der beschlagnahmten Vermögenswerte und die Verteilung des erzielten Erlöses erfolgt nach den Bestimmungen des SchKG, was sich aus dem letzten Satz von Ziff. 2 III ergibt. Mit dieser Bestimmung greift der Bund in die Kompetenz der Kantone ein. Die gesetzliche Grundlage für strafprozessuale Eingriffe in Grundrechte sollte sich aber in der Strafprozessordnung finden – den Kantonen wäre zu empfehlen, ihre Gesetze entsprechend zu ergänzen.

Um die **Bekämpfung des organisierten Verbrechens** zu erleichtern, sieht   21 **Ziff. 3** eine Sonderregelung vor für die Einziehung von Vermögenswerten, welche der Verfügungsmacht einer kriminellen Organisation unterliegen. Umfangmässig sind gemäss Ziff. 3 Satz 1 alle derart qualifizierten Vermögenswerte einzuziehen, ohne dass der Zusammenhang zu einem konkreten Delikt nachzuweisen wäre – ein Nachweis, der gerade im Zusammenhang mit dem organisierten Verbrechen häufig nicht zu erbringen ist, vgl. dazu Art. 260ter N 1. Eine weitere Erleichterung bringt die Beweislastumkehr nach Ziff. 3 Satz 2; zu den Motiven des Gesetzgebers s. Botsch. 316 f., zur Bedeutung für die internationale Rechtshilfe vgl. Art. 260ter N 1. Der Gesetzgeber wollte durch das neue Einziehungsrecht, insbesondere durch Ziff. 3, auch die Bedeutung des Art. 305bis verstärken, Botsch. 316, kritisch ARZT, Einziehung und guter Glaube, 95; ob diese Möglichkeit der Einziehung geradezu den Tatbestand der Geldwäscherei verdrängen würde, wie KUNZ 36, und PIETH, ZStrR 113 (1995) 238, fürchten, bleibt abzuwarten.

Voraussetzung für die Anwendung der Bestimmung ist die **Verfügungs-**   22 **macht der kriminellen Organisation.** Zum Begriff der *kriminellen Organisation* s. Art. 260ter N 3 ff. Der Begriff der *Verfügungsmacht* entspricht am ehesten jenem der wirtschaftlichen Berechtigung gemäss Art. 305ter, vgl. Botsch. 318, wo auch auf den Gewahrsamsbegriff (Art. 139 N 3) verwiesen wird – dieser ist aber enger, weil sich der Gewahrsam nur auf Sachen beziehen kann. Massgebend für die Frage, ob ein Vermögenswert der Verfügungsmacht einer kriminellen Organisation unterliegt, sind die wirtschaftlichen, nicht die rechtlichen Verhältnisse; die Verfügungsmacht ist gegeben, wenn «die kriminelle Organisation jederzeit entsprechend ihrem Bedarf auf die Vermögenswerte greifen kann», Botsch. a.a.O., s. auch Art. 305ter N 9. Auch ganze Vermögenskomplexe können eingezogen werden, so z.B. Unternehmen, SCHMID, ZStrR 113 (1995) 346.

23   Ziff. 3 sieht in Satz 2 eine **Beweislastumkehr** zuungunsten von Personen vor, welche an einer kriminellen Organisation *beteiligt* sind oder diese *unterstützen* (Art. 260ter N 9 f.); sie haben zu beweisen, dass sie persönlich – und nicht die kriminelle Organisation – die Verfügungsmacht über die fraglichen Vermögenswerte innehaben; zu den Motiven des Gesetzgebers s. Botsch. 318 ff. Dass diese Bestimmung mit der Unschuldsvermutung nach EMRK Art. 6.2, aber auch mit Art. 1 des 1. ZP vereinbar ist, ergibt sich nicht nur aus den Urteilen Salabiaku, EGMR Nr. 141, und Pham Hoang, EGMR Nr. 243, auf welche Botsch. 320 verweist, sondern insbesondere aus den Fällen Raimondo c. Italien, EGMR Nr. 281-A und EKMR, M. c. Italien, B 12386/86, DR 70 59. SCHMID a.a.O. 349, 354, findet sie «nicht ganz unproblematisch», krit. auch KUNZ 36, J.L. MÜLLER 114 ff., für «vertretbar» hält sie P. MÜLLER 1185; eingehend zur Einziehung und Unschuldsvermutung ARZT, recht 11 (1993) 77 ff. Man wird an den *Gegenbeweis* keine allzu hohen Anforderungen stellen dürfen, ebenso CASSANI 76, KUNZ 36 f., SCHMID a.a.O. 354. Der Nachweis des legalen Erwerbs der Vermögenswerte genügt, um die Vermutung zu entkräften, so Botsch. 320, CASSANI 76, abweichend SCHMID a.a.O. 353 f., der dies für die an der kriminellen Organisation Beteiligten nicht gelten lassen will und bei den Anforderungen an den Gegenbeweis nach der Intensität der Beziehung differenzieren will, ähnlich KUNZ 36 f. Bei *juristischen Personen,* die nur teilweise von dem organisierten Verbrechen zuzurechnenden Personen beherrscht werden, findet die Beweisregel keine Anwendung – soweit Dritte nicht nur in der Grössenordnung von 5–10 % beteiligt sind, SCHMID a.a.O. 351. Auch auf Opfer, wie z.B. Schutzgeldzahlende, die unter Druck zur Unterstützung der kriminellen Organisation gezwungen werden, ist die Bestimmung nicht anzuwenden, dazu ARZT, AJP 2 (1993) 1192 Fn 30.

24   **Ziff. 4** räumt dem Richter neu die Möglichkeit ein, den Umfang der einzuziehenden Vermögenswerte zu schätzen – in der Praxis dürfte dies bereits früher praktiziert worden sein, vgl. Botsch. 315 und J.L. MÜLLER unter Hinw. auf einen Entscheid des OGer BE in Plädoyer 3/1990 67 f. Der Wortlaut ist insofern zu eng, als die Bestimmung nicht nur auf die eigentliche Einziehung, sondern auch auf die Festsetzung von Ersatzforderungen anwendbar ist, SCHMID, ZStrR 113 (1995) 355, so implizit auch die Botsch. 315; dabei kann sich die Schätzung auf alle Berechnungsfaktoren beziehen, SCHMID a.a.O. – jedoch nicht auf die in Ziff. 1 und 3 genannten Voraussetzungen der Einziehung. Dem Betroffenen ist rechtliches Gehör zu gewähren, damit er die richterliche Schätzung anfechten kann; allgemein zum Vorgehen SCHMID a.a.O. 356 f., DERS., ZGRG 1995 7.

Zur **Verwendung** Art. 60, 381; zur **Zuständigkeit** Art. 58 N 14; zum Verhältnis zur Busse s. Art. 48 N 6; zu den **Rechtsmitteln** gegen Einziehungsentscheide SCHMID, ZStrR 113 (1995) 365 ff. 25

60 Verwendungen zugunsten des Geschädigten

[1]Erleidet jemand durch ein Verbrechen oder ein Vergehen einen Schaden, der nicht durch eine Versicherung gedeckt ist, und ist anzunehmen, dass der Schädiger den Schaden nicht ersetzen wird, so spricht der Richter dem Geschädigten auf dessen Verlangen bis zur Höhe des gerichtlich oder durch Vergleich festgesetzten Schadenersatzes zu:

a. die vom Verurteilten bezahlte Busse;
b. eingezogene Gegenstände und Vermögenswerte oder deren Verwertungserlös unter Abzug der Verwertungskosten;
c. Ersatzforderungen;
d. den Betrag der Friedensbürgschaft.

[2]Der Richter kann dies jedoch nur anordnen, wenn der Geschädigte den entsprechenden Teil seiner Forderung an den Staat abtritt.

[3]Die Kantone sehen für den Fall, dass die Zusprechung nicht schon im Strafurteil möglich ist, ein einfaches und rasches Verfahren vor.

Fassung gemäss Anhang Ziff. 1 des Opferhilfegesetzes vom 4.10.1991, lit. b in der Fassung des BG vom 18.3.1994.

E 57. Botsch. 23 f. – Zur Teilrevision 1974: E 1971 Art. 60, Botsch. 1971 993 ff., Sten.NR 1973 499, StR 1973 580. – Zur Teilrevision 1993: Botsch. vom 25.4.1990, BBl 1990 II 961 ff., Sten. NR 1991 8 ff., 1278, 2036 f., StR 1991 582, 921, Referendumsvorlage in BBl 1991 961, weitere Angaben bei GOMM/STEIN/ZEHNTNER 11; zur Teilrevision 1994 vgl. Materialen zu Art. 58, 59.

Lit. vor Art. 58; PETER GOMM/PETER STEIN/DOMINIK ZEHNTNER, Kommentar zum Opferhilfegesetz, Bern 1995; ANNA KLEY-STRULLER, Wiedergutmachung im Strafrecht, Diss. BS 1993, 73 ff.; CARLO WAECKERLING, Die Sorge für den Verletzten im Strafrecht, Diss. ZH 1946.

Die **finanziellen Interessen** des Opfers waren in aArt. 60 nur sehr 1 schwach geschützt. In Ausführung des Verfassungsauftrages von BV Art. 64ter, wonach der Bund und die Kantone dafür zu sorgen haben, dass die Opfer von Straftaten gegen Leib und Leben Hilfe erhalten, wurde das Opferhilfegesetz vom 4.10.1991 erlassen, welches die Bestimmung insbesondere in zwei Punkten materiell änderte: Zum einen wird neu die Zusprechung von Schadenersatz bei gegebenen Voraussetzungen nicht mehr dem Ermessen des Richters anheimgestellt, sondern zwingend vorgeschrieben, zum andern sind die restriktiven Voraussetzungen für die Zusprechung der Busse beseitigt, Botsch. 1990 996, was auch SCHULTZ VE 198 f. gefordert hatte. Durch das BG vom 18.3.1994 erfolgte nur eine geringfügige Anpassung von Abs.1 b an die geänderten Einziehungsbestimmungen.

2 Art. 60 verlangt bezüglich der Verwendung der eingezogenen Vermögenswerte vom Wortlaut her **zwingend** den **Verzicht des Staates** zugunsten des Geschädigten, so bereits zum altem Recht BGE 117 IV 111 f., ZBJV 113 (1977) 175 f., anders noch BGE 89 IV 174 (Durand), wo aus dem damaligen Wortlaut («kann») der Schluss gezogen wurde, dass die Bestimmung keinen Rechtsanspruch schaffe.

3 **Anspruchsberechtigt** ist, wer «durch ein Verbrechen oder Vergehen einen Schaden» erleidet; darunter fällt somit nicht nur das «Opfer» gemäss OHG oder der «Verletzte», d.h. der Träger des unmittelbar betroffenen Rechtsguts, sondern jeder, dem zivilrechtlich ein Anspruch auf Schadenersatz zusteht, vgl. PIOTET N 122 f., STRATENWERTH AT II § 14 N 42; zur *Genugtuung* s. unten N 7. Gegenstände, die dem Verletzten gehören, werden ihm sogleich ausgehändigt, eingehend PIOTET N 126 ff.

4 Die **Einschränkungen** für die Zusprechung von Bussen nach aArt. 60 wurden ersatzlos **gestrichen.** Für Bussen gelten neu die gleichen Voraussetzungen wie für die anderen in Art. 60 erwähnten Leistungen. Praktische Auswirkungen für die Stellung der Geschädigten dürften sich insbesondere dann ergeben, wenn durch Revision des AT die kurzfristigen Freiheitsstrafen vermehrt durch Bussen ersetzt werden, vgl. SCHMID, ZStrR 113 (1995) 358.

5 **Vom Verwertungserlös abzuziehen** sind lediglich die Verwertungskosten – die *Ansprüche des Verletzten gehen* denjenigen des Staates auf Bezahlung der Verfahrenskosten vor. Eingehend zu Abs. 1 lit. b PIOTET N 132 ff.

6 Die **verfallene Kaution** i.V.m. bedingter Entlassung aus der Untersuchungshaft muss nicht zugunsten des Geschädigten verwendet werden, JdT 1966 III 55; es bleibt auch nach den Teilrevisionen von 1993 und 1994 den Kantonen überlassen, inwieweit sie für verfallene Kautionen eine dem Art. 60 entsprechende Regelung vorsehen wollen, Botsch. 1990 996 – eine formell vertretbare, materiell nicht ganz befriedigende Lösung.

7 Aus der Verwendung des Begriffs **«Schadenersatz»** (nicht: «Schaden») schliesst SCHULTZ II 216, dass *Genugtuung* nicht geleistet werde könne, ebenso CLERC, ZStrR 56 (1942) 16, PIOTET N 124, STRATENWERTH AT II § 14 N 42, a.M. FALB, ZStrR 94 (1977) 333, KLEY-STRULLER 75, LOGOZ/SANDOZ 334, SCHMID, ZStrR 113 (1995) 360, THORMANN/V. OVERBECK N 2 zu Art. 60. Weil die Entschädigung des Opfers ein *wertvoller Beitrag zur Befriedung,* einem der Hauptziele des Strafrechts, ist, verdient die zweite Auffassung den Vorzug. Diese Streitfrage wurde vom Gesetzgeber auch durch die Teilrevisionen 1993 und 1994 nicht beantwortet.

8 Das Opfer soll über Art. 60 nicht bereichert werden, weshalb nur soweit Ersatz zugesprochen wird als der Schaden nicht bereits durch **Versicherungsleistungen** gedeckt ist.

Die **Abtretung der Forderung** an den Staat ist nur dann gerechtfertigt, wenn dadurch der Täter nicht doppelt belastet wird – so etwa bei Friedensbürgschaft und Busse, nicht aber bei der Einziehung, wenn der Verurteilte dadurch zweimal für die Schuld bezahlen muss, ZBJV 113 (1977) 175 f. 9

Das BGer hat neuerdings unter Hinweis auf die namentlich im OHG dokumentierte Tendenz zur Besserstellung des Opfers anerkannt, dass der Geschädigte seine Ansprüche aus Art. 59 und 60 **mit der Nichtig-keitsbeschwerde** durchsetzen kann, BGE 122 IV 368 ff. mit eingehender Begründung, anders noch BGE 118 Ib 266, 104 IV 71, 89 IV 173. 10

Im **Verhältnis** zu Art. 60 ist die **finanzielle Hilfe aufgrund des OHG** subsidiär, OHG Art. 14. Weil gemäss OHG Art. 16 III das Opfer seine Ansprüche innert zwei Jahren nach der Straftat geltend machen muss und bis zur Zusprechung einer Entschädigung aus Art. 60 geraume Zeit vergehen kann, sollte das Opfer «zweispurig» vorgehen und Ansprüche aus OHG und Art. 60 gleichzeitig geltend machen, KLEY-STRULLER 79 f. 11

61 Veröffentlichung des Urteils

[1]Ist die Veröffentlichung eines Strafurteils im öffentlichen Interesse oder im Interesse des Verletzten oder Antragsberechtigten geboten, so ordnet sie der Richter auf Kosten des Verurteilten an.

[2]Ist die Veröffentlichung eines freisprechenden Urteils im öffentlichen Interesse oder im Interesse des Freigesprochenen geboten, so ordnet sie der Richter auf Staatskosten oder auf Kosten des Anzeigers an.

[3]Die Veröffentlichung im Interesse des Verletzten, Antragsberechtig-ten oder Freigesprochenen erfolgt nur auf deren Antrag.

[4]Der Richter bestimmt Art und Umfang der Veröffentlichung.

HANS DUBS, Urteilspublikation, ZStrR 87 (1971) 388.

Die **Urteilsveröffentlichung** ist eine Massnahme mit unterschiedlichen Zielsetzungen. Ihre *praktische Bedeutung* ist *zusammengeschrumpft* seit der Aufhebung der ursprünglichen Fassung von SVG Art. 102.2 b), wonach bei Fahren in angetrunkenem Zustand im Rückfall die Publikation obligatorisch war. Die Zahl der Veröffentlichungen nach Art. 61 betrug 1974: 1431; 1976: 31; 1983: 7. 1

Nach der systematischen Einordnung handelt es sich um eine **Mass-nahme,** was einerseits den bedingten Vollzug, BGE 108 IV 160, GVP-SG 1951 Nr. 47, andererseits die Begnadigung ausschliesst, AGVE 1964 Nr. 34, RS 1962 Nr. 159, SJZ 59 (1963) Nr. 170; anders äusserte sich der Bundesrat, SJZ 66 (1970) 16, dazu kritisch SCHULTZ II 204. DUBS 400 hält dagegen die im Dienst der Generalprävention stehende Urteilspubli-kation für eine Nebenstrafe; den Strafcharakter betonen ferner BGE 75 I 2

218 f., RS 1965 Nr. 13. Für SVG aArt. 102.2 b) stand der Strafcharakter in der Tat im Vordergrund; die systematische Einteilung kann indessen nicht ignoriert werden – es liegt an der Rechtsprechung, Art. 61 als Massnahme anzuwenden.

3   Das **öffentliche Interesse,** welches die Publikation im Fall des **Abs. 1** voraussetzt, kann gemäss BGE 92 IV 186 (Zysset) «darin bestehen, den Verurteilten mit einem zusätzlichen Mittel von der Wiederholung der Verfehlung abzuhalten und damit die Allgemeinheit in Zukunft vor ihm zu schützen. Es kann aber auch darin liegen, andere Personen von der Begehung gleicher oder ähnlicher Straftaten abzuschrecken. Diesfalls muss allerdings die allgemeine Abschreckung wegen der Häufigkeit, mit der Verbrechen oder Vergehen der betreffenden Art begangen werden, oder wegen der Umstände des einzelnen Falles in besonderem Masse nötig sein», ähnlich BGE 78 IV 15 (Rentsch), 18 (Walser), 94 IV 88 (Köchli); JdT 1967 IV 31; SJZ 50 (1954) Nr. 22, 51 (1955) Nr. 15; ZR 51 (1952) Nr. 186, 69 (1970) Nr. 60. Diese Rechtsprechung, bei der es immer um Fahren in angetrunkenem Zustand geht (vgl. aber BGE 93 IV 90 [Kabalan], wo betr. wucherische Missbräuche am Wohnungsmarkt ähnlich generalpräventiv argumentiert wird), ist rein punitiv und mit Art. 61 als Massnahme nicht vereinbar – BGE 78 IV 18 betont, dass Nachweis eines Nutzens der Publikation nicht erforderlich sei. PKG 1975 Nr. 35 interpretiert die *Revision des SVG als Geständnis der Wirkungslosigkeit dieser Prangerstrafe* und zieht der. richtigen Schluss, dass hinfort generalpräventive Überlegungen* die Urteilsveröffentlichung *nicht mehr* rechtfertigen können, ebenso STRATENWERTH AT II § 1 N 61. Ein öffentliches Interesse lässt sich immerhin in jenen Fällen bejahen, wo das Publikum gewarnt werden soll, etwa bei Warenfälschung, BGE 88 IV 11 (Koller; Färben von Würsten, Vi RS 1965 Nr. 13), bei Widerhandlungen gegen UWG und AO, BGE 101 IV 344 (Zehnder; Liquidationsverkäufe), bei Delinquenz eines Rechtsanwalts. BGE 108 IV 159, oder bei Umweltverschmutzung.

4   Wo das Gesetz die Publikation **vorschreibt** (heute nur noch in Art. 235.1 II und 236 I – in diesem Fall selbst ohne Gewerbsmässigkeit!), wird das öffentliche Interesse *ratione legis et de lege* vermutet, BGE 88 IV 12, GVP-SG 1951 Nr. 47, Sem.jud 1986 20. Im Zuge der Revision des Vermögensstrafrechts wurden die Hinweise auf obligatorische wie fakultative Urteilsveröffentlichung bei der Warenfälschung gänzlich weggelassen.

5   Voraussetzung ist ferner in Abs. 1 **Verurteilung** wegen einer strafbaren Handlung. Eine Übertretung genügt nicht, da seit der Revision des Vermögensstrafrechts in keinem Übertretungstatbestand mehr eine Veröffentlichung vorgesehen ist (Art. 104 II) – unter altem Recht noch aArt. 155. Es genügt, wenn ein Schuldspruch bei Absehen von Strafe erfolgt, RS 1943 N 42. Bei Freispruch ist Publikation im Interesse des Verletzten ausgeschlossen, RS 1952 Nr. 92, ZR 52 (1953) Nr. 17.

Nur ein **Urteil** kann veröffentlicht werden, nicht eine Aufhebungs- oder 6
Einstellungsverfügung der Überweisungsbehörde, BGE 81 IV 221 (Dolder), ZBJV 98 (1962) 352 (Vi). In einem solchen Fall soll Veröffentlichung jedoch nach Vorschriften des *kantonalen Prozessrechts* möglich sein, BGer a.a.O.

Zum **Inhalt** der Veröffentlichung gehört *immer* der Name des Verurteilten oder Freigesprochenen, was vor allem bei Verurteilung die Gefahr 7
falscher Verdächtigungen bannt, BGE 88 IV 13, RS 1965 Nr. 13; die abweichende Auffassung in SJZ 57 (1961) Nr. 5 verkennt, dass nur die Namensnennung die Veröffentlichung zur Massnahme für den Verurteilten macht. Auf Erwähnung des Verteidigers soll verzichtet werden, so ein Kreisschreiben des Zürcher Obergerichts, SJZ 51 (1955) 368. In der Regel wird das *Dispositiv* veröffentlicht, allerdings nicht unbedingt vollständig; andererseits kann sich die Wiedergabe der wesentlichen Beweggründe aufdrängen, SJZ 51 (1955) 368, 51 (1956) Nr. 144. Rechtfertigen oder erfordern nur einige von mehreren Schuldsprüchen die Publikation, so ist sie auf diese zu beschränken, BGE 101 IV 291. Der Richter entscheidet über die Art der Veröffentlichung.

Auch über das **Publikationsorgan** entscheidet der Richter. In erster Linie 8
kommt dafür das Amtsblatt in Frage, so der Sachverhalt in BGE 78 IV 14, 10, 88 IV 14, GVP-SG 1969 Nr. 23, PKG 1970 Nr. 39. Beim Entscheid ist einerseits darauf zu achten, dass die Publikation verspricht, einen breiteren Leserkreis zu finden, BGE 88 IV 14, RS 1965 Nr. 13, SJZ 51 (1955) 368, was etwa mit einem *Amtsanzeiger* erreicht wird, ZBJV 101 (1965) 277, oder mit einer *lokalen Tageszeitung,* vgl. BGE 101 IV 344, 108 IV 158, RS 1964 Nr. 197, SJZ 61 (1965) Nr. 37 für krasse Fälle; andererseits kann ein Organ gewählt werden, das sich an *besonders interessierte Kreise* verwendet, wie die *Automobil-Revue,* SJZ 52 (1956) Nr. 144, *«Touring»,* SJZ 55 (1959) Nr. 110, vgl. auch BGE 78 IV 16, ZBJV 101 (1965) 277, *Schweizer Briefmarkenzeitung,* BGE 101 IV 288, aber nicht die *Schweizerische Metzgerzeitung,* wenn das Publikum geschützt werden soll, BGE 88 IV 14. Private Zeitungen und Zeitschriften können unter Androhung von Strafe gem. Art. 292 gezwungen werden, die Veröffentlichung abzudrucken, SJZ 41 (1945) Nr. 108, LOGOZ/SANDOZ 340. Der *Publikationsort* richtet sich ebenfalls nach dem Adressatenkreis: Wohnort, Tatort oder Arbeitsort, RS 1965 Nr. 175, ZBJV 101 (1965) 227. Der Richter kann mehrfache Veröffentlichung anordnen, soll aber dem Verurteilten *nicht unverhältnismässig hohe Kosten* zumuten, SJZ 51 (1955) 368. Wo das Interesse nur bei einem sehr beschränkten Personenkreis besteht, ist auch gezielte Information zulässig, BJM 1956 84. Das Publikationsorgan hat keinen Anspruch auf Beteiligung im Verfahren, BGE 113 IV 113.

Ist die Veröffentlichung zur «Rufreparation» (DUBS 390) unbedenklich, 9
und diejenige auf Antrag des Verletzten in manchen Fällen (z. B. Ehrverletzung) sinnvoll, so bestehen berechtigte **Zweifel an der Wirksamkeit** der Publikation im öffentlichen Interesse, DUBS 405 f., STRATENWERTH AT § 1 N 61. SCHULTZ VE 197 schlägt Streichung vor, ebenso *VE 1993.*

62 Strafregister

Über die Strafurteile und die Anordnung sichernder Massnahmen werden Register geführt (Art. 359–364).

1   Der Eintrag ins Strafregister ist weder eine Strafe noch eine kriminalrechtliche Massnahme im engeren Sinne – er dient nur mittelbar und indirekt der Beeinflussung des Täters, indem er die Spur seiner kriminellen Karriere aufzeichnet, nur indirekt auch der öffentlichen Sicherheit, indem er das mit Vorbestraftsein verbundene Risiko eines Rückfalls erkennen lässt. Vornehmlich handelt es sich um eine **Verwaltungsmassnahme** im Dienst der korrekten Anwendung des Gesetzes (z.B. Art. 41, 42, 67).

2   Weil die Eintragung ins Strafregister und die Erteilung von Auskünften darüber erhebliche Eingriffe ins Recht auf Achtung des Privatlebens darstellen, Frowein/Peukert Art. 8 N 7, ist eine gesetzliche Regelung notwendig. Zum **Inhalt** dieser Regelung s. Art. 359 ff., 80.

3   Nach dem *VE 1993* soll zwar weiterhin ein Strafregister geführt werden, doch soll es grundsätzlich nurmehr der Information der Strafjustiz- und Vollzugsorgane dienen, Bericht VE 1993 121.

Zweiter Abschnitt:
Die Strafzumessung

1. Allgemeine Regel

63

Der Richter misst die Strafe nach dem Verschulden des Täters zu; er berücksichtigt die Beweggründe, das Vorleben und die persönlichen Verhältnisse des Schuldigen.

VE 1893 Art. 36, Mot. 73. VE 1894 Art. 35 1. ExpK I 243, II 447 f. VE 1908 Art. 49. Erl.Z. 99 ff. 2. ExpK I 358 ff., 449, VIII 204 ff. VE 1916 Art. 62. E Art. 60. Botsch. 24. Sten.NR 210 f., StR 115 f. E 60.

PETER ALBRECHT, Der Erfolgsunwert im Strafrecht, in Festgabe zum Schweizerischen Juristentag 1973, Basel 1973, 209; DERS.; Schuld und Strafzumessung aus der Sicht des Richters, SJZ 79 (1983) 262; DERS., Die Strafzumessung im Spannungsfeld von Theorie und Praxis, ZStrR 108 (1991) 45; DERS., Ein Strafzumessungsmodell für die Drogenjustiz, AJP 5 (1996) 369; DERS., Die strafrechtlichen Sanktionen unter dem Druck der Betäubungsmitteldelinquenz, in FS für Jörg Rehberg zum 65. Geburtstag, Zürich 1996, 11; GUNTHER ARZT, Strafzumessung – Revolution in der Sackgasse, recht 12 (1994) 141, 234; HANS-JÜRGEN BRUNS, Das Recht der Strafzumessung, 2. A. Köln 1985; BERNARD CORBOZ, *La motivation de la peine,* ZBJV 131 (1995) 1; HANS DUBS, Analytische Bewertung als Grundlage richterlicher Strafzumessung, in Festgabe zum Schweizerischen Juristentag, Basel 1963; DERS., Grundprobleme des Strafzumessungsrechts in der Schweiz, ZStW 94 (1982) 161; THOMAS FAUST, Der Leumundsbericht im schweizerischen Erwachsenenstrafrecht, Diss. BS 1986; ERWIN FLURY, Leumundszeugnis und Leumundsrequisit im schweizerischen Recht, Diss. FR 1954; PETER FREI/CARLO RANZONI, Strafzumessung im Betäubungsmittelhandel, AJP 4 (1995) 1439; eine Entgegnung von P. ALBRECHT findet sich in AJP 5 (1996) 369; OSCAR ADOLF GERMANN, Das Ermessen des Richters auf Grund des schweizerischen Strafgesetzbuches, ZStrR 56 (1942) 21; MONIQUE GISEL, *L'individualisation d'une peine mesurée sur la culpabilité du délinquant,* Diss. GE 1978; ARTHUR HAEFLIGER, Der Deliktsbetrag, ZStrR 70 (1955) 81; THOMAS HANSJAKOB, Zur Strafzumessung in Betäubungsmittel-Straffällen, SJZ 90 (1994) 57; GABI HAUSER, Die Verknüpfungsproblematik in der Strafzumessung, Diss. FR. 1985; MERET CAROLA HEIERLE, Die Strafzumessung im Militärstrafrecht, Diss. ZH 1986; MARTIN KILLIAS, *De la difficulté de quantifier la fixation de la peine,* in Mélanges en l'honneur du Professeur Jean Gauthier, ZStrR 1996, 33; KARL-LUDWIG KUNZ, Überlegungen zur Strafbemessung auf erfahrungswissenschaftlicher Grundlage, in: Entwicklungslinien der Kriminologie, Köln usw. 1985, 29; MIRANDA LINIGER, *Le contrôle de la fixation* de *la peine dans la jurisprudence récente du Tribunal fédéral,* Sem.jud. 1996 565; CARL LUDWIG, Die Freiheit des Richters in der Bestimmung der Strafe, ZStrR 75 (1959) 199; GUSTAV MAURER, Die Strafzumessung im schweizerischen Strafgesetzbuch, Diss. ZH 1945; GIUSEP NAY, Neue Entwicklungen in der Rechtsprechung des Kassationshofes des Bundesgerichts, ZStrR 112 (1994) 170,

175 ff.; GÉRARD PIQUEREZ, *La motivation des décisions de justice en droit pénal*, in FS für Jörg Rehberg zum 65. Geburtstag, Zürich 1996, 251; FRANZ RIKLIN, The Death of Common Sense – kritische Gedanken zur gegenwärtigen amerikanischen Kriminalpolitik, in FS für Jörg Rehberg zum 65. Geburtstag, Zürich 1996, 269; CLAUS ROXIN, Strafzumessung im Lichte der Strafzwecke, ZStrR 94 (1977) 463; BAPTISTE RUSCONI, *Quelques problèmes sur la mesure de la peine dans le droit de la circulation routière*, ZStrR 98 (1981) 417; WOLFGANG SCHMID, Die richterliche Strafzumessung bei Verkehrsübertretungen, Diss. ZH 1969; PETER SCHNEIDER, Die Täterpersönlichkeit – Irrationaler Kern der Strafzumessung? (im Buchhandel als: «Strafzumessung: Glatteis für die Straftäter»), Diss. ZH 1979; MARTIN SCHUBARTH, Qualifizierter Tatbestand und Strafzumessung in der neueren Rechtsprechung des Bundesgerichts, BJM 1992 57; MARTIN LUKAS STOECKLIN, Untersuchung über das Gewicht der einzelnen Strafzumessungsgründe (zu aArt. 191), Diss. BS 1971; GÜNTER STRATENWERTH, Tatschuld und Strafzumessung, Recht und Staat Heft 406/407, Tübingen 1971; STEFAN TRECHSEL, Strafzumessung bei Verkehrsstrafsachen, insbesondere bei SVG Art. 91 Abs. 1, in Rechtsprobleme des Strassenverkehrs, Bern 1975, 71; ARMAND VON WERDT, Die Strafzumessung unter besonderer Berücksichtigung der luzernischen Gerichtspraxis bei Diebstahl, Diss. FR 1956; HANS WIPRÄCHTIGER, Die Abklärung der Persönlichkeit des Beschuldigten – Die Sicht des Richters, ZStrR 111 (1993) 175; DERS., Strafzumessung und bedingter Strafvollzug – eine Herausforderung für die Strafbehörden, ZStrR 114 (1996) 422.

1   Unter **Strafzumessung** i.S. von Art. 63 wird hier die *Tätigkeit des Richters* verstanden, *durch welche nach einem Schuldspruch die Strafe ausgewählt und bemessen wird – nicht* dazu gehört die Frage *des bedingten Strafvollzugs* (Art. 41) und der *Massnahmen* (Art. 42 ff., 57 ff., 100bis). Die Strafe darf nicht höher oder tiefer angesetzt werden, je nachdem, ob sie bedingt oder unbedingt ausgesprochen wird; zur abweichenden Auffassung des BGer N 9 und Art. 41 N 7. Art. 63 ist jedoch auch bei *Nebenstrafen* zu beachten, z.B. BGE 78 IV 72 E.2 (Flury, Wirtshausverbot); 94 IV 103 (Gamberoni), RS 1983 Nr. 429, Landesverweisung; ferner bei der Festsetzung von Zollbussen, trotz relativ starrer Berechnungsvorschriften (ZG Art. 75), BGE 103 Ia 227, Rep. 1983 173, 1984 189. Auch dort, wo nach objektiven und subjektiven Kriterien zu entscheiden ist, ob ein *schwerer oder leichter Fall* vorliegt, wird analog Art. 63 argumentiert, s. z.B. BGE 103 IV 278 ff. zu BetmG Art. 19a.2, 117 IV 440 f. zu aArt. 145 II.

2   Oft wird Strafzumessung i.S.v. Art. 63 in **Gegensatz** gestellt **zu der Strafrahmenerweiterung,** Art. 64–68, z.B. HAUSER 2. Diese Terminologie ist irreführend, denn Art. 63 gilt unabhängig davon, ob der Strafrahmen durch Milderung oder Schärfung verändert wurde oder nicht – GISEL 15 hält die Bestimmung für die wichtigste des StGB.

3   Drei **allgemeine Anforderungen** sind an **eine «richtige» Strafzumessung** zu stellen: Sie muss zu einer *verhältnismässigen* Strafe führen *(Billigkeit),* sie muss ein Höchstmass an *Gleichheit* gewährleisten *(Rechtssicherheit)* und sie muss transparent, *überzeugend begründet* und dadurch *überprüfbar* sein *(Legitimation durch Verfahren),* TRECHSEL 76 f.

Umstritten ist, ob jeweils nur eine bestimmte Strafe die «richtige» sei   4
(**«Punktstrafe»),** oder alle verschiedenen Strafen innerhalb eines gewissen Rahmens (**«Spielraum-» oder «Rahmentheorie»),** so z.B. ARZT 144,
REHBERG II 80 f., ROXIN 465, SCHULTZ II 77. M.E. ist nur die erste Auffassung richtig: Denkt man sich zwei Fälle mit identischem Verschulden,
so würden unterschiedliche Strafen das Gebot der Rechtsgleichheit (BV
Art. 4) verletzen, TRECHSEL 76. Kritisch zur Spielraumtheorie auch
STRATENWERTH AT II § 7 N 62, der diesem Theorienstreit aber nur insoweit Bedeutung zumisst, als es um die Frage geht, ob bei der Strafzumessung neben dem Verschulden auch Präventivgesichtspunkte (N 8 f.) zu
berücksichtigen seien.

Strafzumessung ist die **häufigste und schwierigste Aufgabe des Richters,**   5
es ist auch die *am schlechtesten gelöste* – die Bemühungen der Wissenschaft verstärken sich zwar, ein markanter Fortschritt ist jedoch noch
nicht erkennbar, vgl. HAUSER 16 f., 36 ff. zu mathematischen Modellen,
104 ff. zu Ursachen der Ungleichheit. Beispiele aus der Praxis zum
BetmG bei WEISS, ZStrR 95 (1978) 198, zu Fahren in angetrunkenem Zustand TRECHSEL 87 ff. Schon STOOSS nannte Strafzumessung eine «unge-
mein schwierige, ja geradezu peinliche Aufgabe für den Richter», ZStrR
30 (1917) 94, s. auch DUBS, Analytische Bewertung, 10, TRECHSEL 72 f., je
m.w.Hinw. Nach STRATENWERTH AT II § 7 N 76 führt «an dem Problem
der mangelnden Vergleichbarkeit von Schuld und Strafe kein Weg vorbei». In den letzten Jahren hat sich die Praxis des BGer zur Strafzumessung erheblich weiterentwickelt, was unter anderem auf die eingehende
Darstellung der Strafzumessungsregeln durch STRATENWERTH AT II § 7
N 6 ff. zurückzuführen ist; vgl. z.B. BGE 116 IV 289, 296 f., 117 IV 113 f.

In der deutschen Strafzumessungslehre, die zunehmend im schweizeri-   6
schen Schrifttum rezipiert wird, werden **drei Kategorien von Strafzumes-
sungsgründen** unterschieden: *finale, reale* und *logische* (Verknüpfungsregeln). Die finalen Strafzumessungsgründe bestimmen den *Zweck der
Strafe* (Vergeltung, Generalprävention, Spezialprävention [Sicherung
und Besserung]); die realen Strafzumessungsgründe (Strafzumessungstatsachen) bestimmen die *Sachverhaltselemente,* welche bei der Strafzumessung berücksichtigt werden dürfen, und geben jeweils an, ob sie belasten oder entlasten (verschuldete Tatschwere, Beweggründe, Vorleben,
persönliche Verhältnisse); die *Verknüpfungsregeln* sollten die Brücke
bauen, die von den im Licht der finalen Strafzumessungsgründe bemes-
senen Strafzumessungstatsachen zu einem bestimmten Strafmass (z.B. 14
Monate Gefängnis) führt.

Finale Strafzumessungsgründe: Art. 63 schreibt die Strafzumessung nach   7
dem Verschulden zu, was den Gedanken der **Gerechtigkeit** (Vergeltung)
in den Vordergrund rückt. Gemeint ist die *Einzeltatschuld,* GISEL 43 ff.,
SCHULTZ II 76, a.M. ALBRECHT, ZStrR 108 (1991) 56 (anders noch
ALBRECHT, Schuld, 264, 266); im Gegensatz zu einer allgemeinen *Lebensführungsschuld* geht es nicht um eine generelle Abrechnung mit der

Person des Täters, sondern um das Mass seiner Verantwortung für bestimmt umschriebenes Verhalten (s. aber ZR 70 [1971] Nr. 8). Der Begriff des Verschuldens bezieht sich auf den «gesamten Unrechts- und Schuldgehalt der konkreten Straftat», BGE 117 IV 113 unter Hinw. auf STRATENWERTH AT II § 7 N 14.

8   Die Zulässigkeit **generalpräventiver Erwägungen** ist *umstritten*. Sie finden sich z.B. in BGE 107 IV 63 (Drogen-Grosshandel), Sem.jud. 1967 1, 1978 25, BGer bei GISEL 204 (ausländische Einbrecher in der Grenzstadt Genf), RJV 1986 173 (Weinfälschung), SJZ 60 (1964) Nr. 214 (unverantwortliche Fahrweise im Strassenverkehr, vgl. auch Rep. 1974 229, Sem.jud. 1978 250). Nach der neuen Praxis des BGer ist generalpräventiven Überlegungen immer zumindest «in dem Sinne Rechnung zu tragen, dass die Strafe geeignet sein muss, die Allgemeinheit zu veranlassen, sich an die Strafrechtsnormen zu halten», BGE 118 IV 350, s. auch BGE 116 IV 290 unter Hinw. auf BGE 107 IV 63: *«Des considérations de prévention générale, intervenant à titre secondaire, ne sont pas exclues par la jurisprudence»*, ebenso BGE 118 IV 25, RVJ 1992 291; dabei ist jedoch der «Spezial- vor der Generalprävention der Vorrang einzuräumen», BGE 118 IV 351.

8a   Diese Praxis bedeutet einen **Rückschritt** gegenüber der älteren Rechtsprechung. SJZ 40 (1944) Nr. 177 lehnte das Argument schlechthin ab; BGE 94 IV 111 E. 7 wies daraufhin, dass generalpräventive Gesichtspunkte durch die Strafdrohung im besonderen Teil berücksichtigt sind. **Ablehnend** gegenüber der Berücksichtigung generalpräventiver Gesichtspunkte bei der Strafzumessung äussert sich auch fast einhellig das Schrifttum: ALBRECHT, Schuld, 265, GISEL 155 f., MAURER 33, SCHULTZ II 76, DERS., ZBJV 118 (1982) 544, STRATENWERTH AT II § 7 N 64, zurückhaltend DUBS, Analytische Bewertung, 19, anders aber jetzt ALBRECHT, ZStrR 108 (1991) 56 f. Der *Kritik* ist *beizupflichten*, soweit Generalprävention die besonders hohe Strafe im Einzelfall rechtfertigen soll – generalpräventive Erwägungen dürfen nicht dazu führen, dass die schuldangemessene Strafe überschritten wird, BGE 118 IV 25, 350.

8b   **Gegen eine allgemeine Politik,** für **Kategorien** besonders **häufiger und gefährlicher Taten** die Strafen innerhalb des Strafrahmens auf einem relativ hohen Niveau zu halten, wie sie im Beispiel bei GISEL 204 formuliert ist, lässt sich dagegen **nicht einwenden,** das Individuum werde als blosses Mittel missbraucht (SCHULTZ a.a.O.) – jedenfalls nicht mehr als bei der Strafrechtspflege schlechthin. Eine solche Praxis ist nicht gesetzwidrig, womit allerdings über ihre Wirksamkeit damit noch nichts ausgesagt ist – sie müsste durch kriminologische Forschung ermittelt werden, was auf grosse Schwierigkeiten stösst. Richtig ist auch, wenn sich die Praxis nach Änderung der gesetzlichen Strafdrohung anpasst, vgl. BGE 92 IV 120, SJZ 59 (1963) Nr. 60 (zu aArt. 191.1 I), BGE 104 IV 38 (zu SVG Art. 91 I).

9   In der neueren Praxis werden **spezialpräventive Überlegungen** vermehrt einbezogen durch Berücksichtigung der mutmasslichen Auswirkungen

der Strafe auf den Täter. Allgemein sind «Sanktionen, die den Verurteilten aus einer günstigen Entwicklung herausreissen, ... nach Möglichkeit zu vermeiden», BGE 118 IV 349, ebenso 118 IV 341, 119 IV 126. Das BGer trachtet damit in der Strafzumessung in einem gewissen Masse danach, den Grundsatz *nil nocere* zu berücksichtigen, vgl. SCHULTZ, ZBJV 130 (1994) 730 f. – *VE 1993* Art. 49 I fordert ausdrücklich die Berücksichtigung «der Wirkung der Strafe auf das künftige Leben des Täters». Aus solchen Überlegungen folgt: Wenn der Richter «eine Freiheitsstrafe von *nicht erheblich mehr* als 18 Monaten in Betracht zieht und die Voraussetzungen des bedingten Strafvollzuges ... im übrigen gegeben sind», muss er prüfen, ob der Vollzug einer unbedingten Freiheitsstrafe «nicht dem Zweck der Verbrechensbekämpfung zuwiderlaufe», BGE 118 IV 340, zustimmend ARZT 150, NAY 181, der ein Schielen nach der Möglichkeit des bedingten Strafvollzugs bei Strafen von bis zu 24 Monaten befürwortet, dagegen REHBERG II 83 f. Gemäss BGE 119 IV 126 ist bei der Bestrafung eines bedingt Entlassenen zu beachten, dass eine unbedingte Freiheitsstrafe von mehr als drei Monaten zwingend zum Widerruf führen würde. Folgerichtig ist gemäss BGE 121 IV 102 zu berücksichtigen, dass bis zur Grenze von 6 bzw. 3 Monaten Freiheitsstrafe die Verbüssung der Strafe in Halbgefangenschaft möglich ist, wodurch vermieden werden kann, dass der Täter «aus seiner beruflichen Stellung herausgerissen» wird. Spezialpräventive Überlegungen finden sich auch in BGE 120 IV 72, wo der jugendliche Täter durch sein rücksichtsloses Fahrverhalten einen schweren Unfall verursacht hatte, infolge der sich daraus ergebenden finanziellen Belastung jedoch relativ mild (800 Franken Busse) bestraft wurde. JdT 1962 IV 156 berücksichtigt die Notwendigkeit einer bestimmten Mindestdauer, damit der Bestrafte eine Ausbildung abschliessen könne. BGE 94 IV 103 f. lehnt die Berücksichtigung von Sicherungsbedürfnissen bei der Strafzumessung ab, ebenso BGE 123 IV 4, anders noch das bei GISEL abgedruckte Urteil, das viel Gewicht auf die Gefährlichkeit des Täters legt, S. 203.

Im Schrifttum ist **heftig umstritten,** ob die Strafe im Dienst der Resozialisierung tiefer angesetzt werden darf, als es dem Verschulden entsprechen würde, *dafür* ALBRECHT, ZStrR 108 (1991) 57, 60 (anders noch ALBRECHT, Schuld, 266, DERS., Erfolgsunwert, 215), ARZT 144, KUNZ 31, MAURER 39, ROXIN 473, SCHULTZ II 75, VE 117 f., STRATENWERTH AT II § 7 N 66, *VE 1993* Art. 49 III – *dagegen* CORBOZ 11 f., DUBS, Analytische Bewertung, 17, DERS., Grundprobleme, 167 ff., FAUST 90, SCHNEIDER 17, TRECHSEL/NOLL 28, VON WERDT 22, *de lege lata* wohl auch GISEL 156 ff. Die Berücksichtigung von Resozialisierungsgesichtspunkten bei der Strafzumessung ist *abzulehnen,* weil zu konsequenter Durchführung des Prinzips auch seine Befürworter nicht bereit sind (man denke an völlig integrierte Mörder, z.B. ehemalige KZ-Ärzte), weil sich die Nichtreduktion der Strafe gegenüber den Resozialisierungsbedürftigen nicht als Strafe legitimieren lässt und weil dadurch ein weiterer Unsicherheits- und Verschleierungsfaktor in die Strafzumessung getragen würde. Schon

    9a

gar nicht vertretbar ist eine Straferhöhung zur Sicherung vor dem gefährlichen Täter – dem Sicherungsziel dienen die Massnahmen, insbes. Art. 42, 43.1 II, s. dazu BGE 123 IV 1 ff.

10   **Grundlage** für die **Bemessung der Schuld** ist **die Schwere der Tat;** ausgehend von ihrem objektiven Erscheinungsbild erfolgt sodann eine Bemessung des Tatverschuldens nach der Beziehung des Täters zur Tat; anschliessend wird dieses Verschulden durch Berücksichtigung der Motive, des Vorlebens und der persönlichen Verhältnisse im Hinblick auf die Persönlichkeit des Schuldigen präzisiert und individualisiert. Dass in erster Linie die Tatschwere zu beachten ist, ergibt schon ein Blick in die vorweggenommene Strafzumessung des Gesetzgebers im Besonderen Teil, s. auch DUBS, Analytische Bewertung, 12.

10a   Innerhalb der Kategorie der **realen Strafzumessungsgründe** kann zwischen der *Tatkomponente* («Ausmass des verschuldeten Erfolges», «Art und Weise der Herbeiführung dieses Erfolges», «Willensrichtung, mit der der Täter gehandelt hat», «Beweggründe des Schuldigen») und der *Täterkomponente* («Vorleben», «persönlichen Verhältnisse», «Verhalten nach der Tat und im Strafverfahren, wie z.B. Reue, Einsicht und Strafempfindlichkeit») unterschieden werden, BGE 116 IV 297, 117 IV 113 f. in Anlehnung an STRATENWERTH AT II § 7 N 15 ff.; es handelt sich dabei um die *«wesentlichen* Elemente der bei der Strafzumessung anzustellenden Erwägungen», BGE 117 IV 115; s. auch BGE 118 IV 25, 116 IV 289 f. RJJ 1996 273, wo auf weitere Kriterien hingewiesen wird. Der Richter muss entscheiden *«selon les cas. prendre en considération les circonstances qui ont amené l'auteur à agir, les motifs de son acte, l'intensité de sa volonté, l'absence de scrupules, le mode d'exécution choisi, l'importance du préjudice causé volontairement, la répétition ou la durée des actes délictueux, le rôle joué au sein d'une bande, la persistance à commettre des infractions en dépit d'une ou plusieurs condamnations antérieures, les troubles psychologiques ou les difficultés personnelles qui ont influencé le délinquant, l'existence ou l'absence de repentir après l'acte, la volonté de s'amender»,* BGE 118 IV 25.

11   Zur **Art und Weise,** in der bestimmte **Tatmerkmale zu berücksichtigen** sind, enthält das Gesetz zahlreiche Anhaltspunkte. Strafmindernd wirkt, was in die Nähe der Strafmilderungsgründe gemäss Art. 64 und aller besonderen Strafmilderungs-, Entschuldigungs- oder Rechtfertigungsgründe kommt, ohne die jeweiligen Voraussetzungen ganz zu erfüllen, oder was an der Grenze zu einem privilegierten Tatbestand liegt, z.B. BGE 71 IV 186 E. 5 (Racine; Diebstahl an der Grenze zu Fundunterschlagung), BJM 1997 36 (Notwehrsituation), RVJ 1985 326 (Provokation durch Sticheleien), s. auch Bericht *VE 1993* 70. *Straferhöhend* wirkt dementsprechend, was an der Grenze zum qualifizierten Tatbestand liegt, was einem Qualifikationsmerkmal ähnlich ist; z.B. ist straferhöhend zu berücksichtigen, dass eine vorsätzliche Tötung Elemente der Skrupellosigkeit enthält, BGE 121 IV 60; die Zusammenarbeit von Ehegatten

wirkt jedoch – trotz der Ähnlichkeit zum Qualifikationsgrund der Bandenmässigkeit – nicht ohne weiteres straferhöhend, BGE 122 IV 268 f.

Bei der **objektiven Tatschwere** ist zunächst der *Erfolg* zu berücksichtigen 12 *(Erfolgsunwert), soweit er schuldhaft verursacht* wurde, BGE 117 IV 113 f., 114 IV 40 f. («Bagatellcharakter»), Dubs, Analytische Bewertung, 12, Gisel 72 f., 82 ff., 97, dagegen Germann 24. Dazu ist etwa der *Deliktsbetrag* zu rechnen, BGE 75 IV 105 (Bianchi; bei Veruntreuung einer unter Eigentumsvorbehalt gekauften Sache nur der Rest des Kaufpreises), die Drogenmenge (s. N 29), das *Ausmass der Gefährdung,* BGE 104 IV 37, so ausdrücklich *VE 1993* Art. 49 II; z.B. ZR 91 (1992) Nr. 14: Ausmass der Gefährdung angesichts des Inhalts und der Anzahl der verbreiteten Porno- und Brutalofilme; bei Trunkenheitsfahrt die Anzahl der Gefahrenquellen (Gefährlichkeit und Länge der Strecke, Verkehrsverhältnisse), persönliche Faktoren (Müdigkeit, Krankheit) und die Blutalkoholkonzentration, ZR 93 (1994) Nr. 33, vgl. auch SOG 1992 Nr. 22, RS 1978 Nr. 558; die Gefährlichkeit von Drogen, SJZ 76 (1980) Nr. 9 (s. dazu N 29). Beim vollendeten Versuch ist auch die *Nähe des Erfolges* von Bedeutung, BGE 121 IV 61, 63: «knappes Ausbleiben des tatbestandsmässigen Tötungserfolgs». Hinsichtlich der Strafzumessung darf die Vereitelung einer Blutprobe dem Fahren in angetrunkenem Zustand gleichgestellt werden, wenn die *«Möglichkeit* besteht, dass der Fahrzeuglenker bei korrektem Verhalten aufgrund des Ergebnisses der Analyse der ihm abgenommenen Blutprobe wegen Fahrens in angetrunkenem Zustand verurteilt worden wäre», BGE 117 IV 300.

Auch bei Fahrlässigkeit ist der **Erfolg** zu berücksichtigen, SJZ 61 (1965) Nr. 90 (Art. 68 bei mehreren Verletzten).

Die Schuld ist **geringer, je weniger kriminelle Energie** aufzuwenden war 12a (Handlungsunwert; *VE 1993* Art. 49 II spricht von «Verwerflichkeit des Angriffs»), BGE 71 IV 186 E. 5 (Ramuz: Diebstahl bei gelockertem Gewahrsam), schwerer bei grösserer krimineller Intensität, BGE 96 IV 177 (Widerhandlungen über längere Zeit). BGE 92 IV 121 hält für erschwerend, dass das Opfer der sexuellen Handlungen ein leicht debiles Kind (aArt. 191.1 I, neu: 187) war, für schuldmindernd, dass es nicht unberührt war und nur einige Monate vor der Altersgrenze stand. Erschwerend wirkt – auch bei unechter Konkurrenz – das Vorliegen mehrerer Straftatbestände: Anbieten und Verkauf von Falschgeld, auch wenn das Verhalten als unvollendeter Versuch des In-Umlaufsetzens falschen Geldes mitbestrafte Nachtat zur Geldfälschung ist, BGE 119 IV 163 (wobei der Sinn der Gesetzeskonkurrenz verkannt wird – erschwerend ist die Intensität des rechtswidrigen Verhaltens); Raubkopien, die nicht nur durch den Täter hergestellt, sondern darüber hinaus von ihm in Umlauf gebracht wurden, BGE 120 IV 216. Werden Vergewaltigung und sexuelle Nötigung mittels psychischen Drucks begangen, so wirkt dies – im Vergleich zum Tatmittel der Gewalt – strafmindernd, BGE 122 IV 10; allgemein entlastet «schonendes Vorgehen», im Gegensatz zu «Rücksichtslosigkeit und Brutalität», Bericht VE 1993 70, und Skrupellosigkeit, BGE 118 IV 26. Versuchungssituationen, welche noch nicht Art. 64 al. 5 entsprechen, BGE 92 IV 121, GVP-SG 1993 Nr. 45 (in Aussicht gestellte hohe Belohnung), RS 1965 Nr. 72, Notsituationen, Bericht VE 1993 70, oder Provokation, BGE 104 IV 38, RS 1948 Nr. 40 (vgl. Art. 64 al. 6, 177 II), wirken entlastend – aber nicht «sozialer Zwang zum Trinken», BGE 104 IV 38. Erschwerend wirken Vertrauensmissbrauch, SJZ 39 (1942/43) S. 97, und Hinterlist, Bericht VE 1993 70. Zu berücksichtigen sind auch die persönlichen Beziehungen des Täters zum Opfer; diese sind jedoch als Strafzumessungskriterium insofern ambivalent, als sie sich, je nach der konkreten Beziehung im Einzelfall, straferhöhend oder strafmindernd auswirken können, BGE 116 IV 180 f.; s. auch Art. 64 N 14. RS 1979 Nr. 743 berücksichtigt zugunsten des Täters das Verhalten anderer Verkehrsteilnehmer. Irrelevant ist das Alter der Schwangeren, an welcher abgetrieben wird, ZR 49 (1950) Nr. 65. Gelegentlich wird das Verschulden der Tatschwere als Alternative gegenübergestellt, z.B. BGE 107 IV 62, JdT 1970 III 19, BJM 1977 196. Eine solche Argumentation ist falsch, weil das Verschulden sich ja gerade in erster Linie an der Tatschwere misst.

13   Zur **subjektiven Tatschwere** gehört vor allem die *Intensität des verbrecherischen Willens*, BGE 107 IV 63 (nicht untergeordnete Stellung, intensive Mitwirkung, vgl. Art. 25); 98 IV 131 f. (Cuénod und Maerki; Beharrlichkeit), 94 IV 111 E. 7 (Schulthess; Nichtbeachtung einer Warnung), 92 IV 121 (Vorbedacht – fehlte *in casu); Eventualvorsatz* wirkt entlastend, u.ö. BGE vom 3.11.1995, zit. bei WIPRÄCHTIGER, ZStrR 114 (1996) 437, STRATENWERTH AT II § 7 N 25. Nur das eigene, nicht das Verhalten von anderen Tatbeteiligten ist zu berücksichtigen, BGE 92 IV 204 (Mattmann). Beim Einsatz von *V-Leuten* muss, auch wenn sich diese passiv verhalten, die sich daraus ergebende Erleichterung bei der Begehung der Delikte strafmindernd berücksichtigt werden, BGE 116 IV 297 f. – angesichts des eher unbedeutenden Tatbeitrags der V-Leute war eine Strafminderung um weniger als einen Zehntel angemessen, BGE 118 IV 118 f., krit. HEIM, JdT 1993 IV 139, PIQUEREZ 261 Fn 37; demgegenüber wurde in einem u.ö. BGE vom 7.7.1995, zit. bei WIPRÄCHTIGER, ZStrR 114 (1996) 443, wo es nicht um bloss passive Mitwirkung ging, die von der Vi vorgenommene Reduktion der Strafe um 40% bestätigt; krit. zur Strafminderung wegen Einsatz von V-Leuten REHBERG II 78.

Bezüglich der subjektiven Tatschwere ist insbesondere entscheidend, über welches Mass an **Entscheidungsfreiheit** der Täter verfügt: «Je leichter es für ihn gewesen wäre, die von ihm übertretene Norm zu respektieren, desto schwerer wiegt die Entscheidung gegen sie und damit seine Schuld» BGE 117 IV 8 unter Hinw. auf STRATENWERTH AT II § 7 N 57, ebenso BGE 122 IV 243, 117 IV 114, 116 IV 297. Dieses Kriterium, bei dem psychologische mit normativen Gesichtspunkten verknüpft werden, Bericht VE 1993 70, wird auch von *VE 1993* Art. 49 II übernommen, wonach das Verschulden unter anderem danach zu bestimmen ist, «wie weit es dem Täter nach den inneren und äusseren Umständen zuzumuten war, sich rechtmässig zu verhalten».

Erheblich ist sodann das **Verhalten nach der Tat**, z.B. BGE 121 IV 206,   14
Sem.jud. 1976 1, RS 1953 Nr. 93. Wegleitend ist dabei zunächst Art. 64 al.
7. **Strafmindernd** wirken demnach Bekundungen von Reue und Bedauern, BGE 96 IV 180 (Lebedinsky; sie fehlten bei Bührle, wogegen Lebedinsky die Übernahme der Verantwortung zugute gehalten wurde, S.
179), 98 IV 132 f. (innere Umkehr, *«revirement»* während der UH.), 106
IV 349 (Absicht des Selbstmords nach Bluttat i.c. nicht Zeichen der
Reue, sondern egoistischen Zerstörungswillens), 118 IV 341 (durch einen
anderen Lebenswandel wird weiteren Delikten vorgebeugt), 121 IV 206
(der Täter machte den Eindruck eines Menschen, «der eine klare Kehrt-
wende vollzogen hat»); die Heirat im Anschluss an einen Vergewaltigungsversuch und sexuelle Nötigung muss nicht unbedingt ein Zeichen
von Reue sein, BGE 122 IV 244; den Bemühungen, vom Alkohol wegzukommen, kommt für die Strafzumessung keine Bedeutung zu, wohl aber
für die Frage des bedingten Strafvollzugs, BGE 122 IV 245; s. aber BGE
118 IV 349, wo strafmindernd berücksichtigt wurde, dass der Täter sich
aus eigener Kraft von seiner Drogensucht befreit hatte.

Straferhöhend wirkte der Umstand, dass der Täter noch während der   14a
Strafuntersuchung oder in der Probezeit nach bedingter Entlassung delinquiert hatte, BGE 121 IV 62, RVJ 1995 278, ferner Uneinsichtigkeit
während des Strafverfahrens, RVJ 1995 278, ZR 91 (1992) Nr 14 S. 51.

Ein **Geständnis** sollte aus rechtsstaatlichen Gründen als solches nicht   14b
strafmindernd berücksichtigt werden, weil eine solche Praxis die Entscheidung, auszusagen oder zu schweigen, beeinflussen kann, vgl. z.B.
BE StV Art. 105 I.2, Dubs, Analytische Bewertung, 18, anders aber BGE
121 IV 204 f. (Reduktion um einen Fünftel bis zu einem Drittel), 118 IV
349, ZR 91 (1992) Nr. 14 S. 51. BGE 113 IV 57 lässt die Berücksichtigung
des Verhaltens im Verfahren als Indiz für die Täterpersönlichkeit zu; vgl.
auch BGE 117 IV 403 f., wo die Vi das aggressive Verhalten des Täters
während des Ermittlungsverfahrens und das Abstreiten der Tat straferhöhend berücksichtigt hatte – das BGer beschränkte sich auf die Rückweisung des Entscheids wegen unzureichender Begründung der auffällig
hohen Strafe. Abwesenheit im Verfahren ist kein Grund für Straferhöhung, BGE 98 IV 133. Vgl. zu dieser Problematik auch Arzt, Ge-
ständnisbereitschaft und Strafrechtssystem, in FS zum 50jährigen Bestehen der Schweizerischen Kriminalistischen Gesellschaft, ZStrR 110
(1992) 238 ff.

Analog Art. 64 al. 8 wirkt der **Ablauf einer erheblichen Zeitspanne** nach   15
der Tat strafmindernd, BGE 102 IV 209.

Mit der Revision der Tatbestände zum Schutz von Leib und Leben wurde   16
Art. 66bis eingeführt, wonach von Strafe abgesehen werden kann, wenn
der Täter **durch die Folgen der Tat selber schwer getroffen** ist, vgl.

DStGB § 60. Ohne gesetzliche Grundlage wandte ZBJV 94 (1958) 238 diesen Grundsatz an auf einen Gefangenenwärter, der einen Insassen geschlagen hatte und in der Folge von einem Mitgefangenen aus Rache verletzt wurde. Schädliche Folgen der Tat für den Täter können natürlich auch im Rahmen des Art. 63 strafmindernd berücksichtigt werden, BGE 120 IV 72: finanzielle Belastung infolge eines Verkehrsunfalls.

17   Das **Doppelverwertungsverbot** bedeutet, dass Qualifikations- und Privilegierungsgründe des Besonderen Teils, die zu einem veränderten Strafrahmen führen, nicht ein zweites Mal als Strafänderungsgründe berücksichtigt werden dürfen, z.B. BGE 72 IV 114: die «ganze Mitwirkung in dieser Gesellschaft», wenn bandenmässiger Diebstahl angenommen wurde; Rep. 1943 44, 1947 389: Verminderung der Zurechnungsfähigkeit durch den Geburtsvorgang bei Kindstötung, dazu Dubs, Analytische Bewertung, 14, Gisel 73 ff. Der Richter kann jedoch berücksichtigen «in welchem Ausmass ein qualifizierender oder privilegierender Tatumstand gegeben ist», BGE 118 IV 347 f. unter Hinw. auf Stratenwerth AT II § 7 N 21 – es war deshalb zulässig, die erhebliche Drogenmenge innerhalb des qualifizierten Strafrahmens straferhöhend zu berücksichtigen; vgl. auch BGE 120 IV 72, RVJ 1994 332.

18   Bei **Konkurrenz von Strafänderungsgründen** sind *alle zu berücksichtigen.* Mehrere Strafmilderungsgründe senken den unteren Rand des Strafrahmens um mehrere Stufen, Art. 65 N 5. Mehrere Strafschärfungsgründe führen zu qualifizierter Erhöhung der Strafe innerhalb des erweiterten Strafrahmens – entgegen BGE 72 IV 113 (Steurer) und 103 IV 282 ist es deshalb durchaus nicht müssig festzustellen, ob einer oder mehrere Qualifikationsgründe gegeben sind, ebenso Schultz, ZBJV 114 (1978) 491. Abweichend BGE 122 IV 267 f., 120 IV 333, GVP-SG 1995 Nr. 49: Ist einer der Qualifikationsgründe gemäss BetmG Art. 19.2 gegeben, muss nicht nach weiteren Qualifikationsgründen gefragt werden; sie wirken sich allerdings inerhalb des Strafrahmens straferhöhend aus, auch wenn nicht alle Voraussetzungen gegeben sind, s. N 11. Treffen Strafschärfungs- und -milderungsgründe zusammen, so kompensieren sie sich mindestens teilweise, s. dazu N 2a vor Art. 64. BGE 95 IV 61 (Herrmann und Käser) ist insofern zuzustimmen, als dem Richter keine bestimmte Reihenfolge der Abwägung vorgeschrieben ist.

19   Die **Beweggründe** *entlasten,* wenn sie beinahe achtbar (Art. 64 al. 1), altruistisch, selbstlos sind; sie *belasten,* wenn der Täter egoistische Ziele verfolgt, wobei das Gesetz insbesondere das Streben nach Bereicherung (vgl. Art. 137 ff.) hervorhebt. Die Absicht sexueller Befriedigung wurde bei der Revision durch das BG vom 9.10.1981 als Qualifikationsgrund gestrichen, vgl. aArt. 182.2, 183 III, 184 II, 185 II. Egoismus wird erschwerend berücksichtigt in BGE 107 IV 62 f. (keine finanzielle Notlage), 121 IV 60, RS 1977 Nr. 424, RVJ 1991 455 – er fehlte in BGE 98 IV 131. Keine Entlastung brachte die Absicht, der Firma WO Absatzgebiete und Märkte für Kriegsmaterial zu sichern, BGE 96 IV 178, wohl aber das

«Ehrenmotiv» bei Kindstötung, Rep. 1947 389. *Entlastend* wirkt Angst vor möglichen Gewaltakten, BGE 114 IV 40; die Absicht des Erhalts oder der Schaffung von Werten im Interesse der Allgemeinheit oder einzelner Personen, und generell gemeinnützige Absichten, VE 1993 Bericht 70. Verfehlt ist der Satz, dass sich das Motiv in einem bestimmten Fall nur auf die Strafzumessung auswirken könne, wenn es «achtungswert» sei, BGE 103 IV 390. Zur Ermittlung und Bewertung der Beweggründe eingehend Stratenwerth AT II § 7 N 29 f. Zur Bedeutung des Motivs im Strafrecht s. auch Trechsel, ZStW 93 (1981) 397.

Das **Vorleben** umfasst die gesamte *Lebensgeschichte* des Täters, «Herkommen, Verhältnisse in der elterlichen Familie, Erziehung, Ausbildung, die Haltung gegenüber den Gesetzen», Schultz II 77. Gisel 129 sieht darin nur ein Element der persönlichen Verhältnisse. In der Praxis pflegt das Vorleben bei der Erörterung der Strafzumessungsgründe recht eingehend dargestellt zu werden, Gisel 127, Stöcklin 9, 117; dass es der massgebende Punkt sei, wie Rep. 107 (1974) 443 behauptet, trifft nicht zu; vgl. auch BGE 117 IV 115, wo gerügt wird, man erfahre über das Vorleben und die persönlichen Verhältnisse des Angeklagten nur wenig. In Anlehnung an Art. 67 werden vor allem Vorstrafen belastend gewertet, auch solche des Auslandes, BGE 117 IV 403 E. 4 d), 105 IV 226 E. 2, PKG 1969 Nr. 57; neun Vorstrafen, darunter auch einschlägige, wirken erheblich straferhöhend, BGE 121 IV 62; auch Vorstrafen, die aus dem Strafregister entfernt wurden, dürfen berücksichtigt werden; die Löschung «kann allerdings ein Indiz dafür sein, dass der Vorstrafe für die Sanktion keine grosse Bedeutung mehr zukommt», BGE 121 IV 9 f.; krit. zu diesem Urteil Niggli, AJP 4 (1995) 945 f.; s. auch GVP-SG 1994 Nr. 44. Wohlverhalten während längerer Zeit wirkt strafmindernd, BGE 102 IV 233, 96 IV 179, 92 IV 121, ZR 91 (1992) Nr. 14 S. 51 – bei jüngeren Tätern hat dieses Merkmal geringeres Gewicht, BGE 98 IV 131. BGE 123 IV 52 billigt, dass zehn Jahre zurückliegende einschlägige Vorstrafen nicht berücksichtigt wurden. Eine schwierige Jugend wirkt entlastend, BGE 121 IV 204 f., 101 IV 209 f., für den schlechten Charakter hat der Täter jedoch selbst einzustehen, BGE 98 IV 154; zur Darstellung der schwierigen Jugend Wiprächtiger, ZStrR 111 (1993) 186 f.

20

Bei der Berücksichtigung dieser Strafzumessungstatsache ist **wegen** ihrer **Ambivalenz grösste Zurückhaltung** geboten. Einerseits ist die Strafschärfung wegen Rückfalls mit dem Schuldstrafrecht kaum zu vereinbaren, vgl. Art. 67 N 1, 8. Wer in kriminelles Fahrwasser geraten ist und Freiheitsstrafen verbüsst hat, braucht grössere Willensanstrengung, um rechtstreu zu bleiben – wird er erneut straffällig, so erscheint sein Verschulden geringer. Wer andererseits in geordneten Verhältnissen gelebt hat, muss beim Fassen des Tatentschlusses grössere Hemmungen überwinden, was höhere Schuld anzeigt. S. auch Albrecht, Schuld, 267, ders., ZStrR 108 (1991) 55, Gisel 133 ff., Rehberg II 78 f., Stratenwerth AT II § 7 N 39 ff., Wiprächtiger, ZStrR 111 (1993) 186, 193. Er-

20a

hellung des Vorlebens kann wertungsfrei zum Verständnis von Tat und
Täter beitragen und Entscheidungsgrundlage im Hinblick auf Massnahmen, insbes. Art. 42, sein. Das «Vorleben» wird wegen seiner Ambivalenz in *VE 1993* Art. 49 nicht mehr erwähnt – was aber nicht heisst, dass
es für die Strafzumessung völlig belanglos sei, vgl. Bericht VE 1993 71.

21　Die **persönlichen Verhältnisse** umfassen sämtliche *Lebensumstände* des
Täters *im Zeitpunkt der Strafzumessung* (vgl. N 14–16). Jugendliches
Alter wird strafmindernd berücksichtigt in BGE 118 IV 349, 98 IV 132,
133, 92 IV 121; dasselbe gilt für mangelhafte psychische, evtl. auch physische Gesundheit, wo noch keine Verminderung der Zurechnungsfähigkeit festzustellen ist, BGE 98 IV 132 (verspätete Pubertätskrise); für
Sucht, BGE 118 IV 349, BJM 1978 309; für unverschuldet schwierige familiäre Verhältnisse, BGE 102 IV 233, 117 IV 9 (bedenklich aber BGE 95
IV 167, dazu Art. 112 N 20); für einen Kulturkonflikt, BGE 117 IV 8 f.,
wobei aber Strafminderung ausgeschlossen ist, wenn die Tat auch im
Heimatstaat strafbar ist, BGE a.a.O., RVJ 1991 456 – von einem «Kulturschock» kann nicht mehr die Rede sein, wenn der Angeklagte bereits
neun Jahre in der Schweiz lebt, BGE 117 IV 153. Innere und äussere Orientierungslosigkeit vermochten in ZR 91 (192) Nr. 14 S. 51 nur wenig zu
entlasten. Die berufliche Stellung (Rolle und Rang) wurde qualifizierend
berücksichtigt im Urteil Lebedinsky, BGE 96 IV 177, wo für Bührle erschwerend wirkte, «dass er ein Wirtschaftsführer und Geschäftsmann
von internationalem Ansehen, Vertrauensmann der schweizerischen
Behörden für Rüstungsfragen, Oberst im Generalstab und Jurist ist»;
straferhöhend wurde in BGE 118 IV 26 berücksichtigt, dass es ein Fahrlehrer war, der vier Grundregeln des Strassenverkehrs krass missachtet
hatte; vgl. auch BGE 122 IV 131, wo von der «besondere[n] Verantwortung als Mitglied des obersten Kaders» die Rede ist; zur Bedeutung der
Stellung des Täters bei Betäubungsmitteldelikten s. N 29. RS 1983
Nr. 433 berücksichtigt im Zusammenhang mit den finanziellen Verhältnissen des Schuldigen den Umstand, dass ihm erhebliche Verfahrenskosten zu überbinden sind, s. auch BGE 120 IV 72 (finanzielle Lasten infolge eines Unfalls). Zur Bussenbemessung beim haushaltsführenden
Ehegatten vgl. BGE 116 IV 4 ff. und Art. 48 N 5 *in fine.* Zur Berücksichtigung des Leumunds eingehend und sehr kritisch (aus klassenkämpferischer Perspektive) SCHNEIDER 81 ff., ferner FAUST 46 ff., STRATENWERTH
AT II § 7 N 44, VPB 51 (1987) Nr. 46. In *VE 1993* Art. 41 werden die
«persönlichen Verhältnisse» nicht mehr erwähnt.

22　Unter dem Gesichtspunkt der persönlichen Verhältnisse kann auch die
Strafempfindlichkeit berücksichtigt werden, BGE 102 IV 233, ZR 91
(1992) Nr. 14 S. 51 (Strafempfindlichkeit infolge gesundheitlicher Probleme), GISEL 142 f., eingehend STRATENWERTH AT II § 7 N 53 ff., der
richtig bemerkt, dass die Strafempfindlichkeit nicht mehr das Verschulden betrifft, sondern das dem Täter entsprechende Mass an Strafe. *Sie ist
so zu bemessen, dass sie den Täter nach dem Mass seines Verschuldens
trifft,* vgl. Art. 48.2 I. Allerdings ist bei Berücksichtigung der Straf-

empfindlichkeit Vorsicht geboten – es dürfen insbesondere nicht Angehörige höherer Schichten privilegiert werden, SCHNEIDER 77. Zulässig ist die Würdigung fortgeschrittenen Alters, BGE 92 IV 204 f. (Mattmann – 10 Jahre nach Eröffnung der Strafuntersuchung 73jährig), und schlechter Gesundheit, ZR 51 (1952) Nr. 187, der Bericht VE 1993 71 erwähnt das Beispiel eines drogensüchtigen Aidskranken; allerdings führt sie nicht zu Busse statt Freiheitsstrafe bei Fahren in angetrunkenem Zustand, RS 1978 Nr. 646. Die Auswirkungen der Landesverweisung prüft gründlich BGE 94 IV 104 f., s. auch 116 IV 285 ff., 117 IV 118. Völlig unzulässig, mit Art. 261bis kaum vereinbar, ist die Annahme geringerer Strafempfindlichkeit aus ethnischen Gründen, sog. *«Heimattarif»*, BJM 1961 314. *VE 1993* Art. 49 I fordert ausdrücklich die Berücksichtigung «der Wirkung der Strafe auf das künftige Leben des Täters».

Eigentliche Crux der Strafzumessung ist die **Verknüpfungsproblematik –** 23 kaum lösbar, jedenfalls weitgehend ungelöst, dazu HAUSER a.a.O. In den letzten Jahren hat das BGer grosse Anstrengungen unternommen, mehr Transparenz in die Verknüpfung der Strafzumessungstatsachen mit einer bestimmten Strafe zu bringen, wodurch auch die Herausbildung von Präjudizien (vgl. N 28) begünstigt wird, s. z.B. BGE 121 IV 58 ff. Trotzdem taucht immer noch am Schluss der Erwägungen zur Strafzumessung, vergleichbar einem *deus ex machina* (nach ALBRECHT, ZStrR 108 [1991] 50: «wie die Taube aus dem Hut eines Zauberers») einfach eine Zahl auf: *«Dans ces conditions, tout bien pesé, la peine d'emprisonnement de huit jours prononcée à l'encontre du recourant tient correctement compte des éléments qui précèdent»,* BGE 118 IV 27, vgl. z.B. auch BGE 96 IV 179.

In konstanter Rechtsprechung betont der Kassationshof, dass der **Sach-** 23a **richter im Rahmen seines Ermessens** über die Höhe der Strafe entscheide: «Dem Sachrichter steht bei der Gewichtung der im Rahmen der Strafzumessung zu beachtenden Komponenten ein erheblicher Spielraum des Ermessens zu. Das Bundesgericht greift in diesen … nur ein, wenn der kantonale Richter den gesetzlichen Strafrahmen über- oder unterschritten hat, wenn er von rechtlich nicht massgebenden Gesichtspunkten ausgegangen ist oder wenn er wesentliche Gesichtspunkte ausser acht gelassen bzw. in Überschreitung oder Missbrauch seines Ermessens falsch gewichtet hat», BGE 122 IV 160 f., ebenso 123 IV 51, 122 IV 243, 300, 121 IV 4 f., 195, 120 IV 144, 118 IV 15, 24, 338, 347, 117 IV 114; nach der älteren Praxis wurde alternativ der Fall genannt, in dem der kantonale Richter «die Strafe willkürlich hart oder milde ansetzte», BGE 107 IV 62; ebenso 106 IV 342, 349, 105 IV 69, 104 IV 224, 102 IV 209 E.4, 101 IV 328 f. (Magnin), 95 IV 63, 92 IV 119 f., 91 IV 95 (Ramspeck), 90 IV 79 E. 4 (Ritler), 155 (Müller), 81 IV 47, 123 E. 6 (Schwaller), 314 (Pedrotta), 78 IV 72 E. 2 (Flury), ferner die Urteile des BGer in Sem.jud. 1976 1, 618, 1979 18, 1980 527, 1982 117; diese Formulierung wird in den neueren Entscheiden nicht mehr verwendet, weil man aus ihr folgern könnte, der Kassationshof beschränke sich bei der Überprüfung der Strafzumessung auf Willkür. BGE 116 IV 291 erklärt: *«En réalité, le Tribunal fédéral* *statue avec un plein pouvoir de cognition sur la question de la violation du droit fédéral. Néanmoins, … en raison du pouvoir d'appréciation … , une peine prononcée sur la base des critères imposés par la loi ne viole le droit fédéral que si elle est exagérément sévère ou clémente, au point qu'on doive parler d'un excès du pouvoir d'appréciation»,* ebenso BGE 123 IV 51, 122 IV 161 (i.c. strenge Strafe, aber kein Ermessensmissbrauch), 120 IV 144 m.w.Hinw. Ob eine Gesamtstrafe von 30 oder 28 Monaten auszufällen ist, liegt im Ermessen des kantonalen Richters, BGE 121 IV 101 – i.c. galt jedoch zu beachten, dass in dieser Gesamtstrafe eine Zusatzstrafe von 8 Monaten enthalten war und eine Zusatzstrafe von 6 Monaten noch in Halbgefangenschaft hätte vollzogen werden können. Zur Überprüfung des Ermessens durch das BGer eingehend CORBOZ 26 f. Auf Appellation oder Berufung hin kann die Rechtsmittelinstanz die Strafe neu zumessen, ohne in irgendeiner Weise an das Urteil der Vorinstanz gebunden zu sein, BGE 95 IV 62, 81 IV 46, 80 IV 158 (Brügger). Die kantonale Zuständigkeitsordnung darf den Richter in seinem Ermessen nicht einschränken: BGE 119 IV 278 f. erklärt für bundesrechtswidrig die waadtländer Regelung, wonach die Überweisung durch die Anklagekammer an das Korrektionsgericht bindend ist, so dass eine 6 Jahre übersteigende Strafe nicht ausgefällt werden kann. Dieser Eingriff in die kantonale Regelung ist m.E. nicht begründet – es ist nicht einzusehen, weshalb nicht die Anklagebehörde den Entscheid über das Höchstmass der Strafe soll vorwegnehmen können – das Akkusationsprinzip ist dem schweizerischen Strafprozessrecht keineswegs fremd.

24   In den letzten Jahren hat der Kassationshof die Anforderungen an die **Begründung** des Strafmasses erheblich erhöht, s. dazu CORBOZ 18 ff., KILLIAS 40 ff., NAY 175 ff., PIQUEREZ 252 ff., WIPRÄCHTIGER, ZStrR 114 (1996) 425 ff.: Der Richter muss im Urteil die wesentlichen schuldrelevanten Tat- und Täterkomponenten (s. N 6) so erörtern, «dass festgestellt werden kann, ob alle rechtlich massgebenden Gesichtspunkte Berücksichtigung fanden und wie sie gewichtet wurden, das heisst ob und in welchem Grade sie strafmindernd oder straferhöhend in die Waagschale fielen», BGE 117 IV 114 f., 118 IV 16, 20, 120 f., 338, 121 IV 56. Die blosse Auflistung einzelner Strafzumessungsfaktoren genügt nicht, die Überlegungen zur Strafzumessung müssen in den Grundzügen im Urteil dargestellt und damit auch nachvollziehbar gemacht werden, BGE 121 IV 56, 118 IV 16 f., 121, 338, SCHUBARTH 65; die ausgefällte Strafe muss bei einer Gesamtbetrachtung «plausibel erscheinen», BGE 121 IV 57; Strafzumessungfaktoren, denen im Einzelfall vorrangige Bedeutung zukommt, sind besonders eingehend zu erörtern, BGE 118 IV 17.

24a Zudem gilt: **«Je höher die** ausgefällte **Strafe** ist, **desto höher** sind auch die **Anforderungen an ihre Begründung»,** BGE 118 IV 17, 339, ebenso 120 IV 71, 117 IV 115 RJN 1996 69; daraus folgt, dass im Bagatellbereich geringere Anforderungen an die Begründung zu stellen sind, CORBOZ 24 f., WIPRÄCHTIGER, ZStrR 114 (1996) 427, vgl. aber BGE 119 IV 10, wo wegen unzureichender Begründung eine Busse von Franken 4500 aufgehoben wurde, krit. zu diesem Urteil ARZT 244. Allgemein werden bei Strafen, die bezüglich Art und Ausmass besonders auffallen, höhere Anforderungen an die Begründung gestellt, BGE 121 IV 56, 118 IV 17, 339; das gilt auch, wenn der Strafrahmen besonders weit ist, BGE 117 IV 403. Der Richter muss aber *weder in absoluten Zahlen noch in Prozenten* angeben, inwieweit er einen bestimmten Faktor straferhöhend bzw. strafmindernd berücksichtigt; ebensowenig hat er eine Einsatzstrafe zu beziffern, die bei Fehlen strafmildernder oder strafschärfender Faktoren Anwendung gefunden hätte, BGE 123 IV 51, 121 IV 56 f., 118 IV 16, 121, 338 – bei retrospektiver Konkurrenz sind ausnahmsweise Zahlenangaben zu machen (s. Art. 68 N 18), nicht aber bei Konkurrenz i.S.v. Art. 68.1, RVJ 1994 332, oder bei verminderter Zurechnungsfähigkeit, WIPRÄCHTIGER, ZStrR 114 (1996) 449 f. m.Hinw. Geht die obere kantonale Instanz von einem wesentlich geringeren Deliktsbetrag aus und führt sie zudem strafmindernde Gründe an, welche die untere Instanz nicht berücksichtigt hat, so darf sie nicht ohne weitere Begründung die von der Vi ausgefällte Strafe als angemessen ansehen, BGE 118 IV 21.

Anders noch die ältere, in der Lehre kritisierte Praxis (s. z.B. SCHULTZ   24b
ZBJV 106 [1970] 332, DERS., 104 [1968] 431, STRATENWERTH AT II § 7 N
81 m.w.Hinw.), wonach dem Richter nicht zugemutet werden könne, «im Urteil sämtliche Umstände, die geeignet sind, die Strafe zu mindern oder zu erhöhen, bis in alle Einzelheiten erschöpfend aufzuzählen; eine Zusammenfassung der wesentlichen Verschuldenselemente» müsse genügen, BGE 93 IV 58 (Haas u. Bühler), ebenso JdT 1968 III 52, 108 (1960) III 95, Sem.jud. 1976 301, vgl. auch BGE 95 IV 62 (Herrmann u. Käser). SCHULTZ VE 123 f. schlug denn auch vor, dem Richter die Begründung des Strafmasses vorzuschreiben, weil eine «bessere Überprüfung der Strafzumessung … dringend angezeigt» sei; eine Begründungspflicht sieht auch *VE 1993* Art. 52 vor. Die *Entwicklung* der Rechtsprechung wird zwar von Tatrichtern kritisiert, ist aber *zu begrüssen;* m.E. wäre dem Richter zuzumuten, dass er seine Überlegungen noch stärker quantifiziert, indem er z.B. eine Einsatzstrafe festsetzt, ebenso KILLIAS 50, a.M. BGE 118 IV 16; vgl. aber z.B. BGE 121 IV 61, wo eine Strafe von zehn Jahren als «Ausgangspunkt» genommen wird.

Gelangt das **Bundesgericht** zum Ergebnis, dass «die ausgefällte Strafe an-   24c
gesichts der im Urteil festgestellten strafzumessungsrelevanten Tatsachen und der diese bewertenden Erwägungen der Vorinstanz als auffallend hoch oder milde erscheint» und somit «zwischen der Strafe und ihrer Begründung offensichtlich eine Diskrepanz besteht», so ist damit noch nicht gesagt, dass die Strafe im Ergebnis unvertretbar ist, der Mangel kann auch bloss in der Begründung liegen, BGE 121 IV 57, 207. Der Kassationshof weist in der Regel die Sache nur zur neuen Entscheidung und nicht zur Ausfällung einer bestimmten, niedrigeren bzw. höheren, Strafe an die Vi zurück, BGE a.a.O.; in BGE 120 IV 146 wurde allerdings gesagt, dass wahrscheinlich die Strafe zu hoch sei, ähnlich BGE 117 IV 117. Bleiben bezüglich der Erwägungen zum Strafmass einzelne Unklarhei-

ten, hält sich die Strafe jedoch «unter Beachtung aller relevanten Faktoren offensichtlich im Rahmen des dem Sachrichter zustehenden Ermessens», so wird der Kassationshof das angefochtene Urteil bestätigen, BGE 118 IV 17 m.w.Hinw., 339; eingehend zur Überprüfung der Strafzumessung durch das BGer CORBOZ 14 ff.; zu den Anforderungen gemäss BStP Art. 277 und BV Art. 4 s. DERS. 4 f. und LINIGER 570.

25   Auch die **Gleichmässigkeit** der Strafzumessung war lange Zeit *nicht einmal theoretisch gewährleistet*. Richtigerweise ist ungleiche Strafe bei gleichen Umständen ebenso wie gleiche Strafe bei ungleichen Voraussetzungen willkürlich, so RJN 1984 125, RS 1944 Nr. 16. Ein Vergleich mit dem Strafmass in analogen Fällen wird jedoch von vornherein abgelehnt in RS 1979 Nr. 743, 1986 Nr. 14, Extr.Fr. 1981 77; der Vergleich zu ähnlichen Fällen (Tötungsdelikte im Strassenverkehr) findet sich in BJM 1996 210; RJN 1987 108 berücksichtigt sogar die Praxis anderer Kantone; das BGer spricht in neueren Entscheiden von den Strafen *«habituellement fixées dans des cas comparables»*, BGE 117 IV 403, der «vergleichsweise sehr hohe[n] Strafe», 118 IV 17, den *«peines usuelles»*, 121 IV 197. Lebhaft zu begrüssen ist der vorbildliche Hinweis auf Strafen in vergleichbaren Fällen in BGE 123 IV 53 f. Optimistisch gegenüber der Möglichkeit der einheitlichen Strafzumessung anhand der Typisierung von Fällen (z.B. bei Fahren in angetrunkenem Zustand) SCHUBARTH 66, s. auch ALBRECHT, ZStrR 108 (1991) 51 f., KILLIAS 41 ff., LINIGER 572 f.

Soweit eine Ungleichbehandlung gegen die in Art. 63 enthaltenen Grundsätze der Strafzumessung verstösst, ist sie mit der *Nichtigkeitsbeschwerde* zu rügen; die staatsrechtliche Beschwerde kommt subsidiär zur Anwendung, wenn ausnahmsweise, z.B. beim Vergleich mit Mitangeklagten (N 25a), trotz Beachtung von Art. 63 eine gegen BV Art. 4 verstossende Ungleichbehandlung vorliegt, BGE 116 IV 293 f., s. auch RS 1971 Nr. 5.

25a   Die Gleichmässigkeit – im Sinne der Proportionalität – der Strafzumessung muss zumindest im **Vergleich mit Mitangeklagten** gewährleistet sein. Spricht z.B. zugunsten des Täters seine untergeordnete Stellung in einer kriminellen Organisation, frühere Drogenabhängigkeit, eine schwierige Kindheit und ein umfassendes Geständnis, so erscheint die Strafe, die dem Mittäter, bei dem keiner dieser Strafminderungsgründe vorliegt, auferlegt wurde, «auffallend hoch» – die Tatsache, dass der Täter zahlenmässig mehr Widerhandlungen gegen das BetmG und weitere Delikte von untergeordneter Bedeutung begangen hat, wiegen dabei die zugunsten des Täters sprechenden Umstände nicht auf, BGE 121 IV 204 f.; s. auch 120 IV 142: höhere Strafe als der in etwa gleich schwer belastete Komplize. Eine Ungleichbehandlung von Mitangeschuldigten ist jedoch zulässig, wenn sie stichhaltig begründet ist, BGE 116 IV 294 und u.ö. BGE vom 16.1.1992, zit. bei WIPRÄCHTIGER, ZStrR 114 (1996) 429.

25b   Anhaltspunkte für gleichmässige Strafzumessung können sich aus einem **Vergleich des Strafrahmens** verschiedener Deliktstatbestände ergeben;

so ist z.B. innerhalb des Strafrahmens von Art. 146 zu berücksichtigen, dass im Einzelfall ein betrügerisches Verhalten nicht schwerer wiegt als ein unter VStrR Art. 14 I fallender Leistungsbetrug, welcher milder bestraft wird, BGE 117 IV 158 f.; s. auch 120 IV 142, wonach eine Strafe von 12 Jahre Zuchthaus in der Regel nicht für schwere Vermögensdelikte, sondern für vorsätzliche Tötung ausgesprochen wird. Solche Vergleiche sind insbesondere bei sehr weiten Strafrahmen angezeigt, vgl. BGE 117 IV 403, 118 IV 17.

An die Unparteilichkeit des Richters sind angesichts des weiten Ermessensspielraums (N 23a) bei der Strafzumessung besonders hohe Anforderungen zu stellen; **Vorbefassung** ist anzunehmen, wenn derselbe Richter in verschiedenen Verfahren über Mitangeschuldigte zu urteilen hat, deren strafbares Verhalten in einem nahen sachlichen Zusammenhang steht, ZR 93 (1994) Nr. 22; wegen der in solchen Fällen bestehenden Gefahr der gegenseitigen Schuldzuweisung ist nach Möglichkeit gleichzeitig über die Schuld der Angeklagten zu entscheiden, BGE 116 Ia 312 f. 25c

BGE 95 IV 62 behauptet: «Eine Strafe lässt sich naturgemäss weder in ihren Teilen noch in ihrer Gesamtheit **mathematisch errechnen**». Dieser Satz ist *nur beschränkt richtig.* Ansatzpunkte finden sich bei DUBS, Analytische Bewertung, 22 f., DERS., Grundprobleme, 171; ein Modell für Strafzumessung bei Fahren in angetrunkenem Zustand skizziert, gestützt auf ein deutsches Vorbild, TRECHSEL 93 ff.; HAUSER 170 kommt nach gründlicher Untersuchung zum Schluss, dass *nur auf diesem Weg eine befriedigende Lösung* der Verknüpfungsproblematik zu finden ist, s. auch KILLIAS 48 ff.; krit. gegenüber mathematischen Methoden STRATENWERTH AT II § 7 N 78. 26

Für geringfügige Massendelikte werden vielfach Tarife, **Straftaxen,** verwendet, vgl. z.B. die Ordnungsbussenverordnung, SR 741.031. Informelle Richtlinien werden als zulässig angesehen, SJZ 67 (1971) Nr. 116, RS 1978 Nr. 558, skeptisch Extr.Fr. 1981 75. Zu Richtlinien für die Strafzumessung bei Dienstverweigerern MKGE 1976 Nr. 12, 19, HAURI in ZStrR 95 (1978) 421 Nr. 6, vgl. auch BGE 118 IV 79 ff. Positiv zu Straftaxen KUNZ 35, SCHMID 73, STRATENWERTH AT II § 7 N 79, TRECHSEL 84 ff., KILLIAS 49 ff., der meint, dass eine gewisse Standardisierung bei schweren Delikten noch weitaus dringender wäre als bei Bagatelldelikten. Verfehlt ist dagegen, ab 1,5‰ bei Trunkenheitsfahrt stets Freiheitsstrafe auszusprechen, s. aber RJN 1987 108. Vgl. auch Art. 48 N 7. 27

Über die Frage der **Festlegung der Strafart** schweigt das Gesetz. Sie wird auch von der Strafzumessungslehre weitgehend vernachlässigt, obwohl sich Qualität und Quantität der Strafe nicht trennen lassen: «Die Strafzumessung ist ein zirkulärer Vorgang, bei dem die als schuldangemessen erscheinende Schwere der Sanktion die Wahl der Strafart ebenso beeinflusst wie die Art der Strafe das als schuldangemessen erscheinende Mass», STRATENWERTH AT II § 7 N 75, ebenso BGE 120 IV 71. Grundsätzlich gelten für die Wahl der Strafart dieselben Kriterien wie für 27a die Strafzumessung, BGE a.a.O. Neben dem *Strafmass* können und sollen bei der Wahl der Strafart auch *spezialpräventive Gesichtspunkte,* STRATENWERTH a.a.O. N 74, und *Zweckmässigkeitserwägungen,* BGE a.a.O., berücksichtigt werden. Wo das Gesetz Zuchthaus oder Gefängnis androht, ist die schwerere Strafart nur dann zu wählen, wenn die Tat ehrlose Gesinnung verrät, BGE 92 IV 121 f., RS 1955 Nr. 113 (vgl. aber Sem.jud. 1983 654); generell ist bei schwereren Fällen die schwerere Strafart zu wählen – kein Ersatz von Freiheitsstrafen durch horrende Bussen, PKG 1963 Nr. 44, RS 1978 Nr. 646; jugendliches Alter kann berücksichtigt werden, indem statt Gefängnis Haft ausgefällt wird, PKG 1967 Nr. 41; kommt zu Freiheitsstrafe noch Busse, so ist jene herabzusetzen, PKG 1967 Nr. 51.

28   **Beispiele zur Strafzumessung:**

Unvertretbar hoch: 15 Jahre Zuchthaus bei einer Drogenmenge von 17 kg Heroingemisch und 1 kg Kokaingemisch, BGE 121 IV 205 f.; 60 Tage Gefängnis für fahrlässige Tötung im Strassenverkehr, angemessen 20 Tage, BJM 1996 204; s. auch BGE 123 IV 1, wo das BGer einen kantonalen Entscheid aufhob, in dem ein Täter trotz verminderter Zurechnungsfähigkeit an der Grenze zur Zurechnungsunfähigkeit wegen Mordes zu 17 Jahren Zuchthaus verurteilt worden war; zu streng waren 33 Tage Gefängnis für 12 Tage Verweisungsbruch, JdT 1960 III 95.

Ausgesprochen hoch: 12 Jahre Zuchthaus für bandenmässigen Raub und gewerbsmässigen Diebstahl, BGE 120 IV 136; 8 Jahre Zuchthaus für gewerbs- und bandenmässigen Diebstahl in 40 Fällen mit einer Deliktssumme von insgesamt 530 000 Franken sowie gewerbsmässige Hehlerei, BGE 117 IV 112; 15 Jahre Zuchthaus für drei Vergewaltigungen, BGE 117 IV 401.

Verhältnismässig hart: ein Monat Gefängnis bedingt und eine Busse von 300 Franken dafür, dass der Angeklagte aus Eifersucht Zucker in einen Benzintank geschüttet hatte und ohne Fahrzeugbeleuchtung weggefahren war, RB TG 1993 Nr.4.

Unhaltbar milde: fünf Monate Gefängnis für einen in mittlerem Grade vermindert (bzw. zehn Monate für einen) Zurechnungsfähigen, der sich an einem 7jährigen Mädchen grob sexuell verging, BGE 123 IV 49 m.w.Hinw.; eine bedingte Gefängnisstrafe von 70 Tagen für versuchte Vergewaltigung, sexuelle Nötigung und Diebstahl – trotz verminderter Zurechnungsfähigkeit und anschliessendem Eheschluss zwischen Täter und Opfer, BGE 122 IV 241; 7 1/2 Jahre Zuchthaus für versuchte vorsätzliche Tötung, wobei der Täter ausgespochen egoistisch und rücksichtslos gehandelt hatte, BGE 121 IV 49 («nicht weniger als zehn Jahre Zuchthaus»).

Angemessen: unter Berücksichtigung einer leichten Verminderung der Zurechnungsfähigkeit und in Anwendung von Art. 66bis dreieinhalb Jahre Zuchthaus für qualifizierte Geiselnahme, Nötigung und Drohung gegen Beamte, BGE 121 IV 162; angesichts der übrigen finanziellen Konsequenzen des Verkehrsunfalls – 800 Franken Busse für eine grobe Verkehrsregelverletzung, BGE 120 IV 67; drei Monate Gefängnis bedingt und eine Busse von 10000 Franken für das unbefugte Eindringen in ein Hotelzimmer, um dort den toten Uwe Barschel zu photographieren, BGE 118 IV 319; fünf Jahre und drei Monate Zuchthaus und zehn Jahre Landesverweisung für wiederholte Entführung und Vergewaltigung, BGE 117 IV 7; lebenslängliches Zuchthaus für die Tötung von zwei Frauen sowie der Vergewaltigung zweier weiterer Frauen – trotz verminderter Zurechnungsfähigkeit, BGE 116 IV 300; 2 Monate Gefängnis bei schweren Widerhandlungen im Strassenverkehr, BGE 101 IV 329, 104 IV 38, milder aber BGE 118 IV 21; 10 Tage Haft und 200 Franken Busse bei Hausfriedensbruch durch unverfrorenen, uneinsichtigen «Blick»-Reporter, BGE 90 IV 79 (Ritler); 18 Monate Gefängnis für den Handel mit Brutalo- und Porno-Videos, ZR 91 (1992) Nr. 14; 8 Jahre Zuchthaus für zweifachen qualifizierten Raub, Rep. 115 (1982) 148; 5 Jahre Zuchthaus für gewerbsmässigen Dieb, Rep. 1974 228 f. Als Normstrafe gilt in Schwyz beim Fahren in angetrunkenem Zustand Busse im Betrag von $^1/_3$ des Monatslohns, RS 1978 Nr. 558.

Übermässige Bedeutung für die **Strafzumessung im Bereich der Ver-**   29
stösse gegen das BetmG hat in der Praxis die Betäubungsmittel*menge* erlangt, wohl vor allem deshalb, weil sie sich mit mathematischer Genauigkeit bestimmen lässt. Sie ist jedoch «keineswegs von vorrangiger Bedeutung», sondern ein Gesichtspunkt unter andern, BGE 121 IV 206, 118 IV 341, 348, weshalb allein unter Hinweis auf die Drogenmenge das Strafmass nicht begründet werden kann, 118 IV 348; wenig Bedeutung kommt der Drogenmenge bei reinen Transporthandlungen zu, GVP-SG 1993 Nr. 45 unter Hinw. auf ALBRECHT, ZStrR 108 (1991) 54, 57 Fn 55. Die Grenze für den *mengenmässig schweren Fall* i.S.v. BetmG Art. 19.2 a liegt bei 12 Gramm reinen Heroins, BGE 119 IV 185 f., 18 Gramm reinen Kokains und 200 LSD-Trips, BGE 121 IV 339 f., 119 IV 185 f., 109 IV 143, s. dazu P. ALBRECHT, Die «schweren Fälle» gemäss Art. 19.2 a BetmG beim Handel mit Heroin, ZStrR 111 (1993) 138 ff., HANSJAKOB a.a.O – zur Ausnahme im Falle der Abgabe von Heroin an eine bereits süchtige nahe Bezugsperson vgl. BGE 120 IV 340 f. Bei Cannabis ist «nach dem derzeitigen Erkenntnisstand» die Annahme eines schweren Falles i.S.v. BetmG Art. 19.2 a ausgeschlossen, BGE 120 IV 257, 118 IV 341, 117 IV 323. Bei der Berechnung der Drogenmenge ist der *Reinheitsgrad* massgebend; das Verschulden ist somit schwerer, wenn der Täter wissentlich mit besonders reinen Drogen handelt, BGE 122 IV 302; keine Bedeutung hat der Reinheitsgrad, wenn nicht feststeht, dass der Täter mit ausgesprochen reinen oder stark gestreckten Drogen handeln *wollte*, BGE 122 IV 301 f., 121 IV 196. Sind mehrere Qualifikationsgründe des BetmG Art. 19.2 gegeben oder wird der Grenzwert i.S.v. lit. a der Bestimmung deutlich überschritten, so verlieren genaue Menge und Reinheitsgrad der Droge an Bedeutung, BGE 121 IV 196, NAY 193. Neben der Drogenmenge ist insbesondere auch die *Funktion und Stellung* des Täters innerhalb des Gesamtgefüges (z.B. als gewinnorientierter Händ-

ler, Kurier, süchtiger Zwischenhändler oder Gassendealer) zu beachten; so trifft den Drogenkurier in der Regel ein geringeres Verschulden als jenen, der die Drogen weiterverkauft oder zum Zwecke des Weiterverkaufs erwirbt, BGE 121 IV 201, 206, GVP-SG 1993 Nr. 45 (vom BGer bestätigt), SJZ 86 (1990) Nr. 15; zum Unrechts- und Schuldgehalt des Anstaltentreffens nach BetmG Art. 19.1 s. BGE 121 IV 198 ff. Zum Versuch eines Strafzumessungsmodells für die Drogenjustiz vgl. FREI / RANZONI 1439 ff., kritisch dazu ALBRECHT, AJP 5 (1996) 369 f.; s. auch T. HANS-JAKOB, Strafzumessung in Betäubungsmittelfällen – eine Umfrage der KSBS, ZStrR 115 (1997) 233 ff.

2. Strafmilderung

1   Als **Strafmilderung** wird in der Regel die Herabsetzung der Strafe auf ein Mass unterhalb des unteren Rahmens der Strafdrohung bezeichnet, wobei für die Milderung gemäss Art. 64 in Art. 65 klare Grenzen gesetzt sind; **Strafminderung** bezeichnet dagegen die Herabsetzung des Strafmasses innerhalb des ordentlichen Strafrahmens, s. z. B. BGE 106 IV 391 oben. Zum Verhältnis von Art. 64 zu Art. 63 BGE 117 Ia 406, 110 IV 10, 107 IV 97, 106 IV 340 f., 101 IV 309 f., 98 IV 49, 311, 97 IV 79, 81f.: Der Richter kann Milderungsgründen im Rahmen von Art. 63 Rechnung tragen.

2   Liegt ein **Strafmilderungsgrund** vor, so hat dies für die Strafzumessung *zwei Wirkungen:* Einerseits *muss* die Strafe *gemindert* werden – es ist unzulässig, bei Vorliegen eines Strafmilderungsgrundes die Höchststrafe auszufällen; andererseits *kann* die Strafe *gemildert* werden – der Strafrahmen hat sich nach unten erweitert, so jetzt auch BGE 116 IV 13 f., 302, 120 Ib 508, RVJ 1992 292.

2a   Liegen **gleichzeitig Strafschärfungs- und Strafmilderungsgründe** vor, so können sie sich kompensieren, der Strafrahmen wird aber nach oben und unten erweitert, BGE 116 IV 302, 305. Verminderte Zurechnungsfähigkeit schliesst deshalb, wenn zugleich echte Konkurrenz vorliegt, lebenslängliches Zuchthaus nicht aus, BGE a.a.O., krit. REHBERG II 73 f., SCHULTZ, ZBJV 128 (1992) 9.

3   Die **ältere Praxis des Bundesgerichts** liess diese Regelung *nicht deutlich* werden, insbesondere unterschied sie zuwenig klar zwischen dem Vorliegen des Strafmilderungsgrundes, der immer strafmindernd zu berücksichtigen ist, und der blossen Möglichkeit, die Strafe i.S.v. Art. 65 zu mildern. BGE 71 IV 80 (Bösch) meinte noch, bei Bejahen des Strafmilderungsgrundes sei eine Ausschöpfung der in Art. 65 eröffneten Möglichkeiten obligatorisch, ebenso RS 1943 Nr. 270, Extr.Fr. 1976 51, Rep. 1976 126, kritisch WAIBLINGER, ZBJV 83 (1945) 335. Die meisten Urteile betonten das *freie Ermessen* des Richters und liessen den falschen Eindruck aufkommen, diesem stehe die Berücksichtigung des Strafmilderungsrungsgrundes überhaupt frei, BGE 71 IV 69 (Honegger), 71 IV 80

(Bösch), 83 IV 189 (Killer), 90 IV 154 (Müller), 92 IV 203 (Mattmann), 95 IV 119 (Blank), 97 IV 81 (Lötscher u.a.), 98 IV 41 (Rieder), 311, 107 IV 97; ähnlich MKGE 7 Nr. 9, Sem.jud. 1983 654. Der hier vertretenen Auffassung entsprechen mit hinreichender Deutlichkeit bereits BGE 101 IV 390 und 106 IV 340 f.

Zur **Begründungspflicht** s. Art. 63 N 24. 4

Der Richter hat Strafmilderungsgründe **ex officio** zu berücksichtigen, 5 aber nur dann, wenn Anhaltspunkte für ihr Vorliegen ersichtlich sind, BGE 116 IV 13 f., 302, Sem.jud. 1982 300.

64 Mildernde Umstände

Der Richter kann die Strafe mildern:

wenn der Täter gehandelt hat

aus achtungswerten Beweggründen,

in schwerer Bedrängnis,

unter dem Eindruck einer schweren Drohung,

auf Veranlassung einer Person, der er Gehorsam schuldig oder von der er abhängig ist;

wenn der Täter durch das Verhalten des Verletzten ernstlich in Versuchung geführt wurde;

wenn Zorn oder grosser Schmerz über eine ungerechte Reizung oder Kränkung ihn hingerissen hat;

wenn er aufrichtige Reue betätigt, namentlich den Schaden, soweit es ihm zuzumuten war, ersetzt hat;

wenn seit der Tat verhältnismässig lange Zeit verstrichen ist und der Täter sich während dieser Zeit wohl verhalten hat;

wenn der Täter im Alter von 18 bis 20 Jahren noch nicht die volle Einsicht in das Unrecht seiner Tat besass.

Al. 9 angefügt durch BG vom 18.3.1971.

VE 1893 Art. 37 f., Mot. 74 f. VE 1894 Art. 36 f. Mot. 136 f. 1. ExpK I 243 ff., II 448 ff. VE 1908 Art. 50 ff. Erl.Z. 101 f. 2. ExpK I 361 ff., 449 f. VE 1916 Art. 63 ff. E Art. 61 ff. Botsch. 24 f. Sten.NR 210 ff., StR 115 f. – Zur Teilrevision 1971: Sten.NR 1969 128, StR 1967 67, 1970 105.

ALEX BRINER, Die ordentliche Strafmilderung nach dem Schweizerischen Strafgesetzbuch, unter besonderer Berücksichtigung der Strafmilderungsgründe von Art. 64, Diss. ZH 1977; HERBERT STARK, Die Behandlung der Heranwachsenden (18–20- bzw. 18–21jährigen) im Strafrecht, im Hinblick auf die bevorstehende Teilrevision des StGB, Diss. ZH 1963; **Lit.** vor Art. 63.

Die Liste der allgemeinen Strafmilderungsgründe in Art. 64 ist abschlies- 1 send, LOGOZ/SANDOZ 353, aber einerseits kennt das Gesetz viele besondere Strafmilderungsgründe (Art. 65 N 1), andererseits steht einer freien Rechtsfindung *pro reo* Art. 1 nicht entgegen.

2　**Al. 1: Achtungswerte Beweggründe** betreffen das Motiv, nicht die Tat selber, MKGE 7 Nr. 9, BGE 97 IV 80. Deshalb darf der Milderungsgrund nicht verneint werden, nur weil der Täter zur Verwirklichung eines billigenswerten Ziels unzulässige oder unverhältnismässige Mittel eingesetzt hat, BGE 101 IV 390, 104 IV 245, 107 IV 30, anders noch 75 IV 44 E. 5 (Schluep), 80 IV 93 E. 10a (Bonnard), 97 IV 81 (Lötscher).

3　Ein Beweggrund ist **«achtungswert»** (sprachlich weniger schlecht wäre *«achtenswert»,* so *VE 1993* Art. 50 a, besser *«achtbar»),* wenn er «einer ethisch hochstehenden oder wenigstens ethisch zu rechtfertigenden Gesinnung» entspringt, BGE 97 IV 80, eine Formulierung von HAFTER AT 361, übernehmend. Gemäss BGE 101 IV 390, Sem.jud. 1983 273, muss der Beweggrund auf der oberen Hälfte der ethischen Wertskala einzuordnen sein, was entgegen SCHULTZ II 87 keine weitere Einschränkung bedeutet, weil die Mitte der Skala einem wertneutralen Motiv entspricht. In diesem Sinne *achtenswert* sind z.B. tiefgefühltes Mitleid, Erbarmen, religiöse Motive, MKGE 7 Nr. 9 (abweichend RS 1964 Nr. 138 betr. Adventisten, die ihre Kinder samstags nicht zur Schule schickten); Streben nach Gerechtigkeit (abweichend ZBJV 112 [1977] 280 f. betr. einen Experten, der Waagscheine fälschte, um die Ungerechtigkeit einer wirtschaftspolitischen Massnahme zu verringern); Förderung kultureller Beziehungen, SJZ 80 (1984) Nr. 48 (i.c. mit Ungarn); Arbeitsbeschaffung für ältere Arbeitnehmer (anders BGE 75 IV 44 mit Hinweis auf andere Verwirklichungsmöglichkeiten), Pazifismus eines Zivilschutzverweigerers, BJM 1988 211, anders BGE 112 IV 131.

　　Nicht als *achtenswert* angesehen wurde das Motiv, auf die Missstände im Churer Polizeikorps hinzuweisen, BGE 114 IV 49; die Absicht, ein Präjudiz zu erwirken, BGE 114 IV 54; die Weigerung, den Militärpflichtersatz zu leisten, um keinen Beitrag an Krieg und die Tötung von Menschen zu leisten, BGE 115 IV 65 f., 118 IV 76 ff. mit eingehender Begründung, anders SJZ 86 (1990) Nr. 76. Eher negativ zu bewerten ist eine allgemeine Staatsfeindlichkeit, BGE 97 IV 82.

4　**Politische Motive** sind an sich weder gut noch schlecht, BGE 101 IV 391, 104 IV 245, 107 IV 30, 112 IV 131, BJM 1988 211, Sem.jud. 1983 273; vgl. auch BGE 115 IV 15 f. (Hariri).

5　Für die Bewertung **massgebend** ist die Auffassung des Richters, der «das öffentliche Gewissen vertritt» BGE 97 IV 80, Sem.jud. 1983 273.

6　Von dem Grundsatz der Unabhängigkeit des Motivs von der Tat lässt das Bundesgericht eine **Ausnahme** zu, wenn die «vom Täter vorausgesehenen Gefahren und Folgen der Tat ... eine so grosse Rücksichtslosigkeit kundtun, dass diese die Schuld mehr erhöht, als der an sich achtungswerte Beweggrund sie zu mildern vermag», BGE 107 IV 30, wobei vor allem an Taten gegen Unbeteiligte gedacht ist, z.B. Geiselnahme, ge-

meingefährliche Delikte, BGE 106 IV 341, s. auch 115 IV 16 (Hariri), 104
IV 238, 101 IV 390 f. E 2c), 391 f. E. 3b), Sem.jud. 1983 273. In diesen Fällen soll dem Richter erlaubt sein, von *vornherein die Prüfung* des Strafmilderungsgrundes *auszuschliessen. Dies ist weder mit dem Gesetz vereinbar noch erforderlich;* selbst wenn sich die Bejahung achtungswerter
Beweggründe auf das Strafmass kaum auswirkt, hat der Täter Anspruch
auf Bewertung des Motivs, selbst wenn die Tat an sich schärfstens verurteilt wird.

Spezialfälle des Handelns aus achtungswerten Beweggründen mit weite-   7
rer Privilegierung enthalten Art. 305 II und 308 II.

Tatfrage ist, aus welchen Beweggründen der Täter gehandelt habe,   8
Rechtsfrage, wie diese Motive zu bewerten sind, BGE 107 IV 30, 106 IV
340, 104 IV 245, 97 IV 79.

Al. 2: Schwere Bedrängnis ist eine dem Notstand nahe Situation, die den   9
Täter so schwer belastet, dass sich ihm kein anderer Ausweg als die strafbare Handlung bietet, BGE 83 IV 188 (Killer), 107 IV 96, 110 IV 10, Pra
32 (1943) Nr. 162, PKG 1962 Nr. 62, Sem.jud. 1978 258. Die Bedrängnis
kann materieller oder immaterieller Art sein, BGE 107 IV 95. Auch eine
selbstverschuldete Lage kann die Strafmilderung auslösen, BGE 83 IV
188 (anders RS 1943 Nr. 181); Rep. 1982 148 verneint Bedrängnis des
Süchtigen, dem von Drogenhändlern zugesetzt wird.

Ähnlich wie beim Notstand setzt Strafmilderung wegen schwerer Be-   10
drängnis voraus, dass der Täter einigermassen **verhältnismässig** vorgeht,
BGE 107 IV 97, 110 IV 10. Daran fehlt es, wenn die Tat in deutlichem
Missverhältnis zur Bedrängnis steht, z.B. Tötung des Kollegen, den der
Täter, ein Polizist, zufällig schwer verletzt hatte, um Schwierigkeiten in
Beruf und Familie auszuweichen, BGE 107 IV 94; Tötung zur Beschaffung von Geld in finanzieller Notlage, BGE 110 IV 10; ZR 70 (1971) Nr. 8
lehnt Milderung bei Angriffen auf Leib und Leben zur Abwendung wirtschaftlicher Not generell ab, ebenso Sem.jud. 1978 257, was jedenfalls für
Drohung und Tätlichkeit zu weit gehen dürfte, SCHULTZ II 88; keine «Bedrängnis», wenn familiäre Probleme zum motorisierten Pintenkehr treiben, PKG 1976 Nr. 34.

Nur wenn Abhilfe **nicht auf andere Weise** möglich war, ist Strafmilde-   11
rung wegen schwerer Bedrängnis zulässig. An dieser Voraussetzung
fehlte es bei Erleichterung finanziellen Druckes durch Zuhälterei, BGE
79 IV 125; Tötung in finanzieller Not, BGE 110 IV 10; Unzucht mit der
Tochter bei sexuellem Notstand, SJZ 66 (1970) Nr. 46; sexuelle Handlungen mit Kindern wegen angeblich übermässiger sexueller Reizung zufolge Phimose, RS 1957 Nr. 182; Abtreibung, BJM 1962 176.

Al. 3: Die Tat **«unter dem Eindruck einer schweren Drohung»** ist ein   12
Spezialfall zu derjenigen in schwerer Bedrängnis, wie Nötigungsnotstand
ein Spezialfall des Notstands ist. Wo eine *vis compulsiva* nicht die Inten-

sität erreicht, welche wie *vis absoluta* die Schuld aufhebt, kommt der Strafmilderungsgrund in Frage, vgl. BGE 104 IV 189.

13　**Al. 4:** Auch der Milderungsgrund des Handelns **«auf Veranlassung einer Person, der er Gehorsam schuldig oder von der er abhängig ist»**, stellt einen Spezialfall der schweren Bedrängnis nach Art des Nötigungsnotstandes dar. BGE 102 IV 238 (Geuer und Kemperdick) fordert zwar eine formelle Gehorsamspflicht, lässt jedoch eine bloss *faktische Abhängigkeit* von der oder dem Konkubinatspartner/in genügen. Als konkrete Umstände zu berücksichtigen sind die finanzielle Lage, die Stärke der Persönlichkeiten, die Art der Beziehung; ferner muss vom überlegenen Anstifter ein so entscheidender Einfluss ausgeübt worden sein, dass die Schuld gleichermassen herabgesetzt erscheint wie bei den übrigen Strafmilderungsgründen. MStG Art. 18 II sieht bei Handeln auf Befehl die Möglichkeit der Strafbefreiung vor – die praktische Bedeutung ist gering, HAURI N 4. Zu Strafbefreiung im Rangierbetrieb SJZ 40 (1944) Nr. 82. Nicht auf den Strafmilderungsgrund berufen konnte sich Hariri, der von der Hisbollah den Befehl erhalten hatte, ein Flugzeug zu entführen, BGE 115 IV 16.

14　**Al. 5:** Dass der Täter **durch das Verhalten des Verletzten ernstlich in Versuchung geführt** wurde, wird praktisch nur bei Sexualdelikten (Art. 187, 189, 190) behauptet, kommt aber auch bei anderen Straftaten in Frage, z.B. Protzen mit Geldbesitz in einer Bar, vgl. SV BGE 101 IV 154, oder die besonders raffinierte Präsentation von Artikeln für Kinder bei der Kasse von Selbstbedienungsläden. Der Strafmilderungsgrund hat *entfernte Verwandtschaft zur Notwehr:* Bei Versuchung erlaubt das Gesetz Nachsicht, weil «der Verletzte den Anstoss zur strafbaren Handlung gegeben hat, und zwar derart ernstlich, dass der Täter für seinen Entschluss, sie zu begehen, nicht als voll verantwortlich erscheint, sondern den Verletzten ein Teil dieser Verantwortung trifft», BGE 98 IV 68, 75 IV 6 (Langenegger), 73 IV 157 (Krüsi). Der Strafmilderungsgrund gilt demnach *nicht bei Versuchung des Täters durch eine Drittperson,* Sem.jud. 1943 75, oder durch den Verletzten gegenüber einem Dritten, RS 1954 Nr. 22, vgl. auch BGE 102 IV 273. Die Versuchungshandlung muss sich unmittelbar auf den Tatentschluss ausgewirkt haben, PKG 1972 Nr. 14.

15　**Bei sexuellen Handlungen mit Jugendlichen und Kindern unter 16 Jahren** wollte eine ältere Praxis Strafmilderung wegen Versuchung schlechthin ausschliessen, BGE 73 IV 157, 75 IV 6, 78 IV 81; RS 1943 Nr. 182, 1965 Nr. 72. Besonders vom erwachsenen Täter wurde Immunität erwartet, s. auch PKG 1961 Nr. 19. Davon ist BGE 98 IV 68 mit Recht abgerückt – die relevante Versuchung liegt vor, wenn «das Kind durch sein aktives Verhalten die Geschlechtslust des Täters objektiv in einem solchen Mass gesteigert hat, dass auch ein gewissenhafter Mann Gefahr gelaufen wäre», ihr zu erliegen, a.a.O. 71, s. auch BGE 102 IV 278, PKG 1972 Nr. 14. Die kantonale Praxis hatte sich schon früher in diese Richtung bewegt, SJZ 54 (1958) Nr. 157, 59 (1963) Nr. 123, 67 (1971) Nr. 151,

152. Andererseits genügt es nicht, dass das Kind sittlich verderbt war und auf sexuelle Zumutungen bereitwillig einging, s. auch RS 1943 Nr. 269, ZBJV 85 (1949) 182, oder dass es den Vorschlag zum Geschlechtsverkehr machte, AGVE 1987 Nr. 21.

Bei Vergewaltigung und sexueller Nötigung (Art. 189, 190) ist gegenüber der Annahme von Versuchung *besondere Zurückhaltung geboten,* weil nicht jede Versuchung zu sexuellem Verhalten auch als Versuchung zu gewaltsamer Erzwingung des Beischlafs oder anderen sexuellen Handlungen gelten kann. Küsse im Auto und das Öffnen der Zimmertür im Négligée, BGE 97 IV 77 (Guérillot), genügen ebensowenig wie andere «gewagte Spiele», SJZ 62 (1966) Nr. 3; während AGVE 1972 Nr. 28 den Strafmilderungsgrund «in ganz extremen Fällen» für denkbar hält, bejaht ihn SJZ 61 (1965) Nr. 44, wo das Opfer den Täter, vor die Alternative «Geschlechtsverkehr oder Abbruch der Beziehung» gestellt, umarmte.   16

Als **Spezialfall** berücksichtigt das Gesetz in Art. 242 II strafmildernd die Versuchung dessen, der gutgläubig Falschgeld eingenommen hat.   17

Al. 6: Strafmilderung, **«wenn Zorn oder grosser Schmerz über eine ungerechte Reizung oder Kränkung»** den Täter **«hingerissen»** hat, erinnert an *Provokation* und *Retorsion* bei Beschimpfung, Art. 177 II, III, vor allem aber an *Notwehrexzess,* Art. 33 II, und *Totschlag,* Art. 113; *VE 1993* Art. 50 c übernimmt denn auch die Formulierung von Art. 113. Zum Verbot zweimaliger Verwertung des Affekts Rep. 1947 83. Der Täter muss in seinem Innersten heftig erregt worden sein und aus dieser Gemütsbewegung heraus spontan reagieren, BGE 104 IV 238 (Boegli und Kons.): Daran fehlt es, wo Demonstranten von vornherein in einem gespannten Klima auf heftige Auseinandersetzungen eingestellt waren.   18

Al. 7: Die Strafe ist ferner zu mildern, wenn der Täter **«aufrichtige Reue betätigt, namentlich den Schaden, soweit es ihm zuzumuten war, ersetzt hat».** Ähnlich wie bei *Rücktritt* (Art. 21 II) und *tätiger Reue* (Art. 22 II) belohnt das Gesetz hier die *Umkehr des Täters.* Es müsse sich, so formuliert BGE 107 IV 99, um ein «besonderes, freiwilliges und uneigennütziges Verhalten [handeln], durch das der Täter den greifbaren Beweis seiner Reue erbringe, bei dem er Einschränkungen auf sich nehme und alles daran setze, das geschehene Unrecht wieder gutzumachen» (nach SCHULTZ II 89), s. auch BGE 73 IV 160 (Gehrig).   19

Aufrichtige Reue setzt voraus, dass der Täter die Schwere seiner Verfehlung einsieht und die Tat **gesteht,** RS 1953 Nr. 94. Anders als bei der Gewährung des bedingten Strafvollzugs (Art. 41 N 21) wirkt sich *Leugnen* hier *immer negativ* aus; selbst ein späteres (Teil-)Geständnis kann nicht mehr als aufrichtige Reue anerkannt werden, PKG 1968 Nr. 35, SJZ 63 (1967) Nr. 178.   20

Die Reue muss aber auch **tätig,** also **betätigt** sein, was eine *aktive Anstrengung* des Täters voraussetzt, BGE 107 IV 99, RVJ 1991 455 f. Ein blosses Wohlverhalten, BGE 73 IV 160, RS 1956 Nr. 185, genügt ebenso-   21

wenig wie aufrichtige Beteuerung der Reue, RS 1944 Nr. 93, Sem.jud.
1977 493, SJZ 58 (1962) Nr. 59, ZBJV 81 (1945) 135, halbherzige Vorkehren, AGVE 1970 Nr. 29 (ungenügende Warnung vor Hindernis, das
der Täter auf ein Bahngleis gestellt hatte) oder Herausgabe der Diebsbeute auf Drängen des Opfers, PKG 1962 Nr. 62. Ein Entschuldigungs-
brief an das Notzuchtsopfer nach fünf Monaten Haft reicht nicht aus,
Rep. 1982 444; ebensowenig genügt der Verzicht auf das Autofahren
(aber nicht auf den Führerausweis) nach einem Unfall, BJM 1996 209.
Die Reue kann auch anders denn durch Wiedergutmachung gegenüber
einem/einer Verletzten geschehen, PKG 1950 Nr. 15 (Meldung, dass das
Unzuchtsopfer eine Abtreibung plane, was mit einer Selbstanzeige verbunden war), bei einem Drogenhändler z.B. durch tatkräftige Mitarbeit
an Therapie für Süchtige BGE 98 IV 309, s. auch RS 1987 Nr. 259.

22   Als **Beispiel** nennt das Gesetz den **Ersatz des Schadens, soweit zumutbar,**
wobei an die Anstrengungen *erhebliche Anforderungen* gestellt werden –
ein arbeitsloser Journalist muss u.U. untergeordnete Arbeit annehmen,
BGE 96 IV 110 (Kellenberger). Schadensdeckung durch die Eltern auf
Konto der Erbschaft lässt BGE 107 IV 99 ff. gelten, wobei die Flucht
nach dem Urteil in zweiter Instanz offenbar der Annahme entgegen-
stünde, vom Kassationshof aber nicht berücksichtigt werden kann, a.a.O.
S. 103. Schadensdeckung führt freilich *nicht automatisch* zu Strafmilderung, BJM 1954 63, Sem.jud. 1945 65, vor allem dann nicht, *wenn sie als
blosses taktisches Manöver erscheint*, BGE 96 IV 109, BJM 1963 231, RS
1968 Nr. 184, Rep. 1978 418, a.M. Arzt 155. *Im Interesse des Opfers ist
eine grosszügige Praxis angezeigt. VE 1993* Art. 50 e verzichtet im Rahmen der aufrichtigen Reue auf Erwähnung der Schadensdeckung –
Art. 55 sieht einen eigenen *Strafbefreiungs*grund der Wiedergutmachung
für Strafen bis zu einem Jahr Freiheitsstrafe oder Busse vor.

23   **Aufrichtige Reue** wurde **bejaht** bei Abgabe eines ernsthaften Heiratsver-
sprechens gegenüber dem «Opfer» von Unzucht mit Kind (aArt. 187),
AGVE 1972 Nr. 25; RS 1957 Nr. 118, 1969 Nr. 195; SJZ 62 (1966) Nr. 104,
70 (1974) Nr. 89; vgl. aber BGE 122 IV 244, wonach die Heirat im Anschluss an einen Vergewaltigungsversuch und sexuelle Nötigung nicht
unbedingt ein Zeichen von Reue sein muss; bei Hilfeleistung an ein ver-
letztes Raubopfer, RS 1958 Nr. 17; bei Verzicht auf Führen eines Motorfahrzeuges oder Zurverfügungstellung des eigenen Fahrzeugs an Dritte,
SJZ 56 (1960) Nr. 76, 57 (1961) Nr. 130 (wo dem Täter aber misstraut
wurde), 58 (1962) Nr. 59; bei tatkräftiger Hilfe und Selbstanzeige nach
Brandstiftung, SJZ 60 (1964) Nr. 120; bei Antritt einer Antabuskur, SJZ
59 (1963) Nr. 111; bei Kastration, ZR 66 (1967) Nr. 54, aber *nicht* bei
bloss medikamentöser Triebdämpfung, RS 1972 Nr. 227; bei verspäteter
Leistung des Militärpflichtersatzes, JdT 1968 III 62; bei Ausdruck des Be-
dauerns anlässlich der Verhandlung, BGE 115 IV 16 (Hariri).

24   **Al. 8:** Der Strafmilderungsgrund, «**wenn seit der Tat verhältnismässig
lange Zeit verstrichen ist und der Täter sich während dieser Zeit wohl**

verhalten hat», «knüpft an den Gedanken der *Verjährung* an. Die heilende Kraft der Zeit, die das Strafbedürfnis geringer werden lässt, soll auch berücksichtigt werden können, wenn die Verfolgungsverjährung noch nicht eingetreten ist, die Tat aber längere Zeit zurückliegt und der Täter sich inzwischen wohlverhalten hat», BGE 92 IV 202 (Mattmann) mit Hinweis auf STOOSS, ebenso 82 IV 5. Daraus ergibt sich, dass der Milderungsgrund nur gilt, wenn die Verjährung nahe ist, BGE 73 IV 159 (Gehrig), 92 IV 202, 102 IV 209; MKGE 4 Nr. 67; PKG 1955 Nr. 14, 1963 Nr. 54; Sem.jud. 1979 18, Extr.Fr. 1974 164. BGE 92 IV 204 bejaht diese Voraussetzung bei Ablauf von $9/10$ der Verjährungsfrist, BGE 102 IV 209 verneint sie nach 44 von 60 Monaten, während AGVE 1958 Nr. 32 unter Hinweis auf das Ziel des Gesetzes, einen fliessenden Übergang zur Verjährung zu schaffen, eine geringfügige Milderung schon bei Ablauf von $2/3$ der Verjährungsfrist zulässt, BJM 1964 235 nach $3/5$, 1962 232 sogar schon nach $2/5$. Massgebend ist die ordentliche Verjährungsfrist, BGE 92 IV 203, SJZ 65 (1969) Nr. 183. Bei den aus Gründen der Schwierigkeit des Beweises, der Schonung der Familie oder des Verletzten verkürzten Verjährungsfristen der Art. 118 II, 119.1 II, 178 I, 213 III und 302 III vermag die «heilende Wirkung der Zeit» nicht zu wirken, was die Anwendung dieses Strafmilderungsgrundes ausschliesst, BGE 89 IV 5, 92 IV 202 (mit Einschränkung auf die Fälle der Abtreibung und der Blutschande); ZR 50 (1951) Nr. 241, 61 (1962) Nr. 148. Weil die Verjährungsfristen bereits in Art. 70 proportional abgestuft sind, worauf BGE 92 IV 203 hinweist, ist für eine weitere Berücksichtigung der Schwere der Tat entgegen BJM 1962 232 kein Raum. Für die *Berechnung* ist auf den Zeitpunkt der Ausfällung des Sachurteils abzustellen; soweit der Appellation nach kantonalem Prozessrecht Devolutiv- und Suspensivwirkung zukommt, ist der Zeitpunkt der oberinstanzlichen Beurteilung massgebend, BGE 115 IV 96.

VE 1993 Art. 50 lässt Strafmilderung auch zu, wenn das Strafverfahren unverhältnismässig lange gedauert hat, ohne dass der Täter dazu schuldhaft beigetragen hätte. Dadurch kann eine Verletzung von EMRK Art. 6.1 wegen übermässiger Verfahrensdauer geheilt werden, s. Bericht der EKMR vom 12.7.85, Pannetier c. CH, ferner IntKomm EMRK, MIEHSLER/VOGLER Art. 6 N 329, ROGGE Art. 25 N 222, so jetzt auch BGE 117 IV 124, LGVE 1987 I Nr. 55.

Der Gedanke der strafmildernden Wirkung des langen Zeitablaufs kann *analog beim Führerausweisentzug* berücksichtigt werden, BGE 120 Ib 509 f.

Wohlverhalten bedeutet vor allem *Fehlen von strafbaren Handlungen* – aus der Beziehung zur Verjährung ergibt sich, dass *nicht zu hohe Anforderungen* gestellt werden dürfen. Hat allerdings der Täter absichtlich das Verfahren verzögert, so ist dem Rechnung zu tragen, BGE 92 IV 204, BJM 1965 150.   25

Al. 9: Schliesslich sieht Art. 64 Strafmilderung vor für Täter im **Alter von 18 bis 20 Jahren, die noch nicht die volle Einsicht in das Unrecht der Tat**   26 besitzen. War bis zur Revision von 1971 in Art. 100 noch eine generelle Strafmilderung für diese Altersgruppe vorgesehen, so ist die Milderung jetzt beschränkt auf Fälle, bei denen der junge Täter zufolge verzögerter Entwicklung (vgl. Art. 11) noch nicht voll verantwortungsfähig ist, PKG 1974 Nr. 29. Entgegen dem engen Wortlaut ist die Milderung *auch* dann zu gewähren, *wenn zwar die Einsicht vorhanden, die Fähigkeit zu einsichtsgemässem Handeln aber noch nicht voll entwickelt war* – es besteht kein Grund, in Abweichung von den Grundregeln über die Zurechnungsfähigkeit ausschliesslich auf die intellektuelle Seite abzustellen; vgl. auch STRATENWERTH AT II § 7 N 97, wonach die Praxis gut daran tut, «sich hier nicht allzu eng an den Wortlaut des Gesetzes zu binden»; enger BGE 115 IV 184, wonach die beiden Tatbestandselemente kumulativ erfüllt sein müssen; immerhin soll der Richter «bei der Annahme der mangelnden Einsicht nicht allzu zurückhaltend, sondern eher etwas grosszügig sein», a.a.O. 185. Auch hier handelt es sich um ein *relatives Kriterium* – der jungen Person kann Strafmilderung bei gewissen Straftaten zugebilligt werden, bei anderen nicht, Sem.jud. 1978 258. So wird z.B. ein 19¹/₂jähriger Kantonsschüler im Strassenverkehr als voll verantwortlich anzusehen sein, AGVE 1975 Nr. 39, vgl. auch schon ZR 64 (1965) Nr. 29; AGVE 1973 Nr. 27 betont aber, dass Art. 64 al. 9 grundsätzlich auch im Strassenverkehr gelte, s. auch Extr.Fr. 1976 151; PKG 1974 Nr. 29 (Mofa-Diebstahl). Beim selben Täter könnte die Verantwortlichkeit herabgesetzt sein für gewisse Sexual- und Vermögensdelikte, Sem.jud. 1978 261, s. auch BGE 115 IV 180 ff. Ob der Jugendliche die volle Einsicht besass, ist Tatfrage, BGE 115 IV 186.

27　Treffen weitere Milderungsgründe mit dem jugendlichen Alter zusammen, so ist **Kumulation** möglich; sogar Kumulation mit Art. 11 ist denkbar, wenn z.B. eine Beeinträchtigung der geistigen Gesundheit mit verzögerter Reifung zusammenfällt, was offenbar in BGE 103 IV 147 nicht zutraf (nur Art. 11; zu dem Urteil SCHULTZ, ZBJV 114 [1978] 458).

28　*VE 1993* Art. 50 d sieht neu auch Strafmilderung vor, «wenn seine **Lebensgeschichte oder fremde Herkunft** dem Täter rechtmässiges Verhalten ausserordentlich erschwert hat». Damit soll der Richter «die Möglichkeit haben, gravierenden Sozialisationsdefiziten oder -abweichungen, die auf das soziale oder ethnische Milieu zurückgehen, in welchem der Täter aufgewachsen ist, mildernd Rechnung zu tragen, beispielsweise tief verwurzelten Vorstellungen von Individual- und Familienehre», Bericht VE 1993 72. Dabei muss es sich jedoch um «krasse Abweichungen von dem in unseren Breitengraden Üblichen handeln», a.a.O.

65　Strafsätze

Findet der Richter, die Strafe sei zu mildern, so erkennt er:

statt auf lebenslängliches Zuchthaus: auf Zuchthaus von mindestens zehn Jahren;

statt auf Zuchthaus mit besonders bestimmter Mindestdauer: auf Zuchthaus;

statt auf Zuchthaus: auf Gefängnis von sechs Monaten bis zu fünf Jahren;

statt auf Gefängnis mit besonders bestimmter Mindestdauer: auf Gefängnis;

statt auf Gefängnis: auf Haft oder Busse.

Lit. zu Art. 63.

Art. 65 enthält den **Tarif der einfachen Strafmilderung,** der die Grenze setzt, bis zu welcher der Richter bei Vorliegen eines Strafmilderungs-grundes den unteren Rand des ordentlichen Strafrahmens unterschreiten darf (nicht muss: N2 vor Art. 64), BGE 116 IV 13 f. Auszugehen ist vom unteren Rand des Strafrahmens – unrichtig noch BGE 71 IV 81 (Bösch). Einfache Strafmilderung ist vorgesehen in Art. 21 I, 22 I, 25, 64, 174.3, 185.4.   1

Ist **kumulativ neben Gefängnis Busse** angedroht, so kann der Richter ebenfalls nur auf Busse erkennen, BGE 90 IV 2 f. (Spiess). BGE 113 IV 14 verlangt dagegen die Ausfällung beider Strafen.   2

Ist **Busse** von einer bestimmten **Mindesthöhe** allein oder zusätzlich zu Gefängnis (oder Haft, Art. 107) angedroht, so kann der Mindestbetrag unterschritten werden, BGE 90 IV 3, anders noch PKG 1961 Nr. 65.   3

Der Richter ist **an das System der Strafen gebunden,** er kann nicht Haft über drei Monate ausfällen, GVP-SG 1968 Nr. 55, ebensowenig Zucht-haus unter einem Jahr oder Gefängnis unter drei Tagen.   4

Liegen **mehrere Milderungsgründe** vor, so verändert sich der Strafrah-men um ebensoviele Stufen, BGE 95 IV 63 (Herrmann u. Käser), 95 IV 118 (Blank).   5

Liegen **gleichzeitig Strafschärfungs- und Strafmilderungsgründe** vor, so weitet sich der Strafrahmen nach oben und nach unten aus, BGE 116 IV 13 f., 120 Ib 508, RVJ 1992 292, sinngemäss bereits BGE 95 IV 62; s. auch N 2, 2a vor Art. 64.   6

VE 1993 Art. 50a sieht nur noch eine Strafmilderung nach freiem Er-messen vor, wobei die angedrohte Höchststrafe sich um die Hälfte ver-ringert, eine allfällige Mindestdauer aufgehoben ist und an Stelle von le-benslänglichem Zuchthaus Freiheitsstrafe von 20 Jahren tritt. Zudem kann der Richter auf eine andere als die angedrohte Strafart erkennen. Zu begrüssen ist, dass neu der Strafrahmen nicht nur gegen unten erwei-tert, sondern auch gegen oben begrenzt werden soll.   7

66 Strafmilderung nach freiem Ermessen

[1] Wo das Gesetz eine Strafmilderung nach freiem Ermessen vorsieht, ist der Richter an die Strafart und das Strafmass, die für Verbrechen oder Vergehen angedroht sind, nicht gebunden.

[2] Der Richter ist aber an das gesetzliche Mindestmass der Strafart gebunden.

Lit. zu Art. 63.

1   **Milderung nach freiem Ermessen** sieht das Gesetz vor in Art. 11, 20, 22 II, 23 I, 33 II, 75bis.3 II, 120.3, 123.1 II, 260ter.2, 308 I, II. Sie ist ferner möglich, wo der Richter von Bestrafung Umgang nehmen kann, BGE 74 IV 168. Die Erwähnung von Art. 66 in Art. 20 und 308 I ist somit überflüssig, vgl. Art. 173.4.

2   Bei **Übertretungen** wirkt sich Art. 66 gegenüber Art. 107 nicht aus.

3   **Abs. 2** enthält keine Vorschrift über das gesetzliche Höchstmass der Strafart. Der Richter ist dennoch daran gebunden, kann aber in Analogie zu Art. 65 al. 3 an Stelle einer Zuchthausstrafe Gefängnis bis zu fünf Jahren aussprechen, BGE 104 IV 154 ff., SJZ 62 (1966) Nr. 105, 64 (1968) Nr. 69 (wo nicht mit genügender Deutlichkeit gesagt wird, dass eine Gefängnisstrafe von zehn Jahren niemals in Frage kommt). S. auch Art. 65 N 4.

4   LGVE 1987 I Nr. 54 hält bei Milderung unter eine Mindeststrafe von zwei Jahren Zuchthaus auch **Kombination** von *Freiheitsstrafe und Busse* für zulässig, m.E. fragwürdig.

66bis Verzicht auf Weiterverfolgung und Strafbefreiung

[1] Ist der Täter durch die unmittelbaren Folgen seiner Tat so schwer betroffen worden, dass eine Strafe unangemessen wäre, so sieht die zuständige Behörde von der Strafverfolgung, der Überweisung an das Gericht oder der Bestrafung ab.

[2] Unter der gleichen Voraussetzung ist vom Widerruf des bedingten Strafvollzuges oder der bedingten Entlassung abzusehen.

[3] Als zuständige Behörden bezeichnen die Kantone Organe der Strafrechtspflege.

Eingeführt durch BG vom 23.6.1989, in Kraft seit 1.1.1990.

Botsch. vom 26.6.1985, BBl 1985 II 1009 ff., 1016 ff.; Sten.StR 1987 363, NR 1989 678 ff.

GUNTHER ARZT, Verfolgungsverzicht und Unterlassung der Nothilfe, ZBJV 127 (1991) 445; HANS SCHULTZ, Die Delikte gegen Leib und Leben nach der Novelle 1989, ZStrR 108 (1991) 395; GÜNTER STRATENWERTH, Schweizerisches Strafrecht: Besonderer Teil I und II. Teilrevisionen 1987 bis 1990, Bern 1990, § 1 N 2 ff.; **Lit.** zu Art. 63.

Die **Neuerung** des Art. 66bis soll es ermöglichen, darauf Rücksicht zu neh- 1
men, dass ein Täter manchmal durch Nebenfolgen der Tat «schon genug
bestraft» (Botsch. 1019) erscheint. Bei der Tat kann es sich auch um ein
Vorsatzdelikt handeln, BGE 121 IV 175 f., ARZT 447, SCHULTZ 398 f.,
STRATENWERTH § 1 N 5, 9. Eine Einschränkung wurde vom Ständerat abgelehnt, Sten.StR 1987 364 ff. Art. 66bis ist keine Ausnahmebestimmung,
die nur in Extremfällen Anwendung findet, wie z.B. bei ganz aussergewöhnlichen Verletzungen des Täters, BGE 117 IV 249, 119 IV 283. Zur
analogen Anwendung bei der Anordnung einer Administrativmassnahme BGE 118 Ib 233.

Die Nebenfolge muss den Täter **unmittelbar** betroffen haben. Es ist an 2
Körperverletzung zu denken, BGE 121 IV 162, 235 (Vi), 117 IV 245, an
seelische Leiden durch Verletzung oder Tötung einer ihm *nahestehenden
Person,* z.B. fahrlässige Tötung des eigenen Kindes, Extr.Fr. 1991 40, der
Ehefrau, SOG 1993 Nr. 17, des Ehemannes, BGE 119 IV 280, Verletzung
der eigenen Kinder, BGE a.a.O.; nicht nahestehend ist ein Kollege «von
vielen», SJZ 86 (1990) Nr. 58: kein Strafverzicht für einen Fahrer, der wegen der Invalidität des Mitfahrers seelisch litt und psychiatrisch behandelt werden musste. Nach ARZT 448 und SCHULTZ 398 soll Art. 66bis auch
bei Tötung oder Verletzung *nicht nahestehender Personen* Anwendung
finden, insbesondere wenn die «Schuld geringfügig gewesen ist und unglückliche Umstände zum Erfolg geführt haben», SCHULTZ a.a.O., anders
und vorzuziehen u.ö. BGE vom 1.3.1994, zit. bei WIPRÄCHTIGER, ZStrR
114 (1996) 452 f., STRATENWERTH § 1 N 7; gemäss Botsch. 1018 ist «[i]n
erster Linie» an nahestehende Personen zu denken; Frage offen gelassen
in RVJ 1991 436, wo mit der Begründung, dass sich der Täter psychiatrisch nicht behandeln lassen musste, bereits die besondere seelische Betroffenheit verneint wurde. Unmittelbare Betroffenheit kann auch bei
einem Vermögensschaden vorliegen, z.B. Abbrennen des eigenen Heims
bei ungenügender Versicherung, gemäss ARZT 449 auch bei Schadener-
satzansprüchen des Opfers bei fahrlässiger Schädigung. Die Erkrankung
an AIDS ist unmittelbare Folge der Drogensucht und der damit zusammenhängenden Delikte (Vermitteln von Heroin, Diebstähle, Sachbeschädigung), SJZ 88 (1992) Nr. 39; s. dazu auch SCHULTZ 399 f. Nicht unmittelbar sind Folgen, die sich daraus ergeben, dass der Täter ermittelt
wird – z.B. Verlust des guten Rufes, der Arbeitsstelle, Strafverfahren,
Bestrafung. Ein Vermögensschaden, der daraus entstanden ist, dass ein
zur Finanzierung von Drogengeschäften gegebenes Darlehen nicht
zurückgezahlt wird, ist nur mittelbare Folge der Tat, PKG 1991 Nr. 13.

Die **Schwere der Betroffenheit** ist mit der angemessenen Strafe zu ver- 3
gleichen. Die zuständige Behörde nimmt zunächst nach den allgemeinen
Regeln (Art. 63 ff.) eine Strafzumessung vor und ermittelt so die Höhe
des Strafübels, das der Schuld des Täters entspricht. Dem stellt sie das
faktisch eingetretene Übel gegenüber, sie subtrahiert es vom verwirkten
Strafübel, BGE 119 IV 282, s. auch 117 IV 250. Bleibt kein Rest, ist das
Übel der Tatfolge also gleich gross oder grösser als das schuldangemes-

sene, so soll von Strafverfolgung, Überweisung, Schuldspruch oder Ausfällung einer Strafe abgesehen werden. Bleibt ein Rest, ist die Strafe entsprechend nach freiem Ermessen zu mildern *(a maiore minus),* BGE 119 IV 282 f., 121 IV 176, RJJ 1996 274, gegen die Möglichkeit der Strafmilderung ARZT 451, STRATENWERTH § 1 N 11; die persönliche Betroffenheit durch Folgen der Tat kann auch im Rahmen der Strafzumessung nach Art. 63 strafmindernd berücksichtigt werden, BGE 120 IV 72 (finanzielle Belastung infolge eines Verkehrsunfalls).

4   Die Berücksichtigung der Folger für den Täter ist **obligatorisch.** Notgedrungen bleibt aber ein weiter Ermessensspielraum, weil sich weder das eingetretene Übel noch die verwirkte Strafe vergleichbar quantifizieren lassen. Um die Überprüfung des Urteils zu ermöglichen, muss der Richter das vom Täter erlittene körperliche und psychische Leid anführen und *begründen,* ob und inwieweit dieses Übel dem Verschulden angemessen erscheint, BGE 117 IV 250.

5   **Abs. 2** verhindert, dass Nebenfolgen aus früheren Verurteilungen das humanitäre Anliegen von Art. 66bis durchkreuzen. Bei der in N 3 besprochenen Abwägung sind sie ebenfalls zur Strafe zu rechnen; auch Widerruf und Rückversetzung müssen (neben der neu verwirkten Strafe) als unangemessen erscheinen. Kommt es gar nicht zur Überweisung, so darf die Tat nicht als Vertrauenstäuschung (Art. 41 N 52) zum Widerruf oder zur Rückversetzung führen. Bei Freispruch liegt kein Verbrechen oder Vergehen i.S.v. Art. 38.4, 41.3 I, 45.3 I oder 100ter.1 II vor. Nach seinem Wortlaut gilt Abs. 2 auch für Massnahmen, jedoch nicht für die «probeweise Entlassung» gemäss Art. 43.4 II. Dies ist auch sinnvoll, weil hier therapeutische Kriterien den Ausschlag geben müssen. Art. 66bis findet auch keine Anwendung bei der Beurteilung der Frage, ob bedingter Strafvollzug zu gewähren sei, ZR 91 (1992) Nr. 50. Ist nur eine Strafmilderung angemessen, so kann ein leichter Fall i.S.v. Art. 41.3 II vorliegen; auch die «zuständige Behörde» hat nach den allgemeinen Regeln zu prüfen, ob ein leichter Fall vorliegt, vgl. Art. 38.4 I, 2. Satz, 45.3 II, 100ter.1 II, 2. Satz.

6   **Zuständig** sind ausser dem Richter die Behörden, die nach kantonalem Prozessrecht über die Eröffnung der Strafuntersuchung oder die Überweisung an das urteilende Gericht entscheiden. Abs. 3 wurde von der ständerätlichen Kommission hinzugefügt (Sten.StR 1987 366), um zu verdeutlichen, dass der Entscheid *keinesfalls bei der Polizei* liegen dürfe (so allerdings schon Botsch. 1019 – die Bestimmung ist überflüssig). Es verstösst nicht gegen EMRK Art. 6.2, wenn die Staatsanwaltschaft die Verfahrenskosten dem Täter auferlegt, PKG 1990 Nr. 47.

7   **Kasuistik**
BGE 117 IV 245: H. schlief am Steuer seines Lastwagens ein – Unfall mit erheblichem Sachschaden und schweren Verletzungen von H.; Rückweisung an die Vi; **119 IV 280: Frau A.** verursachte nach einem gewagten Überholmanöver einen schweren Unfall, bei dem ihr Ehemann ums

Leben kam und drei ihrer vier Kinder verletzt wurden – Strafmilderung um 11 Monate; **121 IV 162: X.** hatte Frau M. als Geisel genommen; bei der anschliessenden polizeilichen Befreiungsaktion erlitt X. zahlreiche, lebensgefährliche Schussverletzungen – Strafminderung um 3 Monate; **121 IV 235 (Vi): L.** erlitt bei einem von ihm infolge eines «blinden» Überholmanövers verursachten Unfalls schwere Verletzungen – Vi wandte Art. 66bis an; **Extr.Fr. 1991 40:** Fahrlässige Tötung des eigenen Kindes; **RB TG 1991 Nr. 18 (SJZ 88 [1992] Nr. 39):** Die Erkrankung der 25jährigen X an AIDS war unmittelbar auf ihren Umgang mit Drogen zurückzuführen; die von der Staatsanwaltschaft beantragte Mindeststrafe überstieg die mutmassliche Lebenserwartung – Strafbefreiung; **RJJ 1996 271: G.** verursacht einen Unfall mit Sachschaden, als er betrunken (1.32 Promille) nach Hause fährt; er erleidet schwere Verletzungen – Strafminderung; **RVJ 1991 432: V.** nahm den 14jährigen B. auf seinem schweren Motorrad mit; durch einen Sturz verlor B. das Leben und V. wurde schwer verletzt – kein Strafverzicht, jedoch Berücksichtigung der Verletzung innerhalb des ordentlichen Strafrahmens; **SJZ 86 (1990) Nr. 58:** Beim Unfall mit einem schweren Motorrad erlitten Fahrer und Soziusfahrer schwere Verletzungen; der Fahrer selbst musste den Beruf wechseln, der Mitfahrer blieb invalid – wegen des schweren Verschuldens kein Absehen von Strafe; **SJZ 92 (1996) Nr. 29:** Bei einem Unfall verloren die Ehefrau von S. und ein Dritter das Leben; S. und seine beiden Töchter wurden verletzt – angesichts des relativ leichten Verschuldens Strafverzicht; **SOG 1993 Nr. 17: R.** fuhr ohne Übernachtungspause die Strecke von 2000 Kilometern aus Spanien in die Schweiz; übermüdet verliess er den Rastplatz Deitingen-Süd in falscher Richtung und prallte frontal mit einem korrekt fahrenden Personenwagen zusammen; bei der Kollision wurden der Beifahrer des entgegenkommenden Autos und die Frau von R. getötet, zwei Kinder von R. erlitten schwere Verletzungen – Strafverzicht.

VE 1993 sieht weitere Strafbefreiungsgründe vor: Neben der Betroffenheit des Täters in VE 1993 Art. 57, welcher dem heutigen Art. 66bis entspricht, sollen neu die Strafbefreiungsgründe des fehlenden Strafbedürfnisses (VE 1993 Art. 54), der Wiedergutmachung (VE 1993 Art. 55; s. Art. 64 N 18) und der Anordnung der Wiedergutmachung (VE 1993 Art. 56) eingeführt werden; Abs. 2 und 3 des heutigen Art. 66bis finden sich neu als für alle Strafbefreiungsgründe geltenden gemeinsamen Bestimmungen in VE 1993 Art. 58.

8

3. Strafschärfung

VE 1893 Art. 39, 41, Mot. 75 ff., VE 1894 Art. 38 ff., 42. Mot. 137 f. 1. ExpK I 251 ff., II 45 ff. VE 1908 Art. 54 ff.Erl.Z. 102 ff. 2. ExpK I 381 ff., 450 f., VIII 203 f. VE 1916 Art. 66 ff. E Art. 64 f. Botsch. 25. Sten.NR 210 ff., StR 115 ff., NR 652, StR 314, NR 740 f., StR 342.

1   Analog den Begriffen Strafmilderung und Strafminderung (N 1,2 vor Art. 64) wird beim Anheben der Strafe von **Strafschärfung** gesprochen, wenn der obere Strafrahmen (wenigstens theoretisch) durchbrochen werden kann, von **Straferhöhung,** wenn innerhalb des Rahmens eine strengere Strafe ausgefällt wird.

2   Zu den Folgen, wenn **gleichzeitig Strafmilderungs- und Strafschärfungsgründe** vorliegen, s. N 2a vor Art. 64.

67   Rückfall

1. Wird der Täter zu Zuchthaus oder Gefängnis verurteilt und sind zur Zeit der Tat noch nicht fünf Jahre vergangen, seit er eine Zuchthaus- oder Gefängnisstrafe ganz oder teilweise verbüsst hat, so erhöht der Richter die Dauer der Strafe, darf aber das Höchstmass der Strafart nicht überschreiten.

Dem Vollzug der Vorstrafe sind gleichgestellt der Vollzug einer sichernden Massnahme in einer Anstalt nach Artikel 42, 43, 44 oder einer Massnahme nach Artikel 100bis **sowie der Erlass durch Begnadigung.**

2. Der Vollzug entsprechender Vorstrafen oder Massnahmen im Ausland ist dem Vollzug in der Schweiz gleichgestellt, wenn das Urteil den Grundsätzen des schweizerischen Rechts nicht widerspricht.

Fassung gemäss BG vom 18.3.1971.

Zur Teilrevision 1971: Sten.NR 1969 128, 1970 525 f., StR 1967 67 f., 1970 105.

CLAUDE BONNARD, *Remarque* (zu BGE 84 IV 8), in JdT 1958 37; HANS-RUDOLF HEGG, Der Rückfall im schweizerischen Strafgesetzbuch, Diss. BE 1959; FRANZ RIKLIN, Rückfall und Bewährung im schweizerischen Strafrecht, ZStrR 102 (1985) 262; DERS., Bemerkungen zu den Rückfalls- und Bewährungskriterien in Strafrecht und Kriminologie, in Kriminologische Gegenwartsfragen, Heft 17, Stuttgart 1986; JÖRG REHBERG, Die Behandlung der Rückfälligen nach den revidierten Artikeln 42 und 67 StGB, ZStrR 89 (1973) 272; VITAL SCHWANDER, Der Rückfall, ZStrR 80 (1964) 345; **Lit.** zu Art. 63.

1   Die Strafschärfung bei Rückfall wird damit **begründet,** dass der Täter strenger angepackt werden soll, *weil er sich die Vorstrafe,* insbesondere den Freiheitsentzug, *nicht hat zur Warnung gereichen lassen,* s. z.B. SJZ 64 (1968) Nr. 173. Gefährlichkeit und Lebensführungsschuld, die im Rückfall manifestiert werden, fallen jedoch als Strafzumessungsgründe im StGB, das von der *Einzeltatschuld* ausgeht (Art. 63 N 7), nicht in Betracht, SCHULTZ II 84. Hinter Art. 67 dürfte die *grobschlächtig verhaltenspsychologische Alltagstheorie* stecken, dass dann, wenn ein erster Reiz das Verhalten des Täters nicht zu bessern vermochte, eben ein stärkerer Reiz erforderlich sei.

2   Art. 67 setzt voraus, dass der Täter **zu Zuchthaus oder Gefängnis verurteilt** wird, und ist demnach nicht anzuwenden, wenn wegen eines Verge-

hens Haft oder Busse verhängt wird, SCHWANDER 359. Zum Rückfall bei Übertretungen Art. 108.

Binnen **fünf Jahren vor der Rückfallstat** muss der Täter mindestens einen   3
Tag Zuchthaus- oder Gefängnisstrafe verbüsst haben. Eine Haftstrafe löst Rückfall nicht aus, PKG 1977 Nr. 13, wohl aber eine Gefängnisstrafe, die nach Art. 37bis in den Formen der Haftstrafe verbüsst wurde, REH-BERG 274, STRATENWERTH AT II § 7 N 110, a.M. SCHULTZ II 84. Als Rückfall auslösend behandelt BGE 88 IV 75 (Rudin) auch Strafen des Jugendstrafrechts, zustimmend SCHWANDER 354. Angesichts des eindeutigen Wortlauts von Art. 67 ist diese *ausweitende Interpretation abzulehnen.* Zum Rückfall bei Übertretungen s. Art. 108; zum Verhältnis von Art. 67 zu 108 vgl. SJZ 93 (1997) Nr. 1.

Als **«verbüsst»** gilt die Strafe auch, wenn Untersuchungshaft auf eine   4
unbedingte (BGE 117 IV 123, SJZ 71 [1975] Nr. 12) Strafe angerechnet wurde, BGE 84 IV 8 (Bächtiger; dazu BONNARD a.a.O.), 103 IV 148 f., BJM 1957 333, krit. SCHULTZ II 85, DERS. ZBJV 114 (1978) 464, RIKLIN ZStRR 89 (1973) 275, zust. STRATENWERTH AT II § 7 N 110; ob an dieser Praxis festzuhalten sei, wurde offengelassen in BGE 117 IV 123, wobei das BGer darauf hinwies, dass diese Auffassung nur in den nicht massgeblichen Regesten ausgesprochen wurde. Der Begnadigung ist die Amnestie gleichzusetzen, SJZ 67 (1971) Nr. 71.

Ziff. 1 II stellt die freiheitsentziehenden **Massnahmen** der Zuchthaus-   5
und Gefängnisstrafe gleich, offenbar auch dann, wenn mangels Zurechnungsfähigkeit gar kein Schuldspruch erfolgt war (Art. 43), was abzulehnen wäre. Im Gegensatz zu Abs. 1 wird nicht präzisiert, dass **teilweiser Vollzug** genügt. SCHULTZ II 85 schlägt vor, wenigstens für bessernde Massnahmen zu fordern, dass sie bis zur endgültigen Entlassung vollzogen sein müssen, was einen vernünftigen Fremdkörper in den insgesamt verfehlten Artikel trägt.

Ausländische Strafen setzen voraus, dass das Urteil dem schweizerischen   6
ordre public entspricht, was auch bei politischem Hintergrund der Tat möglich ist, SJZ 67 (1971) Nr. 71 (Gewalttätigkeit anlässlich einer Demonstration in Wien). Ferner muss das Urteil als Resultat eines rechtsstaatlichen Strafverfahrens ergangen sein, ZR 76 (1977) Nr. 37.

Rückfall **wirkt** sich auf die neue Strafe (BGE 110 IV 11 f.) in der Weise   7
aus, dass nicht das Mindestmass der angedrohten Strafe ausgefällt werden darf – im übrigen bleibt die untere Grenze des Strafrahmens jedoch unangetastet. Der obere Strafrahmen steigt auf das gesetzliche Maximum der schwersten angedrohten Strafart, also z.B. bei einfachem Diebstahl auf 20 Jahre Zuchthaus – bei unrechtmässiger Aneignung bleibt die Höchststrafe drei Jahre Gefängnis, s. dazu auch BGE 84 IV 153 (Spycher). Mit Recht geht BGE 121 IV 62 davon aus, dass dem Rückfall i.S.v. Art. 67 für die Strafzumessung nur geringe Bedeutung zukommen könne, weil «dieser Strafschärfungsgrund ohnehin problematisch» sei.

De lege ferenda ist auf den in der Literatur – und neuerdings auch in der Praxis, BGE 121 IV 62 – weitgehend kritisierten (anders aber ARZT 154) Strafschärfungsgrund zu verzichten, SCHULTZ VE 126 ff., *VE 1993* Bericht 73.

68 Zusammentreffen von strafbaren Handlungen oder Strafbestimmungen

1. Hat jemand durch eine oder mehrere Handlungen mehrere Freiheitsstrafen verwirkt, so verurteilt ihn der Richter zu der Strafe der schwersten Tat und erhöht deren Dauer angemessen. Er kann jedoch das höchste Mass der angedrohten Strafe nicht um mehr als die Hälfte erhöhen. Dabei ist er an das gesetzliche Höchstmass der Strafart gebunden.

Hat der Täter mehrere Bussen verwirkt, so verurteilt ihn der Richter zu der Busse, die seinem Verschulden angemessen ist.

Nebenstrafen und Massnahmen können verhängt werden, auch wenn sie nur für eine der mehreren strafbaren Handlungen oder nur in einer der mehreren Strafbestimmungen angedroht sind.

2. Hat der Richter eine mit Freiheitsstrafe bedrohte Tat zu beurteilen, die der Täter begangen hat, bevor er wegen einer andern Tat zu Freiheitsstrafe verurteilt worden ist, so bestimmt der Richter die Strafe so, dass der Täter nicht schwerer bestraft wird, als wenn die mehreren strafbaren Handlungen gleichzeitig beurteilt worden wären.

ALPHONS AEBISCHER, Die Verbrechenskonkurrenz nach dem Schweizerischen Strafrecht und Strafprozessrecht, Diss. FR 1951; MARTIN BADER, Die retrospektive Realkonkurrenz, Diss. Bern 1948; FRANCE FRANÇOISE CARDINAUX, *Faut-il réviser le concours, art. 68 du code pénal suisse?* JdT 1988 136. HANS DERENDINGER, Die Straflosigkeit von Vor- oder Nachtat im Schweizerischen Strafrecht, Diss. ZH 1946; JEAN HUBER, *Concours idéal et concours imparfait, notamment les rapports entre le Code pénal et les lois spéciales,* JdT 1958 IV 79; HEIKE JUNG, Zur Nachahmung empfohlen: Aufgabe der Rechtsfigur der fortgesetzten Handlung durch das Schweizer Bundesgericht, NJW 1994 916; WERNER ARNOLD KNECHT, Das fortgesetzte Delikt im schweizerischen Strafrecht, Diss. BE 1969; GILBERT KOLLY, Freiheitsstrafen für Delikte, die teils vor und teils nach einer früheren Verurteilung begangen wurden, ZStrR 98 (1981) 327; MARCEL ALEXANDER NIGGLI, Retrospektive Konkurrenz – Zusatzstrafe bei Kassation des Ersturteils, SJZ 91 (1995) 377; WERNER PETRZILKA, Zum Problem der «straflosen Nachtat», ZStrR 59 (1945) 161; PAUL PIOTET, *Réflexions sur le concours d'infractions, notamment sur les art. 68 CP et 65 al. 4 LA,* JdT 1954) IV 2; NIKLAUS SCHMID, Das fortgesetzte Delikt am Ende? recht 9 (1991) 134; HANS SCHULTZ, Ideal-, Real- und unechte Konkurrenz, Kriminalistisches Institut des Kantons Zürich, Referate WS 1967/68; MAX WAIBLINGER, Die Verfolgung und Beurteilung zusammentreffender strafbarer Handlungen nach dem schweizerischen Strafgesetzbuch, ZStrR 58 (1944) 208; **Lit.** zu Art. 63.

1 Art. 68 regelt die Rechtsfolgen bei **Konkurrenz.** Erfüllt eine Handlung mehrere Tatbestände oder mehrmals denselben Tatbestand, so spricht man von (ungleichartiger bzw. gleichartiger) **Idealkonkurrenz;** erfüllen

mehrere Handlungen eines Täters mehrmals denselben oder verschiedene Tatbestände, so spricht man von (gleichartiger bzw. ungleichartiger) **Realkonkurrenz.**

Unechte Konkurrenz *(Gesetzeskonkurrenz)* liegt vor, wenn eine oder 2
mehrere Handlungen zwar verschiedene Tatbestände des Gesetzes erfüllen, aber jeweils nur ein Tatbestand anzuwenden ist. Wann unechte Konkurrenz vorliegt und welcher Tatbestand anzuwenden sei, ergibt erst die Auslegung der einzelnen Tatbestände des Besonderen Teils. Allgemein zur Konkurrenz REHBERG I 260 ff., § 34, SCHULTZ I 132 ff., STRATENWERTH AT I § 18, 19, TRECHSEL/NOLL 251 ff. Echte Idealkonkurrenz liegt z.B. vor, wenn ein Automobilist gleichzeitig verschiedene Verkehrsregeln verletzt, BGE 91 IV 95 E. 2 (Ramspeck).

Ob **eine oder mehrere Handlungen** vorliegen, ist eine *Rechtsfrage* – jedes 3
Verhalten lässt sich in Einzelakte zerlegen – juristisch wird Einheit angenommen, «wenn die Mehrheit der Einzelakte kraft ihres engen räumlichen und zeitlichen Zusammenhangs bei natürlicher Betrachtung als ein einheitliches Tun erscheinen – und … auf ein und demselben Willensentschluss beruhen», BGE 111 IV 149 m.w.Hinw. *Lehrbuchbeispiele* sind die «Tracht Prügel», die beschimpfende Suada, Tötung mit mehreren Messerstichen, unzüchtige Handlungen während einer Nacht mit einem Opfer, Vorbereitung – erster Versuch – Tatausführung. Anders, wenn zwischen Vorbereitung und Vollendung mehr als ein Monat liegt, BGE 111 IV 149 hinsichtlich Entführung und Geiselnahme z.N. v. Sven Axel Springer, s. auch BGE 109 IV 116 f., 98 IV 105 f. (Schmidli, Wanner, Valentin).

Beim **fortgesetzten Delikt** lag nach der **älteren Praxis** keine Realkonkur- 4
renz vor und Art. 68 war nicht anzuwenden. Ein solches Kollektivdelikt wurde angenommen, «wenn mehrere gleichartige oder ähnliche Handlungen, die gegen dasselbe Rechtsgut gerichtet sind, auf ein und denselben Willensentschluss zurückgehen», BGE 102 IV 77; ebenso Pra 71 (1982) Nr. 188, BGE 107 I b 75, 92 I 118, 91 IV 66, 90 IV 132 (Erb), 88 IV 65, 83 IV 159, 80 IV 8 (Rieben), 78 IV 154 (Grossenbacher), 72 IV 184 f. (Gruber), 68 IV 99 f. (Steinmann), 56 I 78 (Affentranger), 315 (Frey), 40 I 307 (Farina c. Rezzonico). Als gesetzliche Grundlage bezeichnete BGE 109 IV 86 Art. 71 al. 2, ebenso 91 IV 66, 72 IV 165 (Schachenmann).

In der **Literatur** wurde einhellig der **Verzicht auf die Konstruktion des** 5
fortgesetzten Delikts gefordert, KNECHT 98 ff., SCHULTZ I 131, ZBJV 102 (1966) 55, 113 (1977) 529, VE 128 f., STRATENWERTH AT I § 19 N 19, TRECHSEL/NOLL 254, ebenso SJZ 77 (1981) Nr. 39 für das kantonal-zürcherische Strafrecht (Urteil des Kassationshofes; a.a.O. rebellische Anmerkung namens der Strafkammer des Obergerichts). Das BGer hat in Übereinstimmung mit der Lehre in BGE 116 IV 121 ff. den Begriff des fortgesetzten Delikts *aufgegeben.*

Neben der Ausschaltung des Art. 68 entfaltete der Fortsetzungszusam- 8
menhang **Wirkungen im Zusammenhang mit der Verjährung.** Neu wird

von der *verjährungsrechtlichen Einheit* gesprochen: Die *Verjährungsfrist* für alle zusammenhängenden Handlungen beginnt gemäss Art. 71 al. 2 erst mit der letzten Handlung zu laufen, dazu Art. 71 N 4. Dementsprechend beginnt auch die *Antragsfrist* gemäss Art. 29 erst mit dem letzten Tag des pflichtwidrigen Verhaltens, BGE 121 IV 265 m.Hinw. und Art. 29 N 8.

10   Auf das **gewerbsmässige Delikt** als **Kollektivdelikt** ist Art. 68 *nicht anzuwenden* – die Strafschärfung ist bereits durch die Qualifizierungen im Besonderen Teil vorgesehen, s. dazu Art. 146 N 30 ff. Eine Ausnahme ist zu machen, «wenn während verschiedener, voneinander getrennter Zeitabschnitte gewerbsmässig delinquiert wurde, ohne dass den einzelnen Phasen ein umfassender Entschluss zugrunde lag und die Deliktsserien auch objektiv nicht als Einheit im Sinne eines zusammenhängenden Geschehens erscheinen», BGE 116 IV 123.

11   **Art. 68.1 I** ist anzuwenden, wenn **gleichzeitig mindestens zwei Freiheitsstrafen verwirkt** sind. Dies ist nicht der Fall, wenn eine Freiheitsstrafe auszufällen und gleichzeitig der bedingte Vollzug einer früheren Freiheitsstrafe zu widerrufen ist, ZBJV 110 (1974) 71, AGVE 1985 Nr. 25.

12   Bei der **Asperation** ist **auszugehen von der schwersten Tat.** Sie ist nach der *abstrakten Strafdrohung* zu bestimmen, BGE 116 IV 304, 93 IV 10 f., SJZ 48 (1952) Nr. 110 (anders noch BGE 69 IV 149 [Lieberherr], RS 1944 Nr. 14). Schwerer ist die Tat mit der höheren Höchststrafe, z.B. qualifizierte Urkundenfälschung (Art. 317.1) i.Vgl. zu Bestechung (Art. 288), BGE 93 IV 57 (Haas und Bühler); qualifizierter Diebstahl (Art. 139.3) i.Vgl. zu Angriff auf die verfassungsmässige Ordnung (Art. 275), BGE 98 IV 131 (Cuénod und Maerki). Sieht jedoch der weniger schwere Tatbestand eine *höhere Mindeststrafe* vor, so bestimmt diese den unteren Rand des Strafrahmens, weil die Begehung einer schwereren Tat sich nicht zum Vorteil des Täters auswirken soll; bei Zusammentreffen von qualifizierter Urkundenfälschung (Art. 317.1) mit qualifizierter Veruntreuung (Art. 138.2) muss die Strafe sechs Monate Gefängnis übersteigen, AGVE 1961 Nr. 36; bei Zusammentreffen von Fahren in angetrunkenem Zustand mit Fahren trotz Entzug des Führerausweises (SVG Art. 95.2) muss die Strafe 10 Tage Haft übersteigen, ZBJV 111 (1975) 465. Die Jugendstrafe (Art. 95) für ein schweres Delikt (aArt. 191.1 I) ist milder als die Strafe für das weniger schwere Delikt im Erwachsenenalter (Art. 146 I), BGE 93 IV 10 f., BJM 1982 94, jetzt VStGB 1 Art. 1 III. Gegen Asperation bei gleichartiger Konkurrenz CARDINAUX a.a.O.

13   Der Richter **muss** die höchste verwirkte **Mindeststrafe erhöhen,** BGE 84 IV 153 (Spycher), BGE 103 IV 226, 116 IV 303, RS 1967 Nr. 132, Sem.jud. 1955 369; der in BGE 77 IV 16 und 95 IV 62 vertretenen Auffassung, Art. 68 komme nur bei Überschreitung des Strafrahmens Bedeutung zu, kann nicht gefolgt werden. Der Richter kann die höchste Höchststrafe um die Hälfte erhöhen, bleibt jedoch an die Strafart gebunden. Ist Gefängnis angedroht (z.B. Art. 117), so kann die Strafe drei Jahre nicht

übersteigen. Sieht der Tatbestand als Strafe lebenslängliches Zuchthaus vor, so beträgt das Höchstmass der Strafart ebenfalls lebenslänglich und nicht etwa zwanzig Jahre Zuchthaus; der Richter kann deshalb bei gleichzeitigem Vorliegen eines Strafmilderungs- und eines Strafschärfungsgrundes lebenslängliche Freiheitsstrafe aussprechen, BGE 116 IV 304, krit. REHBERG II 73 f., SCHULTZ, ZBJV 128 (1992) 9. Die Gesamtstrafe kann nicht teils bedingt, teils unbedingt ausgesprochen werden, PKG 1985 Nr. 15.

Hat der Täter **Freiheitsstrafe und Busse** verwirkt, so sind beide Strafen zu   14
verhängen, BGE 75 IV 2 (Wipf), 86 IV 233 (Métry), 102 IV 245, AGVE 1951 Nr. 30.

Sind mehrere **Bussen** aus verschiedenen Urteilen **umzuwandeln,** so wird   15
keine Gesamtstrafe gebildet, RS 1984 Nr. 648. Es gilt das *Kumulations-prinzip.* Eine Umwandlungsstrafe kann auch nicht zur Bildung einer Gesamtstrafe mit anderen Freiheitsstrafen herangezogen werden, AGVE 1985 Nr. 23.

Art. 68.1 II sieht für **Bussen** eine analoge Lösung – «Gesamtbusse» – vor,   16
AGVE 1974 Nr. 29, RS 1970 Nr. 21bis. VStrR Art. 9 schliesst diese Regel für Bussen des Verwaltungsstrafrechts aus – sie sind zu kumulieren, Rep. 118 (1985) 385. Dasselbe gilt gemäss RS 1964 Nr. 140, 1965 Nr. 126, ZBJV 113 (1977) 281 (anders ZR 59 [1960] Nr. 70) für kantonale Übertretungsbussen, zumal oft geringe Bussenmaxima festgelegt sind; doch soll der Höchstbetrag gemäss Art. 106 I nicht überschritten werden. *VE 1993* Art. 51 I spricht nur noch von «gleichartigen Strafen», weshalb sich eine spezielle Bestimmung für die Gesamtstrafenbildung bei Bussen erübrigt.

Art. 68.1 verlangt grundsätzlich eine **Vereinigung der Strafverfahren** we-   17
gen verschiedener Delikte, vgl. Art. 350, BGE 87 IV 46, 68 IV 125 (Frey). Das Gesetz gibt jedoch keinen unbedingten Anspruch darauf – im innerkantonalen Verhältnis wird die Frage vom kantonalen Prozessrecht geregelt, BGE 102 IV 241, 84 IV 11 (Bachmann), RS 1983 Nr. 291. Eine Trennung kann angebracht sein, wenn das Verfahren bezüglich der einen Tat schon weit fortgeschritten ist, BGE 95 IV 36, ähnlich ZBJV 79 (1943) 432, ZR 68 (1969) Nr. 32. Sie darf jedoch nicht angeordnet werden zur Umgehung des materiellen Rechts, BGE 91 IV 57 (Häberli, wo für Fahren in angetrunkenem Zustand eine unbedingte Freiheitsstrafe auszufällen war, während bezüglich Veruntreuung der bedingte Strafvollzug möglich gewesen wäre), AGVE 1974 Nr. 29.

Ziff. 2: Wird eine Straftat bekannt, die vor dem Urteil über eine oder   18
mehrere andere Taten begangen wurde, die also bei rechtzeitiger Kenntnis in einer Gesamtstrafe hätte mitberücksichtigt werden sollen, liegt **retrospektive Konkurrenz** vor: Es ist eine **Zusatzstrafe** auszufällen, welche die Differenz zwischen der ersten, **Einsatz-** oder **Grundstrafe** und der Gesamtstrafe ausgleicht, die nach Auffassung des Richters bei Kenntnis der später beurteilten Straftat ausgefällt worden wäre; «der Täter soll

durch die Aufteilung der Strafverfolgung in mehrere Verfahren nicht benachteiligt und soweit als möglich auch nicht besser gestellt werden», BGE 109 IV 69, 92, 102 IV 244, 94 IV 50, 80 IV 225, 229 (Gyger), 76 IV 75 (Diethelm), 73 IV 162, 69 IV 58. In BGE 121 IV 102 f. und 116 IV 14 wird betont, dass die Bestimmung insbesondere eine Schlechterstellung des Täters vermeiden will. Weil der Richter die persönlichen Verhältnisse würdigt, wie sie sich ihm bei der zweiten Beurteilung darstellen, kann «[d]ie Ausfällung einer Zusatzstrafe ... nie bewirken, dass der Täter genau gleich dasteht wie bei einer gleichzeitigen Beurteilung», BGE 121 IV 103. Nach Art. 68.2 ist auch vorzugehen, wenn bei Idealkonkurrenz nicht alle Tatbestände gleichzeitig Gegenstand des Schuldspruchs bilden konnten, RS 1945 Nr. 99.

19   Der Täter ist i.S.v. Art. 68.2 **«verurteilt»,** wenn das Urteil in erster Instanz verkündet ist, vorausgesetzt, es erwächst in Rechtskraft, BGE 109 IV 89, 102 IV 244, abweichend von 97 IV 241 (Bravo), wo auf Rechtskraft abgestellt wurde, im gleichen Sinne aber auch 94 IV 54 (Uehli), 73 IV 162 (Meuwly), s. ferner EGV-SZ 1985 Nr. 37, LGVE 1980 I Nr. 599, SJZ 67 (1971) Nr. 131. Hat der Täter delinquiert, nachdem das Urteil in erster Instanz ergangen war, aber bevor über eine Appellation entschieden wurde, kommt eine Zusatzstrafe somit nicht in Frage. Der Richter kann das Urteil der Appellationsinstanz abwarten und *dann* eine Zusatzstrafe aussprechen; verhängt er eine selbständige Strafe und urteilt später die Rechtsmittelinstanz neu, so wird sie eine Zusatzstrafe ausfällen, BGE 102 IV 244. Wird auch gegen das selbständige Urteil appelliert, so bestimmt die Rechtsmittelinstanz eine Gesamtstrafe, BJM 1959 22; zu dieser Problematik eingehend Niggli a.a.O.

20   Sind strafbare Handlungen zu beurteilen, die der Täter **teils vor, teils nach einem Urteil** begangen hat, so ist eine *Gesamtstrafe, teilweise als Zusatzstrafe zum früheren Urteil,* auszufällen. So hatte das BGer in BGE 69 IV 60 (Calori) entschieden, bestätigt in BGE 115 IV 25, ebenso GVP-SG 1971 Nr. 26, RS 1982 Nr. 290, 1988 Nr. 332, 459. BGE 75 IV 161 (Flückiger) fand diese Lösung zu kompliziert und forderte lediglich eine Gesamtstrafe, ebenso BGE 93 IV 57 (Haas u. Bühler), 109 IV 89, Sem.jud. 1973 134, ZBJV 107 (1971) 280. Aus BGE 115 IV 25 (s. bereits BGE 102 IV 241 und 109 IV 70 f.) ergibt sich jetzt eindeutig, dass der Anteil der Zusatzstrafe an der neuen Gesamtstrafe nicht verwischt werden darf: Es muss beispielsweise entschieden werden, ob Einsatz- und Zusatzstrafe das Höchstmass, für welches der bedingte Strafvollzug noch gewährt werden kann, übersteigen oder nicht, BGE 109 IV 71 (s. dazu N 25, 29).

21   Keine besonderen Probleme entstehen, wenn **sukzessive mehrere Zusatzstrafen** zu verhängen sind. Sind Taten zu beurteilen, die teils vor, teils nach einer Zusatzstrafe begangen wurden, so ist nicht eine Zusatzstrafe zur Zusatzstrafe auszufällen, so aber SJZ 57 (1961) Nr. 53, ZR 64 (1965) Nr. 32, sondern eine neue Gesamtstrafe, ZR 49 (1950) Nr. 142.

Eine Zusatzstrafe kann auch **zu einem ausländischen Urteil** ausgefällt   22
werden, und zwar selbst dann, wenn es sich auf Taten bezieht, die nach
dem StGB nicht hätten beurteilt werden können (Art. 3–7), BGE 115 IV
24, Frage noch offen gelassen in 109 IV 92; anders SJZ 51 (1955) Nr. 11,
58 (1962) Nr. 26, 60 (1964) Nr. 122, 63 (1967) Nr. 50, ZR 64 (1965) Nr. 28;
JdT 1965 IV 120, RS 1959 Nr. 198, SCHULTZ II 12. Bisweilen wurde verlangt, dass es sich dabei überdies um Auslieferungsdelikte handeln
müsse, JdT 1963 IV 158, SJZ 43 (1947) Nr. 172, SCHULTZ, ZBJV 102
(1966) 32, anders und richtig aber jetzt SCHULTZ, ZBJV 127 (1991) 52.
S. auch SCHULTZ, ZStrR 72 (1957) 410 f.

Auch zu einem **militärgerichtlichen Urteil** ist eine Zusatzstrafe auszufäl-   23
len, SJZ 39 (1942/43) Nr. 118; ZR 42 (1943) Nr. 63, 50 (1951) Nr. 92, abweichend ZR 49 (1950) Nr. 64.

Haben mehrere Gerichte Strafen ausgefällt, ohne Art. 68 zu beachten, so   24
kann der Verurteilte gemäss **Art. 350.2** die Festsetzung einer Gesamtstrafe erwirken (Art. 350 N 11).

BGE 109 IV 93 schildert das **Vorgehen bei der Bestimmung der Zusatz-**   25
strafe: Der Richter hat sich «vorerst zu fragen, welche Strafe er im Falle
einer gleichzeitigen Verurteilung in Anwendung von Art. 68 Ziff. 1 StGB
ausgesprochen hätte. Ausgehend von dieser hypothetischen Gesamtbewertung muss er anschliessend unter Beachtung der rechtskräftigen
Grundstrafe die Zusatzstrafe bemessen». Dazu benötigt er das erste Urteil oder mindestens die dafür wesentlichen Unterlagen, BGE 73 IV 163
(Vi Sem.jud. 1947 549). Die hypothetische Beurteilung ist auch möglich,
wenn die im ersten Urteil sanktionierte Tat bereits verjährt ist, BGE 105
IV 82. Unzulässig ist die Bildung einer Gesamtstrafe – die Rechtskraft
des ersten Urteils darf nicht angetastet werden, BGE 68 IV 11 (Düringer), 69 IV 58 (Calori), 75 IV 101, 102 IV 241, mit eingehender Begründung 80 IV 224 ff.

Eine **weitere Differenzierung** trifft BGE 115 IV 25 unter Hinw. auf 69 IV   25a
61: «Ist die vor der ersten Verurteilung begangene Tat schwerer als die
nachher begangene, dann ist die Dauer der für die frühere Tat ausgesprochenen (Zusatz-) Strafe unter Berücksichtigung der späteren Tat angemessen zu erhöhen; ist dagegen die nach der Vorverurteilung verübte
Tat die schwerere, so ist von der für diese Tat verwirkten Strafe auszugehen und deren Dauer wegen der vor der ersten Verurteilung begangenen
Tat angemessen zu erhöhen, und zwar unter Berücksichtigung des Umstandes, dass für die frühere Tat eine Zusatzstrafe auszufällen ist». Bei
mehreren früheren Verurteilungen ist das Vorgehen dasselbe, BGE 116
IV 17 f.: Folglich muss zuerst die Strafe für die vor und die nach dem Urteil begangenen Delikte festgelegt werden; hierauf kann erst bestimmt
werden, welches die Einsatz- und welches die Zusatzstrafe ist; vgl. auch
SCHULTZ, ZBJV 128 (1992) 10; zur Begründungspflicht s. BGE 118 IV
121 und N 29. Die Regeln sind als Berechnungsmethode anzusehen – die
Rechtskraft des früheren Urteils darf aber nicht angetastet werden.

26   Ist eine **Mindeststrafe** vorgesehen, so genügt es, wenn sie durch Addition von Einsatz- und Zusatzstrafe überschritten wird, BGE 73 IV 164, 80 IV 222, RS 1980 Nr. 990, SJZ 63 (1967) Nr. 50.

27   Bei der Festsetzung der Zusatzstrafe ist der Richter **an das erste Urteil nicht gebunden.** Er kann den bedingten Strafvollzug verweigern, wenn er für die Einsatzstrafe zugestanden wurde, BGE 73 IV 89 (Meyer), 76 IV 75 (Diethelm), er *muss* ihn verweigern, wenn die Zusatzstrafe zusammen mit der Grundstrafe das für den bedingten Strafvollzug gesetzte Höchstmass überschreitet – in diesem Fall führt die Trennung zu einer *Privilegierung,* weil der *bedingte Vollzug der Grundstrafe nicht angetastet* wird, BGE 109 IV 71, 105 IV 82, 80 IV 10 (Jegge), 76 IV 75, 75 IV 100 (Ziegler), PKG 1960 Nr. 19, RJN 1987 91, RS 1950 Nr. 19, ZR 52 (1953) Nr. 11. Dies gilt auch, wenn die Einsatzstrafe bereits gelöscht ist, BGE 94 IV 49 f. (Füchslin u. Beglinger), oder wenn dafür die Begnadigung gewährt wurde, BGE 89 IV 12. Wird die Zusatzstrafe bedingt ausgesprochen, so beginnt die Probezeit mit dem Zusatzurteil zu laufen, BGE 105 IV 295. Der Richter kann auch eine andere Strafart wählen, AGVE 1972 Nr. 26, ZR 56 (1957) Nr. 56, es führt jedoch zu ungerechtfertigter Privilegierung, wenn als Zusatzstrafe zu Zuchthaus Gefängnis, so aber ZBJV 119 (1983) 490, oder zu Gefängnis Einschliessung ausgefällt wird, so aber ZR 65 (1966) Nr. 46. Unabhängig von der Grundstrafe ist auch die Frage der Verwahrung nach Art. 42 zu beurteilen, BGE 75 IV 100 f. (Ziegler).

28   Kommt der Richter zum Schluss, dass die Einsatzstrafe bei Einbeziehung der später verfolgten Straftat nicht höher ausgefallen wäre, so verhängt er **keine Zusatzstrafe** (bzw. eine **Zusatzstrafe der Grösse Null**), BGE 102 IV 241, 101 IV 46; SJZ 58 (1962) Nr. 201, 41 (1945) Nr. 147; ZR 48 (1949) Nr. 171. Analog kann die Strafe unverändert bleiben, wenn einzelne, unbedeutende Schuldsprüche kassiert werden, Rep. 1974 224, 1982 178.

29   Bei der retrospektiven Konkurrenz sind im Rahmen der **Begründung der Strafzumessung** ausnahmsweise Zahlenangaben zu machen, weil sich anders die Strafzumessung nicht überprüfen lässt, BGE 118 IV 121, anders noch BGE 93 IV 57, 95 IV 61 (Herrmann u. Käser), ZBJV 107 (1971) 280 f. Der Richter muss offenlegen, wie sich die Strafe zusammensetzt, Einsatz und Zusätze sollen quantitativ benannt werden. Gerade bei einer Gesamtstrafe, die teilweise Zusatzstrafe ist (N 20 f.), besteht dafür ein praktisches Bedürfnis, vgl. BGE 118 IV 121, 109 IV 71. Zum Problem der Quotenausscheidung ZR 59 (1960) Nr. 42; zu den Anforderungen an die Begründung der Strafzumessung allgemein Art. 63 N 24.

30   Das Zusammentreffen von strafbaren Handlungen, die **teils vor, teils nach Vollendung des 18. Altersjahres** begangen wurden, regelt VStGB 1 Art. 1 III: Grundsätzlich bleibt Art. 68 anwendbar, s. auch BGE 92 IV 83 (Lustenberger), es können aber auch zwei Sanktionen ausgesprochen werden, dazu BGE 111 IV 7. S. auch Art. 89 N 4, 9.

31   Die (Ideal- und Real-)Konkurrenz ist gemäss **VE 1993** Art. 51 noch der einzige Strafschärfungsgrund.

4. Anrechnung der Untersuchungshaft

69

Der Richter rechnet dem Verurteilten die Untersuchungshaft auf die Freiheitsstrafe an, soweit der Täter die Untersuchungshaft nicht durch sein Verhalten nach der Tat herbeigeführt oder verlängert hat. Lautet das Urteil nur auf Busse, so kann er die Dauer der Untersuchungshaft in angemessener Weise berücksichtigen.

VE 1893 Art. 42, Mot. 80 f. VE 1894 Art. 43. 1. ExpK I 260 ff., II 462. VE 1908 Art. 57. Erl. Z. 57 2. ExpK I 394 ff., 413 ff., 451, IX 47 ff. VE 1916 Art. 69. Sten.NR 210 ff., StR 115 f.

CLAUDE BONNARD, *Remarque,* JdT 1960 IV 72 (zu BGE 86 IV 9); HANS DUBS, Anrechnung der Untersuchungshaft auf die Strafe, ZStrR 76 (1960) 183; HANS ROLF ENDERLI, Die Anrechnung der Untersuchungshaft, Diss. ZH 1942; WILLY HEIM, *Remarques,* JdT 1964 IV 40 (zu BGE 90 IV 67), 1965 IV 37 (zu BGE 91 IV 2); FRANZ NUSSLI, Die Anrechnung der Untersuchungshaft im schweizerischen Strafrecht, Diss. FR 1955; PHILIPPE RUEDIN, Die Anrechnung der Untersuchungshaft nach dem Schweizerischen Strafgesetzbuch, Diss. ZH 1979; MARTIN SCHUBARTH, Die Rechte des Beschuldigten im Untersuchungsverfahren, Bern 1973, S. 187–191; GENEVIÈVE ZIRILLI, *Problèmes relatifs à la détention préventive,* Thèse de licence, Lausanne 1975, 115 ff.; **Lit.** zu Art. 63.

Mit der **Anrechnung der Untersuchungshaft** schreibt das Gesetz *aus Gründen der Billigkeit die Berücksichtigung eines rein prozessualen Sachverhalts bei der Strafzumessung* vor, BGE 105 IV 85, was notgedrungen zu Schwierigkeiten führt, weil dogmatisch zwischen Untersuchungshaft (UH) und Strafzumessung kaum eine Verbindung besteht (ausser dem Grundsatz der Verhältnismässigkeit, TRECHSEL EMRK 262). Praktisch stellt die UH jedoch ein Übel dar, das demjenigen des Strafvollzugs kaum nachsteht, DUBS 187, 192 f., HEIM, JdT 1965 IV 37, RUEDIN, 60 f., SCHULTZ, ZBJV 102 (1966) 346. Nicht angerechnete UH muss ein Verurteilter als zusätzliche Freiheitsstrafe empfinden; die Strafverfolgungsbehörde darf jedoch mit ihrer Anordnung nicht den Strafvollzug vorwegnehmen, weil dies einerseits den Anspruch auf Vermutung der Schuldlosigkeit verletzt, BGE 102 IV 155, andererseits die mit Art. 37 erwarteten Resozialisierungschancen vollends beseitigt. Die hohe Wertschätzung der persönlichen Freiheit im Vergleich zu den geringen Erfolgsaussichten des Strafvollzugs führt dazu, *im Zweifel für Anrechnung* zu entscheiden, BGE 105 IV 241.   1

Als **Untersuchungshaft** gilt nach der nichtssagenden Definition in Art. 110.7 «jede Haft, Untersuchungs- und Sicherheitshaft». «Haft» ist jede Freiheitsentziehung, vgl. TRECHSEL EMRK 180 ff. Damit eine Anrechnung in Betracht kommt, muss sie allerdings eine gewisse Dauer haben. RUEDIN 49 schlägt eine Mindestdauer von drei Stunden vor, was vernünftig erscheint, zumal die zu Art. 5 EMRK entwickelten Kriterien betreffend die kurzfristige Freiheitsentziehung (Trechsel, EuGRZ 1980   2

517 f.) nicht direkt auf Art. 69 zu übertragen sind. Auch im Ausland erstandene UH fällt unter Art. 69, Rep. 1974 219, 1984 419.

3 Die **Einweisung in eine Heil- und Pflegeanstalt** zur Begutachtung nach Art. 13 soll gemäss BGE 85 IV 123 als UH nur insoweit behandelt werden, als die Bedingungen, insbesondere hinsichtlich Kontakt mit der Aussenwelt, denjenigen der UH entsprechen. Mit Recht wird diese Einschränkung abgelehnt, DUBS 184 f., RUEDIN 40 f., SCHULTZ, ZBJV 97 (1961) 171, STRATENWERTH AT II § 7 N 122. In RS 1944 Nr. 221, ZR 52 (1953) Nr. 116, 56 (1957) Nr. 57, wird nur der Fall der Arglist (vgl. Art. 40 II) von der Regel der Anrechnung ausgenommen. BGE 113 IV 119 ff. heisst die Anrechnung des Aufenthalts im Männerheim «Satis» zu zwei Dritteln gut im Hinblick auf einschneidende Auflagen. Trotz der durch BGE 117 IV 404 ff. eingeleiteten neuen Praxis (s. N 14), hält das BGer auch weiterhin daran fest, dass es für die volle oder teilweise Anrechnung einer freiheitsentziehenden Massnahme auf die dadurch bewirkte Beeinträchtigung der persönlichen Freiheit ankomme, BGE 120 IV 177 f., 122 IV 54 f. (ausländisches Rehabilitationsprogramm) – und das obwohl Art. 69 auf Missbrauchsfälle zugeschnitten ist, wie BGE 117 IV 407 ausdrücklich anerkennt.

4 Art. 69 gilt auch für **Auslieferungshaft**, «der sich ein Verfolgter während der Dauer des Auslieferungsverfahrens im Auslande zu unterziehen hat», weil sie auch «unmittelbar den Interessen der Strafverfolgung dient», BGE 97 IV 160 (Leuzinger), 102 Ib 252, 105 IV 85 (wo auf kantonaler Ebene sogar Anrechnung der Fluchttage begehrt wurde!); AGVE 1976 Nr. 29, SJZ 66 (1970) Nr. 3, DUBS 190, RUEDIN 35 mit Hinweis auf Vorarbeiten. PKG 1970 Nr. 12 will nur berücksichtigen, was über die Dauer eines speditiven Auslieferungsverfahrens hinausgeht. BJM 1977 195 setzt voraus, dass der Verfolgte sich der Auslieferung nicht widersetzt, zur Fragwürdigkeit solcher Einschränkungen N 13.

5 **Vorzeitiger Strafantritt** ist eine Institution des kantonalen Prozessrechts (dazu SCHUBARTH, ZStrR 96 [1979] 295), welche als vorweggenommener Strafvollzug nicht unter Art. 69 fällt, sondern *zwingend und uneingeschränkt als Strafvollstreckung* anzuerkennen ist, GVP-SG 1962 Nr. 50.

6 Als **Sicherheitshaft** wird in der Regel die Freiheitsentziehung zwischen Abschluss der (Vor-)Untersuchung und Vollstreckbarkeit der Strafe bezeichnet, zur Terminologie RUEDIN 4 ff. In Art. 375 wird der Begriff in einer viel engeren Bedeutung verwendet: Gemeint ist nur Haft zwischen Vollstreckbarkeit der Strafe und Beginn der Vollstreckung, BGE 81 IV 21 (Karpf), 105 IV 241.

7 Art. 69 schreibt Anrechnung auf die **Freiheitsstrafe** vor, wobei es auf die Strafart nicht ankommt, SJZ 38 (1941/42) Nr. 165. Dazu gehört die Einschliessung, AGVE 1977 Nr. 20, abweichend RS 1972 Nr. 406. Dem heftigen Streit darüber, ob eine Anrechnung bei Verwahrung möglich sei, KURT (bzw. der Bundesrat), ZStrR 69 (1954) 80, PFENNINGER, SJZ 47

(1951) 33, 58 (1962) 261, BGE 85 IV 7 (Haslimeier), 87 IV 1 (Schlumpf), hat die Revision 1971 ein befriedigendes Ende bereitet, Art. 42.4 I 2. Satz, s. auch BGE 105 IV 85: UH ist auf die Mindestdauer anzurechnen. Nicht möglich ist dagegen eine Anrechnung auf *therapeutische Massnahmen* gemäss Art. 43, 44, 100bis, VPB 42 (1978) Nr. 88, Zirilli 159; a.M. (für volle Anrechnung auf Mindest- und Höchstdauer) Ruedin 125. Für den Fall, dass bei Massnahmen gemäss Art. 43/44 der Vollzug der Strafe angeordnet werden sollte, muss der Richter sich dennoch zur Anrechnung äussern!

Als **Grundsatz** gilt die **Anrechnung** der UH, BGE 117 IV 407, 105 IV 241,   8
Rep. 1974 219, Ruedin 177 – besonderer Begründung bedürfen die Ausnahmen, s. auch BGE 98 IV 133 (Cuénod und Maerki). Anders noch BGE 102 IV 157 E 1c) a.E., wo vorausgesetzt wird, dass sich der Verurteilte «auf die vom Gesetz vorgezeichneten Billigkeitsgründe berufen kann».

Gemäss Art. 110.6 **berechnet** sich die strafrechtlich relevante Zeit nicht   9
in Stunden (vgl. auch zu Art. 49.3 III BGE 108 IV 1). Deshalb ist UH *tageweise anzurechnen,* wobei grundsätzlich der angebrochene Tag als voller Tag gilt, ZR 43 (1944) Nr. 28. Wird jemand um 23.00 Uhr festgenommen und um 6.30 Uhr entlassen, so werden nach der Praxis nicht zwei, sondern ein Tag angerechnet – ein zweiter Tag gilt erst dann als «angebrochen», wenn die Gesamtdauer der Haft 24 Stunden überschritten hat, SJZ 81 (1985) Nr. 71, RS 1962 Nr. 68, 1985 Nr. 848, Ruedin 118 f. Die Lösung ist zu *kleinlich;* glaubt man, die grosszügige Anrechnung, wonach der Bruchteil eines Kalendertages einem Anrechnungstag gleichzusetzen ist, nicht übernehmen zu können, so sollte doch eine Gesamtdauer von 12 Stunden genügen.

In ihrer **Wirkung** wird die auf eine unbedingt zu vollziehende Strafe angerechnete UH der Strafverbüssung gleichgestellt, s. Art. 37.2 II, N 5;   10
41.1 II N 27; 67.1 I, N 4; Eine Sonderregel sieht Art. 37bis.2 I vor. Zusammen mit der nicht angerechneten UH kann eine Strafe das zulässige Höchstmass übersteigen, JdT 1966 III 46.

Keine Anrechnung erfolgt, soweit der Verurteilte «die Untersuchungs-   11
haft … durch sein Verhalten nach der Tat herbeigeführt oder verlängert hat». Diese Formulierung kann auf unterschiedliche Art ausgelegt werden – *wörtlich, einschränkend auf schuldhaftes Verursachen* oder noch enger auf *Arglist und Missbrauch* beschränkt.

Wörtliche Auslegung befolgte die frühere Praxis des Bundesgerichts, wo-   12
nach auch unverschuldete Verursachung die Anrechnung der UH ausschloss. Liberaler noch BGE 70 IV 56 (Vignola), dann aber 70 IV 181, 73 IV 92, 95, 76 IV 23, 81 IV 22, 90 IV 70, 91 IV 3, 95 IV 129. Die Rechtsprechung übersah, dass für den Betroffenen der Unterschied zwischen UH und Strafvollzug unwesentlich ist. Richtig ist diese Praxis nur, soweit sie wenigstens effektive Verursachung fordert, BGE 73 IV 96 (Schiesser),

95 IV 130 (Rios-Reyes, Valdebenito und Marin), ZR 43 (1944) Nr. 81; abweichend BGE 91 IV 4 f. (Taupe), dazu berechtigte Kritik bei BONNARD, a.a.O., HEIM, JdT 1965 IV 37.

13 Eine erste **Einschränkung der früheren Praxis des Bundesgerichts** wurde mit BGE 102 IV 154 (Tschanz) eingeleitet, wo (S. 157) für Nichtanrechnung verlangt wird, dass dem Verurteilten sein für Anordnung oder Verlängerung der Haft ursächliches Verhalten nach der Tat gemäss rechtsstaatlichen Grundsätzen *objektiv und subjektiv vorgeworfen* werden könne, dass er es m.a.W. verschuldet habe, bestätigt in BGE 103 IV 10, 105 IV 85, 241, ferner PKG 1963 Nr. 45. Als schuldhafte Haftverursachung gelten etwa irreführende Angaben, welche einen unnötig verzögernden Untersuchungsaufwand zur Folge haben, BGE 103 IV 11, 105 IV 241; RS 1945 Nr. 101, 1946 Nr. 97. Dagegen nicht blosses Schweigen oder Bestreiten, so schon RS 1945 Nr. 101, 1946 Nr. 97, 1947 Nr. 99; Sem.jud. 1973 403; anders und schärfstens abzulehnen BGE 70 IV 183 f., 73 IV 92, 90 IV 69, 91 IV 3, 95 IV 130; RS 1962 Nr. 158, 1971 Nr. 9; ZR 49 (1950) Nr. 116. Ferner trölerisches Einlegen von Rechtsmitteln, BGE 105 IV 241, 103 IV 11/12, vgl. auch BGE 70 IV 57 (Vignola), 81 IV 23 (Karpf), 86 IV 9 (Zollinger). Kein Ablehnungsgrund liegt vor, wenn sich ein Häftling weigert, von der Möglichkeit des vorläufigen Strafantritts Gebrauch zu machen, BGE 70 IV 56 ff., verfehlt BGE 86 IV 9 f. RUEDIN, der im Ergebnis zustimmt, nennt als weitere Ausschlussgründe Flucht- oder Kollusionshandlungen oder entsprechende (manifestierte) Absichten, S. 98 f. Hier zeigt sich die Schwäche, welche der neuen Praxis anhaftet: UH wird angerechnet, wenn sie auf vorsorglicher Annahme einer Flucht- oder Kollusionsgefahr beruht, nicht angerechnet, wenn sie erst durch die Manifestierung dieser Gefahr ausgelöst wurde – die Unterscheidung ist nicht begründet.

14 Über **verfassungskonforme Auslegung** schränkte das BGer in BGE 117 IV 404 ff. in Übereinstimmung mit der im Schrifttum vertretenen Auffassung (DUBS 192 f., HEIM a.a.O., SCHULTZ II 92 f., STRATENWERTH AT II § 7 N 128, ZIRILLI 142 191) seine frühere Praxis noch weiter ein: «Von der Anrechnung ist … nur abzusehen, soweit der Beschuldigte durch sein Verhalten nach der Tat die Untersuchungshaft in der Absicht herbeigeführt oder verlängert hat, dadurch den Strafvollzug zu verkürzen oder zu umgehen. Das gilt auch für Fälle, da der Täter aus der Untersuchungshaft geflohen ist», BGE 117 IV 408, so auch ZR 68 (1969) Nr. 33, 69 (1970) Nr. 37; JdT 1970 IV 93. Wegleitend ist dabei die Erfahrung, dass UH oft eine viel grössere Belastung darstellt als der Strafvollzug, s. HEIM, JdT 1964 IV 42 f. m.w.Hinw. *De lege ferenda* soll die Anrechnung ausnahmslos vorgeschrieben werden, SCHULTZ VE 131 f., *VE 1993* Art. 53.

15 Nach dem Grundsatz der **Tatidentität** kann UH nur angerechnet werden an die Strafe für eine Tat, zu deren Verfolgung die Haft angeordnet wurde, also nicht auf die Strafe für nach der Haftentlassung begangene Taten, BGE 77 IV 6 (Haas) oder bei einer Strafverfolgung u.a. wegen

Brandstiftung, wenn in diesem Punkt ein Freispruch erfolgte, BGE 85 IV 12 f. (Scherer), s. auch RS 1980 Nr. 1081, 1984 Nr. 652; SJZ 65 (1969) Nr. 185. Rep. 1984 419 rechnet UH an, welche im Ausland für eine mitbestrafte Nachtat verbüsst wurde; abweichend RS 1943 Nr. 186. Die Praxis wurde von WAIBLINGER, ZBJV 90 (1954) 448 f. und DUBS 185 f. kritisiert. Sie ist zwar dogmatisch folgerichtig, trägt aber der Unersetzlichkeit der persönlichen Freiheit zuwenig Rechnung. Liberaler RJN 1987 91. Das BGer weist darauf hin, dass für «ungenutzte» UH eine *Entschädigung* geschuldet wird, will aber «Realersatz» nicht zulassen. Anders mit Recht RUEDIN 133 f., der die Anrechnung überhaupt als Problem der Entschädigung ansieht, S. 73. Dieser Kritik folgend ist der **Grundsatz der Verfahrensidentität** vorzuziehen. Ohne Bedeutung ist die Frage, wer die UH angeordnet habe, RS 1943 Nr. 51 (Militärjustiz). Anders stellt sich das Problem, wenn die UH im Verfahren wegen einer Tat verhängt wurde, die nicht zu einer vollziehbaren Freiheitsstrafe führt, wohl aber zum Widerruf des bedingten Strafvollzugs aus einem früheren Urteil. Dessen Rechtskraft steht einer Anrechnung entgegen, BGE 104 IV 7; wie das BGer a.a.O. S. 11 andeutet, kann der Verurteilte möglicherweise im neuen Verfahren vorläufig die Widerrufsstrafe antreten, was in LGVE 1982 I Nr. 58 zutraf, wo freilich die Vollzugsbehörde, nicht das Obergericht, die «Anrechnung» hätte beschliessen sollen.

Auf **Busse** ist UH «in angemessener Weise» anzurechnen. Beim heute   16 noch geltenden Summenprinzip (N 6 vor Art. 48) können dafür konkrete Massstäbe nicht gegeben werden. Weil auch die wirtschaftliche Leistungsfähigkeit zu berücksichtigen ist, führt der Massstab des Art. 49.3 III (30 Franken/Tag) höchstens zu ebenso ungerechten Ergebnissen wie bei der Umwandlung. SCHULTZ VE 132 schlägt vor, einen Tag UH mit zwei Tagessätzen anzurechnen, anders *VE 1993* Art. 53: «Ein Tag Haft entspricht einem Tagessatz Geldstrafe».

Dritter Abschnitt:
Die Verjährung

VE 1893 Art. 44 f., Mot. 82 f. VE 1894 Art. 45 f., Mot. 142. – 1. ExpK I 266 ff., II 463 ff. VE 1908 Art. 59 f. Erl.Z. 105 f. 2. ExpK I 401 ff., 452 ff., VIII 212 ff. VE 1916 Art. 70 ff. E Art. 67 ff. Botsch. 25. Sten.NR 214 ff. StR 116 f. NR 652. StR 314 f., NR 740 f., StR 342 f.

FRANÇOIS CLERC, *Jugement par défaut et prescription*, ZStrR 69 (1954) 194; ERNST HUGGENBERGER, Die Verjährung im schweizerischen Strafrecht, Diss. ZH 1949; HABIBOLLAH MOAZZAMI, *La prescription de l'action pénale en droit français et en droit suisse*, Diss. GE 1952; RENÉ PERRIN, *Voies de recours et prescription de l'action pénale*, ZStrR 79 (1963) 13; HANS FELIX PFENNINGER, Die Verjährung im Rechtsmittelverfahren, ZStrR 63 (1948) 490; DERS. Die Verjährung im Kontumatialverfahren, ZStrR 70 (1955) 53; FRANCO DEL PERO, *La prescription pénale,* Diss. Laus. 1993; MARK PIETH, Die verjährungsrechtliche Einheit gemäss Art. 71 Abs. 2 StGB bei den Bestechungsdelikten, BJM 1996 57; FRANZ RIKLIN, Zur Frage der Verjährung im Abwesenheitsverfahren, ZStrR 113 (1995) 161; ARNOLD SCHLATTER, Die Verjährung, ZStrR 62 (1947) 301; ELISABETH TRACHSEL, Die Verjährung gemäss den Art. 70–75bis des Schweizerischen Strafgesetzbuches, Diss. ZH 1990; KARL ZBINDEN, Zur Kritik an den Verjährungsbestimmungen nach Art. 109 und 70 ff. StGB, ZSR 64 (1945) 293 ff.

1   Zur **Begründung der Verjährung** wurden zahlreiche Theorien entwickelt, dazu eingehend MOAZZAMI 62 ff., DEL PERO 39 ff., TRACHSEL 34 ff. In erster Linie trägt das Gesetz der «heilenden Wirkung der Zeit» Rechnung: Die Wogen der Unruhe, die das Verbrechen aufwühlt, glätten sich im Verlauf der Jahre, die Tat wird vergessen, und zwar gilt: je geringfügiger die Tat, desto rascher ihr Verblassen. Sodann verändert sich der Täter, jedenfalls über grössere Zeiträume hin. Schliesslich – dies gilt nur für die Verfolgungsverjährung – wird es mit der Zeit immer schwieriger, zuverlässige Beweismittel beizubringen; dazu BGE 101 IV 24, SJZ 87 (1991) Nr. 24, SCHULTZ I 246 (wo freilich das erste Argument nicht erwähnt ist) u.v.a. Für Straftaten schwerster Art mit historischer Dimension schliesst Art. 75bis die Verjährung aus. Ist die ordentliche Verjährungsfrist beinahe abgelaufen, so kann bei Wohlverhalten (keine Voraussetzung der Verjährung!) die Strafe gemildert werden (s. Art. 64 N 24 f.).

1a   Von der Verjährung zu unterscheiden ist die EMRK Art. 6 verletzende **überlange Verfahrensdauer.** Sie kann ausnahmsweise ein Verfahrenshindernis wegen Zeitablaufs bilden, auch wenn die Verjährung noch nicht eingetreten ist, ZR 90 (1991) Nr. 47 (Kass. ZH/BGer), SJZ 87 (1991) Nr. 24 (Kass. ZH).

2   Die **Rechtsnatur der Verjährung** ist umstritten. Nach vorherrschender Meinung bedeutet sie den *Untergang des staatlichen Strafanspruchs* und

ist *materiellrechtlicher Natur,* z.B. HUGGENBERGER 14, LOGOZ/SANDOZ 382, PFENNINGER, ZStrR 63 (1948) 495, SCHLATTER 302, SCHULTZ I 251. Nach anderer Auffassung handelt es sich, wie beim Strafantrag (N 4 vor Art. 28), um ein *Institut des Verfahrensrechts,* um ein *Prozesshindernis,* so HAUSER/SCHWERI § 41 N 4, TRECHSEL/NOLL 263. Für diese Auffassung spricht vor allem die Regelung des Ruhens, des Stillstands und des Wiederauflebens der Verfolgungsverjährungsfrist, dagegen die Bestimmung des Art. 75bis, wonach gewisse Delikte unverjährbar sind, was sich nur materiellrechtlich erklären lässt. Die Vollstreckungsverjährung ist dementsprechend ein Vollzugshindernis. Die Frage hat kaum praktische Bedeutung, REHBERG I 283, RIKLIN AT § 21 N 6 ; nachdem BGE 76 IV 127 die Verjährung beiläufig als Prozesshindernis bezeichnet hatte, liess 105 IV 9 die Frage ausdrücklich offen.

Entsprechend der Einstellung zu ihrer Rechtsnatur gibt es zwei mögliche **Rechtsfolgen der Verjährung:** den *Freispruch* einerseits und die *Einstellung, keine-weitere-Folge-Gebung* oder einen anderen prozessualen Abschluss des Prozesses andererseits. BGE 72 IV 47 f. (Dukas c. Burckhardt u. Staehelin) bezeichnet die Frage unter dem Gesichtspunkt des eidgenössischen Rechts als «gleichgültig»; in BGE 69 IV 107, 97 IV 158 und 102 Ib 223 wird von «keine weitere Folge geben» bzw. «einstellen» gesprochen. Von den Kantonen praktiziert *Freispruch: TI:* Rep. 1985 198, weil nach Anklageerhebung *nur* noch Verurteilung oder Freispruch möglich sind; *Prozessentscheide* sind zu fällen in *ZH:* ZR 94 (1995) Nr. 17, 85 (1986) Nr. 36 (anders noch ZR 50 [1951] Nr. 172); *GR:* PKG 1992 Nr. 45 (anders noch PKG 1966 Nr. 24), *LU:* SJZ 65 (1969) Nr. 166; *SH:* SJZ 58 (1962) Nr. 116. Diese Lösung ist *vorzuziehen* – Verjährung löscht die Schuld nicht aus. Besonders bei gekürzten Verjährungsfristen, z.B. Art. 118 II, 119.1 II, 178 I, 213 III, vermag ein Freispruch nicht zu befriedigen. Selbst bei prozessualer Verfahrenserledigung darf Kostenauflage aber nicht mit Schuldvermutungen begründet werden, EGMR 62, Urteil Minelli, EuGRZ 1983 475, eingehend THOMAS HANSJAKOB, Kostenarten, Kostenträger und Kostenhöhe im Strafprozess, Diss. SG 1988, 166 ff.

Die Verjährung ist **von Amtes wegen** zu berücksichtigen, BGE 116 IV 81, 97 IV 157, Sem.jud. 1956 273.

Das Gesetz sagt über die **Wahrung der Verjährungsfrist** nichts aus – sinngemäss besteht sie in der Verurteilung des Verfolgten, in welcher sich der Strafanspruch des Staats erschöpft. Die Frist läuft dagegen weiter, wenn das Verfahren eingestellt oder der Angeschuldigte freigesprochen wird, BGE 97 IV 156 f. (Acherman c. Bachmann, Böschenstein, Lüond, Petermann), 105 IV 309, 106 IV 152. Ob eine Freiheitsstrafe mit bedingtem Vollzug ausgesprochen wurde oder nicht, ist ohne Bedeutung, BGE 94 IV 15 f. (Zürcher), SJZ 43 (1947) Nr. 158.

Entscheidend ist **das letzte Urteil in der Sache,** das mit voller Kognition gefällt wird (s. auch Vb 9), und zwar das *Datum des Urteils,* nicht der Zeitpunkt der Urteilseröffnung, der Zustellung oder der Ausfertigung der Begründung, BGE 121 IV 65 f., 101 IV 394, 92 IV 172 (Vicari), RS 1962 Nr. 69 (2 Jahre Verspätung der Motive!), ZR 51 (1952) Nr. 91 – abweichend PKG 1956 Nr. 81. Im Abwesenheitsverfahren lässt SJZ 64 (1968) Nr. 125 die Frist bis Publikation des Urteils laufen.

7   Auch das **Urteil im Abwesenheitsverfahren** erschöpft den staatlichen Strafanspruch, MKGE V Nr. 80, 81, VI Nr. 72, VII Nr. 2; AGVE 1960 Nr. 36; PKG 1982 Nr. 26; Rep. 1985 198; RS 1967 Nr. 17, 1968 Nr. 85, 1969 Nr. 76, 1984 Nr. 587; RVJ 1991 423, SJZ 64 (1968) Nr. 125, 71 (1975) Nr. 70; ZR 55 (1956) Nr. 126, GVP-SG 1990 Nr. 82, ebenso CLERC 198, PFENNINGER, ZStrR 70 (1955) 59; anders noch PKG 1942 Nr. 27, RS 1949 Nr. 314. Nach h.L. fällt mit der (resolutiv bedingten) Rechtskraft des Kontumazialurteils die kürzere Verfolgungsverjährung dahin und die Vollstreckungsverjährung beginnt, BGE 122 IV 351, RIKLIN 161, je m.w.Hinw.; wird das Verfahren neu aufgenommen und das Abwesenheitsurteil aufgehoben, so geht Lehre und Praxis überwiegend davon aus, dass die Verfolgungsverjährung wieder zu laufen beginnt, als ob sie geruht hätte, vgl. die Hinw. bei RIKLIN 161 Fn 3. CLERC a.a.O., PFENNINGER a.a.O. 62 und TRACHSEL 134 nehmen demgegenüber an, dass die durch das neue Urteil eintretende Vollstreckungsverjährung *ex tunc* die «alte» des aufgehobenen Kontumazialurteils ersetze – jedoch soll bei einem Urteil zuungunsten des Angeklagten, analog zu der im Zusammenhang mit der Revision entwickelten Praxis (s. BGE 114 IV 142), der Eintritt der Verfolgungsverjährung beachtet werden, CLERC 199, TRACHSEL a.a.O. Eingehende Kritik an beiden Auffassungen bei RIKLIN 167 ff.: Die ursprüngliche Verfolgungsverjährungsfrist sei zu behandeln, als ob sie ungeachtet des Abwesenheitsurteils weitergelaufen wäre, ebenso RS 1949 Nr. 314. Der h.L. ist entgegenzuhalten, dass sie zu einer starken Ausdehnung der Verjährungsfristen führt, andererseits kann die Auffassung von RIKLIN dazu führen, dass sich eine Flucht lohnt. Die h.L. verdient deshalb den Vorzug.

Der Beschuldigte kann grundsätzlich zeitlich unbeschränkt, auch nach Eintritt der Vollstreckungsverjährung, die Aufhebung des Kontumazialurteils und die Durchführung eines ordentlichen Verfahrens verlangen, BGE 122 IV 353.

8   Ein umfassendes **ordentliches Rechtsmittel,** das der höheren Instanz freie Kognition bei Feststellung des Sachverhalts, Anwendung des materiellen Rechts und Festsetzung der Sanktion gibt *(Appellation/Berufung* – das Verbot der *reformatio in peius* stellt keine Einschränkung der Kognition in diesem Sinne dar)*,* lässt die Frist weiterlaufen, BGE 69 IV 106 (Bieri; Abklärung der Legitimation ist Teil des Verfahrens). Dies soll sogar gelten, wenn der Schuldspruch in «Teilrechtskraft» erwachsen und die Appellation auf die Frage des Strafmasses beschränkt ist, ZBJV 87 (1951) 124, was nicht überzeugt.

9   Die **Nichtigkeits- oder Kassationsbeschwerde** setzt die Verjährungsfrist nicht wieder in Gang – es bleibt zunächst bei der Tatsache, dass ein

rechtskräftiges Urteil vorliegt, BGE 105 IV 309. In ersten Urteilen hatte das BGer die irrige Auffassung vertreten, die Nichtigkeitsbeschwerde hemme die Rechtskraft, BGE 72 IV 106 (Michaud), 73 IV 12 (Mettler c. Gemperle); später legte es das Schwergewicht auf die Vollstreckbarkeit des Urteils mit der These, Verfolgungs- und Vollstreckungsverjährung schlössen nahtlos aneinander, ausser den zitierten BGE 72 IV 164 (Schachenmann), 92 IV 173 (Vicari), 105 IV 101. Mit Recht ist BGE 105 IV 309 davon abgerückt, s. Perrin 15 ff. Dieselbe Regel gilt für das kantonale Verfahren, soweit als einziges Rechtsmittel die Nichtigkeitsbeschwerde zur Verfügung steht, für *ZH:* BGE 111 IV 87, 91 IV 145 (Tarschisch), ZR 85 (1986) Nr. 36, SJZ 75 (1979) Nr. 17, ZR 51 (1952) Nr. 91, abweichend SJZ 71 (1975) Nr. 27; für *FR:* Extr.Fr. 1984 33, für *NE:* BGE 96 IV 49 (Dessoulavy und Ahles), RJN 1983 91, RS 1962 Nr. 69; für *AG:* AGVE 1965 Nr. 26. Anders entschied für *SO:* RS 1972 Nr. 230; BGE 111 IV 91 hält die Auffassung der kantonalen Gerichte über den Charakter kantonaler Rechtsmittel für bindend – dem kann nicht zugestimmt werden. Die Praxis hat ohnedies zur Folge, dass je nach Ausgestaltung des kantonalen Rechtsmittelsystems unterschiedliche Regeln für die Verjährung nach Bundesrecht gelten, kritisch Schultz ZBJV 107 (1971) 460; die Unterscheidung muss aber wenigstens nach objektiven Kriterien getroffen werden. *VE 1993* Art. 95 sieht ausdrücklich vor, dass die Verjährung weder während des Rechtsmittelverfahrens des kantonalen Rechts noch des Bundesrechts ruht, sondern bis zur endgültigen Beurteilung weiterläuft.

Keinen Einfluss auf die Verjährung hat die **staatsrechtliche Beschwerde,**   10
BGE 106 IV 145 f., 101 Ia 109, 303.

Wird ein **verurteilendes Erkenntnis** auf Nichtigkeits- oder auf staats-   11
rechtliche Beschwerde hin **aufgehoben,** so läuft die Verjährungsfrist von der Ausfällung des kassierenden Urteils an weiter, als ob sie geruht hätte, BGE 121 IV 65, 116 IV 81, 115 Ia 325, 111 IV 90 f., ZR 94 (1995) Nr. 17 – kein «Ruhen», wenn sich das kassatorische Rechtsmittel gegen einen *Freispruch* richtet, BGE 116 IV 81, 97 IV 157. Zur teilweisen Gutheissung der Nichtigkeitsbeschwerde s. ZR 94 (1995) Nr. 17.

Für die **Wiederaufnahme des Verfahrens** zugunsten des Verurteilten ent-   12
schied BGE 85 IV 171 (Freivogel), dass dadurch *keine Verfolgungsverjährung in Gang gesetzt* werde, weil sonst der Anspruch auf Neubeurteilung vereitelt werden könnte. Dieses Argument vermag allein nicht zu überzeugen – auch Eintritt der Verjährung während des ersten Verfahrens kann einen legitimen (vgl. z.B. Art. 31 IV) Anspruch auf ein freisprechendes Urteil vereiteln. Eine andere Lösung ist jedoch nicht praktikabel, weil nach manchen Prozessordnungen der Entscheid über die Wiederaufnahme erst mit dem neuen Urteil gefällt wird. Zustimmend Schultz, ZBJV 97 (1961) 172. Zum *Abwesenheitsverfahren* s. oben N 7.

Zu besonderen Regeln im **Nebenstrafrecht** s. Art. 70 N 5.   13

1. Verfolgungsverjährung

70 Fristen

Die Strafverfolgung verjährt:

in 20 Jahren, wenn die strafbare Tat mit lebenslänglichem Zuchthaus bedroht ist;

in zehn Jahren, wenn die strafbare Tat mit Gefängnis von mehr als drei Jahren oder mit Zuchthaus bedroht ist;

in fünf Jahren, wenn die strafbare Tat mit einer andern Strafe bedroht ist.

Al. 2 in der Fassung gem. BG vom 17.6.1994.

Botsch. vom 24.4.1991, BBl 1991 II 969 ff., 989 f.

Lit. vor Art. 70.

1   Art. 70 bestimmt die Verjährungsfristen nach der **abstrakten Methode** – entscheidend ist die höchste im gesetzlichen Tatbestand angedrohte Strafe, BGE 92 IV 123, 102 IV 203, 108 IV 42, Rep. 1984 369, SJZ 63 (1967) Nr. 179, s. auch Art. 68 N 12. Strafschärfungs- und Strafmilderungsgründe des Allgemeinen Teils (Art. 64, 67, 68 etc.) werden nicht berücksichtigt (h.L.). Wo dagegen im Besonderen Teil qualifizierte (z.B. Art. 112, 138.2, 144 III) oder privilegierte (z.B. Art. 114, 172ter, 242 II) Tatbestände gebildet werden, richtet sich die Verjährungsfrist nach der Strafdrohung des *in concreto* begangenen, bzw. des Delikts, dessen der Angeschuldigte verdächtigt wird (h.L.).

2   Umstritten sind die Fälle, in denen eine verschärfte Strafdrohung für **«schwere Fälle»** vorgesehen ist (z.B. Art. 273). Das Bundesgericht behandelt auch den «schweren Fall» als durch objektive Merkmale qualifizierten *besonderen Tatbestand,* der freilich erst vom Richter konkretisiert werden muss (was kaum mit dem Bestimmtheitsgebot vereinbar ist), BGE 108 IV 42 ff., ebenso schon 102 IV 203, anders noch ZR 63 (1964) Nr. 16. Demgegenüber betrachten GRAVEN AT 73, SCHULTZ I 247 f., DERS. ZBJV 113 (1977) 532, 120 (1984) 18, und STRATENWERTH AT I § 6 N 9 f., die Qualifizierung als *blosse Strafzumessungsregel.* In diesem Fall müsste man z.B. Art. 273 generell als Verbrechen einstufen (so noch ZR 63 [1964] Nr. 16), während SCHULTZ und STRATENWERTH ihn als Vergehen ansehen. Abgesehen von den an die Adresse des Gesetzgebers gerichteten Bedenken ist der bundesgerichtlichen *Praxis zuzustimmen.* Bei der Variante des (besonders) leichten Falles stellt sich das Problem nicht, soweit dort der obere Rand des Strafrahmens unverändert bleibt.

3   Zur **Berechnung** der Frist s. Art. 110.6. Der Tag, an welchem die Frist zu laufen beginnt, wird nicht mitgezählt, BGE 107 Ib 75, was der allgemeinen Regel des schweizerischen Rechts entspricht, BGE 97 IV 238 ff.

(Christen c. Meier), anders noch BGE 77 IV 209, 92 IV 172. Die Frist läuft somit (vorbehältlich Art. 72) am Tag desselben Kalenderdatums um 24.00 Uhr ab (vgl. das Bsp. in Art. 29 N 2, s. auch BGE 103 V 159 E. 2b; in BGE 109 IV 116 dürfte diesbezüglich ein Irrtum unterlaufen sein). Zum Beginn s. Art. 71.

Das StGB sieht **verkürzte Fristen** vor in Art. 118 II, 119.1 II, 178 I, 213 III, 302 III.   4

Im **Nebenstrafrecht** sieht VStrR Art. 11 I für Übertretungen abweichend   5 von Art. 109 eine Verjährungsfrist von zwei Jahren vor. Art. 70 ff. finden ergänzend Anwendung, BGE 106 IV 83 f., 104 IV 268, 101 IV 93 f.; BJM 1955 312; LGVE 1988 I Nr. 53; SJZ 75 (1979) Nr. 60; ZR 77 (1978) Nr. 76. S. auch Art. 333 N 4.

Im Strafrecht für **Kinder und Jugendliche** gelten grundsätzlich die Ver-   6 jährungsfristen von Art. 70, BGE 92 IV 124, RS 1951 Nr. 28, SJZ 53 (1957) Nr. 185 (abweichend wollen SJZ 52 [1956] Nr. 5 und 59 [1963] Nr. 171 alle Strafdrohungen i. S. der «anderen Strafe» des Al. 3 verstehen, was der abstrakten Methode [N 1] widerspricht). Art. 88 und 98 tragen jedoch der erhöhten Bedeutung des Zeitablaufes für junge Menschen dadurch Rechnung, dass sie den Richter ermächtigen, bei Kindern nach drei Monaten, bei Jugendlichen nach einem Jahr von jeglicher Sanktion abzusehen.

Für **Übertretungen** setzt Art. 109 die Frist auf ein Jahr fest.   7

Zum **wiederaufgenommenen Verfahren** s. N 12 vor Art. 70.   8

Zur **Unverjährbarkeit** schwerster Delikte mit historischer Dimension s.   9 Art. 75bis.

71 Beginn

Die Verjährung beginnt:

mit dem Tag, an dem der Täter die strafbare Tätigkeit ausführt;

wenn er die strafbare Tätigkeit zu verschiedenen Zeiten ausführt, mit dem Tag, an dem er die letzte Tätigkeit ausführt;

wenn das strafbare Verhalten dauert, mit dem Tag, an dem dieses Verhalten aufhört.

Lit. vor Art. 70.

Ausgangspunkt für die Verjährung ist die **Täterhandlung** (vgl. auch Art.   1 2 N 4). «Massgeblich ist der Zeitpunkt, an dem [der Täter] das ausgeführt (oder unterlassen) hat, was nach der sinngemäss ausgelegten gesetzlichen Umschreibung das strafbare Verhalten ausmacht», BGE 102 IV 80, miss-verständlich RVJ 1990 272. Es kommt nicht auf den Eintritt des Erfolgs an, BGE 102 IV 80, 2. ExpK I 404 ff., so dass *bei Fahrlässigkeit die Ver-*

jährung eintreten kann, *bevor überhaupt der Tatbestand erfüllt* ist, SCHULTZ I 248. Ohne Wirkung sind objektive Strafbarkeitsbedingungen, BGE 101 IV 23, vgl. auch 103 IV 233 f., 109 IV 116 f. (anders noch 69 IV 74, ferner SCHWANDER N 277, STRATENWERTH BT I § 23 N 14). Bei schriftlichen Ehrverletzungen ist entscheidend die Übergabe der Schrift, RS 1943 Nr. 187, bei Pressedelikten der Tag der Veröffentlichung, BGE 97 IV 156. Im *Nebenstrafrecht* finden sich für den Verjährungsbeginn andere Anknüpfungspunkte, so stellt z.B. das Steuerstrafrecht für den Beginn der Verjährungsfrist auf den Ablauf des Steuerjahres ab, welches von der strafbaren Handlung betroffen ist, vgl. dazu StE 1994 B 101.7 Nr. 2, GVP-SG 1995 Nr. 73.

2   Bei **Beteiligung Mehrerer** an einer strafbaren Handlung «ist massgebend der Zeitpunkt, an dem einer der Beteiligten den letzten Teilakt gesetzt hat, der unter das gesetzlich umschriebene strafbare Verhalten fällt», BGE 102 IV 80 f. (Mittäterschaft), s. auch 69 IV 73 f. (mittelbare Täterschaft, Anstiftung), BJM 1957 103 (mittelbare Täterschaft). SCHULTZ, ZBJV 113 (1977) 533 kritisiert die Rechtsprechung m.E. zuunrecht als «zweifelhaft» für Teilnehmer i.e.S., denen die Haupttat nicht zugerechnet werden könne; der Gehilfe bleibt jedoch straflos, wenn der Haupttäter nicht zur Tat schreitet.

3   Beim **Unterlassungsdelikt** ist fristauslösend der Tag, an dem der Garant hätte handeln sollen oder an dem die Handlungspflicht endet, BGE 71 IV 186 E.4 (Ramuz; Nichtanzeigen eines Fundes: spätestens bei der ersten Einvernahme), 107 IV 10; RS 1958 Nr. 9 (Pflicht, einen Schutzraum zu errichten – ob es sich dabei um ein Dauerdelikt handelt, ist sehr fraglich, vgl. N 5); 1970 Nr. 8 (Weigerung, ein Kind impfen zu lassen); 1973 Nr. 417 (AHVG 87, 88); 1976 Nr. 54 (Ende des Auftrags eines Bücherexperten); 1978 Nr. 652 (Unterlassung von Vorkehrungen zum Schutz des Sempachersees); Sem.jud. 1984 169 (ab Konkurseröffnung für Verwaltungsrat bei Art. 165); ZBJV 87 (1951) 128 (Mangelnde Beaufsichtigung bei Fabrikation von Herden). Bei Nichtbezahlung des Militärpflichtersatzes beginnt die Frist mit der zweiten Mahnung zu laufen, BGE 68 IV 144 E.2 (Mariéthoud), PKG 1991 Nr. 31, VAR 1942 168. Hält der Verantwortliche den Betrieb einer fehlerhaften Anlage (i.c. Seilbahn) aufrecht, obwohl er Kenntnis vom technischen Problem hat, so beginnt die Verjährung erst mit dem Unfalltag zu laufen, BGE 122 IV 62 ff.

4   Über **Art. 71 II** wollte der Gesetzgeber eine Mehrzahl von Delikten, die zu verschiedenen Zeiten verübt wurden, zusammenfassen, vgl. BGE 109 IV 86; früher wurde diese **verjährungsrechtliche Einheit** mit der Rechtsfigur des fortgesetzten Delikts erklärt, vgl. BGE 105 IV 13 m.w.Hinw.; zum fortgesetzten Delikt s. die Vorauflage Art. 68 N 4–9. In BGE 116 IV 121 ff. wurde das fortgesetzte Delikt im Zusammenhang mit Art. 68.1, in BGE 117 IV 408 ff. auch für Art. 71 II aufgegeben; s. auch Art. 68 N 4 ff. Die Frage, ob verjährungsrechtliche Einheit vorliegt, beurteilt sich neu anhand *objektiver Kriterien:* «Die erforderliche Einheit ist zu bejahen,

wenn die gleichartigen und gegen dasselbe Rechtsgut gerichteten strafbaren Handlungen – ohne dass bereits ein eigentliches Dauerdelikt gegeben wäre (Art. 71 Abs. 3 StGB) – ein *andauerndes pflichtwidriges Verhalten bilden»; die andauernde Pflichtverletzung muss dabei «vom in
Frage stehenden gesetzlichen Straftatbestand ausdrücklich oder sinngemäss mitumfasst sein», BGE 117 IV 413 f., bestätigt in BGE 118 IV
317 f., 329, 119 IV 77 f., 200 f., 120 IV 9. Die verjährungsrechtliche Einheit wurde *bejaht* für das Verhalten eines ungetreuen Geschäftsführers,
BGE 117 IV 414, die Vernachlässigung von Unterhaltspflichten, BGE
118 IV 329, den «gewohnheitsmässigen» Verstoss gegen ZG Art. 82.2
durch die wiederholte Einfuhr von pornographischem Material, BGE
119 IV 79 f., jahrelange sexuelle Handlungen mit Kindern durch einen
Primarlehrer, BGE 120 IV 9 f.; *verneint* für Ehrverletzung, BGE 119 IV
201, und die Annahme von Geschenken gemäss Art. 316, BGE 118 IV
318. Mit Recht kritisiert PIETH 63, 72 an diesem Urteil, dass es zu wenig
auf konkret nachweisbare faktische Abhängigkeiten oder Daueraus-
tauschbeziehungen abstelle; vgl. auch die Hinweise bei PIETH 65 ff. auf
das Urteil des Bezirksgerichts ZH im Fall Huber, auszugsweise veröffentlicht in SJZ 92 (1996) Nr. 4. Wie beim Dauerdelikt ist nicht auf die
Vollendung, sondern auf die *Beendigung* abzustellen, BGE 117 IV 414.

Beim **Dauerdelikt** beginnt die Verjährungsfrist mit dem Tag, an dem das   5
strafbare Verhalten endet. Ein Dauerdelikt liegt vor, «wenn die Begründung des rechtswidrigen Zustandes mit den Handlungen, die zu seiner
Aufrechterhaltung vorgenommen werden, bzw. mit der Unterlassung seiner Aufhebung eine Einheit bildet und das auf Perpetuierung des deliktischen Erfolges gerichtete Verhalten vom betreffenden Straftatbestand
ausdrücklich ... oder sinngemäss ... mitumfasst wird», BGE 84 IV 17.
Dauerdelikt ist z. B. die Freiheitsberaubung (Art. 183 ff.), das rechtswidrige Beschäftigen von Angestellten, BGE 75 IV 40 f. (Schluep), die Verwendung gefälschter Ausweise nach Art. 252, BJM 1989 44; kein *Dauerdelikt* ist Bigamie (Art. 215), vgl. BGE 105 IV 326, Ehrverletzung, selbst
wenn eine Anzeige (ohne die besonders verletzenden Ausdrücke) weiter
verfolgt wird, BGE 93 IV 94 (Geiger u. Kons. c. Maissen u. Kons.), die
Errichtung einer Baute in Verletzung polizeilicher Vorschriften RS 1952
Nr. 19, SJZ 73 (1977) Nr. 35.

72 Ruhen und Unterbrechung

**1. Die Verjährung ruht, solange der Täter im Ausland eine Freiheits-
strafe verbüsst.**

**2. Die Verjährung wird unterbrochen durch jede Untersuchungs-
handlung einer Strafverfolgungsbehörde oder Verfügung des Gerichts
gegenüber dem Täter, namentlich durch Vorladungen, Einvernahmen,
durch Erlass von Haft- oder Hausdurchsuchungsbefehlen sowie durch
Anordnung von Gutachten, ferner durch jede Ergreifung von Rechtsmitteln gegen einen Entscheid.**

**Mit jeder Unterbrechung beginnt die Verjährungsfrist neu zu laufen.
Die Strafverfolgung ist jedoch in jedem Fall verjährt, wenn die ordentliche Verjährungsfrist um die Hälfte, bei Ehrverletzungen und bei Übertretungen um ihre ganze Dauer überschritten ist.**

Ziff. 2 in der Fassung gem. BG vom 5.10.1950.

Zur Teilrevision 1950: BBl 1949 I 1283 ff. StenB 1949 StR 584, 1950 NR 150, 192 f.,
StR 139. – Zur Teilrevision 1971: E 1965 Art. 72, Botsch. 1965 583, Sten.NR 1969
128, StR 1967 68, 1970 105.

ERNST STEINER, Die absolute Verjährung der Ehrverletzungsklage, SJZ 51 (1955)
53; **Lit.** vor Art. 70.

1   **Ruhen** bedeutet **Stillstand des Fristenlaufes;** fällt der Grund weg, so läuft
die Frist weiter ab dem Stadium, in welchem sie angehalten wurde. Die
Vorschrift von Ziff. 1 wird in BGE 69 IV 106 (Bieri) als «abschliessend»
bezeichnet; Vollzug einer Massnahme im Ausland lässt somit die Frist
nicht ruhen, SCHULTZ I 249. BGE 88 IV 93 (Hagen u. Martinelli) dehnt
die Bestimmung *aus auf Fälle, in denen eine gesetzliche Vorschrift zur
Suspendierung* des Strafverfahrens *zwingt,* z.B. im Verwaltungsstrafrecht, wenn erst die Höhe der geschuldeten Abgabe festgesetzt werden
muss. Ein ähnliches Problem birgt MStG Art. 222 III (Ruhen eines vor
einem Militärdienst eingeleiteten Verfahrens, wenn Fortsetzung verweigert wurde). Trotz deutlicher und berechtigter Kritik an dem mit Art. 1
StGB kaum vereinbaren Vorgehen bestätigt BGE 90 IV 64 diese Praxis,
die aber nicht gilt, wenn die Einstellung des Verfahrens auf freiem Entscheid des Richters beruht. Ein Ruhen i.S.v. Art. 72.1 liegt auch vor,
wenn vorübergehend ein (Abwesenheits-)Urteil in Kraft ist, s. N 11 vor
Art. 70. SCHULTZ VE 232 f. schlägt eine Ausdehnung der Vorschrift über
das Ruhen vor, ebenso *VE 1993* Art. 95, wonach – in Übernahme der Praxis des BGer – die Verjährung ruhen soll, «wenn das Strafverfahren auf
Grund einer gesetzlichen Vorschrift nicht weitergeführt werden darf»;
neu soll auch der Fall, dass der Täter im Ausland eine Massnahme verbüsst, ausdrücklich erwähnt werden.

2   Die **Unterbrechung** der Verjährung hat zur **Folge,** dass die Frist von
neuem zu laufen beginnt. Die Unterbrechung wird **bewirkt durch** Tätigkeiten der Strafverfolgungsbehörden, *die dem Fortgang des Verfahrens
dienen und nach aussen in Erscheinung treten,* BGE 115 IV 99 f., 114 IV
5, 90 IV 63, 73 IV 259 (Rauch), Extr.Fr. 1981 78. Dazu gehört nicht das
blosse Aktenstudium, BGE 73 IV 258, nach diesem Urteil jedoch schon
das Beiziehen von Akten aus einem anderen Verfahren. Zur Unterbrechung führt die Anklagezulassungsverfügung, SJZ 63 (1967) Nr. 78; die
Mitteilung der bevorstehenden Überweisung verbunden mit Fristanset-
zung für das Stellen von Beweisanträgen, GVP-SG 1980 Nr. 17, Rep.
1983 342 (anders für die Mitteilung, dass Akteneinsicht ermöglicht wird,
RS 1960 Nr. 65); jede Vorladung an den Angeschuldigten (bzw. die Parteien im Ehrverletzungsverfahren) SJZ 63 (1967) Nr. 78, Extr.Fr.1951
130; der Vorführungsbefehl, anders PKG 1948 Nr. 46; die Zeugeneinver-
nahme, SJZ 63 (1967) Nr. 78, anders BJM 1963 25, PKG 1955 Nr. 78; die

Anordnung eines Gutachtens; polizeiliche Einvernahmen im Auftrag einer Justizbehörde, SJZ 63 (1967) Nr. 78, RS 1949 Nr. 21; die Ausschreibung im Schweizerischen Polizei-Anzeiger, auch bloss zur Aufenthaltsausforschung, BJM 1961 155; der Antrag auf Anordnung einer Strafuntersuchung RS 1983 Nr. 439, 1985 Nr. 864; die Anordnung einer Voruntersuchung, RJN 1984 97; der Antrag des Verteidigers auf Ergänzung der polizeilichen Ermittlungen, Rep. 1983 342 (m. E. mit dem Gesetz nicht vereinbar); die Einreichung einer Verteidigungsschrift und von Gegenbemerkungen, SJZ 63 (1967) Nr. 78. Aufgrund der Erfahrungen, die BGE 71 IV 234 (Alberti c. Corti) zugrundeliegen, wurde bei der Revision auch das Ergreifen eines Rechtsmittels in die Liste der Unterbrechungsgründe aufgenommen. Selbst ein ausländischer Haftbefehl unterbricht die Verfolgungsverjährung nach Art. 72, BGE 92 I 117. Entgegen dem Wortlaut können auch Verfügungen der *Strafverfolgungsbehörden* – nicht nur der Gerichte – die Verjährung unterbrechen, BGE 115 IV 99.

Keine Unterbrechung bewirkt ausser rein internen Vorkehren (s. auch 3 AGVE 1961 Nr. 37) die Erstattung oder Entgegennahme einer Anzeige SJZ 54 (1958) Nr. 59, 63 (1967) Nr. 78, BJM 1964 192; Polizeianzeigen gemäss § 75 II SO StPO, RS 1977 Nr. 223, mit Recht kritisch SCHULTZ I 250; selbständige Ermittlungshandlungen der Polizei, SJZ 62 (1966) Nr. 131, 63 (1967) Nr. 78; das Einholen eines Leumundszeugnisses, RS 1961 Nr. 127, SJZ 63 (1967) Nr. 78; der Protokolleintrag über Erkundigungen nach dem Stand eines andern Verfahrens, ZR 63 (1964) Nr. 32, SJZ 63 (1967) Nr. 78; die Einstellung des Verfahrens bis zum Entscheid einer Vorfrage, JdT 1964 IV 128, vgl. aber BJM 1964 24; Verfolgungshandlungen in einem anderen Verfahren, RS 1983 Nr. 438, oder wegen eines anderen Delikts, AGVE 1956 Nr. 27; der Entzug des Führerausweises, RS 1961 Nr. 128.

Die **absolute Verjährung** setzt der Verlängerung der ordentlichen Verjährungsfrist durch Unterbrechungen Grenzen. Ruhen schiebt auch die absolute Verjährung hinaus, vgl. BGE 100 Ib 275 (zu Art. 75), 111 IV 89, 115 Ia 325, SCHULTZ I 250 f., REHBERG I 286, TRACHSEL 119, irreführend die Formulierung in BGE 102 Ib 223 («trotz Ruhens und Unterbrechung»). Auch die Aussage in BGE 100 Ib 275, nach Ablauf der absoluten Verjährungsfrist könne es kein Unterbrechen mehr geben, ist nicht richtig. Die absolute Verjährung ist so zu errechnen, als ob es die Ruhezeit nicht gäbe. Allenfalls wäre zu prüfen, ob nicht auch der Verlängerung der Verjährungsfrist durch Ruhen Grenzen gesetzt werden sollten, in diesem Sinne TRECHSEL / NOLL 274. Tritt die absolute Verjährung ein, so ist eine Verurteilung nicht mehr möglich, selbst wenn das Verfahren unmittelbar vor seinem Abschluss steht, vgl. SJZ 44 (1945) Nr. 33. Zur Vermeidung der Verjährung kann die Verfolgung wegen Taten mit verkürzten Fristen vom Verfahren abgetrennt und vorweggenommen werden.

Auch **verkürzte Fristen** (Art. 70 N 4) verjähren absolut, wenn 150% der 5 Frist abgelaufen sind. Eine Ausnahme bildet das Gesetz für Übertretungen und Ehrverletzung (Verdoppelung), Ziff. 2 II, 2. Satz, dazu BGE 116 IV 81; *VE 1993* sieht in Art. 95a II allgemein Verdoppelung vor.

2. Vollstreckungsverjährung

73 Fristen

1. Die Strafen verjähren:

lebenslängliche Zuchthausstrafe in 30 Jahren;

Zuchthausstrafe von zehn oder mehr Jahren in 25 Jahren;

Zuchthausstrafe von fünf bis zu zehn Jahren in 20 Jahren;

Zuchthausstrafe von weniger als fünf Jahren in 15 Jahren;

Gefängnis von mehr als einem Jahr in zehn Jahren;

jede andere Strafe in fünf Jahren.

2. Die Verjährung der Hauptstrafe zieht die Verjährung der Nebenstrafen nach sich.

Lit. vor Art. 70.

1 Die **Vollstreckungsverjährungsfristen** sind länger und differenzierter als die Verfolgungsverjährungsfristen, weil einerseits keine Beweisprobleme mehr drohen, andererseits die Schwere der Tat viel präziser feststeht als vor der Verurteilung.

2 Für **Übertretungsstrafen** sieht Art. 109 eine Verjährungsfrist von zwei Jahren vor. VStrR Art. 11 IV setzt die entsprechende Frist auf fünf Jahre fest, dazu BGE 104 IV 267.

3 Beim **bedingten Strafvollzug** verjährt die Möglichkeit des Widerrufs fünf Jahre nach Ablauf der Probezeit, Art. 41.3 V.

4 **Einschliessung** verjährt in drei Jahren, Art. 95.3 III, dazu BGE 78 IV 225.

5 Für die **Massnahmen** der Art. 43 und 44 sieht Art. 45.6 vor, dass der Richter nach Ablauf von fünf, für Verwahrung gemäss Art. 42 zehn Jahren entscheidet, ob und wieweit die nicht vollzogenen Strafen noch vollstreckt werden sollen, wenn die Massnahme nicht mehr nötig ist, was keine Verjährung bedeutet; die Verwahrung kann allerdings nicht mehr vollzogen werden, wenn die Strafe verjährt wäre. Nach ZR 57 (1958) Nr. 144 läuft die Vollstreckungsverjährungsfrist für die Strafe während des Massnahmenvollzugs weiter.

6 Zu den **Nebenstrafen** gehört nicht die Busse, wenn sie zusätzlich zu einer Freiheitsstrafe verhängt wurde – sie verjährt selbständig, BGE 86 IV 231 ff.

74 Beginn

Die Verjährung beginnt mit dem Tag, an dem das Urteil rechtlich vollstreckbar wird, beim bedingten Strafvollzug oder beim Vollzug einer Massnahme mit dem Tag, an dem der Vollzug der Strafe angeordnet wird.

Fassung gemäss BG vom 18.3.1971.

Zur Teilrevision 1971: E 1965 Art. 74, Botsch. 1965 583 f., Sten.NR 1969 128 f., 1970 526, StR 1967 68, 1970 105.

Lit. vor Art. 70.

Die Frist beginnt nicht erst mit der Rechtskraft, sondern **mit der rechtlichen Vollstreckbarkeit** des Urteils zu laufen, die durch ein Rechtsmittel mit beschränkter Kognition (Nichtigkeitsbeschwerde) nicht behindert wird, s. N 9 vor Art. 70. Die Einreichung einer Kassationsbeschwerde unterbricht jedoch die Vollstreckungsverjährung, so schon vor der Revision von 1971 RS 1961 Nr. 15. 1

Entscheidend ist das **Datum des Urteils,** s. N 6 vor Art. 70; für das Urteil im Abwesenheitsverfahren N 7 vor Art. 70. 2

Beim **bedingten Strafvollzug** läuft die Frist erst ab Widerruf, dazu BGE 90 IV 6, 94 IV 16 (Zürcher), RS 1951 Nr. 23. Die Regel gilt auch für Einschliessung, Art. 95, BGE 78 IV 225 (Vogt). 3

Die **Umwandlung einer Busse** setzt *keine neue Frist* in Gang – es gilt weiterhin als Ausgangspunkt das Bussenurteil, BGE 105 IV 15. Wird freilich für die Umwandlungshaft der bedingte Strafvollzug gewährt (s. Art. 49 N 10), läuft eine neue Vollstreckungsverjährungsfrist erst ab Widerruf. 4

75 Ruhen und Unterbrechung

1. Die Verjährung einer Freiheitsstrafe ruht während des ununterbrochenen Vollzugs dieser oder einer andern Freiheitsstrafe oder sichernden Massnahme, die unmittelbar vorausgehend vollzogen wird, und während der Probezeit bei bedingter Entlassung.

2. Die Verjährung wird unterbrochen durch den Vollzug und durch jede auf Vollstreckung der Strafe gerichtete Handlung der Behörde, der die Vollstreckung obliegt.

Mit jeder Unterbrechung beginnt die Verjährungsfrist neu zu laufen. Jedoch ist die Strafe in jedem Falle verjährt, wenn die ordentliche Verjährungsfrist um die Hälfte überschritten ist.

Fassung gemäss BG vom 18.3.1971.

Zur Teilrevision 1971: E 1965 Art. 75, Botsch. 1965 584, Sten.NR 1969 129, 1970 526, StR 1967 68, 1970 106.

Lit. vor Art. 70.

1 Die Frist **ruht** ausser in den im Gesetz aufgeführten Fällen dann, wenn der Präsident des Kassationshofes die *Vollstreckung* gemäss BStP Art. 272 VII *aufschiebt,* BGE 92 IV 173, 73 IV 14, 72 IV 107. Sie ruht dagegen nicht während des Wiederaufnahmeverfahrens, BGE 85 IV 171; kommt es zu einem neuen Urteil, in welchem eine (mildere) Strafe ausgefällt wird, so läuft allerdings für diese eine neue Verjährungsfrist. Die Verjährung der Busse ruht nicht während des Konkursverfahrens, BJM 1980 310, auch die Ausstellung eines Verlustscheines macht die Busse (in Abweichung von aSchKG Art. 149 V) nicht unverjährbar, ZR 42 (1943) Nr. 93. Kein Ruhen der Verjährung der aufgeschobenen Strafe während des Vollzugs einer Massnahme, ZR 57 (1958) Nr. 144.

2 Zur **Unterbrechung** braucht es wiederum eine nach aussen in Erscheinung tretende Vorkehr (vgl. Art. 72 N 2). Die Vorladung zum Strafantritt unterbricht, auch wenn sie später widerrufen wird, RS 1988 Nr. 462. *Beim Beginn des Vollzugs* einer Freiheitsstrafe wird die Frist unterbrochen, um sogleich zu ruhen, bis der Vollzug beendet oder unterbrochen wird. Nach einem Entscheid des Bundesrats kann ein Ersuchen des Kantons um Einleitung eines Auslieferungsverfahrens die Frist unterbrechen, auch wenn die Auslieferung nicht möglich ist, VEB 1968/69 Nr. 51.

3 Die typischen **Unterbrechungshandlungen** für **Bussen** sind Betreibung, Pfändungsbegehren, Gesuch um Umwandlung in Haft, BGE 104 IV 269.

4 Für die Errechnung der **absoluten Verjährung** wird Ruhezeit nicht berücksichtigt, BGE 100 Ib 274, vgl. auch Art. 72 N 4.

3. Unverjährbarkeit

75bis

¹**Keine Verjährung tritt ein für Verbrechen, die**

1. auf die Ausrottung oder Unterdrückung einer Bevölkerungsgruppe aus Gründen ihrer Staatsangehörigkeit, Rasse, Religion oder ihrer ethnischen, sozialen oder politischen Zugehörigkeit gerichtet waren oder

2. in den Genfer Übereinkommen vom 12. August 1949 und den andern von der Schweiz ratifizierten internationalen Vereinbarungen über den Schutz der Kriegsopfer als schwer bezeichnet werden, sofern die Tat nach Art ihrer Begehung besonders schwer war oder

3. als Mittel zu Erpressung oder Nötigung Leib und Leben von Menschen in Gefahr brachten oder zu bringen drohten, namentlich unter Verwendung von Massenvernichtungsmitteln, Auslösen von Katastrophen oder in Verbindung mit Geiselnahmen.

²**Wäre die Strafverfolgung bei Anwendung der Artikel 70–72 verjährt, so kann der Richter die Strafe nach freiem Ermessen mildern.**

Übergangsbestimmung
Art. 75bis **gilt, wenn die Strafverfolgung oder die Strafe nach bisherigem Recht im Zeitpunkt des Inkrafttretens dieser Änderung noch nicht verjährt war.**

Eingeführt durch IRSG Art. 109 II a, in Kraft seit dem 1.1.1983.

E 1977 Art. 75bis, Zusatz-Botsch., BBl 1977 II 1247 ff., Sten.NR 1979 856 ff., StR 1977 634 ff.

PIERRE-HENRI BOLLE, *La Suisse et l'imprescriptibilité des crimes de guerre et des crimes contre l'humanité,* ZStrR 93 (1977) 308; STEFAN GLASER, *La Suisse et l'imprescriptibilité des crimes de guerre et des crimes contre l'humanité,* in RICPT XXXI (1978) 7; JEAN GRAVEN, *Les crimes contre l'humanité peuvent-ils bénéficier de la prescription?* ZStrR 81 (1965) 113; **Lit.** vor Art. 70.

Art. 75bis entstand als Reaktion auf den *Fall Menten;* der wegen Kriegs- 1 verbrechen verfolgte Holländer konnte wegen Verjährung nicht ausgeliefert werden, wurde aber dennoch den holländischen Behörden übergeben, was einer verschleierten oder verkappten Auslieferung gleichkam. Entgegen der Auffassung des Bundesrats (Botsch. 1249) muss dieses Verfahren als rechtswidrig bezeichnet werden. Art. 75bis soll vor allem verhindern, dass die Schweiz erneut in den Konflikt gerät, entweder einem Kriegsverbrecher faktisch Asyl zu gewähren oder ihn in rechtswidriger Weise auszuliefern. Die von BOLLE a.a.O. vorgebrachten Argumente gegen die Unverjährbarkeit der Verbrechen mit historischer Dimension werden von GLASER a.a.O. überzeugend entkräftet.

Die Deliktsgruppe gemäss **Ziff. 1.** soll insbesondere Verbrechen erfassen, 2 welche die UNO-Konvention über die Verhütung und Bestrafung des **Genocids** (Völkermord) vom 9.12.1948, in Kraft seit 12.1.1961, umschreibt. Die Schweiz hat diese Konvention allerdings noch nicht ratifiziert. Nach Art. II der Konvention fallen unter den Begriff des Genocids Tötung, schwere körperliche oder geistige Schädigung, die absichtliche Herbeiführung von vernichtenden Lebensumständen, unfreiwillige Geburtenkontrolle und erzwungene Wegnahme der Kinder, wenn die Tat gegen eine nationale, ethnische, rassische oder religiöse Bevölkerungsgruppe gerichtet ist und darauf abzielt, diese Gruppe ganz oder teilweise zu zerstören.

Ziff. 2 bezieht sich auf **Kriegsverbrechen,** wie sie namentlich in den vier 3 Genfer Konventionen vom 12.8.1949 umschrieben werden. Jedes der vier Abkommen, nämlich «zur Verbesserung des Loses der Verwundeten und Kranken der bewaffneten Kräfte im Felde» (SR 0.518.12), «zur Verbesserung des Loses der Verwundeten, Kranken und Schiffbrüchigen der bewaffneten Kräfte zur See» (SR 0.518.23), «über die Behandlung der Kriegsgefangenen» (SR 0.518.42) und «über den Schutz von Zivilpersonen in Kriegszeiten» (SR 0.518.51), enthält in Art. 3 Grundregeln der Menschlichkeit, von denen unter keinen Umständen abgewichen werden darf, und deren Verletzung als «schwer» bezeichnet wird (vgl., in der obi-

gen Reihenfolge der Konventionen, Art. 50, Art. 51, Art. 130, Art. 147):
Gemäss diesen Bestimmungen haben sich die Vertragsstaaten verpflichtet, strafbar zu erklären und strafrechtlich zu verfolgen: «vorsätzlichen
Mord, Folterung oder unmenschliche Behandlung, einschliesslich biologischer Experimente, vorsätzliche Verursachung grosser Leiden oder
schwere Beeinträchtigung der körperlichen Integrität oder der Gesundheit, sowie Zerstörung und Aneignung von Gut, die nicht durch militärische Erfordernisse gerechtfertigt sind und in grossem Ausmass auf
unerlaubte und willkürliche Weise vorgenommen werden», überdies
nennt das Abkommen über Kriegsgefangene «Nötigung eines Kriegsgefangenen zur Dienstleistung in den bewaffneten Kräften der feindlichen
Macht oder Entzug ihres Anrechtes auf ein ordentliches und unparteiisches, den Vorschriften des vorliegenden Abkommens entsprechendes
Gerichtsverfahren». Dieselben Zusätze enthält Art. 147 des Abkommens
zum Schutz der Zivilpersonen, überdies verbietet es «ungesetzliche
Deportation oder Versetzung, ungesetzliche Gefangenhaltung» sowie
«das Nehmen von Geiseln». Wie Botsch. 1255 richtig präzisiert, erfasst
Art. 75bis jedoch nicht alle diese Tatbestände, sondern nur solche, «die ein
Mass von Missachtung der Grundsätze der Menschlichkeit zeigen, das sie
den Delikten gegen die Menschheit annähernd gleichstellt». Dazu
gehören insbesondere Mord und Folterung, dagegen nicht die willkürliche Enteignung. S. auch N 5.

4   **Ziff. 3** bezieht sich auf bestimmte qualifizierte Akte des **Terrorismus,**
nämlich Nötigung durch Bedrohung von Leib und Leben. Der Bundesrat
hatte eine Einschränkung auf die Bedrohung vieler Menschen vorgeschlagen, Botsch. 1256, die in der nationalrätlichen Kommission fallengelassen wurde, Sten.NR 1979 855 f.

5   Für alle Fallgruppen gilt, dass der Tat eine **historische Dimension** zukommen muss. Entscheidend ist an sich weder der Tatbestand noch die
Begehungsart oder die Zahl der Opfer, sondern die Tatsache, dass die
«Tat als Teilausführung des politischen Programms einer tatsächlich die
Macht ausübenden Gruppe oder als besonders krasse Verletzung der
international anerkannten Regeln zum Schutze der Kriegsopfer erscheint
und sich dadurch sowie durch ihre unmenschliche Grausamkeit und die
Vielzahl der betroffenen Opfer aus dem Bereich der gewöhnlichen Kriminalität heraushebt», Botsch. 1253.

6   **Abs. 2** ermöglicht als Spezialfall zu Art. 64 al. 8 **Strafmilderung nach
freiem Ermessen** (Art. 66), wenn nach den Regeln der Art. 70–72 die
Verjährung eingetreten wäre. Art. 75bis berührt die Vollstreckungsverjährung nicht.

7   Die **Übergangsbestimmung** stellt klar, dass eine **Rückwirkung** von Art.
75bis ausgeschlossen ist, soweit ein Täter nach StGB beurteilt wird. Art.
75bis wirkt sich allerdings nicht nur auf Taten aus, welche nach seinem
Inkrafttreten am 1.1.1983 begangen wurden, sondern auch auf alle diejenigen, die zum massgeblichen Zeitpunkt noch nicht gemäss den ordent-

lichen Fristen verjährt waren. Mit Art. 1 ist dies vereinbar: Die Garantie-funktion des Strafgesetzes schliesst keinen Anspruch auf Verjährung bin-nen der bei Tatbegehung geltenden Frist ein.

　　Botsch. 1257 f. betont aber, dass die Einschränkung des Geltungsbe-reichs für die *Auslieferung* und andere Formen der *internationalen Rechtshilfe in Strafsachen* nicht gilt.

Im Rahmen der UNO wurde am 26.11.1968 die *Convention inter-nationale sur l'imprescriptibilité des crimes de guerre et des crimes contre l'humanité* abgeschlossen, die am 11.11.1970 in Kraft trat. Ein entspre-chendes **europäisches Abkommen,** die *Convention européenne sur l'im-prescriptibilité des crimes contre l'humanité et des crimes de guerre* vom 25.1.1975 ist von 18 Mitgliedstaaten nicht einmal unterzeichnet worden und nie in Kraft getreten. Die Schweiz hat keines der Übereinkommen ratifiziert. 8

Vierter Abschnitt:
Die Rehabilitation

VE 1908 Art. 62. Erl.Z. 111 ff. 2. ExpK I 432 ff., II 114 f., VIII 214 ff. VE 1916 Art. 76 ff. E Art. 73 ff. Botsch. 25. Sten.NR 217 ff., StR 117 f., NR 652 ff., StR 315.

ROBERT ACKERMANN, Die Rehabilitation im schweizerischen Strafgesetzbuch, Wiedereinsetzung in entzogene Rechte und Tätigkeiten sowie Löschung von Strafregistereinträgen, Diss. BE 1948.

1 **Art. 77–79** regeln nach einheitlichen Gesichtspunkten die Rehabilitation, d.h. die *(vorzeitige) Aufhebung von Nebenstrafen.* Keine Rehabilitation ist möglich bei Landesverweisung, sie kann nur durch Begnadigung vorzeitig aufgehoben werden, BGE 122 IV 58. Der *VE 1993* sieht keine Nebenstrafen mehr vor, womit sich auch Bestimmungen über die Rehabilitation erübrigen.

2 Die **Frist beginnt** gleichzeitig mit der Wirkung der Sanktion zu laufen; wenn für die Hauptstrafe der bedingte Strafvollzug gewährt wurde, mit Rechtskraft (bzw. Vollstreckbarkeit, vgl. Art. 56 N 4) des Urteils, BGE 71 IV 32 (Stauss), SJZ 59 (1963) Nr. 1972, 61 (1965) Nr. 187; bei bedingter Entlassung aus dem Vollzug läuft die Frist ab Entlassung, Art. 81 II – vorausgesetzt immer, dass sich der Betroffene bewährt, BGE 79 IV 4 (Walter). Das Gesuch um Rehabilitierung kann allerdings nicht vor Ablauf der Probezeit gestellt werden, BJM 1969 133; RS 1953 Nr. 99, 1959 Nr. 123; SJZ 41 (1945) Nr. 169, 42 (1946) Nr. 127.

3 **Zuständig** zur Rehabilitierung ist der *Richter, der die Nebenstrafe ausgefällt hat;* er wird nur auf Gesuch des Verurteilten hin tätig.

4 Rehabilitation setzt voraus, dass das **Verhalten** des Verurteilten sie **rechtfertigt** – die abweichende Formulierung in Art. 79, «weiterer Missbrauch nicht zu befürchten», bezieht sich auf die entsprechende Klausel in Art. 54, meint aber inhaltlich nichts anderes. Verlangt wird nicht ein besonders verdienstliches Verhalten (wie in Art. 80.2 III), ZR 55 (1956) Nr. 30, aber es muss zu erwarten sein, dass der Täter sich in Zukunft pflichtgemäss verhalten werde, SJZ 60 (1964) Nr. 123, 61 (1965) Nr. 187; zeigt sich hierin der *Massnahmencharakter* der Nebenstrafe, so tritt ihr *Strafcharakter* zutage in der Regel, dass *Übertretung des Verbots* (mag sich der Verurteilte auch in Versuchungssituation bewährt haben), Rehabilitation *ausschliesst,* selbst wenn die Missachtung als solche, z.B. bei Begehung im Ausland, in der Schweiz nicht bestraft wird, SJZ 61 (1965) Nr. 187 (Lehrer übertritt das wegen Unzucht verhängte Berufsverbot im Ausland, ohne rückfällig zu werden). Weitere Hinweise Art. 80 N 10.

Der **Schaden** muss **ersetzt** sein, soweit es dem Täter zumutbar war, dazu   5
Art. 41 N 23.

S. auch Art. 81.   6

76   Wiedereinsetzung in die bürgerliche Ehrenfähigkeit

Aufgehoben durch BG vom 18.3.1971.

77   Wiedereinsetzung in die Amtsfähigkeit

Ist der Täter unfähig erklärt worden, Mitglied einer Behörde oder Beamter zu sein, und ist das Urteil seit mindestens zwei Jahren vollzogen, so kann ihn der Richter auf sein Gesuch wieder wählbar erklären, wenn sein Verhalten dies rechtfertigt und wenn er den gerichtlich oder durch Vergleich festgestellten Schaden ersetzt hat.

Fassung gemäss BG vom 18.3.1971.

Bem. vor Art. 76. Im Gegensatz zu Art. 78 und 79 ist der **Ersatz des Schadens** hier *nicht* an den *Vorbehalt der Zumutbarkeit* geknüpft, was *nicht* auf *ein Versehen* zurückzuführen ist. Es war eine Differenzierung beabsichtigt, s. 2. ExpK I 436, GAUTHIER, und II 116, ROHR: «Der Beamte, der den Schaden nicht ersetzt, ist einfach unhaltbar. Die Volksmeinung würde ihn nicht dulden». Heute ist diese Auffassung *nicht mehr vertretbar* – in zeitgemässer berichtigender Auslegung, die Art. 1 nicht verletzt, ist auch im Fall des Art. 77 fehlender Schadenersatz nur ein Hinderungsgrund für Rehabilitation, wenn und soweit die Bezahlung dem Verurteilten zuzumuten war.

78   Wiedereinsetzung in die elterliche Gewalt und in die Fähigkeit, Vormund zu sein

Ist der Täter für unfähig erklärt worden, die elterliche Gewalt auszuüben oder Vormund oder Beistand zu werden, und ist das Urteil seit mindestens zwei Jahren vollzogen, so kann der Richter ihn auf sein Gesuch, nach Anhörung der Vormundschaftsbehörde, in diese Fähigkeiten wieder einsetzen, wenn sein Verhalten dies rechtfertigt, und wenn er, soweit es ihm zuzumuten war, den gerichtlich oder durch Vergleich festgestellten Schaden ersetzt hat.

Bem. vor Art. 76. Bei Art. 78 ist **zusätzliche** Voraussetzung die **Anhörung der Vormundschaftsbehörde,** an deren Meinung der Richter *nicht gebunden* ist. Er wird allerdings – ähnlich wie bei der Berücksichtigung von Gutachten, Art. 13 N 8, nur aus gewichtigen Gründen abweichen. Entscheidend soll das Wohl des Kindes sein, ZR 53 (1954) Nr. 97, was den Massnahmencharakter der Nebenstrafe betont.

79 Aufhebung des Verbotes, einen Beruf, ein Gewerbe oder ein Handelsgeschäft auszuüben

Hat der Richter dem Täter die Ausübung eines Berufes, eines Gewerbes oder eines Handelsgeschäftes untersagt, und ist das Urteil seit mindestens zwei Jahren vollzogen, so kann der Richter ihn auf sein Gesuch zu der Ausübung des Berufes, des Gewerbes oder des Handelsgeschäftes wieder zulassen, wenn ein weiterer Missbrauch nicht zu befürchten ist, und wenn der Verurteilte den gerichtlich oder durch Vergleich festgestellten Schaden, soweit es ihm zuzumuten war, ersetzt hat.

1 **Bem. vor Art. 76.** Entgegen dem Wortlaut wird auch hier geprüft, ob der Täter die Rehabilitation «verdient» – daran fehlte es bei einem Lehrer, der das Berufsverbot durch Arbeit an einer deutschen Schule missachtete – dass er sich dort wiederum sexuell den Schülern genähert hätte, war nicht erwiesen, SJZ 61 (1965) Nr. 187. Die strafrechtliche Rehabilitation ist *zu unterscheiden von der disziplinarrechtlichen,* die getrennt von der zuständigen Behörde zu beurteilen ist, BGE 71 I 387 ff.

80 Löschung des Eintrags im Strafregister

1. Der Strafregisterführer löscht den Eintrag von Amtes wegen, wenn seit dem Urteil über die richterlich zugemessene Dauer der Freiheitsstrafe hinaus folgende Fristen verstrichen sind:

bei Zuchthaus und Verwahrung nach Artikel 42: 20 Jahre,

bei Gefängnis, den übrigen sichernden Massnahmen und der Massnahme nach Artikel 100bis: 15 Jahre,

bei Haft und den nach Artikel 37bis Ziffer 1 vollziehbaren Gefängnisstrafen von nicht mehr als drei Monaten: 10 Jahre.

Bei Busse als Hauptstrafe wird der Eintrag zehn Jahre nach dem Urteil gelöscht.

2. Der Richter kann auf Gesuch des Verurteilten die Löschung verfügen, wenn das Verhalten des Verurteilten dies rechtfertigt und der Verurteilte den gerichtlich oder durch Vergleich festgestellten Schaden, soweit es ihm zuzumuten war ersetzt hat, die Busse bezahlt, abverdient oder erlassen und das Urteil bezüglich der Nebenstrafen vollzogen ist.

In diesen Fällen betragen die Fristen für die Löschung seit Vollzug des Urteils:

bei Zuchthaus und Verwahrung nach Artikel 42: zehn Jahre,

bei Gefängnis, den übrigen sichernden Massnahmen und den Massnahmen nach Artikel 100bis**: fünf Jahre,**

bei Haft, den nach Artikel 37bis **Ziffer 1 vollziehbaren Gefängnisstrafen von nicht mehr als drei Monaten und der Busse als Hauptstrafe: zwei Jahre.**

Die Löschung kann schon früher verfügt werden, wenn ein besonders verdienstliches Verhalten des Verurteilten dies rechtfertigt.

Der für die Löschung des zuletzt eingetragenen Urteils zuständige Richter ist befugt, auch die gleichzeitige Löschung der andern Eintragungen zu verfügen, wenn die Voraussetzungen erfüllt sind.

Fassung gemäss BG vom 18.3.1971.

E 77. 2. ExpK I 434 ff., 441. – Zur Teilrevision 1950: BBl 1949 I 1286 f. StenB 1949 StR 586, 1950 NR 193 f., 245, StR 139. – Zur Teilrevision 1971: E 1965 Art. 80, Botsch. 1965 584 f., Sten.NR 1969 129 f., 1970 526, StR 1967 68 f., 1970 106 f.

Walter Boesch, Die Zuständigkeit zur Löschung ausländischer Strafurteile im schweizerischen Strafregister, SJZ 39 (1942/3) 227; Walter Real, Zur Frage der Löschung eines Urteils im Strafregister im Sinne des Art. 80 StGB, SJZ 43 (1947) 245; Rudolf Schweizer, Die Löschung von Strafregistereinträgen, nach schweizerischem Recht und ihre Vorteile für den Verurteilten, Zürich 1943; **Lit.** vor Art. 76, 359.

Zum **Eintrag ins Strafregister** grundsätzlich Art. 62; die materiellen Regeln enthalten Art. 359–364, Einzelheiten die VO über das Strafregister vom 21.12.1973, SR 331. Auf Bussen, die nur im kantonalen Strafregister eingetragen werden, findet Art. 80 keine Anwendung, ZR 46 (1947) Nr. 54, 57 (1958) Nr. 119.   1

Besondere Regeln über die Löschung im Jugendstrafrecht enthält Art. 99, s. ferner Art. 41.4, 49.4, 94.3, 95.5 II, 96.4, 106 III.   2

Der **Begriff der Löschung** ist **irreführend,** denn er bezeichnet nicht die Tilgung des Eintrags aus dem Register. Gelöschte Einträge werden gemäss Art. 363 IV den dort abschliessend aufgeführten Behörden weiterhin mitgeteilt.   3

Zur **Entfernung des Eintrags** s. VO Art. 13, dazu Art. 363 N 3.   4

Art. 80 sieht **drei Arten der Löschung** vor: eine *automatische* durch den Registerführer nach Ziff. 1; eine *vorzeitige* durch den Richter nach Ziff. 2 I und II; eine *noch frühere* durch den Richter in ausserordentlichen Fällen nach Ziff. 2 III.   5

Eine **Löschung durch Begnadigung** ist nicht möglich, BJM 1957 47.   6

Die **Löschung nach Ziff. 1** erfolgt nach Ablauf der in al. 1–3 und Abs. 2 festgesetzten Zeit, *ohne* dass *weitere Voraussetzungen* zu prüfen wären. Die Frist berechnet sich bei der Freiheitsstrafe nach der Hypothese, dass mit dem Datum des Urteils der Vollzug der ausgesprochenen Strafe   7 (ohne Abzug der Untersuchungshaft) beginnt, und die in Art. 80.1 festgelegte Frist ab Ende des Vollzugs läuft. Wird der Verurteilte bedingt entlassen und bewährt er sich, so ist analog zu Art. 81 II die Frist um die Dauer des erlassenen Strafrests zu verkürzen – eine Schlechterstellung gegenüber Ziff. 2 wäre nicht begründet. Ohne Bedeutung ist der wirkliche Zeitpunkt der Vollstreckung – sie ist überhaupt nicht erfordert; umgekehrt hindert aber Löschung die Vollstreckung, BGE 94 IV 50.

8   **Gelöscht wird** nicht die Strafe, sondern **das Urteil;** wird neben Freiheitsstrafe eine Busse ausgefällt, so erfolgt deren Löschung erst nach der für die Freiheitsstrafe angesetzten Frist, obschon die Busse nach BGE 86 IV 231 ff. Hauptstrafe bleibt, LOGOZ/SANDOZ 413. Wurde zu einem Urteil ein Zusatzurteil ausgefällt, so hat die Löschung gemeinsam zu dem Zeitpunkt zu erfolgen, da die letzte Frist abgelaufen ist, vgl. SCHULTZ, ZBJV 119 (1983) 491, zu einem abweichenden *obiter dictum* des BE Obergerichts.

9   Art. 80 setzt zwar **Fristen für** die **Löschung von Massnahmen** fest, regelt jedoch deren **Berechnung** nicht. Bei Verwahrung ist, wenn die Strafe auf weniger als drei Jahre lautet, diese Mindestdauer der Massnahme einzusetzen, sonst die Strafdauer; bei Massnahmen nach Art. 43 und 44 ist, sofern überhaupt eine Freiheitsstrafe ausgefällt wurde, deren Dauer massgebend. Wurde gar keine (Freiheits-) Strafe ausgefällt, was für Art. 100bis immer, für Art. 43 und 44 bei Zurechnungsunfähigkeit zutrifft, so läuft die Frist ab Urteil, LOGOZ/SANDOZ 413, was angesichts des pönalen Gehalts der Abstufung in al. 1–3 durchaus gerechtfertigt ist. S. auch N 15.

10   **Vorzeitige Löschung nach Ziff. 2 setzt** zunächst **voraus, dass das Verhalten des Verurteilten sie rechtfertigt** (vgl. auch Art. 64 al. 8). Bei der Prüfung des *Wohlverhaltens* ist in erster Linie (nach RS 1977 Nr. 226, SO, gegen BGE 76 IV 222, in der Regel nur) auf *Straffreiheit* zu achten – die Löschung wurde abgelehnt bei Verurteilung wegen vorsätzlicher Verbrechen oder Vergehen, auch wenn bedingter Vollzug gewährt wurde, AGVE 1950 Nr. 104, RS 1950 Nr. 32, bei Verurteilung wegen Fahrens in angetrunkenem Zustand mit Mofa, ZR 54 (1955) Nr. 58, bei einer beträchtlichen Zahl von Polizeiübertretungen, SJZ 39 (1942/43) Nr. 72. Übertrieben und veraltet: RS 1952 Nr. 20, wo wegen unsittlichen Lebenswandels (Umgang mit Strichjungen) die Löschung verweigert wurde; ZR 52 (1953) Nr. 12, wegen neurotischer Querulanz und RS 1944 Nr. 22 mit der Forderung nach einem *«genre de vie exemplaire»*. Zu berücksichtigen ist auch das Verhalten *nach* Einreichung des Gesuchs, JdT 1958 IV 32. Zur Bezahlung der Gerichtskosten als Wohlverhalten N 11 hiernach.

11   Der Verurteilte muss ferner, soweit zumutbar, **den Schaden ersetzt** haben. «Schaden» ist entsprechend allgemeinem Sprachgebrauch der dem Tatopfer zugefügte Nachteil – die Gerichtskosten gehören nicht dazu, BGE 69 IV 161, doch kann ihre Bezahlung als Voraussetzung für «Wohlverhalten» angesehen werden, dazu auch BGE 70 IV 62. Zum

Schadenersatz gehört die Genugtuung, REAL 249. Verjährung der Schadenersatzforderung ist nicht Ersatz – die Entschädigung bleibt zumutbar, RS 1947 Nr. 175; SJZ 39 (1942/43) Nr. 35, 40 (1944) Nr. 37; ZR 61 (1962) Nr. 137. ZR 42 (1943) Nr. 16 mutet dem Verurteilten auch zu, Nachforschungen nach dem Gläubiger anzustellen. Verzichtet dieser, so erledigt sich die Frage des Schadenersatzes, REAL 249.

Eine **Busse** muss **bezahlt,** abverdient oder erlassen sein, wozu auch die   12
Fälle der Begnadigung und des Ausschlusses der Umwandlung zu zählen
sind (Art. 81 I).

Das Urteil muss **bezüglich der Nebenstrafen vollzogen** sein. Bei lebens   13
länglicher Landesverweisung kann dieser Zeitpunkt nie eintreten,
HAFTER AT 455. Entgegen REAL 247 ist daran nichts Stossendes zu erkennen, zumal der Löschung nach Ziff. 1 nichts entgegensteht. Im übrigen entspricht dem Ende des Vollzugs die Rehabilitation, ZBJV 101
(1965) 274, was vor allem für die unbefristete Entziehung der elterlichen
Gewalt wichtig ist.

Die in Ziff. 2 II festgesetzten **Löschungsfristen** sind vom Entscheid des   14
Richters an zurückzurechnen, was das Wohlverhalten anbetrifft. Die
Voraussetzung ist erfüllt, wenn sich der Verurteilte zuerst schlecht, dann
aber während der festgesetzten Zeit gut verhalten hat, BGE 76 IV 221;
RS 1948 Nr. 20, 1969 Nr. 183; ZR 50 (1951) Nr. 240. Die frühere Strafe
wird nach dem zur Zeit des Entscheides geltenden Recht bewertet, BJM
1974 183. Dass frühere, schwerere Strafen noch ungelöscht sind, was das
Interesse an der Löschung der neueren Strafe relativiert, ist kein Hindernis, AGVE 1949 Nr. 20.

Die Frist läuft **ab Vollstreckung des Urteils** (im Falle mehrerer Verurtei   15
lungen ist die zuletzt ausgesprochene Strafe auslösend, RS 1977 Nr. 225).
Entzieht sich der Verurteilte dem Vollzug durch Flucht bis zum Eintritt
der Vollstreckungsverjährung, so verwirkt er dadurch den Anspruch auf
vorzeitige Löschung, ZBJV 119 (1983) 491, denn Verjährung ist nicht
Vollzug, s. auch RS 1949 Nr. 119, 1954 Nr. 26, 1974 Nr. 772, SJZ 43 (1947)
Nr. 159. Eine begrüssenswerte Lockerung dieses Grundsatzes bringen für
den Fall der völlig «unverschuldeten» Verjährung RS 1950 Nr. 34, ZR 49
(1950) 253 (mit der Präzisierung, dass die Frist dann erst ab Verjährung
läuft) und ZR 61 (1962) Nr. 138 (wonach bei «Vergessen» des Widerrufs
auf das Datum abzustellen sei, da er hätte erfolgen sollen; dazu müsste
m.E. noch die Dauer der Strafe gerechnet werden). Wird der Verurteilte
hafterstehungsunfähig, so läuft die Frist von diesem Tag an, RS 1984 Nr.
688. Dem Gesetz ist keine Äusserung darüber zu entnehmen, *wann
Massnahmen* nach Art. 43, 44 und 100bis *«vollzogen»* sind. Die Lösung
von ZR 54 (1955) Nr. 41, wonach dann, wenn eine Strafe zugunsten der
Massnahme aufgehoben und dann nicht mehr vollzogen wird, auf das
Datum des Urteils abzustellen sei, befriedigt nicht, weil sie grundlos privilegiert – ein Urteil, das eine Massnahme nach Art. 43 anrechnet, könnte
theoretisch gelöscht werden, während die Massnahme immer noch voll-

zogen wird. Auszugehen ist m. E. von der *Aufhebung der Massnahme* oder von der bedingten bzw. probeweisen *Entlassung, wenn* sich der Entlassene *bewährt hat,* ebenso ZR 60 (1961) Nr. 13, LGVE 1980 I Nr. 601.

16   Das **Verfahren** muss rechtsstaatlichen Grundsätzen entsprechen, insbesondere den Anspruch auf rechtliches Gehör achten, SJZ 63 (1967) Nr. 60, obwohl EMRK Art. 6 nicht anwendbar ist. Zu Diskussionen führte insbesondere die *Beweislast für das Wohlverhalten.* BGE 70 IV 62 kassierte ein Urteil, das sie ganz der Gesuchstellerin überband. Spätere Urteile verfestigen die Regel, dass der Gesuchsteller jedenfalls bei der Beweisführung mitzuwirken hat, wobei aber die Anforderungen nicht zu hoch geschraubt werden dürfen – im wesentlichen geht es ja um einen negativen Beweis des Fehlens von schwerwiegenden Verfehlungen, BGE 74 IV 80 (Häberle), 76 IV 222; MKGE III Nr. 18. Lässt sich für einen Ausländer nicht einmal ein Strafregisterauszug beibringen, so ist die Löschung zu verweigern, RS 1968 Nr. 168.

17   Nicht geregelt ist die **Zuständigkeit** zur Löschung von **Urteilen des Auslandes.** BOESCH a.a.O. hat dafür das «Heimatprinzip» (Richter des Heimatortes) vorgeschlagen. Dem folgen z. B. *SO:* SJZ 42 (1946) Nr. 74, *VD:* JdT 1959 III 1.

18   **Ziff. 2 III** ermöglicht noch frühere Löschung als Belohnung für ein **besonders verdienstliches Verhalten.** Dabei ist an ein Verhalten gedacht, das an Selbstaufopferung grenzt, z. B. Rettung aus und unter Lebensgefahr, BGE 79 IV 8, mindestens längerdauernde und anstrengende Bemühungen, BGE 101 IV 139 f. (Vogelsanger; um diese erfassen zu können, wurde bei der Revision «Tat» durch «Verhalten» ersetzt), PKG 1972 Nr. 39, RS 1952 Nr. 10. Als ungenügend erachtet das Bundesgericht a.a.O. einen vorbildlichen Lebenswandel. Besonders verdienstlich ist auch nicht Denunziation geplanter oder begangener Straftaten an die Polizei ZR 46 (1947) Nr. 47, oder die Kastration, wenn sie vorwiegend im Interesse des Verurteilten gelegen hat, ZR 60 (1961) Nr. 13. BJM 1978 267 anerkannte dagegen die «Umkehr» eines mehrfach Rückfälligen, der sich aufopfernd in den Dienst von Gefangenen und Strafentlassenen stellte; RS 1945 Nr. 20 liess – wohl zu weit gehend – schon eine *«inébranlable volonté de retourner à la vie honnête»* genügen.

81 Gemeinsame Bestimmungen

[1] Der Verbüssung der Strafe wird der Erlass durch Begnadigung gleichgestellt, bei der Busse auch der Ausschluss ihrer Umwandlung.

[2] Wenn sich ein bedingt Entlassener bewährt hat, so laufen die Fristen zur Stellung des Rehabilitationsgesuches vom Tag der bedingten Entlassung an. War der Verurteilte nach Artikel 42 verwahrt, so ist eine Rehabilitation nicht früher als fünf Jahre nach seiner endgültigen Entlassung zulässig.

³Weist der Richter ein Gesuch um Rehabilitation ab, so kann er verfügen, dass das Gesuch binnen einer Frist, die zwei Jahre nicht übersteigen soll, nicht erneuert werden darf.

Fassung gemäss BG vom 18.3.1971.

E 78. BStrP Art. 330. Vgl. hiezu auch Sten.NR 220. – Zur Teilrevision 1950: BBl 1949 I 1286 f. StenB 1949 StR 587, 1950 NR 194. – Zur Teilrevision 1971: E 1965 Art. 81 Abs. 1 und Abs. 2, Botsch. 1965 586, Sten.NR 1969 130 f., StR 1967 69, 1970 107.

Lit. zu Art. 80 und vor Art. 76.

Der Begnadigung gleichgestellt wird in SJZ 59 (1963) Nr. 172 der **Be-schluss** des Gerichts, dass eine **Strafe nicht zu vollziehen sei.** Die Frist beginnt auch dann erst mit der Begnadigung zu laufen, wenn zu diesem Zeitpunkt ein grosser Teil der Strafe schon verbüsst ist, BJM 1983 84.   1

Vierter Titel:
Kinder und Jugendliche

WERNER AUFRICHTIG, Die Organisation des Jugendstrafrechts im Kanton Basel-Stadt, Diss. BS 1994; HEINZ HERMANN BAUMGARTEN, Ambulante und stationäre Interventions- und Sozialisationshilfen nach schweizerischem Jugendstrafrecht, Luzern 1978; MARGRITH BIGLER-EGGENBERGER, Zum Problem der Spätsozialisierung von frühkriminellen Rückfallsverbrechern, Diss. ZH 1959; MARIE BOEHLEN, Kommentar zum schweizerischen Jugendstrafrecht, Bern 1975; DIES., Einführung in das schweizerische Jugendstrafrecht, in Jugend und Delinquenz, 83; ANNE-FRANÇOISE COMTE, *Droit pénal des mineurs: hier, aujourd'hui, demain,* in Jugend und Delinquenz, 441; DIES., *Une loi pénale pour les mineurs: Continuité ou révolution?* in Reform der strafrechtlichen Sanktionen, Reihe Kriminologie, Bd. 12, Chur und Zürich 1994, 349; VALY DEGOUMOIS, Die Revision des Schweizerischen Strafgesetzbuches und die minderjährigen Straffälligen, ZfV 30 (1975) 107; FRIEDER DÜNKEL, Freiheitsentzug für junge Rechtsbrecher, Bonn 1990; FRIEDER DÜNKEL/ KLAUS MEYER, Jugendstrafe und Jugendstrafvollzug – Stationäre Massnahmen der Jugendkriminalrechtspflege im internationalen Vergleich, Freiburg i. Br. 1985 und 1986; W. FELDER, Zur Begutachtung von jugendlichen Delinquenten aus der Sicht des Kinder- und Jugendpsychiaters, Krim. Bull. 2/1988 21; ERWIN FREI, Der frühkriminelle Rückfallverbrecher, Basel 1951; JEAN GAUTHIER, *Les peines et les mesures applicables aux délinquants selon leur âge: propositions de révision,* in Reform der strafrechtlichen Sanktionen, Reihe Kriminologie, Bd. 12, Chur und Zürich 1994, 71; BRIGITTE GÜRTLER-SCHLÖR, Die Verwirklichung des Erziehungsgedankens im schweizerischen Jugendstrafrecht am Beispiel der Strafe, Diss. ZH 1972; LUCIUS HAGMANN, Die Schuldfähigkeit im schweizerischen Jugendstrafrecht, Diss. BS 1985; THOMAS HAGMANN, Systematisches Denken und Jugendstrafrecht, ZStR 103 (1986) 161; CYRIL HEGNAUER, Revision des Jugendstrafrechts und zivilrechtlicher Kindesschutz, ZfV 44 (1989) 16; GÜNTER HEINE/JAKOB LOCHER, Jugendstrafrechtspflege in der Schweiz, Freiburg i. Br. 1985; SABINE HERRMANN, Die Rolle der Verteidigung in der Jugendstrafrechtspflege, Basler Studien zur Rechtswissenschaft, Reihe C Bd. 9, Basel und Frankfurt a. M. 1996; CHRISTIAN HOCHHEUSER, Grundrechtsaspekte der zivilrechtlichen Kindesschutzmassnahmen und der kommenden jugendstrafrechtlichen Sanktionen, Diss. SG 1997; W. HOCHULI, Probleme der Urteilsfindung im Jugendstrafrecht, ZStrR 81 (1965) 403; MICHEL HOTTELIER, *Le droit des mineurs d'être jugés par un tribunal impartial au sens de l'art. 6 par. 1er CEDH,* Sem.jud. 1989 133 ff.; BERND HÜBNER/THOMAS WILHELMS, Erziehung oder Tatvergeltung? – Eine sozialwissenschaftliche Studie zur schweizerisch-deutschen Jugendstrafrechtspflege, Wuppertal 1982; JOSÉ HURTADO POZO, *Politique criminelle et délinquance juvénile,* in Jugend und Delinquenz, 97; Jugend und Delinquenz, Grüsch 1988; LUTZ KRAUSKOPF, Das revidierte schweizerische Jugendstrafrecht, Vierteljahresschrift für Heilpädagogik und ihre Nebengebiete 40 (1971) 87; DERS., Jugendstrafrecht: Gesetzgebungspolitische Parameter aus der Sicht des Bundes, in Jugend und Delinquenz, 33; VICTOR KURT, Die revidierten Bestimmungen des Schweizerischen Strafgesetzbuches, Strafvollzug 79/1972 1; ROSE-MARIE MAURER, Das Problem des Verschuldens im schweizerischen Jugendstrafrecht, Diss. ZH 1959; GÉRARD PIQUEREZ, *Le droit a un juge indépendant et impartial garanti par les articles*

58 Cst. et 6 ch. 1 CEDH, impose-t-il de manière absolue une séparation des fonctions judiciaires? Sem.jud. 1989 114 ff; JÖRG REHBERG, Die *Sanktionen* im revidierten schweizerischen Jugendstrafrecht, Strafvollzug Heft 71/1970 S. 6; DERS., Zum *Verhältnis* von Strafe und Massnahme im schweizerischen Jugendstrafrecht, ZStrR 87 (1971) 225; JEAN PASCAL RODIEUX, *Le droit pénal des mineurs dans la novelle de 1971,* Diss. Laus. 1976; BARBARA SCHELLENBERG, Erziehung versus Strafen: Sind die Prioritäten des Jugendstrafrechts angesichts zunehmender Jugendgewalt anders zu setzen? in Reform der strafrechtlichen Sanktionen, Reihe Kriminologie, Bd. 12, Chur und Zürich 1994, 371; MARTIN STETTLER, *L'évolution de la condition pénale des jeunes délinquants examinée au travers du droit suisse et de quelques législations étrangères,* Genève 1980; DERS., *L'évolution de la protection civile et de la protection pénale de la famille,* in Le rôle sanctionnateur du droit pénal, Fribourg 1985, 10; DERS., *Avant-projet de loi fédérale concernant la condition pénale des mineurs et rapport explicatif,* 1986 (zit. VE); DERS., *Une révision totale du droit pénal des mineurs: options générales et particulières,* ZStrR 103 (1986) 129; DERS., *Les pierres d'achoppement de l'avant-projet de révision du droit pénal des mineurs,* in Jugend und Delinquenz, 427; DERS., Die Grundzüge des Vorentwurfes für ein Bundesgesetz über die strafrechtliche Stellung von Kindern und Jugendlichen, ZStrR 105 (1988) 138; DERS., *La révision du droit pénal des mineurs: vers une conjonction des mesures protectrices, civiles ou pénales, et des sanctions,* ZStrR 110 (1992) 331; DERS., *Les enjeux de la révision du droit pénal des mineurs. Un essai de synthèse,* in Reform der strafrechtlichen Sanktionen, Reihe Kriminologie, Bd. 12, Chur und Zürich 1994, 391; REGULA STIEGER-GMÜR, Gerechtigkeit im Strafrecht durch Individualisierung? Ein theoretischer und empirischer Beitrag zur Rechtsfindung im schweizerischen Jugendstrafrecht, Diss. ZH 1976; THOMAS TRENCZEK (Hrsg.), Freiheitsentzug bei jungen Straffälligen, Bonn 1993; HENRYKA VEILLARD-CYBULSKA, *L'application des mesures psycho-sociales et éducatives aux délinquants mineurs,* Lausanne 1971; DIES., *Enfants en prison,* Krim. Bull. 2/1985 37; MAURICE UND HENRYKA VEILLARD-CYBULSKA, *Les jeunes délinquants dans le monde,* Neuchâtel 1963; JEAN ZERMATTEN, *Prise de position sur la révision des dispositions pénales applicables aux mineurs,* ZStrR 103 (1986) 146; DERS., *Révision des dispositions pénales applicables aux mineurs. Les attentes d'un praticien,* in Jugend und Delinquenz, 407; DERS., *Reflexions sur les réalités de la justice des mineurs et la séparation des fonctions judiciaires,* ZStrR 107 (1990) 367 ff.

Das geltende Jugendstrafrecht geht vornehmlich auf die **Revision 1971**   1
zurück und trat 1974 in Kraft. Eine Gesamtrevision ist in Bearbeitung, s. STETTLER VE und den daraus hervorgegangenen Vorentwurf zu einem (besonderen) Bundesgesetz über die Jugendstrafrechtspflege aus dem Jahre 1993; s. dazu HOCHHEUSER 27 ff., 101 ff.

Der **Sondercharakter des Jugendstrafrechts** ist damit zu erklären, dass   2
der Mensch nur allmählich die Fähigkeit erwirbt, sein Verhalten zu verantworten, und dass er auch von seinen Mitmenschen erst von der Erreichung einer gewissen Reife an als voll verantwortlich angesehen wird. Das Jugendstrafrecht ist deshalb gekennzeichnet durch das Spannungsverhältnis zwischen zwei Polen: Einerseits soll der junge Mensch auf Verständnis und fürsorgliche Zuwendung stossen, wenn er gegen das Strafgesetz verstösst – ein gewisses Mass an Rebellion und nicht ganz akzeptablem «Probierverhalten» ist normal; andererseits ist es erziehe-

risch wichtig, dass auch das Gefühl für Verantwortung angesprochen und gestärkt wird.

3 Die Besonderheit des Jugendstrafrechts liegt nur im Bereich der Sanktionen. Im übrigen **gelten der Allgemeine und der Besondere Teil** des Strafrechts grundsätzlich **unverändert,** was jedenfalls für Tatbestandsmässigkeit und Rechtswidrigkeit nicht bestritten wird. Dass etwa bei Fahrlässigkeit die Sorgfaltspflicht unter Berücksichtigung der altersgemässen Reife zu bestimmen ist, ergibt sich schon aus Art. 18 III, s. dort N 33. Nach bundesgerichtlicher Praxis finden die allgemeinen Bestimmungen im Jugendstrafrecht «nicht schlechthin, sondern nur insoweit Anwendung, als sie mit dem Sinn und Zweck des Jugendstrafrechts vereinbar sind», BGE 94 IV 57 f. (zu Art. 63), 117 IV 9, 121 IV 158; s. ferner 92 IV 84 (zu Art. 68), 92 IV 123 f., 93 IV 7 (zu Art. 70), 78 IV 225 (zu Art. 74). Zum Antragserfordernis s. N 5 vor Art. 28. Der *VE zum Jugendstrafgesetz* erwähnt die Geltung des Strafgesetzbuches nunmehr explizit, Art. 4. Nicht unbedenklich für das Jugendstrafrecht ist die relativ hohe Grenze von 300 Franken für den privilegierenden Tatbestand von Art. 172ter gem. BGE 121 IV 261, 122 IV 159, weil durch das Antragserfordernis eine pädagogisch erforderliche Sanktion verunmöglicht werden kann.

4 Auch das **Erfordernis der Schuld** gilt im Jugendstrafrecht wie im Erwachsenenstrafrecht, dazu Art. 84 N 3. Das heisst, dass ohne Schuld keine Strafe und keine Erziehungsmassnahme zulässig ist, wohl aber eine Behandlung. BGE 76 IV 274 hat – als *obiter dictum!* – die Anwendbarkeit von Art. 10/11 bei Erziehungsmassnahmen abgelehnt, so auch SJZ 39 (1942/43) Nr. 166, was m.E. falsch ist, s. Art. 84 N 3. Verfehlt ist es auch, statt von «schuldig» von «fehlbar» zu sprechen, so z.B. SJZ 39 (1942/43) Nr. 262. Der *VE zum Jugendstrafgesetz* bestimmt in Art. 10 ausdrücklich, dass Schutzmassnahmen, im Gegensatz zu Strafen (Art. 19), auch dann angeordnet werden können, wenn der Jugendliche nicht schuldhaft gehandelt hat.

5 Einhellig wird das Jugendstrafrecht als **Täterstrafrecht** (im Gegensatz zum Tatstrafrecht) bezeichnet, bei welchem das strafbare Verhalten nur die Bedeutung eines Symptoms hat, für viele REHBERG II 211, SCHULTZ II 222. Dabei handelt es sich um eine ideologische Übertreibung, die nur auf ca. 10% der Fälle zutrifft, nämlich dort, wo eine Massnahme oder eine schwere Strafe in Betracht kommt. In der Mehrzahl der Fälle geht es um geringfügige Delikte, bei denen tatstrafrechtliche Bestrafung durchaus auch erzieherische Zwecke zu erfüllen vermag, vgl. BGE 94 IV 58.

6 Das Gesetz unterscheidet **drei Typen** von jugendlichen Straftätern: behandlungsbedürftige, (nach-)erziehungsbedürftige und «normale»; dafür sieht es Behandlungsmassnahmen, Erziehungsmassnahmen und Strafen vor.

7 Dabei folgt es grundsätzlich dem **monistischen System:** Der Richter fällt nur entweder eine Strafe oder eine Massnahme aus – Kombinationen

sind nicht möglich. Ausnahmen s. Art. 91.1 II, 95.1 II. Der *VE zum Jugendstrafgesetz* erlaubt, wie schon der STETTLER VE, die Kumulation von Strafen und Massnahmen nach dem dualistisch-vikariierenden System, Bericht VE zum Jugendstrafgesetz 138, 176.

Problematisch ist die Übertragung des **Grundsatzes der Verhältnismäs-**   8
sigkeit auf die Massnahmen des Jugendstrafrechts: Soll ausschliesslich auf den Zustand des Betroffenen Rücksicht genommen werden, oder ist auch die Schwere der Anlasstat zu berücksichtigen? BGE 113 IV 21 f. berücksichtigt nur das erste dieser Kriterien. Demgegenüber ist zu betonen, dass das Jugend**straf**recht als Instrument der **Kriminal**politik auch die Schwere der Tat als Indiz für die Gefährlichkeit des Jugendlichen berücksichtigen muss, ebenso SCHULTZ II 224, a.M. mit eingehender Diskussion BOEHLEN S. 19 ff. Der *VE zum Jugendstrafgesetz* lehnt dies mit dem Argument ab, dass aufgrund des Alters der Täter «regelmässig mit einer positiven Entwicklung zu rechnen ist», Bericht VE zum Jugendstrafgesetz 150.

Zum **Verhältnis zu den vormundschaftlichen und administrativen Mass-**   9
nahmen BOEHLEN 22 ff., STETTLER, *évolution,* 150 ff.: Grundsätzlich haben die jugendstrafrechtlichen Massnahmen Vorrang.

Im **Nebenstrafrecht** gelten die Bestimmungen der Art. 82 ff., soweit keine   10
Ausnahmen vorgesehen sind. VStrR Art. 4 schliesst die Anwendung auf Kinder aus.

Im **kantonalen Strafrecht** gelten Art. 82 ff., wo der Allgemeine Teil des   11
StGB übernommen wurde, aber als kantonales Recht.

Zum **Verfahren** s. Art. 369 ff.   12

Erster Abschnitt:
Kinder

VE 1893 Art. 6, Mot. 16 ff. VE 1894 Art. 6 1. ExpK I 40 ff. II 369 ff. VE 1908 Art. 10
Erl.Z. 28 ff. 2. ExpK I 53 ff. 188 f. VE 1916 Art. 82 ff. E Art. 80 ff. Botsch. 26 ff.
Sten.NR 224 ff., StR 118 ff., NR 655 ff., StR 315.

82 Altersgrenzen

[1] **Kinder, die das 7. Altersjahr noch nicht zurückgelegt haben, fallen
nicht unter dieses Gesetz.**

[2] **Begeht ein Kind, welches das 7., aber nicht das 15. Altersjahr zurückgelegt hat, eine vom Gesetz mit Strafe bedrohte Tat, so gelten die nachstehenden Bestimmungen.**

Fassung gemäss BG vom 18.3.1971.

E 1965 Art. 82, Botsch. 1965 587 f., Sten.NR 1969 131, 1970 526, StR 1967 69, 1970
108.

MARTIN STETTLER, *Les seuils d'âge de la minorité absolue et relative en droit suisse,*
ZStrR 97 (1980) 175; **Lit.** vor Art. 82.

1 Bis und mit dem **7. Geburtstag,** BOEHLEN Art. 82 N 1, SCHULTZ II 225,
wird kindliches Verhalten vom Strafrecht überhaupt nicht erfasst. Soweit
Einschreiten der Behörden erforderlich ist, können nur vormundschaftliche Massnahmen gem. ZGB Art. 307 ff. ergriffen werden; für die fürsorgerische Freiheitsentziehung gelten gem. ZGB Art. 314bis dieselben
Vorschriften wie für Erwachsene, Art. 397a ff., 405a f. EMRK Art. 5.1 d)
erklärt eine solche Freiheitsentziehung grundsätzlich für zulässig, s. aber
EGMR, Urteil Bouamar N 129. Die Altersgrenze wurde mit der Revision
dem Durchschnittsalter bei Einschulung angepasst.

2 Der Anwendungsbereich des Kinderstrafrechts endet mit dem **15. Geburtstag.** Massgebend ist der Zeitpunkt der Täterhandlung, vgl. BGE 92
IV 83, Art. 2 N 4. Zu Einzelfragen s. Art. 89 N 2 ff.

3 STETTLER, VE Art. 1, S. 42 ff. und a.a.O. und ebenso *VE zum Jugendstrafgesetz* Art. 2 schlagen eine **Erhöhung** der Schwelle auf 12 Jahre vor;
Delinquenz jüngerer Täter ist selten, die geltende Regel stellt im internationalen Vergleich eine Ausnahme dar, DÜNKEL, Freiheitsentzug,
509 ff.; s. auch STETTLER, *évolution,* 73 ff. Schulbehörden und Polizei
sollen jedoch dem gesetzlichen Vertreter, in schwereren Fällen und bei
Wiederholung der zuständigen Behörde, gemeldet werden. RODIEUX
15 f. verteidigt die geltende Regelung mit euphemistischer Betonung des

u.a. «väterlichen» Charakters des Kinderstrafrechts, ähnlich REHBERG II 215. Dabei wird der stigmatisierenden Wirkung des Kontakts mit dem Strafrecht zu wenig Rechnung getragen. Für Jugendliche von 12–18 Jahren sieht STETTLER VE Art. 1, 2 und VE zum Jugendstrafgesetz Art. 2 ein einheitliches Jugendstrafrecht vor.

83 Untersuchung

Die zuständige Behörde stellt den Sachverhalt fest. Soweit die Beurteilung des Kindes es erfordert, macht sie Erhebungen über das Verhalten, die Erziehung und die Lebensverhältnisse des Kindes und zieht Berichte und Gutachten über dessen körperlichen und geistigen Zustand ein. Sie kann auch die Beobachtung des Kindes während einer gewissen Zeit anordnen.

Fassung gemäss BG vom 18.3.1971.

E 1965 Art. 83, Botsch. 1965 588, Sten.NR 1969 131, StR 1967 69, 1970 108.

GUNTHER KLOSINSKI, Sachverständiger und/oder Therapeut? in Jugend und Delinquenz, Grüsch 1988, 369; VERENA WISSLER-SCHEFER, Rechtsprobleme des pädagogisch-psychiatrischen Gutachtens im Jugendstrafverfahren, dargestellt am Beispiel der zürcherischen Strafprozessordnung, Diss. ZH 1979; **Lit.** vor Art. 82.

Art. 83 greift, ähnlich wie Art. 13, ins kantonale **Prozessrecht** ein, um die 1 richtige Anwendung des materiellen Rechts zu sichern. Weitere Verfahrensregeln enthalten Art. 369–373.

Dass der **Sachverhalt** festgestellt werden muss, das Vorliegen der objek- 2 tiven und subjektiven Tatbestandsmerkmale, ist selbstverständlich. Die Vorschrift soll vor blindem Erziehungseifer schützen, vor Vernachlässigung der Sachverhaltsaufklärung im Schatten der Erforschung der Persönlichkeit des Kindes, BOEHLEN Art. 83 N 3.

Das Schwergewicht des Artikels liegt im zweiten Satz, der (analog dem 3 «Vorleben» und den «persönlichen Verhältnissen» gem. Art. 63, s. dort N 20 f.) verlangt, dass ein **Längs- und Querschnitt der Situation des Kindes** nachgezeichnet wird. Diesen Ermittlungen kommt aber besonderes Gewicht zu, weil sich das Jugendstrafrecht als Täterschaftsrecht versteht (N 5 vor Art. 82).

Die Gründlichkeit der Nachforschungen richtet sich nach dem Grundsatz 4 der **Verhältnismässigkeit,** BOEHLEN Art. 83 N 5, SCHULTZ II 247, SJZ 70 (1974) Nr. 35. Ausgangspunkt ist die Schwere der in Frage kommenden Sanktion, die sich einerseits bis zu einem gewissen Grade aus der Schwere der Tat (a.M. BOEHLEN a.a.O.), andererseits aus den ersten Eindrücken von der Person des Kindes ergibt. Ein fachärztliches Gutachten wird immer dann **erforderlich** sein, wenn Verdacht auf einen Zustand besteht, der besondere Behandlung nach Art. 85 verlangt, WISSLER-SCHEFER 30. STETTLER (zu Art. 91) 278 hält eine vertiefte Untersuchung auch für unerlässlich, wenn eine Erziehungsmassnahme nach Art. 84 angeordnet werden soll, übernimmt aber später in VE Art. 9 die kritisierte Formulierung. Den gleichen Weg schlägt auch der *VE zum Jugendstrafgesetz* in Art. 9 ein.

5　　In der Regel erfolgt die Untersuchung ambulant, BOEHLEN Art. 83 N 9, doch sieht der dritte Satz die **«Beobachtung»** vor, die in der Regel stationär in einem Beobachtungsheim durchgeführt wird und einige (REHBERG II 212: zwei bis sechs) Monate dauert. Auch eine solche Freiheitsentziehung ist, obschon sie nicht unmittelbar der Erziehung gilt, gemäss EMRK Art. 5.1 d) gerechtfertigt, EKMR B 8500/79 c. CH, DR 18 238. Sie kann, wie Untersuchungshaft, auf eine Strafe angerechnet werden, RS 1979 Nr. 745 (zu Art. 90).

6　　Ob und in welchem Umfang Untersuchungsmassnahmen erforderlich sind, ist weitgehend eine Frage des tatrichterlichen **Ermessens**. Mit eidgenössischer Nichtigkeitsbeschwerde kann nur eine «offensichtlich ungenügende Abklärung des Sachverhaltes» gerügt werden, BGE 70 IV 123 (Spitzmesser). Kritik an einem Gutachten ist dagegen mit staatsrechtlicher Beschwerde zu rügen, vgl. Art. 13 N 9.

84　Erziehungsmassnahmen

[1] Bedarf das Kind einer besondern erzieherischen Betreuung, namentlich wenn es schwererziehbar, verwahrlost oder erheblich gefährdet ist, so wird von der urteilenden Behörde die Erziehungshilfe, die Unterbringung in einer geeigneten Familie oder in einem Erziehungsheim angeordnet.

[2] Durch die Erziehungshilfe ist dafür zu sorgen, dass das Kind angemessen gepflegt, erzogen und unterrichtet wird.

Fassung gemäss BG vom 18.3.1971.

E 1965 Art. 84, Botsch. 1965 588 f., Sten.NR 1969 131 f., 1970 526 f., StR 1967 69, 1970 108.

Lit. vor Art. 82 und zu Art. 91.

1　　Als Reaktion auf strafbare Handlungen von Kindern sieht das Gesetz in erster Linie **Erziehungsmassnahmen** vor. In reiner Verwirklichung des Monismus können sie nicht mit Strafen kombiniert werden (s. dagegen Art. 91.1 II), dagegen mit Massnahmen gemäss Art. 85, vgl. (zu Art. 91) BGE 88 IV 99, jetzt Art. 85 II; s. auch N 7 vor Art. 82.

2　　In der **Praxis** stehen *Strafen,* insbesondere Verweis und Arbeitsleistung, stark *im Vordergrund,* s. Art. 87 N 2, während bei den Massnahmen Erziehungshilfe (1995: 53,5 %) und Erziehungsheim (1995: 34,8 %) viel häufiger als die Familieneinweisung (1995: 2,1 %) angeordnet werden, BFS aktuell, 19 Rechtspflege, Jugendstrafurteile 1995, 13; s. auch HEINE/LOCHER 24 f.

Allgemeine Voraussetzung der Erziehungsmassnahme ist zunächst, dass   3
das Kind eine strafbare Handlung begangen hat. Dabei ist umstritten, ob
auch ein Verschulden vorliegen muss, so KRAUSKOPF 92, MAURER 113,
REHBERG II 217, DERS., Sanktionen, 9, DERS., Verhältnis, 240, STETTLER
VE 52 ff., BGE 88 IV 74 f. (zu Art. 89 ff.); a.M. BOEHLEN Art. 82 N 6, Art.
84 N 2, BUOB 22, HEINE/LOCHER 11, LOGOZ/SANDOZ Art. 82 N 3,
SCHULTZ II 231, BGE 76 IV 274. Vorzuziehen ist die Bejahung des Erfordernisses der Schuld; verminderte Zurechnungsfähigkeit schliesst die
Erziehungsmassnahme nicht aus. Erziehung kann u. a. als Motivierung
gesehen werden – wo die Fähigkeit, motiviert zu werden, fehlt, ist dafür
kein Raum; vor allem verlangt Erziehung Mitarbeit des Kindes, die kaum
erwartet werden kann, wenn sich im Kind von vornherein kein Gefühl
der Verantwortung für die Anlasstat wecken lässt. Ein *«educational en-
gineering»* gehört nicht ins Straf-, sondern allenfalls ins Fürsorgerecht.
Schliesslich muss darauf hingewiesen werden, dass strafrechtliche Massnahmen auch gegenüber Kindern und ihren Eltern eine stigmatisierende
Wirkung haben. Zurechnungsfähig ist das Kind, wenn es «die seinem Alter entsprechende sittliche Reife besessen» hat und fähig war, «das Unrecht der Tat einzusehen und nach dieser Einsicht zu handeln», SCHULTZ
II 232, ähnlich STETTLER, ZStrR 103 (1986) 136; s. auch OGer BL in SJZ
90 (1994) 331.

REHBERG II 218 ff., DERS., Sanktionen, 9, DERS., Verhältnis, 238 f. verlangt   4
ferner mit Recht einen **Zusammenhang zwischen Tat und Erziehungsdefizit,** was wiederum mit dem Notwendigkeit des Motivierens begründet ist.
Nicht erforderlich ist im Gegensatz zu Art. 43.1 I, 100bis.1, eine günstige
Prognose für den Erfolg der Massnahme, REHBERG a.a.O., sie wird offenbar von Gesetzes wegen vermutet, BOEHLEN Art. 84 N 9. Nach REH-
BERG, Verhältnis, 234, ist in aussichtslosen Fällen auf einen Erziehungs-
versuch zu verzichten, dagegen BOEHLEN a.a.O.

Die **besonderen Voraussetzungen** sind sehr undeutlich mit dem Bedürf-   5
nis nach besonderer erzieherischer Betreuung umschrieben, als Beispiele
verwendet das Gesetz die Adjektive «schwererziehbar» und «verwahrlost» und bezieht mit der «Gefährdung» das Vorstadium dieser Zustände
mit ein, BOEHLEN Art. 84 N 6. Der *VE zum Jugendstrafgesetz* verzichtet
denn auch auf die oben genannten Begriffe und stellt einzig darauf ab,
ob der Täter «nach dem Ergebnis der Abklärung einer besonderen erzieherischen Betreuung oder therapeutischen Behandlung bedarf», Bericht
VE zum Jugendstrafgesetz 149.

Schwererziehbarkeit ist die Resistenz, die mehr oder weniger erfolg-   6
reiche Abwehrhaltung gegen Versuche erzieherischer Beeinflussung zu
einer verantwortlichen und minimal normtreuen Lebensführung.

Verwahrlosung ist ein Zustand, in welchem sich das Kind während   7
längerer Zeit mangels Betreuung gehen lässt, unstet, unordentlich, bei
fehlendem Respekt für sich selber, für andere Menschen und für ethische
Werte, vgl. BGE 70 IV 124.

8   **Erziehungshilfe** fällt in Betracht, wenn eine stützende Begleitung des
    Kindes ausreicht, wenn die bestehenden Lebensumstände nahezu befrie-
    digend sind und die Person des Kindes nicht besonders grosse Schwierig-
    keiten bietet, STETTLER (zu Art. 91) 277. Der Bundesgesetzgeber äussert
    sich in Abs. 2 nur knapp über die Aufgaben der Erziehungshilfe, die um-
    fassend Sorge für das leibliche, seelische und geistige Wohl des Kindes
    sein soll. Durchführung und Organisation sind den Kantonen überlassen,
    REHBERG II 223, STETTLER a.a.O. 281. Dem Erziehungshelfer stehen
    keinerlei Zwangsmittel zur Verfügung, was REHBERG, Sanktionen, 15,
    bedauert, a.M. STETTLER a.a.O. 285. Der *VE zum Jugendstrafgesetz* re-
    gelt die Erziehungshilfe («Persönliche Betreuung») nunmehr ausführlich
    in Art. 12, welcher der Beistandschaft nach ZGB Art. 308 nachempfun-
    den ist.

9   Die **Unterbringung in einer geeigneten Familie** wird zwar als nützlich
    angesehen, s. z.B. RODIEUX 28, andere Stimmen bei BOEHLEN Art. 84 N
    13, jedoch selten angeordnet (1995: 0,2 % aller Sanktionen gegen Kinder,
    s. auch HEINE/LOCHER 25), weil nur wenige Familien für die sehr an-
    spruchsvolle Aufgabe zur Verfügung stehen, REHBERG II 224. Als
    «Familie» kommt auch eine Wohngemeinschaft in Betracht, BJM 1978
    33. Die Massnahme kann auch angeordnet werden, wenn der Vater das
    Kind schon in eine vertrauenswürdige Familie gegeben hat, RS 1963
    Nr. 72, s. aber Art. 88 al. 1 – krit. BOEHLEN Art. 88 N 5. Der *VE zum
    Jugendstrafgesetz* stellt nicht mehr explizit auf die Institution der Familie
    ab. Es genügt eine Privatperson, sofern sie eine geeignete Unterbringung
    gewährleistet, VE zum Jugendstrafgesetz Art. 14.

10 Die Unterbringung in einem **Erziehungsheim** wird etwa als *ultima ratio*
    für schwere Fälle bezeichnet, SJZ 52 (1956) Nr. 72, BOEHLEN Art. 84 N
    14. Demgegenüber weist SCHULTZ II 228 darauf hin, dass nach Auf-
    fassung von Fachleuten gewisse Täter schon früh ins Erziehungsheim
    eingewiesen werden sollten, also bevor sie und die Betreuer durch Miss-
    erfolge mit anderen Versuchen entmutigt sind. In der Praxis haben sich
    Zwischenformen zwischen Familieneinweisung und Erziehungsheim ent-
    wickelt.

11 Bei der Wahl der Erziehungsmassnahme hat die urteilende Behörde ein
    weites Ermessen, in dessen Ausübung sie sich vom Wohl des Kindes soll
    leiten lassen, BGE 70 IV 124 f.: zu Art. 91: BGE 80 IV 150, 88 IV 98, 92
    IV 85, 96 IV 13, 99 IV 137 – «Der Kassationshof greift nur ein, wenn der
    Sachrichter sich bei der Wahl der Erziehungsmassnahme von rechtlich
    unzulässigen Kriterien leiten lässt oder wenn er das ihm zustehende
    Ermessen überschreitet». Hier ist die Wahrscheinlichkeit des Erfolgs
    ein wichtiges Kriterium (vgl. N 4). Den Entscheid *in abstracto* zu fällen,
    ist allerdings mit Risiken behaftet, weil es schliesslich für Gelingen oder
    Misslingen der Massnahme in erster Linie auf die menschlichen Quali-
    täten der Erzieher ankommt, ähnlich STETTLER a.a.O. 282.

Die **Dauer** der Erziehungsmassnahme ist zeitlich nicht begrenzt, s. aber   12
Art. 86bis.

Zur Änderung der Massnahme **Art. 86;** s. ferner **Art. 91** für Jugendliche.   13
Zu intertemporalen Problemen **Art. 89 N 2 ff.**

85 Besondere Behandlung

¹ Erfordert der Zustand des Kindes eine besondere Behandlung, namentlich wenn das Kind geisteskrank, schwachsinnig, blind, erheblich gehör- oder sprachbehindert, epileptisch oder in seiner geistigen oder sittlichen Entwicklung erheblich gestört oder ungewöhnlich zurückgeblieben ist, so ordnet die urteilende Behörde die notwendige Behandlung an.

² Diese Behandlung kann jederzeit auch neben den Massnahmen des Artikels 84 angeordnet werden.

Fassung gemäss BG vom 18.3.1971

E 1965 Art. 85, Botsch. 1965 589, Sten.NR 1969 132, 1970 527, StR 1967 70, 1970 117.

RUTH ELLEN GUGGENHEIM, Die besondere Behandlung für Kinder und Jugendliche gemäss Art. 85 und 92 StGB, Diss. ZH 1956; MAURICE VEILLARD, Le «Traitement spécial», mesure applicable aux mineurs, selon le code pénal suisse, ZStrR 68 (1953) 208; **Lit.** vor Art. 82.

Art. 85 sieht für Kinder, deren Zustand so erheblich **von der Norm abweicht,** dass blosse Erziehungsmassnahmen keinen Erfolg versprechen,   1
eine besondere Behandlung vor und nennt eine Reihe typischer Fälle.
Der Begriff der Behandlung ist dabei in einem sehr weiten Sinne zu verstehen – Blindheit lässt sich i.d.R. überhaupt nicht «behandeln», allenfalls kommt ein operativer Eingriff in Frage, VEILLARD 211. Im übrigen kommen stationäre wie ambulante, medizinische, insbesondere psychiatrische, psychologische oder heilpädagogische Methoden in Betracht. VEILLARD 214 ist der Meinung, der Richter müsse die Art der Behandlung im Dispositiv des Urteils überhaupt nicht erwähnen, BOEHLEN Art. 85 N 6 verlangt wenigstens Benennung der Abnormität, die zur Behandlung Anlass gibt, REHBERG II 233 überdies einen Entscheid, ob die Behandlung ambulant oder stationär erfolgen solle. Die «blinde» Anordnung irgendwelcher Behandlung ist abzulehnen. Der Richter wird sich auf ein Gutachten gemäss Art. 83 abstützen können, das sich auch zu dieser Frage äussern muss; er hat die angeordnete Massnahme möglichst präzis anzugeben, ohne dabei die Therapeuten unnötig einzuengen.

Voraussetzung der Behandlung ist eine strafbare Handlung, wobei hier   2
analog Art. 43 (N 2) Zurechnungsfähigkeit nicht vorausgesetzt ist, h.M.
Gestützt auf ZÜRCHER, Erläuterungen 36, wird die Meinung vertreten, ein Zusammenhang zwischen dem zu behandelnden Zustand und der Tat sei nicht erforderlich, BOEHLEN Art. 85 N 2, LOGOZ / SANDOZ Art. 85 N 1,

VEILLARD 212. Demgegenüber weist REHBERG II 232, DERS., Sanktionen, 9, mit Recht darauf hin, dass das Kinderstrafrecht nicht dazu dienen kann, gegen zufällig entdeckte Mängel mit einer strafrechtlichen Massnahme anzugehen, vgl. auch Art. 84 N 7, 8.

3 Die Massnahme kann als **ambulante Behandlung** mit Erziehungsmassnahmen **kombiniert** werden, auch nachträglich oder für beschränkte Zeit, REHBERG II 233.

4 Zur Dauer **Art. 86**[bis]; zur Änderung **Art. 86;** für Jugendliche **Art. 92.**

86 Änderung der Massnahmen

[1] **Die urteilende Behörde kann die getroffene Massnahme durch eine andere Massnahme ersetzen.**

[2] **Vorgängig kann die Beobachtung des Kindes während einer gewissen Zeit angeordnet werden.**

Fassung gemäss BG vom 18.3.1971

E 1965 Art. 86, Botsch. 1965 589, Sten.NR 1969 132 f., 1970 527, StR 1967 70, 1970 117.

HERBERT MENZI, Die Änderung der Massnahme im Jugendstrafrecht, Diss. ZH 1956; **Lit.** vor Art. 82.

1 Weil einerseits die Entwicklung eines Kindes zu **raschen Veränderungen** in seinem Zustand führen kann, andererseits der Prognose über die Wirkung einer Massnahme stets ein hohes Mass an **Ungewissheit** anhaftet, gibt Art. 86 dem Richter die Möglichkeit, auf seinen Entscheid über die Massnahme zurückzukommen. Blosse Vollzugsanordnungen (z.B. Wechsel der Familie oder des Heims, Art. 84) trifft die Vollzugsbehörde.

2 Die Änderung ist **nur** im Rahmen des **Kinderstrafrechts** möglich, also zwischen Art. 84 und 85, sowie innerhalb der beiden Bestimmungen, insbesondere zwischen stationären und ambulanten Massnahmen, aber nicht zu Massnahmen des Jugendlichenstrafrechts, auch wenn das Kind inzwischen über 15jährig ist, SJZ 75 (1979) Nr. 47, ZR 77 (1978) Nr. 71, oder wenn es in dieser Altersstufe erneut straffällig wurde, SJZ 66 (1970) Nr. 66, a.M. BOEHLEN Art. 86 N 6, s. aber Art. 86bis II. Ein Wechsel von Massnahme zu Strafe oder umgekehrt ist nicht zulässig, BOEHLEN Art. 86 N 2, SCHULTZ II 247.

3 Auch **wiederholte Änderung** ist zulässig, doch warnt BOEHLEN Art. 86 N 3 mit Recht vor der Destabilisierung, die damit bewirkt werden kann.

4 **Anlass** zur Änderung kann sein, dass sich eine Massnahme als zu «milde» erweist oder umgekehrt als zu «hart» – BGE 80 IV 149 lässt dem Richter grosse Freiheit, nach Zweckmässigkeit zu entscheiden, s. auch 113 IV 21.

Eine **Begutachtung** – gemeint ist Einweisung in eine Beobachtungs-   5
station – soll nur in besonders kritischen Fällen nachträglich angeordnet
werden, BOEHLEN Art. 86 N 8.

Der *VE zum Jugendstrafgesetz* legt die Änderung der Massnahmen   5a
grundsätzlich in die Kompetenz der urteilenden Behörde. Die vollziehende Behörde kann, immer unter der Voraussetzung der geänderten
Verhältnisse, die Unterbringung durch eine ambulante Massnahme oder
die persönliche Betreuung durch eine Aufsicht ersetzen, VE zum Jugendstrafgesetz Art. 16 Ziff. 1. Ziff. 2, sieht ein Antragsrecht des Betroffenen oder seines gesetzlichen Vertreters zur Änderung von Massnahmen vor.

S. auch Bem. zu **Art. 93.**   6

86bis Vollzug und Aufhebung der Massnahmen

¹ **Die vollziehende Behörde überwacht in allen Fällen die Erziehung
und die besondere Behandlung des Kindes.**

² **Wenn das Kind das 15. Altersjahr zurückgelegt hat, können auf
Anordnung der vollziehenden Behörde die Massnahmen nach den
Artikeln 91–94 vollzogen werden.**

³ **Die vollziehende Behörde hebt die getroffenen Massnahmen auf,
wenn sie ihren Zweck erreicht haben, spätestens jedoch mit dem zurückgelegten 20. Altersjahr. Bei Heimversorgung ist die Heimleitung anzuhören.**

Eingeführt durch BG vom 18.3.1971.

Sten.NR 1969 132 f., 1970 527, StR 1967 70 f., 1970 117.

Lit. vor Art. 82.

Art. 86bis wurde weitgehend aus Art. 84 III–V übernommen, womit die   1
Geltung der Entlassungsregelung auch für Art. 85 deutlich wird.

Abs. 1 spricht eine Selbstverständlichkeit aus. Zu den Aufgaben der   2
Vollzugsbehörde, die gem. Art. 369 von den Kantonen bestimmt wird, im
Einzelnen BOEHLEN Art. 86bis N 4 ff. Dazu gehört insbesondere die Be-
antragung einer Massnahmenänderung gemäss Art. 86.

Abs. 2 trägt wiederum der möglicherweise raschen und sprunghaften   3
Entwicklung des Kindes Rechnung: Wenn es sich als zweckmässig erweist, kann die Vollzugsbehörde nach dem 15. Altersjahr den **Vollzug**
der angeordneten Massnahme **als Massnahme des Jugendlichenstrafrechts** anordnen, was einen formellen Entscheid erfordert, LOGOZ/
SANDOZ Art. 86bis N 3. Dieser Entscheid bedeutet einerseits, dass der
oder die Verurteilte in entsprechenden Institutionen für Jugendliche untergebracht werden kann, vor allem aber, dass die z.T. von Art. 84 f. ab-

weichenden Normierungen der Art. 91 ff. gelten. Bei Erziehungshilfe werden Weisungen möglich, Art. 91.1 III, bei stationärer Massnahme die Einweisung in die Arbeitserziehungsanstalt, Art. 93bis, oder in Sonderanstalten gem. Art. 93ter. Diese Übergänge können entgegen BOEHLEN Art. 86bis N 7 direkt erfolgen – der Entscheid für die Arbeitserziehungsanstalt kann nach Erreichen des 17. Altersjahrs gefällt werden, der Hinweis auf Art. 91 in Art. 91ter umfasst auch die Massnahme gemäss Art. 84 i.V.m. 86bis II. Wird stationäre besondere Behandlung gem. Art. 85 als solche gemäss Art. 92 vollzogen, so gilt auch Art. 94bis über die probeweise Entlassung, a.M. BOEHLEN Art. 86bis N 7; weil sich für eine wörtliche Auslegung (Artikel «91–94») kein vernünftiger Grund anführen lässt, die frühere Regelung in Art. 84 V pauschal auf die «Bestimmungen über die Jugendlichen» verwies und die Vorarbeiten eine Absicht zur Beschränkung auf die bedingte (im Gegensatz zur neu eingeführten probeweisen) Entlassung nicht erkennen lassen, ist eine berichtigende Auslegung erforderlich und zulässig.

4   **Keine Anwendung** kann Art. 91.2 finden, ebensowenig Art. 94.2 II und 94.5, was die Altersgrenze anbetrifft: Hier geht Art. 86bis III vor, BOEHLEN Art. 86bis N 7, LOGOZ/SANDOZ Art. 86bis N 3.

5   Die Massnahme gem. Art. 84 wird aufgehoben, wenn der **Erziehungszweck erreicht,** d.h. das Erziehungsdefizit soweit ausgeglichen ist, dass eine weitere Stützung nicht mehr nötig erscheint. Die Behandlung (Art. 85) wird aufgehoben, wenn das Kind geheilt ist oder wenn eine Besserung erreicht wurde, die eine altersgemäss angepasste Weiterentwicklung ohne Behandlung ermöglicht. Die Behandlung ist überdies nach h.M. (BOEHLEN Art. 86bis N 8, REHBERG II 234) aufzuheben, wenn sich erweist, dass eine Heilung unmöglich ist. Diese Auffassung geht m.E. zu weit: Wenn die Behandlung in fürsorglicher Pflege besteht, die dem Kind eine Lebenshilfe bedeutet, sollte sie jedenfalls nicht ersatzlos aufgehoben werden, nur weil keine Aussicht auf Heilung besteht, s. auch GUGGENHEIM 64. Eine Mindestdauer ist nicht vorgeschrieben.

6   **In allen Fällen** ist die Massnahme aufzuheben, wenn der Betroffene das **20. Altersjahr** vollendet hat, auch dann, wenn gemäss Abs. 2 Massnahmen des Jugendlichenstrafrechts vollzogen wurden. Bei Entlassung wegen Erreichens der Altersgrenze braucht die Heimleitung nicht angehört zu werden. In schwierigen Fällen wird die Vollzugsbehörde rechtzeitig die Vormundschaftsbehörde unterrichten, damit notfalls fürsorgerische Massnahmen nahtlos angeschlossen werden können.

7   Eine **bedingte Entlassung** sieht das Kinderstrafrecht nicht vor – offenbar herrschte die Auffassung, das Kind würde dadurch überfordert, SCHULTZ II 234. Die Praxis scheint die Lücke mit «Beurlaubung» zu füllen, BOEHLEN Art. 86bis N 9, was m.E. rechtsstaatlich nicht zu beanstanden ist. Der Übergang kann auch durch Änderung der Massnahme (Art. 86 – Erziehungsheim – Familieneinweisung – Erziehungshilfe; Übergang von stationärer zu ambulanter Behandlung) erleichtert werden.

Art. 17 *VE zum Jugendstrafgesetz* sieht vor, dass die vollziehende Be- 8
hörde jährlich überprüft, ob die Massnahme ihren Zweck erreicht hat
oder keine Wirkung mehr zeigt. Ist dies der Fall, so hebt sie die Massnahme auf, Ziff. 1. Aufsicht und persönliche Betreuung können nach Erreichen des Mündigkeitsalters nur mit dem Einverständnis des Betroffenen angeordnet oder weitergeführt werden. Alle Schutzmassnahmen
enden jedoch mit Vollendung des 22. Altersjahres, Ziff. 2. Bestehen
ernsthafte Gründe, so kann die vollziehende Behörde die Anordnung
vormundschaftlicher Massnahmen beantragen, Ziff. 3.

87 Disziplinarstrafen

[1] **Bedarf das Kind weder einer Erziehungsmassnahme noch besonderer
Behandlung, so erteilt ihm die urteilende Behörde einen Verweis oder
verpflichtet es zu einer Arbeitsleistung oder verhängt Schularrest von
einem bis zu sechs Halbtagen.**

[2] **In geringfügigen Fällen kann die urteilende Behörde auch von diesen
Disziplinarstrafen absehen und die Ahndung dem Inhaber der elterlichen Gewalt überlassen.**

Fassung gemäss BG vom 18.3.1971.

E 1965 Art. 87, Botsch. 1965 589, Sten.NR 1969 133, 1970 527, StR 1967 71, 1970
117 f.

MARIE BOEHLEN, Ist Strafe unbedingt notwendig? Die Verpflichtung zu einer Ar-
beitsleistung im revidierten Jugendstrafrecht, Aarau 1974; CHRISTOPH HUG, Die
Strafen im schweizerischen Jugendstrafrecht unter besonderer Berücksichtigung der
Praxis in den Kantonen der Ostschweiz (Zürich, Glarus, Schaffhausen, Appenzell-
Ausserrhoden, Appenzell-Innerrhoden, St. Gallen, Graubünden, Thurgau), Diss.
ZH 1976; **Lit.** vor Art. 82 und zu Art. 95.

Subsidiär, nur wenn ein Bedürfnis weder nach Erziehungsmassnahmen 1
noch nach Behandlung ersichtlich ist, kann das Kind bestraft werden.
Das Marginale «Disziplinarstrafen» bringt zum Ausdruck, dass es sich
einerseits um eine repressive Sanktion handelt, dass aber andererseits
deren Erziehungsfunktion im Vordergrund steht, BOEHLEN Art. 87 N 4,
HUG 9, REHBERG II 235 ff.

Statistisch steht die Strafe dagegen ganz **im Vordergrund.** 1995 wurden in 2
der Schweiz bei 2425 Verurteilungen von Kindern in 2238 Fällen (92,2 %)
Disziplinarstrafen verhängt. Im Untersuchungsmaterial von HEINE/
LOCHER wurde gegenüber Kindern in 54,8 % aller Straffälle ein Verweis
ausgesprochen, in 20 % eine Arbeitsleistung (S. 25).

Voraussetzungen der Disziplinarstrafe ist die Begehung einer strafbaren 3
Handlung – dass auch Schuld vorliegen muss, ist hier unbestritten,
BOEHLEN Art. 87 N 2, HUG 16, REHBERG II 217, SCHULTZ II 232 mit an-
gepasster Definition der Zurechnungsfähigkeit, s. Art. 84 N 3.

4   Der **Verweis** ist eine förmliche Missbilligung der Tat, ein Tadel. Für seine
Wirkung ist die Art der Eröffnung entscheidend – sie sollte immer mündlich erfolgen, mit Ernst, aber auch mit Verständnis und Ermunterung zu
künftigem Wohlverhalten, BOEHLEN Art. 87 N 7, LOGOZ / SANDOZ Art. 87
N 2, ausdrücklich STETTLER VE Art. 16 I, was eine schriftliche Bestätigung nicht ausschliesst. Ein bloss schriftlicher Verweis, wie er z.B. in der
Ostschweiz vorkommt, HUG 45 ff., REHBERG II 237 f., ist m.E. nicht sinnvoll.

5   Die **Arbeitsleistung** wird als besonders geeignete Sanktion angesehen,
weil sie als sinnvoll erlebt werden kann und ein Element der Wiedergutmachung anhält, BOEHLEN a.a.O. 21 f., HUG 51, REHBERG II 238, RODIEUX
49, SCHULTZ II 240, STETTLER VE 100. Es muss allerdings dafür gesorgt
werden, dass die Arbeit nicht als ein lästiges Übel ausgestaltet und empfunden wird. Besonders geeignet sind Tätigkeiten im Bereich von Pflege
und Betreuung, sei es an Menschen (Behinderte, Alte) oder an der Natur
(Natur-, Umweltschutz). Auch direkte Leistung zugunsten des Geschädigten kommt in Frage, STETTLER VE 103, a.M. BOEHLEN a.a.O. 25.
Rechtsstaatlich bedenklich ist die mangelnde zeitliche Begrenzung (vgl.
dagegen SCHULTZ VE Art. 41 I), die jedoch nach STETTLER VE 105 f. beibehalten werden soll. Im Gegensatz dazu schlägt der *VE zum Jugendstrafgesetz* grundsätzlich eine Beschränkung auf 10 Tage vor. Für über
15jährige, falls sie ein Verbrechen oder Vergehen begangen haben, soll
eine Begrenzung auf drei Monate erfolgen, Art. 23. RODIEUX 50 schlägt
analoge Anwendung der Vorschriften über Schularrest vor, dagegen mit
Recht BOEHLEN Art. 87 N 9, DIES. a.a.O. 25. Das Gesetz sieht keinen Ersatz und keine Zwangsmittel vor für den Fall, dass die Arbeitsleistung
nicht oder mangelhaft erbracht wird. Daraus wurde der Schluss gezogen,
dass die Sanktion nur mit Einwilligung des Verurteilten auszufällen sei,
BOEHLEN Art. 87 N 9, GÜRTLER-SCHLÖR 84, HUG 51, REHBERG II 238 f.
Die Auffassung geht wohl etwas zu weit, STETTLER VE 102 f., doch muss
jedenfalls dann eine andere Sanktion gewählt werden, wenn von vornherein zu vermuten ist, der Fehlbare werde die Arbeit nicht leisten. Die
Sanktion dürfte mit EMRK Art. 4 vereinbar sein – *argumentum e contrario* aus Art. 4.3 a), der die Arbeit Gefangener vom Bereich der «Zwangs-
oder Pflichtarbeit» ausnimmt, ebenso STETTLER VE 103, zweifelnd (für
Erwachsene) SCHULTZ VE 103.

6   Der **Schularrest** weckt Bedenken, u.a. weil er eine Zweckentfremdung
der Schule bedeutet, BOEHLEN Art. 87 N 8, 10, HUG 59, REHBERG II 239,
RODIEUX 48 f. (mit berechtigtem Vorbehalt für Verkehrsschulung);
STETTLER VE und der *VE zum Jugendstrafgesetz* sehen die Sanktion
nicht mehr vor.

7   Die **Strafzumessung** stellt angesichts des engen Rahmens, der keiner
Veränderung unterliegt, keine ernsthaften Probleme. Es ist vom Mass
des Verschuldens auszugehen, BOEHLEN Art. 87 N 5, HUG 21, REHBERG
II 236 mit Hinweis auf spezifische Kriterien.

Abs. 2 ermöglicht ein **Absehen von Strafe** zugunsten künftigen elter- 8
lichen Eingreifens. Die Bestimmung ist, wie BOEHLEN Art. 87 N 11 überzeugend darlegt, nicht sinnvoll. Haben Eltern nicht längst vor dem
behördlichen Entscheid reagiert, werden sie es auch nachher kaum in
erzieherisch wirksamer Weise tun.

Für Jugendliche s. **Art. 95.** 9

88 Absehen von Massnahmen und Disziplinarstrafen

**Die urteilende Behörde kann von jeder Massnahme oder Disziplinar-
strafe absehen,**

**wenn bereits eine geeignete Massnahme getroffen oder das Kind be-
straft worden ist,**

**wenn das Kind aufrichtige Reue betätigt, insbesondere den Schaden
durch eigene Leistung, soweit möglich, wiedergutgemacht hat,**

oder wenn seit der Tat drei Monate verstrichen sind.

Fassung gemäss BG vom 18.3.1971.

E 1965 Art. 88, Botsch. 1965 589 f., Sten.NR 1969 133 f., 1970 528, StR 1967 71, 1970
118.

Lit. vor Art. 82 und zu Art. 85.

Gemäss al. 1 kann von einer Sanktion abgesehen werden, wenn sie **nicht** 1
mehr nötig ist, weil ihr Ziel bereits erreicht wurde, nämlich bei ander-
weitiger Bestrafung, oder wenn schon eine notwendige Massnahme getroffen wurde. Voraussetzung für einen Entscheid nach Art. 88 ist, dass
sich das Kind überhaupt strafbar gemacht hat, BOEHLEN Art. 88 N 2,
REHBERG II 246.

Die **Strafe** muss nach Schwere **mindestens der Disziplinarstrafe entspre-** 2
chen, die nach Art. 87 angemessen wäre. Ob sie vom Inhaber der elterlichen Gewalt oder einem Dritten entschieden und vollzogen wurde
(Beispiele bei HUG 69), ist ohne Bedeutung, auch eine rechtswidrige
Züchtigung kann berücksichtigt werden, BOEHLEN Art. 88 N 3, REH-
BERG, Verhältnis, 237, skeptisch SCHULTZ II 234, sofern sie akzeptiert
wird und nicht etwa ein Strafantrag gegen den Strafenden eingereicht
wurde. Nach BOEHLEN Art. 88 N 3, HUG 69, kann als Strafe auch ein Übel
behandelt werden, das das Kind als unmittelbare Folge seiner Tat erlitten
hat, z.B. eine Verletzung, Verlust einer nahestehenden Person bei Fahrlässigkeit, vgl. Art. 66bis, STETTLER VE Art. 22.

Auch eine bereits ausserstrafrechtlich getroffene **Massnahme** muss im 3
wesentlichen mindestens annähernd dieselbe Wirkung versprechen wie
diejenige, die die urteilende Behörde nach Art. 84, 85 angeordnet hätte.
Deshalb kann private Bestrafung einer kinderstrafrechtlichen Massnahme nicht im Wege stehen, BOEHLEN Art. 88 N 5, REHBERG II 247.

4   **Aufrichtige Reue,** al. 2, kann in erster Linie Absehen von einer Strafe rechtfertigen. Für die Anordnung der Behandlung ist sie unbeachtlich, hinsichtlich einer Erziehungsmassnahme kann sie Bedeutung haben als Indiz für das Ausmass eines allfälligen Erziehungsdefizits; in diesem Sinne ist SCHULTZ II 235 zuzustimmen, gegen jede Berücksichtigung BOEHLEN Art. 88 N 6. Das Kind muss, wenn auch nicht notwendigerweise aus eigenem Antrieb, eine Leistung erbringen, die mit der Tat in Zusammenhang steht und ein Ausmass an Reue beweist, das in etwa seinem Verschulden entspricht, vgl. BOEHLEN Art. 88 N 6, HUG 71 f., REHBERG II 247.

5   Al. 3 regelt eine **Quasi-Verjährung,** die dem Umstand Rechnung zu tragen erlaubt, dass das Kind noch ganz «dem Augenblick verhaftet» lebt, SCHULTZ II 235. Die Frist beginnt mit dem strafbaren Verhalten des Kindes und ist vom Zeitpunkt des Entscheides an zu berücksichtigen, HUG 73, REHBERG II 247, vgl. auch BGE 100 IV 21; a.M. BOEHLEN Art. 88 N 7 f. (Beginn der Strafverfolgung). Sie ist vor allem für die Strafe von Bedeutung – sind erzieherische Massnahmen oder gar eine Behandlung erforderlich, so wird erst nach erheblich längerer Zeit eine neue Situation eingetreten sein, die eine Intervention nicht mehr als sinnvoll erscheinen lässt, vgl. auch BOEHLEN Art. 88 N 8. Die Strafbefreiung ist fakultativ, massgebliche Kriterien sind die Schwere der Tat (je schwerer, desto nachhaltiger der Eindruck auf das Kind), das Alter des Kindes (je älter, desto grösser die Fähigkeit, Zusammenhänge über längere Zeiträume zu erfassen) und sein Verhalten in der Zwischenzeit (je bedenklicher, desto anhaltender das Bedürfnis nach einer Sanktion), vgl. BGE 100 IV 20 f. (zu Art. 98). Zur (sachfremden) Wirkung, der Verfahrensdauer HUG 74.

6   **Zuständig** zum Absehen von Strafe ist die urteilende Behörde, die allerdings mit der untersuchenden identisch sein kann, BOEHLEN Art. 369 N 1 (s. aber dort N 5). Diese Lösung ist jedenfalls für al. 1 und 2 sinnvoll, wo eine nähere Abklärung erforderlich ist, während für die «Quasi-Verjährung» offensichtliche Anwendungsfälle denkbar sind, bei denen besser schon auf ein Verfahren verzichtet würde. BOEHLEN Art. 88 N 9 berichtet und kritisiert, dass gewisse Kantone in Anwendung des Opportunitätsprinzips die bundesrechtliche Regelung umgehen. Nach u.ö. BGE (Kassationshof) vom 18.6.1987 i.S. Genfer Anklagekammer verstösst ein solches Vorgehen gegen UeBest BV Art. 2.

7   Die **Praxis** wendet Art. 88 in rund 9% der Fälle an (1995), BFS aktuell, 19, Rechtspflege, Jugendstrafurteile 1995, 6; höhere Zahlen bei BOEHLEN Art. 88 N 9.

7a   Nach dem *VE zum Jugendstrafgesetz* kann die urteilende Behörde von einer Bestrafung aus denselben Gründen absehen, die für die Einstellung des Verfahrens gelten (VE zum Jugendstrafgesetz Art. 8) und zudem dann, wenn die angestrebten Ziele gefährdet werden, Art. 20.

8   Für Jugendliche **Art. 98.**

Zweiter Abschnitt:
Jugendliche

VE 1893 Art. 7, Mot. 18 ff. VE 1894 Art. 7. 1. ExpK I 49 ff., II 371 ff. VE 1908 Art. 11 f. Erl.Z. 31 ff. 2. ExpK I 70 ff., 189 ff., IX 166 ff.; Beilagenbd. 210 ff., VE 1916 Art. 89 ff. E Art. 87 ff. Botsch. 28 ff. Sten.NR 235 ff., StR 122 ff., 261 ff., NR 657 ff., StR 315 ff., NR 740 f., StR 343, NR 778 f., StR 367 f. – Zur Teilrevision von 1950: BBl 1949 I 1287 f., StenB 1949 StR 587 ff., 1950 NR 150, 194 ff. StR 139 f.

89 Altersgrenzen

Begeht ein Jugendlicher, der das 15., aber nicht das 18. Altersjahr zurückgelegt hat, eine vom Gesetz mit Strafe bedrohte Tat, so gelten die nachstehenden Bestimmungen.

Fassung gemäss BG vom 18.3.1971.

E 1965 Art. 89, Botsch. 1965 590, Sten.NR 1969 134, StR 1967 71 f., 1970 118.

Lit. vor und zu Art. 82.

Das **Jugendlichenstrafrecht,** Art. 90–99, gilt, wenn eine strafbare Handlung nach dem 15. und spätestens am 18. Geburtstag begangen wurde. Zum Begriff der strafbaren Handlung N 3 f. vor Art. 82, Art. 84 N 3.   1

Massgebend ist der **Zeitpunkt der Tathandlung,** nicht derjenige des Erfolgseintritts, s. z.B. BGE 92 IV 83, 93 IV 9, h.M. Diese Regel steht jedoch im Gegensatz zum Charakter des Jugendstrafrechts als Täterstrafrecht, wonach der Zeitpunkt der Beurteilung und erzieherischen Beeinflussung entscheidend sein müsste. Der Moment der Tatbegehung stellt deshalb nur einen Ausgangspunkt dar. Wird eine Tat erst beurteilt, wenn der Fehlbare bereits zu einer höheren Altersgruppe gehört, oder sind Taten vor und nach Überschreiten einer Altersgrenze zu beurteilen, so sind differenzierte Lösungen erforderlich, die der Bundesrat gestützt auf Art. 397bis I d) und in Anlehnung an die Praxis des BGer, insbes. BGE 92 IV 83 f., in VStGB 1 Art. 1 zum grossen Teil festgelegt hat. Entscheidungskriterien sind, ausser dem Alter bei der Tat und der Beurteilung, die Eröffnung der Strafverfolgung und die Frage, ob eine Strafe oder eine Massnahme auszufällen sei.   2

Nicht geregelt ist der Fall, dass die **Tat als Kind** begangen, der Täter aber **als Jugendlicher beurteilt** wird. Als Strafe kommt hier nur eine Sanktion gem. Art. 87 in Frage, SJZ 42 (1946) Nr. 18. Ist eine Massnahme zu verhängen, so stehen nach BOEHLEN Art. 89 N 1 ebenfalls nur diejenigen des Kinderstrafrechts zur Verfügung, während RS 1959 Nr. 18 auch die Anwendung des Jugendlichenstrafrechts für zulässig erklärt. Die Auffas-   3 sung von BOEHLEN verdient den Vorzug, weil sich Art. 91 ff. nicht wesentlich, aber doch durch einen Anflug von Härte (Art. 91.2) von Art. 84 f. unterscheiden, andererseits gemäss Art. 86bis II Jugendmassnahmen auf kindliche Täter über 15 anwendbar sind, wenn auch mit geringfügigen Besonderheiten, Art. 86bis N 4.

4   Stehen Taten zur Beurteilung, die teils vor, **teils nach dem 15. Geburtstag** begangen wurden, erklärt VStGB 1 Art. 1 V die Bestimmungen für die folgende Altersschwelle, Abs. 3. 1. Satz, Abs. 4, für «sinngemäss» anwendbar, wo u.a. wiederum «sinngemäss» auf Art. 68 verwiesen wird. Dabei muss die urteilende Behörde zunächst die Taten vor und nach der Schwelle soweit getrennt prüfen, dass sie entscheiden kann, ob jeweils nach dem Kindes- bzw. Jugendlichenstrafrecht eine Massnahme oder eine Strafe zu verhängen wäre.

5   Ist **beide Male eine Massnahme** anzuordnen, so wählt sie diejenige, die «dringlicher und der Entwicklung des Verurteilten angepasst ist», BGE 92 IV 84. Angesichts der Ähnlichkeit der Massnahmen in beiden Normgruppen kann davon ausgegangen werden, dass grundsätzlich eine Massnahme des Jugendlichenstrafrechts anzuwenden ist – eine Ausnahme liesse sich (Art. 86bis II!) kaum begründen, ähnlich BOEHLEN Art. 89 N 6, SCHULTZ II 226, RS 1969 Nr. 7, 1947 Nr. 104. Auf den Schwerpunkt der deliktischen Tätigkeit kommt es nicht an, abweichend RS 1953 Nr. 100. Art. 91.2 kann allerdings mit der Schwere der Tat nur gerechtfertigt werden, wenn diese als Jugendlicher begangen wurde.

6   Dass die Beurteilung für beide Altersgruppen auseinanderfällt – **für die eine Strafe, für die andere Massnahme,** ist bei so ähnlichen Verhältnissen wenig wahrscheinlich, abgesehen von Fällen, bei denen die Tatzeiten weit auseinanderliegen, was aber wiederum zur Anwendung von Art. 88 al. 3 führen kann. Grundsätzlich ist neben einer Massnahme des Jugendlichenstrafrechts für Kinderstrafe kein Raum, während umgekehrt die Kombination einer Kindermassnahme mit einer Jugendstrafe kaum vorstellbar ist – besteht im Jugendlichenalter kein Bedürfnis für eine Massnahme, so bedeutet dies, dass auch ein früheres Bedürfnis nach einer Kindermassnahme weggefallen ist.

7   Ist schliesslich **beide Male eine Strafe** zu verhängen, so ist Art. 68 sinngemäss anzuwenden. Dies führt dazu, dass zunächst die schwerste Tat bestimmt wird – nach der abstrakten Methode (Art. 68 N 12) die als Jugendlicher begangene; auch hier ist analog VStGB 1 Art. 1 III zu entscheiden. Es ist also stets als Einsatzstrafe eine Jugendlichenstrafe für die nach dem 15. Geburtstag begangene Tat zu bestimmen, die dann in Berücksichtigung der Kindestat, die altersentsprechend leicht zu gewichten ist, GVP-SG 1967 Nr. 47, durch Zusatzstrafe erhöht wird. Die gegenteilige Auffassung von BOEHLEN Art. 89 N 4, wonach Kindesstrafe auszufällen sei, wenn das Schwergewicht der Delinquenz vor der Altersschwelle liege, ist abzulehnen. Bei der Strafschärfung muss der Richter jedoch Art. 87 in der Weise berücksichtigen, dass er Einschliessung um

höchstens 3 Tage (6 Halbtage) schärft – dass der Täter auch als Jugendlicher straffällig wurde, kann nicht dazu führen, dass ihm auf Konto der Kindertat eine Zusatzstrafe auferlegt wird, welche die Höchststrafe des Kinderstrafrechts übersteigt.

Welches Recht auf einen Täter, der die **Tat als Jugendlicher begangen** 8 hat, aber **als Erwachsener beurteilt** wird, anzuwenden sei, ist nicht geregelt – VStGB 1 Art. 1 I äussert sich nur zum anwendbaren Verfahren: Nur wenn die Strafverfolgung «vor dem zurückgelegten 20. Altersjahr eingeleitet wird», ist das Jugendstrafverfahren anwendbar. Nach dem Grundsatz, dass das Alter zur Tatzeit entscheidet, ist materiell nur Jugendstrafrecht anzuwenden, s. im Einzelnen Art. 372.

Stehen Taten zur Beurteilung, die **teils vor, teils nach dem 18. Geburtstag** 9 begangen wurden, so ist ähnlich wie bei der unteren Altersschwelle (vgl. N 4) zu differenzieren.

Ist **eine Massnahme** anzuordnen, so gilt die Regelung von VStGB 1 10 Art. 1 IV (vgl. N 5). Entscheidet sich der Richter für eine Massnahme des Erwachsenenrechts, z.B. Art. 100bis, so hat es damit sein Bewenden – die Jugendlichensanktion (Strafe oder Massnahme) wird absorbiert, BGE 111 IV 7, 8. Wählt er dagegen eine jugendstrafrechtliche Massnahme, so schreibt VStGB 1 Art. 1 IV 2. Satz ihm vor, «auch auf die Strafe des Erwachsenenrechts» zu erkennen, bei Freiheitsstrafe deren Vollzug jedoch aufzuschieben. Die Regelung ist deutlich inspiriert von BGE 92 IV 84: «Ergibt sich nach dem Jugendrecht eine Massnahme, nach dem Erwachsenenrecht dagegen eine Strafe, so sind beide Sanktionen zu verhängen». Die Bestimmung des VStGB ist zunächst insoweit zu berichtigen, als eine Strafe des Erwachsenenrechts natürlich nur in Frage kommt, wenn die Voraussetzungen dafür gegeben sind, nicht dann, wenn eine jugendrechtliche Behandlung, Art. 92, bei Zurechnungsunfähigkeit des Täters mit Art. 43 konkurriert. Sie ist sodann nicht zu beanstanden, wenn für die Tat als Erwachsener von vornherein nur eine Strafe in Frage kommt. Boehlen Art. 89 N 5 kritisiert die Abkehr vom monistischen System im Fall, wo für die Erwachsenentat eine Massnahme gemäss Art. 100bis hätte ausgefällt werden müssen. BGE 111 IV 8 f. räumt ein, die Regelung des VStGB möge «nicht in jeder Hinsicht befriedigend» sein; unter Hinweis auf die Möglichkeit einer Rückversetzung in die Arbeitserziehung für bis zu zwei Jahre wird aber nachgewiesen, dass daraus keine Schlechterstellung erwächst.

Zum **Entscheid über die Vollstreckung der aufgehobenen Strafe** hat sich 11 BGE 111 IV 9 f. grundsätzlich geäussert: Obwohl die Ausgangslage nicht derjenigen gemäss Art. 43/44 entspricht, weil die Massnahme nicht an die Stelle der Strafe treten kann, sind sinngemäss Art. 43.3, 5, 44.3, 5, 45.3, 6 massgebend: a) bei Erfolg der Massnahme wird auf Vollzug verzichtet; b) bei Misserfolg der Massnahme ist die Strafe grundsätzlich zu vollziehen; c) eine «Anrechnung» der jugendrechtlichen Massnahme ist denkbar, wenn und soweit sie die Dauer einer der Tat angemessenen

Einschliessungsstrafe überschreitet, doch ist Zurückhaltung angebracht und einerseits die «Schwere» der vollzogenen Freiheitsentziehung, andererseits böswillige Vereitelung des Erfolgs durch den Betroffenen zu berücksichtigen. Aufenthalt in einem Lehrlingsheim gilt nicht als Freiheitsentziehung.

12 Ist **beide Male eine Strafe** zu verhängen, so gilt sinngemäss Art. 68, wobei die Strafdrohung gemäss Art. 95 als die leichtere zu behandeln ist, wenn sie mit einer Freiheitsstrafe des Erwachsenenrechts konkurriert, VStGB 1 Art. 1 III 2. Satz, BJM 1982 94. Dies kann jedenfalls dann nicht richtig sein, wenn nur Haft in Frage kommt, vor der Altersschwelle aber ein Verbrechen oder Vergehen verübt wurde. Auch dann, wenn Gefängnis bis zu sechs Monaten angedroht ist (Art. 173, 261, 263, 278), kann die Bestimmung zu unbegründeter Privilegierung führen, wenn nach Art. 95 die Höchststrafe von einem Jahr Einschliessung in Frage käme. Eine Benachteiligung des Übergangstäters ist jedoch entgegen der Auffassung von BOEHLEN Art. 89 N 3 nicht zu befürchten, zumal bei der Jugendstrafe als Zusatzstrafe deren geringeres Gewicht zu berücksichtigen ist (vgl. BGE 96 IV 28) – die Strafe ist um weniger zu erhöhen, als wenn alle Taten nach dem 18. Geburtstag begangen worden wären, BOEHLEN a.a.O. 127.

90 Untersuchung

Die zuständige Behörde stellt den Sachverhalt fest. Soweit die Beurteilung des Jugendlichen es erfordert, macht sie Erhebungen über das Verhalten, die Erziehung und die Lebensverhältnisse des Jugendlichen und zieht Berichte und Gutachten über dessen körperlichen und geistigen Zustand ein. Sie kann auch die Beobachtung des Jugendlichen während einer gewissen Zeit anordnen.

E 1965 Art. 90, Botsch. 1965 590, Sten.NR 1969 134, StR 1967 72, 1970 118.

Lit. vor Art. 82 und zu Art. 83.

Art. 90 entspricht bis auf die Bezeichnung des Betroffenen wörtlich **Art. 83,** s. dort.

Art. 90 gilt **nicht für 18–20jährige,** Sem.jud. 1955 417.

91 Erziehungsmassnahmen

1. Bedarf der Jugendliche einer besondern erzieherischen Betreuung, namentlich wenn er schwererziehbar, verwahrlost oder erheblich gefährdet ist, so wird von der urteilenden Behörde die Erziehungshilfe, die Unterbringung in einer geeigneten Familie oder in einem Erziehungsheim angeordnet.

Mit der Erziehungshilfe kann Einschliessung bis zu 14 Tagen oder Busse verbunden werden.

Dem Jugendlichen können jederzeit bestimmte Weisungen erteilt werden, insbesondere über Erlernung eines Berufes, Aufenthalt, Verzicht auf alkoholische Getränke und Ersatz des Schadens innert bestimmter Frist.

Durch die Erziehungshilfe ist dafür zu sorgen, dass der Jugendliche angemessen gepflegt, erzogen, unterrichtet und beruflich ausgebildet wird, dass er regelmässig arbeitet und seine Freizeit und seinen Verdienst angemessen verwendet.

2. Ist der Jugendliche besonders verdorben oder hat er ein Verbrechen oder ein schweres Vergehen verübt, das einen hohen Grad der Gefährlichkeit oder Schwererziehbarkeit bekundet, so wird von der urteilenden Behörde seine Einweisung in ein Erziehungsheim für eine Mindestdauer von zwei Jahren angeordnet.

Fassung gemäss BG vom 18.3.1971

E 88, 89. Sten.NR 238, 240 ff., StR 123 ff., NR 741 f. E 1965 Art. 91, Botsch. 1965 590 f., Sten.NR 1969 134 f., 1970 528, StR 1967 72, 1970 118 f.

HASSO BERGANDE, Die strafrechtliche Behandlung jugendlicher Täter, die keiner längeren Erziehung bedürfen, in England, den Niederlanden, Frankreich, der Schweiz und Österreich, Diss. Göttingen 1970; MARIE BOEHLEN, Das Jugenderziehungsheim als Faktor der sozialen Integration, Bern 1983; HANS BRACHER, Die Anstaltsversorgung als Massnahme des schweizerischen Jugendstrafrechts, Diss. BE 1950; ROMANO BOUB, *Les mesures appliquées aux délinquants mineurs dans le canton de Vaud*, Diss. Laus. 1977; W. CANZINI u.a., Sind unsere Erziehungsanstalten noch zeitgemäss? Bern/Frankfurt a.M. 1972; ERWIN FREY, Reform des Massnahmenrechts gegen Frühkriminelle, Basel 1951; SYLVIA RYFFEL, Die Familienversorgung im schweizerischen Jugend-Strafrecht, Diss. ZH 1946; A. SCHATZMANN, Anstaltsversorgung und Familieneinweisung nach schweizerischem Jugendstrafrecht, ZStrR 68 (1953) 190; MARTIN STETTLER, *L'assistance éducative,* ZStrR 92 (1976) 275; HEINZ WETTSTEIN, Die Weisungen im schweizerischen Jugendstrafrecht, Diss. ZH 1975; **Lit.** vor Art. 82.

Art. 91.1 I regelt die Erziehungsmassnahmen für Jugendliche zunächst wörtlich gleich **wie Art. 84 I** für Kinder, s. dort.　　　　　　　　　　1

Auch bei Jugendlichen fällt die **Praxis vorwiegend Strafen** aus, 1995 wurden 84% der Jugendlichen zu einer Strafe und nur 9% zu einer Massnahme verurteilt; Erziehungshilfe und Einweisung in ein Erziehungsheim wurden je in rund 4%, Einweisung in eine Fremdfamilie in 0,2% der Fälle angeordnet, BFS aktuell, 19 Rechtspflege, Jugendstrafurteile 1995, 8, 13.　　　　　　　　　　2

Auf die **Schwere der Tat** kommt es in Ziff.1 nicht an. Eine Beschränkung auf Verbrechen oder Vergehen wie im Erwachsenenstrafrecht, Art. 42.1 I, 43.1 I, 104 II, ist im Hinblick auf den Zweck des Jugendstrafrechts nicht vorgesehen, BGE 117 IV 12 f., s. auch RJN 1996 71.　　　　　　　　2a

3   **Ziff. 1 II lockert den Monismus,** indem er dem Richter ermöglicht, neben der Erziehungsmassnahme eine Strafe auszufällen, allerdings in einem gegenüber Art. 95.1 I stark beschränkten Rahmen. Die Bestimmung wurde erst im Nationalrat eingefügt, RODIEUX 74. Sie soll insbesondere neben Erziehungshilfe ermöglichen, dass die Folge der Straftat «spürbar» wird, REHBERG II 223, SCHULTZ II 233. In der Literatur wird Abs. 2 teilweise kritisiert, vor allem wegen des grossen Ermessens, das die urteilende Behörde erhält, BOEHLEN Art. 91 N 5 m.w.Hinw. M.E. ist sie jedoch zu begrüssen: Die Voraussetzungen für Erziehungsmassnahmen und Strafen schliessen sich keineswegs gegenseitig aus, ebensowenig die entsprechenden Sanktionen. Dadurch, dass der Jugendliche mit Bestrafung auf seine Verantwortung angesprochen wird, kann auch eine erzieherische Wirkung erzielt werden, so auch RODIEUX 77. STETTLER VE 98 und Bericht *VE zum Jugendstrafgesetz* 138, 176 sehen generell die Möglichkeit, Strafen und Massnahmen zu verbinden, vor.

4   **Ziff. 1 III** gestattet, dem Jugendlichen zusätzlich zu Erziehungsmassnahmen bestimmte **Weisungen** zu erteilen (vgl. Art. 41 N 34–44). Die Vollzugsbehörde hat diese Möglichkeit nicht, krit. BOEHLEN Art. 91 N 4. Mit Recht wird darauf hingewiesen, dass die Weisungen nur nach erzieherischen, nicht nach punitiven Gesichtspunkten gewählt werden sollen, und dass ihre Beachtung wenigstens überprüfbar sein muss, BOEHLEN a.a.O., RODIEUX 76, eingehend zu einzelnen Weisungsinhalten WETTSTEIN 73 ff. Die Befolgung darf aber auch nicht vom Willen Dritter abhängen, z.B. Wechsel der Lehrstelle, SJZ 58 (1962) Nr. 19. Der Durchsetzung stehen keine speziellen Sanktionsmittel zur Verfügung; in Frage kommt aber der Widerruf einer nach Abs. 2 mit bedingtem Vollzug verhängten Strafe. Ferner darf der Jugendliche nicht überfordert werden, z.B. hinsichtlich der Berufsausbildung. Die Weisung kann «jederzeit», also auch während des Vollzugs erteilt werden. Sie kann auch jederzeit von der urteilenden Behörde aufgehoben oder abgeändert werden.

5   Als **Zielbereiche der Erziehungshilfe** werden in Abs. 4 zunächst wie in Art. 84 II Pflege, Erziehung und Unterrichtung erwähnt; dazu kommen altersgemäss die Berufsausbildung, das Arbeitsverhalten und der Umgang mit Freizeit und Geld. Weil die Erziehungshilfe die elterliche Gewalt nicht tangiert, dazu kritisch STETTLER, ZStR 92 (1976) 280, ist eine Lohnverwaltung nur mit Zustimmung der Eltern möglich, BOEHLEN Art. 91 N 3. Die Massnahme hat nach STETTLER, *évolution,* 157 ff., die in sie gesetzten Hoffnungen nicht erfüllt.

6   **Ziff. 2** sieht eine **«qualifizierte Massnahme»** *(contradictio in adjecto)* vor einerseits für besonders verdorbene Jugendliche, unabhängig von der Tat, andererseits für Jugendliche, die ein Verbrechen oder schweres Vergehen verübt haben, in welchem sich ihre hohe Gefährlichkeit oder Schwererziehbarkeit offenbart.

Verdorben *(perverti)* ist der Jugendliche, wenn er an Schwererziehbarkeit 7
oder Verwahrlosung das zur Anordnung einer Erziehungsmassnahme erforderliche Mass «weit übersteigt», REHBERG II 219. Eine klare Grenzziehung ist nicht möglich. Ziff. 2 sollte höchstens in extremen,
nahezu «hoffnungslosen» Fällen angewandt werden, weil Art. 94.1 ohnedies erlaubt, den Jugendlichen zwei Jahre (und länger) in der Vollzugs-
anstalt zu belassen.

Auch hinsichtlich der **Tatschwere** ist eine enge Auslegung gefordert, das 8
Wort «schwer» ist entgegen dem Wortlaut auch auf Verbrechen zu be-
ziehen, sinngemäss auch SCHULTZ II 236. Ausreichend offenbar schwere
Körperverletzung mit Todesfolge, Raub, weitere Vermögensdelikte,
Nötigung und Verstösse gegen das SVG, s. BGE 105 IV 93, 97. Dagegen
genügt u.U. auch qualifizierter Diebstahl oder Raub nach Ziff. 2 von
Art. 139 oder 140 nicht, ZBJV 87 (1951) 130. Entgegen SJZ 46 (1950)
Nr. 27, RS 1947 Nr. 27, genügt die objektive Schwere der Tat allein nicht
– die Tat muss Indiz für eine verhängnisvolle Entwicklung sein; RS 1956
Nr. 13, 1963 Nr. 75 (zu aZiff. 3), wollen Ziff. 2 nur auf «angehende
Schwerverbrecher» anwenden, zust. BOEHLEN Art. 91 N 9, SCHULTZ II
236. Insofern ist mit dem Hinweis auf die besondere Gefährlichkeit gegen
BOEHLEN Art. 91 N 10, REHBERG II 220, doch eine Rückfallsprognose erforderlich, s. auch SCHULTZ II 236. Wenig sinnvoll ist der Hinweis auf den
besonders hohen Grad der Schwererziehbarkeit, der schon mit «besonders verdorben» selbständig erfasst wird, BOEHLEN Art. 91 N 9.

Sind die Voraussetzungen gegeben, so **muss** die urteilende Behörde für 9
mindestens zwei Jahre in ein Erziehungsheim einweisen, SJZ 39 (1942/
43) 131, BOEHLEN Art. 91 N 10, a.M. offenbar REHBERG II 222, wonach
Verzicht zulässig sei, wenn die Massnahme von vornherein zwecklos
erscheine. Eine bedingte Entlassung kommt nicht früher in Frage, Art.
94.1 (vgl. aber den SV in BGE 104 Ib 270). Die Frist wird auch nicht ab-
gekürzt bei Vollzug in einer Strafanstalt, BGE 105 IV 97E. 4. Die Massnahme kann ferner, im Gegensatz zu denjenigen gemäss Ziff. 1, bis zum
Ende des 25. Altersjahres aufrechterhalten werden, Art. 94.5.

Ziff. 2 wird mit Recht **kritisiert,** z.B. BOEHLEN Art. 91 N 10, RODIEUX 80. 10
Es besteht der Verdacht, dass hier eine Massnahme zur Befriedigung re-
pressiver Bedürfnisse missbraucht werden soll. Nicht zu unterschätzen ist
m.E. die stigmatisierende Wirkung. Die Praxis ist offenbar erfreulich
zurückhaltend, vgl. STETTLER *évolution* 165.

BGE 121 IV 109 ff. setzt sich mit der Frage auseinander, ob die Ein- 11
weisung in ein Erziehungsheim für Jugendliche, die bis ins Erwachsenenalter dauern kann (Art. 94.1 und 5) **mit EMRK Art. 5 vereinbar** sei. Richtigerweise kommt es zum Schluss, dass es um eine Verurteilung i.S. von
Art. 5.1 a) EMRK geht, was durchaus konventionskonform ist.

92 Besondere Behandlung

[1] **Erfordert der Zustand des Jugendlichen eine besondere Behandlung, namentlich wenn der Jugendliche geisteskrank, schwachsinnig, blind, erheblich gehör- oder sprachbehindert, epileptisch, trunksüchtig, rauschgiftsüchtig oder in seiner geistigen oder sittlichen Entwicklung erheblich gestört oder ungewöhnlich zurückgeblieben ist, so ordnet die urteilende Behörde die notwendige Behandlung an.**

[2] **Diese Behandlung kann jederzeit auch neben den Massnahmen des Artikels 91 angeordnet werden.**

Fassung gemäss BG vom 18.3.1971.

E 1965 Art. 92, Botsch. 1965 591, Sten.NR 1969 159, 1970 528, StR 1967 73, 1970 119.

Lit. vor Art. 82 und zu Art. 85.

1 **Art. 92 entspricht** bis auf die Erwähnung von Trunk- und Rauschgiftsucht **Art. 85,** s. dort. Dass Süchtigkeit für Kinder nicht erwähnt wird, ist leider überholt, steht aber einer entsprechenden Massnahme nicht im Wege, RODIEUX 102.

2 Die Behandlung kann auch mit den Erziehungsmassnahmen gemäss Art. 93bis II und 93ter **kombiniert** werden, (BGE 105 IV 97 E. 3b).

3 Die Massnahme wird von der anordnenden Instanz (ZR 63 [1964] Nr. 4) **aufgehoben,** wenn ihr Zweck erreicht ist, spätestens nach Vollendung des 22. Altersjahres, vgl. Art. 94bis (i.V.m. Art. 94.2), REHBERG II 234. Zur probeweisen Entlassung Art. 94bis.

93 Änderung der Massnahmen

[1] **Die urteilende Behörde kann die getroffene Massnahme durch eine andere Massnahme ersetzen.**

[2] **Vorgängig kann die Beobachtung des Jugendlichen während einer gewissen Zeit angeordnet werden.**

Fassung gemäss BG vom 18.3.1971.

E 90. Sten.StR 125, 126, 261, 316, 343. E 1965 Art. 93, Botsch. 1965 592, Sten.NR 1969 159 f., 1970 528, StR 1967 73, 1970 119 f.

HERBERT MENZI, Die Änderung der Massnahme im Jugendstrafrecht, Diss. ZH 1956; **Lit.** vor Art. 82 und zu Art. 91.

1 Art. 93 entspricht *mutatis mutandis* («Jugendlichen», statt «Kind») wörtlich **Art. 86,** s. auch dort.

2 Die Möglichkeit, das Urteil hinsichtlich der Sanktion (auch mehrmals, BGE 113 IV 19) abzuändern, gilt **nur für Massnahmen;** in Frage kommen Änderungen bei derselben Massnahme, z.B. von ambulanter zu stationärer Behandlung gemäss Art. 92 (REHBERG II 233), und umgekehrt, oder

zwischen Erziehungshilfe, Familieneinweisung und Erziehungsheim nach Art. 91, aber auch zwischen Massnahmen gemäss Art. 91 und 92, RODIEUX 103. Eine Änderung in die Massnahme gemäss Art. 91.2 ist höchstens denkbar, wenn sich nachträglich die Verdorbenheit des Jugendlichen erweist, m.E. fehlt dafür jedoch ein legitimes Interesse, weil Art. 94.1 ohnehin eine Entlassung erst nach zwei Jahren ermöglicht (die besondere Stigmatisierung des Art. 91.2 ist fragwürdig), a.M. BOEHLEN Art. 93 N 3, MENZI 130. Nach vorherrschender Auffassung (BOEHLEN Art. 93 N 4 m.w.Hinw.) ist umgekehrt die Mindestdauer gemäss Art. 91.2 bindend. Dem ist im Grundsatz beizustimmen, mit einer Ausnahme für den Fall, dass sich nachträglich eine besondere Behandlung als notwendig erweist. Die Frist von einem Jahr gemäss Art. 94.1 wird in BGE 76 IV 226 f. grundsätzlich als bindend angesehen (Ausnahme nur, wenn bis zur Vollendung des 22. Altersjahres kein volles Jahr mehr zur Verfügung steht), ebenso BGE 113 IV 20, SJZ 43 (1947) Nr. 62. Mit Recht meinen dagegen BOEHLEN Art. 93 N 4 und VEILLARD, ZStrR 58 (1944) 323, dass die gesetzliche Vermutung, wonach das Ziel der Heimeinweisung nicht früher als nach einem Jahr erreicht werden kann, nicht unumstösslich ist. Die Änderung kann schliesslich auch dazu führen, dass gemäss Art. 98 von einer (weiteren) Massnahme abgesehen wird, RS 1951 Nr. 28, anders RS 1974 Nr. 728, s. Art. 98 N 4.

Änderung von Vollzugsmodalitäten, Art. 93bis, 93ter, tangieren nicht die Massnahme selber und fallen in die Zuständigkeit der vollziehenden Behörde. RS 1968 Nr. 185 verlangt einen Entscheid der urteilenden Behörde für den Wechsel von einer fremden in die eigene Familie, anders PKG 1968 Nr. 27.   3

Strafen erwachsen in Rechtskraft und können später nur auf dem Weg über die Wiederaufnahme abgeändert werden, SJZ 40 (1944) Nr. 75.   4

Die Änderung der Massnahme kann, obschon der entsprechende Hinweis bei der Revision gestrichen wurde, **jederzeit** verfügt werden, auch wenn mit dem Vollzug noch gar nicht begonnen wurde, LGVE 1980 I 675, RS 1959 Nr. 199. Ist der Betroffene dem Jugendalter entwachsen, so bleibt die Änderung möglich, BGE 113 IV 20, wobei freilich nur Massnahmen des Jugendlichenstrafrechts zur Auswahl stehen, vgl. SJZ 75 (1979) Nr. 47.   5

Das Gesetz sagt nichts über die **Voraussetzungen** einer Änderung, die urteilende Behörde verfügt über ein weites Ermessen, BGE 113 IV 21. Aus dem Sinn des Jugendmassnahmenrechts ergibt sich, dass die Massnahme zu ändern ist, wenn sie sich als nicht mehr zweckmässig erweist, was am Massnahmenvollzug, an der Entwicklung des Jugendlichen oder an Änderungen in seinem sozialen Umfeld (z.B. Scheidung, [Wieder-]Verheiratung der Eltern) liegen kann, RS 1948 Nr. 21, SJZ 51 (1955) Nr. 181; s. auch LGVE 1980 I 673, ZR 46 (1947) Nr. 89. Die vollziehende Behörde kann die Änderung gemäss Art. 94.2 II beantragen.   6

93bis   Vollzug und Versetzung in eine Arbeitserziehungsanstalt

[1] **Die vollziehende Behörde überwacht in allen Fällen die Erziehung und die besondere Behandlung des Jugendlichen.**

[2] **Ist ein Jugendlicher in ein Erziehungsheim eingewiesen worden, so kann die vollziehende Behörde die Massnahme in einer Arbeitserziehungsanstalt durchführen lassen, wenn er das 17. Altersjahr zurückgelegt hat.**

Eingeführt durch BG vom 18.3.1971.

E 1965 Art. 93bis, Botsch. 1965 592 f., Sten.NR 1969 159 f., 1970 528, StR 1967 73, 1970 120.

Lit. vor Art. 82 und zu Art. 91.

1   **Abs. 1 entspricht** *mutatis mutandis* wörtlich **Art. 86**bis **I**, s. auch dort.

2   Abs. 2 ermöglicht **(analog Art. 86**bis **II)** den **Vollzug** der Einweisung in ein Erziehungsheim **in der Arbeitserziehungsanstalt,** und zwar schon nach Vollendung des 17. Altersjahres, dazu krit. BOEHLEN Art. 93bis N 3, zust. REHBERG, Sanktionen, 11. Der Vollzug richtet sich dann gänzlich nach Art. 100bis, während für die Entlassung weiterhin Art. 94 gilt, BGE 103 Ib 86.

3   Möglich ist auch die **direkte Einweisung** in eine Arbeitserziehungsanstalt durch die urteilende Behörde, BGE 105 IV 96 E. 3a (zu Art. 93ter), BOEHLEN Art. 93bis N 4.

4   Eine **Kombination mit besonderer Behandlung** (Art. 92 II) bleibt weiterhin möglich, BGE 105 IV 97.

5   Zum wenig klaren **Verhältnis von Art. 93**bis **II zu Art. 93**ter BOEHLEN Art. 93bis N 3.

93ter   Einweisung in ein Erziehungsheim für besonders schwierige Jugendliche

[1] **Erweist sich der nach Artikel 91 in ein Erziehungsheim oder nach Artikel 93**bis **in eine Arbeitserziehungsanstalt Eingewiesene als ausserordentlich schwer erziehbar, so kann ihn die vollziehende Behörde, wenn nötig nach Einholung eines Gutachtens, in ein Therapieheim einweisen.**

[2] **Erweist sich der Jugendliche in einem Erziehungsheim als untragbar und gehört er nicht in ein Therapieheim, so kann ihn die vollziehende Behörde in eine Anstalt für Nacherziehung einweisen. Eine vorübergehende Versetzung kann auch aus disziplinarischen Gründen erfolgen.**

Eingeführt durch BG vom 18.3.1971.

Sten.NR 1969 160 ff., 1970 528 ff., StR 1970 120.

EIDGENÖSSISCHES JUSTIZ- UND POLIZEIDEPARTEMENT, Richtlinien betreffend Erziehungsheime für besonders schwierige Jugendliche gemäss Art. 93ᵗᵉʳ StGB, Strafvollzug 103/1978 139; EVA J. KOBER, Das Therapieheim, Diss. ZH 1985; HANS PETER, Die «Anstalt für schwersterziehbare Jugendliche», Probleme und Möglichkeiten, ZStrR 84 (1968) 74; PRISKA SCHÜRMANN, Erziehungsheime für besonders schwierige Jugendliche gemäss Artikel 93ᵗᵉʳ des Schweizerischen Strafgesetzbuches, Strafvollzug 103/1978 137 f.; HANNES TANNER, Sexualität – Thema der Reflexion und Selbstthematisierung im Massnahmevollzug für Jugendliche und junge Erwachsene, Schriften des Pädagogischen Institutes der Universität Zürich 1991, 29; **Lit.** vor Art. 82 und zu Art. 91.

Art. 93ᵗᵉʳ sieht zusätzlich zum Erziehungsheim, Art. 91, und zur Arbeitserziehungsanstalt, Art. 93ᵇⁱˢ II/100ᵇⁱˢ, zwei weitere **Anstaltstypen für aussergewöhnlich schwierige Jugendliche** vor. Mit dieser Neuerung sollte vor allem verhütet werden, dass Jugendliche mangels einer geeigneten Einrichtung in Strafanstalten für Erwachsene eingewiesen werden, wie dies aArt. 93 II noch vorgesehen hatte (dazu BGE 85 IV 16 f.), BOEHLEN Art. 93ᵗᵉʳ N 3. Als Übergangsbestimmung sieht VStGB 1 Art. 7 allerdings vor, dass bis zur Schaffung einer Anstalt für Nacherziehung ein Jugendlicher in eine Anstalt gemäss Art. 37.2 II, 37.3 II, 100ᵇⁱˢ oder 39 (für längstens drei Monate) eingewiesen werden kann. Die VO ist jedoch widersprüchlich: Art. 7 wurde am 16.11.1983 neu gefasst (die ältere Version verwies schlechthin auf Art. 37) und sollte per 1.1.1984 in Kraft treten. Art. 8 II beschränkt jedoch die Geltungsdauer von Art. 7 auf die Zeit bis 31.12.1983! Dieses Datum dürfte auf einem Irrtum beruhen, denn für Heime und Anstalten gemäss Art. 93ᵗᵉʳ setzt Übergangsbestimmung II zum BG vom 18.3.1971 den Kantonen eine Frist von zwölf Jahren. Für diese Zeit konnte der Bundesrat die nötigen Anordnungen treffen. BGE 105 IV 95 f. stellte fest, dass er mit VStGB 1 Art. 7 seine Kompetenzen nicht überschritten hatte. Weil Art. 93ᵗᵉʳ auf 1.1.1974 in Kraft gesetzt wurde, galt VStGB 1 Art. 7 nur bis 31.12.1985. Seither dürfen Jugendliche nicht mehr in Strafanstalten für Erwachsene eingewiesen werden. Lässt sich die Massnahme von vornherein nicht vollziehen, so ist als Alternative die Verurteilung zu Einschliessung möglich, vgl. RS 1973 Nr. 535.

1

Das **Therapieheim** ist vorgesehen für Jugendliche, von denen angenommen wird, dass sie einer sehr intensiven Betreuung und Behandlung noch zugänglich sind, Jugendliche «im Grenzbereich zwischen Psychiatrie und Erziehungsschwierigkeiten», KOBER 82, sog. *«borderline-cases»*. REHBERG II 227 nennt «Neurotiker, infantile Geisteskranke, Hirngeschädigte, gewisse Psychopathen und bestimmte Schwerdelinquenten»; Geisteskranke gehören aber regelmässig in besondere Behandlung gemäss Art. 92. Auf Begutachtung kann (entgegen dem Wortlaut) kaum verzichtet werden, BOEHLEN Art. 93ter N 8, REHBERG II 227. Damit die Therapie eine Chance hat, muss das Heim über qualifiziertes Personal verfügen – das Verhältnis zu den Eingewiesenen sollte 1:1 sein, KOBER 79, SCHULTZ II 238. Heute besteht einzig noch das Therapieheim Sonnenblick in Ka-

2

stanienbaum/LU für weibliche Jugendliche – das Heim in Gorgier/NE
wurde geschlossen, ebenso ein entsprechendes Heim für männliche Jugendliche in Genf (Le Bosquet).

3 Die **Anstalt für Nacherziehung** soll schliesslich Jugendliche aufnehmen,
die überhaupt keiner therapeutischen oder erzieherischen Beeinflussung
zugänglich erscheinen, «primitiv geartete, schwachsinnige, stark infantile
und schwer verwahrloste Jugendliche», REHBERG II 228, ähnliche BOEH-
LEN Art. 93ter N 9. Auch hier ist grundsätzlich eine Begutachtung anzuordnen, REHBERG a.a.O., a.M. BOEHLEN Art. 93ter N 9. Als Vollzugs-
methode war offenbar an straffe Disziplinierung nach englischem
Vorbild gedacht, s. z.B. SCHULTZ II 238, was m.E. schon unter dem Gesichtspunkt der Menschenwürde bedenklich und in der Schweiz auch
kaum praktikabel ist. Dass die Anstalt auch für den Vollzug von Disziplinarstrafen herhalten muss, gibt keinen Hinweis auf sinnvolle Vollzugs-
methoden. Die Berechtigung des besondern Typus ist insgesamt fraglich,
zumal die Anstalt für Nacherziehung als der Arbeitserziehungsanstalt
«praktisch gleichgestellt» angesehen wird, BGE 103 Ib 84. Für weibliche
Jugendliche besteht eine Einrichtung zum Vollzug der Nacherziehung,
das «Bellevue» Altstätten, für männliche ist eine entsprechende Abteilung in Prêles und in Aarburg eingerichtet, dazu HEINE/LOCHER 121.

4 **Formelle Voraussetzung** für die Versetzung in eine Anstalt gemäss Art.
93ter ist, dass der Betroffene sich zunächst in einem Erziehungsheim nicht
bewährt – Versetzung aus der Arbeitserziehungsanstalt schliesst BGE
103 Ib 85 f. aus. Solche Einschränkungen sind m.E. wenig sinnvoll – entscheidend ist nur, dass der Jugendliche in die Einrichtung kommt, in welcher die Chancen einer günstigen Beeinflussung am besten sind. Die Eti-
kette ist von zweitrangiger Bedeutung. BGE 105 IV 96 f. E. 3a) sieht
denn auch mit Recht vor, dass in Fällen, in denen sich diese Lösung nach
früheren Erfahrungen aufdrängt, schon die urteilende Behörde in eine
Anstalt gemäss Art. 93ter einweisen kann.

94 Bedingte Entlassung und Aufhebung der Massnahme

**1. Hat der Jugendliche mindestens ein Jahr in einer oder mehreren
Anstalten nach Artikel 91 Ziffer 1, 93bis Absatz 2 oder 93ter zugebracht,
im Falle der Einweisung nach Artikel 91 Ziffer 2 mindestens zwei Jahre,
und ist anzunehmen, der Zweck der Massnahme sei erreicht, so kann ihn
die vollziehende Behörde nach Anhören der Anstaltsleitung bedingt entlassen. Sie bestimmt eine Probezeit von sechs Monaten bis zu drei Jahren. Sie stellt den Entlassenen unter Schutzaufsicht. Damit können Weisungen nach Artikel 91 Ziffer 1 Absatz 3 verbunden werden.**

**2. Handelt der Entlassene während der Probezeit trotz förmlicher
Mahnung der zuständigen Behörde einer ihm erteilten Weisung zuwider
oder missbraucht er in anderer Weise die Freiheit, so kann ihn die vollziehende Behörde verwarnen, ihm bestimmte Weisungen erteilen, ihn in**

eine Anstalt zurückversetzen oder der urteilenden Behörde die Anordnung einer andern Massnahme beantragen.

Nötigenfalls kann die vollziehende Behörde die Probezeit höchstens bis auf drei Jahre, aber nicht über das 22. Altersjahr hinaus verlängern. Wurde der bedingt zu Entlassende nach Artikel 91 Ziffer 2 in ein Erziehungsheim eingewiesen, kann die Probezeit bis auf fünf Jahre verlängert werden, aber nicht über das 25. Altersjahr hinaus.

3. Bewährt sich der Entlassene bis zum Ablauf der Probezeit, so ist er endgültig entlassen. Die vollziehende Behörde verfügt die Löschung des Eintrags im Strafregister.

4. Die vollziehende Behörde hebt die übrigen Massnahmen nach Artikel 91 Ziffer 1 auf, sobald sie ihren Zweck erreicht haben.

Haben sie ihren Zweck nicht vollständig erreicht, so kann die vollziehende Behörde den Jugendlichen bedingt entlassen. Es können damit Weisungen nach Artikel 91 Ziffer 1 Absatz 3 und Schutzaufsicht verbunden werden. Ziffer 2 Absatz 1 ist sinngemäss anwendbar. Weisungen und Schutzaufsicht werden aufgehoben, wenn sie nicht mehr nötig sind.

5. Die vollziehende Behörde hebt die Einweisung in ein Erziehungsheim nach Artikel 91 Ziffer 2 spätestens mit dem zurückgelegten 25. Altersjahr des Jugendlichen auf, die übrigen Massnahmen mit dem zurückgelegten 22. Altersjahr.

Fassung gemäss BG vom 18.3.1971.

E 1965 Art. 94, Botsch. 1965 593 ff., Sten.NR 1969 164 ff., 1970 531, StR 1967 76 f., 1970 121.

VERENA LÜDI, Die Schutzaufsicht im Jugendstrafrecht der Schweiz, Diss. ZH 1951; **Lit.** vor Art. 82 und zu Art. 91.

Art. 94 regelt zunächst die **bedingte Entlassung** aus stationären Erziehungsmassnahmen gemäss Art. 91, 93bis, 93ter. Eine bedingungslose Entlassung ist in diesen Fällen nur nach Ablauf der absoluten Frist gemäss Ziff. 5 möglich, RODIEUX 125. Die Regelung lehnt sich an Art. 38 an, s. dort, vgl. auch Art. 96, 100ter.   1

Formell ist eine Mindestdauer des Heimaufenthalts verlangt, wobei es auf den tatsächlichen Aufenthalt in der Einrichtung ankommt, REHBERG II 230 f. Bei Einweisung in verschiedene Heime wird die Dauer aus der Summe aller Einzelperioden errechnet. Auch vorläufige Einweisung ist mitzuzählen, AGVE 1949 Nr. 35, nach BOEHLEN Art. 94 N 3 sogar eine administrative Einweisung, a.M. ZR 56 (1957) 57. In der Frist von einem Jahr äussert sich die gesetzliche Vermutung, dass eine Wirkung in kürzerer Zeit kaum je erzielt werden kann. Trifft dies ausnahmsweise doch zu, so ist m.E. auch eine frühere Entlassung möglich, s. Art. 93 N 2 – sie ist jedenfalls einer Umgehung des Gesetzes durch «Beurlaubung» (die nach BOEHLEN Art. 94 N 6 praktiziert wird) vorzuziehen. Die Eltern haben kein Recht auf «Heimgabe» nach einem Jahr, BJM 1973 241. Die Zwei-   2 jahresfrist gemäss Art. 91.2 hat dagegen auch Strafcharakter und darf deshalb nicht verkürzt werden.

3   **Materiell** ist **vorausgesetzt,** dass «anzunehmen» ist, der Zweck der Massnahme sei erreicht. Es wird also nicht mehr als eine begründete Vermutung verlangt, dass Erfolge erzielt worden sind, die es rechtfertigen, den Jugendlichen bedingt zu entlassen, eine äusserst flexible Lösung, die der Sache angemessen sein dürfte – wäre das Ziel völlig erreicht, so liessen sich weitere Bedingungen nicht rechtfertigen. Umstritten ist die Frage, ob die Massnahme weiter zu vollziehen sei, auch wenn sie nicht mehr als sinnvoll erscheint, weil keine Erfolgsaussicht mehr besteht, so BGE 91 IV 178 f. E. 2, oder ob auch in diesem Fall zu entlassen und nicht die absolute Altersgrenze abzuwarten sei, so BOEHLEN Art. 94 N 9, REHBERG II 230 f. Der zweiten Auffassung ist aus rechtsstaatlichen Gründen zuzustimmen. Freiheitsentziehung zur Erziehung ist legitim nur im Rahmen ihrer Zweckmässigkeit. Die Frage ist besonders wichtig im Hinblick auf die (*per definitionem* fast hoffnungslosen) Fälle gemäss Art. 93ter.

4   Die **Probezeit** beträgt in der Regel mindestens ein Jahr, BOEHLEN Art. 94 N 6. Die Dauer ist so zu bemessen, dass sie nicht über das 22. (bei Art. 91.2 das 25.) Altersjahr hinausführt, vgl. Ziff. 2 II. Zur (obligatorischen) Schutzaufsicht s. Art. 47; hier sollte sie materiell wie Erziehungshilfe wirken, BOEHLEN Art. 94 N 7.

5   **Nichtbewährung** wird in Ziff. 2 I als Missachtung von Weisungen oder Missbrauch der Freiheit umschrieben – eine bedenklich unbestimmte Formulierung; mit Recht wird vor Engstirnigkeit gegenüber subkulturellen Verhaltensweisen gewarnt, RODIEUX 126. Auffällig ist, dass die Begehung einer strafbaren Handlung während der Probezeit nicht als Widerrufsgrund genannt wird, was BOEHLEN Art. 94 N 10 mit beachtlichen praktischen Überlegungen als qualifiziertes Schweigen deutet. BGE 104 Ib 271 ff. E. 3 lehnt diese Auffassung jedoch mit überzeugender Argumentation ab. Auf Art und Schwere der Tat kommt es nur unter dem Gesichtspunkt des Freiheitsmissbrauchs an (vgl. dagegen Art. 38.4).

6   Eine **förmliche Mahnung** ist wie in Art. 38.4 II erforderlich, damit die Missachtung von Weisungen weitere Folgen nach sich zieht, dagegen nicht hinsichtlich Missbrauch der Freiheit, a.M. BOEHLEN Art. 94 N 10, 95 N 13, LOGOZ/SANDOZ Art. 94 N 5, 95 N 6. Die zuständige Behörde dürfte stets die Vollzugsbehörde sein, BOEHLEN Art. 94 N 10.

7   Bei **Nichtbewährung** soll die vollziehende Behörde (im Gegensatz zu Art. 38.4) nicht in erster Linie die Rückversetzung anordnen, sondern zunächst verwarnen (was nach förmlicher Mahnung kaum sinnvoll ist) oder bestimmte (zusätzliche oder abgeänderte) Weisungen erteilen. Mit der Rückversetzung «in eine Anstalt» kann nur eine Anstalt gemäss Art. 91, 93bis (incl. 100bis) oder 93ter gemeint sein; hält die vollziehende Behörde eine besondere Behandlung für erforderlich, so muss sie bei der urteilenden Behörde eine Änderung der Massnahme (Art. 93) beantragen. Der

Wortlaut von Art. 94.2 I lässt sich so verstehen, dass auch auf jegliche
Reaktion verzichtet werden kann. Diese Auslegung wäre m.E. unrichtig
– die Bestimmung ist Kann-Vorschrift nur insofern, als die Behörde bei
der Auswahl der zweckmässigsten Reaktion über ein weites Ermessen
verfügt.

Die **Verlängerung der Probezeit** ist dagegen fakultativ. Der ungewöhn-   8
liche Ausdruck «nötigenfalls» weist darauf hin, dass nur schwerwiegende
Gründe (Bedürfnis nach und Chancen für weitere Betreuung) zur Verlängerung führen sollen. Die Erstreckung ist möglich «bis auf» (nicht
«um bis zu») drei Jahre. Dies kann nur bedeuten, dass die Gesamtdauer
der Probezeit drei Jahre nicht übersteigen darf – wurde schon bei der
Entlassung diese Frist bestimmt, so ist (mit Ausnahme der Entlassung
aus einer Massnahme gemäss Art. 91.2) eine Verlängerung nicht mehr
möglich. Kritisch zur Höchstdauer von fünf Jahren im Ausnahmefall
RODIEUX 127.

Endgültig entlassen wird der Betroffene, wenn er sich bis zum Ablauf der   9
Probezeit «bewährt», wobei kein Anlass zu besonderer Prüfung besteht –
wenn keine erneute Einweisung erfolgt, keine andere Massnahme beantragt wird und die Probezeit ohne Verlängerungsverfahren abgelaufen ist,
bedarf es auch keines besonderen Entscheides – die Wirkungen der
Massnahmen fallen von Gesetzes wegen dahin. Die zuständige Behörde
verfügt die Löschung im Strafregister, wodurch eine weitere Stigmatisierung verhindert werden soll, was wegen der beschränkten Wirkung der
Löschung, Art. 363 IV, nur teilweise gelingt. Mit der im *VE 1993* vorgesehenen effektiven Entfernung des Strafregistereintrages, fällt die erwähnte stigmatisierende Wirkung nur scheinbar weg, weil es VE 1993
in Art. 362 unterlässt, eine besondere Frist für die Entfernung des Regi-
stereintrags bei jugendlichen Tätern vorzusehen. Art. 35 I *VE zum
Jugendstrafgesetz* verweist lediglich auf Art. 360 Abs. 2 VE 1993, welcher
bestimmt, dass Verurteilungen von Jugendlichen zu einer Freiheitsentziehung und zu Einweisung in eine geschlossene Anstalt ins Strafregister
aufzunehmen sind. Abs. 2 lit. a) von Art. 35 ermächtigt die Kantone, Bestimmungen zu erlassen, welche die Aufbewahrungsfristen für Polizei-,
Untersuchungs-, Gerichts- und Vollzugsakten regeln. Der Strafregistereintrag ist davon nicht berührt, zumal die kantonalen Strafregister nach
Art. 359 VE 1993 abgeschafft werden sollen.

Die **übrigen Massnahmen** (Erziehungshilfe und Familienunterbringung –   10
zur besondern Behandlung s. Art. 94bis) werden grundsätzlich ohne
Übergang aufgehoben, wenn ihr Zweck erreicht wurde, wobei an diese
Voraussetzung nicht zu hohe Anforderungen gestellt werden dürfen.
Ziff. 4 II sieht zudem eine bedingte «Entlassung» vor, was wenig sinnvoll
erscheint, s. BOEHLEN Art. 94 N 15, RODIEUX 128.

Verfahren: Bedingte und endgültige Entlassung sind *ex officio* anzuord-   11
nen, was Stellung eines Antrags nicht ausschliesst, BOEHLEN Art. 94 N 5,
LOGOZ/SANDOZ Art. 94 N 2. Dem Betroffenen ist vor jeder Entscheidung

rechtliches Gehör zu gewähren, u. U. auch amtliche Verbeiständung, SJZ 75 (1979) Nr. 68. Dass der Betroffene selber gehört wird, ist auch aus pädagogischen Gründen wichtig. Gegen Entscheide der Vollzugsbehörde ist letztlich die Verwaltungsgerichtsbeschwerde ans Bundesgericht gegeben, BGE 100 Ib 324, 104 Ib 270.

94bis Entlassung aus der besondern Behandlung

Die vollziehende Behörde verfügt die Entlassung aus einer Anstalt nach Artikel 92, sobald der Grund der Massnahme weggefallen ist. Ist der Grund nicht vollständig weggefallen, so kann die vollziehende Behörde eine probeweise Entlassung aus der Anstalt verfügen. Artikel 94 Ziffern 1–3 sind sinngemäss anwendbar. Die vollziehende Behörde kann die Rückversetzung auch anordnen, wenn es sich herausstellt, dass der Zustand des Zöglings dies erfordert.

Eingeführt durch BG vom 18.3.1971.

Sten.Nr 1969 166, 1970 531, StR 1970 122.

Lit. vor Art. 82 und zu Art. 85.

1   Art. 94bis **entspricht Art. 43.4 und 45,** ist aber bedeutend einfacher gehalten. Im Gegensatz zu Art. 94.4 ist die Entlassung aus einer ambulanten Massnahme überhaupt nicht geregelt – hier kommt eine probeweise Aufhebung nicht in Frage, weil eine stufenweise Verlängerung der Intervalle zwischen Behandlungssitzungen zum Vollzug selber gehört. Auch bei der stationären Massnahme ist sie nicht obligatorisch!

2   Bei der Anwendung von **Art. 94.1–3** auf die probeweise Entlassung ist zu beachten, dass hier die Gesundheit im Vordergrund steht, die Fähigkeit zum Umgang mit Freiheit. Die Rückversetzung ist deshalb auch aus gesundheitlichen Gründen möglich. Eine Mindestdauer für den Anstaltsaufenthalt wurde mit Recht nicht vorgeschrieben, BOEHLEN Art. 94bis N 3. Es ist auch keine Probezeit anzusetzen, vgl. Art. 43.4 II, REHBERG II 234 f.

3   Auch die **zeitliche Begrenzung** muss aus Art. 94 übernommen werden; kann der Betroffene nach Vollendung des 22. Altersjahres nicht entlassen werden, so muss die zuständige Behörde dafür sorgen, dass die jugendstrafrechtliche durch eine fürsorgerechtliche bzw. vormundschaftliche Massnahme abgelöst wird, BOEHLEN Art. 94bis N 5.

4   Werden Massnahmen gemäss Art. 91 und 92 **kombiniert,** so richtet sich die Entlassung nach Art. 94, wenn nur ambulante Behandlung durchgeführt wurde; die Entlassung aus stationärer Behandlung hat dagegen nach Art. 94bis zu erfolgen, ähnlich BOEHLEN Art. 94bis N 6.

95 Bestrafung

1. **Bedarf der Jugendliche weder einer Erziehungsmassnahme noch besonderer Behandlung, so erteilt ihn [*recte* ihm] die urteilende Behörde einen Verweis oder verpflichtet ihn zu einer Arbeitsleistung oder bestraft ihn mit Busse oder mit Einschliessung von einem Tag bis zu einem Jahr. Einschliessung und Busse können verbunden werden.**

Begeht ein Jugendlicher, für den schon eine Massnahme angeordnet ist, eine neue strafbare Tat und genügt die Weiterführung der Massnahme oder ihre Änderung allein nicht, so kann er mit Busse oder mit Einschliessung bestraft werden. Ist er in einer Anstalt versorgt, so ist deren Leiter anzuhören. Einschliessung und Busse können verbunden werden.

2. **Wird der Jugendliche mit Busse bestraft, so sind die Artikel 48–50 dieses Gesetzes anzuwenden. Doch tritt im Falle der Umwandlung an Stelle der Haft die Einschliessung.**

3. **Die Einschliessung wird in einem für Jugendliche geeigneten Raum vollzogen, jedoch nicht in einer Straf- oder Verwahrungsanstalt. Einschliessung von mehr als einem Monat ist durch Einweisung in ein Erziehungsheim zu vollziehen. Nach vollendetem 18. Altersjahr kann die Einschliessung in einem Haftlokal vollzogen werden, bei Einschliessung von mehr als einem Monat durch Einweisung in eine Arbeitserziehungsanstalt.**

Der Jugendliche wird angemessen beschäftigt und erzieherisch betreut.

Wird die Einschliessung binnen drei Jahren nicht vollzogen, so fällt sie dahin.

4. **Sind zwei Drittel der Einschliessung verbüsst worden, mindestens aber ein Monat, so kann die vollziehende Behörde von sich aus oder auf Antrag, nach Anhören des Anstaltsleiters, die bedingte Entlassung gewähren. Die vollziehende Behörde bestimmt eine Probezeit von sechs Monaten bis zu drei Jahren. Sie stellt den Entlassenen unter Schutzaufsicht. Damit können Weisungen nach Artikel 91 Ziffer 1 Absatz 3 verbunden werden.**

5. **Handelt der Entlassene während der Probezeit trotz förmlicher Mahnung der zuständigen Behörde einer ihm erteilten Weisung zuwider, oder täuscht er in anderer Weise das auf ihn gesetzte Vertrauen, so verfügt die vollziehende Behörde die Rückversetzung. In leichten Fällen kann sie statt dessen den Jugendlichen verwarnen, ihm weitere Weisungen erteilen und die Probezeit höchstens um die Hälfte der ursprünglich festgesetzten Dauer verlängern.**

Bewährt sich der Entlassene bis zum Ablauf der Probezeit, so ist er endgültig entlassen. Die vollziehende Behörde verfügt die Löschung des Eintrags im Strafregister.

Fassung gemäss BG vom 18.3.1971.

E 1965 Art. 95, Botsch. 1965 595, Sten.NR 1969 166 ff., 1970 531 f., StR 1967 77 f., 1970 122 ff.

HEINZ BERTSCHINGER, Die Bestrafung im Jugendstrafrecht, Diss. ZH 1949; MARIE BOEHLEN, Ist Strafe unbedingt notwendig? Die Verpflichtung zu einer Arbeitsleistung im revidierten Jugendstrafrecht, Aarau 1974; CHRISTOPH HUG, Die Strafen im schweizerischen Jugendstrafrecht unter besonderer Berücksichtigung der Praxis in den Kantonen der Ostschweiz (Zürich, Glarus, Schaffhausen, Appenzell Ausserrhoden, Appenzell Innerrhoden, St. Gallen, Graubünden, Thurgau), Diss. ZH 1976; KATHRIN RUF, Die Arbeitsleistung im Jugendstrafrecht, Diss. BS 1995; **Lit.** vor Art. 82.

1   Wie Art. 87 sieht Art. 95 eine **Bestrafung nur subsidiär** vor, während sie in der Praxis die Regel bildet, S. Art. 91 N 2. STETTLER VE Art. 16–19 behält den Sanktionenkatalog bei und gibt den Strafen schon dadurch mehr Gewicht, dass er die Materie des Art. 95 auf acht Artikel (16–19, 26–29) verteilt, eine ähnlich starke Gewichtung nimmt auch der *VE zum Jugendstrafgesetz* in Art. 19 ff. vor. Dass die Bestrafung im Vordergrund steht, ist zu begrüssen, weil auch ihr ein erzieherischer Wert zukommt und die grosse Unsicherheit bei der Diagnose wie bei Beurteilung der Erfolgschancen von Massnahmen nur in klaren Fällen die schweren Eingriffe in die persönliche Freiheit des Fehlbaren rechtfertigen, die jedenfalls mit stationären Massnahmen verbunden sind, abgesehen vom enormen Aufwand, den sie erfordern.

2   Zu den **Voraussetzungen der Bestrafung** Art. 87 N 3.

3   Zum **Verweis** s. Art. 87 N 4. Er ist die leichteste Sanktion, kommt aber nicht «nur bei den leichtesten Verfehlungen in Frage», sondern schon bei «leichten» – z.B. unzüchtige Betastung eines sich aufreizend benehmenden Mädchens unter dem Druck von Kameraden und geringfügige Widerhandlung im Strassenverkehr, BGE 94 IV 59 f. Die Sanktion wird nicht ins Strafregister eingetragen, Art. 361, so schon RS 1945 Nr. 168 (anders BJM 1960 300).

4   Zur **Arbeitsleistung** Art. 87 N 5. Mit Recht weist RODIEUX 142 darauf hin, dass sie nicht in allen Fällen geeignet ist, z.B. bei vorsätzlicher Tötung; die Auffassung, es handle sich dabei um eine archaisch spiegelnde Strafe, ist jedoch abzulehnen – auch Körperverletzung oder Sittlichkeitsdelikte können mit Arbeitsleistung geahndet werden. Der *VE zum Jugendstrafgesetz* spricht in Art. 23 von persönlichen Leistungen zu welchen der Jugendliche zugunsten der Allgemeinheit, gemeinnütziger Zwecke oder im Interesse des Opfers verpflichtet werden kann. Hat der Jugendliche ein Verbrechen oder ein Vergehen begangen und ist er über 15 Jahre alt, können die persönlichen Leistungen bis zu einer Dauer von drei Monaten angeordnet werden, in allen anderen Fällen beträgt die Höchstdauer zehn Tage.

Für die **Busse** verweist Ziff. 2 auf Art. 48–50. Hier ist besonders darauf zu   5
achten, dass wirklich der Jugendliche eine Einbusse erleidet und nicht
z.B. die Eltern für ihn bezahlen, BOEHLEN Art. 95 N 5 m.w.Hinw., HUG
90, REHBERG II 239 f. Die Busse wird vor allem für ältere Jugendliche, die
schon selber ein Einkommen erzielen, in Frage kommen. Zustimmung
verdient die Äusserung des EJPD, wonach Bussenminima des Nebenstrafrechts nicht gelten, SJZ 39 (1942/43) S. 65. Für die Umwandlung gilt
derselbe «Tarif» wie gemäss Art. 49 (s. dort N 8), was sich wegen der regelmässig geringen Beträge (LOGOZ/SANDOZ Art. 95 s. dort N 2c) zugunsten des Jugendlichen auswirkt. Die Umwandlungsstrafe sollte die Dauer
von einem Monat nicht übersteigen, vgl. Ziff. 3, wo offenbar analog Art.
37bis vermutet wird, dass in so kurzer Zeit eine erzieherische Wirkung
nicht zu erwarten ist.

    Nach *VE zum Jugendstrafgesetz* Art. 25 kann der Jugendliche, sofern
er das 15. Altersjahr vollendet hat, mit einer Busse von bis zu 2 000 Franken bestraft werden. Bei der Bemessung des Betrages ist auf die persönlichen Verhältnisse des Jugendlichen abzustellen und der Betrag kann
nachträglich herabgesetzt werden, wenn sich die Verhältnisse ändern.
Stellt der Jugendliche ein entsprechendes Gesuch, kann die vollziehende
Behörde die Busse ganz oder teilweise in Verpflichtung zu einer persönliche Leistung umwandeln, es sei denn, die Busse habe ihrerseits bereits
eine nicht erbrachte persönliche Leistung ersetzt. Dem Jugendlichen
wird von der vollziehenden Behörde eine Zahlungsfrist gesetzt, es ist
ihr vorbehalten, Teilzahlungen zuzulassen oder Fristerstreckung zu gewähren. Bezahlt der Jugendliche die Busse nicht innerhalb der ihm gesetzten Frist, wandelt die urteilende Behörde die Busse in eine Freiheitsentziehung bis zu 30 Tagen um, wenn der Jugendliche nicht ohne
Verschulden zahlungsunfähig wurde.

Einschliessung ist Freiheitsstrafe (BGE 79 IV 2) von einem Tag bis zu   6
einem Jahr. Dass die Strafdrohungen des Besonderen Teils (z.B. Art.
173.1, 177 I) als obere Grenze auch für Einschliessung gelten, sollte sich
von selbst verstehen, s. aber RS 1944 Nr. 225! Untersuchungs- und
Sicherheitshaft sind gemäss Art. 69 bzw. 375 anzurechnen, h.M., anders
RS 1972 Nr. 406. Zur Anrechnung des Aufenthalts in einer Beobach-
tungsstation AGVE 1977 Nr. 20. Der Hinweis darauf, dass Einschliessung mit Busse verbunden werden kann, führt insoweit über Art. 50 II
hinaus, als im Jugendstrafrecht immer beide Strafen angedroht sind, dazu
kritisch BOEHLEN Art. 95 N 8. Die Kombination kann vor allem dann
sinnvoll sein, wenn zu befürchten ist, der Fehlbare lasse sich von einer bedingten Einschliessungsstrafe zuwenig beeindrucken.

    Nach *VE zum Jugendstrafgesetz* Art. 26 Ziff. 1 und 2 kann ein Jugend-
licher, welcher nach Vollendung des 15. Altersjahres ein Verbrechen
oder ein Vergehen begangen hat, mit Freiheitsentziehung von einem Tag
bis zu einem Jahr bestraft werden; hat der Jugendliche das 16. Altersjahr
zurückgelegt, kann er mit Freiheitsentziehung bis zu vier Jahren bestraft
werden, sofern er ein Verbrechen begangen hat, das nach dem für Er-

wachsene anwendbaren Recht mit einer Freiheitsstrafe von mindestens drei Jahren bedroht ist oder wenn er eine Tat nach den Art. 122, 140.3 oder 184 begangen und dabei besonders skrupellos gehandelt hat.

7 Über die **Strafzumessung** äussert sich BGE 94 IV 57 ff. ebenso eingehend wie unklar: Art. 63 soll nur insoweit Anwendung finden, als es «mit dem Sinn und Zweck des Jugendstrafrechts vereinbar» ist. Das Verschulden sei nicht entscheidendes Kriterium. «Die Strafe muss daher vor allem dem Alter und der gesamten Persönlichkeit des jugendlichen Täters angepasst werden, und zwar so, dass sie sich auf seine Weiterentwicklung nicht hemmend oder schädlich auswirkt, sondern diese im Gegenteil fördert und günstig beeinflusst» (S. 58); es wird aber auch betont, «dass für die Bewertung der Verfehlungen Jugendlicher weniger die objektive Schwere der Tat als in weit stärkerem Masse das zusammen mit der Persönlichkeit des Täters zu würdigende Verschulden ausschlaggebend ist» (S. 59 f.), was m. E. durchaus dem Sinn von Art. 63 entspricht. Mit Recht weist REHBERG II 236 f. darauf hin, dass gerade die schuldangemessene Strafe als gerecht empfunden wird und schon dadurch erzieherisch wirkt. Schädliche Nebenwirkungen möglichst zu vermeiden, ist Aufgabe des Vollzugs.

8 Für den **Vollzug** der Einschliessung sieht Ziff. 3 vier Varianten vor, je nachdem, ob die Strafe länger als einen Monat dauert oder nicht, bzw. ob der Verurteilte über 18 Jahre alt ist oder nicht. Ungelöst ist das Problem des Vollzugs von Einschliessung über einem Monat an Personen unter 18 Jahren. Vorgeschrieben ist die Einweisung in ein Erziehungsheim, was jedoch mit dessen Betrieb schwer zu vereinbaren ist, BOEHLEN Art. 95 N 9, HUG 106 ff. REHBERG II 240 f., RODIEUX 144 f., und überdies der Logik entbehrt, weil Art. 95 gerade voraussetzt, dass der Täter keiner besonderen Erziehung bedarf. Oft weigern sich Heimleiter, solche Aufgaben zu übernehmen, HEINE/LOCHER 80 f. Die Forderung nach einer besonderen Einrichtung (Durchgangsheim, HUG 110) stösst sich am zahlenmässig geringen Bedarf, BOEHLEN a.a.O. S. 213. BGE 112 IV 2 ff. billigt die Notlösung, dass eine Zigeunerin, die nur zum Stehlen in die Schweiz gekommen war und deren Alter (schon 18?) nicht genau feststeht, ins Bezirksgefängnis Dielsdorf eingewiesen wurde, allerdings mit Bedenken und unter Hinweis auf besondere fürsorgliche Vorkehrungen. Nach IPbpR Art. 10.2 lit. b und 3, welcher für die Schweiz am 18.9.1992 in Kraft getreten ist, sind jugendliche Beschuldigte resp. Straffällige von Erwachsenen getrennt unterzubringen. Für kurze Strafen ermöglicht schon VStGB 1 Art. 4 den Kantonen, Vollzug in Form von Halbgefangenschaft oder tageweise vorzusehen. Vorausgesetzt ist, dass der Bestrafte seine Arbeit oder Ausbildung fortsetzt – keine Halbgefangenschaft für Arbeitssuche, RS 1986 Nr. 61. VStGB 3 Art. 1 II lässt Halbgefangenschaft für Strafen bis zu einem Jahr zu. Ob sich dergleichen mit dem Vollzug in einem Erziehungsheim vereinbaren lässt, und ob die Bestimmung des Erziehungsheims als Vollzugseinrichtung dabei noch irgendeinen Sinn hat, muss bezweifelt werden.

Der *VE zum Jugendstrafgesetz* sieht in Ziff. 5 von Art. 26 vor, dass der 8a
Vollzug in einer Einrichtung für Jugendliche zu erfolgen hat, welche geeignet ist, die Persönlichkeitsentwicklung zu fördern. Kommt die Fortsetzung der Ausbildung oder der Erwerbstätigkeit ausserhalb der Einrichtung nicht in Frage, so muss sie über eine Ausstattung verfügen, die
den Beginn oder den Abschluss einer Ausbildung ermöglicht. Ziff. 4 sieht
ausdrücklich vor, dass Freiheitsentziehung bis zu einem Monat tageweise
und solche bis zu sechs Monaten in der Form der Halbgefangenschaft
vollzogen werden kann.

Nebenstrafen sind wegen der abschliessenden Aufzählung in Art. 95 9
nicht zulässig, REHBERG II 236. STETTLER VE Art. 36 sieht die Möglichkeit der Landesverweisung vor, was am ehesten für Fälle annehmbar ist,
wo der Täter nur zum Delinquieren in die Schweiz kam, a.a.O. Ziff. 2, vgl.
BGE 112 IV 1. Der *VE zum Jugendstrafgesetz* sieht überhaupt keine Nebenstrafen mehr vor.

Ziff. 1 II ermöglicht in **Abweichung vom Monismus** die Bestrafung eines 10
Jugendlichen, für den bereits eine (jugendstrafrechtliche oder andere,
BOEHLEN Art. 95 N 11 S. 219) Massnahme angeordnet ist, wenn deren
Weiterführung nicht «genügt». Dadurch wird praktisch ins freie Ermessen der urteilenden Behörde gelegt, ob auf die neue Tat überhaupt eine
Reaktion erfolgt. Die Weiterführung der Massnahme kann höchstens
eine andere Massnahme als überflüssig erscheinen lassen, aber kaum
eine Strafe ersetzen. Auffällig, aber nicht überzeugend, bleiben Verweis
und Arbeitsleistung unerwähnt. Dass der Vollzug von Einschliessung (in
einem Erziehungsheim) während des Vollzugs der Massnahme (z.B. im
Erziehungsheim) problematisch ist, liegt auf der Hand. Für Einzelheiten
s. BOEHLEN Art. 95 N 11.

Die **bedingte Entlassung** aus der Einschliessung ist analog Art. 38 und 94 11
geregelt; sie wurde erst 1971 eingeführt, aber schon früher praktiziert, RS
1964 Nr. 16. Bei den Widerrufsgründen fehlt wiederum ein Hinweis auf
erneute Delinquenz, der nicht als qualifiziertes Schweigen auszulegen ist,
vgl. Art. 94 N 5. Es ist zu prüfen, ob die Tat als Enttäuschung des Vertrauens anzusehen ist, BGE 104 IV 76 (zu Art. 96). Dasselbe muss gelten
für den Fall, dass sich der Entlassene beharrlich der Schutzaufsicht entzieht.
 Der *VE zum Jugendstrafgesetz* sieht für den Fall der Nichtbewährung
neu die Möglichkeit vor, nur den Vollzug eines Teils der Reststrafe anzuordnen. Ausserdem soll die Zeitspanne, nach der ein Jugendlicher bedingt entlassen werden kann, auf die Hälfte der ausgesprochenen Strafe,
mindestens aber zwei Wochen, herabgesetzt werden, Art. 27.

Für die **Vollstreckungsverjährung** setzt Ziff. 3 III eine Frist von drei Jah- 12
ren, was der raschen Entwicklung der jungen Person entspricht. Die Frist
beginnt zu laufen, sobald das Urteil vollstreckbar ist, SJZ 51 (1955) Nr.
48. Der Wortlaut lässt erkennen, dass weder Unterbrechung noch Ruhen
zu einer Verlängerung führen. Wurde jedoch der Vollzug nach Art. 96

aufgeschoben, läuft die Frist erst ab Widerruf, BGE 78 IV 224; dasselbe muss für den nach bedingter Entlassung widerrufenen Strafrest gelten.

Die Vollstreckungsverjährung soll nach dem *VE zum Jugendstrafgesetz* vier Jahre für Freiheitsentziehung von mehr als sechs Monaten und zwei Jahre für alle anderen Strafen betragen. Der Vollzug jeder Strafe soll jedoch mit Vollendung des 25. Altersjahres enden, Art. 31.

96 Bedingter Strafvollzug

1. Die urteilende Behörde kann die Einschliessung und den Vollzug der Busse aufschieben und eine Probezeit von sechs Monaten bis zu drei Jahren bestimmen, wenn nach Verhalten und Charakter des Jugendlichen zu erwarten ist, dass er keine weiteren strafbaren Handlungen begehen werde, insbesondere wenn er vorher noch keine oder nur geringfügige strafbare Handlungen begangen hat.

2. Der Jugendliche wird unter Schutzaufsicht gestellt, wenn nicht besondere Umstände eine Ausnahme begründen. Dem Jugendlichen können Weisungen gemäss Artikel 91 Ziffer 1 Absatz 3 erteilt werden.

3. Handelt der Jugendliche während der Probezeit trotz förmlicher Mahnung der zuständigen Behörde einer ihm erteilten Weisung zuwider, oder täuscht er in anderer Weise das auf ihn gesetzte Vertrauen, so verfügt die urteilende Behörde den Vollzug der Strafe.

Statt den Strafvollzug anzuordnen, kann die urteilende Behörde in leichten Fällen den Jugendlichen verwarnen, ihm weitere Weisungen erteilen und die Probezeit höchstens um die Hälfte der ursprünglich festgesetzten Dauer verlängern.

4. Bewährt sich der Jugendliche bis zum Ablauf der Probezeit, so verfügt die urteilende Behörde die Löschung des Eintrags im Strafregister.

Fassung gemäss BG vom 18.3.1971.

E 1965 Art. 96, Botsch. 1965 595 f., Sten.NR 1969 169 f., 1970 532 f., StR 1967 79, 1970 124 f.

Lit. vor Art. 82 und zu Art. 95.

1   Art. 96 regelt den bedingten Strafvollzug in Anlehnung an **Art. 41** und **95.4, 5.** Im Vergleich zu Art. 41 fällt vor allem auf, dass der bedingte Vollzug auch für Bussen vorgesehen ist, und dass die Voraussetzungen wie der Widerruf deutlich flexibler geregelt sind. Trotz der Bedenken, die z.B. Boehlen Art. 96 N 2 zur Institution des bedingten Vollzugs der Jugendstrafe äussert, macht die Praxis davon rege Gebrauch: 82,2 % aller Einschliessungsstrafen und 21,6 % der Bussen wurden 1995 mit bedingtem Vollzug ausgesprochen. Bei 8,3 % der bedingt ausgesprochenen Einschliessungen und 2,3 % der bedingt ausgesprochenen Bussen kam es später zum Widerruf, BFS aktuell, 19 Rechtspflege, Jugendstrafurteile 1995, 15, 17.

Sind die Voraussetzungen für den bedingten Vollzug gegeben, muss die   2
urteilende Behörde ihn anordnen (vgl. Art. 41 N 5). Die abweichende
Meinung von LOGOZ/SANDOZ Art. 96 N 3, REHBERG II 242 f., ist abzulehnen; aus erzieherischen Gründen, die in Art. 96 nicht ihren Nieder-
schlag gefunden haben, darf der bedingte Vollzug nicht verweigert werden. Der Entscheid kann m.E. für Busse und Einschliessung im gleichen
Urteil unterschiedlich ausfallen (vgl. Art. 95 N 6), wenn namentlich die
unbedingte Busse zur günstigen Prognose hinsichtlich der Einschliessung
beiträgt. Diese darf jedoch nicht nach dem Modell des *«sursis partiel»*
aufgeteilt werden, RS 1944 Nr. 226.

Im Gegensatz zu Art. 41 nennt Art. 96 **nur materielle Voraussetzungen,**   3
eine günstige Prognose hinsichtlich künftiger Delinquenz, bei welcher
frühere Bestrafung nur Indizwirkung hat. Als «geringfügig» wurde z.B.
in RS 1958 Nr. 152 Unzucht des noch nicht 16jährigen mit einem gleichaltrigen, lüsternen Mädchen angesehen. Dass bezüglich der Prognose
von «strafbaren Handlungen» (Art. 41.1 I: «Verbrechen oder Vergehen») die Rede ist, bedeutet nicht, dass die Befürchtung, der Schuldige
könnte Übertretungen begehen, eine günstige Prognose ausschliesst,
ebenso BOEHLEN Art. 96 N 3, anders (m.E. zu formalistisch) SJZ 60
(1964) Nr. 177, ZR 60 (1961) Nr. 11.

Schutzaufsicht ist im Gegensatz zu Art. 95.3 nicht obligatorisch, aber   4
nach dem Wortlaut die Regel. Sie kann u. U. verbunden mit Weisungen
(dazu Art. 91 N 4) zu einer Mischsanktion zwischen Strafe und Massnahme führen, BOEHLEN Art. 96 N 2, REHBERG II 243, RODIEUX 154,
VEILLARD, ZStrR 70 (1955) 312. Eine Ausnahme ist zu treffen, wenn
Schutzaufsicht unverhältnismässig wäre, z. B. bei bedingter Busse,
REHBERG II 243, oder wenn der Jugendliche ohnedies gut betreut ist,
RODIEUX 153. Nach BOEHLEN Art. 96 N 5 ist die Vermutung *praktisch
umgekehrt* – nur in begründeten Fällen wird Schutzaufsicht angeordnet.
Dem ist im Interesse eines ökonomischen Einsatzes dieser Ressource
zuzustimmen – wenn Schutzaufsicht angeordnet ist, soll eine *wirksame*
Betreuung möglich sein.

Als **Widerrufsgründe** sind nur die Missachtung von Weisungen (wie im-   5
mer erst nach formeller Warnung) und andere Täuschung des Vertrauens
als Generalklausel genannt. Entzieht sich der Jugendliche der Schutzaufsicht, so ist zu prüfen, ob dadurch das Vertrauen enttäuscht wurde, SJZ
60 (1964) Nr. 117, ebenso bei erneuter Delinquenz, wobei i.Vgl. zu
Art. 41.3 I ein weniger strenger Massstab anzulegen ist, BGE 104 IV 76,
im gleichen Sinne SJZ 68 (1972) Nr. 59, 43 (1947) Nr. 68, 40 (1944)
Nr. 214.

Zuständig ist die urteilende Behörde, krit. BOEHLEN Art. 96 N 8. Stellt   6
sich die Frage bei Beurteilung wegen neuer Straftaten durch den
Erwachsenenrichter, so ist dieser gemäss Art. 41.3 III zuständig, BGE 98
IV 166, zust. SCHULTZ, ZStrR 89 (1973) 72, krit. HEIM, JdT 1973 IV 48; s.
auch a.a.O. S. 95. Das Urteil wird abgelehnt von BOEHLEN Art. 96 N 9,

HEIM a.a.O., RODIEUX 156. Die Kritik geht m. E. fehl: Grundsätzlich soll der über 18jährige (auch als *self-fulfilling* prophecy) als Erwachsener behandelt werden.

7 Die **Ersatzmassnahmen** sind wie in Art. 95.5 umschrieben. Entgegen der m.E. formalistischen Auffassung von BOEHLEN Art. 96 N 4 muss es auch möglich sein, anstelle des Widerrufs neu die Schutzaufsicht anzuordnen oder erstmals Weisungen zu erteilen.

8 Art. 29 des *VE zum Jugendstrafgesetz* sieht die Möglichkeit des bedingten Vollzugs auch für das Fahrverbot vor. Wie für das Erwachsenenrecht, Art. 42 VE 1993, soll der bedingte Vollzug, im Hinblick auf die Möglichkeit der Verhängung von Strafen von mehr als einem Jahr, für Strafen von bis zu drei Jahren ermöglicht werden.

97 Aufschub der Anordnung einer Strafe oder Massnahme

[1] Kann nicht mit Sicherheit beurteilt werden, ob der Jugendliche einer der vorgesehenen Massnahmen bedarf oder ob er zu bestrafen ist, so kann die urteilende Behörde den Entscheid hierüber aufschieben. Sie setzt eine Probezeit von sechs Monaten bis zu drei Jahren fest und kann ihm Weisungen nach Artikel 91 Ziffer 1 Absatz 3 erteilen. Die weitere Entwicklung des Jugendlichen wird überwacht.

[2] Bewährt sich der Jugendliche während der Probezeit nicht, so verhängt die urteilende Behörde Einschliessung oder Busse oder eine der vorgesehenen Massnahmen.

[3] Bewährt sich der Jugendliche bis zum Ablauf der Probezeit, so beschliesst die urteilende Behörde, von jeder Massnahme oder Strafe abzusehen.

Fassung gemäss BG vom 18.3.1971.

E 93ter StR. Sten.StR 126 ff., 262 f. – Zur Teilrevision 1950: StenB 1949 StR 587 f. E 1965 Art. 97, Botsch. 1965 596, Sten NR 1969 170, 1970 533, StR 1967 79, 1970 125.

MARIA HODLER-CERIANI, Der Aufschub des Entscheides, Diss. ZH 1948; MAURICE VEILLARD, *La sentence suspendue,* ZStrR 69 (1954) 189; WILHELM P. WELLER, Das anglo-amerikanische Institut der Probation, Diss. ZH 1976; **Lit.** vor Art. 82.

1 Art. 97 übernimmt aus dem angelsächsischen Recht die *probation.* Schon ihre **Rechtsnatur** ist **umstritten.** Als Quasi-Massnahme betrachten sie BOEHLEN Art. 97 N 4, REHBERG, Verhältnis 245, SCHULTZ II 243, als prozessuales Instrument dagegen RODIEUX 162. Beide Elemente sind in Art. 97 verknüpft, der einerseits (prozessual) bezweckt, zufolge längerer Beobachtung eine zuverlässige Beurteilung des Jugendlichen zu ermöglichen, andererseits ähnlich Art. 96 eine Frist zur Bewährung ansetzt, s. auch BOEHLEN Art. 97 N 2, REHBERG II 245 f. Bedenklich ist vor allem, dass hier eine besondere «Nicht-Sanktion» gar *nicht an Eigenschaften des*

Betroffenen anknüpft, sondern an die Unfähigkeit des Richters, sich zwischen Art. 91 ff. und 95 zu entscheiden. Gemäss PKG 1971 Nr. 39, SJZ 40 (1944) Nr. 215, soll Art. 97 auch anwendbar sein, wenn die urteilende Behörde nicht weiss, welche Massnahme sie anordnen soll, was angesichts von Art. 93 jeglicher Berechtigung entbehrt – im Zweifel ist zunächst die «leichteste», also Erziehungshilfe, zu erproben. Dass «nicht mit Sicherheit (!) beurteilt werden kann», ob der Jugendliche einer (Erziehungs-)Massnahme bedarf, dürfte für den selbstkritischen Jugendrichter geradezu die Regel sein. Mit BOEHLEN Art. 97 N 2 ist aber zu fordern, dass Art. 97 nur ausnahmsweise, auf ausgesprochene Grenzfälle angewandt wird, weil er zu nicht gerechtfertigter Privilegierung führen kann (s. auch unten N 7). STETTLER VE Art. 20 f. behält die Probation bei für Ersttäter, was eher zu billigen ist. In der Praxis wird der Entscheid nur selten aufgeschoben, in etwa 3% der Fälle, BFS aktuell, 19 Rechtspflege, Jugendstrafurteile 1995, 14.

Vorausgesetzt ist, dass die urteilende Behörde den Jugendlichen schuldig   2
spricht – nur der Entscheid über die Sanktion kann aufgeschoben werden, h.M. Kommt als Strafe nur ein Verweis in Frage, ist vom Aufschub abzusehen, weil er diese Sanktion verunmöglicht, s. unten N 6.

Die **Probezeit** ist wie in Art. 94.1, 95.4, 96.1 bemessen. **Weisungen** (s. Art.   3
91 N 4) sind fakultativ, **Schutzaufsicht** war bis zur Revision 1971 obligatorisch und ist jetzt nicht mehr vorgesehen, deshalb auch nicht zulässig.

Dafür ist vorgeschrieben, die **Entwicklung** des Jugendlichen zu **überwa-**   4
chen. Wie dies geschehen soll, bleibt den Kantonen überlassen. Der Gesetzgeber mag an eine Institution *sui generis* gedacht haben, REHBERG II 245 – praktisch wird doch die Schutzaufsicht mit der Aufgabe betraut werden, was LOGOZ/SANDOZ Art. 97 N 3 für zulässig erachten. Erziehungshilfe wäre eine Massnahme und ist deshalb ausgeschlossen, RODIEUX 163.

Wenn sich der Jugendliche **nicht bewährt,** ist eine Sanktion festzusetzen.   5
Für die Kriterien des Versagens gelten analog Art. 94.2, 95.5, 96.3 I, h.M., s. auch BGE 117 IV 11 ff. Davon, dass ein strenger Massstab anzulegen sei, kann keine Rede sein, anders aber noch ZBJV 85 (1949) 192 (sexuelle Beziehung ausserhalb des Schutzalters!). Die urteilende Behörde soll möglichst rasch entscheiden und nicht etwa den Ablauf der Probezeit abwarten, BOEHLEN Art. 97 N 5.

Als **Sanktion** kommen Massnahmen und Strafen nach Art. 91, 92, 95 in   6
Frage. Auch hier haben Massnahmen den Vorrang, ZBJV 93 (1957) 116. Ist im neuen Urteil eine Massnahme (Art. 100bis) ausgesprochen worden, so ist im Vollzug nach VStGB 1 Art. 2 VIII zu verfahren (zum früheren Recht RS 1946 Nr. 99, 1959 Nr. 194). Abs. 2 nennt nur Busse und Einschliessung, m.E. müsste aber auch die Arbeitsleistung zulässig sein, ebenso BOEHLEN Art. 97 N 5 – ein Verweis nach Versagen in der Probezeit erscheint indessen nicht mehr sinnvoll. Strafen können auch mit

bedingtem Vollzug ausgesprochen werden, GVP-SG 1966 Nr. 21, BOEH-
LEN Art. 97 N 6, SCHULTZ II 243, a.M. VEILLARD 197, wobei eine günstige
Prognose selten sein wird. Ein weiterer Aufschub des Entscheides oder
eine Verlängerung der Probezeit ist dagegen nicht zulässig, BJM 1971
122, RS 1974 Nr. 729, REHBERG II 245, anders STETTLER VE Art. 21.2,
SCHULTZ VE Art. 59.4. Einer informellen Warnung steht hier wiederum
nichts im Wege, BOEHLEN Art. 97 N 5, und auch das Absehen von einer
Sanktion nach Art. 98 ist möglich, BOEHLEN Art. 97 N 6.

7   Ein Urteil gemäss Art. 97 wird nicht ins **Strafregister** eingetragen, Strafregister VO Art. 11 Abs. 2, was zu ungerechtfertigter Privilegierung
führt, BOEHLEN Art. 97 N 7. Dagegen ist das (Ergänzungs-)Urteil gemäss
Abs. 2 einzutragen, obgleich dies in der Strafregister VO (Art. 9) nicht
ausdrücklich gesagt ist.

8   **Zuständig** zur Bestimmung der Sanktion bei Nichtbestehen der Probezeit ist die urteilende Behörde – sie hat ein ergänzendes Urteil zu fällen,
RS 1968 Nr. 12. Dies gilt auch, wenn der Betroffene inzwischen das
18. Altersjahr vollendet hat, RS 1978 Nr. 653; im Gegensatz zum Widerruf des bedingten Strafvollzugs (Art. 96 N 6) müssen, wenn gegen den
mittlerweile Erwachsenen ein neues Strafverfahren läuft, zwei getrennte
Verfahren durchgeführt werden, ZBJV 114 (1978) 452.

9   **Bewährt** sich der Betroffene, so muss gemäss Abs. 3 die urteilende
Behörde beschliessen, von jeder Massnahme oder Strafe abzusehen. Da-
bei handelt es sich um eine blosse Ordnungsvorschrift ohne praktische
Bedeutung.

10 Mit dem vorgesehenen Wechsel im Jugendstrafrecht vom monistischen
zum dualistisch-vikariierenden System besteht keine Notwendigkeit
mehr, den Entscheid über eine Sanktion aus Gründen der Persön-
lichkeitsabklärung aufzuschieben. In Art. 21 *VE zum Jugendstrafgesetz*
wird aber weiterhin die Möglichkeit vorgesehen, den Entscheid auszusetzen und im Falle der Bewährung des Jugendlichen von einer Strafe abzusehen, wenn er während der letzten zwei Jahre vor Begehung des Deliktes zu keiner anderen Strafe als zu einer Verwarnung verurteilt worden
ist und der Schuldspruch voraussichtlich genügt, ihn von weiteren
Straftaten abzuhalten.

98 Absehen von Massnahmen oder Strafen

**Die urteilende Behörde kann von jeder Massnahme oder Strafe
absehen,**

**wenn bereits eine geeignete Massnahme getroffen oder der Jugendli-
che bestraft worden ist,**

**wenn der Jugendliche aufrichtige Reue betätigt, insbesondere den
Schaden durch eigene Leistung, soweit möglich, wiedergutgemacht hat,**

oder wenn seit der Tat ein Jahr verstrichen ist.

Fassung gemäss BG vom 18.3.1971.

E 1965 Art. 98, Botsch. 1965 596 f., Sten.NR 1969 170, 1970 533, StR 1967 79 f., 1970 125.

Lit. vor Art. 82 und zu Art. 95.

Art. 98 entspricht weitgehend Art. 88, s. dort. 1995 wurde in der Schweiz in rund 4% der Fälle von einer Sanktion abgesehen, BFS aktuell, 19 Rechtspflege, Jugendstrafurteile 1995, 14.　　　　　　　　　　　　　　1

Voraussetzung für das Absehen von der Ausfällung einer Sanktion ist zunächst, dass der Jugendliche überhaupt schuldig gesprochen wurde. Sodann ergibt sich aus der Entstehungsgeschichte deutlich, dass nur dann von Strafe und Massnahme abzusehen ist, wenn eine jugendstrafrechtliche Sanktion nicht mehr nötig ist – die Bestimmung will vor allem Härtefälle vermeiden, BGE 100 IV 19 m.w.Hinw.　　　　　　　　　　2

Insbesondere bei der **Quasi-Verjährung** gemäss al. 3 ist zu prüfen, «ob das Verhalten des fehlbaren Jugendlichen während des Jahres nach der Tat den Schluss auf eine innere Umkehr rechtfertige und jener keiner strafrechtlichen Sanktion bedürfe», BGE 100 IV 20 mit Hinweis auf Rehberg, Verhältnis, 238. Die Voraussetzungen waren i.c. erfüllt trotz hartnäckigem Leugnen aus Angst vor den Eltern und um die bevorstehende Maturitätsprüfung, weil der Jugendliche weder verwahrlost noch sittlich gefährdet war, in der Schule gute Leistungen erbrachte und sich während 21 Monaten nach der Tat bewährt hatte.　　　　　　　　3

Art. 98 kann auch bei einer **Folgeentscheidung** angewandt werden, so i.V.m. Art. 97 (N 6) oder bei Änderung der Massnahme nach Art. 93, RS 1951 Nr. 28 (fraglich, weil Art. 94 f. die Beendigung der Massnahme abschliessend regeln dürften).　　　　　　　　　　　　4

Das Urteil gemäss Art. 98 wird **nicht ins Strafregister** eingetragen, vgl. Strafregister VO Art. 11.　　　　　　　　　　　　　　5

99　Löschung des Eintrags im Strafregister

1.　Der Strafregisterführer löscht den Eintrag von Amtes wegen, wenn seit dem Urteil fünf Jahre, bei Einweisung in eine Anstalt nach Artikel 91 Ziffer 2 zehn Jahre verstrichen sind.

2　Die urteilende Behörde kann auf Gesuch die Löschung schon nach zwei Jahren seit Vollzug des Urteils verfügen, wenn das Verhalten des Gesuchstellers dies rechtfertigt, und wenn er den behördlich oder durch Vergleich festgestellten Schaden, soweit es ihm zuzumuten war, ersetzt hat.

Hat der Gesuchsteller bei Beendigung der Erziehungsmassnahme das 20. Altersjahr überschritten, so kann die urteilende Behörde die Löschungsfrist verkürzen.

3. Die urteilende Behörde kann im Urteil verfügen, dass es nicht im Strafregister einzutragen ist, wenn besondere Umstände dies rechtfertigen und der Täter nur eine leichte strafbare Handlung begangen hat.

4. Die für die Löschung des zuletzt eingetragenen Urteils zuständige urteilende Behörde ist befugt, auch die gleichzeitige Löschung der andern Eintragungen zu verfügen, wenn die Voraussetzungen erfüllt sind.

Fassung gemäss BE vom 18.3.1971.

E 1965 Art. 99, Botsch. 1965 597, Sten.NR 1969 170 f., 1970 533, StR 1967 80, 1970 125 f.

Lit. vor Art. 82.

1 Die komplizierte Regelung von **Strafregistereintrag** und Löschung im Jugendstrafrecht muss i.V.m. Art. 80, 94.3, 95.5 II, 96.4, 361 und Strafregister VO, insb. Art. 11, dargestellt werden, s. Tabelle bei RODIEUX 178.

2 **Überhaupt nicht eingetragen** werden die gegen *Kinder* verhängten Strafen und Massnahmen, Strafregister VO Art. 12.1; bei *Jugendlichen* die Urteile, welche nur Übertretungen betreffen; unabhängig von der Natur der strafbaren Handlung, die Bestrafung mit Verweis, Arbeitsleistung oder Busse, sowie Entscheide gemäss Art. 97 und 98, Strafregister VO Art. 11.

3 **Art. 99.3** gibt ferner der urteilenden Behörde die Möglichkeit, **von vornherein** die Eintragung **auszuschliessen,** wenn kumulativ zwei Voraussetzungen gegeben sind: «leichte strafbare Handlung» und «besondere Umstände». Eine leichte Tat liegt vor, wenn insbesondere das Verschulden gering ist, z.B. wenn der Täter vermindert zurechnungsfähig war. Welche «besondere Umstände» zum Ausschluss des Eintrags führen sollen, ist völlig unklar, BOEHLEN a.a.O., LOGOZ/SANDOZ Art. 99 N 4. Die Kriterien für Art. 96.4 können nicht übernommen werden, weil die Fragestellung dort eine ganz andere ist. Am ehesten rechtfertigt sich der Verzicht, wenn nach Überzeugung der urteilenden Behörde ein völlig atypischer Fehltritt vorliegt; dabei erwächst jedoch ein gewisses Risiko, dass mangels Eintragung sukzessive Fehltritte in verschiedenen Gerichtsbezirken (unwahrscheinlich, vgl. Art. 372) als «einmalig» angesehen werden. Das Ermessen der urteilenden Behörde ist jedenfalls ausserordentlich weit.

4 Die **Kritik** an den Regeln über die Eintragung jugendstrafrechtlicher Urteile ins Strafregister geht in verschiedene Richtungen. REHBERG II 248 ist für Eintragung aller Urteile als «gelöscht»; BOEHLEN Art. 99 N 2, 3, 9 befürwortet dagegen Verzicht auf Strafregistereintrag. Ihr ist m.E. beizustimmen, weil der Eintrag als besonders stigmatisierend empfunden wird, für Jugendliche andere Möglichkeiten bestehen, frühere Vorgänge zu ermitteln (Akten der Fürsorgebehörde) und bei Beurteilung Erwach-

sener «Jugendsünden», auch wenn sie *ex post* als typisch erscheinen, nicht mehr berücksichtigt werden sollten.

Das Gesetz gibt der urteilenden Behörde nicht die Befugnis, **sofortige Löschung anzuordnen** – *a majore minus* wäre ein solches Vorgehen m.E. jedoch zulässig, vgl. Ziff. 3.   **5**

Sofortige automatische Löschung (s. Art. 80 N 3, 363 IV) sieht Strafregister VO Art. 11 I für Verurteilung wegen Vergehen vor.   **6**

Löschung ohne weitere Frist ist vorgeschrieben bei Bewährung während der Probezeit gemäss Art. 94.3, 95.5, 96.4.   **7**

Die **ordentliche Frist** bis zur **Löschung von Amtes wegen** beträgt gemäss Ziff. 1 fünf, bei Massnahmen gemäss Art. 91.2 zehn Jahre. Ob sich der Verurteilte bewährt hat, wird in diesem Fall nicht geprüft, was BOEHLEN Art. 99 N 6 zu Unrecht kritisiert – Gerichte werden ohnedies weiterhin unterrichtet (Art. 363 IV), wie hier RODIEUX 182. Im Gegensatz zu Art. 88 läuft die Frist direkt ab Datum des Urteils (a.M. – erst ab Rechtskraft – BOEHLEN Art. 99 N 6).   **8**

Auf Gesuch kann die Löschung **zwei Jahre** nach Vollzug des Urteils von der urteilenden Behörde verfügt werden. Das Gesuch kann vom urteilsfähigen Betroffenen und vom gesetzlichen Vertreter des Verurteilten gestellt werden. Die Einschliessung ist vollzogen, wenn der Verurteilte endgültig nach dem Vollzug der gesamten Strafe entlassen wurde – bei bedingter Entlassung und Bewährung während der Probezeit richtet sich die Löschung nach Art. 95.5 II. Massnahmen (mit Ausnahme der Einweisung in ein Erziehungsheim) sind vollzogen, wenn ihre Aufhebung verfügt wird, Art. 94.4 I, II, letzter Satz, 94bis 1. Satz. Entlassung aus stationärer Erziehungsmassnahme erfolgt immer bedingt, Art. 94 N 1 – bewährt sich der Entlassene, so richtet sich die Löschung nach Art. 94.3 – Art. 99 findet somit nur Anwendung, wenn die Massnahme wegen Erreichens der absoluten Altersgrenze gemäss Art. 94.5 aufgehoben wird. Das Verhalten des Gesuchstellers rechtfertigt die vorzeitige Löschung, wenn er sich i.S.v. Art. 94 ff. «bewährt» hat, BOEHLEN Art. 99 N 7. LOGOZ/SANDOZ Art. 99 N 36 fordern das Einholen von Zeugnissen – ein grösserer Aufwand ist m.E. nicht gerechtfertigt – im Zweifel ist zu löschen.   **9**

Art. 99.2 II erlaubt schliesslich ohne Begrenzung und ohne Hinweis auf besondere Voraussetzungen eine (weitere) Verkürzung der Löschungsfrist, wenn Erziehungsmassnahmen bis über das 20. Altersjahr dauern. Nach den Ausführungen in N 9 hat diese Bestimmung nur für Erziehungshilfe und Familieneinweisung Bedeutung. Wurde die Erziehungsmassnahme nach Art. 93 geändert, so muss die zuletzt ausgesprochene Massnahme entscheidend sein. Das Gesetz ist so auszulegen, dass die urteilende Behörde nicht einen besonderen «Löschungsfristverkürzungsentscheid» trifft, sondern die Löschung bereits vor der Frist gemäss Abs. 1 verfügt, wenn sich der Gesuchsteller bewährt hat – ein Grund,   **10**

auch auf diese Voraussetzung zu verzichten, ist nicht ersichtlich, ebenso
BOEHLEN Art. 99 N 7.

11   Die **Eintragung** jugendstrafrechtlicher Urteile wird schliesslich aus dem
Strafregister **entfernt,** wenn seit dem Urteil 15 Jahre verstrichen sind,
Strafregister VO Art. 13.4.

12   Die für eine Löschung **zuständige urteilende Behörde,** u. U. auch der
Erwachsenenrichter, ist befugt, auch über die Löschung früherer Eintragungen zu entscheiden. Es besteht in jedem Fall Anspruch auf rechtliches Gehör, ZR 66 (1967) Nr. 75.

13   Der *VE zum Jugendstrafgesetz* verweist in Art. 35 auf den Art. 360 Abs.
2 des VE 1993, womit das Jugendstrafregisterrecht ins Erwachsenenrecht
eingegliedert wird. S. auch Art. 94 N 9.

Fünfter Titel:
Junge Erwachsene

VE 1908 Art. 13. Erl.Z. 36. 2. ExpK I 166 ff., 193 ff. VE 1916 Art. 101 E Art. 79.
Botsch. 26. Sten.NR 223 f., StR 131 f., NR 661 f., StR 317, NR 740 f., StR 343. – Zur
Teilrevision von 1950: BBl 1949 I 1288 f. Sten.B 1949 StR 589, 1950 NR 195 f. StR
140.

100 Altersgrenzen. Erhebungen

[1] Hat der Täter zur Zeit der Tat das 18., aber nicht das 25. Altersjahr
zurückgelegt, so gelten unter Vorbehalt der Artikel 100bis und 100ter die
allgemeinen Bestimmungen des Gesetzes.

[2] Soweit erforderlich, macht der Richter Erhebungen über das Verhalten des Täters, seine Erziehung und seine Lebensverhältnisse und zieht
Berichte und Gutachten über dessen körperlichen und geistigen Zustand
sowie die Erziehbarkeit zur Arbeit ein.

Samt Titel neu eingeführt durch BG vom 18.3.1971.

E 79 = 96bis A StR. – Zur Teilrevision von 1950: BBl 1949 I 1288 f. Sten.B 1949 StR
589, 1950 NR 195 f. StR 140. E. 1965 Art. 100, Botsch. 1965 597 f., Sten.NR 1969
171 ff., 1970 533, StR 1967 80 f., 1970 126 f.

Arbeitserziehung junger Erwachsener (Art. 100bis StGB), Strafvollzug 107/
1982, Baechtold 194, Schweingruber 198, Saluz-Jegerlehner 201, Evéquoz
205; Roland Berger, Le jeune adulte délinquant, Strafvollzug 35/1961 19; Markus
A. Haefely, Das Verhalten von 200 Insassen der Arbeitserziehungsanstalten Uitikon a. A. und Witzwil nach ihrer Entlassung, Diss. BE 1962; Charles Maurer, Die
Massnahme Arbeitserziehungsanstalt, ZStrR 93 (1977) 390; Peter Noll, Die Arbeitserziehung, ZStrR 89 (1973) 149; Patrick Rose, L'éducation au travail du jeunes adultes délinquants (art. 100 à 100ter du CPS), Diss. Laus. 1988; Hans Schultz,
Dreissig Jahre Schweizerisches Strafgesetzbuch, ZStrR 88 (1972) 1, 32 ff.

Art. 100 Abs. 1 enthält vor allem die negative Feststellung, dass das StGB
kein Sonderrecht für junge Erwachsene schafft – die Strafmilderung
gemäss Art. 64 al. 9 (N 26) bildet eine Ausnahme. Zum Widerruf des bedingten Strafvollzugs ist deshalb gemäss Art. 41.3 III der Richter der
neuen Verurteilung zuständig, BGE 98 IV 167. Art. 100–100ter regeln jedoch eine besondere Massnahme für die 18–25jährigen Täter.   **1**

Entscheidend ist der **Zeitpunkt der Tat.** Für die Regelung des Zusammentreffens von Taten, die vor und nach dem 18. Geburtsjahr begangen
wurden, s. Art. 89 N 9–11. Die Einweisung in eine Arbeitserziehungsanstalt (AEA) ist möglich, ZBJV 110 (1974) 73, wobei nach Zweckmässigkeit zu entscheiden ist, GVP-SG 1972 Nr. 21, analog schon RS 1959   **2**

Nr. 194. Dasselbe gilt, wie BGE 121 IV 160 f. bestätigt, wenn Taten vor und nach dem 25. Geburtstag zu beurteilen sind. VStGB 1 beantwortet die Frage nicht, Art. 1 IV ist aber analog anzuwenden, weil dort «eine den Grundgedanken des Gesetzes konkretisierende, sinnvolle und tragfähige Lösung … gefunden» wurde, BGer a.a.O. Wird für die vor dem 25. Altersjahr verübte(n) Tat(en) AEA ausgesprochen, so muss zusätzlich für die spätere(n) Tat(en) eine Strafe nach dem Erwachsenenstrafrecht ausgefällt werden. In der Regel wird zunächst die AEA zu vollstrecken sein – nachher ist zu entscheiden, ob die Strafe allenfalls zu vollstrecken sei. Das BGer a.a.O. zögert, direkt festzustellen, dass die Strafe nach erfolgreichem Vollzug der Massnahme nicht mehr zu vollstrecken sei, betont aber, dass wenigstens die Möglichkeit des Verzichts bestehen müsse, weil er «ebenso unvernünftig wie inhuman» (STRATENWERTH AT II § 13 N 52) den Erfolg der AEA gefährden würde. Der Richter hat der absoluten Altersgrenze von 30 Jahren gemäss 100ter.1 IV, 2 II Rechnung zu tragen.

3 **Abs. 2** entspricht einerseits Art. 83 und 90, andererseits Art. 42.1 II, 43.1 III und 44.1 II.

4 Vorgesehen sind einerseits **Erhebungen,** also Abklärungen durch die Untersuchungs- oder die urteilende Behörde, andererseits das Beiziehen von Dritten als Berichterstatter oder Gutachter, vor allem ist an Ärzte zu denken, SCHULTZ II 181.

5 Unklar ist die Formel **«soweit erforderlich»,** die sich nach dem französischen Text nur auf Berichte und Gutachten bezieht. BGE 117 IV 251 ff. bestimmt, dass der deutsche und italienische Wortlaut gilt, wonach alle Erhebungen nur insoweit obligatorisch sind, als dafür ein Bedarf besteht. BGE 101 IV 143 liess noch offen, welche Version gelten solle. In jedem Falle müssen Berichte und Gutachten immer dann eingeholt werden, wenn nicht von vornherein klar ist, dass Einweisung in eine AEA nicht in Frage kommt, BGE 102 IV 171, LGVE 1983 I Nr. 55, Rep. 1985 385; LOGOZ/SANDOZ Art. 100 N 3, NOLL 156, REHBERG II 143, SCHULTZ II 180, anders Sem.jud. 1978 261. Ob die bereits bei den Akten liegenden Unterlagen genügen, ist nach den konkreten Umständen zu entscheiden, BGE 101 IV 142 f. Die Einvernahme Dritter wird durch Art. 100 II nicht vorgeschrieben, BGE 117 IV 255.

100bis Einweisung in eine Arbeitserziehungsanstalt

1. Ist der Täter in seiner charakterlichen Entwicklung erheblich gestört oder gefährdet, oder ist er verwahrlost, liederlich oder arbeitsscheu, und steht seine Tat damit im Zusammenhang, so kann der Richter an Stelle einer Strafe seine Einweisung in eine Arbeitserziehungsanstalt anordnen, wenn anzunehmen ist, durch diese Massnahme lasse sich die Gefahr künftiger Verbrechen oder Vergehen verhüten.

2. Die Arbeitserziehungsanstalt ist von den übrigen Anstalten dieses Gesetzes getrennt zu führen.

3. Der Eingewiesene wird zur Arbeit erzogen. Dabei ist auf seine Fähigkeiten Rücksicht zu nehmen; er soll in Stand gesetzt werden, in der Freiheit seinen Unterhalt zu erwerben. Seine charakterliche Festigung, seine geistige und körperliche Entwicklung sowie seine beruflichen Kenntnisse sind nach Möglichkeit zu fördern.

Dem Eingewiesenen kann eine berufliche Ausbildung oder Tätigkeit ausserhalb der Anstalt ermöglicht werden.

4. Widersetzt sich der Eingewiesene beharrlich der Anstaltsdisziplin oder erweist er sich gegenüber den Erziehungsmethoden der Arbeits-erziehungsanstalt als unzugänglich, so kann die zuständige Behörde die Massnahme in einer Strafanstalt vollziehen lassen. Fällt der Grund der Versetzung dahin, so hat die zuständige Behörde den Eingewiesenen in die Arbeitserziehungsanstalt zurückzuversetzen.

Eingeführt durch BG vom 18.3.1971.

E 1965 Art. 100bis, Botsch. 1965 597 ff., Sten.NR 1969 173 ff., 1970 533 f., StR 1967 81, 1970 127 f.

Lit. zu Art. 100, vor Art. 42.

«Die **Arbeitserziehung** ist eine Massnahme, die eine Fehlentwicklung 1 von jungen Erwachsenen durch Erziehung zur Arbeit und charakterliche Festigung berichtigen und damit künftigen Straftaten vorbeugen will», BGE 100 IV 208. Wichtiger als die Vermittlung technischer Fertigkeiten i.w.S. ist die Schaffung einer tragenden Motivation, Sem.jud. 1978 261, NOLL 163, sinngemäss schon BGE 77 IV 200 zu aArt. 43.

Als **Massnahme** kann die Anordnung der Arbeitserziehung nicht Gegen- 2 stand der Begnadigung sein, BGE 106 IV 136.

Die Arbeitserziehung ist **monistisch** ausgestaltet – es wird daneben keine 3 Strafe ausgesprochen, BGE 118 IV 356, 121 IV 159, PKG 1972 Nr. 10, 1976 Nr. 13, RS 1973 Nr. 514, ZR 75 (1976) Nr. 36, auch keine Geldstrafe SJZ 69 (1973) Nr. 126. Es sollte vor allem vermieden werden, dass der zu kürzerer (vgl. Art. 100ter.1 I) Strafe Verurteilte die Massnahme sabotiert, um früher entlassen zu werden, NOLL 160, SCHULTZ VE 178. Dies führt zu Schwierigkeiten, wenn die Massnahme abgebrochen werden muss, vgl. Art. 100ter.4. Eine Verbindung von Arbeitserziehung mit ambulanter Behandlung (Art. 43.1 I) ist entgegen ZR 75 (1976) Nr. 36 durchaus möglich.

Die **Voraussetzungen** der Arbeitserziehung sind eine bestimmte Eigen- 4 schaft (Sozialisationsdefizit), eine strafbare Handlung, die damit zusam-menhängt, und die Aussicht auf Erfolg der Massnahme.

Der **Zustand des Täters** wird alternativ mit «in seiner **charakterlichen** 5 **Entwicklung** erheblich gestört oder gefährdet», «verwahrlost, liederlich oder arbeitsscheu» bezeichnet. Es muss eine erhebliche Gefahr weiterer Delinquenz bestehen. Mit der Charakterstörung ist nicht eine Psychopathie (Art. 11 N 4) gemeint, sondern eine (z.B. neurotische) Entwicklungsstörung, REHBERG II 142 f. – es muss sich ja um einen *behebbaren Mangel* handeln, SCHULTZ II 177. Der Begriff der «Gefährdung» als Vorstufe der «Störung» gefährdet die Rechtssicherheit, weil damit der Beweis der Störung überflüssig wird und praktisch jedes jungen Menschen Entwicklung gefährdet ist – Grenzen schafft dann nur das vage Kriterium der Erheblichkeit.

6   **Verwahrlosung, Liederlichkeit** und **Arbeitsscheu** sind eher Schimpfworte als diagnostische Begriffe. Verwahrlosung ist Mangel an Fürsorge und Betreuung. Liederlich ist, wer zügel- und planlos in den Tag hineinlebt, wobei LOGOZ/SANDOZ Art. 100bis N 2a mit Recht vor Moralisieren warnen, vgl. ZBJV 79 (1943) 329 f. Gerade die Arbeitsscheu dürfte, wo sie das gesunde Mass normaler Faulheit übersteigt, stets Symptom einer tieferliegenden Störung ohne selbständige Bedeutung sein, NOLL 154. Sie setzt eine längerdauernde «Enthaltsamkeit» voraus, BGE 102 IV 168, 101 IV 27; typisch der SV in BGE 97 I 925 f. E. 3b.

7   Zwischen dem Zustand und der Tat muss ein **Zusammenhang** bestehen. Die Massnahme kommt nicht in Frage, wenn Zurechnungsfähigkeit fehlt (Art. 10), wohl aber dann, wenn sie nur herabgesetzt ist, BGE 70 IV 111, NOLL 159, SCHULTZ II 176. Gefährlichkeit ist – solange nicht geradezu ein akutes Sicherheitsproblem besteht, dem in der AEA nicht begegnet werden kann – kein Hinderungsgrund, anders RS 1961 Nr. 113 zu aArt. 43.

8   Schwierig zu beurteilen sind oft die **Erfolgsaussichten** der Massnahme. Es fehlt daran z.B., wenn der Täter keine Spur Einsicht zeigt, BGE 103 IV 81 ff. Umgekehrt ist möglich, dass der Zustand im Zeitpunkt der Beurteilung stark gebessert und Arbeitserziehung deshalb nicht mehr nötig ist, BJM 1975 149. Für die Massnahme gemäss aArt. 43 im Zweifel ZBJV 82 (1946) 265, 85 (1949) 177. Es muss einerseits Rückfallsgefahr (noch) bestehen, andererseits darf der Täter nicht therapieresistent sein, LOGOZ/SANDOZ Art. 100ter N 26.

9   Als **ungeschriebenes Merkmal** ist der Grundsatz der **Verhältnismässigkeit** zu beachten. Art. 104 II schliesst die Massnahme für Übertretungen aus. Grundsätzlich sollte eine Tat vorausgesetzt sein, deren Schwere einer der Mindestdauer entsprechenden Freiheitsstrafe angemessen wäre, ebenso NOLL 153, SCHULTZ VE 179, SCHWEINGRUBER 199. Die Massnahme ist selbstverständlich zulässig, wenn eine höhere Strafe verwirkt wäre, BGE 109 IV 14, 113 IV 352. Die Frage, inwieweit die Dauer einer Arbeitserziehung hinter einer schuldangemessenen Strafe zurückbleiben kann, stellt sich in dieser Form nicht, weil das monistische System neben der AEA keine Strafe zulässt. Es spielt also grundsätzlich keine Rolle, wie hoch die Strafe theoretisch gewesen wäre, BGE 118 IV 356, vgl. auch LGVE 1990 I 49.

10   **Kein Kriterium** ist die **Möglichkeit des Vollzugs** in einer geeigneten Anstalt, jedenfalls innerhalb der Region, BGE 102 IV 169 f., 101 IV 143,

zu aArt. 43 BGE 77 IV 201 E. 4; anders (Ausfällung einer Strafe) RS 1973
Nr. 535.

Das **Ermessen** des Richters ist **eingeschränkt;** sind die Voraussetzungen   11
gegeben, so *muss* die Massnahme angeordnet werden, BGE 102 IV 168,
118 IV 356 f., Rehberg II 144, auch wenn bereits die Vormundschaftsbehörde eine entsprechende Anordnung getroffen hat, PKG 1965 Nr. 27;
zu weit ist das Ermessen in Sem.jud. 1978 261 umschrieben.

Ziff. 2 schreibt Vollzug in einer **spezialisierten Anstalt** vor. Davon lässt   12
VStGB 2 Art. 2 als Übergangsbestimmung eine Ausnahme zu: Bis zur
Schaffung einer AEA für Frauen kann die Massnahme in der Strafanstalt
(d. h. in Hindelbank) vollzogen werden. Seit Januar 1993 besteht die
Maison d'arrêt pour femmes de Riant-Parc (GE), wo Arbeitserziehung
gemäss Art. 100bis vollzogen werden kann. Für Männer gibt es die
AEAen Uitikon (ZH), Kalchrain (TG), Arxhof (BL), Pramont (VS) und
La Ronde (NE). Zur Möglichkeit des Vollzugs von Halbgefangenschaft
in einer AEA unter bestimmten Voraussetzungen VPB 51 (1987) Nr. 26.

Ziff. 3 umschreibt das **Ziel der Massnahme** als Erziehung «zur Arbeit» –   13
entscheidend dürfte aber die «charakterliche Festigung» sein, Schultz II
183, die durch «zweckgerichtete und individualisierte Betreuung» erreicht werden soll, BGE 102 IV 168. Dass eine Berufslehre durchgeführt
werden kann, ist nicht erforderlich, ZR 48 (1949) Nr. 167, Schultz II
175. Zur Halbfreiheit s. Art. 37 N 7. VStGBy 3 Art. 3 lässt überdies das
Wohn- und Arbeitsexternat dort zu, wo es (mindestens ebenso) zweck-
dienlich erscheint.

Ziff. 4 sieht **Vollzug in einer Strafanstalt** vor, wenn der Eingewiesen den   14
Erziehungsmühen Widerstand entgegensetzt, s. z.B. BGE 101 IV 144.
Gemäss Art. III.2 der Schlussbestimmungen zum BG vom 18.3.1971 gilt
die Bestimmung «nur bis zur Schaffung einer geschlossenen Arbeitserziehungsanstalt». Nachdem Uitikon eine geschlossene Abteilung eröffnet hat, ist Ziff. 4 als aufgehoben zu betrachten; kritisch dazu Evéquoz
207.

Kritik und Reformvorschläge   15
Schon der Name «Arbeitserziehung» ist verfehlt, weil schlechthin eine
Nacherziehungs- oder sozialpädagogische Anstalt für junge Erwachsene
gemeint ist, Rehberg II 141, Saluz-Jegerlehner 202. Unbefriedigend
ist sodann die Umschreibung der zu beeinflussenden Zustände (N 6) und
vor allem die monistische Ausgestaltung, Schultz II 40 f.; Saluz-
Jegerlehner a.a.O., die auch entbehrlich wird, wenn die Massnahme
nur noch bei mindestens mittelschweren Straftaten zulässig ist (N 9). *VE
1993* Art. 64 trägt diesen Postulaten Rechnung, vgl. Rehberg II 141. Für
den Erfolg dürfte ausschlaggebend sein, ob der Verurteilte der Massnahme zustimmt, ebenso Schweingruber 199, was wiederum mit der
Gestaltung des Vollzugs zusammenhängt, dazu Noll 163.

100ter   Bedingte Entlassung und Aufhebung der Massnahme

1. Nach einer Mindestdauer der Massnahme von einem Jahr wird der Eingewiesene von der zuständigen Behörde für eine Probezeit von einem bis drei Jahren bedingt entlassen, wenn anzunehmen ist, er sei zur Arbeit tüchtig und willig und er werde sich in der Freiheit bewähren. Sie stellt den bedingt Entlassenen unter Schutzaufsicht.

Begeht der Entlassene während der Probezeit ein Verbrechen oder Vergehen, handelt er trotz förmlicher Mahnung der zuständigen Behörde einer ihm erteilten Weisung zuwider, entzieht er sich beharrlich der Schutzaufsicht oder täuscht er in anderer Weise das auf ihn gesetzte Vertrauen, so ordnet die zuständige Behörde die Rückversetzung an. In leichten Fällen kann von der Rückversetzung Umgang genommen werden.

Wird er wegen der strafbaren Handlung verurteilt, so kann von der Rückversetzung Umgang genommen werden.

Die Rückversetzung dauert höchstens zwei Jahre. Die Gesamtdauer der Massnahme darf in keinem Fall vier Jahre überschreiten und ist von der zuständigen Behörde spätestens mit dem zurückgelegten 30. Altersjahr des Eingewiesenen aufzuheben.

Wird von der Rückversetzung Umgang genommen, so kann die zuständige Behörde statt dessen den Entlassenen verwarnen, ihm weitere Weisungen erteilen und die Probezeit höchstens um die Hälfte der ursprünglich festgesetzten Dauer verlängern.

2. Sind die Voraussetzungen der bedingten Entlassung nach drei Jahren Aufenthalt in der Anstalt noch nicht eingetreten, so hat die zuständige Behörde zu entscheiden, ob die Massnahme aufzuheben oder höchstens um ein Jahr zu verlängern sei.

Spätestens mit dem zurückgelegten 30. Altersjahr des Eingewiesenen wird die Massnahme von der zuständigen Behörde aufgehoben.

3. Der Richter entscheidet, ob und wieweit im Zeitpunkt der Entlassung aus dem Massnahmevollzug oder im Fall seiner vorzeitigen Aufhebung allfällig aufgeschobene Strafen noch vollstreckt werden sollen. Hierüber äussert sich die zuständige Behörde bei der Mitteilung ihres Beschlusses.

4. Sind seit der Verurteilung, dem Rückversetzungsbeschluss oder der Unterbrechung der Massnahme mehr als drei Jahre verstrichen, ohne dass deren Vollzug begonnen oder fortgesetzt werden konnte, so entscheidet der Richter, ob die Massnahme noch nötig ist. Er kann auch nachträglich eine Strafe aussprechen oder eine andere Massnahme anordnen, wenn deren Voraussetzungen erfüllt sind.

Im gleichen Sinne entscheidet der Richter, wenn die Massnahme aus irgend einem Grunde schon vor Ablauf von drei Jahren aufgehoben

werden muss, ohne dass die Voraussetzungen für die bedingte Entlassung erfüllt sind.

5. Artikel 45 Ziffern 1, 2, 4 und 5 sind anwendbar.

Eingeführt durch BG vom 18.3.1971.

Sten.NR 1969 175, StR 1967 82, 1970 129.

Lit. zu Art. 100, 42.

Die **Dauer der Arbeitserziehung** beträgt mindestens ein Jahr, weil in 1
kürzerer Zeit ein Erfolg nicht erwartet wird. *Frühere Entlassung* ist auch
bei Vollzug in der Strafanstalt, Art. 100ᵇⁱˢ, *nicht zulässig,* und selbst in
diesem Fall darf gemäss VPB 42 (1978) Nr. 88 Untersuchungshaft nicht
angerechnet werden, was schwere Bedenken weckt. Die Höchstdauer beträgt grundsätzlich drei Jahre, wobei eine Verlängerung um ein Jahr
möglich ist, Ziff. 2 I, s. N 6. Die Rückversetzung erfolgt höchstens für
zwei Jahre, auch hier ist eine Verlängerung möglich, doch darf die Gesamtdauer vier Jahre nicht überschreiten. Ferner ist die Massnahme in jedem Fall bei Erreichen des 30. Altersjahres aufzuheben, auch wenn noch
eine Probezeit läuft, REHBERG II 145 f.

Für die **Berechnung der Mindestdauer** ist Untersuchungshaft entgegen 2
VPB 42 (1978) Nr. 88, BGE 73 IV 10 ff., HEIM in JdT 1972 IV 46
anzurechnen, nicht dagegen die Zeit, während deren der Verurteilte
flüchtig war, vgl. BGE 100 IV 208 E. 3. Anzurechnen ist auch der Vollzug
einer entsprechenden Administrativmassnahme, SCHULTZ II 184, offengelassen in BGE 100 IV 207 f., allerdings zu Ziff. 2 I. RS 1971 Nr. 73
rechnet an, wenn «der bisherige Erziehungserfolg dies rechtfertigt» (zu
aArt. 43). Den Entscheid fällt die «zuständige», d.h. die Vollstreckungsbehörde, PKG 1976 Nr. 13.

Bedingte Entlassung setzt nicht nur eine günstige Prognose voraus, 3
sondern zudem den Erfolg der Arbeitserziehung, mit Recht anders *VE
1993* Art. 64.4 I.

Das **Verfahren** ist von Amtes wegen einzuleiten, Art. 45.1 I i.V.m. 4
100ᵗᵉʳ.5. Die Pflicht zur alljährlichen Überprüfung gemäss Art. 45.1 II gilt
für die Arbeitserziehung nicht. Der Betroffene hat einen absoluten Anspruch auf rechtliches Gehör, Art. 45.1 III, BGE 109 IV 13, wo offenbar
die Verweisung übersehen wurde. Die zuständige Behörde darf damit bis
zum Ablauf der Mindestdauer zuwarten, BGE 101 Ib 32, VPB 42 (1978)
Nr. 88. Gegen die Verweigerung der bedingten Entlassung ist die Verwaltungsgerichtsbeschwerde zulässig, VPB 42 (1978) Nr. 88, zur Vereinbarkeit mit der EMRK s. N 5 vor Art. 42.

Die **Rückversetzung** ist analog Art. 38 und 45 geregelt, doch fehlt die 5
Präzisierung des «leichten» Falles bei erneuter Verurteilung – auch eine
drei Monate übersteigende Strafe kann i.S.v. Art. 100ᵗᵉʳ.1 II «leicht» sein,
dazu BGE 97 I 924 f. Ziff. 1 III lässt aber bei erneuter Bestrafung
schlechthin den Verzicht auf die Rückversetzung zu, was insbesondere

dann angebracht ist, wenn weitere Erziehungsversuche nicht mehr als lohnend erscheinen. Allerdings sind auch Ersatzmassnahmen analog Art. 45.3 IV möglich.

6   Ist **nach drei Jahren** Vollzug (zur Berechnung N 2) kein Erfolg eingetreten, so ist die Massnahme aufzuheben. Die Vollzugsbehörde kann auch die Massnahme um höchstens ein Jahr verlängern, sollte von dieser Möglichkeit aber nur Gebrauch machen, wenn sich vor Ablauf der Frist eine positive Entwicklung angebahnt hat und feststeht, dass diese durch Fortsetzung des Vollzugs weiter gefördert würde – ablehnend zur Verlängerung Noll 164, Schultz II 185.

7   Kollidiert eine vollstreckbare **Freiheitsstrafe** mit AEA, so wird der Vollzug aufgeschoben, RS 1982 Nr. 275, s. auch VStGB 1 Art. 2 VIII. Bei Aufhebung der Massnahme gemäss Ziff. 2 oder Ziff. 5 i.V.m. Art. 45.4 – nicht bei bedingter Entlassung, RS 1974 Nr. 732 – entscheidet der Richter, ob solche Strafen noch zu vollziehen seien, AGVE 1985 Nr. 24, vgl. auch Art. 43 N 20, 45 N 9. Hatte die Massnahme Erfolg, so ist auf Vollzug der Strafe zu verzichten, Noll 165; s. auch BGE 121 IV 161.

8   **Ziff. 4** regelt in Abs. 1 eine Quasiverjährung (BGE 100 IV 208) analog Art. 45.6. Die Frist beträgt hier aber wegen des geringen Alters der Betroffenen nur drei Jahre. War während dieser Frist der Vollzug aufgeschoben oder unterbrochen, so entscheidet der Richter völlig neu über die Sanktion, wobei er auch eine Strafe zumessen kann, GVP-SG 1978 Nr. 22. Dabei hält er sich an die Verhältnisse im Zeitpunkt des Schuldspruchs, berücksichtigt aber die seitherige Entwicklung bei der Frage des bedingten Vollzugs, PKG 1984 Nr. 12.

9   Der Richter kann offenbar die erfolglose Massnahme **vorzeitig aufheben,** d.h. vor Ablauf von drei Jahren (zur Berechnung N 2). Dabei ist an ausserordentliche Fälle gedacht, es «muss ein zwingender Grund vorliegen, der dem Richter im Hinblick auf den spezialpräventiven Zweck der Arbeitserziehung vernünftigerweise keine andere Wahl lässt, als dieselbe vorzeitig abzubrechen», BGE 100 IV 208, z.B. Invalidität oder Wegfall jeglicher Erfolgsaussicht. Die ausserordentliche Aufhebung kann m.E. auch vor Ablauf der Mindestdauer erfolgen. Kein Grund ist gemäss BGE 100 IV 209 (Seger) der Widerstand gegen die Massnahme an sich bei sonst gutem Arbeitsverhalten. Der Richter hat wie nach Abs. 1 vorzugehen. Kritisch zur *Möglichkeit später Strafzumessung* Rehberg II 147, Schultz II 41, 186. Auf eine Strafe ist der Massnahmevollzug anzurechnen, Noll 166. PKG 1984 Nr. 12 fordert Strafzumessung nach den Verhältnissen zur Zeit der Anordnung der Massnahme – für die Frage des bedingten Vollzugs soll die seitherige Entwicklung mit berücksichtigt werden.

10   Ist die Massnahme offensichtlich nicht mehr nötig oder nicht mehr tauglich, kann der Richter sie **aufheben,** selbst wenn mit dem Vollzug noch nicht begonnen wurde, LGVE 1992 I 57.

Zweiter Teil: Übertretungen

VE 1894 Art. 182 ff. Mot. 236 ff. 1. ExpK II 471 ff., 708 ff. VE 1908 Art. 233 ff. Erl.Z. 435 ff. 2. ExpK V 415 ff., VIII 210 ff. VE 1916 Art. 290 ff. E Art. 288 ff. Botsch. 67 ff. Sten.NR 243 f., 509 ff., StR 132 f., NR 662, StR 317, NR 742.

101 Die Übertretung

Übertretungen sind die mit Haft oder Busse oder mit Busse allein bedrohten Handlungen.

Wie bei Verbrechen und Vergehen richtet sich die Klassifizierung nach der **abstrakten Strafdrohung,** wobei die Höchststrafe ausschlaggebend ist, s. Bem. zu Art. 9. Eine Übertretung ist auch die mit Haft *und* Busse bedrohte strafbare Handlung, z.B. SVG Art. 95 II. 1

SCHULTZ VE 242 f. und *VE 1993* Art. 104 schlagen vor, Übertretungen nicht mehr mit Freiheitsstrafe zu bedrohen. 2

102 Anwendung der allgemeinen Bestimmungen des Ersten Teils

Die Bestimmungen des Ersten Teils gelten mit den nachfolgenden Änderungen auch für die Übertretungen.

Im ersten Teil wird öfters von «Verbrechen oder Vergehen» gesprochen (z.B. Art. 18, 24) – **Art. 102** ergänzt diese Bestimmungen, soweit nicht in den folgenden Artikeln Ausnahmen vorgesehen sind – strafbar ist deshalb z.B. auch Anstiftung zu einer Übertretung, AGVE 1958 Nr. 38, Sem.jud. 1956 593.

103 Ausschluss der Anwendbarkeit

Die Bestimmungen über die Verwahrung von Gewohnheitsverbrechern sind nicht anwendbar.

Fassung gemäss BG vom 18.3.1971.

Art. 103 ist selbstverständlicher Ausfluss des Grundsatzes der Verhältnismässigkeit, vgl. auch GVP-SG 1988 Nr. 54. Er bezieht sich nur auf Verwahrung gemäss Art. 42, s. jedoch Art. 104 für die übrigen freiheitsentziehenden Massnahmen.

104 Bedingte Anwendbarkeit

[1] **Versuch und Gehilfenschaft werden nur in den vom Gesetz ausdrücklich bestimmten Fällen bestraft.**

[2] **Die Einweisung in eine der in den Artikeln 43, 44 und 100bis genannten Anstalten, die Entziehung der elterlichen Gewalt und eines Amtes der Vormundschaft, das Verbot, einen Beruf, ein Gewerbe oder ein Handelsgeschäft zu betreiben, die Landesverweisung und die öffentliche Bekanntmachung des Urteils sind nur in den vom Gesetz ausdrücklich bestimmten Fällen zulässig.**

Abs. 2 in der Fassung gemäss BG vom 18.3.1971.

1   Der **Versuch einer Übertretung** wird ausschliesslich in Art. 329.2 strafbar erklärt.

2   **Gehilfenschaft bei einer Übertretung** wird ausschliesslich in Art. 293 II und 329.2 strafbar erklärt.

3   Von der Möglichkeit, **Massnahmen gemäss Art. 43 und 44** bei Übertretungen vorzusehen, wird im Strafgesetzbuch nicht Gebrauch gemacht. Damit ist auch ambulante Behandlung ausgeschlossen, Schultz in ZBJV 112 (1976) 342 f. Sie kann jedoch als Weisung bei bedingtem Strafvollzug angeordnet werden. BetmG Art. 19a IV ermöglicht die Anwendung von Massnahmen gemäss Art. 44 bei süchtigen Konsumenten.

4   Seit der Revision des Sexualstrafrechts sind auch **Arbeitserziehung** (Art. 100bis) und **Entziehung der elterlichen Gewalt** (Art. 53) bei Übertretungen nicht mehr möglich. Überdies ist seit der Revision des Vermögensstrafrechts eine **Veröffentlichung des Urteils** (Art. 61) bei Übertretung nicht mehr vorgesehen.

5   Von der Möglichkeit, auf Übertretungen ein **Berufsverbot** (Art. 54) oder **Landesverweisung** (Art. 55) anzudrohen, hatte das StGB von vornherein keinen Gebrauch gemacht. **Amtsverbot** (Art. 51) ist dagegen bei Übertretungen immer möglich.

105 Bedingter Strafvollzug

Bei bedingtem Strafvollzug beträgt die Probezeit ein Jahr.

1   Abgesehen von dieser Ausnahme gilt **Art. 41** unverändert bei Übertretungen, auch hinsichtlich der vorstrafenfreien Zeit; es fehlt also Verkürzung auf ein Jahr, wie sie Art. 108 für Rückfall vorsieht.

106 Busse

[1]Bestimmt es das Gesetz nicht ausdrücklich anders, so ist der Höchstbetrag der Busse 5000 Franken.

[2]Handelt der Täter aus Gewinnsucht, so ist der Richter an diesen Höchstbetrag nicht gebunden.

[3]Die Probezeit für die Löschung des Eintrags im Strafregister nach Artikel 49 Ziffer 4 beträgt ein Jahr.

Fassung gemäss BG vom 18.3.1971.

Zur **Gewinnsucht** Art. 48 N 3; zur vorzeitigen **Löschbarkeit** Art. 49 N 14 ff.   1

VE 1993 erhöht in Art. 107 die Höchstgrenze der Busse bei Übertretungen auf 10 000 Franken und sieht vor, dass eine Ersatzfreiheitsstrafe von mindestens einem Tag und höchstens drei Monaten für den Fall der Nichtbezahlung bereits im Urteil festgelegt werden kann.   2

107 Strafmilderung

Bei mildernden Umständen tritt Busse an Stelle der Haft.

Art. 107 ergänzt **Art. 65** für die Fälle der Strafmilderung gemäss Art. 64, BGE 90 IV 3 (Spiess). Im Gegensatz zu den allgemeinen Regeln über die Strafzumessung (N 3 vor Art. 64) ist hier die mildere Strafart bei Vorliegen eines Strafmilderungsgrundes *vorgeschrieben*. Ist als ordentliche Mindeststrafe Busse in einer bestimmten Höhe vorgesehen, so kann diese bei Milderung unterschritten werden, BGE 90 IV 3 f.   1

108 Rückfall

Der Rückfall wird nicht berücksichtigt, wenn zur Zeit der Tat wenigstens ein Jahr vergangen ist, seit der Täter eine Freiheitsstrafe verbüsst hat oder aus einer der in den Artikeln 42–44 und 100bis genannten Anstalten entlassen worden ist.

Fassung gemäss BG vom 18.3.1971.

E 293 = 96[novies] StR. Sten.NR 511. Vgl. auch E 64 Ziff. 1 und hiezu Sten.NR 210 ff.

Art. 108 übernimmt für Übertretungen die Regelung des **Art. 67** mit der einzigen Besonderheit, dass nur Vollstreckung im letzten Jahr vor der Tat zu Rückfall führt. In den häufigen Fällen, in denen auf Übertretungen schlechthin «Haft oder Busse» angedroht ist (z.B. Art. 121, 126, 172ter, 179 etc.; anders z.B. Art. 331) ist keine Strafschärfung möglich – insbesondere kann auch das Bussenmaximum gemäss Art. 106 I nicht überschritten werden – es bleibt somit bei *Straferhöhung*.   1

109 Verjährung

Eine Übertretung verjährt in einem Jahre, die Strafe einer Übertretung in zwei Jahren.

Fassung gemäss BG vom 5.10.1950.

E 294 = 96^{decies} StR. – Zu den längern Fristen gemäss Teilrevision 1950: BBl 1949 I 1283 ff. StenB 1949 StR 589, 1950 NR 195 f., StR 140.

KARL ZBINDEN, zur Kritik an den Verjährungsbestimmungen nach Art. 109 und 70 ff. StGB, ZSR 64 (1945) 293.

1 **Art. 109** beschränkt sich darauf, für Übertretungen besondere Verfolgungs- und Vollstreckungsverjährungs*fristen* aufzustellen. Im übrigen gelten (Art. 102) die Regeln der Art. 70–75, s. dort. Die *absoluten Fristen* betragen für die Verfolgung zwei (Art. 72.2 II, 2. Satz), für die Vollstreckung drei Jahre (Art. 75.2 II, 2. Satz).

2 Art. 109 ist auf die Verfolgung der **Steuerhinterziehung** nach DBG Art. 175 nicht anwendbar; DBG Art. 184 geht als spezielle Vorschrift vor, BGE 119 Ib 322.

3 *VE 1993* sieht eine Erhöhung der Verfolgungsverjährungsfrist auf zwei Jahre vor.

Erklärung gesetzlicher Ausdrücke

VE 1894 Art. 48 f., Mot. 143 f. 1. ExpK II 470 f. VE 1908 Art. 63. Erl.Z. 13 f. 2. ExpK II 133 ff., VIII 216 f. VE 1916 Art. 102. E Art. 97. Sten.NR 243 ff., StR 133 f., NR 662 f., StR 317, NR 742 ff., StR 344, NR 779, StR 368.

110

Für den Sprachgebrauch dieses Gesetzes gilt folgendes:

1. ...

2. *Angehörige* einer Person sind ihr Ehegatte, ihre Verwandten gerader Linie, ihre vollbürtigen und halbbürtigen Geschwister, ihre Adoptiveltern und Adoptivkinder.

3. *Familiengenossen* sind Personen, die in gemeinsamem Haushalte leben.

4. Unter *Beamten* sind verstanden die Beamten und Angestellten einer öffentlichen Verwaltung und der Rechtspflege. Als Beamte gelten auch Personen, die provisorisch ein Amt bekleiden oder angestellt sind, oder die vorübergehend amtliche Funktionen ausüben.

5. *Urkunden* sind Schriften, die bestimmt und geeignet sind, oder Zeichen, die bestimmt sind, eine Tatsache von rechtlicher Bedeutung zu beweisen. Die Aufzeichnung auf Bild und Datenträgern steht der Schriftform gleich, sofern sie demselben Zweck dient.

Öffentliche Urkunden **sind die von einer Behörde, die von einem Beamten kraft seines Amtes und die von einer Person öffentlichen Glaubens in dieser Eigenschaft ausgestellten Urkunden. Nicht als öffentliche Urkunden gelten Schriftstücke, die von der Verwaltung der wirtschaftlichen Unternehmungen und Monopolbetriebe des Staates oder anderer öffentlich-rechtlicher Körperschaften und Anstalten in zivilrechtlichen Geschäften ausgestellt werden.**

6. *Tag, Monat, Jahr.* **Der Tag hat 24 aufeinanderfolgende Stunden. Der Monat und das Jahr werden nach der Kalenderzeit berechnet.**

7. **Als** *Untersuchungshaft* **gilt jede in einem Strafverfahren verhängte Haft, Untersuchungs- und Sicherheitshaft.**

Ziff. 1 aufgehoben durch BG vom 21.6.1991; Ziff. 5 in der Fassung gem. BG vom 17.6.1994.

Ziff. 1 definierte den Begriff «Frau» wofür nach Revision des Sexualstrafrechts kein Bedarf mehr besteht.   1

Ziff. 2: Der Begriff **Angehöriger** kommt vor zur Umschreibung der Antragsberechtigung in Art. 28 IV, 175; als Beziehung zwischen Täter und Opfer bei privilegierten Vermögensdelikten (Art. 137.2, 138.1, 139.4, 143 II, 146 III, 147 III, 158.3) und Urkundenunterdrückung (Art. 254 II); zur Privilegierung von Begünstigung i.w.S. in Art. 308 II.   2

Die gesetzliche Umschreibung ist **abschliessend** und **eng auszulegen;** Schwager und Schwägerin sind nicht Angehörige, BGE 74 IV 91 f. (Chopard), SJZ 45 (1949) Nr. 154, ZBJV 81 (1945) 91; ebensowenig Stiefeltern und Stiefkinder, BGE 80 IV 98 ff. (Bommeli), ZR 54 (1955) Nr. 43 (Vi), RS 1948 Nr. 23, abweichend SJZ 43 (1947) Nr. 9; nicht Verlobte und in wilder Ehe Lebende, BJM 1962 177. PKG 1946 Nr. 24 behandelt auch nicht als Angehörige den ausserehelichen Vater, der das Kind nicht freiwillig anerkannt hat und dem es nicht mit Standesfolge zugesprochen wurde (vgl. aber Art. 217 N 8). Mit Auflösung der Ehe endet das Angehörigenverhältnis, BGE 71 IV 38 (Mäusli).   3

Ziff. 3: Der Begriff des **Familiengenossen** wird im Gesetz nur zur Privilegierung (Antragserfordernis) bei Vermögensdelikten (Art. 137.2, 138.1, 139.4, 143 II, 146 III, 147 III, 158.3) und Urkundenunterdrückung (Art. 254 II) verwendet. «Das Gesetz will durch das Antragserfordernis den Hausfrieden unter Personen begünstigen, die durch gemeinsames Haushalten eine Hausgemeinschaft bilden, die derjenigen unter den Gliedern ein und derselben Familie nahe kommt. Dazu gehört, dass zwei oder mehr Personen gemeinsam essen und wohnen und unter einem gemeinsamen Dache schlafen», BGE 102 IV 163, 86 IV 158 ff. (Cantarini), 72 IV 6 (Keller). Es soll vermieden werden, dass das Eingreifen der Strafverfolgungsbehörden gegen ihren Willen den Frieden unter den Familiengenossen gefährdet, BGE 72 IV 6. Auch dieser Begriff ist *eng auszulegen*, BGE 72 IV 6, 86 IV 160: Selbst ein langjähriges Dienstverhältnis vermag das Erfordernis gemeinsamer Musse und Ruhe nicht zu ersetzen, ebenso   4

PKG 1968 Nr. 20; auf Schlafen unter demselben Dach verzichten SJZ 41 (1945) Nr. 9 (Lehrling) und ZBJV 82 (1946) 271 («in kleinen Verhältnissen»). Der Ort, wo die Schriften hinterlegt sind, hat nur Bedeutung als Indiz, BGE 102 IV 164. Typisches Beispiel ist das Konkubinat, vgl. ZR 61 (1962) Nr. 147.

5   Erforderlich ist eine gewisse **Dauer,** deshalb wurde Familiengenossenschaft verneint bei Besuch für wenige Tage, RS 1943 Nr. 59, 1982 Nr. 340; Anstellung eines Taglöhners für wenige Wochen, RS 1943 Nr. 195; Anstellung eines Bediensteten auf Probe, RS 1944 Nr. 230; Aufnahme einer Person, um ihr vorübergehend behilflich zu sein während der Arbeitssuche, BJM 1969 290, oder während einer depressiven Verstimmung, RS 1983 Nr. 440; bei kurzfristigem Zusammenleben der neuen mit der schon entlassenen Serviertochter, ZBJV 85 (1949) 188. Es genügt jedoch die *Absicht* der Dauer, RS 1959 Nr. 19, ZBJV 82 (1946) 299, 90 (1954) 464.

6   Gelegentlich wird das Erfordernis eines **persönlichen Verhältnisses** hervorgehoben, LGVE 1981 I Nr. 45, PKG 1956 Nr. 82 («dauernde Gemeinschaft»), ZR 45 (1946) Nr. 172, 51 (1952) Nr. 96. Daran fehlte es z. B. zwischen zwei Hotelangestellten (Buffet, Küche), obwohl ihre Zimmer nebeneinander lagen, PKG 1972 Nr. 43; die Familiengenossenschaft wirkt auch nicht für den auswärts wohnenden Ehepartner eines Genossen, BJM 1961 273. SJZ 48 (1952) Nr. 3 verneint die Familiengenossenschaft mit einem Heiratsschwindler; BJM 1962 21 unter Exploranden in der kleinen, geschlossenen Abteilung einer Heil- und Pflegeanstalt, die keinen Kontakt aufgenommen hatten. SJZ 40 (1944) Nr. 9 lehnt die Privilegierung ab für den auf Grund des Jugendstrafrechts in eine Familie Eingewiesenen, was keine Zustimmung verdient.

7   Der familienähnliche Charakter impliziert eine gewisse **Intimität** des Zusammenlebens. Daran *fehlt* es bei grossen Institutionen, z. B. bei einem Bürgerheim, ZR 43 (1944) Nr. 89, RS 1950 Nr. 29 (bes. bei nur vorübergehender Einweisung); einem Interniertenlager, RS 1943 Nr. 60, 1944 Nr. 159; dem Landarbeiter eines Klosters und den Nonnen oder Mönchen, RS 1946 Nr. 100; unter Personal und Gästen eines Hotels, SJZ 57 (1961) Nr. 12; Patienten und Angestellten eines grossen Sanatoriums, PKG 1947 Nr. 48; unter den Patienten eines Spitals, SJZ 47 (1951) Nr. 127; zwischen Insassen einer Strafanstalt und dem Staat oder dem Anstaltsleiter, SJZ 55 (1959) Nr. 139. Ein familienähnliches Zusammenleben ist jedoch auch in Institutionen möglich. Es wurde *bejaht* für Schüler, die in einer der Schule angegliederten Pension wohnen, SJZ 44 (1945) Nr. 80; für Insassen eines Altersheimes, ZR 61 (1962) Nr. 148; für gruppenweise untergebrachte Zöglinge eines Landerziehungsheimes, RS 1947 Nr. 176; für Insassen einer Erziehungsanstalt, SJZ 42 (1946) Nr. 133; für Exploranden in der kleinen, geschlossenen Abteilung einer psychiatrischen Anstalt, BJM 1962 21 (als Grundsatz).

8   Massgeblich ist der **Zeitpunkt der Tat,** SJZ 58 (1962) Nr. 75. Dubs, ZStrR 71 (1956) 70 ff., 77 zieht den Zeitpunkt der Strafverfolgung vor.

ähnlich RS 1946 Nr. 100 in einem *obiter dictum;* diese Auffassung entspricht zwar der *ratio legis*, führt aber praktisch zu Schwierigkeiten und trübt die Klarheit und Eindeutigkeit, die BGE 86 IV 160 mit Recht fordert. Die Privilegierung soll aber dann nicht mehr gelten, wenn der Täter unmittelbar nach der Tat aus der Gemeinschaft ausbricht, SJZ 39 (1942/43) Nr. 175.

Vorübergehende Unterbrechung der Familiengemeinschaft durch Spital-   9
aufenthalt, Militärdienst, Ferien, Geschäftsreisen, berufliche Weiterbildungskurse u. ä. lassen die Privilegierung fortbestehen, BGE 102 IV 164 f., RS 1955 Nr. 125; anders für den Fall, dass der aus einer Erziehungsanstalt Entwichene ehemalige Mitinsassen bestiehlt, SJZ 52 (1956) Nr. 50.

Ziff. 4

Max Hess, Zur Geheimhaltungspflicht des Sozialarbeiters, ZöF 72 (1975) 51; José Hurtado Pozo, Das Amtsgeheimnis und das Strafvollzugspersonal, Der Strafvollzug in der Schweiz, 1983, Heft 2, 42; Walter Real, Das Amts- und Berufsgeheimnis, ZöF 69 (1972) 145; Hans Schultz, Persönlichkeitsschutz und Freiheitsrechte im Vormundschaftswesen, ZfV 43 (1988) 121; Josef A. Sieber, Der Begriff des Beamten im Schweizerischen Strafgesetzbuch, Diss. FR 1962; Ders., Der Begriff des Beamten im Schweizerischen Strafgesetzbuch, ZStrR 82 (1966) 78.

Den Begriff des **Beamten** verwendet das Gesetz zur Umschreibung einer   10
qualifizierten Tätergruppe im 18. Titel, Art. 312-317, 319, 320, ferner in Art. 138.2, 161.1 und 282.2; als besonders geschütztes Angriffsobjekt im 15. Titel, Art. 285, 286, 288, indirekt auch in Art. 253, 271.1, 287, 289, 290, 292, 309; s. ferner Art. 51 und 77 zum Amtsverbot, Art. 110.5 II zur Definition der öffentlichen Urkunde.

Entscheidend ist das Merkmal der **Funktion im Dienst der Öffentlichkeit**   11
(Bund, Kanton, Gemeinde). BGE 121 IV 216, 76 IV 102 (Métry und 11 Mitangeklagte) und 151 (Boder) betonen die Abhängigkeit vom Gemeinwesen, dagegen mit Recht Sieber, ZStrR 82 (1966) 82. Es genügt, wenn die Funktion nur vorübergehend ausgeübt oder ein Amt nur provisorisch bekleidet wird, BGE 123 IV 76, 121 IV 220, 70 IV 216 (Christen), auf das Dienstverhältnis kommt es nicht an, BGE 71 IV 143 f. (Spring) und übrige zit. BGE.

Kasuistik   12

Die **Beamteneigenschaft** wurde in folgenden Fällen **bejaht:**
- Angestellter der Zentralstelle der Schweizerischen Lebensmittelimporteure (Cibaria), der durch Antragstellung der Zuteilung von Kontingenten beeinflusste, BG 71 IV 143 ff., oder im Auftrag des Kriegs-Ernährungs-Amtes Kontrollen durchführte, BGE 70 IV 218 f.;
- Landjäger des Kantons Graubünden, PKG 1956 Nr. 24;
- Polizeistundenbieter, der auf Grund kantonaler Bestimmungen gewählt wird, PKG 1956 Nr. 67;
- Nachtwächter, PKG 1960 Nr. 50;
- Arbeiter mit anstaltspolizeilichen Funktionen, SJZ 59 (1963) Nr. 53;

- Angestellter einer Privatbahn nur, soweit er bahnpolizeiliche Funktionen ausübt, GVP-SG 1980 Nr. 29;
- Kondukteur SBB, RS 1968 Nr. 186;
- Parkwächter einer Gemeinde mit der Befugnis, an Ort und Stelle Bussen einzuziehen; SJZ 69 (1973) Nr. 127;
- Verkehrskadetten, PKG 1972 Nr. 21;
- Postgehilfin für die Dauer der Anstellung, PKG 1955 Nr. 21;
- Postbote, ZR 76 (1977) Nr. 99;
- Postchauffeur, PKG 1961 Nr. 44;
- Ehefrau des Posthalters, die mit Zustimmung der vorgesetzten Stelle ihrem Ehemann hilft und ihn gelegentlich vertritt, SJZ 42 (1946) Nr. 6, 61 (1965) Nr. 107;
- Leiter einer vom Regierungsrat angeordneten Administrativuntersuchung, RS 1957 Nr. 22;
- aargauischer Gemeinderat (Exekutive) mit selbständigen Kompetenzen und amtlichen Funktionen, AGVE 1960. Nr. 21, 1961 Nr. 38;
- aargauischer Primarlehrer, SJZ 67 (1971) Nr. 45;
- Amtsvormund, BGE 121 IV 216, ZBJV 114 (1978) 452, GVP-SG 1964 Nr. 27, abweichend AGVE 1953 Nr. 32, 1980 Nr. 15; *kein Beamter* ist der nicht amtliche Vormund, was BGE 76 IV 151 aus seiner gesonderten Erwähnung in aArt. 140.2 und aArt. 52.2 schliesst; s. auch BGE 121 IV 222 und SCHULTZ in ZfV 1988 121;
- Gemeindefürsorgerin, RS 1951 Nr. 183;
- Rechnungsführer des Zivilschutzes, SOG 1993 Nr. 18;
- Sozialarbeiter, HESS 53;
- Strafvollzugspersonal, auch wenn es nur gelegentlich in der Anstalt arbeitet (z.B. Psychologe), HURTADO POZO 44;
- Präsident der Ungarnhilfe, die der gemeinderätlichen Fürsorgekommission angegliedert ist, BJM 1960 263;
- Verwalter eines Bürgerasyls, PKG 1960 Nr. 22;
- Kassier, SJZ 59 (1963) Nr. 53, bzw. Unterkassier, PKG 1960 Nr. 21, einer öffentlichen Krankenkasse;
- Kassier einer Viehversicherungsgenossenschaft, PKG 1961 Nr. 18 (vgl. aber SJZ 50 [1954] Nr. 78);
- Sekretär einer Viezuchtgenossenschaft, SJZ 62 (1966) Nr. 192 (vgl. aber PKG 1962 Nr. 20)
- Chef der Kehrichtabfuhr, SJZ 59 (1963) Nr. 52;
- Brunnenmeister einer öffentlichen Wasserkorporation, PKG 1981 Nr. 12;
- Funktionär eines kommunalen Elektrizitätswerkes, SJZ 56 (1960) Nr. 51 (vgl. aber RS 1959 Nr. 134);
- Bademeister eines Gemeinde-Schwimmbades, GVP-SG 1977 Nr. 32;
- Angestellter des Kurvereins, der Staats- und Kurtaxen einzieht, PKG 1969 Nr. 13;
- Waagmeister der Gemeinde, ZR 76 (1977) Nr. 35;
- Kassier der Bürgergemeinde, PKG 1963 Nr. 24 (aber nicht die Ehefrau, die mit ihm zusammenarbeitet);
- Kassier des Corpus Catholicum (Vereinigung der katholischen Mit-

glieder des bündnerischen Grossen Rates), PKG 1963 Nr. 12;
– Hauswart eines Universitätsinstitutes für die Abrechnung mit dem Putzpersonal, SJZ 65 (1969) Nr. 92.
– der ausserordentliche eidg. Untersuchungsrichter, BGE 123 IV 67

Die Beamteneigenschaft wurde in folgenden Fällen **verneint:**   13
– eidgenössischer Geschworener, BGE 76 IV 102;
– Richter, Extr.Fr. 1980.70, m.E. unrichtig;
– Vormund, BGE 121 IV 216, 76 IV 151;
– Amtsvormund, AGVE 1953 Nr. 32, 1980 Nr. 15, REAL 152, SIEBER, Diss., 321 ff.; anders BGE 121 IV 216, ZBJV 114 (1978) 452, GVP-SG 1964 Nr. 27;
– Kondukteur oder anderer Angestellter einer Privatbahn, soweit sie nicht bahnpolizeiliche Funktionen ausüben, AGVE 1951 Nr. 32, GVP-SG 1980 Nr. 29;
– Mitglied der Verwaltung der nicht öffentlich-rechtlichen Thurgauer Bürgergemeinde, RS 1962 Nr. 165;
– Verwalter einer im Gemeindeverbund betriebenen Wasserversorgung, dem keine öffentlichen Aufgaben übertragen sind, RS 1959 Nr. 134 (vgl. aber SJZ 56 (1960) Nr. 51);
– Beamter, der im Auftrag des Kantons Graubünden für den privatrechtlichen Steuerbezugsverein der kantonalen Beamten und Angestellten die Buchhaltung führt, PKG 1954 Nr. 19;
– Sekuritaswächter ohne amtlichen Auftrag, PKG 1954 Nr. 34;
– «Beamter» der Zürcher, ZR 53 (1957) Nr. 51, bzw. Angestellter der Luzerner Kantonalbank, RS 1977 Nr. 229;
– Kassier der Viehzuchtgenossenschaft und Korrespondent der Graubündner Kantonalbank, PKG 1962 Nr. 20 (vgl. aber SJZ 62 [1966] Nr. 192);
– Kassier der privatrechtlich organisierten Alpkorporation, PKG 1961 Nr. 18;
– freiwilliger Wildhüter eines Jagdvereins, SJZ 53 (1957) Nr. 51;
– Kassier einer Viehversicherungskorporation, die zwar im Thurgau eine öffentlich-rechtliche Körperschaft ist, sich aber wie ein Verein organisiert, SJZ 50 (1954) Nr. 78 (vgl. aber PKG 1961 Nr. 18).

Der Begriff der **Behörde**, den das Gesetz nicht definiert, überschneidet 14 sich mit demjenigen des Beamten in der Weise, dass Behördenmitglieder auch Beamte sein können, sofern sie selber amtliche Funktionen ausüben, vgl. AGVE 1960 Nr. 21, 1961 Nr. 38, SIEBER, ZStrR 71 (1966) 81. Mitglieder der Legislativbehörde sind als solche nicht Beamte, SIEBER a.a.O. S. 79.

Ziff. 5: S. Bemerkungen **vor Art. 251.**   15

Ziff. 6: Zur Berechnung der Antragsfrist: Art. 29 N 2; der Untersuchungs- 16 haft: Art. 69 N 9; der Verjährungsfristen: Art. 70 N 3.

Ziff. 7: Das Gesetz verwendet den Begriff der Untersuchungshaft nur in 17 Art. 69; s. dort N 1–6.

Zweites Buch:

Besondere Bestimmungen

Erster Titel:
Strafbare Handlungen gegen Leib und Leben

1. Tötung

VE 1894 Art. 50 ff., 59 Mot. 147 f., 151 f. ExpK I 317 ff., 347, II 489 ff., 510. VE 1908 Art. 64 ff., 73. Erl.Z. 118 ff., 129 f. 2. ExpK II 146 ff., 222 ff., VIII 218 ff. VE 1916 Art. 103 ff. E Art. 98 ff. Botsch. 30 ff. Sten. NR 249 ff., StR 135 ff., 263 ff., NR 663 ff., StR 318, NR 746 f., StR 344.

Hans Binder, Der juristische und der psychiatrische Massstab bei der Beurteilung der Tötungsdelikte, ZStrR 67 (1952) 307; Marco Borghi, L'image de la mort en droit public, in Das Menschenbild im Recht, Fribourg 1990, 27; Monika Burkart, Das Recht, in Würde zu sterben, Diss. ZH 1983; Olivier Cornaz, Vorsätzliche Tötung, Mord, Totschlag, SJK 1221; Andreas Donatsch, Gilt die Pflicht zu Ernähren bis zum Tode? Beurteilung der Fragestellung aus strafrechtlicher Sicht, in Schweiz. Rundschau f. Med. (PRAXIS) 82 (1993) 1047; Carlos Dougoud, Die vorsätzlichen Tötungsdelikte im schweizerischen und im spanischen Strafrecht vergleichend dargestellt, Diss. FR 1957; Peter Fink, Die Tötungsdelikte im schweizerischen Militärstrafrecht, Diss. ZH 1940; Jean Graven, Meurtre, assassinat ou meurtre par passion? ZStrR 61 (1946) 347; ders., Le système de la répression de l'homicide en droit suisse, RDPC 1950/51 353; ders., Le système de la répression de l'homicide en droit suisse, RSCDPC 1966 233; Pierre-André Gunzinger, Sterbehilfe und Strafgesetz, Diss. BE 1978; U. P. Haemmerli, Le problème de l'euthanasie, RICPT 28 (1975) 33; Heinz Hausheer, Arztrechtliche Fragen, SJZ 73 (1977) 245; Rüdiger Herren, Die Gesinnung im Rahmen der vorsätzlichen Tötungsdelikte, insbesondere beim Mord, Diss. BS 1966; Robert Kehl, Sterbehilfe. Ethische und juristische Grundlagen, Bern 1989; Alexandra von Kühlmann, Sterbehilfe. Eine Studie geltenden Rechtes in Deutschland, Österreich, der Schweiz und den Niederlanden, Aachen 1995; Günter Heine, Landesbericht Schweiz, in Albin Eser/Hans-Georg Koch (Hrsg.), Materialien zur Sterbehilfe, Freiburg i. Br. 1991, 590; Alex Pedrazzini, L'euthanasie, Diss. Laus. 1982; Jörg Rehberg, Arzt und Strafrecht, in Handbuch des Arztrechts, Zürich 1994, 303; Hans Schultz, Organtransplantation, Schweizerische Ärztezeitung 49 (1968) 877; ders., Die vorsätzlichen Tötungsdelikte in der Schweiz, in Göppinger/Bresser (Hrsg.), Tötungsdelikte, Stuttgart 1980, 13; ders., Aktuelle Probleme des Arztrechts, Schweizerische Ärztezeitung 65 (1984) 1014, 1019 ff.; ders., Die Delikte gegen Leib und Leben nach der Novelle 1989, ZStrR 108 (1991) 395; Ernst Georg Seidel, Die Qualifikation des Mordes nach neuem deutschem Recht unter besonderer Berücksichtigung der Judikatur, der schweizerischen Vorentwürfe und des geltenden schweizerischen Rechts, Diss. BS 1952; Günter Stratenwerth, Sterbehilfe, ZStrR 95 (1978) 60; Hans Walder, Vorsätzliche Tötung, Mord und Totschlag (StGB Art. 111–113), ZStrR 96 (1979) 117; ferner Schweizerische Akademie der medizinischen Wissenschaften, Medizinisch-ethische Richtlinien der Schweizerischen Akademie der medizinischen Wissenschaften, Basel 1984; Richtlinien vom 24.2.1995 für die ärztliche Betreuung sterbender Patienten;

Richtlinien vom 13.6.1996 zur Definition und Feststellung des Todes im Hinblick auf Organtransplantationen.

1   An die erste Stelle der geschützten Rechtsgüter stellt das StGB **das menschliche Leben.** Darin kommt zum Ausdruck, dass der Staat im Dienste des Individuums steht und nicht umgekehrt. Als erstes Rechtsgut ist das Leben auch in EMRK Art. 2 geschützt.

2   Geschützt ist **jedes menschliche Leben ohne Differenzierung** (vgl. aber Art. 118 ff.). Also auch das nicht lebensfähige Neugeborene, der Todkranke oder körperlich und geistig zuschwerst Behinderte, h.M.; BGE 98 Ia 515; eingehend GUNZINGER 80 ff. Es gibt kein lebensunwertes Leben, BGE 98 Ia 515, HURTADO POZO BT N 21, STRATENWERTH BT I § 1 N 6. Bei der Erörterung der Sterbehilfe wird allerdings trotzdem die Sinnfrage mitberücksichtigt (s. N 6).

3   Das Leben i.S.v. Art. 111 ff. **beginnt,** anders als gemäss ZGB Art. 31 I, nicht erst mit der vollendeten Geburt, sondern, wie sich aus Art. 116 ergibt, schon mit dem Beginn des Geburtsvorganges. Nach h.L. setzt der Geburtsvorgang mit dem *Beginn der Eröffnungswehen* ein, BGE 119 IV 209, GERMANN, Verbrechen, 229, HURTADO POZO BT N 23, NOLL BT 9, REHBERG/SCHMID 2, 17, SCHWANDER Nr. 507, STRATENWERTH BT I § 1 N 5, WALDER 119; ZBJV 79 (1943) 84 f.; ZR 41 (1942) Nr. 110. SCHUBARTH SE N 9 will demgegenüber wie THORMANN/VON OVERBECK Art. 111 N 1, 116 N 7, erst auf das Einsetzen der Atmung abstellen, HAFTER BT I 20, 77 und LOGOZ Art. 118 N 1 auf den Austritt aus dem Mutterleib. Die abweichenden Auffassungen sind abzulehnen, weil nach dem in Art. 116 deutlich ausgedrückten Willen des Gesetzgebers schon während der Geburt der *nascens* dem Schutz einerseits vor fahrlässiger, anderseits vor partieller Schädigung (Körperverletzung) unterstellt werden soll, den ihm Art. 118 f. aus guten Gründen (SCHUBARTH SE N 17) versagt. Aus demselben Grund muss bei Entbindung durch Kaiserschnitt der Beginn der Operation durch die Narkose als massgeblicher Zeitpunkt gelten; a.M. STRATENWERTH BT I § 1 N 5: «Beginn des eigentlichen ärztlichen Eingriffs».

4   Das Leben endet mit dem **Tod,** der nach den Richtlinien der Schweizerischen Akademie der medizinischen Wissenschaften vom 25.1.1969, u. a. in ZBJV 105 (1969) 334 ff., und ZStrR 85 (1969) 334, eingetreten ist, «wenn eine oder beide der folgenden Bedingungen erfüllt sind: a) Irreversibler Herzstillstand mit der dadurch unterbrochenen Blutzirkulation im Organismus und damit auch im Gehirn: Herz-Kreislauf-Tod. b) Vollständiger, irreversibler zerebraler Funktionsausfall oder Tod des Gehirns: zerebraler Tod» (die Revisionen der Richtlinien vom 6.5.1983 und 13.6.1996 brachten in diesem Punkt keine Änderung); kritisch BORGHI 34 ff. Entscheidend ist nach herrschender Lehre der *Ausfall der gesamten Hirnfunktionen*, nicht nur derjenigen des Stammhirns, BURKART 8, GUNZINGER 100 f., HURTADO POZO BT N 35 ff., SCHUBARTH SE N 27 WALDER 120, vgl. auch den Kommentar zu den Richtlinien von

17.11.1981 in Schweiz. Ärztezeitung 1982 615 ff., HEINE 621 ff., KÜHL-MANN 56 ff.; zum apallischen Syndrom, Ziff. 2c) der Richtlinien.

Die Richtlinien spiegeln jeweils den Stand der medizinischen Wissenschaft und eignen sich zur inhaltlichen Konkretisierung rechtlicher Begriffe, vgl. BGE 98 Ia 512 ff. zu § 44 der ZH VO vom 25.3.1971 über die kantonalen Krankenhäuser; zur rechtlichen Bedeutung der Richtlinien SCHULTZ, in Les cahiers médico-sociaux 29 (1985) 261.

Die **Feststellung** des Todes hat spezifischen Kriterien zu folgen, die in   5
den Richtlinien vom 25.1.1969/6.5.1983/13.6.1996 Ziff. 5 ff. festgelegt sind – nur ein Arzt ist dafür zuständig. Zur Problematik der Methoden GUNZINGER 104 ff., SCHUBARTH SE N 28 ff., STRATENWERTH 64 ff. Ist die Entnahme eines lebenswichtigen Organs zur Transplantation beabsichtigt, so muss die Feststellung des Todes von einem Arzt getroffen werden, der nicht zum Transplantationsteam gehört, Richtlinien vom 25.1.1969/6.5.1983/13.6.1996 Ziff. 12, ebenso die Empfehlung des Europarates, Resolution Nr. 29/1978.

Sterbehilfe ist zunächst unproblematisch, soweit sie nicht mit einer Be-   6
schleunigung des Todes verbunden ist. Bei lebensverkürzender Sterbehilfe ist zu unterscheiden in passive einerseits, direkt oder indirekt aktive anderseits. Von Sterbehilfe kann *ausschliesslich* dann gesprochen werden, *wenn ein Mensch dem Tod nahe ist und keinerlei Aussicht auf eine Wende* zu auch nur vorübergehend bewusstem und kommunikationsfähigem Leben *besteht,* also im «Fall der an sich möglichen aber auf ihren Sinngehalt hin als zweifelhaft zu bezeichnenden Sterbensverlängerung», HAUSHEER 249, ähnlich KEHL 17, 33.; zurückhaltend gegenüber dem Verzicht auf Ernährung bei apallischem Syndrom und ähnlichen Phänomenen, die nicht bei einem Sterbenden auftreten, DONATSCH 1050 ff. S. auch die Einstellungsverfügung der Zürcher Staatsanwaltschaft vom 7.7.1976, zit. bei HEINE 612.

Passive Sterbehilfe liegt vor, wo *auf lebenserhaltende Massnahmen ver-*   7
zichtet wird, z.B. Reanimation, Antibiotika, Zufuhr von Nährstoffen (dazu ein Beispiel bei PEDRAZZINI 201 ff. und WALDER 121 f. Fn 14, ferner DONATSCH 1050). Ein *Unterlassen* liegt vor, auch wenn der behandelnde Arzt durch Abschalten der Apparaturen die künstliche Aufrechterhaltung des Herz/Lungen-Kreislaufes abbricht, SCHULTZ, Arztrecht, 1020; tut dies aber ein Dritter, so liegt ein Tun vor, GUNZINGER 142 ff., im Ergebnis ebenso STRATENWERTH 67. Liegt eine verbindliche Willensäusserung des Patienten vor, so ist der Arzt zur passiven Sterbehilfe geradezu verpflichtet (ist der Patient urteilsfähig, so kann er selbst dann, wenn seine Lage nicht aussichtslos ist, gewisse Behandlungsmethoden oder sogar jegliche Therapie ablehnen!); fehlt sie, so ist nach den Regeln über die Geschäftsführung ohne Auftrag, OR Art. 419, auf den mutmasslichen Willen abzustellen, für den eine frühere Erklärung als Indiz dient zur von «Exit» vorbereiteten Erklärung eingehend KEHL a.a.O. aus der Sicht von «Exit», kritischer REHBERG, Arzt und Strafrecht, 320 ff.,

SCHULTZ, Arztrecht, 1021; eine eigene Formulierung diskutiert PEDRAZ-
ZINI 236 ff.; solche Erklärungen sind nicht bindend, haben aber eine Indizwirkung, die stärker ist, je kürzer die Abgabe der Erklärung zurückliegt)
– die dem Betroffenen nahestehenden Personen sind zu konsultieren,
aber der letzte Entscheid liegt beim Arzt, Kommentar zu den Richtlinien
vom 17.11.1981, Ziff. III, im einzelnen BURKART 120 ff., GUNZINGER
171 ff., HURTADO POZO BT N 46 ff., PEDRAZZINI 185 ff., REHBERG, Arzt
und Strafrecht, 317 ff., STRATENWERTH 74 ff., s. jetzt auch die Richtlinien
der Akademie der medizinischen Wissenschaften vom 24.2.1995 für die
ärztliche Betreuung sterbender und zerebral schwerst geschädigter Patienten. Liegt eine ausdrückliche Willensäusserung für lebensverläng-
ernde Massnahmen vor, so bindet diese zunächst den Arzt. Bei irreversi-
blem Verlust des Bewusstseins kann sie jedoch ihre Wirkung verlieren.
Der Kommentar zu den Richtlinien vom 17.11.1981, Ziff. 1 c), erlaubt
beispielsweise beim «apallischen Syndrom» (Ausfall des Grosshirns bei
weiterer Funktion des durch das Stammhirn gesteuerten Kreislaufs) den
Abbruch lebensverlängernder Massnahmen nach Beobachtung während
mehrerer Monate. Auch die Notwendigkeit, knappe Ressourcen zugunsten von Patienten mit Heilungsaussichten einzusetzen, kann berücksichtigt werden, GUNZINGER 183 f.. STRATENWERTH 73, 77 f. m.w.Hinw. Eine
Zusammenstellung der kantonalen Vorschriften über die Sterbehilfe findet sich bei HEINE 605 ff. Zur Entwicklung in der Schweiz eingehend
HURTADO POZO BT N 60 ff.

8   **Indirekte aktive Sterbehilfe** liegt vor, wenn zur Linderung von Leiden
    Mittel eingesetzt werden, welche **als Nebenwirkung** die Überlebensdauer
    herabsetzen. Dies ist zulässig, GUNZINGER 126 ff., HURTADO POZO BT N
    43 ff., REHBERG/SCHMID 13 f , REHBERG, Arzt und Strafrecht, 316 f.,
    SCHUBARTH SE N 40, SCHULTZ, Arztrecht, 1020, STRATENWERTH 79,
    DERS. BT I § 1 N 7, WALDER 129.

9   **Direkte aktive Sterbehilfe** ist gezielte Tötung zur Verkürzung von Leiden
    (z.B. «goldener Schuss»). Sie ist nach Art. 111 (evtl. 113, 114 oder 117
    kaum 112) *strafbar*. Umstritten ist die Abgrenzung. STRATENWERTH 80 f
    will direkte Sterbehilfe schon dann annehmen, wenn die lebensverkür-
    zende Wirkung sicher ist. Demgegenüber wird nach h.M. auf die Inten-
    tion abgestellt, GUNZINGER 124, implizit auch REHBERG/SCHMID 13
    SCHUBARTH SE N 41, WALDER 129; der Unterschied ist theoretisch, wei
    Handeln trotz sicherem Wissen den Vorsatz indiziert – ausnahmsweise
    muss hier auf das Motiv abgestellt werden; vorbehalten bleibt die fahr
    lässig direkte Tötung.

10 **Nach Eintritt des Todes** ist der Leichnam gemäss Art. 262 vor Veruneh
    rung geschützt, auch der Persönlichkeitsschutz bleibt noch während eini
    ger Zeit erhalten, s. BGE 118 IV 319.

11 Das StGB kennt **drei Hauptformen der vorsätzlichen Tötung:** neben den
    Grundtatbestand in Art. 111 die qualifizierte Tötung, Mord (Art. 112)

und die privilegierte, Totschlag (Art. 113), daneben die besonderen privilegierten Tatbestände der Tötung auf Verlangen (Art. 114) und der Kindestötung (Art. 116). Zur Entstehungsgeschichte SCHULTZ, Tötungsdelikte, 13 ff., GRAVEN, ZStrR 61 (1946) 371 ff., DERS., RSCDPC 241 ff.

111 Vorsätzliche Tötung

Wer vorsätzlich einen Menschen tötet, ohne dass eine der besonderen Voraussetzungen der nachfolgenden Artikel zutrifft, wird mit Zuchthaus nicht unter fünf Jahren bestraft.

Lit. vor Art. 111.

Art. 111 regelt als **Grunddelikt** die vorsätzliche Tötung *(meurtre, omicidio intenzionale)*. Er ist charakterisiert durch das Fehlen von spezifischen Tatbestandsmerkmalen und setzt lediglich die vorsätzliche Verursachung des Todes eines Menschen voraus. Die Tat ist typischerweise «Ausdruck einer Gesinnung, die als ethisch beeinträchtigt bewertet werden muss, weil die Selbstdurchsetzung sich allzu rücksichtslos vordrängt, während soziale Tendenzen stark zurücktreten, sich aber immerhin in der ganzen Situation, die zur Tat führt, noch bemerkbar machen», BGE 104 IV 152, in Anlehnung an BINDER 314. Typisch ist der Fall des Beziehungsdelikts, in welchem den Täter am Entstehen des Konflikts ein erhebliches Mitverschulden trifft, BINDER 316 f., WALDER 142.

Kasuistik

BGE 102 IV 65: Gil y Duarte fühlte sich nach Auseinandersetzungen um einen Hut zuunrecht bedroht und schoss auf den sich ihm unbewaffnet nähernden Witschi; **103 IV 65: W. und M.** pöbelten grundlos Passanten an und schlugen sie brutal nieder – K. warfen sie zudem in die aprilkalte Aare und nahmen damit dessen Tod in Kauf (eventualvorsätzlicher Versuch); **104 IV 150: Frau B.** lebte mit ihrem Mann in einem schweren Konflikt, den sie z.T. auch selbst verschuldet hatte; eines Morgens schoss sie im Stall von hinten auf ihn (Versuch); **109 IV 94: X.** schlug seine Frau im Streit mit einem Bleihammer nieder; in der Meinung, sie sei tot, trennte er mit einem Fleischmesser den Kopf ab, was erst zum Tod führte – unerhebliche Abweichung des wirklichen vom vorgestellten Kausalverlauf; **119 IV 202: S.** erschoss B., der kurze Zeit vorher seine ehemalige Freundin geheiratet hatte; **AGVE 1984 Nr. 23: E.** schlug dem unrechtmässig in seine Wohnung eindringenden S. mit einem Revolver auf den Hinterkopf, wobei sich ein tödlicher Schuss löste; **RVJ 1992 285: Arturo X.** brachte seiner Frau Ana Paula mehrere Messerstiche in Tötungsabsicht bei – Versuch; **SJZ 83 (1987) Nr. 22: X.** half der Polizei bei der Verfolgung eines aus dem Bezirksgefängnis Entwichenen; als er den unbewaffneten Mann auf eine Distanz von neun Metern erblickte, tötete er ihn mit einem Schuss.

1

2

3 **Konkurrenzen und Abgrenzungen**
Art. 111 tritt als *lex generalis* hinter die Spezialtatbestände zurück,
CORBOZ Art. 111 N 25, 113 N 30, SCHUBARTH Art. 111 N 12, SCHULTZ,
Tötungsdelikte, 15, STRATENWERTH BT I § 1 N 13; weil im Zweifel
Art. 111 an Stelle von **Art. 112** (z.B. SJZ 58 [1962] Nr. 137), **Art. 113** an
Stelle von Art. 111 (GVP-SG 1979 Nr. 21) anzuwenden ist, muss die Auffassung, Art. 111 sei subsidiär (z.B. GRAVEN, RSCDPC 241, RVJ 1992,
288) abgelehnt werden, ebenso SCHULTZ und STRATENWERTH a.a.O. S.
ferner **Art. 119** N 8, **122** N 14, **127** N 10, **134** N 7, **140** N 24, **184** N 5, **190** N
13; **221** N 11; **231** N 4, **234** N 4, **310** N 10, **312** N 10. Vorbereitung ist
gemäss **Art. 260**[bis] strafbar.

112 Mord

**Handelt der Täter besonders skrupellos, sind namentlich sein Beweg-
grund, der Zweck der Tat oder die Art der Ausführung besonders verwerflich, so ist die Strafe lebenslängliches Zuchthaus oder Zuchthaus
nicht unter zehn Jahren.**

Fassung gemäss BG vom 23.6.1989, in Kraft seit 1.1.1990.

E 99. Sten.NR 249 ff., 665. Botsch. vom 26.6.1985, BBl 1985 II 1009 ff.; Sten. StR
1987 356 ff., 368, NR 1989 674 ff., 679 f.

RUDOLF RENGIER, Ausgrenzung des Mordes aus der vorsätzlichen Tötung? Eine
rechtsvergleichende Darstellung für das österreichische, schweizerische und deutsche Recht, ZStW 92 (1980) 459; **Lit.** vor Art. 111.

1 **Mord** *(assasinat/assassinio)* ist mit der Strafdrohung lebenslänglich
Zuchthaus eines der schwersten Delikte des schweizerischen Strafrechts.
Der E 1918 kommentierte, es sei die Tat eines Menschen gemeint, «den
wir um seiner Gefährlichkeit und um seiner der Menschenwürde baren
Gesinnung dauernd aus der Gesellschaft ausschliessen wollen» (S. 31);
gegen diese Einstellung, mit der die revidierte Strafdrohung ohnedies
nicht mehr übereinstimmt, SCHUBARTH Art. 112 N 3. Ob eine Tötung als
Mord zu qualifizieren sei, ist anhand einer Gesamtprüfung sämtlicher
Tatumstände zu entscheiden, BGE 118 IV 122 E. 3d, 104 IV 150, 101 IV
79 E. 5, auch die bescheidene «Kasuistik» des Gesetzes hat nur Indizwirkung, BGE 120 IV 274, 118 IV 125, 117 IV 394.

2 Zur **Entstehungsgeschichte:** E 1918 Art. 99 traf die Abgrenzung nach der
kasuistischen Methode – Mord sollte vorliegen, wenn der Täter «aus
Mordlust, aus Habgier, um die Begehung eines anderen Vergehens zu
verdecken oder zu erleichtern, mit besonderer Grausamkeit, heim-
tückisch, durch Feuer, Sprengstoff oder andere Mittel, die geeignet sind,
Leib und Leben vieler Menschen zu gefährden», tötet. Weil befürchtet
wurde, dass diese Umschreibung Lücken offenlasse, schlug die national-
rätliche Kommission, einem Vorschlag HAFTERS folgend, vor, den Mord
durch Umstände oder Überlegungen zu qualifizieren, welche die «beson-

dere Gefährlichkeit» des Täters offenbaren, Sten. NR 249, 267 f., BGE 81
IV 153; vgl. die Hinw. in N 11 vor Art. 111.

Mit der **Revision 1989** wurde der Tatbestand dem angepasst, was der re-   3
formierten Praxis und den Forderungen der Lehre entspricht. An Stelle
der «besonders verwerflichen Gesinnung» trat, mit derselben Bedeutung,
die «Skrupellosigkeit», die sich insbesondere aus der besonderen Verwerflichkeit von Beweggrund, Zweck und Art der Ausführung ergibt.
Auf eine besondere Erwähnung der Gefährlichkeit wurde verzichtet,
weil BGE 81 IV 153 dieses Kriterium ohne Rücksicht auf das Verschulden des Täters angewandt hatte – *verschuldete* Gefährlichkeit bleibt weiterhin relevant. Nur tatbezogene Kriterien sollen für die Qualifikation
herangezogen werden, nicht Vorleben oder Verhalten nach der Tat an
sich; soweit es in direktem Zusammenhang mit der Tat selber steht,
bleibt es relevant, BGE 117 IV 392 f., Rep. 1990 364, RB TG 1991 Nr. 19,
RVJ 1991 446 f.; besonders bedeutungsvoll ist das Abrücken von der absoluten Strafdrohung mit lebenslänglichem Zuchthaus, s. auch BGE 117
IV 390, 118 IV 124 f., Hurtado Pozo BT N 135 ff., 42, Schultz, ZStrR
108 (1991) 400 f., Stratenwerth BT I §1 N 14, 24. Der revidierte
Art. 112 ist gegenüber dem ursprünglichen *lex mitior,* BGE 117 IV 388,
118 IV 124, RB TG 1991 Nr. 19, Rep. 1990 350.

Mord setzt zunächst eine **vorsätzliche Tötung** voraus. Nach der hier ver-   4
tretenen Auffassung genügt jedoch Eventualvorsatz seiner geringeren
Vorwerfbarkeit wegen und weil er in der Praxis häufig zur Überbrückung
von Beweisschwierigkeiten dient, nicht, s. Art. 18 N 13, 17, ebenso SJZ 89
(1993) Nr. 38/15; anders das BGer zit. bei Walder 158, u.ö. BGE vom
24.7.1995, zit. bei Felber 303 ff., Pra. 71 (1982) Nr. 278, 76 (1987) Nr. 53,
AGVE 1958 Nr. 33. Stratenwerth BT I § 1 N 16 findet diese Auffassung «unverständlich».

Der zentrale Begriff der **Skrupellosigkeit,** der sich von demjenigen der   5
besonders verwerflichen Gesinnung nicht unterscheidet, BGE 117 IV
390 f., 118 IV 125, verweist auf ethische Kriterien, BGE 115 IV 14, die objektiv anerkannt sind – eine abweichende persönliche Lebensauffassung
des Täters ist ohne Bedeutung, RS 1967 Nr. 145. RVJ 1991 448 berücksichtigt auch kulturelle *(in casu* türkische) Besonderheiten, etwa archaische Vorstellungen von der Rolle der Frau in Familie und Gesellschaft;
dies ist m.E. nicht gerechtfertigt.

Massgebend sind immer noch **die Formulierungen von** Binder, **wonach**   6
Mord «einer ethisch ausgesprochen schlechten Gesinnung von krasse-
stem, primitivstem Egoismus» eines Täters entstammt, bei dem «soziale
Regungen … weitgehend fehlen» (S. 314); beim Egoismus ist zu denken
«an alle Tendenzen eines Menschen nach Aneignung und Besitz seiner
Umwelt, nach Macht und Geltung in ihr, nach aggressiver Brechung ihrer
Widerstände, aber auch an die primitive Sexualität mit ihrem durchaus
eigensüchtigen Befriedigungsziel» (S. 313). Auf Binder wird z.B. verwiesen in BGE 120 IV 274, 118 IV 126, 117 IV 391, 115 IV 188, 104 IV

152 f., 101 IV 284, RB TG 1983 Nr. 38, Sem.jud. 1983 276, SJZ 67 (1971) Nr. 119. Die Gesamtbewertung führte zur Verneinung der Qualifikation trotz Vorliegens typischer Mordindizien in BGE 118 IV 122. E. 3d, 104 IV 151, SJZ 58 (1962) Nr. 132, 67 (1971) Nr. 119. BGE 118 IV 125 betont mit Recht, dass jede vorsätzliche Tötung an sich schon sehr verwerflich ist.

7   Aus der Trennung von juristischer und psychiatrischer Beurteilung ergibt sich, dass **verminderte Zurechnungsfähigkeit** die Qualifikation nicht ausschliesst, BINDER 310, BGE 80 IV 239, 81 IV 150, AGVE 1984 Nr. 24, RB TG 1983 Nr. 38, RS 1956 Nr. 21, 1967 Nr. 123, Nr. 145, 1968 Nr. 14, SJZ 53 (1957) Nr. 76, ZR 48 (1949) Nr. 88, auch nicht Imbezillität, PKG 1984 Nr. 13. Eine Ausnahme trifft SJZ 57 (1961) Nr. 97 für den Fall der Tat eines Geisteskranken ohne ersichtliches Motiv. Ein u.ö. BGE betont, dass charakterliche Unreife nicht als solche verwerflich ist, s. WALDER 147.

8   Auch das Vorliegen eines (nicht entschuldbaren) **Affekts** schliesst Mord nicht aus, BGE 101 IV 284, 98 IV 153 ff., 87 IV 113, Sem.jud. 1983 276, AGVE 1984 Nr. 24, BJM 1983 306.

9   Das Gesetz verweist sodann in erster Linie auf die **Beweggründe,** die nach NOLL BT 15 immer ausschlaggebend sein sollten. Es ist allerdings zu betonen, dass die Motivationslage komplex und unklar sein kann, STRATENWERTH BT I § 1 N 21, s. auch TRECHSEL, ZStW 94 (1981) 397 ff.

10   «**Mordlust**» nimmt schon begrifflich die Qualifikation voraus. Aus der Praxis findet sich dafür nur *ein* überzeugendes Beispiel, nämlich in ZR 48 (1949) Nr. 88. Tötung im Zusammenhang mit Sexualdelikten ist durchaus nicht immer auf Mordlust zurückzuführen – auch die Angst vor Überführung durch das Opfer als Zeuge kommt als Motiv in Frage, z.B. BGE 81 IV 155, SCHUBARTH Art. 112 N 25. Der «echte Lustmörder» dürfte kaum je voll zurechnungsfähig sein, dazu z.B. E. SCHORSCH/N. BECKER, Angst, Lust, Zerstörung, Hamburg 1977.

11   **Rache** ist entgegen der Auffassung des BGer (101 IV 281, 104 IV 151 f., 106 IV 344 f., Sem.jud. 1983 276) *an sich kein Qualifikationsgrund;* im kleinen Rahmen, als Retorsion, wird sie sogar rechtlich gebilligt, vgl. Art. 177 III. Verständnis zeigt das BGer für Motive der Rache, wenn es fragt, ob der Täter unter dem Opfer zu leiden hatte, z.B. BGE 95 IV 167 (verneint), 104 IV 153 und 118 IV 129 (bejaht); auch BGE 106 IV 347 betont, dass der Täter zu Rache keinen Grund hatte, was implizit begründete Rache als Qualifikationsgrund ausschliesst, vgl. ferner BJM 1982 93 f.: trotz Rache als Motiv wurde Mord nicht einmal diskutiert. Verwerflich ist erst eine Rachsucht, die zu Tötung aus geringfügigem Anlass führt, s. z.B. AGVE 1984 Nr. 24 (Beschimpfung), RB TG 1972 Nr. 29, RS 1950 Nr. 110 (Verschwendung durch Frau im ersten Monat nach Eheschliessung). Die Attentäter von Kloten handelten zwar «aus einem abgrundtiefen und geradezu erschreckenden Hass heraus», für den sie aber (im Gegensatz zum Armenier Jamgotchian, Sem.jud. 1983 277) wegen Indoktrinierung nicht einzustehen hatten, ZR 71 (1972) Nr. 7.

Mit Recht wird die **Habgier,** die sich in der Tötung um materiellen Ge- 12
winnes willen manifestiert, als Indiz für verwerfliche Gesinnung gewertet
(so schon E 1918), zumal in solchen Fällen auch Wiederholungsgefahr
signalisiert ist. So war Mord die Tötung zur Begehung eines Raubes,
BGE 115 IV 188, eines Diebstahls, BGE 100 IV 148, zur Sicherung der
Beute, BJM 1983 305, oder zur Abwendung von Unterhaltsleistungs-
pflichten nach der Scheidung, RS 1968 Nr. 14. BGE 118 IV 125 nennt ferner die Tötung in Erfüllung eines lukrativen Auftrags, *«tueur à gages».*

Als Prototyp des verwerflichen Beweggrundes wird der **Egoismus** behan- 13
delt, eine *höchst unspezifische Grundhaltung,* die an sich erst dann verwerflich ist, wenn sie jedes Mass überschreitet. Dies ist der Fall, wenn
getötet wird, um eigene, nicht essentiell wichtige (Notstand!) Interessen
zu verfolgen *(Eliminationsmord),* BGE 118 IV 126. Als egoistisch in diesem Sinne wurde bewertet die Tötung des Ehemannes, um den Geliebten
heiraten zu können, BGE 77 IV 64; die Tötung von Vater und Ehemann,
um (berechtigten) Vorwürfen zu entgehen, BGE 82 IV 238 f.; die Elimi-
nierung einer Geschwängerten, BGE 101 IV 283. Einerseits betont BGE
82 IV 9, dass «Primitivität des Täters» die Verwerflichkeit nicht ausschliesst, andererseits wirkt aber nicht nur «primitiver Egoismus» qualifizierend, BGE 101 IV 283. BGE 104 IV 154 lässt richtigerweise erkennen,
dass nicht jedes egoistische Motiv *(in casu:* die Kinder behalten) das
geforderte Mass an Verwerflichkeit erreicht. Umgekehrt kann Egoismus
auch vorliegen, wo der Täter keine eigennützigen Ziele verfolgt, aber aus
politischen Motiven völlig unbeteiligte Geiseln umbringt, BGE 115 IV
14, 117 IV 393. Typisch für Mord ist die Absicht, eine andere Straftat zu
ermöglichen oder zu verdecken, BGE 118 IV 126, 70 IV 8, Pra. 71 (1982)
Nr. 278, BJM 1983 305. Mord ist demgegenüber ausgeschlossen bei Liebe
und Mitleid, ZR 51 (1952) Nr. 92, oder in einer schweren, nicht überwiegend selbst geschaffenen Konfliktsituation, SJZ 53 (1957) Nr. 76 (Mutter
tötet ihr aussereheliches Kind); s. auch N 20.

Kaltblütigkeit und **Gefühlskälte** sind zwar nicht Beweggründe, können 14
aber *als Anzeichen fehlender Skrupel taugliche Mordindizien* sein und finden häufig Hervorhebung, z.B. BGE 106 IV 348, 101 IV 283, 95 IV 166
(auch wenn nicht nur ein «gemütskalter, sozialer Bindungen unfähiger
Täter» zum Mörder werden kann, S. 168), 80 IV 240, 77 IV 64, 70 IV 8;
PKG 1984 Nr. 13, Rep. 1983 172 *(«cinico»).* Ein untrügliches Indiz für
Mord ergibt sich daraus allein jedoch noch nicht, Leiden unter objektiv
vorwerfbarem Verhalten des Opfers bildet ein Gegengewicht in BGE
118 IV 127.

Dem **Zweck** der Tötung kommt m.E. neben dem Beweggrund keine 15
selbständige Bedeutung zu – die beiden lassen sich ohnehin kaum sinnvoll unterscheiden, STRATENWERTH, Strafrecht Allgemeiner Teil I, 2.
Aufl. Köln 1976 N 324, DERS. BT I § 1 N 20, anders REHBERG/SCHMID 4 f.

Die **Überlegung** hatte schon nach altem Recht *keine selbständige Bedeu-* 16
tung. Mit Überlegung oder Vorbedacht *(préméditation)* handelt, «wer

sich in Gedanken mit einem Verbrechen beschäftigt und sich von den dabei angestellten Erwägungen leiten lässt, wenn er es ausführt», BGE 95 IV 164. Bisweilen prüfen kantonale Urteile, ob «Überlegung» gegeben sei, z.B. ZR 48 (1949) Nr. 88, PKG 1984 Nr. 13, und knüpfen damit an eine klassische (französische) Tradition an, eingehend GRAVEN, ZStrR 61 (1946) 371 ff., PAHUD DE MCRTANGES (zu Art. 113) 9 ff. Schon BGE 70 IV 7, bestätigt in 80 IV 237, 95 IV 164, stellt richtig, dass ein solches Tatbestandsmerkmal nicht mehr besteht und allfällige Überlegungen nur als Indizien für Gesinnung oder Gefährlichkeit Bedeutung haben. Überlegung kann durch Skrupel ausgelöst werden – Skrupellosigkeit ist das Qualifikationsmerkmal.

17 Mit dem Hinweis auf die **Art der Ausführung** verweist das Gesetz auf die äusseren **Tatumstände,** denen immer wieder entscheidendes Gewicht beigemessen wurde. In BGE 82 IV 8 f. wird das Vorgehen des Täters, der seine Braut unmittelbar nach Geschlechtsverkehr in die Aare stiess und ihr dann den Kopf unter Wasser drückte, bis sie tot war, als so gravierend angesehen, dass Beweggründe und Überlegungen gar nicht erst geprüft werden müssten. Als besonders verwerflich wird allgemein das konsequente Zuendeführen der Tötung bewertet, vor allem wenn das Opfer versucht, sich zu retten, z.B. BJM 1983 306, RB TG 1983 Nr. 38 (mehrere Schüsse); BGE 95 IV 165 f., AGVE 1984 Nr. 24 (mehrere Schläge mit dem Wagenheber bzw. Hammer); SJZ 67 (1971) Nr. 119 («Blutbad» durch ca. 70 Stich- und Schnittwunden); BGE 77 IV 64 (Verabreichung von Gift in grösseren Zeitabständen bei Erholung des Opfers von der vorangegangenen Vergiftung); RB TG 1991 Nr. 19 («gleichermassen ein Abschlachten des Opfers»). Dabei besteht freilich die Gefahr, dass schon die Vollendung der Tat fälschlich als Qualifikationsgrund behandelt wird.

17a Mit Recht (SCHUBARTH Art. 112 N 17 ff.) wird die **Tötung mehrerer Menschen** erschwerend berücksichtigt, BGE 80 IV 240 (in einer Nacht erst den Vater, dann den Ehemann), ebenso die Brutalität des Vorgehens, AGVE 1984 Nr. 24 (Knebelung des stöhnenden Opfers), BGE 100 IV 148 (Opfer hinter dem Ladentisch hervorgelockt, um es dann mit dem soeben gekauften Messer in den Hals zu stechen, vgl. auch PKG 1984 Nr. 13), insbesondere bei seelischer Brutalität, BGE 106 IV 345, RB TG 1972 Nr. 29 (Tötung in Gegenwart einer dem Opfer nahestehenden Person). Krass der Fall Rep. 1983 165 (tödliche «Haftbedingungen» für ein Entführungsopfer).

Einen Ausgangspunkt bildet auch hier die Kasuistik des E 1918.

18 Die **Tatmittel** haben in der Praxis kaum Bedeutung erlangt – in BGE 77 IV 64 wird die Verwendung von *Gift* als Heimtücke behandelt. BGE 118 IV 128 betont mit Recht, dass es sich dabei, gerade bei einem Apotheker, nicht um ein zwingendes Indiz handelt. BGE 80 IV 240 bezeichnet den Einsatz einer Axt als «die Scheusslichkeit der Tat» erhöhend, während PKG 1983 Nr. 13 richtigerweise in der Tötung durch Pistolenschüsse kei-

nen Qualifikationsgrund sieht. Als selbständiges Indiz ist das Tatmittel nur dann sinnvoll, wenn es eine über die gewollte Tötung hinausführende Gefährdung schafft, z.B. bei Feuer oder Sprengstoff, SCHUBARTH Art. 112 N 17. Gerade in ZR 71 (1972) Nr. 7 S. 17 aber, wo die Täter aus Sturmgewehren ganze Salven auf den Rumpf eines mit Mannschaft und Passagieren besetzten Verkehrsflugzeuges abfeuerten, wurde Mord verneint, u.a. weil die Attentäter im Rahmen ihres Auftrags blieben – kein überzeugendes Argument.

Grausamkeit ist das absichtliche Zufügen von für die Tötung nicht not-   19
wendigen Leiden, z.B. durch Töten der Tochter vor Augen der Mutter, sexuelle Demütigung in Gegenwart der Leiche, Vorbereitung eines glühenden Eisens zur Brandmarkung im Genitalbereich, BGE 106 IV 345 f., oder durch knappe Dosierung von Gift, BGE 77 IV 57 ff.; fraglich, ob schon beim Hinabdrücken des Kopfes ins Wasser, BGE 82 IV 9; keine Grausamkeit bei mehrfachem Zuschlagen und Überfahren des schon bewusstlosen Opfers, STRATENWERTH BT I § 1 N 22, anders aber BGE 95 IV 166. Geradezu abwegig ZR 51 (1952) Nr. 92: Grausamkeit, obwohl das Opfer weder Todesangst noch Schmerzen litt. Auch Lust am Töten ist entgegen BGE 118 IV 126 nicht Grausamkeit – es handelt sich um ein objektives Kriterium.

Ein klassischer Qualifikationsgrund ist die **Heimtücke,** die freilich in der   20
schweizerischen Rechtsprechung nirgends definiert wird (zur deutschen Praxis krit. NOLL BT 15 f.). Heimtücke liegt vor, wenn der Täter zuerst das *Vertrauen* des Opfers *erschleicht, um es dann unter Ausnützung seiner Arglosigkeit zu töten.* Dem entspricht BGE 101 IV 282, wo das Opfer an einen abgelegenen Ort gebracht wurde mit dem Versprechen, es würde dort eine Abtreibung vorgenommen werden, allenfalls auch BGE 77 IV 64, wo dem Gatten Gift, gleichzeitig aber auch Pflege gegeben wurde, und RB TG 1991 Nr. 19, wo das Opfer angeblich zu einem nächtlichen Besuch bei Landsleuten aus der Wohnung gelockt wurde (aber nicht hinsichtlich des Vortäuschens einer Panne). Die Praxis zeigt aber die Tendenz, Heimtücke schon dann anzunehmen, wenn das Opfer ahnungslos ist, ihm also Todesangst erspart wird, BGE 104 IV 153, 95 IV 166, 80 IV 240, RB TG 1983 Nr. 38, SJZ 67 (1971) Nr. 119. Den Täter wegen «Feigheit» (z.B. BGE 80 IV 240) schärfer zu bestrafen, ist nicht gerechtfertigt, krit. auch SCHUBARTH Art. 112 N 22.

Kein taugliches Kriterium ist die **Beziehung zwischen Täter und Opfer.**   21
Einerseits wird Tötung qualifiziert beim «Bande des Blutes und der Ehe», BGE 80 IV 240, oder doch betont, dass zwar zwischen dem Täter und dem von ihm geschwängerten Opfer kein enges Vertrauensverhältnis, aber doch eine Schicksalsgemeinschaft bestanden habe, BGE 101 IV 282 f.; andererseits wird als belastend hervorgehoben, dass zwischen Täter und Opfer keinerlei Beziehungen bestanden, BJM 1983 305, PKG 1984 Nr. 13. Dass eine Mutter ihren dreijährigen Knaben getötet hatte, führt in SJZ 53 (1957) Nr. 76 nicht zur Qualifikation; krit. auch WALDER 150.

22   Das **Verhalten vor der Tat** verdient Berücksichtigung, soweit es in direktem Zusammenhang mit der Tat steht. Es ist z.B. relevant, dass der Täter im Zusammenhang mit einer soeben begangenen anderen strafbaren Handlung tötet (BJM 1983 305, s. N 13); dass er schon vorher angekündigt hatte, wenn man ihn auf der Schleichjagd erwische, *«De schiesst me die Cheibe-n-eifach abe»*, BGE 70 IV 8; auch der Umstand, dass das Opfer den Täter schwer hatte leiden lassen, wird mit Recht berücksichtigt, BGE 104 IV 152 ff. (vgl. aber 106 IV 346, wo der Konflikt vom Opfer nur zu einem geringen Teil bzw. gar nicht verschuldet war).

23   Dasselbe gilt grundsätzlich für das **Verhalten nach der Tat,** wobei allerdings *grössere Zurückhaltung* geboten ist. Das Bestreben, Tatspuren zu verwischen und Entdeckung zu vermeiden, deutet nicht auf besondere Verwerflichkeit, s. aber BGE 104 IV 153, 95 IV 166, Rep. 1983 172, AGVE 1984 Nr. 24; krass verfehlt ist m.E. das Urteil Raymond, s. mit a.M. GRAVEN, ZStrR 61 (1946) 393 ff. Auch bei der Bewertung der Reumütigkeit ist Vorsicht geboten, s. BGE 101 IV 284 f. (Mord trotz etwas Reue), 104 IV 153 (kein Mord trotz fehlender Reue); 106 IV 346, 95 IV 166 und Sem.jud. 1983 277 bewerten fehlende Reue als belastend, 80 IV 240 berücksichtigt erschwerend, dass sich die Täterin noch für einige Stunden neben die blutüberströmte Leiche ins Ehebett legte. Entlastend wirkte das Alarmieren eines Arztes und das Abgeben der Tatwaffe in PKG 1983 Nr. 13, Kooperation mit der Polizei in SJZ 67 (1971) Nr. 119 und ZR 71 (1972) Nr. 7 S. 17, Alarmieren der Polizei nach der Feststellung, dass das Opfer noch nicht tot war, RVJ 1991 449 (tätige Reue).

24   *Nur ausnahmsweise* wird die Qualifikation unmittelbar gestützt auf die **Generalklausel** angenommen, so etwa dann, wenn die Tat eine völlig lebensverachtende Gesinnung offenbart, BGE 117 IV 394, 118 IV 125.

25   Die **absolute Strafdrohung** (s. Art. 35 N 3) des aArt. 112 war ein Fremdkörper im Sanktionssystem des StGB. Es bestand die Gefahr, dass zur Vermeidung dieser Konsequenz der Tatbestand einengend ausgelegt (auffallend viele BGE stellen auf Nichtigkeitsbeschwerde der Staatsanwaltschaft hin Mord fest) oder ein Milderungsgrund zurechtgebogen wurde. Die Revision sieht jetzt eine Mindeststrafe von 10 Jahren Zuchthaus vor. SCHULTZ VE 77 f. wollte die lebenslängliche Strafe schlechthin abschaffen, anders *VE 1993* Art. 40.

26   **Kasuistik – Mord bejaht**
      BGE 70 IV 5: Abrecht war zusammen mit seinem Schwager Gygax auf der Schleichjagd; als Gygax von Schlup ertappt wurde, schoss er diesen aus dem Hinterhalt nieder; **77 IV 57: Gertrud Eggmann** verabreichte ihrem Ehemann mehrmals in grösseren Zeitabständen Gift, um ihn zu töten, damit sie ihren Geliebten heiraten könne; **80 IV 234: Marie Kaufmann-Studer** erschlug ihren Vater und ihren Ehemann im Schlaf mit der Axt, um Vorwürfen wegen ihrer Schuldenmacherei zu entgehen; **81 IV 150: Fritz Christen,** debil, mit einer neurotischen Fehlentwicklung und beginnender Arteriosklerose, geriet durch den Anblick eines neunjähri-

gen Mädchens, das urinierte, in einen schockartigen sexuellen Erregungszustand; er schleppte das Kind in ein Bachtobel, betastete dessen Geschlechtsteil und tötete es durch Würgen und Messerstiche; **82 IV 6: Hans Minger,** wegen Geistesschwäche bevormundet, stiess seine debile, von einem Dritten schwangere Braut Elsa Frick, unmittelbar nachdem er mit ihr geschlechtlich verkehrt hatte, in die Aare und stiess ihren Kopf ins Wasser, bis sie ertrank; **92 I 108 (Kroeger):** Die Erschiessung zahlreicher Juden, Geisteskranker und kommunistischer Funktionäre wird im Rahmen des Auslieferungsverfahrens als Mord behandelt; **95 IV 163: Gerhard Brunner,** der in konfliktbelasteter Ehe lebte, fuhr mit seiner Frau über Land und lenkte den Mietwagen von der Strasse weg; nachdem er mit ihr geschlechtlich verkehrt, sie dabei jedoch nicht befriedigt und neben Vorwürfen auch eine Ohrfeige erhalten hatte, erschlug er die Frau mit dem Wagenheber und fuhr mit dem Auto über die Leiche, worauf er ihr Geld wegnahm, um einen Raubüberfall vorzutäuschen; **100 IV 147: Zinai** tötete die Ladeninhaberin Gabrielle Richard durch einen Messerstich in die Kehle, um die Kasse auszurauben; **101 IV 280: M.** führte Margrith Z., die er geschwängert hatte, unter dem Vorwand, es würde eine Abtreibung vorgenommen werden, an einen Weiher, wo er sie hinterrücks erschoss und die Leiche in einer Zementröhre versenkte; **106 IV 343: F.** hatte seine von ihm getrennt lebende, invalide Frau zu einer Besprechung in sein verbarrikadiertes Haus gelockt; sie war in Begleitung der gemeinsamen Tochter und eines H. erschienen, und das Gespräch artete bald in Gezänk aus; darauf erschoss F. die Tochter und H. vor den Augen der Frau, die er anschliessend sexuell demütigte und mit Brandmarkung durch ein glühendes Eisen bedrohte; **108 IV 89: Rolf Clemens Wagner** war Mittäter eines Mordes im Zusammenhang mit einem Banküberfall für Ziele der RAF; **115 IV 8** (Bundesstrafgericht): **Hariri,** Mitglied der Terroristengruppe Hezbollah, entführte ein Flugzeug der Air Afrique nach Genf und tötete dort eine Geisel; **115 IV 187: S.** erschoss im engen Aufenthaltsraum einer Tankstelle in räuberischer Absicht F. und P.; **117 IV 369: Baragiola** hatte an der terroristischen Ermordung des Richters T. im Rahmen der Aktionen der *Brigate Rosse* teilgenommen (Vi Rep. 1990 333); **120 IV 265: E.** und **G.** erdrosselten, weil es ihnen lästig wurde, das völlig ahnungs- und wehrlose Mädchen X. (die Nichtigkeitsbeschwerde war nur vom Mitbeteiligten H. eingereicht worden, s.u.); **AGVE 1984 Nr. 24: E. H.** hatte Frau M. mit dem Traktor leicht angefahren, worauf diese mit übertrieben scharfen Vorwürfen reagierte; E. H. geriet in Jähzorn und tötete sie durch zahlreiche Hammerschläge; **BJM 1983 304: Angelo I.** schoss nach einem Raubüberfall auf ihn verfolgende Polizisten; **PKG 1984 Nr. 13:** Der imbezille S. tötete aus Habgier Frau H., um ihr die AHV-Rente zu stehlen; **Plädoyer 4/1990 71 (BGer): Tschanun,** der frühere Zürcher Baupolizeichef, erschoss innert zehn Minuten vier seiner Mitarbeiter und verletzte einen fünften schwer; **RB TG 1972 Nr. 29:** Der verheiratete Angeklagte hatte jahrelang mit einer Dritten zusammengelebt; als sie sich von ihm ab und einem neuen Liebhaber zuwandte, drang er nachts gewaltsam in ihr Schlafzimmer und erschoss diesen; **RB TG 1983 Nr. 38: X.** schoss von hinten auf seinen jugoslawischen Landsmann und gab, als dieser auf dem Boden lag, weitere Schüsse auf ihn ab; als er fliehen wollte, schoss X nochmals; er wollte sich wegen eines 60 Stunden zurückliegenden Streits rächen; **RB TG 1991 Nr. 19: X.** und **Y.** lockten K. zu einer nächtlichen Autofahrt, täuschten eine Panne vor und stiessen ihm ein Messer in den Rücken; als er damit davonlief, holte ihn Y. ein und fügte ihm weitere Messerstiche bei; anschliessend überfuhren sie den noch Lebenden mehrmals und stachen ein drittes Mal mit dem Messer zu; **Rep. 1983 165: Ballinari** verwahrte eine zwecks Erpressung entführte Achtzehnjährige in einem so engen Verlies und unter derart unmenschlichen Bedingungen, dass sie daran starb; **Sem.jud. 1983 274 (BGer): Jamgotchian,** ein im Libanon lebender und zum Befreiungskämpfer für sein Volk ausgebildeter Armenier, reiste im Auftrag seiner Organisation nach Genf und erschoss dort auf offener Strasse einen ihm unbekannten Beamten des türkischen Konsulats; **SJZ 48 (1952) Nr. 154: K.,** auf der Flucht aus der Untersuchungshaft, tötete kurz vor Ende der Fahrt einen Taxifahrer, weil er den Preis nicht bezahlen konnte; **ZR 48 (1949) Nr. 88: L.** lockte den Knaben R. in den Wald, um sich durch dessen Tötung geschlechtlich zu befriedigen; **ZStrR 61 (1946) 347: Raymond** versetzte morgens nach einem heftigen Streit seiner Frau einen Schlag mit einem Gabelschlüssel an die Schläfe, erwürgte sie und zerstückelte später die Leiche, um sich ihrer zu entledigen – eingehende Besprechung von J. Graven a.a.O.

Mord verneint

BGE 104 IV 150: Frau B., deren Ehe in einer sich zuspitzenden Krise steckte, und die den Verlust der Kinder und des Hofes befürchtete, gab frühmorgens im Stall auf den Rücken ihres Mannes aus einem Flobertgewehr einen Schuss ab; **118 IV 122: Apotheker A.** vergiftete seinen Geschäftspartner kaltblütig und aus Rache, aber ohne ihm besondere Leiden zuzufügen und nachdem er vom Opfer schwer gekränkt und gedemütigt worden war; **120 IV 266: B.** geriet ungewollt in das mörderische Tun von E. und G. (s. o.), für den leicht beeinflussbaren jungen Mann entstand eine Konfliktsituation (Anwendung von Art. 26); **PKG 1983 Nr. 13: E.** lebte mit 10 Katzen in einem Wohnwagen auf einer abgelegenen Alp; als der Hund von B. zwei Katzen nachrannte, schoss er auf ihn; wenig später wollte B. den E. zur Rede stellen; als er die Tür des Wohnwagens aufriss, schoss E. aus kurzer Distanz B. in den Kopf; **RVJ 1991 437: Hasan X.** war mit 11 Jahren seinen türkischen Eltern in die Schweiz gefolgt, mit 19 Jahren verbrachte er drei Wochen Ferien in seiner Heimat und heiratete die 15jährige Hulya Y.; es kam bald zum Zerwürfnis und zur Scheidung, weil die junge Frau auch arbeiten wollte und sich nicht der Autorität ihrer Schwiegermutter beugte; der gemeinsame Sohn wurde vom Grossvater in die Türkei verbracht; Hasan ertrug es nicht, dass seine Frau weiterhin im Wallis blieb und mit einem Landsmann befreundet war; er nahm sie mit auf eine Autofahrt, strangulierte sie bis zur Bewusstlosigkeit und schlug dann mit dem Absatz ihrer Stöckelschuhe auf sie ein; er brachte die vermeintlich Tote zu einer

Brücke und befestigte sie an einer Eisenschiene; bei dieser Gelegenheit stellte er fest, dass sie noch lebte, worauf er sich der Polizei stellte, welche die Frau vor Tod durch Unterkühlung rettete; **SJZ 58 (1962) Nr. 137: X.** hatte sich, ohne entsprechend veranlagt zu sein, mit einem Homosexuellen eingelassen und plante dessen Tötung; nach einem ersten Schlag mit einer Mineralwasserflasche auf den Kopf gab er den Plan auf; **SJZ 62 (1966) Nr. 132: A.,** ein debiler Psychopath, fühlte sich von Frau B., bei der er ein Dachzimmer gemietet hatte, zurückgesetzt und drohte ihr den Tod an; als sie Annäherungsversuche zurückwies, versetzte er ihr mehrere Messerstiche in die Brust; **ZR 51 (1952) Nr. 92; E.** verabreichte seiner Braut ein Schlafmittel und erwürgte sie später; er wollte ihr die Enttäuschung ersparen, die sie bei Enthüllung seines Vorlebens erleiden würde; **ZR 70 (1971) Nr. 142: D.** richtete bei Tötung des schlafenden Opfers ein Blutbad an, die Tat war aber «persönlichkeitsfremd»; **ZR 71 (1972) Nr. 7: Mohamed Abu El Haiga, Ibrahim Tawfik Yousef** und **Amena Dahbor,** Mitglieder der «Volksfront zur Befreiung Palästinas», schossen in Kloten mit russischen Sturmgewehren auf ein stehendes Verkehrsflugzeug der israelischen Luftverkehrsgesellschaft El Al und töteten den Piloten (in Sem.jud. 1983 277 lässt das BGer durchblicken, dass es möglicherweise anders entschieden und Mord angenommen hätte); **ZWR 1973 369: X.,** in nüchternem Zustand ein friedfertiger Mensch, geriet nach einem Jäger-Anlass in Streit und schoss, schwer angetrunken (etwa 2,6‰), auf zwei Widersacher, von denen er einen tötete. Weitere u.ö. BGE bei Walder 148 ff.

Konkurrenzen und Abgrenzungen   27

Art. 112 geht **Art. 111** als *lex specialis* vor. Eine Konkurrenz zu den übrigen Tötungsdelikten, insbes. **Art. 113,** ist nicht denkbar, weil sie sozialethisch entgegengesetzten Typen entsprechen, SJZ 48 (1952) Nr. 154, Noll BT 5, Rehberg/Schmid 9, Stratenwerth BT I § 1 N 32, Walder 157; anders BGE 81 IV 155, RS 1946 Nr. 227, Graven, ZStrR 76 (1960) 133 f., Schubarth Art. 113 N 26. S. im übrigen **Art. 111** N 3. Vorbereitung ist gemäss **Art. 260**^bis strafbar.

113 Totschlag

Handelt der Täter in einer nach den Umständen entschuldbaren heftigen Gemütsbewegung oder unter grosser seelischer Belastung, so ist die Strafe Zuchthaus bis zu zehn Jahren oder Gefängnis von einem bis zu fünf Jahren.

Fassung gemäss BG vom 23.6.1989, in Kraft seit 1.1.1990.

E 100. 2. ExpK II 147 ff., III 107 ff. Botsch. vom 26.6.1985, BBl 1985 II 1009 ff.; Sten. StR 1987 356 ff., 368, NR 1989 674 ff., 680.

Jean Graven, *Les problèmes d'application des dispositions légales au «meurtre par passion» en droit suisse,* ZStrR 76 (1960) 124 ff.; René Pahud de Mortanges, Entstehung und Fortentwicklung von Art. 113, in Liber Amicorum zum 60. Geburtstag von Theodor Bühler, Zürich 1996, 3; Hans Walder, Der Affekt und seine Bedeutung im schweizerischen Strafrecht, ZStrR 81 (1965) 24; **Lit.** vor Art. 111.

1 **Totschlag** *(meurtre par passion, omicidio passionale)* ist vorsätzliche Tötung, privilegiert durch ein zweigliedriges Merkmal: Der Täter muss im Affekt (psychologisches Kriterium) handeln, und dieser Affekt muss entschuldbar sein (normatives, ethisches Kriterium). Die Grundstruktur erinnert an die *actio libera in causa* (Art. 12); der Affekt bedeutet eine Herabsetzung der Zurechnungsfähigkeit, die nur Berücksichtigung finden darf, wenn sie nicht ihrerseits dem Täter als Verschulden zugerechnet werden muss. Mit der Revision 1989 wurde der Tatbestand um das Privilegierungsmerkmal der «grossen seelischen Belastung» ergänzt. Zum rechtsgeschichtlichen Hintergrund des Art. 113 Pahud de Mortanges 14 ff.

2 Bei der **heftigen Gemütsbewegung (Affekt)** handelt es sich um ein psychologisches Phänomen, um eine *starke Gefühlserregung,* welche die Fähigkeit zur Selbstbeherrschung beeinträchtigt, in Extremfällen auch die intellektuellen Fähigkeiten bis hin zur Zurechnungsunfähigkeit, BGE 118 IV 236, LGVE 1990 I Nr. 51, Stratenwerth BT I § 1 N 27, Rehberg / Schmid 7, Hurtado Pozo BT N 143; ZR 96 (1997) Nr. 21 S. 61: «normal-psychologische Einengung des Bewusstseins nicht krankhafter Art»; zu einem Katalog von Merkmalen, die auf ein Affektdelikt hindeuten, a.a.O. S. 61 f.

3 In der Regel werden **qualitativ zwei Formen** des Affekts unterschieden. Die «heftige Gemütsbewegung» meint den **sthenischen Affekt,** eine Gefühlsaufwallung, bei der «die körperlichen Ausdrucksbewegungen einen bedeutenden Grad erreichen», LGVE 1990 I Nr. 51, Walder, ZStrR 81 (1965) 30. Vielfach sind Gefühle über längere Zeit in einer Konfliktsituation bewusst oder unbewusst aufgestaut worden, bis es zu einer explosiven Entladung kommt, Schubarth Art. 113 N 9. Dazu gehören aber auch Fälle, für die Schubarth a.a.O. N 10 eine eigene Kategorie bildet, bei denen der Affekt spontan ausgelöst wird – z.B. Entdeckung eines Ehebruchs *in flagranti*, wenn die Beziehung (jedenfalls aus der Sicht des Täters) nicht gestört war.

4 **«Grosse seelische Belastung»** bezieht sich auf den **asthenischen Affekt,** der als Ergebnis einer längeren progressiven Entwicklung eine Lähmung der Antriebskräfte bezeichnet, LGVE 1990 I Nr. 51, z.B. bei Angst und Verzweiflung, Noll BT 20, Rehberg / Schmid III § 1, 4.2, Schultz, ZStrR 108 (1991) 402, Stratenwerth BT I § 1 N 29, Walder, ZStrR 96 (1979) 160. Entgegen Walder a.a.O. 161 f. konnte schon nach altem Recht mit Stratenwerth BT I, 2. Aufl. 30, davon ausgegangen werden, dass auch in solchen Fällen die emotionale Belastung sich störend auf die Willensbildung und -betätigung auswirkt, im Ergebnis ebenso Pahud de Mortanges 4, 26. Ein Anwendungsfall findet sich in SJZ 66 (1970) Nr. 145, ferner beim (nicht entschuldbaren) Affektdämmerzustand, BGE 81 IV 154 f. oder beim «Mitnahmeselbstmord». Als Paradebeispiel

bezeichnet SCHULTZ, ZStrR 108 (1991) 402, den Fall der betagten Eltern eines schwer behinderten Kindes, die es töten, um ihm eine unglückliche Zukunft nach ihrem Tod zu ersparen. Wegweisend muss auch hier die Wertskala von BINDER sein (s. N 10).

Quantitativ wird eine **heftige** Gemütsbewegung gefordert, was schon   5 dem Begriff «Affekt» entspricht (deshalb nicht «heftiger Affekt», STRATENWERTH BT I § 1 N 27, WALDER, ZStrR 96 [1979] 160, a.M. HERREN 48). SCHUBARTH Art. 113 N 7 will auf das Erfordernis des Affekts schlechthin verzichten und allein auf die Entschuldbarkeit der Motivation abstellen (s. auch STRATENWERTH, 3. Aufl., BT I § 1 N 30). Dadurch würde Art. 113 jedoch im Vergleich zu den Strafmilderungsgründen von Art. 64, insbes. al. 1 und 6, i.V.m. Art. 111, unbegründeterweise privilegiert (Gefängnis, Höchststrafe 10 Jahre Zuchthaus), ablehnend auch NOLL BT 20, WALDER, ZStrR 96 (1979) 161 f.

Überlegung passt zwar nicht zum Bild des sthenischen (N 3), wohl aber   6 zu dem des asthenischen Affekts (N 4). Sie schliesst schon deshalb Totschlag nicht aus, CORBOZ Art. 113 N 18, GRAVEN, ZStrR 76 (1960) 134, HURTADO POZO BT N 156, REHBERG/SCHMID 9; aber auch im sthenischen Affekt geschehen nicht nur völlig unüberlegte Primitivreaktionen, WALDER, ZStrR 96 (1979) 161, s. z.B. BJM 1959 126.

Die Tat muss **im** Affekt begangen sein. Damit ist gemeint, dass der Af   7 fekt bzw. die grosse seelische Belastung sich auf die Tat ausgewirkt haben muss, WALDER, ZStrR 96 (1979) 161.

Entscheidend für die Privilegierung gemäss Art. 113 ist die **Entschuld-**   8 **barkeit des Affekts.** Immer wieder muss betont werden, dass die *Gemütsbewegung zu bewerten* ist, *nicht die Tat,* z.B. BGE 108 IV 101 f., 107 IV 106, 81 IV 155, RVJ 1991 451. Falsch sind Formulierungen wie «es sei zu prüfen, ob die Tötung aus einer Konfliktsituation heraus erfolgte, die ... (oder «es erscheine fraglich, ob die Umstände ...) eine Tötung als situationsadäquat erscheinen liessen», BGE 108 IV 102, es sei zu fragen, ob auch ein Dritter so hätte «handeln» können, SJZ 68 (1972) Nr. 162.

Das **Bundesgericht** setzt für **Entschuldbarkeit** voraus, «dass die heftige   9 Gemütsbewegung nicht nur psychologisch erklärbar, sondern bei objektiver Bewertung nach den sie auslösenden äussern Umständen gerechtfertigt ist». Dies trifft dann zu, «wenn sie in Anbetracht der gesamten äussern Umstände menschlich verständlich erscheint, d.h. es muss angenommen werden können, auch ein anderer, an sich anständig Gesinnter wäre in der betreffenden Situation leicht in einen solchen Affekt geraten», BGE 108 IV 102, 107 IV 106, m.Hinw. auf WALDER, Affekt, 37 f. «Die Gemütsbewegung darf nicht ausschliesslich oder vorwiegend egoistischen, gemeinen Trieben entspringen», BGE 107 IV 162, 100 IV 151, sondern muss «z.B. durch eine Provokation, durch eine ungerechte Kränkung oder durch eine Notlage verursacht worden sein», BGE 100 IV 151, 82 IV 88.

10 Diese Auslegung stimmt weitgehend mit den im **Schrifttum** vertretenen Auffassungen überein, vgl. die Hinw. in BGE 107 IV 162. Nach BINDER 314 liegt Totschlag vor, «wenn die Tat eine ausnahmsweise Entgleisung eines Menschen ist, dessen Gesinnung neben dem natürlichen Egoismus jedes Individuums auch hinreichend entwickelte soziale Tendenzen enthält, so dass man von einer ethisch guten, anständigen und deshalb auch rechtlichen Gesinnung dieses Menschen reden kann», zustimmend LGVE 1990 I Nr. 51, SCHULTZ, Tötungsdelikte, 22, STRATENWERTH BT I § 1 N 28. Zu weit m.E. NOLL BT 21, wonach es genügt, wenn «die Affektbeherrschung in der betreffenden Situation auch nach durchschnittlichen moralischen Vorstellungen nicht mehr zumutbar war», ähnlich SCHUBARTH Art. 113 N 14. Der Affekt führt *per definitionem* zu herabgesetzter Selbstbeherrschung, es geht aber um die Frage, ob die Entstehung des Affekts hätte verhindert werden sollen. Nach PAHUD DE MORTANGES 26 ist einzig wesentliches Merkmal zur Abgrenzung des Art. 113 von der vorsätzlichen Tötung der «besondere Seelenzustand, aus dem der Täter heraus handelt».

10a RVJ 1991 451 ist grundsätzlich der Auffassung, dass bei der Prüfung der Frage, ob ein Gemütszustand entschuldbar sei, auf **kulturelle Besonderheiten** Rücksicht zu nehmen sei. Die Frage ist negativ zu beantworten, wie auch individuelle Besonderheiten, z.B. besondere Erregbarkeit, keine Berücksichtigung finden, LGVE 1990 I Nr. 51; vgl. auch Art. 112 N 5.

11 Gefährliche Affekte entstehen vor allem in **konfliktbeladenen Intimbeziehungen.** Hier wird verlangt, dass der Konflikt jedenfalls nicht vorwiegend vom Täter verschuldet wurde, BGE 107 IV 106, 100 IV 152 ff.; NOLL BT 21 f.; WALDER, ZStrR 96 (1979) 164; vgl. auch BGE 104 IV 152 ff. Abzulehnen ist die Auffassung von SCHUBARTH Art. 113 N 14, wonach es auf das Verschulden am Konflikt überhaupt nicht ankomme.

11a **Entschuldbar** muss auch die **seelische Belastung** sein, BGE 119 IV 204 f. mit Beispielen, 118 IV 236 f., wo weiter präzisiert wird, dass Entschuldbarkeit auch vorliegen kann, wenn der Täter ursprünglich schuldhaft gehandelt hatte, z.B. wenn er einen Unfall verursachte, dann aber das invalide Opfer mit Hingabe und bis zur Erschöpfung seiner Kräfte pflegte (Bsp. von SCHULTZ, ZStrR 108 [1991] 402), s. auch LGVE 1990 I Nr. 51, RVJ 1991 451, SV von BGE 122 IV 2. Die Entschuldbarkeit der schweren seelischen Belastung ist weniger leicht zu ermitteln, weil oft nicht eindeutig feststeht, auf welches Ereignis sie zurückzuführen ist; regelmässig wird eine Mehrzahl von fehlerhaften Verhaltensweisen vorliegen, die nicht eindeutig nur einer Person zuzurechnen sind; ein ursprünglicher Fehler des Täters kann durch spätere Fehler des Opfers aufgewogen werden oder jedenfalls in einem günstigeren Licht erscheinen; die Kriterien sind deshalb nicht identisch mit denen, die für den Affekt gelten, BGE 118 IV 237 f., wo die Entschuldbarkeit angesichts der egoistischen und brutalen Haltung des Bf. offensichtlich fehlte; an der Entschuldbarkeit fehlte es auch in BGE 119 IV 206, wo der Täter schon seit langem hätte erkennen müssen, dass die Beziehung gescheitert war und das Delikt nur Ausdruck seines narzistisch-egoistischen Charakters war.

Als **Massstab** gilt grundsätzlich der (rechtlich gesinnte) Durchschnittsmensch. Eine abnorme Erregbarkeit, (z.B. krankhafte, wahnhafte Eifersucht, AGVE 1981 Nr. 18, übertriebenes Ehrgefühl, BJM 1982 92) bleibt ohne Einfluss auf die Subsumtion – sie ist allenfalls bei der Strafzumessung zu berücksichtigen, BGE 108 IV 102, 107 IV 106, 162; PKG 1983 Nr. 13, RB TG 1983, 100. BGE 100 IV 151 wies zwar darauf hin, dass «auch der Persönlichkeit des Täters Rechnung zu tragen» sei, aber BGE 107 IV 162 stellt unter Hinweis auf ein u.ö. Urteil klar, dass es dabei nur um den ethnischen Hintergrund («fremde Zivilisationen») geht, nicht um individuelle Besonderheiten, z.B. SJZ 80 (1984) Nr. 11 (Bedeutung der Ehe für Süditaliener), RVJ 1991 451 (kulturbedingte archaische Vorstellungen von der Rolle der Frau), s. auch LGVE 1990 I Nr. 51, STRATENWERTH BT I § 1 N 28. Es ist m.E. schon fraglich, ob der schweizerische Richter imstande ist, solche Wertungen anderer Zivilisationen verlässlich festzustellen.   12

Der wegen eines Tötungsdelikts Beschuldigte muss die Voraussetzungen der Privilegierung zumindest **glaubhaft machen;** gelingt dies, so ist, wenn eine zweifelsfreie Beweisführung nicht gelingt, nach dem Grundsatz *in dubio pro reo* Totschlag anzunehmen, GVP-SG 1979 Nr. 21, SCHULTZ, Tötungsdelikte, 15.   13

Kasuistik – Totschlag bejaht
BGE 100 IV 150: Anna F. unterhielt während Jahren mit ihrem Schwager Michele, der im Haushalt ihrer Familie die Mahlzeiten einnahm, ein intimes Verhältnis; als sie versuchte, diesem ein Ende zu setzen, wurde sie von Michele regelmässig zum Geschlechtsverkehr gezwungen; bei einem Streit beschimpfte sie Michele als Hure, worauf sie ihn erstach; **108 IV 99: M.** wollte mit seinem Schwiegersohn R., der M.'s Tochter und Enkel misshandelt hatte, eine Aussprache herbeiführen, die bei einer Autofahrt zustande kam; dabei äusserte R. den Verdacht, M. habe das Kind selber gezeugt, und wollte diesen auf einem Rastplatz aus dem Wagen drängen, worauf ihn M. erschoss; **BJM 1959 126: M. L.** verdächtigte seine Frau (mit Recht) der Untreue; um sie *in flagranti* zu ertappen und zu töten, reiste er ihr ins Tessin nach, wo es jedoch beim (unvollendeten) Versuch blieb; ähnlich **SJZ 69 (1973) Nr. 101,** wo der Täter ebenfalls durch ehebrecherisches Verhalten der Frau in Affekt geriet, ferner der von GRAVEN in ZStrR 76 (1960) 124 ff. eingehend besprochene Fall; **SJZ 66 (1970) Nr. 145: Frau X.** versuchte in einer schweren Erschöpfungsdepression ihr missgebildetes, leidendes Kind, das sie 15 Jahre lang gepflegt hatte, mit Schlaftabletten zu töten.   14

Totschlag verneint
BGE 81 IV 150: Fritz Christen, debil, neurotisch und an beginnender Arteriosklerose leidend, geriet durch den Anblick eines urinierenden Mädchens in einen Schockzustand, betastete das Kind unzüchtig und tö-

tete es (Art. 112); **82 IV 86: Schneider** war mit Margrit W. verlobt gewesen und hoffte nach Auflösung des Verlöbnisses, sie zurückzugewinnen, obschon sie sich einem anderen, Stoll, zugewandt hatte; eines Abends lauerte er den beiden auf und schoss auf Stoll, ohne ihn allerdings zu treffen; **107 IV 104: S.** liess sich mit der leichtlebigen, wankelmütigen und zu Alkoholismus neigenden Frau R. in eine intime Beziehung ein; nach einem Streit in stark alkoholisiertem Zustand, als Frau S. Geld für eine Taxifahrt von Lyss nach Bern verlangte, wo sie mit einem anderen Freund zusammenlebte, erwürgte sie S.; **118 IV 233: F.** hatte seine Frau körperlich geschlagen und vergewaltigt, die Polizei hatte intervenieren müssen; nach der Trennung wollte er sie erneut vergewaltigen, sie setzte sich zur Wehr, er erwürgte sie, indem er ihr mit dem Unterarm den Hals zudrückte; **119 IV 202: S.** erschoss den Ehemann seiner ehemaligen Freundin A., als er von deren Heirat erfuhr; **AGVE 1981 Nr. 18: A.B.** stritt mit seiner Frau, die sich weigerte zu sagen, wo sie über Mittag gewesen sei; er wurde immer erregter und stiess schliesslich mit einem Metzgermesser wild auf Gesicht, Hals und Oberkörper der Frau ein, die nur zufällig überlebte; **BJM 1982 92: G.** hatte sich mit M. gestritten und geschlagen; eine Stunde später traf er ihn im AJZ und stach ihm mit einem Messer in die Brust; **PKG 1966 Nr. 8:** Die Angeschuldigte drang in die Halle des Hotels, wo ihr ehemaliger Geliebter die Flitterwochen verbrachte, um ihn zu erschiessen; **PKG 1970 Nr. 21:** Der Angeschuldigte war vor Wochen grundlos ins Gesicht geschlagen worden; als er dem Widersacher begegnete, glaubte er verspottet zu werden und stürzte sich in Tötungsabsicht auf das Opfer; **RVJ 1991 437: Hasan X.** versuchte seine geschiedene Frau zu töten, weil er nicht ertrug, dass sie sich um das Besuchsrecht kümmerte und eine neue Freundschaft eingegangen war; **SJZ 68 (1972) Nr. 162: X.** hatte am Vorabend getrunken und schlief noch, als er schon hätte am Arbeitsplatz sein sollen, worauf ihn seine Frau beschimpfte; sie verlangte daraufhin Einweisung des X. in eine psychiatrische Klinik; als die Polizei erschien, schloss sich X. mit seiner Frau in der Küche ein und versuchte, sie zu erstechen; **ZR 96 (1997) Nr. 21: Z.** wurde bereits seit Monaten von M., teils unter massiven Drohungen, zu (Schutz-?)Geldzahlungen gedrängt; der Konflikt gipfelte darin, dass M. dem Z. vor dem Café S. unerwartet eine «Fadengerade» versetzte, worauf Z. seinen Angreifer erschoss; Z. verhielt sich zielgerichtet, überlegt und zweckmässig; **ZWR 1973 369: X.** geriet bei einem Jägerfest in angetrunkenem Zustand in Zorn, behändigte zuhause eine Pistole und gab in der Wirtschaft zwei Schüsse ab, mit denen er eine Person tötete, eine andere schwer verletzte.

15   **Konkurrenzen und Abgrenzungen**
Art. 11: Die Frage der Zurechnungsfähigkeit muss getrennt von der Subsumtion beurteilt werden; soweit der Affekt eine Beeinträchtigung bewirkt, darf diese aber nicht ein zweites Mal berücksichtigt werden, h.M., z.B. GRAVEN, ZStrR 76 (1960) 138 ff., STRATENWERTH BT I § 1 N 31.
Art. 33: Totschlag und Notwehrlage schliessen sich gegenseitig nicht aus, BGE 102 IV 229, ZR 91 (1992) Nr. 78, NOLL BT 22, REHBERG/SCHMID

10. In ZR 91 (1992) Nr. 78 wird ausgeführt, die entschuldbare Aufregung könne nicht gemäss Art. 33 II 2. Satz zu Freispruch führen, weil sie bereits bei der Qualifikation der Tat als Totschlag berücksichtigt worden sei; dem ist nicht zuzustimmen: Würde die Tat unter Art. 111 subsumiert, käme Freispruch in Frage; sollte der Täter schlechter wegkommen, weil Art. 113 angenommen wurde? Zur richtigen Lösung führt die Feststellung, dass in Notwehrexzess eine vorsätzliche Tötung begangen wurde; lag entschuldbare Aufregung vor, bleibt der Täter straflos – die Frage, ob die Voraussetzungen für eine Privilegierung gemäss Art. 113 vorliegen, stellt sich nicht.

Art. 64: Werden Sachverhalte, die Art. 64 als Strafmilderungsgrund aufführt (insbes. Zorn über ungerechte Kränkung), als Entschuldigungsgründe für den Affekt angerufen, können sie nicht ein zweites Mal als Strafmilderungsgrund in Anspruch genommen werden (Doppelverwertungsverbot), CORBOZ Art. 113 N 29, GRAVEN, ZStrR 76 (1960) 137, HURTADO POZO BT N 157; WALDER, ZStrR 96 (1979) 166, REHBERG/SCHMID 10, h.L.

Art. 112: Art. 113 kann mit Art. 112 nicht konkurrieren, s. dort N 27.

114 Tötung auf Verlangen

Wer aus achtenswerten Beweggründen, namentlich aus Mitleid, einen Menschen auf dessen ernsthaftes und eindringliches Verlangen tötet, wird mit Gefängnis bestraft.

Fassung gemäss BG vom 23.6.1989, in Kraft seit 1.1.1990.

Botsch. vom 26.6.1985, BBl 1985 II 1009 ff.; Sten. StR 1987 356 ff., 368, NR 1989 674 ff., 680 f.

FRITZ HAUSER, Die Frage der Euthanasie im schweizerischen Strafrecht, Diss. ZH 1952; GÜNTER HEINE, Landesbericht Schweiz, in: Materialien zur Sterbehilfe, Freiburg i. Br. 1991, 590; ARMANDO PEDRAZZINI, *L'omicidio del consenziente ed il suicidio nel diritto penale contemporaneo,* Diss. BE 1949; JERZY PIECHOWICZ, Die Tötung auf Verlangen nach dem geltenden schweizerischen Recht, Diss. FR 1946; DIETRICH VARWYK, Die Tötung auf Verlangen und die Beteiligung am Selbstmord im schweizerischen, deutschen und französischen Strafrecht, Diss. FR 1964; **Lit.** vor Art. 111.

Tötung auf Verlangen ist die mit der geringsten Strafe bedrohte vorsätzliche Tötung. Das Opfer hat (mit beschränkter Wirkung) in die Tat eingewilligt; der Täter ist quasi ernstlich in Versuchung geführt (Art. 64 al. 5), HURTADO POZO BT N 159. Zur Geschichte der Reformbestrebungen HEINE, 601, mit Dokumentation 628 ff, HURTADO POZO BT N 165 ff. Mit der Revision 1989 wurde das Erfordernis eines privilegierenden Motivs eingefügt.   1

Das Opfer muss die Tötung **verlangen,** was mehr bedeutet als blosse Einwilligung; zwischen Einwilligung und Verlangen besteht jedoch «kein prinzipieller, sondern nur ein gradueller Unterschied», WEISSENBERGER (vor Art. 122) 121. Ob der Wunsch spontan entstanden ist oder von   2 einem Dritten, z.B. dem Täter, angeregt wurde, ist nicht entscheidend, SCHUBARTH N 7 zu Art. 114; STRATENWERTH BT I § 1 N 37.

3 Das Verlangen muss **eindringlich,** d.h. mit einiger Intensität und Insistenz geäussert worden sein – ein stillschweigendes, konkludentes «dringendes Verlangen» ist nicht denkbar – die Äusserung braucht aber nicht mündlich zu erfolgen. Mit der Neufassung wird dies deutlicher hervorgehoben, Botsch. 1024. Die Äusserung muss nicht unbedingt gegenüber dem Täter erfolgen, es genügt, wenn sie ihm – aus seiner Sicht verlässlich – geschildert wurde.

4 **Ernstlich** ist das Verlangen, wenn es dem mit Überlegung gebildeten Willen des Opfers entspricht, also nicht einer vorübergehenden depressiven Stimmung entspringt, NOLL BT 24. Das Verlangen muss dem Sterbewilligen nach den Regeln der Art. 10 f. zugerechnet werden können.

5 Der Täter muss nach h.M. durch das Verlangen zur Tat **bestimmt** worden sein, STRATENWERTH BT I § 1 N 41, vgl. Art. 24 N 1, es muss kausal sein für den Tatentschluss. Über das Motiv ist damit nichts gesagt.

6 **Subjektiv** ist Vorsatz und Kenntnis des Verlangens erforderlich. Verschulden an einem Irrtum ist nur im Strafmass zu berücksichtigen – nicht etwa fahrlässige Tötung, STRATENWERTH BT I § 1 N 43.

6a Ferner muss der Täter **«aus achtenswerten Beweggründen, namentlich aus Mitleid»,** gehandelt haben. Zum Begriff «achtenswerte Beweggründe» Art. 64 N 2 – 8, was *mutatis mutandis* auch hier gilt. «Mitleid» wird erwähnt, weil der Tatbestand von vornherein auf dieses Motiv zugeschnitten ist. Der Täter kann aber auch im Interesse Dritter handeln, etwa einer Person, die durch Pflege des Sterbewilligen überfordert ist oder unter ihm zu leiden hat; ferner wird der Fall eines Gefangenen erwähnt, der fürchtet, unter Folter Kameraden zu verraten, SCHULTZ, ZStrR 108 (1991) 403, STRATENWERTH BT I § 1 N 42. Durch die Einführung dieses Erfordernisses wurden auch Diskrepanzen zu Art. 115 beseitigt – es war nicht einzusehen, weshalb ein selbstsüchtig Tötender milder bestraft werden sollte als jemand, der aus gleichen Motiven nur Beihilfe zu Selbsttötung leistete, s. auch STRATENWERTH BT I (3. Aufl.) § 1 N 60.

7 **Konkurrenzen und Abgrenzungen**
Von Tötung auf Verlangen zu unterscheiden ist die **Sterbehilfe** (Euthanasie), dazu N 6 ff. vor Art. 111. **Art. 111–113** geht Art. 114 vor, h.M. Die Abgrenzung gegenüber **Art. 115** ist nach dem Kriterium der Tatherrschaft zu treffen: Art. 115, wenn das Opfer die letzte Entscheidung über sein Sterben behält. Entgegen SCHUBARTH Art. 114 N 26, kommt es z.B. nicht darauf an, wer bei Doppelselbstmord den Gashahn öffnet, sondern darauf, ob sich das Opfer ungehindert aus dem Wirkungskreis des Gases entfernen kann; legt der Täter dem Sterbewilligen eine tödliche Pille auf die Lippen, so liegt noch Beihilfe zu Selbstmord vor, bei der Injektion dagegen Tötung.

115 Verleitung und Beihilfe zum Selbstmord

Wer aus selbstsüchtigen Beweggründen jemanden zum Selbstmorde verleitet oder ihm dazu Hilfe leistet, wird, wenn der Selbstmord ausgeführt oder versucht wurde, mit Zuchthaus bis zu fünf Jahren oder mit Gefängnis bestraft.

Lit. vor Art. 111 und zu Art. 114

Art. 115 bedroht **Teilnahme an einer nicht tatbestandsmässigen Haupttat** mit Strafe.   1

Selbstmord liegt vor, wenn eine Person in Tatherrschaft vorsätzlich den eigenen Tod verursacht, vgl. Art. 114 N 7. Wird das Opfer getäuscht, sind Art. 111 ff. anwendbar, ebenso, wenn es zur Selbsttötung genötigt wird. Es ist wohl eine Frage der Terminologie, ob von Suizid die Rede sein soll, wenn das Opfer zurechnungsunfähig war, so REHBERG/SCHMID 12, ablehnend SCHUBARTH Art. 115 N 16, STRATENWERTH BT I § 1 N 49. Die engere Begriffsbildung mag zwar dogmatisch überzeugen, ist aber aus praktischen Gründen abzulehnen, weil keineswegs immer erkennbar ist, ob jemand verantwortlich handelt oder ob seine Urteilsfähigkeit beeinträchtigt ist. Der Entscheid für den engeren Begriff wird vermehrt zur Annahme von Sachverhaltsirrtum führen.   2

«Verleitung» und **«Beihilfe»** unterscheiden sich inhaltlich nicht von Anstiftung und Gehilfenschaft. Beihilfe liegt vor, wenn der letzte entscheidende Schritt dem Sterbewilligen überlassen bleibt, also noch dann, wenn ihm ein tödliches Gift auf die Lippen gelegt wird und ihm überlassen bleibt, ob er es schluckt oder nicht, s. auch KEHL 90 mit weiteren Beispielen. Ob beide oder nur eine Beteiligungsform gegeben ist, hat für den Schuldspruch keine Bedeutung, anders offenbar ZR 48 (1949) Nr. 89.   3

Die **«Haupttat»** muss **wenigstens versucht** sein – Versuch zu Art. 115 ist nicht strafbar, wenn es nicht zum Selbstmord kommt, SCHUBARTH Art. 115 N 21, STRATENWERTH BT I § 1 N 53. Dagegen liegt untauglicher Versuch vor, wenn es an der Kausalität zwischen Anstiftung/Gehilfenschaft und Suizid fehlt. HURTADO POZO BT N 189 sieht im Tötungsversuch eine objektive Strafbarkeitsbedingung.   4

Durch **Unterlassen** kann höchstens Beihilfe geleistet, nicht «verleitet» werden. SCHUBARTH Art. 115 N 36 ff. schliesst diese Begehungsmöglichkeit schlechthin aus. Dem ist unter Annahme des engen Suizidbegriffs (N 2) beizutstimmen – im Ergebnis ebenso REHBERG, Arzt und Strafrecht, 325. Insbesondere besteht keine Verpflichtung zur Zwangsernährung eines noch Zurechnungsfähigen (EMRK Art. 3 !), dazu auch WINIGER, ZStrR 95 (1978) 386. Eine Ausnahme ist anzunehmen für den Fall, dass es ein Garant übernommen hat, den Gefährdeten vor Suizid in Phasen verminderter Zurechnungsfähigkeit (z.B. depressiver Schub, Berauschung) zu bewahren, HURTADO POZO BT N 182, REHBERG, Arzt und Strafrecht, 325; zur Garantenstellung des Ehegatten vgl. SJZ 92 (1996)   5

Nr. 25 m.Hinw. auf die verschiedenen Lehrmeinungen. Art. 115 regelt die Mitwirkung am Selbstmord abschliessend, RJN 1980/81 108, STRA-TENWERTH BT I § 1 N 59; Frage offen gelassen in SJZ 92 (1996) Nr. 25.

6   Ausser Vorsatz sind **selbstsüchtige Beweggründe** verlangt, der Täter muss also überwiegend die Befriedigung eigener materieller oder affektiver Bedürfnisse anstreben, z.B. Antritt des Erbes, Entlastung von einer Unterhaltspflicht, Befreiung von einer verhassten Person. Gleichgültigkeit ist nicht selbstsüchtig, STRATENWERTH BT I § 1 N 56, SCHUBARTH Art. 115 N 29.

7   **Kasuistik**
ZR 48 (1949) Nr. 89: Nachdem M. gegenüber G. Selbstmordabsicht geäussert hatte, kaufte ihm dieser Schlafmittel und nahm später über die versprochenen 50 Franken hinaus die ganze Barschaft des M. an sich; **RS 1947 Nr. 32:** Kein Verleiten der Braut, die nach verletzend harten Worten im Stich gelassen wurde, zum Selbstmord; **RJN 1980/81 108:** Keine Strafbarkeit von UR und Gefängnisarzt bei Selbstmord eines Untersuchungshäftlings; **SJZ 92 (1996) Nr. 11: X.** konnte der Selbstmord seiner Ehefrau nicht zur Last gelegt werden, weil er, trotz schwerer Ehekrise und der psychiatrischen Behandlung seiner Frau, ihre Suizidabsichten nicht hatte erkennen können und auch nicht annehmen musste, sie habe die Fähigkeit zur Selbstbestimmung verloren – zur Frage, inwieweit eine über Art. 115 hinausreichende Garantenpflicht des Ehegatten zur Verhinderung eines Selbstmordes besteht, wird nicht abschliessend Stellung genommen.

116 Kindestötung

Tötet eine Mutter ihr Kind während der Geburt oder solange sie unter dem Einfluss des Geburtsvorganges steht, so wird sie mit Gefängnis bestraft.

Fassung gemäss BG vom 23.6.1989, in Kraft seit 1.1.1990.

Botsch. vom 26.6.1985, BBl 1985 II 1009 ff.; Sten. StR 1987 356 ff., 368, NR 1989 674 ff., 681.

GEORGES FOÉX, Kindestötung, SJK 1144; LUTZ KRAUSKOPF, Die Kindestötung in Deutschland, Frankreich und der Schweiz, Diss. FR 1971; H. MÜLLER, Tötung von Inzest-Kindern als Serienverbrechen, Kriminalistik 1958 492; ALFRED RIEG, *L'infanticide,* ZStrR 71 (1956) 292; RAINER VOSSEN, Zur Schuldfähigkeit sogenannter Kindsmörderinnen aus forensisch-psychiatrischer Sicht, Göppinger/Bresser (Hrsg.), Tötungsdelikte, Stuttgart 1980, 81; **Lit.** vor Art. 111.

1   Kindestötung ist **aus zwei Gründen privilegiert:** Einmal vermutet das Gesetz zwingend eine Verminderung der Zurechnungsfähigkeit der Mutter während des Geburtsvorganges, die noch einige Zeit darüber hinaus anhalten kann. Dann ist aber auch von Bedeutung, dass zum Neugeborenen noch keine persönliche Beziehung entstanden ist, STRATENWERTH BT I

§ 1 N 65, Schubarth Art. 116 N 14 mit Hinweis auf noch nicht voll entwickelte Tötungshemmung. Die Revision 1989 beschränkte sich im wesentlichen auf eine Reduktion des Strafmasses – die Tat wurde zum Vergehen ohne Mindestdauer der Gefängnisstrafe, ferner wurde der überflüssige Hinweis auf den Vorsatz weggelassen. Anstiftungsversuch bleibt aber strafbar (Art. 26).

Zum **Beginn des Lebens** N 3 vor Art. 111; s. insbes. ZR 41 (1942) Nr. 116,   2
ZBJV 79 (1943) 84 f. Frühere Tötung ist Abtreibung.

Nicht erforderlich ist ein besonderer **Affekt** oder eine bedrängte Lage;   3
sie kann bei der Strafzumessung berücksichtigt werden, Rep. 1947 389.
Die Privilegierung gilt auch, wenn die Mutter schon während der Schwangerschaft zur Tötung nach der Geburt entschlossen war, RS 1943 Nr. 281, SJZ 45 (1946) Nr. 10; kritisch *de lege ferenda* Walder, ZStrR 81 (1965) 42. Im Gegensatz zu DStGB § 217 ist der Tatbestand auch nicht auf die aussereheliche Mutterschaft beschränkt.

Subjektiv ist Vorsatz erforderlich; bei Fahrlässigkeit ist Art. 117 anzu-   4
wenden, RS 1968 Nr. 15, RJN 1983 93, h.L. – abweichend Schwander Nr. 512a. Vorwerfbar ist jedoch nur mangelnde Sorgfalt während und unmittelbar nach der Geburt, nicht ungenügende Vorbereitung, RJN 1983 93, Schubarth Art. 116 N 20.

Teilnehmer der Mutter sind nach Art. 111 ff. zu bestrafen, weil der Ein-   5
fluss der Geburt ein besonderer persönlicher Umstand i.S.v. Art. 26 ist, Rep. 1947 393, h.L.; zuunrecht noch zweifelnd BGE 87 IV 53. Anstiftung zur Abtreibung impliziert nicht auch Anstiftung zur Kindestötung, Rep. 1947 393.

Konkurrenzen und Abgrenzungen
Art. 11 ist bereits berücksichtigt, was den Einfluss des Geburtsvorganges   6
angeht, Rep. 1943 44, 1947 389, ZR 41 (1942) Nr. 110; zusätzliche Beeinträchtigung der Zurechnungsfähigkeit ist durchaus möglich, s. z.B. RJN 1983 93 f.
Art. 64: Die mit der Geburt verbundene schwere Bedrängnis ist bereits mit der Privilegierung berücksichtigt, h.L., abweichend Hafter BT I 21; für andere Milderungsgründe bleibt Raum.

117 Fahrlässige Tötung

**Wer fahrlässig den Tod eines Menschen verursacht, wird mit Gefäng-
nis oder mit Busse bestraft.**

Bernard Corboz, *L'homicide par négligence,* Sem.jud. 1994 169; **Lit.** zu Art. 18.

Art. 117 bedroht die durch keinerlei besonderen Merkmale charakteri-   1
sierte fahrlässige Verursachung des Todes eines Menschen mit Strafe.

Der **objektive Tatbestand** entspricht demjenigen des Art. 111.   2

3   Zur **Fahrlässigkeit** s. Art. 18 N 23 ff.

4   Ein **Mitverschulden des Opfers** entschuldigt nicht, weil das Strafrecht keine Schuldkompensation kennt, RS 1956 Nr. 197, Rep. 1963 90. S. dazu DONATSCH, ZStrR 105 (1988) 361.

5   Manche kantonalen Urteile befassen sich mit der **Strafzumessung** i.w.S. und verlangen bei fahrlässiger Tötung harte Strafen, RS 1965 Nr. 9, oder die Verweigerung des bedingten Strafvollzugs, ZBJV 87 (1951) 168, JdT 1955 IV 95, RS 1959 Nr. 57, 1960 Nr. 127, 1971 Nr. 142. Eine derart am Erfolg orientierte Praxis widerspricht Art. 63 und 41.1.

6   **Fahrlässige Tötung als Folge eines Vorsatzdelikts** ist seit 1.1.1990 immer nach den Regeln der Konkurrenz (Art. 68) zu behandeln.

7   **Kasuistik** s. Art. 18 N 43

8   **Konkurrenzen**
Fahrlässige Tötung konsumiert das **Gefährdungsdelikt,** ausser es seien neben dem Opfer noch weitere Personen konkret gefährdet worden oder hätten eine einfache Körperverletzung erlitten, aber keinen Strafantrag gestellt. Im Verhältnis zu **SVG Art. 90:** BGE 91 IV 211, 96 IV 39; Rep. 1982 41 RS 1967 Nr. 23, Nr. 146, 147; (allgemein für Idealkonkurrenz: RS 1964 Nr. 82, 1965 Nr. 169, PKG 1966 Nr. 30; grundsätzlich für Gesetzeskonkurrenz noch BGE 91 IV 30, RS 1971 Nr. 14.). S. ferner **Art. 128** N 14, **134** N 7, **140** N 24, **222** N 4, **225** N 6, **229** N 13, **230** N 8, **237** N 18, **238** N 12.

2. Abtreibung

VE 1894 Art. 54, Mot. 149. 1. ExpK I 330 ff., II 497 ff. VE 1908 Art. 68. Erl.Z. 123 ff. 2. ExpK II 182 ff., VIII 224 ff. VE 1916 Art. 110 ff. E Art. 105 ff. Botsch. 32. Sten.NR 268 ff. StR 141 ff., 268 f., NR 665 ff., StR 318 ff., NR 762 ff., StR 344 f., NR 779 ff., StR 368 ff., 383, NR 791 ff., StR 387 ff., NR 799 f.

L'AVORTEMENT, *Colloque interdisciplinaire, Médecine et hygiène,* Genf 1975 = RICPT 27 (1974) Heft 4; FRÉDÉRIC COMPTESSE, Juristische Betrachtungen zum Abtreibungsversuch, ZStrR 61 (1946) 213; HEINRICH ROBERT DIEM, Die straflose Unterbrechung der Schwangerschaft und ihre Ausgestaltung in der schweizerischen Praxis, Diss. ZH 1952; JEAN GAUTHIER, *Réflexions sur les art. 118 et suivants du Code pénal,* ZStrR 88 (1972) 264; D. GETAZ, *Application de l'article 120 du Code pénal suisse sur l'avortement thérapeutique,* Diss. med. Laus. 1961; JAKOB GNANT, Die Abtreibung nach schweizerischem Strafrecht, Diss. FR 1943; JEAN GRAVEN, *L'«avortement licite» ou la réglementation de l'«interruption non punissable de la grossesse» en droit pénal suisse,* ZStrR 67 (1952) 62, 165; PHILIPPE GRAVEN, *L'interruption de la grossesse en droit pénal suisse, in L'avortement* (s.o.), 1; MARTIN GSCHWIND, Die nicht anders abwendbare Lebensgefahr oder grosse Gefahr dauernden schweren Schadens an der Gesundheit, ZStrR 71 (1956) 366; ERNST HAFTER, Meldepflicht bei strafloser Unterbrechung der Schwangerschaft, ZStrR 63 (1948) 476; MAX HEINRICH HEUTSCHI, Die Abtreibung im Schweizerischen Strafgesetzbuch, Diss. BE 1945; JAKOB LOCHER, Landesbericht Schweiz, in Eser/Koch (Hrsg.), Schwangerschaftsabbruch im internationalen Vergleich Teil 1, Europa, Baden-Baden 1988, 1483; Hans Negri, Schwangerschaftsbegutachtung nach Art. 120 des schweizerischen Strafgesetzbuches unter besonderer Berücksichtigung der Erfahrungen der medizinischen Universitätspoliklinik Bern von 1942-1949, Diss. BE 1951; Hans Felix Pfenninger, Die Abtreibung durch eine Nichtschwangere, SJZ 44 (1948) 17; Franz Riklin, Zum Sinn einer Pönalisierung der Abtreibung, Civitas 35 (1979/80) 215; Hermann Ringeling/Hans Ruh, Schwangerschaftsabbruch, Theologische und kirchliche Stellungnahmen, Basel 1974; Bernhard Roth, Die Schwangerschaftsunterbrechung nach dem Schweizerischen Strafgesetzbuch, Diss. ZH 1950; Anne-Lise Saillen, *Le droit pénal considéré comme ultima ratio de notre ordre juridique*, ZStrR 113 (1995) 197; Niklaus Schmid, Strafrechtliche Schranken gegen Manipulationen mit ungeborenem Leben? in FS Hegnauer, Bern 1986, 433; Willy Schnyder, Der Versuch am untauglichen Objekte im Falle der Abtreibungshandlung an einer Nichtschwangeren, Diss. FR 1950; Hans Schultz, *La réforme du droit pénal suisse en matière d'interruption de la grossesse. Méthode législative et résultats*, RSCDPC 1974 249; Fritz Schwarz, Gerichtsmedizinische und juristische Betrachtungen zum Abtreibungsversuch, ZStrR 61 (1946) 199; Harald Siegrist, Der illegale Schwangerschafts-Abbruch aus kriminologischer Sicht, Diss. ZH 1971; Heinrich Stamm, Probleme des legalen Aborts in der Schweiz, Liestal 1974; Paul Steiner, Strafbarkeit oder Straflosigkeit der Schwangerschaftsunterbrechung, SJZ 70 (1974) 238; Charlot Strasser, Der Arzt und das keimende Leben, Schwarzenburg 1948; Antoinette Stucki-Lanzrein, Die legale Schwangerschaftsunterbrechung, Diss. BE 1971; Stefan Trechsel, Überlegungen zur Fristenlösung, Schweizerische Ärztezeitung 58 (1977) 1556; Lucia Udvari, Die strafrechtliche Regelung des Schwangerschaftsabbruchs in der Schweiz, in «§ 218, Dimensionen einer Reform», Heidelberg 1983, 115.

Geschütztes Rechtsgut ist in Art. 118 ff. das menschliche Leben vor der   1
Geburt; weil Embryo bzw. Foetus noch nicht Glieder der menschlichen Gemeinschaft sind, ist ihr Schutz trotz Vorliegen aller genetischen Eigenschaften eines Individuums bedeutend weniger stark ausgebaut als derjenige des geborenen Menschen – Art. 120 sieht Ausnahmen vor, die Strafdrohung ist erheblich milder, fahrlässige Vernichtung und vorsätzliche Schädigung (Verletzung) werden nicht erfasst. Auf Entwicklungsstand, Gesundheit und Lebensfähigkeit kommt nichts an, Stratenwerth BT I § 2 N 4. Für Kriminalisierung missbräuchlicher Manipulation am befruchteten Ei Schmid 447 ff.

Der **Beginn des menschlichen Lebens** ist biologisch bei der Vereinigung   2
von Ei und Samenzelle anzusetzen. Weil aber viele befruchtete Eier spontan und praktisch spurlos abgehen, wird nach h.L. auf den Zeitpunkt der Einnistung des befruchteten Eis in die Gebärmutterschleimhaut (Nidation) abgestellt. Damit sind auch Methoden der Empfängnisverhütung, welche durch Verhindern der Nidation wirken (Spirale, *«day-after-pill»*) zulässig, Noll BT 30, Rehberg/Schmid 17, Schubarth Art. 118 N 55, Stratenwerth BT I § 2 N 5.

Bei **Einsetzen des Geburtsvorganges** tritt anstelle des Schutzes von   3
Art. 118 ff. derjenige von Art. 111 ff., 122 ff., dazu N 3 vor Art. 111. Das Schutzobjekt fällt dahin bei Absterben der Frucht.

4   Die **Täterhandlung** wird mit «abtreiben» beschrieben, was sprachlich die
    vorzeitige Austreibung der Frucht bedeutet; Eingriffe zur Erhaltung des
    Lebens können aber nicht gemeint sein – entscheidend ist die Tötung der
    Frucht, h.L., abweichend JdT 1957 IV 160. Nach NOLL BT 30 geht es um
    die «Abtötung der Leibesfrucht durch Entfernung aus dem Mutterkör-
    per» – daraus ergibt sich, dass Tötung oder Selbsttötungsversuch der
    Schwangeren auch bei Tötung der Leibesfrucht nicht unter Art. 118 f.
    fällt, so auch HURTADO POZO BT N 198, SCHUBARTH Art. 118 N 55,
    STRATENWERTH BT I § 2 N 9. Diese Auffassung ist jedenfalls für den Fall
    des Selbstmordversuches menschlich verständlich, entbehrt jedoch logi-
    scher Folgerichtigkeit. Soll Tötung der Leibesfrucht nicht mehr (mit-)be-
    straft werden, wenn gleich die Schwangere umgebracht wird? Für Ideal-
    konkurrenz in diesem Fall auch SCHUBARTH Art. 119 N 15. Härtefälle
    können nach der Revision mit Art. 66bis aufgefangen werden. Wird fahr-
    lässig die Frühgeburt eines lebensfähigen Foetus verursacht, der in der
    Folge stirbt, so sollte nach HURTADO POZO BT, 1. Aufl. N 197 fahrlässige
    Tötung vorliegen – m.E. ist, diese Auffassung nicht mit dem Gesetz ver-
    einbar, weil zur Zeit der Täterhandlung das Tatobjekt noch nicht exi-
    stiert, vgl. N 3 vor Art. 111, wie hier jetzt DERS. 3. Aufl. N 304.

5   Zur **Geschichte** des Abtreibungsverbots GRAVEN 2 f.

6   Die **forensisch-praktische Bedeutung** der Art. 118 f. ist seit 1965 von 300
    Verurteilungen praktisch auf Null gesunken, NOLL BT 29, SCHUBARTH
    Art. 118 N 32.

7   Zur **Reform** s. Art. 120 N 13.

118 Abtreibung durch die Schwangere

[1]Treibt eine Schwangere ihre Frucht ab oder lässt sie ihre Frucht
abtreiben, so wird sie mit Gefängnis bestraft.

[2]Die Verjährung tritt in zwei Jahren ein.

Lit. vor Art. 118.

1   Zum **geschützten Rechtsgut** und zur **Täterhandlung** N 1 ff. hievor.

2   Strafbar ist nur die **vorsätzliche** Selbstabtreibung – zum Vorsatz gehört
    Wissen um das Bestehen einer Schwangerschaft. Eventualdolus genügt.

3   Zur Abgrenzung zwischen strafloser Vorbereitungshandlung und **Ver-
    such** hat das Bundesgericht mit wenig Glück objektive Kriterien ent-
    wickelt: Der entscheidende Schritt sei getan mit der Anfrage, BGE 74 IV
    132, ja sogar schon bei Überschreiten der Schwelle zur Absprache mit
    dem Abtreiber, BGE 87 IV 155, kritisch NOLL BT 32, SCHULTZ, ZBJV 99
    (1963) 44, SCHUBARTH Art. 118 N 61, STRATENWERTH BT I § 2 N 31, s.
    auch Art. 21 N 3 f.

Freiwilliger **Rücktritt** wurde angenommen, wo nach zwei erfolglosen   4
Versuchen das Kind ausgetragen und der Vater geheiratet wurde, RS
1962 Nr. 117; nicht dort, wo sich der Katheter nicht einführen liess, ZR 51
(1952) Nr. 91.

Versuch am untauglichen Objekt liegt vor, wenn die Täterin gar nicht   5
schwanger war, BGE 74 IV 65 (zu 119), 76 IV 153; RS 1948 Nr. 24, 1950
Nr. 112, 113, 1974 Nr. 692; SJZ 40 (1944) Nr. 180, 69 (1973) Nr. 124; ZR
43 (1944) Nr. 5, 56 (1957) Nr. 58. Anders noch BGE 70 IV 9, 152, 75 IV 7,
PFENNINGER a.a.O., THORMANN/VON OVERBECK N 3 zu Art. 118; dagegen SCHWARZ a.a.O., COMPTESSE, a.a.O., SCHNYDER a.a.O., REHBERG/
SCHMID 18, SCHUBARTH Art. 118 N 62, STRATENWERTH BT I § 2 N 32. Untauglicher Versuch liegt auch vor, wenn die Frucht schon tot war, RS
1945 Nr. 229.

Untaugliche Mittel sind Senfbäder und Spülungen mit Seifenwasser,   6
BGE 70 IV 50, sowie periodenfördernde Medikamente, BGE 83 IV 132,
RS 1971 Nr. 17. Unrichtig ZR 50 (1951) Nr. 242, 243, 69 (1970) Nr. 42, wonach es auf Gesundheitsschädlichkeit für die Täterin ankomme. Untauglicher Versuch der Schwangeren ist schliesslich (gegen RS 1955 Nr. 24)
auch anzunehmen, wenn der Dritte nur zum Schein Abtreibungshand-
lungen vornimmt.

Der Drittabtreiber wird nach Art. 119 bestraft. Welche Strafdrohung auf   7
Anstifter und **Gehilfen** (Mittäterschaft ist ausgeschlossen) der Schwangeren anzuwenden sei, ist umstritten. Nach BGE 69 IV 206 E. 3 und 71 IV
117 fällt unter 118, wer der Schwangeren abseits des eigentlichen Abtrei-
bungsaktes beisteht, ebenso RS 1945 Nr. 112, 113; ZR 51 (1952) Nr. 91,
LOGOZ N 7 zu 118, N 2b zu 119, SCHWANDER Nr. 516; keine Gehilfenschaft durch Zustimmung des Ehemannes, ZR 45 (1946) Nr. 129, oder
des a.e. Schwängerers, RS 1966 Nr. 22. Nach der neueren Lehre untersteht der Dritte immer Art. 119, die Schwangere immer Art. 118; der Anstiftungsversuch der Schwangeren ist demnach straflos, SJZ 49 (1953)
Nr. 43, derjenige des Dritten dagegen strafbar (Art. 24 II), HURTADO
POZO BT N 311, NOLL BT 32 f., REHBERG/SCHMID 19, SCHUBARTH
Art. 118 N 63 f., STRATENWERTH BT I § 2 N 38 ff., der aber Anstiftungsversuch der Schwangeren für strafbar hält, N 40.

Die **verkürzte Verjährungsfrist** soll den Beweisschwierigkeiten Rech-   8
nung tragen, ist aber auch aus menschlichen Gründen als Schutz der Intimsphäre zu begrüssen, SCHUBARTH Art. 118 N 68.

Konkurrenzen und Abgrenzungen   9
Art. 64 al. 2: Nur eine besondere Notlage ist als schwere Bedrängnis zu
berücksichtigen, BJM 1962 176;
Art. 64 al. 8: Die verkürzte Verjährungsfrist schliesst diesen Strafmilderungsgrund aus, BGE 89 IV 4, RS 1963 Nr. 69, SJZ 60 (1964) Nr. 121, ZR
50 (1951) Nr. 241;

Anstiftung eines Drittabtreibers wird von Art. 118 konsumiert, vgl. BGE 100 IV 2 ff.

119 Abtreibung durch Drittpersonen

1. Wer einer Schwangeren mit ihrer Einwilligung die Frucht abtreibt,

wer einer Schwangeren zu der Abtreibung Hilfe leistet,

wird mit Zuchthaus bis zu fünf Jahren oder mit Gefängnis bestraft.

Die Verjährung tritt in zwei Jahren ein.

2. Wer einer Schwangeren ohne Einwilligung die Frucht abtreibt, wird mit Zuchthaus bis zu zehn Jahren bestraft.

3. Die Strafe ist Zuchthaus nicht unter drei Jahren, wenn der Täter das Abtreiben gewerbsmässig betreibt.

Fassung gemäss BG vom 23.6.1989, in Kraft seit 1.1.1990.

Botsch. vom 26.6.1985, BBl 1985 II 1009 ff.; Sten. StR 1987 356 ff., 368, NR 1989 674 ff., 681.

Lit. vor Art. 118.

1   Zum geschützten **Rechtsgut** und der **Täterhandlung** s. N 3 ff. vor Art. 118. Ziff. 2 schützt überdies die freie Selbstbestimmung der Schwangeren; er ist in der Praxis ohne Bedeutung geblieben. Mit der Revision 1989 wurde lediglich, wie bei allen übrigen Tatbeständen, welche sie vorsahen, die Erfolgsqualifizierung eliminiert

2   An die **Einwilligung** werden keine qualifizierten Anforderungen gestellt. Art. 120.1 III entsprechend genügt bei Urteilsunfähigkeit die Einwilligung des gesetzlichen Vertreters.

3   Unter Art. 119 fällt **jeder Dritte, der sich** an der Abtreibung **beteiligt,** s. Art. 118 N 7; also nicht nur, wer beim Eingriff selber assistiert, sondern auch, wer Adressen vermittelt, den Abtreiber bezahlt, Instrumente beschafft, Räumlichkeiten zur Verfügung stellt usw. Weil in Art. 119 mit Täterstrafe bedroht wird, was materiell Gehilfenschaft ist, kann Art. 25 nicht zur Anwendung kommen – auch wer dem Abtreiber hilft, leistet der Schwangeren Hilfe; es besteht auch kein Grund, ihn gegenüber dem Gehilfen der Schwangeren zu privilegieren.

4   In der **Praxis** wird **differenziert:** Nur wer der Schwangeren beim Abtreibungsakt selber beisteht, leistet i.S.v. Art. 119.1 als Täter Hilfe, BGE 69 IV 203, 71 IV 117; ZR 51 (1952) Nr. 91. Unterstützungshandlungen werden grundsätzlich als Gehilfenschaft i.S.v. Art. 25 bestraft. Nach der Willensrichtung sei zu entscheiden, ob Gehilfenschaft zu Art. 118 oder 119 vorliege, BGE 69 IV 207, RS 1966 Nr. 22, ZR 43 (1944) Nr. 16, 74, 51 (1952) Nr. 93; WAIBLINGER, ZBJV 80 (1944) 194, 83 (1947) 369; unrichtig jedenfalls ZR 53 (1954) Nr. 101, wonach nur Gehilfe sei, wer bei Dritt-

abtreibung den Gummiball einer Frauendusche zum Einspritzen von Seifenwasser zusammendrückt.

Zur kurzen **Verjährungsfrist** s. Art. 118 N 8. Sie gilt nicht in qualifizierten Fällen, BGE 71 IV 238. Bei gewerbsmässiger Abtreibung beginnt die Verjährungsfrist mit der letzten Tat, BGE 77 IV 9 f. E.3.   5

Zur **Gewerbsmässigkeit** s. Art. 146 N 30 ff.   6

Konkurrenz zu Art. **111 ff.** ist (Vgl. N 4 vor Art. 118) zu bejahen, ebenso   8 SCHUBARTH Art. 119 N 15; BGE 82 IV 6 und 101 IV 279 lassen nicht erkennen, ob die Ermordung der Schwangeren auch unter dem Gesichtspunkt von Art. 119 verfolgt wurde; wie hier AGVE 1961 Nr. 39. S. ferner **122** N 12, **123** N 11. Ziff. 2 konsumiert **Art. 123** und **181.**

120 Straflose Unterbrechung der Schwangerschaft

1. Eine Abtreibung im Sinne dieses Gesetzes liegt nicht vor, wenn die Schwangerschaft mit schriftlicher Zustimmung der Schwangern infolge von Handlungen unterbrochen wird, die ein patentierter Arzt nach Einholung eines Gutachtens eines zweiten patentierten Arztes vorgenommen hat, um eine nicht anders abwendbare Lebensgefahr oder grosse Gefahr dauernden schweren Schadens an der Gesundheit von der Schwangeren abzuwenden.

Das in Absatz 1 verlangte Gutachten muss von einem für den Zustand der Schwangern sachverständigen Facharzt erstattet werden, der von der zuständigen Behörde des Kantons, in dem die Schwangere ihren Wohnsitz hat oder in dem der Eingriff erfolgen soll, allgemein oder von Fall zu Fall ermächtigt ist.

Ist die Schwangere nicht urteilsfähig, so ist die schriftliche Zustimmung ihres gesetzlichen Vertreters erforderlich.

2. Die Bestimmungen über den Notstand (Art. 34 Ziff. 2) bleiben vorbehalten, soweit eine unmittelbare, nicht anders abwendbare Lebensgefahr oder grosse Gefahr dauernden schweren Schadens an der Gesundheit der Schwangeren besteht und die Unterbrechung der Schwangerschaft durch einen patentierten Arzt vorgenommen wird.

Der Arzt hat in solchen Fällen innert 24 Stunden nach dem Eingriff Anzeige an die zuständige Behörde des Kantons, in dem der Eingriff erfolgte, zu erstatten.

3. In den Fällen, in denen die Unterbrechung der Schwangerschaft wegen einer andern schweren Notlage der Schwangern erfolgt, kann der Richter die Strafe nach freiem Ermessen mildern (Art. 66).

4. Artikel 32 findet nicht Anwendung.

WILLIAM GEISENDORF, *L'interruption médicale de la grossesse à Genève,* in L'avortement (vor Art. 118) 31; JEAN GRAVEN, *Le secret médical en cas d'interruption thérapeutique de grossesse,* SJZ 56 (1969) 301; H. KIND / O. SCHORNO, Grundsätzliches zur Begutachtung der Schwangerschaftsfähigkeit, Schweizerische Medizinische Wochenschrift 96 (1966) 1571; Jörg Rehberg, Arzt und Strafrecht, in Handbuch des Arztrechts, Zürich 1994, 303; **Lit.** vor Art. 118.

1   Art. 120 regelt einen **Spezialfall des Notstandes** (Art. 34). Richtigerweise sollte es «Abbruch» der Schwangerschaft heissen.

2   Art. 120 verlangt zunächst **Einwilligung** der Schwangeren oder ihres gesetzlichen Vertreters, Ziff. 1 III. Ist sie unmündig aber urteilsfähig, so kann es wegen der höchstpersönlichen Natur des Eingriffs nur auf ihren Willen ankommen.

3   **Materiell** ist ferner **medizinische Indikation** vorausgesetzt – in erster Linie war an somatische Gefahren für Leben oder Gesundheit der Schwangeren gedacht. Praktisch steht die «psychiatrische Indikation» heute im Vordergrund – in Basel 1975 mit 96,5% (Udvari 122). Dabei dürfte in vielen Fällen der weite Gesundheitsbegriff der Weltgesundheitsorganisation angewandt werden, nämlich als Zustand völligen körperlichen, seelischen und sozialen Wohlbefindens. Hervorstechendes Merkmal der Praxis ist jedoch ihre Uneinheitlichkeit – während in manchen Kantonen ein legaler Schwangerschaftsabbruch praktisch ausgeschlossen ist, ist er in anderen «während der ersten Wochen sozusagen ‹frei›», Udvari 124 für Basel, s. ferner Stamm 45 ff. mit Angaben über die dadurch provozierten «Wanderungen». Das Bundesgericht behandelt die Möglichkeit zum legalen Schwangerschaftsabbruch zwar als Ausfluss der persönlichen Freiheit, BGE 101 Ia 577, hat sich aber m.W. nie zu dieser Situation unter dem Gesichtspunkt von BV Art. 4 geäussert.

4   **Formell** ist **Schriftlichkeit** der Einwilligung verlangt. Bei Fehlen der Schriftform ist die Tat dennoch rechtmässig, Noll BT 37, Stratenwerth BT I § 2 N 24 – sie kann nach Hurtado Pozo BT N 362, Schubarth Art. 120 N 5, Stratenwerth a.a.O., allenfalls nach Art. 121 geahndet werden. Ist die Notlage gegeben, so muss die Strafe mindestens nach Ziff. 3 gemildert werden.

5   Der Eingriff darf nur von einem **patentierten Arzt** vorgenommen werden. Diese Vorschrift dient vor allem dem Schutz der Gesundheit der Schwangeren.

6   Dem Arzt muss das **Gutachten** eines zweiten patentierten Arztes vorliegen – ein Psychologe ist somit nicht zur Begutachtung befugt. Das Recht der Kantone, als Gutachter allgemein oder von Fall zu Fall nur bestimmte Ärzte zuzulassen, soll Missbräuchen vorbeugen, kann aber selber zur Steuerung missbraucht werden, Schubarth Art. 120 N 7. Eine Übersicht über die kantonalen Lösungen a.a.O. N 23. Die Zulassung des Gutachters ist gemäss ZR 52 (1953) Nr. 106 nicht blosse Ordnungsvorschrift; sind die materiellen Voraussetzungen gegeben, so ist m.E. auch hier nur nach Art. 121 zu bestrafen, ebenso Stratenwerth BT I § 2 N 24.

Die Regelung des Art. 120 ist **abschliessend** – die Kantone dürfen keine   7
zusätzlichen Anforderungen stellen, z.B mindestens zwei Monate Wohnsitz, BGE 101 Ia 580 ff. E.4, (NE), 114 Ia 460 (ZG); Beschränkung auf
Fachärzte FMH für Gynäkologie/Geburtskunde und auf Durchführung
in den gynäkologisch-geburtshilflichen Abteilungen der kantonalen
Akutspitäler, Beschränkung auf Begutachtung durch im Kanton prakti-
zierende Ärzte oder gar auf ein Gutachtergremium von drei Ärzten,
BGE 114 IV Ia 457 ff. (ZG). Dennoch bleibt Spielraum für restriktive
Regeln, REHBERG, Arzt und Strafrecht, 357.

Ob **zusätzliche Auflagen,** insbesondere eine Meldepflicht für Ärzte, mit   8
Art. 120.1 vereinbar seien, ist umstritten. Bejahend für Zürich BGE 74 I
136, für Genf GRAVEN, SJZ 56 (1960) 304 f.; ablehnend HAFTER, ZStrR
63 (1948) 476 ff., SCHUBARTH Art. 120 N 8. Weil die Meldepflicht keine
zusätzliche Voraussetzung für den legalen Schwangerschaftsabbruch
schafft, ist sie m.E. vorbehältlich der Absicherung des Datenschutzes
zulässig. Krankenkassen haben Anspruch auf Einsicht in das Gutachten,
BGE 107 V 104.

Ziff. 2 lässt für Notfälle, in denen das Begutachtungsverfahren nicht   9
durchgeführt werden kann, den Eingriff in der Verantwortung eines
einzigen Arztes zu, der ihn von Bundesrechts wegen binnen 24 Stunden
der zuständigen kantonalen Behörde zu melden hat. Die Meldepflicht
besteht nicht, wenn sich erweist, dass der Foetus schon tot war, ZBJV 78
(1942) 67. Die Regel ist eng – Nothilfe kann z.B. auch einen Nichtarzt
rechtfertigen, wenn die Voraussetzungen von Art. 34 vorliegen, s. auch
HURTADO POZO BT N 367, NOLL BT 37, SCHUBARTH Art. 120 N 16,
STRATENWERTH BT I § 2 N 21 f.

Ziff. 3 kann vor allem zum Zug kommen bei Indikationen, die Art. 120   10
nicht erfasst, z.B. bei Abtreibung nach Notzucht, bei schwerer Gefährdung des Embryos oder bei einer sozialen Notlage; in «liberalen» Kantonen wird allerdings in solchen Fällen regelmässig Ziff. 1 angewandt.

Ziff. 4 schliesst im übrigen die Anwendung von Art. 32 aus, was die Be-   11
rufung auf das Berufsgeheimnis (überflüssigerweise) verwehrt.

Krankenkassen sind grundsätzlich verpflichtet, die Kosten des legalen   12
Schwangerschaftsabbruchs zu übernehmen; BGE 107 V 100 ff. gibt ihnen
aber das Recht, anhand des Gutachtens nachzuprüfen, ob die medizinische Indikation tatsächlich vorlag – eine, wie das BGer selber zugibt, wenig befriedigende Lösung.

Die **Reform** des Art. 120 wird zwar seit Jahren gefordert, weil die Wirk-   13
lichkeit sich in einigen bevölkerungsreichen und städtischen Kantonen
weit vom ursprünglichen Sinn des Art. 120 entfernt hat und Begüterten
problemlos der Weg zur Abtreibung im Ausland offensteht, was zu unerträglicher Ungleichheit führt. Die Reformbemühungen – ein «helve-
tisches Trauerspiel» (SCHULTZ, ZStrR 99 [1982] 16) – haben aber bislang
zu keinem Ergebnis geführt, weil sich weder für eine radikale (Fristen-

lösung) noch für eine nur wenig liberalisierende Revision eine Mehrheit findet. Zeitweilig wurde eine «föderalistische» Lösung diskutiert, welche die Regelung den Kantonen überlassen (und damit den *status quo* sanktionieren), s. z. B. die Übersicht bei HURTADO POZO BT N 237 ff., SCHUBARTH Art. 118 N 16 ff., BBl 1980 III 1047, SCHULTZ a.a.O. Nachdem sich Frauenorganisationen der Bundesratsparteien für die Fristenlösung ausgesprochen haben, besteht wieder Hoffnung auf eine Reform in dieser Richtung.

121 Nichtanzeigen einer Schwangerschaftsunterbrechung

Der Arzt, der bei einer von ihm gemäss Artikel 120 Ziffer 2 vorgenommenen Unterbrechung der Schwangerschaft die vorgeschriebene Anzeige an die zuständige Behörde unterlässt, wird mit Haft oder mit Busse bestraft.

Lit. vor Art. 118.

1   Die Übertretung des Art. 121 ist **ein echtes Unterlassungsdelikt.** Strafbar ist nur die vorsätzliche Unterlassung. Die Berechnung der Frist richtet sich nach den allgemeinen Regeln, dazu SCHUBARTH Art. 121 N 2 f.

3. Körperverletzung

VE 1894 Art. 60 ff., 66, 68, 191, Mot. 152 f., 159, 240. 1. ExpK I 347 ff., 365 f., II 304 f., 511 ff., 521, 727. VE 1908 Art. 74 ff., 82, 244. Erl.Z.130 ff., 141, 448. 2. ExpK II 225 ff., 277 ff., VI 197 ff., VIII 232 ff., 313 f. VE 1916 Art. 113 ff., 300 f.E Art. 108 ff., 295. Botsch. 32, 69. Sten.NR 330 ff., StR 160 f., NR 685, StR 321.

GUNTHR ARZT, Heileingriffe aufgrund einer Blanko-Einwilligung bezüglich der Person des Arztes, in FS Jürgen Baumann, Berlin 1992, 201; ALBERT BRUNNER, Die Sportverletzung im schweizerischen Strafrecht, Diss. ZH 1950; DANIEL BUSSMANN, Die strafrechtliche Beurteilung von ärztlichen Heileingriffen, Diss. ZH 1984; JÜRG HEER, Der Begriff der schweren Schädigung in Art. 125 Abs. 2 des Schweizerischen Strafgesetzbuches, Diss. ZH 1965; ALFRED KELLER, Die Körperverletzung im schweizerischen Strafrecht, Diss. ZH 1957; KARL-LUDWIG KUNZ, Die strafrechtliche Beurteilung heimlicher HIV-Tests, ZStrR 107 (1990) 259; DERS., Gutachten über rechtliche Fragen im Zusammenhang mit AIDS, Strafrechtlicher Teil, in GUILLOD, KUNZ/ZENGER, Drei Gutachten über rechtliche Fragen im Zusammenhang mit AIDS, Bern 1991, 317; SUZANNE LEHMANN, Zur Frage der rechtlichen Beurteilung von Doppelblindversuchen an Patienten, ZStrR 99 (1982) 174; HANS FELIX PFENNINGER, Ist freiwillige Sterilisation strafbar? ZStrR 82 (1966) 136; JÖRG REHBERG, Arzt und Strafrecht, in Handbuch des Arztrechts, Zürich 1994, 303; ROBERT ROTH, *Le droit pénal du sport,* in Chapitres choisis du droit du sport, Genève 1993, 101; ROLF SCHÖNING, Rechtliche Aspekte der Organtransplantation unter besonderer Berücksichtigung des Strafrechts, Diss. ZH 1996; CLAUDIA MARIA SCHRAFL, Die strafrechtliche Problematik des kosmetischen Eingriffs, Diss. ZH 1958; HANS SCHULTZ, Rechtliche Probleme der Homöopathie, Schweizerische Ärztezeitung 67 (1986) 1743; DERS., Die eigenmächtige Heilbehandlung eine kantonal rechtliche Lösung? ZStrR 107 (1990) 281; DERS., Die Delikte gegen Leib und Leben nach der Novelle 1989, ZStrR 108 (1991) 395; HANS WALDER, Die Aufklärungspflicht des Zahnarztes aus forensischer Sicht, Schweiz. Monatsblatt für Zahnmedizin 95 (1985) 889; PHILIPPE WEISSENBERGER, Die Einwilligung des Verletzten bei Delikten gegen Leib und Leben, Diss. BS 1996; s. auch Lit. zu Art. 32.

Geschützt wird in Art. 122 ff. nur der **Mensch.** Vor der Geburt (N 3 vor Art. 111) besteht kein strafrechtlicher Schutz vor Angriffen auf die körperliche Integrität oder die Gesundheit. Verletzung von Tieren ist z.B. Sachbeschädigung, Art. 144, oder verstösst gegen das Tierschutzgesetz, SR 455, Art. 27 ff. Richtete sich die Tat gegen eine unmündige Person, ist die Vormundschaftsbehörde zu benachrichtigen, s. Art. 358bis.   1

Selbstverletzung ist grundsätzlich nicht strafbar (vgl. Art. 115). Eine Ausnahme bildet BetmG Art. 19a, der dem Konsumenten grundsätzlich Übertretungsstrafe androht; ferner MStG Art. 95, Selbstverstümmelung als Schwächung der Wehrkraft.   2

Zum Körper gehören Prothesen dann, wenn sie fest mit ihm verbunden sind – in den übrigen Fällen bleiben sie Sachen. Nach Art. 122 ff. ist deshalb z.B. zu beurteilen die Beschädigung eines fest verankerten Stiftzahns, SJZ 56 (1960) Nr. 80; Sachbeschädigung ist dagegen die Zerstörung der Zahnprothese, SJZ 44 (1948) Nr. 90, RS 1954 Nr. 33.   3

Geschützt wird einerseits die **körperliche Integrität** – ein Ausfluss des ungeschriebenen Verfassungsrechts der persönlichen Freiheit (BGE 89 I 92, 99 Ia 747, 104 Ia 480; MÜLLER, ZBJV 116 [1980] 247). Nur die körperliche Integrität, nicht die Gesundheit, ist betroffen bei Kahlscheren (herrschendes Lehrbeispiel, auch in BGE 103 IV 70, 107 IV 41), oder beim gelungenen ärztlichen Eingriff (N 6).   4

Andererseits schützen Art. 122 ff. die **körperliche und geistige Gesundheit.** Der Begriff muss allerdings enger gefasst werden als nach der Definition der WHO – Zustand völligen körperlichen, seelischen und sozialen Wohlbefindens, BUSSMANN 20, HURTADO POZO BT N 378. Aus der Abstufung der Tatbestände – Art. 126, Art. 123.1 I, Art. 122 – ergibt sich, dass stets eine bestimmte (wenn auch nicht immer leicht bestimmbare) Schwere der Einbusse an Gesundheit vorliegen muss. Auch die Verschlechterung einer bereits geschädigten Gesundheit ist Verletzung, BGE 83 IV 140, 103 IV 70, RS 1946 Nr. 230 (zur geistigen Gesundheit) – Verzögerung der Heilung kann ebenfalls Körperverletzung sein, BGE 103 IV 70.   5

Sehr umstritten ist die Frage, ob der **ärztliche Heileingriff** den Tatbestand der Körperverletzung erfülle. Bejahend BGE 99 IV 209 f., ebenso die deutsche Gerichtspraxis, s. BUSSMANN 28 ff. Im Schrifttum wird die Auffassung vorwiegend abgelehnt, z.B. GERMANN, Verbrechen, 239, eingehend HURTADO POZO BT N 394 ff., LEHMANN 175, NOLL BT 51, PFENNINGER 152, SCHUBARTH Art. 123 N 49, SCHULTZ, ZStrR 107 (1990) 287 f., STRATENWERTH BT I § 3 N 15 ff.; wie das Bundesgericht BUSSMANN   6

34 ff., LOGOZ/SANDOZ Art. 32 N 4, REHBERG/SCHMID 30, 33, REHBERG, Arzt und Strafrecht, 304, SCHULTZ, ZBJV 110 (1974) 387, WEISSENBERGER 148 f. Vorzuziehen ist die Auffassung des Bundesgerichts, weil nur sie dem Charakter der Körperverletzung als Angriff auch auf die persönliche Freiheit Rechnung trägt (BUSSMANN 36: «Substanzintegrität»). Bei vernünftiger Handhabung der Rechtfertigungsgründe der Einwilligung des Verletzten (Art. 32 N 10; zur Frage, inwiefern die Einwilligung an die Person eines bestimmten Arztes gebunden ist, ARZT a.a.O.) und der Geschäftsführung ohne Auftrag (Art. 32 N 12) lassen sich ungerechtfertigte Strafverfolgungen vermeiden. Das Argument, Behandlung sei nicht Misshandlung (SCHUBARTH Art. 123 N 49), ist nur auf das deutsche Recht zugeschnitten, und ein vorübergehender Schaden *(«danno al corpo»)* genügt. SCHUBARTH a.a.O. N 52 gibt übrigens zu, dass bei Ablehnung der Tatbestandsmässigkeit des ärztlichen Heileingriffs Lücken entstehen – m.E. ist zu deren Schliessung ein Sondertatbestand der eigenmächtigen Behandlung nicht erforderlich; eine Revision in diesem Sinne ist auch nicht vorgesehen. SCHULTZ, ZStrR 107 (1990) 288 ff. sieht die Lösung in kantonalen Strafbestimmungen über die eigenmächtige Heilbehandlung.

Ärztliche Eingriffe, die nicht der Heilung dienen, sind nach einhelliger Meinung tatbestandsmässig, z.B. KUNZ, ZStrR 107 (1990) 259, WEISSENBERGER 146, 157 m.w.Hinw.

6a **HIV-Tests an Blutproben** erfüllen den Tatbestand der Körperverletzung nicht, wenn die Blutentnahme zwar indiziert und mit Einwilligung des Patienten (aber nur zu anderen Zwecken) vorgenommen wurde; KUNZ, Gutachten, 387, WEISSENBERGER 152 f. Körperverletzung ist anzunehmen, wenn die Blutentnahme allein zum Zweck des HIV-Tests unter täuschender Information erfolgt, KUNZ, Gutachten, 365 f. und DERS., ZStrR 107 (1990) 262. Heftig umstritten ist die Frage, ob Körperverletzung auch vorliegt, wenn zu einem legitimen Zweck mit Einwilligung Blut entnommen wird, das dann, ohne dass der Patient seine Einwilligung dazu gegeben hätte, auf HIV untersucht wird. Zum Meinungsstand KUNZ, Gutachten, 368 ff. Eine solche Untersuchung verletzt zwar Persönlichkeitsrechte und ist unzulässig, m.E. erfüllt sie jedoch den Tatbestand der Körperverletzung nicht – KUNZ, Gutachten, 386 ff. nimmt Strafbarkeit der das Blut entnehmenden Person (die den Verwendungszweck eines Tests kennt) sogar dann an, wenn der Test nur anonymen epidemologischen Studien gilt; straflos bleiben nach seiner Auffassung nur die im Labor tätigen Perscnen, a.a.O. 387.

7 Die **Einwilligung** vermag eine einfache Körperverletzung immer zu rechtfertigen, eine schwere jedenfalls dann, wenn sie einem sittlichen Wert dient, z.B. Organspende. Die Einwilligung in ärztliche Behandlung ist in zahlreichen kantonalen Bestimmungen geregelt, dazu SCHULTZ, ZStrR 107 (1990), 283 ff. Zur Sterilisation eingehend SCHUBARTH Art. 123 N 38 ff. Die medizinisch-ethischen Richtlinien der Schweizerischen Akademie der medizinischen Wissenschaften vom 11.11.1981 zur *Sterilisation* (Basel 1984) sehen, im Gegensatz zu früheren Richtlinien (s

PFENNINGER a.a.O.) von besonderen Voraussetzungen betr. Alter und Kinderzahl ab, betonen aber die Bedeutung eingehender Aufklärung und Beratung, dazu J. KUNZ/W. FELDER/M. ZOLLINGER/G. ARZT, Zur Sterilisation geistig behinderter Patientinnen, Schweizerische medizinische Wochenschrift 1991, 1328; REHBERG, Arzt und Strafrecht 330 ff. Zur *Sportverletzung,* für die es *kein Sonderrecht* gibt, HURTADO POZO BT N 411 ff.; ROTH a.a.O., SCHUBARTH a.a.O. N 29, 35, VÖGELI a.a.O., WEISSENBERGER 162 ff; ferner BGE 109 IV 103 (Fussball) m.Anm. REHBERG, recht 2 (1984), 56, BGE 121 IV 249 (Eishockey), dazu SCHULTZ, ZBJV 132 (1996) 589 f., WEISSENBERGER 163 f., RVJ 1986 252 (Eishockey); s. auch Art. 32 N 10.

Zur Einwilligung in ärztliche Heileingriffe eingehend REHBERG, Arzt und Strafrecht, 306 ff., WEISSENBERGER 145 ff.

Zur strafrechtlichen Problematik der Ansteckung mit **AIDS** s. Art. 231 N   8
5 ff.

122   Schwere Körperverletzung

Wer vorsätzlich einen Menschen lebensgefährlich verletzt,

wer vorsätzlich den Körper, ein wichtiges Organ oder Glied eines Menschen verstümmelt oder ein wichtiges Organ oder Glied unbrauchbar macht,

einen Menschen bleibend arbeitsunfähig, gebrechlich oder geisteskrank macht, das Gesicht eines Menschen arg und bleibend entstellt,

wer vorsätzlich eine andere schwere Schädigung des Körpers oder der körperlichen oder geistigen Gesundheit eines Menschen verursacht,

wird mit Zuchthaus bis zu zehn Jahren oder mit Gefängnis von sechs Monaten bis zu fünf Jahren bestraft.

Fassung gemäss BG vom 23.6.1989, in Kraft seit 1.1.1990.

Botsch. vom 26.6.1985, BBl 1985 II 1009 ff.; Sten. StR 1987 356 ff., 368, NR 1989 674 ff., 681.

Lit. vor Art. 122.

Die schwere Körperverletzung **unterscheidet sich von der einfachen**   1
durch den Erfolg. Das Tatmittel ist nicht näher bezeichnet – in RS 1946 Nr. 230 wurde schwere Körperverletzung angenommen bei Gesundheitsschädigung durch ein grob ehrenrühriges Schreiben; VAR 1942 170 verneint Qualifikation bei einem Schrotschuss in den Rücken. Mit der Revision 1989 wurde die Erfolgsqualifizierung beseitigt, die übrigen Änderungen sind redaktioneller Natur.

«Die vom Gesetz geforderte **Lebensgefahr** muss eine unmittelbare sein.   2
Es genügt nicht, dass die Verletzung einigermassen gefährlich ist und die Möglichkeit des Todes in etwelche Nähe rückt, wie dies z.B. bei einem

Beinbruch der Fall sein kann». Vielmehr muss ein Zustand herbeigeführt worden sein, in dem sich die Möglichkeit des Todes «dermassen verdichtete, dass sie zur ernstlichen und dringlichen Wahrscheinlichkeit wurde», BGE 109 IV 20; aus BGE 116 IV 133 lässt sich nicht herauslesen, ob die Ansteckung mit dem HI-Virus wegen Lebensgefahr als schwere Körperverletzung angesehen wurde, wie in der Literatur angenommen wird, billigend REHBERG/SCHMID 34, SCHULTZ, ZBJV 128 (1992) 12, mit Recht ablehnend KUNZ, ZStrR 107 (1990) 47 f., STRATENWERTH BT I § 3 N 36; die Vi könnte angenommen haben, dass Gebrechlichkeit vorlag, was eher vertretbar wäre.

Es genügt eine vorübergehende Lebensgefahr von kurzer Dauer, BGE 91 IV 194, und es ist ohne Bedeutung, ob ärztliche Hilfe rechtzeitig eingreifen konnte oder nicht, BGE 109 IV 20, BJM 1997 38, a.M. SJZ 62 (1966) Nr. 236, 66 (1970) Nr. 5, 69 (1973) Nr. 139. Die Lebensgefahr muss sodann Folge der Verletzung selber, nicht der Verletzungsmethode sein. Bei einem Streifschuss ist neben Art. 123 oder gar Art. 126, (BGE 99 IV 254, ZBJV 112 [1976] 344), allenfalls Art. 129 anzuwenden, ebenso bei einem elektrischen Schlag, ZBJV 113 (1977) 282, oder bei Würgen, wenn die Lebensgefahr nur im Zudrücken der Kehle, nicht in einer dadurch bewirkten Verletzung liegt, anders BGE 91 IV 194, dazu krit. REHBERG/ SCHMID 34, SCHUBARTH Art. 122 N 17, STRATENWERTH BT I § 3 N 37.

3   **Al. 2** hebt **drei Fallgruppen** nach der exemplifizierenden Methode (Generalklausel in al. 3) hervor: Verstümmelung und Unbrauchbarmachung eines Körperteils, Verursachung dauernder Beeinträchtigung der Gesundheit und Entstellung.

4   Das Gesetz unterscheidet die Angriffsobjekte **Körper, Glied** und **Organ,** wobei nur wichtige Organe oder Glieder erwähnt werden, die freilich auch zum Körper gehören. «Körper» i.S.v. Art. 122 sind Schädel, Thorax und Becken. Überdies wird auch das Gesicht gesondert erwähnt. Aus dem Sinn der Bestimmung ergibt sich, dass auch der Körper *erheblich* beschädigt sein muss; mit Recht schliesst SCHUBARTH Art. 122 N 20 die Qualifikation bei Verlust des Ohrläppchens aus.

5   Die **Wichtigkeit** von Glied oder Organ wird nach dessen Funktion bewertet – in erster Linie ist an lebenswichtige Organe zu denken, auch an *eine* Niere, *ein* Auge, *ein* Ohr. Ob die Milz lebenswichtig sei, lässt BGE 109 IV 20 offen, verneint in SJZ 62 (1966) Nr. 239. Milzriss bringt jedoch Lebensgefahr wegen der inneren Blutung. Als wichtig angesehen wurde das Endglied des rechten Daumens, RVJ 1990 205, SJZ 49 (1953) Nr. 77, aber nicht der kleine Finger der linken Hand, ZBJV 113 (1977) 281 (bedenklich). Bei der Bewertung wird ein subjektiver Massstab angewandt – jeder Finger der linken Hand ist wichtig für einen Cellisten, die Fähigkeit, Uferböschungen zu überwinden, für einen Fischer, BGE 105 IV 180, Geschmacks- und Geruchssinn für die Hausfrau, BJM 1961 152, Beweglichkeit des linken Ellbogens für einen handwerklich begabten Linkshänder, SJZ 68 (1972) Nr. 246. Der Täter muss freilich die besonderen

Umstände des Opfers kennen, CORBOZ Art. 122 N 9, HURTADO POZO BT N 456, SCHUBARTH Art. 122 N 21, STRATENWERTH BT I § 3 N 41.

Verstümmelt oder **unbrauchbar gemacht** sind Glied oder Organ bei Verlust und bei dauernder Beeinträchtigung der Funktion, z.B. Versteifung des Ellbogens, SJZ 68 (1972) Nr. 246.   6

Bleibende Arbeitsunfähigkeit, Gebrechlichkeit und **Geisteskrankheit** bedeuten eine irreversible Beeinträchtigung der Gesundheit. Ist die Prognose ungewiss, was nicht selten vorkommt, muss *in dubio pro reo* eine Heilungschance angenommen werden; die Praxis weicht in solchen Fällen mit einer Kombination von Faktoren auf die Generalklausel aus (N 9). «Gebrechlichkeit» meint den «Zustand dauernden Krankseins oder andere dauernde Beeinträchtigungen der Gesundheit wie Vergiftungen und nicht zuletzt die Drogensucht», Botsch. 1027, dagegen STRATENWERTH BT I § 3 N 39.   7

Die bleibende **Entstellung des Gesichts** muss «arg» sein, was nicht zutrifft bei relativ unauffälligen Narben gut verheilter Schnittwunden, RS 1968 Nr. 93, 1953 Nr. 26, anders bei einer nicht ganz wegschminkbaren Narbe vom Mundwinkel bis zum Ohransatz, die das Lachen entstellt – das subjektive Empfinden der Verletzten war nicht entscheidend, BGE 115 IV 20 (Grenzfall). Es kommt auf die bleibende Wirkung nach Abschluss des Heilungsprozesses an, BGE 115 IV 19. Auch hier muss ein relativer Massstab angelegt werden – schon eine geringfügigere Verunstaltung kann für ein Fotomodell arg sein. SCHUBARTH Art. 122 N 22 will auch die Entstellung anderer Körperteile einbeziehen, was m.E. mit Art. 1 nicht vereinbar ist, s. aber N 9.   8

Die **Generalklausel** findet Anwendung bei gleich schweren Verletzungen anderer Art, SCHUBARTH Art. 122 N 23. Berücksichtigt wird insbesondere die Dauer des Spitalaufenthalts, der (vollen oder teilweisen) Arbeitsunfähigkeit, sowie Grad und Dauer der Invalidität und erlittenen Schmerzen, s. z.B. BGE 68 IV 85, 97 IV 9, 101 IV 383, 105 IV 180, BJM 1971 81, RS 1969 Nr. 81, SJZ 62 (1966) Nr. 236, 68 (1972) Nr. 17. SJZ 45 (1949) Nr. 58 bezeichnet die Ansteckung mit Syphilis und Gonorrhoe als schwere Körperverletzung (Art. 125), was nach dem heutigen Stand der Medizin nicht mehr gelten kann, s. Kasuistik.   9

Subjektiv ist (Eventual-)Vorsatz erforderlich, der sich auf die Schwere der Verletzung beziehen muss. Eine besondere Empfindlichkeit des Opfers darf nur berücksichtigt werden, wenn sie dem Täter bekannt war.   10

Kasuistik   13
Schwere Körperverletzung bejaht: BGE 91 IV 193: Mentha würgte seine Geliebte so, dass eine Asphyxie (beinahe eingetretene Erstickung) erfolgte; **97 IV 8: Ayer** verletzte mit dem Lastwagen eine Mofafahrerin, die eine Trümmerfraktur des linken Oberschenkels erlitt, welche mehrere Monate Spitalaufenthalt erforderte; ein Jahr später musste sie noch an Stöcken gehen, hatte noch Metallschienen im Bein und musste mit einer

zweiten Operation des Beines rechnen, das 2 bis 3 cm kürzer bleiben
würde; **101 IV 382: M.** erlitt bei einem Motorradunfall eine Hirnerschüt-
terung, einen Schädelbruch verbunden mit teilweisem Gehörverlust und
Ohrensausen sowie verschiedenen Schnittwunden im Gesicht, deren
Heilung nicht spurlos bleiben würde, der Spitalaufenthalt dauerte etwa 2
Wochen, die volle Arbeitsunfähigkeit einen Monat, die halbe weitere 2
Wochen; **105 IV 180:** Der 69jährige T. erlitt u. a. eine Schenkelhalsfrak-
tur, und es musste ihm eine Hüft-Totalprothese eingesetzt werden; das
Krankenlager dauerte 7 Monate, 8 Monate nach dem Unfall ging er noch
am Stock, war behindert beim Stufensteigen und konnte seinem Hobby,
dem Fischen, nicht mehr nachgehen – ein Dauerschaden war «möglich»;
BGE 109 IV 18: Der Milzriss stellt – auch wenn das Organ nicht «wichtig»
sein sollte, wegen der nicht von selber aufhörenden Blutungen eine lebensgefährliche Verletzung dar: **115 IV 18: X.** fügte seiner Frau mit dem
Küchenmesser eine Schnittwunde vom linken Mundwinkel bis zum
Ohransatz zu, die nach 3 1/2 Jahren zwar gut verheilt aber noch sichtbar
war und die Frau mimisch beeinträchtigte, wenn sie lachte, was sie aber
nicht störte – Grenzfall, kein Grund von der Annahme einer schweren
Körperverletzung durch die Vi abzuweichen; **BJM 1971 81:** Schädelbruch, der ein psychoorganisches Syndrom mit Gedächtnisstörungen,
hoher Ermüdbarkeit und Sprechstörungen zur Folge hat, wobei nach
voller Arbeitsunfähigkeit während etwa 6 Monaten eine Invalidität von
50 % zu erwarten ist; **BJM 1997 37:** 15 bis 20 cm tiefe Stichwunde im
Bauch; **PKG 1967 Nr. 43:** Unterschenkelfraktur, Quetschungen, Schürfungen, lebensgefährliche Hirnerschütterung mit langem Krankenlager;
PKG 1969 Nr. 12: Zertrümmerung des Nasenskeletts; **PKG 1989 Nr. 54:**
Hirnerschütterung, instabile Beckenringfrakturen, Acetabulum-Trüm-
merfraktur – sechsstündige Operation, zweimonatiger Spitalaufenthalt,
nach über neun Monaten noch starke Schmerzen und erhebliche Behinderung; **RS 1969 Nr. 81:** Trümmerfraktur im Bereich des Fussgelenks, die
zwei Operationen erfordert, zu Arbeitsunfähigkeit von 100 % während
17 Monaten, 50 % während 3 Monaten, 25 % während 2 1/2 Monaten führt
und eine Invalidität von 20 % erwarten lässt; **RS 1969 Nr. 35:** Schwere
Hirnerschütterung, Eindrücke des Brustkorbes mit zahlreichen Rippen-
brüchen, was zu Broncho-Pneumonie führte – lebensgefährlich; **SJZ 45
(1949) Nr. 187:** Beckenringbruch; **SJZ 45 (1949) Nr. 58:** Ansteckung mit
einer Geschlechtskrankheit (heute wäre nur die Ansteckung mit AIDS
als schwere Körperverletzung anzusehen); **SJZ 64 (1968) Nr. 65:** Nieren-
riss neben verschiedenen Knochenbrüchen lebensgefährlich; **SJZ 72
(1976) Nr. 39:** Brustkrebs-«Behandlung» durch Naturheilarzt – *in casu*
Kausalität verneint; **ZR 71 (1972) Nr. 60:** Verbrennung mit Röntgen-
strahlen.

Schwere Körperverletzung verneint: BGE 68 IV 83: Pfaff fuhr im
Schneegestöber auf den Radfahrer Colombarolli, der eine Rissquetsch-
wunde am linken Oberlid, einen Bruch der Speiche des linken Vor-
derarmes mit kleinem Abriss an der Elle, einen Bruch des linken Wa-

denbeins und einen Bluterguss im Gesäss erlitt; der Spitalaufenthalt dauerte 3 1/2 Wochen, die Arbeitsunfähigkeit zu 100 % knapp 2 Monate, zu 50% 2–3 Wochen, kein bleibender Nachteil; **92 IV 21: Meier** fährt Polentarutti an und verursacht leichte Schürfungen, «eine Hirnerschütterung, eine Schulterkontusion und eine Fraktur des horizontalen Schambeinastes»; **RS 1953 Nr. 26:** Narbe auf dem Auge, Verringerung der Sehschärfe, die durch eine Brille so ausgeglichen wird, dass die Berufstätigkeit nicht gestört ist; **SJZ 62 (1966) Nr. 236:** Heimliche Verabreichung von «Alosan-Sanova-Trunksucht-Tabletten», die zu einer Nierenschädigung führten, welche in Spitalpflege unter Kontrolle gebracht werden konnte; **SJZ 68 (1972) Nr. 17:** Hirnschädigung mit 1 Monat Spitalaufenthalt ohne Dauerfolgen; **VAR 1942 170:** Schrotschuss in den Rücken mit Haut- und Muskelverletzung unter der 10. Rippe, 2 Monate Spitalaufenthalt, 3 1/2 Monate Arbeitsunfähigkeit; **ZBJV 113 (1977) 281:** Verlust des kleinen Fingers an der rechten Hand eines Kindes durch Starkstromunfall, IV-Rente von 5–10%; **ZR 50 (1951) Nr. 244:** Zahlreiche Verletzungen ohne schwerwiegende Folgen; **ZR 51 (1952) Nr. 190:** Hirnerschütterung, offener Oberschenkelschaftbruch, Knochenabriss im Kniegelenk – 7 Monate Krankenlager.

Konkurrenzen und Abgrenzungen   14
Art. 111 ff.: Grundsätzlich konkurriert Versuch der Tötung mit Körperverletzung, denn mit der Versuchsstrafe wird kein Erfolg abgegolten, anders BGE 77 IV 63 E. 2, RS 1963 Nr. 134. In der Regel wird der Tötungsvorsatz die Körperverletzung als Durchgangsstadium mitumfassen, BJM 1997 40. Gegen Konkurrenz unter Zulassung von Ausnahmen SCHUBARTH Art. 123 N 16, 80, STRATENWERTH BT I § 3 N 12; zu **Art. 117** und **Art. 119** besteht Idealkonkurrenz. S. ferner **Art. 127** N 10, **128** N 14, **129** N 9, **133** N 8, **134** N 7, **140** N 24, **190** N 13, **221** N 11, **224** N 11, **231** N 4, **260** N 10, **285** N 11, **310** N 10, **312** N 10 (zumeist auch für Art. 123).
Art. 260bis bedroht die Vorbereitung einer schweren Körperverletzung mit Zuchthaus bis zu 5 Jahren oder Gefängnis.

123   Einfache Körperverletzung

1. **Wer vorsätzlich einen Menschen in anderer Weise an Körper oder Gesundheit schädigt, wird, auf Antrag, mit Gefängnis bestraft.**

In leichten Fällen kann der Richter die Strafe nach freiem Ermessen mildern (Art. 66).

2. **Die Strafe ist Gefängnis, und der Täter wird von Amtes wegen verfolgt,**

wenn er Gift, eine Waffe oder einen gefährlichen Gegenstand gebraucht,

wenn er die Tat an einem Wehrlosen oder an einer Person begeht, die unter seiner Obhut steht oder für die er zu sorgen hat, namentlich an einem Kind.

Fassung gemäss BG vom 23.6.1989, in Kraft seit 1.1.1990.

Botsch. vom 26.6.1985, BBl 1985 II 1009 ff.; Sten. StR 1987 356 ff., 368, NR 1989 674 ff., 681 ff.

ERICH LAUENER, Die Gefährlichkeit als qualifizierendes Tatbestandsmerkmal im schweizerischen Strafrecht, Diss. ZH 1994; **Lit.** vor Art. 122.

1   Zum **Grundtatbestand** der Körperverletzung s. N 1–5 vor Art. 122. Mit der Revision 1989 wurde Art. 123 klarer strukturiert; neu aufgenommen wurde die Qualifikation bei Verletzung von Personen, die unter der Obhut des Täters stehen, teilweise als Ablösung von aArt. 134 (Kindsmisshandlung), entfernt wurden die Erfolgsqualifizierungen.

2   Art. 123 erfasst alle Körperverletzungen, welche **nicht schwer** i.S.v. Art. 122, aber auch **nicht** mehr blosse **Tätlichkeit** i.S.v. Art. 126 sind, also namentlich das «Zufügen äusserer oder innerer Verletzungen und Schädigungen, wie unkomplizierter, verhältnismässig rasch und problemlos völlig ausheilender Knochenbrüche oder Hirnerschütterungen, durch Schläge, Stösse und dergleichen hervorgerufene Quetschungen, Schürfungen, Kratzwunden, ausser wenn sie keine weitere Folge haben als eine vorübergehende harmlose Störung des Wohlbefindens. Wo indessen die auch bloss vorübergehende Störung einem krankhaften Zustand gleichkommt (z.B. Zufügen von erheblichen Schmerzen, Herbeiführen eines Nervenschocks, Versetzen in einen Rausch- oder Betäubungszustand), ist eine einfache Körperverletzung gegeben», BGE 103 IV 70, 107 IV 42, 119 IV 2, 26 f.; s. auch 68 IV 85 f., 83 IV 140, 92 IV 22, 99 IV 209, Beispiele in der Kasuistik N 11. Bei der Feststellung des Sachverhalts darf sich der Richter auf sein Erfahrungswissen berufen, BGE 119 IV 2. Zur Abgrenzung von der Tätlichkeit s. Art. 126.

2a   Zur **Schädigung des Körpers** N 3 ff. vor Art. 122.

3   **Abs. 2** bezeichnet «die nächstleichtere Form der Angriffe auf die körperliche Unversehrtheit eines Menschen nach der einfachen Körperverletzung» gemäss Abs. 1, BGE 103 IV 69. Nach REHBERG/SCHMID 30 lassen sich die Fälle «praktisch nur schwer umschreiben», BGE 119 IV 27 verweist auf den Grenzbereich zu Art. 126 – *in casu* Faustschlag mit Hämatom und Schmerzen an Hals und Steissbein; s. auch die Kasuistik bei KELLER 114. NOLL BT 42 schlägt vor, die Abgrenzung nach dem Verschulden zu treffen und insbesondere Taten im entschuldbaren Affekt als leichte Fälle einzustufen. BGE 119 IV 27 f. lässt die Frage offen.

4   **Ziff. 2 qualifiziert** durch Verzicht auf das Antragserfordernis bei gleichbleibender Strafdrohung das besonders gefährliche oder verwerfliche Vorgehen. Besonders *gefährlich* ist das Tatmittel dann, wenn ein hohes *Risiko einer schweren Körperverletzung* besteht, STRATENWERTH BT I § 3 N 27, besonders verwerflich die Verletzung Wehrloser oder Schutzbefohlener.

Gift i.S.v. Art. 123.2 al. 1 ist ein Stoff, der dazu bestimmt oder geeignet ist,   5
den menschlichen Körper zu schädigen. Dazu gehören auch Medika-
mente, wenn sie nicht ärztlich verordnet wurden, SJZ 83 (1987) Nr. 35 (9)
(Psychopharmaka). Wird eine an sich *harmlose Substanz* verwendet, so
ist sie allenfalls als *gefährlicher Gegenstand* zu behandeln, s. N 7 (für
generelle Anwendung jener Kriterien STRATENWERTH BT I § 3 N 24).
Auch Viren und Bakterien fallen unter den Begriff «Gift», HAFTER BT I
37, m.E. aber nicht Drogen, a.M. NOLL BT 43. Auf die Verwendungsart
kommt es nicht an, auch äusserliche Anwendung kann den Tatbestand
erfüllen, NOLL BT 43, STRATENWERTH BT I § 3 N 23.

Waffen sind nach BGE 96 IV 19 Gegenstände, die «für Angriff und Ver-   6
teidigung bestimmt sind», ebenso BGE 111 IV 51, 112 IV 13. Diese Definition ist, wie SCHULTZ, ZBJV 107 (1971) 464, richtig bemerkt, zu weit.
Entscheidend ist nach der *ratio legis,* dass die Waffe *zur Verursachung
des Todes oder einer schweren Körperverletzung bestimmt* ist. Denn diese
Eigenschaft rechtfertigt es, den bestimmungsgemässen Gebrauch der
Waffe (nicht Pistole als Wurfgeschoss) von vorneherein als gefährlich anzusehen, BGE 112 IV 14, REHBERG/SCHMID 32, STRATENWERTH BT I § 3
N 26, im Grundsatz ähnlich LAUENER 67 ff., allerdings mit Erweiterung
auf gleichermassen geeignete Gegenstände, die trotz anderer Bestimmung als Kampfmittel zum Einsatz kommen, S. 80. Daraus ergibt sich,
dass der Gummiknüppel, der als relativ ungefährliches Instrument konzipiert wurde, keine Waffe i.S.v. Art. 123.2 al. 1 ist, ebenso REHBERG und
STRATENWERTH a.a.O., anders BGE 96 IV 18 ff., NOLL BT 43,
SCHUBARTH Art. 123 N 71, SCHULTZ, ZBJV 107 (1971) 464; ZBJV 94
(1958) 238 behandelt den Gummiknüppel als Gegenstand – gefährlich,
wenn von einem kräftigen, erzürnten Mann zum Schlag an die Schläfe
verwendet.

Andere Gegenstände sind **gefährlich,** wenn sie in der Weise verwendet   7
werden, dass ein hohes Risiko der Tötung oder schweren Körperverletzung entsteht (h.L.). Aus dem Gegenstand selber lässt sich somit kein
Schluss auf seine Gefährlichkeit ziehen. Kein Gegenstand ist der Körper,
BJM 1975 318 («Schwedenkuss»), auch nicht die Schwerkraft (Sturz von
der Höhe). Zur Praxis s. die Kasuistik, N 11, eingehend LAUENER 29 f.

Die Verletzung eines **Wehrlosen** ist wegen ihrer besonderen Verwerf-   8
lichkeit qualifiziert (a.M. SCHUBARTH Art. 123 N 69: nur Gefährlichkeit).
Wehrlos ist, «wer sich überhaupt nicht verteidigen kann, weil ihn ein seelisches oder körperliches Gebrechen daran hindert», SCHULTZ, ZStrR
108 (1991) 404. Der Begriff «Gebrechen» ist dabei weiter zu fassen als in
Art. 122 (N 7) – auch vorübergehende Schwächung durch Alkohol, Drogen oder andere Ursachen kann Wehrlosigkeit schaffen, ebenso Fesselung, Kindes- oder Greisenalter, REHBERG/SCHMID 32. Wehrlos ist auch
ein Schizophrener in völliger Apathie, SJZ 62 (1966) Nr. 23. Dass Wehrlosigkeit durch Überraschung entstehen kann, wie BJM 1975 318 meint,
ist nicht anzunehmen, sonst wäre jeder unerwartete Schlag qualifiziert –

anders, wenn das Opfer schon aus anderen Gründen «vom Schreck gelähmt» ist und der Täter dies ausnützt.

8a   Mit der Ausdehnung des *ex officio*-Schutzes auf Personen, die **unter der Obhut** des Täters stehen, beendete der Gesetzgeber die Kontroverse darüber, ob ein Kind gegenüber einer Erziehungsperson «wehrlos» i.S.v. Art. 123 sei, so BGE 85 IV 128 f., 105 IV 26 f.; anders noch 80 IV 108 (ohne Begründung; kritisch schon WAIBLINGER, ZBJV 92 [1956] 252 ff.). Die Bestimmung betrifft neben Kindern auch Erwachsene, SCHULTZ, ZStrR 108 (1991) 404, STRATENWERTH BT I § 3 N 30 – besonders Bewohner von Alters- und Pflegeheimen sollen bisweilen gefährdet sein. Der Begriff der «Obhut» ist materiell zu verstehen – als Täter erfasst werden Personen, welche faktisch für die geschützte Person sorgen. Eine Garantenstellung (Art. 1 N 32 – 38) ist nicht vorausgesetzt, auch vorübergehende Obhut führt zur Qualifikation, REHBERG / SCHMID 28 (zu Art. 126).

9   **Subjektiv** ist (Eventual-)Vorsatz erforderlich, der sich auch auf die Qualifikationsmerkmale erstrecken muss. Auf den Inhalt des Vorsatzes wird mitunter aus dem Vorgehen geschlossen – «wer … dem Gegner mit brutaler Wucht die Faust ins Gesicht schlägt, sieht die Möglichkeit von zum mindesten einfachen Verletzungen so nahe vor sich, dass er sie billigt», BGE 74 IV 83 f., 103 IV 70, 121 IV 255 f., REHBERG / SCHMID 30; ohne Grund hatte die Vi indessen angenommen, ein Vater, der seinen 2$^{1/2}$-jährigen Sohn schlug, habe eine Körperverletzung in Kauf genommen, BGE 119 IV 4.

11   **Kasuistik**
      Ziff. 1: BGE 68 IV 83: s. Art. 122 N 13; **83 IV 138: Schüssler** nahm den kränklichen Bäckerlehrling Carlo Himmelrich in Dienst und liess ihn 74–75 Wochenstunden arbeiten, was zu einer Verschlimmerung der Miliartuberkulose und zu einer Hirnhautentzündung führte, an der Himmelrich ein Jahr später starb; **80 IV 102: Gaston Piquerez** bestrafte seinen vierjährigen Sohn, der ein Portemonnaie mit einem Franken verloren hatte, mit Zimmerarrest; als er ihn auf der Terrasse fand, schlug er ihn heftig mit einem Kleiderbügel, was zu zahlreichen subkutanen Blutungen und Fieber führte – ob eine Körperverletzung vorliege, wurde offengelassen; **85 IV 125: Annen** beschuldigte seinen stark zurückgebliebenen elfjährigen Knaben des Gelddiebstahls und schlug ihn so heftig mit einem ledernen Gürtel, dass er zahlreiche Blutergüsse, Schwellungen und Blasen davontrug; **92 IV 21:** s. Art. 122 N 13, **99 IV 208: Dr. E.** hatte dem im neuropsychiatrischen Spital von Mendrisio hospitalisierten G. gegen ausdrückliche Anordnung Injektionen machen lassen; **103 IV 65, 69: W.**, ein Rocker, schlug B. grundlos so, dass er «am rechten Auge Zeichen eines Faustschlages und an der Unterlippe eine Quetschwunde» aufwies; S. traktierte ihn so, dass eine Prellung am Unterkiefer, eine Rippenkontusion und Schürfwunden entstanden; **105 IV 26:** Die spanischen Eheleute **C.** misshandelten ihre 7–8jährige Tochter durch Schläge, Reissen an den

Haaren und Brennen an den Fingern wiederholt so arg, dass sie Spitalpflege brauchte; **106 IV 247:** Bei einer Schlägerei erlitt A. B. durch Wurf eines Kannendeckels zwei bis auf die Knochen reichende Stirnwunden und Quetschungen; J. F. durch Sturz auf die Strasse eine Prellung am Kopf, an der unteren Lendenwirbelsäule sowie am Brustkorb, überdies schmerzte die Schulter, was die Bewegungsfähigkeit einschränkte; **107 IV 12: S.** schoss gezielt auf die Beine eines mit der Beute fliehenden Diebes – Streifschuss am linken Unterschenkel; **107 IV 41: M.,** Polizist, eilte einem Kollegen zu Hilfe und geriet in eine Schlägerei, die subkutane Blutungen und Schmerzen beim Betätigen des Kiefergelenks verursachten – Körperverletzung unter Hinweis auf das Ermessen des Sachrichters verneint, mit Recht kritisch SCHULTZ, ZBJV 118 (1982) 547; **111 IV 125:** Zerquetschen von drei Fingerbeeren, eine abgetrennt, so dass sie nur noch an einem Faden hing (konnte aber wieder angenäht werden); **119 IV 1: J.** hatte seinen 2 1/2 jährigen Sohn so ins Gesicht geschlagen, dass Spuren noch am nächsten Tage festgestellt wurden – obj. Tatbestand bejaht, Eventualvorsatz wenig überzeugend bejaht; **119 IV 25: C.** versetzte M. einen Faustschlag ins Gesicht, der ein Hämatom, druckempfindliche Stellen am Kiefer sowie Schmerzen in der Halsgegend und am Steissbein verursachten – Körperverletzung gemäss Ziff. 1 II; **121 IV 249:** Kreuzbandriss und andere Verletzungen des Knies infolge eines Fouls anlässlich eines Eishockeyspiels; **BJM 1961 15:** Schnittwunde an der Hand, die verbunden werden muss; **BJM 1982 326:** Kontusionen und Schwellungen im Gesicht, Rissquetschwunden auf der Unterlippeninnenseite; **ZBJV 123 (1987) 443:** Schläge, die Nasenbluten und Schwierigkeiten beim Atmen und Schlucken bewirken; **ZR 64 (1965) Nr. 31:** Schlag, der mehrmalige zahnärztliche Behandlung erfordert.

Ziff. 2: BGE 96 IV 16: Polizeimann Hefti schlug den sich korrekt verhaltenden Journalisten Preisig mit dem Gummiknüppel (Waffe!) auf Kopf und Arme – Preisig erlitt Hämatome, Schürfungen, Schwellungen und Kopfverletzungen, am folgenden Tag litt er an Übelkeit; **101 IV 120:** Ein 60 cm langer, schwerer Meissel, der nur zu einem leichten Schlag (in Notwehr) auf den Hinterkopf verwendet wird, ist kein gefährliches Werkzeug; **101 IV 286: X.** warf in Wut über die Polizeistunde ein «Bierrugeli» nach der Buffethilfe Frau S. – Gefährlichkeit bejaht; **111 IV 124:** Fusstritt mit Schlittschuh gegen das Bein, ebenso Vi RVJ 1986 326; als «gefährliches Werkzeug» wurden ferner bezeichnet: die Bierflasche (PKG 1949 Nr. 34, ZR 42 [1943] Nr. 35); Besen- und Pickelstiel als Schlaginstrument bei blindem und wuchtigem Losschlagen (VAR 1946 S. 84); Schläge ins Gesicht mit dem Eishockeyschläger, (RVJ 1986 252); Eisenstange (ZBJV 121 [1985] 523); Mistgabel als Stichwaffe (RS 1953 Nr. 27); 38 cm lange Ahle als Stichwaffe (SJZ 66 [1970] Nr. 118); die grosse Klinge eines Taschenmessers, (SJZ 39 [1942/43] Nr. 153, 48 [1952] Nr. 124); Skistock als Wurfgeschoss (RS 1946 Nr. 229); schwere Reinigungsmaschine als Wurfgeschoss (PKG 1983 Nr. 14); grössere Menge heissen Wassers (BJM 1961 100).

12 **Konkurrenzen und Abgrenzungen**
Zu **Art. 111 ff.** s. Art. 122 N 14; zu **Art. 119** besteht Konkurrenz, soweit die Verletzung über das, was unmittelbar mit der Abtreibung verbunden ist, hinausgeht, SCHUBARTH Art. 119 N 15; s. ferner Art. **127** N 10, **128** N 14, **129** N 7, **133** N 8, **134** N 7, **140** N 24, **181** N 16, **183** N 12, **184** N 5, **190** N 13; **221** N 11, **224** N 11, **231** N 4, **260** N 10, **285** N 11; **312** N 10; **GR EG StGB** Art. 23 (grober Unfug) PKG 1955 Nr. 15.

124 Zufällige Folgen einer Körperverletzung

Aufgehoben durch BG vom 23.6.1989, seit 1.1.1990.

125 Fahrlässige Körperverletzung

[1] **Wer fahrlässig einen Menschen am Körper oder an der Gesundheit schädigt, wird, auf Antrag, mit Gefängnis oder mit Busse bestraft.**

[2] **Ist die Schädigung schwer, so wird der Täter von Amtes wegen verfolgt.**

Lit. zu Art. 18, vor Art. 122.

1 Zur **Körperverletzung** s. N 3 ff. vor Art. 122.

2 Zur **Fahrlässigkeit** s. Art. 18 N 23 ff.

3 **Schwer** ist die Körperverletzung, wenn sie dem objektiven Tatbestand von Art. 122 entspricht, BGE 68 IV 84, 93 IV 12, 97 IV 9, 101 IV 383, 105 IV 180, 109 IV 19, PKG 1989 Nr. 54, SJZ 72 (1972) Nr. 39, ZR 46 (1947) Nr. 87, 50 (1951) Nr. 244. Die Qualifikation bewirkt nur den Wegfall des Antragserfordernisses, keine Änderung des Strafdrohung.

4 **Kasuistik** s. Art. 18 N 43, 122 N 13, 123 N 11.

5 **Konkurrenzen:** Allgemein zum Verhältnis Verletzungs-/Gefährdungsdelikt s. **Art. 117** N 8; wird der Strafantrag zurückgezogen, ist wegen des Gefährdungsdelikts zu verfolgen, ZR 84 (1985) Nr. 20. Ferner **Art. 127** N 10, **128** N 14, **134** N 7, **222** N 4, **229** N 13, **230** N 8, **231** N 4, **237** N 18, **238** N 12.

6 **Revision:** Botsch., BBl 1985 II, 1030 wollte Abs. 2 streichen, weil die Schwere des Erfolgs bei Fahrlässigkeit oft vom Zufall abhängt und das Verfahren häufig durch lange Ungewissheit über die Schwere der Verletzung verzögert wird. Ablehnend der Ständerat, Sten. 1987 369, der sich durchsetzte, Sten. NR 1989 683 f.

126 Tätlichkeiten

[1] **Wer gegen jemanden Tätlichkeiten verübt, die keine Schädigung des Körpers oder der Gesundheit zur Folge haben, wird, auf Antrag, mit Haft oder mit Busse bestraft.**

[2] **Der Täter wird von Amtes wegen verfolgt, wenn er die Tat wiederholt an einer Person begeht, die unter seiner Obhut steht oder für die er zu sorgen hat, namentlich an einem Kind.**

Abs. 2 eingeführt durch BG vom 23.6.1989, in Kraft seit 1.1.1990.

Botsch. vom 26.6.1985, BBl 1985 II 1009 ff.; Sten. StR 1987 356 ff., 369, NR 1989 674 ff., 684.

Ursula Frauenfelder Nohl, Strafrecht und Kinderschutz in der Praxis, Kriminalistik 1994 5; **Lit.** vor Art. 122.

Tätlichkeit ist der geringfügige und folgenlose Angriff auf die körperliche Integrität, BGE 103 IV 69, 68 IV 85. Die Zufügung geringfügiger seelischer Schmerzen wird strafrechtlich nur erfasst, wenn sie in Form der Ehrverletzung geschieht, zustimmend BGE 117 IV 16. Typische Tätlichkeit ist die Ohrfeige, PKG 1991 Nr. 50, 1943 Nr. 35, selbst wenn sie zu vorübergehendem Nasenbluten führt, RS 1958 Nr. 160. Strafwürdig sind andererseits nicht schon geringfügigste Beeinträchtigungen der körperlichen Unversehrtheit. Eine Tätlichkeit ist «anzunehmen bei einer das allgemein übliche und gesellschaftlich geduldete Mass überschreitenden physischen Einwirkung auf einen Menschen, die keine Schädigung des Körpers oder der Gesundheit zur Folge hat», BGE 117 IV 17, 119 IV 26 f., Corboz Art. 126 N 4, Rehberg / Schmid 26, Stratenwerth BT I § 3 N 49, also nicht schon ein etwas zu heftiger und schmerzhafter, aber freundlich gemeinter Schlag auf die Schulter. 1

Das Bundesgericht verlangte als Tatbestandsmerkmal lange Zeit die Zufügung von **Schmerzen,** BGE 69 IV 4, 89 IV 73, 107 IV 42, ebenso SJZ 44 (1948) Nr. 8, was **zu eng** war. Tätlichkeit ist auch das Begiessen mit Wasser oder Sirup, das Abschneiden von Haaren, wenn das Aussehen verändert wird, die Zerstörung einer kunstvollen Frisur, das Bespritzen mit einem stinkenden Stoff, Stossen, Herumbugsieren, gewaltsames Eingeben von festen flüssigen oder gasförmigen Stoffen, besonders solche, die abführen oder zum Husten oder Niesen reizen u.s.f. Es genügt also das *Verursachen eines deutlichen Missbehagens,* Noll BT 47, die Störung des Wohlbefindens, Rehberg / Schmid 26, etwas enger Schubarth Art. 126 N 2. BGE 117 IV 16 f. schliesst sich dieser Kritik an – eine Tätlichkeit liegt demnach auch vor, «wenn der Täter sein Opfer zu Boden wirft, sich dieses aber nicht wehtut, weil es sich mit den Händen auffangen oder abrollen und einen brüsken Aufprall damit verhindern kann». 2

Zur Abgrenzung von der Körperverletzung s. Art. 123. Deutlich zu weit geht das Bundesgericht m.E., wenn es einen Schlag, der «eine Schürf- 3 wunde an der rechten Nasenseite und eine Quetschung und Verfärbung der rechten Gesichtshälfte» (BGE 72 IV 21) oder schmerzempfindliche Druckstellen mit einem tiefen Hämatom und eine schmerzende Verrückung des Kiefergelenks (BGE 107 IV 41 f.) noch als Tätlichkeiten ansieht; krit. auch SCHULTZ, ZBJV 118 (1982) 546 f. Die neuere Praxis hat den Anwendungsbereich von Art. 123 zulasten von Art. 126 ausgedehnt, BGE 117 IV 16 f., 119 IV 26 mit Beispielen. Körperverletzung ist auch eine Nasenbeinfraktur, RB TG 1988 Nr. 35 oder eine kleine Brandwunde im Gesicht, die mit einer Zigarette beigefügt wurde, RB TG 1994 Nr. 13, SJZ 91 (1995) Nr. 24. Ist die Schädigung geringfügig, kommt Art. 123.1 II zur Anwendung. In Grenzfällen gesteht das BGer der Vi einen gewissen Ermessensspielraum zu, BGE 107 IV 43, 119 IV 2, 27.

4   Auf das **Tatmittel** kommt es nicht an – auch ein Schuss kann im Ergebnis Tätlichkeit sein, BGE 99 IV 254 (Fahrlässigkeit, straflos), ZBJV 112 (1976) 344; s. aber N 5.

5   Der **Vorsatz** muss sich auf Tathandlung und Tätlichkeitserfolg beziehen, RS 1948 Nr. 155; wird eine Verletzung angestrebt, so liegt Versuch vor, der die Tätlichkeit konsumiert. Tritt ungewollt ein schwererer Erfolg ein, so konkurriert die Tätlichkeit mit Art. 125 oder 117; in SJZ 61 (1965) Nr. 88 war die Ohrfeige, welche eine schuldlos erregte Frau einer 72jährigen gab, unvorhersehbar Mitursache für einen tödlichen Herzinfarkt.

6   Als **Retorsion** erlaubt Art. 177 III die Erwiderung einer Beschimpfung mit einer Tätlichkeit, BGE 82 IV 180 ff., 108 IV 50, RS 1954 Nr. 207 (aber nicht Körperverletzung, PKG 1946 Nr. 53). Weil der Tätlichkeit oft auch ein beschimpfendes Moment eigen ist, kann sie ebenfalls in Retorsion mit einer Tätlichkeit quittiert werden, BGE 72 IV 21, RS 1966 Nr. 24.

7   Zum **Züchtigungsrecht** eingehend SCHUBARTH Art. 126 N 11 ff. Ein Recht der Eltern auf milde körperliche Zurechtweisung lässt sich nicht verneinen, EKMR B 8811/79, DR 29 104; der Bundesrat beruft sich dazu auf ZGB Art. 302, Botsch. 1032. Lehrer, Heimerzieher u.a. besitzen kein Züchtigungsrecht aus Gewohnheitsrecht – SCHUBARTH Art. 126 N 14, BGE 117 IV 19; dieser Kommentator hält auch kantonale gesetzliche Züchtigungsrechte (Übersicht a.a.O. N 29) für verfassungswidrig, N 15. Nach Praxis der Strassburger Organe können heftige Schläge sogar EMRK Art. 3 verletzen – jedenfalls haben Eltern aufgrund von Art. 2 des 1. ZP (durch die Schweiz noch nicht ratifiziert) Anspruch darauf, dass Kinder nicht gegen ihren Willen in der Schule gezüchtigt werden, EGMR, Urteil Campbell und Cosans, Nr. 48, EuGRZ 1982 153. Kein Züchtigungsrecht haben Aussenstehende, z.B. ein Mesmer, SJZ 56 (1960) Nr. 52. Völlig abzulehnen ist die Tendenz, Züchtigung wegen des Erziehungszwecks als gar nicht tatbestandsmässig zu behandeln, so aber noch BGE 89 IV 73, ZR 46 (1947) Nr. 41, Rep. 1977 248, ablehnend auch SCHULTZ, ZBJV 101 (1965) 19; SCHUBARTH Art. 126 N 20. BGE 117 IV 18 ist von diesem Urteil abgerückt und lässt offen, ob die Kantone über-

haupt das Recht hätten, Lehrern ein solches Recht zuzugestehen (a.a.O. S. 20). Als Rechtfertigungsgrund akzeptiert BGE 117 IV 20 Notwehr, so schon RS 1954 Nr. 194.

Abs. 2 schützt neu von Amtes wegen **Schutzbefohlene,** die **wiederholten** Tätlichkeiten ausgesetzt waren. Wie Art. 123. 2 al. 2 ersetzt auch diese Bestimmung teilweise aArt. 134, REHBERG/SCHMID 27, SCHULTZ, ZStrR 108 (1991) 404, STRATENWERTH BT I § 3 N 51. Ein Offizialdelikt war notwendig, weil kaum jemand einen Strafantrag stellte, wenn Kinder von ihren Eltern geschlagen wurden. Auch hier sind freilich gewisse Kategorien von Erwachsenen mit geschützt, s. zum Obhutsverhältnis Art. 123 N 8a.   7a

Wiederholt begangen ist die Tätlichkeit, wenn mindestens zwei selbständige (nicht mehrere Schläge einer «Tracht Prügel») Vorfälle innert kürzerer Zeit vorliegen – zu eng Botsch. 1033, wonach die Schläge «sehr zahlreich und systematisch, und sei es auch nur während weniger Stunden oder Tage, verabreicht wurden», weil das Kind vor solchen Misshandlungen geschützt sein soll, bevor sie dermassen ausarten. «Wiederholte, sozusagen gewohnheitsmässige oder systematisch verabreichte Schläge überschreiten eindeutig das Erziehungs- und Züchtigungsrecht», Botsch. a.a.O.; damit ist ein eindeutiger Fall bezeichnet, nicht die Grenze der Strafbarkeit. Im Schrifttum werden mehr als zwei Vorfälle verlangt, CORBOZ Art. 126 N 22, SCHULTZ, ZStrR 108 (1991) 405; STRATENWERTH BT I § 3 N 52. REHBERG/SCHMID 27 halten sich an die Formulierung der Botschaft. Eine leichte körperliche Zurechtweisung im Rahmen des Erziehungsrechts ist noch keine Tätlichkeit i.S.v. Art. 126 II, STRATENWERTH BT I § 3 N 52.

Kasuistik   8
BGE 69 IV 1: Eggli lärmte nachts vor dem «Tabaris» in Lausanne und fasste den Polizeigefreiten Delessert, der ihn zurechtwies, am Gürtel – Tätlichkeit mangels Schmerzzufügung verneint, ähnlich SJZ 44 (1948) Nr. 8; **72 IV 20: Frau Stirnimann** schlug Buchmann so, dass «eine Schürfwunde an der rechten Nasenseite und eine Quetschung und Verfärbung der rechten Gesichtshälfte verursacht» wurden; **82 IV 177: Camiciotti** warf Meuron, der ihn einen *«grand imbécile»* genannt hatte, eine pfirsichsteingrosse Brotkugel ins Gesicht, die ihn am Auge leicht verletzte (Retorsion); **89 IV 72: Rochat,** Hauswart, versetzte dem dreieinhalbjährigen Pascal wegen ordnungswidrigen Verhaltens eine Ohrfeige (Züchtigungsrecht, Tatbestand nicht erfüllt – abzulehnen); **99 IV 253: Polizist Schneider** schoss auf das Dreiradauto, in welchem Wilderer flüchteten, und traf Ropraz unter der rechten Achselhöhle, was nur eine Hautschwellung in Grösse eines Zweifrankenstücks verursachte (Fahrlässigkeit – straflos); **117 IV 15: R., Psychologe mit Hochschulabschluss,** versetzte bei einer Auseinandersetzung einem sechzehnjährigen Schüler «je einen Stoss (‹Puff›) im Bereich des Hüftansatzes und auf den Arm» – Tätlichkeit bejaht; **SJZ 85 (1989) Nr. 58/15:** Bewerfen mit Wasser aus

einem Kessel; **ZBJV 112 (1976) 344:** Schuss mit dem Luftgewehr aus 40-
60 m, der eine fünflibergrosse Druckstelle für eine Woche hinterlässt; s.
ferner zu BGE 99 IV 208, 103 IV 65, 107 IV 40 und zur kantonalen Praxis
Art. 123 N 11.

9 **Konkurrenzen**
Bei Anlass eines Gewaltdelikts begangene Tätlichkeiten werden von die-
sem konsumiert, s. z.B. **Art. 133** N 8, **180** N 5, **181** N 16, **183** N 12, **184** N
5, **190** N 13, **285** N 11.

4. Gefährdung des Lebens und der Gesundheit

VE 1894 Art. 55 ff., 64 f., 67, Mot. 149 f., 158 f., 1. ExpK I 335 f., 358 ff., 365, II 500 ff.,
518 ff., 727. VE 1908 Art. 69 ff., 78 ff.. 245. Erl.Z. 125 ff., 133 ff., 449 f. 2. ExpK II 198
ff., 248 ff., VI 216 ff., VIII 234 ff., 314. VE 1916 Art. 117 ff., 302. E Art. 112 ff., 296 f.
Botsch. 32 f., 69. Sten. NR 334 ff., StR 161 ff., 265 f., 281 ff., NR 685 ff., StR 321, NR
746 f., StR 345 f., NR 784, StR 374.

Hans Schultz, Die Delikte gegen Leib und Leben nach der Novelle 1989, ZStrR
108 (1991) 395; Vital Schwander, *Les délits de mise en danger,* RIDP 40 (1969)
403; Peter Ullrich, Strafrechtlich sanktionierte Hilfeleistungspflichten in der
Schweiz, Diss. BE 1980.

1 **«Gefahr»** liegt vor, wenn «nach dem gewöhnlichen Lauf der Dinge die
Wahrscheinlichkeit oder nahe Möglichkeit der Verletzung des geschützten Rechtsgutes besteht (BGE 71 IV 100, 80 IV 182, 83 IV 30), wobei
nicht eine mathematische Wahrscheinlichkeit von mehr als 50% vorausgesetzt ist (BGE 61 I 206)», BGE 94 IV 62, bestätigt in 106 IV 14. Gemeint ist hier (mit Ausnahme von Art. 128) die konkrete Gefahr, bei welcher die Wahrscheinlichkeit der Verletzung eines bestimmten Menschen
zu einer bestimmten Zeit besteht, s. z.B. Rep. 1986 144 ff.

127 Aussetzung

**Wer einen Hilflosen, der unter seiner Obhut steht oder für den er zu
sorgen hat, einer Gefahr für das Leben oder einer schweren unmittelbaren Gefahr für die Gesundheit aussetzt oder in einer solchen Gefahr
im Stiche lässt, wird mit Zuchthaus bis zu fünf Jahren oder mit Gefängnis
bestraft.**

Fassung gemäss BG vom 23.6.1989, in Kraft seit 1.1.1990.

Botsch. vom 26.6.1985, BBl 1985 II 1009 ff.; Sten. StR 1987 356 ff., 369, NR 1989
674 ff., 684.

Ursula Frauenfelder Nohl, Strafrecht und Kinderschutz in der Praxis, Kriminalistik 1994 5; Liselotte Meyer-Fröhlich, Das Delikt der Aussetzung im Schweizerischen Strafrecht, Diss. ZH 1947; **Lit.** vor Art. 127.

Art. 127 schützt als **Begehungs- und echtes Unterlassungsdelikt** Hilflose 1
gegenüber Obhutspflichtigen. Die Revision 1989 brachte vorwiegend
redaktionelle Änderungen, SCHULTZ, ZStrR 108 (1991) 405, immerhin
wurden das erhöhte Strafminimum und die Erfolgsqualifizierung beseitigt. **Hilflos** ist eine Person, die nicht fähig ist, Gefahren aus eigener Kraft
zu begegnen oder auszuweichen.

Der Täter muss **rechtlich verpflichtet** sein, den Hilflosen vor Gefahren zu 2
schützen (krit. *de lege ferenda* zu dieser Voraussetzung beim Aussetzen,
NOLL BT 56). Die Unterscheidung in ein rechtliches Fürsorgeverhältnis
und ein tatsächliches Obhutsverhältnis (BGE 108 IV 15 f. m.w.Hinw.) ist
irreführend, weil allemal eine **Garantenstellung** i.S. der Schutzgaranten-
pflicht gegeben sein muss, NOLL 56, REHBERG / SCHMID 39, SCHUBARTH
Art. 127 N 6, STRATENWERTH BT I § 4 N 49, ULLRICH 200 ff., was sich
aber nur bei Unterlassung auswirkt. Eine Unterscheidung zwischen Für-
sorgepflicht und Obhut ist dogmatisch nicht auszumachen, ULLRICH 204;
in der Regel bezeichnet das Fürsorgeverhältnis eher eine allgemeine und
andauernde, das Obhutsverhältnis eine besondere und vorübergehende
Garantenstellung; zu denken ist an Eltern, Heimpersonal, Spitalpersonal,
Bergführer u. ä. Ob auch eine Gefahrengemeinschaft Obhutspflicht i.S.v.
Art. 127 begründet wie GERMANN, Verbrechen, Art. 127 N 3, SCHWAN-
DER Nr. 523, annehmen, lässt BGE 108 IV 16 f. offen. Aus Art. 128 ergibt
sich, dass die Verletzung nicht eine Obhutspflicht i.S.v. Art. 127 begrün-
det, REHBERG / SCHMID 39, NOLL BT 56, a.M. SCHUBARTH Art. 127 N 6.
Die Pflicht muss vor Eintritt der Gefahr entstanden sein, BGE 108 IV 17.

Der **Gefährdungserfolg** besteht in der konkreten Lebensgefahr oder un- 3
mittelbaren Gefahr schwerer Gesundheitsschädigung, SCHUBARTH Art.
127 N 9. Die Gefahr kann vom Hilflosen selber ausgehen (z.B. bei geistiger Umnachtung); Art. 127 fordert aber keine Hinderung von Selbstmord, vgl. Art. 115, RJN 1980/81 108 (Untersuchungsgefangener); mit
falscher Begründung RS 1947 Nr. 34. Kritisch *de lege ferenda* ULLRICH
208.

Aussetzen bedeutet die Annäherung zwischen Tatobjekt und Gefah- 4
rensituation; der Hilflose kann in eine Gefahrenzone, der Gefahrenherd
in die Nähe des Hilflosen verbracht werden. Das klassische Beispiel des
vor der Kirchentür «ausgesetzten» Säuglings erfüllt nach h.M. den Tatbestand nicht.

Mit **«im Stiche lassen»** wird ein Unterlassungsdelikt umschrieben: Das 5
deliktische Verhalten besteht darin, dass der Täter es unterlässt, den
Hilflosen von der Gefahrenquelle zu trennen, was auch in der Weise geschehen kann, dass er sich untätig in seiner Nähe aufhält, BGE 73 IV 164,
BJM 1957 336, RS 1982 Nr. 342.

Zwischen Täterhandlung und Gefährdung muss ein **Kausalzusammen-** 6
hang bestehen. Wären Hilfsbemühungen – wie sich im nachhinein ergibt

– von vorneherein aussichtslos gewesen, liegt höchstens untauglicher Versuch vor, BGE 73 IV 168.

7 Der **subjektive Tatbestand** erfordert Gefährdungsvorsatz – bei Verletzungsvorsatz läge Versuch zu Art. 111 oder 122 f. vor, STRATENWERTH BT I § 4 N 56. Eventualdolus genügt, Rep. 1986 147 (wo allerdings fälschlich ein verwerfliches Motiv verlangt wird).

9 **Kasuistik**
BGE 73 IV 165: Liselotte Erismann schlug und schüttelte ihr dreijähriges Kind, das in der Folge alarmierende Symptome zeigte, weil eine Geschwulst im Gehirn geplatzt war; sie holte jedoch keinen Arzt, und das Kind starb; weil ärztliche Hilfe weder den Tod abwenden noch Leiden hätte vermindern können, war der Tatbestand nicht erfüllt; **108 IV 14: S.** unternahm mit L. einen Einbruchsversuch, wobei L. in einen Lichtschacht stürzte und am linken Bein Brüche erlitt; S. leistete keine Hilfe und war dazu auch nicht i.S.v. Art. 127 verpflichtet; **Rep. 1986 144:** Vernachlässigung von Patienten einer Privatklinik.

10 **Konkurrenzen und Abgrenzungen**
Vorsätzliche Tötung und schwere Körperverletzung (Art. **111 ff., 122,)** konsumieren Art. 127; Konkurrenz mit Art. **123,** STRATENWERTH BT I § 4 N 49; Konkurrenz mit fahrlässiger Verletzung und Tötung, Art. **125, 117,** Rep. 1986 147; s. ferner **129** N 7, **219** N 6.

128 Unterlassung der Nothilfe

Wer einem Menschen, den er verletzt hat, oder einem Menschen, der in unmittelbarer Lebensgefahr schwebt, nicht hilft, obwohl es ihm den Umständen nach zugemutet werden könnte,

wer andere davon abhält, Nothilfe zu leisten, oder sie dabei behindert,

wird mit Gefängnis oder mit Busse bestraft.

Fassung gemäss BG vom 23.6.1981, in Kraft seit 1.1.1990.

Botsch. vom 26.6.1985, BBl 1985 II 1009 ff.; Sten. StR 1987 356 ff., 369, NR 1989 674 ff., 684 f.

GUNTHER ARZT, Verfolgungsverzicht und Unterlassung der Nothilfe, ZBJV 127 (1991) 445, *458 ff.;* ERNST BÖSIGER, Die Unterlassung der Nothilfe im schweizerischen Strafrecht, Diss. ZH 1948; ROBERT BURRI, Die gebotene Hilfeleistung im schweizerischen Strafrecht, insbesondere die Hilfeleistungspflicht des Fahrzeugführers bei Unfällen, Diss. BE 1951; ANDREAS DONATSCH, Garantenpflicht – Pflicht zur Notwehr- und Notstandshilfe? ZStrR 106 (1989) 345; LAURENT MOREILLON, *Omission de porter secours,* ZStrR 112 (1994) 233; **Lit.** vor Art. 127.

1 **Art. 128** betrifft das **Unterlassen der Hilfeleistung** an eine Person, deren Verletzung der Täter zu vertreten hat. Art. 128 selber begründet keine Garantenstellung, BGE 121 IV 20, PKG 1992 Nr. 52, DONATSCH 346, MOREILLON 250, h.L. sie kann sich aber aus Ingerenz ergeben, s. dazu

ULLRICH 50 ff., 66, Art. 1 N 33. Die Revision 1989 brachte eine ganz erhebliche Erweiterung des Tatbestands durch die Einführung einer allgemeinen Beistandspflicht bei Lebensgefahr, wie sie schon E 1918 in Art. 296 al. 1 und 5 (allerdings nur als Übertretungstatbestand) vorgesehen hatte. Rechtsvergleichende und historische Betrachtungen zu Art. 128 bei MOREILLON 233 ff.

Der Täter muss das Opfer **verletzt** haben – Rechtswidrigkeit oder Verschulden sind nicht erforderlich, Sem.jud. 1989 95, MOREILLON 241, und es genügt eine einfache Körperverletzung i.S.v. Art. 123, REHBERG / SCHMID 42, SCHUBARTH Art. 128 N 11, STRATENWERTH BT I § 4 N 64. Das Überlassen von Betäubungsmitteln ist (gegen Rep. 1980 158) keine Körperverletzung. Das Verhalten des Täters braucht nicht die einzige Ursache der Verletzung zu sein; die Hilfspflicht wird ausgelöst, wenn es auch nur ein Glied in der Kette ist, das sie herbeiführte, Sem.jud. 1989 96.   2

Mitfahrer können bei der ersten Alternative nicht Täter (SCHULTZ, ZStrR 108 [1991] 406, STRATENWERTH BT I § 4 N 64, ULLRICH 118, RS 1961 Nr. 135; a.M. GERMANN, Verbrechen, 246 f.), wohl aber Teilnehmer sein, BJM 1956 36; für Bestrafung höchstens nach kantonalem Recht RS 1961 Nr. 135. Die Revision hat den Streitpunkt getilgt, weil Verletzung durch das benutzte Transportmittel aus dem Tatbestand gestrichen wurde. Keine Pflicht trifft denjenigen, der bei einer Schlägerei zugesehen und mässigend gewirkt hat, PKG 1969 Nr. 12: er ist auch nicht Gehilfe.   3

Es handelt sich um ein **echtes, schlichtes Unterlassungsdelikt** – ein Erfolg ist nicht erforderlich, nicht einmal eine qualifizierte Gefahr wie bei Art. 127; abstrakte Gefährdung genügt, BGE 121 IV 20, 111 IV 125, 75 IV 61, PKG 1992 Nr. 52, MOREILLON 238 f., SCHULTZ, ZStrR 108 (1991) 406. SCHUBARTH Art. 128 N 13 fordert dagegen die Gefahr weiterer erheblicher Rechtsverletzungen, anerkennt jedoch den Charakter als abstraktes Gefährdungsdelikt a.a.O. N 19; HURTADO POZO BT N 561 folgt der Praxis.   4

Die **Hilfeleistungspflicht entfällt** aber, wenn offensichtlich kein Bedürfnis dafür besteht, sei es, dass der Verletzte selber für sich sorgen kann, dass sich Dritte hinreichend seiner annehmen, BGE 111 IV 125, dass er sie ausdrücklich ablehnt, DONATSCH 362, WEISSENBERGER (vor Art. 122) 182, oder dass er tot ist, NOLL BT 58, SCHUBARTH Art. 128 N 15, STRATENWERTH BT I § 4 N 65. Dagegen kann Hilfe an einen Sterbenden, z.B. Linderung von Schmerzen, gefordert sein, ULLRICH 124 f. MOREILLON 242 verneint (unter Hinw. auf das französische Recht) auch die Pflicht zur Hilfeleistung beim Doppelselbstmord, bei dem der gemeinsam gefasste Plan fehlschlägt.   5

Subjektiv muss mindestens Eventualdolus vorliegen bezüglich der Tatsache, dass der Täter jemanden verletzt hat, der nicht ausreichenden Beistand erhält, BJM 1961 17.   6

Im **Strassenverkehr** gelten SVG Art. 51 und 92, VRV Art. 54–56.   7

8   Nur eine **unmittelbare Lebensgefahr,** also nicht schon jede Verletzung,
    löst die allgemeine Beistandspflicht aus. Das Leben des Gefährdeten
    muss nur noch «an einem seidenen Faden hängen», STRATENWERTH BT I
    § 4 N 68, übernommen in BGE 121 IV 21. Die Ursache der Gefahr ist
    ohne Bedeutung, BGE 121 IV 21 (wo allerdings betont wird, die Hilfs-
    pflicht habe umso mehr bestanden, als der Täter dem Opfer Heroin ge-
    bracht habe). Es kann sich um einen Unfall mit schwerer Verletzung oder
    um Krankheit (Herzanfall) handeln, aber auch um beliebige äussere Ge-
    fahren. Die Botsch. 1034 nennt die Gefahr des Ertrinkens und den Fall
    des Betrunkenen, der auf der Strasse liegt. Weitere Beispiele sind die
    Person, welche eine Überdosis von Drogen zu sich genommen hat, BGE
    121 IV 19, der Betrunkene, der bei grosser Kälte im Freien liegt, der Klet-
    terer, der über dem Abgrund weder weiter- noch zurückkommt, das Op-
    fer eines gewaltsamen Angriffs, der Politiker, dem in den nächsten Minu-
    ten ein Attentat droht usw.; s. auch MOREILLON 243 mit Beispielen aus
    der französischen Praxis. Der Lebensmüde, der bei Zurechnungsfähig-
    keit Hand an sein eigenes Leben legt, löst dagegen keine Hilfspflicht aus
    (vgl. Art. 115), ebenso ARZT 460 f., MOREILLON 243 f.; dasselbe gilt für
    den Urteilsfähigen, der die Hilfe ausdrücklich ablehnt, DONATSCH 362,
    WEISSENBERGER (vor Art. 122) 182.

9   Die Hilfeleistung muss **den Umständen nach zumutbar** sein, was insbe-
    sondere dann der Fall ist, wenn es nur darum geht, (z.B. ärztliche) Hilfe
    anzufordern, BGE 121 IV 20 f. An der Zumutbarkeit fehlt es z.B., wenn
    sich der Pflichtige selber einer grossen Gefahr aussetzen müsste, Botsch.
    1034, wenn er selber erheblich verletzt ist oder bei Pflichtenkollision,
    Art. 32 N 13. Die Hilfspflicht findet ferner ihre Grenzen an den Fähig-
    keiten und Möglichkeiten des Pflichtigen, PKG 1992 Nr. 53. Die Pflicht
    entfällt nicht, wenn andere Personen ebenfalls in die Lage kommen, Hilfe
    zu leisten, BGE 121 IV 22. Die Grenzen des Zumutbaren sind gegenüber
    dem Verletzer eher weiter gesteckt, SCHULTZ, ZStrR 108 (1991) 406,
    STRATENWERTH BT I § 4 N 66, Botsch. 1034 f. Würde der Sachverhalt
    Notwehr- oder Notstandshilfe erfordern, ist gemäss DONATSCH 366 ff. in
    Abwägung aller in Konflikt stehender Interessen zu entscheiden. Nicht
    zur Hilfspflicht gehören das Bezahlen von Lösegeld zur Rettung einer
    Geisel und ähnliche Vorgänge, s. KOCH (zu Art. 140) 144 f.
        Zumutbar sind allemal geringfügige Unannehmlichkeiten wie Ver-
    schmutzen der Kleidung, Zuspätkommen zu einer Verabredung usw.

10 **Al. 2** bedroht mit Strafe auch denjenigen, der die Hilfeleistung **verhindert
    oder stört;** es handelt sich dabei um ein *delictum omissionis per commis-
    sionem,* Unterlassung durch Begehung.

11 **Subjektiv** ist Vorsatz erforderlich, was Wissen um das Bestehen der un-
    mittelbaren Lebensgefahr voraussetzt, BGE 121 IV 21.

12 **Versuch** liegt vor, wenn Hilfe trotz Unterlassen rechtzeitig kommt – Ver-
    zögerung bedeutet schon Vollendung des Tatbestands, ARZT 463.

Kasuistik   13
BGE 75 IV 60: Ammann erfasste mit dem Auto den Schriber von hinten
und fuhr weiter, obwohl er den Zusammenstoss wahrgenommen hatte; **87
IV 7: Frank** griff Hammer ohne Grund an, drohte, ihn kalt zu machen,
und liess den bewusstlosen Verletzten in regnerischer Winternacht liegen
– «nur» Tötungsversuch; **111 IV 125: R.** verletzte seine Frau an der Hand
(s. Art. 123 N 11) und liess sie im Stich; **121 IV 19: G.** brachte Marie
Heroin, von dem beide konsumierten; Marie, die G. sagte, dass sie bereits
Heroin zu sich genommen habe, zeigte daraufhin Symptome einer Überdosis, trotzdem alarmierte G. keinen Arzt; **Rep. 1980 158:** Übergabe
einer Dosis Heroin, die sogleich injiziert wurde – trotz Beschwerden Arzt
nicht alarmiert, vgl. auch RB TG 1985 Nr. 22; **PKG 1992 Nr. 52:** Hilfs-
pflichten bei Skiunfall; **Sem.jud. 1989 93: G.** öffnete im Morgengrauen
die Wohnungstür, an welcher der schwer betrunkene K. Sturm geläutet
hatte – es kam zu einem Handgemenge, K. stürzte vier Stockwerk tief
den Treppenschacht hinunter, G. liess ihn liegen.

Konkurrenzen und Abgrenzungen   14
Versuch der vorsätzlichen Tötung, **Art. 111 ff.,** konsumiert Art. 128,
BGE 87 IV 8, h.M., für Differenzierung Schubarth Art. 128 N 36. Kontrovers ist die Frage nach der Konkurrenz mit **vorsätzlicher Körperverletzung,** die BGE 111 IV 125 bejaht, ebenso PKG 1969 Nr. 12, Logoz
Art. 128 N 6, Noll BT 59, Thormann/von Overbeck Art. 128 N 9; dagegen mit Recht Hurtado Pozo BT N 573, Moreillon 242, Rehberg/
Schmid 42 f.; nach Schubarth Art. 128 N 37 ist Konkurrenz dann anzunehmen, wenn die Gefahr eines schwereren Erfolgs besteht, zustimmend
Stratenwerth BT I § 4 N 78; Ullrich 139 will Konkurrenz annehmen,
wenn die Körperverletzung schwerer als beabsichtigt ausfiel, also teilweise fahrlässig herbeigeführt wurde – dem ist zuzustimmen. Zu **Art. 117,
125** besteht echte Konkurrenz, soweit es um die ursprüngliche Verletzung geht, h.L.; stirbt das Opfer zufolge mangelnder Nothilfe, liegt
grundsätzlich keine fahrlässige Tötung oder Verletzung vor, PKG 1992
Nr. 52; **Art. 140** N 24.
SVG Art. 92 II geht vor – bleibt der Verletzer am Unfallort, ohne zu helfen, ist er nach Art. 128 strafbar, Botsch. 1035, Rehberg/Schmid 45,
Stratenwerth BT I § 4 N 78; anders BGE 101 IV 333, der in extensiver
Auslegung Führerflucht annimmt, dazu Trechsel/Noll 40.
Kantonale Übertretungstatbestände (allgemeine Beistandspflicht) gelten
subsidiär; eine Zusammenstellung der Texte bringt Ullrich 253 ff. Nach
Inkrafttreten der Revision bleibt für kantonales Recht kein Raum, BGE
116 IV 21 ff., Schubarth Art. 128 N 42. Die Verletzung der Pflicht, auf
polizeiliche Aufforderung hin Beistand zu leisten (BE EG StGB Art. 6
III), oder gesundheitsrechtlicher Pflichten bleibt jedoch strafbar, Arzt
458, Schultz, ZStrR 108 (1991) 409.

128 bis Falscher Alarm

**Wer wider besseres Wissen grundlos einen öffentlichen oder ge-
meinnützigen Sicherheitsdienst, einen Rettungs- oder Hilfsdienst, insbesondere Polizei, Feuerwehr, Sanität, alarmiert, wird mit Gefängnis oder
mit Busse bestraft.**

Eingeführt durch BG vom 17. 6. 1994, in Kraft seit 1. 1. 1995.

Botsch. vom 24.4.1991, BBl 1991 II 969 ff., 995 ff.; Sten. NR 1993 922 ff., 933, StR
1993 948 ff., 955.

1   **Art. 128**^{bis} wurde, nicht ganz zur Materie gehörig, gleichzeitig mit dem
    revidierten Vermögensstrafrecht eingeführt. Es geht darum, die Einsatz-
    bereitschaft von Rettungskorps zu schützen und mittelbar Gefahren für
    Leib und Leben zu verringern; es handelt sich also um ein (sehr) abstrak-
    tes Gefährdungsdelikt, STRATENWERTH BT I § 4 N 83. An der Strafwür-
    digkeit des falschen Alarms als Vergehen ist nicht zu zweifeln, wenn man
    etwa an den enormen Aufwand denkt, den ein Bombenalarm auslösen
    kann. Faktisch werden jedenfalls auch Vermögenswerte geschützt.

2   Der Alarm muss an einen **Dienst** gerichtet sein, also nicht an Einzel-
    personen, soweit sie nicht in einen Rettungsdienst integriert sind. Der
    Gesetzestext lässt erkennen, dass auch private Dienste geschützt sind –
    Botsch. 996 nennt den SAC-Rettungsdienst, den Rettungsdienst auf Ski-
    pisten, die Rettungsflugwacht oder die Betriebsfeuerwehr. Aus der syste-
    matischen Stellung ergibt sich, dass es sich um Rettungsdienste handeln
    muss, die Leib und Leben schützen sollen, nicht bloss Sachwerte (z.B.
    Natur- oder Kulturgüterschutz). Der Alarm muss ferner geeignet sein,
    ein Ausrücken von Angehörigen des Dienstes zu einer Rettungsaktion
    herbeizuführen – schon aus diesem Grund dürfte mutwilliges Anrufen
    der «Dargebotenen Hand» oder einer anderen telefonischen Beratungs-
    oder Seelsorgestelle den Tatbestand nicht erfüllen, s. auch STRATEN-
    WERTH BT I § 4 N 85.

3   Ein **Erfolg** ist nicht vorausgesetzt – der Tatbestand ist auch erfüllt, wenn
    der Alarm nicht ernstgenommen wird, HURTADO POZO BT N 579, REH-
    BERG/SCHMID 46; STRATENWERTH BT I § 4 N 86. Versuch liegt vor, wenn
    er den Adressaten gar nicht erreicht. Schon gar nicht erforderlich ist, dass
    eine Rettungsmannschaft ausrückt, anders Botsch. 997, wie hier STRA-
    TENWERTH BT I § 4 N 86.

4   **Täterhandlung** ist das grundlose Alarmieren – durch mündliche oder
    schriftliche Mitteilung (Telefon, Telefax), Betätigen von Alarmvorrich-
    tungen, Abgeben von Notsignalen usw. – strafbar ist demnach schon, wer
    aus Scherz im Gebirge einen vorbeifliegenden Rettungshelikopter durch
    Notzeichen unnütz herbeilockt.

5   **Subjektiv** ist erforderlich, dass der Täter vorsätzlich und «wider besseres
    Wissen» handelt, was Eventualdolus ausschliesst.

Konkurrenzen und Abgrenzungen   6
Gegenüber **Art. 128 al. 2** ist Art. 128bis subsidiär, wenn der falsche Alarm
die Aktion zur Rettung einer Person in Lebensgefahr behindert,
STRATENWERTH BT I § 4 N 89.

129   Gefährdung des Lebens

     **Wer einen Menschen in skrupelloser Weise in unmittelbare Lebens-
gefahr bringt, wird mit Zuchthaus bis zu fünf Jahren oder mit Gefängnis
bestraft.**

Fassung gemäss BG vom 23.6.1989, in Kraft seit 1.1.1990.

Botsch. vom 26.6.1985, BBl 1985 II 1009 ff.; Sten. StR 1987 356 ff., 369, NR 1989
674 ff., 685.

E 113. Stooss VE 1894 Art. 58, Mot. 151. 1. ExpK II 378. Erl.Z. 128.

MAX FRÖHLICH, Das allgemeine Lebensgefährdungsdelikt nach Art. 129 des schweizerischen StGB vom 21. Dezember 1937, Diss. BE 1944; PETER NOLL, Der subjektive Tatbestand der Gefährdung des Lebens nach Art. 129 des Strafgesetzbuches,
ZStrR 69 (1954) 19; MAX WILLFRATT, Gefährdung des Lebens nach Art. 129 StrGB,
ZStrR 84 (1968) 225; **Lit.** vor Art. 127.

Art. 129 bestraft als Verbrechen die *ethisch missbilligte, gezielte Gefähr-*   1
dung des Lebens einzelner Personen. Praktisch kommt ihm auch die
Funktion eines Auffangtatbestands zu, wenn der Tötungsvorsatz nicht
nachzuweisen ist, RB TG 1989 Nr. 21, SCHUBARTH Art. 129 N 1,
STRATENWERTH BT I § 4 N 2. Die Revision 1989 hat – ohne materielle
Wirkung – «wissentlich und gewissenlos» durch «skrupellos» ersetzt (was
den romanischen Texten entsprach) und den Strafrahmen in beide Richtungen erweitert. Die revidierte Fassung ist wegen der herabgesetzten
Mindeststrafe *lex mitior,* BJM 1992 252.

Der **Erfolg** besteht in einer konkreten, unmittelbaren Gefahr für das   2
Leben, nicht bloss die Gesundheit, BGE 101 IV 154. Zu «Gefahr» s. N 1
vor Art. 127.

Die Gefahr muss zudem eine **«unmittelbare»** sein; dies trifft zu «nicht erst   3
dann, wenn die Wahrscheinlichkeit des Todes grösser ist als die Wahrscheinlichkeit seiner Vermeidung, sondern schon dann, wenn überhaupt
eine nahe Möglichkeit der Tötung vorliegt, ... über die wissentlich sich
hinwegzusetzen als gewissenlos erscheint», BGE 94 IV 62, gestützt auf
NOLL a.a.O. 22, 101 IV 159, RS 1975 Nr. 882. BGE 106 IV 14 stellt fest,
dass diese Vermengung objektiver und subjektiver Kriterien nicht befriedigt: Es muss sich um eine unvermittelte, direkt aus der Täterhandlung
entspringende akute Gefahr handeln, ebenso BGE 111 IV 55, 121 IV 70.
Hantieren mit einer geladenen Schusswaffe schafft eine unmittelbare
Gefahr, sobald die Möglichkeit besteht, dass sich unvermutet ein tödlicher Schuss löst, BGE 121 IV 70 f., s. auch 94 IV 60, 100 IV 125, 107 IV

163, 111 IV 51; BJM 1992 27 f. bejaht dies auch bei gesicherter Waffe. Diese Voraussetzung ist noch nicht erfüllt, wenn der Täter einen Chauffeur mit nicht betriebssicherem Fahrzeug auf Überlandfahrt schickt, anders BJM 1954 59. Bei Schüssen ist insbesondere an die Gefahr von Querschlägern (Prellschüssen, Ricochets) zu denken, BGE 102 IV 6 f., RS 1979 Nr. 897, 1983 Nr. 552.

Der Begriff der Unmittelbarkeit ist weniger eng als in Art. 140.4, wo die Qualifikation über diejenige der besonderen Gefährlichkeit in Ziff. 2 hinausgeht und ein Strafminimum von 5 Jahren Zuchthaus vorgeschrieben ist, BGE 121 IV 69 ff. m.Hinw. auf 117 IV 421 ff., wonach Art. 140.4 nicht nur eine «naheliegende» (wie Art. 129), sondere eine «sehr naheliegende» Lebensgefahr voraussetzt; anders – für einheitliche Begriffsbildung – BJM 1992 26.

4 Der **subjektive Tatbestand** verlangt direkten Gefährdungsvorsatz – Eventualdolus genügt nicht, BGE 94 IV 63 f., gestützt auf NOLL a.a.O. 30, 106 IV 15, AGVE 1983 Nr. 15, BJM 1956 35, RS 1976 Nr. 40; dies gilt auch nach der Revision, BJM 1992 24, EGV-SZ 1990 132, Botsch. 1037, SCHULTZ, ZStrR 108 (1991) 409, STRATENWERTH BT I § 4 N 12, so wohl implizit auch Pra 85 (1996) Nr. 173 S. 640, anders aber AGVE 1995 Nr. 22. Der Vorsatz fehlt, wenn der Täter den Gefährdeten irrtümlich für ein Reh hielt, PKG 1951 Nr. 15. Nicht erforderlich ist, dass der Täter die Verwirklichung der Gefahr will – in diesem Fall läge Tötungsversuch vor, BGE 107 IV 165.

5 Zudem muss der Täter **«skrupellos»**, d.h. aus sittlich zu missbilligenden Motiven gefährden, BGE 94 IV 65, 100 IV 218, 114 IV 108; SJZ 55 (1959) Nr. 124; bei der Bewertung des Motivs ist auch die Nähe der Gefahr zu berücksichtigen, BGE 107 IV 154, AGVE 1983 Nr. 15, Rep. 1985 191 RS 1988 Nr. 468. WILLFRATT 262, NOLL BT 55, SCHUBARTH Art. 129 N 15 und STRATENWERTH BT I § 4 N 13 verlangen eine «besondere Hemmungslosigkeit oder Rücksichtslosigkeit», ähnlich HURTADO POZO BT N 532. Sie ist gemäss BJM 1992 28 gegeben, wenn der Täter ohne jeden vernünftigen Grund menschliches Leben in Gefahr bringt, so schon NOLL BT 55, s. auch Pra 85 (1996) Nr. 173. Nach REHBERG/SCHMID 49 wäre dagegen «Skrupellosigkeit höchstens dann zu verneinen, wenn bei einem Verletzungsdelikt ein auf subjektiven Umständen beruhender Strafmilderungsgrund oder privilegierter Tatbestand anwendbar wäre». M.E. liegt die richtige Lösung zwischen diesen Auffassungen: Skrupellos handelt der Täter, wenn die Lebensgefährdung nicht einem legitimen Zweck dient (was nicht nur bei Rettungseinsätzen in Frage kommt, sondern z.B. auch bei Bau- oder Montagearbeiten); dass im Falle eines tödlichen Unfalls Fahrlässigkeit anzunehmen wäre, bedeutet noch keine Skrupellosigkeit; hingegen genügt die frivole, durch nichts zu rechtfertigende Gefährdung.

Zwischen Gewissenlosigkeit und Zurechnungsfähigkeit besteht zwar kein rechtlicher, aber ein faktischer Zusammenhang, BGE 114 IV 108 – gegen jeden Zusammenhang BJM 1992 28. Zu weit m.E. GVP-AR 1990

86 f., wo sich der Täter von Unbekannten, die sich vor dem Haus aufhielten, bedroht fühlte und deshalb in den dunkeln Garten schoss.

Kasuistik 6
Lebensgefährdung bejaht: BGE 94 IV 60 (Vi RS 1967 Nr. 152): **Glaas** schiesst mit dem Sturmgewehr 1,2 m neben die Brust seines Vaters in eine Kellermauer; **BGE 100 IV 216** (Vi RS 1977 Nr. 436): **Carruzzo** zieht eine geladene und entsicherte Pistole, ein Schuss löst sich und tötet den Fussballer Durkovic; **111 IV 52: B.** versuchte, sich der Verhaftung zu entziehen, und führte, im Handgemenge mit Polizeibeamten, eine Ladebewegung durch, die jedoch misslang – Vollendung, nicht bloss Versuch; **114 IV 103: X.,** der unter physischen Erschöpfungszuständen litt, Psychopharmaka (z. B. Halcion) und Alkohol zu sich genommen hatte und eben erst eingeschlafen war, wurde mit Vorwürfen von seiner Frau geweckt, worauf er zum geladenen Revolver griff, aus dem sich ungewollt ein tödlicher Schuss löste – Gewissenlosigkeit bejaht; **121 IV 67: L.** bedrohte Polizisten, die ihn verhaften wollten, mit einer geladenen Pistole, die ein Abzugsgewicht von 5,5 Kilo hatte, Finger am Abzug – Unmittelbarkeit der Lebensgefahr bejaht; **Pra 85 (1996) Nr. 173: X.** wechselte nachts auf der nassen Autobahn grundlos und ohne Blinkzeichen auf die Überholspur und trat 20 m vor einem anderen Auto plötzlich voll auf die Bremsen; **AGVE 1982 Nr. 17:** Schüsse in die Portiersloge, auf M. gerichtet, gefährdeten überdies den danebenstehenden D.; **BJM 1956 291, SJZ 54 (1958) Nr. 49:** Gefährdung eines Mitfahrers; **BJM 1969 173:** Durchbrechen einer Polizeisperre; **GVP-AR 1990 85:** Schüsse in den dunklen Garten, in welchem der Täter Leute gehört hatte; **GVP-SG 1990 Nr. 63:** Ein Entführter wurde an abgelegener Stelle gefesselt – eine eigentliche «Henkersschlinge» wurde ihm um den Hals gelegt, die er beim Versuch, sich aufzusetzen, irreversibel zugezogen hätte; **RS 1979 Nr. 897:** Schuss auf den Boden; **PKG 1971 Nr. 42:** Ungezielte Schüsse in einer Bar; **Rep. 1985 189:** Schüsse aus dem Fluchtwagen auf den verfolgenden Streifenwagen; **RS 1986 Nr. 154:** Schüsse auf eine hölzerne Tür, wenn sich Menschen im Raum dahinter befinden; **RS 1988 Nr. 468:** Eine schussbereite Waffe wird so gehalten, dass ein Schuss in der Nähe eines Menschen einschlagen kann; **SJZ 65 (1969) Nr. 93, 66 (1970) Nr. 142:** Würgen.
Lebensgefährdung verneint: BGE 101 IV 154: Kaufmann und Kons. setzen den betrunkenen Berner in einer regnerischen Novembernacht unter dem Vordach einer Baracke aus; **BGE 106 IV 12:** Abgabe von Heroin an eine im Entzug stehende Süchtige, die sich daraufhin eine tödliche Dosis spritzte; **AGVE 1983 Nr. 15:** Abschrauben des Deckels vom Hauptventil eines Schlauchboots, wobei sich gleichzeitig das Rückschlagventil löste; **ZBJV 112 (1976) 344:** Schüsse mit dem Luftgewehr aus einer Distanz von 40–60 m.
Weitere (unpublizierte) Kasuistik bei WILLFRATT 294 ff.

Konkurrenzen 7
Tötungsversuch konsumiert Lebensgefährdung, ebenso lebensgefährlich schwere Körperverletzung BGE 91 IV 195 E 4, RS 1976 Nr. 40; **Ideal-**

konkurrenz zwischen Lebensgefährdung und einer **anderen** schweren Körperverletzung ist dagegen möglich. Echte Konkurrenz mit **Art. 117** (REHBERG/SCHMID 50, STRATENWERTH BT I § 4 N 16), **123, 125,** SJZ 65 (1969) Nr. 93; **Art. 127** geht als Spezialtatbestand vor, REHBERG/SCHMID a.a.O.; STRATENWERTH BT I § 4 N 60. S. ferner **Art. 140** N 24, **184** N 5, **221** N 11, **237** N 18.

130–132

Aufgehoben durch BG vom 23.6. 1989, in Kraft seit 1.1.1990.

133 Raufhandel

[1] **Wer sich an einem Raufhandel beteiligt, der den Tod oder die Körperverletzung eines Menschen zur Folge hat, wird mit Gefängnis oder mit Busse bestraft.**

[2] **Nicht strafbar ist, wer ausschliesslich abwehrt oder die Streitenden scheidet.**

Fassung gemäss BG vom 23.6.1989, in Kraft seit 1.1.1990.

Botsch. vom 26.6.1985, BBl 1985 II 1009 ff.; Sten. StR 1987 356 ff., 369 f., NR 1989 674 ff., 685 f.

JOSEF AUFDENBLATTEN, Die Beteiligung am Raufhandel, Diss. BE 1955; **Lit.** vor Art. 127.

1 **Art. 133 pönalisiert** selbständig die in einer Tötung oder Verletzung manifestierte **Gefährdung** durch eine physische Auseinandersetzung unter mehreren Personen, weil sich dabei in der Regel nur schwer beweisen lässt, wer den Schaden unmittelbar verursacht hat, und weil die Eigendynamik der Rauferei solche Folgen begünstigt. Die Revision 1989 brachte vor allem eine redaktionelle Änderung, zudem ist nach dem neuen Gesetz auch die Verletzung Unbeteiligter objektive Strafbarkeitsbedingung, SCHULTZ, ZStrR 108 (1991) 410.

2 **Raufhandel** ist die «*tätliche wechselseitige Auseinandersetzung zwischen mindestens drei Personen*», STRATENWERTH BT I § 4 N 21, BGE 104 IV 57; ähnlich 71 IV 180, 106 IV 251, s. auch 107 V 235, wobei die Beteiligung aktiv sein muss – das passive Einstecken von Schlägen genügt nicht, BGE 70 IV 126; BJM 1968 153, ZBJV 87 (1951) 132. SCHULTZ, ZBJV 105 (1969) 400 f. kritisiert diese Praxis, weil sie den Rechtsschutz des Passiven schwäche, zust. REHBERG/SCHMID 51, ZBJV 123 (1987) 442, s. aber Art. 134. Schon ein einziger Abwehrschlag macht aber die Auseinandersetzung zum Raufhandel, BGE 94 IV 105, ZBJV 87 (1951) 131 ff.; anders SJZ 43 (1947) Nr. 88, wonach bei blosser Abwehr kein Raufhandel vorliege. Als passives Verhalten, «Schutzwehr» im Gegensatz zu

«Trutzwehr», gilt jedes Tun, das nicht mindestens Tätlichkeit gegen den Angreifer ist, vgl. BGE 106 IV 252. Auch wer nur schlichtend (aber doch tätlich) eingreift, beteiligt sich am Raufhandel *(argumentum e contrario* aus dem letzten Halbsatz, STRATENWERTH BT I § 4 N 23; anders RS 1943 Nr. 68, SCHUBARTH Art. 133 N 7); er bleibt aber straflos.

Im übrigen ist die **Form** der Auseinandersetzung offen, vgl. z. B. BGE 104   3
IV 57: Werfen mit Kies; selbst psychische Einwirkung (z. B. durch Anfeuern der Raufenden) kann Beteiligung sein, vorausgesetzt, dass mindestens drei Personen physisch kämpfen, ZR 61 (1962) Nr. 143, SCHUBARTH Art. 133 N 6, STRATENWERTH BT I § 4 N 22; REHBERG / SCHMID 53 wollen in diesem Fall nur Teilnahme annehmen.

Dagegen bleibt **straflos, wer nur** (wenn auch tätlich) **abwehrt** oder   4
schlichtet, z. B. sich auf die Verteidigung eines Angegriffenen beschränkt, SJZ 55 (1959) Nr. 90. Zu eng BGE 94 IV 106 – Tätlichkeiten müssen mindestens im Rahmen der Notwehrbefugnis zulässig sein, BGE 104 IV 56, STRATENWERTH BT I § 4 N 23.

Unter Umständen kann **Notwehr** (Art. 33) Tätlichkeiten rechtfertigen,   5
die einen Raufhandel auslösen, BGE 104 IV 56: H. verteidigte seine persönliche Freiheit; zu Unrecht fordert RS 1976 Nr. 38 ein Ausweichen; keine Rechtfertigung der Abwehr, wenn ein Angriff provoziert wurde, SJZ 58 (1962) Nr. 74, s. Art. 33.

Subjektiv wird verlangt, dass der Täter mit der «Beteiligung von mehr als   6
zwei Personen an der tätlichen Auseinandersetzung einverstanden war», BGE 106 IV 251, SJZ 58 (1962) Nr. 74, s. Art. 33.

Beim Erfordernis der Tötungs- oder Verletzungsfolge (mindestens i.S.v.   7
Art. 123.1 I/125 I, weil Tätlichkeiten schon begrifflich zum Raufhandel gehören, RB TG 1988 Nr. 35) handelt es sich um eine **objektive Strafbarkeitsbedingung** (vgl. dazu SCHAAD, Die objektiven Strafbarkeitsbedingungen ..., Diss. ZH 1964, 55 ff.) – sie braucht vom Vorsatz nicht erfasst zu sein. Der Verletzungserfolg kann einen Beteiligten oder einen Dritten treffen. Einfache Körperverletzung erfüllt die Strafbarkeitsbedingung auch wenn kein Antrag gestellt wurde. Strafbar ist grundsätzlich auch, wer vor Eintritt der Bedingung zu raufen aufhört, wenn die Verletzung auf einer Gefährlichkeit der Rauferei beruht, die schon im Zeitpunkt seiner Beteiligung bestand, BGE 106 IV 252 unter Hinweis auf BGHStr 14 135. Das Bundesgericht (a.a.O. 253, ebenso RB TG 1988 Nr. 35) geht jedoch zu weit, wenn es sogar die nach Beendigung des Raufhandels (i.S.v. Art. 133) verursachte Verletzung genügen lässt, ebenso STRATENWERTH BT I § 4 N 31. Nicht nach Art. 133 strafbar ist, wer sich am Raufhandel erst nach der (letzten) Verletzung beteiligt, SCHUBARTH Art. 133 N 16, STRATENWERTH BT I § 4 N 31, a.M. NOLL BT 65.

Konkurrenzen   8
Art. 133 steht in Idealkonkurrenz zum Verletzungsdelikt **(Art. 111 ff., 122 ff.),** weil neben dem Betroffenen andere Beteiligte gefährdet waren,

BGE 118 IV 229, 83 IV 192, BJM 1968 153, RS 1976 Nr. 38, ZR 42 (1943) Nr. 35; unrichtig RS 1951 Nr. 119, wonach Art. 133 nicht mehr anzuwenden sei, wenn der Täter der Verletzung feststehe. **Tätlichkeit** – Begriffsmerkmal des Raufhandels! – wird konsumiert.

134 Angriff

Wer sich an einem Angriff auf einen oder mehrere Menschen beteiligt, der den Tod oder die Körperverletzung eines Angegriffenen oder eines Dritten zur Folge hat, wird mit Gefängnis bis zu fünf Jahren bestraft.

Eingeführt durch BG vom 23.6.1989, in Kraft seit 1.1.1990.

Botsch. vom 26.6.1985, BBl 1985 II 1009 ff.; Sten. StR 1987 356 ff., 370, NR 1989 674 ff., 686.

Lit. vor Art. 127.

1 Art. 134 **füllt die Lücke,** die Art. 133 offenlässt, weil Raufhandel nicht vorliegt, wenn eine Partei angreift, die andere aber passiv bleibt, s. dort N. 2. Gedacht war bei der Täterseite insbesondere an Rockerbanden oder -gruppen, bei den Opfern an Asylbewerber und andere Ausländer; ferner sollten Schwierigkeiten beim Nachweis der Mittäterschaft vermieden werden, SCHULTZ, ZStrR 108 (1991) 410 f., STRATENWERTH BT I § 4 N 37. Davon und der Strafdrohung abgesehen, entsprechen sich die Tatbestände weitgehend.

2 **Angriff** i.S.v. Art. 134 ist die *gewaltsame tätliche Einwirkung in feindlicher Absicht durch mindestens zwei Personen auf den Körper eines oder mehrerer,* (meist körperlich unterlegener) *Menschen,* Botsch. 1041. Die *Beteiligung* am Angriff kann, wenn mindestens zwei Personen körperlich eingreifen, auch psychischer Natur sein, z. B. durch Anfeuern oder Beraten, STRATENWERTH BT I § 4 N 41; a.M. SCHULTZ, ZStrR 108 (1991) 411.

3 Der Tötungs- oder Verletzungserfolg ist auch hier **objektive Strafbarkeitsbedingung,** vgl. Art. 133 N 7. Während der Bundesrat die Verletzung Dritter, weil wenig wahrscheinlich, als Strafbarkeitsbedingung ausschliessen wollte, Botsch. 1042, hat der Ständerat mit Recht die Parallele zu Art. 133 hergestellt, Sten. StR 1987 370.

4 Der **Vorsatz** muss sich auch hier nur auf die Beteiligung am Angriff beziehen. Lässt sich überdies ein vorsätzliches Verletzungsdelikt nachweisen, liegt echte Konkurrenz vor, sofern sich der Angriff gegen mehrere Personen richtete.

5 Die im Vergleich zu Art. 133 **höhere Strafdrohung** wird mit der grösserer Verwerflichkeit begründet – der Angreifer geht für sich selber ein geringeres Risiko ein; STRATENWERTH BT I § 4 N 43 hält die Differenz für ungerechtfertigt.

Kasuistik   6
BGE 118 IV 228: Nachdem der **Pakistani Z.** von Indern verprügelt worden war, überfiel er mit seinen Landsleuten **X., Y.** und **B.** einen Inder, der
dabei von einem durch X. geführten Messerstich getötet wurde.

Konkurrenzen und Abgrenzungen
Wie bei Art. 133 besteht zu einem anlässlich des Überfalls begangenen   7
Verletzungsdelikt Idealkonkurrenz, sofern sich der Angriff nicht aus-
schliesslich gegen die verletzte Person gerichtet hatte, BGE 118 IV 229.

135 Gewaltdarstellungen

**¹Wer Ton- oder Bildaufnahmen, Abbildungen, andere Gegenstände
oder Vorführungen, die, ohne schutzwürdigen kulturellen oder wissenschaftlichen Wert zu haben, grausame Gewalttätigkeiten gegen Menschen oder Tiere eindringlich darstellen und dabei die elementare Würde
des Menschen in schwerer Weise verletzen, herstellt, einführt, lagert, in
Verkehr bringt, anpreist, ausstellt, anbietet, zeigt, überlässt oder zugänglich macht, wird mit Gefängnis oder mit Busse bestraft.**

²Die Gegenstände werden eingezogen.

**³Handelt der Täter aus Gewinnsucht, so ist die Strafe Gefängnis und
Busse.**

Eingeführt durch BG vom 23.6.1989; in Kraft seit 1.1.1990.

Botsch. 1985 vom 26.6.1985, BBl 1985 II 1009 ff.; Sten. StR 1987 356 ff., 370 f., NR
1989 674 ff., 686, 706 ff.

URSULA CASSANI, *Les représentations illicites du sexe et de la violence,* ZStrR 111
(1993) 428; DANIEL GERNY, Zweckmässigkeit und Problematik eines Gewaltdarstel-
lungsverbotes im schweizerischen Strafrecht, Diss. BS 1994; HEINRICH HEMPEL, Die
Freiheit der Kunst, Diss. ZH 1991, *331 ff.* FRANZ RIKLIN, Sinn und Problematik einer
«Brutalonorm» im Strafgesetzbuch, in Das Menschenbild im Recht, Freiburg 1990,
405; HANS SCHULTZ, Die Delikte gegen Leib und Leben nach der Novelle 1989,
ZStrR 108 (1991) 395, *412 ff.*

Entstehungsgeschichte: Die Expertenkommission hatte keinen geson-   1
derten Tatbestand der Gewaltdarstellung (neben der «harten Pornographie») vorgesehen. Der Bundesrat nahm Art. 135 in den Entwurf auf,
nachdem einzelne parlamentarische Vorstösse ein entsprechendes Verbot verlangt hatten, zur Entstehungsgeschichte eingehend GERNY 46 ff.,
RIKLIN 410 f. Viele Kantone, z.B. ZH, BE, LU, SZ, ZG, GL, SO, BL, AI,
SG, VD, GE nahmen Tatbestände in ihre Mediengesetze oder EG StGB
auf, für Einzelheiten s. GERNY 26 ff., RIKLIN 407 ff. Vor allem auf Druck
der Kantone wurde schliesslich der Revisionsentwurf A (Leib und Leben) abgetrennt und rasch verabschiedet.
    Art. 135 war die *am meisten umstrittene Bestimmung* der Revision
1989, CASSANI 441, wobei es um viele Einzelheiten ging (9 Änderungsan-
träge im Nationalrat). Bestrebungen zur Einschränkung auf Jugend-

schutz setzten sich nicht durch. Die freiwillige Selbstkontrolle der Verleiher von Videofilmen weckte kein Vertrauen, weil nur 80% der Händler mitmachten. Andererseits wurde darauf hingewiesen, dass auch der Europarat wirksame Kontrollen empfiehlt – zuletzt Empfehlung No R (89) 7 des Ministerkomitees vom 27.4.1989. Die Bestimmung weist wenig präzise Konturen auf, RIKLIN 418 ff., DERS., AJP 2 (1993) 624, STRATENWERTH BT I § 4 N 90 ff.

2   Die Frage nach dem **geschützten Rechtsgut** ist schwer zu beantworten; in den Vorarbeiten wird sie kaum von derjenigen nach der Verwerflichkeit des verbotenen Tuns getrennt. Obwohl eine Altersgrenze abgelehnt wurde, steht weiterhin der *Jugendschutz* im Vordergrund. Hauptargument gegen die Einschränkung war nämlich, dass damit einerseits der Schutz vor Einfuhr an der Grenze, andererseits aber auch derjenige in der Familie und im übrigen Nahbereich der jungen Menschen, unwirksam würde. Soweit das Verbot Erwachsene erfasst, ist es mithin vor allem *abstraktes Gefährdungsdelikt,* ebenso ZR 91 (1992) Nr. 14, wo die Bilder von zerstörerischem Umgang mit Frauen allerdings auch als konkret gefährlich bezeichnet werden. Überdies bestand die Vorstellung, dass Darstellung von Gewalt zu Nachahmung anregen könne, so dass auch die körperliche Integrität geschützt würde, CASSANI 442, ZR 96 (1997) Nr. 5; krit. angesichts neuerer Forschungsergebnisse GERNY 79 ff., s. auch HURTADO POZO BT N 612 ff.
    Nicht geschützt sind die Darsteller oder die gequälten Tiere. Für sie gelten gegebenenfalls Art. 111 ff., 122 ff., bzw. das Tierschutzgesetz, SR 455, Art. 27; a.M. RIKLIN 421. Ob die menschlichen Darsteller in die dargestellten Vorgänge einwilligten, ist ohne Bedeutung, ZR 91 (1992) Nr. 14, 90 (1991) Nr. 88.

3   Die **befürchtete Schädigung** ist einerseits real, andererseits ideell. Als Realschaden wird ein verrohender Einfluss befürchtet mit erhöhter Neigung zu Gewalttätigkeit (vgl. auch rev. Art. 134); dieser Gedanke rechtfertigte die Einordnung im ersten Titel. Ideell wird von der Menschenwürde gesprochen – gemeint ist eine menschen- und wertfreundliche, gewaltfeindliche Geisteshaltung. Die Konfrontation mit der von Art. 135 anvisierten Gewalttätigkeit kann die Geisteshaltung abstumpfen, aber auch das sittliche Empfinden, den Glauben an das Gute, verletzen ebenso RIKLIN 406. Im Einzelfall ist eine Schädigung nicht nachzuweisen ZR 91 (1992) Nr. 14.
    Das Schutzgut bleibt diffus – im Vordergrund steht die Empörung über grauenerregende Darstellungen, welche sich aufdringlich in der Phantasiebilderwelt des Menschen einnisten können und Unbehagen verursachen. Bekämpft wird aber auch ein perverser Gewaltvoyeurismus, der offenbar suchtartige Formen annehmen kann.

4   **Gewalttätigkeiten** sind feindliche Angriffe auf den Körper durch Schläge, Schnitte, Stiche, Chemikalien, elektrische Stösse usw.; krasse Beispiele finden sich in ZR 96 (1997) Nr. 5 («Blutgeil»). Blosse psychi

sche Einwirkungen sind keine Gewalttätigkeiten, jedenfalls solange das Opfer nicht veranlasst wird, sich selbst körperliche Leiden zuzufügen. Mit der Einwirkung auf Tiere sind nur Lebewesen i.S. des Tierschutzgesetzes gemeint, also Wirbeltiere, Botsch. 1046.

Grausam sind Gewalttätigkeiten, wenn sie gerade auf die Zufügung von   5
Schmerz und Leiden abzielen, die «nach ihrer Intensität, Dauer oder Wiederholung als besonders schwer erscheinen», ZR 96 (1997) Nr. 5 S. 22, vgl. auch CASSANI 444, GERNY 122, HURTADO POZO BT N 620, STRA-TENWERTH BT I § 4 N 100. Hier sind auch seelische Auswirkungen von Belang, z.B. wenn das Opfer vor den Augen einer ihm nahestehenden Person gequält wird, s. auch Art. 112 N 19, 184 N 2.

Es muss sich um **erhebliche** Leiden und Schmerzen handeln. Als Mass-   6
stab bietet sich der (allerdings auch nicht in scharfen Konturen defi-nierte) Begriff der *Folter* an.

Die Darstellung ist **eindringlich,** wenn sie suggestiv und realistisch wirkt,   7
namentlich durch das Betonen von Details, Grossaufnahmen und Insi-stenz, ebenso ZR 96 (1997) Nr. 5, CASSANI 444, GERNY 124 ff., SCHULTZ, ZStrR 108 (1991) 413 f., STRATENWERTH BT I § 4 N 100. Abstrahierte Bilder, z.B. in Computerspielen oder in Comics, sind in der Regel nicht eindringlich. Unprofessionalität der Filmaufnahmen, inhaltliche Über-zeichnung und Übertreibung und vereinzelte satirische Einlagen schlies-sen die Eindringlichkeit nicht aus, ZR 96 (1997) Nr. 5.

Auf Antrag Loeb wurde im NR der Zusatz «und dabei die **elementare**   8
Würde des Menschen in schwerer Weise verletzt» aufgenommen. Ge-meint ist die Würde des Betrachters (ebenso ZR 96 [1997] Nr. 5) – sonst hätte auch auf das Tier verwiesen werden müssen; ähnlich CASSANI 445, welche die Stelle auf die Menschenwürde schlechthin bezieht; a.M. RIKLIN 421, SCHULTZ, ZStrR 108 (1991) 414, wonach die Würde der Dar-steller gemeint sei. Die Verletzung liegt darin, dass der Mensch als Bestie dargestellt und dem Betrachter (oder Zuhörer) zugemutet wird, an grau-samer Quälerei Interesse oder gar Lust zu finden – eine im Gegensatz zur Pornographie gänzlich unmenschliche und jedenfalls höchstens den schwärzesten Schatten der Seele entspringende Lust. Der Tatbestand schützt gewissermassen die elementare Würde so empfindender Men-schen gegen ihre eigenen perversen Triebe, a.M. GERNY, 90 f. Ob der Zusatz den Tatbestand wirklich einschränkt, ist zweifelhaft, ebenso GERNY 135, HURTADO POZO BT N 621.

Als **Träger der Darstellung** stehen die Videokassetten deutlich im Vor-   9
dergrund. Filme sind zwar ebenso eindringlich, erfordern aber für die Vorführung und Vervielfältigung einen viel grösseren technischen Auf-wand. Ton- und Bildaufnahmen, Abbildungen und Vorführungen errei-chen nur selten die erforderliche Eindringlichkeit, ebenso GERNY 127 f. Wichtig ist, dass «*Schriften*» im Nationalrat gestrichen wurden, weil die gedankliche Anstrengung des Lesens zu einer gewissen Distanzierung

führe, s. auch CASSANI 443 f. Bei *Comic-strips* und ähnlichen Bild-Text-Kombinationen ist der Tatbestand nur erfüllt, wenn das Bild allein alle Merkmale enthält, CASSANI 443, STRATENWERTH BT I § 4 N 97. Dieser Autor (N 96) kommt zum Schluss, dass auch Live-Darbietungen erfasst sein müssten, ebenso GERNY 116 – in der Praxis werden sie regelmässig auch unter Art. 197.3 fallen. Zur Problematik der mündlichen Form STRATENWERTH a.a.O. N 97. Bestehen Zweifel an der Wirkung des Mediums, so ist nach SCHULTZ, ZStrR 108 (1991) 413 freizusprechen.

10 Die **Täterhandlung** ist sehr weit umschrieben – der Text wurde dem Entwurf zu Art. 197.3 entnommen. Herstellen, Einführen und Lagern sind Vorbereitungshandlungen, die nur strafwürdig sind, wenn damit die Absicht der Weiterverwendung im Sinne der übrigen Täterhandlungen verbunden ist. BR Koller bestätigte im Ständerat (15.6.1989), dass der Text in diesem Sinne zu verstehen sei. Nicht strafbar ist der Betrachter oder Hörer, auch der vorübergehende Besitz zum Zwecke des Eigenkonsums ist nicht erfasst.

11 **Nicht tatbestandsmässig** sind Gewaltdarstellungen mit einem **schutzwürdigen kulturellen oder wissenschaftlichen Wert.** Die Ausnahme entspricht der angelsächsischen zum Pornographieverbot: *«utterly without socially redeeming value».* Der Begriff der Kultur ist so weit zu verstehen, dass der Hinweis auf die Wissenschaft ein Regelbeispiel darstellt, BR Koller, Sten. NR 7.6.1989. Hinsichtlich der Kunst ist etwa an die Darstellung von Höllenqualen (z.B. Bosch) zu erinnern, oder an moderne Künstler wie Arnulf Rainer oder Stanley Kubrick (dessen *Clockwork Orange* zweifellos zur Kunst zu schlagen ist, offenbar zweifelnd CASSANI 446). Entscheidend ist allein die echte künstlerische Intention, nicht das Gelingen, ebenso GERNY 130: die Beurteilung muss nach Kriterien der Fachwelt erfolgen, nicht nach Durchschnittsanschauungen, RIKLIN 423; ZR 96 (1997) Nr. 5 S. 24: «Massstab eines künstlerisch aufgeschlossenen Betrachters». Zur Kultur gehören historische Darstellungen, z.B. der mittelalterlichen Strafrechtspflege mit Folter und grausamen Hinrichtungen, oder neuere Phänomene wie die Verfolgungen im Nationalsozialismus oder im Stalinismus, bis hin zur zeitgenössischen Berichterstattung z.B. durch *amnesty international.* In der Wissenschaft ist auch an psychologische Experimente oder Tierversuche zu denken – die Darstellung bleibt straflos, selbst wenn der Versuch (der allerdings nicht bloss Vorwand sein darf) gegen das Tierschutzgesetz verstösst, vgl. den Videofilm über das Verenden eines Fisches in vergiftetem Wasser.

Strafbar bleiben somit nur Darstellungen, die ohne ernsthaften Bezug zur Wirklichkeit und ohne echten Sinnzusammenhang aus einer Anhäufung sich steigernder Brutalität bestehen. Im Zweifel muss freigesprochen werden, STRATENWERTH BT I § 4 N 101.

12 Der Tatbestand dürfte mit **EMRK Art. 10 vereinbar** sein. Es liegt ein Eingriff in das Recht auf freie Meinungsäusserung vor, der aber im Interesse des Schutzes der Moral und der Rechte anderer zulässig ist, zu

stimmend ZR 96 (1997) Nr. 5, vgl. auch VPB 1991 Nr. 55, ZR 95 (1996) Nr. 24 (beide zu aArt. 204 bzw. 197).

Abs. 2 sieht **Einziehung,** aber nicht Vernichtung der Gegenstände vor (vgl. Art. 197 N 15).   13

Zur **Gewinnsucht** s. Art. 197 N 16.   14

Kasuistik   14a
SJZ 89 (1993) Nr. 17 = ZR 91 (1992) Nr. 14: Sexuell/sadistische («Brutalo-Porno») Videos; **SJZ 93 (1997) Nr. 9 = ZR 96 (1997) Nr. 5:** Videofilm «Blutgeil» aus der ehemaligen Zürcher Wohlgrothszene; mindestens zwei Szenen verstossen gegen Art. 135.

Konkurrenzen und Abgrenzungen   15
Art. 197.3 geht Art. 135 vor, weil er ebenfalls Gewaltdarstellungen erfasst – überdies im sexuellen Bereich, CASSANI 447, GERNY 159, JENNY Art. 197 N 26, REHBERG/SCHMID 58, TRECHSEL, ZBJV 129 (1993) 584; für echte Konkurrenz HURTADO POZO BT N 628, STRATENWERTH BT I § 10 N 18; vgl. auch SJZ 89 (1993) Nr. 17 (zu aArt. 204).

136   Verabreichen gesundheitsgefährdender Stoffe an Kinder

Wer einem Kind unter 16 Jahren alkoholische Getränke oder andere Stoffe in einer Menge, welche die Gesundheit gefährden kann, oder Betäubungsmittel im Sinne des Bundesgesetzes vom 3. Oktober 1951 über die Betäubungsmittel verabreicht oder zum Konsum zur Verfügung stellt, wird mit Gefängnis oder mit Busse bestraft.

Fassung gemäss BG vom 23.6.1989, in Kraft seit 1.1.1990.

Botsch. vom 26.6.1985, BBl 1985 II 1009 ff.; Sten. StR 1987 356 ff., 371, NR 1989 674 ff., 686 ff.

URSULA FRAUENFELDER NOHL, Strafrecht und Kinderschutz in der Praxis, Kriminalistik 1994 5.

Art. 136 schützt Kinder unter 16 Jahren vor der abstrakten Gefährdung durch übermässigen Konsum gefährlicher Stoffe sowie vor jeglicher Abgabe von Betäubungsmitteln. Die Bestimmung hatte sich ursprünglich nur auf «geistige Getränke» bezogen und keinerlei praktische Bedeutung erlangt.   1

Andere Stoffe sind z.B. Medikamente, Lösungsmittel (zum «Schnuppern»).   2

Bei **Drogen** ist das Überlassen unabhängig von Gefährdung mit Strafe bedroht, Botschaft 1048 – das Gesetz vermutet sie; mit Recht kritisch zu dieser «Kodifizierung verbreiteter Vorurteile» STRATENWERTH BT I § 4 N 113. Im Nationalrat (Sten. 5.6.1989) unterlag ein Minderheitsantrag, der Betäubungsmittel, wegen der geringen Schädlichkeit von Cannabis, wie die übrigen Stoffe behandeln wollte.   3

4   Die Tathandlung **«zum Konsum zur Verfügung gestellt»** deutet darauf
hin, dass die Tat auch als Unterlassungsdelikt begangen werden kann,
allerdings nur, soweit eine Garantenpflicht besteht, STRATENWERTH BT I
§ 4 N 114; SCHULTZ, ZStrR 108 (1991) 416 hält eine Garantenpflicht nicht
für erforderlich. Es ist nicht nötig, dass das Kind die angebotenen Stoffe
tatsächlich zu sich nimmt, REHBERG/SCHMID 59, STRATENWERTH BT I
§ 4 N 114.

5   Gemäss Art. **358ter** darf die Tat in Brechung des Amts- oder Berufsgeheimnisses der Vormundschaftsbehörde gemeldet werden.

6   **Konkurrenzen und Abgrenzungen**
Hat die Tat zu einer Schädigung des Körpers oder der Gesundheit
geführt, geht das **Verletzungsdelikt** vor, REHBERG/SCHMID 60; Art. 136
ist *lex specialis* gegenüber dem privilegierenden **BetmG Art. 19b**, Botsch.
1048, HURTADO POZO BT N 635, REHBERG/SCHMID 60, SCHULTZ, ZStrR
108 (1991) 416, STRATENWERTH BT I § 4 N 119. Die Strafe ist jetzt Gefängnis.

Zweiter Titel:
Strafbare Handlungen gegen das Vermögen

1. Strafbare Handlungen gegen das Vermögen

Fassung gemäss BG vom 17.6.1994, in Kraft seit 1.1.1995.

VE 1894 Art. 69 ff., 75, 191, Mot. 160 ff., 166, 240. 1. ExpK I 366 ff., 395 ff., II 299 f., 522 ff., 537 f., 728. VE 1908 Art. 83 ff., 246. Erl.Z. 141 ff., 450 f. 2. ExpK 280 ff., VI 220 f., VIII 2336 ff., IX 57 f. VE 1916 Art. 125 ff., 303, 305. E Art. 120 ff., 298, 300. Botsch. 33 ff., 69. Sten.NR 345 ff., StR 164 ff., 266, NR 691, StR 321. – Revision 1994: VE 1982, Botsch. vom 24.4.1991, BBl 1991 II 969 ff., 1994 III 256 ff., Sten. StR 1993 948 ff., 962 ff., 1994 430 ff., 582, NR 1993 922 ff., 1994 329 ff., 869 ff.

JÜRG AMSLER, Zur Abgrenzung zwischen Diebstahl und Veruntreuung, Diss. BE 1972; GUNTHER ARZT, Vom Bargeld zum Buchgeld als Schutzobjekt im neuen Vermögensstrafrecht, recht 13 (1995) 133; GIORDANO BEATI, *I reati contro la proprietà nel Codice penale svizzero con riferimento agli analoghi reati nel Codice penale italiano*, Diss. BE 1958; ALEXANDER I. DE BEER, Börsenmanipulationen und Betrug, ZStrR 109 (1992) 272; FELIX BOMMER, Grenzen des strafrechtlichen Vermögensschutzes bei rechts- und sittenwidrigen Geschäften, Diss. BE 1996; MARTIN BUSER, Straftaten im Zusammenhang mit Kreditkarten, Diss. BE 1986; URSULA CASSANI, *La protection pénale du patrimoine*, Laus. 1988; PETER DUERST, Der Begriff der Aneignung im Schweizerischen Strafgesetzbuch, Diss. BE 1955; ANDREAS ECKERT, Die strafrechtliche Erfassung des Check- und Kreditkartenmissbrauchs, Diss. ZH 1991; OSKAR ADOLF GERMANN, Aus der neuesten kantonalen Judikatur über den Diebstahl und sein Verhältnis zu verwandten Delikten, ZStrR 68 (1953) 238; BEATRICE GUCKELBERGER, Die Absichtsdelikte im Schweizerischen Strafrecht, Diss. BE 1968; KARL-LUDWIG KUNZ, Grundstrukturen des neuen Vermögens- und Urkundenstrafrechts, ZBJV 132 (1996) 189; PETER MÜLLER, Die Revision des Vermögensstrafrechts – Nachbesserungen und Innovationen, ZStrR 113 (1995) 1; MARCEL ALEXANDER NIGGLI, Der Verhältnis von Eigentum, Vermögen und Schaden nach schweizerischem Strafgesetz, Diss. ZH 1992; PETER NOLL, Der Einfluss von Kompensation und Retention bei den Delikten gegen das Eigentum, ZStrR 71 (1956) 148; DIETER VON RECHENBERG, Die Abgrenzung zwischen Diebstahl und Veruntreuung nach dem Schweizerischen Strafgesetzbuch, SJZ 50 (1954) 11; LOUIS ROHNER, Computerkriminalität, Diss. ZH 1976; NIKLAUS SCHMID, Zur strafrechtlichen Erfassung von Missbräuchen im Bereich des bargeldlosen, insbesondere elektronisch abgewickelten Zahlungs- und Kreditverkehrs, ZStrR 104 (1987) 129; DERS., Das neue Vermögens- und Urkundenstrafrecht, SJZ 91 (1995) 1; WALTER SCHMIDLIN, Typische Wirtschaftsdelikte auf dem Gebiet des Aktienrechts, ZStrR 85 (1969) 370; MARTIN SCHUBARTH, Die Systematik der Aneignungsdelikte, Diss. BS 1968; DERS., Reformbedürftigkeit der Vorschriften über die Aneignungsdelikte? ZStrR 88 (1972) 282; VITAL SCHWANDER, Über Gewahrsam und Mitgewahrsam bei Diebstahl, Veruntreuung und Unterschlagung, ZSttrR 77 (1961) 84; DERS., Vermögen, Vermögensschädigung, Bereicherung, ZStrR 78 (1962) 334; ERIC STAUFFACHER, *Infrac-

tions contre le patrimoine: le nouveau droit, ZStrR 114 (1996) 1; KURT SEELMANN, Kein Diebstahl an Betäubungmitteln möglich? – BGE 122 IV 179 ff., recht 15 (1997) 35; ALOIS WERNER VON WEBER, Die Bereicherungsabsicht im schweizerischen Strafgesetzbuch, Diss. FR 1951; ALICE YOTOPOULOS-MARANGOPOULOS, *Les mobiles du délit,* Paris 1974.

1   Mit der *Revision 1994* kommt nunmehr die **Systematik** der Eigentumsdelikte klar zum Ausdruck. Vorschlägen von SCHUBARTH, ZStrR 88 (1972) 291 ff. und STRATENWERTH BT I (3. Aufl.) § 4 N 1 ff. folgend, wurde Unterschlagung (neu: Unrechtmässige Aneignung, Art. 137) als Grunddelikt an die erste Stelle gesetzt. Botsch. 997 f. Das Grunddelikt wird qualifiziert einerseits durch Vertrauensbruch (Art. 138.1 I), andererseits durch Gewahrsamsbruch (Art. 139–140). Gemeinsam sind Art. 137–140 die Tatbestandselemente «Sache», «beweglich», «fremd», «Aneignung» (bzw. Aneignungsabsicht), «Bereicherung», «unrechtmässig» (Absicht unrechtmässiger Bereicherung).

2   **«Sachen»** sind körperliche Gegenstände im Sinne von ZGB Art. 713. Dazu gehören auch Tiere, s. z. B. BGE 77 IV 195, 78 IV 83, 116 IV 144. Wirtschaftlicher Wert wird nicht gefordert, BGE 111 IV 76, z.B. Rationierungsmarken: BGE 70 IV 64, PKG 1944 Nr. 20, ZSGV 44 (1943) 491, RS 1944 Nr. 160, ZR 43 (1944) Nr. 7; Habicht: BGE 116 IV 144; Katze: BGE 78 IV 83 (beide zu Art. 144). Auch Gas ist eine Sache (unrichtig, als «Energie», SJZ 41 [1945] Nr. 11).

      Forderungen sind Sachen, soweit sie in einem (Wert-)Papier verkörpert sind, BGE 81 IV 158, 103 IV 89, selbst wenn sie nicht formlos übertragen werden können, BGE 100 IV 31. Nach altem Recht war äusserst kontrovers, ob auch nicht verkörperte Forderungen als «Sachen» zu behandeln seien, so zuletzt BGE 116 IV 136 (Vi SOG 1989 Nr. 15). Durch die Schaffung eines auf solche Vermögenswerte zugeschnittenen Tatbestands (Art. 141bis) hat der Gesetzgeber Klarheit geschaffen, s. dazu STRATENWERTH, BT I § 13 N 5 m.w.Hinw.

      Keine Sachen sind Energie (Art. 142) und elektronische Daten (Art. 143, 143bis, 144bis).

3   Die **Beweglichkeit** der Sache beurteilt sich nach dem Zivilrecht. Beweglichkeit durch Abtrennung: BGE 72 IV 53 (Abweidenlassen einer Wiese); RS 1981 Nr. 167 (Abholzen von Christbäumen); SJZ 49 (1953) Nr. 78 (Abzapfen von Birkensaft).

4   **«Fremd»** ist eine Sache dann, wenn sie weder im Alleineigentum des Täters steht noch herrenlos ist. Der Begriff wird durch das Zivilrecht bestimmt, BGE 122 IV 182, 88 IV 16, SCHUBARTH Art. 137 N 19 ff. Herrenlos sind freilebende Wildtiere. BGE 116 IV 145 (*in casu* handelte es sich um einen abgerichteten Habicht, was der Täter aber nicht erkennen konnte), und Fallwild, SJZ 53 (1957) Nr. 68, ferner derelinquierte Sachen, «an denen der frühere Eigentümer den Besitz aufgegeben hat in der Absicht, auf das Eigentum zu verzichten», BGE 115 IV 105, BGE 85 IV 190. Nicht herrenlos sind Sachen, auf deren Besitz der Eigentümer zu

gunsten einer bestimmten Person oder Organisation verzichtet, z. B. Altpapier für die «Gemeinnützige Zürcher Papierabfuhr», BGer a.a.O.
BGE 88 IV 16: Mannesgut und Errungenschaft sind bei Güterverbindung
für die Ehefrau fremd – zustimmend SCHULTZ, ZBJV 100 (1964) 76 f.; 115
IV 28: Dienstbarkeiten ändern nichts am Eigentum einer Liegenschaft;
100 IV 156 f.: Kristallkluft im Berner Oberland, dazu LIVER, ZBJV 111
(1975) 252 ff., SCHULTZ, ZBJV 111 (1973) 495 f.; 81 IV 233: Fremdheit von
Geld, das in getrennter Kasse geführt wird; 82 IV 182, 90 IV 180, 190, 95
IV 4: Eigentumsvorbehalt – für Abweichen von der zivilrechtlichen Re-
gelung und Annahme eines Pfandrechts SCHUBARTH Art. 137 N 42
m.w.Hinw.; BGE 117 IV 262 ff., 97 IV 16 (beide zu aArt. 159), 85 IV 230,
RS 1944 Nr. 147 (zu Brandstiftung): Eigentum der AG gegenüber dem
Alleinaktionär, zustimmend SCHUBARTH Art. 137 N 45, kritisch Bucher,
ZStrR 94 (1977) 165, 170, gegen Trennung im Strafrecht auch GVP-SG
1983 Nr. 48, SCHMIDLIN 381; m.E. ist hier der *Durchgriff* angebracht: Der
Alleinaktionär kann für die AG beschliessen, dass das Eigentum an einer
Sache aufgegeben wird – Gläubigerschutz ist ausschliesslich in Art. 163 ff.
geregelt, a.M. NIGGLI 195. Die im Vermögen einer stillen einfachen Gesellschaft liegenden Sachen sind Alleineigentum des Komplementärs,
SJZ 83 (1987) Nr. 34; 72 IV 150, RS 1973 Nr. 436, PKG 1943 Nr. 10: Wert-
sachen auf Leichen und aus Gräbern; PKG 1950 Nr. 52: verkaufte Sache
bleibt bis zur Übergabe Eigentum des Verkäufers; RS 1944 Nr. 27: Diebstahl z.N. des Miteigentümers; RS 1959 Nr. 204: Fische in gepachtetem
Weiher; RS 1952 Nr. 100: *nuda proprietas* bei Nutzniessung (mit
krit.Anm. CLERC).

Nicht fremd ist die Sache, die aufgrund eines Willensmangels verkauft
wurde, PKG 1978 Nr. 49, 1980 Nr. 31. Entgegen BGE 110 IV 13 ist Benzin, das der Kunde in den Tank seines Fahrzeugs abgefüllt hat, für ihn
nicht mehr «fremd», auch wenn er es noch nicht bezahlt hat, SCHUBARTH
Art. 137 N 37, s. auch WALDER in recht 4 (1986) 23.

Gemäss BGE 122 IV 182 ff. kann nur eine **verkehrsfähige** Sache auch   4a
«fremd» sein. «Verkehrsfähig sind alle Sachen, die geeignet sind, Gegenstand privater Rechte und privatrechtlicher Verfügungen zu bilden».
Betäubungsmittel, die nicht in legalem Besitz (z.B. eines Arztes, einer
Heroinabgabestelle, eines Forschungslaboratoriums) sind, gehören zu
den verkehrsunfähigen Sachen, die niemals Gegenstand eines Diebstahls
sein können. Krit. HURTADO POZO BT N 693 und SEELMANN 37 ff., der
betont, dass Eigentum an verkehrsunfähigen Sachen durchaus möglich
sei. An Betäubungsmitteln bestehe Eigentum kraft originären Erwerbs
durch Realakt – es müsste demnach angenommen werden, dass Kokain
und Haschisch im Eigentum von Koka- und Hanfbauern stand, wenn
nicht mit der Bearbeitung der gewachsenen Pflanzen zu Betäubungsmitteln das Eigentum zerstört wurde. Eine derart abstrakte und theoretische
Konstruktion der Fremdheit ist m.E. abzulehnen; REHBERG/SCHMID 75
Fn 55 weisen darauf hin, dass der Bauer sein Eigentum verloren habe,
auch wenn der Verkauf illegal war.

5 **«Aneignung»** ist Verschiebung des Eigentums und bedeutet, «dass der
Täter die fremde Sache oder den Sachwert wirtschaftlich seinem eigenen
Vermögen einverleibt (BGE 104 IV 158 E. 1b), sei es, um sie zu behalten
oder zu verbrauchen, sei es, um sie an einen andern zu veräussern (BGE
85 IV 19 E. 2, 114 IV 136 E. 2a), bzw. dass er wie ein Eigentümer über die
Sache verfügt, ohne diese Eigenschaft zu haben (BGE 95 IV 4, auch 81
IV 234)», BGE 118 I V 151. Der Täter muss also den Willen manifestie-
ren, das Opfer endgültig bzw. dauernd (BGE 118 IV 152, 121 IV 25, a.M.
CADUFF, ZStrR 89 [1973] 104 ff.) aus der Eigentümerstellung zu verdrängen. Die zivilrechtliche Wirkungslosigkeit solchen Tuns ist ohne Belang,
BGE 95 IV 5, die Lehre spricht von *Quasi-Eigentum;* entscheidend ist die
manifestierte Aneignungsabsicht.

6 **Keine dauernde Vermögensverschiebung** ist beabsichtigt, wenn ein Fahrzeug nach Gebrauch «quasiderelinquiert» wird in der Annahme, der
Eigentümer werde es zurückerhalten, BGE 85 IV 21 (Rigolet), RS 1962
Nr. 19; fälschlich nahmen Diebstahl an: RS 1951 Nr. 32, 1955 Nr. 136; mit
Recht bejaht bei Gebrauch auf unbestimmte Dauer, RS 1959 Nr. 206,
1984 Nr. 698, ZBJV 99 (1963) 71, ZR 53 (1954) Nr. 104, 69 (1970) Nr. 45,
RB UR 1990 62: 12 Tage mit Fahrten von 2000 km; verneint bei vermutlich kürzerer Dauer, BJM 1969 186. Aneignungsabsicht fehlt bei Wegnahme einer Kreditkarte zu vorübergehendem Missbrauch, SCHMID 131.
Geht es dem Täter nur um Zerstörung oder Beseitigung der Sache, so
liegt Sachbeschädigung oder Sachentziehung vor, h.L. – Hinweise auf
Zürcher Praxis bei BIRCH, Kriminalistik 1977 562. Der Aneignungswille
fehlt bezüglich des Behältnisses, das nur wegen seines Inhalts mitgenom-
men wurde, SJZ 80 (1984) Nr. 62. Diebstahl wurde bejaht bei unfreiwilliger, SJZ 42 (1946) Nr. 59, oder erst nachträglich beschlossener Derelik-
tion, BJM 1972 243, s. auch BIRCH a.a.O. 561. Als Aneignung gilt dagegen
die Verpfändung, RS 1973 Nr. 435, wobei sich der Deliktsbetrag nach der
Verpfändungssumme bemisst, RS 1959 Nr. 21, SJZ 49 (1953) Nr. 148.

7 Bei **Fetischisten** unterscheidet die Praxis einen «triebhaften Typ», der
Wäschestücke sofort zu Onanie gebraucht und dann wegwirft, also ohne
Aneignungsabsicht handelt, BJM 1962 142 (Sachentziehung, anders SJZ
71 [1975] Nr. 96 zu Entwendung), von einem «begehrlichen», der sich
einen Vorrat anlegt, SJZ 56 (1960) Nr. 81, 64 (1968) Nr. 103, RS 1965 Nr.
76 (Diebstahl).

8 Uneins sind Praxis und Lehre zum Problem der Wegnahme von **Gegenständen mit Schlüsselfunktion.** insbesondere Sparheften. Nach der *Substanztheorie* betrifft die Aneignung nur die körperliche Sache. Hier fällt
es schwer, Aneignung anzunehmen, wenn der Täter die Sache zurückge-
ben will, STRATENWERTH BT I § 13 N 21, a.M. ARZT 134. Die Praxis überbrückt die Schwierigkeit, indem sie vorübergehende Verfügung wie ein
Eigentümer genügen lässt, ebenso NOLL BT 136 f. In Richtung der Substanztheorie weisen Entscheide, die beim Sparheftdiebstahl einen unbestimmbaren Deliktsbetrag annehmen und erst die Bereicherungsabsicht

in Beziehung zum verkörperten Wert setzen, BGE 70 IV 66, 72 IV 118, BJM 1957 329, ZR 54 (1955) Nr. 42, 55 (1956) Nr. 34, 61 (1962) Nr. 145; ähnlich wohl RS 1958 Nr. 210, wonach Deliktsbetrag die Summe der beabsichtigten Abhebung ist. Die *Sachwerttheorie* hält demgegenüber nur den wirtschaftlichen Wert der Sache für wesentlich. Zumeist wird eine *Vereinigungstheorie* vertreten, BGE 85 IV 19, 104 IV 158, HURTADO POZO BT N 679, SCHWANDER Nr. 545. Diebstahl im Betrag der gesamten Einlage nehmen an: RS 1944 Nr. 158, ZR 45 (1946) Nr. 134, 55 (1956) Nr. 34; PKG 1950 Nr. 19 und ZR 55 (1956) Nr. 34 nehmen sogar Konkurrenz mit Betrug an. Diebstahl leerer Checkformulare: SJZ 69 (1973) Nr. 129, anders REHBERG/SCHMID 77. Nach BUSER 86 f. ist Wegnahme einer Kreditkarte nur Diebstahl im Wert der Karte, weiter offenbar ECKERT 73 f.; nach WALDER, ZStrR 103 (1986) 240 kann eine Bancomat-Karte nicht gestohlen werden.

Diebstahl im vollen Betrag des verkörperten Wertes ist m.E. nur anzunehmen, wenn dieser ohne zusätzliche strafbare Handlung (z.B. Betrug) verfügbar ist. Beim Namenssparheft ist diese Voraussetzung nicht erfüllt, BGE 116 IV 24.

Mit dem Erfordernis der **Absicht ungerechtfertigter Bereicherung** soll　　9
«das im Volke lebende Rechtsbewusstsein befriedigt werden, wonach nur der als Dieb oder Unterschlagungstäter gilt, der sich auf Kosten anderer Vermögensvorteile verschaffen will», HAFTER BT I 230, eingehend SCHULTZ, ZStrR 74 (1959) 271 ff. Damit wird der Zeitpunkt der Vollendung vorverlegt, BGE 119 IV 214 – es ist nicht erforderlich, dass die Bereicherung tatsächlich eintritt. Ihre Realisierung fällt dagegen in die Phase der **Beendigung** des Tatbestandes, während deren z.B. noch Gehilfenschaft geleistet werden kann, BGE 98 IV 84 (Arn), dazu N 7 vor Art. 21, und Notwehr zugelassen ist, BGE 107 IV 14, dazu Art. 33 N 7.

«Absicht» ist die Willensrichtung auf ein bestimmtes Ziel hin. Der Begriff wird hier in einem weiteren Sinne verwendet und meint nicht die Identität von Handlungsziel und Verwirklichungswillen. Deshalb ist *eventuelle Bereicherungsabsicht ausreichend*, Art. 18 N 20, BGE 72 IV 125, 105 IV 36, PKG 1989 Nr. 35, RVJ 1990 193, und die Verfolgung weitergehender Zwecke schliesst Bereicherungsabsicht nicht aus, RS 1974 Nr. 741, 1967 Nr. 89. Enger STRATENWERTH BT I § 13 N 37, wonach die Bereicherung unbedingt gewollt sein muss.

Absicht darf nicht verwechselt werden mit Motiv, dem inneren Antrieb zur Tat. Unbewusste, triebhafte Motive stehen der Annahme von Bereicherungsabsicht nicht entgegen, BGE 102 IV 83, Geltungssucht; PKG 1942 Nr. 21, «Bosheit»; BJM 1969 124, Kleptomanie. Abzulehnen ist deshalb BGE 101 IV 207 (bestätigt in 105 IV 335), wonach die Bereicherung eines Spions durch Kinderzulagen aufgrund seiner Legende eine unerwünschte Nebenfolge war und eine entsprechende Absicht fehlte, kritisch auch SCHULTZ, ZBJV 112 (1976) 419, DERS., 113 (1977) 583, TRECHSEL/ NOLL 94, zustimmend zur Praxis des BGer NOLL BT 183. AGVE 1988 82 verneint Bereicherungsabsicht bei einem Asylbewerber, der bereits in Deutschland ein Gesuch gestellt und Sozialleistungen im Betrag von 5250 Franken erhalten hatte.

11   **Bereicherung** ist jeder Vermögensvorteil (zum Vermögensbegriff Art. 146 N 19f.; nach BGE 122 IV 183f. gilt dasselbe für die Eigentumsdelikte, dagegen SEELMANN 38), auch der bloss vorübergehende, BGE 77 IV 13, 91 IV 133; z.B. Zinsersparnis, SJZ 49 (1953) Nr. 29; Ersatz verlorener Skier, PKG 1950 Nr. 43; Gebrauch eines Motorfahrzeugs, BGE 100 IV 226 (zu Art. 156); komfortablere Lebenshaltung, BGE 74 IV 31f.; Tausch von Diebesgut in Bargeld, BGE 92 IV 131, anders noch RS 1943 Nr. 84. Die Bereicherung ist evident, wo der Dieb für die Sache (*in casu* Magnetbänder mit einem Computerprogramm) bezahlt wird, BGE 111 IV 76. Keine Bereicherung i.S. der Vermögensdelikte ist ein ideeller Gewinn. Dies übersieht BGE 107 IV 167, wo Bereicherungsabsicht bejaht wird, obschon der Täter für eine seltene Modellbahn-Lokomotive Bezahlung geleistet hatte, zustimmend STRATENWERTH BT I § 13 N 34, krit. CASSANI 97, SCHUBARTH Art. 137 N 100f., SCHULTZ, ZBJV 118 (1982) 548; hier geht es gerade nicht um die verpönte Vermögensverschiebung, es lag Sachentziehung vor. Unrichtig auch RS 1955 Nr. 19, wo es um Erfolg am Schützenfest ging: Vorteil nach Art. 251, aber keine Bereicherung nach Art. 146 (von finanziellem Gewinn ist im Sachverhalt nicht die Rede). Ohne Bereicherungsabsicht handelt, wer Drogen wegnimmt, um den Drogenhandel zu bekämpfen, RS 1977 Nr. 249.

12   Die Bereicherung muss der Vermögensverschiebung entsprechen – Prinzip der **Stoffgleichheit,** dazu DE BEER 278ff. BGE 84 IV 89 lehnte die Geltung dieses Prinzips beim Betrug ab: Gübler hatte fiktiv Hotelzimmer reserviert, um eine höhere Bestellung von Putzmitteln zu erwirken; kritisch WAIBLINGER, ZBJV 96 (1960) 93f., SCHWANDER Nr. 536a und ZStrR 78 (1962) 536f. m.w.Hinw. in Fn 56, STRATENWERTH BT I § 15 N 60. BGE 103 IV 30 E. 5b und 119 IV 214 scheinen sich stillschweigend der h.L. anzuschliessen, BGE 93 IV 73 betont, dass Stoffgleichheit *in casu* gewahrt sei. Gegen das Erfordernis der Stoffgleichheit DE BEER 289, weil der Schaden zwar eintreten müsse, für die Bereicherung aber Absicht genüge, was die h.L. freilich keineswegs verkennt. BGE 122 II 430f. (Rechthilfe) lehnt das Erfordernis der Stoffgleichheit beim Betrug ab – es genüge einfache Kausalität zwischen Schaden und Bereicherung. Mit Recht bezeichnet KLEINER, SZW 69 (1997) 119ff. es als «unglücklich, wenn grundsätzliche inländische Rechtsfragen im Hinblick auf Rechtshilfe entschieden werden» (zumal die Entscheidung nicht im Kassationshof fällt).

Vom Erfordernis der Stoffgleichheit wird vor allem i.V.m. Betrug gesprochen, es muss aber auch für Aneignungsdelikte gelten, die eine Vermögensverschiebung treffen wollen. Demnach handelt nicht in Bereicherungsabsicht, wer sich Korrespondenz oder ein Dienstbüchlein aneignet, um sich Vorteile im Wettbewerb zu verschaffen, eine Erpressung zu ermöglichen oder sich der Schutzaufsicht zu entziehen, a.M. BJM 1957 103, PKG 1955 Nr. 17, SJZ 52 (1956) Nr. 167. Bereicherung bejaht bei Absicht, die Sache gewinnbringend zu verwenden, z.B. zu Erpressung, BGE 111 IV 76, oder zur Erleichterung der beruflichen Tätigkeit, 114 IV 137, Noll BT 138, Schubarth Art. 137 N 103, Schwander Nr. 536, Stratenwerth BT I § 13 N 33, dagegen Rehberg/Schmid 77f.

Ein **Rückerstattungsanspruch** des Berechtigten schliesst Bereicherung nicht aus, BGE 91 IV 130. Zur «Ersatzbereitschaft» s. Art. 138 N 17.   13

Unrechtmässig ist die beabsichtigte Bereicherung immer dann, wenn die Vermögensverschiebung vom Recht missbilligt wird, Stratenwerth BT I § 13 N 35: Fehlen eines legitimen Anspruchs sei noch nicht belastend. Daraus ergibt sich zunächst, dass keine unrechtmässige Bereicherung anstrebt, wer sich für eine fällige Forderung Befriedigung verschafft, BGE 81 IV 28: Rechtsanwalt Okle befriedigte Honoraransprüche aus Geld, das ihm zur Zahlung von Gerichtskosten anvertraut worden war; 98 IV 19: Babey nahm seinem Arbeitgeber einen Werkzeugkasten weg, um Lohnforderungen zu befriedigen, s. auch SJZ 87 (1991) Nr. 63/15. Unrechtmässig ist allemal eine Bereicherung, welche erheblich über dem geschuldeten Betrag liegt oder aus einem rechtswidrigen Geschäft (*in casu* Drogenhandel) hervorging, SJZ 86 (1990) Nr. 36/9. Fehlen die Voraussetzungen von OR Art. 52 III, so kann Sachentziehung (Art. 141) vorliegen.   14

Weil es um ein subjektives Tatbestandsmerkmal geht, kommt es nicht darauf an, ob die Forderung tatsächlich, sondern nur darauf, ob sie *in der Vorstellung des Täters bestand,* BGE 105 IV 34ff., RS 1983 Nr. 445, ZR 79 (1980) Nr. 30, PKG 1989 Nr. 35, Noll, ZStrR 71 (1956) 165f.; kritisch Rehberg, ZStrR 98 (1981) 359f. Beruft sich der Täter auf Verrechnung, so ist die Rechtmässigkeit der beabsichtigten Bereicherung nicht schon dann zu verneinen, wenn er diesen Willen nicht gemäss OR Art. 124 I zu erkennen gibt, BGE 105 IV 35, SJZ 77 (1981) Nr. 165, ZR 44 (1945) Nr. 115, 119, PKG 1989 Nr. 35; anders noch BGE 74 IV 32, 90, 81 IV 235, PKG 1956 Nr. 25, RS 1954 Nr. 36, SJZ 44 (1948) Nr. 41, 56 (1960) Nr. 187, ZBJV 86 (1950) 587, ZR 55 (1956) Nr. 126. Das Versäumnis kann jedoch ein Indiz dafür sein, dass es dem Täter nicht um Verrechnung geht.

Als *nicht unrechtmässig* wurde ferner erachtet die Bereicherung durch Wegnahme des Wettgewinns durch den Gewinner vom Verlierer, SJZ 68 (1972) Nr. 75, oder die eigenmächtige Zurücknahme einer unbezahlten Kaufssache durch den Verkäufer, SJZ 62 (1966) Nr. 145 (ev. Art. 163); *unrechtmässig* war die Bereicherung durch Wegnahme von Waren zur Begleichung einer Schuld aus Drogenhandel, SJZ 86 (1990) Nr. 36/9, ebenso die Wegnahme einer Sache, die der Erblasser angeblich dem Täter versprochen, dann aber nicht legiert hatte, RS 1967 Nr. 153.

Problematisch sind die Fälle **rechtlich indifferenter Vermögensverschiebung,** insbesondere bei Vertragsabschlüssen. Mit Cassani 95, Germann, Verbrechen, 225, und Stratenwerth BT I § 13 N 35 ist «objektive Rechtswidrigkeit» zu fordern: Wer durch unlautere Mittel in einer Versteigerung den Zuschlag des Angebots oder in einem Wettbewerb den   15

Gewinn erzielt, handelt somit nicht in Absicht unrechtmässiger Bereicherung, so ZBJV 82 (1946) 301, 87 (1951) 174 (es mag ein Verstoss gegen UWG Art. 23 vorliegen).

Demgegenüber bejaht die bundesgerichtliche Praxis diese Absicht beim ertrogenen Vertragsabschluss, z.B. BGE 74 IV 153, 100 IV 170, 277, eine Praxis, welche üblicherweise unter dem Gesichtspunkt des Schadens (Art. 146 N 21 ff., *26*) kritisiert wird, zur ganzen Problematik eingehend und differenzierend BOMMER a.a.O. Richtigerweise müsste man auch die Absicht unrechtmässiger Bereicherung verneinen, weil das Recht vertragliche Vermögensverschiebungen an sich billigt.

16   Falsch ist die Begründung der Unrechtmässigkeit aus dem **Tatmittel,** STRATENWERTH BT I § 13 N 35, § 10 N 68, GERMANN, Verbrechen, 255, anders aber BGE 76 IV 234 f., oder aus dem Schaden, so aber BGE 76 IV 100, 234.

17   Die Absicht, einen **Dritten** unrechtmässig zu bereichern, ist der Absicht der Selbstbereicherung gleichgestellt (anders z.B. das deutsche Recht).

137   Unrechtmässige Aneignung

1. Wer sich eine fremde bewegliche Sache aneignet, um sich oder einen andern damit unrechtmässig zu bereichern, wird, wenn nicht die besonderen Voraussetzungen der Artikel 138–140 zutreffen, mit Gefängnis oder mit Busse bestraft.

2. Hat der Täter die Sache gefunden oder ist sie ihm ohne seinen Willen zugekommen,

handelt er ohne Bereicherungsabsicht oder

handelt er zum Nachteil eines Angehörigen oder Familiengenossen,

so wird die Tat nur auf Antrag verfolgt.

Lit. vor Art. 137 und zu Art. 139.

1   Die **Unrechtmässige Aneignung** entspricht weitgehend dem früheren Tatbestand der Unterschlagung (aArt. 141). Strafbar ist, wer sich eine fremde bewegliche Sache in Bereicherungsabsicht aneignet. Der Tatbestand ist subsidiär gegenüber den speziellen Aneignungsdelikten, Botsch. 999. Im Gegensatz zu aArt. 141 ist unbedeutend, auf welchem Weg die Sache in den Gewahrsam des Täters gelangt ist – dies kann auch mit seinem Willen geschehen sein. Damit entfällt die Notwendigkeit berichtigender Auslegung bei *dolus subsequens* – der Täter behändigt irrtümlich eine Sache als eigene oder herrenlose und beschliesst nach Aufdeckung des Irrtums, sie zu behalten. Eine Reform hatten u.a. LEVY-ANLIKER 67 f., REHBERG III (4. Aufl.) 62 und SCHUBARTH, ZStrR 88 (1972) 291 ff. vorgeschlagen.

2   Zu **«fremde, bewegliche Sache», «aneignen»** und der **Absicht ungerechtfertigter Bereicherung** s. N 2–17 vor Art. 137.

Ziff. 2 privilegiert durch Antragserfordernis bei gleichbleibender Straf- 3
drohung in drei Fällen: bei Fundunterschlagung oder wenn die Sache
dem Täter ohne Willen zugekommen ist, bei fehlender Bereicherungsabsicht oder wenn das Opfer ein Angehöriger oder Familiengenosse ist.

Praktische Bedeutung hat vor allem die **Aneignung gefundener**, d.h. vom 4
Berechtigten verlorener **Sachen**. Verloren ist eine Sache dann, «wenn sie
dem früheren Besitzer des Gewahrsams ohne dessen Willen abhandengekommen ist und sich gegenwärtig in niemandes Gewahrsam befindet»;
die Sache ist «dem Gewahrsamsinhaber solange nicht abhandengekommen, als er weiss, wo sie ist, und er sich an den Ort begeben kann, wo sie
sich befindet», BGE 71 IV 89, 184, BJM 1970 143, s. Art. 139 N 6
m.w.Hinw.

Die **Aneignung** durch den Finder ist nicht schon dadurch manifestiert, 5
dass er die Fundsache an sich nimmt – er muss, z.B. durch Leugnen des
Besitzes, den Willen äussern, sie zu behalten, ZBJV 85 (1949) 218, s. ferner Art. 138 N 9.

Ohne seinen Willen zugekommen ist dem Täter eine Sache, wenn sie ihm 6
z.B. unaufgefordert zugeschickt wurde, vgl. BGE 99 IV 6, wenn sie irrtümlich im Gewahrsamsbereich des Täters zurückgelassen wurde, ZBJV
114 (1987) 453, oder wenn ihm irrtümlich zuviel Wechselgeld oder zuviel
Ware gegeben wurde, REHBERG/SCHMID 81 f.

Unrechtmässige **Aneignung ohne Bereicherungsabsicht** erfasst einen 7
Sachverhalt, der unter aArt. 143, Sachentziehung, fiel, Botsch. 999 f., und
ursprünglich als Sachbeschädigung angesehen wurde, HURTADO POZO
BT N 715; gemäss Art. 137 muss allerdings eine Schädigung des Opfers
nicht nachgewiesen werden; mit Recht kritisch STRATENWERTH BT I § 13
N 42, weil dadurch Verhaltensweisen strafbar werden, die es nach altem
Recht nicht waren, z.B. «eigenmächtige Darlehensaufnahme» – sogar
eigenmächtige Verrechnung fällt nach dem Wortlaut unter den Tatbestand!

Zur Privilegierung von **Angehörigen und Familiengenossen** s. Art. 139 N 8
25. Die Regelung hat nur für Ziff. 1 Bedeutung.

Zum Antrag legitimiert ist der an der Sache Berechtigte, der Eigentümer 9
oder Besitzer, jeder, dessen Interesse am Gebrauch der Sache unmittelbar beeinträchtigt wurde, BGE 118 IV 212 f., ablehnend REHBERG/
SCHMID 83, STRATENWERTH BT I § 13 N 45. Gerät der an Y. adressierte
und auf dessen Namen ausgestellte Check irrtümlich an X., der ihn kassiert, so ist nach BGE 98 IV 241 Y. nicht antragsberechtigt, dazu krit.
ZIMMERMANN, SJZ 69 (1973) 306.

Kasuistik   10
BGE 71 IV 88: Gertrud Imer fand im Spezereiladen Guillaume 45 Fran-
ken, die Weber verloren hatte, und leugnete zunächst den Sachverhalt; **71
IV 183: Ramuz** behändigte die Uhr, die Oberst Furger im Dampfschiff

hatte liegen lassen – Art. 139; **85 IV 190: Xaver Bucher** behändigte einen Sportsack mit Schuhen, der nach dem Umzug von Hunziker auf dem Trottoir geblieben war – Freispruch wegen Sachverhaltsirrtums; **87 IV 116: Nehmad** behielt 30 000 Franken, die irrtümlich auf sein Bankkonto überwiesen worden waren (jetzt Art. 141bis); **99 IV 6:** Schärer schickte unaufgefordert Perücken an die **Gebrüder Borer,** die ein Coiffeurgeschäft betrieben; diese nahmen sie ans Lager; ein Vertrauensverhältnis war nicht entstanden – Unterschlagung bejaht.

11   **Konkurrenzen**
Gegenüber **Art. 138–140** ist Art. 137 subsidiär; Nichtanzeigen eines Fundes bedroht **Art. 332** mit Busse, BGE 71 IV 93, 85 IV 191; **Art. 141** N 13.

138 Veruntreuung

1. Wer sich eine ihm anvertraute fremde bewegliche Sache aneignet, um sich oder einen andern damit unrechtmässig zu bereichern,

wer ihm anvertraute Vermögenswerte unrechtmässig in seinem oder eines anderen Nutzen verwendet,

wird mit Zuchthaus bis zu fünf Jahren oder mit Gefängnis bestraft.

Die Veruntreuung zum Nachteil eines Angehörigen oder Familiengenossen wird nur auf Antrag verfolgt.

2. Wer die Tat als Mitglied einer Behörde, als Beamter, Vormund, Beistand, berufsmässiger Vermögensverwalter oder bei Ausübung eines Berufes, Gewerbes oder Handelsgeschäftes, zu der er durch eine Behörde ermächtigt ist, begeht, wird mit Zuchthaus bis zu zehn Jahren oder mit Gefängnis bestraft.

Louis Baudraz, *L'objet de l'abus de confiance,* Diss. Laus. 1948; Ursula Cassani/Robert Roth, *Abus de confiance,* FJS 953; François Clerc, Die Veruntreuung (Art. 140 und 142 StGB), SJK Nr. 953; Hans Erni, Die Veruntreuung, Diss. BE 1943; Guido Jenny, Aktuelle Fragen des Vermögens- und Urkundenstrafrechts, ZBJV 124 (1988) 393; Gilbert Kolly, Veruntreuung und sog. Ersatzbereitschaft, ZStrR 114 (1996) 221; Arthur Meier-Hayoz, Veruntreuung von Trödlerware bzw. des aus ihrem Verkauf erzielten Erlöses? ZStrR 69 (1954) 178; Peter Popp, Vertragsverletzung als strafbare Untreue, ZBJV 129 (1993) 283; Dieter von Rechenberg, Die rechtswidrige Verwendung übergebener Gelder im Hinblick auf die Tatbestände des Betruges, der Veruntreuung und der ungetreuen Geschäftsführung, Kriminalistik 1962 533; Jörg Rehberg, Zum objektiven Tatbestand der Veruntreuung nach StGB Art. 140 Ziff. 1 Abs. 2, ZStrR 92 (1976) 28; ders., Aktuelle Rechtsfragen beim Veruntreuungstatbestand gemäss StGB Art. 140, ZStrR 98 (1981) 351; Lukas Schaub, Die unrechtmässige Verwendung anvertrauten Gutes – Ein Beitrag zur Auslegung von Artikel 140 Ziffer 1 Absatz II StGB, Diss. BS 1978; Niklaus Schmid, Zur Frage der Abgrenzung der Veruntreuung (Art. 140 StGB) zur ungetreuen Geschäftsführung (Art. 159 StGB), SJZ 68 (1972) 117; Hans Schultz, Darlehen als anvertraute Vermögenswerte? in Mélanges en l'honneur du Professeur Jean Gauthier, Sonderband ZStrR 114 (1996) 81; Jürg Sigrist, Veruntreuung (Art. 140 Ziff. 1 StGB) im Zusammenhang mit Abzahlungsverträgen, Diss. ZH 1975;

HELLMUT STOFER, Über die Veruntreuung bei Abzahlungsgeschäften, ZStrR 79 (1963) 308; GÜNTER STRATENWERTH, Qualifizierte Veruntreuung und Organhaftung, ZStrR 96 (1979) 90; HANS WALDER, Zur Frage der Mittäterschaft bei Veruntreuung, SJZ 54 (1958) 113; ERNST WITSCHI, Zur Veruntreuung beim Kauf mit Eigentumsvorbehalt, ZStrR 80 (1964) 324; **Lit.** vor Art. 137.

Veruntreuung begeht, wer etwas, worüber er mit Willen des Berechtigten die Herrschaft ausübt, pflichtwidrig im eigenen Nutzen verwendet, BGE 111 IV 132. Der Grundtatbestand, Ziff. 1 al. 1, betrifft die Aneignung anvertrauter fremder Sachen; al. 2 betrifft Sachen, die rechtlich (aber nicht wirtschaftlich) im Eigentum des Täters stehen, sowie Forderungen. In diesem zweiten Punkt liegt die wichtigste Änderung der Revision 1994. Ferner wurde Veruntreuung als Verbrechen qualifiziert, die Mindeststrafdrohung in Ziff. 2 beseitigt und das Antragserfordernis gegenüber Angehörigen und Familiengenossen in Ziff. 1 untergebracht – für qualifizierte Fälle soll es nicht gelten. 1

Die Tatbestandsmerkmale «**fremd**», «**bewegliche Sache**» und «**aneignen**» haben grundsätzlich dieselbe Bedeutung wie bei den übrigen Eigentumsdelikten (N 2–8 vor Art. 137). 2

Die **Fremdheit** der Sache (N 4 vor Art. 137) beurteilt sich streng nach zivilrechtlichen Kriterien. Umstritten war zu aArt. 140 die Wirkung des Eigentumsvorbehalts – nach neuem Recht liegt eine anvertraute fremde Sache, bei Ungültigkeit ein anvertrauter Vermögenswert nach Ziff. 1 al. 2 vor, STRATENWERTH BT I § 13 N 51 m.Hinw., s. N 10. Beim Kreditkauf wird das Eigentum übertragen, ZR 54 (1955) Nr. 45, ebenso im Fall, wo Miete simuliert, Kauf gewollt ist (umstritten; wie hier ZR 68 [1969] Nr. 36, SJZ 56 [1960] Nr. 119; abweichend BGE 86 IV 160, dazu kritisch SCHULTZ, ZBJV 98 [1962] 110 ff.). Während beim Konsumgüterleasing das Eigentum am Gegenstand grundsätzlich übergeht, ist dies beim Finanzierungsleasing umstritten, vgl. GVP-SG 1995 Nr. 48 m.Hinw.; ist weder klar, ob beim überwiegend für gewerbliche Zwecke geleasten Auto Finanzierungsleasing vorliegt, noch welches die eigentumsrechtlichen Wirkungen einer solchen Zuordnung sind, so muss im Zweifel zugunsten des Angeklagten angenommen werden, er sei Eigentümer geworden, GVP-SG 1995 Nr. 48 (zu aArt. 140) – nach neuem Recht wäre der Sachverhalt unter al. 2 zu subsumieren. Eigentum erwirbt auch, wer von zwei zur Auswahl zugestellten Kaufgegenständen einen behält, JdT 1959 IV 128. Hielt der Täter die Sache irrtümlich für fremd, so liegt untauglicher Versuch vor, zuletzt bestätigt in BGE 106 IV 254. 3

Bei Verkauf einer unter Eigentumsvorbehalt stehenden Sache entspricht der *Deliktsbetrag* der Kaufpreisrestanz, BGE 75 IV 105, BJM 1968 238, ZR 59 (1960) Nr. 47.

«**Anvertraut**» ist nach der Definition des Bundesgerichts, «was jemand mit der Verpflichtung empfängt, es in bestimmter Weise im Interesse eines andern zu verwenden, insbesondere es zu verwahren, zu verwalten oder abzuliefern», BGE 80 IV 55; bestätigt in 80 IV 153, 86 IV 167, 88 IV 4

18, 99 IV 202, 101 IV 163, 105 IV 33, 106 IV 259, 117 IV 256, 118 IV 33, 241,120 IV 119, 278; ebenso ZR 54 (1955) Nr. 47, 48, CORBOZ Art. 138 N 4. Vorzuziehen ist die Formulierung von SCHULTZ, ZBJV 98 (1962) 112, best. in FS Gauthier 83: «Anvertraut ist, was mit rechtlich beschränkter Verfügungsbefugnis überlassen wird, ohne dass eine unmittelbare Kontrolle der Verwendung möglich oder üblich ist», zustimmend ZR 91 (1992) Nr. 63, HURTADO POZO BT N 733, NOLL BT 151 f., REHBERG / SCHMID 87, SCHUBARTH Art. 140 N 5, ähnlich STRATENWERTH BT I § 13 N 49. Bei der Frage, wann das Gut *anvertraut* sei, verweist nun auch BGE 117 IV 434 auf das Vorhandensein oder Fehlen von Kontrollen.

5   Der Täter muss zunächst **Gewahrsam** erhalten – vom Eigentümer oder einem Dritten. Daran fehlt es bei Übertragung nicht indossierter Eigentümer-Namensschuldbriefe, BJM 1970 293, ferner überall dort, wo eine Kontrolle des Berechtigten fortbesteht, z.B. über Werkzeug am Arbeitsplatz (falsch PKG 1963 Nr. 28); Besteck im Restaurant; Waren gegenüber einer Kassierin, BJM 1973 187, einem Packer, BJM 1961 210, ZBJV 123 (1987) 444, oder den Kunden im Selbstbedienungsladen, BGE 89 IV 185, 92 IV 90 (Art. 139 N 8), im Gegensatz zum Fall des aufsichtspflichtigen Angestellten, PKG 1970 Nr. 30; s. auch RJN 1996 75: Doppelverkauf eines Lastwagens. Es genügt auch nicht, dass dem Täter der Zugang zur Sache ermöglicht wurde, z.B. durch Übergabe des Autoschlüssels, BGE 80 IV 151, oder des Hausschlüssels, um den vergessenen Mantel abzuholen, SCHULTZ 84, oder beim Auftrag, einen bestimmten Betrag aus dem Tresor zu holen, ZR 55 (1956) Nr. 33. Mit Übergabe einer Kassette ist aber auch das darin enthaltene Geld anvertraut, RS 1985 Nr. 781. Fehlt es am Gewahrsam, liegt Diebstahl vor, s. z.B. RJN 1983 94: Wegnahme von Apparaten, die dem Käufer nur gegen Bezahlung an die Bahnstation hätten ausgehändigt werden sollen.

6   Zum Problem des **Mitgewahrsams** s. N 9 zu Art. 139. Davon zu unterscheiden ist die Frage, ob eine Sache einer oder mehreren Personen (ganz) anvertraut sei – z.B. dem Vater das dem Sohn anvertraute Fahrrad, so PKG 1961 Nr. 54; der Ehefrau die vom Mann verwaltete Kasse der Bürgergemeinde, PKG 1963 Nr. 24, oder die Kasse für Einnahmen aus der von ihm betriebenen Tankstelle, SJZ 51 (1955) Nr. 75; dem Mann das unter Eigentumsvorbehalt stehende Auto der Gattin, RS 1970 Nr. 26; nicht das vor der Ehe von der Frau übernommenen Radio, BJM 1964 239. Eignet sich in diesen Fällen die Drittperson, die nicht Vertrauensnehmerin ist, mit Zustimmung des Vertrauensnehmers die Sache an, so ist mit REHBERG, ZStrR 98 (1981) 362 Hehlerei anzunehmen, denn mit dem Einverständnis hat sich der Vertrauensnehmer die Sache schon angeeignet, s. N 9; fehlt es am Einverständnis, so liegt Diebstahl, allenfalls Veruntreuung vor, wenn die Sache dem Dritten weiter anvertraut wurde. Zur Einräumung der Verfügungsmacht über ein Bankkonto s. N 11. Mitgewahrsam behält die Arbeitgeberin, wenn sie einen Boten mit genauen Anweisungen Tageseinnahmen in einer Kassette 500 Meter weit zur

Bank bringen lässt, LGVE 1985 I Nr. 43. Der Schalterbeamtin der PTT ist dagegen die Kasse anvertraut, RB TG 1986 Nr. 23.

Die **Treuepflicht** des Vertrauensnehmers beruht in der Regel auf Ver- 7
trag, z.B. Leasing, Sem.jud 1988 148, kann sich aber auch aus dem Gesetz ergeben, z.B. beim Erbgang, ZGB Art. 560 Abs. 3, 581 Abs. 2, 3, 607 Abs. 3, 610 Abs. 2, RS 1969 Nr. 93 (unrichtig RS 1962 Nr. 78), oder unter Ehegatten, BGE 88 IV 18. Das Bundesgericht lässt auch eine «stillschweigende Abmachung», BGE 120 IV 119, 118 IV 239, oder ein «faktisches Vertrauensverhältnis» genügen, z.B. beim nichtigen Vertrag, BGE 73 IV 172 f. E. 2, 86 IV 165 f., 92 IV 176. Veruntreuung soll selbst möglich sein, wo dem Geschädigten kein zivilrechtlicher Anspruch zusteht. Diese Praxis verstösst gegen das Postulat der Einheit der Rechtsordnung, krit. auch STRATENWERTH BT I § 13 N 50; zustimmend SCHWANDER Nr. 546a. SCHUBARTH Art. 140 N 8 nimmt Veruntreuung an bei Formungültigkeit, auch bei fehlendem Konsens, aber nicht bei widerrechtlichem Vertragsinhalt. Nicht anvertraut war der Sprengstoff, den ein Mieter in seiner Wohnung vorfand und von dem der Vermieter nichts wusste, ZBJV 114 (1978) 453.

Ein besonderes persönliches oder institutionelles **Vertrauensverhältnis** 8
ist keineswegs erforderlich, ebenso für al. 1 NOLL BT 152, a.M. WITSCHI, SIGRIST a.a.O. – das Vertrauensmerkmal liegt lediglich im freiwilligen Verzicht auf den Gewahrsam, verbunden mit dem Fehlen wirksamer Überwachung und Kontrolle. Deshalb sind dem Devisenhändler einer Bank, der selbständig am Telefon kauft und verkauft, die Nostro-Konten der Bank anvertraut, BGE 111 IV 21 f., nicht dagegen dem Bankdirektor Kunden-Konti, über die er nur mittels Täuschung seines Personals verfügen kann, BGE 111 IV 133.

Zu **«aneignen»** N 5–8 vor 137. Weil der Täter schon Gewahrsam hat, 9
genügt eine Änderung der inneren Einstellung, der Wille, die Sache forthin als eigene zu besitzen, der freilich manifestiert sein muss, z.B. durch Veräusserung oder Leugnen des Besitzes (PKG 1983 Nr. 24: Blosses Nichtbezahlen ist kein Aneignungsindiz). «Dabei kann zwar nicht gefordert werden, dass der Täter einen Akt vornimmt, aus dem sich unzweideutig – auch für jeden Dritten – der Aneignungswille im dargelegten Sinne ergibt. Erforderlich ist also nur, aber immerhin, ein Verhalten, durch das der – vorhandene! – Aneignungswille manifestiert, eben betätigt wird», BGE 118 IV 152, 120 IV 25, 121 IV 25, STRATENWERTH BT I § 13 N 28. **Vollendet** ist Veruntreuung deshalb schon mit dem Angebot zum Verkauf, nicht erst mit der Veräusserung, BGE 98 IV 148 ff., MKGE 4 Nr. 127, ZBJV 96 (1960) 112; REHBERG, ZStrR 98 (1981) 362, SCHULTZ, ZBJV 106 (1970) 350, TRECHSEL, ZStrR 91 (1975) 396 f.; unrichtig BGE 95 IV 6, RS 1983 Nr. 445, ZR 43 (1944) Nr. 73. Hehlerei ist nur an der anvertrauten Sache, nicht an deren Erlös möglich.

Al. 2 bedroht mit Strafe, wer **«anvertraute Vermögenswerte»** *(valeurs* 10
patrimoniales confiés), die nicht fremd sind (BGE 81 IV 233, 105 IV 29)

für sich verwendet. Al. 2 soll «nur jenes Unrecht erfassen, das dem in Abs. 1 vertypten strukturell gleichwertig ist», BGE 120 IV 121 m.Hinw. auf Schubarth Art. 140 N 24 und Jenny 402 f. Der Begriff «Gut» in aArt. 140.1 II bezeichnete vertretbare, also Genussachen, die durch Vermischung gemäss ZGB Art. 727 ins Eigentum des Besitzers übergegangen sind, eingehend BGE 109 IV 29 f., 90 IV 180, 190, s. ferner N 3, einschliesslich Geld. Im Schrifttum wurde diese enge Auffassung vorwiegend abgelehnt, Amsler 28, Baudraz 82 f., Clerc 8, Duerst 89, Rehberg III (4. Aufl.) 57, ders., ZStrR 98 (1981) 377 f., Schaub 72 f., Schubarth Art. 140 N 27, Stratenwerth BT I (3. Aufl.) § 8 N 61; zustimmend Noll BT 152 f., Schultz, ZBJV 102 (1966) 60.

Mit dem neuen Begriff «Vermögenswerte» (dazu Schultz 81) entfällt diese Problematik. An ihre Stelle tritt indessen eine neue: Wann ist ein Vermögenswert, der im Eigentum des Täters steht, wirtschaftlich fremd? Die Antwort lässt sich offenbar nicht abstrakt geben, sondern nur unter Berücksichtigung des Vertragsverhältnisses zwischen Treugeber und Treunehmer im konkreten Fall. Wirtschaftlich fremd sind Vermögenswerte demnach, wenn sie dem Täter übergeben wurden *«mit der Verpflichtung, sie ständig zur Verfügung des Treugebers zu halten»*, Stratenwerth BT I § 13 N 56 m.w.Hinw., Schultz 82; ebenso BGE 120 IV 121: «Er ist verpflichtet, dem Treugeber den Wert des Empfangenen ständig zu erhalten». Mit Rehberg / Schmid 95 ist festzuhalten, dass Liegenschaften nicht zu den «Vermögenswerten» gehören. Hingegen spricht nichts dagegen, auch elektrische Energie (z.B. wenn sie in einem ausgeliehenen Akkumulator gespeichert ist), zu den Vermögenswerten zu rechnen, so unrichtig zum alten Recht PKG 1951 Nr. 19. Kritisch zum Begriff des «wirtschaftlichen Eigentums» Niggli 107 ff.

11   Die Revision beseitigt ferner Zweifel darüber, ob **Forderungen** bzw. **Buchgeld** Gegenstand der Veruntreuung sein können. Gemäss BGE 106 IV 255, 103 IV 89, 101 IV 163 (vgl. aber 94 IV 138, 98 IV 31 und SJZ 62 [1966] Nr. 193, GVP-SG 1983 Nr. 49) sollten sie nicht unter den Begriff «Gut» fallen. In Berücksichtigung der im Schrifttum geäusserten Kritik, Noll, ZStrR 71 (1956) 164 Fn. 2, Rehberg III (4. Aufl.) 57, ders., ZStrR 92 (1976) 32 ff., 98 (1981) 372 ff., Schultz, ZBJV 114 (1978) 469 f., Stratenwerth BT I (3. Aufl.) § 8 N 61, eingehend Schaub 102 ff., und gestützt auf den deutschen Text, änderte BGE 109 IV 29, bestätigt in 111 IV 21, 117 IV 434 ff., 118 IV 33, 119 IV 128, 120 IV 119, 280, 121 IV 24 f., die Praxis: «Wer die ihm durch Vollmacht anvertrauten Werte eines Bankkontos unrechtmässig zu seinem oder eines andern Nutzen verwendet, macht sich eines in gleichem Masse strafwürdigen Verhaltens schuldig wie derjenige, der über anvertrautes Bargeld unrechtmässig verfügt» (S. 31). Diese Lösung ist nun eindeutig mit dem Gesetzestext im Einklang, Botsch. 1002, Rehberg/Schmid 95, Stratenwerth BT I § 13 N 55. Ob es sich um ein Guthaben oder um eine Kreditmöglichkeit handelt, ist ohne Bedeutung, BGE 109 IV 33 ff. E. 4. Anvertraut ist für die Bankangestellten auch die Forderung der zeichnenden Bank auf Übergabe von ihr zugeteilten Namenaktien, BGE 120 IV 278 ff. Dem Bankangestellten,

der über EDV selbständig mit Konten umgeht, sind die entsprechenden Forderungen anvertraut, SJZ 84 (1988) Nr. 5. Dem Bankkunden, der Eurocheck-Formulare bezieht, sind damit jedoch keine Forderungen gegenüber der Bank anvertraut, BGE 111 IV 137 f. Die Einräumung der Verfügungsmacht über ein Bankkonto ist ein Anvertrauen der Forderung, auch wenn daneben der Treugeber oder Dritte ebenfalls über das Konto verfügen, BGE 109 IV 31 ff. E. 3, 117 IV 435 f., 119 IV 127 f., REHBERG/SCHMID 105. JENNY 400 ff. kritisiert an dieser Praxis, dass mit Einräumung des Zugangs zu Konten kein dem Alleingewahrsam entsprechendes Verhältnis geschaffen wird – in Wirklichkeit liegt «Forderungsdiebstahl» vor, den das Gesetz nicht kennt, und es wird der Tatbestand von Art. 158 unterlaufen, ebenso ARZT 137 f., KUNZ 193, STRATENWERTH BT I § 13 N 57 – die Kritik überzeugt. SCHULTZ 84 f. glaubt, solche Streitigkeiten über die Bedeutung von Vollmacht und Gegenständen mit Schlüsselfunktionen könnten vermieden werden, «wenn auf Grund der gesamten Umstände und der getroffenen Vereinbarungen geprüft wird, ob die rechtlich beschränkte tatsächliche Verfügungsgewalt des Empfängers von Sachen oder Vermögenswerten in ihrer Ausübung kontrolliert werden konnte oder nicht».

Auch die Vermögenswerte können vom Opfer wie **von einem Dritten anvertraut** worden sein, z.B. Einnahmen des Trödlers, BGE 75 IV 14, ZR 54 (1955) Nr. 46, SJZ 44 (1948) Nr. 82, MEIER-HAYOZ a.a.O.; des Agenten, BGE 92 IV 174, 101 IV 163; des Kommissionärs, BGE 70 IV 71; des Notars, BGE 121 IV 24 f.; des Organs einer AG, BGE 106 IV 19, s. auch 105 IV 33, 118 IV 33; des direkten Stellvertreters; eingehend SCHAUB 74 ff. | 12

Was jemand **für sich eingenommen** hat, ist **nicht anvertraut,** wenn der Betreffende nicht als Zahlungs- oder Inkassogehilfe als direkter oder indirekter Stellvertreter handelt, BGE 118 IV 241. Nicht anvertraut waren z.B. Tantiemen, die ein Verwaltungsrat gemäss Reglement als Gemeinderat an die Gemeinde hätte abliefern sollen, BGE 118 IV 241 ff.; die Leistung der Krankenkasse an eine Versicherte, weil die Kasse nicht Schuldnerin der Klinik ist, BGE 117 IV 257 ff.; die Miete des Untermieters, BGE 73 IV 172 E. 1; die Einnahmen des Mieters, der selbständig eine Tankstelle betreibt, BJM 1968 239; die Einnahme des Wiederverkäufers, sofern Kundenguthaben nicht zediert sind, SJZ 67 (1971) Nr. 63; Geld zur Bezahlung von Alimenten, BGE 86 IV 168; Provisionen, BGE 103 IV 238 (strittig); Akontozahlungen des Mieters an die Heizkosten, BGE 109 IV 22; Einnahme des Aufstellers eines Münzautomaten, wenn keine gesellschaftsrechtliche Vereinbarung mit dem Inhaber des Aufstellungsplatzes besteht, BGE 99 IV 204 f. Dasselbe muss für Trinkgelder gelten, selbst wenn sie in eine gemeinsame Kasse gelegt werden sollten, anders BGE 98 IV 22, zustimmend SCHULTZ, ZBJV 109 (1973) 416, anders aber jetzt DERS. in FS Gauthier 87 Fn 21; ablehnend REHBERG, ZStrR 92 (1976) 42 ff., SCHAUB 88 f., STRATENWERTH BT I § 13 N 56; Umsatzvergütungen an den angestellten Geranten stehen je nach Anstellungsvertrag und Ge- | 13 pflogenheit am Ort dem Geranten (so ZR 47 [1948] Nr. 106) oder dem Eigentümer (so BGE 106 IV 259) zu. Kurtaxen werden dem Hotelier zuhanden der Gemeinde entrichtet, weshalb daran Veruntreuung möglich ist, PKG 1964 Nr. 33, 1955 Nr. 22; anders BGE 106 IV 355, dazu krit. SCHULTZ, ZBJV 118 (1982) 17 f., s. aber DERS. in FS Gauthier 87. Nicht für sich selber nimmt ein Gerant Taggelder der Krankenkasse ein, wenn sie an die Arbeitgeberin und Versicherungsnehmerin adressiert sind, die den vollen Lohn ausgerichtet hat, BGE 106 IV 260 f. Inkasso aus Forderungen, die zur Sicherung eines Darlehens zediert wurden, sind anvertraut, BGE 118 IV 32, Rep. 1982 167, ZR 76 (1977) Nr. 34.

13a   Bei **Darlehen** ist «im Einzelfall zu prüfen, ob sich aus der vertraglichen Abmachung eine Werterhaltungspflicht des Borgers ergibt», BGE 120 IV 121 f., wo die Pflicht bejaht wurde für ein Darlehen von 30 000 Franken, mit welchem der schwer überschuldete Borger eine Liegenschaft erwerben sollte, um sie gewinnbringend zu verkaufen. SCHULTZ 87, DERS., ZBJV 131 (1995) 839 f., kritiert an diesem Entscheid mit Recht, dass er sich nur schwer mit der bisherigen Praxis des BGer vereinbaren lasse, s. z.B. BGE 103 IV 237, 106 IV 358, 117 IV 256, 118 IV 241, und zum Präjudiz einer gegen BV Art. 59 III verstossenden Praxis werden könnte. Eine Werterhaltungspflicht ist bei Darlehen regelmässig zu verneinen, ebenso REHBERG/SCHMID 100; vgl. auch STRATENWERTH BT I § 13 N 56, der zwar dem Urteil zuzustimmen scheint, gleichzeitig jedoch betont, dass es bei al. 2 nicht um die blosse Verpflichtung gehen könne, «über die betroffenen Werte in bestimmter Weise zu verfügen». Eine Geldsumme, die zu einem bestimmten Zweck geborgt wurde, kann nur dann als anvertraut angesehen werden, wenn die Verwendung unmittelbar auch den Interessen des Darlehensgebers dient, was *in casu* nicht der Fall war, SCHULTZ 86, 88, DERS., ZBJV 131 (1995) 839.

14   Eine weitere Kontroverse zu aArt. 140.1 II betraf **Lohnabzüge,** welche das BGer als «anvertraut» betrachtete. Zu diesem Sachverhalt wurde mit Art. 159 ein neuer Tatbestand eingeführt.

15   **Täterhandlung** ist in al. 2 das unrechtmässige Verwenden im eigenen oder eines Dritten Nutzen anstelle fristgerechter Erstattung an den Berechtigten. Auch hier geht es um ein «Verhalten des Täters, durch welches er eindeutig seinen Willen bekundet, den obligatorischen Anspruch des Treugebers zu vereiteln», BGE 120 IV 25. Der Täter kann das Gut ausgeben, aber auch beiseiteschaffen und den Empfang leugnen, BGE 98 IV 34, 121 IV 25 f.; s. auch RS 1969 Nr. 14: Umwandlung von Teilen eines Stiftungsvermögens in eine Forderung gegen den Stifter. Die Hotelangestellte, welche von Gästen deponierte Gelder für betriebliche Zwecke ausgibt, begeht keine Veruntreuung gegenüber dem Hotelier, LGVE 1983 I Nr. 58.

16   Al. 1 und 2 verlangen, obwohl dies in al. 2 nicht wiederholt wird, **Absicht ungerechtfertigter Bereicherung,** BGE 74 IV 30, 77 IV 12, 81 IV 28, 234 105 IV 34, 118 IV 34, Botsch. 1002; dazu N 9–17 vor Art. 137. In der Re-

gel ist mit der Aneignung schon eine Bereicherung verbunden, BGE 114 IV 137 (Aneignung von Originalakten mit höherem Beweiswert als die im Besitz des Opfers verbliebenen Kopien), krit. zu diesem Urteil REHBERG/SCHMID 77 Fn 64.

Ein Sonderproblem bildet bei der Veruntreuung die **Ersatzbereitschaft:** 17 Es fehlt an der strafwürdigen Absicht, wenn der Täter den Willen und die Möglichkeit hatte, seine Treuepflicht zeitgerecht zu erfüllen, BGE 71 IV 125, 74 IV 31, 77 IV 12, 81 IV 234, 91 IV 132 ff., a.M. KOLLY a.a.O., wonach Ersatzbereitschaft Veruntreuung nicht ausschliesse. Muss er jederzeit sofort leisten können, erlangt er eine vorübergehende Bereicherung und macht sich strafbar, wenn er das Anvertraute in eigenem Nutzen verwendet und erst später Ersatz leisten kann; muss er auf einen bestimmten Zeitpunkt leisten, genügt es, wenn er zu diesem Zeitpunkt ersatzfähig ist, BGE 118 IV 29 f. Der massgebliche Zeitpunkt ergibt sich aus dem Inhalt der Vereinbarung, LGVE 1993 I Nr. 41, PKG 1976 Nr. 11. Ob der *Wille* vorlag, ist weitgehend Beweisfrage; verneint bei: Heimlichkeit und Hingabe von Darlehen an Dritte ohne Sicherung, BGE 91 IV 133 f., s. auch PKG 1976 Nr. 11; Nichtleisten von Ersatz trotz Fähigkeit, BGE 81 IV 234; Ziel, sich ein schöneres Leben zu leisten, BGE 74 IV 32; Abstellen auf eine Kaution, PKG 1956 Nr. 22. Ersatzfähigkeit setzt voraus, dass der Täter aus eigenen Mitteln leisten kann, BGE 77 IV 13 f., 91 IV 134, sie fehlt jedenfalls dann, wenn der Dritte nicht zu Zahlungen verpflichtet ist; verneint wird die *Ersatzfähigkeit* zudem, wenn der Täter erst bei einer Bank einen Kredit aufnehmen muss, auch wenn er dafür Sicherheit leisten kann, BGE 118 IV 30 f.; wenn die Zustimmung des Vormunds erforderlich ist, BJM 1980 204, SJZ 58 (1962) Nr. 47; bei Bereitschaft zu weiteren Ratenzahlungen nach Verkauf einer unter Eigentumsvorbehalt stehenden Sache, ZR 59 (1960) Nr. 47. Weniger streng LGVE 1988 I Nr. 44, wo Ersatzbereitschaft angenommen wurde, weil die Ehefrau fähig und (obgleich nicht verpflichtet) bereit war, Manki in der Vereinskasse, aus der sich der Mann bedient hatte, zu ersetzen.

Der Ersatz kann in Form von Verrechnung erfolgen, BGE 74 IV 32, 105 IV 34 f.

Mittäter kann nur sein, wem die Sache mitanvertraut war, BGE 98 IV 18 150, AGVE 1985 Nr. 25, RS 1985 Nr. 868, SJZ 53 (1957) Nr. 148, SCHUBARTH Art. 140 N 14, STRATENWERTH BT I § 13 N 62, REHBERG, ZStrR 98 (1981) 361; a.M. RS 1958 Nr. 68, WALDER a.a.O. Weil Art. 138.1 *al. 1* im Verhältnis zu 137.1 unechtes Sonderdelikt ist, findet auf Aussenstehende der Grundtatbestand der Unrechtmässigen Aneignung Anwendung, REHBERG/SCHMID 93, STRATENWERTH BT I § 13 N 62 – ist die Veruntreuung vollendet, so begeht der Gehilfe möglicherweise auch Hehlerei. Bei der Tatbestandsvariante von *al. 2,* zu der Art. 137 nicht Grundtatbestand ist, sollen nach REHBERG/SCHMID 106 Gehilfen oder Anstifter nach Art. 138.1 bestraft werden, wobei jedoch dem geringeren Strafmass des Art. 137.1 Rechnung zu tragen sei; ARZT 140 will in diesen Fällen auf Teilnehmer Art. 141bis anwenden. Zu Gehilfenschaft durch

Unterlassen nach aArt. 140 BGE 113 IV 72 ff.: keine Pflicht, den gleich-
geordneten Mitarbeiter zu hindern. Täter ist dagegen der einzige Verwaltungsrat einer AG, der den von dieser geleasten Rolls-Royce verkauft, Sem.jud. 1988 148.

19   **Ziff. 2 qualifiziert** die Veruntreuung, die jemand in seiner Eigenschaft
«als Mitglied einer Behörde, als Beamter, Vormund, Beistand, berufsmässiger Vermögensverwalter oder bei Ausübung eines Berufes, Gewerbes oder Handelsgeschäftes, zu der er durch eine Behörde ermächtigt ist,
begeht». Die Bestimmung soll also Tätergruppen erfassen, die ein erhöhtes Vertrauen geniessen, BGE 117 IV 22, 120 IV 184, LGVE 1993 I
Nr. 42. Zum Begriff des «Beamten» Art. 110. 4; «Vormund», «Beistand»:
ZGB Art. 360 ff. Eine «Anstalt» ist nicht zur Vermögensverwaltung «ermächtigt», Rep. 1982 188. Berufsmässiger Vermögensverwalter ist ein
Treuhänder auch, wenn er «sich daneben in wesentlichem Umfange noch
anders betätigt», BGE 100 IV 30, dagegen nicht der Architekt, weil Vermögensverwaltung für seinen Beruf nicht typisch ist, BGE 117 IV 22,
ebenso für den Anwalt, PKG 1970 Nr. 15. Der Verwaltungsrat einer Aktiengesellschaft ist nicht Vermögensverwalter, auch wenn er im übrigen
als Treuhänder tätig ist, LGVE 1993 I Nr. 42. Qualifiziert wird die Veruntreuung durch die Kassierin einer Kirchgemeinde in PKG 1978 Nr. 11.
Keine «Ermächtigung» i.S.v. Art. 138.2 ist die Handelsreisendenkarte,
RS 1957 Nr. 193.

19a   Kontrovers war zu aArt. 140.2 die Frage, ob **Angestellte** einer Bank,
Treuhandfirma u.ä. unter Ziff. 2 fallen. Das Bundesgericht bejahte die
Qualifikation, BGE 97 IV 202, 103 IV 19, 106 IV 22, 110 IV 16, 117 IV 20,
120 IV 184, ebenso BJM 1980 312, PKG 1977 Nr. 41, Rep. 1982 188; anders noch BGE 69 IV 163, ZR 68 (1970) Nr. 35. Gegen die Praxis des
BGer SCHULTZ, ZBJV 118 (1982) 19 f., und STRATENWERTH, ZStrR 96
(1979) 90 ff. Der revidierte Art. 172 macht die Kontroverse hinfällig.

20   Zur **Privilegierung gem. Ziff. 1 Abs. 2** s. N 25 zu 139, Art. 110.2 und 3.
Keine Privilegierung, wenn neben der Ehefrau die Verkaufsfirma geschädigt wurde, BJM 1964 238; wenn der Vater Gesellschafter der geschädigten Kommanditgesellschaft war, ZR 51 (1952) Nr. 191. Von Amtes wegen wird auch der aussenstehende Anstifter verfolgt, JdT 1965 IV
60. Mit der Revision wird die Privilegierung auf Ziff. 1 beschränkt – es
war widersinnig, die qualifizierte Strafdrohung gegen den Vormund von
einem Strafantrag abhängen zu lassen, den bisweilen gerade der Täter
hätte stellen müssen, Botsch. 1002.

21   **Kasuistik**
BGE 70 IV 71: Portmann erhielt von Winiger ein Gemälde zum Verkauf,
verbrauchte aber den Erlös selber – Veruntreuung; **71 IV 124: Winiger**
vertrieb Lotterielose und verbrauchte den Erlös für sich – Ersatzbereitschaft und Selbsteintritt als Käufer verneint; **72 IV 150: Ruch** eignete sich
als Abwart einer Leichenhalle Effekten und Goldkronen von Toten an:

73 IV 170: Porter hatte seine Wohnung gegen Vorauszahlung unterver-
mietet, leistete aber selber keinen Mietzins – nicht «anvertraut»; **74 IV
27:** Weinvertreter **Hörler** machte zuviel Spesen und Abzüge vom Inkasso
– Ersatzwille verneint; **77 IV 10: Martha Morosoli** nahm 150 Franken aus
der Ladenkasse, die sie nur mit einem Zuschuss ihres Ehemannes zurückzahlen konnte – Ersatzfähigkeit verneint; **80 IV 53: Saner** liess sich bei Liquidation einer AG Provisionen aus Liegenschaftsverkäufen bezahlen –
nicht «anvertraut»; **80 IV 151:** Uhrenhändler Alemann fuhr im Auto des
Reichenbach mit nach Kreuzlingen, liess Uhren im Wagen und wurde
aufgrund falscher Anschuldigung in Konstanz festgenommen, worauf
Iseli u. Kons. die Uhren behändigten – nicht «anvertraut», Diebstahl; **81
IV 228: Kronenberger** eignete sich als Gemeindeschreiber von Inwil
Steuergelder an, die er trotz eigener Mittel nicht erstattete – Ersatzwille
verneint; **86 IV 160:** Die Eheleute **Brunner** «mieteten» eine Waschma-
schine in Dissimulation eines Abzahlungskaufs – «anvertraut»; **86 IV 168:
Stegmann,** dem eine Verurteilung nach Art. 217 drohte, erhielt von seiner Geliebten zur Bezahlung der Alimente für seine Kinder 1000 Franken – nicht «anvertraut»; **91 IV 130: Riederer** gewährte als Verwalter des
Landwirtschaftlichen Vereins Egg an andere Gesellschaften Darlehen
und rechnete für den Ersatz mit der Hilfe Dritter – Ersatzbereitschaft
verneint; **94 IV 137: Frey** kaufte für zwei Arbeiter ein Auto, zog Raten
vom Lohn ab, leitete sie aber nicht weiter – Veruntreuung; **98 IV 22:**
Tankwart **Läderach** lieferte Trinkgelder nicht in die gemeinsame Kasse –
Veruntreuung; **99 IV 206: Arbeitgeber B.** unterliess es, gepfändete
Lohnanteile ans Betreibungsamt abzuliefern – keine Veruntreuung; **105
IV 30: N.,** Bürochef bei einem Berufsverband, liess sich von der Sekretärin Vorschüsse und Spesenentschädigungen ausrichten – Verrech-
nungsabsicht schloss Bereicherungsabsicht aus; **106 IV 258: K.** eignete
sich als Gerant eines Hotels Umsatzvergütungen und Versicherungsleistungen an, die für die Eigentümerin des Betriebes bestimmt waren; **106
IV 356: Sch.** versäumte es, Kurtaxen an den Verkehrsverein Chur abzuliefern, Freispruch geschützt; **107 Ib 266: X.** überwies Mittel, die für
Schmiergelder bestimmt waren, auf ein Privatkonto (Rechtshilfe); **109 IV
22: X.** bezog als Vermieter Akontozahlungen für die Heizungskosten und
erstattete zuviel bezahltes Geld nicht zurück – keine Veruntreuung; **109
IV 27: I.,** als Inhaber eines Treuhandbüros mit der Verwaltung des Erbes
von A. beauftragt, liess von einem Kreditkonto Beträge zu seinen Gunsten überweisen; **110 IV 15: M.,** Angestellter einer Bank, verkaufte Wertschriften von Kunden und liess sich den Erlös gutschreiben; **111 IV 19: D.**
tätigte verkappte Eigengeschäfte mit Devisen, wobei er sich manipulier-
ter Kurse bediente; **111 IV 130: Bankdirektor A.** liess durch gefälschte
Aufträge von Kundenkonten 1 658 000 Franken für sich oder Dritte verwenden – weil er nicht direkt darüber verfügte, lag Betrug vor; **111 IV
135, 137f.: X.** stellte ungedeckte Eurochecks für über 2000 Franken aus –
keine Veruntreuung; **113 IV 68: X.,** Handlungsbevollmächtigter einer
Bank, war nicht verpflichtet, gegen die Machenschaften des hierarchisch

gleichgestellten A. einzugreifen; **116 IV 191: X.** nahm bei Ausscheiden
aus der Firma G. einen Ordner mit Aktenkopien mit – Rückweisung zur
Ermittlung des objektiven Marktwerts; **117 IV 20: Architekt J.** benützte
Versicherungszahlungen für eine von ihm verwaltete Liegenschaft zu
Ausrichtung von Löhnen – weil er nur zwei Liegenschaften verwaltete,
keine Qualifikation nach Ziff. 2; **117 IV 256: Frau X.** verwendete das
Geld, welches sie von ihrer Krankenkasse nach Entbindung in der Klinik
C. erhalten hatte, zur Begleichung anderer Schulden – keine Veruntreuung; **118 IV 28: Betreibungsbeamter S.** hatte keine Ersatzbereitschaft,
auch wenn er eingegangene Zahlungen erst «in Kürze» weiterleiten musste, weil er das erforderliche Geld nicht griffbereit hatte; **118 IV 32: X.**
hatte mit der SVB vereinbart, dass der Erlös vom Verkauf von Wohnungen an diese bezahlt würde, liess aber verschiedentlich den Verkaufserlös
verrechnen, krit. ARZT 140; **118 IV 149: V.** schloss einen Abzahlungsver-
trag über einen Mercedes 280 SE ab, bezahlte aber die Raten nicht und
nahm das Auto mit in die Türkei, wo er selber damit herumfuhr, bis es
von den Zollbehörden beschlagnahmt wurde – an Vi zurückgewiesen zur
Abklärung des Aneignungswillens; **118 IV 240: Gemeinderat X.** war laut
Gemeindereglement verpflichtet, Tantiemen, die er als Verwaltungsrat
einnahm, an die Gemeinde weiterzuleiten, weil diese Zahlungen aber
seine persönliche Leistung abgalten, waren sie ihm nicht anvertraut; **119
IV 127: H.** erhielt von C. Blankochecks, was dem Anvertrauen eines
Bankkontos gleichzusetzen ist, und verwendete sie in eigenem Nutzen,
dazu krit. NIGGLI, AJP 2 (1993) 1274 f.; **120 IV 118:** Der stark überschuldete **F.** liess sich ein Darlehen von 30 000 Franken zum Kauf einer Liegenschaft geben, verwendete das Geld aber für seine aufwendige Lebensführung; krit. SCHULTZ a.a.O., ZBJV 131 (1995) 838 ff. **120 IV 276:
B.** und **C.** arbeiteten bei der Bank ABN, die Namenaktien der Bank S.
zugeteilt erhalten hatte; weil sie hohe Gewinne erwarteten, teilten sie die
Aktien unter sich und einer weiteren Person auf und meldeten sich zum
Eintrag ins Namensregister an; **121 IV 23: Notar X.** leitete Handände-
rungssteuern nicht weiter und behauptete, sie seien infolge Steuerbefrei-
ung gar nicht bezahlt worden; **ZR 91 (1992) Nr. 63:** Eine **Polizistin** hatte
ein Fahrrad gefunden und pflichtgemäss eingelagert, nach Monaten
nahm sie es – zusammen mit einem Kollegen gefundenen Rad
– an sich.

22   **Abgrenzungen und Konkurrenzen**
Zu **Art. 139** ist Konkurrenz nicht möglich – wird (Mit-)Gewahrsam gebrochen, liegt Diebstahl vor. S. ferner **Art. 141** N 13; **146** N 38; **158** N 25;
160 N 7, 18; **251** N 20; **254** N 8;
Zu **PVG Art. 57** besteht Idealkonkurrenz, SJZ 62 (1966) Nr. 87, 42 (1946)
Nr. 138, RS 1948 Nr. 186, PKG 1984 Nr. 15; **AHVG Art. 87** geht als *lex
specialis* vor, BGE 82 IV 137, implizit auch 80 IV 184, 76 IV 176; das gilt
auch für **DBG Art. 187.**

139 Diebstahl

**1. Wer jemandem eine fremde bewegliche Sache zur Aneignung weg-
nimmt, um sich oder einen andern damit unrechtmässig zu bereichern,
wird mit Zuchthaus bis zu fünf Jahren oder mit Gefängnis bestraft.**

**2. Der Dieb wird mit Zuchthaus bis zu zehn Jahren oder mit Gefäng-
nis nicht unter drei Monaten bestraft, wenn er gewerbsmässig stiehlt.**

**3. Der Dieb wird mit Zuchthaus bis zu zehn Jahren oder mit Gefäng-
nis nicht unter sechs Monaten bestraft,**

**wenn er den Diebstahl als Mitglied einer Bande ausführt, die sich zur
fortgesetzten Verübung von Raub oder Diebstahl zusammengefunden
hat,**

**wenn er zum Zweck des Diebstahls eine Schusswaffe oder eine andere
gefährliche Waffe mit sich führt oder**

**wenn er sonstwie durch die Art, wie er den Diebstahl begeht, seine be-
sondere Gefährlichkeit offenbart.**

**4. Der Diebstahl zum Nachteil eines Angehörigen oder Familienge-
nossen wird nur auf Antrag verfolgt.**

Ziff. 1 in der Fassung gemäss BG vom 17.6.1994, Ziff. 2 und 3 in der Fassung gemäss BG vom 9.10.1981.

E 120. Zur Vorgeschichte (VE 1894 Art. 69, Mot. 160 ff.) ZStrR 1953 S. 240 und
BGE 85 IV 19 (Erl.Z. 143 f., 2. ExpK II 289 ff.). Zur Teilrevision 1981: E 137 Ziff. 2,
BBl 1980 I 1247, 1256 f.; Sten.NR 1980 1640 f., 1981 958, StR 1981 277. Zur Revision
1994 s. vor Art. 137.

Pierre-Henri Bolle, *Premier bilan de la réforme du Code pénal suisse, relative aux
actes de violence criminels (1982–1988),* ZStrR 107 (1990) 381; Bruno von Büren,
Bandenmässigkeit von Diebstahl und Raub, SJZ 75 (1979) 43; Hans Dubs, Zur Pro-
blematik der relativen Antragsdelikte, ZStrR 71 (1956) 70; O.A. Germann, Aus der
Praxis des KG von Graubünden zum Diebstahl und Betrug, ZStrR 72 (1957) 78;
Guido Jenny, Aktuelle Fragen des Vermögens- und Urkundenstrafrechts, ZBJV
124 (1988) 393; Erich Lauener, Die Gefährlichkeit als qualifizierendes Tatbestandsmerkmal im schweizerischen Strafrecht, Diss. ZH 1994; E. Lerch, Luzerner
Urteile zum Tatbestand des Diebstahls, ZStrR 74 (1959) 90; Ruth Levi-Anliker,
Zur Problematik des strafrechtlichen Gewahrsamsbegriffs, Diss. ZH 1977; Edward
E. Ott, Täterduo als «Bande» bei Diebstahl, Raub und Verstössen gegen das Betäubungsmittelgesetz? ZStrR 99 (1982) 328; Hans Ott, Die rechtliche Qualifikation
von Wegnahmehandlungen in Selbstbedienungsläden, SJZ 55 (1959) 52; Peter Pra-
ger, Der qualifizierte Diebstahl, Diss. BE 1946; Paul Rust, Ladendiebstahl und
«Selbstjustiz», Diss. ZH 1972; Frank Schürmann, Das vergessene Portemonnaie,
recht 6 (1988) 28; Jean-Marc Schwenter, *De quelques problèmes, réels ou imaginaires, posés par les nouvelles dispositions réprimant les actes de violence,* ZStrR 100
(1983) 281; Thomas Schweizer, Die Entwendung (Art. 138), Diss. BS 1979; Peter
Staub, Der qualifizierte Diebstahl nach der revidierten Fassung des Strafgesetzbuches vom 9. Oktober 1981, ZStrR 103 (1986) 321; Rolf Stephani, Die Wegnahme
von Waren in Selbstbedienungsgeschäften durch Kunden, Diss. BE 1968; **Lit.** vor
Art. 137.

1 **Diebstahl** ist das durch Verletzung der Friedenssphäre «Gewahrsam» qualifizierte, auf unrechtmässige Bereicherung zielende Aneignungsdelikt. Die Revision fügte nur die Worte «zur Aneignung» hinzu und nahm damit in den Wortlaut auf, was nach einhelliger Auffassung bereits dazu gehörte, ferner wurden die Qualifikationsgründe neu numeriert, Botsch. 1003.

2 Zum **Tatobjekt** «fremde bewegliche Sache» N 2-4 vor Art. 137.

3 **Wegnahme** ist **Bruch fremden und Begründung neuen** (meist eigenen) **Gewahrsams. Gewahrsam** ist *Herrschaftsmacht mit Herrschaftswillen,* BGE 115 IV 106, 112 IV 11, 110 IV 84, 100 IV 158, 97 IV 196, kritisch gegenüber dem subjektiven Element Levi-Anliker 25 ff. BGE 118 IV 211 spricht nur noch von «Sachherrschaft nach den Regeln des sozialen Lebens». Der Gewahrsamsinhaber (durchaus nicht notwendigerweise auch Eigentümer) muss faktisch die Möglichkeit haben, über die Sache zu verfügen. Daran fehlt es für den Tankstelleninhaber, wenn Benzin bereits in den Tank des Kundenfahrzeugs abgefüllt wurde, anders BGE 110 IV 13, ablehnend auch Rehberg/Schmid 109 Fn 204, Schubarth Art. 137 N 59, Schultz, ZBJV 122 (1986) 5, Stratenwerth BT I § 13 N 88, Walder in recht 4 (1986) 23. Vom Besitz unterscheidet sich der Gewahrsam durch grössere Konkretheit, vgl. die abweichende Regelung bei verlorenen Sachen, ZGB Art. 720 III, Praxis in N 5, Hurtado Pozo BT N 661 ff., Stratenwerth BT I § 13 N 74, eingehend Schubarth Art. 137 N 60 ff.; aber auch er geht weit über die unmittelbare Zugriffsmöglichkeit hinaus. Ein beliebtes Lehrbeispiel ist die Regelung des Besitzüberganges im Erbfall, ZGB Art. 560 III: Ist z.B. das Auto des Erblassers nach dem Todesfall zunächst herrenlos? Für Annahme von Gewahrsam des Erben mit Recht Extr.Fr. 1965 69 f., Noll BT 133 f., Schubarth Art. 137 N 61; dagegen Stratenwerth a.a.O. Im französischen Sprachgebrauch wird gelegentlich für beide Begriffe – Besitz und Gewahrsam – das Wort *«possession»* verwendet, s. z.B. BGE 71 IV 91, 110 IV 85, RS 1984 Nr. 661, für Gewahrsam auch *«maîtrise»,* Cassani 120, Corboz Art. 139 N 3, Hurtado Pozo BT N 667.

4 Die **Herrschaftsmacht** kann **vorübergehend aufgehoben** sein – Abwesenheit von der Wohnung, Stehenlassen eines Fahrzeugs auf der Strasse, von Werkzeug am Arbeitsort, Aufstellen von Automaten usw. (gelockerter Gewahrsam), BGE 112 IV 12, 110 IV 84, 104 IV 73, 100 IV 159, 80 IV 153. Die Frage entscheidet sich *«nach allgemeinen Anschauungen und den Regeln des sozialen Lebens»,* BGE 115 IV 106 f. So behält Gewahrsam, wer Altpapier gebündelt auf dem Trottoir vor dem Haus zum Abholen bereitstellt, was sich auch aus dem funktionellen Zusammenhang zwischen Ort und Art der Sache ergibt, BGE a.a.O. S. auch Schürmann 33 f.; ähnlich BGE 118 IV 209, *211* E. 3a: der Galtvieh-Hirt H. hatte zu Holzpfosten verarbeitete Tännchen am Rande eines Alpweges bereitgestellt. Gewahrsam an einer Kristallkluft erwirbt z.B. der Strahler durch Hinterlegen von Werkzeug oder Versperren der Kluft, Schultz, ZBJV

111 (1975) 496, in Kritik zu BGE 100 IV 158, wonach der Gewahrsam beim Kraftwerk als Eigentümer geblieben war. Kein Verlust des Gewahrsams lag vor, als Uhren im Auto eines Dritten zurückgelassen wurden (der den Täter in Konstanz verhaften liess, um sich die Uhren anzueignen), BGE 80 IV 151, dazu SCHWANDER, ZStrR 77 (1961) 84 ff.; s. auch ZGB Art. 921. Als aufgegeben wurde der Gewahrsam an einer Sache angesehen, die jemand 8 Monate lang in einer aufgegebenen Wohnung stehen liess, RS 1974 Nr. 744 m.Anm. Gewahrsam kann auch durch den Besitz eines (z.B. Auto-)Schlüssels ausgeübt werden, BGE 101 IV 35, PKG 1989 Nr. 35. Ein Schlüssel zum Kassenschrank, dem der Täter einen bestimmten Betrag entnehmen soll, gibt aber nicht Gewahrsam am ganzen Inhalt, ZR 55 (1956) Nr. 33. Als Dieb gilt auch, wer die ihm mit der Bancomatkarte eingeräumte Kompetenz überschreitet, SJZ 67 (1971) Nr. 107, RS 1974 Nr. 742, SCHMID, ZStrR 104 (1987) 159, mit eingehender Begründung JENNY 410 ff., dazu jetzt der Spezialtatbestand von Art. 148.

Kein Gewahrsam besteht an einer Sache (*in casu* Fahrrad), die erst entwendet und dann derelinquiert wurde, BGE 107 IV 142 (zu SVG Art. 94.3; anders SJZ 79 [1983] Nr. 55: Sachentziehung).

Herrschaftsmacht setzt im Prinzip **Wissen** über das Vorhandensein und   5
den Standort der Sache voraus. Detailwissen wird jedoch nicht verlangt, sondern nur *«que le maître soit à tout instant à même de constater la présence des choses dont il dispose en fait»*, BGE 71 IV 91, was zu eng ist, wenn man an grosse Betriebe denkt. Bei verlorenen Sachen vermutet ZGB Art. 720 III den Besitz des Hausherrn. Für den strafrechtlichen Begriff des Gewahrsams modifizieren BGE 71 IV 91 f. und 185 f.: Im bewohnten Haus fällt die verlorene Sache ohne weiteres in Gewahrsam des Hausherrn; wer aber in einer Mietwohnung Sprengstoff findet, von dem der Hauseigentümer nichts weiss, begeht mit der Wegnahme keinen Diebstahl, ZBJV 114 (1978) 453. An Orten mit Publikumsverkehr («dem öffentlichen Gebrauch oder Verkehr dienenden Anstalt» nach ZGB Art. 720 III – in BGE 71 IV 91 f. auch ein kleines Ladengeschäft) erwirbt die Aufsichtsperson nur mit präzisem Wissen vom Vorhandensein der verlorenen Sache Gewahrsam, so der Hotelier an von Gästen vergessenen Sachen, PKG 1954 Nr. 22, s. auch BJM 1962 87, RS 1947 Nr. 38, SJZ 43 (1947) Nr. 160.

Verloren ist eine Sache dann, wenn sie dem Berechtigten ohne seinen   6
Willen und ohne Einwirkung eines Dritten abhanden gekommen ist und er entweder nicht mehr weiss, wo sie sich befindet, oder nicht die Möglichkeit hat, sie wieder zu behändigen, BJM 1970 143 (anders SJZ 58 [1962] Nr. 20: Abhandengekommen genügt). *Nicht verloren* war: das Portemonnaie, das ein Volltrunkener in einer Telefonkabine liegen liess, woran er sich erst im Ernüchterung wieder erinnerte, BGE 112 IV 11 f. (dazu mit Recht kritisch REHBERG/SCHMID 111, STRATENWERTH BT I § 13 N 72, eingehend SCHÜRMANN 30 ff.: das Fortbestehen des Gewahrsams wird zur Fiktion, besonders wenn der Ort der Öffentlichkeit zugänglich

ist); die Uhr, die Oberst Furger im Rauchsalon eines Dampfschiffes liegen liess, BGE 71 IV 184 f. (Ramuz); *verloren* waren dagegen die Banknoten, welche Weber im Spezereiladen Guillaume entfallen waren und die er zuerst am Arbeitsplatz suchte, BGE 71 IV 89 ff. Ob Art. 137 oder 139 angewendet wird, hängt jedoch schliesslich von der Vorstellung des Täters ab (Art. 19, 23), BGE 71 IV 186, SJZ 48 (1952) Nr. 112.

7   **Fehlt** es am **Herrschaftswillen,** so entfällt der Tatbestand (nicht erst Rechtfertigung durch Einwilligung). Dieser Wille kann differenziert und mit Bedingungen verknüpft sein. So sind insbesondere Aufsteller von **Warenautomaten** mit der Aufgabe des Gewahrsams nur einverstanden, wenn der Automat unter Wahrung sämtlicher Benutzungs- und Bedienungsvorschriften in Betrieb gesetzt wird; BGE 103 IV 84 f.: automatische Tankstelle, Selbstbedienungsplättchen, das ein anderer Kunde hatte steckenlassen; 104 IV 73 ff.: Manipulation eines Geldspielautomaten mit einem Gasanzünder; PKG 1980 Nr. 11; SJZ 60 (1964) Nr. 144: Betätigung eines Warenautomaten mit wertlosen ausländischen Münzen; SJZ 83 (1987) Nr. 41: Betätigung von Spielautomaten mit Falschgeld. Keine Aufgabe des Gewahrsams ist das Einrichten einer Diebesfalle, SJZ 79 (1983) Nr. 12. S. auch Art. 150 N 2.

8   Auch im **Selbstbedienungsladen** ist der Herrschaftswille nur dadurch beschränkt, dass der Berechtigte zu Auswahl und Behändigung der Ware zum Vorweisen an der Kasse einlädt, selbst wenn die Ware (z.B. Fleisch) dem Kunden übergeben wird, ZBJV 106 (1970) 159; s. auch BGE 92 IV 89, ZBJV 100 (1964) 205; SJZ 60 (1964) Nr. 111, v. RECHENBERG a.a.O.; noch zweifelnd BGE 89 IV 189 E. 5, SCHULTZ, ZBJV 106 (1970) 160, wie hier in ZBJV 109 (1973) 417.

9   Bruch fremden Gewahrsams liegt vor, wenn der Täter nicht Alleingewahrsam besitzt, also auch bei **Mitgewahrsam** (analog der Auslegung von «fremde ... Sache», N 4 vor Art. 137), ebenso STRATENWERTH BT I § 13 N 52, 93 f. m.Hinw. Abweichend BGE 71 IV 8 f. (krit. WAIBLINGER, ZBJV 83 [1947] 371), 72 IV 152 f.: Ruch, Abwart einer Leichenhalle, nahm Gegenstände von Leichen an sich, was als Veruntreuung bei Mitgewahrsam bewertet wurde. Später beschränkt das BGer die Möglichkeit der Veruntreuung auf Fälle des gleich- oder untergeordneten Gewahrsams des Berechtigten, BGE 92 IV 90, 98 IV 22, 101 IV 35; aus der kantonalen Praxis nehmen Veruntreuung an: PKG 1961 N 54, 1963 Nr. 26, Rep. 1962 97, Sem.jud. 1950 397, SJZ 43 (1947) Nr. 5, ZR 45 (1946) Nr. 98 b, 91 (1992/3) Nr. 63; Diebstahl: LGVE 1985 I Nr. 43, SJZ 60 (1964) Nr. 141, ZR 42 (1943) Nr. 38, ZR 70 (1971) Nr. 7. Keinen Mitgewahrsam hat der Gewahrsamsdiener, z.B. der Arbeiter an Werkzeug und Material, BJM 1961 210, ZR 46 (1947) Nr. 44. S. auch Art. 138 N 5 f. Die Abgrenzung zwischen Art. 139 und 138 hat nach der Revision 1994 angesichts der Angleichung der Strafdrohungen an Bedeutung verloren; von praktischer Relevanz ist sie nach wie vor dann, wenn Qualifikationen in Frage stehen, vgl. REHBERG/SCHMID 89, STRATENWERTH BT I § 13 N 94.

Der **Bruch** fremden Gewahrsams liegt regelmässig in der Entfernung der　10
Sache. Er kann aber auch darin bestehen, dass dem Berechtigten der Zugang zur Sache verunmöglicht wird, BGE 80 IV 151 (durch Veranlassung
der Verhaftung), PKG 1989 Nr. 35 (durch Auswechseln der Schlösser),
oder dass die Sache (sogar im Hotel des Eigentümers) versteckt wird,
BGE 104 IV 156.

Der Diebstahl ist **vollendet** mit der Herstellung eines neuen Gewahrsams　11
nach dem Willen des Täters. Nach der herrschenden *Apprehensionstheo-
rie* ist dies der Fall, sobald der Täter die Sache ergriffen hat, BJM 1961 95,
HAFTER BT I 190, SCHWANDER Nr. 534; anders REHBERG/SCHMID 115,
die danach fragen, ab wann der Täter die alleinige Einwirkungsmöglich-
keit auf die Sache erhält, und STRATENWERTH BT I § 13 N 88 f., der als
entscheidend die Aufhebung der Herrschaftsmöglichkeit des Berechtigten ansieht, ähnlich HURTADO POZO BT N 792 f. Weil Diebstahl somit ein
schlichtes Tätigkeitsdelikt ist, kann der taugliche Versuch nicht vollendet
werden, PKG 1966 Nr. 27; anders der untaugliche, wenn der Täter z.B.
die Sache irrtümlich für fremd oder nicht verloren ansieht, SJZ 66 (1970)
Nr. 90. Beim Warenhausdiebstahl ist der Diebstahl mit dem Verstecken
der Ware vollendet, BGE 92 IV 91 (Stämpfli), 98 IV 85 (Arn); bisweilen
wird in der Praxis zur Erleichterung des Beweises als Zeitpunkt der Vollendung erst das Passieren der Kasse behandelt, s. z.B. ZR 81 (1982)
Nr. 79. Beendet ist der Diebstahl, wenn der Täter das Diebesgut fortge-
schafft, sich angeeignet, die Bereicherung erlangt hat, BGE 98 IV 85, 107
IV 12, s. auch N 7 vor Art. 21.

Zur **Absicht ungerechtfertigter Bereicherung** N 9–17 vor Art. 137.　　　12

Diebstahl setzt überdies **Aneignungsabsicht** voraus, so schon zu aArt.137　13
BGE 85 IV 19 (wo ungenau von «Aneignung» gesprochen wird), RS 1944
Nr. 25. Zum Gegenstand dieser Absicht N 5–8 vor Art. 137.

Ziff. 2 qualifiziert den gewerbsmässigen Diebstahl; zur Gewerbsmässig-　14
keit s. Art. 146 N 30 ff.

Ziff. 3 qualifiziert den Diebstahl bei besonderer Gefährlichkeit und　15
nennt als Regelbeispiele Bandenmässigkeit und Bewaffnung. Weil in
allen Fällen derselbe Qualifikationsgrund wirkt, ist bei Vorliegen mehrerer Kriterien höchstens eine Straferhöhung innerhalb des Strafrahmens
von sechs Monaten Gefängnis bis zu zehn Jahren Zuchthaus möglich
(Art. 63), BGE 72 IV 113, 73 IV 19. Dasselbe gilt bei Zusammentreffen
von Qualifikationsgründen der Ziff. 2 und 3. Die Qualifikationsgründe
sind im Urteilsdispositiv vollständig aufzuführen, STAUB 336 mit Hinweis
auf Ausnahmen, s. auch Art. 63 N 18.

Stehlen als Mitglied einer **Bande** ist besonders gefährlich, «weil der Zu-　16
sammenschluss zur fortgesetzten Verübung von Raub oder Diebstahl die
Täter psychisch und physisch stärkt», BGE 78 IV 233, 72 IV 113. Durch
den Zusammenschluss binden sich die Mitglieder auch an die verbrecherischen Ziele und erschweren sich gegenseitig die Umkehr. Zwei Mitglie-

der genügen: «Die Möglichkeit, Mehrheitsbeschlüsse zu fassen, ist nicht Merkmal der Bande», BGE 78 IV 234, 83 IV 146, 105 IV 181, offengelassen in 120 IV 318, s. auch 122 IV 267, ablehnend (mindestens drei) VON BÜREN und E. OTT a.a.O, HURTADO POZO BT N 803, SCHUBARTH Art. 137 N 139. Als Mitglieder zählen m.E. nur Mittäter. Eine explizite Vereinbarung (BGE 72 IV 113, BJM 1973 188) oder Planung (BJM 1972 27, RVJ 1968 40) ist nicht erforderlich, wohl aber die (möglicherweise stillschweigende) Einigung über die gemeinsame Begehung mehrerer (über zwei, BGE 100 IV 221 f.) Taten, BGE 120 IV 318, ZR 81 (1982) Nr. 44. «Fortgesetzt» bezieht sich nicht auf den Fortsetzungszusammenhang als Handlungseinheit (Art. 68 N 4), BGE 83 IV 147, 100 IV 220 f., der in BGE 116 IV 121 ff. aufgegeben wurde. Das Gesetz unterscheidet nicht zwischen Räuber- und Diebsbande, BGE 102 IV 166 f.

Eine weitergehende Gefährlichkeit wird nicht gefordert, so dass auch Bagatelltaten unter Ziff. 3 subsumiert werden; dagegen unter Hinweis auf ein abweichendes u.ö. Urteil mit Recht STAUB 323. Der neue Art. 172ter findet gemäss dessen Abs. 2 auf qualifizierten Diebstahl keine Anwendung.

17 **Mitglied** ist nicht, wer dem Zusammenschluss nur als untätiger Sympathisant angehört. Wer nur eine ganz untergeordnete Rolle spielt, ist Gehilfe, PKG 1967 Nr. 11. Im übrigen sind verschiedenartige Formen der Rollenverteilung möglich, BGE 78 IV 234, BJM 1969 176, 1973 188. Jedes Mitglied ist Mittäter, BJM 1974 184. Dass sich jeder einzelne an allen Unternehmungen der Bande beteilige, ist nicht erforderlich, ZR 66 (1967) Nr. 47. Der Vorsatz braucht sich nicht auf die juristische Qualifikation des Zusammenschlusses als «Bande» zu beziehen, es genügt, wenn der Täter die Umstände der Begehung kennt, BGE 120 IV 318, 105 IV 181.

18 Ferner qualifiziert Diebstahl (und Raub, Art. 140.2) das **Mitführen einer Schusswaffe** oder einer anderen gefährlichen Waffe. Schwer erklärlich ist der Umstand, dass es sich dabei nach Art. 139.3 um einen Beispielsfall für die besondere Gefährlichkeit des Täters handelt, während derselbe Umstand in Art. 140.2 als selbständiger, im Vergleich zur allgemeinen Gefährlichkeit bedeutend *geringer* gewichteter Qualifikationsgrund eingeführt wurde. Mit dem Qualifikationsgrund soll der besonderen Gefahr Rechnung getragen werden, die mit der Verfügbarkeit der gefährlichen Waffe verbunden ist, er soll insbesondere auch präventiv wirken, HURTADO POZO BT N 808, NOLL BT 141 f.

19 **Schusswaffe** ist eine Waffe, welche durch Explosion eines Sprengsatzes ein Projektil durch einen Lauf mit grosser Geschwindigkeit zum Ziel treibt, ebenso LAUENER 86, BGE 118 IV 147 (also nicht der Gas /Schreckschussrevolver). Entgegen SCHULTZ, ZStrR 101 (1984) 116 und STAUB 324 fallen Luftpistolen und -gewehre nicht darunter – abzustellen ist auf die romanischen Texte, *arme à feu/arma da fuoco*. Nur Feuerwaffen haben an sich die besondere Gefährlichkeit, dass sie bestimmungs

gemäss ohne Kraftaufwand des Täters aus grösserer Distanz tödlich wirken können, ebenso im Ergebnis SCHWENTER 281. Falsch AGVE 1984 Nr. 25, wo sogar die Schreckpistole als Schusswaffe behandelt wird, weil sie auf kurze Distanz erheblich verletzen kann. Aus der *ratio legis* ergibt sich ferner, dass die Schusswaffe funktionstüchtig sein muss – es kommt auf die objektive Gefährlichkeit, nicht auf den Eindruck an; die «neuantike Replika» eines Colt, mit der man gar nicht schiessen kann, ist keine Waffe, BGE 111 IV 50, ebensowenig eine defekte oder eine Waffe, zu welcher der Täter keine Munition besitzt, BGE 110 IV 82 (wo schon das Mitführen von Munition im Auto als genügend angesehen wird). Abweichend AGVE 1983 Nr. 16, wonach Drohung mit ungeladener Pistole genügt (zu aArt. 139.1[bis]).

Der Begriff **«andere gefährliche Waffe»** ist kontrovers. Sicherlich muss es   20
sich um eine «Waffe» handeln, BGE 113 IV 61, 112 IV 13, 111 IV 51 (nicht Hammer), also um einen Gegenstand, der bestimmungsgemäss zu Angriff oder Verteidigung dient, BGE 117 IV 139, 118 IV 146 (Art. 123 N 6). Auf die Verwendungsart kommt es somit, entgegen BGE 113 IV 61, nicht an, BGE 117 IV 139, 112 IV 14 – ein schiessuntauglicher Revolver ist nur dann Waffe, wenn er von vorneherein als Schlag- oder Stichwaffe konzipiert ist, BGE 111 IV 51 (unklar in dieser Hinsicht noch BGE 110 IV 82). Ohne Bedeutung ist auch der Eindruck, der beim Opfer erweckt wird, BGE 118 IV 146, 111 IV 50 (anders AGVE 1984 Nr. 24, BOLLE 394). Abzulehnen ist deshalb die ausdehnende Auslegung von SCHWENTER 282, wonach auch Veloketten, Brieföffner oder Flaschen unter Ziff. 2 fielen, so aber zur metallenen Gliederkette PKG 1984 Nr. 14. Zum Begriff der Waffe aus Art. 123 N 6.

Die Botsch. 1256 nannte als Beispiele «Handgranaten, Bomben, Gaspetarden, Sprühmittel, Schlagringe und andere gefährliche Hieb- und Stichwaffen». Diese (keineswegs bindende, vgl. BGE 111 IV 128 E. 3a) Liste ist m.E. zu weit, ebenso LAUENER 89. Der Gesetzestext grenzt klar ein: Nicht jede, sondern nur die qualifiziert gefährliche Waffe kann gemeint sein; aus dem Kontext ergibt sich, dass die Gefährlichkeit am Beispiel der Schusswaffe zu messen ist, SJZ 83 (1987) Nr. 25, NOLL BT 142, anders BGE 113 IV 61 f. Es muss sich somit um eine Waffe handeln, die ohne Kraftaufwand auf Distanz tötet. Dazu gehören zweifellos Bombe und Handgranate, m.E. aber nicht Gaspetarden (ausgenommen tödliches Giftgas); zu weit gehen BGE 113 IV 62 und 118 IV 147 f.: schon eine Gas-Schreckschusspistole mit CN-Gas sei eine «gefährliche Waffe», weil sie aus kurzer Distanz verletzen, «bei unsachgemässer Verwendung Lungenödeme und bleibende Augenschäden» verursachen könne; die Argumentation ist schon deshalb unrichtig, weil sie die Gefährlichkeit aus (überdies untypischen) Möglichkeiten der Verwendungsart ableitet, s. auch LAUENER 98 f.; verneint wird die Qualifikation bei CS-Gas in BJM 1991 296. Keine gefährlichen Waffen sind m.E. ferner Sprühmittel (ausgenommen hochtoxische Substanzen) oder der Schlagring, höchstens ausnahmsweise Stichwaffen, gewiss nicht ein Taschenmesser (das *recte* gar keine Waffe ist), BGE 117 IV 138f., GVP-SG 1995 Nr. 47, SJZ 83 (1987) Nr. 25. Krit. zum Katalog der Botschaft auch SCHULTZ, ZStrR 101 (1984) 116, offenbar zustimmend BGE 111 IV 51, BOLLE 393f., REHBERG/SCHMID 120, STAUB 324ff., STRATENWERTH BT I § 13 N 104.

21   Der Täter muss die Waffe **zum Zwecke des Diebstahls mit sich führen.** Damit scheiden Fälle aus, bei denen der Dieb nur zufällig (z.B. als Polizist oder Soldat, s. STAUB 323 Fn 8) bewaffnet ist. Andererseits ist nicht erforderlich, dass die Waffe in irgendeiner Form (Schiessen, Drohen) verwendet wurde oder dass dies auch nur beabsichtigt war, BGE 118 IV 146, 110 IV 78, STRATENWERTH BT I § 13 N 105. Die Gefährdung liegt in der Verfügbarkeit der Waffe, BGE 118 IV 146. Es genügt somit, wenn die Waffe «für alle Fälle» mitgeführt wird, also bedingter oder Eventualvorsatz für den Gebrauch besteht, SCHULTZ, ZStrR 101 (1984) 116 f., und zwar gegenüber Menschen, NOLL BT 142, STAUB 324. In der Regel wird dieser subjektive Tatbestand beim bewaffneten Dieb zu vermuten sein, SCHWENTER 282.

22   **Bis zur Revision 1981** wurde die **besondere Gefährlichkeit des Diebes** oder Räubers bejaht, «wenn die Art seines Vorgehens, wobei auch der Tat vorausgehende und nachfolgende Umstände in Betracht fallen, Charaktereigenschaften aufdeckt, die in so hohem Masse auf eine asoziale Grundhaltung und sittliche Hemmungslosigkeit schliessen lassen, dass befürchtet werden muss, er werde auch bei anderen Gelegenheiten vor gleichen oder ähnlichen Handlungen nicht zurückschrecken», BGE 88 IV 60f.; ebenso 98 IV 145, 100 IV 165, 102 IV 247, 105 IV 183, 106 IV 111. Das Bundesgericht verzichtete ausdrücklich darauf zu prüfen, ob die Gefährlichkeit **verschuldet** sei (BGE 102 IV 246: Geisteskrankheit, Drogenabhängigkeit; 105 IV 184ff.: ererbter Hang; mit Recht kritisch SCHULTZ, ZBJV 113 [1977] 535, DERS. 117 [1981] 26).

23   **Mit der Revision 1981** wird nunmehr auf die **Gefährlichkeit der Tat** abgestellt, deren Unrechts- und Schuldgehalt zu bewerten ist, Botsch. 1257 BOLLE 393; Sem.jud. 1986 523: *Gefährlich ist die professionell vorbereitete und besonders kühne, verwegene, heimtückische, hinterlistige oder skrupellose Tat,* BGE 117 IV 137, 116 IV 315ff., SJZ 85 (1989) Nr. 62/13 – riskante Kletterpartien oder die «Kittfalzstechmethode» genügen nicht, s. auch BGE 109 IV 167f. Die Höhe der erhofften Beute, der planerische und technische Aufwand, das Überwinden moralischer und technischer Hindernisse, die Gefahr der direkten Konfrontation mit dem Opfer oder mit Drittpersonen sind massgebende Kriterien; eingehend LAUENER 109ff., 151ff. Für eine Kasuistik unter Hinweis auf die Berner Praxis, die sehr extensiv ist, s. STAUB 329ff. Das Verhalten des Täters vor und nach der Tat ist nicht mehr zu berücksichtigen, BGE 109 IV 162, insbesondere ist nicht nach Wiederholungsgefahr zu fragen, BGE 110 IV 79. Wie unter dem alten Recht (BGE 108 IV 20, 106 IV 111, 100 IV 29, 165, 222) kann sich die besondere Gefährlichkeit schon im Versuch manifestieren. Besondere Gefährlichkeit wurde bei einem Täter bejaht, der planmässig be-

tagten Frauen die Handtasche entriss, BGE vom 18.4.1997 zit. nach
Weissenberger, ZBJV 133 (1997) 498 ff.

Teilnehmern ist die Gefährlichkeit der Tat zuzurechnen, auch wenn sie   24
daran nicht direkt teilhaben, z.B. nicht selber bewaffnet sind; die massgeblichen Umstände müssen ihnen jedoch bekannt sein. Die Gefährlichkeit ist nach der Revision kein persönlicher i.S.v. Art. 26 (so nach altem
Recht BGE 105 IV 186 ff.), sondern ein sachlicher Umstand, BGE 109 IV
164 f., Hurtado Pozo BT N 812, 816, Rehberg / Schmid 121, Staub 336.

Ziff. 4 privilegiert durch Antragserfordernis den Diebstahl **zum Nachteil**   25
eines Angehörigen oder Familiengenossen (s. Art. 110. 2 und 3). Die Polizei soll nicht gegen den Willen des Verletzten in die Sphäre der Familie eindringen, Sem.jud. 1947 280. Strittig ist, ob die Beziehung zum
Eigentümer *und* zum Gewahrsamsinhaber (so BGE 84 IV 14 – Geldentnahme aus der vom Ehemann verwalteten Kasse; AGVE 1949 Nr. 21,
SJZ 57 [1961] Nr. 124, PKG 1968 Nr. 20,), nur zum Gewahrsamsinhaber
(so SJZ 43 [1947] Nr. 75) – oder nur zum Eigentümer (Germann, Verbrechen, 262, Noll BT 146, Schubarth Art. 137 N 162, Stratenwerth
BT I § 13 N 111) bestehen müsse. Die letztgenannte Lösung ist die richtige, denn die Tat richtet sich gegen den Eigentümer. Die geschützte Beziehung muss zur Zeit der Tat bestehen, SJZ 58 (1962) Nr. 75; für den
Zeitpunkt des Strafverfahrens Dubs a.a.O.

    Aussenstehende Teilnehmer werden von Amtes wegen verfolgt,
Art. 26, BGE 82 IV 131, ZR 56 (1957) Nr. 165. Ziff. 4 gilt auch *nur, wenn
alle* Geschädigten Angehörige oder Familiengenossen sind, BGE 84 IV
14.

    Anders als bei Art. 138 hat es der Gesetzgeber versäumt klarzustellen,
dass das Antragserfordernis *nur für den einfachen Diebstahl* gelten soll.
Wird Ziff. 4 als Ausnahmeregel eng ausgelegt, steht einer solchen Beschränkung nichts im Wege – sie entspricht dem Sinn des Gesetzes (vgl.
Art. 172ter) und stösst sich nicht am Wortlaut.

Die Kantone können **Holz- und Feldfrevel** mit Übertretungsstrafe be-   26
drohen; das Tatobjekt muss von geringem Wert und noch mit dem Boden
verbunden sein, SJZ 45 (1949) Nr. 100, RS 1966 Nr. 25. Hat ein Kanton
auf einen solchen Tatbestand verzichtet, liegt Diebstahl vor, BGE 72 IV
5.

Kasuistik   27
BGE 71 IV 183: Ramuz behändigte im Rauchsalon eines Schiffs die Uhr
von Oberst Furger, welche dieser nur vergessen, nicht verloren hatte; **72
IV 53: Möri** liess durch sein Vieh die Wiese von Kappeler vollständig ab-
weiden; **72 IV 150: Ruch,** Abwart einer Leichenhalle, eignete sich Effekten und Goldkronen von Leichen an – Veruntreuung; **80 IV 151:** «Kon-
tanzer Uhrenfall», s. Art. 138 N 21; **84 IV 13: Frau X.** nahm Geld aus der
Kasse, die ihr Mann für eine Krankenkasse als Kassier verwaltete; **85 IV
7: Rigolet** entwendete diverse Motorfahrzeuge für jeweils wenige Stun-

den – kein Aneignungswille; **87 IV 17: Boss** nahm aus einem Auto American Express-Reisechecks weg – nicht Art. 254; **88 IV 59: Puleo** brach in die über einem Restaurant gelegene Wohnung ein – besondere Gefährlichkeit; **89 IV 185: Frau Honauer** nahm in Selbstbedienungsläden Lebensmittel und andere Waren mit, die sie nicht bezahlte; **92 IV 89: Margrit Stämpfli** nahm im Migros-Selbstbedienungsladen zwei Pullover mit in eine Umkleidekabine, packte den einen ein und nahm ihn ohne Bezahlung mit; **97 IV 194: Born** manipulierte Spielautomaten mittels einer Eisenstange und erzielte dadurch meist «Höchstgewinne» – aArt. 151; **98 IV 144: Huber** schlich sich durch ein Oberlichtfenster in eine Fabrik ein und stahl Geld aus einer offenen Pultschublade – keine besondere Gefährlichkeit; **100 IV 155: Hadorn** und **Bruchez** erbrachen im Grimselgebiet eine Kristallkluft, die Rufibach gefunden und mit einem eingemauerten Eisentor gesichert hatte, und nahmen Kristalle weg; **101 IV 33: Ernst Weiss** fuhr mit dem Auto seines hospitalisierten Sohnes Peter, nachdem er den Schlüssel erhalten hatte – kein Gewahrsamsbruch; **103 IV 83: S.** tankte Benzin mit dem Plättchen, das ein Kunde an der Tankstelle hatte stecken lassen; **104 IV 72: C.** manipulierte mit einem präparierten Gasanzünder Geldspielautomaten so, dass er ausserordentliche Gewinne erzielte; **104 IV 157: A.,** Abwart-Stellvertreter, holte mittels Passepartout Whisky und Wein aus dem Keller des Hotel Aarauerhof; **107 IV 167: N.** und **E.** drangen in die Liliputeisenbahnanlage des Z. ein und entwendeten eine Dampflokomotive «Flying Scotchman A 3/6» – am folgenden Tag überwies N. an Z. 10 000 Franken; **110 IV 13: N.** bezog Benzin für 52 Franken, bediente sich mit Zigaretten für 23 Franken zahlte mit einer Hunderternote und fuhr, nachdem ihm die Kassiererin irrtümlich 77 Franken herausgegeben hatte, davon; **110 IV 80: W.** bezog am Postomat 2400 Franken, obwohl er wusste, dass sein Konto keinen ausreichenden Aktivsaldo aufwies; **111 IV 75: C.** entwendete Magnetbänder mit dem Computerprogramm einer Bank, um sich an deren Gebrauchswert zu bereichern; **112 IV 9: B.** behändigte in einer Telefonkabine das Portemonnaie, welches der betrunkene A. dort hatte liegen lassen; **115 IV 105: S.** behändigte ca. drei Tonnen am Strassenrand deponiertes Altpapier im Wert von ca. 350 Franken, welches für die «Gemeinnützige Zürcher Papierabfuhr» bestimmt war.

28   **Konkurrenzen**

S. **Art. 138** N 22, **140** N 24, **141** N 13, **144** N 12, **146** N 38, **148** N 14; **150** N 5, **160** N 18, **162** N 11, **163** N 14, **181** N 16, **186** N 18; **254** N 8, **262** N 8; **Einbruchdiebstahl** ist gemäss BGE 72 IV 116 bei Vorliegen der entsprechenden Anträge nach Art. 139, 144 und 186 zu bestrafen, ebenso RVJ 1991 418, 1994 418 und 329 (in diesem Urteil allerdings nur für Diebstähl gem. Ziff. 1 und 2); mit Stratenwerth BT I § 13 N 108 und Schubarth Art. 137 N 155 ist jedenfalls bei Diebstahl, bei dem gerade wegen der Begehung des Begleitdelikts Ziff. 3 angewendet wird, Konsumtion anzunehmen, zumal die Antragstellung weniger vom spontanen Willen der Verletzten als von der Praxis des zuständigen Polizeikorps abhängt, un

der Einfluss auf das Strafmass unbedeutend sein dürfte, STAUB 334f.
Zum versicherungsrechtlichen Begriff «Einbruchsdiebstahl» s. KARL
SPIRO/ ROLAND GASS, Einbruchdiebstahl oder einfacher Diebstahl? –
Anmerkungen zur Frage des Versicherungsschutzes aus Hausratsver-
sicherung bei Diebstählen aus im Freien stehenden, aufgebrochenen
Automobilen, BJM 1992 113.

140 Raub

**1. Wer mit Gewalt gegen eine Person oder unter Androhung gegen-
wärtiger Gefahr für Leib oder Leben oder nachdem er den Betroffenen
zum Widerstand unfähig gemacht hat, einen Diebstahl begeht, wird mit
Zuchthaus bis zu zehn Jahren oder mit Gefängnis nicht unter sechs
Monaten bestraft.**

**Wer, bei einem Diebstahl auf frischer Tat ertappt, Nötigungshandlun-
gen nach Absatz 1 begeht, um die gestohlene Sache zu behalten, wird mit
der gleichen Strafe belegt.**

**2. Der Räuber wird mit Zuchthaus oder mit Gefängnis nicht unter
einem Jahr bestraft, wenn er zum Zweck des Raubes eine Schusswaffe
oder eine andere gefährliche Waffe mit sich führt.**

3. Der Räuber wird mit Zuchthaus nicht unter zwei Jahren bestraft,

**wenn er den Raub als Mitglied einer Bande ausführt, die sich zur fort-
gesetzten Verübung von Raub oder Diebstahl zusammengefunden hat,**

**wenn er sonstwie durch die Art, wie er den Raub begeht, seine beson-
dere Gefährlichkeit offenbart.**

**4. Die Strafe ist Zuchthaus nicht unter fünf Jahren, wenn der Täter
das Opfer in Lebensgefahr bringt, ihm eine schwere Körperverletzung
zufügt oder es grausam behandelt.**

Ziff. 1bis, 2 und 3 gemäss BG vom 9.10.1981.

Zur Teilrevision 1981: E 139 Ziff. 2 u. 3, BBl 1980 I 1247, 1257f.; Sten.NR 1980
1641ff., 1981 958f., StR 1981 277, 373. Zur Revision 1994 s. vor Art. 137.

GUNTHER ARZT, Zur Revision des Strafgesetzbuches vom 9. Oktober 1981 im Bereich der Gewaltverbrechen, ZStrR 100 (1983) 257; PIERRE-HENRI BOLLE, *Premier
bilan de la réforme du Code pénal suisse, relative aux actes de violence criminels
(1982–1988),* ZStrR 107 (1990) 381; RUDOLF GERBER, Rechtliche Probleme beim
Raub, ZStrR 90 (1974) 113; ANDREAS KOCH, Zur Abgrenzung von Raub, Erpressung und Geiselnahme, Diss. ZH 1994; ERICH LAUENER, Die Gefährlichkeit als qualifizierendes Tatbestandsmerkmal im schweizerischen Strafrecht, Diss. ZH 1994;
ROLF WERNER MAEDER, Der Raub nach Schweiz. Strafgesetzbuch (unter vergleichender Berücksichtigung des Raubtatbestandes des deutschen Strafgesetzbuches
§ 249 ff.), Diss. BE 1959; HANS SCHULTZ, Der strafrechtliche Begriff der Gewalt,
ZStrR 67 (1952) 340, FRANK SCHÜRMANN, Der Begriff der Gewalt im schweizerischen Strafgesetzbuch, Diss. BE 1986; **Lit.** vor Art. 137 und zu Art. 139.

1   **Raub** ist der unter Anwendung von Gewalt oder Drohung oder durch
    Herbeiführung von Widerstandsunfähigkeit begangene Diebstahl; dem
    Raub gleichgestellt ist der **räuberische Diebstahl:** Nötigung zu Rettung
    der Beute des beim Stehlen Ertappten.

    Mit der *Revision 1994* wurde der Zeitpunkt der Vollendung zurück-
    verlegt – der Diebstahl muss vollendet sein; andererseits wurden die
    Nötigungsmittel erweitert: Gewalt und Drohung brauchen nicht mehr
    Widerstandsunfähigkeit bewirkt zu haben – diese ist als dritte Variante
    aufgeführt, was die Generalklausel «auf andere Weise» überflüssig wer-
    den liess. Beim Strafmass wurde die Höchststrafe auf 10 Jahre Zuchthaus
    herabgesetzt (bei schwerwiegenden Fällen ist regelmässig ein Qualifika-
    tionsgrund nach Ziff. 2–4 gegeben). Im Gegensatz zur allgemeinen Ten-
    denz der letzten Revisionen blieb es aber bei der erhöhten Mindeststrafe.
    Bloss redaktioneller Natur ist die Änderung der Umschreibung des räu-
    berischen Diebstahls und die Umnummerierung der Qualifikationsgründe,
    Botsch. 1004 f.

2   Zu **«Diebstahl»** s. Art. 139.

3   Das Gesetz nennt als **Nötigungsmittel** (nicht abschliessend) Gewalt an
    einer Person und Drohung mit einer gegenwärtigen Gefahr für Leib und
    Leben.

4   **Gewalt an einer Person** ist nach h.L. das unmittelbare Einwirken auf de-
    ren Körper, CORBOZ Art. 140 N 5, GERBER 117, HURTADO POZO BT N
    824, KOCH 62, REHBERG/SCHMID 124, SCHUBARTH Art. 139 N 41 f., 362,
    STRATENWERTH BT I § 13 N 115, eingehend SCHÜRMANN 49 m.w.Hinw. in
    Fn 167. Dem folgt auch die Praxis, BGE 122 IV 100, 107 IV 108, 98 IV
    315, 81 IV 226; BJM 1964 237 (Einsperren); PKG 1966 Nr. 9 (Ohrfeigen
    und Schläge); PKG 1985 Nr. 17 (Umreissen des Opfers beim Griff nach
    der Sache); s. auch BGE vom 18.4.1997, angezeigt von WEISSENBERGER
    in ZBJV 133 (1997) 498 ff.: Entreissdiebstähle begangen an betagten
    Frauen. Analog der Nötigung (BGE 101 IV 45) richtet sich die erforder-
    liche Intensität der Gewalt nach der Widerstandskraft des konkreten
    Opfers, SCHULTZ 368, SCHÜRMANN 16. Gewalt gegen Sachen genügt dem-
    nach nicht; der Schuss auf die Reifen eines fahrenden Autos (STRATEN-
    WERTH BT I § 13 N 115) dürfte allerdings oft auch Leib und Leben der
    Insassen (durch Unfall) gefährden.

5   Die **Drohung** muss demgegenüber (analog BGE 101 IV 48) objektiv die
    Intensität erreichen, dass ein durchschnittlich Einsichtiger dem Ansin-
    nen des Täters nachgibt (ebenso KOCH 88 f., REHBERG/SCHMID 125
    SCHUBARTH Art. 139 N 48, a.M. GERBER 118); auch die Drohung mit
    einer einfachen Körperverletzung, z.B. Knochenbruch, genügt, KOCH 71
    REHBERG/SCHMID 125, STRATENWERTH BT I § 13 N 118, a.M. SCHU-
    BARTH Art. 139 N 47 (allerdings mit Rücksicht auf den Erfolg der Wider-
    standsunfähigkeit), nicht jedoch die mit einer Tätlichkeit, NOLL BT 158
    STRATENWERTH a.a.O. Dass der Täter die Drohung wahr machen will, is
    nicht erforderlich, BGE 107 IV 33, 72 IV 58. Im Gegensatz zur Nötigung

können hier nicht beliebige Nachteile Inhalt der Drohung sein – sie muss sich auf die körperliche Integrität beziehen, im wesentlichen geht es um Androhung von Gewalttaten i.S. derselben Bestimmung.

Gewalt und Drohung müssen sich **gegen die Person** richten, die ein **Hindernis** für den Diebstahl bildet, SCHÜRMANN 82, «der Gewahrsamsinhaber (etwa ein Geldbote), der Gewahrsamshüter (z.B. ein Securitasmann …) wie auch ein Dritter, der Nothilfe leistet», BGE 113 IV 66, ebenso RS 1992 Nr. 341, ZWR 1987 270, HURTADO POZO BT N 824, REHBERG/ SCHMID 123, SCHUBARTH Art. 139 N 43, STRATENWERTH BT I § 13 N 116, anders noch BGE 102 IV 19 f. (in Übereinstimmung mit der Entstehungsgeschichte, KOCH 106 ff.); ARZT 260 und REHBERG/SCHMID 123 f., 126 nehmen an, dass bei Gewalt gegen Dritte, z.B., aber nicht nur, gegen «Sympathiepersonen», das Opfer auf andere Weise widerstandsunfähig gemacht wird; Zustimmung verdient die – zumindest theoretisch – strenge Scheidung zwischen Raub und Freiheitsberaubung oder Geiselnahme, STRATENWERTH BT I § 13 N 119, DERS. in recht 6 (1988) 101 mit Fn 15; faktisch sind jedoch «die Übergänge zwischen Raub und Geiselnahme oft fliessend», BGE 121 IV 184. KOCH 116 f. will immer dann Raub annehmen, wenn sich die Gewalt gegen am Tatort anwesende Personen richtet. «Bemächtigt» sich der Täter des Dritten, so liegt Geiselnahme vor, andernfalls Erpressung.   6

Obschon Gewalt und Drohung nicht mehr zu Widerstandsunfähigkeit führen müssen, ist weiterhin eine gegenüber Art. 181 **qualifizierte Nötigung** vorausgesetzt, was sich nicht nur aus den Hinweisen auf die «Person» bzw. «Leib oder Leben» ergibt, sondern auch durch die Gleichsetzung mit dem «zum Widerstand unfähig machen». Zwar muss dieser Erfolg nicht mehr bewiesen werden, was den Tatbestand erweitert, Botsch. 1004, aber im übrigen gelten die Anforderungen an Intensität von Gewalt und Drohung weiterhin.   7

Als dritte Alternative sieht das Gesetz die Variante vor, dass der Täter das Opfer (auf andere Weise) **«zum Widerstand unfähig»** macht. Damit sind die Gewichte nur unwesentlich verschoben worden: Nur dann, wenn der Täter andere Mittel als Gewalt oder Drohung gegen das Opfer einsetzt, muss Widerstandsunfähigkeit nachgewiesen werden. Bei diesen Mitteln ist etwa an «Betäubung, Hypnose, Anwendung von Tränengas, Blendung, Schrecklähmung» zu denken, BGE 81 IV 226; Schlafmittel verwendete der Täter in BGE 116 IV 313; die Hypnose hat sich einen tief verwurzelten Stammplatz in der Literatur gesichert, z.B. CORBOZ Art. 140 N 7, HURTADO POZO BT N 832, REHBERG/SCHMID 126, STRATENWERTH BT I § 13 N 120, was SCHUBARTH Art. 139 N 56 historisch erklärt. Hinsichtlich des Grades der Widerstandsunfähigkeit gibt es keinen Grund, von der alten Praxis abzuweichen.   8

Die Frage, ob eine vollständige Widerstandsunfähigkeit zu fordern sei, hat BGE 71 IV 123, ebenso SJZ 50 (1954) Nr. 75, bejaht, BGE 100 IV 164 dagegen offengelassen. BGE 107 IV 109 lässt eine vorübergehende Widerstandsunfähigkeit genügen. Der Widerstands*wille* braucht nicht gebrochen zu sein, BGE 100 IV 164 f. Gelingt dem Opfer die Flucht, so kommt es darauf an, ob der Täter sein Ziel, die Beute, erreicht hat, BGE 107 IV 33, RS 1917 Nr. 440; *e contrario* BGE 71 IV 121, ZR 52 (1953) Nr. 107: «Zum Widerstand unfähig ist nicht schon, wer sich mit dem Angreifer nicht mehr mit Aussicht auf Erfolg schlagen kann, sondern nur, wer genötigt ist, sich ihm zu unterwerfen», BGE 71 IV 123. Dies kann auch zutreffen, wenn Hilferufe noch möglich sind, SJZ 58 (1962) Nr. 202, 71 (1975) Nr. 104.

9 Unterläuft der Täter den Widerstand des Opfers durch List oder Überraschung (z.B. bei Entreissen einer Handtasche), so liegt, entgegen BGE 78 IV 227, BJM 1970 85, kein Raub vor, BGE 107 IV 109, 81 IV 224, RS 1981 Nr. 168, HURTADO POZO BT N 833. Eine überraschende Drohung kann dagegen den Widerstand ausschalten, RS 1978 Nr. 665. Raub ist auch nicht gegeben, wenn das Opfer die Widerstandsunfähigkeit (z.B. durch Alkoholkonsum) selber herbeigeführt hat, BGE 101 IV 157 f.

10 **Erreicht die Nötigung nicht die** von Art. 140 geforderte **Intensität,** so kann Diebstahl in Konkurrenz mit Nötigung (Art. 181) gegeben sein, BJM 1969 177.

11 Raub ist **vollendet** mit der Begehung des Diebstahls gemäss Art. 139. Versuch kann allerdings schon beim Ansetzen zu Gewaltanwendung, Drohung oder Beseitigung der Widerstandsfähigkeit vorliegen. Andererseits ist der Versuch aber nicht vollendet, wenn der Täter zwar Gewalt geübt, den Diebstahl aber nicht begangen hat; verzichtet er freiwillig auf den Diebstahl, liegt Rücktritt i.S.v. Art. 21 II mit der (vor allem bei qualifiziertem Vorgehen stossenden) Möglichkeit der Strafbefreiung vor.

12 **Räuberischer Diebstahl** ist gegeben, wenn der Täter, auf einem Diebstahl *in flagranti* ertappt, d.h. *nach Vollendung aber vor Beendigung* des Diebstahls, Gewalt verübt, um die Beute zu sichern. Dient die Gewaltanwendung nur zur Sicherung der Flucht ohne Beute, fällt sie nicht unter Art. 140, BGE 92 IV 154 f., 83 IV 67. Nach dem Gesetzeswortlaut ist nicht notwendig, dass es ihm auch gelingt, die Beute in Sicherheit zu bringen; es genügt, wenn er in Sicherungsabsicht die entsprechenden Nötigungshandlungen vornimmt, ebenso REHBERG/SCHMID 128, unentschieden STRATENWERTH BT I § 13 N 125.

13 Raub ist **in drei Stufen qualifiziert:** durch Bewaffnung, durch besondere Gefährlichkeit (z.B. infolge Bandenmässigkeit) und durch Lebensgefährdung, schwere Körperverletzung oder Grausamkeit. Die Höchststrafe ist in diesen Fällen zwanzig Jahre Zuchthaus. Die Mindeststrafe steigt über sechs Monate Gefängnis im Grundtatbestand auf ein Jahr Gefängnis in Ziff. 2 und auf zwei und fünf Jahre Zuchthaus in Ziff. 3 bzw. 4 an.

14 Der Qualifikationsgrund der **Bewaffnung** ist analog Art. 139.2 formuliert, s. Art. 139 N 18–21. Unterschiedlich ist jedoch die Wirkung: Im Gegensatz zum Diebstahl bedeutet die Bewaffnung des Räubers noch nicht seine besondere Gefährlichkeit – weder liegt bei Bewaffnung stets be

sondere Gefährlichkeit vor, noch setzt die besondere Gefährlichkeit Bewaffnung voraus, BGE 117 IV 138 f. Macht der Räuber allerdings von der Waffe, wenn auch nur zur Bedrohung, Gebrauch, so soll er gemäss BGE 110 IV 78 nach Ziff. 3 oder 4 bestraft werden.

Zur **Bande** und zur **besonderen Gefährlichkeit** s. Art. 139 N 16 f., 22 f. Die   15
für Diebstahl entwickelten Kriterien der besonderen Gefährlichkeit dürfen nicht unbesehen für Raub übernommen werden, BGE 116 IV 316. Wegen des hohen Strafminimums ist restriktive Auslegung geboten, BGE 116 IV 315 ff., 117 IV 137: Die Tat muss «nach ihrem Unrechts- und Schuldgehalt besonders schwer» wiegen. BGE 116 IV 316 betont, dass die Mindeststrafe ein Jahr höher ist als nach Ziff. 2. Besonders gefährlich war etwa der Raub z.N. eines Ehepaars, das dem Täter zuvor Hilfsbereitschaft erwiesen hatte, unter Verwendung raffinierter Tricks, BGE 109 IV 161, der bewaffnete Überfall auf ein Postamt, wobei Kunden mit der Pistole in Schach gehalten wurden, BGE 110 IV 77, die Bedrohung eines Tankwarts mit nicht gespanntem Revolver, BGE 117 IV 427 (dazu N 16b). Im Einzelfall verneint wurde die besondere Gefährlichkeit bei der Bedrohung mit einem Taschenmesser, wobei ein solches Verhalten in anderen Fällen jedoch durchaus auch als besonders gefährlich angesehen werden könnte, BGE 117 IV 139, s. auch N 16a.

Von den schwersten Fällen gemäss **Ziff. 4** ist praktisch vor allem der er-   16
ste wichtig: dass der Täter **«das Opfer in Lebensgefahr bringt»**; zur Grausamkeit s. Art. 184 N 2, zur schweren Körperverletzung Art. 122. Das alte Recht qualifizierte den Fall, dass der Täter «jemanden mit dem Tode bedroht», was angesichts des Grundtatbestands (Drohung mit Gefahr für Leben) eine einschränkende Auslegung erforderte, über deren Inhalt gestritten wurde. Für das BGer kam es darauf an, ob «der Täter die Todesdrohung unmittelbar verwirklichen *kann* und das Opfer nach den Umständen, insbesondere nach der Art der Drohung, tatsächlich einer grossen Lebensgefahr ausgesetzt» war, BGE 108 IV 19, 107 IV 111, 105 IV 302, 102 IV 19, 72 IV 57 f., ebenso RS 1981 Nr. 24, 1979 Nr. 830, GERBER 129. Demgegenüber forderten REHBERG III (3. Aufl.) 43, SCHWANDER Nr. 541, STRATENWERTH BT I 2. Aufl. 205, dass der Täter zur Verwirklichung seiner Drohung bereit sei, ebenso PKG 1962 Nr. 19, SJZ 73 (1977) Nr. 56, 71 (1975) Nr. 104.

Die **Revision 1981** sollte vor allem den Widerspruch zu Ziff. 1 beseitigen,   16a
Botsch. 1980 1258. Während ARZT, ZStrR 100 (1983) 269, BOLLE 395 und SCHWENTER 287 die Meinung vertreten, inhaltlich sei keine Änderung erfolgt, findet SCHULTZ 120, dass die Qualifikation jetzt «deutlich mehr» fordere; jedenfalls nicht weniger: LGVE 1983 I Nr. 57. Das BGer hat zunächst an der früheren Praxis festgehalten, BGE 109 IV 111 (anders die Vi, LGVE 1983 I Nr. 56), und die Qualifikation bejaht bei Bedrohung mit geladener aber gesicherter Waffe, BGE 109 IV 108; bei geladener, gesicherter und nicht durchgeladener Waffe, BGE 112 IV 15, 111 IV 127; bei einem Trommelrevolver, der erst nach vier Druckbewegungen über

leere Patronenkammern schiessen konnte, BGE 112 IV 17 (ähnlich RVJ 1987 268). Für entscheidend hielt es den Umstand, dass der Täter in Sekundenschnelle hätte schiessen können, zust. REHBERG III (4. Aufl.) 51; mit Recht wurde die Qualifikation angenommen bei Bedrohung durch einen scharfen Dolch, der kurze Zeit 10–20 cm entfernt mit der Spitze gegen den Hals des Opfers gerichtet war, BGE 114 IV 9 ff., ähnlich 117 IV 428; weil der Täter mit dem Messer nur herumgefuchtelt hatte, lehnte EGV-SZ 1992 75 ff. die Anwendung von Ziff. 4 ab; angenommen bei einem kräftigen Schlag mit einem Schlagholz auf den Kopf, AGVE 1987 Nr. 22. Demgegenüber soll nach SCHULTZ 120, DERS., ZBJV 121 (1985) 42 f. nicht einmal die Drohung mit der entsicherten Waffe genügen. Die Revision 1981 liess deutlich ein Bestreben erkennen, die Qualifikation nicht an Täter-, sondern an Tatmerkmale zu knüpfen (s. auch Art. 139 N 23). Daraus ergibt sich, dass die Lebensgefahr unabhängig von der Person des Täters darin bestehen muss, dass keine Kontrolle über das Geschehen mehr gewährleistet ist, dass durch schreckhafte Reflexbewegungen oder Handeln eines Dritten ein Schuss losgehen kann, wie das Beispiel in LGVE 1985 I Nr. 44 zeigt, s. auch ARZT, ZStrR 100 (1983) 269, STRATENWERTH BT I § 13 N 134, AMFELD / GSELL in plädoyer 5/1984 5, vgl. ferner BGE 102 IV 20 (Messer an der Kehle), BJM 1985 33. Die Qualifikation ist demnach nur bei Bedrohung mit geladener und entsicherter Waffe anzunehmen – der Finger braucht m.E. nicht am Abzug zu liegen. Die ältere Praxis des BGer bedeutete, dass die Gefahr weniger in der Situation als in der Person des Täters erblickt wurde. Lebensgefährdung durch ein Messer: Rep. 1984 299, EGV-ZG 1992 75; durch Schüsse auf Verfolger: Rep. 1985 189.

16b   In BGE 117 IV 420, *424 ff.* hat das BGer nunmehr seine **Praxis** im Sinne dieser Kritik geändert. Der Sprung in der Mindeststrafe zwischen Ziff. 3 und 4 von zwei auf fünf Jahre zeigt, dass «ein ganz erheblicher Unterschied» zwischen den beiden Gefährdungen bestehen muss: «Die Voraussetzung der Ziff. 3 [neu Ziff. 4] ist als erfüllt zu betrachten, wenn die geladene Waffe entsichert und auch durchgeladen oder gespannt ist, so dass sich ein Schuss zumal dann, wenn der Täter den Finger am Abzug hält, jederzeit lösen und das Opfer töten kann» (S. 425), bestätigt in 120 IV 115, 121 IV 71 ff. (in Abgrenzung zu Art. 129); ablehnend hinsichtlich Abstellen auf das Abzugsgewicht von 4,5 kg in BGE 117 IV 420: ZR 91 (1992) Nr. 20. Analoge Überlegungen müssen auch bei den verschiedenen Qualifikationstatbeständen des Art. 185 angestellt werden, dies schon deshalb, weil «die Übergänge zwischen Raub und Geiselnahme oft fliessend sind», BGE 121 IV 180 ff., *184.*

Der klare Wortlaut schliesst die Qualifikation bei Lebensgefahr für Dritte aus, BGE 111 IV 130.

16c   Der **subjektive Tatbestand** verlangt Vorsatz für die Lebensgefährdung, wobei Eventualvorsatz genügt; der Täter braucht aber nicht bereit zu sein, die Gefahr auch zu verwirklichen, BGE 117 IV 426, 429, s. auch LGVE 1985 I Nr. 44; deshalb ist auch Konkurrenz zwischen i.S.v. Ziff. 4

qualifiziertem Raub und eventualvorsätzlicher Tötung möglich – umgekehrt impliziert der Gefährdungsvorsatz keineswegs auch nur *dolus eventualis* hinsichtlich der Tötung als Realisierung dieser Gefahr, Sem.jud. 1995 246, offengelassen in Sem.jud. 1995 148 f., 1993 305 (BGer).

Die qualifizierende **schwere Körperverletzung** (Art. 122) muss vorsätzlich zugefügt werden, REHBERG/SCHMID 132, SCHWENTER 283, STRATENWERTH BT I § 13 N 135, Eventualdolus genügt. 17

Grausamkeit ist die Zufügung von Qualen um ihrer selbst willen, vgl. Art. 112 N 19, 184 N 2, also z.B. intermittierendes Würgen bis zum Tod (Bsp. bei GERBER 140), aber nicht Durchschneiden der Kehle, wie SJZ 58 (1962) Nr. 137 annimmt. 18

Bei **Vorliegen mehrerer Qualifikationsgründe** ist vom höchsten Strafminimum auszugehen, wobei eine Erhöhung innerhalb des Strafrahmens möglich ist – Ziff. 2 wird von Ziff. 4 «konsumiert», wenn die Waffe zur Lebensgefährdung eingesetzt wurde, von Ziff. 3, wenn ihre Verwendung als Indiz besonderer Gefährlichkeit dient. 19

Versuch der qualifizierten Tatbestände liegt erst vor, wenn der Täter auch zur Verwirklichung des Qualifikationsgrundes unmittelbar ansetzt, ARZT, ZStrR 100 (1983) 269 f., SCHUBARTH Art. 139 N 66, SCHULTZ 121, SCHWENTER 284; anders noch zum alten Recht BGE 106 IV 113, 108 IV 20. BGE 120 IV 114 schliesst sich nunmehr der h.L. an – keine Lebensgefährdung gemäss Ziff. 4, wenn die Täter gar nicht ins Tatobjekt eindringen, während die besondere Gefährlichkeit angesichts der genauen Vorbereitung, der geladenen Waffe und der Bereitschaft, davon Gebrauch zu machen, schon verwirklicht war. 20

Teilnehmer fallen schon unter den qualifizierten Tatbestand, wenn sie bloss um den Qualifikationsgrund wissen – es handelt sich dabei, wie in Art. 139 (N 24), nicht um persönliche Umstände i.S. von Art. 26, BGE 109 IV 164 f., Rep. 1984 299. Tritt ein an der Vorbereitung massgeblich Beteiligter vor der Tat zurück, kann er nur als Gehilfe bestraft werden, ZR 70 (1971) Nr. 143. 21

Vorbereitungshandlungen sind strafbar, Art. 260bis. Hat der Räuber den Tatort betreten und gibt er das Vorhaben auf, weil zuviel Leute da sind, liegt schon Versuch vor, AGVE 1981 Nr. 16, Rep. 1984 427. 22

Kasuistik – Raub bejaht 23
BGE 78 IV 227: Jost und **Nydegger** baten Passanten um Kleingeld, schlugen dann überraschend auf ihre Hand und entrissen ihnen den Geldbeutel; **98 IV 314: Oertli** überfiel mit zwei Komplizen den Prokuristen Walther, den sie fesselten, mit Spritzen betäubten und, nachdem sie mit seinem Schlüssel dem Tresor 340 000 Franken entnommen hatten, an ein Treppengeländer festbanden; **100 IV 147: Zinai** kaufte sich im Laden der Frau Richard ein Stellmesser, mit dem er sie nachher tödlich in den Hals stach, worauf er der Kasse 200 Franken entnahm; **100 IV 161: Passavanti** und **Margarita Martin** drangen maskiert in ein Bauernhaus, überfielen

Frau Henry, bedrohten sie mit einem Messer und drohten, den Kindern
ein Leid anzutun, falls sie nicht angebe, wo Geld sei – schliesslich flohen
sie ohne Beute; **107 IV 32: C.** betrat maskiert und mit einer Pistolenat-
trappe sowie einem Messer bewaffnet eine Raiffeisenkasse, drängte P. in
den Tresorraum und verlangte, dass er eine Plastiktasche fülle; P. bemerkte die Harmlosigkeit der «Pistole», worauf ihn C. mit dem Messer
bedrohte; schliesslich gelang P. die Flucht; **107 IV 107: N.** überfiel zusammen mit **V.** Frau H., die 18 850 Franken zur Bank transportierte; das Opfer wurde zu Boden geworfen. worauf sich die Täter der Geldtasche
bemächtigen konnten; **107 IV 111: Z.** und **H.** drangen durch die offene
Garagentüre ins Postbüro von Rifferswil und bedrohten den Posthalter
mit durchgeladener, entsicherter Waffe; nach Handgemenge flohen sie;
109 IV 161: X., Y., Z. und ein «Schwarzer» überfielen das ältere Ehepaar
G., das X. eine Woche zuvor Hilfsbereitschaft und Gastfreundschaft gewährt hatte, schlugen sie brutal und fesselten sie – aZiff. 2; **110 IV 77: B.**
verübte mit **A.** einen Überfall auf das Postamt Novazzano, wobei er mit
einer geladenen Pistole ohne Sicherung drohte, aZiff. 2; **110 IV 80: W.**
überfiel das Postamt Marly und drohte mit einem ungeladenen Revolver,
Ziff. 1; **111 IV 49: S.** überfiel mit vier Mittätern die SBB-Station Ober-
winterthur, wobei er mit einer «neuantiken» Replika eines Colt drohte,
Ziff. 1; **111 IV 127: H.** überfiel ein Lebensmittelgeschäft und drohte mit
einer geladenen Dienstpistole, die gesichert und an der keine Ladebewegung ausgeführt worden war, aZiff. 3; **112 IV 13: L.** führte einen Hammer
mit sich, Ziff. 1; **112 IV 16: St.** und **G.** überfielen die Migrol-Tankstelle in
Reinach und drohten mit einem Trommelrevolver «Arminius», bei welchem nur in der unteren Trommelhälfte zwei Patronen steckten, so dass
für den ersten Schuss vier Druckbewegungen nötig waren, aZiff. 3 **113 IV
63: L.** bedrohte zuerst eine Postbeamtin, die ihm jedoch nur Kleingeld zu-
schob, worauf er die Waffe gegen eine Postkundin richtete, was die Postbeamtin veranlasste, ihm 2946 Franken auszuhändigen; **114 IV 8: S.** und
J. überfielen eine Schaffnerin, die S. von hinten packte und mit einem
Dolch vor dem Hals bedrohte, aZiff. 3.; **116 IV 313: F.** machte sich systematisch an japanische Touristen heran, offerierte ihnen ein Getränk, in
welchem er Schlafmittel aufgelöst hatte und nahm ihnen ihre Wertgegen-
stände ab, worauf er sie in hilflosem Zustand ihrem Schicksal überliess –
besondere Gefährlichkeit bejaht; **117 IV 136: E.** hielt zweimal Frauen ein
aufgeklapptes Taschenmesser vor den Bauch und verlangte Geld, mit
dem er sofort weglief – keine Qualifikation; **117 IV 420: R.** bedrohte den
Tankwart der Gatoil AG in Moosseedorf mit einem scharf geladenen,
nicht sicherbaren Revolver Smith & Wesson, Finger am Abzug, auf eine
Distanz von – bis 1 Meter – Qualifikation nach aZiff. 3 verneint, weil
noch ein Abzugsgewicht von 4,5 kg zu überwinden war (Praxisänderung);
117 IV 428: I. nahm S. in der «Schwitzkasten», so dass er kaum mehr
Atemluft bekam und hielt ihm ein Messer an die Kehle – Lebensgefährdung nach aZiff. 3 bejaht; **118 IV 143: M.** und **H.** begingen Raubüberfälle
auf eine Tankstelle und eine Taxifahrerin, wobei sie mit Gas-/Schreck-

schusspistolen (CN-Gas) der Marken «ME Jaguar 80» bzw. «Python»
ausgerüstet waren – «andere gefährliche Waffe» bejaht; **120 IV 113: X.**
und **Y.** legten sich mit geladener Waffe vor der Villa auf die Lauer, um einen Raub auszuführen, bei welchem die sich dort aufhaltenden Personen
mit der geladenen und entsicherten Waffe hätten bedroht werden sollen
– Versuch des nach aZiff. 2, nicht aZiff. 3 qualifizierten Raubes.

Räuberischer Diebstahl: BGE 92 IV 153: Breysse, Audebert und **Es-
kenazi** brachen in die Räume der Montex SA ein und nahmen Uhren
weg, als sie von Sigrun Dzaack und Pasquale Moro überrascht wurden;
nach heftigem Handgemenge entfernten sie sich mit Beute im Wert von
100 000 Franken.

Raub verneint
BGE 71 IV 121: Gygax und **Leuenberger** lockten Blum ans Aarebord,
um ihn zu bestehlen – er konnte flüchten; **81 IV 224: Bamert** entriss Nelly
Brügger von hinten die Handtasche; **83 IV 66: Kindler** wurde beim Einbruch in einen Kiosk überrascht, warf einen Pickel nach dem Polizisten
und floh ohne Beute; **101 IV 154: Kaufmann** und die **Eheleute Walker**
lockten Berner in eine Wohnung, wo er sich bewusstlos trank, worauf sie
ihm das Geld abnahmen.

Konkurrenzen und Abgrenzungen   24
Art. 111 f.: Zwischen vorsätzlicher Tötung und (qualifiziertem) Raub besteht Konkurrenz, BGE 100 IV 146, SJZ 58 (1962) Nr. 137; der Qualifikationsgrund der Lebensgefährdung wird durch die vorsätzliche Tötung
konsumiert (wenn nicht weitere Personen gefährdet waren), ebenso
REHBERG/SCHMID 132, anders SCHUBARTH Art. 139 N 92; die Frage ist
ohne praktische Relevanz, STRATENWERTH BT I § 13 N 138; abzulehnen
ist die Auffassung von SCHUBARTH Art. 112 N 51, wonach der Schuldspruch wegen Mordes den Raub mit abgelte, wenn der Zweck des Raubes gerade die Skrupellosigkeit begründe – es bleibt die Konkurrenz mit
einfachem Raub; mit fahrlässiger Tötung, **Art. 117,** besteht ebenfalls
echte Konkurrenz, HURTADO POZO BT N 850, REHBERG/SCHMID a.a.O.,
SCHUBARTH Art. 139 N 94, STRATENWERTH a.a.O. N 139; bei *bewusster*
Fahrlässigkeit ist gemäss SCHUBARTH und STRATENWERTH a.a.O. regel-
mässig der Gefährdungsvorsatz nach Ziff. 4 gegeben;
Art. 122 wird konsumiert durch Art. 140.4, SCHUBARTH Art. 139 N 95,
STRATENWERTH a.a.O. N 140;
Art. 123 und **125 I** werden nach h.L. konsumiert, AGVE 1953 Nr. 33,
BJM 1973 189, PKG 1963 Nr. 23, 1967 Nr. 12, RS 1958 Nr.17, SJZ 60
(1964) Nr. 127, ZR 51 (1952) Nr. 95; Ausnahme: BJM 1966 198;
Art. 125 II: Echte Konkurrenz zum Grundtatbestand und zu Ziff. 2 und
3, REHBERG/SCHMID a.a.O.;
Art. 128 wird konsumiert, RS 1958 Nr. 17;
Art. 129 wird durch Art. 140.4 konsumiert, Rep. 1985 190;
Art. 139: Entschliesst sich der Täter erst, nachdem er das Opfer wider-
standsunfähig gemacht hat, zum Diebstahl, so konkurriert Art. 139 mit

dem Verletzungsdelikt, SCHUBARTH Art. 139 N 92, STRATENWERTH BT I
§ 13 N 138;
S. ferner **Art. 156** N 14, **181** N 16, **183** N 12, **185** N 11.

141 Sachentziehung

**Wer dem Berechtigten ohne Aneignungsabsicht eine bewegliche Sa-
che entzieht und ihm dadurch einen erheblichen Nachteil zufügt, wird,
auf Antrag, mit Gefängnis oder mit Busse bestraft.**

RENÉ BLOY, Die Behandlung der Sachentziehung im deutschen, österreichischen
und schweizerischen Strafrecht, in FS Oehler, Köln u.a. 1985, 559; JACHEN CURDIN
BONORAND, Die Sachentziehung nach Art. 143 StGB sowie Vorentwurf 1983 und ihr
Verhältnis zu verwandten Tatbeständen, Diss. ZH 1987; RETO CADUFF, Die Straf-
barkeit des unbefugten Gebrauches von Kleidern, ZStrR 89 (1973) 104; JEAN
GRAVEN, *Le vol d'usage de bicyclette,* ZStrR 59 (1945) 324; PETER NOLL, Die
Sachentziehung im System der Vermögensdelikte, ZStrR 84 (1968) 337; **Lit.** vor
Art. 137 und zu 139.

1   Sachentziehung war früher ein diffuser **Auffangstatbestand** zu den Aneignungsdelikten, BGE 115 IV 209, 99 IV 154 f., 77 IV 162, 72 IV 61. Die
Revision 1994, welche den Anwendungsbereich des Art. 141 stark einschränkte, wollte materiell keine grundsätzliche Änderung vornehmen.
Formell wurde aArt. 143 in der Weise aufgespalten, dass Aneignung
ohne Bereicherungsabsicht nunmehr in Art. 137.2 al. 2 erfasst wird. Anstelle der Schädigung wird nunmehr die Zufügung eines erheblichen
Nachteils als Erfolg verlangt, was einerseits enger ist, weil Bagatellschä-
den nicht mehr erfasst werden (vgl. BGE 96 IV 21), andererseits weiter,
weil nicht auf Vermögensschaden beschränkt, Botsch. 1006f.

2   Zu «**bewegliche Sache**» N 2, 3 vor Art. 137.

3   Sachentziehung ist auch **an eigener Sache** z.N. eines dinglich Berechtigten möglich, BGE 99 IV 142, LGVE 1985 I Nr. 45; NOLL BT 168, STRA-
TENWERTH BT I § 14 N 5 m.w.Hinw. Sachentziehung liegt auch vor, wenn
der Eigentümer (oder ein Dritter) dem obligatorisch berechtigten Besitzer eine Sache wegnimmt, z.B. den Mietwagen.

4   Gemäss BGE 99 IV 142, 96 IV 22 schützt der Tatbestand der Sachentziehung «**nicht nur das Eigentum,** sondern das Vermögen überhaupt». Richtig ist, dass neben dem Eigentum auch andere Rechte an Sachen geschützt werden, nicht aber das Vermögen schlechthin, NOLL BT 168.
Berechtigter ist neben dem Eigentümer derjenige, dem an der Sache andere dingliche Rechte (z.B. Nutzniessung, ZGB Art. 745 ff.) oder auch
bloss der rechtlich geschützte Besitz zustehen – die Berechtigung zum
Besitz kann sich z.B. aus Miete, Pacht oder Leihe ergeben; vgl. HURTADO
POZO BT N 854, SCHUBARTH Art. 143 N 13, STRATENWERTH a.a.O. Zum
Schutz von Pfandrechten s. Art. 145.

«Entziehen» bedeutet einerseits «wegnehmen», andererseits «vorenthal-   5
ten», BGE 115 IV 210 m.Hinw. Dem deutschen und italienischen Text ist
demnach gegenüber dem französischen, der, wie in Art. 139, von *«sous-
traire»* spricht, der Vorrang einzuräumen, STRATENWERTH BT I § 14 N 6.
Ein Beispiel ist der Gebrauchsdiebstahl, HURTADO POZO BT N 856.

Zur **Wegnahme** Art. 139 N 3.   6

Vorenthalten setzt voraus, dass der Täter bereits Gewahrsam an der Sa-   7
che hat. Dabei darf unter Vorenthalten «nicht jede Verletzung einer
Rückgabepflicht verstanden werden»; das Entziehen in der Form des
Vorenthaltens ist auf Fälle zu beschränken, wo dem Täter die Wiedererlangung der Sache verunmöglicht oder zumindest erheblich erschwert
wird, BGE 115 IV 210 mit Beispielen; keine Sachentziehung ist der unrechtmässige Gebrauch oder die verspätete Rückgabe einer Sache im
Gewahrsam des Täters, BGE a.a.O., 72 IV 62, BONORAND 39, 46ff.,
KUNZ 195, ROHNER 23f., SCHUBARTH Art. 143 N 17, STRATENWERTH BT
I § 14 N 5, 7, abweichend NOLL BT 168, DERS. 343f., REHBERG/SCHMID
136, s. auch LGVE 1985 I Nr. 45.

In allen Fällen ist erforderlich, dass dem Berechtigten ein **erheblicher**   8
Nachteil erwächst. Dabei muss es sich nicht um einen Vermögensschaden
i.S.v. Art. 146 N 19ff. handeln; als Beispiele für Nachteile immaterieller
Natur erwähnt die Botsch. 1007 die Fälle des Brautkleids, des Redema-
nuskripts oder des Instruments, die unmittelbar vor dem Einsatz versteckt werden. Das Kriterium der Erheblichkeit wird durch die Praxis zu
konkretisieren sein – jedenfalls braucht es mehr als den vorübergehenden Verzicht auf eine arbeitserleichternde Vorrichtung wie die Teppich-
stange in BGE 96 IV 21, z.B. den Verzicht auf wichtige Werkzeuge oder
Materialien, was einen Produktionsprozess so verzögert, dass Vertragsverletzung eintritt.

Der **Vorsatz** muss sich auf den erheblichen Nachteil erstrecken, BGE   9
105 IV 37, AGVE 1948 Nr. 27 – Eventualdolus genügt, BGE 96 IV 22.
Art. 141 ist von den Aneignungsdelikten dadurch abgegrenzt, dass hier
die Aneignungsabsicht fehlt.

Sachentziehung ist **Antragsdelikt;** die Frist beginnt mit Kenntnis der   10
Wegnahme zu laufen, anders BJM 1958 100, wonach die Frist nicht läuft,
solange die Entziehung andauert.

Der Vorschlag, für **eigenmächtige Selbsthilfe** fakultative Strafbefreiung   11
vorzusehen, konnte sich nicht durchsetzen – Botsch. 1008 vertröstet auf
die Revision des Allgemeinen Teils (vgl. *VE 1993* Art. 54).

Kasuistik   12
Sachentziehung **bejaht: BGE 96 IV 21: Gantenbein** nahm der Nachbarin
die Teppichklopfstange weg; **98 IV 19: Babey** behändigte am Lager seines früheren Arbeitgebers eine Werkzeugkiste für ausstehende Lohn-
guthaben; **99 IV 140: W.S.** behändigte Wertschriften aus dem von der

Mutter gemieteten Safe, die aus Erbschaft stammten und vereinbarungs-
gemäss ihm zukommen sollten; **99 IV 152: Faetan** warf die Tragtasche
von X. nach Versuch der Notzucht aus dem fahrenden Wagen.

Sachentziehung **verneint** mangels Täterhandlung: **BGE 72 IV 59: Dr.
Schmid** weigerte sich nach Beendigung des Arbeitsverhältnisses, vier ihm
anvertraute Schlüssel herauszugeben, bevor er ein Zeugnis und einen
strittigen Lohnbetrag erhalte; mangels Schaden: **77 IV 160: Beauvard**
verliess den Dienst als Strafanstaltswärter und nahm dabei 6 Revolver
mit; hinsichtlich zweier abgefeuerter Schüsse wurde a Abs. 2 angewandt;
115 IV 209: K. weigerte sich, dem L. Wärmepumpen herauszugeben, die
er überprüft hatte, weil noch eine Rechnung für Installationskosten offenstand (aber Nötigung!).

13 **Konkurrenzen**
Gegenüber **Art. 137, 138, 139,** ist Art. 141 subsidiär, BGE 96 IV 22, 105
IV 37. Bei Wegnahme und anschliessender Vernichtung einer Sache geht
Art. 144 vor, Noll 351; für Konkurrenz BJM 1962 142; **Art. 303** N 13.
Entwendung von Motorfahrzeugen und Fahrrädern zum Gebrauch fällt
ausschliesslich unter **SVG Art. 94** (so ausdrücklich Ziff. 4 für aArt. 143).
Mit wenig überzeugenden Argumenten wendet SJZ 79 (1983) Nr. 58 –
gegen BGE 107 IV 142 – aArt. 143 auf den Zweitentwender eines Mo-
torfahrrads an.
Die Regelung von Art. 141 ist abschliessend und lässt keinen Raum für
kantonales Strafrecht, BGE 70 IV 132.

141bis Unrechtmässige Verwendung von Vermögenswerten

**Wer Vermögenswerte, die ihm ohne seinen Willen zugekommen sind,
unrechtmässig in seinem oder eines andern Nutzen verwendet, wird, auf
Antrag, mit Gefängnis oder mit Busse bestraft.**

Gunther Arzt, Vom Bargeld zum Buchgeld als Schutzobjekt im neuen Vermögensstrafrecht, recht 13 (1995) 133; **Lit.** vor Art. 137.

1 **Art. 141**bis ergänzt Art. 137 insofern, als er die extensive Auslegung des
Begriffs «Sache», BGE 87 IV 115 (Nehmad) und 116 IV 136, überflüssig
werden lässt. Andererseits ergänzt er Art. 138.1 al. 2, indem er die Aneignung von Vermögenswerten erfasst, die dem Täter nicht anvertraut
wurden, Stratenwerth BT I § 14 N 12. Die Bestimmung wurde durch
das Parlament in die *Revision 1994* eingeführt – eine entsprechende Regel war weder im VE noch im bundesrätlichen Entwurf vorgesehen; das
Bundesgericht hatte in einem eher ungewöhnlichen *obiter dictum* den
Gesetzgeber aufgefordert, die Justiz durch einen klaren Tatbestand von
der (vermeintlichen) Pflicht zu exzessiv ausdehnender Interpretation zu
befreien, s. BGE 116 IV 142, ebenso Hurtado Pozo BT N 865. Die Un-
sicherheiten, auf welche dort hingewiesen wurden, konnten allerdings
nicht beseitigt werden.

Zum Begriff **Vermögenswert** s. Art. 138 N 10 f. In erster Linie ist an For-   2
derungen zu denken. Auch hier gehören zum Begriff ferner eigene Sachen, die immerhin «wirtschaftlich fremd» sein müssen, STRATENWERTH
BT I § 14 N 14, es ist z.B. an Verschmelzung gemäss ZGB Art. 727 zu
denken. Ungelöst bleibt die vom BGer a.a.O. aufgeworfene Frage, wie zu
entscheiden sei, wenn eine irrtümliche Zahlung nur den Passivsaldo des
Begünstigten verringert – m.E. muss die Erfüllung des Tatbestands bejaht werden, wenn der Begünstigte eine Berichtigung des Irrtums verweigert oder den Eingang leugnet – es kann nicht vom zufälligen Stand seines Kontos abhängen, ob die Restitutionsverweigerung strafbar ist oder
nicht, ebenso ARZT 137 Fn 17.

Unklar ist, inwieweit das Erfordernis, dass dem Täter die Vermögens-   3
werte **«ohne seinen Willen zugekommen»** sein müssen, den Tatbestand
beschränkt, vgl. dazu ARZT 136 f., KUNZ 194, REHBERG / SCHMID 140. Bei
den nach Art. 141ᵇⁱˢ zu erfassenden Fehlüberweisungen interessiert an
sich nicht der Wille des Täters, sondern der Wille desjenigen, der die
Überweisung veranlasst hat. Im Bereich des bargeldlosen Zahlungsverkehrs geht es in erster Linie um Überweisungen, die ohne den Willen des
Berechtigten an den Täter ergangen sind – hier findet Art 141ᵇⁱˢ regelmässig Anwendung. Schwieriger zu beurteilen sind die Fälle, wo die
Überweisung mit dem Willen des Betroffenen geschieht, dieser jedoch
über seine Leistungspflicht irrt: für Erfassung von Doppelzahlungen
ARZT 136 Fn 15 und REHBERG / SCHMID 140; zu weit geht m.E. die Auffassung, wonach Art. 141ᵇⁱˢ im Bereich des bargeldlosen Zahlungsverkehrs alle Ansprüche aus ungerechtfertigter Bereicherung nach OR
Art. 62 strafrechtlich absichern soll, so aber REHBERG/SCHMID a.a.O. –
nicht darunter fallen Bereicherungsansprüche, die aufgrund eines nicht
verwirklichten oder nachträglich weggefallenen Grundes (*condictio ob
causam futuram* und *ob causam finitam)* entstanden sind.

Die **Täterhandlung** besteht darin, dass er die Werte «unrechtmässig in   4
seinem oder eines andern Nutzen verwendet», der Text entspricht wörtlich Art. 138.1. Analog Art. 138 (N 15) ist erforderlich, dass der Täter eindeutig den Willen bekundet, den Rückforderungsanspruch des Betroffenen zu vereiteln, KUNZ 194, REHBERG/SCHMID 141, STRATENWERTH BT I
§ 14 N 15. Das hat nach ARZT 136 zur Folge, dass von der Bestimmung
nur arme Täter erfasst werden, denn bei reicheren wird sich die unrechtmässige Verwendung des zugeflossenen Buchgelds nicht manifestieren,
weil der «Bodensatz» ihres Kontos regelmässig den zugeflossenen Betrag
übersteigen dürfte – immerhin kann der Täter den Vorsatz aber auch
durch Leugnen kundgeben, vgl. BGE 121 IV 25 (zu Art. 138). Unrechtmässig ist die Verwendung, wenn sie von der Rechtsordnung missbilligt
wird, vgl. N 14 vor Art. 137. Rechtmässig ist die Verrechnung mit einer liquiden Forderung.

Subjektiv wird vom Gesetzeswortlaut her nur Vorsatz verlangt, insbe-   5
sondere keine Absicht unrechtmässiger Bereicherung. Der Gesetzgeber

dürfte davon ausgegangen sein, dass eine solche Bereicherung mit dem Zuwachs von Vermögenswerten untrennbar verbunden ist, so wohl auch REHBERG/SCHMID 141. Jedenfalls ist mit STRATENWERTH BT I § 4 N 17 auch hier, wie bei Art. 138, *Bereicherungsabsicht* (N 9 ff. vor Art. 137) zu fordern. An ihr fehlt es insbesondere dann, wenn der Täter ersatzbereit und -fähig ist (s. Art. 138 N 17).

6   **Antragsberechtigt** ist auch die Bank, sofern sie aus einer Fehlüberweisung unmittelbar einen Vermögensschaden erleidet; so z.B. wenn sie ein Mitverschulden anerkennt und sich zum teilweisen Ersatz des entstandenen Schadens verpflichtet, BGE 121 IV 260 f.; demjenigen, für den die Überweisung bestimmt war, kommt kein Antragsrecht zu, REHBERG/SCHMID 141; s. auch Art. 28 N 2.

142 Unrechtmässige Entziehung von Energie

[1] **Wer einer Anlage, die zur Verwertung von Naturkräften dient, namentlich einer elektrischen Anlage, unrechtmässig Energie entzieht, wird, auf Antrag, mit Gefängnis oder mit Busse bestraft.**

[2] **Handelt der Täter in der Absicht, sich oder einen andern unrechtmässig zu bereichern, so wird er mit Zuchthaus bis zu fünf Jahren oder mit Gefängnis bestraft.**

Lit. vor Art. 137.

1   **Art. 142** schliesst eine Lücke, weil **Energie keine Sache,** aber auch kein «Vermögenswert» i.S. des Gesetzes ist. Mit der Revision wurde das Adjektiv «fremd» als überflüssig gestrichen – entscheidend ist, dass Energie *unrechtmässig* entzogen wird; ferner wurde der Grundtatbestand zum Antragsdelikt, was schon HAFTER BT I 252 f., SCHUBARTH Art. 146 N 8 und STRATENWERTH BT I 4. Aufl. § 9 N 43 gefordert hatten, Botsch. 1008. Neben Elektrizität kann auch Wärme entzogen werden, SJZ 44 (1948) Nr. 94. Gas ist dagegen eine Sache (anders SJZ 41 [1945] Nr. 11). «Unrechtmässig» entzieht auch Energie, wer den Stromzähler überbrückt, PKG 1957 Nr. 18.

2   **Abs. 2** qualifiziert die Tat bei Bereicherungsabsicht (N 9 ff. vor Art. 137), die regelmässig gegeben sein dürfte, vgl. REHBERG/SCHMID 143. Aus der Strafdrohung ergibt sich, dass im qualifizierten Fall ein *Strafantrag nicht erforderlich* ist. Eine Privilegierung wie in Art. 139.4 wäre angebracht.

143 Unbefugte Datenbeschaffung

[1] **Wer in der Absicht, sich oder einen andern unrechtmässig zu bereichern, sich oder einem andern elektronisch oder in vergleichbarer Weise gespeicherte oder übermittelte Daten beschafft, die nicht für ihn bestimmt und gegen seinen unbefugten Zugriff besonders gesichert sind, wird mit Zuchthaus bis zu fünf Jahren oder mit Gefängnis bestraft.**

² **Die unbefugte Datenbeschaffung zum Nachteil eines Angehörigen oder Familiengenossen wird nur auf Antrag verfolgt.**

Materialien s. vor Art. 137.

NIKLAUS SCHMID, Zur strafrechtlichen Erfassung von Missbräuchen im Breiche des bargeldlosen, insbesondere elektronisch abgewickelten Zahlungs- und Kreditverkehrs, ZStrR 104 (1987) 129; DERS., Schweizerisches Computerstrafrecht. Anmerkungen zum Regierungsentwurf, Computer und Recht 17 (1991) 418; DERS., Zu den Begriffen der Daten, der Datenverarbeitung und der Datenverarbeitungsanlage im neuen Vermögens- und Urkundenstrafrecht, ZStrR 110 (1992) 315; DERS., Computer- sowie Check- und Kreditkarten-Kriminalität, Zürich 1994 [ohne Stichwort zitiert]; DERS., Das neue Computerstrafrecht, ZStrR 113 (1995) 22; CHRISTIAN WEBER, Electronic Banking aus juristischer Sicht. Ein Überblick über die Computerkriminalität, Kriminalistik 1994 662; ERWIN ZIMMERLI, Computerkriminalität. Tat, Täter, Aufdeckung, Kriminalistik 1987 247, 333; **Lit.** vor Art. 137.

Art. 143 gehört zu den durch die *Revision 1994* neu ins Gesetz aufgenommenen Bestimmungen, die Straftaten im Zusammenhang mit der elektronischen Datenverarbeitung und verwandten Entwicklungen erfassen sollen, sog. «Computerkriminalität». Kritisch zum Ergebnis dieser gesetzgeberischen Bemühungen STRATENWERTH BT I N 2 vor § 13, § 14 N 21. Nicht unbedenklich ist, dass man sich weitgehend an den Delikten gegen das Eigentum orientierte, obgleich hier ganz andere Sachverhalte zu regeln waren. So wird der Tatbestand von Art. 143 etwa salopp als *«Datendiebstahl»* bezeichnet, Botsch. 983, obschon ein wesentliches Merkmal des Diebstahls fehlt: Während der Bestohlene die Sache nicht mehr hat, fehlt dem an den Daten Berechtigten nach der Tat typischerweise nichts. Seine Lage gleicht eher derjenigen eines Urheberrechtsberechtigten oder eines Geheimnisherrn. Abgesehen davon, dass der Täter aus Bereicherungsabsicht handelt, besteht nur ein lockerer Bezug zum Vermögensschutz. 1

Geschütztes Rechtsgut ist der Anspruch, ausschliesslich über bestimmte Daten zu verfügen, ähnlich Botsch. 1009, SCHMID § 4 N 14ff., der freilich in Art. 143 «in erster Linie» ein Vermögensdelikt sieht, aber einräumt, dass auch Geheimhaltungsinteressen geschützt sind. Bei dieser Unbestimmtheit ist vom Rückgriff auf das Rechtsgut keine Auslegungshilfe zu erhoffen. Bei der mangelnden Vergleichbarkeit mit traditionellen Phänomenen ist es auch ein schwacher Trost, dass nur Verhaltensweisen pönalisiert werden sollen, die den klassischen Tatbeständen der Vermögensdelikte entsprechen, SCHMID § 1 N 17. 2

Angriffsobjekt sind **Daten,** ein Begriff, den das Gesetz nicht definiert. Inhaltlich gehören dazu «alle Notate…, die überhaupt Gegenstand menschlicher Kommunikation sein können» STRATENWERTH BT I § 14 N 24, «irgendwelche Informationen, also Buchstaben, Wörter, Zahlen, Zeichen, Abbildungen usw, die irgendeinen Sinngehalt aufweisen», SCHMID § 2 N 7; zur in der Botsch. verwendeten Umschreibung s. N 11c vor Art. 251. Zur technischen Seite eingehend SCHMID § 2 N 9-64, DERS., ZStrR 3

110 (1992) 315-327. Die Notate müssen elektronisch oder auf ähnliche Weise (z.B. auf CD) gespeichert sein und nur durch spezielle Apparaturen in lesbare Form umgewandelt werden können. Als «gespeichert» sind auch Daten zu betrachten, die bearbeitet werden, weil dies ohne (vielleicht kurzfristige) Speicherung nicht möglich ist. Ob sich die Daten auf einer Festplatte, auf einem Arbeitsspeicher oder auf einer Diskette oder einem anderen Datenträger befinden, ist ohne Bedeutung. Auch die Programme sind geschützt, Botsch. 988, 1010, HURTADO POZO BT N 889. Zum Begriff der Daten gehört weder ein wirtschaftlicher Wert noch Geheimnischarakter.

Wo das Gesetz Daten schützt, meint es stets die immaterielle Erscheinungsform von Informationen. Sobald die Tat sich gegen einen materiellen Datenträger, z.B. Band, Diskette, CD, richtet, sind kraft Subsidiaritätsprinzip die traditionellen Tatbestände anzuwenden, vgl. z.B. BGE 111 IV 75, Diebstahl.

4 Daten sind nicht nur geschützt, solange sie sich «in» der Datenverarbeitungsanlage befinden, sondern auch während des Vorgangs der **Übermittlung,** Botsch. 1010. Der Transport von Daten kann per Kabel oder drahtlos erfolgen, innerhalb eines Raumes oder über Kontinente.

5 Mit den Worten **«nicht für ihn bestimmt»** wird versucht, eine Analogie zur Fremdheit der Sache (N 4 vor Art. 137) auszudrücken, SCHMID § 4 N 20 ff.; STRATENWERTH BT I § 14 N 27 spricht von einer *«Art geistigen Eigentums».* Dies heisst zunächst, dass der Täter nicht Datenberechtigter oder Datenherr ist, also nicht über die Daten verfügen kann, SCHMID § 2 N 68, aber auch, dass ihm kein Zugang zu den fremden Daten eingeräumt wurde, dass sie nicht «für seine Zwecke zur Verfügung stehen», SCHMID § 4 N 25. Mit dem Eigentum am Datenträger oder an der Datenverarbeitungsanlage hat dies nichts zu tun.

6 Die Daten müssen überdies gegen Zugriffe durch Unbefugte **besonders gesichert** sein. Damit soll eine Parallele zum Gewahrsam hergestellt werden. Es muss für den (potentiellen) Täter klar ersichtlich sein, dass gerade sein Zugang zu den Daten unerwünscht ist, SCHMID § 4 N 29. Auf Pönalisierung der «Datenveruntreuung» oder gar der «Datenunterschlagung» wurde bewusst verzichtet, «da ein Bedürfnis danach weder in der Schweiz noch im Ausland festzustellen ist», Botsch. 1010. Straflos bleibt demnach, wer in einem unverschlossenen Büro auf einen Computer stösst, auf dem eine ihn interessierende, wenn auch keineswegs für ihn bestimmte Datei geöffnet ist, wenn er sie zur Kenntnis nimmt, abspeichert und davonträgt.

Es gibt *zahlreiche Möglichkeiten, Daten* vor Zugang durch Unbefugte *zu sichern,* etwa das Verschliessen von Räumen und Behältern für Datenträger, die Verwendung von Codes, die Verschlüsselung von Daten für die Übermittlung, Zugang durch Magnetkarten, Stimmerkennung, Einlesen von Fingerabdrücken usw., Details bei SCHMID § 4 N 32 ff. In a.a.O. N 30 wird ausgeführt, der Grad der Sicherung müsste «unter den im konkreten Falle gegebenen Verhältnissen üblicherweise genügen, um den Täter als Unbefugten ... fernzuhalten» – Daten einer Bank müssten aufwendiger gesichert sein als diejenigen eines privaten Laptop. M.E. ist eine solche Differenzierung dem Gesetz nicht zu entnehmen – ein Täter kann sich nicht von Strafe befreien, indem er geltend macht, die Daten seien zwar gesichert gewesen, es sei ihm jedoch, gemessen an deren Bedeutung, so leicht gefallen, das Hindernis zu überwinden, dass der Tatbestand nicht erfüllt sei.

STRATENWERTH BT I § 14 N 29 unterscheidet mit Recht zwei Zweckrichtungen der Datensicherung: Art. 143 ist nur zugeschnitten auf Fälle, bei denen der Berechtigte grundsätzlich Unbefugten keinen Zugang gewähren will und über Ausnahmen nach den konkreten Umständen entscheidet. Daneben gibt es Sicherungen, die nur finanziellen Interessen dienen. Sie sind nicht gemeint. Kein Datendiebstahl, wenn der Täter trickreich, ohne die Abonnementsgebühr zu bezahlen, auf dem Internet Zugang zum Nachrichtenmagazin «Der Spiegel» erlangt, im Ergebnis ebenso KUNZ 204, SCHMID § 4 N 27.

Die Täterhandlung wird mit **Beschaffen** bezeichnet (ebenso in Art. 179[novies]). Der Täter hat sich die Daten «beschafft», wenn er nicht nur die *Hindernisse überwunden* hat, die ihm den Zugang verwehren sollten, sondern *überdies in der Lage ist, mit den Daten zu «arbeiten»*, sie jederzeit zu konsultieren, abzuändern, auszudrucken, neu zu kombinieren usw. Besonders eindeutig ist das Abspeichern auf einer Diskette oder einem anderen Datenträger in seinem Besitz. Es genügt aber, wenn er sich die Möglichkeit eröffnet hat, an der Datenverarbeitungsanlage des Berechtigten mit den Daten nach eigenem Belieben umzugehen, a.M. SCHMID § 4 N 60. Blosse Kenntnisnahme genügt dagegen nicht, SCHMID § 4 N 54, HURTADO POZO BT N 897, a.M. KUNZ 203, STRATENWERTH BT I § 14 N 30, sie fällt allenfalls unter Art. 143bis. SCHMID § 4 N 50 hält schon das blosse «Anzapfen bzw. Abhören» von Datenübermittlungskanälen für ein Beschaffen, was nicht überzeugt, solange die Daten nicht zur weiteren Verfügung «festgehalten», d.h. gespeichert werden – in Analogie zum Diebstahl muss sich der Täter eine gewahrsamsähnliche Stellung verschaffen. Dass der Täter von den Nutzungsmöglichkeiten auch Gebrauch macht, ist nicht erforderlich, SCHMID § 4 N 41, 75.   7

Subjektiv ist Vorsatz der Beschaffung für sich oder einen andern verlangt, ferner Absicht ungerechtfertigter Bereicherung (s. N 9-15 vor Art. 137). Diese kann darin bestehen, dass der Täter sich oder einem andern Auslagen für die rechtmässige Beschaffung der Daten einspart, weitere Beispiele bei SCHMID § 4 N 70. Die Beschränkung auf Bereicherungsabsicht erscheint angesichts des Angriffsobjekts als zu eng. Nicht erfasst wird etwa, wer sich Zugang zu Prüfungsaufgaben und -lösungen verschafft, um das Risiko eines Misserfolgs zu verringern. Die Praxis sollte sich jedoch davor hüten, schon in derart mittelbar pekuniären Erfolgen eine «Bereicherung» zu sehen – wo das Gesetz dergleichen Handlungsziele erfassen will, spricht es vom «unrechtmässigen Vorteil», z.B. Art. 251.   8

9   Analog zum Diebstahl ist Datenbeschaffung **zum Nachteil von Angehörigen oder Familiengenossen** Antragsdelikt, s. Art. 139 N 25.

10   **Konkurrenzen und Abgrenzungen**
     Wegen des Subsidiaritätsprinzips gehen strafbare Handlungen an Sachen
     – in Frage kommt vor allem Diebstahl an Datenträgern, **Art. 139** – vor,
     HURTADO POZO BT N 905, SCHMID § 4 N 18, 86, a.M. – für echte Konkurrenz – STRATENWERTH BT I § 4 N 34. SCHMID § 4 N 87 will Konkurrenz annehmen, wenn die Tat verschiedene Berechtigte betrifft, Datenherr und Eigentümer des Datenträgers nicht identisch sind, ebenso
     HURTADO POZO BT N 905; dies lässt sich m.E. nicht rechtfertigen – es ist
     kein Grund ersichtlich, weshalb in solchen Fällen Unrecht und/oder
     Schuld erhöht wären. Sind zusätzlich Tatbestände, die ein **Geheimnis**
     schützen, erfüllt, z.B. **Art. 162, 273, 320 f., BkG Art. 47,** ist mit STRATENWERTH a.a.O., HURTADO POZO BT N 906, Idealkonkurrenz anzunehmen,
     weil Art. 143 keine besonderen Dateninhalte schützt, a.M. SCHMID § 4 N
     104 ff. mit Differenzierungen.

143bis Unbefugtes Eindringen in ein Datenverarbeitungssystem

Wer ohne Bereicherungsabsicht auf dem Wege von Datenübertragungseinrichtungen unbefugterweise in ein fremdes, gegen seinen Zugriff besonders gesichertes Datenverarbeitungssystem eindringt, wird, auf Antrag, mit Gefängnis oder mit Busse bestraft.

Lit. vor Art. 137 und zu 143.

1   **Art. 143**bis **schützt Daten vor «Hackern»,** die sich einen Sport daraus machen, Sicherungen zu «knacken» und in gesicherte Datensysteme einzudringen, ohne damit weitere, insbesondere wirtschaftliche Zwecke zu
     verfolgen – Botsch. 1011 vergleicht das Vorgehen mit Hausfriedensbruch, zustimmend HURTADO POZO BT N 913, STRATENWERTH BT I § 14
     N 39; noch näher liegt m.E. der Vergleich mit Art. 179, Verletzung des
     Schriftgeheimnisses. Die Täterhandlung ist eine Vorstufe des «Datendiebstahls» gemäss Art. 143 und kann ein Mittel des «Auskundschaftens»
     gemäss Art. 273 sein.

2   **Geschütztes Rechtsgut** ist die Privatsphäre des gegen Zutritt von Unbefugten geschützten Datenverarbeitungssystems. Die Botsch. 1011
     spricht dagegen von einem abstrakten Gefährdungsdelikt und versteht
     Art. 143bis als «Vorfelddelikt». s. auch SCHMID § 5 N 11. Der Text lässt jedoch eine solche Interpretation nicht zu, ebenso REHBERG/SCHMID 149 f.
     Die systematische Einordnung bei den Vermögensdelikten erscheint deshalb nicht gerechtfertigt – die Bestimmung *gehört inhaltlich in den dritten
     Titel.*

3   **Angriffsobjekt** ist ein **Datenverarbeitungssystem.** Der Begriff taucht
     sonst im Gesetz nirgends auf und muss als *gleichbedeutend mit der Da-*

tenverarbeitungsanlage verstanden werden, SCHMID § 2 N 20, 5 N 16 f. Zu diesem Begriff eingehend SCHMID § 2 N 9 ff. Eine Beschränkung auf Einrichtungen, die mehrere Datenverarbeitungsanlagen miteinander verbinden (so die deutsche Computerfachsprache, SCHMID § 5 N 16 Fn 37), wäre zwar denkbar, würde den Tatbestand aber viel weiter einschränken, als es sich der Gesetzgeber vorgestellt hatte. Geschütztes Angriffsobjekt ist also auch ein einzelner Laptop oder PC, wenn nur der Zugang gesichert ist. Nicht geschützt sind dagegen abgetrennte Datenträger (Disketten u.ä.), ebensowenig die Übertragungswege, z.B. Internet.

Das Datenverarbeitungssystem muss **fremd** sein. SCHMID § 5 N 17 bezieht   4
diesen Begriff wie in Art. 137 ff. auf das Sachenrecht; STRATENWERTH BT I § 14 N 38 will demgegenüber auf die Zugangsberechtigung abstellen, was dem Adjektiv neben dem Adverb «unbefugterweise» keine eigenständige Bedeutung lässt. Seine Auffassung verdient dennoch Zustimmung, denn es kann nicht die Meinung sein, dass der Eigentümer eines vermieteten, ausgeliehenen oder geleasten PC sich straflos Zugang zu den vom Benützer gesicherten Daten verschaffen darf. STRATENWERTH zieht daraus den Schluss, dass nicht strafbar sei, wer Zugang zu einem Grossrechner habe und in Datenbestände eindringe, seien sie ihm gegenüber auch noch so aufwendig gesichert. Legt man aber den Begriff des Datenverarbeitungs*systems* weit aus, so bleibt Raum für Subsysteme, die auch dem gegenüber fremd bleiben, der zu anderen Teilen des Systems freien Zugang hat.

Zum Merkmal **gegen seinen Zugriff besonders gesichert** s. Art. 143 N 6.   5

Täterhandlung ist **das Eindringen.** Dies bedeutet, dass die Hindernisse,   6
welche den Täter von den Daten fernhalten sollen, überwunden werden. Nach SCHMID § 5 N 21 genügt es, wenn die erste von mehreren Schranken durchbrochen, also gewissermassen erst ein Vorhof erreicht wurde. Dies ist m.E. zu eng – es ist zwar nicht erforderlich, dass der Täter sich Kenntnis von geschützten Daten verschafft hat, ebenso SCHMID § 5 N 22, aber er muss alle Hindernisse auf dem Weg dazu überwunden haben, erst dann ist er in das System «eingedrungen», ebenso HURTADO POZO BT N 915.

Nur das für Hacker typische Eindringen **auf dem Wege von Datenüber-**   7
tragungseinrichtungen erfüllt den Tatbestand. Der Täter muss also über das Telefonnetz oder drahtlos an die Sicherungsschranke herangekommen sein. Er ist nicht nach Art. 143bis (aber möglicherweise nach Art. 186 und 144) strafbar, wenn er die Tür zum Computerraum aufgebrochen und sich direkt über die Tastatur Zugang zum System verschafft hat, SCHMID § 5 N 23.

Das Eindringen muss **unbefugt** erfolgen. An dieser Voraussetzung fehlt   8
es, wenn der Berechtigte in das Eindringen oder den Versuch dazu eingewilligt hat, z.B. um die Sicherung zu testen, oder wenn andere Rechtfertigungsgründe vorliegen – denkbar wäre etwa die Ergänzung von Strafprozessordnungen durch die **Zwangsmassnahme** der «Datendurch-

suchung», die zweifellos einer gesetzlichen Grundlage bedarf. S. ferner
Art. 143 N 6 a.E.

9   **Subjektiv** ist zunächst Vorsatz erforderlich. Eventualvorsatz genügt.
straflos bleibt, wer beim «Herumspielen», oder weil er sich vertippt hat,
zufällig und ungewollt in einem fremden System landet, auch wenn er
dann nicht sogleich wieder «aussteigt» – *dolus superveniens* oder *subsequens* genügt nicht, SCHMID § 5 N 23.

10   Der Täter muss schliesslich **ohne Bereicherungsabsicht** gehandelt haben
– eine höchst unglückliche Formulierung, wie aArt. 143 gezeigt hat. Das
Motiv des Täters wird in erster Linie Neugier sein – ihn straflos zu lassen,
wenn er ausnahmsweise ein lukratives Ziel verfolgte, macht keinen Sinn,
kritisch auch HURTADO POZO BT N 918, KUNZ 205, REHBERG/SCHMID
151, SCHMID § 5 N 27.

11   Art. 143bis ist **Antragsdelikt.** Zur Stellung des Antrags berechtigt ist, wer
das Verfügungsrecht über die Datenverarbeitungsanlage besitzt.

12   **Konkurrenzen und Abgrenzungen**
Art. 143bis ist gegenüber allen übrigen Computerdelikten *subsidiär*, HUR-
TADO POZO BT N 921, SCHMID § 5 N 34 ff. Konkurrenz kann bestehen,
wenn weitere Rechtsgüter angegriffen werden, z.B. mit **Art. 144, 150** oder
273.

144   Sachbeschädigung

  **[1] Wer eine Sache, an der ein fremdes Eigentums-, Gebrauchs- oder
Nutzniessungsrecht besteht, beschädigt, zerstört oder unbrauchbar
macht, wird, auf Antrag, mit Gefängnis oder mit Busse bestraft.**

  **[2] Hat der Täter die Sachbeschädigung aus Anlass einer öffentlichen
Zusammenrottung begangen, so wird er von Amtes wegen verfolgt.**

  **[3] Hat der Täter einen grossen Schaden verursacht, so kann auf Zucht-
haus bis zu fünf Jahren erkannt werden. Die Tat wird von Amtes wegen
verfolgt.**

Abs. 2 (zunächst als aArt. 145 Abs. 1bis) eingeführt durch BG vom
9.10.1981.

Zur Teilrevision 1981: BBl 1980 I 1248, Sten.NR 1980 1643 ff., 1981 960 ff., StR 277 ff.

ARMIN FELDER, Der strafrechtliche Schutz der Sache vor Beschädigung, Diss. BE
1954; MARCEL ALEXANDER NIGGLI, Das Verhältnis von Eigentum, Vermögen und
Schaden nach schweizerischem Strafgesetz. Dargelegt am Beispiel der Sachbeschädigung nach geltendem Recht und dem Entwurf 1991, Diss. ZH 1992; PETER THOSS,
Schützt StGB Art. 145 auch das Aussehen einer Sache? ZStrR 100 (1983) 215; BEN-
JAMIN WIRZ, Der Schutz der Grundstücke vor Beschädigungen nach dem schweizerischen Strafgesetzbuch, Diss. BE 1946; **Lit.** vor Art. 137.

1   **Tatobjekt** ist eine bewegliche oder unbewegliche **Sache.** Zur Abgrenzung
vom menschlichen Körper N 3 vor Art. 122. Auch Tiere sind Sachen

BGE 77 IV 194, 78 IV 83, 116 IV 144, ferner, solange keine Spezialgesetzgebung vorliegt, «Rohmaterial der Fortpflanzungstechnologie, Genome, Eizellen, Samen usw.», NIGGLI 184. Dass die Sache einen wirtschaftlichen Wert habe und dieser eine Einbusse erleide, ist nicht erforderlich, NIGGLI 185, 78 IV 83 (Katze), ZBJV 112 (1976) 384 f. m.krit.Anm. SCHULTZ. Eine Datei oder ein Computerprogramm sind keine Sachen, RJN 1989 102, vgl. aber Art. 144bis.

In erster Linie wird weiterhin die **fremde** (s. N 4 vor Art. 137; vgl. aber   2
Art. 145) Sache geschützt. Zum Eigentum an Pflanzen, die auf einem Campingplatz von einem Mieter gesetzt wurden, SJZ 87 (1991) Nr. 44. Nicht nach Art. 144 strafbar ist z.B. der Eigentümer, der z.N. seines Pächters Gras beschädigt, PKG 1944 Nr. 43, s. auch RS 1959 Nr. 185. Auch der Angriff auf herrenlose Sachen fällt nicht unter Art. 144, SJZ 51 (1955) Nr. 131, zur Verletzung eines herrenlosen Tiers BGE 116 IV 145.

Mit der Revision wurde der Schutzbereich ausgedehnt auf nicht-fremde   2a
Sachen, an denen ein **Gebrauchs- oder Nutzniessungsrecht** eines Dritten besteht. Diese Änderung dürfte vor allem eine Reaktion darauf sein, dass die Rechtsprechung bereits früh (BGE 74 IV 7) ein Antragsrecht auch dem Benützer einer Sache, die nicht in seinem Eigentum stand, zusprach, zur Kontroverse darüber SCHUBARTH Art. 145 N 33. Die Ergänzung des Tatbestands hat praktisch vor allem die Bedeutung, dass der Verwender oder Nutzniesser nunmehr auch vor Beschädigung der Sache durch ihren Eigentümer geschützt ist, Botsch. 1013, CORBOZ Art. 144 N 9, HURTADO POZO BT N 924.
   Welches die rechtliche Grundlage des Gebrauchs- oder Nutzniessungsrechts sei (dazu STRATENWERTH BT I § 14 N 43), ist ohne Bedeutung; es muss aber ein Rechtsverhältnis entstanden sein – wer sich eigenmächtig eine Sache zum Gebrauch leiht, ist insbesondere gegenüber deren Eigentümer nicht geschützt.

Beschädigen ist jeder Eingriff in die Substanz, welcher Funktion oder   3
Ansehnlichkeit der Sache beeinträchtigt, z.B. Entfernen der Grasnarbe an einer Böschung, BGE 115 IV 28; Aufkleben eines Zettels, der nicht leicht zu entfernen ist, auf die Windschutzscheibe eines Autos, BGE 99 IV 145; Entleeren eines Feuerlöschers, RS 1975 Nr. 890a, oder Autoreifens, RS 1975 Nr. 890; Verunreinigungen, die sich nur schwer wegputzen lassen, ZBJV 111 (1975) 237, SJZ 63 (1967) Nr. 127. Eingehend zur Beschädigung NIGGLI 203 ff.
   Als Sachbeschädigung wurde im Fall Harald Nägeli («Sprayer von Zürich») auch die in künstlerischer Absicht angebrachte Verzierung von Mauern gegen Willen der Berechtigten angesehen, dazu krit. THOSS a.a.O., differenzierend NOLL BT 165 f., zustimmend CASSANI (vor Art. 137) 133, NIGGLI 213 ff. m.w.Hinw. Sachbeschädigung ist auch das Besprayen einer bereits völlig überschmierten Mauer, BGE 120 IV 319 (anders die Vi in SJZ 90 [1994] Nr. 34), ebenso für das Verursachen einer Beule auf einem schon verbeulten Auto ZBJV 112 (1976) 384 f. m.krit.Anm. SCHULTZ.

4   **Zerstören** ist das vollständige Vernichten einer Sache, STRATENWERTH
    BT I § 14 N 48, **Unbrauchbarmachen** das Hervorrufen der Funktions-
    untüchtigkeit ohne Substanzeingriff, z.B. durch Zerlegen in Einzelteile.

5   Strafbar ist nur die **vorsätzliche** Sachbeschädigung – der Täter muss auch
    wissen, dass es sich um eine *fremde* Sache handelt, BGE 116 IV 144, oder
    an ihr das Gebrauchs- oder Nutzniessungsrecht eines Dritten besteht.
    Am Vorsatz fehlt es, wenn ein Hundehalter sein Tier ungenügend beauf-
    sichtigt und dieses einen Jogger beisst (und dessen Hose beschädigt?),
    RJN 1989 97.

6   Sachbeschädigung ist **Antragsdelikt.** Antragsberechtigt ist jeder Berech-
    tigte, der die Sache nicht mehr gebrauchen kann, also z.B. der Kinobesit-
    zer bei Beschädigung von Filmrollen (BGE 74 IV 6) oder der Verein, der
    über einen Fahnenmast verfügt, BGE 117 IV 439; die Erweiterung des
    Tatbestands durch die Revision hat frühere Zweifel an dieser Frage be-
    seitigt. Ob es sich bei der antragstellenden Personengruppierung um
    einen Verein oder eine einfache Gesellschaft handelt, kann offenbleiben,
    BGE 117 IV 439 *(Groupe Sanglier).*
       Wer aus reiner Schikane einen Nachbarn durch Einschlagen eines
    Pflocks bei der Ausübung seines Wegrechts behindert, handelt rechts-
    missbräuchlich, wenn er wegen geringfügiger Sachbeschädigung durch
    Entfernen des Hindernisses Antrag stellt, BGE 118 IV 292f.

7   **Abs. 2** wurde erst anlässlich der Revision 1981 im Parlament unter dem
    Eindruck der Zürcher Unruhen vorgeschlagen, NOLL BT 167, SCHULTZ,
    ZStrR 101 (1984) 121, STRATENWERTH BT I § 14 N 53 – es sollte verhin-
    dert werden, dass Geschädigte aus Angst, z.B. nach Einschüchterung, auf
    Stellung eines Antrags verzichten. Zum Begriff der Zusammenrottung
    Art. 260 N 2. Dass der Täter auch nach Art. 260 strafbar sei, ist nicht un-
    bedingt erforderlich, doch muss ein Zusammenhang zwischen Zusam-
    menrottung und Sachbeschädigung bestehen (SCHULTZ a.a.O.) – z.B. se-
    parate Sachbeschädigung z.N einer Institution i.w.S., gegen welche
    gleichzeitig anderswo demonstriert wird.

8   Abs. 3 **qualifiziert** als Verbrechen mit einer fakultativen Strafschärfung
    auf Zuchthaus bis zu fünf Jahren die Verursachung eines grossen Scha-
    dens. Das zusätzliche Erfordernis der gemeinen Gesinnung wurde bei
    der Revision 1994 fallengelassen – Botsch. 1013 weist darauf hin, dass die
    Bewertung der Gesinnung die Gefahr eines Abgleitens in das Täterstraf-
    recht mit sich bringe. Diese Verschärfung des Tatbestandes wird dadurch
    aufgewogen, dass nicht mehr eine Mindeststrafe von einem Jahr Zucht-
    haus angedroht ist. Der qualifizierte Tatbestand wird von Amtes wegen
    verfolgt.

9   **Gross** dürfte ein Schaden grundsätzlich ab 10 000 Franken sein, ZBJV
    121 (1985) 511, wobei aber die Verhältnisse des Opfers zu berücksichti-
    gen sind, zu eng PKG 1960 Nr. 63: wenn der Geschädigte in jeder Bezie-
    hung schwer getroffen wurde. vgl. den Sachverhalt in BGE 104 IV 239.

Für eine rein objektive Bestimmung des «grossen Schadens» SCHUBARTH Art. 145 N 40, wie hier NIGGLI 234 ff. Diskussionslos als «gross» erachtete das BGer einen Schaden von 200 000 Franken (BGE 117 IV 440, Gerechtigkeitsbrunnen in Bern) und von 40 000 Franken (BGE 106 IV 25, Radar-Gerät der Polizei). Viele kleinere Schäden können summiert einen «grossen Schaden» ausmachen, aber noch nicht bei 9000 Franken, RS 1969 Nr. 191. PKG 1978 Nr. 12 nimmt grossen Schaden schon bei 5000 Franken an.

Kasuistik   11
BGE 78 IV 83: Fyg erschoss die Katze von Born (ohne Rechtfertigung nach Art. 32 bzw. OR Art. 57); **104 IV 239: Egloff** beging zahlreiche terroristische Sprengstoffanschläge aus politischen Beweggründen; **106 IV 24: W.** verbrannte ein Radargerät, um den Entzug des Führerausweises abzuwenden – keine gemeine Gesinnung; **115 IV 26: A.** ist Eigentümer einer Parzelle, zu deren Gunsten ein Wegrecht über die Parzelle des B. besteht, was A. das Recht gibt, auf jenem Grundstück selbständig Reparaturarbeiten am Weg vorzunehmen, auch wenn sie Beschädigungen anrichten; **116 IV 143: Y.** verletzte einen zur Jagd abgerichteten Habicht, der in seinem Stall einem Huhn nachstellte, glaubte aber, es handle sich um ein wildes Tier; **117 IV 438: H.** war beteiligt an der Zerstörung eines Fahnenmastes mit Bernerflagge des *Groupe Sanglier* und der «Justitia» auf dem Gerechtigkeitsbrunnen in Bern; **120 IV 319: B.** sprayte «Mauersteine» an die Wand einer Bedürfnisanstalt – strafbar, obgleich die Mauer schon besprayt war, anders die Vi in SJZ 90 (1994) Nr. 34; **RS 1977 Nr. 445: F.**, als Käser überfordert, verursachte vorsätzlich einen Schaden an Käse in der Höhe von über 40 000 Franken – keine gemeine Gesinnung; **RVJ 1986 392:** Jagdaufseher X. erschoss voreilig bei Nacht einen Hund; **ZBJV 112 (1976) 384:** Zusätzliche Beule auf einem schon verbeulten Auto, m.krit.Anm. SCHULTZ; Hinweise auf u.ö. Praxis in Kriminalistik 1975 325; keine Sachbeschädigung soll nach SCHUBARTH Art. 145 N 20, 23 bei geringem Schaden vorliegen – **BGE 118 IV 291** lässt die Frage offen und erklärt für rechtsmissbräuchlich den Antrag gegen einen Wegberechtigten, der bei Entfernung einer illegalen Schikane eine Schliessvorrichtung von geringem Wert beschädigte.

Konkurrenzen   12
Vermögensverschiebungsdelikte **(Art. 137 ff.)** konsumieren nachfolgende Sachbeschädigung, PKG 1947 Nr. 14; anders i.V.m. aArt. 143 BJM 1962 142, sofern nicht Abs. 2 erfüllt ist. Dagegen Konkurrenz auch mit **Art. 139.3** bei Einbruchdiebstahl, BGE 72 IV 115, dazu Art. 139 N 28, **186 N 18.** Konkurrenz mit Gefährdungsdelikten ist grundsätzlich zu bejahen, **Art. 224** N 11; **232** N 4, **233** N 4, **239,** N 7; **260** N 10, **285** N 11, **305** N 19, **310** N 10. Brandstiftung, **Art. 221** geht als *lex specialis* vor, ebenso **Art. 228,** PKG 1981 Nr. 11.
Im **Nebenstrafrecht** finden sich zahlreiche Spezialtatbestände, z.B. BG über den Natur- und Heimatschutz, SR 451; BG über die Wasserbaupolizei, SR 721.10; BG über die Friedliche Verwendung der Atomenergie

und den Strahlenschutz, SR 732.0, Art. 30; BG über Jagd und Vogelschutz, SR 922.0, Art. 39 ff., s. auch NIGGLI 200. Solche Strafbestimmungen gehen als *leges speciales* vor. Mit Tierquälerei; Tierschutzgesetz Art.
27, SR 455, ist Idealkonkurrenz möglich, RJN 1986 392.

Kantonales Recht kann Art. 144 nicht im Bagatellbereich ergänzen, SJZ
75 (1979) Nr. 9, doch sind Spezialbestimmungen zulässig, z.B. zum Schutz
öffentlicher Bekanntmachungen, ZH Ges. über das kantonale Strafrecht
vom 30.3.74, § 12, oder öffentlicher Denkmäler, BE EG zum StGB vom
6.10.1940, Art. 10, LU EG zum StGB § 37 (jetzt § 8 des Übertretungsstrafgesetzes vom 14.9.1976), BGE 89 IV 95.

144bis Datenbeschädigung

   **1. Wer unbefugt elektronisch oder in vergleichbarer Weise gespei-
cherte oder übermittelte Daten verändert, löscht oder unbrauchbar
macht, wird, auf Antrag, mit Gefängnis oder mit Busse bestraft.**

   **Hat der Täter einen grossen Schaden verursacht, so kann auf Zucht-
haus erkannt werden. Die Tat wird von Amtes wegen verfolgt.**

   **2. Wer Programme, von denen er weiss oder annehmen muss, dass sie
zu den in Ziffer 1 genannten Zwecken verwendet werden sollen, herstellt, einführt, in Verkehr bringt, anpreist, anbietet oder sonstwie zugänglich macht oder zu ihrer Herstellung Anleitung gibt, wird mit Gefängnis oder mit Busse bestraft.**

   **Handelt der Täter gewerbsmässig, so kann auf Zuchthaus bis zu fünf
Jahren erkannt werden.**

Lit. vor Art. 137 und zu 143.

1   **Art. 144**bis soll den Schutzgedanken von Art. 144, Sachbeschädigung, auf
den Bereich der Daten übertragen. Im bundesrätlichen Entwurf war
noch kein eigenständiger Tatbestand vorgesehen, s. E 1991 Art. 144 II.
Ergänzt wird die Bestimmung durch das in Ziff. 2 aufgenommene Gefährdungsdelikt der Herstellung ... von Computervirusprogrammen.

2   **Geschütztes Rechtsgut** ist die **Verfügungsmacht über intakte Daten.** Zu
einem erheblichen Teil wird es dabei auch um Vermögensschutz gehen,
aber es ist nicht Voraussetzung, dass die Daten einen wirtschaftlichen
Wert aufweisen, SCHMID § 6 N 14. Das Gesetz verzichtet (im Gegensatz
zu Art. 143bis) auf einen Begriff wie «fremd»; daraus ist zu schliessen, dass
sich auch strafbar macht, wer «eigene» Daten beschädigt, wenn Dritte
daran ein Nutzungsrecht haben. STRATENWERTH BT I § 14 N 58 fordert
eine Beschränkung auf Daten, über die der Täter «nicht oder nicht allein»
verfügen darf», ähnlich im Ergebnis SCHMID § 6 N 21, wo allerdings die
Anfassung vertreten wird, das Erfordernis «fremd» sei implizit analog
Art. 144 in Art. 144bis mitzulesen. Die Daten müssen nicht vor dem Zugriff durch Unbefugte besonders geschützt sein, SCHMID a.a.O. – hier sind
auch «anvertraute» Dateien geschützt.

Angriffsobjekt sind «elektronisch oder in vergleichbarer Weise gespei-   3
cherte oder übermittelte Daten». «Daten» sind gemäss Botsch. 986 «alle
Informationen über einen Sachverhalt in Form von Buchstaben, Zahlen,
Zeichen, Zeichnungen u.ä., die zur weiteren Verwendung vermittelt, verarbeitet oder aufbewahrt werden»; s. auch Art. 143 N 3. Nicht vor Beschädigung geschützt sind demnach Ton- und Bilddokumente, die auch
elektronisch gespeichert werden und von grossem Wert sein können, mit
Recht krit. STRATENWERTH BT I § 14 N 57; NIGGLI 187 f. scheint davon
auszugehen, dass solche Objekte, wenn sie elektronisch (digital) gespeichert sind, als Daten betrachtet werden könnten, beklagt aber auch den
ungenügenden Schutz, a.a.O. und 269.

Art. 144bis kommt nur zur Anwendung, wenn und solange die Daten
sich im Übermittlungsstadium befinden oder in einer Datenverarbeitungsanlage gespeichert sind, also nicht dann, wenn sie sich auf einem separaten Datenträger befinden.

Die **Täterhandlung** wird beschrieben als Verändern, Löschen oder un-   4
brauchbar Machen. Die Aufzählung ist abschliessend, SCHMID § 6 N 24 -
das blosse Verschieben von Daten ist z.B. nicht strafbar. Entscheidend ist
allemal, ob der Eingriff irreversibel sei, also nicht oder nicht ohne besonderen Aufwand rückgängig gemacht werden kann, NIGGLI 226. Mit
SCHMID a.a.O. ist eine gewisse Erheblichkeit des Eingriffs zu verlangen.

Verändert sind Daten, wenn etwa ein Text ergänzt wird (solange nicht   5
mit der Funktion «Überarbeiten» die Änderungen sichtbar bleiben und
mit dem Befehl «Ablehnen» wieder entfernt werden können), die Informationen in Unordnung gebracht werden, eine Codierung eingeführt, die
«Ansteckung» mit einem Virus bewirkt wird usw. Verändert sind Daten
auch, wenn sie ursprünglich weiterbearbeitet werden konnten und nach
dem Eingriff unabänderlich sind. Auch das Löschen von Teilen aus Daten wird als Verändern angesehen, SCHMID § 6 N 26, STRATENWERTH BT
I § 14 N 59.

Daten sind **gelöscht,** wenn sie vom Datenträger unwiderbringlich ent-   6
fernt wurden. In der Lit. wird angenommen, es sei ohne Bedeutung, ob
die Datei noch auf einem anderen Datenträger intakt zur Verfügung
stehe, HURTADO POZO BT N 961, NIGGLI 226, SCHMID § 6 N 27, 70, STRA-
TENWERTH BT I § 14 N 59. Dieser Auffassung muss aus praktischen
Gründen zugestimmt werden, obwohl das Ergebnis nicht in allen Fällen
befriedigt: Braucht X. z.B. dringend eine Diskette und findet nur diejenige des Y., auf welcher eine Datei gespeichert ist, die, wie X. weiss, auch
auf der Festplatte von Y.'s PC verfügbar ist, so verdient er keine Strafe,
wenn er die Diskette löscht. In anderen Fällen kann die Rekonstruktion
mehr oder weniger aufwendig sein – eine Differenzierung erscheint nicht
praktikabel. Straflos bleibt z.B., wer einen fremden Laptop benützt und,
um Speicherraum zu gewinnen, Dateien des Eigentümers auf Disketten
überträgt und dann von der Festplatte löscht – Datenverschiebung ist
nicht Datenzerstörung. Auf welchem Wege die Löschung erreicht wird,
ist unerheblich, zum Verhältnis zur Zerstörung des Datenträgers s. N 19.

7   **Unbrauchbar gemacht** sind natürlich auch veränderte und gelöschte Daten. Gemeint sind aber andere Eingriffe, die «dem Berechtigten den Zugriff auf bzw. die Verwendung der Daten verunmöglichen ... etwa ... die unberechtigte Änderung von Passwörtern, Chiffriersystemen u.ä.», Botschaft 1014. Der Eingriff braucht nicht irreversibel zu sein – eine Verhinderung des Zugangs während einer erheblichen Zeitspanne genügt, NIGGLI 228, SCHMID § 6 N 29.

8   Die Beschädigung muss **unbefugt** erfolgen, d.h. ohne Einwilligung aller Berechtigten.

9   Subjektiv ist **Vorsatz** gefordert, Eventualvorsatz genügt.

10 Wie die Sachbeschädigung ist die Datenbeschädigung im Grundtatbestand **Antragsdelikt.** Antragsberechtigt ist jeder, der Träger des geschützten Rechtsguts ist, also ein rechtlich geschütztes Interesse an der Unversehrtheit der Daten besitzt. Bei übermittelten Daten sind Absender wie Adressat antragsberechtigt, SCHMID § 6 N 99.

11 Qualifiziert ist die Verursachung eines **grossen Schadens,** s. dazu Art. 144 N 8 f.

12 **Ziff. 2** will als **abstraktes Gefährdungsdelikt** vor Schäden schützen, die durch Computerviren und ähnliche Störprogramme (Hinweise bei SCHMID § 6 N 53) verursacht werden können – Kasuistik bei SCHMID S. 197 Fn 94.

13 **Tatobjekt** sind besondere Programme, die in Datenverarbeitungsanlagen Veränderungen und Zerstörungen anrichten und in der Regel sich selber fortpflanzen, vervielfältigen können; sie schaffen demnach eine «Infektions-» bzw. «Seuchengefahr».

14 Die umfangreiche Liste der möglichen **Täterhandlungen** entspricht derjenigen in Art. 179sexies, für Einzelheiten s. SCHMID § 6 N 56 ff.

15 **Subjektiv** wird Vorsatz für die Herstellung usw. verlangt – der Täter muss die schädliche Wirkung des Programms kennen oder in Kauf nehmen. Gegen schwer widerlegbare Einwände hilft die Formel «oder annehmen muss», etwa wenn ein Bastler experimentiert. Dagegen ist nicht erforderlich, dass der Täter das Programm auch einsetzen will.

17 Weil gar kein Schaden zum objektiven Tatbestand gehört, muss die Verfolgung **von Amtes wegen** geschehen.

18 **Gewerbsmässigkeit** macht die Tat zum Verbrechen. Zum Begriff s. Art. 146 N 30 ff.

19 **Konkurrenzen**
    Setzt ein Täter gemäss **Ziff. 2** das Programm ein, entsteht Konkurrenz mit **Ziff. 1,** weil sich das Schädigungspotential mit dem Eingriff in eine einzige Datenverarbeitungsanlage nicht erschöpft, ebenso HURTADO POZO BT N 975, a.M. STRATENWERTH BT I § 14 N 68 (Konkurrenz verbiete sich «angesichts der übereinstimmenden Schutzrichtung»); in der

Regel wird zudem der Tatbestand von **Art. 143**[bis] erfüllt sein, der aber konsumiert wird, SCHMID § 6 N 76, STRATENWERTH BT I § 14 N 69. Umstritten ist das Verhältnis zu **Art. 144:** Wird der Datenträger als Sache beschädigt, soll nach NIGGLI 227 Art. 144bis konsumiert sein, ebenso HURTADO POZO BT N 951 (der aber in N 977 Realkonkurrenz annimmt, wenn der Datenträger zerstört wurde); diese Auffassung kann sich auf die Botschaft stützen, wonach dieser Tatbestand «nur subsidiären Charakter» habe (S. 1014); HURTADO POZO BT N 977 und SCHMID § 6 N 79 nehmen echte Konkurrenz an, sofern die Berechtigten nicht identisch sind; STRATENWERTH BT I § 14 N 70, spricht sich «wegen der Verschiedenheit der betroffenen Interessen» für *echte Konkurrenz* aus, was überzeugt.

145 Veruntreuung und Entzug von Pfandsachen und Retentionsgegenständen

Der Schuldner, der in der Absicht, seinen Gläubiger zu schädigen, diesem eine als Pfand oder Retentionsgegenstand dienende Sache entzieht, eigenmächtig darüber verfügt, sie beschädigt, zerstört, entwertet oder unbrauchbar macht, wird, auf Antrag, mit Gefängnis oder mit Busse bestraft.

E 128. Sten.NR 348, 349, Erl.Z. 152 ff. 2. ExpK II 332 ff., III 56 ff.; zur Revision 1994 s. vor Art. 137.

Art. 145 ergänzt als **«Rechtsvereitelung»** Art. 141 und 144 durch Schutz des Pfandgläubigers.   1

Mit der *Revision 1994* wurde der Tatbestand gegenüber aArt. 147 vereinfacht und als Sonderdelikt ausgestaltet – **nur der Schuldner kann Täter sein.** Das Strafmass wurde demjenigen von Art. 141 und 144 angeglichen: Gefängnis oder Busse.   1a

Die **Täterhandlung** besteht darin, dass dem Gläubiger die Pfand- oder Retentionssache vom Schuldner durch Gewahrsams- oder Treubruch entzogen oder dass sie ganz oder teilweise entwertet wird. Die Entwertung kann auch ohne Substanzeingriff erfolgen, z.B. Entwertung verpfändeter Aktien durch Erhöhen des Aktienkapitals, ohne dem Gläubiger Gelegenheit zur Ausübung des Bezugsrechts zu geben, BGE 90 IV 196; Entwertung einer verpfändeten Versicherungspolice dadurch, dass sich der Täter unter der Behauptung, er habe sie verloren, den Rückkaufswert auszahlen lässt, BJM 1970 241. Die Entwertung muss so schwerwiegend sein, dass sie «die Befriedigung des zu sichernden Anspruches gefährdet», BGE 90 IV 198. Auch Entwertung durch Unterlassung ist möglich, HURTADO POZO BT N 988.   2

Ausser Vorsatz ist die **Absicht** erforderlich, den Gläubiger zu schädigen.   3

Art. 172 sieht auch für Art. 145 die Strafbarkeit der Organe juristischer Personen vor.   4

S. auch **Art. 169** N 12, **287,** BG über das Schiffahrtsregister, SR 747.11, Art. 63.

146 Betrug

[1] **Wer in der Absicht, sich oder einen andern unrechtmässig zu bereichern, jemanden durch Vorspiegelung oder Unterdrückung von Tatsachen arglistig irreführt oder ihn in einem Irrtum arglistig bestärkt und so den Irrenden zu einem Verhalten bestimmt, wodurch dieser sich selbst oder einen andern am Vermögen schädigt, wird mit Zuchthaus bis zu fünf Jahren oder mit Gefängnis bestraft.**

[2] **Handelt der Täter gewerbsmässig, so wird er mit Zuchthaus bis zu zehn Jahren oder mit Gefängnis nicht unter drei Monaten bestraft.**

[3] **Der Betrug zum Nachteil eines Angehörigen oder Familiengenossen wird nur auf Antrag verfolgt.**

VE 1894 Art. 74, 76, 79 ff., Mot. 165 f., 168 ff., 219. 1. ExpK I 394 f., 401 ff., 408 ff., II 233 ff., 534 ff., 540 ff., 732 f. VE 1908 Art. 90 ff., 163 f., 249, 251 ff., 269. Erl.Z. 154 ff., 306 ff., 452, 454 ff., 476 f. 2. ExpK II 338 ff., IV 172 ff., VII 13 ff., VIII 245 ff., 314 ff., IX 58. VE 1916 Art. 135 ff., 307 f., 310 f. E Art. 129 ff., 302 f., 305 f. Botsch. 34 ff., 69. Sten.NR 352 ff., StR 167 ff., 266 f., NR 691 ff., StR 321 ff., NR 746 ff., StR 346 f., 356, NR 784 f., StR 374; zur Revision 1994 s. vor Art. 137.

ANDREAS VON ALBERTINI, Der Steuerbetrug im System der Steuerstrafnormen, Diss. ZH 1966; PETER ALBRECHT, Kreditbetrug durch Verschweigen der unzureichenden Zahlungsfähigkeit? in Privatrecht, öffentliches Recht, Strafrecht, Basel 1985, 1; MARC AMSTUTZ/MARCEL ALEXANDER NIGGLI, Unrecht im Unrecht? Prolegomenon zum wirtschaftlichen Verhältnis von Zivil- und Strafrecht am Beispiel von BGE 117 IV 139 ff., AJP 3 (1994) 188; HENRY ARDINAY, Der Betrug nach dem schweizerischen Strafgesetzbuch, ZStrR 86 (1970) 225; GUNTHER ARZT, Schadensberechnungsprobleme beim Betrug, Gedächtnisschrift für Peter Noll, Zürich 1984, 169; ALEXANDER I. DE BEER, Zur Strafbarkeit von Börsenmanipulationen durch Finanzjournalisten, SAG 54 (1982) 155; DERS., Börsenmanipulationen und Betrug, ZStrR 109 (1992) 272; URS R. BEHNISCH, Das Steuerstrafrecht im Recht der direkten Bundessteuer, Diss. Bern 1991; MEINRAD BETSCHART, Grundfragen der strafrechtlichen Erfassung betrügerischen Verhaltens gegenüber dem Staat, Diss. BE 1991; FERRUCCIO BOLLA, *Truffa col mezzo di negozi illèciti?* Rep. 1943 145; FELIX BOMMER, Grenzen des strafrechtlichen Vermögensschutzes bei rechts- und sittenwidrigen Geschäften, Diss. BE 1996; MARKUS BOOG, Die Rechtsprechung des Bundesgerichts zum Begiff des Vermögensschadens beim Betrug, Diss. BS 1991; DERS. Zu den Merkmalen der Arglist und des Vermögensschadens beim Betrug im Rahmen rechtswidriger Rechtsgeschäfte, Anmerkung zu BGE 117 IV 139 ff., Verkauf übermässig gestreckter Drogen, AJP 2 (1993) 779; BRUNO VON BÜREN, Arglistig oder einfach arg? SJZ 67 (1971) 8; MARTIN BUSER, Straftaten im Zusammenhang mit Kreditkarten, Diss. BE 1986; SIMONA BUSTINI GROB, Grosskredite im Schatten des Strafrechts, Diss. BE 1997; URSULA CASSANI, *La protection pénale du patrimoine* Laus. 1988; PETER JOHANNES MICHAEL VON CASTI-WERGENSTEIN, Der Steuer- und Abgabebetrug im schweizerischen Recht, Diss. SG 1992; FRANÇOIS DESSEMONTET *L'émission frauduleuse d'actions,* ST 3/51 (1977) 24; HANS RUDOLF GANZ, Betrug bei Verwertung unrechtmässig erlangter Sachen, SJZ 45 (1949) 71; DERS., Zusam mentreffen von (fortgesetzter) Erpressung und (gewerbsmässigem) Betrug, SJZ 46 (1950) 307; JEAN GRAVEN, *L'escroquerie en droit pénal suisse,* Basel 1947; PHILIPPE GRAVEN, Betrug (Art. 148 StGB), SJK 821; GUIDO JENNY, Aktuelle Fragen des Vermögens- und Urkundenstrafrechts, ZBJV 124 (1988) 393; ARTHUR JOST, Der Betrugsbegriff in der Rechtsprechung des Bundesgerichts, SJZ 43 (1947) 369; WALTER KÖNIG, Der Versicherungsbetrug, Diss. ZH 1968; DETLEF KRAUSS, Die strafrechtliche Problematik der Erschleichung kantonaler Subventionen, in FS Frank Vischer, Zürich 1983, 47; ROBERT KURMANN, Betrügerische Handlungen des Versicherungsnehmers, Diss. BE 1944; HUBERT A. MEYER, Der Begriff der Gewerbsmässigkeit im schweizerischen Strafrecht…, ZStrR 65 (1950) 141; GIUSEP NAY, Neue Entwicklungen in der Rechtsprechung des Kassationshofes des Bundesgerichts, ZStrR 112 (1994) 170; JOSEF M. PERREZ, Der Betrug im italienischen und schweizerischen Strafrecht, Diss. FR 1963; FRITZ PESCH, Zum Begriff der Arglist im Kleinkreditgeschäft, SJZ 66 (1970) 323; GEORG PFISTER, Unwahre Angaben über Handelsgesellschaften und Genossenschaften (Art. 152 StGB) und das Verhältnis zum Betrug (Art. 148 StGB), Diss. ZH 1978; PETER POPP, Betrug im Schuld- und Strafrecht, in Mélanges en l'honneur du Professeur Jean Gauthier, Sonderband ZStrR 114 (1996) 111; DIETER VON RECHENBERG, Nochmals: Betrug bei Veräusserung unrechtmässig erworbener Sachen, SJZ 45 (1949) 104; LOUIS ROHNER, Computerkriminalität, Diss. ZH 1976, ROBERT ROTH, *La délinquance informatique saisie par le droit pénal,* Sem.jud. 1987 97; GRACE SCHILD, «Mit gestreckten Drogen betrogen», recht 9 (1991) 142; EMIL SCHMID, Das Verhältnis zwischen Betrug und Urkundenfälschung, ZStrR 65 (1950) 389; NIKLAUS SCHMID, Missbräuche im modernen Zahlungs- und Kreditverkehr, Bern/Stuttgart 1982; DERS., Zur strafrechtlichen Erfassung von Missbräuchen im Bereich des bargeldlosen, insbesondere elektronisch abgewickelten Zahlungs- und Kreditverkehrs, ZStrR 104 (1987) 129; BEAT SCHNELL, Der gewerbsmässige Betrug (Art. 148 Abs. 2 StGB), Diss. BE 1990; MARTIN SCHUBARTH, Vermögensschaden durch Vermögensgefährdung, in Mélanges en l'honneur du Professeur Jean Gauthier, Sonderband ZStrR 114 (1996) 71; VITAL SCHWANDER, Vermögen, Vermögensschaden, Bereicherung, ZStrR 78 (1962) 334; WALTER SQUARATTI, Das Merkmal der Arglist im Betrugsbegriff (Art. 148 StGB), Diss. FR 1951; GÜNTER STRATENWERTH, Computerbetrug, ZStrR 98 (1981) 229; DERS., Gewerbsmässigkeit im Strafrecht, ZStrR 94 (1977) 88; PAUL URSPRUNG, Der Versicherungsbetrug nach schweizerischem Strafrecht, Diss. FR 1945; HANS WALDER, Der Prozessbetrug, SJZ 50 (1954) 105; WILLI WISMER, Das Tatbestandselement der Arglist beim Betrug, Diss. ZH 1988; SIBYLLE ZWEIFEL, Buchführungsdelikte mittels EDV und Massnahmen zu deren Verhinderung, Diss. ZH 1983.

Betrug begeht, wer in Bereicherungsabsicht einen andern arglistig zu einer schädigenden Vermögensverfügung veranlasst.   1

    Die objektiven Tatbestandsmerkmale sind: a) arglistige Täuschung; b) Irrtum; c) Vermögensdisposition; d) Vermögensschaden; e) Motivationszusammenhang a) -b) und b) -c) sowie Kausalzusammenhang c)-d).

Täuschung ist jedes Verhalten, das darauf gerichtet ist, bei einem andern   2 eine von der Wirklichkeit abweichende Vorstellung hervorzurufen, sei es durch die Mittel der (mündlichen oder schriftlichen) Sprache, durch Geten oder durch konkludentes Verhalten. Bei mehrdeutigen Erklärungen ist der Sinn massgebend, den der Empfänger nach Treu und Glauben im Geschäftsverkehr verstehen durfte, BGE 96 IV 146f., SJZ 63 (1967) Nr. 26 («unfallfreier» Occasionswagen).

3 Der Rechtsprechung stellt sich die Aufgabe zu entscheiden, welcher **Erklärungswert** typischen Verhaltensweisen im Geschäftsverkehr zukommt, was oft irrtümlich als Frage der «Arglist» behandelt wird (BGE 72 IV 65, 73 IV 225, 76 IV 162 E. 4, 87 IV 12, von BÜREN a.a.O.). Wer einen Vertrag eingeht, erklärt in der Regel seinen Erfüllungswillen, vgl. BGE 72 IV 65, 73 IV 225, SJZ 71 (1975) Nr. 105, RFJ 1992 87; wer eine Stelle als «vollamtlicher» Vertreter antritt, erklärt, dass er nicht schon in einer solchen Stellung ist, ZR 59 (1960) Nr. 51 (BGer); wer als Kollektivzeichnungsberechtigter einem Mitzeichnungsberechtigten ein Schreiben zur Zweitunterschrift vorlegt, erklärt implizit, dass es mit dem Brief seine Ordnung habe, BGE 118 IV 37 f.; wer eine Sache verkauft, erklärt seine Verfügungsberechtigung, BGE 87 IV 12, es liegt also – entgegen BGE 94 IV 65 f. – kein Verschweigen vor; wer ein Darlehen aufnimmt, erklärt seinen Willen, es zurückzubezahlen, aber nicht, dass er nicht in finanziellen Schwierigkeiten stecke, BGE 86 IV 205; auch wer sich einer zahnärztlichen Behandlung unterzieht, erklärt nichts dergleichen, BGer, SJZ 66 (1970) Nr. 73, s. aber SJZ 87 (1991) Nr. 63/14, wo ausdrücklich Zusicherungen gemacht wurden, ferner RS 1977 Nr. 442bis (Verlangen von Lohnvorschuss ist Erklärung von Arbeitswillen), ZR 57 (1958) Nr. 123 (wer ein Taxi besteigt, erklärt Zahlungswillen), GVP-ZG 1983/84 106 (Bezug eines Hotels als Erklärung des Zahlungswillens); eine Bank, die Kundengelder entgegennimmt, erklärt Zahlungsfähigkeit, BGer, 26.11.76, zit. bei BERNASCONI, ZStrR 98 (1981) 408. Die Täuschungshandlung kann auch über einen gutgläubigen Tatmittler erfolgen, BGE 105 IV 334. Dem «Unterdrücken» kommt gegenüber dem «Vorspiegeln» von Tatsachen keine selbständige Bedeutung zu, HURTADO POZO BT N 1002, WISMER 12 f. m.w.Hinw., anders REHBERG/SCHMID 171 f.

4 Erst **wenn keine Erklärung** abgegeben wurde, stellt sich die Frage, ob den Täter eine **Aufklärungspflicht** traf, NOLL BT 195. Eine solche Pflicht kann auf Gesetz beruhen, z.B. ZGB Art. 607 III, Auskunftspflicht der Miterben, SJZ 72 (1976) Nr. 103, implizit auch BGE 101 IV 113, anders RS 1962 Nr. 78, RS 1962 Nr. 146, SJZ 67 (1971) Nr. 168 (Verschweigen von Nebenverdienst gegenüber der SUVA), oder auf *Vertrag*, z.B. Mäklervertrag, SJZ 64 (1968) Nr. 70. Der Unternehmer hat dem Besteller einer Renovation mitzuteilen, dass er nicht willens ist, Unterbeauftragte zu bezahlen, BGE 105 IV 103 f., dazu krit. BAUHOFER in Baurecht 1982 20. Zu weit geht m.E. PKG 1955 Nr. 28, wonach ein Arbeitnehmer, der am 25. den Monatslohn bezieht, darüber aufklären müsse, dass er die Arbeit vorzeitig abbrechen will. Nach der Praxis kann sich eine Aufklärungspflicht auch aus Treu und Glauben ergeben, ZR 46 (1947) Nr. 90 (BGer), kritisch REHBERG/SCHMID 172, SCHUBARTH Art. 148 N 26, STRATENWERTH BT I § 15 N 21, WISMER 102.

Eine Pflicht zur Auskunft über schlechte finanzielle Verhältnisse bei Vertragsabschluss wird richtigerweise mehrheitlich abgelehnt, BGE 86 IV 205, 72 IV 65; BJM 1981 156, 1989 262, PKG 1974 Nr. 8, RS 1975 Nr. 891, 1974 Nr. 750; anders SJZ 66 (1970) Nr. 73 (BGer), RS 1979 Nr. 760

eine Pflicht, die eigene Bevormundung bei Vertragsabschluss anzugeben, wird bejaht in RS 1959 Nr. 209, mit Recht verneint in SJZ 74 (1978) Nr. 1, 48 (1952) Nr. 44. Bedenklich BGE 81 IV 160 E. 3, wo erwogen wird, dass bei Abheben eines Bankguthabens Auskunft über dessen Entstehung zu geben sei! Im Börsenverkehr besteht keine Pflicht, darüber aufzuklären, dass jemand Insider-Informationen besitzt, BGE 109 Ib 55. Zur Aufklärungspflicht bei Vermittlung von Warenterminegeschäften ZR 82 (1983) Nr. 37, zur Manipulation von Börsenkursen BGE 113 Ib 172 (Strafbarkeit bejaht, u.a. mit dem Hinweis darauf, dass ein direkter Kontakt zwischen Verkäufer und Käufer stattgefunden habe, was m.E. keine Voraussetzung von Art. 146 ist) und 122 II 422 ff.; zur Problematik eingehend DE BEER, ZStrR 109 (1992) 274 ff.; zur Börsenmanipulation Art. 161bis. Mit STRATENWERTH BT I § 15 N 21 (unter Hinweis auf GERMANN) ist eine Rechtspflicht nach den Regeln für das unechte Unterlassungsdelikt (Art. 1 N 26 ff.) zu fordern, ebenso NOLL BT 195 f., SCHUBARTH Art. 148 N 26. Der Inhaber einer Kreditkarte ist nicht verpflichtet, das Kreditinstitut über eine (vorübergehende) Verschlechterung seiner finanziellen Lage zu unterrichten, BGE 110 IV 24, dazu BUSER in recht 3 (1985) 96; vgl. jetzt Art. 148. WISMER 16, 100 ff. lehnt Betrug durch Unterlassen schlechthin ab.

Gemäss aArt. 148 war ferner das *Ausnützen eines vorbestehenden Irrtums* 5 des Opfers als Variante «Täuschungshandlung» vorgesehen, eine Fallkonstellation, die in der Praxis nicht vorkam und von der Lehre kritisiert wurde. Nach der *Revision 1994* ist die Variante enger umschrieben: Die Täuschungshandlung begeht auch, wer jemanden **«in einem Irrtum arglistig bestärkt».** Damit soll verdeutlicht werden, dass ein aktives Tun vorausgesetzt ist, Botsch. 1016. Arglistig bestärkt nur, wer nicht bloss bestätigt, sondern durch besondere Machenschaften oder sonstwie listenreiches Vorgehen eine Aufklärung des Irrtums verhindert, etwa mit Hilfe einer falschen Expertise demjenigen, der eine sehr wertvolle Sache billig verkaufen will, «bestätigt», dass diese in der Tat keinen höheren Preis wert sei. Auch in der neuen Version ist eine praktische Bedeutung dieser Tatvariante kaum zu erwarten, s. auch REHBERG/SCHMID 177, STRATENWERTH BT I § 15 N 26.

Die Täuschung muss sich auf **Tatsachen** der Vergangenheit oder Gegen- 6 wart beziehen. Keine Tatsachen sind namentlich Prognosen, BGE 89 IV 75, ZBJV 82 (1946) 124, Wahrsagungen, RJJ 1994 268 und reine Werturteile. Dagegen können die Voraussetzungen von Prognose und Werturteil und das beim Erklärenden vorhandene Wissen darüber Tatsachen sein, BGE 92 IV 67: Regamey versprach eine Anstellung und täuschte eine Überzeugung vor, die in Wirklichkeit nicht bestand; 119 IV 212 f.: Anhänger der «Scientology-Kirche» behaupteten, «Dianetik»-Material und Kurse könnten Frau X., bei der eine sofort erkennbare geistige Reatardierung vorlag, helfen, ihre persönlichen Probleme zu lösen. Als Tatsache behandelt ZR 82 (1983) Nr. 37 die Gewinnmöglichkeiten beim Warenterminegeschäft in Verbindung mit der Behauptung besonderer

Vertrauenswürdigkeit und eines überlegenen Informationssystems. S. auch DE BEER, SAG 54 (1982) 158, NOLL BT 194. Absichten sind allemal Tatsachen, s. z.B. BGE 102 IV 86 (Zahlungswille bei Kreditaufnahme), ferner 105 IV 246, 106 IV 114, 107 IV 30, 110 IV 22. Gemäss BGE 122 II 428 f. sind nicht nur Börsenkurse, sondern auch «reelle Transaktionen» wie Kauf oder Verkauf von Wertpapieren Tatsachen, weil die Investoren darauf vertrauen dürfen, dass diesen Transaktionen «vernünftige ökonomische Überlegungen» zugrunde liegen (Werturteil mit Tatsachenkern, dazu SCHUBARTH Art. 148 N 16); kritisch KLEINER in SZW 69 (1997) 119, der mit Recht darauf hinweist, dass die wirtschaftlich vernünftige Motivation als solche nicht fassbar ist. Zu Kursmanipulationen s. Art. 161bis.

7 **Arglist** verlangt der Tatbestand, weil nur geschützt werden soll, wer im Geschäftsverkehr eine gewisse Diligenz walten lässt. «Wer sich mit einem Mindestmass an Aufmerksamkeit selbst hätte schützen (BGE 72 IV 128), den Irrtum durch ein Minimum zumutbarer Vorsicht hätte vermeiden können (BGE 100 IV 274; 99 IV 78), ist strafrechtlich nicht geschützt», BGE 119 IV 35; wo eine Bank sich in ein rechts- und sittenwidriges Geschäft einlässt und zudem elementarste Vorsichtsmassnahmen ausser acht lässt, kann die Opfermitverantwortung zur Verneinung der Arglist führen, a.a.O. 37 f. Arglist wurde ferner verneint, wo der Schuldner sich zuerst eine Quittung ausstellen liess und anschliessend erklärte, die Schuld sei durch Verrechnung getilgt, SJZ 89 (1993) Nr. 20.

Mit dem Tatbestandsmerkmal der Arglist (kritisch dazu v. BÜREN a.a.O.) schlägt das Gesetz einen Mittelweg ein zwischen der französischen Auffassung, wonach Betrug nur bei besonderen Kniffen *(manœuvres frauduleuses, mise en scène)* vorliegt, und der deutschen, wonach jede Lüge genügt, BGE 72 IV 13 mit Hinweis auf die Entstehungsgeschichte. Eine einfache Lüge ist nach bundesgerichtlicher Rechtsprechung arglistig, wenn sie

a) nicht (ohne besondere Mühe) überprüfbar ist, wenn

b) dem Getäuschten die Überprüfung nicht zumutbar ist, wenn

c) der Täter den Getäuschten von der Überprüfung abhält oder wenn

d) der Täter aufgrund besonderer Umstände damit rechnet, dass das Opfer von einer Überprüfung absehen werde, BGE 122 IV 248, 119 IV 35, 118 IV 360, 116 IV 25,113 Ib 172, 111 Ib 242, 110 IV 23, 108 Ib 298, 107 IV 170 f., 106 IV 360, 101 Ia 612 f., 99 IV 274, 99 IV 77 etc.

Die (alternativen) Voraussetzungen gemäss a)-d) müssen aber nur dann geprüft werden, wenn keine betrügerischen Machenschaften vorliegen, BGE 116 IV 25 (kein Einwand, dass die getäuschte Bank die Identität dessen, der ein Namen-Sparheft vorlegt, hätte überprüfen können) Sem.jud. 1982 392, krit. WISMER 55 ff., wonach vermehrt auf die Täter Opfer-Beziehung abzustellen sei, ihm folgend LGVE 1989 I Nr. 41: für plumpe Täuschungsmanöver – *in casu* ging es um den Versuch, für den Verkauf von Bruchsilber, das nicht existierte, einen Vorschuss zu erhalten – Arglist bejaht. Exemplarisch ZR 81 (1982) Nr. 80: Der Täter hatte am Vorabend von seinem Bankkonto 13 000 Franken (von 13 500) bezogen; am nächsten Morgen liess er sich von einer andern Filiale nochmal

13 000 Franken auszuzahlen, nachdem er sich versichert hatte, dass der Bezug vom Vortag noch nicht gemeldet war, ferner ZR 82 (1983) Nr. 37 S. 94 ff. (Warentermingeschäft). Gl.M. wie BGE 116 IV 25 Hurtado Pozo BT N 1008.

Zu den Anforderungen an die Begründung der Arglist bei Serienbetrug s. BGE 119 IV 286 f.

Betrügerische Machenschaften oder Kniffe liegen vor, wenn die Täuschung durch zusätzliche Massnahmen, z.B. gefälschte Urkunden, BGE 76 IV 95, abgesichert wird, BGE 71 IV 17, 73 IV 25, 99 IV 84 f.; 116 IV 25: Vorlegen eines Namens-Sparheftes durch einen Nichtberechtigten; 117 IV 155 f.: verbunden mit «flankierenden Massnahmen»; Rep. 1986 150: ungültige Kreditkarte; s. auch RB TG 1986 Nr. 24, 1988 Nr. 36, ZR 60 (1961) Nr. 20. Eine Ausnahme macht RB UR 1990 Nr. 23 für den Fall, dass die Fälschung auf den ersten Blick als solche erkennbar ist.   8

Arglist wird grundsätzlich auch angenommen, wenn der Täter ein ganzes *Lügengebäude* errichtet, BGE 74 IV 151 f., BJM 1970 204, RS 1979 Nr. 904. Ein Lügengebäude liegt allerdings nicht schon dann vor, wenn mehrere je durchschaubare Lügen aneinandergereiht werden – es ist erst anzunehmen, «wenn die Lügen von besonderer Hinterhältigkeit zeugen und derart raffiniert aufeinander abgestimmt sind, dass sich auch das kritische Opfer täuschen lässt», BGE 119 IV 36, wo der Täter einen Bankkredit erlangt hatte mit der Behauptung, er sei Vertrauter der (offenbar wirtschaftlich sehr bedeutenden) Familie Z., die nicht in Erscheinung treten wolle, und er kaufe für diese als Strohmann Wohneigentum, was (nicht ganz überzeugend) kein Lügengebäude i.S. des Arglistbegriffs sei, zust. Niggli, AJP 2 (1993) 1276 f.

Praktisch bedeutsam ist vor allem die **mangelnde Überprüfbarkeit** der einfachen Lüge. Sie findet sich regelmässig bei Täuschung über innere Tatsachen, v.a. den Leistungswillen, BGE 73 IV 226, 93 IV 15, 101 Ia 613, 105 IV 104, 119 IV 287 f., GVP-ZG 1983/84 106, PKG 1970 Nr. 16, 1988 Nr. 18, RFJ 1992 87 f.; ferner bei Täuschung über die Verfügungsberechtigung, z.B. BGE 87 IV 12; bei minderwertiger Handelsware, deren Mangel nicht sofort erkennbar ist (*in casu* Drogen), BGE 111 IV 58 f., 117 IV 142 (dagegen sei Beimischung von 75% Eisteepulver geschmacklich leicht feststellbar, BJM 1994 46); bei Behandlungsdaten gegenüber der Krankenkasse (Karenzfrist), BJM 1989 146, und bei falschen Zusicherungen im Occasions-Handel, BGE 96 IV 147, BJM 1957 233, SJZ 68 (1972) Nr. 22, 52 (1956) Nr. 33. Manipulationen am Kilometerzähler, vgl. RS 1977 Nr. 259, SJZ 69 (1973) Nr. 109, sind betrügerische Machenschaften. Die Identität einer Person gilt als in der Regel überprüfbar, BJM 1975 248, anders PKG 1965 Nr. 9. Weil es im Börsenhandel nicht zu einem Kontakt zwischen Käufer und Verkäufer kommt, ist das Kriterium der Überprüfbarkeit nicht anwendbar, BGE 109 Ib 55.   9

BGE 118 IV 361 präzisiert, dass diese Regel Ausnahmen kennt: *Mangelnder Erfüllungswille ist erkennbar, wenn z.B. die Erfüllungsfähigkeit offensichtlich fehlt* bzw. «wenn sich aus der möglichen und zumutbaren

Überprüfung der Erfüllungsfähigkeit ergeben hätte, dass der andere nicht erfüllungsfähig war» (mit Hinweis auf SCHUBARTH Art. 148 N 46); dasselbe gilt, wenn jemand bei derselben Firma mehrmals Waren bestellt, ohne je zu zahlen, LGVE 1984 I Nr. 41, noch enger BJM 1989 261, wonach telefonische Weinbestellung ohne Hinweis auf Zahlungsunfähigkeit nicht arglistig sei. Besonders von Banken wird eine erhöhte Sorgfalt erwartet, BGE 119 IV 28, 289.

10   Das Merkmal der Arglist soll verhindern, dass leichtsinnig Vertrauensselige strafrechtlich geschützt werden. Dieses *normative Element* wird besonders deutlich im Kriterium der **Unzumutbarkeit der Überprüfung** ersichtlich. Es ist gegeben, wenn besonders hohes Vertrauen erweckt wurde, z.B. durch Anrufung kirchlicher Autoritäten, BGE 72 IV 128 f.; wenn der Getäuschte sich in einer Zwangslage befindet, z.B. der Geschäftsinhaber gegenüber einem neuen Kunden, BGE 77 IV 84, RS 1962 Nr. 130; wenn zum Getäuschten engere Beziehungen bestehen, wenn der Täter eine besonders vertrauenserweckende Stellung hat oder bei «Inferiorität» des Opfers, WISMER 81 ff. Umgekehrt wird erhöhte Aufmerksamkeit von aggressiv werbenden Versandhäusern gefordert, SJZ 74 (1978) Nr. 1 mit Anm. SCHNEIDER. Mangelnde Diligenz des Opfers steht Arglist dann nicht entgegen, wenn sie systematisch ausgebeutet wird, RS 1977 Nr. 444, 1966 Nr. 149, SJZ 50 (1954) Nr. 148. Vom Opfer des Heiratsschwindlers wird wenig Skepsis erwartet, SJZ 67 (1971) Nr. 100, 59 (1963) Nr. 140, Sem.jud. 1958 321. Betrugsopfer kann denn auch ein Zurechnungsunfähiger sein, BGE 80 IV 157. Dagegen täuscht nicht arglistig, wer «Blick»-Journalisten eine unglaubwürdige Geschichte andreht, SJZ 61 (1965) Nr. 160. Keine Arglist bei Verkauf eines nicht registrierten, wirkungslosen «Heilmittels» an Grossisten und Apotheker, Rep. 1982 423. Die Kritik an diesem Kriterium, z.B. NOLL BT 197 mit Hinweis auf GERMANN, beruht m.E. auf übertrieben subjektivistischer Betrachtungsweise – mit Recht wird eine zumutbare Diligenz erwartet. So wurde Arglist verneint bei Bezahlung mit einem ungedeckten Postcheck über 600 Franken, weil der Empfänger wissen muss, dass Deckung nur für 300 Franken garantiert ist, RJN 1989 101.

11   Ein **Abhalten von der Überprüfung** wird meist betrügerische Machenschaft sein, die Praxis bietet nur drei, wenig überzeugende Beispiele: In BGE 72 IV 124 wurde die Bank von Überprüfung dadurch abgehalten, dass der Täter «ehrenwörtlich» versicherte, die Wahrheit zu sagen, krit STRATENWERTH BT I § 15 N 17. In BGE 72 IV 159 lobte der Täter seine kranke Stute in höchsten Tönen – Besichtigung sei gar nicht nötig. In beiden Fällen hätte das Kriterium «Unzumutbarkeit» genügt. X., der Hirsch- statt Rehfleisch verkaufte, führte auf der Speisekarte kein Hirschfleisch, um die Gäste gar nicht erst auf den Gedanken zu bringen, dass es sich nicht um die bestellte Fleischsorte handeln könnte, BGE 90 IV 86.

12   Am problematischsten ist die Variante, dass der Täter **keine Überprüfung erwartet,** denn «niemand täuscht…, wenn er voraussieht, dass da

Opfer überprüfen werde», Pesch a.a.O. 324, ebenso BGE 107 IV 171. Gemeint ist allerdings nur der Fall, dass der Täter «aufgrund bestimmter Umstände zum voraus erkennt, dass er es mit einem Opfer zu tun hat, das ihm infolge Unbeholfenheit, Unerfahrenheit und dergleichen **besonderes Vertrauen** entgegenbringt und deshalb aller Voraussicht nach von einer Überprüfung absieht», BGE 100 IV 274, 107 IV 171, 118 IV 38. Es handelt sich also vor allem um Fälle, in welchen, dem Täter erkenntlich, die Überprüfung *für das Opfer unzumutbar* ist, z.B. Unterzeichnung von Versicherungs«anträgen» durch geschäftlich unerfahrene Zwanzigjährige, BGE 100 IV 274; Einholen der Zweitunterschrift mit uneingeschränktem Vertrauen kraft jahrelanger Zusammenarbeit, BGE 118 IV 38; ferner 99 IV 77 ff., Missbrauch der PTT-Praxis, bei Auszahlungen bis zu 2000 Franken den Kontostand nicht nachzuprüfen, es bestehe ein strafrechtlich schützenswertes Vertrauensverhältnis, mit Diskussion der kant. Praxis, ebenso AGVE 1984 Nr. 26, RJN 1989 98 – nachdem die PTT beschlossen hat, ihren Kunden ohne besehen einen Kredit von bis zu 1000 Franken während 28 Tagen einzuräumen, begeht keinen Betrug, wer diese Möglichkeit nutzt, RJN 1989 100 ff.; seit der Revision 1994 findet jedoch Art. 148 Anwendung, BGE 122 IV 149 ff., SOG 1995 Nr. 18; BGE 106 IV 31, Ausbeutung von Vertrauen in einen «Gottesmann»; BGE 117 IV 142, RS 1979 Nr. 902, Vertrauen aufgrund bisher korrekter Geschäftsabwicklung; Rep. 1982 53, Irreführung von Patienten mit wertlosen akademischen Titeln; SJZ 81 (1986) Nr. 5, Kritiklosigkeit süchtiger Drogenkäufer; keine arglistige Täuschung durch eine Frau, welche anderen gutgläubig mitteilt, sie seien verhext, und die sie gegen Bezahlung «heilt», SJZ 81 (1985) Nr. 37, anders für den Fall einer Frau in Not RVJ 1990 300 ff., wobei hier die Täterin selber nicht an ihre Fähigkeiten glaubte. Zum Ganzen eingehend Wismer 66 ff. M.E. verdienen Menschen, die völlig irrationale Hilfsangebote in Anspruch nehmen, keinen Schutz vor Betrug – in Frage kommt Wucher, s. Art. 157 N 2, 8.

BGE 119 IV 37 betont, dass nicht jede Geschäftsbekanntschaft (*in casu* zwischen Vorgänger und Nachfolger in einer Bank) schon ein *besonderes Vertrauensverhältnis* begründe.

Für das **Kleinkreditgeschäft** hat BGE 107 IV 170 ff. die Praxis in Berücksichtigung der Kritik an Pesch a.a.O. präzisiert: Bei «Kleinkreditbanken, welche für die Angaben ihrer potentiellen Darlehensnehmer keine Unterlagen verlangen und auch von Rückfragen (an Arbeitgeber usw.) absehen», kann von «einem besondern Vertrauensverhältnis ... nicht die Rede sein, so dass in der Regel die überprüfbare falsche Angabe das Tatbestandsmerkmal der Arglist nicht erfüllen wird, ... auch wenn der potentielle Darlehensnehmer von der grosszügigen Praxis der Kleinkreditbank Kenntnis hat und daher annimmt, jede Überprüfung seiner Angaben werde unterbleiben», a.a.O. S. 172. Ähnlich PKG 1981 Nr. 27, LGVE 1982 I Nr. 61, 1984 I Nr. 41 (Warenkreditkauf – mangelnder Zahlungswille erkennbar bei fortgesetzten Bestellungen ohne Bezahlung), LGVE 1982 I Nr. 61; RS 1982 Nr. 351 bejaht Arglist beim Hindern der

13

Abklärungen des Kreditgebers; zum Problemkreis eingehend ALBRECHT a.a.O., WISMER 132 ff.

14   Die Täuschung muss einen **Irrtum** (s. Art. 19) bewirken, eine Vorstellung, die von der Wirklichkeit abweicht, wobei nicht notwendig ist, dass sich der Getäuschte eine konkrete Vorstellung bildet, BGE 118 IV 38; es spielt auch keine Rolle, ob das Opfer imstande ist, «mit normaler Geisteskraft einem Irrtum vorzubeugen oder einen solchen zu überwinden», BGE 80 IV 157; auch eine Person mit beschränkten geistigen Fähigkeiten kann sich ein Urteil darüber bilden, ob ihr ein Angebot Nutzen verspricht – solche Leute sind gerade besonders schutzbedürftig, BGE 119 IV 213 f. Irren kann nur ein Mensch, nicht ein Computer, vgl. BGE 96 IV 190, REHBERG/SCHMID 176; zum Urteil eingehend ROHNER 110 ff., zum Computerbetrug ferner BIRCH in Kriminalistik 1977 599 f., SCHMID, Missbräuche, 25 ff., STRATENWERTH, ZStrR 98 (1981) 229, ZWEIFEL 135 ff. – s. jetzt Art. 147. Getäuscht werden kann jedoch ein Mensch, der aufgrund von Computerdaten eine Entscheidung trifft. Zum Irrtum eingehend NOLL BT 197 ff. Unbeachtlich ist der blosse Motivirrtum, BOOG, Begriff des Vermögensschadens, 146.

15   Der Getäuschte muss sodann gestützt auf den Irrtum eine rechtliche oder tatsächliche **Vermögensdisposition** treffen, die bestehen kann in der *Übergabe von Sachen,* z.B. BGE 73 IV 225, Holz und Geld; im Erbringen von (geldwerten) *Leistungen,* z.B. BGer in SJZ 66 (1970) Nr. 73, zahnärztliche Behandlung; SJZ 62 (1966) Nr. 109, Teilnahme an einer Schönheitskonkurrenz; im *Verzicht auf Forderungen,* z.B. BGE 99 IV 9, Entgegennehmen von Falschgeld, oder auf deren Geltendmachung, z.B. BGE 96 IV 185, Einkommenssteuer; oder im *Eingehen von Verbindlichkeiten,* z.B. BGE 100 IV 276, Versicherungsvertrag, BGE 118 IV 38, Erteilen der Zweitunterschrift. Keine Vermögensverfügung trifft, wer sich wertlose Forderungen zur Sicherung einer schon bestehenden Forderung abtreten lässt, BGE 72 IV 74.

16   Die Vermögensdisposition muss **freiwillig** erfolgen, sonst liegt Diebstahl (in mittelbarer Täterschaft, vgl. das Bsp. in BGE 78 IV 89), eventuell Erpressung vor (s. Art. 156 N 5). Das Opfer braucht anderseits nicht bewusst zu verfügen, z.B. BGE 100 IV 273, Unterzeichnung eines Versicherungsantrags. Das Opfer muss aber selber eine Vermögensverschiebung veranlassen – keinen Betrug, sondern Diebstahl begeht, wer sich durch List (z.B. Weglocken) den Gewahrsamsbruch erleichtert, BGE 80 IV 151, PKG 1948 Nr. 22; Art. 146 verlangt eine «*unmittelbar* vermögensmindernde Wirkung» der Vermögensdisposition, STRATENWERTH BT I § 15 N 31, REHBERG/SCHMID 179 mit Kritik an BGE 105 IV 102, wo der Schaden dadurch eintrat, dass ein Dritter ein Bauhandwerkerpfandrecht eintragen liess.

17   Der Irrende kann auch **zum Schaden eines Dritten** verfügen, was jedoch Verfügungsmacht voraussetzt – andernfalls liegt Diebstahl in mittelbarer Täterschaft vor, vgl. BGE 78 IV 89.

Wer den Richter durch arglistige Täuschung zu einem materiell unrichtigen Urteil veranlasst, das ihm eine Forderung zulasten eines Dritten zuspricht **(Prozessbetrug)**, ist neu nach BGE 122 IV 197 ff. wegen Betrugs strafbar; anders noch die ältere Rechtsprechung, vgl. BGE 78 IV 84, 103 IV 30 (wo es allerdings um Kontingentzuteilung ging; ob diese als Vermögensdisposition anzusehen sei, kann dahingestellt bleiben, weil der Tatbestand jetzt unter VStrR Art. 14 fällt, dazu SCHUBARTH Art. 148 N 131 ff.), SJZ 87 (1991) Nr. 63/15, welche mit Recht kritisiert wurde, eingehend WALDER a.a.O., ferner ARDINAY 325, HURTADO POZO BT N 1022, KRAUSS 55 f., NOLL BT 200, REHBERG III (4. Aufl.) 89, STRATENWERTH BT I § 15 N 36, WAIBLINGER in ZBJV 91 (1955) 101; für Strafbarkeit als Betrug bereits früher die kantonale Praxis: RS 1983 Nr. 558, SJZ 79 (1983) Nr. 41, 80 (1984) Nr. 34, 62 (1966) Nr. 194; resigniert der älteren Praxis des BGer folgend SJZ 80 (1984) Nr. 38. Nach PKG 1948 Nr. 14 begeht ein Schuldiger Betrug, wenn er nach Einstellung des Verfahrens Entschädigung für ungerechtfertigte Untersuchungshaft verlangt.
  18

Betrug ist vollendet mit dem Eintritt eines **Vermögensschadens.** In der Praxis gilt als «Vermögen» die Gesamtheit der geldwerten Güter einer (natürlichen oder juristischen) Person, BGE 69 IV 77, ARDINAY 240, HAFTER BT I 267 ff., REHBERG/SCHMID 180, STRATENWERTH BT I § 15 N 42 – **«wirtschaftlicher Vermögensbegriff»** (BOOG, Begriff des Vermögensschadens, 13, 27 f.: «objektiv-wirtschaftlicher Vermögensbegriff»). Dazu gehören auch «hinreichend gesicherte Anwartschaften», BGE 103 IV 29, Kontingent an Importfleisch für Metzger; 83 IV 75, Interesse von Apotheken, ein Spital zu beliefern; allerdings nicht schon faktische Erleichterung für die Schuldeneintreibung, RS 1962 Nr. 131. Zum Vermögen gehört auch die Chance, eine erworbene Sache mit Gewinn zu verkaufen, wenn dies «mit an Sicherheit grenzender Wahrscheinlichkeit zu erwarten ist», BGE 87 IV 11, nicht dagegen die blosse Chance, einen Wettbewerb zu gewinnen, ZBJV 87(1951) 176; unrichtig SJZ 62 (1966) Nr. 109.
  19

Dem wirtschaftlichen Vermögensbegriff fehlt die normative Komponente – er unterscheidet nicht zwischen schutzwürdigen und nicht schutzwürdigen Ansprüchen. Deshalb wird in der Literatur vorwiegend ein **juristisch-wirtschaftlicher Vermögensbegriff** vertreten, für viele HURTADO POZO BT N 655 ff., STRATENWERTH BT I § 15 N 45. Vermögen ist demnach «die Summe der rechtlich geschützten wirtschaftlichen Güter», ebenso BGE 117 IV 148. Nach wirtschaftlichem Vermögensbegriff ist Betrug auch beim *rechtswidrigen oder unsittlichen Rechtsgeschäft* möglich, jedenfalls z.N. dessen, der eine geldwerte Leistung erbracht hat (hiezu eingehend und differenziert BOMMER 7 ff., BOOG, Begriff des Vermögensschadens, 65 ff.): beim Spiel, BGE 93 IV 14, Rep. 1961 209, betrügerisches Erlangen eines Darlehens; vgl. auch SJZ 59 (1963) Nr. 58, SJZ 56 (1960) Nr. 18, ZBJV 82 (1946) 440; bei Verstoss gegen wirtschaftspolitische Massnahmen, BGE 69 IV 77, unerlaubte Zuckerlieferung; 76 IV 233, Einlösen von Staatsobligationen unter täuschenden Angaben; beim Handel mit
  20

«gestreckten» Betäubungsmitteln, BGE 111 IV 59, 117 IV 143 ff.; RS 1959 Nr. 902, SJZ 81 (1985) Nr. 5, implizit auch BGE 103 IV 144 f.; bei Schwarzzahlung im Liegenschaftshandel, SJZ 61 (1965) Nr. 27; oder im Bereich der Prostitution, PKG 1988 Nr. 18, implizit SJZ 59 (1963) Nr. 117, «Dirne» entpuppt sich als Mann, erbringt aber *«grosso modo»* die erwartete Leistung. Umgekehrt gelten sexuelle Handlungen nicht als geldwert, SJZ 68 (1972) Nr. 163, WALDER, Kriminalistik 1955 313; abweichend und realitätsnäher BJM 1969 80, ARDINAY 241, 308, CASSANI 91. BOMMER 75 ff. schlägt vor, den Prostitutionsvertrag in Beachtung der heutigen Realität nicht mehr als sittenwidrig anzusehen – dem ist zuzustimmen.

20a **BGE 117 IV 147 ff.** setzt sich eingehend und grundsätzlich mit dieser Problematik auseinander und kommt zum Ergebnis, dass zwar in der Tat das Strafrecht, was in der Vorauflage vertreten wurde, keine Vermögenswerte schützen kann, die zivilrechtlich schutzlos bzw. nicht durchsetzbar sind. Damit rückt es vom rein wirtschaftlichen Vermögensbegriff ab. Beim **Betrug mit Betäubungsmitteln** befänden sich die Kontrahenten jedoch nicht in *pari turpitudine* – der Verkäufer, der arglistig über die Qualität der Ware täusche, handle damit so qualifiziert rechtswidrig, dass eine unerlaubte Handlung vorliege, die Anspruch auf Schadenersatz nach OR Art. 41 gebe, zustimmend BJM 1994 48, implizit auch RB TG 1990 Nr. 18, ablehnend AMSTUTZ/NIGGLI 196: «das Begehren, ungestreckte oder gestreckte Drogen zu erhalten, [kann] nie ein Teil des Vermögens sein»; BOOG, AJP 2 (1993) 783 betont ebenfalls die Autonomie des Strafrechts und kritisiert, dass nach dieser Rechtsprechung der Käufer «in der ungestörten Verübung einer strafbaren Handlung ... geschützt» werde. SCHULTZ, ZBJV 129 (1993) 37 stimmt dem Ergebnis zu, hält aber die Begründung für einen unnötigen Umweg; SCHILD a.a.O. kritisiert die Berufung auf das Zivilrecht. Die Problematik lässt sich wohl nicht befriedigend lösen – sie hängt untrennbar mit der Prohibition zusammen, der Pönalisierung des Drogenhandels, eines alltäglichen Verhaltens für viele Menschen. Zum Diebstahl an Betäubungsmitteln BGE 122 IV 180.

BOMMER setzt seinen Lösungsvorschlag beim Prinzip der Einheit der Rechtsordnung an und placiert das Problem nicht beim Vermögensschaden, sondern beim Begriff der Vermögensverfügung (56 ff.); nach seiner Auffassung trifft keine solche Verfügung, wer für Drogen Geld hingibt (127 ff.).

21 Das Vermögen muss einen **Schaden** erleiden, d.h. es muss sich im Vergleich zwischen der effektiven Gesamtvermögenslage und der hypothetischen Vermögenslage unter der Annahme, dass die Erklärung des Täters wahr war, eine Differenz zum Nachteil des Opfers ergeben, eingehend BOOG, Begriff des Vermögensschadens, 29 ff. Vermögens*gefährdung* genügt nicht, GVP-ZG 1991 Nr. 92, BOOG 52, unrichtig PKG 1965 Nr. 9. Gefährdung wird dann zur Verletzung, «wenn das Vermögen in einem Masse gefährdet wird, dass es in seinem wirtschaftlichen Wert vermindert ist», BGE 121 IV 104 ff. (Leitsatz; zu aArt. 159); präziser das von

SCHUBARTH 75 f. angeführte Kriterium: wenn die Gefährdung sich in der buchhalterischen Bewertung niederschlägt; so jetzt auch BGE 122 IV 281: «Unter wirtschaftlichen Gesichtspunkten vermindert ist das Vermögen, wenn der Gefährdung im Rahmen einer sorgfältigen Bilanzierung durch Wertberichtigung oder Rückstellung Rechnung getragen werden muss», best. in 123 IV 22. Dies traf wohl zu auf den Sachverhalt von BGE 120 IV 122, wo Aktien unter falschen Angaben über ihren inneren Wert emittiert wurden, a.M. POPP 116 f.

Ein Schaden liegt immer dann vor, wenn für eine Leistung gar keine, z.B. BGE 73 IV 225, oder eine Gegenleistung erbracht wird, die erheblich weniger wert ist, als der Täter behauptete, z.B. BGE 71 IV 17, billiger Verschnitt statt Spitzenrotwein; 72 IV 156, kranke Stute; 99 IV 87, Unfallwagen; vgl. auch RS 1967 Nr. 32, 1961 Nr. 194, SJZ 61 (1965) Nr. 40. Auch die Bezahlung von Schulden bewirkt u.U. eine Vermögensverringerung, BGE 76 IV 233; anders zu Art. 156 BGE 74 IV 94. Geschädigt ist ferner eine Versicherung, die einen Schaden vergütet, der gar nicht behoben wurde, wenn sie in Kenntnis dieses Umstandes nicht geleistet hätte, BGE 120 IV 16. Die Möglichkeit einer *Rückforderung* schliesst das Vorliegen eines Schadens nicht aus, BGE 117 IV 155, s. auch N 24.

Deliktsbetrag ist nicht die erzielte Bereicherung, sondern der angerichtete Schaden, SJZ 84 (1988) Nr. 63.

Zur «Schadensnormativierung» beim Erschleichen staatlicher Subventionen BETSCHART 29 ff.

Beim **Verkauf von Diebesgut** liegt der Schaden darin, dass die Sache   22
nicht zu Eigentum übertragen wird, sondern mit einem Vindikationsanspruch (ZGB Art. 934 I) belastet ist, BGE 72 IV 11, 87 IV 11, 121 IV 27 f., PKG 1977 Nr. 260, RS 1968 Nr. 98. Dies gilt auch, wenn der Eigentümer die Sache nicht herausfordert, ZR 48 (1949) Nr. 178; wenn gemäss ZGB Art. 934 II eine Herausgabepflicht nur gegen Vergütung des Kaufpreises besteht, BGE 72 IV 11, 87 IV 9, 92 IV 128, LGVE 1986 I Nr. 47, abweichend RS 1949 Nr. 35, PKG 1947 Nr. 14, kritisch CASSANI 88; oder wenn das Eigentum durch Vermischung übergegangen ist (ZGB Art. 727) und nur Ansprüche aus OR Art. 41 ff. oder 62 ff. bestehen, BGE 92 IV 129, ZR 64 (1965) Nr. 32. Dass Goldmünzen nicht Geld sind, ist deshalb bedeutungslos, anders RB TG 1990 Nr. 19. Kein Betrug liegt vor beim Verkauf gestohlener Reise-, RS 1962 Nr. 174, und Rabattmarken, SJZ 54 (1958) Nr. 65, abweichend BJM 1957 329. SCHUBARTH 76 betont, dass blosse Vermögensgefährdung noch keinen Schaden darstelle und zieht daraus den Schluss, dass der Verkauf von Diebesgut nur dann Betrug sei, wenn eine reale Wahrscheinlichkeit bestehe, dass der Eigentümer sein Recht geltend machen würde. So stichhaltig seine Überlegungen dogmatisch sein mögen, sie sind unpraktisch und unrealisierbar: Die Frage stellt sich erst, wenn der Dieb / Betrüger ermittelt ist, gerade in solchen Fällen besteht eine erhöhte Wahrscheinlichkeit, dass auch der Eigentümer bekannt ist und sein Recht geltend macht; beim subjektiven Tatbestand ergäben sich enorme Schwierigkeiten, wenn es auf die Vorstellung des

Täters darüber ankommen sollte, wie wahrscheinlich der Verlust der ver-
kauften Beute für den Käufer sei.

Betrug ist ferner der Verkauf *ertrogener* Sachen, die dem Besitzer auch
«wider seinem Willen abhanden» gekommen sind, so jetzt BGE 121 IV
28 f.

An *veruntreuten* Sachen erwirbt der gutgläubige Erwerber dagegen
Eigentum; das BGer bewertet. m.E. zu weitgehend, auch den moralischen Herausgabeanspruch als Schaden, Sem.jud. 1948 414, anders PKG
1946 Nr. 29.

23   Beim **Darlehensbetrug** stellt nicht schon die Gefährdung der vertrags-
gemässen Rückzahlung einen Schaden dar (so noch BGE 72 IV 124).
Eine Vermögensschädigung liegt nur vor, «wenn der Borger entgegen
den beim Darleiher geweckten Erwartungen von Anfang an dermassen
wenig Gewähr für eine vertragsgemässe Rückzahlung des Geldes bietet,
dass die Darlehensforderung **erheblich** gefährdet und infolgedessen in
ihrem Wert wesentlich herabgesetzt ist», BGE 82 IV 90 f., 102 IV 86. Im
Einzelfall ist sorgfältig zu prüfen, ob ein Schädigungsvorsatz gegeben
war, vgl. SCHULTZ in ZBJV 113 (1977) 537, SCHUBARTH 76.

24   Allgemein genügt eine **vorübergehende Schädigung** – späterer Ersatz
schliesst Betrug nicht aus, BGE 74 IV 153, 76 IV 96 f., 232, 78 IV 27, 80 IV
158, 102 IV 88, 105 IV 104, PKG 1970 Nr. 16. GVP-ZG 1991 184 ff. sieht
eine mögliche Schädigung sogar darin, dass zur Sicherung einer Bürgschaft Aktien hinterlegt wurden, die bereits bei einer Bank als Sicherung
lagen (unter dem alten Namen der AG).

25   Massgebend für den **Zeitpunkt der Schädigung** ist der Abschluss des Ver-
pflichtungsgeschäfts, BGE 100 IV 170, 275, 102 IV 89; PKG 1973 Nr. 23,
SJZ 60 (1964) Nr. 146, es sei denn, dieses sei nichtig (nicht bloss anfechtbar) und es seien noch keine Leistungen erbracht worden, BGE 96 IV
148; noch restriktiver SJZ 59 (1963) Nr. 173. Während Betrug mit der
Schädigung *vollendet* ist, tritt Beendigung erst ein, wenn der Täter die
Bereicherung erlangt hat, BGE 107 IV 2, 99 IV 124.

26   Die **vergleichende Bewertung** der ausgetauschten Leistungen erfolgt insofern nach objektiven Kriterien, als nicht erforderlich ist, dass sich das
Opfer geschädigt fühlt, BGE 76 IV 96.

Andererseits wird stark auf subjektive Opferinteressen abgestellt und
ein Schaden schon bejaht, wenn das Opfer «für seine eigene Leistung
nicht den Gegenwert erhält, den [es] nach dem Vertrag erhalten sollte»,
BGE 72 IV 130, zuletzt bestätigt in BGE 113 Ib 174, 117 IV 150: wenn
«Leistung und Gegenleistung *in einem ungünstigeren Wertverhältnis stehen als sie nach der vorgespiegelten Sachlage hätten stehen müssen*», kritisch BOOG, Begriff des Vermögensschadens, 187 ff., POPP 115. Eine Differenz kann in der natürlichen, BGE 99 IV 87, «Cressier» statt «Féchy»,
Hirsch- statt Rehpfeffer, oder «wirtschaftspolitischen Beschaffenheit»
einer Sache liegen, BGE 93 IV 74, verbilligte Kochbutter, dazu kritisch
ARZT a.a.O., BOOG a.a.O. 186 f., CASSANI 83 ff., NOLL BT 203, POPP 115.

Rehberg/Schmid 183, Schultz in ZBJV 104 (1968) 436, Stratenwerth BT I § 15 N 50; vgl. aber BJM 1955 32; in Missbrauch von Leistungsmotivationen, Bettelbetrug, BGE 70 IV 196; Schmiergelder, «Provisionen», BGE 98 IV 255, ZR 66 (1967) Nr. 48; kirchliche Motivation, BGE 72 IV 130 f., s. auch 76 IV 106; oder darin, dass das Opfer gar keinen (solchen) Vertrag eingehen wollte, BGE 100 IV 275, Lebensversicherungsvertrag; PKG 1973 Nr. 23, 18bändiges Lexikon. Betrug wird dadurch «zu einem Delikt gegen die *Dispositionsfreiheit*», Stratenwerth BT I § 15 N 50 m.w.Hinw. auch Hurtado Pozo BT N 1026, Popp 117. Amstutz/Niggli 195 sehen indessen alle Vermögensdelikte als Angriffe auf die Dispositionsfreiheit. In der Literatur wird vorgeschlagen, nur bei Unbrauchbarkeit einen Schaden anzunehmen, Stratenwerth a.a.O. N 51 m.w.Hinw. Kein Betrug liegt vor, wenn mit einem «Deckrezept» der Bezug nicht kassenzulässiger, aber auch nicht teurerer Medikamente vertuscht wird, SJZ 54 (1958) Nr. 58.

Zwischen Täuschung und Irrtum, Irrtum und Vermögensdisposition muss ein **Motivationszusammenhang** (Stratenwerth BT I § 10 N 43) bestehen. Daran fehlt es etwa beim Bettelbetrug, wenn der Getäuschte ohnedies einen Obolus entrichtet hätte, BGE 70 IV 197, 106 IV 31, ZR 81 (1982) Nr. 78 – Versuch; wenn automatisch ein Kredit eingeräumt wird, RJN 1989 100 ff.; beim Käufer eines Tombolaloses, der es nicht unbedingt auf den (von den Tätern zurückbehaltenen) Hauptpreis abgesehen hatte, SJZ 84 (1988) Nr. 63; ferner dann, wenn die Vermögensverfügung der Täuschung vorausgeht, BGE 76 IV 161 – soll mit Arglist eine Veruntreuung verschleiert und Verzicht auf Geltendmachung von Ersatzforderungen bewirkt werden, so liegt Sicherungsbetrug, eine mitbestrafte Nachtat, vor, Stratenwerth BT I § 10 N 75. Ferner muss ein **Kausalzusammenhang** zwischen Vermögensverfügung und Schaden bestehen, fraglich im Fall BGE 105 IV 104, wo als entscheidend angesehen wird, ob der vom Unternehmer nicht bezahlte Handwerker ein Pfandrecht eintragen lässt. Beim Insiderhandel fehlt die Kausalität, BGE 109 Ib 56.   27

Check- und Kreditkartenbetrug fällt neu unter Art. 148.   28

Zum **subjektiven Tatbestand** gehören Vorsatz und die Absicht ungerechtfertigter Bereicherung (N 9-17 vor 137, insbesondere N 12 zur «Stoffgleichheit»). Der Vorsatz muss sich auf alle objektiven Tatbestandsmerkmale beziehen – *dolus subsequens non nocet,* fragwürdig SJZ 58 (1962) Nr. 203.   29

Qualifiziert wird Betrug in Abs. 2 durch **Gewerbsmässigkeit.** Der Begriff findet sich auch in Art. 119.3, 139.2, 144bis.2 II, 147.2, 148.2, 155.2, 156.2, 157.2, 160.2,, 235.1 II und 243.1 II. Lange Zeit stand die Praxis des BGer im Kreuzfeuer der wissenschaftlichen Kritik, weil sie zu weit war, insbesondere angesichts erhöhter Strafminima. Nach alter Praxis handelte gewerbsmässig, wer in der Absicht, zu einem Erwerbseinkommen zu gelangen, und mit der Bereitschaft, gegenüber unbestimmt vielen oder bei jeder sich bietenden Gelegenheit zu handeln, die Tat wiederholt verübte,   30

BGE 110 IV 31, 107 IV 82, 174, 99 IV 88 u.v.a. In BGE 115 IV 37, best. in 116 IV 122, wurde die Umschreibung noch erweitert, indem «anstelle der ‹Bereitschaft, gegenüber unbestimmt vielen› die ‹Bereitschaft, in unbestimmt vielen Fällen zu handeln›» trat; s. zur alten Praxis die Vorauflage N 34 und SCHNELL 136 f.

31   «**Nach der neuen Rechtsprechung** liegt im Begriff des berufsmässigen Handelns der Ansatzpunkt für die Umschreibung der Gewerbsmässigkeit. Der Täter handelt berufsmässig, wenn sich aus der Zeit und den Mitteln, die er für die deliktische Tätigkeit aufwendet, aus der Häufigkeit der Einzelakte innerhalb eines bestimmten Zeitraums sowie aus den angestrebten und erzielten Einkünften ergibt, dass er die deliktische Tätigkeit nach der Art eines Berufes ausübt», BGE 119 IV 132. Die Änderung der Rechtsprechung erfolgte mit eingehender Begründung in BGE 116 IV 322 ff., s. auch NAY 189. Die frühere Praxis hat damit jedoch nicht alle Bedeutung verloren: «Wesentlich für die Annahme von Gewerbsmässigkeit ist, dass sich der Täter, wie aus den gesamten Umständen geschlossen werden muss, darauf eingerichtet hat, durch deliktische Handlungen Einkünfte zu erzielen, die einen namhaften Beitrag an die Kosten zur Finanzierung seiner Lebensgestaltung darstellen; dann ist die erforderliche soziale Gefährlichkeit gegeben. Es ist nach wie vor notwendig, dass der Täter die Tat bereits mehrfach begangen hat, dass er in der Absicht handelte, ein Erwerbseinkommen zu erlangen, und dass aufgrund seiner Taten geschlossen werden muss, er sei zu einer Vielzahl von unter den fraglichen Tatbestand fallenden Taten bereit gewesen», BGE 119 IV 132 f. Das BGer hat somit offenbar im Grundsatz die frühere Praxis übernommen, entsprechend den Forderungen der Wissenschaft jedoch das Kriterium der Berufsmässigkeit so einbezogen, dass Gewerbsmässigkeit nur noch bei besonderer Sozialgefährlichkeit angenommen werden kann. Die mit der älteren Praxis verbundene Gefahr, dass auch Bagatellfälle erfasst würden, besteht angesichts des Erfordernisses des namhaften Beitrags zur Finanzierung des Lebensstandards nicht mehr. Die nachstehenden Hinweise auf Elemente der früheren Praxis, die BGE 119 IV 132 f. ausdrücklich als weiterhin relevant übernimmt, müssen im Lichte dieser Einschränkung gelesen werden.

32   «**Vielheit der Begehung**» fordert das BGer seit BGE 70 IV 16 (anders noch BGE 68 IV 44, 69 IV 112, 201), weil «um der blossen Absicht willen … niemand bestraft» werde (vgl. auch BGE 81 IV 36). Eine einzelne Tat kann zwar die verwerfliche Haltung des Täters dokumentieren, genügt aber nicht, vgl. zur Diskussion darüber WAIBLINGER, ZBJV 82 (1946) 256, MEYER 158 ff. Eine Einzelhandlung genügt m.E. auch dann nicht, wenn sie eine Vielzahl von Rechtsgütern angreift, wenn also z.B. zahlreiche betrügerische Spendenaufrufe zusammen versandt werden, so aber zur früheren Praxis BGE 107 IV 174 f., Vi ZR 81 (1982) Nr. 78. Es genügt wohl weiterhin eine verhältnismässig kleine Zahl von Fällen, «wenn sie zeitlich in einigem Zusammenhang stehen und der Wille, das Verbrechen

zur Verdienstquelle zu machen, aus den Umständen erkennbar ist», BGE 71 IV 115, vgl. 81 IV 36.

Erwerbsabsicht ist nicht mit Gewinnsucht (Art. 48 N 3) gleichzusetzen, BGE 79 IV 118, altruistische Motive schliessen sie m.E. nach neuer Praxis aus, anders noch BGE 72 IV 109 (richtig schon ZR 69 [1970] Nr. 43). Ebenso eine Notlage, anders noch BGE 79 IV 11, 99 IV 89. Dass die deliktische Tätigkeit einzige oder hauptsächliche Einnahmequelle sei, wie z.B. in BJM 1977 250 (Diebstahl und «Verkauf» leerer Flaschen und Harrassen), ist nicht erforderlich, BGE 68 IV 44, 69 IV 112, 206 – «nebenberuflicher» Erwerb, BGE 71 IV 85, 115. Es muss aber ein erheblicher, entscheidender Beitrag an die tatsächlichen Lebenshaltungskosten durch die strafbare Handlung aufgebracht werden.   33

In der **Bereitschaft zu einer Vielzahl von Taten,** BGE 115 IV 37, «zeigt sich die besondere soziale Gefährlichkeit des Täters», BGE 78 IV 154 f., 79 IV 12, 86 IV 11, 88 IV 19. Sie kann auch vorliegen, wenn sich der Täter die Opfer aus einem beschränkten Kreis aussucht, BGE 71 IV 86, 115, 78 IV 155, 79 IV 12, 86 IV 207, Milchfälschung gegenüber derselben Milchpulverfabrik, s. auch PKG 1971 Nr. 22, SJZ 50 (1954) Nr. 44; vgl. dagegen BGE 94 VI 21, Milchfälschung gegenüber derselben Käserei aus Prestigegründen – Bereitschaft verneint, obschon die Milch an unbestimmt viele weitergeliefert wurde.   34

Unglücklicherweise betont das BGer, dass die revidierte Definition der Gewerbsmässigkeit **nur für das** (immerhin gesamte) **Vermögensstrafrecht** gelte, BGE 119 IV 132: «Eine Konkretisierung der Umschreibung ist angesichts der unterschiedlichen Phänomenologie und der unterschiedlich hohen Mindeststrafen nur für die einzelnen Tatbestände oder für einzelne Gruppen gleichartiger Tatbestände möglich» Bei solcher Überdifferenzierung ist grösste Vorsicht am Platz. Weil das BGer auch nicht den Ansatz einer Begründung dafür gibt, weshalb Gewerbsmässigkeit nicht ein für allemal sollte definiert werden können, ist dringend *zu empfehlen, die für das Vermögensstrafrecht entworfene,* ohnedies sehr flexible *Definition generell anzuwenden.*   34a

Als **Kollektivdelikt** schliesst die gewerbsmässige Tat die Anwendung von Art. 68 aus, BGE 76 IV 101. Der Schuldspruch erfasst auch Einzelfälle ohne Erwerbsabsicht, BGE 71 IV 237, 72 IV 109, und bloss versuchte Straftaten, BGE 107 IV 175, 77 IV 8, ZR 66 (1967) Nr. 49, dagegen nicht Taten, die dem Gericht im Zeitpunkt des Urteils nicht bekannt sind, RS 1961 Nr. 11.   35

Durch Antragserfordernis privilegiert ist Betrug **zum Nachteil eines Angehörigen oder Familiengenossen,** s. Art. 110.2 und 3, Art. 139 N 25. Ist schon die Familiengenossenschaft «ertrogen» worden, gilt das Privileg nicht, SJZ 48 (1952) Nr. 3. Massgebend für den Beginn der Antragsfrist ist Kenntnis der Vollendung, nicht der Beendigung des Betrugs durch Aneignung der ertrogenen Vermögenswerte, BGE 101 IV 113.   36

37   **Kasuistik**

BGE 69 IV 75: Elsasser verkaufte gegen Vorzahlung Zucker, obschon er damit rechnen musste, dass er nicht würde liefern können; **70 IV 193: Gottofrey** bettelte und machte teilweise unrichtige Angaben – nur nach kantonalem Recht strafbar; **71 IV 14: Soland** verkaufte verschnittenen Wein als Burgunder; **72 IV 13: Filliger** verkaufte 3 Ster Holz als 5 Ster «gut gemessen» – einfache Lüge; **72 IV 63: Decurtins,** der zahlungsunfähig, aber zahlungswillig war, kaufte sieben Kälber und verschwieg seine Lage – Arglist verneint; **72 IV 126: Scala und Bordi** vertrieben ein Buch mit der falschen Behauptung, ein Teil des Erlöses gehe an die Universität Freiburg, die Schweizergarde oder den Papst; **72 IV 157;** Pferdehändler **Metzler** verkaufte Landwirt Casutt ein krankes Pferd als kräftige Rotgriss-Stute; **73 IV 25; Frau Gilgen** schickte ihren 12jährigen Knaben zur Polizei, um mit einer Lügengeschichte 20 Franken herauszubekommen, welche Kinder als Fund abgegeben hatten; **73 IV 225: Schär** nahm Anzahlungen für ein Garagetor entgegen, das er nicht zu liefern beabsichtigte; **74 IV 146: Levy** veranlasste Flad durch ein grosses Lügengebäude, der konkursreifen Hawag AG ein Darlehen zu gewähren; **76 IV 158:** Die Elektrizitätsverwaltung Laufenburg stellte irrtümlich 67.50 statt 675 Franken für Heizstrom in Rechnung, worauf Treyer abwartete, ob der Irrtum entdeckt würde – kein Betrug; **76 IV 103: Loew** und **Haug** veranlassten als Mitglieder des Zentralvorstands einer Gewerkschaft diese zum Kauf von 3000 Büchern «zum Selbstkostenpreis», an denen sie in Wirklichkeit über 15 000 Franken verdienten; **77 IV 84:** Coiffeurgehilfe **Ott** bestellte Obstwein-Champagner angeblich für die Fa. «La Ménagère» – Überprüfung nicht zumutbar; **78 IV 24: Rufli** liess sich zu Lasten der einfachen Gesellschaft, an der ausser ihm Fertig beteiligt war, fiktive Spesen vergüten; **78 IV 84: Frl. Friedlin** versuchte im Vaterschaftsprozess durch falsche Angaben eine Verurteilung des zahlungsfähigen Hitz zu erreichen – Prozessbetrug, s. N 18; **84 IV 89: Gübler** versprach Frau Hotz Belegung ihres Hotels mit einem Skiklub, wenn sie bei ihm genügend Putzmittel kaufe (Stoffgleichheit!); **87 IV 9: Gloor** verkaufte von den SBB gestohlenen Hartkupferdraht an einen Altstoffhändler; **87 IV 97: Barmettler** erlangte mit Beihilfe von **Flück** die Subventionierung eines Motormähers, obschon er diesen bereits gekauft hatte und damit die Voraussetzungen nicht erfüllte (dazu BETSCHART 29); **89 VI 74: Maier** erwirkte von Peter Vorschüsse auf eine Liegenschaft aufgrund der Prognose, dass das Baugesuch eines anderen Interessenten abgewiesen würde – keine Täuschung über Tatsachen; **93 IV 14: Philippin** lieh sich von der Spielbank Evian ohne Rückzahlungsbereitschaft über 55 000 Franken; **93 IV 67: Wüthrich** lieferte an eine Schachtelkäsefabrik Frischkochbutter als Käsereibutter; **96 IV 185: Soldati** bewirkte durch Entfernen und Ändern von Lochkarten «Steuerrabatte» für sich und andere; **98 IV 252:** Bauführer **Müller** veranlasste eine Firma zu erhöhter Rechnungstellung für Malerarbeiten an einer ARA, um die Differenz für sich zu beziehen; **99 IV 75: Malé** gab Schudel einen ungedeckten Postcheck über 923.20 Franken im (arglistigen) Vertrauen darauf, dass die PTT erst bei Beträgen über 2000 Franken die Deckung prüft; **99 IV 80: X.** und **Y.** setzten Gästen statt Féchy oder Epesses Wein aus Cressier, statt Reh-, Hirschfleisch vor; **100 IV 167: Brunner** liess eine Erfindung, die Wyss im Dienst der Neurit AG gemacht hatte, für die Bank Anker AG als Patent anmelden und bot der Neurit AG die Lizenz an; **100 IV 176:** Um den Subventionspreis für alle von ihm produzierte Schafwolle zu erhalten, schickte **Heeb** diese in verschiedenen Posten unter Angabe von falschen Absendern an die Inlandwollzentrale; **100 IV 274: Cavina** legte jungen Leuten Versicherungsanträge zur Unterschrift vor mit der Behauptung, sie forderten dadurch nur weitere Unterlagen an; **105 IV 102: S.** beauftragte W. und B. mit einer Renovation und akzeptierte die Schlussabrechnung, worauf der nicht bezahlte Handwerker B. den provisorischen Eintrag eines Bauhandwerkerpfandrechts erwirkte; **105 IV 330, *334:* Frau M.** stimmte zu als M. der Versicherung Sachen als gestohlen meldete, die sie selber beiseite geschafft hatte; **106 IV 27: Cravanzola,** der als «**Jean-Michel**» ein Evangelisationsunternehmen führte, erliess einen dringenden Aufruf für Spenden, aus denen dann vornehmlich sein luxuriöser Lebenswandel finanziert wurde; **107 IV 170: I.** eröffnete bei einer Bank ein Lohnkonto und bezog in der Folge Beträge, die zu einem Schuldensaldo von über 5000 Franken führten, Arglist verneint; **107 IV 173** (Vi ZR 81 [1982] Nr. 78): **T.** erliess einen Spendenaufruf für die Opfer eines Erdbebens in Algerien und verwendete die eingegangenen gut 8000 Franken für sich; **109 Ib 48, 54 E. 5b:** Insiderhandel erfüllt den Betrugstatbestand nicht (Rechtshilfe); **110 IV 20: M.,** verschuldet und ohne Einkommen, beglich eine Hotelrechnung mit der Diner's Club-Kreditkarte, obwohl er schon seit Monaten keine Zahlungen mehr geleistet hatte – Betrug verneint; **110 IV 25: X.** veranlasste mit Hilfe gefälschter Dokumente die Steuerbehörden der USA, ihm für angeblich zuviel bezahlte Quellensteuern ca. 1 Mio. Franken auszubezahlen; **110 IV 30: H.** bestellte in 22 Fällen auf Messen Wein, den er weder bezahlen konnte noch wollte – Gewerbsmässigkeit bejaht; **111 IV 56: Frau B.** kaufte Heroin und Kokain durchschnittlicher Qualität, verschnitt die Droge mit weiteren 30–50 % Puder- oder Traubenzucker und verkaufte die Ware zum «normalen Preis» weiter; **111 IV 131: A.,** der bis zum Direktor der Bank B. aufstieg, überwies 1 658 000 Franken von Kundenkonti zu seinen oder unberechtigter Dritter Gunsten, was nur durch Täuschung des Bankpersonals möglich war, deshalb Betrug, nicht Veruntreuung; **111 IV 135: St.** eröffnete ein Lohnkonto mit einer Einlage von 5 Franken und stellte in der Folge Eurochecks über 2044.20 Franken aus, die nicht gedeckt waren – Betrug verneint; **112 IV 79: G.** und seine Frau bezogen mittels Eurocard zu deren Schaden Waren und Dienstleistungen für 76 527.25 Franken – kein Betrug; **113 Ib 170 (S.A. M.)** (Rechtshilfe): Manipulation von Börsenkursen, wobei die Maklerfirma ihre eigenen Kunden schädigte; **116 IV 24: P.** versuchte, vom Namens-Sparheft des R. bei der Zürcher Kantonalbank einen Betrag von zunächst 12 000, dann noch 3000 Franken abzuheben; **116 IV 321: M. und R. X.** begingen im Zeitraum von 16 Monaten 14–22 Betrüge, zwei z.N. von Reiseversicherungen, die übrigen z.N. der Interio AG, indem sie Waren mit einer vertauschten Preisetikette kauften und später zum richtigen, höheren Preis zurückbrachten; der Deliktsbetrag belief sich auf ca. 8300 Franken – Gewerbsmässigkeit verneint, Praxisänderung; **117 IV 140: X.** verkaufte überdurchschnittlich gestrecktes Heroin als durchschnittlich gestrecktes; **117 IV 154: X.** liess sich gestützt auf inhaltlich unwahre Stempelkarten vom kantonalen Arbeitsamt Solothurn Schlechtwetterentschädigungen auszahlen, auf die kein Anspruch bestand; **118 IV 36: U.** erwirkte Auszahlungen von ca. 17 Mio. Franken zulasten seiner Arbeitgeberin, wobei er aufgrund langjähriger Teamarbeit von einem Kollegen unüberprüft Zweitunterschriften zur Einlösung von Checks erwirkte; **118 IV 360: M.** spiegelte der Firma S. vor, er könne ihr dank ausgezeichneten Beziehungen zu reichen Arabern einen Kredit von 30 Mio. Franken vermitteln, und liess sich dafür Vorschüsse bezahlen – keine Arusnahme von der Regel, dass mangelnder Erfüllungswille nicht überprüfbar ist; **119 IV 30: F.** handelte nicht arglistig, als er bei der Bank X., deren Vizedirektor S. er kannte, Kredite erwirkte mit der Behauptung, er werde als Strohmann für die reiche ausländische Familie Z. eine Liegenschaft erwerben; **119 IV 210** (Vi ZR 93 [1994] Nr. 96): **A., B., C. und D.** veranlassten Frau X., für knapp 12000 Franken Bücher, Tonbandkassetten und Kurse der **«Scientology-Kirche»** zu kaufen, obwohl deutlich war, dass sie nicht fähig sein würde, dieses Material für die Lösung ihrer persönlichen Probleme zu nutzen; **119 IV 129: G.** handelte mit Gebrauchswagen und änderte bei 23 Fahrzeugen den Kilometerstand, was in 17 Monaten einen illegalen Gewinn von ca. 18000 Franken einbrachte – Gewerbsmässigkeit bejaht; **119 IV 285: T.** nahm serienweise betrügerisch Darlehen auf – Sachverhalt nicht genügend abgeklärt, um festzustellen, ob auch gegenüber einer Bank und einem anderen Finanzinstitut Arglist vorlag; **120 IV 15: Y.** veranlasste die «Z. Versicherungsgesellschaft», für Reparaturen zu bezahlen, die er gar nicht ausgeführt hatte; **121 IV 26; H.** verkaufte gestohlene und ertrogene Sachen an Gutgläubige; **122 II 422 (Fondation F.)** (Rechtshilfe): Kursmanipulation einer unbedeutenden französischen AG dadurch, dass 3% der Aktien zurückbehalten wurden, während gleichzeitig eine grosse «Nachfrage» den Kurs in die Höhe trieb, m.krit.Anm. in SZW 69 (1997) 119ff.; **122 IV 247: M.** versuchte, an einem Schalter der SBG in Genf einen gestohlenen und gefälschten Check einzulösen; **ZR 82 (1983) Nr. 37:** betrügerische Warentermingeschäfte (ausführlich begründet); **AGVE 1988 82:** «Asylbetrug», m.krit.Anm. KLEMM; vgl. ferner zu einzelnen Betrugstypen ARDINAY 274ff. Zur *Gewerbsmässigkeit* bei Diebstahl BGE 116 IV 335 (s. N 31), bei Inverkehrbringen gefälschter Waren, *in casu* unechte «Lacoste»-Hemden, BGE 117 IV 159.

38 **Abgrenzungen und Konkurrenzen**
Art. 138: Veruntreuung liegt vor, wenn der Täter unmittelbar über anvertraute Werte verfügen kann, z.B. BGE 111 IV 21f., Betrug, wenn er dazu andere, sei es auch Personal der Bank, die er leitet, täuschen muss, BGE 111 IV 132ff. Betrug, nicht Veruntreuung, ist ferner dann anzuneh-

men, wenn die Vertrauensstellung durch arglistige Täuschung erlangt wurde, z.B. RS 1955 Nr. 146, 1966 Nr. 189, SJZ 62 (1966) Nr. 123. Ist aus prozessualen Gründen eine Verurteilung wegen Betrugs nicht möglich, kann Veruntreuung angenommen werden, BGE 117 IV 436 f. Der Käufer einer veruntreuten Sache wird nicht betrogen, RS 1950 Nr. 122. Erwirkt der Täter durch arglistige Täuschung, dass die Veruntreuung nicht entdeckt und eine Ersatzforderung nicht gestellt wird, so ist dieser Deckungs- oder Sicherungsbetrug mitbestrafte Nachtat, NOLL BT 206, STRATENWERTH BT I § 15 N 68, abweichend RS 1958 Nr. 68.

Art. 139: Zur Abgrenzung s. N 16; Verkauf der gestohlenen Sache unter Verschweigen ihrer Herkunft steht als Betrug in Konkurrenz zu Diebstahl, BGE 72 IV 10, RS 1944 Nr. 233, 1982 Nr. 344, auch bei Gewerbsmässigkeit einer oder beider Straftaten, BGE 94 IV 65, RS 1963 Nr. 20a, Sem.jud. 1984 333, SJZ 45 (1949) Nr. 36. Abhebung vom gestohlenen Sparheft ist Betrug, wenn man der Substanztheorie (N 8 vor Art. 137) folgt, BGE 72 IV 118, BJM 1980 35, REHBERG/SCHMID 187; bei Anwendung der Sachwerttheorie ist Konkurrenz ausgeschlossen, weil sich die Tat gegen dasselbe Rechtsgut richtet wie der Diebstahl, STRATENWERTH BT I § 15 N 68.

S. ferner **Art. 148** N 14, **149** N 7, **150** N 5, **152** N 7, **155** N 16, **156** N 14, 157 N 16, **158** N 25, **160** N 18, **165** N 10, **170** N 4, **242** N 4, **245** N 4, **248** N 5, **251** N 20, **256** N 3, **306** N 10, **317** N 12, **327** N 9.

Zu Sondertatbeständen des **Nebenstrafrechts** GERMANN, Taschenausgabe, 262 ff. Wird der Tatbestand des Art. 146 restlos erfasst, so gehen sie vor, andernfalls ist (allein) Betrug anzunehmen, s. z.B. AGVE 1948 Nr. 33 (zu **PVG Art. 58**); BJM 1957 235 (zu **AHVG Art. 87**); BGE 82 IV 138, 86 IV 92, PKG 1956 Nr. 26 (zu **aKVG Art. 64, 66**); BGE 87 IV 97 (zu **Landwirtschaftsgesetz,** SR 910.1, **Art. 112**); Konkurrenz mit **BetmG Art. 19:** BGE 111 IV 59, ebenso mit **UWG Art. 23 i.V.m. Art. 3 lit. h,** ZR 93 (1994) Nr. 96. Nach **aUWG Art. 13b** machte sich der Architekt strafbar, der Wettbewerbsbedingungen durch Beiziehung eines nichtständigen Mitarbeiters verletzte – für Betrug fehlte der Schaden, ZBJV 87 (1951) 174.

Steuerbetrug und ähnliche privilegierende Bestimmungen des Fiskal-bzw. allgemeinen Verwaltungsstrafrechts gehen Art. 146 vor, s. aber BGE 110 IV 25.; vgl. zum Steuerbetrug SCHUBARTH Art. 148 N 154 ff. Stellt dieselbe Handlung Betrug gegenüber einer Privatperson und Steuerbetrug dar, besteht Idealkonkurrenz, unklar VON CASTI-WERGENSTEIN 250. Subventionsbetrug z.N. der Eidgenossenschaft fällt unter die privilegierenden **VStrR Art. 14,** z.N. eines Kantons ist er nach Art. 146 strafbar, BGE 112 IV 20ff. (mit eingehender Begründung in Abkehr von 108 IV 180 und 110 IV 24), 112 Ib 58 f., Rep. 1984 429, differenzierend *de lege ferenda* KRAUSS a.a.O.; eingehend zum Abgabebetrug SCHUBARTH Art. 148 N 131ff. **V AVIG Art. 105** gibt mit strengerer Strafe bedrohten Tatbeständen des StGB den Vorrang, ebenso **KVG Art. 92, UVG Art. 112** – BGE 117 IV 156 ff. kommt angesichts der Umstände des Falles zum Schluss, dass das arglistige Ertrügen von Schlechtwetterentschädigungen

durchaus dem Unrecht eines banalen Betrugs nach Art. 146 entspricht.
Kantonale Tatbestände, z.B. Bettel, gelten subsidiär, BGE 70 IV 193,
PKG 1980 Nr. 13, wobei allerdings an die Arglist hohe Anforderungen zu
stellen sind und Betrug nur in schweren Fällen anzunehmen ist, BGE 70
IV 194.

147 Betrügerischer Missbrauch einer Datenverarbeitungs- anlage

[1] **Wer in der Absicht, sich oder einen andern unrechtmässig zu bereichern, durch unrichtige, unvollständige oder unbefugte Verwendung von
Daten oder in vergleichbarer Weise auf einen elektronischen oder vergleichbaren Datenverarbeitungs- oder Datenübermittlungsvorgang einwirkt und dadurch eine Vermögensverschiebung zum Schaden eines andern herbeiführt oder eine Vermögensverschiebung unmittelbar darnach
verdeckt, wird mit Zuchthaus bis zu fünf Jahren oder mit Gefängnis
bestraft.**

[2] **Handelt der Täter gewerbsmässig, so wird er mit Zuchthaus bis zu
zehn Jahren oder mit Gefängnis nicht unter drei Monaten bestraft.**

[3] **Der betrügerische Missbrauch einer Datenverarbeitungsanlage zum
Nachteil eines Angehörigen oder Familiengenossen wird nur auf Antrag
verfolgt.**

Zu den Materialien s. vor Art. 137.

Pierre Schneider, *La fraude informatique au sens de l'article 147 CPS,* Diss. Laus.
1995; Günter Stratenwerth, Computerbetrug, ZStrR 98 (1981) 229; **Lit.** vor Art.
137 und 143, 146.

1   **Art. 147** soll die Lücke schliessen, die sich daraus ergibt, dass *Betrug nur*
vorliegt, *wenn ein Mensch getäuscht wurde* (Art. 146 N 14) und das Bewirken von Vermögensdispositionen mittels Manipulation von Computerdaten folglich nicht erfasst wird, Botsch. 1020, Schneider 47 ff., Stratenwerth, ZStrR 98 (1981) 230 f., vgl. auch BGE 116 IV 352 f., 96 IV 190
(Soldati). Der neu geschaffene Tatbestand des Computerbetrugs wurde
bewusst in enger Anlehnung an den klassischen Betrugstatbestand formuliert, Botsch. a.a.O. Vorausgesetzt wird ein Kausalverlauf, bei welchem eine Datenmanipulation zu einem unrichtigen Ergebnis des
Datenverarbeitungsprozesses führt, was wiederum eine Vermögensverschiebung und einen daraus entstehenden Schaden bewirkt.

2   Die **Tathandlung,** welche an die Stelle der arglistigen Täuschung tritt,
wird umschrieben als «unrichtige, unvollständige oder unbefugte Verwendung von Daten» oder eine vergleichbare Einwirkung «auf einen
elektronischen oder vergleichbaren Datenverarbeitungs- oder Datenübermittlungsvorgang».

3   Zu **Daten** Art. 143 N 3, 144bis N 3.

Unrichtig sind Daten, wenn sie – analog zur Täuschungshandlung beim   4
Betrug – ein inhaltlich unzutreffendes Bild von der tatsächlichen oder
rechtlichen Wirklichkeit vermitteln, REHBERG/SCHMID 189, SCHMID § 7 N
45, STRATENWERTH BT I § 16 N 6, vgl. Art. 146 N 14. Weil gemäss Botsch.
988, 1010 Programme als Daten anzusehen sind, fällt auch die Verwendung unrichtiger Programme unter diese Tatvariante, eingehend SCHMID
§ 7 N 46.

Unvollständige Daten sind regelmässig auch unrichtig; insofern liegt ein   5
Unterfall der ersten Handlungsvariante vor, HURTADO POZO BT N 1053,
REHBERG/SCHMID 189, SCHMID § 7 N 54. Der Text stellt klar, dass auch
erfasst wird, wer an sich richtige Daten lückenhaft eingibt bzw. das Eingeben gewisser Daten pflichtwidrig unterlässt, Botsch. 1021, vgl. dazu
den Sachverhalt von BGE 96 IV 185 ff. (Soldati). Zudem soll gemäss
Botsch. a.a.O. darunter auch die Verhinderung eines Datenverarbei-
tungs- oder Übermittlungsvorgangs fallen, was STRATENWERTH BT I § 16
N 8 angesichts des Gesetzeswortlauts, der von der *Einwirkung* auf einen
solchen Vorgang spricht, mit Recht kritisiert. Man wird deshalb mit
STRATENWERTH a.a.O. präzisieren müssen, dass die Unterlassung nur
dann strafbar ist, wenn der Täter als Garant den korrekten Ablauf des
Datenverarbeitungs- oder Übermittlungsvorgangs gewährleisten muss,
a.M. SCHMID § 7 N 58.

Über die **«unbefugte Verwendung von Daten»** will das Gesetz den Fall   6
erfassen, wo Daten zwar «richtig», also unverfälscht, aber von einem
«Unberechtigten», einer Person, welche nicht über die Daten verfügen
darf, verwendet werden, Botsch. 1021; dadurch wird «eine Grenzver-
schiebung in Richtung Eigentumsdelikte» bewirkt, HURTADO POZO BT
N 1056 («*ne ressort pas du domaine de l'escroquerie*»), SCHMID § 7 N 61;
STRATENWERTH BT I § 16 N 7 hält diese Tatvariante für überflüssig.
SCHMID a.a.O. geht davon aus, dass diese Variante «letztlich nur ergänzenden, lückenfüllenden Charakter» hat und fordert einschränkend, dass
die unbefugte Datenverwendung Täuschungselemente enthalte. *Unbefugt* ist die Verwendung der Daten nur dann, wenn sie einen im Ergebnis
unrichtigen Datenverarbeitungs- oder Übermittlungsvorgang bewirkt,
STRATENWERTH a.a.O., s. dazu N 8. Dem Gesetzgeber ging es dabei insbesondere um die Erfassung von Fällen, wo ein Dritter die auf einen anderen Namen lautende (z.B. verlorene oder gestohlene) Kreditkarte bei
der Bedienung eines Automaten (z.B. Bancomat) einsetzt, Botsch. 1022,
SCHNEIDER 64 ff.; nicht erfasst werden Fälle der fehlenden Berechtigung
im Innenverhältnis, weil sie nur unter Art. 148 fallen, SCHMID § 7 N 67.

Die **Generalklausel** der «vergleichbaren» Einwirkung soll insbesondere   7
unbefugte Einwirkungen auf den Ablauf erfassen, wie z.B. Hardware-
oder Konsolmanipulationen, bei welchen nicht unmittelbar in die Daten
selbst eingegriffen wird, SCHMID § 7 N 77 m.Hinw. auf die Materialien;
die Generalklausel weckt erhebliche rechtsstaatliche Bedenken, sie trägt
die Analogie explizit ins Gesetz und dürfte dem Bestimmtheitsgebot

nicht standhalten, ebenso STRATENWERTH BT I § 16 N 9, der sie zudem für entbehrlich hält.

8 Obwohl im deutschen Gesetzestext (anders die romanischen Texte: «*par le biais du résultat inexact ainsi obtenu*»/«*per mezzo dei risultati erronei così ottenuti*») nicht ausdrücklich gesagt, muss die Datenmanipulation – entsprechend dem Merkmal des Irrtums beim Betrug (Art. 146 N 14) – zu einem **unrichtigen, sachlich oder rechtlich unzutreffenden Ergebnis** des Datenverarbeitungsvorganges führen, Botsch. 1022, REHBERG/SCHMID 190, SCHMID § 7 N 80, SCHNEIDER 69f., STRATENWERTH BT I § 16 N 6 – die verschiedenen Tatvarianten sind unter diesem Gesichtspunkt einschränkend auszulegen.

9 Die **Vermögensverschiebung** durch den Computer entspricht *mutatis mutandis* der Vermögensdisposition beim Betrug, dazu Art. 146 N 15ff. Verschoben ist das Vermögen nur dann, wenn der Vermehrung des Vermögens auf Seiten des Opfers eine entsprechende unmittelbare Vermögensminderung auf Seiten des Betroffenen gegenübersteht, REHBERG/SCHMID 190, STRATENWERTH BT I § 16 N 11, eingehend SCHMID § 7 N 94ff. Als «Vermögensverschiebung» i.S.v. Art. 147 gilt auch das Unterlassen einer Übertragung, die eine Rechtspflicht gefordert hätte, SCHNEIDER 73.

10 Zum **Vermögensschaden** Art. 146 N 19ff. Wie schon aus dem Wortlaut ersichtlich, muss der Schaden nicht z.N. des Betreibers des manipulierten Computers eintreten, vgl. Botsch. 1022.

11 Der Datenmanipulation, welche die Schädigung eines anderen bewirkt, wird vom Gesetz alternativ der Fall gleichgestellt, wo «**eine Vermögensverschiebung unmitelbar darnach verdeckt**» wird. Damit sollen Konstellationen erfasst werden, «in denen aufgrund der wirtschaftlichen oder technischen Gegebenheiten die Vermögensverschiebung vielleicht zufälligerweise der Datenmanipulation vorgeht oder faktisch gleichzeitig erfolgt», Botsch. 1023, wobei als Beispiele die automatisierten Ladenkassensysteme genannt werden, wo Bezüge direkt oder indirekt dem Bankkonto des Kunden belastet werden; vgl. z.B. den Sachverhalt von BGE 110 IV 12ff., wo der Kunde Benzin tankte und ohne Bezahlung wegfuhr, dazu N 4 vor Art. 137. Die vom Gesetz geforderte Unmittelbarkeit wird wohl regelmässig nur bei Zug-um-Zug-Geschäften gegeben sein, SCHMID § 7 N 112. Nach STRATENWERTH BT I § 16 N 15 besteht kein Bedürfnis nach dieser Tatvariante, was überzeugt, weil auch Betrug zur Verdeckung einer Veruntreuung als mitbestrafte Nachtat angesehen wird, s. Art. 146 N 38.

12 Neben dem **Vorsatz** ist **Absicht unrechtmässiger Bereicherung** verlangt dazu N 9ff. vor Art. 137.

13 Zur **Gewerbsmässigkeit** Art. 146 N 30ff.

14 Zur **Privilegierung** gemäss Abs. 3 s. Art. 139 N 25.

Abgrenzungen und Konkurrenzen   15

Art. 147 geht den **Art. 137** und **139** vor, wenn über Datenmanipulation
Sachwerte zugänglich gemacht werden, SCHMID § 7 N 151; zu **Art. 138** ist
Art. 147 gem. SCHMID § 7 N 154 *lex specialis*, was zu Ungereimtheiten
führt, weil ein analoges nichtdigitales Verhalten als Sicherungsbetrug
eine mitbestrafte Nachtat darstellt, s. Art. 146 N 38, ebenso STRATEN-
WERTH § 16 N 21; dasselbe soll für **Art. 144**bis gelten, SCHMID § 6 N 82 –
m.E. liegt aber in diesem Fall Realkonkurrenz vor – es gibt kaum
Berührungspunkte zwischen den beiden Tatbeständen; gegenüber **Art.
146** ist Art. 147 subsidiär (s. oben N 1) – wird ein menschlicher Entschei-
dungsträger getäuscht, der daraufhin eine falsche Datenverarbeitung
veranlasst, so kommt ausschliesslich Art. 146 zur Anwendung; s. dazu
auch Art. 146 N 14; bei der Verwendung von Kreditkarten durch einen
unberechtigten Dritten, ist zu unterscheiden, ob der Täter sie unmittelbar
oder mittelbar gegenüber einer Person einsetzte, dann fällt sein Verhalten unter Art. 146, oder ob er sie im bargeldlosen Zahlungsverkehr verwendete, dann Art. 147, Botsch. 1022; **Art. 148** geht als *lex specialis* vor, s.
oben N 6; **Art. 251:** soweit urkundenrelevante Daten als unmittelbare
Vorbereitungshandlung ausschliesslich zur Begehung eines Computerbetrugs verändert werden, soll nach Botsch. 995 nur Art. 147 Anwendung
finden, ebenso REHBERG/SCHMID 191, SCHMID § 7 N 178, was im Vergleich zu Art. 146 nicht überzeugt; m.E. kann auch eine weitere Gefährdung durch die Urkundenfälschung (bzw. den gefälschten Daten) nicht
regelmässig ausgeschlossen werden, wie REHBERG/SCHMID a.a.O. meinen; mit STRATENWERTH BT I § 16 N 20 ist echte Konkurrenz anzunehmen.

148 Check- und Kredikartenmissbrauch

[1] **Wer, obschon er zahlungsunfähig oder zahlungsunwillig ist, eine ihm
vom Aussteller überlassene Check- oder Kreditkarte oder ein gleichartiges Zahlungsinstrument verwendet, um vermögenswerte Leistungen zu
erlangen und den Aussteller dadurch am Vermögen schädigt, wird, sofern dieser und das Vertragsunternehmen die ihnen zumutbaren Massnahmen gegen den Missbrauch der Karte ergriffen haben, mit Gefängnis
bis zu fünf Jahren bestraft.**

[2] **Handelt der Täter gewerbsmässig, so wird er mit Zuchthaus bis zu
zehn Jahren oder mit Gefängnis nicht unter drei Monaten bestraft.**

Zu den Materialien s. vor Art. 137.

MARTIN BUSER, Straftaten im Zusammenhang mit Kreditkarten, Diss. BE 1986;
ANDREAS ECKERT, Die strafrechtliche Erfassung des Check- und Kreditkartenmissbrauchs, Diss. ZH 1991; MARTIN KILLIAS/ANDRÉ KUHN, Schuldverhaft für Kredit-
karten-Schulden? Versuch einer verfassungskonformen Auslegung von Art. 148 rev.
StGB, in FS für Jörg Rehberg, Zürich 1996, 189; GRACE SCHILD TRAPPE, Zum neuen
Straftatbestand des Check- und Kreditkartenmissbrauchs, Art. 148 StGB – zugleich
eine Anmerkung zu BGE 122 IV 149 ff., ZBJV 133 (1997) 1; NIKLAUS SCHMID, Zur

strafrechtlichen Erfassung von Missbräuchen im Bereich des bargeldlosen, insbesondere elektronisch abgewickelten Zahlungs- und Kreditverkehrs, ZStrR 104 (1987) 129; BEAT SCHMIDLI, Der Missbrauch von Codekarten aus strafrechtlicher Sicht, Diss. BS 1991; **Lit** zu Art. 143, 146.

1 Rechtsprechung wie Literatur waren sich vor der Revision weitgehend einig, dass die Verwendung einer Kreditkarte, für die keine Deckung bestand, weder als Betrug noch nach einem anderen Tatbestand strafbar sei, s. Art. 146 N 28, ferner ECKERT 61 ff., HURTADO POZO BT N 1071, SCHMID, ZStrR 104 (1987) 148 ff., SCHMIDLIN 51 ff. Die neue Strafbestimmung sollte diese **Lücke schliessen,** Botsch. 1024. Zweifelnd zur kriminalpolitischen Berechtigung STRATENWERTH BT I § 16 N 22. Zur Entstehungsgeschichte KILLIAS/KUHN 191 ff.

2 Art. 148 ist ein **Sonderdelikt.** *Täter* kann *nur* sein, *wer rechtmässiger Inhaber einer Check- oder Kreditkarte ist,* also insbesondere nicht der Finder, der Fälscher oder der Dieb, Botsch. 1025, HURTADO POZO BT N 193, auch nicht, wer die Karte betrügerisch erlangt hat. STRATENWERTh BT I § 16 N 27 beklagt, dass der Wortlaut von Art. 148 denjenigen nicht erfasst, dem der Inhaber die Karte zur Verwendung überlassen hat. Keine Sondereigenschaft ist der Umstand, dass der Täter zahlungsunfähig oder -unwillig ist, so aber offenbar HURTADO POZO BT N 1085.

3 Die Bestimmung zielt auf **Check- und Kreditkarten im Dreiparteiensystem:** Ein *Aussteller* gibt die Karte aus (vertrieben und abgegeben wird sie regelmässig über andere Institute, insbesondere Banken – eine Ausnahme bildet die Post), der Inhaber bezahlt damit seinen Vertragspartner (den *Vertragsunternehmer*), dieser wird seinerseits unter Abzug einer Gebühr vom Institut entschädigt. Beispiele sind American Express, Diners' Club, Eurocard/Mastercard, Visa. Beim Zweiparteiensystem wird die Karte quasi vom Vertragsunternehmer ausgegeben: Warenhäuser, Restaurants, Tankstellenbetreiber usw. geben Karten aus, deren Inhaber damit «bezahlen» bzw. Kredit erhalten. Zu dieser Gruppe gehören auch Garantiekarten wie die ec-Karte. Hier wäre, Arglist vorausgesetzt, Betrug anzunehmen, was jedoch zu einer ungerechtfertigten Diskrepanz in der Strafandrohung führen würde, so dass auch auf diese Fälle Art. 148 anzuwenden ist, Botsch. 1025, ECKERT 234, MÜLLER 11, REHBERG/SCHMID 194, STAUFFACHER 19, STRATENWERTH BT I § 16 N 25, ebenso für den kartenspezifischen Missbrauch BGE 122 IV 153 f., ablehnend SCHILD TRAPPE 22 ff. Betrug ist dagegen anzunehmen, wenn schon die Ausstellung der Karte durch arglistige Täuschung bewirkt wird, SCHMID § 8 N 16, BGer a.a.O.: Kartenspezifisch ist z. B. der Gebrauch der Postcheckkarte, obschon bei Vorlegen eines garantierten Checks auch ein anderer Ausweis verwendet werden könnte.

4 Der Tatbestand nennt ferner **gleichartige Zahlungsinstrumente.** Was damit gemeint ist, bleibt unklar. Botsch. 1025 gibt an, dass hier quasi für die Zukunft legiferiert wurde, im Hinblick auf die mögliche Entwicklung anderer Instrumente, «die wirtschaftlich und rechtlich die gleiche Funk-

tion ... besitzen», «bei denen die Identifikation ... auf andere Weise erfolgt, z.B. mittels eines Codes oder eines Passwortes», krit. STRATENWERTH BT I § 16 N 25. «Die Verwirrung, die das neue Recht hier stiftet, ist gross», ARZT in recht 13 (1995) 134. Ob das Bestimmtheitsgebot befolgt wurde, ist fraglich.

Die **Täterhandlung** besteht zunächst darin, dass sich der Karteninhaber   5
geldwerte Leistungen erbringen lässt. Dazu gehören selbstverständlich Sachen ebenso wie Dienstleistungen. Obschon die Formulierung «verwendet, um ... zu erlangen» damit nicht vereinbar ist, sollen auch die Fälle mit Vorleistung erfasst werden, etwa die Bewirtung oder die Beherbergung, Botsch. 1026, REHBERG/SCHMID 194, SCHILD TRAPPE 20 f., STRATENWERTH BT I § 16 N 31. Überdies soll die Beschaffung von Bargeld am Bancomat oder Postomat erfasst sein, Botsch. 1026, obwohl die Karte als «Zahlungsinstrument» bezeichnet wird, SCHILD TRAPPE 6 f., STRATENWERTH BT I § 16 N 32

Das Unrecht liegt darin, dass der Täter die Karte einsetzt, «obschon er   6
zahlungsunfähig oder zahlungsunwillig ist». Die Bedeutung dieser Formel ist unklar. Laut Botsch. 1026 wurde der mangelnde Zahlungswille erwähnt, weil es bei Tätern mit ausländischem Wohnsitz schwierig sei, die Zahlungsfähigkeit zu beweisen, wobei aber nicht erklärt wird, wie sich denn der mangelnde Zahlungswille ohne Anhaltspunkt über die finanziellen Verhältnisse nachweisen lasse, STRATENWERTH BT I § 16 N 30, zust. KILLIAS/KUHN 195. Entscheidend dürfte generell der mangelnde Zahlungswille sein, auf den zu schliessen die leichter beweisbare Zahlungsunfähigkeit gestattet. Zahlungswille bei Zahlungsunfähigkeit ist illusorisch, die typische Ausrede des realitätsflüchtigen Betrügers; Zahlungsunwilligkeit bei Zahlungsfähigkeit aber ist durchaus strafwürdig. Auch der Begriff der Zahlungsunfähigkeit ist übrigens unklar – STRATENWERTH BT I § 16 N 29 betont mit Recht, dass kumulativ Überschuldung und Illiquidität vorliegen müssen.

Strittig ist ferner der **massgebliche Zeitpunkt**. Botsch. 1026 meint, es   7
komme auf den Moment des Einsatzes der Karte an, wobei nicht klar wird, was gemeint ist: «Zahlungsunfähigkeit bedeutet, dass dem überschuldeten Täter die liquiden Mittel fehlen, um gegenwärtig und in naher Zukunft seinen fälligen Verpflichtungen nachzukommen. Dieser Zustand muss im Normalfall während der Zeitspanne zwischen Karteneinsatz und Rechnungstellung der Kartenorganisation andauern», ebenso ECKERT 224, REHBERG/SCHMID 194. Laut STRATENWERTH BT I § 16 N 29 kommt es auf den Zeitpunkt an, da der Karteninhaber das Institut schadlos halten sollte, ebenso SCHILD TRAPPE 20; KILLIAS/KUHN 196 halten einen ganzen Zeitraum für entscheidend. M.E. muss der mangelnde Zahlungswille, mindestens eventual, im Zeitpunkt des Karteneinsatzes schon vorliegen; ist der Täter beim Karteneinsatz zahlungsunfähig aber zahlungswillig, muss er voraussehen, dass er im Zeitpunkt der Fälligkeit immer noch zahlungsunfähig (und dann notgedrungen auch zahlungs-

unwillig) sein wird. Der Tatbestand kann auch erfüllt sein, wenn das Kartenunternehmen den Karteninhaber erfolgreich betreibt.

Was den Zeitpunkt der Fälligkeit angeht, bestimmt er sich nach dem Inhalt der Vereinbarung zwischen dem Karteninhaber und dem Institut bzw. der Bank – oft darf das Konto vorübergehend recht erheblich überzogen werden. Ähnlich KILLIAS/KUHN 200 f., die es für eine Verletzung von BV Art. 59 III («Der Schuldverhaft ist abgeschafft») halten, wenn jemand bestraft wird, weil am Monatsende die mit der Karte getätigten Auslagen nicht gedeckt sind. Strafbar soll nur der eigentliche Missbrauch sein.

8   Der **Erfolg** besteht im Eintritt eines **Schadens** zum Nachteil des Kartenausstellers. Damit sollte der Tatbestand dem Betrug angeglichen und die Möglichkeit eröffnet werden, Auslandsverhalten nach dem Ubiquitätsprinzip dem StGB zu unterstellen (Art. 3, 7), Botsch. 1027. Für REHBERG/SCHMID 195 tritt der Schaden ein mit der Honorierung der Karte durch das Vertragsunternehmen, weil die damit entstehende Forderung des Ausstellers gegen den Karteninhaber «erheblich weniger wert» sei. Tritt der Schaden aber automatisch mit der Verwendung der Karte ein, liegt technisch kein Erfolgsdelikt vor, STRATENWERTH BT I § 16 N 33. Dies wäre dagegen der Fall, wenn nicht schon die erhöhte Gefährdung der Forderung, sondern nur die trotz Betreibung mangelnde Deckung als Schaden angesehen würde, was freilich die Parallele zum Betrug (Art. 146 N 23 f.) aufheben würde.

9   Um die Annäherung an den Betrug weiter zu betonen, hatte der Entwurf den Begriff des **Missbrauchs** eingeführt, Botsch. 1027. In den Räten wurde dieses Element ersetzt durch den Nachsatz «sofern dieser [der Aussteller] und das Vertragsunternehmen die ihnen zumutbaren Massnahmen gegen den Missbrauch der Karte ergriffen haben». Die Klausel sollte eine ähnliche Funktion erfüllen wie die Sicherung gegen unbefugten Zugriff, s. z.B. Art. 143. Die unglückliche Formulierung lässt aber keine andere Wahl, als hierin eine sehr untypische *objektive Strafbarkeitsbedingung* zu sehen, HURTADO POZO BT N 1090, REHBERG/SCHMID 195 f., STRATENWERTH BT I § 16 N 38. Die Rechtsprechung wird zu bestimmen haben, welche Sicherungsmassnahmen zumutbar sind, dazu STRATENWERTH BT I § 16 N 37, für sehr restriktive Anwendung von Art. 148 – z.B. sei der PTT zuzumuten, ein echtes On-line-System einzuführen – SCHILD TRAPPE 11 ff., grosszügiger aber SOG 1995 Nr. 14.

10   **Subjektiv** ist Vorsatz erforderlich, der sich auf die Verwendung der Karte, allenfalls auf die Zahlungsunfähigkeit und die Schädigung beziehen muss. Ist Zahlungsfähigkeit gegeben, muss zusätzlich die Absicht gegeben sein, nicht verpflichtungsgemäss zu bezahlen. Die Absicht, sich oder einen andern unrechtmässig zu bereichern, ist nicht gefordert, dürfte aber regelmässig vorliegen.

11   Die **Strafdrohung** lautet auf Gefängnis bis zu fünf Jahren – sie war der Veruntreuung angepasst worden, als dort der Unterschied zum Gefäng-

nis beseitigt wurde, vergass man offenbar die Angleichung von Art. 148, STRATENWERTH BT I § 16 N 39.

Zum Qualifikationsgrund der **Gewerbsmässigkeit** art. 146 N 30 ff. Hier   12 entspricht die Strafdrohung derjenigen beim qualifizierten Betrug.

Kasuistik   13
BGE 122 IV 150: A. löste sogenannt garantierte Poschecks bei einer schweizerischen Poststelle ein und wies dabei seine Postcheckkarte vor im Bewusstsein, dass er nicht zahlungsfähig war, dazu kritisch SCHILD TRAPPE a.a.O.: es hätte ein Freispruch erfolgen müssen.

Konkurrenzen und Abgrenzungen
Gegenüber den Verbrechenstatbeständen von **Art. 139** und **146** ist   14
Art. 148 subsidiär ausser dort, wo der Kartenmissbrauch als *lex specialis* vorgeht, namentlich im Zweiparteiensystem, s. N 3, STRATENWERTH BT I § 16 N 42, aber als Entlastungstatbestand auch beim Geldbezug, der unter aArt. 137 fiel (BGE 110 IV 83), SCHILD TRAPPE 7.

149 Zechprellerei

Wer sich in einem Gastgewerbebetrieb beherbergen, Speisen oder Getränke vorsetzen lässt oder andere Dienstleistungen beansprucht und den Betriebsinhaber um die Bezahlung prellt, wird, auf Antrag, mit Gefängnis oder mit Busse bestraft.

E305 = 129ter NR. 2. ExpK VII 26 ff. und 329, VIII 315 – Zur Revision 1994 s. vor Art. 137.

RAYMOND JEANPRÊTRE, *La dette d'auberge en droit civil et en droit pénal,* JdT 1965 IV 2; LUDWIG MEYER, Die Zechprellerei, Diss. BE 1943; ADOLF STUDER, Das Antragsrecht bei Zechprellerei, SJZ 40 (1944) 344; STEPHAN ZIMMERMANN, Betrugsähnliche Tatbestände, Art. 149–152 StGB, Diss. ZH 1973.

Zechprellerei pönalisiert den Missbrauch der Vorleistung durch den   1 Wirt.

Die **Revision 1994** beschränkt sich auf redaktionelle Verbesserungen. Es   1a wurde erwogen, dem Personal ein Antragsrecht einzuräumen, angesichts des verbesserten Schutzes der Arbeitnehmer – Haftung nur bei grober Fahrlässigkeit, OR Art. 321e, Schutz vor missbräuchlicher Kündigung, OR Art. 336 ff. – wurde aber darauf verzichtet.

Geschützt wird **Inhaber eines Gastgewerbebetriebs,** also eines gewerbs-   2 mässigen (RS 1959 Nr. 142) Beherbergungs- und Bewirtungsbetriebs, unabhängig davon, ob ein Patent besteht, RS 1962 Nr. 132, 1971 Nr. 147; eine «Pension» nach kantonalem Wirtschaftsgesetz ist immer ein Betrieb gemäss Art. 150, RS 1968 Nr. 193. Den Schutz geniessen auch Kliniken, RS 1948 Nr. 34, nicht dagegen (z. B. saisonale, ZR 56 [1957] Nr. 62) Zimmervermietung, SJZ 58 (1962) Nr. 76, oder ein Zeltplatz, HURTADO POZO BT N 1101. Zum Tatobjekt beim Leiter eines Ferienlagers RS 1954

Nr. 148. Der Gast ist «beherbergt», wenn er den Zimmerschlüssel bezieht, auch wenn er das Zimmer nicht benützt, PKG 1983 Nr. 24, a.M. REHBERG/SCHMID 198.

2a aArt. 150 schützte nur Forderungen aus Beherbergung, Speisen oder Getränken. Nunmehr erwähnt der Tatbestand auch **andere Dienstleistungen,** wobei an Telefontaxen, Reinigung, Wäschebesorgung, entgeltliche Fensehfilme, Benützung des Fitnessraums oder des Business-Centers, des Golfplatzes, der Garage usw. zu denken ist, s. auch REHBERG/SCHMID 198.

3 Der Wirt ist **«geprellt»,** «wenn er sich in seiner Erwartung, für die Beherbergung oder Bewirtung des Gastes bezahlt zu werden, enttäuscht sieht», BGE 75 IV 16. Dabei soll schon jeder Verzug in der Begleichung der Rechnung genügen, BGer a.a.O., best. in Sem.jud. 1984 285, PKG 1942 Nr. 17, Rep. 1962 99, REHBERG/SCHMID 198 f., was mit SCHUBARTH Art. 150 N 6, STRATENWERTH BT I § 16 N 46, abzulehnen ist. Gewährt der Wirt dem Gast Kredit, so ist er nicht geprellt, wenn dieser später nicht bezahlt, NOLL BT 214, anders Sem.jud. 1984 285 – der Kredit kann aber ertrogen sein (Art. 146).

4 Der Täter muss den **Vorsatz** haben, sich der Bezahlung *gänzlich* zu entziehen, RS 1946 Nr. 240. Allerdings genügt Eventualdolus – der Täter nimmt in Kauf, dass er nie wird bezahlen können; nach BGE 75 IV 18, ZR 52 (1953) Nr. 16, genügt schon Inkaufnehmen verspäteter Bezahlung. Der Vorsatz kann vor oder nach der Bestellung gefasst werden – *dolus superveniens nocet,* BGer a.a.O., Rep. 1962 99. Bemerkt der Gast erst nach Verlassen der Gaststätte, dass er vergessen hat zu zahlen, und beschliesst er, es dabei bewenden zu lassen, liegt *dolus subsequens* vor, der nicht genügt, HURTADO POZO BT N 1106.

5 Zechprellerei ist **Antragsdelikt,** in der Regel wird der Antrag nach Bezahlung zurückgezogen. Verletzter ist der Wirt, ZR 61 (1962) Nr. 152, das Servicepersonal sollte mit der Revision ein Antragsrecht erhalten, weil es mitunter den Schaden trägt, so nach aArt. 150 SJZ 58 (1962) Nr. 30, NOLL BT 214 f.; auf die Änderung wurde verzichtet, s. N 1a. Als «Betriebsinhaberin» muss m.E. weiterhin die Gerantin gelten, die am Umsatz beteiligt ist und kein Fixum erhält, LGVE 1989 I Nr. 40.

Die *Frist beginnt* mit Kenntnis von Täter und Tat zu laufen, also frühestens dann, wenn der Täter sich entfernt, ohne bezahlt zu haben, BGE 75 IV 20, RS 1943 Nr. 289, BJM 1959 21.

6 **Kasuistik**
75 IV 16: Feisst wohnte vom 31.8.1946 bis zum 14.1.1947 im Gasthof des Röthlisberger, bezahlte Teile seiner Schuld und verschwand dann, ohne eine Adresse zu hinterlassen.

7 **Konkurrenzen und Abgrenzungen**
Gegenüber **Betrug** ist Zechprellerei subsidiär, BGE 72 IV 120, ZR 45 (1946) Nr. 133, PKG 1955 Nr. 27, h.L. Entgegen ZR 61 (1962) Nr. 151,

RVJ 1986 398, ist Arglist nicht schon bei Verschweigen der Mittellosigkeit anzunehmen, sondern erst bei Vorliegen weiterer Täuschungsmanöver, vgl. PKG 1971 Nr. 22, ZR 65 (1966) Nr. 49, ebenso REHBERG/SCHMID 199 f., a.M. NOLL BT 214, STRATENWERTH BT I § 16 N 49. ZR 53 (1954) Nr. 62 nimmt Arglist an, wenn der Gast beim Weggehen einen Rest im Glas lässt – in diesem Fall fehlt aber die Kausalität zur Vermögensverschiebung; sogar gewerbsmässigen Betrug nimmt PKG 1967 Nr. 17 an. Auch Zechprellerei in einem hohen Betrag fällt aber grundsätzlich unter Art. 149, Sem.jud. 1984 285.

150 Erschleichen einer Leistung

Wer, ohne zu zahlen, eine Leistung erschleicht, von der er weiss, dass sie nur gegen Entgelt erbracht wird, namentlich indem er

ein öffentliches Verkehrsmittel benützt,

eine Aufführung, Ausstellung oder ähnliche Veranstaltung besucht,

eine Leistung, die eine Datenverarbeitungsanlage erbringt oder die ein Automat vermittelt, beansprucht,

wird, auf Antrag, mit Gefängnis oder mit Busse bestraft.

E 303 = 129^{quater} NR. 2. ExpK VII 17 ff. – Zur Revision 1994 s. vor Art. 137.

HANS RYCHNER, Der Missbrauch des Automaten, besonders der selbstkassierenden Telephonautomaten, nach dem neuen Schweiz. Strafgesetzbuch, SJZ 38 (1941/42) 26; URSPETER MEYER, Das Erschleichen einer Leistung nach dem Schweizerischen Strafgesetzbuch (Art. 151 StGB), insbesondere Konkurrenzfragen, Diss. BE 1973; STEPHAN ZIMMERMANN, Betrugsähnliche Tatbestände, Art. 149–152 StGB, Diss. ZH 1973.

Art. 150 pönalisiert das Erschleichen von Dienstleistungen ohne Bezahlung. In diesen Fällen liegt in der Regel weder eine Verfügung aus Irrtum vor, noch lässt sich ein Vermögensschaden nachweisen (z.B. beim blinden Eisenbahnpassagier, dem Schwarzfahrer), HURTADO POZO BT N 1111. Wer nur einen verbilligten Tarif ermogelt, ist nicht nach Art. 150 strafbar, REHBERG/SCHMID 203.   1

Die **Revision 1994** fügte *nur eine materielle Neuerung* ein, das Erschleichen einer Leistung, die von einer Datenverarbeitungsanlage erbracht wird, den «Zeitdiebstahl» am Computer. Die übrigen Änderungen sind redaktioneller Natur.   1a

Der Begriff Leistung ist im Sinne der **Dienstleistung** zu verstehen. Soweit Automaten Sachen vermitteln, liegt Diebstahl oder Entwendung (MEYER 97 f., ZIMMERMANN 109) vor, wenn die Gebrauchsregeln verletzt werden, anders noch BGE 97 IV 194, BJM 1968 91, krit. SCHULTZ, ZBJV 108 (1972) 354 ff. Diebstahl begeht deshalb, wer mittels unzulässiger Manipulationen am Automaten Benzin tankt, BGE 103 IV 83, SJZ 69 (1973) Nr. 25; wer einen Geldspielautomaten so manipuliert, dass er in Umgehung   2 der Spielregeln Geld ausschüttet, BGE 104 IV 73, PKG 1977 Nr. 39, SJZ 73 (1977) Nr. 69, 60 (1964) Nr. 144; oder wer sonstwie die Aufhebung des Gewahrsams gegen den Willen des Aufstellers bewirkt, so schon RYCH-NER 27, mit anderer Begründung MEYER 73, 76, 89, s. auch Art. 139 N 7 – heute h.L. Typisch ist neben Transporterschleichung («Schwarzfahren») das Umgehen der Billetkontrolle bei kulturellen oder sportlichen Veranstaltungen oder das «Überlisten» von Telefon- oder einfachen Spielautomaten. Wegen Gehilfenschaft zu versuchter Erschleichung einer Leistung machte sich ein Unternehmer strafbar, der elektronische Filter verkaufte, mit denen gebührenpflichtige Fernsehsendungen entstört werden können, BGE 114 IV 113.

3   **«Erschleichen»** bedeutet das Erlangen durch «unlauteres Verhalten», BGE 117 IV 451, 104 Ia 102, und impliziert eine gewisse Heimlichkeit, ZBJV 81 (1945) 86, anders ZR 53 (1954) Nr. 109, NOLL BT 216, REHBERG / SCHMID 202, detailliert SCHUBARTH Art. 151 N 4-9. Der Täter muss Sicherungsvorkehren gegen unerlaubte Benutzung umgehen, BGE 117 IV 451.

3a   Art. 150 erwähnt zunächst die **Transporterschleichung.** Archetypisch der blinde Passagier, der sich an Bord schleicht. Kein Erschleichen einer Leistung begeht etwa, wer ohne Fahrkarte ein öffentliches Vekehrsmittel benützt, BGE 117 IV 451. Nach Art. 51 I lit. b BG über den Transport im öffentlichen Verkehr vom 4.10.1985, SR 742.40, kann (auf Antrag) mit Busse bestraft werden, wer es vorsätzlich oder fahrlässig unterlässt, selber seine Fahrkarte zu entwerten, wo dies vorgeschrieben ist. Nach Art. 51 I lit. a desselben Gesetzes i.V.m. Art. 1 VO I über den Transport im öffentlichen Verkehr vom 5.11.1986, SR 742.401, ist Schwarzfahren in den übrigen Fällen mit Busse bedroht, auch bei Fahrlässigkeit.

3b   **Veranstaltungserschleichung** begeht, wer sich unter Umgehung der Eintrittskontrollen in eine kulturelle, sportliche oder in eine andere Veranstaltung (z. B. Dancing, Disco) schleicht. Straflos bleibt, wer als Zaungast einem Fussballspiel zusieht, MEYER 33 f.

3c   Praktische Bedeutung erlangte vor allem die **Automatenleistungserschleichung.** In diesem Zusammenhang wurde neu der Zeitdiebstahl am Computer, d.h. die unentgeltliche Inanspruchnahme der Dienstleistungen einer Datenverarbeitungsanlage, die nur gegen Entgelt angeboten wird, in den Tatbestand eingeführt. Schon ROHNER (vor Art. 137) 32 hatte Pönalisierung dieses Verhaltens gefordert. Botsch. 1032 verlangt mit Recht eine gewisse Erheblichkeit – Einsatz des PC nach Arbeitsschluss für private Zwecke soll noch nicht strafbar sein, HURTADO POZO BT N 1113. Unter Art. 150 soll dagegen fallen, wer Leistungen in Anspruch nimmt, für die einem Dritten Rechnung gestellt wird, was nach STRATENWERTH BT I § 16 N 55 betrügerischer Missbrauch einer Datenverarbeitungsanlage nach Art. 147 ist.

Die **Strafdrohung** ist Gefängnis oder Busse.   4

Konkurrenzen und Abgrenzungen
Art. 143 geht vor, krit. STRATENWERTH BT I § 16 N 55, **Art. 143**[bis] wird   5
konsumiert, STRATENWERTH a.a.O. Gegenüber **Betrug** ist Art. 150 subsi-
diär (nicht speziell, wie RS 1957 Nr. 133 annimmt), NOLL BT 215, REH-
BERG/SCHMID 204, SCHUBARTH Art. 151 N 15, STRATENWERTH BT I § 16
N 54. So begeht Betrug, wer eine Bahnfahrt oder einen Eintritt mit einer
nicht für ihn gültigen Karte erlangt, PKG 1944 Nr. 40.
Subsidiär zu Art. 150 ist **Art. 51 I Transportgesetz,** SR 742.40, i.V.m
Art. 1 der Transportverordnung, SR 742.401, BGE 117 IV 452; ebenso
FMG (SR 784.10) **Art. 57.**

151 Arglistige Vermögensschädigung

**Wer jemanden ohne Bereicherungsabsicht durch Vorspiegelung oder
Unterdrückung von Tatsachen arglistig irreführt oder ihn in einem Irrtum arglistig bestärkt und so den Irrenden zu einem Verhalten bestimmt,
wodurch dieser sich selbst oder einen andern am Vermögen schädigt,
wird, auf Antrag, mit Gefängnis oder mit Busse bestraft.**

E 302 = 129bis NR. Erl.Z. 452 – Zur Revision 1994 s. vor Art. 137.

EUGENIA PERLMANN, Die boshafte Vermögensschädigung, Diss. ZH 1937; STEPHAN
ZIMMERMANN, Betrugsähnliche Tatbestände, Art. 149–152 StGB, Diss. ZH 1973.

Arglistige Vermögensschädigung ist eine durch Fehlen der Bereiche-   1
rungsabsicht privilegierte **Abwandlung des Betrugs** (Art. 146).

Mit der **Revision 1994** wurde aus aArt. 149, Boshafte Vermögensschädi- 1a
gung, die Bosheit entfernt, namentlich weil sie schwer zu beweisen sei.
Andererseits wurden die Anpassungen des Betrugtatbestands übernom-
men und die Strafdrohung auf Gefängnis erhöht, was ohne weiteres die
Strafbarkeit von Versuch und Gehilfenschaft nach sich zieht, so dass für
Abs. 2 kein Bedarf mehr besteht.

Die **objektiven Tatbestandsmerkmale** des Betrugs müssen erfüllt sein, 2
unrichtig SJZ 57 (1961) Nr. 110, wo die Vermögensverschiebung fehlt.
Falsche Alarmierung von Feuerwehr, Polizei oder Sanität ist nicht boshafte Vermögensschädigung, sie wird jetzt durch Art. 128bis erfasst, was
die ExpK vorgeschlagen hatte, *Bericht VE 1982 73 f.*

Subjektiv ist Vorsatz verlangt, aber keine Absicht unrechtmässiger Be-   3
reicherung – sonst Art. 146.

Kasuistik   4
BGE 77 IV 86: Der verheiratete **Pauli** verlobte sich ohne Heiratsabsicht
mit Annemarie Julen und liess zu, dass sie sich ein (*a priori* unbrauchba-
res) Hochzeitskleid anschaffte.

152 Unwahre Angaben über kaufmännische Gewerbe

**Wer als Gründer, als Inhaber, als unbeschränkt haftender Gesellschaf-
ter, als Bevollmächtigter oder als Mitglied der Geschäftsführung, des
Verwaltungsrates, der Revisionsstelle oder als Liquidator einer Handelsgesellschaft, Genossenschaft oder eines andern Unternehmens, das ein
nach kaufmännischer Art geführtes Gewerbe betreibt,**

**in öffentlichen Bekanntmachungen oder in Berichten oder Vorlagen
an die Gesamtheit der Gesellschafter oder Genossenschafter oder an die
an einem andern Unternehmen Beteiligten unwahre oder unvollständige
Angaben von erheblicher Bedeutung macht oder machen lässt, die einen
andern zu schädigenden Vermögensverfügungen veranlassen können,**

wird mit Gefängnis oder mit Busse bestraft.

E 130. Sten.NR 692 – Zur Revison 1994 s. vor Art. 137.

OSWALD AEPPLI, Unwahre Angaben über Handelsgesellschaften und Genossen-
schaften, Diss. ZH 1941; GEORG ASCHWANDEN, Bargründung – Sachübernahme,
SJZ 56 (1960) 101; OTTO K. KAUFMANN, Buchführungsdelikte, SAG 19 (1947) 125,
145; GEORG PFISTER, Unwahre Angaben über Handelsgesellschaften und Genossenschaften (Art. 152 StGB) und das Verhältnis zum Betrug (Art. 148 StGB), Diss.
ZH 1978; NIKLAUS SCHMID, Die strafrechtliche Verantwortlichkeit des Revisors,
Winterthur 1996, 73 ff.; WALTER SCHMIDLIN, Typische Wirtschaftsdelikte auf dem
Gebiet des Aktienrechts, ZStrR 85 (1969) 370; STEPHAN ZIMMERMANN, Betrugsähn-
liche Tatbestände Art. 149–152 StGB, Diss. ZH 1973.

1 Art. 152 schützt das Vermögen vor der **Gefährdung** durch Fehldispositionen infolge täuschender Information.

1a Es handelt sich um ein **Sonderdelikt:** *Täter* kann *nur ein Gründer, Inhaber, Gesellschafter usw.* sein, REHBERG/SCHMID 207, SCHUBARTH
Art. 152 N 2. Dies ergibt sich nicht nur aus dem Wortlaut von Art. 152;
die typische Gefährdung entsteht nur bei Fehlinformation durch diese
Verantwortlichen.

2 Strafbar ist nach der Revision die Falschinformation im Zusammenhang
mit **jedem,** wie auch immer organisierten «**Unternehmen, das ein nach
kaufmännischer Art geführtes Gewerbe betreibt**». Wie nach altem Recht
ist in erster Linie zu denken an Handelsgesellschaften (OR Art. 552 ff.)
und Genossenschaften (OR Art. 828 ff.), aber auch an Vereine (ZGB
Art. 60 ff.), selbst wenn sie nicht im Handelsregister eingetragen sind,
Stiftungen, einfache Gesellschaften, Einzelfirmen, öffentlichrechtliche
Unternehmungen usw., REHBERG/SCHMID 207 f., STRATENWERTH BT I §
16 N 62. Der Anwendungsbereich wurde durch die *Revision 1994* erheblich erweitert, HURTADO POZO BT N 1141.

3 **Öffentlich** ist nicht nur die Mitteilung, «die an einen unbestimmten Personenkreis gerichtet ist, sondern auch diejenige, die an eine grössere Zahl
bestimmter Personen ergeht», BGE 92 IV 149; vgl. auch 106 IV 299 ff., 92
IV 104, 85 II 447; zu eng SJZ 52 (1956) Nr. 119. Keine öffentliche Mittei-

lung ist die Verwendung eines irreführenden Briefkopfes in der mit zahlreichen Einzelpersonen geführten Korrespondenz, weil dabei immer
wieder verschiedene Inhalte im Vordergrund stehen, BGE 104 IV 85.

Strafbar sind auch **nichtöffentliche Mitteilungen,** wenn sie sich kollektiv   3a
an die Gesellschafter, Genossenschafter oder nach einer anderen Rechtsform am Unternehmen Beteiligten wendet – der Text ist missverständlich, Mitteilungen für Beteiligte an *fremden* Unternehmen sind nicht erfasst. Mitteilungen an Einzelpersonen oder an andere Personengruppen
erfüllen den Tatbestand nicht, STRATENWERTH BT I § 16 N 63, missverständlich der Hinweis auf «Geschäftspartner» bei REHBERG/SCHMID 207.
Zur Begehung durch Unterlassen HURTADO POZO BT N 1144.

Unwahr sind Angaben immer dann, wenn sie den Sachverhalt nicht rich-   4
tig wiedergeben, aber die Grundsätze der Bilanzwahrheit und -klarheit
gelten nur in relativierter Form – gewisse «Ertragsverschiebungen» sind
unter Umständen erlaubt, BJM 1976 288, KAUFMANN 148. Die Ergänzung durch den Hinweis auf «unvollständige Angaben» in der Revision
war überflüssig.

Die Angaben müssen von **erheblicher Bedeutung,** d.h. geeignet sein,   5
Fehldispositionen zu motivieren, etwa beim Handel an der Börse, aber
auch für direkte Gewährung von Kredit. Erheblich sind insbesondere
Angaben über das Aktienkapital, SAG 34 (1961/62) 104, SJZ 52 (1956)
Nr. 119, ZR 60 (1961) Nr. 21, aber auch solche über die Geschäftstätig-
keit, BGE 104 IV 84. Der Hinweis auf die Gefahr einer schädigenden
Vermögensverfügung in der Revision fügt dem nichts bei, STRATEN-
WERTH BT I § 16 N 63: «nicht mehr als eine Tautologie».

Subjektiv muss Vorsatz bezüglich der Mitteilung und ihrer Unwahrheit   5a
sowie deren Erheblichkeit und Gefährlichkeit gegeben sein, aber weder
Schädigungs- noch Bereicherungsabsicht.

Kasuistik   6
BGE 104 IV 84: L. führte auf dem Briefpapier der Caropa AG die Bezeichnung «Finanz und Treuhand AG», obwohl der Gesellschaftszweck
im Handelsregister mit «Geschäfte aller Art» angegeben war – Tatbestand nicht erfüllt.

Konkurrenzen und Abgrenzungen   7
Zu **Art. 146** kann Idealkonkurrenz bestehen, wenn neben den Geschädigten weitere Personen gefährdet wurden, PFISTER 96, REHBERG/
SCHMID 209, SCHUBARTH Art. 152 N 19; zu **Art. 251** besteht echte Konkurrenz, weil Urkundenfälschung die Vermögensgefährdung durch Mitteilung an die Öffentlichkeit nicht abgilt, abweichend BJM 1976 288, wie
hier SCHMIDLIN 377, SCHMID, ZStrR 95 (1978) 315, s. auch dort N 20.

153 Unwahre Angaben gegenüber Handelsregisterbehörden

Wer eine Handelsregisterbehörde zu einer unwahren Eintragung veranlasst oder ihr eine eintragungspflichtige Tatsache verschweigt, wird mit Gefängnis oder mit Busse bestraft.

Zu den Materialien s. vor Art. 137.

1   **Art. 153** wurde aus Art. 1 des BG vom 6. 10. 1923 betr. Strafbestimmungen zum Handelsregister- und Firmenrecht, aSR 221.414, übernommen. Es handelt sich um einen Spezialfall der Erschleichung einer Falschbeurkundung, Art. 253 (vgl. BGE 74 IV 161, 81 IV 238), wo allerdings Zuchthaus angedroht ist. Unter Art. 153 fallen demnach nur Eintragungen, die nicht rechtserheblich sind, Botsch. 1037. Ergänzend Art. 326ter und 326quater.

2   **Geschütztes Rechtsgut** ist das Vertrauen ins Handelsregister. Art. 153 ist ein sehr abstraktes Gefährdungsdelikt, ebenso STRATENWERTH BT I § 16 N 68.

3   Die Strafdrohung gilt auch für **fakultative Einträge,** Botsch. 1036.

4   Ausdrücklich für strafbar erklärt wird, wer eine eintragungspflichtige **Tatsache verschweigt.** Die Ergänzung war überflüssig, weil eine unvollständige Erklärung auch falsch ist und, wer den Eintrag überhaupt unterlässt, nur eine Ordnungsbusse verwirkt hat, s. N 6.

5   Als **Gegenstand des Eintrags** ist gemäss REHBERG/SCHMID 210 zu denken an «Täuschungen über die einzutragenden Personen, deren Wohnsitz oder Staatsangehörigkeit sowie den Betrag, die Zusammensetzung oder die Liberierung des Grundkapitals», was aber rechtserhebliche Tatsachen sind.

6   **Konkurrenzen und Abgrenzungen**
Gegenüber **Art. 253** ist Art. 153 subsidiär. Subsidiär zu Art. 153 droht **OR Art. 943** Ordnungsbussen an für den Fall, dass die für die Eintragung Verantwortlichen ihrer Pflicht nicht nachkommen. Zur Ausfällung dieser Bussen sind gem. HRegV Art. 2 die kantonalen Aufsichtsbehörden befugt.

154 Inverkehrbringen gefälschter Waren

Aufgehoben (bzw. in Art. 155 integriert) durch BG vom 17.6.1994.

155 Warenfälschung

1. **Wer zum Zwecke der Täuschung in Handel und Verkehr**

eine Ware herstellt, die einen höheren als ihren wirklichen Verkehrswert vorspiegelt, namentlich indem er eine Ware nachmacht oder verfälscht,

eine solche Ware einführt, lagert oder in Verkehr bringt,

wird, sofern die Tat nicht nach einer andern Bestimmung mit höherer Strafe bedroht ist, mit Gefängnis oder mit Busse bestraft.

2. Handelt der Täter gewerbsmässig, so wird er, sofern die Tat nicht nach einer andern Bestimmung mit höherer Strafe bedroht ist, mit Gefängnis bestraft.

FRANÇOIS BESSE, *La répression pénale de la contrefaçon en droit suisse,* Diss. Lausanne 1990; DURI CAPAUL, Strafrechtliche Fragen zur Weinfälschung, Diss. FR 1950; HANS CONRAD CRAMER, Die Behandlung der Kunstfälschung im Strafrecht, Diss. ZH 1947; CHRISTIAN ENGLERT, Aspekte der Fälschung im schweizerischen Recht, in La lutte contre la contrefaçon moderne en droit comparé, Genève 1986, 26; WILLY VON MOOS, Die Warenfälschung nach dem neuen schweizerischen StGB, Diss. BE 1944; PETER NOLL, Rechtspolitische Überlegungen zum Tatbestand der Warenfälschungen, in Festgabe H. Schultz, ZStrR 94 (1977) 147; HANS RYCHNER, Philatelie im Strafrecht, SJZ 49 (1953) 374ff.; HANS SCHULTZ, Warenfälschung, ZStrR 103 (1986) 367; V. SCHWANDER, Warenfälschung (Art. 153–155 StGB), SJK Nr. 1193; OLIVIER WEBER-CAFLISCH, *Faux et défauts dans la vente d'objets d'art: étude juridique de la question de l'authenticité et de la garantie en raison des défauts de la chose: aspects de la pratique du commerce de l'art,* Genève 1980.

Warenfälschung ist **Vermögensgefährdung** durch Vorbereitung eines betrugsähnlichen Tatbestandes – des Inverkehrbringens gefälschter Waren, aArt. 154, ähnlich BGE 81 IV 100. Die Schaffung eines Sondertatbestandes ist damit zu erklären, dass namentlich bei Verbrauchsgütern und für den Vermögensschaden Beweisschwierigkeiten bestehen können. Die Bestimmung wurde aus dem LMG übernommen, BGE 69 IV 41 f.   1

Mit der **Revision 1994** wurden die drei Tatbestände der aArt. 153–155 zusammengefasst. Die Strafdrohung wurde gegenüber aArt. 155 verschärft, bleibt bei den übrigen Grundtatbeständen gleich und wurde bei Gewerbsmässigkeit insofern gemildert, als die Mindesthöhe von einem Monat Gefängnis wegfällt, irrig Botsch. 1041. Die (systemwidrige) fahrlässige Variante in aArt. 154 wurde gestrichen. Schliesslich macht die neue Fassung deutlich, dass Warenfälschung gegenüber Betrug subsidiär ist.   2

Als **Ware** gilt jede bewegliche Sache, die Gegenstand des Handels sein kann, BGE 101 IV 39, 84 IV 99, auch Markenartikel, h.M. NOLL a.a.O. 50, DERS. BT 209 schlägt dagegen Beschränkung auf Verbrauchsmittel vor, weil nur dort die typischen Beweisschwierigkeiten zu erwarten seien. Als «Warenfälschung» betrachtet BGE 101 IV 37 schon die wertvermindernde Abänderung einer als Einzelstück hergestellten Schmuckuhr, dazu kritisch NOLL a.a.O. 149ff., SCHUBARTH Art. 153 N 5. ENGLERT 31 beklagt dagegen, dass nicht auch der Produzent der echten Artikel geschützt sei.   3

Mit der Revision wurde die **Täterhandlung** neu umschrieben als das Herstellen einer Ware, die täuscht, indem sie einen höheren als ihren wirklichen Verkehrswert vorspiegelt. Als Beispiele nennt das Gesetz «Nach-   3a machen» und «Verfälschen». Grundlegende Änderungen gegenüber dem früheren Recht waren nicht beabsichtigt, die neue Fassung klärt einige Streitfragen im Sinne der Forderungen der Lehre.

4   Entscheidend ist das Ergebnis: eine scheinbare **Wertdifferenz** zwischen falscher und echter Ware, der *Schein eines gegenüber dem Sein höheren Wertes*. Schon BGE 81 IV 99 betonte mit Recht die Notwendigkeit einer Differenz im Handels-, wenn auch nicht im Gebrauchswert, ebenso BGE 98 IV 191, RS 1977 Nr. 443, 1966 Nr. 29, (BGer); ZR 72 (1973) Nr. 71.

5   Als **Fälschung** einer Ware gilt demnach weiterhin «jede unerlaubte Veränderung ihrer natürlichen Beschaffenheit», BGE 94 IV 109, 110 IV 86 (zu weit RS 1955 Nr. 154, Milchfälschung durch unvollständiges Ausmelken!). Mit Recht krit. zum Begriff «natürlich» SCHULTZ 372. Eine Veränderung ist dann unerlaubt, wenn dadurch die Verbraucher «in ihrer durch Gesetz, die massgebliche Verkehrsauffassung, besondere Zusicherungen oder andere Umstände begründeten Erwartung getäuscht werden», BGE 103 IV 125. Diese Erwartungen werden namentlich durch Bezeichnung, Aussehen und Aufmachung der Ware geweckt, BGE 98 IV 193, 197, mit eingehenden Erwägungen zur Verkehrsauffassung.

6   Eine Ware ist **nachgemacht,** wenn sie zur Verwechslung mit einer «echten» Ware hergestellt wurde, vgl. BGE 101 IV 288, etwa durch Nachahmung des Stils eines Künstlers, SJZ 58 (1962) Nr. 184. Ob die Nachahmung erlaubt oder unerlaubt sei, ist nicht entscheidend, BGE 83 IV 194.

7   Das **Verfälschen** sollte nach alter bundesgerichtlicher Praxis in einem Eingriff in die Substanz einer Ware bestehen, BGE 71 IV 16, 72 IV 166, 78 IV 92, 81 IV 99, 84 IV 95, s. auch RS 1960 Nr. 90, 1972 Nr. 325, offengelassen in BGE 99 IV 83. So z.B. das Eingravieren, aber nicht das Aufkleben eines Markenzeichens, BGE 84 IV 98ff. Demgegenüber ist nunmehr *allein entscheidend die Divergenz zwischen Schein und Sein,* die auch durch blosse Falschdeklaration (z.B. Weinetikette) herbeigeführt werden kann, so schon zu aArt. 153 das u.ö. Urteil des BGer von 8.4.1986, s. MARTIN-ACHARD in Sem.jud. 1987 49ff., SJZ 54 (1958) Nr. 4, vgl. auch GVP-SG 1979 Nr. 23. Die Lehre hatte dies längst einhellig gefordert, zuerst SCHWANDER Nr. 572, 574a, dann auch ENGLERT 32, NOLL a.a.O. 151 f., REHBERG III, 4. Aufl. 99, SCHULTZ 372, STRATENWERTH BT I, 3. Aufl. § 11 N 26, WAIBLINGER, ZBJV 93 (1957) 370. Keine Warenfälschung liegt vor, wenn das Markenzeichen unbefugt auf «echten» Uhren angebracht wurde, Sem.jud. 1991 260, oder wenn bloss die Lieferung nicht der Bestellung entspricht, BGE 99 IV 83, implizit auch 103 IV 122.

8   Botsch. 1038 nimmt sogar eine **«quantitative Fälschung»** an, wenn die Verpackung einer Ware eine grössere als die tatsächlich darin enthaltene Menge der Ware vortäuscht, was einerseits nicht mehr mit dem Wortlaut vereinbar, andererseits auch nicht nötig ist, weil in solchen Fällen Betrug vorliegen wird.

Strafbar ist nur die Fälschung **zwecks Täuschung im Verkehr,** auch durch 9
Dritte, BGE 89 IV 68 f., nicht diejenige zum Eigengebrauch oder zum
ausschliesslichen Gebrauch durch aufgeklärte Dritte, BGE 77 IV 177.
Die blosse Möglichkeit, dass die Ware von da weiter in den Verkehr
gerät, genügt nicht, BGE 89 IV 66. Während BGE 71 IV 12 noch darauf
abstellt, wie der Täter die Kundenerwartungen einschätzt (der Kunde
darf nicht mit natürlicher Farbe von Obstwein rechnen und legt in der
Regel keinen besonderen Wert auf Färbung mit Karamel statt mit Ani-
linfarbe), liegt nach BGE 78 IV 93 eine Täuschung «objektiv schon vor,
wenn der Käufer nicht ohne weiteres sieht, dass ihm gefälschte Ware angeboten wird». Dadurch wird der Tatbestand (als Vermögensdelikt!)
dort zu weit, wo lediglich technische Vorschriften umgangen wurden, von
denen der Durchschnittskonsument keine Ahnung hat und an deren Einhaltung er nicht interessiert ist, vgl. etwa den Sachverhalt in BGE 81 IV
99, 94 IV 107, 97 IV 57, 99 IV 82. Nach der neuen Fassung muss sich der
Vorsatz gerade auf die Vortäuschung eines höheren Verkehrswerts richten, STRATENWERTH BT I § 16 N 79.

Während die Warenfälschung eine selbständig strafbare Vorbereitungs- 10
handlung ist, stellt das **Inverkehrbringen** einen betrugsähnlichen Tatbestand dar. Die Ware ist auch nach neuem Recht schon mit dem
Verkaufsangebot in Verkehr gebracht, REHBERG/SCHMID 215, STRATEN-
WERTH BT I § 16 N 82. Verpfändung ist ein Inverkehrbringen jedenfalls
dann, wenn der Täter in Kauf nimmt, dass er das Pfand nicht wieder selber auslösen wird, BGE 101 IV 39 f. Wer gefälschte Waren einem Bös-
gläubigen übergibt, von dem er weiss, dass er sie als echt weitergeben
wird, ist Mittäter oder Teilnehmer i.e.S., BGE 85 IV 23, vgl. auch zur
Geldfälschung Art. 242 N 2; BGE 89 IV 67 schliesst auf Vorsatz bezüglich
Weiterleitung an Gutgläubige bei sklavischer Nachahmung, krit. NOLL
BT 212. Zum Tatobjekt s. Art. 153 N 2-8. Der Fälscher braucht nicht
strafbar zu sein, NOLL a.a.O.

Auch beim **Lagern** und **Einführen** muss der Täuschungszweck vorliegen. 11

Zur **Gewerbsmässigkeit** Art. 146 N 30 ff. Die Strafdrohung ist mit Ge- 12
fängnis schlechthin eher milde. Bussen können gemäss Art. 172bis zusätzlich verhängt werden.

Auf obligatorische **Veröffentlichung** des Urteils verzichtet die Revision, 13
für die fakultative s. Art. 61.

Die **Einziehung** wird nicht mehr erwähnt – die Regelung von Art. 58 ist 14
ausreichend.

Kasuistik 15
**Milchprodukte: BGE 69 IV 40 (Bezirksamt Alttoggenburg), 70 IV 134
(Weber):** Milchwässerung, ebenso RS 1957 Nr. 201, 1959 Nr. 120, 1968
Nr. 192, SJZ 64 (1968) Nr. 175; **81 IV 99: Rolli** verarbeitete ausländisches
Rohmaterial in «Schweizer Schachtelkäse»; **86 IV 206: Gimmi** verkaufte
Überschüsse als «Durchschnittsmilch», nachdem er ihnen Rahm entnom-

men hatte, vgl. auch RS 1955 Nr. 154; **SJZ 54 (1958) Nr. 31:** Zusatz von Margarine in Kaffeerahm;

Alkoholische Getränke: 71 IV 10: Möhl färbte Obstwein mit «Zucker-couleur-Ersatz Nr. 2» (anstatt Karamel) – Täuschungsvorsatz verneint; **72 IV 14: Humbel** setzte Branntwein mehr Feinsprit als erlaubt zu; **72 IV 161:** Die Gebrüder **Schachenmann** verschnitten Hallauer, Bernecker, Maienfelder u.ä. mit nahezu 50% Wein anderer Herkunft; **74 IV 139: Cottinelli** vermischte Veltliner mit billigeren Weinen; **77 IV 89: Brüllmann** mischte ungarischen Rotwein mit Wasser, Malaga mit Malvoisie usw.; **99 IV 80: X.** und **Y.** setzten den Gästen des Restaurants Cressier statt Féchy, Hirsch- statt Rehpfeffer vor – Tatbestand mangels Substanzeingriffs verneint, aber Betrug; **110 IV 86** (Vi RVJ 1986 168): «Milderung» von Wein mit Glycerin, s. auch PKG 1951 Nr. 43, RS 1960 Nr. 90, SJZ 54 (1958) Nr. 4, 55 (1959) Nr. 63, ZBJV 112 (1976) 383;

Fleischwaren: 78 IV 92: Schmid färbte verbotenerweise Würste, ebenso Rep. 1963 100; **94 IV 107: Schulthess und Kons.** fügten einigen Wurstsorten Magermilchpulver bei (Vi BJM 1968 240); **97 IV 58: Brenner** verwendete zur Herstellung von Fleischkäse mehr Milchpulver als zulässig – Verbotsirrtum wegen unverständlicher Regelung;

Backwaren: 69 IV 108: Sager führte eine Bäckerei mit alkoholfreier Wirtschaft unter haarsträubenden hygienischen Verhältnissen und verkaufte verdorbene Backwaren; **98 IV 189: Franz und Gertrud Marty** stellten als «feinste Butter- und Birnenspezialität» Birnenweggen her, die ein Fettgemisch sowie Birnentrester enthielten;

Tierfutter: 88 IV 19: Michel mischte Kalk in Futtermehl;

Goldmünzen: 83 IV 193: Stampanoni verkaufte gefälschte englische Gold-Sovereign (dazu RIESEN in SJZ 55 [1959] 68 ff., 180); **85 IV 22: Röthlisberger** verkaufte nachgemachte «Napoléons»; **89 IV 62: Probst** liess sich probeweise nachgeprägte goldene Reichsmark-Münzen schicken, um allenfalls in der Schweiz damit Handel zu treiben – Täuschungsabsicht nicht nachgewiesen, Einziehung;

Uhren: 84 IV 92 Barbotte und **Varrin** kauften Uhren ohne Marke und gaben ihnen durch Gravur und Aufkleben des Markenzeichens den Anschein von Omega-Uhren; **101 IV 37: X.** gab eine Omega-Uhr in Pfand, bei der weder Glas noch Gehäuse oder Armband original waren, s. auch SJZ 78 (1982) Nr. 9;

Briefmarken: 77 IV 173: Huber stempelte nachträglich «Pax»- und Flugpost-Briefmarken, ähnlich SJZ 63 (1967) Nr. 182; **101 IV 288: X.** manipulierte Marken und stellte mit Hilfe eines Katalogs täuschende Nachahmungen her; s. ferner BJM 1965 30, SJZ 53 (1957) Nr. 1;

Bilder: SJZ 58 (1962) Nr. 184; SJZ 44 (1948) Nr. 96 lässt dagegen bei Fälschung der Unterschrift Art. 251 vorgehen;

Modeartikel: Sem.jud. 1987 57 (z. N. von Lacoste u.a.).

16 **Konkurrenzen und Abgrenzungen**
Dank der Zusammenlegung in einen Tatbestand sind die Querelen über das Verhältnis zwischen aArt. 153 und 154 hinfällig geworden. **Art. 146**

geht nach der klaren Regelung von Ziff. 1 al. 3 und Ziff. 2 vor. Dadurch wird der Anwendungsbereich von Art. 155 stark eingeschränkt, STRA-TENWERTH BT I § 16 N 88. S. auch **Art. 235** N 2, **236, 240** N 11, **251** N 20.

MSchG Art. 61 (aArt. 24) (SR 232.11) steht, weil dort die Interessen des Fabrikanten geschützt werden, in Idealkonkurrenz zu Art. 155, BGE 101 IV 41.

LMG Art. 47 (aArt. 38) (SR 817.0) schützt die Gesundheit und tritt deshalb in Konkurrenz zu Art. 155, BGE 81 IV 161, 117 IV 73; für Spezialität von aArt. 153/154 noch 69 IV 112, für Spezialität von LMG Art. 38 ZR 54 (1955) Nr. 55.

LMG Art. 48 (aArt. 41), Falschdeklaration, wird von Art. 155 konsumiert, BGE 72 IV 167, 81 IV 101.

UWG Art. 23 (SR 241) schützt ein anderes Rechtsgut und steht in echter Konkurrenz zu Art. 155.

156 Erpressung

1. Wer in der Absicht, sich oder einen andern unrechtmässig zu bereichern, jemanden durch Gewalt oder Androhung ernstlicher Nachteile zu einem Verhalten bestimmt, wodurch dieser sich selber oder einen andern am Vermögen schädigt, wird mit Zuchthaus bis zu fünf Jahren oder mit Gefängnis bestraft.

2. Handelt der Täter gewerbsmässig oder erpresst er die gleiche Person fortgesetzt,

so wird er mit Zuchthaus bis zu zehn Jahren bestraft.

3. Wendet der Täter gegen eine Person Gewalt an oder bedroht er sie mit einer gegenwärtigen Gefahr für Leib und Leben, so richtet sich die Strafe nach Artikel 140.

4. Droht der Täter mit einer Gefahr für Leib und Leben vieler Menschen oder mit schwerer Schädigung von Sachen, an denen ein hohes öffentliches Interesse besteht, so wird er mit Zuchthaus bestraft.

E 133. 2. ExpK II 350 ff. – Zur Revision 1994 s. vor Art. 137.

EMILIO CENSI, *L'estorsione secondo l'art. 156 del Codice penale svizzero,* Diss. BE 1949; VERA DELNON, Die Erpressung (Art. 156 Ziff. 1 Abs. 1 StGB), Diss. ZH 1981; HANS-RUDOLF GANZ-THEILE, Zusammentreffen von (fortgesetzter) Erpressung und (gewerbsmässigem) Betrug, SJZ 46 (1950) 307; ANDREAS KOCH, Zur Abgrenzung von Raub, Erpressung und Geiselnahme, Diss. ZH 1994; ADELHEID RINGLING-FREIBURGHAUS, Der Tatbestand der Erpressung in Art. 156 des Schweizerischen Strafgesetzbuches, Diss. ZH 1943; FRANK SCHÜRMANN, Der Begriff der Gewalt im schweizerischen Strafrecht, Diss. BS 1986; HANS WIELAND, Erpressung und Erpresser, ZStrR 74 (1959) 293.

Erpressung begeht, wer in Bereicherungsabsicht einen andern zu einer   1
schädigenden Vermögensdisposition nötigt.

1a Die **Revision 1994** brachte eine erhebliche Vereinfachung des Grundtatbestands, der nunmehr aus vertrauten Elementen der Nötigung und des Betrugs zusammengesetzt ist. Die Qualifikationen wurden ausgebaut und Disharmonien zum Raub bereinigt.

2 **Tatmittel** ist Gewalt (dazu SCHULTZ und COMMENT in ZStrR 76 [1952] 340, 372, SCHÜRMANN, ferner Art. 181 N 2 f.), oder Androhung ernstlicher Nachteile (dazu Art. 181 N 4-6).

3 Auch hier ist hinsichtlich der **Ernstlichkeit des angedrohten Nachteils** zu fragen, ob er «eine verständige Person in der Lage des Betroffenen» zur Vermögensleistung motivieren könnte, vgl. z.B. BGE 101 IV 48 zu Art. 181; zu aArt. 156 s. PKG 1971 Nr. 43 – Angst eines Homosexuellen vor Skandal im Wohnhaus; ähnlich DELNON 51 mit einer Ausnahme für das bewusste Ausnützen schwacher Widerstandskraft. Auch Drohung gegen Dritte, namentlich eine dem Opfer nahestehende Person, erfüllt den Tatbestand, DELNON 59 ff., KOCH 131 f. REHBERG/SCHMID 220 f., STRATENWERTH BT I § 17 N 4.

Ob der Täter die Drohung verwirklichen will und kann, ist ohne Bedeutung, es kommt nur auf die Wirkung an, BGE 79 IV 63 f., SJZ 65 (1969) Nr. 186. Keine Drohung, sondern eine *Warnung* liegt vor, wenn Verletzung durch eine Drittperson prophezeit wird, SJZ 81 (1985) Nr. 37 (Hexerei). In SJZ 84 (1988) Nr. 44 spielten «Hexen» dagegen eine so gelungene Inszenierung, dass die (ausgesuchten) Opfer vor Schreck widerstandsunfähig wurden.

4 Einen Unterfall der Erpressung, **Chantage,** hob Ziff. 1 al. 2 des aArt. 156 unnötigerweise besonders hervor: Ankündigung einer sehr unerwünschten Bekanntmachung. Ob mit einer wahren oder unwahren Äusserung gedroht wird, ist ohne Bedeutung, ZR 55 (1956) Nr. 35. Nach BGE 71 IV 22 genügt es, wenn der Täter durch Behauptung der Drohung eines Dritten nötigt. In diesem Fall lag aber – entgegen BGer a.a.O., WAIBLINGER, ZBJV 83 (1947) 378, keine Drohung, sondern eine Warnung vor, weil die Herbeiführung des Übels vom Willen des Dritten abhing; ein wirklicher *«go-between»* wäre höchstens als Teilnehmer strafbar, allenfalls durch Notstandshilfe entschuldigt; bei reiner Erfindung ist Betrug anzunehmen, ebenso NOLL BT 219. Für das Auslieferungsrecht war Chantage schon nach aArt. 156 ein Unterfall der Erpressung, BGE 110 Ib 186 mit Hinweis auf das Marginale des deutschen Textes. Trotz Streichung der Tatvariante der Chantage lautet das französische Marginale weiterhin *«extorsion et chantage».*

5 Auf die nicht unbedenkliche Generalklausel **auf andere Weise** wurde verzichtet, was praktisch keine grosse Bedeutung hat.

5a Auch der Begriff der **Widerstandsunfähigkeit** wurde weggelassen. Er hatte zu Kritik Anlass gegeben, denn das Opfer muss ja noch in der Lage sein, einen Vermögensvorteil zu gewähren, STRATENWERTH BT I § 17 N 5, zustimmend auch REHBERG/SCHMID 219. Erpressungsopfer kann auch eine juristische Person sein, SJZ 51 (1956) Nr. 33.

Selbstverständlich ist nicht Erpressung die **Drohung mit rechtmässigen**   6
Mitteln, sofern sie der Verfolgung eines liquiden Anspruchs dient, vgl.
aber RS 1970 Nr. 31, BJM 1961 273 (übersetzte Schadenersatzforderung).

Der Begriff der **Vermögensdisposition** entspricht demjenigen beim Be-   7
trug, Art. 146 N 15. In der Praxis finden sich: Anerkennung einer nicht
bestehenden Schuld, BGE 74 IV 94, oder der Schuld eines Dritten, PKG
1985 Nr. 19; Gebrauch eines Autos, BGE 100 IV 225 (wo aber Nötigung
in Konkurrenz mit Entwendung zum Gebrauch vorlag, s. auch REHBERG/
SCHMID 222, STRATENWERTH BT I § 17 N 8, a.M. NOLL BT 219); Erlangen
eines Darlehens, PKG 1966 Nr. 9; Kauf wider Willen, RS 1974 Nr. 752.

Der Vermögensvorteil muss **unrechtmässig** sein – hat der Täter darauf   8
einen Anspruch, so liegt höchstens Nötigung vor, NOLL BT 220.

Zwischen Nötigung und Vermögensdisposition muss ein **Motivationszu-**   9
sammmenhang bestehen, der fehlt, wenn das «Opfer» spontan Schweigen erkauft, RS 1960 Nr. 74.

Erpressung ist **vollendet,** wenn der Vermögensschaden eingetreten ist,   10
vgl. dazu Art. 146 N 19 ff. S. BOMMER (vor Art. 137) 172 ff. zur Problematik der Nötigung zu rechts- und sittenwidrigen Geschäften.

Zur **Gewerbsmässigkeit** Art. 146 N 30 ff.; die Bereitschaft gegenüber be-   11
liebig vielen Opfern zu handeln, dürfte bei Erpressung (meist ein Bezie-
hungsdelikt i.w.S.) selten sein, NOLL BT 221.

Fortgesetzte (nicht im technischen Sinn) **Erpressung** ist mit zwei oder   12
drei Fällen noch nicht gegeben, ZR 50 (1951) Nr. 177, SJZ 50 (1954) Nr.
81, besonders, wenn es um geringe Beträge geht. Der Täter muss wiederholt an dasselbe Opfer mit derselben oder verschiedenen Drohungen
Forderungen stellen, die erfüllt werden, PKG 1954 Nr. 20, RS 1977 Nr.
267.

Ziff. 3 unterstellt die **räuberische Erpressung** dem Tatbestand von   12a
Art. 140; dazu eingehend REHBERG/SCHMID 223 ff. Damit finden auch
die Qualifikationsgründe des Raubes Anwendung, was, abgesehen von
der Erleichterung der Abgrenzung, praktisch von erheblicher Bedeutung
sein kann. S. auch N 14.

Mit Zuchthaus schlechthin bedroht **Ziff. 4** die Erpressung, bei welcher   12b
mit besonders erheblichen Rechtsgutsverletzungen gedroht wird: einerseits mit einer Gefahr für Leib und Leben vieler Menschen, also beispielsweise bei Drohung mit Anschlägen auf Massenverkehrsmittel oder
Menschenansammlungen (Kinos, Warenhäuser, Discotheken, Stadien
usw.), ferner Vergiftung von Luft, Trinkwasser, Grundnahrungsmitteln,
der Auslösung von Naturkatastrophen, Zerstörung von Staudämmen,
Brandstiftung bei Föhn usw.; andererseits bei besonders schwerwiegenden Sachbeschädigungen wie Verkehrswege, Elektrizitätszentralen,
Telekommunikationszentralen, besonders wertvolle Kulturgüter.

13 **Kasuistik**
BGE 71 IV 19: Hulda Strauss behauptete gegenüber Frau S., deren
Schwester T. werde in Mailand von einem italienischen Spitzel mit der
Drohung erpresst, er werde Devisenschmuggel anzeigen; **74 IV 93: Frau
F.** forderte nach der Scheidung von F. eine Schuldanerkennung über 10 000
Franken mit der Drohung, sie würde sonst den Arbeitgeber über seine
Jahre zurückliegende kriminelle Vergangenheit orientieren, und zwar
ohne das Bestehen einer Schuld auch nur glaubhaft zu machen; **79 IV 60:
Regina Elmer** liess durch Bunzenberger der Anna Feilhammer Betrugs-
anzeige mit fremdenpolizeilichen Folgen androhen, falls sie nicht 400
Franken für Abtreibung bezahle; **100 IV 224: Scherrer** und **Senn** liessen
sich per Autostopp von Würsch mitnehmen und veranlassten ihn durch
Drohung und Gewalt, ihnen den PW zu einer Fahrt zu überlassen.

14 **Abgrenzungen und Konkurrenzen**
Art. 140 tritt hinter 156 zurück, wenn das Opfer mitwirken muss, damit
der Täter den Vermögensvorteil erlangt, ausführlich STRATENWERTH BT
I § 17 N 7, ebenso REHBERG/SCHMID 224; die Praxis fragt vereinfachend
nach dem Ziel des Täters: PKG 1970 Nr. 14, ZR 70 (1971) Nr. 8, BJM
1972 240; Nach DELNON 88 f. kommt es darauf an, ob das Opfer den Entschluss fasst, die Sache aus seinem Gewahrsam zu entlassen; Für KOCH 57
ist entscheidend der strafrechtliche «Begriffssinn des Raubes in seiner
räumlich-zeitlichen Unmittelbarkeit, wie wenn der Täter die Sache selber
nimmt»; Erpressung liegt demnach vor, wenn der Täter eine Sache erst
auf den folgenden Tag fordert, Raub, wenn das Opfer einen Code für den
Safe unter andauernder Gewalteinwirkung preisgeben (a.a.O. 72) oder
einen Check unterschreiben soll, was m.E. den Tatbestand zu weit ins
Gebiet der Erpressung ausdehnt; immerhin anerkennt auch KOCH das
Kriterium der Opfermitwirkung, 97 ff. Die Frage der Konkurrenz stellt
sich nicht, weil sich die Tatbestände gegenseitig ausschliessen, KOCH 160.
Art. 146 geht in 156 auf, wenn arglistige Täuschung die Drohung unterstützt, BGE 71 IV 22, BJM 1961 273, RS 1962 Nr. 25. Rep. 1945 87 stellt
darauf ab, ob Täuschung oder Drohung kausal war. Sachgerecht wäre
m.E. Konkurrenz von Betrug und Nötigung, was jedoch den neuen Qualifikationsgründen nicht Rechnung trägt. Mit STRATENWERTH BT I § 17 N
16 ist deshalb Alternativität gegeben, der Vorrang kommt dem Tatbestand zu, der im Vordergrund steht, in der Regel Erpressung, ebenso
HURTADO POZO BT N 1208, REHBERG/SCHMID 226, SCHUBARTH Art. 156
N 31. S. auch DELNON 97 ff.
Art. 160: Wer strafbar erlangte Sachen erpresst, ist nur wegen Erpressung
strafbar (unveröffentlichte Erwägungen zu BGE 102 IV 62).
S. ferner **Art. 181** N 16, **184** N 5, **185** N 11.

157 Wucher

**1. Wer die Zwangslage, die Abhängigkeit, die Unerfahrenheit oder
die Schwäche im Urteilsvermögen einer Person dadurch ausbeutet, dass**

**er sich oder einem anderen für eine Leistung Vermögensvorteile ge-
währen oder versprechen lässt, die zur Leistung wirtschaftlich in einem
offenbaren Missverhältnis stehen,**

**wer eine wucherische Forderung erwirbt und sie weiterveräussert oder
geltend macht,**

wird mit Zuchthaus bis zu fünf Jahren oder mit Gefängnis bestraft.

**2. Handelt der Täter gewerbsmässig, so wird er mit Zuchthaus bis zu
zehn Jahren bestraft.**

Zu den Materialien s. vor Art. 137.

Jean-Raoul-Henri Benoit, *L'usure en matière pénale,* Diss. BE 1954; Walter
Fellmann, Mietzinswucher, ZStrR 83 (1967) 389; René Flubacher, Zum Tatbe-
stand des Wuchers (Art. 157 Ziff. 1 Abs. 1 StGB), Diss. BS 1982; Georges Foëx,
Wucher (Art. 157 StGB), SJK Nr. 1219; Jean-Pierre Guignard, *Les hausses de
loyer et le crime d'usure,* JdT 1962 IV 130; Max Rottenberg, Der Wucher gemäss
Art. 157 StGB, ZStrR 80 (1964) 259.

Wucher ist die krasse Übervorteilung eines Geschäftspartners (i.w.S.) in   1
Ausnützung seiner Unterlegenheit.

Die ***Revision 1994*** brachte inhaltlich keine wesentlichen Änderungen,   1a
Botsch. 1045. Gestrichen wurde der Qualifikationsgrund des Dem-
wirtschaftlichen-Ruin-Zuführens, der keine praktische Bedeutung erlangt hatte.

Als Grund von Unterlegenheit ist vor allem die **Zwangslage** (nach aArt.   2
157: Notlage – der Tatbestand wurde mit der Neuerung etwas erweitert,
Hurtado Pozo BT N 1214) von praktischer Bedeutung. Gemeint ist
nicht nur wirtschaftliche Bedrängnis oder gar Armut. Nach BGE 70 IV
204, 82 IV 150, RJJ 1994 269 genügt «jede Zwangslage, welche den Bewucherten in seiner Entschlussfreiheit dermassen beeinträchtigt, dass er
sich zu der wucherischen Leistung bereit erkärt» – eine *petitio principii,* s.
auch Stratenwerth BT I § 18 N 6; wenigstens die sprachliche Tautologie («Bewucherter», «wucherische Leistung») ist in BGE 92 IV 137 bereinigt. Analog Art. 156 (N 3) und 181 (N 5) ist eine Objektivierung erforderlich: Es ist zu fragen, ob «eine verständige Person in der Lage des
Betroffenen» (BGE 101 IV 48) in den Leistungsaustausch eingewilligt
hätte. Flubacher 108 beschränkt die Notlage auf lebenswichtige Güter
oder doch allgemein wesentliche Bedarfsgüter.
   Eine vorübergehende Zwangslage genügt, BGE 80 IV 20, BJM 1963
232. Auch eine juristische Person kann in eine Zwangslage geraten und
bewuchert werden, BGE 80 IV 18 f. Eine Zwangslage wurde bejaht für
einen Unternehmer, dessen Mittel gebunden waren und der nur mit
Fremdkapital den Betrieb umstellen konnte, BGE 70 IV 204; für Mieter
bei Wohnungsknappheit, BGE 92 IV 137, 93 IV 90, Fellmann 392; für
eine Abtreibungswillige, die ein Verheirateter geschwängert hatte, BGE
82 IV 150; für Drogensüchtige, ZBJV 112 (1976) 344; und für eine de-
pressive Witwe mit Beziehungsproblemen, zumal ihr bedrohliche Pro-

phezeiungen gemacht wurden, RJJ 1994 269, wo eine Notlage auch für eine Frau angenommen wurde, die sich aus Spass weissagen liess und erschreckt wurde (wenig überzeugend). Art. 157 «frägt nicht nach den Ursachen der Notlage», BGE 80 IV 20.

Nicht in einer Zwangslage befindet sich, wer mit grossem Risiko auf hohe Gewinne spekuliert, Rep. 1986 153, ZR 43 (1944) Nr. 71.

2a   Der Bundesrat wollte das Kriterium der **Abhängigkeit** streichen, weil es eine besondere Form der Zwangslage bezeichne, Botsch. 1045 f. Der Ausdruck wurde jedoch beibehalten. BGE 111 IV 140 nahm «Abhängigkeit» eines altersschwachen Juristen von einer befreundeten Frau an – hier dürfte es an einer Zwangslage gefehlt haben.

3   Die **Unerfahrenheit** des Opfers muss sich auf den betreffenden Geschäftsbereich im allgemeinen beziehen, nicht nur auf den konkreten Gegenstand des fraglichen Vertrags, ZR 48 (1949) Nr. 92, HURTADO POZO BT N 1222. Sie fehlte bei betagten Landwirten, die Moorbäder zu stark übersetzten Preisen kauften, SJZ 62 (1966) Nr. 195. Hinsichtlich übersinnlicher Phänomene (Hexerei) gibt es gemäss SJZ 81 (1985) Nr. 37 gar keine «Erfahrung», also auch keine Unerfahrenheit i.S.v. Art. 157.

4   Die Ausdrücke «Geistesschwäche» und «Leichtsinn» wurden ersetzt durch **Schwäche im Urteilsvermögen.** Dazu gehört zweifellos der Schwachsinn. Solche Unterlegenheit nützte der Wirt aus, der einen «schwachsinnigen und schwerhörigen» Gast überforderte, PKG 1969 Nr. 38; BGE 111 IV 140: «leichte Beeinflussbarkeit, Trottelhaftigkeit, Bewusstseinsstörungen» eines senilen Juristen als Geistesschwäche; ZR 93 (1994) Nr. 96: geistige Behinderung bezüglich der Angebote der «Scientology»; s. ferner Rep. 1984 430.

5   Statt von Vermögensleistung spricht der neue Text richtigerweise nur noch von der **Leistung,** die zu wucherischen Bedingungen erbracht wird. In der Tat kann es sich dabei um andere als Vermögensleistungen handeln, insbesondere um Arbeit, BGE 70 IV 205, 82 IV 146, BJM 1957 333, SJZ 55 (1959) Nr. 22, ZR 57 (1958) Nr. 124.

6   Die Leistung des Bewucherten besteht dagegen immer in der Gewährung eines **Vermögensvorteils.** Wer einem Arbeitslosen gegen lächerliches Entgelt eine Beschäftigung anbietet, begeht nicht Wucher. Bei Schenkung ist mangels Austausch von Leistung und Gegenleistung Wucher nicht möglich, ZR 55 (1956) Nr. 37, auch nicht bei wiederholten Zuwendungen, BGE 111 IV 142 f.

7   Zwischen den ausgetauschten Leistungen muss ein **Missverhältnis** bestehen. Vergleichsgrundlage bilden die Verhältnisse bei Vertragsschluss, BGE 70 IV 203. Der Wert der Leistungen ist sodann nach objektiven (FLUBACHER 65 ff.) Kriterien zu bemessen und mit dem Marktüblichen zu vergleichen, BGE 92 IV 134, 93 IV 87; ZR 93 (1994) Nr. 96 spricht von einem «objektiv-individuellen Vermögensbegriff». Insbesondere kann der Vermieter nicht überhöhte Kosten auf den Mieter überwälzen, BGE

a.a.O., FELLMANN 396 ff., FLUBACHER 74. Rechtswidrige Leistungen dürfen nicht unbesehen mit rechtmässigen verglichen werden, so aber BGE 82 IV 147, SJZ 55 (1959) Nr. 22 – Abtreiberlohn ist, wie WAIBLINGER, ZBJV 94 (1958) 182 richtig bemerkt, Verbrecherlohn, s. auch FLUBACHER 36 ff.; ZBJV 112 (1976) 344 bemisst die Angemessenheit des Preises für Amphetamin, wenn auch nicht am Schwarzmarktpreis, so doch unter Berücksichtigung «des Einzelfalles» und des Risikos, dazu krit.Anm. MERZ a.a.O. 345. BJM 1992 198 geht richtigerweise vom Schwarzmarktpreis aus. Durch die Einfügung des Adjektivs *wirtschaftlich* «soll hervorgehoben werden, dass das finanzielle Risiko, welches ein Geschäftsmann beim Vertragsabschluss eingeht, gebührend berücksichtigt werden muss», Botsch. 1046. Im Bereich abergläubischer Heilmethoden gibt es keine Angemessenheit des Honorars, SJZ 81 (1985) Nr. 37.

Das Missverhältnis ist ein **offenbares**, «wenn es in grober Weise gegen die   8
Massstäbe des anständigen Verkehrs verstösst, wenn die Grenzen dessen, was unter Berücksichtigung aller Umstände im Verkehr üblich ist und als angemessen gilt, erheblich überschritten sind» – es muss «ein auffälliges sein», und «sich jedem Kundigen als solches aufdrängen», BGE 92 IV 134 f. Für Kleinkredite wurde die Grenze bei 18–20 % Zinsen angesetzt, BGer in SJZ 59 (1963) Nr. 156, eindeutig übersetzt sind 35 %, PKG 1943 Nr. 34; eingehend zum Darlehenswucher ROTTENBERG 277 f., FLUBACHER 82 ff. mit Berechnungsanleitung. Die Vielzahl der zu berücksichtigenden Kriterien (insbes. Risiken, Bedeutung des Geschäfts im Alltag) lassen keine numerischen Begrenzungen zu, NOLL BT 228.

Mit dem Begriff **«Ausbeuten»** wird lediglich bestärkt, dass zwischen Unterlegenheit und Vertragsabschluss ein Motivationszusammenhang be-   9
stehen und dass der Vorsatz des Täters sich auf sämtliche Tatbestandsmerkmale richten muss, BGE 80 IV 20 f., 92 IV 137, RS 1969 Nr. 101.

Wucher ist **vollendet** mit dem Vertragsabschluss, BGE 86 IV 69, FLUBACHER 58.   10

«Täter ist auch, wer sich **zu Gunsten eines Dritten** versprechen lässt,   11
und …, wer den Vermögensvorteil oder das Versprechen bloss im Namen eines Dritten annimmt, also direkter Stellvertreter ist» – der nicht selber handelnde Vermittler kann Gehilfe sein, BGE 70 IV 202, RS 1969 Nr. 101.

Als **Nachwucherer** macht sich auch strafbar, wer erst nach Erwerb der   12
Forderung ihren Charakter erkennt – er muss sich dann mit Befriedigung im zulässigen Ausmass begnügen, HAFTER BT I 303, vgl. auch BGE 92 IV 134 ff. mit dem Verbot unbesehener Überwälzung zu hoher Investitionen auf den Mieter; a.M. STRATENWERTH BT I § 18 N 15, wonach dem Erwerber ein solcher Verzicht nicht zumutbar sei; analog Art. 242 II wäre Strafmilderung vorzusehen.

Der **Vorsatz** muss sich auf die Unterlegenheit des Kontrahenten, auf das   13
offensichtliche Missverhältnis und auf den Motivationszusammenhang

beziehen, Noll BT 228, Stratenwerth BT I § 18 N 13. BGE 80 IV 21 behandelt den Irrtum über das Missverhältnis als Verbotsirrtum, richtig BGE 92 IV 137.

14   Zur **Gewerbsmässigkeit** Art. 146 N 30 ff.

15   **Kasuistik**
BGE 70 IV 200: Weber verschaffte Vögeli, der von der Verarbeitung von Gummireifen zu Bodenteppichen auf Herstellung von Briketts umstellen musste, Kredite für einen Zins von 500 Franken, wo 90 Franken angemessen gewesen wären; **80 IV 15: Weyeneth** und **Flückiger** gewährten Gertrud Bachthaler für die Eos-Film AG Wechselkredite zu 60% Jahreszins; **82 IV 146: Dr. B.** forderte für eine illegale Auskratzung, die nach Ärztetarif höchstens 250 Franken gekostet hätte, 700 Franken; **92 IV 132 (Schmitt)** und **93 IV 85 (Kabalan):** Mietzinserhöhungen; **111 IV 139: Frau S.** hatte für den senilen Fürsprecher und Notar H. Sekretariatsarbeiten erledigt und sich mit ihm angefreundet; er leistete ihr unter mehreren Malen Zuwendungen von über 300 000 Franken, – kein Wucher; **ZR 93 (1994) Nr. 96:** Verkauf von Material der «**Scientology-Kirche**» für über 14 000 Franken an eine geistig behinderte Frau, für die es völlig wertlos war.

16   **Konkurrenzen**
In ZR 93 (1994) Nr. 96 hatte die Vi Idealkonkurrenz mit **Art. 146** angenommen, richtig das BGer a.a.O., wonach Betrug den Wucher konsumiert, weil Art. 146 schon die gesamte Geschäftsbeziehung als rechtswidrig erfasst; Zustimmung verdient dagegen die Annahme der Vi , wonach echte Konkurrenz mit UWG Art. 23 i.V.m. Art. 3 lit. h besteht, weil hier auch andere Personen geschützt werden, a.M. das Obergericht. Liegen die Voraussetzungen von Wucher und Nötigung, **Art. 181,** vor, ist Erpressung anzunehmen, anders, für Vorgehen von Wucher, RS 1977 Nr. 444.

158 Ungetreue Geschäftsbesorgung

   1. Wer aufgrund des Gesetzes, eines behördlichen Auftrages oder eines Rechtsgeschäfts damit betraut ist, Vermögen eines andern zu verwalten oder eine solche Vermögensverwaltung zu beaufsichtigen, und dabei unter Verletzung seiner Pflichten bewirkt oder zulässt, dass der andere am Vermögen geschädigt wird, wird mit Gefängnis bestraft.

   Wer als Geschäftsführer ohne Auftrag gleich handelt, wird mit der gleichen Strafe belegt.

   Handelt der Täter in der Absicht, sich oder einen andern unrechtmässig zu bereichern, so kann auf Zuchthaus bis zu fünf Jahren erkannt werden.

   2. Wer in der Absicht, sich oder einen andern unrechtmässig zu bereichern, die ihm durch das Gesetz, einen behördlichen Auftrag oder eir

Rechtsgeschäft eingeräumte Ermächtigung, jemanden zu vertreten, missbraucht und dadurch den Vertretenen am Vermögen schädigt, wird mit Zuchthaus bis zu fünf Jahren oder mit Gefängnis bestraft.

   3. Die ungetreue Geschäftsbesorgung zum Nachteil eines Angehörigen oder Familiengenossen wird nur auf Antrag verfolgt.

Fassung gemäss BG vom 17. 6. 1994, in Kraft seit 1.1.1995.

E 136. Sten. NR 358. – Zur Revision 1994 s. vor Art. 137.

EUGEN BUCHER, Für eine strafrechtliche Durchgriffslehre bei Delikten der Verwaltung zum Nachteil juristischer Personen, ZStrR 94 (1977) 165; ANDREAS DONATSCH, Aspekte der ungetreuen Geschäftsbesorgung, ZStrR 114 (1996) 200; WILLY GERSBACH, Le délit de gestion déloyale, Diss. Laus. 1949; JEAN GRAVEN, Le délit de gestion déloyale en droit suisse, SJZ 44 (1948) 81; PHILIPPE GRAVEN, Ungetreue Geschäftsführung (StGB Art. 159), SJK Nr. 1035; CANDID HOCHSTRASSER, Die ungetreue Geschäftsführung (Art. 159 StGB), Kriminalistik 1967 99, 155; PETER POPP, Vertragsverletzung als strafbare Untreue, ZBJV 129 (1993) 283; LOUIS ROHNER, Computerkriminalität, Diss. ZH 1976; NIKLAUS SCHMID, Fragen der strafrechtlichen Verantwortlichkeit bei Schwindel- und Strohmanngesellschaften, ZStrR 87 (1971) 247; DERS., Zur Frage der Abgrenzung der Veruntreuung (Art. 140 StGB) zur ungetreuen Geschäftsführung (Art. 159 StGB), SJZ 68 (1972) 117; DERS., Die strafrechtliche Verantwortlichkeit für Wirtschaftsdelikte im Tätigkeitsbereich der Aktiengesellschaft, SAG 46 (1974) 101; DERS., Einige Aspekte der strafrechtlichen Verantwortlichkeit von Gesellschaftsorganen, ZStrR 105 (1988) 156; WALTER SCHMIDLIN, Typische Wirtschaftsdelikte auf dem Gebiet des Aktienrechts, ZStrR 85 (1969) 370; E. STEINER, Zum Begriff der «ungetreuen Geschäftsführung», SJZ 50 (1954) 104; ALEX VOLLMAR, Die ungetreue Geschäftsführung (Art. 159 StGB), Diss. BE 1978.

Der Tatbestand der ungetreuen Geschäfts*besorgung* (aArt. 159: Geschäfts*führung* – das französische Marginale *gestion déloyale* blieb unverändert) wurde durch die *Revision 1994* ausgebaut. Er sollte präzisiert, Lücken sollten geschlossen werden, Botsch. 1047. Art. 158 bedroht in Ziff. 1 den Treubruch, in Ziff. 2 den Missbrauch von Vertretungsmacht mit Strafe. Die Praxis zu aArt. 159 hat jedoch zum grossen Teil ihre Bedeutung behalten.   1

Täter kann beim Treubruch zunächst der *Geschäftsführer* i.S.v. aArt. 159 sein., d.h. *wer in tatsächlich oder formell selbständiger und verantwortlicher Stellung im Interesse eines andern für einen nicht unerheblichen Vermögenskomplex zu sorgen hat*, BGE 120 IV 192, 118 IV 246, 109 Ib 53, 105 Ib 427, 102 IV 92, 101 IV 167, 100 IV 172, 95 IV 66, 86 IV 14, 81 IV 279, REHBERG/SCHMID 231 f. Es geht um eine *Garantenstellung,* DONATSCH 203, STRATENWERTH BT I § 19 N 5. Soweit die Treuepflicht vom Geschäftsbesorger ein aktives Tun verlangt, was durchaus typisch ist, handelt es sich um ein Unterlassungsdelikt.   2

   Teilnehmer ohne Sondereigenschaft können nur Anstifter oder Gehilfe sein, Rep. 1986 153.

Als möglichen **Rechtsgrund der Treuepflicht** nennt Art. 158 das Gesetz (z.B. ZGB Art. 318 für die Eltern, Art. 413 für den Vormund), den   3 behördlichen Auftrag und das Rechtsgeschäft (nicht nur der Vertrag, sondern auch die Statuten einer juristischen Person, Botsch. 1048). Zusätzlich stellt al. 2 die Geschäftsführung ohne Auftrag, OR Art. 419, diesen Quellen gleich. Botsch. 1048 nennt als Beispiel den Vermögensverwalter, «der über den Tod seines Auftraggebers hinaus ohne Vollmacht zum Schaden der Erben wirtschaftet». Praktisch kommt dieser Frage keine grosse Bedeutung zu.

4   Wichtig ist dagegen nach wie vor das Kriterium der **Selbständigkeit** – gerade das Fehlen von Kontrolle und Überwachung rechtfertigt den strafrechtlichen Schutz, DONATSCH 204, STRATENWERTH BT I § 19 N 6. Ein Buchhalter ist deshalb nicht Geschäftsführer, BGE 95 IV 66, AGVE 1983 Nr. 17, ebensowenig der Leiter einer Unterabteilung ohne eigene Entscheidungsbefugnis, SJZ 60 (1964) Nr. 149, oder ein Vermittler zwischen Schweizer Kaufinteressenten und spanischen Liegenschaftshändlern, RVJ 1990 194. Geschäftsführung ist nicht nur Vertretung nach aussen, sondern auch tatsächliche Verantwortung für Vermögenswerte innerhalb einer Unternehmung, z.B. «wer in leitender Stellung über die Betriebsmittel und das Personal eines Unternehmens zu disponieren hat», BGE 81 IV 279, oder wer als Verantwortlicher für ein grösseres Käselager über die Räumlichkeiten verfügt, die eigene Arbeit selber organisiert, auf eigene Kosten einen Gehilfen anstellt und die Lagerbuchhaltung führt, BGE 102 IV 93; Geschäftsführer ist der Steuerverwalter, auch wenn er nicht allein für die Veranlagung zuständig ist, SJZ 85 (1989) Nr. 63; der Kreditsachbearbeiter mit Zeichnungsberechtigung, GVP-AR 1989 75; s. auch BGE 123 IV 21, 120 IV 192, 105 IV 311, 101 IV 167, 100 IV 172, 97 IV 13, 88 IV 142, AGVE 1983 Nr. 17. Einzelunterschriftsberechtigung ist nicht Voraussetzung, BGE 100 IV 172, 105 IV 110, 311, RB TG 1988 Nr. 37; krit. DONATSCH 206 f.

5   Einerseits wird auf die tatsächlichen Machtverhältnisse abgestellt – wer einen **Strohmann** vorschiebt, bleibt Geschäftsführer, BGE 97 IV 10, Rep. 1986 153, anderseits ist aber auch der Strohmann nicht von seiner Verantwortung als formeller Geschäftsführer dadurch befreit, dass ihm Mächtigere sein Verhalten vorschreiben, BGE 105 IV 110.

6   Als Geschäftsführer gemäss aArt. 159 wurden **beispielsweise** angesehen die Organe von Handelsgesellschaften, BGE 97 IV 13, 100 IV 113, 167, SJZ 88 (1992) Nr. 31, Genossenschaften, RS 1951 Nr. 217, und Stiftungen, BGE 122 IV 279, 105 IV 110, Filialleiter, BGE 105 IV 308, RS 1951 Nr. 128, die Depothalterin einer landwirtschaftlichen Konsumgenossenschaft, SJZ 57 (1961) Nr. 22, Bauführer, PKG 1957 Nr. 22, und Beamte, BGE 81 IV 230 (Gemeindeschreiber).

7   Das verwaltete **Vermögen** muss von einiger Erheblichkeit sein, was schon für einen Kiosk mit 3000 Franken Monatsumsatz zutrifft, BGE 86 IV 14 f.; vgl. auch 88 IV 141, 105 IV 312. Überdies muss es sich um einen Vermögenskomplex handeln – der Auftrag, ein einzelnes Vermögensstück zu verwerten, genügt nicht, BJM 1970 293, vgl. auch RS 1970

Nr. 151, Vollmar 44 f. Schon gar nicht erfasst werden einfache Dienstleistungen wie Aufbewahren, Überbringen u. ä., Stratenwerth BT I § 19 N 7. Dagegen ist nicht erforderlich, dass die Verwaltungstätigkeit hauptberuflich ausgeübt wird.

Es muss sich um das Vermögen **eines andern** handeln. Der Täter muss   8
also in fremdem Interesse tätig sein, BGE 77 IV 204: nicht als Mieter oder Pächter. Dazu genügt aber, dass er wenigstens die Interessen *eines* Mitgesellschafters wahrt, ZR 71 (1972) Nr. 111 – im Gegensatz zu BGE 100 IV 37, wo der einfache Gesellschafter keinerlei Führungsaufgaben hatte. Für sich selbst handelt auch der Verwaltungsbeistand, der mit seinem Schützling unter Aufsicht eines *ad hoc* ernannten Beistandes ein Rechtsgeschäft abschliesst, BGE 101 IV 166 f. Dagegen hat das BGer die AG als «fremd» gegenüber dem Alleinaktionär bezeichnet, 97 IV 15 ff.; mit Recht krit. Bucher a.a.O., Schmid SAG 46 (1974) 114 ff., Schubarth Art. 159 N 34 ff., Stratenwerth BT I § 19 N 17; s. auch Schmidlin 378 ff. BGE 117 IV 265 rückt von dieser Praxis ab, «soweit darin davon ausgegangen wird, der Alleinaktionär müsse sich ausnahmslos die rechtliche Selbständigkeit der Einmannaktiengesellschaft entgegenhalten lassen»; das BGer hält an der Auffassung fest, dass die AG gegenüber dem Alleinaktionär fremd sei – es komme aber darauf an, ob dieser «gegen gesetzliche Pflichten betreffend die Sorge um das Vermögen der AG verstosse». Eine (verdeckte) Gewinnausschüttung und ungerechtfertigter Aufwand müssten jedenfalls dann als ungetreue Geschäftsführung angesehen werden, wenn dadurch das Reinvermögen im Umfang von Grundkapital und gebundenen Reserven beeinträchtigt werde. Zur Begründung wird betont, dass die AG eine «reale Person» sei und schutzwürdige Interessen Dritter auf dem Spiel stünden. M.E. übersieht das Bundesgericht, dass auch die «reale Person AG» einen eigenen Willen muss bilden können, und dass dies bei der Einmann-AG materiell eben der Wille des Alleinaktionärs ist. Insofern führt die Praxis zu einem Schutz der AG vor sich selber. Dass Interessen Dritter (z.B. Gläubiger) betroffen sein können, ist unbestreitbar, aber diese Interessen sind nicht durch den Tatbestand der ungetreuen Geschäftsführung bzw. -besorgung geschützt, krit. auch Stratenwerth BT I § 19 N 17.

Der **Inhalt der Treuepflicht** des Geschäftsbesorgers ergibt sich aus dem jeweiligen Grundverhältnis, BGE 80 IV 247. Für Gesellschaftsorgane, BGE 97 IV 13 (dazu Bucher a.a.O.), nach ZGB bestellte Vertreter, ZBJV 114 (1978) 454, und Beamte, BGE 81 IV 230, ist er durch Gesetz, bei *privatim* bestellten Geschäftsführern vertraglich festgelegt, BGE 105 IV 312 f., häufig durch Auftrag, SJZ 50 (1954) Nr. 122. Ungetreue Geschäftsführung setzt voraus, dass diese Pflicht verletzt wurde, BGE 120 IV 193, 118 IV 247, 105 IV 313, 80 IV 247. Der für die technischen Betriebe einer Gemeinde verantwortliche Gemeinderat handelt hinsichtlich von Tantiemen, die er als Verwaltungsratsmitglied von Gesellschaften bezieht, nicht im Rahmen seiner Geschäftsführung und ist auch nicht generell für die Wahrung finanzieller Interessen dieser Gemeinde verantwortlich, BGE 118 IV 247 f. Eingehend zur Pflichtwidrigkeit DONATSCH 210 ff.

10 **Typischerweise** wird ungetreue Geschäftsbesorgung auch als **Unterlassungsdelikt** begangen. Botsch. 1049 f. erwähnt das Beispiel des für eine Personalfürsorgestiftung Verantwortlichen, welcher die in ZGB Art. 89bis IV vorgeschriebene Vorsicht bei der Anlage ausser Acht lässt; dabei handelt es sich aber um eine fahrlässige Tat, die nicht strafbar ist.

11 Strafbar macht sich auch, wer zwar nicht selber für fremdes Vermögen zu sorgen hat, aber die **Aufsicht** über eine Vermögensverwaltung führt; Botsch. 1048 erwähnt beispielshalber das Mitglied des Verwaltungsrats einer (treuepflichtigen) AG oder der Vormundschaftsbehörde.

12 Das Delikt ist vollendet mit der Verursachung eines **Vermögensschadens** (dazu 146 N 19-26). Für Art. 159 typisch ist «Schädigung durch Nichtmehrung», BGE 105 IV 314, LGVE 1993 I Nr. 41; im Ergebnis schon BGE 81 IV 230, 80 IV 249, ZBJV 114 (1978) 545. Auch hier kann Schaden schon mit einem Verpflichtungsgeschäft eintreten, BGE 100 IV 170; eine blosse Vermögensgefährdung genügt nicht, RS 1944 Nr. 165, LGVE 1987 I Nr. 51, insofern unrichtig ZBJV 114 (1978) 454. Erheblich gefährdete Darlehen stellen wirtschaftlich gesehen bereits einen Schaden dar, BGE 122 IV 281 ff., s. auch DONATSCH 217 und Art. 146 N 21. Vorübergehende Gefährdung genügt, soweit dadurch der wirtschaftliche Wert beeinträchtigt wird, BGE 121 IV 108, best. in 123 IV 23. BGE 105 IV 314 lässt offen, ob schon «Beeinträchtigung des geschäftlichen Ansehens» genügt. Der Geschäftsführer einer Tochtergesellschaft schädigt pflichtwidrig die Muttergesellschaft, wenn er Einnahmen, die für diese bestimmt sind, für jene verwendet, BGE 109 IV 112 f; zum umgekehrten Fall, wo die Tochter durch den Verwaltungsrat der Muttergesellschaft geschädigt wird s. CORBOZ Art. 158 N 3 m.Hinw. auf u.ö. BGE. Insiderhandel schädigt die betroffene Gesellschaft nicht, BGE 109 Ib 53 f. Keine strafrechtlich relevante Schädigung liegt vor, wenn der Geschäftsherr in die Vermögensverminderung eingewilligt hat, bevor sie eingetreten ist, also u.U. auch nach dem inkriminierten Verhalten, ZR 90 (1991) Nr. 84.

Schädigt der Geschäftsbesorger eine AG, werden Aktionäre prozessual nicht als Geschädigte angesehen, PKG 1993 Nr. 42, ZR 88 (1989) Nr. 58, s. auch PKG 1988 Nr. 54.

13 Zwischen Verletzung der Treuepflicht und Vermögensschaden muss ein **Kausalzusammenhang** bestehen. Insbesondere ist der Tatbestand nicht erfüllt, wenn der Schaden aus «defizitärer Geschäftsführung» hervorging, «Strafverfolgung lässt sich nur rechtfertigen, wenn Risiken gewagt werden, welche ein umsichtiger Geschäftsführer in derselben Situation niemals eingehen würde», Botsch. 1048, STRATENWERTH BT I § 19 N 13.

14 Der **Vorsatz** muss sich auf Tatmittel, Erfolg und Kausalzusammenhang richten, RS 1976 Nr. 54, (BGer), SJZ 85 (1989) Nr. 63. *Dolus eventualis* genügt, BGE 123 IV 23, 122 IV 281, 120 IV 193, 86 IV 16, RS 1974 Nr.

753, 1979 Nr. 905, LGVE 1987 I Nr. 51, 1993 I Nr. 41. Er fehlt bei gewag-
tem Risiko für ein «Bombenprojekt», BGE 105 IV 190 ff. Am Bewusstsein der Pflichtwidrigkeit kann es fehlen, wenn der Täter Geschenke,
Provisionen u.ä. als für ihn persönlich bestimmt betrachtet und deshalb
nicht abliefert, ANNE HÉRITIER, *Les pots-de-vin,* Genf 1981, 97. Der
Grundtatbestand kommt nur dann zur Anwendung, wenn der Täter ohne
Bereicherungsabsicht gehandelt hat.

Liegt ein «andauerndes pflichtwidriges Verhalten» des Geschäftsführers   15
vor, beginnt die **Verjährungsfrist** erst mit dem Aufhören dieses Verhaltens zu laufen, wenn auch kein eigentliches Dauerdelikt vorliegt, BGE
117 IV 413 f., 118 IV 318.

Als Qualifikationsgrund tritt in Ziff. 1 Abs. 3 an Stelle der Gewinnsucht   16
die **Bereicherungsabsicht,** von der sich die Gewinnsucht bei aArt. 159
ohnehin kaum unterschieden hatte. Zur Bereicherungsabsicht N 9 ff. vor
Art. 137. Ersatzbereitschaft schliesst – wie bei Art. 138.1 II – die Bereicherungsabsicht aus, BGE 121 IV 108 f.

Den **Missbrauchstatbestand** von Ziff. 2 erfüllt, wer ermächtigt ist, jeman-   17
den zu vertreten, und die ihm dadurch verliehenen Kompetenzen dazu
missbraucht, sich zum Schaden des Vertretenen unrechtmässig zu bereichern.

Als **Rechtsgrundlage** für die Vertretungsmacht kommen dieselben   18
Gründe in Frage wie bei der Treuepflicht. Hier genügt allerdings Geschäftsführung ohne Auftrag nicht. Auch für die Variante der Beaufsich-
tigungspflicht bleibt kein Raum.

Die Vertretungsvollmacht wird häufig **mit der Vermögensverwaltung**   19
einhergehen, es fehlt aber das Merkmal der Selbständigkeit – schon der
Auftrag, ein einzelnes Geschäft zu besorgen, kann i.S.v. Ziff. 2 missbraucht werden, SCHMID/REHBERG 237, STRATENWERTH BT I § 19 N 22.

Die Beschränkung auf Rechtsgeschäfte von einiger **Erheblichkeit** ist hier   20
besonders wichtig, sonst macht sich am Ende das Kind strafbar, das sich
verbotenerweise beim Einkauf eine Glace leistet, REHBERG/SCHMID 237.

Auch der Missbrauch kann in einem **Unterlassen** bestehen, etwa wenn   21
der Vertreter eine Gelegenheit zur Erfüllung des Mandats ungenutzt
lässt.

Subjektiv ist beim Missbrauchstatbestand ausser Vorsatz auch die Ab-   22
sicht ungerechtfertigter Bereicherung (N 9 ff. vor Art. 137) verlangt.

Zum **Antragserfordernis** bei Angehörigen und Familiengenossen   23
Art. 139 N 20.

Kasuistik   24
BGE 80 IV 244: Der Neffe **E.B.** begann schon vor Auflöung der Kollek-
tivgesellschaft mit seinem Onkel, Kunden für sein eigenes Konkurrenz-
geschäft zu gewinnen, und nahm für dieses Bestellungen entgegen; **81 IV**

228: Gemeindeschreiber Kronenberger unterliess es, von Steuerpflichtigen geschuldete Beträge einzuziehen; **81 IV 276: X.** baute als Abteilungsleiter einer Unternehmung innerhalb «seines» Werks ein «Geheimunternehmen» für die Entwicklung einer Zusatzmaschine auf; **86 IV 12: Cretenoud** führte mit grosser Nachlässigkeit einen Kiosk und liess sich z.T. durch Kinder vertreten; **88 IV 134: Kantonstierarzt Stöckli** forderte unrechtmässige Entschädigungszahlungen bei Ausmerzaktionen; **95 IV 65: Buchhalter Rieder** schädigte seinen Arbeitgeber zugunsten der Arbeiter; **97 IV 10: Müller** entzog der Immobilien AG Nord das Aktienkapital und verkaufte den Aktienmantel über Strohmann Wäfler an Maurer; **100 IV 33: Francis Pache** liess sich zum Nachteil eines Mitgesellschafters eine hohe Provision beim Kauf einer Liegenschaft auszahlen; **100 IV 108: Hafner** und **Vögtlin** übertrugen die Marke «Hafner-Trockner» hinter dem Rücken des Gesellschafters Misteli auf Hafner; **100 IV 167: Brunner**, Vizepräsident der Neurit AG liess ein dieser gehörendes Patent für die Bank Anker AG eintragen; **101 IV 164: X.**, Verwaltungsbeistand des D., kaufte von diesem über Strohmänner unter Mitwirkung eines Beistands *ad hoc* Grundstücke und sorgte nicht für fristgerechte Bezahlung; **102 IV 90:** Durch kritische Äusserungen über seine Arbeit beleidigt, liess **F.** das ihm anvertraute Käselager verderben; **103 IV 227, 238 f.: E.** liess sich als Verwaltungsrat der T. AG beim Kauf einer Liegenschaft durch die AG eine hohe Provision schenken; **105 IV 107: F.** stimmte unter dem Druck der das Unternehmen beherrschenden Familie G als Stiftungsrat einer Belastung der Personalfürsorgestiftung zugunsten der Unternehmung zu; **105 IV 189:** Bankprokuristin **M.** unterschrieb in Erwartung eines grossen Erfolges Bankgarantien und Bürgschaften ohne entsprechende Gegenleistungen; **105 IV 308: B.**, praktisch Leiter einer Filiale des Ingenieurbureaus von S., schloss im Hinblick auf eine bevorstehende Verselbständigung mit R. einen Vertrag für sich statt für S. ab; **117 IV 261: X., Alleinaktionär, faktisch einziger Verwaltungsrat und Geschäftsführer** der E. AG verwendete erhebliche Mittel der Gesellschaft für seine persönlichen Zwecke; **118 IV 244: X., Gemeinderat von L.,** versäumte es, pflichtgemäss Tantiemen, die er als Mitglied im Verwaltungsrat verschiedener Gesellschaften bezog, an die Gemeinde abzuliefern – keine ungetreue Geschäftsführung bzw. -besorgung; **120 IV 190: X.** benützte Kundengelder für risikoreiche Transaktionen, obwohl er spekulative Geschäfte nur in vertraglich eng begrenztem Rahmen vornehmen durfte; **121 IV 104: S.** hat als Geschäftsführer unbefugterweise das Geschäftsvermögen zweier Aktiengesellschaften mit Garantieverpflichtungen belastet; s. auch 123 IV 17; **122 IV 279: C.,** unter anderem Vorsitzender des Stiftungsrates von zwei Personalvorsorgeeinrichtungen, gab mehr als 20% des Stiftungsvermögens als Darlehen an von ihm beherrschte Firmen, obwohl diese konkursgefährdet waren; **SJZ 88 (1992) Nr. 31:** Der Täter «kaufte» als Geschäftsführer der X. AG als Selbstkontrahent Aktien, die dieser gehörten, zum Nominalwert von 31 000 Franken, während sie in Wirklichkeit über 1 Mio. wert waren.

Konkurrenzen und Abgrenzungen   25

Art. 138 geht Art. 158 vor, BGE 111 IV 22 f., LGVE 1993 I Nr. 41, ZR 68
(1969) Nr. 37, BJM 1956 83, PKG 1953 Nr. 23, s. auch BGE 103 IV 237;
CORBOZ Art. 158 N 25, REHBERG/SCHMID 238 f., eingehend DONATSCH
219 f., SCHMID, SJZ 68 (1972) 117; STRATENWERTH BT I § 19 N 28. LGVE
1993 I Nr. 41 sieht ungetreue Geschäftsbesorgung (im Gegensatz zu Veruntreuung) immer dann, wenn der Täter innerhalb des Rahmens der vom
Treugeber bestimmten Geschäfte bleibt, was mit der bisherigen Praxis zu
aArt. 159 kaum vereinbar ist, vgl. z.B. BGE 81 IV 276, 97 IV 10, 105 IV
308; Missbrauch wird nur selten nicht als Veruntreuung strafbar sein;
REHBERG/SCHMID 239 erwähnen den Fall des Vertreters, der eine Sache
pflichtwidrig zu einem Schleuderpreis verkauft oder sich eine Liegenschaft aneignet; auch wer zum Schaden des Verkäufers eine übermässige
Provision bezieht, fällt unter Art. 158.2.

Art. 146: geht vor, a.M. VOLLMER 156. Wer sich die Position als Geschäftsführer durch arglistige Täuschung erschleicht, ist nur wegen Betrugs strafbar, BGE 111 IV 61 f., ebenso ZR 67 (1968) Nr. 69, vgl. Art. 146
N 38 (betr. Art. 138); vertuscht der Geschäftsführer dagegen die Schädigung durch arglistige Täuschung, so liegt ein Sicherungs- oder Deckungs-
betrug vor, eine mitbestrafte Nachtat;

Art. 163 N 15, **314** N 6;

AHVG Art. 87 III geht als *lex specialis* vor: BGE 82 IV 136, implizit auch
80 IV 184, 76 IV 176; fehlt eine entsprechende Strafbestimmung, z.B. bei
Abzügen öffentlichen Rechts, soll das Verhalten gemäss Sem.jud. 1992
388 straflos sein, was nicht überzeugt.

159 Missbrauch von Lohnabzügen

**Der Arbeitgeber, der die Verpflichtung verletzt, einen Lohnabzug für
Steuern, Abgaben, Versicherungsprämien und -beiträge oder in anderer
Weise für Rechnung des Arbeitnehmers zu verwenden, und damit diesen
am Vermögen schädigt, wird mit Gefängnis oder mit Busse bestraft.**

Eingeführt durch BG vom 17.6.1994, in Kraft seit 1.1.1995.

Zu den Materialien s. vor Art. 137.

Die zweckwidrige Verwendung von Lohnabzügen war von der Recht-   1
sprechung als Veruntreuung bestraft worden, was im Schrifttum auf allgemeine Kritik stiess, s. u.a. 1. Aufl. N 14 zu Art. 140 m.Hinw. Weil das Verhalten als strafwürdig angesehen wird, schuf die *Revision 1994* diesen
Spezialtatbestand.

Täter kann nur sein, wer i.S.v. OR Art. 319 f. Arbeitgeber ist. Bei juristi-   2
schen Personen kommt Art. 172 zum Zuge, REHBERG/SCHMID 242. Auch
eine öffentliche Verwaltung kann durch ihre Organe den Tatbestand erfüllen, z.B. eine Gemeinde.

3   Der Täter muss eine **doppelte Verpflichtung** tragen: einen Teil des Lohns zurückbehalten und dieses Geld einer dritten Stelle abliefern. Diese Verpflichtung kann auf Vertrag beruhen, aber auch auf amtlicher Anordnung, z.B. bei Alimenten oder Lohnpfändung durch das Konkursamt, HURTADO POZO BT N 1274.

4   Die **Täterhandlung** besteht darin, dass der Arbeitgeber zwar der ersten Vepflichtung nachkommt und einen Teil des Lohns zurückbehält, die zweite Verpflichtung jedoch nicht erfüllt und das Geld für sich behält. Botsch. 1052 spricht davon, dass er das Geld «in anderer Weise verwendet», zustimmend REHBERG/SCHMID 243, was aber weder vom Wortlaut gedeckt ist, noch einen vernünftigen Sinn ergibt oder sich beweisen lässt, krit. auch HURTADO POZO BT N 1276, STRATENWERTH BT I § 19 N 33. Verspätung allein genügt nicht, vgl. BGE 122 IV 275 (zu AHVG Art. 87 III), REHBERG/SCHMID a.a.O.

5   Gemäss Botsch. 1052 gilt der Grundsatz *ultra posse nemo tenetur:* Ist der Arbeitgeber zahlungsunfähig, macht er sich nicht strafbar.

6   Die Tat muss als Erfolg beim Arbeitnehmer zu einem **Vermögensschaden** führen. Dieser besteht in der Regel darin, dass seine Schuld nicht getilgt ist und er ein zweites Mal zahlen muss (was ihn allerdings, entgegen Botsch. 1053, nicht «in doppelter Hinsicht» schädigt). Kein Schaden entsteht, wenn Sozialversicherungsbeiträge oder Quellensteuern nicht weitergeleitet werden, Botsch. a.a.O.

7   Der **subjektive Tatbestand** erfordert Vorsatz hinsichtlich der Täterhandlung und des Erfolgs. Eine Bereicherungsabsicht ist nicht vorausgesetzt.

8   **Konkurrenzen und Abgrenzungen**
Wird der Arbeitnehmer bei Sozialabgaben und bei der Quellensteuer nicht geschädigt, geht die Spezialgesetzgebung vor, andernfalls Art. 159.

160 Hehlerei

     1. Wer eine Sache, von der er weiss oder annehmen muss, dass sie ein anderer durch eine strafbare Handlung gegen das Vermögen erlangt hat, erwirbt, sich schenken lässt, zum Pfande nimmt, verheimlicht oder veräussern hilft, wird mit Zuchthaus bis zu fünf Jahren oder mit Gefängnis bestraft.

     Der Hehler wird nach der Strafandrohung der Vortat bestraft, wenn sie milder ist.

     Ist die Vortat ein Antragsdelikt, so wird die Hehlerei nur verfolgt, wenn ein Antrag auf Verfolgung der Vortat vorliegt.

     2. Handelt der Täter gewerbsmässig, so wird er mit Zuchthaus bis zu zehn Jahren oder mit Gefängnis nicht unter drei Monaten bestraft.

E 125, Erl.Z. 149 ff. – Zur Revision 1994 S. vor Art. 137.

FRANÇOIS CLERC, Hehlerei, SJK Nr. 875; DERS., *Etude des questions controversées en matière de recel,* Sem.jud. 1945 369; ANDREAS GIRSBERGER, Hehlerei mala fide superveniente, SJZ 62 (1966) 73; A. HARTMANN, Zur Frage der Hehlerei an Bargeld, SJZ 42 (1946) 309; JEAN ARNAUD DE MESTRAL, *Le recel des choses et le recel de valeurs en droit pénal suisse,* Diss. Laus. 1988; GEORG J. NAEGELI, Hehlerei, Diss. ZH 1984.; STEFAN TRECHSEL, Zum Tatbestand der Hehlerei, ZStrR 91 (1975) 385; MAX WAIBLINGER, Zum Begriff der Hehlerei im schweizerischen Strafgesetzbuch, ZStrR 61 (1946) 249; HANS WALDER, Die Hehlerei gemäss StGB Art. 144 – Kasuistik und Lehren, ZStrR 103 (1986) 233.

Als Hehler wird bestraft, wer die Wiedererlangung einer Sache, die dem   1
Berechtigten durch strafbare Handlung entfremdet wurde, erschwert oder verunmöglicht – **Perpetuierungstheorie,** BGE 117 IV 446 f., 116 IV 198 f., 114 IV 110, 103 Ia 621, 101 Ia 404, 95 IV 9, 90 IV 18, 83 IV 150 – h.M. Zu den übrigen Theorien NAEGELI 6 ff., mit Kritik an der Perpetuierungstheorie, S. 17 ff., MESTRAL 67 ff.

Die *Revision 1994* stellt Hehlerei zunächst ans Ende der Vermögensde-   1a
likte, was systematisch überzeugt. Ferner verdeutlicht sie einige umstrittene Punkte und beseitigt Unstimmigkeiten beim Strafmass und beim Antragserfordernis. Der Bundesrat hatte einerseits vorgeschlagen, auch «Datenhehlerei» in den Tatbestand aufzunehmen und die Formel «weiss oder annehmen muss» wegzulassen. Mit diesen Vorschlägen drang er jedoch nicht durch. Einen Tatbestand der *Datenhehlerei* hat die Revision 1994 nicht geschaffen.

Tatobjekt kann zunächst *nur eine Sache,* ein körperlicher Gegenstand,   2
sein, BGE 101 IV 405, eine Forderung also nur dann, wenn sie in einem Wertpapier verkörpert ist, BGE 100 IV 31 (Aktienzertifikat) unter Hinweis auf 81 IV 158 und ohne Stellungnahme zu 87 IV 115; s. auch N 2 vor Art. 137, eingehend MESTREL 81 ff.; ARZT in recht 13 (1995) 138 f. sieht «unter dem Gesichtspunkt der Strafwürdigkeit» nicht ein, weshalb Hehlerei an einer Forderung, die in Geld umgewechselt wurde, straflos sein soll, während Wechselgeldhehlerei strafbar ist (s. N 7). Hehlerei ist auch an Geld möglich, h.M. (a.M. noch TRECHSEL 395 f.), ebenso an einem ertrogenen Grundstück, SJZ 56 (1960) Nr. 120. Fremd braucht die Sache nicht zu sein, WALDER 241.

Die Sache muss **durch eine strafbare Handlung** erlangt sein, und zwar,   3
wie rev. Art. 160 jetzt ausdrücklich sagt, durch eine strafbare Handlung **gegen das Vermögen,** so schon RS 1948 Nr. 77, einschliesslich Hehlerei, vgl. BGE 112 IV 78; GERMANN, Verbrechen N 1, 4 zu 144, NOLL BT 233, SCHUBARTH Art. 144 N 25, STRATENWERTH BT I § 20 N 6, THORMANN/v. OVERBECK N 6 zu 144, TRECHSEL 397; a.M. CLERC, Sem.jud. 376, HAFTER BT I 322, WAIBLINGER 259. Hat der Täter aufgrund von ZGB Art. 714/933 Eigentum erworben, ist Hehlerei nicht mehr möglich, BGE 90 IV 14, 105 IV 303, RS 1986 Nr. 65; dasselbe muss bei gutgläubigem Eigentumserwerb aufgrund von ZGB Art. 727 gelten. Gemäss BGE 116 IV 201 ff. ist Hehlerei möglich an Geld, das durch Vermischung ins Eigen-

tum des Vortätes übergegangen ist, weil eine Privilegierung gegenüber dem Fall, in welchem das Opfer die Scheine nach ihrer Nummer identifizieren kann, nicht gerechtfertigt erscheint; für diesen Fall gelten allerdings verschärfte Anforderungen an den Beweis des subjektiven Tatbestands: «Nur die Gewissheit, dass der Täter annahm, es handle sich um Geld deliktischer Herkunft, rechtfertigt einen Schuldspruch». Der Erwerb gefälschter Waren, Urkunden oder Banknoten ist nicht Hehlerei, ebensowenig die Entgegennahme von Werten aus Zuhälterei, Bestechung, Handel mit Betäubungsmitteln (BGE 115 IV 259 f., BJM 1984 186, SCHULTZ, ZBJV 117 [1981] 400, REHBERG / SCHMID 246, SCHUBARTH Art. 144 N 26) oder Verbrecherlohn, NAEGELI 38 ff., weiter WALDER 248 ff. und HURTADO POZO BT N 1291, STRATENWERTH BT I § 20 N 6, die auch Delikte nach Art. 254, 184 und 185 als mögliche Vortaten nennen.

4 Analog der Teilnahme besteht eine **limitierte Akzessorität,** d.h., die Haupttat muss tatbestandsmässig und rechtswidrig, aber nicht unbedingt schuldhaft begangen sein, h.M.; eingehend STRATENWERTH, ZStrR 81 (1965) 189 ff. Keine Hehlerei, wenn die Vortat ein Wahndelikt war, ZWR 1983 210.

5 Ziff. 1 Abs. 3 stellt nunmehr klar, dass, wenn die Vortat ein **Antragsdelikt** war, die Hehlerei nur verfolgt wird, wenn für die Vortat ein *Strafantrag* gestellt wurde.

6 Die Vortat muss nicht nur vollendet, sondern auch **beendet** sein, sonst liegt Gehilfenschaft vor, BGE 90 IV 14, 98 IV 83, RS 1958 Nr. 204, krit. NAEGELI 44.

7 Tatobjekt kann nur die strafbar erlangte Sache selber sein, nicht ihr **Ersatz** oder **Erlös** *(Surrogatshehlerei),* BGE 68 IV 138, 69 IV 71, 73 IV 98, 81 IV 91, 90 IV 16, Pra 69 (1980) Nr. 11, h.M. Der Erlös aus Verkauf einer veruntreuten Sache kann somit nicht mehr gehehlt werden, NAEGELI 43, NOLL BT 232, SCHULTZ, ZBJV 106 (1970) 350 f., STRATENWERTH BT I § 20 N 7, TRECHSEL 396 f., WALDER 244: unrichtig BGE 95 IV 6, RS 1956 Nr. 207, ZR 43 (1944) Nr. 73. Die Praxis macht eine Ausnahme für Wechselgeld, an dem Hehlerei möglich sei, BGE 95 IV 9, ZR 62 (1963) Nr. 116, RS 1950 Nr. 120, ebenso Nr. 130; dagegen TRECHSEL 395, WALDER 246 f. BGE 116 IV 199 ff. präzisiert, dass dies nur für Wechselgeld derselben Währung gilt, während es sich bei in eine andere Währung umgetauschten Geld um Erlös handelt.

8 Die **Täterhandlung** wird im Gesetz abschliessend umschrieben als **Erwerben, Sich-schenken-lassen, Zum-Pfand-nehmen, Verheimlichen oder Veräussern helfen.** Den drei ersten Begehungsformen ist der Übergang des Gewahrsams auf einen Dritten, der dabei selbständige Herrschaftsmacht erlangt, gemeinsam, STRATENWERTH, BT I § 20 N 10. Übertragung ist auch durch Entgegennehmen von Schlüsseln zu Schliessfächern möglich, ZR 71 (1972) Nr. 63. Der Abschluss eines Kaufvertrags kann höchstens Versuch sein, RS 1944 Nr. 239. Dagegen ist «Erwerb» auch die Auf

nahme eines Darlehens, BGE 68 IV 137. Strafbar ist ferner, wer sich aus gestohlenem Geld eine vorbestehende Forderung erfüllen lässt, und wer als Kaufpreis solches Geld entgegennimmt. Entscheidend ist allemal ein Handeln im Einverständnis des Vortäters – strafbare Handlungen gegenüber diesem (z.B. Diebstahl am Dieb) sind nicht Hehlerei, STRATENWERTH BT I § 20 N 12, WALDER 260, anders PKG 1954 Nr. 21, MESTREL 77 f., SJZ 85 (1989) Nr. 17, wo aber Wahlfeststellung vorgezogen wird – «rein akademische Frage».

Mitgenuss und Mitverzehr an strafbar erlangten Naturalien ist Erwerb   9
oder Annahme als Geschenk, BGE 114 IV 110, ZBJV 82 (1946) 300, WAIBLINGER 270; a.M. SCHUBARTH Art. 144 N 41, STRATENWERTH BT I § 20 N 11. S. aber N 11 hiernach; nicht strafbar ist das blosse Mitbenützen einer gestohlenen Sache, BJM 1988 207, RJN 1987 92.

Die Sache **verheimlicht**, wer dem Täter hilft, sie zu behalten, indem er sie   10
bei sich aufbewahrt, BGE 101 IV 405, versteckt und gegenüber der Polizei den Besitz leugnet, BGE 90 IV 17, oder ihre Identifizierung erschwert, ZR 59 (1960) Nr. 48. In BGE 117 IV 441 hatte der Täter gestohlene Bilder der Versicherung angeboten, wobei er verschwieg, dass sie sich bereits in seinem Besitz befanden und zu Vertuschungsmanövern griff, um sie unbemerkt ins Büro des vermittelnden Rechtsanwalts zu schaffen. Blosses Unterdrücken einer Information ist nur strafbar, wenn eine entsprechende Garantenpflicht besteht, BGE 76 IV 190 f., 86 IV 219. Keine Hehlerei begeht deshalb, wer nur duldet, dass gestohlene Ware in seiner Wohnung gelagert werden, JdT 1989 IV 159.

Die Formulierung des Bundesgerichts, wonach Verheimlichen jedes Tätigwerden sei, «durch das dem Beschwerdeführer oder der Behörde das Auffinden der Sache erschwert oder verunmöglicht wird», BGE 90 IV 17 m.w.Hinw., ist zu weit: Keine Hehlerei, sondern nur Gewässerverschmutzung ist das Versenken eines gestohlenen Tresors im See, ZR 58 (1962) Nr. 29, NAEGELI 61, weil die Sache nicht dem Vortäter erhalten wird, anders noch ZStrR 81 (1975) 404. Keine Hehlerei bei Wegwerfen, SJZ 77 (1981) Nr. 53.

Hilfe beim Veräussern ist Förderung der wirtschaftlichen Verwertung,   11
insbesondere das Vermitteln von Käufern, das Verschleiern der verbrecherischen Herkunft, die Zwischenlagerung oder der Transport. Als «Absatzhilfe» betrachtete das BGer auch das Bezahlen einer Schuld für den Vortäter, BGE 68 IV 137, es dehnte den Begriff generell viel zu weit aus auf «Hilfe beim Geldausgeben», BGE 69 IV 72, 83 IV 149, 95 IV 10 (offengelassen in JdT 1979 IV 107); diese Praxis wurde weitgehend abgelehnt: NOLL BT 235, REHBERG III, 4. Aufl. 79, SCHUBARTH Art. 144 N 54, STRATENWERTH BT I, 3. Aufl. § 15 N 17, TRECHSEL 401 m.w.Hinw. Richtig BGE 68 IV 138, ZR 71 (1972) Nr. 63, wonach Verwendung im Haushalt keine Absatzhilfe ist. Zu weit geht wiederum BGE 105 IV 307, wonach auch der Wiederverkauf des (vermeintlich) zu Eigentum erworbenen Wagens Absatzhilfe sei, krit. auch SCHULTZ, ZBJV 117 (1981) 27,

zust. NOLL BT 233. Bei mehreren Vermittlern ist jeder strafbar, auch
wenn er den Täter nicht kennt, BGE 112 IV 78. Die neue Formulierung
macht m.E. deutlich, dass jede Mitwirkung beim Geldausgeben nicht
mehr unter den Tatbestand der Hehlerei subsumiert werden kann. Geld
wird nicht veräussert. Eine Ausnahme ist immerhin anzunehmen für
fremde Währungen. Hinweise darauf, wie erbeutetes Geld unauffällig
und spurenlos umgesetzt werden kann, sind als Gehilfenschaft oder Mittäterschaft zu *Geldwäscherei* nach Art. 305bis strafbar. Ähnlich STRATEN-
WERTH BT I § 20 N 16.

12   Der **Vorsatz** muss sich auch und gerade auf den Umstand beziehen, dass
     die Sache durch eine strafbare Handlung erlangt wurde, h.M.; genauere
     Kenntnis ist nicht erforderlich, BGE 101 IV 406. Die Formulierung
     «weiss oder annehmen muss» lässt den Eventualdolus genügen, BGE 105
     IV 305, RS 1986 Nr. 65, und soll den Beweis erleichtern, sie «stellt nur
     eine gegen naheliegende Ausreden gerichtete Beweisregel für den Rich-
     ter dar», BGE 104 IV 214 zu BetmG Art. 19 Ziff. 2a, eingehend STRA-
     TENWERTH BT I § 20 N 19. Es genügt gemäss BGE 69 IV 68, wenn der Tä-
     ter weiss, «dass der Besitz des Vortäters *möglicherweise* auf strafbarer
     Handlung beruht», ebenso RJN 1987 92, Sem.jud. 1988 402, ZR 57 (1958)
     Nr. 20. Dies ist der Fall, wenn er von einem Unbekannten wertvolle Sa-
     chen zu besonders niedrigem Preis kauft, Sem.jud. 1982 177 (BGer), Rep.
     1980 333, 1984 183. Die Kantone sind nicht befugt, fahrlässige Hehlerei
     mit Strafe zu bedrohen, RS 1977 Nr. 256.

13   Bei Übertragung der Sache und bei Absatzhilfe muss Vorsatz im Mo-
     ment der Übernahme gegeben sein, unabhängig davon, ob der Täter
     Eigentum erwarb – ***dolus subsequens non nocet,*** BGE 90 IV 17, BJM
     1960 155, RJN 1984 98, RS 1949 Nr. 32, 1985 Nr. 869 ZR 42 (1943) Nr. 66,
     im Grundsatz wohl auch BGE 105 IV 306. In der Form des Verheimli-
     chens ist Hehlerei dagegen Dauerdelikt – ***dolus superveniens nocet,*** RS
     1949 Nr. 32.

13a Die **Strafdrohung** entspricht derjenigen für die wichtigsten Vermö-
     gensdelikte wie Diebstahl, Betrug, Erpressung: Zuchthaus bis zu fünf
     Jahren oder Gefängnis. Ziff. 1 II bringt jedoch eine willkommene Kor-
     rektur: Ist die Strafdrohung für das Vermögensdelikt geringer, so richtet
     sich die Strafdrohung für Hehlerei nach derjenigen für die Vortat. Dies
     ist von besonderer Bedeutung in Fällen, wo es um einen geringen Wert
     geht, Art. 172ter.

14   Der **Gerichtsstand** des Hehlers *folgt nicht* demjenigen des Vortäters,
     BGE 77 IV 122, RS 1949 Nr. 171. Begehungsort i.S.v. Art. 7 ist nur der
     Ort, an welchem der Hehler tätig wurde, BGE 103 Ia 621 f. – kein «Er-
     folg» z.N. des Berechtigten, SJZ 61 (1965) Nr. 41, anders Rep. 1982 171.

15   Weil mit der Revision die Strafdrohung nach unten flexibel ausgestaltet
     wurde, konnte auf die Privilegierung des **leichten Falles** verzichtet wer-
     den.

Zur «**Gewerbsmässigkeit**» Art. 146 N 30 ff. BGE 117 IV 120 verneint Ge-   16
werbsmässigkeit bei blossem Verzehr von gestohlenen Nahrungsmitteln
von relativ geringem Wert. Der gewerbsmässige Hehler kann nicht eine
geringere Strafdrohung für die Vortaten geltend machen, STRATEN-
WERTH BT I § 20 N 22.

Kasuistik   17
BGE 68 IV 136: Chappuis liess sich aus ertrogenem Geld von Berthe An-
tony 30 Franken als Darlehen geben, bezahlte für sie eine Schuld von 150
Franken und konsumierte im gleichen Haushalt aus dem Geld gekaufte
Nahrungsmittel, Erwerb und Absatzhilfe bejaht – Ersatzhehlerei im
Haushalt nicht strafbar; **69 IV 67: Bünter** kaufte von Beutter auffällig bil-
lige Occasions-Fahrräder, wissend, dass sie möglicherweise gestohlen wa-
ren; **69 IV 70: Scherer** liess sich von Egloff in Wirtschaften und auf eine
Vergnügungsreise einladen aus Geld, das dieser seiner Tante (die den
Strafantrag in der Folge zurückzog) gestohlen hatte; **81 IV 156: Schmucki**
versuchte umsonst, 69 000 Franken, die Walter durch Betrug auf sein
Konto hatte überweisen lassen, abzuheben – kein Hehlereiversuch; **83 IV
148: Anna Zeller** verbrauchte Geld, das ihr Ehemann betrügerisch aufgenommen hatte, im Haushalt und schaffte sich daraus in seiner Begleitung
Kleider an; **90 IV 15: Koch** kaufte von Züllig gutgläubig Autos, die dieser
gemietet hatte, und verheimlichte sie nach Aufklärung – keine Hehlerei;
95 IV 8: Anton Zingg kontrollierte im Casino von Divonne das Legen der
Jetons, die aus dem Erlös eines veruntreuten Autos stammten; **101 IV
403: Lenzlinger** nahm einen Koffer mit entwendeten westdeutschen
Blankopässen in Verwahrung, damit sie beim Grenzübertritt Zenkers
nicht entdeckt würden; **103 Ia 617: Veraldi** verkaufte 237 in Paris gestohlene Nestlé-Aktien an die Bank Rohner in Zürich (Auslieferung); **105 IV
304: S.** kaufte von T. einen Opel, von dem er annehmen musste, dass er
durch eine strafbare Handlung erlangt worden war; **111 IV 52: B.** erhielt
für Chauffeurdienste bei Raub einen Anteil der Beute – Konkurrenz bejaht; **112 IV 78: Z.** hatte Teppiche gestohlen, die durch eine Vermitt-
lungskette K.-**R.**-B.-X. verkauft werden sollten – auch R. wegen Versuchs strafbar; **116 IV 193: A.** nahm von C. Lire zum Umtausch entgegen,
die ihrerseits mit Geld bezahlt waren, das C ertrogen hatte – straflose
Erlöshehlerei; **117 IV 441:** Aus der Galerie R. in Zürich wurden am
5.9.1987 u.a. ein Bild von Chagall im Wert von 500 000 Franken und eines
von Rouault im Wert von 200 000 Franken gestohlen – die Versicherung
bezahlte 700 000 Franken; **C.** erklärte gegenüber dem Versicherungsdi-
rektor, die Bilder seien ihm für 300 000 Franken angeboten worden, und
übergab sie über Vermittlung von Rechtsanwalt W., wobei er verschwieg,
dass sie sich bereits in seinem Besitz befunden hatten – die Diebe konnten entkommen; C. beging Hehlerei, weil er die Bilder vorübergehend
verheimlich hatte; **117 IV 446: Rechtsanwalt W.** wurde dagegen freigesprochen, weil er nur vermittelt hatte und von den Manövern des C.
nichts wusste; **Sem.jud. 1988 402** (BGer): **J.** wechselte Dollars, die aus
Lösegeld stammten.

18 **Konkurrenzen und Abgrenzungen**
Vortat: Mittäterschaft zwischen Vortat und Hehlerei ist ausgeschlossen –
diese ist mitbestrafte Nachtat zu jener, h.M. Der rev. Tatbestand spricht
unmissverständlich von einer Sache, die «ein anderer durch eine strafbare Handlung... erlangt hat». Für Anstiftung zur Vortat nahmen BGE
70 IV 70, 98 IV 148 f. Konkurrenz an, was allenfalls bei Anwendung der
Schuldteilnahmetheorie (Art. 24 N 3) begründet ist. Dass jedoch derjenige, der sich in untergeordneter Weise an der Vortat oder an der
Nachtat beteiligt, im Ergebnis schwerer bestraft wird, als wer (soweit das
möglich ist) für beide Taten täterschaftlich handelt, kann nicht richtig
sein, so auch Hurtado Pozo BT N 1323, Naegeli 86 ff., Walder 269.
Richtigerweise konsumiert Hehlerei die Beteiligung an der Haupttat, Täterschaft bei der Vortat konsumiert Teilnahme an der Hehlerei, Naegeli
88, Trechsel 405. Stratenwerth BT I § 20 N 28 nimmt demgegenüber
bei Gehilfenschaft zur Vortat Konkurrenz an, ebenso BGE 111 IV 51,
Mestral 186, differenzierend Rehberg/Schmid 253; Noll BT 236 befürwortet Konkurrenz auch bei Anstiftung, ebenso RS 1979 Nr. 901;
Art. 138: s. oben N 7, Art. 138 N 9; Konkurrenz, wenn der Hehler die
Pfandsache verkauft;
Art. 139: s. oben N 8; lässt sich nicht ermitteln, ob eine Sache vom Täter
gestohlen oder gehehlt wurde, kann eine Wahlfeststellung getroffen wer-
den, SJZ 90 (1994) Nr. 5.
Art. 146: Verkauf einer aus Diebstahl oder Betrug gehehlten Sache unter
Verschweigung ihrer Herkunft ist Betrug, GVP-SG 1969 Nr. 22; Konkurrenz ist auch anzunehmen, wo der Hehler eine gestohlene Sache absetzen
hilft, Hurtado Pozo BT N 1320. Idealkonkurrenz beim betrügerischen
Absatz von Diebsbeute, Naegeli 92; s. auch dort N 38; **Art. 156** N 14;
Art. 251: Idealkonkurrenz bei Quittierung mit falschem Namen, Rep.
1980 333;
Art. 305: Verheimlicht der Täter die Sache, um den Vortäter der Strafverfolgung zu entziehen, so liegt Idealkonkurrenz vor, Naegeli 93 Reh-
berg/Schmid 253; für Vorgehen der Begünstigung, wenn sie einziges
Ziel des Täters ist, SJZ 77 (1981) Nr. 54. Zum Problem der Geldwäscherei s. **Art. 305**bis N 32;
Im **Nebenstrafrecht** finden sich ergänzende Spezialtatbestände, insbesondere die Zollhehlerei, Zollgesetz (SR 631.0) Art. 78, und Jagdhehlere
gem. Art. 160, BG über Jagd und Vogelschutz (SR 922.0) Art. 48. Stren
ger als Hehlerei gem. Art. 160 stellt **SVG Art. 94** bereits das Mitfahren in
einem zum Gebrauch entwendeten Fahrzeug unter Strafe. Die Spezial
bestimmungen gehen Art. 160 vor, SJZ 67 (1971) Nr. 167;
Art. 160 konsumiert **BetmG Art. 19.1** bei Erwerb gestohlener Drogen
ZBJV 117 (1981) 399, s. auch BJM 1984 186.

161 Ausnützen der Kenntnis vertraulicher Tatsachen

1. Wer als Mitglied des Verwaltungsrates, der Geschäftsleitung, der Revisionsstelle oder als Beauftragter einer Aktiengesellschaft oder einer sie beherrschenden oder von ihr abhängigen Gesellschaft,

als Mitglied einer Behörde oder als Beamter,

oder als Hilfsperson einer der vorgenannten Personen,

sich oder einem andern einen Vermögensvorteil verschafft, indem er die Kenntnis einer vertraulichen Tatsache, deren Bekanntwerden den Kurs von in der Schweiz börslich oder vorbörslich gehandelten Aktien, andern Wertschriften oder entsprechenden Bucheffekten der Gesellschaft oder von Optionen auf solche in vorhersehbarer Weise erheblich beeinflussen wird, ausnützt oder diese Tatsache einem Dritten zur Kenntnis bringt,

wird mit Gefängnis oder Busse bestraft.

2. Wer eine solche Tatsache von einer der in Ziffer 1 genannten Personen unmittelbar oder mittelbar mitgeteilt erhält und sich oder einem andern durch Ausnützen dieser Mitteilung einen Vermögensvorteil verschafft,

wird mit Gefängnis bis zu einem Jahr oder mit Busse bestraft.

3. Als Tatsache im Sinne der Ziffern 1 und 2 gilt eine bevorstehende Emission neuer Beteiligungsrechte, eine Unternehmensverbindung oder ein ähnlicher Sachverhalt von vergleichbarer Tragweite.

4. Ist die Verbindung zweier Aktiengesellschaften geplant, so gelten die Ziffern 1-3 für beide Gesellschaften.

5. Die Ziffern 1-4 sind sinngemäss anwendbar, wenn die Ausnützung der Kenntnis einer vertraulichen Tatsache Anteilscheine, andere Wertschriften, Bucheffekten oder entsprechende Optionen einer Genossenschaft oder einer ausländischen Gesellschaft betrifft.

Eingeführt durch BG vom 18.12.1987, in Kraft seit 1.7.1988.

Botsch. BBl 1985 II 69, Amtl. Bull. StR 1986 I 584 ff., 1987 630 ff., NR 1987 1370 ff., 1765 ff.

THOMAS BISCHOF, Die Erfassung des Insider Trading in den USA, WuR 38 (1986) 319; PETER BÖCKLI, Insiderstrafrecht und Verantwortung des Verwaltungsrates, Zürich 1989; DERS., Schweizer Insiderrecht und Banken, AJP 1993 769; MAX BRUN-NER, Wie kommt man sogenannten Insider-Transaktionen bei? SAG 48 (1976) 179; FRANÇOIS DESSEMONTET (Hrsg.), La répression des opérations d'inités, Lausanne 1990; PETER FORSTMOSER, Effektenhandel durch Insider, SAG 45 (1973) 133; DERS., Strafrechtliche Erfassung von Insidermissbräuchen? SAG 49 (1977) 14; DERS., Das neue schweizerische Insider-Recht, Zürich 1988 (Bank Vontobel); DERS., Die neue schweizerische Strafnorm gegen Insider-Transaktionen, SAG 60 (1988) 122; GEORG FRIEDLI, Insidergeschäfte: Praktische Erfahrungen in der Rechtshilfe, in Beiträge zum schweizerischen Bankenrecht, Bern 1987, 245; JEAN GAUTHIER, L'article 161 CPS: analyse et commentaire, in Dessemontet (Hrsg.) 49 (auch abgedruckt in WuR

41 [1989] 111); MARIO GIOVANOLI, *La répression des opérations d'initiés et l'évolution du droit du marché financier en Suisse*, in Dessemontet (Hrsg.) 9; PHILIPP HELD-MANN, Insidermissbrauch und Rechtsgüterschutz, SJZ 88 (1992) 305; KLAUS HOPT/MICHAEL WILL, Europäisches Insiderrecht, Stuttgart 1973; GOTTLIEB ANDREA KELLER, Die Insider-Strafnorm und der Erwerb eigener Aktien, SAG 58 (1986) 33; ERNEST KLAINGUTI, Die Regelung des Aktienhandels durch Insider im amerikanischen Bundesrecht, Diss. ZH 1971; MARKUS BENEDIKTUS KOCH, Insiderwissen und Insiderinformationen in strafrechtlicher Sicht, Diss. BE 1979; OTTO KRAMIS, Insiderhandel in Effekten. Eine Schweizerische Lösung, Diss. ZH 1978; LUTZ KRAUS-KOPF, Die neue Insidernorm, WuR 38 (1986) 166; DERS., Die neue Insiderstrafnorm, ST 62 (1988) 228; PIERRE LASCOUMES/RICCARDO SANSONETTI, *Les intérêts protégés par la nouvelle loi fédérale sur les opérations d'initiés (art. 161 CPS)*, SJZ 84 (1988) 221; PETER NOBEL, Das Insider-Geschäft, SJZ 79 (1983) 121; CHRISTOPH PETER, Aspekte der Insiderstrafnorm, insbesondere der «ähnliche Sachverhalt von vergleichbarer Tragweite», Diss. ZH 1991; JEAN-MARC RAPP, *L'expérience américaine et l'article 161 CPS*, in Dessemontet (Hrsg.) 69; NIKLAUS SCHMID, Schweizerisches Insiderstrafrecht. Ein Kommentar zu Art. 161 des Strafgesetzbuches: Ausnützen der Kenntnis vertraulicher Tatsachen, Bern 1988 [ohne Stichwort zitiert]; DERS., Zur Anwendung der Insiderstrafnorm auf die im Bank- und Revisionswesen tätigen Personen, ST 63 (1989) 279; DERS., Insiderdelikte und Geldwäscherei – neuere und künftige Aspekte aus der Sicht der Banken, in Berner Tage für die juristische Praxis, Bern 1994 189; DERS., Zu neueren Entwicklungen auf dem Gebiete des schweizerischen Börsenstrafrechts, in Festgabe zum Schweizerischen Juristentag, Zürich 1994, 525; DERS., Die strafrechtliche Verantwortlichkeit des Revisors, Winterthur 1996, 145 ff.; MARTIN SCHUBARTH, Vom Vermögensstrafrecht zum Wirtschaftsstrafrecht, SJZ 75 (1979) 190; DERS., Insidermissbrauch – zur Funktion und zum Hintergrund eines neuen Straftatbestandes, in Gedächtnisschrift für Peter Noll, Zürich 1984, 303; GÜNTER STRATENWERTH, Zum Straftatbestand des Missbrauchs von Insiderinformationen, in FS für Frank Vischer, Zürich 1983, 667; FELIX STREBEL, Insidervergehen und Banken, Diss. ZH 1990; HANS VONTOBEL, Insider-Delikte aus der Sicht des Bankpraktikers, ZStrR 106 (1989) 30; HEINZ WASER, Die Insiderregelung in der BRD – Rezeptionsmodell für die Schweiz? Diss. ZH 1981.

1   Art. 161 stellt den sog. **Insiderhandel** unter Strafe. «Insidergeschäfte tätigt, wer sich oder einem andern einen Vermögensvorteil verschafft, indem er vertrauliche Informationen ausnützt, über die er aufgrund besonderer Beziehungen zu einem Unternehmen verfügt und die bei Bekanntwerden bestimmte Wertschriftenkurse erheblich beeinflussen können», Botsch. 67. Die Revision geht im wesentlichen auf die Vorschläge von FORSTMOSER zurück, von erheblichem Einfluss waren zudem die *Schwierigkeiten im Rechtshilfeverkehr mit den USA*, s. z.B. BÖCKLI 32, FRIEDLI a.a.O., GIOVANOLI 16 ff., KRAUSKOPF, WuR 166 f., sehr krit. SCHUBARTH, Insidermissbrauch, a.a.O.; DERS. Art. 161 N 10 ff.

In der parlamentarischen Beratung wurde der Vorwurf, es handle sich um eine *«lex americana»* wiederholt laut, z.B. StR Schmid, Belser, NR Oehen, Eisenring, Leuenberger, stiess aber auf deutliche Ablehnung z.B. StR Muheim, Cavelti; NR Fischer, Grassi, Hess; BRin Kopp, StR 1986 592, NR 1987 1371, 1378; s. aber auch MÜLLER (vor Art. 137) 3. Im Vergleich zum amerikanischen Recht handelt es sich nur um eine eingeschränkte, punktuelle Regelung, RAPP 161 *(«réglementation très fragmentaire et peu cohérente»).* Für die Regelung in anderen europäischen Staaten s. HELDMANN 308 ff.; skeptisch zur Verfolgung von Insiderhandel BARBARA J. WATSON, *Prohibiting Insider Trading: Is It All Worth It?* in European Journal of Crime, Criminal Law and Criminal Justice 1995 122 ff.

Ein **geschütztes Rechtsgut** lässt sich nicht klar ermitteln – Botsch. 67   2
nennt die Verletzung der Treuepflicht gegenüber der AG (die allerdings den Tippee nach Ziff. 2 nicht trifft), *«die Sauberkeit des Börsenmarktes und die Chancengleichheit der Publikumsanleger»,* BGE 118 Ib 456, krit. z.B. STRATENWERTH 668 ff., wonach die Vermögensinteressen unbestimmter Handelspartner vor Missbrauch der «Superiorität» des Insiders geschützt werden, ähnlich, mit Betonung des Ausschlusses inferiorer Teilnehmer von entsprechenden Gewinnmöglichkeiten, SCHMID N 79. M.E. steht im Zentrum die *Chancengleichheit der Anleger,* ebenso BÖCKLI, Insiderstrafrecht, 29 f., FORSTMOSER, Insider-Recht, 31, RAPP 103, REHBERG/SCHMID 255, SCHUBARTH, SJZ 75 (1979) 190 (anders DERS. Art. 161 N 24), STREBEL 17 f.: Die Ausgangslage ist derjenigen beim Wettbewerb vergleichbar; gewinnen soll der Tüchtigste, der geschickteste Beobachter des Marktes, nicht derjenige, der kraft Sonderwissens gar nicht «mitspielt», sondern quasi risikofrei «absahnt» oder seine entwerteten Papiere an Ahnungslose abstösst.

Ziff. 1 ist **echtes Sonderdelikt.** Täter kann nur sein, wer zu einer AG (zur   3
Genossenschaft N 28) in einem besonderen Verhältnis steht *(«Insider»),* «Vertrauensträger der Gesellschaft» ist, BÖCKLI, Insiderstrafrecht, 35. Das Gesetz unterstellt Identität der AG im Verhältnis von Mutter- und Tochtergesellschaften, also insbesondere im Konzern. Mitglieder des Verwaltungsrates (OR Art. 707), der Geschäftsleitung (OR Art. 717) und der Revisionsstelle (OR Art. 723, 727, 731) sind «echte», die übrigen «unechte» Insider, SCHMID N 69.

Beauftragte sind insbesondere Anwälte, Notare, Steuer- und Wirt-   4
schaftsberater, aber auch Mitarbeiter der Firma, die einen Druck«auftrag» für die AG erfüllt, SCHMID N 96. Insider sind die Beauftragten allerdings nur insoweit, als ihr Mandat ihnen Zugang zu der vertraulichen Tatsache gibt. Erhält z.B. der Firmenanwalt Informationen über technische Entwicklungen, die nicht in Zusammenhang mit seiner Aufgabe stehen, ist er Tippee.

Behörden sind öffentlichrechtliche Gremien wie Parlamente, Kommis-   5
sionen, Gemeinderäte; zum Begriff des **Beamten** Art. 110.4. Im einzelnen für Art. 161 s. SCHMID N 98-115.

Hilfspersonen sind die direkten Mitarbeiter der übrigen (echten oder un-   6
echten) Insider, Sekretär/Innen, Assistent/Innen, aber nicht alle Mitarbeiter der AG, SCHMID N 117 f. Keine Insider sind Journalisten, SCHMID N 128.

7   Als **Tatobjekt** nennt Art. 161 Aktien, andere Wertschriften und «entsprechende Bucheffekten», *scil.* solche der betroffenen AG, SCHMID N 133, bei geplanten Verbindungen: beider AG, Ziff. 4. Ziff. 5 unterstellt auch den (in der Schweiz abgewickelten) Handel mit Effekten ausländischer Gesellschaften Art. 161.

8   Bei den **«andern Wertschriften»** ist an Partizipations- und Genussscheine, Obligationen, Fondsanteile usw. zu denken – die zivilrechtliche Einordnung ist ohne Bedeutung; entscheidend ist die Möglichkeit erheblicher Kursschwankungen, Botsch. 84.

9   Der Hinweis auf **Bucheffekten** nimmt auf die erwartete Entwicklung eines «stücklosen» Wertpapierverkehrs Rücksicht, Botsch. 84.

10   **Optionen** sind Rechte zum Bezug von Effekten, Botsch. 84.

11   Die Effekten müssen in der Schweiz **börslich oder vorbörslich gehandelt** werden, d.h. auf einem anonymen Markt mit einer gewissen Regelmässigkeit und einem «leicht erkennbaren und regelmässig veröffentlichten Kurs», Botsch. 84 f. Es genügt, wenn die Effekten nur an einer schweizerischen Börse gehandelt werden, SCHMID N 143. Für die Prüfung der beidseitigen Strafbarkeit im Rahmen eines Rechtshilfeersuchens ist nicht erforderlich, dass die Papiere an schweizerischen Börsen gehandelt werden, BGE 116 Ib 94 f., obschon es sich dabei um ein Tatbestandsmerkmal, nicht nur um eine objektive Strafbarkeitsbedingung handelt, BGE 118 Ib 545 f. – der Tatbestand muss «sinngemäss umgestellt werden».
Zum vorbörslichen Handel SCHMID N 148 ff.

12   Die **Tathandlung** besteht zunächst im Ausnützen der Kenntnis vertraulicher Tatsachen, von deren Bekanntwerden ein erheblicher Einfluss auf den Kurs der fraglichen Effekten zu erwarten ist.

13   Der Begriff **Tatsache** hat dieselbe Bedeutung wie in Art. 146 (N 6) – ausgeschlossen werden blosse Gerüchte («ohne realen Hintergrund» BÖCKLI, Insiderstrafrecht, 62), Prognosen, Spekulationen. Auch hier sind aber z.B. Absichten Tatsachen. Ziff. 3, zunächst eingeführt durch die Kommission des StR 1986 595, aber schon von FORSTMOSER, SAG 49 (1977) 19, skizziert, zählt exemplifikativ (Cavelti, StR 1987 631, Kopp StR 1987 635, NR 1987 1383) auf, an welche Art von Tatsachen gedacht war: Emission neuer Beteiligungsrechte und Unternehmensverbindung verbunden mit der Generalklausel «ähnlicher Sachverhalt von vergleichbarer Tragweite». FORSTMOSER, Insider-Recht, 30, spricht von einem «Ereignis».

14   Erfasst sind **Emissionen** von Aktien, Partizipations- und Genussscheinen, auch die «Zerlegung von Beteiligungspapieren in solche von niedrigerem Nennwert», FORSTMOSER, SAG 49 (1977) 19, aber nicht von Obligationen, SCHMID N 185.

15   Zu **Unternehmensverbindungen** gehören neben Fusion und Übernahme *(merger, takeover)* auch Trennungen *(regroupment)*, SCHMID N 188, s

auch Peter 87 ff. Der Begriff ist – im Gegensatz zur Generalklausel, s. N 16 – weit auszulegen, BGE 118 Ib 453: Gemeint sind nicht nur eigentliche Verschmelzungen zweier Gesellschaften, sondern auch andere Vorgänge, welche die Unabhängigkeit des Unternehmens antasten. Schon die Beteiligung an einer Gesellschaft kann eine Vorstufe zur Bildung einer Gruppe sein, auch wenn es noch nicht um die Aktienmehrheit geht.

Die in den Vorarbeiten umstrittene Generalklausel **«ähnlicher Sachverhalt von vergleichbarer Tragweite»** ist eng auszulegen – BGE 118 Ib 555 ff. legt ausführlich dar, dass die Einschränkung gewollt war, s. auch Forstmoser, SAG 60 (1988) Fn 71, Schmid N 190, Schubarth Art. 161 N 71. Entscheidend ist somit nicht nur die *vergleichbare Tragweite,* womit eine Einschränkung auf bedeutende Fakten angestrebt wird, sondern auch der *analoge Charakter des Sachverhalts;* zu den erwähnten Beispielen muss quantitativ und qualitativ Ähnlichkeit bestehen, BGE 118 Ib 557, Böckli, Insiderstrafrecht, 49, ders. AJP 2 (1993) 773, Peter 83. Beispiele sind Unternehmensspaltungen, Böckli, Insiderstrafrecht, 50, Peter 85, Strebel 60, nach weiterer Interpretation auch wichtige Geschäfte, z.B. mit Liegenschaften, erhebliche, substantielle Geschäftsverluste, welche die Struktur der Bilanz grundsätzlich ändern oder eine grundlegende Restrukturierung der Gesellschaft erfordern, BGE 118 Ib 557, Böckli a.a.O. 51, wichtige Erfindungen und Entwicklungen usw., Botsch. 81, Krauskopf WuR 170, eingehend Schmid N 193 ff.; vorzuziehen und bedeutend enger mit eingehender Begründung Peter 86 ff., 109 ff. Ein Rückgang des Nettogewinns um 42 % gegenüber dem entsprechenden Quartal des Vorjahrs stellt keine Tatsache i.S. von Ziff. 3 dar, BGE 118 Ib 550, schon gar nicht eine Verschlechterung des Geschäftsergebnisses, das zu einem Kursrückgang von 6,1 % führt, SJZ 88 (1992) Nr. 28.   16

Die Tatsache muss **vertraulich,** d.h. nur einem beschränkten Personenkreis bekannt sein. Gerüchte in Börsenkreisen stehen der Vertraulichkeit nicht entgegen, BGE 118 Ib 455 f. Im Gegensatz zum Geheimnis ist ein entsprechender Wille nicht Voraussetzung, Schmid N 206 ff., Strebel 56. Der (echte oder unechte) Insider muss *kraft seiner Vertrauensstellung* Kenntnis haben – nicht erfasst ist, wer durch Auskundschaften (Wirtschaftsspionage) oder geschicktes Kombinieren an die Information gelangt. Keine vertrauliche Tatsache ist das auf Käufe von (anderen) Insidern zurückzuführende plötzliche Ansteigen des Handelsvolumens.   17

Die Bekanntgabe der Tatsache muss **erheblichen Einfluss** auf die Kurse der fraglichen Effekten erwarten lassen. Es geht also um eine Beurteilung *ex ante,* Strebel 50. Im Gegensatz zur Konvention XVI der Bankiervereinigung (z.B. in Beiträge zum schweizerischen Bankenrecht, Bern 1987, 313 ff.), die in Art. 3.4 auf Schwankungen um 50 % verweist, wurde auf numerische Definition der Erheblichkeit verzichtet: «Kursschwankungen in einem bestimmten Rahmen sind … für den Börsenmarkt typisch und alltäglich. Erheblich, d.h. aussergewöhnlich sind sie indessen, wenn sie diesen Rahmen sprengen», Botsch. 14. Als erster hat   18

SCHMID N 222 ff. den Begriff der Erheblichkeit konkretisiert: Entscheidend ist demnach die objektive Höhe der Schwankung, die *(ex tunc)* zu erwarten war – bei Obligationen können 3–4 % genügen, bei Aktien jedenfalls 20 %, evtl. schon 10 %, was zum «Abläuten» (vorübergehender Abbruch des Börsenhandels) führt.

19 Der Insider muss sein Wissen **ausnützen,** d.h. er muss dadurch zu wirtschaftlichen Tätigkeiten (mit-)motiviert sein, insbesondere zu Kauf oder Verkauf der betroffenen Effekten über die (Vor-)Börse, im einzelnen SCHMID N 237 ff. Nicht erfasst sind Transaktionen der betroffenen Unternehmung selber, niemand kann «sein eigener Insider» sein, PETER 14 ff., ebenso KELLER a.a.O., SCHMID N 243. Durch blosses Unterlassen von Transaktionen kann der Tatbestand nicht erfüllt werden, Cavelti StR 1986 589, BÖCKLI, Insiderstrafrecht, 78 ff., DERS., AJP 2 (1993) 776, STRATENWERTH BT I § 22 N 18, STREBEL 64; s. ferner SCHMID N 256 ff. zur Garantenstellung des Geschäftsherrn.

20 Neben den Insidermissbrauch stellt Ziff. 1 die **Mitteilung an Dritte,** um diesen ein Ausnützen (N 19) zu ermöglichen. Ob die Information verkauft oder «verschenkt» wird, ist ohne Bedeutung. Nach SCHMID N 253 genügt es für die Erfüllung dieser Tatbestandsvariante, wenn der Insider dem Dritten einen völlig unbegründeten Rat gibt. Dies geht m.E. zu weit und ist auch vom Wortlaut («Tatsache») nicht gedeckt, ebenso BÖCKLI, AJP 2 (1993) 772; der Insider macht sich höchstens strafbar, wenn sein Tip für den Dritten erkennbar eine Tatsachenbehauptung enthält, dem Dritten somit ermöglicht, gestützt darauf zu entscheiden, nicht bloss auf die allgemeine Erfahrung des Insiders, in diesem Sinn SCHMID N 296. Weil die Mitteilung stets mindestens dem Dritten einen Vermögensvorteil bringen muss, ist sie lediglich eine Sonderform von «ausnützen».

21 Als **Erfolg** (Art. 7 N 6) verlangt Art. 161.1 das Verschaffen eines **Vermögensvorteils** für den Insider oder einen Dritten (unabhängig davon, ob die erwartete Tatsache eingetreten ist oder nicht). Der Erfolg muss aber mit der motivierenden Tatsache zusammenhängen. Dabei kann es sich um Gewinn oder vermiedenen Verlust handeln. Ein Mindestbetrag ist nicht vorgesehen, HURTADO POZO BT I 1343, KRAUSKOPF, WuR 38 (1986) 171, SCHMID N 273. Ist ein solcher Erfolg nicht eingetreten, kann Versuch vorliegen, Botsch. 81. Der «Verkaufspreis» für einen Tip ist kein Vermögensvorteil i.S.v. Ziff. 1.

Bleibt der Erfolg aus – kommt z.B. die Fusion nicht zustande oder hat sie keinen Einfluss auf den Kurs – liegt Versuch vor, dazu BÖCKLI 73 f.

22 **Subjektiv** ist Vorsatz erforderlich – das Tatbestandsmerkmal des Wissens um die vertrauliche Tatsache schränkt die Möglichkeit von Eventualvorsatz ein, SCHMID N 280, STRATENWERTH BT I § 22 N 17. Eine besondere Absicht ist nicht vorausgesetzt, GAUTHIER 59, a.A. BÖCKLI, AJP 2 (1993) 775.

Ziff. 2 bedroht mit geringerer Strafdrohung den **Tippee,** den Dritten, der   23
die vom Insider erhaltene Information vorteilbringend ausnützt. Dieser
Tatbestand war umstritten, die Expertenkommission hatte sich dagegen
entschieden, dazu STRATENWERTH 672 ff. Der Hinweis auf die mittelbare
Mitteilung betrifft den *«Kettentip»* (SCHMID N 292), der über Vermittler
an den Tippee gelangt.

Der Tip muss den Straftatbestand der **Mitteilung gemäss Ziff. 1** erfüllen   24
– wer zufällig (Musterbeispiel: Gespräch im benachbarten Eisenbahnab-
teil) informiert wird, ist nicht Tippee, BGE 119 IV 42 f. (h.M.). Dies gilt
m.E. auch, wenn der Betreffende zufällig ein Gespräch mithört, in welchem ein Dritter den Tip erhält; auch beim «Kettentip» ist von Schritt zu
Schritt *gezielte* Information an den Empfänger vorausgesetzt, a.M.
SCHMID N 302. Schon gar kein Tippee ist, wer durch Beobachtung und
Analyse des Börsengeschehens eine Entwicklung voraussieht, BGE 119
IV 43, BÖCKLI, Insiderstrafrecht, 63 f.; zu Problemen i.V. mit Finanzana-
lysen STREBEL 103 ff. Dass der Insider seinerseits die Treuepflicht verletzt habe, ist nicht erforderlich, BGE 118 Ib 456; anders ZR 91/92
(1992/93) Nr. 34, wonach wenigstens eine tatbestandsmässige und rechtswidrige Vortat eines Insiders nachgewiesen sein müsse, auch wenn der
Vortäter nicht bestraft oder nicht einmal identifiziert werden kann,
ebenso BÖCKLI, AJP 2 (1993) 774.

Die **Tathandlung des Tippees** kann im eigenen Ausnützen wie im Wei-   25
tergeben der Information bestehen, N 19, 20, SCHMID N 306 f.

Zum **Erfolg** s. N 21.   26

Zum **Vorsatz** s. N 22; der Tippee muss mindestens damit rechnen, dass   27
sich der Rat des Tippgebers auf eine vertrauliche Tatsache stützt – insofern ist Eventualvorsatz möglich, SCHMID N 312; dass bei «Kettentip»
Tippee 1 dem Tippee 2 mitteilt, ein Insider habe zum Kauf geraten, ist
nicht seinerseits schon eine vertrauliche Tatsache. Nicht erforderlich ist,
dass der Tippee die Information gesucht oder auch nur gewollt hat,
STREBEL 70.

Ziff. 4 macht deutlich, dass bei Verbindung zweier Aktiengesellschaften   27a
die Insiderstrafnorm für beide beteiligten Unternehmen gilt. Dabei ist
nicht erforderlich, dass es sich um einen einverständlichen Vorgang handelt, die zu übernehmende Gesellschaft braucht sich des Vorgangs
(zunächst) gar nicht bewusst zu sein, BGE 118 Ib 454. Dass die Aktien
der einen Gesellschaft nicht kotiert sind, spielt keine Rolle, a.a.O. S. 455.

Ziff. 5 dehnt den Anwendungsbereich von Art. 161 auf Effekten von **Ge-**   28
nossenschaften aus, weil einige schweizerische **Grossunternehmen** (Mi-
gros, Coop, Schweizerische Volksbank) diese Rechtsform gewählt haben, Botsch. 85. Zur Anwendung auf **ausländische Gesellschaften** PETER
47 ff.

29　Bei Einschaltung von gutgläubigen aussenstehenden **Strohleuten** liegt mittelbare Täterschaft vor, sind sie eingeweiht, Gehilfenschaft, Botsch. 83, Stratenwerth 673, Schmid N 355 f.

30　Der erzielte Gewinn bzw. der abgewendete Verlust kann gemäss Art. 59 **eingezogen** werden, im einzelnen s. Schmid N 457 ff.

31　**Kasuistik**
BGE 118 Ib 449: Rechtshilfe an Frankreich im Zusammenhang mit dem Versuch der M.-Gruppe, eine grössere Beteiligung an der Société Générale zu erwerben; **118 Ib 548:** Rechtshilfe an die USA verweigert, weil die «Tatsache» nur einen Rückgang des Gewinns der Gesellschaft betraf; **119 IV 39:** X. tätigte aufgrund von Informationen unbekannter Herkunft lukrative Börsengeschäfte im Zusammenhang mit der Umstrukturierung der CS-Holding zur Dachholding und Muttergesellschaft der SKA-Gruppe – kein Insidermissbrauch.
Für **vor Inkrafttreten** von Art. 161 bekanntgewordene Insidergeschäfte in der Schweiz s. Schmid N 5; zur Kasuistik der Rechtshilfe auch Art. 162 N 10.

32　**Konkurrenzen und Abgrenzungen**
Zu **Art. 162** soll gemäss Botsch. 87, Gauthier 61 f. Idealkonkurrenz bestehen – wenn der Tatbestand überhaupt erfüllt ist, für enge Auslegung Schmid N 392 ff. M.E. ist jedoch unechte Konkurrenz anzunehmen, wenn sich die Verletzung des Fabrikations- oder Geschäftsgeheimnisses in der Tat gemäss Art. 161 erschöpft. Art. 161 ist *lex specialis* und müsste auch im Fall von Ziff. 2 vorgehen, weil sich der Tippee, wenn auch nicht notwendigerweise so doch regelmässig, einen Geheimnisverrat zunutze macht, vgl. BGE 109 Ib 57, 113 Ib 71, 75 ff., 79; weil jedoch die Strafdrohung in Art. 161.2 etwas geringer ist als in Art. 162, würde die dogmatisch richtige Lösung zu einer ungerechtfertigten Privilegierung führen – Art. 162 geht deshalb vor, für die im Einzelfall schwerere Strafdrohung Hurtado Pozo BT N 1354, Stratenwerth BT I § 22 N 27.
Art. 273: Idealkonkurrenz, Stratenwerth BT I § 22 N 28.
Zu **Art. 320** besteht echte Konkurrenz, ebenso Gauthier 62, Schmid N 409.
Zu **Art. 321** kann ebenfalls echte Konkurrenz bestehen, vgl. BGE 113 Ib 76, 80, zust. Schultz, ZBJV 125 (1989) 62.

161bis　Kursmanipulation

Wer in der Absicht, den Kurs von in der Schweiz börslich gehandelten Effekten erheblich zu beeinflussen, um daraus für sich oder für Dritte einen unrechtmässigen Vermögensvorteil zu erzielen:

wider besseres Wissen irreführende Informationen verbreitet oder Käufe und Verkäufe von solchen Effekten tätigt, die beidseitig direk

oder indirekt auf Rechnung derselben Person oder zu diesem Zweck verbundener Personen erfolgen,

   wird mit Gefängnis oder Busse bestraft.

Eingeführt durch BG vom 24.3.1995, AS 1997 68, SR 954.1, in Kraft seit 1.2.1997.

Botsch. vom 24.2.1993, BBl 1993 I 1369 ff., 1428 f., Sten. StR 1993 998 ff., 1014, NR 1994 1079.

ALEXANDER I. DE BEER, Zur Strafbarkeit von Börsenmanipulationen durch Finanzjournalisten, SAG 54 (1982) 155; DERS., Börsenmanipulationen und Betrug, ZStrR 109 (1992) 272; JACQUES IFFLAND, *La répression pénale des manipulations de cours en droit suisse*, Diss. Laus. 1994; DERS., *Note concernant l'arrêt Fondation F. rendu le 27 septembre 1996 par la Ière Cour de droit public du Tribunal fédéral*, SZW 69 (1997) 121; MARC JEAN-RICHARD, Handelsinszenierungen zur Kursmanipulation am Kapitalmarkt (aus Sicht eines Strafrechtlers), SZW 67 (1995) 259; BEAT KLEINER, Ist der neue Art. 161bis StGB betreffend Kursmanipulation bereits Makulatur? SZW 69 (1997) 119; PETER NOBEL, Der Entwurf zu einem eidg. Börsengesetz in der Vernehmlassung, SZW 63 (1991) 288; CHRISTOPH PETER, Kursmanipulation als Betrug – Urteilsanmerkung zu BGE 122 II 422, SZW 69 (1997) 124; ROBERT ROTH, *Manipulation boursière: questions pour la construction d'une nouvelle incrimination*, SZW 63 (1991) 233; NIKLAUS SCHMID, Zu neueren Entwicklungen auf dem Gebiete des schweizerischen Börsenstrafrechts, in Festgabe zum Schweizerischen Juristentag 1994, Zürich 1994, 525; DERS., Die strafrechtliche Verantwortlichkeit des Revisors, Winterthur 1996, 149 ff.; ROLF WATTER, Kursmanipulation am Aktienmarkt unter Berücksichtigung von sogenannten Stützungskäufen, SZW 62 (1990) 193; **Lit.** zu Art. 161.

Art. 161bis wurde im Rahmen des BG über die Börsen und die Effektenhandel (BEHG) neu ins StGB aufgenommen und soll einerseits den abgeschafften Art. 158 (Verleitung zur Spekulation) ersetzen, andererseits die Lücke schliessen, die sich daraus ergibt, dass die heutige Strafrechtsordnung Kursmanipulationen nur mangelhaft erfasst. Art. 146 findet reelmässig keine Anwendung, weil es zum einen an einer direkten Beziehung zwischen dem Kursmanipulator und seinen Opfern fehlt und zum andern zwischen der Bereicherung des einen und der Schädigung des andern keine Stoffgleichheit besteht, Botsch. 1428, ebenso ROTH 235, SCHMID, Zu neueren Entwicklungen, 530, DERS. in SAG 60 (1988) 136, DERS., Insiderstrafrecht, N 428, a.M. DE BEER, ZStrR 109 (1992) 288, IFFLAND, *La répression pénale*, 222 ff., JEAN-RICHARD 262 ff., 268. In BGE 122 II 422 ff. (Fondation F.) wird aber gerade das Lückenargument für die Schaffung des neuen Tatbestandes insofern relativiert, als das BGer in diesem Urteil, welches ein französisches Rechtshilfeersuchen betrifft, neben der direkten Beziehung zwischen den Beteiligten auch auf das Erfordernis der Stoffgleichheit verzichtet, mit Recht krit. zu diesem Urteil KLEINER 119 f., zustimmend IFFLAND, SZW 69 (1997) 121 ff., PETER 124 f.

Als **Rechtsgut** steht der Schutz der Anleger in ihrem «Vertrauen in einen sauberen, unverfälschten und chancengleichen Kapitalmarkt» im Vordergrund, Botsch. 1428, eingehend zum geschützten Rechtsgut IFFLAND, *La répression pénale,* 39 ff., vgl. auch ROTH 235 f., WATTER 205.

3 Mögliche **Techniken der Kursmanipulation** sind etwa der *Wash Sale* und die *Matched Order,* wo zwar Börsentransaktionen stattfinden, Käufer und Verkäufer aber wirtschaftlich identisch sind oder zwischen ihnen Absprachen bestehen, welche vorsehen, dass Käufe durch entsprechende Verkäufe kompensiert werden, Botsch. 1429, ROTH 240, WATTER 196, vgl. den Sachverhalt von BGE 122 II 422 ff.; beim *Parking* werden ein Teil der ausgegebenen Papiere zur Marktverengung immobilisiert, s. dazu BGE 113 Ib 170 ff., zu diesem Urteil DE BEER in SAG 61 (1989) 147 ff. und SCHMID in SAG 60 (1988) 136. Andere Methoden, um den Kurs in eine bestimmte Richtung zu bewegen, sind etwa der Zusammenschluss mehrerer Personen zu einem *Pool,* wodurch sie ihr Vorgehen aufeinander abstimmen können oder das *Market rigging,* das Verbreiten von Falschmeldungen, dazu WATTER a.a.O.

4 **Tatobjekt** ist der «Kurs von in der Schweiz börslich gehandelten Effekten». Bei Effekten handelt es sich gemäss BEHG Art. 2 lit. a) um «vereinheitlichte und zum massenweisen Handel geeignete Wertpapiere nicht verurkundete Rechte mit gleicher Funktion (Wertrechte) und Derivate». Nach SCHMID, Zu neueren Entwicklungen, 531 f. soll der Tatbestand nicht nur den Sekundärmarkt, sondern auch den Primärmarkt vor Kursmanipulationen schützen.

5 Unter das **Verbreiten irreführender Informationen** fallen zum einen *falsche* Angaben über Tatsachen, aber *auch Prognosen,* soweit sie sich auf angeblich beim Erklärenden bestehende Tatsachenkenntnisse stützen, vgl. Art. 146 N 6; gem. Botsch. 1429 können auch (reine) Vorhersagen den Tatbestand erfüllen, wenn «ihr Urheber wegen besonderer Kenntnisse oder seiner Position als qualifiziert erscheint»; dies ist grundsätzlich plausibel, geht es doch im Gegensatz zu Art. 146 nicht darum, direkt zu motivieren; REHBERG/SCHMID 261 weisen jedoch mit Recht darauf hin, dass sich kaum je wird nachweisen lassen, dass die Vorhersage wider besseres Wissen geschah; zu weit geht m.E. IFFLAND, *La répression pénale,* 72 f., der nicht einmal Glaubhaftigkeit der Information voraussetzt, sondern allein auf die Auswirkungen auf den Börsenkurs abstellen will.

6 «Irreführend» können **auch wahre Informationen** sein, z.B. wenn der Täter die Information bewusst in einen Zusammenhang stellt, der die Anleger zu falschen Schlüsse verführt. – Dagegen mit eingehender Begründung und Hinw. auf das US-amerikanische Recht IFFLAND, *La répression pénale,* 74, s. auch HURTADO POZO BT N 1369; Botsch. 1429 nennt zudem «unvollständige» Angaben, die allerdings zu einer insgesamt unwahren Information führen.

7 Das **reine Schweigen** erfüllt den Tatbestand nur dann, wenn den Täter eine «spezielle Informationspflicht» trifft, die sich aus dem Gesetz oder aus vertraglichen Verpflichtungen ergeben kann, Botsch. 1429, HUF

TADO POZO BT N 1366. Eine solche Begehung durch Unterlassung ist denkbar in Fällen, wo gesetzlich vorgeschriebene Meldungen nicht vorgenommen werden, so z.B. die Benachrichtigung des Richters durch den Verwaltungsrat bzw. den Revisor bei Überschuldung der Gesellschaft nach OR Art. 725 II, 729b II, SCHMID, Verantwortlichkeit, N 185 f., dagegen IFFLAND, *La répression pénale,* 60 f., weil der Revisor nicht Garant des Anlegers und des Aktionärs sei. Ob auch allgemein «eine langandauernde vertragliche Beziehung, die ein erhöhtes Vertrauen verlangt», eine solche Informationspflicht zu begründen vermag, wie die Botsch. 1429 meint, muss bezweifelt werden – der Börsenhandel beruht gerade nicht auf persönlichem, sondern institutionellem Vertrauen, vgl. BGE 109 Ib 55, 146 N 4; eingehend zur Begehung durch Unterlassung IFFLAND a.a.O. 54 ff., s. auch SCHMID, Zu neueren Entwicklungen, 534 f. BGE 113 Ib 170 (Rechtshilfe) bejahte bei *parking* Betrug, weil eine Maklerfirma den eigenen Kunden die Manipulation verschwiegen hatte.

Während der bundesrätliche Entwurf noch sehr allgemein von Effekten-   8 geschäften sprach, «mit der Absicht, damit einen Börsenkurs künstlich zu beeinflussen», nennt das Gesetz nunmehr **«Käufe und Verkäufe…, die direkt oder indirekt auf Rechnung derselben Person oder zu diesem Zweck verbundener Personen erfolgen».** Gemeint sind in erster Linie **Scheingeschäfte,** sozusagen von der rechten in die linke Hosentasche des Manipulators, bei denen die Effekten also gar nicht die Hand wechseln, Sten. StR 1993 1014, NR 1994 1079. Die Frage ist aber unklar um umstritten – IFFLAND bestreitet sogar, dass sich eine gültige Unterscheidung zwischen «echten» und «unechten» Transaktionen überhaupt treffen lasse, SZW 69 (1997) 122, DERS., *La répression pénale,* 24 ff. JEAN-RICHARD 269 betont, dass auch «effektive Käufe» zwecks Manipulation strafbar sein können. Kurse lassen sich zwar auch durch «echten» Handel beeinflussen, aber ein solches Verhalten eines einzelnen Wirtschaftssubjekts kann nicht strafwürdig sein, gehört vielmehr noch zum erlaubten «Spielen» an der Börse. BR Stich wies darauf hin, dass Manipulation mittels effektiver Käufe näherliege, Sten. NR 1994 1079, aber es würde ausserordentlich schwer fallen, in solchen Fällen den subjektiven Tatbestand zu beweisen. Die Fassung des Gesetzes ist auch im Hinblick auf das Bestimmtheitsgebot eine Verbesserung. Während der Tatbestand zweifellos die Praktiken des *Wash Sale,* der *Matched Order* und des *Pool* erfasst (vgl. oben N 3), bleibt das *Parking* straflos. Unklar ist, inwieweit das BGer über Art. 146 und seine in BGE 122 II 422 ff. begründete Praxis das strafbare Verhalten über den Anwendungsbereich des Art. 161bis hinaus erweitert, dazu IFFLAND, SZW 69 (1997) 121 f.

Subjektiv wird Vorsatz, bezüglich der Unwahrheit bzw. des irreführen-   9 den Charakters der verbreiteten Angaben sicheres Wissen verlangt; vgl. dazu SCHMID, Zu neueren Entwicklungen, 536 ff.

Der Täter muss die **Absicht** haben, den **Bösenkurs «erheblich zu beein-**   10 **flussen»;** zur Erheblichkeit s. Art. 161 N 18. Eine effektive Beeinflussung des Kurses ist nicht notwendig, Art. 161bis ist abstraktes Gefährdungs-delikt.

11   Das vom Bundesrat vorgeschlagene und vom Ständerat verworfene Tat-bestandsmerkmal der Absicht **für sich oder für Dritte einen unrechtmäs-sigen Vermögensvorteil zu erzielen** wurde vom Nationalrat wieder ins Gesetz aufgenommen, um klar zu stellen, dass es um «betrügerische Kursmanipulation» geht, Sten. NR 1994 1079 – Kurspflege und kursstabi-lisierende Transaktionen, die lediglich dem Ansehen des Emittenten die-nen, fallen nicht darunter, JEAN-RICHARD 269; *grosso modo* dürfte dieses Tatbestandselement der Absicht ungerechtfertigter Bereicherung (N 9 ff. vor Art. 137) entsprechen, wobei jedoch, wie sich aus der Entstehungsge-schichte ergibt, Stoffgleichheit nicht vorausgesetzt wird. IFFLAND, *La ré-pression pénale,* 147 will das Merkmal in Anlehung an die Absicht, einen unrechtmässigen Vorteil zu erlangen (Art. 251, 254, 256) verstanden wis-sen. Eingehend zur *rechtmässigen* Beeinflussung des Kurses IFFLAND a.a.O. 151 ff.

12   Für die **Anwendbarkeit** des Art. 161bis ist notwendig, dass die Aus-führungshandlungen geeignet sind, den Kurs von in der Schweiz börslich gehandelten Effekten zu beeinflussen, eingehend IFFLAND, *La répression pénale ,* 163 ff., vgl. auch SCHMID, Zu neueren Entwicklungen, 540.

13   **Abgrenzungen und Konkurrenzen**
     Art. 146 geht vor, sofern nicht neben dem Geschädigten noch weitere Personen gefährdet wurden, REHBERG/SCHMID 263, a.M. IFFLAND, *La ré-pression pénale,* 231 f.; gegenüber **Art. 151, 152** ist Art. 161bis *lex specialis,* SCHMID, Zu neueren Entwicklungen, 542; **Art. 158:** echte Konkurrenz, IFFLAND, *La répression pénale,* 242; **Art. 161:** echte Konkurrenz, SCHMID a.a.O., was nicht überzeugt, denn entweder lassen besondere, vom Ver-halten des Täters unabhängige Ereignisse eine Kursänderung erwarten oder der Täter führt sie selber herbei, dann ist er auch Insider, aber Art. 161bis geht als *lex specialis* vor; **Art. 251:** echte Konkurrenz, REH-BERG/ SCHMID a.a.O.

2. Verletzung des Fabrikations- oder Geschäfts-geheimnisses

162

Wer ein Fabrikations- oder Geschäftsgeheimnis, das er infolge einer gesetzlichen oder vertraglichen Pflicht bewahren sollte, verrät,

wer den Verrat für sich oder einen andern ausnützt,

wird, auf Antrag, mit Gefängnis oder mit Busse bestraft.

E 139. Erl.Z.167 ff. 2. ExpK II 385 ff.

GEORGES BINDSCHEDLER, Der strafrechtliche Schutz wirtschaftlicher Geheimnisse (Artikel 13 f/g UWG und Artikel 162 StGB), Diss. BE 1981; FRÉDÉRIC H. COMPTESSE, Begriff und Schutz des Geheimnisses im Schweizerischen Strafgesetzbuch, ZStrR 56 (1942) 264; JEAN NICOLAS DRUEY, Information als Gegenstand des Rechts, Zürich/Baden-Baden 1995; DERS., Das Fabrikationsgeheimnis – faktisches Gut oder Rechtsgut? Eine Untersuchung anhand der Praxis des Bundesgerichts, ZSR NF 92 (1973) I 451; EDGAR SCHMIDT, in Dietrich Oehler (Hrsg.), Der strafrechtliche Schutz des Geschäfts- und Betriebsgeheimnisses in den Ländern der Europäischen Gemeinschaft sowie in Österreich und der Schweiz, Köln 1978 I, 199; R. TREADWELL, Der Schutz von Geschäfts- und Fabrikationsgeheimnissen, Diss. ZH 1956; ALFRED WAECHTER, Die Verletzung von Wirtschaftsgeheimnissen, Diss. BE 1941; BERNHARD WEHRLI, Fabrikations- und Geschäftsgeheimnisse im Zivil- und Strafprozess, Diss. ZH 1957.

Art. 162 schützt das geheime technische und kommerzielle *know-how* 1
eines Unternehmens. DRUEY, Information, 367, 376, betont die *Vertraulichkeit* als Schutzgut.

«Geheim» ist eine Tatsache, wenn 2
    a) sie weder allgemein bekannt noch allgemein zugänglich ist, von der demnach ausser dem Geheimnisherrn **nur ein beschränkter Personenkreis** (Geheimnisträger, Geheimnisdiener) weiss;
    b) an der Aufrechterhaltung dieser beschränkten Bekanntheit ein **schutzwürdiges Interesse** besteht – daran fehlt es etwa, wenn im Betrieb Waren gefälscht werden; und
    c) der **Wille** besteht, die Kenntnis auf einen bestimmten Kreis von Personen beschränkt zu halten, BGE 64 II 170, 80 IV 27, 103 IV 284, 109 Ib 56, 118 Ib 559, AGVE 1989 327; eingehend und kritisch zu diesem «traditionellen Geheimnisbegriff» DRUEY, Information, 255 ff. Es genügt ein hypothetischer Wille, der Geheimnisherr braucht die Tatsache gar nicht zu kennen (N 7), NOLL BT 238. Eine materielle Originalität ist nicht erforderlich, BGE 80 IV 28, BGer in RS 1970 Nr. 151. Grundsätzlich abweichend DRUEY, Information, 251 ff.

Das Geheimnis muss **Tatsachen** betreffen, wobei im Gegensatz zum Geheimnis des Art. 273 (N 5) nur die Vertraulichkeit «wahrer Tatsachen» geschützt ist. 3

Fabrikationsgeheimnisse beziehen sich auf den Herstellungsvorgang und 4
umfassen Pläne, Rezepte, Verfahren usw., BGE 103 IV 284. Entwicklungen und Erfindungen des Arbeitnehmers gehören grundsätzlich dem Arbeitgeber, OR Art. 332 I.

Geschäftsgeheimnisse beziehen sich auf Bezugsquellen, Organisation, 5
Kalkulation der Preise, Werbung, Kundenlisten usw., BGE 103 IV 284. Zu weit und vage ist die Einstufung der beruflichen Erfahrung des Täters beim Opfer als Geschäftsgeheimnis, a.a.O. 285, differenzierend STRATENWERTH BT I § 21 N 4. Vorbereitungen für die Übernahme einer Gesellschaft oder für die Fusion zweier Gesellschaften sind typische Geschäftsgeheimnisse, BGE 109 Ib 56 m.w.Hinw.

6   Fabrikations- und Geschäftsgeheimnis i.S.v. Art. 162 müssen Bedeutung
    für den wirtschaftlichen Erfolg des Unternehmens haben, BGE 103 IV
    284, 109 Ib 56; BGer in ZR 57 (1958) Nr. 6, BJM 1995 37, HURTADO POZO
    BT N 1384, also einen **wirtschaftlichen Wert** darstellen.

7   Der Täter nach **al. 1** muss **gesetzlich oder vertraglich** zur Geheimhaltung
    verpflichtet sein, was für den Arbeitsvertrag in OR Art. 321a IV festge-
    legt ist, vgl. für die Praxis unter dem früheren Dienstvertragsrecht BGE
    80 IV 30, BGer in ZR 57 (1958) Nr. 6. Die Pflicht kann auch für einen Un-
    ternehmer gegenüber dem Werkbesteller entstehen, RS 1970 Nr. 151. Sie
    besteht über die Beendigung des Vertragsverhältnisses hinaus, solange
    das Geheimnis (N 2) erhalten bleibt, BGE 80 IV 29 f.

8   Das Geheimnis **verrät,** wer unbefugterweise den Kreis der Geheimnisträ-
    ger vergrössert oder die Tatsache allgemein bekannt macht (auch nur
    teilweise: ZR 68 [1969] Nr. 38, BJM 1995 33). Straflos bleibt dagegen, wer
    ohne Verrat aus der Kenntnis des Geheimnisses Nutzen zieht, BGE 118
    Ib 560, implizit schon 113 Ib 71.

9   Nach **al. 2** ist strafbar, wer sich oder einem andern den **Verrat** eines Ge-
    heimnisses (das aber immer noch Geheimnis i.S.v. N 2 sein muss – STRA-
    TENWERTH BT I § 21 N 8) **zunutze macht.** Mit der Revision wurde die un-
    glückliche und für das StGB ganz untypische Beschränkung auf
    eigennütziges Handeln aufgehoben. Nicht strafbar ist, wer das ihm *anver-
    traute* Geheimnis sich selber zunutze macht, BGE 109 Ib 57.

10 **Kasuistik**
    BGE 80 IV 23: Ingenieur **Brandenberger** entwickelte für die Nova-
    Werke Junker & Ferber Werkzeugmaschinen und verkaufte nach Been-
    digung des Dienstverhältnisses die Entwicklung an Konkurrenten, u.a. an
    Rogier, der sie für die Sim S.A. verwendete; **109 Ib 48:** Insidergewinne
    bei Übernahme der Santa Fe International Corp. durch Kuwait Petro-
    leum Corp. gaben keinen Anlass zu Rechtshilfe mit Zwangsmassnahmen,
    weil u.a. auch keine Verletzung von Geschäftsgeheimnissen vorlag; **113
    Ib 67:** Im Rechtshilfeverfahren U.S.A. bestand dagegen der Verdacht,
    dass Insiderhandel durch Geheimnisverrat ermöglicht wurde – Rechts-
    hilfe für Frankreich; **113 Ib 73** und **78:** Rechtshilfe an die USA wegen In-
    siderhandels betr. X. AG – ein Anwalt kann den Tatbestand des Art. 162
    neben dem von **Art. 321** erfüllen, vgl. **Art. 321** N 41; **118 IV 548,** *560:*
    Auch nach Einführung von Art. 161 bleibt subsidiär Raum für Bestra-
    fung (bzw. Rechtshilfe) wegen Verletzung des Geschäftsgeheimnisses.

11 **Konkurrenzen und Abgrenzungen**
    Art. 139: Wer Pläne wegnimmt, kopiert und zurückbringt, ist nach
    Art. 162, nicht wegen Diebstahls strafbar, RS 1974 Nr. 745; zu **Art. 161** s.
    dort N 32; zu **Art. 273** besteht Idealkonkurrenz, BGE 101 IV 204;
    Art. 322 N 6.
    UWG Art. 23 geht als *lex specialis* 162 vor; zur Abgrenzung auch von
    BÜREN, Kriminalistik 1968 158;
    BkG Art. 47 schützt nicht die Bank, sondern den Kunden, es ist deshalb

Idealkonkurrenz mit Art. 162 möglich.
Zum Schutz des Geschäftsgeheimnisses im **Steuerverfahren** AGVE 1989
232.

3.　Konkurs- und Betreibungsverbrechen oder
　　-vergehen

VE 1894 Art. 83 ff., Mot. 172 ff. 1. ExpK I 423 ff., II 553 ff. VE 1908 Art. 98 ff. Erl.Z.
170 ff. 2. ExpK II 394 ff., VIII 262 ff. VE 1916 Art. 146 ff., 315. E Art. 140 ff., 310.
Botsch. 36 f., 70 f. Sten.NR 359 ff., StR 174 ff., NR 693 ff., StR 323 f., NR 746 ff., StR
348; – Revision 1994: VE 1982, Botsch. vom 24.4.1991, BBl 1991 II 969 ff., 1994 III
256 ff., Sten.StR 1993 948 ff., 962 ff., NR 1993 922 ff., 1994 329 ff.

Die Konkurs- und Betreibungsdelikte wurden durch die Teilrevision　　1
1994 neu gegliedert, jedoch nur in wenigen einzelnen Punkten inhaltlich
verändert.

163　Betrügerischer Konkurs und Pfändungsbetrug

**1.　Der Schuldner, der zum Schaden der Gläubiger sein Vermögen zum
Scheine vermindert, namentlich**

Vermögenswerte beiseiteschafft oder verheimlicht,

Schulden vortäuscht,

**vorgetäuschte Forderungen anerkennt oder deren Geltendmachung
veranlasst,**

**wird, wenn über ihn der Konkurs eröffnet oder gegen ihn ein Verlust-
schein ausgestellt worden ist, mit Zuchthaus bis zu fünf Jahren oder mit
Gefängnis bestraft.**

**2.　Unter den gleichen Voraussetzungen wird der Dritte, der zum Scha-
den der Gläubiger eine solche Handlung vornimmt, mit Gefängnis bestraft.**

RUDOLF AESCHBACHER, Pfändungs- und Konkursdelikte in kriminologischer Sicht,
Diss. ZH 1970; OSKAR BIRCH, Kolloquium über Strafrechtsfälle 1977, Kriminalistik
1977 558; LORENZ CASPAR, Betrügerischer Konkurs, Pfändungsbetrug, leichtsinniger Konkurs und Vermögensverfall gemäss StGB Art. 163–165, ZStrR 87 (1971) 12;
PIERRE-ROBERT GILLIÉRON, *Faut-il réviser les dispositions du code pénal relatives
aux infractions dans la faillite et la poursuite pour dettes?* ZStrR 88 (1972) 303;
ARTHUR HAEFLIGER, Betrügerischer Konkurs und Pfändungsbetrug in der Recht-
sprechung, BlSchK 18 (1954) 97; ROBERT HAUSER, Der Schutz von Schuldbetreibung und Konkurs durch das Strafrecht, in Louis Dallèves u.a. (Hrsg.), FS 100 Jahre
SchKG, Zürich 1989, 31 ff.; J. KARMANN, Der strafrechtliche Schutz des Konkurs-
verfahrens, BlSchK 7 (1943) 33; LUTZ KRAUSKOPF, Das SchKG – ein Mittel im
Kampf gegen die Wirtschaftskriminalität, FS SKG, Bern 1992, 76 f.; EMIL
LEHNHERR, Der Pfändungsbetrug, Diss. BE 1938; THOMAS MÜLLER, Betrügerischer
Konkurs und Pfändungsbetrug (Art. 163/164 StGB), Diss. ZH 1982; NIKLAUS

SCHMID, Fragen der strafrechtlichen Verantwortlichkeit bei Schwindel- und Strohmanngesellschaften, ZStrR 87 (1971) 247, 261 ff.; DERS., Zur strafrechtlichen Verantwortlichkeit des Revisors, ST 4/1996 193 ff.; VITAL SCHWANDER, Betreibungs-
und Konkursdelikte I, Betrügerischer Konkurs und Pfändungsbetrug, SJK Nr. 1128;
ERICH STIEGER, Buchführungsdelikte (Strafbare Handlungen im Zusammenhang
mit der kaufmännischen Buchführung nach Art. 957–962 OR und Art. 662–670 OR
und ihre Erfassung durch das StGB), Diss. ZH 1975.

1   **Art. 163 ff.** schützen den Anspruch der Gläubiger auf Befriedigung aus
dem (Rest-)Vermögen des Schuldners: «Der Schuldner, der in Vermögensverfall geraten ist oder dem der Verfall droht, soll das noch vorhandene Vermögen seinen Gläubigern erhalten. In der Verletzung dieser
Pflicht liegt das Wesen der Konkurs- und Betreibungsdelikte», BGE 74
IV 37. Geschützt sind aber auch «die Interessen der Zwangsvollstreckung
als eines Bestandteils der Rechtspflege im weitesten Sinn», BGE 106 IV
34. MÜLLER 44 ff., 49, bezeichnet als Rechtsgut die Geldforderungen der
Gläubiger.

2   **Täter** kann nur der Schuldner sein. Ob er im Zeitpunkt der Tat bereits
betrieben wird oder nicht, spielt keine Rolle. Die Frage ob der Schuldner
der Betreibung auf Konkurs oder auf Pfändung unterliegt, braucht nur
noch gestellt zu werden, wenn es um die Art der nötigen Strafbarkeitsbedingung geht, STRATENWERTH BT I § 23 N 4. Zur Verantwortlichkeit der
Organe juristischer Personen s. Art. 172.

3   Art. 163 ist ein **Vermögensgefährdungsdelikt**, BGE 102 IV 175. Die Gefährdung liegt nunmehr, im Gegensatz zum alten Recht, in einer bloss
vorgetäuschten Verringerung des Vermögens zum Nachteil der Gläubiger. Sie kann vor oder nach Eröffnung des Konkurses erfolgen, BGE 93
IV 91, SJZ 56 (1960) Nr. 19, z.B. in einem Arrestverfahren (vgl. BGE 89
IV 82). Im Falle einer tatsächlichen Vermögensverringerung kommt Art.
164 zur Anwendung.

4   **Tatobjekt** ist das Schuldnervermögen, soweit es Gegenstand der Zwangsvollstreckung bilden kann, BGE 103 IV 233, vgl. auch BGer in ZR 67
(1968) Nr. 70. Dazu gehört im Konkurs der Fonds-Verwaltung nicht das
Vermögen des Fonds (AFG Art. 16), BGer a.a.O. Auch Kompetenz-
stücke können nicht Gegenstand von Art. 163 sein, HAUSER 40, im einzelnen CASPAR 31 f. Vgl. ferner ZR 52 (1953) Nr. 108. Tatobjekt kann
weiter auch pfändbarer zukünftiger Lohn sein, BGE 105 IV 320, RS 1956
Nr. 114, SJZ 52 (1956) Nr. 13; ferner Vermögen und Einkommen im Ausland, BGE 114 IV 13.

5   Bei der **scheinbaren Vermögensverminderung** werden Teile des Kon-
kurssubstrats der Zwangsvollstreckung entzogen und für den Schuldner
oder Dritte «gerettet». Dies tut z.B., wer sein Eigentum als Dritteigen-
tum bezeichnet, BGE 85 IV 218, SJZ 56 (1960) Nr. 19, oder Wertschriften aus dem Depot abholt und zuhause versteckt, BGE 102 IV 174 f. Es
geht also um Handlungen, welche ein Täuschungselement («Betrug»)
aufweisen, Botsch. 1059; STRATENWERTH BT I § 23 N 2.

Das Bundesgericht nahm früher an, ein Verheimlichen liege schon in der   6
Verletzung der Auskunftspflicht nach SchKG Art. 222 I, BGE 93 IV 92,
ebenso ZR 68 (1969) Nr. 39; vgl. auch BGE 74 IV 95 f., 88 IV 26 zu
Art. 164. Diese Auffassung leitet aus der Auskunftspflicht des Schuldners eine Garantenstellung ab, so z.B. MÜLLER 159 f., dagegen mit Recht
STRATENWERTH BT I § 23 N 6; ALBRECHT Art. 163 N 33. BGE 102 IV
173 f. differenziert: Der Schuldner verheimlicht noch nicht, wenn er jegliche Auskunft verweigert und sich überhaupt nicht auf das Verfahren
einlässt, sondern erst dann, wenn er durch Lügen oder Halbwahrheiten
eine falsche Vorstellung entstehen lässt. Die blosse Verletzung der Mitwirkungspflicht fällt unter Art. 323. Es besteht keine Pflicht, über Dritte
Auskunft zu geben, BGE 103 IV 233, 114 IV 14.

Mit der Täterhandlung ist das Verbrechen **vollendet,** STRATENWERTH BT   7
I § 23 N 7; s. zur alten Fassung von Art. 163: BGE 74 IV 97, ZR 75 (1976)
Nr. 71.

Die neue Fassung von Art. 163 verlangt, dass der Schuldner vorsätzlich   8
zum Schaden der Gläubiger handelt. Der Schaden muss nicht eintreten,
aber mindestens mit *dolus eventualis* vom Täter gewollt sein, Botsch.
1060; ALBRECHT Art. 163 N 39; NOLL BT 176, REHBERG/SCHMID 277,
STRATENWERTH BT I § 23 N 7, s. auch N 9.

Der **Vorsatz** setzt voraus: a) Bewusstsein des drohenden Vermögensver-   9
falls, BGE 74 IV 34, RS 1985 Nr. 789, SJZ 62 (1966) Nr. 145; b) Wissen
und Wollen der Täterhandlung; c) Wissen und Wollen (mindestens als
Eventualvorsatz, RS 1985 Nr. 789) des Schadens für den Gläubiger, BGE
97 IV 22, vgl. auch 105 IV 32. Auf das Motiv kommt es nicht an, BGE 93
IV 93 – Bereicherungsabsicht wird beim Verheimlichen regelmässig vorliegen, ist aber nicht Tatbestandsmerkmal.

Zwischen der Täterhandlung und dem Konkurs bzw. der Ausstellung   10
eines Verlustscheines braucht **kein Kausalzusammenhang** zu bestehen,
wohl aber zwischen der Täterhandlung und dem Vermögensschaden,
s. zum alten Recht (Art. 164): BGE 89 IV 82.

Die **Konkurseröffnung** oder das Ausstellen eines Verlustscheins sind **ob-**   11
jektive Strafbarkeitsbedingungen, BGE 109 Ib 326, 101 IV 22 mit Hinweis auf 89 IV 78, 84 IV 15. Die Strafbarkeitsbedingung ist auch gegeben,
wenn ein gerichtlicher Nachlassvertrag angenommen und bestätigt worden ist, Art. 171 I. Bei dieser Variante kann die zuständige Behörde von
der Strafverfolgung, der Überweisung an das Gericht oder der Bestrafung absehen, wenn der Schuldner oder der Dritte eine besondere wirtschaftliche Anstrengung unternommen und dadurch das Zustandekommen des gerichtlichen Nachlassvertrags erleichtert hat, s. auch Art. 171 N
3 f. Die objektiven Strafbarkeitsbedingungen brauchen nicht vom Vorsatz erfasst zu sein – bei Ausbleiben liegt kein Versuch vor, BGE 70 IV
77. Konkurserklärung des Schuldners gem. SchKG Art. 191 gilt als
Konkurseröffnung, SJZ 50 (1954) Nr. 59. Diese muss rechtskräftig sein,
was der Strafrichter zu überprüfen hat, BGE 109 Ib 326, 84 IV 15 f., RS

1972 Nr. 242. Ist die Konkurseröffnung nicht nur anfechtbar, sondern nichtig, so ist die Strafbarkeitsbedingung nicht eingetreten, vgl. BGE 70 IV 76, 89 IV 79, analog 85 IV 15. Sie bleibt anderseits grundsätzlich bestehen, auch wenn der Konkurs widerrufen wurde, ZBJV 82 (1946) 94, MÜLLER 60 ff., STRATENWERTH BT I § 23 N 12. In diesem Fall kann die zuständige Behörde jedoch nach Art. 171bis I von der Strafverfolgung, der Überweisung an das Gericht oder der Bestrafung absehen. Im Falle des gerichtlichen Nachlassvertrags muss der Schuldner oder der Dritte wiederum eine besondere wirtschaftliche Anstrengung unternommen und dadurch das Zustandekommen des gerichtlichen Nachlassvertrags erleichtert haben, Abs 2. Beim der Pfändung unterliegenden Schuldner genügt als Strafbarkeitsbedingung (entgegen ZR 43 [1944] Nr. 75) ein provisorischer Verlustschein i.S.v. SchKG Art. 115 II, BGE 74 IV 95, 105 IV 321. Ist der Verlustschein nichtig, fehlt die Strafbarkeitsbedingung, BGE 70 IV 76. Eine nachträgliche Aufhebung des Verlustscheins lässt die Strafbarkeit nicht dahinfallen, RS 1952 Nr. 26, eine Art. 171bis I analoge Regelung fehlt.

12 Die Tat eines **Dritten,** Ziff. 2, ist bloss Vergehen. Dritter ist jeder ausser dem Schuldner, auch ein Gläubiger kann Dritter i.S.v. Ziff. 2 sein, SJZ 62 (1966) Nr. 145, CASPAR 16 f., 26 ff., MÜLLER 94 ff., STRATENWERTH BT I § 23 N 16, ferner die vom Schuldner angestiftete Ehefrau, SJZ 52 (1956) Nr. 53. Auch dem Dritten obliegt keine allgemeine Auskunftspflicht. Eine Pflicht zur Auskunft besteht nur, wenn er Sachen des Schuldners besitzt und zu deren Angabe aufgefordert wurde, BGE 70 IV 177. Schweigen ist allenfalls gemäss Art. 292 strafbar, weil ein Art. 324 entsprechender Tatbestand fehlt, STRATENWERTH BT I § 23 N 17, HAUSER 56.

13 **Kasuistik**
BGE 70 IV 74: Roman und seine Ehefrau hatten in einer Betreibung auf Pfändung Vermögensstücke verheimlicht – weil Roman der Konkursbetreibung unterlag, war die Pfändung nichtig; **BGE 74 IV 34: Wittwer** schaffte Vermögenswerte der Carbonex GmbH bei gutem Geschäftsgang zwecks Steuerhinterziehung beiseite – kein betrügerischer Konkurs; **85 IV 217: Schwegler** bezeichnete bei Aufnahme des Inventars sein Gemälde als der Desinfecta gehörend; **88 IV 21: Frau K.** schmuggelte mit Hilfe von Fürsprecher Dr. X Briefe aus der UH, in welchen sie Dritte ersuchte, Vermögensstücke zu verheimlichen; **93 IV 91: X.,** für 4 Mio. Franken betrieben, floh mit 360 000 Franken in bar; **102 IV 172: Sch.** verweigerte im Konkursverfahren jede Auskunft über seine finanziellen Verhältnisse – nur nach Art. 323 strafbar; **105 IV 105: X.** täuschte im Konkurs Forderungen gegen sich vor und anerkannte sie; **105 IV 319: S.** behauptete, ohne Anstellung und Verdienst zu sein, und verschwieg monatliche Bezüge von 4800 Franken; **107 IV 176: M.** hatte als Mehrheitsaktionär der TS AG Darlehen gewährt, woraus u.a. eine Folienkaschiermaschine, ein Gabelstapler und ein Opel Blitz angeschafft wurden – diese Geräte liess er kurz vor Konkurseröffnung abholen; **114 IV 11: S.** ver-

schwieg bei der Pfändung Vermögen und Einkünfte im Ausland, die zwar nicht pfändbar waren, aber wichtig für die Ermittlung des Existenzminimums.

Konkurrenzen und Abgrenzungen   14
Art. 137 ff.: Vermögensdelikte gegen einen konkursreifen Schuldner gehen 163 ff. vor; **Art. 146:** Wer im Vollstreckungsverfahren um Schadenersatz aus Betrug Vermögen verheimlicht, ist nach Art. 163 strafbar – keine mitbestrafte Nachtat, BGE 105 IV 317 (mit Bezug auf aArt. 164).
Art. 158: «Art von überschneidender Idealkonkurrenz» (vgl. BGE 113 IV 67) bei Konkurs der geschädigten AG, BGE 117 IV 269.
S. ferner **Art. 166** N 6, **167** N 8, **168** N 10, **169** N 12, **170** N 4, **253** N 6, **323** N 5.

Der **Gerichtsstand** befindet sich grundsätzlich dort, wo die Zwangsvoll-   15
streckung durchgeführt wird, BGE 106 IV 34 f. (in Abweichung von 81 IV 64), sofern nicht ein fiktiver Geschäftssitz vorliegt; dies traf zu in BGE 107 IV 76 f.: Geschäftssitz formell in Zug, faktisch im Tessin. Entscheidend ist der tatsächliche Geschäfts- bzw. Wohnsitz zur Zeit der strafbaren Handlung, BGE 118 IV 301.

Zum **Beginn der Verjährungsfrist** s. Art. 71 N 1.   16

164 Gläubigerschädigung durch Vermögensminderung

   1. Der Schuldner, der zum Schaden der Gläubiger sein Vermögen vermindert, indem er

   Vermögenswerte beschädigt, zerstört, entwertet oder unbrauchbar macht,

   Vermögenswerte unentgeltlich oder gegen eine Leistung mit offensichtlich geringerem Wert veräussert,

   ohne sachlichen Grund anfallende Rechte ausschlägt oder auf Rechte unentgeltlich verzichtet,

   wird, wenn über ihn der Konkurs eröffnet oder gegen ihn ein Verlustschein ausgestellt worden ist, mit Zuchthaus bis zu fünf Jahren oder mit Gefängnis bestraft.

   2. Unter den gleichen Voraussetzungen wird der Dritte, der zum Schaden der Gläubiger eine solche Handlung vornimmt, mit Gefängnis bestraft.

Lit. zu Art. 163.

Art. 164 übernimmt aus aArt. 163 und 164 die Tatvariante, bei welcher   1
der Schuldner sein Vermögen zum Schaden der Gläubiger **tatsächlich vermindert.** Es geht im wesentlichen um die strafrechtliche Ahndung des Verhaltens, für welches SchKG Art. 285 ff. die Anfechtungsklage *(actio pauliana)* vorsieht.

2 Als **Tathandlung** gilt nach Ziff. 1 al. 2 das Beschädigen, Zerstören, Entwerten oder Unbrauchbarmachen von Vermögenswerten. Dieselben Ausdrücke finden sich auch bei Sachbeschädigung und bei Veruntreuung und Entzug von Pfandsachen und Retentionsgegenständen, s. Art. 144 N 3 f. und 145 N 2. Dazu kommt in Ziff. 1 al. 3 die unentgeltliche Veräusserung von Vermögenswerten oder die Veräusserung von Vermögenswerten gegen eine Leistung mit offensichtlich geringerem Wert, und nach Ziff. 1 al. 4 das Ausschlagen von oder der Verzicht auf Rechte ohne sachlichen Grund. Selbstverständlich müssen diese Rechte einen Vermögenswert haben, STRATENWERTH BT I § 23 N 20. Während Ziff. 1 al. 3 nur ins Gesetz aufnimmt, was die richtige Auslegung von al. 1 ergibt, ist al. 4 neu.

3 Im Unterschied zum alten Recht und zu Art. 163 ist der Katalog der Tathandlungen hier **abschliessend**, Botsch. 1061. Es sollen nur eindeutige, schwerwiegende Fälle, welche eine Verbrechensstrafe rechtfertigen, strafbar sein, krit. STRATENWERTH BT I § 23 N 21. Als Auffangtatbestand kann allenfalls Art. 165 dienen.

4 **Kasuistik**
93 IV 16: Macquat und **Praloran** verschoben Vermögenswerte der Noir-Blanc AG in die Auffangfirma Robusta; **97 IV 18: Madörin** übergab seiner Frau «in Erfüllung einer sittlichen Pflicht» bei Erbschaft einen Gutschein über 7500 Franken, den diese bei seinem Geschäft einlöste; **103 IV 228:** Konkurs der Verwaltungsgesellschaft eines Anlagefonds – weil dabei das Fondsvermögen nicht haftet, kann dessen Verringerung nicht tatbestandsmässig sein; betrügerischer Konkurs durch Auszahlung von Dividenden zu Lasten der Verwaltungsgesellschaft, obschon der Fonds keinen Ertrag erbracht hatte.

5 **Konkurrenzen und Abgrenzungen**
Art. 169 ist anzuwenden, wenn die Tat sich gegen eine schon gepfändete Sache richtet, s. auch dort N 5.

6 Der **Gerichtsstand** bestimmt sich nach denselben Regeln wie beim betrügerischen Konkurs, BGE 118 IV 301, s. Art. 163 N 15.

165 Misswirtschaft

1. Der Schuldner, der in anderer Weise als nach Artikel 164, durch Misswirtschaft, namentlich durch ungenügende Kapitalausstattung, unverhältnismässigen Aufwand, gewagte Spekulationen, leichtsinniges Gewähren oder Benützen von Kredit, Verschleudern von Vermögenswerten oder arge Nachlässigkeit in der Berufsausübung oder Vermögensverwaltung,

seine Überschuldung herbeiführt oder verschlimmert, seine Zahlungsunfähigkeit herbeigeführt oder im Bewusstsein seiner Zahlungsunfähigkeit seine Vermögenslage verschlimmert,

wird, wenn über ihn der Konkurs eröffnet oder gegen ihn ein Verlustschein ausgestellt worden ist, mit Gefängnis bis zu fünf Jahren bestraft.

2. Der auf Pfändung betriebene Schuldner wird nur auf Antrag eines Gläubigers verfolgt, der einen Verlustschein gegen ihn erlangt hat.

Der Antrag ist innert drei Monaten seit der Zustellung des Verlustscheines zu stellen.

Dem Gläubiger, der den Schuldner zu leichtsinnigem Schuldenmachen, unverhältnismässigem Aufwand oder zu gewagten Spekulationen verleitet oder ihn wucherisch ausgebeutet hat, steht kein Antragsrecht zu.

HANS DRESSLER, Aus der kantonalen Judikatur zum Art. 165 Ziff. 2 des Strafgesetzbuches, ZStrR 69 (1954) 528; MURIEL EPARD, *La banqueroute simple et la déconfiture (art. 165 du code pénal suisse)*, Diss. Laus. 1984; WILLY HEIM, *La responsabilité pénale du gestionnaire de fait dans la faillite de l'entreprise dont il est le banquier*, Sem.jud. 1994 669; ROBERT MÜLLER, Die Betreibungs- und Konkursdelikte in der Judikatur, BlSchK 20 (1956) 1, 33; VITAL SCHWANDER, Leichtsinniger Konkurs und Vermögensverfall; Gläubigerbevorzugung, SJK Nr. 1129; **Lit.** zu Art. 163.

Art. 165 verpflichtet den Schuldner im Interesse der Gläubiger zu einer   1
gewissen Sorgfalt im Umgang mit seinem Vermögen: «Das Gesetz will
nicht, dass der Schuldner auf Kosten der Gläubiger auf gewagte Weise
spekuliere» (bzw. prasse, arg leichtsinnig handle, seine beruflichen
Pflichten grob vernachlässige), BGE 77 IV 167. Vgl. auch Bem. zu 163,
164.

Die Umschreibung der **Bankrotthandlung** («unverhältnismässig», «ge-   2
wagt», «leichtsinnig», «arg») lässt einen weiten Ermessensspielraum,
EPARD 87, krit. NOLL BT 179 f., STRATENWERTH BT I § 23 N 25. Nur krasses Fehlverhalten führt zu Strafbarkeit, ZR 51 (1952) Nr. 155. Begeht der
Täter mehrere Bankrotthandlungen, ist das ganze Verhalten als Einheit
aufzufassen, BGE 109 IV 116 f. Zur Gehilfenschaft durch die Bank, die
den Schuldner durch Kredit bei der Herbeiführung des Vermögenszerfalls fördert, HEIM a.a.O.

Ungenügend ist die **Kapitalausstattung** nur bei einer Gründung mit völlig   3
unzureichenden Mitteln oder bei einer sog. Schwindelgründung, nicht jeder Konkurs durch ungenügende Kapitalausstattung fällt unter Art. 165,
weil das OR ohne jede Differenzierung ein relativ geringes Mindestkapital von 100 000 Franken vorschreibt, Botsch. 1064.

Ob die **Aufwendungen verhältnismässig** sind oder nicht, bestimmt sich   3a
nach den finanziellen Verhältnissen des Täters, ALBRECHT Art. 165 N 11.
Dabei spielt keine Rolle, ob die Aufwendungen geschäftlichen oder privaten Zwecken dienen, ALBRECHT a.a.O.

Eine **Spekulation** ist «gewagt», wenn sie auf von vornherein unhaltbaren   4
Überlegungen beruht, z.B. Ankauf von Zellwolle, wenn Versorgung des
Marktes mit Wolle und Baumwolle bevorsteht, BGE 77 IV 164, nicht die

Verlegung eines Geschäfts ins Zentrum als Etagengeschäft, RS 1972 Nr. 243. Eine einzige Spekulation genügt, BGE 77 IV 167, entgegen dem klaren Wortlaut (auch in den romanischen Texten).

4a **Arg nachlässig** (nach altem Recht: arg leichtsinnig) handelt z.B., wer gegen Wechsel wertlose Schuldbriefe kauft, BGE 102 IV 23, oder wer ohne Branchenkenntnis, ohne kommerzielle Erfahrung und ohne Geld einen Fabrikbetrieb eröffnet, ZR 59 (1960) Nr. 204, ähnlich PKG 1982 Nr. 38, RS 1983 Nr. 560. Zu den Pflichten der Kontrollstelle s. BGE 116 IV 28 ff.

5 Ein **Kausalzusammenhang** muss bestehen zwischen Bankrotthandlung und Vermögenseinbusse, nicht zwischen Täterverhalten und Konkurs bzw. Verlustschein, BGE 109 Ib 328, 102 IV 23, RS 1977 Nr. 446, ZR 49 (1950) Nr. 133. Das vorgeworfene Verhalten braucht nicht die einzige Ursache der Insolvenz zu sein, BGE 115 IV 41. Zur adäquaten Kausalität in diesem Zusammenhang Sem.jud. 1984 169 (BGer).

6 Auch nach neuem Recht (Botsch. 1064 f.) fordert der **subjektive Tatbestand** Vorsatz nur hinsichtlich der Bankrott*handlung*, für die Vermögenseinbusse genügt grobe Fahrlässigkeit, BGE 104 IV 165 f., Sem.jud. 1984 169, SJZ 60 (1964) Nr. 150, RS 1959 Nr. 212; «grob» ist die Fahrlässigkeit, wenn der Täter unter Verletzung elementarster Vorsichtsgebote das ausser acht lässt, was jedem verständigen Menschen in der gleichen Lage und unter den gleichen Umständen hätte einleuchten müssen, BGE 92 II 253, PKG 1982 Nr. 38. Dass der Täter sich seiner Zahlungsunfähigkeit *a priori* bewusst sei, ist nicht erforderlich, Sem.jud. 1984 169 (BGer); für Vorsatz SJZ 57 (1961) Nr. 179. BGE 115 IV 41 äussert sich irreführend zum subjektiven Tatbestand: «*Quant à l'insolvabilité, il suffit que l'auteur l'ait causée ou favorisée par une négligence grave, l'intention de la provoquer n'étant pas nécessaire … Il découle de la structure et de la fonction de l'art. 165 ch. 1 CP que sont réprimés celui qui connaissait le risque d'insolvabilité et a consciemment pris ce risque, ou celui qui en a nié l'existence de façon irresponsable; il y a légèreté coupable lorsque, par un comportement fautif, l'auteur fait preuve d'un manque du sens des responsabilités; il ne s'agit pas de la différence entre l'intention et la négligence, mais d'une qualification particulière des actes de l'auteur*». STRATENWERTH BT I § 23 N 26 beklagt die Unbestimmtheit des Artikels und wünscht, dass in Zukunft Vorsatz verlangt werde, räumt aber ein, dass dadurch die Funktion von Art. 165 als Auffangtatbestand untergraben würde. In der Tat können nur die Beweisschwierigkeiten erklären, dass hier ein Vermögensdelikt keinen Vorsatz verlangt.

7 Zur **objektiven Strafbarkeitsbedingung** Art. 163 N 11.

8 **Antragsdelikt** (Ziff. 2) ist Art. 165 nur, wenn der Schuldner tatsächlich auf Pfändung betrieben wird, nicht dann, wenn er sich nach SchKG Art. 191 zahlungsunfähig erklärt hat, BGE 81 IV 32, SJZ 42 (1946) Nr. 139, DRESSLER a.a.O. Mitverschulden des Gläubigers (Ziff. 2 III) führt zu Verwirkung des Antragsrechts, vgl. N 12 vor Art. 28; der Gläubiger braucht sich nicht nach Art. 157 strafbar gemacht zu haben.

Kasuistik   9
BGE 77 IV 164: Erich Schaufelberger kaufte spekulativ auf Kredit für
25–30 000 Franken Zellwolle und musste mit 50–60% Verlust verkaufen; **102 IV 21: X.,** Bevollmächtigter für die Kunststoffwerk Horgen AG,
kaufte gegen Wechsel wertlose Schuldscheine; **104 IV 161: H.** führte
seine Firma trotz jährlicher Verluste und wachsender Verschuldung (u.a.
gegenüber seinem Privatvermögen) weiter; **115 IV 38: C.** gründete die T.
AG, welche Kork verkaufen sollte, nach Anfangserfolg aber zuneh-
mende Verluste erlitt; trotz Warnung stellte er die Geschäftstätigkeit
nicht ein.

Konkurrenzen und Abgrenzungen   10
Betrug in Idealkonkurrenz mit Art. 165 verübt, wer betrügerisch Darlehen aufnimmt und gleichzeitig arg leichtsinnig den Verfall seines Vermögens fördert, RS 1954 Nr. 139. Gegenüber **Art. 166, 322,** darf Art. 165
nicht als Auffangtatbestand betrachtet werden, RS 1972 Nr. 243. Zum
Verhältnis zu Art. 170 BGE 109 IV 115, **Art. 170** N 4.

166 Unterlassung der Buchführung

   **Der Schuldner, der die ihm gesetzlich obliegende Pflicht zur ordnungs-
mässigen Führung und Aufbewahrung von Geschäftsbüchern oder zur
Aufstellung einer Bilanz verletzt, so dass sein Vermögensstand nicht
oder nicht vollständig ersichtlich ist, wird, wenn über ihn der Konkurs
eröffnet oder in einer gemäss Artikel 43 des Schuldbetreibungs- und
Konkursgesetzes erfolgten Pfändung gegen ihn ein Verlustschein ausgestellt worden ist, mit Gefängnis oder mit Busse bestraft.**

ALFRED W. VON ARX, Das Buchdelikt, Die Verletzungen der Buchführungspflicht,
Diss. ZH 1942; G. BEELER, Zum Begriff der ordnungsgemässen Buchführung, SJZ
40 (1944) 353; OTTO K. KAUFMANN, Buchführungsdelikte, SAG 19 (1947) 124;
NIKLAUS SCHMID, Buchführungsdelikte im Zeitalter der Datenverarbeitung, FS für
Carl Helbling, Zürich 1992, 333 ff.; VITAL SCHWANDER, Unterlassung der Buch-
führung, SJK Nr. 1131; ERICH STIEGER, Buchführungsdelikte, Diss. ZH 1975;
SIBYLLE ZWEIFEL, Buchführungsdelikte mittels EDV und Massnahmen zu deren
Verhinderung, Diss. ZH 1984; Lit. zu Art. 163.

Art. 166 schützt als Begehungs- oder Unterlassungsdelikt und als (sehr)   1
abstraktes Gefährdungsdelikt Gläubigerinteressen.

Täter kann nur ein **Schuldner** sein, der der Konkursbetreibung unterliegt,   2
unabhängig von der konkreten Vollstreckungsart; die Kontrollstelle ist
nicht buchhaltungspflichtig, ihr fehlt deshalb die Sondereigenschaft,
BGE 116 IV 31. Dritte können aber Gehilfen sein, RS 1949 NR 230. Zur
Verantwortlichkeit des Strohmannes BGE 96 IV 78 (Art. 325 f.). Freiwillige Eintragung ins Handelsregister begründet keine Buchführungspflicht, RS 1943 Nr. 292.

Die Buchführungspflicht ergibt sich vor allem aus OR Art. 957 f.; ferner   3
OR Art. 558, 662 ff., BkG Art. 6. «Der Schuldner selber muss Bücher

führen, d.h. fortlaufend systematische, vollständige und klare rechneri-
sche Aufzeichnungen über die Geschäftsvorgänge machen, so dass durch
blosses Ziehen der Bilanz jederzeit die Vermögenslage des Geschäftes
ermittelt werden kann», die Aufbewahrung von Belegen genügt nicht,
BGE 77 IV 166.

4 Der **Vorsatz** muss sich auf die Vernachlässigung der Buchführung und
auf die Verschleierung des Vermögensstandes richten, BGE 72 IV 19,
PKG 1955 Nr. 34, 1957 Nr. 49, ZR 51 (1952) Nr. 196. Das Bundesgericht
schien früher (a.a.O., 77 IV 166) geradezu Verschleierungsabsicht zu fordern, kritisch ALBRECHT Art. 166 N 18, NOLL BT 187, STRATENWERTH
BT I § 24 N 10, WAIBLINGER, ZBJV 84 (1948) 442 f. PKG 1950 Nr. 23
lässt dagegen richtigerweise Eventualvorsatz genügen, dem hat sich das
BGer nun auch angeschlossen, BGE 117 IV 164 f., 450.

5 **Kasuistik**
BGE 72 IV 18: Meier hatte mit Kunderts Geld ein Geschäft eröffnet und
vereinbart, Steffen würde die Buchhaltung führen, worauf er es unterliess, sich in diesem Sinne durchzusetzen; **77 IV 164: Schaufelberger** be-
wahrte zwar Unterlagen und Belege auf, unterliess aber die Buchführung, um die prekäre finanzielle Lage der GmbH zu verschleiern; **116
IV 27: A.** wurde vorgeworfen, er habe als Geschäftsführer der B. AG,
der Kontrollstelle konkursiter Aktiengesellschaften, nicht dafür gesorgt, dass
diese ihrer Buchführungspflicht nachkommen – Tätereigenschaft fehlte;
117 IV 164: K. konnte, nachdem ihm seine Computeranlage von der Lea-
singgeberin weggenommen worden war und er seinen Buchhalter aus finanziellen Gründen entlassen hatte, die Buchhaltung nicht mehr führen.

6 **Konkurrenzen und Abgrenzungen**
Art. 166 ist gegenüber **Art. 163** und **164** subsidiär, mit **Art. 165** ist Konkurrenz möglich (vgl. dazu BGE 77 IV 164); **Art. 251** ist allein anzuwenden, wenn die Buchhaltung falsche Eintragungen aufweist; **Art. 325** ist
subsidiär für den Fall, dass der Verschleierungsvorsatz oder die Strafbarkeitsbedingung von Art. 166 fehlt, BGE 72 IV 19.

167 Bevorzugung eines Gläubigers

**Der Schuldner, der im Bewusstsein seiner Zahlungsunfähigkeit und in
der Absicht, einzelne seiner Gläubiger zum Nachteil anderer zu bevorzu-
gen, darauf abzielende Handlungen vornimmt, insbesondere nicht verfallene Schulden bezahlt, eine verfallene Schuld anders als durch übliche
Zahlungsmittel tilgt, eine Schuld aus eigenen Mitteln sicherstellt, ohne
dass er dazu verpflichtet war, wird, wenn über ihn der Konkurs eröffnet
oder gegen ihn ein Verlustschein ausgestellt worden ist, mit Gefängnis
bestraft.**

NIKLAUS SCHMID, Ist die dingliche Bestellung von früher vereinbarten Pfandrechten
im Zustande der Insolvenz eine Gläubigerbevorzugung im Sinne von StGB
Art. 167? BlSchK 50 (1986) 201; VITAL SCHWANDER, Leichtsinniger Konkurs und

Vermögensverfall; Gläubigerbevorzugung, SJK Nr. 1129; HANS ULRICH WALDER, Gläubigerbegünstigung, BlSchK 31 (1967) 1; **Lit.** zu Art. 163.

Art. 167 schützt den Anspruch der Gläubiger auf Gleichbehandlung nach der gesetzlichen Regelung der Zwangsvollstreckung, BGE 93 IV 18 f., 117 IV 25. Das Bankrottdelikt ist privilegiert, weil das entzogene Vermögen wenigstens nicht dem Schuldner, sondern einem andern Gläubiger zukommt, BGE 107 IV 178. Zur Entstehungsgeschichte SCHMID, BlSchKG 50 (1986) 203.   1

Täter kann nur **der schon zahlungsunfähige Schuldner** sein. Eine AG ist auch zahlungsunfähig, wenn Forderungen, die mit grösster Wahrscheinlichkeit (erst) in nächster Zeit fällig werden, mangels Rücklagen nicht gedeckt sind, BGE 104 IV 82 f.   2

Als **Täterhandlung** kommt jede (auch nur teilweise) Befriedigung eines Gläubigers in Betracht. die ihm vertraglich nicht vorgesehene Vorteile bringen soll, BJM 1971 191, z.B. Verkauf einer Sache unter ihrem Wert, BGE 75 IV 111, oder nachträgliche Sicherung einer Darlehensforderung durch einen Schuldbrief als Faustpfand, BGE 74 IV 43. Ordnungsgemässe, wenn auch *de facto* privilegierende Bezahlung von Schulden erfüllt den Tatbestand jedoch nicht, BJM 1971 191, RS 1972 Nr. 244, NOLL BT 183, REHBERG / SCHMID 286 f., SCHMID a.a.O. 211, STRATENWERTH BT I § 24 N 23. Straflos bleibt nach SCHMID a.a.O. 212 f. auch die Pfandbestellung, zu der sich ein insolventer Schuldner vertraglich verpflichtet hatte. Ist die Übertragung von Vermögen zivilrechtlich ungültig, so liegt untauglicher Versuch vor, BJM 1959 129.   3

Die **Generalklausel** lehnt sich an die *actio pauliana* gemäss SchKG Art. 288 an, BGE 117 IV 25 m. Hinw., sie ist eng auszulegen. Art. 167 erfasst erst Fälle, die «eine krasse und ungerechtfertigte Ungleichheit zwischen den Gläubigern» schaffen, NOLL BT 183, zu einer «inkongruenten Deckung» führen, SCHMID a.a.O. 211 f., beide zit. in BGer a.a.O., wo die Strafbarkeit bejaht wird, weil der Täter die Schuld aus dem Erlös eines Verkaufs tilgte, der nicht zum normalen Geschäftsgang, sondern bereits zur Liquidation gehörte.   3a

Art. 167 ist ein **Absichtsdelikt** (s. N 10 vor 137) – Eventualabsicht genügt, BGE 74 IV 44, RJN 1986 90. Eine tatsächliche Schädigung ist ebensowenig erforderlich wie eine endgültige Bevorteilung, BGE 93 IV 18, 74 IV 50. Auch hier kommt es auf Motive nicht an, BGE 74 IV 44. Hinsichtlich der eigenen Zahlungsunfähigkeit muss dagegen Wissen vorliegen – in dieser Hinsicht genügt Eventualdolus nicht, NOLL BT 184.   4

Die Ausstellung eines (auch nur provisorischen) **Verlustscheins** muss dem Gläubiger gelten, dem der Schuldner einen Nachteil zudachte, BGE 75 IV 109.   5

Der bevorzugte Gläubiger ist nach Praxis und h.L. strafbar, wenn er den Schuldner anstiftet oder sich an der Tat intensiver als durch blosse Ent-   6 gegennahme des Vorteils beteiligt, BGE 75 IV 112, 74 IV 48 f., BJM 1959 129; REHBERG/SCHMID 288, SCHMID a.a.O. 208 ff., SCHULTZ AT I 290, STRATENWERTH AT I § 13 N 153, BT I § 24 N 31, TRECHSEL/NOLL 207; für Straflosigkeit HAFTER AT 224 Fn 3, LOGOZ 126 N 3 vor Art. 24.

7   **Kasuistik**
BGE 74 IV 41: Schödler borgte von Hagenbucher Geld gegen Wechsel und versprach Sicherstellung durch einen Schuldbrief, die unterblieb; für ein späteres Darlehen gab er ihm auf Verlangen nach Eintritt der Zahlungsunfähigkeit einen Schuldbrief als Faustpfand; **75 IV 106: Peter Lötscher** verkaufte seiner Tochter und Gläubigerin Hermine am Vortag einer Pfändung sein Heu im Wert von 250 Franken für 100 Franken; **104 IV 80: L.**, Alleinaktionär der Caropa, zog bei deren Zahlungsunfähigkeit das aus Forderungen gegen ihn bestehende Fremdkapital zum grössten Teil zurück, indem er aktive Konten auf sein Fremdkapitalkonto überschreiben liess; **107 IV 176: N.**, Verwaltungsrat der TS AG, duldete die Wegnahme von Vermögensstücken der AG durch Mehrheitsaktionär M.; weil dieser i.S.v. Art. 163 Schuldner war, fällt die Tat unter Art. 163; **117 IV 24: X.**, Mitglied des Verwaltungsrates der S., kaufte gut zwei Monate vor Konkurseröffnung gegen letztere deren Büroeinrichtungen für 90 000 Franken und bezahlte mit dem Geld eine längst fällige Darlehensforderung der Z.

8   **Konkurrenzen und Abgrenzungen**
Art. 163 und **164** gehen vor, vgl. BGE 93 IV 19; s. auch **Art. 168** N 10, **169** N 12.

168   Bestechung bei Zwangsvollstreckung

1. Wer einem Gläubiger oder dessen Vertreter besondere Vorteile zuwendet oder zusichert, um dessen Stimme in der Gläubigerversammlung oder im Gläubigerausschuss zu erlangen oder um dessen Zustimmung zu einem gerichtlichen Nachlassvertrag oder dessen Ablehnung eines solchen Vertrages zu bewirken, wird mit Gefängnis bestraft.

2. Wer dem Konkursverwalter, einem Mitglied der Konkursverwaltung, dem Sachwalter oder dem Liquidator besondere Vorteile zuwendet oder zusichert, um dessen Entscheidungen zu beeinflussen, wird mit Gefängnis bestraft.

3. Wer sich solche Vorteile zuwenden oder zusichern lässt, wird mit der gleichen Strafe belegt.

OLAF FELDMANN, Die Bestechungsdelikte, Diss. FR 1967; VITAL SCHWANDER, Der Stimmenkauf, SJK Nr. 1132, **Lit.** zu Art. 163.

1   **Art. 168** schützt die Sachlichkeit der Entscheidungen von Gremien im Konkursverfahren; Stimmenkauf ist ein Delikt gegen die Rechtspflege BGE 71 IV 36, STRATENWERTH BT I § 24 N 32. Abs. 1 und 2 betreffen die aktive, Abs. 3 die passive Bestechung.

Täter kann nach Abs. 1 und 2, im Gegensatz zum früheren Recht, auch   2
ein Gläubiger oder ein Dritter sein, Botsch. 1066.

Adressat der Bestechung ist nach Abs. 1 der Gläubiger oder dessen Ver-   3
treter, nach Abs. 2 der Konkursverwalter, ein Mitglied der Konkursverwaltung, der Sachwalter oder der Liquidator.

Tathandlung ist die Zuwendung oder Zusicherung besonderer Vorteile,   4
wobei nach Abs. 1 der Vorteil ein materieller sein muss, REHBERG/
SCHMID 289, STRATENWERTH BT I § 24 N 37. Ein «besonderer» ist der
Vorteil dann, wenn der Gläubiger nach den betreibungsrechtlichen Vor-
schriften keinen Anspruch auf ihn hat, STRATENWERTH a.a.O. Da der
Adressat nach Abs. 2 nicht Gläubiger ist, genügt hier jeder Vorteil, REH-
BERG/SCHMID 289, STRATENWERTH BT I § 24 N 33.

Die Zuwendung oder Zusicherung besonderer Vorteile muss zudem   5
das **Ziel** haben, die Entscheidung der Adressaten zu beeinflussen.
Demnach muss die Zuwendung oder Zusicherung vor der Stimmabgabe resp. der Entscheidung erfolgen, REHBERG/SCHMID 289 f., STRA-
TENWERTH BT I § 24 N 38. Von Art. 168 nicht erfasst ist der ausserge-
richtliche Nachlassvertrag.

Art. 168 ist ein (sehr) **abstraktes Gefährdungsdelikt** – der Vorteil braucht   6
nicht angenommen, die Stimmabgabe nicht beeinflusst, schon gar nicht
ein Gläubiger geschädigt zu sein, BGE 71 IV 35 f.

Subjektiv ist **Vorsatz** erforderlich, welcher sich insbesondere auf den Wil-   7
len zur Beeinflussung und auf die «Besonderheit» des Vorteils beziehen
muss, nicht aber auf die Gefährdung der Gläubigerinteressen, REHBERG/
SCHMID 290, STRATENWERTH BT I § 24 N 40.

Der Kreis der Täter bei der **passiven Bestechung** nach **Abs. 3** ist be-   8
schränkt auf die Adressaten der beiden ersten Absätze. Das Delikt ist
vollendet, wenn der Täter die Zuwendung bzw. die Zusicherung annimmt, ob er sich tatsächlich beeinflussen lässt oder nicht, spielt
keine Rolle, vgl. BGE 71 IV 34 f. Notwendig ist jedoch, dass er
den Zweck der Zuwendung kennt, REHBERG/SCHMID 290, STRATEN-
WERTH BT I § 24 N 47.

Kasuistik   9
BGE 71 IV 33: Künzi versprach Dr. Koechlin, seine Schuld durch Malerarbeiten zu tilgen, falls er einem Nachlassvertrag zustimme; dieser bestätigte das Versprechen, ein Nachlassvertrag kam aber nicht zustande.

Konkurrenzen und Abgrenzungen   10
Zu **Art. 163 ff.** besteht echte Konkurrenz, weil Art. 168 die Lauterkeit
des Verfahrens allein schützt, a.M. für **Art. 167**, REHBERG/SCHMID 290,
STRATENWERTH BT I § 24 N 50.
Art. 288, 315 gehen vor, **Art. 316** tritt wegen der geringeren Strafdrohung
zurück, a.M. REHBERG/SCHMID und STRATENWERTH a.a.O.

169 Verfügung über mit Beschlag belegte Vermögenswerte

Wer eigenmächtig zum Schaden der Gläubiger über einen Vermögenswert verfügt, der

amtlich gepfändet oder mit Arrest belegt ist,

in einem Betreibungs-, Konkurs- oder Retentionsverfahren amtlich aufgezeichnet ist oder

zu einem durch Liquidationsvergleich abgetretenen Vermögen gehört

oder einen solchen Vermögenswert beschädigt, zerstört, entwertet oder unbrauchbar macht,

wird mit Gefängnis bestraft.

HANS HINDERLING, Die Pfändbarkeit künftigen Einkommens als Voraussetzung für die Anwendung von Art. 169 StGB, ZStrR 75 (1959) 172; HANS SCHULTZ, Der Begriff der Sache in StrGB Art. 169, ZStrR 72 (1957) 51; VITAL SCHWANDER, Verstrickungsbruch und Erschleichung eines gerichtlichen Nachlassvertrages, SJK Nr. 1130; **Lit.** zu Art. 163.

1   Beim **Verstrickungsbruch** geht es «ausser um den Schutz von Gläubigern schlechthin zusätzlich um die Wahrung der Interessen der Zwangsvollstreckung als eines Bestandteils der Rechtspflege, mit anderen Worten um den Schutz der staatlichen Autorität», BGE 99 IV 147, 75 IV 174, RS 1985 Nr. 874.

2   **Täter** kann jedermann sein, SJZ 65 (1969) Nr. 139.

3   Der Begriff Sache wurde im Zuge der Revision durch **«Vermögenswerte»** ersetzt; damit fallen auch Forderungen unter Art. 169, Botsch. 1068, STRATENWERTH BT I § 23 N 34. Die Vermögenswerte müssen amtlich gepfändet, mit Arrest belegt, in einem Betreibungs-, Konkurs- oder Retentionsverfahren amtlich aufgezeichnet sein oder zu einem durch Liquidationsvergleich abgetretenen Vermögen (SchKG Art. 317 ff.) gehören. Von praktischer Bedeutung ist vor allem die Pfändung der Lohnforderung, an deren Stelle automatisch das ausbezahlte Geld tritt, RS 1953 Nr. 32 (BGer), 1966 Nr. 30, 1967 Nr. 34, SJZ 1958 (1962) Nr. 77.

4   **Das Schuldbetreibungs- und Konkursrecht** bestimmt, welche Vermögenswerte erfasst werden können und bis zu welchem Ausmass (einschlägige Entscheidungen der zuständigen Kammer sind in vielen Urteilen des Kassationshofes angeführt – s. dort). Pfändbar ist auch das Einkommen Selbständigerwerbender, BGE 84 IV 156, 96 IV 111, Trinkgeld einer Serviertochter, BGE 82 IV 187, Dirnenlohn, BGE 91 IV 69 Dass der Schuldner auf die Einnahme einen Rechtsanspruch hat, ist nicht erforderlich – es genügt, dass sie rechtlich anerkannt wird (OR Art. 66) Nicht gepfändet ist dagegen der Lohnabzug, den der Arbeitgeber nicht ans Betreibungsamt abliefert, 86 IV 172 ff., RJN 1984 96 (auch keine Veruntreuung), denn das Geld als solches ist nicht gepfändet. Der Arbeitgeber, welcher den Geldbetrag nach eigenem Ermessen verwendet, begeht

keinen Verstrickungsbruch; der Sachverhalt ist nunmehr gemäss Art. 159 strafbar.

Erst ab dem Zeitpunkt der amtlichen **Aufnahme des Konkursinventars** kommt Art. 169 zur Anwendung. Die Konkurseröffnung ist nicht massgebend, was zur Folge hat, dass der Täter bis zur Aufnahme des Konkursinventars dem strengeren Art. 164 unterliegt, STRATENWERTH BT I § 23 N 37.   4a

Die **Verfügung** des Betreibungsamtes muss **gültig** sein, BGE 105 IV 323, was insbesondere Zuständigkeit voraussetzt, RS 1964 Nr. 159. Der Strafrichter hat überdies bei Einkommenspfändung von Amtes wegen zu prüfen (BJM 1967 44), ob ausreichende Mittel vorhanden waren, wobei das Durchschnittseinkommen während der Pfändungsperiode massgebend ist, BGE 96 IV 112, BJM 1964 99, auch ZBJV 110 (1974) 73. Zur nachträglichen Anfechtung einer Verfügung ZBJV 123 (1987) 445 f. («grenzt an einen Verstoss gegen Treu und Glauben»). Mündliche Eröffnung der Retentionsverfügung gilt, BGE 105 IV 322. Der Tatbestand ist auch erfüllt durch Verschenken eines gepfändeten Grundstücks vor Eintragung der Verfügungsbeschränkung im Grundbuch, Rep. 1985 391.   5

Die gepfändeten Werte müssen also **tatsächlich vorhanden** sein. Im Gegensatz zu Art. 217 verlangt Art. 169 vom Schuldner nicht, dass er sich um ein bestimmtes Einkommen bemühe, BGE 91 IV 70, 96 IV 114, 102 IV 249; PKG 1966 Nr. 10, RS 1966 Nr. 60, SJZ 64 (1968) Nr. 24 (abweichend SJZ 65 [1969] Nr. 139, *recte* Art. 167!). Ein zeitweiliger Mindererwerb kann «mit dem an sich pfändbaren Mehrerlös der folgenden Zeit ausgeglichen werden», BGE 102 IV 249, 96 IV 111 f., RJN 1980-81 111.   6

Über die gepfändete Sache **verfügt** auch, wer sie «in Sicherheit bringt», BGE 75 IV 64 – die Tathandlung entspricht derjenigen in Art. 163 f., NOLL BT 182. Das blosse *Untätigbleiben ist keine eigenmächtige Verfügung* i.S.v. Art. 169; der Schuldner, der es unterlässt das Abtransportieren retinierter Gegenstände durch den Käufer, der sie vor der Beschlagnahme erstanden hat, zu verhindern, ist nicht strafbar, er hat gegenüber seinen Gläubigern keine Garantenstellung, BGE 121 IV 356 f.   7

Strafbar ist nur die **eigenmächtige,** d.h. unrechtmässige Verfügung, BGE 75 IV 65, 100 IV 229 – fehlende Erlaubnis des Betreibungsamtes. Der Anwalt ist befugt, seine Honorarforderung aus einem Vorschuss zu befriedigen, auch wenn das Recht auf Rückforderung gepfändet ist, BGE 100 IV 229.   8

Die Verfügung muss **zum Schaden der Gläubiger** erfolgen. Was darunter gemeint sei, ist unklar. Das Merkmal wurde sehr weit ausgelegt, ein bloss vorübergehender Schaden sollte genügen, BGE 75 IV 64 (zu aArt. 169), krit. ALBRECHT Art. 169 N 29 f., HAUSER 52 f., M.E. ist nicht daran zu zweifeln, dass jedenfalls nach der Revision, mit welcher «Nachteil» durch «Schaden» ersetzt wurde, als objektives Tatbestandsmerkmal – Erfolg –   9

ein Vermögensschaden beim Gläubiger eingetreten sein muss. Aus unerfindlichen Gründen weichen sowohl das BGer (BGE 119 IV 135 f.) als
auch ALBRECHT a.a.O. und STRATENWERTH BT I § 23 N 44 dieser Feststellung aus und beschränken sich auf die Aussage, es sei «zumindest zu
fordern, dass dem Täter subjektiv neben dem eigentlichen Vorsatz der
Wille der Gläubigerbenachteiligung nachgewiesen wird», BGer a.a.O.
mit Hinweis auf ALBRECHT Art. 169 N 30 und 33 ff.

10   Der **subjektive Tatbestand** erfordert Kenntnis der Verstrickung, BGE
105 IV 325, und der Eigenmacht, BGE 100 IV 229, sowie mindestens den
Eventualvorsatz der Gläubigerschädigung, BGE 119 IV 136, 121 IV 357,
zu eng noch 75 IV 65, der Absicht auf vorübergehenden Nachteil genügen liess (vgl. N 11 zu 163). Wer trotz Warnung die Pfändung für rechtswidrig hält, kann sich nicht auf Verbotsirrtum berufen, ZR 51 (1952)
Nr. 194. S. auch Art. 163 N 9.

11   **Kasuistik**
BGE 75 IV 62: Hengärtner brachte die gepfändete Schreibmaschine, die
er als Kompetenzstück betrachtete, «auswärts in Sicherheit»; **82 IV 187:**
Das Betreibungsamt hatte für ein Jahr wöchentlich 30 Franken vom
künftigen Trinkgeld, dem einzigen Einkommen der Serviertochter Wal-
traud **Schoop,** gepfändet, die aber nur 60 Franken zahlte; **84 IV 155:** Das
Betreibungsamt Boudry pfändete künftiges Einkommen *(«salaire»)* der
Colette **Allemann,** die einen Schönheitssalon führte, was zulässig war –
strafbar, weil keine Zahlungen geleistet; **86 IV 171:** Die **Firma «Ultra 07
E.H. Heierle»** zog auf Anzeige des Betreibungsamts einer Hilfsarbeiterin
insgesamt 280 Franken am Lohn ab, leitete aber nur 79.40 Franken weiter; **96 IV 111:** Otto **Leibundgut** erzielte mit Wartung, Vermietung und
Vermittlung fremder Pferde ein Einkommen, das in einzelnen Monaten
den Notbedarf überstieg, im Durchschnitt jedoch erheblich darunter
blieb, nicht strafbar; **100 IV 227: M.** hatte Fürsprecher X. 20 000 Franken
als Vorschuss geleistet, das Betreibungsamt pfändete das Rückerstat-
tungsguthaben, X. machte jedoch mit Recht Verrechnung mit inzwischen
entstandenen Honorarforderungen geltend; **102 IV 248: S.** hatte zunächst
aus selbständiger Erwerbstätigkeit kaum den gepfändeten Betrag verdient, später als Arbeitnehmer bedeutend mehr – Ausgleich zugelassen;
105 IV 322: V. schaffte Retentionsgegenstände weg nach mündlicher Re-
tentionserklärung aber vor Erhalt der Retentionsurkunde; **119 IV 134:
W.** hatte ohne Anhebung der Widerspruchsklage das an M. vermietete
Auto zurückgenommen und weiterverkauft – straflos, wenn er davor
ausging, dass der Gläubiger seinen Eigentumsanspruch anerkannt hatte;
121 IV 353: Z. verkaufte Bürogegenstände vor erfolgter Retention an R.
welcher sie in Abwesenheit von Z. nach dem Tag der Retention abholte
– kein Verstrickungsbruch.

12   **Konkurrenzen und Abgrenzungen**
Art. 145 ist bei nicht amtlicher Verpfändung anwendbar; **Art. 163, 164**
treten nach der Pfändung bzw. Aufzeichnung hinter Art. 169 zurück, h.L.

(der Unterschied im Strafmass überzeugt nicht, für die umgekehrte Lösung deshalb NOLL BT 182); **Art. 167** steht in Konkurrenz mit Art. 169, weil die Verletzung staatlicher Autorität nicht abgegolten wird (anders ALBRECHT Art. 169 N 41, RS 1961 Nr 200); **Art. 217** steht in Konkurrenz mit 169, BGE 99 IV 147; **Art. 289** N 4.

170   Erschleichung eines gerichtlichen Nachlassvertrages

Der Schuldner, der über seine Vermögenslage, namentlich durch falsche Buchführung oder Bilanz, seine Gläubiger, den Sachwalter oder die Nachlassbehörde irreführt, um dadurch eine Nachlassstundung oder die Genehmigung eines gerichtlichen Nachlassvertrages zu erwirken,

der Dritte, der eine solche Handlung zum Vorteile des Schuldners vornimmt,

    wird mit Gefängnis bestraft.

GUNTHER ARZT, Der Sanierungsentscheid der Bank – auch ein strafrechtliches Risiko? in Aktuelle Probleme im Bankenrecht, BTJP 1993, Bern 1994, 159; FRIEDRICH HASLER, Die Erschleichung eines Nachlassvertrages, Diss. ZH 1948; VITAL SCHWANDER, Verstrickungsbruch und Erschleichen eines Nachlassvertrages, SJK Nr. 1130.

Art. 170 schützt als abstraktes Gefährdungsdelikt die Gläubiger vor einem ungerechtfertigten Opfer, unmittelbar geht es um Klarheit und Offenheit im Vollstreckungsverfahren, BGE 84 IV 161.   1

Die **Irreführung** kann in zu günstiger wie zu ungünstiger Darstellung der Vermögenslage bestehen, BGE 84 IV 159. Mit ihr ist die Tat vollendet, eine Schädigung ist nicht erforderlich – sie braucht nicht einmal beabsichtigt zu sein.   2

Kasuistik   3
BGE 84 IV 158: Charles **Maurer** betrieb einen Futtermittel-, Dünger-, Stroh- und Kolonialwarenhandel, stellte ein Nachlassbegehren und gab anstelle eines Passivsaldos von 121 710.38 Franken einen Gewinn von 25 415.45 Franken an; **109 IV 113: K.** liess die Gläubigerversammlung und das Gericht im Glauben, er könne termingerecht und bedingungslos über einen grösseren Kredit verfügen.

Konkurrenzen und Abgrenzungen   4
Art. 146 und **163** gehen als Verletzungsdelikt vor, STRATENWERTH BT I § 24 N 59 f.; zwischen Erschleichen eines Nachlassvertrags und (nach dessen Widerruf) leichtsinnigem Konkurs, **Art. 165,** besteht Realkonkurrenz, BGE 109 IV 115; s. auch **Art. 251** N 20.

171　Gerichtlicher Nachlassvertrag

¹ Die Artikel 163 Ziffer 1, 164 Ziffer 1, 165 Ziffer 1, 166 und 167 gelten auch, wenn ein gerichtlicher Nachlassvertrag angenommen und bestätigt worden ist.

² Hat der Schuldner oder der Dritte im Sinne von Artikel 163 Ziffer 2 und 164 Ziffer 2 eine besondere wirtschaftliche Anstrengung unternommen und dadurch das Zustandekommen des gerichtlichen Nachlassvertrages erleichtert, so kann die zuständige Behörde bei ihm von der Strafverfolgung, der Überweisung an das Gericht oder der Bestrafung absehen.

Lit. zu Art. 163.

1　Vor der Revision vom 17.6.1994 wurde der Schuldner, welcher einen gerichtlichen Nachlassvertrag abgeschlossen hatte von den Konkurs- und Betreibungsdelikten nicht erfasst. Dies wurde aufgrund der Häufigkeit dieser Vorgehensweise als stossend empfunden, so dass nun der gerichtliche Nachlassvertrag in Art. 163.1, 164.1, 165.1, 166 und 167 als **objektive Strafbarkeitsbedingung** zu den dort genannten hinzutritt.

2　Entgegen REHBERG/SCHMID 269 f., welche sich offenbar noch auf die Version in der Botschaft beziehen, gilt Art. 171 nicht nur für den **Liquidationsvergleich,** sondern auch für den **Stundungs-** und den **Prozent-** oder **Dividendenvergleich.** Der Nachlassvertrag muss aber allemal von den Gläubigern angenommen und von der Nachlassbehörde genehmigt worden sein, Botsch. 1070.

3　**Abs. 2** stellt eine besondere Form der aufrichtigen Reue dar, welche allerdings in ihren Wirkungen über Art. 64 hinausgeht, Botsch. a.a.O.

4　Als Beispiel für eine **besondere wirtschaftliche Anstrengung** nennt die Botschaft den Fall, dass der Schuldner einen Erbvorbezug erwirkt, oder dass die verantwortlichen natürlichen Personen einer AG Teile ihres Privatvermögens zur Befriedigung der Gläubiger einsetzen, Botsch. 1070 f. Ein strikter Nachweis der Kausalität ist hier nicht erforderlich, doch muss die Anstrengung mindestens erkennbar den Abschluss eines gerichtlichen Nachlassvertrages erleichtern, REHBERG/SCHMID 270. Abs. 2 gilt als persönlicher Umstand i.S.v. Art. 26.

5　**Zuständige Behörden** i.S.v. Art. 171 sind nur Organe der Strafrechtspflege, nicht etwa die Polizei, Botsch. 1071.

171bis　Widerruf des Konkurses

¹ Wird der Konkurs widerrufen (Art. 195 SchKG), so kann die zuständige Behörde von der Strafverfolgung, der Überweisung an das Gericht oder der Bestrafung absehen.

[2]**Wurde ein gerichtlicher Nachlassvertrag abgeschlossen, so ist Absatz 1 nur anwendbar, wenn der Schuldner oder der Dritte im Sinne von Artikel 163 Ziffer 2 und 164 Ziffer 2 eine besondere wirtschaftliche Anstrengung unternommen und dadurch dessen Zustandekommen erleichtert hat.**

Abs. 1 schafft die **Möglichkeit der Strafbarkeitsaufhebung** bei den Konkursdelikten, wenn der Konkurs widerrufen wurde. Voraussetzungen zum Widerruf des Konkurses sind nach SchKG Art. 195 die Tilgung sämtlicher Forderungen, der Rückzug der Konkurseingaben aller Gläubiger oder das Zustandekommen eines Nachlassvertrags. Im alten Recht war diese Möglichkeit nicht vorgesehen, was zu Härtefällen führen konnte; Botsch. 1071 erwähnt das Beispiel des wegen Unachtsamkeit nur vorübergehend zahlungsunfähigen aber nicht überschuldeten Schuldners.   1

Der **Pfändungsschuldner** kommt, auch bei Tilgung der Schuld samt Zinsen und Kosten gemäss SchKG Art. 85 f., nicht in den Genuss von Art. 171bis; der auf den Widerruf des Konkurses beschränkt ist, REHBERG / SCHMID 271.   2

Als **zuständige Behörde** gelten auch hier nur die Organe der Strafrechtspflege, vgl. Art. 171 N 5.   3

Abs. 2 passt Art. 171bis für den Fall des Zustandekommens eines gerichtlichen Nachlassvertrages an Art. 171 an, s. dort N 3 f.   4

4. Allgemeine Bestimmungen

VE 1908 Art. 104. Erl.Z. 181. 2. ExpK II 418 ff., VIII 268 f. VE 1916 Art. 155, 316. E Art. 149, 311. Botsch. 71. Sten.NR 359 ff., StR 174 ff.
Revision 1994: VE 1982, Botsch. vom 24.4.1991, BBl 1991 II 969 ff., 1994 III 256 ff., Sten.StR 1993 948 ff., 962 ff.. NR 1993 922 ff., 1994 329 ff.

172 Anwendung auf juristische Personen und Gesellschaften

Handelt jemand

als Organ oder als Mitglied eines Organs einer juristischen Person,

als Mitarbeiter einer juristischen Person oder einer Gesellschaft, dem eine vergleichbare selbständige Entscheidungsbefugnis in seinem Tätigkeitsbereich zukommt, oder

ohne Organ, Mitglied eines Organs oder Mitarbeiter zu sein, als tatsächlicher Leiter einer juristischen Person oder Gesellschaft,

so ist eine in diesem Titel aufgeführte Strafbestimmung, nach welcher besondere persönliche Merkmale die Strafbarkeit begründen oder erhöhen, auch auf die genannten Personen anzuwenden, wenn diese Merk-

male nicht bei ihnen persönlich, sondern bei der juristischen Person oder Gesellschaft vorliegen.

GUNTHER ARZT, Der Sanierungsentscheid der Bank – auch ein strafrechtliches Risiko? in Aktuelle Probleme im Bankenrecht, BTJP 1993, Bern 1994, 159; URSULA CASSANI, *La protection pénale du patrimoine*, Laus. 1988, 161; ANNKA DIETRICH, Strafrechtliche Organ- und Vertreterhaftung, Diss. BS 1990; PIERRE-OLIVIER GEHRIGER, Faktische Organe im Gesellschaftsrecht unter Berücksichtigung der strafrechtlichen Folgen, Diss. SG 1978; GÜNTER HEINE, Die strafrechtliche Verantwortlichkeit von Unternehmen, Baden-Baden 1995; THOMAS KOLLER, Das Von-Roll-Urteil und die Organisationshaftung – Rezeption einer genuin zivilistischen Betrachtungsweise im Strafrecht? SJZ 92 (1996) 409; DETLEF KRAUSS, Probleme der Täterschaft in Unternehmen, Plädoyer 1/1989 40; SANDRA HILDA LÜTOLF, Strafbarkeit der juristischen Person, Diss. ZH 1996; PETER J. SCHICK, Die strafrechtliche Verantwortung der zur Vertretung berufenen sowie der «faktischen» Organe von Handelsgesellschaften, LJZ 14 (1993) 14 ff.; NIKLAUS SCHMID, Fragen der strafrechtlichen Verantwortlichkeit bei Schwindel- und Strohmanngesellschaften, ZStrR 87 (1971) 247; DERS., Die strafrechtliche Verantwortlichkeit für Wirtschaftsdelikte im Tätigkeitsbereiche der Aktiengesellschaft, SAG 46 (1974) 101; DERS., Einige Aspekte der strafrechtlichen Verantwortlichkeit von Gesellschaftsorganen, ZStrR 105 (1988) 156; ERICH STIEGER, Buchführungsdelikte, Diss. ZH 1975; PIERRE ZAPPELLI, *La responsabilité pénale d'une personne morale*, ZStrR 105 (1988) 190; **Lit.** zu Art. 163 ff. und zu Art. 1 vor N 45.

1   Während **grundsätzlich** für strafbare Handlungen im Bereich juristischer Personen, **die** tatsächlich verantwortlichen **natürlichen Personen** strafrechtlich haften, BGE 106 IV 22, 105 IV 175, bedurfte es für die Tatbestände des Betreibungsstrafrechts einer speziellen Regelung für den Fall, dass die Sondereigenschaft «Schuldner» nur der juristischen Person zukommt, BGE 105 IV 175, 97 IV 203. Im Gegensatz zum alten Recht gilt die **Organhaftung** des Art. 172 nun **für alle Vermögensdelikte,** Botsch 1073. Es geht um persönliche Merkmale, die eine Sonderpflicht begründen, STRATENWERTH BT I § 25 N 7.

2   Ob eine natürliche Person **Organ** oder **Mitglied eines Organs** einer juristischen Person ist oder nicht, bestimmt das Zivilrecht, STRATENWERTH BT I § 25 N 4.

2a Art. 172 erfasst zusätzlich Personen, welche ohne Organ zu sein, eine **selbständige Entscheidungsbefugnis** in ihrem Tätigkeitsbereich haben die derjenigen eines Organs vergleichbar ist. Damit hat der Gesetzgeber die unter altem Recht übliche Praxis (vgl. BGE 106 IV 23, 116 IV 28) im Gesetz kodifiziert. Die Botschaft nennt Prokuristen und Handlungsbevollmächtigte. Die Entscheidungsbefugnis des Mitarbeiters kann nur dann mit derjenigen eines Organs vergleichbar sein, wenn «dem Mitarbeiter Entscheidungen übertragen werden, für die an sich das Organ zuständig wäre», STRATENWERTH BT I § 25 N 5.

2b Erfasst werden weiter die Personen, welche ohne Organ, Mitglied eines Organs oder Mitarbeiter zu sein, **«tatsächliche Leiter»** einer juristischen

Person oder Gesellschaft sind. Der Begriff des Organs wurde schon in BGE 78 IV 30 auf alle Personen ausgedehnt, «welche die Gesellschaft tatsächlich leiten», Hinterleute von Strohleuten, weil sich das Strafrecht sonst «nicht Nachachtung zu verschaffen» vermöge, vgl. auch BGE 100 IV 42, 107 IV 177. Diese Praxis wurde mit Recht kritisiert, z.B. STRA-TENWERTH BT I, 3. Aufl. § 23 N 13. Die Revision nennt nun «aus Grün-den der Klarheit» auch die faktischen Organe, Botsch. 1073 Fn 187. HEIM vertritt die Auffassung, dass Art. 172 auch auf die Gläubigerbank (bzw. deren Organe oder Mitarbeiter) anzuwenden sei, die faktisch in die Lei-tung des Unternehmens eingreift, Sem.jud. 1994 673 ff.

Ist ein Organ seinerseits eine juristische Person, wird der **Durchgriff** in dem Sinne **weitergeführt,** dass die Organe bzw. faktisch Bevollmächtig-ten *dieser* Gesellschaft strafrechtliche Verantwortung tragen, BGE 116 IV 28 f.   2c

Art. 172 gilt für **sämtliche** juristischen Personen. Der Begriff der Gesell-schaft bezieht sich nicht nur auf die Kollektiv- und Kommanditgesell-schaft, sondern auch auf die **einfache Gesellschaft,** Botsch. 1073 f.   3

Art. 326 enthält eine analoge Regelung für die betreibungsrechtlichen Übertretungen, Art. 323-325.   4

172bis   Verbindung von Freiheitsstrafe mit Busse

Ist in diesem Titel ausschliesslich Freiheitsstrafe angedroht, so kann der Richter diese in jedem Falle mit Busse verbinden.

Art. 172bis tritt **an die Stelle zahlreicher Einzelbestimmungen** im alten Vermögenstrafrecht, welche entweder zwingend (im allgemeinen bei Ge-werbsmässigkeit) oder doch zumindest fakultativ neben einer Freiheits-strafe eine Geldstrafe androhten. Grundgedanke war, dass man den Ver-mögensdelinquenten an einer besonders empfindlichen Stelle treffen wollte. Daneben trat dann der Wunsch, dem Täter, der zu einer beding-ten Strafe verurteilt wurde, doch noch einen *spürbaren Denkzettel* zu ver-passen. In dieser Hinsicht erwies sich die alte Regelung als zu starr. Mit der Teilrevision von 1994 kann nun der Richter bei allen Tatbeständen des 2. Titels entscheiden, ob er dem Täter neben der Freiheitsstrafe noch eine Busse auferlegen will, Botsch. 1075.   1

Die Bestimmung ist auf **Vermögensdelikte** beschränkt. *De lege ferenda* ist mit STRATENWERTH BT I § 25 N 11 und REHBERG/SCHMID 66 zu for-dern, dass sie in den AT eingegliedert werden wird.   2

Ist nicht **ausschliesslich Freiheitsstrafe** angedroht, kommt an Stelle von Art. 172bis Art. 50 II zur Anwendung.   3

172ter Geringfügige Vermögensdelikte

¹ **Richtet sich die Tat nur auf einen geringen Vermögenswert oder auf einen geringen Schaden, so wird der Täter, auf Antrag, mit Haft oder mit Busse bestraft.**

² **Diese Vorschrift gilt nicht bei qualifiziertem Diebstahl (Art. 139 Ziff. 2 und 3), bei Raub und Erpressung.**

PETER ALBRECHT, Bemerkungen zum Tatbestand der geringfügigen Vermögensdelikte gemäss Art. 172ter StGB, in Mélanges en l'honneur du Professeur Jean Gauthier, Sonderband ZStrR 114 (1996) 137 ff.; ARTHUR HAEFLIGER, Der Deliktsbetrag, ZStrR 70 (1955) 81; ROLF HÜRLIMANN, Die Bedeutung des Deliktsbetrages im schweizerischen Strafrecht, Diss. ZH 1955; PAUL RUST, Ladendiebstahl und «Selbstjustiz», Diss. ZH 1972; THOMAS SCHWEIZER, Die Entwendung (Art. 138), Diss. BS 1979.

1   Art. 172ter **ersetzt und ergänzt** die verschiedenartigen Privilegierungen geringfügiger Fälle in aArt. 138, 142, 143 II und 144 II. Die besonderen subjektiven Merkmale der Entwendung wurden fallengelassen, die Strafdrohung ist einheitlich diejenige der Übertretung und damit höher als in den ersetzten Bestimmungen. Zum Anwendungsbereich s. N 5. Der Vorschlag, das Legalitätsprinzip generell für Bagatelldelikte gegen das Vermögen zu lockern, wurde mit Stichentscheid des Präsidenten im Nationalrat zurückgewiesen, MÜLLER (vor Art. 137) 18. Die Frage soll im Rahmen der Revision des Allgemeinen Teils weiterverfolgt werden.

2   Der Begriff des **geringen** Wertes bzw. Schadens ist weiterhin *nach den Kriterien* zu bestimmen, die *zum alten Recht* entwickelt wurden, STRATENWERTH BT I § 25 N 13. Lange Zeit hielt das BGer auch subjektive Elemente für entscheidend, dazu 1. Aufl. Art. 138 N 3. In BGE 116 IV 192 (für das neue Recht bestätigt in BGE 121 IV 266) rückte es von dieser Rechtsprechung ab: «Bei Sachen mit einem Marktwert bzw. einem objektiv bestimmbaren Wert ist allein dieser entscheidend. Bei Sachen ohne Marktwert bzw. bestimmbaren Wert ist massgebend, welchen Wert die Sache im konkreten Fall für das Opfer hat; dabei kann auch berücksichtigt werden, welchen Geldbetrag der Täter dem Opfer für die Sache zu zahlen bereit wäre». Die gestärkte Rechtssicherheit ist zu begrüssen, immerhin wäre für Kinder und Jugendliche eine niedrigere Schwelle zu erwägen, weil einerseits in diesen Altersgruppen das Geld knapper ist und andererseits das Erziehungsziel frühzeitiges Eingreifen erfordern kann. In BGE 121 IV 261 ff. hat das BGer für den Fall des objektiv bestimmbaren Wertes einen **Grenzwert von 300 Franken** festgesetzt; diese gilt auch für den geringen Schaden, BGE vom 20.6.1997, zit nach WEISSENBERGER, ZBJV 133 (1997) 501. Diese Schematisierung erscheint im Bereich der Ladendiebstähle durchaus als gerechtfertigt, doch ist die Ausdehnung über diesen Bereich hinaus fragwürdig, weil sie die finanzielle und persönliche Situation des Opfers nicht miteinbezieht, ALBRECHT 146. Zur Bedeutung der Opferperspektive und des Affektionswertes s. ALBRECHT 143 f.

Bei mehreren Taten wurde nach altem Recht summiert, sofern ein Fort-   3
setzungszusammenhang bestand. Ein solcher Zusammenhang setzt nunmehr ein «andauerndes pflichtwidriges Verhalten» voraus, die Gleichartigkeit der Begehungsweise und die Beeinträchtigung desselben
Rechtsguts, BGE 118 IV 318, 117 IV 413 f., im einzelnen Art. 71 N 4. Addition ist gerechtfertigt, wenn die einzelnen Delikte Teilakte eines einheitlichen Geschehens darstellen und von einem Gesamtvorsatz getragen
werden, z.B. wenn sich jemand systematisch und häufig durch Ladendiebstahl mit gewissen Gütern eindeckt. BGE 122 IV 155: Das Einlösen
eines ungedeckten Postchecks zu 300 Franken fällt unter Art. 172ter, aber
nicht das gleichzeitige Einlösen mehrerer Checks. ALBRECHT 152 und
STRATENWERTH BT I § 25 N 16 verneinen Tateinheit bei wiederholten
Ladendiebstählen durch Aussenstehende im Gegensatz zur Delinquenz
des Personals.

Das Gesetz unterscheidet **Vermögenswert** und **Schaden.** Mit dem Wert   4
ist die *angestrebte Bereicherung* gemeint. Die Bedeutung von «Schaden»
ist umstritten. STRATENWERTH BT I § 25 N 18 versteht den Begriff in
einem weiten Sinne – z.B. auch die Kosten, welche der Diebstahl eines
Schlüssels deshalb verursacht, weil viele Schlösser ausgewechselt werden
müssen; es muss «die Gesamtheit der Vermögenswerte oder Schäden
einbezogen werden..., die der Täter durch das Delikt erlangen oder herbeiführen will». REHBERG/SCHMID 70 beziehen den «Schaden» nur auf
die Tatbestände, welche keine Bereicherungsabsicht voraussetzen.
Schliesslich ist eine Beschränkung der zweiten Alternative in der Weise
denkbar, dass sie nur auf Tatbestände angewandt wird, die einen Schaden als Erfolg voraussetzen. Diese Lösung ist vorzuziehen – sie erklärt,
warum im Gesetz der Schaden erwähnt ist, und lässt sich leicht handhaben, während die von STRATENWERTH vertretene Auffassung zwar
ethisch überzeugt, aber komplexe Abklärungen des objektiven und subjektiven Sachverhalts voraussetzt. Im Extremfall könnte das Wegnehmen eines Schlüssels mit dem Ziel, das Opfer zu aufwendigen Massnahmen zu veranlassen, auch als Sachbeschädigung (Art. 144,
Unbrauchbarmachen der Schlösser) verstanden werden; die Erklärung
von REHBERG/SCHMID überzeugt nicht, weil auch bei Zechprellerei (Art.
149) und Erschleichen einer Leistung (Art. 150) ein Vermögenswert erlangt (bzw. eingespart) wird.

Aus der systematischen Stellung und der Marginalie ergibt sich, dass der   5
Anwendungsbereich auf den Zweiten Titel beschränkt ist, STRATEN-
WERTH BT I § 25 N 19, ALBRECHT 138. Ausdrücklich ausgenommen sind
in Abs. 2 qualifizierter Diebstahl (Art. 139 Ziff. 2 und 3), Raub (Art. 140)
und Erpressung (Art. 156). Wenigstens theoretisch ist somit ein leichter
Fall der qualifizierten Veruntreuung (Art. 138.2) möglich. *Faktisch*
kommt die Anwendung von Art. 172ter aber bei vielen weiteren Bestimmungen nicht in Frage: dort, wo Erheblichkeit schon Tatbestandsmerkmal ist (Art. 141, 144 III, 144bis.1 II, 157, 161), bei Gewerbsmässigkeit
z.B. Art. 146 II, 147 II, 154.2) oder dort, wo weder ein Vermögensvorteil

noch ein Schaden vorausgesetzt ist (z. B. Art. 152, 153, 162). Bei den Kon-
kurs- und Betreibungsdelikten ist höchstens für Art. 167 oder 169 ein
privilegierter Fall denkbar. Ebenfalls nicht anwendbar ist Art. 172ter bei
den abstrakten Vermögensgefährdungsdelikten (Art. 143bis, 144bis.2, 155,
166, 170), ALBRECHT 139. Ein Urteil des BGer vom 20.6.1997, angezeigt
von WEISSENBERGER in ZBJV 133 (1997) 501 f. schliesst die Privilegierung auch für Sachbeschädigungen als notwendige Begleitdelikte bei gewerbsmässigem Einbruchdiebstahl aus.

6   Entscheidend ist die **subjektive Seite**, der Wert nach der Vorstellung des
Täters, BGE 122 IV 156, so schon nach altem Recht BGE 68 IV 135: kein
geringer Wert, wenn der Täter möglichst viel Geld in Kleidergarderobe
zu finden hoffte, ebenso RS 1954 Nr. 211; PKG 1970 Nr. 28: Art der Aufbewahrung als Indiz für geringen Wert; s. auch PKG 1969 Nr. 34. Wollte
der Täter einen erheblichen Vermögensvorteil erringen, bzw. Schaden
anrichten, blieb aber das Ergebnis gering, liegt Versuch in Idealkonkurrenz mit Vollendung der Übertretung vor. Bringt der Griff in eine fremde
Tasche statt der erwarteten höchstens 100 Franken eine Tausendernote,
so liegt *dolus subsequens* vor, wenn sich der Täter mit dem Resultat ab-
findet – unechte Idealkonkurrenz der Übertretung mit Unrechtmässiger
Aneignung (Art. 137), a.M. ALBRECHT 149. Ein *Sachverhaltsirrtum*
schliesst Art. 172ter nicht aus, z. B. wenn der Täter annimmt, eine gestohlene Vase sei nur billiger Plunder, während sie tatsächlich ein wertvolles
Stück aus Meisterhand ist. Auf der anderen Seite entfällt Art. 172ter
wenn der Täter meint, eine Sache sei wertvoll, die in Wirklichkeit nur einen geringen Wert hat, Botsch. 1077, STRATENWERTH BT I § 25 N 17
ALBRECHT 148 f., ferner, wenn es dem Täter gleichgültig ist, wie hoch der
Schaden oder wie gross der Vermögenswert ist, ALBRECHT a.a.O. Im Ge
gensatz zu aArt.138 (BGE 115 IV 109) stellt sich die Frage nach der Be
reicherungsabsicht beim privilegierten Tatbestand nicht – sie ergibt sich
aus dem Grundtatbestand. *Selbst bei einem Einbruchdiebstahl* ist m.E
die Anwendung von *Art. 172ter nicht ausgeschlossen,* anders zum alten
Recht PKG 1984 Nr. 34. Lässt sich beweisen, dass der Täter um den Wer
der Sache weiss, so beispielsweise beim Ladendiebstahl, wo er ihn an
hand der Preisetikette erkennt, bietet Art. 172ter keine besonderen Pro
bleme. Anders liegt der Fall, wenn der Täter nicht weiss, wieviel er er
beuten wird, wie z.B. beim Handtaschendiebstahl. Meistens dürfte sich
hier der Vorsatz des Täters darauf richten, möglichst viel zu erbeuten
ALBRECHT 150 meint, im Zweifel sei immer Art. 172ter anzuwenden.

7   **Mittäter** und **Anstifter** werden nach ihren Vorstellungen vom angestreb
ten Vorteil bzw. Schaden beurteilt, unklar REHBERG / SCHMID 70.

8   **Versuch** und **Gehilfenschaft** sind straflos, Art. 104 I.

9   Das **Antragsrecht** steht nicht nur dem Inhaber des geschützten Rechts
guts zu, sondern auch einem Dritten, wenn er ein Interesse an der Erha
tung des Rechtsguts hat, derjenige, «in dessen *Rechtskreis* die Tat unmi
telbar eingreift, sowie derjenige, dem eine besondere Verantwortung fü

die Erhaltung des Gegenstandes obliegt», BGE 118 IV 212. Bei Hehlerei ist es das Opfer der Vortat.

Kasuistik   10
BGE 114 IV 134: V. hatte in erheblichem Umfang Originalakten des kantonalen Steueramtes nach Hause genommen und nach seinem Ausscheiden aus dem Staatsdienst nicht zurückgegeben – kein geringer Wert; **116 IV 191: X.** nahm beim Wechsel von der Firma G. zur Firma A. einen Ordner «Lieferanten» mit Rechnungskopien, Originalofferten u.ä. mit – Zurückweisung an die Vi, welche abzuklären hat, ob die Firma G. von einigen der Dokumente kein Doppel mehr besass und ob diese gegebenenfalls von geringem Wert seien; **118 IV 209: H.**, der als Galtvieh-Hirte arbeitete, hatte Tännchen zu Holzpfosten verarbeitet und an einem Alpweg bereitgelegt; **B.** nahm sie weg und wurde richtigerweise auf Antrag des H. wegen Entwendung bestraft; **121 IV 261: R.** behändigte in einem Kleidergeschäft eine Lederjacke im Wert von 398 Franken – kein geringes Vermögensdelikt; **122 IV 149: F.** löste trotz seiner Insolvenz mehrere garantierte Postchecks à 300 bzw. 200 Franken ein, die Einlösung eines einzigen (à 300 Franken) würde noch unter Art. 172ter fallen; **122 IV 156: N.** beging mehrere Diebstähle, um seine Drogensucht zu finanzieren – weil er möglichst viel erbeuten wollte, hatte die Vi Art. 172ter mit Recht abgelehnt.

Dritter Titel:
Strafbare Handlungen gegen die Ehre und den Geheim- oder Privatbereich

Titel gemäss BG vom 20.12.1968 (vgl. 179bis ff.).

1. Ehrverletzungen

VE 1894 Art. 122 f., Mot. 202 ff. 1. ExpK II 77 ff., 598 ff. VE 1908 Art. 105 ff. Erl.Z. 183 ff. 2. ExpK II 420 ff., VIII 269. VE 1916 Art. 156 ff. E Art. 150 ff. Botsch. 38. Sten.NR 362 ff., StR 176 ff., 267 f., StR 234, NR 748 f.

DENIS BARRELET, *Droit suisse des mass média,* 2. Aufl. Bern 1987; MARKUS BÖSIGER, Der Ehrbegriff im schweizerischen Strafrecht, Diss. ZH 1990; BERNARD CORBOZ, *La diffamation,* Sem.jud. 1992 629; ERNST DELAQUIS, Die Ehrverletzungen im Schweizerischen Strafgesetzbuch, ZBJV 78 (1942) 213; HANS FORKEL, Ehrenschutz gegen Presseangriffe: Bemerkungen aus deutscher Sicht zum Urteil des Schweizerischen Bundesgerichts in Sachen Tages-Anzeiger Zürich gegen Hans W Kopp, SJZ 92 (1996) 97; WALTER HUBER, Der strafrechtlich geschützte Ehrbegriff in der schweizerischen Rechtsprechung, SJZ 61 (1965) 349; PAUL LOGOZ, *A propos des délits contre l'honneur,* ZStrR 61 (1946) 83; IBRAHIM NAIM MALKOÇ, *Les délits contre l'honneur commis par la voie de la presse,* Diss. GE 1952; PETER NOBEL, Gedanken zum Persönlichkeitsschutz juristischer Personen, in FS Mario M. Pedrazzini Bern 1990, 411; PETER NOLL, Satirische Ehrverletzungen, BJM 1959 3; FRANZ RIKLIN, Der straf- und zivilrechtliche Ehrenschutz im Vergleich, ZStrR 100 (1983) 29; DERS., Schweizerisches Presserecht, Bern 1996; LEANDRO RODRIGUEZ, *L'honneur dans le droit suisse,* Genève 1983; JÜRG ROTH, Der strafrechtliche Schutz de Ehre von Personenmehrheiten, Diss. BE 1974; PAUL SCHREIBER, Streifzüge im Ehr verletzungsrecht, ZStrR 63 (1948) 39; HANS SCHULTZ, Zivilrechtlicher Schutz de Persönlichkeit und Strafrecht, ZBJV 103 (1967) 93; VITAL SCHWANDER, Freiheit und Bindung des Richters in Auslegung der gesetzlichen Vorschriften über die Vergehen gegen die Ehre, ZStrR 75 (1959) 152; PAUL SCHWARTZ, Zum Schutz der Ehre nach Gesetz und Praxis, BJM 1973 177 f.; ALAIN STEULLET, *La victime de l'atteinte l'honneur: étude de droit pénal et de procédure pénale suisse,* Diss. NE 1983.

Zum Verfahren s. z.B.: IRMA BAUMANN, Der gewöhnliche Ehrverletzungsprozess gemäss der Strafprozessordnung des Kantons Zürich, Diss. ZH 1988; ROLAN MEIER, Der zugerische Ehrverletzungsprozess, Diss. ZH 1993; ROLAND M. SCHNE DER, Der Ehrverletzungsprozess im thurgauischen Recht, Diss. ZH 1977; GIEF WIELAND, Der bündnerische Ehrverletzungsprozess, Diss. FR 1968; **Lit.** zu Art. 2 173.

1   Das Bundesgericht versteht unter **Ehre** «den *Ruf, ein ehrbarer Mensch z sein, d. h. sich so zu benehmen, wie nach allgemeiner Anschauung ein cha*

rakterlich anständiger Mensch sich zu verhalten pflegt», BGE 117 IV 28 f.,
h. Praxis. Neben dieser «objektiven» Ehre schützt Art. 177 die «subjektive» Ehre, das Ehrgefühl als «Gefühl, ein achtbarer Mensch ... zu sein»,
BGE 77 IV 98. Die Ehre wird verletzt durch jede Äusserung, welche jemanden «allgemein eines Mangels an Pflichtgefühl, Verantwortungsbewusstsein und Zuverlässigkeit oder sonst einer Eigenschaft bezichtigt, die
geeignet wäre, ihn als Mensch verächtlich zu machen oder seinen Charakter in ein ungünstiges Licht zu rücken», BGE 105 IV 113. Der Angriff
muss von einiger Erheblichkeit sein: «verhältnismässig unbedeutende
Übertreibungen» bleiben straflos, BGE 71 IV 188.

Mit STRATENWERTH BT I § 11 N 3 ff. ist diesem faktischen Ehrbegriff entgegenzuhalten, dass **nur der legitime Anspruch auf Achtung** schutzwürdig ist, *normativer Ehrbegriff*, s. Art. 173.2, vgl. auch schon BGE 26 I 43. 　2

Das Bundesgericht beschränkt den Ehrenschutz auf **ethische Integrität;** 　3
«Äusserungen, die sich lediglich eignen, jemanden in anderer Hinsicht,
z. B. als Geschäfts- oder Berufsmann, als Politiker oder Künstler in der
gesellschaftlichen Geltung herabzusetzen, gelten nicht als ehrverletzend», vorausgesetzt, «dass die Kritik an den strafrechtlich nicht geschützten Seiten des Ansehens nicht zugleich seine Geltung als ehrbarer
Mensch treffe», BGE 119 IV 47, 117 IV 28 f., 116 IV 206, 105 IV 112, 103
IV 158 u.v.a.; auch den bloss gesellschaftlichen Ruf schützt dagegen ZGB
Art. 28, BGE 105 II 163, RIKLIN, ZStrR 100 (1983) 39. Ausführliche Kasuistik bei STEULLET 36 ff. Die «gesellschaftliche Geltung» wird geschützt
bei der juristischen Person, BGE 96 IV 149, s. N 15.

Ehrverletzend ist neben den Formalinjurien, Schimpfworten, die unzweifelhaft als Angriff auf die Ehre verwendet und verstanden werden 　4
(vgl. BÖSIGER 31 f.), grundsätzlich der **Vorwurf strafbaren Verhaltens,**
z.B. Landesverrat, BGE 118 IV 159, 111 II 222 (Frischknecht und Mitbeteiligte c. Eibel), Steuerbetrug, BGE 106 IV 116 (Schawinski c. Bourgknecht), Ehebruch, BGE 98 IV 88 (umgekehrt SJZ 52 [1956] Nr. 76, ausserehelicher Geschlechtsverkehr Unverheirateter); PKG 1969 Nr. 39,
Untersuchungsrichter forsche nicht nach Wahrheit (Amtsmissbrauch);
ferner BGE 73 IV 30, 101 IV 293, SJZ 66 (1970) Nr. 5, RS 1951 Nr. 123,
1985 Nr. 875 (anonymes Telefonieren).

Allerdings ist zu differenzieren: Die Behauptung, jemand habe ein
Überzeugungsdelikt begangen, z.B. Dienstverweigerung, ist jedenfalls
in Kreisen, die die Überzeugung teilen, z.B. Zeugen Jehovas, nicht
ehrrührig. Zweifelnd hinsichtlich Übertretungen und Fahrlässigkeitstaten CORBOZ 632.

Blosse **Herabsetzung als Geschäfts- oder Berufsmann** war die Behaup- 　5
tung, ein Rechtsprofessor habe von seinem Fach keine Ahnung, BGE 31
394; ein Wirt habe jemanden als unerwünschten Gast abgewimmelt,
BGE 72 IV 171; jemand führe einen «Sex-Shop vermischt mit revolutionärer Sauce», RS 1977 Nr. 448 (BGer); ein Zahnarzt habe den Zeitpunkt für die Korrektur einer Zahnstellung verpasst, BGE 105 IV 111; je-

mand sei ein «Wohnungsspekulant», BGE 115 IV 43 ff. m.Hinw. auf ein unveröffentlichtes Urteil, wonach generell der Vorwurf, ein Spekulant zu sein, nicht die Ehre berührt; vgl. auch SJZ 68 (1972) Nr. 247, ZBJV 114 (1978) 454. *Ehrverletzend* war dagegen die Behauptung, die fehlende Abrechnung über ein Winzerfest deute auf Unregelmässigkeiten *(comportement malhonnête),* BGE 119 IV 47; ein Wirt handle aus reiner Profitgier, BGE 106 IV 181; ein Apotheker sei unzuverlässig, BGE 92 IV 94; ein Anwalt führe Prozesse nur im Interesse seiner Honorarforderung, BGE 99 IV 148; oder die Rechtsschrift eines Anwalts sei «Produkt grösster menschlicher Schlechtigkeit», BGE 109 IV 39; Polizeibeamte und Übersetzer hätten Asylsuchende mit unwahren Angaben unter Druck gesetzt, BGE 116 IV 207; vgl. auch SJZ 47 (1951) S. 98, «Schiebergeschäfte»; SJZ 49 (1953) Nr. 133, «kein verträglicher Mitarbeiter»; RS 1956 Nr. 298, SJZ 67 (1971) Nr. 68, «fuule Siech» (anders BJM 1967 43); SJZ 80 (1984) Nr. 12, Theologe sei ein Dunkelmann, seine Bücher pornographischer Schund; RS 1984 Nr. 712, «legale Schmiergelder»; RS 1968 Nr. 102, Journalist «im Sold von ...»; 1954 Nr. 219, ZR 59 (1960) Nr. 53.

6   «Nach der Rechtsprechung des Bundesgerichts darf in der politischen Auseinandersetzung eine strafrechtlich relevante Ehrverletzung nur mit grosser Zurückhaltung angenommen werden ... Im Zweifel ist davon auszugehen, dass kein Angriff auf die persönliche Ehre vorliegt», BGE 116 IV 150 f. Nur den **Ruf als Politiker** traf der Vorwurf Allgöwers gegen Raggenbass, er unterstütze den Bau eines Spielkasinos in Konstanz, BGE 77 IV 95; Eibels Behauptung, Bratschi und andere Nationalräte hätten als «Demokraten von beängstigendem Ausmass» «volksdemokratische Methoden» angewandt, BGE 80 IV 164 (anders für den *[in casu* aber nicht ernsthaft erhobenen] Vorwurf des vorsätzlichen Rechts- und Verfassungsbruchs); der Vorwurf, ein Politiker habe in einer Fachkommission eigene Interessen vertreten, BGE 103 IV 161; ein Kandidat für das Amt des Baudirektors habe dem Gemeinwesen Aushubmaterial zu erheblich übersetztem Preis angeboten, BGE 103 IV 157 (mit Recht kritisch STRATENWERTH BT I § 11 N 8); ein Gemeindepolitiker habe ein Klima der Opposition geschürt, BGE 105 IV 194; Blumati sei «Drahtzieher» rechtswidriger Demonstrationen, BGE 108 IV 95; Mitglieder der «Aktion Bernisches Laufental» hätten «das Laufental verkauft», die Mehrheit der Laufentaler «versekelt» bzw. «verseggelt» und seien «traurige Subjekte», BGE 116 IV 146; «verfehlter Anwalt», *(avvocato mancato)* als Kritik an einem Gemeindebeamten, Rep. 1986 56; «Rechtsextremist», ZR 89(1990) Nr. 95; s. auch SJZ 68 (1972) Nr. 247.

Die kantonale Praxis nahm dagegen *Ehrverletzung* an beim Vorwurf nationalsozialistischer (ZBJV 87 [1951] 179, BJM 1976 109) oder links extremer (RS 1954 Nr. 148, dazu kritisch ZR 89 [1990] Nr. 95) Einstellung und bei der Behauptung, der «Landesring der Unabhängigen» sei von einer Person direkt abhängig, ZR 52 (1953) Nr. 17. Ehrverletzend war die Behauptung: «Die NA mausert sich immer mehr ... zu einer nazihaften Rassismus», SJZ 84 (1988) Nr. 54 oder die Bezeichnung «braune Mariette», BGE 121 IV 82 f. (Wahrheitsbeweis wurde jedoch in beiden Fällen erbracht).

Im *Wahlkampf* müssen auch Übertreibungen hingenommen werden, BGE 118 IV 251, 116 IV 150, 105 IV 196, SCHUBARTH Art.173 N 27; vgl. auch ZR 61 (1962) Nr. 154, RS 1957 Nr. 136, 1969 Nr. 192. Empfindlichkeit ist ferner fehl am Platz bei dem, der bewusst Anstoss erregt, RS 1977 Nr. 448 (BGer).

Nur den **Ruf als Künstler** traf der Vorwurf von Maurice Zermatten, kulturlose junge Architekten verunstalteten die Walliser Landschaft, BGE 92 IV 99; dagegen griff Müller die Ehre von Remo Rossi mit der Behauptung an, dieser habe unter Verzicht auf eigene schöpferische Leistung durch Imitation einer Statue von König mit geringem Aufwand Erfolg gesucht, BGE 71 IV 225, ähnlich RVJ 1980 285.   7

Grosse praktische Bedeutung haben **Vorwürfe** (vor allem psychischer) **Krankheit und Abnormität.** Nach bundesgerichtlicher Praxis (anders ZR 51 [1952] S. 68) treffen sie grundsätzlich nicht die Ehre; BGE 76 IV 27: Gattiker rät Duttweiler, wegen seiner «krankhaft anmutenden Neigung zu steter Konfusion und haltloser Verdächtigung» den Arzt zu konsultieren; 72 IV 174, 178: Vorwürfe an den Knaben Sutter, er rede unsittlich, was nur auf Lücken in der Erziehung hinweise; 98 IV 92: «kranke Psyche»; s. auch ZR 50 (1951) S. 267 (Syphilis). Eine *Ehrverletzung* liegt dagegen vor, wenn psychiatrische Fachausdrücke *in diffamierender Absicht* verwendet werden, BGE 93 IV 20: «Psychopath»; 96 IV 55: «Querulant»; 98 IV 91: «perverse Geilheit»; PKG 1945 Nr. 43: «Dummheit»; RS 1983 Nr. 425: «Mongole»; ZR 51 (1952) Nr. 198: «gehört ins Irrenhaus». Darauf, ob der physische oder psychische Defekt wirklich vorhanden ist, kommt es entgegen STEULLET 46 nicht an – es ist besonders verwerflich, einen Invaliden «Krüppel», einen psychisch Kranken «Spinner» zu schimpfen! Ähnlich im Ergebnis CORBOZ 633, der insbesondere die bewusst unwahre Behauptung einer Erkrankung als verleumderisch ansieht, a.a.O. 636.   8

In der **Literatur** wird demgegenüber, u.a. gestützt auf den Wortlaut («andere Tatsachen»), vorwiegend ein weiterer Ehrbegriff vertreten, GERMANN, Verbrechen 303, HAFTER 266, NOLL 6 f., REHBERG/SCHMID 296, SCHULTZ in ZBJV 107 (1971) 469 f.; SCHWANDER 156 lässt die Frage offen; zustimmend zur Praxis HUBER a.a.O., LOGOZ N 2 vor 173, WAIBLINGER, ZBJV 90 (1954) 480. BÖSIGER 83 formuliert: «Ehre ist der Ruf oder das Gefühl, ein sozial vollwertiger, d.h. insbesondere charakterlich anständiger, geistig/seelisch gesunder, seine wichtigsten sozialen Aufgaben und Funktionen gehörig erfüllender Mensch zu sein». Besonders weit geht CORBOZ 638, wonach jemand auch durch ehrrührige Behauptungen über einen Angehörigen selber in seiner Ehre verletzt sein könne.   9

Der Begriff der **sozialen Geltung** darf in der Tat **nicht zu weit** gefasst werden. Zunächst schützt das StGB keine «Sonderehre», es gibt keinen Anspruch auf Ehrerbietung, NOLL a.a.O. 7, a.M. offenbar STEULLET 35.   10

Auch der Ruf besonderer Fähigkeit oder Tüchtigkeit ist nicht geschützt, und jeder muss in seiner menschlichen Unvollkommenheit ein gewisses Mass an Kritik hinnehmen, ZR 48 (1949) Nr. 156 (BGer), ZR 51 (1952) Nr. 197.

«Ehre» ist sodann ein *relativer Begriff*, HAFTER BT I 180, der vom sozialen Umfeld der Tat, vor allem aber vom Anspruch abhängt, mit welchem der Betroffene auftritt. Wer trotz Ignoranz, Unfähigkeit oder mangelndem Gemeinsinn eine hohe Stellung anstrebt oder innehält, verstösst gegen die ethische Forderung nach Wahrhaftigkeit und benimmt sich unehrenhaft – wem solches vorgeworfen wird, dessen Ehre ist angetastet, ähnlich BÖSIGER 38, RIKLIN, ZStrR 100 (1983) 41, ROTH 33. Der Vorwurf psychischer Defekte ist stets ehrenrührig, weil damit die Fähigkeit zur Verantwortlichkeit abgesprochen wird; ausgenommen sind Äusserungen in einem diagnostischen oder therapeutischen Kontext. Eine Erstreckung des Ehrbegriffs auf Fähigkeit und Tüchtigkeit als Künstler, Politiker oder allgemein im Beruf würde dagegen zu Streitigkeiten führen, die der Richter nicht entscheiden kann. Die bundesgerichtliche Praxis verdient deshalb mit wenigen Ausnahmen (BGE 76 IV 27, 103 IV 157) Zustimmung, so im wesentlichen auch RIKLIN a.a.O. 40 ff. STEULLET 48 ff., a.M. SCHUBARTH Art. 173 N 27.

11 Massgeblich ist stets der **Sinn einer Äusserung**, der ihr ein unbefangener Hörer oder Leser nach den Umständen beilegen musste, BGE 92 IV 96, 99 IV 150, 105 IV 113, 196, 117 IV 29 f., 118 IV 251, 119 IV 47. Es kommt dabei nicht nur auf die isolierten einzelnen Äusserungen an (wie z.B. in 116 IV 146), sondern auch auf den Gesamtzusammenhang des Textes z. B. BGE 117 IV 29, 105 IV 197, SJZ 86 (1990) Nr. 24, CORBOZ 641.

12 Entgegen dem Untertitel *(Ehrverletzungen)* genügt eine **abstrakte Gefährdung** der Ehre, z. B. BARRELET N 381, RIKLIN a.a.O 36 f., die etwa in einer Behauptung liegen kann, deren Unrichtigkeit der Adressat ohne weiteres erkennt, BGE 103 IV 22; a.M. STEULLET 20 ff., der von einem Erfolgsdelikt mit vermuteter Verletzung spricht; Erfolgsdelikte sind Art. 173 ff. aber nur insofern, als ein Adressat von der Äusserung Kenntnis erhalten muss, RS 1943 Nr. 187.

13 Als **Opfer** einer Ehrverletzung kommen in erster Linie lebende **natürliche Personen** in Betracht, unabhängig von Geisteszustand (CORBOZ 642 m.w.Hinw) und Alter (vgl. aber BGE 72 IV 174, 178). Die Person muss nicht ausdrücklich genannt sein – es genügt, wenn ihre Identität nach den Umständen erkennbar ist, BGE 92 IV 96: «Apotheke B»; 99 IV 149: Anwalt «Dr. M.»; vgl. auch 105 IV 115 ff.: «von Allschwiler Seite» für Schachgesellschaft Allschwil. In PKG 1989 Nr. 36 war nicht erkennbar, welche jenische Frau gemeint war. Zum Schutz Verstorbener und verschollen Erklärter s. Art. 175.

14 Auch bei der **Kollektivbeleidigung** ist entscheidend, ob erkennbar Einzelne betroffen sind. Dies traf zu beim Angriff auf 73 Nationalräte, die an einer Abstimmung teilgenommen hatten, BGE 80 IV 166 – identifi-

zierbar wenigstens für Ratskollegen, vgl. auch RS 1955 Nr. 156; aber nicht auf «die Jäger», BGE 100 IV 45. CORBOZ 641 hält alle Mitglieder einer Gruppe für beleidigt, wenn der Täter sagt: «Einer von Euch ist ein Betrüger».

Die umstrittene Frage nach der Beleidigungsfähigkeit **juristischer Perso-** **15**
nen (eingehend STEULLET 60 ff.) bejaht das Bundesgericht, BGE 71 IV 36 (gestützt auf 31 II 246), 96 IV 148, 99 IV 2, 100 IV 45, 108 IV 21, 114 IV 15, ebenso RS 1949 Nr. 327, 1984 Nr. 712, SJZ 84 (1988) Nr. 54 (politische Partei), zustimmend – mit Ausnahme der Beschimpfung – BÖSIGER 106 ff., generell CORBOZ 638 f.; anders SJZ 40 (1944) S. 24. An dieser Praxis wird kritisiert, dass der enge Ehrbegriff kaum auf juristische Personen übertragbar sei, RIKLIN, ZStrR 100 (1983) 41 f., SCHULTZ, ZBJV 107 (1971) 369, STEULLET 71 ff.; NOBEL 433 begründet den Ehrenschutz mit dem «funktionellen Ansatz» als «Paradigma für Organisationsschutz und Unternehmensschutz im Sinne der zweckgebundenen Zusammenfassung von persönlichen Kräften und sachlichen Mitteln». Grundsätzlich wird ein Ehrenschutz auch für Personenmehrheiten ohne Rechtspersönlichkeit gefordert, ROTH a.a.O., STRATENWERTH BT I § 11 N 12 ff., dazu auch SCHUBARTH Art. 173 N 46 ff. BGE 114 IV 15 lässt die Frage offen, dehnt aber den Schutz aus auf Kollektivgesellschaften.

Keinen Ehrenschutz geniessen **Behörden,** BGE 69 IV 81: Stadtrat Lu **16**
zern, PKG 1945 Nr. 56; eine entsprechende Revision des Gesetzes wurde 1949/50 erwogen, aber nicht vorgenommen. Gemischtwirtschaftliche Unternehmungen, die in den Formen des OR organisiert sind, haben dagegen eine Ehre, BGE 108 IV 21. Subsidiäre kantonale Strafbestimmungen zum Schutz von Behördenehre sind nicht zulässig, BGE 71 IV 106.

Zum **Sonderschutz** für fremde Staaten und internationale Organisatio **17**
nen: Art. 296, 297; für Militärpersonen im aktiven Dienst: MStG 101; für Parlamentarier: MStG 114; Schutz schweizerischer und fremder Hoheitszeichen: Art. 270, 298.

Zum **Antragserfordernis** s. Art. 28 ff., ferner SEIBER, Die Unteilbarkeit **18**
des Antragserfordernisses im Ehrverletzungsprozess, SJZ 69 (1953) 300. Ein «Strafantrag» wegen falscher Anschuldigung (Art. 303) gilt grundsätzlich auch als Antrag wegen Ehrverletzung, BGE 115 IV 2 f.

Zur **Sonderstellung der Presse** s. Art. 27. BV Art. 55 gibt der Presse keine **19**
Immunität gegen Strafverfolgung wegen Ehrverletzung, BGE 104 IV 13; s. auch 70 IV 24 ff. und 151 f. (Pfändler), 73 IV 15, 77 IV 99, 80 IV 165, 105 IV 119, ferner EMRK Art. 10.2. Immerhin kann der Strafrichter im Sinne grundrechtskonformer Auslegung der besonderen Situation und Aufgabe der Presse Rechnung tragen, BGE 104 IV 14, s. auch Pra 85 (1996) Nr. 242.

Die bundesrechtliche Regelung der Ehrverletzung lässt keinen Raum für **20**
subsidiäres kantonales Strafrecht, BGE 69 IV 84, 71 IV 106, ZR 53 (1954) Nr. 120.

173 Üble Nachrede

1. Wer jemanden bei einem andern eines unehrenhaften Verhaltens oder anderer Tatsachen, die geeignet sind, seinen Ruf zu schädigen, beschuldigt oder verdächtigt,

wer eine solche Beschuldigung oder Verdächtigung weiterverbreitet,

wird, auf Antrag, mit Gefängnis bis zu sechs Monaten oder mit Busse bestraft.

2. Beweist der Beschuldigte, dass die von ihm vorgebrachte oder weiterverbreitete Äusserung der Wahrheit entspricht, oder dass er ernsthafte Gründe hatte, sie in guten Treuen für wahr zu halten, so ist er nicht strafbar.

3. Der Beschuldigte wird zum Beweis nicht zugelassen und ist strafbar für Äusserungen, die ohne Wahrung öffentlicher Interessen oder sonstwie ohne begründete Veranlassung, vorwiegend in der Absicht vorgebracht oder verbreitet werden, jemandem Übles vorzuwerfen, insbesondere, wenn sich die Äusserungen auf das Privat- oder Familienleben beziehen.

4. Nimmt der Täter seine Äusserung als unwahr zurück, so kann er milder bestraft oder ganz von Strafe befreit werden.

5. Hat der Beschuldigte den Wahrheitsbeweis nicht erbracht oder sind seine Äusserungen unwahr oder nimmt der Beschuldigte sie zurück, so hat der Richter dies im Urteil oder in einer andern Urkunde festzustellen.

Fassung gemäss BG vom 5.10.1950

E 151. – Zur Teilrevision 1950: BBl 1949 I 1266 ff. StenB 1949 StR 601 ff., 1950 NR 150 f., 159, 168, 199 f. StR 140 f., 148 ff., NR 459 f., StR 257 f., NR 532.

Denis Barrelet, *La presse doit-elle dire la vérité?* SJZ 85 (1989) 369; Bruno von Büren, Ehrverletzungen: Nicht im Prozess, SJZ 73 (1977) 85; Lionel Frei, Der Entlastungsbeweis nach Art. 173 Ziff. 2 und 3 StGB und sein Verhältnis zu den Rechtfertigungsgründen, Diss. BE 1976; Gottlieb Fuchs, Der Wahrheitsbeweis bei den Ehrverletzungsdelikten, Diss. BE 1954; Ernst Hafter, Üble Nachrede SJZ 43 (1947) 265; Carl Ludwig, Die Ehrverletzung im Entwurf zur Teilrevision des Schweizerischen Strafgesetzbuches, ZStrR 65 (1950) 19; Ludwig A. Minelli, Zum Entlastungsbeweis bei der Ehrverletzung, ZStrR 108 (1991) 452; René Pérrin, *A propos de l'art. 173 Cp, Allégations adressées à des autorités – Sauvegarde d'intérêts légitimes,* ZStrR 64 (1949) 416; Hans Felix Pfenninger, Zur Teilrevision des Schweizerischen Strafgesetzbuches, SJZ 46 (1950) 49; Franz Riklin, Die Nichtzulassung zum Entlastungsbeweis gemäss Art. 173 StGB, namentlich bei Vorverurteilung durch die Medien, ZStrR 110 (1992) 297; Peter Saladin, Der Ehrenschutz durch gerichtliche Feststellung der Unwahrheit ehrenrühriger Behauptungen, ZStrR 77 (1961) 182; Raphaël von Werra, Der Anwalt und die üble Nachrede, Bulletin des SAV 1980 Nr. 70; **Lit.** vor Art. 173.

1 **Üble Nachrede** ist die *Behauptung ehrrühriger Tatsachen gegenüber Dritten.*

Die Behauptung muss sich auf **Tatsachen** (im Gegensatz zu reinen Wert- 2
urteilen) beziehen, BGE 74 IV 100, 77 IV 97, 92 IV 98. Tatsachen sind
«Ereignisse oder Zustände der Gegenwart oder Vergangenheit …, die
äusserlich in Erscheinung treten und dadurch wahrnehmbar und dem Beweise zugänglich werden», BGE 118 IV 44 m.Hinw. Bei Schimpfwörtern
muss stets geprüft werden, ob sie im Zusammenhang nicht auch als *ge-
mischtes Werturteil* eine solche Behauptung enthalten, wobei es nicht unbedingt auf die Wortbedeutung ankommt; BGE 121 IV 83: «Braune
Mariette» (offengelassen, ob nicht Tatsachenbehauptung); BJM 1982
142: «schmutzige Machenschaften»; RJJ 1993 360: «garce», soweit damit
auf den Lebenswandel angespielt wird, was *in casu* nicht zutraf; RS 1949
Nr. 328: «Dieb», «Brandstifter», «Dirne»; ZR 48 (1949) Nr. 93: «Nazi»;
SJZ 50 (1951) S. 269: «gemeiner Hund»; RS 1956 Nr. 299: «Goschä»,
«Saumorä»; SJZ 86 (1990) Nr. 24: «e chli e Domme», «Lappi-Bueb»; beim
gemischten Werturteil ist der Wahrheitsbeweis zulässig, BGE 121 IV 83.
Als reine Werturteile wurden betrachtet: «Gangster», ZR 59 (1960)
Nr. 54; «chaibe Nazi», SJZ 43 (1947) S. 59; «Huarabuab», «Sauhund»,
PKG 1963 Nr. 48; «Clown», «Oberclown», RS 1944 Nr. 242; «gemeine
Person», RS 1968 Nr. 105; «Halsabschneider», ZR 51 (1952) Nr. 200.

Die behauptete Tatsache muss die **Ehre** (Vb 1–11) angreifen, was nicht 3
schon bei jeder «Einmischung ins Privatleben» der Fall ist, RS 1959
Nr. 30.

Die Äusserung muss sich (direkt oder indirekt, BGE 73 IV 176, RS 1945 4
Nr. 32) an einen **Dritten** richten. Grundsätzlich ist «Dritter» jede Person,
die nicht mit dem Täter oder dem Verletzten identisch ist, BGE 96 IV
194, 86 IV 209, RS 1961 Nr. 201, also auch der Anwalt, BGE 86 IV 209,
Sem.jud. 1948 252, RS 1961 Nr. 201, 1958 Nr. 211, ZR 45 (1946) Nr. 173,
174, RODRIGUEZ 34, STRATENWERTH BT I § 11 N 24 f., (anders ZR 53
[1954] Nr. 63, SJZ 42 [1964] Nr. 61 für den Fall, dass der Dritte die Mitteilung im Auftrag des Verletzten entgegennimmt) und die nächsten Verwandten, BGE 73 IV 175, Vater; 96 IV 194, Kind; RS 1949 Nr. 141, Ehepartner; anders RS 1950 Nr. 128, Mutter. Immerhin lässt BGE 86 IV 210
etwas Raum für einen *«confident nécessaire»* offen, etwa für Geistliche
und Ärzte, allenfalls auch Eltern (u.ö. Urteil Traumann vom 10.7.1953,
RODRIGUEZ 33). Als *confident nécessaire* wird der Arzt anerkannt in
einem u.ö. BGE vom 24.1.1992, zit. bei CORBOZ 643 Fn 69bis. Wichtig ist
die Bindung des Vertrauten an eine Geheimhaltungspflicht, vgl. auch RB
TG 1996 Nr. 26, RS 1946 Nr. 243. Die enge Praxis wird von NOLL BT 113
und SCHUBARTH Art. 173 N 38 ff. mit Recht kritisiert – im engsten
Familienkreis und gegenüber gemäss Art. 321 zur Geheimhaltung verpflichteten Personen muss die Möglichkeit, sein Herz auszuschütten, gewahrt bleiben, enger RODRIGUEZ 34 f. RJJ 1993 364 folgt der Auffassung
von SCHUBARTH, sieht aber für schriftliche Äusserungen mit Recht eine
Ausnahme vor.

Dritte sind insbesondere auch **Behörden,** BGE 69 IV 115, 76 IV 25, 5
LGVE 1987 I Nr. 57, Polizei; 71 IV 187, 80 IV 57, Gericht; 80 IV 109,

Militärversicherung; 103 IV 22, Jagd- und Fischereiverwaltung; s. auch RS 1950 Nr. 45, SJZ 73 (1977) Nr. 95; abweichend die ältere kantonale Praxis, RS 1943 Nr. 88, 218, 1946 Nr. 243, ZR 43 (1944) Nr. 18, SJZ 43 (1947) S. 293. Vielfach sind aber gutgläubige sachbezogene Mitteilungen durch Gesetz (z. B. Zeugenaussage, BGE 80 IV 57, RS 1949 Nr. 129, SJZ 50 [1954] Nr. 126, ZWR 1987 265; anders, m.E. zu Unrecht, für die Auskunftsperson RS 1957 Nr. 110) oder Sozialadäquanz (STRATENWERTH BT I § 11 N 25, BGE 69 IV 115) gerechtfertigt. Nur in diesem Rahmen ist nach der Revision von 1951 noch eine Berufung auf «Wahrung berechtigter Interessen» möglich, RS 1956 Nr. 217, 219 (vgl. BGE 78 IV 33, 80 IV 112). Vgl. auch BJM 1959 253; PKG 1943 Nr. 16, 1944 Nr. 12, 1953 Nr. 57, 1962 Nr. 66; RB TG 1996 Nr. 26; RS 1944 Nr. 114, Nr. 36, 1949 Nr. 39, 1953 Nr. 14, 1958 Nr. 170; SJZ 50 (1954) Nr. 258; ZR 43 (1944) Nr. 137, 48 (1979) Nr. 180.

5a   Zur **Rechtfertigung durch Amts- und Berufspflicht** für Behörden: BGE 108 IV 95, 106 IV 181, RS 1964 Nr. 188, 1971 Nr. 92, 1980 Nr. 1073, SJZ 43 (1947) 293, ZBJV 85 (1949) 137; Anwalt: 86 IV 75, RS 1954 Nr. 217, 1969 Nr. 58, 1970 Nr. 122, 1979 Nr. 906, SJZ 47 (1951) Nr. 382, ZBJV 85 (1949) 140, ZR 43 (1944) Nr. 18, s. auch von BÜREN a.a.O.; Privatdetektiv: SJZ 64 (1968) Nr. 133, ferner Art. 32 N 5 ff.

5b   Wer sich im Prozess durch **Bestreiten** verteidigt, ist nicht strafbar wegen der impliziten Behauptung, der Kläger lüge, BGE 118 IV 251; eine gegenteilige Auffassung stünde im Widerspruch zum materiellen Recht auf Verteidigung gemäss BV Art. 4 und EMRK Art. 6.

5c   Allgemein fasst BGE 116 IV 214 zusammen: «Die **Prozesspartei** muss sich auf das für die Erläuterungen ihres Standpunktes Notwendige beschränken; ihre Ausführungen müssen sachbezogen sein; Behauptungen dürfen nicht wider besseren Wissens aufgestellt und blosse Vermutungen müssen als solche bezeichnet werden. Ausserdem ist das jeweilige Prozessrecht zu berücksichtigen»; insofern kann ein Rechtfertigungsgrund nach Art. 32 angerufen werden, enger noch BGE 109 IV 42, 98 IV 88. Gemäss CORBOZ 650 soll Art. 32 nur auf Fälle angewandt werden, in denen eine Pflicht zur Äusserung bestand, s. auch DERS. Art. 173 N 115.

    Satire bildet keinen Rechtfertigungsgrund, BGE 85 IV 185 ff.; anders NOLL a.a.O., SJZ 45 (1949) 378, für geringfügige Ehrverletzungen auch BARRELET, *Droit suisse des mass média*, N 392, vgl. ferner BGE 95 II 495.

6   Die **Täterhandlung** wird als **Beschuldigen, Verdächtigen** oder **Weiterverbreiten** umschrieben, wobei es auf die Form nicht ankommt (s. Art. 176). Wer dem Verletzten ehrbeleidigende Äusserungen eines Dritten hinterbringt, riskiert Verurteilung wegen übler Nachrede gegen den Dritten, BGE 81 IV 324.

    Wie sich aus dem Wortlaut ergibt, genügt die blosse Verdächtigung, BGE 119 IV 46 f., 117 IV 29, 102 IV 181. Die Erklärung, der Täter halte eine ehrrührige Behauptung für «unbegründet», entlastet ihn nicht, SJZ 45 (1949) Nr. 53, ebensowenig der Umstand, dass er lediglich die Meldung einer Nachrichtenagentur verbreitet hat, BGE 82 IV 71, oder dass die Tatsache dem Adressaten schon bekannt war, BGE 73 IV 30, 118 IV 160. Der Täter muss aber davon ausgehen, dass seine Äusserung ernst genommen wird, BGE 85 IV 186.

Der **Vorsatz** muss sich auf die ehrverletzende Mitteilung, RS 1950 Nr. 46, und deren Kenntnisnahme durch einen Dritten, BGE 73 IV 175, RS 1949 Nr. 41, ZR 49 (1950) Nr. 75, beziehen, aber nicht auf die Unwahrheit der Äusserung, BGE 118 IV 166, 71 IV 232, implizit auch 106 IV 116 f. Auch eine besondere Beleidigungsabsicht *(«animus iniurandi»)* ist nicht gefordert, BGE 119 IV 47, 118 IV 166, 105 IV 118, 92 IV 97, 79 IV 22, 71 IV 232, ZR 45 (1946) Nr. 175. 7

Üble Nachrede ist **vollendet** mit Kenntnisnahme durch den Dritten. Geschah die Tatsachenbehauptung in Form einer Strafanzeige, so lassen prozessuale Vorkehren des Klägers weder die Ehrverletzung zu einem Dauerdelikt werden, noch entsteht ein Fortsetzungszusammenhang, wenn nicht die ursprüngliche Behauptung wiederholt wird, BGE 93 IV 95. Die Verjährung beginnt bei schriftlicher Ehrverletzung mit Übergabe des Schreibens an die Post oder direkt an den Adressaten, RS 1943 Nr. 187. 8

Wer die **Wahrheit** seiner Behauptung beweist, ist freizusprechen, RVJ 1986 174. Die dogmatische Bedeutung dieser Regel ist strittig. Handelt es sich um eine (negative) Strafbarkeitsbedingung, so NOLL BT 114, LOGOZ N 7d zu 173, SCHWANDER Nr. 611, THORMANN / v. OVERBECK N 11 zu 173, um einen Rechtfertigungsgrund, wenn der Täter eine begründete Veranlassung zu der Äusserung hatte, SCHULTZ, ZBJV 103 (1967) 98 f., FREI 77, 79, RIKLIN, ZStrR 100 (1983) 51, SCHUBARTH Art. 173 N 104? Beide Lösungen befriedigen m.E. nicht, ähnlich BÖSIGER 151 ff. («eigenständige Erscheinung»). Für die Annahme eines Rechtfertigungsgrundes fehlt die Verbindung zum subjektiven Tatbestand (N 7); wäre der misslungene Wahrheitsbeweis andererseits bloss Strafbarkeitsbedingung, so bliebe ein unberechtigter Makel auf zulässiger Ausübung der Meinungsäusserungsfreiheit. Es ist deshalb eine *objektive Rechtmässigkeitsbedingung* anzunehmen: unabhängig vom Vorsatz des Täters bewirkt der gelungene Wahrheitsbeweis die Rechtmässigkeit der Tatsachenbehauptung. Zur wahrheitsgetreuen Berichterstattung durch die Presse Art. 27 N 5. 9

Die **Beweislast** obliegt dem Beschuldigten, was den Grundsatz *in dubio pro reo* nicht verletzt, EKMR B 8803/79, EuGRZ 1982 551, TRECHSEL, SJZ 77 (1981) 320, a.M. SCHUBARTH Art. 173 N 64. Der Täter muss die behaupteten Tatsachen beweisen, auch wenn er nur Vermutungen geäussert hat – der Beweis von Anhaltspunkten, welche die Vermutung stützen, genügt nicht, BGE 102 IV 180 f., Meier c. Hubatka (s. aber N 11). Es genügt auch nicht, wenn nur ein «Kern von Wahrheit» bewiesen ist, BGer. a.a.O., 71 IV 188; ist der Beweis jedoch im wesentlichen gelungen, so fallen «verhältnismässig unbedeutende Übertreibungen» nicht ins Gewicht, BGer. a.a.O., Rep. 1950 202. Zum Beweis können auch Tatsa- 10 chen herangezogen werden, die dem Täter erst nach der Äusserung bekannt wurden, BGE 102 IV 181, 106 IV 116. Liegt bezüglich des geäusserten Verdachts ein «Freispruch, Einstellung des Verfahrens oder Verzicht auf die Einleitung einer Strafuntersuchung (mangels ausreichender Verdachtsgründe) durch die zuständige Instanz» vor, ist der Wahrheitsbeweis im Ehrverletzungsprozess gemäss BGE 106 IV 117 ff. ausgeschlossen (vgl. aber 101 IV 296 zum Beweis guten Glaubens); für den Nichteröffnungsbeschluss ist eine solche Sperrwirkung m.E. nicht gerechtfertigt. Sie wird in BGE 109 IV 37 ausdrücklich abgelehnt für den Fall, dass Verjährung einer (weiteren) Strafverfolgung entgegensteht. Umgekehrt darf aber der Täter bei Fehlen eines Entscheides nicht unter Ablehnung des Wahrheitsbeweises auf den Strafprozess verwiesen werden, AGVE 1951 Nr. 34. Ist ein Verfahren eröffnet, so muss nach JdT 1968 IV 90 auch nicht dessen Beendigung abgewartet werden; umgekehrt im Verhältnis zu einem Zivilprozess JdT 1978 III 89.

BGE 116 IV 39 anerkennt «gute Gründe für die Rechtsprechung…», der Beweis für die Richtigkeit der Behauptung, jemand habe ein Delikt begangen, könne prinzipiell nur durch eine entsprechende Verurteilung erbracht werden»; In Auseinandersetzung mit der Unschuldsvermutung (EMRK Art.6.2) kommt es zum Schluss, dass der Entlastungsbeweis nicht erbracht sei. Dazu bringt RIKLIN in recht 9 (1991) 65, *74 ff.* drei Vorbehalte an: Die Regel gilt nur bei Indizienprozessen (so auch TRECHSEL, SJZ 77 [1981] 336), eine Bestrafung kann nur erfolgen, wenn der Betroffene noch nicht schuldig gesprochen wurde, und die Straflosigkeit wegen der blossen Erwähnung des Verdachts ist mit dem Wortlaut von Art. 173 schwer zu vereinbaren (aber die Einleitung eines Strafverfahrens dokumentiert allemal offiziell das Bestehen eines Verdachts). Der zweite Vorbehalt zeigt ein Dilemma auf: Die Garantie der Unschuldsvermutung geht über den Ehrenschutz gemäss Art. 173 hinaus, weil sie auch den (nicht geständigen) Schuldigen schützt. M.E. müsste eine Spezialbestimmung, dem angelsächsischen *contempt of court* nachgebildet, die Verletzung der Unschuldsvermutung bei Hängigkeit eines Strafverfahrens mit Strafe bedrohen.

11　Straflos ist auch, wer beweist, dass er **«ernsthafte Gründe»** hatte, die behauptete Tatsache **«in guten Treuen für wahr zu halten»**. Auch bei diesem Entlastungsgrund ist die dogmatische Bedeutung umstritten. BGE 119 IV 48 lässt die Frage offen. Liegen die Voraussetzungen des rechtfertigenden Notstands vor, handelt es sich, weil hier die Beziehung zum subjektiven Tatbestand besteht, um einen echten Rechtfertigungsgrund, um einen Spezialfall zu Art. 34, SCHUBARTH Art. 173 N 104; anders neuerdings STRATENWERTH BT I § 11 N 48; für weitergehende Annahme der Rechtfertigung SCHWANDER Nr. 164, SCHULTZ, ZBJV 103 (1967) 98 f. In allen übrigen Fällen liegt ein Schuldausschliessungsgrund vor, FREI 80. Das Gelingen des Beweises führt zu Freispruch, RVJ 1985 174, dem folgt, mit Hinweis auf analoge Formen der Prozesserledigung, BGE 119 IV 48, zustimmend NIGGLI, AJP 2 (1993) 866 f.

Der Täter muss **an die Wahrheit seiner Äusserung glauben,** nicht unbe-   12
dingt auch an das Bestehen der (z. B. in Form des Verdachts) anvisierten
Tatsache, BGE 85 IV 185, 102 IV 185. Er hat dann aber darzutun, dass
die bewiesenen Tatsachen «für ihn in guten Treuen ernsthafte Verdachtsgründe sein durften», BGE 102 IV 183 f.; s. auch 107 IV 35, 109 IV 42,
STRATENWERTH BT I § 11 N 42, anders offenbar RIKLIN, ZStrR 100
(1983) 53.

Das **Mass der erforderlichen Sorgfalt** richtet sich, wie bei der Fahrlässig-   13
keit (Art. 18 N 23 ff.), nach den Umständen und nach den persönlichen
Verhältnissen des Täters, BGE 116 IV 207, 105 IV 118, 104 IV 16, 86 IV
175, 85 IV 184. Je höher und legitimer die wahrgenommenen Interessen
sind, desto geringer werden die Anforderungen an die Abklärungs-
pflicht, BGE 85 IV 186 f., 86 IV 176, 96 IV 57 (Scheidungsprozess), 104
IV 16, 107 IV 35 (Anwalt), 116 IV 208, PKG 1960 Nr. 64, und an die
Dringlichkeit des Verdachts, BGE 102 IV 185. Bei Mitteilungen an
Behörden darf damit gerechnet werden, dass diese die erhobene Behauptung kritisch überprüfen, BGE 102 IV 184, 104 IV 16, aber eine
Strafanzeige oder eine Aufsichtsbeschwerde bildet keinen Freipass für
Ehrverletzungen, BGE 116 IV 209. Je unwahrscheinlicher die aufge-
stellte Behauptung, desto gründlicher muss ihre Berechtigung geprüft
werden, BGE 101 IV 297 (Verdacht trotz Einstellung des Verfahrens
durch die Staatsanwaltschaft); je gröber die Verdächtigung (SJZ 66
[1977] Nr. 92) und je unkritischer der Adressat (BGE 104 IV 16), desto
höher die Sorgfaltspflicht; je grösser die Verbreitung der Behauptung,
desto höher die Anforderungen an den Täter, was zu besonderer Strenge
gegenüber Journalisten führt, BGE 104 IV 16, 105 IV 119, 118 IV 163 f.,
s. auch SCHUBARTH Art. 173 N 85. Zu *wissenschaftlichen* Publikationen
BGE 118 IV 161 ff.; Unbehagen zur Rolle des Richters in einem «Histo-
rikerstreit» äussert das Zürcher Obergericht, ZR 89 (1990) Nr. 95 a. E.
Die Sorgfaltspflicht betrifft insbesondere auch den subjektiven Tatbestand, BJM 1985 161. Das Abstellen auf eine einzelne Gewährsperson
genügt in der Regel nicht, wohl aber die Aussagen von zwei Betroffenen,
auch wenn sie der eine «Täter» nur vom (verlässlichen) andern erfahren
hat, BGE 116 IV 209.
   Der besonderen Aufgabe der Presse (vgl. BGE 95 II 492 E. 7) kann nur
im Rahmen der persönlichen Verhältnisse Rechnung getragen werden,
BGE 105 IV 119, 104 IV 14; abgesehen von Art. 27 gibt es kein Sonderrecht für Journalisten, BGE 117 IV 29, 105 IV 119. BARRELET, *Droit
suisse des mass média,* N 399 fordert dagegen Verständnis für den Zeitdruck, insbesondere bei Radio und Fernsehen. Für den Anwalt vermögen Beweisschwierigkeiten eine Ehrverletzung nicht zu rechtfertigen,
BGE 109 IV 40.

Als **Beweismittel** kommen nur Tatsachen in Frage, die dem Täter im   14
Zeitpunkt seiner Äusserung schon bekannt waren, BGE 107 IV 35, 106
IV 116, 101 IV 297, CORBOZ Art. 173 N 75, STRATENWERTH BT I § 11 N
42. Freisprechende oder aus materiellen Gründen verfahrensabschlies-

sende Entscheide stehen gemäss BGE 106 IV 119, 101 IV 296 dem Beweis nicht entgegen. Wem jedoch ein freisprechendes Urteil bekannt ist, der kann sich nur dann auf guten Glauben bezüglich der Schuld des Freigesprochenen berufen, wenn er Tatsachen anruft, die zu einer Wiederaufnahme des Verfahrens führen könnten (vgl. auch BGE 101 IV 295) weiter RS 1985 Nr. 876.

15 Die **Zulassung zum Entlastungsbeweis** stellt die Regel dar, Schubarth Art. 173 N 68, AB-SH 1990 194, ZR 62 (1963) Nr. 118. Ausnahmsweise wird sie verwehrt, wenn kumulativ (BGE 116 IV 38, 208, 101 IV 294, 98 IV 95, 89 IV 191, 82 IV 93 ff.; BJM 1970 144; PKG 1977 Nr. 41; Rep. 1989 248; abweichend, mit wenig überzeugendem, s. Riklin, ZStrR 110 [1992] 299 Fn 11, Hinweis auf die romanischen Texte Minelli a.a.O.) zwei Voraussetzungen erfüllt sind: Der Täter muss einerseits ohne begründete Veranlassung und schon gar nicht im öffentlichen Interesse handeln, andererseits muss es ihm in erster Linie darum gehen, dem Opfer Übles vorzuwerfen. Zu eng m.E. Rep. 1990 248, wonach die Absicht, Übles vorzuwerfen, dann anzunehmen sei, wenn das Motiv der Wahrung des öffentlichen Interesses fehle. In BGE 116 IV 38, 82 IV 93 ff. wurde (im Gegensatz zu 81 IV 236, ähnlich 80 IV 112) erkannt, dass das Fehlen einer begründeten Veranlassung den *animus iniuriandi* nicht schon impliziert, ebenso GVP-AR 1990 89, RS 1959 Nr. 213. Riklin a.a.O. 305 meint dagegen, bei Vorverurteilung im Strafverfahren durch Medien sei in der Regel vom Vorliegen eines *animus iniuriandi* auszugehen, was nicht ganz überzeugt, auch wenn das Ergebnis wünschbar wäre.

Der Schutz des guten Rufes des Verletzten ist kein legitimer Grund zum Ausschluss des Wahrheitsbeweises, AB-SH 1990 194.

16 **Im öffentlichen Interesse** liegen: Aufdeckung fremdenfeindlicher Tendenzen der NA, SJZ 84 (1988) Nr. 54; Hinweise auf Vorstrafen eines Anwalts, BGE 69 IV 167, auch grobe Verletzung der Standesregeln, ZBJV 82 (1946) 307; Diebstahlsverdacht gegen den Chef einer städtischen Kriminalpolizei, BGE 101 IV 295; ehebrecherische Beziehungen eines katholischen Geistlichen, ZR 57 (1958) Nr. 7; unsauberes Geschäftsgebaren, wie ungenügende Entlöhnung der Arbeiter, RS 1945 Nr. 20; minderwertige Autoreparatur, PKG 1961 Nr. 31; Gastwirtschaftsbetrieb, ZBJV 82 (1946) 308; nicht dagegen jedes sittenwidrige Verhalten eines Ausländers, BJM 1970 144.

17 **Begründete Veranlassung** liegt vor, wenn der Arbeitgeber über Vermögensdelikte eines Monteurs unterrichtet wird, BGE 81 IV 283; wenn jemand einem andern (auch einem Unbekannten) einen Dienst erweisen will, BGE 89 IV 192; im Wahlkampf, BGE 82 IV 97; im Prozess, BGE 98 IV 95 – Vorwurf «perverser Geilheit» in der Urteilsbegründung. Erforderlich ist in erster Linie, dass die *begründete Veranlassung objektiv gegeben ist* – sie braucht nicht das vorwiegende Motiv des Täters zu bilden, weil sonst das Kriterium des *animus iniuriandi* seine selbständige Bedeutung verlöre, BGE 82 IV 99, PKG 1977 Nr. 40; ungenau 89 IV 195, SJZ 59

(1963) Nr. 174. «Wahrung öffentlicher Interessen» darf aber nicht ein blosser Vorwand sein, wenn es dem Täter ausschliesslich um die Beleidigung geht, BJM 1970 144, PKG 1977 Nr. 41.

Das Ausschlusskriterium der **vorwiegenden Absicht, jemandem Übles vorzuwerfen** *(animus iniuriandi)* setzt voraus, dass die Beleidigung des Opfers das Handlungsziel ist, FREI 63 f., oder dass es dem Täter vor allem darum geht, dem Opfer durch die üble Nachrede zu schaden, BGE 80 IV 112, BJM 1970 144.   18

Der Hinweis auf das **Privat- oder Familienleben** hat nur Bedeutung als Indiz für *animus iniuriandi.* Das Bundesgericht legt den Begriff eng aus und beschränkt ihn auf «die eigentliche Privatsphäre», BGE 81 IV 284 (weiter noch 73 IV 32). Zum Privatleben gehören etwa verbüsste Strafen, BGE 71 IV 130 f., RS 1951 Nr. 40, 41, oder Steuerhinterziehungen nach einer Amnestie, BGE 73 IV 32; nicht dagegen Hinweise auf das Geschäftsgebaren, ZR 62 (1963) Nr. 118, RS 1944 Nr. 166, RS 1951 Nr. 40, 41, Vermögensdelikte eines Monteurs, BGE 81 IV 28 4 f., u.U. nicht einmal ehewidrige Beziehungen, SJZ 59 (1963) Nr. 124.   19

Zum Verfahren: Der Beschuldigte allein entscheidet darüber, ob er den *Wahrheitsbeweis* antreten will, PKG 1951 S. 114. Ob der Wahrheitsbeweis *schon im Untersuchungsstadium* zulässig sei, ist strittig (pro RS 1974 Nr. 757, JdT 1994 III 140; c. PKG 1967 Nr. 57, vgl. auch Sem.jud. 1986 58). M.E. ist die Frage zu bejahen. Logisch setzt der Entlastungsbeweis zwar voraus, dass eine ehrverletzende Äusserung des Beschuldigten feststeht, in der Praxis sind jedoch Zwischenurteile nicht üblich, vgl. SJZ 56 (1960) Nr. 39, abweichend offenbar RS 1980 Nr. 1005. Gemäss RS 1979 Nr. 906 (VD) soll bei Ehrverletzung in einem Zivilprozess der Strafrichter nur in klaren Fällen vor dessen Abschluss entscheiden; gemäss RS 1986 Nr. 44 darf der Richter den Prozess nur aussetzen, wenn eine Rechtsfrage präjudiziell zu entscheiden ist.   20

Gerichtsstand ist bei brieflicher Ehrbeleidigung der Aufgabeort, ZR 49 (1950) Nr. 76, PKG 1957 Nr. 57, bei einer Live-Sendung des Fernsehens der Ort der Aufnahme, SJZ 63 (1967) Nr. 79.

Zur **Bundesgerichtsbarkeit** bei Angriffen auf die Ehre eidgenössischer Parlamentarier BGE 80 IV 162. Hinweis auf besondere Verfahren zum Ehrenschutz bei HAUSER / SCHWERI § 88 N 10 ff., SCHUBARTH Art. 173 N 132, STEULLET 95 ff.

Ziff. 4 enthält einen **Spezialfall der aufrichtigen Reue** (Art. 64 N 19 ff.) mit der Möglichkeit der Strafbefreiung. Der Rückzug ist an keine Form gebunden, RS 1954 Nr. 218; Strafmilderung oder Strafbefreiung setzen jedoch voraus, dass der Täter seine Äusserung als unwahr (nicht nur als unbewiesen) zurücknimmt, die Ehre des Beleidigten wiederherstellt, BGE 112 IV 28 f., PKG 1990 Nr. 41, RS 1951 Nr. 134, ZBJV 101 (1965) 276. Nach dem Sinn der Bestimmung soll der Rückzug in derselben Form, vor demselben Kreis erfolgen, wie die verletzende Äusserung, BGE 112 IV 29. Der Richter ist nicht verpflichtet, den Beschuldigten auf   21 die Möglichkeit der Rücknahme hinzuweisen, RS 1951 Nr. 134 (umgekehrt PKG 1945 Nr. 59).

22   Als «Ehrenrettung» stellt der Richter dem Opfer eine **Urkunde** aus, wenn der Beschuldigte den Wahrheitsbeweis nicht erbracht, seine Äusserungen sich als unwahr erwiesen oder wenn er sie zurückgenommen hat, **Ziff. 5.** Die Urkunde soll inhaltlich nicht über das Ergebnis des Verfahrens hinausgehen – keine Bescheinigung der Unwahrheit schon bei Misslingen des Wahrheitsbeweises, BGE 80 IV 251. Das Bundesgericht erklärt a.a.O. eine Feststellung in der Urteilsbegründung für ausreichend, dagegen mit Recht Frei 109, Saladin 186, Stratenwerth BT I § 11 N 50, Schubarth Art. 173 N 126: Die Feststellung ist im Urteilsdispositiv oder in einer besonderen Urkunde zu treffen. Kritisch *de lege ferenda* Saladin a.a.O. Die Urkunde kann auch ausgestellt werden, wenn der Beweis guten Glaubens zu Freispruch führte.

23   **Kasuistik**
BGE 69 IV 81: Dr. Flüeler warf dem Stadtrat von Luzern vor, er habe «politische Pösteli» vergeben, «Versorgungspraxis aus parteipolitischen Gründen» – kein Ehrenschutz für Behörden; **69 IV 114: Wietlisbach** behauptete bei der Polizei, Frau Zarri vermiete Zimmer stundenweise an Pärchen; **69 IV 165: Kissling** teilte dem Friedensrichter mit, Fürsprecher X. sei vorbestraft – öffentliches Interesse bejaht; **70 IV 20: Pfändler** hatte den Nationalrat scharf angegriffen, u. a. mit einem Bild des, angeblich während einer Sitzung, leeren Saals, worauf ihm **Weber** und andere Journalisten Fälschung vorwarfen – kein Privileg der Presse; **70 IV 146: Frey,** der **Pfändler** im «Luzerner Tagblatt» Fälschung vorwarf, wurde wegen übler Nachrede mit Recht bestraft; **71 IV 36: Schneider** verletzte die Ehre juristischer Personen, der «Schweizerischen Vereinigung zur Wahrung der Gebirgsinteressen» und des «Schweizerischen Gebirgshilfefonds»; **71 IV 103: Lüdemann** versandte Rundschreiben mit ehrrührigen Angriffen auf Behörden und Beamte – Bestrafung nur nach Art. 173 ff., nicht zusätzlich nach ZG EG zum StGB § 31 II; **71 IV 126: Frau Sch.** behauptete gegenüber Frau B., Milchmann K. sei vorbestraft – kein öffentliches Interesse; **71 IV 187: Eggenberger** äusserte sich im Ehescheidungsverfahren ehrverletzend über seine jenischen Schwiegereltern Waser; **71 IV 225: Kunsthistoriker Dr. Müller** warf Bildhauer Rossi vor, er habe für sein Mottadenkmal in Genf auf einen eigenen starken Einfall verzichtet und vorgezogen, die «Bise» von König nachzuahmen; **72 IV 171: Kupferschmid** behauptete, in einem Davoser Hotel habe man ihn mit einem Kärtchen aufgefordert, das Lokal zu verlassen – kein Angriff auf Ehre des Wirts; **72 IV 173: Bamert** teilte Lehrer Hunold mit, dass der Knabe **Sutter** auf dem Schulweg unsittlich rede – richtiges Mittel zu erlaubtem Zweck; **72 IV 176:** Lehrer **Hunold** stellte den Knaben **Sutter** wegen unsittlichen Redens vor der Klasse zur Rede – keine Ehrverletzung überdies Erfüllung der «Berufspflicht» als Erzieher; **73 IV 12: Mettler** beschuldigte die Genossenschaft Kleider-Gilde E. G. in einem Zeitungsartikel des unlauteren Wettbewerbs – kein Presseprivileg; **73 IV 27: Schä**

rer bezichtigte **N. N.** in der Presse der Steuerhinterziehung – Wahrheitsbeweis ausgeschlossen (aArt. 173.2 II); **73 IV 174: Jeker** richtete ehrverletzende Vorwürfe an Heimann, die Vater Jeker und Boillat hörten – keine üble Nachrede, weil Vater Jeker schon unterrichtet und nicht erwiesen war, dass Boillat die Vorwürfe hören sollte; **74 IV 112: Zimmerli** behauptete, der **Christliche Metallarbeiterverband der Schweiz** habe den Zins für Sekretariatsräume nicht bezahlen können – kein Angriff auf Ehre; **76 IV 25:** Landjäger **Pianzola** warf Frauen in einem Bericht betr. Aufenthaltsbewilligungen leichtfertig unerlaubte Beziehungen mit Männern vor; **76 IV 27: Gattiker** warf **Duttweiler** vor, er sei nervenkrank – kein Angriff auf Ehre; **77 IV 95: Allgöwer** warf dem Bezirksstatthalter von Kreuzlingen, **Raggenbass,** im «Beobachter» vor, er engagiere sich für das Spielcasino in Konstanz – die (unwahre) Tatsachenbehauptung griff nicht Ehre an, der Ton war jedoch beschimpfend, Art. 177; **77 IV 168 (Bachmann** c. **Martin):** Die Vi hat zu überprüfen, ob das beschimpfende Werturteil sachlich vertretbar war – der Beweis guten Glaubens ist auch bei Art. 177 zulässig; **78 IV 32 (Ammann** c. **Huber):** Wahrung berechtigter Interessen hat keine eigenständige Bedeutung (mehr); **79 IV 89 (Mandl** c. **Maximo):** Gegen eine Erklärung gemäss Ziff. 5, der Wahrheitsbeweis sei nicht erbracht worden, ist der Freigesprochene nicht zur Nichtigkeitsbeschwerde legitimiert; **80 IV 57: Ettlin** sagte als Zeuge aus, Frau Röthlin trinke, sei geistig nicht normal und habe mit allen Mägden Krach – er brauchte seinen guten Glauben nicht zu beweisen; **80 IV 109: Hinden** warf in einem Brief an die Militärversicherung dem verfeindeten Nachbar **Wachter** unseriösen Lebenswandel vor; **80 IV 159: Eibel** warf im «Trumpf Buur» Nationalräten, u. a. **Bratschi,** Verfassungsbruch, rechtswidriges Vorgehen und «volksdemokratische Methode» im Zusammenhang mit einer Zulage an das Bundespersonal vor – Unterscheidung zwischen Angriff auf die Ehre und auf Eigenschaften als Politiker; **80 IV 251 (Hoessly** c. **Ott):** Es genügt Ziff. 5, wenn die Feststellung, der Wahrheitsbeweis sei nicht erbracht, in den Urteilserwägungen steht; **81 IV 282: Litschgi** schrieb an Mitglieder der «Vereinigung der Kälte-Firmen in der Schweiz» wahrheitsgemäss, **Sidler** sei wegen Diebstahls und Veruntreuungen entlassen worden – Wahrheitsbeweis zulässig; **81 IV 323: Bianchi** und **Tödtli** behaupteten gegenüber S., **Keller** habe gesagt, die Tochter S. sei an unseriösem Lebenswandel und Abtreibung gestorben – nicht gerechtfertigt; **82 IV 11 (Perrinjaquet** c. **Perrinjaquet):** Auch im Prozess muss die Ehre der Gegenpartei geachtet bleiben; **82 IV 71: Jaccard** übernahm in der «Nouvelle Revue de Lausanne» eine Meldung von «Agence France Presse», welche die Schweizerische Depeschenagentur verbreitet hatte, wonach der Geschäftsmann **Loriol** unter Verdacht des Waffenund Drogenhandels sowie der Spionage stehe; **82 IV 91: Girvan** bezeichnete **P.** in Briefen an Dritte als «Schwindler, Fälscher und Betrüger» – Entlastungsbeweis ausgeschlossen; **85 IV 182 (Bossi** c. **Iklé** u. **Müller):** Zulassung zum Wahrheitsbeweis; **86 IV 72: Servien** und **François** hatten **Ferszt** im Rahmen eines Zivilprozesses angegriffen – kein Raum für einen Spezialtatbestand des Genfer Prozessrechts; **86 IV 175 (Winiger** c.

Hofmann): Sorgfaltspflicht des Anwalts; **86 IV 209 (Emery** c. **Morard** et **Ministère public du canton du Valais):** Dritter ist auch der eigene Anwalt; **89 IV 190:** Frau **Landert,** darüber befragt, ob Frau **Hofmann** möglicherweise eine Zahnarztrechnung nicht zahlen wolle, bezeichnete diese als frech und lügnerisch – zum Wahrheitsbeweis zuzulassen; **92 IV 94: Dr. S.** sagte einer Patientin, in der Apotheke des **Dr. F.** gebe man den Leuten gerade was man wolle; **92 IV 99: Zermatten** schrieb und **Iten** illustrierte in einer Broschüre der Gemeinde Sitten eine bissige Kritik moderner Architektur im Wallis – **Morisod** und **Kyburz,** Erbauer der abgebildeten Villa, waren nicht in ihrer Ehre betroffen; **93 IV 20: Breitenmoser** bezeichnete in einem Mietstreit die Brüder **Balke** als «Psychopathen»; **96 IV 54:** Ob der Ausdruck «Querulant» in medizinischem Sinne oder ehrverletzend gemeint sei, ist im Einzelfall zu prüfen; **96 IV 56:** Frau **E.** durfte im Ehescheidungsprozess guten Glaubens behaupten, ihr Mann habe mit **D.** geschlechtlich verkehrt; **96 IV 148 (Verlag Finanz und Wirtschaft AG** c. **Dr. Manfred Kuhn):** Art. 173 ff. schützen auch juristische Personen; **96 IV 194 (Baillif):** Dritter ist auch das Kind gegenüber Mutter und Vater; **98 IV 87: Frau G.** liess im Scheidungsverfahren durch ihren Anwalt behaupten, ihr Mann habe mit der verheirateten Frau Z. Ehebruch getrieben, was deren Ehre verletzte; **98 IV 91:** In einem Urteil des Bezirksgerichts Z wurde bei **X.,** der eine frühere Freundin mit obszönen Briefen verfolgte, «perverse Geilheit» festgestellt – Beweis guten Glaubens erbracht; **99 IV 148: B.** warf in einem Brief an ihre Tante deren Anwalt vor, er prozediere «vor allem» um seines Honorars willen; **100 IV 43: Debrot** publizierte im *«Courrier des bêtes»* eine flammende Attacke gegen die Jäger, was keine bestimmte oder bestimmbare Person in ihrer Ehre verletzte; **101 IV 292: Kurt Meier** warf **Dr. Walter Hubatka** vor, Zahltagstäschchen mit über 88 000 Franken gestohlen zu haben – zum Wahrheitsbeweis zuzulassen; **102 IV 177 (Meier c. Hubatka):** Anforderungen an den Entlastungsbeweis; **103 IV 22 (Trümpy** c. **Langenegger):** Zur Schädigung des Rufes ist auch eine Äusserung geeignet, deren Unrichtigkeit vom Adressaten leicht zu erkennen ist; **103 IV 157: A.** warf dem Kandidaten für die Stelle des Baudirektors der Stadt Luzern, **B.**, vor, der Stadt Aushubmaterial zu stark übersetztem Preis angeboten zu haben – kein Angriff auf Ehre; **103 IV 161:** Der Vorwurf, in einer Fachkommission das private über das öffentliche Interesse gestellt zu haben sei nicht ehrrührig; **104 IV 12 (B.** c. **L.):** Bedeutung der Pressefreiheit; **104 IV 15 (F.** c. **R.):** Sorgfaltspflicht der Presse, Beweis guten Glaubens; **105 IV 111: Frau A.** schrieb ihrem Bruder B., der Bruder Dr. med. dent. **C** habe ihre Tochter zahnärztlich falsch behandelt – kein Angriff auf Ehre **105 IV 114: R.** behauptete in den «Luzerner Neuesten Nachrichten» «von Allschwiler Seite» sei versucht worden, einen Luzerner Schachspieler zu kaufen – erkennbar ein Angriff auf die Schachgesellschaft All schwil; **105 IV 195:** Der Vorwurf, ein Politiker schüre in seiner Gemeinde ein *«climat oppositionnel constant»* verletzt nicht Ehre; **106 IV 115: Roge. Schawinski** übernahm als Chefredakteur der «Tat» die Verantwortung für die Überschrift: «Ständerat Jean-François **Bourgknecht** in der Steuer falle: Sitzt im Ständerat ein Steuerbetrüger?» – bei Freispruch, Einstellung des Verfahrens oder Verzicht auf Einleitung einer Strafuntersuchung mangels Verdachtsgründe kann der Wahrheitsbeweis nicht im Ehrverletzungsprozess erbracht werden; **106 IV 162:** Unter der Verantwortung von **L.** erschien zur «Savro»-Affäre im *«Nouvelliste et Feuille d'avis du Valais»* ein Bericht, in welchem Ausführungen des Abgeordneten R. in Anführungsstrichen «zitiert» wurden, die R. nicht so vorgetragen hatte – kein Privileg i.S.v. Art. 27.5; **106 IV 180:** Amtsstatthalter **Büttiker** büsste **Achermann** und begründete das Strafmass mit «reiner Profitgier» – gerechtfertigt durch Amtspflicht (Art. 32), obgleich die höheren Instanzen Gewinnsucht verneinten; **107 IV 35 (M. und Kons. c. Z. und Kons.):** Zur Sorgfaltspflicht des Anwalts; **108 IV 21 (W. und Z. c. X. AG):** Auch gemischtwirtschaftliche Unternehmungen haben Ehre; **108 IV 94:** Der Zürcher Stadtrat **Frick** bezeichnete gegenüber dem Journalisten Landwehr **Blumati** als einen der «Drahtzieher» des sog. Opernhaus-Krawalls – durch Amtspflicht gerechtfertigt; **109 IV 36 (X. c. Procura pubblica della giurisdizione sottocenerina):** Der Wahrheitsbeweis ist zulässig, wenn ein Strafverfahren wegen Verjährung zum Freispruch führte; **109 IV 39:** Rechtsanwalt **Dr. K.** bezeichnete im Entwurf einer Rechtsschrift, den er dem Präsidenten der Bündner Anwaltskammer einreichte, eine Rechtsschrift von **Dr. M.** als «Produkt grösster menschlicher Schlechtigkeit» – keine Rechtfertigung; **110 IV 88:** P. als Vertreter der G. behauptete in Beantwortung einer Honorarforderung von **R.,** dieser habe «eine massive Erhöhung des Zeitaufwandes vorgenommen» – der Strafantrag des R. wirkt auch gegen G.; **112 IV 26:** In einem Artikel über den Templer-Orden in *«La Tribune Le Matin»* hatte **B.** dem *«Grand Prieur»* Z. vorgeworfen, er sei im Zusammenhang mit einem Walliser Bauskandal in erster Instanz verurteilt worden; auf den Irrtum hingewiesen, publizierte er eine Berichtigung, aus der hervorging, dass die Appellation des Staatsanwalts gegen den Freispruch nur aus prozessualen Gründen erfolglos gewesen sei – keine Zurücknahme i.S.v. Art. 173.4; **114 IV 15 (I. c. M.):** Träger von Ehre sind auch Kollektivgesellschaften; sie sind auch aktivlegitimiert im Prozess wegen Beschimpfung; **115 IV 43(L. c. Z.):** In einem Leserbrief in der «Basler AZ» behauptete L., Z. plage «nicht nur die Schweizer MieterInnen ..., sondern auch ausländische AsylbewerberInnen» – weil hier nur die Wohnungsspekulation kritisiert wurde, keine Ehrverletzung; **116 IV 32 (Udo Proksch** c. **X.):** Der Untertitel eines Zeitungsberichts über die Lucona-Affäre, «Versicherungsbetrug steuert auf Mordanklage zu», sowie die Passage, «dass es vor den Gerichte(n) schon lange nicht mehr einfach um einen handfesten Versicherungsbetrug geht, sonden weit mehr um einen sich immer deutlicher abzeichnenden Verdacht auf Mord», stellt hinsichtlich des Versicherungsbetrugs eine unzulässige Vorverurteilung dar, während bezüglich des Mordes hinreichend deutlich bleibt, dass nur ein Verdacht vorliegt; **116 IV 146 (A., M.** und **H. c. S.** und **E.):** Keine Ehrverletzung durch Zeitungsartikel, in welchen berntreuen Politikern vorgeworfen wurde, sie hätten «das Laufental verkauft», die Laufentaler «verseggelt» und seien «traurige Subjekte»; **116 IV 206 (A. und B.):** In einer Auf-sichtsbeschwerde äusserten **A.** und **B.** den Verdacht, Polizeibeamte und Übersetzer hätten wiederholt Asylsuchende mit unlauteren Mitteln un-ter Druck gesetzt, damit sie einen Asylverzicht unterzeichneten; **116 IV 212 (Z. c. W. und Fondation W.):** Ehrverletzung im St.Galler Vermitt-lungsverfahren; **117 IV 27 (X. c. A. und B):** Ein Zeitungsartikel beschul-digte die Gouvernante einer schwerreichen alten Frau der Erbschleiche-rei; **118 IV 154 (M. c. F.):** Veröffentlichung eines Artikels unter dem Titel «Wilhelm Frick war 1940 in Putschplanungen verwickelt» im «Tages-An-zeiger», zum gleichen Konfliktsstoff ZR 89 (1990) Nr. 95; **118 IV 249 (A., B., C.** und **D.** c. **X.** und **Y.):** Im Rahmen ehelicher Probleme beschuldigte D., unterstützt von ihrer Familie, ihren Ehemann X. u.a. der Drohung. Weil dieser ihre Aussagen bestritt, verfolgten sie ihn wegen übler Nachrede, womit sie jedoch nicht durchdrangen, **119 IV 44 (B. c. G):** Un-terstellung, G. habe möglicherweise Unregelmässigkeiten bei der Durch-führung des Winzerfests der *Côte* begangen; **121 IV 77: Mariette X.** war von **Y.** als «braune Mariette» bezeichnet worden, was einen ehrver-letzenden Vorwurf der Sympathie für das Nazi-Regime bedeutet, wel-cher dem Wahrheitsbeweis zugänglich ist, der auch erbracht war, weil die Forderung nach einem einzigen Beweis für die Existenz der Gaskam-mern «absurd» ist und auf das Leugnen eines wesentlichen Teils des Holocaust hinausläuft.

Für eine kommentierte Kasuistik unter dem Gesichtspunkt der Kunstfreiheit s. Heinrich Hempel, Die Freiheit der Kunst, Diss. ZH 1991, 202 ff.

24 **Konkurrenzen**
S. **Art. 177** N 9, **303** N 13, **306** N 10, **307** N 22, **322** N 6; Idealkonkurrenz ist möglich mit **UWG Art. 23.**
Ordnungsstrafen des **kantonalen Prozessrechts** können Art. 173 nicht verdrängen, BGE 86 IV 73 (Ferszt c. Servien u. François).

174 Verleumdung

1. Wer jemanden wider besseres Wissen bei einem andern eines unehrenhaften Verhaltens oder anderer Tatsachen, die geeignet sind seinen Ruf zu schädigen, beschuldigt oder verdächtigt,

wer eine solche Beschuldigung oder Verdächtigung wider besseres Wissen verbreitet,

wird, auf Antrag, mit Gefängnis oder Busse bestraft.

2. Ist der Täter planmässig darauf ausgegangen, den guten Ruf einer Person zu untergraben, so ist die Strafe Gefängnis nicht unter einem Monat.

3. Zieht der Täter seine Äusserung vor dem Richter als unwahr zurück so kann er milder bestraft werden. Der Richter stellt dem Verletzten über den Rückzug eine Urkunde aus.

Lit. vor und zu Art. 173

Verleumdung ist *durch das Wissen um die Unwahrheit der behaupteten* 1
Tatsache qualifizierte üble Nachrede.

Der objektive Tatbestand entspricht demjenigen von Art. 173.1. Auf 2
einen *confident nécessaire* (Art. 173 N 4) besteht hier kein legitimer Anspruch, SCHUBARTH Art. 174 N 8. Legitime Interessen können auch nie
rechtmässig durch Verleumdung verfolgt werden, ZR 51 (1952)
Nr. 199. Ein Wahrheitsbeweis ist nicht vorgesehen, doch gehört Unwahrheit zum objektiven Tatbestand, CORBOZ Art. 174 N 5, SCHUBARTH
Art. 174 N 7, STRATENWERTH BT I § 11 N 56. Glaubte der Täter zu lügen,
stellt sich jedoch die Wahrheit seiner Behauptung heraus, so liegt untauglicher Versuch vor.

Zum **subjektiven Tatbestand** gehört die *Gewissheit über die Unwahrheit* 3
der Behauptung – in dieser Hinsicht genügt Eventualdolus nicht, BGE 76
IV 244 f.; wer sagt, er glaube nicht an die Wahrheit seiner Behauptung,
verleumdet nicht, SJZ 45 (1949) Nr. 53. Dagegen genügt Eventualdolus
hinsichtlich der Wahrnehmung der Tatsachenbehauptung durch einen
Dritten. Die Beweislast liegt bei der Anklage, ZR 45 (1946) Nr. 96 f.,
89 (1990) Nr. 96. Von mehreren Beteiligten können die einen nach
Art. 173, andere nach Art. 174 strafbar sein, RS 1957 Nr. 202 – das Wissen ist ein persönlicher Umstand i.S.v. Art. 26.

Ziff. 2 qualifiziert das **planmässige Vorgehen** mit dem Ziel, den Ruf einer 4
Person zu untergraben – der Erfolg braucht nicht einzutreten, STRATEN-
WERTH BT I § 11 N 59. Planmässig handelt z.B., wer während längerer
Zeit ein verleumderisches Flugblatt verbreitet und dessen Inhalt schliess-
lich publiziert, RS 1948 Nr. 82. Die qualifizierte Verleumdung ist kein
Dauerdelikt, BGE 93 IV 93.

Zum **Rückzug** der Äusserung s. Art. 173 N 21 – bei Verleumdung ist nur 5
Strafmilderung, keine Strafbefreiung möglich. Der Rückzug muss überdies aus Einsicht und Reue erfolgen, ZR 51 (1952) Nr. 199.

Die Ausstellung einer **Urkunde** ist nur für den Fall des Rückzugs vorge- 6
schrieben, weil ein schuldig sprechendes Urteil in aller Regel die Unwahrheit der Behauptung dokumentiert, STRATENWERTH BT I § 11 N 60.

Konkurrenzen 7
Zu **UWG Art. 23** kann wegen der Verschiedenheit der Rechtsgüter
Idealkonkurrenz bestehen (abweichend SJZ 66 [1970] Nr. 8). S. ferner
Art. 303 N 13, **307** N 22.

175 Üble Nachrede oder Verleumdung gegen einen Verstorbenen oder einen verschollen Erklärten

[1] Richtet sich die üble Nachrede oder die Verleumdung gegen einen Verstorbenen oder einen verschollen Erklärten, so steht das Antragsrecht den Angehörigen des Verstorbenen oder des verschollen Erklärten zu.

[2] Sind zur Zeit der Tat mehr als 30 Jahre seit dem Tode des Verstorbenen oder seit der Verschollenerklärung verflossen, so bleibt der Täter straflos.

ESTHER KNELLWOLF, Postmortaler Persönlichkeitsschutz – Andenkensschutz der Hinterbliebenen, Diss. ZH 1991; JULIUS SCHLÄPFER, Der strafrechtliche Schutz des Andenkens Verstorbener im schweizerischen Recht, Diss. ZH 1937; **Lit.** vor und zu Art. 173.

1   **Art. 175** stellt auch üble Nachrede und Verleumdung (aber nicht Beschimpfung, BGE 118 IV 159, s. jedoch Art. 262) eines Verstorbenen oder verschollen Erklärten (ZGB Art. 35 ff.) für *dreissig restliche Jahre* unter Strafe und gibt den Angehörigen (Art. 110.2) das Antragsrecht (vgl. auch Art. 29 IV). Stirbt der Antragsteller im Laufe des Prozesses, so können nur weitere Angehörige des Verletzten in das Verfahren eintreten – Art. 28 IV gilt in diesem Fall nicht, ZR 94 (1994) Nr. 40.

2   Strittig ist, ob **geschütztes Rechtsgut** die Ehre des Beleidigten, ein über den Tod hinausreichendes «persönliches Achtungsinteresse», so BÖSIGER 235 ff., ferner SCHUBARTH Art. 175 N 3, STRATENWERTH BT I § 11 N 11, 64, STEULLET 55, oder das Pietätsgefühl der Angehörigen sei, so GERMANN, Verbrechen, Vb 6.3 vor Art. 173, NOLL BT 108, 119, REHBERG/SCHMID 313, SCHLÄPFER 64 f., offenbar auch CORBOZ 637 f.: KNELLWOLF 73 nennt mit Hinweis auf 2. ExpK II 455 «die Achtung und die gefühlsmässige Verbundenheit mit dem Toten». M.E. «erben» die Angehörigen für beschränkte Zeit die Ehre des Verstorbenen oder verschollen Erklärten, die dadurch zu ihrem Rechtsgut wird. Der Verstorbene selber kann theoretisch und faktisch, der verschollen Erklärte jedenfalls faktisch in seinem Ehrgefühl nicht verletzt werden.

BGE 118 IV 322 f. anerkennt, gestützt auf SCHUBARTH Art. 137 N 63 eine «Tabuzone», welche *in casu* Hausfriedensbruch im Sterberaum ermöglicht; diese Betrachtungsweise lässt sich jedoch auf den 30jährigen Ehrenschutz *post mortem* nicht übertragen.

3   **Kasuistik**
BGE 118 IV 154: M. hatte in einem Zeitungsartikel behauptet, Wilhelm Frick sei im Zusammenhang mit der «Eingabe der 200» zur Zeit des Nationalsozialismus in landesverräterische Pläne verwickelt gewesen: zum selben Konfliktsstoff ZR 89 (1990) Nr. 95 und 96.

176   Gemeinsame Bestimmung

Der mündlichen üblen Nachrede und der mündlichen Verleumdung ist die Äusserung durch Schrift, Bild, Gebärde oder durch andere Mittel gleichgestellt.

Art. 176 besagt, was schon sinngemässe Auslegung der Art. 173 und 174   1
ergibt: dass es auf die Form der Mitteilung nicht ankommt. Als «andere Mittel» können Film- oder Videovorführungen in Frage kommen. Selbstverständlich muss es sich auch hier um Tatsachenbehauptungen handeln, blosse Werturteile genügen nicht, STRATENWERTH § 11 N 23. Art. 177 enthält selber einen erweiterten aber abgeschlossenen Katalog der Tatmittel.

177   Beschimpfung

[1] Wer jemanden in anderer Weise durch Wort, Schrift, Bild, Gebärde oder Tätlichkeiten in seiner Ehre angreift, wird, auf Antrag, mit Gefängnis bis zu drei Monaten oder mit Busse bestraft.

[2] Hat der Beschimpfte durch sein ungebührliches Verhalten zu der Beschimpfung unmittelbar Anlass gegeben, so kann der Richter den Täter von Strafe befreien.

[3] Ist die Beschimpfung unmittelbar mit einer Beschimpfung oder Tätlichkeit erwidert worden, so kann der Richter einen oder beide Täter von Strafe befreien.

ANDREAS LÖTSCHER, Lappi, Lööli, blööde Siech, Frauenfeld 1980; WERNER MOSER, Die Beschimpfung nach schweizerischem Strafrecht, Diss. ZH 1953; **Lit.** vor und zu Art. 173.

Beschimpfung ist jeder Angriff auf die Ehre, der nicht unter Art. 173 f.   1
fällt, s. auch BGE 77 IV 97 f. Auch gegen solche Angriffe sind juristische Personen geschützt, BGE 114 IV 16.

Dazu gehört zunächst **die nur dem Opfer gegenüber geäusserte ehr-**   2
rührige (N 1–11 vor Art. 173) **Tatsachenbehauptung** (N 2 zu Art. 173), sodann das abschätzige **Werturteil,** mit welchem «der Täter einem Mitmenschen jene Achtung versagt, die er ihm objektiv schuldet» (SJZ 86 [1990] Nr. 38), unabhängig davon, wem gegenüber es bekundet wird. Dabei kann es sich um ein *reines Werturteil* (Formalinjurie) handeln, z.B. BGE 92 IV 115, «U de Dy Frau, die Huer, die Souhuer»; 104 IV 168, *«sangliers plus police = ss»;* AGVE 1983 Nr. 18, «Schmierlappen» an die Adresse eines Polizisten; ZR 51 (1952) Nr. 200, «Halsabschneider»; oder um ein Werturteil, das sich an eine (explizite oder implizite) Tatsachenbehauptung anlehnt, z.B. BGE 74 IV 100: «Sie sind kein Ehrenmann»; 109 IV 39: Rechtsschrift eines Anwalts als «Produkt grösster menschlicher Schlechtigkeit»; SJZ 45 (1949) Nr. 178: «Strolchenfahrer»; SJZ 86

(1990) Nr. 38: «Jude», wenn vom Täter unmissverständlich (begleitende Geste, Kontext) als Beschimpfung gemeint. *Gemischte Werturteile* (Art. 173 N 2) sind dagegen Tatsachenbehauptungen.

3 Das Gesetz umschreibt die **Täterhandlung** wie Art. 176, setzt aber anstelle der Generalklausel «oder durch andere Mittel» den Begriff «Tätlichkeiten» (Art. 126). Beschimpfende Gebärde ist z. B. das Vorzeigen des nackten Hintern, BGE 103 IV 172. Keine Beschimpfung ist die blosse Verletzung elementarer Anstandsregeln, RS 1949 Nr. 81, oder die Betätigung als Voyeur, RS 1961 Nr. 204. Als **Mittäter** bestraft wurden die Organisatoren einer Demonstration bezüglich beleidigender Transparente, die zu entfernen sie sich geweigert hatten, BGE 104 IV 169 f., dagegen SCHUBARTH Art. 177 N 17 f., gegen Mittäterschaft durch Unterlassen auch SCHULTZ, ZBJV 115 (1979) 543.

4 Der **Entlastungsbeweis** gemäss Art. 173.2 und 3 (N 9-20 zu Art. 173) ist zulässig für *Tatsachen,* auf die sich das Werturteil bezieht, BGE 74 IV 101, 77 IV 169, 79 IV 20, 93 IV 23, 116 IV 154 f., 121 IV 83, GVP-AR 1990 87, SJZ 86 (1990) Nr. 24. Andere Tatsachen können zum Beweis nicht herangezogen werden, BGE 79 IV 20, weil sonst faktisch die Möglichkeit entstünde, für jedes Werturteil durch Prozesse über Lebenswandel und Charakter einer Person eine Begründung zu suchen. Beim Wahrheitsbeweis geht es um die Frage, *ob die Tatsachen,* auf welche sich das Werturteil bezieht, *vorlagen* und ob sie *«zum Werturteil Anlass geben konnten,* ihre Bewertung sich im Rahmen des sachlich Vertretbaren hielt», BGE 77 IV 99, 74 IV 101, BJM 1982 142. Gegenstand des Beweises guten Glaubens ist die Frage, *ob das Werturteil sachlich vertretbar war* und ob der Täter «es als in guten Treuen für sachlich vertretbar halten konnte», BGE 77 IV 168 f., «Hochstapler». GVP-AR 1990 90 stellt dazu fest, dass der Ausdruck «Dieb» in der Alltagssprache nicht nur ein Verhalten gemäss Art. 139 bezeichne.

5 Spricht jemand als **Zeuge** ein «Werturteil im Rahmen der ihm zur Sache gestellten Fragen gutgläubig aus», so ist er nicht strafbar; böser Glaube müsste ihm nachgewiesen werden, BGE 80 IV 61 («Gauner»).

6 Der **Vorsatz** muss sich bei Beschimpfung durch Werturteil nur darauf richten, dass die Äusserung an die Ehre rührt, nicht auch darauf, dass sie nicht vertretbar sei, BGE 79 IV 22.

7 **Abs. 2** gibt dem Richter für einen Spezialfall zu Art. 64 al. 6, **Provokation,** einen fakultativen Strafausschliessungsgrund (keinen Rechtfertigungsgrund, BGE 109 IV 43). Ungebührliches Verhalten ist etwa das Jagen in einem Jagdreservat, BGE 117 IV 270; die Anschwärzung der früheren Geliebten unter dem Vorwand, die Interessen des Kindes zu wahren, BGE 74 IV 101; unberechtigte Vorwürfe, ZR 51 (1952) Nr. 200; störendes Parkieren, ZR 90 (1991) Nr. 38; oder gefährliche Fahrweise im Strassenverkehr, WALDER, ZStrR 81 (1965) 50. Die Provokation muss «unmittelbar» beantwortet werden, was zeitlich zu verstehen ist «in dem

Sinne, dass der Täter in der durch das ungebührliche Verhalten erregten Gemütsbewegung handelt, ohne dass er Zeit zu ruhiger Überlegung hat», BGE 83 IV 151, RS 1983 N 452, so schon MOSER 109, s. auch WALDER a.a.O. 51. Das Bundesgericht sieht die Rechtfertigung der Strafbefreiung vor allem im Affekt des Täters (a.a.O. 152); das Gesetz zwingt zu so enger Auslegung jedoch nicht – wie bei Abs. 3 (vgl. BGE 72 IV 22) lässt es vielmehr hier im Bagatellbereich *Selbstjustiz* zu. Retorsion kann aber auch geltend gemacht werden, wenn der Beleidiger in Sachverhaltsirrtum (Art. 19) annahm, es liege ein Provokationsgrund vor, BGE 117 IV 273 (die Bf. hatte Jäger als «*bande de salauds*» betitelt, weil sie irrig annahm, sie hätten auf dem Gebiet eines Reservats ein Reh erlegt).

Latente Spannungen sind kein unmittelbarer Anlass, RS 1944 Nr. 38. Subsidiär kann Art. 64 al. 6 angewandt werden, RS 1948 Nr. 40.

Die Möglichkeit der Strafbefreiung bei **Retorsion, Abs. 3,** stellt wiederum einen Spezialfall zu Abs. 2 (N 7) dar. Der Richter kann «von Strafe absehen, wenn die streitenden Teile sich selber schon an Ort und Stelle Gerechtigkeit verschafft haben und der Streit zu unbedeutend ist, als dass das öffentliche Interesse nochmalige Sühne verlangen würde», BGE 72 IV 22, ähnlich 82 IV 181. Provokationstat kann auch eine Tätlichkeit i.S. von Art. 126 sein, wobei nicht differenziert werden muss, ob dabei der Angriff auf die Ehre oder der auf den Körper überwog, BGE 72 IV 21 ff., 82 IV 181, PKG 1991 Nr. 50, RS 1966 Nr. 124. Ob ein Strafantrag für die Reiztat gestellt wurde, ist unwesentlich, ZBJV 82 (1946) 308. Auf Körperverletzung (Art. 123) ist Abs. 3 nicht anwendbar – allenfalls kann Art. 64 al. 6 zu Strafmilderung führen – PKG 1946 Nr. 53. Zum Entscheid gemäss Abs. 3 ist nur der urteilende Richter zuständig, nicht die Untersuchungsorgane, RS 1974 Nr. 758, PKG 1991 Nr. 50 (fraglich).   8

Konkurrenzen   9
Tätliche Beleidigung fällt unter Art. 177, nicht **126** (blosse Übertretung); gegenüber **Art. 173** ist Art. 177 subsidiär, BGE 73 IV 175; Idealkonkurrenz ist möglich mit **Art. 179**[septies], Missbrauch des Telefons, ZBJV 106 (1970) 231; erwidert ein Polizist Beschimpfungen mit einer Tätlichkeit, so ist er bei Strafbefreiung gemäss Abs. 3 auch nicht wegen Amtsmissbrauchs schuldig, BGE 108 IV 48.

178 Verjährung

   [1] **Die Verfolgung der Vergehen gegen die Ehre verjährt in zwei Jahren.**

   [2] **Für das Erlöschen des Antragsrechtes gilt Artikel 29.**

ERNST STEINER, Die absolute Verjährungsfrist der Ehrverletzungsklage, SJZ 51 (1955) 53.

Die **verkürzte Verjährungsfrist** bei Ehrverletzung trägt dem Umstand Rechnung, dass diese Friedensstörung in der Regel relativ rasch abklingt und keine bleibenden Folgen hinterlässt.   1

2 Die **absolute Verjährung** tritt nach vier Jahren ein (Art. 72.2 al. 2), was angesichts der besonderen Verfahrensformen (Privatstrafklageverfahren, u.U. Zuständigkeit des Geschworenengerichts) die Möglichkeit erfolgreicher Verschleppung eröffnet (STEINER a.a.O.). SCHUBARTH Art. 178 N 3 schlägt vor, die Frist als endgültig gewahrt anzusehen, wenn rechtzeitig das letztinstanzliche kantonale Urteil ergeht; vorzuziehen ist eine Beschleunigung der Verfahren. Zur Kostenregelung bei Einstellung THOMAS HANSJAKOB, Kostenarten, Kostenträger und Kostenhöhe im Strafprozess, Diss. SG 1988.

3 Zur Verjährung allgemein **Art. 70 ff.**

2. Strafbare Handlungen gegen den Geheim- oder Privatbereich

Titel neu gemäss BG vom 20.12.1968

179 Verletzung des Schriftgeheimnisses

Wer, ohne dazu berechtigt zu sein, eine verschlossene Schrift oder Sendung öffnet, um von ihrem Inhalte Kenntnis zu nehmen,

wer Tatsachen, deren Kenntnis er durch Öffnen einer nicht für ihn bestimmten verschlossenen Schrift oder Sendung erlangt hat, verbreitet oder ausnützt,

wird, auf Antrag, mit Haft oder mit Busse bestraft.

VE 1894 Art. 90, Mot. 177. 1. ExpK II 18 ff., 561 ff., VE 1908 Art. 117. ERl.Z. 203 ff. 2. ExpK II 520, VIII 319 ff. VE 1916 Art. 319. E Art. 313. Botsch. 71. Sten.NR 365, 267, StR 178, 179.

AUGUST RUCKSTUHL, Die Verletzung des Schriftgeheimnisses auf Grund des Art. 179 des Schweizerischen Strafgesetzbuches, Diss. FR 1955; ALFRED SCHREIBER, *Secret privé* = Schriftgeheimnis? Sem.jud. 1948 142.

1 **Art. 179** *schützt die Privatsphäre gegen unbefugtes Öffnen verschlossener Schriftstücke* und Pakete *sowie gegen Verwendung von dadurch erlangten Kenntnissen;* für eine weitere Fassung des Rechtsguts mit Rücksicht auf amtliche Akten SCHUBARTH Art. 179 N 2. Das Recht auf Achtung des Briefverkehrs garantiert auch EMRK Art. 8, dazu EGMR, Urteil, SILVER u.a. Nr. 61, EuGRZ 1984 147, u.v.a., STEPHAN BREITENMOSER, Der Schutz der Privatsphäre gemäss Art. 8 EMRK, Basel 1986, 304 ff.

2 **Schrift** ist (entgegen dem früheren italienischen Marginale *«segreto epistolare»*) nicht nur der Brief, sondern auch Gedrucktes, Telegramme usw. (h.M.).

3 **«Sendung»** ist nicht nur der übermittelte Gegenstand, sondern nach dem französischen Text *«colis»* jedes Paket beliebigen Inhalts, auch wenn es

vom Besitzer zur Verwahrung, nicht zum Versand, angefertigt wurde – es wäre nicht einzusehen, weshalb hier der Schutzbereich enger sein sollte als bei Schriften, a.M. SCHUBARTH Art. 179 N 11.

Der Gegenstand muss «**verschlossen**», aber *nicht geheim* (h.L., a.M. offenbar RUCKSTUHL 17 ff.) sein. Der Verschluss ist eine qualifizierte, in der Regel nicht reversibel zu umgehende (Ausnahme: z.B. Verschnürung) Umhüllung, die den Inhalt nicht erkennen lässt. Drucksachen, deren Umschlag von der Post geöffnet werden darf, sind auch für Dritte nicht verschlossen, dasselbe gilt für Postkarten. Nicht verschlossen ist ferner der (z.B. in einem Schrank) eingeschlossene Gegenstand, STRATEN-WERTH BT I § 12 N 5, SCHUBARTH Art. 179 N 9, RUCKSTUHL 27; a.M. GERMANN, Verbrechen, N 3 zu Art. 179, LOGOZ N 2 A a zu 179, SCHREIBER 143.

Zur Öffnung berechtigt ist der Adressat, wer von ihm (ausdrücklich oder stillschweigend) dazu ermächtigt ist, der Absender, ferner Strafverfolgungsbehörden im Rahmen der Prozessordnung und Vollzugsbehörden im Strafvollzug. Eltern sind ohne besondere Veranlassung nicht zur Öffnung von Sendungen an ihre urteilsfähigen Kinder berechtigt: m.E. viel zu weit SCHUBARTH Art. 179 N 27, der den Kindern bis zum 18. Lebensjahr den Schutz von Art. 179 abspricht. Gerade für Adoleszente ist die Privatsphäre ein besonders wertvolles Rechtsgut. Briefe, die an eine Institution «zu Handen» einer Person gerichtet sind, dürfen von deren Vorgesetzten geöffnet werden, BGE 114 IV 17 ff.

Der **Vorsatz** muss sich auf das unbefugte Erbrechen des Verschlusses richten. Es muss ferner die **Absicht** bestehen, vom Inhalt Kenntnis zu nehmen, SCHUBARTH Art. 179 N 15, h.M.

Al. 2 erklärt denjenigen für strafbar, der die durch Öffnen der verschlossenen Sache gewonnene Kenntnisnahme «*verbreitet oder ausnützt*». Die Vortat kann straflos sein mangels Vorsatz (der Täter merkt z.B. erst beim Lesen des Briefes, dass er nicht an ihn gerichtet ist). Nicht strafbar ist, wer zum Öffnen berechtigt war, HAFTER BT I 213, REHBERG/SCHMID 319; a.M. SCHUBARTH Art. 179 N 21, STRATENWERTH BT I § 12 N 11, oder wer Kenntnisse aus der durch einen Dritten unbefugt geöffneten Schrift verwertet. Bedenklich BGE 88 IV 147 f. (Burkhalter und Kaufmann c. Lorenzi und Reischmann), wonach der Delegierte des Verwaltungsrates wegen Nutzung von Kenntnissen aus einer durch den Geschäftsführer rechtswidrig geöffneten Schrift bestraft wurde, obschon weder Mittäterschaft noch mittelbare Täterschaft beim Öffnen angenommen wurde; kritisch auch NOLL BT 88 f., SCHUBARTH Art. 179 N 43, STRATENWERTH BT I § 12 N 12; zustimmend SCHULTZ, ZBJV 100 (1964) 80.

Der Gesetzeswortlaut ist insofern zu weit, als **nicht** die Verbreitung **jeder Kenntnis** strafbar sein kann; es muss sich aus dem Inhalt ergeben, dass dieser zwischen den Korrespondenten geheimgehalten werden sollte, was zu vermuten ist, ähnlich NOLL BT 89, REHBERG/SCHMID 320, SCHUBARTH Art. 179 N 19, STRATENWERTH BT I § 12 N 13.

9   «**Nutzen**» ist jeder Vorteil, z. B. die Verbesserung der Beweislage im
Prozess, BGE 88 IV 146 f.

10   Zum **Strafantrag** ist nach BGE 101 IV 406 f. (Lenzlinger und Kons.) nur
der Adressat legitimiert. Das ist zu eng; es kommt bei Übermittlungen
auf den Zeitpunkt an, zu welchem das Verfügungsrecht auf den Adressaten übergeht. Bei Postsendungen geschieht dies frühestens bei Eintreffen
der Sendung am Bestimmungsort und Benachrichtigung des Empfängers, PVG Art. 28 II. Vorher bleibt der Absender antragsberechtigt,
ebenso Noll BT 89, Rehberg/Schmid 320, Stratenwerth BT I § 12 N
17; während die Sendung unterwegs ist, sollen nach Schubarth Art. 179
N 46, beide antragsberechtigt sein.

11   **Konkurrenzen**
Al. 1 und 2 stehen in Konkurrenz, wenn der Täter beide Tatbestände
erfüllt, weil das geschützte Rechtsgut bei Kenntnisnahme und Weiterver-
breitung auf verschiedene Weise angegriffen wird, h. M., abweichend
Schubarth Art. 179 N 47.
Verletzung des Post- und Telegrafen-Geheimnisses durch Beamte: **PVG
Art. 57, FMG Art. 53** gehen vor.

179bis Abhören und Aufnehmen fremder Gespräche

**Wer ein fremdes nichtöffentliches Gespräch, ohne die Einwilligung
aller daran Beteiligten, mit einem Abhörgerät abhört oder auf einen
Tonträger aufnimmt,**

**wer eine Tatsache, von der er weiss oder annehmen muss, dass sie auf
Grund einer nach Absatz 1 strafbaren Handlung zu seiner Kenntnis gelangte, auswertet oder einem Dritten bekanntgibt,**

**wer eine Aufnahme, von der er weiss oder annehmen muss, dass sie
durch eine nach Absatz 1 strafbare Handlung hergestellt wurde, aufbewahrt oder einem Dritten zugänglich macht,**

wird, auf Antrag, mit Gefängnis oder mit Busse bestraft.

Eingeführt durch BG vom 20.12.1968

BBl 1968 I 558 ff., StenB 1968 NR 335 ff., 629 ff., 669, StR 185 ff., 299 ff.

Lorenz Erni, Die Verletzung der «Vertraulichkeit des Wortes» als Straftat im deutschen und schweizerischen Strafrecht, Diss. ZH 1981; Jean Gauthier, *Enregistre-
ment clandestin d'une conversation téléphonique et preuve pénale*, in Gedächtnis-
schrift Noll, Zürich 1984, 333; Olivier Gautschi, Technische und rechtliche
Aspekte der Minispione, Kriminalistik 1974 83, 127; Hubert Andreas Metzger
Der strafrechtliche Schutz des persönlichen Geheimbereichs gegen Verletzungen
durch Ton- und Bildaufnahme- sowie Abhörgeräte, Diss. BE 1972; Hans-Jürg
Niederer, Strafrechtlich zulässiger Selbstschutz privater Betriebe (mit besonderer
Berücksichtigung der Überwachung mit technischen Mitteln sowie der gewaltsamer
Abwehr), Diss. ZH 1977; Jörg Rehberg, Unzureichende Strafbestimmungen ge-
gen das Abhorchen fremder Gespräche, SJZ 67 (1971) 106; Hans Schultz, Der
strafrechtliche Schutz der Geheimsphäre, SJZ 67 (1971) 301.

Art. 179 bis schützt analog Art. 179 die *Vertraulichkeit* des Gesprächs gegenüber unbeteiligten Dritten. Als Rechtsgut geschützt ist «die persönliche Geheimsphäre als ein dem Einzelnen zur Entwicklung seiner Persönlichkeit gewährleisteter freier Raum vor der Gemeinschaft und dem Staat sowie vor den anderen Einzelnen», BGE 111 IV 66, s. auch 118 IV 71. Träger des Rechtsguts kann auch eine juristische Person sein, BGer. a.a.O.   **1**

Gespräch ist *mündlicher Gedanken- und Informationsaustausch,* aber auch das Selbstgespräch, ERNI 106, METZGER 52, NIEDERER 50, NOLL BT 90 (mit Hinweis auf das Diktiergerät), REHBERG / SCHMID 321; a.M. SCHUBARTH Art. 179bis N 17, STRATENWERTH BT I § 12 N 23. Ob sich die Beteiligten direkt oder über Telefon, RS 1979 Nr. 768, verständigen, ist ohne Bedeutung, s. aber Art. 179 quinquies. Ein Schutzbedürfnis besteht auch für *Telex-*«Gespräche», die aber wegen der Schriftform nicht erfasst sind. Dasselbe gilt für telefonische und elektronische Bild- und Textübermittlung (*Telefax* und *E-Mail*). Auch für diese Kommunikationswege gilt indessen der grundrechtliche Schutz des Privatlebens, s. auch Art. 143 f.   **2**

Fremd ist jedes Gespräch, an welchem der Täter nicht mindestens als von den aktiv Beteiligten geduldeter Zuhörer teilnimmt, vgl. Art. 179ter.   **3**

Nichtöffentlich ist das Gespräch, wenn es nach begründeter Erwartung der Gesprächspartner ohne Einsatz technischer Hilfsmittel nicht mitgehört werden kann, dazu im Detail SCHUBARTH Art. 179bis N 20 ff., SCHULTZ 303 f. Gerichtsverhandlungen sind grundsätzlich öffentlich, ZR 75 (1976) Nr. 37. Nach der Botschaft des Bundesrats, BBl 1968 597, sind *Funkgespräche* öffentlich, was jedenfalls bei Verwendung von Verzerrungsgeräten nicht zutrifft, hiezu REHBERG a.a.O., ebensowenig bei Verwendung geschützter Frequenzen, SCHUBARTH Art. 179 bis N 28. BGE 108 IV 163 (Vi PKG 1982 Nr. 29) trifft eine weitere Einschränkung gestützt auf die Revision des Titels: Nur Gespräche im privaten Bereich (Persönliches, Geschäftliches) seien geschützt, nicht amtliche «Gespräche» wie die polizeiliche Einvernahme, dazu kritisch REHBERG / SCHMID 321 f., SCHUBARTH Art. 179 bis N 4b; BGE 111 IV 66 anerkennt dagegen als «nichtöffentlich» auch die Verhandlungen einer Kirchgemeindeversammlung, was mit dem vorangehenden Entscheid kaum vereinbar ist.   **4**

Zur **Technik** von **«abhören»** und **«aufnehmen»** METZGER 31 ff., vgl. auch Art. 179 sexies.   **5**

Zur **Rechtfertigung** aus strafprozessualen und polizeilichen Gründen Art. 179 octies. Zu den allgemeinen Rechtfertigungsgründen eingehend SCHUBARTH Art. 179 bis N 38 ff   **6**

Al. 2 bedroht die **Verwertung** von Kenntnissen aus rechtswidriger Abhörung (auch durch Dritte) mit Strafe. Kritisch *de lege ferenda* NOLL BT   **7**

91, Schubarth Art. 179 bis N 52 ff., Stratenwerth BT I § 12 N 34 f. Zu
«weiss oder annehmen muss» vgl. Art. 160 N 12.

8   **Al. 3** bedroht **Aufbewahrung** und **Zugänglichmachen** einer in Verletzung
von al. 1 hergestellten Aufnahme mit Strafe. Der Aufnahme muss deren
Überspielung gleichgestellt werden; Abschriften fallen nur unter al. 2 –
wer ab Band gleich nach der Aufnahme den Text des Gesprächs zur Aufbewahrung abschreibt und das Band anschliessend vernichtet, ist weder
nach al. 2 noch nach al. 3 strafbar – der Schrift fehlt eine vergleichbare
Authentizität.

9   Zum **Strafantrag** legitimiert ist grundsätzlich jeder Gesprächsteilnehmer;
wer mit dem Täter kolludiert, ist Teilnehmer i.w.S. gemäss Art. 179 ter
und nicht Verletzter. Wurde bei einem Gespräch unter mehreren Personen die Zustimmung diskutiert und keine Einstimmigkeit erzielt, so
bleibt, wer zugestimmt hatte, antragsberechtigt, wenn dennoch eine Aufnahme gemacht wurde, sofern er die Zustimmung nicht nach der Be-
schlussfassung wiederholt hat.

10 **Konkurrenzen**
Zwischen den Tatbeständen von **al. 1** und **al. 2** besteht Realkonkurrenz,
ebenso zwischen **al. 1** und dem Zugänglichmachen gemäss **al. 3**,
Schubarth Art. 179 bis N 67. Aufbewahren ist gegenüber al. 1 mitbe-
strafte Nachtat, gegenüber den restlichen Tatbeständen mitbestrafte
Vortat.
Werden Telefongespräche unbefugterweise von Beamten abgehört, geht
FMG Art. 53 vor; s. ferner **Art. 179** sexies **N 7.**

179ter Unbefugtes Aufnehmen von Gesprächen

**Wer als Gesprächsteilnehmer ein nichtöffentliches Gespräch, ohne die
Einwilligung der andern daran Beteiligten, auf einen Tonträger aufnimmt,**

**wer eine Aufnahme, von der er weiss oder annehmen muss, dass sie
durch eine nach Absatz 1 strafbare Handlung hergestellt wurde, aufbewahrt, auswertet, einem Dritten zugänglich macht oder einem Dritten
vom Inhalt der Aufnahme Kenntnis gibt,**

**wird, auf Antrag, mit Gefängnis bis zu einem Jahr oder mit Busse be-
straft.**

Eingeführt durch BG vom 10.2.1968

BBl 1968 I 558 ff., StenB 1968 NR 335 ff., 629 ff., 669, StR 185 ff., 299 ff.

Lit. zu Art. 179bis.

1   **Art. 179**ter **schützt Gesprächsteilnehmer** vor Aufzeichnung ihrer Äusserungen gegen ihren Willen und vor Verwertung solcher Aufzeichnungen
z.B. SJZ 71 (1975) Nr. 28, heimliche Aufnahme eines Telefongesprächs
durch den einen Teilnehmer zur Beweissicherung im Zivilprozess. Durch

die Zulassung von Telefonbeantwortern, die auch ein Mitschneiden des Gesprächs ermöglichen, s. Art. 179quinquies, sind telefonische Gespräche praktisch schutzlos geworden.

Der **Tatbestand des Aufnehmens** entspricht *mutatis mutandis* demjeni-   2 gen von Art. 179bis, s. dort N 1, 2, 4. Heimlichkeit ist nicht erforderlich; wer aber an einem Gespräch teilnimmt, das, wie er weiss, ohne seine Zustimmung aufgenommen wird, willigt ein, Schubarth Art. 179ter N 8, Stratenwerth BT I § 12 N 46 (a.M. Rehberg/Schmid 326, Schultz 305), sofern er nicht genötigt ist, sich zu äussern.

Der Tatbestand der **Auswertung** ist insofern unsinnig weit, als er auch die   3 Kenntnisgabe vom Inhalt der Aufnahme umfasst, obgleich der Täter diesen ja auch kraft seiner unbedenklichen Teilnahme am Gespräch kennt, Stratenwerth BT I § 12 N 50: Die romanischen Texte enthalten die Tatbestandsvariante nicht und sind als massgeblich anzusehen, ebenso Schubarth Art. 179ter N 13.

Als **Rechtfertigung** gilt nicht schon die Absicht der späteren Verwen-   4 dung als Beweismittel, vgl. SJZ 71 (1975) Nr. 28; anders Sem.jud. 1986 636, der «Beweisnotstand» zubilligt. Zur Verwertung illegaler Tonaufnahmen als Beweismittel BGE 109 Ia 244, EGMR, Urteil Schenk, Nr. 140, ebenso Sem.jud. 1986 636, allerdings für eine gerechtfertigte (Art. 33) Aufnahme; eingehend Gauthier a.a.O.

Zum Antrag ist auch **berechtigt,** wer sich am Gespräch nur als Zuhörer   5 beteiligt hat; er ist u.U. verletzt, weil die Aufnahme den Beweis dafür liefert, *wozu er* geschwiegen hat. Dies gilt jedoch nur für den Fall, dass die Teilnahme (z.B. durch Anrede) aus der Aufnahme deutlich wird, nicht etwa für Zuhörer eines Vortrags. Eine juristische Person ist antragsberechtigt, wenn sie durch ein Organ am Gespräch teilgenommen hat; dies trifft nicht zu auf Verhandlungen innerhalb eines Organs, BGE 111 IV 67 (römisch-katholische Kirchgemeinde Spiez).

179 quater   Verletzung des Geheim- oder Privatbereichs durch Aufnahmegeräte

Wer eine Tatsache aus dem Geheimbereich eines andern oder eine nicht jedermann ohne weiteres zugängliche Tatsache aus dem Privatbereich eines andern ohne dessen Einwilligung mit einem Aufnahmegerät beobachtet oder auf einen Bildträger aufnimmt,

wer eine Tatsache, von der er weiss oder annehmen muss, dass sie auf Grund einer nach Absatz 1 strafbaren Handlung zu seiner Kenntnis gelangte, auswertet oder einem Dritten bekannt gibt,

wer eine Aufnahme, von der er weiss oder annehmen muss, dass sie durch eine nach Absatz 1 strafbare Handlung hergestellt wurde, aufbewahrt oder einem Dritten zugänglich macht,

wird, auf Antrag, mit Gefängnis oder mit Busse bestraft.

Eingeführt durch BG vom 20.12.1968

BBl 1968 I 558 ff., StenB 1968 NR 335 ff., 629 ff., 669, StR 185 ff., 299 ff.

THOMAS LEGLER, *Vie privée, image volée,* Diss. GE 1997; FRANZ RIKLIN, Der strafrechtliche Schutz am eigenen Bild, in FS Leo Schürmann, Freiburg 1987, 535; WALTER TRACHSLER, Rechtliche Fragen bei der fotografischen Aufnahme, Diss. ZH 1975, *165 ff.* **Lit.** zu Art. 179bis.

1   **Art. 179**^quater schützt analog Art. 179bis vor dem *Missbrauch optischer Aufnahmegeräte.*

1a   Der Begriff der **Tatsache** ist derselbe wie in Art. 173 (s. dort N 2). BGE 118 IV 44 verweist auch auf die Lit. zu ZGB Art. 28g: «alles, was sich in der Wirklichkeit abspielt und (theoretisch) Gegenstand einer Beobachtung sein kann» – *in casu* die Fotografie eines am Vorabend aus der Untersuchungshaft entlassenen Mannes, der vor seiner Haustür steht.

2   Der **Geheimbereich** umfasst die Lebensvorgänge, «von denen der Mensch will, dass sie der Wahrnehmung und dem Wissen aller übrigen Mitmenschen entzogen sind, es sei denn, dass er ein Geheimnis mit einem bstimmten andern (und nur mit diesem) teilen will», PETER JÄGGI, ZSR NF 79 II (1960) 227a. Gemäss BGE 118 IV 45 greift Art. 179^quater «offensichtlich» auf JÄGGIS Einteilung zurück: «Erfasst werden also alle Tatsachen aus der höchstpersönlichen Sphäre, die man dem Einblick anderer legitimerweise zu entziehen pflegt, wie innerfamiliäre Konflikte, sexuelle Verhaltensweisen, aber etwa auch körperliche Leiden usw.» (a.a.O. 46). Den Geheimbereich verletzen auch Fotografien bekannter Persönlichkeiten in ihrem Hotelzimmer, BGE 118 IV 324. Zum Begriff des Geheimnisses s. J.N. DRUEY, Information als Gegenstand des Rechts, Zürich/Baden-Baden 1995, 251 ff., Art. 162 N 2.

3   Der **Privatbereich** umfasst die Lebensäusserungen, «die der einzelne gemeinhin mit nahe verbundenen Personen, aber nur mit diesen, teilen will, so das Wohnen, das Arbeiten, das gemeinschaftliche Besprechen vor Tagesereignissen, wobei der Kreis der nahe Verbundenen je nach Ar der Lebensbetätigung wechseln kann», JÄGGI a.a.O. *Nicht* geschützt ist ir Art. 179^quater privates Verhalten in der Öffentlichkeit, z. B. Schmusen au einer Parkbank, auf der Zuschauertribüne usw., METZGER 91, NOLL BT 95, RIKLIN 550 f., enger SCHUBARTH Art. 179^quater N 12 ff. Mit RIKLIN 55 ist als entscheidend anzusehen die Überwindung eines Hindernisses. Ein gehend BGE 118 IV 46 ff. – nicht zum geschützten Bereich gehört dem nach, was sich in der Öffentlichkeit abspielt und von jedermann wahr genommen werden kann; dagegen sind «[d]as Eigenleben betreffend Tatsachen aus dem *Privatbereich im engeren Sinne,* die faktisch also nicht jedermann ohne weiteres zugänglich sind ... geschützt» (a.a.O. 49). Ein Indiz sind körperliche oder moralisch-rechtliche Hindernisse – geschütz ist allemal, was zum Hausrecht gemäss Art. 186 gehört, auch wenn kein physischen Schranken überwunden werden müssen. Als «rechtlich-moralisches Hindernis» gilt eine Grenze, «die nach den hierzulande allgemei

anerkannten Sitten und Gebräuchen ohne die Zustimmung der Betroffenen nicht überschritten wird» (a.a.O. 50). Dazu gehört der Bereich unmittelbar vor der Haustür. Der Begriff der Privatsphäre wird damit ausserordentlich weit gefasst, was allenfalls zum Schutz gegen eine
aggressive Boulevard- und Sensationspresse gerechtfertigt erscheint.

Der Schutz von Geheim- und Privatsphären ist nicht nur lebenden   3a
Personen vorbehalten – auch **Verstorbene** bewahren während einiger
Zeit nach dem Todeseintritt eine «Tabuzone». Die Persönlichkeitsrechte
bleiben jedenfalls bis zum Begräbnis bestehen, BGE 118 IV 322 f. m.
Hinw. auf SCHUBARTH Art. 137 N 63 ff. und BGE 97 Ia 228.

Die **Täterhandlung** besteht zunächst im Beobachten mit einem «Bildauf-   4
nahmegerät», einem Apparat also, der zur Herstellung von (allenfalls bewegten) Bildern bestimmt ist, unabhängig davon, wieviele Zwischensta-
dien (Film, Magnetband, Bildplatte usw.) der Vorgang umfasst. Reine
Beobachtungsgeräte wie Feldstecher, Fernrohr, Periskop, Restlichtver-
stärker u.a. gehören nicht dazu, REHBERG/SCHMID 330 f., RIKLIN 553,
SCHULTZ 306, STRATENWERTH BT I § 12 N 55, ebensowenig ein Einwegspiegel, BGE 117 IV 34 f.; a.M. SCHUBARTH Art. 179^{quater} N 17 ff., der
übersieht, dass nur mit dem Aufnahmegerät i.e.S. die Gefahr des Fest-
haltens und anschliessenden Verbreitens verbunden ist. Typische Aufnahmegeräte sind Foto-, Film-, Infrarot- und Fernsehkamera. Der Tatbestand verlangt nicht, dass tatsächlich ein Bild aufgenommen wurde,
BGE 117 IV 33. Die Überwachung mit «Funkpillen» zur Ortung einer
Person genügt nicht, weil es sich dabei weder um ein Aufnahmegerät
noch um ein Mittel zur optischen Beobachtung handelt, ebenso RIKLIN
548, SCHUBARTH Art. 179^{quater} N 3 ff. mit eingehender Analyse der Entstehungsgeschichte. Heimlichkeit ist nicht gefordert. Kritisch *de lege ferenda* TRACHSLER 167 ff.

Zur **Verwertungshandlung** s. N 7 f. zu Art. 179bis. Zu weit al. 2, weil das   5
blosse Beobachten nicht strafbar ist.

Besonderer **Rechtfertigung** bedarf auch die Fernseh-Überwachung von   6
Gefangenen in der Zelle, NOLL BT 96, SCHUBARTH Art. 179bis N 45 f.
Dauernde Überwachung kann EMRK Art. 3 verletzen, vgl. EKMR, Be-
richt zu B 8463/78, Kröcher u. Möller c. CH, DR 34.24, ebenso SCHU-
BARTH a.a.O. N 46.

Kasuistik   7

BGE 117 IV 32: W. brachte in der Wand zu einem Studio, das er vermietete, einen Einwegspiegel an, was die Beobachtung der Mieterin und ihres Freundes ermöglichte – Tatbestand nicht erfüllt; **118 IV 41: Sonntags-
Blick-Reporter F.** fotografierte gegen dessen Willen den am Vorabend
aus der Untersuchungshaft entlassenen H., als er Polizisten, welche er
wegen F.'s Zudringlichkeit gerufen hatte, begrüsste; **118 IV 320: K.,**
Journalist des «Stern», betrat in Genf das Hotelzimmer, in welchem sich
die Leiche des Schleswig-Holsteinischen Ministerpräsidenten Uwe

Barschel befand, und liess den ihn begleitenden Fotografen den Raum und die Leiche fotografieren.

179 quinquies Nicht strafbare Handlungen

Weder nach Artikel 179bis **Absatz 1 noch nach Artikel 179**ter **Absatz 1 macht sich strafbar,**

wer ein Gespräch, das über eine dem Telefonregal unterstehende Telefonanlage geführt wird, mittels einer von den PTT-Betrieben bewilligten Sprechstelle oder Zusatzeinrichtung mithört oder auf einen Tonträger aufnimmt,

wer ein Gespräch, das über eine dem Telefonregal nicht unterstehende Telefon- oder Gegensprechanlage geführt wird, mittels einer Sprechstelle oder Zusatzeinrichtung dieser Anlage mithört oder auf einen Tonträger aufnimmt.

Eingeführt durch BG vom 20.12.1968

BBl 1968 I 558 ff., StenB 1968 NR 335 ff., 629 ff., 669, StR 185 ff., 299 ff.

Lit. zu Art. 179bis.

1 «Straflos», d. h. **nicht tatbestandsmässig** ist das Mithören von Gesprächen über einen zweiten Telefonapparat oder einen Zusatzhörer, sofern sie ordnungsgemäss installiert sind, ferner das Aufnehmen von Gesprächen mit einer bewilligten Anlage. SCHUBARTH Art. 179 quinquies N 6 will Straflosigkeit der Aufnahme *de lege lata* auf die Fälle beschränken, in denen der Anrufer aufgefordert wird, auf Band zu sprechen; dem liesse sich allenfalls *de lege ferenda* zustimmen. BGE 114 IV 21 lehnt dagegen jede Strafbarkeit ab – auch Folgehandlungen (Art. 179bis al. 2, 3, 179ter al. 2, sind gedeckt – das Telefongespräch sei wie ein «Gespräch in Hörweite von Drittpersonen»! Ist die Anlage nicht bewilligt, bleibt die Strafbarkeit bestehen, BGE 100 IV 50 f. Bestraft wird also nicht eigentlich das Aufnehmen des Gesprächs, sondern das Benützen eines nicht konzessionierten Geräts. Die Bewilligung muss sich auf das Aufnahmegerät selber beziehen, sie ist nur technischer Natur, BGE 114 IV 21 f., ähnlich schon ERNI 181, NOLL BT 94.

Seit Inkrafttreten des FMG am 1.1.1992 sind Zusatzgeräte nicht mehr bewilligungspflichtig, so dass die Vertraulichkeit des Gesprächs gegenüber dem Partner überhaupt nicht mehr geschützt ist; der Tatbestand ist durch die technische Entwicklung überholt worden, eingehend REHBERG / SCHMID 327.

2 Völlig schutzlos sind Gespräche über **innerbetriebliche Telefonanlagen** und **Gegensprechanlagen,** aber auch der offene Funkverkehr auf einer allgemein zugänglichen Frequenz.

3 Abhöreinrichtungen im Dienste der **Verbrechensverhütung** und **-aufklärung** fallen nicht unter Art. 179quinquies, sondern unter Art. 179octies.

Straflos ist auch die **Verwertung** der so erlangten Kenntnisse und Auf-   4
nahmen, Metzger 104, Niederer 55, Noll BT 93, Rehberg/Schmid
328, Stratenwerth BT I § 12 N 40, a.M. Schultz 307; für Straflosigkeit
nur im Rahmen des erlaubten Zweckes (?) Schubarth Art. 179^{quinquies}
N 2.

De lege ferenda haben Stratenwerth a.a.O. N 30, Schubarth a.a.O. N   5
5 f., 8 und Erni 181 f. eine engere Umschreibung der Ausnahmen gefordert – dazu besteht kein Anlass mehr.

179^{sexies} Inverkehrbringen und Anpreisen von Abhör-, Ton- und Bildaufnahmegeräten

1. Wer technische Geräte, die insbesondere dem widerrechtlichen Abhören oder der widerrechtlichen Ton- oder Bildaufnahme dienen, herstellt, einführt, ausführt, erwirbt, lagert, besitzt, weiterschafft, einem andern übergibt, verkauft, vermietet, verleiht oder sonstwie in Verkehr bringt oder anpreist oder zur Herstellung solcher Geräte Anleitung gibt,

wird mit Gefängnis oder mit Busse bestraft.

2. Handelt der Täter im Interesse eines Dritten, so untersteht der Dritte, der die Widerhandlung kannte und sie nicht nach seinen Möglichkeiten verhindert hat, derselben Strafandrohung wie der Täter.

Ist der Dritte eine juristische Person, eine Kollektiv- oder eine Kommanditgesellschaft oder eine Einzelfirma, so findet Absatz 1 auf diejenigen Personen Anwendung, die für sie gehandelt haben oder hätten handeln sollen.

Eingeführt durch BG vom 20.12.1968.

BBl 1968 I 558 ff., StenB 1968 NR 335 ff., 629 ff., 669, StR 185 ff., 299 ff.

Martin Schubarth, Zur strafrechtlichen Haftung des Geschäftsherrn, ZStrR 92 (1976) 370. **Lit.** zu Art. 179bis.

Art. 179^{sexies} verlegt durch *Pönalisierung von Vorbereitungshandlungen*   1
in Verbindung mit technischen Überwachungs- und Aufnahmegeräten
den Schutz der Privatsphäre sehr weit nach vorn; strafbar ist z. B. Versuch
der Gehilfenschaft zur Herstellung einer Bastelanleitung!

Betroffen sind **Geräte,** die «**insbesondere**» dem widerrechtlichen Ge-   2
brauch dienen; dies muss, weil sich praktisch jedes Gerät missbrauchen
lässt, eng ausgelegt werden, wofür verschiedene Vorschläge gemacht
werden: «besonders», Rehberg/Schmid 333; «offensichtlich», Metzger
20; «ausschliesslich», «nur», Noll BT 96, Schubarth Art. 179^{sexies} N 4,
Stratenwerth BT I § 12 N 63. Zuverlässiges Indiz dürfte die Tarnung,
z.B. als Cocktailolive, Krawattenklemmer, Kugelschreiber usw. sein,
JZ 71 (1975) Nr. 97; entscheidend ist, dass das Gerät *nach allgemeiner Lebenserfahrung nur zu Missbrauch* dient. Nicht erfasst sind Geräte zum
Abhören des Polizeifunks, Rehberg (zu Art. 179bis) 107.

3   Die **Täterhandlung** ist sehr weit umschrieben; für Geschäftsherren und
«Interessierte» entstand ein echtes Unterlassungsdelikt, mit Recht kri-
tisch NOLL BT 97, SCHUBARTH a.a.O. 394 f., DERS. Art. 179 sexies N 10,
STRATENWERTH BT I § 12 N 65.

4   Als **Rechtfertigungsgrund** kommt vor allem die Amtspflicht i.V.m.
Art. 179 octies in Frage.

5   Der **subjektive Tatbestand** verlangt Vorsatz, RS 1976 Nr. 61, aber weder
eine besondere Absicht, z.B. die widerrechtliche Verwendung zu fördern, noch das Bewusstsein einer solchen Zweckbestimmung *in concreto*.

6   Art. 179 sexies ist konsequenterweise **Offizialdelikt.**

7   **Konkurrenzen**
Zu den Missbrauchstatbeständen von **Art. 179** bis **, 179** ter **, 179** quater besteht
in aller Regel Realkonkurrenz, weil der Besitz des Geräts eine über den
konkreten Verwendungsfall hinausgehende Gefährdung bedeutet.
Nähme man mit STRATENWERTH BT I § 12 N 68 Subsidiarität an, so wäre
zu berücksichtigen, dass die Strafdrohung in Art. 179 ter geringer ist, so
dass der Strafantrag dem Täter einen (theoretischen) Vorteil bringt.

179 septies Missbrauch des Telefons

**Wer aus Bosheit oder Mutwillen eine dem Telefonregal unterstehende
Telefonanlage zur Beunruhigung oder Belästigung eines anderen miss
braucht, wird, auf Antrag, mit Haft oder mit Busse bestraft.**

Eingeführt durch BG vom 20.12.1968

Lit. zu Art. 179 bis.

1   **Art. 179** septies pönalisiert Telefonate zur Unzeit, in grosser Häufigkeit
obszönen Inhalts, mit Schweigen des Anrufers usw., PKG 1992 Nr.15,
RS 1979 Nr. 769.

2   **Bosheit** ist das Bestreben, anderen Schaden i.w.S. zuzufügen mit dem
einzigen Ziel, sie zu ärgern; BGE 121 IV 137: *«Il y a méchanceté lorsque
l'auteur commet l'acte répréhensible parce que le dommage ou les désagré
ments qu'il cause à autrui lui procurent de la satisfaction»*, s. auch BGE 7
IV 88 zu aArt. 149; PKG 1992 Nr. 15, RS 1977 Nr. 271, 1979 Nr. 769. **Mut
wille** ist rücksichtsloses Handeln in Befolgung momentaner Launen,
BGE 121 IV 137, PKG 1992 Nr. 15, wo der Tatbestand auf missbräuch-
liches Alarmieren der Feuerwehr angewandt wird, was kaum dem Sinn
der Bestimmung entspricht, vgl. jetzt Art. 128 bis.

2a Ob ein **Missbrauch** vorliegt oder nicht, bleibt dem richterlichen Ermessen überlassen, SCHUBARTH Art. 179 septies N 5, BGE 121 IV 137.

3   **Konkurrenzen**
Eine mit dem Anruf erfüllte strafbare Handlung (Betrug, Ehrverletzung,
Drohung usw.) konsumiert Art. 179 septies, Vi in BGE 121 IV 13(

SCHUBARTH Art. 179 ˢᵉᵖᵗⁱᵉˢ N 14, STRATENWERTH BT I § 7 N 96; für Ideal-konkurrenz METZGER 127. S. auch **Art. 177** N 9.

179 ᵒᶜᵗⁱᵉˢ Amtliche Überwachung

¹ **Wer in Ausübung ausdrücklicher, gesetzlicher Befugnis die amtliche Überwachung des Post- und Fernmeldeverkehrs einer Person anordnet oder technische Überwachungsgeräte (Art. 179ᵇⁱˢ ff.) einsetzt, ist nicht strafbar, wenn er unverzüglich die Genehmigung des zuständigen Richters einholt.**

² **Die Genehmigung kann erteilt werden zur Verfolgung oder Verhinderung eines Verbrechens oder eines Vergehens, dessen Schwere oder Eigenart den Eingriff rechtfertigt.**

Eingeführt durch BG vom 23.3.1979, Fassung gemäss BG vom 21. 6. 1991

BBl 1976 II 1569 ff., StenB 1977 NR 467 ff., 1978 NR 1362 ff., 1813 f., StR 292 ff., 1979 NR 438 f., StR 168. Zur Revision BBl 1988 I 1311 ff.

RAYMOND FOËX, *La loi fédérale sur la protection de la vie privée du 23 mars* 1979, ZStrR 99 (1982) 47; JEAN GAUTHIER, *Les résultats de l'audio-surveillance comme preuve pénale en droit suisse*, in Rapports suisses présentés au XIIᵉᵐᵉ Congrès international de droit comparé, Zürich 1987, 75; PETER HUBER, Der Schutz der persönlichen Geheimsphäre gemäss Bundesgesetz vom 23. März 1979, ZStrR 97 (1980) 291; MARKUS PETER, Das neue Bundesgesetz über den Schutz der persönlichen Geheimsphäre, SJZ 75 (1979) 305; NIKLAUS SCHMID, Die nachträgliche Mitteilung von technischen Überwachungsmassnahmen im Strafprozess, insbesondere bei Überwachung des Telefonverkehrs, SJZ 82 (1986) 37; RENATE SCHWOB, Die nachträgliche Mitteilung von technischen Überwachungsmassnahmen im Strafprozess, insbesondere bei der Überwachung des Telefonverkehrs, SJZ 83 (1987) 166; LEO STAUB, Tonaufnahmen zur Aufdeckung von Straftaten insbesondere im Kanton St. Gallen, Diss. ZH 1986. Zur früheren Rechtslage: DANIEL A. DELESSERT, *Les méthodes techniques de surveillance des personnes suspectes dans le procès pénal*, ZStrR 91 (1975) 182; PETER NOLL, Technische Methoden zur Überwachung verdächtiger Personen im Strafverfahren, ZStrR 91 (1975) 45.

Art. 179 ᵒᶜᵗⁱᵉˢ regelt i.V.m. Art. 400ᵇⁱˢ den strafprozessualen und polizeilichen Einsatz von technischen Überwachungsmitteln, ohne dafür selber die gesetzliche Grundlage abzugeben; «bundesrechtlich zwingende Minimalgarantie», BGE 117 Ia 10. Er verweist auf einen Rechtfertigungsgrund aus den entsprechenden Gesetzen, begrenzt aber den Handlungsspielraum der Kantone in zweierlei Hinsicht.   1

Materielle Voraussetzung ist die Verhältnismässigkeit der Massnahme, gemessen an Schwere und Eigenart des betroffenen Delikts, BGE 117 Ia 10. Sowohl bei Verbrechen als auch bei Vergehen ist zu prüfen, ob Schwere und Eigenart den Eingriff rechtfertigen, FOËX 54. Präventive Abhörung sollte auf schwere Verbrechen (z.B. nach dem Katalog in Art. 260ᵇⁱˢ) beschränkt bleiben.   2

2a   Mit der **Revision** des Fernmeldegesetzes vom 21.6.91 (SR 784.10) wurde die Zulässigkeit der Abhörung für mit Hilfe des Telefons begangene Straftaten aufgehoben, weil sie sich in der Praxis als unnötig erwies, Botsch. 1349 – zudem kann die Eigenart des Delikts Abhörung rechtfertigen.

3   **In formeller Hinsicht** wird zunächst eine ausdrückliche gesetzliche Grundlage gefordert – ein Gesetz im materiellen Sinne soll genügen, vgl. z. B. zu AG Tschumper, ZStrR 96 (1979) 86 f. Überdies muss die Bewilligung eines Richters, z.B. des Präsidenten der Anklagekammer (vgl. Art. 400bis), eingeholt werden. S. auch ZBJV 122 (1986) 32, 36 f.

4   Der Rechtfertigungsgrund gilt selbstverständlich nicht nur für denjenigen, der die Überwachung **anordnet**, sondern auch für die Ausführenden.

5   Für Einzelheiten s. Schubarth zu Art. 179^{octies}, sowie die **strafprozess-** und **verfassungsrechtliche Literatur.**

6   Kontrollen bestimmter Frequenzen durch Beamte der PTT zur Sicherung des störungsfreien Fernmeldeverkehrs stellen **betriebsbedingte Schranken** des Fernmeldeverkehrs dar und bedürfen keiner weiteren Rechtfertigung, BGE 118 IV 72, dazu Niggli in AJP 2 (1993) 94.

179^{novies}   Unbefugtes Beschaffen von Personendaten

Wer unbefugt besonders schützenswerte Personendaten oder Persönlichkeitsprofile, die nicht frei zugänglich sind, aus einer Datensammlung beschafft, wird auf Antrag mit Gefängnis oder mit Busse bestraft.

Eingefügt durch BG vom 19.6.1992

Gunther Arzt, Art. 179^{novies}, in Urs Maurer, Nedim Peter Vogt (Hrsg.), Kommentar zum Schweizerischen Datenschutzgesetz, Basel 1995, 470; Hansjörg Stadler, Bemerkungen zur Teilrevision vom 1. Juli 1993 des Bundesgesetzes über die Bundesstrafrechtspflege (BStP) im Zusammenhang mit dem eidgenössischen Datenschutzgesetz, ZStrR 112 (1994) 286; **Lit.** zum DSG.

1   Die Bestimmung schützt im Gegensatz zu Art. 143 nicht in erster Linie das Vermögen des Datenbearbeiters, sondern die **Persönlichkeit der betroffenen Personen**, Botsch. BBl 1988 II 490. Stratenwerth BT I § 12 N 79 fordert zu Recht die Beschränkung auf den Aspekt des Persönlichkeitsschutzes. Unter Art. 179^{novies} fallen nicht nur Daten, die elektronisch oder in vergleichbarer Weise gespeichert sind, sondern auch solche welche in Karteien und anderen Medien angelegt sind.

2   DSG Art. 3 lit. c **definiert besonders schützenswerte Personendaten** als Daten über religiöse, weltanschauliche, politische oder gewerkschaftliche Ansichten oder Tätigkeiten, Gesundheit, Intimsphäre oder Rassenzugehörigkeit, Massnahmen der sozialen Hilfe und administrative oder strafrechtliche Verfolgungen oder Sanktionen.

Ein **Persönlichkeitsprofil** ist eine Zusammenstellung von Daten, die eine   3
Beurteilung wesentlicher Aspekte der Persönlichkeit einer natürlichen
Person erlaubt, DSG Art. 3 lit. d.

Als **Datensammlung** gilt jeder Bestand von Personendaten, welcher in   4
der Art aufgebaut ist, dass die Daten nach betroffenen Personen er-
schliessbar sind, DSG Art. 3 lit. g.

Die Daten dürfen **nicht frei zugänglich** sein. Diese Voraussetzung ist er-   5
füllt, «wenn sich der Täter bei deren Beschaffung in Räumlichkeiten begibt oder sich an Anlagen zu schaffen macht, zu denen er keine Zutritts-
berechtigung hat», Botsch. a.a.O. «Geheim», wie in DSG Art. 35, müssen
die Daten nicht sein, a.M. ARZT DSG Art. 179[novies] N 8. Frei zugänglich
sind etwa das Telefonbuch oder das Handelsregister.

Zur **Beschaffung** s. Art. 143 N 7; allerdings muss hier die blosse Kennt-   6
nisnahme genügen, weil damit der Persönlichtkeitsschutz bereits durchbrochen ist. Die Auffassung von ARZT DSG Art. 179[novies] N 12, wonach
die Beschaffung durch Täuschung den Tatbestand nicht erfülle, vermag
nicht zu überzeugen; es ist nicht einzusehen, weshalb nicht strafbar sein
sollte, wer sich die Daten durch Täuschung des «Datenwächters» beschafft – die Analogie zu Datenhehlerei ist verfehlt, weil es hier nicht um
den Schutz von Daten als Wertträgern geht.

Art. 179[novies] ist ein **Antragsdelikt,** wobei laut Botsch. a.a.O. und REH-   7
BERG/SCHMID 336 sowohl die «datierte» Person als auch der Datenbear-
beiter antragsberechtigt sein sollen. Dass auch der Datenbearbeiter ein
Antragsrecht haben soll, lässt sich jedoch nur begründen, wenn man als
geschütztes Rechtsgut auch seinen Gewahrsam ansieht, STRATENWERTH
BT I § 12 N 78; ARZT DSG Art. 179[novies] N 15 verlangt kumulativ den
Strafantrag beider Betroffenen.

Konkurrenzen   8
Zu Art. 143 und 143bis besteht aufgrund der verschiedenen Rechtsgüter
echte Konkurrenz.

Vierter Titel:
Verbrechen und Vergehen gegen die Freiheit

VE 1894 Art. 87, 91, 96 ff., Mot. 175, 177, 181 f. 1. ExpK II 8 ff., 20 ff., 46 ff., 560 ff., 564 ff., 571 ff. VE 1908 Art. 110 ff. Erl.Z. 194 ff. 2. ExpK II 469 ff., VIII 270 f. VE 1916 Art. 159 ff. E Art. 155 ff. Botsch. 38 ff. Sten.NR 368 ff., StR 180 ff., 268, 283 ff., NR 696, StR 325, NR 749 ff., 770 ff., StR 348 f., 356 ff., NR 785, StR 374 ff., NR 794 f., StR 391 f., 393 ff., 398 ff., 401 f., NR 801 ff., 805 f.

180 Drohung

Wer jemanden durch schwere Drohung in Schrecken oder Angst versetzt, wird, auf Antrag, mit Gefängnis oder mit Busse bestraft.

Heinrich Hug, Die Drohung im Strafrecht, Diss. ZH 1924; Kurt Walter Stampfli, Der strafrechtliche Schutz der Arbeitsfreiheit, Diss. BE 1942; **Lit** zu Art. 181.

1   **Drohung** ist ein Angriff auf die Freiheit der Willensbildung oder -betätigung durch Ankündigung eines erheblichen Übels, dessen Verwirklichung vom Willen des Täters abhängt.

2   Der Täter muss einen **schweren Nachteil** in Aussicht stellen – die Anforderungen sind höher als in Art. 181, BGE 81 IV 105, wenn auch keine «ganz besondere Schwere» gefordert wird, SJZ 51 (1955) Nr. 120. Der Massstab ist ein objektiver, Corboz Art. 180 N 6, Stratenwerth BT I § 5 N 66, differenzierend Schubarth Art. 180 N 8 – Mimosen schützt das Strafrecht nicht. «Schwer» war etwa die Drohung mit: *«casser la gueule»*, BGE 99 IV 216; Tötung eines Angehörigen, PKG 1948 Nr. 108; «Kaputtmachen», SJZ 51 (1955) Nr. 120, vgl. aber ZR 56 (1957) Nr. 59. Die Drohung kann ganz (SJZ 66 [1970] Nr. 146, 68 [1972] Nr. 60, Schuss) oder teilweise (SJZ 51 [1955] Nr. 120, Ergreifen eines Tischmessers, PKG 1963 Nr. 49, Zerbrechen einer Bierflasche als Waffe) averbal erfolgen. Ob sie realisiert werden kann, ist unerheblich. Die Drohung mit der Bekanntgabe ehewidriger Beziehungen ist nicht «schwer», BGE 81 IV 105 f (Guerino). Blosses Anschreien ist keine Drohung, PKG 1982 Nr. 30.

3   Der **Gefährdungserfolg** liegt darin, dass das Opfer «in Schrecken oder Angst versetzt» wird, BGE 99 IV 215: Angst eines von Demonstranten bedrohten Polizisten. Es ist nicht erforderlich, dass das Opfer vor Schrecken oder Angst gelähmt, fassungslos oder verzweifelt sei, vielmehr genügt der Verlust des «Sicherheitsgefühls», PKG 1963 Nr. 49, SJZ 63

(1967) Nr. 180. Wird die Drohung gegenüber einem Dritten geäussert, so muss sie natürlich dem Opfer zu Ohren kommen, vgl. aber MKGE 1976 Nr. 10 mit Kritik HAURI in ZStrR 96 (1979) 423 f. Tritt der Erfolg nicht ein, kann Versuch vorliegen.

Der **subjektive Tatbestand** erfordert Vorsatz hinsichtlich der Täterhand-   4
lung und des Erfolgs, PKG 1944 Nr. 33. Geschmacksverirrte Scherze sind straflos.

Konkurrenzen   5
Will der Täter das Opfer zu einem Tun, Unterlassen oder Dulden nötigen, so geht **Art. 181** vor, obschon die besondere Schwere der Drohung
dort nicht abgegolten wird, BGE 81 IV 105, 99 IV 216, BJM 1996 153,
SJZ 63 (1967) Nr. 181. **Art. 126** konsumiert eine einleitende Drohung
mit «Kaputtmachen». Schreckung der Bevölkerung, **Art. 258**, geht vor,
CORBOZ Art. 180 N 22, SCHUBARTH Art. 180 N 18. S. ferner **Art. 285** N 11,
310 N 10.

Bei Drohung mit einer strafbaren Handlung kommt **Friedensbürgschaft**,   6
Art. 57, in Frage, CORBOZ Art. 180 N 19, REHBERG/SCHMID 338, SCHU-
BARTH Art. 180 N 16, STRATENWERTH BT I § 5 N 70.

181 Nötigung

**Wer jemanden durch Gewalt oder Androhung ernstlicher Nachteile
oder durch andere Beschränkung seiner Handlungsfreiheit nötigt, etwas
zu tun, zu unterlassen oder zu dulden, wird mit Gefängnis oder mit Busse
bestraft.**

E 156. Sten.StR 180, 183 ff., NR 770 ff., StR 390 ff., 393 ff., 397 ff.

J. COMMENT, *Essai sur la notion de violence en droit pénal*, ZStrR 67 (1952) 372; JIRI
EHRLICH, Der «sozialwidrige Zwang» als tatbestandsmässige Nötigung gemäss Art.
181 StGB, Diss. BE 1984; ROBERT HAUSER, Die Nötigung, Kriminalistik 1960 175;
MARTINO IMPERATORI, Das Unrecht der Nötigung, Diss. ZH 1987; WALTER KERN,
Die Nötigung nach Art. 181 des Schweizerischen Strafgesetzbuches, Diss. BE 1942;
ANDREAS MOPPERT, Grenzen des strafbaren Zwangs bei Nötigung, ZStrR 88 (1972)
173; NICCOLò RASELLI, Menschenteppich: Grundrecht oder Nötigung? plädoyer
6/1990 44; ERIKA SCHMID, Die Nötigung als selbständiger Tatbestand und als Tatbestandselement im Strafgesetzbuch, Diss. BE 1969; HANS SCHULTZ, Zum Begriff der
Nötigung, ZBJV 90 (1954) 467; DERS., Der strafrechtliche Begriff der Gewalt, ZStrR
57 (1972) 340; FRANK SCHÜRMANN, Der Begriff der Gewalt im schweizerischen
Strafgesetzbuch, Diss. BS 1986; MARC SPESCHA, Nötigung gemäss Art. 181 StGB –
Maulkorb für Politisches? plädoyer 6/1994 30; PETER ZOLLINGER, Nötigung, StGB
181, Kriminalistik 1978 215.

Nötigung ist *rechtswidrige Verletzung der Freiheit von Willensbildung*   1
oder -betätigung durch Gewalt, Drohung oder ähnliche Mittel. Das Opfer
muss die Zwangssituation wahrnehmen, EHRLICH 20, SCHÜRMANN 90.
Geschützt ist die rechtlich garantierte Freiheit, dazu EHRLICH 7 ff.

2   Der Begriff der **Gewalt** ist heftig umstritten, dazu eingehend SCHÜR-
MANN 6 ff., HANGARTNER (vor Art. 187) 81 ff. Nach REHBERG/SCHMID
339 f. gehören dazu «nur Einwirkungen auf den Körper eines Menschen
mit physikalisch oder chemisch fassbaren Mitteln», wozu auch Blendung
(ebenso CORBOZ Art. 181 N 3, FALB, ZStrR 91 [1975] 284), Belärmung
(SJZ 81 [1985] Nr. 106; BGE 101 IV 169 f. wendet die Generalklausel, N
7, an), Wegnahme unentbehrlicher Hilfsmittel wie Prothese, Rollstuhl
u.ä., Beschädigung von Türen und Fenstern der Wohnung, gehören,
ebenso NOLL BT 70; IMPERATORI 50 nimmt zusätzlich die Beeinträchtigung der Bewegungsfreiheit in die Definition auf. STRATENWERTH BT I §
5 N 6 definiert Gewalt als «physischen Eingriff in die Rechtssphäre eines
anderen», dazu krit. SCHÜRMANN 56 f. Ob Kraft angewendet wird, ist
nach h.M. ohne Bedeutung, anders noch HAFTER BT I 92, SCHUBARTH
Art. 181 N 13 ff.
Dass auch *vis compulsiva* zur Gewalt gehört, ist unbestritten.

3   Die **Intensität der Gewalt** braucht nicht so gross zu sein, dass das Opfer
widerstandsunfähig wird, BGE 101 IV 169. Der Massstab ist ein relativer,
es genügt die Gewalt, die erforderlich ist, um den Willen des konkreten
Opfers zu brechen, BGE 101 IV 44, dagegen REHBERG/SCHMID 341 Fn
19.

4   **Drohung** ist *das Inaussichtstellen eines Übels, dessen Eintritt (jedenfalls
nach der beim Opfer geweckten Vorstellung) vom Willen des Täters abhängt,* BGE 120 IV 19, 106 IV 128, 98 IV 58. Nicht erforderlich ist die Absicht, die Drohung wahrzumachen, doch muss das Opfer sie ernstneh-
men, RS 1949 Nr. 132. Gegenstand der Drohung kann z.B. sein:
Gewaltanwendung, SJZ 66 (1977) Nr. 142; Anzeigen und Bekanntmachungen, BGE 81 IV 105, 94 IV 116, 106 IV 128 f., SJZ 78 (1982)
Nr. 31, ZBJV 82 (1946) 308, 119 (1983) 492; Kündigung eines Mietvertra-
ges, BJM 1993 160, SJZ 59 (1963) Nr. 184; oder Selbstmord, ZR 55 (1956)
Nr. 46, SJZ 62 (1966) Nr. 124. Das Versprechen (z.B. einer hohen Belohnung) ist keine Drohung und scheidet als Nötigungsmittel aus. Es liegt
auch keine Drohung vor, wenn jemand einer Versicherung anbietet, ihr
gestohlene Gegenstände, für die sie eine Entschädigung geleistet hat, gegen Gebühr wieder zu verschaffen, BGE 117 IV 446.

5   **Massgebend für die Ernstlichkeit** des angedrohten Nachteils (BGE 120
IV 19, m.Hinw.) sind grundsätzlich objektive, absolute Kriterien – es ist
zu fragen, ob «die Androhung geeignet ist, auch *eine verständige Person
in der Lage des Betroffenen* gefügig zu machen», BGE 120 IV 19, 107 IV
38, 106 IV 125, 105 IV 122, 101 IV 48, weniger deutlich noch 81 IV 106
Immerhin ist die Absolutheit des Massstabs in zweierlei Hinsicht zu relativieren: Einerseits bietet die spezifische Lage des Opfers Raum für eine
gewisse Differenzierung, wie sie z.B. EHRLICH 36 und SCHULTZ, ZBJV
112 (1976) 422, fordern; andererseits muss ein relativ geringfügiger Nachteil dann als «ernstlich» angesehen werden, wenn der Täter eine besondere Schwäche des Opfers, z.B. eine Phobie, *gezielt ausnützt*
REHBERG/SCHMID 342 f. Auch Drohung gegen Drittpersonen kann tat

bestandsmässig sein, Corboz Art. 181 N 11, Rehberg/Schmid 344. Ernstlich ist etwa die Androhung einer Strafverfolgung, BGE 120 IV 19, oder der Nichtrückgabe von Wärmepumpen kurz vor Beginn der Heizperiode, BGE 115 IV 212. Im Gegensatz zu Art. 180 ist keine «schwere» Drohung erforderlich, BGE 96 IV 61 f., 81 IV 105 f., RS 1964 Nr. 218. Keine ernstliche Drohung ist die Ankündigung einer Beschwerde gegen einen Untersuchungsrichter, vgl. BGE 94 IV 118, wo aber nur die Widerrechtlichkeit verneint wird.

Strittig ist, ob und inwieweit die Drohung in der Ankündigung einer   6
Unterlassung bestehen kann. Die Frage ist grundsätzlich zu bejahen, BGE 96 IV 61, Nichtrückzug des Strafantrags – *recte* aber: Fortsetzung der Strafverfolgung; 101 IV 302, Boykott; 105 IV 211, Nichtabschluss eines Vertrags; 107 IV 39, Verweigerung eines Arbeitszeugnisses; 115 IV 122, Nichtrückgabe von Wärmepumpen. Noll BT 71, Schubarth Art. 181 N 29 f., Ehrlich 136 wollen einschränken auf Fälle, in denen die Unterlassung strafbar oder wenigstens rechtswidrig ist, ähnlich Schultz, Kartellabrede und Strafrecht, ZStrR 74 (1959) 283, anders Rehberg/Schmid 341 f. Nicht erfasst wäre dann die Androhung, einen Vertrag nicht abzuschliessen, anders aber BGE 105 IV 122. Richtig ist m.E. die Auffassung von Kern 64, wonach entscheidend ist, ob mit der Unterlassung berechtigte Erwartungen des Opfers enttäuscht würden. Mit dieser Präzisierung ist Stratenwerth, BT I § 5 N 8 (ebenso Imperatori 84), zuzustimmen, wonach kein Nachteil angedroht wird, wenn sich die Lage des Betroffenen nur nicht verbessern soll. In RJN 1987 94 hatte der Lieferant eine EDV-Anlage blockiert, er verlangte Bezahlung einer bestrittenen Schuld, was als Drohung durch Unterlassen bewertet wurde.

Bedenklich ist die Generalklausel **«andere Beschränkung der Hand-**   7
lungsfreiheit», Noll BT 71, Schubarth Art. 181 N 38 ff., Stratenwerth BT I § 5 N 11 – die «gefährlich weite Formulierung des Gesetzes muss aus rechtsstaatlichen Gründen einschränkend interpretiert werden», BGE 101 IV 169, 107 IV 116, 119 IV 305. Klassisches aber völlig weltfremdes Beispiel ist die Hypnose. Das Zwangsmittel muss «das üblicherweise geduldete Mass der Beeinflussung in ähnlicher Weise eindeutig überschreiten» wie Gewalt und ernstliche Drohung, BGE a.a.O.; SJZ 63 (1967) Nr. 117; weiter Schultz, ZStrR 74 (1959) 280 f. Es muss insbesondere in seiner Intensität ähnlich der Gewalt wirken, was auf das Fixieren einer geschlossenen Bahnschranke zutrifft – eine Blockierung des morgendlichen Berufsverkehrs während 10 Minuten genügt den Anforderungen an die Intensität, wenn dies gerade beabsichtigt war, BGE 119 IV 306, Spescha a.a.O. Das Bundesgericht bejahte Nötigung bei megaphonverstärkten Sprechchören, BGE 101 IV 167, vgl. auch SJZ 81 (1985) Nr. 6, überlaute Musik zur Vertreibung des Nachbarn, und bei Bildung eines «Menschenteppichs», BGE 108 IV 168 ff., dazu Raselli a.a.O., verneinte sie dagegen beim Verweilen ungebetener Besucher in einem Sitzungszimmer, BGE 107 IV 114; ebenso für das Zwingen eines

Automobilisten zum Anhalten, SJZ 63 (1967) Nr. 117, oder das kurzfristige Hindern am Wegfahren, ZR 90 (1991) Nr. 38. Bejaht für die Blockade des Schwerverkehrs in Romanshorn, SJZ 82 (1986) Nr. 44. Ein weiteres Beispiel ist der (i.S.v. BGE 86 II 378 rechtswidrige) Boykott, vgl. SCHULTZ, ZStrR 74 (1959) 277 ff. Dass das Nötigungsmittel einen anderen Straftatbestand erfüllt, z.B. Art. 144, ist ohne Bedeutung, vgl. aber RJN 1989 102 f. Auch unter der Generalklausel kann *List* dagegen *kein Nötigungsmittel* sein, EHRLICH 45, HAUSER 178, SCHMID 67 f., a.M. ZBJV 90 (1954) 467 ff. Der Zahnarzt, der dem Patienten zwei Teilprothesen unter dem Vorwand der Kontrolle entfernt, und Rückgabe vor Bezahlung des Honorars verweigert, handelt nicht bloss listig, RJN 1984 102.

8 Das Opfer muss zu einem **Tun,** z.B. Anerkennung einer Schuld, BGE 69 IV 172; Abschluss eines Vergleichs, BGE 96 IV 62; Rückkehr in die eheliche Wohnung, BGE 101 IV 44 usw., **Unterlassen,** z.B. Halten einer Ansprache, BGE 101 IV 167, oder **Dulden,** z.B. Schläge, BGE 104 IV 172, ehelichen Beischlaf, SJZ 65 (1969) Nr. 33, veranlasst werden.

9 **Vollendet** ist die Nötigung erst, wenn sich das Opfer (wenigstens teilweise, Rep. 109 [1976] 135) nach dem Willen des Täters verhält – besteht die Nötigung im Blockieren eines Durchgangs, so entlastet es den Täter nicht, wenn das Opfer einen Umweg hätte einschlagen können, BGE 119 IV 306, 108 IV 169; misslingt die Bestimmung von Willensbildung oder -betätigung, so bleibt es beim Versuch, BGE 96 IV 62 f., 106 IV 129. Dies trifft auch zu auf den Fall, dass sich das Opfer nur zum Schein beugt und z.B. ein Zahlungsversprechen abgibt, das es nicht einzulösen gedenkt, BGE 105 IV 123, 101 IV 48.

10 Die **Rechtswidrigkeit** bedarf bei Nötigung besonderer Prüfung: «Unrechtmässig ist eine Nötigung, *wenn das Mittel oder der Zweck unerlaubt ist oder wenn das Mittel zum erstrebten Zweck nicht im richtigen Verhältnis steht oder wenn die Verknüpfung zwischen einem an sich zulässigen Mittel und einem erlaubten Zweck rechtsmissbräuchlich oder sittenwidrig ist»,* BGE 108 IV 168 f., ebenso 120 IV 20, 119 IV 305 f., 115 IV 214, 106 IV 129, 105 IV 123, 101 IV 172; sinngemäss auch 69 IV 172, 87 IV 14, 94 IV 114, 96 IV 60, 101 IV 44, 49. Bei «politischen Aktionen auf öffentlichem Grund» ist den verfassungsmässigen Rechten Rechnung zu tragen, wobei es auch auf die Zweckmässigkeit der Demonstration ankommt – verneint, wo nur wenige der vielen behinderten Automobilisten das Transparent mit der politischen Botschaft sehen konnten, BGE 119 IV 306, s. auch SPESCHA a.a.O. Zur ganzen Problematik eingehend EHRLICH 61 ff.

11 **Als Mittel rechtswidrig** ist in der Regel die Gewalt, BGE 101 IV 45; Drohung mit Gewalt, BGE 101 IV 49; mit Boykott, BGE 101 IV 302, dazu mit Recht kritisch NOLL BT 73, schon grundsätzlich ablehnend KERN 109; mit Verweigerung eines Arbeitszeugnisses entgegen OR aArt. 362 (heute: Art. 330a), BGE 107 IV 38; mit aussergewöhnlich drastischen Methoden der Schuldeneintreibung, ZBJV 82 (1946) 308, SJZ 78 (1982)

Nr. 31, insbesondere Androhung einer völlig haltlosen Strafanzeige wegen Misswirtschaft, BGE 120 IV 20 f., wo der Täter überdies täuschend behauptet hatte, der Strafantrag könne nicht mehr zurückgenommen werden und der *Procureur général* erhalte eine Kopie des Schreibens; mit Nichtabschluss eines gründlich und kostenaufwendig vorbereiteten Vertrags, BGE 105 IV 123; oder mit der Blossstellung als Zeugin in einem Scheidungsprozess, BGE 94 IV 115 f., ferner die unbegründete Verwendung von optischen und akustischen Warnsignalen, SJZ 86 (1990) Nr. 69; *Zulässig* ist z. B. die Ankündigung einer Beschwerde an den Untersuchungsrichter in ultimativer Form, BGE 94 IV 118, oder die Ankündigung einer Strafanzeige, ZR 49 (1950) 262.

Als Zweck unrechtmässig ist das Erwirken einer Schuldanerkennung mit   12
einem «freiwilligen Zuschlag», BGE 69 IV 173; eines höheren Mietzinses als der durch die Preiskontrolle zugelassene, SJZ 59 (1963) Nr. 184; einer Provision für einen Beamten, BGE 105 IV 123; der Bezahlung einer illiquiden Forderung, BGE 106 IV 130; oder die Verhinderung der freien Meinungsäusserung, BGE 101 IV 172 f. Das abgenötigte Verhalten braucht also durchaus nicht an sich rechtswidrig zu sein, BGE 81 IV 104. *Zulässig* ist das Ziel, Schulden einzutreiben oder eine Schuldanerkennung zu erwirken, BGE 69 IV 172: selbst wenn der Täter am Bestand der Schuld zweifelt, was nach BGE 106 IV 130 kaum mehr gilt; BGE 115 IV 214 lässt das Ziel der «Bezahlung einer (behaupteten) ausstehenden Schuld» genügen; rechtmässig ist ferner das Ziel, eine Verbesserung der hygienischen Verhältnisse und der Behandlung von Lehrlingen in einer Metzgerei herbeizuführen, BGE 101 IV 301 f.; keine Nötigung, wenn Arbeitnehmer mit Kündigung drohen, falls der Geschäftsführer beibehalten wird, SJZ 87 (1991) Nr. 40; rechtmässig ist das Ziel, einem Falschparkierer die Meinung zu sagen, wobei nach einem Wortwechsel auch dem Gedanken der Retorsion i.S. von Art. 177 III Rechnung getragen werden darf, ZR 90 (1991) Nr. 38.

Die Rechts- oder Sittenwidrigkeit ergibt sich aus der **Relation zwischen**   13
Mittel und Zweck, wenn z. B. der Rückzug eines Strafantrags von der Regelung einer damit nicht zusammenhängenden Streitsache abhängig gemacht wird, BGE 96 IV 62 f., kritisch zu diesem Urteil NOLL BT 74; wenn Täter und Opfer gemeinsam in zwielichtige Aktivitäten verstrickt sind und der Täter mit einer Strafanzeige droht, BGE 87 IV 13, Osthandel; 87 IV 15, ZR 53 (1954) Nr. 64, Zuhälterei; 101 IV 49, Betäubungsmittel; oder wenn das Tatmittel einen im Vergleich zum angestrebten Zweck unverhältnismässigen Eingriff in die Interessen des Opfers bewirkt, BGE 106 IV 130, Fernsehpublizität im Streit um ein Occasionsauto; die Nichtrückgabe von Wärmepumpen, an denen kein Retentionsrecht besteht, ist jedenfalls dann kein angemessenes Mittel zur Erzwingung der Bezahlung, wenn die Notlage des Erwerbers kurz vor der Heizperiode ausgenützt wird, BGE 115 IV 214 f.; Drohung mit einer Anzeige wegen sexuellen Missbrauchs einer schwierigen jungen Frau zur Erreichung des Verzichts der Mutter auf die elterliche Gewalt, BJM 1993 159. *Zulässig*

ist Drohung mit einer Strafanzeige, um Ersatz des Schadens aus strafbarer Handlung vom Täter zu erwirken, BGE 69 IV 172, ZR 61 (1962) Nr. 155. Kritisch zum Kriterium der sittenwidrigen Relation EHRLICH 58 ff. Zwang im Rahmen der Notwehr ist niemals Nötigung, EHRLICH 148 f. m.w.Hinw.

14   Subjektiv ist **Vorsatz** erforderlich, der sich auf die Beeinflussung und das abgenötigte Verhalten beziehen muss. Eventualdolus genügt, BGE 120 IV 22, 101 IV 46, eine weitergehende Absicht ist nicht erforderlich, BGE 94 IV 117, SJZ 63 (1967) Nr. 181. BGE 96 IV 63 verlangt, dass sich der Täter auch «der mangelnden Konnexität» zwischen Mittel und Zweck bewusst sei, was nur in tatsächlicher Hinsicht gelten kann, weil das Bewusstsein der Rechtswidrigkeit nicht zum Vorsatz gehört (Art. 18 N 7).

15   **Kasuistik**
BGE 69 IV 168: Zahnarzt **Dr. Walter** verdächtigt Rosa Gottier der Veruntreuung und veranlasst sie durch Drohung mit einer Strafanzeige, die zu sofortiger Verhaftung führen werde, zur Unterzeichnung einer Schuldanerkennung auch für einen «freiwilligen» Zuschlag; **81 IV 101: Dorina Guerino** droht Y. mit Bekanntgabe ehewidriger Beziehungen, falls er im Strafverfahren gegen sie als Zeuge aussage; **87 IV 13: Oertly,** der illegalen Osthandel betrieb, veranlasste König durch Drohung mit einer Strafanzeige wegen Gebrauchs gefälschter Urkunden zu finanziellen Zugeständnissen, obwohl er dessen Vorgehen gebilligt hatte; **94 IV 112: Rechtsanwalt Dr. X.** liess im Scheidungsverfahren den Ehemann H. beobachten und drohte Frau Z., welche H. besucht hatte, er werde sie als Zeugin anrufen und wegen Ehebruchs blossstellen, wenn sie H. nicht veranlasse, Ehebruch ohne Nennung eines Namens zuzugeben; **96 IV 58:** Rechtsanwalt Dr. A. bezeichnete die Gegenpartei Eduard H. als «querulatorisch», worauf deren **Anwalt Dr. X.** Strafantrag gegen Dr. A. stellte und später den Rückzug des Antrags davon abhängig machte, dass Dr. A. auch die Ansprüche seines Klienten gegenüber Eduard H. als saldiert erkläre; **101 IV 42: X.** packte seine Frau und zwang sie, mit ihm zur Haltestelle des Trams Nr. 11 zu gehen; **101 IV 47: X.** holte zusammen mit **Y.** und **Z.** den Lehrling B. zu einer Autofahrt und schüchterten ihn so ein, dass er das (nicht ernst gemeinte) Versprechen abgab, ihnen aus einem Betäubungsmittelgeschäft 1650 Franken zu übergeben; **101 IV 167: Fink, Rubi, Zenzünen** und **Wild** drangen zusammen mit zahlreichen anderen Studenten ins Auditorium Maximum der Universität Bern und hinderten durch megaphonverstärkte Sprechchöre Dekan Fricker, Rektor Nef und Korpskommandant Hirschy daran, zum Publikum zu sprechen; **101 IV 299: Bellettini, Lämmler** und **Reiser** drohten Metzger Frei mit der Verteilung eines Flugblattes, das in verhüllter Form auch zum Boykott aufforderte, und veranlassten ihn dadurch, eine Verpflichtung betreffend Hygiene und Behandlung der Lehrlinge zu unterzeichnen; **104 IV 171: S.** ging nach gemeinsamem Wirtshausbesuch mit R. in dessen Wohnung, warf sich dort plötzlich auf ihn und hielt ihn 2 1/2 Stunden fest, während er ihm Vorwürfe machte und Faustschläge versetzte; **105 IV 120: SBB-Be-**

amter B. drohte einem Architekten, der im Hinblick auf einen geplanten Auftrag bereits erhebliche Aufwendungen getätigt hatte, den Vertrag nicht abzuschliessen, wenn er nicht eine Provision von 10000 Franken erhalte; **106 IV 126: W.** drohte Occasionshändler X., der dem A. einen «Alfa Romeo 1750» mit 1300 ccm-Motor verkauft hatte, er werde den Fall der Fernsehsendung «Kassensturz» zuspielen, wenn X. nicht bestimmte Zahlungen, darunter eine «Umtriebsentschädigung W.», leiste; **107 IV 36: Chirurg Dr. G.** drohte dem deutschen Ehepaar Horst und Ella E. mit Verweigerung eines Arbeitszeugnisses, falls sie nicht von sich aus kündigten; **107 IV 114:** Keine Nötigung (aber Hinderung einer Amtshandlung, Art. 286) begingen **20 Studenten,** die friedlich Zugang zur Sitzung der rechts- und wirtschaftswissenschaftlichen Fakultät der Universität Bern erlangt hatten, sich dann aber, weil sie eine Diskussion wünschten, weigerten, den Raum zu verlassen, worauf die Sitzung ins Obergerichtsgebäude verlegt wurde; **108 IV 165: M.** bildete mit anderen Demonstranten einen «Menschenteppich» und verhinderte die Durchfahrt eines VW-Busses, vgl. auch SJZ 82 (1986) Nr. 44, Lastwagenblockade als Demonstration gegen die Schwerverkehrsabgabe; **BGE 111 IV 169** beurteilt dagegen eine verkehrsstörende «Bummelfahrt-Demonstration» nur unter dem Gesichtspunkt des SVG; **115 IV 209: K.** hatte an L. eine Heizungsanlage geliefert und nahm auf dessen Wunsch die Wärmepumpen zur Überprüfung zurück – in der Folge verweigerte er die Rückgabe, wenn nicht der noch ausstehende Preis bezahlt werde; **117 IV 445** (SV 117 IV 441 ff.): **C.** übernahm von einem Unbekannten zwei Bilder, die aus einer Galerie gestohlen worden waren und für welche die Versicherung 700 000 Franken geleistet hatte; in der Folge bot er die Bilder dem Direktor der Versicherung zu 300 000 Franken als Vermittlerlohn an, wobei **Rechtsanwalt W.** als Verbindungsperson mitwirkte – keine Nötigung; **119 IV 301: X.** fixierte geschlossene Bahnschranken und behinderte so während 10 Minuten den morgendlichen Berufsverkehr, um gegen den Golfkrieg zu demonstrieren; **120 IV 17: B.,** Leiter einer Inkassofirma, drohte Schuldnern mit Strafverfolgung wegen Misswirtschaft, Art.165, wobei er behauptete, bereits eine suspensiv bedingte Anzeige eingereicht zu haben; **SJZ 86 (1990) Nr. 69:** Zu nahes Aufschliessen verbunden mit optischen und akustischen Warnsignalen im Gotthardtunnel. Unveröffentlichte Entscheide bei Moppert und Zollinger a.a.O.

Konkurrenzen und Abgrenzungen   16

Nötigung geht der Drohung, **Art. 180** vor, BGE 99 IV 216 (Konkurrenz bei Drohung i.S.v. Art. 180 gegen eine Drittperson, Imperatori 93, s. auch Art. 180 N 5), und ist subsidiär zu den übrigen Delikten gegen die Freiheit, **Art. 183, 185,** SJZ 60 (1964) Nr. 137; Realkonkurrenz, wenn dem Opfer zusätzlich ein bestimmtes Verhalten abgenötigt wird, vgl. u. ö. Urteil des Bernischen Obergerichts vom 16.2.1978 im Sachverhalt von BGE 104 IV 172; ferner zu **aArt. 139 (neu: 140)** BJM 1969 177: Realkonkurrenz mit **aArt. 137 (neu: 139),** wenn Widerstandsunfähigkeit nicht erwiesen; PKG 1974 Nr. 10: Nötigung, wenn die Absicht ungerechtfertigter Bereicherung fehlt: **Art. 156,** BGE 69 IV 171; 100 IV 226: Nötigung zur

Überlassung eines Fahrzeugs zum Gebrauch ist Erpressung, nicht Art. 181 i.V.m. SVG Art. 94; **157** N 16; **aArt. 187**, RVJ 1992 289 f.: «Notzucht» gegenüber der Ehefrau als Nötigung; s. ferner **Art. 187** N 22, **190** N 13, **285** N 11, **288** N 8, **310** N 10, **312** N 10; **Art. 123, 126** konsumieren nur die Nötigung, welche unmittelbar mit dem Angriff auf den Körper einhergeht (z.B. Festhalten am Kragen), BGE 104 IV 173; wo der Angriff auf den Körper Mittel der Nötigung zu einem weiteren, über das Dulden dieses Angriffs hinausgehenden Verhalten ist, liegt Konkurrenz vor.

182 Freiheitsberaubung

Aufgehoben durch BG vom 9.10.1981.

183 Freiheitsberaubung und Entführung

1. Wer jemanden unrechtmässig festnimmt oder gefangen hält oder jemandem in anderer Weise unrechtmässig die Freiheit entzieht,

wer jemanden durch Gewalt, List oder Drohung entführt,

wird mit Zuchthaus bis zu fünf Jahren oder mit Gefängnis bestraft.

2. Ebenso wird bestraft, wer jemanden entführt, der urteilsunfähig, widerstandsunfähig oder noch nicht 16 Jahre alt ist.

Fassung gemäss BG vom 9.10.1981.

BBl 1980 I 1241 ff., StenB 1980 NR 1602 ff., 1640 ff., 1981 NR 958 ff., 1184 f., StR 273 ff., 372 ff.

GUNTHER ARZT, Zur Revision des StGB vom 9. Oktober 1981 im Bereich der Gewaltverbrechen, ZStrR 100 (1983) 257; HANS-PETER EGLI, Freiheitsberaubung, Entführung und Geiselnahme nach der StGB-Revision vom 9. Oktober 1981, Diss. ZH 1986; ROBERT KOBER, Die Entführung nach dem schweizerischen Strafgesetzbuch, Diss. ZH 1953; PIUS SCHMID, Die Freiheitsberaubung, Art. 182 StGB, Kriminalistik 1977 365; HANS SCHULTZ, Gewaltdelikte, Geiselnahme und Revision des Strafgesetzbuches, ZBJV 115 (1979) 433; DERS., Zur Revision des Strafgesetzbuches vom 9. Oktober 1981: Gewaltverbrechen, ZStrR 101 (1984) 113; JEAN-MARC SCHWENTER, *De quelques problèmes réels ou imaginaires, posés par les nouvelles dispositions réprimant les actes de violence*, ZStrR 100 (1983) 281.

1 **Freiheitsberaubung** ist die Aufhebung der körperlichen Bewegungsfreiheit *(liberté d'aller et de venir),* des klassischen Grundrechts der persönlichen Freiheit (EMRK Art. 5).

2 **Geschützt** ist die Freiheit, «sich nach eigener Wahl vom Orte, an dem man sich befindet, an einen anderen Ort zu begeben», BGE 101 IV 160 Als Spezialfall der Nötigung ist Freiheitsberaubung erst vollendet, wenn der Wille zur Ortsveränderung sich nicht hat durchsetzen können. Blosser Versuch ist deshalb z.B. das vorübergehende Einsperren eines Schlafenden oder Bewusstlosen, so offenbar BGE 101 IV 160 f., EGLI 33 ff

(mit Differenzierungen), Noll BT 76, Rehberg/Schmid 353, Schubarth Art. 183 N 18; anders z. B. Hafter BT I 97, Schmid 367, Stratenwerth BT I § 5 N 25. Die abstrakte Möglichkeit der Ortsveränderung ist kein schützenswertes Rechtsgut. Aus Ziff. 2 ergibt sich deutlich *(e contrario)*, dass die Tat gemäss Ziff. 1 gegen den Willen des Opfers gerichtet ist.

Freiheitsberaubung kann auch im **erzwungenen Transport** liegen, wenn   3 z.B. während einer Fahrt oder eines Fluges das Aussteigen unmöglich ist, BGE 89 IV 87, 99 IV 221, PKG 1990 Nr. 17, RS 1977 Nr. 274, RVJ 1991 453, SJZ 56 (1960) Nr. 137, 66 (1970) Nr. 48; ferner dann, wenn nach kurzem Transport die Rückkehr längere Zeit erfordert, z. B. Helikopterflug auf einen schwer zugänglichen Gipfel. Fehlen diese Merkmale, so ist das Verbringen einer Person an einen anderen Ort keine Freiheitsentziehung, BGE 101 IV 160 f., Rehberg/Schmid 353, Schubarth Art. 183 N 16, Stratenwerth BT I § 5 N 24.

Festnahme ist der Eingriff, mit welchem die Freiheit entzogen wird, z. B.   4 durch die Polizei, vgl. PKG 1975 Nr. 31, bei Einschliessen in ein Zimmer, PKG 1969 Nr. 38 u.s.w.

Gefangenhaltung ist die Fortsetzung der Freiheitsentziehung, die mögli-   5 cherweise den Tatbestand erfüllt, auch wenn ursprünglich die Festnahme rechtmässig war, Stratenwerth BT I § 5 N 27.

Die **Generalklausel** «oder … in anderer Weise» ist keine echte Alterna-   6 tive zu Fest- und Gefangennahme, sondern verweist auf das **Tatmittel** (vgl. Art. 181 N 7). Als solches kommen vor allem Gewalt und Drohung in Frage, ferner, fasst man den Gewaltbegriff eng (vgl. Art. 181 N 2), Betäubung, vgl. BGE 98 IV 314 ff., Hypnose usw. Beliebtes Lehrbuch-Beispiel ist die Wegnahme der Kleider: Hier ist Freiheitsberaubung zu verneinen, anders z.B. Noll BT 77, Schmid 366, Schwander Nr. 630a – im Gegensatz zur Wegnahme unentbehrlicher Fortbewegungsmittel wie Rollstuhl, Prothese, Krücke, u.U. auch des Fahrzeugs in einsamer Gegend.
    List (Vortäuschen der Einsperrung u.ä.) genügt nicht, Rehberg/Schmid 354, a.M. Egli 48 f., Schubarth Art. 183 N 21, Stratenwerth BT I § 5 N 26; dagegen kann das Opfer mit List in die physische Falle gelockt werden, s. z.B. RVJ 1991 453.

Die Freiheitsberaubung muss eine gewisse **Erheblichkeit** aufweisen,   7 kurzfristiges Festhalten genügt nicht. Die Anforderungen der Praxis sind aber nicht sehr hoch: Es genügten ca. 10 Min., BGE 89 IV 87 – 7,5 km Autofahrt vor Vergewaltigung; oder ca. ½ Std., BGE 99 IV 220 – Autofahrt Bern-Frienisberg; schon ca. 3 Minuten lässt SJZ 56 (1960) Nr. 137 genügen, vgl. auch RVJ 1991 453. Bei Unterbrechungen ist die Fahrt als Einheit zu betrachten, PKG 1990 Nr. 17. Schmid 366 meint, wohl mit Recht, es fehle schon an der Freiheitsentziehung, wenn die Polizei jemanden für einige Minuten zurückhält, um ihn nach telefonischen Abklärungen nochmals befragen zu können.

8   Der Hinweis auf **Unrechtmässigkeit** soll lediglich an die prozessualen
    Eingriffsmöglichkeiten erinnern. Daneben ist vor allem die Einwilligung
    des Verletzten von praktischer Bedeutung, REHBERG/SCHMID 356.
    Rechtfertigen kann auch das Züchtigungsrecht, EGLI 55, SCHUBARTH
    Art. 183 N 28 ff.; vgl. ferner EMRK Art. 5.1.

9   Freiheitsberaubung ist ein **Dauerdelikt** – *dolus superveniens nocet*, NOLL
    BT 77, die Verjährungsfrist beginnt mit der Befreiung. Die Tat kann auch
    in Form des unechten **Unterlassungsdelikts** (Untätigkeit nach Einschlies-
    sen aus Versehen oder verspätete Freilassung nach Ende einer rechtmäs-
    sigen Freiheitsentziehung, BJM 1986 264) begangen werden. **Mittelbare
    Täterschaft** liegt z.B. vor, wenn durch Täuschung eine Behörde zur Frei-
    heitsentziehung veranlasst wird, vgl. AGVE 1948 144. Vorbereitungs-
    handlungen sind strafbar, Art. 260bis I.

10 Der subjektive Tatbestand erfordert **Vorsatz,** BGE 101 IV 161.

11 **Kasuistik**
    BGE 70 IV 214 (Christen und Mitangeklagte): Beamte des Kriegs-
    Ernährungs-Amtes wurden in Steinen (SZ) von einer aufgebrachten
    Menge ca. fünf Stunden lang festgehalten und an der Durchführung einer
    Inspektion gehindert; **89 IV 86: Giovanni Ferro** und **Erich Peter** griffen
    zusammen eine FHD an, schleppten sie ins Auto, fuhren ca. 7,5 km weit
    und vergewaltigten sie dort; **99 IV 220: Theresia B.** und drei weitere Pro-
    stituierte forderten in Bern ihre Kollegin Ruth auf, zu ihnen ins Auto zu
    steigen, fuhren aber nicht, wie angekündigt, zur Polizei, sondern auf den
    Frienisberg, wo sie das Opfer entkleideten, schlugen und dann zurück-
    liessen (die Tat wäre nach neuem Recht als Entführung *ex officio* straf-
    bar); **101 IV 160: Kaufmann** und die Eheleute **Walker** brachten den vor
    Trunkenheit bewusstlosen Berner, den sie bestohlen hatten, aus der
    Wohnung an einen unbekannten Ort – keine Freiheitsberaubung, weil sie
    ihm gerade die freie Wahl des Aufenthaltsortes ermöglichen wollten; **101
    IV 403: Lenzlinger und Kons.** ergriffen Fahrni in Zürich, brachten ihn
    nach Bern, fesselten ihn an einen Mistkarren und liessen ihn mit einem
    Lieferschein an den Bundesanwalt vor dem Bundeshaus stehen (nach
    neuem Recht Entführung); **104 IV 171: S.** ging mit R. auf dessen Zimmer
    warf sich auf ihn und hielt ihn ca. 2$^{1}/_{2}$ Stunden fest; **119 IV 216: M. H.** rei-
    ste mit seinem Kind über Paris nach Algerien, wo er es zurückliess, so
    dass die Mutter keinen Kontakt mehr mit ihm hatte – qualifizierte Ent-
    führung.

12 **Konkurrenzen und Abgrenzungen**
    Art. 123, 126: Realkonkurrenz, wenn die Freiheitsberaubung über das
    hinausgeht, was unmittelbar zum Angriff auf den Körper gehört, BGE
    104 IV 174; **Art. 140:** Realkonkurrenz, sofern die Freiheitsentziehung
    über das unmittelbar mit dem Raub Zusammenhängende hinausgeht
    BJM 1985 33, PKG 1963 Nr 23, RS 1980 Nr. 1084; unrichtig m.E. BGE 98
    IV 315, der im Falle eines Prokuristen, der durch Spritzen betäubt und
    bei Abzug der Räuber ans Treppengeländer gefesselt wurde, Tateinheit

abgegolten durch aArt. 139, annahm, ebenso SOG 1992 Nr. 18; s. zur Kritik dieser Auffassung auch NOLL BT 78, REHBERG/SCHMID 357 f., SCHMID 367; dasselbe wie für Art. 140 gilt mit Bezug auf **Art. 190,** s. dort N 13, ferner **Art. 189** N 18; **Art. 181:** Idealkonkurrenz ist möglich, vgl. BGE 104 IV 174, ebenso mit **Art. 220,** SJZ 62 (1966) Nr. 125 und **Art. 285,** BGE 70 IV 221; **310** N 10. **Entführung** konsumiert Freiheitsberaubung, vgl. PKG 1970 Nr. 17, RVJ 1991 453.

Entführung ist das Verbringen einer Person an einen anderen Ort, wo sie   13
in der Gewalt des Täters oder eines Dritten steht, vgl. BGE 83 IV 154, 99 IV 220 f., 118 IV 63 f., ZR 63 (1964) Nr. 8. Weder Nötigung noch Freiheitsberaubung brauchen vorzuliegen, NOLL BT 79, STRATENWERTH BT I § 5 N 36. Hatte der Täter schon vorher eine Machtposition, z.B. als Elternteil, ist Entführung nur anzunehmen, wenn diese durch die Entfernung erheblich verstärkt wurde, BGE 118 IV 64.

     Entführung ist ein *Dauerdelikt;* die Tat ist vollendet, wenn das Opfer vom früheren Aufenthaltsort entfernt und in der Macht des Täters ist, beendet, wenn es seine Freiheit wiedererlangt hat, BGE 119 IV 221.

Tatmittel sind «Gewalt, List oder Drohung» (ebenso in Art. 271.2). Eine   14
Generalklausel «auf andere Weise» fehlt, was bei weiter Auslegung des Gewaltbegriffs (Art. 181 N 2) kaum Lücken lassen dürfte. List liegt z.B. vor, wenn der Täter das Opfer in sein Fahrzeug steigen lässt und vorspiegelt, er wolle es wunschgemäss nach Hause bringen, SJZ 88 (1992) Nr. 14.

Gemäss **Ziff. 2** ist der Wille des Opfers unbeachtlich, wenn es «urteilsun-   15
fähig, widerstandsunfähig oder noch nicht 16 Jahre alt ist». Die Zustimmung dieser Personen ist ohne Bedeutung; bestimmte Tatmittel sind hier nicht verlangt, NOLL BT 79. Bei urteilsfähigen Kindern ist allerdings mindestens Verführung zu fordern, damit nicht gar das 16jährige Mädchen, das sich vom 15½jährigen Freund, dem es völlig verfallen ist, in eine Alphütte mitnehmen lässt, der Entführung verdächtigt wird; s. auch N 19.

Auch bei Entführung ist eine gewisse **Erheblichkeit** gefordert – das Weg-   16
führen eines 8jährigen Mädchens zu einem kurzen Spaziergang in unzüchtiger Absicht genügt nicht, BGE 83 IV 154, vgl. auch PKG 1970 Nr. 17. Entfernung über grössere Distanz ist dagegen nicht notwendig, EGLI 73 ff.

Der **subjektive Tatbestand** erfordert **Vorsatz.**   17

Vorbereitungshandlungen sind strafbar (Art. 260bis I).   18

Kasuistik s. N. 11.   18a

Konkurrenzen und Abgrenzungen   19
Art. 220 geht als *lex specialis* vor, wenn ein Kind unter 16 Jahren freiwillig den Inhaber der elterlichen Gewalt mit einem Dritten verlässt, z.B. wenn es der Vater in Verletzung einer Vereinbarung mit der Mutter auf eine längere Ferienreise mitnimmt, BGE 118 IV 62; s. ferner **Art. 196** N 3, **220** N 8, **271** N 12, **303** N 13, **310** N 10, **312** N 10.

184 Erschwerende Umstände

Freiheitsberaubung und Entführung werden mit Zuchthaus bestraft,
wenn der Täter ein Lösegeld zu erlangen sucht,
wenn er das Opfer grausam behandelt,
wenn der Entzug der Freiheit mehr als zehn Tage dauert oder
wenn die Gesundheit des Opfers erheblich gefährdet wird.

Eingeführt durch BG vom 9.10.1981

BBl 1980 I 1241 ff., StenB 1980 NR 1602 ff., 1640 ff., 1981 NR 958 ff., 1184 f.,
StR 273 ff., 372 ff.

GÜNTER STRATENWERTH, Zur Abgrenzung von Lösegeldentführung (StGB Art. 184
Abs. 2) und Geiselnahme (StGB Art. 185), ZStrR 103 (1986) 312; Lit. zu Art. 183.

1   Art. 184 qualifiziert zunächst Freiheitsberaubung und Entführung zu Er-
     langung von **Lösegeld,** also die i.w.S. gewinnsüchtige Absicht. Mit Löse-
     geld ist ein materieller Wert gemeint, ausser Bargeld fallen auch Edel-
     metalle, Kunstgegenstände und andere Wertsachen in Betracht, EGLI
     138, REHBERG/SCHMID 360, SCHUBARTH Art. 184 N 6, SCHULTZ, ZStrR
     101 (1984) 123, dagegen nicht immaterielle Werte oder Verhaltenswei-
     sen, die bloss mittelbar zur Bereicherung führen, wie Verschaffen einer
     Arbeitsstelle oder eines Engagements, Beseitigung von Sicherungen
     zwecks Erleichterung eines Diebstahls u.ä. Zur Abgrenzung von der Gei-
     selnahme s. Art. 185 N 1. Dass das Lösegeld auch hingegeben werde, ist
     nicht erforderlich.

2   **Grausam** ist jede Behandlung, durch welche dem Opfer nicht unerheb-
     liche körperliche oder seelische Leiden zugefügt werden. Zu denken ist
     etwa an sadistische Misshandlung, Scheinexekution, Unterbringung in
     einem qualvoll engen Behältnis, extreme Hitze oder Kälte; Entzug von
     Essen, Trinken, Schlaf; Blendung, Lärm usw. Grausam handelten z.B.
     die Entführer, die ihr fünfjähriges Opfer glauben machten, seine Eltern
     hätten es verlassen, sie würden getötet werden, falls das Kind nach der
     Freilassung nicht schweige, BGE 106 IV 365 ff. Nicht erforderlich ist,
     dass der Täter Freude am Zufügen von Schmerzen habe, PKG 1970
     Nr. 17.

3   Die **Dauer,** welche eine Freiheitsberaubung qualifiziert, wurde bei der
     Revision von einem Monat auf **zehn Tage** reduziert und *auch für die Ent-
     führung* vorgesehen, BGE 119 IV 219 ff. mit eingehender Begründung
     unter Hinweis auf die Entstehungsgeschichte, noch offengelassen in
     BGE 118 IV 64. Die Frist beginnt mit dem Zugriff auf das Opfer zu lau-
     fen, nicht erst bei dessen Eintreffen am Ziel der Entführung, EGLI 143
     SCHWENTER 298.

4   Schliesslich wirkt strafschärfend die **erhebliche Gefährdung der Gesund-
     heit** des Opfers. Sie kann z.B. durch Unterbringung in ungesunden Räu-
     men oder unzulängliche Verpflegung herbeigeführt werden, insbeson

dere aber auch durch Unterlassen der notwendigen medizinischen Versorgung bei akut oder chronisch Kranken wie Diabetikern oder Herzpatienten.

Konkurrenzen und Abgrenzungen   5
Entführung zwecks Erlangen eines Lösegeldes konsumiert versuchte, tritt aber in Realkonkurrenz mit vollendeter Erpressung, **Art. 156,** a.M. (Art. 183/184 als *lex specialis*) STRATENWERTH BT I § 5 N 47; **Tätlichkeit** und **einfache Körperverletzung** werden von Grausamkeit konsumiert. **Gefährdung des Lebens** wird von der gesundheitsgefährlichen Freiheitsentziehung nicht konsumiert (Strafdrohung!), a.M. Botsch. 1260, wo Idealkonkurrenz von **Art. 129** mit dem Grundtatbestand, Art. 183, angenommen wird. **Vorsätzliche Tötung** tritt in Konkurrenz mit dem Grundtatbestand, nicht mit dem durch Gesundheitsgefährdung qualifizierten (Art. 111 ff. und 183). Liegt mehr als ein Qualifikationsgrund vor, so ist dies innerhalb des Strafrahmens zu berücksichtigen.

Im Gegensatz zum früheren Recht bilden **sexuelle Intentionen** als solche keinen Qualifikationsgrund mehr; s. ferner **Art. 271 N 12.**

185 Geiselnahme

1. Wer jemanden der Freiheit beraubt, entführt oder sich seiner sonstwie bemächtigt, um einen Dritten zu einer Handlung, Unterlassung oder Duldung zu nötigen,

wer die von einem anderen auf diese Weise geschaffene Lage ausnützt, um einen Dritten zu nötigen,

wird mit Zuchthaus bestraft.

2. Die Strafe ist Zuchthaus nicht unter drei Jahren, wenn der Täter droht, das Opfer zu töten, körperlich schwer zu verletzen oder grausam zu behandeln.

3. In besonders schweren Fällen, namentlich wenn die Tat viele Menschen betrifft, kann der Täter mit lebenslänglichem Zuchthaus bestraft werden.

4. Tritt der Täter von der Nötigung zurück und lässt er das Opfer frei, so kann er milder bestraft werden (Art. 65).

5. Strafbar ist auch, wer die Tat im Ausland begeht, wenn er in der Schweiz verhaftet und nicht ausgeliefert wird. Artikel 6 Ziffer 2 ist anwendbar.

Eingeführt durch BG vom 9.10.1981.

BBl 1980 I 1241 ff., StenB 1980 NR 1602 ff., 1640 ff., 1981 NR 958 ff., 1184 f., StR 273 ff., 372 ff.

ANDREAS KOCH, Zur Abgrenzung von Raub, Erpressung und Geiselnahme, Diss. ZH 1994; **Lit.** zu 183, 184.

1   **Geiselnahme** begeht, *wer sich einer völlig beliebigen Person in der Absicht bemächtigt, einen Dritten zu nötigen.*
      Wie Geiselnahme von *Lösegeldentführung* (Art. 184 N 1) *abzugrenzen*
      sei, ist umstritten. Zur praktischen Bedeutung der Abgrenzung SCHU-
      BARTH Art. 185 N 9, SCHWENTER 290. Das Bundesgericht hat in BGE 111
      IV 145 ff. (Entführung von Sven Axel Springer, Enkel des «schwerrei-
      chen» Verlegers) wie die Vi, PKG 1985 Nr. 18, darauf abgestellt, ob der
      Entführte selber oder ob Dritte die Leistung erbringen sollten, bestätigt
      in BGE 121 IV 170, ebenso Botsch. 1260 f., CORBOZ Art. 185 N 51, EGLI
      160 f., KOCH 118 ff., REHBERG/SCHMID 360, SCHUBARTH Art. 185 N 7,
      SCHULTZ, ZStrR 101 (1984) 130. Diese Lösung befriedigt nicht, weil der
      Entführte in der Regel ohnedies nicht in der Lage ist, selber Verfügungs-
      handlungen vorzunehmen, und weil sich subtile aber formalistische
      Abgrenzungsprobleme ergeben können hinsichtlich seiner Vermögens-
      verhältnisse – wie steht es, wenn der prominente Gatte einer reichen
      Frau entführt wurde? Kommt es auf den Güterstand an? Bei einem Ge-
      schäftsmann auf die Rechtsform der Firma, qualifizierte Entführung bei
      der Einzelfirma, Geiselnahme bei der (Einmann-) Aktiengesellschaft?
      ARZT 265 schlägt angesichts dieser Schwierigkeiten einen «radikalen
      Ausweg» vor, nämlich die Anwendung von Art. 183/4 immer dann, wenn
      Geld gefordert wird. Dieser Vorschlag widerspricht einerseits der allge-
      meinen Wertordnung des Gesetzes, das z.B. Erpressung gegenüber Nöti-
      gung deutlich qualifiziert, andererseits führt er zu Schwierigkeiten bei
      kombinierten Forderungen, z.B. Geld und Fluchtwagen. Mit Recht weist
      PKG 1985 Nr. 18 darauf hin, dass das Opfer weniger gefährdet ist, wenn
      sich die Forderung an ihm Nahestehende richtet.
      Überzeugend ist m.E. ausschliesslich die Auffassung von STRATEN-
      WERTH BT I § 5 N 54, eingehend DERS. in ZStrR 103 (1986) 312 ff., wo-
      nach das qualifizierende Element darin liegt, dass die Geisel ein völlig
      unbeteiligtes Zufallsopfer ist, das keinerlei Einfluss auf die Erfüllung der
      Forderung hat und deshalb in völliger Verachtung seiner Menschen-
      würde als blosses Objekt, als menschlicher Spielball missbraucht wird.
      Dieser Auffassung folgt, im Gegensatz zu BGE 121 IV 170, SOG 1992
      Nr. 18.

2   **Geschütztes Rechtsgut** ist in erster Linie die persönliche Freiheit der
      Geisel, in zweiter Linie die Freiheit der Willensbildung und -betätigung
      des zu nötigenden Dritten, CORBOZ Art. 185 N 3, EGLI 151, SCHUBARTH
      Art. 185 N 1.

3   Neben Freiheitsberaubung und Entführung wird als **Täterhandlung** er-
      wähnt das «sich sonstwie Bemächtigen». Dabei wäre an eine Ersatzgeisel
      zu denken, die «freiwillig» anstelle des ursprünglichen Opfers tritt, NOLL
      BT 81, an Flugpassagiere, deren Freiheit bereits freiwillig aufgegeben
      wurde, EGLI 169, oder an den Missbrauch des Opfers als «menschliches
      Schutzschild», STRATENWERTH BT I § 5 N 53, s. auch BGE 113 IV 63, 121
      IV 172 f.

Der Täter muss in der **Absicht** (i.S.v. Tatziel) handeln, einen Dritten da-   4
durch **zu nötigen**, dass er droht, die Geisel nicht freizulassen (qualifizierte
Drohungen s. Ziff. 2). Die Forderung braucht nicht geäussert, die Nöti-
gung also nicht einmal versucht zu sein. Zur Unterlassung nötigt etwa der
Räuber, der sich eines Unbeteiligten bemächtigt, um ihn als «Schild» vor
Kugeln der Polizei zu benützen.

Strafbar macht sich ausser dem später hinzukommenden Mittäter auch   5
der **«Trittbrettfahrer»**, der z. B., nachdem er von einer Entführung gehört
hat, ein Lösegeld fordert (sofern nicht «bloss» qualifizierte Entführung
vorliegt!). Kritisch zur Gleichstellung mit dem Geiselnehmer ARZT 263
f., SCHUBARTH Art. 185 N 16, dazu eingehend EGLI 193 ff.

Geiselnahme ist **qualifiziert,** wenn der Täter droht, das Opfer zu töten,   6
ihm eine schwere Körperverletzung (i.S.v. Art. 122) zuzufügen oder es
grausam (Art. 184 N 2) zu behandeln. Diese Qualifizierung rechtfertigt
sich einerseits dadurch, dass die Geisel in höherem Masse gefährdet
wird, andererseits durch den stärkeren Druck, unter den der Forderungs-
adressat gerät. Die Drohung muss wenigstens ernsthaft erscheinen, aber
es braucht nicht nachgewiesen zu werden, dass der Täter sie auch verwirklichen wollte – selbst wenn diese Bereitschaft zunächst fehlte, kann
er unter «Zugzwang» geraten, so dass in jedem Fall die Gefährdung für
die Geisel wächst. Insofern ist BGE 121 IV 182 zuzustimmen, wenn dort
eine erhöhte Gefährdung verlangt wird. Die Drohung muss nur gegenüber dem Genötigten geäussert werden; es ist unerheblich, ob die Geisel
überhaupt etwas davon weiss, auch eine konkludente Drohung reicht
aus. Im Gegensatz zu Art. 184 bildet die Dauer hier keinen Qualifikationsgrund, vgl. jedoch BGE 121 IV 184 («einige Sekunden») und 121 IV
184, wo die Gefährdung der Geiseln durch Befreiungsaktionen angeführt
wird, ebenso CORBOZ Art. 185 N 32, was jedoch m.E. nicht gemeint sein
kann.

Lebenslängliches Zuchthaus ist in besonders schweren Fällen, z.B. Flug-   7
zeugentführung, möglich. Zahlreiche Menschen müssen als Geiseln betroffen sein, NOLL BT 82, d.h. mindestens zwanzig, vgl. zu Art. 19.2 lit. a
BetmG, BGE 108 IV 64 ff., ebenso CORBOZ Art. 185 N 37, EGLI 203,
REHBERG/SCHMID 368; SCHWENTER 291 stützt sich auf BGE 106 IV 125
(zu Art. 237.2) und lässt zehn genügen.

Rücktritt – u.U. nicht freiwillig, sondern als Ergebnis von Verhandlungen   8
– bringt einfache Strafmilderung nach Art. 65. In qualifizierten Fällen ist
die Mindeststrafe dann noch ein Jahr Zuchthaus, was u.U. immerhin die
Möglichkeit des bedingten Strafvollzugs schafft. Der Täter muss auf die
Erfüllung seiner Forderungen mindestens teilweise verzichten und die
Geisel(n) freilassen. Die Strafmilderung gilt nicht für den Täter, der von
der Geisel ablässt, weil er keine Verwendung mehr dafür hat, BGE 119
IV 223 f. (Der Täter verbrachte die Geisel zum Schutz seiner Flucht in
ein Auto – liess sie aber dort zurück, weil er den Zündschlüssel nicht
fand). Der Milderungsgrund sollte analog auch auf die erpresserische

Freiheitsberaubung und Entführung angewendet werden, weil er dem Täter die Aufgabe seines Plans erleichtert und dadurch zum Schutz des Opfers beiträgt; mit dem geltenden Recht ist diese Lösung jedoch nicht vereinbar, EGLI 215.

9   Es gilt das **Universalitätsprinzip,** Ziff. 5.

10 **Vorbereitungshandlungen** sind strafbar, Art. 260bis.

11 **Konkurrenzen**
Zu **Art. 140** nimmt BGE 113 IV 67 (Ideal-)Konkurrenz an, dagegen STRATENWERTH in recht 6 (1988) 101 f. (Art. 185 gehe vor). M.E. ist wegen der Verschiedenheit der angegriffenen Rechtsgüter und der besonderen Qualifikationen in Art. 140 die Lösung des BGer vorzuziehen, ebenso LGVE 1987 I Nr. 56, CORBOZ Art. 185 N 53, KOCH 153, SCHUBARTH Art. 139 N 9. **Art. 156** wird von Art. 185 konsumiert, ebenso KOCH 157, SCHUBARTH Art. 156 N 33, 185 N 18, STRATENWERTH BT I § 5 N 58; a.M. REHBERG / SCHMID 366; dasselbe gilt für Lösegeldentführung; s. ferner **Art. 220** N 8.

186 Hausfriedensbruch

Wer gegen den Willen des Berechtigten in ein Haus, in eine Wohnung, in einen abgeschlossenen Raum eines Hauses oder in einen unmittelbar zu einem Hause gehörenden umfriedeten Platz, Hof oder Garten oder in einen Werkplatz unrechtmässig eindringt oder, trotz der Aufforderung eines Berechtigten, sich zu entfernen, darin verweilt, wird, auf Antrag, mit Gefängnis oder mit Busse bestraft.

FRANÇOIS-ROGER STRASSER, *Squatters et violation de domicile: réponses données à quelques idées reçues,* AJP 2 (1993) 929; JÜRG STUCKI, Der Hausfriedensbruch (Art. 186 StGB) verglichen mit den entsprechenden Regeln des amerikanischen Rechts unter besonderer Berücksichtigung des Model Penal Code des American Law Institute, Diss. BE 1970; vgl. auch HEINRICH STEINER, Das Grundrecht der Unverletzlichkeit der Wohnung, Diss. BE 1959.

1   **Art. 186** schützt die Freiheit des Berechtigten, darüber zu entscheiden wer sich in bestimmten Räumen (i.w.S.) aufhalten darf und wer nicht BGE 103 IV 163, 90 IV 76, 87 IV 121, 83 IV 156; **geschütztes Rechtsgut** ist also das Hausrecht, «die Befugnis, über einen bestimmten Raum ungestört zu herrschen und darin den eigenen Willen frei zu betätigen», BGE 112 IV 33, als Element der Privatsphäre, BGE 118 IV 49, wobei das Opfer freilich auch eine juristische Person sein kann, BGE 118 IV 169 ff mit Hinweis auf den Unterschied zwischen höchstpersönlichen und ein fachen persönlichen Rechten. Die Persönlichkeitssphäre ist auch nach dem Tod noch während einer kurzen Phase («Tabuzone» gemäss SCHUBARTH Art. 137 N 63 – in der Regel bis zum Begräbnis) geschützt, BGE 118 IV 322 f.

Geschützt ist in erster Linie das **Haus,** gemäss BGE 108 IV 39 «jede einen   2
oder mehrere Räumlichkeiten umfassende, mit dem Boden fest und dauernd verbundene Baute, hinsichtlich der ein schutzwürdiges Interesse eines Berechtigten» am Hausrecht (N 1) besteht. Die Definition ist sowohl
zu eng als auch zu weit. Zu eng bezüglich der Verbindung mit dem Boden
– geschützt sind auch Baracke, Baukantine, SJZ 51 (1955) Nr. 34; Wohnwagen, SJZ 80 (1984) Nr. 26, 70 (1974) Nr. 34; Zelt, Kajütenschiff, RS
1981 Nr. 187, a.M. Rehberg/Schmid 371; ferner der Viehstall, RS 1962
Nr. 177. Zu weit, weil nur Räume Schutz verdienen, die für den nicht nur
ganz vorübergehenden Aufenthalt von Menschen vorgesehen sind – also
nicht Hühner- und Kaninchenställe, SJZ 51 (1955) Nr. 34; eine dem Publikum offenstehende Totenkapelle, PKG 1967 Nr. 13; oder eine öffentliche Parkgarage, anders BGE 108 IV 39. Das Haus braucht aber nicht
bewohnt zu sein, RS 1944 Nr. 243. Schubarth Art. 186 N 7, 55, lehnt
die Tatbestandsmässigkeit bei Besetzung eines leerstehenden Hauses
ab, anders mit Recht Corboz Art. 186 N 5, 13, Rehberg/Schmid 371,
Stratenwerth BT I § 6 N 4, ebenso nunmehr BGE 118 IV 172 ff. Kein
«Haus» ist das Auto oder das offene Boot.

Wohnungen begründen ein separates Hausrecht, ebenso **abgeschlossene**   3
Räume, die allerdings nicht *ver*schlossen zu sein brauchen, BGE 90 IV 77
– die Tür kann sogar offenstehen. Teile von Zimmern, Sälen, Korridoren
usw., die nicht abgetrennt sind, bleiben schutzlos. Zum Vorplatz einer Ei-
gentumswohnung PKG 1982 Nr. 48: Der Anspruch auf das Hausrecht
muss klar erkennbar sein.

Das unmittelbare **Umfeld des Hauses** kann Schutz beanspruchen, wenn   4
Platz, Hof oder Garten «umfriedet», d.h. eingezäunt sind, a.M. Stucki 27.

Der **Werkplatz** ist eine Stätte gewerblicher Tätigkeit, z.B. Baustelle,   5
Kiesgrube, Steinbruch, Verladerampe, Flugplatz. Er braucht, um geschützt zu sein, weder eine räumlich enge Beziehung zu einem Haus,
noch eine bestimmte Umfriedung, BGE 104 IV 257 f. Immerhin müssen
seine Grenzen und der dem Betreten entgegenstehende Wille des Berechtigten deutlich erkennbar sein, Corboz Art. 186 N 12, Noll BT 83,
Rehberg/Schmid 371 f., Schubarth Art. 186 N 12 m.Hinw. auf a.M.

Täterhandlung ist zunächst das **Eindringen** bzw. Betreten. Es genügt   6
dafür, dass der Täter mit dem Fuss zwischen Tür und Schwelle das
Schliessen des Zugangs verhindert, BGE 87 IV 122, ZR 67(1968) Nr. 73.
In die Wohnung «dringt ein», wer sich auf den Balkon schwingt, aber
nicht, wer als Voyeur an der Fassade herumklettert, SJZ 67 (1971) Nr. 31.

Durch **Unterlassen** begeht Hausfriedensbruch, wer gegen Willen des Be-   7
rechtigten im geschützten Raum **verweilt** – nicht, wer sich nur zögernd
entfernt, BGE 83 IV 69, SJZ 58 (1962) Nr. 196. Gemäss BGE 112 IV 33
(im gleichen Sinne schon 102 IV 4) begeht auch nicht Hausfriedensbruch,
wer nach Ablauf des Pacht- oder Mietvertrags die Wohnung nicht räumt,
weil er die tatsächliche Verfügungsmacht bis zum Ausziehen beibehält;

in diesem Sinne auch CORBOZ Art. 186 N 27, REHBERG/SCHMID 376, SCHUBARTH Art. 186 N 27, 41, STRATENWERTH BT I § 6 N 14, STUCKI 35; anders noch HAFTER BT I 113 Fn. 4, LOGOZ Art. 186 N 5. Hausfriedensbruch liegt jedoch vor, wenn schon die Besetzung der Räume unrechtmässig war, s. SCHULTZ, ZBJV 124 (1988) 7 f. In diesem Fall kann der Berechtigte Notwehr üben, vgl. BGE 102 IV 3 ff., während zur Ausweisung des ehemaligen Mieters oder Pächters die Mittel des Zivilprozessrechts (z.B. BE ZPO Art. 403, 404 IV) einzusetzen sind.

8   **Inhaber des Hausrechts** ist «derjenige, dem die Verfügungsgewalt über das Haus zusteht, gleichgültig, ob sie auf einem dinglichen oder obligatorischen oder auf einem öffentlichrechtlichen Verhältnis beruht», BGE 103 IV 163, 90 IV 76, 83 IV 156.

9   Der **Mieter** hat das Hausrecht an seiner Wohnung auch gegenüber dem Vermieter, SJZ 63 (1967) Nr. 40, RS 1961 Nr. 204. Dasselbe gilt für den Pächter, BGE 112 IV 33, RS 1967 Nr. 38. Vorausgesetzt ist allerdings, dass das Hausrecht rechtmässig erlangt wurde. Der Hauseigentümer darf auch nicht den Zugang Dritter zur Wohnung des Mieters kontrollieren, BGE 83 IV 155, SJZ 63 (1967) Nr. 73.

10 In der **Ehe** steht den Partnern das Hausrecht gemäss BGE 103 IV 162 **grundsätzlich gemeinsam** zu (abweichend – nur dem Mann – noch RS 1945 Nr. 34). Unter altem Eherecht konnte der Ehemann den Geliebten der Ehefrau gegen deren Willen das Haus verbieten. BGer. a.a.O., RS 1970 Nr. 154. Umgekehrt wurde als rechtsmissbräuchlich erachtet das Hausverbot einer Wirtin gegen die Ehefrau ihres Geliebten, SJZ 63 (1967) Nr. 119. Leben die Partner getrennt, so verliert der Mann das Hausrecht über die Wohnung der Frau, RS 1981 Nr. 83, selbst wenn sie zum Getrenntleben nicht ermächtigt ist, SJZ 63 (1967) Nr. 39.

11 Ein **Wirt** kann als Hausherr über den Zugang zu seinem Lokal bestimmen, ZR 61 (1962) Nr. 156, SJZ 63 (1967) Nr. 127, AGVE 1983 Nr. 19, aber nur im Rahmen des kantonal Rechts, das einen Kontrahierungszwang vorsehen kann. Ein Hausverbot aus rassischen Gründen wäre in allen Fällen missbräuchlich und nicht zu schützen, vgl. SJZ 63 (1967) Nr. 119, Art. 261bis N 39 ff.

12 Bei **öffentlichen Gebäuden** steht das Hausrecht dem Träger zu – z.B. beim Kantonsspital Luzern dem Kanton Luzern, BGE 90 IV 76; bei der Universität Lausanne dem Kanton Waadt, BGE 100 IV 53. Auch Räume, die grundsätzlich dem Publikum offenstehen, dürfen nicht zeitlich unbeschränkt und zu beliebigen Zwecken besetzt werden, SJZ 79 (1983) Nr. 24, Bürger im Vorraum der Gemeindekanzlei.

13 Die **Ausübung des Hausrechts,** d.h. der konkrete Entscheid über die Zulassung bestimmter Personen und die Mitteilung des Willens des Berechtigten an die Betroffenen kann Hilfspersonen überlassen werden, z.B einer Kanzleiangestellten, BGE 90 IV 77; einem Familienmitglied, PKG 1947.93; einer Lehrtochter, SJZ 59 (1963) Nr. 125.

Der **Wille des Hausherrn** muss deutlich (SJZ 67 [1971] Nr. 102) geäussert 14
werden – explizit oder konkludent, BGE 90 IV 77. Fehlende Erlaubnis
genügt nicht, PKG 1944 Nr. 42, auch nicht ein hypothetischer Wille –
«hätte der Hausherr die wahre Absicht des Täters gekannt ...»,
STRATENWERTH BT I § 6 N 9. Wer in Diebstahlsabsicht einen Selbstbedienungsladen betritt, begeht nicht Hausfriedensbruch. Viel zu weit geht
m.E. BGE 108 IV 39, wonach *a priori* zu vermuten sei, dass dem Publikum zu einem bestimmten Zweck geöffnete Räumlichkeiten nicht in
Verfolgung anderer Zwecke betreten werden dürfen. Hausfriedensbruch
beginge dann schon, wer vor dem Regen in eine Parkgarage flüchtet,
ebenso CORBOZ Art. 186 N 38, REHBERG/SCHMID 370 f., 374 f., SCHU-
BARTH Art. 186 N 23 f., im Ergebnis auch STRATENWERTH BT I § 6 N 9.
Einverständnis wirkt tatbestandsausschliessend – die Anforderungen
sind geringer als bei der rechtfertigenden Einwilligung, insbesondere
macht Täuschung sie nicht unwirksam, vgl. z.B. STRATENWERTH AT I §
10 N 8, DERS. BT I § 6 N 9, REHBERG/SCHMID 373 f., a.M. SCHUBARTH
Art. 186 N 19 ff.

Mit dem Wort **«unrechtmässig»** wird insbesondere an strafprozessuale 15
und Eingriffskompetenzen des SchKG erinnert. Werden bei solchen Eingriffen zwingende Formvorschriften missachtet, so liegt Hausfriedensbruch vor, RS 1981 Nr. 82. Der Zweck, jemandem ein legitimes Anliegen
vorzutragen, macht das Eindringen ebensowenig rechtmässig wie die Begleitung durch einen Polizisten aus Gefälligkeit, SJZ 67 (1971) Nr. 169,
70 (1974) Nr. 34. Dagegen hält SJZ 50 (1954) Nr. 112 für rechtfertigend
die Absicht, einen Streikbrecher umzustimmen! An der Unrechtmässigkeit fehlt es aber auch, wenn der Wille des Hausherrn Rechtsmissbrauch
darstellt, BGE 113 IV 31. Zum Problem des unrechtmässigen Verweilens
in gemieteten oder gepachteten Räumen s. N 7.

Zum **Strafantrag** berechtigt ist nur der Inhaber des Hausrechts, nicht 16
etwa ein Angestellter, SJZ 53 (1957) Nr. 2, oder der Hauswart, RS 1967
Nr. 161. Bei öffentlichen Gebäuden bestimmt das Verwaltungsrecht, wer
ermächtigt ist, BGE 90 IV 76 – Kantonsspital Luzern: Regierungsrat, Spitalverwalter, Chefarzt; 100 IV 52 – Universität Lausanne: Rektor. Stellvertretung ist natürlich möglich, z.B. durch den Vormund, BGE 80 IV
170. Zum Antragsrecht der Angehörigen bei Verletzung des Hausrechts
eines kurz zuvor Verstorbenen BGE 118 IV 322 f.

Kasuistik 17
BGE 80 IV 170: Der Vormund der alten Frau Marie **Faehndrich** konnte
in deren Interesse ihrem Sohn das Betreten ihres Hauses verbieten; **83 IV
9:** Morel schickte **Thut** aus seiner Werkstatt; dieser ging zwar, drehte
sich aber an der Tür um und drohte mit erhobener Faust, was kein «Verweilen» war; **83 IV 155:** Der Vermieter darf dem Verlobten seiner Mieterin nicht das Haus verbieten; **87 IV 122: Frau Übelhart** beging Hausfriedensbruch z.N. der Eheleute Koch, indem sie, unter der geöffneten
Wohnungstür stehend, mit dem Schuh das Schliessen dieser Tür verhinderte; **90 IV 75: «Blick»-Reporter Ritler** drang ins Spitalzimmer des bei

einem Schiessunfall verletzten Krummenacher, obwohl er angewiesen war, sich zuerst an die Abteilungsschwester zu wenden; **100 IV 52: Udry** betrat trotz Verbot des Rektors die Universität Lausanne; **102 IV 2:** Hausfriedensbruch durch Toben in einer Wechselstube – notwehrfähig; **103 IV 162:** Ehemann **S.** verbot dem Geliebten seiner Frau das Betreten des Hauses – das Verbot gilt selbst dann, wenn die Ehefrau eine entgegengesetzte Einladung erlässt (nach altem Eherecht!); **108 IV 39: Sch.** drang, der Polizei weichend, anlässlich einer Demonstration mit einer ca. 100köpfigen Menge in die Parkgarage «Talgarten»; **112 IV 31: E.** blieb nach gültiger Kündigung der Pacht im Haus – Tatbestand nicht erfüllt; **118 IV 168:** Hausfriedensbruch begangen durch *«Squatter»* in leeren Wohnungen einer Liegenschaft, die einer juristischen Person gehörte; **118 IV 320: Der Journalist K.** drang unter Missachtung des Schildes «Bitte nicht stören!» in das Zimmer des Hotels Beau-Rivage in Genf ein und fotografierte die in der Badewanne liegende Leiche von Uwe Barschel.

18   **Konkurrenzen**
Art. 139 steht beim Einbruchdiebstahl in Realkonkurrenz mit Art. 186 (und **144),** BGE 72 IV 115, abweichend nur SJZ 44 (1948) Nr. 246; s. auch **Art. 292** N 10.

Fünfter Titel:
Strafbare Handlungen gegen die sexuelle Integrität

VE 1894 Art. 99 ff., 115 f., Mot. 183 ff., 196 f. 1. ExpK II 53 ff., 160 ff., 318 ff., 577 ff., 742 ff. VE 1908 Art. 118 ff., 260 ff. Erl.Z. 206, 464 ff. 2. ExpK III 126 ff., 214 ff., VII 70 ff., VIII 271 ff., 321 ff., IX 58 ff. VE 1916 Art. 166 ff., 320 ff., 324 ff. E Art. 162 ff. 314 f., 318 f. Botsch. 40 ff., 71 f. Sten. NR 375 f., 519 ff., StR 185 ff., 290, NR 697 ff., StR 162 ff., NR 749 ff., StR 349. Revision 1991: VE 1982, Erl. Bericht zum VE, Botsch. vom 26.6.1985, BBl 1985 II 1009 ff., Sten. StR 1987 356 ff., NR 1990 2252 ff., StR 1991 78 ff., NR 1991 854 ff.

Fassung gem. BG vom 21.6.1991, in Kraft seit 1.10.1992.

GUNTHER ARZT, Sexualdelikte und Strafrechtsreform, ZBJV 119 (1983) 1; DERS., Bemerkungen zur Replik von KILLIAS und REHBINDER, a.a.O. 514; DERS., Das neue Sexualstrafrecht der Schweiz, Kriminalistik 1993 347; STEPHAN BAUHOFER, Registrierte Sexualdelinquenz. Ein kriminalstatistischer Überblick, Reihe Kriminologie, Bd. 9, Chur und Zürich 1992, 11; LILO DÄTWYLER, Befragung und Betreuung der Opfer von Sexualdelikten vor dem Hintergrund des neuen Sexualstrafrechts, Kriminalistik 1993 735; K. ERNST, Sexualverbrechen in psychiatrischer Sicht, Kriminalistik 1968 242, 428; MARC FORSTER, Die Korrektur des strafrechtlichen Rechtsgüter- und Sanktionenkataloges im gesellschaftlichen Wandel, ZSR NF 114 (1995) II 1; PETER HANGARTNER, Selbstbestimmung im Sexualbereich, Art. 188 bis 193 StGB, Diss. SG 1998 (zit. nach Manuskript); MARTIN KILLIAS und MANFRED REHBINDER, «Sexualdelikte und Strafrechtsreform»: Sind die Reformer irrational? ZBJV 119 (1983) 291; PHILIPP MAIER, Die Nötigungsdelikte im neuen Sexualstrafrecht, Die Tatbestände sexuelle Nötigung (Art. 189) und Vergewaltigung (Art. 190) unter besonderer Berücksichtigung von Sexual- und sozialwissenschaftlichen Grundlagen, Diss. ZH 1994; JÖRG REHBERG, Das revidierte Sexualstrafrecht, AJP 2 (1993) 16; FRANZ RIKLIN, Zur Reform des Sexualstrafrechts in der Schweiz, recht 1 (1983) 53; DERS., Sexualdelinquenz und Strafverfahren, Reihe Kriminologie, Bd. 9, Chur und Zürich 1992, 295; EBERHARD SCHORSCH, Sexualität als Straftatbestand, Reihe Kriminologie, Bd. 9, Chur und Zürich 1992, 183; MARTIN SCHUBARTH, «Kriminalitätsbekämpfung» durch Vermeidung kriminogener Gesetze und kriminogener Rechtsprechung, FS zum 50jährigen Bestehen der Schweizerischen Kriminalistischen Gesellschaft, Bern 1992, 68; HANS SCHULTZ, Die Revision des schweizerischen Sexualstrafrechts, SJZ 78 (1982) 245; STEFAN TRECHSEL, Fragen zum neuen Sexualstrafrecht, ZBJV 129 (1993) 575.

Das neue Sexualstrafrecht trat auf den **1. Oktober 1992 in Kraft**, nachdem die Vorlage in der Volksabstimmung vom 17. Mai 1992 mit deutlichem Mehr angenommen worden war; zur Entstehungsgeschichte vgl. REHBERG 16 f. m.w.Hinw. Besonders umstritten waren die Herabsetzung des Schutzalters, sowie die Strafbarkeit der Vergewaltigung in der Ehe. 1

2   Die Revision des Sexualstrafrechts wurde mit dem Ziel angegangen, die Gesetzesbestimmungen an die **veränderten gesellschaftlichen Anschauungen** anzupassen, deren Wandel im Bereich des Geschlechtlichen besonders deutlich zutage tritt; dazu FORSTER 96 ff. Vorab wurde in der Überschrift der «etwas moralisierende Begriff der Sittlichkeit», Botsch. 1064, durch den Begriff der sexuellen Integrität ersetzt. Die Überschrift weist damit auf eines der Hauptziele der Revision hin, den Schutz der sexuellen Selbstbestimmung.

3   **Leitgedanke** der Revision war, das strafbare Verhalten konsequent am Rechtsgüterschutz auszurichten. Strafbar soll ein Verhalten nur noch sein, wenn es ein klar umrissenes und schutzbedürftiges Rechtsgut schädigt oder gefährdet, während bloss moralwidrige Handlungen straflos bleiben, SCHULTZ 248, Botsch. 1064. Das revidierte Sexualstrafrecht will vornehmlich zwei Rechtsgüter schützen: die sexuelle Selbstbestimmung und die ungestörte sexuelle Entwicklung Unmündiger, s. z.B. STRATENWERTH BT I § 7 N 2. Aus diesem Rahmen fallen insbesondere Art. 195 al 2, 2. Variante und Art. 199.

4   Auch nach der Revision wird die Praxis sich um **zeitgemässe Auslegung** bemühen müssen; eine Ausrichtung von Gesetzgebung und Rechtsprechung am gesellschaftlichen Wandel leistet einen Beitrag zur Kriminalitätsverminderung, denn Kriminalität tritt auch auf, wenn Bereich und Umfang des strafbaren Verhaltens nicht mehr den herrschenden Wertvorstellungen entsprechen, dazu SCHUBARTH 68 ff., insbes. 71.

5   Die folgenden Tatbestände wurden **ersetzt:**

Altes Recht:	**Neues Recht:**
187: Notzucht	190: Vergewaltigung
188: Nötigung zu einer anderen unzüchtigen Handlung	189: Sexuelle Nötigung
189: Schändung	191: Schändung
191: Unzucht mit Kindern	187: Sexuelle Handlungen mit Kindern
192: Unzucht mit unmündigen Pflegebefohlenen von mehr als 16 Jahren	188: Sexuelle Handlungen mit Abhängigen
193: Unzucht mit Anstaltspfleglingen, Gefangenen, Beschuldigten	192: Sexuelle Handlungen mit Anstaltspfleglingen, Gefangenen, Beschuldigten
197: Missbrauch der Notlage oder Abhängigkeit einer Frau	193: Ausnützung der Notlage
198: Kuppelei	
199: Gewerbsmässige Kuppelei	195: Förderung der Prostitution
200: Begünstigung der Unzucht	
201: Zuhälterei	

202: Frauen- und Kinderhandel	196: Menschenhandel
203: Öffentliche unzüchtige Handlung	194: Exhibitionismus
204: Unzüchtige Veröffentlichungen	197: Pornographie
205: Unzüchtige Belästigung	198: Sexuelle Belästigungen
206: Anlocken zur Unzucht	
207: Belästigung durch gewerbsmässige Unzucht	199: Unzulässige Ausübung der Prostitution

Ersatzlos gestrichen wurden folgende Tatbestände: 6

190: Unzucht mit Schwachsinnigen

194: Widernatürliche Unzucht

195: Erschwerende Umstände

196: Verführung

208: Besondere Bestimmungen für Unmündige

209: Dulden gewerbsmässiger Kuppelei in Mieterräumen

210: Veröffentlichung von Gelegenheiten zur Unzucht

211: Anpreisung von Gegenständen zur Verhütung der Schwangerschaft

212: Gefährdung Jugendlicher durch unsittliche Schriften und Bilder

Neu eingeführt wurde Art. 200: Gemeinsame Begehung.   7

1. Gefährdung der Entwicklung von Unmündigen

187 Sexuelle Handlungen mit Kindern

1. Wer mit einem Kind unter 16 Jahren eine sexuelle Handlung vornimmt,

es zu einer solchen Handlung verleitet oder

es in eine sexuelle Handlung einbezieht,

wird mit Zuchthaus bis zu fünf Jahren oder mit Gefängnis bestraft.

2. Die Handlung ist nicht strafbar, wenn der Altersunterschied zwischen den Beteiligten nicht mehr als drei Jahre beträgt.

3. Hat der Täter zur Zeit der Tat das 20. Altersjahr noch nicht zurückgelegt und liegen besondere Umstände vor oder hat die verletzte Person mit ihm die Ehe geschlossen, so kann die zuständige Behörde von der Strafverfolgung, der Überweisung an das Gericht oder der Bestrafung absehen.

**4. Handelte der Täter in der irrigen Vorstellung, das Kind sei minde-
stens 16 Jahre alt, hätte er jedoch bei pflichtgemässer Vorsicht den
Irrtum vermeiden können, so ist die Strafe Gefängnis.**

5. Aufgehoben.

**6. Die Strafverfolgung verjährt auch dann in zehn Jahren, wenn die
Verjährung der Tat nach der Bestimmung von Ziff. 5 in der Fassung vom
21. Juni 1991 am 1. September 1997 noch nicht eingetreten ist.**

Fassung gemäss BG vom 21. Juni 1991, Ziff. 5 und 6 gemäss BG vom
21.3.1997.

Zur Revision von Ziff. 5 und 6 Sten. NR 1996 1772 f., 1776 ff., StR 1996 1177 ff.

GUNTHER ARZT, Zur Verjährung des sexuellen Missbrauchs von Kindern, Familie
und Recht, FS für Bernhard Schnyder zum 65. Geburtstag, Freiburg 1995, 13; REIN-
HARD FATKE, Pädophilie – Beleuchtung eines Dunkelfeldes, Reihe Kriminologie
Bd. 9, Chur und Zürich 1992, 149; DAVID FINKELHOR, *Abus sexuels d'enfants: Nouvelles recherches et développements criminologiques en Amérique du Nord,* Reihe
Kriminologie, Bd. 9, Chur und Zürich 1992, 111; MICHEL GIRARDIN, *Les dispositions
de l'article 191 CPS et la jurisprudence qui s'y rapporte sont-elles encore en harmonie
avec la notion actuelle de la morale et des bonnes mœurs?* ZStrR 86 (1970) 181
PHILIPPE GRAVEN, *La pudeur enfantine,* Festgabe zur Hundertjahrfeier des Bundesgerichts, 1975, 267; CHRISTOPH HOFFMANN, Das Abhängigkeitsverhältnis als strafbe
gründendes und strafschärfendes Merkmal der Sittlichkeitsdelikte, Diss. BE 1968
J. KARMANN, Eine Bresche in den Schutz des Kindes vor Unzucht, ZStrR 81 (1965)
303; MARTIN KILLIAS, Jugend und Sexualstrafrecht, Diss. ZH 1979; DERS., Der ver
gessene Entkriminalisierung der Jugendlichen und ihrer Eltern, Bemerkungen zu
hängigen Revision von Art. 191 StGB, SJZ 83 (1987) 373; HEINZ REINHARDT, Die
Bestrafung der Unzucht mit Kindern unter besonderer Berücksichtigung des Ver
haltens und der Persönlichkeit des Opfers, Diss. BE 1967; MARCEL SCHMUTZ/PETER
THOMMEN, Die Unzuchtsparagraphen 191 und 194 im Schweiz. Strafgesetzbuch, Ba
sel 1980; A. SCHÜTZ, Ist das Führen unzüchtiger Reden vor Kindern nach den
Schweizerischen Strafgesetz strafbar? SJZ 61 (1965) 236; MAX STELLER/PETRA
WELLERSHAUS/THOMAS WOLF, Zur Glaubwürdigkeitsbeurteilung von Kindern al
Opfer von Sexualdelikten, plädoyer 5/1992 37; LUKAS MARTIN STÖCKLIN, Untersu
chung über das Gewicht der einzelnen Strafzumessungsgründe, Analyse der Basle
Gerichtspraxis (1961–1963) zu Art. 191 StGB, Diss. BS 1971; HANS WEBER, Die
Strafbarkeit der Unzucht mit Kindern (Art. 191 StGB), SJZ 54 (1958) 161; WERNER
WÜRGLER, Unzucht mit Kindern nach Art. 191, Diss. ZH 1976; RUDOLF WYSS, Zur
Frage der Spätschäden bei kindlichen Opfern von Sittlichkeitsdelikten, ZStrR 7
(1963) 273; **Lit.** vor Art. 187.

1 **Art. 187** soll Kinder unter 16 Jahren **vor verfrühten sexuellen Erfahrungen schützen,** weil diese deren körperliche und seelische Entwicklun
schädigen könnten, BGE 98 IV 202, 120 IV 196; skeptisch zum Bestehe
einer Gefahr WYSS a.a.O., relativierend auch JENNY Art 187 N 2; zu de
neueren Erkenntnissen auf diesem Gebiet MAIER 137 ff. m.w.Hinw. De
VE 1976 sah noch eine Reduktion des Schutzalters auf 14 Jahre vor, wa
von der Lehre mehrheitlich befürwortet wurde, ARZT, ZBJV 119 (1983
14, KILLIAS, Jugend und Sexualstrafrecht, 210 f., DERS., SJZ 83 (1987

373 ff. Reinhardt 88 f., Schultz 248 ff., Stratenwerth BT II, 3. Aufl.
1984 § 25 N 7, Würgler 38 ff.; skeptisch Riklin 60; für 15 Jahre Girardin 209.

Opfer ist immer ein Knabe oder ein Mädchen unter 16 Jahren. Diese re-   2
lativ hohe Altersgrenze gilt seit der Teilrevision 1991 nicht mehr absolut,
denn zum einen beschränkt Ziff. 2 den Tatbestand auf Fälle, in denen der
Altersunterschied mehr als drei Jahre beträgt, zum andern sieht Ziff. 3
bei späterer Heirat oder für Täter unter 20 Jahren bei Vorliegen besonderer Umstände eine fakultative Strafbefreiung vor. Dieser Beschränkung liegt die Absicht des Gesetzgebers zugrunde, die starre Schutz-
altersgrenze zu relativieren, um sexuelle Beziehungen unter annähernd
Gleichaltrigen – im Parlament unter dem Stichwort «Jugendliebe» diskutiert – zu entkriminalisieren, s. Botsch. 1068, Sten. NR 1990 2264 ff., Sten.
StR 1991 80 ff. Aus der Relativierung des Jugendschutzes lässt sich die
Auffassung des Gesetzgebers schliessen, dass verfrühte sexuelle Erfahrungen die Entwicklung des Kindes nur dann stören oder gefährden,
wenn der Täter deutlich älter ist. Damit fällt die generelle Vermutung,
dass das Kind in eine sexuelle Handlung nicht einwilligen könne. Das Gesetz bietet keine Handhabe zur Unterscheidung zwischen Fällen, in denen das «Opfer» (z.B. ein 15jähriger Junge) den Sinn dessen, was die
17jährige Täterin mit ihm tut, durchaus versteht, und solchen, in welchen
das 8jährige Opfer keine Vorstellung von dem hat, was ein 11jähriges
Kind an ihm ausprobiert.

Gemäss Rechtsprechung zu aArt. 191 **kommt es auf den Grad der kör-**   3
perlichen und geistigen (Geschlechts-)**Reife nicht an,** und auch Heirats-
fähigkeit nach dem Heimatrecht des Kindes bewirkt keine Ausnahme,
BGE 86 IV 213 m.w.Hinw., ebensowenig sexuelle Erfahrenheit, BGE 72
IV 67; 82 IV 157: *«tout enfant, même sexuellement averti, voire perverti».*
Der Schutz hört auf, wenn das Kind verheiratet ist – auch gegenüber
Dritten, RS 1965 Nr. 82: Ehe macht zur Frau.

Weggefallen ist die Qualifikation von aArt. 191.2 II: wenn das Opfer
der Schüler, Zögling, Lehrling, Dienstbote oder das Kind, Grosskind,
Adoptivkind, Stiefkind, Mündel oder Pflegekind des Täters» ist.

Täter kann jedermann sein, der nicht mehr als drei Jahre älter ist als das   4
Opfer, natürlich auch Frauen, SJZ 42 (1946) S.171, selbst Kinder im
Schutzalter, BGE 92 IV 8 ff., 82 IV 156 ff., (wo eine differenzierende
Praxis, 69 IV 175, aufgegeben wurde), extrem 70 IV 116 (10jähriges
Mädchen), ähnlich SJZ 39 (1942/43) 345, 40 (1944) 13, 42 (1946) 376, 43
(1947) 376, ZR 45 (1946) Nr. 167. Eine Ausnahme für blosse sexuelle
Spielereien und für den passiven Partner macht SJZ 58 (1962) Nr. 226, für
«Dökterlis»-Spiel ZR 51 (1952) Nr. 201. Eine Grenze setzt Ziff. 2 – wie
ich aus dem Zweck dieser Bestimmung ergibt, kann nur das ältere Kind
strafbar sein, ebenso Jenny Art. 187 N 9, Rehberg 19. Der Vorschlag
der ExpK, Täter im Schutzalter straflos zu lassen, wurde nicht ins Gesetz
übernommen, s. z.B. Stratenwerth BT I § 7 N 7.

5 Der Begriff der **sexuellen Handlung** ist dem deutschen Recht (vgl DStGB § 184c) entnommen und ersetzt die Begriffe «Beischlaf», [bei-schlafs-]«ähnliche» und «andere unzüchtige Handlung». Als unzüchtig im Sinne von aArt. 191.2 galt, «was das durchschnittliche sittliche Emp-finden der heutigen Wohnbevölkerung der Schweiz in nicht leicht zu neh-mender Weise verletzt», wobei jeweils die Umstände des Einzelfalles zu berücksichtigen waren, BGE 104 IV 88 f., 97 IV 26, 91 IV 71, 83 IV 24 (zu Art. 204 a.F.), 78 IV 163, 76 IV 276. In der Lehre war umstritten, ob die Handlung sowohl objektiv auf Sexualität bezogen (eingehender Litera-turbericht in BGE 103 IV 170) als auch subjektiv darauf gerichtet sein musste, eigene oder fremde Sinneslust zu erregen oder zu befriedigen. Nach neuem Recht muss das Verhalten objektiv, aus Sicht eines aus-senstehenden Betrachters, und unter Berücksichtigung der Gesamtum-stände, einen Bezug zum Geschlechtlichen aufweisen, um als sexuelle Handlung zu gelten, Corboz Art. 189 N 4, Hangartner 49 ff., Maier 276 f., Rehberg 17 f., Rehberg/Schmid 380, Stratenwerth BT I § 7 N 10 f. Immerhin mag in Zweifelsfällen ein Rückgriff auf die Motivation des Täters notwendig sein, Stratenwerth BT I § 7 N 12, dazu kritisch Hangartner a.a.O., Jenny Art. 187 N 14, Maier 278; die frühere Praxis wertete objektiv nicht unzüchtiges Verhalten allein wegen der Absicht des Täters als unzüchtig, z.B. in BGE i.S. Anderegg vom 5.3.1943, zit. u.a. in 76 IV 277, das lüsterne Streicheln eines Knaben am Arm, was nach neuem Recht abzulehnen ist. Ohne Bedeutung muss bleiben, ob das Kind den sexuellen Bezug erkennt – gerade bei sehr kleinen Kindern wäre das kaum zu ermitteln, die Untersuchung könnte mehr Schaden anrichten als die Tat, mit gleichem Ergebnis Jenny Art. 187 N 15.

6 Die Feststellung, dass eine strafrechtlich relevante sexuelle Handlung vorliegt, ist ein Werturteil; dabei ist notwendig, dass die Handlung «im Hinblick auf das jeweils geschützte Rechtsgut von einiger **Erheblichkeit**» ist (so DStGB § 184c Ziff. 1), Jenny Art. 187 N 16, a.M. Hangartner 57 59. Der Begriff der sexuellen Handlung ist deshalb relativ; ein Verhalten kann im Zusammenhang mit Art. 187 darunterfallen, bei den Delikten gegen die sexuelle Freiheit jedoch nicht, vgl. Maier 279. Keine sexuellen Handlungen sind ein leichter Klaps aufs Gesäss, PKG 1959 Nr. 18, das Vorzeigen des entblössten Gesässes zwecks Beschimpfung, BGE 103 IV 168 ff. oder die objektiv nicht direkt auf sexuelles Verhalten hinweisende Hilfeleistung beim Duschen, Baden und Verrichten der Notdurft, auch wenn sie in Anbetracht der Selbständigkeit der Kinder nicht notwendig wäre, PKG 1989 Nr. 17. Sich nackt zu zeigen ist an sich keine sexuelle Handlung, BGE 104 IV 259, RS 1979 Nr. 680, eingehend Hangartner 53; ebensowenig das Fotografieren eines Kindes, das sich spontan ausge-zogen hat, ZR 65 (1966) Nr. 50, vgl. dagegen ZR 63 (1964) Nr. 9, Ent-kleidung vom Täter veranlasst, nach neuem Recht nicht mehr das Photo-graphieren in sexueller Absicht, solange sie nicht objektiv erkennbar ist, anders noch RS 1979 Nr. 910; sexuell handelt der Lehrer, der sich Inter-natszöglingen nackt und erregt zeigt, PKG 1972 Nr. 16; selbst sinnlich

Küsse sind keine sexuellen Handlungen, BGE 76 IV 275 ff.; anders für Zungenküsse zwischen Lehrer und Schüler, SJZ 53 (1957) Nr. 69, und allgemein für solche zwischen Mann und Knabe, BGE 91 IV 71; die Auffassung von JENNY Art. 187 N 16, wonach es gleichgültig sei, ob homo- oder heterosexuelle Beziehungen vorliegen, ist theoretisch richtig, aber für Grenzfälle unrealistisch. Der Griff an Geschlechtsteile, BGE 78 IV 164, PKG 1966 Nr. 11, RS 1979 Nr. 679, das Berühren der Brüste, BGE 104 IV 8, 102 IV 251 (zu aArt. 193 II), 97 IV 26, 78 IV 164, SJZ 53 (1957) Nr. 69, 41 (1945) S. 344, PKG 1964 Nr. 12, RJN 1988 64 f., das Betasten der Oberschenkel unter dem Rock, PKG 1964 Nr. 12, oder das Betasten des Gesässes, PKG 1968 Nr. 17, wurden von der Praxis zum alten Recht durchwegs als unzüchtig eingestuft. Inwieweit das Berühren und Betasten sekundärer Geschlechtsorgane unter neuem Recht als sexuelle Handlungen zu qualifizieren sind, hängt von den konkreten Umständen, insbesondere von Intensität und Dauer ab, auch von den Beziehungen unter den Beteiligten, vgl. BGE vom 9.12.1994, zit. bei FELBER 262 f. Das flüchtige Berühren der bedeckten weiblichen Brust dürfte weiterhin, wenn es absichtlich geschieht, eine sexuelle Handlung darstellen, differenzierend STRATENWERTH BT I § 7 N 14, anders REHBERG/SCHMID 381. *Necking»,* intensives Streicheln erogener Zonen, bleibt eine sexuellen Handlung, vgl. BGE 118 II 410, ebenso REHBERG/SCHMID 381, STRATENWERTH BT I § 7 N 14. Während bei aArt. 191 kontrovers war, ob auch unzüchtiges Reden erfasst werde (s. dazu Vorauflage Art. 191 N 18), muss dies für den neuen Begriff der sexuellen Handlung verneint werden, der den Einsatz des Körpers voraussetzt, wobei jedoch eine Berührung nicht notwendig ist, HANGARTNER 57 f.; es kann jedoch sexuelle Belästigung darstellen, Art. 198 N 7.

Die **Vornahme** einer sexuellen Handlung **mit** einem Kind erfordert körperlichen Kontakt zwischen Kind und Täter, vgl. BGE 90 IV 203. Die Unterscheidung zwischen Beischlaf und beischlafsähnlicher Handlung einerseits, anderer unzüchtiger Handlung andererseits, wurde fallengelassen. Gemeint sind in erster Linie der Geschlechtsverkehr, oral- und anal-genitale Praktiken, das Aneinanderreiben der Geschlechtsteile, wechselseitige Onanie, das sogenannte *Petting,* aber auch schon das Betasten der Geschlechtsorgane oder das intensive Streicheln erogener Zonen *(Necking).* Ob der Täter dabei eine aktive oder passive Rolle spielt, ist ohne Bedeutung, BGE 84 IV 101, 80 IV 173.   7

Verleitung zu einer sexuellen Handlung liegt vor, wenn das Kind veranlasst wird, sich am eigenen Körper, mit einer Drittperson, SJZ 61 (1965) Nr. 83, oder mit einem Tier sexuell zu betätigen; zur Veranlassung sich auszuziehen s. N 6. Eine eigentliche Anstiftung i.S.v. Art. 24 ist nicht notwendig, JENNY Art. 187 N 19, REHBERG/SCHMID 381 f., insbesondere braucht das Kind keinen «Vorsatz» zu fassen und sich der sexuellen Bedeutung seines Tuns nicht bewusst zu sein.   8

Der Begriff **einbeziehen** entspricht der Vornahme der sexuellen Handlung vor einem Kind gemäss aArt. 191. Der Täter macht das Kinde ge-   9

zielt zum Zeugen seiner sexuellen Handlungen und behandelt es dadurch
als Sexualobjekt, STRATENWERTH BT I § 7 N 16. Das Opfer muss die
sexuelle Handlung, z.B. die Masturbation des Täters, tatsächlich wahr
nehmen, SJZ 67 (1971) Nr. 44, visuell oder auch nur akustisch, RS 196⌄
Nr. 41, und der Vorsatz des Täters muss sich auf diese Wahrnehmung
richten, RS 1943 Nr. 300, 1983 Nr. 474, RJN 1986 93. Nicht erfasst sin⌄
Fälle, wo das Kind zufällig Zeuge sexueller Handlungen wird, Botsch⌄
1067, selbst wenn dies in Kauf genommen wurde, JENNY Art. 187 N 21.

10   **Ziff. 2** sieht Straflosigkeit vor, wenn zwischen Täter und Opfer ein **Alters⌄
unterschied von nicht mehr als drei Jahren** besteht; es handelt sich dabe⌄
um ein tatbestandseinschränkendes Merkmal, das auf einen Vorschla⌄
von KILLIAS, SJZ 83 (1987) 376, zurückgeht. Jugendliebe soll nicht krimi⌄
nalisiert werden. Die gesetzestechnische Besonderheit der Regelung i⌄
einer eigenen Ziffer darf nicht darüber hinwegtäuschen, dass es sich un⌄
eine Beschränkung des objektiven Unrechtsgehalts der Tat handelt un⌄
nicht um einen besonderen persönlichen Umstand i.S.v. Art. 26, ebens⌄
JENNY Art. 187 N 7, KILLIAS a.a.O. 377, REHBERG 19; die Unterstützun⌄
der sexuellen Handlung oder die Anstiftung dazu bleiben somit straflo⌄
was auch der *ratio legis* entspricht.

11   Der subjektive Tatbestand erfordert **Vorsatz**, auch bezüglich der Alters⌄
differenz von mehr als drei Jahren – zum Irrtum (insbesondere über da⌄
Alter) N 15 ff.

12   **Ziff. 3** sieht demgegenüber **zwei** bloss **fakultative Strafbefreiungsgründ⌄**
nach dem technischen Muster von Art. 66bis vor: wenn der Täter zur Ze⌄
der Tat das 20. Altersjahr noch nicht zurückgelegt hatte und besonder⌄
Umstände vorliegen, oder wenn Täter und Opfer heiraten. Das Fakulta⌄
tivum ist zunächst berechtigt, weil der Hinweis auf «besondere Un⌄
stände» eine klare Abgrenzung nicht zulässt; hinsichtlich der Eheschlie⌄
sung wurde befürchtet, der Täter könnte das Opfer unter Druck setze⌄
um Straffreiheit zu erlangen, Botsch. 1068 f., Sten. StR 1987 384, NR 199⌄
2273. Zuständig für den Entscheid über die Strafbefreiung sind d⌄
Organe der Strafrechtspflege, Botsch. 1068, nicht jedoch die Polize⌄
JENNY Art. 187 N 28, STRATENWERTH BT I § 7 N 19. Die Strafbefreiung⌄
gründe nach Ziff. 3 sind im Gegensatz zu Ziff. 2 *persönliche Umständ⌄*
i.S.v. Art. 26, REHBERG 20, REHBERG/SCHMID 384, abweichend JENN⌄
Art. 187 N 41.

13   **Besondere Umstände** i.S.v. Ziff. 3 sind etwa echte Liebesbeziehunge⌄
(welche einen «Missbrauch» ausschliessen, JENNY Art. 187 N 25), d⌄
Provokation durch das Opfer, die Entwicklung der Beziehung zu ein⌄
eheähnlichen Lebensgemeinschaft (auch gleichgeschlechtlicher Liebh⌄
ber) und das geringe Überschreiten der Altersdifferenz in einer Jugen⌄
liebe, JENNY Art. 187 N 25, REHBERG 19, STRATENWERTH BT I § 7 N 1⌄
TRECHSEL 590 f. Die Beschränkung der Strafbefreiung wegen besonder⌄
Umstände auf Täter unter 20 Jahren ist problematisch. Bestand etwa zw⌄
schen einem 19jährigen und einer 14jährigen eine echte Liebesbezi⌄

ung, wird der ältere Partner mit Vollendung des 20. Altersjahres plötz-
ch strafbar, vgl. REHBERG 20. Hier ist eine berichtigende Auslegung zu-
unsten des Täters angezeigt, denn es lässt sich in keiner Weise rechtfer-
igen, dass plötzlich Strafbarkeit eintritt, zumal das Schutzbedürfnis mit
vachsendem Alter des Kindes abnimmt.

)er Begriff **Ehe** kann nicht abweichend von der zivilrechtlichen Rege-   14
ung ausgelegt werden, so dass eheähnliche Beziehungen nicht zu Straf-
efreiung führen, vgl. SOG 1994 Nr. 21 (zu Art. 190 II). Besonders *für
leichgeschlechtliche Liebesverhältnisse,* denen die Ehe von vornherein
erschlossen ist, lässt sich diese Einschränkung *nicht rechtfertigen* – es
önnte eine Diskriminierung i.S. von EMRK Art. 8 i.V.m. Art. 14 vorlie-
en. Art. 1 steht einer berichtigenden Auslegung nicht im Wege, schafft
ber Probleme, wenn heterosexuelle Lebensgemeinschaften nicht miter-
isst werden. Eine befriedigende Lösung ist nur durch die Schaffung
iner gesetzlich geschützten Beziehung zwischen Homosexuellen zu er-
eichen. Inzwischen sollte die nichteheliche Lebensgemeinschaft wenig-
ens dann, wenn Eheschliessung nicht möglich ist, in berichtigender
.uslegung der Ehe gleichgestellt werden, ebenso JENNY Art. 187 N 26,
EHBERG 19, STRATENWERTH BT I § 7 N 19.

iff. 4 übernimmt wörtlich aArt. 191.3. Der Täter wird mit Gefängnis   15
edroht, wenn er sich **fahrlässig im Alter des Kindes geirrt** hat. Hat der
äter ernsthaft mit der Möglichkeit gerechnet, dass das Kind noch im
chutzalter stehe, so liegt Eventualdolus vor, BGE 75 IV 5 f., SJZ 54
958) Nr. 76; Kasuistik bei WÜRGLER 228 ff. Wird vorwerfbarer Irrtum
1genommen, so liegt ein fahrlässiges Delikt vor, auch i.S.v. Art. 41.1 II
o zu aArt. 41.3 GVP-SG 1968 Nr. 20, SJZ 59 [1963] Nr. 141; abweichend
GE 84 IV 2). Ist der Irrtum entschuldbar, so ist der Täter freizuspre-
1en, wenn nicht ein anderer Tatbestand erfüllt ist, z.B. Art. 188 (Dienst-
ädchen für 16–18jährig gehalten, PKG 1964 Nr. 43). Irrt der Täter
nsichtlich der *Altersdifferenz* zum Opfer, so bleibt er selbst bei pflicht-
idriger Unvorsichtigkeit straflos, denn Ziff. 4 dehnt die Strafbarkeit bei
hrlässigem Sachverhaltsirrtum nicht auf die Altersdifferenz aus, JENNY
rt. 187 N 31, REHBERG/SCHMID 385, STRATENWERTH BT I § 7 N 20,
RECHSEL 591. Die Möglichkeit der Strafbefreiung gemäss Ziff. 3 muss
1ch für das nach Ziff. 4 fahrlässig begangene Delikt gelten, JENNY
rt. 187 N 32, STRATENWERTH BT I § 7 N 22.

n die **Sorgfaltspflicht** werden sehr hohe Anforderungen gestellt, na-   16
entlich bei älteren Tätern, BGE 119 IV 144, *e contrario* SJZ 63 (1967)
r. 99; unter neuem Recht lassen sich erhöhte Sorgfaltspflichten bei
›mosexuellen Handlungen nicht mehr rechtfertigen, anders noch RS
›73 Nr. 445. Ausgangspunkt ist das Aussehen, BGE 99 IV 91, 85 IV 77,
› IV 103, RS 1983 Nr. 474. Es entlastet i.V.m. zusätzlichen Kriterien:
‹G 1963 Nr. 27 (im Sanatorium für Erwachsene zur Kur), RS 1962
r. 29 (Maskenball nur für über 16jährige), 1959 Nr. 214 (Serviertoch-
r). Das Kind muss erheblich älter aussehen, BGE 85 IV 77; wirkt es

16–17jährig, ist erhöhte Sorgfalt am Platz, BGE 100 IV 232. Auf die Aus●
sagen des Opfers darf sich der Täter nicht verlassen, BGE 102 IV 277, 8●
IV 77, 84 IV 104, anders jetzt BGE 119 IV 144 bei 20jährigem Täter●
ebensowenig auf Angaben Dritter, PKG 1971, Nr. 24. Dass das Kind i●
Bars Alkohol trinkt, geschminkt oder sexuell erfahren ist, entbindet nich●
von der Prüfungspflicht, BGE 102 IV 277, PKG 1964 Nr. 19, dagegen ei●
Verhalten wie das einer Prostituierten, PKG 1964 Nr. 16. Auch die Ver●
hältnisse des Täters werden berücksichtigt, RS 1983 Nr. 474 (Lehrer)●
Weitere Kasuistik bei WÜRGLER 231–241.

Die Praxis zu aArt. 191.3 wird *mit Recht als zu streng kritisiert*, GRAVE●
284, JENNY Art. 187 N 29, REHBERG/SCHMID 385, STRATENWERTH BT I●
7 N 21, WÜRGLER 241 ff. Neuerdings wendet das BGer den Grundgedan●
ken, dass Jugendliebe entkriminalisiert werden soll, auch auf die Anfor●
derungen an die Sorgfaltspflicht gemäss Ziff. 4 an. Gemäss BGE 119 I●
138 ff. genügte ein 20jähriger Mann, der mit einem Mädchen kurz vo●
dessen 16. Geburtstag verkehrt hat, seiner Sorgfaltspflicht, wenn er sic●
auf seine dreimalige Antwort, es werde in wenigen Tagen 17, verliess.

17 **Verbotsirrtum** wird vor allem von Ausländern geltend gemacht, vgl. abe●
BGE 75 IV 150. In der Regel fehlen zureichende Gründe, RS 196●
Nr. 178, 1969 Nr. 18, SJZ 60 (1964) Nr. 112; anders BGE 104 IV 220●
(19jähriger Sizilianer mit 15jähriger Freundin), BJM 1967 193 (Ve●
lobte). S. auch JENNY Art. 187 N 32.

18 Die (relative) **Verjährung** tritt in 10 Jahren ein. Für Fälle, die am 1.9.19●
noch nicht verjährt sind, gilt die neue Frist. Der Bundesrat hatte, der E●
pertenkommission folgend, analog zum Inzest (Art. 213) noch eine Ve●
jährungsfrist von zwei Jahren vorgesehen, weil es dem Opfer erspa●
bleiben sollte, dass sein einmal zurückerlangtes «seelisches Gleic●
gewicht ... durch Ermittlungs- und Untersuchungshandlungen erne●
erschüttert wird», Botsch. 1069. Die zunächst getroffene Kompromis●
lösung – fünf Jahre – wurde zum einen wegen der fehlenden Überei●
stimmung zwischen Art. 187 und 213 aus gesetzestechnischen Gründe●
kritisiert, STRATENWERTH BT I § 7 N 24, zum anderen auch als zu ku●
und deshalb als rechtspolitisch verfehlt erachtet, ARZT, Verjährung, 26●
m.w.Hinw. Die Konsequenzen, die sich aus dieser kurzen Verjährung●
frist ergeben, wurden vom BGer dadurch gemildert, dass es verschiede●
Einzelakte als verjährungsrechtliche Einheit nach Art. 71 al. 2 beha●
delte, sofern «die Delikte gleichartig sind, sich gegen dasselbe Rechtsg●
richten und auf einem andauernden pflichtwidrigen Verhalten beruhe●
das die anwendbare Strafnorm ihrem Gehalt nach mitumfasst», BGE 1●
IV 9; in diesem Urteil werden die Handlungen eines Lehrers, der jahr●
lang mit zahlreichen Kindern in Missbrauch seiner Autoritätsstellung s●
xuelle Handlungen vorgenommen hat, verjährungsrechtlich als Einhe●
behandelt, was dazu führt, dass die Verjährungsfrist für alle Einzelak●
erst mit der letzten Einzelhandlung beginnt; ausführlich zu diesem Urt●
ARZT, Verjährung, 21 ff. Der Zweck, die Opfer zu schonen, wird mit di●
ser Auslegung freilich verfehlt, krit. auch JENNY Art. 187 N 51.

Die eilige Revision der Revision wird mit veränderten Erkenntnissen begründet, namentlich durch die Presse wurde darauf hingewiesen, dass in vielen Fällen sexueller Missbrauch schwere, andauernde Schädigungen der geistig/seelischen Gesundheit nach sich zieht, die Vorstellung vom wiedererlangten seelischen Gleichgewicht falsch war. Ob freilich «späte Rache» zur Herstellung eines solchen Gleichgewichts viel beizutragen vermag, muss dahingestellt bleiben.

Als **Versuchsbeginn** betrachtet die Praxis in der Regel das Ansprechen des Opfers, BGE 80 IV 174, SJZ 63 (1976) Nr. 70, 52 (1956) Nr. 14, RS 964 Nr. 42, 162, jedenfalls noch nicht Herumlungern auf dem Spielplatz, RS 1944 Nr. 121.   **19**

Gehilfenschaft durch Unterlassen liegt vor, wenn Eltern nicht gegen sexuellen Umgang mit ihrem Kind einschreiten, BGE 70 IV 79 (vgl. auch 77 IV 50 und 96 IV 115), ZR 71 (1972) Nr. 107, SJZ 62 (1966) Nr. 90, 57 (1961) Nr. 14 (Stieftochter), RS 1968 Nr. 200, PKG 1967 Nr. 19. Garantenstellung wurde auch bejaht bei einem Lagerleiter, ZBJV 110 (1974) 69, verneint beim «Gruppenchef» in einer Erziehungsanstalt, der selber Zögling war, RS 1965 Nr. 63. Der Gehilfe muss die unzüchtige Handlung mindestens *eventualiter)* wollen, ZBJV 110 (1974) 69. In Abkehr von ʼRECHSEL/NOLL 183 ist mit JENNY Art. 187 N 35 (m.w.Hinw.) die Auffassung, es handle sich um ein eigenhändiges Delikt, zu verwerfen. Der Schutzzweck der Norm führt zum Schluss, dass *Mittäterschaft* durch eine Person, die nicht selber unzüchtige Handlungen vornimmt, *möglich* ist.   **20**

Zur **Strafzumessung** nach aArt. 191 eingehend STÖCKLIN a.a.O., ferner BGE 92 IV 119 ff. Gemäss BGE 98 IV 68 (anders noch 78 IV 81, 73 IV 55, PKG 1961 Nr.19, ZBJV 85 [1949] 182) kann auch ein kindliches Opfer den Täter i.S.v. Art. 64 *ernstlich in Versuchung führen,* was aber ein aktives, aufreizendes Verhalten voraussetzt, RS 1975 Nr. 905, SJZ 67 (1971) Nr. 151; junge Opfer gelten als besonders verführbar, SJZ 67 (1971) Nr. 152, 59 (1963) Nr. 123, RS 1957 Nr. 119.   **21**

Für die besonderen Qualifikationsgründe s. **Art. 200.**

Konkurrenzen und Abgrenzungen   **22**

Mehrmaliger Geschlechtsverkehr in einer Nacht bildet eine Handlungseinheit, PKG 1969 Nr. 17 (anders 1972 Nr. 14), bei länger dauernden Beziehungen ist neben Fortsetzungszusammenhang auch Wiederholung (Art. 68) möglich, BGE 72 IV 134, RS 1973 Nr. 550. Zum Fortsetzungszusammenhang bezüglich Verjährung s. N 16.

Art. 181: Idealkonkurrenz, weil Art. 187 die Beeinträchtigung der Willensfreiheit nicht mit abgilt, LGVE 1991 I Nr. 61 – wird allerdings die von Art. 189 f. geforderte Nötigungsintensität erreicht, so tritt Art. 187 in echte Konkurrenz zu *diesen* Bestimmungen.

Art. 188: Ist das Opfer noch im Schutzalter, geht Art. 187 vor.

Art. 189: Echte Konkurrenz, weil Art. 187 die sexuelle Entwicklung der Kinder, Art. 189 aber die sexuelle Freiheit schützt, BGE 122 IV 99, 119 IV 310 f; ebenso Botsch. 1067, JENNY Art. 187 N 44, HAUSER/REHBERG

StGB zu Art. 187.1, REHBERG/SCHMID 399 f., STRATENWERTH BT I § 7 N
23, THORMANN/VON OVERBECK Art. 191 N 9; für Spezialität von Art. 18⁴
MAIER 381, ARZT, Verjährung, 18 Fn 15.

Art. 190: Wie bei Art. 189 ist auch hier Idealkonkurrenz anzunehmen.

Art. 191: Wird das Kind zu sexuellen Handlungen missbraucht, bezüglich
derer es wegen seines Alters urteilsunfähig ist, so wendet das BGer
Art. 187 *und* 191 an, BGE 120 IV 197 f., zust. SCHULTZ, ZBJV 131 (1995)
843, STRATENWERTH BT I § 8 N 41, ebenso ZR 95 (1996) Nr. 35; ableh
nend ARZT, Verjährung, 18 ff. HANGARTNER 197, JENNY Art. 191 N 15
REHBERG/SCHMID 403, für Alternativität Botsch. 1978. Die Argumenta
tion des BGer überzeugt nicht. Eine qualifizierte Urteilsunfähigkeit be
Kindern lässt sich, wenn nur das Alter berücksichtigt wird, nicht schar
abtrennen – von Gesetzes wegen ist jede sexuelle Handlung einer meh
als drei Jahre älteren Person mit einem Kind ein Missbrauch. Dass be
besonderer Urteilsunfähigkeit eine besonders schwere Schädigung ein
trete, wird nicht einmal behauptet. Art. 187 geht deshalb vor, die Recht
sprechung des BGer verstösst gegen das Doppelverwertungsverbot
Idealkonkurrenz ist indessen gegeben, wenn die Urteils- oder Wider
standsunfähigkeit andere Gründe hat, z.B. Berauschung mit Drogen; is
der Täter weniger als drei Jahre älter als das Opfer, wird er in diesem Fa
nur gemäss Art. 191 bestraft.

Art. 192 und **193** werden von Art. 187 konsumiert, ebenso JENNY Art. 18
N 45, STRATENWERTH BT I § 7 N 45, 53.

Art. 194 wird von Art. 187 konsumiert.

Art. 195: Idealkonkurrenz, Botsch. 1083.

Art. 196: Idealkonkurrenz, weil Kinderschutz dort nicht mit abgegolte
wird; a.M. STRATENWERTH BT I § 9 N 25, wonach Art. 196 vorgehe.

Art. 197.1 geht als *lex specialis* vor; kommt es auch zu sexuellen Hand
lungen, konsumiert Art. 187 Art. 197.1.

Art. 198 ist subsidiär zu Art. 187.

Art. 213: Idealkonkurrenz, BGE 68 IV 131, RS 1948 Nr. 73, PKG 195
Nr. 21, 1964 Nr. 17, SJZ 62 (1966) Nr. 92 (alle zu aArt. 191), SJZ 92 (1996
Nr. 33/10, Botsch. 1067; für Vorrang von Art. 187 STRATENWERTH BT I
7 N 23.

188 Sexuelle Handlungen mit Abhängigen

   1. **Wer mit einer unmündigen Person von mehr als 16 Jahren, die vo
ihm durch ein Erziehungs-, Betreuungs- oder Arbeitsverhältnis oder au
andere Weise abhängig ist, eine sexuelle Handlung vornimmt, indem e
diese Abhängigkeit ausnützt,**

   **wer eine solche Person unter Ausnützung ihrer Abhängigkeit zu eine
sexuellen Handlung verleitet,**

   wird mit Gefängnis bestraft.

2. Hat die verletzte Person mit dem Täter die Ehe geschlossen, so kann die zuständige Behörde von der Strafverfolgung, der Überweisung in das Gericht oder der Bestrafung absehen.

CHRISTOPH HOFFMANN, Das Abhängigkeitsverhältnis als strafbegründendes und strafschärfendes Merkmal der Sittlichkeitsdelikte, Diss. BE 1968; C. KRANICH, Rechtliche Aspekte zum Therapiemissbrauch, plädoyer 6/1992 36; G. WILLI, Die verschiedenen Verjährungsfristen der Art. 192 Ziff. 2 und 213 StGB, SJZ 46 (1950) 325, mit Anm. PFENNINGER; **Lit.** vor Art. 187 und zu 187.

Art. 188 schützt Minderjährige, die mindestens 16 Jahre alt sind und in   1
einem besonderen Abhängigkeitsverhältnis zum Täter stehen. Obwohl
der Tatbestand nach der gesetzlichen Systematik unter dem Titel der
«Gefährdung der Entwicklung von Unmündigen» eingeordnet ist, steht
hier der Schutz der sexuellen Selbstbestimmung des Jugendlichen im
Vordergrund, JENNY Art. 188 N 1, STRATENWERTH BT I § 7 N 25. Der
Tatbestand findet seine Rechtfertigung darin, dass bei einem Abhängigkeitsverhältnis die Bildung und Betätigung eines Abwehrwillens beim
Opfer erschwert ist.

Im Gegensatz zu aArt. 192 stellt Art. 188 klar, dass in erster Linie (wie
in Art. 192 und 193) das Ausnützen der Abhängigkeit strafwürdig ist. Das
Merkmal der Minderjährigkeit schlägt sich in der Strafdrohung nicht nieder – alle drei Bestimmungen drohen Gefängnis an. Mit Recht kritisch
zur «Daseinsberechtigung» des Art. 188 JENNY Art. 188 N 1, REHBERG
20; immerhin kann die Praxis das jugendliche Alter insofern berücksichtigen, als geringere Anforderungen an das Abhängigkeitsverhältnis gestellt werden.

Opfer ist eine minderjährige Person von mehr als 16 Jahren. Die Herab-   2
setzung des Mündigkeitsalters auf 18 Jahre schränkt die Bedeutung dieser Bestimmung erheblich ein, aber die ExpK hatte von vornherein eine
Begrenzung auf 16–18jährige vorgesehen, Botsch. 1070. Die Altersdifferenz wird in Art. 188 nicht berücksichtigt, was zu einer stossenden Benachteiligung des Täters i.Vgl. zu Art. 187 führen kann. Die Praxis wird
diese Diskrepanz durch Zurückhaltung bei der Annahme eines Abhän-
gigkeitsverhältnisses unter jungen Leuten ausgleichen müssen.

Das Gesetz fordert ein **Abhängigkeitsverhältnis** zwischen Täter und Op-   3
fer und nennt dafür drei Hauptbeispiele: Erziehungs-, Betreuungs- und
Arbeitsverhältnis. Die Aufzählung ist nicht abschliessend, sondern wird
durch eine Generalklausel ergänzt (dazu unten N 7).

Ein **Erziehungsverhältnis** liegt vor, wenn der Täter kraft seiner Stellung   4
zum Jugendlichen massgebend auf seinen Sozialisierungsprozess einwirkt. Dies ist insbesondere bei den natürlichen Eltern, den Gross-, Ad-
optiv- und Pflegeeltern, bei Lehrern und Heimleitern, möglicherweise
auch bei einem Vormund der Fall.

Die Rechtsprechung zu den Qualifikationsmerkmalen in aArt. 191.1II,
II und 192 kann nicht direkt auf das neue Recht übertragen werden,

weil das Gesetz dort kasuistisch einzelne Autoritätsrollen aufführte
während jetzt nur noch die Abhängigkeit selber, exemplifiziert durch
drei Beziehungskategorien, Tatbestandsmerkmal ist. Lehrer werden be:
über 16jährigen nur noch ausnahmsweise Erziehungsfunktion haben
schon gar nicht, wenn sie nur in einzelnen Fächern unterrichten. Pflegeeltern muss der Jugendliche in einer Weise zur Erziehung «anvertrau:
sein ..., dass auf der einen Seite eine besondere Autorität, auf der anderen eine entsprechende Abhängigkeit begründet wird», vgl. *mutatis mu-*
tandis BGE 82 IV 193, ebenso 83 IV 73, 99 IV 265, 103 IV 90, 105 IV 125
Nur eine *dauerhafte, dem Eltern-Kind-Verhältnis entsprechende Bezie-*
hung begründet ein Erziehungsverhältnis. Beim Konkubinatspartne:
eines Elternteils wird zu prüfen sein, ob er oder sie tatsächlich Erzie-
hungsfunktionen übernommen hat – nach altem Recht wurde die Frage
generell bejaht, BGE 103 IV 90, RS 1980 Nr. 1090, anders SJZ 63 (1967
Nr. 21.

5   Ein **Betreuungsverhältnis** liegt vor, wenn der Täter für das Opfer sorgt
insbesondere eine Garantenstellung für die Abwehr der Gefahren über
nommen hat, die ihm wegen seiner Jugend drohen, ohne dass er es gera
dezu erzieht; «zu denken ist etwa an Personen, die fürsorgerisch (z.B. ir
der Drogenhilfe) tätig sind, ferner an Betreuer in einem Ferienlager ode:
auch an den Freund der Familie, dem deren Tochter für eine Ferienreis«
anvertraut wurde», Botsch. 1069 f. mit Hinweis auf BGE 99 IV 265.

6   Das **Arbeitsverhältnis** wird durch einen Arbeitsvertrag i.S.v. OR Art
319 ff. begründet; dabei genügt auch ein faktisches Arbeitsverhältni:
nach OR Art. 320 II. Von praktischer Bedeutung dürfte vor allem de
Lehrvertrag (OR Art. 344 ff.) sein; zum Lehrling vgl. BGE 80 IV 36 f.
PKG 1956 Nr. 35. Entgegen der Rechtsprechung zu aArt. 191.2 komm:
nicht jeder als Täter in Frage, «der im Betriebe dem Lehrling vorsteht»
BGE 78 IV 39, ZR 57 (1958) Nr. 8, es ist vielmehr in jedem Fall zu prü
fen, ob ein eigentliches Abhängigkeitsverhältnis vorlag, krit. schon zu
früheren Rechtsprechung. WÜRGLER 126, vgl. auch HOFFMANN 94. Ab
hängig ist in der Regel der minderjährige Dienstbote, der «im Hausha
des Dienstherrn ähnlich einem zur Familie gehörenden Kinde ein- un:
ausgehen kann und zum Täter eine enge persönliche Beziehung hat»
BGE 99 IV 158. An einem Abhängigkeitsverhältnis fehlt es, wenn ein
Beschäftigung der Geliebten als Babysitterin und Haushaltshilfe gerad
mit dem Ziel arrangiert wird, zusammen im gleichen Haushalt zu leber
BGE 105 IV 125 (zu aArt. 191.2).

7   Die **Generalklausel** ermöglicht es, auch atypische Abhängigkeitsverhält
nisse zu erfassen, wie sie entstehen können, wenn eine ältere Person der
Jugendlichen gegenüber die Stellung eines Mentors allgemeiner Natu
oder im Zusammenhang mit sportlichen, kulturellen oder anderen Fre:
zeitaktivitäten übernommen hat. Beispiele möglicher Abhängigkeits
verhältnisse sind etwa die Beziehung eines Jugendlichen zu seiner
Psychotherapeuten, REHBERG 20, zum Trainer eines Sportvereins, zur

Musikehrer, oder zu einem Sektenführer. Massgebend sind allemal die konkreten Verhältnisse.

Die **Tathandlung** ist wie in Art. 187 umschrieben (s. dort N 7 ff.), wobei 8 jedoch das Einbeziehen in eine sexuelle Handlung nicht mit übernommen wurde – es bleibt deshalb straflos. Das Verleiten zu einer sexuellen Handlung mit einer Drittperson ist auch strafbar, wenn das Opfer von dieser nicht abhängig ist, Botsch. 1070.

Sexuelle Handlungen mit abhängigen Jugendlichen sind **nur strafbar,** 9 **wenn der Täter das Abhängigkeitsverhältnis ausnützt,** Botsch. 1070 unter Hinw. auf das Selbstbestimmungsrecht. Ausnützen liegt vor, wenn das Opfer dem Ansinnen des Täters ablehnend gegenübersteht, wegen seiner Unterlegenheit jedoch nicht zu widersprechen wagt, JENNY Art. 188 N 11, REHBERG/SCHMID 387, STRATENWERTH BT I § 7 N 30, Einzelheiten bei REHBERG 20. Blosse Verführung durch Verwöhnung und Versprechen erfüllt den Tatbestand nicht, JENNY Art. 188 N 11. Andererseits ist nicht erforderlich, dass der Täter das Opfer durch Drohungen oder auf andere Weise zusätzlich unter Druck setzt.

Ziff. 2 sieht wie Art. 187.3 eine fakultative Strafbefreiung bei Heirat vor; 10 dazu Art. 187 N 12, 14.

Subjektiv ist Vorsatz bezüglich der Handlung, des Abhängigkeitsverhält- 11 nisses und des Ausnützens erforderlich. Es genügt, wenn der Täter mit der Möglichkeit rechnete, dass die sexuelle Gefügigkeit des Opfers nur der Abhängigkeit zu danken sei, und dies in Kauf nahm.

Fahrlässiger Irrtum über das Alter – angesichts des besonderen Verhält- 12 nisses selten zu erwarten – führt zu Freispruch. Hält der Täter ein von ihm abhängiges Kind irrtümlich für über 16 (Art. 19 I), so ist Art. 188 anzuwenden, PKG 1961 Nr. 20.

Die **Verjährungsfrist** beträgt gemäss allgemeinen Regeln fünf Jahre, 13 Art. 71 al. 3.

Das Ausnützen der Abhängigkeit ist ein **objektives Tatbestandsmerk-** 14 **mal,** Teilnehmer können sich nicht auf Art. 26 berufen.

Konkurrenzen und Abgrenzungen 15
Art. 189 und **190** gehen vor, STRATENWERTH BT I § 7 N 34, REHBERG/ SCHMID 400, JENNY Art. 188 N 20; **Art. 191** geht vor; **Art. 192:** Art. 188 geht vor, JENNY Art. 188 N 20, STRATENWERTH BT I § 7 N 45; **Art. 193:** Bei minderjährigen Opfern geht Art. 188 vor, JENNY Art. 188 N 19, REHBERG 20; **Art. 195** und **196** gehen vor; **Art. 213:** Idealkonkurrenz, Botsch. 1070, STRATENWERTH BT II § 26 N 11, h.L.; s. auch **Art. 187** N 22; Qualifikation: **Art. 200.**

2. Angriffe auf die sexuelle Freiheit und Ehre

189 Sexuelle Nötigung

[1] **Wer eine Person zur Duldung einer beischlafsähnlichen oder einer anderen sexuellen Handlung nötigt, namentlich indem er sie bedroht, Gewalt anwendet, sie unter psychischen Druck setzt oder zum Widerstand unfähig macht, wird mit Zuchthaus bis zu zehn Jahren oder mit Gefängnis bestraft.**

[2] **Ist der Täter der Ehegatte des Opfers und lebt er mit diesem in einer Lebensgemeinschaft, wird die Tat auf Antrag verfolgt. Das Antragsrecht erlischt nach sechs Monaten. Artikel 28 Absatz 4 ist nicht anwendbar.**

[3] **Handelt der Täter grausam, verwendet er namentlich eine gefährliche Waffe oder einen anderen gefährlichen Gegenstand, so ist die Strafe Zuchthaus nicht unter drei Jahren. Die Tat wird in jedem Fall von Amtes wegen verfolgt.**

ANNE-MARIE BARONE, *Violences conjugales et sexuelles,* plädoyer 2/1990 51; JEANNE DUBOIS, Das Opferhilfegesetz (OHG): Endlich haben Opfer einer Straftat gegen Leib und Leben mehr Rechte. Was bringt das OHG Frauen, deren sexuelle Integrität verletzt wurde? AJP 2 (1993) 1395; GUIDO JENNY, Angriffe auf die sexuelle Freiheit: Art. 187 und 188 des schweizerischen Strafgesetzbuches, Diss. BS 1977; ANDRÉ KUHN, *La réalité cachée des violences sexuelles à la lumière des sondages de victimisation suisse et international,* Reihe Kriminologie, Bd. 9, Chur und Zürich 1992, 51; WERNER KUNZ, Die strafbaren Angriffe auf die geschlechtliche Freiheit und Ehre (Art. 187-197 StGB), Kriminalistik 1968, 269, 331, 391; ERICH LAUENER, Die Gefährlichkeit als qualifizierendes Tatbestandsmerkmal im schweizerischen Strafrecht, Diss. ZH 1994; CARL LUDWIG, Zum Begriff der Unzucht und des Unzüchtigen, BJM 1960 109; FRANK SCHÜRMANN, Der Begriff der Gewalt im schweizerischen Strafgesetzbuch, Diss. BS 1986; **Lit.** vor Art. 187, 190.

1   **Geschütztes Rechtsgut** ist, wie in Art. 190, das Recht auf **Selbstbestimmung in sexueller Hinsicht,** BGE 122 IV 100, 119 IV 311, ferner das Recht auf sexuelle Integrität, HANGARTNER 36 ff. Gemäss Art. 189 ist strafbar die qualifizierte Nötigung zur Duldung einer sexuellen Handlung, die nicht unter Art. 190 fällt; sie kann ebenso schwer wiegen wie Vergewaltigung, AGVE 1985 Nr. 26, STRATENWERTH BT I § 8 N 22, wobei immerhin die Gefahr der Schwangerschaft wegfällt. Die sexuelle Nötigung ist Grundtatbestand, die Vergewaltigung *lex specialis,* BGE 122 IV 99, 119 IV 311, woraus folgt, dass ausschliesslich Art. 190 Anwendung findet, wenn ein Mann eine Frau zum Geschlechtsverkehr zwingt; Art. 191 ist anzuwenden, wenn das Opfer ohne Zutun des Täters widerstandsunfähig war.

2   Bezüglich **Täter** und **Opfer** kennt Art. 189 im Gegensatz zu Art. 190 keine Einschränkung. Das Opfer kann auch männlich, Täterin auch eine Frau sein.

Das Gesetz äussert sich in verwirrender Weise zum **Tatmittel.** Das Mar- 3
ginale spricht von «Nötigung» und der Text übernimmt zunächst auch
das entsprechende Verb: «Wer ... nötigt». Damit kann jedoch keine Verweisung auf Art. 181 gemeint sein, weil nun exemplifiziert wird: «namentlich indem er ...». Das Gesetz nennt sodann Bedrohung, Gewalt
und psychischen Druck. Schliesslich wird ein besonderer Erfolg aufgeführt: Nötigung i.S.v. Art. 189 liegt auch vor, wenn der Täter das Opfer
(mit welchen Mitteln auch immer) zum Widerstand unfähig gemacht hat.
Widerstandsunfähigkeit ist aber nicht generell gefordert. Im Parlament
war vorgeschlagen worden, auf die Spezifizierung der Tatmittel überhaupt zu verzichten, was sich jedoch nicht durchsetzte, Sten. NR 1990 II
2254, 2324. Es ist nicht daran zu zweifeln, dass das Parlament die Frauen
erheblich besser vor männlichen Zumutungen sexueller Art schützen
wollte, dazu HANGARTNER 117 ff., MAIER 301 ff.; würde man jedoch den
Wortlaut des Gesetzes zum Nachteil des Beschuldigten voll ausschöpfen,
käme man zur Strafbarkeit von Verhaltensweisen, die einerseits keine
Ähnlichkeit mit dem archetypischen Sachverhalt der Vergewaltigung
mehr aufwiesen, andererseits die Mindeststrafe von einem Jahr Zuchthaus für Vergewaltigung und gleich gravierende beischlafsähnliche
Handlungen nicht mehr rechtfertigen könnten, ebenso HANGARTNER 118
ff., JENNY Art. 189 N 9 f., STRATENWERTH BT I § 8 N 8 f., TRECHSEL 593,
mit Nuancen REHBERG 22, abweichend MAIER 322 ff.. Die historische
Auslegung (JENNY Art. 189 N 11 vertritt freilich die Meinung, der Gesetzgeber selber habe eine solche Ausuferung des Tatbestands nicht gewollt) muss deshalb hier gegenüber der systematischen zurücktreten.
Theoretisch ist nämlich eine Nötigung (die Expertenkommission sprach
schlechthin von Zwang, s. HANGARTNER 75) auch denkbar, wenn weder
Bedrohung noch Gewalt noch psychischer Druck angewandt wurden und
der Täter das Opfer auch nicht widerstandsunfähig gemacht hat. Ein Beispiel dafür wird allerdings soweit ersichtlich nirgends angeführt.

Im Gegensatz zu Art. 180 f. verwendet das Gesetz hier erstmals den Be- 4
griff der **Bedrohung;** auffällig ist überdies, dass er an erster Stelle, also
vor der Gewalt aufgeführt wird (vgl. etwa Art. 140.1, 156.1, 181, 285.1).
Andererseits wurde auf eine Qualifizierung (z.B. schwer, ernstlicher
Nachteil) verzichtet. STRATENWERTH BT I § 8 N 9 verweist überzeugend
auf die Bedeutung des Begriffs «bedrohen», nämlich als das in Aussicht
stellen von gewaltsamer Einwirkung auf den Körper des Bedrohten, die
sofort verwirklicht werden kann, ebenso HANGARTNER 133 ff., JENNY
Art. 189 N 21, wohl auch ARZT, Kriminalistik 1993, 348 Fn 5. Es liegt deshalb keine Drohung i.S.v. Art. 189 f. vor, wenn der Arbeitgeber dem Opfer droht, es zu entlassen, so aber die Botsch. 1071 und REHBERG/SCHMID
391, welche die Drohung mit schweren Nachteilen für Hab und Gut des
Opfers genügen lassen wollen. Demnach wäre nach Art. 189 f. strafbar,
wer etwa jemandem ein Mofa wegnimmt und droht, es nicht zurückzugeben, wenn das Opfer nicht in sexuelle Handlungen einwilligt. Solche
Fälle sind allenfalls nach Art. 193 strafbar. Die hier vertretene Auffas-

sung hat schliesslich den Vorteil der Präzision und Praktikabilität – es besteht nicht nur ein quantitativer, sondern ein qualitativer Unterschied zwischen der Bedrohung, wie sie hier verstanden wird, und der Androhung von Nachteilen. Die Schwierigkeit der wertenden Gewichtung wird jedoch bei der Auslegung des Begriffs «psychischer Druck» wieder auftauchen. *Bedroht* ist das Opfer i.S.v. Art. 189 f., *wenn der Täter explizit oder implizit mit gewaltsamer Einwirkung auf den Körper des Opfers droht, gegen den sich das Opfer nicht mit guter Aussicht auf Erfolg zur Wehr setzen könnte.* Weil es um Drohung mit physischer Gewalt geht, ist ein relativer Massstab anzusetzen, vgl. BGE 101 IV 44 (nicht 48). Hindert der Täter, wie z.B. in BGE 118 IV 52, eine Anhalterin am Aussteigen, so ist in einem solchen Verhalten regelmässig auch die Androhung von körperlicher Gewalt zu sehen; nicht genügen kann jedoch, wenn sich eine Frau nur wegen der äusseren Umstände (z.B. einsamer Ort) einem Mann hingibt, ohne dass sein Verhalten in irgendeiner Weise auf die Bereitschaft zur Gewaltanwendung hingedeutet hätte. Diese Auslegung entspricht gemäss JENNY Art. 189 N 11 ff. auch dem Willen des Gesetzgebers.

5   Tatmittel ist sodann **Gewalt** (dazu Art. 181 N 2), die nicht «schwer» zu sein braucht. BGE 87 IV 68: *«la violence suppose non pas n'importe quel emploi de la force physique, mais une application de cette force plus intense que ne l'exige l'accomplissement de l'acte dans les circonstances ordinaires de la vie».* Es gilt ein relativer Massstab – die Gewalt genügt, die nötig war, das konkrete Opfer gefügig zu machen, BGE 101 IV 48. Es ist nicht erforderlich, dass das Opfer widerstandsunfähig wird, und schon gar nicht, dass es sich bis zur Erschöpfung wehrt, SJZ 61 (1965) Nr. 44; unter Umständen gibt es auf, weil es weitere Abwehr für zwecklos hält, BGE 75 IV 116, RS 1967 Nr. 163, oder weil es zermürbt ist, BJM 1973 163 (dazu kritisch JENNY 89 Fn 210). JENNY Art. 189 N 17 betont mit Recht, dass das Opfer sich wehren müsse, soweit ihm «nach der Lage der Dinge Widerstand möglich und zumutbar ist» – entscheidend ist, dass die Grenze der Zumutbarkeit verständnisvoll gezogen wird. Auf die Höhe des Kraftaufwandes kommt es nicht an, SJZ 67 (1971) Nr. 95; zum Einsatz von Alkohol s. PKG 1960 Nr. 23. Nach der Praxis zu aArt. 187 f. genügte es auch, wenn das Opfer völlig überrumpelt wurde, BGE 75 IV 116, BJM 1968 294 f. *List genügt aber auch hier nicht.* S. im einzelnen HANGARTNER 106 ff., SCHÜRMANN 111 ff. SJZ 88 (1992) Nr. 14 lässt nächtliche Entführung genügen, ohne klar zu sagen, ob Gewalt oder Drohung angenommen wird.

6   Die eigentliche «Weichstelle» der Bestimmung, die besonders zurückhaltend auszulegen ist (vgl. auch BGE 122 IV 101), liegt im dritten Tatmittel, wonach der Täter das Opfer **«unter psychischen Druck setzt».** Es fällt schwer, dazu Beispiele zu finden, die nicht Drohungen sind. In Frage kommt allenfalls eine fortlaufende Drangsalierung, die jeweils nach sexuellen Interaktionen nachlässt. Das Schrifttum erwähnt Androhung vor Gewalt gegenüber dem Opfer nahestehenden Personen oder andauern-

den Psychoterror, STRATENWERTH BT I § 8 N 9, a.M. REHBERG/SCHMID 392, MAIER 320 ff., SJZ 92 (1996) Nr. 15. Dem ist zuzustimmen. Nach REHBERG/SCHMID 392 liegt psychischer Druck aber auch vor, wenn der Täter mit der Bekanntgabe kompromittierender Informationen droht; m.E. kann dieser Sachverhalt eine Mindeststrafe von einem Jahr Zuchthaus nicht rechtfertigen (vgl. Art. 156!), das Sonderwissen des Täters schafft jedoch möglicherweise eine Abhängigkeit i.S.v. Art. 193. Zu eng m.E. die Auffassung von JENNY Art. 189 N 23, wonach «andere Drohungen als solche mit Akten physischer Aggression auch unter diesem Titel ausscheiden».

Das BGer hat in BGE 122 IV 100 (mit Hinw. auf Sten. NR 1990 2302) betont, dass das Tatbestandsmerkmal des psychischen Drucks die Fälle erfassen soll, in denen das Opfer wegen Überraschung, Schrecken oder einer hoffnungslosen Situation widerstandsunfähig gemacht wurde, s. auch 119 IV 311. Diese Auslegung ergibt freilich keinen Sinn, denn das spezifische Nötigungselement ist gemäss Wortlaut gegeben, wenn das Opfer, aus welchem Grund auch immer, widerstandsunfähig ist. Das BGer hatte übrigens schon zu aArt. 188 Überraschung, das Ausnutzen von Verblüffung und Schrecken als Nötigungsmittel gelten lassen, BGE 70 IV 207, 75 IV 116, 78 IV 36 ff.; wie das BGer SJZ 59 (1963) Nr. 86 und ZR 66 (1977) Nr. 132, KUNZ 271; dagegen mit Recht JENNY 115 f., DERS. Art. 189 N 32, STRATENWERTH BT I § 8 N 24, aber auch RS 1961 Nr. 23, BJM 1971 189: überraschender Griff unter den Rock erfüllt den Tatbestand nicht. Ähnlich wie bei Raub muss der Täter Widerstand überwinden – es genügt nicht, wenn er ihn bloss unterläuft. Subsidiär kommen Art. 198 oder 126 in Betracht.

Als letztes Beispiel für Nötigung i.S. der Art. 189 f. nennt das Gesetz   7
schliesslich den Fall, wo der Täter das Opfer auf andere Weise **widerstandsunfähig** gemacht hat. Es übernimmt damit ein qualifizierendes Tatbestandsmerkmal aus aArt. 187 II. Hier ist vor allem an ähnliche Fälle zu denken, wie bei der Generalklausel in Art. 181 (N 7), also etwa an Hypnose, aber auch Drogen. Die praktische Bedeutung dürfte gering bleiben, vgl. JENNY Art. 189 N 29, REHBERG/SCHMID 393, STRATENWERTH BT I § 8 N 9. Das BGer sieht Widerstandsunfähigkeit auch in Situationen gegeben, in denen von vornherein jeder Widerstand des Opfers als aussichtslos erscheint, namentlich gegenüber einem Täter, der dem Opfer physisch und in seiner sozialen Kompetenz stark überlegen ist, z.B. ein Sportlehrer, BGE 119 IV 310, oder der Stiefvater, BGE 122 IV 97. Damit entsteht freilich die Gefahr, dass jede sexuelle Handlung mit einem Kind zugleich unter Art. 189 f. fällt. Immerhin dürften die Täter in beiden Fällen implizit Gewalt angedroht haben.

Zum **Begriff der sexuellen Handlung** s. Art. 187 N 5. In der Regel liegt   8
eine sexuelle Handlung vor bei Körperkontakt mit primären Geschlechtsmerkmalen und mit der weiblichen Brust; Körperkontakt ist aber nicht unverzichtbar, so z.B. wenn der Täter das Opfer zwingt, sich vor ihm zu befriedigen, dazu HANGARTNER 57 f., a.M. CORBOZ Art. 189 N

4. In Zweifelsfällen sind die Umstände des besonderen Falles zu berücksichtigen, BGE 103 IV 169, 104 IV 89. Bejaht für gewaltsames Küssen: PKG 1956 Nr. 31, SJZ 53 (1957) Nr. 69, anders BGE 76 IV 276. Unzüchtig handelte der Mann, der seine mit Nachthemd und Mantel bekleidete Haushalthilfe auf ein Bett warf und sich über sie legte, PKG 1958 Nr. 11, nicht aber der Lehrer, der Schülerinnen die Hand aufs Gesäss legte und ihnen einen leichten Klaps gab, PKG 1959 Nr. 18. Unzüchtig ist der Griff an den Geschlechtsteil eines Knaben, ZR 66 (1967) Nr. 132. Bei gynäkologischen Untersuchungen wird das Verhalten des Arztes zur sexuellen Handlung, sobald es nicht mehr medizinisch indiziert ist, HANGARTNER 54, vgl. auch MAIER 277 f. Art. 189 ist Auffangtatbestand für Fälle, bei denen sich Vergewaltigungsversuch nicht beweisen lässt, PKG 1958 Nr. 11, KUNZ 271.

9   Der Begriff der **beischlafsähnlichen Handlung,** ein Spezialfall der sexuellen Handlung, fand sich schon in aArt. 191. Die Erwähnung in Art. 189 sollte deutlich machen, dass bei der Strafzumessung die Intensität des abgenötigten Verhaltens zu berücksichtigen ist, s. MAIER 289, REHBERG 21 – grundsätzlich sollte die *Strafe* in solchen Fällen *nicht milder* sein *als bei Vergewaltigung.* Der Begriff ist dem deutschen Recht entnommen, wo er allerdings nur zur gleichgeschlechtlichen Handlung entwickelt wurde, BGE 86 IV 177. Gemeint sind Handlungen, bei welchen der Geschlechtsteil eines Beteiligten mit dem Körper des anderen in so enge Berührung kommt, «dass die Vereinigung an Innigkeit derjenigen beim natürlichen Beischlaf ähnlich ist», BGE 86 IV 178 m.w.Hinw. Massgebend sind die objektiven Umstände, RS 1974 Nr. 763. In erster Linie fallen darunter oral- und anal-genitale Praktiken, BGE 86 IV 179; 84 IV 101, 80 IV 171, 76 IV 107; AGVE 1978 Nr. 17; ZR 48 (1949) Nr. 95, 51 (1952) S. 44; PKG 1950 Nr. 14; SJZ 45 (1949) S. 328, 43 (1947) S. 192; RS 1943 Nr. 91, 92, 1979 Nr. 692; ebenso die *immissio inter femora,* BGE 86 IV 179, 76 IV 235, 75 IV 165, 71 IV 191; SJZ 39 (1942/3) S. 431, 40 (1944) S. 301; RS 1943 Nr. 93, 1946 Nr. 119, anders RS 1943 Nr. 94; In-Berührung-bringen der Geschlechtsteile, PKG 1956 Nr. 33, 1961 Nr. 19. Nicht beischlafsähnlich ist nach BGE 87 IV 125 das Aneinanderreiben männlicher Geschlechtsteile, krit. WÜRGLER (zu Art. 187) 66. Ob der Täter dabei eine aktive oder passive Rolle spielt, ist ohne Bedeutung, BGE 84 IV 101, 80 IV 173. Reichhaltige Kasuistik bei WÜRGLER a.a.O. 72 ff. Kritisch zu dieser Praxis GRAVEN (zu Art. 187) 276.

Eine kuriose (relative) Strafbarkeitslücke würde dann entstehen, wenn man den Begriff «andere sexuelle Handlung» so auslegte, dass er den Beischlaf schlechthin ausschliesst, weil weder Art. 189 noch Art. 190 die heterosexuelle Vergewaltigung eines Mannes erfassen, die, wenn auch sehr selten, doch nicht unmöglich und auch schon vorgekommen ist – es bliebe bei Nötigung i.V.m. sexueller Belästigung, Art. 181 und 198, so HANGARTNER 159 m.w.Hinw. JENNY Art. 189 N 35 schlägt eine weite Auslegung der «anderen» Handlung vor, die auch die heterosexuelle Vergewaltigung eines Mannes erfasst, was aus praktischen Gründen Zustimmung verdient, anders noch TRECHSEL in ZBJV 129 (1993) 594. In der Regel werden der Vergewaltigung ohnehin andere sexuelle Handlungen i.S.v. Art. 189 vorangehen.

Das Opfer muss die **Tat dulden;** der Zwang, dem Täter beim Onanieren   10
zuzusehen, fällt nicht unter Art. 189, ZR 69 (1970) Nr. 48, JENNY 131 f.,
STRATENWERTH BT I § 8 N 28 (anders RS 1961 Nr. 12), was auch ein Vergleich mit dem Tatbestand des Art. 198 nahelegt. Vom Wortlaut nicht erfasst werden Fälle, in denen der Täter das Opfer zur Vornahme einer sexuellen Handlung an ihm, sich selbst oder einem Dritten nötigt, während der Täter passiv bleibt. Obwohl sich eine berichtigende Auslegung des Wortlauts mit dem strafrechtlichen Legalitätsprinzip schwer vereinbaren lässt, wird man hier mit HANGARTNER 77 f., JENNY Art. 189 N 37, REHBERG / SCHMID 390 und STRATENWERTH BT I § 8 N 27 annehmen müssen, dass der Tatbestand auch die Nötigung des Opfers zu einem aktiven Verhalten erfasst.

Zwischen der Nötigungshandlung und dem Dulden der sexuellen Handlung muss **Kausalität** bestehen; der Täter muss gerade *durch* die Nötigungshandlung die Duldung der sexuellen Handlung erzwungen haben, ansonsten kommt nur Versuch in Betracht, vgl. CORBOZ Art. 189 N 21, JENNY Art. 189 N 31, MAIER 327 ff., REHBERG / SCHMID 394, STRATENWERTH BT I § 8 N 9.   11

Subjektiv ist **Vorsatz** erforderlich. Eventualvorsatz genügt und ist z.B. in   12
der Weise möglich, dass der Täter an der Ernsthaftigkeit des Widerstandes zweifelt, aber dessen Überwindung in Kauf nimmt, BGE 87 IV 70 f. (zu aArt. 187). Nimmt der Täter jedoch an, dass der Widerstand nicht ernst gemeint sei, was nur in ausserordentlichen Fällen zu beweisen sein wird, s. HANGARTNER 153 ff., so fehlt ihm der Vorsatz und er bleibt straflos, STRATENWERTH BT I § 8 N 13.

Die **Strafe** ist Zuchthaus bis zu zehn Jahren oder Gefängnis. Hat der Täter eine beischlafsähnliche Handlung vorgenommen, sollte die Mindeststrafe grundsätzlich ein Jahr Zuchthaus betragen – nur auf diese Weise wird mit der (berechtigten) Gleichstellung zwischen hetero- und homosexueller Vergewaltigung Ernst gemacht. Strafmilderung wegen ernstlicher Versuchung, Art. 64 al. 5, setzt voraus, dass das Opfer den Täter gereizt hat, BGE 97 IV 76 f., vgl. auch SJZ 61 (1965) Nr. 44, RS 1974 Nr. 761 und MAIER 337. Sowohl bei der sexuellen Nötigung als auch bei der Vergewaltigung fehlt der fakultative Strafbefreiungsgrund der nachträglichen Eheschliessung; es handelt sich dabei nicht um eine Lücke, die in Analogie zu Art. 188, 192 und 193 geschlossen werden könnte, SOG 1994 Nr. 21. Im Entwurf war Strafmilderung vorgeschlagen worden für den Fall, dass in der persönlichen Beziehung zwischen dem Täter und dem Opfer entlastende Gründe liegen, vgl. Botsch. 1073; die Bestimmung wurde mit Recht nicht Gesetz.   13

Zur **Qualifikation** s. Art. 200.

Gemäss Abs. 2 ist sexuelle Nötigung ein Antragsdelikt, wenn der Täter   14
Ehegatte des Opfers ist und mit ihm in einer Lebensgemeinschaft lebt.

Obschon bei der Gesetzgebung nur an den Mann gedacht wurde, kann theoretisch auch die Frau Täterin sein. Die Antragsfrist beträgt sechs Monate; das Antragsrecht steht nur dem Opfer selbst zu, nicht auch den Angehörigen nach Art. 28 IV. Handelt der Täter jedoch grausam i.S.v. Abs. 3, so wird die Tat von Amtes wegen verfolgt. Die Frage, ob sich der Täter trotz Rückzug oder Nichtstellen des Antrags immer noch wegen des Offizialdelikts der *Nötigung* zu verantworten hat, wird im Schrifttum fast einhellig verneint, JENNY Art. 189 N 47, MAIER 361 f., REHBERG/ SCHMID 397 f., STRATENWERTH BT I § 8 N 19; m.E. ist sie *zu bejahen,* dazu ZBJV 129 (1993) 596.

15   Das Merkmal der **Lebensgemeinschaft** ist nicht in Analogie zu Art. 110 Ziff. 3 zu bestimmen (wenn die Ehegatten «gemeinsam essen und wohnen und unter einem gemeinsamen Dache schlafen», BGE 102 IV 163), so aber JENNY Art. 190 N 11, MAIER 357 f., REHBERG 22, STRATENWERTH BT I § 8 N 15. Entscheidend ist vielmehr, ob ein Fortbestand der Ehe noch ernstlich in Aussicht steht, HANGARTNER 160 f. unter Hinweis auf Sten. StR 1991 84. Ziff. 2 findet keine Anwendung auf Konkubinatspaare, SOG 1994 Nr. 21. (zu Art. 190.2) mit ausführlichen Hinweisen auf die Materialien, s. auch Art. 187 N 14.

16   Abs. 3 **qualifiziert die grausame sexuelle Nötigung** mit Zuchthaus nicht unter drei Jahren. Zum Merkmal der Grausamkeit s. Art. 184 N 2. Bejaht wurde Grausamkeit in BGE 119 IV 49 ff., wo der Täter durch intermittierenden Würgegriff bei seinen Opfern Todesangst verursachte; ebenso in BGE 119 IV 224 ff., wo beim Opfer Würgemale am Hals zurückblieben; kritisch NIGGLI, AJP 2 (1993) 1278. Kriterien für die Annahme von Grausamkeit sind insbesondere: wiederholte Tatbegehung, die besondere Demütigung des Opfers, das Zufügen von unnötigem psychischem Leiden, besonders brutales und rücksichtsloses Vorgehen, RJJ 1996 182 f. m.Hinw. auf u.ö. BGE vom 26.1.1994.

Als Beispiele für Grausamkeit nennt das Gesetz die Verwendung einer gefährlichen Waffe oder eines anderen gefährlichen Gegenstandes; damit wird eine solche Verwendung *per se* als grausam eingestuft, vgl. Botsch. 1075, was schon an sich nicht überzeugt. REHBERG 23 setzt voraus, dass die Waffe wenigstens *eingesetzt* wurde, sei es, um das Opfer schwer (Art. 122) zu verletzen oder eindringlich mit Tötung oder Verstümmelung zu bedrohen. Dem ist, auch wenn der Wortlaut entgegensteht, lebhaft zuzustimmen, insbesondere angesichts der Mindeststrafe von drei Jahren Zuchthaus. STRATENWERTH BT I § 8 N 17 scheint sich mit dem Gesetzestext abzufinden.

Verfehlt ist sodann die Nebeneinanderstellung von «gefährliche Waffe» und «anderer gefährlicher Gegenstand», denn einerseits entsprechen sich «Waffe» und «gefährlicher Gegenstand» (Art. 123.2), andererseits «Schusswaffe» und «gefährliche Waffe» (Art. 139.3, 140.2). Das Adjektiv «gefährlich» ist wohl irrtümlich dem Begriff «Waffe» beigefügt worden und muss bei der Auslegung unbeachtet bleiben, soll es nicht zu

ungereimten Ergebnissen kommen. Zu «Waffe» s. Art. 123 N 6, zum «gefährlichen Gegenstand» Art. 123 N 7.

Kasuistik   17
BGE 70 IV 205: Stähelin überlistete Frau G. dazu, sich von ihm Mass für
ein Kleid nehmen zu lassen, entblösste dann plötzlich seinen Penis und
betastete das verblüffte Opfer an Brüsten und Geschlechtsteil; **78 IV 34:**
Friedrich Graf holte auf dem Fahrrad die Radfahrerin T. ein, griff ihr
wortlos unter die Pelerine in die Gegend des Geschlechtsteils und wiederholte dies, nachdem er die erschreckte und verblüffte Frau zum Ab-
steigen gezwungen hatte; **119 IV 309: Trainer W.** nahm mehrmals mit
zwei seiner ungefähr 13jährigen Schüler sexuelle Handlungen vor, die
von Streicheln bis Sodomie reichten; **122 IV 97: B.** verging sich in zahlreichen Fällen an seiner leicht debilen Stieftochter, die zwar bisweilen selber die Initiative ergriff, vor allem am Anfang jedoch erkennen liess, dass
sie mit den sexuellen Betastungen nicht einverstanden war und versuchte, seine Hand wegzuschieben.

Konkurrenzen und Abgrenzungen   18
S. **Art. 190** N 13 – grundsätzlich gilt dasselbe für Art. 189. **Art. 123:** Konkurrenz, a.M. REHBERG 23 Fn 42, JENNY Art. 189 N 49, REHBERG/SCHMID
400: Konsumtion; **Art. 126** wird durch Gewaltanwendung konsumiert;
Konkurrenz bejaht zu **Art. 183:** BJM 1956 82; s. auch **Art. 187** N 22; **Art.**
198 kommt subsidiär zur Anwendung, vgl. MAIER 379 f.

190 Vergewaltigung

[1] **Wer eine Person weiblichen Geschlechts zur Duldung des Beischlafs
nötigt, namentlich indem er sie bedroht, Gewalt anwendet, sie unter psychischen Druck setzt oder zum Widerstand unfähig macht, wird mit
Zuchthaus bis zu zehn Jahren bestraft.**

[2] **Ist der Täter der Ehegatte des Opfers und lebt er mit diesem in einer
Lebensgemeinschaft, wird die Tat auf Antrag verfolgt. Das Antragsrecht
erlischt nach sechs Monaten. Artikel 28 Absatz 4 ist nicht anwendbar.**

[3] **Handelt der Täter grausam, verwendet er namentlich eine gefährliche
Waffe oder einen anderen gefährlichen Gegenstand, so ist die Strafe
Zuchthaus nicht unter drei Jahren. Die Tat wird in jedem Fall von Amtes
wegen verfolgt.**

HANS-RUDOLF MESSMER, Die Notzucht im schweizerischen Strafrecht, Diss. ZH
1950; ANNIK NICOD-PASCHOUD, Le viol. Etude du droit suisse en vigueur et des pro-
positions de révision, Diss. Laus. 1983; PIA THORMANN, Zur Situation der Frau als
Opfer einer Vergewaltigung, Reihe Kriminologie, Bd. 9, Chur und Zürich 1992, 127;
ERNST WITSCHI, Zur Bestrafung der Notzucht an Kindern, SJZ 54 (1958) 81; **Lit.** vor
Art. 187, 189.

Vergewaltigung ist Nötigung einer Frau zum Beischlaf; geschützt ist die   1
sexuelle Selbstbestimmung der Frau.

2   **Geschützt** ist unabhängig von ihrem Alter jede Person weiblichen Geschlechts.

3   Die **Nötigungsmittel** entsprechen jenen in Art. 189, BGE 122 IV 99, 119 IV 311, s. dort N 3 ff.

4   Die Einwirkung muss zur **Folge** haben, dass das Opfer den Beischlaf wider Willen duldet, BGE 87 IV 70. **Beischlaf** ist «die naturgemässe Vereinigung der Geschlechtsteile», BGE 99 IV 152. «Es genügt, wenn das Glied so weit eindringt, dass die Scheide den Samen aufnehmen könnte», BGE 70 IV 170 (zu aArt. 213). Vollständiges Eindringen ist nicht erforderlich, schon gar nicht ein Samenerguss, PKG 1944 Nr. 19. Andere sexuelle Handlungen fallen unter Art. 189.

5   Die **Ehefrau** war nach aArt. 187 nicht vor ihrem Mann geschützt, Vergewaltigung in der Ehe konnte nur als Nötigung bestraft werden, SJZ 65 (1969) Nr. 33, RVJ 1992 289. Die Frage der Strafbarkeit der Vergewaltigung in der Ehe gehörte zu den umstrittensten der Reform. In das Gesetz hat nun die Kompromisslösung, Strafbarkeit von einem Antrag abhängen zu lassen, Eingang gefunden; zu Einzelheiten vgl. Art. 189 N 14.

6   Der **subjektive Tatbestand** entspricht demjenigen der sexuellen Nötigung, s. Art. 189 N 12 – der Täter muss den Beischlaf wollen. Zur Beweisproblematik JENNY Art. 190 N 10.

7   Weil Vergewaltigung ein **schlichtes Tätigkeitsdelikt** ist, kann höchstens der untaugliche Versuch (der höchstens vorkommt, wenn die Frau in Wirklichkeit den Beischlaf will, was der Täter nicht bemerkt, ebenso JENNY zu Art. 190 N 8,) vollendet werden, BGE 101 IV 3, ZR 45 (1946) Nr. 59, RS 1947 Nr. 7, SJZ 51 (1955) Nr. 119; unrichtig noch BGE 99 IV 153, BJM 1968 294. Die Schwelle zum Versuch ist in der Regel bei Beginn der Gewaltanwendung überschritten, BGE 99 IV 154, PKG 1968 Nr. 14, SJZ 65 (1969) Nr. 69; in BGE 119 IV 227 hat das BGer in einem Fall unvollendeten Versuch angenommen, wo der Täter sich und sein Opfer im Zimmer eingeschlossen hatte, stark erregt war, immer aggressiver wurde und schliesslich seinem Opfer drohte, es zu schlagen oder gar zu vergewaltigen; kritisch NIGGLI, AJP 2 (1993), 1278 f.

8   **Alleintäter** oder unmittelbarer Täter der Vergewaltigung kann **nur ein Mann** sein, doch ist mittelbare Täterschaft sowie Mittäterschaft auch durch Frauen denkbar, HANGARTNER 163, JENNY 23 ff. m.w.Hinw., DERS. Art. 190 N 3, MAIER 347 f., STRATENWERTH BT I § 8 N 5; unrichtig RS 1967 Nr. 163, KUNZ 269.

9   Beim Grundtatbestand der Vergewaltigung wird Zuchthaus bis zu zehn Jahren angedroht, die **Mindeststrafe** beträgt demnach **ein Jahr Zuchthaus** (Art. 35). Zur Strafmilderung wegen ernstlicher Versuchung s. Art. 189 N 13. Abzulehnen ist die Auffassung, bei der Vergewaltigung von Prostituierten wiege die Verletzung der sexuellen Integrität weniger schwer, Urteil des Bezirksgerichts ZH vom 8.9.1993, plädoyer 1/1994 69 f. Qualifikation: Art. 200.

Zu Abs. 2, **Vergewaltigung in der Ehe,** s. N 5, Art. 189 N 14, 187 N 14.   10

Abs. 3 **qualifiziert** die grausame Vergewaltigung. Die Qualifikation ent-   11
spricht jener bei der sexuellen Nötigung, s. Art. 189 N 16.

Kasuistik   12
BGE 75 IV 113: Nachdem Frau P. für **Johann H.** ein Hemd geplättet
hatte, stürzte er «wie ein wildes Tier auf sie und schwängerte sie trotz
ihrem Flehen»; **87 IV 66: Z.** kannte X. von einem Ball her – einige Zeit
später bot er ihr an, sie mit dem Mofa in die Stadt zu fahren; unterwegs
hielt er vor seiner Wohnung, um Einkäufe hinaufzubringen; X. folgte ihm
zögernd; Z. vollzog an ihr gewaltsam den Beischlaf – sie schrie nicht um
Hilfe, weinte auch nicht und liess sich anschliessend von ihm zu ihrem
Arbeitsplatz fahren; **89 IV 86: Ferro** und **Peter** griffen auf der Strasse
Kreuzlingen-Frauenfeld die FHD X. an, schleppten sie ins Auto und fuhren mit ihr zu einem abgelegenen Feldweg, wo sie nacheinander gewaltsam den Beischlaf mit ihr vollzogen; **98 IV 97: Schmidli, Wanner, Valentin** und **Stuber** verbrachten mit X. und weiteren Personen eine Nacht in
einem gemieteten Bauernhaus; sie schleppten X. aus ihrem Zimmer und
vergingen sich an ihr mit vereinten Kräften abwechslungsweise; **99 IV
151: Faetan** nahm X. als Autostopperin mit, fuhr in eine Nebenstrasse
und versuchte, sie gewaltsam zum Beischlaf zu bringen, was misslang – X.
konnte unter Zurücklassung von Mantel und Tasche fliehen; **101 IV 1:**
Monika B. folgte **Walter E., Walter G.** und **Alberto H.** in einen Buden-
wagen; nach längerer Zeit wurde sie gewaltsam ausgezogen und auf ein
Kajütenbett gebunden, wo E. an ihr den Beischlaf vollzog und H. dies
mindestens versuchte, wobei Monika B. das linke Bein aus der Fesselung
hatte befreien können; **107 IV 178: R.** lud X. zu sich zum Nachtessen ein
und vollzog an ihr den Beischlaf, nachdem er sie durch Drohungen mit
einem zackigen Küchenmesser und einer entsicherten Pistole widerstandsunfähig gemacht hatte; **115 IV 215: X.** nahm eine 32jährige Kran-
kenschwester in seinem Auto mit und machte dabei einen Umweg; trotz
ihrer wiederholten Bitte aussteigen zu dürfen und ihrem vergeblichen
Versuch, die Tür zu öffnen, hielt X. erst in einem verlassenen Waldstück
an; dort gab die junge Frau ihre Gegenwehr schliesslich auf, nachdem X.
gedroht hatte, ein Messer zu zücken; **117 IV 401: M.** stand unter Verdacht,
die Frauen B., K. und T. überfallen und vergewaltigt zu haben; **118 IV 52:
X.** brachte Frau Y., die er in einem Restaurant kennengelernt hatte, nicht
nach Hause, sondern zu einem einsamen Parkplatz, wo er den Geschlechtsverkehr vollzog, nachdem er ihr mit einem angeblich im Auto
versteckten Revolver gedroht hatte; **119 IV 49: B.** machte seine sich weh-
renden Opfer, zu denen unter anderen auch Alice, Claudia und Daniela
gehörten, durch Würgen oder im Würgegriff gefügig; **119 IV 224: S.** über-
redete Monique, ihn in seine Wohnung zu begleiten, wo er sie würgte und
schliesslich vergewaltigte; bei Anne schloss er sich mit ihr in ihrem Zimmer ein, doch konnte sie entfliehen; Denise fuhr er nachts zu einem Parking, wo er sie würgte und zum Geschlechtsverkehr zwang; **122 IV 97:** s.
Art. 189 N 17; **SJZ 88 (1992) Nr. 14:** Der Täter fuhr Frau P. nicht nach

Hause, sondern an einen abgelegenen Ort; sie leistete aus Angst keine physische Gegenwehr, gab jedoch unmissverständlich zu verstehen, dass sie keinen Geschlechtsverkehr wollte; **GVP 1994 Nr. 45:** Der Angeklagte verleitete die stark angetrunkene Frau A. dazu, ihn an einen abgelegenen Ort zu begleiten und versetzte ihr dort einige Ohrfeigen, worauf sie den Geschlechtsverkehr passiv hinnahm; **ZBJV 130 (1994) 569:** B. fesselte sein Opfer mit dessen Halskette und fügte ihm mit einem Sackmesser mehrere Stich- und Schnittverletzungen zu; das Opfer konnte sich durch einen heftigen Schlag in den Unterleib des B. befreien.

13 **Konkurrenzen und Abgrenzungen**
Art. 111, 112, 117: echte Konkurrenz; **122:** echte Konkurrenz; **123** für echte Konkurrenz ZBJV 130 (1994) 571, PKG 1948 Nr. 13, BJM 1961 15, abweichend Corboz Art. 189 N 50, Jenny Art. 189 N 49, Rehberg 23 Fn 42, Stratenwerth BT I § 8 N 20; Konsumtion ist m.E. nur anzunehmen, wenn die Verletzung nicht über geringfügige Kratzer, Schürfungen u.ä. hinausgeht; **126** wird konsumiert; **180, 181** werden konsumiert, BJM 1961 15, SJZ 63 (1967) Nr. 41, s. auch Art. 181 N 16; **183:** Realkonkurrenz ist möglich, sobald die Freiheitsentziehung über das hinausgeht, was unmittelbar der Vergewaltigung dient, BGE 89 IV 87 ff., 98 IV 104 (nicht das ins Nebenzimmer-Schleppen), BJM 1986 158, SJZ 66 (1970) Nr. 48, RS 1977 Nr. 274; **187** N 22; **188** N 15; **189:** Bei Geschlechtsverkehr findet ausschliesslich Art. 190 als *lex specialis* Anwendung; Realkonkurrenz bei einer Vielzahl von Vorgängen, teilweise ohne Beischlaf, BGE 122 IV 102; zum alten Recht, BGE 99 IV 74 f., SJZ 63 (1967) Nr. 41, AGVE 1985 Nr. 26, (anders PKG 1944 Nr. 19); **191, 192, 193:** Art. 190 geht vor; **213:** Idealkonkurrenz.

191 Schändung

Wer eine urteilsunfähige oder eine zum Widerstand unfähige Person in Kenntnis ihres Zustandes zum Beischlaf, zu einer beischlafsähnlichen oder einer anderen sexuellen Handlung missbraucht, wird mit Zuchthaus bis zu zehn Jahren oder mit Gefängnis bestraft.

H. Gartmann, Zur Praxis der psychiatrischen Begutachtung Schwachsinniger gemäss Art. 190 des Schweizerischen Strafgesetzbuches, ZStrR 67 (1952) 101; Philippe Graven, *La protection du handicapé mental en droit pénal, in La condition juridique des handicapés mentaux,* Genf 1973, 103; **Lit.** vor Art. 187, 189, 190.

1 **Schändung** ist das Vornehmen sexueller Handlungen an einer Person, die ohne Zutun des Täters völlig ausserstande ist, darin einzuwilligen oder sich dagegen zu wehren, und die damit «zum blossen Objekt sexueller Wünsche degradiert» wird, Hangartner 31. Oberbegriff ist die Widerstandsunfähigkeit, die gelegentlich mit einer Kombination von physischen und psychischen Elementen begründet wird, s. z.B. BGE 119 IV 233. Zur grundrechtlichen Bedeutung des Schutzes geistig Behinderter

vor sexuellen Zumutungen, s. EGMR, Urteil X. und Y. c. NL Nr. 91, Eu-
GRZ 1985 297.

Für **Täter-** und **Opfer**qualität s. N 2 zu Art. 189; es fehlt das Antragser-   2
fordernis für den sexuellen Missbrauch durch den Ehegatten; vgl. dazu
Botsch. 1077 mit dem unverständlichen Argument, Schändung wider-
spreche «derart der Treue- und Beistandspflicht in der ehelichen Gemeinschaft», dass die Argumente für das Antragserfordernis bei Vergewaltigung hier nicht durchschlügen (ohne Rücksicht auf die gegenüber
Vergewaltigung deutlich mildere Strafdrohung!). JENNY Art. 191 N 9 vermutet ein gesetzgeberisches Versehen – beim Entscheid für Strafbarkeit
der Vergewaltigung und der sexuellen Nötigung in der Ehe wurde vergessen, auch in Art. 191 das Antragserfordernis einzuführen. STRATEN-
WERTH BT I § 8 N 37 schlägt vor, Art. 189 II und 190 II analog anzuwenden; dem ist zuzustimmen, zumal diese Berichtigung zugunsten des
Täters oder der Täterin mit Art. 1 vereinbar ist.

Die revidierte Bestimmung spricht von **Urteilsunfähigkeit** des Opfers   3
und bezieht sich nicht mehr auf psychische Störungen («blödsinnig»,
«geisteskrank», «bewusstlos»). Die Urteilsunfähigkeit i.S.v. Art. 191 ist
relativ, weshalb bezüglich der konkret in Frage stehenden sexuellen
Handlung abzuklären ist, ob das Opfer «seelisch in der Lage war, sich gegen diese zu wehren ..., und ob es darüber entscheiden konnte, die sexuellen Kontakte haben zu wollen oder nicht», BGE 120 IV 198. Bei der
Annahme altersbedingter Urteilsunfähigkeit (die richtigerweise neben
Art. 187 keine Bedeutung hat, s. dort N 22) ist Zurückhaltung angebracht, BGE a.a.O.; vgl. auch ZR 95 (1996) Nr. 35. ARZT, Verjährung (zu
Art. 187), 20 weist darauf hin, dass die Notwendigkeit, im Einzelfall nachzuprüfen, ob das Kind urteils- oder widerstandsunfähig war, zu einer zusätzlichen Belastung des Opfers führt, ebenso JENNY Art. 191 N 5. Dies
kann vermieden werden, wenn bei Kindern eine zusätzliche Anwendung
von Art. 191 nur erwogen wird, wenn deutliche Anzeichen für Urteilsunfähigkeit aus anderen Gründen vorliegen.

Widerstandsunfähig ist z.B. die Frau auf dem Untersuchungsstuhl des   4
Gynäkologen, weil sie zufolge erhöhter Beckenlage nicht sieht, was im
Genitalbereich vor sich geht, BGE 103 IV 166; *in casu* trug das Überra-
schungsmoment dazu bei, dass die Unfähigkeit zur Abwehr auch fort-
dauerte, nachdem den Opfern jeweils der Missbrauch bewusst geworden
war; vgl. auch BGE vom 26.11.1992 (Schaffhauser Frauenarzt), NZZ
1993 Nr. 39 S. 18, Urteil OGer ZG vom 4.6.1991 (Zuger Frauenarzt), plädoyer 2/1992 66 ff. Widerstandsunfähigkeit wurde auch in BGE 119 IV
230 ff. angenommen, wo das Opfer, aus dem alkoholgeförderten Schlaf
erwachend, glaubte, ihr Mann umarme sie, dazu krit. NIGGLI, AJP 3
(1994) 109 f. Vorübergehende Widerstandsunfähigkeit genügt, aber es
muss eine vollständige Widerstandsunfähigkeit vorliegen, BGE a.a.O.
232, STRATENWERTH BT I § 8 N 35; wird ein Rest von Widerstand gewaltsam überwunden, liegt eine Tat gemäss Art. 189 f. vor. Bewusstlosig-

keit, z.B. als Folge von Drogeneinfluss, bewirkt ebenfalls Widerstands-unfähigkeit; bewusstlos ist auch der Schlafende, SJZ 66 (1970) Nr. 119. Gewöhnliche Betrunkenheit bewirkt (im Gegensatz zum pathologischen Rausch oder zur hochgradigen Intoxikation) keine Widerstandsunfähig-keit, BGE 119 IV 232, RS 1949 Nr. 45.

5   Verlangt wird der **Missbrauch** der Widerstandsunfähigkeit des Opfers durch den Täter, d.h. der Täter muss die Situation ausnützen; der Tatbe-stand ist nicht erfüllt, wenn das Opfer in gültiger Weise – z.B. vor Bewusst-losigkeit (Schlaf) oder bei nur körperlicher Widerstandsunfähigkeit – einwilligt, JENNY Art. 191 N 8, STRATENWERTH BT I § 8 N 38, THORMANN/v. OVERBECK, N 4 zu Art. 189. Es kann nicht Sinn des Gesetzes sein, wehrlosen Behinderten oder Personen, die unter gewissen geistigen Aus-fallserscheinungen leiden, jede sexuelle Erfahrung zu verwehren, Botsch. 1077. Das Tatbestandsmerkmal soll sicherstellen, dass nicht schlechthin jeder sexuelle Umgang mit Menschen, die an dauernden psychischen De-fekten leiden, pönalisert wird; die Strafbarkeit soll beschränkt bleiben auf Fälle , bei denen der betreffende Mensch als Sexualobjekt miss-braucht wird, ausführlich HANGARTNER 27 ff.

6   Zu **Beischlaf** s. Art. 190 N 4, zur **beischlafsähnlichen Handlung** Art. 189 N 9, zur **sexuellen Handlung** Art. 187 N 5. Dazu gehört der Griff an das Glied eines schlafenden Mannes, SJZ 66 (1970) Nr. 119, oder eine lang-dauernde Reizung der Klitoris durch einen Gynäkologen, die weder me-dizinisch indiziert noch Ergebnis einer Ungeschicklichkeit ist – dieses Verhalten war schon objektiv eindeutig unzüchtig, so dass es nicht darauf ankam, ob der Arzt seinen oder eines Dritten Trieb befriedigen wollte oder ob die Opfer die Reizung als eine sexuelle empfanden, BGE 105 IV 38.

7   Subjektiv ist **Vorsatz** verlangt. Der Täter muss insbesondere **in Kenntnis** der Urteilsunfähigkeit oder Wehrlosigkeit handeln. Eventualvorsatz genügt, JENNY Art. 191 N 10, STRATENWERTH BT I § 8 N 39, a.M. REH-BERG/SCHMID 402; offen gelassen in BGE 119 IV 233 f.

8   Die **Strafdrohung** lautet auf Zuchthaus bis zu zehn Jahren oder Gefäng-nis, was derjenigen in Art. 189 entspricht. Ist es zum Beischlaf oder einer beischlafsähnlichen Handlung gekommen, sollte analog Art. 190 grundsätzlich von einer Mindeststrafe von einem Jahr Zuchthaus ausge-gangen werden (vgl. Art. 189 N 13). S. auch die Qualifikation in Art. 200.

9   **Konkurrenzen und Abgrenzungen:**
S. **Art. 187** N 22 und oben N 2, **188** N 15, **213** N 7. Hat der Täter den frag-lichen Zustand selber herbeigeführt, um das Opfer sexuell zu missbrau-chen, gehen **Art. 189, 190** vor. **Art. 192** und **193:** Art. 191 geht vor, ebenso JENNY Art. 191 N 17, STRATENWERTH BT I § 8 N 42.

192 Sexuelle Handlungen mit Anstaltspfleglingen, Gefangenen, Beschuldigten

[1] Wer unter Ausnützung der Abhängigkeit einen Anstaltspflegling, Anstaltsinsassen, Gefangenen, Verhafteten oder Beschuldigten veranlasst, eine sexuelle Handlung vorzunehmen oder zu dulden, wird mit Gefängnis bestraft.

[2] Hat die verletzte Person mit dem Täter die Ehe geschlossen, so kann die zuständige Behörde von der Strafverfolgung, der Überweisung an das Gericht oder der Bestrafung absehen.

Lit. vor Art. 187, 188.

Art. 192 schützt Personen, die in Anstalten eingewiesen sind, und Beschuldigte in einem Strafverfahren vor sexuellen Angriffen in Missbrauch ihrer Abhängigkeit (zur sexuellen Handlung s. Art. 187 N 5). Geschütztes Rechtsgut ist die Freiheit der sexuellen Selbstbestimmung. 1

Anstaltspfleglinge befinden sich zur Behandlung oder Pflege in Spitälern, psychiatrischen und anderen Kliniken, Kuranstalten, Altersheimen oder ähnlichen Institutionen; dabei ist ohne Bedeutung, ob sie sich aufgrund amtlicher Verfügung oder freiwillig dort aufhalten, JENNY Art. 192 N 3, STRATENWERTH BT I § 7 N 38. 2

Bei **Anstaltsinsassen** handelt es sich, im Gegensatz zu den Anstaltspfleglingen, um Personen, die nicht zur Pflege oder Behandlung in eine Anstalt eingewiesen wurden, sondern zur Verwahrung (Art. 42, 43), Arbeitserziehung (Art. 100bis) oder blossen Versorgung (ZGB Art. 397a), STRATENWERTH a.a.O. 3

Gefangene, Verhaftete oder Beschuldigte sind Personen, gegen die Strafuntersuchungen geführt oder an denen eine Freiheitsstrafe vollzogen wird. Gefangene sind allemal auch Anstaltsinsassen, Verhaftete jedenfalls von dem Moment an, da ihnen eine Zelle zugewiesen wurde. Sie sind auch dann geschützt, wenn sie sich nicht in der Anstalt befinden, sondern z.B. auf einem Gefangenentransport, JENNY Art. 192 N 5, STRATENWERTH a.a.O., a.M. REHBERG/SCHMID 404. Die Beschuldigten fallen aus dem Rahmen, sie sind in der Regel bedeutend weniger abhängig als Eingesperrte. Ihr Status dauert vom Moment, in dem sie erfahren, dass gegen sie ein Verfahren läuft, bis zum rechtskräftigen Urteil. 4

Täter können in erster Linie die Personen sein, denen die Opfer anvertraut sind, also Anstaltsleiter, Aufseher, Pfleger, Therapeuten, Wärter usw. Der Tatbestand ist jedoch kein Sonderdelikt. Es kommt nur darauf an, ob im besonderen Fall kraft Sonderstatus ein Machtgefälle zwischen Täter und Opfer besteht, das es dem Täter ermöglicht, seine Überlegenheit auszuspielen und ein sexuelles Verhalten zu erwirken, zu welchem es ohne die spezifische Stellung des Opfers nicht gekommen wäre. Strafbar machen kann sich demnach auch ein Anwalt, ein Chauffeur, ein Arbeit- 5 geber, ein Mitarbeiter in einer geschützten Werkstatt, ein Polizeikommissar, ein Untersuchungsrichter, ein Staatsanwalt usw.

6   Das neue Recht lässt die Aufsichtsfunktion des Täters über das Opfer für sich allein nicht mehr genügen; es muss das **Ausnützen der Abhängigkeit** (s. Art. 188 N 9) hinzukommen, vgl. Botsch. 1078. Das Opfer ist gemäss BGE 102 IV 251 f., so jetzt auch STRATENWERTH BT I § 7 N 41, nicht erst dann vom Täter abhängig, wenn der Täter über das Opfer «verfügt», sondern schon dann, wenn es auf seine Dienste angewiesen ist; die Abhängigkeit wurde bejaht in bezug auf einen Pfleger im Spital, BGer a.a.O.; für einen Arzt während der Dauer des Anstaltsaufenthaltes, unabhängig vom Begehungsort, SJZ 42 (1946) S. 171. Das Opfer wird nicht ausgenützt, wenn die Initiative zu sexueller Betätigung von ihm ausging, JENNY Art. 192 N 8.

7   Die **Strafdrohung** ist Gefängnis. Zum fakultativen Strafbefreiungsgrund von Abs. 2 vgl. Art. 187 N 12, 14. Zur Qualifikation: Art. 200.

8   **Abgrenzungen und Konkurrenzen**
S. **Art. 187** N 22, **188** N 15, **190** N 13, **191** N 9. **Art. 193** gilt subsidiär, s. oben N 6.

193   Ausnützung der Notlage

[1] **Wer eine Person veranlasst, eine sexuelle Handlung vorzunehmen oder zu dulden, indem er eine Notlage oder eine durch ein Arbeitsverhältnis oder eine in anderer Weise begründete Abhängigkeit ausnützt, wird mit Gefängnis bestraft.**

[2] **Hat die verletzte Person mit dem Täter die Ehe geschlossen, so kann die zuständige Behörde von der Strafverfolgung, der Überweisung an das Gericht oder der Bestrafung absehen.**

CORNELIA KRANICH, Rechtliche Aspekte zum Therapiemissbrauch, plädoyer 6/1992 36; CHRISTOPH HOFFMANN, Das Abhängigkeitsverhältnis als strafbegründendes und strafschärfendes Merkmal bei Sittlichkeitsdelikten, Diss. BE 1968; **Lit.** vor Art. 187.

1   **Art. 193** schützt das Opfer vor Ausnützung irgendeiner Notlage oder Abhängigkeit zu sexuellen Zwecken. Geschütztes **Rechtsgut** ist die Freiheit der sexuellen Selbstbestimmung.

2   Zum **Arbeitsverhältnis** s. Art. 188 N 6; **Notlage** oder **Abhängigkeit** müssen nicht unbedingt objektiv, aber jedenfalls in der Vorstellung der Beteiligten bestehen. Ein Abhängigkeitsverhältnis kann ausserhalb der Arbeitswelt, etwa zwischen einem Sektenführer und seinen Anhängern, vorkommen, zwischen einem leitenden Angestellten einer Bank und dem überschuldeten Kunden, zwischen einer Person, die kompromittierende Tatsachen über das Opfer kennt – solange nicht Art. 189 f. anzuwenden sind, s. Art. 189 N 6. Auch *Psychotherapie* kann eine Abhängigkeit entstehen lassen. Allgemeingültige Regeln können nicht formuliert werden,

es müssen jedesmal die besonderen Umstände des Falles geprüft werden; zur Psychotherapie KRANICH 38. Weiter Beispiele bei JENNY Art. 193 N 5. Entscheidend ist die Frage, ob der Täter sich die Unterlegenheit des Opfers zunutze machte, um es zu einem sexuellen Verhalten zu motivieren, dem eine verständige Person ohne die Notlage nicht zugestimmt hätte. Dabei ist auch die Natur des bewirkten Sexualverhaltens zu berücksichtigen – je «gravierender» es ist, desto höhere Erwartungen dürfen an die Abwehrbereitschaft des Opfers gestellt werden, ebenso JENNY Art. 193 N 8. Macht sich der Täter gezielt an eine Person heran, deren Widerstandskräfte aussergewöhnlich schwach sind, muss er sich andererseits auch die Ausnützung dieser subjektiven Unterlegenheit zurechnen lassen.

Zum Sonderfall der Ausnützung einer militärischen Stellung s. MStGB Art. 157.

Ausnützung liegt nur vor, wenn ein Motivationszusammenhang besteht,   3
das Opfer also nur wegen seiner Notlage oder sonstigen Abhängigkeit die sexuelle Handlung vornimmt (s. Art. 187 N 5, 188 N 9) oder duldet, BGE 99 IV 163, SJZ 43 (1947) Nr. 92; SJZ 89 (1993) Nr. 37, ferner oben N 2.

Der **Vorsatz** des Täters muss sich sowohl auf die Situation der Unter-   4
legenheit des Opfers als auch auf das Merkmal der Ausnützung richten, BGE 99 IV 163 f. Der Täter muss also wissen, dass sich das Opfer nur deshalb mit ihm einlässt, weil es von ihm abhängig ist oder sich in einer Notlage befindet; weiss er es, so will er es in der Regel auch. Im Zweifel kann Eventualdolus vorliegen.

Auch hier kann **Heirat** strafbefreiend wirken (s. Art. 187 N 12, 14). JENNY   5
Art. 193 N 15 fordert auch hier einen Strafantrag bei der Tat unter Ehegatten – m.E. ist fraglich, ob der Tatbestand in der Ehe überhaupt Anwendung findet, Eheleute sind fast immer voneinander in vielfältiger Weise abhängig – dass sich diese Abhängigkeit auf das Sexualverhalten auswirkt, ist unvermeidlich und sollte nicht zu Pönalisierungen führen.

Kasuistik   6
BGE 99 IV 162: Abhängigkeit einer von heftigstem Heimweh geplagten Jugoslawin von einem ihr Unbekannten, der sie auf der zweiten Autofahrt ihres Lebens zu einem ihr unbekannten Ziel führte und mit dem sie sich nicht verständigen konnte; **ZBJV 87 (1951) 180:** Abhängigkeit der Ehefrau eines Gefangenen gegenüber dem Gefängniswärter; **SJZ 89 (1993) Nr. 37:** Notlage bei drogenabhängiger Prostituierten bejaht, aber keine Ausnützung durch den Freier bei normalem Verkehr und Entgelt – eine Überdehnung des Schutzes wäre in solchen Fällen kontraproduktiv, jede Prostituierte dürfte sich zumindest ursprünglich in einer gewissen Notlage befunden haben.

Konkurrenzen und Abgrenzungen   7
Art. 187, 188, 189, 190, 191, 192 gehen vor, ebenso **MStGB Art. 157.**

194 Exhibitionismus

[1] **Wer eine exhibitionistische Handlung vornimmt, wird, auf Antrag, mit Gefängnis bis zu sechs Monaten oder mit Busse bestraft.**

[2] **Unterzieht sich der Täter einer ärztlichen Behandlung, so kann das Strafverfahren eingestellt werden. Es wird wieder aufgenommen, wenn sich der Täter der Behandlung entzieht.**

E 178, Sten NR 412, StR 193.

Oscar Rosetti, Die strafrechtliche Bekämpfung des Exhibitionismus in der Schweiz, Diss. ZH 1943; Jürg Schaufelberger, «Die öffentlichen unzüchtigen Handlungen», Eine kriminologische Untersuchung ..., Diss. ZH 1973; Peter Strasser, Die öffentliche unzüchtige Handlung nach schweizerischem Strafrecht (Art. 203 StGB), Diss. BE 1951; Alfred Tanner, Der Begriff der Öffentlichkeit im Strafrecht, Diss. ZH 1949; Lit. vor Art. 187.

1 **Exhibitionismus** ist die *krankhafte Sucht, ahnungslosen Opfern* (Frauen oder Kindern) *das männliche Glied vorzuzeigen,* vielfach in erigiertem Zustand, auch verbunden mit Masturbation. Geschützt wird die Freiheit der Person, nicht gegen ihren Willen mit sexuellen Handlungen konfrontiert zu werden. Hangartner 33 f. spricht treffend von «visueller Gewalteinwirkung», vor der auch Art. 197 und (teilweise) 198 schützen. Geschütztes Rechtsgut ist die sexuelle Integrität. Im Gegensatz zu aArt. 203 sind nur Individualinteressen geschützt (Antragserfordernis!), Öffentlichkeit ist nicht vorausgesetzt. Strafbar können nach dem Wortlaut auch Frauen sein, aber Exhibitionisten sind praktisch stets Männer.

2 **Nicht strafbar** sind Entblössungen ohne sexuellen Bezug wie das öffentliche Verrichten der Notdurft oder das Vorzeigen der Sexualorgane (oder des Gesässes, BGE 103 IV 168) zur Beschimpfung. Im Gegensatz zu aArt. 203 sind straflos auch andere sexuelle Handlungen in der Öffentlichkeit, selbst wenn beabsichtigt ist, dass Dritte unfreiwillig Zeugen werden. Soweit die Entblössung nur der Vorbereitung eines weitergehenden Angriffs auf die sexuelle Integrität dient, finden die entsprechenden Bestimmungen (Art. 187, 189, 190) Anwendung, Botsch. 1080.

3 Subjektiv ist **Absicht** gefordert; der Täter muss wollen, dass das Opfer hinsieht. Eventualvorsatz ist mit einer exhibitionistischen Handlung nicht vereinbar.

4 Das Gesetz versteht Exhibitionismus richtigerweise eher als Krankheitssymptom denn als Untat. Verfolgt wird nur auf **Antrag** – die Strafdrohung (Gefängnis bis zu sechs Monaten) soll vor allem den Täter dazu motivieren, sich behandeln zu lassen, Botsch. 1081. Unter therapeutischen Gesichtspunkten ist das Antragserfordernis freilich wenig sinnvoll. Soweit die Zurechnungsfähigkeit durch die Krankheit Exhibitionismus vermindert ist, bleibt kein Raum für Strafmilderung nach Art. 11.

5 **Abs. 2** ermöglicht die Einstellung des Strafverfahrens, wenn sich der Täter einer Therapie unterzieht. Damit wird dem Umstand Rechnung ge-

tragen, dass Exhibitionismus ein zwanghaftes, psychopathologisches Verhalten ist. Fälle, in denen trotz Therapiebereitschaft eine Strafe angemessen wäre («kann»), sind schwer vorstellbar – das Strafverfahren kann aber zur Stärkung der Motivation eingesetzt werden. Das Gesetz lässt offen, in welchem Stadium die Einstellung erfolgen soll. Möglich ist auch nach allgemeinen Regeln die Gewährung des bedingten Strafvollzugs mit einer entsprechenden Weisung (Art. 41 N 34 ff., 37) oder die Anordnung einer ambulanten Behandlung (Art. 43 N 9 ff.), besonders wenn wegen weiterer Straftaten eine Verurteilung erfolgen muss – a.M. (zwangsweise Anordnung nicht zulässig) JENNY Art. 194 N 6, REHBERG/SCHMID 409. Wird das Verfahren wieder aufgenommen, weil sich der Täter der Therapie entzieht, dürfte eine günstige Prognose i.S.v. Art. 41.1 (N 12 ff.) kaum mehr möglich sein.

Nach seinem Wortlaut beansprucht **Art. 200** auch Geltung i.V.m. Art. 194, was jedoch schon deshalb theoretisch bleiben dürfte, weil Exhibitionisten typischerweise Einzeltäter sind.   6

Konkurrenzen und Abgrenzungen   7
Art. 180: Konkurrenz, wenn der Täter das Opfer in Angst und Schrecken versetzt, Botsch. 1081. **Art. 187** geht vor; unter altem Recht war Idealkonkurrenz möglich, RJN 1986 94, RS 1944 Nr. 245, ZR 55 (1956) Nr. 135, BGE 78 IV 163, weil Art. 203 aStGB auch das Rechtsgut der öffentlichen Sittlichkeit schützte; **Art. 198** gilt subsidiär.

3. Ausnützung sexueller Handlungen

195 Förderung der Prostitution

> **Wer eine unmündige Person der Prostitution zuführt,**
>
> **wer eine Person unter Ausnützung ihrer Abhängigkeit oder eines Vermögensvorteils wegen der Prostitution zuführt,**
>
> **wer die Handlungsfreiheit einer Person, die Prostitution betreibt, dadurch beeinträchtigt, dass er sie bei dieser Tätigkeit überwacht oder Ort, Zeit, Ausmass oder andere Umstände der Prostitution bestimmt,**
>
> **wer eine Person in der Prostitution festhält,**
>
> **wird mit Zuchthaus bis zu zehn Jahren oder mit Gefängnis bestraft.**

Zum alten Recht: RAYMOND FOËX, Zuhälterei, SJK Nr. 1145; JEAN GRAVEN, *A quelles conditions et à quel moment le délit du «souteneur» est-il consommé?* ZStrR 66 (1951) 192; EUGEN MEIER, Die Behandlung der Prostitution im schweizerischen Strafrecht, Diss. ZH 1948; BERNHARD MEYER, Die Behandlung der Zuhälterei im schweizerischen Strafrecht, Diss. ZH 1957; H. STADELMANN, Kuppelei und Zuhälterei, ZStrR 83 (1967) 366; PAUL USTERI, Strafwürdigkeit der Kuppelei, Diss. ZH 1972; Lit. vor Art. 187.

1   Art. 195 enthält die *strafrechtliche* Regelung der Prostitution – zur *polizeilichen* Art. 199. **Geschütztes Rechtsgut** ist nur noch **das sexuelle Selbstbestimmungsrecht der prostituierten Person,** Botsch. 1082. Die Einflussnahme auf deren Willen wird mit Begriffen umschrieben, die nicht die Intensität der Nötigung ausdrücken, nämlich «zuführen», «Handlungsfreiheit … beeinträchtigen», «überwachen», «bestimmen» und «festhalten».

2   **Prostitution** «besteht im gelegentlichen oder gewerbsmässigen Anbieten und Preisgeben des eigenen Körpers an beliebige Personen zu deren sexueller Befriedigung gegen Entlöhnung in Geld oder anderen materiellen Werten. Die sexuelle Handlung braucht nicht in der Vornahme des Beischlafs zu bestehen», Botsch. 1082 f. Mit Recht weisen Jenny Art. 195 N 5 und Stratenwerth BT I § 9 N 7 darauf hin, dass Art. 195 Prostitution als Lebensform meint, gelegentliche Hingabe deshalb nicht erfasst sein kann. Geschlechtsverkehr und Fellatio, aber auch «Feinmassage», BGE 121 IV 88 f., fallen darunter; unerheblich ist das Geschlecht der Prostituierten sowie, ob es um hetero- oder homosexuelle Dienstleistungen geht, Botsch. 1082; unter dem alten Recht sprach das BGer von Handlungen, «die auf Herbeiführung des Orgasmus des Partners abzielen», BGE 98 IV 257, 76 IV 238, 71 IV 94; vgl. auch RS 1944 Nr. 174, ZR 63 (1964) Nr. 5, 66 (1967) Nr. 133. Keine Prostituierten sind Striptease-Tänzerinnen und Animierdamen, solange sie sich nur exhibieren und/oder Kunden zum Trinken animieren.

3   Art. 195 umschreibt **sechs Tatbestände:**
Drei Varianten betreffen das der Prostitution Zuführen:
– das Zuführen einer unmündigen Person,
– das Zuführen unter Ausnützung der Abhängigkeit einer Person,
– das Zuführen um eines Vermögensvorteils wegen.
Drei Tatbestände schützen Personen, die bereits als Prostituierte tätig sind, vor
– Überwachung,
– Bestimmen von Ort, Zeit, Ausmass oder anderer Umstände der Prostitution und
– Festhalten in der Prostitution.

4   **Zuführen** heisst, eine Person veranlassen, sich zu prostituieren. Es wird allerdings mehr als blosse «Anstiftung» verlangt – die nötige Intensität der Einwirkung ist erst erreicht, wenn der Täter drängt und insistiert, Botsch. 1083, Rehberg 26, Stratenwerth BT I § 9 N 7.

5   Der Tatbestand des Zuführens einer **unmündigen Person** schützt die unter 18jährigen, deren Fähigkeit zur Selbstbestimmung noch nicht voll entwickelt ist, Botsch. 1083. Dementsprechend genügt für das Zuführen schon blosse Überredung, wenn der Täter gezielt die Unerfahrenheit ausnützt, Stratenwerth BT I § 9 N 8, zweifelnd Jenny Art. 190 N 7.

6   **Ausnützen der Abhängigkeit** liegt zunächst immer dann vor, wenn ein Abhängigkeitsverhältnis i.S.v. Art. 193 vorliegt; weitere Beispiele sind

etwa sexuelle Hörigkeit, Botsch. 1084, vom Täter geförderte Drogensucht, Unbeholfenheit mittelloser Ausländerinnen, die unter Vorspiegelung falscher Tatsachen in die Schweiz gelockt wurden, JENNY Art. 195 N
8, STRATENWERTH BT I § 9 N 9.

Bei Zuführen **um eines Vermögensvorteils wegen** verschmilzt gemäss   7
Botsch. 1084 das Tatbestandsmerkmal mit dem Motiv des Täters; es ist
freilich nicht ersichtlich, inwiefern dieses Motiv die Freiheit des Opfers
beeinträchtigt und weshalb ein Verhalten nur deshalb strafwürdig sein
sollte, weil es z.B. darum geht, «einen bestimmten Betrag für die Anschaffung eines Wagens» aufzubringen, wie Botsch. 1083 meint; kritisch
auch JENNY Art. 195 N 9, REHBERG 26, REHBERG / SCHMID 411, STRATEN-
WERTH BT I § 9 N 10. Andererseits betont die Botsch. auf S. 1084, dass
«Einkommensleistungen … straflos entgegengenommen werden [dür-
fen], … solange, als die betreffende Person die freie Entscheidung über
ihr Einkommen behält». Bei der Auslegung muss deshalb das Schwergewicht auf den Begriff des Zuführens gelegt werden: der Täter muss das
Opfer unter erheblichen Druck setzen.

Der Tatbestand der **Überwachung** der Prostituierten bei ihrer Tätigkeit   8
erfasst Fälle, wo die Prostituierte aufgrund dieser Überwachung in ihrer
Handlungsfreiheit beschränkt wird und ihre Tätigkeit nicht mehr ihrem
eigenen Willen entsprechend ausüben kann, JENNY Art. 195 N 11 f., REH-
BERG 26 f., STRATENWERTH BT I § 9 N 11, wobei nur die Förderung, nicht
die Beschränkung der Prostitution gemeint ist, a.M. REHBERG / SCHMID
412. Es genügt nicht, wenn jemand eine Prostituierte nur beschützt, ohne
sie in ihrer Tätigkeit in irgendwelcher Form zu beherrschen, JENNY Art.
195 N 12, REHBERG 27, REHBERG / SCHMID 412.

Wegen **Bestimmung von Ort, Zeit, Ausmass oder anderer Umstände** der   9
Prostitution macht sich nur strafbar, wer sich der Prostituierten gegen-
über in einer Machtposition befindet, die es ihm erlaubt, ihre oder seine
Handlungsfreiheit einzuschränken und in Einzelfällen bestimmte Ver-
haltensweisen zu erzwingen; «andere Umstände» sind etwa der vom
Freier zu bezahlende Preis und der an den Täter abzuliefernde Anteil,
JENNY Art. 195 N 11, REHBERG 27.

Festhalten in der Prostitution liegt vor, wenn der oder die Prostituierte   10
daran gehindert wird, diese Tätigkeit aufzugeben, u.ö. Urteil des Kassa-
tiongerichts GE vom 17.11.1995. Der Täter muss auf diesen Entschluss
des Opfers in einer Art und Weise einwirken, welche die Intensität der
Nötigung nach Art. 181 erreicht.

Entgegen der in der Botsch. 1084 vertretenen Ansicht, ist das Führen   11
eines **Bordells** nicht generell als Ausnützen der Abhängigkeit der darin
tätigen Prostituierten anzusehen, ebenso JENNY Art. 195 N 12, REH-
BERG/SCHMID 412, STRATENWERTH BT I § 9 N 9, TRECHSEL 599 ff.; nach
neuem Recht wäre der in BGE 118 IV 57 ff. geschilderte Sachverhalt,
Vermietung von Zimmern an Prostituierte, nicht mehr strafwürdig; rich-

tig SOG 1992 Nr. 19: keine Verletzung des Art. 195 bei blosser Vermietung von Zimmern, auch nicht bei übersetzten Mietzinsen.

12 **Konkurrenzen und Abgrenzungen**
Art. 181 tritt als *lex generalis* hinter Art. 195 zurück; **Art. 187:** Idealkonkurrenz, Botsch. 1083; **Art. 188** wird konsumiert, Botsch. a.a.O., STRATENWERTH BT I § 9 N 15, a.M. REHBERG/SCHMID 411; **Art. 189, 190, 191:** echte Konkurrenz; **Art. 193** wird konsumiert, JENNY Art. 195 N 17, REHBERG/SCHMID 411, STRATENWERTH BT I § 9 N 15.

196 Menschenhandel

[1] **Wer mit Menschen Handel treibt, um der Unzucht eines andern Vorschub zu leisten, wird mit Zuchthaus oder mit Gefängnis nicht unter sechs Monaten bestraft.**

[2] **Wer Anstalten zum Menschenhandel trifft, wird mit Zuchthaus bis zu fünf Jahren oder mit Gefängnis bestraft.**

[3] **In jedem Fall ist auch auf Busse zu erkennen.**

ERNST HAFTER, Frauen- und Kinderhandel, ZStrR 46 (1932) 291; FRANZ STÄMPFLI, Das schweizerische Ausführungsgesetz zu dem internationalen Übereinkommen über die Bekämpfung des Frauen- und Kinderhandels, sowie der unzüchtigen Veröffentlichungen, ZStrR 39 (1926) 185; Lit. vor Art. 187.

1 **Art. 196** ersetzt aArt. 202; die neue Bestimmung strafft den Tatbestand erheblich, lässt die Beschränkung auf Frauen und Minderjährige fallen und reduziert die Strafdrohung. Der Tatbestand orientiert sich an internationalen Übereinkommen, s. SR 0.311.31–34. Als Zentralstelle fungiert die Bundesanwaltschaft, SR 172.213.31. Gemäss Botsch. 1086 soll die Bestimmung auch Prostituierte schützen, die «voll einverstanden sind z.B das Etablissement zu wechseln», zust. REHBERG/SCHMID 413; dagegen mit Recht JENNY Art. 196 N 4, STRATENWERTH BT I § 9 N 18: Nur ein Handeln gegen den Willen einer wahrheitsgetreu informierten Person kann als Angriff auf ein Rechtsgut pönalisiert werden – Bekämpfung der Prostitution schlechthin, ein Kampf gegen Windmühlen, ist kein Ziel des revidierten Sexualstrafrechts. Es ist auch nicht einzusehen, inwiefern strafwürdig handelt, wer als Stellenvermittler Provisionen einsteckt.

2 Strafbar ist nur der eigentliche **Handel** als Vermittlung «lebendiger Ware», nicht die Anwerbung zum Einsatz im eigenen Etablissement de Täters, BGE 96 IV 118 ff. mit eingehender Begründung. Handel «treibt» nur, wer solche Geschäfte wiederholt tätigt oder zu tätigen beabsichtigt JENNY Art. 196 N 5, STRATENWERTH § 9 N 19, a.M. REHBERG/SCHMID 414, die bereits die Vermittlung eines einzigen Menschen genügen lassen wollen.

3 Erfasst wird nur der Menschenhandel, der dazu dient, **der Unzucht eines anderen Vorschub zu leisten,** d.h. die Betroffenen sollen der Prostitution zugeführt werden; nicht erfasst wird der Handel zu anderen Zwecken

z.B. der Handel mit ausländischen Arbeitskräften, Botsch. 1086. Es ist allerdings nicht erforderlich, dass der «Käufer» die Person in einem Bordell einsetzen will – er kann sie auch für eigene sexuelle Zwecke missbrauchen, REHBERG/SCHMID 413.

Subjektiv ist **Vorsatz** gefordert, *Eventualvorsatz* genügt, z.B. wenn der 4
Täter in Kauf nimmt, dass die Betroffenen der Prostitution überliefert werden.

Die **Strafdrohung** ist hoch, der Rahmen weit: Zuchthaus (bis zu 20 Jah- 5
ren) oder Gefängnis nicht unter 6 Monaten. Als Qualifikationsgrund beansprucht Art. 200 Anwendung, was jedoch wenig Sinn ergibt, weil Menschenhandel kaum je von einem Alleintäter betrieben wird; die Erhöhung des Strafrahmens wirkt sich allerdings auch nicht aus, weil *a priori* das Höchstmass der Strafart angedroht ist.

Abs. 2 stellt schon **Vorbereitungshandlungen** unter Strafe. Versuch ist 6
deshalb praktisch kaum denkbar.

Gemäss Art. 6bis gilt das **Weltrechts**- oder **Universalitätsprinzip**. 7

Konkurrenzen und Abgrenzungen 8
Zu **Art. 183** besteht Idealkonkurrenz, BGE 112 IV 66, anders noch BGE 96 IV 122; **Art. 187:** Idealkonkurrenz; für unechte Konkurrenz JENNY Art. 196 N 10, STRATENWERTH BT I § 9 N 25; **Art. 188, 193 und 195** werden konsumiert.

4. Pornographie

197

 1. Wer pornographische Schriften, Ton- oder Bildaufnahmen, Abbildungen, andere Gegenstände solcher Art oder pornographische Vorführungen einer Person unter 16 Jahren anbietet, zeigt, überlässt, zugänglich macht oder durch Radio oder Fernsehen verbreitet, wird mit Gefängnis oder mit Busse bestraft.

 2. Wer Gegenstände oder Vorführungen im Sinne von Ziffer 1 öffentlich ausstellt oder zeigt oder sie sonst jemanden unaufgefordert anbietet, wird mit Busse bestraft.

 Wer die Besucher von Ausstellungen oder Vorführungen in geschlossenen Räumen im voraus auf deren pornographischen Charakter hinweist, bleibt straflos.

 3. Wer Gegenstände oder Vorführungen im Sinne von Ziffer 1, die sexuelle Handlungen mit Kindern oder mit Tieren, menschlichen Ausscheidungen oder Gewalttätigkeiten zum Inhalt haben, herstellt, einführt, lagert, in Verkehr bringt, anpreist, ausstellt, anbietet, zeigt, überlässt oder zugänglich macht, wird mit Gefängnis oder mit Busse bestraft.

Die Gegenstände werden eingezogen.

4. Handelt der Täter aus Gewinnsucht, so ist die Strafe Gefängnis und Busse.

5. Gegenstände oder Vorführungen im Sinne der Ziffern 1–3 sind nicht pornographisch, wenn sie einen schutzwürdigen kulturellen oder wissenschaftlichen Wert haben.

SUSANNE BAEGGLI, Die Kunstfreiheitsgarantie in der Schweiz, Diss. ZH 1974; URSULA CASSANI, *Les représentations illicites du sexe et de la violence,* ZStR 111 (1993) 428; FRANÇOIS ESSEIVA, *Quelques considérations sur les publications obscènes et les publications immorales,* ZStR 78 (1962) 361; G. FEIGENWINTER, Die Vernichtung unzüchtiger Veröffentlichungen, SJZ 49 (1953) 216; RUDOLF GERBER, Unzüchtige Veröffentlichungen (Art. 204 StGB) und Gefährdung Jugendlicher durch unsittliche Schriften und Bilder (Art. 212 StGB), Kriminalistik 1967 377, 491, 541, 601, 659; HEINRICH HEMPEL, Die Freiheit der Kunst. Eine Darstellung des schweizerischen, deutschen und amerikanischen Rechts, Diss. ZH 1991; LUDWIG A. MINELLI, Obszönes vor Bundesgericht, Zürich 1981; DERS., Das Recht auf Zugang zu Pornographie, SJZ 83 (1987) 182; DERS., Die Schweiz – im Jahr 232 nach Casanova, plädoyer 2/1992 11; LAURENT MOREILLON, *Cinéma et droit pénal,* Laus. 1985; HANS-PETER MÜLLER, Die strafrechtliche Beurteilung der unzüchtigen Veröffentlichungen (Art. 204 StGB), Diss. ZH 1968; CLAUDE PONCET, *La censure cinématographique en droit administratif suisse et en droit genevois,* Sem.jud. 1979 49; CHRISTIAN-NILS ROBERT, *Et si Mapplethorpe n'était pas un grand artiste? Pornographie entre flou juridique et certitudes culturelles,* Mélanges offerts à la Société suisse des juristes pour son Congrès 1991 à Genève, 119; MARC SPESCHA, Über das «Sittlichkeitsgefühl des normal empfindenden Bürgers», plädoyer 1/1992 28; ALFRED TANNER, Der Begriff der Öffentlichkeit im Strafrecht, Diss. ZH 1949. **Lit.** vor Art. 187.

1　**Art. 197** verwirklicht Verpflichtungen aus den Internationalen Übereinkommen vom 4.5.1910 und 12.9.1923 zur Bekämpfung der Verbreitung unzüchtiger Veröffentlichungen, SR 0.311.41 und 0.311.42; die Strafbestimmung fand sich schon im BG vom 30.9.1925 betreffend die Bestrafung des Frauen- und Kinderhandels sowie der Verbreitung und des Vertriebes von unzüchtigen Veröffentlichungen. Als Zentralstelle fungiert die Bundesanwaltschaft, SR 172.213.31, s. auch Art. 358. Bei der Auslegung von Art. 197 ist das Recht auf freie Äusserung gemäss EMRK Art. 10 zu beachten, in das nur bei einem dringenden sozialen Bedürfni («*pressing social need*») eingegriffen werden darf. Vorbildlich SJZ 8-(1988) Nr. 38 – Vorführung eines pornographischen Films in einem Sex Shop nur für «Interessenten» ist nicht strafbar. Art. 197 schränkt den Tatbestand im Vergleich zu aArt. 204 ein: Tatobjekt ist nur Pornographisches, nicht auch Erotika; als Vergehen strafbar ist nur Vorzeigen a Kinder oder Veröffentlichung über Radio/Fernsehen; öffentlich ausstellen, zeigen, unaufgefordert anbieten ist nur mit Busse bedroht; analo; aArt. 204 bleibt der Umgang mit «harter Pornographie» strafbar. Für di Auslegung des Art. 197 sind drei verschiedene Arten der Darstellung de Geschlechtlichen zu unterscheiden: Erotika, «weiche» und «harte Pornographie.

Ein **geschütztes Rechtsgut** war bei aArt. 204 schwer zu bestimmen. Das   2
Bundesgericht verwies auf sehr vage Güter wie «das Sittlichkeitsgefühl in
geschlechtlichen Dingen», «überhaupt den geschlechtlichen Anstand»,
BGE 83 IV 24, ähnlich 89 IV 198; «die öffentliche Sittlichkeit als Teil der
öffentlichen Ordnung», BGE 114 IV 24, 100 IV 236; *«les forces morales
de notre peuple»*, BGE 55 I 231, s. auch ZR 84 (1985) Nr. 73. Nach neuem
Recht stehen nun der Jugendschutz (Ziff. 1) und der Schutz des einzelnen
vor ungewollter Konfrontation mit Pornographie (Ziff. 2) im Vordergrund. Ziff. 3 dient zudem «einem vorbeugenden Jugendschutz», wobei
aber auch Erwachsene geschützt werden sollen, Botsch. 1091, kritisch
CASSANI 437 f., HANGARTNER 41 f.; veraltet ZR 95 (1996) Nr. 24 S. 78:
«Schutz der öffentlichen Moral». Im Vordergrund steht der Schutz der
sexuellen Integrität.

Tatobjekt sind pornographische **Schriften, Ton- oder Bildaufnahmen,**   3
Abbildungen, andere Gegenstände solcher Art oder pornographische
Vorführungen. Im Gegensatz zu Art. 135 werden auch Schriften als mögliche Tatobjekte angeführt; diese brauchen weder gedruckt noch vervielfältigt zu sein, BGE 83 IV 20 (Postkarten); mehr oder weniger impro-
visierte Live-Gespräche sind, auch wenn sie am Telephon mitgehört
werden können, weder «Vorführungen» noch «Gegenstände» und somit
auch kein mögliches Tatobjekt, BGE 121 IV 117 ff.; erfasst werden aber
Aufzeichnungen von pornographischen Äusserungen oder Gesprächen,
BGE 119 IV 149.

Der Begriff der **Pornographie** (von griechisch πορνε = Hure) bezeichnet   4
Darstellungen oder Darbietungen grob sexuellen Inhalts, Botsch. 1089,
der sich primär auf den Genitalbereich konzentriert, HANGARTNER 72 f.,
*«décrivant et évoquant constamment, de manière insistante et en des termes
crus, des pratiques sexuelles, l'excitation et l'orgasme»*, BGE 119 IV 149
(krit. NIGGLI in AJP 3 [1994] 111 f.) unter Hinweis auf BGE 117 IV
276 ff., ähnlich JENNY Art. 197 N 4. Pornographie ist «objektiv darauf angelegt …, beim ‹Konsumenten› geschlechtliche Erregung zu wecken»,
REHBERG 27. Die Darstellung hat eine aus jedem realistischen Zusammenhang gerissene, übersteigerte und auf sich selber konzentrierte
Sexualität zum Gegenstand. Zudem ist sie explizit und aufdringlich.
Zeichnen sich die sog. «Erotikfilme» durch ein betontes Wegsehen vom
Genitalbereich aus, so leben pornographische Erzeugnisse vom betonten
Hinsehen. Erst wo Zielrichtung und demonstrative Darstellung zusam-
menkommen, liegt Pornographie vor. Entgegen Botsch. 1089 kann nicht
entscheidend sein, dass die Darstellung «die Sexualität in fortschreiten-
der Steigerung verzeichnet»; ebenso HANGARTNER 72, REHBERG/
SCHMID 415 f.

Massgebend sind nicht einzelne Details, sondern der **Gesamteindruck,**   5
BGE 87 IV 74, 89 IV 198, 96 IV 69, 97 IV 103, 100 IV 235 f. 117 IV 455.
Nicht pornographisch ist eine noch so explizite Liebesszene, wenn sie in
einen nicht auf Sexualität beschränkten Gesamtzusammenhang einge-
bettet ist, ebenso HANGARTNER 73.

6   **Ziff. 1** schützt Kinder i.S.v. Art. 187 vor Konfrontation mit Pornographie im oben beschriebenen Sinn. Strafbar ist das Zugänglichmachen solcher Gegenstände oder Vorführungen. Die Umschreibung der Täterhandlung ist unpräzis. Zentral ist das «zeigen». «Überlassen» ist die Sache, wenn sie in den Gewahrsam des Kindes gebracht wird, «zugänglich gemacht», wenn dem Kind die Möglichkeit eröffnet wird, sich selber den Gewahrsam zu verschaffen. «Anbieten» ist eigentlich ein blosser Versuch, solange das Objekt nicht gezeigt wird.

·7   Das Gesetz erwähnt ausdrücklich die **Verbreitung über Radio oder Fernsehen.** Bei Massenmedien lässt sich eben der Kreis der Adressaten nicht begrenzen, Botsch. 1089; erfasst wird natürlich nicht nur die Erstausstrahlung, sondern auch die Weitervermittlung des Programms durch einen anderen Sender oder Kabelnetzbetrieb, CASSANI 435, REHBERG/ SCHMID 417. Strafbar ist ferner als «Zugänglichmachen» auch das Abspielen von Tonbändern mit pornographischem Inhalt über «156er» Telephonlinien, weil diese jedem, ohne Rücksicht auf das Alter, zugänglich sind, BGE 119 IV 150 ff., s. auch 121 IV 109 ff, zust. CASSANI 434, JENNY Art. 197 N 15, STRATENWERTH BT I § 10 N 10, TRECHSEL 579, anders REHBERG/SCHMID 417: für Straflosigkeit, solange der «Konsumentenkreis» nicht kontrolliert werden kann. Ohne Bedeutung ist, ob das Kind die pornographischen Gegenstände oder Vorführungen überhaupt zur Kenntnis nimmt, CASSANI 434, REHBERG 27, STRATENWERTH BT I § 10 N 10.

8   **Ziff. 2** schützt Personen über 16 Jahren vor **unfreiwilliger Konfrontation mit Pornographie.** Strafbar ist einerseits das öffentliche Ausstellen oder Zeigen, andererseits das unaufgeforderte Anbieten von pornographischen Gegenständen oder Vorführungen. Auch hier ist «anbieten» erst Versuch – Strafwürdigkeit ist erst gegeben, wenn die Prospekte selber pornographisch sind. Straflos bleiben muss auch das Zusenden von Trägern pornographischen Materials, das sich erst durch besondere Apparate erschliessen lässt, also von Video- und Tonbandkassetten, wenn in einem nicht selber pornographischen Begleittext auf den Inhalt hingewiesen wird, weil in diesem Fall der Adressat nicht ohne seinen Willen mit Pornographischem konfrontiert wird. Botsch. 1090 erwähnt pauschal das Zusenden von nicht bestelltem pornographischem Material. Das Bundesgericht nimmt *Öffentlichkeit* immer schon dann an, wenn ein unbestimmter, unkontrollierter Personenkreis zugelassen wird, BGE 89 IV 134 f., 96 IV 68, 100 IV 237, ZR 73 (1974) Nr. 46. Sofern jedoch die Besucher von Ausstellungen oder Vorführungen in geschlossenen Räumen bereits im voraus auf deren pornographischen Charakter hingewiesen werden, bleibt der Veranstalter gemäss Abs. 2 straflos, so bereits BGE 117 IV 279 ff. zu aArt. 204, anders noch BGE 114 IV 24 f. Geschlossene Räume sind insbesondere Theater, Kinos, Nachtlokale, Sexshops, Galerien, Privatwohnungen oder andere Örtlichkeiten, die eine Abschottung gegen Personen unter 16 Jahren erlauben, wenn dafür gesorgt ist, dass niemand gegen seinen Willen mit Pornographie konfrontiert wird. Öffentlich ist dagegen der Kinoaushang, Botsch. 1090.

Ziff. 3 verbietet die sogenannte **harte Pornographie;** sie ist gegeben, 9
wenn zum pornographischen Charakter mindestens **eines von vier ab-**
schliessend (Botsch. 1091) **aufgeführten Merkmalen** hinzukommt, nämlich der Einbezug von Kindern, die Beteiligung von Tieren, der Einsatz
von menschlichen Ausscheidungen oder von Gewalttätigkeiten. Ein geschütztes Rechtsgut ist ebenso schwer auszumachen wie bei Art. 135
(s. dort N 2, 3 – die Ausführungen gelten auch hier); REHBERG/SCHMID
419 nennen Vorbeugung gegen eine «Verrohung auf dem Gebiete der
Sexualität»; Botsch. 1091 spricht von «vorbeugendem Jugendschutz» –
«geschützt werden sollen auf diese Weise aber auch die Erwachsenen» –
offenbar auch gegen ihren Willen. Ferner wird gesagt, es handle sich um
ein abstraktes Gefährdungsdelikt, aber verschwiegen, was bei Erwachsenen gefährdet sei (Botsch. 1089). Auch hier sind jedenfalls nicht die Dar-
steller geschützt. Im Gegensatz zu Art. 135 werden hier auch Schriften
erfasst.

Die Tabuisierung von pornographischen Produkten, in denen **Kinder** 10
vorkommen, richtet sich gegen den Markt für pädophile Pornographie.
Der Begriff «Kind» entspricht nicht demjenigen in Art. 187; es geht
darum, Darstellungen zu bekämpfen, welche sexuelle Vorgänge mit
offensichtlich nicht geschlechtsreifen Menschen zum Gegenstand haben
– für den Schutz der Kinder genügt Art. 187; ähnlich JENNY Art. 197 N 6,
a.M. CASSANI 432, REHBERG/SCHMID 420, STRATENWERTH BT I § 10 N 6.
In welcher Rolle Kinder mitwirken – Missbrauch durch Erwachsene,
sexuelle Handlungen an sich selber oder mit anderen Kindern – ist
gleichgültig; es dürfte genügen, wenn Kinder nur als Zuschauer in sexuelle Betätigung einbezogen werden, a.M. JENNY Art. 197 N 6, enger
auch REHBERG/SCHMID 420: Einschränkung der Bestimmung auf die
eigentliche Pädophilie (sexuelle Handlungen mit Erwachsenen).

Sexuelle Handlungen mit Tieren müssen pornographisch, also explizit 11
sein (s. N 4). Nicht darunter fallen etwa die grossformatigen Bilder von
Felix Müller, die 1981 an der «Fri-Art» Anstoss erregt hatten, s. EGMR
Urteil Müller, Nr. 133, EuGRZ 15 (1988) 543, oder der diskrete Auftritt
eines Schäferhundes in «Das geheime Sexleben von Romeo und Julia»,
BGE 97 IV 102.

Mit **menschlichen Ausscheidungen** können nur Urin und Kot gemeint 12
sein, nicht Schweiss, Tränen, Milch, Speichel, Blut oder Sperma, BGE
121 IV 129 ff., CASSANI 432, JENNY Art. 197 N 6, REHBERG/SCHMID 420 f.
Die Berechtigung dieses Qualifikationsmerkmals ist fraglich, TRECHSEL
582, zweifelnd auch STRATENWERTH BT I § 9 N 6. Dass das Gesetz ausdrücklich nur von *menschlichen* Ausscheidungen spricht, dürfte damit zu
erklären sein, dass das Einbeziehen von tierischen Ausscheidungen, obwohl noch ekelerregender, praktisch nicht vorzukommen scheint.

Bei **Gewalttätigkeiten** ist vor allem an sado-masochistische Praktiken zu 13
denken, die vom Klaps auf das Gesäss bis zu grausamer Demütigung

oder gar Verstümmelung reichen können. Im Bereich der blossen Tätlichkeit lässt sich die Qualifikation nicht rechtfertigen – der Begriff der Gewalttätigkeit muss enger ausgelegt werden, REHBERG/SCHMID 421. Es genügt nicht, wenn Gewalttaten mit sexuellen Handlungen einhergehen, es muss sich vielmehr um eigentliche Pornographie handeln, damit Art. 197 Anwendung findet, JENNY Art. 197 N 6, a.M. REHBERG 29 Fn 69. Erfasst werden z.B. die Darstellung der Vergewaltigung einer Frau, BGE 117 IV 284, oder sado-masochistische Praktiken, BGE 117 IV 454 ff., 465, alle nach aArt. 204, SJZ 89 (1993) Nr. 9

14   Die **Täterhandlung** ist hier wie in Art. 135 (N 10) so weit umschrieben, dass auch Vorbereitungshandlungen erfasst werden. Fraglich ist, ob auch der Besitz («lagert») zum persönlichen Gebrauch strafbar sei. Es muss m.E. auch hier gelten, was BR Koller am 15.6.1989 im Ständerat zu Art. 135 versicherte: Strafwürdig seien Herstellen, Einführen und Lagern nur, wenn damit die Absicht der Weiterverwendung verbunden sei, Sten. StR 1989 296, 299. Betrachter, Leser und Zuhörer sind nicht strafbar. Somit bleibt auch der Besitz zu diesem Zweck straflos, gl.M. CASSANI 439, JENNY Art. 197 N 23, STRATENWERTH BT I § 10 N 16.

15   Die Gegenstände der harten Pornographie sind gemäss Ziff. 3 al. 2 immer **einzuziehen**; nicht mehr nachzuweisen sind somit die Voraussetzungen des Art. 58 I, Botsch. 1091. Das Gesetz verpflichtet aber nicht mehr zur Vernichtung. Auf die Strafbarkeit einer bestimmten Person kommt es nicht an, BGE 77 IV 19, 97 IV 100, RS 1959 Nr. 216 (zu aArt. 204), aber Tatbestandsmässigkeit und Rechtswidrigkeit müssen gegeben sein.

16   Bei **Gewinnsucht** des Täters muss der Richter gemäss Ziff. 4 als Strafe sowohl Gefängnis als auch Busse verhängen. Der Begriff der Gewinnsucht *(dessein de lucre)* wurde in BGE 107 IV 121 ff., best. in 109 IV 119 f., 113 IV 24, 118 IV 59 f., neu definiert und gegenüber demselben Begriff in Art. 50 *(cupidité)* und der früheren Praxis zu aArt. 198 (BGE 89 IV 17 98 IV 258; ähnlich RS 1944 Nr. 174, 1945 Nr. 141, SJZ 61 [1965] Nr. 85, 63 [1967] Nr. 5, 10, 67 [1971] Nr. 115) stark erweitert. Gewinnsucht ist gegeben, «wenn der Täter eine in moralischer Hinsicht besonders verwerfliche Bereicherung anstrebt, indem er die Menschenwürde betreffende Werte in Frage stellt, die nicht in Geld messbar sind oder deren Umsetzung in Geld eine Verunglimpfung darstellt», BGE 118 IV 59 (zu aArt. 198, Kuppelei). BGE 109 IV 119 lässt die Frage offen, ob überhaupt ein Unterschied zur Bereicherungsabsicht bestehe. Faktisch genügt es bei Art. 197, wenn der Täter handelt, um einen Gewinn zu erzielen, wobei dem Streben kein Erfolg beschieden sein muss, vgl. BGE 118 IV 59 f. kritisch CASSANI 439 f., STRATENWERTH BT I § 4 N 107. Nicht gewinnsüchtig dürfte immerhin handeln, wer nur Dritte bereichert, vgl. auch SJZ 56 (1960) Nr. 86.

17   Gemäss **Ziff. 5** ist nicht pornographisch, was einen «schutzwürdigen kulturellen oder wissenschaftlichen Wert» hat; eine analoge Klausel findet sich auch in Art. 135; zu den damit verbundenen Problemen s. dort N 11

Die Bestimmung ist grundsätzlich zu begrüssen und soll Kulturskandale verhüten, mit denen die Justiz sich lächerlich zu machen droht. Nicht unbedenklich ist dagegen die Preisgabe des Jugendschutzes, kritisch ARZT, Kriminalistik 1993 347, JENNY Art. 197 N 9, TRECHSEL 584 f.

Subjektiv ist **Vorsatz** verlangt, der sich auch auf das normative Tatbe-   18
standsmerkmal «pornographisch» beziehen muss. Zur Problematik der «Parallelwertung in der Laiensphäre» eingehend BGE 99 IV 58, 251, 100 IV 237. Eventualvorsatz genügt, BGE 100 IV 237, RB TG 1986 Nr. 17. Wer weiche Pornographie herstellt oder einführt, macht sich nur strafbar, der weiss oder annehmen muss, dass die Objekte an Personen unter 16 Jahren gelangen könnten, Botsch. 1090.

Für die verschiedenen Tatbestände gelten unterschiedliche **Strafdrohun-**   19
gen. Ziff. 1 ist Vergehen, Ziff. 2 Übertretung mit Busse als Höchststrafe, Ziff. 3 wiederum Vergehen. Art. 200 beansprucht Anwendung als Qualifikationsgrund, was hier aber einerseits widersinnig, andererseits ohne praktische Auswirkung ist.

Der **Gehilfenschaft** schuldig machte sich der für die Einführung des Te-   20
lekiosks verantwortliche Generaldirektor der PTT, weil er die dazu notwendigen Einrichtungen zur Verfügung stellte, obwohl er wusste, dass die über «156er» Telephonlinien verbreiteten pornographischen Tonaufnahmen auch Jugendlichen unter 16 Jahren zugänglich waren, BGE 121 IV 119 ff.

Konkurrenzen und Abgrenzungen   21
Art. 135: bei gewalttätiger Pornographie geht Art. 197.3 vor, CASSANI 446 f., JENNY Art. 197 N 26, REHBERG / SCHMID 421, für echte Konkurrenz STRATENWERTH BT I § 10 N 18. Art. 197: **Ziff. 2** kann in echte Konkurrenz zu Ziff. 1 treten, wenn Jugendliche unter 16 Jahren gegen ihren Willen mit weicher Pornographie konfrontiert werden, CASSANI 440, NIGGLI AJP 3 (1994) 111, REHBERG/SCHMID 419; echte Konkurrenz ist auch zwischen **Ziff. 3** und 1 möglich, CASSANI 440, REHBERG/SCHMID 421; Idealkonkurrenz, wenn die Ziffern 1–3 gleichzeitig erfüllt sind, CASSANI 440; a.M. JENNY Art. 197 N 27 f. S. auch **Art. 358.**

5. Übertretungen gegen die sexuelle Integrität

198 Unzüchtige Belästigungen

Wer vor jemandem, der dies nicht erwartet, eine sexuelle Handlung vornimmt und dadurch Ärgernis erregt,

    wer jemanden tätlich oder in grober Weise durch Worte sexuell belästigt,

    wird, auf Antrag, mit Haft oder Busse bestraft.

ANNE-MARIE BARONE, *Définition du harcèlement sexuel,* plädoyer 1/1989 64; Komitee Feministische Soziologie (Hrsg.): MONIQUE DUPUIS et al., Sexualität, Macht, Organisation: Sexuelle Belästigung am Arbeitsplatz und an der Hochschule, Chur/ Zürich 1996; WERNER GLOOR, *Aspects juridiques du harcèlement sexuel au travail,* Revue syndicale suisse 1991 10; MARIE-PAULE HONEGGER, *Le harcèlement sexuel au travail,* plädoyer 5-6/1988 54; NICOLE CORINNE VÖGELI, Sexuelle Belästigung am Arbeitsplatz im privatrechtlichen Verhältnis, Diss. ZH 1996; **Lit.** vor Art. 187.

1   **Art. 198** verbietet physische, optische und verbale Zumutungen sexueller Art. **Geschütztes Rechtsgut** ist die **sexuelle Integrität** (vgl. Art. 197 N 2). Ein Bezug zur Öffentlichkeit wie in aArt. 205 besteht nicht mehr. Zur Phänomenologie und psychosoziologischen Hintergründen DUPUIS et. al. mit dem Bericht über eine Genfer Untersuchung, MONIKA HOLZBECHER, Sexuelle Belästigung am Arbeits- und Ausbildungsplatz, in DUPUIS et al., 91 ff.

2   **Opfer** gemäss **al. 1** kann nur sein, wer die sexuelle Handlung, die vor ihm vorgenommen wird, nicht erwartet. Dabei ist an sexuelle Handlungen in der Öffentlichkeit gedacht, an Parties oder gegenüber Einzelpersonen, soweit kein Exhibitionismus vorliegt, REHBERG/SCHMID 422 f. Die Einschränkung muss so verstanden werden, dass angekündigte Vorführungen den Tatbestand nicht erfüllen. Es kann aber nicht Sinn der Bestimmung sein, dass jedermann jederzeit und überall sexuelle Handlungen vornehmen darf, wenn er sie nur vorher ankündigt. Im Einzelfall wird zu prüfen sein, ob es dem Opfer möglich und zuzumuten war, sich der Darbietung zu entziehen, s. auch JENNY Art. 198 N 5. «Unerwartet» muss ausgelegt werden i.S.v. «unausweichlich», ähnlich ARZT, Kriminalistik 1993, 348.

3   Zum Begriff der **sexuellen Handlung** Art. 187 N 5. Das Verhalten muss für den objektiven Betrachter einen sexuellen Bezug aufweisen. Die subjektive Seite – ob es dem Täter darum geht, eigene oder fremde Erregung hervorzurufen – ist ohne Bedeutung, ebenso REHBERG 30, STRATENWERTH BT I § 10 N 29. Exhibitionistische Handlung fallen unter Art. 194. Zur Abgrenzung ARZT, Kriminalistik 1993, 348. Allgemein gegen eine Einschränkung auf erhebliche Belästigung *(«une certaine gravité»)* BARONE a.a.O. Keinen sexuellen Bezug hat das Verrichten der Notdurft.

4   Das Erfordernis der **Erregung von Ärgernis** beim *Opfer* betont, dass es sich um ein Delikt gegen die Person handelt. Mit STRATENWERTH BT I § 10 N 26 darf zwar davon ausgegangen werden, dass nur Antrag stellt, wer sich geärgert hat; der Begriff des Ärgernisses muss aber objektiviert verstanden werden – überempfindliche Moralapostel können nicht über die Strafbarkeit entscheiden. Ein Zweifelsfall könnte etwa vorliegen, wenn ein Mann am Strand die Brust seiner Begleiterin streichelt oder eine Frau, wo man es nicht erwartet, ihren Busen entblösst.

Auch in **al. 2** ist die **sexuelle Integrität** geschützt. Der Angriff ist hier   5
schwerwiegender, weil er sich praktisch immer gezielt gegen ein bestimmtes Opfer richtet. Auch hier muss ein objektiver Bezug zur Sexualität bestehen, der nicht nur geeignet ist, bei Überempfindlichen Anstoss
zu erregen.

Tätlichkeit bedeutet körperliche Berührungen – mehr hat der Begriff   6
nicht mit Art. 126 gemein. Gedacht ist an Betastungen der Brüste, an den
Griff in die Gegend der Geschlechtsteile, das Gesäss, Streicheleien,
Anpressen usw., s. Botsch. 1093, REHBERG/SCHMID 424.

Die **verbale Belästigung** wurde erst durch das Parlament ins Gesetz auf-   7
genommen. Sie muss in **grober Weise** geschehen, was ein bedenklich unbestimmtes Kriterium ist, krit. auch JENNY Art. 198 N 11. Die Äusserung
muss explizit sein, zumindest unverblümt, in der Regel unter Verwendung von Vulgärausdrücken; auch das Erzählen von Zoten kann darunter fallen, a.M. REHBERG 30. Andererseits kann die (durchaus verständliche) Empfindlichkeit in fundamentalfeministischen Kreisen nicht den
Massstab setzen. Es wird in jedem Fall auf den Gesamteindruck ankommen, zu dem auch das soziale Umfeld gehört, in dem die Äusserung getan wird. So werden etwa am Arbeitsplatz strengere Regeln gelten als bei
einem Tanzanlass, ebenso JENNY a.a.O. Zu denken ist an Bemerkungen
über die Sexualität des Adressaten, an grobe Zumutungen. Eine zurückhaltende Einladung zu sexueller Betätigung mit dem Täter darf noch
nicht strafbar sein; anders, wenn der Täter das Opfer mit Anträgen verfolgt – einen Grenzfall betrifft das Urteil des Arbeitsgerichts Genf (zu
OR 328 I und ZGB 28) in plädoyer 1/1989 63. Schriftliche Äusserungen
werden erst strafbar, wenn sie pornographisch sind. In Art. 198 sind
sie nicht erfasst – al. 2 erwähnt Schriften nicht. Für Strafbarkeit schriftlicher Äusserungen nach Art. 198 REHBERG/SCHMID 424, dagegen JENNY
Art. 198 N 12.

Subjektiv ist **Vorsatz** erforderlich. *Eventualvorsatz* genügt. Der Täter   8
muss bei der ersten Tatbestandsalternative insbesondere auch Ärgernis
erregen wollen, was regelmässig anzunehmen ist, wenn der Täter ernsthaft damit rechnet, dass Dritte sein sexuelles Verhalten gegen ihren Willen wahrnehmen könnten.

Zum **Antrag** berechtigt ist der unfreiwillige Zeuge gemäss al. 1 oder der   9
Adressat gemäss al. 2. Grobe tätliche sexuelle Belästigung kann auch den
Tatbestand von al. 1 erfüllen – dann ist sowohl das Opfer des physischen
Angriffs wie der unfreiwillige Zeuge antragsberechtigt, a.M. REHBERG
31.

Die **Strafdrohung** beträgt Haft oder Busse. Qualifikation gemäss   10
Art. 200, die sich aber auf den Strafrahmen nicht auswirkt. Die *Ver-
jährungsfrist* beträgt somit gem. Art. 109 ein Jahr; SYLVIA DERRE,
Schützt das geltende Recht vor sexueller Belästigung am Arbeits- oder

Ausbildungsplatz? in DUPUIS et al. 135 ff., 138, meint, sie betrage 5 Jahre und fndet das noch zu kurz!

11 **Konkurrenzen und Abgrenzungen**
Erreicht der körperliche Angriff die Intensität einer Tätlichkeit, s. **Art. 126** (N 1, 2), besteht echte Konkurrenz, STRATENWERTH BT I § 10 N 33, JENNY Art. 198 N 19 für den Fall, dass Schmerz erzeugt wurde; ebenso zu Beschimpfung: **Art 177,** JENNY Art. 198 N 20, STRATENWERTH BT I § 10 N 33, a.M. REHBERG 30 (Vorrang von Art. 177); Art. 198 ist subsidiär zu **Art. 187 ff.; Art. 194** geht grundsätzlich, schon wegen der therapeutischen Stossrichtung, vor; begeht der Täter überdies eine Handlung gemäss al. 2, ist echte Konkurrenz anzunehmen, anders (Vorrang für Art. 194) JENNY Art. 198 N 17; **Art. 197.2** tritt in Konkurrenz, wenn jemand auch persönlich belästigt wurde, für Vorgehen von Art. 198 in diesem Fall JENNY Art. 198 N 16, STRATENWERTH BT I § 10 N 32.

199 Unzulässige Ausübung der Prostitution

Wer den kantonalen Vorschriften über Ort, Zeit oder Art der Ausübung der Prostitution und über die Verhinderung belästigender Begleiterscheinungen zuwiderhandelt, wird mit Haft oder mit Busse bestraft.

Lit. vor Art. 187.

1 **Art. 199** enthält eine Blankett-Strafdrohung (Haft oder Busse) für Widerhandlungen gegen **polizeiliche Regelungen** über die Ausübung der Prostitution, wobei etwa an Sperrbezirke, Sperrzeiten und ähnliche Beschränkungen im Dienste der öffentlichen Ordnung gedacht ist. Botsch. 1093 verweist auf aArt. 206, 207 und 210. Täter kann nicht nur sein, wer sich selber prostituiert, sondern auch der Konsument solcher Dienstleistungen – Botsch. 1094 legt besonderes Gewicht auf Belästigungen, die vom Verhalten der Freier ausgehen. Inwiefern Vorschriften, «die über blosse polizeiliche Bedürfnisse hinausgehen» gerechtfertigt sein können, wie die Botsch. a.a.O. erwägt, ist nicht ersichtlich, krit. auch JENNY Art. 199 N 2. Auch muss selbstverständlich der Grundsatz der Verhältnismässigkeit gewahrt sein, STRATENWERTH BT I § 10 N 35.

2 **Grenze dieser Ermächtigung** ist die Straflosigkeit der Prostitution, Botsch. 1094; der Bundesgesetzgeber hat sich für die im Grundsatz freie Ausübung der Prostitution entschieden, die durch die Kantone nicht übermässig erschwert werden darf.

6. Gemeinsame Begehung

200

Wird eine strafbare Handlung dieses Titels gemeinsam von mehreren Personen ausgeführt, so kann der Richter die Strafe erhöhen, darf jedoch das höchste Mass der angedrohten Strafe nicht um mehr als die Hälfte überschreiten. Dabei ist er an das gesetzliche Höchstmass der Strafart gebunden.

Lit. vor Art. 187.

Die **Qualifikation** der gemeinsamen Tatbegehung ist gerechtfertigt, weil 1
der Angriff gegen die sexuelle Integrität des Opfers, insbesondere auch
wegen der damit verbundenen zusätzlichen Erniedrigung, regelmässig
schwerer wiegt als die Tat eines einzelnen.

Mit dem Begriff der **gemeinsamen Ausführung** ist das mittäterschaftliche 2
Zusammenwirken gemeint, Botsch. 1095, wobei die Qualifikation Anwesenheit bei der Begehung der Tat erfordert, JENNY Art. 200 N 3,
STRATENWERTH BT I § 8 N 18. Anders als bei der Bandenmässigkeit, s.
Art. 139 N 16, ist der Wille, mehrere derartige Straftaten zu begehen,
nicht erforderlich. Die gemeinsame Tatbegehung ist ein sachliches Merkmal, nicht ein persönliches i.S.v. Art. 26.

Gemäss Wortlaut findet Art. 200 auf alle Delikte gegen die sexuelle Inte- 3
grität **Anwendung,** was m.E. zu weit geht. Es ist nicht ersichtlich, inwieweit z.B. bei Art. 194, 196 und 197 der Angriff gegen die sexuelle Integrität schwerer bzw. der Unrechtsgehalt der Tat grösser sein sollte,
wenn mehrere Täter daran beteiligt sind. Hinzu kommt, dass beim Menschenhandel (Art. 196) kaum ein Einzeltäter denkbar ist.

Die **Erhöhung des Strafmasses** entspricht jener in Art. 68.1 I; s. dort, ins- 4
besondere N 11 ff.

201–212

Aufgehoben durch BG vom 21. 6. 1991.

Sechster Titel:

Verbrechen und Vergehen gegen die Familie

VE 1894 Art. 114, 117 ff., 203, Mot. 195 f., 199 ff., 240. 1. ExpK II 60 ff., 69 ff., 203 f., 320, 595 ff., 753. VE 1908 Art. 137 ff., 264, Erl.Z. 252 ff., 470 ff. 2. ExpK III 275 ff., VIII 277 ff. VE 1916 Art. 184 ff. E Art. 180 ff. Botsch. 45 f. Sten.NR 419 ff., 527 ff., StR 197 ff., NR 702 f., StR 327 f., NR 749 ff., StR 349 f.

URS BRODER, Delikte gegen die Familie, insbesondere Vernachlässigung von Unterhaltspflichten, ZStrR 109 (1992) 290; JOSEPH CATHOMEN, Familienschutz im schweizerischen Strafrecht, Diss. FR 1943; FRÉDÉRIC HENRI COMTESSE, Verbot und Schutz der ausserehelichen Familie im Schweizer Strafrecht, in Festgabe für August Egger, Zürich 1945, 299; DERS., Der Schutz der Familie im neuen schweizerischen Strafgesetzbuch, ZStrR 58 (1944) 118; JOSÉ HURTADO POZO, *La protection pénale du bien juridique famille,* in FS für Bernhard Schnyder zum 65. Geburtstag, Freiburg 1995, 443; HANS FELIX PFENNINGER, Der strafrechtliche Schutz der Ehe, in Festgabe für August Egger, Zürich 1945, 267; MARTIN STETTLER, *L'évolution de la protection civile et de la protection pénale de la famille,* in Le rôle sanctionnateur du droit pénal, Fribourg 1985, 101

213 Inzest

¹ **Wer mit einem Blutsverwandten in gerader Linie oder einem voll- oder halbbürtigen Geschwister den Beischlaf vollzieht, wird mit Gefängnis bestraft.**

² **Unmündige bleiben straflos, wenn sie verführt worden sind.**

³ **Die Verjährung tritt in zwei Jahren ein.**

Fassung gemäss BG vom 23.6.1989, in Kraft seit 1.1.1990.

Botsch. vom 26.6.1985, BBl 1985 II 1049; Sten.StR 1987 371, NR 5.6.1989.

FRITZ BAUMANN, Blutschande und ihre rechtlichen Folgen, SJZ 63 (1967) 323; GÜNTER STRATENWERTH, Inzest und Strafgesetz, in FS für Hans Hinderling, Basel 1976 S. 301; URSULA WIRZ, Sexuelle Ausbeutung von Kindern in der Familie. Ein Blick auf die Täter, Reihe Kriminologie, Bd. 9, Chur und Zürich 1992, 137; **Lit.** vor Art. 213.

1 **Geschütztes Rechtsgut** ist beim Inzest «nicht nur die Reinheit des Blutes und der Rasse…, sondern vor allem auch die Reinheit der Geschlechtsbeziehungen innerhalb einer Familie», BGE 77 IV 170, vgl. auch BGE 82 IV 106, 83 IV 160, PFENNINGER 276 ff., COMTESSE, Verbot, 312 f., REHBERG IV 1. BGE 82 IV 102 betont dagegen das «Wesen des Inzestes» als

«Schändung der Bande des Blutes». Kritisch zur Strafwürdigkeit BAU-
MANN 323 ff., SCHUBARTH Vb 4 vor und N 7 ff. zu Art. 213 und STRATEN-
WERTH 303 ff., vgl. aber HURTADO POZO 447 f.; *VE 1976* Art. 189 wollte
den Tatbestand auf Beischlaf mit Deszendenten unter 18 Jahren beschränken – die Revision 1989 behielt den Tatbestand im wesentlichen
bei, reduzierte aber die Strafdrohung auf Gefängnis, die Qualifikation
des Beischlafs mit unmündigen Nachkommen von über 16 Jahren (aArt.
213 II) wurde fallengelassen; eingehend zur Entstehungsgeschichte
SCHUBARTH Art. 213 N 4 ff.

«Beischlaf» ist wie bei Art. 190 (N 6) die natürliche Vereinigung der Ge-   2
schlechtsteile, welche ein Eindringen des Samens ermöglicht; es genügt
gemäss BGE 77 IV 170, wenn der Penis in den Scheidenvorhof eindringt,
dagegen STRATENWERTH BT II § 26 N 6, wonach der Penis in die Vagina
eindringen muss.

Blutsverwandtschaft bezeichnet die biologische (u.U. im Gegensatz zur   3
rechtlichen) Beziehung, auch die ausserehelichè, unabhängig von der
Standesfolge, BGE 82 IV 101 f., COMTESSE, Verbot, 315 ff., SCHUBARTH
Art. 213 N 13. Diese Beziehung muss als Tatbestandsmerkmal bewiesen
sein, wobei der Strafrichter an zivilrechtliche Präjudizien nicht gebunden
ist, SJZ 45 (1949) Nr. 179; für Übernahme der zivilrechtlichen Vermutungen (ZGB Art. 255, 256a II, 257, 262) BJM 1961 97; für (widerlegbare) Präsumtionen zugunsten des Zivilstandsregisters RS 1950
Nr. 36.

Unmündige, die **verführt** wurden, werden nach **Abs. 2** freigesprochen,   4
SJZ 43 (1947) S. 208; nicht mehr notwendig ist, dass die Verführung von
einem Mündigen ausgeht, wie das alte Recht es noch verlangte; der ältere
Partner kann auch vom jüngeren Geschwister verführt werden, STRA-
TENWERTH BT II § 26 N 9, anders Botsch. 1050.

Mit der auf zwei Jahre **verkürzten Verjährungsfrist nach Abs. 3** «wollte   5
man die Unzukömmlichkeiten verringern, die damit verbunden sind,
dass Vorgänge des engsten Familienlebens, wie sie in der Blutschande
liegen, durch ein gerichtliches Verfahren an die Öffentlichkeit gebracht
werden», BGE 72 IV 137. Dadurch entsteht eine krasse Diskrepanz zu
Art. 187 und 188, s. STRATENWERTH BT I § 7 N 24, 35, DERS. BT II § 26 N
10.

Teilnahme Dritter kann Gehilfenschaft sein (BJM 1961 97, Stiefmutter)   6
oder Anstiftung, aber nicht Mittäterschaft. Im Gegensatz zur sexuellen
Handlung mit Kindern oder zur Vergewaltigung geht es hier nicht darum,
einen Menschen als Opfer zu schützen, weshalb die Annahme eines
eigenhändigen Delikts gerechtfertigt erscheint, a.M. mit eingehender
Begründung SCHUBARTH Art. 213 N 16 ff.

Konkurrenzen und Abgrenzungen   7
Idealkonkurrenz ist möglich mit **Art. 191,** AGVE 1965 Nr. 36 (zu
aArt. 189), s. auch **Art. 187** N 22, **188** N 15, **190** N 13.

214 Ehebruch

Aufgehoben durch BG vom 23. 6. 1989.

215 Mehrfache Ehe

Wer eine Ehe schliesst, obwohl er verheiratet ist,

wer mit einer verheirateten Person eine Ehe schliesst,

wird mit Gefängnis bestraft.

Fassung gemäss BG vom 23.6.1989, in Kraft seit 1.1.1990.

Botsch. vom 26.6.1985, BBl 1985 II 1051; Sten.NR 5.6.1989.

FRANCIS GAUTSCHI, Die mehrfache Ehe im schweizerischen Strafrecht, Diss. ZH 1953; HANS FELIX PFENNINGER, Die Strafbarkeit der mehrfachen Ehe (Bigamie), SJZ 63 (1967) 369; **Lit.** vor Art. 213.

1   **Art. 215** schützt die **Institution der monogamen Ehe.** Mit der Revision 1989 wurde Bigamie zum Vergehen herabgestuft, auf unterschiedliche Strafdrohung für den verheirateten und den unverheirateten Partner verzichtet und der Text redaktionell gestrafft.

2   Die **Täterhandlung** besteht im Eheschluss durch eine bzw. mit einer bereits formell verheiratete(n) Person. Theoretisch ist auch der Fall denkbar, dass beide Partner bereits verheiratet sind. Es handelt sich um ein Zustands-, nicht um ein Dauerdelikt, BGE 105 IV 327 m.Hinw. Wer in Kamerun, wo Polygamie legal ist, eine zweite Ehe eingeht, ist in der Schweiz nicht strafbar, weil Art. 215 ein schlichtes Tätigkeitsdelikt ist und ein Erfolg im technischen Sinne nicht eintritt, BGE 105 IV 326 ff.; zu international-rechtlichen Fragen s. VPB 1978 Nr. 46, Botsch. 1053, BGE 118 IV 305 ff.

3   **Al. 2** stellt klar, dass auch der nicht verheiratete Partner als Täter strafbar ist.

4   **Konkurrenz** mit **Art. 251** liegt vor, wenn die bestehende Ehe durch schriftliche eidesstattliche Erklärung verheimlicht wird, SJZ 55 (1959) Nr. 95.

216 Unterdrückung und Fälschung des Personenstandes

Aufgehoben durch BG vom 23. 6. 1989.

217 Vernachlässigung von Unterhaltspflichten

[1] **Wer seine familienrechtlichen Unterhalts- oder Unterstützungspflichten nicht erfüllt, obschon er über die Mittel dazu verfügt oder verfügen könnte, wird, auf Antrag, mit Gefängnis bestraft.**

² **Das Antragsrecht steht auch den von den Kantonen bezeichneten Behörden und Stellen zu. Es ist unter Wahrung der Interessen der Familie auszuüben.**

Fassung gemäss BG vom 23.6.1989, in Kraft seit 1.1.1990.

E 184. – Zur Teilrevision 1950: BBl 1949 I 1289 f., StenB 1949 StR 616, 651 ff., 1950 NR 206. Zur Teilrevision 1989: Botsch. vom 26.6.1985, BBl 1985 II 1054; Sten.StR 1987 372, NR 6.6.1989.

PETER ALBRECHT, Wann beruht die Vernachlässigung von Unterstützungspflichten auf bösem Willen? SJZ 72 (1976) 223; PETER BREITSCHMID, Fragen um die Zwangsvollstreckung bei Alimentenbevorschussung (Art. 289 ff. ZGB), SJZ 88 (1992) 57, 83; FRANÇOIS CLERC, De la violation d'une obligation d'entretien, ZStrR 56 (1942) 378; DERS., Vernachlässigung von Unterstützungspflichten (Art. 217 StGB), SJK Nr. 865; DORKAS EHRBECK, Der Straftatbestand der Unterhaltsentziehung aus rechtsvergleichender Sicht, Diss. Freiburg i.Br. 1990; NIELS HANSEN, Le délit de violation d'une obligation d'entretien (Article 217 du Code pénal suisse avec des considérations de droit comparé), Diss. GE 1955; PAUL LOGOZ, A propos de l'art. 217 du Code pénal suisse, ZStrR 69 (1954) 226; ANDRÉ GUSTAV MEYER, Die Vernachlässigung von Unterhalts- und Unterstützungspflichten, StGB Art. 217, Diss. ZH 1944; JAKOB MÜLLER, Die Vernachlässigung von Unterstützungspflichten im Sinne von Art. 217 StGB, ZStrR 82 (1966) 254; MARCUS RENGGLI, Die Verletzung der Unterhaltspflicht (Art. 217 StGB), Diss. BE 1943; FRANZ RIKLIN, Herabsetzung von Unterhaltsleistungen wegen (absichtlicher) Verminderung der wirtschaftlichen Leistungsfähigkeit? Nachtrag aus strafrechtlicher Sicht, ZBJV 128 (1992) 533; SUZETTE SANDOZ, L'art. 217 CPS protège-t-il le montant à libre disposition de l'art. 164 CCS? in Mélanges en l'honneur du Professeur Jean Gauthier, Sonderband ZStrR 114 (1996) 153; OTTO STEBLER, Die Vernachlässigung von Unterstützungspflichten, Art. 217 StGB, Veröffentlichungen der Konferenz der kantonalen Armendirektoren 3, 1955; PAUL STEINER, Die Vernachlässigung von Unterstützungspflichten, Gedanken zum Aufsatz von Dr. Peter Albrecht, SJZ 73 (1977) 168; **Lit.** vor Art. 213.

Art. 217 bedroht als echtes Unterlassungsdelikt das **Nichtbezahlen familienrechtlicher Unterhaltsleistungen** mit Strafe. Geschütztes Rechtsgut ist der zivilrechtliche Anspruch auf (materielle) Unterstützung, eingehend ALBRECHT Art. 217 N 4 ff. m.Hinw. Die Berechtigung des Straftatbestandes ist umstritten, ALBRECHT Art. 217 N 11 ff., s. auch EHRBECK 56 ff., 141 ff., weil Busse wie Freiheitsstrafe kontraproduktiv wirken, ALBRECHT 225 f., DERS. Art. 217 N 11 ff., STRATENWERTH BT II § 26 N 20, s. aber SANDOZ 158. Die Wirkung des psychologischen Zwangs dürfte aber nicht unerheblich sein, MÜLLER 299, STEINER 168, STEBLER 18; skeptisch STETTLER 107 f. – eine Untersuchung ergab, dass nur 10% der untersuchten Verurteilten in der Folge ihre Pflicht erfüllten.   1

Abs. 1 setzt **familienrechtliche Unterhalts- oder Unterstützungspflichten nach Zivilrecht** voraus, BGE 122 IV 209 m.w.Hinw., nämlich die Unterhaltspflicht der Ehegatten, ZGB Art. 163, auch nach Anbringung der Scheidungsklage, ZGB Art. 145 und nach der Scheidung, ZGB Art. 152 (zu ZGB Art. 151 s. N 5), der Eltern gegenüber dem Kind, ZGB Art. 276 ff. oder die Unterstützungspflicht in der Familiengemeinschaft, ZGB   2

Art. 328 f.; dagegen ist der Betrag zur freien Verfügung i.S.v. ZGB Art. 164 keine Unterhaltsleistung gemäss Art. 217, CORBOZ Art. 217 N 7, SANDOZ 164 ff.

3   Zwischen den Ehegatten ist Unterhalt **familienrechtlich** geschuldet, auch wenn die eheliche Gemeinschaft nie aufgenommen wurde und die Gültigkeit der Ehe bestritten wird, BGE 76 IV 118. Unterhalt für den gutgläubigen Partner nach Nichtigerklärung der Ehe: PKG 1966 Nr. 28. Eltern bleiben nach Entzug der elterlichen Gewalt unterhaltspflichtig, RS 1950 Nr. 137. Dass der Berechtigte auf die Zahlungen angewiesen oder gar bedürftig sei, ist nicht erforderlich, BGE 76 IV 118, 71 IV 195 (zu al. 2, ebenso RS 1947 Nr. 53, 1945 Nr. 246). Ob *rückständige Raten* den Charakter als Unterhaltsleistungen verlieren, lassen BGE 71 IV 195, 78 IV 169 und 80 IV 7 offen, in 91 IV 226, wo es um 56 Monatsraten geht, wird sie nicht diskutiert. Der Tatbestand ist erfüllt, wenn die geschuldete Leistung nicht zur Zeit erbracht wird – eine weitere Pönalisierung der «Nichtwiedergutmachung» durch Nichtbezahlen von Rückständen ist m.E. nicht gerechtfertigt, ebenso ALBRECHT Art. 217 N 21, HANSEN 64 f., s. auch N 17. Zur Frage, ob eine Bestrafung auch bei Nichtbezahlung von *Unterhaltspflichten aus Obligationenrecht* vorzusehen wäre, VPB 1983 Nr. 48.

4   **Verzicht** ist nur durch den Berechtigten möglich, also nicht durch den Pflegevater, BGE 71 IV 194, RS 1945 Nr. 246, oder durch die Mutter für die Kinder (soweit sie diese nicht kraft elterlicher Gewalt vertritt). Eingehend zur Verzichtsproblematik ALBRECHT Art. 217 N 24 f.

5   **«Unterhalt»** sind auch «die vom schuldigen Ehegatten nach Art. 151 Abs.1 ZGB zu erbringenden Leistungen, soweit sie eine Entschädigung für den ehelichen Unterhalt darstellen, den der schuldlose Ehegatte durch die Scheidung verloren hat», BGE 87 IV 86, ebenso schon 69 IV 182; Genugtuung i.S.v. ZGB Art. 151 II dagegen nicht, BRODER 299, CORBOZ Art. 217 N 7, HANSEN 9, MÜLLER 259. Sorgt das Gemeinwesen für den Unterhalt, so ist es zwar nicht selber «verletzt», BGE 78 IV 214, die Versorgungskosten gelten aber als «Unterhaltskosten» i.S.v. Art. 217, BGE 81 IV 269, BGE 78 IV 44, 216, 71 IV 204, Sem.jud. 1973 584. STRATENWERTH BT II § 26 N 28 kritisiert diese Praxis mit dem an sich treffenden Hinweis darauf, dass der subrogierte Anspruch seine «Natur als familienrechtliche Unterhaltsforderung» verliere, ebenso ALBRECHT Art. 217 N 22; m.E. überwiegt jedoch der Gesichtspunkt der Rechtsgleichheit: Für die Privilegierung des Pflichtigen, dessen Gläubiger von Staats wegen versorgt wird, sprechen keine sachlichen Gründe.

6   Nach der sog. **direkten Methode** (ALBRECHT Art. 217 N 40, BRODER 301, CORBOZ Art. 217 N 13, MÜLLER 261 ff., LOGOZ a.a.O. 230, HANSEN 135 ff., REHBERG IV 6), d.h. *durch den Strafrichter selber,* wird vor allem der Unterhaltsanspruch der Ehegatten und Kinder festgestellt, BGE 70 IV 168, 78 IV 44, SJZ 53 (1957) Nr. 102, RS 1950 Nr. 137, ZR 48 (1949) Nr. 182. Dies gilt auch, wenn die eheliche Gemeinschaft bereits aufgelöst

wurde, BGE 74 IV 159, ZR 49 (1950) Nr. 79. Weitere Differenzierung ist nötig für den Fall, dass bereits die Scheidung eingereicht wurde: Hier muss grundsätzlich *erst der Zivilrichter* nach ZGB Art. 145 Unterhaltsbeiträge festsetzen, BGE 70 IV 167, 74 IV 52, 160, 76 IV 118 E. 4. Dies gilt aber nur für die genaue Höhe, nicht schon für den Bestand des Anspruchs, BGE 89 IV 22, 100 IV 175, RS 1960 Nr. 26, 1971 Nr. 28. Ist ein Verfahren auf Abänderung des Scheidungsurteils hängig, soll der Strafrichter den Entscheid nicht abwarten, RS 1983 Nr. 476. Muss der Strafrichter vorfrageweise das Bestehen der Unterhaltspflicht prüfen, so kann er nicht auf eine in einem früheren Strafurteil nach Art. 41.2 erteilte Weisung abstellen, ZBJV 109 (1973) 123.

Nach der sog. **indirekten Methode,** d.h. vorgängig durch den Zivilrichter, muss die Leistung festgesetzt sein für die Dauer des Scheidungsverfahrens (s. N 6) und bei der Verwandtenunterstützung nach ZGB Art. 328 f., BGE 70 IV 168. Eine Vereinbarung hat dieselbe Wirkung wie ein Urteil, BGE 74 IV 52. Ausländische Zivilurteile müssen gültig, nicht unbedingt auch in der Schweiz vollstreckbar sein, SJZ 59 (1963) Nr. 175. Die Tatsache, dass ein ausländisches Urteil geringere Unterhaltsbeiträge festgesetzt hat, ist für den schweizerischen Richter ohne Bedeutung, RVJ 1989 360.   7

Der **Strafrichter ist an** die formelle Rechtslage nach **Zivilrecht gebunden,** RVJ 1989 361, ALBRECHT Art. 217 N 18, im Strafverfahren kann z.B. die materielle Unrichtigkeit des Legitimationsregisters nicht geltend gemacht werden, BGE 86 IV 181 (wenn sie nicht offensichtlich ist), SJZ 58 (1962) Nr. 187, BJM 1959 336; ebensowenig die fehlende ausserehliche Vaterschaft, SJZ 40 (1944), S. 174, s. auch ZR 49 (1950) Nr. 78. ZR 65 (1966) Nr. 52 nimmt Vernachlässigung von Unterstützungspflichten durch Täuschung des Zivilrichters an – *recte* liegt Betrug vor.   8

Das **rechtskräftige Urteil** ist für den Richter verbindlich, BGE 73 IV 178, 93 IV 2; REHBERG IV 6 f.; so jetzt auch STRATENWERTH BT II § 26 N 33; a.M. unter Hinweis auf das Prinzip der materiellen Wahrheit ALBRECHT 225, DERS., Art. 217 N 43 ff, KÄGI-DIENER, Justiz und Verwaltung, Diss. ZH 1979, 175 f.; aus praktischen Gründen und im Interesse des Kindes wie der Einheit der Rechtsordnung verdient die Rechtsprechung des Bundesgerichts Zustimmung – Vaterschaftsprozesse sollen nicht im Strafverfahren wiederholt werden können, was auch der Mutter nicht zuzumuten ist, ganz abgesehen von der philosophischen Brüchigkeit des Begriffs der «materiellen Wahrheit» – im Recht geht es eben nicht *darum,* sondern um Konfliktlösung im Rahmen eines möglichst verlässlichen Ordnungsgefüges.   9

Leistungsversprechen als Vater bzw. als Schwängerer, BGE 71 IV 200, können bindend sein, auch wenn der Ehemann der Mutter gesetzlich als Vater gilt, Sem.jud. 1953 472. Ficht der Angeschuldigte die Verbindlichkeit seines Versprechens (z.B. wegen Willensmangels) an, so bestimmt das kantonale Recht, ob der Strafrichter vorfrageweise darüber entschei-   10 den kann; bejaht für Genf, BGE 71 IV 200, Waadt, JdT 1971 III 91, Neuenburg, RS 1983 Nr. 476; in diesem Fall steht die Überprüfungsbefugnis auch dem Kassationshof zu, BGE 71 IV 201; dazu kritisch CLERC, ZStrR 56 (1942) 383 f. Wie im Falle des hängigen Scheidungsverfahrens ist die indirekte Methode zur Bestimmung der genauen Höhe der Unterstützung anzuwenden, BGE 71 IV 199, während der Bestand der Forderung an sich vom Strafrichter selbständig festgestellt werden kann, BGE 91 IV 226.

11 Die **Täterhandlung** besteht im **Unterlassen,** bei Fälligkeit die geschuldete Leistung zu erbringen, BGE 73 IV 179, 71 IV 195. Wurde die Höhe der Schuld nicht verbindlich festgestellt oder anerkannt, so kann jedenfalls der subjektive Tatbestand nur durch völliges Unterlassen oder durch *offensichtlich zu geringe Leistung* erfüllt sein. Geschützt ist auch die Form der Erfüllung. Wer einen bestimmten Betrag schuldet, der u.a. zur teilweisen Begleichung der Miete bestimmt ist, macht sich strafbar, wenn er direkt die ganze Miete begleicht und nur die Differenz ausbezahlt, BGE 106 IV 37 (fraglich – m. E. ist solche Eigenmacht nicht strafwürdig, krit. auch ALBRECHT Art. 217 N 49).

12 **Leistungsfähigkeit** ist Voraussetzung der Tatbestandsmässigkeit; das Gesetz fordert jetzt ausdrücklich, dass der Täter über die Mittel zur Erfüllung seiner Pflicht «verfügt oder verfügen könnte»; so bereits die Praxis zum alten Recht: ZR 45 (1946) Nr. 170, 70 (1976) Nr. 11, ZBJV 82 (1946) 84. Wer nur einen Teil der Schuld tilgen kann, macht sich strafbar, wenn er dies unterlässt, PKG 1961 Nr. 56. Die Leistungsfähigkeit bestimmt sich nach Schuldbetreibungsrecht (SchKG Art. 93), BGE 121 IV 277, SJZ 88 (1992) Nr. 11, krit. ALBRECHT Art. 217 N 57, CORBOZ Art. 217 N 24. Bei Betreibung auf Unterhaltsansprüche kann der Schuldner nicht das Existenzminimum für sich beanspruchen, BGE 107 III 77, 116 III 14 f. m. Hinw. zu Art. 217 (kritisch zu diesem Entscheid BREITSCHMID 85 f.). BGE 74 IV 156, 79 IV 112 f., 98 Ia 343, 101 IV 52 f., PKG 1961 Nr. 56, RJJ 1994 61 f., RS 1985 Nr. 878, 1987 Nr. 187; anders für Unterhaltsbeiträge an die geschiedene Frau ZR 47 (1948) Nr. 156; in das Existenzminimum des Schuldners darf jedoch nicht eingegriffen werden, wenn das Gemeinwesen als Gläubiger auftritt, das sich den Unterhaltsanspruch nach ZGB Art. 289 II hat abtreten lassen, BGE 116 III 14 f., 121 IV 278, oder wenn der Alimentengläubiger auf die Unterhaltsbeiträge nicht angewiesen ist, BGE 111 III 19, RS 1965 Nr. 36.

13 Der Schuldner kann sich auch dadurch strafbar machen, dass er aus eigenem Entschluss darauf verzichtet, seine **Arbeitskraft** im Rahmen des Zumutbaren **optimal ökonomisch** zu **nutzen,** vgl. BGE 114 IV 124 f. (wer als Künstler nicht genügend verdient, kann zu einem Berufswechsel oder zur Aufnahme einer Nebenbeschäftigung verpflichtet werden), ZR 73 (1974) Nr. 47. SJZ 48 (1952) S. 27, 42 (1946) S. 366, RS 1943 Nr. 43, 1947 Nr. 53 (Aufgabe des Studiums gefordert), 1954 Nr. 152, 153, 1986 Nr. 47, ZBJV 81 (1945) 132, 91 (1955) 85. Hinweise auf unveröffentlichte Praxis be ALBRECHT 224 f., MÜLLER 275, 283; eingehend ALBRECHT Art. 217 N 58

ff. Liquiditätsprobleme wegen Übernahme einer Liegenschaft aus Erbschaft entlasten nicht, RS 1967 Nr. 170. Erfasst wird somit, «wer zwar
einerseits nicht über ausreichende Mittel zur Pflichterfüllung verfügt, es
anderseits aber unterlässt, ihm offenstehende und zumutbare Möglichkeiten zum Geldverdienen zu ergreifen», Botsch. 1055. Desgleichen ist
strafbar, wer sich in vorwerfbarer Weise ausserstande gesetzt hat, höhere
Einnahmen zu erzielen, RIKLIN 534, s. auch PKG 1959 Nr. 51. Krit. zur
Berücksichtigung der potentiellen Zahlungsfähigkeit ALBRECHT Art. 217
N 70.

Der subjektive Tatbestand erfordert **Vorsatz:** Der Täter muss um die Lei-   14
stungspflicht wissen und deren Nichterfüllung wollen; Eventualvorsatz
genügt, BGE 70 IV 168 f., SJZ 67 (1971) Nr. 58. Irrtum über die Voraussetzungen der Pflicht ist Sachverhaltsirrtum, RJJ 1994 60 f., Irrtum über
die Pflicht selbst Verbotsirrtum, 76 IV 120 E. 7, vgl. auch SJZ 58 (1962)
Nr. 187, a.M. ALBRECHT Art. 217 N 74.

   aArt. 217 *verlangte zusätzlich bösen Willen.* Die Revision 1989 hat dieses Tatbestandsmerkmal fallengelassen – weil dadurch die Strafbarkeit
erweitert wurde, gilt für frühere Taten das alte Recht. Die Tatbestandsmerkmale der Arbeitsscheu und Liederlichkeit wurden ebenfalls gestrichen.

Zur Stellung des Strafantrags (das **Antragserfordernis** wurde erst 1950   15
eingeführt) ist nur der unmittelbar Verletzte bzw. sein Vertreter legitimiert (Art. 28), so die Mutter für Kinder, die ihr zur Pflege und Erziehung zugeteilt wurden, PKG 1959 Nr. 51, oder der Beistand eines ausserehelichen Kindes, SJZ 49 (1953) Nr. 132, nicht aber Dritte, denen
Kinder anvertraut wurden, über die sie nicht die elterliche Gewalt ausüben, RS 1966 Nr. 32.

Abs. 2 führt ein selbständiges **Antragsrecht für Behörden** ein, die aller-   16
dings vom Kanton ausdrücklich bezeichnet werden müssen, BGE 78 IV 214
ff. Ausländische Behörden können sich auf diese Bestimmung nicht berufen, MÜLLER 292. Mit der Revision 1989 wurde das Antragsrecht auf
«Stellen», d.h. auf private Organisationen ausgedehnt, welche vom Kanton dazu ermächtigt wurden, weil sie sich mit dem Eintreiben von Unter-
haltsforderungen befassen, Botsch. 1055. Ausserkantonale Behörden
müssen nach dem Recht des eigenen Kantons legitimiert sein, SJZ 57
(1961) Nr. 6.

   Das Antragsrecht der Behörde «dient nicht ausschliesslich und nicht
einmal in erster Linie den Interessen der Armenkasse, sondern den Un-
terhalts- oder Unterstützungsberechtigten selber», BGE 78 IV 99; es
trägt dem Umstand Rechnung, dass sich diese oft nicht getrauen, vom
Antragsrecht Gebrauch zu machen, BGE a.a.O. 98, 122 IV 210. Örtlich
zuständig kann deshalb die Behörde oder «Stelle» am Wohnsitz des Berechtigten auch dann sein, wenn sie selber keine Leistungen erbringt,
BGE 78 IV 97 ff. (Vi AGVE 1952 Nr. 31), RS 1970 Nr. 40, keine Ansprüche auf sie übergegangen sind und sie auch sonst keinen Schaden er-

litten hat, BGE 119 IV 317, zust. NIGGLI in AJP 3 (1994) 518. Eine generelle Ermächtigung genügt für die Übertragung des Antragsrechts, BGE
122 IV 210 f.; s. auch Art. 28 N 5.

Der Nationalrat hielt es ferner für nötig, eine Regel für die Ausübung
des Antragsrechts einzufügen, und entschied sich für das materielle Kriterium «im Interesse der Familie», Sten. NR 1987 371. Der Alternativ-
vorschlag, wonach die unterhaltsberechtigte Person angehört werden
sollte, hätte es ermöglicht, die Befolgung des Grundsatzes zu überprüfen.
Weil mit dieser Regel die Strafbarkeit eingeschränkt wird, gilt sie auch
für Taten, die vor der Revision 1989 begangen wurden, BGE 119 IV 318.
Im Interesse der Familie kann es liegen, eine Scheidung zu verhindern
und «auf allfällige unterschiedliche Interessen der Mutter und der anspruchsberechtigten Kinder Rücksicht [zu] nehmen», BGE 119 IV 318,
ALBRECHT Art. 217 N 97, BRODER 310, STRATENWERTH BT II § 26 N 36,
oder eine sich anbahnende Versöhnung nicht zu gefährden. Ein Antrag,
der den Interessen der Familie krass zuwiderläuft, muss als rechtsmissbräuchlich angesehen werden, REHBERG IV 16, STRATENWERTH a.a.O.
Ein ungetrübtes Verhältnis zwischen geschiedenen Ehepartnern steht
dem Antrag nicht entgegen, BGE 119 IV 319.

17   Die **Antragsfrist** beginnt nicht zu laufen, solange das deliktische Verhalten anhält, BGE 121 IV 275, 118 IV 327, 80 IV 7, PKG 1952 Nr. 44. Bis zu
BGE 117 IV 408, welcher das Institut der fortgesetzten Handlung ab-
schaffte, wurde dies mit dem *Fortsetzungszusammenhang* begründet.
Verband ein solcher Zusammenhang die Vernachlässigung der Unterstützungspflicht über längere Zeit, so galt der Strafantrag auch für mehr
als drei Monate zurückliegende strafbare Unterlassungen, BGE 78 IV
168, 80 IV 7, LGVE 1987 I Nr. 58, Sem.jud. 1985 216, ZBJV 88 (1952)
223, 90 (1954) 368. Nach neuerer Rechtsprechung geht es um die Frage,
ob ein Kollektivdelikt i.S.v. Art. 71 al. 2 vorliegt. Die Voraussetzungen
sind Gleichartigkeit der Begehungsweise, Beeinträchtigung desselben
Rechtsguts, ein *«andauerndes pflichtwidriges Verhalten»*, BGE 117 IV
413 f., 118 IV 317 f. und 329, 120 IV 9. BGE 118 IV 329 stellt klar, dass
diese Voraussetzungen insbesondere bei anhaltender Verletzung der
Unterhaltspflichten gegeben sind. Der Zusammenhang wird unterbrochen, wenn der Schuldner während einer gewissen Zeit völlig leistungs-
unfähig ist, a.a.O. 330. In BGE 121 IV 275 wird präzisiert, dass dies nur
gilt, «wenn der Antragsberechtigte vom Unterbruch in der schuldhafter
Vernachlässigung der Unterhaltspflicht Kenntnis hatte oder zumindest
haben konnte, wenn er also wusste oder zumindest wissen konnte, dass
der Unterhaltspflichtige die geschuldeten Unterhaltsbeiträge… schuldlos
nicht [mehr] erbringen konnte», wobei «bereits konkrete Anhaltspunkte» genügen.

18   Der Strafantrag wirkt nur für die Vergangenheit. Dauert die **Vernachlässigung während des Verfahrens** an, so ist ein neuer Strafantrag erforderlich, AGVE 1965 Nr. 35, RS 1967 Nr. 6, SJZ 52 (1956) Nr. 71, 77, ZR 65

(1966) Nr. 53; s. aber JdT 1968 III 61. Die Erklärung, der Antrag werde «aufrechterhalten», genügt nicht, ZR 66 (1967) Nr. 56, 134. Sem.jud. 1985 215 hält dagegen eine Beurteilung des Zeitraumes bis zur letzten kontradiktorischen Verhandlung auch ohne Erneuerung des Antrags für zulässig; LGVE 1987 I Nr. 58 erfasst den Zeitraum bis zur ersten Einvernahme der Angeschuldigten.

Mit dem **bedingten Strafvollzug** können **Weisungen** (Art. 41.2) betr. die   **19** Zahlung von Alimenten auferlegt werden, und zwar einerseits die Weisung, laufende (zukünftige) Unterhaltsleistungen pünktlich zu erbringen, BGE 105 IV 204 f., RS 1943 Nr. 123, 227, 1944 Nr. 213, 1946 Nr. 148, ZBJV 82 (1946) 260; dagegen SJZ 50 (1954) Nr. 43, ZBJV 98 (1962) 351 mit Anm. SCHULTZ, ALBRECHT Art. 217 N 111 m.Hinw., s. auch Art. 41 N 41; andererseits in Raten die rückständigen Unterhaltsbeiträge abzuzahlen, BGE 105 IV 205 f., RS 1972 Nr. 218, unbestritten. Dabei sollen Höhe und Fälligkeit der Raten genau bestimmt werden. S. auch Art. 41 N 41.

Der für Art. 7 und 346 massgebliche **Begehungsort** liegt in erster Linie   **20** dort, wo der Pflichtige hätte leisten sollen – weil Geldschulden Bringschulden sind (OR Art. 74 II), am Wohnsitz des Berechtigten, BGE 98 IV 207, ZR 63 (1964) Nr. 12, vgl. auch BGE 69 IV 129 mit Betonung der Zweckmässigkeit, ferner SJZ 61 (1965) Nr. 116, ZR 51 (1952) S. 55, 65 (1966) Nr. 72, PKG 1954 Nr. 40, 1959 Nr. 52. Wird der Unterhalt von einem Gemeinwesen geleistet, so ist dessen Sitz Tatort, BGE 81 IV 269, Rep. 1985 198. Unrichtig ist das Abstellen auf einen «Erfolg», weil Art. 217 schlichtes Tätigkeitsdelikt ist, s. aber BGE 82 IV 68, 87 IV 153, MÜLLER 288; dagegen v.a. SCHULTZ, ZStrR 72 (1957) 317, ZBJV 99 (1963) 42 ff., DERS. AT I 124 – die Praxis wurde mit BGE 105 IV 326 aufgegeben. Daneben ist Ausführungsort (vor allem für Fälle mit Auslandswohnsitz des Berechtigten) auch der Wohnort des Pflichtigen, BGE 99 IV 181, 82 IV 68 f., ZR 62 (1963) Nr. 121. Ferner ist gültig der Strafantrag, der an dem Ort gestellt wird, wo der Pflichtige wegen eines anderen Delikts verfolgt wird (Art. 350), BGE 108 IV 171 f.

Konkurrenzen und Abgrenzungen   **21**
Art. 138 wird konsumiert, sofern der Täter bezogene Familien- oder Kinderzulagen nicht an den Anspruchsberechtigten weiterleitet, BRODER (vor Art. 213) 315; zu **Art. 169** besteht Idealkonkurrenz, BGE 99 IV 147; dasselbe gilt für **die übrigen Konkurs- und Betreibungsdelikte,** ALBRECHT Art. 217 N 116.

218 Verlassen einer Geschwängerten

Aufgehoben durch BG vom 23.6.1989.

219 Verletzung der Fürsorge- oder Erziehungspflicht

[1] Wer seine Fürsorge- oder Erziehungspflicht gegenüber einer unmündigen Person verletzt oder vernachlässigt und sie dadurch in ihrer körperlichen oder seelischen Entwicklung gefährdet, wird mit Gefängnis bestraft.

[2] Handelt der Täter fahrlässig, so kann statt auf Gefängnis auf Busse erkannt werden.

Fassung gemäss BG vom 23.6.1989, in Kraft seit 1.1.1990.

Botsch. 1985 1057; Sten.StR 1987 372, NR 6.6.1989.

URSULA FRAUENFELDER NOHL, Strafrecht und Kinderschutz in der Praxis, Kriminalistik 48 (1994) 5; **Lit.** vor Art. 213.

1   **Täter** können nicht nur die **Eltern** sein, sondern jeder, der gegenüber einer unmündigen Person Fürsorge- oder Erziehungspflichten hat, «von Gesetzes, Amtes, Berufes oder Vertrages wegen oder tatsächlich», Botsch. 1057. Die Behauptung einer «tatsächlichen Pflicht» ist unsinnig – Tatsachen sind kein Rechtsgrund. Obwohl teilweise ein echtes Unterlassungsdelikt («vernachlässigt») geschaffen wurde, muss gefordert werden, dass eine Garantenstellung besteht – möglicherweise eben durch faktische Übernahme. Es muss sich dabei um ein Verhältnis von einer gewissen Dauer handeln, vor allem, was die «Erziehungspflicht» anbetrifft, ebenso REHBERG IV 19, SCHUBARTH Art. 219 N 7. Auch Pflichtige, die nicht mit dem Unmündigen zusammenleben, fallen unter Art. 219 – die Botschaft (a.a.O.) nennt Lehrer und Vormünder.

2   **Geschützt** werden nicht nur Kinder, sondern alle Unmündigen, also auch Lehrlinge gegenüber dem Lehrmeister, möglicherweise sogar Arbeitnehmer gegenüber dem Arbeitgeber und sonstigen Vorgesetzten.

3   **Täterhandlung** ist die Verletzung (Tun) oder Vernachlässigung (Unterlassen) der Fürsorge- oder Erziehungspflicht. *Fürsorge* ist die Befriedigung materieller und immaterieller Bedürfnisse: Nahrung, Bekleidung, Unterkunft, Ausbildung, sportliche und kulturelle Anregung usw. Es wird sich kaum bestreiten lassen, dass für Kinder die liebevolle Zuwendung entscheidend ist, dass ihr Fehlen am ehesten die seelische Entwicklung gefährdet. Wichtiger als das äussere Verhalten dürfte das echte Gefühl sein – simulierte Liebe ist nicht Liebe.

    Das Tatbestandsmerkmal *Erziehung* ist kaum zu definieren und an sich von fragwürdigem Wert, vgl. für viele ALICE MILLER, Am Anfang war Erziehung, Frankfurt a.M. 1980. Ein Erziehungsverhältnis ist im allgemeinen anzunehmen, wenn eine Person auf den Sozialisierungsprozess des Unmündigen in besonders starkem Masse einwirkt, s. Art 188 N 4.

    Wo die *Grenzen der Pflicht* zur Fürsorge und Erziehung verlaufen, ist kaum zu ermitteln. Dem Kindesrecht sind sie gewiss nicht mit justiziabler Bestimmtheit zu entnehmen. Der Ständerat (Sten. StR 1987 372) wollte wenigstens auf «schwerwiegende» Verletzung einschränken. Machen sich z.B. Eltern strafbar, die die Fähigkeiten des Kindes unterschätzen und es deshalb nicht in die Sekundarschule, den Musikunterricht, eine Lehre schicken (u. U. auch gegen seinen Willen), die ihm zuviel Süssigkeiten durchlassen, was den Zähnen schadet und zu Fettleibigkeit führt, die Siebzehnjährigen das Rauchen oder den Alkoholkonsum nicht erfolgreich verbieten, nicht gegen schlechten Umgang einschreiten oder für ihr Kind keine Zeit haben?

Erfolg ist die (konkrete) Gefährdung der körperlichen oder seelischen   4
Entwicklung. Es wurde bewusst darauf verzichtet, eine «schwere» Gefährdung zu fordern, Botsch. a.a.O. Es ist schwer einzusehen, wie dieses Kriterium den Tatbestand wirksam einschränken soll. Insbesondere die seelische Entwicklung ist immer gefährdet, zur Entstehung von PTSD *(Post-Traumatic-Stress-Disorder)* durch Kindesmisshandlung i.w.S. DANIEL GOLEMAN, *Emotional Intelligence*, New York usw. 1995, 200 ff.

Subjektiv ist nach Abs. 1 Vorsatz verlangt – aus Furcht vor Beweis-   5
schwierigkeiten (Botsch. 1057) hat der Bundesrat eine mildere Strafdrohung für Fahrlässigkeit hinzugefügt. Der Vorsatz muss sich auch auf den Erfolg richten (Gefährdungsvorsatz), bei Fahrlässigkeit genügt es, dass er für den Täter vorhersehbar war.

Konkurrenzen und Abgrenzungen   6
Art. 219 tritt als Auffangtatbestand zurück gegenüber **Art. 123, 127, 187 ff.; Art. 126** wird dagegen konsumiert, ebenso STRATENWERTH BT II § 26 N 45. Zu den Mitteilungspflichten und -rechten vgl. **Art. 358bis** und **Art. 358ter**.

Kritik: Art. 219 ist ein arger Missgriff des Gesetzgebers. Aus wohlge-   7
meinter Sorge für das Kindeswohl ist ein Tatbestand geschaffen worden, der keinerlei Konturen aufweist und mit dem Bestimmtheitsgebot nicht vereinbar ist. Die Praxis wird sich entgegen der Absicht von Bundesrat und Parlament auf schwerwiegende, krasse Fälle beschränken müssen, ähnlich FRAUENFELDER NOHL 6. Bisher sind, soweit ersichtlich, keine Urteile publiziert worden. SCHUBARTH Art. 219 N 6 vermutet, der Tatbestand könnte überflüssig sein.

220 Entziehen von Unmündigen

Wer eine unmündige Person dem Inhaber der elterlichen oder der vormundschaftlichen Gewalt entzieht oder sich weigert, sie ihm zurückzugeben, wird, auf Antrag, mit Gefängnis oder mit Busse bestraft.

Fassung gemäss BG vom 23.6.1989, in Kraft seit 1.1.1990.

Botsch. 1985 1058, Sten.NR 6.6.1989.

BERNARD DESCHENAUX, *Résoudre rapidement les enlèvements d'enfants et à moindres frais*, AJP 3 (1994) 907; SUSANNE HÜPPI, Straf- und zivilrechtliche Aspekte der

Kindesentziehung gemäss Art. 220 StGB mit Schwergewicht auf den Kindesent-
führungen durch einen Elternteil, Diss. ZH 1988; BERTRAND SAUTEREL, *L'enlève-
ment de mineurs,* Diss. Lausanne 1991; MARTIN SCHUBARTH, Begünstigung durch
Beherbergen? Festgabe für Schultz, ZStrR 94 (1977) 158; **Lit.** vor Art. 213.

1 «**Art. 220** StGB schützt nach der bundesgerichtlichen Rechtsprechung
(auch nicht alleinige) Inhaber der elterlichen und vormundschaftlichen
Gewalt in ihrer Befugnis, über die ihnen unterstellte Person, insbesondere über deren Aufenthaltsort, Erziehung und Lebensgestaltung zu
bestimmen (BGE 95 IV 68, 98 IV 35, 110 IV 37 E. 1c …)», BGE 118 IV
63. «Der Schutz kommt freilich stets [?] auch dem Minderjährigen zugute, da die elterliche Gewalt ihren Sinn und Zweck im Wohle des Kindes hat», BGE 92 IV 2. Präziser HÜPPI 34 f., 42: Geschützt ist das «Auf-
enthaltsbestimmungsrecht», ebenso REHBERG IV 21, SAUTEREL 91,
SCHUBARTH Art. 220 N 9, STRATENWERTH BT I § 27 N 3. GVP-AR 1990
91 dehnt den Schutz auf «nicht im Besitz der elterlichen Gewalt befindliche Inhaber der Obhut» aus, mit Hinweis auf HÜPPI 36 ff. und
HEGNAUER, Grundriss des Kindesrechtes, 3. Aufl. Bern 1989, § 27 N
27.43, Beispiele für unklare Situationen bei SCHUBARTH Art. 220 N 29.
Zur Entstehungsgeschichte des Art. 220 SAUTEREL 40 ff., SCHUBARTH
Art. 220 N 3 ff.

2 **Täter** kann nur sein, wer nicht allein die elterliche Gewalt ausübt, BGE
108 IV 23, ZBJV 82 (1946) 308. Strafbar macht sich auch ein Elternteil,
der sein Kind dem anderen Elternteil, dem es im Eheschutzverfahren zu
Pflege und Erziehung zugewiesen wurde, entzieht, BGE 110 IV 37, 91 IV
137, BJM 1966 34, JdT 1970 IV 159, abweichend RS 1951 Nr. 145; oder
der es entgegen einer richterlichen Anordnung im Scheidungsverfahren
dem anderen vorenthält, BGE 91 IV 229, ZR 66 (1967) Nr. 57. Schon vor
Trennung oder Einleitung des Strafverfahrens kann ein Elternteil das
Kind dem anderen entziehen, BGE 95 IV 68, RS 1969 Nr. 197. Nicht
strafbar ist dagegen die Vereitelung des Besuchsrechts, wenn es nicht
durch bindende Konvention oder richterlichen Entscheid festgelegt
wurde, BGE 98 IV 37, s. aber 104 IV 92. Für Schutz auch des vereinbarten Besuchsrechts HÜPPI 117. Strafbar macht sich die leibliche Mutter
die ihr bevormundetes Kind der Vormundschaftsbehörde entzieht, BGE
80 IV 70. Kritisch zur Ausdehnung des vom Kinderraub abgeleiteten
Vergehens zu einem familienrechtlichen Ungehorsamstatbestand STRA-
TENWERTH BT II § 27 N 5. STETTLER 119 schlägt vor, statt die elterliche
Gewalt eben das Obhutsverhältnis *(garde)* zu schützen, und zweifelt am
Nutzen der Bestimmung – Art. 292 genüge.

3 Die **Täterhandlung** wird als Entziehen oder Weigerung der Rückgabe
des Unmündigen umschrieben. «Hiezu gehört ein Tun oder Unterlassen
das den Inhaber der Gewalt hindert, frei über die unmündige Person, ins
besondere über ihren Aufenthaltsort, ihre Erziehung, ihre Lebensgestal
tung zu bestimmen», BGE 80 IV 70, ähnlich 91 IV 137, 101 IV 304. We
sentlich ist die *räumliche Trennung,* andere Störungen in der Ausübung

elterlicher Gewalt genügen nicht, BGE 99 IV 269 f. «Entziehen» ist das Herbeiführen der Trennung durch Entfernung des Minderjährigen. Das Verhalten ist vergleichbar mit Gewahrsamsbruch, vgl Art. 139 N 3 ff.

Die Revision 1989 führte neu die Formulierung «sich weigert... zurückzugeben» ein. Damit schlägt sie einen Mittelweg ein zwischen der alten Fassung («vorenthält») und dem Expertenentwurf, der nur «dauernd» entziehen erfassen wollte. Diese Tatbestandsvariante erfordert, dass sich der Unmündige bereits in der faktischen Obhut des Täters befindet, BGE vom 13.7.1995, zit. bei FELBER 302 f., STRATENWERTH BT II § 27 N 8. Nicht mehr strafbar soll es sein, die unmündige Person nur vorübergehend zu beherbergen (vgl. BGE 99 IV 271, Art. 305 N 8), Botsch. 1058. Die Weigerung muss also der Absicht entspringen, den oder die Unmündige(n) dauernd oder doch für längere Zeit dem Berechtigten vorzuenthalten, ebenso STRATENWERTH BT II § 27 N 8, anders SAUTEREL 81, 85.

Auf den **Willen des urteilsfähigen Unmündigen** kommt es grundsätzlich   4
nicht an, BGE 99 IV 270, 101 IV 305. Die Revision milderte die sich daraus ergebenden Konsequenzen. Wer einen aus Elternhaus oder Vormundschaft flüchtenden Unmündigen beherbergt, läuft nun nicht mehr Gefahr, sich strafbar zu machen, s. N 3, REHBERG IV 25. Richtig der Freispruch für eine Mutter, die den unter der elterlichen Gewalt des Vaters stehenden 18jährigen Sohn aufnimmt, JdT 1965 IV 30. Scheitert die Rückkehr des (urteilsfähigen) Unmündigen allein an dessen eigenem Widerstand, so ist der Tatbestand m.E. nicht erfüllt, gl.M. REHBERG IV 24, SCHUBARTH Art. 220 N 41. Der Wille des urteilsunfähigen Unmündigen ist ferner von Bedeutung unter dem Gesichtspunkt von Art. 183 ff., s. N 8.

Zur Stellung des Strafantrags ist nur der Inhaber der elterlichen Gewalt   5
legitimiert, BGE 92 IV 2, 108 IV 24. Wurde die elterliche Gewalt nicht entzogen, so ist die Vormundschaftsbehörde nicht zuständig, BGE 108 IV 24. Die Kompetenz kann nicht delegiert werden, RS 1953 Nr. 83. Zur Ausübung ist auch die Mutter allein kompetent, BGE 92 IV 2. Zum Missbrauch des Antragsrechts wider Treu und Glauben BGE 104 IV 94 und 105 IV 230 (s. N 12 vor Art. 28). Die Antragsfrist beginnt, weil Art. 220 ein Dauerdelikt ist (BGE 91 IV 231, 92 IV 159), erst mit der Beendigung des rechtswidrigen Zustandes zu laufen.

Der **Begehungsort** ist dort, wo der Täter «entzieht», d.h. am rechtmässi-   6
gen Aufenthaltsort, oder «vorenthält», d.h. am effektiven Aufenthaltsort, BGE 92 IV 158. Unrichtig und mit BGE 105 IV 326 nicht mehr vereinbar ist BGE 91 IV 231 ff., wonach bei Vorenthalten der «Erfolg» an dem Ort eintrete, wo der Verletzte neuen Wohnsitz hat (vgl. Art. 217 N 20).

Kasuistik   7
BGE 80 IV 68: Marie Distel versorgte ihr Kind eigenmächtig bei Familie Jagmann und weigerte sich, den Vormund darüber verfügen zu lassen – bloss verbale Weigerung nicht strafbar; **91 IV 136: Porta,** von seiner Frau

getrennt, missbrauchte das Besuchsrecht, um seine Kinder nach Italien zu seinen Eltern zu bringen, ähnlich **92 IV 156; 91 IV 228: Cramer**, in Scheidung, weigerte sich, sein Kind entsprechend gerichtlicher Anordnung der Mutter zurückzubringen; **92 IV 1: X.** verreiste mit seiner minderjährigen Geliebten ins Ausland; **95 IV 67: Elisabeth H.** verliess ohne Wissen des Gatten mit drei von fünf Kindern die Wohnung und flog mit ihrem Freund nach Montreal; **98 IV 36: Frau de Pourtalès,** in Scheidung, besprach einen möglichen Besuch der Kinder beim Vater in Paris, verreiste dann aber mit ihnen nach Portugal – mangels verbindlicher Regelung des Besuchsrechts nicht strafbar; **99 IV 267: X.** beherbergte Jugendliche, die aus der Anstalt Uitikon mit Hilfe der «Heimkampagne» entwichen waren; **101 IV 303:** Die der Mutter anvertraute 13jährige Tochter begab sich während des Scheidungsverfahrens allein zu ihrer Grossmutter nach Frankreich; diese erklärte, sie widersetze sich einer Rückkehr nicht, missachtete aber eine richterliche Anordnung, wonach sie das Kind unverzüglich hätte zur Mutter zurückschicken sollen; **104 IV 90** und **105 IV 229: Gisèle Y.** behielt ihre Kinder drei Tage über die Dauer des Besuchsrechts bei sich – der Strafantrag des François X., welcher die Ausübung des Besuchsrechts selber verhindert oder erschwert hatte, war rechtsmissbräuchlich; **108 IV 23: Joseph Haffner,** dessen Kinder, ohne dass ihm die elterliche Gewalt entzogen worden wäre, in ein Heim eingewiesen wurden, brachte sie nach Ausübung des Besuchsrechts nicht zurück – der *Service de protection de la jeunesse* war nicht legitimiert, Strafantrag zu stellen; **110 IV 35: C. S.** stand in Scheidung, ein kalifornischer Richter sprach als vorsorgliche Massnahme die elterliche Gewalt der Mutter zu; auf Gesuch erhielt C. S. die Erlaubnis, die Kinder für fünf Tage zu sich zu nehmen; er brachte sie in die Schweiz und behielt sie nach Ablauf der Frist bei sich; obschon die Zuteilung der Kinder in der Schweiz nicht vollstreckbar wäre, wurde C. S. bestraft, weil jedenfalls die Urlaubsregelung mit seinem Einverständnis getroffen worden war; **118 IV 62: D. W.** holte während des Scheidungsverfahrens seine Kinder zum Wochenendbesuch ab, nahm sie dann aber auf eine sechswöchige Ferienreise mit, auf der er sie gut behandelte – keine zusätzliche Entführung nach Art. 183/184; **BJM 1997 76: H.J.** und F.P. wohnten unverheiratet zusammen, als ihr Sohn Alex zur Welt kam – später trennten sie sich; H.J. nahm Alex nach Tunesien mit, wo er bei seinen Eltern wohnte; F.P. hatte erst zugestimmt zog dann aber die Einwilligung zurück; H.J. brachte Alex nicht zurück - Tatbestand erfüllt.

8   **Konkurrenzen und Abgrenzungen**
Zu **Art. 183-185** besteht echte Konkurrenz – diese Taten richten sich gegen das Kind, Art. 220 schützt nur den Inhaber der elterlichen Gewalt REHBERG IV 26 f., SCHUBARTH Art. 183 N 63, Art. 217 N 10, 52, STRATENWERTH BT II § 27 N 12, für Konsumtion durch Art. 220 SAUTER 142. Wo der Täter ebenfalls die elterliche Gewalt innehat, ist freilich der Tatbestand von Art. 183 nicht erfüllt, vgl. BGE 118 IV 62, zum Sachverhalt s. oben N 7. S. ferner **Art. 292** N 10.

Siebenter Titel: Gemeingefährliche Verbrechen und Vergehen

VE 1894 Art. 136 ff., 151 f., Mot. 213 ff., 222. 1. ExpK II 137 ff., 207 ff., 242 f., 646 ff. VE 1908 Art. 143 ff. Erl.Z. 263 ff. 2. ExpK III 318 ff., VIII 279 ff., IX 60 ff. VE 1916 Art. 191 ff. E Art. 187 ff. Botsch. 46 ff. Sten.NR 434 ff., StR 200 ff., NR 703 f., StR 328, NR 749 ff., StR 350.

ERNST DELAQUIS, Bemerkungen zu den gemeingefährlichen Verbrechen und Vergehen des Schweizerischen Strafgesetzbuches, ZStrR 57 (1943) 106; WALTER NÄGELI, Straftatbestände bei Bränden und Explosionen, Kriminalistik 1971 535, 593; ROBERT ROTH, *Risques collectifs et délits de mise en danger collectif,* FS zum 50jährigen Bestehen der Schweizerischen Kriminalistischen Gesellschaft, Bern 1992, 249; GÜNTER STRATENWERTH, Gemeingefährliche Straftaten, ZStrR 80 (1964) 8; DERS., Das Strafrecht in der Krise der Industriegesellschaft, Basel 1993; JOËL VOLET, *La faute en matière d'infractions de mise en danger collective,* Diss. Laus. 1985.

Der Begriff der **Gemeingefahr** wurde früher, z.B. durch STOOSS, nach der «Naturkrafttheorie» definiert als das Entfesseln von Naturkräften (vgl. COTTIER, Der Begriff der Gemeingefahr, Diss. FR 1918, 102). Heute wird allein auf die Wirkung abgestellt. Gemeingefahr ist nach BGE 85 IV 132 «ein Zustand, der die Verletzung von Rechtsgütern in einem nicht zum voraus bestimmten und abgegrenzten Umfange wahrscheinlich macht», wobei nicht nur an Personenschaden zu denken ist, bestätigt in BGE 117 IV 286. Art. 229 und 230 erfassen allerdings nur die Gefährdung von «Leib und Leben von Mitmenschen», BGE 117 II 270, 119 II 129.   1

Mit STRATENWERTH, ZStrR 80 (1964) 17 ff. und BT II § 27 N 4 f. ist zu präzisieren, dass es entgegen HAFTER BT II 495, nicht auf die Zahl der gefährdeten Rechtsgüter ankommt (vgl. aber BGE 80 IV 182) – **es genügt die konkrete Gefährdung eines Einzelnen,** vorausgesetzt, dass er nicht als Individuum, sondern als vom Zufall ausgewählter «Repräsentant der Allgemeinheit» (STRATENWERTH a.a.O. 18) betroffen ist, ebenso NÄGELI 596, REHBERG IV 29 (nach REHBERG ist die Gemeingefahr jedoch nur in Art. 221 I und 222 II bei Selbstschädigung des Täters notwendiges Tatbestandsmerkmal); kritisch zur Bedeutung des Faktors Zufall ROTH 262 f. Der Repräsentationstheorie folgt ausdrücklich BJM 1989 218.   2

221 Brandstiftung

[1] **Wer vorsätzlich zum Schaden eines andern oder unter Herbeiführung einer Gemeingefahr eine Feuersbrunst verursacht, wird mit Zuchthaus bestraft.**

²**Bringt der Täter wissentlich Leib und Leben von Menschen in Gefahr, so ist die Strafe Zuchthaus nicht unter drei Jahren.**

³**Ist nur ein geringer Schaden entstanden, so kann auf Gefängnis erkannt werden.**

GUNTHER ARZT, Anm. zu BGE 105 IV 330: «warm abbräche», recht 1 (1983) 24;
BENNO BERCHTOLD, Das Verbrechen der Brandstiftung, Diss. ZH 1943; MARTIN
BRUNNER, Die Brandstiftung und die fahrlässige Verursachung einer Feuersbrunst
im Sinne von Art. 221 StGB und Art. 222 StGB, unter besonderer Berücksichtigung
der Rechtsprechung im Kanton Zürich, Diss. ZH 1986; HANS GEORG HINDERLING /
PETER GOEPFERT, Sandoz Brand: Haftung im Fadenkreuz von Völkerrecht, Aktien-
recht und Strafrecht, SJZ 83 (1987) 57; PAVLOS TSERMIAS, Die Brandstiftung, ZStrR
77 (1961) 254. **Lit.** zu Art. 144, vor Art. 221.

1 **Brandstiftung** ist entweder Sachbeschädigung oder Gemeingefährdung
durch Feuersbrunst.

2 **Feuersbrunst** ist «nicht jedes unbedeutende Feuer, das ohne Gefahr beherrscht werden kann, sondern es muss sich um ein *Feuer von solcher
Stärke* handeln, *dass es vom Urheber nicht mehr bezwungen werden
kann*», BGE 117 IV 285, 105 IV 129 f., ebenso schon 85 IV 227, RS 1973
Nr. 555, eingehend BRUNNER 27 ff., 41 f. Einerseits muss der Täter also
ausserstande sein, das Feuer zu löschen oder wenigstens dessen Ausdehnung zum Schaden Dritter oder zur Gemeingefahr zu verhindern; keine
Feuersbrunst, wenn Papier und Reiswellen mit Hilfe einer Gabel und
zwei Kesseln Wasser gelöscht werden können, SJZ 53 (1957) Nr. 22; für
Objektivierung dieses Merkmals NÄGELI 535 f.; s. auch PKG 1960 Nr. 65.
Andererseits muss das Feuer eine *gewisse Erheblichkeit* erreichen, BGE
105 IV 130 (BJM 1960 304: «ungewöhnlicher Umfang»). Diese Voraussetzungen können auch bei einem Glimmbrand erfüllt sein, BGer a.a.O.
PKG 1974 Nr. 35, RS 1973 Nr. 555. LGVE 1988 I Nr.48 verneint sie in einem Fall, wo zwei Motorräder angezündet wurden und die Täter den
Brand überwachten, «zumal sie nahe am Bach waren und genügend nas-
ses Laub vorfanden». Die Gemeingefährlichkeit gehört nicht zum Begriff
der Feuersbrunst, BGE 105 IV 130, 85 IV 227, AGVE 1981 Nr. 19.

Gelang es nicht, die Feuersbrunst zu entfachen, bleibt es bei Versuch,
BGE 115 IV 223.

3 Das Verursachen einer Feuersbrunst ist einmal strafbar, wenn dadurch
ein **anderer geschädigt** wird. Der Schaden trifft einen «anderen», wenn
der Täter nicht Alleineigentümer und die Sache nicht herrenlos ist, vgl.
PKG 1961 Nr. 57. In wirklichkeitsfremder Auslegung bezeichnet BGE 85
IV 230 f. als einen «anderen» auch die vom Täter als Alleinaktionär beherrschte AG, deren Einwilligung der Täter rechtsgültig abgeben kann,
dazu kritisch BUCHER, ZStrR 94 (1977) 159 f.; s. auch N 4 vor Art. 137.
Die *Versicherung*, welche den Schaden ersetzt, ist nicht geschädigt i.S.v.
Art. 221: bei vorsätzlicher Tat durch den Versicherten entfällt u.U. ihre
Leistungspflicht, BGE 85 IV 228 f., in den übrigen Fällen (Brandstiftung
durch Dritte, fahrlässige Brandstiftung) haftet sie aus Vertrag, BGE 85

IV 28 ff., 105 IV 40, 107 IV 182 f., RS 1973 Nr. 555, 1975 Nr. 918; zustimmend Schultz, ZBJV 118 (1982) 553 (anders noch ZBJV 97 [1961] 187). Der *Pfandgläubiger* ist geschädigt, wenn der Wert der Pfandsache so stark beeinträchtigt wurde, dass sie seine Forderung nicht mehr deckt, BGE 105 IV 40, präzisiert in 107 IV 184; RS 1975 Nr. 918, kritisch Stratenwerth BT II § 28 N 12. Ob der Schaden versichert ist, spielt keine Rolle, RS 1954 Nr. 156. Für die blosse Bestrafung wegen Sachbeschädigung, wenn nur nebenbei geringer Schaden für Dritte eintritt, Arzt 27. Eine Gemeingefährdung ist nicht erforderlich, h.L., z.B. Arzt 25. Nach Brunner 53 f. ist zwar ein «anderer» auch der Mieter oder der Pächter; Stratenwerth a.a.O. N 12 f. betont dagegen, es seien nur dingliche Rechte geschützt, nicht blosse obligatorische Ansprüche. Wo der Eigentümer sein Haus anzündet, das er vermietet oder verpachtet hat, wird er allerdings regelmässig auch Fahrnis des obligatorisch Berechtigten vernichten, die Streitfrage hat deshalb wenig praktische Bedeutung. Keine Drittschädigung ist dort gegeben, wo der Vermieter sein Ferienhaus abbrennt, obgleich es für den folgenden Monat vermietet war.

Strafbarkeit begründet andererseits die Herbeiführung einer **Gemeingefahr,** s. Vb zu Art. 221, die auch bloss Sachen betreffen kann, BGE 85 IV 131, AGVE 1981 Nr. 19, wobei mit Stratenwerth BT II § 28 N 14, die Gefährdung einer «Vielzahl vom Zufall ausgewählter Güter» zu fordern ist. Das Ausmass der Gefahr bestimmt sich nach den konkreten Umständen, wie Entzündlichkeit der Gebäude, Abstand, Windverhältnisse, Wahrscheinlichkeit rascher Entdeckung, RS 1955 Nr. 169, vgl. auch SJZ 52 (1956) Nr. 15, PKG 1969 Nr. 18. Die Gefährdung der Feuerwehrleute bildet keine Gemeingefahr i.S.v. Art. 221, BGE 83 IV 31. Die Gefährdung braucht nicht durch Hitze, sie kann auch durch Rauch entstehen, vgl. BGE 105 IV 129.   4

Der **Vorsatz** muss sich sowohl auf das Entstehen einer Feuersbrunst als auch auf deren Schädigungs- oder Gefährdungserfolg beziehen, BGE 105 IV 40 f., 107 IV 182. Eventualdolus genügt, bejaht beim Sprengstoffanschlag auf Anlagen eines Kraftwerks, PKG 1981 Nr. 11 und beim Anzünden einer Holzbeige, RB TG 1990 Nr. 20.   5

Vorbereitungshandlungen sind strafbar, Art. 260bis.   6

Unter der gemäss **Abs. 2** qualifizierenden **Gefährdung von «Leib und Leben von Menschen»,** ist «die Gefährdung individuell bestimmter Personen, namentlich der Bewohner des angezündeten Gebäudes» zu verstehen, BGE 85 IV 132, s. auch 117 IV 286, 105 IV 131, kritisch zum Tatbestand und mit Recht für einschränkende Auslegung Stratenwerth a.a.O. 22 ff., ders. BT II § 28 N 19, anders Rehberg IV 32. Die Qualifikation ist gegeben bei Brand eines besetzten Hotels, BJM 1956 288; in einem Gefängnis, BGE 105 IV 131; in einem Walliser Bergdorf, RS 1973 Nr. 556; oder (nachts) in einem bewohnten Haus, EGV ZG 1983/84 107.   7

Der Täter handelt **«wissentlich»,** wenn er sich der Gefahr bewusst ist – handelt er dennoch, dann will er sie auch, BGE 117 IV 286, 105 IV 132   8

(Vi PKG 1978 Nr. 14) in Korrektur von 85 IV 132, PKG 1992 Nr.15; abweichend SJZ 65 (1969) Nr. 189, RS 1962 Nr. 89. Andererseits schliesst das Erfordernis des Wissens den Eventualvorsatz aus, BGE 94 IV 63 f., 106 IV 15 zu aArt. 129. Auf das Motiv kommt es nicht an, BGE 117 IV 286. Eventualdolus genügt nicht, PKG 1992 Nr.15, REHBERG IV 33 f., STRATENWERTH BT II § 28 N 20.

9   Die **Strafmilderung** gemäss **Abs. 3** ist vorgesehen für den Fall des *geringfügigen Erfolgs,* SJZ 69 (1973) Nr. 10, selbst wenn eine Gemeingefahr geschaffen wurde, AGVE 1981 Nr. 19; nach RB TG 1990 Nr. 20, SJZ 62 (1966) Nr. 156 (ebenso STRATENWERTH BT II § 28 N 23 mit Hinweis auf HAFTER), sogar bei Abs. 2, vgl. aber zu Art. 224 II BGE 103 IV 244! Der Schaden wird am Gesamtwert des Tatobjekts bemessen. «Gering» sind 5% der Bausumme, SJZ 39 (1942/43) Nr. 236; 1400 Franken Gesamtschaden von vier Waldbränden, Rep. 1964 96; ein Schaden unter 5000 Franken, AGVE 1981 Nr. 19 (drei Holzschöpfe verbrannt), RB TG 1990 Nr.20 (Holzbeige von ca. 50 Ster im Wert von 3000 Franken und 1920 Franken Feuerwehrkosten); enger LGVE 1988 I Nr. 48, wonach ein Schaden von 4100 Franken nicht gering sei. Die Relativierung des Schadens gemessen an der Bausumme vermag nicht zu überzeugen. Es sollte eine Konkretisierung ähnlich derjenigen gemäss Art. 172ter getroffen werden – die Praxis ist m.E. eher zu grosszügig.

10   **Kasuistik**
      BGE 85 IV 131: Schmid legte Feuer an Holzbaracken, in deren Seitenflügel Menschen schliefen; **85 IV 225: Reinhold Müller** setzte auf offener Strecke ein Auto in Brand, welches der von ihm als Alleinaktionär beherrschten Primera AG gehörte, in welchem sich ein für 75 000 Franken versichertes, Paolo Ucello zugeschriebenes Gemälde befand; **105 IV 128 X.,** Insasse der Strafanstalt Sennhof, legte in seiner Zelle Feuer an Wolldecken, um sich zu töten; **115 IV 221: W.** legte in einem als Wartesaal dienenden Pavillon in Lausanne an zwei Stellen Feuer; **116 IV 1: H. und B.** wurden dazu angestiftet, einen Brandanschlag auf das Auto von K. zu verüben; **117 IV 285: X.** legte im Dachstock von fünf bewohnten Miethäusern Feuer (Abs. 2); **PKG 1992 Nr.15: K.** legte nachts Feuer im Nebengebäude eines Wohnhauses (Abs. 2).

11   **Konkurrenzen und Abgrenzungen**
      Zu **Tötung** und **Körperverletzung** besteht Idealkonkurrenz. **Art. 129 und 144** geht Art. 221 als *lex specialis* vor. **Art. 146:** Realkonkurrenz bei Schadensmeldung, STRATENWERTH BT II § 28 N 28. Zu **Art. 224** ist Idealkonkurrenz möglich, PKG 1981 Nr. 11, ebenso zu **Art. 225;** s. ferner **Art. 22** N 6, **310** N 10.

222 Fahrlässige Verursachung einer Feuersbrunst

[1] **Wer fahrlässig zum Schaden eines andern oder unter Herbeiführung einer Gemeingefahr eine Feuersbrunst verursacht, wird mit Gefängnis oder mit Busse bestraft.**

[2] **Bringt der Täter Leib und Leben von Menschen in Gefahr, so ist die Strafe Gefängnis.**

Lit. vor und zu Art. 221.

Zu den **objektiven Tatbestandsmerkmalen** s. Art. 221.   1

Zur **Fahrlässigkeit** Art. 18 N 23 ff. Die Fahrlässigkeit muss sich auch auf   2
den Schädigungs- bzw. Gefährdungserfolg beziehen.

Kasuistik   3
BGE 83 IV 25 i.S. **Rufener:** Verursachung eines Brandes durch ungenügendes Überwachen eines Aschenbehälters (Freispruch); **91 IV 138: Michel** deponiert die brennende Zigarette auf einem grasbewachsenen Felsblock am Augstmatthorn an der Nordseite des Brienzersees, worauf ein ausgedehnter Brand des dürren Grases entsteht; **105 IV 331: Helene M.** sagt zu Beat S. und Ursula P., ihr Bauernhaus in Thalheim würde man am besten «warm abbräche» – sie bietet (scherzhaft) 5000 Franken; Beat S. und Ursula P. legen einen Brand – Freispruch, weil keine Anstiftungsabsicht und Fehlen des adäquaten Kausalzusammenhangs, dazu Art. 18 N 42, ARZT a.a.O.; **Pra. 79 (1990) Nr. 257: D.** trug keine Schuld an einem Chaletbrand wegen unsorgfältigen Einbaus eines Cheminees; **SJZ 62 (1966) Nr. 135:** Brandverursachung durch Schweissen neben einem Holzbalken; **RS 1967 Nr. 49:** Leeren von Aschenbechern in Plastikeimer in einem Hotel; **RS 1979 Nr. 687:** Umgiessen von Benzin in der Nähe eines Elektroofens mit glühender Wicklung; **SJZ 74 (1978) Nr. 66:** Mangelnde Sorgfalt im Umgang mit Heizöl; **RB TG 1989 Nr. 22:** Keine Verletzung von Sorgfaltspflichten beim Verschweissen von Kupferblechen an einer Fensterbrüstung; s. auch BRUNNER 109 ff.

Konkurrenzen und Abgrenzungen   4
Zu **Art. 117, 125** besteht echte Konkurrenz, es sei denn, die Gefährdung habe sich dabei restlos zur Verletzung realisiert und es sei kein Drittschaden entstanden (vgl. BGE 91 IV 213); s. ferner **Art. 229** N 13.

223 Verursachung einer Explosion

1. Wer vorsätzlich eine Explosion von Gas, Benzin, Petroleum oder ähnlichen Stoffen verursacht und dadurch wissentlich Leib und Leben von Menschen oder fremdes Eigentum in Gefahr bringt, wird mit Zuchthaus bestraft.

Ist nur ein geringer Schaden entstanden, so kann auf Gefängnis erkannt werden.

2. Handelt der Täter fahrlässig, so ist die Strafe Gefängnis oder Busse.

Lit. vor Art. 221.

1   **Art. 223** bestraft die Gefährdung durch Explosion von Stoffen, die (im Gegensatz zu den Sprengstoffen) *nicht zum Explodieren bestimmt* sind.

2   Der Tatbestand erfasst nur **Stoffe,** die *an sich explosiv* sind, aber nicht Flüssigkeiten, die erst bei längerer Erhitzung Dämpfe abgeben, die ihrerseits explodieren können, SJZ 63 (1967) Nr. 44.

3   Als «**Explosion**» gilt auch das schnelle Abbrennen («verpuffen») eines Gemischs aus Gas und Luft, BGE 110 IV 70.

3a   Zum **subjektiven Tatbestand** gilt analog, was zu Art. 221 gesagt ist, s. N 5, 8.

4   Zur **Sorgfaltspflicht** beim Umgang mit Propangas SJZ 73 (1977) Nr. 66; ferner VO III zum BG über die Arbeit in Industrie, Gewerbe und Handel vom 26.3.1969, SR 822.113, Art. 69-76, Publikationen der SUVA usw.

5   **Kasuistik**
BGE 110 IV 69: W.K. überliess seinem Bruder P. einen Gasbrenner, mit welchem der zu bemalende Boden einer Tiefkühlanlage aufgetaut werden sollte, unterliess aber die nötige Instruktion; in Abwesenheit von P erlosch die Flamme, und der Versuch, sie wieder anzuzünden, führte zur Explosion, Schuldspruch, dazu RIKLIN in Baurecht 1986 20.

6   **Konkurrenzen und Abgrenzungen**
Art. 111 f., 117, 122 ff., 144: Konkurrenz, wenn eine über die Verletzung hinausgehende Gefährdung bestand; **Art. 129:** Art. 223 geht als *lex specialis* vor; **Art. 221, 222:** Idealkonkurrenz, sofern das Gefährdungspotential der Explosion weiter reicht als jenes der Brandstiftung, REHBERG IV 41 f.

224   Gefährdung durch Sprengstoffe und giftige Gase in verbrecherischer Absicht

[1] **Wer vorsätzlich und in verbrecherischer Absicht durch Sprengstoffe oder giftige Gase Leib und Leben von Menschen oder fremdes Eigentum in Gefahr bringt, wird mit Zuchthaus bestraft.**

[2] **Ist nur Eigentum in unbedeutendem Umfange gefährdet worden, so kann auf Gefängnis erkannt werden.**

JÖRG REHBERG, Die Sprengstoffdelikte des Schweizerischen Strafgesetzbuches, Kriminalistik 1972 43, 101; FRANZ STÄMPFLI, Das revidierte Sprengstoffgesetz, ZStrR 39 (1925) 51; H. SUTER, Die Abklärung von Sprengstoffdelikten, Kriminalistik 1975 274, 322; **Lit.** vor Art. 221.

1   Die **Sprengstoffdelikte,** Art. 224-226, wurden aus dem Sprengstoffgesetz vom 7.10.1924 übernommen, das seinerseits das «Anarchistengesetz» vom 12.4.1894 revidierte.

Der Begriff **«Sprengstoffe»** ist in BG über explosionsgefährliche Stoffe 2
vom 25.3.1977 (SR 941.41) Art. 5 I definiert als «einheitliche chemische
Verbindungen oder Gemische solcher Verbindungen, die durch Zündung, mechanische Einwirkung oder auf andere Weise zur Explosion gebracht werden können und die wegen ihrer zerstörenden Kraft, sei es in
freier oder verdämmter Ladung, schon in verhältnismässig geringer
Menge gefährlich sind». Diese Definition gilt auch für Art. 224-226, wobei die zerstörerische Kraft das entscheidende Merkmal ist, BGE 103 IV
243, 104 IV 235, vgl. auch REHBERG 43. Feuerwerkskörper (BG a.a.O.
Art. 7) einschliesslich Signalraketen fallen nicht darunter, BGE 104 IV
235; gemäss AGVE 1988 Nr.23 gilt dies freilich nur dann, wenn sie nicht
zum Zwecke der Zerstörung eingesetzt werden (in casu Sprengung eines
Briefkastens mit «Krachern»).

Eine Definition der **«giftigen Gase»** liegt nicht vor; der Zusammenhang 3
mit den Sprengstoffen führt aber zu einer Beschränkung auf eigentliche
Giftgase, wie sie als Kampfgas Verwendung finden, BJM 1983 143. CN-
Gas und ähnliche Stoffe, die mit Gaspistolen verschossen werden und
grundsätzlich nicht dazu bestimmt sind, schwere Verletzungen oder gar
den Tod herbeizuführen, sind m.E. keine «Giftgase» i.S.v. Art. 224; weiter STRATENWERTH BT II § 29 N 15.

Die **Täterhandlung** ist in keiner Weise spezifiziert. Nach h.M. setzt Voll- 4
endung nicht einmal voraus, dass Sprengstoff auch zur Explosion gebracht wurde, s. BGE 115 IV 12 f. (Flugzeugentführer Hariri droht mit
der Zündung von 562 Gramm Trinitrotoluol).

Zur **Gefährdung** Vb und N 4 zu Art. 221. Es muss eine konkrete Gefahr 5
für Leib und Leben oder fremdes Eigentum geschaffen werden, BGE 103
IV 243. Die Praxis folgt der *Individualtheorie,* lässt also gezielte Gefährdung eines Rechtsgutes genügen, RS 1979 Nr. 688, ZBJV 115 (1979)
427, ebenso REHBERG 45, DERS. IV 44, allerdings unter Bezugnahme auf
Materialien, die der *Naturkrafttheorie* (N 1 vor Art. 221) folgen. Mit
STRATENWERTH BT II § 29 N 17 ist die *Repräsentationstheorie* vorzuziehen.

Der **Vorsatz** muss sich auf den Gefährdungserfolg beziehen, BGE 103 IV 6
243.

In **verbrecherischer Absicht** handelt der Täter, wenn er ausser der Ge- 7
fährdung ein weiteres Verbrechen oder Vergehen verüben will, z.B.
Flugzeugentführung, BGE 115 IV 13 (Hariri), oder Sachbeschädigung
BGE 115 IV 113, 103 IV 243, SJZ 45 (1949) Nr. 54, PKG 1966 Nr. 13, 1972
Nr. 19. Der Begriff «verbrecherisch» ist nicht i.S.v. Art. 9 technisch zu
verstehen, PKG 1972 Nr. 19, aber Übertretungen fallen nicht darunter,
SJZ 45 (1949) Nr. 54. Eventualabsicht genügt gemäss BGE 103 IV 243,
mit Recht ablehnend REHBERG IV 45, STRATENWERTH BT II § 29 N 20.

Zum privilegierten Tatbestand des **Abs. 2** vgl. Art. 221 N 9; Abs. 2 ist 8
aber ausgeschlossen, wenn Leib und Leben auch nur geringfügig gefähr-

det wurden, BGE 103 IV 244. Selbst wenn Eigentum nur in unbedeutendem Umfang betroffen wurde, ist die Privilegierung abzulehnen, wenn eine weitergehende, nicht unerhebliche Gefährdung von Eigentum eintrat, BGE 115 IV 113 f.

9   Zur Strafbarkeit von **Vorbereitungshandlungen** s. Art. 226.

10 Gemäss Art. 340 unterstehen die Sprengstoffdelikte der **Bundesgerichtsbarkeit.**

11 **Konkurrenzen und Abgrenzungen**
Idealkonkurrenz mit **Art. 111 ff., 122 f. und 144,** BGE 103 IV 245, PKG 1972 Nr. 19, 1981 Nr. 11, SJZ 45 (1949) Nr. 54. Geht die Gefährdung vollständig in der Verletzung auf, so müsste sie durch das Verletzungsdelikt konsumiert werden, was jedoch wegen der hohen Strafdrohung zu unbilligen Ergebnissen führen würde, deshalb Idealkonkurrenz, STRATENWERTH BT II § 29 N 8, 23; mit anderer Begründung REHBERG 46. Zu **Art. 221** ist Idealkonkurrenz möglich, PKG 1981 Nr. 11. S. ferner **Art. 226** N 6, **228** N 2, **239** N 7.

225 Gefährdung ohne verbrecherische Absicht. Fahrlässige Gefährdung

[1] **Wer vorsätzlich, jedoch ohne verbrecherische Absicht, oder wer fahrlässig durch Sprengstoffe oder giftige Gase Leib und Leben von Menschen oder fremdes Eigentum in Gefahr bringt, wird mit Gefängnis bis zu fünf Jahren bestraft.**

[2] **In leichten Fällen kann auf Busse erkannt werden.**

Lit. vor Art. 221 und zu Art. 224.

1   Der **objektive Tatbestand** entspricht demjenigen von Art. 224. BJM 1980 218 verneint das Vorliegen einer Gemeingefahr: Der Täter hatte Sprengstoff an abgelegener Stelle «in Vollziehung eines Jahrhunderte alten Brauchtums» (Hochzeitsschiessen) zur Explosion gebracht und lediglich den Scheibenstand, dessen Wellblechdach beschädigt wurde, gefährdet.

2   **Ohne verbrecherische Absicht** handelt insbesondere, wer Sprengstoff gewerblich nutzt und dabei Leib und Leben oder fremdes Eigentum gefährdet, aber nicht verletzen will.

3   **Fahrlässigkeit** (s. Art. 18 N 23 ff.) kommt nur in Form der unbewussten Fahrlässigkeit in Frage, weil Handeln im Wissen um eine mögliche Gefährdung Vorsatz zur Folge hat, vgl. Art. 221 N 8.

4   Art. 225 unterstellt vorsätzliche und fahrlässige Begehung systemwidrig derselben **Strafandrohung!**

5   Ein **leichter Fall,** Abs. 2, liegt vor, wenn nur unbedeutende Objekte betroffen sind, bzw. ein geringer Schaden vorliegt und auch das Verschulden nicht schwer wiegt, AGVE 1988 Nr. 23, Sprengen eines Briefkasten

PKG 1969 Nr. 41, 1978 Nr. 50. Fragwürdig Rep. 1965 70, wo Abs. 2 sogar bei fahrlässiger Tötung angewandt wird.

Konkurrenzen und Abgrenzungen   6
Idealkonkurrenz mit **Art. 117,** wenn weitere Personen gefährdet wurden, BGE 103 IV 245; Rep. 1965 70, 125, RJJ 1993 279, RS 1948 Nr. 83; s. ferner **Art. 221 N 11, 226 N 6. Sprengstoffgesetz Art. 43 III** ist m.E. subsidiär, anders anscheinend BJM 1989 216 ff.

226 Herstellen, Verbergen, Weiterschaffen von Sprengstoffen und giftigen Gasen

[1] Wer Sprengstoffe oder giftige Gase herstellt, die, wie er weiss oder annehmen muss, zu verbrecherischem Gebrauche bestimmt sind, wird mit Zuchthaus bis zu zehn Jahren oder mit Gefängnis nicht unter sechs Monaten bestraft.

[2] Wer Sprengstoffe, giftige Gase oder Stoffe, die zu deren Herstellung geeignet sind, sich verschafft, einem andern übergibt, von einem andern übernimmt, aufbewahrt, verbirgt oder weiterschafft, wird, wenn er weiss oder annehmen muss, dass sie zu verbrecherischem Gebrauche bestimmt sind, mit Zuchthaus bis zu fünf Jahren oder mit Gefängnis nicht unter einem Monat bestraft.

[3] Wer jemandem, der, wie er weiss oder annehmen muss, einen verbrecherischen Gebrauch von Sprengstoffen oder giftigen Gasen plant, zu deren Herstellung Anleitung gibt, wird mit Zuchthaus bis zu fünf Jahren oder mit Gefängnis nicht unter einem Monat bestraft.

Lit. vor Art. 221 und zu Art. 224.

Art. 226 stellt **Vorbereitungshandlungen** zu Art. 224 unter Strafe, BGE   1
103 IV 244.

Zu «**Sprengstoffe**» Art. 224 N 2; «**giftige Gase**» Art. 224 N 3.   2

Zur **Täterhandlung** in Abs. 3 ist zu bemerken, dass die Anleitung zur *Ver-*   3
vendung von Sprengstoffen oder Giftgas nicht erfasst ist; kommt es zur
Tat gemäss Art. 224, so liegt Gehilfenschaft vor.

Die Absicht des **verbrecherischen Gebrauchs** wird in BGE 104 IV 243 ff.   4
auf die Absicht des Verbrechens i.S.v. Art. 9 beschränkt. Dies widerspricht Lehre und Praxis zur verbrecherischen Absicht in Art. 224 (s. N
7), bringt aber eine willkommene Einschränkung des weiten Tatbestandes von Art. 226. Im übrigen ist mit der Bestimmung zu verbrecherischem Gebrauch die verbrecherische Absicht i.S.v. Art. 224 gemeint, was
ich aus der Strafdrohung ergibt.

Zu «**weiss oder annehmen muss**» s. Art. 160 N 12.   5

Konkurrenzen und Abgrenzungen   6
Nach BGE 103 IV 244 f. wird Art. 226 von **Art. 224** dann konsumiert,

wenn der vom Täter hergestellte oder beschaffte Sprengstoff vollständig für das Gefährdungsdelikt verbraucht oder der Rest an einen Empfänger weitergeleitet wird, bei dem für einen verbrecherischen Gebrauch keine Anhaltspunkte bestehen; ebenso REHBERG 104, STRATENWERTH BT II § 29 N 42; a.M. SUTER 324 mit Hinweis auf das Urteil des ZH OGer vom 24.4.1972 i.S. F. und Kons.; Zu **Art. 225** besteht dagegen Realkonkurrenz, weil dort die Absicht des verbrecherischen Gebrauchs nicht abgegolten wird; abweichend STRATENWERTH BT II § 29 N 42, der jedoch verkennt, dass Art. 226 Mindeststrafen von sechs bzw. einem Monat Gefängnis androht und deshalb nicht mitbestrafte Vortat eines Vergehens mit einer Mindeststrafe von drei Tagen Gefängnis sein kann, vgl. auch **Art. 242** N 4.

227 Verursachung einer Überschwemmung oder eines Einsturzes

1. Wer vorsätzlich eine Überschwemmung oder den Einsturz eines Bauwerks oder den Absturz von Erd- und Felsmassen verursacht und dadurch wissentlich Leib und Leben von Menschen oder fremdes Eigentum in Gefahr bringt, wird mit Zuchthaus bestraft.

Ist nur ein geringer Schaden entstanden, so kann auf Gefängnis erkannt werden.

2. Handelt der Täter fahrlässig, so ist die Strafe Gefängnis oder Busse.

BENJAMIN WIRZ, Der Schutz der Grundstücke vor Beschädigungen, Diss. BE 1946
Lit. vor Art. 221.

1 **Art. 227** schützt im Gegensatz zu Art. 229 nicht «nur das absolute Recht auf körperliche Integrität», sondern auch fremdes Eigentum, irrig BGE 119 II 129.

2 Angesichts der hohen Strafdrohung sind **nur Vorgänge von einiger Erheblichkeit** unter Art. 227 zu subsumieren, ähnlich STRATENWERTH BT I § 30 N 3: «Verhalten ..., das *ex ante* als gemeingefährlich erscheint», WIRZ 83, anders REHBERG IV 49 (konkrete Individualgefahr genügt). Zur Vorhersehbarkeit eines Erdrutsches bei Bau in steiler Hanglage Rep. 198? 391, zum Einsturz des Hallenbaddaches in Uster BGE 115 IV 199 ff. dazu RIKLIN in Baurecht 1991 38; zu den Sorgfaltspflichten bei Talsperren VPB 57 (1993) Nr. 6.

3 **Konkurrenzen**
Zu den **Verletzungsdelikten** besteht Idealkonkurrenz, so das Bezirksgericht Uster in BGE 115 IV 201 bezüglich **Art. 117.**

228 Beschädigung von elektrischen Anlagen, Wasserbauten und Schutzvorrichtungen

1. Wer vorsätzlich

elektrische Anlagen,

Wasserbauten, namentlich Dämme, Wehre, Deiche, Schleusen,

Schutzvorrichtungen gegen Naturereignisse, so gegen Bergsturz oder Lawinen,

beschädigt oder zerstört und dadurch wissentlich Leib und Leben von Menschen oder fremdes Eigentum in Gefahr bringt, wird mit Zuchthaus bestraft.

Ist nur ein geringer Schaden entstanden, so kann auf Gefängnis erkannt werden.

2. Handelt der Täter fahrlässig, so ist die Strafe Gefängnis oder Busse.

Lit. vor Art. 221.

Art. 228 ist angesichts der Strafdrohung auf Fälle von etlicher Erheblich- 1
keit zu beschränken. Die Beschädigung einzelner Haushaltsapparate genügt nicht, ebensowenig Manipulation mit Zähler und Sicherungen (anders PKG 1950 Nr. 22 und REHBERG IV 51). Die *Gefährdung* muss *durch Elektrizität* verursacht sein, nicht durch Ausfall der Stromversorgung, was PKG 1981 Nr. 11 verkennt (vgl. aber Art. 239). Die Beschädigung des Mastes einer Leitung, die keinen Strom führt, fällt deshalb nicht unter Art. 228, wenn nicht die Gefahr besteht, dass plötzlich Strom eingeleitet wird, SJZ 39 (1942/43) Nr. 230, anders STRATENWERTH BT II § 30 N 11. Eine enge Auslegung von al. 3 – nur Schutzvorrichtungen gegen Naturereignisse selber, nicht gegen deren Auswirkungen – führt dazu, dass z.B. die Beschädigung eines Blitzableiters nicht nach Art. 228 strafbar ist (vgl. STRATENWERTH a.a.O. N 12 f.).

Art. 228 geht **Art. 144** als *lex specialis* vor, PKG 1981 Nr. 11 (Anschlag auf 2
ein Unterwerk der NOK). Zu **Art. 224** besteht Idealkonkurrenz, PKG 1981 Nr. 11, s. ferner **Art. 239** N 7. **Wasserbaupolizeigesetz** (BG vom 22. Juni 1877 über die Wasserbaupolizei, SR 721.10) **Art. 13**bis gilt subsidiär.

229 Gefährdung durch Verletzung der Regeln der Baukunde

[1] **Wer vorsätzlich bei der Leitung oder Ausführung eines Bauwerkes oder eines Abbruches die anerkannten Regeln der Baukunde ausser acht lässt und dadurch wissentlich Leib und Leben von Mitmenschen gefährdet, wird mit Gefängnis und mit Busse bestraft.**

[2] **Lässt der Täter die anerkannten Regeln der Baukunde fahrlässig ausser acht, so ist die Strafe Gefängnis oder Busse.**

FELIX BENDEL, Die strafrechtliche Verantwortlichkeit bei der Verletzung der Regeln der Baukunde, Diss. GE 1960; DERS., Die fahrlässige Tötung und Körperverletzung beim Bauen, ZStrR 79 (1963) 25; JOSÉ HURTADO POZO, *Les prescriptions du droit pénal sur la construction*, ZStrR 105 (1988) 249; FRANZ RIKLIN, Zum Straftatbestand des Art. 229 StGB, Baurecht 1985 44; DERS., Zur strafrechtlichen Verantwortlichkeit des Architekten, in P. Gauch/P. Tercier (Hrsg.), Das Architektenrecht, 3. Aufl., Freiburg 1995, 513; R. ROHR, Die Gefährdung durch Verletzung der Regeln der Baukunde, Diss. ZH 1960. **Lit.** vor 221; ferner Urteilsanmerkungen von STEFAN BAUHOFER in Baurecht 1980 48 f., 1981 79, 1982 21; FRANZ RIKLIN in Baurecht 1983 76, 1985 39.

1 **Art. 229** will vor den mit dem Bauen typischerweise verbundenen Gefahren für Leib und Leben Dritter schützen, namentlich vor der Gefahr des Einsturzes, BGE 115 IV 49, 117 II 270, 119 II 129, SJZ 61 (1965) Nr. 209, PKG 1973 Nr. 24. Dass Bauteile beschädigt wurden, ist jedoch nicht Voraussetzung, BGE 115 IV 49, anders RJJ 1994 178, wo allerdings mit Recht betont wird, dass das Vermögen (anders als in Art. 227) nicht geschützt ist.

2 Der Begriff **Bauwerk** ist in umfassendem Sinn zu verstehen: «Gemeint sind namentlich alle Arten von Hoch- und Tiefbauten, wie Häuser, Bahnen, Strassen, Kanäle und dergleichen, aber auch blosse Teile solcher Bauten, sofern sie mit diesen oder mit dem Erdboden fest verbunden sind (z.B. Brücken, Tunnels, Leitungen, Treppen, Aufzüge usw.)», BGE 115 IV 48 (Einsatz eines Baggers zur Beseitigung eines Bauschutthügels), 90 IV 249 (Ausbaggern eines Hofplatzes, Vi in SJZ 62 [1966] Nr. 136) SJZ 45 (1949) Nr. 180 (Kanalisation), Rep. 1965 81. Die vom Bundesgericht a.a.O. geforderte feste Verbindung mit dem Boden ist verzichtbar *(Fahrnisbaute)* – Abbruch einer Festhütte: SJZ 61 (1965) Nr. 209, HURTADO POZO 251, RIKLIN, Baurecht 1985 44.

3 Zum «Bauwerk» i.S.v. Art. 229 gehören auch **Hilfskonstruktionen,** BGE 90 IV 249, z.B. Gerüste, SJZ 59 (1963) N 176, RJN 1985 96, RVJ 1994 220; Krane, BGE 104 IV 99 (noch offengelassen in 81 IV 120) und andere Aufziehvorrichtungen, PKG 1964 Nr. 34. Zu weit m.E. PKG 1974 Nr. 31, unvorsichtiges Umgehen mit Bolzenschiessapparat.

4 Als **Abbruch** gilt auch die Demontage, SJZ 61 (1965) Nr. 209.

5 Die **anerkannten Regeln der Baukunde** sind oft in Verordnungen festgelegt, vgl. BGE 81 IV 121, 101 IV 29, 104 IV 99, 109 IV 126, BJM 1961 150 oder in SUVA-Richtlinien, SJZ 63 (1967) Nr. 124. Erforderlich ist diese Formalisierung jedoch nicht, PKG 1973 Nr. 24. Es gehören dazu «auch jene Gesetze und Regeln, die allenfalls nur ein akademisch gebildeter Ingenieur oder Architekt kennen kann. Entscheidend ist, dass die betreffende Regel nach dem Stand des Erfahrungswissens feststeht, d.h. unbestritten ist», BGE 106 IV 268 f. Fehlen solcher Regeln: SJZ 61 (1965) Nr 209. Keine «Regel» ist eine allgemein übliche unsorgfältige Praxis, PKG 1973 Nr. 24, RIKLIN, Baurecht 1985 45 f., DERS., Architekten, N 1800. Die im Strassenverkehr entwickelten Grundsätze können analog angewendet werden, BGE 115 IV 48 f.; zur Sicherheit von Talsperren VPB 57 (1993 Nr. 6. Zur Verletzung der Regeln der Baukunde als Grundlage für eine Haftungsklage s. BGE 117 II 270, 111 II 440 f. (mit Hinw. auf Art. 227 und 229). S. auch ANDREAS BRUNNER, Technische Normen in Recht setzung und Rechtsanwendung, Diss. BS 1991, 136 ff.

Täter kann nur sein, wer die Arbeiten leitet oder ausführt – zu weit SJZ   6
59 (1963) Nr. 176: «Dritter». Eingehend BENDEL, Diss. und DERS. ZStrR 79
(1963) 30 ff., insbesondere zum Architekten, RIKLIN, Architekten, N
1802 ff., RVJ 1994 216 ff. Für die Festlegung der Verantwortlichkeit wird
auf SIA-Normen hingewiesen in BGE 104 IV 102, PKG 1966 Nr. 26.
Vielfach sind in einer hierarchischen Stufenfolge mehrere verantwortlich
– Mitverschulden von Vorgesetzten oder Untergebenen entlastet als solches nicht, vgl. z. B. BGE 104 IV 103 f., RS 1966 Nr. 67 (Architekt), 81 IV
113 (Monteur), 90 IV 248, PKG 1977 Nr. 42, Rep. 1984 424 (Bauunternehmer), PKG 1964 Nr. 34 (Spenglermeister). Entlastung des Architekten durch Beauftragung eines Heizungsspezialisten, SJZ 48 (1952) Nr. 45.
S. auch HURTADO POZO 252 ff., DERS. in Baurecht 1988 34.

Die **Täterhandlung** besteht in der Schaffung einer besonderen Gefahr   7
(z.B. BGE 104 IV 99, 106 IV 265), häufig im Unterlassen der erforderlichen Vorsichtsmassnahmen: Ermitteln der Lage von Leitungen und In-
struktionen an den Baggerführer vor Aushubarbeiten, BGE 90 IV 249 ff.;
Sicherung von Dachluken, BGE 109 IV 17; Warnung, BGE 101 IV 30 f.
(dazu BAUHOFER in Baurecht 1980 49); Hinweis auf Mängel im Plan gegenüber dem Architekten, PKG 1966 Nr. 26, vgl. auch PKG 1962 Nr. 70,
ZR 67 (1968) Nr. 67.

Zur **Gefährdung** Vb zu Art. 221; gegen das Erfordernis einer Gemeingefahr   8
SJZ 61 (1965) Nr. 209, REHBERG IV 55. BGE 115 IV 50 lässt die Frage
offen, ob Abs. 2 nur bautypische Gefahren erfasst – sie ist m.E. zu bejahen. Dass Art. 229 und Art. 230 den Begriff *Mit*menschen verwenden,
ist nur unsorgfältige Gesetzesredaktion – alle Menschen sind Mitmenschen!

Vorsatz ist gegeben, wenn klare Sicherheitsvorschriften bewusst verletzt   9
werden – in diesem Fall weiss der Täter auch um die Gefährdung und
nimmt sie mindestens in Kauf, SJZ 63 (1967) Nr. 123.

Zur **Fahrlässigkeit** s. Art. 18 N 23 ff. Sie muss sich auf die Regelverlet-   10
zung (wenn sie nicht vorsätzlich geschieht) und auf den Gefährdungserfolg beziehen, BGE 90 IV 251, RS 1965 Nr. 84. Vorsichtsregeln bei Arbeiten an der Dachrinne diskutiert BGE 114 IV 173.

Die **Strafdrohung** lautet bei Vorsatz auf Gefängnis *und* Busse (in der   11
Vermutung, dass die Verletzung von Sorgfaltspflichten Kosten senken
sollte). Bei Fahrlässigkeit ist Gefängnis oder Busse angedroht.

Kasuistik   12
BGE 81 IV 112 i.S. **Schwaller:** Teilweiser Abbruch des Geleises eines
Turmdrehkrans, wobei das offene Ende statt durch Puffer nur durch eine
Holzschwelle gesichert wurde – Kippen des Krans; **90 IV 247:** Bauunternehmer **Bressan** liess durch Baggerführer Stadelmann einen Hofplatz
ausbaggern, ohne sich genügend über Leitungen zu informieren und Stadelmann zu instruieren – die Beschädigung einer Gasleitung führte zu
heftiger Explosion; **101 IV 28:** Einsturz eines 3 m tiefen Wasserleitungs-

grabens, der nicht verspriesst war – Verurteilung des Bauführers am benachbarten Los, weil er nicht dafür gesorgt hatte, dass während Baggerarbeiten niemand im Graben sei; **104 IV 97:** Aufstellung eines Turmdrehkrans im Bereich einer Hochspannungsleitung – tödlicher Unfall bei Bedienung durch ungeschulten Arbeiter, Verantwortlichkeit des Architekten (kt. Urteil nach Kassation: Rep. 1983 431); **106 IV 265:** ungewöhnliche Konstruktion zur Sicherung eines Hanges mit schweren Betonplatten, die in labiler Stellung auf Kippschemeln gegossen werden – vorzeitig kippendes Element erdrückt einen Arbeiter; **109 IV 16: St.,** Inhaber einer Firma für Leichtmetallbedachungen, liess einen Zusatzauftrag auf einem Dach mit ungenügend gesicherten Luken durchführen – tödlicher Sturz eines Arbeiters durch mit Plastikfolie bedeckte Luke, dazu krit. ARZT in recht 6 (1988) 70 f. (vgl. auch Rep. 1984 424); **109 IV 126:** Beim Aushub einer Grube stürzt wegen fehlender Verspriessung eine Wand ein und begräbt einen Arbeiter – Strafbarkeit des Poliers (vgl. auch Rep. 1982 142); **115 IV 46: X.** sollte mit dem Bagger einen Bauschutthügel beseitigen und verletzte einen Lehrling, indem er ihn beim Abdrehen mit dem linken hinteren Teil des Baggeroberteils gegen einen Frischwasserkontrollschacht drückte; **RVJ 1994 213:** Unfall wegen ungesicherter Lücke zwischen Fassadengerüst und Balkondach – Verantwortlichkeit von Architekt und Bauunternehmer; **Baurecht 1991 38:** Bericht und Kommentar von RIKLIN über die strafrechtlichen Folgen des Einsturzes der Betondecke im **Schwimmbad Uster.** S. auch Art. 18 N 43.

13 **Konkurrenzen und Abgrenzungen**
Art. 117 und 125 gehen vor, wenn ausser den getöteten oder verletzten keine weiteren Menschen gefährdet waren, BGE 112 IV 5 (implizit), 109 IV 128, 101 IV 31; BJM 1961 150, RVJ 1994 221, SJZ 63 (1967) Nr. 149. Wurde das Opfer verletzt und überdies sein Leben gefährdet, liegt Idealkonkurrenz vor, RIKLIN, Baurecht 1985 49, DERS., Architekten, N 1819. Zu **Art. 222** besteht Alternativität, nicht Idealkonkurrenz (vgl. den SV im SJZ 48 [1952] Nr. 45); **Art. 227** geht vor, STRATENWERTH BT II § 30 N 26, anders REHBERG IV 50 (Idealkonkurrenz). **aKVG Art. 65** kann Art. 229 nicht vorgehen, BGE 81 IV 118 f.; s. ferner **Art. 230** N 8, **239** N 7.

**230 Beseitigung oder Nichtanbringung
von Sicherheitsvorrichtungen**

1. Wer vorsätzlich in Fabriken oder in andern Betrieben oder an Maschinen eine zur Verhütung von Unfällen dienende Vorrichtung beschädigt, zerstört, beseitigt oder sonst unbrauchbar macht, oder ausser Tätigkeit setzt,

wer vorsätzlich eine solche Vorrichtung vorschriftswidrig nicht anbringt,

und dadurch wissentlich Leib und Leben von Mitmenschen gefährdet,

wird mit Gefängnis und mit Busse bestraft.

2. Handelt der Täter fahrlässig, so ist die Strafe Gefängnis oder Busse.

RICHARD AMON, Die Gefährdung durch Unbrauchbarmachung oder Nichtanbringung von Sicherheitsvorrichtungen, Diss. ZH 1945; zum Nebenstrafrecht: MICHEL CARRARD, *La responsabilité pénale en matière d'accidents du travail,* ZStR 104 (1987) 276; RONALD GERMANN, Die strafrechtliche Verantwortung von Arbeitgeber und Arbeitnehmer bei Verletzung von Vorschriften der Arbeitssicherheit, Diss. ZH 1984; EDGAR SCHMID, Die strafrechtliche Verantwortlichkeit bei Betriebsunfällen, ZStrR 104 (1987) 310; **Lit.** vor Art. 221.

Art. 230 schützt mittelbar vor verschiedenartigen Gefahren (Elektrizität, Giftstoffe, schlagende, pressende, schneidende, brennende Maschinen usw.) dadurch, dass Sicherungsvorrichtungen zum Schutzobjekt erhoben werden.   1

Täter können «nicht nur der Betriebsinhaber» oder die «ihm gegenüber zivilrechtlich gebundenen Gehilfen» sein, sondern jeder, der Sicherheitsvorrichtungen unwirksam macht oder «eine solche … nicht anbringt, wenn er nach gesetzlicher Vorschrift, nach Vertrag oder auch bloss nach den Umständen zur Anbringung verpflichtet ist», BGE 81 IV 121. Der Tatbestand wird dadurch sehr unbestimmt, kritisch auch STRATENWERTH BT II § 30 N 28.   2

Die **Täterhandlung** kann in einem Tun oder Unterlassen bestehen, u.U. auch in mangelnder Überwachung, BGE 73 IV 231. Das *Unterlassen,* eine Sicherungsvorrichtung anzubringen, ist nur strafbar, wenn diese vorgeschrieben ist; vgl. z.B. das Bundesgesetz über die Sicherheit von technischen Einrichtungen und Geräten (SR 819.1), die dazugehörende VO (SR 819.11) und die VO über die Unfallverhütung (SR 832.30). Das *Unbrauchbarmachen* ist aber auch dann tatbestandsmässig, wenn die Vorrichtung freiwillig angebracht worden war.   3

Zum **Gefährdungserfolg** Vb vor Art. 221. Eine Gemeingefahr ist hier nicht erforderlich, ebenso REHBERG IV 59. Nicht strafbar ist, wer eine Vorrichtung entfernt, die kraft Vorschrift der Sicherung dienen soll, in Wirklichkeit aber nur eine neue, nicht erheblich geringere Gefahr schafft.   4

Der **Vorsatz** muss sich auf die Täterhandlung und die Gefährdung beziehen – überholt BGE 73 IV 230.   5

Zur **Fahrlässigkeit** Art. 18 N 23 ff.   6

Kasuistik   7
BGE 73 IV 227: Scheible reinigte einen Liftschacht und überbrückte bei geöffneter Türe den Stromkreis – dem siebenjährigen Hans Z. wurde beim Spielen mit dem Lift der Kopf abgerissen; **76 IV 76: Wetter** änderte einen Stecker so ab, dass er statt nur an die 15- auch an eine 25-Ampère-Dose angeschlossen werden konnte – als der Arbeiter Casoni dabei falsch vorging, wurde er vom Strom getötet; **81 IV 112:** Verkürzung des

Geleises eines Turmdrehkrans, Unterlassen des Anbringens von Puffern (vgl. Art. 229 N 12).

8   **Konkurrenzen und Abgrenzungen**
Zu **Art. 117, 125** besteht Idealkonkurrenz, wenn weitere Menschen gefährdet waren, BGE 73 IV 233, 76 IV 81, SJZ 74 (1978) Nr. 28. Der Tatbestand kann mit **Art. 229** überlappen, vgl. BGE 81 IV 119 ff., es besteht Alternativität.

Achter Titel:

Verbrechen und Vergehen gegen die öffentliche Gesundheit

VE 1894 Art. 143 ff., Mot. 218 ff. 1. ExpK II 218 ff., 653 ff. VE 1908 Art. 153 ff., 158 f. Erl.Z. 282 ff., 292 f. 2. ExpK III 370 ff., 391 ff., VIII 286 ff. VE 1916 Art. 200 ff., 206 E Art. 196 ff., 202. Botsch. 48 ff. Sten.NR 437 ff., StR 203 f., StR 338, NR 704, StR 350.

Franco D. Gallino, *La colpa nei reati contro la salute pubblica secondo il Codice penale svizzero,* Palermo 1949; Ernst Delaquis, Bemerkungen zu den gemeingefährlichen Verbrechen und Vergehen des schweizerischen Strafgesetzbuches, ZStrR 57 (1943) 106, *116 ff.*; Joël Volet, *La faute en matière d'infractions de mise en danger collective,* Diss. Laus. 1985.

231 Verbreiten menschlicher Krankheiten

1. Wer vorsätzlich eine gefährliche übertragbare menschliche Krankheit verbreitet, wird mit Gefängnis von einem Monat bis zu fünf Jahren bestraft.

Hat der Täter aus gemeiner Gesinnung gehandelt, so ist die Strafe Zuchthaus bis zu fünf Jahren.

2. Handelt der Täter fahrlässig, so ist die Strafe Gefängnis oder Busse.

F. Felder, Der strafrechtliche Schutz gegen die Verbreitung übertragbarer menschlicher Krankheiten, Diss. ZH 1929; Markus Müller, Zwangsmassnahmen als Instrument der Krankheitsbekämpfung, Diss. BE 1991; **Lit** vor N 5 hiernach.

Übertragbare Krankheiten sind gemäss BG über die Bekämpfung übertragbarer Krankheiten des Menschen (Epidemiegesetz) vom 18.12.1970, SR 818.101, Art. 2, «durch Erreger verursachte Krankheiten, die unmittelbar oder mittelbar auf den Menschen übertragen werden können»; s. dazu Müller 57 f. m.w.Hinw. Die VO über die Meldung übertragbarer Krankheiten des Menschen vom 21.9.1987, SR 818.141.1, unterscheidet fünf Gruppen von ansteckenden Krankheiten und stellt dafür je spezifische Meldepflichten auf, ferner können weitere Krankheiten vom Kanton oder vom Departement des Innern der Meldepflicht unterstellt werden. Der Begriff des Art. 231 überschneidet sich mit dieser Aufzählung: Einerseits werden nur gefährliche, d.h. Krankheiten, die zu einer schweren Gesundheitsschädigung führen können, erfasst, also z.B. nicht unbedingt Influenzaviren i.S.v. VO Art. 7. Andererseits gehören dazu zweifellos auch neu auftretende Krankheiten, die in der VO (noch) nicht genannt sind; die Immunschwäche AIDS wird seit der Revision von 1987 in Art. 2 der VO ausdrücklich genannt. Schon der Befund «HIV-positiv» hat Krankheitscharakter, BGE 116 IV 133, 116 V 242 f., AGVE 1994 Nr. 39, STRATENWERTH BT II § 3 N 8, HUBER 151 f., KUNZ 46, GUILLOD 141 m.w. Hinw.; a.M. offenbar das Zürcher Obergericht, SJZ 84 (1988) Nr. 67 S. 401 E. 2b. Eingehend dazu N 5 ff.; zur Gonorrhöe (Tripper) bejahend SJZ 45 (1949) Nr. 58, 49 (1953) Nr. 92; zur Tuberkulose AEPPLI, SJZ 59 (1963) 151.

1a Geschütztes Rechtsgut ist in erster Linie die **öffentliche Gesundheit,** nicht diejenige der angesteckten Individuen, GUILLOD 141.

2 Die **Täterhandlung** kann in der Art biologischer Kriegsführung bestehen (Infektion von Belüftungsanlagen, der Wasserversorgung, von Nahrungsmitteln usw.), es genügt jedoch die praktisch näherliegende Ansteckung mindestens einer weiteren Person durch direkten Kontakt. Dass die Krankheit bei der infizierten Person ausbricht, ist nicht erforderlich – es genügt, wenn sie ihrerseits andere anstecken kann. In der Praxis wird es bei zunächst symptomfreien Affektionen mit längerer Inkubationszeit schwierig sein, den Beweis für die Ansteckung zu erbringen.

2a Art. 231 ist ein **Verletzungsdelikt,** der Tatbestand ist erst erfüllt, wenn eine weitere Person angesteckt wurde, GUILLOD 141, h.L.

3 Der **subjektive Tatbestand** muss sich auf die Ansteckung beziehen. Eventualvorsatz genügt, auch bezüglich des Bestehens der Krankheit, REHBERG IV 64, wobei allerdings hohe Anforderungen an die Wahrscheinlichkeit gestellt werden müssen.

3a Die Tat wird ein Verbrechen, wenn der Täter aus **gemeiner Gesinnung** gehandelt hat. Der Begriff muss eng ausgelegt werden wie in aArt. 145. Zu denken ist an tief verwurzelte Hass- und Rachegefühle und Niedertracht, vgl. BGE 106 IV 25, 104 IV 247 f., PKG 1978 Nr. 12, RS 1969 Nr. 191, ZBJV 121 (1985) 511, alle zu aArt. 145.

4 **Konkurrenzen und Abgrenzungen**
Art. 231 konsumiert **Art. 123** und **125,** weil die einfache Körperverletzung im Tatbestand notwendig enthalten ist, SJZ 45 (1949) Nr. 58, a.M. HUBER 153 . Zu **Art. 122** besteht Idealkonkurrenz, weil die schwere Körperverletzung die Gemeingefahr nicht mit abgilt, BGE 116 IV 134, HUBER, ZStrR 115 (1997) 116; s. ferner **Art. 234** N 4. Subsidiär sind die Strafbestimmungen von **Epidemiegesetz Art. 35 f.,** BG betr. Massnahmen gegen die **Tuberkulose** vom 13.6.1928, SR 818.102, Art. 17.

Exkurs: Ansteckung mit AIDS

PAUL BAUMANN u.a. (Hrsg.), Recht gegen AIDS, Bern 1987; OLIVIER GUILLOD, *Lutte contre le sida: quel rôle pour le droit pénal?* ZStrR 115 (1997) 130; OLIVIER GUILLOD/KARL-LUDWIG KUNZ/CHRISTOPH ANDREAS ZENGER, Drei Gutachten über rechtliche Fragen im Zusammenhang mit AIDS, Bern 1991; Hans Hegetschwei-ler, Strafverfolgung wegen Übertragung von Aids – nur ein strafrechtliches Pro-blem? SJZ 85 (1989) 300; Dominique Hausser, *Notes sur le jugement du Tribunal de police de Genève du 29 août 1994*, plädoyer 5/1994 53; Christian Huber, HIV-In-fektion und AIDS-Erkrankung im Lichte des Art. 231 StGB sowie der Körperver-letzungs- und Tötungsdelikte, SJZ 85 (1989) 149; ders., Ausgewählte Fragen zur Strafbarkeit der HIV-Übertragung, ZStrR 115 (1997) 113; Florian Hübner, *Faut-il encore pénaliser la transmission du VIH en Suisse?* plädoyer 6/1996 46; Kurt Jaggi, Das Zustimmungserfordernis für Aids-Tests, BVR 1990 75; Karl-Ludwig Kunz, Aids und Strafrecht: Die Strafbarkeit der HIV-Infektion nach schweizeri-schem Recht, ZStrR 107 (1990) 39; Jean Lob, *Sida et droit pénal*, SJZ 83 (1987) 163; Markus Müller, Strafrecht und Epidemierecht in der Aids-Bekämpfung, AJP 2 (1993) 915; Robert Roth, Staatliche Zwangsmassnahmen zur Bekämpfung von Aids? in Baumann u.a. (Hrsg.) 20; Stephan Ruppen, AIDS, ein Ratgeber für Rechtsfragen rund um AIDS, Zürich 1989; Seiffer/Schünemann (Hrsg.), Die Rechtsprobleme von AIDS, Baden-Baden 1988.

Sehr umstritten ist die strafrechtliche Beurteilung der Ansteckung mit   5
AIDS durch sexuelle Kontakte. Zahlreiche **Besonderheiten** begründen
sie. Zunächst ist die Krankheit bisher *unheilbar*, es gibt auch keinen Imp-
fungsschutz. Soweit bekannt, führt AIDS letztlich immer zum Tod. Die
Zeitspanne zwischen der Ansteckung mit dem HI-Virus (bzw. dem Täterverhalten) und dem Erfolgseintritt ist allerdings ausserordentlich lang
– in der Regel beträgt sie über 10 Jahre – und neue Medikamente erlauben es, das Ausbrechen der Krankheit hinauszuschieben und ihren Verlauf günstig zu beeinflussen, so dass sich diese Frist eher verlängern
dürfte. Sodann ist die *Diagnose* der Ansteckung im Vergleich zu herkömmlichen Infektionskrankheiten erschwert – Sicherheit schaffen in
der Regel erst wiederholte Tests – ein Träger des Virus kann jahrelang
symptomlos bleiben. Eine Reaktion erfolgt erst nach einer Latenzzeit
von ca. 3 Monaten, während deren die betroffene Person aber bereits
weitere Personen anstecken kann. Ein einzelner Negativbefund gilt nicht
als schlüssig. Andererseits ist es aber möglich, sich vor Ansteckung
weitgehend zu schützen – die Übertragungswege sind bekannt. Die
Ansteckungswahrscheinlichkeit beim «normalen» heterosexuellen Geschlechtsverkehr ist sehr gering, s. N 9, bei der Verwendung des Kondoms sinkt sie auf einen kleinen Bruchteil.

Unter **strafrechtlichen Gesichtspunkten** stellt sich die Frage, unter wel-   6
chen *Tatbestand* die Infizierung zu subsumieren sei, ob angesichts der
grossen zeitlichen Distanz zwischen Täterhandlung und Ausbruch der
Krankheit überhaupt von einer *Tatherrschaft* gesprochen werden kann;
welche Anforderungen an den *Nachweis der Kausalität* zu stellen sind;
welcher *subjektive* Tatbestand dem Täter zugeschrieben werden kann;
und welcher Stellenwert der *Einwilligung* und dem Prinzip der *Selbstverantwortung* und dem *erlaubten Risiko* zukommt. Im Schrifttum prallen
entgegengesetzte Grundauffassungen heftig aufeinander, s. z.B. Huber,
ZStrR 115 (1997) 113 und Guilloz, ZStrR 115 (1997) 130. Für eine restriktive Anwendung des Strafrechts Guilloz, ZStrR 115 (1997) 130,

HÜBNER, plädoyer 6/1996 46, dagegen HUBER, SJZ 85 (1989) 149, DERS. ZStrR 115 (1997) 113; s. zu der Kontroverse auch MARCEL BERTSCHI/RO-GER MÜLLER, plädoyer 2/1987 10 f. Insgesamt ist das Strafrecht kein ge-eignetes Mittel zur Bekämpfung von AIDS, was weitgehend anerkannt wird, s. z.B. HAUSSER, HEGETSCHWILER, MÜLLER, alle a.a.O. aber auch KUNZ, ZStrR 107 (1990) 41.

7   **Verschiedene Tatbestände** stehen ausser Art. 231 in Diskussion. Die Pra-xis hat sich in der Schweiz für *schwere Körperverletzung,* **Art. 122**, ent-schieden, BGE 116 IV 127 ff., wobei die Generalklausel «andere schwere Schädigung des Körpers oder der körperlichen ... Gesundheit» gemeint sein muss; a.M. KUNZ, ZStrR 107 (1990) 47, der wegen des grossen Zeit-intervalls die Unmittelbarkeit der Lebensgefahr, in der Tat wohl die Tat-herrschaft, vermisst, ähnlich STRATENWERTH BT I § 3 N 36, a.M. AGVE 1994 122 f. M.E. muss allerdings auch die enorme seelische Belastung in Rechnung gezogen werden, welche mit der Gewissheit verbunden ist, dass eines Tages die tödliche Krankheit ausbrechen wird, verbunden zu-dem mit der Pflicht, sich nie mehr ungeschützt sexuell zu betätigen und der Notwendigkeit, auf Fortpflanzung zu verzichten, vgl. BGE 116 IV 127 f. Angesichts der Erfahrung, dass die HIV-Infektion nach bisherigen Er-kenntnissen früher oder später immer zum Tod führt, liesse sich auch die Auffassung vertreten, es liege *vorsätzliche Tötung* (Art. 111 ff.) vor. Weil die fatalen Folgen aber mit einer halben Generation Verspätung eintre-ten, kann nicht mehr von einer «Tötungshandlung» gesprochen werden. *Gefährdung des Lebens,* Art. 129, scheidet mangels Unmittelbarkeit aus, RB TG 1993 Nr. 11, KUNZ, ZStrR 107 (1990) 49 sieht das Problem bei der Skrupellosigkeit.

8   Die Frage, ob auch ein **Verbreiten menschlicher Krankheiten** nach **Art. 231** in Frage kommt, muss **verneint** werden. Der Tatbestand setzt mit dem Begriff «Verbreiten» voraus, dass die Gefahr der Ansteckung unbe-stimmt vieler Menschen geschaffen wird. Der HI-Virus kann zwar über-tragen werden, aber er verbreitet sich nicht, ebenso STRATENWERTH BT II § 31 N 5, 7; KUNZ, ZStrR 107 (1990) 55 schliesst ein «Verbreiten» je-denfalls dann aus, wenn die gefährdete Person das Risiko kennt.

9   Der Tatbestand ist nur erfüllt, wenn ein **Kausalzusammenhang** zwischen dem Verhalten des Täters – ungeschützter Geschlechtsverkehr – und dem positiven Testresultat des Opfers nachgewiesen ist. Einerseits fehlt es daran, wenn die Möglichkeit offenbleibt, dass sich das Opfer auf ande-rem Wege angesteckt hat, s. z.B. Polizeigericht Genf, plädoyer 5/1994 51. Ist der Partner bereits HIV-positiv, so liegt entgegen SJZ 84 (1988) Nr. 67, Vorsatz vorausgesetzt, *untauglicher Versuch* vor, selbst unter der An-nahme, dass Art. 231 anzuwenden sei, weil dieser Tatbestand als Delikt ge-gen die öffentliche Gesundheit nur die Verbreitung des Erregers, nicht die Verschlechterung des Gesundheitszustandes eines einzelnen mit Strafe bedroht, ebenso KUNZ, ZStrR 107 (1990) 54. Andererseits kommt es vor und ist sogar eher wahrscheinlich, dass nach einmaligem Risiko-verhalten noch keine Übertragung des Virus erfolgt. Ein Kausalzusam-

menhang ist deshalb nur in seltenen Fällen eindeutig nachweisbar, beispielsweise nach Vergewaltigung, bei völliger bisheriger Abstinenz (insbesondere Virginität) oder bei Tests mit nachgewiesener Treue des Opfers, ähnlich GUILLOD in GUILLOZ / KUNZ / ZENGER, 42, HUBER, SJZ 85 (1989) 151, KUNZ, ZStrR 107 (1990) 46.

Weil der Nachweis der Erfolgsverursachung so schwierig ist, kommt dem **Versuch** praktisch besonders grosse Bedeutung zu, KUNZ, ZStrR 107 (1990) 46, STRATENWERTH BT II § 31 N 5, und damit auch dem **Nachweis des Vorsatzes**. Absicht und direkter Vorsatz werden eher selten sein – allenfalls bei verbitterten Desperados oder rachsüchtigen Tätern. Umso näher liegt die Annahme von **Eventualvorsatz** (dazu Art. 18 N 13 ff.).   10

Die dieser Vorsatzform eigene **Ungewissheit** kann in zweierlei Hinsicht auftreten, **bezüglich der eigenen Infektion** und bezüglich der Folgen des riskanten Verhaltens. Gelegentlich wird gefordert, der Täter müsse, damit Vorsatz angenommen werden könne, gestützt auf ein positives Testresultat sicher wissen, dass er seropositiv sei (was aber kontraproduktiv wirken könne, weil dann ein Interesse daran bestehe, den Test zu vermeiden, Polizeigericht Genf, plädoyer 5/1995 51, KUNZ, ZStrR 107 [1990] 52). Es besteht aber kein dogmatisches Argument, welches hier den Vorsatz von sicherem Wissen abhängig zu machen erlaubt. KUNZ a.a.O. hält dagegen «das von ungeschützten Kontakten ausgehende Risiko einer HIV-Übertragung ... solange [für] erlaubt, wie der Risikostifter nicht infolge eines HIV-Antikörpertests um seine Infektiosität weiss», vgl. auch BGE 116 IV 125 ff., u.ö. Urteil des BGer vom 13. September 1994, Polizeigericht Genf, plädoyer 5/1994 51 ff., dagegen REHBERG IV 64, HUBER, SJZ 85 (1989) 152. Damit stellt sich die Frage, unter welchen Voraussetzungen sich einer Person so starke Vermutungen über ihr Angestecktsein zuschreiben lassen, dass diese Voraussetzung des Eventualdolus bejaht werden kann. Dies darf m.E. nicht schon nach einmaligem sexuellen Risikoverhalten (ausser bei Spritzentausch) angenommen werden, sondern erst dann, wenn die betreffende Person *sich während längerer Zeit in erheblichem Masse riskant verhalten hat*.   11

Andererseits ist die **Ungewissheit über die Folgen des Risikoverhaltens** nicht weniger gross, s. z.B. die Angaben bei KUNZ, ZStrR 107 (1990) 62 Fn 66, HAUSSER 54. Das Risiko, sich bzw. den Partner oder die Partnerin bei einmaligem Geschlechtsverkehr anzustecken, liegt «im Promillebereich» (KUNZ), jedenfalls unter 2 % (HAUSSER). Es kann somit keine Rede davon sein, dass sich dem Täter in dieser Situation die Wahrscheinlichkeit einer Ansteckung als so wahrscheinlich aufdrängt, dass sein Handeln vernünftigerweise nicht anders denn als Billigung dieses Ergebnisses gedeutet werden kann; erst *zahlreiche Wiederholungen oder besonders gefährliche Praktiken* – z.B. Weitergabe der verwendeten Spritze, grober Analverkehr mit Verletzungsgefahr – erlauben allenfalls einen solchen Schluss, ebenso STRATENWERTH BT II § 31 N 6, anders KUNZ, ZStrR 107 (1990) 58 ff. Nur in diesen Fällen kann angenommen werden, dass jemand, der weiss oder damit rechnen muss, dass er selber Träger des HI-   12

Virus ist, und mit einem ahnungslosen Partner ungeschützt sexuell verkehrt, vorsätzlich handelt. Werden die empfohlenen *Schutzmassnahmen* (insbesonde richtige Anwendung eines Kondoms) getroffen, fehlt es am Vorsatz.

13   **Fahrlässigkeit** setzt voraus, dass die adäquate Verursachung des Erfolgs nachgewiesen ist und dass der Täter ihn voraussah, was das Urteil des Genfer Polizeigerichts vom 29.8.1994, plädoyer 5/1994, 52 f., verneint.

14   Klärt der Infizierte den Partner auf und ist dieser mit ungeschütztem Geschlechtsverkehr einverstanden, stellt sich die Frage, ob **Einwilligung des Verletzten** (Art. 32 N 10) eine allfällige Ansteckung rechtfertige. Die Frage lässt sich nicht mit dem Einwand abweisen, dass Art. 231 ein Rechtsgut der Öffentlichkeit schütze, auf welches eine Einzelperson nicht wirksam verzichten könne, so aber REHBERG IV 66, weil gar kein «Verbreiten» des Virus i.S.v. Art. 231 vorliegt, s. N 8. Es geht auch nicht um die Einwilligung in eine schwere Körperverletzung, welche nur gültig wäre, wenn ein sittlich wertvoller Zweck verfolgt würde, sondern allein um die Einwilligung in riskantes Verhalten. Eine solche Einwilligung ist m.E. gültig und rechtfertigt die Tat, ebenso im Ergebnis RFJ 1996 104 f., anders AGVE 1994 125.

15   Obwohl bereits festgestellt wurde (N 10), dass im «Normalfall» der HIV-positiven Person, die mit einer HIV-negativen Person ungeschützt geschlechtlich verkehrt, ein Vorsatz in der Regel nicht zugeschrieben werden kann, soll die Frage gestellt werden, ob ihr, wenn auf Schutzmassnahmen verzichtet wird, eine **Aufklärungspflicht** obliegt. Eine ethische Pflicht ist ohne Zögern zu bejahen; möglicherweise besteht auch eine zivilrechtliche Pflicht gegenüber dem Partner aus ZGB Art. 28 – die trotz dem geringen Ansteckungsrisiko schwerwiegende Gefährdung kann nicht rechtmässig sein. *Prima facie* ist somit eine Aufklärungspflicht zu *bejahen.* Dies muss jedenfalls für Personen gelten, die wissen, dass sie Träger des Virus sind, ferner wohl auch für diejenigen, die infolge anhaltenden Risikoverhaltens damit rechnen müssen.

16   Andererseits ist auch das **Prinzip der Selbstverantwortung** zu berücksichtigen. Grundsätzlich ist jedermann für seine Sicherheit selbst verantwortlich, auch gegenüber der Gefahr einer Ansteckung bei Sexualkontakten, ebenso GUILLOD, ZStrR 115 (1997) 143, KUNZ, ZStrR 107 (1990) 53. *Niemand darf blind* darauf *vertrauen,* dass ein Zufallspartner, eine flüchtige Bekanntschaft oder auch eine Person aus dem Bekanntenkreis HIV-negativ ist, allenfalls jeden Zweifel daran spontan offenlegt. Es muss daran erinnert werden, dass jedenfalls ein einziges negatives Testresultat keineswegs konkludent ist – der Proband kann bereits angesteckt sein, aber noch keine Antikörper entwickelt haben, unter Umständen kann eine Ansteckung auch nach der Blutentnahme erfolgt sein. Wer deshalb lediglich nicht ausschliessen kann, dass er sich angesteckt hat, im übrigen aber auch keine näheren Anhaltspunkte für die Annahme hat, dass dies der Fall sei, macht sich *nicht strafbar,* wenn er, ohne seine Zweifel offen-

zulegen, ungeschützt sexuell verkehrt. Dies muss selbst dann gelten, wenn die betroffene Person auf Fragen hin ihre Zweifel verbirgt – auf Zusicherungen ist eben kein Verlass, weil der Betroffene oft *selber nicht weiss, vielfach auch gar nicht wissen will,* wie es sich in Wirklichkeit verhält. Anders verhält es sich m.E. in stabilen, treuen Partnerschaften, in denen es keinen Grund gibt, dem andern Misstrauen entgegenzubringen.

Auch die hier vorgeschlagenen *Lösungen vermögen nicht restlos zu befriedigen* – die Gesichtspunkte des Verschuldens beim Täter und der Selbstverantwortung beim Opfer lassen sich nicht schlüssig harmonisieren. Eine mögliche Antwort auf die Problematik könnte ein **Tatbestand der Gesundheitsgefährdung** bringen, den der Entwurf 1908 enthielt, Lob 164, das StGB aber nicht übernommen hat. Ob er wünschbar wäre, ist fraglich – m.E. ist nur in krassen Fällen gerechtfertigt, die Tragödie von AIDS mit den Mitteln des Strafrechts anzugehen.   17

Kasuistik   18
BGE 116 IV 123: S. nahm als Gefangener Briefwechsel mit einer jungen Frau auf, die er seit ca. 10 Jahren kannte; von den ersten Urlauben an hatte er mit ihr Geschlechtsverkehr – ohne Schutzmittel, obwohl er wusste, dass er HIV-positiv war; es liess sich nachweisen, dass er die Frau angesteckt hatte; **SJZ 84 (1988) Nr. 67: Frau S.** hatte mehrmals mit St. ungeschützten Geschlechtsverkehr, wobei sie ihm verschwieg, dass sie HIV-positiv war – weder S. noch St. wussten, dass St. damals auch schon angesteckt war – vollendeter Versuch *(recte* untauglicher, weil ein infiziertes Opfer nicht mehr angesteckt werden kann, a.M. Rehberg IV 64); **RB TG 1993 Nr. 11: X.** hatte mehrmals mit Y. ungeschützten Geschlechtsverkehr – weil die Kausalität der Ansteckung von Y. nicht nachgewiesen, untauglicher Versuch; **BJM 1995 259: F. F.,** HIV-positiv, wie er wusste, wurde bei einem Einbruchdiebstahl ertappt und in einen Würgegriff genommen, aus Panik biss er A. E. in die Hand – trotz Verletzung keine Ansteckung – Versuch mangels Vorsatz verneint; **Polizeigericht Genf, Urteil vom 29.8.1994, plädoyer 5/1994 51: A.** hatte mit S. im Rahmen einer lockeren Beziehung ungeschützten Geschlechtsverkehr – in der Folge traten bei ihr positive Testresultate auf; Freispruch, weil die Kausalität nicht mit Sicherheit nachgewiesen war, auch keine Sorgfaltspflichtsverletzung dadurch, dass A. wahrheitswidrig behauptet hatte, ein HIV-Test habe negative Ergebnisse erbracht, Hinweis auf die Selbstverantwortung von S.; **RFJ 1996 103: X.,** HIV-positiv, verkehrte öfters mit seiner (informierten) Ehefrau, die Schutzmittel ablehnte – Freispruch; weitere Hinweise auf unveröffentlichte Schweizer Urteile bei Müller 915 Fn 3, 4; auf ausländische Urteile bei Huber, SJZ 85 (1989) 153 ff.

232   Verbreiten von Tierseuchen

   1. Wer vorsätzlich eine Seuche unter Haustieren verbreitet, wird mit Gefängnis bestraft.

> **Hat der Täter aus gemeiner Gesinnung einen grossen Schaden verursacht, so ist die Strafe Zuchthaus bis zu fünf Jahren.**
>
> **2. Handelt der Täter fahrlässig, so ist die Strafe Gefängnis oder Busse.**

Lit. vor Art. 231.

1 **Art. 232** dient vor allem dem *Vermögensschutz* – Verbreitung von Seuchen unter Wildtieren wird nicht erfasst, DELAQUIS 118.

2 Eine Definition der **Tierseuchen** enthält Art. 1 des Tierseuchengesetzes vom 1.7.1966, SR 916.40 (TSG).

3 Die **Qualifikation** von Ziff. 1 II setzt objektive und subjektive Merkmale voraus. Zum «grossen Schaden» vgl. Art. 144 N 9, zur gemeinen Gesinnung Art. 231 N 3a.

4 **Konkurrenzen und Abgrenzungen**
Gegenüber **Art. 144** geht Art. 232 als *lex specialis* vor. Art. 232 geht den Strafbestimmungen von **TSG Art. 47 ff.** vor; s. ferner **Art. 234** N 4.

233 Verbreiten von Schädlingen

> **1. Wer vorsätzlich einen für die Landwirtschaft oder für die Forstwirtschaft gefährlichen Schädling verbreitet, wird mit Gefängnis bestraft.**
>
> **Hat der Täter aus gemeiner Gesinnung einen grossen Schaden verursacht, so ist die Strafe Zuchthaus bis zu fünf Jahren.**
>
> **2. Handelt der Täter fahrlässig, so ist die Strafe Gefängnis oder Busse.**

Lit. vor Art. 231.

1 **Art. 233** dient dem Vermögens-, nicht dem Umweltschutz.

2 Strafbar ist die Verbreitung von tierischen **Schädlingen,** aber auch von Krankheitserregern wie Pilze, Bakterien und Viren. Eine Liste enthält z. B. Anhang I zur VO über Pflanzenschutz vom 5.3.62, SR 916.20, aber nicht die Forstliche Pflanzenschutzverordnung vom 30.11.92, SR 921.541.

3 Zur **Qualifikation** vgl. Art. 232 N 3.

4 **Konkurrenzen und Abgrenzungen**
Art. 233 ist *lex specialis* zu **Art. 144** und geht den Strafbestimmungen vor **Pflanzenschutzverordnung Art. 41** vor.

234 Verunreinigung von Trinkwasser

> [1] **Wer vorsätzlich das Trinkwasser für Menschen oder Haustiere mit gesundheitsschädlichen Stoffen verunreinigt, wird mit Zuchthaus bis zu fünf Jahren oder mit Gefängnis nicht unter einem Monat bestraft.**
>
> [2] **Handelt der Täter fahrlässig, so ist die Strafe Gefängnis oder Busse.**

HEINZ AEPPLI, Verstärkter Gewässerschutz mit Mitteln des Strafrechts, SJZ 59 (1963) 145 (vor allem zum Gewässerschutzgesetz); **Lit.** vor Art. 231.

Tatobjekt ist Wasser, «von dem vorausgesehen werden kann, dass es in 1 absehbarer Zeit als Trinkwasser verwendet werden könnte», BGE 98 IV 205, u.U. auch Grundwasser, das noch nicht gefasst ist; vorzuziehen ist die Auffassung von STRATENWERTH BT II § 31 N 14, der fordert, dass das Wasser auch *tatsächlich als Trinkwasser genutzt* wird. Fehlt es an diesem Merkmal, kommt Versuch in Frage. Der Tatbestand ist nicht beschränkt auf die öffentliche Wasserversorgung, auch die Verunreinigung der eigenen Quelle kann strafbar sein, BGE 78 IV 177, *a fortiori* das Verunreinigen einer Quellfassung auf dem Nachbargrundstück durch Düngung, SJZ 62 (1966) Nr. 128, RB TG 1986 Nr. 28. Entscheidend ist die faktische Verwendung des Wassers – keine Entlastung dadurch, dass es schon vor dem Eingriff als unsauber galt, SJZ 62 (1966) Nr. 198.

Die **Täterhandlung** besteht darin, dass durch Tun oder Unterlassen (wie 2 in BGE 102 IV 187) die Vermischung der Schadstoffe mit dem Wasser verursacht (bzw. nicht verhindert) wird (dafür fehlte der Beweis in Rep. 1976 136). Die Gesundheitsschädlichkeit kann nur in Verbindung mit der Menge festgestellt werden – entscheidend ist das Entstehen einer Gefahr. Nach BGE 78 IV 176, REHBERG IV 71 und LOGOZ N 2 zu Art. 234 genügt eine abstrakte, mit STRATENWERTH BT II § 31 N 15 ist eine konkrete Gefährdung zu fordern. Sie kann durch geeignete Warnung ausgeschlossen werden, zu eng BGE 78 IV 177 (vgl. STRATENWERTH a.a.O.).

Die **Sorgfaltspflicht** im Umgang mit gefährlichen Stoffen wird teilweise in 3 Spezialerlassen konkretisiert, BGE 102 IV 187, z.B. VO über den Schutz der Gewässer vor wassergefährdenden Flüssigkeiten vom 28.9.1981, SR 814.226.21, VO über die Beförderung gefährlicher Güter auf der Strasse vom 17.4.1985, SR 741.621. Zum Gewässerschutz allgemein BG über den Schutz der Gewässer (Gewässerschutzgesetz) vom 24.1.1991, SR 814.20, mit Verordnungen.

Konkurrenzen und Abgrenzungen 4

Art. 111 ff. gehen vor – Idealkonkurrenz, wenn weitere Personen gefährdet wurden. Ist gleichzeitig der Tatbestand von **Art. 231 oder 232** erfüllt, so geht wegen der Strafdrohung Art. 234 vor. Gemäss **GSchG Art. 72** findet ausschliesslich Art. 234 Anwendung, auch wenn gleichzeitig ein Tatbestand von GSchG Art. 70 f. erfüllt ist.

235 Herstellen von gesundheitsschädlichem Futter

1. Wer vorsätzlich Futter oder Futtermittel für Haustiere so behandelt oder herstellt, dass sie die Gesundheit der Tiere gefährden, wird mit Gefängnis oder mit Busse bestraft.

Betreibt der Täter das Behandeln oder Herstellen gesundheitsschädlichen Futters gewerbsmässig, so ist die Strafe Gefängnis nicht unter einem Monat und Busse. In diesen Fällen wird das Strafurteil veröffentlicht.

2. Handelt der Täter fahrlässig, so ist die Strafe Busse.

3. Die Ware wird eingezogen. Sie kann unschädlich gemacht oder vernichtet werden.

1   Für **menschliche Nahrungsmittel** s. BG über Lebensmittel und Gebrauchsgegenstände vom 9.10.1992 **(Lebensmittelgesetz),** SR 817.0, Art. 47 ff.

2   Zu **Art. 155** besteht Idealkonkurrenz.

236 Inverkehrbringen von gesundheitsschädlichem Futter

[1] Wer vorsätzlich gesundheitsschädliches Futter oder gesundheitsschädliche Futtermittel einführt, lagert, feilhält oder in Verkehr bringt, wird mit Gefängnis oder mit Busse bestraft. Das Strafurteil wird veröffentlicht.

[2] Handelt der Täter fahrlässig, so ist die Strafe Busse.

[3] Die Ware wird eingezogen. Sie kann unschädlich gemacht oder vernichtet werden.

1   Idealkonkurrenz mit **Art. 155.**

Neunter Titel:

Verbrechen und Vergehen gegen den öffentlichen Verkehr

VE 1894 Art. 148 ff., Mot. 221 f. 1. ExpK II 235 ff., 666 ff. VE 1908 Art. 160 ff. Erl.Z. 294 ff. 2. ExpK IV 141 ff., V 34 ff., VIII 289, IX 64, VE 1916 Art. 207 ff., 331. E Art. 203 ff. Botsch. 51 f. Sten.NR 439 ff., StR 204 f.

237 Störung des öffentlichen Verkehrs

1. **Wer vorsätzlich den öffentlichen Verkehr, namentlich den Verkehr auf der Strasse, auf dem Wasser oder in der Luft hindert, stört oder gefährdet und dadurch wissentlich Leib und Leben von Menschen in Gefahr bringt, wird mit Gefängnis bestraft.**

Bringt der Täter dadurch wissentlich Leib und Leben vieler Menschen in Gefahr, so kann auf Zuchthaus bis zu zehn Jahren erkannt werden.

2. **Handelt der Täter fahrlässig, so ist die Strafe Gefängnis oder Busse.**

E 203. Sten.NR 441. Erl.Z. 297 ff.

PIERRE ANTONIOLI, *Quelques cas récents de responsabilité pénale en matière d'accidents de ski*, ZStrR 99 (1982) 129; LUKAS H. BURCKHARDT, Erste Erfahrungen mit dem neuen Strassenverkehrsgesetz, ZStrR 80 (1964) 42; KARL DANNEGGER, Ist Art. 237 StGB (Störung des öffentlichen Verkehrs) auf der Skipiste anwendbar? ZBJV 108 (1972) 433; HANS DUBS, Art. 237 StGB und das Strassenverkehrsgesetz, in Festgabe Max Gerwig, Basel 1960, 1; PETER HASLER, Strafrechtliche Haftung für mangelnde Sportanlagen, insbesondere Skipisten, Diss. ZH 1971; J. KARMANN, Störung des öffentlichen Verkehrs, ZStrR 65 (1950) 198; WILLY PADRUTT, Strafrechtliche Aspekte des Skilaufs und des Lawinenunfalls aus schweizerischer Sicht, SJZ 63 (1967) 333 f.; DERS., Rechtsprobleme um Raupenfahrzeuge auf Skipisten, SJZ 85 (1989) 317; DERS., Grenzen der Sicherungspflicht für Skipisten, ZStrR 103 (1986) 384; DERS., Verkehrssicherungspflicht für Skipisten, ZStrR 87 (1971) 63; MARKUS REINHARDT, Die strafrechtliche Bedeutung der FIS-Regeln, Diss. ZH 1976; DIETER VON RECHENBERG, Der Tatbestand der fahrlässigen Störung des öffentlichen Verkehrs im Sinne von Art. 237 Ziffer 2 StGB, SJZ 46 (1950) 6; DERS., Die allgemeine Gefährlichkeit als Voraussetzung für die Anwendung von Art. 237, Ziff. 2 StGB, SJZ 47 (1951) 108; EUGEN RUBINSTEIN, «Öffentlicher Verkehr» nach Art. 237 StGB, SJZ 47 (1951) 107; FRÉDÉRIC SCHAERER, *Le droit pénal aérien suisse*, ZStrR 70 (1955) 166; EUGEN F. SCHILDKNECHT, Der rechtliche Schutz des Strassenverkehrs, Diss. BS 1946; MAX WAGNER, Der allgemeine Verkehrsstörungstatbestand des schweizerischen Strafgesetzbuches und die ergänzenden Bestimmungen des Bundes und der Kantone, Diss. ZH 1944; Lit. zum SVG.

1   **Art. 237** schützt Leib und Leben vor den verkehrstypischen Gefahren. Der in der Praxis wichtigste Anwendungsbereich – fahrlässige Gefährdung durch Verkehr *auf öffentlichen Strassen* – wird *ausschliesslich* durch das *SVG* geregelt, Art. 90.3; für den Eisenbahnverkehr gilt Art. 238. Art. 237 kommt jedoch zur Anwendung bei fahrlässiger Gefährdung auf *nicht öffentlichen* Strassen, bei Gefährdungen von Verkehrsteilnehmern durch *Aussenstehende* und bei *vorsätzlichen* Gefährdungshandlungen, vgl. REHBERG IV 78 und unten N 8.

2   Als **geschütztes Rechtsgut** wird in BGE 75 IV 124 die Person bezeichnet, ebenso SCHWANDER Nr. 678, HAFTER BT II 524, KARMANN, ZStrR 65 (1950) 199; BGE 76 IV 122, 125, 83 IV 39 stellen daneben oder gar in den Vordergrund «den Verkehr», die «Allgemeinheit», ebenso HASLER 57, RUBINSTEIN 107, VON RECHENBERG, SJZ 46 (1950) 8, SCHILDKNECHT 20 ff. Richtig kann nur die erste Auffassung sein, wonach der «Verkehr» kein geschütztes Rechtsgut ist (namentlich in der weiten Auslegung des Bundesgerichts, s. N 3 ff.; zur Bedeutung der Frage·für die Konkurrenzen N 18). Als «Schutzobjekt» wird der öffentliche Verkehr bezeichnet in BGE 101 IV 175.

3   **Verkehr** ist jede *Ortsveränderung von Personen oder Waren,* ähnlich SCHWANDER Nr. 680. Der Begriff ist nicht auf den «Gebrauch von Fahrzeugen zur Beförderung von Menschen und Sachen» beschränkt, BGE 75 IV 124, sondern umfasst auch Fussgänger (a.a.O.), Schwimmer (BGE 88 IV 2 und Vi ZR 62 [1963] Nr. 122), Skifahrer, SJZ 63 (1967) S. 268 (s. N 5). Geschützt ist aber auch der Polizist, der ein Haltesignal gibt, BGE 106 IV 371, 81 IV 123 f.

4   Der Begriff des **«öffentlichen»** Verkehrs wird sehr weit ausgelegt – Strasse, Wasser und Luft sind nur als Beispiele genannt («namentlich») Zu **«öffentliche Strasse»** s. die Rechtsprechung zu SVG Art. 1, z. B. BGE 101 IV 175: «Öffentlich ist der Verkehr dann, wenn er sich auf Strassen Strassenverzweigungen und Plätzen abwickelt, welche nicht bloss dem privaten Gebrauch dienen ... Massgebend ist dabei nicht, ob die Verkehrsfläche in privatem oder öffentlichem Eigentum steht, sondern ob sie dem allgemeinen Verkehr dient, also einem unbestimmbaren Personenkreis zur Verfügung steht, selbst wenn die Benutzung nach Art und Zweck eingeschränkt ist», m.w.Hinw. Auf die Benützung durch öffentliche Verkehrsmittel kommt es nicht an (h.M.). S. auch RENÉ SCHAFFHAUSER, Grundriss des schweizerischen Strassenverkehrsrechts I, Bern 1984 N 53–56.

5   **Skipisten** sind nach überwiegender Auffassung öffentliche Verkehrsflächen, s. DANEGGER 439 ff., HASLER 60, REHBERG IV 78, KARMANN SJZ 63 (1967) 268, REINHARDT 111 ff., STRATENWERTH BT II § 32 N 5; so jetzt auch PADRUTT, SJZ 1989 319 (anders noch in SJZ 1967 338); implizit dagegen SCHULTZ, ZBJV 100 (1964) 81 f. Frühe Kasuistik bei ANTONIOLI, a.a.O., SJZ 63 (1967) 268; ohne Berücksichtigung von Art. 237 BGE 80 IV 49, 106 IV 350. Die Befürworter beziehen sich in der Regel

(Frage offengelassen bei DANEGGER 440) nur auf Pisten, allenfalls auf
markierte Routen; logische Konsequenz von BGE 102 IV 27, 105 IV 43
ff., wäre die Anwendung von Art. 237, wo immer Skifahrer sich bewegen
– dasselbe gilt für Bergsteiger und Wanderer – mit Recht kritisch
SCHULTZ, ZBJV 117 (1981) 34 f.

Auch auf dem **Wasser** ist der Verkehr öffentlich, wo immer er faktisch   6
vorkommt, also nicht nur im Bereich offizieller Wasserstrassen, BGE 88
IV 2 und Vi ZR 62 (1963) Nr. 122, kritisch SCHULTZ, ZBJV 100 (1964)
81 f. Zum öffentlichen Verkehr gehören demnach Schwimmen, Segeln,
Windsurfen, Motorbootfahren, Rudern, *River Rafting* usw.

Der gesamte **Luftfahrraum** ist grundsätzlich Art. 237 unterstellt, auch   7
ausserhalb von Flugrouten und Flugschneisen, BGE 102 IV 27, 105 IV
43 f., anders noch PKG 1962 Nr. 63 (Segelflugzeuge), kritisch SCHULTZ,
ZBJV 113 (1977) 542, 117 (1981) 34 f. Erfasst werden also auch Delta-
segler und Hanggleiter. Eine Ausnahme macht BGE 102 IV 27, Vi RS
1978 Nr. 511, für das Flugfeld (im Gegensatz zum Flughafen) einer privaten Motorfluggruppe, wenn es Aussenstehende nur mit Bewilligung
benützen dürfen – das Urteil ist nicht konsequent, vgl. z. B. Bergstrassen
mit Bewilligungspflicht.

Die fast **uferlose Ausdehnung** des Begriffs «öffentlicher Verkehr» ruft   8
der **Kritik.** Der Tatbestand ist zugeschnitten auf die typischen Gefahren,
die mit Transporten und Reisen verbunden sind. Nach der Praxis wird er
ausgedehnt auf den Bereich von Sport, Spiel und Erholung – unter
Art. 237 müsste auch fallen der «Verkehr» auf einer öffentlichen Eisbahn
(vgl. das Urteil Vonlanthen, BGE 75 IV 8), das Jogging, Leichtathletik,
Orientierungslauf, Langlauf, Waffenläufe, Schwimmen im See, im Fluss,
im öffentlichen (Hallen-)Bad usw. Unter dem Gesichtspunkt von Art.
237 wäre demnach auch zu prüfen gewesen z. B. der Sachverhalt in BGE
91 IV 118, 125, 181, 97 IV 169, 98 IV 5, 168, 100 IV 210. Hier genügen
aber die Verletzungstatbestände, weil nicht, wie im «eigentlichen» öffentlichen Verkehr, erhebliche, meist motorische kinetische Energie eingesetzt wird. Völlig abzulehnen ist eine Ausdehnung von Art. 237 auf den
Telegrafen- und Telefonverkehr, die RYCHNER, SJZ 39 (1942/43) 501
vorschlug.

Täter kann jedermann sein, nicht nur ein Verkehrsteilnehmer, BGE 84   9
IV 49.

Die **Täterhandlung** ist mit «hindert, stört oder gefährdet» unspezifisch   10
umschrieben. Es genügt jede Einwirkung, welche eine Erhöhung der dem
Verkehr immanenten Gefahr zur Folge hat. Wo eine Rechtspflicht zum
Handeln besteht (namentlich aus Ingerenz), kommt auch tatbestandsmässiges Unterlassen in Frage, BGE 85 IV 79, 75 IV 32. Tatbestandsmässig handelt z. B. der Fachmann, der eine Autoreparatur nicht sorgfältig ausführt, SJZ 60 (1964) Nr. 131; wer eine Sperre errichtet, welche die
Sicherheit des Verkehrsweges beeinträchtigt, vgl. RVJ 1980 388; wer

Verkehrsteilnehmer ablenkt oder wer irreführende Informationen verbreitet.

11 Der Gefährdungserfolg muss **Leib und Leben von Menschen** treffen – Sachgefährdung genügt im Gegensatz zu Art. 238 nicht. Erforderlich ist die *Gefahr mindestens einer schweren Körperverletzung* (zu eng VON RECHENBERG, SJZ 47 [1951] 108: Lebensgefahr). Geschützt ist jeder beliebige Mensch, nicht nur der Verkehrsteilnehmer, z. B. BGE 81 IV 123 f., 106 IV 371.

12 Eine **Gemeingefahr wird nicht verlangt,** BGE 76 IV 125, 81 IV 123, 85 IV 137, 105 IV 45; anders SJZ 54 (1958) Nr. 128. Früher verlangte das BGer, dass eine gefährdete Einzelperson für den Täter die Allgemeinheit repräsentiere, BGE 76 IV 122, 125, ebenso BJM 1956 291; gestützt auf SCHWANDER Nr. 680 und mit Hinweis auf Art. 238 hat es diese Praxis in BGE 100 IV 54 ff. (bestätigt in 105 IV 45 ff.) aufgegeben – es genügt Gefährdung des Passagiers; kritisch STRATENWERTH BT II § 32 N 9.

13 Die Gefährdung muss eine **konkrete** sein, d.h. dass eine Verletzung «nicht nur objektiv möglich, sondern wahrscheinlich» (BGE 71 IV 100) ist – es wird in der Regel eine «nahe und ernstliche Wahrscheinlichkeit» verlangt, BGE 73 IV 183, s. auch 73 IV 235, 85 IV 137, ZR 62 (1963) Nr. 123. BGE 106 IV 123 glaubt, für den Fall einer Flugzeugentführung wegen des Vorsatzes schon mit weniger auszukommen, es wäre hier «kriminalpolitisch verfehlt, die Anwendung von Art. 237 Ziff. 1 StGB überdies vom Nachweis eines besonders hohen Grades der Wahrscheinlichkeit eines konkreten Erfolgseintritts abhängig zu machen» (kritisch SCHULTZ ZBJV 118 [1982] 26, STRATENWERTH BT II § 32 N 8). Die Entscheidung lässt jedoch kaum markante Unterschiede zur übrigen Praxis erkennen – strafbar ist auch das Starten eines Rennens trotz Panzerfahrzeugen auf der Piste, Fliegen trotz Übermüdung des Piloten oder bei Treibstoffknappheit.

14 Der **Vorsatz** muss sich auf das gefährdende Verhalten und den Gefährdungserfolg richten. Bejaht bei Rasen durch Zürich, SJZ 51 (1955) Nr. 129; Befahren des Hauenstein mit unwirksamen Bremsen, SJZ 5? (1957) Nr. 46; Losfahren auf Polizisten, der ein Haltesignal gibt, PKG 1956 Nr. 85; bei knappem Einbiegen und brüskem Bremsen nach Überholen aus «pädagogischen» Gründen, SJZ 56 (1966) Nr. 83.

15 Ziff. 1 II **qualifiziert** die Gefährdung vieler Menschen – bejaht für die Entführung eines Kursflugzeuges, BGE 106 IV 124 f., «wenn sich schon im direkt gefährdeten Flugzeug auf jeden Fall mehr als zehn Personen befanden», vgl. auch BGE 115 IV 12. Im Sinne einer einheitlichen Rechtsprechung sollte, wie in der Praxis zu BetmG Art. 19.2a, die Zahl bei mindestens 20 angesetzt werden, vgl. BGE 108 IV 65 ff. Die Höchststrafe bei Qualifikation beträgt 10 Jahre Zuchthaus, die Mindeststrafe kann immer noch Busse sein.

Zur Fahrlässigkeit Art. 18 N 23 ff. Häufig ist vorsätzliche Verletzung von   16
Verkehrsregeln mit fahrlässiger Gefährdung verbunden, z. B. BGE 76 IV
246 f., ZBJV 87 (1951) 207. Regeln über die Sorgfaltspflicht finden sich in
Spezialgesetzen, z. B. BG über die Binnenschiffahrt vom 3.10.1975, SR
747.201; VO über die Verkehrsregeln für Luftfahrzeuge vom 5.4.1981,
SR 748.121.11 aber auch in nichtstaatlichen Normierungen, z. B. FIS-Regeln, BGE 106 IV 352; zu den Sorgfaltspflichten der bei Lawinengefahr
für das Schliessen einer öffentlichen Strasse Verantwortlichen BGE 116
IV 183 ff., s. auch Art. 18 N 29.

Kasuistik (Auswahl)   17
BGE 73 IV 180: Fahrschüler **Spitz** verursacht auf der dritten Lernfahrt
beim Überholen einen tödlichen Unfall; **73 IV 234: Strittmatter** gefährdet
beim Überholen Gautschi und lässt das Autowrack nachts unbeleuchtet
auf der Strasse; **75 IV 27: Husistein** bringt beim Überholen den linksab-
biegenden Radfahrer Rust zu Fall; **75 IV 122: Schwer** fährt die Fussgängerin Minatelli an; **76 IV 120: Haslimann** gefährdet bei einem Selbstunfall
seine Mitfahrer; **76 IV 123: Flad** kollidiert auf der Seestrasse in Zollikon
mit dem von rechts einbiegenden Schmuziger; **77 IV 178:** Kollision zwischen dem von **Mohler** geführten Tram und dem Auto des Ulmer; **78 IV
101:** Stationswärter **Waser** verursacht durch irrtümliches Öffnen der
Schranken eine Kollision zwischen Eisenbahn und Lastwagen; **85 IV 78:
Stucki** nimmt ungenügend Rücksicht auf das fehlerhafte Verhalten eines
7jährigen Knaben; **88 IV 1: José Julita** fährt auf einem Wasserski so nahe
an die Badeanstalt Kusen, dass er Schwimmer gefährdet; **96 IV 1:** Unachtsamkeit der Barrierenwärterinnen **Gertrud** und **Klara Burkhalter**
führt bei Lyssach zu Kollision; **100 IV 54:** Bei der Vorführung eines Dop-
pelrumpf-Lastschiffes ertrinkt ein Schiffsgehilfe; **101 IV 173:** Auf seinem
privaten Vorplatz fährt X. absichtlich auf E. zu, der sich knapp retten
kann – kein «öffentlicher» Verkehr; **102 IV 27:** Verwaltungsräte einer
AG stellen, angeblich zum Schutz von Pappeln, in der An- und Wegflug-
schneise des Flugplatzes Lommis (TG) 6 bis 14 m hohe Stangen auf –
kein «öffentlicher» Verkehr (Vi RS 1978 Nr. 511); **105 IV 42:** Beim Rück-
flug vom Lauberhornrennen muss K. einen Helikopter notlanden, der
sich dabei überschlägt; **106 IV 122:** Entführung eines Kursflugzeugs; **106
IV 370:** R. fährt auf Haltezeichen gebenden Polizisten zu; **115 IV 8: Hariri** entführt ein Flugzeug der Air Afrique; **116 IV 182:** Lawinenunglück
auf der Strasse Täsch-Zermatt, einer öffentlichen Strasse mit Verkehrs-
beschränkungen; s. auch Kasuistik zu Art. 18 III, N 43.

Konkurrenzen und Abgrenzungen   18
Art. 117, 125 konsumieren Art. 237.2 sofern nicht weitere Personen gefährdet wurden, BGE 75 IV 124 f., RS 1961 Nr. 18; die abweichenden Urteile BGE 76 IV 122, 125, 83 IV 39, ZR 49 (1950) Nr. 81, 52 (1953) Nr.
109, SJZ 58 (1962) Nr. 115, RS 1962 Nr. 124, beruhen auf der Anerkennung eines weiteren Rechtsgutes «öffentlicher Verkehr» – diese Praxis
wurde in anderem Zusammenhang durch BGE 100 IV 54 f. wieder auf-

gegeben – vgl. auch BGE 91 IV 32, 213, 96 IV 41, 106 IV 395 f. mit der 75 IV 124 entsprechenden Regel für das Verhältnis von Art. 117, 125 zu SVG Art. 90.

Art. 129 konsumiert Art. 237.1, wenn nicht weitere Personen gefährdet wurden, ungenau SJZ 56 (1960) Nr. 96.

Art. 238 ist allein anwendbar, wenn die Bahn auf beschottertem Trassee durch Stellstein von der Strasse getrennt läuft, RS 1950 Nr. 244. Idealkonkurrenz mit Art. 237: BGE 78 IV 105, implizit schon 77 IV 179 ff.

SVG Art. 90.3 lässt im Strassenverkehr nur Raum für die Anwendung von Art. 237 auf Nicht-Verkehrsteilnehmer und für den Fall, dass Vorsatz vorliegt, BGE 91 IV 216 f., 95 IV 2, RS 1972 Nr. 368; vgl. auch N 1.

LFG Art. 90 ist nur subsidiär anwendbar, BGE 105 IV 46.

238   Störung des Eisenbahnverkehrs

[1] **Wer vorsätzlich den Eisenbahnverkehr hindert, stört oder gefährdet und dadurch wissentlich Leib und Leben von Menschen oder fremdes Eigentum in Gefahr bringt, namentlich die Gefahr einer Entgleisung oder eines Zusammenstosses herbeiführt, wird mit Zuchthaus oder mit Gefängnis bestraft.**

[2] **Handelt der Täter fahrlässig und werden dadurch Leib und Leben von Menschen oder fremdes Eigentum erheblich gefährdet, so ist die Strafe Gefängnis oder Busse.**

E 204. Erl.Z. 300 ff. 2. ExpK IV 155 ff.

GEORGES DREYER, *La répression des entraves au service des chemins de fer d'après le nouveau Code pénal suisse,* ZStrR 56 (1942) 307; DERS., *Les articles 238 et 239 du Code pénal suisse sont-ils applicables aux embranchements particuliers?* ZStrR 57 (1943) 387; ROLAND HAUENSTEIN, Die Ermächtigung in Beamtenstrafsachen des Bundes, Diss. BE 1995, 164 ff.; ROGER ISCHER, *La protection de la sécurité des chemins de fer par les articles 238 et 239 du Code pénal suisse,* ZStrR 60 (1946) 89; ALEX GASS, Strafrechtlicher Schutz des Eisenbahnverkehrs und Eisenbahnbetriebs nach schweizerischem Recht, Diss. BS 1947; MARTIN SCHUBARTH, Sicherheitsdispositiv und strafrechtliche Verantwortlichkeit im Eisenbahnverkehr, SJZ 92 (1996) 37; ERNST ZWICKY, Der Strafschutz der schweiz. Eisenbahnen nach dem Inkrafttreten des StGB, Diss. ZH 1946.

1   **Art. 238 schützt** Leib und Leben sowie fremdes Eigentum vor den mit dem technischen Betrieb von Eisenbahnen verbundenen typischen Gefahren, BGE 116 IV 46. Die gegenüber Art. 237 höhere Strafdrohung erklärt sich daraus, dass beim Eisenbahnverkehr in der Regel grössere kinetische Energien im Spiel sind und oft viele Menschen gefährdet werden. Das *Funktionieren* des Eisenbahnbetriebes ist Schutzobjekt in Art. 239.

2   **«Eisenbahn»** ist jedes schienengebundene (lateral unbewegliche) Verkehrsmittel am Boden, also auch die Strassenbahn, BGE 53 I 226, 77 IV

179, 87 IV 88; *nicht* dazu gehören der Trolleybus, Dreyer, ZStrR 56 (1942) 316, und die Schwebebahn, Dreyer a.a.O., Rehberg IV 82; Stratenwerth BT II § 32 N 18, a.M. Gass 48 f., Ischer 91 f., Logoz N 3 zu Art. 238, Thormann/v. Overbeck, N 2 zu Art. 238.

Zum Eisenbahn**verkehr** gehört auch das Rangieren, BGE 86 IV 105, ZR   3
59 (1960) Nr. 56. Art. 238 gilt nur im öffentlichen Verkehr, nicht auf privaten Anschlussgleisen, BJM 1962 137, 1963 275, Dreyer ZStrR 57 (1943) 388 ff., 56 (1942) 313; der administrative und kommerzielle Betrieb der Eisenbahn fällt nicht darunter, BGE 72 IV 69 f., 84 IV 20, 86 IV 105, 116 IV 46, Rehberg IV 83, Stratenwerth BT II § 32 N 18.

Geschützte Personen sind nicht nur die Reisenden im Zug, sondern auch   4
ein- und aussteigende Passagiere und ihre Begleiter im Bereich der Gleisanlagen, BGE 84 IV 20 f., ZR 57 (1958) Nr. 125; Bahnpersonal, BGE 86 IV 106; Bewohner von Nachbarhäusern, BGE 80 IV 181 usw. Soweit bei Niveauübergängen der Bahnverkehr den *Strassenverkehr* stört, ist jedoch Art. 237 anzuwenden, weil Art. 238 «nicht auch Leib und Leben der Strassenbenützer schützen will», BGE 78 IV 103; dadurch wird die Haftung für Bahnbeamte verschärft, weil Art. 237.2 bei Fahrlässigkeit keine «erhebliche» Gefährdung verlangt.

Zum **«fremden Eigentum»** gehört auch das Eigentum der Bahngesell-   5
schaft, BGE 80 IV 183, SJZ 52 (1956) Nr. 78.

Die **Täterhandlung** ist wie in Art. 237 unspezifisch – entscheidend ist die   6
Verursachung der Gefährdung. Entgleisung und Zusammenstoss sind nur Beispiele.

Der Erfolg ist eine **konkrete Gefährdung,** die wie in Art. 237 (s. N 12, 13)   7
zu verstehen ist, also keine Gemeingefahr zu sein braucht (BGE 80 IV 182, Rehberg IV 84, anders Ischer 102 f., Stratenwerth BT II § 32 N 20) – die Möglichkeit der Verletzung muss «nach dem gewöhnlichen Lauf der Dinge *nahe* liegen», BGE 72 IV 27, 87 IV 90, 93 I 80, SJZ 42 (1946) Nr. 85. Musterbeispiel ist die Schnellbremsung, auch wenn keine Verletzung eintritt, BGE 87 IV 90, SJZ 51 (1955) Nr. 140, PKG 1957 Nr. 56, zumal wenn es zur Kollision kommt, RS 1981 Nr. 87, s. auch BGE 93 I 80 f. Die zurückhaltende Praxis kantonaler Gerichte überzeugt nicht ganz: SJZ 55 (1959) Nr. 125 (keine konkrete Gefährdung, wenn die Schnellbremsung misslang); RS 1962 Nr. 182, SJZ 67 (1971) Nr. 139; wegen des technischen Fortschritts zustimmend Rehberg IV 85. Zu weit geht ZR 46 (1947) Nr. 91, wonach die Gefährdung schon zu bejahen ist, wenn eine von mehreren Sicherungen unwirksam gemacht wurde. Bei der Kollision mit einer in Bewegung befindlichen Eisenbahn ist der Gefährdungserfolg i.S.v. Art. 238 immer gegeben, BGE 116 IV 45.

Bei **Fahrlässigkeit** ist anders als beim Vorsatz (RS 1972 Nr. 252) nur **er-**   8
hebliche Gefährdung strafbar. Dadurch sollte einer übermässigen Kriminalisierung des Bahnpersonals vorgebeugt werden *(«Eisenbahnerprivileg»),* Sten.Bull NR 1929, 440 ff., Dreyer, ZStrR 56 (1942) 322, Ischer

108, STRATENWERTH BT II § 32 N 24, BGE 116 IV 46 ff., BJM 1960 263.
Mit diesem Erfordernis verlangt Art. 238 II «nicht, dass der Eintritt des
schädigenden Ereignisses wahrscheinlicher, die Gefahr dringlicher sein
müsse als im Falle vorsätzlicher Begehung, sondern dass der Schaden,
welcher bei voller Verwirklichung der Gefahr eintreten würde, erheblich
wäre», BGE 72 IV 27, ebenso ZR 48 (1949) Nr. 182. Der Schaden braucht
nicht «sehr gross oder ausgesprochen schwer» zu sein, es genügt, wenn er
«nicht mehr als klein oder leicht bezeichnet werden kann», BGE 87 IV
89. Für Personenschaden ist bereits die Gefahr einer einfachen Körperverletzung (Art. 123) «erheblich», BGer a.a.O. Zu den im Einzelfall für
die Frage der Gefährdung massgeblichen Umständen HAUENSTEIN 167.

9   Für die **Erheblichkeit der Eigentumsgefährdung** wird von der Höhe des
Schadens ausgegangen, der bei voller Realisierung der Gefahr eingetreten wäre, RS 1959 Nr. 223, PKG 1969 Nr. 42. Fragwürdig PKG 1973 Nr. 8,
wo die erhebliche Gefährdung durch eine deutlich aus Distanz erkennbare Barrikade aus einem leeren Fass und dünnen Ästen bejaht wurde;
Erheblichkeit verneint SJZ 84 (1988) Nr. 11: Ein Auto war im Kolonnen-
verkehr beim Überqueren eines Bahnübergangs durch die sich herabsenkenden Schranken auf einem Doppelspurgeleise «gefangen» worden.
Weil bei SBB-Beamten eine Verfolgungsermächtigung nötig ist (VG Art.
15, dazu HAUENSTEIN 27 ff.), kommt der Praxis der Bundesanwaltschaft
entscheidende Bedeutung zu – sie wird durch Kreisschreiben an die
Staatsanwaltschaften der Kantone bekanntgegeben und von diesen befolgt, vgl. z. B. SJZ 62 (1966) Nr. 137, eingehend HAUENSTEIN 166 ff. Zuletzt wurde die Grenze durch Kreisschreiben vom 12.1.1976 in Anlehnung an Art. 2 III der VO vom 11.11.1925 betreffend das bei Gefährdung
oder Unfällen im Bahn- und Schiffsbetriebe zu beobachtende Verfahren
(SR 742.161) auf 15 000 Franken festgesetzt (eine Erhöhung wird vorbereitet und ist angesichts der seit 1976 eingetretenen Geldentwertung
längst überfällig). Die Erheblichkeit i.S.v. Art. 238 schliesst jedoch die
Annahme eines leichten Falles gemäss VG Art. 15 III nicht aus, HAUEN-
STEIN 167.

10 Zur **Fahrlässigkeit** Art. 18 N 23 ff. Zur Praxis über die Sorgfaltspflicht
BGE 77 IV 178 (Tramführer auf Strassenkreuzung); 86 IV 99, SJZ 71
(1975) Nr. 101, RS 1967 Nr. 3 (bei Annäherung an einen Bahnübergang
auf der Strasse); BGE 87 IV 91 f., SJZ 84 (1988) Nr. 11 (Auto befinde
sich innerhalb der sich herabsenkenden Schranken), ZBJV 85 (1949) 22:
(Aufenthalt auf einem Gleis); BGE 96 IV 1 (Barrierenwärterin); 99 IV 6⁴
(überforderter Anfänger); RS 1983 Nr. 567 (Sorgfaltspflicht des Rangier
meisters); RS 1945 Nr. 186, PKG 1962 Nr. 75, ZR 51 (1952) Nr. 203 (ent
schuldbarer Fehler – anders aber BGE 104 IV 19); PKG 1951 Nr. 4)
(genügende Bewachung von Vieh durch den Hirten); SJZ 69 (1973)
Nr. 113 (Sichern durch Hemmschuh); RS 1978 Nr. 512 (übermüdeter Loko
motivführer); Rep. 1985 183 (Warnung von Arbeitern auf dem Gleise)
PKG 1950 Nr. 44 (ausserordentliche Verhältnisse entschuldigen nicht

anders PKG 1962 Nr. 75); s. auch die Kasuistik bei Schubarth 37 ff.
Zum Kausalzusammenhang zwischen Zeichengebung und Gefährdung
BGE 88 IV 109. Entscheidend sind vielfach die einschlägigen Reglemente, z. B. RS 1961 Nr. 29. Zur strafrechtlichen Verantwortlichkeit der
für das Sicherheitsdispositiv verantwortlichen Personen Schubarth 40 f.

Kasuistik   11
BGE 68 IV 17: Weil der Stationsbeamte **Dreyer** verschlafen hatte, blieb
ein Zug in Eiken stehen und wurde von einer Draisine angefahren; **72 IV
24:** Stationsvorstand **Roth** vergisst, dem Stationsgehilfen Anken ein Zir-
kular betreffend einen Militärextrazug zu übergeben, der in Zäziwil
einen Güterzug kreuzen sollte – dank der Reaktion des Konolfinger Sta-
tionsvorstandes kann eine Kollision knapp verhindert werden, vgl. auch
RS 1972 Nr. 339; **78 IV 101:** Stationswärter **Ernst Waser** öffnete auf der
Station Märstetten zu früh die Schranken; nur durch eine Schnellbremsung konnte der Zusammenstoss des Zuges mit einem Lastwagen vermieden werden; **80 IV 181: Schneider** fährt mit leicht übersetzter Geschwindigkeit mit der Lokomotive in einen Schuppen und dringt in das
Schlafzimmer, in dem Toggweiler schläft; **84 IV 19:** Betriebsbeamter
Kübler leitet irrtümlich einen Schnellzug über Geleis 1 des Bahnhofs
Horgen-See, das eben von Reisenden überquert wird – dank Schnell-
bremsung und Warnung keine Verletzten; **86 IV 97: Morgenthaler** nähert
sich zu schnell und zuwenig aufmerksam einem Bahnübergang der Biel-
Täuffelen-Ins-Bahn, dessen Blinklichtanlage nicht funktioniert, so dass
es zu einer Kollision kommt; **86 IV 103:** Rangierunfall im Bahnhof
Chiasso wegen Unaufmerksamkeit von **Galfetti** und **Chiesa; 87 IV 88:**
Radfahrer **Moro** wartet auf einem die Dillackerstrasse überquerenden
Geleise auf Gelegenheit, in die Emil-Frey-Strasse einzubiegen; der Fahrer eines herannahenden Tramzuges wird dadurch zu einer Schnellbremsung veranlasst, kann aber die Kollision nicht verhindern; **88 IV 107: Jor-
dan** gibt Lokomotivführer Simon statt mit der roten Flagge ein
(zweideutiges) Zeichen mit der Hand, so dass dieser weiterfährt und zwischen Brügg und Busswil mit einem entgegenkommenden Güterzug zusammenstösst; **96 IV 1:** Durch Unaufmerksamkeit in den letzten Minuten
ihrer Dienstzeit verursacht Barrierenwärterin **Burkhalter** in Lyssach
einen tödlichen Unfall; **99 IV 63: Wirth,** der zum ersten Mal allein den
Stationsdienst versieht, lässt irrtümlich in Mörschwil einen Zug auf ein
Stumpengeleise fahren, worauf die Lokomotive über das Gleisende hin-
ausgerät – nicht vorwerfbar; **104 IV 18: M.** verursacht eine Entgleisung
dadurch, dass er versehentlich den falschen Weichenhebel betätigt, strafbar; **116 IV 44: D.** fuhr beim unbewachten Bahnübergang auf der Höhe
des Gemeindehauses Egg über die Stoppsignalisation hinaus und kolli-
dierte dabei mit der Forchbahn; **SJZ 84 (1988) Nr. 11:** Keine Störung
durch einen Automobilisten, der in einer Kolonne von sich senkenden
Schranken überrascht wurde und auf dem nicht für die Durchfahrt bestimmten Gleis anhielt; **Rep. 1986 183:** Unfall wegen mangelhafter Warnung von Gleisarbeitern.

12   **Konkurrenzen und Abgrenzungen**
Art. 117, 125 konsumieren Art. 238 II, sofern nicht, was die Regel sein wird, weitere Personen oder erhebliche Sachwerte gefährdet wurden (für Idealkonkurrenz Rep. 1945 136). **Art. 237** s. dort N 18. Art. 238 geht als Spezialtatbestand dem **Art. 239** vor, BGE 72 IV 30, SJZ 84 (1988) Nr. 11; gemäss BGE 72 IV 69 f. soll aber Art. 239 nicht angewandt werden, wenn es an der Erheblichkeit der Gefahr fehlt. Dies führte zu dem (vom BGer in Kauf genommenen) widersinnigen Ergebnis, dass Betriebsstörungen ohne Gefährdung strafbar, solche mit nicht erheblicher Gefährdung straflos waren. Dabei wurde übersehen, dass Art. 238 und 239 unterschiedliche Rechtsgüter schützen; die Rechtsprechung des BGer hätte mindestens insoweit eingeschränkt werden sollen, als nur Bahnbeamte in den Genuss der Privilegierung gekommen wären; BGE 116 IV 46 ff. bringt nun eine Praxisänderung, die freilich in wenig überzeugender Weise das «Eisenbahnerprivileg» unterläuft, indem die unerhebliche fahrlässige Gefährdung des Eisenbahnbetriebs unter Art. 239.2 subsumiert wird; s. auch STRATENWERTH BT II § 32 N 42, SCHULTZ, ZBJV 128 (1992) 21. Gemäss ZBJV 111 (1975) 405 f. und RS 1979 Nr. 692 konsumiert Art. 238 **SVG Art. 90;** wie SCHULTZ, ZBJV 111 (1975) 406 richtig bemerkt, trifft dies nur zu, wenn neben dem Eisenbahnverkehr nicht noch andere Verkehrsteilnehmer (z. B. bei Unfall auf einem Bahnübergang) gefährdet wurden. Subsidiär gelten **bahnpolizeiliche Strafbestimmungen,** z. B. Eisenbahngesetz vom 20.12.1957, SR 742.101, Art. 88; BG betr. Handhabung der Bahnpolizei vom 18.2.1878, SR 742.147.1.

239 Störung von Betrieben, die der Allgemeinheit dienen

   1. Wer vorsätzlich den Betrieb einer öffentlichen Verkehrsanstalt, namentlich den Eisenbahn-, Post-, Telegrafen- oder Telefonbetrieb hindert, stört oder gefährdet,

   wer vorsätzlich den Betrieb einer zur allgemeinen Versorgung mit Wasser, Licht, Kraft oder Wärme dienenden Anstalt oder Anlage hindert, stört oder gefährdet,

   wird mit Gefängnis bestraft.

   2. Handelt der Täter fahrlässig, so ist die Strafe Gefängnis oder Busse

E 205. Botsch. 52. 2. ExpK IV 169 ff.

KURT STAUB, Hinderung, Störung und Gefährdung von Betrieben, die der Allgemeinheit dienen, Diss. ZH 1941; HANS RYCHNER, Strafrechtlicher Schutz des Telegraphen- und Telephonbetriebes, SJZ 39 (1942/43) 500.

1   **Geschütztes Rechtsgut** ist das Interesse der Allgemeinheit am Funktionieren öffentlicher Dienste – BGE 72 IV 68, 85 IV 232; eine konkrete Gefährdung von Einzelinteressen ist nicht erforderlich, PKG 1944 Nr. 35, vgl. aber auch BGE 102 II 89, wo Art. 239 zur Begründung der Widerrechtlichkeit bei einem reinen Vermögensschaden (Stromkabelbruch)

herangezogen wurde: *«Or on a vu que ... l'art. 239 ch. 1 al. 2 et ch. 2 CP, qui est certes édicté dans un but d'intérêt général, vise en outre à protéger l'intérêt privé des abonnés à être approvisionnés en électricité».*

Zu den **Verkehrsanstalten** von Ziff. 1 al. 1 gehören auch Radio (RYCH-   2
NER 501) und Fernsehen, REHBERG IV 88, anders STRATENWERTH BT II
§ 32 N 31, auch eine Gemeinschaftsantenne für 13 Gemeinden, BJM 1987
151, ferner Transporteinrichtungen, die vorwiegend Sport und Touris-
mus dienen, wie Gondelbahnen, BGE 85 IV 233, oder Skilifte, SJZ 73
(1977) Nr. 13. Auf das Eigentum kommt es nicht an, s. BGE 85 IV 232 ff.,
der das entscheidende Merkmal in der Konzessionierung sieht, aber auch
auf die Regelmässigkeit der Leistungen verweist und z.B. den konzessionierten *Taxibetrieb* ausnimmt, was m. E. nicht überzeugt – man denke
etwa an Sabotage der einzigen Taxizentrale in einer Stadt.

Unter **Betrieb** «ist die Abwicklung der gesamten technischen, admini-   3
strativen und kommerziellen Vorgänge verstanden, durch welche die Anstalt den öffentlichen Verkehr besorgt oder die Allgemeinheit ... versorgt», BGE 72 IV 68, zustimmend STRATENWERTH BT II § 32 N 34;
enger – auf technische Vorgänge beschränkt – RYCHNER 501. Entscheidend ist m.E., dass die *Dienstleistung* beeinträchtigt wird – nicht zum Betrieb i.S.v. Art. 239 gehört demnach z.B. die Buchhaltung des Unternehmens.

Die **Täterhandlung** ist unspezifisch Verursachung einer Hinderung,   4
Störung oder Gefährdung des Betriebs.

Hinderung ist eine mindestens vorübergehende Verunmöglichung,   5
Störung eine qualitative Beeinträchtigung und **Gefährdung** das Herbeiführen der nahen und ernstlichen Wahrscheinlichkeit einer Hinderung oder Störung des Betriebes, was *ausserordentlich* weit geht. Mit
STRATENWERTH BT II § 32 N 35 ist eine Beschränkung auf die Fälle zu
fordern, in denen «der *Betrieb* als ganzer oder in wesentlichem Umfang»
beeinträchtigt wird, einschränkend auch REHBERG IV 89. Dies trifft z.B.
zu, wenn Beschädigung einer Gasleitung die Unterbrechung der Versorgung eines ganzen Quartiers zur Folge hat, BGE 90 IV 253; wenn durch
Beschädigung aller Lampen ein ganzer Strassenabschnitt betroffen wird,
ZBJV 87 (1951) 209; wenn durch Besetzen der Schienen der ganze Tram-
verkehr lahmgelegt wird, vgl. BGE 97 IV 78, FALB, ZStrR 91 (1975) 283;
wenn durch Blockade der Zufahrt der Fährverkehr lahmgelegt wird, SJZ
82 (1986) Nr. 44. *Keine Zustimmung* verdienen unter diesem Gesichtspunkt RS 1961 Nr. 144, Kollision mit einem Hydranten; BJM 1968 154,
tätlicher Angriff auf einen Tramführer, so dass dieser anhalten muss; RS
1945 Nr. 40, Verzögern der Zugsabfahrt durch Öffnen von Vakuum-
schläuchen; AGVE 1977 Nr. 22, Verursachung einer Verspätung von drei
Viertelstunden durch Kollision mit einem Triebwagen; BJM 1987 154,
Störung des Kabelfernsehens spätabends für kurze Zeit. Mit Recht
zurückhaltend bei blosser Gefährdung SJZ 84 (1988) Nr. 11, 39 (1942/43)
Nr. 211, RS 1979 Nr. 691, 833, SJZ 84 (1988) Nr. 11 (Anhalten zwischen

Bahnschranken auf dem nicht für die Durchfahrt bestimmten Gleis). Bejaht wurde die Gefährdung der Elektrizitätsversorgung durch Sprengung eines Mastenfusses in PKG 1981 Nr. 11, ähnlich RB TG 1987 Nr. 39, Stromausfall in einem Ortsteil für mehrere Stunden. Nicht unter Art. 239 fällt auch die Beschädigung einer einzelnen Telefonkabine, eines Billettautomaten, einer Parkuhr oder die Störung des Radio- oder Fernsehempfanges im engeren Umkreis. BGE 116 IV 48 f. scheint den Tatbestand auf *erhebliche* Fälle einzuengen, s. auch den in BGE 119 IV 302 erwähnten Freispruch bei Verursachung von 15 Minuten Verspätung eines Regionalzuges. Zur besonderen Problematik des Art. 239 im Zusammenhang mit dem Streikrecht s. REHBERG IV 89.

6   Der **subjektive Tatbestand** muss sich, insbesondere bei Sachbeschädigung, auch auf die wesentliche Störung des Betriebs richten – abzulehnen RS 1961 Nr. 144, wo gemäss Art. 239 ein Automobilist bestraft wurde, dessen Fahrzeug beim Schleudern einen Hydranten beschädigt hatte. RB TG 1987 Nr. 39 verzichtet auf konkrete Vorhersehbarkeit – es genüge, dass der angetrunkene Automobilist (der i.c. einen Elektromast gefällt hatte) mit einem Unfall und schädigenden Folgen habe rechnen müssen.

7   **Konkurrenzen und Abgrenzungen**
Zu **Art. 111 ff., 122 ff., 142, 144** (dazu BJM 1962 280) besteht Idealkonkurrenz. Kommt es zu einer konkreten Gefährdung, so geht dieses Gefährdungsdelikt grundsätzlich vor. Geht die Störung des Betriebes aber über die Gefährdung hinaus, so liegt Idealkonkurrenz vor; betr. **Art. 224** und **228:** PKG 1981 Nr. 11; **Art. 229:** BGE 90 IV 247; **GSchG Art. 3, 15** Einleitung von phenolhaltigem Abwasser in Nähe der Trinkwasserfassung in den Zürichsee, wodurch die Wasserversorgung gestört wurde, SJZ 65 (1969) Nr. 85, Idealkonkurrenz; s. ferner **Art. 238** N 12.

Zehnter Titel:

Fälschung von Geld, amtlichen Wertzeichen, amtlichen Zeichen, Mass und Gewicht

VE 1894 Art. 128 ff., Mot. 210 ff. 1. ExpK II 128 ff., 634 ff. VE 1908 Art. 165 ff., 269. Erl.Z. 308 ff., 476 f. 2. ExpK IV 185 ff., V 51 ff., VIII 290 f. VE 1916 Art. 210 ff. E Art. 206 ff., 327 f. Botsch. 52 ff., 73. Sten.NR 444 ff., StR 205 ff., 296 f., NR 704 f., StR 749 ff., StR 350

ALFRED AMONN, Sind Sovereigns und Vreneli Geld?, ZBJV 92 (1956) 345; SOEN BOK KIM, Gelddelikte im Strafrecht, Diss. ZH 1991; TH. VON MANDACH, Die Strafbarkeit der Geldmünzdelikte, ZBJV 92 (1956) 465; MARC RAGGENBASS, Strafrechtlicher Schutz von Banknoten, SJZ 92 (1996) 57; FRANZ STÄMPFLI, Die straf- und prozessrechtlichen Bestimmungen des internationalen Abkommens zur Bekämpfung der Falschmünzerei, ZStrR 66 (1951) 22.

240 Geldfälschung

[1] Wer Metallgeld, Papiergeld oder Banknoten fälscht, um sie als echt in Umlauf zu bringen, wird mit Zuchthaus bestraft.

[2] In besonders leichten Fällen ist die Strafe Gefängnis.

[3] Der Täter ist auch strafbar, wenn er die Tat im Ausland begangen hat, in der Schweiz betreten und nicht ausgeliefert wird, und wenn die Tat auch am Begehungsorte strafbar ist.

Art. 240–244 schützen als abstrakte Gefährdungsdelikte **die Sicherheit des Rechtsverkehrs** (STRATENWERTH BT II § 33 N 1), präziser: des Geldverkehrs, KIM 37, mittelbar auch das Vermögen, BGE 99 IV 11 f., ähnlich REHBERG IV 92.   1

Geld ist das in irgendwelcher Form von einem Staat ausgegebene und mit einem gesetzlichen Kurswert versehene allgemeine Zahlungsmittel, BGE 78 I 225, 82 IV 201, ausführlich KIM 2 ff. In der Schweiz sind kraft besonderer Bestimmung die 10-, 20- und 100-Franken-Goldmünzen, obwohl ohne Kurswert, dem Schutz von Art. 240 ff. unterstellt, Bundesgesetz über das Münzwesen vom 18.12.1970, SR 941.10, Art. 10, BGE 123 IV 58, 80 IV 262, ZR 62 (1963) Nr. 117, RS 1948 Nr. 87. Die Beibehaltung des qualifizierten Strafschutzes für Münzen, die offensichtlich nicht mehr «Geld» sind (RB TG 1990 Nr. 19, AMONN 553), erfolgt aus vorwiegend sentimentalen Gründen, vgl. HUBER in Sten.Bull NR 1952, 472 f. Natio-   2 nalbankgesetz (NBG) vom 23.12.1953, SR 951.11, Art. 64 II, stellt den Banknoten i.S.v. Art. 240 ff. die Goldzertifikate gemäss NBG Art. 65 II gleich.

3 **Ausländisches Geld** ist gemäss Art. 250 dem schweizerischen gleichgestellt. Strittig ist die Geldqualität des englischen *«Sovereign»*: Sie wird bejaht von der *«Treasury»*, ebenso SJZ 52 (1956) Nr. 82, Sem.Jud. 1961 145; verneint in Berücksichtigung des faktischen Verlustes der Funktion als Zahlungsmittel in BGE 78 I 225 (zustimmend AMONN a.a.O.), offengelassen in BGE 83 IV 193. Ob *saudiarabische Goldsovereigns* «Geld» seien, lässt BGE 82 IV 201 wie die Vi offen. Nur der Verruf, nicht der Rückruf lässt die Qualifikation als «Geld» dahinfallen, BGE 76 IV 164, RS 1953 Nr. 179, für weisse Pfundnoten, die von der Bank von England noch einglöst wurden. Kein Geld sind die in Südafrika ausgegebenen *Krügerrand*-Goldmünzen, NJW 1984 1311.

4 Die **Täterhandlung** besteht im Nachmachen existenten Geldes oder im Herstellen von Phantasiegeld; die Qualität der Fälschung ist dabei ohne Bedeutung, entscheidend ist allein die Verwechslungsmöglichkeit, BGE 123 IV 58, KIM 72 f., REHBERG IV 94, STRATENWERTH BT II § 33 N 5.

5 Der **Vorsatz** muss sich auf die Fälschung sowie auf den Umstand beziehen, dass die gefälschte Sache «Geld» i.S.v. Art. 240 sei, also gesetzlicher Kurswert habe. Fehlt es daran, so liegt Sachverhalts- (Art. 19), nicht Verbotsirrtum vor, BGE 82 IV 202.

6 Der Täter muss überdies **wollen,** dass das Falsifikat **als echt** in Verkehr gebracht wird, von wem auch immer. Es genügt also, wenn der Täter das Geld zunächst als Falschgeld weitergibt, aber weiss, dass es schliesslich als echt in Umlauf gesetzt werden wird oder dies in Kauf nimmt (Eventualabsicht), BGE 119 IV 157 f. Die Absicht fehlt, wenn Metallscheiben ohne münzenähnliche Gestaltung zum Missbrauch in Geldautomaten hergestellt werden, SJZ 76 (1980) Nr. 39 (die Tat ist aber strafbar nach BG über das Münzwesen vom 18.12.1970, SR 941.10, Art. 9).

7 Ein **besonders leichter Fall** liegt vor, wenn der Täter Geld in geringem Werte fälscht oder wenn es sich um plumpe, offensichtliche Nachahmungen oder Phantasieprodukte handelt, weil in diesen Fällen so wenig kriminelle Energie aufgewendet wurde und die Gefährdung so gering ist, dass die Mindeststrafe von einem Jahr Zuchthaus nicht angemessen erscheint. Skeptisch und für enge Auslegung HAFTER BT II 575 f., THORMANN/VON OVERBECK N 13 zu Art. 240. Kein leichter Fall liegt vor, wo Geld im Nominalwert von 940 000 Franken gefälscht und für rund 70 000 Franken verkauft wurde, BGE 119 IV 159. Einen geringen Betrag und geringe Schuld verlangt ZR 46 (1947) Nr. 93.

8 Abs. 3 sieht das **Weltrechtsprinzip** vor, s. dazu BGE 116 IV 252; vgl. auch das Internationale Abkommen vom 20.4.1929 zur Bekämpfung der Falschmünzerei, SR 0.311.51, und Art. 6bis. Zu den internationalen Abkommen KIM 42 ff.

Art. 249 schreibt **Einziehung** der Falsifikate sowie der Fälschungsgeräte   9
vor.

Art. 340 unterstellt Art. 240 ff. der **Bundesgerichtsbarkeit.**   10

Konkurrenzen und Abgrenzungen   11
Art. 155 ist anzuwenden, wenn Münzen gefälscht werden, die mangels gesetzlichen Kurses Waren sind, BGE 82 IV 201, 83 IV 193 f., analog (zu
aArt. 154) ZR 62 (1963) Nr. 117. **Art. 327** ist subsidiär anwendbar, wenn
die Absicht, das Geld als echt in Verkehr zu setzen, fehlt; eingehend zum
Verhältnis von Art. 327 zu Art. 240 ff. RAGGENBASS 62 f. Die Nationalbank besitzt das **Urheberrecht** am Bild der Banknoten, dessen unbefugte
Verwendung strafbar ist, BGE 99 IV 51. Subsidiär ferner die Strafbestimmung von **Art. 9 des BG über das Münzwesen** vom 18.12.1970, SR
941.10, Herstellen oder Einführen von Gegenständen, die Münzen ähnlich sind, und **NBG Art. 65 ff.**
Zur Konkurrenz mit in Umlaufsetzen s. **Art. 242** N 4; s. ferner **Art. 247**
N 2.

241   Geldverfälschung

¹**Wer Metallgeld, Papiergeld oder Banknoten verfälscht, um sie zu
einem höhern Wert in Umlauf zu bringen, wird mit Zuchthaus bis zu fünf
Jahren oder mit Gefängnis nicht unter sechs Monaten bestraft.**

²**In besonders leichten Fällen ist die Strafe Gefängnis.**

Lit. vor und Bem. zu Art. 240.

Die Veränderung echten Geldes in der Weise, dass es einen höheren   1
Wert vortäuscht, **kommt** praktisch **nicht vor.** S. Bemerkungen zu Art.
240, ferner KIM 78 ff.

242   In Umlaufsetzen falschen Geldes

¹**Wer falsches oder verfälschtes Metallgeld oder Papiergeld, falsche
oder verfälschte Banknoten als echt oder unverfälscht in Umlauf setzt,
wird mit Zuchthaus bis zu drei Jahren oder mit Gefängnis bestraft.**

²**Hat der Täter oder sein Auftraggeber oder sein Vertreter das Geld
oder die Banknoten als echt oder unverfälscht eingenommen, so ist die
Strafe Gefängnis oder Busse.**

Lit. vor Art. 240.

Zum **Begriff des falschen Geldes** Art. 240 N 2, 3.   1

In **Umlaufsetzen** ist, wie das Inverkehrbringen des Art. 155, *jedes Verhal-*   2
ten, wodurch das Falschgeld in Zirkulation gerät, also nicht nur die Verwendung als Zahlungsmittel, sondern die Verbreitung ganz allgemein,
jede unentgeltliche oder entgeltliche Transaktion, die zur Folge hat, dass

es von Hand zu Hand geht, BGE 80 IV 264. Wer das Geld als unecht weitergibt, macht sich nur strafbar, wenn er als Teilnehmer, d.h. als mittelbarer Täter, Mittäter oder Gehilfe dessen anzusehen ist, der es als echt
weiterverbreitet, BGE 123 IV 13, 85 IV 22, RS 1948 Nr. 87, KIM 84,
STRATENWERTH BT II § 33 N 19. Bei Falschgeld (im Gegensatz zur Nach-
prägung, wofür ein legaler Markt bestehen mag) wird regelmässig Mittäterschaft zwischen demjenigen, der das Falschgeld einem Eingeweihten
übergibt, und diesem, der es an Gutgläubige absetzt, seltener Anstiftung
oder Gehilfenschaft vorliegen. BGE 85 IV 22 präzisierte insofern BGE
76 IV 165, 80 IV 265, wo noch ohne weiteres Täterschaft angenommen
wurde. M.E. ist die Einschränkung abzulehnen: Wer Falschgeld nicht nur
als Muster, sondern als bezahlte Ware gewissermassen mit dem Ziel
«Portemonnaie des Gutgläubigen» auf die Reise schickt, setzt es in Umlauf, auch wenn die Reise über den Beutel eines oder mehrerer Einge-
weihter führt.

2a **Was die Vollendung** und die **Bestrafung des Versuchs** anbetrifft, meint
    BGE 123 IV 13 E. 2 b) – Falschgeld wurde deutschen Lockspitzeln gelie-
    fert –, dass der Empfänger oder ein Dritter mindestens versucht haben
    müsse, das Falschgeld an eine gutgläubige Person weiterzugeben. Aus
    dem Vergleich mit Art. 244 zieht das BGer den Schluss, dass mit der
    Übergabe an einen Eingeweihten, auch gegen einen Kaufpreis, noch
    nicht versucht werde, das Geld in Umlauf zu setzen: «Wenn ... selbst der
    von Art. 244 StGB als strafbare Vorbereitungshandlung erfasste *Erwerb*
    von Falschgeld *in der Absicht,* es als echtes Geld in Umlauf zu bringen,
    nicht schon als solcher ein Versuch des In-Umlaufsetzens im Sinne von
    Art. 242 StGB ist, dann kann erst recht auch die dieser Handlung voran-
    gehende *Übergabe* (Veräusserung) des Falschgeldes an den Eingeweih-
    ten *unter Inkaufnahme,* dass dieser oder ein anderer es als echtes Geld in
    Umlauf bringen werde, kein Versuch des In-Umlaufsetzens ... sein»,
    a.a.O. S. 14. Diese Auffassung überzeugt keineswegs. Das BGer über-
    sieht, dass der Täter in Art. 244 tatsächlich bloss eine Vorbereitungs-
    handlung begeht, was bedeutet, dass er die Kontrolle über das weitere
    Vorgehen, die Tatherrschaft bezüglich des In-Umlaufsetzens, behält.
    Erst wenn er einen weiteren Entschluss betätigt, erfüllt er den Tatbe-
    stand von Art. 242. Verkauft er aber Falschgeld an einen Eingeweihten in
    der höchst naheliegenden Annahme, dieser werde es direkt oder über
    einen Dritten bei Gutgläubigen absetzen, hat er alles getan, was nach sei-
    nem Plan zur Vollendung der Tat nötig war. Die Tatherrschaft hat er da-
    mit aus der Hand gegeben. Mit seiner Auffassung funktioniert das Bun-
    desgericht die Übergabe von Falschgeld an einen Gutgläubigen, die ja in
    den Augen des Täters nurmehr aus Zufall ausbleiben könnte, zur objek-
    tiven Strafbarkeitsbedingung um, was nicht dem Gesetz entspricht. An-
    ders noch Rep. 1987 181, wo der Mittelsmann das Falschgeld zur Bank
    bringen sollte, was das BGer als wesentlich anderen Fall ansieht, weil die
    «Handlung des Beschuldigten ... direkt auf das In-Umlaufsetzen des
    falschen Geldes als echtes Geld gerichtet» war, dazu RIKLIN in recht 4
    (1986) 42; BGE 119 IV 162 liess die Frage offen. Zur Übergabe des Falsi-

fikats an Sammler s. KIM 84 f. Unerheblich ist, ob es sich bei der Vortat um ein Delikt gemäss Art. 240 handelt oder ob sich der Fälscher nach Art. 327 strafbar machte, RAGGENBASS 62 Fn 39, STRATENWERTH BT II § 33 N 17, anders PKG 1972 Nr. 44.

Abs. 2 privilegiert als «**Schwarzpeterklausel**» den Täter, der selbst (oder   3
dessen Auftraggeber oder Vertreter) Opfer war und gutgläubig Falschgeld angenommen hatte. Dass dieser Sachverhalt gegeben ist, hat der
Angeschuldigte glaubhaft zu machen, RS 1963 Nr. 147. Dass Falschgeld
gutgläubig angenommen wurde, ist ein persönliches Merkmal i.S.v. Art.
26.

Konkurrenzen und Abgrenzungen   4
Art. 240 und 241 sind Vorbereitungshandlungen zu Art. 242, müssten
aber schon wegen der höheren Strafdrohung vorgehen und Art. 242 konsumieren, STRATENWERTH BT II § 33 N 23, KIM 88 f. Die höhere Strafdrohung erklärt sich damit, dass Fälschung ein besonders hohes Mass an
krimineller Energie verrät. Die Praxis nahm zunächst Realkonkurrenz
an, ZR 46 (1947) Nr. 93. BGE 119 IV 159 ff. kommt zum Schluss, dass wenigstens der unvollendete Versuch des Inumlaufsetzens mitbestrafte
Nachtat ist, die freilich bei der Strafzumessung erschwerend in Rechnung
gezogen werden soll. Wie sich allerdings eine Berücksichtigung des Grades der Vollendung bei der Beurteilung der Konkurrenzfrage dogmatisch erklären liesse, bleibt unerfindlich.
Art. 146 wird regelmässig mit Art. 242 I gleichzeitig erfüllt sein. Die kantonale Praxis nimmt Idealkonkurrenz an, ZR 46 (1947) Nr. 93, PKG 1951
Nr. 24, RS 1963 Nr. 147, 1968 Nr. 205. Dagegen wendet BGE 99 IV 12 ein,
es sei widersinnig, den Verbreiter von verfälschtem Geld (Art. 241)
schärfer zu bestrafen als den Hersteller. Die Lösung von BGE 99 IV 12
entspricht derjenigen, die 72 IV 169 f. für aArt. 154 eingeführt hat: Art.
146 konsumiert demnach Art. 242 I, wenn der Täter über die Falschdeklaration hinaus weitere arglistige Vorkehren getroffen hat, andernfalls
geht Art. 242 I als *lex specialis* vor, «*Stufentheorie*», kritisch SCHULTZ,
ZBJV 110 (1974) 394, STRATENWERTH BT II § 33 N 24. Die kantonale
Praxis ist richtig, weil der Betrugstatbestand die Schädigung von individuellen Opfern abgilt, Art. 242 I dagegen die Gefährdung des Rechtsverkehrs – keiner der Tatbestände erfasst den ganzen Unrechtsgehalt,
ebenso REHBERG IV 98, KIM 90, STRATENWERTH a.a.O. Absurd wäre es
entgegen der Ansicht des Bundesgerichts, wenn der Betrüger privilegiert
würde, weil er das Opfer mit gefälschtem Geld überlistete. Im Gegensatz
zu Abs. 1 findet Art. 242 II als abschliessende Sonderregelung Anwendung, andernfalls wäre die Privilegierung illusorisch, STRATENWERTH BT
II § 33 N 29.
S. ferner **Art. 244** N. 5.

Revision: BGE 123 IV 16 f. klagt über Auslegungsschwierigkeiten bei   5
den «Delikten gegen den Geldverkehr»: «Nicht alle als strafwürdig er-
scheinenden Verhaltensweisen zwischen der Herstellung falschen Geldes

... und dem In-Umlaufsetzen ... werden im Gesetz ausdrücklich genannt; ... Eine Neuregelung der Straftaten gegen den Geldverkehr erscheint als wünschenswert».

243 Münzverringerung

1. Wer Geldmünzen durch Beschneiden, Abfeilen, durch chemische Behandlung oder auf andere Art verringert mit der Absicht, sie als vollwertig in Umlauf zu bringen, wird mit Gefängnis oder mit Busse bestraft.

Betreibt der Täter das Verringern gewerbsmässig, so ist die Strafe Zuchthaus bis zu drei Jahren oder Gefängnis nicht unter einem Monat.

2. Wer so verringerte Geldmünzen als vollwertig in Umlauf bringt, wird mit Gefängnis oder mit Busse bestraft.

Hat der Täter oder sein Auftraggeber oder sein Vertreter die Münze als vollwertig eingenommen, so ist die Strafe Busse.

Lit. vor Art. 240

1 Art. 243 ist **ohne** praktische **Bedeutung.** Ausführlich Kim 90 ff.

244 Einführen, Erwerben, Lagern falschen Geldes

[1] Wer falsches oder verfälschtes Metallgeld oder Papiergeld, falsche oder verfälschte Banknoten oder verringerte Geldmünzen einführt, erwirbt oder lagert, um sie als echt, unverfälscht oder vollwertig in Umlauf zu bringen, wird mit Gefängnis bestraft.

[2] Wer sie in grosser Menge einführt, erwirbt oder lagert, wird mit Zuchthaus bis zu fünf Jahren bestraft.

Lit. vor Art. 240.

1 Art. 244 ergänzt als **Vorbereitungshandlung** Art. 240-243, s. dort.

2 «**Erworben** im Sinne dieser Bestimmung sind die Banknoten nicht schon dadurch, dass der Täter sie in die Hand bekommt, an ihnen Gewahrsam hat. Wer nur im Auftrag eines andern annimmt, erwirbt nicht, denn sein Vermögen ist weder rechtlich noch wirtschaftlich vermehrt. Seine Stellung als Mittelsmann kann dagegen Gehülfenschaft zum Erwerb durch einen anderen sein», BGE 80 IV 255; s. auch Kim 92 f.

3 Für die **Lagerung** ist das Eigentum ohne Bedeutung, BGE 103 IV 249 f. Der Chef des Café «Endspurt» wusste, dass falsche Dollarnoten in der doppelten Tür eines Schrankes aufbewahrt waren und hatte faktisch die Verfügungsmacht darüber, obschon er das Falschgeld nicht selber versteckt hatte.

4 Eine **grosse Menge** ist erst gegeben, wenn eine ernstliche Störung des Geldmarktes oder die Schädigung vieler Leute zu befürchten ist, eine

Gefährdung der Währung oder der Wirtschaft ist dagegen nicht erforderlich, RS 1949 Nr. 238 (verneint für 34 000 Franken), SJZ 61 (1965) Nr. 86 (bejaht für 800 000 Franken).

Konkurrenzen und Abgrenzungen   5
Zu **Art. 242** nimmt die Praxis (mit Ausnahme von RS 1949 Nr. 238) Realkonkurrenz an, BGE 80 IV 255 ff., 265, 77 IV 16 f., ZR 49 (1950) Nr. 83, Rep. 1963 104, RS 1963 Nr. 147, 1968 Nr. 205, mit Recht kritisch KIM 96, REHBERG IV 101, STRATENWERTH BT II § 33 N 39: Art. 244 ist *mitbestrafte Vortat;* in diese Richtung weist nun auch BGE 119 IV 161 f. BGE 123 IV 16 weist Art. 244 eine Funktion als Auffangtatbestand zu Art. 242 zu, namentlich in Fällen, wo Falschgeld einem verdeckten Fahnder übergeben wird, s. Art. 242 N 2a.

245   Fälschung amtlicher Wertzeichen

   1. Wer amtliche Wertzeichen, namentlich Postmarken, Stempel- oder Gebührenmarken, fälscht oder verfälscht, um sie als echt oder unverfälscht zu verwenden,

   wer entwerteten amtlichen Wertzeichen den Schein gültiger gibt, um sie als solche zu verwenden,

   wird mit Gefängnis bestraft.

   Der Täter ist auch strafbar, wenn er die Tat im Ausland begangen hat, in der Schweiz betreten und nicht ausgeliefert wird, und wenn die Tat auch am Begehungsorte strafbar ist.

   2. Wer falsche, verfälschte oder entwertete amtliche Wertzeichen als echt, unverfälscht oder gültig verwendet, wird mit Gefängnis oder mit Busse bestraft.

E 211. Erl.Z. 318 ff. 2. ExpK IV 225 ff.

Art. 245 schützt **amtliche Wertzeichen** analog Art. 240 ff. Er gilt «nur für   1
Zeichen ..., welche eines ähnlichen Schutzes bedürfen wie Geld und Banknoten, weil sie in beschränktem Umfange als Zahlungsmittel verwendet werden oder zur Bescheinigung einer Zahlung dienen», BGE 72 IV 31 – Rationierungsmarken erfüllen diese Voraussetzungen nicht, so dass sie paradoxerweise unter den Verbrechenstatbestand von Art. 251 fallen. Auch der Abdruck von Frankiermaschinen ist geschützt, REHBERG IV 102, STRATENWERTH BT II § 34 N 5.

Für die **Täterhandlung** ist entscheidend, dass ein Wert vorgetäuscht wird,   2
der nicht oder nicht mehr zu Recht besteht. Dies ist nicht der Fall, wenn Briefmarken aus Sammlerinteressen rückdatierend abgestempelt werden – es kann Warenfälschung vorliegen, BGE 77 IV 175.

Auch hier gilt das **Weltrechtsprinzip**, vgl. dazu BGE 116 IV 252. Auslän-   3
dische Zeichen sind den schweizerischen gleichgestellt, Art. 250.

4   **Konkurrenzen und Abgrenzungen**
      Ziff. 2 ist mitbestrafte Nachtat zu Ziff. 1 I. Art. 245.2 geht als *lex specialis*
      Art. 146 (a.M. REHBERG IV 105) oder **VStrR Art. 14** vor; soweit die Zei-
      chen bei der Verwendung entwertet werden, besteht, anders als bei
      Falschgeld, keine weitere Allgemeingefährdung. Art. 245 ist *lex specialis*
      im Verhältnis zu **Art. 251,** was angesichts der geringeren Strafdrohung
      des Art. 245 problematisch ist, vgl. REHBERG IV 104, STRATENWERTH BT
      II § 34 N 5. Subsidiär sind Art. 328, PVG 58, FMG 54.

246 Fälschung amtlicher Zeichen

      **Wer amtliche Zeichen, die die Behörde an einem Gegenstand an-
      bringt, um das Ergebnis einer Prüfung oder um eine Genehmigung fest-
      zustellen, zum Beispiel Stempel der Gold- und Silberkontrolle, Stempel
      der Fleischschauer, Marken der Zollverwaltung, fälscht oder verfälscht,
      um sie als echt oder unverfälscht zu verwenden,**

      **wer falsche oder verfälschte Zeichen dieser Art als echt oder unver-
      fälscht verwendet,**

      wird mit Gefängnis oder mit Busse bestraft.

      E 212. Sten.NR 446. 2. ExpK IV 186 ff., V 49 ff.

1   Art. 246 schützt analog Art. 245 **Kontrollzeichen,** GERMANN Taschenaus-
      gabe 377. Ausser den im Text erwähnten z. B. das Zeichen auf Säcken der
      eidg. Getreideverwaltung, RS 1945 Nr. 123. Rationierungsausweise
      gehören nicht dazu, BGE 72 IV 31.

2   **Nicht unter den Tatbestand** fällt die missbräuchliche Verwendung echter
      Zeichen, BGE 76 IV 31 f., 103 IV 35 f. Beamte sind jedoch nach Art. 317
      strafbar (BGer a.a.O.), Private gemäss BGE 103 IV 35 f., abweichend
      von 76 IV 31 f., nach Art. 251.
      Straflos ist die *Vernichtung* des Zeichens, RS 1955 Nr. 174 (Horn-
      brandzeichen für Tauglichkeit eines Stiers).

3   **Ausländische Zeichen** sind nicht geschützt, was BGE 103 IV 31 als «un-
      befriedigend» bezeichnet. In der Tat ist fraglich, ob die Schweiz mit Art.
      246 ihren Verpflichtungen aus dem Übereinkommen vom 15.11.1972 be-
      treffend die Prüfung und Bezeichnung von Edelmetallgegenständen, SR
      0.941.31, nachkommt, dazu SCHULTZ, SJIR XXXIV (1978) 296.

4   **Konkurrenzen und Abgrenzungen**
      Al. 2 ist mitbestrafte Nachtat zu **al. 1.** Al. 2 kann in echter Konkurrenz zu
      Art. 146 oder **VStrR Art. 14** stehen. **SVG Art. 97** geht als *lex specialis* vor,
      ebenso **VStrR Art. 15,** wenn sich die Tat ausschliesslich gegen das Ge-
      meinwesen richtet, BGE 103 Ia 221 (Auslieferung); s. ferner **Art. 251** N
      20. Die Strafbestimmungen des Edelmetallkontrollgesetzes, SR 941.31,
      kommen subsidiär zur Anwendung, Art. 45 III schliesst die Anwendung
      von Art. 246 StGB ausdrücklich aus.

247 Fälschungsgeräte; unrechtmässiger Gebrauch von Geräten

Wer Geräte zum Fälschen oder Verfälschen von Metallgeld, Papiergeld, Banknoten oder amtlichen Wertzeichen anfertigt oder sich verschafft, um sie unrechtmässig zu gebrauchen,

wer Geräte, womit Metallgeld, Papiergeld, Banknoten oder amtliche Wertzeichen hergestellt werden, unrechtmässig gebraucht,

wird mit Gefängnis bestraft.

Art. 247 umschreibt in al. 1 eine **Vorbereitungshandlung;** al. 2 stellt auch die unbefugte Herstellung *echten* Geldes oder echter Wertzeichen (z.B. durch Personal der Münzprägestätte) unter Strafe – eine andere Bedeutung ist ihm kaum zu entnehmen, es kann nicht strafbar sein, wer unbefugt Kunstgraphik auf einem Gelddrucker druckt. Die Geräte müssen objektiv und typischerweise der Fälschung der genannten Objekte dienen; nicht erfasst wird somit die Anschaffung eines Farbkopierers, auch wenn beabsichtigt wird, damit Fälschungen herzustellen, Kim 97, Rehberg IV 111, Stratenwerth BT II § 33 N 42. Der Versuch zu Art. 247 bleibt straflos, Rehberg IV 112, Stratenwerth BT II § 33 N 46.   1

Konkurrenzen und Abgrenzungen   2
Al. 2 ist mitbestrafte Vortat zu **Art. 240 f.** (h.M., s. Kim 100, Stratenwerth BT II § 33 N 47).

248 Fälschung von Mass und Gewicht

Wer zum Zwecke der Täuschung in Handel und Verkehr

an Massen, Gewichten, Waagen oder andern Messinstrumenten ein falsches Eichzeichen anbringt oder ein vorhandenes Eichzeichen verfälscht,

an geeichten Massen, Gewichten, Waagen oder andern Messinstrumenten Veränderungen vornimmt,

falsche oder verfälschte Masse, Gewichte, Waagen oder andere Messinstrumente gebraucht,

wird mit Zuchthaus bis zu fünf Jahren oder mit Gefängnis bestraft.

Art. 248 schützt **als abstraktes Gefährdungsdelikt** Treu und Glauben in Handel und Verkehr – bestraft werden Vorbereitungshandlungen zu Betrug.   1

Zu den **geschützten Messinstrumenten** gehört das geeichte Fass, PKG 1958 Nr. 15; die amtlich geprüfte Gasuhr, RS 1943 Nr. 305; die Zähleranlage für Elektrizität, PKG 1950 Nr. 22; aber nicht der Kilometerzähler eines Mietwagens, RS 1943 Nr. 305.   2

3   Al. 1 betrifft die **Eichzeichenfälschung** oder -verfälschung, d.h. den Eingriff, der eine Überprüfung von kompetenter Seite vortäuscht, die nicht oder nicht mit dem vorgespiegelten Ergebnis stattgefunden hat, zu den Kompetenzen vgl. Art. 13 ff. des BG über das Messwesen vom 9.6.77, SR 941.20. Die Tat ist deshalb auch strafbar, wenn die Massangabe materiell richtig ist, PKG 1958 Nr. 15, a.M. REHBERG IV 108 unter Berufung auf den Täuschungszweck.

4   Strafbar nach al. 4 ist der Gebrauch von Geräten, die i.S. der al. 2 und 3 gefälscht sind, REHBERG IV 109, STRATENWERTH BT II § 34 N 36. Zur **Täuschungsabsicht** s. Art. 155 N 9.

5   **Konkurrenzen und Abgrenzungen**
     Al. 4 ist im Verhältnis zu al. 2 und 3 mitbestrafte Nachtat, STRATENWERTH BT II § 34 N 38, für Realkonkurrenz RS 1944 Nr. 49. Wegen der weiterreichenden Gefährdung ist Konkurrenz mit **Art. 146** möglich, REHBERG IV 110, STRATENWERTH a.a.O., für Konsumtion durch Art. 146 HAFTER BT II 568 Fn 4. Subsidiär gelten **Art. 21 ff. des BG über das Messwesen** vom 9.6.77, SR 941.20 (wobei der Tatbestand von Art. 22 al. 1: «Wer vorsätzlich oder fahrlässig falsche Mengenangaben macht», dem rechtsstaatlichen Bestimmtheitsgebot kaum genügt).

249   Einziehung

Falsches, verfälschtes oder verringertes Metallgeld, falsches oder verfälschtes Papiergeld, falsche oder verfälschte Banknoten, amtliche Wertzeichen, amtliche Zeichen, Masse, Gewichte, Waagen oder andere Messinstrumente sowie die Fälschungsgeräte, werden eingezogen und unbrauchbar gemacht oder vernichtet.

1   **Art. 249** konkretisiert die Pflicht zur Einziehung gemäss Art. 58; vgl. KIM 102 f. Eine nach Art. 240 ff. strafbare Handlung ist nicht vorausgesetzt, BGE 123 IV 57. Weil Gefährlichkeit unwiderlegbar vermutet wird, ist Einziehung obligatorisch, BGer a.a.O. Eine falsche Münze kann aber dem gutgläubigen Besitzer zurückgegeben werden, wenn sie eingeschnitten wurde, BGE 123 IV 60 f. Für den Entscheid, Falschgeld einer fremden Regierung zu überlassen, ist nicht der Richter, sondern die Vollzugsbehörde zuständig, Sem.jud. 1963 542.

250   Geld und Wertzeichen des Auslandes

Die Bestimmungen dieses Titels finden auch Anwendung auf Metallgeld, Papiergeld, Banknoten und Wertzeichen des Auslandes.

1   S. Art. 240 N 3, 246 N 3.

Elfter Titel:
Urkundenfälschung

VE 1894 Art. 124 ff., Mot. 207 ff. 1. ExpK II 115 ff., 624 ff. VE 1908 Art. 176 ff., 274.
Erl.Z. 323 ff., 482. 2. ExpK IV 234 ff., V 62 ff., VIII 292 ff. VE 1916 Art. 221 ff. E
Art. 217 ff. Botsch. 54 f. Sten.NR 446 ff., StR 207 f., NR 705, StR 329. Revision 1994:
VE 1983, Erl. Bericht zum VE, Botsch. vom 18.6.1991, BBl 1991II 969 ff., Sten. NR
1993 992 ff., StR 1993 948 ff., NR 1994 329 ff., 869 ff., StR 1994 430 ff., 582 ff.

BRUNO ANDEREGG, Die Urkundenfälschung des 11. Titels des Schweizerischen
Strafgesetzbuches, Diss. ZH 1944; PIERRE DEL BOCA, *Le faux bilan de la société ano-*
nyme, Diss. Laus. 1974; LUKAS H. BURCKHARDT, Probleme des Urkundenstrafrechts
im Lichte der Rechtsprechung, ZStrR 76 (1960) 81, BRUNO VON BÜREN, Urkundenfälschung: Eingriff in fremde Urkundenhoheit, SJZ 72 (1976) 237; MARTIN BUSER,
Straftaten im Zusammenhang mit Kreditkarten, Diss. BE 1986; EMILIO CATENAZZI,
Alcune considerazioni sul concorso tra diritto penale ordinario e diritto penale fiscale,
Rep. 1974 1; FIDEL CAVIEZEL, Die besonderen Absichten bei den Urkundendelikten
des 11. Titels, Diss. FR 1956; JEAN-CLAUDE CHAPPUIS, *Le faux intellectuel et la*
simulation, Diss. Laus. 1950; BERNARD CORBOZ, *Le faux dans les titres,* ZBJV 131
(1995) 534; HANS DUBS, Eine sonderbare Schwierigkeit bei den Art.
251/252 StGB, ZStrR 74 (1959) 94; ANDREAS ECKERT, Die strafrechtliche Erfassung
des Check- und Kreditkartenmissbrauchs, Diss. ZH 1991; PIERRE FERRARI, *La cons-*
tatation fausse – le mensonge écrit, ZStrR 112 (1994) 153; MARTIN FREY, Verfahrensordnung und Sanktionen unter der «VSB 1987», Der Schweizer Treuhänder 63
(1989) 115; PAUL GROB, Urkundencharakter als Voraussetzung von Fälschungen,
Kriminalistik 1963 329; PETER GROSSENBACHER, Entwicklungen im strafrechtlichen
Schutz der Urkunde, ZBJV 103 (1967) 377; DERS., Urkundenfälschung gemäss
Art. 251 des Schweiz. Strafgesetzbuches, Kriminalistik 1969 203, 263, 321; ARTHUR
HAEFLIGER, Der Begriff der Urkunde im schweizerischen Strafrecht, Basel 1952;
DERS., Urkundendelikte in der neuesten Zürcher Rechtsprechung, ZStrR 68 (1953)
245; DERS., Probleme der Falschbeurkundung, ZStrR 73 (1958) 401; DERS., Urkun-
dendelikte, SJK 138, Ersatzkarte 1965; HANS HUBER, Die öffentliche Beurkundung
als Begriff des Bundesrechtes, ZBGR 69 (1988) 228; GUIDO JENNY, Zur Frage der
Konkurrenz zwischen Steuerstrafrecht und gemeinem Strafrecht im Bereiche der
Urkundenfälschung, ZStrR 97 (1980) 121; DERS., Aktuelle Fragen des Vermögens-
und Urkundenstrafrechts, ZBJV 124 (1988) 393; GUIDO JENNY/GÜNTER STRATEN-
WERTH, Zur Urkundenqualität elektronischer Aufzeichnungen, ZStrR 108 (1991)
197; DIETHELM KIENAPFEL, Grundprobleme des Urkundenstrafrechts in rechtsver-
gleichender Sicht, ZStrR 98 (1981) 25; URSULA KOHLBACHER, Beweiszeichen als
Urkunden im schweizerischen Strafrecht, Basel und Frankfurt a.M. 1991; KARL-
LUDWIG KUNZ, Grundstrukturen des neuen Vermögens- und Urkundenstrafrechtes,
ZBJV 132 (1996) 189; MAX LEBEDKIN, Bilanzerklärung als Urkunde? SJZ 77 (1981)
73; PETER MÜLLER, Die Revision des Vermögensstrafrechts – Nachbesserungen und
Innovationen, ZStrR 113 (1995) 1; BRUNO PAOLETTO, Die Falschbeurkundung beim
Grundstückkauf, Diss. ZH 1973, 164 ff.; FRANZ RIKLIN, Visierung inhaltlich falscher
Unternehmerrechnungen durch den bauleitenden Architekten als Falschbeur-
kundung, BR 1993 69; DERS., Zur Urkundenqualität von Regierapporten (Tagesrap-
porten), BR 1992 32; CHRISTIAN NILS ROBERT, *Le «faux intellectuel» privé, un titre*

pénalement très contesté, Sem.jud. 1983 417; ROBERT ROTH, *Les crimes informatiques et d'autres crimes dans le domaine de la technologie informatique en Suisse,* RIDP 64 (1993) 591; LOUIS ROHNER, Computerkriminalität, Diss. ZH 1976; URS SCHERER, Strafbare Formen falscher schriftlicher Erklärungen, Diss. ZH 1977; NIKLAUS SCHMID, Fragen der strafrechtlichen Verantwortlichkeit bei Schwindel- und Strohmanngesellschaften, ZStrR 87 (1971) 247; DERS., Registriervorrichtungen und ihre Aufzeichnungen im Urkundenstrafrecht, SJZ 68 (1972) 97; DERS., Fragen der Falschbeurkundung bei Wirtschaftsdelikten, insbesondere im Zusammenhang mit der kaufmännischen Buchführung, ZStrR 15 (1978) 274; DERS., Aktuelle Fragen und Tendenzen bei der strafrechtlichen Ahndung von Buchführungs- und Bilanzmanipulationen, SAG 52 (1980) 142; DERS., Wirtschaftskriminalität und Verantwortlichkeit des Abschlussprüfers, in Rechtsgrundlagen und Verantwortlichkeit des Abschlussprüfers, Zürich 1980, 137; DERS., Missbräuche im modernen Zahlungs- und Kreditverkehr, Bern 1982; DERS., Zur strafrechtlichen Erfassung von Missbräuchen im Bereich des bargeldlosen, insbesondere elektronisch abgewickelten Zahlungs- und Kreditverkehrs, ZStrR 104 (1987) 129, DERS., Schweizerisches Computerstrafrecht. Anmerkung zum Regierungsentwurf, Computer und Recht 7 (1991) 418; DERS., Streitgegenstand «Computerurkunde» – einige Betrachtungen zur gegenwärtigen Diskussion im Rahmen der pendenten Revision des schweizerischen Vermögens- und Urkundenstrafrechts, ZStrR 109 (1992) 98; DERS., Zu den Begriffen der Daten, der Datenverarbeitung und der Datenverarbeitungsanlage im neuen Vermögens- und Urkundenstrafrecht, in FS zum 50jährigen Bestehen der Schweizerischen Kriminalistischen Gesellschaft, ZStR 110 (1992) 315; DERS., Buchführungsdelikte im Zeitalter der Datenverarbeitung, in FS für Carl Helbling, Zürich 1992, 333; DERS., Strafprozessuale Fragen im Zusammenhang mit Computerdelikten und neuen Informationstechnologien im allgemeinen, ZStrR 111 (1993) 81; DERS., Computer- sowie Check- und Kreditkarten-Kriminalität, Zürich 1994; DERS., Die Urkundendelikte nach der Revision des Vermögens- und Urkundenstrafrechts vom 17. Juni 1994, AJP 4 (1995) 25; DERS., Das neue Vermögens- und Urkundenstrafrecht, SJZ 91 (1995) 1; DERS., Das neue Computerstrafrecht, ZStrR 113 (1995) 22; BEAT SCHMIDLI. Der Missbrauch von Codekarten aus strafrechtlicher Sicht, Diss. BS 1991; WALTER SCHMIDLIN, Typische Wirtschaftsdelikte auf dem Gebiet des Aktienrechts, ZStrR 85 (1969) 370; MARTIN SCHUBARTH, Zur Auslegung der Urkundendelikte, ZStrR 113 (1995) 387; ERICH STIEGER, Buchführungsdelikte, Diss. ZH 1975, 94 ff.; GÜNTER STRATENWERTH, Urkundendelikte unter dem Aspekt der Wirtschaftskriminalität. SJZ 76 (1980) 1; TUASON, Der Postempfangsschein als öffentliche Urkunde, SJZ 39 (1942/43) 93; DERS., Die rechtliche Natur des Postempfangsscheines, SJZ 40 (1944) 22; MAX WAIBLINGER, *Della falsa attestazione del prezzo nel contratto pubblico di compravendita immobiliare,* Rep. 1959 153; HANS WALDER, Ist die Ausstellung einer unwahren «Bilanzerklärung» strafbar? SJZ 77 (1981) 205; DERS., Falsche schriftliche Erklärungen im Strafrecht, insbesondere die sogenannte «Falschbeurkundung» nach StRGB Art. 251, ZStrR 99 (1982) 70, DERS., Strafrecht und Notar, in Der bernische Notar 46 (1985) 124; CARL WUNDERLIN, Urkundenfälschung in Buchführung und Bilanz, ST 51 (1977) 12 f.; ERWIN ZIMMERLI, Wirtschaftskriminalität mit Kleinaktiengesellschaften, Diss. SG 1978, 89 ff.; SIBYLLE ZWEIFEL, Buchführungsdelikte mittels EDV und Massnahmen zu deren Verhinderung, Diss. ZH 1984, 117 ff.

110.5:

5. *Urkunden* **sind Schriften, die bestimmt und geeignet sind, oder Zeichen, die bestimmt sind, eine Tatsache von rechtlicher Bedeutung zu**

beweisen. Die Aufzeichnung auf Bild- und Datenträgern steht der Schriftform gleich, sofern sie demselben Zweck dient.

Öffentliche Urkunden **sind die von einer Behörde, die von einem Beamten kraft seines Amtes und die von einer Person öffentlichen Glaubens in dieser Eigenschaft ausgestellten Urkunden. Nicht als öffentliche Urkunden gelten Schriftstücke, die von der Verwaltung der wirtschaftlichen Unternehmungen und Monopolbetriebe des Staates oder anderer öffentlich-rechtlicher Körperschaften und Anstalten in zivilrechtlichen Geschäften ausgestellt werden.**

Fassung gemäss BG vom 17.6.1994, in Kraft seit 1.1.1995.

Schrifturkunde

Schrift ist ein *System von Zeichen, das durch Lesen, d.h. visuelle Wahr-* 1
nehmung durch eine Person, welche die Symbolik der Zeichen versteht,
entschlüsselt wird und beliebige und komplexe Informationen und Gedan-
ken übermitteln kann. «Schrifturkunden geben durch Buchstaben oder andere Zeichen, die Worte versinnbildlichen, Gedanken kund, und zwar derart, dass sie für den Leser der Schrift aus sich selbst heraus verständlich sind», BGE 103 IV 34 (im Gegensatz zum Zeichen, s. N 11). Jedes beliebige Zeichensystem – Handschrift, Computerausdruck (BGE 96 IV 191), Stenographie, Silbenschrift, Blindenschrift usw. – genügt, wenn mindestens eine zweite Person es versteht, HAEFLIGER 13; bejaht für den Balkencode auf Waren, SCHMID, ZStrR 104 (1987) 140; für das den vollen Namen vertretende Visum, SJZ 64 (1968) Nr. 164. BGE 111 IV 119, ebenso SJZ 84 (1988) Nr. 5, dehnte den Begriff der Schrift aus auf Computerprogramme, die auf Magnetbändern, Disketten usw. gespeichert sind und nur mittels eines passenden Gerätes auf dem Bildschirm oder durch Ausdruck lesbar werden. Im Gegensatz zum Mikrofilm, der die Schrift nur verkleinert, wurde hier aus kriminalpolitischen Gründen die gesetzliche Definition verlassen und der Schutz vorverlegt. BGE 116 IV 345 ff. anerkannte die an dieser Rechtsprechung von JENNY, ZBJV 124 (1988) 393 f. und SCHULTZ, ZBJV 123 (1987) 38 f. (zustimmend zu BGE 111 IV 119 ROTH, Sem.jud. 1987 100) geäusserte Kritik und präzisierte, Schrift seien die Bildschirmanzeige und/oder der Ausdruck, s. dazu FERRARI 155 f., JENNY/STRATENWERTH 197 ff., SCHULTZ, ZBJV 128 (1992) 11; SOG 1992 Nr. 20 verneint Urkundenfälschung bei missbräuchlichem Telebanking per Videotext. Diese Streitfrage wurde durch die Gesetzesrevision «im Handstreich» gelöst, STRATENWERTH BT II § 35 N 30, indem die neue Regelung «bereits die vorgelagerte Phase der Datenregistrierung strafrechtlich schützt», Botsch. 992, s. dazu unten N 11a ff.

Gleichgültig ist das Mittel, womit die Zeichen geschrieben, und die **Un-** 1a
terlage, worauf sie angebracht sind, doch ist eine gewisse Dauerhaftigkeit
(*«scripta manent»*) zu fordern, CORBOZ 539, DERS. Art. 251 N 11, REHBERG IV 116, KOHLBACHER 50, STRATENWERTH BT II § 35 N 6, WALDER, ZStrR 99 (1982) 75; a.M. – auch Sand und Schnee als taugliche Unterlage

– HAEFLIGER 13 f., LOGOZ N 1 vor Art. 251. Bejaht für Computerdaten, wenn sie «genügend gegen unbeabsichtigte Löschung oder Veränderung gesichert» sind, BGE 116 IV 349.

2 Die Schrift muss einen **menschlichen Gedanken** mindestens mittelbar ausdrücken, Erklärung einer Person sein, BGE 116 IV 349, ANDEREGG 51 ff., CORBOZ 547, DERS. Art. 251 N 7, 49 f., DEL BOCA 19, KOHLBACHER 54 ff., REHBERG IV 115, ROBERT 423, SCHMID, SJZ 68 (1972) 97 ff., STRATENWERTH BT II § 35 N 7 f., WALDER, ZStrR 99 (1982) 77. Rein mechanische Aufzeichnungen sind Augenscheinsobjekte, HAEFLIGER 32 ff. Keine Urkunde ist deshalb die Tachographenscheibe, SJZ 60 (1964) Nr. 43; der Kilometerzähler, vgl. Zitate bei Kasuistik (N 17); die Gasuhr, RS 1943 Nr. 306, das EKG oder das EEG, das Röntgenbild, SJZ 80 (1984) Nr. 38. Anders der Computerausdruck, der vom Menschen eingegebene Daten verarbeitet und wiedergibt, BGE 96 IV 185, 116 IV 349 f., kritisch ROHNER 78 ff. Urkunden sind auch Schriftstücke, deren Inhalt von Menschen zwar nicht vorgedacht wurde, die jedoch durch die Wahl eines bestimmten Computerprogramms einem Urheber zugerechnet werden können, STRATENWERTH BT II § 35 N 8, ebenso offenbar die Botsch. 994, s. auch CORBOZ Art. 251 N 50, JENNY / STRATENWERTH 201 f.

3 Die Schrift muss **Tatsachen von rechtlicher Bedeutung** betreffen, was *nicht nur für Konstitutiv- oder Dispositivurkunden,* die rechtsgeschäftliche Erklärungen enthalten, zutrifft. «Rechtserheblich ... sind nämlich nicht nur Tatsachen, die den Sachverhalt unmittelbar ... betreffen, sondern auch Indizien, die den Schluss auf erhebliche Tatsachen zulassen (BGE 73 IV 50 unten) und ebenso Hilfstatsachen, zu denen Tatsachen gehören, die für die Beurteilung des Werts oder der Beweiskraft eines Beweismittels, z.B. die Glaubwürdigkeit eines Zeugen, von rechtlicher Bedeutung sind (BGE 75 IV 70 oben)», BGE 102 IV 33, 113 IV 80, z.B. die Gleichzeitigkeit von Erklärungen bei öffentlicher Beurkundung, vgl. auch HAEFLIGER, ZStrR 73 (1958) 406. Rechtserheblich ist der Wert von Sacheinlagen bei Gründung einer GmbH, BGE 81 IV 238, 246; die Liberierung von Aktien, BGE 103 IV 240; die Bezahlung einer Schuld, BGE 96 IV 192; die Befolgung von Formvorschriften bei der notariellen Beurkundung, BGE 95 IV 114 f., 99 IV 198 f., 113 IV 80 f., PKG 1989 Nr. 37, selbst wenn sie nicht vorgeschrieben sind; die Anerkennung eines japanischen Doktortitels durch das Rektorat der Universität Bern, BGE 106 IV 272 f.; schon das Interesse, ein Darlehen zu bekommen als Voraussetzung für Auskunft des Betreibungsamts, BJM 1992 326; oder die Fabrikationsnummer, BJM 1969 130; kritisch zur Begrenzungsfunktion eines derart weit verstandenen Begriffs der Rechtserheblichkeit KOHLBACHER 62, s. auch STRATENWERTH BT II § 35 N 10.

Keine rechtserhebliche Erklärung sind: die Unterschriftenkarte, ZR 79 (1980) Nr. 19; die Visitenkarte, WALDER, ZStrR 99 (1982) 83; die Abstempelung von Briefmarken ohne amtlichen Wert, BGE 77 IV 175 (dazu kritisch RYCHNER, SJZ 49 [1953] 374 ff.), sowie historische (HAEFLIGER 29) oder politische (GROSSENBACHER, Kriminalistik 1969 263)

Schriften. Keine rechtliche Bedeutung haben irrelevante Teile der Urkunde, z.B. die Unterschrift der Ehefrau, die entgegen der Meinung des Täters gar nicht erforderlich war, BJM 1969 83 (aber untauglicher Versuch). Anders, wenn rechtserhebliche Tatsachen falsch bescheinigt werden, auf die es *in concreto* nicht ankam, PKG 1947 Nr. 17; verneint wurde die Rechtserheblichkeit von Angaben über die Identität eines (im Rahmen von BetmG Art. 23 eingesetzten) V-Mannes in Strafakten, s. THOMANN in Kriminalistik 1986 625.

Die Schrift muss zum Beweis «bestimmt **und** geeignet» sein. Die Teilrevision 1994 hat den früheren Gesetzestext, der Beweisbestimmung und Beweiseignung noch als zwei alternative Erfordernisse («oder») nannte, der in Praxis, BGE 101 IV 278 (Praxisänderung, dazu SCHULTZ, ZBJV 112 [1976] 414), 102 IV 34, 103 IV 38, 105 IV 193, 106 IV 272, 114 IV 28, 116 IV 54, 117 IV 36, 166, 118 IV 258, 123 IV 63 (anders die frühere Praxis: BGE 81 IV 240, 91 IV 7, 96 IV 191), und Lehre, HAEFLIGER ZStrR 73 (1958) 404 f., REHBERG IV 119, SCHWANDER Nr. 690a, STRATENWERTH BT II § 35 N 11, GROSSENBACHER, ZBJV 103 (1967) 387 ff. (anders BURCKHARDT 87 f., DEL BOCA 45 ff., HAEFLIGER 43, DERS. ZStrR 68 [1953] 266 f.), vorherrschenden Auffassung angepasst. Mit der früheren, irreführenden Formulierung sollten neben den *Absichtsurkunden* auch *Zufallsurkunden*, die im Zeitpunkt der Errichtung (noch) nicht zum Beweis bestimmt waren, erfasst werden. Der heutige Gesetzestext stellt klar, dass beide Anforderungen, Beweisbestimmung und Beweiseignung, kumulativ erfüllt sein müssen: Zufallsurkunden werden erst rechtserheblich, wenn sie Beweis erbringen sollen, Absichtsurkunden müssen, weil sonst gar kein Rechtsgut gefährdet wird, auch beweistauglich sein. Zur «Unhaltbarkeit und Undurchführbarkeit der Trennung von Absichtsurkunden und Zufallsurkunden» KOHLBACHER 78 ff., die mit eingehender Begründung überhaupt die Tauglichkeit der Beweiseignung und Beweisbestimmung als Elemente des Urkundenbegriffs verneint. 4

Die **Beweisbestimmung** ist in erster Linie begriffsnotwendiges Merkmal der Absichtsurkunde (auf das sich der Vorsatz auch richten muss), BGE 79 IV 163 f., 91 IV 7, 103 IV 177, ZR 60 (1961) Nr. 23; missverständlich BJM 1956 223, wonach beim Hotelmeldeschein dann Beweisbestimmung vorliegt, wenn der Täter beabsichtigt, nicht zu zahlen; ablehnend gegenüber dem Erfordernis der Beweisbestimmung KOHLBACHER 66 ff. Gemäss Praxis des Bundesgerichts kann die Beweisbestimmung eines Schriftstückes «einerseits sich unmittelbar aus dem Gesetz ergeben und andererseits aus dessen Sinn oder Natur abgeleitet werden», BGE 115 IV 118, 117 IV 36, 118 IV 258, 120 IV 126, 122 IV 335 f., 123 IV 64. Aus dem *Gesetz* ergibt sich die Beweisbestimmung bei der kaufmännischen Buchhaltung und ihren Bestandteilen (z.B. BGE 118 IV 40, 115 IV 228, 79 IV 163), bei einem Abgas-Wartungsdokument gemäss VZV Art. 133a I (BGE 115 IV 119), bei einem Testatbuch gemäss Universitätsverordnung (BGE 95 IV 71); aus dessen *Sinn oder Natur* kann sie abgeleitet werden bei einem durch den Arzt ausgefüllten Krankenschein (BGE 103 IV 5

184), bei einem Schreiben, in dem die Anwesenheit einer Person unterschriftlich bestätigt wird (BGE 102 IV 33 f.), bei einer für die Einfuhrbehörde bestimmten Rechnung, in der zu niedrige Mengen angegeben sind (BGE 96 IV 153); zur Rechnung s. N 17.

6   Die **Beweiseignung** nimmt zunächst auf das Prozessrecht Bezug. Entgegen ZR 60 (1961) Nr. 23, BURCKHARDT 86, HAEFLIGER 27 f., fasst das Bundesgericht den Begriff weiter: Ob und inwieweit einer Schrift Beweiseignung zukommt, bestimmt sich «nach dem Gesetz oder aber nach der Verkehrsübung», BGE 123 IV 64, 122 IV 336, 120 IV 126, 118 IV 258, 117 IV 36, 116 IV 54, 93, 350, 115 IV 57 f., 114 IV 28, 105 IV 193, 103 IV 25, 38, 102 IV 34, 194 f., 101 IV 279, 70 IV 171; vgl. auch ZR 66 (1967) Nr. 119. Zustimmend REHBERG IV 121, STRATENWERTH BT II § 35 N 12. Bejaht wird Beweiseignung z.B. für die auf Datenträger gespeicherte Buchhaltung, BGE 116 IV 350 f., für Fotokopien, insbesondere von öffentlichen Urkunden, BGE 116 IV 93, 115 IV 51, 114 IV 26, ebenso für den Telefax, der sich von der Fotokopie nur dadurch unterscheidet, dass die Kopie erst am Ort des Empfangs entsteht, BGE 120 IV 181; Bankbescheinigungen, BGE 102 IV 194; die Buchhaltung (s. N 5 und Kasuistik N 17); die Vollmacht, BGE 122 IV 335; die Vollständigkeitserklärung, BGE 105 IV 193 f.; das Testatheft, BGE 95 IV 71; die Zeugnisabschrift, BGE 70 IV 170 f.; in BGE 103 IV 25 wird der Vi aufgetragen, zu ermitteln, ob einer noch nicht von der Generalversammlung abgenommenen Bilanz nach Verkehrsübung Beweiseignung zukomme – zum (positiven) Ergebnis SCHMID, ZStrR 95 (1978) 318. Zu weit geht m.E. ZR 66 (1967) Nr. 136, wo nicht auf die Verkehrsübung, sondern auf die Erwartungen des konkreten Adressaten abgestellt wird.

7   «**Nicht erforderlich** ist, dass der Urkunde **Beweiskraft** zukommt. Es genügt, dass sie sich im Zusammenwirken mit anderen Mitteln dazu eignet, eine Tatsache zu beweisen», BGE 100 IV 25, s. auch BGE 105 IV 193, 100 IV 112, 97 IV 213, 96 IV 191 f., 91 IV 7, 81 IV 240 f., 79 IV 164. Urkunde ist z.B. auch eine wenig glaubwürdige Buchhaltung, BGE 79 IV 164; auf erschwerte Überprüfbarkeit des Inhalts kommt es nicht an, BGE 81 IV 243, 88 IV 35, 101 IV 147; eigenhändige Unterschrift ist nicht erforderlich, BGE 70 IV 171, 101 IV 147, 103 IV 25, 120 IV 181, ZR 66 (1967) Nr. 119. Auch eine wegen Formmangels ungültige Schrift kann Urkunde sein, BGE 81 IV 240, HAEFLIGER 44. Entscheidend ist die «Tauglichkeit, überhaupt Beweismittel zum Nachweis des dargestellten Sachverhaltes zu sein», BGE 81 IV 241 – abstrakte Beweiseignung, SCHWANDER Nr. 688a. S. auch HAEFLIGER, ZStrR 68 (1953) 245 ff., 73 (1959) 404, GROSSENBACHER, ZBJV 103 (1967) 387 mit dem Hinweis: «Ein Minimum an Beweiswert muss gewiss vorhanden sein».

8   Für die **Falschbeurkundung** wird ein als enger gedachter Urkundenbegriff verwendet, vgl. SCHULTZ, ZBJV 107 (1971) 475. Die blosse schriftliche Lüge soll straflos bleiben, s. zuletzt BGE 123 IV 64 m.Hinw., aus der kantonalen Praxis RJN 1996 73. Die Schrift muss in diesem Fall bestimmt und geeignet sein, «gerade die erlogene Tatsache aufzunehmen und fest-

zustellen, sie also zu beweisen», BGE 103 IV 184; sinngemäss ebenso BGE 103 IV 28, 102 IV 194, 101 IV 278, 100 IV 112, 96 IV 51, 154, 167, 88 IV 34 f., 80 IV 115, 79 IV 163, 78 I 242, 78 IV 114, 74 IV 162, 73 IV 50, 110, 72 IV 72, 139. An Beweisbestimmung und Beweiseignung sind bei der Falschbeurkundung hohe Anforderungen zu stellen, Art. 251 ist restriktiv anzuwenden, BGE 123 IV 20, 64, 122 IV 27 f., 336, 121 IV 134, 118 IV 364 f., 117 IV 38, ablehnend Corboz 566, Ferrari 153, 168. Zustimmung verdient die neuere Rechtsprechung, wonach «die im Verhältnis zur schriftlichen Lüge erhöhte Überzeugungskraft der unwahren Urkunde einzig und allein dann angenommen wird, wenn allgemeingültige objektive Garantien die Wahrheit der Erklärung gewährleisten, wie sie unter anderem in der Prüfungspflicht einer Urkundsperson und in gesetzlichen Vorschriften gefunden werden können ... Blosse Erfahrungsregeln hinsichtlich der Glaubwürdigkeit irgendwelcher schriftlicher Äusserungen (z.B. solcher, die dem Erklärenden ungünstig sind) genügen dagegen nicht, mögen sie auch zur Folge haben, dass sich der Geschäftsverkehr in gewissem Umfang auf die entsprechenden Angaben verlässt», BGE 118 IV 365, ebenso 123 IV 64 f., 122 IV 25, 121 IV 131, 120 IV 27.

Verneint bei Rechnung des Garagisten für nicht ausgeführte Reparatur, 117 IV 38 f.; für Regierapporte des Bauunternehmers gemäss SIA-Norm 118, auch wenn sie nachträglich genehmigt wurden, weil der Aussteller «nach wie vor nur schriftlich gelogen hat», 117 IV 169 (Vi hatte bejaht: LGVE 1990 I Nr. 50; vgl. auch den Hinweis auf das unveröffentlichte Urteil i.S.W., BGE a.a.O. 168); für Lohnabrechnung mit falscher Identität des Arbeitnehmers, 118 IV 365; ein einfach-schriftlicher Vertrag beweist nicht, dass keine Simulation vorliegt, 120 IV 27; für fiktive Rechnungen im Zusammenhang mit einem Scheidungsverfahren, 121 IV 131; für einen simulierten Kaufvertrag als Beleg für Kreditwürdigkeit, 123 IV 66 ff.

Bejaht für durch den Arzt ausgestellten unrichtigen Krankenschein, 117 IV 169 f. mit Hinweis auf 103 IV 184; für vom bauleitenden Architekten bestätigte falsche Rechnungen, 119 IV 57; für falsche Angaben über Antilopenfleisch durch Grosshändler, 119 IV 295 f.; für unwahre Bilanz und tatsachenwidrigen Emissionsprospekt, um eine ordnungsgemässe Kapitalerhöhung vorzutäuschen (verneint aber für Geschäfts- und Fusionsberichte), 120 IV 126 ff.; für Universalversammlungsprotokoll «zumindest insoweit zu bejahen, als es Grundlage für einen Eintrag im Handelsregister bildet», 120 IV 204 f.; für brieflich falsche Angaben durch einen leitenden Bankangestellten, um Bankkunden gegenüber Veruntreuung zu verschleiern, 120 IV 363 f.; für eine Buchhaltung, in der verdeckte Gewinnausschüttungen im Umfang von 600000 Franken als geschäftsbedingter Aufwand ausgewiesen werden, 122 IV 27 ff., s. dazu auch Schultz, ZBJV 133 (1997) 400 f.

Aus der älteren Praxis: *Verneint* wurde Beweistauglichkeit z.B. für Spesenrechnungen, BGE 88 IV 30, ähnlich 73 IV 50 (Hotelanmeldeschein); Meldung von Schlachtzahlen trotz Ermahnung zur Wahrheit, BGE 103 IV 28 f.; Frachtbriefe, BGE 96 IV 153; *bejaht* für eidesstattliche

Zeugenerklärung, BGE 102 IV 34; für das Abgas-Wartungsdokument im Hinblick auf VZV Art. 133a I, BGE 115 IV 118 f.; s. ferner die Kasuistik, N 17.

8a   Besondere Bedeutung kommt nach der neuen Rechtsprechung zur Falschbeurkundung dem Kriterium der **«garantenähnlichen Stellung»** (BGE 121 IV 136, 120 IV 28, 364, 119 IV 296) des Erklärenden zu, SCHUBARTH 391 ff., SCHULTZ, ZBJV 131 (1995), 843, DERS., ZBJV 130 (1994), 744. Diese Stellung hat der Arzt, BGE 117 IV 169 f.; der bauleitende Architekt, BGE 119 IV 57; der Grossist («garantenähnliche Stellung zum Schutze des Konsumenten»), BGE 119 IV 296; der Protokollführer an der Universalversammlung (Vertrauensstellung gegenüber dem Handelsregisterführer), 120 IV 204; der leitende Angestellte einer Bank, BGE 120 IV 363 f. *Nicht* aber der Garagist, BGE 117 IV 38 f., oder der Bauunternehmer, BGE 117 IV 169. Tendenziell zeigt die Rechtsprechung, dass Falschbeurkundung eher vorliegt, wenn der Täter eine Schrift ausstellt, mit der er Sachverhalte bestätigt, die Dritte betreffen, als wenn er eine rein individuelle Erklärung abgibt, s. auch BGE 123 IV 68.

8b   «Tatsachen, auf die **bloss mittelbar aus beurkundeten Tatsachen geschlossen** werden kann, sind selber nicht beurkundet», BGE 80 IV 115 (Jagdpatent soll nicht das Vorliegen der Voraussetzungen dafür beweisen). In diesem Zusammenhang kritisch zum Kriterium der Verkehrsübung ROBERT 425 f., SCHMID, ZStrR 95 (1978) 279, STRATENWERTH, SJZ 76 (1980) 8 f., eingehend DERS. BT II § 36 N 35 ff.

8c   Der **Urkundencharakter eines Schriftstücks ist relativ,** BGE 123 IV 63, CORBOZ 546 f., d.h. ein Schriftstück kann bezüglich bestimmter Aspekte Urkundencharakter haben, mit Bezug auf andere nicht – Rechnungen beweisen, dass diese Rechnungen gestellt wurden, nicht das Bestehen der Forderung, BGE 119 IV 56, analog für Offerte und Akzept 120 IV 26 f. Für CORBOZ 573 ff. heisst Relativität zudem, dass in Dreiecksverhältnissen das gleiche Dokument gegenüber einer Person qualifizierte Beweiseignung zukommen kann, gegenüber einer anderen jedoch nicht; so hat z.B. die Arztrechnung gegenüber der Krankenkasse Urkundencharakter, nicht jedoch gegenüber dem Patienten. S. auch CORBOZ Art. 251 N 28 ff.

9   Als ungeschriebenes Merkmal gehört zum Urkundenbegriff die **Erkennbarkeit des Ausstellers;** so jetzt implizit BGE 120 IV 181, noch offengelassen in BGE 118 IV 258, 117 IV 37, 116 IV 51 , 351 (Unterschrift nicht erforderlich, weil Legitimationskarten und Codes den Urheber von Operationen erkennen lassen; nur sie kann überhaupt Echtheit (vgl. Art. 251 N 3) herstellen, ANDEREGG 61 f., GROSSENBACHER, Kriminalistik 1969. 266, HAFTER BT II 595 Anm. 3, KOHLBACHER 57 f., LOGOZ N 1 zu Art. 251, REHBERG IV 118, STRATENWERTH BT II § 35 N 18, THORMANN/ VON OVERBECK Nr. 6 zu Art. 251, WALDER, ZStrR 99 (1982) 80 ff.; *abweichend* noch BGE 70 IV 171 (Zeugnisabschrift), SJZ 39 (1942/43)

Nr. 178 (anonymer Brief), ZR 66 (1967) Nr. 119, HAEFLIGER 49, SCHWANDER Nr. 692. Es genügt, wenn die Urkunde von einem begrenzten Personenkreis stammt, dessen Mitglieder gleichermassen zum Erlass solcher Dokumente berechtigt sind, auch wenn der einzelne Aussteller nicht bestimmt werden kann, CORBOZ 548, DERS. Art. 251 N 53, ähnlich REHBERG IV 118, KOHLBACHER 58.

Fraglich ist, ob zum Begriff der Urkunde auch die Erkennbarkeit von **Ort**   10
und Zeit ihrer Errichtung gehört. Darauf lassen Urteile schliessen, die bei falscher Datierung Fälschung annehmen, BGE 88 IV 30 f., 102 IV 193, Sem.jud. 1949 103, RS 1951 Nr. 147, PKG 1978 Nr. 29. Als zum Inhalt gehörend behandeln das Datum SJZ 69 (1973) Nr. 84, 70 (1974) Nr. 51, RS 1977 Nr. 433, VON BÜREN 239, SCHMID, ZStrR 95 (1978) 290 f., SCHULTZ, ZBJV 113 (1977) 542, STRATENWERTH, SJZ 76 (1980) 8, WALDER, ZStrR 99 (1982) 72. SJZ 69 (1973) Nr. 84 stellt darauf ab, ob der Zeitpunkt der Errichtung bedeutsam sei, s. auch BGE 122 IV 338, RJN 1996 74.

Zeichenurkunde

Zeichen i.S.v. Art. 110.5 sind graphische Symbole, die nur eine be-   11
schränkte Menge an Gedanken (in der Regel einen) ausdrücken und nur im Zusammenhang mit den Umständen ihres Auftretens, insbesondere dem Gegenstand, an dem sie angebracht sind, verstanden werden, ähnlich BGE 103 IV 30 f., 34, 76 IV 32 f., CORBOZ Art. 251 N 12, KOHLBACHER 134 ff., REHBERG IV 117, STRATENWERTH BT II § 35 N 25, 29, SCHWANDER Nr. 694, GROSSENBACHER, Kriminalistik 1969, 206. Gedacht war v.a. an folkloristische Reminiszenzen wie Hauszeichen, Viehzeichen, Kerbholz, Tesselrecht u. ä. Die Praxis fasste darunter ausserdem Fleischstempelabdruck, BGE 103 IV 30 ff., Fabrikationsnummer, BJM 1969 130, PKG 1963 Nr. 28, 1958 Nr. 16, RS 1955 Nr. 127 und Geigenzettel, SJZ 56 (1960) Nr. 122; vgl. auch die Kasuistik bei KOHLBACHER 151 ff. *Nur Absichtszeichen* sind Urkunden. Öffentliche Zeichen sind weitgehend durch Spezialbestimmungen geschützt, Art. 245, 246, 248, 256, 257. Mit STRATENWERTH BT II § 35 N 28 ist auch für Zeichenurkunden Erkennbarkeit des Ausstellers zu fordern, s. auch KOHLBACHER 146 ff. Wegen fehlender Beständigkeit des Erklärungsinhalts sind Garderoben- oder Essensmarken keine Beweiszeichen, KOHLBACHER 125 f., 135, STRATENWERTH BT II § 35 N 25.

Computerurkunde

Die **Revision 1994** hat den Urkundenbegriff erweitert, indem neu auch   11a
Aufzeichnungen auf Bild- und Datenträgern erfasst werden. Diese Ausdehnung des Urkundenbegriffs bezweckt eine effizientere Bekämpfung der Wirtschaftskriminalität und allgemein eine bessere Erfassung der mittels moderner Technologie verübten Delikte, Botsch. 983 ff., SCHMID, AJP 4 (1995) 27, DERS., Computerkriminalität, § 1 N 1 ff., § 3 N 1 ff. m.w.Hinw. zur Enstehungsgeschichte. Im übrigen soll «der strafrechtliche Begriff der Urkunde unverändert» bleiben, Botsch. 993; krit. zu die-

ser Aussage und überhaupt zur Gleichstellung der Schrift- und Compu-terurkunde KUNZ 201 f. und STRATENWERTH BT II § 35 N 30 ff., 41.

11b   Die **Bildträger** wurden analog zu OR Art. 962 und 963 in die Definition miteinbezogen. Der Gesetzgeber dachte dabei an die verschiedenen Möglichkeiten des Mikrofilms, insbesondere an die COM- *(computer output on microfilm)* und CIM- *(computer input on microfilm)* Techni-ken, Botsch. 993. Mit KUNZ 200, REHBERG IV 116 und STRATENWERTH BT II § 35 N 34 muss die gesonderte Erwähnung der Bildträger als über-flüssig bezeichnet werden, weil Mikrofilme selbst als Schriftstücke gelten, soweit Schriftzeichen auf ihnen abgelichtet sind.

11c   Als **Daten** im Sinne der Legaldefinition kommen «alle Informationen über einen Sachverhalt in Form von Buchstaben, Zahlen, Zeichen, Zeichnungen u.ä., die zur weiteren Verwendung vermittelt, verarbeitet oder aufbewahrt werden», in Frage, Botsch. 986, 993. Gleichzeitig sollen aber nach wie vor nur lesbare Erklärungen menschlicher Gedanken er-fasst werden, Botsch. 988, 993, kritisch STRATENWERTH BT II § 35 N 33, 42, vgl. demgegenüber SCHMID, ZStrR 113 (1995) 24 Fn 4. Keine Computerurkunden sind Ton- oder Filmaufnahmen, weil diese nicht stellvertretend für Schriftzeichen registriert werden, SCHMID, AJP 4 (1995) 28, s. auch unten N 11f. Als Träger der Aufzeichnungen kommt grundsätzlich jedes Medium in Betracht; auch künftige technische Ent-wicklungen können somit strafrechtlich erfasst werden, Botsch. 993 STRATENWERTH a.a.O. N 34, eingehend zu den heutigen Datenträgern SCHMID, Computerkriminalität, § 3 N 38 ff.

11d   Der «an sich überflüssige» (SCHMID, AJP 4 [1995] 28) Nachsatz **«sofern sie demselben Zweck dient»** soll betonen, dass die Computerurkunde die traditionellen Voraussetzungen der Schrifturkunde erfüllen muss SCHMID a.a.O. 27 f., kritisch KUNZ 201 f. und STRATENWERTH BT II § 35 N 32 ff. Auch Computerurkunden müssen einen menschlichen Gedan-ken ausdrücken, eine gewisse Beständigkeit aufweisen, zum Beweis be-stimmt und geeignet sein und den Aussteller erkennen lassen, Botsch 993 f., eingehend zu diesen Voraussetzungen SCHMID, Computerkrimina-lität, § 3 N 56 ff. Die Beständigkeit der Daten ist gegeben, wenn sie «genügend gegen unbeabsichtigte Löschung oder Veränderung gesi-chert» sind, BGE 116 IV 349; weitergehend wohl Botsch. 994, welche die Speicherung auf Festplatte oder Diskette genügen lassen will. Im Hin blick auf die Erfordernisse der Beweiseignung und Beweisbestimmung kommen «nur gespeicherte Daten von einem relativ hohen Standard al Computerurkunde in Frage», SCHMID, AJP 4 (1995) 30, was insbesonder eine hohen Grad an Authentizitätssicherung durch die Datenverarbei tungsanlage voraussetzt, DERS., SJZ 91 (1995) 3, DERS., Computerkrimi nalität, § 3 N 70, ebenso REHBERG IV 122.

11e   Der neue 2. Satz der Urkundendefinition spricht nur von «Schriftform» doch wird man in Analogie zur Zeichenurkunde annehmen müssen, das auch «**computerisierte Zeichen**» erfasst sind, die nicht stellvertretend für eine Schrift registriert wurden. Zu denken ist etwa an Strich- und Balkencodes oder an computerisierte Pläne, eingehend SCHMID, ZStrR 109 (1992) 104, DERS., Computerkriminalität, § 3 N 25 ff., DERS., AJP 4 (1995) 28 f., REHBERG IV 117; STRATENWERTH BT II § 35 N 42 sieht Raum für «Computerzeichen» nur bei optisch nicht wahrnehmbaren Elementen, «wie sie sich etwa auf dem Magnetstreifen einer Code- oder Chipkarte befinden».

Keine Computerurkunden sind: Tonaufnahmen von Musik oder Gesprächen, Photos, Film- oder Videoaufnahmen von Zuständen oder Vorgängen in der Aussenwelt, Aufzeichnungen von Schreib- oder Rechenmaschinen, Ladenkassen, Waren-, Billett- oder Spielautomaten, Fernschreibern, Fahrten- oder Flugschreibern sowie von Telefonbeantwortern und Telefaxgeräten (die Faxkopie des gesendeten Orginals selbst ist jedoch Schrifturkunde, s. N 17, Botsch. 988, SCHMID, AJP 4 (1995) 28, eingehend DERS., Computerkriminalität, § 2 N 41 ff., § 3 N 51 ff. Ausnahmsweise, wenn Automaten mit Datenverarbeitungsanlagen direkt (on-line) oder indirekt (off-line) gekoppelt sind (z.B. Bancomat oder Postomat), haben deren Aufzeichnungen jedoch Urkundenqualität, Botsch. a.a.O.

                                                    11f

Öffentliche Urkunde

Der Begriff der öffentlichen Urkunde hat praktisch jede **Bedeutung verloren**, weil die Revision 1994 die entsprechende Qualifikation in Art. 251.2 herausgestrichen hat. Dass Art. 110.5 II nicht ebenfalls entfernt wurde, ist m.E. ein Versehen des Gesetzgebers – die Möglichkeit, den öffentlichen Charakter der Urkunde bei der Strafzumessung zu berücksichtigen, STRATENWERTH BT II § 35 N 43, rechtfertigt keine Legaldefinition. Auch für eine Kommentierung besteht kein Anlass mehr.

  12

Kasuistik

  17

Die folgende Kasuistik listet in alphabetischer Folge die Objekte auf, über deren Urkundenqualität sich schweizerische Gerichte ausgesprochen haben. Zur Verbreiterung des Spektrums wurden auch Äusserungen im Schrifttum aufgenommen. Weil für die Begehungsform der Falschbeurkundung in der Praxis ein engerer Urkundenbegriff gilt, wird in kritischen Fällen angegeben, ob es um Urkundenfälschung (UF) oder Falschbeurkundung (FU) geht. Wo die Frage von Interesse schien, wurde angegeben, welcher Sachverhalt unter dem Gesichspunkt welchen Tatbestands zu beurteilen war. Eintragungen ohne Fundstelle geben die Ansicht des Verfassers wieder.

- **Abgas-Wartungsdokument,** BGE 115 IV 118 f.;
- **Abrechnung** über Reparaturen, die vom Handwerker quittiert ist, BGE 106 IV 376; aber **nicht** die Abrechnung eines Gemeindeschreibers über Einquartierungen (FU), BGE 73 IV 110 (kritisch HAEFLIGER 54 f.); **nicht** die Abrechnung eines Gesellschafters mit fiktiven Auslagen (FU), RS 1966 Nr. 190;

- **Abrechnungsbeleg** zur Kreditkarte, BUSER 90, SCHMID, ZStrR 104 (1987) 133;
- **Abschnitt** des Einzahlungsscheins, BGE 97 IV 33 (Art. 254);
- **Abschrift** eines Zeugnisses, BGE 70 IV 170, BJM 1957 48 (dazu mit Hinweis auf abweichende Basler Urteile BURCKHARDT 86);
- **Abstammungs- und Leistungsausweis** der Viehzuchtgenossenschaft (Art. 253), SJZ 62 (1964) Nr. 192;
- **nicht die Abtretungserklärung** (Zession) bezüglich Bestand der abgetretenen Forderung (FU), BGE 72 IV 72;
- **Affidavit,** SCHMID, ZStrR 95 (1978) 311;
- **Aktienzertifikat** (FU), BGE 103 IV 239;
- **Akzept, Annahme** einer Offerte, BGE 120 IV 27;
- **anonymer Brief,** SJZ 39 (1942/43) Nr. 178 (mit Recht ablehnend GROSSENBACHER, Kriminalistik 266 – es fehlt *per definitionem* der Hinweis auf den Aussteller!);
- handschriftlicher **Anschlag** mit irreführender Erklärung über die Annahme einer möglichen Wahl, SJZ 61 (1965) Nr. 127;
- **Arbeitszeiterfassungskarte** s. Stempelkarte;
- **Armenrechtszeugnis,** (Art. 253), RS 1949 Nr. 53 (zu Unrecht kritisch HAEFLIGER 57);
- **Arztrechnung** (FU), BJM 1989 142, Falschdatierung, um Deckung durch Krankenkassen zu ermöglichen, s. auch SJZ 85 (1989) Nr. 62;
- **Arztzeugnis** (UF), SJZ 53 (1957) Nr. 21 – FU s. Art. 318;
- **Auftragsbestätigung** per Fax (UF), BGE 120 IV 181;
- privatschriftliche **Aufzeichnungen** Dritter über eigene Wahrnehmungen, soweit diesen kraft kantonalen Prozessrechts Beweiseignung zukommt, BGE 102 IV 34, gegen diese Einschränkung FERRARI 165.
- **Ausdruck** eines Computers s. Computerausdruck;
- **Ausfertigung, Ausfertigungsverbal**, ZBGR 75 (1994) 211;
- **Ausfuhrdeklaration** (FU), BJM 1962 175;
- **Ausweis** zum Bezug von Beamtenbillets (Art. 251, nicht nur 252) RS 1951 Nr. 226;
- **Ausweisungsbefehl** des JPD VD, RS 1943 Nr. 61;
- **nicht Auszüge** aus einem Staatsratsentscheid, wenn sie nicht geändert und als solche erkennbar sind, RVJ 1991 468 ff.
- **Bahnabonnement,** BGE 71 IV 153 f.;
- **Bancomatkarte,** SCHMID, Missbräuche, 33 f. – seit der Revision auch für die nicht lesbare Datenspur, STRATENWERTH BT II § 35 N 42;
- **Bankbescheinigung,** Bankerklärung (FU), BGE 102 IV 194;
- **Bankdokumente** s. Skontri;
- **Bankgarantie** (FU), SJZ 69 (1973) Nr. 84;
- **Beglaubigung** einer Kopie unter Verschweigen des Umstandes, dass ein Teil des Originals nicht wiedergegeben ist (Art. 253), SJZ 73 (1977) Nr. 12;
- schriftliche **Behauptung,** mit einer Frau geschlechtlich verkehrt zu haben (FU), Rep. 1963 90 (abzulehnen);
- **Beitrittserklärung** zu einer politischen Partei, SJZ 87 (1991) Nr. 30;

– **Belegkarte** bei der Viehzucht für Datum der Belegung, PKG 1954 Nr. 16;
– **Bericht** eines Beamten an die Zolldirektion (FU), BGE 93 IV 55 (nicht überzeugend, gegen Gutachten Stratenwerth);
– schriftliche **Bescheinigung** eines Dritten über einen Steuerpflichtigen (FU), SJZ 73 (1977) Nr. 22;
– **Bestellkarten** des Reisenden (UF), PKG 1958 Nr. 17; **nicht,** wenn keine eigenhändige Unterschrift des Bestellers, ZR 54 (1955) Nr. 44, bzw. wenn nur vom Vertreter unterschrieben (FU), ZR 56 (1957) Nr. 66;
– **Bilanz** (FU), BGE 79 IV 163, 82 IV 141, 91 IV 7, 122 IV 25, RS 1982 Nr. 356; auch für die einfache Gesellschaft, obwohl in OR Art. 957 ff. nicht vorgeschrieben, BGE 91 IV 189; BGE 103 IV 24 ff. forderte nähere Abklärung, ob auch einer von der Kontrollstelle noch nicht geprüften und von der Generalversammlung noch nicht abgenommenen Bilanz nach der Verkehrsübung Beweiseignung zukommt – die Antwort fiel positiv aus, Schmid, ZStrR 95 (1978) 318; ablehnend Robert 430, Burckhardt 94 ff., Del Boca 126 ff.; zustimmend Schmid a.a.O. 312 ff.; Stieger 101 ff., Zimmerli 102; für Flexibilität Wunderlin 15; BGE 114 IV 33 behandelt als Urkunde auch die ungeprüfte Bilanz, die der Nachlassbehörde eingereicht wird;
– Bilanzerklärung s. Vollständigkeitserklärung;
– **Bildschirmanzeige,** soweit die Daten genügend gesichert sind und jederzeit lesbar gemacht werden können, 116 IV 348 ff., a.M. Rohner 77; s. zur Computerurkunde auch N 11a ff.;
– **Börsenaufträge,** ZR 79 (1980) Nr. 19;
– **Botenstatistikformular** des Postboten, ZR 76 (1977) Nr. 99;
– **Brief** eines Auftraggebers mit der Aufforderung, Rechnung zu stellen, und dem Versprechen der Bezahlung, BGE 119 IV 234 (UF); Briefe von bekannten Firmen oder Persönlichkeiten (UF), RS 1957 Nr. 24; angeblich von einem Anwalt stammende Erpresserbriefe (UF), RS 1961 Nr. 185; **nicht** «Liebes»briefe eines Heiratsschwindlers (FU), RS 1957 Nr. 24, **nicht** gewöhnliche Briefe für ihren Inhalt (FU), BGE 102 IV 194;
– **Briefkopf** einer fremden Firma, RS 1943 Nr. 230;
– **Buchhaltung** (für einzelne Teile s. auch die entsprechenden Stichworte) (FU); *kaufmännische:* BGE 79 IV 163 (auch, wo nicht gesetzlich vorgeschrieben; ablehnend Stratenwerth, SJZ 76 [1980] 4, zustimmend Corboz 550, Ferrari 163, Schmid, SAG 52 [1980] 144, ZStrR 95 [1978] 282 f.), BGE 82 IV 141, 91 IV 189, 100 IV 24, 103 IV 177, 108 IV 26, 114 IV 31, 115 IV 228, 116 IV 54, 118 IV 40 («sowohl unechte wie auch echte, aber inhaltlich unwahre Urkunden», soweit sie «als Beleg für die kaufmännische Buchhaltung bestimmt und damit Bestandteil derselben» sind), BGE 122 IV 25; auch auf losen Blättern, PKG 1956 Nr. 37, ablehnend von Büren 239; keine Rolle spielt der mit der Buchführung verfolgte Zweck, weshalb auch Kontosaldi erfasst werden, die bloss der bankinternen Überschreitungskontrolle dienen, BGE 116 IV 55; **nicht** die *nicht-kaufmännische,* PKG 1956 Nr.

38. Eingehend zum ganzen Problem SCHMID, ZStrR 95 (1978) 280 ff.; ferner CORBOZ 550 ff., FERRARI 160 ff., STIEGER 95 ff., STRATENWERTH BT II § 36 N 39 ff.;

– **Bürgschaftserklärung,** RS 1958 Nr. 155;
– **Bussenblock** eines Parkplatzwächters, PKG 1972 Nr. 11 (Art. 317);
– **Bussenzettel,** SJZ 69 (1973) Nr. 127; 77 (1981) Nr. 27 (OBG);
– (Reise-)**Check,** BGE 87 IV 18 (auch ohne Gegenzeichnung);
– **nicht Checksouchen,** BJM 1977 195, vgl. auch ZR 55 (1956) S. 273 (Kontrollabschnitt des Postcheckhefts);
– **Computerausdruck,** BGE 116 IV 348 ff., 96 IV 191 ff., u.ö. Urteil des OGer ZH vom 8.11.1976, zit. bei BIRCH 560; zur Computerurkunde s. N 11a ff.;
– **nicht das Computerprogramm als solches,** BGE 116 IV 345 ff., anders noch BGE 111 IV 119, zust. ROTH in Sem.jud. 1987 100; mit Recht ablehnend JENNY, ZBJV 124 (1988) 425 ff., ROHNER 75 f., ZWEIFEL 121; s. auch Art. 1 N 23;
– **Computerurkunde s**. N 11a ff.
– **nicht das Darlehensgesuch** an eine Bank, BJM 1969 83 f. (UF);
– **Depositenbescheinigung,** ZIMMERLI 104;
– **Dienstbüchlein,** ZBJV 113 (1977) 282 ;
– **Dienstrapport** eines Beamten, jedenfalls wenn nicht bloss zum internen Gebrauch bestimmt (FU), BGE 93 IV 55 f.;
– **Disks** und **Disketten** einer EDV-Anlage, zum alten Recht ablehnend ROHNER 75, BGE 116 IV 346, anders BGE 111 IV 119, s. auch Bildschirmanzeige, Computerprogramm und Computerurkunde;
– «Zeugnis über die Anerkennung der **Doktorwürde»** (FU), BGE 106 IV 272;
– EDV s. Computerprogramme;
– **Eheregister;** beurkundet ist aber weder die Ehefähigkeit der Parteien, noch deren Motiv, SJZ 78 (1982) Nr. 25; nicht das Geschlecht bei Geburt, SJZ 78 (1982) Nr. 49 (Transsexualität);
– **Ehevertrag,** BGE 100 IV 240 (Art. 253);
– **eidesstattliche Erklärung** (FU), BGE 102 IV 33 ff., RS 1974 Nr. 734, SJZ 55 (1959) Nr. 95, zust. mit anderer Begründung BURCKHARDT 90; mit treffender Kritik an BGE 102 IV 33 WALDER, ZStrR 99 (1982) 95 f.;
– **nicht der Eigenwechsel** für den Bestand der Schuld, solange nicht in Umlauf gesetzt, ZR 51 (1952) Nr. 204;
– **nicht das Einvernahmeprotokoll** der Polizei für Identität des Befragten, BGE 106 IV 373 f. (mit falschem Namen unterzeichnet; mit abweichender Begründung WALDER, ZStrR 99 [1982] 88);
– **nicht die Einzahlungsabrechnung** der Postangestellten, RS 1952 Nr. 176;
– **Einzahlungsrechnung** der Postkasse, BGE 97 IV 32;
– **Einzahlungsschein,** wenn abgestempelt, BJM 1961 91; nicht Teile ohne Stempel, RS 1977 Nr. 433;
– elektronische Datenträger s. Disks und Disketten;

– **Emissionsprospekt** (FU), auch wo er nicht obligatorisch ist, BGE 120 IV 128 f., dazu Niggli, AJP 3 (1994) 1331 ff.;
– **Endverbraucher-Erklärung,** BGE 96 IV 167;
– **Endverbrauchsdatum** auf Fleischpackungen (FU), ZR 75 (1976) Nr. 38;
– Erbschaftsinventar s. Nachlassinventar;
– **Erbteilungsvertrag,** Abschluss einer separaten Vereinbarung neben dem amtlichen Erbteilungsvertrag, basierend auf einem höheren Wert der Erbschaft (FU), GVP–AR 1993 75 f.
– **Erfolgsrechnung,** Stieger 105;
– **Erklärung** betreffend die Übertragung einer Marke (FU), BGE 100 IV 112;
– **nicht** die schriftliche **Erklärung** über das Alter minderjähriger Kinobesucher, RS 1969 Nr. 135;
– **Etiketten** zur Kennzeichnung von Teppichen, BJM 1975 23 (als Beweiszeichen; keine UF bei Vertauschung – m.E. unrichtig);
– **Eurocheque-Karte,** Schmid, ZStrR 104 (1987) 132;
– **Fabrikationsnummer,** PKG 1948 Nr. 18, 1958 Nr. 16, 1963 Nr. 28, BJM 1969 130 (Art. 254);
– **Fabrikkontrollmarken,** RS 1955 Nr. 127;
– **nicht Fabrikmarke** auf Etui, die den Gegenstand selber nicht identifiziert, PKG 1963 Nr. 28;
– Fax s. Telefax
– **Feriemarkenheft,** SJZ 58 (1962) Nr. 66;
– fiktiver Vertrag s. Kaufvertrag, Vertrag;
– **Finanzierungszusage** einer Bank (FU), BGE 105 IV 245;
– **Fischereipatent,** RS 1958 Nr. 154;
– **Fleischstempel,** wenn abgedruckt, BGE 103 IV 30 f.;
– **nicht das Formular** über im Lastwagen transportierte Tonnage, PKG 1949 Nr. 21;
– Fotokopie s. Kopie
– **Frachtbrief,** BGE 96 IV 153;
– **nicht das Frachtbriefdoppel** für den Absender, SJZ 43 (1947) Nr. 133;
– **Führerausweis,** BGE 97 IV 206, 98 IV 58 (Art. 252); s. aber SVG Art. 97, Art. 251 N 20.
– **Garantieerklärung,** BGE 123 IV 19 (UF), SJZ 69 (1973) Nr. 84;
– **nicht Garderobenmarken,** Haefliger 38;
– **nicht die Gasuhr,** RS 1943 Nr. 306;
– **Geigenzettel** im Instrument, SJZ 56 (1960) Nr. 22 (unrichtig, weil ihm in der Praxis jeder Beweiswert abgeht!);
– **Geldkarte,** Schmid, Missbräuche, 35;
– **nicht Geschäfts- und Fusionsberichte einer AG** (FU), BGE 120 IV 127, 130;
– in der Regel **nicht Geschäftskorrespondenz,** BGE 102 IV 191, Schmid, ZStrR 95 (1978) 308, mit Ausnahme für Konstitutiv- und Dispositivurkunden;

- **Gesundheitsschein** von Vieh für dessen Gesundheit, aber nicht für sein Alter, RS 1949 Nr. 23, 1964 Nr. 148, PKG 1954 Nr. 16, RS 1961 Nr. 17;
- **Grenzzeichen,** SJZ 53 (1957) Nr. 150, mit Recht ablehnend unter Hinweis auf Art. 256 HAEFLIGER 24;
- Grundstückskaufvertrag s. Vertrag;
- **Gründungsprotokoll** einer AG (FU), BGE 81 IV 238, 101 IV 61, 146 f., Rep. 116 (1983) 28 dazu SCHMID, ZStrR 87 (1971) 249 f.; abweichend ZR 59 (1960) Nr. 21, kritisch SCHMIDLIN 375 ff.; kein FU durch Verwendung von Strohmännern, ZIMMERLI 107 ff.;
- **Handelsregistereintrag,** BGE 74 IV 162 (aber nicht dafür, dass die konstituierende Versammlung stattgefunden hat, Art. 253); 81 IV 245, 101 IV 146, RS 1982 Nr. 306 (Sacheinlage verschwiegen), RJJ 1993 367 (angestellter Gerant gibt an, einen Gastwirtschaftsbetrieb auf eigene Rechnung zu führen), alle Art. 253;
- **Hauszeichen** an Vieh, PKG 1968 Nr. 31, 1944 Nr. 16;
- **Heimatausweis,** RJN 1989 141;
- **nicht der Hotelanmeldeschein** (FU), BGE 73 IV 50, PKG 1980 Nr. 13, RS 1977 Nr. 287, 1984 Nr. 598; anders noch RS 1943 Nr. 108 und, wenn es um Identität des Zechschuldners geht (UF), BJM 1956 223, BURCKHARDT 97, WENGER, ZBJV 80 (1944) 331;
- **Inseratenauftrag** (FU), SJZ 61 (1965) Nr. 42, mit Recht kritisch GROSSENBACHER, Kriminalistik 1969 263;
- **Inventar,** STIEGER 105;
- **Inventar eines Amtsvormunds,** BGE 121 IV 216 (Art. 317);
- **öffentliches Inventar** über in die Ehe eingebrachtes Gut (Art. 253), JdT 1955 IV 90;
- **nicht das Jagdpatent** für die Voraussetzungen der Jagdbewilligung (FU), BGE 80 IV 115, PKG 1953 Nr. 29 kassierend; dazu kritisch LAELY, SJZ 51 (1955) 49 ff.; abweichend (Art. 253 betr. Alter), PKG 1946 Nr. 25;
- **Jetons** für Spielsalon, RS 1960 Nr. 72;
- **Kassaabrechnung,** auch handschriftlich (FU), PKG 1968 Nr. 30;
- **Kassabeleg** für Geldentnahme, aber nicht für deren Begründung, ZR 48 (1949) Nr. 184;
- **Kassabuch** (FU), BGE 114 IV 31 (auch Entwurf), RS 1947 Nr. 132, 1952 Nr. 23, SJZ 49 (1953) Nr. 135, 54 (1958) Nr. 93 (auch ohne Belege), PKG 1952 Nr. 27, ZR 51 (1952) Nr. 23;
- Kaufmännisches Bestätigungsschreiben s. Auftragsbestätigung;
- **Kaufvertrag** (FU), PKG 1959 Nr. 17, auch wenn fingiert (FU), BGE 78 IV 109 ff., 84 IV 164 ff., PKG 1982 Nr. 31, Rep. 1983 28 (falscher Preis), ZBGR 33 (1952) 75, BGE 97 IV 216, 103 IV 150 (UF), ZR 71 (1972) Nr. 65, 53 (1954) Nr. 116, SJZ 69 (1973) Nr. 84, RS 1955 Nr. 21; zum Verkauf eines «Aktienmantels» SCHMID, ZStrR 87 (1971) 257 mit Hinweis u.a. auf BGE 97 IV 13, s. auch «Vertrag»;
- **Kellerbüchlein** des Weinhändlers (FU), SJZ 50 (1954) Nr. 79; vgl. aber RS 1956 Nr. 52, wonach LMG Art. 40 vorgeht;

- **Kennzeichnung** einer Kuh als Bangausscheider, RS 1959 Nr. 136;
- **nicht der Kilometerzähler,** RS 1943 Nr. 306, 1970 Nr. 108, 1972 Nr. 233, 1974 Nr. 735; BJM 1974 35; PKG 1968 Nr. 32, 73; SJZ 66 (1970) Nr. 59, 108, 69 (1973) Nr. 109, 279; ZR 61 (1962) Nr. 161; *bejaht* bei Mietwagen: SJZ 57 (1961) Nr. 75; ferner in PKG 1960 Nr. 66, RS 1961 Nr. 133, SJZ 43 (1947) Nr. 34;
- **nicht der Kollokationsplan** für Bestand der Forderungen (Art. 253), BGE 105 IV 106;
- **Kontoauszug** betr. Steuerzahlungen, BGE 96 IV 191 f.; eines Stationsbeamten für Bahnkunden, RS 1968 Nr. 187; FU – geschönte Auskunft über den Kontostand zur Verdeckung von Veruntreuungen durch einen leitenden Bankangestellten, BGE 120 IV 361;
- **Kontoblätter** als Bestandteil der Buchhaltung, ZR 53 (1954) Nr. 115, PKG 1956 Nr. 37;
- **Kontoeröffnungskarte,** ZR 79 (1980) Nr. 19;
- **nicht** eine nicht kaufmännisch geführte **Kontokorrentbuchhaltung,** PKG 1956 Nr. 38;
- **nicht Kontrollabschnitte** eines Postcheckhefts, ZR 55 (1956) Nr. 136;
- **Kontrollstreifen** einer Registrierkasse (FU), BGE 91 IV 7, 97 IV 213; PKG 1956 Nr. 30, 1968 Nr. 30; BJM 1961 154; SJZ 54 (1958) Nr. 70; ZR 66 (1967) Nr. 136, Schmid, SJZ 64 (1968) 98; abweichend PKG 1950 Nr. 17;
- **Kopien** von Urkunden, Fotokopie eines Steuerinventars, BGE 114 IV 28, 115 IV 57 f. (Änderung des Datums), 100 IV 26, SJZ 44 (1948) Nr. 73 (verstümmelte Kopie eines Briefes mit nunmehr zweideutigen Äusserungen eines Priesters), 64 (1968) Nr. 164 (Fotokopien mit teilweiser Abdeckung), 73 (1977) Nr. 12, BJM 1955 262, 1960 265 (beglaubigte Kopie eines Ausweisungsbefehls) RS 1943 Nr. 61; vgl. auch BGE 70 IV 170 (Zeugnisabschrift als Ausweisfälschung, Art. 252), kritisch Walder, ZStrR 99 (1982) 73;
- **Krankenschein** gegenüber der Kasse (FU), BGE 117 IV 169, 103 IV 183 (falsche Eintragung des Arztes);
- **Kreditgesuch** (UF), BJM 1992 326, weil es hier darum ging, Auskünfte zu erhalten;
- **Kreditkarte,** Buser 89, Schmid, ZStrR 104 (1987) 133;
- **Lebensmitteldeklaration** (FU), BGE 119 IV 294 (Antilopenfleisch);
- **nicht die Leuchtschrift,** Schmid, SJZ 64 (1968) 98, Grossenbacher, Kriminalistik 1969 204;
- **Lieferschein** (UF), BGE 116 IV 51f.;
- **Lochkarte,** ZR 61 (1962) Nr. 161, Del Boca 23, Rohner 75, Zweifel 119; dagegen Schmid, SJZ 64 (1968) 100 – m.E. kommt es auf den Inhalt und die Umstände an;
- **nicht Lohnabrechnung,** ausser wenn eine gesetzliche Vorschrift ihr besondere Glaubwürdigkeit verleiht, BGE 118 IV 363;
- **Lohnausweis,** BGE 81 IV 167 ff.;
- **Lohnkarten,** ZR 54 (1955) Nr. 141;

- **Lohnlisten,** SJZ 41 (1945) Nr. 185, RS 1951 Nr. 225 (betr. Vorlage an SUVA), PKG 1955 Nr. 40 (als Buchungsbeleg); abweichend RS 1954 Nr. 50;
- **Luftfahrzeugregister** (FU), BGE 97 IV 213 ff.;
- **Magnetbänder und -trommeln** für EDV-Anlage, so schon zum alten Recht BGE 111 IV 119, GROB 330; dagegen u. a. ROHNER 75;
- **Mahlzeitengutscheine,** PKG 1944 Nr. 13;
- **Materialbezugsrapporte** des Arbeitnehmers, RS 1971 Nr. 191;
- **Meldeschein** der Familienausgleichskasse zur Geltendmachung von Kinderzulagen (FU), BJM 1962 18;
- **Mietvertrag** (für Autos), BGE 75 IV 167, ZR 49 (1950) Nr. 151;
- **Mikrofilm,** Bundesrat in SJZ 53 (1957) 312, SCHMID, SJZ 64 (1968) 98;
- **nicht eine «Milchbüechlibuchhaltung»** (FU), SCHMID, ZStrR 95 (1978) 284, HAEFLIGER, ZStrR 68 (1953) 246 f.;
- **nicht die Monatsbilanz** über Geschäftsverkehr auf Eisenbahnstation (FU), PKG 1953 Nr. 22; einer Posthalterin, RS 1943 Nr. 236;
- **Nachlassinventar** (FU), ZR 45 (1946) Nr. 134 (Art. 253), RS 1952 Nr. 30, 1955 Nr. 176;
- **Notarielle Beurkundungs- und Beglaubigungsformeln** (FU), unabhängig davon, ob das Rechtsgeschäft der öffentlichen Beurkundung überhaupt bedarf, BGE 113 IV 81;
- **Notizbüchlein** eines Filialleiters als Ausstandsverzeichnis (FU), RS 1960 Nr. 125;
- **Obligationenregisterkarte** einer Bank, RS 1955 Nr. 125;
- **Offerte,** BGE 120 IV 27
- **Ohrzeichen** der Haus- und Nutztiere, PKG 1944 Nr. 16;
- **nicht das Papiersäcklein** für die Kinderzulage, ZR 54 (1955) Nr. 141;
- **nicht** die schriftliche **Parteierklärung** im Zivilprozess (FU), RS 1974 Nr. 734;
- **Pass,** RS 1958 Nr. 180;
- **Patientenkarte,** ZR 67 (1968) Nr. 74, SJZ 48 (1952) Nr. 6;
- **Personenbeschreibungsformular,** ZR 50 (1951) Nr. 94;
- **Personenwagen** *(sic!),* RS 1982 Nr. 357;
- **Pflanzenschutzzeugnis,** BGE 96 IV 154, aber nicht für die Menge der Ware;
- Photokopie, s. Kopie;
- **Postbuchhaltung,** PKG 1955 Nr. 21, wenn abgestempelt; SJZ 62 (1966) Nr. 87: auch wenn ohne Stempelung und Dienstvermerk, PKG 1955 Nr. 21, RS 1977 Nr. 433, bei Falschdatierung;
- **Postcheckquittung** (UF) BGE 69 IV 66, PKG 1951 Nr. 16, SJZ 39 (1942/43) Nr. 73;
- **Postcheck-Karte,** SCHMID, ZStrR 104 (1987) 132;
- **Postempfangsscheinbuch,** BJM 1970 298;
- Postomatkarte s. Bancomatkarte;
- **nicht der Poststempel** an sich, sondern höchstens der Abdruck, BGE 77 IV 174, kritisch zu diesem Urteil RYCHNER, SJZ 49 (1953) 374 ff.;

Urkundenqualität bejaht bei Verwendung eines falschen Stempels (Identifizierung des Beamten), BJM 1970 87;

– **Preisanschriften,** Schmid, ZStrR 104 (1987) 139, abweichend SJZ 57 (1961) Nr. 22;

– **Preisaufdruck** auf Markenartikeln, Schmid, ZStrR 104 (1987) 139, abweichend ZR 46 (1947) Nr. 129;

– **Protokoll, Protokollauszüge,** FU für die Richtigkeit der Wiedergabe, nicht für die Wahrheit der protokollierten Äusserungen, BGE 106 IV 373, 93 IV 56; s. auch Universalversammlungsprotokoll;

– Prospekt s. Emissionsprospekt;

– **Quittung** bei *UF,* BGE 74 IV 54, 92 IV 44, 106 IV 39, 41, 116 IV 51, ZR 46 (1947) Nr. 102, RS 1944 Nr. 50, 1951 Nr. 149, 1957 Nr. 124, BJM 1956 221, Rep. 1980 333, PKG 1950 Nr. 19, 1981 Nr. 29 (Rückdatierung); abweichend (Unterzeichnung mit falschem Namen zur Vertuschung keine UF), RS 1948 Nr. 168; 1964 Nr. 55; *FU:* wenn in der Hand des Schuldners, BGE 101 IV 278 f., 103 IV 38, 240; für generelle Urkundenqualität EGV–SZ 1991 Nr. 38, Ferrari 164 f. (unter Berufung auf OR Art. 89 III), Schmid, ZStrR 95 (1978) 302 ff., Walder, ZStrR 99 (1982) 90 f., dagegen Stratenwerth, SJZ 76 (1980) 6 – Beweis nur für die Erklärung des Ausstellers, nicht dafür, dass die quittierte Leistung erbracht wurde, es kann auch Verzicht erklärt sein, EGV-SZ 1991 Nr. 38, aufgrund der Umstände ist zu prüfen, ob der Quittung für eine fiktive Rechnung ein erhöhter Beweiswert zukommt, BGE 121 IV 131; Quittungen der Post: SJZ 62 (1966) Nr. 226;

– **Rabattmarkenheft,** Sem.jud. 1974 539;

– **Rechnung,** UF: BGE 79 I 37, 106 IV 41, RS 1954 Nr. 149; FU: Nach älterer Rechtsprechung, weil «zugunsten des Ausstellers», keine Urkunde, BGE 88 IV 34 f., 96 IV 51, 152 (wenn Betrag nicht zu niedrig), 102 IV 193 f., 103 IV 184, ZBJV 107 (1971) 281, ZR 60 (1961) Nr. 23; dazu eingehend Schmid, ZStrR 95 (1978) 304 ff.; Urkunden sind sie, wenn sie nach Handelsgebrauch Beweis erbringen, BGE 114 IV 28, 33, insbesondere als Bestandteil der Buchhaltung, BGE 114 IV 31, 111 IV 120, 108 IV 26, oder im Zusammenhang mit einer Weinhandelsbewilligung, BGE 115 IV 227; *nach neuerer Rechtsprechung* wird Urkundenqualität bejaht für die vom Architekten bestätigte Unternehmerrechnung, BGE 119 IV 58 f. (dazu Riklin, BR 1993 71), verneint bei Rechnung für nicht ausgeführte Arbeiten, BGE 117 IV 35 (was aber Betrug nicht ausschliesst, BGE 120 IV 16, vgl. auch BGE 120 IV 134); 118 IV 39 f. wiederum spricht inhaltlich völlig fiktiven Rechnungen Urkundenqualität zu, weil sie Bestandteil der kaufmännischen Buchhaltung bilden, während BGE 121 IV 136 die Urkundenqualität einer fiktiven Rechnung mit dazugehöriger Quittung verneint; zu verdeckten Gewinnausschüttungen BGE 122 IV 25; s. auch Arztrechnung; besondere Bedeutung kommt in diesem Zusammenhang gemäss der neuen Rechtsprechung dem Kriterium der «garantenähnlichen Stellung» des Erklärenden zu, vgl. Vb 8a;

– Rechnungsbeleg s. Abrechnungsbeleg;

- **nicht das Rechnungsjournal** für Daten (FU), BGE 71 IV 137;
- **nicht Regierapporte,** auch wenn sie später genehmigt werden (FU), BGE 117 IV 165, zustimmend RIKLIN, BR 1992 33 f., anders die Vi, LGVE 1990 I Nr. 50;
- **Reisebericht** eines Vertreters nur für Tatsache der Erklärung, nicht für Inhalt der (blossen) Behauptung (FU), BGE 88 IV 29;
- **Reisecheck** (auch ohne Gegenzeichnung), BGE 87 IV 17 ff. (Art. 254); ZR 51 (1952) Nr. 206, 52 (1953) Nr. 13 (Art. 254);
- **Revisorenbericht,** WUNDERLIN 16, SCHMID, ZStrR 95 (1978) 319 mit Hinweis auf u.ö. Rechtsprechung;
- **nicht Röntgenbilder,** SJZ 80 (1984) Nr. 38;
- **Sacheinlagevertrag** (FU), BGE 81 IV 240, offengelassen in 119 IV 325;
- **nicht die Schadensmeldung** an die Versicherung (FU), BGE 72 IV 139;
- **Schiesstalon,** PKG 1955 Nr. 26;
- **nicht** die Meldung von **Schlachtzahlen** an Genossenschaft (FU), BGE 103 IV 28 f.;
- **Schlussrechnung des Vormundes** nach ZGB Art. 451 ff., MARTIN GOOD, Das Ende des Amtes des Vormundes, Diss. FR 1992, 161 ff.
- **nicht** ein fiktives **Schreiben** (UF) an Theologiestudenten mit Auftrag zum Kollektieren, RS 1961 Nr. 16;
- **nicht Schriftstücke** über informative Befragungen, RS 1977 Nr. 230 (Art. 254);
- **Schuldanerkennung** (UF), BGE 119 IV 235 f., SJZ 73 (1977) Nr. 12, PKG 1953 Nr. 25;
- **Selbstbezichtigung** eines Dritten (UF), RS 1958 Nr. 52;
- **Serviceheft** einer Autogarage (FU), AGVE 1984 Nr. 27;
- **Signatur** auf Gemälde, SJZ 44 (1948) Nr. 96 – wirklichkeitsfremd, weil die Signatur nicht zum Beweis geeignet ist sondern höchstens, jedenfalls bei Graphik, den Handelswert erhöht;
- **nicht ein simulierter Vertrag** (FU) zum Zweck der Erlangung eines Kredits, BGE 123 IV 61;
- **Skontro** (Verzeichnis der Garantieverpflichtungen einer Bank) (FU) BGE 100 IV 25;
- **Sortenkarten** einer Weinkellerei (FU), ZBJV 112 (1976) 383 f.;
- **Staatsratsentscheid,** RVJ 1991 466; – er beweist, dass die Behörde den entsprechenden Entscheid gefällt hat;
- **Stamm** des Einzahlungsscheins, BGE 97 IV 33 (Art. 254);
- **Stempelkarte, Stempeluhr-Abdruck,** SCHMID, SJZ 64 (1968) 99, Beweiseignung verneint in GVP–ZG 1991 Nr. 92, VPB 46 Nr. 42;
- **Steuerbuch** (FU), RS 1958 Nr. 215;
- **nicht die Steuererklärung,** CATENAZZI 3;
- **Steuerinventar,** BGE 114 IV 28;
- **nicht die Tachographenscheibe,** SJZ 60 (1964) Nr. 43;
- **Tageskarte** der SBB, RB UR 1991 Nr. 23;
- Tagesrapporte s. Regierapporte;
- **Telefax,** wenn das Original beim Absender Urkundenqualität hat BGE 120 IV 181, implizit auch 121 IV 91;

- **Testatheft** (UF), BGE 95 IV 70, Vi: ZR 69 (1970) Nr. 51;
- **nicht das Tonband,** GROSSENBACHER, Kriminalistik 1969 204;
- **Transportbewilligung** des eidg. Amtes für Verkehr, JdT 1972 III 118;
- Traveller Check s. Reisecheck;
- **Unfallkarte** des Patienten (FU), SJZ 48 (1952) Nr. 6;
- **Unfallprotokoll** (UF), BGE 118 IV 255; bezüglich der Frage der FU a.a.O. 259 offengelassen;
- Unternehmerrechnung s. Rechnung;
- **nicht die Unterschriftenkarte,** ZR 79 (1980) Nr. 19;
- **Urschrift,** ZBGR 75 (1994) 209 ff. (der Notar hatte sie nachträglich «verbessert»);
- **Ursprungszeugnis,** BGE 79 I 39;
- **offengelassen** für das **Urteil,** RS 1982 Nr. 295 – *recte* nur für richtige Wiedergabe der Entscheidung, nicht für deren materielle Richtigkeit, HAEFLIGER, ZStrR 73 (1958) 410;
- **Verkehrsschein** für Schweine (Art. 253), SJZ 70 (1974) Nr. 36;
- **Vertrag** bezüglich *FU,* (Art. 253), BGE 78 IV 109 ff., 84 IV 164 ff., ZBGR 33 (1952) 75, 45 (1964) 378; ZR 55 (1956) Nr. 39, 59 (1960) Nr. 60; RS 1969 Nr. 201, 1980 Nr. 1094 (Kaufpreis); Sem.jud. 1961 209, 1982 392, zust. HAEFLIGER, ZStrR 73 (1958) 411, WAIBLINGER a.a.O., kritisch von BÜREN 239, CHAPPUIS 200; *UF* auch bei formell ungültigem Vertrag, BGE 103 IV 150; eingehend zum ganzen Problemkreis PAOLETTO a.a.O.;
- **nicht Videotex,** SOG 1992 Nr. 20;
- **Viehhandelskontrolle,** SJZ 70 (1974) Nr. 36;
- **nicht die Visitenkarte,** WALDER, ZStrR 99 (1982) 83;
- **Vollmacht,** BGE 122 IV 332, 113 IV 78 (Art. 317), RS 1958 Nr. 210;
- **Vollständigkeitserklärung** einer Bankprokuristin gegenüber Kontrollstelle (FU), BGE 105 IV 193, zustimmend SCHMID, ZStrR 95 (1978) 310, ebenso WALDER, SJZ 77 (1981) 205 (aber für Freispruch wegen Selbstbegünstigung), ablehnend LEBEDKIN, SJZ 77 (1981) 73 ff.;
- **VSB-Formulare** (Vereinbarung über die Sorgfaltspflicht der Banken), Urteil OGer BE vom 30.3.1989, ZBJV 129 (1993) 316, FREY 120 f.
- **Waagschein,** ZR 76 (1977) Nr. 35;
- Zession, s. Abtretungserklärung;
- **nicht die Zeiterfassungskarte** für Bundesbeamte, VPB 46 Nr. 42;
- **nicht ein Zettel** mit Aufforderung, sich zu melden, den die Polizei am Auto anbringt, PKG 1971 Nr. 21;
- Zeugnisabschrift s. Abschrift;
- **Zivilstandsregister,** BGE 78 IV 110 ff., 81 IV 245, 90 IV 25;
- **nicht die Zolldeklaration** (FU), BGE 96 IV 154.

251 Urkundenfälschung

1. Wer in der Absicht, jemanden am Vermögen oder an andern Rechten zu schädigen oder sich oder einem andern einen unrechtmässigen Vorteil zu verschaffen,

eine Urkunde fälscht oder verfälscht, die echte Unterschrift oder das echte Handzeichen eines andern zur Herstellung einer unechten Urkunde benützt oder eine rechtlich erhebliche Tatsache unrichtig beurkundet oder beurkunden lässt,

eine Urkunde dieser Art zur Täuschung gebraucht,

wird mit Zuchthaus bis zu fünf Jahren oder mit Gefängnis bestraft.

2. In besonders leichten Fällen kann auf Gefängnis oder Busse erkannt werden.

Fassung gemäss BG vom 17.6.1994, in Kraft seit 1.1.1995.

Lit. vor Art. 251.

1   Geschütztes **Rechtsgut** ist «das Vertrauen, welches im Rechtsverkehr einer Urkunde als einem Beweismittel entgegengebracht wird», BGE 123 IV 63, 122 IV 335, 120 IV 126, 117 IV 166, «Treu und Glauben im Geschäftsverkehr», BGE 119 Ia 346, 101 IV 59, die *«publica fides»*, HAEFLIGER, ZStrR 73 (1958) 405; ebenso CORBOZ 535, DERS. Art. 251 N 2, GROSSENBACHER, Kriminalistik 1969, 203, REHBERG IV 114, kritisch KOHLBACHER 21 ff.; enger – «Sicherheit und Verlässlichkeit des Beweises» – WALDER, ZStrR 99 (1982) 71, ähnlich SCHWANDER Nr. 685, SCHERER 3 ff., STRATENWERTH BT II § 36 N 1; CHAPPUIS kommt dagegen nach eingehender Untersuchung zum Schluss (S. 146), dass Art. 251 neben der *publica fides* auch Privatinteressen schütze, zustimmend CORBOZ 536, DEL BOCA 61, FERRARI 154, s. auch BGE 92 IV 45: «Art. 251 StGB bezweckt denn auch in erster Linie den Schutz des einzelnen im privatrechtlichen Geschäftsverkehr». Ausführlich zur Rechtsgutsdiskussion KOHLBACHER a.a.O. Soweit Individualinteressen betroffen sind, handelt es sich um ein Gefährdungsdelikt.

Der *Geschädigte kann am Prozess teilnehmen,* denn «Urkundenfälschung stellt sowohl ein Tätigkeits- als auch ein abstraktes Gefährdungsdelikt dar, eine Schädigung von Individualinteressen ist also grundsätzlich möglich, auch wenn in erster Linie Treu und Glauben im Geschäftsverkehr geschützt sind», BGE 119 Ia 346 m.w.Hinw., s. auch SJZ 71 (1975) 132, ZBJV 96 (1960) 339, CORBOZ, *Le pourvoi en nullité interjeté par le lésé,* Sem.jud. 1995 138.

2   Zum Begriff der **Urkunde** s. Vb.

3   **Fälschen** ist Herstellen einer unechten, d.h. einer Urkunde, deren wirklicher Aussteller mit dem erkennbaren nicht übereinstimmt, z.B. BGE 86 IV 90, 122 IV 336, 123 IV 19. Idealtypisch ist die Nachahmung einer fremden Unterschrift, z.B. BGE 118 IV 259, 75 IV 168, AGVE 1980 Nr. 11 RS 1961 Nr. 185 (Automietvertrag), ZR 49 (1950) Nr. 151. Eine Unterschrift ist aber nicht unbedingt erforderlich, solange nur ersichtlich ist wer für die Erklärung einsteht, BGE 70 IV 171, 103 IV 25, ZR 66 (1967) Nr. 119, SJZ 40 (1944) Nr. 147, RS 1944 Nr. 15, PKG 1958 Nr. 17. Wird namens einer juristischen Person und unter deren Briefkopf eine Erklärung von Angestellten abgegeben, die dazu nicht befugt sind, liegt

eine Urkundenfälschung vor, BGE 123 IV 19. Wer unter einem falschen Namen bekannt ist, fälscht nicht, wenn er mit diesem unterschreibt, SJZ 39 (1942/43) Nr. 179, anders RS 1959 Nr. 226 für den Fall, dass Täuschungsabsicht vorliegt. Keine Fälschung begeht ferner, wer den Namen eines Dritten mit dessen Zustimmung verwendet, BGE 96 IV 51 (abweichend PKG 1970 Nr. 32) – «Geistigkeitstheorie», BJM 1992 392 (wo aber die Zustimmung fehlte), WALDER ZStrR 99 (1982) 81, einschränkend STRATENWERTH BT II § 36 N 8. Umgekehrt fälscht, wer trotz Verwendung des eigenen Namens über die Identität des Ausstellers täuscht, CORBOZ 555, DERS. Art. 251 N 60, STRATENWERTH BT II § 36 N 11 f. Aussteller eines Einvernahmeprotokolls ist der Vernehmende, deshalb keine Fälschung, wenn der Vernommene mit falschem Namen unterschreibt, BGE 106 IV 373. Fälschen durch Unterlassen, BJM 1976 288 (Organe einer Bank).

Verfälschen ist Abändern einer echten oder unechten, wahren oder unwahren Urkunde, so dass sie nicht mehr der ursprünglichen Erklärung des Ausstellers entspricht, ZR 79 (1980) Nr. 19. Dazu gehören z.B. das Auswechseln der Fotografie in einem Pass, PKG 1991 Nr. 14 oder einem anderen Ausweis, SCHMID, ZStrR 104 (1987) 134, die Herstellung einer Photokopie unter Abdeckung eines Teiles des Originals, SJZ 64 (1968) Nr. 164, 44 (1948) Nr. 73; das Anbringen eines Zusatzes auf einer Bestätigung von Professoren für ein Stipendiengesuch, BGE 112 IV 20, oder auf einem ärztlichen Zeugnis, SJZ 53 (1957) Nr. 21; das Entfernen von Stempelabdrücken, u.ö. zit. bei GANZ, SJZ 42 (1946) 287. Nach h.M. kann der ursprüngliche Autor selber Täter sein – Angriffsobjekt ist also auch die *Identität der Urkunde,* ANDEREGG 109, CORBOZ 557 f., DEL BOCA 78, FERRARI 159, LOGOZ Nr. 36 zu Art. 251, SCHWANDER Nr. 697, a.M. REHBERG IV 126, STRATENWERTH BT II § 36 N 17. Praktisch bedeutsam ist vor allem die Umdatierung, BGE 102 IV 193 (vgl. Vb 10), 88 IV 30 (Neuerstellung eines Hotelmeldescheins mit falschem Datum). Der Eingriff muss aber unrechtmässig (was nicht zutrifft auf Eintrag des Halterwechsels im Fahrzeugausweis, RS 1956 Nr. 228) und relevant sein (anders PKG 1946 Nr. 19 und 1970 Nr. 32 – Nachziehen der Unterschrift, Ergänzung von Initialen als Verfälschung). Keine Verfälschung liegt vor, wenn ein Entscheid zwar nicht verändert, aber (erkennbar) gekürzt zusammengeschnitten wird, RVJ 1991 469 f.; wenig überzeugend RB UR 1991 Nr. 23, wonach eine Tageskarte verfälscht, wer durch Anbringen eines Plastikstreifens verhindert, dass der Datumsstempel aufgedruckt wird.

Blankettfälschung liegt vor, wenn eine Blankounterschrift mit einem Text verknüpft wird, der nicht dem Erklärungswillen des Unterzeichners entspricht und den er sich im Rechtsverkehr auch nicht zurechnen lassen muss, STRATENWERTH BT II § 36 N 19. Sie ist ferner gegeben, wenn zur Unterschrift ein schon geschriebener aber teilweise abgedeckter Text vorgelegt wird, ZR 59 (1960) Nr. 57. Das Blankett kann rechtmässig im Besitz des Täters sein, ZR 59 (1960) Nr. 58, s. auch BGE 71 IV 206. Als Blankettfälschung gilt ferner die unbefugte Verwendung eines echten

Zeichens zur Bekräftigung einer unwahren Tatsache, BGE 76 IV 33, abweichend für das Vertauschen von Etiketten an Teppichen BJM 1975 23 f. Die Teilrevision 1994 hat den früheren deutschen Gesetzestext berichtigt und spricht bei der Blankettfälschung nicht mehr von der «Herstellung einer *unwahren*», sondern neu von der «Herstellung einer *unechten* Urkunde».

6 **Falschbeurkundung** ist die Errichtung einer echten, aber inhaltlich unwahren Urkunde, BGE 123 IV 19, 64 m.Hinw. Der Tatbestand wurde erst im Parlament eingeführt, Sten.Bull NR 446 ff., StR 208. Er wird, weil eine klare Abgrenzung zwischen dem Verbrechen der Falschbeurkundung und der straflosen schriftlichen Lüge nicht gelingt, s. Vb 8 ff., vom überwiegenden Teil der Lehre kritisiert: ANDEREGG 120 f., STRATENWERTH BT II § 36 N 26, SCHULTZ, ZBJV 107 (1971) 476, WALDER, ZStrR 99 (1982) 93, ROBERT 438 m.w.Hinw., anders aber CORBOZ 566, FERRARI 153, 168. Trotz dieser Kritik im Schrifttum und der Tatsache, dass private Falschbeurkundung nach dem Recht unserer Nachbarstaaten (mit Ausnahme von Frankreich, CORBOZ 565) nicht strafbar ist, hat die Teilrevision 1994 die Tatbestandsvariante der Falschbeurkundung nicht aufgehoben.

7 **Wahr** ist der Inhalt, wenn er Vorstellungen weckt, die nach der Verkehrsauffassung des Adressatenkreises *mit der Wirklichkeit übereinstimmen.* Besonders bei Bewertungen (Buchhaltung) besteht ein Ermessensspielraum, SCHMID, ZStrR 95 (1978) 291 f. Als *unwahr* wurde z.B. die Erklärung des einzelunterschriftberechtigten Verwaltungsrats angesehen, die AG übertrage eine Marke, wenn nach den Statuten alle drei Verwaltungsräte hätten zustimmen müssen, einer aber dagegen war, BGE 100 IV 111 (die Übertragungserklärung dürfte aber kaum geeignet sein, korrekte Willensbildung des Organs der AG zu beweisen). Unwahr ist die «frisierte» Buchhaltung mit bloss formell, nicht materiell richtigen Belegen (Wechselreiterei), BGE 108 IV 26 f. *(wahr dagegen die Buchhaltung, die jeweils auf den Stichtag stimmt, obgleich nur vorübergehend ein Manko ausgeglichen wurde, BGE 116 IV 55 f.);* die Buchhaltung, in der Vergünstigungen und Ausgaben privater Art als geschäftsbedingter Aufwand verbucht sind, BGE 122 IV 30; die unrichtige Bekräftigung, dass das Kapital einer AG in bar liberiert sei, Rep. 1984 186; dass der Käufer über eine bestimmte Summe verfüge, Sem.jud. 1982 393; die falsche Addition, SJZ 49 (1953) Nr. 135. *Keine Unwahrheit* wird verurkundet, wenn mit einem Sacheinlagevertrag pfandbelastete Fahrnis in eine AG eingebracht wird, weil diese tatsächlich unbelastetes Eigentum erwirbt, BGE 119 IV 321; wenn ein Garagist ein Abgas-Wartungsdokument unterzeichnet, obwohl er die Wartung nicht persönlich durchgeführt hat, BGE 115 IV 119 ff.; wenn nach der Operation ein Transsexueller unter dem neuen Geschlecht heiratet, SJZ 78 (1982) Nr. 49. Rep. 1987 592 verneint die Unwahrheit eines fiktiven Leasingvertrags, weil der Besitz am Auto nicht übergegangen sei, verkennt aber, dass auch Absichten Tatsachen sind, vgl. Art. 146 N 6. Geradezu absurd SJZ 89 (1993) Nr. 20

wonach eine unwahre Urkunde erschleicht, wer sich eine Quittung ausstellen lässt, dann aber erklärt, die Schuld sei durch Verrechnung getilgt.

Nur die **Aussage** der Urkunde selber muss wahr sein – z.B. die Jagdberechtigung für Erteilung des Jagdpatents, nicht für dessen Voraussetzungen, BGE 80 IV 112 (kritisch LAELY, SJZ 51 [1955] 49 ff., zustimmend STRATENWERTH BT II § 36 N 32). Bei *Protokollurkunden* geht es nur darum, ob die festgehaltene Aussage gemacht wurde, nicht auch darum, ob sie selber wahr sei, BGE 106 IV 373, 93 IV 56; vgl. aber BGE 120 IV 205 f., wonach der Protokollführer der Universalversammlung auch dann strafrechtlich haftet, wenn er die (unwahren) Aussagen des Vorsitzenden wiedergibt; dazu C. BRÜCKNER, Schweizerisches Beurkundungsrecht, Zürich 1993, N 57 ff. Falschbeurkundung begeht der Steueraktuar, der Beschlüsse der Steuerkommission «berichtigt» protokolliert, RS 1958 Nr. 215.

8

Für die **Falschbeurkundung** wird zur Abgrenzung von der straflosen schriftlichen Lüge eine **qualifizierte Beweiseignung** im Sinne einer erhöhten Überzeugungskraft verlangt, die gegeben ist, wenn *«objektive Garantien* die Wahrheit der Erklärung gewährleisten», z.B. BGE 117 IV 38, 121 IV 131, 122 IV 25, 236 f., 123 IV 19, 64 f., s. Vb 8, eingehend CORBOZ 568 ff., DERS. Art. 251 N 114 ff., STRATENWERTH BT II § 36 N 35 f. Besondere Bedeutung kommt nach der neueren Praxis des BGer dem Kriterium der «garantenähnlichen Stellung» (BGE 120 IV 28, 364, 119 IV 296) des Erklärenden zu, vgl. SCHERRER, 75 ff. SCHUBARTH 391 ff. und Vb 8a. Falschbeurkundung durch Unterlassen: BGE 91 IV 7, Nichttippen in Registrierkasse, ZR 51 (1952) Nr. 23, ferner SJZ 62 (1966) Nr. 87; NOLL, ZStrR 72 (1957) 71. S. auch Vb 8 und 17.

9

Falsch beurkunden lassen ist mittelbare Täterschaft bei Falschbeurkundung, BGE 120 IV 131, 71 IV 137, und weist keine Besonderheiten auf (abweichend ZR 71 [1972] Nr. 65); zur mittelbaren Täterschaft eines Protokollführers s. auch BGE 120 IV 206. Art. 253 ist anzuwenden, wenn der Tatmittler Beamter oder Person öffentlichen Glaubens ist.

10

Der **Gebrauch einer i.w.S. gefälschten Urkunde** ist strafbar, auch wenn der Fälscher selber, z.B. mangels subjektiven Tatbestands, nicht strafbar ist, BGE 105 IV 246, 120 IV 131. «Gebrauchen bedeutet, dass die Urkunde als solche dem Opfer zugänglich gemacht wird», wobei Verlesen ausreicht, wenn Einsicht möglich ist, BGE a.a.O. Für den Urkundenfälscher selber ist der Gebrauch *mitbestrafte Nachtat,* was auch bei mittelbarer Falschbeurkundung gilt, BGE 120 IV 132, (ZR 50 [1951] Nr. 94 nimmt aber Konkurrenz mit 253 an); ebenso für Anstiftung, vgl. BGE 100 IV 3 f.; anders BJM 1960 264. Schon vor der Revision wurde der Täter, der die selbst gefälschte Urkunde gebraucht hatte, wegen der Fälschung selber aber nicht bestraft werden konnte, gegen den Wortlaut des Gesetzes wegen Gebrauchs bestraft, BGE 95 IV 72 f., 96 IV 167, BJM 1989 44.

11

12   Subjektiv ist neben Vorsatz zunächst eine **Täuschungsabsicht** erforderlich – erst dadurch schafft die Urkundenfälschung eine Gefahr, BGE 121 IV 223, 101 IV 147, 100 IV 182, 95 IV 73. Daran fehlt es bei Unterschrift mit dem (falschen) Namen, unter welchem der Täter den Adressaten bekannt ist, SJZ 39 (1942/43) Nr. 179. Eventualabsicht genügt, BGE 102 IV 195. Eine Verwirklichung der Absicht ist nicht erforderlich, BGE 121 IV 223, SJZ 41 (1945) Nr. 13.

13   Überdies muss **alternativ** eine Benachteiligungs- oder Vorteilsabsicht bestehen. Es genügt z.B., dass der Täter einen Vorteil anstrebt, auch wenn dieser nicht zulasten eines Dritten geht, BGE 103 IV 177, 81 IV 242, AGVE 1955 Nr. 30. Verwirklichung der Absicht ist nicht erforderlich, BGE 114 IV 127.

14   Neben vermögensrechtlichen **Nachteilen** kann auch die Beeinträchtigung von Gewinnchancen angestrebt sein, auf die kein Rechtsanspruch besteht, BGE 83 IV 77 f., von Wahlchancen, SJZ 61 (1965) Nr. 127 vor ideellen Werten wie Liebe und Freundschaft, RS 1943 Nr. 105, oder es können der gute Ruf und das Ansehen einer Person angegriffen werden RVJ 1991 469.

15   Der angestrebte **Vorteil** kann vermögensrechtlicher oder anderer Natur sein, erfasst wird «jede Besserstellung», BGE 118 IV 259 f. m.w.Hinw. z.B. wenn es darum geht, einen guten Kunden zu behalten, BGE 115 IV 58; den Stammanteil einer GmbH als voll gedeckt erscheinen lassen BGE 81 IV 242; Barzahlung zu erreichen, RS 1954 Nr. 226; ein Auto zum Gebrauch zu erhalten, BGE 75 IV 169; Beschränkungen im Devisenverkehr zu umgehen, BGE 78 I 244; sich eine günstigere Marktstellung zu verschaffen, 83 IV 77 f., 96 IV 152; ein Strafverfahren oder die Strafvollstreckung zu stören oder zu vereiteln, BGE 74 IV 56, 76 IV 106 f., 96 IV 168, 102 IV 34 f., SJZ 49 (1953) Nr. 135, RS 1956 Nr. 229, 1957 Nr. 24 1958 Nr. 52; sich im Anwaltsdisziplinarverfahren besserzustellen, SJZ 70 (1974) Nr. 51; eine Einreisesperre zu umgehen, RS 1972 Nr. 341; den Führerausweis zu erwerben, RS 1958 Nr. 180 (vorzuziehen BGE 111 IV 26 f., wo Art. 252 angewendet wird); oder sich Geltung zu verschaffen RS 1959 Nr. 224, z.B. durch bessere Schiessresultate, PKG 1953 Nr. 26 Unbeachtlich war die Einrede, Krankenkassen hätten sonst während der Karenzzeit für die Leistungen eines andern Arztes zahlen müssen, BJM 1989 145. Dass fiskalische Motive nicht ausreichen sollten, wie GVP-AR 1993 75 f. anzunehmen scheint, vermag nicht zu überzeugen – die Frage stellt sich erst bei der Erörterung der Konkurrenz.

     Wie bei der Bereicherungsabsicht genügt Bevorteilung eines Dritten BGE 81 IV 242. Wenig überzeugend BJM 1992 330, wonach auch der Vorteil der Person, deren Unterschrift gefälscht wurde, genügen soll. Der Täter braucht nicht genau zu wissen, worin der angestrebte Vorteil besteht, BGE 102 IV 195.

16   **Unrechtmässig** ist der Vorteil zunächst dann, wenn er rechtswidrig ist oder wenn darauf kein Anspruch besteht, z.B. bei Selbstbegünstigung

BGE 120 IV 364, 118 IV 260, 102 IV 31, 96 IV 168 f., 76 IV 107, 74 IV 76, oder zur Abwehr an sich berechtigter Schadenersatzforderungen eines Kunden, BGE 115 IV 58, ähnlich 121 IV 92. Die Unrechtmässigkeit kann auch im Verstoss gegen ausländisches Recht liegen, ZR 79 (1980) Nr. 19, SJZ 56 (1960) Nr. 18. Das Bundesgericht sieht *Unrechtmässigkeit* aber auch *schon im Mittel der Täuschung,* BGE 75 IV 169. Strafbar ist also auch, wer mit der gefälschten Urkunde einen rechtmässigen Anspruch durchsetzen oder einen ungerechtfertigten Nachteil abwenden will, BGE 119 IV 236 ff., 106 IV 42, 376 ff., 102 IV 34, 88 IV 32, 83 IV 81; RS 1955 Nr. 178, 1959 Nr. 225; Sem.jud. 1949 107; SJZ 65 (1969) Nr. 209.

Diese Praxis ist *heftig kritisiert* worden, z.B. REHBERG IV 133, ROBERT 437 f., STRATENWERTH BT II § 36 N 23; s. auch schon HAFTER BT II 600 Fn. 3; zustimmend CORBOZ 584, SCHULTZ, ZBJV 118 (1982) 26 f., SCHWANDER Nr. 700, WAIBLINGER, ZBJV 95 (1959) 188, WALDER, ZStrR 99 (1982) 82.

Das *Bundesgericht* begegnete der Kritik zunächst zutreffend: «Die Grenze des Strafbaren könnte dabei natürlich nicht so gezogen werden, dass nur jene Fälle straflos blieben, in denen aufgrund anderer Beweise die Berechtigung des mit einer falschen Urkunde vertretenen Anspruchs bewiesen wäre, sondern der Einwand, der Täter habe mit der falschen Urkunde einen berechtigten Anspruch durchsetzen wollen und somit keinen unrechtmässigen Vorteil angestrebt, wäre stets zu hören, könnte nur mit dem Beweis widerlegt werden, dass der Täter bewusst einen materiell nicht begründeten Anspruch mit Hilfe der falschen Urkunde durchsetzen wollte», BGE 106 IV 377, ebenso SJZ 87 (1991) Nr. 63; in 118 IV 260 bezeichnet es die Kritik von STRATENWERTH zwar als zutreffend, lässt die Frage aber offen. In BGE 119 IV 236 ff., bestätigt in 121 IV 02 f., 220, kommt das BGer darauf zurück und stellt fest, dass die Analogie zur Bereicherungsabsicht verfehlt sei, weil es in Art. 251 auch um andere Werte gehe; die Absicht, sich einen ungerechtfertigten Beweisvorteil zu verschaffen, sei an sich rechtswidrig; würde ein solches Vorgehen für straflos erklärt, wäre mit einer Fülle von Urkundenfälschungen zu rechnen, was die Arbeit des Zivilrichters in unerträglicher Weise erschweren würde.Ungeachtet dieser Überlegungen ist jedoch zu prüfen, ob nicht (Beweis-)*Notstand* i.S.v. Art. 34 gegeben ist – nicht unwahrscheinlich im Fall des unschuldig strafrechtlich Verfolgten. Gemäss BGE 106 IV 43 lässt das Bestehen des verfolgten Anspruchs «die Tat leichter erscheinen».

Unrechtmässigkeit wurde *verneint* für Jux und Scherz, BGE 106 IV 377 *obiter dictum,* SJZ 39 (1942/43) Nr. 76; Verschweigen eines vom Erblasser erhaltenen Sparguthabens im Erbschaftsinventar wegen vermeintlichen Anspruchs darauf, RS 1955 Nr. 176; Schaffung eines «Kassafonds», um Gästegeld wechseln zu können, PKG 1967 Nr. 44; Vermeidung von Streit wegen knappen Haushaltgeldes, BJM 1970 298; «Deckrezept» zur Verschreibung eines nicht kassenpflichtigen, weniger teuren Medikaments, SJZ 54 (1958) Nr. 58.

Ziff. 2 gestrichen durch BG vom 17.6.1994, in Kraft seit 1.1.1995.

17

18 **Ziff. 2:** Ob ein **besonders leichter Fall** vorliegt «hängt von den gesamten Umständen ab, die bei der Abwägung des Verschuldens zu berücksichtigen sind», BGE 96 IV 168; das Verhalten muss «in objektiver und in subjektiver Hinsicht Bagatellcharakter» aufweisen, dabei «ist ein strenger Massstab anzulegen», BGE 114 IV 126, 103 IV 40, 71 IV 216, PKG 1981 Nr. 29, 1976 Nr. 31. *Bejaht* bei: Beitrittserklärung zur Autopartei unter falschem Namen («Wallraff-Journalismus»), SJZ 87 (1991) Nr. 30; «Fälschung» einer materiell bestehenden Vollmacht aus Bequemlichkeit, PKG 1970 Nr. 32; Fälschung der Unterschrift, um vorzeitige Auszahlung des Feriengeldes zu erwirken, ZBJV 93 (1957) 116; Änderung des Datums auf materiell richtigem Vieh-Gesundheitsschein, RS 1962 Nr. 34. *In Erwägung gezogen* beim Zweck der Selbstbegünstigung, BGE 118 IV 261. *Verneint* für Fälschung von: Bilanzen, BGE 114 IV 127; Rationierungsausweisen, BGE 71 IV 216; Endverbraucher-Erklärungen, BGE 96 IV 168; Quittung bei Steuerbetrug, BGE 103 IV 40; Urkunden zur Verdeckung eines andern Delikts, AGVE 1955 Nr. 31, z.B. Veruntreuung von rund 20 000 Franken, PKG 1981 Nr. 29.

19 **Bundesgerichtsbarkeit** bei Urkunden des Bundes, Art. 340.1, JdT 1972 III 118 (Transportbewilligung des Bundesamtes für Verkehr).

20 **Konkurrenzen und Abgrenzungen**
    Art. 138: Realkonkurrenz mit Urkundenfälschung zur Verdeckung der Veruntreuung, BGE 76 IV 106 f., RS 1959 Nr. 130, PKG 1952 Nr. 27;
    Art. 146: Realkonkurrenz, BGE 71 IV 207 ff., 105 IV 247, 112 IV 20 ff. 120 IV 132 ff. u.v.a., h.L., eingehend EMIL SCHMID, ZStrR 65 (1950) 389 ff., zweifelnd aber SCHUBARTH/ALBRECHT Art.148 N 127;
    Art. 147: Soweit die Fälschung der Daten nur die notwendige Durchgangsstufe zum betrügerischen Missbrauch einer Datenverarbeitungsanlage darstellt, ist allein Art. 147 anwendbar und die Dokumentenfälschung mitbestrafte Vortat, Botsch. 995;
    Art. 152, 153: aArt. 152 sollte gemäss BJM 1976 288 von Art. 251 konsumiert werden – weil Art. 251 den verpönten Inhalt der Urkunde nicht erfasst, muss Idealkonkurrenz angenommen werden, ebenso SCHMIDLIN 387, SCHERER 148 f.;
    Art. 155: Eine Sache ist Ware **oder** Urkunde, BGE 77 IV 175, SJZ 63 (1967) Nr. 188 (Postmarken ausser Kurs als Ware, kritisch RYCHNER SJZ 49 [1953] 374 ff.); SJZ 44 (1948) Nr. 96 (Signatur auf Gemälde, Art. 251 Verkauf unlogischerweise unter Art. 154 subsumiert). Art. 155 ist subsidiär anwendbar, wenn die Beweisfunktion weggefallen ist;
    Art. 160 N 18;
    Art. 166 N 6;
    Art. 170: Realkonkurrenz, BGE 114 IV 34;
    Art. 215: Echte Konkurrenz, SJZ 55 (1959) Nr. 95;
    Art. 240–244 gehen vor;
    Art. 245, 246 gehen als Spezialbestimmungen vor, BGE 72 IV 30 - Art. 251 ist auch nicht subsidiär anwendbar, BGE 76 IV 32 ff.;
    Art. 248 ist *lex specialis;*

S. auch **Art. 252** N 7, **253** N 6, **254** N 8, **256** N 3, **282** N 5, **287** N 6, **305** N 13, **317** N 12, **318** N 4, **323** N 5, **325** N 4;

SR 211.412.4, BewG Art. 28 und 29 (aBewB Art. 14 [Fassung 1965], Art. 23 und 24 [Fassung 1973]): Falschbeurkundung nach der *lex specialis* geht, wenn keine weitere Verwendung der Urkunde vorgesehen ist, Art. 251 vor, BGE 113 II 183 (zu aBewB Art. 14). Bestätigt in BGE 117 IV 333 ff. (1. Instanz RVJ 1993 323 ff.): aBewB Art. 23 geht vor, wenn keine andere Absicht als die Umgehung des BewB bestand, was die Vorinstanz annehmen durfte; weil es sich um Grundstücke handelt, ist das Urteil schwer mit BGE 117 IV 184 vom selben Datum zu vereinbaren, wo erklärt wird, beim Immobilienhandel müsse praktisch immer mit weiterer Verwendung der Urkunde gerechnet werden.

SR 221.414, Strafbestimmungen zum Handelsregister- und Firmenrecht, Art. 1 I, sind subsidiär zu Art. 251, BGE 81 IV 246 ff. E. 4;

SR 232.11, Markenschutzgesetz Art. 61 f. gehen als Spezialbestimmungen vor.

SR 313.0, VStR Art. 15 geht vor und erfasst jedes Urkundendelikt, «welches sich gegen das Gemeinwesen richtet oder einen nach der Verwaltungsgesetzgebung unrechtmässigen Vorteil bewirken soll», BGE 108 IV 182, bestätigt in 112 IV 21, 113 II 183. Dies gilt im Bundesrecht (zum kantonalen Recht s. unten) namentlich auch – aber nicht nur – für Fiskaldelikte. Private Falschbeurkundung bleibt in diesem Bereich straflos. Art. 251 ist daneben nicht schon dann anwendbar, wenn die Urkunde nur objektiv dazu bestimmt oder geeignet ist, auch ausserhalb des Bereichs der Verwaltung zur Täuschung verwendet zu werden (so die ältere Praxis, BGE 103 IV 39 f., u. a., dazu kritisch JENNY, ZStR 97 (1980), 121 ff., eingehend BGE 106 IV 39, zuletzt Pra. 1982 Nr. 111), sondern nur dann, wenn der Täter dies beabsichtigt oder zumindest in Kauf nimmt, BGE 108 IV 29 ff., 181, 117 IV 173 f., 122 IV 31 f.; in SJZ 82 (1986) Nr. 23 bejaht für falsche Beurkundung eines Grundstückkaufs mit Hinweis auf den Einfluss des Preises auf das Honorar des Notars; BGE 117 IV 184 (zu Art. 253) bestätigt diese Rechtsprechung und bemerkt: «Die Verwendung eines öffentlich beurkundeten Grundstückkaufvertrages im nicht-fiskalischen Bereich liegt ... aufgrund der allgemeinen Lebenserfahrung derart nahe, dass sie sich ..., ... gerade einem mit dem Immobiliensektor vertrauten Täter, als so wahrscheinlich aufdrängte, dass sein Verhalten vernünftigerweise nur als Inkaufnahme des Erfolges ausgelegt werden kann». Wer eine inhaltlich unrichtige Handelsbilanz erstellt, nimmt regelmässig in Kauf, dass diese auch im nicht-fiskalischen Bereich verwendet wird, BGE 122 IV 32.

SR 741.01, SVG Art. 97.2 schliesst für Fälschung von Ausweisen und Kontrollschildern Art. 251 ff. aus. Verwendung gefälschter Ausweise fällt dagegen je nach Zweck unter Art. 251 oder 252, BGE 111 IV 27 f., 98 IV 58;

SR 783.0, PVG Art. 57, 58: Sind die objektiven und subjektiven Voraussetzungen gegeben, so geht Art. 251 vor, PVG Art. 58 IV, AGVE 1948 Nr. 33, RS 1959 Nr. 227, SJZ 44 (1948) Nr. 64, 50 (1954) Nr. 48, 57 (1961)

Nr. 132, 58 (1962) Nr. 27, ZR 61 (1962) Nr. 162, 68 (1969) Nr. 44. Nach PVG ist der Täter z.B. strafbar, wenn der Poststempel zur Warenfälschung missbraucht wird, SJZ 63 (1967) Nr. 188.

SR 817.0, LMG Art. 41 I: ist als Übertretungstatbestand subsidiär, BGE 119 IV 296 f.

SR 946.31, Ursprungszeugnisverordnung Art. 13 geht als *lex specialis* vor, BGE 79 IV 39 f.;

SR 952.0, BkG Art. 46: geht als *lex specialis* vor, CORBOZ 588, WALDER in Kriminalistik 1978 264 f.;

SR 946.51, THG Art. 23 ff. (BG über die technischen Handelshemmnisse vom 6.10.1995, vgl. BBl 1995 IV 535 ff.) gehen vor, REHBERG IV 115.

Kantonales Recht: Während im kantonalen Recht privilegierte Tatbestände im Zusammenhang mit Fiskaldelikten zulässig sind, gilt im übrigen Verwaltungsstrafrecht stets Art. 251, z.B. bei Fälschung einer Bescheinigung zur Erlangung eines Stipendiums, BGE 112 IV 23 ff. (s. aber Art. 335 N 10). In BGE 108 IV 183 f. wurde die Frage noch offengelassen, wobei die Erwägungen eher zur umgekehrten Lösung – Vorrang verwaltungsrechtlicher Vorschriften, auch keine subsidiäre Anwendung von Art. 251 – tendierten, dazu zust. SCHULTZ, ZBJV 120 (1984) 15 f. mit Hinweis auf erwünscht hemmende Auswirkungen im Bereich der internationalen Rechtshilfe. LGVE 1984 I Nr. 42 nimmt Konkurrenz zwischen fiskalischer Urkundenfälschung und Art. 251 an; demgegenüber lässt das BGer Art. 251 neben den Bestimmungen des Steuerstrafrechts nur dann zu, wenn der Täter «eine Verwendung der Urkunde im nicht-fiskalischen Bereich beabsichtigt oder zumindest in Kauf nimmt», BGE 117 IV 174 bestätigt in 122 IV 30 ff.

252 Fälschung von Ausweisen

Wer in der Absicht, sich oder einem andern das Fortkommen zu erleichtern,

Ausweisschriften, Zeugnisse, Bescheinigungen fälscht oder verfälscht,

eine Schrift dieser Art zur Täuschung gebraucht,

echte, nicht für ihn bestimmte Schriften dieser Art zur Täuschung missbraucht,

wird mit Gefängnis oder mit Busse bestraft.

Fassung gemäss BG vom 17.6.1994, in Kraft seit 1.1.1995.

CHRISTA UEHLINGER, Die Fälschung von Ausweisen, Diss. ZH 1993; **Lit.** vo Art. 251.

1 **Geschütztes Rechtsgut** ist auch hier Treu und Glauben im Verkehr, BGE 95 IV 73. Es handelt sich um ein abstraktes Gefährdungsdelikt, BGE 9 IV 210.

Ausweise sind Urkunden (Art. 110.5, PKG 1945 Nr. 42, HAFTER BT II 2
607, STRATENWERTH BT II § 37 N 4, THORMANN/VON OVERBECK Art. 252
N 2, a.M. REHBERG IV 135, UEHLINGER 78 f., offengelassen in BGE 95 IV
70, abweichend, aber mit widersprüchlicher Begründung ZBJV 87 [1951]
211 ff.), welche die Identität oder materielle oder formelle Qualifikationen einer *Person* bekräftigen, z.B. der Heimatschein, RS 1948 Nr. 91, der
Pass, BGE 117 IV 176, ZR 63 (1964) Nr. 17, das Zeugnis über Arbeitslei-
stungen, BGE 101 II 72. Ein Attest der EMPA, das sich über ein Produkt
äussert, fällt schon deshalb nicht unter Art. 252 (mit anderer Begründung
BGE 70 IV 212), ebensowenig ein tierärztliches Attest (anders RB TG
1986 Nr. 29), das Gesuchsformular für ein PW-Tagesschild, EGV-SZ
1991 Nr. 37, die Jagdstatistik (so aber PKG 1991 Nr. 37) oder Transport-
dokumente, Rep. 1986 263.

Täterhandlung ist zunächst Fälschen und Verfälschen, dazu Art. 251 N 3, 3
4. Das Erschleichen eines falschen Ausweises kann als Fälschung in mittelbarer Täterschaft strafbar sein, BJM 1971 38.

Zum Gebrauch s. Art. 251 N 11. Auch hier ist Gebrauch nur subsidiär 4
strafbar, wenn die Fälschung durch den Gebraucher aus irgendwelchen
Gründen nicht bestraft werden kann, BGE 95 IV 72 ff., ZR 79 (1980)
Nr. 19, zustimmend SCHULTZ, ZBJV 106 (1970) 354 f.; abweichend BJM
1957 48, ZR 50 (1951) Nr. 95. Strafbar ist auch der Gebrauch eines er-
schlichenen Ausweises, abweichend RS 1945 Nr. 250, ferner der Gebrauch eines echten, nicht für den Täter bestimmten Ausweises, was kein
Fälschungsdelikt ist, sondern die Strafbarkeit über Art. 251 hinaus erweitert, REHBERG IV 140, STRATENWERTH BT II § 37 N 9, UEHLINGER 114.
Gebrauch gefälschter Zeugnisse als Dauerdelikt während der Bewer-
bung: BJM 1989 44 – nicht überzeugend.

Falschbeurkundung ist in Art. 252 nicht erwähnt, fällt aber ebenfalls un- 5
ter den Tatbestand, BGE 70 IV 173 unter Hinweis auf Entstehungsgeschichte und romanischen Gesetzestext *(contre–faire/contraffare* im Gegensatz zu *créer un titre faux/formare un documento falso);* mit anderer
Begründung STRATENWERTH BT II § 37 N 5, UEHLINGER 89 ff., kritisch
REHBERG IV 138. Schliesslich sollte auch die Erschleichung eines
falschen Ausweises *ceteris paribus* nach Art. 252 verfolgt werden, anders
ZR 50 (1951) Nr. 94.

Subjektiv wird neben Vorsatz auch hier Täuschungsabsicht verlangt, 6
BGE 95 IV 72. Eventualdolus: RB TG 1986 Nr. 29.

In der Absicht, sich oder einem andern **das Fortkommen zu erleichtern,** 7
liegt das Abgrenzungskriterium zu Art. 251, RS 1948 Nr. 90; eingehend
zur Abgrenzung zu Art. 251 UEHLINGER 150 ff. Gemeint ist der Zugang
zu legalen Chancen – nur dieses Motiv rechtfertigt die Privilegierung.
Art. 251 ist deshalb anzuwenden, wenn der Täter mittelbar einen unrechtmässigen Vorteil anstrebt, BGE 111 IV 26, PKG 1991 Nr. 14. Die
Praxis ist in diesem Punkt unsicher (kritisch auch STRATENWERTH BT II §

37 N 7). Mit Recht wurde die *Privilegierung* von Art. 252 *bejaht* bei Gebrauch eines gefälschten Ausweispapiers zur Ermöglichung des rechtswidrigen Grenzübertritts, BGE 117 IV 175; bei Fälschung zur Erlangung eines für die Arbeit als Privatdetektiv unerlässlichen (Lern-)Fahrausweises, BGE 111 IV 26 f.; zur Besserstellung auf dem Arbeitsmarkt, BGE 70 IV 169, BJM 1957 48; zur Besserstellung in der Ausbildung, SJZ 53 (1957) Nr. 149 (Absenzenheft), BGE 95 IV 69 (Testatheft); zur Erlangung von sozialen Vorteilen durch Zutritt zu Veranstaltungen, SJZ 62 (1966) Nr. 129, z.B. Kino (Alter!), SJZ 63 (1969) Nr. 190. *Verneint* bei Fälschung zur Vertuschung der Identität des Spions, BGE 101 IV 205; zur Erlangung verbilligter Beamtenbilletts, RS 1951 Nr. 226; zur Umgehung einer Einreisesperre, RS 1972 Nr. 341. *Zuunrecht* wurde die Privilegierung *bejaht* bei Fälschung zum Zweck der Beendigung eines Betruges, BGE 99 IV 121; zur Selbstbegünstigung, BGE 98 IV 59, ZR 79 (1980) Nr. 19, RS 1948 Nr. 92 (anders BGE 74 IV 56); zur Erschleichung eines Führerausweises trotz Sperre, BGE 97 IV 206.

8   **a Ziff. 2** gestrichen durch BG vom 17.6.1994, in Kraft seit 1.1.1995.

9   **Konkurrenzen und Abgrenzungen**
     Art. 251: s. N 7 oben; s. **Art. 253** N 6.
     Art. 317 geht vor, BGE 81 IV 287, Uehlinger 164 f., anders Logoz N 7 zu Art. 317, Vorauflage Art. 252 N 9.
     Art. 318 geht vor, Uehlinger 170 f.
     SR 142.20, ANAG Art. 23: Es gelten dieselben Regeln wie beim Verhältnis von Art. 251 zu neben-, insbesondere fiskalstrafrechtlichen Sonderdelikten, s. Art. 251 N 20: Nur nach ANAG Art. 23 ist zu bestrafen, wenn eine Verwendung des Ausweises im nicht-fremdenpolizeilichen Bereich nicht zumindest in Kauf genommen wurde, BGE 117 IV 174; zu diesem Urteil N. Näf, ZBJV 127 (1991) 590 f.
     SR 741.01, SVG Art. 97: Missbrauch gefälschter Ausweise mit dem Zweck, sich das Fortkommen zu erleichtern, fällt unter Art. 252, BGE 98 IV 58; nach Art. 252 ist auch strafbar die Fälschung der elterlichen Unterschrift auf dem Gesuchsformular zur Erlangung des Lernfahrausweises, weil SVG Art. 97.1 IV nur das Erschleichen des Ausweises selber erfasst, BGE 111 IV 27 f.; eingehend Uehlinger 176 ff.

253   Erschleichung einer falschen Beurkundung

     Wer durch Täuschung bewirkt, dass ein Beamter oder eine Person öffentlichen Glaubens eine rechtlich erhebliche Tatsache unrichtig beurkundet, namentlich eine falsche Unterschrift oder eine unrichtige Abschrift beglaubigt,

     wer eine so erschlichene Urkunde gebraucht, um einen andern über die darin beurkundete Tatsache zu täuschen,

     wird mit Zuchthaus bis zu fünf Jahren oder mit Gefängnis bestraft.

Lit. vor Art. 251.

Art. 253 erfasst mittelbare Falschbeurkundung durch Beamte und Perso- 1
nen öffentlichen Glaubens. Die Bestimmung hat keine selbständige Bedeutung, ebenso STRATENWERTH BT II § 37 N 15, und hätte deshalb bei
der letzten Revision gestrichen werden sollen.

Person öffentlichen Glaubens ist der Notar, dessen Mitwirkung z.B. für 2
den Grundstückskaufvertrag, BGE 102 IV 57, PAOLETTO 167, den Gründungsvertrag einer AG, BGE 101 IV 61, den Ehevertrag, BGE 100 IV
238, oder die Beglaubigung einer Unterschrift, BGE 99 IV 198, unent-
behrlich ist.

Beamte s. Art. 110.4; **Urkunde** s. Art. 110.5, vor Art. 251. 3

Zu **Falschbeurkundung** und **Erschleichen** einer falschen Urkunde s. 4
Art. 251 N 6–10, ferner die Kasuistik zu Art. 110.5 N 17 vor Art. 251, insbesondere unter Eheregister, Jagdpatent, Handelsregister, Luftfahrtregi-
ster, Nachlassinventar, Vertrag. Die Tat kann auch durch Unterlassen
begangen werden, ZR 45 (1946) Nr. 134. Sie ist vollendet mit Erwirken
der unwahren Urkunde, BGE 117 IV 185, RS 1959 Nr. 228, 1980
Nr. 1094. Typisch BGE 84 IV 164, Täuschung des Notars über den Kaufpreis. Versuchte Erschleichung einer falschen Beurkundung liegt vor,
wenn der Protokollführer einer Universalversammlung die (gültige)
Wahl eines Verwaltungsrats beim Handelsregister anmeldet, obwohl er
damit rechnet, dass die Wahl nicht gültig war, BGE 120 IV 207.

Subjektiv ist Täuschungsabsicht erforderlich, aber weder Vorteils- noch 5
Schädigungsabsicht, RJJ 1993 368, RS 1971 Nr. 30.

Konkurrenzen und Abgrenzungen 6
Art. 163 konsumiert Art. 253, weil ein unwahrer Kollokationsplan stets
erschlichen wird, BGE 105 IV 105 f.
Art. 251: Bei Mitwirkung an der Falschbeurkundung durch Unterschrift
ist nur Art. 253 anzuwenden, ZR 47 (1948) Nr. 104, s. auch WALDER,
Notar, 131 f. Gebrauch ist mitbestrafte Nachtat und fällt nicht unter
Art. 251 oder 253 al. 2, BGE 100 IV 243, RS 1966 Nr. 164; abweichend
ZR 45 (1946) Nr. 54, SJZ 43 (1947) Nr. 196.
    Realkonkurrenz zwischen Art. 253 und 251 liegt vor bei Täuschung der
Urkundsperson mit einer unechten oder unwahren Urkunde, BGE 107
IV 129, 81 IV 248.
Art. 252 in mittelbarer Täterschaft liegt vor, wenn der Ausweis dem Fort-
kommen dient, BJM 1971 38, sonst Art. 253, implizit BGE 101 IV 307, ab-
weichend ZR 50 (1951) Nr. 94.
Art. 317: Handelt die Urkundsperson vorsätzlich, so liegt Anstiftung zu
Art. 317 vor, STRATENWERTH BT II § 37 N 16.
SR 142.20, ANAG Art. 23 geht vor, wenn lediglich fremdenpolizeiliche
Motive vorliegen, BGE 117 IV 174.
Verwaltungsstrafrecht: Es gelten dieselben Regeln wie bei Art. 251, s.
dort N 20; 117 IV 184 f. lässt die Frage zwar formell offen, schliesst aber
auf diese Lösung aus VStrR Art. 14 und 15; im Ergebnis klar BGE 117 IV
335.

254 Unterdrückung von Urkunden

[1] Wer eine Urkunde, über die er nicht allein verfügen darf, beschädigt, vernichtet, beiseiteschafft oder entwendet, in der Absicht, jemanden am Vermögen oder an andern Rechten zu schädigen oder sich oder einem andern einen unrechtmässigen Vorteil zu verschaffen, wird mit Zuchthaus bis zu fünf Jahren oder mit Gefängnis bestraft.

[2] Die Unterdrückung von Urkunden zum Nachteil eines Angehörigen oder Familiengenossen wird nur auf Antrag verfolgt.

E 220. Sten.NR 448, 449. Erl.Z. 329.

Lit. vor Art. 251.

1 **Urkundenunterdrückung** *ist Eingriff in fremde Beweismacht.* **Geschützt** ist der Anspruch des (zumindest Mit-)Berechtigten, die Urkunde als Beweismittel zu gebrauchen.

2 **Urkunde:** Art. 110.5 vor Art. 251. Auch gefälschte bzw. unwahre Urkunden (völlig fiktive Rechnungen) sind taugliches Tatobjekt, BGE 118 IV 39 f. Im Rahmen der kaufmännischen Buchführung kommt jeder einzelnen Aufzeichnung, die der Erstellung des Kassabuches dient, Urkundenqualität zu, BGE 114 IV 31.

3 Als **Opfer** kommt auch der Staat in Frage (PKG 1969 Nr. 19, Betreibungsbeamter), aber die Urkunden müssen in seiner Gewalt oder zumindest amtlich identifiziert sein. Nicht strafbar macht sich, wer zwecks Selbstbegünstigung Urkunden beiseiteschafft, an denen kein Dritter berechtigt ist, anders SJZ 43 (1947) Nr. 135; für den Fall gesetzlicher Aufbewahrungspflicht (OR Art. 962) BGE 96 IV 168 f. Der Bräutigam, der nach Auflösung des Verlöbnisses in Besitz seiner Briefe an die Braut gelangt, ist nicht strafbar, wenn er deren Herausgabe verweigert, SJZ 39 (1942/43) Nr. 268.

4 Die **Täterhandlung** besteht darin, dass der Berechtigte dauernd am Gebrauch der Urkunde zur Beweisführung gehindert wird: «Beiseitegeschafft ist eine Urkunde nicht schon jedesmal, wenn sie dem Berechtigten oder Mitberechtigten vorenthalten, sondern erst, wenn ihm der Gebrauch der Urkunde als Beweismittel verunmöglicht wird», BGE 90 IV 135, 113 IV 70. *Verneint* für den Fall, wo Akten nicht herausgegeben wurden, BGE 90 IV 135, *bejaht* bei Entfernung der Urkunden und Verwahrung im eigenen Pult ohne Wissen des Berechtigten, BGE 100 IV 26; bei Eintrag fiktiver Bankeinzahlungen ins laufende Kassabuch und Weglassen derselben bei der Abschrift des Kassabuches, BGE 114 IV 31, mit Recht krit. REHBERG IV 145. Verfehlt ZBJV 85 (1949) 215 ff.: Schuldspruch gemäss Art. 254, weil Akten pflichtwidrig nicht vernichtet wurden. Keine Unterdrückung begeht, «wer es – wenn auch pflichtwidrig – unterlässt, einen Beleg unverzüglich an die betriebsintern zuständige Stelle weiterzuleiten»; der Zugriff muss verunmöglicht oder erheblich erschwert werden, BGE 113 IV 71.

Subjektiv ist neben Vorsatz zunächst die Absicht erforderlich, dem Berechtigten die Beweisführung mit der Urkunde zu verunmöglichen, BGE 73 IV 188, 87 IV 19 f., ZR 52 (1953) Nr. 13, 54 (1955) Nr. 42, 56 (1957) Nr. 67. Daran fehlt es bei Wegnahme von Formularen als Muster, BGE 73 IV 186 ff. S. unten N 8 zur Abgrenzung von Art. 139. Zu Vorteils- und Benachteiligungsabsicht Art. 251 N 13–16. Unrechtmässig ist auch der Vorteil der Selbstbegünstigung, BGE 96 IV 168 f.
     5

Leichte Fälle rechtfertigen **Privilegierung** analog Art. 251.2.
     6

Zu **Abs. 2** Art. 110.2 und 3, Art. 139 N 25.
     7

Konkurrenzen und Abgrenzungen
     8
Art. 137, 138: Es gilt dieselbe Regel wie für Art. 139, unrichtig ZBJV 85 (1949) 215; Konkurrenz zwischen Urkundenunterdrückung zur Verschleierung einer Veruntreuung und der Veruntreuung selber, SJZ 48 (1952) Nr. 58, PKG 1952 Nr. 27, RS 1981 Nr. 176.
Art. 139: Nur der subjektive Tatbestand entscheidet über die Abgrenzung: Geht es dem Täter um den eigenen Nutzen an der Urkunde, liegt Diebstahl vor, BGE 87 IV 18 ff. (Reisechecks), SJZ 58 (1962) Nr. 27, PKG 1967 Nr. 14 (Sparheft), RS 1955 Nr. 137 (Fahrradkennzeichen), ZR 56 (1957) Nr. 67 (Führerausweis), ZR 52 (1953) Nr. 13, 54 (1955) Nr. 42 (Obligationen und Sparhefte), RS 1945 Nr. 160; verfehlt RS 1948 Nr. 95, ZR 51 (1952) Nr. 21, 51 (1952) Nr. 206. Konkurrenz bei Vorliegen kombinierter Absichten ist nicht ausgeschlossen, ZR 54 (1955) Nr. 42, a.M. Stratenwerth BT II § 37 N 34.
Art. 141: echte Konkurrenz bei Verletzung weiterer nach Art. 141 geschützter Rechte, Stratenwerth BT II § 37 N 34. **Art. 144:** Rehberg IV 147 und Stratenwerth BT II § 37 N 34 nehmen echte Konkurrenz an – m.E. ist in jedem Fall zu prüfen, ob ein vom Beweisinteresse unterscheidbares Interesse im Spiel war. **Art. 251:** Realkonkurrenz, weil die Unterdrückung eine «neue weitergehende Rechtsgutsverletzung» darstellt, BGE 118 IV 40. Werden Teile einer Urkunde beseitigt, so dass der Rest irreführt, ist Art. 251 anzuwenden, PKG 1963 Nr. 28, 1967 Nr. 23; für Vorgehen von Art. 254: RS 1953 Nr. 127; s. ferner **Art. 282** N 5.
SR 783.0, PVG Art. 57: Art. 254 geht vor, wenn die besondere Absicht (N 5) gegeben ist, BGE 97 IV 33, PKG 1969 Nr. 14; für Vorgehen von PVG Art. 57 als *lex specialis,* RS 1955 Nr. 199, für Idealkonkurrenz PKG 1964 Nr. 14, RS 1959 Nr. 299, SJZ 62 (1966) Nr. 87.

255 Urkunden des Auslandes

Die Artikel 251–254 finden auch Anwendung auf Urkunden des Auslandes.

Art. 255 **gilt für alle Urkundendelikte,** Haefliger 72, Stratenwerth BT II § 35 N 53. Für die Urkundenqualität ist nur schweizerisches Recht massgebend, Stratenwerth a.a.O N 55. Zur Anwendung auf ausländische private Beweiszeichen (während die öffentlichen gemäss Art. 250
     1

nicht erfasst sind) BGE 103 IV 31 (nichtamtlicher holländischer Fleischstempel), dazu kritisch STRATENWERTH a.a.O N 54. Spanischer Führerausweis: BGE 97 IV 207; deutscher Personalausweis: BGE 99 IV 125 f.

256 Grenzverrückung

**Wer in der Absicht, jemanden am Vermögen oder an andern Rechten
zu schädigen oder sich oder einem andern einen unrechtmässigen Vorteil
zu verschaffen, einen Grenzstein oder ein anderes Grenzzeichen beseitigt, verrückt, unkenntlich macht, falsch setzt oder verfälscht, wird mit
Zuchthaus bis zu drei Jahren oder mit Gefängnis bestraft.**

Lit. vor Art. 251.

1   Art. 256 ist ein aus unerfindlichen Gründen **privilegierter Spezialtatbestand zu Art. 251.** Geschützt sind Beweiszeichen zur Markierung des
Grundeigentums (vgl. aber auch SJZ 43 [1947] Nr. 35: Versetzen eines
Marchsteins entlang der Grenze, um zu beweisen, dass ein Wegrecht
nicht besteht). Der Schutz gilt nur, solange sich die Grenzzeichen an der
richtigen Stelle befinden, PKG 1982 Nr. 8. Zur Verrückung von politischen Grenzen s. Art. 268.

2   Der **Tatbestand** ist nicht erfüllt durch Entfernen von Holzpfählen, die
nur den Standort von Marchsteinen markieren, SJZ 62 (1966) Nr. 240.
Täuschung mittels von Dritten falsch gesetzten Grenzzeichen ist nach
Art. 251.1 al. 3 strafbar, SJZ 53 (1957) Nr. 150, wobei die Strafzumessung
dem geringeren Strafrahmen des Art. 256 Rechnung zu tragen hat, vgl.
mutatis mutandis BGE 103 IV 36.

3   **Konkurrenz** mit **Art. 146,** SJZ 53 (1957) Nr. 150; **Art. 251** gegenüber ist
Art. 256 *lex specialis,* SJZ 53 (1957) Nr. 150.

257 Beseitigung von Vermessungs- und Wasserstandszeichen

**Wer ein öffentliches Vermessungs- oder Wasserstandszeichen besei-
tigt, verrückt, unkenntlich macht oder falsch setzt, wird mit Gefängnis
oder mit Busse bestraft.**

1   Vergehen der **Fälschung amtlicher Zeichen ohne Rechtserheblichkeit** –
keine praktische Bedeutung.

Zwölfter Titel:

Verbrechen und Vergehen gegen den öffentlichen Frieden

VE 1894 Art. 92 ff., 206, Mot. 178 ff., 240. 1. ExpK II 25 ff., 324, 567 ff., 755 f. VE 1908 Art. 183 ff., 280. Erl.Z. 334 f., 490 ff. 2. ExpK IV 288 ff., 337 ff., V 84 ff., VII 181 ff., VIII 294 ff., 333. VE 1916 Art. 228 ff., 340. E Art. 224 ff., 333. Botsch. 55 f., 73 f. Sten.NR 450 ff., 472 f., StR 208 ff., NR 706 f., StR 239, NR 749 ff., StR 350.

258 Schreckung der Bevölkerung

Wer die Bevölkerung durch Androhen oder Vorspiegeln einer Gefahr für Leib, Leben oder Eigentum in Schrecken versetzt, wird mit Zuchthaus bis zu drei Jahren oder mit Gefängnis bestraft.

Fassung gemäss BG vom 17.6.1994, in Kraft seit 1.1.1995.

Botsch. vom 24.4.1991, BBl 1991 II 969 ff.

Qualifizierter **Spezialfall der Drohung,** Art. 180: Mindestens in einem erheblichen Teil der Einwohnerschaft eines Dorfes müssen ernsthafte Befürchtungen, ein Gefühl der Unsicherheit (Art. 180 N 3) erweckt worden sein. In erster Linie ist an Drohung mit Gemeingefährdung (Art. 221 ff.) gedacht, es genügt aber Einzelgefährdung von repräsentativen Personen oder Sachen, REHBERG IV 151, STRATENWERTH BT II § 38 N 4. Die Kantone können Strafbestimmungen für Störung des öffentlichen Vertrauens durch Gerüchte und falsche Nachrichten aufstellen, BGE 71 IV 104 (Schwyz), denn der Bund wollte den Schutz des öffentlichen Friedens nicht abschliessend regeln, BGE 117 Ia 475.   1

Durch die **Revision 1994** wurde der Tatbestand erweitert. Er umfasst nicht mehr nur die Androhung einer Gefahr, deren Verwirklichung der Täter als in seiner Hand liegend darstellt, sondern auch das **Vorspiegeln** einer Gefahr, die sich unabhängig vom Willen des Täters verwirklichen soll. Botsch. 1082 nennt als Beispiele das Verbreiten von Meldungen über angebliche Katastrophen (Bruch einer Staumauer, Reaktorunfall) oder über von Drittpersonen (z.B. Terroristen) ausgehende Gefahren.   2

Es muss sich um eine **schwerwiegende Gefahr** handeln, denn nur eine solche kann die Bevölkerung in Schrecken versetzen, Botsch. 1082. Die besondere Schwierigkeit des Tatbestandes liegt in der Bestimmung der Intensität der Gefahr, STRATENWERTH BT II § 38 N 4. Als Auslegungshilfe können hier die von der alten Gesetzesfassung genannten Beispiele der Drohung mit «Mord, Plünderung oder Brand» beigezogen werden.   3

Die Frage nach der Art und Schwere der Gefahr ist insbesondere auch im Zusammenhang mit reisserischen Falschmeldungen der Boulevardpresse von Bedeutung, wenn darin über vermeintliche Gefahren berichtet wird, die durchaus geeignet sein können, grössere Teile der Bevölkerung in Schrecken zu versetzen. Die berühmte Inszenierung von «War of the Worlds» durch Orson Welles im Jahre 1938, welche wegen der vermeintlichen Landung von Ausserirdischen in Teilen der nordamerikanischen Bevölkerung Panik auslöste, wäre – (Eventual-)Vorsatz vorausgesetzt – unter Art. 258 zu subsumieren; in Analogie zu Art. 197.5 könnte, mindestens strafmildernd, schutzwürdiger kultureller oder wissenschaftlicher Wert angerufen werden.

4   Art. 258 ist ein Erfolgsdelikt, d.h. Teile der Bevölkerung müssen tatsächlich **«in Schrecken versetzt»** worden sein.

5   **Konkurrenzen und Abgrenzungen**
Zu **Art. 128**[bis] besteht echte Konkurrenz, wenn der Täter in Kauf nimmt, dass falscher Alarm ausgelöst wird, REHBERG IV 152 f.; Art. 258 geht als *lex specialis* **Art. 180** vor, STRATENWERTH BT II § 38 N 8. Mit **Art. 261**[bis] besteht Konkurrenz, weil das spezifische Unrecht der Diskriminierung durch Bestrafung nach Art. 258 nicht mit abgegolten wird, a.M. STRATENWERTH a.a.O.

259 Öffentliche Aufforderung zu Verbrechen oder zur Gewalttätigkeit

[1] **Wer öffentlich zu einem Verbrechen auffordert, wird mit Zuchthaus bis zu drei Jahren oder mit Gefängnis bestraft.**

[2] **Wer öffentlich zu einem Vergehen mit Gewalttätigkeit gegen Menschen oder Sachen auffordert, wird mit Gefängnis oder mit Busse bestraft.**

Marginale und Abs. 2 gemäss BG vom 9.10.1981.

E 225. 2. ExpK IV 296 ff., BStrR Art. 52bis, Sten.NR 1980 1650 ff., StR 1980 275 f., 280 f.

HANS SCHULTZ, Zur Revision des Strafgesetzbuches vom 9. Oktober 1981: Gewaltverbrechen, ZStrR 101 (1984) 113, 130 f.; FRANK SCHÜRMANN, Der Begriff der Gewalt im schweizerischen Strafgesetzbuch, Diss. BS 1986, *140 ff.;* JEAN MARC SCHWENTER, *De quelques problèmes réels ou imaginaires, posés par les nouvelles dispositions réprimant les actes de violence,* ZStrR 100 (1983) 281, 292 ff.

1   Der Täter gemäss **Art. 259** gefährdet den öffentlichen Frieden dadurch, dass er auf eine unbestimmte Vielzahl von Menschen einwirkt in einer Weise, die geeignet ist, den *Vorsatz der Begehung schwerer Straftaten* (Art. 9) *zu wecken oder Gewalttaten auszulösen.* Eine Fernsehsendung, in welcher sich junge Namibier für die Unabhängigkeit ihres Landes einsetzten, hatte wegen der Fremdartigkeit der Darbietungen auf das Schweizer Publikum keine solche Wirkung, VPB 53 (1988) Nr. 49.

Subjektiv ist Vorsatz hinsichtlich dieser Beeinflussung nötig, nicht hinsichtlich der Verbrechen selber, zu denen aufgefordert wird, STRATENWERTH BT II § 38 N 16 mit Hinweis auf BGE 97 IV 109 (zu Art. 276), REHBERG IV 154, LOGOZ N 3 zu Art. 259, THORMANN / VON OVERBECK N 6 zu Art. 259; a.M. HAFTER BT II 452, COMPTESSE, Der strafrechtliche Staatsschutz ..., Zürich 1942, 92, offenbar auch SCHWENTER 293. Es ist auch nicht erforderlich, dass der Täter das Gewaltdelikt rechtlich zutreffend benennt, Parallelwertung in der Laiensphäre genügt, RB TG 1994 Nr. 14. 2

Bei der Aufforderung zu **gewalttätigen Vergehen** war vor allem an Art. 123, 144 und 239 gedacht, Erläuternder Bericht ExpK S. 13. Unter Art. 259 II fällt aber z.B. auch Aufforderung zu Landfriedensbruch (Art. 260 II!). Nicht gewalttätig sind der Sitzstreik, SCHÜRMANN 141, das Werfen von Tomaten (zweifelnd SCHWENTER 293: *«tout ce qui n'est pas passif est violent»),* Drohung oder Nötigung durch andere Mittel als Gewalt. Für einschränkende Auslegung auch SCHÜRMANN 141 f. mit weiteren Beispielen. Den Tatbestand von Art. 259 I und II erfüllte ein öffentlicher Anschlag, mit welchem unter Hinweis auf vorangegangene «brand anschläge, scherben, buttersäure, drohungen, usw. – in zusammenhang mit dem abbruch am TESSINERPLATZ» gefordert wurde, «AUTONOME (GEHIRN-) ZELLEN» sollten «FANTASIE» walten lassen und sich an die Arbeit machen, BGE 111 IV 151 f., es lag auch keine Verletzung von EMRK Art. 10 vor, a.a.O. 154 E. 3. Gemäss RB TG 1994 Nr. 14 genügte der Aufruf «gönd druff» in einer aufgeheizten Situation. 3

Öffentlich ist die Aufforderung, wenn sie von einem unbestimmten oder einem grösseren, durch persönliche Beziehungen nicht zusammenhängenden Personenkreis wahrgenommen werden kann, BGE 111 IV 153 f. 3a

Ohne Bedeutung ist, ob die Gewalttat *begangen oder versucht,* oder ob Strafantrag gestellt wurde, SCHWENTER 294. Der Nachweis, dass jemand tatsächlich von der Aufforderung Kenntnis genommen hat, ist nicht erforderlich, BGE 111 IV 154; es muss jedoch zumindest die Möglichkeit der Kenntnisnahme bestanden haben, woran es im angeführten Fall fehlte, STRATENWERTH BT II § 38 N 15. 4

Konkurrenzen und Abgrenzungen 5
Anstiftung zu einem Verbrechen oder Gewaltdelikt kann mit Art. 259 konkurrieren, wenn im Zuge der öffentlichen Aufforderungen auch einzelne zu konkreten Taten bestimmt werden, REHBERG IV 156, STRATENWERTH BT II § 38 N 18, a.M. COMPTESSE (N 2) 93 f.
Abs. 2 ist gegenüber Abs. 1 subsidiär – keine Anwendung von Art. 68, wenn zu Verbrechen und (anderen) Gewalttaten aufgefordert wurde.
Art. 260: Konkurrenz.
Art. 261bis N 46.
Art. 276 und **MStG Art. 98** gehen als Spezialbestimmungen vor, HAFTER BT II 451, STRATENWERTH BT II § 38 N 20, s. auch Art. 276 N 7.

260 Landfriedensbruch

¹ **Wer an einer öffentlichen Zusammenrottung teilnimmt, bei der mit vereinten Kräften gegen Menschen oder Sachen Gewalttätigkeiten begangen werden, wird mit Gefängnis oder mit Busse bestraft.**

² **Die Teilnehmer, die sich auf behördliche Aufforderung hin entfernen, bleiben straffrei, wenn sie weder selbst Gewalt angewendet noch zur Gewaltanwendung aufgefordert haben.**

E 226. Weitergehend VE 1908 Art. 186. 2. ExpK IV 307 ff.

KATHARINA BÜHLER, Aufruhr und Landfriedensbruch im schweizerischen Strafrecht, eine Analyse der Literatur und Rechtsprechung zu den Massendelikten unter besonderer Berücksichtigung der Urteile zum Zürcher Globus-Krawall, Diss. ZH 1976; J. COMMENT, *Essai sur la notion de violence en droit pénal*, ZStrR 67 (1952) 372, *378 ff.;* FRITZ FALB, Demonstrationen und Strafrecht, ZStrR 91 (1975) 231, *256 ff.;* FRANK SCHÜRMANN, Der Begriff der Gewalt im schweizerischen Strafgesetzbuch, Diss. BS 1986, *129 ff.;* ERNST SPÖRRI, Rechtliche Aspekte des Ordnungsdienstes, Kriminalistik 1973 369, 419; HANS VEST, Landfriedensbruch – Zufallsjustiz gegen Oppositionelle, SJZ 84 (1988) 247; DIETER WEINGÄRTNER, Demonstration und Strafrecht. Eine rechtsvergleichende Untersuchung zum deutschen, französischen, niederländischen und schweizerischen Recht, Freiburg i.Br. 1986; zu staatsrechtlichen Fragen JÜRG BOSSHART, Demonstrationen auf öffentlichem Grund, Diss. ZH 1973.

1   **Geschütztes Rechtsgut** ist «die öffentliche Friedensordnung», BGE 108 IV 38, nicht das Privatvermögen, BGE 117 Ia 138: Die Teilnahme eines «Geschädigten» am Thurgauer Strafprozess ist deshalb nicht möglich.

2   **Zusammenrottung** ist «eine Ansammlung von einer je nach den Umständen mehr oder weniger grossen Zahl von Personen…, die nach aussen als vereinte Macht erscheint und die … von einer für die bestehende Friedensordnung bedrohlichen Grundstimmung getragen wird», BGE 108 IV 34, ebenso REHBERG IV 157, ähnlich ZR 71 (1972) Nr. 8, STRATENWERTH BT II § 38 N 23. Die erforderliche Zahl ist nach den Umständen des besonderen Falles zu bestimmen, BGE 70 IV 213 – offengelassen, ob neun genügen können; sicher nicht drei, PKG 1965 Nr. 16, andererseits nicht erst eine unüberschaubare Menge, vgl. BÜHLER 45 f. Aus dem Zweck ergibt sich, dass jedenfalls die *in concreto* zur Verfügung stehenden *Ordnungskräfte ausserstande* sein müssen, *die Ansammlung unter Kontrolle zu halten,* vgl. FALB 272. Eine Organisation ist nicht gefordert, BGE 98 IV 46, wohl aber ein enger räumlicher Zusammenhang, HAFTER BT II 722, BÜHLER 46; zu weit FALB 272.

3   **Öffentlich** ist die Zusammenrottung, «wenn sich ihr eine unbestimmte Zahl beliebiger Personen anschliessen kann», BGE 108 IV 34, SPÖRRI 419, wobei auch ein bestimmter Personenkreis (z.B. Studenten, Personal einer Unternehmung) den Kern bilden kann, FALB 277. Öffentlichkeit der Zusammenrottung auf dem Spielfeld eines Fussballstadions, BGer, zit. bei BÜHLER 45.

Aus der Zusammenrottung heraus müssen **Gewalttätigkeiten** gegen   4
Menschen oder Sachen begangen werden. Es handelt sich dabei um eine
objektive Strafbarkeitsbedingung, BGE 108 IV 35, FALB 275, REHBERG
IV 159, STRATENWERTH, BT II § 38 N 25, h.M., krit. VEST 249. Gemeint
ist «eine aktive, aggressive Einwirkung», BGE 108 IV 176, STRATEN-
WERTH BT II § 38 N 24. Der Begriff wird weit gefasst, BGE 98 IV 47,
COMMENT 379, «von der Tötung bis zu einer geringfügigen Sachbeschädigung», HAFTER BT II 455. Erheblichkeit der Auswirkungen wird nicht
verlangt, BGE 99 IV 217, 103 IV 245, 108 IV 35, BÜHLER 186, auch ein
besonderer Kraftaufwand nicht: es genügt das Besprayen eines Tram-
wagens, BGE 108 IV 170, das Werfen von Farbbeuteln, BGE 108 IV 35,
oder ein Schreckschuss, FALB 281. Der Sitzstreik ist keine Gewalttätigkeit, vgl. BGE 108 IV 165 ff. (Nötigung durch «Menschenteppich»), FALB
282; weiter SJZ 76 (1980) Nr. 43 zu Art. 285.2 – Blockierung von Zufahrtswegen zum AKW Gösgen, SPÖRRI 419, SCHWANDER Nr. 713; auch
nicht der einfache Hausfriedensbruch, a.M. FALB 297. BGE 103 IV 245,
99 IV 217, COMMENT 380, rechnen auch die unmittelbare Drohung mit
Gewalt (vgl. Art. 33) zur Gewalttätigkeit, z.B. wenn Widersacher in die
Flucht geschlagen werden, dagegen REHBERG IV 160, STRATENWERTH
BT II § 38 N 24 – Art. 260 meint nicht Gewalt als Zwangsmittel, FALB 279.

Mit **«vereinten Kräften»** sind Gewalttaten einzelner dann begangen,   5
wenn sie «als Tat der Menge erscheinen», «von ihrer die öffentliche Ordnung bedrohenden Grundstimmung getragen sind», BGE 108 IV 35, 103
IV 245, 99 IV 217. «Vereint» sind dann insbesondere die psychischen
Kräfte der Masse, FALB 298.

Teilnehmer ist objektiv schon, wer sich zum Zeitpunkt der Gewalttätig-   6
keiten im Bereich der Zusammenrottung aufhält. «Wer kraft seines Ge-
habens derart im Zusammenhang mit der Menge steht, dass er für unbeteiligte Beobachter als deren Bestandteil erscheint ... [und] sich nicht als
bloss passiver, von der Ansammlung distanzierter Zuschauer gebärdet»,
BGE 108 IV 36. «Die Anwesenheit als solche wird bestraft, weil sie zum
mindesten die Psyche der Masse nachteilig beeinflussen und damit gefährlich wirken kann», BGE 70 IV 221, RB TG 1994 Nr. 14. *Aktive Teilnahme* kann sich nach FALB 276 schon durch Schutzausrüstung gegen Mittel der Polizei manifestieren (Taucherbrille! Zu denken ist auch an Helm,
Maskierung, Verhüllung des Gesichts); dagegen fordert STRATENWERTH,
BT II § 38 N 25, aggressives Verhalten (Mitführen von Wurfgeschossen,
verbale Aggression – z.B. Beschimpfung der Polizei als «Faschisten-
schweine», BGE 108 IV 177, Aufruf «gönd druff», RB TG 1994 Nr. 14);
für engere Auslegung VEST 250, wie das BGer REHBERG IV 158. BÜHLER
76 ff. kritisiert unter dem Gesichtspunkt moderner Sozialwissenschaft die
massenpsychologische Gefährdungstheorie. Die bundesgerichtliche Praxis lässt sich jedoch aus kriminalpolitischen Gründen rechtfertigen:
Einerseits sollen Beweisschwierigkeiten vermieden werden (Wurfge-
schosse sind rasch derelinquiert), andererseits soll die Teilnahme an gewaltsamen Zusammenrottungen tabuisiert werden (vgl. Abs. 2). Im

Zweifel wird aber Anwesenheit immer noch als unbeteiligt-passives Zuschauertum angesehen werden müssen, und blosse Gaffer, auch wenn sie der Polizei lästig fallen, sollen straflos bleiben, FALB 260.

7   **Subjektiv** verlangte die ältere Praxis (BGE 99 IV 218, 98 IV 48 f., SJZ 76 [1980] Nr. 43, ZR 71 [1972] Nr. 8), dass der Teilnehmer die Gewalttätigkeiten kenne und «billige», was mit deren Charakter als objektive Strafbarkeitsbedingung (N 4) nicht vereinbar war. Gemäss BGE 108 IV 36 genügt es, «wenn der Täter sich wissentlich und willentlich einer Zusammenrottung ... anschliesst oder in ihr verbleibt; denn wer solches tut, muss mit Gewaltakten rechnen ... Der Nachweis einer Zustimmung zu ihnen ist nicht geboten», ebenso HAFTER BT II 456, REHBERG IV 158, STRATENWERTH BT II § 38 N 27; für Rückkehr zur älteren Praxis VEST 250. Die Anwendung der neuen Praxis auf frühere Sachverhalte verletzt weder Art. 1 noch EMRK Art. 7, EKMR in RS 1985 Nr. 910.

8   Keine **Rechtfertigung** durch Notwehr bei landfriedensbrecherischer Auseinandersetzung zwischen zwei Gruppen, auch keine Strafmilderung wegen Provokation, BGE 104 IV 236 ff.

9   **Abs. 2** ermöglicht dem nicht gewalttätigen Teilnehmer strafbefreienden **Rücktritt vom vollendeten Delikt,** indem er einer behördlichen Aufforderung, sich zu entfernen, Folge leistet, STRATENWERTH BT II § 38 N 29. Auf diese Bestimmung kann sich nicht berufen, wer beim Eingreifen der Polizei flüchtet, Pra. 72 (1983) Nr. 69. Es besteht kein Rechtsanspruch, von der Behörde zum Weggehen aufgefordert zu werden.

10   **Konkurrenzen und Abgrenzungen**
Art. 122, 123, 144, m.a.W. die Gewalttätigkeitsdelikte selber, stehen in Idealkonkurrenz zu Art. 260, BGE 117 Ia 139, 103 IV 247, RS 1948 Nr. 169, ebenso die Aufforderung zur Gewalttätigkeit, **Art. 259,** RB TG 1994 N 14 (implizit); **Art. 261**^{bis} N 46; **285** N 11.
Kantonale und kommunale Übertretungsvorschriften (dazu FALB 243 ff., WEINGÄRTNER 185 ff.) werden von Art. 260 konsumiert. Zur Zulässigkeit eines Vermummungsverbots BGE 117 Ia 472.

260bis Strafbare Vorbereitungshandlungen

[1]**Mit Zuchthaus bis zu fünf Jahren oder mit Gefängnis wird bestraft, wer planmässig konkrete technische oder organisatorische Vorkehrungen trifft, deren Art und Umfang zeigen, dass er sich anschickt, eine der folgenden strafbaren Handlungen auszuführen:**

    Art. 111 Vorsätzliche Tötung

    Art. 112 Mord

    Art. 122 Schwere Körperverletzung

    Art. 139 [heute: 140] Raub

    Art. 183 Freiheitsberaubung und Entführung

Art. 185 Geiselnahme

Art. 221 Brandstiftung

² **Führt der Täter aus eigenem Antrieb die Vorbereitungshandlung nicht zu Ende, so bleibt er straflos.**

³ **Strafbar ist auch, wer die Vorbereitungshandlung im Ausland begeht, wenn die beabsichtigten strafbaren Handlungen in der Schweiz verübt werden sollen. Artikel 3 Ziffer 1 Absatz 2 ist anwendbar.**

Eingeführt durch BG vom 9.10.1981.

Sten.NR 1980 1655 ff., StR 1980 274 f., 281 ff., 373.

GUNTER ARZT, Zur Revision des Strafgesetzbuches vom 9. Oktober 1981 im Bereich der Gewaltverbrechen, ZStrR 100 (1983) 257, *271 ff.;* PIERRE-HENRI BOLLE, *Premier bilan du la réforme du Code Pénal suisse, relative aux actes de violence criminels* (1982–1988), ZStrR 107 (1990) 396 ff.; JEAN-FRANÇOIS MEYLAN, *Les actes préparatoires délictueux en droit pénal suisse* (Art. 260bis CP), Diss. Laus. 1990; GRACE SCHILD, Strafbefreiender Rücktritt von den Strafbaren Vorbereitungshandlungen gemäss Art. 260bis Abs. II StGB, recht 11 (1993) 101; HANS SCHULTZ, Gewaltdelikte, Geiselnahme und Revision des Strafgesetzbuches, ZBJV 115 (1979) 433, 453 f.; DERS., Zur Revision des Strafgesetzbuches vom 9. Oktober 1981: Gewaltverbrechen, ZStrR 101 (1984) 113, 131 f.; DERS., Strafbare Vorbereitungshandlungen nach StrGB Art. 260bis und deren Abgrenzung vom Versuch, ZStrR 107 (1990) 68; JEAN MARC SCHWENTER, *De quelques problèmes, réels ou imaginaires, posés par les nouvelles dispositions réprimant les actes de violence,* ZStrR 100 (1983) 281, *294 ff.*

Art. 260bis wurde unter dem Eindruck der Terrorismuswelle der siebziger Jahre zum präventiven Schutz der Opfer eingeführt, SCHULTZ, ZBJV 115 (1979) 453. Im Vorentwurf der Expertenkommission stand die Vorbereitungshandlung in unmittelbarem Zusammenhang mit der kriminellen Vereinigung. Wegen der Kritik im Vernehmlassungsverfahren liess der Bundesrat beide Vorschläge fallen – im Parlament wurde die Vorbereitungshandlung in eingeschränkter Form wieder eingeführt, dazu ARZT 273, SCHULTZ, ZStrR 101 (1984) 131 ff., eingehend zur Entstehungsgeschichte MEYLAN 33 ff. Der Straftatbestand der Beteiligung an einer kriminellen Organisation wurde erst später, durch das BG vom 18.3.1994 als Art. 260ter eingeführt. Es handelt sich bei Art. 260bis um ein schlichtes Tätigkeitsdelikt, so dass vollendeter Versuch ausgeschlossen ist, und um ein abstraktes Gefährdungsdelikt, BGE 115 IV 126 f. Zur Strafbarkeit von Vorbereitungshandlungen im allgemeinen vgl. BGE 121 IV 200 f.   1

Technische Vorkehren sind das Bereitstellen von Geräten wie Waffen, Gift, Sprengstoff, falschen Papieren, Kommunikationsmitteln, Transportmitteln usw., BGE 111 IV 150 (Zurverfügungstellen des eigenen Autos und Umladen der Tatwerkzeuge und Waffen in dasselbe), aber auch das Beschaffen von Informationen. **Organisatorisch** ist die Planung des Ablaufs, BGE a.a.O., vor allem auch die Absprache der Zusammenarbeit mit anderen – nach ARZT 275 ist (etwas zu eng – «technische *oder* organisatorische Vorkehrungen») «in der Regel ein Komplott zu fordern»; Beispiele bei MEYLAN 90 f.   2

3   Die Vorbereitung muss **planmässig,** d.h. systematisch und über einen ge-
     wissen Zeitraum hinweg betrieben werden, SCHULTZ, ZBJV 115 (1979)
     453, DERS., ZStrR 107 (1990) 80. Das Vorliegen eines Plans muss aus
     einer Mehrzahl von auf dasselbe Ziel gerichteten Handlungen ersichtlich
     sein, RVJ 1993 321, s. auch GVP-SG 1991 Nr.41.

4   Das Adjektiv **«konkret»** fehlte im VE noch, es soll den Anwendungsbe-
     reich weiter einschränken, wobei jedoch die geplante Tat nicht im ein-
     zelnen identifiziert sein muss; es genügt, wenn sich die Vorbereitungen
     auf eine bestimmte Art von Delikten beziehen, BGE 111 IV 158 f., RVJ
     1993 321, BOLLE 397, REHBERG IV 164, MEYLAN 85, SCHULTZ, ZStrR 107
     (1990) 79, so jetzt auch STRATENWERTH BT II § 40 N 7; sind bereits
     andere Vorbereitungen getroffen worden, so ist auch das Rekognoszie-
     ren als Vorbereitungshandlung anzusehen, vgl. Rep. 1985 193, SCHULTZ
     ZStrR 134. Rein gedankliche Vorbereitung genügt nicht, RVJ 1993 321.

5   Die Vorbereitungen müssen **so weit gediehen** sein, dass *objektiv die ver-
     brecherische Absicht eindeutig erkennbar ist,* und sich das Verhalten nicht
     anders deuten lässt, als auf eine der Taten ausgerichtet, die in Art. 260bis
     aufgelistet sind. Über organisatorische Vorbereitungen wird allerdings
     regelmässig erst die Befragung des oder der Verdächtigen Aufschluss
     bringen, so dass objektive und subjektive Kriterien kaum zu trennen sind;
     zur Beweisproblematik ARZT 276 ff.

6   **Subjektiv** ist Vorsatz erforderlich, nicht nur bezüglich der Vorbereitung
     selber, sondern auch hinsichtlich der geplanten Tat (problematisch, s.
     ARZT 276). Der Plan selber braucht allerdings nicht vom Täter auszu-
     gehen, BGE 111 IV 150, RVJ 1993 321. Ein bestimmtes Motiv ist nicht
     verlangt, SCHULTZ, ZBJV 115 (1979) 453. Eventualvorsatz genügt nicht
     bezüglich der Vorbereitungshandlung, aber hinsichtlich des geplanten
     Verbrechens, anders GVP-SG 1991 Nr. 41.

7   **Versuch** ist, wie bei Unternehmensdelikten (z.B. Art. 275), nicht denk-
     bar, ARZT 274 (zweifelnd für den untauglichen Versuch), MEYLAN 107 f.,
     REHBERG IV 168, SCHULTZ, ZStrR 101 (1984) 135, DERS., ZStrR 107
     (1990) 83, SCHILD 104, SCHWENTER 297, STRATENWERTH BT II § 42 N 16,
     u.ö. Urteil der Cour de Cassation GE v. 25.9.1986 i.S. J.

8   **Anstiftung** und **Gehilfenschaft** sind dagegen strafbar, REHBERG IV 168,
     SCHWENTER 297, a.M. ARZT 275, MEYLAN 110 ff., STRATENWERTH BT II
     § 40 N 14, sogar die versuchte Anstiftung! Der Tatbestand erfasst auch
     den Teilnehmer, der erst nach Entschlussfassung an der Planung oder
     Vorbereitung teilnimmt, BGE 111 IV 149 ff. E. 4, PKG 1985 Nr. 18.

9   **Abs. 2** schreibt obligatorische Strafbefreiung beim *Rücktritt von der voll-
     endeten* (BGE 115 IV 126 f.) *Vorbereitungshandlung* (nicht vom Versuch
     der geplanten Tat!) vor, ähnlich Art. 260 II. Sind bereits sämtliche Vor-
     bereitungen nach Plan getroffen worden, muss der Täter aktiv werden
     und wenigstens einen Teil der Vorbereitung entwerten, «indem er bei-
     spielsweise bereits getroffene Vorbereitungen rückgängig macht (z.B.

beschaffte Tatwerkzeuge wegwirft) oder in anderer Weise die Ausführung der Haupttat verunmöglicht oder zumindest wesentlich erschwert», BGer a.a.O., krit. SCHILD 105 f., STRATENWERTH BT II § 40 N 13; ist die Vorbereitung noch nicht beendet, genügt es, wenn der Täter von der Weiterführung der Vorbereitung absieht, BGE 118 IV 369, 115 IV 127 f., SCHULTZ, ZBJV 127 (1991) 69 f. Der Rücktritt muss – nach den zum Versuch entwickelten Kriterien, BGE 115 IV 128 f., s. Art. 21 N 10 – *freiwillig* erfolgen, RVJ 1993 322; fühlt sich der Täter entdeckt, so ist sein Rücktritt nicht freiwillig, Rep. 1985 193. Auf die sittliche Qualität der Motive kommt es auch hier nicht an, BGE 118 IV 370. Für SCHUBARTH Art. 183 N 82 entfällt das Rücktrittsprivileg nur, wenn der Täter wegen Entdeckung aufgibt. Zur Missbrauchsgefahr ARZT 280.

Abs. 3 überträgt für die *Bestimmung des Begehungsortes* im wesentlichen die Regelung für Versuch, Art. 7 II, auf die Vorbereitungshandlung.   10

Bundesgerichtsbarkeit bei Vorbereitung einer Tat, die sich gegen den Bund und seine Behörden richten sollte, Art. 340 al. 7.   11

Kasuistik   12
BGE 111 IV 144: H. sagte seine Teilnahme an der Entführung von Sven Axel Springer zu; er nahm teil an der Besprechung des Tatplanes und stellte sein Auto zur Verfügung, in welches Tatwerkzeuge und Waffen geladen wurden, Strafbarkeit bejaht; **111 IV 155:** Der mehrfach vorbestrafte **G.** reiste mit Waffen ausgerüstet aus Italien nach Bern, wo er sich zwei Funkgeräte, Gummihandschuhe, Schraubenzieher und einen Glasschneider beschaffte; ein Komplize stand in Italien abrufbereit; Strafbarkeit bejaht, obwohl ein Objekt noch nicht festgelegt war; **115 IV 8:** Nachdem **Hariri** bereits den Passagier Xavier Beaulieu getötet hatte, um seinen Forderungen Nachdruck zu verleihen, traf er Vorbereitungen, die auf eine Exekution der Geisel Sébastien Brethes hindeuteten – vollendeter Mord und strafbare Vorbereitungshandlungen zu einem weiteren Mord *(in dubio pro reo)* kein Mordversuch); **115 IV 122:** Voraussetzungen von Abs. 2 bei drei Vorkommnissen verneint: a) nach Planung und Vorbereitung setzten die Täter zum Überfall an, sahen aber mangels Mut von der Durchführung ab und verschoben sie auf die nächste Woche, sie trafen sich dann aber nicht mehr – *recte* schon Versuch mit Rücktritt; b) Vorbereitungen für einen Überfall auf eine Migros-Filiale erfüllten schon den Tatbestand von Art. 260bis, waren aber noch nicht abgeschlossen; weil ein Mittäter zurücktrat und mit Anzeige drohte, wurde unfreiwillig auf Fortsetzung der Vorbereitung verzichtet; c) die Vorbereitungen für den Überfall auf eine Postfiliale waren schon abgeschlossen, obwohl der letzte Entscheid hinsichtlich einer Waffe noch nicht gefallen war – Rücktritt jedenfalls unfreiwillig, weil die Täter feststellten, dass ein gepanzertes Transportfahrzeug eingesetzt wurde, und ihnen die Ausführung des Plans deshalb unmöglich erschien; **118 IV 367:** Der Bf. hatte zusammen mit andern einen Raubüberfall vorbereitet – einige von ihm zu erbringende Beiträge standen noch aus, als er nicht mehr zum letzten Treffen kam – Abs. 2 bejaht, obwohl anlässlich jenes Treffens gleich zur

Tat geschritten werden sollte; **GVP-SG 1991 Nr. 41:** Der Angeschuldigte
hatte zusammen mit seinem Mittäter eine Grube ausgehoben und als
Versteck eingerichtet, der Plan wurde aber aus Angst um das Leben des
Entführungsopfers nicht ausgeführt; **PKG 1985 Nr. 18:** Vorbereitung
einer Entführung; **Rep. 1984 427:** Bestätigung des Urteils der Assise cor-
rezionali di Mendrisio-Sud vom 21.1.83, wonach ein Italiener zu 2 Jahren
Gefängnis verurteilt wurde, nachdem er mit Komplizen und präparierter
Waffe samt Munition zur Begehung eines bestimmten Raubüberfalls eingereist war, dazu SCHWENTER 294 ff. mit Kommentar zu Strafzumessung
und örtlicher Zuständigkeit; **Rep. 1985 193:** Rekognoszieren eines Post-
amtes aus dem Auto, Entwendung eines Personenwagens zum Gebrauch
und Parkieren in Nähe des Tatobjektes als Vorbereitung; weil sich die
Täter entdeckt fühlten, war ihr Rücktritt nicht freiwillig; **RVJ 1993 320:**
X. hatte mit Y. «Brandschulung» durchgeführt, leicht entzündliches Material und eine Fernsteuerung für eine Türe beschafft und dem Komplizen einen anonymen Brief mitgegeben; das Unternehmen scheiterte
daran, dass Y. aus Furcht untätig blieb.

13   **Konkurrenzen und Abgrenzungen**
Konkurrenz mit **Delikten zur Vorbereitung,** z.B. Diebstahl von Aus-
rüstungsgegenständen. **Versuch und Vollendung** konsumieren die Vorbereitungshandlungen, BGE 111 IV 149, 115 IV 124. Für die Abgrenzung
zum Versuch s. Art. 21 N 2–4.

260ter Kriminelle Organisation

   **1. Wer sich an einer Organisation beteiligt, die ihren Aufbau und ihre
personelle Zusammensetzung geheimhält und die den Zweck verfolgt,
Gewaltverbrechen zu begehen oder sich mit verbrecherischen Mitteln zu
bereichern,**

   **wer eine solche Organisation in ihrer verbrecherischen Tätigkeit un-
terstützt,**

   wird mit Zuchthaus bis zu fünf Jahren oder mit Gefängnis bestraft.

   **2. Der Richter kann die Strafe nach freiem Ermessen mildern
(Art. 66), wenn der Täter sich bemüht, die weitere verbrecherische Tätigkeit der Organisation zu verhindern.**

   **3. Strafbar ist auch, wer die Tat im Ausland begeht, wenn die Organi-
sation ihre verbrecherische Tätigkeit ganz oder teilweise in der Schweiz
ausübt oder auszuüben beabsichtigt. Artikel 3 Ziffer 1 Absatz 2 ist anwendbar.**

Eingeführt durch BG vom 18.3.1994, in Kraft seit 1.8.1994.

Botschaft vom 30.6.1993, BBl 1993 III 277 ff. Sten. NR 1989 1873 ff., 1990 250, StR
1990 203, 1992 1227 f.

GUNTHER ARZT, Organisierte Kriminalität – Bemerkungen zum Massnahmenpaket
des Bundesrats vom 30. Juni 1993, AJP 2 (1993) 1187; PAOLO BERNASCONI, Organi-

sierte Kriminalität in der Schweiz, Reihe Kriminologie Bd. 11, Chur und Zürich 1993, 265; Carla Del Ponte, *L'organisation criminelle,* ZStrR 113 (1995) 240; Karl-Ludwig Kunz, Massnahmen gegen die organisierte Kriminalität, plädoyer 1/1996 32; Lutz Krauskopf, Bekämpfung des organisierten Verbrechens: Eine schweizerische Herausforderung – eine europäische Herausforderung, FS zum 60. Geburtstag von Bundesrat Arnold Koller, Bern u.a. 1993, 751; Mark Pieth, «Organisierte Kriminalität» und «innere Sicherheit», Reihe Kriminologie, Bd. 13, Zürich und Chur 1995, 77; ders., «Das zweite Paket gegen das Organisierte Verbrechen», die Überlegungen des Gesetzgebers, ZStrR 113 (1995) 225; ders., Die Bekämpfung des organisierten Verbrechens in der Schweiz, ZStrR 109 (1992) 257; Mark Pieth/ Dieter Freiburghaus, Die Bedeutung des organisierten Verbrechens in der Schweiz, Bericht im Auftrag des Bundesamtes für Justiz, EJPD Bern 1993; Nicolas Roulet, Organisiertes Verbrechen: Tatbestand ohne Konturen, plädoyer 5/1994 24; Niklaus Schmid, Zu den neuen Bestimmungen des Strafgesetzbuches in Art. 58 f., 260ter und 305ter Abs. 2, ZGRG 1995 2; Hans Schultz, Die kriminelle Vereinigung, ZStrR 106 (1989) 15; Christian Schwarzenegger, Über das Verhältnis von Religion, Sekten und Kriminalität Reihe Kriminologie, Bd. 14, Zürich und Chur 1996, 211; Hans Vest, «Organisierte Kriminalität» – Überlegungen zur kriminalpolitischen Instrumentalisierung eines Begriffs, ZStrR 112 (1994) 121; **Lit.** zu Art. 305bis.

Art. 260ter wurde im Rahmen des zweiten Massnahmenpakets zur Bekämpfung des organisierten Verbrechen ins Gesetz eingeführt und ist seit dem 1.8.1994 in Kraft. Während der erste Anlauf zur Schaffung eines Tatbestandes der *kriminellen Gruppe* im Zusammenhang mit der Revision der Gewaltdelikte im Jahre 1981 – insbesondere wegen der vehementen Kritik im Vernehmlassungsverfahren – gescheitert war, vgl. BBl 1980 I 1252 f., wurde beim zweiten Anlauf der Tatbestand der *kriminellen Organisation* von den meisten Vernehmlassern im Grundsatz begrüsst, s. Botsch. 291. Der neue Tatbestand ist gedacht als «zentrales Element einer erfolgsversprechenden Gesamtstrategie gegen das organisierte Verbrechen», bei dessen Bekämpfung «die traditionellen Zurechnungskriterien des Einzeltäterstrafrechts versagen», weil sich innerhalb von Verbrecherorganisationen die Teilnahme an bestimmten Einzeldelikten nur schwer nachweisen lässt, Botsch. 295. Angesichts der Tatsache, dass die Nachbarländer der Schweiz schon seit längerer Zeit sogenannte «Organisationstatbestände» kennen, s. dazu Del Ponte 242 ff., Roulet 30 f., Schultz 16 ff., und die meisten Übereinkommen die Leistung von Rechtshilfe an die Bedingung der gegenseitigen Strafbarkeit knüpfen, hat sich das Fehlen eines solchen Tatbestandes im schweizerischen Strafrecht auch aus diesem Grund als «gravierende Lücke» erwiesen, Botsch. 296.   1

Die **kriminalpolitische Existenzberechtigung** von Art. 260ter ist umstritten. Teilweise wird gewarnt, das neue Instrument werde vor allem für eine starke Ausweitung der prozessualen, insbesondere polizeilichen Zwangsmittel missbraucht werden, v.a. Vest a.a.O., es wird befürchtet, die Kur könnte «schlimmer sein als die Krankheit», Arzt 1188, oder es wird die Unbestimmtheit der Norm gerügt, Roulet a.a.O. Ob ihre praktische Anwendung zu einem weitgehenden «Verzicht auf wesentliche   2

Regeln der strafrechtlichen Zurechnung» führt, insbesondere zur Los-
lösung des inkriminierten Verhaltens von der eigentlichen Unrechtstat,
wie STRATENWERTH BT II § 40 N 17 befürchtet (vgl. auch KUNZ 33), muss
die Praxis zeigen. Der Tatbestand darf nicht auf die Einführung einer
Verdachtsstrafe hinauslaufen oder zur Durchleuchtung oppositioneller
politischer Gruppen missbraucht werden, VEST 145 f. Die Bekämpfung
des organisierten Verbrechens «verläuft auf einem schmalen Grat
zwischen Effizienzbemühungen und rechtsstaatlichen Skrupeln», KUNZ
37. Der Richter sollte sich eher an den Leitbildern orientieren, die dem
Gesetzgeber vorschwebten, also insbesondere Bekämpfung der Mafia
und ähnlicher Phänomene (Drogenringe, Sem.jud. 1997 4), als versuchen,
durch Auslegung eng am Wortlaut originelle Eigenständigkeit zu ent-
wickeln. An der Gefährlichkeit krimineller Organisationen wird jedoch
kaum ernsthaft gezweifelt. Ihre Besonderheit liegt vor allem darin, dass
sie ein von den sie bildenden Mitgliedern getrenntes Eigenleben ent-
wickeln, eine Dynamik, welcher sich der einzelne nicht entziehen kann
und der wohl, bei grösseren Unternehmen wie der Mafia, überhaupt niemand Einhalt zu gebieten vermag.

3   Die **kriminelle Organisation** sollte in bewusster Anlehnung an die kriminologische Umschreibung des organisierten Verbrechens definiert werden, vgl. Botsch. 297 m.Hinw. auf den Bericht PIETH / FREIBURGHAUS.Ein
internationaler kriminologischer Vergleich der gängigen «Indikatoren-
kataloge» führte zunächst zu folgender Arbeitsdefinition: *«Organisiertes
Verbrechen liegt dort vor, wo Organisationen in Annäherung an die Funk-
tionsweise internationaler Unternehmen hochgradig arbeitsteilig, stark ab-
geschottet, planmässig und auf Dauer angelegt sind und durch Begehung
von Delikten sowie durch Teilnahme an der legalen Wirtschaft möglichst
hohe Gewinne anstreben. Die Organisation bedient sich dabei der Mittel
der Gewalt, Einschüchterung, Einflussnahme auf Politik und Wirtschaft.
Sie weist regelmässig einen stark hierarchischen Aufbau auf und verfügt
über wirksame Durchsetzungsmechanismen für interne Gruppennormen.
Ihre Akteure sind dabei weitgehend austauschbar»*, Botsch. 281. Die kriminelle Organisation soll sich dabei insbesondere durch drei Merkmale
auszeichnen: ihren inneren Aufbau, dessen fehlende Transparenz und
ihre besondere Zielsetzung. Inwieweit es sich dabei um die entscheidenden Merkmale handelt, ist allerdings umstritten, vgl. etwa VEST 145.

4   Das Merkmal **Organisation** spricht den inneren Aufbau und die Struktur
der Personenmehrheit an. Es sind höhere Anforderungen zu stellen als
an eine Bande i.S.v. Art. 139.3 II und 140.3 I oder an die Vereinigung
gemäss Art. 275ter, Sem.jud. 1997 3. Damit von einer Organisation gesprochen werden kann, müssen sich mindestens *drei* Personen zusammen-
schliessen, um *auf Dauer* arbeitsteilig und planmässig tätig zu werden,
Botsch. 298, kritisch CASSANI Art. 305bis N 56. Besondere Bedeutung für
die Annahme einer Organisation kommt dabei dem Kriterium der Aus-
tauschbarkeit der Mitglieder zu. Während eine Bande auf das Zusammenwirken ganz bestimmter Personen ausgerichtet ist, können die Mit-

glieder einer Organisation ausgewechselt werden, ohne dass dadurch der Bestand der Organisation gefährdet wird. Schliesslich gehört zur (kriminellen) Organisation regelmässig eine hierarchische, autoritäre und arbeitsteilige Struktur.

Die Botschaft (S. 297) erklärt, der Tatbestand könne «keine abschliessende Definition der Organisation enthalten» – in Berücksichtigung von Art. 1 kann dies nur bedeuten, dass weitere Bedingungen hinzukommen können, eine Ausdehnung des Begriffs hielte dem Legalitätsprinzip nicht stand.

Mit dem Tatbestandsmerkmal der **Geheimhaltung des Aufbaus und der** 5 **inneren Zusammensetzung** der Organisation soll eine «klare Abgrenzung legaler Vereinigungen, in deren Bereich gelegentlich auch Delikte begangen werden, von der kriminellen Organisation» sichergestellt werden, Botsch. 298. Gemeint ist die «qualifizierte, systematische Abschottung», Botsch. a.a.O. Sem.jud. 1997 3, die insbesondere durch strengste Geheimhaltungspflichten der Mitglieder und brutalste Durchsetzung dieser Normen erreicht wird, Botsch. 296, 298 f. Leitbild war die *Omertà* der Mafia, PIETH, ZStrR 113 (1995) 235. Es wird bezweifelt, ob damit wirklich das entscheidende Abgrenzungskriterium zwischen Verbrecherorganisationen und legalen Unternehmen in das Gesetz Eingang gefunden habe, s. z.B. ARZT 1189, DEL PONTE 243 f., ROULET 27, VEST 145. Befürchtungen, wonach gerade besonders mächtige Verbrecherorganisationen, welche den Staat und seine politische Führung bereits weitgehend unterwandert haben, keine besonderen Vorkehren mehr treffen müssten, um ihr «Innenleben» geheim zu halten, halte ich für unbegründet – wenn die kriminelle Organisation quasi den Staat übernommen hat, lässt sie sich mit Mitteln des Rechts ohnedies kaum mehr bekämpfen. Andererseits wird sich keine kriminelle Organisation ins Handelsregister eintragen; schliesslich ist auch nicht zu befürchten, dass gefährliche Unternehmungen dieser Art wie Pilze aus dem Boden schiessen. Das Beispiel der Skinheads und Rocker (ROULET 27) überzeugt nicht – abgesehen davon, dass es sich dabei möglicherweise gar nicht um kriminelle Organisationen handelt, geben sichtbare Zeichen der Zugehörigkeit noch keine Information über die innere Struktur. Abzulehnen ist die Auffassung von DEL PONTE 244, wonach die Geheimhaltung als objektive Strafbarkeitsbedingung behandelt werden sollte.

Erst der **Zweck** der Organisation, Begehung von Gewaltverbrechen oder 6 Bereicherung mit kriminellen Mitteln, rechtfertigt die strafrechtliche Verfolgung von Mitgliedschaft und Unterstützung. Der Tatbestand verlangt nicht, dass bereits eine Tat begangen worden sei, was im Schrifttum auf Kritik stösst – schon aus Beweisgründen müsse wohl mindestens ein Verbrechen vorliegen, REHBERG IV 171, SCHMID 4, STRATENWERTH BT II § 40 N 22, kritisch auch PIETH, ZStrR 109 (1992) 267, VEST 145. Die Vorstellung, dass ein Mitglied oder ein Sponsor einer kriminellen Organisation bereits überführt ist, bevor diese Organisation auch nur ein einziges Verbrechen, nicht einmal eine Vorbereitungshandlung, begangen hat, scheint wenig realistisch. Sollte die Polizei schon die Gründung beobachten, kann sie auch zuwarten, bis die Voraussetzungen für eine Bestrafung nach Art. 260bis erfüllt sind.

Der verbrecherische braucht nicht der einzige, muss aber ein wesentlicher Zweck der Organisation sein, den allenfalls legale Aktivitäten verschleiern, DEL PONTE 244.

7   **Gewaltverbrechen** sind die mit Zuchthaus bedrohten Delikte (Art. 9), bei denen Gewalt im strafrechtlichen Sinn (vgl. dazu Art. 140 N 4) zur Anwendung gelangt; z.B. Art. 111, 112, 122, 140, 156, 183–185 und 221, vgl. Botsch. 300; soweit jedoch bei den genannten Delikten keine Gewalt als Tatmittel zur Anwendung gelangt, sondern z.B. List (bei Art. 183) oder Drohung mit Strafanzeige (bei Art. 156), handelt es sich nicht um Gewaltverbrechen im Sinne der Bestimmung, ebenso REHBERG IV 171, STRATENWERTH BT II § 40 N 22, anders wohl die Botsch. a.a.O. Zusätzlich kommen in Frage Art. 224, 285, 311.2, s. auch DEL PONTE 245. Indem das Gesetz die Begehung von Gewaltverbrechen ausdrücklich als Zweck nennt, stellt es klar, dass der Tatbestand nicht auf profitorientierte Delinquenz (organisiertes Verbrechen i.e.S.) beschränkt ist, sondern auch terroristische Gruppierungen erfasst; zur Abgrenzung zwischen organisiertem Verbrechen i.e.S. und Terrorismus s. MÜLLER (zu Art. 305bis) 35 f.

8   Der Zweck der **Bereicherung mit verbrecherischen Mitteln** bezieht sich auf das organisierte Verbrechen i.e.S. (im Gegensatz zum Terrorismus). Das Adjektiv «verbrecherisch» ist auch hier im technischen Sinne zu verstehen, es muss sich um mit Zuchthaus bedrohte Delikte handeln, Botsch. 300. In erster Linie ist an die Verbrechen des 2. Titels zu denken, Diebstahl, Betrug, Chantage, Wucher usw., dann aber auch an andere Verbrechen, die letztlich Gewinn bringen, wie Art. 183–185 (soweit keine Gewalt angewendet wird), 195, 196, 240 ff. BetmG Art. 19 und KMG Art. 17, Botsch. 300. Warenfälschung ist dagegen kein Verbrechen.

9   Als **Tathandlungen** werden alternativ die Beteiligung an der kriminellen Organisation oder deren Unterstützung genannt. **Beteiligt** ist, wer sozusagen als ständiger (Botsch. 301) «Insider» in der Organisation integriert und in ihrem deliktischen Bereich tätig ist, Sem.jud. 1997 4. Ob eine leitende oder eine untergeordnete Stellung eingenommen wird, ist nur für die Strafzumessung von Belang. Betreibt die Verbrecherorganisation auch legale Geschäfte, so werden Personen nicht erfasst, die *ausschliesslich* im legalen Bereich der Organisation tätig sind, selbst wenn diese Mitwirkung *mittelbar* auch den verbrecherischen Tätigkeiten nützen mag. Botsch. 301; an die Unmittelbarkeit, die sich ja nicht dem Text entnehmen lässt, sind allerdings eher niedrige Anforderungen zu stellen – es muss genügen, wenn irgendein Zusammenhang zwischen der Tätigkeit des Beteiligten und der verbrecherischen Aktivität besteht, ähnlich REHBERG IV 171 f., STRATENWERTH BT II § 40 N 25 f. Noch keine strafbare Beteiligung, sondern erst eine straflose *Annäherung* an eine kriminelle Organisation, allenfalls Vorbereitung für spätere Unterstützung, liegt

vor, wenn ein Politiker von ihr Wahlhilfe annimmt, Kunz 35, Stratenwerth BT II § 40 N 25, a.M. Pieth, ZStrR 109 (1992) 268.

Unterstützung ist die Tätigkeit eines «Outsiders», der die kriminelle 10
Tätigkeit der Organisation unmittelbar fördert. Erfasst werden insbesondere Mittelsmänner zwischen der Organisation und der legalen Wirtschaft und Politik, Lieferanten der logistischen Infrastruktur (Waffen,
Funkgeräte, Transportmittel, Fälschergerät, Dokumente usw.) oder auch
Drogenschmuggler (Sem.jud. 1997 4), während blosse Sympathisanten,
die nur moralische Unterstützung geben, nach herrschender Auffassung
mangels *Unmittelbarkeit* der Unterstützungsleistung nicht strafbar sind,
vgl. Botsch. 301 f., ebensowenig Bäcker, die Brötchen liefern, oder tüch-
tige Strafverteidiger, welche die Grenzen des Rechts wahren. Del Ponte
246 nennt die italienischen Minister und hohen Beamten, welche wegen
Unterstützung der Mafia oder Comorra strafrechtlich verfolgt werden, s.
auch Pieth, ZStrR 109 (1992) 267 f., ders., ZStrR 113 (1995) 236, Rehberg IV 172 f., Stratenwerth BT II § 40 N 26, kritisch Arzt 1189 mit
Fn 14. Im Unterschied zur Gehilfenschaft muss ein kausaler Tatbeitrag
im Hinblick auf ein konkretes Delikt nicht nachgewiesen werden, Botsch.
301, Sem.jud. 1997 4, a.M. offenbar Arzt a.a.O.

Subjektiv wird Vorsatz verlangt. Der Täter muss wissen, dass er sich an 11
einer kriminellen Organisation beteiligt bzw. eine solche unterstützt.
Natürlich braucht er nicht die gesetzliche Definition zu kennen – Parallelwertung in der Laiensphäre, Botsch. 302. Bezüglich seiner Tathandlung muss er zumindest eventualvorsätzlich damit rechnen, dass sie der
kriminellen Zwecksetzung der Organisation dient, Botsch. a.a.O, Pieth,
ZStrR 109 (1992), 268, ein Zusammenhang mit einem konkreten Verbrechen gehört jedoch nicht zum Vorsatz.

Ziff. 2 erlaubt Strafmilderung für den Rücktritt vom vollendeten Delikt, 12
um Überläufer zu prämieren, Stratenwerth BT II § 40 N 29; dabei wird
weder ein Erfolg der Bemühungen noch Freiwilligkeit des Rücktritts verlangt, Botsch. 303, Stratenwerth a.a.O. Die Regelung ist m.E. gründlich missglückt. Kriminelle Organisationen finden sich verniedlicht angesichts der Vorstellung, dass die blosse Chance einer (fakultativen!)
Strafmilderung Mitglieder zum Frontwechsel motivieren kann. Nimmt
man Mafia und Konsorten ernst, muss man nicht nur Straflosigkeit, sondern geradezu besondere «Zeugenschutzprogramme» vorsehen, wie sie
im amerikanischen Recht bestehen (vgl. die Romane von John Grisham),
ähnlich Arzt 1187 f., Kunz 35.

Ziff. 3 stellt sicher, dass Art. 260ter auch Anwendung findet, wenn die for- 13
mell als Haupttaten konzipierten Teilnahmehandlungen im Ausland
begangen werden, sofern die Organisation zumindest einen Teil ihrer *kriminellen* Tätigkeiten auch in der Schweiz entfaltet oder beabsichtigt, dies
u tun.

Rechtfertigungsgründe dürften angesichts der weit umschriebenen Tat- 14
handlung der Unterstützung, insbesondere bei den Opfern der kriminel-

len Organisation, z.B. bei den Schutzgeldzahlenden, als *Nötigungsnotstand* von praktischer Bedeutung sein. Ferner wird es wohl Versuche geben, kriminelle Organisationen zu infiltrieren, was nach Art. 32 gerechtfertigt wäre – die Erarbeitung einer gesetzlichen Grundlage ist in Vorbereitung, Kunz 35, Vest 139 ff.

15   **Teilnahme** und **Versuch** sind straflos; eine zusätzliche Ausdehnung der Strafbarkeit ist abzulehnen, Botsch. 304, Stratenwerth BT II § 40 N 30, zweifelnd Arzt 1189 und Fn 13, für Strafbarkeit der Teilnahme Rehberg IV 173, Schultz 27.

16   **Konkurrenzen und Abgrenzungen**
Beziehen sich die Unterstützungs- oder Beteiligungshandlungen nur auf konkrete **Einzeldelikte**, so ist Art. 260ter subsidiär, sonst besteht echte Konkurrenz, Botsch. 304; **Art. 260**^bis geht für Stratenwerth BT II § 40 N 33 vor, abweichend Rehberg IV 174 – m.E. gilt dasselbe wie bei anderen Einzeldelikten; s. auch **Art. 275**^ter N 2, **305**^bis N 32.

261 Störung der Glaubens– und Kultusfreiheit

Wer öffentlich und in gemeiner Weise die Überzeugung anderer in Glaubenssachen, insbesondere den Glaube[n] an Gott, beschimpft oder verspottet oder Gegenstände religiöser Verehrung verunehrt,

wer eine verfassungsmässig gewährleistete Kultushandlung böswillig verhindert, stört oder öffentlich verspottet,

wer einen Ort oder einen Gegenstand, die für einen verfassungsmässig gewährleisteten Kultus oder für eine solche Kultushandlung bestimmt sind, böswillig verunehrt,

wird mit Gefängnis bis zu sechs Monaten oder mit Busse bestraft.

E 227. Sten.NR 453 ff., StR 210 ff. 2. ExpK IV 313.

Dora Bührer, Der strafrechtliche Schutz der Glaubens– und Kultusfreiheit, Diss BE 1943; François Clerc, Störung der Glaubens- und Kultusfreiheit, SJK Nr. 53; Cornelia Kranich, Zur Störung der Glaubensfreiheit durch Kunstwerke, plädoyer 1/1986 13; Dietrich Forrer, Der Einfluss von Naturrecht und Aufklärung auf die Bestrafung der Gotteslästerung, Diss. ZH 1973; Heinrich Hempel, Die Freiheit der Kunst. Eine Darstellung des schweizerischen, deutschen und amerikanischen Rechts, Diss. ZH 1991; Detlef Krauss, Der strafrechtliche Konflikt zwischen Glaubensfreiheit und Kunstfreiheit, Gedächtnisschrift für Peter Noll, Zürich 1984 209; Martin Schubarth (Hrsg.), Der Fall Fahrner ... (zu BGE 86 IV 19/BJM 1966 85) Basel 1983; Vital Schwander, Von den Religionsdelikten, Fribourg 1955.

1   **«Geschütztes Rechtsgut** ist die Glaubensfreiheit, genauer die Achtung vor dem Mitmenschen und seiner Überzeugung in religiösen Dingen und damit gleichzeitig auch der religiöse Friede», BGE 86 IV 23. Der Schutz beschränkt sich auf die verfassungsmässig gewährleistete Religionsfreiheit, BV Art. 49, 50 (zur Vereinbarkeit von Art. 261 mit BV Art. 50: ZR 42 [1943] Nr. 65), EMRK Art. 9, aber durchaus nicht nur auf christliche

Überzeugungen, REHBERG IV 176, STRATENWERTH BT II § 39 N 4 (h.L).
Geschützt ist auch der Einzelne in seinen religiösen Überzeugungen – er
ist im Zürcher Strafprozessrecht als Geschädigter zuzulassen, BGE 120
Ia 220.

Al. 1 schützt primär direkt, hinsichtlich religiöser Gegenstände (al. 3) in-   2
direkt, den **Anspruch auf Achtung religiöser Überzeugung.** Das Tatbestandsmerkmal *«in gemeiner Weise»* ist objektiver Natur und verlangt
einen besonders krassen Ausdruck der Geringschätzung im Gegensatz zu
sachlicher Kritik, BGE 86 IV 23 f., ZR 85 (1986) Nr. 44, 42 (1943) Nr. 65
– *recte* verstösst aber auch unsachliche Kritik nicht schon als solche gegen
Art. 261 – das Kriterium der Sachlichkeit ist im Bereich des Religiösen
ohnehin problematisch. Im Urteil über den Film «Das Gespenst» von
Herbert Achternbusch (ZR 85 [1986] Nr. 44, S. 111, Vi a.a.O. S. 97, 1. Instanz SJZ 81 [1985] Nr. 18) präzisiert das Bundesgericht treffend, dass
«nicht jede Kritik, die allenfalls als beleidigend, provokativ oder spöttisch
aufgefasst werden kann, bereits strafbar sein soll, sondern nur eine auf
Hohn und Schmähung ausgerichtete, durch Form und/oder Inhalt das
elementare Gebot der Toleranz … verletzende Äusserung». Weil der
Film nur als Ganzes zu beurteilen war, fand das BGer im Gegensatz zum
OGer ZH keine Verletzung, ebenso schon die 1. Instanz. Bejaht wurde
der Tatbestand in BGE 86 IV 19 für ein Ölbild von Kurt Fahrner, eine
nackte Gekreuzigte darstellend, mit Recht kritisch dazu und zum
Problem Kunstfreiheit/Schutz des religiösen Friedens KRAUSS a.a.O.,
SCHUBARTH (u.a.) a.a.O., NOLL, ZStrR 80 (1964) 188 f.; Darstellung eines
gekreuzigten Schweins, SJZ 67 (1971) Nr. 108; verneint für eine Karika-
tur, Mittérrand mit Dornenkrone, einen Davidstern wie das Christen-
kreuz tragend, SJZ 80 (1984) Nr. 5. Zuwenig Rücksicht auf die Meinungsäusserungsfreiheit nimmt m.E. das Urteil des EGMR i.S.
Otto-Preminger-Institut c. Österreich, Nr. 295-A.

Öffentlich ist die Tat, wenn sie von unbestimmt vielen wahrgenommen   3
werden kann – zu weit ZR 42 (1943) Nr. 65, wonach schon Versand an
eine Redaktion genügt (evtl. Versuch).

Subjektiv ist, wie sich aus der Umschreibung der Täterhandlung ergibt,   4
ein *animus iniuriandi* erforderlich – zu eng BGE 86 IV 24, richtig das
BGer in ZR 85 (1986) Nr. 44 sowie SJZ 64 (1968) Nr. 71, keine Verunehrung einer Kapelle durch unzüchtige Handlung, wenn es nur darum ging,
sich vor Entdeckung zu schützen.

Kultushandlung ist in erster Linie jede Veranstaltung, bei welcher eine   5
Mehrzahl von Personen in irgendeiner Form Kontakt zu Gott suchen,
also Gottesdienste, Andachten oder sakramentale Handlungen (z.B.
Taufe, Trauung, letzte Ölung), dagegen nicht blosser Religionsunter-
richt. Nach STRATENWERTH BT II § 39 N 14 (mit Hinweis auf HAFTER
und LOGOZ) sollten auch freidenkerische Vereinigungen geschützt werden, was damit in Einklang steht, dass die Religionsfreiheit auch in ihrem
negativen Aspekt grundrechtlich geschützt ist; ein strafrechtlicher Schutz

ist jedoch m.E. nicht erforderlich – er ist ja auch für die allgemeine Meinungsäusserungs- und Versammlungsfreiheit nicht vorgesehen *(de lege ferenda* diskutabel – immerhin kommt Nötigung in Frage, vgl. BGE 101 IV 169).

6   Die Verunehrung eines **dem Kultus geweihten Ortes oder Gegenstandes** kann nur realiter an diesem Ort oder Gegenstand verübt werden, nicht durch Abbildung, BGer, ZR 85 (1986) Nr. 44 S. 111.

7   Für subsidiäre **kantonalrechtliche Bestimmungen** lässt Art. 261 keinen Raum, RS 1943 Nr. 110.

261bis Rassendiskriminierung

Wer öffentlich gegen eine Person oder eine Gruppe von Personen wegen ihrer Rasse, Ethnie oder Religion zu Hass oder Diskriminierung aufruft,

wer öffentlich Ideologien verbreitet, die auf die systematische Herabsetzung oder Verleumdung der Angehörigen einer Rasse, Ethnie oder Religion gerichtet sind,

wer mit dem gleichen Ziel Propagandaaktionen organisiert, fördert oder daran teilnimmt,

wer öffentlich durch Wort, Schrift, Bild, Gebärden, Tätlichkeiten oder in anderer Weise eine Person oder eine Gruppe von Personen wegen ihrer Rasse, Ethnie oder Religion in einer gegen die Menschenwürde verstossenden Weise herabsetzt oder diskriminiert oder aus einem dieser Gründe Völkermord oder andere Verbrechen gegen die Menschlichkeit leugnet, gröblich verharmlost oder zu rechtfertigen sucht,

wer eine von ihm angebotene Leistung, die für die Allgemeinheit bestimmt ist, einer Person oder einer Gruppe von Personen wegen ihrer Rasse, Ethnie oder Religion verweigert,

wird mit Gefängnis oder mit Busse bestraft.

Eingeführt durch BG vom 18.6.1993, in Kraft seit 1.1.1995.

Botsch. vom 2.3.1992, BBl 1992 III 269 ff. Sten. NR 1992 2650 ff., 1993 1075 ff., StR 1993 90 ff., 452 ff., 579.

JEAN-FRANÇOIS AUBERT, *L'article sur la discrimination raciale et la Constitution fédérale,* AJP 3 (1994) 1079; ANNE-MARIE BARONE, *Lutte anti-raciste et droit pénal,* plädoyer 6/1992 43; ALEXANDRE GUYAZ, *L'incrimination de la discrimination raciale,* Diss. BE 1996; FREDI HÄNNI, Die schweizerische Anti-Rassismus-Strafnorm und die Massenmedien, Diss. BE 1997; DANIEL JOSITSCH, Strafrecht gegen Rassendiskriminierung. Rechtsvergleich zwischen der BRD und Kolumbien mit Blick auf die Revision des schweizerischen Strafrechts, Diss. SG 1993; REGULA KÄGI-DIENER, Medienmacht und Diskriminierung gesellschaftlicher Gruppen, AJP 3 (1994) 1127; MICHAEL KOHN, Braucht die Schweiz ein Antirassismus-Gesetz? Antworten und Reaktionen auf den bundesrätlichen Gesetzesentwurf, in Fremdenfeindlichkeit, Rassismus, Antisemitismus, Konstanz 1991, 53; KARL-LUDWIG KUNZ, Neuer Straftatbestand gegen Rassendiskriminierung – Bemerkungen zur bundesrätlichen Botschaft, ZStrR 109 (1992) 154; PETER MÜLLER, Die neue Strafbestimmung gegen Rassendiskriminierung – Zensur im Namen der Menschenwürde? ZBJV 130 (1994) 241; DERS., Abstinenz und Engagement des Strafrechts im Kampf gegen Ausländerfeindlichkeit, AJP 5 (1996) 659; MARCEL ALEXANDER NIGGLI, Rassendiskriminierung. Ein Kommentar zu Art. 261bis StGB und Art. 171c MStG, Zürich 1996; KARL JOSEF PARTSCH, «Rassendiskriminierung», in Rüdiger Wolfrum (Hrsg.), Handbuch der Vereinten Nationen, München 1991, 649; DERS., Neue Massnahmen zur Bekämpfung von Rassen- und Fremdenhass – Bessere Durchführung der internationalen Verpflichtungen Deutschlands, EuGRZ 21 (1994) 429; FRANZ RIKLIN, Die neue Strafbestimmung der Rassendiskriminierung: Art. 261bis StGB, Medialex 1 (1995) 36; ROBERT ROM, Die Behandlung der Rassendiskriminierung im schweizerischen Strafrecht, Diss. ZH 1995; ROLAND STRAUSS, Das Verbot der Rassendiskriminierung: Völkerrecht, Internationales Übereinkommen und schweizerische Rechtsordnung, Diss. ZH 1991; LUZIUS WILDHABER, Gedanken zur Rassendiskriminierung, Rechtsgleichheit und Drittwirkung im schweizerischen Recht, in Wechselspiel zwischen Innen und Aussen, Basel 1996, 545; zu den Erscheinungsformen des Rassismus vgl. ROLAND AEGERTER/IVO NEZEL, Sachbuch Rassismus, Zürich 1996; URS ALTERMANN/HANSPETER KRIESI, «Rechtsextremismus in der Schweiz», Zürich 1995; KLAUS ARMINGEON, Der Schweizer Rechtsextremismus im internationalen Vergleich, Schweizerische Zeitschrift für politische Wissenschaft 1995, Nr. 4, 41; HANS STUTZ, Rassistische Vorfälle in der Schweiz, Zürich 1996.

Die Einführung von Art. 261bis war die wesentliche Voraussetzung für die   1
Ratifizierung des **Internationalen Übereinkommens zur Beseitigung jeder Form von Rassendiskriminierung** vom 21.12.1965 (SR 0.104, CERD), die mit Hinterlegung der Beitrittsurkunde am 29.11.1994 erfolgte, nachdem die Bundesversammlung am 9.3.1993 die Genehmigung erteilt hatte. Schon 1971 war die Absicht, den Vertrag zu ratifizieren, geäussert worden, Botsch. 277. Ferner wurde bei Ratifizierung des IPbpR (SR 0.103.2) am 18. Juni 1992 auf den bevorstehenden Beitritt zur CERD in einem Vorbehalt zu IPbpR Art. 20 (2), der ein gesetzliches Verbot rassistischer Propaganda vorschreibt, hingewiesen. CERD Art. 4 verpflichtet zum Erlass von Strafbestimmungen gegen eine Reihe von Verhaltensweisen, die mit dem Respekt der Menschenwürde in der Person Andersrassiger nicht vereinbar sind. Zur Vorgeschichte des Übereinkommens und allgemein zum Diskriminierungsverbot im Völkerrecht Botsch. 273 ff., PARTSCH, EuGRZ 21 (1994) 429 f.

Die Schweiz brachte zu CERD Art. 4 einen **Vorbehalt** an: «Die Schweiz   2
behält sich vor, die notwendigen gesetzgeberischen Massnahmen zur Umsetzung von Artikel 4 in gebührender Berücksichtigung der Meinungsäusserungs- und der Vereinsfreiheit zu ergreifen, welche unter anderem in der Allgemeinen Erklärung der Menschenrechte verankert sind». Mit dem Hinweis auf die Vereinsfreiheit wollte sich die Schweiz von der Verpflichtung entbinden, schon die Zugehörigkeit zu einer Organisation mit rassendiskriminatorischen Zielen unter Strafe zu stellen, insbesondere weil Vereine in der Schweiz nicht eintragungspflichtig sind und sich die Strafbestimmung nur schwer durchsetzen liesse, Botsch. 305 f. Der Hinweis auf das Grundrecht der freien Meinungsäusserung ist

überflüssig, weil er sich schon in CERD Art. 4 selber findet: Die Vertragsstaaten verpflichten sich «unter gebührender Berücksichtigung der in der Allgemeinen Erklärung der Menschenrechte niedergelegten Grundsätze», sog. *«due regard-Klausel»,* dazu KUNZ 157.

3   Andererseits besteht **auch** ein **autonomes Bedürfnis** nach Bekämpfung rassenfeindlicher Bestrebungen, dazu die oben angegebene Lit. und MÜLLER, AJP 5 (1996) 660 f., NIGGLI N 15 ff. Botsch. 271 verweist auf die wachsende Zahl der Asylbewerber und die für Teile der Bevölkerung beängstigende Süd-Nord-Migration: «Tiefverwurzelte rassistische Vorurteile und Fremdenfeindlichkeit prägen das Verhalten eines Teils der schweizerischen Bevölkerung». WILDHABER 458 f. hatte schon 1971 eine solche Strafnorm als wünschenswert bezeichnet.

4   Gegen die Novelle war das **Referendum** ergriffen und in der Volksabstimmung vom 25.9.1994 nur knapp abgelehnt worden.

5   **Zweck** der Strafbestimmung ist einerseits, eine Wiederholung der Greuel des Holocaust zu verhindern, andererseits, das Erbe des Kolonialismus zu überwinden, Botsch. 303. Für RIKLIN 37 richtet sich Art. 261bis gegen «sozialgefährliche Formen der Beeinflussung des gesellschaftlichen Klimas».

6   **Geschütztes Rechtsgut** ist *der öffentliche Frieden,* «das Vertrauen der Gesamtheit oder von Teilen der Bevölkerung in den Bestand der und in den Schutz durch die Rechtsordnung … Wer dieses Vertrauen beeinträchtigt, zerstört die grundlegenden Voraussetzungen für ein geordnetes und einigermassen friedfertiges Zusammenleben. Dies zu verhindern, ist der Zweck von Artikel 261bis StGB», MÜLLER, AJP 5 (1996) 664; kritisch NIGGLI N 85 ff., 107 ff.: Jede Straftat gefährde den öffentlichen Frieden. NIGGLI sieht das geschützte Rechtsgut eher im Gefühl, von anderen als anderer geachtet zu sein, N 105, ein Ausfluss des gesellschaftlichen Wertes der Menschenwürde, N 117 ff. In diesem Sinn schütze Art. 261bis indirekt den öffentlichen Frieden. Für RIKLIN 38 muss «die Gefahr sozialer Spannungen entstehen».
    Eine präzise Bestimmung des geschützten Rechtsguts ist nicht möglich, STRATENWERTH BT II § 39 N 32. Es handelt sich um ein abstraktes Gefährdungsdelikt, Botsch. 310, 313, a.M. – Verletzungsdelikt – NIGGLI N 233 ff., REHBERG IV 180. In al. 4, 1. Variante, und in al. 5 ist allerdings die Menschenwürde der unmittelbar Betroffenen auch verletzt. Bisweilen wird denn auch die Menschenwürde als Rechtsgut in den Vordergrund gerückt, z.B. BARONE 43, NIGGLI N 211. Sekundär sind demnach auch Individualinteressen geschützt, REHBERG IV 180, wo allerdings die Einräumung der Parteistellung im Strafprozess an alle Angehörigen der angegriffenen Rasse … abgelehnt wird.

7   **Direkt angegriffene** Personen können als **Opfer** im Strafprozess Rechte ausüben, NIGGLI N 297, grundsätzlich bejaht der Autor auch die «Geschädigtenstellung von Personen, die nur in ihrer Eigenschaft als Mitglied der diskriminierten Gruppe betroffen sind», N 318.

Art. 261ᵇⁱˢ liegt im Spannungsfeld eines **Grundrechtskonflikts** – im Ein-   8
zelfall muss in einer Güterabwägung entschieden werden, ob das Recht
auf freie Meinungsäusserung oder der Schutz vor Rassendiskriminierung
Vorrang verdient, Botsch. 304, AUBERT 1082 mit eingehender Diskussion der Verfassungsmässigket von Art. 261ᵇⁱˢ. Selbstverständlich ist
Art. 261ᵇⁱˢ (wie etwa die Ehrverletzungsdelikte, dazu BGE 118 IV 263)
verfassungskonform auszulegen, s. auch RIKLIN 43. Gerade auch unter
dem grundrechtlichen Bestimmtheitsgebot (dazu EGMR, Urteil Sunday
Times, Nr. 38, EuGRZ 6 [1979] 387 § 49) vermag die unpräzise Fassung
nicht zu befriedigen, ebenfalls krit. HÄNNI 66 ff., JOSITSCH 245 f., KUNZ
a.a.O., STRATENWERTH BT II § 39 N 23; anders AUBERT 1081: *«aussi clair
que la plupart des autres dispositions du code pénal»,* ähnlich NIGGLI N 27.

NIGGLI N 560 ff. lehnt das Bestehen eines Grundrechtskonflikts mit
der Notwendigkeit einer Güterabwägung ab – es könne kein «Menschen-
recht auf Menschenrechtsverletzung» geben; dabei wird übersehen, dass
eben zunächst gar nicht feststeht, ob eine Menschenrechtsverletzung vorliegt! Differenzierter N 626 ff. zur Berichterstattung über Rassismus.

Die **EKMR** misst den in Art. 261ᵇⁱˢ geschützten Werten ein hohes Ge-   9
wicht bei. Sie hat sich nicht gescheut, die Missbrauchsregel von **EMRK
Art. 17** auf Rassisten anzuwenden, welche sich auf die Meinungsäusse-
rungsfreiheit des EMRK Art. 10 beriefen, s. z.B. die Entscheidungen
Glimmerveen und Hagenbeek c. NL, DR 18 187, Michael Kühnen c. D,
DR 57 205, dazu TRECHSEL in Péter Paczolay und Botond Bitskey
(Hrsg.), *Freedom of Expression in the Jurisprudence of Constitutional
Courts, The 10ᵗʰ Conference of the European Constitutional Courts,
Second Volume,* Budapest 1997, 484 f. Im Urteil des EGMR Jersild c.
DK, Nr. 298 (deutsch in ÖJZ 1995 227), stellte der EGMR, wie zuvor die
EKMR, eine Verletzung von EMRK Art. 10 fest, weil ein Journalist, der
am Fernsehen eine Gruppe von Rassisten blossgestellt hatte, in Anwen-
dung einer Art. 261ᵇⁱˢ analogen Bestimmung bestraft worden war; die
Entscheidung ist umstritten, s. z.B. GÉRARD COHEN-JONATHAN in
RUDH 7 (1995) 1, IGNAZIO INGRAO in RIDU 7 (1994) 578.

Die **Gliederung** des Tatbestands ist relativ komplex. Er enthält in vier   10
Absätzen fünf Tatbestände: Aufruf zur Diskriminierung, Verbreitung
rassistischer Ideologien, rassenfeindliche Propagandaaktionen, Diskrimie-
rung, «Auschwitzlüge» und Leistungsverweigerung. S. auch das Schema
bei NIGGLI S. 51. Die Abgrenzung zwischen den ersten drei Tatbeständen
ist nicht sehr deutlich, KUNZ 161 spricht von Überschneidungen, eines
der ersten publizierten Urteile belegt dies, SJZ 92 (1996) Nr. 35.

Grundlegend für alle Varianten sind die Begriffe «Rasse», «Ethnie»
und «Religion». In al. 1, 2 und 4 ist Öffentlichkeit Tatbestandsmerkmal.
Um Diskriminierung i.e.S. geht es in al. 4, 1.Variante, und al. 5.

Rasse im weitesten, soziologischen Sinn ist «eine Menschengruppe, die   11
sich selbst als unterschiedlich von anderen Gruppen versteht und/oder
so verstanden wird, auf der Grundlage angeborener und unveränder-
licher Merkmale», Botsch. 279, 310, m.Hinw. auf PARTSCH, Handbuch,

651. Es handelt sich also um eine Gruppe, die gemeinsame biologische Eigenschaften aufweist und welcher typische Eigenschaften zugeschrieben werden, JOSITSCH 3 f. NIGGLI N 285 ff. (N 399) behauptet, dass ein wissenschaftlicher Nachweis für ein biologisches Kriterium «Rasse» nicht erbracht sei; praktisch ist dies ohne Bedeutung, weil jedenfalls gewissen Menschengruppen biologisch mitbestimmte Eigenschaften *zugeschrieben* werden, was a.a.O. N 407 anerkannt wird. Richtig der Hinweis von STRAUSS 5, wonach die physischen Unterschiede zwischen den menschlichen Rassen «im Vergleich zu ihren Gemeinsamkeiten marginal sind». Es kommt nicht darauf an, ob die Zuschreibung eine Realität trifft, STRATENWERTH BT II § 39 N 28. Der Hinweis auf die Hautfarbe, der sich in CERD Art. 1 findet, hat daneben keine selbständige Bedeutung – es soll vorkommen, dass innerhalb derselben Rasse Dunkelhäutige von Hellerhäutigen verachtet werden, was in der Schweiz höchstens unter Angehörigen derselben Rasse Bedeutung erlangen dürfte. Für die Erfüllung des Tatbestands ist nicht erforderlich, dass *eine bestimmte* Rasse angeprangert wird – es genügt eine kollektive Schmähung aller Andersrassigen, z. B. der Nichteuropäer (in Italien die *estra-communitari),* sogar der Ausländer oder der Asylanten schlechthin, nach RIKLIN 39 ein Grenzfall, a. M. REHBERG IV 181. NIGGLI N 497, 501, lässt eine Kollektivbezeichnung jedenfalls dann genügen, wenn Ethnie oder Rasse gemeint ist.

12   Der Begriff der **Ethnie** kann wie der rein soziologische Begriff der Rasse definiert werden – hier fehlt allerdings jeder Bezug zu erkennbaren biologischen Besonderheiten; im Vordergrund stehen «kulturelle, sprachliche und historische Aspekte», RIKLIN 38, etwas enger REHBERG IV 181, weiter MÜLLER, ZBJV 130 (1994) 247, für den schon die Sprachengemeinschaft, z.B. der italienischsprechenden Schweizer, eine Ethnie bildet. KUNZ 159 f. vertritt die Auffassung, dass die Begriffe «Rasse» und «ethnische Zugehörigkeit» bedeutungsgleich seien, und wirft die Frage auf, ob auch Jurassier, Appenzeller, Berner usw. Ethnien seien, bejahend REHBERG IV 181, RIKLIN 39. Soweit diesen Gruppen wesentliche Unterscheidungsmerkmale zugeschrieben werden (sollten), ist sie zu bejahen; gegenwärtig ist ein entsprechendes Schutzbedürfnis glücklicherweise nicht zu erkennen.

Ethnie und Rasse werden praktisch auch gleichgesetzt bei JOSITSCH 5, dagegen NIGGLI N 413.

13   Das Unterscheidungskriterium der **Religion** findet sich nicht in CERD Art. 1; es wurde im Hinblick auf eine Empfehlung des Europarats aufgenommen, Botsch. 311. Die Konflikte in Nordirland belegen das tragische Potential der Religionszugehörigkeit.

Selbstverständlich sind nicht nur christliche Glaubensgemeinschaften einschliesslich kleinster Gruppierungen gemeint, sondern ebenso Juden, Muslims, Hindus, Buddhisten usw.; m.E. verdienen auch Atheisten den Schutz des Art. 261bis, ebenso REHBERG IV 182, krit. ROM 117 f. Auslegungshilfe kann die Rechtsprechung zur Religionsfreiheit, auch zu

EMRK Art. 9, bieten. Kunz 160 befürchtet Abgrenzungsprobleme «im Bereich pseudoreligiöser Gruppierungen», eingehend Riklin 38 f., der etwa die sog. *Church of Scientology* als Religion ansieht (anders explizit Niggli N 477, andeutungsweise Rehberg IV 183), den Verein für Psychologische Menschenkenntnis (VPM) dagegen nicht. Die AK SG sprach der *Scientology* den Charakter einer Religion ab, SJZ 93 (1997) Nr. 18, wobei freilich m.E. zuunrecht ein Element des «Freiheitlichen» verwendet wird – es ist gerade für Religionen typisch, dass sie sich die Kenntnis einer absoluten Wahrheit anmassen. Bei richtiger Anwendung des Diskriminierungsbegriffs besteht m.E. zur Befürchtung ernstlicher Schwierigkeiten wegen zu weiter Auslegung des Religionsbegriffs kein Anlass.

Es erscheint nicht sinnvoll, den Tatbestand durch eine einschränkende Auslegung des Religionsbegriffs zu präzisieren. Ein i.S.v. EMRK Art. 9 II gerechtfertigter Eingriff in die Religionsfreiheit stellt keine Diskriminierung dar – der Tatbestand ist aus *diesem* Grund nicht erfüllt. Einem polizeilichen Eingreifen gegen Angriffe auf Rechtsgüter im Namen einer Religion (z.B. im Zusammenhang mit der Moon-Sekte oder den «Sonnentemplern») steht Art. 261bis nicht im Weg.

Unter einer **Gruppe** ist eine Mehrzahl von Personen zu verstehen, die **14** sich einerseits als zusammengehörig verstehen, andererseits von Aussenstehenden ebenfalls als zusammengehörig angesehen werden. Zu einer besonderen Abgrenzung (z.B. Niggli N 380 ff.) besteht kein Anlass.

Die drei ersten und die fünfte Tatbestandsvariante setzen Handeln **in der** **15** **Öffentlichkeit** voraus, dazu auch Art. 261 N 3: Möglichkeit der Wahrnehmung durch unbestimmt viele Menschen. Nach Stratenwerth BT II § 38 N 15 ist eine Aufforderung öffentlich, «wenn sie an einen grösseren, durch persönliche Beziehungen nicht verbundenen Kreis von Personen gerichtet ist», sinngemäss ebenso BGE 111 IV 154, Jositsch 266, Niggli N 696, Rehberg IV 185. Nicht öffentlich ist das Gespräch im Freundeskreis oder am Stammtisch, SJZ 92 (1996) Nr. 35, selbst wenn Dritte mithören können, Müller, ZBJV 130 (1994) 253, Riklin 43, a.M. Niggli N 698, 712, Rehberg IV 185. Zu weit m.E. auch Müller a.a.O., wonach ein Lehrer sich öffentlich äussert, wenn er sich an eine Klasse wendet und damit rechnen muss, dass die Schüler über das Gehörte sprechen, so aber auch Niggli N 708. So verwerflich private rassistische Äusserungen und Anpöbelungen auch sein mögen, der Gesetzgeber hat sie von der Strafbarkeit ausgeschlossen, weil dies zu einer vollständigen Kontrolle der Kommunikation unter Einzelpersonen hätte führen können, Müller, AJP 5 (1996) 663. «Öffentlich» heisst «durch die Medien, an Veranstaltungen, auf Plätzen und in Lokalen.», Müller, AJP 5 (1996) 664. Botsch. 313 weist darauf hin, «dass unter Umständen die massenpsychologische Erregbarkeit einer Menge ausgenutzt wird», was allerdings nicht Tatbestandsmerkmal ist. Zu eng ist auch der Hinweis darauf, dass hetzerische Propaganda ein Klima schaffe, «welches die Urteilsfähigkeit der Adressaten beeinträchtigt, die moralische Hemmschwelle herabsetzt und häufig auch die durch die Rechtsordnung aufgebauten Hemmungen abbaut» – der Tatbestand ist nicht nur auf Göbbels u. Kons. ausgerichtet, mag eine solche Einschränkung auch wünschbar erscheinen, s. etwa KUNZ 161. Der Täter muss *subjektiv* mindestens damit rechnen (bzw. in Kauf nehmen), dass sein Verhalten von einer Vielzahl von Personen, also nicht nur den Nachbarn eines Stammtisches, wahrgenommen wird. Bei Presseerzeugnissen ist Öffentlichkeit anzunehmen, sofern nicht «über den Empfängerkreis eine persönliche Kontrolle» ausgeübt werden kann, RIKLIN 42.

16   Die angegriffene **Zielgruppe** muss «einigermassen bestimmbar» sein, MÜLLER, AJP 5 (1996) 665. Der Schutz geht weiter als bei Ehrverletzung und erfasst auch Personengruppen, MÜLLER, ZBJV 130 (1994) 253 f.

17   Unter **Hass** versteht MÜLLER a.a.O. «das Entfachen einer emotional gesteigerten Feindschaft und Verachtung», es geht «um das kategorische und hasserfüllte Bestreiten des Lebensrechts von Einzelnen oder von Gruppen in der Gesellschaft». Mit Recht weist KUNZ 161 darauf hin, dass man nicht zu Hass auffordern, nur Hass schüren kann. Ablehnende Gefühle sind noch nicht Hass, HÄNNI 117 f., RIKLIN 40.

18   **Diskriminierung** ist «nicht jede Ungleichbehandlung …, die ohne sachlichen Grund an eines der nach Artikel 261bis unzulässigen Unterscheidungsmerkmale anknüpft, sondern nur eine solche, die eine grundrechtliche Position des Betroffenen beeinträchtigt», meint MÜLLER, AJP 5 (1996) 665, wo in Fn 24 auf CERD Art. 1 verwiesen wird – Diskriminierung setzt voraus, dass «dadurch ein gleichberechtigtes Anerkennen, Geniessen oder Ausüben von Menschenrechten und Grundfreiheiten im politischen, wirtschaftlichen, sozialen, kulturellen oder jedem sonstigen Bereich des öffentlichen Lebens vereitelt oder beeinträchtigt wird». STRATENWERTH BT II § 39 N 31 definiert Diskriminierung als «unberechtigte Zurücksetzung», Botsch. 279 spricht auch von Einschränkung im Grundrechtsgenuss. Der EGMR stellt eine Diskriminierung fest, wenn es für eine Differenzierung keine objektiven und vernünftigen Gründe gibt oder wenn die Verhältnismässigkeit nicht gewahrt wurde, Urteil im Belgischen Sprachenstreit, Nr. 6, S. 34, ähnlich HÄNNI 118, NIGGLI N 748. Für Art. 261bis ist entscheidend, dass Grund der Schlechterstellung ein Kriterium gemäss dieser Bestimmung ist – wird eine asiatische Frau wegen ihres Geschlechts benachteiligt, liegt keine *Rassen*diskriminierung vor, JOSITSCH 13. KUNZ 161 fragt, wie sich ein Aufruf zu Diskriminierung dort strafbar erklären lässt, wo die Diskriminierung selber straflos bliebe.

19   Öffentlich **Aufrufen** entspricht dem öffentlichen Auffordern gemäss Art. 259, mit dem Unterschied, dass es «nur» darum geht, eine verpönte Geisteshaltung zu fördern, während der Täter in Art. 259 zu einem bestimmten Verhalten motivieren will. Gemeint ist hier «rassistische Hetze», Botsch. 312, NIGGLI N 763. Es braucht deshalb eine gesteigerte Eindringlichkeit, NIGGLI N 767 m.w.Hinw.; nach KUNZ 161, STRATEN-

WERTH BT II § 39 N 32, hätte es «aufreizen» heissen müssen, nach HÄNNI 117 «schüren». Der blosse Hinweis darauf, dass der Redner Rassist sei, genügt nicht, a.M. RIKLIN 40.

Ideologien sind Gedankengebäude, die in sich geschlossen sind oder ge- 20
schlossen zu sein vorgeben und auf einer absolut gesetzten, keiner Diskussion zugänglichen Grundannahme und Werthaltung beruhen («über-
wertige Idee»). Dazu zählt RIKLIN 41 das «Dogma von der Überlegenheit
der weissen Rasse», was wohl etwas zu weit ist, anders die Apartheid.
Der besondere Unrechtsgehalt bei Verbreitung rassistischer Ideologien
«besteht darin, dass der Täter seiner Botschaft einen scheinwissenschaft-
lichen Anstrich gibt, d.h. für die Verbreitung ... einen besonderen intellektuellen Aufwand betreibt», was ein «Klima der Rassenhetze» fördert,
MÜLLER, AJP 5 (1996) 665. KUNZ 162 zweifelt an der Berechtigung dieser Variante – auch Botsch. 313 räumt ein: «Grenzfälle werden allerdings
schwer zu beurteilen sein», was zwar richtig, aber auch nichtssagend ist.

Der Begriff **verbreiten** dürfte praktisch kaum von «öffentlich äussern» 21
abweichen, NIGGLI N 795.

Herabsetzen heisst, jemandem einen minderen Wert zuschreiben, und 22
zwar im Bereich seiner Menschenwürde, mit der Konsequenz, dass dem
Opfer auch eine geringere Rechtsstellung zugewiesen wird, NIGGLI N
937.

Zum Begriff der **Verleumdung** s. Art. 174; die Bestrafung kann aber nicht 23
vom Nachweis abhängen, dass der Täter wider besseres Wissen handelte,
weil es keine Rechtfertigung für eine vergleichende Bewertung von Rassen gibt; krit. auch JOSITSCH 269, STRATENWERTH BT II § 39 N 33. Der
Text wurde leider emotional aufgebläht – rassenverachtende Äusserungen werden grundsätzlich und nach gesetzlicher Vermutung immer
«wider besseres Wissen» gemacht.

Die fragliche Ideologie muss schliesslich auf eine **systematische** Herab- 24
setzung gerichtet sein. Was damit gemeint sei, ist fraglich – Systematik ist
ein Merkmal aller Ideologien. Das Wort ist überflüssig.

Der Begriff der **Propaganda** findet sich auch in Art. 275bis – s. dort N 2. 25
Botsch. 312 weist auf das Tragen von rassistischen Abzeichen und den
Hitlergruss. «Gemeint ist ... die Organisation und Unterstützung einer
auf Breitenwirkung angelegten werbenden Einwirkung auf andere ...
wirksame Form der Beeinflussung der öffentlichen Meinung», MÜLLER,
AJP 5 (1996) 665, z.B. durch Inseratekampagnen, Flugblattaktionen,
Veranstaltungsserien, Grossveranstaltungen. Als rassistische Propaganda betrachtet SJZ 92 (1996) Nr. 35 die Aufforderung, das Land zu
verlassen («Türken raus!»), analog für «Jugo-Pack ab in die Wüste», RI-
KLIN 40; allzu liberal wohl AUBERT 1081, wonach es zulässig sei, einem
Schwarzen öffentlich zuzurufen: *Retourne sous ton bananier!».* Nicht
strafbar dagegen ein abstrakteres «Ausländer raus», RIKLIN 40. AUBERT
1081 schreibt, es sei zulässig, die Überlegenheit der weissen Rasse zu be-

haupten, solange damit nicht die Konsequenz verknüpft werde, Angehörige anderer Rassen hätten weniger Rechte. Ob mit dem Begriff der Propaganda der Tatbestand gegenüber al. 1 erweitert wird, was STRATENWERTH BT II § 39 N 32 bezweifelt, mag dahingestellt bleiben. Straflos bleibt gemäss NIGGLI N 864 auch das Tragen von Abzeichen, Armbinden mit Hakenkreuz u. ä. Anders wohl, entgegen NIGGLI N 865, die Verwendung des Hitlergrusses unter Gleichgesinnten in der Öffentlichkeit. Der Bezug zur Öffentlichkeit liegt schon im Begriff der Propaganda.

26   Vorausgesetzt ist, dass der Täter **mit dem gleichen Ziel** (Diskriminierung Andersrassiger) handelt. Damit kann – entgegen GUYAZ 275 ff. – nur die objektive Zielrichtung gemeint sein, die Herabsetzung einer geschützten Gruppe, ähnlich NIGGLI N 883, der auch noch die Zielsetzung von al. 1 einbezieht.

27   **Organisieren** ist die Vornahme planerischer Handlungen, die Vorbereitung von Anlässen, der Einsatz von personellen und anderen Mitteln, wohl auch die Finanzierung, MÜLLER, ZBJV 130 (1994) 255. Es handelt sich somit um Vorbereitungs- und Teilnahmehandlungen zu den Tatbeständen der al. 1 und 2, ebenso NIGGLI N 897.

28   Mit der Einfügung der **Teilnahme** in den Tatbestand wird Einheitstäterschaft bewirkt; wer immer sich beteiligt, z. B. Reden schreibt, Plakate entwirft, Aktionen organisiert, ist schon Täter, wobei freilich blosses Zuschauen oder Zuhören nicht strafbar ist, Botsch. 312, REHBERG IV 187. Für Anstiftung und Gehilfenschaft bleibt damit kein Raum.

29   Das Verb **fördern** hat keine selbständige Bedeutung.

30   Der Tatbestand von **al. 4** ist im Gegensatz zu al. 1–3 nicht mehr ideeller, sondern realer Natur, er betrifft ein Verhalten, das sich *direkt gegen geschützte Personen* oder Gruppen richtet.

31   Die Tatmittel **Wort, Schrift, Bild, Gebärde** entsprechen denjenigen bei der Ehrverletzung, Art. 176.

32   **Tätlichkeiten** sind besondere Gebärden, gemeint ist der geringfügige körperliche Angriff gemäss Art. 126, ebenso NIGGLI N 920 ff.

33   Für die Generalklausel **auf andere Weise** dürften sich angesichts der weiten Umschreibung der Beispiele kaum Anwendungsfälle finden.

34   Der Angriff muss **in einer gegen die Menschenwürde** verstossenden Weise erfolgen. Die Menschenwürde ist verletzt, wenn dem Opfer seine Existenzberechtigung als Mensch abgesprochen wird wegen einer Eigenschaft, die ohne sein Zutun Bestand hat, Botsch. 314, was nach STRATENWERTH BT II § 39 N 36 zu eng ist. Verletzung der Menschenwürde nimmt SJZ 92 (1996) Nr. 35 an für die Parolen «Dreckjuden», «Drecktürken». RIKLIN 41 rät, den Absatz eng auszulegen; nicht erfasst sei der Satz: «Die Italiener sind faule Kerle», aber die Darstellung einer Gruppe als Untermenschen, Schädlinge, Parasiten – «Alle Türken sollte man an die Wand stellen», «Die Schwarzen verstinken unser Land». Ähnlich NIGGLI N

191 f.: Bezeichnungen, die Menschen als (z.B. zur Vernichtung freigege-
bene) Dinge ansprechen; also nicht Zuschreibung von einzelnen Eigenschaften, sondern nur Gesamtbewertung, REHBERG IV 184. Unproblematisch ist die Aussage, «Wir wollen nicht, dass unsere Tochter einen
Türken heiratet», AUBERT 1084.

Die Menschenwürde schützt BV 24[novies], für Deutschland GG Art.1, s.
auch PHILIPPE A. MASTRONARDI, Der Verfassungsgrundsatz der Menschenwürde in der Schweiz, Berlin 1978, 213 f. Der Wert ist prakisch
nicht definierbar. MÜLLER, AJP 5 (1996) 666, schlägt vor: «Wert ..., der
von der Rechtsordnung jedem Menschen unabhängig von Eigenschaften
wie Nationalität, Geschlecht, Alter, Abstammung oder Religion zuerkannt werden muss», sinngemäss ebenso AUBERT 1082. KUNZ 163 spricht
kritisch von einem unumgrenzten Sammelbecken; im Gegensatz zu
Art. 135, wo es nur um zusätzliche Einschränkung des Tatbestands gehe,
habe der Angriff auf die Menschenwürde hier strafbarkeitsbegründende
Funktion; im deutschen Strafrecht werde die praktische Bedeutung des
Begriffs bestritten. STRATENWERTH BT II § 39 N 36 meint, es sei ein
einengendes Merkmal.

Für die Praxis ist die Forderung, dass dem Opfer schlechthin die Existenzberechtigung abgesprochen werde, zu streng. Es muss genügen,
wenn jemand als Mensch zweiter Klasse behandelt wird, der Wirt z.B. zu
einem Afrikaner sagt: «Ich habe ja nichts gegen Neger, aber in meinem
Restaurant haben sie nichts zu suchen».

Al. 4 stellt die sog. **«Auschwitzlüge»** *(«négationnisme»),* dazu MÜLLER,   35
ZBJV 130 (1994) 241, Fn 3, unter Strafe. Obwohl die Umschreibung allgemein gehalten ist, war dabei an den Holocaust, die Ausrottung von ungefähr sechs Millionen Juden durch die deutschen Nationalsozialisten, gedacht, s. z.B. MÜLLER a.a.O. 255, NIGGLI N 972 m.w.Hinw. AUBERT 1085
sieht das Unrecht darin, dass das Leugnen des Holocaust den Juden
einen ungeheuerlichen Betrug vorwirft. Wer diese historischen Geschehnisse leugnet, gröblich verharmlost oder gar zu rechtfertigen sucht, verletzt die Gefühle der wenigen Überlebenden und ihrer Angehörigen aufs
schwerste, der Ausdruck «Betroffenheit auslösen», den MÜLLER, ZBJV
130 (1994) 256 verwendet, ist eine unerträgliche Verharmlosung. Der
Entwurf des Bundesrats versuchte, das Problem dadurch zu lösen, dass
das Andenken Verstorbener geschützt wurde, Botsch. 312. Inzwischen
sind in Ex-Jugoslawien und Rwanda rassistische Greueltaten vorgekommen, die jedenfalls unter dem Gesichtspunkt von Art. 261bis wie diejenigen der Nazis zu behandeln sind. NIGGLI N 973 will in diesen Fällen das
Ergebnis von Untersuchungskommissionen abwarten.

Der Gesetzestext verwendet die Begriffe **Völkermord oder andere Ver-**   36
brechen gegen die Menschlichkeit. NIGGLI N 966 ff. versucht, diese Begriffe anhand der verschiedenen Rechtsquellen näher zu bestimmen.
M.E. ist dieser Ansatz verfehlt – es kann insbesondere nicht darum gehen, in Einzelfällen jemanden mit Strafe zu bedrohen, der von einem bestimmten Verhalten behauptet, es sei kein Verbrechen gegen die

Menschlichkeit oder kein Völkermord – die Genozid-Definition der Internationalen Konvention über die Verhütung und Bestrafung des Völkermords vom 9.12.1948 ist viel zu unbestimmt. Der Schutz greift nur bei historischen Ereignissen, deren Realität keinem Zweifel unterliegt.

37 Die Täterhandlung wird umschrieben als **leugnen, gröblich verharmlosen oder zu rechtfertigen versuchen.** Diese Verben bedürfen keiner weiteren Erläuterungen. Nicht darunter fällt etwa die Behauptung, die Bombardierung von Dresden sei ebenso schlimm wie die Judenvernichtung, oder Hitler habe vom Holocaust nichts gewusst, so abwegig diese Meinungen auch sein mögen, AUBERT 1084.

38 Schwer verständlich ist, dass die «Auschwitzlüge» nur strafbar ist, wenn der Täter **aus rassistischen Motiven** handelte. Die Tätigkeitswörter (leugnen, gröblich verharmlosen, zu rechtfertigen suchen) lassen ehrbaren Motiven keinen Raum; soll straflos sein, wer glaubhaft macht, er habe nur aus Geldgier oder aus Geltungssucht gehandelt? Krit. auch NIGGLI N 1222 ff., STRATENWERTH BT II § 39 N 37, zustimmend RIKLIN 42. MÜLLER, ZBJV 130 (1994) 256 hält es für möglich, dass im Zusammenhang mit einer rein wissenschaftlichen Arbeit das Motiv Bedeutung erhält, räumt aber ein, dass das «schwer vorstellbar» sei.

39 Diskriminierung i.e.S. liegt bei der **Leistungsverweigerung** vor, die im Extremfall von Apartheid und *segregation* übelste Menschenverachtung ausdrückt. Die Berechtigung des Tatbestands, der vom CERD nicht gefordert ist, wird bezweifelt – KUNZ 164 f. meint, das Ziel hätte auch mit einer grundrechtskonformen Auslegung des Privatrechts erreicht werden können, was angesichts des Umstandes, dass hier von der Vertragsfreiheit abgewichen wird, nicht überzeugt, s. auch BGE 80 II 26 (Seelig). ZGB Art. 28 bietet auch insofern nur einen unvollständigen Schutz, als es beim Diskriminierungsverbot eben um mehr als die Kränkung von Einzelpersonen geht.

40 Im Gegensatz zum Begriff «Dienstleistung» in Art. 149 ist **Leistung** hier in einem weiten, auch Sachen umfassenden Sinn zu verstehen, NIGGLI N 1040 ff. mit Beispielen.

41 **Für die Allgemeinheit bestimmt** ist eine Leistung, «wenn sie dem Publikum angeboten wird und aufgrund eines Vertrages erlangt werden kann, bei welchem einmal Leistung und Gegenleistung standardisiert sind, und der andererseits nicht auf zeitliche Dauer angelegt ist, die Person des Vertragspartners also in den Hintergrund tritt», MÜLLER, AJP 5 (1996) 666, Fn 32 m.Hinw. auf GUYAZ 290. NIGGLI N 1073 ff., 1170, lehnt mit breiter Begründung die Kriterien der Dauer, der Anonymität und der Mehrzahl der Adressaten des Leistungsangebots ab; gestützt auf die Praxis des CERD-Komitees ist für die Allgemeinheit bestimmt «grundsätzlich jede Leistung…, die nicht ausschliesslich und erkennbar für eine spezifische Person oder Gruppe von Personen bestimmt ist». Damit werden auch der Stellen- und der Wohnungsmarkt erfasst. Es handelt sich «um den quasi-öffentlichen Bereich, der nicht mehr vom Schutz der Privat-

sphäre umfasst ist», Botsch. 314, wo als Beispiele «Arbeitsverhältnisse, Schulen, Verkehrsmittel, Hotels und Restaurants, Theater, Parks, Schwimmbäder» aufgeführt werden. MÜLLER, ZBJV 130 (1994) 257 erwähnt ferner «Betreiber eines Vergnügungsparks, ... Metzger, Bäcker, die Leitung einer Bibliothek». Die Diskriminierung ist hier «von einer besonderen Intensität, weil sie vielfach von einem grösseren Personenkreis wahrgenommen wird und deshalb das öffentliche Klima nachhaltig im Sinne einer Segregation und Apartheid prägen kann», MÜLLER, AJP 5 (1996) 666. Nicht unter den Tatbestand fallen Stellenausschreibungen, Wohnungsangebote, AUBERT 1080, 1083, MÜLLER a.a.O. REHBERG IV 188, oder gar Heiratsinserate. REHBERG IV 189 zweifelt auch an der Berechtigung des Diskriminierungsverbots im Gastgewerbe.

Schwierig wird gelegentlich der **Beweis** sein, dass die Verweigerung rassistisch motiviert ist. Nach STRATENWERTH BT II § 39 N 41 wäre der Nachweis schlechter Erfahrungen «in ähnlichen Fällen» bereits entlastend, was jedoch den Schutz entkräftet – es geht gerade darum, von Vorurteilen wegzukommen, auch wenn sie sich auf (vermeintlich signifikante) Erfahrungen stützen. 42

Die **Strafdrohung** ist einheitlich Gefängnis oder Busse. Gegenüber dem Vorentwurf wurde das Strafmaximum auf drei Jahre erhöht, weil die kurzfristige Freiheitsstrafe wenig wirksam sei, Botsch. 315; krit. KUNZ 165 f. 43

Im Gegensatz zu Art. 135 und 197 sieht Art. 261bis **keine Rechtfertigung** wegen eines schutzwürdigen wissenschaftlichen oder kulturellen Werts vor. Dieser Verzicht ist berechtigt – bei entsprechender verfassungskonformer Auslegung (N 8) kann der Tatbestand hinreichend eng gefasst werden, um ein Überwiegen wissenschaftlicher oder kultureller Interessen von vornherein auszuschliessen. Dabei ist den Intentionen des Wissenschaftlers oder Künstlers bei der Güterabwägung Rechnung zu tragen, Botsch. 313, s. auch MÜLLER, ZBJV 130 (1994) 250 f. In solchen Fällen dürfte es aber schon an der Tatbestandsmässigkeit fehlen, ebenso HÄNNI 170 f. RIKLIN 44. 44

Kasuistik
SJZ 92 (1996) Nr. 35: Ein Angeklagter hatte in Anwesenheit von 20 bis 30 Personen während der Pause anlässlich einer öffentlichen Versammlung im Schulhaus gerufen «Dreckjuden, Drecktürken, Türken raus» und «Judenschweine, Türkenschweine» – der Gerichtspräsident von Büren a. A. bejahte die Tatbestandsmässigkeit gemäss al. 4, 1. Variante; **Bezirksgericht St. Gallen, 18.2.1996** (bei NIGGLI N 777): Nicht die Ausdrücke «Scheinasylanten» und «Tamil-Touristen»; **SJZ 93 (1997) Nr. 18: X., Mitglied der schweizerischen Aufklärungsgemeinschaft gegen destruktive Kulte (SDAK),** sprach von «armen Scientologen» und verteilte «die bekannten Totenkopf-Kleber (Totenkopf auf schwarzem Grund umrahmt mit dem Schriftzug ‹Scientology – Ugly – Dianetik – Poison›)» – Scientology sei keine Religion; **MÜLLER, AJP 5 (1996) 665:** Diskriminierung sei 45

nicht schon «das Zeigen des Hakenkreuzes oder des Hitlergrusses, wenn
es isoliert geschieht, oder beleidigende Äusserungen gegenüber Ausländern insgesamt», auch «nicht jede Zusammenrottung von Skinheads für
sich genommen», «wer öffentlich die Meinung kundtut, Ausländer könnten bei Andrang an einer Kinokasse ruhig länger warten als Schweizer»;
hingegen «Die Juden fühlen sich der zionistischen Weltverschwörung
und nicht unserem Land verpflichtet», «alle Asylbewerber sind para-
sitäre Existenzen»; «gesundheitsschädliche Arbeiten sollten in erster Linie von Ausländern und nicht von Einheimischen verrichtet werden»;
RIKLIN 38: Nicht «Österreicher-Witze»; MÜLLER, ZBJV 248: Nicht abschätzige Bemerkungen, geschmacklose Witze; DERS., **AJP 5 (1996) 666:**
Die Aussage, wonach «Asylbewerber als Ungeziefer ausgerottet oder
als Zielscheiben für Schiessübungen verwendet werden sollen», aber
nicht das Inserat für eine Wohnung, das Ausländer von vornherein ausschliesst.
Kasuistik aus anderen europäischen Ländern bei NIGGLI N 222 ff.

46   **Konkurrenzen und Abgrenzungen**
Realkonkurrenz mit **Art. 122 f., 129, 221**, Botsch. 315, **Art. 259**, RIKLIN 44
(für Vorgehen von Art. 259 STRATENWERTH BT II § 39 N 43, STRAUSS
237), **Art. 260**, STRATENWERTH BT II § 39 N 43. Eine Konkurrenz mit
Ehrverletzung ist nur bei Beschimpfung denkbar, weil bei Tatsachenbehauptungen nur die Individualehre, nicht die Kollektivehre geschützt
wird, MÜLLER, AJP 5 (1996) 664, a.M. RIKLIN 44; ist der Angriff nur persönlich gemeint, geht nach REHBERG IV 190 Art. 177 vor, s. dazu N 13 ff.
vor Art. 173.

262 Störung des Totenfriedens

1. Wer die Ruhestätte eines Toten in roher Weise verunehrt,

**wer einen Leichenzug oder eine Leichenfeier böswillig stört oder ver-
unehrt,**

wer einen Leichnam verunehrt oder öffentlich beschimpft,

wird mit Gefängnis oder mit Busse bestraft.

**2. Wer einen Leichnam oder Teile eines Leichnams oder die Asche
eines Toten wider den Willen des Berechtigten wegnimmt, wird mit Gefängnis oder mit Busse bestraft.**

ROBERTO BERNHARD, Probleme der Rechtlichkeit, der Rechtsethik und der staats-
bürgerlichen Moral bei der Aufhebung von Friedhöfen, ZBl 63 (1962) 149; RICHARD
BIERI, Der strafrechtliche Schutz des Totenfriedens, Diss. FR 1954; ERNST HAFTER,
Leichensektion und Strafrecht, ZStrR 60 (1946) 393; H. HINDERLING, Nochmals zur
Frage der Zulässigkeit von Organübertragungen, SJZ 65 (1969) 234; ESTHER KNELL-
WOLF, Postmortaler Persönlichkeitsschutz – Andenkensschutz der Hinterbliebenen,
Diss. ZH 1991; JÖRG PAUL MÜLLER, Recht auf Leben, Persönliche Freiheit und das
Problem der Organtransplantation, ZSR NF 90 (1971) 457; ROLF SCHÖNING, Recht-
liche Aspekte der Organtransplantation unter besonderer Berücksichtigung des

Strafrechts, Diss. ZH 1996; HANS SCHULTZ, Organtransplantation, Schweizerische Ärztezeitung 49 (1968) 877; WALTER VON TOBEL, Das Recht am toten Körper unter besonderer Berücksichtigung der Leichensektion, Diss. ZH 1946.

Geschütztes Rechtsgut ist primär das *Pietätsgefühl gegenüber dem Leich-* **1** *nam,* BIERI 122, REHBERG IV 191, STRATENWERTH BT II § 39 N 44; daneben aber auch die *Ehre des Verstorbenen* (vgl. Art. 175), BGE 73 IV 191, und das *Obhutsrecht der Angehörigen* oder dritter Berechtigter, Ziff. 2. Art. 262 schützt aber auch die aus ZGB Art. 28 fliessende Erwartung des Menschen, «dass sein Körper ähnlich wie seine Ehre, sein Geheimbereich und andere Persönlichkeitsgüter auch nach seinem Ableben respektiert werde», HINDERLING 235 mit Hinweis auf die Verzichtbarkeit, im gleichen Sinne BGE 101 II 190. Zum Fortbestand persönlicher Rechte («Tabuzone») nach dem Tod s. BGE 118 IV 320 (Affäre Barschel). Verfassungsrechtlich gilt «die Verfügungsmacht des Lebenden über das Schicksal seines Leibes nach dem Tode» als Ausfluss der persönlichen Freiheit, BGE 45 I 132, 90 I 35, MÜLLER 470.

Leichnam ist der Körper eines Menschen, der gelebt hat, also nicht der **2** Foetus, BURI 22, nicht die Totgeburt, a.M. BURI 29. Künstliche Teile gehören nur zum Leichnam, wenn und solange sie fest damit verbunden sind, PKG 1943 Nr. 10. weiter BGE 112 IV 35, wonach Prothesen und andere künstliche Teile des Körpers schlechthin geschützt sind.

Die **Täterhandlung** entspricht weitgehend Art. 261. Beschimpfung ist **3** hier i.S.v. Art. 177 zu verstehen, BGE 73 IV 191 (offengelassen, ob auch üble Nachrede oder Verleumdung darunter fällt, also ehrenrührige Tatsachenbehauptungen – die Frage ist zu verneinen, vgl. Art. 175; zu diesem Urteil SONTAG, ZStrR 63 [1948] 387). Nicht beschimpfend die moralisierend kritische Würdigung des Selbstmords eines Ehebrechers – darin, dass die Anwesenden in ihrem Pietätsgefühl schockiert werden, liegt noch keine Beschimpfung, BGer a.a.O., vgl. auch ZR 48 (1949) Nr. 98; verlangt wird Ehrfurcht vor dem Leichnam. Verunehrend ist das Herausbrechen von Zähnen, BGE 72 IV 155, das Verpacken der Leiche in einen Zuber und Versenken in der Limmat, ZR 48 (1949) Nr. 98, ebenso sexuelle Betätigung an der Leiche. Keine rohe Verunehrung war der Unfug, den V. mehrmals nach Betrachten von Horrorfilmen auf dem Friedhof Daleu in Chur trieb: Abheben von Grabplatten, Umwerfen oder Versetzen von Kreuzen, Wegnahme von Blumen, BGE 109 IV 129, Vi PKG 1983 Nr. 25.

Subjektiv ist das Bewusstsein und der Wille der Verunehrung *(animus in-* **4** *iuriandi)* erforderlich; daran kann es fehlen, wenn Angehörige die Entfernung einer Prothese anordnen oder der Abwart der Leichenhalle Goldzähne ausbricht, BGE 72 IV 156. Nach ZR 48 (1949) Nr. 98 soll auch Eventualdolus genügen.

Ziff. 2 betrifft die **Wegnahme** (Art. 139 N 3 ff.) der Leiche oder von Lei- **5** chenteilen, wozu auch Prothesen zählen, BGE 112 IV 35. Unbefugtes

Zurückbehalten eines Leichnams erfüllt den Tatbestand nicht, VAR 44 (1944) Nr. 44. BGE 112 IV 36 f. lehnt gegen STRATENWERTH BT II § 39 N 48 das Erfordernis der Verunehrung für die Wegnahme der Leiche oder von Leichenteilen ab (Wegnahme einer Goldzahnbrücke aus «wissenschaftlichem Interesse»). Anders AGVE 1980 Nr. 14, wonach die Entfernung von Goldrückständen aus der Kremationsasche nicht unter Art. 262 fällt.

6   Als **Rechtfertigungsgründe** sind vor allem Einwilligung des Betroffenen zu Lebzeiten und der Angehörigen nach dem Tod sowie Notstand von grosser Bedeutung für die Organtransplantation, dazu BGE 98 Ia 512 (blosses Einspracherecht der Angehörigen, ebenso MÜLLER 473) und 101 II 177 (Erfordernis der Einwilligung, subsidiär Notstand, vgl. auch SCHULTZ 881), eingehend H. HINDERLING, Die Organtransplantation in der heutigen Sicht des Juristen, SJZ 75 (1979) 37, s. auch HEINZ HAUSHEER, Arztrechtliche Fragen, SJZ 73 (1977) 245, *251 ff.*

7   Die **Leichensektion (Autopsie)** ist mit der Entnahme von Leichenteilen verbunden und bedarf deshalb der Einwilligung oder einer gesetzlichen Grundlage, RS 1973 Nr. 449, HAFTER a.a.O. Zu weit geht SJZ 81 (1985) Nr. 26, wonach Einlieferung in ein Spital mit Einwilligung des Patienten auch eine Autopsie rechtfertigt, wenn sie nicht in verunehrender Weise erfolgt, obschon Ehefrau und Sohn ausdrücklich die Ablehnung von Autopsie und Organentnahme erklärt hatten.

8   **Konkurrenzen und Abgrenzungen**
Art. 139 ist grundsätzlich nicht anwendbar, weil Leichen und Leichenteile nicht Sachen i.S.v. Art. 137 ff. sind. Sind sie aber im Besitz anatomischer Institute, so werden sie zu Sachen, STRATENWERTH BT II § 39 N 49. Dasselbe gilt für präparierte Skelette und Skelettteile sowie für Explantate, die wieder verwendet werden sollen und (z.B. Niere) auch von Lebenden stammen können.

263   Verübung einer Tat in selbstverschuldeter Unzurechnungsfähigkeit

[1] **Wer infolge selbstverschuldeter Trunkenheit oder Betäubung unzurechnungsfähig ist und in diesem Zustand eine als Verbrechen oder Vergehen bedrohte Tat verübt, wird mit Gefängnis bis zu sechs Monaten oder mit Busse bestraft.**

[2] **Hat der Täter in diesem selbstverschuldeten Zustand eine mit Zuchthaus als einziger Strafe bedrohte Tat verübt, so ist die Strafe Gefängnis.**

WERNER BRANDENBERGER, Bemerkungen zu der Verübung einer Tat in selbstverschuldeter Zurechnungsunfähigkeit, Diss. BE 1970; CHRISTMUT M. FLÜCK, Alkoholrausch und Zurechnungsunfähigkeit, Diss. BS 1967; PHILIPPE GRAVEN, *Le principe nulla poena sine culpa dans la jurisprudence récente du Tribunal fédéral,* ZStrR 98 (1981) 159; WILLY HEIM, *La pratique judiciaire en matière d'irresponsabilité causée par ivresse,* SJZ 50 (1954) 201; RUDOLF KRILL, Zur Frage der Strafbarkeit der in selbstverschuldeter Unzurechnungsfähigkeit verübten Tat, Diss. BE 1944; JÖRG REHBERG, Die strafrechtliche Bedeutung der Alkoholisierung, Kriminalistik 1983 507; HANS SCHULTZ, Die Behandlung der Trunkenheit im Strafrecht, in Arbeiten zur Rechtsvergleichung Bd. 8, Frankfurt a. M. Berlin 1960, 17; JEAN-MARC SCHWENTER, *L'irresponsabilité fautive selon l'art. 263 du Code Pénal suisse,* Lausanne 1971; ADOLF STIERLI, Die Verübung einer Tat in selbstverschuldeter Unzurechnungs-fähigkeit, Diss. BE 1943; HANS STREBEL, Praktische Fragen über die Behandlung der Unzurechnungsfähigen und vermindert Zurechnungsfähigen nach schweiz. Strafgesetzbuch, ZStrR 62 (1947) 216, *233 ff.*

Art. 263 ist als **Gefährdungsdelikt** konzipiert. Der Täter wird für die Ge-   1
fährdung bestraft, die er mit der Herbeiführung seiner Zurechnungsun-
fähigkeit schuldhaft bewirkt und die sich in der Rauschtat als Indiz manifestiert hat, vgl. BGE 83 IV 162 f. Der Tatbestand ist mit dem
Schuldprinzip nicht vereinbar, BGE 104 IV 254, SCHWENTER 48, 80 f. mit
Zitaten von CLERC, HAFTER, HEIM, KRILL, LOGOZ, SCHWANDER, STIERLI
und THORMANN/VON OVERBECK; ferner BRANDENBERGER 128 ff.,
GRAVEN 161, DERS. AT N 180, REHBERG IV 195 f., SCHULTZ 35,
STRATENWERTH BT II § 40 N 37, mit Einschränkungen auch FLÜCK 86.
Dieser Umstand führt zu zahlreichen dogmatischen Schwierigkeiten und
inspirierte Literatur in einer Fülle, die in keinem Verhältnis zur praktischen Bedeutung des Vollrauschtatbestandes steht. Der Grundkonflikt
liegt darin, dass einerseits das Sich-berauschen nicht strafbar sein kann,
andererseits aber auch nicht die nicht zurechenbare Rauschtat. Der Tatbestand wurde nur aus kriminalpolitischen Überlegungen auf Antrag der
nationalrätlichen Kommission ins Gesetz aufgenommen, STRATENWERTH
BT II § 40 N 37.

Die **Zurechnungsunfähigkeit** bestimmt sich gemäss Art. 10, ZBJV 82   2
(1946) 310. Bei bloss verminderter Zurechnungsfähigkeit ist Art. 11, evtl.
Art. 12 anzuwenden, Sem.jud. 1945 214, ZR 50 (1951) Nr. 223, 53 (1954)
Nr. 117, SJZ 60 (1964) Nr. 153, RS 1956 Nr. 85, 1960 Nr. 59, 1965 Nr. 87,
1980 Nr. 1085, MKGE 4 Nr. 30, 6 Nr. 89. Alkohol kann nicht nur beim pathologischen Rausch zur Zurechnungsunfähigkeit führen, BJM 1965 248,
1968 155. Umgekehrt führt alkoholbedingte Enthemmung und Verdum-
mung nicht einmal zwingend zu einer Herabsetzung der Zurechnungsfähigkeit, BGE 107 IV 4.

Selbstverschuldet ist auch die Trunkenheit eines schweren Alkoholikers,   3
RS 1948 Nr. 17, aber es dürfte in dieser Hinsicht verminderte Zurechnungsfähigkeit vorliegen! Verschuldet sein muss aber neben der Trunkenheit oder Betäubung auch die Zurechnungsunfähigkeit, was jedenfalls beim erstmaligen Auftreten eines pathologischen Rausches, SJZ 55
(1959) Nr. 19, oder bei unvorhergesehenen Wirkungen anderer Ein-
flüsse, SJZ 61 (1965) Nr. 87, nicht zutrifft.

Die **Rauschtat** wird vorwiegend als **objektive Strafbarkeitsbedingung** an-   4
gesehen, BGE 83 IV 162, REHBERG IV 197 f., STRATENWERTH BT II § 40
N 45; offengelassen in BGE 104 IV 253, a.M. P. SCHAAD, Die objektiven

Strafbarkeitsbedingungen des schweizerischen Strafrechts ..., Diss. ZH 1964, 79 f., BRANDENBERGER 51: «schuldindifferentes Unrechtsmerkmal». Dieser Auffassung ist zuzustimmen, besonders im Hinblick auf Abs. 2. Rauschtat kann auch ein Unterlassungsdelikt sein, MKG 9 Nr. 91.

5 Der **subjektive Tatbestand der Rauschtat** muss wenigstens als «natürlicher Vorsatz» bzw. Fahrlässigkeit gegeben sein. Abwegig das bei SCHWENTER 74 und HEIM zitierte und kritisierte Waadtländer Urteil, wonach nur auf den objektiven Erfolg abzustellen und Versuch deshalb ausgeschlossen sei – für Ausreichen des Versuchs BGE 83 IV 162 f. Bei anspruchsvollerem subjektivem Tatbestand, z.B. Hehlerei (Annehmenmüssen makelhafter Herkunft), ist zu fragen, ob der nüchterne Täter Anlass zu solcher Vermutung gehabt hätte, ZBJV 87 (1951) 213, ähnlich SJZ 49 (1953) Nr. 48; in SJZ 82 (1986) Nr. 53 (4) wird eine «minimale Schuldbeziehung» zur Rauschtat gefordert, was mit dem Tatbestand nicht zu vereinbaren ist.

6 Bei **Antragserfordernis** für die im Rausch begangene Tat erfolgt auch Bestrafung gemäss Art. 263 nur auf Antrag, BGE 104 IV 250 ff., abweichend ein grosser Teil der Lit. (a.a.O. zitiert), eingehend GRAVEN 163 ff.; ZBJV 82 (1946) 310, RS 1948 Nr. 170. Zur Begründung hätte sich das BGer mit Vorteil direkt auf das pragmatische Verbot der Schlechterstellung, BRANDENBERGER 123, berufen.

7 Die **Strafzumessung** hat sich, wie Abs. 2 zeigt, auch (aber nicht vorwiegend, wie ZBJV 82 [1946] 310) an der Rauschtat zu orientieren.

8 **Konkurrenzen und Abgrenzungen**
Art. 12 geht Art. 263 stets vor, auch bei fahrlässiger *actio libera in causa,* BGE 85 IV 2 f., 93 IV 41, Sem.jud. 1960 81, BJM 1965 151, RS 1975 Nr. 876, MKGE 9 Nr. 1, AGVE 1992 Nr. 33, a.M. REHBERG IV 199 f., STRATENWERTH BT II § 40 N 57. Entgegen BJM 1993 89 (Frage offengelassen) schliessen sich die Voraussetzungen für Art. 263 und 12 gegenseitig aus, wie hier implizit auch BGE 120 V 228.
SVG Art. 91 I ist nicht *lex specialis,* sondern subsidiär zu Art. 263 und geht nur vor, wenn noch eine Spur Zurechnungsfähigkeit bestand oder *actio libera in causa* vorliegt, BGE 93 IV 41 f.

264 Tierquälerei

Aufgehoben durch Art. 37 des Tierschutzgesetzes vom 9. März 1978 (SR 455), s. jetzt dort Art. 27.

Dreizehnter Titel:

Verbrechen und Vergehen gegen den Staat und die Landesverteidigung

Im Entwurf 1918 umfasste der Titel weit mehr Tatbestände zum Schutze der militärischen Interessen. Hievon sind aber manche in das MStG übergegangen und sind danach grossenteils auch strafbar, wenn die Täter Zivilpersonen sind (die dann der Militärgerichtsbarkeit unterstehen); vgl. besonders MStGB Art. 86–114 i.V.m. Art. 2–5. Infolgedessen sind E 234–242 und 245–248 gestrichen worden: Sten.NR 474 f., 478 ff., StR 223 f.

GIANCARLO BIANCHI, *La tutela degli interessi fondamentali dello Stato nella legislazione svizzera*, Diss. BE 1942; FRÉDÉRIC HENRI COMTESSE, Der strafrechtliche Staatsschutz gegen hochverräterische Umtriebe im schweizerischen Bundesrecht, ZH 1942; KONRAD HUMMLER / PETER WEIGELT, Staatsschutz im freiheitlichen Staat: Widerspruch oder unabdingbar?: Information zur aktuellen Staatsschutzdiskussion, ZH 1990; HANS KAUER, Der strafrechtliche Staatsschutz der schweizerischen Eidgenossenschaft unter besonderer Berücksichtigung der legislatorischen Entwicklung zwischen 1933/45, Diss. BE 1948; WALTER LÜTHI, Delikte gegen den Staat im schweizerischen und bernischen Strafgesetzbuch, ZBJV 77 (1941) 385; DERS., Der strafrechtliche Schutz der Schweiz, Bern 1942; DERS., Der verstärkte Staatsschutz, ZBJV 87 (1951) 137; DERS., Zur neueren Rechtsprechung über Delikte gegen den Staat, ZStrR 69 (1954) 298; PIERRE ACHILLE PAPADATOS, *Le délit politique,* Diss. GE 1954; WALTER REAL, Staatsschutzrevision, ZStrR 65 (1950) 61; MAGDALENA RUTZ, Notwendigkeit und Grenzen des strafrechtlichen Schutzes der verfassungsmässigen Ordnung, ZStrR 86 (1970) 347; RAINER J. SCHWEIZER, Notwendigkeit und Grenzen einer gesetzlichen Regelung des Staatsschutzes – Überlegungen vor der Neuordnung, ZBl 1991 285; FRANZ STÄMPFLI, Fragen des strafrechtlichen Staatsschutzes, ZStrR 58 (1944) 417; DERS., Ausserordentlicher Staatsschutz, ZStrR 61 (1946) 145; HANS WALDER, Probleme des Staatsschutzes, ZBJV 110 (1974) 249; IVO ZELLWEGER, Die strafrechtlichen Beschränkungen der politischen Meinungsäusserungsfreiheit (Propagandaverbote), Diss. ZH 1975.

Zur (sehr bewegten) **Entstehungsgeschichte** STRATENWERTH BT II N 4 ff. vor § 41; eine Tabelle mit 58 in der Zeit von 1933–1945 ergangenen Erlassen gibt KAUER 57 ff. Mit der Revision durch BG vom 5.10.1950 wurde die «Abwehrfront mehr nach vorn» verlegt (PFENNINGER, SJZ 46 [1950] 49), damit der «Abwehrkampf … schon auf weitere Distanz eröffnet werden» könne (REAL 69) – gleichzeitig sollte aber die Einführung von «Gesinnungsstrafrecht» vermieden werden.

2 Die **Problematik der Staatsschutzdelikt**e liegt in der tragischen Grund-befindlichkeit der liberalen Demokratie, dass sie sich zu ihrer eigenen Er-haltung der Einschränkungen demokratischer Rechte bedienen muss nach dem Leitsatz *«keine Freiheit für die Feinde der Freiheit»*, wie er z.B. in EMRK Art. 17 positiviert ist, dazu eingehend RUTZ 381 ff. Bei Ausle-gung und Anwendung der z.T. sehr weit formulierten Tatbestände des 13. Titels ist deshalb dem Grundsatz der Verhältnismässigkeit besondere Aufmerksamkeit zu schenken, RUTZ 387 ff., kritisch zur Unbestimmtheit SCHWEIZER 292. Die Schwierigkeiten werden aber weiter dadurch er-höht, dass der strafrechtliche Schutz in diesem Bereich früh einsetzen muss, BGE 70 IV 143, weil mit der Staats- natürlich auch die Strafgewalt auf dem Spiel steht – politische Täter sind potentielle Helden und Macht-haber.

3 Die **Auslandstat** fällt gemäss Art. 4 nach dem Staatsschutz- oder Real-prinzip unter schweizerisches Strafrecht.

4 **Bundesstrafgerichtsbarkeit,** wenn sich die Tat gegen die Eidgenossen-schaft richtet, Art. 340 al. 7, Zuständigkeit der Bundesassisen auch bei Straftaten gegen einen Kanton, wenn dadurch eine bewaffnete eidgenös-sische Intervention, BV Art. 16, veranlasst wurde, Art. 341 lit. d, BV Art. 112.3.

5 Ist Bundesstrafgerichtsbarkeit gegeben, so hat der Bundesrat bei politi-schen Delikten zu entscheiden, ob eine Strafverfolgung stattfinden soll, BStP Art. 105, **Ermächtigungsverfahren.** Die Kompetenz wurde an das EJPD delegiert, VO über die Zuständigkeit der Departemente und der ihnen unterstellten Amtsstellen zur selbständigen Erledigung von Ge-schäften (Delegationsverordnung) vom 28.3.1990, SR 172.011, Art. 9 lit. c, doch konsultiert dieses in wichtigen Fällen mit Auslandsbeziehung das EDA, bei Meinungsverschiedenheiten entscheidet der Bundesrat, dem die Frage auch direkt vorgelegt werden kann, so in VPB 51 (1987) Nr. 5, S. 45. Massgebend ist die politische Opportunität, in der Praxis wird die Ermächtigung jedoch in der Regel dann erteilt, wenn hinreichende An-zeichen für die Strafbarkeit eines Verhaltens sprechen. Für eine Aus-nahme s. VPB 51 (1987) Nr. 5 (Marc Rich & Co. AG) mit eingehender Begründung. Möglich ist auch Delegation an einen Kanton. Bedenklich ZBJV 112 (1976) 345 m.krit.Anm. SCHULTZ, wonach u.U. der Kanton auch ohne Delegation gemäss BStP Art. 17 zur Beurteilung von wirt-schaftlichem Nachrichtendienst, Art. 273, zuständig sei; dazu Mitteilung der Bundesanwaltschaft a.a.O. S. 382.

6 Art. 27.6 schliesst das **Presse-Privileg** für Art. 265–267, 272–277 aus: In den entsprechenden Strafverfolgungen können somit Zwangsmittel zur Ermittlung eines Verfassers eingesetzt werden.

1. Verbrechen oder Vergehen gegen den Staat

VE 1894 Art. 153 ff., Mot. 222 ff. 1. ExpK II 246 ff., 672 ff. VE 1908 Art. 193 ff. Erl.Z. 354 ff. 2. ExpK IV 376 ff., V 91 ff., VIII 2298 ff. VE 1916 Art. 233 ff., 250. E Art. 229 ff. Botsch. 57 f. Sten.NR 473 ff., 535 ff., StR 215 ff., 290, NR 707 f., StR 329 f., NR 752 ff., StR 350 f. – Zur Teilrevision 1950: BBl 1949 I 1258 ff. StenB 1949 StR 637 ff., 1950 NR 178 f., 206 ff., StR 141, NR 460 ff., StR 258 ff.

265 Hochverrat

Wer eine Handlung vornimmt, die darauf gerichtet ist, mit Gewalt

die Verfassung des Bundes oder eines Kantons abzuändern,

die verfassungsmässigen Staatsbehörden abzusetzen oder sie ausser-stand zu setzen, ihre Gewalt auszuüben,

schweizerisches Gebiet von der Eidgenossenschaft oder Gebiet von einem Kanton abzutrennen,

wird mit Zuchthaus oder mit Gefängnis von einem bis zu fünf Jahren bestraft.

E 229. Sten.NR 476, 535 ff. 2. ExpK IV 377.

Lit. vor Art. 265

Hochverrat ist der gewaltsame «Angriff auf die Innenexistenz des Staa-   1
tes», auf seine «Grundorganisation», Lüthi, ZBJV 77 (1941) 387, der
Umsturz.

Verfassungshochverrat richtet sich gegen die Grundlagen staatlicher   2
Ordnung, direkte und indirekte Demokratie, Gewaltenteilung, Födera-
lismus, nicht gegen Detailregelungen, auch nicht gegen die allgemeine
Wehrpflicht, ähnlich Rehberg IV 205, Stratenwerth BT II § 41 N 4,
a.M. Comtesse 16, Lüthi, ZBJV 77 (1941) 388.

Behördenhochverrat richtet sich gegen die obersten Staatsorgane, Regie-   3
rung, Parlament und höchste Gerichte. Die Tat muss darauf gerichtet
sein, diese Behörden dauernd oder doch während längerer Zeit von der
Ausübung aller oder der wesentlichen Funktionen auszuschliessen.

Gebietshochverrat zielt auf Einengung der Landesgrenze oder auf Ver-   4
änderung der Grenzen zwischen den Kantonen unabhängig davon, ob
das abgetrennte Gebiet einem bestehenden Staatswesen einverleibt oder
selbständig werden soll, Comtesse 19.

Die Tat muss sich auf **gewaltsamen Umsturz** richten; damit ist aggressive   5
physische Gewalt gemeint – Streik und Drohung genügen nicht, Rehberg IV 205, Rutz 353 ff., Stratenwerth BT II § 41 N 10.

Strafbar sind schon **Vorbereitungshandlungen,** BGE 70 IV 143, Com-   6
tesse 21 ff., h.M. Analog Art. 260bis (N 4) müssen sich diese in der Regel
auf eine nach Angriffsobjekt, Ort, Zeit und *modus operandi* weitgehend

festgelegte Tat richten, ebenso REHBERG IV 205, STRATENWERTH BT II §
41 N 11.

7   **Subjektiv** ist Vorsatz und die Absicht, gewaltsam einen Umsturz herbei-
    zuführen, erforderlich.

8   **Konkurrenzen und Abgrenzungen**
    Art. 266 konsumiert Art. 265, BGE 73 IV 107; s. ferner **Art. 275** N 3.

266 Angriffe auf die Unabhängigkeit der Eidgenossenschaft

1. Wer eine Handlung vornimmt, die darauf gerichtet ist,

**die Unabhängigkeit der Eidgenossenschaft zu verletzen oder zu ge-
fährden,**

**eine die Unabhängigkeit der Eidgenossenschaft gefährdende Ein-
mischung einer fremden Macht in die Angelegenheiten der Eidgenossenschaft herbeizuführen,**

**wird mit Zuchthaus oder mit Gefängnis von einem bis zu fünf Jahren
bestraft.**

**2. Wer mit der Regierung eines fremden Staates oder mit deren Agen-
ten in Beziehung tritt, um einen Krieg gegen die Eidgenossenschaft herbeizuführen, wird mit Zuchthaus nicht unter drei Jahren bestraft.**

**In schweren Fällen kann auf lebenslängliches Zuchthaus erkannt wer-
den.**

Ziff. 2: Fassung gemäss BG vom 5.10.1950.

Lit. vor Art. 265.

1   **Landesverrat** ist primär «Angriff auf die Aussenexistenz des Staates»,
    LÜTHI, ZBJV 77 (1941) 389, Art. 266 schützt überdies die verfassungs-
    mässige Ordnung, im Gegensatz zu Art. 265 aber nicht gegen gewaltsame
    Umsturzversuche im Innern, sondern gegen Druck von aussen.

2   **Unabhängig** i.S.v. Art. 266 ist die Schweiz, «solange sie als selbständiger
    Staat besteht und ihre inneren Angelegenheiten frei von äusserer Ein-
    mischung ordnen kann», BGE 73 IV 101, 70 IV 141. Art. 266 erfasst dem-
    gemäss nicht nur Handlungen, die auf Einverleibung der Schweiz in
    einen anderen Staat abzielen, sondern auch solche, die die Einmischung
    einer «ausländischen Behörde, Partei oder ähnlichen Organisation» an-
    streben mit dem Ziel, «die freie Willensbildung der Eidgenossenschaft in
    innern Angelegenheiten zu beeinträchtigen, z.B. die Verfassung unter
    Druck von aussen abzuändern», BGE 73 IV 101.
    Die Unabhängigkeit i.S.v. Art. 266 darf allerdings nicht zu umfassend
    verstanden werden. Angesichts anwachsender internationaler Interde-
    pendenz kann sich kein Staatswesen der Zusammenarbeit mit anderen

Staaten entziehen, was allemal Vereinbarungen mit Rechten und Pflichten voraussetzt, welche den Staat binden und damit seine Handlungsfreiheit einschränken. Derartige vertragliche Einschränkungen der Unabhängigkeit, die zudem Ergebnis demokratischer Willensbildung sind, stehen keineswegs im Widerspruch zu Art. 266. Die Rhetorik der beiden einzigen BGE aus der Zeit des Nationalsozialismus wirkt heute überholt.

Indem schon die **Vorbereitung einer Gefährdung** erfasst ist, wird der   3
Strafschutz ausserordentlich weit vorgeschoben, kritisch schon HAFTER
BT II 644, neuerdings RUTZ 376, REHBERG IV 208, STRATENWERTH BT II
§ 42 N 7. Gemeint ist immerhin eine konkrete Gefährdung mit Wahrscheinlichkeit der Verletzung, aber nicht «Wahrscheinlichkeit sofortiger
Verletzung; es genügt, dass sich der Zustand, sei es mit, sei es ohne Zutun
des Täters, nach dem normalen Gang der Dinge wahrscheinlich bis zu
einer Verletzung weiterentwickeln würde», BGE 73 IV 101 f., 70 IV 141.
Dass damit die Strafbarkeit wesentlich von einer schwer verifizierbaren
politischen Analyse und hypothetischen Prognose abhängt, ist unvermeidlich.

Damit die **Vorbereitungshandlungen** strafwürdig seien, obschon sie «selber die Unabhängigkeit weder verletzen noch gefährden», sondern nur   4
«einen Zustand vorbereiten, der eine Verletzung oder Gefährdung in
sich schliesst», muss «der Erfolg (Gefährdung oder Verletzung) in eine
gewisse Nähe gerückt sein», wobei die Situation «in ihrer Gesamtheit»
gewürdigt werden soll, BGE 73 IV 102. Je grösser die allgemeine Gefährdung, desto geringfügiger muss der Schritt sein, um welchen die
Handlung den Erfolg näher rückt bzw. die Gefahr erhöht.

Subjektiv wird Vorsatz verlangt, wobei Gefährdungsvorsatz genügt –   5
auch nicht eventualvorsätzlich braucht der Täter eine Verletzung zu wollen, BGE 70 IV 142. BGE 73 IV 103 lässt sogar eventuellen Gefährdungsvorsatz genügen – ein logisches Unding, wie NOLL, ZStrR 69 (1954)
30 nachgewiesen hat, kritisch mit Hinweis auf mögliche Konsequenzen
STRATENWERTH BT II § 42 N 8 f.

Kasuistik   6
BGE 73 IV 100 i.S. **Frei** und Mitangeklagte: Verhandlungen mit dem nationalsozialistischen Regime über eine Einordnung der Schweiz in ein
«Neues Europa» oder «Grossgermanisches Reich»; u.ö. Urteil zitiert bei
LÜTHI, **ZStrR 69 (1954) 301 ff.:** Behauptung des Journalisten Nicole in
einem u. a. in Prag erschienenen Artikel, die Schweizer Regierung sei
nicht neutral, sondern stark an die USA angelehnt.

Konkurrenzen und Abgrenzungen   7
Art. 265 wird von Art. 266 konsumiert, BGE 73 IV 107.
Art. 266bis ist subsidiär; s. ferner **Art. 275** N 3.

266bis **Gegen die Sicherheit der Schweiz gerichtete ausländische Unternehmungen und Bestrebungen**

[1] **Wer mit dem Zwecke, ausländische, gegen die Sicherheit der Schweiz gerichtete Unternehmungen oder Bestrebungen hervorzurufen oder zu unterstützen, mit einem fremden Staat oder mit ausländischen Parteien oder mit andern Organisationen im Ausland oder mit ihren Agenten in Verbindung tritt oder unwahre oder entstellende Behauptungen aufstellt oder verbreitet, wird mit Gefängnis bis zu fünf Jahren bestraft.**

[2] **In schweren Fällen kann auf Zuchthaus erkannt werden.**

Eingeführt durch BG vom 5.10.1950.

DENIS BARRELET, *La presse doit-elle dire la vérité?* SJZ 85 (1989) 371; **Lit.** vor Art. 265.

1   **Rechtsgut** ist auch hier die **Sicherheit der Schweiz.** Weil eine Abgrenzung zur Gefährdung ihrer Unabhängigkeit (Art. 266) gefunden werden muss, damit die Bestimmung überhaupt selbständige Bedeutung erhält, wird der Schutz noch weiter vorverlegt in den Bereich der Verletzung schweizerischer Interessen, welche die Unabhängigkeit nicht einmal gefährden können, mit Recht krit. STRATENWERTH BT II § 42 N 21. Dabei werden auch wirtschaftliche (REAL 72) oder militärische Interessen geschützt (z.B. Intervention zur Verhinderung der Lieferung von Kriegsmaterial). Enthüllend für die Unbestimmtheit des Tatbestands ist der Hinweis, Art. 266bis richte sich u.a. gegen das «politische Wallfahren ins Ausland», LÜTHI, ZBJV 87 (1951) 141.

2   Der erste Tatbestand betrifft die **Kontaktaufnahme mit fremden Staaten,** ausländischen Parteien oder Parteien *im* Ausland, z.B. von schweizerischen Oppositionellen, BGE 80 IV 86, REAL 72. Nicht erwähnt sind internationale Organisationen – z.B. die sozialistische Internationale. Kontakte mit internationalen Terroristenbanden dürften, wenn «ausländisch» als «nicht-schweizerisch» interpretiert wird, unter Art. 266bis fallen, vgl. BGE 80 IV 87 zu Art. 272. Gefährlich wird diese Interpretation im Hinblick auf multinationale Unternehmungen, z.B. Erdölgesellschaften, deren Entschlüsse durchaus die schweizerische Sicherheit i.w.S. gefährden können. Dies gilt auch für Organisationen wie die OPEC. Die Fragen können hier nicht beantwortet werden, führen aber zu der Empfehlung, den Begriff der Sicherheit nicht allzuweit auszudehnen.

3   Zum zweiten Tatbestand, **Aufstellung oder Verbreitung irreführender Behauptungen,** s. BGE 79 IV 25 ff. i.S. Arnold. Der Täter hatte auf einem Kongress der Internationalen Journalistenorganisation in Budapest z.B. behauptet, die Schweiz sei ein Zentrum amerikanischer Spionage und Kriegspropaganda, die Presse- und Versammlungsfreiheit funktioniere nicht, usw.

Subjektiv ist neben Vorsatz die Absicht erforderlich, Unternehmungen 4 oder Bestrebungen, d. h. die Vorbereitung von Unternehmungen, gegen die Schweiz zu fördern. Eventualvorsatz genügt – ob auch Eventual-absicht möglich sei, lässt BGE 79 IV 34 offen (dafür: Lüthi, ZStrR 69 [1954] 306). Das Urteil sah Vorsatz und Absicht als erwiesen an, weil der Täter «dermassen ohne Unterlagen ins Blaue hinaus unwahre und ent-stellende Behauptungen aufgestellt (habe), dass er die Unwahrheit bzw. Entstellung teils gekannt, teils zum mindesten ernsthaft für möglich ge-halten und gebilligt haben muss». «Der Zweck, den er damit verfolgt hat, kann nur darin bestanden haben, die Schweiz vor der Weltöffentlichkeit anzuschwärzen und im Auslande, insbesondere in der ausländischen Presse, eine der Schweiz feindselige Haltung hervorzurufen. Dabei muss er gewusst haben, dass solche Bestrebungen gegen die Sicherheit der Schweiz gerichtet wären, weil sie im Auslande … Zweifel an der demo-kratischen Ordnung und dem Neutralitätswillen des Volkes erwecken würden», a.a.O. S. 35. Auch diese Ausführungen wirken heute völlig ver-altet – die Anlegung solcher Maulkörbe dürfte vor EMRK Art. 10 kaum standhalten.

Für **schwere Fälle** wird (anders als in Art. 273, vgl. BGE 108 IV 43 f.) nur 5 der obere Strafrahmen angehoben. Die ordentliche Verjährungsfrist be-trägt dann 10 Jahre, BGE 108 IV 44. Ein schwerer Fall, der nicht unter Art. 266 fiele, ist jedoch kaum denkbar.

Konkurrenzen und Abgrenzungen 6
Art. 266bis ist subsidiär zu **Art. 266.**

267 Diplomatischer Landesverrat

1. Wer vorsätzlich ein Geheimnis, dessen Bewahrung zum Wohle der Eidgenossenschaft geboten ist, einem fremden Staate, dessen Agenten oder der Öffentlichkeit bekannt oder zugänglich macht,

wer Urkunden oder Beweismittel, die sich auf Rechtsverhältnisse zwi-schen der Eidgenossenschaft oder einem Kanton und einem ausländi-schen Staate beziehen, verfälscht, vernichtet, beiseiteschafft oder ent-wendet und dadurch die Interessen der Eidgenossenschaft oder des Kantons vorsätzlich gefährdet,

wer als Bevollmächtigter der Eidgenossenschaft vorsätzlich Unter-handlungen mit einer auswärtigen Regierung zum Nachteile der Eidge-nossenschaft führt,

wird mit Zuchthaus oder mit Gefängnis von einem bis zu fünf Jahren bestraft.

2. Handelt der Täter fahrlässig, so ist die Strafe Gefängnis oder Busse.

Denis Barrelet, *Les indiscrétions commis par la voie de la presse,* SJZ 79 (1983) 17, 22 f.; **Lit.** vor Art. 265.

1 Trotz seiner Problematik und Unbestimmtheit (BARRELET a.a.O., STRATENWERTH BT II § 42 N 28 ff.) hat Art. 267 **keine praktische Bedeutung** erlangt; s. **Art. 273** N 18, **320** N 14.

268 Verrückung staatlicher Grenzzeichen

Wer einen zur Feststellung der Landes-, Kantons- oder Gemeindegrenzen dienenden Grenzstein oder ein anderes diesem Zwecke dienendes Grenzzeichen beseitigt, verrückt, unkenntlich macht, falsch setzt oder verfälscht, wird mit Zuchthaus bis zu fünf Jahren oder mit Gefängnis bestraft.

1 Spezialtatbestand zu Art. 144, 251, 254, vgl. auch 256 (private Grenzzeichen), **ohne praktische Bedeutung.** Eine besondere Absicht ist nicht vorausgesetzt.

269 Verletzung schweizerischer Gebietshoheit

Wer in Verletzung des Völkerrechts auf schweizerisches Gebiet eindringt, wird mit Zuchthaus oder mit Gefängnis bestraft.

WERNER LÜTHI, Delikte gegen den Staat im schweizerischen und bernischen Strafgesetzbuch, ZBJV 77 (1941) 385; JOSEF OUTRY, Verletzung schweizerischer Gebietshoheit durch verbotene Handlungen für einen fremden Staat, Diss. ZH 1951.

1 Art. 269 schützt die **schweizerische Gebietshoheit,** inkl. Luftraum. Materiell handelt es sich zudem um ein abstraktes Gefährdungsdelikt für die äussere und innere Sicherheit.

2 **Täter** kann nur jemand sein, der für ein Völkerrechtssubjekt, insbesondere einen Staat, handelt, STRATENWERTH BT II § 44 N 5. Gedacht ist insbesondere an abgesprengte Armeeteile oder Verletzungen des Luftraums durch Militärpiloten. Während HAFTER BT II 675, LOGOZ N 2b zu Art. 269, SCHWANDER Nr. 733 und LÜTHI 395 auch Freischärler erwähnen, weist STRATENWERTH a.a.O. mit Recht darauf hin, dass solche Gruppierungen gar nicht völkerrechtswidrig handeln können. ZR 71 (1972) Nr. 7 wendet Art. 269 an auf Terroristen der «Volksfront zur Befreiung Palästinas» und folgt damit der weiteren Auslegung.

3 Die **Täterhandlung** besteht im völkerrechtswidrigen Eindringen, insbesondere durch kriegerische Gewalt (2. ExpK Prot. IV 388), aber auch geheim, LÜTHI 395, SCHWANDER Nr. 733 – bejaht für Terroristen, die bewaffnet mit Kriegsgerät in die Schweiz einreisten, ZR 71 (1971) Nr. 7. Amtshandlungen für einen fremden Staat in der Schweiz fallen im übrigen unter Art. 271, in diesem Sinne auch 2. ExpK Prot. IV 390. Die blosse Verletzung nationalen Rechts (Fremdenpolizei, Zoll) erfüllt den Tatbestand nicht.

Die **Verletzung fremder Gebietshoheit** wird in Art. 299 mit Strafe   4
bedroht; s. ferner **Art. 271** N 12.

270 Tätliche Angriffe auf schweizerische Hoheitszeichen

**Wer ein von einer Behörde angebrachtes schweizerisches Hoheitszei-
chen, insbesondere das Wappen oder die Fahne der Eidgenossenschaft
oder eines Kantons, böswillig wegnimmt, beschädigt oder beleidigende
Handlungen daran verübt, wird mit Gefängnis oder mit Busse bestraft.**

WERNER VOSKA, Der Schutz schweizerischer Hoheitszeichen im Strafrecht, Diss.
ZH 1955.

Geschütztes Rechtsgut ist die staatliche Ehre und Autorität, VOSKA 32 ff.   1
– es dürfte sich um einen symbolisierten Rest von Majestätsbeleidigung
handeln. Wappen und Fahnen, die von Privaten angebracht, aufgehängt
oder gehisst werden, sind nur als Sachen vor Beschädigung geschützt,
Art. 144. Die Bestimmung ist ohne praktische Bedeutung. Gegen kommerziellen Missbrauch richtet sich das BG vom 5.6.1931 zum Schutze öffentlicher Wappen und anderer öffentlicher Zeichen, SR 232.21. Der
Missbrauch des Schweizerwappens auf einem militärfeindlichen Flugblatt ist straflos, BGE 102 IV 47. Zum Schutz ausländischer Hoheitszeichen Art. 298.

271 Verbotene Handlungen für einen fremden Staat

**1. Wer auf schweizerischem Gebiet ohne Bewilligung für einen frem-
den Staat Handlungen vornimmt, die einer Behörde oder einem Beamten zukommen,**

**wer solche Handlungen für eine ausländische Partei oder eine andere
Organisation des Auslandes vornimmt,**

wer solchen Handlungen Vorschub leistet,

wird mit Gefängnis, in schweren Fällen mit Zuchthaus bestraft.

**2. Wer jemanden durch Gewalt, List oder Drohung ins Ausland ent-
führt, um ihn einer fremden Behörde, Partei oder anderen Organisation
zu überliefern oder einer Gefahr für Leib und Leben auszusetzen, wird
mit Zuchthaus bestraft.**

**3. Wer eine solche Entführung vorbereitet, wird mit Zuchthaus oder
Gefängnis bestraft.**

Fassung gemäss BG vom 5.10.1950.

URSULA CASSANI, «*Pretrial discovery*» *sur sol suisse et protection pénale de la sou-
veraineté territoriale,* SZW 1992 10; LIONEL FREI, Schweizerische Unternehmen in
den USA als Diener zweier Herren: Amerikanische Verfahrenspflichten und
schweizerische Geheimhaltung, SJZ 82 (1986) 73; HELENA GLASER TOMASONE,
Amtshilfe und Bankgeheimnis, insbesondere im Bereich der Banken-, Anlagefonds-

und Börsenaufsicht, Diss. BS 1996; Peter C. Honegger, Amerikanische Offenlegungspflichten in Konflikt mit schweizerischen Geheimhaltungspflichten, Diss. ZH 1986; Curt Markees, Die Vornahme von Prozesshandlungen auf schweizerischem Gebiet zuhanden eines ausländischen Verfahrens im Lichte des Art. 271 StGB, SJZ 65 (1969) 33 (=ZBGR 50 [1969] 97, franz. in JdT 1968 IV 98; ital. in Rep. 1968 163); Peter Nobel, Bankgeheimnis und Rechtshilfe, in Mélanges en l'honneur du Professeur Charles-André Junod, Basel 1997, 325; Josef Outry, Verletzung schweizerischer Gebietshoheit durch verbotene Handlungen für einen fremden Staat, Diss. ZH 1951; Kurt Reichlin, Schweizerischer Staatsschutz gegen ausländisches Wirtschaftsrecht, ZBl 65 (1964) 89 ff., 121 ff.; Dave Siegrist, Hoheitsakte auf fremdem Staatsgebiet, Diss. ZH 1987; Emile Thilo, *Note sur les dispositions pénales de l'arrêté fédéral tendant à garantir la sûreté de la Confédération,* JdT 1935 I 514.

1   **Geschütztes Rechtsgut** ist die «staatliche Herrschaftssphäre», Outry 43, es geht um «Wahrung der Unverletzlichkeit des Gebietes und der Gebietshoheit», BGE 65 I 44, VPB 40 (1976) Nr. 49. Zur völkerrechtlichen Verankerung der Souveränität VEB 24 Nr. 33. Die Bestimmung wurde fast wörtlich aus Art. 1 des BB vom 21.6.1935 betr. den Schutz der Sicherheit der Eidgenossenschaft *(«Spitzelgesetz»)* übernommen. Unzulässig sind auch Amtshandlungen (Befragung, Abnehmen von Fingerabdrücken) gegenüber dem Personal internationaler Organisationen in der Schweiz, VEB 24 Nr. 33.

2   Bei **«Handlungen ..., die einer Behörde oder einem Beamten zukommen»,** war ursprünglich gedacht an «polizeiliche Erhebungen, Festnahmen, Verhaftungen, Untersuchungshandlungen zu straf-, steuer- und devisenrechtlichen Zwecken, Vollstreckungshandlungen, Erhebungen für ausländische Zollbehörden, Staatsbanken, prozessuale Vernehmungen, Augenscheine, Vornahme einer Trauung durch einen ausländischen Konsul, Vornahme von Handlungen, die der Militärgewalt zustehen usw.», Outry 49, ähnlich Hafter BT II 677. Es sollten also Handlungen *iure imperii* erfasst werden, für die ein Schweizer, der nicht Beamter ist, gemäss Art. 287 bestraft würde, RS 1944 Nr. 178 (MKG).

Das Bundesgericht hat den Begriff schon unter dem Spitzelgesetz weiter gefasst – es genügt, dass die Handlung «ihrer Natur nach einer Behörde oder einem Beamten» zukommt, BGE 65 I 43. Der Täter braucht nicht Beamter zu sein, es ist auch nicht erforderlich, dass derjenige, der die Handlung vornimmt, Zwang ausüben kann, BGE 114 IV 130 ff. Die Frage, ob eine Handlung «ihrem Wesen nach amtlichen Charakter trug», entscheidet sich nach schweizerischem Recht, BGE 65 I 44. Zustimmung der Betroffenen ist ohne Bedeutung, a.a.O. 46. Zu den zulässigen Hoheitsakten auf fremdem Staatsgebiet eingehend Siegrist 25 ff.

3   Art. 271 ist von besonderer Bedeutung im Bereich der **Rechtshilfe,** zumal im Verhältnis zu den USA und anderen *Common Law*-Staaten, welche Beweiserhebungen durch Private, vor allem Anwälte, zulassen. «Für einen fremden Staat» handelt dabei auch, wer für eine private Prozesspartei Beweis erhebt, weil die Rechtsverwirklichung, um die es letztlich

geht, eine staatliche Aufgabe ist, BGE 114 IV 132. Generell soll zwar das Einholen von Informationen durch ausländische Behörden mittels eines Fragebogens zulässig sein (einschränkend CASSANI 14, s. auch SJIR 14 [1957] 149 ff.), aber nicht dann, wenn es prozessualen Zwecken dient und rechtliche Konsequenzen für die Betroffenen haben kann; völlig ausgeschlossen ist selbstverständlich die Androhung von Zwangsmassnahmen, VPB 40 (1976) Nr. 49. Geradezu ein Musterbeispiel ist die Durchführung von Zeugeneinvernahmen, BGE 114 IV 130. Auch die formelle Zustellung von Entscheidungen, Vorladungen und dergleichen gilt als Amtshandlung, VEB 20 (1956) Nr. 5. Zum ganzen Fragenkomplex MARKEES a.a.O und HONEGGER 135 ff. Begründet wird die restriktive Praxis damit, dass bei Zulassung privater ausländischer Beweiserhebung eine Umgehung der Schranken der Rechtshilfe (politische, fiskalische, militärische Straftaten, Art. 273) ermöglicht werden könnte.

Eine **Bewilligung** kann nur von eidgenössischen Behörden erteilt werden, MARKEES 35. Für Rechtshilfe ist gemäss BRB vom 7.7.1971 über die Ermächtigung der Departemente und der Bundeskanzlei zum selbständigen Entscheid über Bewilligungen nach Art. 271 Ziff. 1 StGB, SR 172.012, das *EJPD* zuständig, das die Befugnis an Bundesämter oder an das Sekretariat übertragen kann, BGE 106 Ib 262. Gesetzliche Grundlagen enthalten IRSG Art. 65 a, EUeR Art. 4 und RVUS Art. 12. In IRSV Art. 30 wird den *Nachbarstaaten* gestattet, «Schriftstücke in Strafsachen wegen Übertretung von Strassenverkehrsvorschriften … unmittelbar an Empfänger in der Schweiz mit der Post» zuzustellen. Wo keine Rechtshilfe möglich ist, kann auch keine Bewilligung erteilt werden, BGE 106 Ib 262, VPB 40 (1976) Nr. 49. Praktisch sind ausser der Rechtshilfe Kontrollen im Bereich der industriellen Produktion von grosser Bedeutung, z.B. auf dem Gebiet der Kernenergie, SR 0.732.011.933.6., dazu mit weiteren Beispielen REICHLIN 123 ff. Für Bewilligungen zur Überprüfung der Produktion in einem schweizerischen Industriebetrieb unter Beiziehung der EMPA ist das *EDI* zuständig, VPB 45 (1981) Nr. 58.

Strafbar ist auch die Handlung für **Parteien und Organisationen,** womit nur politische Gruppierungen gemeint sein können, z.B. PLO oder ETA (so in Sem.jud. 1978 357); offengelassen für Art. 272 in BGE 80 IV 86. Auch internationale Organisationen, BGE 80 IV 86.

Mit **«Vorschubleisten»** wird Gehilfenschaft selbständig der Täterstrafe unterstellt – auch Versuch der Gehilfenschaft wäre strafbar! Zu denken ist an «das Zurverfügungstellen von Ausweispapieren, Uniformen oder Uniformteilen, … das Zurverfügungstellen von Lokalen» (OUTRY 51) usw. In BGE 114 IV 130 wird Vorschubleisten angenommen für die Organisation einer Befragung unter Beiziehung eines Juristen. Zu der Frage, ob Personen, welche Adressaten der ausländischen Amtshandlung sind, dadurch Vorschub leisten, dass sie sich dem Begehren unterziehen, insbesondere sich auf eine Befragung einlassen oder die Zustellung akzeptieren, gibt es keine veröffentlichte Rechtsprechung – in BGE

114 IV 128 wurden offenbar die Bankangestellten nicht verfolgt, ablehnend CASSANI 14 mit dem wenig überzeugenden Hinweis auf die Regelung der «notwendigen Teilnahme», s. N 29 vor Art. 24.

7   **Subjektiv** ist Vorsatz erforderlich – Wissen und Wollen der Handlungen für einen fremden Staat unter Verletzung schweizerischer Gebietshoheit, dazu BGE 65 I 45 f.

8   Zur Strafdrohung für den **schweren Fall** s. N 7 zu Art. 272.

9   **Kasuistik**
BGE 65 I 40: Wilhelm Kämpfer prüfte u. a. im Interesse der Reichstreuhandstelle in der Schweiz nach, ob deutsche Devisenvorschriften verletzt wurden; **114 IV 128: Rechtanwalt H.** organisierte eine Befragung von Bankvertretern, um die Beweiskraft von Urkunden, die in einem australischen Strafverfahren eingereicht worden waren, zu erschüttern, krit. zur Verurteilung SCHULTZ, ZBJV 126 (1990) 25 ff., STRATENWERTH BT II § 44 N 14; **RS 1944 Nr. 178: Robert Jenny** versuchte, für die reichsdeutsche Abwehr herauszufinden, ob sich in Montreux eine Passfälschungszentrale befinde, dazu ausführlicher OUTRY 57 f. (mangels Amtsanmassung i.e.S. wurde vom MKG nur Art. 272 angewandt); LÜTHI in **ZStrR 69 (1954) 310 f.:** Tätigkeit von Lockspitzeln der französischen Zollfahndung; **OUTRY 56 f.: Jakob Vetterly** bespitzelte im Auftrag der deutschen Spionagezentrale Angestellte von United Press of America in Zürich; **ZR 71 (1972) Nr. 7 S. 19 f.: Mordechai Rachamin** begleitete im Auftrag des israelischen Sicherheitsministeriums «EL-AL»-Flüge und schoss in Zürich-Kloten auf palästinensische Attentäter – keine Amtshandlung – er hatte «nur Angriffe auf das Flugzeug vom Innern oder von aussen abzuwehren» – solche Notwehr konnte «aber nicht nur ein Beamter, sondern auch ein Mitglied der Besatzung oder gar ein Passagier ausüben»; das Urteil widerspricht der Praxis – polizeiliche Funktionen sind typisch staatliche Aufgaben, vgl. auch LÜTHI, ZStrR 69 (1954) 309 zum Fall **Vitianu;** sehr weit geht das BGer in **Sem.jud. 1978 357:** in einer Reiseagentur und Buchhandlung ausgestellte Aufforderung der baskischen Terroristenorganisation ETA, den Aufenthalt eines «Verräters» bekannt zu geben, als Verstoss gegen Art. 271; weitere Entscheide bei SIEGRIST 18 ff.

10   **Ziff. 2** betrifft die **Entführung** mit dem Ziel, das Opfer ausländischen Behörden usw. zu überantworten oder einer Gefahr für Leib und Leben auszusetzen. Nach der Revision 1981 hat die Entführung zur Gefährdung nur noch die Bedeutung, dass im Gegensatz zu Art. 184 Absicht schon genügt. Gemeint ist nicht nur die politische Entführung, obgleich die Fälle **Rossi, Jacob** (dazu OUTRY 70 ff.) und **Weber** den Gesetzgeber angeregt haben; **BGE 80 IV 154 ff.: Iseli** u. Kons. lockten Reichenbach nach Konstanz und erwirkten dort arglistig seine Verhaftung, um im Auto in Kreuzlingen zurückgelassene Uhren stehlen zu können, strafbar nach Art. 271.2 – ein besonderes Motiv ist nicht vorausgesetzt. Relativ aktuell sind völkerrechtliche Entführungen zur Umgehung von Auslieferungs-

hindernissen, dazu SCHULTZ, SJIR XL (1984) 100 ff., TRECHSEL, EuGRZ 1987 69.

Strafbar sind **Vorbereitungshandlungen** ohne Einschränkungen, wie sie   11
Art. 260bis für die Vorbereitung einfacher Entführung und Geiselnahme
vorsieht. Einer analogen Anwendung der strengeren Regel steht nichts
im Wege – sie empfiehlt sich als Konkretisierung des allzu vagen Begriffs.

Konkurrenzen und Abgrenzungen   12
Art. 183, 184: Art. 271.2 geht vor.
Art. 185: Idealkonkurrenz.
Art. 196: Art. 271.2 geht vor.
Art. 269: Konkurrenz, REICHLIN 122.
Art. 272 ff.: Konkurrenz, weil Art. 271 den verpönten Gehalt der Hand-
lung nicht abgilt, für Alternativität offenbar OUTRY 70 ff.

2. Verbotener Nachrichtendienst

VE 1916 Art. 236. E Art. 234. Botsch. 59. Sten.NR 477, 543, StR 223 f., NR 707 f.,
StR 330 f., NR 753 ff., StR 350 f., StR 403 f., NR 807 f. – Zur Teilrevision 1950: BBl
1949 I 1261 f. StenB 1949 StR 641, 1950 NR 178 f., 216 f.

ANDRÉ AMSTEIN, Die Bestimmungen über den politischen und militärischen Nachrichtendienst nach Schweizerischem Recht, Diss. BE 1949; W. BALSIGER, Der verbotene Nachrichtendienst, ZStrR 68 (1953) 47; ROGER CORBAZ, L'espionnage en
droit suisse, ZStrR 68 (1953) 59; HANS RUDOLF FEHR, Spionage gegen die Schweiz:
Die geheimen deutschen Nachrichtendienste gegen die Schweiz im Zweiten Welt-
krieg 1939–1945, Frauenfeld 1982 (historische Darstellung); RUDOLF GERBER, Die
Beweggründe beim verbotenen Nachrichtendienst, FS zum 50jährigen Bestehen der
Schweizerischen Kriminalistischen Gesellschaft, Bern 1992, 307; LOUIS GOUDET,
Spionage (Verräterei), SJK 1942 Nr. 171; ERNST LOHNER, Der verbotene Nachrichtendienst, ZStrR 83 (1967) 23, 134; WALTER MAHLER, Spionage und ihre
strafrechtliche Bekämpfung im schweizerischen Recht, Diss. ZH 1937; GÜNTER
STRATENWERTH, Publizistischer Landesverrat, Göttingen 1965; EMILE THILO, La répression de l'espionnage, JdT 1936 578; DERS., Espionnage et Contreespionnage, JdT
1942 I 386; **Lit.** vor Art. 265.

Art. 272–274 wurden aus dem BG vom 21.6.1935 betr. den Schutz der Si-   1
cherheit der Eidgenossenschaft («Spitzelgesetz») übernommen. Zur Entstehungsgeschichte LOHNER 23–31. Die nachstehenden Vb beziehen sich
vornehmlich auf Art. 272 und 274 (teilweise auch 301), während Art. 273
eine Sonderstellung einnimmt.

Der **Zweck** der Art. 272, 274 und 301 «besteht darin, den im verbotenen   2
Nachrichtendienst liegenden Übergriff fremder Behörden, Parteien oder
ähnlicher Organisationen in schweizerische Gebietshoheit abzuwehren,
die Spitzeltätigkeit in allen Stadien zu bekämpfen», BGE 101 IV 189 f.,
ferner 82 IV 164, 74 IV 204.

Die **Nachrichten** brauchen durchaus nicht Geheimnisse zu verraten, müs-   3
sen aber «Tatsachen betreffen, die nicht allgemein bekannt sind. Gegen-

stand des Nachrichtendienstes können sogar Tatsachen sein, die einer örtlich begrenzten Öffentlichkeit bekannt sind, von Aussenstehenden, insbesondere von fremden Staaten, jedoch nur durch einen besonderen Erkundungs- und Meldedienst zu erfahren sind. Ebenso kann ein Nachrichtendienst auf die Ermittlung und Meldung einer Gesamtheit von Tatsachen ausgehen, die zwar einzeln bekannt sind, insgesamt aber nur durch besondere Vorkehren miteinander verglichen, überprüft und ausgewertet werden können», BGE 101 IV 189 mit Hinweis auf 82 IV 163, 80 IV 83, 61 I 412. Zum ganzen Fragenkreis eingehend und kritisch, wenn auch nicht auf das schweizerische Recht bezogen, STRATENWERTH 12 ff. Straflos blieben Mitteilungen aus Informationen, die auch im Ausland zur Verfügung standen, im Gegensatz zu solchen, die älteren, bereits vergessenen Tageszeitungen entstammten, BGE 80 IV 83 f., 85.

Der Grundsatz ist dahingehend zu *präzisieren,* dass strafbar nur der Umgang mit Nachrichten sein kann, die allein in der Schweiz zu beschaffen waren, anders STRATENWERTH BT II § 43 N 7. Wer im Ausland oder in der Schweiz Daten aus allgemein zugänglichen Quellen bearbeitet, kann nicht strafbar sein – Art. 4 bleibt bedeutungsvoll, weil er den ausländischen Partner des Spitzels dem StGB unterstellt (a.M. offenbar STRATENWERTH BT II § 43 N 2). Einen Sonderfall bildet die Bespitzelung von Schweizer Bürgern oder schweizerischen Organisationen im Ausland – hier dürfte der Strafschutz schon aus praktischen Gründen weitgehend illusorisch sein, zumal als «Täter» bisweilen der Aufenthaltsstaat selber in Frage kommt. Der unerlaubte Nachrichtendienst unterscheidet sich von demjenigen der internationalen Presse nur dadurch, dass der letztere «in der Regel offen betrieben wird, jedermann unterrichten will und nicht auf ein planmässiges Ausforschen im Interesse eines fremden Staates ausgerichtet ist», BGE 101 IV 195, 80 IV 88. Auf den Wahrheitsgehalt der Nachricht kommt es nicht an – Lügen zu verbreiten kann besonders verwerflich sein, BGE 80 IV 85, 74 IV 103, 71 IV 218, 65 I 334.

4   Der Begriff Nachrichten**dienst** weist nicht auf Konstanz oder Umfang der Tätigkeit hin – es genügt «jede einzelne Handlung, die sich als Auskundschaftung, Einziehung oder Weitergabe einer Nachricht erweist», BGE 66 I 110. Dem ist zuzustimmen mit der Präzisierung, dass sich die Einzelhandlung jedenfalls mindestens in der Intention auf eine *organisierte Nachrichtentätigkeit* beziehen muss, was die Praxis nicht verlangt (im zitierten Fall ging es um zwei verleumderische Briefe, die aus persönlicher Rachsucht an eine deutsche Zollbehörde gesandt wurden), kritisch auch STRATENWERTH, BT II § 43 N 9 f.

5   Die **Täterhandlung** besteht im Einrichten oder Betreiben des Dienstes, im Anwerben dafür oder im Vorschubleisten. Das Einrichten umfasst alle Vorbereitungen wie Ausbildung, Einreise, Aufbau der Residentur, Ausrüstung, Herstellung von Verbindungen usw., das Betreiben, den Gebrauch dieser Einrichtung zur Beschaffung, Verarbeitung und Übermittlung von Nachrichten, BGE 101 IV 188 f., BJM 1964 138. Strafbar ist somit auch der «Schläfer», der einen Nachrichtendienst nur für den

Krisenfall einrichtet, aber noch nicht betreibt, LGVE 1988 I Nr. 49. Unter Anwerben ist nicht mehr als der Versuch der Anstiftung zu verstehen, es gehört dazu jede Aufforderung, irgendwie am Nachrichtendienst mitzuwirken, s. BGE 65 I 331. Die *Annahme des Antrags* gehört bereits ins ausserordentlich weite Gebiet des Vorschubleistens. «Hierfür genügt nach ständiger Rechtsprechung, dass das Verhalten des Beteiligten sich irgendwie in die Kette der Handlungen einreihen lässt, die gesamthaft das Einrichten oder den Betrieb des Nachrichtendienstes ausmachen. Darunter fallen selbst Handlungen, die unter dem Gesichtspunkt des angestrebten Enderfolges bloss Vorbereitung, Versuch, Anstiftung oder Beihilfe wären», BGE 101 IV 189, 82 IV 163, 80 IV 82 f., 74 IV 202, 65 I 332, 61 I 414, BJM 1964 138 – Versuch ist begrifflich ausgeschlossen, weil jeder Ansatz zur Tat sie technisch schon vollendet, vgl. BGE 66 I 313.

Der Täter muss **zum Nachteil der Schweiz** handeln – damit ist keineswegs   6 ein Schädigungserfolg verlangt. Weder muss «dem Staate oder dem einzelnen ein tatsächlicher Schaden erwachsen, noch ... eine ungünstige ideelle oder materielle Auswirkung zum mindesten wahrscheinlich sein». Die Worte «sagen bloss, dass der Nachrichtendienst, wie er einerseits ‹im Interesse› einer fremden Behörde, Partei oder ähnlichen Organisation betrieben wird, sich anderseits gegen die Schweiz ... zu richten hat, nicht etwa gegen einen fremden Staat...», BGE 74 IV 203 (mit Hinweis auf Art. 301), bestätigt in 80 IV 88 f., 82 IV 164, RS 1948 Nr. 97. «Der ... Nachrichtendienst wird um seiner selbst willen bekämpft ...», BGE 82 IV 164.

Analog geringe Bedeutung haben die Worte **«im Interesse eines fremden**   7 **Staates ...»/«für einen fremden Staat»:** Weder braucht der Nachrichtendienst für den vorgesehenen Empfänger nützlich zu sein, noch braucht der Täter einen Auftrag, BGE 82 IV 163, 66 I 112, 61 I 413. Es genügt, dass Nachrichten für einen fremden Staat bestimmt sind.

272 Politischer Nachrichtendienst

1. Wer im Interesse eines fremden Staates oder einer ausländischen Partei oder einer andern Organisation des Auslandes zum Nachteil der Schweiz oder ihrer Angehörigen, Einwohner oder Organisationen politischen Nachrichtendienst betreibt oder einen solchen Dienst einrichtet,

wer für solche Dienste anwirbt oder ihnen Vorschub leistet,

wird mit Gefängnis bestraft.

2. In schweren Fällen ist die Strafe Zuchthaus. Als schwerer Fall gilt es insbesondere, wenn der Täter zu Handlungen aufreizt oder falsche Berichte erstattet, die geeignet sind, die innere oder äussere Sicherheit der Eidgenossenschaft zu gefährden.

Fassung gemäss BG vom 5.10.1950.

Lit. und Vb zu Art. 265, 272.

1   **Art. 272** betrifft Informationen politischen Inhalts und enthält gegenüber
    dem Grundtatbestand (Vb 1–7) Erweiterungen – geschützt sind auch
    Einzelpersonen und Organisationen der Schweiz – Adressaten der Nach-
    richt können Parteien oder andere Organisationen des Auslands sein. S.
    auch Vb zu Art. 265.

2   **Angehörige** sind Schweizer Bürger, auch im Ausland, StenBull StR 1935,
    230, zit. in BGE 74 IV 205. **Einwohner** sind sämtliche Personen, die sich
    zu einem bestimmten Zeitpunkt in der Schweiz aufhalten, unabhängig
    von ihrer Nationalität, ihrem fremdenpolizeilichen oder diplomatisch-/
    konsularischen Status oder der Dauer ihres Aufenthalts in der Schweiz,
    BGE 82 IV 164, 74 IV 204, RS 1945 Nr. 189. Ob die bespitzelte Person die
    Schweiz inzwischen verlassen hat, ist bedeutungslos, SJZ 45 (1949)
    Nr. 33.

3   Strafbar ist auch der Nachrichtendienst für eine ausländische **Partei oder
    andere Organisation.** Gemeint ist damit ein Gebilde, das «die Macht in
    diesem Staat besitzt oder nach ihr trachtet», BGE 61 I 413 (zum militäri-
    schen Nachrichtendienst gemäss Spitzelgesetz Art. 3). Weiter BGE 82 IV
    163: «Als ‹Organisation› ist jede Mehrheit von Personen anzusehen, die
    gemeinsam ein bestimmtes politisches Ziel verfolgen, auch wenn die Ver-
    einigung nur lose ist, keine Statuten und keine eigentlichen Organe be-
    sitzt», ebenso BGE 80 IV 86.

4   Mit dem Hinweis auf Organisationen **des Auslandes** schliesst Art. 272
    Organisationen von Schweizern im Ausland aus – im Gegensatz zu
    Art. 266bis, BGE 80 IV 86. Die Organisation kann aber, wie der sog.
    «Weltfriedensrat», auch eine internationale mit *(in casu* minimer)
    schweizerischer Beteiligung sein.

5   Spezifisch ist Art. 272 der **politische Inhalt** der Nachrichten. Dazu
    gehören Angaben über die allgemeine politische Lage, Parteien, Stim-
    mung in der Bevölkerung, Absichten der Regierung, Widerstände dage-
    gen, Beziehungen zu ausländischen Staaten, Staatengruppen usw. Prak-
    tisch besonders bedeutsam und schwerwiegend sind Informationen über
    Einzelpersonen, so über den Umgang eines Gesandten, BGE 74 IV
    201 f.; Spitzeltätigkeit einer Person, BGE 66 I 111; die politische Haltung
    der Mitglieder des IKRK, BGE 80 IV 84; die im kulturellen Bereich täti-
    gen Exilungaren, SJZ 80 (1984) Nr. 48. Was «politisch» ist, richtet sich
    nach der Auffassung des intendierten Empfängers, BGE 80 IV 84, 101 IV
    197.

6   **Subjektiv** ist Vorsatz verlangt, das Bewusstsein und der Wille, «einer
    fremden Macht Nachrichten zu übermitteln», BGE 74 IV 205, 80 IV 89.

7   Ob ein **schwerer Fall** vorliegt, «hängt von den dem Gesetz zugrunde lie-
    genden Wertungen sowie von den gesamten Tatumständen ab», BGE
    101 IV 195. Erschwerend wirkt die Perfektion der technischen Einrich-
    tung und taktischen Tarnung, aber auch die bedenkenlose Ausnützung
    ahnungsloser Bekannter, Vorgesetzter und Mitarbeiter, a.a.O. 199; s

auch LGVE 1988 I Nr. 49 (unten N 8). Geradezu krass verfehlt ist der Sprung des Strafmasses – Grundtatbestand Vergehen, unbestimmt («bei der Abwägung des Verschuldens zu ermitteln», BGE 101 IV 195) qualifizierter Fall mindestens 1 Jahr Zuchthaus (vgl. zu Art. 273: BGE 108 IV 43). Es dürfte sich um ein redaktionelles Versehen handeln – für die Abweichung im Vergleich zu Art. 266bis II und 274.1 II gibt es keine Rechtfertigung.

Kasuistik   8

BGE 66 I 108: Leo Schmitt war aus dem Skiklub Basel und aus dem schweizerischen Skiverband ausgeschlossen worden und schrieb aus Rachsucht zwei Briefe mit erfundenen Denunziationen, u. a. wegen Schmuggels verbotener Zeitungen, an die «Grenzzollstelle Basel, Reichsbahnhof», die aber die deutsche Zollbehörde nicht erreichten; **74 IV 199:** Die Köchin **Marie Czekolla** lieferte dem deutschen Spionageagenten Willi Piert über **Ida Genilloud** Angaben über Besucher beim in Bern residierenden amerikanischen Minister X.; **80 IV 72: Prof. Bonnard** und andere lieferten im Zusammenhang mit angeblichem Einsatz bakteriologischer Waffen im Korea-Krieg detaillierte und tendentiöse Angaben über das IKRK und seine Mitglieder zuhanden eines «Weltfriedenskomitees» an Prof. Joliot-Curie; **82 IV 158:** die rumänischen Flüchtlinge **Beldeanu, Codrescu, Chirila** und **Ochiu** überfielen die rumänische Botschaft in Bern, u. a. um in Besitz von Material über die Bespitzelung von Exilrumänen zu gelangen; **101 IV 178: Gisela** und **Hans Wolf alias Kälin** reisten mit einer Legende als Auslandschweizer im Auftrag der DDR-Spionagezentrale in die Schweiz, errichteten eine «Residentur» und spionierten im Umfeld der Firma Sulzer, bei der beide eine Anstellung gefunden hatten; **LGVE 1988 I Nr. 49: K. und M.** hatten ein Haus für Funkverkehr und zudem 15 «tote Briefkästen» eingerichtet und ein ganzes Arsenal geheimdienstlichen Hilfsmaterials beschafft, allerdings als «Schläfer» den Betrieb des Nachrichtendienstes noch nicht aufgenommen – entgegen dem Luzerner Obergericht nimmt das Bundesgericht einen schweren Fall an, weil die Einrichtung während 23 Jahren laufend ausgebaut und verbessert wurde und es sich um ein «kaltblütiges und berechnendes, eine enorme Festigkeit und Tatentschlossenheit offenbarendes Agentenpaar» handelte, keineswegs um «gewöhnliche Spione».

Konkurrenzen und Abgrenzungen   9
S. **Art. 273** N 18, **274** N 4.

273 Wirtschaftlicher Nachrichtendienst

Wer ein Fabrikations- oder Geschäftsgeheimnis auskundschaftet, um es einer fremden amtlichen Stelle oder einer ausländischen Organisation oder privaten Unternehmung oder ihren Agenten zugänglich zu machen,

wer ein Fabrikations- oder Geschäftsgeheimnis einer fremden amtlichen Stelle oder einer ausländischen Organisation oder privaten Unternehmung oder ihren Agenten zugänglich macht,

wird mit Gefängnis, in schweren Fällen mit Zuchthaus bestraft. Mit der Freiheitsstrafe kann Busse verbunden werden.

Fassung gemäss BG vom 5.10.1950

EUGEN BUCHER, Zur Abgrenzung der Delikte gegen die Landesverteidigung gegenüber dem Tatbestand wirtschaftlichen Nachrichtendienstes (StGB 273), SJZ 68 (1972) 165; GEORGES FOËX, Spionage (wirtschaftlicher Nachrichtendienst), SJK 1220; RUDOLF GERBER, Einige Probleme des wirtschaftlichen Nachrichtendienstes, ZStrR 93 (1977) 257; OSKAR ADOLF GERMANN, Wirtschaftlicher Nachrichtendienst nach Art. 273 des Schweizerischen Strafgesetzbuches, WuR 9 (1957) 12; ERNST HAFTER, Wirtschaftsspionage und Wirtschaftsverrat, Festgabe Fritz Fleiner, Zürich 1937, 203; THEODOR HUG, Der wirtschaftliche Nachrichtendienst im schweizerischen Recht, Diss. BE 1961; MANFRED KUHN, Fragwürdige Notstandskriterien beim wirtschaftlichen Nachrichtendienst, SJZ 71 (1975) 58; KURT LAMM, Wirtschaftlicher Nachrichtendienst, BJM 1957 193; HERMINE HERTA MEYER, *The Banking Secret and Economic Espionage in Switzerland,* Washington Law Review 1955 284, *302 ff.;* KURT REICHLIN, Art. 273 StGB und der agentenlose wirtschaftliche Nachrichtendienst, WuR 13 (1961) 1; DIETER RIGGENBACH, Wirtschaftlicher Nachrichtendienst, Diss. BS 1966; WALTER F. ROTHENFLUH, Der verbotene Transfer geschäftlicher, wirtschaftlicher und technologischer Informationen, ZSR 104 (1985) II 348; KLAUS SCHAFHEUTLE, Wirtschaftsspionage und Wirtschaftsverrat im deutschen und schweizerischen Strafrecht, Diss. Freiburg i.Br. 1972; EDGAR SCHMIDT, in «Der strafrechtliche Schutz des Geschäfts- und Betriebsgeheimnisses in den Ländern der Europäischen Gemeinschaft, sowie in Österreich und der Schweiz» II, Köln usw. 1981, 199 ff.; PIERRE-DOMINIQUE SCHUPP, *Devoirs de discrétion suisses et obligation de produire des pièces en procédure pénale américaine,* Diss. Laus. 1987; WALTER E. SCHWEITER, Spionageabwehr – neue Aufgaben für die Unternehmensführung, Industrielle Organisation 41 (1972) 371 (zur Abwehrtechnik); GÜNTER STRATENWERTH, Der behördlich erzwungene Verzicht auf das Bankgeheimnis, in Von Graffenried (Hrsg.), Beiträge zum schweizerischen Bankenrecht, Bern 1987, 227, *239 ff.,* OLIVIER WENIGER, *La protection des secrets économiques et du savoir-faire (Know-how): étude comparative des droits allemand, français et suisse,* Diss. Laus 1994; JACQUES WERNER, *L'application extraterritoriale des lois antitrust américains et l'article 273 du Code pénal suisse,* Revue suisse du droit international de la concurrence, 1977 60. **Lit.** und Vb zu 265, 272 und 271.

1   Zur **Entstehungsgeschichte** eingehend HUG 19 ff., BGE 74 IV 208; statistische Angaben bei GERBER 259 f.

2   Die Bestimmung des **geschützten Rechtsguts** stösst bei Art. 273 auf grosse Schwierigkeiten. Einerseits sprechen systematische Stellung (vgl Art. 162) und Herkunft aus dem Spitzelgesetz dafür, das Rechtsgut in der wirtschaftlichen Seite der Gebietshoheit zu erblicken, in diesem Sinn BGE 71 IV 218, 74 IV 103 f. Schon früh wird aber auch auf Interessen der Volkswirtschaft hingewiesen, BGE 65 I 334. Mit BGE 74 IV 206 (vgl auch 85 IV 141, 98 IV 210, 101 IV 312, 104 IV 182, RS 1972 Nr. 255) rückt schliesslich das Interesse des betroffenen privaten Wirtschaftssubjekts in

den Vordergrund. So wird in BGE 101 IV 313 ausgeführt: «Art. 273 ahndet ein Delikt gegen den Staat ... Der Staat hat ein Interesse daran, dass die unter seiner Gebietshoheit stehenden Personen gegen den Verrat von wirtschaftlichen Belangen geschützt seien. Wer einer fremden amtlichen Stelle oder einer ausländischen Organisation oder privaten Unternehmung oder deren Agenten ein Fabrikations- oder Geschäftsgeheimnis preisgibt, beeinträchtigt schon dadurch die Interessen der nationalen Volkswirtschaft, denn jeder schweizerische Geschäftsbetrieb bildet einen Teil der gesamten schweizerischen Wirtschaft. Der Art. 273 StGB setzt nicht eine unmittelbare Verletzung oder Gefährdung der staatlichen Interessen voraus. Denn in jedem wirtschaftlichen Nachrichtendienst zum Nachteil eines in der Schweiz ansässigen Unternehmens zu Gunsten des Auslandes liegt notwendigerweise eine mittelbare Verletzung oder Gefährdung der staatlichen Interessen, was zur Erfüllung des Tatbestandes von Art. 273 genügt». Kürzer, aber kaum präziser, BGE 108 IV 47: Art. 273 «bezweckt den Schutz der Gebietshoheit und die Abwehr der Spitzeltätigkeit zur Erhaltung der nationalen Wirtschaft», ebenso das EJPD, VPB 51 (1987) Nr. 5. GERBER 265 spricht von einer «Mehrzweckbestimmung» und heisst die Auslegung gut, kritisch HUG 46 f., REHBERG IV 233, RIGGENBACH 38 f., SCHULTZ, ZBJV 109 (1973) 422, SCHUPP 85, STRATENWERTH BT II § 43 N 2, 25. Der Nachweis einer Schädigung oder einer konkreten Gefährdung privater oder öffentlicher Interessen ist nicht erforderlich, BGE 65 I 50, 98 IV 210, 101 IV 313, 104 IV 177, LGVE 1988 I Nr. 49 S. 94, BJM 1995 33. Art. 273 ist ein (sehr) abstraktes Gefährdungsdelikt, BGE 98 IV 211, 111 IV 79, BJM 1995 32, wie die übrigen Spionagetatbestände, SCHWANDER Nr. 731.

Angriffsobjekt ist eigentlich ein Fabrikations- oder Geschäftsgeheimnis, 3 was den Tatbestand erheblich einengen könnte. Das Bundesgericht betont aber den weiten Begriff «wirtschaftlicher Nachrichtendienst», BGE 66 I 333, 335, 71 IV 218, 74 IV 104, 218, 85 IV 141, 98 IV 210 f., und legt den Begriff des Geheimnisses extensiv aus (unproblematisch insoweit BGE 97 IV 122 f., zustimmend BUCHER 169 f.), insbesondere weiter als in Art. 162 (N 2–6), BGE 101 IV 199. Auch partielle Informationen zu einem geheimen Fabrikationsvorgang fallen unter den Begriff, BJM 1995 33. Dass das Strafrecht keinen einheitlichen Geheimnisbegriff kennt, betont BGE 97 IV 116 f.

Auf **Fabrikationsvorgänge** und die **Geschäftstätigkeit** beziehen sich alle 4 Tatsachen, die mit der Beschaffung und Bearbeitung von Material, mit kommerziellen, buchhalterischen, marktpolitischen, personalpolitischen, preispolitischen Aspekten und dergleichen zu tun haben, GERBER 267 ff., LOHNER 138 ff., WEHRLI (zu Art. 162) 4. Art. 273 wurden aber auch Sachverhalte unterstellt, die nicht in Beziehung zu irgendwelcher Geschäftstätigkeit standen, vgl. BGE 65 I 47, 330, 74 IV 102, HUG 53.

Geheimnis ist eine relativ unbekannte **Tatsache** – nur wahre Sachverhalte können geheimgehalten werden, COMTESSE, ZStrR 56 (1942) 258, 5 HUG 55, MAHLER 57, REICHLIN 127 u. a. Art. 273 schützt nach Auffassung

des BGer aber auch gegen verleumderische, also *unwahre Informationen,*
BGE 65 I 335, 71 IV 217, 74 IV 103, ZR 63 (1964) Nr. 15, 16, zust. REH-
BERG IV 234, krit. GERBER 272 f., HUG 55, STRATENWERTH BT II § 43
N 26.

6   Grundsätzlich ist **relative Unbekanntheit** definiert durch die geringe
Zahl der Kenntnisträger. Für Art. 273 genügt es aber, wenn die Tatsache
dem Destinatär nicht bekannt ist, mag sie auch hierzulande «in einem gewissen Kreis offenkundig» sein, BGE 65 I 49 f., zuletzt bestätigt in 104 IV
177, dazu eingehend STRATENWERTH a.a.O. (vor Art. 272) 12 ff. Die Tatsache kann auch ausländischen Unternehmungen bekannt sein, wenn
diese zur Geheimhaltung verpflichtet sind, JdT 1959 IV 96, *a fortiori,*
wenn sie Geheimnisherrin ist, vgl. BGE 97 IV 112.

7   Die Frage des **Geheimhaltungswillens** fällt zusammen mit derjenigen
nach dem Geheimhaltungsherrn und der Erlaubnis zur Information über
wirtschaftlich bedeutende Tatsachen, s. unten N 14. Ausgangspunkt bildet jedenfalls der Geheimhaltungswille des privaten Wirtschaftssubjekts.
Er kann sich z.B. daraus ergeben, dass ein Dokument als «vertraulich»
klassifiziert wird oder aus der Einreichung einer Strafanzeige, BJM 1995
34.

8   Schliesslich gehört zum Geheimnisbegriff ein **schutzwürdiges Interesse.**
Ein solches Interesse dürfte allemal gegeben sein, wenn unwahre Behauptungen verbreitet werden, wobei es sich dabei gar nicht um Verrat
von «Geheimnissen» handelt, s. N 5. Die Voraussetzung wird ferner in
BGE 65 I 50 bejaht, «sofern nur bestimmte gesetzgeberische Erlasse oder
Verwaltungsmassnahmen von Behörden eines fremden Staates Verhältnisse schaffen, die … die Geheimhaltung nahelegen». BGE 74 IV 103
wiederum sieht die Schutzwürdigkeit darin, dass die gesuchten Auskünfte auf dem Wege der Rechtshilfe nicht hätten erlangt werden können, was nicht richtig sein kann, weil bei der Rechtshilfe das dafür vorgesehene Verfahren von entscheidender Bedeutung ist. BGE 95 I 449
anerkennt als schutzwürdig das Interesse, nicht von ausländischen Steuerbehörden erfasst zu werden, und BGE 101 IV 314 bezeichnet es als
gleichgültig, «ob die Tatsache, um deren Geheimhaltung es geht, legal sei
oder nicht». BGE 104 IV 178 ff. schliesslich betrifft den Verrat kartell-
rechtswidriger Geschäftspraktiken an die EG-Kommission und begnügt
sich damit, die Einwände der Verteidigung zurückzuweisen, ohne die
Schutzwürdigkeit näher zu begründen. Es ergibt sich daraus, dass das
schutzwürdige Geheimhaltungsinteresse aus dem Geheimhaltungswillen
vermutet wird, enger LGVE 1988 I Nr. 49 S. 94 f. BJM 1995 34 hält demgegenüber ausdrücklich an der Prüfung des Interesses fest und bejaht es
für ein Produkt mit hohem wirtschaftlichem Potential, das noch nicht auf
dem Markt ist; das Gericht stellt überdies fest, dass die Teilgeheimnisse
nicht ohne Nutzen für die Adressaten waren. In Fällen der Rechtshilfe
überwiegen andere Interessen (unten N 16).

Das Geheimnis muss in einer **Beziehung zur Schweiz** stehen, dazu einge- 9
hend GERBER 280 ff., RS 1950 Nr. 141. Das Domizil der Firma Marc Rich
& Co. AG in Zug begründete die Inlandbeziehung, VPB 51 (1987) S. 39.
Gemäss h.L. stellt bereits die Nutzung eines Bankkontos in der Schweiz
eine solche *Binnenbeziehung* dar, GERBER 281, HONEGGER (zu Art. 271)
142 m.w.Hinw., SCHUPP 90 f., STRATENWERTH BT II § 43 N 25, differenzierend VPB 49 (1985) Nr. 56 S. 359, STRATENWERTH 240, CASSANI (zu
Art. 271) 15 f.

Destinatär ist zunächst eine «fremde» amtliche Stelle, also auch eine in- 10
ternationale Organisation wie die EG-Kommission, vgl. BGE 104 IV 176.
Zur «Organisation» Art. 272 N 3 – der Begriff ist in Art. 273 weiter zu fassen und schliesst neben politischen auch wirtschaftliche, u.U. sogar kulturelle Zusammenschlüsse ein. Der Hinweis auf private Unternehmungen ist entgegen der Kritik von HUG 80 ff., LOHNER 146, SCHWANDER Nr.
732 und SCHULTZ, ZBJV 97 (1961) 195, vorbehaltlos zu begrüssen, vor allem angesichts wachsender Konzentration von wirtschaftlicher Macht bei
den sog. *«Multis»,* ebenso GERBER 294, STRATENWERTH BT II § 43 N 28,
RIGGENBACH 84 ff. «Agent» ist, wer – mit oder ohne Auftrag – im Interesse einer der genannten ausländischen Stellen handelt, HAFTER BT II
673, STRATENWERTH BT II § 43 N 29.

Tathandlung ist das Auskundschaften, d.h. «jede auf Ermittlung des Ge- 11
heimnisses gerichtete Handlung», unveröffentlichter Teil von BGE 71 IV
217 ff., zit. bei GERBER 295, und das *Zugänglichmachen,* d.h. «dem Ausland oder dessen Agenten im weitesten Sinne die Möglichkeit zu verschaffen, auf unzulässige Weise in schweizerische Wirtschaftsverhältnisse
Einblick zu erhalten», GERMANN 21, wobei nicht einmal erforderlich ist,
dass der Einblick gelingt, BGE 111 IV 81, s. auch BJM 1995 36. Die beiden Begehungsweisen sind voneinander unabhängig – die übermittelte
Nachricht braucht nicht auf unzulässige Weise erlangt worden zu sein,
BGE 85 IV 141. Die unbestimmte Umschreibung des strafbaren Verhaltens, welche es schier unmöglich macht, strafbares von straflosem Verhalten zu unterscheiden, wird generell kritisiert, s. z.B. GERBER 298, RIG-
GENBACH 100 ff., 136, GERMANN 20, LOHNER 154, STRATENWERTH BT II
§ 43 N 30. Vorbereitungshandlungen, z.B. Annahme eines Auftrags, sind
nicht strafbar, RS 1944 Nr. 179, s. aber Art. 275ter.

Subjektiv ist Vorsatz erforderlich – es genügt, wenn der Täter bewusst 12
eine geheime Tatsache an eine fremde Stelle verrät, ob er «um den staatlichen Schutz solcher Geheimnisse und damit um die Verletzung nicht
bloss privater, sondern auch staatlicher Interessen im Falle ihrer Preisgabe wusste, ist unerheblich», BGE 104 IV 182. Eventualvorsatz genügt,
GERBER 299.

Ob ein **schwerer Fall** vorliegt, entscheidet sich «nach den dem Gesetz zu- 13
grundeliegenden Wertungen» sowie «den gesamten Tatumständen...,
die bei der Abwägung des Verschuldens zu berücksichtigen sind», BGE
101 IV 195 mit näheren Ausführungen S. 203 f. Für Art. 273 «wird man

dann, wenn der Täter private wirtschaftliche Geheimnisse, deren Bewahrung wegen ihrer grossen Bedeutung, bzw. ihrem erheblichen Wert (s. BGE 97 IV 123 f.) auch im staatlichen Interesse liegt, ausspäht oder verrät und dadurch die nationale Sicherheit im wirtschaftlichen Bereich, wenn auch bloss abstrakt, so doch in bedeutendem Ausmass mitgefährdet (vgl. HAFTER BT II S. 674), einen schweren Fall wirtschaftlichen Nachrichtendienstes für gegeben erachten», BGE 108 IV 47; BGE 111 IV 78 präzisiert, dass es dabei nur auf die objektive Schwere des Falles ankommt – bejaht für Magnetbänder mit Programmen, die Zugang zu Daten über französische Bankkunden hätten verschaffen sollen. Der schwere – und nur der schwere – Fall von Art. 273 ist *Verbrechen i.S. von Art. 9*, BGE 108 IV 42 ff. mit eingehender Begründung. Zur sprunghaften Erhöhung des Strafrahmens (schwerer Fall nur mit Zuchthaus bedroht, BGer a.a.O. 45) Art. 272 N 7. Für eine Ausweitung des schweren Falles ROTHENFLUH 353 f.

14   **Einwilligung des verletzten** privaten Wirtschaftssubjekts rechtfertigt die Weitergabe wirtschaftlicher Geheimnisse ans Ausland grundsätzlich nicht, weil auch staatliche Interessen im Spiel sind; diese sind aber selten (z.B. Wehrwirtschaft), VPB 51 (1987) S. 38. Nach den Richtlinien der Bundesanwaltschaft darf informiert werden, wenn der private Geheimnisherr allein an der Geheimhaltung interessiert ist, d.h., wenn weder direkte staatliche noch schützenswerte Interessen Dritter betroffen sind, GERBER 289, HONEGGER (zu Art. 271) 140, s. z.B. ZBJV 110 (1974) 76. Ein geregeltes Verfahren, in welchem eine behördliche Bewilligung eingeholt werden könnte, besteht nicht, GERBER 276. Selbstverständlich ist eine unter (ausländischem) Zwang abgegebene Einwilligung unbeachtlich, STRATENWERTH 241 f.
      Zur Zulassung der Datenfernbearbeitung durch Banken EBK Bull. 21 24 ff.

15   Eine **Notstandssituation** tritt immer dann ein, wenn ausländische Behörden schweizerischen Geheimnisträgern Nachteile androhen für den Fall, dass sie Auskünfte verweigern. Dies kann namentlich im Zusammenhang mit amerikanischen Straf-, Zivil- und Verwaltungsverfahren im Rahmen des Börsen-, Steuer- oder Kartellrechts vorkommen. Eine Abwägung der Interessen wird aber nur in Ausnahmefällen zur Rechtfertigung oder Entschuldigung führen, so in ZR 72 (1973) Nr. 107, dazu krit. KUHN a.a.O. In einem u.ö. Urteil vom 31.1.1966 i.S. Ackermann verneinte das Bundesgericht eine Notstandssituation, wo finanziellen Vorteilen schwere Nachteile zulasten eines Dritten gegenüberstanden. Auch das EJPD billigte offenbar Marc Rich keinen Notstand zu, vgl. VPB 51 (1987) Nr. 5. S. auch SCHUPP 95 f., wonach ein durch ausländischen Druck erwirkter Notstand nicht akzeptabel sei, ähnlich HONEGGER (zu Art. 271) 145. Die Direktion für Völkerrecht des EDA bezeichnet solchen Druck als völkerrechtswidrig, VPB 49 (1985) Nr. 56. Bei der Güterabwägung müssen auch die staatlichen Interessen angemessen berücksichtigt werden.

Das **Gesetz,** Art. 32, kann die Preisgabe wirtschaftlicher Geheimnisse im 16
Rahmen der *internationalen Rechtshilfe in Strafsachen* rechtfertigen, zumal die Geheimhaltung bei gemeinen, d. h. rechtshilfefähigen Straftaten
keinem legitimen Interesse entspricht, vgl. IRSG Art. 10 II, RVUS
Art. 10.2, DE CAPITANI, ZSR NF 100 (1981) II 451 f., FREI, SJZ 73 (1977)
77, MARKEES, ZStrR 92 (1976) 179, NOLL in Festgabe Gerwig, Basel
1960, 143 f., GAUTHIER, ZStrR 101 (1984) 64; zurückhaltend AUBERT,
ZStrR 87 (1971) 129 f., HAUSER, ZStrR 101 (1971) 153 f. VEB 1957 Nr. 3
S. 31 f. erklärt die Lüftung von Wirtschaftsgeheimnissen auf dem Wege
der Rechtshilfe auch ohne gesetzliche Grundlage für zulässig. Auch in
diesem Bereich ist jedoch stets die Verhältnismässigkeit zu prüfen, dazu
eingehend LGVE 1992 I Nr. 59.

Kasuistik 17
BGE 65 I 48: Dändliker denunzierte deutschen Zoll- und Devisenbehör-
den die Lohnverhältnisse von deutschen Grenzgängerinnen, die in Diessenhofen arbeiteten; **65 I 330: Bodmer** denunzierte eine Frau fälschlich
gegenüber Deutschland wegen Devisenverschiebung; **74 IV 102: Penche-
rek** behauptete unwahr und aus Rache gegenüber französischen Zollbehörden, Heim habe 500 goldene Uhren nach Frankreich geschmuggelt;
74 IV 206: Duval versuchte, das Geheimnis der Fabrikation von Fahrrad-
ventilen, das seine ehemalige Arbeitgeberin Dubied & Cie AG besass,
für einen Belgier auszukundschaften; **85 IV 139: Blunier** nahm Pläne zur
Konstruktion einer Schotterbearbeitungsmaschine für den Eisenbahn-
linienbau und -unterhalt nach Deutschland, um dort eine entsprechende
Maschine nachzubauen; **97 IV 112: Frauenknecht** verriet Konstruktions-
pläne für ein Mirage-Triebwerk an Israel; **101 IV 178: Hans** und **Gisela
Wolf alias Kälin** verrieten Geschäftsgeheimnisse der Firma Sulzer an den
Spionagedienst der DDR; **101 IV 312: E.** verriet der Firma B, dass A. ver-
tragswidrig Bestandteile von Fernsehgeräten bei der Firma C bezog; **104
IV 176: Stanley Adams** verriet wettbewerbsbeschränkende Praktiken sei-
ner Arbeitgeberin F. Hoffman-La Roche & Co. AG an die EG-Kommission; **111 IV 74: C.** und **P.** verschafften den französischen Zollbehörden
Magnetbänder mit Programmen, die Zugang zu weiteren Trägern von
Daten über Kunden der Schweizerischen Bankgesellschaft verschaffen
sollten, sich allerdings nicht entschlüsseln liessen; **VPB 51 (1987) Nr. 5:**
Die **Marc Rich & Co. AG** legte amerikanischen Justizbehörden unter
massivem Druck Unterlagen vor, die z.T. auch Drittpersonen betrafen –
Ermächtigung zur Strafverfolgung (BStP Art. 105) verweigert; **LGVE
1988 I Nr. 49: K.** übermittelte seinem Auftraggeber in der DDR Informationen, welche dieser aufgrund des PR-Selbstverständnisses der Firma
L. hätte kennen sollen – kein Geheimnisverrat; **BJM 1995 31: A.,** ehemaliger Chemiker der X. AG, bot 1989 verschiedenen ausländischen Firmen
«Know-how» an, welches auf neu entwickelter Technologie der X. AG
beruhte.

18   **Konkurrenzen und Abgrenzungen**
Art. 273 al. 1 und 2 stehen in unechter Gesetzeskonkurrenz, BGE 101 IV 200, zu Unrecht kritisch GERBER 301 Anm. 148 – ist das Auskundschaften verjährt, so bleibt das Zugänglichmachen strafbar.
Art. 162: Idealkonkurrenz, BGE 101 IV 204.
Art. 267: Idealkonkurrenz, sofern die Tat auch private wirtschaftliche Interessen verletzt, für Konsumtion STRATENWERTH BT II § 43 N 36.
Art. 272: Idealkonkurrenz, STRATENWERTH BT II § 43 N 36; s. ferner **Art. 274** N 4.
MStG Art. 86: Idealkonkurrenz, BGE 97 IV 123.
UWG Art. 23 i.V.m. Art. 6: Idealkonkurrenz, HUG 115, SCHMIDT 229.
BkG 47: Idealkonkurrenz, HONEGGER (zu Art. 271) 150, REHBERG IV 239.

274   Militärischer Nachrichtendienst

    1. Wer für einen fremden Staat zum Nachteile der Schweiz militärischen Nachrichtendienst betreibt oder einen solchen Dienst einrichtet,

    wer für solche Dienste anwirbt oder ihnen Vorschub leistet,

    wird mit Gefängnis oder mit Busse bestraft.

    In schweren Fällen kann auf Zuchthaus erkannt werden.

    2. Die Korrespondenz und das Material werden eingezogen.

Fassung gemäss BG vom 5.10.1950.

ANDRÉ AMSTEIN, Verletzung militärischer Geheimnisse und militärischer Nachrichtendienst, SJZ 41 (1945) 113, 129; EUGEN BUCHER, Zur Abgrenzung der Delikte gegen die Landesverteidigung gegenüber dem Tatbestand wirtschaftlichen Nachrichtendienstes (StGB 273), SJZ 68 (1972) 165; HERBERT NEHER, Verletzung militärischer Geheimnisse nach schweizerischem Militärstrafrecht, Diss. ZH 1972; **Lit.** und Vb vor 265, 272.

1   **Adressat der Nachrichten** kann im Gegensatz zu Art. 272 nur ein Staat sein – eine Einschränkung, die seit dem Aufkommen nichtstaatlicher paramilitärischer Gruppierungen – z.B. PLO, ETA – nicht ganz überzeugt.

2   **Militärisch** sind Nachrichten, die sich auf die Landesverteidigung im weitesten Sinne beziehen, auch wenn sie nicht selber militärischer Natur sind; klar erfüllt in BGE 101 IV 192 ff., extrem RS 1944 Nr. 180, wonach auch veröffentlichte Adressbücher Gegenstand des militärischen Nachrichtendienstes sein können, allerdings mit der (der übrigen Praxis widersprechenden, N 7 vor Art. 272) Einschränkung, dass die Absicht des Empfängerstaates, das Material zu militärischen Zwecken zu nutzen, nachgewiesen werden müsse, ähnlich RS 1967 Nr. 53 (Urteile des MKG). Gemäss BGE 61 I 412 muss sich die Tätigkeit «auf Tatsachen beziehen, deren Kenntnis man sich ihrer Natur nach in der Meinung verschafft, dass sie mitbestimmend seien für die Entscheidung über Massnahmen

militärpolitischer Natur des Staates, von dem der Nachrichtendienst ausgeht, gegenüber dem Staat, gegen den der Dienst gerichtet ist», zustimmend AMSTEIN 46, BUCHER 169. Für LGVE 1988 I Nr. 49 S. 96 ist das Interesse des fremden Staates entscheidend. Demgegenüber unterstellt
BGE 97 IV 116 ff. MStG Art. 86 (und damit auch Art. 274 – a.a.O. S. 122)
den Verrat von Plänen des Triebwerkes von Kampfflugzeugen an Israel,
zustimmend SCHULTZ, ZBJV 108 (1972) 366. Die neuere Praxis trägt der
weltweiten Interdependenz Rechnung, ferner dem Gesichtspunkt der
Verletzung schweizerischer Gebietshoheit, Vb 1 zu Art. 272.

Zur **Qualifizierung** BGE 101 IV 195: Die Bewertung erfolgt nach objek-   3
tiven und subjektiven Gesichtspunkten – ein Beispiel findet sich in
LGVE 1988 I Nr. 49, dazu Art. 272 N 8; in schweren Fällen ist die Tat ein
Verbrechen, BGE 108 IV 44.

Konkurrenzen und Abgrenzungen   4
Art. 272, 273: Idealkonkurrenz ist möglich, LGVE 1988 I Nr. 49, implizit
BGE 97 IV 123. S. auch **Art. 301** N 5.
MStG Art. 86 ist *lex specialis*, weil Geheimnisverrat betreffend, und geht
dem generellen und subsidiären Art. 274 immer vor, BGE 97 IV 122 (mit
schwachem Vorbehalt für mögliche Idealkonkurrenz), LOHNER 44 f.,
STRATENWERTH BT II § 43 N 21; nur «in der Regel» HAURI N 47 zu MStG
Art. 86. Realkonkurrenz ist ohne weiteres möglich.

3. Gefährdung der verfassungsmässigen Ordnung

Sten.StR 290 ff., NR 707 f., 773 ff., StR 350 f., NR 785. – Zum Ausbau bei der Teilrevision: BBl 1949 I 1261 ff. StenB 1949 StR 642, 1950 NR 171, 174, 217 ff., 245 f.,
StR 141, 150 ff., NR 465 ff.

PIERRE-PHILIPPE JACCARD, *La mise en danger de l'ordre constitutionnel en droit pénal suisse,* Diss. Laus. 1983; MAGDALENA RUTZ, Die Gefährdung der verfassungsmässigen Ordnung, Art. 275–275ter StGB, Diss. BS 1968 (vervielfältigt); DIES., Notwendigkeit und Grenzen des strafrechtlichen Schutzes der verfassungsmässigen
Ordnung, ZStR 86 (1970) 347; JEAN-CLAUDE WENGER, Die Gefährdung der verfassungsmässigen Ordnung Art. 275–275ter, Diss. ZH 1954; **Lit.** vor Art. 265.

275 Angriffe auf die verfassungsmässige Ordnung

   **Wer eine Handlung vornimmt, die darauf gerichtet ist, die verfas-
sungsmässige Ordnung der Eidgenossenschaft oder der Kantone rechtswidrig zu stören oder zu ändern, wird mit Gefängnis bis zu fünf Jahren
bestraft.**

Eingeführt durch BG vom 5.10.1950.

Neu gemäss Teilrev. 1950. Vorher BRB vom 29. Oktober 1948 Art. 5. Vgl. auch
Botsch. 1949 in BBl 1949 I 1262.

1   Die Bestimmung ist **aus den Demokratieschutzverordnungen** hervorge-
    gangen und wurde direkt aus derjenigen vom 29.10.1948 übernommen als
    Ergänzung zu Art. 265 –Vorbereitungshandlungen zu Angriffen auf das
    normale Funktionieren der politischen Einrichtungen und die liberale,
    demokratische Staatsordnung sollten besser erfasst werden können,
    BGE 98 IV 126 f. Formuliert wurde jedoch ein Tatbestand, bei welchem
    klare Konturen nicht mehr erkennbar sind, was auch das BGer a.a.O. mit
    Hinweis auf WENGER 71 ff., 97 ff. und RUTZ, ZStrR 86 (1970) 368 ff.
    (h.L.) ausdrücklich anerkennt, so dass die Konkretisierung durch den
    Richter entscheidend ist, BGE 98 IV 128. Unkritisch LÜTHI, ZBJV 87
    (1951) 151, WALDER 257 mit Hinweis auf politische und gerichtliche Kon-
    trollen, Anm. 7.

2   Die **Praxis** hat sich in den zwei publizierten Urteilen an den Kernbereich
    der Bestimmung gehalten. **BGE 98 IV 126** i.S. **Cuénod** und **Maerki** be-
    jahte Art. 275 bei Vorbereitungen zur Veränderung der gesellschaft-
    lichen Verhältnisse durch terroristische Handlungen, welche ein Klima
    der Verunsicherung schaffen sollten, das verschiedene Gruppierungen
    ausnützen würden; eine Spirale von Repression und Gewalt hätte die mo-
    ralischen, gesellschaftlichen und politischen Strukturen schliesslich ge-
    sprengt. Zur Durchführung dieses Planes hatten die Täter bereits ein um-
    fangreiches Waffenlager angelegt und den Widerstand gegen die Polizei
    vorbereitet. Die Täter rechneten damit, dass sich andere Gruppen ihnen
    anschliessen würden, was ihrer Kontrolle entzogen war; die Erwartung
    erschien jedoch nicht von vornherein unbegründet. Insgesamt bestand
    die Verbindung zwischen den Vorbereitungshandlungen und dem Ziel,
    zumal sie weniger eng zu sein braucht als in Art. 265. Das BGer bemüht
    sich selbst um Einschränkung des Begriffs der Vorbereitungshandlung –
    der missglückte Einbruch in ein Militärdepot wird als Versuch zu Art.
    275 bezeichnet, was jedoch begrifflich nicht möglich ist – der Versuch
    einer Vorbereitungshandlung ist entweder eine Vorbereitungshandlung
    oder straflos, ähnlich zu Art. 266 ZELLWEGER 132, 156, zu Art. 265 THOR-
    MANN/VON OVERBECK N 12, s. auch Art. 260bis N 7. **SJZ 71 (1975) Nr. 152**
    betrifft ein Mitglied der nach der Zürcher **Bändlistrasse** benannten
    Bande. Auch hier sollten gewaltsam nach Vorbild der Tupamaros und
    der RAF die gesellschaftlichen Verhältnisse verändert werden und war
    zu dem Zweck ein Waffenlager angelegt worden. Zudem hatten die Tä-
    ter Material zur Herstellung von Sprengstoff beschafft. Im Gegensatz zu
    BGE 98 IV 130 und RUTZ, ZStrR 86 (1970) 392, wird hier gesagt, es sei
    gleichgültig, ob irgendwelche Erfolgsaussichten für die Unternehmung
    bestünden. Mit Recht wird betont, dass die abstrakte Gefährdung
    genügt.

3   **Konkurrenzen und Abgrenzungen**
    Art. 275 ist subsidiär zu **Art. 265,** aber auch **266,** BGE 73 IV 106 f. (zum
    entsprechenden Tatbestand der DemokratieschutzVO).

Art. 275ᵗᵉʳ wird konsumiert durch Art. 275, wenn die Gruppe keine anderen Ziele verfolgte (BGE 98 IV 130 f.) und sich die gesamte Tätigkeit des Täters im Rahmen der Gruppe abspielte.

275ᵇⁱˢ Staatsgefährliche Propaganda

Wer eine Propaganda des Auslandes betreibt, die auf den gewaltsamen Umsturz der verfassungsmässigen Ordnung der Eidgenossenschaft oder eines Kantons gerichtet ist, wird mit Gefängnis oder mit Busse bestraft.

Eingeführt durch BG vom 5.10.1950.

RUDOLF KAPPELER, Der Begriff der Staatsgefährlichkeit, Diss. ZH 1952; **Lit.** vor Art. 265, 275.

Art. 275ᵇⁱˢ stammt ebenfalls aus dem Fundus der Demokratieschutzverordnungen. Er ist als *kombinierte Vorbereitungshandlung* zu Art. 265 und 266 anzusehen – einerseits zielt die Tat auf Hochverrat, andererseits ist der Propagandist verlängerter Arm einer ausländischen Macht und steht im Dienste (wenn auch nicht notwendig im Auftrag) einer Einmischung in innere Angelegenheiten, Landesverrat. Eine Gefährdung ist aber nicht verlangt.   1

Propaganda ist objektiv ein Kommunikationsverhalten, z.B. «Halten von Vorträgen, Ausleihen oder Verteilen von Schriften, Ausstellen von Bildern, Tragen von Abzeichen», auch averbale Kommunikation (z.B. Hitlergruss). «Subjektiv erfordert die Propaganda nicht nur das Bewusstsein, dass eine bestimmte Handlung von Mitmenschen wahrgenommen werde, sondern auch die Absicht, durch sie nicht nur Gedanken zu ändern, sondern zu werben, d.h. so auf die Mitmenschen einzuwirken, dass sie für die geäusserten Gedanken gewonnen oder … in ihrer Überzeugung gefestigt werden», BGE 68 IV 147. Öffentlichkeit ist nicht Tatbestandsmerkmal. S. auch Art. 261ᵇⁱˢ N 25.   2

Propaganda **des Auslandes** liegt nur vor, wenn für die Zwecke einer expansiven ausländischen Macht geworben wird – für Beschränkung auf Staaten, die die Ausweitung ihres Machtbereichs anstreben, REHBERG IV 247, RUTZ, ZStrR 86 (1970) 379, STRATENWERTH BT II § 45 N 13, wohl auch WENGER (vor Art. 275) 111, ZELLWEGER (vor Art. 265) 159. Einhellig abgelehnt wird die Auffassung von LÜTHI, ZBJV 87 (1951) 159, wonach schon die *ausländische Herkunft* der Idee genüge – wie lässt sich der Ursprung einer Idee ermitteln? Wieviele der überhaupt verfügbaren Ideen stammen aus der Schweiz? Was wäre mit der Idee, die ein Schweizer im Ausland, ein Ausländer in der Schweiz entwickelt?   3

Konkurrenzen und Abgrenzungen   4
Art. 275ᵇⁱˢ ist subsidiär zu **Art. 275ᵗᵉʳ** (vgl. *mutatis mutandis* BGE 69 IV 21, 31) und **275**, *a fortiori* **265 ff.** (Strafdrohung!).

275ter Rechtswidrige Vereinigung

Wer eine Vereinigung gründet, die bezweckt oder deren Tätigkeit darauf gerichtet ist, Handlungen vorzunehmen, die gemäss den Artikeln 265, 266, 266bis, 271-274, 275 und 275bis mit Strafe bedroht sind,

wer einer solchen Vereinigung beitritt oder sich an ihren Bestrebungen beteiligt,

wer zur Bildung solcher Vereinigungen auffordert oder deren Weisungen befolgt,

wird mit Gefängnis bestraft.

Fassung gemäss BG vom 5.10.1950 (zuvor Art. 275)

Lit. vor Art. 265, 275.

1   **Art. 275ter** dehnt den **Staatsschutz nahezu uferlos** in den Bereich der *«conspiracy»* aus; ein sehr abstraktes Gefährdungsdelikt. Er erfasst weitere Vorbereitungshandlungen zu Vorbereitungshandlungen – Aufforderung zur Bildung einer Propaganda-Vereinigung wird z.B. mit schwererer Strafe bedroht als die Propaganda selber! Vgl. die Kritik bei STRATENWERTH BT II § 45 N 20 m.w.Hinw.

2   **Konkurrenzen und Abgrenzungen**
     Art. 260ter geht vor, STRATENWERTH BT II § 40 N 32, § 45 N 23; **Art. 275bis** wird konsumiert, vgl. BGE 69 IV 21, 31; gegenüber den restlichen Tatbeständen, die in al. 1 erwähnt sind, ist Art. 275ter subsidiär, zu **Art. 266:** BGE 73 IV 103 f.; zu **Art. 275:** BGE 98 IV 130 f.

4. Störung der militärischen Sicherheit

VE 1894 Art. 167 f., Mot. 228 f. 1. ExpK II 264 ff., 694. VE 1908 Art. 205 f. Erl.Z. 374 ff. 2. ExpK IV 421 ff., V 198 ff., VIII 297 ff. VE 1916 Art. 244 f. E Art. 243 f. Botsch. 59, Sten.NR 477 ff. StR 224

276 Aufforderung und Verleitung zur Verletzung militärischer Dienstpflichten

1. Wer öffentlich zum Ungehorsam gegen militärische Befehle, zur Dienstverletzung, zur Dienstverweigerung oder zum Ausreissen auffordert,

wer einen Dienstpflichtigen zu einer solchen Tat verleitet,

wird mit Gefängnis bestraft.

2. Geht die Aufforderung auf Meuterei oder auf Vorbereitung einer Meuterei, oder wird zur Meuterei oder zur Vorbereitung einer Meuterei verleitet, so ist die Strafe Zuchthaus oder Gefängnis.

Lit. vor Art. 265.

Art. 276 schützt die militärische Sicherheit vor Gefährdung durch Ab-   1
werben von Dienstpflichtigen. Es handelt sich um ein abstraktes Gefähr-
dungs- und schlichtes Tätigkeitsdelikt, BGE 97 IV 106, 108.

Auffordern und **verleiten** unterscheiden sich dadurch, dass sich die Auf-   2
forderung (erfolgreich oder erfolglos) an eine unbestimmte Mehrzahl
von Personen richtet, die Verleitung dagegen erfolgreich an Einzelne;
materiell handelt es sich um Propaganda (Art. 275bis N 2), beim Verleiten
um Anstiftung, STRATENWERTH BT II § 46 N 6. Das Bundesgericht verlangt eine gewisse Dringlichkeit – bejaht für eine «Philippika» von Arthur Eric Villard anlässlich einer Demonstration gegen den Besuch des
amerikanischen Generals Westmoreland in Bern, BGE 97 IV 104, 106 f.,
und für den Abdruck eines leicht lokalen Verhältnissen angepassten Gedichts von Wolfgang Borchert im «Roten Gallus» mit der Zeile: «Du,
Mann auf dem Dorf und Mann in der Stadt. Wenn sie morgen kommen
und Dir den Gestellungsbefehl bringen, dann gibt's nur eins: Sag
NEIN!», BGE 99 IV 92, 95 ff. (fragwürdig). «Mit zurückhaltender Sachlichkeit getroffene Feststellungen, im Gesamten der Ausführungen nicht
ins Gewicht fallende Bemerkungen oder nach der Art des Vortrags nicht
ernst zu nehmende Aussagen» fallen nicht darunter, BGE 97 IV 106, 99
IV 97.

Inhaltlich muss sich die Aufforderung auf **Straftatbestände des MStG** be-   3
ziehen: Ungehorsam, Art. 61; Dienstverletzungen, Art. 72–80; Dienstverweigerung, Art. 81; Ausreissen, Art. 83. Ziff. 2; Meuterei, Art. 63;
Vorbereitung der Meuterei, Art. 64.

Zum Verhältnis von Art. 276 zum **Grundrecht der freien Meinungsäusse-**   4
rung sagt BGE 99 IV 99 lediglich, dass die Freiheit am Gesetz ihre
Schranke finde. Unter dem Gesichtspunkt von EMRK Art. 10 ist zweifellos klar, dass die Einschränkung im Dienste der nationalen Sicherheit
steht und vom Gesetz vorgesehen ist. Zudem muss aber stets in Anwendung des Grundsatzes der Verhältnismässigkeit geprüft werden, ob der
Eingriff auch «in einer demokratischen Gesellschaft … notwendig» sei.
Die EKMR bejahte diese Notwendigkeit für die Aufforderung an englische Soldaten, sich der Dienstpflicht in Nordirland zu entziehen, Bericht
in der Sache Arrowsmith, DR 19 5, *24 f.* §§ 95 ff.

Subjektiv ist jedenfalls Vorsatz hinsichtlich des Täterverhaltens, für Auf-   5
forderung auch der Öffentlichkeit, erforderlich. Es wird darüber gestritten, ob der Täter auch die Begehung der Straftat durch den Adressaten
wollen muss, dazu eingehend BGE 97 IV 109 f. Der Streit ist müssig,
denn wer dringend zu einem Verhalten auffordert, muss notgedrungen
mindestens in Kauf nehmen, dass Folge geleistet wird, so wohl auch
REHBERG IV 254. «Verleiten» bedeutet, dass der Täter zu einem bestimmten Verhalten motiviert und damit auch dieses Verhalten will.

Zum Begriff der **Meuterei** MStG Art. 63.   6

7 **Konkurrenzen und Abgrenzungen**
Art. 259 kann nur mit Ziff. 2 konkurrieren, die als *lex specialis* vorgeht, ZELLWEGER (vor Art. 265) 181.
MStG Art. 98 enthält eine entsprechende Strafnorm für dem Militär-strafrecht unterstehende Personen – im Aktivdienst und bei Kriegs-zustand gilt sie auch für Zivilisten; weil die Strafdrohung dieselbe ist, be-schränkt sich die Auswirkung auf Zuständigkeit und Verfahren.

277 Fälschung von Aufgeboten und Weisungen

1. Wer vorsätzlich ein militärisches Aufgebot oder eine für Dienst-pflichtige bestimmte Weisung fälscht, verfälscht, unterdrückt oder besei-tigt,

wer ein gefälschtes oder verfälschtes Aufgebot oder eine solche Wei-sung gebraucht,

wird mit Zuchthaus oder mit Gefängnis bestraft.

2. Handelt der Täter fahrlässig, so ist die Strafe Gefängnis oder Busse.

1 **Qualifizierte Urkundenfälschung** (Art. 251, 254) ist ohne praktische Be-deutung. Wörtlich gleich MStG Art. 103 (vgl. Art. 276 N 7). Geschützt sind Anordnungen betreffend die Mobilmachung, nicht solche, die sich an im Dienst befindliche Truppen richten, MKGE 5 Nr. 10. Falschbeur-kundung wird vom Tatbestand nicht erfasst, STRATENWERTH BT II § 46 N 13, a.M. HAFTER BT II 690, REHBERG IV 256.

278 Störung des Militärdienstes

Wer eine Militärperson in der Ausübung des Dienstes hindert oder stört, wird mit Gefängnis bis zu sechs Monaten oder mit Busse bestraft.

1 **Art. 278** ist **abstraktes Gefährdungsdelikt** bezüglich der militärischen Si-cherheit, **Verletzungsdelikt** hinsichtlich des geordneten Dienstbetriebs. Eine gewisse Erheblichkeit muss zur Einschränkung des überaus weiten Tatbestands verlangt werden (Aufhalten eines Meldefahrers durch ge-schwätzige Serviertochter kann schon den Dienst stören!). Taktlosigkeit von Neugierigen und Unfug erfüllen den Tatbestand nicht, HAFTER BT II 688, wohl aber hartnäckiges Necken einer Wache u.a. mit Schüssen, so dass sie zweimal ausrückt, RS 1956 Nr. 310bis, oder renitentes Verhalten eines Störers während des Hauptverlesens einer Kompanie, SJZ 56 (1960) Nr. 97. Analog MStG Art. 100 mit höherer Strafdrohung.

Vierzehnter Titel:
Vergehen gegen den Volkswillen

VE 1894 Art. 159 ff., Mot. 225 f. 1. ExpK II 142 ff., 688 f. VE 1908 Art. 198 f. Erl.Z. 362 ff. 2. ExpK IV 428 ff., V 28 ff., 124 ff. VE 1916 Art. 251 ff. E Art. 249 ff. Botsch. 60. Sten.NR 480 f., StR 224 f., NR 708 f.

Die Straftatbestände des 14. Titels schützen die **Beteiligung des Stimm-** 1 **bürgers an der demokratischen Willensbildung** vor gewaltsamen Einwirkungen, Drohung, Bestechung, Fälschung und Indiskretion. Bundesgerichtsbarkeit, wenn es direkt um die Willensbildung in Bundessachen geht, Art. 340.1 al. 7 – nicht beim kantonalen Verfahren zur Einreichung einer Standesinitiative.

279 Störung und Hinderung von Wahlen und Abstimmungen

Wer eine durch Verfassung oder Gesetz vorgeschriebene Versammlung, Wahl oder Abstimmung durch Gewalt oder Androhung ernstlicher Nachteile hindert oder stört,

wer die Sammlung oder die Ablieferung von Unterschriften für ein Referendums- oder ein Initiativbegehren durch Gewalt oder Androhung ernstlicher Nachteile hindert oder stört,

wird mit Gefängnis oder mit Busse bestraft.

E 249. Sten.StR 225, 2. ExpK IV 430 ff., V 124 ff.

Al. 1 schützt neben dem Urnengang Landsgemeinden und Gemeindever- 1 sammlungen, STRATENWERTH BT II § 47 N 5. Für «Gewalt» und «Androhung ernstlicher Nachteile» Art. 181 N 2–6. Die Störung muss ernstlich sein und über sitzungspolizeilich zu bewältigenden Unfug wie Zwischenrufe hinausgehen, vgl. auch BGE 107 IV 114. Hinderung eines Einzelnen ist nach al. 1 straflos, für al. 2 in Art. 280 erfasst. Subsidiär kann kantonales Recht angewandt werden, s. z.B. SCHÜRMANN (zu Art. 181) 155.

280 Eingriffe in das Stimm- und Wahlrecht

Wer einen Stimmberechtigten an der Ausübung des Stimm- oder Wahlrechts, des Referendums oder der Initiative durch Gewalt oder Androhung ernstlicher Nachteile hindert,

wer einen Stimmberechtigten durch Gewalt oder Androhung ernstlicher Nachteile nötigt, eines dieser Rechte überhaupt oder in einem bestimmten Sinn auszuüben,

wird mit Gefängnis oder mit Busse bestraft.

1   Der Tatbestand entspricht, auch hinsichtlich der Strafdrohung, als *lex specialis* ohne selbständige Bedeutung **Art. 181,** kritisch HAFTER BT II 701, STRATENWERTH BT II § 47 N 14: Die Bestimmung ist überflüssig. Die Nötigung, das Recht überhaupt auszuüben, ist auf die Beeinträchtigung der persönlichen Freiheit beschränkt. Gesetzlicher Stimmzwang verletzt Art. 280 nicht (vgl. auch EKMR, B 1718/62, Ann. 8 169, 172 f.).

281 Wahlbestechung

Wer einem Stimmberechtigten ein Geschenk oder einen andern Vorteil anbietet, verspricht, gibt oder zukommen lässt, damit er in einem bestimmten Sinne stimme oder wähle, einem Referendums- oder einem Initiativbegehren beitrete oder nicht beitrete,

wer einem Stimmberechtigten ein Geschenk oder einen andern Vorteil anbietet, verspricht, gibt oder zukommen lässt, damit er an einer Wahl oder Abstimmung nicht teilnehme,

wer sich als Stimmberechtigter einen solchen Vorteil versprechen oder geben lässt,

wird mit Gefängnis oder mit Busse bestraft.

MARCO BALMELLI, Die Bestechungstatbestände des schweizerischen Strafgesetzbuches, Diss. BE 1996; OLAF FELDMANN, Die Bestechungsdelikte, Diss. FR 1967, 121 ff.

1   Der **Tatbestand** entspricht Art. 280, nur dass die Beeinflussung durch das Gegenteil von Gewalt und Drohung, nämlich Vorteil und Versprechung geschieht. Wiederum ist Erheblichkeit zu fordern. Die Beeinflussung zur Ausübung des Rechts überhaupt wurde mit Recht nicht aufgenommen – es kann nicht strafbar sein, wenn jemand für die Ausübung eines Rechtes belohnt wird; STRATENWERTH BT II § 47 N 17 kritisiert mit Hinweis auf HAFTER die mangelnde Abstimmung mit Art. 280, während m.E. eher Art. 280 an Art. 281 angeglichen werden sollte.

282 Wahlfälschung

1. Wer ein Stimmregister fälscht, verfälscht, beseitigt oder vernichtet,

wer unbefugt an einer Wahl oder Abstimmung oder an einem Referendums- oder Initiativbegehren teilnimmt,

wer das Ergebnis einer Wahl, einer Abstimmung oder einer Unterschriftensammlung zur Ausübung des Referendums oder der Initiative

**fälscht, insbesondere durch Hinzufügen, Ändern, Weglassen oder Strei-
chen von Stimmzetteln oder Unterschriften, durch unrichtiges Auszählen
oder unwahre Beurkundung des Ergebnisses,**

   wird mit Gefängnis oder mit Busse bestraft.

   **2. Handelt der Täter in amtlicher Eigenschaft, so ist die Strafe Ge-
fängnis nicht unter einem Monat. Mit Gefängnis kann Busse verbunden
werden.**

E 252. Sten.NR 481. 2. ExpK IV 438 ff., V 129.

Ziff. 1 al. 1 und 3, teilweise auch Ziff. 1 al. 2, insbes. Ziff. 2 stellen unge-   1
rechtfertigt privilegierte Formen der **Urkundenfälschung** dar, HAFTER
BT II 704 f., STRATENWERTH BT II § 47 N 26 («gehört zu den vielen krassen Ungereimtheiten des Urkundenstrafrechts»).

Unbefugte Teilnahme an der politischen Willensbildung durch einen   2
Spion, der als Legendenträger schweizerische Nationalität vortäuscht, ist
strafbar, BGE 101 IV 206 (Wolf alias Kälin). Das Ergebnis braucht nur
im Fall von al. 3 verfälscht zu sein, BGE 112 IV 85.

Initiativbogen müssen eigenhändig ausgefüllt werden, obschon für eine   3
Unterschrift keine Rubrik vorgesehen ist – wer stellvertretend den Namen einer weiteren Person einsetzt, begeht Wahlfälschung, BGE 112 IV
84, u.ö. Urteil des Kantonsgerichtes AR vom 22.4.1982 (Absehen von
Strafe, Art. 20).

Subjektiv ist Vorsatz erforderlich. Fahrlässigkeit kann vorliegen, wenn   4
jemand bei langer Laufzeit eine Initiative zweimal unterzeichnet, SJZ 73
(1977) Nr. 59 – ob dergleichen strafwürdig ist, bleibe dahingestellt.

Konkurrenzen und Abgrenzungen
Art. 282 geht **Art. 251, 254, 317** als *lex specialis* vor, REHBERG IV 267,   5
269, STRATENWERTH BT II § 47 N 26, 31. Für Idealkonkurrenz mit
Art. 317 u.ö. BGE vom 4.7.1952, zit. bei LOGOZ N 4 zu Art. 282.

282bis Stimmenfang

   **Wer Wahl- oder Stimmzettel planmässig einsammelt, ausfüllt oder än-
dert oder wer derartige Wahl- oder Stimmzettel verteilt, wird mit Haft
oder mit Busse bestraft.**

Eingeführt durch BG vom 17.12.1976 über die politischen Rechte.

In Botsch. vom 9.4.1975, BBl 1975 I 1317, 1359, Sten.NR 1976 88.

Art. 282bis wurde im Zusammenhang mit der Erleichterung der brief-   1
lichen Stimmabgabe eingeführt. Weil diese der Kontrolle im Abstim-
mungslokal entzogen ist, wurde es als nötig erachtet, missbräuchlichen
Praktiken einen Riegel zu schieben, Botsch. 1359. Es soll strafbar sein das
organisierte Sammeln der Stimmzettel, etwa in einem Quartier, einer Be-

rufsgruppe, einer Partei, weil damit eine unterschwellige Beeinflussung des Bürgers verbunden sein kann. Die vorbereitete Bearbeitung des Zettels (ausgenommen die zulässig vorgedruckten Listen bei Wahlen) kann eine unerwünschte Suggestivwirkung ausüben, STRATENWERTH BT II § 47 N 35.

283 Verletzung des Abstimmungs- und Wahlgeheimnisses

Wer sich durch unrechtmässiges Vorgehen Kenntnis davon verschafft, wie einzelne Berechtigte stimmen oder wählen, wird mit Gefängnis oder mit Busse bestraft.

1   Das in **Art. 283** geschützte Geheimnis gehört zu den elementaren Attributen der freien Willensbildung im Volk durch Wahlen und Abstimmungen, vgl. EMRK 1. ZP Art. 3. Es soll verhindern, dass der Stimmbürger seinen Entscheid beeinflussen lässt durch die Aussicht, dass später von ihm Rechenschaft gefordert werde. Strafbar ist nur das Auskundschaften, nicht das Verraten oder Weiterverbreiten. Dem Berechtigten ist erlaubt, über seine Stimmabgabe Auskunft zu geben.

284 Einstellung in der bürgerlichen Ehrenfähigkeit

Aufgehoben durch BG vom 18.3.1971.

Fünfzehnter Titel:
Strafbare Handlungen gegen die öffentliche Gewalt

VE 1894 Art. 162, 165f., 199, Mot. 226f., 228, 240. 1. ExpK II 257ff., 262 ff., 315f., 698ff., 741, 752. VE 1908 Art. 200ff., 207ff., 284ff. Erl.Z. 367ff., 377ff., 497f. 2. ExpK V 162ff., 212ff., 216ff., VI 71ff., VII 231ff., 244ff., VIII 303ff. VE 1916 Art. 257ff., 345, 350, 352. E Art. 255ff., 337f., 343ff. Botsch. 60f., 74f., Sten.NR 482ff., StR 225ff., NR 709f., StR 231, NR 752ff., StR 351. – Zur Teilrevision 1950: BBl 1949 I 1263f. StenB 1949 StR 643, 1950 NR 224.

O. BIRCH, Delikte gegen Beamte, Kriminalistik 1965 327, 383; MARCEL BÖTSCHI, Die Rechtmässigkeit der Amtshandlung bei den Delikten gegen die Staatsgewalt gemäss Art. 285/286 StGB, Diss. ZH 1980; CYRIL HEGNAUER, Zur Strafbarkeit der Widersetzlichkeit gegen Amtshandlung (Art. 285/286 StGB), SJZ 52 (1956) 101; MAX IMBODEN, Strafrechtliche Verwaltungskontrolle, ZStrR 75 (1969) 139; REGULA KÄGI-DIENER, Justiz und Verwaltung aus der Sicht des Problems der Bindung des ordentlichen Richters an Verwaltungsakte, Diss. ZH 1979; ROBERT SCHNETZER, Die Abgrenzung der Hinderung einer Amtshandlung gemäss Art. 286 StGB vom blossen Ungehorsam, Diss. BS 1979; MAX SIDLER, Widersetzlichkeit und Beamtennötigung im schweizerischen Strafrecht, Diss. ZH 1974; HANS WIPRÄCHTIGER, Gewalt und Drohung gegenüber Beamten oder Angestellten im öffentlichen Verkehr unter besonderer Berücksichtigung des Bahnpersonals, SJZ 93 (1997) 209; **Lit.** zu Art. 285, 286, 292.

Geschütztes Rechtsgut ist das reibungslose Funktionieren der staatlichen Organe, «die staatliche Autorität, die sich auf Verfassung und Gesetz stützt», WIPRÄCHTIGER 210.   1

Angriffsobjekt sind Amtshandlungen von Behörden, Behördemitgliedern und Beamten.   2

«Behörden» sind öffentliche Gremien wie Parlamente, Kommissionen, Gemeinderäte, z.B. die rechts- und wirtschaftswissenschaftliche Fakultät der Universität Bern, BGE 107 IV 118, der Generalstabschef, BGE 114 IV 36.   3

Zu **«Beamte»** Art. 110.4. Art. 285/286 schützen nur die schweizerische Amtsgewalt, nicht diejenige ausländischer (z.B. Konsular-)Beamter, Sem.jud. 1994 110f., Rep. 1992 355f., 367, REHBERG IV 275, a.M. SCHULTZ, SJZ 60 (1964) 83, oder der Beamten internationaler Organisationen.   4

Amtshandlung ist zunächst jede Betätigung in der Funktion als Beamter, nicht nur Ausübung staatlicher Macht – z.B. auch die Durchführung einer Sitzung, BGE 107 IV 118, bei Bahnbeamten das «Durch-den-Zug-   5

Gehen» und das «Auf-dem-Perron-Stehen», WIPRÄCHTIGER 212. Ob die Amtshandlung den Täter direkt angeht, ist unerheblich, PKG 1965 Nr. 145. Vgl. auch die Kasuistik in N 13 und 14. Befindet sich der Beamte zwar im Dienst, richtet sich der Angriff jedoch auf ihn als Person und aus persönlichen Gründen, so ist Art. 285 nicht anwendbar, BGE 110 IV 92; private Verrichtungen während der Dienstzeit sind keine Amtshandlungen, WIPRÄCHTIGER 211.

6   Mit geschützt sind auch die **notwendigen Begleithandlungen,** z.B. Verschiebung zum Ort der Amtshandlung und zurück, BGE 90 IV 139, ZR 46 (1947) Nr. 86 (Briefträger auf dem Grundstück, wo eine Nachnahme einzuziehen war – offengelassen, ob auch unterwegs auf der Strasse, was zu bejahen wäre); Aufenthaltsermittlung zum Zweck der Verhaftung, BGE 103 IV 248. Von einer Amtshandlung kann nicht die Rede sein, wenn der Beamte bereits von einem Dritten widerstandsunfähig geschlagen wurde, anders PKG 1957 Nr. 42.

7   **Art. 285, 286,** in geringerem Masse **292** und den übrigen Bestimmungen des 15. Titels (mit Ausnahme von Art. 287/288), ist gemeinsam, dass der Täter sich amtlicher Autorität widersetzt, die sich in einer Verfügung oder in einem Urteil manifestiert hat (vgl. BGE 78 IV 119). Damit ist die Frage nach dem Verhältnis **Gehorsamspflicht – Widerstandsrecht** aufgeworfen. Einerseits kann der moderne demokratische Rechtsstaat vom Bürger nicht blinden Gehorsam erwarten, ihn nicht bestrafen, wenn er sich krass ungerechten Anordnungen entgegenstemmt; andererseits kann er, soll seine Funktionsfähigkeit und Autorität erhalten bleiben, nicht jedem Adressaten eines Befehls die Befugnis einräumen, dessen Rechtmässigkeit – u.U. auch noch im Vollstreckungsstadium – bis ins Detail zu überprüfen, BÖTSCHI 1 f. mit historischem Überblick, BÜHLER 142 ff., HEGNAUER a.a.O., SIDLER 76 ff. Zur Wahrung der Einheit der Rechtsordnung muss eine Lösung getroffen werden, welche das Widerstandsrecht auch i.S. von Art. 33 in Einklang bringt mit dem Recht auf Durchsetzung dessen, was Gesetz und Amtspflicht gebieten, Art. 32; BÖTSCHI 26 ff., HEGNAUER 102 f., BÜHLER 142 ff. Das Problem erscheint zugespitzt in Art. 285 f., wo es unmittelbar um Vollstreckungshandlungen geht, während bei Art. 291 ff. in der Regel gerichtliche Überprüfung praktikabel ist, vgl. PFUND, ZSR NF 90 (1971) II 228. Bei Art. 291 ff. geht es nicht immer nur um die Vollstreckung eines zeitlich klar abgetrennten Verfügungsaktes, sondern in der Regel überdies um Beurteilung des Verhaltens von nur einer Person – des Angeklagten. Bei Art. 285 f. stehen sich jedoch zur Zeit der Tat zwei Parteien physisch gegenüber: der (oder die) Täter und der (oder die) Beamte(n) oder Behördemitglieder. Obschon die Amtshandlung, nicht die Person des Beamten geschützt wird, muss das Strafrecht der besonderen *Dramatik der Situation* Rechnung tragen und für Art. 285 f. die Überprüfungsbefugnis des Strafrichters stärker einschränken als für Art. 291 ff. Besonders konfliktbeladen ist die Situation, wo ein Beamter korrekt einen mangelhaften Befehl ausführt, vgl. BGE 74 IV 58.

Innerhalb seiner Amtsbefugnisse liegt die Handlung, wenn der Beamte ...   8
dafür zuständig ist, BGE 78 IV 119. «Unter dem Begriff der Zuständigkeit versteht sich die Fähigkeit einer Behörde, sich im Gegensatz zu einer
anderen Behörde mit einer Sache zu befassen», Imboden, Der nichtige
Staatsakt, Zürich 1944, 102. Neben der örtlichen und sachlichen Zuständigkeit, um die es in erster Linie geht (BGE 98 IV 45), ist ferner auf zeitliche und personelle Schranken zu verweisen.

Örtlich zuständig ist der Beamte primär in dem ihm zugewiesenen Wir-   9
kungskreis, u.U. aber für gewisse Tätigkeiten auch darüber hinaus. So ist
in Zürich ein Kantonspolizist auf dem ganzen Kantonsgebiet zur Behe-
bung polizeiwidriger Zustände ermächtigt, SJZ 63 (1967) Nr. 115 (Dienstreglement! § 5 II). Vgl. auch das Institut der Nacheile, Art. 356.

Der **zeitlichen Zuständigkeit** sind eher selten Grenzen gesetzt, so hin-   10
sichtlich der Geltung von Erlassen, vgl. BGE 76 IV 50 f., oder beim Be-
treibungsstillstand (unrichtig m.E. SJZ 74 [1978] Nr. 69, wo die Frage nur
unter dem Gesichtspunkt der – fehlenden – materiellen Richtigkeit geprüft wurde); vgl. auch BGE 116 IV 156, wo der Beklagte zu Unrecht annahm, Betreibungshandlungen dürften am Samstag nicht vorgenommen
werden.

Bei der **personellen Zuständigkeit** ist einerseits zu fragen, ob die ange-   11
griffene Person tatsächlich ein Beamter oder ein Behördenmitglied und
in dieser Funktion tätig war, andererseits, ob der Täter tauglicher Adressat einer Amtshandlung war und nicht (z.B. diplomatische oder parlamentarische) Immunität in Anspruch nehmen konnte.

Grösste praktische Bedeutung hat die **sachliche Zuständigkeit.** Hier sind   12
zwei Fallgruppen zu unterscheiden: einerseits einaktige Fälle, in welchen
ein Beamter aus eigener Kompetenz handelt, andererseits zweiaktige
(ausnahmsweise mehraktige, BGE 74 IV 58) Fälle, in welchen eine Instanz einen Entscheid fällt, den eine andere Instanz ausführt, Hegnauer
104 f., wo sich also die Frage der sachlichen Zuständigkeit mehr als einmal stellen kann.

Die **direkte Zuständigkeit von Polizeibeamten** ist sehr weit gespannt,   13
Bötschi 41. Sie sind zuständig für die Vorführung einer Dirne zu einem
Arzt, ZR 56 (1957) Nr. 171; Räumung eines Lokals zur Polizeistunde,
ZBJV 88 (1952) 87, SJZ 59 (1963) Nr. 6; Vorführung eines Verdächtigen
auf den Polizeiposten, SJZ 63 (1967) Nr. 115 (auch ausser Dienstzeit), 58
(1962) Nr. 277; Kontrolle des Parkierens, ZR 56 (1957) Nr. 68; extrem
weit SJZ 63 (1967) Nr. 115: «Eine gegenüber einem Dritten vorgenommene Handlung qualifiziert sich als polizeiliche Massnahme, sobald sich
der Handelnde als Polizeibeamter legitimiert», vgl. auch PKG 1960
Nr. 51. Nicht zuständig ist die Polizei z.B. zur Durchsetzung privater Ansprüche, Birch 383.

Ferner ist sachlich zuständig der Grenzwächter zur Durchsuchung eines   13
Autos, Rep. 1963 107; der Gemeindeweibel zur Ausübung der Sitzungs-

polizei, PKG 1957 Nr. 42; der Friedensrichter zur Auflösung einer Schlägerei, Rep. 1963 106; das Mitglied der Schulpflege zur Unterredung mit einem Vater, RS 1968 Nr. 30; der Postchauffeur zur Kontrolle der Fahrkarten, RS 1964 Nr. 27, ebenso der Billettkontrolleur der Rhätischen Bahn, PKG 1982 Nr. 54; der Tramkontrolleur zum Büssen eines Schwarzfahrers, BJM 1969 181.

15   Vollzieht der Beamte den **Befehl einer Amtsstelle,** so muss diese zu Anordnungen der fraglichen Art überhaupt zuständig sein, HEGNAUER 104. Nicht zuständig ist z.B. die Waisenbehörde zur Anordnung der Verhaftung, ZR 45 (1946) Nr. 163. Der ausführende Beamte hat dies selber zu prüfen und trägt gegenüber dem Betroffenen das Risiko seines Irrtums, SIDLER 83 f. Abweichend BGE 74 IV 61 f. – Umwandlung einer Busse durch die Staatsanwaltschaft, Hinderung der Verhaftung strafbar, zust. HEGNAUER 105.

16   Die neuere Rechtsprechung anerkennt, dass **weitere Anforderungen** an die Amtshandlung gestellt werden müssen. Die Gehorsamspflicht entfällt, «wenn wesentliche Formvorschriften nicht beachtet werden – oder wenn bei Ermessensentscheidungen das Ermessen missbraucht oder überschritten wird, also beispielsweise wenn der Grundsatz der Verhältnismässigkeit polizeilicher Eingriffe missachtet wird», BGE 98 IV 45 m.Hinw. auf 91 I 321 und 92 I 35. Primär sind allerdings Rechtsmittel zu ergreifen. «Nur wo von diesen von vornherein kein wirksamer Schutz zu erwarten ist, lässt sich … Widerstand rechtfertigen … Voraussetzung ist aber in jedem Falle, dass die Widerrechtlichkeit der Amtshandlung offensichtlich sei und dass der Widerstand der Bewahrung oder Wiederherstellung des rechtmässigen Zustandes diene … ist die Widerrechtlichkeit der Amtshandlung auch nur zweifelhaft, so fehlt es an der besonderen Ausnahmesituation», BGer a.a.O., bestätigt in 103 IV 75.

17   Die **Missachtung von Formvorschriften** ist nur dann beachtlich, wenn wesentliche formelle Erfordernisse, namentlich solche, die die Interessen des Betroffenen schützen sollen, missachtet wurden, BÖTSCHI 42 f., SIDLER 75 f., etwa das Vorliegen eines gültigen Haftbefehls, ZR 45 (1946) Nr. 163.

18   Die **materielle Rechtmässigkeit** ist insofern von Bedeutung, als die ganz offensichtlich rechtswidrige Amtshandlung, aber auch nur diese, zum Widerstand berechtigt, BGE 74 IV 63, 95 IV 175, 98 IV 45, 103 IV 75; gegen jede Prüfung der Rechtmässigkeit durch den Strafrichter BGE 78 IV 118 f. Offensichtliche Rechtswidrigkeit ist dann anzunehmen, wenn der Verwaltungsakt nichtig ist, d.h. einen schwerwiegenden Mangel in Verletzung eines wichtigen Rechtsgutes aufweist, wenn der Mangel leicht erkennbar ist und bei Annahme der Nichtigkeit die Rechtssicherheit nicht in untragbarer Weise tangiert wird, BÖTSCHI 56 mit weiteren Hinweisen. BGE 98 IV 45 weicht, u.a. mit dem für Fälle gemäss Art. 285 f. wenig sachgerechten Hinweis auf die Ausschöpfung der Rechtsmittel, ohne

Grund von den durch die Verwaltungspraxis entwickelten Kriterien ab, kritisch auch BÖTSCHI, 57f., STRATENWERTH BT II § 49 N 7. Darauf, ob der Beamte die offensichtliche Rechtswidrigkeit erkannt hat, kann es entgegen WAIBLINGER, ZBJV 88 (1952) 243, nicht ankommen. Vom Ergebnis her unbefriedigend BGE 95 IV 174, Eingriff der Polizei in das Hausrecht zur Vornahme einer Geschwindigkeitskontrolle ohne jegliche gesetzliche Grundlage, kritisch auch SCHULTZ, ZBJV 106 (1970) 356f.; durchaus nicht unbedenklich ist die in der Schweiz beliebte Substitution der gesetzlichen Grundlage durch die allgemeine Polizeiklausel, BGE 95 IV 174. Wo es um Eingriffe in EMRK-geschützte Grundrechte geht, dürfte dies den Anforderungen nicht genügen, vgl. DR 17 105 (rassemblement jurassien) und EuGRZ 1979 387 (Sunday Times-Urteil); SJZ 69 (1973) Nr. 22, Besuch eines Angehörigen der Wirtschaftspolizei in einem Privatclub ohne richterlichen Haussuchungsbefehl und ohne klare gesetzliche Grundlage; SJZ 63 (1967) Nr. 114, Vorführung eines Ruhestörers ging «zu weit», dennoch keine Amtspflichtsverletzung, «zumal die Gefahr einer zu grossen Einsatz- und Entschlussfreudigkeit in der Natur des Polizeidienstes liegt», vgl. auch PKG 1957 Nr. 42. Bejaht wird das Widerstandsrecht in PKG 1967 Nr. 25, angetrunkener Gemeindepolizist gebietet in «rüpelhaftem Ton» Polizeistunde (Art. 33); ähnlich PKG 1972 Nr. 22. PKG 1966 Nr. 13 prüft eingehend, ob der Gerichtsvorsitzende befugt war, das Photographieren des Angeklagten auch ausserhalb des Gerichtsgebäudes zu verbieten (bejaht). War die Handlung bloss unzweckmässig, aber nicht offensichtlich rechtswidrig, so kann dies bei der Strafzumessung berücksichtigt werden, SJZ 63 (1967) Nr. 115 – Lang, II. ExpK V 168 hatte einen Strafmilderungsgrund vorgeschlagen. Zur Problematik der Rechtmässigkeit des Polizeieinsatzes bei Demonstrationen BÜHLER, 166ff.

Die **dogmatische Bedeutung** der fehlenden Nichtigkeit der Amtshandlung ist umstritten; als objektive Strafbarkeitsbedingung behandeln sie SIDLER 85ff. 89, BIRCH 285, mit der Konsequenz, dass Irrtum unbeachtlich ist; als Tatbestandsmerkmal HAFTER BT II 714, STRATENWERTH BT II § 49 N 13 – Irrtum ist demnach gemäss Art. 19 zu behandeln, irrt der Täter fahrlässig, bleibt er straflos, ebenso BGE 116 IV 156; als Rechtswidrigkeitsmerkmal BÜHLER 166 Fn 35, differenzierend BÖTSCHI 121 f., Irrtum sei gemäss Art. 20 zu behandeln. Da nur die nicht offensichtlich rechtswidrige Amtshandlung überhaupt schutzwürdiges Angriffsobjekt ist, anderseits nur die Annahme von Nichtigkeit relevant ist (anders aber offenbar BGE 116 IV 156: die Vornahme von Betreibungshandlungen an Sonn- und Feiertagen ist nur anfechtbar, trotzdem Straffreiheit wegen Sachverhaltsirrtum), verdient die Auffassung von HAFTER und STRATENWERTH Zustimmung, ebenso SJZ 74 (1978) Nr. 64. 　19

Bundesstrafgerichtsbarkeit, wenn sich die Tat gegen Beamte ... des Bundes richtet, Art. 340.1 al. 7, BGE 70 IV 215. Die Bundesassisen sind gemäss Art. 341 lit. b zuständig bei Aufruhr und Gewalt gegen Bundes- 　20 behörden, womit nur Bundesversammlung, Bundesrat, Bundesgericht und eidgenössisches Versicherungsgericht gemeint sind, BGE 70 IV 216 ff.

285 Gewalt und Drohung gegen Behörden und Beamte

1. Wer eine Behörde, ein Mitglied einer Behörde oder einen Beamten durch Gewalt oder Drohung an einer Handlung, die innerhalb ihrer Amtsbefugnisse liegt, hindert, zu einer Amtshandlung nötigt oder während einer Amtshandlung tätlich angreift, wird mit Gefängnis oder mit Busse bestraft.

2. Wird die Tat von einem zusammengerotteten Haufen begangen, so wird jeder, der an der Zusammenrottung teilnimmt, mit Gefängnis bestraft.

Der Teilnehmer, der Gewalt an Personen oder Sachen verübt, wird mit Zuchthaus bis zu drei Jahren oder mit Gefängnis nicht unter einem Monat bestraft.

Ziff. 1 gemäss BG vom 5.10.1950

KATHARINA BÜHLER, Aufruhr und Landfriedensbruch im schweizerischen Strafrecht, eine Analyse der Literatur und Rechtsprechung zu den Massendelikten unter besonderer Berücksichtigung der Urteile zum Zürcher Globus-Krawall, Diss. ZH 1976; FRITZ FALB, Demonstrationen und Strafrecht, ZStrR 91 (1975) 231, 256 ff.; FRANK SCHÜRMANN, Der Begriff der Gewalt im schweizerischen Strafrecht, Diss. BS 1986, 143 ff.; **Lit.** und Bem. vor Art. 285.

1   Hinsichtlich der **Täterhandlung** lassen sich drei Tatbestände unterscheiden: *Hinderung* an einer Amtshandlung mit Gewalt oder Drohung, *Nötigung* zu einer Amtshandlung und *tätlicher Angriff* während einer Amtshandlung.

2   **Hindern** hat die Bedeutung von **behindern,** nicht verhindern, *«empêcher, c'est entraver quelqu'un, non nécessairement le mettre dans l'impossibilité d'agir»,* BGE 71 IV 102, 85 IV 144, 90 IV 139, 103 IV 52; die Amtshandlung muss so beeinträchtigt werden, dass sie nicht reibungslos durchgeführt werden kann, BGE 103 IV 187. Ein weiterreichender Erfolg ist nicht erforderlich, SJZ 76 (1980) Nr. 43 (Hinderung der Räumung von Zufahrtswegen zum Kernkraftwerk Gösgen), 43 (1947) Nr. 173, PKG 1961 Nr. 45, ZBJV 82 (1946) 311. Ob eine Amtshandlung behindert wurde, hängt wesentlich von der Interpretation der Handlung selber ab. Fordert ein Polizist zu einem bestimmten Verhalten auf, so erschöpft sich darin die Amtshandlung – sie wird nicht dadurch behindert, dass der Adressat keine Folge leistet, BGE 69 IV 3 (Nachtruhestörer), 81 IV 164 (angetrunkener Automobilist).

3   Zu **Gewalt** Art. 181 N 2 f., differenzierend SCHÜRMANN 143 ff. Die Gewalt muss erheblich sein, SCHWANDER Nr. 746: «beachtlich». Festhalten am Ceinturon und Herumfuchteln *genügt nicht,* BGE 69 IV 3, ZR 53 (1954)

Nr. 71; *ebensowenig* das Entreissen eines Fahrrads, RS 1954 Nr. 273; das Entwinden aus dem Griff eines Polizisten, ZR 53 (1954) Nr. 120; das Zudrücken oder Abschliessen einer Türe, ZR 42 (1946) Nr. 64; oder das Versperren des Weges, SJZ 69 (1973) Nr. 22 (irreführend BGE 90 IV 138: Rubi tänzelte zu Pferd vor dem Auto und verhinderte das Wegfahren des Gemeindeammanns – Gewalt lag in einem *Handgemenge*, von dem der publizierte Sachverhalt nicht spricht, s. Birch 329! Das Versperren einer Zufahrt durch die Täter wird aber unter Berufung auf BGE 90 IV 138 als Gewalt behandelt in SJZ 76 [1980] Nr. 43). Nach Auffassung von Rehberg IV 278 und Stratenwerth BT II § 49 N 20 genügt bereits das Schaffen physischer Hindernisse, wie z.B. das Einschliessen oder das Versperren des Weges.

Als Gewalt wurde *angesehen* das sich Festklammern am Türpfosten, ZBJV 82 (1946) 311; das Einklemmen des Arms eines Polizisten durch Hochkurbeln des Autofensters, PKG 1976 Nr. 13; das Zufahren auf den Polizisten im Auto, ZR 56 (1957) Nr. 68, RS 1953 Nr. 128, BJM 1969 176; ferner ZR 53 (1954) Nr. 66, 56 (1957) Nr. 68, Rep. 1961 213, RS 1979 Nr. 517, 1968 Nr. 30, SJZ 67 (1971) Nr. 8. Die Gewalt muss sich gegen den Beamten selber richten, Falb 287. Im Sitzstreik liegt keine Gewalt, Falb 283, Schürmann 148, a.M. Schultz, ZStrR 96 (1979) 446, vgl. auch BGE 108 IV 166, 170 («Menschenteppich»).

Zu **Drohung** Art. 181 N 4 ff. Mit Stratenwerth BT II § 49 N 20 ist auch   4
hier zu fordern, dass ein ernstlicher Nachteil angedroht wird, anders Falb 301. RS 1948 Nr. 99, Bedrohung eines Polizisten durch Hirten mit Peitschen und Stöcken; ZR 53 (1954) Nr. 66, Drohung, den Hund anzuhetzen; RVJ 1986 405, Drohung mit Faustschlägen.

Die **Nötigung** entspricht Art. 181, auch hinsichtlich der Rechtswidrigkeit,   5
N 10-13, BGE 94 IV 115. Es ist somit zulässig, einen Beamten mit angemessenen, erlaubten Mitteln zu einer rechtmässigen Amtshandlung zu zwingen, etwa durch Drohung mit einer Beschwerde, BGer a.a.O.

Der **tätliche Angriff** besteht in einer körperlichen Aggression entspre-   6
chend Art. 126, wobei der Angriff auch gegeben ist, wenn der Beamte ausweicht, Schürmann 146 – schwerere Verletzungen dürften stets hindernde Gewalt sein. Schmerzzufügung ist nicht erforderlich, u.ö. Teil des BGE 90 IV 137 (zit. bei Birch 329), 117 IV 16f. (zu Art. 126); Schürmann 146, Stratenwerth BT II § 49 N 25, anders noch BGE 69 IV 4. Typisch die Ohrfeige, RS 1954 Nr. 273, 1968 Nr. 30. Dass bereits Körperkontakt durch den Beamten hergestellt wurde, schliesst einen «Angriff» nicht aus, BGE 101 IV 65, SJZ 59 (1963) Nr. 6 – der Täter muss aber als erster schlagen, RS 1944 Nr. 52, 1952 Nr. 273. Schlägt der Polizist grundlos zuerst los, kann für den Täter eine Notwehrsituation entstehen, PKG 1967 Nr. 25. Der Angriff muss «während», also nicht zur Behinderung der Amtshandlung erfolgen, der Täter muss aber wissen, dass er einen Beamten bei einer Amtshandlung angreift, so dass faktisch regelmässig mindestens Eventualvorsatz auch hinsichtlich der Behinderung vorliegen dürfte, BGE 101 IV 66.

7   **Subjektiv** ist Vorsatz erforderlich.

8   **Ziff. 2** erhöht die Strafdrohung für den Teilnehmer an einem **zusammen-gerotteten** Haufen, der den Tatbestand von Ziff. 1 erfüllt. Dazu Art. 260 N 2 (die Zusammenrottung braucht aber nicht öffentlich zu sein). Auch subjektiv entsprechen sich die Tatbestände, s. BGE 98 IV 47 ff., 53 f.

9   Eine weitere Qualifizierung trifft **Ziff. 2 II** für den «Teilnehmer, der **Gewalt an Personen oder Sachen**» verübt hat. Die Gewalt muss in Zusammenhang mit dem Widerstand gegen Amtshandlungen verübt worden sein, sich also gegen die Beamten oder ihr Material richten, BGE 103 IV 246, 108 IV 178, STRATENWERTH BT II § 49 N 33, a.M. REHBERG IV 280, SCHÜRMANN 152.

10 **Kasuistik**
    BGE 69 IV 1: Eggli randaliert nachts vor dem «Tabaris» in Lausanne, ergreift den Gefreiten Delessert am Ceinturon und lässt sich nur mit Gewalt abführen – Freispruch; **70 IV 214: Christen** und andere hielten Beamte des Kriegsernährungsamtes fest und verhinderten eine Betriebskontrolle (Aufruhr von Steinen SZ); **81 IV 163: Marti** wurde, weil angetrunken, von Landjäger Läderach verboten, mit dem Auto weiterzufahren, was er nicht befolgte – Tatbestand nicht erfüllt; **90 IV 138: Rubi** hinderte Amtspersonen (mit denen er in ein Handgemenge geraten war, BIRCH 239) durch Hin- und Herreiten vor dem Auto am Wegfahren; **94 IV 112: Rechtsanwalt Dr. X.** fordert den Untersuchungsrichter auf, das Verfahren gegen ihn wegen Nötigung einzustellen, und droht mit einer Beschwerde – Tatbestand nicht erfüllt; **98 IV 41: Rieder** gerät in die Demonstration in Zusammenhang mit dem «Globus-Krawall» und stellt u.a. einem Polizisten das Bein; **98 IV 52: Gemeinderat Strebel** hält sich in der Demonstration («Globus-Krawall») auf, beschimpft Polizisten und feuert Demonstranten an; **101 IV 62: T.** entreisst dem Polizisten Z., der bei einer Installationskontrolle durch PTT-Beamte Schutz bieten sollte, den Ausweis und tritt ihn in den Unterleib; **108 IV 177:** Gewalttaten im Zusammenhang mit dem «Opernhaus-Krawall»; **110 IV 91: Frau R.** greift den Polizeibeamten W. tätlich an, weil sie ihr vorwirft, sie habe in der Erziehung versagt – Art. 285 nicht anwendbar; **SJZ 76 (1980) Nr. 43:** Besetzung der Zufahrtsstrassen zum Kernkraftwerk Gösgen. Reichhaltige Hinweise auf u.ö. Urteile bei WIPRÄCHTIGER a.a.O.

11 **Konkurrenzen und Abgrenzungen**
    Art. 122: Konkurrenz, BGE 103 IV 247, Sem. jud. 1977 418;
    Art. 123: Konkurrenz, BGE 103 IV 247; PKG 1957 Nr. 42, 1969 Nr. 19, 1983 Nr. 14; SJZ 58 (1962) Nr. 73, 59 (1963) Nr. 6;
    Art. 126: konsumiert durch Art. 285, PKG 1957 Nr. 42, 1969 Nr. 19;
    Art. 129: Idealkonkurrenz;
    Art. 144: Konkurrenz, BGE 103 IV 247 (zu aArt. 145);
    Art. 177: echte Konkurrenz bei tätlicher Beleidigung, STRATENWERTH BT II § 49 N 26;
    Art. 180: konsumiert durch Art. 285, RS 1945 Nr. 44;

Art. 181: konsumiert durch Art. 285, RS 1945 Nr. 44;

Art. 260: Konkurrenz, BGE 103 IV 246, 108 IV 177 ff. – es handelt sich um verschiedene Rechtsgüter. BGE 108 IV 179 will Konkurrenz auch dann annehmen, wenn in der Öffentlichkeit ausschliesslich gegen Beamte und ihr Material Gewalt verübt wird; dies ist abzulehnen, weil sonst Art. 260 praktisch immer zugleich mit Art. 285.2 erfüllt wäre – Konkurrenz also nur, wenn sich die Gewalt i.S.v. Art. 260 auch gegen andere Objekte richtet;

Art. 286: subsidiär zu Art. 285, PKG 1969 Nr. 19, RS 1948 Nr. 99; s. ferner **Art. 288** N 8, **310** N 10.

SVG Art. 91 III: Konkurrenz, SJZ 61 (1965) Nr. 30, PKG 1967 Nr. 26.

Möglichkeit subsidiärer Bestimmungen des **kantonalen Rechts** besteht, BGE 117 Ia 476, 81 IV 164 f., SJZ 54 (1958) Nr. 68, 88 (1992) Nr, 18, RS 1974 Nr. 772, ZR 53 (1954) Nr. 120. Nach kantonalem Recht zulässiges Gemeinderecht gilt als kantonales Recht, BGE 96 I 29, SJZ 88 (1992) Nr. 18.

286   Hinderung einer Amtshandlung

Wer eine Behörde, ein Mitglied einer Behörde oder einen Beamten an einer Handlung hindert, die innerhalb ihrer Amtsbefugnisse liegt, wird mit Gefängnis bis zu einem Monat oder mit Busse bestraft.

Fassung gemäss BG vom 5.10.1950.

E 337 = 255bis NR. 2. ExpK V 174 ff. Ein ähnliches Vergehen war bereits im VE 1908 vorgesehen, die 2. ExpK hat es eingeschränkt und zu den Übertretungen verwiesen, der NR aber den Tatbestand wieder zum Vergehen erhoben.

Emil Frei, Hinderung einer Amtshandlung, Kriminalistik 1981 87, 126; **Lit.** vor 285.

Zum **Angriffsobjekt** Vb zu Art. 285. Art. 286 ist **Erfolgsdelikt** – der Tatbestand ist erst mit Eintritt einer Störung, also einer Erschwerung des reibungslosen Vollzugs der Amtshandlung vollendet, BGE 120 IV 139, 103 IV 186, 90 IV 137 ff., 85 IV 142, 74 IV 57, 71 IV 101 ff., Corboz Art. 286 N 8 f., Schnetzer 24 ff. Eine Verhinderung der Amtshandlung ist indessen nicht erforderlich, BGE 120 IV 139. 1

Die **Täterhandlung** ist mit «hindern» umschrieben, dazu Art. 285 N 2. Die Bestimmung soll vor allem den «passiven Widerstand» treffen, nicht aber den «blossen Ungehorsam», BGE 69 IV 3, 74 IV 63, 81 IV 164, 81 IV 327, 85 IV 143 f., 110 IV 92, 120 IV 139. Mit Recht hat Schnetzer 82 darauf hingewiesen, dass sich die beiden Begriffe nicht klar unterscheiden lassen, kritisch zum Begriff des «passiven Widerstandes» Stratenwerth BT II § 49 N 10 – BGE 103 IV 248 und 107 IV 118 zeigen Bereitschaft, die Frage zu überprüfen. 2

Nicht strafbar ist zweifellos die **blosse Nichtbefolgung** der Anordnung eines Beamten, wenn sich dessen Tätigkeit im Erteilen von Verhaltens- 3 anweisungen erschöpft, BGE 69 IV 3, 81 IV 164, SJZ 88 (1992) Nr. 18, WIPRÄCHTIGER 213 f. mit Beispielen. Dies gilt besonders dann, wenn der Täter zu dem Verhalten gar nicht verpflichtet werden konnte, BGE 103 IV 248. Straflos bleibt ferner, wer nicht die Amtshandlung selber hindert, sondern nur deren Ergebnis beeinflusst, BGE 103 IV 187 f., Warnung vor Geschwindigkeitskontrolle; anders noch RS 1968 Nr. 208, SJZ 67 (1971) Nr. 138; wie das Bundesgericht schon SCHULTZ, ZBJV 106 (1970) 357; BGE 110 IV 94, Weigerung, dem Polizeigefreiten zur Vornahme eines Atemlufttestes, evtl. einer Blutprobe, zu folgen (SVG Art. 91 III schied mangels amtlicher Anordnung aus). Unter der Schwelle des Strafwürdigen bleibt schliesslich, wer den Beamten anspricht und zum Absehen von der Handlung überredet, BGE 105 IV 48 ff., aber auch, wer ihn durch List von seinem Vorhaben abbringt, SCHNETZER 35.

4   Zweifelhaft ist, ob durch **Unterlassung** überhaupt gehindert werden kann – so BGE 95 IV 173, Nichtentfernen eines die Geschwindigkeitskontrolle störenden Wagens (ohne Diskussion der Frage), HAFTER BT II 713, SIDLER 56; mit Recht ablehnend STRATENWERTH BT II § 49 N 10, SCHNETZER 72 f., mit Ausnahme des Falles, wo eine Garantenstellung besteht, die insbesondere auf vorsätzlichem vorangegangenem Tun beruhen kann, 78 f., 92 ff., in diesem Sinn BGE 107 IV 118 f., allerdings ohne Hinweis auf eine Garantenpflicht. BGE 120 IV 142 (unter Hinweis auf BGE 117 IV 471 f. [zu Art. 305]) schliesst sich nun der hier vertretenen Auffassung an. Zu präzisieren ist, dass die *Pflicht,* der Anordnung Folge zu leisten, eben *nicht* als *Garantenstellung* angesehen werden kann.

5   **Strafbar** ist gemäss Art. 286 **aktiver Widerstand** ohne Gewalt oder Drohung, z.B. Störung einer amtlichen Versteigerung durch Spektakel, Extr. Fr. 1975 129; Verunmöglichung der Verwertung gepfändeter Gegenstände durch Verstecken, SJZ 39 (1942/43) Nr. 267; Hinderung der Festnahme durch Herumfuchteln mit den Händen, BGE 74 IV 63; Verweigern des Einlasses gegenüber Betreibungsbeamten, RS 1980 Nr. 1095 (nach SCHNETZER 93 nur, wenn die Tür im Hinblick darauf abgeschlossen worden war), Entreissen eines Ausweises, SJZ 62 (1966) Nr. 111.

6   **Flucht** ist aktives Verhalten und wird in der Praxis des BGer Art. 286 unterstellt, BGE 85 IV 144, 103 IV 248 (in diesem Fall war die Flucht ohne Bedeutung, weil die Polizei auch in Anwesenheit des Betroffenen nicht weiter gekommen wäre – im Gegensatz zu BGE 85 IV 144 ging es nicht um Durchsuchung, sondern um Befragung – Flucht fügt der Aussageverweigerung = Unterlassung kein wesentliches Element hinzu), 120 IV 136; gegenüber Grenzkontrollorganen Rep. 1961 214 und 1965 84 – Nichtanhalten. Straflosigkeit wegen Selbstbegünstigung wird in BGE 85 IV 144 abgelehnt mit dem zirkelschlüssigen Argument, dass das Privileg auf Art. 305 beschränkt sei; wie STRATENWERTH BT II § 49 N 12 betont, ist Selbstbegünstigung regelmässig Hinderung einer Amtshandlung, ein von der Strafvereitelung deutlich unterscheidbares Rechtsgut wird dabei nicht angegriffen, vgl. auch SCHWANDER Nr. 745, SIDLER 156. Dieser Kritik folgt GVP-SG 1987 Nr. 39.

Subjektiv ist Vorsatz erforderlich, der sich auf Angriffsobjekt und Erfolg   7
richten muss, und gemäss BGE 116 IV 156 auch auf die Rechtmässigkeit
der Amtshandlung. Wer glaubt, die Amtshandlung sei offensichtlich
rechtswidrig oder gar nichtig, befindet sich somit in einem den Vorsatz
ausschliessenden Sachverhaltsirrtum, BGE 116 IV 156.

Kasuistik   8
BGE 69 IV 1, 81 IV 163 s. Art. 285 N 10; **74 IV 58: Richard Strebel** setzte
sich gegen die Festnahme durch Kantonspolizist Brogle zur Wehr, strafbar, obschon es um eine von der Staatsanwaltschaft als unzuständiger
Behörde umgewandelte Busse ging; **85 IV 142: Jacques und Carlo Perrenoud** hatten einen Auerhahn gewildert und wurden zur Kontrolle des
Kofferraums von einem Landjäger angehalten – nachdem sie die Kon-
trollabsicht erfahren hatten, fuhren sie davon; **95 IV 173: Robert Hänsli**
parkierte seinen Wagen auf dem Abstellplatz vor einem Mehrfamilien-
haus, das einer GmbH gehört, deren Geschäftsführer er war; der Aufforderung eines Polizisten, er solle wegfahren, weil er eine Radarkontrolle
störe, kam er erst nach Erledigung einer Besorgung nach; **103 IV 186: K.**
warnte Automobilisten im Prättigau vor einer Radar-Geschwindigkeits-
kontrolle – nicht strafbar (die Kantone dürfen auch keine eigene Übertretung einführen, 104 IV 289); **103 IV 247: Moser,** von der Polizei über
den Aufenthalt seiner Frau befragt, antwortete ausweichend und fuhr davon – straflos wegen Zeugnisverweigerungsrecht; **105 IV 48: W.** stellte
sich in Mutten/GR vor einen Schneepflug und erklärte, er lasse die
Strasse oberhalb seiner Liegenschaft wegen schädlichen Schneeanfalls
nicht pflügen; nach Rücksprache mit dem Gemeindepräsidenten wurde
eine Kompromisslösung gefunden – nicht strafbar; **107 IV 114:** Studenten
betraten mit Einverständnis den Sitzungsraum der rechts- und wirtschaftswissenschaftlichen Fakultät, weigerten sich dann aber, den Raum
zu verlassen, so dass die Sitzung verlegt werden musste; **110 IV 93: X.**
weigerte sich, dem Polizeigefreiten S. zur Vornahme eines Alkoholtests
zu folgen – nicht strafbar; **116 IV 155: D.** widersetzte sich der Amtshandlung eines Betreibungsbeamten in der irrigen Meinung, diese sei am
Samstag nicht zulässig – Sachverhaltsirrtum; **120 IV 136: S.** war Passagier
eines Fahrzeugs, dessen Führer eine Polizeisperre durchbrach, Tatbestand nicht erfüllt. Reichhaltige Hinweise auf u.ö. Urteile bei WIPRÄCH-
TIGER a.a.O.

Konkurrenzen und Abgrenzungen   9
Art. 285 geht vor, Art. 286 ist subsidiär, PKG 1969 Nr. 19, RS 1948 Nr. 99;
Art. 292 ist subsidiär, ZR 56 (1957) Nr. 52, SJZ 54 (1958) Nr. 68; Art. 286
darf dagegen nicht subsidiär zu Art. 292 angewandt werden, BGE 110 IV
95;
Art. 305: Konkurrenz ist möglich, FREI 129;
Art. 323/4 lassen keinen Raum für subsidiäre Anwendung von Art. 286 –
BGE 81 IV 325: Küttel hatte gepfändete Gegenstände entfernt und war
beim mit Steigerungsanzeige angekündigten Termin nicht anzutreffen;
ähnlich ZR 56 (1957) Nr. 52, 69; s. auch **Art. 323 N 5;**

SVG Art. **91 III** geht als *lex specialis* vor, insbes. darf Art. 286 nicht zur Lückenfüllung bei fehlender amtlicher Anordnung herangezogen werden, BGE 110 IV 94; anders (und abzulehnen) ZBJV 121 (1985) 513; SVG Art. **99.3**[bis] bedroht als *lex specialis* mit Strafe, wer sich weigert, Kontrollorganen die Ausweise zu zeigen – zur früheren Diskussion GENTINETTA, SJZ 67 (1971) 37, SCHULTZ, SJZ 67 (1971) 74; weiterhin unter Art. 286 fallen Dritte, die hindernd in Ausweiskontrollen eingreifen, vgl. SJZ 62 (1966) Nr. 111;

Kantonales Strafrecht kann subsidiäre Tatbestände vorsehen, BGE 117 Ia 476, 81 IV 165, SJZ 88 (1992) Nr. 18, ZR 53 (1954) Nr. 120, vgl. Art. 285 N 11.

287 Amtsanmassung

Wer sich in rechtswidriger Absicht die Ausübung eines Amtes oder militärische Befehlsgewalt anmasst, wird mit Gefängnis oder mit Busse bestraft.

BRUNO B. GÜGGI, Die Amtsanmassung und die Befehlsanmassung im schweizerischen Strafrecht, Diss. FR 1943.

1   **Geschütztes Rechtsgut** ist das Vertrauen in die staatliche Autorität. Sie wird bei Amtsanmassung dadurch untergraben, dass Unbefugte als Verwalter der Staatsmacht auftreten.

2   **Amtsgewalt** masst sich an, *wer versucht, unter dem Deckmantel einer nicht gegebenen offiziellen Funktion Machtbefugnisse auszuüben,* z.B. Befehle zu erteilen, Einlass zu bekommen, Untersuchungen und Inspektionen vorzunehmen usw. Das Verhalten dürfte demjenigen entsprechen, das Art. 271 mit «Handlungen … die einer Behörde oder einem Beamten zukommen» bezeichnet, s. dort N 2. Entscheidend ist die Anmassung der Funktion, nicht des Titels, HAFTER BT II 753, REHBERG IV 285f., SCHWANDER Nr. 743, STRATENWERTH BT II § 51 N 4, a.M. GÜGGI 57. Die Tat kann demnach auch von Beamten begangen werden. Nicht erfasst werden jedoch Kompetenzüberschreitungen durch Beamte innerhalb ihres eigenen Tätigkeitsbereichs, denn es kann nicht Sache des Strafrechts sein, die Kompetenzabgrenzung der im gleichen Sachbereich tätigen Beamten zu sichern, REHBERG IV 287. Strafbar ist auch die Anmassung eines nur in der Phantasie des Täters bestehenden Amts, z.B. als Untersuchungsrichter in Basel-Stadt. Ein Erfolg ist nicht erforderlich, MKGE 7 Nr. 55 zu MStG Art. 69.

3   Entgegen dem Wortlaut muss bei der Anmassung **militärischer Befehlsgewalt** ebenfalls der Versuch vorliegen, diese Gewalt auszuüben, STRATENWERTH BT II § 51 N 6; a.M. GÜGGI 67. Zur Illustration Carl Zuckmeyer, Der Hauptmann von Köpenick.

Subjektiv ist ausser Vorsatz «rechtswidrige Absicht» gefordert, z.B. Er-   4
langung eines ungerechtfertigten Vorteils oder Zufügung eines Nachteils. Kritisch HAFTER BT II 752 f. und STRATENWERTH BT II § 51 N 7:
Das Rechtsgut bleibt ungeschützt vor gutgemeinten wenn auch untrag-
baren Angriffen, z.B. bei privaten Untersuchungshandlungen, die nicht
Individualrechte verletzen (Art. 126 ff., 179 ff., 181 ff.), wie z.B. eine
Durchsuchung. Straflos bleibt, wer (ohne gegen Art. 237 zu verstossen!)
den Verkehr regelt, GÜGGI 58 Fn 4. Der Begriff der Absicht ist nicht im
engeren Sinne als qualifizierter Vorsatz (vgl. N 10 vor Art. 137) zu verstehen, eine Eventualabsicht genügt, LGVE 1992 I Nr. 58 mit eingehender Begründung: «Ob rechtswidrige Absicht vorliegt, entscheidet sich...
nach der Intensität der Tat (Ausschluss harmloser Fälle) und nach dem
Handlungs- bzw. Tatziel (z.B. Verbrechensverhütung, Schadensabwen-
dung), also nach äusseren Faktoren». Dieser Auffassung ist beizupflichten, weil sie eine gegenüber Art. 34 flexiblere Prüfung der Verhältnismässigkeit ermöglicht und nicht auf die Wahrung individueller
Rechtsgüter beschränkt bleibt (vgl. REHBERG IV 286), freilich auf Kosten
der Bestimmtheit. Das OGer OW hält umgekehrt am engeren Begriff der
Absicht fest, wobei richtigerweise die Rechtswidrigkeit der Absicht nicht
schon darin erblickt wird, dass der Täter bewusst seine Kompetenzen
überschreitet, SJZ 85 (1989) Nr. 63.

Kasuistik   5
Pra 85 (1996) 174: Der Bf. hatte in einer uniformähnlichen Lederjacke einen Automobilisten angehalten und nach Alkoholkonsum befragt;
LGVE 1992 I Nr. 58: Unrechtmässige Vorführung zur Befragung auf dem
Polizeiposten, um einen Machtvorteil zu erlangen; *keine Amtsanmassung:* **SJZ 42 (1946) Nr. 125: H.** gab sich als «von der Vormundschaftsbehörde» aus und erteilte Ratschläge für das Verhalten eines ausserehe-
lichen Vaters, den man sonst «anders anfassen müsste»; **ZR 49 (1950)
Nr. 84: J.** gab sich gegenüber einem homosexuellen Partner als Polizeire-
krut aus, der ihn eigentlich anzeigen müsste, und erpresste ihn; **SJZ 67
(1971) Nr. 45:** Lehrer **K.H.** «verhörte» eine Schülerin, um Material für ein
Wiederaufnahmeverfahren zugunsten des gemäss Art. 191 verurteilten
B. zu erlangen; **SJZ 85 (1989) Nr. 63: Ein Steuerkommissär** nahm ohne
Mitwirkung der Steuerkommission Sarnen eine Veranlagung vor – Frei-
spruch mangels rechtswidriger Absicht.

Konkurrenzen und Abgrenzungen   6
Art. 251: Idealkonkurrenz.
Art. 312: Überschreitet ein Beamter seine Kompetenzen bei Ausübung
tatsächlich gegebener Amtsgewalt, so liegt Amtsmissbrauch, nicht Amts-
anmassung vor, RS 1962 Nr. 136, Erhöhung des eigenen Gehalts.
Art. 331 ist subsidiär.

288 Bestechen

Wer einem Mitglied einer Behörde, einem Beamten, einer zur Ausübung des Richteramtes berufenen Person, einem Schiedsrichter, einem amtlich bestellten Sachverständigen, Übersetzer oder Dolmetscher, einem Angehörigen des Heeres ein Geschenk oder einen andern Vorteil anbietet, verspricht, gibt oder zukommen lässt, damit er seine Amts- oder Dienstpflicht verletze, wird mit Gefängnis bestraft. Mit Gefängnis kann Busse verbunden werden.

MARCO BALMELLI, Die Bestechungstatbestände des schweizerischen Strafgesetzbuches, Diss. BS 1996; MARCO BORGHI/PATRICE MEYER-BISCH (Hrsg.), *La corruption l'envers des droits de l'homme,* Fribourg 1995; MARCO BORGHI/NICOLAS QUELOZ, Lücken und beschränkte Wirksamkeit des schweizerischen Rechts gegenüber Korruption: die Voraussetzungen für eine interdisziplinäre Untersuchung, recht 15 (1997) 16; URSULA CASSANI, *Le droit pénal suisse face à la corruption des fonctionnaires,* plädoyer 3/1997 44; OLAF FELDMANN, Die Bestechungsdelikte, Rechtsvergleichende Darstellung … Diss. FR 1967; RUDOLF GERBER, Zur Annahme von Geschenken durch Beamte des Bundes, ZStrR 96 (1979) 234; WALTER PETER, Die Bestechung im schweizerischen Strafrecht, Diss. ZH 1946; MARK PIETH, Die verjährungsrechtliche Einheit gemäss Art. 71 Abs. 2 StGB bei Bestechungsdelikten, BJM 1996 57; DERS., Die Bestechung schweizerischer und ausländischer Beamter, in Festschrift für Jörg Rehberg, Zürich 1996, 233. Zu internationalen Bestrebungen PAOLO BERNASCONI, Die Bestechung von ausländischen Beamten nach schweizerischem Straf- und Rechtshilferecht zwischen EG-Recht und neuen Antikorruptions-Staaatsverträgen, ZStrR 109 (1992), 383; PIERRE-HENRI BOLLE, *Pratiques de corruption et transactions commerciales internationales,* RIDP 53 (1982) 1/2 339; MARK PIETH, Strafrechtsvereinheitlichung durch «Soft law» am Beispiel der Korruptionsbekämpfung, in: Recht, Macht und Gesellschaft, Zürich 1995, 107; DERS., Empfehlungen der OECD gegen Korruption im internationalen Geschäftsverkehr, in Korruption in Deutschland, Ursachen, Erscheinungsformen, Bekämpfungsstrategien, Berlin 1995, 57; s. ferner CHRISTOF MÜLLER, Die Bestechung gemäss Art. 4 lit. b UWG, Diss. SG 1997.

1 **Geschütztes Rechtsgut** ist das Vertrauen der Bürger und des Staats in die Pflichttreue der Amtsträger, ebenso die Vi in BGE 117 IV 288; eingehend BALMELLI 60ff. «Bestechung ist Erkaufen einer Handlung, die einen Missbrauch der amtlichen Stellung bedeutet», BGE 72 IV 184. Der Tatbestand von Art. 288 wird auch als «aktive», jener von Art. 315 als «passive» Bestechung bezeichnet. Die beiden Bestimmungen entsprechen sich, eine analoge Parallele zu Art. 316 kennt das StGB nicht, CASSANI 47. Dem Art. 288 ist zudem UWG Art. 4 lit. b nachgebildet, MÜLLER 82.

2 **Angriffsobjekt** ist ein **Amtsträger,** PETER 27, STRATENWERTH BT II § 57 N 4, dazu auch BALMELLI 101 ff., GERBER, 245 f. Zu «Behörde» N 3 vor Art. 285; «Beamter» Art. 110.4; zur Ausübung des Richteramtes Berufene sind Beamte oder Behördenmitglieder, ihre (überflüssige) Erwähnung mag an historische Tradition anknüpfen, vgl. BALMELLI 105 f., FELDMANN 2 ff.; Schiedsrichter sind Personen, die von den Parteien zur Entscheidung eines Rechtsstreits eingesetzt werden – Unparteiische bei

sportlichen Wettkämpfen gehören nicht dazu; Sachverständige, Übersetzer, Dolmetscher müssen von einer Amtsstelle eingesetzt sein – *Zeugen-
bestechung* ist «nur» Anstiftung zu falschem Zeugnis, Art. 24/307; weil
sich eine Differenzierung durchaus nicht rechtfertigen lässt, soll Art. 288
nur in den Fällen auf Experten ... angewandt werden, in denen Anstiftung zu Falschaussage gem. Art. 307 nicht in Frage kommt. Die Erwähnung der Angehörigen des Heeres schlägt für Friedenszeiten eine Brücke
zu Art. 141 MStG, der schon im Aktivdienst auch auf Zivilpersonen anwendbar ist, Art. 3.1 MStG.

Strafbar ist nach Art. 288 **nur die Bestechung schweizerischer,** (eidgenös-   2a
sischer, kantonaler und kommunaler) **Beamter,** Rep. 1992 355 f., REH-
BERG IV 275, SCHMID, Anwendungsfragen (zu Art. 305bis), 113; a.A. BER-
NASCONI, Erscheinungsformen (zu Art. 305bis), 13, was aber Rechtshilfe
bei Bestechung ausländischer Beamter im entsprechenden Land keineswegs hindert, BGer in Sem.jud. 1994 109 f. (*F. Establishments* c. TI) und
Rep. 1993 145 ff. («*Tangentopolio – Mani pulite*»). Der vom Rat der
OECD am 27.5.1994 verabschiedete Verhaltenskodex gegen die Bestechung ausländischer Beamter (C [94] 75), ergänzt durch zwei konkrete
Empfehlungen vom 11.4.1996 (C[96]27/FINAL), sieht die Einführung
eines Straftatbestandes der Bestechung ausländischer Beamter vor. Dieser «Empfehlung» wird sich die Schweiz auf Dauer kaum verschliessen
können, ebenso CASSANI 48. BERNASCONI a.a.O. 13, zählt den Schutz der
Redlichkeit des Beamtentums mit Recht zu den «Interessen der internationalen Gemeinwirtschaft». Die Bestechung ausländischer Beamter ist
bereits heute nach UWG Art. 4 lit. b i.V.m. 23 strafbar; auch Art. 260ter
kann Anwendung finden, dazu BERNASCONI, ZStR 109 (1992), 396,
410 ff.; zur internationalen Rechtshilfe DERS. a.a.O., 394 ff. Eine Zusammenstellung internationaler Empfehlungen, Resolutionen, Berichte usw.
findet sich im Anhang zu BORGHI/MEYER-BISCH 331 ff.

Tatmittel ist das **Geschenk** oder ein anderer **Vorteil** materieller oder im-   3
materieller Art, neben Geldleistung z.B. rasche Beförderung, BGE 100
IV 58; zur Verfügungstellen eines Autos, ZR 51 (1952) Nr. 107; kritisch
gegenüber dem Einschluss immaterieller Vorteile BALMELLI 145 f., 149.
Gemäss BGer in Rep. 1946 386 kann der Vorteil auch einem Dritten zukommen (Bezahlung von Schulden der Gemeinde), im Grundsatz ebenso
BALMELLI 150 ff., REHBERG IV 290 f., STRATENWERTH BT II § 57 N 24,
a.M. HAFTER BT II 575, PETER 67, s. auch Art. 315 N 3. Andererseits
kann auch ein Vorteil von Seiten Dritter versprochen werden, wenn nur
der Täter eigene Einflussnahme in Aussicht stellt, BGE 100 IV 58, BAL-
MELLI 149 f. Kein Geschenk ist die Vergütung von (wirklichen) Spesen,
ZR 54 (1955) Nr. 142.

Die **Täterhandlung** ist mit Anbieten, Versprechen, Geben oder Zukom-   4
menlassen sehr weit umschrieben – tauglicher Versuch ist nur noch denkbar, wenn ein Angebot oder Versprechen den Adressaten nicht erreicht,
PETER 68 i.V.m. 44. Annahme des Angebots oder auch nur ein Eingehen

darauf ist nicht erforderlich, BGE 77 IV 49, 93 IV 53, 100 IV 58, SJZ 92 (1996) S. 17, und es ist nicht vorausgesetzt, dass die Initiative vom Amtsträger ausgeht, BGE 77 IV 48.

5   Das Angebot muss den **Zweck** verfolgen, dass der Amtsträger seine **Amtspflicht,** der Angehörige des Heeres seine Dienstpflicht **verletze.** Dabei braucht es gemäss BGE 72 IV 183, 77 IV 49 nicht um eine Amtshandlung zu gehen, es genügt, wenn der Amtsträger Gelegenheiten, die sich ihm kraft seiner Amtsstellung bieten, ausnützt, ebenso SJZ 92 (1996) Nr. 4, BALMELLI 163 f., PETER 31 f., REHBERG IV 291 f., ablehnend STRATENWERTH BT II § 57 N 17. Die Honorierung privater Handlungen des Beamten wird nicht erfasst, wenn die von ihm «verlangte, in Aussicht gestellte oder vorgenommene Handlung völlig ausserhalb seines rechtlichen und tatsächlichen Funktionsbereichs lag», SJZ 92 (1996) Nr. 4 S. 15. Auch eine im Ermessen des Amtsträgers liegende Handlung kann pflichtwidrig sein, ZBJV 82 (1946) 126, SJZ 92 (1996) Nr. 4 S. 15, BALMELLI 185 ff., PIETH, Bestechung, 242, REHBERG IV 291. Befangenheit allein kann noch nicht als Pflichtwidrigkeit gewertet werden, SJZ 92 (1996) Nr. 4 S. 16, BALMELLI 196 ff., 203, anders PIETH, Bestechung, 242. Eine Zuwendung nach der pflichtwidrigen Handlung ist nicht strafbar, soweit sie nicht bereits vorher versprochen oder angeboten wurde, SJZ 92 (1996) S. 17, LGVE 1990 I Nr. 52, PKG 1981 Nr. 30. S. auch Art. 315 N 5.

5a Der geleistete, versprochene oder angebotene Vorteil muss **im Austausch** gegen eine künftige, hinreichend bestimme Amtspflichtverletzung erfolgen (Äquivalenzprinzip), vgl. BALMELLI 209 ff., PIETH, Bestechung, 242 f. Das BGer verlangt *«un lien suffisant entre l'avantage et un ou plusieurs actes futurs du fonctionnaire, déterminables de manière générique»,* wobei jedoch nicht notwendig ist, *«que cet acte soit déterminé de manière concrète et précise»,* BGE 118 IV 316 (zu Art. 316), vgl. auch BGE 71 IV 147 und SJZ 92 (1996) Nr. 4 S. 16. Ein allgemeines «Anfüttern» von Beamten wird vom Schweizer Strafrecht nicht erfasst; ein entsprechender Auffangtatbestand (Spiegelung von Art. 316) wäre erst noch zu schaffen, vgl. PIETH, Bestechung, 243, anders offenbar SJZ 92 (1996) Nr. 4 S. 16. Bei fortgesetzten Geschäftskontakten ist die Äquivalenz zwischenzeitlicher Zuwendungen «zu vermuten», LGVE 1990 I S. 83.

6   **Subjektiv** ist Vorsatz erforderlich – Eventualvorsatz genügt. Der Täter muss mindestens voraussehen und in Kauf nehmen, dass das Angebot den Beamten beeinflussen könnte, BGE 100 IV 58, also mit einem Kausalzusammenhang zwischen seinem und dem erhofften pflichtwidrigen Verhalten oder der Fortführung eines pflichtwidrigen Verhaltens des Amtsträgers rechnen, BGE 77 IV 50. Zur Schwierigkeit des Beweises BORGHI/QUELOZ 21.

6a Im Gegensatz zur passiven Bestechung ist Art. 288 als **Vergehenstatbestand** ausgestattet, was unter anderem dazu führt, dass aktive Bestechung keine mögliche Vortat der Geldwäscherei ist; unter diesem Gesichtspunkt fordert PIETH, Bestechung, 248 *de lege ferenda,* dass Art. 288 von der Strafdrohung her dem Art. 315 angeglichen werde; vgl. auch BALMELLI 242. CASSANI 47 weist darauf hin, dass der Anstifter eines Beamten beim echten Sonderdelikt unter die qualifizierte Strafdrohung fällt, was einer Gleichstellung von Bestecher und Bestochenem entspreche. Das Verschulden des Dritten wiegt aber erheblich weniger schwer, weil er keine Amtspflicht verletzt; überdies ist der Tatbestand von Art. 288 weiter, weil er schon das Angebot erfasst, während der Beamte erst bei Eintreten darauf strafbar wird, s. auch BORGHI/QUELOZ 21; schliesslich dürfte die aktive Bestechung beim Dritten kaum direkt zu so grossen Gewinnen führen, dass Straflosigkeit der Geldwäscherei hier unerträglich wäre. Eine angemessene Lösung könnte darin liegen, dass ein *qualifizierter* Verbrechenstatbestand geschaffen wird für die *erfolgreiche Bestechung* (vgl. Art. 315 II).

Zur **Verjährung** s. Art. 315 N 8a.   6b

Kasuistik   7
BGE 77 IV 40: Handschin versprach (und bezahlte) an Freuler einen Gewinnanteil von über 20000 Franken, damit er ihm den Import von Waren unter Umgehung der Verzollung ermögliche; **93 IV 50: Haas** und **Bühler** versprachen (und bezahlten) an Sterchi über 70 000 Franken, damit er ihnen illegale Ausfuhren von Uhren ermögliche; **100 IV 56: Dr. Rochelt** versprach dem Zollbeamten Lippuner, sich für dessen Beförderung in kürzester Frist einzusetzen, wenn dieser seine Untersuchungen abbreche. S. auch Art. 315 N 9.
Kriminologische Aspekte bei BORGHI/QUELOZ.

Konkurrenzen und Abgrenzungen   8
Art. 168 N 6.
Art. 260ter: echte Konkurrenz.
Art. 285 tritt hinter Art. 288 zurück, wenn der Täter gleichzeitig nötigend droht und verspricht – erstaunlicherweise ist die Strafdrohung dort milder! Denkbar bleibt Realkonkurrenz mit **Art. 181.**
Art. 315 ist das passive Spiegelbild von Art. 288. Neben Bestrafung wegen Bestechens bleibt kein Raum für Anstiftung zu Sichbestechenlassens, STRATENWERTH BT II § 57 N 27.
Art. 317: Anstiftung zu Beamtenurkundenfälschung konkurriert mit Bestechung, weil diese nicht notwendig eine *strafbare* Handlung anstrebt, BGE 93 IV 53f., a.M. HAFTER BT II 756 Fn 2, PETER 73.
Art. 320: Es gilt dasselbe wie zu Art. 317, vgl. ZR 48 (1949) Nr. 186, abweichend ZR 51 (1952) Nr. 107, s. auch dort N 14.
«Bestechung» privater Konkurrenten und ausländischer Beamter: **UWG Art. 4 lit. b i.V.m. Art. 23.** M.E. ist wegen der Verschiedenheit der Rechtsgüter echte Konkurrenz anzunehmen, ebenso MÜLLER 138; anders BALMELLI 240 f., der unechte Konkurrenz annimmt, sofern es sich um einen wirtschaftlichen Sachverhalt handelt. Zum Problem der Schmiergelder auch ANNE HÉRITIER, *Les pots-de-vin,* Diss. GE 1981.

289 Bruch amtlicher Beschlagnahme

Wer eine Sache, die amtlich mit Beschlag belegt ist, der amtlichen Gewalt entzieht, wird mit Gefängnis oder mit Busse bestraft.

J. KARMANN, Der strafrechtliche Schutz des Betreibungsverfahrens, BlSchK 7 (1943) 33, 48 ff.

1   **Art. 289 schützt** wie Art. 169 die **staatliche Autoriät,** BGE 75 IV 174, vgl. auch BGE 99 IV 147. Von diesem unterscheidet er sich dadurch, dass keine konkrete Benachteiligung vorausgesetzt ist.

1a Als **Tatobjekt** wird eine «Sache» bezeichnet, was aber zu eng ist. Einzubeziehen sind, analog Art. 169, auch Rechte, REHBERG IV 295, STRATENWERTH BT II § 50 N 35.

2   Die **Beschlagnahmeverfügung** bringt das ausschliessliche Verfügungsrecht über die Sache in die Hand der Behörde. Sie ist zu respektieren, wenn sie nicht nichtig ist, RS 1986 Nr. 161, STRATENWERTH BT II § 50 N 36.

3   Die **Täterhandlung** besteht in einem Verhalten, das den ausschliesslichen Verfügungsanspruch des Staats missachtet.

4   **Konkurrenzen und Abgrenzungen**
    Art. 169 geht als *lex specialis* vor, BGE 75 IV 174 f.; Rep. 1985 391; ZBJV 110 (1974) 73, 82 (1946) 125. Fehlt ein spezialisierendes Tatbestandsmerkmal, so kommt Art. 289 subsidiär zur Anwendung, BGE 119 IV 135, AGVE 1952 Nr. 29, BJM 1954 213, EGV-SZ 1991 Nr. 34, SJZ 45 (1949) Nr. 37, ZR 54 (1955) Nr. 139; s. ferner **Art. 290** N 4, **320** N 14.

290 Siegelbruch

Wer ein amtliches Zeichen, namentlich ein amtliches Siegel, mit dem eine Sache verschlossen oder gekennzeichnet ist, erbricht, entfernt oder unwirksam macht, wird mit Gefängnis oder mit Busse bestraft.

Lit. zu Art. 289.

1   **Geschütztes Rechtsgut** ist die staatliche Autorität, die sich im amtlichen Zeichen manifestiert.

2   Das **amtliche Zeichen** (N 11 vor Art. 251, Art. 246) muss eine Verfügung symbolisieren, z.B. dass ein Schrank, ein Raum oder ein Paket geschlossen bleiben soll; die Bedeutung muss erkennbar sein, ebenso der amtliche Charakter, BGE 95 IV 13. Daran fehlte es bei Plombierung des Zählers durch ein Elektrizitätswerk, SJZ 48 (1952) Nr. 290. Dagegen ist nicht erforderlich, dass für die Siegelung eine ausdrückliche gesetzliche Grundlage besteht, BGE 95 IV 13 f., BJM 1969 184 (Versiegelung eines Fernsehgeräts durch PTT-Beamte, um «Schwarzsehen» zu verhindern). Der Strafschutz fällt dahin, wenn die Siegelung zwecklos geworden ist, BGE

95 IV 15, RS 1970 Nr. 155 (Vi), z.B. der Zollverschluss bei Löschung des Geleitscheins oder Ablauf der Frist, für die er ausgestellt wurde, BGE 92 IV 195 ff.

Die **Täterhandlung** besteht in einem Verhalten, durch welches das Zei-   3
chen wirkungslos gemacht wird. Zu weit m.E. STRATENWERTH BT II § 50
N 4, wonach auch Betreten des versiegelten Zimmers durchs Fenster
genügt (wenn es von vornherein offenstand) – Umgehen der Versiegelung ist nicht tatbestandsmässig.

Konkurrenzen und Abgrenzungen   4
Art. 169: echte Konkurrenz, REHBERG IV 299.
Art. 179: echte Konkurrenz, REHBERG a.a.O.
Art. 289: echte Konkurrenz, REHBERG a.a.O., STRATENWERTH BT II § 50
N 45.
Zollvergehen: Konkurrenz möglich, RS 1970 Nr. 155.

291 Verweisungsbruch

[1] **Wer eine von einer zuständigen Behörde auferlegte Landes- oder
Kantonsverweisung bricht, wird mit Gefängnis bestraft.**

[2] **Die Dauer dieser Strafe wird auf die Verweisungsdauer nicht angerechnet.**

VALENTIN ROSCHACHER, Die Strafbestimmungen des Bundesgesetzes über Aufenthalt und Niederlassung der Ausländer vom 26. März 1931 (ANAG), Diss. ZH 1991,
143 ff.; PETER MARTIN TRAUTVETTER, Die Ausweisung von Ausländern durch den
Richter im schweizerischen Recht, Diss. ZH 1957, 92 ff.

Geschütztes Rechtsgut ist die staatliche Autorität.   1

Ausweisung «ist das an den Ausländer gerichtete Gebot, das Gebiet der   2
Schweiz zu verlassen, verbunden mit dem Verbot, für die Dauer der Ausweisung es wieder zu betreten», TRAUTVETTER 92. Sie kann von einer
Gerichts- oder Verwaltungsbehörde ausgehen. Die Verfügung ist nicht
annahmebedürftig, SJZ 55 (1959) Nr. 126. Im Gegensatz zu Art. 292
braucht sie nicht auf die Strafdrohung hinzuweisen, ZR 44 (1945) Nr. 26,
41 (1942) Nr. 107. Durch die Revision von BV Art. 45 vom 7.12.1975 ist
der Hinweis auf die Kantonsverweisung für Schweizer Bürger obsolet geworden, sie gilt nur noch für Ausländer, REHBERG IV 299.

Vorfrageweise hat der Richter nicht nur **zu prüfen,** ob die Verfügung von   3
der zuständigen Behörde verfügt und rechtskräftig geworden sei (so noch
BGE 71 IV 219 f.), sondern auch, **ob** sie **rechtmässig** sei. BGE 98 IV 108
ff. differenziert diese Prüfungspflicht wie folgt: Wo keine Möglichkeit
einer verwaltungsgerichtlichen Kontrolle besteht, wird die Rechtmässigkeit frei überprüft; wurde von der Kontrollmöglichkeit nicht Gebrauch
gemacht oder ist das Verfahren noch hängig (nach Eintritt der Rechtskraft!), beschränkt sich die Überprüfung auf offensichtliche Rechts-

widrigkeit oder Ermessensüberschreitung. Eine Überprüfung der Rechtmässigkeit ist ausgeschlossen, wenn diese bereits von einem Verwaltungsgericht festgestellt wurde. Auf eine Kritik der Zweckmässigkeit *(opportunité)* tritt der Strafrichter nicht ein. S. auch Art. 292 N 7.

4   Die **Täterhandlung** besteht in einer Missachtung der Ausweisung durch illegale Einreise oder illegales Verweilen, BGE 70 IV 174.

5   Verweisungsbruch ist ein **Dauerdelikt,** BGE 104 IV 188f., und ein schlichtes **Tätigkeitsdelikt,** SJZ 52 (1956) Nr. 16. Wer jemanden, der eine Landesverweisung gemäss Art. 55 bricht, beherbergt, macht sich gemäss BGE 104 IV 188f. der Begünstigung strafbar, richtigerweise müsste Gehilfenschaft zu Verweisungsbruch angenommen werden *(lex specialis).*

6   **Subjektiv** ist Vorsatz erforderlich. Der Irrtum über das Bestehen einer verbindlichen Ausweisung ist Sachverhaltsirrtum, Art. 19.

7   **Konkurrenzen und Abgrenzungen**
ANAG Art. 23 I ist subsidiär und wird nur bei Missachtung einer einfachen Einreisesperre angewandt, BGE 100 IV 245f., 104 IV 191, SJZ 55 (1959) Nr. 126, PKG 1963 Nr. 50; eingehend zum Verhältnis der Bestimmungen des ANAG zu Art. 291 ROSCHACHER 154ff.

292 Ungehorsam gegen amtliche Verfügungen

Wer der von einer zuständigen Behörde oder einem zuständigen Beamten unter Hinweis auf die Strafdrohung dieses Artikels an ihn erlassenen Verfügung nicht Folge leistet, wird mit Haft oder mit Busse bestraft.

MARCEL BUTTLIGER, Schweigepflicht der Banken im Strafverfahren, SJZ 90 (1994) 377; PETER DIGGELMANN, Strafbestimmungen bei Unterlassungsbegehren im Immaterialgüterrecht, Schweizerische Mitteilungen über Immaterialgüterrecht 1992 23; WALTER EIGENMANN, Die Androhung von Ordnungsstrafen durch den Richter (Art. 292 StGB), Diss. ZH 1964; JEAN GAUTHIER, *Droit administratif et droit pénal,* ZSR NF 90 (1971) II 324; FRITZ GYGI, Zur strafrechtlichen Überprüfung von Verwaltungsverfügungen, ZStrR 94 (1977) 399; MAX IMBODEN, Strafgerichtliche Verwaltungskontrolle, ZStrR 75 (1959) 139; REGULA KÄGI-DIENER, Justiz und Verwaltung aus der Sicht des Problems der Bindung des ordentlichen Richters an Verwaltungsakte, Diss. ZH 1979; MAX KUMMER, Die Vollstreckung des Unterlassungsurteils durch Strafzwang, ZStrR 94 (1977) 377; ROLF LOEPFE, Ungehorsam gegen amtliche Verfügung, Diss. ZH 1947; EMIL MÜLLER, Strafsanktion gegen den dritten Gewahrsamsinhaber beim Arrestvollzug, ZSR NF 68 (1949) 77; ROBERT PFUND, Verwaltungsrecht – Strafrecht (Verwaltungsstrafrecht), ZSR NF 90 (1971) II 107, 225ff.; GOTTFRIED ROOS, Die verwaltungsrechtliche Seite der Ungehorsamsstrafe des Art. 292 StGB, ZBJV 79 (1943) 481; JOHANNES ROTH, Zur Frage des akzessorischen Überprüfungsrechtes des ordentlichen Richters, insbesondere des Strafrichters, gegenüber Verwaltungsverfügungen, SJZ 48 (1952) 33; VITAL SCHWANDER, Von den Ungehorsamsdelikten, ZSGV 51 (1950) 417; PETER STADLER, Ungehorsam gegen amtliche Verfügungen, Diss. ZH 1990; E. STEINER, Wie weit geht die Überprüfungsbefugnis des Strafrichters gegenüber Verfügungen im Sinne von Art. 292 StGB? SJZ 43 (1947) 323. S. auch Bem. vor Art. 285.

Art. 292 dient als **Blankettstrafdrohung** dem **Zweck,** «amtliche Verfü-   1
gungen, deren Befolgung mangels Bestehens einer besonderen Strafdrohung vom guten Willen des Betroffenen abhängen würde, durch die ergänzende Strafdrohung wirksam zu gestalten», BGE 70 IV 180, vgl. auch
74 IV 107. Individualinteressen werden nur indirekt geschützt, JdT 1994
III 106, wobei dieser Schutz jedoch grosse Bedeutung erlangen kann, z.B.
bei der Durchsetzung des Gegendarstellungsrechts gemäss ZGB Art.
28k, RVJ 1989 166 f., Sem.jud. 1993 276, des Besuchsrechts, RB TG 1992
Nr. 2, RJJ 1995 256, der Begründungspflicht nach OR Art. 335 II, BGE
121 III 62, einer Unterlassungsklage (vgl. Sachverhalt in BGE 121 III
476), der Ausweisung eines Mieters, GVP-SG 1992 Nr. 34, firmenrecht-
licher Anordnungen, ZR 91 (1992) Nr. 57, des Geheimnisschutzes, ZR 87
(1988) Nr. 60, oder von Auskunftpflichten eines Unterhaltsverpflichte-
ten, SJZ 89 (1993) Nr. 23. Neben dieser Kompulsivwirkung trägt die Bestimmung auch repressiven Charakter, IMBODEN 143, KÄGI-DIENER 99,
SCHWANDER 418, STADLER 16, STRATENWERTH BT II § 50 N 2; nur den
kompulsiven Charakter betonen GYGI 400, KUMMER 382 f.

Die **Zulässigkeit** der Strafandrohung entscheidet sich nach dem jeweils   2
betroffenen Rechtsgebiet, vgl. z.B. zum Betreibungs- und Konkursrecht
BGE 75 III 106, 110, 79 III 114, 83 III 1, 103 III 91, 107 III 152, Rep. 1985
350, usw.; zum Eherecht BGE 78 II 296 ff., 79 II 285, RS 1956 Nr. 235; SJZ
50 (1954) Nr. 21; GAUTHIER 335, ROOS 501, ZR 63 (1964) Nr. 123 usw.;
zum Immaterialgüterrecht DIGGELMANN a.a.O.; zum Verwaltungsrecht
BGE 78 I 178, 97 I 471; zum Konkurrenzverbot RJN 1990 54 usw., ferner
Rep. 1983 271 (Verbot einer Publikation), RS 1987 Nr. 273 (unzulässig
bei Alkoholverbot, SO). Der Kassationshof ist deshalb nicht befugt, die
Zulässigkeit der Strafandrohung zu prüfen, BGE 97 IV 70, schon gar
nicht bei kantonal- oder gemeinderechtlicher Grundlage, BGE 98 IV
111, ZR 87 (1988) Nr. 58. Vgl. auch SJZ 75 (1979) Nr. 18, dazu krit. JAAG,
SJZ (1980) 157, s. aber N 7. Eine besondere gesetzliche Ermächtigung zur
Strafandrohung (wie z.B. VwVG Art. 41 I d) ist nicht Voraussetzung,
PKG 1991 Nr. 56, RS 1972 Nr. 259, EIGENMANN 35 ff., LOEPFE 61, PFUND
227, ROOS 495, STRATENWERTH BT II § 52 N 4. Eine Anordnung gemäss
Art. 292 ist gegenüber ausländischen Gesellschaften nicht möglich, wenn
sie zwar einen schweizerischen Gerichtsstand vereinbart, sonst aber
keine Beziehungen zur Schweiz haben, Sem.jud. 1990 196. Zur Subsidiarität s. N 10.
    Schliesslich müssen an den *Inhalt des Verbots oder Gebots* grundsätz-
lich ähnliche Bestimmtheitsanforderungen gestellt werden, wie sie Art. 1
verlangt (s. N 3 f.), dazu mit akzeptablem Beispiel für eine Ausnahme
LGVE 1989 I Nr. 2.

Die Strafandrohung muss in einer **Individualverfügung** enthalten sein,   3
BGE 78 IV 238 ff., 78 I 307, 92 I 35, AGVE 1990 89, die sich aber an mehrere Personen richten kann, BGE 78 IV 239, a.M. LOEPFE 37; fragwürdig
der bei STEINER a.a.O. besprochene Fall mit 263 streikenden Arbeitern
als Adressaten. Die Person muss nicht namentlich erwähnt sein – es

genügt, wenn sie bestimmbar ist – z.B. die Organe einer juristischen Person, BGE 78 IV 240, ZR 93 (1994) Nr. 7. Auch *gegenüber juristischen Personen* wird Art. 292 angewandt, vgl. z.B. BJM 1991 219, Sem.jud. 1988 330, 1992 338, ZR 91 (1992) Nr. 4, 94 (1995) Nr. 27 dagegen LOEPFE 38, ROOS 492, STADLER 75, s. auch CORBOZ Art. 292 N 4 m.Hinw. auf u.ö. BGE vom 10.12.1996; das Dogma *societas delinquere non potest* wird mit dieser Praxis missachtet, dazu Art. 1 N 45 ff. Zum Begriff der Verfügung BGE 104 Ia 28, STADLER 68 ff.

4   Die Verfügung muss **explizit auf Art. 292 verweisen,** z.B.: «Zuwiderhandeln wird gemäss Art. 292 StGB mit Haft oder Busse bestraft», vgl. SCHWANDER a.a.O. 418, STADLER 91 f., ROOS 492. Erwähnung bloss des Artikels oder der Strafandrohung genügt nicht, BGE 68 IV 46 f., 95 II 460, 105 IV 249 f., PKG 1960 Nr. 67, RJN 1983 97 – Hinweis auf die Strafdrohung ist nur verzichtbar, wenn im selben Verfahren bereits zuvor eine solche Drohung erlassen wurde, BGE 86 IV 28. Der Vorhalt der Strafdrohung kann nachgeholt werden, PKG 1977 Nr. 45, dies kann sogar von Amtes wegen die KH des BGer tun, BGE 95 II 460.

5   Die **Form der Verfügung** richtet sich nach den einschlägigen Rechtsnormen – Mündlichkeit ist nicht ausgeschlossen, AGVE 1964 Nr. 29, a.M. EIGENMANN 20 f., 39, HAFTER BT II 727, LOEPFE 39, STADLER 78 ff. Zur Beweissicherung empfiehlt sich immerhin die Protokollierung. Die Verfügung muss dem Betroffenen, nicht nur seinem Vertreter eröffnet werden, Rep. 1965 261. Öffentliche Bekanntmachung ist u.U. nur bei unbekanntem Aufenthalt zulässig, PKG 1954 Nr. 41 (entscheidend ist die kantonale Regelung); Bestrafung setzt jedenfalls Kenntnisnahme voraus, RS 1959 Nr. 231. Fehlende Rechtsmittelbelehrung macht die Verfügung nicht unwirksam, SJZ 66 (1970) Nr. 120.

5a   Die Verfügung muss unter Beachtung der **örtlichen, sachlichen und funktionellen Zuständigkeit** erlassen worden sein; fehlt es an der Zuständigkeit, ist eine Bestrafung nach Art. 292 ausgeschlossen, BGE 122 IV 342 f. m.w.Hinw., s. auch PKG 1957 Nr. 50; RJN 1989 123, RS 1962 Nr. 184, SJZ 70 (1974) Nr. 37, ZBJV 114 (1978) 453, ZR 87 (1988) Nr. 58, N 9 ff. vor Art. 285.

6   Die **Täterhandlung** richtet sich nach der Verfügung – dort muss das strafbare Verhalten mit genügender Bestimmtheit umschrieben sein, BGE 84 II 457, dazu ROOS 493, LOEPFE 60 ff., NOLL, ZStrR 72 (1957) 368. Nach dem Inhalt des Befehls ist auch der Tatort zu bestimmen, SJZ 69 (1973) Nr. 11, Eheschliessung trotz Eheverbot, «Erfolg» in der Schweiz eingetreten. Die Verfügung ist nach Treu und Glauben auszulegen, BGE 105 IV 283 f. Das Obergericht AR sprach A. frei, obschon er eine Anordnung gemäss Art. 292 nicht befolgt hatte, weil die Gemeinde sich illoyal verhielt, RS 1985 Nr. 880.

7   Stark umstritten ist die Frage nach der **Überprüfungsbefugnis des Strafrichters.** Es geht dabei nach KÄGI-DIENER 101 um die Rechtswidrigkeit, ähnlich SCHWANDER Nr. 750. Ausser der «Zuständigkeit», unabdingbare

Voraussetzung für eine gültige Verfügung, BGE 122 IV 342 f. (s. oben N 5a), ist zweifellos auch zu prüfen, *ob* die Verfügung *nichtig* und damit unverbindlich sei, VAR 1977 66, GYGI 402, IMBODEN 147. Ebenso unbestritten ist, dass die Ausübung von Ermessen nicht zu kontrollieren ist, BGE 98 IV 110. Eine weitergehende Kontrolle der Rechtmässigkeit lehnte die ältere Praxis des BGer ab, BGE 71 IV 219f., 73 IV 256, 74 IV 106, 90 IV 81, ebenso PKG 1960 Nr. 67, RS 1962 Nr. 183, AGVE 1964 Nr. 29; SCHWANDER a.a.O. 418. Als Reaktion auf Kritik im Schrifttum, z.B. IMBODEN 150 f., LOEPFE 41 f., 68 ff., NOLL, ZStrR 72 (1957) 367, ROOS 496, ROTH a.a.O., revidierte das BGer seine Rechtsprechung in BGE 98 IV 108 ff., bestätigt in BGE 121 IV 31, 104 IV 137, ebenso LGVE 1983 I Nr. 60, RJN 1983 98, SJZ 79 (1983) Nr. 16, ZR 77 (1978) Nr. 64, 87 (1988) Nr. 58. *Grundsätzlich hat demnach der Strafrichter die Rechtmässigkeit einer Verwaltungsverfügung zu überprüfen.* Die Kontrolle ist ausgeschlossen, wenn sie bereits durch ein Verwaltungsgericht vorgenommen wurde, dagegen REHBERG IV 310, STADLER 127 ff., STRATENWERTH BT II § 50 N 7. Auf offensichtliche Gesetzesverletzung und Ermessensmissbrauch ist die Prüfung beschränkt, wenn von der Möglichkeit verwaltungsgerichtlicher Kontrolle kein Gebrauch gemacht wurde oder wenn der Entscheid noch aussteht, BGE 121 IV 31, 98 IV 106, EGV – SZ 1980 69, gegen diese Einschränkung SJZ 79 (1983) Nr. 16. Wie es sich mit der Überprüfbarkeit von Gerichtsurteilen verhält, wurde auch in BGE 121 IV 32 offengelassen, ablehnend ZBJV 101 (1965) 287, zu BE ZPO Art. 404 IV; gegen Überprüfungsbefugnis auch GYGI 403, KUMMER 389 f., MOOR in JdT 1993 III 13. Weitergehende Prüfungsbefugnis in ZR 53 (1954) Nr. 118, RS 1982 Nr. 360, 1958 Nr. 56, 1957 Nr. 151. Eine eingeschränkte Überprüfung auf offensichtliche Rechtswidrigkeit könnte allenfalls erwogen werden für Fälle, wo die Rechtsmittel nicht ausgeschöpft wurden. Der Kassationshof erklärt sich zudem für nicht kompetent zur Kontrolle der Rechtmässigkeit einer Verfügung nach kantonalem Recht, BGE 98 IV 111, ZR 87 (1988) Nr. 58, dagegen GYGI 403 ff. Der Strafrichter kann die Verwaltungsverfügung oder das Urteil nicht aufheben.

Die Verfügung muss **vollstreckbar,** nicht unbedingt auch rechtskräftig sein, BGE 90 IV 82, Rep. 1965 261, AGVE 1964 Nr. 29, RS 1982 Nr. 308. 8

Subjektiv ist Vorsatz erforderlich, was insbesondere das Wissen voraussetzt, dass die Verfügung gegen den Täter erlassen wurde, BGE 78 IV 239. Die Kenntnis darf nicht unterstellt werden, wenn der Adressat die Annahme verweigerte und der Abholungseinladung keine Folge leistete, auch wenn damit verfahrensrechtlich die Zustellung als erfolgt gilt, BGE 119 IV 240 f., SJZ 64 (1968) Nr. 134. Der Irrtum über die Rechtmässigkeit der Verfügung ist Verbotsirrtum, Art. 20; für Art. 19 STRATENWERTH BT II § 50 N 10; GVP-SG 1989 Nr. 39 nimmt sowohl Sachverhalts- als auch Verbotsirrtum an. 9

Zu **Rechtfertigungsgründen** s. SJZ 83 (1987) Nr. 16: Wahrung berechtigter Interessen bei einem Parlamentarier bejaht, der einen Informanten 9a

über öffentliche Missstände nicht preisgeben wollte; krit. REHBERG IV
311; BGE 104 IV 232: Notstand bei Verweigerung einer Röntgenunter-
suchung abgelehnt.

10 **Konkurrenzen und Abgrenzungen**
Wiederholte Bestrafung wegen Verstosses gegen dieselbe Verfügung ist
grundsätzlich möglich und verstärkt die Kompulsivwirkung der Strafdrohung, BGE 73 IV 255, Befehl zur Wohnungsräumung; 74 IV 106, Zeugenpflicht; 88 IV 120, SVG Art. 97.1. II; 104 IV 231, Anordnung einer
Impfung; SJZ 58 (1962) Nr. 196 und BJM 1966 90, Konkubinat (obsolet).
Exzessive Wiederholung der Bestrafung kann mit staatsrechtlicher Beschwerde angefochten werden, BGE 74 IV 106, Kriterien s. BGE 98 Ia
420 ff. Für Beschränkung auf Fälle der Aufrechterhaltung eines rechtswidrigen Zustandes REHBERG IV 307, STADLER 145, STRATENWERTH BT
II § 50 N 9.
Gegenüber besonderen Strafnormen, welche den Ungehorsam als solchen zum Tatbestand haben, ist Art. 292 **subsidiär** und die Androhung
der Ungehorsamsstrafe unwirksam; die behördliche Strafdrohung bleibt
jedoch wirksam, wenn das durch die Verfügung untersagte Verhalten
ohnehin strafbar ist, z.B. als Ehrverletzung oder als unlauterer Wettbewerb, BGE 121 IV 33 f., s. auch 105 IV 249, SJZ 91 (1995) Nr.19; eingehend STADLER 25 ff. Im einzelnen:
Art. 173: Zulässigkeit einer richterlichen Verfügung, die ehrverletzende
Äusserungen verbietet;
Art. 186: BGE 90 IV 207 f., richterliches Gebot, die eheliche Wohnung zu
verlassen; für Subsidiarität BGE 100 IV 53, Sem.jud. 1982 439, ZR 44
(1945) Nr. 164;
Art. 220: BGE 98 IV 39 – Art. 292 ist nur anwendbar zur Durchsetzung
des Besuchsrechts; abweichend die Vi in AGVE 1990 76;
Art. 286 darf nicht subsidiär angewandt werden, wenn die Androhung
gemäss Art. 292 fehlt, BGE 110 IV 95; s. auch dort N 9;
Art. 305: Idealkonkurrenz bei Weigerung, im Strafverfahren belastende
Dokumente herauszugeben, SJZ 76 (1980) Nr. 40, s. aber BGE 106 IV
277: Zeugnisverweigerung ist nicht Begünstigung; **Art. 323** N 5;
UWG: Idealkonkurrenz möglich, BGE 79 II 420, KUMMER 388, Sem.jud.
1987 51, anders SJZ 91 (1995) Nr. 19;
SVG Art. 91 III: Art. 292 wird konsumiert, RS 1979 Nr. 729. Art. 292 für
Verweigerung des Atemlufttestes, RS 1975 Nr. 821;
SVG Art. 97.1 II: BGE 88 IV 119;
LMG Art. 40: SJZ 52 (1956) Nr. 147;
ZG Art. 104: BGE 78 I 178;
GSchG: BGE 97 I 471.

Kantonales Recht: *Prozessrecht:* BGE 69 IV 210 und BGE 106 IV 278
lassen Art. 292 subsidiär zu – 96 II 261 f. kumulativ zu BE ZPO Art. 403,
was nicht überzeugt, s. ferner ZBJV 102 (1966) 34 m.krit.Anm. SCHULTZ,
SJZ 39 (1942/43) Nr. 72, ZBGR 29 (1948) 77, Rep. 1956 119, RS 1985
Nr. 881 (Verpflichtung zur Abgabe einer Stimmenprobe im Strafpro-

zess); *Sonntagsruhe:* RJN 1989 123; *Polizeistunde:* RVJ 1988 319; *Bauwesen:* ZBJV 102 (1966) 33, RS 1972 Nr. 352 (FR), 1986 Nr. 162 (AI), ZWR 1979.171; *Fürsorgewesen:* PKG 1945 Nr. 52, 1957 Nr. 44; ferner RS 1958 Nr. 57 (Schulpflicht), SJZ 54 (1958) Nr. 68 (Polizeigesetz geht vor), JdT 1965 III 123; nur ausnahmsweise in Fällen, wo eine Zwangsvollstreckung möglich wäre, JdT 1993 III 59;

Kommunales Recht: RS 1962 Nr. 183;

Realvollzug schliesst grundsätzlich Bestrafung nach Art. 292 nicht aus, BGE 90 IV 207, RS 1986 Nr. 162, anders für die Vorführung, PKG 1958 Nr. 48. ZBJV 113 (1977) 283 verweigert der Gemeinde nach Ersatzvornahme die Stellung als Privatkläger.

Problematisch ist die Fallkonstellation, wo Art. 292 als subsidiärer Tatbestand strenger ist, z.B. durch Fehlen des Antragserfordernisses, vgl. BGE 90 IV 207, Kummer 396 ff., Roos 501, oder durch höhere Strafdrohung, vgl. zu aArt. 323 BGE 106 IV 282, Müller 86 – bedenklich RS 1961 Nr. 146, wonach Art. 292 als (schwererer) Tatbestand des StGB dem TG Flurgesetz vorgehe. Art. 1 dürfte der Behörde nicht verbieten, Art. 292 mit reduzierter Strafdrohung oder als Antragsdelikt anzuwenden.   11

Mit Recht wird allgemein Zurückhaltung empfohlen, so schon in den Vorarbeiten, vgl. BGE 68 IV 47, ferner Eigenmann 43, Roos 502, Schwander a.a.O. 417.

293 Veröffentlichung amtlicher geheimer Verhandlungen

[1] **Wer, ohne dazu berechtigt zu sein, aus Akten, Verhandlungen oder Untersuchungen einer Behörde, die durch Gesetz oder durch Beschluss der Behörde im Rahmen ihrer Befugnis als geheim erklärt worden sind, etwas an die Öffentlichkeit bringt, wird mit Haft oder mit Busse bestraft.**

[2] **Die Gehilfenschaft ist strafbar.**

Denis Barrelet, *Les indiscretions commises par la voie de la presse,* SJZ 79 (1983) 17.

Der **Schutzzweck** von Art. 293 liegt im «Interesse einer möglichst freien, durch keinerlei unzeitige Beeinflussung von aussen behinderten Meinungsbildung» in der Kollegialbehörde, BGE 107 IV 188, ähnlich SJZ 77 (1981) Nr. 42. Für ersatzlose Streichung Barrelet 20 f. Die in Art. 293 verankerte Beschränkung der Pressefreiheit ist grundsätzlich mit EMRK Art. 10 vereinbar, SJZ 77 (1981) Nr. 42.   1

Art. 293 schützt im Gegensatz z.B. zu Art. 162, 320 f. ein bloss **formelles** Geheimnis, BGE 107 IV 190, 114 IV 36, SJZ 77 (1981) Nr. 42, Barrelet 18, Rehberg IV 312 f., Stratenwerth BT II § 50 N 48; auf den Grad der Klassifizierung kommt es deshalb nicht an, BGE 108 IV 187 f., 114 IV 36 («vertraulich»). Dies ergibt sich aus der systematischen Stellung im Gesetz und der blossen Übertretungsstrafdrohung. Der Schutz bleibt beste-   2 hen, wenn das Geheimnis einzelnen Dritten, die es zu wahren verpflichtet sind, eröffnet wird, BGE 108 IV 189 bezüglich GRN Art. 22 III. Soweit das Material jedoch bereits öffentlich erörtert wurde, dürfte eine Strafverfolgung nicht mehr mit EMRK Art. 10 vereinbar sein, vgl. EGMR Weber c. CH, Série A Nr. 177 § 49 ff. (zu StPO VD Art. 185: Spezialtatbestand zum Schutz des Geheimnisses der Voruntersuchung); vgl. dazu auch JdT 1984 III 88.

3   Die **Geheimhaltungsnorm** kann im Gesetz stehen – ein Gesetz im formellen Sinn ist aber nicht erforderlich, BGE 107 IV 187, SJZ 77 (1981) Nr. 42. Massgebend ist der Sinn der Norm, BGE 77 IV 183, 107 IV 188, 108 IV 188. Es genügt aber auch ein Beschluss der Behörde, der allerdings mit einem legitimen Geheimhaltungsinteresse begründet sein muss, SJZ 77 (1981) Nr. 42 S. 269.

4   Die **Täterhandlung** besteht im unbefugten Veröffentlichen, z.B. durch Ausstrahlung eines Beitrags im Fernsehen, BGE 119 IV 252 – s. Art. 27 für die Verantwortlichkeit. Nicht strafbar ist somit das Ausplaudern im privaten Kreis, wenn nicht mit der Veröffentlichung durch einen Zuhörer zu rechnen ist. Woher der Täter sein Wissen hat, ist unerheblich. Bei Veröffentlichung in Radio oder Fernsehen ist der Ort der Ausstrahlung Ausführungsort und in Anwendung von Art. 346 auch Gerichtsstand, BGE a.a.O.

5   **Subjektiv** ist Vorsatz erforderlich, der sich auf den formellen Geheimnischarakter und die Täterhandlung richten muss. Wurde der geheime Entwurf eines Berichts einem Journalisten von einem Regierungsrat zur journalistischen Verwertung übergeben, kann sich dieser auf Verbotsirrtum berufen, SJZ 87 (1991) Nr. 56/8.

6   **Rechtfertigung** ist möglich bei Wahrung berechtigter (d.h. überwiegender) Interessen, z.B. zur Aufdeckung eines ungehörigen Vertuschungsmanövers, BGE 107 IV 192, oder als Reaktion auf ungerechtfertigte Geheimniskrämerei, SJZ 77 (1981) Nr. 42 S. 270.

7   **Gehilfe** kann z.B. ein Zwischenträger sein, STRATENWERTH BT II § 50 N 49.

8   **Kasuistik**
BGE 77 IV 182: Greuter publiziert im Wahlkampf Auszüge aus nichtöffentlichen Protokollen des Gemeinderates von Dübendorf; **107 IV 186** (Vi SJZ 77 [1981] Nr. 42): **K.** veröffentlicht in der «Weltwoche» Auszüge aus dem Berichtsentwurf einer Arbeitsgruppe der Geschäftsprüfungskommission des Nationalrates (GPK NR) betreffend die Bundesaufsicht über die SRG; **108 IV 186: Jürg Zbinden** veröffentlichte im «Blick» Auszüge aus einem Bericht der Sektion EMD an die GPK NR über die Angelegenheit Bachmann/Schilling – zur staatsrechtlichen Beschwerde 108 Ia 276; eine Menschenrechtsbeschwerde (Nr. 10343/83) wurde nicht zugelassen; **114 IV 34: M.** zitierte in der Wochenzeitung aus einem als «vertraulich» klassifizierten Referat, das der Generalstabschef an die Teilnehmer eines «geheimen» Seminars abgegeben hatte.

Konkurrenzen und Abgrenzungen   9
Geheimnisverrat i.S.v. **Art. 267.1, 272 ff.** und **320** konsumieren Art. 293.

294 Übertretung eines Berufsverbotes

    Wer einen Beruf, ein Gewerbe oder ein Handelsgeschäft ausübt, dessen Ausübung ihm durch Strafurteil untersagt ist, wird mit Haft oder mit Busse bestraft.

Art. 194 bedroht mit Übertretungsstrafe den **Ungehorsam gegen** ein   1
gemäss **Art. 54** verhängtes **Berufsverbot** – administrative Massnahmen müssen mit Art. 292 strafbewehrt werden, STRATENWERTH BT II § 50 N 25, h.L.

Die **Auslandstat** hält SJZ 61 (1965) Nr. 187 für strafbar, aber nicht ver-   2
folgbar – es dürfte jedoch schon an der Strafbarkeit am Tatort fehlen (vgl. z.B. DStGB § 145 c); die Übertretung eines ausländischen Berufsverbotes in der Schweiz ist nicht strafbar.

Konkurrenzen und Abgrenzungen   3
Zu **Art. 292** besteht Alternativität, PKG 1957 Nr. 44.

295 Übertretung des Wirtshaus- und Alkoholverbots

    Wer ein durch gerichtliches Urteil erlassenes Wirtshausverbot übertritt,

    wer als Wirt geistige Getränke jemandem verabreicht oder verabreichen lässt, von dem er weiss oder wissen muss, dass ihm der Besuch der Wirtschaften durch Verfügung einer zuständigen Behörde verboten ist,

    wird mit Haft oder mit Busse bestraft.

Al. 1 bezieht sich auf das **Wirtshausverbot** gemäss **Art. 56** – das im Mar-   1
ginale erwähnte Alkoholverbot bezieht sich nur auf al. 2. Nur das Betreten eines Lokals, wo Alkohol ausgeschenkt wird, erfüllt den Tatbestand, nicht der Aufenthalt in der Wirtschaftsküche, RS 1946 Nr. 249.

Al. 2 bedroht **nur** den **Wirt** mit Strafe. Im Gegensatz zu al. 1 werden auch   2
kantonale verwaltungsrechtliche Verbote geschützt, RS 1959 Nr. 232, auch ein Alkoholverbot, PKG 1948 Nr. 50. Die Rechtmässigkeit ist nach den für Art. 292 (N 7) geltenden Kriterien zu überprüfen. Verabreichenlassen kann im Dulden des Verabreichens durch Personal bestehen, SJZ 40 (1944) Nr. 118.

Subjektiv ist Vorsatz erforderlich, auch bei al. 2, vgl. die ähnliche Formu-   3
lierung in Art. 160 (N 12), REHBERG IV 319, STRATENWERTH BT II § 50 N 31; abweichend (Fahrlässigkeit genügt) PKG 1945 Nr. 38.

Sechzehnter Titel:
Störung der Beziehungen zum Ausland

VE 1894 Art. 157 f., Mot. 224. 1. ExpK II 254 ff., 680 ff. VE 1908 Art. 220 ff. Erl.Z. 404 ff. 2. ExpK V 310 ff., VI 89 ff., VIII 305 f., 334 ff. VE 1916 Art. 263 ff. E Art. 261 ff. Botsch. 61 f. Sten.NR 487 ff., 543 f., StR 228 f., NR 710, 753 ff., StR 350. – Zur Teilrevision: BBl 1949 I 1264 f. StenB 1949 StR 643 f., 1950 NR 224 ff., StR 141, NR 468 ff.

ROBERT HAUSER, Neutralität und Neutralitätsstrafrecht, in Festschrift für H. Tröndle, Berlin und New York 1989, 773; GEORGES PERRENOUD, *De la révision des articles 296, 297 et 302 du Code pénal suisse*, ZStrR 65 (1950) 40; OTTO NIKLAUS ROHNER, Der strafrechtliche Schutz der schweizerischen Neutralität, Diss. FR 1944; EDUARD ZELLWEGER, Schweizerisches Neutralitätsstrafrecht, ZStrR 55 (1941) 61.

1 **Geschützt** sind bei den Tatbeständen dieses Titels die **nationalen Interessen der schweizerischen Aussenpolitik,** nur indirekt diejenigen fremder Staaten. Es wäre nicht einzusehen, weshalb diesen ein Schutz zukommen sollte, der dem eigenen Staat versagt bleibt, vgl. Art. 296.

2 Die Strafverfolgung erfolgt nur mit **Ermächtigung** des Bundesrats, Art. 302.

3 **Bundesgerichtsbarkeit,** Art. 340.1 al. 4.

296 Beleidigung eines fremden Staates

   Wer einen fremden Staat in der Person seines Oberhauptes, in seiner Regierung oder in der Person eines seiner diplomatischen Vertreter oder eines seiner offiziellen Delegierten an einer in der Schweiz tagenden diplomatischen Konferenz oder eines seiner offiziellen Vertreter bei einer in der Schweiz niedergelassenen oder tagenden zwischenstaatlichen Organisation oder Abteilung einer solchen öffentlich beleidigt, wird mit Gefängnis oder mit Busse bestraft.

Fassung gemäss BG vom 5.10.1950.

HANS HEUBERGER, Die Beleidigung eines fremden Staates, Diss. BE 1943.

1 **Angriffsobjekt** ist die Ehre (Bem. vor Art. 173) des fremden Staates, soweit sie durch Personen repräsentiert wird, also nicht die persönliche Ehre des Repräsentanten. Nicht erfasst wird ferner der Angriff unmittelbar auf die Ehre eines Staats oder eines Volkes, vgl. auch ZR 88 (1989) Nr. 79 (zivilrechtlicher Persönlichkeitsschutz betreffend die Transkei).

Täterhandlung ist die «Beleidigung», ein Sammelbegriff für die Tatbestände von Art. 173, 174, 177 – bezüglich der Form gilt Art. 176. Öffentlich ist die Beleidigung, wenn sie von beliebig vielen Personen wahrgenommen werden konnte, leise Mitteilung an Nachbarn im Kino genügt nicht, SJZ 39 (1942/43) Nr. 269, dagegen laute Beschimpfung in einem öffentlichen Lokal beim Erscheinen des Bildes eines Potentaten auf dem Fernsehschirm. Bei der üblen Nachrede gegenüber dem fremden Staat oder seinen Repräsentanten finden die Entlastungsbeweise nach Art. 173.2 analog Anwendung, STRATENWERTH BT II § 48 N 4; nur für Zulassung des Wahrheitsbeweises REHBERG IV 324. Nach HAFTER BT II 769 sollen analog Art. 177 II und III auch Provokation und Retorsion berücksichtigt werden. 2

Die **Ermächtigung** zur Strafverfolgung wird gemäss Art. 302 II nur erteilt, wenn die Regierung des beleidigten Staats darum ersucht hat – nur im Aktivdienst kann sie auch ohne Ersuchen vom Bundesrat angeordnet werden. 3

Die **Verjährung** tritt gemäss Art. 302 III nach einem Jahr ein. 4

Konkurrenzen und Abgrenzungen 5
Zu **Art. 173 ff.** ist Idealkonkurrenz möglich, weil dort die persönliche Ehre geschützt wird; für Spezialität des Art. 296 HAFTER BT II 769, REHBERG IV 324, STRATENWERTH BT II § 48 N 5; zu **Art. 261bis** ist Idealkonkurrenz möglich.

297 Beleidigung zwischenstaatlicher Organisationen

Wer eine in der Schweiz niedergelassene oder tagende zwischenstaatliche Organisation oder Abteilung einer solchen in der Person eines ihrer offiziellen Vertreter öffentlich beleidigt, wird mit Gefängnis oder mit Busse bestraft.

Fassung gemäss BG vom 5.10.1950.

Lit. vor Art. 296.

Geschützt werden analog zu Art. 296 die **Beziehungen** der Schweiz **zu internationalen Organisationen** – ob die Schweiz Mitglied ist, hat keine Bedeutung; massgebend ist die Beziehung zum schweizerischen Hoheitsgebiet. Auch die Nationalität des Vertreters ist ohne Bedeutung – es kann sich um einen Schweizer handeln. Bem. zu Art. 296 betr. Antragstellung und Verjährung. 1

298 Tätliche Angriffe auf fremde Hoheitszeichen

Wer Hoheitszeichen eines fremden Staates, die von einer anerkannten Vertretung dieses Staates öffentlich angebracht sind, namentlich sein

**Wappen oder seine Fahne böswillig wegnimmt, beschädigt oder belei-
digende Handlungen daran verübt, wird mit Gefängnis oder mit Busse
bestraft.**

Lit. vor Art. 296.

1   Der Tatbestand entspricht, abgesehen von der «Nationalität» des Hand-
lungsobjekts und der Öffentlichkeit, Art. 270. Dass hier weder ein Ersuchen verlangt noch die kürzere Verjährungsfrist vorgesehen ist
(Art. 302 II, III), leuchtet nicht ein.

299   Verletzung fremder Gebietshoheit

**1. Wer die Gebietshoheit eines fremden Staates verletzt, insbesondere
durch unerlaubte Vornahme von Amtshandlungen auf dem fremden
Staatsgebiete,**

**wer in Verletzung des Völkerrechtes auf fremdes Staatsgebiet ein-
dringt,**

wird mit Gefängnis oder mit Busse bestraft.

**2. Wer versucht, vom Gebiete der Schweiz aus mit Gewalt die staat-
liche Ordnung eines fremden Staates zu stören, wird mit Gefängnis bestraft.**

Lit. vor Art. 296.

1   **Art. 299** ermöglicht insbesondere auch die Bestrafung von Ausländern,
deren Auslieferung wegen des politischen Charakters der Tat ausgeschlossen ist, IRSG Art. 3 I.

2   **Ziff. 1 al. 1** spiegelt zunächst Art. 271 wider. Inwiefern andere Verletzungen der Gebietshoheit erfasst werden, bleibt unbestimmt, STRATEN-
WERTH BT II § 48 N 12.

3   **Ziff. 1 al. 2** entspricht Art. 269.

4   **Ziff. 2** entspricht im wesentlichen Art. 265.

5   **Zuständig** sind die Bundesassisen, Art. 341, lit.c.

300   Feindseligkeiten gegen einen Kriegführenden oder
        fremde Truppen

**Wer vom neutralen Gebiete der Schweiz aus Feindseligkeiten gegen
einen Kriegführenden unternimmt oder unterstützt,**

**wer Feindseligkeiten gegen in die Schweiz zugelassene fremde Trup-
pen unternimmt,**

wird mit Zuchthaus oder mit Gefängnis bestraft.

Lit. vor Art. 296.

Art. 300 dient dem **Zweck,** die Schweiz aus kriegerischen Verwicklungen   1
herauszuhalten, STRATENWERTH BT II § 48 N 23; er wurde in Erfüllung
völkerrechtlicher Pflichten aus dem Haager Abkommen vom 18.10.1907
betreffend die Rechte und Pflichten der neutralen Mächte und Personen
im Falle eines Landkriegs, SR 0.515.21, verfasst, II. ExpK V 339. Im Aktivdienst fallen auch Zivilpersonen unter den wortgleichen MStG Art. 92,
MStG Art. 3.1.

Feindseligkeiten sind nur aggressive kriegerische Handlungen, nicht   2
blosse Unterstützung, Gutachten MAX HUBER, zit. bei ZELLWEGER 73,
REHBERG IV 330 f., STRATENWERTH BT II § 48 N 20, weiter HAUSER 786.

Art. 300 verliert seine Wirkung mit Eintritt der Schweiz in den Kriegszu-   3
stand, was sich aus dem Zweck des Neutralitätsschutzes ergibt.

Al. 2 dürfte in erster Linie **Angriffe auf internierte Truppen** meinen,   4
HAFTER BT II 780, LOGOZ N 3a zu Art. 300 (a.M. STRATENWERTH BT II
§ 48 N 23 – es gehe nicht um Angriff auf Wehrlose), denn nur in dieser
Form darf der Neutrale überhaupt fremde Truppen in seinem Land zulassen. Inzwischen können im Rahmen internationaler Zusammenarbeit
auch zu Ausbildungszwecken ausländische Truppen in der Schweiz zugelassen werden. Teilnehmer an militärischen Sportveranstaltungen sind
nicht «Truppen», auch wenn sie Uniform tragen. Dass unbedeutende
Vorkommnisse nicht unter den Tatbestand fallen sollen, ergibt sich auch
aus der **Zuständigkeit der Bundesassisen,** Art. 341 lit. c.

301   Nachrichtendienst gegen fremde Staaten

**1. Wer im Gebiete der Schweiz für einen fremden Staat zum Nachteil
eines andern fremden Staates militärischen Nachrichtendienst betreibt
oder einen solchen Dienst einrichtet,**

    wer für solche Dienste anwirbt oder ihnen Vorschub leistet,

    wird mit Gefängnis oder mit Busse bestraft.

2. Die Korrespondenz und das Material werden eingezogen.

ANDRÉ AMSTEIN, Verletzung militärischer Geheimnisse und militärischer Nachrich-
tendienst, SJZ 41 (1945) 113; ERNST LOHNER, Der verbotene Nachrichtendienst,
ZStrR 83 (1967) 23, 134; HANS FELIX PFENNINGER, Das Vergehen des unerlaubten
Nachrichtendienstes, ZSR 37 (1918) 134; SONTAG, Zum Begriff des Vorschubleistens
in Art. 301 schweiz. StGB und Art. 93 MStGB, ZStrR 63 (1948) 93; EMILE THILO,
Espionnage et Contre-espionnage, JdT 1942 I 386; **Lit.** vor Art. 296. S. auch Vb zu
Art. 272.

Art. 301 verbietet den Nachrichtendienst zugunsten des einen und zu-   1
lasten eines andern fremden Staates auf dem Gebiet der Schweiz, weil
dadurch «die **Beziehungen** der Schweiz zu diesen letzteren Staaten gestört werden», BGE 97 IV 122. Eine solche Störung braucht allerdings im
Einzelfall nicht nachgewiesen zu werden, ZR 63 (1964) Nr. 17.

2 Der Tatbestand unterscheidet sich von **Art. 274** nur dadurch, dass er sich **gegen einen fremden Staat** und nicht gegen die Schweiz richtet, BGE 101 IV 188. Insbesondere braucht auch hier weder Nutzen noch Nachteil für einen der beteiligten Staaten vorzuliegen, BGE 89 IV 207 f., ZR 63 (1964) Nr. 17. Vorbereitungshandlungen erfüllen schon den Tatbestand, ZR 63 (1964) Nr. 17.

3 Zivilpersonen unterstehen **MStGB Art. 93 erst in Kriegszeiten,** MStG Art. 4.2. Die Bestimmung unterscheidet sich von Art. 301 nur dadurch, dass ein «schwerer Fall» in Ziff. 2 mit Zuchthaus bedroht wird.

4 **Kasuistik**
BGE 89 IV 204: Kalisch knüpfte von Zürich aus Kontakte mit Personen in der Bundesrepublik Deutschland, um Nachrichten über westliche Streitkräfte an die DDR zu liefern; **BGE 97 IV 112: Frauenknecht** lieferte Pläne von Mirage-Triebwerken an Israel – dass er vorsätzlich gegen einen fremden Staat militärischen Nachrichtendienst betrieben habe, war nicht nachgewiesen, a.a.O. S. 122; **BGE 101 IV 178: Hans und Gisela Wolf alias Kälin** richteten in der Schweiz eine Residentur ein, um in Krisen- und Kriegszeiten militärische Nachrichten über die Bundesrepublik Deutschland und andere NATO-Staaten an die DDR liefern zu können.

5 **Konkurrenzen und Abgrenzungen**
Ob Art. 301 mit **Art. 274** idealiter konkurrieren könnte (z.B. bei Nachrichten über militärische Beziehungen zwischen der Schweiz und Staat A an Staat B), lässt BGE 97 IV 122 offen – die Frage ist wegen Verschiedenheit der geschützten Rechtsgüter zu bejahen.

302 Strafverfolgung

[1] **Die Verbrechen und Vergehen dieses Titels werden nur auf Ermächtigung des Bundesrates verfolgt.**

[2] **Der Bundesrat ordnet die Verfolgung nur an, wenn in den Fällen des Artikels 296 die Regierung des fremden Staates und in den Fällen des Artikels 297 ein Organ der zwischenstaatlichen Organisation um die Strafverfolgung ersucht. In Zeiten aktiven Dienstes kann er die Verfolgung auch ohne ein solches Ersuchen anordnen.**

[3] **In den Fällen der Artikel 296 und 297 tritt die Verjährung in einem Jahr ein.**

Fassung gem. BG vom 5.10.1950.

1 Der Bundesrat trifft seine Entscheidung frei **nach Kriterien** der (aussen-) **politischen Opportunität.**

Siebzehnter Titel:
Verbrechen und Vergehen gegen die Rechtspflege

VE 1894 Art. 163 f., 169 ff., Mot. 227 f., 229 ff. 1. ExpK II 261 f., 268 f., 690 f. 697 ff. VE 1908 Art. 210 ff. Erl.Z. 382 ff. 2. ExpK V 223 ff., VI 107 ff., VIII 306 ff. VE 1916 Art. 269 ff. E Art. 267 ff. Botsch. 62 ff. Sten.NR 492 ff., StR 229 ff., NR 710 f., StR 332, NR 757 f., StR 351 f., NR 785 f., StR 379.

Strafbare Handlungen gegen die **Rechtspflege des Bundes** fallen gem. Art. 340 unter Bundesgerichtsbarkeit.

303 Falsche Anschuldigung

1. Wer einen Nichtschuldigen wider besseres Wissen bei der Behörde eines Verbrechens oder eines Vergehens beschuldigt, in der Absicht, eine Strafverfolgung gegen ihn herbeizuführen,

wer in anderer Weise arglistige Veranstaltungen trifft, in der Absicht, eine Strafverfolgung gegen einen Nichtschuldigen herbeizuführen,

wird mit Zuchthaus oder mit Gefängnis bestraft.

2. Betrifft die falsche Anschuldigung eine Übertretung, so ist die Strafe Gefängnis oder Busse.

JÜRG FAES, Die falsche Anschuldigung und die Irreführung der Rechtspflege, Kriminalistik 1981 421; ROLF HÜGLI, Die falsche Anschuldigung und die Irreführung der Rechtspflege, Diss. BE 1948; HERMANN MENZEL, Die falsche Anschuldigung nach deutschem und schweizerischem Strafrecht, Diss. FR 1963; GEORG MESSMER, Der strafrechtliche Schutz der Rechtspflege vor Irreführung, Kriminalistik 1965 484 f.; JÖRG REHBERG, Die falsche Deliktsbezichtigung im österreichischen und schweizerischen Strafrecht, in Festschrift für F. Pallin, Wien 1989, 333; HANS SCHULTZ, Falsche Anschuldigung, Irreführung der Rechtspflege und falsches Zeugnis, ZStrR 73 (1958) 213.

Art. 303 ist charakterisiert durch eine **Verbindung von Irreführung der (Straf-)Rechtspflege** (Art. 304) einerseits **und Verleumdung** (Art. 174) andererseits. Geschützt sind dementsprechend insbesondere zwei Rechtsgüter, die rationelle Strafrechtspflege und die Ehre. Mittelbar werden durch falsche Anschuldigungen aber auch weitere individuelle Rechtsgüter gefährdet, so etwa die Freiheit und das Vermögen, vgl. CASSANI Art. 303 N 1, REHBERG 334, STRATENWERTH BT II § 52 N 2.   1

Angriffsobjekt ist ein Nichtschuldiger, d.h. eine identifizierte oder identifizierbare (BGE 85 IV 83, JdT 1959 IV 96) natürliche, strafmündige Per-   2 son, welche eine bestimmte Straftat nicht begangen hat. Der Strafrichter ist an ein Urteil, das freigesprochen oder das Verfahren eingestellt hat, gebunden, BGE 72 IV 75, ebenso REHBERG IV 337, kritisch CASSANI Art. 303 N 12, STRATENWERTH BT II § 52 N 14. Damit ist freilich der subjektive Tatbestand (N 8) nicht präjudiziert.

3 **Täterhandlung** ist in al. 1 das Beschuldigen, d.h. die verbale Behauptung, jemand habe ein Verbrechen oder Vergehen begangen – der Vorwurf einer Übertretung wird von Ziff. 2 erfasst. Mit MESSMER 484 ist die Verdächtigung der Beschuldigung gleichzustellen, a.M. MENZEL 35 ff. Behauptung eines blossen Disziplinarfehlers ist höchstens Ehrverletzung, BGE 95 IV 21. Eine besondere Form ist nicht erforderlich, z.B. Strafantrag, RS 1948 Nr. 100; falsche Aussage anlässlich einer Vernehmung, BGE 85 IV 82, 95 IV 18, 21, 75 IV 178 (zu Art. 304). Besondere Arglist ist für Ziff. 1 al. 1 nicht gefordert, BGE 85 IV 81, 95 IV 18. Reicht der gutgläubige Anwalt eine falsche Strafanzeige ein, ist der Klient nur strafbar, wenn er ihn damit beauftragt hat, PKG 1956 Nr. 40. Begehung durch Schweigen ist nicht möglich, SCHULTZ 230, 235 f., auch nicht durch Zeugnisverweigerung, STRATENWERTH in recht 2 (1984) 96.

4 Ausschlaggebend ist die **Tatsachenbehauptung;** bewusst falsche rechtliche Würdigung ist nicht strafbar, BGE 72 IV 76, 86 IV 185 f. (zu Art. 304), RS 1953 Nr. 50. Glaubt der Täter irrtümlich, das Verhalten sei strafbar, liegt untauglicher Versuch vor, BGE 95 IV 21 f., anders EVG-SZ 1991 Nr. 36 (Wahndelikt bei Benützen von Tagesschildern über das Gültigkeitsdatum hinaus), wie hier CASSANI Art. 303 N 29. Die Behauptung muss im wesentlichen unrichtig sein – geringfügige Übertreibungen, z.B. betr. den Deliktsbetrag, erfüllen den Tatbestand nicht, ZR 66 (1967) Nr. 60, CASSANI Art. 303 N 11, MENZEL 58 f. Wesentlich sind dagegen der subjektive Tatbestand, BGE 72 IV 76, und die Rechtswidrigkeit der behaupteten Tat. Abzulehnen SJZ 65 (1969) Nr. 95, wonach bloss strafzumessungsrelevante Angaben genügen sollen.

5 Die Beschuldigung muss bei «der **Behörde**» erfolgen, die aber nicht für die Strafverfolgung zuständig zu sein braucht; es genügt, dass sie verpflichtet ist, die Anzeige an die zuständige Stelle weiterzuleiten, SCHULTZ 230 f., oder dass sie dies, wie vom Täter geplant, tatsächlich tut. BGE 89 IV 206 sieht den Tatbestand auch bei Mitteilung an eine ausländische Behörde als erfüllt an, zustimmend SCHULTZ, ZBJV 101 (1965) 33, REHBERG IV 336; die Auffassung ist mit CASSANI Art. 303 N 2, MENZEL 47 und STRATENWERTH BT II § 52 N 5 abzulehnen – die in BGE 104 IV 241 angeführten Gründe für die Straflosigkeit der Begünstigung gegen ausländische Strafverfolgung müssen dazu führen, falsche Anschuldigung bei einer ausländischen Behörde nur nach Art. 174 zu verfolgen (a.M. BGer a.a.O. 242). Keine «Behörde» ist die Versicherung, BGE 72 IV 140 (zu Art. 304).

6 **Al. 2** stellt der verbalen («unmittelbaren») die arglistige averbale («mittelbare») Beschuldigung gleich, «z.B. durch Schaffung falscher Indizien»,

BGE 95 IV 19, also durch besondere Kniffe und Machenschaften. Durch Unterlassen kann dies nicht geschehen, BGE 111 IV 164 f. m.Hinw. Besondere Arglist (vgl. Art. 146) ist aber nicht erforderlich.

Der **subjektive Tatbestand** setzt nebst Vorsatz je ein besonderes Wissen und eine besondere Absicht voraus. Auf das Motiv kommt es indessen nicht an, BGE 95 IV 21.   7

Die Beschuldigung muss **wider besseres Wissen** falsch sein, was *dolus eventualis* in dieser Hinsicht ausschliesst, BGE 76 IV 244, AGVE 1950 Nr. 107, *a fortiori* Fahrlässigkeit, RS 1945 Nr. 228. Wenn BJM 1964 249 ernsthafte Anhaltspunkte verlangt, so kann dies höchstens als Beweisregel gelten, vgl. auch RS 1975 Nr. 931. Wer zu Unrecht beschuldigt wird, darf deshalb nicht unbesehen eine Strafklage wegen falscher Anschuldigung einreichen, BJM 1985 160, wo der Widerkläger wegen Ehrverletzung bestraft wurde, s. auch RJN 1984 99.   8

Die **Absicht** muss sich auf Herbeiführung einer Strafverfolgung beziehen – hier genügt Eventualabsicht, BGE 76 IV 245, 80 IV 121, RS 1955 Nr. 355, 1974 Nr. 773. Mit der falschen Beschuldigung ist das Delikt vollendet, der Einleitung der Strafverfolgung bedarf es nicht, STRATENWERTH BT II § 52 N 21. Die Absicht, eine bereits hängige Strafuntersuchung fortdauern zu lassen, genügt nicht, BGE 102 IV 106/7, 111 IV 164, ZR 89 (1990) Nr. 56, abweichend SJZ 65 (1969) Nr. 95; REHBERG IV 336 verneint in diesem Fall bereits den objektiven Tatbestand. Dass auch eine Verurteilung beabsichtigt sei, ist nicht erforderlich, BGE 95 IV 21, SJZ 65 (1965) Nr. 95.   9

Wer als **Angeschuldigter zu seiner Entlastung** einen andern falsch anschuldigt, ist **nicht durch Notstand entschuldigt,** BGE 80 IV 119, SJZ 66 (1970) Nr. 75; CASSANI Art. 303 N 25, A. HAUSWIRTH, Die Selbstbegünstigung im schweizerischen Strafrecht, Diss. BE 1984, 186 ff. m.w.Hinw., unrichtig SJZ 48 (1952) Nr. 131, BJM 1957 234, ZR 66 (1967) Nr. 147. Straflos ist lediglich das blosse Bestreiten, SJZ 66 (1970) Nr. 75. Eine Notlage kann im Rahmen von Art. 64 berücksichtigt werden. Bei Einwilligung des Verletzten liegt Irreführung der Rechtspflege (Art. 304) vor (anders – Art. 303 – RS 1961 Nr. 210); wirkt ein Dritter bei falscher Selbstanzeige mit, so ist er als Teilnehmer gemäss Art. 304 strafbar, BGE 111 IV 164 f., s. auch Art. 304 N 4.   10

Die **Strafzumessung** hat sich, wie aus Ziff. 2 erkenntlich, unter anderem an der Schwere der Beschuldigung auszurichten – der Strafrahmen der behaupteten Tat setzt keine obere Grenze; die Strafdrohung wird von REHBERG 343 mit Recht als «weit übersetzt» angesehen – sie entspricht immerhin der Höchststrafe für einfache Tötung. Zur Strafmilderung bei Berichtigung aus eigenem Antrieb s. Art. 308 I.   11

Kasuistik   12
BGE 80 IV 117: Meierhofer behauptete gegenüber dem Polizeigefreiten Kohler, um sich selber vom Betrugsverdacht zu befreien, wider besseres

Wissen, Stingelin habe ihn betrogen; **85 IV 80: Meier** behauptete, er habe durch Bestechung von Luzerner Beamten erreicht, dass der Vollzug einer Strafe nicht angeordnet wurde; **89 IV 204: Kalisch,** der früher beim DDR-Nachrichtendienst gearbeitet hatte, denunzierte von Zürich aus in Leipzig einen nichtdienstlichen Müller als Agenten; **95 IV 17: Hallauer** bezichtigte Scherrer der Veruntreuung und Unterschlagung, weil er angeblich als Jagdaufseher in der Abrechnung u.a. Wildbret und Jagdtrophäen verschwiegen hatte; **95 IV 19: Cherpillod** hatte als Beamter Kandidaten ungerechtfertigterweise zu Führerausweisen verholfen; als sich der Untersuchungsrichter darüber wunderte, dass sein Chef nichts davon bemerkt hatte, behauptete er, der sei eingeweiht gewesen; **102 IV 103: Frau Kaufmann** meldete der Sozialberatungsstelle gutgläubig, dass Frau Hauser ihre Kinder misshandle, hielt aber an dieser Meinung noch fest, als im Strafverfahren eingeholte Gutachten dagegen sprachen (Freispruch); **111 IV 160:** s. Art. 304 N 7.

13 **Konkurrenzen und Abgrenzungen**
Art. 141, 183, in mittelbarer Täterschaft begangen, stehen mit Art. 303 in Idealkonkurrenz;
Art. 173 ff. werden von Art. 303 konsumiert, BGE 115 IV 3, 69 IV 116, ZR 89 (1990) Nr. 96, h.L. Fehlt es am besseren Wissen, kann subsidiär Art. 173 zum Zug kommen, SJZ 40 (1944) Nr. 51, wenn fristgerecht Strafantrag gestellt wurde, RS 1968 Nr. 32; vgl. dazu auch BGE 115 IV 1: Ein Strafantrag wegen falscher Anschuldigung umfasst grundsätzlich auch einen solchen wegen Ehrverletzung; differenzierend betr. Art. 174 SCHUBARTH Art. 174 N 22, s. auch STRATENWERTH BT I § 11 N 62;
s. ferner **Art. 304** N 8, **305** N 19, **306** N 10, **307** N 22.

304 Irreführung der Rechtspflege

1. Wer bei einer Behörde wider besseres Wissen anzeigt, es sei eine strafbare Handlung begangen worden,

wer sich selbst fälschlicherweise bei der Behörde einer strafbaren Handlung beschuldigt,

wird mit Gefängnis oder mit Busse bestraft.

2. In besonders leichten Fällen kann der Richter von einer Bestrafung Umgang nehmen.

Lit. zu Art. 303.

1 **Art. 304** schützt die Strafrechtspflege vor irreführenden Handlungsimpulsen; der Tatbestand entspricht im wesentlichen (mit Ausnahme des Verleumdungselements) Art. 303 (s. dort).

2 Die **Anzeige** ist auch hier nicht an eine Form gebunden, BGE 75 IV 178. Averbale Machenschaften i.S.v. Art. 303.1 al. 2 genügen nicht, h.L., kritisch *de lege ferenda* STRATENWERTH BT II § 52 N 27. Die Tat kann auch

nicht durch Unterlassen (z.B. Zeugnisverweigerung) begangen werden, STRATENWERTH in recht 2 (1984) 96.

Es muss eine **strafbare Handlung** behauptet werden – dabei handelt es   3
sich um ein objektives Tatbestandsmerkmal, BGE 86 IV 186. Falsche
Angaben über eine tatsächlich begangene Tat erfüllen den Tatbestand
nicht, BGE 72 IV 140, falsches Datum; 75 IV 178 f., strafbar die Behauptung eines ganz anderen Delikts. Straflos bleibt auch, wer zu seiner Verteidigung unbekannte Täterschaft vorlügt, BJM 1961 152, SJZ 67 (1971)
Nr. 69, HAUSWIRTH, Selbstbegünstigung, Diss. BE 1984, 201 ff. SCHNEI-
DER, Stellung des Beschuldigten, Diss. ZH 1968, 73 ff., je mit überzeugenden Argumenten gegen die abweichende Meinung von WALDER, Vernehmung des Beschuldigten, Hamburg 1965, 93.

Selbstbeschuldigung i.S.v. al. 2 liegt vor, wenn jemand eine Strafverfol-   4
gung gegen sich selber veranlasst, sei es, dass er behauptet, er habe eine
imaginäre Tat begangen, oder dass er den Verdacht hinsichtlich einer
wirklichen Tat gegen sich selber lenkt. Wer jedoch, auf Befragung hin
oder aus eigener Initiative, in einer bereits gegen ihn geführten Strafuntersuchung ein falsches Geständnis ablegt, begeht keine Selbstbeschuldigung i.S.v. Art. 304, BGE 111 IV 161 f., CASSANI Art. 304 N 15, FAES 425,
vgl. N 6. Dies entspricht der Auslegung von Art. 303, wonach *nur der Im-*
puls zur Strafverfolgung oder deren Richtungsänderung auf eine nicht-
schuldige Person den Tatbestand erfüllt, nicht die Förderung einer bereits in die falsche Richtung laufenden Untersuchung, vgl. Art. 303 N 9.
Behauptet der Täter gleichzeitig, er habe sich bei der betreffenden Tat
tadellos verhalten, er sei z.B. zwar gefahren, habe aber den behaupteten
Fehler nicht begangen, so entlastet ihn dies grundsätzlich nicht, weil die
Strafverfolgung dennoch gegen die falsche Person weitergeführt wird
und damit in die Irre geht, BGE 111 IV 162 (Sachverhalt in Pra. 74 [1985]
Nr. 256), ebenso schon ZR 48 (1949) Nr. 100, Extr.Fr. 1958 156. Anders
ist zu urteilen, wenn der Selbstbezichtiger in der Tat *offensichtlich straf-*
los gewesen wäre, wenn insbesondere der nüchterne Beifahrer oder der
Inhaber eines gültigen Fahrausweises behauptet, er habe das Fahrzeug
gelenkt, und ausser SVG Art. 91 oder 95 kein weiterer Tatbestand in
Frage steht, HAUSWIRTH (N 3) 200, SCHULTZ 241; abweichend RS 1960
Nr. 31, 1964 Nr. 62. Es kann aber Begünstigung vorliegen. Ein Dritter,
der mit dem Selbstanschuldiger zusammenwirkt, soll gemäss BGE 111 IV
165 nur Anstifter oder Gehilfe, nicht Mittäter sein können. Dem ist nicht
zuzustimmen, weil auch für den Dritten die falsche Anschuldigung einer
einwilligenden Person unter Art. 304 fällt, s. Art. 303 N 10.

Der **subjektive Tatbestand** verlangt analog Art. 303 (N 8) Handeln wider   5
besseres Wissen, auch in al. 2, CASSANI Art. 304 N 18, STRATENWERTH BT
II § 52 N 33. Der Vorsatz muss sich auch auf die Strafbarkeit des behaupteten Verhaltens beziehen, BGE 86 IV 186, abweichend RS 1958 Nr. 214.
Eine besondere Absicht wird nicht gefordert.

6 **Selbstbegünstigung** entschuldigt nicht, BGE 86 IV 184f., ZR 60 (1961) Nr. 24 (Vi), SJZ 58 (1962) Nr. 80. Dagegen ist nicht strafbar, wer unter dem Druck des Verfahrens ein falsches Geständnis ablegt, SJZ 68 (1971) Nr. 92, 65 (1969) Nr. 210, Schultz 241. Generell für Straflosigkeit bei Widerruf vor Unterzeichnung des Protokolls PKG 1967 Nr. 24.

7 **Kasuistik**
BGE 72 IV 138: Dressler veranlasst Meier, einen Fahrraddiebstahl mit falschem Datum zu melden – nicht strafbar; **75 IV 176: Odermatt** behauptet bei polizeilicher Befragung, sein Auto, das auf seine Veranlassung hin in Brand gesteckt worden war, sei von unbekannter Täterschaft entwendet worden; **111 IV 160:** Nach einem Unfall logen **I. und J.,** dass J. den Wagen gesteuert habe und korrekt gefahren sei.

8 **Konkurrenzen und Abgrenzungen**
Art. 303 ist *lex specialis* zu Art. 304, RS 1969 Nr. 162, SJZ 50 (1954) Nr. 7, bei Einwilligung Art. 304, a.M. Cassani Art. 304 N 26.
Art. 305 kann in Idealkonkurrenz zu Art. 304 stehen, BGE 111 IV 165f., RS 1964 Nr. 62, ZR 48 (1949) Nr. 100, Faes 426, Schultz 243.

305 Begünstigung

[1] Wer jemanden der Strafverfolgung, dem Strafvollzug oder dem Vollzug einer der in den Artikeln 42-44 und 100bis vorgesehenen Massnahmen entzieht, wird mit Gefängnis bestraft.

[1bis] Ebenso wird bestraft, wer jemanden, der im Ausland wegen eines Verbrechens nach Artikel 75bis verfolgt wird oder verurteilt wurde, der dortigen Strafverfolgung oder dem dortigen Vollzug einer Freiheitsstrafe oder sichernden Massnahme entzieht.

[2] Steht der Täter in so nahen Beziehungen zu dem Begünstigten, dass sein Verhalten entschuldbar ist, so kann der Richter von einer Bestrafung Umgang nehmen.

Abs. 1 in der Fassung gem. BG vom 18.3.1971; Abs. 1bis eingefügt durch BG vom 9.10.1981.

E 269. 2. ExpK V 246 ff., VI 111 f. Zur Teilrevision 1981: E 1980 305 Abs. 1[bis.] Botsch. 1980 1262 f., Sten.NR 1980 1667 ff., StR 1980 285, 373.

Rüdiger Bettenhausen, Begünstigung im schweizerischen Strafrecht, Diss. BS 1970; Hermann Brühwiler, Die Begünstigung nach Art. 305 des Schweizerischen Strafgesetzbuches, Diss. FR 1942; Andreas Hauswirth, Die Selbstbegünstigung im schweizerischen Strafrecht, Diss. BE 1984; Max Hofstetter, Die strafrechtliche Verantwortlichkeit des Verteidigers wegen Begünstigung, Diss. BE 1938; Georg Messmer, Der strafrechtliche Schutz der Rechtspflege vor Irreführung, Kriminalistik 1965 485 f.; Niccolò Raselli, Amts- und Rechtshilfe durch Informationsaustausch zwischen schweizerischen Straf- und Steuerbehörden, ZStrR 111 (1993) 26; Jörg Rehberg, Aktuelle Probleme der Begünstigung (Art. 305 StGB), ZBJV 117 (1981) 357; Martin Schubarth, Begünstigung durch Beherbergen? ZStrR 94 (1977) 158; Günter Stratenwerth, Darf der Verteidiger dem Beschuldigten raten, zu schweigen? SJZ 74 (1978) 217; DERS., Begünstigung durch Verweigerung der Zeugenaussage? recht 2 (1984) 93 (zu BGE 106 IV 276); WALTER STUDER, Begünstigung im Sinne von Art. 305 StGB, Diss. ZH 1984.

Begünstigung ist die mindestens teilweise wirksame Hinderung der   1 schweizerischen Strafrechtspflege. Geschütztes Rechtsgut ist dementsprechend die ungehinderte Strafrechtspflege, BGE 69 IV 120, 99 IV 275, 101 IV 315, 104 IV 242. Mittelbar wird die ganze schweizerische (aber nicht die ausländische, BGE 115 IV 260, 104 IV 241 ff.) *Strafrechtsordnung* geschützt, STUDER 30.

Die begünstigte Person muss grundsätzlich straffähig (keine Begünstigung juristischer Personen), nach vorherrschender Auffassung aber *nicht*   2 in concreto *strafbar* sein, BGE 69 IV 120, 99 IV 275, 101 IV 315, 104 IV 243 f., AGVE 1990 Nr. 25, SJZ 76 (1980) Nr. 40; CASSANI Art. 305 N 6 f., HAFTER AT 237, LOGOZ N 3a zu Art. 305, SCHWANDER, Nr. 771, MESSMER 485, REHBERG 376 f., STUDER 56 ff., HAUSWIRTH 12 f. Dagegen mit eingehender Begründung BETTENHAUSEN 16 ff. und STRATENWERTH BT II § 54 N 6. Die h.M. ist vorzuziehen, weil es an den zuständigen Behörden ist, über Strafverfolgungsmassnahmen zu entscheiden und die Schuld festzustellen, STUDER 61. Auch Verfolgungshandlungen gegenüber einem Unschuldigen sind grundsätzlich rechtmässig. Es kann auch nicht geduldet werden, dass einzelne gestützt auf ihre Überzeugung die Strafverfolgung oder gar die Vollstreckung eines rechtskräftigen Urteils vereiteln. Vor allem aber würde die abweichende Lösung zum Missbrauch von Art. 19 geradezu einladen, – meist dürfte es schwierig sein, die Behauptung zu widerlegen, der Täter habe den Verfolgten für unschuldig gehalten, HAUSWIRTH 13, vgl. die Argumentation in BGE 106 IV 43, Art. 251 N 16. Art. 305 schützt übrigens auch den Massnahmenvollzug an Zurechnungsunfähigen (Art. 43).

Strafverfolgung ist «das Verfahren, welches der Abklärung dient, ob eine   3 Person schuldig ist oder nicht», BGE 69 IV 120. Begünstigung kann aber auch ein Verhalten sein, das schon die *Eröffnung* eines Strafverfahrens *verhindern* soll, BGE 69 IV 120, 101 IV 316. Der Begriff der Strafverfolgung umfasst alle Verfahren, die gemäss EMRK Art. 6 eine «strafrechtliche Anklage» betreffen, also auch Steuerhinterziehung und Steuerwiderhandlung, s. z.B. Kreisschreiben Nr. 21 der Eidg. Steuerverwaltung vom 7. 4. 1994, Ziff. 4.5, BGE 116 IV 266, STR 1995 117, BEHNISCH in ASA 1991 464, RASELLI in STR 1991 448 f., DERS., ZStrR 111 (1993) 50 f.; abweichend noch SJZ 85 (1989) Nr. 63. Das Auslieferungsverfahren ist nicht geschützt, SCHULTZ, ZBJV 115 (1979) 547, DERS., ZStrR 101 (1984) 138; dasselbe gilt für die einfache Rechtshilfe, s. aber N 16.

Strafvollzug ist nicht nur die Vollstreckung einer Freiheitsstrafe, Art. 35,   4 36, 39, 87 und 95, STUDER 47, sondern auch diejenige der Busse, einschliesslich derjenigen gemäss OBG, SJZ 77 (1981) Nr. 27, und die Vollstreckung der Nebenstrafen, Art. 51-56, BGE 104 IV 188, 190 (zur Landesverweisung – richtigerweise hätte m.E. Gehilfenschaft zu Verwei-

sungsbruch, Art. 291, angenommen werden müssen, vgl. SCHULTZ, ZBJV
115 [1979] 547).

5　Nur die gegen die Vollstreckung von **Massnahmen gemäss Art. 42-44,
100bis** gerichtete Tat ist Begünstigung. Nicht (allenfalls durch Art. 220)
geschützt sind Massnahmen des Jugendstrafrechts, BGE 99 IV 275, BJM
1974 186, RS 1970 Nr. 50, 1976 Nr. 85, ZBJV 111 (1975) 408, dazu kritisch
STUDER 51 f. m.w.Hinw., abweichend noch ZBJV 82 (1946) 84; administrative Massnahmen, BGE 96 IV 76, 99 IV 275 oder «andere Massnahmen» gemäss Art. 57-62; dagegen – m.E. im Widerspruch zu Art. 1 –
STUDER 53 f.

6　Der Begriff **«entziehen»** verweist nach h.M. – abweichend SCHULTZ,
ZStrR 73 (1958) 226 – auf einen **Erfolg,** dessen Definition allerdings umstritten ist. BETTENHAUSEN 50 ff. verlangt für die Strafverfolgung endgültige «Vereitelung», welche erst mit Verjährung oder Ablauf der Antragsfrist eintritt, dagegen mit Recht REHBERG 378. Umgekehrt wollen
REHBERG 379 und STUDER 76 schon eine Störung genügen lassen, welche
den Strafanspruch gefährdet, was mit dem Wortlaut nicht vereinbar ist.
Gemäss BGE 99 IV 276 f. genügt nicht schon eine «vorübergehende oder
geringfügige Behinderung», die Strafverfolgung braucht aber auch nicht
«gänzlich» verhindert zu werden; Art. 305 setzt voraus, «dass der Täter
einen Verfolgten oder Verurteilten einer einzelnen Verfolgungs- oder
Vollzugsmassnahme entziehe», und ist vollendet, «wenn beispielsweise
eine strafprozessuale Zwangsmassnahme wie die Verhaftung erst später
erfolgen kann, als es ohne die Handlung des Begünstigenden geschehen
wäre», ebenso BGE 103 IV 99, 104 IV 188. BGE 106 IV 192 fügt als wichtiges, wenn auch etwas unbestimmtes Kriterium das Erfordernis einer
gewissen Erheblichkeit («mindestens für eine gewisse Zeit») hinzu. In
neuester Zeit ist das BGer von diesem Pfad abgewichen: BGE 114 IV 39
lässt es genügen, dass die Tathandlung «geeignet» ist, den Betroffenen
der Behörde zu entziehen, was aus dem Verletzungs- ein Gefährdungsdelikt macht und mit Art. 1 nicht vereinbar ist, krit. auch REHBERG IV
349, STRATENWERTH BT II § 54 N 9, der aber in BGE 117 IV 473 «An-
sätze zu einer Korrektur» sieht.

7　Die **Täterhandlung** ist im Gesetz nicht näher beschrieben. Sie kann sich
direkt auf die Person des Begünstigten beziehen, auf die Tätigkeit der
Strafverfolgungsbehörden, auf Spuren und Beweismittel, oder auf die
Strafvollstreckung.

8　Nach konstanter Praxis ist Begünstigung das **Beherbergen** eines Flüchtigen, BGE 99 IV 276, 103 IV 99 f., 104 IV 189, 106 IV 190, 114 IV 39 f., SJZ
43 (1947) Nr. 161, ebenso das Transportieren (ausgenommen natürlich
die Rückführung), BGE 99 IV 276, RS 1970 Nr. 50, und die materielle
Unterstützung, BGE 106 IV 192 f. Rep. 1989 462 (BGer) erklärt auch für
schuldig, wer die Vermögensverwaltung eines flüchtigen (nicht rechtskräftig) Verurteilten übernimmt und diesem Mittel zukommen lässt – die
Überweisung von 1,5 Mio Franken innert ca. 15 Monaten habe zweifellos

die Lage des Flüchtigen verbessert. In der Kontroverse um «Beherbergen als Begünstigung» vertreten REHBERG 358 ff. und STUDER 145 die strenge Auffassung, wonach jede Hilfeleistung strafbar sei; SCHUBARTH 162 erachtet nur das Verstecken als strafbar, STRATENWERTH BT II § 54 N 9 lässt jedenfalls «das blosse Beistandleisten» nicht genügen, auch für CASSANI Art. 305 N 16 genügt nicht *«le simple fait de nourrir un fugitif».* BGE 106 IV 191 anerkennt, dass kurzfristiges Beherbergen in seltenen Fällen ethisch geboten und «kaum strafwürdig» erscheint; strafbar die Beherbergung für nur eine Nacht, BJM 1988 97 (BGer), bestätigt in BGE 114 IV 38, ebenso EGV-SZ 1988 Nr. 36. Eintretenlassen, Verköstigen und Beherbergen als «blosses Dulden» erfüllt mangels Garantenstellung den Tatbestand nicht, BGE 117 IV 472. Entscheidend muss die Erheblichkeit der Hinderung des Vollzugs sein, die an dessen Zielen zu messen ist. Ist der Täter gefährlich (Vollzugsziel der Sicherung im Vordergrund), so ist schon kurzfristiges Beherbergen erheblich; steht Resozialisierung im Vordergrund, so kann etwas längere Betreuung eines Flüchtlings dem Vollzugsziel dienen und damit die Rechtspflege nicht in erheblichem Masse hindern.

Die Tathandlung kann in Eingriffen in die **Beweisführung** bestehen, wobei selbstverständlich nur wahrheitsverkürzendes Tun strafbar sein kann, weil Wahrheitsförderung zielkonform ist (s. auch STRATENWERTH BT II § 54 N 6). Unter Art. 305 (nicht Art. 160) fallen das Beiseiteschaffen von Beute als Spurenvernichtung, SJZ 77 (1981) Nr. 54; das Verbergen von Beweismitteln, SJZ 58 (1962) Nr. 32; Eingriffe in Urkunden, SJZ 59 (1963) Nr. 85; Förderung der Kollusion, SJZ 76 (1980) Nr. 8 (Anwalt transportiert Kassiber) und falsche Aussagen zugunsten des Begünstigten, etwa, dass der Verdächtige nicht am Steuer gesessen habe, BGE 111 IV 165, RS 1964 Nr. 62, ZR 48 (1949) Nr. 100. Ob eine Aussage als Zeugenaussage gültig sei, ist ohne Bedeutung, AGVE 1958 Nr. 37 («Zeugenbefragung» durch Polizei), abweichend ZR 48 (1949) Nr. 174 (polizeiliche Befragung ohne Hinweis auf das *in casu* gegebene Zeugnisverweigerungsrecht schliesst Strafe wegen Begünstigung aus).   9

Die Tätigkeit des **Strafverteidigers** ist *legale Begünstigung,* soweit sie sich im Rahmen der Standesregeln hält – zur Funktion des Verteidigers BGE 106 Ia 103 ff. Er darf Schweigen empfehlen (STRATENWERTH, SJZ 74 [1978] 217 ff.), *a fortiori* allgemein beraten – verfehlt ZBJV 117 (1981) 396: strafbar eine drei Stunden dauernde Beratung nach nächtlichem Unfall, vgl. auch EGMR, Urteil Schönenberger und Durmaz c. CH, Serie A Nr. 137. Nicht tatbestandsmässig ist die Vorbereitung eines Wiederaufnahmeverfahrens, SJZ 67 (1971) Nr. 45. Eingehend CASSANI Art. 305 N 28 ff., STRATENWERTH a.a.O.   10

Als **Vollstreckungsbegünstigung** gilt die Übernahme der Strafe durch den Täter, namentlich auch durch Bezahlung der Busse, STUDER 46, vgl. auch BGE 115 II 75 – kritisch BETTENHAUSEN 57 f. (die Norm lässt sich praktisch kaum durchsetzen); ferner erhebliche ungerechtfertigte Hafterleichterungen, «qualitative Begünstigung», BETTENHAUSEN 53 f. Frag-   11 lich, ob Begünstigung überhaupt möglich sei bei ambulanter Behandlung gemäss Art. 43/4.

12　Eine allgemeine Anzeigepflicht kennt das schweizerische Recht nicht, BGE 117 IV 471, 113 IV 75. Begünstigung kann aber durch **Unterlassen** begangen werden, wenn eine *Garantenstellung* (nach REHBERG 383: Mitwirkungspflicht) besteht, BGE 123 IV 70, 120 IV 106, 117 IV 471 f., 113 IV 68, z.B. die Anzeigepflicht eines Jagdaufsehers, BGE 74 IV 166 f., eines Chefs der Kantonspolizei, BGE 109 IV 49, oder eines Steuerbeamten, STR 1995 115, RASELLI, ZStrR 111 (1993) 51; s. auch PKG 1979 Nr. 25; ferner ANNA GRAF, Die Pflicht zur Strafanzeige im Schweizerischen Rechte, Diss. ZH 1949. Zeugnispflichtwidrige Aussageverweigerung ist keine Begünstigung, BGE 106 IV 277, bestätigt in 120 IV 106 (zustimmend CASSANI Art. 305 N 21, STRATENWERTH, recht 2 (1984) 94 ff., dagegen REHBERG 385 f.); mangels Garantenstellung ist ferner keine Begünstigung die Verweigerung der Herausgabe von Dokumenten (Verletzung der Editionspflicht), BGE 120 IV 106 f., SJZ 76 (1980) Nr. 40, schon gar nicht die Ausübung des Zeugnisverweigerungsrechts, BGE 101 IV 315, PKG 1969 Nr. 43. Ebenso strafos ist der Angeschuldigte, der sich weigert, Komplizen zu nennen, JdT 1982 III 120. Abwegig ZBJV 117 (1981) 396, wo einem Anwalt vorgeworfen wird, dass er einen Ratsuchenden nach Unfall nicht zur sofortigen Meldung veranlasst habe. Ein Recht zur Begünstigung durch Schweigen schafft für die Presse Art. 27.3 II. Mit Recht einschränkend für die Garantenstellung des Schutzaufsichtsbeamten BJM 1988 90.

13　**Selbstbegünstigung** ist straflos, BGE 73 IV 239, 96 IV 168, auch wenn gleichzeitig Dritte mitbegünstigt werden, BGE 101 IV 315, 102 IV 31, AGVE 1990 Nr. 24, h.L., eingehend CASSANI Art. 305 N 24 ff. m.w.Hinw. Auch Begünstigung des Haupttäters durch den Gehilfen ist straflos, BJM 1956 36 – abweichend REHBERG 387 ff. Das blosse Motiv der Selbstbegünstigung wirkt aber nicht strafbefreiend, wenn weitere Tatbestände erfüllt werden, wie Irreführung der Rechtspflege (Art. 304), BGE 75 IV 179, Urkundenfälschung (Art. 251), BGE 72 IV 164, 76 IV 106 f., 118 IV 260, und -unterdrückung (Art. 254), BGE 96 IV 168, oder Anstiftung zu falschem Zeugnis (Art. 307), BGE 81 IV 39 ff. Dazu eingehend HAUSWIRTH 132 ff. Selbstbegünstigung kann ferner im Nebenstrafrecht mit Strafe bedroht sein, z.B. SVG Art. 91 III oder 51 i.V.m. 92, BGE 115 IV 55. Wer fälschlich behauptet, den Schuldigen nicht zu kennen, und selber schuldlos ist, kann sich nicht auf Selbstbegünstigung berufen, AGVE 1990 Nr. 24.

14　**Anstiftung zur Begünstigung des Anstifters** war gemäss BGE 73 IV 240 grundsätzlich strafbar (s. aber N 17), ebenso ZR 49 (1950) Nr. 57, 71 (1972) Nr. 113, RS 1959 Nr. 234. Das Bundesgericht stützte sich auf die inzwischen (BGE 100 IV 2 ff.) aufgegebene Schuldteilnahmelehre. Konsequenterweise muss das Verhalten heute straflos sein, so jetzt BGE 115 IV 232 f., RB TG 1989 Nr. 23, ebenso CASSANI Art. 305 N 25, STUDER 113,

STRATENWERTH BT II § 54 N 13; eingehend HAUSWIRTH 81 ff. In BGE
111 IV 165 f. blieb die Frage noch offen, s. auch Art. 308 N 8.

Subjektiv ist **Vorsatz** erforderlich, Eventualvorsatz genügt, BGE 69 IV   15
121, 99 IV 278, 103 IV 100, 109 IV 47 f. Er muss darauf gerichtet sein,
einen Dritten in erheblichem Masse der Strafrechtspflege zu entziehen,
aber – entgegen STRATENWERTH BT II § 54 N 15 – nicht auf Strafbarkeit
des Begünstigten (vgl. N 2). Ein besonderer Beweggrund oder eine besondere Absicht sind nicht verlangt, EVG-SZ 1988 Nr. 36.

Abs. 1bis stellt als Reaktion auf BGE 104 IV 240 ff. auch die Begün-   16
stigung zulasten ausländischer Strafrechtspflege unter Strafe, in weiser
Zurückhaltung aber nur bei schwersten Verbrechen, s. Art. 75bis, dazu
BBl 1980 I 1262 f. Im Anwendungsbereich dieser Bestimmung sind auch
Handlungen gegen Auslieferung und andere Rechtshilfe strafbar,
SCHULTZ, ZStrR 101 (1984) 138.

Abs. 2 privilegiert **besonders nahe Beziehungen** zum Begünstigten, z.B.   17
bei Anstiftung zu Begünstigung des Anstifters (s. auch N 14). Auf die
rechtliche Qualifikation der Beziehung kommt es nicht an, SJZ 57 (1961)
Nr. 131, z.B. Zahnarztgehilfin gegenüber ihrem Lehrmeister, bei dem sie
auch wohnt, RS 1944 Nr. 55. Verfehlt BJM 1976 170, wo wegen besonderer Hartnäckigkeit das Privileg verweigert wird. Abs. 2 betrifft besondere
persönliche Verhältnisse i.S.v. Art. 26, so im Ergebnis BGE 73 IV 241.
Die Strafbefreiung ist fakultativ, auch Strafmilderung ist zulässig, BGE
74 IV 168. Entscheidend ist, ob die Tat «menschlich verständlich, sogar
moralisch gerechtfertigt» erscheint, SJZ 58 (1962) Nr. 32, HAFTER BT II
788. Daran fehlt es, wenn nur gemeinsamer Schulbesuch und gemeinsame Deliquenz vorliegen und der Begünstigte überdies egoistische Ziele
verfolgt, PKG 1974 Nr. 36. Freispruch ist nicht möglich, BGE 106 IV 193
– grundsätzlich ist deshalb der Tatrichter zuständig, SJZ 55 (1959) Nr. 94,
vgl. auch BGE 109 IV 49. Das Privileg gilt nicht für andere Straftaten, die
zum Zweck der Begünstigung begangen wurden, BGE 81 IV 41, PKG
1969 Nr. 43, SJZ 57 (1961) Nr. 131.

Kasuistik   18
BGE 69 IV 118: Piffaretti unterzeichnete mit Wüthrich einen unwahren
Vertrag, um ein Strafverfahren gegen diesen wegen Veruntreuung abzuwenden; **73 IV 237: Charlotte Leuenberger** floh anlässlich einer Gerichtsverhandlung und veranlasste zwei Bekannte, ihre Flucht zu unterstützen;
74 IV 165: Jagdaufseher Steiner unterliess es, seinen Bruder, der wild-
rechtlich eine Rehgeiss geschossen hatte, anzuzeigen; **99 IV 267, 274 ff.:**
X. verschaffte Jugendlichen, die im Rahmen einer Aktion der «Heimkampagne» aus der Erziehungsanstalt Uitikon entwichen waren, Unterkunft und fuhr sie in seinem Auto in ein weiteres Versteck (dazu krit.
SCHUBARTH a.a.O.); **102 IV 30: Grau** verschleierte den Umstand, dass
seine Schwiegermutter sich illegal bei ihm in Interlaken aufgehalten
hatte; **103 IV 98: X.** gewährte S. in seiner Wohnung Unterkunft, obschon
er wusste, dass S. aufgrund eines Haftbefehls gesucht war; **104 IV 187: N.**

beherbergte in Genf ihren früheren Geliebten, der u.a. zu 10 Jahren Landesverweisung verurteilt war, und der mit Tätlichkeiten und der Drohung, ihren Hund zu töten, Druck auf sie ausübte; **104 IV 239: Egloff** beherbergte die in Deutschland strafrechtlich verfolgte Astrid Proll; **106 IV 190: A. und I.L.** beherbergten ihren Sohn, der nach einem Urlaub nicht in die Strafanstalt Regensdorf zurückgekehrt war, und unterstützten ihn finanziell; **106 IV 276: U.**, Fürsprecherkandidat, bemühte sich um Schadensregelung nach einem mysteriösen Autounfall, weigerte sich aber als Zeuge, den Fahrer zu nennen, der ihn unter Schweigepflicht beauftragt hatte – Freispruch (zustimmend STRATENWERTH in recht 2 [1984] 93); **109 IV 46: R.**, Chef der Kantonspolizei Kt. X., erzielte bei Strafanzeige(n?) gegen eine Dirne wegen Diebstahls resp. Betrug eine «gütliche Einigung», indem er sie zur Rückerstattung eines Teils der Deliktsumme an den geschädigten Freier veranlasste und den Fall als «erledigt» bezeichnete; **111 IV 159: J.** machte sich dadurch der Begünstigung schuldig, dass sie sich fälschlich als Fahrzeuglenkerin ausgab; **BGE 114 IV 37: X.** beherbergte für eine (halbe) Nacht Y., der u.a. wegen Diebstahls z.N. des X. gesucht wurde; **115 IV 230: Der Strafgefangene B.** stiftete X. an, ihn nahe der Strafanstalt abzuholen; **117 IV 468: Das Pfarrerehepaar X.** erhielt an einem Sonntagmorgen unerwartet den Besuch von Z., der aus der Strafanstalt entwichen war; sie forderten ihn erfolglos auf wegzugehen und liessen ihn frühstücken; als sie von der Predigt bzw. dem Katechismusunterricht zurückkamen, war Z. immer noch da; inzwischen hatten sie den Verdacht, Z. könnte einen Grenzwächter getötet haben; sie fürchteten sich vor dem bewaffneten Z.; nachdem sie ihn schliesslich auf seinen Wunsch gegen 17.00 Uhr nach C. gebracht hatten, unterliessen sie es, die Polizei zu verständigen –Schuldspruch kassiert; **123 IV 70: Tierpräparator X.** hatte es versäumt zu melden, dass ihm geschützte Tiere (z.B. Luchse) zum Ausstopfen übergeben worden waren – keine Begünstigung dadurch, dass er die Identität der Jäger nicht preisgab.

19   **Konkurrenzen und Abgrenzungen**
Art. 144: Idealkonkurrenz bei Vernichtung fremder Spurenträger; **Art. 160** N 18; **Art. 285/6:** echte Konkurrenz; **Art. 292** N 10; **Art. 303/4:** Idealkonkurrenz, vgl. BGE 111 IV 165 f., s. **Art. 304** N 8; **Art. 307** N 22; **312** N 10; **317** N 12; **Art. 310, 319** sind *leges speciales;* **305ter** N 25.

ANAG Art. 23: BGE 104 IV 191 lässt Art. 305 als *lex specialis* vorgehen, dagegen mit Recht SCHULTZ, ZBJV 115 (1979) 547;
BetmG Art. 19.1 VII: Art. 305 ist subsidiär, BGE 115 IV 260.

Kantonaler Tatbestand der Amtspflichtverletzung (§ 56 EG LU) findet neben Art. 305 keine Anwendung, BGE 74 IV 167.

Art. 305bis Geldwäscherei

1. Wer eine Handlung vornimmt, die geeignet ist, die Ermittlung der Herkunft, die Auffindung oder die Einziehung von Vermögenswerten zu

vereiteln, die, wie er weiss oder annehmen muss, aus einem Verbrechen herrühren,

   wird mit Gefängnis oder Busse bestraft.

   2. In schweren Fällen ist die Strafe Zuchthaus bis zu fünf Jahren oder Gefängnis. Mit der Freiheitsstrafe wird Busse bis zu 1 Million Franken verbunden. Ein schwerer Fall liegt insbesondere vor, wenn der Täter:

   a. als Mitglied einer Verbrechensorganisation handelt;

   b. als Mitglied einer Bande handelt, die sich zur fortgesetzten Ausübung der Geldwäscherei zusammengefunden hat;

   c. durch gewerbsmässige Geldwäscherei einen grossen Umsatz oder einen erheblichen Gewinn erzielt.

   3. Der Täter wird auch bestraft, wenn die Haupttat im Ausland begangen wurde und diese auch am Begehungsort strafbar ist.

Eingeführt durch BG vom 23.3.1990, in Kraft seit 1.8.1990.

Botsch. vom 12.6.1989, BBl 1989 II 1061; Sten. NR 1989 III 1843 ff., 1859 ff., StR 1990 189; Botsch. vom 19.8.1992 über die Ratifikation des Übereinkommens Nr. 141 des Europarates über die Geldwäscherei sowie Ermittlung, Beschlagnahme und Einziehung von Erträgen aus Straftaten, BBl 1992 VI 9; Materialien zu Art. 305ter.

International: Bericht und Empfehlungen der Financial Action Task Force on Money Laundering, Report, Paris, 7.2.1990; Europarat: Übereinkommen über Geldwäscherei sowie Ermittlung, Beschlagnahme und Einziehung von Erträgen von Straftaten vom 8. 11. 1990, SR 0.311.53; EU Richtlinie des Rates vom 10.6.1991 zur Verhinderung der Nutzung des Finanzsystems zum Zwecke der Geldwäsche (91/308/EWG), ABl EG 1991 Nr. L 166/77.

Jürg-Beat Ackermann, Geldwäscherei – Money Laundering, Diss. ZH 1992; Jacques Antenen, *Problématique nouvelle relative à la poursuite pénale du blanchissage d'argent, à la confiscation et au sort des avoirs confisqués*, ZStR 114 (1996) 42; Gunther Arzt, Das schweizerische Geldwäschereiverbot im Lichte amerikanischer Erfahrungen, ZStR 106 (1989) 160; ders., Zur Rechtsnatur des Art. 305ter StGB, SJZ 86 (1990) 189; ders., Geldwäscherei – Eine neue Masche zwischen Hehlerei, Strafvereitelung und Begünstigung, NStZ 10 (1990) 1; ders., Erste rechtskräftige Verurteilung wegen Geldwäscherei, recht 10 (1992) 112; ders., Erste Stellungnahme des Bundesgerichts zur Geldwäscherei, recht 11 (1993) 148; ders., Typische Geldwäscherei, recht 12 (1994) 40; ders., Geldwäscherei: komplexe Fragen, recht 13 (1995) 131; ders., Wechselseitige Abhängigkeit der gesetzlichen Regelung der Geldwäscherei und der Einziehung, in Trechsel (Hrsg.), 25; ders., Das missglückte Strafgesetz – am Beispiel der Geldwäschegesetzgebung, in Uwe Diederichsen / Ralf Dreier (Hrsg.), Das missglückte Gesetz, 8. Symposion der Kommission «Die Funktion des Gesetzes in Geschichte und Gegenwart», Göttingen 1997; Max Baumann, Bemerkungen zu den neuen Richtlinien zur Bekämpfung und Verhinderung der Geldwäscherei («Geldwäscherei-Richtlinien»), SZW 64 (1992) 177; Paolo Bernasconi, Die Strafbehörden angesichts der Internationalisierung der Wirtschaftskriminalität, ZSR NF 104 II (1985) 339; ders., Die Geldwäscherei im schweizerischen Strafrecht, Bericht mit Vorschlägen zu einer Gesetzesrevision (neuer Artikel 305bis StGB), Lugano 1986; ders., Geldwäscherei und organisierte Kriminalität, in Finanzunterwelt, Zürich 1988, 25; ders., Erscheinungsformen der Geldwäscherei in der Schweiz, in Geldwäscherei und Sorgfaltspflicht, SAV 8 (1991) 7; DERS., *Forme di riciclaggio in Svizzera. Casistica giudiziaria,* in Vigilanza bancaria e riciclaggio, Lugano 1992, 81; DERS., *Fonti giuridiche riguardanti la diligenza nell'accettazione di fondi da parte della banca,* in Il sistema bancario svizzero contro il riciclaggio, Bellinzona 1993, 19; DERS., *La rilevanza penale per gli operatori bancari e finanziari delle Direttive anti-riciclaggio della Commissione federale delle banche,* in Il sistema bancario svizzero contro il riciclaggio, Bellinzona 1993, 77; DERS. *Nuovi strumenti giudiziari contro la criminalità economica internazionale,* Napoli 1995; DERS., *La punissabilité du blanchiment et la confiscation du produit de la corruption de fonctionnaires publics,* Cahiers de défense sociale 1994/95 43; DERS. (Hrsg.), *Blanchiment d'argent et Secret Bancaire/Money Laundering and Banking Secrecy,* Den Haag 1996; MARCO BORGHI, *Il settore finanziario e bancario dall'autonomia alla vigilanza,* in Vigilanza bancaria e riciclaggio, Lugano 1992, 1; DERS., *La legalità della normativa bancaria sul riciclaggio,* in Il sistema bancario svizzero contro il riciclaggio, Bellinzona 1993, 43; WERNER DE CAPITANI, Praktische Auswirkungen der neuen Vorschriften über die Geldwäscherei (Art. 305bis und 305ter) auf die Banken, in Geldwäscherei und Sorgfaltspflicht, SAV 8 (1991) 93; DERS., Zum Identifikationsverfahren bei Kontoeröffnungen aus dem Ausland, SJZ 89 (1993) 21; DERS., Auswirkungen auf Banken, in TRECHSEL (Hrsg.) 65; URSULA CASSANI, *L'argent des organisations criminelles,* in Journée de droit bancaire et financier, 1994 vol. I, 55; DIES., *Le blanchissage d'argent,* FJS 1994 n° 135; JEAN-PAUL CHAPUIS, Sorgfaltspflichten der Banken, ZBJV 128 (1992) 148; DERS., *Le droit de communication du financier,* ZStR 113 (1995) 256; HANSPETER DIETZI, Der Bankangestellte als eidgenössisch konzessionierter Sherlock Holmes? in Bekämpfung der Geldwäscherei, Basel und Frankfurt a.M. 1992, 67; THOMAS FLATTEN, Zur Strafbarkeit von Bankangestellten bei der Geldwäsche, Diss. BE 1996; MARC FORSTER, Die Korrektur des strafrechtlichen Rechtsgüter- und Sanktionenkataloges im gesellschaftlichen Wandel, ZSR NF 114 (1995) II 140ff.; GEORG FRIEDLI, Die gebotene Sorgfalt nach Art. 305ter Strafgesetzbuch für Banken, Anwälte und Notare, in Bekämpfung der Geldwäscherei, Basel und Frankfurt a.M. 1992, 123; PETER GASSER, Von der vermuteten Unschuld des Geldes – Die Einziehung von Vermögenswerten krimineller Herkunft, in Bekämpfung der Geldwäscherei, Basel und Frankfurt a.M. 1992, 157; THIERRY GERBER, Auswirkungen auf Parabanken, in TRECHSEL (Hrsg.), 77; CHRISTOPH K. GRABER, Geldwäscherei, Diss. BE 1990; DERS., Zum Verhältnis der Sorgfaltspflichtvereinbarung der Banken zu Art. 305ter Abs. 1 StGB, SZW 67 (1995) 161; HEINRICH GUGGENBÜHL, Geldwäscherei aus Zürcher Sicht, Kriminalistik 1995 217; DERS., Probleme bei der Durchsetzung, in TRECHSEL (Hrsg.), 113; JÜRG GUGGISBERG, Kritische Betrachtung der neuen Vorschriften aus der Sicht des Anwalts, in Geldwäscherei und Sorgfaltspflicht, SAV 8 (1991) 55; URS HÄNSENBERGER, Verfall der Demokratie. Überlegungen zur Bekämpfung der Geldwäscherei und des Drogenhandels in der Schweiz, in FS für Richard Bäumlin zum 65. Geburtstag, 1992, 243; GÉRARD HERTIG, *La diligence des banques: Les règles de conduite vis-à-vis des clients, Aspects de droit public,* ZSR NF 113 (1994) II, 249, 332ff.; PETER C. HONEGGER/MARKUS A. FREY, Sorgfaltspflichten und Geldwäscherei, SJZ 90 (1994) 341; MARLÈNE KISTLER, *La vigilance requise en matière d'opérations financières,* Diss. Laus. 1994; LUTZ KRAUSKOPF, Geldwäscherei und organisierte Verbrechen als europäische Herausforderung, ZStR 108 (1991) 385; DERS., *Comments on Switzerland's Insider Trading, Money Laundering, and Banking Secrecy Laws,* International Tax & Business Lawyer 9 (1991) 277; BEAT MESSERLI, Die Geldwäscherei de lege lata et ferenda, ZStR 105 (1988) 418; DERS., *Gli obblighi della banca rispetto ai valori patrimoniali di origine criminosa che le vengono affidati: l'identificazione dell'avente diritto economico e l'analisi del retroscena economico,* in Vigilanza bancaria e riciclaggio, Lugano 1992, 41; CHRISTOF MÜLLER, Geldwäscherei: Motive – Formen – Abwehr, Diss. SG 1992; JÜRG LUZIUS MÜLLER, Die Einziehung im schweizerischen Strafrecht (Art. 58 und 58bis). Unter Berücksichtigung der Gesetzgebung zur Geldwäscherei, Diss. BS 1993; CRISTINA PERRET-SCHIAVI, Neue Offenbarungspflichten für Anwälte und Notare, plädoyer 2/1993 26; MARK PIETH, Zur Einführung: Geldwäscherei und ihre Bekämpfung in der Schweiz, in MARK PIETH (Hrsg.), Bekämpfung der Geldwäscherei, Basel und Frankfurt a.M. 1992, 1; DERS., Die Praxis der Geldwäscherei, in TRECHSEL (Hrsg.), 11; CARLA DEL PONTE, Finanzwelt im Kampf gegen die Geldwäscherei: Wie weiter? in TRECHSEL (Hrsg.), 53; URS PULVER, *Switzerland,* in RICHARD PARLOUR (Hrsg.), Butterworths International Guide to Money Laundering Law and Practice, London 1995, 169; RICCARDO SANSONETTI, *La lutte contre le blanchiment de capitaux en droit suisse,* AJP 3 (1994) 1273; NIKLAUS SCHMID, Anwendungsfragen der Straftatbestände gegen die Geldwäscherei, vor allem StGB Art. 305bis, in Geldwäscherei und Sorgfaltspflicht, SAV 8 (1991) 111; DERS., *I problemi di applicazione della norma penale sull'insider trading e la fattispecie penale del riciclaggio di denaro,* in Vigilanza bancaria e riciclaggio, Lugano 1992, 55; DERS., Insiderdelikte und Geldwäscherei – neuere und künftige Aspekte aus der Sicht der Banken, in Aktuelle Probleme im Bankrecht, Bern 1994, 189; HANS CONRAD SCHULTHESS, Geldwäschereigesetz oder verschärfte StGB-Bestimmungen? ST 68 (1994) 585; HANS SCHULTZ, Neues im Wirtschaftsstrafrecht der Schweiz, in FS für Rudolf Schmitt zum 70. Geburtstag, Tübingen 1992, 279; KATHARINA SCHWANDER-AUCKENTHALER, Missbrauch von Bankgeschäften zu Zwecken der Geldwäscherei, Diss. ZH 1995; RAINER J. SCHWEIZER, Ausbau der Ermittlungskompetenzen in Bund und Kantonen, in TRECHSEL (Hrsg.), 39; RENATE SCHWOB, Anzeigerecht oder Anzeigepflicht der Banken bei Verdacht auf Straftaten, in FS für Beat Kleiner, Zürich 1993, 441; DIES., Erläuterungen zu den Massnahmen gegen die Geldwäscherei, in Kommentar zum schweizerischen Bankengesetz, 9. Lieferung, Zürich 1997; MARTIN STAUFFER, Melderecht versus Meldepflicht bei Verdacht auf Geldwäscherei, Bern u.a. 1997; GÜNTER STRATENWERTH, Geldwäscherei – ein Lehrstück der Gesetzgebung, in Bekämpfung der Geldwäscherei, Basel und Frankfurt a.M. 1992, 97; STEFAN TRECHSEL (Hrsg.), Geldwäscherei – Prävention und Massnahmen zur Bekämpfung, Zürich 1997; BRUNO TRINKLER, Geldwäscherei und Sorgfaltspflichten, in Geldwäscherei und Sorgfaltspflicht, SAV 8 (1991) 43; PETER ULLRICH, Harte Zeiten für Geldwäscher? in Geldwäscherei und Sorgfaltspflicht, SAV 8 (1991) 27; DANIEL ZUBERBÜHLER, Pflichten der Banken und Finanzinstitute zur Bekämpfung der Geldwäscherei – Konsequenzen aus den Empfehlungen der «Financial Action Task Force on Money Laundering», in Geldwäscherei und Sorgfaltspflicht, SAV 8 (1991) 65; DERS., *Il dovere di diligenza delle banche per impedire e combattere il riciclaggio di denaro,* in Vigilanza bancaria e riciclaggio, Lugano 1992, 9; DERS., Die Geldwäschereibekämpfung, in Aktuelle Probleme des Finanz- und Börsenplatzes Schweiz, Bern 1992, 126; DERS., Banken als Hilfspolizisten zur Verhinderung der Geldwäscherei? in Bekämpfung der Geldwäscherei, Basel und Frankfurt a.M. 1992, 29; DERS., *Il contenuto delle Direttive della Commissione federale delle banche relative al riciclaggio di capitali,* in Il sistema bancario svizzero contro il riciclaggio, Bellinzona 1993, 61; DERS., Bankenaufsicht und Geldwäschereigesetz, in TRECHSEL (Hrsg.), 91; URS ZULAUF, Die Eidgenössische Bankenkommission und Geldwäscherei, recht 7 (1989) 79; DERS., Gläubigerschutz und Vertrauensschutz – zur Sorgfaltspflicht der Bank im öffentlichen Recht der Schweiz, ZSR NF 113 (1994) II 359; ANDRÉ ZÜND, Geldwäscherei: Motive – Formen – Abwehr, ST 64 (1990) 403; **Lit.** zu Art. 260ter.

Die kriminalpolitische Begründung für die Einführung eines Straftatbestands gegen Geldwäscherei liegt darin, dass das internationale organi-   1 sierte Verbrechen, vor allem der Drogenhandel, enorme Gewinne abwirft. Der Tatbestand soll einerseits verhindern, dass diese Werte spurlos in die legale Wirtschaft überführt oder sonstwie ans trockene gebracht werden, was die Attraktivität der illegalen Gewinnanhäufung schmälert, andererseits soll der Schutz der Spuren solchen Reichtums die Bekämpfung des organisierten Verbrechens selber erleichtern. Das Zentrum der Anhäufung illegaler Gewinne liegt in Nordamerika; ein Waadtländer Untersuchungsrichter berichtet denn auch, dass 80% der Informationen, die ihn zur Eröffnung von Strafverfahren wegen Geldwäscherei veranlassen, aus den USA stammen, ANTENEN 47 f. Wie beim Insiderhandel (Art. 161) haftet Art. 305bis ein Hauch von *lex americana* an, grundsätzlich kritisch ARZT, Das missglückte Strafgesetz. Zum *geschützten Rechtsgut* s. N 6.

2 Der **Begriff der Geldwäscherei** wurde richtungweisend von der *President's Commission on Organized Crime* (Washington 1984, S. 7) definiert: *«Money laundering is the process by which one conceals the existence, illegal source, or illegal application of income, and then disguises that income to make it appear legitimate»* (Geldwäscherei ist ein Vorgehen, das die Existenz, die rechtswidrige Quelle oder die rechtswidrige Verwendung von Einkommen verbirgt und das Einkommen anschliessend so «verkleidet», dass es als rechtmässig erscheint). Auf diese Quelle berufen sich z.B. ACKERMANN 5, BERNASCONI, Bericht, 20, CASSANI Art. 305bis N 1, GRABER, Geldwäscherei, 55, PIETH, Bekämpfung, 8. Art. 305bis, Art. 4 der Konvention des Europarats und Art. 1 der Geldwäschereirichtlinie der EU folgen im wesentlichen diesem Leitbild.

3 Die kriminologisch **typische Geldwäscherei** zeichnet sich dadurch aus, dass die schmutzigen Vermögenswerte von Verbrecherorganisationen stammen und durch systematischen Einsatz der Finanzmarktinstrumente dem Zugriff der Strafverfolgungsbehörden entzogen werden, Botsch. 1989 1066. Zu den verschiedenen Formen der Geldwäscherei vgl. MÜLLER 113 ff., zu banktechnischen Methoden BERNASCONI, *Forme di riciclaggio,* 91 ff., DERS., Erscheinungsformen der Geldwäscherei, 14 ff., SCHWANDER-AUCKENTHALER 11 ff.; s. auch PIETH Praxis, 14 ff.

4 Es werden in der Regel **drei Phasen** der Geldwäscherei unterschieden: In einem ersten Schritt, dem sogenannten *placement* (Plazierung), werden die Vermögenswerte unter Umgehung von Deklarations- oder Identifikationspflichten ins legale Finanzsystem eingespeist, z.B. durch die Einzahlung kleinerer Barbeträge *(smurfing* oder *structuring),* oder aus dem Land gebracht – durch Schmuggel oder unverdeckte Bargeldtransporte. In einem zweiten Schritt, dem *layering* (Verwirrspiel), wird durch verschiedene komplizierte und vernetzte Finanztransaktionen versucht, die Herkunft der Vermögenswerte zu verschleiern, z.B. durch die Überweisungen auf verschiedene Konten oder auf sogenannte «Sitzgesellschaften» oder «Briefkastenfirmen», die keine reale wirtschaftliche Tätigkeit ausüben, oder durch scheinbaren Einsatz bei Glücksspiel. Mit dem dritten Schritt erfolgt schliesslich die Integration, die Rückführung des gewaschenen, mit einem fiktiven Hintergrund versehenen Geldes in die le-

gale Wirtschaft, womit es für dessen eigentlichen «Eigentümer» wieder frei verfügbar wird, dazu GUGGENBÜHL, Kriminalistik 1995 218 f., MÜLLER 113 ff., PIETH, Bekämpfung, 13 ff., SCHWANDER-AUCKENTHALER 22 ff. Der Finanzplatz Schweiz wird dabei vor allem für die zweite, ANTENEN 47, bzw. die zweite und dritte Phase dieses Vorgangs genutzt, PIETH, Bekämpfung, 16. In der Tatsache, dass schmutziges Geld während der zweiten und dritten Phase weitaus schwieriger als solches zu erkennen ist, liegt eine weitere Erklärung dafür, dass die meisten Strafverfahren wegen Geldwäscherei in der Schweiz aufgrund von Hinweisen aus den Vereinigten Staaten eröffnet werden, vgl. ANTENEN 47 f.

Zur **Entstehungsgeschichte** der Geldwäschereistraftatbestände eingehend CASSANI N 1 ff. vor Art. 305bis. Ausgangspunkt bildete ein Bericht, den BERNASCONI (abgedruckt bei BERNASCONI, Finanzunterwelt, 48 ff.) 1986 binnen zweier Monate für das Justiz- und Polizeidepartement erstattete. Art. 305bis und 305ter wurden am 23. März 1990 von beiden Kammern einstimmig verabschiedet und traten am 1.8.1990 in Kraft. Wie beim Insiderhandel spielte der Druck der USA eine bedeutende Rolle: *«[I]l s'agit d'une infraction inspirée du droit des Etats-Unis d'Amérique, qu'il a fallu insérer dans notre droit pénal»*, BGE 120 IV 327.

Die gesetzgeberische Arbeit im Kampf gegen das organisierte Verbrechen hatte damit freilich erst begonnen. Ein weiterer Schritt war der Erlass der «Richtlinien vom 18. Dezember 1991 der Eidgenössischen Bankenkommission zur Bekämpfung und Verhinderung der Geldwäscherei». Im **zweiten** Massnahmenpaket folgten 1994 Art. 260ter, Art 305ter II sowie die Revision des Einziehungsrechts (Art. 58-60). Im März 1993 wurde als Ergänzung zu den strafrechtlichen Bestimmungen und **drittes** Massnahmenpaket ein unter der Leitung des Eidgenössischen Finanzdepartements ausgearbeiteter «Vorentwurf für ein Bundesgesetz zur Bekämpfung der Geldwäscherei im Finanzsektor» (GwG) vorgelegt, dazu Botsch. vom 17.6.1996, BBl 1996 III 1101 ff., DEL PONTE 57, KISTLER 279 ff., SANSONETTI 1279 f., SCHWANDER-AUCKENTHALER 168 ff., ZUBERBÜHLER 91 ff., ZULAUF, ZSR NF 113 (1994) II, 479 f.; es handelt sich sozusagen um einen Ausführungserlass zu Art. 305bis f. Im Zentrum stehen 5 Pflichten betreffend die «Identifizierung der Vertragspartei» (Art. 3), die «Feststellung der wirtschaftlich berechtigten Person» (Art. 5 und 6), die «Besondere Aklärungspflicht» (bei ungewöhnlichen Transaktionen oder wenn Verdachtsmomente vorliegen, Art. 6), die «Dokumentationspflicht» (Art. 7) und die «Meldepflicht» (Art. 9). Die Schlussabstimmung über das GwG ist für die Herbstsession 1997 vorgesehen.

Wie bei Art. 161 und 260ter ist das **geschützte Rechtsgut** nicht leicht zu bestimmen (s. auch N 1). Die systematische Einordnung charakterisiert die Geldwäscherei als *Delikt gegen die Rechtspflege, als Wertbegünstigung*, CASSANI Art. 305bis N 3; durch die Geldwäscherei wird der Zugriff auf Vermögenswerte erschwert, welche der Einziehung unterliegen, Botsch. 1989 1071 f., 1081. Diese Betrachtungsweise verkennt jedoch die enge Beziehung der Geldwäscherei zum organisierten Verbrechen,

CASSANI Art. 305bis N 3, FORSTER 145 ff., GRABER, Geldwäscherei, 139 f., HÄNSENBERGER 254, REHBERG IV 360, SCHULTZ 291, STRATENWERTH, Geldwäscherei, 102, DERS. BT II § 54 N 22, ULLRICH 27, ZUBERBÜHLER, Geldwäschereibekämpfung, 126 f. Überdies erinnert die Verwendung des Begriffs «Haupttat» in Ziff. 3 an Teilnahme. Das BGer wendet Art. 305bis denn auch auf Fälle an, die durchaus nicht der Bedrohung entsprechen, welche zum Erlass der Bestimmung führte: BGE 119 IV 62 betont, dass Art. 305bis «nicht ausschliesslich die Bekämpfung des organisierten Verbrechens» bezwecke, was zwar im Einklang mit dem Wortlaut steht; in der Lehre ist diese Praxis aber auf Kritik gestossen, s. FORSTER 148 Fn 769, REHBERG IV 363, SCHULTZ, ZBJV 130 (1994) 747, STRATENWERTH BT II § 54 N 22, zustimmend ausser den a.a.O. vom BGer zit. Autoren CASSANI Art. 305bis N 3. Schon BGE 119 IV 246 f. betont dann trotzdem den Zusammenhang mit dem organisierten Verbrechen, und BGE 120 IV 327 räumt ein: «*L'opinion d'après laquelle le seul bien pénalement protégé serait celui de l'administration de la justice est … loin d'être partagé partout. L'argument tiré de la systématique de notre code ne paraît en conséquence nullement décisif*».

Die Schwierigkeit, Art. 305bis ein Rechtsgut zuzuordnen, rührt daher, dass mit dem Tatbestand ein **zweiter oder dritter Sicherungswall** errichtet wird. Letztlich sollen Leib und Leben, Vermögen, persönliche Freiheit, d.h. die Rechtsgüter geschützt werden, die namentlich im Rahmen der organisierten Kriminalität angegriffen werden. Weil es typischerweise schwierig ist, die Hintermänner dieser Verbrechen zu überführen, ist die Beteiligung an einer kriminellen Organisation selbständig strafbar. Die Verfolgung krimineller Organisationen soll wiederum durch den Tatbestand der Geldwäscherei wirksamer werden, TRECHSEL a.a.O., s. auch BGE 120 IV 237 f. Zielrichtung ist somit die *wirksame Verfolgung des organisierten Verbrechens,* insbesondere dadurch, dass die Störung der Einziehung illegaler Gewinne mit Strafe bedroht wird.

7　**Täter** kann jedermann sein, nicht nur ein Finanzintermediär. Eine Abweichung von der Regel *societas delinquere non potest* (Art. 1 N 45 ff.) ist nicht vorgesehen. Anders als bei Hehlerei und Begünstigung kann sich gemäss BGE 120 IV 324, 122 IV 217, *auch der Täter der Vortat* wegen Geldwäscherei strafbar machen, zust. STRATENWERTH BT II § 54 N 42, dagegen z.B. ARZT, recht 13 (1995) 131, CASSANI SJK Nr. 135 24, Art. 305bis N 46 ff., GRABER 111, SCHMID, Anwendungsfragen, 123.

8　Als **Tatobjekt** bezeichnet Art. 305bis Vermögenswerte, die aus einem Verbrechen herrühren. Der Gesetzgeber hat bewusst darauf verzichtet, das Tatobjekt, wie von STRATENWERTH vorgeschlagen, in Zusammenhang mit dem organisierten Verbrechen zu stellen, Sten. NR 1989 III 1854, 1856, 1862 f., auch auf einen Deliktskatalog der möglichen Vortaten nach amerikanischem Muster, s. ACKERMANN, 213 ff., ARZT, ZStR 106 (1989) 187 f., wurde verzichtet.

9　Der Begriff der **«Vermögenswerte»** ist weit zu verstehen und umfasst wie in Art. 59 «neben Geld in allen Formen und Währungen auch etwa Wertpapiere, Gläubigerrechte überhaupt, Edelmetalle und -steine, alle anderen Arten von Fahrnis, ja sogar Grundstücke und Rechte an solchen», Botsch. 1989 1082. Darunter fallen aber auch andere Vermögensvorteile, soweit sie einer Schätzung zugänglich sind bzw. beziffert werden können, Botsch. 1993 307. Entgegen dem Randtitel wird somit nicht nur das Waschen von «Geld» erfasst, CASSANI Art. 305bis N 7. Das Gesetz enthält auch keinen Anhaltspunkt für eine Einschränkung in quantitativer Hinsicht. Die Praxis muss jedoch, um lächerliche Resultate zu vermeiden, eine Einengung vornehmen. Es könnte beispielsweise eine Grenze von 25 000 Franken als Minimum festgelegt werden, vgl. Art. 305ter N 11. «Peanuts» sind noch nicht «Vermögen».

«Verbrechen» ist i.S.v. Art. 9 technisch zu verstehen, als mit Zuchthaus   10
bedrohte Tat, Botsch. 1989 1082. Wurde sie im Ausland begangen, beurteilt der Richter nach schweizerischem Recht, ob es sich um ein Verbrechen handelt, Botsch. a.a.O. (die *Strafbarkeit* der ausländischen Vortat beurteilt sich jedoch gemäss Ziff. 3 nach dem Recht des Begehungsorts, s. N 24). Als Vortat kommt somit auch die qualifizierte Geldwäscherei nach Art. 305bis.2 in Frage, ebenso die passive Bestechung gemäss Art. 315. Fiskaldelikte sind nach schweizerischem Recht keine Verbrechen und fallen deshalb als Vortaten ausser Betracht, selbst wenn sie am Begehungsort mit hohen Strafen bedroht sind, BERNASCONI, Erscheinungsformen, 14, ZULAUF, ZSR NF 113 (1994) II 511. Dies gilt auch, wenn der Steuerbetrug mittels Urkundenfälschung begangen wurde, weil in diesem Fall nach Schweizer Recht Art. 251 regelmässig zurücktritt, s. dort N 20.

     Die Vortat muss *tatbestandsmässig und rechtswidrig* sein, Schuld ist dagegen nicht erforderlich (limitierte Akzessorietät, N 24 vor Art. 24), GRABER, Geldwäscherei, 128 f. Bei Antragsdelikten muss der Strafantrag vorliegen, weil sonst auch die Einziehung nicht mölich ist, CASSANI Art. 305bis N 12, KISTLER 87, SCHMID, Anwendungsfragen, 117, a.M. GRABER, Geldwäscherei, 128 Fn 89. Geldwäscherei ist nicht mehr möglich, wenn die Vortat (nach schweizerischem Recht) verjährt ist, SCHMID, Anwendungsfragen, 116. Zur versuchten Vortat N 29.

Der **Nachweis der Vortat** ist ohne weiteres erbracht, wenn sie Gegen-   11
stand eines rechtskräftigen Urteils bildet. Der schweizerische Strafrichter muss jedoch selber zuständig sein, die Vortat festzustellen, BGE 120 IV 328, GRABER, Geldwäscherei, 129 f., KISTLER 87, MESSERLI, ZStR 105 (1988) 430, SCHMID, Anwendungsfragen, 115. Praktisch kann dies, besonders bei Auslandstaten, sehr schwierig sein. STRATENWERTH BT II § 54 N 27 sieht hier «eine der entscheidenden Schwächen des Tatbestandes», vgl. auch GASSER, Unschuld, 167 ff. Botsch. 1989 1083 betont, dass der Richter sich «nach inländischen Beweisvorschriften vom verbrecherischen Ursprung überzeugen» solle; damit dürfte vor allem an den Grundsatz der freien Beweiswürdigung, BStP Art. 259, erinnert sein – formalistische Verfahrensregeln des Rechts am Tatort sollen einer Verfolgung der Geldwäscherei nicht im Wege stehen. Das BGer versucht, die prakti-

schen Probleme beim Nachweis der Vortat dadurch zu mildern, dass es nur eine lockere Verbindung zwischen Vortat und Geldwäscherei annimmt: «*Le lien exigé entre le crime à l'origine des fonds et le blanchissage d'argent est donc volontairement ténu*», BGE 120 IV 328: Weder der Täter noch die genauen Umstände der Vortat müssen bekannt sein. CASSANI Art. 305bis N 9 lehnt diese Lockerung ab, u.a. weil die fraglichen Werte der Einziehung unterliegen müssen. Dem Bundesgericht ist zuzustimmen mit der Präzisierung, dass jedenfalls bewiesen sein muss, dass das Tatobjekt aus einem Verbrechen stammt. Die Einrede, es lasse sich nicht feststellen, ob die Werte aus Drogenhandel oder aus Erpressung stammen oder ob die eine oder die andere Fraktion einer kriminellen Organisation die Taten begangen habe, darf Bestrafung wegen Geldwäscherei nicht verunmöglichen.

12   Die zu waschenden Werte müssen aus einem Verbrechen **«herrühren»**. Damit kommt zum Ausdruck, dass ihre Zweckbestimmung – im Gegensatz zu BetmG Art. 19.1 al. 7 – keine Bedeutung hat, vgl. BGE 119 IV 244 m.w.Hinw., abweichend SJZ 90 (1994) S. 331.

13   Nicht nur *producta sceleris,* sondern auch der **Verbrecherlohn,** *pretium sceleris,* rührt i.S.v. Art. 305ter vom Verbrechen her, was sich daraus ableiten lässt, dass er gemäss Art. 59.1 der Einziehung unterliegt, CASSANI Art. 305bis N 21, GRABER, Geldwäscherei, 117.

14   Schwierig zu beantworten ist die Frage, wieviel **Distanz vom Delikt** die Kontamination der fraglichen Werte erträgt, vgl. Botsch 1083. Zunächst ist festzustellen, dass eine so enge Nähe wie bei Hehlerei (Art. 160 N 7) nicht gefordert ist; Geldwäscherei ist ein mehrstufiger Prozess (s. N 4), *Ersatz- oder Surrogatgeldwäscherei* gehört zum Kern des Tatbestands und muss strafbar sein, ACKERMANN 244f., GRABER, Geldwäscherei, 119ff., Kistler 88ff., REHBERG IV 361, SCHMID, Anwendungsfragen, 111, TRINKLER 46; a.A. ARZT, Wechselseitige Abhängigkeit, 27ff., GUGGISBERG 55f., STRATENWERTH BT II § 54 N 28, DERS., Geldwäscherei, 104ff. Der Umstand, dass nur qualifizierte Geldwäscherei ein Verbrechen ist (und deshalb wiederum waschbare Werte produziert, SCHMID, Anwendungsfragen, 114, a.M. J.L. MÜLLER 54), würde zu grossen Schwierigkeiten und sachlich ungerechtfertigten Differenzierungen führen.

Aus dem Wortlaut ergibt sich, dass grundsätzlich *Werte* waschbar sind, *die der Einziehung unterliegen;* daran wird im Schrifttum regelmässig angeknüpft, ARZT, Wechselseitige Abhängigkeit, 25ff., CASSANI Art. 305bis N 20, GASSER, Unschuld, 169, GRABER, Geldwäscherei, 119ff., s. auch Botsch. 1989 1084 oben. Von Kongruenz kann allerdings keine Rede sein, ACKERMANN 241, ARZT a.a.O., STRATENWERTH BT II § 54 N 28. Einerseits nimmt nur eine Tatvariante von Ziff. 1 überhaupt auf die Einziehung Bezug, andererseits gibt es Einziehungen, deren Vereitelung nicht mehr notwendigerweise Geldwäscherei ist, insbesondere nach Art. 59.3, der Einziehung von Vermögenswerten bei Personen, die in Verbindung zu einer kriminellen Organisation stehen; dasselbe gilt für die Ersatzforderung nach Art. 59.2 I, CASSANI Art. 305bis N 24. Die Autorin schlägt a.a.O. N 23 gestützt auf Botschaft 1989 1083 und Botsch. 1993 307 ff. vor, dass Sachwerte, die durch Verbrechen unmittelbar erlangt wurden, die «Waschkette» schon abschliessen, der Erlös daraus also nicht mehr waschbar sei. Wichtige Ausnahme bilden reine Wertträger, Banknoten, Devisen, Checks. Bei diesen wie bei nicht materialisierten Werten wie Guthaben oder Forderungen soll der Makel sich auf Tauschwerte übertragen, soweit die Spur *(paper trail)* sich verfolgen lässt. Werden die Werte z.B. in Kunstwerke eingetauscht, machen sich, Vorsatz vorausgesetzt, Verkäufer wie Käufer strafbar. Kaufpreis wie Kunstwerk sind danach jedoch sauber. Dadurch dürfte der Tatbestand aber zu eng eingeschränkt werden – Geldwäscherei könnte sich dann auf relativ sichere Methoden mit einer beschränkten Risikozone konzentrieren, z.B. Diamantenhandel.

Der Begriff der **«Einziehung»** verweist auf Art. 58 f. Die Eröffnung eines 15
konkreten Einziehungsverfahrens ist nicht erforderlich, es genügt die abstrakte Einziehbarkeit, Botsch. 1989 1084. Ein Teil der Lehre scheint in der Einziehungsvereitelung den einziger Anwendungsbereich der Geldwäscherei zu erblicken, vgl. z.B. CASSANI Art. 305bis N 28 f., GRABER, Geldwäscherei, 139, GUGGISBERG 57 f., KISTLER 84, REHBERG IV 362; richtig STRATENWERTH BT II § 54 N 31, DERS., Geldwäscherei, 111, ULLRICH 31.

Der Hinweis auf **Vereitelung** der **Ermittlung der Herkunft** und der **Auf-** 16
findung stammen aus der (von der Schweiz nicht ratifizierten) UNO-Konvention von 1988 gegen den Handel mit Betäubungsmitteln, vgl. Sten. NR 1989 III 1854, StR 1990 195. Diese «Vereitelungsvarianten sollen unabhängig von der Einziehbarkeit der Werte das Ermittlungsinteresse im Kampf gegen das organisierte Verbrechen unterstützen», Botsch. 1989 1084. In diesen Fällen geht es mehr um Spurensicherung (der *paper trail)* als um Zugriff auf Werte. Zu denken ist vor allem an Fälle gemäss Art. 59 Ziff. 2 und 3.

Die Tathandlung muss **geeignet** sein, die **Ermittlung der Herkunft,** die 17
Auffindung oder die **Einziehung** der genannten Vermögenswerte **zu ver-**
eiteln, BGE 122 IV 218. Geldwäscherei ist ein *abstraktes Gefährdungs-*
delikt, der Nachweis einer konkreten Vereitelungsgefahr ist somit nicht erforderlich, BGE 119 IV 64, Botsch. 1989 1083, ACKERMANN 257, CASSANI Art. 305bis N 31, GRABER, Geldwäscherei, 133, REHBERG IV 362, SCHMID, Anwendungsfragen, 117, SCHWOB, Erläuterungen, N 1, STRATENWERTH BT II § 54 N 30, TRINKLER 46. Nicht jede Annahme kontaminierter Vermögenswerte ist jedoch bereits als tatbestandsmässige Gefährdungshandlung anzusehen, ACKERMANN 257, CASSANI Art. 305bis N 32, GUGGISBERG 57, KISTLER 85, REHBERG IV 362, SCHMID, Anwendungsfragen, 117 f., DERS., Insiderdelikte und Geldwäscherei, 213; a.M. GRABER, Geldwäscherei, 134, TRINKLER 46. Die Handlung muss *typischerweise* geeignet sein, die Einziehung zu gefährden, ACKERMANN 257, KISTLER 85, SCHMID, Insiderdelikte und Geldwäscherei, 213, DERS., Anwendungsfragen, 118, REHBERG IV 362. Die Botsch. a.a.O. überlässt die Bildung von

Fallgruppen typischer Vereitelungshandlungen der künftigen Gerichtspraxis (was nicht unproblematisch ist im Hinblick auf das Bestimmtheitsgebot!).

18   Mögliche **Tathandlungen** sind das Wechseln von Geld, auch in derselben
Währung, BGE 122 IV 214 f., die Übertragung des Eigentums infolge
eines Verkaufs, einer Schenkung oder eines fiduziarischen Rechtsgeschäfts, CASSANI Art. 305bis N 36 f., allgemein der Umtausch der kontami-
nierten Vermögenswerte in andere Wertträger, falsche Auskünfte über
deren Verbleib, STRATENWERTH BT II § 54 N 30, gemäss BGer auch das
blosse Verstecken von Geld, BGE 119 IV 59, nach Auffassung des Straf-
amtsgerichts BE bereits das Aufbewahren von «schmutzigem» Geld,
recht 10 (1992) 112, anders ACKERMANN 263, REHBERG IV 362 f., SCHMID,
Anwendungsfragen, 121. *Keine Tathandlung* ist die Ablehnung einer Geschäftsbeziehung, CASSANI Art. 305bis N 43, SCHMID, Insiderdelikte und
Geldwäscherei, 214, SCHWOB, Erläuterungen N 3, ZUBERBÜHLER, Banken als Hilfspolizisten, 59, ZULAUF, ZSR NF 113 (1994) II 519. Der Abbruch der Geschäftsbeziehungen ist nicht tatbestandsmässig, wenn die
Spur der Vermögenswerte *(paper trail)* gewahrt und die Einziehung des
Geldes dadurch nicht erschwert oder verunmöglicht wird. Eine Baraus-
zahlung kann folglich Tathandlung sein, CASSANI Art. 305bis N 39,
ACKERMANN 261, ZULAUF, ZSR NF 113 (1994) II 522, so wohl auch
ZUBERBÜHLER, Banken als Hilfspolizisten, 59, unbestimmt die Botsch.
1993 324 («möglicherweise»), weil sie die Spur der Vermögenswerte unterbricht; keine Tathandlung ist die Überweisung von Geld von einem inländischen auf ein anderes inländisches Bankkonto, sofern an beiden
Konten die wirtschaftliche Berechtigung der gleichen Person ausgewiesen ist, ähnlich ACKERMANN 260 ff., CASSANI Art. 305bis N 41, SCHMID,
Anwendungsfragen, 118, ZUBERBÜHLER, Geldwäschereibekämpfung,
131 f., ZULAUF a.a.O.; zum Begriff des wirtschaftlich Berechtigten vgl.
Art. 305ter N 7. *Jeder Transfer ins Ausland ist eine Geldwäschereihand-
lung,* weil dadurch die Einziehung erschwert wird, ACKERMANN 260, CAS-
SANI Art. 305bis N 41, KISTLER 85. Das Einzahlen von Geld auf ein eigenes inländisches Namenkonto durch den wirtschaftlich Berechtigten ist
keine Geldwäscherei, ACKERMANN 263, CASSANI Art. 305bis N 38, REH-
BERG IV 362, offen gelassen in BGE 119 IV 246; Geldwäscherei liegt jedoch vor, wenn der Inhaber des Kontos nicht mit dem wirtschaftlich Berechtigten übereinstimmt, denn damit kann der «Nachweis der
wirtschaftlichen Berechtigung unterlaufen» werden, BGE 119 IV 245, im
Ergebnis ebenso das OGer BL in plädoyer 5/1993 61. Allgemein nimmt
das BGer beim Anlegen von kontaminiertem Geld «jedenfalls dann
Geldwäscherei [an], wenn sich die Art und Weise, wie das Geld angelegt
wird, von der einfachen Einzahlung von Bargeld auf ein Konto unterscheidet», BGE 119 IV 242, dazu ARZT, recht 12 (1994) 40.

19   Das Gesetz spricht von «Handlung», doch kann das Delikt der Geldwäscherei nach den üblichen Regeln der Garantenpflicht auch durch **Unterlassung** begangen werden, Botsch. 1989 1083. Garantenstellung haben

insbesondere Polizei-, Justiz-, Zoll- und Steuerbeamte, nicht aber Bankfunktionäre, ARZT, ZStrR 106 (1989) 192, CASSANI Art. 305bis N 43, GRABER, Geldwäscherei, 137, SCHMID, Anwendungsfragen, 120; bei letzteren sind jedoch die Überwachungspflichten gegenüber den Untergebenen zu beachten; verhindert der Vorgesetzte nicht die durch Untergebene begangenen Geldwäscherei, so kann er sich selbst wegen Geldwäscherei durch Unterlassung strafbar machen, GRABER a.a.O. 137f., SCHMID a.a.O. Soweit es nicht um die Überwachungspflicht von Vorgesetzten geht, dürfte sich die Frage der Geldwäscherei durch Unterlassung bei Bankangestellten nur in Ausnahmefällen stellen, so z.B. beim Telebanking und anderen automatisierten Bankgeschäften; denn werden die Gelder für den Kunden angelegt oder verwaltet, so liegt aktives Tun vor. Zur Ablehnung einer Geschäftsbeziehung s. oben N 18.

Auf der **subjektiven Seite** wird durch die vom Tatbestand der Hehlerei   20
übernommene Formulierung «weiss oder annehmen muss» (vgl. Art. 160 N 12) betont, dass Eventualvorsatz genügt; dadurch wird nicht die Strafbarkeit auf Fahrlässigkeitsdelikte ausgedehnt oder eine besondere Beweisvermutung zuungunsten des Beschuldigten eingeführt, Botsch. 1084. Eventualvorsatz genügt bezüglich aller objektiven Tatbestandsmerkmale, auch der Vereitelungshandlung und der Herkunft des Geldes. Der Täter muss insbesondere wissen, dass es sich bei der *Vortat* um *ein Verbrechen* handelt, was sich nach der Parallelwertung in der Laiensphäre beurteilt, SJZ 90 (1994) S. 331, plädoyer 5/1993 61; dabei soll gemäss Botsch. 1989 1085 genügen, wenn der Täter die Vortat «für schwerwiegender als einen Bagatellverstoss» hält. Weiss ein Treuhänder von den bescheidenen Verhältnissen eines Mandanten, der ihm 205 000 Franken in bar aushändigt, um sie unauffällig anzulegen, so nimmt er eventualvorsätzlich in Kauf, dass die Vermögenswerte aus Verbrechen stammen, BGE 119 IV 247 ff.; enger plädoyer 5/1993 62, wo das OGer BL in einem Fall Eventualvorsatz verneinte, in dem die Beschuldigten zwar wussten, dass es sich beim Geld (40 000 Franken) um «heisse Kohlen» handelte, jedoch nicht annahmen, dass es aus Drogenhandel oder aus einem anderen schweren Delikt stamme. Zur Schwierigkeit des Beweises GUGGENBÜHL, Kriminalistik 221.

Für den Regelfall sieht Art. 305bis **Gefängnis oder Busse** als Sanktion vor.   21

Gemäss **Ziff. 2** kann in «schweren Fällen» Zuchthaus bis zu fünf Jahren   22
verhängt werden. Mit der Freiheitsstrafe ist eine Busse von bis zu 1 Million Franken zu verbinden. Bei den vom Gesetz angeführten Beispielen für schwere Fälle handelt es sich um persönliche Merkmale i.S.v. Art. 26.

Zur Mitgliedschaft in einer **Verbrecherorganisation** s. Art. 260ter.   23

Zur **Bande** s. Art. 139 N 16.   24

Zur **Gewerbsmässigkeit** s. Art. 146 N 30 ff. Verlangt wird wie bei BetmG   25
Art. 19.2 lit. c neben der Gewerbsmässigkeit ein grosser Umsatz oder ein erheblicher Gewinn. Dort wurde bei einem Betrag von 110 000 Franken

der grosse Umsatz bejaht, BGE 117 IV 63, best. in 122 IV 216. Unter Umsatz ist der Bruttoerlös, unter Gewinn der Nettoerlös zu verstehen, BGE a.a.O.; diese müssen «erzielt», d.h. realisiert worden sein; zur analogen Problematik bei Art. 19.2 lit. a BetmG s. P. ALBRECHT, Kommentar zum StGB, Sonderband Betäubungsmittelstrafrecht, Bern 1995, Art. 19 N 192 ff. GRABER, Geldwäscherei, 153 schlägt vor, die Grenze der Erheblichkeit für den Umsatz bei 100 000 und für den Gewinn bei 10 000 Franken anzusetzen. Dem ist zuzustimmen, wenn man den für die Berechnung relevanten Zeitraum bei einem Jahr ansetzt.

26 Ein **anderer schwerer Fall** ist anzunehmen, wenn die Tat in objektiver und subjektiver Hinsicht gleich schwer wiegt wie die vom Gesetz genannten Beispiele, vgl. BGE 114 IV 167 f. (zu BetmG Art. 19.2 c – die dort entwickelten Kriterien gelten auch hier, Pra 85 [1996] Nr. 243 S. 953 m.w.Hinw.); das ist z.B. der Fall, wenn jemand einmalig für die Mafia Vermögenswerte in Millionenhöhe wäscht, GRABER, Geldwäscherei, 153 f. Eine Qualifikation könnte sich auch bei einer besonders schweren Vortat, z.B. bei Völkermord oder schweren Kriegsverbrechen, rechtfertigen.

27 **Ziff. 3** dehnt den Schutz auf die **ausländische Rechtspflege** aus, ACKERMANN 218, CASSANI Art. 305bis N 4; a.M. GRABER, SZW 67 (1995), 163 Fn 14, DERS., Geldwäscherei, 163 f., der annimmt, dass diese Bestimmung dem Schutz des Finanzplatzes Schweiz diene. Angesichts der Verschwommenheit des geschützten Rechtsguts bzw. der geschützten Interessen (N 6) schliessen sich diese Auffassungen nicht aus. Notwendig war die Regelung, weil Art. 303 ff. nur die schweizerische Rechtspflege schützen und Vortat und Geldwäscherei in den meisten Fällen nicht im gleichen Staat verübt werden. Die Vortat muss nach dem ausländischen Recht strafbar sein – nicht aber die Geldwäscherei, ARZT, ZStR 106 (1989) 198, CASSANI Art. 305bis N 15, GRABER, Geldwäscherei, 163 f., KISTLER 87 f., SCHMID, Anwendungsfragen, 112, STRATENWERTH BT II § 54 N 39 – und nach schweizerischem Recht muss es sich um ein Verbrechen handeln, s. oben N 10. Folglich stellt Ziff. 3 bei der ausländischen Vortat auf das Prinzip der beidseitigen Strafbarkeit ab; bei der Frage, ob die ausländischen Rechtsnormen strafrechtliche oder verwaltungsrechtliche Sanktionen statuieren, kann auf die im Auslieferungs- und Rechtshilferecht entwickelten Grundsätze zurückgegriffen werden, SCHMID a.a.O. Das betreffende Delikt muss dabei im konkreten Fall strafbar sein, d.h. eine abstrakte, allgemeine Strafbarkeit genügt nicht, Rep. 1992 367, SCHMID a.a.O. 113. Die passive Bestechung eines ausländischen Beamten kann deshalb nach geltendem Recht nicht Vortat sein, weil Art. 315 nur schweizerische staatliche Interessen schützt, Rep. 1992 355 f., 367, SCHMID a.a.O., a.M. BERNASCONI, Erscheinungsformen, 13, der den Schutz der Redlichkeit des Beamtentums zu den «Interessen der internationalen Gemeinwirtschaft» zählt, s. auch DERS. (zu Art. 288) in ZStR 109 (1992) 408 f.; UWG Art. 4 lit. b i.V.m. Art. 26 erfasst zwar auch die

passive Bestechung ausländischer Beamten, ist aber nur als Vergehenstatbestand ausgestaltet; s. dazu auch Art. 288 N 2.

Zu den Problemen des Rechtsschutzes bei **internationaler Rechtshilfe**   28
vgl. ARZT, recht 13 (1995) 131, unter Hinweis auf einen Entscheid der
AK GE vom 24.1.1995 und CHAPUIS, ZStrR 113 (1995) 265; zum Rechtsschutz bei Suchaktionen der Bundesanwaltschaft s. BGE 120 IV 260 und
ARZT a.a.O.

Ein vollendeter tauglicher **Versuch** ist bei der Geldwäscherei als schlich-   29
tem Tätigkeitsdelikt nicht möglich, GRABER, Geldwäscherei, 166 ff., 169;
untauglicher Versuch ist denkbar, wenn der Täter irrtümlicherweise annimmt, die Vermögenswerte stammten aus einem Verbrechen, a.M.
(Wahndelikt) GUGGENBÜHL, Kriminalistik 221. Gemäss BGE 120 IV 329
kann ein strafbarer Versuch der Geldwäscherei bereits vorliegen, wenn
die Vortat noch gar nicht begangen, sondern nur versucht wurde, ebenso
GRABER, Geldwäscherei, 128 f., DERS., AJP 4 (1995) 516; krit. REHBERG
IV 365. Unklar ist, ob das BGer bereits versuchte Geldwäscherei annehmen will, wenn erst die Vorbereitungshandlungen zur Vortat getroffen
wurden. Das ist strikt abzulehnen, denn es geht nicht an, über den Umweg des Geldwäschereitatbestandes die Grenzen der Strafbarkeit von
Tatbeständen, bei denen ein Deliktserlös zu erwarten ist, vorzuverlegen;
im Ergebnis ebenso GRABER, AJP 4 (1995) 516. Das gilt natürlich nicht
für Vorbereitungshandlungen zu den in Art. 260bis genannten Delikten,
da Art. 260bis bereits selbst als eigenständiger Verbrechenstatbestand
ausgestaltet ist.

Wenn es sich beim schmutzigen Geld um *Verbrecherlohn* handelt,
kann die Geldwäscherei bereits vollendet sein, obwohl sich die Vortat
noch im Versuchsstadium befindet.

Als **Teilnahmeformen** sind sowohl Gehilfenschaft als auch Anstiftung   30
denkbar, REHBERG IV 365. Die sehr weit umschriebene Tathandlung der
Geldwäscherei lässt für Gehilfenschaft jedoch nur sehr wenig Raum. In
diesem Zusammenhang stellen sich auch schwierige Abgrenzungsprobleme zwischen der Erfüllung des Geldwäschereitatbestandes und der
Teilnahme an der Vortat: sichert z.B. jemand dem Haupttäter zu, den
Deliktserlös zu waschen, so kann psychische Gehilfenschaft zum Vorde-
likt, ACKERMANN 179 f., GRABER 90, oder bereits Mittäterschaft vorliegen, GRABER a.a.O., angesichts der Praxis des BGer (s. oben N 29) möglicherweise aber auch versuchte Geldwäscherei; zu den Konkurrenzen
zwischen der Teilnahme an der Vortat und Geldwäscherei N 32.

Kasuistik   31
BGE 119 IV 59: H. wusste, dass auf seinem Balkon rund 120 000 Franken,
welche aus Drogenhandel stammten, versteckt waren; **119 IV 242: S.** erhielt in seiner Eigenschaft als Treuhänder von G. 205 000 Franken in bar,
die aus Drogenhandel stammten und die er «unauffällig anlegen» sollte;
S. gab das Geld weiter an K., der es weisungsgemäss auf eigens errichtete

Bank- und Versicherungskonten überwies; **120 IV 323: J.** und **M.** wollten mit einem falschen Telex 10 Mio. Dollar von einer Schweizer auf eine Pariser Bank überweisen lassen; das Geld hätte aus einem Grossbetrug stammen sollen, der aber im Versuchsstadium steckengeblieben war; **BGE 122 IV 212: X.** hatte zusammen mit A. Drogenhandel betrieben und insbesondere die finanzielle Seite abgewickelt, indem er kleine Noten in grosse wechselte, ferner versteckte er 91 500 Franken eines Drogenhändlers in der Wohnung seiner Freundin; **recht 10 (1992) 112: A.** wurde bei einer Polizeikontrolle mit verschiedenen Drogen und mit 5000 Franken erwischt, die ihm der Dealer O., der eine Polizeikontrolle vorahnte, zur vorübergehenden Aufbewahrung anvertraut hatte; **plädoyer 5/1993 61: B.** erhält vom süchtigen Drogenhändler und Jugendfreund A. 40 000 Franken mit der Bemerkung, es handle sich um «heisse Kohlen»; B. legt das Geld zusammen mit dem Treuhänder C. auf einem Bankkonto an; Freispruch, weil B. und C. nicht um die verbrecherische Herkunft des Geldes wussten; **SJZ 89 (1993) Nr. 27:** Der Angeklagte hatte aus Drogenhandel stammendes Bargeld im Betrag von 12 800 Franken von S. übernommen und aufbewahrt.

32   **Konkurrenzen und Abgrenzungen**
Vortat: Sieht man in der Geldwäscherei einen Sonderfall der Begünstigung, muss der Vortäter straflos sein – es liegt Selbstbegünstigung vor, so ACKERMANN 206, ARZT, ZStR 106 (1989) 190f., CASSANI Art. 305bis N 47ff., GRABER, Geldwäscherei, 111, SCHMID, Anwendungsfragen, 123, a.M. STRATENWERTH BT II § 54 N 42. Das BGer nimmt – insbesondere im Hinblick auf Beweisprobleme – echte Konkurrenz an, und zwar unter Hinweis auf die *«indépendance (relative) du blanchissage d'argent par rapport au crime dont proviennent les fonds»*, BGE 120 IV 329, krit. zu diesem Urteil ARZT, recht 13 (1995) 131, GRABER, AJP 4 (1995) 516ff., SCHULTZ, ZBJV 131 (1995) 846; das BGer hat seine Praxis in BGE 122 IV 217 ff., mit eingehender Begründung und Hinw. bestätigt.
Bei den an der Vortat Beteiligten wird man annehmen müssen, dass Anstiftung zur Vortat und Geldwäsche zu Mittäterschaft führt, GRABER a.a.O. 112, während Gehilfenschaft – analog zu Art. 160 – durch Art. 305bis konsumiert wird, wenn es sich dabei um die schwerere Straftat handelt, ansonsten ist echte Konkurrenz gegeben, GRABER a.a.O. 113, allgemein für echte Konkurrenz SCHMID a.a.O. 123, STRATENWERTH BT II § 54 N 42.
Art. 160: Echte Konkurrenz, CASSANI Art. 305bis N 63, KISTLER 96, REHBERG IV 365, SCHWOB, Erläuterungen N 6, STRATENWERTH BT II § 54 N 41, für Vorrang von Art. 160 ACKERMANN 294, GRABER, Geldwäscherei, 177 f., SCHMID a.a.O. 123.
Art. 260ter**:** Idealkonkurrenz bei blosser Unterstützung der Verbrecherorganisation; handelt der Täter jedoch als *Mitglied*, so geht Art. 305bis. 2 lit. a vor, STRATENWERTH BT II § 40 N 34, ebenso CASSANI Art. 305bis N 66; allgemein für Subsidiarität des Art. 260ter KISTLER 99, SCHMID, Insiderdelikte und Geldwäscherei, 203.

Art. 286: echte Konkurrenz, GRABER a.a.O. 178f.
Art. 289: echte Konkurrenz, GRABER a.a.O. 179.
Art. 305: echte Konkurrenz, SJZ 89 (1993) Nr. 27, CASSANI Art. 305bis N 64, GRABER a.a.O. 178, SCHMID, Anwendungsfragen, 123, STRATENWERTH BT II § 54 N 42, für Vorrang von Art. 305bis ACKERMANN 294, KISTLER 96, SCHWOB, Erläuterungen N 6; **305ter** N 25.
BetmG Art. 19.1 al. 7 ist *lex specialis,* ACKERMANN 294, KISTLER 98, SCHMID, Anwendungsfragen, 123, SCHULTZ, ZStR 109 (1992), 112, SCHWOB, Erläuterungen N 6, STRATENWERTH BT II § 54 N 43, für echte Konkurrenz BGE 122 IV 218ff., ALBRECHT, Kommentar zum StGB, Sonderband Betäubungsmittelstrafrecht, Bern 1995, Art. 27 BtMG N 13, GRABER, Geldwäscherei, 179.

Art. 305ter Mangelnde Sorgfalt bei Finanzgeschäften und Melderecht

[1] Wer berufsmässig fremde Vermögenswerte annimmt, aufbewahrt, anlegen oder übertragen hilft und es unterlässt, mit der nach den Umständen gebotenen Sorgfalt die Identität des wirtschaftlich Berechtigten festzustellen, wird mit Gefängnis bis zu einem Jahr, mit Haft oder Busse bestraft.

[2] Die von Absatz 1 erfassten Personen sind berechtigt, den inländischen Strafverfolgungsbehörden und den vom Gesetz bezeichneten Bundesbehörden Wahrnehmungen zu melden, die darauf schliessen lassen, dass Vermögenswerte aus einem Verbrechen herrühren.

Abs. 1 eingeführt durch BG vom 23.3.1990, in Kraft seit 1.8.1990; Abs. 2 eingeführt durch BG vom 18.3.1994, in Kraft seit 1.8.1994, Marginale in der Fassung gemäss BG vom 18.3.1994.

Revision 1994: Botsch. vom 30.6.1993, BBl 1993 III 277ff., Sten. StR 1993 976ff., NR 1994 I 55ff., 64ff., 664f., StR 1994 374; Materialien zu 305bis.
Botsch. zum Bundesgesetz zur Bekämpfung der Geldwäscherei im Finanzsektor vom 17.6.1996, BBl 1996 III 1101ff.

Lit. zu Art. 305bis und Art. 260ter.

Art. 305ter wurde als Alternative zu einem Tatbestand der «grobfahrlässigen» Geldwäscherei eingeführt, wie ihn der VE Bernasconi noch vorsah. Art. 305ter ist ein abstraktes **Gefährdungsdelikt gegen die Rechtspflege,** ARZT, SJZ 86 (1990) 190, CASSANI Art. 305ter N 2, FRIEDLI 132, GRABER, Geldwäscherei, 180, 185, KISTLER 167, PERRET-SCHIAVI 26, REHBERG IV 367. Durch den Abschluss von Geschäften ohne Identifikation des wirtschaftlich Berechtigten werden die staatlichen Einziehungsansprüche gefährdet, eingehend ARZT a.a.O 190ff. [1]

Art. 305ter ist ein **echtes Sonderdelikt,** bei dem nur Täter sein kann, «wer berufsmässig fremde Vermögenswerte annimmt, aufbewahrt, anlegen oder übertragen hilft». Damit soll über den Bankensektor hinaus die *ge-* [2]

samte Finanzbranche (einschliesslich Parabanken) auf denselben Identi-
fikationsstandard verpflichtet werden, Botsch. 1989 1088, Sten. NR 1989
III 1855. Erfasst werden der Bankier, der Treuhänder, der Geschäftsan-
walt, der Edelmetallhändler und der Geldwechsler, Botsch. a.a.O. 1088 f.;
ebenso Vermögens- und Anlageberater, Lebensversicherer, ACKER-
MANN 98, CASSANI Art. 305ter N 7, DE CAPITANI, SJZ 89 (1993) 22, KIST-
LER 142, SCHMID, Anwendungsfragen, 125; die Angestellten der PTT be-
züglich des Postcheck- oder Geldverkehrs, ACKERMANN 98 f., CASSANI
Art. 305ter N 7, DE CAPITANI, SJZ 89 (1993) 22; Angestellte der SBB und
Hotels hinsichtlich ihrer mit Geldwechseldiensten betrauten Personen,
ACKERMANN 98; ebenfalls darunter fallen die Spielbanken bzw. deren An-
gestellte, Botsch. 1989 1098 Fn 116, CASSANI a.a.O., a.M. KISTLER 146 f.

Nicht erfasst werden die Sektoren Warenhandel und Warenproduk-
tion, einschränkend NR 1989 III 1855 (soweit nicht die Wertübertragung
im Vordergrund steht) und Botsch. 1989 1088 f., welche darauf abstellen
will, ob es sich um Geschäfte mit liquiden und sehr leicht liquidierbaren
Werten handelt. Allein ausschlaggebend sollte sein, ob die Berufstätigkeit dem Finanzsektor zuzurechnen ist, CASSANI Art. 305ter N 8, KISTLER
142 ff. SCHMID, Anwendungsfragen, 125, was sich auch aus der Marginale
ergibt, wo von «Finanzgeschäften» die Rede ist. Nicht zum Täterkreis
gehören deshalb Galeristen, Immobilien-, Antquitäten-, Münzenhändler
und Juweliere bezüglich ihres Schmuck- und Uhrenverkaufs.

Der *Edelmetallhandel* ist entgegen der Botsch. a.a.O. dem *Finanzsektor* zuzurechnen, KISTLER 144, vgl. auch VSB Art. 2 N 6. *Anwälte* fallen
darunter, sofern sie ausserhalb ihres berufsspezifischen Bereichs als Vermögensverwalter tätig sind, SCHMID, a.a.O., eingehend FRIEDLI 141 f.,
KISTLER 149 ff.; zur Unterscheidung zwischen Anwaltstätigkeit und nicht
berufsspezifischer Geschäftstätigkeit vgl. BGE 112 Ib 606, 114 III 105,
115 Ia 197 und Art. 321 N 19.

3   Mit der **Annahme,** dem **Aufbewahren** und dem **Anlegen** von Vermögenswerten sollen die typischen Handlungen des Financiers gekennzeichnet werden, CASSANI Art. 305ter N 14. Zu einer klaren Eingrenzung des
Täterkreises führt diese Umschreibung nicht, vgl. die Kritik von STRA-
TENWERTH BT II § 54 N 49 f.

4   Der Begriff **«fremd»** ist im Sinne von *wirtschaftlicher* Fremdheit zu verstehen, CASSANI Art. 305ter N 14. Das Tatbestandsmerkmal ist jedoch
ohne praktische Bedeutung, weil zumindest bei der Entgegennahme die
Vermögenswerte regelmässig auch im zivilrechtlichen Sinne fremd sind.

5   **«Berufsmässig»** ist die Tätigkeit, *«die eine regelmässige Einnahmequelle
schaffen soll»,* wobei jedoch nicht notwendig ist, dass «jemand ausschliesslich vom Entgelt der Tätigkeit seinen Lebensunterhalt zu bestreiten
sucht», Botsch. 1989 1088. Berufsmässig heisst auch in Ausübung des Be-
rufs; der Bankangestellte, der privat Geld entgegennimmt, fällt nicht unter die Strafnorm, sofern er dies nicht regelmässig und im Sinne einer
eigentlichen Nebenerwerbstätigkeit betreibt, CASSANI Art. 305ter N 10,
GRABER, Geldwäscherei, 184 f., KISTLER 149.

Die **Tathandlung** wird als **Unterlassung der Identifikation** umschrieben.   6
Trotz seines Wortlautes ist Art. 305ᵗᵉʳ jedoch kein Unterlassungsdelikt –
es ist verboten, mit Unidentifizierten Geschäfte zu tätigen, ARZT, SJZ 86
(1990) 190, CASSANI Art. 305ᵗᵉʳ N 11, DE CAPITANI, SJZ 89 (1993) 23,
SCHWOB, Erläuterungen N 7, STRATENWERTH BT II § 54 N 52, a.M.
Botsch. 1989 1089, GRABER, Geldwäscherei, 186f., KISTLER 168.,
SCHULTZ, ZStR 109 (1992) 113, denn die Identifikationspflicht entsteht
erst im Zusammenhang mit Geschäftsabschlüssen; wird auf die Aufnahme von Geschäftsbeziehungen verzichtet, entfällt auch die Pflicht der
Identifikation. Verlangt wird vom Gesetzeswortlaut her nur die Identifikation des wirtschaftlich Berechtigten (dazu unten N 9), jedoch nicht des
direkten Vertragspartners, CASSANI Art. 305ᵗᵉʳ N 17, a.M. ACKERMANN
126, insofern weitergehend VSB Art. 2.

Art. 305ᵗᵉʳ ist ein **schlichtes Tätigkeitsdelikt,** das Delikt ist mit der *ersten*   7
rechtsgeschäftlichen Handlung zwischen dem Täter und dem nicht identi-
fizierten Partner vollendet, vgl. GRABER, Geldwäscherei, 185 Fn 369. Die
Verletzung der Identifikationspflicht ist auch dann strafbar, wenn es sich
im Einzelfall nicht um kontaminierte Vermögenswerte handelt *(abstrak-*
tes Gefährdungsdelikt!), ACKERMANN 118f., GRABER, Geldwäscherei,
185f., KISTLER 167, MESSERLI, *Obblighi della banca,* 50, SCHWOB, Erläuterungen N 7, ULLRICH 34. Kennt der Sorgfaltspflichtige den wirtschaftlich Berechtigten, so kommt Art. 305ᵗᵉʳ nicht zur Anwendung, selbst
wenn die Vermögenswerte krimineller Herkunft sind, GRABER, Geldwäscherei, 190f., STRATENWERTH BT II § 54 N 53. Nimmt man schmutzige
Gelder aus einwandfrei identifizierter Quelle entgegen, so ist Art. 305ᵗᵉʳ
nicht erfüllt, jedoch allenfalls Art. 305ᵇⁱˢ.

Durch **Unterlassung** kann das Delikt begangen werden, wenn der Täter   8
eine *Garantenstellung* innehat, wie es insbesondere bei Vorgesetzten der
Fall sein kann, CASSANI Art. 305ᵗᵉʳ, eingehend DE CAPITANI, SJZ 89
(1993) 23ff. Eine Garantenstellung kann sich zudem für Mitglieder der
Bankenkommission aus BkG Art. 23ᵗᵉʳ IV und für Bankenrevisoren aus
BkG Art. 21 IV ergeben, dazu CASSANI Art. 305ᵗᵉʳ N 13.

Die Tathandlung knüpft an die Identifikation des an den Vermögens-   9
werten **«wirtschaftlich Berechtigten»** an. Der Begriff des wirtschaftlich
Berechtigten ist VSB Art. 3 entnommen. Bei der Zuordnung der Vermögenswerte ist die *wirtschaftliche Betrachtungsweise ausschlaggebend,*
nicht irgendwelche formaljuristische Konstruktion, Botsch. 1989 1089, s.
dazu CASSANI Art. 305ᵗᵉʳ N 16, DE CAPITANI, SJZ 89 (1993) 25f., DERS.,
Praktische Auswirkungen, 101 ff. GRABER, Geldwäscherei, 187ff., KIST-
LER 172 ff., SCHWOB, Erläuterungen N 7, ZULAUF, ZSR NF 113 (1994)
483f.; zu suchen ist dabei in erster Linie nach demjenigen, der «ein fest-
stellbares und dauerndes Interesse» an den betreffenden Vermögenswerten besitzt, ZULAUF a.a.O. 484; die VSB und die Praxis der Aufsichtskommission sind bei der Auslegung beizuziehen, Botsch. a.a.O., NR 1989
III 1855.

10   Die **Sorgfaltspflicht** bestimmt sich **«nach den Umständen»**. Damit wurde das Verhältnismässigkeitsprinzip gesetzlich verankert, Botsch. 1989 1089, Sten. NR 1989 III 1855. Die gebotene Sorgfalt beurteilt sich nach der konkreten Situation, wobei der Besonderheit der einzelnen Berufe Rechnung zu tragen ist, Botsch. 1989 1089. Damit wird die «Grenze zumutbarer Abklärungen» markiert, Botsch. 1989 1089. Die Identifikationspflicht erfordert zumindest schriftliche Fixierung des Geschäftsvorgangs, Botsch. a.a.O.

Die *Konkretisierung der* nach den Umständen gebotenen *Sorgfalt* ist als *das eigentliche Problem* der Bestimmung zu betrachten, GRABER, Geldwäscherei, 191, SCHWOB, Erläuterungen N 8, STRATENWERTH BT II § 54 N 54. Es ist zu hoffen, dass das Geldwäschereigesetz die Unsicherheit verringern wird.

Offen bleibt, inwieweit nicht nur die Pflicht zur Identifikation besteht, sondern darüber hinaus die Pflicht zur Identifizierung, d.h. des Nachweises des wirtschaftlich Berechtigten mittels *Ausweispapieren*, SCHWOB, Erläuterungen N 8. Vorerst ist bei Bankgeschäften davon auszugehen, dass die im *«Formular A»* verlangten Angaben ausreichen und die materielle Richtigkeit der Angaben über den wirtschaftlich Berechtigten nicht zu überprüfen ist, DE CAPITANI, Praktische Auswirkungen, 101f., HONEGGER/FREY 343, SCHWOB a.a.O.

11   Besondere Bedeutung kommt bei der Konkretisierung der nach den Umständen gebotenen Sorgfalt der seit 1977 bestehenden und jetzt in einer 1992 überarbeiteten Form vorliegenden **«Vereinbarung über die Standesregeln zur Sorgfaltspflicht der Banken»** zu. Die VSB, versehen mit einer privaten Sanktions- und Verfahrensordnung, dient primär der Wahrung des Ansehens eines Berufsstandes, GRABER, SZW 67 (1995) 163, ZULAUF, ZSR NF 113 (1994) II 434ff. Die Bank als juristische Person ist Partei im VSB-Verfahren, dessen Ergebnis den Strafrichter nicht bindet. Faktisch wird es freilich nicht ohne Einfluss auf ein gleichzeitig laufendes Strafverfahren bleiben, eingehend GRABER a.a.O. 163ff. Botsch. 1989 1089 verweist ausdrücklich auf die Bedeutung der VSB und der Praxis der Aufsichtskommission für die Auslegung des Art. 305ter. Man kann dieses Regelwerk als «Minimalstandard» der Sorgfalt bei Entgegennahme von Geldern betrachten, GRABER, Geldwäscherei, 192 m.w.Hinw., PERRET-SCHIAVI 27.

Mit der VSB verpflichten sich die Banken, «ihre Vertragspartner zu identifizieren und in Zweifelsfällen eine Erklärung des Vertragspartners über den an den deponierten Werten wirtschaftlich Berechtigten einzuholen» (VSB Art. 1 lit. a). Dies gilt namentlich bei der Eröffnung von Konten oder Heften, der Eröffnung von Depots, der Vornahme von Treuhandgeschäften, der Vermietung von Schrankfächern und bei Kassageschäften von über 25000 Franken (VSB Art. 2). Die Randziffern 8-17 VSB legen das Vorgehen für natürliche und juristische Personen im In- und Ausland fest. VSB Art. 3 betrifft die Feststellung des wirtschaftlich Berechtigten. Bei Zweifeln an der Identität des Vertragspartners sowie bei Kassageschäften von über 25000 Franken ist eine Erklärung über die wirtschaftliche Berechtigung einzuholen, für die i.d.R. das «Formular A» verwendet wird. Bei Sitzgesellschaften wird darüber hinaus eine Erklärung über die Beherrschungsverhältnisse verlangt (VSB Art. 4). Eine materielle Überprüfung der abgegebenen Erklärung findet nicht statt. Eingehend zum Inhalt der VSB CASSANI Art 305ter N 19 ff. und ZULAUF, ZSR NF 113 (1994) II 480 ff.

Im Bereich des Aufsichtsrechts hat die **Eidgenössische Bankenkommission** (EBK) ihre Praxis zur Gewähr einer einwandfreien Geschäftstätigkeit (BkG Art. 3 II lit. c) in «Geldwäschereirichtlinien» konkretisiert (EBK Rundschreiben 91/3, in Kraft seit dem 1.5.1992, abgedruckt bei M. PIETH [Hrsg.], Bekämpfung der Geldwäscherei, Basel u.a. 1992, 213 ff.). Diese Rundschreiben haben keinen rechtsetzenden Charakter, ZUBERBÜHLER, Banken, 43, sie wurden aber mit dem ausdrücklichen Ziel erlassen, eine *Auslegungshilfe* zu den unbestimmten Geldwäschereinormen des StGB anzubieten, Rundschreiben 91/3 N 2, dazu ZUBERBÜHLER a.a.O. 43 f., ZULAUF, ZSR NF 113 (1994) II 408 f; zu weit geht wohl PIETH 23, wonach das Strafrecht durch sie eine «authentische» Interpretation erhalte, ZULAUF, ZSR NF 113 (1994) II 409; zum (oft heiklen) Zusammenspiel zwischen den Rundschreiben der EBK und der VSB s. ZUBERBÜHLER a.a.O. 41 ff.

12

Subjektiv ist Vorsatz verlangt, CASSANI Art. 305ter N 24, GRABER 204, KISTLER 219, STRATENWERTH BT II § 54 N 55, obwohl der Verstoss gegen Sorgfaltspflichten ein Merkmal der Fahrlässigkeit ist. Der Täter muss sich bewusst sein, dass er seine Pflicht, den Geschäftspartner zu identifizieren, verletzt. Ohne Bedeutung ist für die Anwendung des Art. 305ter, ob der Pflichtige die Vermögenswerte für legal oder illegal erworben hält. Hat er jedoch Hinweise darauf, dass die Vermögenswerte verbrecherischer Herkunft sind, muss er zudem jede Transaktion unterlassen, die den *«paper trail»* unterbricht, sonst macht er sich der Geldwäscherei schuldig, vgl. Art. 305bis N 18. In vielen Fällen wird der Pflichtige nur durch die Ausübung des Melderechts (N 14 ff.) vermeiden können, sich strafbar zu machen.

13

Das **Melderecht** des **Abs. 2** wurde erst 1994 eingeführt und soll als gesetzlicher **Rechtfertigungsgrund** für die *Verletzung beruflicher Geheimhaltungspflichten* (Art. 162, 321 und BkG Art. 47) dienen, Botsch. 1993 324, eingehend SCHWOB, Anzeigerecht oder Anzeigepflicht, 442 ff.; Abs. 2 kann nicht nachträglich Geldwäschereihandlungen rechtfertigen, CASSANI Art. 305ter N 30, KISTLER 263; anders, wenn die Bank zwar Vermögenswerte entgegennimmt, sie aber – bevor sie weitergeschoben sind – meldet, ACKERMANN 142. Im Vorfeld wurde auch die Einführung einer Melde*pflicht* diskutiert, wie sie die Geldwäschereirichtlinie der EU in Art. 6 vorsieht, schliesslich aber verworfen, um sie nun wieder für das Geldwäschereigesetz vorzusehen, CASSANI Art. 305ter N 29.

14

    Das Melderecht darf nicht für andere Zwecke missbraucht werden, insbesondere nicht zur Auslösung allgemeiner Suchaktionen der Strafverfolgungsbehörden oder zur Umgehung des Rechtsschutzes im Bereich der internationalen Rechtshilfe, dazu CHAPUIS, ZStrR 113 (1995), 265.

15 Hat der Sorgfaltspflichtige bereits Geschäftsbeziehungen aufgenommen, so nimmt die h.L. – entgegen dem Wortlaut des Gesetzes – eine **«faktische Meldepflicht»** an, die sich aus der weit umschriebenen Tathandlung des Art. 305bis ergibt, ARZT (zu Art. 260ter) 1193, CASSANI Art. 305ter N 29, KISTLER 272, SCHMID, Insiderdelikte und Geldwäscherei, 210, SCHWOB, Anzeigerecht, 447 f., DIES., Erläuterungen N 12, STRATENWERTH BT II § 54 N 60, in diese Richtung weist auch die Botsch. 1993 324, abweichend ZULAUF, ZSR NF 113 (1994) II 524.

Der Entwurf zum *Geldwäschereigesetz* sieht in Art. 9 eine Meldepflicht für den Finanzintermediär bei der neu zu schaffenden Meldestelle für Geldwäscherei vor, sofern er mit einem zweifelhaften Kunden Geschäftsbeziehungen aufnimmt. Verzichtet er nach einem ersten, unverbindlichen Kundenkontakt auf die Aufnahme von Geschäftsbeziehungen, so ist er nicht verpflichtet, seine Beobachtungen zu melden, Botsch. zum Geldwäschereigesetz, BBl 1996 III 1130; zur Diskussion um die Meldepflicht GUGGENBÜHL, Kriminalistik 220, STAUFFER a.a.O.

16 Der Kreis der **meldeberechtigten Personen** stimmt mit den in Abs. 1 genannten Personen überein, Botsch. 1989 325. Daraus können sich Probleme ergeben bei Sorgfaltspflichtigen, deren Tätigkeit nur zum Teil der Identifikationspflicht unterliegt, so z.B. bei Anwälten, die zum Teil als Vermögensverwalter tätig sind. Weil Anwälte nur ausserhalb ihrer berufsspezifischen Tätigkeit zum Täterkreis nach Abs. 1 gehören, kann ihnen auch nur bezüglich der im Rahmen dieser Tätigkeit gemachten Wahrnehmungen ein Melderecht zustehen; daraus folgt, dass sie zuerst vorfrageweise herausfinden müssen, ob sie bezüglich ihrer konkreten Tätigkeit noch dem Berufsgeheimnis unterstehen oder nicht, vgl. CASSANI Art. 305ter N 31, SCHMID, Insiderdelikte und Geldwäscherei, 208 f. Den in Abs. 1 nicht genannten Berufsgeheimnisträgern steht das Melderecht nicht zu, SCHMID a.a.O. 209.

17 Die Meldung ist nichts anderes als eine **Strafanzeige**, CHAPUIS, ZStrR 113 (1995) 262, SCHWOB, Anzeigerecht oder Anzeigepflicht, 443 f.

18 Schwierig zu bestimmen ist der Zeitpunkt, ab welchem die **«Wahrnehmungen» genügend konkret** sind, dass der Financier das Melderecht ausüben darf bzw. ausüben muss. Die Botsch. 1993 326 führt dazu aus, es gehe nicht um «Beweismittel im engeren Sinn noch um Unterstellungen oder vage Eindrücke, sondern um Indizien, die in Richtung eines Verdachts weisen und die geeignet sind, von den Strafverfolgungsbehörden erhärtet zu werden», eingehend CHAPUIS, ZStrR 113 (1995) 266 ff. Mit einer derart vagen Umschreibung dürfte dem Sorgfaltspflichtigen wenig gedient sein. Hat sich nämlich der Verdacht verdichtet und er erstattet keine Meldung, so macht er sich u.U. wegen Geldwäscherei strafbar; übt er jedoch das Melderecht aus, bevor begründeter Verdacht besteht, so läuft er Gefahr, sich wegen Verletzung der Schweigepflicht strafbar zu

machen, s. Chapuis, ZStrR 113 (1995) 264, Schwob, Erläuterungen N 12, Stratenwerth BT II § 54 N 60.

Gemäss Botsch. 1993 323 (ebenso die Botsch. zum Geldwäschereigesetz, BBl 1996 III 1130) kann der Financier bereits vor Aufnahme der Geschäftsbeziehungen sein Melderecht ausüben, zu Recht dagegen Chapuis, ZStrR 113 (1995) 264 und Schmid, Insiderdelikte und Geldwäscherei, 208 Fn 96.

Die Wahrnehmung bzw. der **Verdacht** muss sich inhaltlich **auf** die **Herkunft** der Vermögenswerte **aus einem Verbrechen** beziehen. Die Begrenzung auf «Verbrechen» wurde kritisiert, weil der Verdacht auf Herkunft aus Geldwäscherei ein Vergehen betrifft, Chapuis, ZStrR 113 (1995) 269, Schmid, Insiderdelikte und Geldwäscherei, 208; vgl. demgegenüber Entwurf Geldwäschereigesetz Art. 9 I, der ausdrücklich auch an Art. 305bis anknüpft. Die Kritik ist m.E. unbegründet, weil Geldwäscherei ihrerseits Vermögenswerte voraussetzt, die aus Verbrechen stammen. Sehr erhebliche Probleme entstehen indessen, wenn man die Strafbarkeit von Erlöswäscherei ablehnt, vgl. Art. 305bis N 14.   19

Die **Form** der Meldung ist «von untergeordneter Bedeutung», Botsch. 1993 326; sie kann demnach auch mündlich erfolgen. Immerhin mag aus Beweisgründen die schriftliche Form angezeigt sein, Botsch. a.a.O., Chapuis, ZStrR 113 (1995) 264.   20

Inhaltlich darf die Meldung nicht mehr umfassen als den Verdacht auf Geldwäscherei und dessen Begründung, Cassani Art. 305ter N 39, Chapuis, ZStrR 113 (1995) 265, Kistler 261 f., vgl. auch Botsch. 1993 326: «Den Behörden dürfen nicht Informationen irgendwelcher Art übermittelt werden; vielmehr geht es nur gerade um solche, ‹die darauf schliessen lassen, dass Vermögenswerte aus einem Verbrechen herrühren›».   21

Adressatin der Meldung ist die zuständige Strafverfolgungsbehörde, die sich aus dem im Einzelfall anwendbaren kantonalen Prozessrecht ergibt, Botsch. 1993 327. Die örtliche Zuständigkeit bestimmt sich nach den allgemeinen Regeln der Art. 346 ff. Zu den «vom Gesetz bezeichneten Bundesbehörden» gehört insbesondere das Bundesamt für Polizeiwesen, welches bereits über die neu geschaffene Zentralstelle zur Bekämpfung des organisierten Verbrechens verfügt und dem auch die Aufgaben der im Zusammenhang mit dem Geldwäschereigesetz geplanten Meldestelle für Geldwäscherei übertragen werden sollen, Botsch. 1993 327, Botsch. zum Geldwäschereigesetz, BBl 1996 III 1144. Steuer-, Zoll- und Fremdenpolizeibehörden sind nicht Adressaten der Meldung, schon gar *nicht ausländische* Behörden, Botsch. 1993 327 – Nachrichtendienst i.S.v. Art. 273 kann durch Art 305ter II nicht gerechtfertigt werden.   22

Irrt der Sorgfaltspflichtige über Tatsachen, auf die sich sein Verdacht stützt, kommt Art. 19 zur Anwendung, Cassani Art. 305ter N 36, Botsch. 1993 325 f., Kistler 260; dabei ist zu beachten ist, dass BkG Art. 47.2 auch die fahrlässige Verletzung des Bankgeheimnisses mit Strafe bedroht. Nimmt er jedoch zu Unrecht an, die von ihm zutreffend festge-   23 stellten Verdachtsgründe seien hinreichend für die Erstattung einer Anzeige, so findet Art. 19 keine Anwendung, CASSANI Art. 305ter N 35, STRATENWERTH BT II § 54 N 60, möglicherweise aber Art. 20.

24   Der Hinweis auf Haft in der **Strafdrohung** ist überflüssig (Art. 39.1 II).

25   **Konkurrenzen und Abgrenzungen**
      Art. 160: echte Konkurrenz, CASSANI Art. 305ter N 26.
      Art. 305: echte Konkurrenz, CASSANI a.a.O., für Vorrang von Art. 305 KISTLER 240.
      Art. 305bis geht vor, Botsch. 1989 1090, CASSANI Art. 305bis N 65, GRABER, Geldwäscherei, 213, KISTLER 239, STRATENWERTH BT II § 54 N 57.

306 Falsche Beweisaussage der Partei

[1] Wer in einem Zivilrechtsverfahren als Partei nach erfolgter richterlicher Ermahnung zur Wahrheit und nach Hinweis auf die Straffolgen eine falsche Beweisaussage zur Sache macht, wird mit Zuchthaus bis zu drei Jahren oder mit Gefängnis bestraft.

[2] Wird die Aussage mit einem Eid oder einem Handgelübde bekräftigt, so ist die Strafe Zuchthaus bis zu drei Jahren oder Gefängnis nicht unter drei Monaten.

E 270. Sten.NR 945, 497. 2. ExpK V 270ff., VI 118ff.

JÜRG MEISTER, Die Beweisaussage – eine fragwürdige Neuerung der revidierten Zürcher Zivilprozessordnung, SJZ 73 (1977) 138; HENRI MÜLLER, Die Beweisaussage der Partei und deren Wahrheitssicherung nach den kantonalen Zivilprozessrechten und nach Art. 306 StGB, Diss. ZH 1946; WERNER PERRIG, Die Ermahnung zur Wahrheit und der Hinweis auf die Straffolgen der falschen Beweisaussage der Partei in Art. 306 StGB und das kantonale Zivilprozessrecht, SJZ 52 (1956) 341; HERBERT WINTER, Die falsche Beweisaussage der Partei nach Art. 306 StGB, Diss. ZH 1974; WALTER YUNG, *De la fausse déclaration d'une partie en justice et de l'interrogatoire des parties en comparution personnelle,* Sem.jud. 1945 489; **Lit.** zu Art. 307.

1   **Geschütztes Rechtsgut** ist wie in Art. 307 die Ermittlung der materiellen Wahrheit, hier im Zivilverfahren; mittelbar sind auch die Interessen der Gegenpartei geschützt. Der Tatbestand entspricht, abgesehen von charakteristischen Besonderheiten, Art. 307, vgl. BGE 72 IV 37, 95 IV 79; deshalb sei für hier nicht erörterte Fragen auf die Kommentierung dort verwiesen. Die Besonderheit von Art. 306 liegt darin, dass hier eine Partei gewissermassen als «Zeuge in eigener Sache» aussagt, BGE 72 IV 36.

2   Die Aussage muss in einem **Zivilverfahren** gemacht werden, also in einem Gerichtsverfahren um zivilrechtliche Ansprüche. Dazu gehört z.B. die vorläufige Beweisaufnahme gem. BE ZPO Art. 282, ZBJV 112 (1976) 385, aber nicht das Verfahren über die Zuteilung eines Rechtsbeistands, RS 1959 Nr. 26. S. ferner Art. 309 zum Schiedsgerichts- und Verwaltungsverfahren.

Die **Beweisaussage der Partei** muss im (kantonalen oder eidgenössischen   3
– BZP Art. 64) Verfahrensrecht ausdrücklich vorgesehen sein. Das Beweismittel findet sich z.B. nicht in den Prozessordnungen von Zug (RS
1964 Nr. 171), Schwyz (RS 1960 Nr. 32), Waadt (ordentliches Verfahren
– JdT 1964 III 120) und Genf (JdT 1954 III 51). Der Bundesgesetzgeber
lässt den Kantonen in dieser Hinsicht freie Hand, BGE 76 IV 281. Es
genügt aber nicht, dass der Richter ohne Grundlage in der kantonalen
ZPO auf Art. 306 verweist, BGE 72 IV 37, 76 IV 279.

Mit YUNG 490 ff. lassen sich vier Arten von Parteiaussagen unterscheiden: a) Behauptungen, welche den Prozessstoff definieren; b) Aussagen
ohne Beweiswert zugunsten der Partei, höchstens als Zugeständnisse zu
ihren Ungunsten; c) qualifizierte Beweisaussagen mit einem Beweiswert,
der Zeugenaussagen entspricht; und d) Beweisaussagen, die den Richter
binden. Nur Aussagen gemäss c) und d) fallen unter Art. 306, vgl. auch
BGE 95 IV 77, RS 1966 Nr. 39, 1975 Nr. 102. Im Gegensatz zu Art. 307 (N
13) sind falsche Aussagen zu unerheblichen Fragen nicht strafbar,
AGVE 1953 Nr. 34.

Als **Formvoraussetzung** schreibt das Bundesrecht Ermahnung zur Wahr-   4
heit und Hinweis auf die Straffolgen vor, wobei die formellen Anforderungen weniger hoch sind als in Art. 292 (N 4). Im übrigen sind die Pro-
zessgesetzgeber frei. Formfehler führen zur Ungültigkeit, BE 72 IV 38,
RS 1981 Nr. 191 (Hinweis auf Zeugnisverweigerungsrecht), einschränkend AGVE 1965 Nr. 36.

Subjektiv ist **Vorsatz** erforderlich, der sich auf die Unwahrheit der Aus-   5
sage sowie auf die Tatsache der qualifizierten Befragung «als Zeuge in
eigener Sache» richten muss, PFÄFFLI (zu Art. 307) 42 f. Objektive Strafbarkeitsbedingung ist entgegen SCHULTZ, ZStrR 76 (1960) 364 Fn 56,
HAFTER BT II 807, nur die Einhaltung spezieller Formvorschriften des
Verfahrensrechts.

Der **bedingte Strafvollzug** soll gemäss ZBJV 79 (1943) 81, 83 und RS   6
1958 Nr. 206 bei falscher Beweisaussage in der Regel verweigert werden,
was Art. 41 widerspricht (dort N 14). Zur Strafzumessung s. auch Art.
308.

Abs. 2 qualifiziert die **beeidigte Aussage;** entgegen ZBJV 79 (1943) 82 ist   7
damit eine besondere Form der Bekräftigung einer Aussage gemeint,
nicht die bindende Wirkung der Aussage (vgl. N 3). Der Eid hat seine Berechtigung verloren, s. z.B. OSCAR VOGEL, Grundriss des Zivilprozessrechts und des internationalen Zivilprozessrechts der Schweiz, 4. Aufl.,
Bern 1995, § 10 N 184, damit auch die Qualifikation.

Eine **privilegierte Form** entsprechend Art. 307 III **fehlt.** Einerseits ist dies   8
angesichts der fehlenden praktischen Bedeutung (Art. 307 N 20) keine
spürbare Lücke, andererseits ist die Beweisaussage stets qualifizierte
Form des Parteiverhörs, zu der eher selten (MEISTER 139 f.) und nicht in
unerheblichen Fragen gegriffen wird (für Ergänzung *de lege ferenda*
HAFTER BT II 801, STRATENWERTH BT II § 53 N 17).

9   **Kasuistik**
    BGE 72 IV 33: Gottlieb **Brugger** wird im Vaterschaftsprozess der Paula
    Joho zu einem Punkt in formeller Parteibefragung, zu einem anderen
    formlos befragt … in letzterem log er … Tatbestand nicht erfüllt; **76 IV
    278: Max Müller** bestritt im Vaterschaftsprozess, nachdem er auf Art. 306
    hingewiesen worden war, fälschlich den Geschlechtsverkehr mit Rosa
    Stutz – weil die Zürcher ZPO eine Parteibefragung als «Zeugnis» nicht
    vorsah, Tatbestand nicht erfüllt (Vi SJZ 46 [1950] Nr. 101); **95 IV 75: Frau
    X.** bestritt im Scheidungsprozess ehewidrige Beziehungen mit A. und B.,
    nachdem sie zur Wahrheit ermahnt, auf die Straffolgen gemäss Art. 306
    aufmerksam gemacht und über das Zeugnisverweigerungsrecht belehrt
    worden war; sie berichtigte die Aussage nach Drohung mit Konfronta-
    tion – weil das Protokoll vorher verlesen und bestätigt worden war, Voll-
    endung.

10 **Konkurrenzen und Abgrenzungen**
    Art. 306 konkurriert idealiter mit Tatbeständen, die durch den Inhalt der
    Aussage erfüllt werden, z.B. **Art. 146** (HAFTER BT I 269, GERMANN, Ver-
    brechen 276, zum Prozessbetrug Art. 146 N 18), **Art. 173 ff., 303 ff.**

    Kantonale Übertretungstatbestände können weniger qualifizierte For-
    men der falschen Parteiaussage sanktionieren, BGE 76 IV 282, RS 1959
    Nr. 26, 1960 Nr. 32.

307 Falsches Zeugnis. Falsches Gutachten. Falsche Übersetzung

[1] **Wer in einem gerichtlichen Verfahren als Zeuge, Sachverständiger,
Übersetzer oder Dolmetscher zur Sache falsch aussagt, einen falschen
Befund oder ein falsches Gutachten abgibt oder falsch übersetzt, wird mit
Zuchthaus bis zu fünf Jahren oder mit Gefängnis bestraft.**

[2] **Werden die Aussage, der Befund, das Gutachten oder die Überset-
zung mit einem Eid oder mit einem Handgelübde bekräftigt, so ist die
Strafe Zuchthaus bis zu fünf Jahren oder Gefängnis nicht unter sechs
Monaten.**

[3] **Bezieht sich die falsche Äusserung auf Tatsachen, die für die richterliche Entscheidung unerheblich sind, so ist die Strafe Gefängnis bis zu
sechs Monaten.**

KLAUS BÜTTIKOFER, Die falsche Zeugenaussage aus kriminologischer Sicht, Diss.
ZH 1975; MUSTAFA ÇELEBI, *Du faux témoignage spécialement en droit suisse,* Diss.
NE 1950; ARTHUR HAEFLIGER, Versuch und Vollendung beim Tatbestand des
falschen Zeugnisses, ZStrR 71 (1956) 307; ROBERT HAUSER, Der Zeugenbeweis im
Strafprozess mit Berücksichtigung des Zivilprozesses, Zürich 1974; DERS., Zum Tatbestand des falschen Zeugnisses, ZStrR 91 (1975) 337; DERS., Zeuge und Beschuldigter im Strafprozess, Kriminalistik 1978 369; PAUL PFÄFFLI, Das falsche Zeugnis,
Diss. BE 1962; GEORG MESSMER, Der strafrechtliche Schutz der Rechtspflege vor Irreführung, Kriminalistik 1965 433, 434; HANS SCHULTZ, Falsche Anschuldigung, Ir-

reführung der Rechtspflege und falsches Zeugnis, ZStrR 73 (1958) 213; DERS., Über das falsche Zeugnis, ZStrR 76 (1960) 348; ERNST STEINER, Der strafrechtliche Schutz der Rechtspflege in Zivil- und Verwaltungssachen, Festgabe der Juristischen Fakultät Freiburg zur 77. Jahresversammlung des SJV, 1943, 127; RUDOLF VETTER, Probleme des Zeugnisverweigerungsrechtes, Diss. ZH 1954; BRUNO WEIL, Zur Abgrenzung der erheblichen von der unerheblichen falschen Äusserung (Art. 307 StGB), SJZ 48 (1952) 315.

Unmittelbar **geschütztes Rechtsgut** von Art. 307 ist die *Ermittlung* der *materiellen Wahrheit* im gerichtlichen Verfahren; mittelbar geschützt ist das im Verfahren gesuchte Recht, CASSANI Art. 306 N 1, HAUSER, ZStrR 91 (1975) 339 f., PFÄFFLI 4 f.; dies manifestiert sich darin, dass die betroffene Partei im Strafprozess wegen falschen Zeugnisses als Privatklägerin zugelassen wird.   1

Angriffsobjekt ist ein **«gerichtliches Verfahren».** Einerseits sind solche Verfahren besonders schutzwürdig, andererseits werden sie von besonders qualifizierten Organen durchgeführt, was pflichtgemässe Vernehmung sichern soll, PFÄFFLI 9 f. Ausser den Zivil- und Strafgerichten gehören dazu Untersuchungsinstanzen, z.B. der Referent eines kollegialen Zivilgerichts, ZR 57 (1958) Nr. 130, oder der Untersuchungsrichter, h.M. Bezüglich des Staatsanwalts s. HAUSER, Zeugenbeweis, 85. Im St. Gallen lässt im «nicht strukturierten Ermittlungsverfahren» keine Zeugenbefragung zu – der Hinweis des Untersuchungsrichters auf Art. 307 ist ohne Bedeutung, GVP-SG 1988 Nr. 72. Die Zeugenbefragung ist nicht zulässig im Zürcher Verfahren betr. Ermächtigung zur Prozessführung, ZR 43 (1944) Nr. 78. Die *Polizei* ist in der Regel nicht befugt, Zeugeneinvernahmen durchzuführen, für die (bedenklichen) Ausnahmen in Basel-Stadt, Graubünden (zur Abklärung von Verkehrsunfällen PKG 1993 Nr. 25, s. aber im übrigen PKG 1991 Nr. 55, 1956 Nr. 30) und Waadt, HAUSER, Zeugenbeweis, 86. Auch Verwaltungsgerichte führen ein «gerichtliches Verfahren» i.S.v. Art. 307 durch – für Verwaltungsbehörden s. Art. 309 (vgl. auch RS 1948 Nr. 107, dazu kritisch PFÄFFLI 17). Nicht strafbar sind falsche Aussagen vor EKMR und EGMR.   2

Als **Täter** kommt nur ein *Zeuge, Sachverständiger, Übersetzer* oder *Dolmetscher* in Frage. Von praktischer Bedeutung ist vor allem das falsche Zeugnis. Nach herrschender Meinung, BGE 92 IV 207 f., 98 IV 214 f., PKG 1993 Nr. 25, CASSANI Art. 307 N 8, STRATENWERTH BT II § 53 N 25, je m.w.Hinw., ist es ausschliesslich Sache des (vorwiegend kantonalen) Verfahrensrechts, zu bestimmen, wer Zeuge ... sein kann. Diese Auffassung ist jedoch abzulehnen. Art. 307 führt einen **bundesrechtlichen Begriff** des Zeugen ... ein (so im Grundsatz auch BGE 73 IV 45), der *autonom* auszulegen ist – das Bundesstrafrecht darf sich nicht zum Büttel des teilweise veralteten und unklaren, jedenfalls unterschiedlichen kantonalen Verfahrensrechts machen. Dies ist ohne Verletzung von BV Art. 64bis möglich, weil es nur um strafrechtliche Folgen geht und auch nur um die *essentialia* der einschlägigen Begriffe. Wo das Prozessrecht, wie die ZPO BL § 160, gewisse Personenkategorien als Zeugen schlechthin aus-   3 schliesst, fällt freilich Art. 307 ausser Betracht, BJM 1954 234; die Autonomie des bundesrechtlichen Zeugenbegriffs hat nur die Wirkung, dass das kantonale Recht eine Person nicht als Zeugen i.S.v. Art. 307 behandeln darf, wenn *essentialia* (N 4) fehlen.

4   Der **Zeuge** ist zu definieren als *von den Parteien verschiedene Person, die verpflichtet ist, in einem besonders geregelten Verfahren vor einer zuständigen Behörde unter strafrechtlich sanktionierter Wahrheitspflicht über persönliche Wahrnehmungen und Erfahrungen zu berichten,* vgl. HAUSER/SCHWERI § 62 N 1, HAUSER., Zeugenbeweis, 38, DERS., ZStrR 91 (1975) 341.

5   **Sachverständige, Übersetzer** und **Dolmetscher** spielen in der Praxis zu Art. 307 kaum eine Rolle. Für sie gelten die weiteren Ausführungen *mutatis mutandis* ebenfalls. Für kollektive und pauschale Ermahnung medizinischer Gutachter s. MESSMER 438.

6   Besonders umstritten ist die Frage, ob im Strafverfahren ein **Tatbeteiligter** Zeuge sein könne, m.a.W. ob strafbar sei, wer formell als Zeuge einvernommen wurde, obwohl er materiell als Verdächtiger behandelt werden müsste. BGE 92 IV 207 ff. (Vi SJZ 64 [1968] Nr. 105), 98 IV 214 ff. anerkennen zwar den Grundsatz, wonach dies nicht möglich sei (Materialtheorie), verschanzen sich jedoch hinter dem kantonalen Verfahrensrecht. Zu Freispruch führt falsches «Zeugnis» durch einen Tatbeteiligten in den Kantonen Zürich (SJZ 63 [1967] Nr. 64, 62 [1966] Nr. 130), Freiburg (Extr.Fr. 1989 44), Appenzell Ausserrhoden (SJZ 55 [1959] Nr. 3, RS 1958 Nr. 73), St. Gallen (GVP 1971 Nr. 30, SJZ 62 [1966] Nr. 143), Graubünden (SJZ 46 [1950] Nr. 88, Aargau (RS 1979 Nr. 699, 1965 Nr. 90, AGVE 1953 124, 1949 85, SJZ 43 [1947] Nr. 189), Waadt (JdT 1963 IV 158, SJZ 56 [1960] Nr. 55, 54 [1958] Nr. 95, RS 1948 Nr. 102), Wallis (ZWR 1979 167) und Neuenburg (RJN 1980 106, 1996 77). Bern (ZBJV 94 [1958] 319) stellt darauf ab, ob die Verdachtslage hätte erkannt werden sollen; Basel-Landschaft (SJZ 63 [1967] Nr. 155) erklärt den Täter für strafbar, wenn er absichtlich die Verdachtslage verschleierte; Zug (SJZ 64 [1968] Nr. 105) erklärt schlechthin den Tatverdächtigen für zeugnisfähig.

     In der Literatur haben sich vor allem SCHULTZ, ZStrR 76 (1960) 348 ff. und WAIBLINGER, Urteilsanmerkung in ZBJV 94 (1958) 322 ff., gegen die Material- und für die Formaltheorie eingesetzt, wonach es nur darauf ankommt, ob die Person formell als Zeuge befragt wurde; PFÄFFLI 32 f. verweist auf das Verfahrensrecht und akzeptiert die Materialtheorie, wenn ein Tatverdacht «deutlich erkennbar» war, dagegen MESSMER 435; für die Materialtheorie schon ÇELEBI 21, vor allem aber HAUSER, ZStrR 345 ff., DERS., Kriminalistik 372 f.

     Richtig ist m.E. allein die Materialtheorie, und zwar, im Gegensatz zu STRATENWERTH BT II § 53 N 25, unabhängig vom kantonalen Verfahrensrecht. Dies ergibt sich aus einer *verfassungskonformen Auslegung.* Jeder (materiell) Verdächtige hat das Recht zu schweigen, er trägt in einer (auch) gegen ihn gerichteten Strafverfolgung keine Wahrheits-

pflicht, BGE 106 Ia 8 f.; der Satz gilt universell, vgl. RIDP 49 (1978) H. 3
S. 564, EGMR, Urteile K. c. Österreich, Serie A 255-B (insbes. der Bericht der Kommission) und Funke c. F., Serie A Nr. 256-A (auch in ÖJZ
1993 532) § 44; dies gilt auch im angelsächsischen Rechtskreis, wo der
Angeklagte allerdings freiwillig in den Zeugenstand treten kann. Nach
rechtskräftigem Abschluss des Strafverfahrens gegen ihn kann der ehe-
mals Verdächtige Zeuge gegen andere Tatbeteiligte sein, h.M., kritisch
HAUSWIRTH (zu Art. 305) 227 im Hinblick auf die Möglichkeit einer Wiederaufnahme des Verfahrens. Keinen Einfluss auf die Zeugnisfähigkeit
hat der Umstand, dass von einem an der Tat klarerweise Unbeteiligten
eine Falschaussage zu befürchten ist, GVP-ZG 1991 Nr. 92. Zur Zeugnis-
unfähigkeit im Zivilprozess RS 1975 Nr. 932.

Umstritten ist ebenfalls die **Bedeutung von Formfehlern** für die Strafbar-   7
keit gem. Art. 307. Das Bundesgericht verweist gerade in diesem Zusammenhang auf das Verfahrensrecht, BGE 71 IV 44, 69 IV 217 ff., und hält
die prozessuale Anfechtbarkeit für entscheidend, dagegen SCHWANDER
Nr. 765, SCHULTZ, ZStrR 76 (1970) 359. Richtigerweise müssen die *essentialia* des Zeugenbegriffs (N 4) als Merkmale eines bundesrechtlichen Begriffs behandelt werden; wo das kantonale Recht strengere Anforderungen an ein gültiges Zeugnis stellt, haben diese den Vorrang, denn nur
eine *verwertbare Aussage* ist gefährlich, STRATENWERTH BT II § 53 N 27.

Der Täter muss mindestens **formell als Zeuge** einvernommen werden; als   8
Auskunftsperson kann er den Tatbestand nicht erfüllen, BJM 1957 50,
schon gar nicht als «anonymer Zeuge», BGE 116 Ia 88 f. Wo ein Handgelübde vorgesehen ist, ist es Gültigkeitsbedingung, PKG 1955 Nr. 41.

Der Zeuge muss ferner **auf die Strafdrohung** bei falscher Aussage **auf-**   9
merksam gemacht werden, was auch die *Ermahnung zur Wahrheit* in sich
schliesst. Entgegen BGE 69 IV 219 ff., 71 IV 43 ff. handelt es sich dabei
um ein unverzichtbares *essentiale* der Zeugenaussage, PKG 1993 Nr. 25,
HAUSER, ZStrR 91 (1975) 359 f., MESSMER 435, PFÄFFLI 41. Die Abweichung des Gesetzestextes im Vergleich zu Art. 306 (BGE 69 IV 222) ist
damit zu erklären, dass die Strafandrohung eben schon zum Begriff der
Zeugenaussage gehört. Ermahnung und Strafandrohung werden als *Gültigkeitserfordernis* angesehen in Schwyz, RS 1950 Nr. 143 (es genügt,
wenn sie erst vor Unterzeichnung erfolgen), Luzern, LGVE 1985 I Nr.
50, Graubünden (PKG 1993 Nr. 25, auch ohne ausdrückliche gesetzliche
Grundlage), Aargau, RS 1946 Nr. 59, und Tessin, Rep. 1964 262 (das Protokoll schafft Vermutung), Rep. 1991 545 f. (Vereidigung des Dolmetschers).

Weniger klar ist die Situation hinsichtlich der **Belehrung** über das **Zeug-**   10
nisverweigerungsrecht. Als Gültigkeitserfordernis schlechthin wird sie
behandelt in ZR 49 (1950) Nr. 85, ZBJV 84 (1948) 361 ff. (Plenum der
Strafkammern – später modifiziert, s. unten), PKG 1949 S. 63, 1955
Nr. 42, 1966 Nr. 29, LGVE 1985 I Nr. 50, BJM 1990 199 (mit strengen Be-
weisanforderungen); keine entscheidende Bedeutung wird der unterlas-

senen Belehrung beigemessen in ZBJV 79 (1943) 34 (überholtes Kreisschreiben), RS 1943 Nr. 116, 1948 Nr. 104. Heute gilt die Belehrung dann als Gültigkeitserfordernis, wenn dem Zeugen ein Verweigerungsrecht zustand in Zürich, SJZ 52 (1956) Nr. 177, ZR 60 (1961) Nr. 25; Bern, ZBJV 102 (1966) 311 f.; Luzern, RS 1965 Nr. 35; Basel, SJZ 58 (1962) Nr. 210; Schaffhausen, s. SJZ 63 (1967) 247 f.; offenbar auch Freiburg, RS 1959 Nr. 36; Neuenburg, RS 1974 Nr. 774; ebenso HAUSER; ZStrR 91 (1975) 364, MESSMER 436.

Bedenklich sind weitere Einschränkungen, wonach das Zeugnisverweigerungsrecht «offensichtlich» sein müsse, SJZ 58 (1962) Nr. 210, oder der Vorbehalt für den Fall, dass der Täter das Recht kennt, ZBJV 87 (1951) 217, kritisch dazu auch HAUSER, ZStrR 91 (1975) 367. Geradezu verfassungswidrig ist m.E. die Vermutung, der Zeuge hätte trotz Belehrung gelogen, SJZ 63 (1967) Nr. 155, zustimmend BGE 86 I 91, ZBJV 111 (1975) 408 mit treffender Anmerkung SCHULTZ, wie hier auch HAUSER, ZStrR 91 (1975) 365.

11   **Verlesung und Unterzeichnung** des Protokolls sind Gültigkeitsvoraussetzung, RS 1961 Nr. 214, HAUSER, ZStrR 91 (1975) 368, wobei die Unterschrift des Zeugen nach manchen Prozessordnungen durch Verbal über die Verweigerung gültig ersetzt werden kann, ZBJV 111 (1975) 418, HAUSER, Zeugenbeweis, 307. Kein *essentiale* ist dagegen die Unterschrift des Vernehmenden oder des Protokollführers, PFÄFFLI 48, als Gültigkeitserfordernis behandelt in Schwyz, RS 1966 Nr. 167. In Solothurn ist nicht einmal Protokollierung vorausgesetzt, SJZ 69 (1973) Nr. 27. Blosse Formvorschrift ist die Ladungsfrist, SJZ 69 (1973) Nr. 78.

12   Die **dogmatische Einordnung** der Erfüllung von Gültigkeitserfordernissen ist nicht einheitlich zu beantworten. Nach SCHULTZ, ZStrR 76 (1960) 363, ZBJV 105 (1969) 384, handelt es sich um objektive Strafbarkeitsbedingungen, sofern sie nicht vom Willen des Zeugen abhängen, wie bei der Unterschrift (wenn sie nicht durch Verbal ersetzt werden kann); PFÄFFLI 34 ff. sieht darin Tatbestandsmerkmale; BGE 85 IV 32 lässt die Frage offen. M.E., sind die *essentialia* als *Rechtswidrigkeitsmerkmale* einzustufen. Wer sie irrtümlich für gegeben ansieht, begeht entgegen BGE 94 IV 2 ff. nicht untauglichen Versuch, sondern ein Wahndelikt.

13   Strafbar ist nur die falsche Aussage **zur Sache** (*«sur les faits de la cause»*). Auch *innere* Tatsachen, Gefühle, Willen, Absicht, können Gegenstand des Zeugnisses sein, aber entgegen BGE 93 IV 59 nur diejenigen des Zeugen; schreibt er einem Dritten solche Tatsachen zu und beschreibt er nicht bloss deren äussere Manifestation, und auch nicht bloss seinen damaligen Eindruck, so interpretiert er, was nicht mehr zur Aufgabe des Zeugen gehört.

Zur Sache gehört *alles,* was mit dem Prozessgegenstand i.w.S. *zusammenhängt,* RS 1943 Nr. 234, auch Fragen zur Glaubwürdigkeit, SJZ 45 (1949) Nr. 101, 51 (1955) Nr. 115, RJN 1984 105, RS 1969 Nr. 118. Aus Abs. 3 (N 20) ergibt sich, dass die Aussage nicht erheblich zu sein braucht, ZR 43 (1944) Nr. 207, RS 1948 Nr. 103.

Strafbar ist die **falsche Aussage** – damit ist objektiver Widerspruch zur **14**
Wahrheit gemeint, h.M. Glaubt der Täter irrtümlich, er lüge, so liegt *un-*
tauglicher Versuch vor, SCHULTZ, ZBJV 105 (1969) 385, DERS., ZStrR 76
(1960) 375. Ob die Aussage falsch ist, beurteilt sich «nach dem schluss-
endlichen Ergebnis der Aussagen», BGE 85 IV 32. Auch Bagatellisie-
rungen, AGVE 1955 Nr. 32, und grobe Übertreibungen sind «falsch»,
ebenso Aussagen, die durch bewusste Auslassungen einen irreführenden
Gesamteindruck hervorrufen, RS 1980 Nr. 1096. Tatbestandsmässig ist
auch die offensichtlich falsche Aussage – im Gegensatz zu Art. 146 (N 14,
27) braucht kein Irrtum erweckt zu werden, BGE 106 IV 200.

Keine Falschaussage ist dagegen die Aussageverweigerung, für die andere Sanktionen vorgesehen sind, s. HAUSER, Zeugenbeweis, 80, 109 ff.
Zeugnisverweigerung liegt materiell auch dann vor, wenn der Täter generell und ostentativ behauptet, er könne *(scil.* wolle) sich an nichts erinnern (anders die h.M.).

Ein Gutachten ist noch nicht falsch, solange seine Ergebnisse *vertret-*
bar sind (ZR 70 [1971] Nr. 21) und vom *Gutachter* tatsächlich vertreten
werden.

Subjektiv ist **Vorsatz** erforderlich. Der Täter muss wissen, dass er als **15**
Zeuge zur Sache aussagt (BGE 69 IV 222; JdT 1967 IV 124, SJZ 51 [1955]
Nr. 115) oder ein falsches Gutachten erstellt (Pra 50 [1961] Nr. 97), aber
nicht, ob alle formellen Vorschriften beachtet wurden, BGE 93 IV 27, s.
auch N 12.

Versuch und Vollendung: Art. 307 ist ein *schlichtes Tätigkeitsdelikt* – ein **16**
Erfolg im technischen Sinne ist nicht Tatbestandsmerkmal, BGE 69 IV
215, 70 IV 83. Die Tat ist vollendet mit dem Abschluss der Aussage,
massgebend ist insofern das Verfahrensrecht, BGE 69 IV 217, 80 IV 123,
85 IV 32, ZR 56 (1957) Nr. 70. Nach StPO VD tritt die Vollendung erst
mit Entlassung des Zeugen ein, die «Aussage» kann unterbrochen werden, RS 1948 Nr. 106, s. auch BGE 69 IV 217.

Gemäss BGE 80 IV 123 f., 85 IV 32, 95 IV 79, 107 IV 132, Rep. 1959 258
(BGer), kann der Täter, der vor Abschluss der Einvernahme nach an-
fänglichem Leugnen zur Wahrheit findet, auch *nicht wegen unvollendeten*
Versuchs bestraft werden; zur Begründung wird pragmatisch angeführt,
dass dadurch die Ermittlung der materiellen Wahrheit gefördert werde,
weil es so dem Zeugen leichter falle, falsche Aussagen zu berichtigen.
Die kantonale und militärgerichtliche Praxis vor 1954 weist abweichende
Urteile auf: ZR 42 (1943) Nr. 36, 49 (1950) Nr. 85, MKGE 6 Nr. 32; wie
das BGer RS 1952 Nr. 132, 1953 Nr. 130, 1961 Nr. 214.

Die Lösung lässt sich mit dogmatischen Argumenten nicht begründen,
a.M. deshalb HAEFLIGER a.a.O., WAIBLINGER, ZBJV 92 (1956) 208,
ZStrR 72 (1957) 141, MESSMER 437; aus praktischen Gründen ist dem
Bundesgericht jedoch beizutustimmen, ebenso CASSANI Art. 307 N 32,
ÇELEBI 71, PFÄFFLI 70 ff., HAUSER, ZStrR 91 (1975) 379, REHBERG IV
384, SCHULTZ, ZStrR 78 (1962) 155 (anders noch 76 [1960] 367 ff., 73

[1958] 256), STRATENWERTH BT II § 53 N 34; empirische Belege bei BÜTIKOFER 127 ff. Es kann auch nicht wegen versuchter Begünstigung bestraft werden; sonst würde der Zweck dieser Sonderregel vereitelt.

Weil Gültigkeitserfordernisse, die nicht vom Willen des Täters abhängen, Rechtswidrigkeitsmerkmale sind, liegt auch kein Versuch vor, wenn der Protokollführer nicht unterzeichnet hat und die Einvernahme deshalb nichtig ist, ZR 65 (1966) Nr. 56, abweichend noch ZR 61 (1962) Nr. 163, 56 (1957) Nr. 172, ferner RS 1966 Nr. 167 (Schwyz), s. auch N 12.

17 **Untauglicher Versuch** ist möglich, wenn der Täter irrtümlich die Wahrheit sagte, MESSMER 434, PFÄFFLI 75 f., SCHULTZ, ZStrR 76 (1960) 375, aber nicht bei Ungültigkeit wegen Formfehlers, BGer in SJZ 63 (1967) S. 247 f., abweichend BGE 94 IV 2 ff., vgl. N 12, 14, HAUSER, ZStrR 91 (1975) 377.

18 **Teilnahme:** Falsches Zeugnis ist ein eigenhändiges Sonderdelikt, Täter kann nur sein, wer im Zeugenstand bewusst lügt. **Mittäterschaft** kann praktisch keinerlei Bedeutung erlangen. **Mittelbare Täterschaft** durch Verursachen einer gutgläubigen Falschaussage ist nicht strafbar, BGE 71 IV 135 f., 115 IV 233.

Gehilfenschaft ist denkbar durch Bestärkung im Vorsatz, BGE 72 IV 100 f., oder durch Hilfe beim Ausdenken glaubhafter Lügengebäude.

Ein **Anstifter** muss wissen oder damit rechnen, dass der Angestiftete als Zeuge aussagen wird, BGE 98 IV 216 f. (sehr fraglich bei Tatverdächtigen – *recte* ausgeschlossen, N 6), was besonders wichtig ist bei Anstiftungsversuch, SJZ 46 (1950) Nr. 88, RS 1953 Nr. 182, 1962 Nr. 6; unrichtig RS 1952 Nr. 2; zu weit gehen PKG 1956 Nr. 30 (Anstiftungsversuch, obschon ein Zeugnisverweigerungsrecht bestand) und RS 1965 Nr. 61 (Bitte um falsche schriftliche Bestätigung als Anstiftungsversuch zu Art. 307). Der Anstifter bleibt wegen Versuchs auch strafbar, wenn der Täter zufolge eines Formfehlers freigesprochen wurde, PKG 1956 Nr. 41, HAUSER, ZStrR 91 (1975) 383. Straflos der Anstiftungsversuch zu einer unerheblichen (N 20) Falschaussage, PKG 1956 Nr. 30, zust. SCHULTZ, ZStrR 76 (1960) 379.

Gemäss BGE 73 IV 244 ist Anstiftung zu falschem Zeugnis zugunsten des Anstifters nicht nur strafbar, es soll auch die Privilegierung gemäss Art. 308 II nicht wirken, zustimmend HAUSER, ZStrR 91 (1975) 383. Das Urteil stützt sich völlig auf die Schuldteilnahmetheorie, die seit BGE 100 IV 2 ff. nicht mehr gilt – es kann betr. Art. 308 II nicht mehr als gültiges Präjudiz angesehen werden; BGE 115 IV 233 hält an der Strafbarkeit der Anstiftung zu falschem Zeugnis zugunsten des angeklagten Anstifters fest, BGE 118 IV 182 verweigert auch die Strafmilderung gemäss Art. 308 II; vgl. Art. 305 N 14, 308 N 8.

19 **Abs. 2** droht höhere Strafe an, wenn die Aussage mit **Eid** oder **Gelübde** bekräftigt ist, auch ein Handgelübde im voraus erfüllt die Qualifikation, SJZ 55 (1959) Nr. 8. Einzelheiten s. CASSANI Art. 307 N 45 f., PFÄFFLI 37 ff. Die Beeidigung ist unzeitgemäss, ebenso die entsprechende Qualifikation, vgl. Art. 306 N 7.

Abs. 3 privilegiert die Falschaussage, welche «für die richterliche Ent-   20
scheidung **unerheblich**» ist. BGE 70 IV 83 legt diese Bestimmung gestützt
auf die Vorarbeiten dahin aus, dass es nicht darauf ankomme, ob die
Aussage «auf das Urteil tatsächlich eingewirkt» habe, «die mildere Strafe
soll nur dann ausgesprochen werden, wenn die Aussage von vornherein,
ihrem Gegenstande nach, gar nicht geeignet ist, auf den Prozessgang
irgendwelchen Einfluss auszuüben», sinngemäss ebenso SJZ 45 (1949)
Nr. 101, 75 IV 69f., 93 IV 26 f., 106 IV 198. Unerheblich sind Antworten
auf blosse Kontaktfragen, BGE 70 IV 84, 93 IV 26, aber nicht auf Fragen,
mit denen die Glaubwürdigkeit geprüft werden soll, BGE 75 IV 70, 93 IV
26, oder eine Aussage, die Schlüsse auf eine «zum Beweisthema
gehörende Tatsache nicht geradezu aufzwingt, aber zulässt oder im Verein mit anderen indizierenden Tatsachen auch bloss unterstützt», BGE
75 IV 69, ebenso SJZ 45 (1949) Nr. 101, 55 (1959) Nr. 8; ZR 53 (1954) Nr.
73; AGVE 1955 Nr. 32; PKG 1950 Nr. 16. Abweichend BJM 1959 210,
wonach zu prüfen sei, ob der Aussage im Endurteil Bedeutung zugemessen werde; dass die Betrachtung *ex tunc* massgeblich sei, betont SJZ 58
(1962) Nr. 81.

Als *nicht unerheblich* wurde angesehen die Frage sexueller Beziehungen zur Mutter im Vaterschaftsprozess auch ausserhalb der kritischen
Zeit, SJZ 55 (1959) Nr. 8, BJM 1960 211, RS 1969 Nr. 118; Kontakte mit
einer Partei, RS 1949 Nr. 58.

In der *Literatur* wird mit Recht mehrheitlich betont, dass die bundesgerichtliche Praxis Abs. 3 praktisch unwirksam mache, weil kaum unerhebliche Aussagen zur Sache denkbar seien, z.B. CASSANI Art. 307 N 52,
ÇELEBI 61, HAUSER, ZStrR 91 (1975) 372, MESSMER 434, REHBERG IV
382, STRATENWERTH BT II § 53 N 42. PFÄFFLI 56f. erwähnt Fragen, die
irrtümlich gestellt wurden; WEIL 317 schlägt vor, Abs. 3 anzuwenden,
wenn die Aussage nur verfahrens- nicht entscheidrelevant war.

Abs. 3 sollte in der Weise ausgelegt werden, dass als *unerheblich* die
*Aussagen gelten, die aus der Sicht eines einsichtigen Zeugen in der Lage
des Betroffenen nicht geeignet waren, den Ausgang des Verfahrens zu beeinflussen.*

Gemäss BGE 93 IV 27 hat der *Vorsatz* die Erheblichkeit nicht zu erfassen – es handle sich dabei um eine blosse Strafzumessungstatsache;
106 IV 200 behandelt Abs. 3 dagegen hinsichtlich Verjährung als selbständigen Tatbestand; ebenso i.V.m. Anstiftungsversuch PKG 1956 Nr.
30, SCHULTZ, ZStrR 76 (1960) 379.

Kasuistik   21
69 IV 212: Maître Guinand machte über die Abrechnung mit seinem Klienten Desilvestri in mehreren Befragungen als Zeuge falsche Aussagen –
zuletzt berichtigte er sie nach Vorlage der Akten – vollendetes falsches
Zeugnis; **71 IV 132: Harnisch,** wegen Fischfrevels verfolgt, täuschte
Ruepp und seine Schwägerin, die gutgläubig als Zeugen falsch aussagten
– weder als Anstifter noch als mittelbarer Täter strafbar; **75 IV 66: Stierli**
behauptete in einem Widerspruchsprozess wahrheitswidrig, er habe den
Erlös aus dem Verkauf seines Autos an Peter der Emma Meier als Rück-

zahlung eines Darlehens weitergegeben – Aussage erheblich für die Frage, ob Peter das Auto käuflich zu Eigentum erworben habe; **80 IV 122: Mathys** sagte als Zeuge im Ehescheidungsprozess erst falsch aus, berichtigte aber auf Vorhalt vor Unterzeichnung des Protokolls – auch nicht als Versuch strafbar; **85 IV 30: R.** machte im Vaterschaftsprozess zunächst trotz Ermahnungen falsche Aussagen, die sie aber vor Unterzeichnung berichtigte – 80 IV 122 mit eingehender Begründung bestätigt; **93 IV 24: Willy N.** sagte im Verfahren gegen Charles M. wegen Notzuchtversuches z.N. der Ida B. fälschlich aus, er schlafe mit dieser nicht im selben Zimmer und habe noch nie geschlechtlich mit ihr verkehrt - nicht unerheblich i.S.v. Abs. 3; **94 IV 1: Flachsmann** wurde rogatorisch vom Gerichtsschreiber von Baden einvernommen – nichtige Aussage, untauglicher Versuch; **98 IV 212: Kathriner** hatte sich mit Irma Enz und anderen über die Polizeistunde hinaus im «Alpina» auf dem Brünig aufgehalten – als Zeuge befragt, verneinte er Anwesenheit (strafbar), keine Anstiftung durch Aufforderung an Frau Enz «niemandem etwas zu sagen», weil mit Vernehmung als «Eventualangeschuldigte» zu rechnen war; **106 IV 195: Notar F.** behauptete fälschlicherweise, Klausel 14 eines Kaufvertrags sei gleichzeitig mit den übrigen geschrieben worden – strafbar nach Abs. 1, obgleich nicht bewiesen, dass die fragliche Klausel erst nach Unterzeichnung hinzugefügt wurde.

22 **Konkurrenzen und Abgrenzungen**
Echte **Idealkonkurrenz** besteht mit Tatbeständen, die durch den Inhalt der Aussage erfüllt wurden, z.B. **Art. 173 ff.** (BGE 80 IV 59), **303, 304, 305;** für Konsumtion der Begünstigung durch falsches Zeugnis oder Anstiftungsversuch ZR 49 (1950) Nr. 57, HAFTER BT II 812, PFÄFFLI 93, SCHULTZ, ZStrR 73 (1958) 261; wie hier SJZ 86 (1990) Nr. 9, ZR 48 (1949) Nr. 174, CASSANI Art. 307 N 54, THORMANN/VON OVERBECK N 10 zu Art. 307, REHBERG IV 385, STRATENWERTH BT II § 53 N 44, MENZEL (zu Art. 303) 132; **288:** Anstiftung eines Sachverständigen, Übersetzers oder Dolmetschers geht der aktiven Bestechung vor, vgl. Art. 288 N 2. S. auch oben N 16.

308 Strafmilderungen

[1] **Berichtigt der Täter seine falsche Anschuldigung (Art. 303), seine falsche Anzeige (Art. 304) oder Aussage (Art. 306 und 307) aus eigenem Antrieb und bevor durch sie ein Rechtsnachteil für einen andern entstanden ist, so kann der Richter die Strafe nach freiem Ermessen mildern (Art. 66) oder von einer Bestrafung Umgang nehmen.**

[2] **Hat der Täter eine falsche Äusserung getan (Art. 306 und 307), weil er durch die wahre Aussage sich oder seine Angehörigen der Gefahr strafrechtlicher Verfolgung aussetzen würde, so kann der Richter die Strafe nach freiem Ermessen mildern (Art. 66).**

Lit. zu 303, 306, 307.

Abs. 1 baut im Interesse der Wahrheitsfindung eine *«goldene Brücke»*   1
zurück nach Vollendung der Tat.

Voraussetzung ist ein **vollendetes Delikt** gemäss Art. 303/304, 306/7,   2
BGE 107 IV 132, RS 1948 Nr. 106.

Der Täter muss **aus eigenem Antrieb** seine Aussage berichtigen; der Sinn   3
dieser Klausel entspricht Art. 21 II (N 10), 22 II, 64 al. 8, BGE 108 IV 105.
Demnach kommt es auf das Motiv nicht an, es kann auch in Furcht vor
Entdeckung und Strafe liegen, BGE 69 IV 223, 108 IV 104 f. Entscheidend ist, dass es sich um einen *spontanen* (vgl. die romanischen Texte)
Entschluss handelt; daran fehlt es, wenn die Berichtigung anlässlich eines
erneuten Verhörs (BGE 69 IV 223) oder unter dem Druck von Drängen
und Drohen Dritter erfolgt, so dass dem Täter «subjektiv praktisch keine
Wahl» bleibt, BGE 108 IV 106.

Voraussetzung für Strafmilderung oder -befreiung ist ferner, dass **noch**   4
kein Rechtsnachteil für einen anderen eingetreten ist. Der Begriff ist
zwar relativ weit zu fassen, der Rechtsnachteil muss aber, wird er angenommen, präzisiert werden – der blosse Hinweis, die Partei habe damit
rechnen müssen, genügt nicht; zu denken ist an neue Verhöre, Verlängerung der Verfahrensdauer und ähnliche ungünstige Entscheidungen,
BGE 107 IV 132 f.

Abs. 2 trägt einem möglichen **Aussagenotstand** Rechnung. Der Strafmil-   5
derungsgrund ist gegenüber Art. 305 II in doppelter Hinsicht enger: der
Kreis der Nutzniesser ist beschränkt, Strafbefreiung nicht möglich.

Zu **Angehörige** s. Art. 110.2; Konkubinat und Verlöbnis gehören nicht   6
dazu, BJM 1962 177.

Subjektiv setzt Abs. 2 nach dem Wortlaut voraus, dass es dem Täter   6a
darum geht, eine Strafverfolgung zu verhindern. Eine solche Auslegung
wäre aber zu eng – die Strafmilderung kommt auch dem zugute, der die
Fortsetzung einer Strafverfolgung und letztlich die Bestrafung verhindern will, BGE 118 IV 178 ff.

Ist der *pro forma* **Zeuge materiell Beschuldigter** im Verfahren, in wel-   7
chem er aussagt, so ist der *Tatbestand gar nicht erfüllt,* Art. 307 N 6. Hier
geht es um den Fall, in welchem der Zeuge Strafverfolgung bzw. Schuldspruch in einem anderen Verfahren befürchtet, JdT 1957 IV 87, RJN
1989 106. Dass ein Zeugnisverweigerungsrecht bestand, schliesst Strafmilderung nicht aus, BGE 118 IV 180, implizit schon BGE 87 IV 22, anders SJZ 51 (1955) Nr. 38. Massgeblich ist entgegen dem Wortlaut nicht,
ob objektiv eine Strafverfolgung bei wahrer Aussage drohte, sondern ob
der Täter sie subjektiv fürchtete, BGE 75 IV 70 f. BGE 87 IV 22 schliesst
die Anwendung von Notstand (Art. 34) aus – HAUSWIRTH (zu Art. 305)
233 f. bejaht sie für Fall, dass der Verfolgte unschuldig ist.

Dem **Anstifter zum falschen Zeugnis zugunsten seiner selbst** verweigert   8
die Praxis Strafmilderung gemäss Art. 308 II, BGE 73 IV 244, 81 IV 41,

118 IV 182, AGVE 1955 Nr. 32. Auch wer selber als Zeuge Art. 308 II in
Anpruch nehmen darf, verliert dieses Privileg, wenn er eine Drittperson
zum falschen Zeugnis zugunsten des Angehörigen anstiftet, BGE 118 IV
182f. Einerseits wurde zunächst die mittlerweile (BGE 100 IV 2ff.) aufgegebene Schuldteilnahmetheorie zur Begründung herangezogen, andererseits das Fehlen einer Zwangssituation kraft Zeugenpflicht beim Anstifter. Zustimmend PFÄFFLI 103, SCHULTZ, ZStrR 73 (1958) 260,
WAIBLINGER, ZBJV 85 (1949) 478f.; mit Recht ablehnend CASSANI Art.
308 N 26, HAEFLIGER, ZStrR 69 (1954) 393f. unter Hinweis auf Art. 26,
STRATENWERTH BT II § 53 N 54, s. auch Art. 305 N 14.

9   Ältere Urteile leiten aus der **Kann-Vorschrift** praktisch ein schrankenlo-
ses Ermessen des Richters ab, die Strafe zu mildern bzw. davon Umgang
zu nehmen oder nicht, BGE 69 IV 223 f., 81 IV 42, extrem JdT 1968 III 52;
SJZ 53 (1957) Nr. 126 lässt Umgangnehmen von Strafe nur zu, wenn Bestrafung «offenbar stossend» wäre. Aus BGE 107 IV 133 ergibt sich, dass
das Ermessen des Richters auch hier mindestens insofern gebunden ist,
als er seine Entscheidung begründen muss.

309 Verwaltungssachen

**Die Artikel 306–308 finden auch Anwendung auf das Verwaltungsge-
richtsverfahren, das Schiedsgerichtsverfahren und das Verfahren vor
Behörden und Beamten der Verwaltung, denen das Recht der Zeugen-
abhörung zusteht.**

Lit. zu Art. 306, 307.

1   **Art. 309** dehnt den Anwendungsbereich der Art. 306–308 aus. Die Straf-
bestimmungen bleiben jedoch insofern akzessorisch, als eine gesetzliche
Grundlage dafür bestehen muss, dass Gericht, Behörde oder Beamte
Personen als Zeugen befragen oder den Parteien eine formelle Beweis-
aussage abnehmen können. Ohne eine solche Grundlage sind falsche
Aussagen nicht strafbar, der Hinweis auf Art. 306f. genügt nicht. Zur Er-
mächtigung eidgenössischer Verwaltungsbehörden und -beamten zur
Einvernahme von Zeugen VwVG Art. 14.

310 Befreiung von Gefangenen

**1. Wer mit Gewalt, Drohung oder List einen Verhafteten, einen Ge-
fangenen oder einen andern auf amtliche Anordnung in eine Anstalt Eingewiesenen befreit oder ihm zur Flucht behilflich ist, wird mit Gefängnis
bestraft.**

**2. Wird die Tat von einem zusammengerotteten Haufen begangen, so
wird jeder, der an der Zusammenrottung teilnimmt, mit Gefängnis bestraft.**

Der Teilnehmer, der Gewalt an Personen oder Sachen verübt, wird mit Zuchthaus bis zu drei Jahren oder mit Gefängnis nicht unter einem Monat bestraft.

FRANÇOIS CLERC, *Des délits commis dans les prisons*, Rec. p.p. II (1944/45) 96; DERS., *De la répression de l'évasion simple*, ZStrR 81 (1965) 76; HANS GIGER, Kriminologie der Entweichung, Diss. ZH 1960; FABIO VASSALLI, *L'evasione nel diritto penale svizzero*, Diss. BE 1967.

Art. 310 erfasst einen **Spezialfall der Begünstigung,** Art. 305, und der **Gewalt und Drohung gegen Behörden und Beamte,** Art. 285.   1

Tatobjekt ist eine Person, welcher auf amtliche Anordnung hin die Freiheit entzogen wurde – im Gegensatz zu Art. 305 ist Art. 310 nicht auf das Gebiet der *Strafrechtspflege* beschränkt, BGE 96 IV 76. Ob jemand «gefangen» ist, entscheidet sich nach seinen Lebensbedingungen, BGE 86 IV 217 (Spitaleinweisung eines Untersuchungsgefangenen), RS 1960 Nr. 217 (polizeiliche Festnahme).   2

Ob der Freiheitsentzug in einer staatlichen Institution oder in staatlichem Auftrag durch Private vollzogen wird, ist ohne Bedeutung, weil auch der Vollzug einer Massnahme in einer privat geführten Einrichtung Freiheitsentzug unter staatlicher Anordnung und Kontrolle ist, a.M. STRATENWERTH BT II § 55 N 6.

Die **Rechtmässigkeit** der Freiheitsentziehung hat dieselbe Bedeutung wie diejenige der Amtshandlung in Art. 285 f. (Vb 7).   3

Täter kann nur ein Dritter sein – Selbstbefreiung bleibt straflos, BGE 96 IV 76, RS 1950 Nr. 59, zur Begründung s. CLERC a.a.O.; Art. 311 und Disziplinarstrafen bleiben vorbehalten.   4

Brechen *mehrere Gefangene gemeinsam* aus, bleiben sie demnach gemäss Art. 310 *straflos,* sofern sie sich dabei gegenseitig unterstützen. Wird ein Gefangener «mitbefreit», der keinen notwendigen Beitrag zur Befreiung des oder der übrigen Mitgefangenen leistet, bleibt die Strafbarkeit bestehen, RVJ 1990 205 mit Hinweis auf SCHÖNKE/SCHRÖDER.

«Befreit» ist der Gefangene «im Augenblick, wo [er] die Freiheit erlangt hat», d.h., «wenn der Gefangene alle zur Sicherung des Gewahrsams aufgerichteten Hindernisse überwunden hat», BGE 96 IV 76. Bejaht in RVJ 1990 203 f., weil Walter Stürm erst 50 Meter ausserhalb des Gefängnisses wieder gefasst werden konnte, also «seine Bewegungsfreiheit ausserhalb eines geschlossenen oder wirksam bewachten Ortes wiedergewonnen» hatte.   5

«Fluchthilfe» ist nur möglich, solange der Gefangene nicht «befreit» ist –   6
Unterstützung einer «Flucht» aus dem Urlaub ist höchstens Begünstigung, ebenso das Warten mit einem Fluchtwagen vor dem Gefängnis, 96 IV 76 (Art. 310 ist kein Absichtsdelikt und kennt im Gegensatz zu Art. 137 keine Phase der «Beendigung», vgl. BGE 98 IV 85 f.), RS 1970 Nr. 50. Gemäss BJM 1964 195 ist die Hilfeleistung vollendet, auch wenn die Flucht nicht gelingt; HAFTER BT II 816 behandelt die wenigstens

vorübergehende Befreiung als Erfolg (vorher Versuch), für STRATEN-
WERTH, BT II § 55 N 13 ist schon dies «mehr als zweifelhaft». Blosse Vor-
bereitung ist das heimliche Einreisen, das Beschaffen von Ausweisen,
Waffen und einem Fluchtauto, anders (Versuch) Rep. 1982 63.

7   **Tatmittel** ist – auch für Fluchthilfe, BGE 96 IV 74 f., BJM 1974 186 – Gewalt, Drohung oder List, dazu Art. 140 N 4, 5; Art. 181 N 2-4; List kann
z.B. darin liegen, dass der Täter unter falscher Identität in den Ort der
Gefangenhaltung eindringt, BGE 86 IV 218 – es geht um Täuschung oder
Ausnützung eines bestehenden Irrtums. ZBJV 123 (1987) 446: Ein-
schmuggeln von Ausbruchwerkzeug.

8   Subjektiv ist **Vorsatz** erforderlich.

9   Die **Qualifikation** von Ziff. 2 entspricht derjenigen in Art. 285.2, STRA-
TENWERTH BT II § 55 N 20 ff. Drei Gefangene, die zusammen in einer
Zelle untergebracht wurden, bilden keine Zusammenrottung, BJM 1980
91.

10   **Konkurrenzen und Abgrenzungen**
Art. 111 ff., 122 f., 145, 183, 221 u.ä. können in Idealkonkurrenz zu
Art. 310 treten, zu **Art. 183** (bzw. aArt. 182) BGE 70 IV 221, RVJ 1990
208 f.;
Art. 310 konsumiert dagegen **Art. 180, 181, 285 f., 305,** RVJ 1990 207 f.

311   Meuterei von Gefangenen

**1. Gefangene oder andere auf amtliche Anordnung in eine Anstalt
Eingewiesene, die sich in der Absicht zusammenrotten,**

    **vereint Anstaltsbeamte oder andere mit ihrer Beaufsichtigung beauf-
tragte Personen anzugreifen,**

    **durch Gewalt oder Drohung mit Gewalt Anstaltsbeamte oder andere
mit ihrer Beaufsichtigung beauftragte Personen zu einer Handlung oder
Unterlassung zu nötigen,**

    gewaltsam auszubrechen,

    werden mit Gefängnis nicht unter einem Monat bestraft.

**2. Der Teilnehmer, der Gewalt an Personen oder Sachen verübt, wird
mit Zuchthaus bis zu fünf Jahren oder mit Gefängnis nicht unter drei Monaten bestraft.**

Lit. zu Art. 310.

1   **Spezialtatbestand** zu Art. 285; zu den Abweichungen im Detail CASSANI
Art. 311 N 2 ff., STRATENWERTH BT II § 55 N 31 ff. Auch hier bilden zwei
Personen noch keine Zusammenrottung, ZBJV 87 (1951) 217, abwei-
chend RS 1950 Nr. 60.

Achtzehnter Titel:
Strafbare Handlungen gegen die Amts- und Berufspflicht

VE 1894 Art. 176 ff., Mot. 223 f. 1. ExpK II 286 ff., 620 ff., 703 ff. VE 1908 Art. 191 f., 223 ff., 290 f. Erl.Z. 343 ff., 349 ff., 408 ff., 502 f. 2. ExpK IV 355 ff., V 72 ff., 88 ff., 342 ff., VI 128 ff., VII 251 ff., VIII 308 ff. VE 1916 Art. 278 ff., 351, 356. E Art. 276 ff., 349. Botsch. 65 f., 75. Sten.NR 500 ff., StR 231 ff., NR 711 f., StR 332 ff., NR 753 ff., 775 f., StR 353, 362 f., NR 786 ff., StR 379 ff., 384 f., NR 795 ff., StR 392 f., 396 f., 400, NR 802 f., 804 f.

JEAN MAYE, *Les infractions commises par les fonctionnaires en droit suisse,* RICPT 19 (1965) 259.

Zum Begriff des **«Beamten»** Art. 110 Ziff. 4.   1

Bundesbeamte und Mitglieder eidgenössischer Behörden können   2
gemäss VG Art. 15 nur mit **Ermächtigung** des eidgenössischen Justiz-
und Polizeidepartementes wegen strafbarer Handlungen, die sich auf ihre
amtliche Tätigkeit oder Stellung beziehen, verfolgt werden. Dies gilt
auch dann, wenn sie mittlerweile aus ihrer Stellung ausgeschieden sind,
BGE 106 Ib 273, sogar wenn die strafbare Handlung erst später begangen
wurde, BGE 111 IV 38 (Verletzung des Amtsgeheimnisses).

312 Amtsmissbrauch

   **Mitglieder einer Behörde oder Beamte, die ihre Amtsgewalt missbrau-
chen, um sich oder einem andern einen unrechtmässigen Vorteil zu verschaffen oder einem andern einen Nachteil zuzufügen, werden mit
Zuchthaus bis zu fünf Jahren oder mit Gefängnis bestraft.**

WILLI RIESEN, Amtsmissbrauch durch Staatsanwalt, ZStrR 87 (1971) 292.

Amtsmissbrauch ist *der zweckentfremdete Einsatz staatlicher Macht.* Ge-   1
schütztes Rechtsgut ist einerseits das Interesse des Staates an zuverlässigen Beamten, welche mit der ihnen anvertrauten Macht pflichtbewusst
umgehen, andererseits das Interesse des Bürgers am Schutz vor Missbrauch der Staatsmacht, PKG 1989 Nr. 56.

Täter kann ausser dem Beamten (Art. 110.4) auch das *Mitglied* einer   2
Behörde sein, z.B. ein Mitglied des Stadtrats von Zug, vgl. BGE 101 IV
408. Behörden fehlt «die für den Beamten charakteristische Abhängigkeit», STRATENWERTH BT II § 56 N 7, SCHWANDER Nr. 774.

3 **Missbrauch der Amtsgewalt** ist enger als Amtsmissbrauch – gemeint ist, dass der Täter «von der ihm von Amtes wegen zustehenden hoheitlichen Gewalt Gebrauch mache, dass er *kraft hoheitlicher Gewalt verfüge oder zwinge,* wo es nicht geschehen dürfte», BGE 101 IV 410, sinngemäss gleich BGE 114 IV 42, 113 IV 30, 108 IV 49, 104 IV 23, 99 IV 14, 88 IV 70, 76 IV 286, AGVE 1952 Nr. 38, RJN 1988 66, RS 1947 Nr. 190, SJZ 67 (1971) Nr. 45, ZBJV 85 (1949) 217. Bejaht wurde dies für den Polizeibeamten, der durch Prügel nach einem Geständnis strebt, BGE 99 IV 13, oder der einem widerspenstigen Arrestanten Zähne ausschlägt, BGE 104 IV 22 (anders ZBJV 94 [1958] 237); für einen Betreibungsbeamten, der eigenmächtig eine Lohnpfändung sistierte, BlSchK 12 (1948) 157; zu Unrecht bejaht in RS 1980 Nr. 1011, Veranlassen von Auszahlungen an den Beamten; RS 1962 Nr. 136, eigenes Gehalt erhöht.

4 **Kein Einsatz von Amtsgewalt** ist Selbstbegünstigung durch einen Betreibungsbeamten, der auch Gläubiger ist, BGE 76 IV 286; Begünstigung durch Armen-Ausweis, BGE 88 IV 70; der Zuschlag öffentlicher Arbeiten, BGE 101 IV 410; die Maulschelle als Reaktion auf Beschimpfung, BGE 108 IV 48; die ungetreue Verwaltung der Gemeindekasse, BGE 114 IV 42; die Aneignung (Veruntreuung) von Geldern, SJZ 39 (1942/43) Nr. 136; die betrügerische Erlangung von Rationierungsausweisen durch einen Beamten der Einwohnerkontrolle, ZBJV 85 (1949) 215; das Visieren von Rechnungen, SJZ 63 (1967) Nr. 182; die Befragung einer Schülerin durch den Lehrer, der Material für ein Wiederaufnahmeverfahren sammelt, SJZ 67 (1971) Nr. 45; zu eng die Berner Praxis, wonach der Beamte aus eigener Machtbefugnis handeln muss, was nicht zutreffe auf den Polizisten, der jemanden auf Anordnung des Untersuchungsrichters hin verhaftet, ZBJV 94 (1958) 237, 82 (1946) 336.

5 Die **Anwendung physischer Gewalt** ist bisweilen kaum mehr als Missbrauch der Amtsgewalt anzusehen, z.B. wenn sie bei Anlass einer Amtshandlung geschieht, aber *a priori* nicht zu den Kompetenzen des Beamten gehört, vgl. den Sachverhalt von BGE 99 IV 13; andererseits wäre eine Privilegierung stossend, STRATENWERTH BT II § 56 N 9. Wünschbar wäre ein Spezialtatbestand, vgl. z.B. DStGB § 343.

6 **Missbrauch** liegt nicht nur vor, wenn der Täter Amtsgewalt zu sachfremden Zwecken einsetzt, sondern auch dann, wenn er unverhältnismässige Mittel einsetzt, BGE 104 IV 23, PKG 1977 Nr. 43 (Vi). GVP-SG 1989 Nr. 42 (zwangsweise Blutentnahme, obwohl die Voraussetzungen nicht gegeben waren) beschränkt den Tatbestand auf Fälle, wo die angewendeten Mittel *«in grober und krasser Weise mit dem angestrebten Zweck nicht mehr in Relation stehen».* Während einerseits einer gewissen Zurückhaltung bei der Annahme von Amtsmissbrauch durchaus zugestimmt werden kann, darf andererseits nicht aus den Augen verloren werden, dass es um den Schutz des Bürgers und seiner Grundrechte geht; unter diesem Gesichtspunkt ist die Formulierung «in grober und krasser Weise» m.E. zu eng. RJN 1988 65 ff. sieht mit Recht Amtsmissbrauch in einer (30–90 Minuten dauernden) Festnahme ohne hinreichende Rechtfertigung und

einer Durchsuchung mit völliger Entkleidung wegen eines Wochen zuvor begangenen Diebstahls von 100 Franken.

Subjektiv ist Vorsatz erforderlich – der Täter muss bewusst Amtsgewalt 7 missbrauchen – daran fehlt es, wenn er glaubt, pflichtgemäss zu handeln, ZBJV 85 (1946) 139. Zusätzlich muss eine Art. 251 entsprechende Vorteils- oder Benachteiligungsabsicht vorliegen. Vorteile brauchen nicht materieller Natur zu sein, ZR 45 (1946) Nr. 82, ebensowenig die Nachteile (BGE 99 IV 14 – Schmerz durch Schläge). Eventualabsicht genügt (vgl. N 10 vor Art. 137). Selbstverständlich müssen auch die Nachteile unrechtmässig sein.

Als Nebenstrafe kommt **Amtsunfähigkeit** (Art. 51) in Frage, auch wenn 8 der Tatbestand von Art. 312 nicht erfüllt ist (der Täter muss sich aber im Zusammenhang mit der Amtsführung sonstwie strafbar gemacht haben), BGE 76 IV 287.

Kasuistik 9
BGE 76 IV 283: Betreibungsbeamter **Gloor,** Hauptgläubiger von Curti, erwirkte die Zustimmung der übrigen Gläubiger zu einem Nachlassvertrag mit einer Dividende von 20% und zum freihändigen Verkauf der Pfandgegenstände, woraus er seine Forderung vollständig deckte – mangels Einsatz von Befehlsgewalt kein Amtsmissbrauch; **88 IV 69: Armeninspektor X.** stellte der von ihm betreuten Frau Z. vorschriftswidrig Transportgutscheine zum Bezug von Armenbilletten aus – kein Einsatz von Zwangsgewalt, deshalb nicht gemäss Art. 312 strafbar; **99 IV 13: Polizeibeamter X.** schlug im Rahmen einer Voruntersuchung italienische Verdächtige; **101 IV 408: Der Zuger Stadtrat X.** erwirkte bei der Vergebung öffentlicher Arbeiten pflichtwidrig eine Begünstigung seiner eigenen Firma – kein Einsatz amtlicher Zwangsgewalt; **104 IV 22: Als Kantonspolizist W.** den Z. befragte «kam es … zu Tätlichkeiten», weil dieser sich Anordnungen widersetzte – Z. verlor zwei Zähne – Amtsmissbrauch «offensichtlich»; **108 IV 48: Polizeibeamter X.** versetzte als Reaktion auf Beschimpfungen einer Angehaltenen einen Schlag mit dem Handrücken der offenen Hand gegen das Kinn – nicht kraft seines Amtes; **113 IV 29: Gefangenenwärter B.** beendete aus Ärger vorzeitig und gewaltsam einen Besuch; **114 IV 41: M.** hatte als Zentralverwalter einer Schaffhauser Gemeinde Besoldungen und Entschädigungen nach vorjährigen Ansätzen ausbezahlt und die Differenz zu den neuen, höheren, für sich behalten – kein Amtsmissbrauch; **ZStrR 87 (1971) 293 ff.: Staatsanwalt X.** hatte Amtsmissbrauch in zahlreichen Varianten begangen, darüber berichtet Willi Riesen a.a.O.

Konkurrenzen und Abgrenzungen 10
Art. 111 ff., 122 ff., 183 u.ä. können in Idealkonkurrenz zu Art. 312 treten, BGE 99 IV 14 (zu Art. 123); **Art. 181** wird von Art. 312 konsumiert; **Art. 287** ist alternativ – bei Amtsmissbrauch geht es um Amtsgewalt, die dem Täter wirklich zusteht, bei Amtsanmassung wird Macht usurpiert; s. auch dort N 6.

Art. 305: Idealkonkurrenz, STR 1995 116; **Art. 313** kann in Idealkonkurrenz zu Art. 312 stehen, STRATENWERTH BT II § 56 N 15, a.M REHBERG IV 399; **Art. 315:** Idealkonkurrenz, ZR 48 (1949) Nr. 186; **aBdBSt Art. 129 I:** Idealkonkurrenz, STR 1995 113;

Kantonales Übertretungsstrafrecht (z.B. «Amtspflichtsverletzung») kann subsidiär zur Anwendung kommen, BGE 81 IV 330, 88 IV 71; Disziplinarische Bestrafung ist zusätzlich und unabhängig von der Erfüllung des Tatbestandes möglich, BGE 99 IV 14, 88 IV 71.

313   Gebührenüberforderung

    Ein Beamter, der in gewinnsüchtiger Absicht Taxen, Gebühren oder Vergütungen erhebt, die nicht geschuldet werden oder die gesetzlichen Ansätze überschreiten, wird mit Gefängnis oder mit Busse bestraft.

Lit. vor Art. 312.

1   **Gebührenüberforderung** ist ein praktisch unbedeutender Spezialfall des Amtsmissbrauchs, bei welchem nur eine bestimmte Begehungsweise erfasst wird und nicht geprüft zu werden braucht, ob Amtsgewalt missbraucht wurde. Geschützt ist in erster Linie das Vermögen des Bürgers. Es handelt sich um ein echtes Sonderdelikt.

2   **Gewinnsucht** ist nicht i.S.v. Art. 48.1 II, 50, zu lesen, sondern, wie in aArt. 198 (BGE 107 IV 124 ff.) i.S.v. einfacher Bereicherungsabsicht, BJM 1958 99, ebenso STRATENWERTH BT II § 56 N 23. Enger RS 1979 Nr. 838: Gewinnsucht ist gegeben, wenn der Beamte die Gebührenüberforderung einigermassen systematisch betreibt, in der Absicht, sein Einkommen zu verbessern.

3   Die **Überforderung** kann auch in der Weise geschehen, dass ein Betreibungsbeamter bei Verwertung einer Pfandsache einen zu hohen Betrag für seine Bemühungen in Verrechnung stellt, BlSchK 12 (1948) 157.

314   Ungetreue Amtsführung

    Mitglieder einer Behörde oder Beamte, die bei einem Rechtsgeschäft die von ihnen zu wahrenden öffentlichen Interessen schädigen, um sich oder einem andern einen unrechtmässigen Vorteil zu verschaffen, werden mit Zuchthaus bis zu fünf Jahren oder mit Gefängnis bestraft. Mit der Freiheitsstrafe ist Busse zu verbinden.

Fassung gemäss BG vom 17.6.1994, in Kraft seit 1.1.1995.

Lit. vor und zu Art. 312.

1   **Art. 314** ist in mehrfacher Hinsicht ein **Spezialfall ungetreuer Geschäftsführung** (bzw. -besorgung) – beschränkt auf Beamte oder Behördenmitglieder und auf Schädigung des Gemeinwesens bei Abschluss eines

Rechtsgeschäfts, BGE 113 Ib 182. Strafbar macht sich nicht nur, wer in eigener Kompetenz entscheidet, sondern auch, wer bloss als Mitglied einer Behörde am Entscheid mitwirkt, BGE 101 IV 411, 109 IV 171 (selbst wenn er nicht an der Abstimmung teilnimmt); es genügt, wenn der Täter «faktische Entscheidungskompetenz» besitzt, BGE 114 IV 135. Geschützt werden nicht private, sondern ausschliesslich öffentliche Interessen, PKG 1988 Nr. 54.

Abschluss eines Rechtsgeschäfts i.S.v. Art. 314 bedeutet, dass der Täter   2
als Stellvertreter für das Gemeinwesen in privatrechtlichen Geschäften handelt – Kauf, Miete, Arbeitsvertrag usw., z.B. Sem.jud. 1983 654. Die Praxis überdehnt den Tatbestand, wenn auch die Tätigkeit in einer Erbteilungskommission erfasst ist, obwohl die Gemeinde dabei gar nicht Partei ist, BGE 91 IV 73, kritisch auch STRATENWERTH BT II § 56 N 28, wenn Steuerveranlagung und Veranlagungsverfügung als «Rechtsgeschäft» angesehen werden, RS 1958 Nr. 215, oder wenn ein Beamter sich selber widerrechtlich Spesen vergütet, PKG 1951 Nr. 19. Die Erteilung einer Baubewilligung ist ein Hoheitsakt, kein Rechtsgeschäft, vgl. aber BGE 111 IV 83 (die Beschwerde versäumte offenbar, diesen Fehler zu rügen). Kein Rechtsgeschäft ist auch der Entscheid eines Staatsanwalts über die Kosten des Verfahrens, Appellationsgericht BS, s. ZStrR 87 (1971) 300, a.M. RIESEN a.a.O. 299. Richtigerweise verneint wurde die Voraussetzung für die Zuteilung von Kontingenten oder Vermittlung privater Kunden an private Geschäftsleute, ZBJV 82 (1946) 336 (Sachverhalt: BGE 71 IV 139) oder für den Verzicht auf Ausfällung von Bussen, RASELLI in STR 1991 450. Im Gegensatz zu Art. 158 ist das Rechtsgeschäft selber schon Voraussetzung der Strafbarkeit – Unterlassen des Geschäftsabschlusses fällt nicht unter Art. 314.

Als **Erfolg** muss ein **Schaden verursacht** werden. Der Begriff wird analog   3
demjenigen des Betrugs ausgelegt, Art. 146 N 21 ff., 26: Selbst bei angemessenem Verhältnis kann Schaden vorliegen, wenn der Kontrahent nicht die vereinbarte Leistung erbringt, BGE 109 IV 170 f. BGE 101 IV 412 (ebenso RS 1958 Nr. 215) lässt Schädigung «ideeller» Interessen genügen, ohne dass deutlich würde, was damit gemeint ist, zust. REHBERG IV 402, krit. auch STRATENWERTH BT II § 56 N 29. BGE 111 IV 85 rechnet dazu das Interesse an den fundamentalen Grundsätzen der Raumplanung; BGE 114 IV 135 nennt «das Vertrauen der Bürger in die rechtsgleiche Behandlung der Steuerpflichtigen und in die Objektivität und Unabhängigkeit der Steuerbehörden». Das Kassationsgericht AG prüfte, ob ein solches Interesse in der gleichmässigen Besteuerung aller Steuerpflichtigen liege, und liess die Frage offen, weil jedenfalls Schädigungsvorsatz fehlte, AGVE 1952 Nr. 38.

Subjektiv ist ausser *Vorsatz auf Schädigung* (BGE 101 IV 413) die *Ab-*   4
sicht eines unrechtmässigen Vorteils erforderlich – auch hier soll die Unrechtmässigkeit schon in der Art des Vorgehens liegen können, RS 1958 Nr. 215. Als ideellen Vorteil bezeichnet BGE 111 IV 84 ff. die Möglichkeit, ausserhalb der Bauzone auf billigem Grund und in schöner Lage zu

bauen; anders als in AGVE 1958 Nr. 38 wird dabei jede Verrechnung mit besonderen Vorteilen für das Gemeinwesen abgelehnt, was m.E. über die Grenzen des Art. 314 hinausführt. In Zweifelsfällen sollte die Abwägung der Interessen durch die kommunalen bzw. kantonalen Behörden vorgenommen werden, nicht vom Kassationshof des Bundesgerichts.

5   **Kasuistik**
BGE 91 IV 71: Gemeindeschreiber Rudolf Messmer veranlasste als Sekretär der amtlichen Teilungskommission die Erben von Dr. Buff zum Verkauf von Aktien, an denen die Gemeinde interessiert sei, verkaufte sie dann aber mit persönlichem Gewinn weiter; **101 IV 408: X., Stadtrat von Zug,** erwirkte Vergebungen von Aufträgen für den Bau einer Schulanlage nach seinen persönlichen Interessen – Verursachung eines Schadens und Schädigungsvorsatz nicht nachgewiesen; **109 IV 169: A.** war Teilhaber der Sanitärfirma C. & A. AG und Gemeinderat; im Submissionsverfahren wirkte er bei der Diskussion des Angebots mit und verschwieg, dass der günstige Preis dadurch zu erklären war, dass die C. & A. AG entgegen den Bestimmungen verschweisste Rohre anbot (Vi Rep. 1984 429); **111 IV 83: Der Gemeinderat von G.** bewilligte M. die Errichtung einer Villa mit Pferdestall ausserhalb der Bauzone; **113 Ib 181:** Abzweigen von Gewinnen aus Waffenhandel mit Iran zugunsten von Contras in Nicaragua oder zu andern Zwecken (Rechtshilfe im «Irangate»-Fall); **AGVE 1952 Nr. 38:** Keine ungetreue Amtsführung ist der Abschluss eines unzulässigen Steuerabkommens, das dem Gemeinwesen letztlich Gewinn bringt.

6   **Konkurrenzen und Abgrenzungen**
Gegenüber **Art. 158** ist Art. 314 *lex specialis* und geht vor, BGE 81 IV 231, 88 IV 141, 118 IV 246, STRATENWERTH BT I § 19 N 28, abweichend REHBERG/SCHMID 232; subsidiär können sich aber auch Beamte wegen ungetreuer Geschäftsbesorgung strafbar sein, RASELLI in STR 1991 450; **Art. 315** N 10.

315   Sich bestechen lassen

[1] **Mitglieder einer Behörde, Beamte, zur Ausübung des Richteramtes berufene Personen, Schiedsrichter, amtlich bestellte Sachverständige, Übersetzer oder Dolmetscher, die für eine künftige, pflichtwidrige Amtshandlung ein Geschenk oder einen andern ihnen nicht gebührenden Vorteil fordern, annehmen oder sich versprechen lassen, werden mit Zuchthaus bis zu drei Jahren oder mit Gefängnis bestraft.**

[2] **Hat der Täter infolge der Bestechung die Amtspflicht verletzt, so ist die Strafe Zuchthaus bis zu fünf Jahren oder Gefängnis nicht unter einem Monat.**

MARCO BALMELLI, Die Bestechungstatbestände des schweizerischen Strafgesetzbuches, Diss. BS 1996; MARCO BORGHI/PATRICE MEYER-BISCH (Hrsg.), *La corruption l'envers des droits de l'homme*, Fribourg 1995; MARCO BORGHI/NICOLAS QUE-

LOZ, Lücken und beschränkte Wirksamkeit des schweizerischen Rechts gegenüber Korruption: die Voraussetzungen für eine interdisziplinäre Untersuchung, recht 15 (1997) 16; URSULA CASSANI, *Le droit pénal suisse face à la corruption des fonctionnaires*, plädoyer 3/1997 44; OLAF FELDMANN, Die Bestechungsdelikte, Rechtsvergleichende Darstellung… Diss. FR 1967; RUDOLF GERBER, Zur Annahme von Geschenken durch Beamte des Bundes, ZStrR 96 (1979) 234; WALTER PETER, Die Bestechung im schweizerischen Strafrecht, Diss. ZH 1946; MARK PIETH, Die verjährungsrechtliche Einheit gemäss Art. 71 Abs. 2 StGB bei Bestechungsdelikten, BJM 1996 57; DERS., Die Bestechung schweizerischer und ausländischer Beamter, in Festschrift für Jörg Rehberg, Zürich 1996, 233. Zu internationalen Bestrebungen: PAOLO BERNASCONI, Die Bestechung von ausländischen Beamten nach schweizerischem Straf- und Rechtshilferecht zwischen EG-Recht und neuen Antikorruptions-Staatsverträgen, ZStrR 109 (1992) 383; PIERRE-HENRI BOLLE, *Pratiques de corruption et transactions commerciales internationales*, RIDP 53 (1982) 1/2 S. 339; MARK PIETH, Strafrechtsvereinheitlichung durch «Soft law» am Beispiel der Korruptionsbekämpfung, in Recht, Macht und Gesellschaft, Zürich 1995, 107; DERS., Empfehlungen der OECD gegen Korruption im internationalen Geschäftsverkehr, in Korruption in Deutschland, Ursachen, Erscheinungsformen, Bekämpfungsstrategien, Berlin 1995, 57; **Lit.** zu Art. 288.

Teile des folgenden Abschnitts zu Art. 315f. sind der Kommentierung zu Art. 288 entnommen. Um dem Leser ein dauerndes Umblättern zu ersparen, wurden einschlägige Stellen wiederholt.

Geschütztes Rechtsgut ist das Vertrauen der Bürger und des Staats in die Pflichttreue der Amtsträger, ebenso die Vi in BGE 117 IV 288. Art. 315 ist das passive Spiegelbild von Art. 288 – Strafbarkeit des Bestechers ist aber nicht erforderlich, ZBJV 82 (1946) 338. Eingehend zum geschützten Rechtsgut BALMELLI 60 ff.   1

Täter ist **ein Amtsträger,** PETER 27, STRATENWERTH BT II § 57 N 3, dazu auch BALMELLI 101 ff., GERBER 245 f. Zu «Behörde» N 3 vor Art. 285; zu «Beamter» Art. 110.4; zur Ausübung der Richteramtes Berufene sind Beamte oder Behördenmitglieder, ihre Erwähnung mag an historische Tradition anknüpfen, vgl. BALMELLI 105 f., FELDMANN 2 ff.; Schiedsrichter sind Personen, die von Parteien zur Entscheidung eines Rechtsstreits eingesetzt werden – Unparteiische bei sportlichen Wettkämpfen gehören nicht dazu; Sachverständige, Übersetzer, Dolmetscher müssen von einer Amtsstelle eingesetzt sein, Zeugen werden nicht aufgeführt; Angehörige des Heeres fallen unter MStG Art. 142. Angehörige von Beamten, die selbständig Forderungen stellen, sind als Anstifter zu Art. 288 strafbar. Erfasst werden nur *schweizerische* Amtsträger, s. Art. 288 N 2a.   2

Geschenk ist eine materielle Zuwendung, unter **Vorteil** kann auch eine immaterielle Besserstellung fallen, sexuelle Zuwendung, Ehrungen usw., kritisch gegenüber dem Einschluss immaterieller Vorteile BALMELLI 145 f., 149. Keine tatbestandsmässige Zuwendung ist der Ersatz von Auslagen, auch nicht anlässlich einer pflichtwidrigen Amtshandlung, ZR 54 (1955) Nr. 142. Der Vorteil kann auch einem Dritten zugedacht sein, sofern er nur geeignet ist, die Handlungsweise des Amtsträgers zu beeinflussen, vgl. BGer in Rep. 1946 386 zu Art. 288, GERBER 249 zu Art. 316,   3

STRATENWERTH BT II § 57 N 6, a.M. HAFTER BT II 757; weitergehend
BALMELLI 152, wonach es auf die Eignung nicht ankommen soll. Vgl.
auch Art. 288 N 3.

4   **Täterhandlung** ist jedes Verhalten, mit welchem der Amtsträger zu erkennen gibt, dass er bereit wäre, auf das Angebot eines Vorteils einzuge-
hen. Versuch ist nur denkbar, wenn eine entsprechende Kommunikation
den Adressaten nicht erreicht, BALMELLI 154, PETER 44. Der Adressat
braucht den Vorschlag nicht anzunehmen.

5   Der Täter muss den Vorteil im Hinblick auf ein **amtspflichtwidriges Verhalten** fordern … Gemäss BGE 72 IV 183, 77 IV 49, ZR 48 (1949) Nr. 186
braucht es nicht um eine Amtshandlung zu gehen, es genügt, wenn der
Täter Gelegenheiten, die sich ihm kraft seiner Amtsstellung bieten, ausnützt. Die Auslegung stützt sich auf die romanischen Texte und den
Wortlaut von Art. 288. Dagegen STRATENWERTH BT II § 57 N 17. Als
pflichtwidrige Handlung erachtet BGE 72 IV 184 («Grenzfall») die Empfehlung eines bestimmten Hafners durch den Beamten der kantonalen
Brandversicherungsanstalt; pflichtwidrig ist auch die beschleunigte oder
die zeitlich bevorzugte Behandlung eines Gesuchs, wenn dies aus sachfremden Gründen erfolgt, SJZ 92 (1996) S. 16; nicht pflichtwidrig das
Verkaufen nicht geheimer Adressen von Inhabern des Lernfahrauswei-
ses durch einen Beamten der Motorfahrzeugkontrolle, RS 1958 Nr. 75.
Straflos bleiben Zuwendungen, die der Beamte als Dank für eine bereits
abgeschlossene Amtshandlung entgegennimmt, SJZ 92 (1996) S. 17,
LGVE 1990 I Nr. 52, PKG 1981 Nr. 30. Ein Verwaltungsentscheid kann
in den Fällen von Art. 315 und 316 durch den Strafrichter frei überprüft
werden, weil die Pflichtwidrigkeit, durch die diese zustande kam, Tatbestandsmerkmal ist, SJZ 92 (1996) S. 17. Vgl. auch Art. 288 N 5; zum *Äquivalenzprinzip* s. Art. 288 N 5a.

6   **Subjektiv** ist Vorsatz erforderlich, aber nicht die Absicht, tatsächlich eine
Amtspflicht zu verletzen, HAFTER BT II 759, PETER 39, REHBERG IV 407,
abweichend LGVE 1990 I Nr. 52. Der Beamte muss aber wissen, dass die
von ihm erwartete Leistung pflichtwidrig wäre.

7   **Abs. 2** erhöht die Strafdrohung für den Täter, der die Amtspflicht
tatsächlich verletzte. Es muss ein Motivationszusammenhang zur Bestechung bestehen, sie braucht aber nicht alleiniges Motiv zu sein, ZR 48
(1949) Nr. 186.

8   Als **Teilnehmer** kommt nur ein Dritter in Frage – der Bestecher fällt unter Art. 288. Nach dieser Bestimmung muss sich auch die Strafdrohung
von Teilnehmern richten, BALMELLI 223, REHBERG IV 407, STRATEN-
WERTH BT II § 57 N 27.

8a   Die Frage, ob Bestechungsfälle **verjährungsrechtlich** als Einheit zu betrachten sind, entscheidet sich danach, ob sie *konkret* als Teil eines Hand-
lungszusammenhanges erscheinen; zu berücksichtigen sind dabei objektive Kriterien wie z. B. die Höhe der Zahlung und die Intensität der

Geschäftsbeziehungen, PIETH, BJM 1996 68 f. unter Hinweis auf den u.ö. Teil des Entscheides im Fall Huber, SJZ 92 (1996) Nr. 1; eingehend BALMELLI 247 ff., 263 ff. Abzulehnen ist die Aussage in BGE 118 IV 318 (zu Art. 316): *«Accepter un avantage est un fait ponctuel, non pas une situation qui se prolonge dans le temps»*; vgl. die Kritik bei BALMELLI 252 f., PIETH a.a.O. 64; s. neuerdings auch BGE 120 IV 6 (zu Art. 187). Umstritten ist die Frage, ob das Verhalten mehrerer Tatbeteiligter, die sich zum einen wegen aktiver und zum anderen wegen passiver Bestechung strafbar gemacht haben, als verjährungsrechtliche Einheit zu behandeln ist, bejahend PIETH, BJM 1996 71, dagegen mit Recht BALMELLI 269 f., der jedoch zwischen Art. 315 und 316 die Möglichkeit der verjährungsrechtlichen Einheit annimmt, a.a.O. 267 f.

Kasuistik   9
BGE 72 IV 179: Gruber, Beamter der kantonalen Brandversicherungsanstalt Basel-Stadt, empfahl den Versicherten, obschon dies untersagt war, eine bestimmte Hafnerei, die ihm dafür ein Entgelt leistete; **SJZ 92 (1996) Nr. 1: R. Huber** war als Leiter der Abteilung Wirtschaftswesen in der Finanzdirektion des Kantons ZH für die Erteilung von verschiedenen Bewilligungen im Gastgewerbe zuständig; über mehrere Jahre hinweg hatte er für Zuwendungen in Millionenhöhe Gesuche bevorzugt und schneller als üblich behandelt, zum Teil die Gesuche auch selber geschrieben; s. auch Art. 288 N 7.
Kriminologische Aspekte bei BORGHI/QUELOZ.

Konkurrenzen und Abgrenzungen   10
Art. 260ter: echte Konkurrenz; **Art. 314:** Der Unrechtsgehalt der beiden Tatbestände deckt sich nicht, weshalb BGE 117 IV 288 f. «überschneidende» Idealkonkurrenz annimmt – dem zusätzlichen Unrechtsgehalt ist durch eine nur geringfügige Straferhöhung im Rahmen des ordentlichen Strafrahmens Rechnung zu tragen, vgl. BGE 116 IV 385, 113 IV 67; der qualifizierte Tatbestand von Art. 315 II konsumiert dagegen Art. 314, wobei aber die obligatorische Busse gemäss Art. 314 Satz 2 mit auszufällen ist, BGE 117 IV 289. **Art. 320** tritt in Konkurrenz mit Art. 315, der generell das Unrecht der Amtspflichtverletzung selber nicht abgilt, ZR 48 (1949) Nr. 186; dasselbe gilt für andere strafbare Handlungen des Bestochenen. Anstiftung zu Bestechung, **Art. 288,** wird durch Art. 315 («fordern») abgegolten; s. ferner **Art. 168** N 10, **312** N 10.

316 Annahme von Geschenken

Mitglieder einer Behörde, Beamte, zur Ausübung des Richteramtes berufene Personen, Schiedsrichter, amtlich bestellte Sachverständige, Übersetzer oder Dolmetscher, die für eine künftige, nicht pflichtwidrige Amtshandlung ein Geschenk oder einen andern ihnen nicht gebührenden Vorteil fordern, annehmen oder sich versprechen lassen, werden mit Gefängnis bis zu sechs Monaten oder mit Busse bestraft.

Lit. vor Art. 315.

1 **Geschütztes Rechtsgut** ist, wie in Art. 288, 315, das Vertrauen von Staat und Bürgern in die Pflichttreue der Beamten. Schon der *Anschein der Korruption* soll *vermieden* werden, LGVE 1990 I Nr. 52. Es handelt sich um ein abstraktes Gefährdungs- und schlichtes Tätigkeitsdelikt.

2 Von Art. 315 unterscheidet sich der Tatbestand nur darin, dass der Vorteil im Hinblick auf eine **«nicht pflichtwidrige Amtshandlung»** gefordert ... wird. Hier ist der Begriff Amtshandlung im engeren Sinne zu verstehen, die romanischen Texte entsprechen dem deutschen. Die Tätigkeit muss «in den Aufgabenbereich des Täters fallen und von ihm nur kraft seines Amtes vorgenommen werden können», GERBER 250. Diese Einschränkung wird dadurch sehr erheblich entkräftet, dass sich das Geschenk nicht auf eine bestimmte Amtshandlung zu beziehen braucht. Es genügt das Ziel, den Beamten allgemein gewogen zu machen, «zu einer dem Versprechenden günstigen Geschäftserledigung zu veranlassen», BGE 71 IV 147 mit Hinweis auf 43 I 221; präzisierend BGE 118 IV 316: *«Mais il faut au moins un lien suffisant entre l'avantage et un ou plusieurs actes futurs du fonctionnaire, déterminables de manière générique»*. Gemäss LGVE 1990 I Nr. 52 ist denn auch nicht erforderlich, dass der Beamte Verfügungsgewalt besitzt – es genügt z.B., wenn er Anschaffungen bei einem bestimmten Anbieter vorschlagen kann. Wegen der weiten Fassung des Tatbestands ist wichtig, dass Bagatellgeschenke wie Gelegenheitsgaben zu Neujahr, aber auch Werbegeschenke im üblichen Rahmen, wie Kugelschreiber, Agenden u.ä. nicht Art. 316 unterstellt werden, LGVE 1990 I Nr. 52, wo ferner darauf hingewiesen wird, dass solche Massenartikel in der Regel einem breiteren Publikum zugewendet werden und dadurch den «Charakter eines individuellen Geschenkes oder... Vorteils» verlieren, enger GERBER 249. Höchstens disziplinarisch strafbar ist die Annahme einer Belohnung für eine bereits getätigte Amtshandlung. Der Geber bleibt stets straflos, ebenso der Teilnehmer, GERBER 248 mit Hinweis auf Art. 288, BALMELLI 225, STRATENWERTH BT II § 57 N 13.

3 **Subjektiv** ist Vorsatz erforderlich – der Täter muss insbesondere wissen, dass die Zuwendung im Hinblick auf eine zukünftige Amtshandlung erfolgt; ob er geneigt ist, sich dadurch beeinflussen zu lassen, ist ohne Bedeutung, BGE 118 IV 316.

4 **Kasuistik**
BGE 71 IV 139: Spring, als Mitarbeiter der Schweizerischen Zentralstelle für Lebensmittelimporteure «Cibaria» Beamter, führte die Fa. Wohlgemuth & Co. Käufer für Tee, Kokosnüsse und Ambakande zu, anderen Firmen verhalf er zu zusätzlichen Kontingenten. Dafür eingenommene Provisionen fielen unter Art. 316; **118 IV 309: F.,** Leiter des *laboratoire audiovisuel* der Universität Genf, nahm zwischen 1981 und 1987 von S. Zuwendungen von insgesamt über 350 000 Franken entgegen und sorgte dafür, dass er bedeutende Materialbestellungen erhielt; als er erfuhr, dass S. eine Bestellung der Universität gefälscht hatte, zeigte er ihn nicht an;

zustimmend WILLY HEIM, *De la situation de garant,* JdT 1993 162. Einen Grenzfall dürfte die Annahme der Einladung zu einer Spanienreise für hohe eidgenössische und kantonale Magistraten darstellen, die von einem Energieproduzenten ausging, der u.a. ein Kernkraftwerk betreibt – u.ö. Urteil des Gerichtspräsidenten Solothurn-Lebern vom 12.12.1984 (Freispruch).

Konkurrenzen und Abgrenzungen   5
Art. 315 gegenüber kommt Art. 316 *in dubio pro reo* subsidiär zur Anwendung, wenn die Pflichtwidrigkeit der Amtshandlungen nicht nachgewiesen werden kann, LGVE 1990 I Nr. 52; Kantonale Regelungen, welche Ausnahmen vom Verbot der Annahme von Geschenken vorsehen, sind bundesrechtswidrig und damit nichtig, a.a.O.

317 Urkundenfälschung im Amt

1. Beamte oder Personen öffentlichen Glaubens, die vorsätzlich eine Urkunde fälschen oder verfälschen oder die echte Unterschrift oder das echte Handzeichen eines andern zur Herstellung einer unechten Urkunde benützen,

Beamte oder Personen öffentlichen Glaubens, die vorsätzlich eine rechtlich erhebliche Tatsache unrichtig beurkunden, namentlich eine falsche Unterschrift oder ein falsches Handzeichen oder eine unrichtige Abschrift beglaubigen,

werden mit Zuchthaus bis zu fünf Jahren oder mit Gefängnis bestraft.

2. Handelt der Täter fahrlässig, so ist die Strafe Busse.

Fassung gemäss BG vom 17.6.1994, in Kraft seit 1.1.1995.

WILLY MEIER, Wahrheitssuche und Wahrheitstreue bei der Beurkundung von Willenserklärungen, ZBGR 65 (1984) 1; GÜNTER STRATENWERTH, Zur Urkundenfälschung im Amt, Art. 317 StGB, ZStrR 84 (1968) 198; HANS WALDER, Strafrecht und Notariatswesen, ZBGR 43 (1962) 129, 139 ff.; **Lit.** vor Art. 251.

Geschütztes Rechtsgut ist Treu und Glauben im Verkehr (vgl. Art. 251 N   1
1) und die Verlässlichkeit der Beamten, die *Amtspflichttreue* – «das besondere Vertrauen, das (die Öffentlichkeit) den Amtshandlungen des Staates entgegenbringt, und ebenso das Interesse des Staates an einer zuverlässigen Amtsführung seiner Beamten», BGE 81 IV 290.

Beamter: Art. 110.4.   2

Person öffentlichen Glaubens ist der Notar, dessen Mitwirkung z.B. den   3
Grundstückskaufvertrag, BGE 102 IV 57, PAOLETTO (vor Art. 251) 167, den Gründungsvertrag einer AG, BGE 101 IV 61, den Ehevertrag, BGE 100 IV 238, oder die Beglaubigung einer Unterschrift, BGE 99 IV 198, zur öffentlichen Urkunde macht.

4   **Behördenmitglieder** fallen als solche nicht unter Art. 317, PKG 1955 Nr. 31, krit. HAFTER BT II 839; ZR 51 (1952) Nr. 22 wandte auf ein nichtbeamtetes Behördenmitglied, dessen Funktion auch Gegenstand einer Beamtung sein könnte, Art. 317 an.

5   **Urkunde:** Art. 110.5, N 1 ff. vor Art. 251. Es braucht sich nicht um eine öffentliche Urkunde zu handeln, BGE 81 IV 288, 93 IV 55, ZR 76 (1977) Nr. 35, abweichend SJZ 48 (1952) Nr. 132.

6   Zur **Täterhandlung** Art. 251 N 2-9. Bei Falschbeurkundung gelten dieselben Anforderungen wie bei Art. 251, BGE 117 IV 291, 73 IV 109, STRATENWERTH BT II § 58 N 8 f. Die Fälschung braucht nicht nach aussen in Erscheinung zu treten, BGE 93 IV 55, interner Dienstrapport, dazu kritisch STRATENWERTH, ZStrR 84 (1968) 198, ferner BJM 1970 87, PKG 1968 Nr. 12.

7   **Vorsatz** ist gegeben, wenn der Täter «bewusst in seiner Eigenschaft als Beamter rechtlich erhebliche Tatsachen unwahr in einer Schrift verurkundet, von der er weiss, dass sie zum Beweis jener Tatsachen geeignet oder bestimmt ist», BGE 100 IV 182, PKG 1989 Nr. 37. Im Gegensatz zu Art. 251 wird weder Vorteils- noch Schädigungsabsicht verlangt. Ausser Vorsatz ist aber *Täuschungsabsicht* erforderlich, BGE 121 IV 223, 100 IV 182, die, wie BGE 113 IV 82 (best. in 121 IV 223) präzisiert, für Art. 317 schon vorliegt, wenn die Urkunde überhaupt «in den Rechtsverkehr gebracht» wird, dazu krit. SCHULTZ, ZBJV 125 (1989) 43.

8   **Teilnehmer** ohne Sondereigenschaft fallen unter Art. 317, BGE 77 IV 245, 81 IV 288, 95 IV 115 ff. mit eingehender Begründung, wonach Art. 317 gegenüber 251 ein *delictum sui generis* sei. Diese Rechtsprechung ist abzulehnen, STRATENWERTH BT II § 58 N 11, SCHULTZ, ZBJV 106 (1969) 334 f., TRECHSEL/NOLL 203; BGE 81 IV 288 ff. hatte das qualifizierte Vertrauen in Urkunden von Beamten als sachliches Qualifikationsmerkmal angesehen, das nicht von Art. 26 erfasst werde, ebenso WAIBLINGER, ZBJV 93 (1957) 349, SCHULTZ, ZStrR 72 (1956) 281, PIOTET, JdT 1961 IV 100 – a.M. SCHWANDER Nr. 271a, HAEFLIGER, SJZ 47 (1951) 373. Diese Lösung könnte das Argument aus dem Vergleich mit Art. 253 nur entkräften, wenn im Sinne der Schuldteilnahmelehre (Art. 24 N 3) ein selbständiger Unrechtgehalt im Angriff auf die Pflichttreue des Beamten erblickt würde, was BGE 100 IV 4 ablehnt. Mittelbare Täterschaft: Art. 253, BJM 1971 38, ZR 76 (1977) Nr. 35.

9   Zur **Fahrlässigkeit** Art. 18 N 23 ff. Entgegen der Auffassung von STRATENWERTH BT II § 58 N 12 wäre ein kriminalpolitisches Interesse an diesem Tatbestand durchaus zu finden, insbesondere bei Beurkundung des Grundstückskaufs, wo nicht selten ein falscher Kaufpreis angegeben wird – den Notar trifft eine besondere Sorgfaltspflicht, MEIER 6.

10   **Bundesgerichtsbarkeit** für Urkundenfälschung durch Bundesbeamte, Art. 340.

Kasuistik   11
Vgl. N 17 vor Art. 251; **BGE 117 IV 287:** Keine Falschbeurkundung begeht der **Staatsbuchhalter,** der Belege für effektiv geleistete, wenn auch nicht geschuldete Zahlungen ausstellt und in die Staatsbuchhaltung einbringt, **121 IV 217: M.** unterliess es als **Amtsvormund,** Vermögenswerte ins Beistandsinventar einzutragen.

Konkurrenzen und Abgrenzungen   12
Art. 146: Konkurrenz, PKG 1969 Nr. 14; **Art. 251:** 317 geht vor, BGE 81 IV 285, RS 1961 Nr. 30; **Art. 252:** geht als *lex specialis* vor, Logoz N 7 zu Art. 317; **Art. 288:** Konkurrenz mit Anstiftung zu Art. 317, BGE 93 IV 53 f.; **Art. 305:** Konkurrenz, SJZ 77 (1981) Nr. 27 (ungerechtfertigte Quittierung eines Bussenzettels gem. OBG); **Art. 282** N 5; **Art. 318:** N 4;

Verwaltungsstrafrecht: Im Gegensatz zu Art. 251 tritt Art. 317 nicht zurück, BGE 77 IV 46, SJZ (1978) Nr. 29.

318 Falsches ärztliches Zeugnis

1. Ärzte, Zahnärzte, Tierärzte und Hebammen, die vorsätzlich ein unwahres Zeugnis ausstellen, das zum Gebrauche bei einer Behörde oder zur Erlangung eines unberechtigten Vorteils bestimmt, oder das geeignet ist, wichtige und berechtigte Interessen Dritter zu verletzen, werden mit Gefängnis oder mit Busse bestraft.

Hat der Täter dafür eine besondere Belohnung gefordert, angenommen oder sich versprechen lassen, so wird er mit Gefängnis bestraft.

2. Handelt der Täter fahrlässig, so ist die Strafe Busse.

PETER DIETSCHE, Das unwahre ärztliche Zeugnis nach Art. 318 StGB, Diss. BE 1983; PETER NOLL, Zur Frage der sogenannten Deckrezepte, ZStrR 72 (1957) 66, 71 ff.

Art. 318 enthält einen im Tatbestand **qualifizierten,** in der Strafdrohung   1
aber **privilegierten Spezialfall der Falschbeurkundung,** DIETSCHE 20, mit sehr geringer forensischer Bedeutung (a.a.O. 30 f.). Das privilegierte Verhältnis zu Art. 251 ist «widersinnig», NOLL 75, STRATENWERTH BT II § 58 N 13.

Zur Frage, **ob Rezepte Zeugnisse sind,** NOLL 73 ff. – im Ergebnis bejaht.   2

Einziges **Beispiel** aus der publizierten Rechtsprechung Rep. 1976 141:   3
Ein Arzt schliesst bei einem Kollegen Angetrunkenheit aus – die Blutprobe ergibt 2,5 Promille.

Konkurrenzen und Abgrenzungen   4
Art. 318 geht **Art. 251** vor; **Art. 317** wiederum konsumiert bei beamteten Ärzten usw. Art. 318, DIETSCHE 140 f.; abweichend Rep. 1976 141, wenn man davon ausgeht, dass der Arzt bei Entnahme der Blutprobe auf amtliche Anordnung hin als Beamter handelt, s. DIETSCHE 32.

319 Entweichenlassen von Gefangenen

Der Beamte, der einem Verhafteten, einem Gefangenen oder einem andern auf amtliche Anordnung in eine Anstalt Eingewiesenen zur Flucht behilflich ist oder ihn entweichen lässt, wird mit Zuchthaus bis zu drei Jahren oder mit Gefängnis bestraft.

HANS GIGER, Kriminologie der Entweichung, Diss. ZH 1960; FABIO VASSALLI, *L'evasione nel diritto penale svizzero,* Diss. BE 1967.

1   **Art. 319** ist **Spezialfall der Befreiung von Gefangenen,** Art. 310, wobei der Täter kraft seiner Stellung keine qualifizierten Tatmittel (Gewalt...) einzusetzen braucht.

2   **Täter** kann nach dem Wortlaut jeder Beamte sein, so THORMANN/VON OVERBECK N 3 zu Art. 319; STRATENWERTH BT II § 55 N 25 fordert eine besondere Garantenstellung, was für die Variante des Entweichenlassens Zustimmung verdient; für Fluchthilfe bringt eine Einschränkung die Formulierung von HAFTER BT II 817: «Beamter, der bei Gelegenheit der Ausübung seiner amtlichen Tätigkeit das Delikt verübt».

320 Verletzung des Amtsgeheimnisses

1. Wer ein Geheimnis offenbart, das ihm in seiner Eigenschaft als Mitglied einer Behörde oder als Beamter anvertraut worden ist, oder das er in seiner amtlichen oder dienstlichen Stellung wahrgenommen hat, wird mit Gefängnis oder mit Busse bestraft.

Die Verletzung des Amtsgeheimnisses ist auch nach Beendigung des amtlichen oder dienstlichen Verhältnisses strafbar.

2. Der Täter ist nicht strafbar, wenn er das Geheimnis mit schriftlicher Einwilligung seiner vorgesetzten Behörde geoffenbart hat.

WALTER BUSER, Der Schutz der Privatsphäre durch das Amtsgeheimnis, in Festgabe zum Schweiz. Juristentag, Basel 1985, 51; F. COMTESSE, Begriff und Schutz des Geheimnisses im Schweizerischen Strafgesetzbuch, ZStrR 56 (1942) 257; JEAN NICOLAS DRUEY, Information als Gegenstand des Rechts, Zürich/Baden 1996; ALDO ELSENER, Das Vormundschaftsgeheimnis – Die Schweigepflicht der vormundschaftlichen Organe und Hilfsorgane, Diss. ZH 1993; HELENA GLASER TOMASONE, Amtshilfe und Bankgeheimnis, Diss. ZH 1977; ANNA MARIA GROSSMANN, Die Verletzung des Amtsgeheimnisses auf Grund des Art. 320 des schweizerischen Strafgesetzbuches, Diss. BE 1946; MAX HESS, Zur Geheimhaltungspflicht des Sozialarbeiters, ZöF 72 (1975) 51; JOSÉ HURTADO-POZO, Das Amtsgeheimnis und das Strafvollzugspersonal, in Der Strafvollzug in der Schweiz, 2/1983 42; P. ISSLER, Die Verletzung des Amtsgeheimnisses, Diss. BE 1946; JEAN MEYER, *Le secret de fonction et les fonctionnaires vaudois,* JdT 1992 IV 2; RENÉ PERRIN, *Le secret de la fonction en droit fédéral suisse,* Diss. NE 1947; NICCOLÒ RASELLI, Amts- und Rechtshilfe durch Informationsaustausch zwischen schweizerischen Straf- und Steuerbehörden, ZStrR 111 (1993) 26; WALTER REAL, Das Amts- und Berufsgeheimnis, ZöF 69 (1972) 145; PAUL REICHLIN, Die Schweigepflicht des Verwaltungsbeamten, ZBl 53 (1952) 473 ff., 505 ff.; KLAUS REINHARDT, Über Amtsgeheimnis und Amtshilfe in kantonalen Verwaltungssachen, in Festgabe Alfred Rötheli, Solothurn 1990; Hans Schultz Die Verletzung des Amtsgeheimnisses gemäss StGB Art. 320, Kriminalistik 1979 369; Franz-Martin Spillmann, Begriff und Unrechtstatbestand der Verletzung des Amtsgeheimnisses nach Artikel 320 des Strafgesetzbuches, Diss. ZH 1984.

Art. 320 schützt die Privatsphäre des Bürgers, soweit er sie, oft gezwun-   **1** genermassen, der Verwaltung offenlegen muss, **sowie das Interesse des Staates** an der Diskretion der Beamten und Behörden, die Schweigepflicht der Beamten lässt die Preisgabe sensibler Informationen an die Verwaltung erst zumutbar erscheinen, Elsener 71. Ein schutzwürdiges Geheimnis setzt allerdings nicht das Bestehen einer Offenbarungspflicht voraus, ZR 90 (1991) Nr. 94. Der verletzte Bürger kann im Strafverfahren Parteirechte ausüben, s. z.B. PKG 1988 Nr. 55.

Täter kann nur ein Beamter (s. Art. 110 Ziff. 4) oder das Mitglied einer   **2** Behörde (Art. 312 N 2, N 3 vor Art. 285), z.B. ein Nationalrat, Rep. 1993 259, sein. Durch diese Einschränkung entstehen *störende Unterschiede* etwa zwischen Amts- und privatem Vormund, Hess 53 f. (der den Vormund dem Art. 320 unterstellen will), Real 152, eingehend Elsener 92 ff. (der die Einführung eines Art. 320a zum Schutz des Vormundschaftsgeheimnisses vorschlägt, S. 397), beamtetem und nicht beamtetem Sozialfürsorger, Psychologen usw. Eine Lösung ist nur durch Gesetzesänderung möglich. Die Geheimhaltungspflicht dauert über das Beamtenverhältnis hinaus bis zum Tod, Meyer 3, 5.

Geheimnis ist eine Tatsache (bzw. die Kenntnis einer Tatsache, s. Kel-   **3** ler [zu Art. 321] 26 f.), die nur einem beschränkten Personenkreis bekannt ist (faktisches oder materielles Element) und bezüglich welcher der Wille eines Geheimnisherrn weiterer Verbreitung entgegensteht, was auch einem legitimen Interesse entspricht (normatives oder formelles Element; dazu ablehnend Spillmann 144 ff.), z.B. SJZ 76 (1980) Nr. 40, 69 (1973) Nr. 153; abweichend (ohne Prüfung, ob faktisch ein Geheimnis vorliegt) für Art. 320 noch BGE 77 IV 50 f. E. 3, dagegen Waiblinger, ZBJV 90 (1954) 487, Rehberg IV 420 f., Schultz, ZBJV 114 (1978) 456, ders. in Kriminalistik 1979 370, Stratenwerth BT II § 59 N 5. Grundsätzlich anders Druey 251 ff., s. auch Art. 162 N 2. Liegt kein Geheimnis vor, so ist höchstens untauglicher Versuch möglich, Reichlin 7 – die Verwaltung kann ein Nichtgeheimnis nicht durch Beschluss zum Geheimnis erklären, Reinhardt 534. Vgl. auch Art. 321 N 18.

    Geheim sind in der Regel Informationen aus hängigen Strafverfahren, unabhängig davon, ob sie inhaltlich wahr sind, BGE 116 IV 65.

Tatsachen können nicht nur verbal festgehalten sein, sondern in irgend-   **4** einer Form, z.B. Photo eines Spitalpatienten, ZR 76 (1977) Nr. 45, Röntgenaufnahmen, Pläne usw. Sie können amtliche oder private Belange betreffen, ZR 68 (1969) Nr. 45. Persönliche (auch «abweichende») Meinungen der Beamten sind keine Tatsachen, Reichlin 30.

Der Geheimhaltungswille muss auf dem Weg der staatlichen Willensbil-   **5** dung zustandekommen, regelmässig besteht er in Form eines Gesetzes,

z.B. BtG Art. 27. Ob dies für das kantonale Recht zutreffe, überprüft das
Bundesgericht nicht, BGE 94 IV 69, s. auch ZR 90 (1991) Nr. 94. Die
Kantone sind jedoch verpflichtet, für Geheimnisschutz zu sorgen, wo
Grundrechte gefährdet sind, z.B. bei der Telefonabhörung, BGE 115 IV
73. Nach dem Wortlaut (Ziff. 2!) kommt es auf den *Willen* des betroffenen *Individuums* nicht an – als solches kann es aber sein *Wissen* (vorbehältlich Art. 293) ungehindert verbreiten. Schon aus diesem Grunde ist
es selbstverständlich, dass die *Einwilligung* bei rein privaten Geheimnissen wirksam ist, vgl. ELSENER 80 f., REINHARDT 540, STRATENWERTH BT
II § 59 N 10 m.Hinw. auf die abweichende Äusserung von HAFTER BT II
850, LOGOZ N 9 zu Art. 320 und SCHULTZ 375. JAGGI in BVR 1990 90
weist darauf hin, dass nach geltendem Recht für Forschungsuntersuchun-
gen mit Angaben aus der Krankengeschichte die Zustimmung aller Beteiligten notwendig ist, dazu jetzt Art. 321bis. Umgekehrt hat der Bürger
aber kein Mittel, die Offenbarung durch die Verwaltung zu hindern. Aus
BV Art. 4 ergibt sich jedoch ein Anspruch auf rechtliches Gehör, vgl.
auch SCHULTZ 375. Wo das Geheimhaltungsinteresse vor allem beim Betroffenen liegt, ist die *Mitteilung* an ihn *zulässig,* PERRIN 121.

Sind, wie in SchKG Art. 8a, Mitteilungen *vorgeschrieben,* so besteht *de
lege* kein Geheimhaltungswillen, ZBJV 114 (1978) 455. Dasselbe gilt für
Tatsachen, die in einer öffentlichen Gerichtsverhandlung zur Sprache
kommen – sie mögen noch nicht offenkundig sein, aber das Gesetz kann
nicht Öffentlichkeit und Geheimhaltung gleichzeitig «wollen» – der verfassungsrechtliche Grundsatz der Öffentlichkeit geht vor, anders SJZ 76
(1980) Nr. 40.

6   Das öffentliche **Geheimhaltungsinteresse** «besteht dann, wenn bei Verletzung des Geheimnisses der Staat, seine Behörden oder deren Mitglieder an ihrem Vermögen, ihrer Ehre oder ihrem Ansehen geschädigt werden oder wenn ihnen daraus andere Schwierigkeiten entstehen», LGVE
1991 III Nr. 14, REICHLIN 482. Ob es vorliegt, ist auf dem Wege der Ver-
waltungsrechtspflege zu überprüfen, wenn es um einen Entscheid gemäss
Ziff. 2 geht; die *Anklagekammer des Bundesgerichts ist nicht befugt,* diese
Frage etwa im Rahmen einer Auseinandersetzung über die Pflicht zur
Rechtshilfe (Art. 352, 357) zu prüfen, BGE 102 IV 222 ff. vgl. auch ZBJV
114 (1978) 456. Ein privates Geheimhaltungsinteresse besteht, wenn die
Bekanntgabe dem Betroffenen nachteilig sein kann, LGVE 1991 III Nr.
14. Das Geheimhaltungsinteresse fehlt in der Regel, wenn die Beziehung
des Privaten zum Gemeinwesen «eine solche ist, wie sie auch zwischen
Privaten bestehen kann», ZR 90 (1991) Nr. 94, vorbehältlich der Voraussetzungen von Art. 321. Bejaht wurde das Interesse für die Geheimhaltung von Informanten der Polizei, Extr.Fr. 1975 133, verneint für Dere-
liktion eines Grundstücks, RS 1988 Nr. 334, oder für das Geheimnis der
Strafuntersuchung, wenn zu emitteln ist, ob dabei falsches Zeugnis abge-
legt wurde, GVP-AR 1990 93 f. Ob das Interesse legitim sei, wird in SJZ
83 (1987) Nr. 48 nicht geprüft, anders LGVE 1991 III Nr. 14. Zu weit
m.E. MEYER 5, der auch Informationen aus dem Privatleben der Mitar-

beiter geschützt sehen will – der Unterschied zu privaten Arbeitsverhältnissen lässt sich nicht begründen.

Damit ein Geheimnis unter dem Schutz von Art. 320 steht, muss ein **Kau-**   7
salzusammenhang zwischen der amtlichen Funktion und der Kenntnis
der betreffenden Tatsache bestehen, ZR 48 (1949) Nr. 186, GROSSMANN
30, SCHULTZ 370, SPILLMANN 31. Der Beamte bleibt straflos, wenn er von
der fraglichen Tatsache schon vorher als Privatperson Kenntnis hatte
oder sich diese Kenntnis später ausserhalb des Dienstes hätte beschaffen
können oder beschafft hat, BGE 115 IV 236. Der Kausalzusammenhang
fehlt ferner, wenn der Beamte die Information zufällig in einem Kopiergerät gefunden hat, BGE a.a.O. 237. BGE 116 IV 67 lässt die Frage offen,
ob auch von aussen in die Verwaltung getragene Informationen dem Geheimnis unterstehen. Die Antwort kann nur unter Berücksichtigung der
besonderen Umstände gefunden werden – ist die Information auch ausserhalb der Verwaltung geheim, fällt sie zweifellos unter das Amtsgeheimnis. Dass Frau Kopp freigesprochen wurde, weil ihr nicht nachzuweisen war, dass sie um den internen Ursprung der Information
(Verdacht, die Shakarchi Trading AG, deren Verwaltungsratsvizepräsident ihr Mann damals war, sei in Geldwäscherei verwickelt) wusste, vermag nicht zu überzeugen.

Das Geheimnis ist **offenbart,** wenn es unbefugten Dritten zur Kenntnis   8
gebracht oder wenn ihnen die Kenntnisnahme ermöglicht wird. Dies ist
unproblematisch bei Veröffentlichung und bei Mitteilung an Aussenstehende. «Unbefugter Dritter» ist ein privater Verein auch dann, wenn er
Ziele verfolgt, die mit denjenigen der staatlichen Politik übereinstimmen,
ZR 48 (1949) Nr. 186. Als «offenbaren» gilt auch die Bestätigung gegenüber einem Empfänger, der die fragliche Tatsache vermutet; dies gilt
sogar, wenn er die Tatsache schon weiss, weil die Mitteilung sein Wissen
bestärkt, SJZ 67 (1971) Nr. 45; s. für Differenzierung Art. 321 N 22. Das
Geheimnis ist auch offenbart, wenn es einem Dritten mitgeteilt wird, der
selber geheimnisverpflichtet ist, sofern die Mitteilung nicht dienstlich gerechtfertigt ist, BGE 114 IV 46 (Polizist spielt Untersuchungsrichter und
Präsident des Polizistenverbandes ein Tonband mit u.a. einer geheimen
Information als Beispiel des schlechten Führungsstils vor).

Problematisch ist die Verbreitung von Geheimnissen **innerhalb der Ver-**   9
waltung, grundsätzlich ist sie nicht erlaubt, die öffentliche Verwaltung ist
nicht «eine Art Käseglocke», RASELLI 32 f. – es ist «informationelle Gewaltenteilung» anzustreben; für Geltung der Vertraulichkeit gegenüber
anderen Dienstzweigen, solange keine besondere Aufsichtspflicht besteht, auch SJZ 69 (1973) Nr. 153, REINHARDT 530, mit Beispielen aus der
Solothurner Praxis S. 553 ff. Grundsätzlich muss immerhin das Informieren einer vorgesetzten oder einer Aufsichtsbehörde erlaubt sein, SJZ 69
(1973) Nr. 12. Ferner kommt es darauf an, ob der Informant damit rechnen muss, dass die Information ausserhalb der Verwaltung weiterverbreitet wird, BGE 116 IV 65 f. ZBJV 111 (1975) 238 hält es auch für zuläs-

sig, dass die Polizei den Steuerbehörden Auskunft gibt über Prostituierte. Geschieht die Offenbarung gegenüber einem privaten Empfänger, über den die Information wiederum an eine Dienststelle gelangen soll, ist der Tatbestand erfüllt, ZR 48 (1949) Nr. 186. Besondere Vertraulichkeit fordern etwa das Strafverfahren, SCHULTZ 372, die Situation des Gefangenen, HURTADO POZO a.a.O., oder der Tätigkeitsbereich des Sozialarbeiters, HESS 56 ff. Keine Verletzung von Art. 320, wenn ein Spitalarzt der Vereinigung schweizerischer Krankenhäuser (VESKA) ein Datenerfassungsblatt über einen Patienten schickt, SJZ 81 (1985) Nr. 26.

10 Subjektiv ist **Vorsatz** erforderlich, der sich auf das Vorliegen eines Geheimnisses und auf das Offenbaren beziehen muss.

11 Rechtmässig ist gemäss **Ziff. 2** die Offenbarung mit **schriftlicher Einwilligung** der vorgesetzten Behörde. Das Formerfordernis der Schriftlichkeit kann m.E. nachträglich erfüllt werden. Der Täter braucht die materielle Richtigkeit der Einwilligung nicht zu überprüfen. Gemäss BtG Art. 28 Abs. 3, 2. Satz darf die *Ermächtigung zur Zeugenaussage* von Beamten «nur verweigert werden, wenn die allgemeinen Landesinteressen es verlangen oder wenn die Ermächtigung die Verwaltung in der Durchführung ihrer Aufgaben wesentlich beeinträchtigen würde», dazu BGE 102 IV 222 MEYER 8 ff. Auf Interessenabwägung verweist z.B. auch das Genfer Recht, Sem. jud. 1962 286, für Graubünden PVG 1989 Nr. 7, für Zürich ZR 68 (1969) Nr. 45. Einzelheiten bei SCHULTZ 377 ff. Fehlte die Einwilligung, ist die in Verletzung des Amtsgeheimnisses erfolgte Zeugenaussage rechtswidrig und nicht verwertbar, Extr. Fr. 1988 56.

12 Wer die **vorgesetzte Behörde** sei, ist nach *Verwaltungsrecht zu entscheiden* – die Justizbehörde selber, z.B. die Anklagekammer, ist dazu regelmässig nicht kompetent, BGE 102 IV 221 ff., 103 Ib 254, LGVE 1991 I Nr. 20, ZBJV 114 (1978) 456. Richter haben als unabhängige Behörde keine «Vorgesetzten» i.S.v. Art. 320.2, GVP-AR 1990 93; dasselbe soll für das gerichtlich-medizinische Institut der Universität Bern gelten, ZBJV 115 (1979) 427. Zur Bedeutung der Einwilligung eines betroffenen Individuums N 5.

13 Auch **weitere Rechtfertigungsgründe** kommen in Frage, z.B. die Anzeigepflicht des Betreibungs- und Konkursbeamten, BlSchK 14 (1950) 95, Melderechte gemäss Art. 305ter und Art. 358ter oder ein allgemeines Anzeigerecht der Beamten, MEYER 7. Zu Notstand und Wahrnehmung berechtigter Interessen BGE 94 IV 70 (Vi ZR 68 [1969] Nr. 45) mit Betonung des Subsidiaritätsgrundsatzes. Für enge Auslegung schon des Geheimnisbegriffs (legitimes Interesse) SPILLMANN 167 f. Das Amtsgeheimnis kann der Informations- und Meinungsäusserungsfreiheit vorgehen, SJZ 76 (1980) Nr. 40 S. 320; s. ferner SCHULTZ 374 ff.

13a **Kasuistik**
BGE 77 IV 40: Zollbeamter Freuler gab Ernst Handschin die Adressen von Kaffeelieferanten weiter; **94 IV 70: Detektiv-Wachtmeister Kurt**

Meier leitete Informationen an das Büro gegen Amts- und Verbandswill-
kür, er hätte sich aber zuerst an den Chef Rechtsdienst wenden sollen;
114 IV 44: Polizeimann X. übertrug ein Gespräch zwischen dem choleri-
schen Chef der Stadtpolizei Chur und einem Kollegen auf ein privates
Tonband und spielte es Gästen vor; **115 IV 234: Polizeikorporal X.** fand
in einem Fotokopierapparat einen Beleg für die Auszahlung von 500
Franken an die Sektion Chur des Verbandes Schweizerischer Polizeibeamter und schickte sie an den Zentralpräsidenten dieser Organisation –
Freispruch; **116 IV 57: Bundesrätin Elisabeth Kopp** liess durch ihre persönliche Mitarbeiterin **Katharina Schoop** ihren Ehemann Hans.W. Kopp
darüber unterrichten, dass gegenüber der Firma Shakarchi Trading AG,
deren Verwaltungsratsvizepräsident er damals noch war, ein Verdacht
auf Verwicklung in Geldwäscherei bestand; **Renate Schwob** hatte ihr
diese Information, die von einem Mitarbeiter der Zentralstelle für die
Bekämpfung des Betäubungsmittelhandels stammte, weitergereicht; bei
Katharina Schoop wurde wegen Verbotsirrtums von Bestrafung Umgang
genommen, die beiden übrigen Angeklagten wurden vom Bundesstrafgericht freigesprochen, zu diesem Urteil HEIM, JdT 1991 IV 10; **ZR 90
(1991) Nr. 94:** Der **Zürcher Stadtarchivar** erteilte Auskünfte darüber,
dass V.W. im Hinblick auf eine Bürgerrechtsfrage Nachforschungen angestellt habe.

Konkurrenzen und Abgrenzungen   14
Art. 161 N 32; **Art. 267** (ebenso MStG Art. 86) geht als *lex specialis* vor,
STRATENWERTH BT II § 59 N 14; **Art. 288** steht zu Art. 24/320 in Idealkonkurrenz, SCHULTZ 273 mit Hinweis auf BGE 93 IV 54; abweichend
ZR 51 (1952) Nr. 107; **Art. 293** wird von Art. 320 konsumiert (STRATEN-
WERTH BT II § 59 N 14: Spezialität); **Art. 315** steht in echter Konkurrenz
zu Art. 320, ZR 48 (1949) Nr. 186, REHBERG IV 425 – a.M. HAFTER BT II
760; **Art. 321:** Amts- und Berufsgeheimnis können eine Person kumulativ
binden, z.B. den beamteten Arzt, ZR 76 (1977) Nr. 45, HESS 43, HUR-
TADO POZO 48, RÖTHLISBERGER (zu Art. 321) 338, SCHULTZ 373. Je nachdem, ob der Schwerpunkt der Geheimnisverletzung bei der ärztlichen
oder der amtlichen Stellung des Täters liegt, ist er alternativ nach
Art. 320 oder 321 schuldig zu sprechen; für Vorrang von Art. 320 STRA-
TENWERTH BT II § 59 N 14. Die Frage ist vor allem aus prozessualer Sicht
von Bedeutung – Art. 320 gibt dem Verletzten i.d.R. keine Legitimation
zur Nichtigkeitsbeschwerde, BGE 106 IV 134.
PVG Art. 57 geht als *lex specialis* vor (gleiche Strafdrohung), REHBERG
IV 424, G. SPITZER, das Post- und Telephongeheimnis, ZBl 56 (1955) 545,
550.
BkG Art. 47: Mitglieder der EBK können kumulativ an das Bank- und an
das Amtsgeheimnis gebunden sein, GLASER TOMASONE 84 – bei Verletzung liegt wegen der unterschiedlichen Rechtsgüter Idealkonkurrenz
vor.

321 Verletzung des Berufsgeheimnisses

1. Geistliche, Rechtsanwälte, Verteidiger, Notare, nach Obligationenrecht zur Verschwiegenheit verpflichtete Revisoren, Ärzte, Zahnärzte, Apotheker, Hebammen sowie ihre Hilfspersonen, die ein Geheimnis offenbaren, das ihnen infolge ihres Berufes anvertraut worden ist, oder das sie in dessen Ausübung wahrgenommen haben, werden, auf Antrag, mit Gefängnis oder mit Busse bestraft.

Ebenso werden Studierende bestraft, die ein Geheimnis offenbaren, das sie bei ihrem Studium wahrnehmen.

Die Verletzung des Berufsgeheimnisses ist auch nach Beendigung der Berufsausübung oder der Studien strafbar.

2. Der Täter ist nicht strafbar, wenn er das Geheimnis auf Grund einer Einwilligung des Berechtigten oder einer auf Gesuch des Täters erteilten schriftlichen Bewilligung der vorgesetzten Behörde oder Aufsichtsbehörde offenbart hat.

3. Vorbehalten bleiben die eidgenössischen und kantonalen Bestimmungen über die Zeugnispflicht und über die Auskunftspflicht gegenüber einer Behörde.

E 285. Sten.NR 502, 504, StR 231, 253, 333 ff., 362 f., NR 788 f., StR 379, 384 f., NR 802. Erl.Z. 350 ff. 2. ExpK IV 363 ff., VI 144 ff., VIII 309 ff.

PETER R. ALTENBURGER, Schutz geheimhaltungsbedürftiger Informationen in Steuersachen, STR 1993 64; ROLAND BERGER, *Le secret professionnel et de fonction. Bases légales,* RICPT 24 (1970) 183; JACQUES BERNHEIM, *Le secret médical,* RICPT 24 (1970) 189; BERNARD BERTOSSA, *Le secret professionnel de l'avocat,* Sem.jud. 1981 321; HEINZ WALTER BLASS, Die Berufsgeheimhaltungspflicht der Ärzte, Apotheker und Rechtsanwälte, Diss. ZH 1944; DERS., Ältere und neuere Probleme der Pflicht zur Wahrung des «Berufsgeheimnisses», SJZ 62 (1966) 337; PETER BÖCKLI, Anwalt und Fiskus im Rechtsstaat, in Mitteilungen des schweizerischen Anwaltverbandes 1979, Nr. 64; JÜRG BOLL, Die Entbindung vom Arzt- und Anwaltsgeheimnis, Diss. ZH 1983; FRANÇOIS CLERC, Berufsgeheimnis, SJK Nr. 33; FRÉDÉRIC COMPTESSE, Begriff und Schutz des Geheimnisses im Schweizerischen Strafgesetzbuch, ZStrR 56 (1942) 267; BERNARD CORBOZ, *Le secret professionnel de l'avocat selon l'art. 321 CP,* Sem.jud. 1993 77; HANS DUBS, Das Berufsgeheimnis des Geistlichen, Vortrag Aarau 1963; ALBERT-LOUIS DUPONT-WILLEMIN, *Le secret professionnel et l'indépendance de l'avocat,* Mitteilungen des Schweizerischen Anwaltverbandes 1986 Nr. 101; ALEXANDER FILLI, Die Auskunftserteilung des Arztes an Behörden unter dem Aspekt des Berufsgeheimnisses gemäss Art. 321 StGB, BJM 1987 57; ERWIN FREY, Die Papiere des abtreibungsverdächtigen Arztes, ZStrR 72 (1957) 19; LEO FROMER, Zwei berufliche Fragen. Bundessteuerrecht und Anwaltsgeheimnis, SJZ 39 (1942/43) 428; GEORG GAUTSCHI, Steuerrecht und berufliche Schweigepflicht, SJZ 39 (1942/43) 451; ZACCARIA GIACOMETTI, Anwaltsgeheimnis und steuerrechtliche Editionspflicht im Kanton Zürich, ZSGV 45 (1944) 314; JEAN GRAVEN, *Le secret médical en cas d'interruption thérapeutique de grossesse,* SJZ 56 (1960) 301; PHILIPPE GRAVEN, *Le secret médical,* Médecine et Hygiène 33 (1975) Nr. 1171 S. 1729; GENEVIÈVE DE HALLER, *Le secret médical en matière d'assurance,* Schweizerische Versicherungs-Zeitschrift 48 (1980) 6; WILLY HEIM, *Le secret médical dans le Code pénal suisse,* Diss. Laus. 1944; DERS., *Le secret de l'expert médical,* JdT 1952 IV

98; DERS., *Secret médical et faux certificat,* JdT 1986 130; MAX HESS, Zur Geheimhaltungspflicht des Sozialarbeiters, ZöF 72 (1975) 51; KARIN KELLER, Das ärztliche Berufsgeheimnis gemäss Art. 321 StGB unter besonderer Berücksichtigung der Regelung im Kanton Zürich, Diss. ZH 1993; JÜRG KIENTSCH, Die Auskunfts- und Mitwirkungspflicht des Arztes gegenüber dem privaten Versicherer, Diss. BE 1967; KARL-LUDWIG KUNZ, Gutachten über rechtliche Fragen im Zusammenhang mit AIDS, Strafrechtlicher Teil, in Guillod / Kunz / Zenger, Drei Gutachten über rechtliche Fragen im Zusammenhang mit AIDS, Bern 1991, 317; HANS LANGMACK, Die strafrechtliche Schweigepflicht des Arztes, ZStrR 88 (1972) 67; ERNST LOHSING, Der Begriff des Berufsgeheimnisses, SJZ 39 (1942/43) 79; HANS MERZ, Anwaltsgeheimnis und Fiskus, ZBJV 80 (1944) 337; HANSRUEDI MÜLLER, Die Grenzen der Verteidigertätigkeit, ZStrR 114 (1996) 176; WALTER MÜLLHAUPT, Berufsgeheimnis und Zeugnisverweigerungsrecht der aktienrechtlichen Revision, Diss. SG 1974; FR. NAVILLE, *Le secret professionnel des médecins,* in Droit et vérité, Genève 1946, 46; PETER NOLL, Das ärztliche Berufsgeheimnis im schweizerischen Strafrecht, in Schweizerische Beiträge zum fünften internationalen Kongress für Rechtsvergleichung, Zürich 1958, 233; DERS., Geheimnisschutz und Zeugnispflicht, in Festgabe Gerwig, Basel 1960, 135; G. ODERBOLZ, Das Berufsgeheimnis des Geistlichen, Bern 1944; ROBERT PICCARD, *Considérations sur le secret professionnel de l'avocat,* SJZ 62 (1966) 53; WALTER REAL, Das Amts- und Berufsgeheimnis, ZöF 69 (1972) 145; JÖRG REHBERG, Ärztliches Berufsgeheimnis und gesetzlicher Vertreter des Patienten, in Festgabe Fritz Schwartz, Bern 1968, 23; DERS., Die strafrechtliche Seite des ärztlichen Berufsgeheimnisses, Schweizerische Ärzte-Zeitung 50 (1969) 234; DERS., Arzt und Strafrecht, in Handbuch des Arztrechts, Zürich 1994, 303; ARTHUR RÖTHLISBERGER, *Secret médical et secret de fonction,* RDAF 38 (1982) 325; RENÉ RUSSEK, Das ärztliche Berufsgeheimnis, Diss. ZH 1954; JEAN-EMMANUEL ROSSEL, *Le secret médical et le certificat d'arrêt de travail,* Schweizerische Zeitschrift für Sozialversicherung und berufliche Vorsorge 1992 243; JOSEF RÜTSCHE, Arztgeheimnis und Versicherungsrecht – Spannungsfelder im Alltag, Schweizerische Versicherungs-Zeitschrift 59 (1991) 265; PETER SCHÄFER, Ärztliche Schweigepflicht und Elektronische Datenverarbeitung, Diss. ZH 1978; MARC-ANTOINE SCHAFFNER, *L'autorisation de révéler un secret professionnel,* Diss. Laus. 1952; WALTER R. SCHLUEP, Über Sinn und Funktion des Anwaltsgeheimnisses im Rechtsstaat, Schriftenreihe: Das Anwaltsgeheimnis 1, Zürich 1994; NIKLAUS SCHMID, Der Revisor als Zeuge, ST 1987 1, 68; HANS SCHULTZ, Der Arzt als Büttel der Polizei? in FS für Paul Bockelmann, München 1979, 603; JEAN-JACQUES SCHWAAB, *Devoirs de discrétion et obligation de témoigner et de produire des pièces,* Diss. Lausanne 1976; RAINER J. SCHWEIZER, Persönlichkeits- und Datenschutzprobleme der Rechtsanwälte – Praktische Aspekte des Anwaltsgeheimnisses in schweizerischer und grenzüberschreitender Sicht, Schriftenreihe SAV 14 (1996) 57; RENATE SCHWOB, Probleme der Telefonüberwachung im Lichte der Europäischen Menschenrechtskonvention, in Festgabe Alfred Rötheli, Solothurn 1990; ALEXANDER SIEBEN, Das Berufsgeheimnis auf Grund des eidgenössischen Strafgesetzbuches, Diss. BE 1943; STEPHANE SPAHR, *Les règles de la profession d'avocat en droit valaisan,* RVJ 1988 403; L. STAUB, Telefonüberwachung und Anwaltsgeheimnis, SJZ 83 (1987) 25; W. STOCKER, Das Anwaltsgeheimnis, ZStrR 68 (1953) 1; Der Strafvollzug in der Schweiz, H. 2/1983; MARINETTE UMMEL / JEAN-PIERRE RESTELLINI, *Les instances de levée du secret médical en Suisse,* SJZ 19 (1994) 361; LELIO VIELI, Der Anwalt als Partei im Zivilrecht, Schriftenreihe: Das Anwaltsgeheimnis 2, Zürich 1994, 33; BERNARD VIRET, *A propos du secret médical,* Schweizerische Versicherungs-Zeitschrift 40 (1972) 225; MARIANNE WEBER, Berufsgeheimnis im Steuerrecht und Steuergeheimnis, Diss. ZH 1982; LOUIS WICKI, Grenzen der ärztlichen Geheimhaltungspflicht, Diss. ZH 1972; s. ferner **Lit.** zu Art. 320,

die strafprozessuale **Lit.** zum Zeugnisrecht, insbes. Robert Hauser, Der Zeugenbeweis im Strafprozess mit Berücksichtigung des Zivilprozesses, Zürich 1974, sowie
die **Lit.** zum Recht der betroffenen Berufe und zum Auftragsrecht.

1 Mit dem Schutz des Berufsgeheimnisses verfolgt das Gesetz **mehrere
Zweckrichtungen.** In erster Linie sind eine französische und eine deutsche Auffassung zu unterscheiden.

Nach der *französischen* geht es hauptsächlich um ein *öffentliches Interesse:* Die Verschwiegenheit wichtiger Berufsstände wird garantiert, um
das Vertrauen in unverzichtbare Dienstleistungen zu sichern, s. z.B. BGE
87 IV 108, 112 Ib 606: Art. 321 «wurde erlassen, um die Ausübung der
darin aufgezählten Berufe im öffentlichen Interesse zu erleichtern, und
findet [seine] Rechtfertigung in der Überlegung, dass diese Berufe nur
dann richtig und einwandfrei ausgeübt werden können, wenn das Publikum auf Grund einer unbedingten Garantie der Verschwiegenheit das
unentbehrliche Vertrauen zum Inhaber des Berufes hat», s. ferner BGE
115 Ia 199, ZR 71 (1972) Nr. 67, Blass, SJZ 337, Corboz 79, J. Graven
302, Ph. Graven 3, Heim, Diss. 49 ff., Keller 59 ff., Piccard 54, Rossel
248, Stratenwerth BT II § 59 N 15, Viret 225 ff.

Nach *deutscher* Auffassung geht es in erster Linie um den *Schutz der
Geheimsphäre* des Einzelnen, der die Dienstleistungen in Anspruch
nimmt, BGE 87 IV 108, Merz 339, Müllhaupt 8 – BGE 117 Ia 345
(best. in Pra 85 [1996] 749 m.Hinw. auf EGMR Urteil Niemitz, Serie A
Nr. 251-B) anerkennt, dass das Anwaltsgeheimnis die verfassungsrechtlich gewährleistete persönliche Freiheit bzw. das Recht auf Achtung des
Privatlebens i.S.v. EMRK Art. 8 schützt; ein «selbständiges verfassungs-
mässiges Individualrecht» der Berufsperson verbürgt das Berufsgeheimnis indessen nicht, BGE 117 Ia 341, Pra 85 (1996) 751; zum Arztgeheimnis Rossel 250 ff. Während der französischen Auffassung ein absoluter
Geheimnisschutz entspricht, führt die deutsche zu einem relativen
Schutz. Dass sich das StGB dieser Richtung angeschlossen hat, zeigt sich
nicht nur im Antragserfordernis, sondern vor allem in der Regelung der
Ausnahmen, Ziff. 2, 3. Nach Genfer Recht ist das Geheimnis freilich absolut, s. BGE 117 Ia 349, was aber nicht für das schweizerische Recht
schlechthin gilt (a.M. offenbar Schluep N 43), vielmehr einer bundesrechtlichen Einschränkung unterliegt, BGer a.a.O. Rossel 248 f. bezeichnet als dritten Gesichtspunkt die *«conception mixte»* aus den beiden
ersten.

Eine dritte Schutzrichtung bezieht sich auf die Geheimnisträger selber
– das Geheimhaltungsrecht ist Ausfluss ihrer persönlichen Freiheit, BGE
102 Ia 521 f., eine unerlässliche Voraussetzung für die Berufstätigkeit, somit auch ein wichtiges Standesinteresse, s. auch Bernheim 189, Boll
1 ff., Corboz 79, Giacometti 315, de Haller 7, Keller 62, Russek 48,
Schluep Rdz 12, Weber 12 ff.; Schweizer 60 diskutiert ausschliesslich
anwaltliche Interessen; anders Merz 339. Schliesslich schützt Art. 321
auch Dritte, soweit die betreffenden Geheimnisse von ihnen oder auf

andere Weise zur Kenntnis des Geheimnisträgers gelangen, FILLI 61, LANGMACK 71, anders ZR 63 (1964) Nr. 108.

Das Berufsgeheimnis wird ausser in Art. 321 auch durch **andere Rechts-** 2 **quellen** geschützt, z.B. ZGB Art. 28, OR Art. 398 usw., dazu z.B. BGE 119 II 222 (Übergabe einer Arztpraxis), ferner BLASS, Diss. 70 ff., MERZ 344, PICCARD 55, WICKI 16 ff., ferner BkG Art. 47. Subsidiär oder kumulativ kommt das entsprechende Standesdisziplinarrecht zur Anwendung, s. z.B. LGVE 1991 I Nr. 39, EVG-SZ 1992 Nr. 35.

Täter kann nur sein, wer eine der in Ziff. 1 **abschliessend** (BGE 83 IV 3 197, 95 I 448, h.M.) aufgezählten Eigenschaften aufweist. Das Gesetz lässt *keine Differenzierung* unter den verschiedenen Geheimnisträgern erkennen. Eine solche kann jedoch dadurch eintreten, dass unterschiedliche Ausnahmeregeln für die verschiedenen Berufsgruppen gelten, was etwa auf Meldepflichten (s. N 36 f.) zutrifft, aber auch auf das Zeugnisverweigerungsrecht, vgl. REAL 148, SCHMID 68. Besonders streng ist das Beichtgeheimnis des katholischen Priesters, jedenfalls nach Kirchenrecht gilt es absolut, ODERBOLZ 3 ff.

Weil die betroffenen Berufsgruppen vorwiegend nach kantonalem Recht geregelt sind, ist dieses auch für die Umschreibung der jeweiligen Geheimhaltungspflicht massgebend, Sem.jud. 1994 107 (BGer).

Geistliche sind in erster Linie die Bischöfe, Priester und Pfarrer der Lan- 4 deskirchen, aber auch Prediger anderer christlicher Gemeinschaften, CLERC 1, Rabbiner, islamische, buddhistische – kurz, Priester aller Weltreligionen, ebenso REHBERG IV 429. *Laienseelsorger* dagegen sind nicht «Geistliche», ODERBOLZ 11, auch nicht Angehörige der Heilsarmee, CLERC 1. Problematisch sind die Sekten; für restriktive Auslegung NOLL BT 99 f. *Entscheidend ist, ob die Person aufgrund einer vertieften Ausbildung berufsmässig seelsorgerisch (nicht nur sozial) tätig ist.*

Rechtsanwälte sind rechtskundige Personen, die «befugterweise als 5 Rechtsbeistand tätig» sind, STOCKER 8. Es betrifft dies nicht nur die nach kantonalem Recht zugelassenen praktizierenden Anwälte, sondern auch andersweitig beschäftigte Inhaber eines Anwaltspatents, soweit sie anwaltschaftliche Dienstleistungen erbringen. Auch ausländische Anwälte können das Berufsgeheimnis in Anspruch nehmen, SJZ 60 (1964) Nr. 62; für Einzelheiten s. CORBOZ 81 ff. Keine Rechtsanwälte sind die «Rechtskonsulenten» (s. aber N 6).

Verteidiger werden erwähnt, weil vereinzelt Personen zur Strafverteidi- 6 gung zugelassen sind, die kein Anwaltspatent besitzen, z.B. Rechtsagenten, SG StP Art. 38 II, Laien, SO StPO § 7 II, wenigstens für nicht berufsmässige Verteidigung, SG StP Art. 38 I, TG StP § 59 II, oder Hochschullehrer, BStP Art. 35 III.

Notare sind «Personen öffentlichen Glaubens». Sie fallen nur unter 7 Art. 321, sofern sie nicht, wie z.B. in Zürich, Beamte sind, WALDER,

ZBGR 43 (1962) 129. Ihre Stellung entspricht derjenigen des Rechtsanwalts, BGE 102 Ia 519.

8   **Nach Obligationenrecht zur Verschwiegenheit verpflichtet** sind die **Revisoren** der AG, OR Art. 730, der GmbH, OR Art. 819 II, und der Genossenschaft, OR Art. 909. Bloss vertraglich geheimhaltungspflichtige Revisoren unterliegen Art. 321 nicht, BGE 83 IV 197, auch dann nicht, wenn sie das Bankgeheimnis zu wahren haben, BGE 95 I 448. Ist die Revision einer juristischen Person übertragen, so muss die Schweigepflicht den mit der Kontrolle befassten Mitarbeiter als Hilfsperson treffen, was ohne (bedenkliche) Analogie zu Art. 172 möglich ist. S. im übrigen MÜLLHAUPT 21 ff., NIKLAUS SCHMID, Zur strafrechtlichen Verantwortlichkeit des Revisors, ST 70 (1996) 193, 197 f.

9   **Ärzte** sind Personen, die aufgrund eines medizinischen Hochschulstudiums therapeutisch oder bloss diagnostisch tätig sind, also neben praktizierenden Ärzten Spitalärzte, ärztliche Leiter medizinischer Laboratorien, Pathologen, LANGMACK 68, eingehend KELLER 86 ff. Eine formelle Definition, die sich nach den kantonalen Medizingesetzen richten würde, liefe der Einheitlichkeit des eidgenössischen Strafrechts zuwider, PH. GRAVEN 4 f. Art. 321 untersteht auch der Arzt, der sich als Kunstmaler betätigt, wenn er ausnahmsweise medizinisch tätig wird, ebenso PH. GRAVEN 5. NOLL, Berufsgeheimnis, 241, wenig enger DERS. BT 99, will jede Person, die einen Heilberuf ausübt, Art. 321 unterstellen, was zu weit geht – wer einen Heiler, Naturarzt, Magnetopathen … aufsucht, darf nicht den rechtlichen Schutz erwarten, mit dem der Beizug des approbierten Arztes ausgestattet ist, FILLI 61, LANGMACK 69, REHBERG IV 430. Zu eng dagegen HEIM, *expert,* 104, der den medizinischen Experten ausschliesst, weil er nicht das Vertrauen des Exploranden geniesse – auch dieser Arzt macht Feststellungen im Geheimbereich und er darf nur an den Auftraggeber berichten.

10   Für **Zahnärzte** gilt dasselbe wie für Ärzte (N 9). Wer aufgrund eines ausländischen Patentes in Appenzell-Ausserrhoden praktiziert, untersteht Art. 321. Kein Zahnarzt ist der Zahntechniker, NOLL, Berufsgeheimnis, 241, a.M. CLERC 2 – er kann aber Hilfsperson sein.

11   **Apotheker** sind akademisch ausgebildete Pharmazeuten, die mit dem Vertrieb von Medikamenten an Benützer befasst sind. Nicht unter Art. 321 fallen Pharmazeuten, die in Forschung oder Fabrikation tätig sind.

12   **Hebammen** sind ausgebildete Geburtshelferinnen, die freiberuflich oder im Spital – dann meist als Hilfsperson eines Gynäkologen – tätig sind.

13   **Hilfsperson** ist, wer bei der Berufstätigkeit des (Haupt-)Geheimnisträgers in der Weise mitwirkt, dass er grundsätzlich von den dabei wahrgenommenen Tatsachen ebenfalls Kenntnis erhält. Die enge Auffassung von HAFTER, BT 854, wonach eine Mitverantwortung zu fordern wäre, hat sich nicht durchgesetzt, REHBERG IV 430 f., STRATENWERTH BT I § 59

N 17. Hilfspersonen sind allgemein AssistentInnen und SekretärInnen, z.B. ZBJV 86 (1950) 48; beim Geistlichen u.U. die Pfarrfrau (bzw. der Hausmann einer Pfarrerin), ODERBOLZ 7; bei juristischen Berufen das Kanzleipersonal und Praktikanten, Buchhalter, Privatdetektive und vom Anwalt beigezogene Experten, STOCKER 9; Mitarbeiter der als Revisor eingesetzten AG; alle Mitarbeiter im unter ärztlicher Leitung stehenden Team – Psychologen, Pädagogen, Sozialarbeiter, Pfleger u.s.w., BERN-HEIM 191, PH. GRAVEN 6 f.; ebenso Krankenpflegepersonal in Spitälern, vom Verwalter, RS 1981 Nr. 192, bis zu den untergeordneten Hilfskräften, soweit sie mit Patienten oder Informationen über Patienten in Berührung kommen, also z.B. Reinigung, Ambulanz, Telefondienst, aber nicht Küchenpersonal, Gärtner, Wartungspersonal für technische Einrichtungen, LANGMACK 69, ROSSEL 261 Fn. 64, ferner die ArztgehilfInnen – enger, nur wer den Arzt von Berufes wegen unmittelbar unterstützt, KELLER 107.; Hilfsperson der Zahnärztin kann ausser dem Praxispersonal der Zahntechniker sein. Nicht dem Berufsgeheimnis untersteht – soweit es nicht Räume reinigt, in denen sich Patienten aufhalten – das Putzpersonal; ohne solche Einschränkung STRATENWERTH BT II § 59 N 17, a.M. BLASS, Diss. 49.

Abs. 2 unterstellt auch die **Studierenden** dem Berufsgeheimnis. Es war   14
vor allem an Medizinstudenten im klinischen Unterricht gedacht, HAF-TER BT 855, aber die Verpflichtung gilt m.E. auch, wenn z.B. Rechtsstudenten eine psychiatrische Anstalt oder ein Gefängnis besuchen.

Die Aufzählung in Art. 321 weist **beachtliche Lücken** auf. Nicht erfasst   15
sind (auch die selbständig therapeutisch tätigen) Psychologen, die Sozialarbeiter (dazu HESS a.a.O., KUNZ 327 f.), die Tierärzte (SJZ 54 [1959] Nr. 156, m.E. zuunrecht krit. HAFTER BT II 854), Physiotherapeuten, Kosmetiker u.ä., BERGER 184, (private) Versicherer, VIRET 234, *Journalisten,* BGE 115 IV 75, 107 Ia 49, 98 Ia 418 (was kaum mit der EMRK vereinbar ist: Im Urteil Goodwin c. Vereinigtes Königreich, Recueil des Arrêts et Décisions 1996 II Nr. 7, stellte der EGMR eine Verletzung der Meinungsäusserungsfreiheit fest, weil ein Journalist wegen Verweigerung der Preisgabe seiner Quelle, die ein Geschäftsgeheimnis verraten hatte, bestraft worden war – eine Zürcher Einzelrichterin folgte dem Urteil Goodwin und hob am 4.10.1996 eine mit Strafdrohung gemäss Art. 292 versehene Anordnung auf, SJZ 93 [1997] Nr. 22; s. auch Art. 27 N 15).
Der Gesetzgeber «wählte diejenigen Berufe … aus, die, im Gegensatz zum Bankier, mit der Aura der Weisheit umgeben sind und … die in einem gewissen Sinne in unserer Gesellschaft die Rolle der *Medizinmänner und Druiden* einnehmen», SJZ 85 (1989) Nr. 45, wo allerdings einem Ehetherapeuten das Zeugnisverweigerungsrecht eingeräumt wird, vgl. auch BJM 1989 306. KUNZ 330 ff. kommt zum Schluss, dass Wahrung berechtigter Interessen im Zusammenhang mit AIDS-Kranken kaum als Rechtfertigungsgrund für Zeugnisverweigerung anerkannt würde und schlägt deshalb eine gesetzliche Regelung vor.

15a   Die **Lücken** in Art. 321 werden einigermassen **gefüllt durch DSG Art. 35**:
      «Wer vorsätzlich geheime, besonders schützenswerte Personendaten
      oder Persönlichkeitsprofile unbefugt bekanntgibt, von denen er bei der
      Ausübung seines Berufes, der die Kenntnis solcher Daten erfordert, er-
      fahren hat, wird auf Antrag mit Haft oder mit Busse bestraft», dazu
      GUNTHER ARZT in URS MAURER/NEDIM PETER VOGT (Hrsg.), Kom-
      mentar zum schweizerischen Datenschutzgesetz, Basel 1995, 403.

16   Im **Sozialversicherungsrecht** finden sich anderseits regelmässig Strafan-
      drohungen von Gefängnis bis zu sechs Monaten oder Busse für Verlet-
      zung der Schweigepflicht, welche die mit der Durchführung direkt oder
      indirekt (Kontrolle, Überwachung) Befassten betrifft, soweit nicht
      Art. 320/321 anzuwenden sind, AHVG Art. 50, 87 al. 4; IVG Art. 66;
      ELG Art. 13, 16 I; BVG Art. 86 I, 76 IV; UVG Art. 102, 112 al. 3; VUV
      Art. 101; AVIG Art. 97, 105 al. 3. KVG Art. 83 unterstellt Geheimnis-
      träger Art. 321. S. auch DE HALLER 13. Ferner BG über die Bekämpfung
      übertragbarer Krankheiten des Menschen, SR 818.101, Art. 27 III, 35,
      BetmG Art. 15 II.

17   Das Geheimnis **bindet** gem. Ziff. 1 III **bis zum Tod**, BGE 123 IV 77. Ge-
      legentlich wird *de lege ferenda* gefordert, dass es darüber hinaus zu
      schützen sei, dass der Täterkreis auf die Erben zu erweitern sei, NOLL
      BT 101, STOCKER 9, dagegen KELLER 81. Danach besteht zweifellos ein Be-
      dürfnis, dessen Befriedigung jedoch auf Schwierigkeiten stösst, weil den
      Erben regelmässig die Vorbereitung (Studium, Erfahrung) auf solche
      Trägerschaft fehlen wird. ZR 86 (1987) Nr. 22 bestätigt, dass die Erben
      keine Schweigepflicht trifft. Das Problem ist m.E. durch ein sorgfältiges
      Siegelungsverfahren beim Tod eines Geheimnisträgers, der Akten
      hinterlässt, zu lösen; eingehend zu den Problemen bei der Praxisübergabe
      eines Arztes KELLER 129 f.; s. auch BGE 119 II 222 ff. Zum Tod des Ge-
      heimnisherrn s. N 25/26.

18   Zum **Begriff des Geheimnisses** Art. 162 N 2, 3, Art. 320 N 3. Es besteht
      die Tendenz, den Begriff in Art. 321 weiter zu fassen, z.B. FILLI 59 –
      BLASS Diss. 61, DERS., SJZ 62 (1966) 339, möchte ihn durch «Verschwie-
      genheit» ersetzen, MERZ 341 und WICKI 13 ihn auf Offenkundiges aus-
      dehnen, was zweifellos unrichtig ist. Auch das Bundesgericht definiert
      weit: «Geheimnis im Sinne dieser Bestimmung ist alles, was der Patient
      dem Arzt zwecks Ausführung des Auftrags anvertraut oder was der Arzt
      in Ausübung seines Berufes wahrnimmt», BGE 101 Ia 11, 75 IV 73 f., et-
      was einschränkend in Sem.jud. 1994 108: Nicht geschützt sind Briefe, von
      denen der Anwalt nur eine Kopie besitzt oder eine Kopie an Dritte wei-
      tergeleitet hat (Rechtshilfe). Nicht unter das Geheimnis fallen natürlich
      Mitteilungen, von denen der Mandant will, dass sie weiterverbreitet wer-
      den, CORBOZ 85. Entgegen SIEBEN 69 f. braucht eine «sachlich-materielle
      Beziehung» zur Berufsausübung nicht zu bestehen, BGE 101 Ia 11 f.,
      FILLI 59, SCHAFFNER 16. Geheim soll sogar sein, was in *öffentlicher Ge-
      richtsverhandlung* zur Sprache kam, ZR 71 (1972) Nr. 67 (BGer a.a.O. S.
      206), 41 (1942) Nr. 15, SJZ 84 (1988) Nr. 24 (zu Art. 320). M.E. ist zu un-

terscheiden: Der Praxis kann zugestimmt werden, wenn die Öffentlichkeit eine abstrakte war; befand sich aber Publikum oder gar die Presse im Gerichtssaal, sind dort erörterte Tatsachen nicht mehr geheim, zust. REINHARDT 535.

Geheimnis ist schon die *Tatsache der Beziehung einer Person* zum Geheimnisträger, CORBOZ 85, GIACOMETTI 315, MERZ 341. Kein Geheimnis war dagegen die Erkundigung eines IV-versicherten Arztes, der sich einer Untersuchung stellen sollte, nach den dabei angewandten Methoden, BGE 106 IV 133; ferner Beobachtungen der Berufsperson über Charakter und Gesinnung, soweit sie sich nicht auf vertrauliche Tatsachen stützen, weiter ZR 50 (1951) Nr. 202, oder das Verhalten im Vertrauensverhältnis betreffen, ZR 71 (1972) Nr. 100.

Auch Tatsachen, die *Dritte* betreffen, können zum geschützten Geheimnis gehören, z.B. betreffend Intimpartner HIV-positiver Patienten, KUNZ 323.

Die Geheimhaltungspflicht erstreckt sich auch auf Akten des Geheimnisträgers, RJN 1985 112, aber nicht auf solche, die ein Beschuldigter (als seine Akten) auf der Kanzlei eines Anwalts deponiert, ZR 61 (1962) Nr. 175, ähnlich EKMR B 10928/84 c. BRD, u.ö. Zur Anwaltskorrespondenz s. auch SPAHR 422.

Das Geheimnis muss der Berufsperson **infolge ihres Berufes anvertraut**   19
worden sein oder sie muss es **in dessen Ausübung wahrgenommen** haben. Es muss somit ein *Zusammenhang* zwischen Berufstätigkeit und Übertragung des Geheimnisses bestehen, s. z.B. KELLER 66. Daran fehlt es, wenn sich jemand an einen Arzt wendet, weil dieser nichtmedizinische Bücher herausgegeben hat – er ist dann als Privatmann angesprochen, BGE 101 Ia 11 f, oder wenn der Arzt mit einer Patientin intim wurde, HEIM, JdT 1986 131 f. Auch dem Anwalt, der Kassiber seines Klienten aus der Untersuchungshaft schmuggelt, sind diese nicht zur Berufsausübung anvertraut, BGE 102 IV 214. Zwar beschränkt sich die relevante Berufsausübung des Anwalts nicht auf Tätigkeiten, die ein Patent voraussetzen, ZR 47 (1948) Nr. 12 (z.B. extraforensische Beratung), aber es muss sich doch um typisch anwaltschaftliche, im Gegensatz zu allgemeiner Geschäftstätigkeit handeln. «Überwiegt das kaufmännische Element derart, dass die Tätigkeit des Anwalts nicht mehr als eine anwaltliche betrachtet werden kann, kann sich das Berufsgeheimnis auf diese Tätigkeit jedenfalls nicht in einem umfassenden Sinn erstrecken... Hat der Anwalt vertrauliche Tatsachen im Zusammenhang mit einer privaten, politischen, sozialen oder einer andern, nicht berufsspezifischen Tätigkeit erfahren, steht insoweit das Berufsgeheimnis und das damit korrespondierende Zeugnisverweigerungsrecht einer Auskunftserteilung nicht entgegen», BGE 112 Ib 608, 117 Ia 341, 120 Ib 119 (Rechtshilfe an die USA), Pra 85 (1996) 748, 753, u.ö. BGer, vgl. ZBJV 130 (1994) 85 f., CORBOZ 86, SCHLUEP N 52, vgl. auch BGE 115 Ia 199, 106 IV 132, 114 III 107; im Zusammenhang mit der Bekämpfung der Geldwäscherei und der SVB regelt ein neues Formular R limitativ die für Kundenkonti legitimen Zwecke, dazu PERRET-SCHIAVI (zu Art. 305ter) 27. Der Auftrag, Geld an-

zulegen, ist nicht anwaltlicher Natur. Das BGer sieht die Möglichkeit von Abgrenzungsproblemen; der Entscheid schiebt aber dem Missbrauch des Anwaltsgeheimnisses einen willkommenen Riegel vor. Ist ein Anwalt gleichzeitig einziger Verwaltungsrat einer Immobilienhandels-AG, kann er sich nicht unter Berufung auf das Berufsgeheimnis um die Auskunftspflicht gemäss BG über den Erwerb von Grundstücken durch Personen im Ausland (SR 211.412.41) Art. 22 III drücken, BGE 101 Ib 246 ff. (zum vorhergehenden BB); im gleichen Sinne auch das Kreisschreiben Nr. 19 der Eidg. Steuerverwaltung vom 7.3.1995, 3 b).

20   In Berufsausübung wahrgenommen ist auch, **was Dritte mitteilen,** Sem. jud. 1963 495, SJZ 62 (1966) Nr. 38, BLASS, SJZ 62 (1966) 339, FILLI 60, LANGMACK 79, REHBERG, Arzt und Strafrecht 433, STOCKER 12, sogar die Gegenpartei, ZBJV 89 (1953) 95, ZR 71 (1972) Nr. 67, anders ZR 80 (1981) Nr. 7, BERTOSSA 332. M.E. ist zu differenzieren: Was der Geheimnisträger *von Dritten im Dienst seiner Mandatsausübung* erfährt, ist *Geheimnis* i.S.v. Art. 321; was hingegen nicht im Dienste des Mandats, sondern z.B. aus Feindschaft gegen den Mandanten geäussert wurde, unterliegt keiner Geheimhaltungspflicht, ähnlich ZR 61 (1962) Nr. 14 - Information der Arbeitgeberin der Gegenpartei über gerichtlich verfügte Lohnabzüge, ZR 63 (1964) Nr. 108, 80 (1981) Nr. 7.

21   Täterhandlung ist das **Offenbaren,** d.h. ein Verhalten, welches zur Kenntnisnahme der geheimen Tatsache durch (mindestens) einen Aussenstehenden führt. Wird eine Information so anonymisiert, dass nicht mehr erkenntlich ist, wen sie betrifft, ist kein Geheimnis offenbart, RJN 1986 101, LANGMACK 78. So wird etwa Anwälten zugemutet, gegenüber den Steuerbehörden ihre Klienten mit Initialen zu identifizieren, Kreisschreiben Nr. 19 der Eidg. Steuerverwaltung vom 7.3.1995, 3 b). Die Tat kann durch Unterlassen begangen werden (Offenlassen eines Aktenschrankes); ein Beispiel für besondere Sorgfalt gibt BVR 1990 63 f.; u.U. muss der Geheimnisträger sogar lügen, wenn eine Frage sonst implizit beantwortet wäre, STOCKER 6. Das Geheimnis kann auch durch Mitteilung an eine Person verletzt werden, die ihrerseits einer Geheimhaltungspflicht unterliegt, BGE 106 IV 132, 119 II 226 (zu ZGB Art. 28); für Mitteilungen von durch das Bankgeheimnis gedeckten Tatsachen an den Untersuchungsrichter im Verwaltungsstrafverfahren betont BGE 119 IV 178 andererseits beschwichtigend, dass dieser ja ans Amtsgeheimnis gebunden sei.
Zur Problematik der Praxisgemeinschaft zwischen Anwälten und Nichtanwälten LGVE 1988 I Nr. 36, wo sich die Mehrheit der Aufsichtsbehörde positiv äussert.

22   Differenziert zu beantworten ist die Frage, ob auch offenbart wird, **wenn der Adressat die Tatsache schon kennt.** BGE 75 IV 74 sieht darin kein Hindernis, weil der Geheimnisträger das Wissen verstärke, ebenso SJZ 45 (1949) 107, extrem WICKI 13. BGE 106 IV 133 verneint dagegen einen Geheimnisverrat, weil die informierte Behörde «seit Jahren … im Bilde» gewesen sei. Es liegt somit dann keine Offenbarung vor, wenn der Adressat von der Tatsache bereits verlässliches und vollständiges Wissen hat,

ebenso ZR 61 (1962) Nr. 18, vgl. auch EGMR Weber c. CH Serie A Nr. 177, §§ 49 ff.

Adressat kann auch ein Kollege der Berufsperson sein, SJZ 45 (1949) 107, SJZ 93 (1997) Nr. 22, KELLER 114, oder nahe Angehörige, RUSSEK 46, insbesondere der Ehepartner, wenn er nicht Hilfsperson ist, ferner Behörden: ZR 70 (1971) Nr. 95 verurteilt den Anwalt, der die vertrauliche Mitteilung, der Angeschuldigte sei im Ausland und werde nicht zur Hauptverhandlung erscheinen, an das Gericht weiterleitete – fraglich, worin das Geheimhaltungsinteresse liegen sollte. Zulässig ist dagegen die Information eines mit Zustimmung des Geheimnisherrn beigezogenen Kollegen oder Angehörigen, soweit es für die Pflege eines Patienten erforderlich ist, sowie der Erben, LANGMACK 72 f., ferner innerhalb des Behandlungs- und Pflegeteams, Botsch. zum DSG (zu Art. 321bis) 422, REHBERG, Arzt und Strafrecht, 341. Ein Gutachter kann auch von sich aus, wenn es notwendig ist, einen weiteren Sachverständigen beiziehen und unterrichten, ZBJV 123 (1987) 447. Zur Problematik bei Organtransplantation VIRET 229. Die Frage, ob und in welchem Umfang der Geheimnisträger seinem Patienten/Klienten Auskunft geben muss oder darf, ist nicht aus Art. 321 zu beantworten, PH. GRAVEN 11, eingehend KELLER 116 ff.   23

Subjektiv ist Vorsatz, mindestens Eventualvorsatz erforderlich. Er muss sich auf das Bestehen eines Geheimnisses und das Offenbaren beziehen.   24

Die Tat wird **nur auf Antrag** verfolgt, *Disziplinarmassnahmen* können jedoch *von Amtes wegen* getroffen werden, STOCKER 5 f. *Antragsberechtigt* als Verletzter (Art. 28 N 1 ff.) ist auch der Dritte, dessen Geheimnis eine Berufsperson verrät, NOLL, Berufsgeheimnis, 244. Ist der Geheimnisherr nach dem Verrat, aber vor Antragsstellung verstorben, so gilt Art. 28 IV – die Angehörigen sind legitimiert, wenn er nicht verzichtet hatte; Antragsstellung bei Verletzung des *Geheimnisses* eines Toten ist nicht möglich, EGV-SZ 1992 Nr. 35; Art. 175 darf nicht analog angewandt werden, obschon das Geheimnis fortbesteht, BGE 87 IV 106 f., BOLL 33 ff., CORBOZ 90, FILLI 60, DE HALLER 9, NOLL BT 101, SCHÄFER 33, VIRET 232; KELLER 83 fordert die Einführung eines solchen Antragsrechts. Auch die gesetzlichen Vertreter können nicht Antrag stellen, es sei denn, sie machten die Verletzung eigener Rechtsgüter geltend.   25

Gemäss **Ziff. 2** darf das Geheimnis mit **Einwilligung** des Geheimnisherrn gelüftet werden. Die Person des Berechtigten ist identisch mit dem zur Antragsstellung legitimierten Verletzten, N 25, vgl. BGE 75 IV 75 E. 3. Neben dem Klienten/Patienten also u.U. auch ein Dritter, SJZ 62 (1966) Nr. 138. Betrifft ein Geheimnis mehrere Personen, so muss jede zustimmen, Sem.jud. 1963 495, FILLI 64. *Nach dem Tod* des Erblassers ist zu unterscheiden: Grundsätzlich gilt das Geheimnis als höchstpersönliches Gut auch gegenüber den Erben, die weder Offenlegung verlangen noch in die Mitteilung an Dritte einwilligen können, EGV-SZ 1992 Nr. 35, ZBl 1990 368. S. ferner BOLL 35, CORBOZ 92, FILLI 64; a.M DE HALLER 11,   26

LANGMACK 74. Allerdings geht auch das Antragsrecht nicht auf die Erben über, so dass der Anwalt *straflos* bleibt (disziplinarische Massnahmen vorbehalten). Andererseits können die Erben an der Offenlegung ein legitimes Interesse haben, das gegen denjenigen des Erblassers abzuwägen ist. Beim urteilsunfähigen Patienten wird das Geheimhaltungsinteresse vermutet, SJZ 93 (1997) Nr. 22.

Zur Frage der *Mündigkeit* BOLL 24 ff. – Urteilsfähigkeit genügt, ebenso REHBERG, Arzt und Strafrecht, 359. Die Einwilligung kann nach Person (z.B. Ausschluss der Hilfspersonen), Gegenstand (z.B. nur über eine von zwei Krankheiten) oder Adressat (z.B. nur gegenüber Behörden) *beschränkt* werden, DUBS 18, DE HALLER 9, LANGMACK 75. Eine Form ist nicht verlangt, es genügt konkludentes Verhalten, BGE 98 IV 218, DE HALLER 19. Bei *Aidskranken* nimmt KUNZ 333 f. an, dass die konkludente Einwilligung nur für Informationsempfänger gilt, bei denen zufolge ihrer Tätigkeit eine Ansteckungsgefahr besteht.

27 Hinsichtlich ihrer **Wirkung** stellt sich die Frage, ob Einwilligung nur das **Recht oder** (z.B. für den Zeugen) auch eine **Pflicht zur Aussage** herbeiführt. Grundsätzlich bleibt der Geheimnisträger *frei zu entscheiden* (so ZH StP § 130, RJN 1985 112), sofern dem nicht, wie in ZH ZPO § 187, eine ausdrückliche gesetzliche Verpflichtung entgegensteht, BERNHEIM 189, CORBOZ 93, DUBS 16, FILLI 66 ff., LANGMACK 75, ODERBOLZ 16 f., SCHLUEP N 63; gegen jede Entscheidungsfreiheit des entbundenen Zeugen NOLL, Geheimnisschutz, 138. Im konkreten Fall ist abzuwägen, ob durch Aussage nicht ein unverhältnismässiger Schaden entsteht, Sem.jud. 1978 569. Eine Übersicht über das kantonale Prozessrecht gibt PICCARD 57 f.

28 Preisgabe des Geheimnisses gegen den Willen des Herrn ist nur mit **Bewilligung der zuständigen Behörde** zulässig, dazu KELLER 149 ff. Wo es keine vorgesetzte oder Aufsichtsbehörde gibt, z.B. bei Verteidigern i.S.v. Ziff. 1 I und bei Revisoren, ist eine Befreiung nicht möglich, CLERC 3, STRATENWERTH BT I § 59 N 23. Ausgeschlossen ist ferner Befreiung vom Beichtgeheimnis, ODERBOLZ 3 ff.; wegen der absoluten Auffassung vom Berufsgeheimnis wurde im Kanton Waadt keine entsprechende Zuständigkeit vorgesehen, SJZ 58 (1962) Nr. 82, PICCARD 56. Das Obergericht Luzern dehnt zweckmässig die Kompetenz für Berufsleute auf deren Hilfspersonen aus, ZBJV 86 (1950) 48. Kasuistik bei HEIM, JdT 1986 134 f.

29 Zur **Stellung des Gesuchs** ist *nur der Geheimnisträger* selber befugt, SJZ 41 (1945) Nr. 18, REHBERG, Arzt und Strafrecht, 352, nicht etwa eine Gerichtsbehörde, HANSRUEDI MÜLLER 195. Die Aufsichtskommission darf auch nicht etwa dem Anwalt die Weisung auferlegen, ein Gesuch um Entbindung zu stellen, ZR 91/92 (1992/1993) Nr. 67, ebensowenig eine Drittperson, BGE 123 IV 77 (zu Art. 320). Für einen Ausnahmefall s. FILLI 68. Das Gesuch selber darf natürlich die geheime Tatsache nicht verraten, PH. GRAVEN 18. Eine Entbindung von Amtes wegen ist nicht möglich, KUNZ 338.

Zuständig sind in der Regel für Ärzte eine kantonale Gesundheits- oder   30
Fürsorgedirektion oder der Kantonsarzt, s. die Zusammenstellung bei
Ummel/Rastelli 362, für andere Geheimnisträger besondere Aufsichts-
kommissionen, nicht Gerichte, SJZ 43 (1947) 262, 69 (1973) Nr. 28. Eine
Ausnahme bildet die Zuständigkeit der Anklagekammer für Anwälte in
Basel-Stadt, BJM 1963 192, aber nicht die in BGE 92 I 200ff. erörterte
Regelung von GR StPO Art. 90 III – der Kantonsgerichtsausschuss be-
freit von Amtes wegen i.S.v. Ziff. 3. Örtlich zuständig ist die Behörde am
Ort der Berufsausübung, RB TG 1993 Nr. 41, ZR 50 (1951) Nr. 201.

Im **Verfahren** ist dem Geheimnisherrn *rechtliches Gehör* zu gewähren,   31
ZR 70 (1977) Nr. 97, Kunz 340. Im übrigen gibt es unter den Kantonen
sehr erhebliche Unterschiede, Ummel/Rastelli 363f. Die Bewilligung
nachträglich einzuholen, ist nur bei Gefahr im Verzug statthaft, ZBJV 89
(1953) 96, völlig ablehnend Langmack 77. Das Erfordernis der *Schriftform ist blosse Ordnungsvorschrift,* Noll, Berufsgeheimnis, 245. Zur Kostenregelung GVP-ZG 1989 Nr. 90. Eingehend zum Berner Verfahren
Kunz 341 f.

Materiell wegleitend ist die **Rechtsgüterabwägung.** Nur ein deutlich   32
höheres öffentliches oder privates Interesse rechtfertigt die Befreiung.
Als solches wurde etwa angesehen: der Nachweis der Unschuld eines angeklagten Anwalts, ZR 76 (1977) Nr. 122, s. aber N 34; die Verteidigung
im Prozess wegen fehlerhafter Ausübung des Mandats, ZR 86 (1987) Nr.
18; Auskunft über die Testierfähigkeit einer (verstorbenen) Mandantin,
ZR 86 (1987) Nr. 19, bzw. Einsicht in die Krankengeschichte, ZBl 1990
364; mutmassliches Interesse des (verstorbenen) Mandanten, EGV-SZ
1992 Nr. 35; Auskunft an die Steuerbehörde über eine Mandantin mit
Hirnverletzungen, ZR 86 (1987) Nr. 20; die Befreiung von ungerecht hoher Steuerlast, ZR 47 (1948) Nr. 12; Information der Vormundschaftsbehörde über die Notlage des Klienten (allerdings nicht das Betreiben
der Bevormundung), ZR 61 (1962) Nr. 15; die Interessen des Anwalts in
einem Ehrverletzungs- und Schadenersatzprozess, SJZ 43 (1947) 177;
Aussage über die Vermögenslage des Klienten im Konkursverfahren
gem. SchKG Art. 232 IV, ZR 76 (1977) Nr. 123; Streitigkeiten über die
Honorarforderung des Arztes, SJZ 54 (1958) Nr. 158, oder des Anwalts,
SJZ 41 (1945) Nr. 73; ZR 61 (1962) Nr. 16, 86 (1987) Nr. 21 beschränken
die Befreiung auf das nötigste, RB TG 1993 Nr. 41 und ZBJV 86 (1950)
48 auf nicht geringe Honorarforderungen, RS 1970 Nr. 51 (Zug) lehnt sie
ab – m.E. sollte es genügen, wenn ein Experte, z.B. der Präsident der
Aufsichtsbehörde oder des urteilenden Gerichts, in die Akten des Anwalts Einsicht nimmt, vgl. BGE 102 IV 216f. E. 6. Im AIDS-Bereich
kommt die Befreiung bei einem uneinsichtigen Patienten, der Drittpersonen gefährdet, in Betracht, Kunz 339.
   Kein überwiegender Wert ist die Ermittlung der materiellen Wahrheit
an sich, welcher das Geheimnis *per definitionem* entgegensteht, BJM
1963 192. Keine Befreiung des Anwalts zur Entlarvung von befürchtetem

falschem Zeugnis einer früheren Klientin, ZR 61 (1962) Nr. 19, oder zur Aussage als Zeuge im Verfahren gegen einen ehemaligen Klienten, ZR 70 (1971) Nr. 96.

33   Die **Wirkung** der Befreiung gibt auch hier dem Geheimnisträger *nur ein Recht* zur Äusserung, BERTOSSA 322, HEIM JdT 1986 130. Weil er selber das Gesuch gestellt hat, dürften Konflikte seltener sein als bei Einwilligung.

34   Wenn der **Geheimnisträger selber angeschuldigt** ist, soll er das Berufsgeheimnis überhaupt nicht gegen Beschlagnahme von Akten ins Feld führen dürfen, BGE 116 Ib 111, 102 Ia 520, 102 IV 214, 101 Ia 11 (unter Hinweis auf FREY 24), RS 1981 Nr. 92. Immerhin wird offengelassen, ob der Grundsatz uneingeschränkt gelte, ablehnend STOCKER 18. Der Grundsatz bedarf m.E. einer wichtigen *Korrektur:* Nur soweit das Berufsgeheimnis nicht den Geheimnisherrn und das öffentliche Interesse schützt (N 1), kann es beiseitegeschoben werden. Es ist jedoch nicht einzusehen, weshalb der Geheimnisherr, nur weil der Geheimnisträger in Verdacht geraten ist, seinen Schutz verlieren sollte (FREY ging es um Abtreibung, bei der regelmässig auch die Patientin verdächtigt ist!). Im Strafprozess gegen einen Geheimnisträger muss deshalb stets eine *«Schleuse»* (wie in BGE 102 IV 216 f., vgl. N 32) eingebaut und dafür gesorgt werden, dass keine Geheimnisse von Patienten/Klienten verraten werden, zustimmend LGVE 1993 I Nr. 43. Für Interessenabwägung CORBOZ 103 f.

34a   Als **weitere Rechtfertigungsgründe** kommen mutmassliche Einwilligung, Notwehrhilfe, Notstandshilfe in Frage, dazu im Zusammenhang mit AIDS KUNZ 349 ff.

35   **Ziff. 3** enthält schliesslich einen Vorbehalt zugunsten **besonderer Bestimmungen über Zeugnis- und Auskunftspflicht.** Dabei muss es sich um besondere, auf Geheimnisträger zugespitzte Regeln handeln – allgemeine Pflichten, die jedermann treffen, können Art. 321 nicht derogieren, GIACOMETTI 17 f., MERZ 334. Allgemeiner Natur sind insbesondere die Mitteilungspflichten bei der Steuerveranlagung, ZR 53 (1954) Nr. 178, zu dieser Frage auch AGVE 1988 Nr. 21, BÖCKLI a.a.O., DERS. in SJZ 76 (1980) 105, 125, ferner ALTENBURGER, FROMER, GAUTSCHI, GIACOMETTI, MERZ, SCHLUEP N 53 ff., WEBER, alle a.a.O., und ANDRÉ HAESSIG in Mitteilungen des schweizerischen Anwaltsverbandes 1979, Nr. 64. Nicht ohne rechtsstaatliche Bedenken lässt das BGer demgegenüber eine allgemeine Pflicht genügen, Pra 85 (1996) 757 (für Revisoren).

Ziff. 3 spricht nur von Pflicht, aber *a maiore minus* ist auch die blosse Entbindung vom Geheimnis als *Recht zur Aussage* möglich, insbesondere beim Zeugnis. SCHLUEP N 43 betont, dass der Anwalt nicht zum Geheimnisverrat verpflichtet sei, was im Genfer Recht ausdrücklich gesagt wird, s. BGE 117 Ia 349. Zum Berufsgeheimnis der Luzerner Urkundsperson LGVE 1995 I 13. Für Einzelheiten CORBOZ 99 ff. Gegenüber der *Aufsichtsbehörde* soll das Anwaltsgeheimnis überhaupt keinen Bestand ha-

ben, VIELI 43, was zwar für Disziplinarverfahren, aber nicht generell zutrifft. *Beschlagnahme und Versiegelung* stellen noch keinen Eingriff ins
Anwaltsgeheimnis dar, Pra 85 (1996) 754.

Zum Spannungsverhältnis, das sich für den *Arzt* aus Meldepflichten
gegenüber der *Versicherung* ergibt, ROSSEL 262 ff., RÜTSCHE a.a.O.

Strafprozessuale Überwachungsmassnahmen wie die Telefonabhörung   35a
gegen Berufsgeheimnisträger sind grundsätzlich unzulässig, HAUSER/
SCHWERI § 17 N 28. Gespräche solcher Personen können aber im Zusammenhang mit der Abhörung anderer Personen überwacht werden. In diesem Fall sollte eine unabhängige Stelle als «Schleuse» überprüfen, ob das
Geheimnis gewahrt werden muss oder nicht. SCHWOB 568 schlägt als zuständige Instanz diejenige richterliche Behörde vor, welche die Genehmigung erteilt; vorzuziehen wäre m.E. die Kompetenz eines Organs der
Standesorganisation, PräsidentIn der Anwalts- oder Ärztekammer.

Das eidgenössische Recht kennt viele Meldepflichten, z.B. BG über den   36
Erwerb von Grundstücken durch Personen im Ausland, SR 211.412.41,
Art. 22 III (vgl. BGE 102 Ia 517, 101 Ib 245); StGB Art. 120 II; SVG Art.
14 IV; BetmG Art. 15 I, KVG Art. 82 (mit einer entsprechenden Geheimhaltungspflicht beim Empfänger, N 16, vgl. auch BVR 1994 48)
etc., s. auch FILLI 72 ff., de HALLER 16 f., REHBERG, Arzt und Strafrecht,
353 f. Die neue VO über die Meldung übertragbarer Krankheiten vom
21.9.1987, SR 818.141.1, sieht für AIDS und HIV-positive Befunde nur
anonymisierte Meldungen vor, Art. 3 IV, 8 IV, 9 III. Detailliert zum Epidemiegesetz KELLER 172 ff. Umgekehrt befreit BetmG Art. 15 II, III ausdrücklich von Anzeige- und Zeugnispflicht. S. auch FILLI 72 ff., DE
HALLER 16 f. Zum Melderecht gemäss Art. 305ter i.V. mit dem Anwaltsgeheimnis PERRET-SCHIAVI (zu Art. 305ter) 27.

Das **Datenschutzgesetz** statuiert in Art. 8 ein Auskunftsrecht, das mit   36a
dem Anwaltsgeheimnis in einen Konflikt geraten kann, der nur in subti-
ler Güterabwägung gelöst werden kann, weil sich die persönliche Freiheit
(bzw. der Anspruch auf Achtung des Privatlebens gem. EMRK Art. 8)
des Dritten und des Klienten gegenüberstehen, dazu SCHWEIZER 71 ff.

Die **Kantone** sind **grundsätzlich frei** zu entscheiden, wie sie von der ihnen   37
in Ziff. 3 eingeräumten Kompetenz Gebrauch machen wollen, BGE 102
Ia 520 f., Pra 85 (1996) 755, vgl. Art. 335. Das Bundesgericht prüft aber,
ob die Regelung dem Grundsatz der Verhältnismässigkeit entspricht,
z.B. a.a.O. 522, HANSRUEDI MÜLLER 195. *Zulässig* ist eine Meldepflicht
bei Schwangerschaftsabbruch gemäss Art. 120, BGE 74 I 136; die Beschlagnahme von Dokumenten eines verdächtigen Notars, BGE 102 Ia
518 ff.; *unzulässig* die Verpflichtung eines Anwalts zur Aussage, obschon
seine Mandantin sich hätte auf ein Zeugnisverweigerungsrecht berufen
können, BGE 91 I 202. Ist ein Geheimnisträger zur Auskunft an ein Gericht verpflichtet, so steht die Information allen Verfahrensbeteiligten zu,
BGE 95 I 448 (Rechtshilfe).

38   Manche Kantone statuieren eine **Anzeigepflicht** des Arztes, der Kenntnis
     von einer Straftat erhält. Die Meldepflicht bei ausserordentlichen Todes-
     fällen (z.B. in Zürich, WICKI 25) ist unbedenklich, anders diejenige bei
     Verdacht auf Verbrechen. SCHULTZ zeigt a.a.O. eindringlich, dass diese
     Pflicht mit dem Auftrag des Arztes zu helfen nicht vereinbar ist und teil-
     weise auch systematisch umgangen wird. PH. GRAVEN 14 hält die Anzei-
     gepflicht von GE StP Art. 15 für bundesrechtswidrig.

39   Schliesslich ist auf **zusätzliche Grenzen** des Geheimnisschutzes hinzuwei-
     sen, die z.T. auch praktischer Natur sind: Wer wissen will, ob sich X. im
     Spital befindet, kann dort anrufen und bitten, mit X. verbunden zu wer-
     den – u.U. wird er sogar erfahren, dass X. auf der Intensivpflegestation
     liegt, s. auch BERNHEIM 189 f. Sodann kommen *allgemeine Rechtferti-
     gungsgründe* in Frage, z.B. Notstand zur Hinderung der Verurteilung
     eines Unschuldigen, CLERC 4, oder zur Vermeidung von Ansteckung,
     NOLL, Berufsgeheimnis, 249, oder Pflichtenkollision, ZR 71 (1972) Nr.
     101. Bedenklich ist die Rechtfertigung mit Berufspflicht, auf die BGE 75
     IV 74 hinweist, dagegen ZBJV 90 (1954) 410. Unzulässig ist die Verlet-
     zung des Arztgeheimnisses zur Erstellung eines Gutachtens über die Te-
     stierfähigkeit einer noch lebenden Person, ZR 91 (1992) Nr. 79.

40   **Kasuistik**
     BGE 74 I 136: Die Gesellschaft der Ärzte des Kantons Zürich focht er-
     folglos eine kantonale Meldepflicht nach Schwangerschaftsabbruch gem.
     Art. 120 an; **75 IV 72:** Im Rahmen eines Erbrechtsstreits gab **Prof. X.**
     Auskünfte über Wahrnehmungen, die er als Psychiater über die Erblas-
     serin L. und den testamentarisch begünstigten B. gemacht hatte; **83 IV
     195: de Perrot** klagte vergeblich wegen Verletzung des Berufsgeheimnis-
     ses gegen **Gamper** (Präsident des Verwaltungsrates der Schweizerischen
     Kreditanstalt) und **Ochsé** (Vizedirektor der «Fides» Treuhand-Vereini-
     gung), weil diese Geheimnisträger nicht zum Personenkreis der Revi-
     soren gem. Art. 321 gehören; **87 IV 105: Dr. X.** legte in einem Strafver-
     fahren die Krankengeschichte des verstorbenen Knaben Y. vor – dessen
     Recht konnte nicht mehr verletzt werden, *in casu* aber das seiner Eltern;
     91 I 200: Der Kantonsgerichtsausschuss Graubünden wollte **Rechtsan-
     walt Dr. X.** verpflichten, als Zeuge über Informationen, die er von seiner
     minderjährigen Klientin erhalten hatte (Geschlechtsverkehr mit Brü-
     dern?), auszusagen; **98 IV 217: Wild** wurde nach einem Geplänkel mit
     einem Polizisten von **Dr. X.** untersucht, der diesem seinen Befund in An-
     wesenheit von Wild überreichte, was als dessen Einwilligung gedeutet
     werden durfte; **101 Ia 10:** In einem Ehrverletzungsprozess gegen **Dr. X.**
     wurden Korrespondenzen beschlagnahmt; **101 Ib 245; N.,** einziges Ver-
     waltungsratsmitglied der X. AG (Immobilienhandel) und Rechtsanwalt
     und Steuerberater konnte sich der Auskunftspflicht gemäss Art. 15 I a des BB
     über den Erwerb von Grundstücken durch Ausländer nicht mit der Be-
     hauptung entziehen, er sei für Aktionäre auch als Anwalt tätig geworden;
     102 Ia 517: Beschlagnahme von Akten bei **Rechtsanwalt und Notar X.,**
     welcher der Falschbeurkundung, des gesetzeswidrigen Verkaufs von

Grundstücken und allenfalls weiterer Delikte verdächtigt wurde; **102 IV 210:** Die Durchsuchung von Akten des **Rechtsanwalts Dr. X.** war zulässig, weil der Verdacht bestand, er besitze Kassiber mit wertvollen Informationen, die ihm der Untersuchungshäftling Meichtry für das «Divine Light Zentrum» mitgegeben hatte; **106 IV 131: Dr. W.** klagte erfolglos gegen **Dr. G.,** der ihn im Auftrag der IV-Kommission des Kantons Tessin untersuchen sollte, weil er eine Anfrage von Dr. W. der IV-Kommission zur Kenntnis gebracht hatte; **112 Ib 606: Rechtsanwalt Dr. X.** kann sich nicht auf das Anwaltsgeheimnis berufen hinsichtlich des Auftrags, Gelder des Y. (z.B. in Form einer liechtensteinischen Familienstiftung) anzulegen (Rechtshilfe); **117 Ia 342:** Unzulässige Beschlagnahme von Dokumenten, welche ein Klient seinem Verteidiger anvertraut hatte, durch den Genfer Generalprokurator; **123 IV 75:** Die **Historikerin K.** ersuchte um Entbindung eines früheren a.o. eidgenössischen Untersuchungsrichters vom Amtsgeheimnis – die Anklagekammer des BGer trat nicht ein; **SJZ 93 (1997) Nr. 22: Chefarzt** hatte ohne Einwilligung die Krankengeschichte eines Patienten an nicht einweisende oder nachbehandelnde Ärzte weitergeleitet.

Konkurrenzen und Abgrenzungen 41
Zu **Art. 162** ist Art. 321 *lex specialis;* der Anwalt kann aber materiell auch den Tatbestand von **Art. 162** verletzen, BGE 113 Ib 80; **Art. 161** N 32, s. ferner **Art. 320** N 14;
Disziplinarrecht wird unabhängig von der Strafbarkeit angewandt, CORBOZ 107.

Revision: Die Botsch. zum DSG, BBl 1988 II 485, stellt fest, dass der 42
strafrechtliche Schutz des Berufsgeheimnisses lückenhaft geworden sei und stellt eine Revision von Art. 321 im Zusammenhang mit der Gesamtrevision des allgemeinen Teils in Aussicht. Die zuständige ExpK hat sich allerdings nicht mit dieser Frage befasst.

321ᵇⁱˢ Berufsgeheimnis in der medizinischen Forschung

[1] Wer ein Berufsgeheimnis unbefugterweise offenbart, das er durch seine Tätigkeit für die Forschung im Bereich der Medizin oder des Gesundheitswesens erfahren hat, wird nach Artikel 321 bestraft.

[2] Berufsgeheimnisse dürfen für die Forschung im Bereich der Medizin oder des Gesundheitswesens offenbart werden, wenn eine Sachverständigenkommission dies bewilligt und der Berechtigte nach Aufklärung über seine Rechte es nicht ausdrücklich untersagt hat.

[3] Die Kommission erteilt die Bewilligung, wenn:

a. die Forschung nicht mit anonymisierten Daten durchgeführt werden kann;

b. es unmöglich oder unverhältnismässig schwierig wäre, die Einwilligung des Berechtigten einzuholen und

c. **die Forschungsinteressen gegenüber den Geheimhaltungsinteressen überwiegen.**

[4] **Die Kommission verbindet die Bewilligung mit Auflagen zur Sicherung des Datenschutzes. Sie veröffentlicht die Bewilligung.**

[5] **Sind die schutzwürdigen Interessen der Berechtigten nicht gefährdet und werden die Personendaten zu Beginn der Forschung anonymisiert, so kann die Kommission generelle Bewilligungen erteilen oder andere Vereinfachungen vorsehen.**

[6] **Die Kommission ist an keine Weisungen gebunden.**

[7] **Der Bundesrat wählt den Präsidenten und die Mitglieder der Kommission. Er regelt ihre Organisation und ordnet das Verfahren.**

Eingeführt durch BG vom 19.6.1992; ergänzt VO über die Offenbarung des Berufsgeheimnisses in der medizinischen Forschung vom 14. Juni 1993, SR 235.154.

Botsch. vom 23.3.1988 zum DSG, BBl 1988 II 413, Sten. NR 1991 979 ff., StR 1990 163 ff., 1991 1066 ff.

GUNTHER ARZT, Art. 321bis StGB, in Urs Maurer/Nedim Peter Vogt (Hrsg.), Kommentar zum schweizerischen Datenschutzgesetz, Basel 1995, 477 ff.; KURT JAGGI, Das Zustimmungserfordernis für Aids-Tests, BVR 1990 75; KARIN KELLER, Das ärztliche Berufsgeheimnis gemäss Art. 321 StGB unter besonderer Berücksichtigung der Regelung im Kanton Zürich, Diss. ZH 1993, 240–249; ROBERT ROTH, *Les crimes informatiques et d'autres crimes dans le domaine de la technologie informatique en suisse,* RIDP 64 (1993) 591; CHRISTOPH STEINLIN/FRANK SEETHALER, Entstehungsgeschichte des Datenschutzgesetzes, in Urs Maurer/Nedim Peter Vogt (Hrsg.), Kommentar zum schweizerischen Datenschutzgesetz, Basel 1995, 1 ff.

1 **Art. 321**[bis] wurde **eingeführt durch das Datenschutzgesetz,** das seinerseits zurückgeht auf parlamentarische Vorstösse aus den siebziger Jahren, z.B. NR Bussi 1971, NR Gerwig 1977. 1977 wurde eine Expertenkommission unter Prof. Mario Pedrazzini eingesetzt. Weil die Abwägung von Patienteninteressen und Interessen der medizinischen Forschung besonders schwierige Probleme aufwarf, wurde 1980 eine Spezialkommission unter Yvette Jaggi eingesetzt, die 1984 ihren Bericht vorlegte, worauf eine weitere Arbeitsgruppe unter Prof. Günter Stratenwerth einen Artikel für das Strafgesetz erarbeitete, der weitgehend vom Bundesrat übernommen wurde, Botsch. 426 ff., ARZT N 1 f., STEINLIN/SEETHALER N 31 f. Das Parlament nahm nur eine inhaltliche Änderung vor, den Hinweis auf die Aufklärung des Patienten, Sten. StR, 1991 1068.

2 In erster Linie ergänzt Art. 321bis Art. 321 durch einen weiteren **Rechtfertigungsgrund für die Durchbrechung des Berufsgeheimnisses** im Interesse der medizinischen Forschung. Gleichzeitig wird aber auch – in Abs. 1 – der Anwendungsbereich von Art. 321 ausgedehnt. Die Regelung ist sehr kompliziert (ROTH 605: *«de lecture difficile»*), zumal sie noch durch durch die Verordnung über die Offenbarung des Berufsgeheimnisses im Bereich der medizinischen Forschung (VOBG) vom 14.6.1993, SR

235.154, ergänzt wird. Es handelt sich (abgesehen von Abs. 1) eher um eine Verwaltungsvorschrift als um eine Strafnorm, JAGGI (Art. 320) 91.

Abs. 1 dehnt die Geheimnispflicht aus auf Personen, die weder selber   3
einen der in Art. 321 aufgeführten Berufe ausüben noch als Hilfspersonen oder Studenten der Strafdrohung unterstehen, aber für die Forschung arbeiten. Er bildet sozusagen einen weiteren Schutzring um das Patientengeheimnis.

Auch hier muss es um ein **Berufsgeheimnis** gehen, also um Tatsachen, die   4
ursprünglich einem Geheimnisträger gem. Art. 321 (s. N 9–14, 18–20) *anvertraut* wurden. Bei der Forschung können z.B. Statistiker, EDV-Fachleute, Soziologen, Psychologen, Physiker oder Biologen mitwirken. Dies führt zu der befremdenden Konsequenz, dass etwa ein Psychologe im Rahmen eines Forschungsprojekts an ein Berufsgeheimnis gebunden wird, das seinen eigenen Klienten gegenüber nicht besteht.

Die Sonderregelung gilt für **«Forschung im Bereich der Medizin oder des**   5
Gesundheitswesens». Dabei geht es bei der Medizin, die im Marginale und im Titel der VOBG allein angeführt ist, um die Heilkunde, beim Gesundheitswesen um gesundheitspolitische Belange. Neben der Erforschung von Krankheiten (Ursachen, Verlauf, Übertragung, Therapie), Epidemien usw. geht es auch um Unfallstatistik, Umwelteinflüsse auf die Gesundheit, Wirksamkeit von Präventionsmassnahmen oder um den allgemeinen Gesundheitszustand der Bevölkerung. Im Vordergrund stand die Krebsforschung, aber auch Forschung zur Kostensenkung im Gesundheitswesen gehört dazu, ARZT 11. Nicht erfasst ist die Marktforschung, Botsch. 493 – sie gibt schon keinen Anspruch auf Personendaten, wie sich aus Abs. 2 ff. ergibt.

Auffällig ist im Vergleich zu Art. 321 das Wort **unbefugterweise.** Das   6
Wort «unbefugt» findet sich sonst im StGB nur in Art. 143bis, 144bis, 179ter (Marginale), 179[novies], 282 und 331. Hier hat es dieselbe Bedeutung wie «unrechtmässig» in Art. 183 und 186 – es erinnert daran, dass das pönalisierte Verhalten regelmässig aufgrund besonderer Befugnis vorgenommen wird und zulässig ist. Im vorliegenden Fall ist die Befugnis im selben Artikel geregelt – Abs. 1 fand sich ursprünglich als Abs. 6 am Ende der Bestimmung.

Den **Kern** der Bestimmung bildet **Abs. 2:** Es wird ein **Rechtfertigungs-**   7
grund für die Offenbarung von Berufsgeheimnissen ohne Einwilligung des Berechtigten geschaffen. Der Rechtfertigungsgrund ist aus *zwei Gründen erforderlich:* Einerseits vertraut sich der Patient dem Arzt nur zu therapeutischen, allenfalls auch prophylaktischen, aber ihn allein angehenden Gründen an, andererseits gilt das Geheimnis auch gegenüber medizinischem Hilfspersonal, Art. 321 N 23, a.M. ARZT N 3, der davon ausgeht, dass sich der Patient dem gesamten ärzlichen Personal einer Klinik anvertraue. Ferner ist daran zu erinnern, dass kein Geheimnis offenbart wird, solange eine Information nicht der betroffenen Person

zugeordnet werden kann (Art. 321 N 21). Ein Verzicht auf Anonymisierung der Daten ab Offenbarung durch die Vertrauensperson kann erforderlich sein, um Mehrfacherfassungen zu vermeiden, bei Langzeituntersuchungen mit (mehrfachem) Wechsel der Vertrauensperson oder bei Vergleichsgruppen, Botsch. 422.

8   Die Rechtfertigung gilt ausschliesslich **für den Bereich der Forschung.** Es ist jedoch nicht vorstellbar, dass für Forschungszwecke eine *Veröffentlichung der personenbezogenen* Daten erforderlich ist. Diese Beschränkung ist für betroffene Patienten von grösster Bedeutung und führt praktisch dazu, dass durch Art. 321bis vor allem die Gefährdung der Privatsphäre vergrössert, eine schwerwiegendere Verletzung aber kaum ermöglicht wird.

9   Art. 321bis knüpft die Rechtfertigung an **zwei Voraussetzungen,** eine positive und ein negative. *Positiv* muss die Bewilligung einer Sachverständigenkommission vorliegen. *Negativ* ist die Voraussetzung, dass der oder die Betroffene die Verwertung der Daten nicht ausdrücklich untersagt hat.

10   Die **Voraussetzung des fehlenden Widerspruchs** wurde auf Antrag von StR Onken aufgenommen – freilich in völlig sinnentstellender sprachlicher Form. Abs. 2 besagt nämlich, dass der Widerspruch nur verbindlich sei, wenn der Berechtigte zuvor über seine Rechte aufgeklärt wurde. Diese Voraussetzung ist aber nur für die rechtfertigende Einwilligung, allenfalls für tatbestandsausschliessendes Einverständnis, sinnvoll, ebenso ARZT N 17. Hier aber sollte offenbar eine zusätzliche Verpflichtung geschaffen werden, bei den Betroffenen Aufklärung zu betreiben. Ein auf einem Irrtum beruhendes Verbot muss beachtet werden. In kombinierten Therapie- und Forschungseinrichtungen, also insbesondere Universitätskliniken, sollte das Einholen einer (aus Beweisgründen schriftlichen) Einwilligung zur Routine werden – «Einwilligungsforschung» statt «Bewilligungsforschung», ARZT N 10, ROTH 605. An die Aufklärung sind weniger strenge Anforderungen zu stellen als bei der Einwilligung in einen therapeutischen, insbesondere chirurgischen Eingriff. Es genügt m.E. ein Formular mit dem Hinweis darauf, dass die personenbezogene Auswertung für medizinische Forschung verwendet, letztlich aber nicht so publiziert wird, dass der Berechtigte identifiziert werden kann, für Einzelheiten s. ARZT N 25 f. Der *Widerspruch* hindert Offenbarung *nur,* wenn er ausdrücklich, *explizit,* erfolgt, anders offenbar ARZT N 15 f.

11   Die Bewilligung wird erteilt, wenn gemäss Abs. 3 lit. a–c **drei Voraussetzungen** vorliegen, welche das Subsidiaritäts- und das Proportionalitätsprinzip ausdrücken.

12   Das Subsidiaritätsprinzip beschränkt die Bewilligung zunächst gemäss lit. a auf Fälle, in denen **anonymisierte Daten** die Forschung **nicht** gestatten, dazu N 8.

Lit. b statuiert die **Subsidiarität der Bewilligungs- gegenüber der Einwilligungsforschung.** Unmöglich ist die Einholung der Bewilligung, wenn die betroffene Person verstorben ist, Botsch. 494, ARZT N 23 (aus N 25 ergibt sich allerdings, dass in diesem Fall eine Einwilligung gar nicht erforderlich ist, wenn die Offenbarung erst nach dem Tod erfolgt, s. auch Art. 321 N 25). Die Einwilligung ist ferner unmöglich, wenn der Aufenthaltsort der betroffenen Person nicht bekannt ist. Unverhältnismässig wäre die Einholung der Bewilligung z.B. dann, wenn sich die Forschung über Patientengut aus verschiedenen Ländern erstreckt. Nach dem Gesetzestext ist nur der *Schwierigkeitsgrad, nicht auch der Aufwand* zu bemessen. Dies dürfte zu eng sein. Bei statistischen Untersuchungen mit Auswertung einer sehr grossen Menge von Krankengeschichten kann das nachträgliche Einholen von Einwilligungen ebenfalls unverhältnismässig sein. Unter Umständen wird das Geheimnis schon durch die (massenhafte) Aufforderung zur Einwilligung gefährdet.   13

Schliesslich soll die Sachverständigenkommission eine Interessenabwägung vornehmen, prüfen, ob das Forschungsinteresse das Geheimhaltungsinteresse überwiegt. Ein solches Abwägen ist nahezu unmöglich. Lässt sich noch einigermassen ermessen, ob ein Forschungsprojekt seriös, relevant, erfolgversprechend ist, so ist schwer nachzuvollziehen, wie die Kommission das Geheimhaltungsinteresse erfassen kann, das in hohem Masse indivduell ist. Es bleibt ein *extrem weiter Ermessensspielraum,* ARZT N 22, ROTH 605. Ausserdem kann dem Verhältniskeitsgrundsatz durch Auflagen (N 15) Rechnung getragen werden.   14

Gemäss Abs. 4 **muss** die Kommission jede Bewilligung **«mit Auflagen zur Sicherung des Datenschutzes»** verbinden. Eine regelmässige Auflage müsste verlangen, dass Publikationen keine Identifizierung (z.B. durch Abbildungen oder Angaben zur Person) ermöglichen dürfen. Die Bewilligungen müssen publiziert werden – es liegt dazu bereits eine eindrückliche Dokumentation vor, allein das Inhaltsverzeichnis von BBl 1995 weist unter dem Stichwort «Berufsgeheimnis» nicht weniger als 18 Einträge auf. Die Missachtung der Auflagen führt noch nicht zur Bestrafung nach Art. 321, detailliert hierzu ARZT N 29 ff.   15

Die Bewilligung begründet **keine Pflicht zur Preisgabe der Daten** durch die Vertrauenspersonen, es verhält sich wie bei den Rechtfertigungsgründen in Art. 321, s. dort N 27, 33, ausdrücklich z.B. die Sonderbewilligung vom 17. Oktober 1995, BBl 1995 IV 1177.   16

Um die administrativen Hindernisse für die medizinische Forschung in Schranken zu halten, sieht Abs. 5 **generelle Bewilligungen** vor, wenn keine Gefahr für schutzwürdige Interessen der Betroffenen besteht und die Daten in einem frühen Stadium der Forschung anonymisiert werden können. So findet sich etwa in BBl 1995 IV 861 ff. eine generelle Bewilligung für das Kantonale Krebsregister Neuenburg. Die Bewilligung bezeichnet u.a. den Leiter des Registers, die Zwecke, welche mit den gelie-   17 ferten Daten verfolgt werden dürfen, die Art der Daten, den Kreis der Zugriffsberechtigten, die Dauer der Datenaufbewahrung und die Aufbewahrung der nicht anonymisierten Daten. Auch hier finden sich Auflagen. Detailliert werden in Ziff. 7, a.a.O. 863, die Massnahmen für die Anonymisierung vorgeschrieben. Solche Daten können auch von Doktoranden verarbeitet werden, Botsch. 495.

18   Was mit den **weiteren Vereinfachungen,** welche die Kommission vorsehen kann, gemeint sei, bleibt offen – hier wird wiederum ein sehr weites Ermessen eingeräumt, Botsch. 495.

19   Zum **Verfahren** s. die VOBG sowie die allgemeine Literatur zum DSG.

322   Presseübertretungen

1. Auf Druckschriften, die nicht lediglich den Bedürfnissen des Verkehrs, des Gewerbes oder des geselligen oder häuslichen Lebens dienen, sind der Name des Verlegers und des Druckers und der Druckort anzugeben.

Fehlen diese Angaben, so werden der Verleger und der Drucker mit Busse bestraft.

2. Auf Zeitungen und Zeitschriften ist überdies der Name des verantwortlichen Redaktors anzugeben.

Leitet ein Redaktor nur einen Teil der Zeitung oder Zeitschrift, so ist er als verantwortlicher Redaktor dieses Teils zu bezeichnen. Für jeden Teil einer solchen Zeitung oder Zeitschrift muss ein verantwortlicher Redaktor angegeben werden.

Fehlen diese Angaben oder wird eine vorgeschobene Person als verantwortlicher Redaktor bezeichnet, so wird der Verleger mit Busse bestraft.

E 349 = 260quater NR, Botsch. 75 f. Erl.Z. 502. 2. ExpK VII 251 ff.

Carl Ludwig, Schweizerisches Presserecht, Basel 1964, 170 ff.; Lit. zu Art. 27.

1   **Art. 322** soll, weil Art. 27 u.U. die Suche nach dem Verfasser verbietet, wenigstens den Zugriff auf Redaktor, Verleger und Drucker ermöglichen, BGE 70 IV 177, 105 IV 133; RS 1963 Nr. 34, RVJ 1989 162.

2   Zu den **nicht impressumspflichtigen** Drucksachen gehören «Fahrkarten, Fahrpläne, Eisenbahn- und Strassenbahnabonnements, Landkarten, Autokarten, Frachtbriefe, Wechsel-, Rechnungs- und Quittungsformulare, Preiskataloge, Ankündigungen von Ausstellungen, Auktionen u. dgl., Angaben betreffend Übernahme eines Geschäfts, Jahresberichte einer Handelsgesellschaft, eines Vereins oder einer Stiftung, Hotelprospekte, Theater- und Konzertprogramme, Speisezettel, Weinkarten, Familienereignisse betreffende Anzeigen», Ludwig 170 f., ferner Visitenkarten, kommerzielle Prospekte, Druckbilder wie Serigraphien,

Kunstdrucke, auch wenn sie Text enthalten (Staeck!), Ansichtskarten
usw. Eine Fastnachtszeitung, auch wenn sie nicht periodische Druckschrift i.S.v. Ziff. 2 I ist (SJZ 58 [1962] Nr. 67), untersteht Art. 322, RS
1959 Nr. 236.

Vorgeschrieben ist auf nicht periodischen Druckschriften die Nennung   3
von Drucker **und** Verleger. Fehlt eine Angabe, machen sich *beide straf-*
bar.
      Selbstverständlich (vgl. auch Ziff. 2 III) muss die Angabe der Wirk-
lichkeit entsprechen, BGE 70 IV 177. Nach dem Wortlaut von Art. 322 ist
die Angabe auch erforderlich, wenn der Verfasser genannt ist, BGE 70
IV 178; abweichend mit überzeugendem Hinweis auf den Zweck RS 1963
Nr. 34.

Drucker ist, «wer die Gesamtheit der mit dem Druck verbundenen Ar-   4
beiten besorgt oder in dem von ihm geleiteten Betriebe besorgen lässt
und dazu insbesondere die technischen Einrichtungen zur Verfügung
stellt», BGE 70 IV 177. Arbeiten mehrere Drucker zusammen, müssen
alle aufgeführt sein, andernfalls sind sie als Mittäter alle strafbar, SJZ 71
(1975) Nr. 60.

Zum Begriff des **Verlegers** Art. 27 N 9. Das blosse Verteilen von Flug-   5
blättern ist keine verlegerische Tätigkeit – u.U. ist ein Verleger bei Verbreitung einer Druckschrift gar nicht beteiligt, BGE 105 IV 133 f., PKG
1956 Nr. 91. Der Verfasser fällt als solcher nicht unter Art. 322.

Konkurrenzen und Abgrenzungen   6
Idealkonkurrenz zu allfällig durch die Veröffentlichung begangenen
strafbaren Handlungen wie **Art. 160, 162, 173 ff., 293** usw.

Neunzehnter Titel:
Übertretungen bundesrechtlicher Bestimmungen

VE 1894 Art. 211, Mot. 240, 1. ExpK. II 330 ff., 746, 759 ff., VE 1908 Art. 255 ff., 273, 289. Erl.Z. 460 ff., 481 ff., 501. 2. ExpK VII 56 ff., 142 ff., 251, VIII 317 f. 329 ff., 334 f., 341 f. VE 1916 Art. 313 ff., 334 f., 342 f., 355. E Art. 309 ff., 327 f., 334 ff., 348. Botsch. 70 f., 73 ff. Sten.NR 512 ff., StR 234 ff., NR 712 f., StR 335.

323 Ungehorsam des Schuldners im Betreibungs- und Konkursverfahren

Mit Haft oder Busse wird bestraft:

1. der Schuldner, der einer Pfändung oder der Aufnahme eines Güterverzeichnisses, die ihm gemäss Gesetz angekündigt worden sind, weder selbst beiwohnt noch sich dabei vertreten lässt (Art. 91 Abs. 1 Ziff. 1, 163 Abs. 2 und 345 Abs. 1 SchKG);

2. der Schuldner, der seine Vermögensgegenstände, auch wenn sie sich nicht in seinem Gewahrsam befinden, sowie seine Forderungen und Rechte gegenüber Dritten nicht so weit angibt, als dies zu einer genügenden Pfändung oder zum Vollzug eines Arrestes nötig ist (Art. 91 Abs. 1 Ziff. 2 und 275 SchKG);

3. der Schuldner, der seine Vermögensgegenstände, auch wenn sie sich nicht in seinem Gewahrsam befinden, sowie seine Forderungen und Rechte gegenüber Dritten bei Aufnahme eines Güterverzeichnisses nicht vollständig angibt (Art. 163 Abs. 2, 345 Abs. 1 SchKG);

4. der Schuldner, der dem Konkursamt nicht alle seine Vermögensgegenstände angibt und zur Verfügung stellt (Art. 222 Abs. 1 SchKG);

5. der Schuldner, der während des Konkursverfahrens nicht zur Verfügung der Konkursverwaltung steht, wenn er dieser Pflicht nicht durch besondere Erlaubnis enthoben wurde (Art. 229 Abs. 1 SchKG).

Fassung gemäss Änderung des SchKG vom 16.12.1994, AS 1995 I 1227, in Kraft seit 1.1.1997.

J. Karmann, Der strafrechtliche Schutz des Konkursverfahrens, BlSchK 7 (1943) 33; Emil Müller, Strafsanktionen gegen den dritten Gewahrsamsinhaber beim Arrestvollzug? ZSR 69 (1949) 77.

1   **Art. 323** schützt «die Rechtspflege auf dem Gebiete der Zwangsvollstreckung», BGE 102 IV 174. Die einzelnen Tatbestände sind in Berück-

sichtigung des präzisen Wortlauts auszulegen – Lücken lassen sich mit Hilfe von Art. 292 füllen. Strafbar ist jeweils der schlichte Ungehorsam, ein Erfolg braucht nicht einzutreten, BGE 82 IV 16. Mit der *Revision* wurde die Strafdrohung erhöht (Haft neu bis zu 3 Monaten), die übrigen Änderungen tragen der veränderten Numerierung des SchKG Rechnung oder sind redaktioneller Natur. Der Hinweis auf die amtliche Warnung in Ziff. 4 wurde gestrichen, weil sie in SchKG Art. 222 VI vorgeschrieben ist, Botsch. in BBl 1991 III 198.

Ziff. 1: Die Pfändung muss **angekündigt** sein, RS 1968 Nr. 39, und zwar unter Nennung eines Zeitpunktes, SJZ 67 (1971) Nr. 103. In Rep. 1992 299 f. wurde überdies analog Art. 292 die Bestrafung gemäss Art. 323 angedroht. Die Anklage muss beweisen, dass der Beschuldigte davon Kenntnis hatte, RS 1968 Nr. 213. Nichtannahme der Ankündigung erfüllt den Tatbestand noch nicht, ZBJV 107 (1971) 282. Strafbar ist auch, wer einer Vorladung ins Amtslokal des Betreibungsamtes keine Folge leistet, BGE 106 IV 281. Die Verweisung auf SchKG Art. 317ᵉ ist bei der Revision dieses Gesetzes hinfällig geworden. 2

Ziff. 2, 3: Nur das Verschweigen eigener Vermögenswerte erfüllt den Tatbestand, obwohl auch andere pfändbar sind – «der Gläubiger hat kein Interesse, dass der Schuldner auch fremde Vermögensgegenstände angebe, deren Beschlag ja doch nicht wird aufrechterhalten werden können; und der Betreibungsbeamte hat es erst recht nicht», BGE 70 IV 179 (dazu kritisch MÜLLER 86), AGVE 1950 Nr. 108. Nicht strafbar ist die Hinderung der Wegnahme gepfändeter Sachen, BGE 81 IV 325, das Nichtmelden eines Stellenwechsels, ZR 56 (1957) Nr. 52, oder die Weigerung, den Arbeitgeber zu nennen, RS 1979 Nr. 842. 3

Ziff. 4 unterscheidet sich von Art. 163 dadurch, dass dem Täter die **Absicht der Täuschung** und der Benachteiligung von Gläubigern im Konkurs fehlt, BGE 93 IV 92, 102 IV 174, ZR 68 (1969) Nr. 39. Der Tatbestand kann bereits durch blosses Verschweigen erfüllt sein, BGE 102 IV 174.

Konkurrenzen und Abgrenzungen 5
Art. 163, 164 gehen Ziff. 4 vor, wenn eine Absicht der Täuschung und Benachteiligung der Gläubiger vorliegt und die objektive Strafbarkeitsbedingung eingetreten ist, BGE 88 IV 26, 93 IV 92, 102 IV 174, PKG 1955 Nr. 33, ZR 68 (1969) Nr. 39;
Art. 251 steht zu Art. 323 in echter Konkurrenz; abweichend PKG 1946, Nr. 21;
Art. 286 tritt als *lex generalis* hinter die *lex specialis* vom Art. 323 zurück, solange der Täter sich rein passiv verhält, BGE 81 IV 327 f., ZR 56 (1957) Nr. 69; s. auch Art. 286 N 9.
Art. 292 steht als Lückenbüsser zur Verfügung, tritt aber stets hinter die *lex specialis* zurück, ist also nur subsidiär anwendbar, BGE 106 IV 281 f., 81 IV 326, 70 IV 180; ZR 56 (1957) Nr. 52, 81 (1982) Nr. 66, RS 1979 Nr. 842, BGE 107 III 99. Für völligen Ausschluss von Art. 292 MÜLLER 86 f.

324 Ungehorsam dritter Personen im Betreibungs-, Konkurs- und Nachlassverfahren

Mit Busse wird bestraft:

1. die erwachsene Person, die dem Konkursamt nicht alle Vermögensstücke eines gestorbenen oder flüchtigen Schuldners, mit dem sie in gemeinsamem Haushalt gelebt hat, angibt und zur Verfügung stellt (Art. 222 Abs. 2 SchKG);

2. wer sich binnen der Eingabefrist nicht als Schuldner des Konkursiten anmeldet (Art. 232 Abs. 2 Ziff. 3 SchKG);

3. wer Sachen des Schuldners als Pfandgläubiger oder aus andern Gründen besitzt und sie dem Konkursamt binnen der Eingabefrist nicht zur Verfügung stellt (Art. 232 Abs. 2 Ziff. 4 SchKG);

4. wer Sachen des Schuldners als Pfandgläubiger besitzt und sie den Liquidatoren nach Ablauf der Verwertungsfrist nicht abliefert (Art. 324 Abs. 2 SchKG);

5. der Dritte, der seine Auskunfts- und Herausgabepflichten nach den Artikeln 57a Absatz 1, 91 Absatz 4, 163 Absatz 2, 222 Absatz 4 und 345 Absatz 1 des Bundesgesetzes über Schuldbetreibung und Konkurs verletzt.

Fassung gemäss Änderung des SchKG vom 16.12.1994, AS 1995 I 1227, in Kraft seit 1.1.1997.

Lit. zu Art. 323

1   **Art. 324** dehnt den strafrechtlichen Schutz des Betreibungsverfahrens aus in bezug auf Dritte, die in präzis umschriebenen Verhältnissen zum Vermögen des Gemeinschuldners stehen. Die praktische Bedeutung ist gering. Für Fragen der Konkurrenzen und Abgrenzungen gilt, was in N 5 zu Art. 323 ausgeführt wurde. Die *Revision* der Ziff. 1–3 hat weitgehend redaktionellen Charakter. Die Hinweise auf Ermahnung wurden auch hier weggelassen, weil bereits das SchKG die Warnung vorsieht, s. Art. 323 N 1. Ziff. 4 und 5 wurden neu angefügt, um Lücken zu schliessen.

325 Ordnungswidrige Führung der Geschäftsbücher

Wer vorsätzlich oder fahrlässig der gesetzlichen Pflicht, Geschäftsbücher ordnungsmässig zu führen, nicht nachkommt,

wer vorsätzlich oder fahrlässig der gesetzlichen Pflicht, Geschäftsbücher, Geschäftsbriefe und Geschäftstelegramme aufzubewahren, nicht nachkommt,

wird mit Haft oder mit Busse bestraft.

ALFRED W. VON ARX, Die Verletzung der Buchführungspflicht, Diss. ZH 1942; OTTO K. KAUFMANN, Buchführungsdelikte, SAG 19 (1947) 125; ERICH STIEGER, Buchführungsdelikte, Diss. ZH 1975; SIBYLLE ZWEIFEL, Buchführungsdelikte mittels EDV und Massnahmen zu deren Verhinderung, Diss. ZH 1984, 68 ff.; s. auch **Lit.** zu Art. 163, 166.

Der **objektive Tatbestand** entspricht Art. 166; im Gegensatz dazu ist in   1
Art. 325 eine objektive Strafbarkeitsbedingung nicht vorgesehen. Zuständig für die Verfolgung sind nur die Strafjustiz-, nicht die Steuerbehörden, LGVE 1992 II Nr. 18.

Die **Pflicht, Korrespondenzen aufzubewahren,** erfasst nur Briefe auf Papier und Telegramme. Eine Ausdehnung auf Telefax und e-mail ist m.E.   1a
unzulässig, aber auch durchaus unzweckmässig. Der Telefax, wenn er nicht auf Normalpapier ausgedruckt ist, verblasst relativ schnell, e-mail wird periodisch gelöscht.

Subjektiv unterscheidet sich Art. 325 von Art. 166 dadurch, dass keine   2
Verschleierungsabsicht gefordert (vgl. N 4 zu Art. 166) und auch die fahrlässige Begehung strafbar ist. Ein Strohmann kann sich nicht auf seine Unfähigkeit und die negative Haltung anderer Verantwortlicher berufen – notfalls muss er demissionieren, BGE 96 IV 79.

Kasuistik, insbesondere aus dem Dunkelfeld, bei ZWEIFEL 72 ff., 84 ff.,   3
95 ff., 101 ff., 106 ff.

Konkurrenzen und Abgrenzungen   4
Art. 166 gegenüber ist Art. 325 subsidiär, BGE 72 IV 19.
Art. 251 konsumiert Art. 325, so sinngemäss wohl auch KAUFMANN 147 Anm. 7.

325bis Widerhandlungen gegen die Bestimmungen zum Schutz der Mieter von Wohn- und Geschäftsräumen

Wer den Mieter unter Androhung von Nachteilen, insbesondere der späteren Kündigung des Mietverhältnisses, davon abhält oder abzuhalten versucht, Mietzinse oder sonstige Forderungen des Vermieters anzufechten,

wer dem Mieter kündigt, weil dieser die ihm nach dem Obligationenrecht zustehenden Rechte wahrnimmt oder wahrnehmen will,

wer Mietzinse oder sonstige Forderungen nach einem gescheiterten Einigungsversuch oder nach einem richterlichen Entscheid in unzulässiger Weise durchsetzt oder durchzusetzen versucht,

wird auf Antrag des Mieters mit Haft oder mit Busse bestraft.

Eingefügt durch BG vom 15.12.1989 über die Änderung des OR, in Kraft seit 1.7.1990.

Botsch. vom 27. 3. 1985, BBl 1985 I 1389, Sten. StR 1985 639, 1986 104, 214, NR 1986 190.

DAVID LACHAT/JACQUES MICHELI, *Le nouveau droit du bail,* 2. Aufl., Lausanne 1992; PETER ZIHLMANN, Das Mietrecht, 2. Aufl., Bern 1995. Schweizerischer Verband der Immobilien-Treuhänder SVIT (Hrsg.), Schweizerisches Mietrecht, Kommentar, 2. Aufl., Zürich 1991.

1 Art. 325bis übernimmt praktisch ohne Änderung Strafbestimmungen aus dem Bundesbeschluss über **Massnahmen gegen Missbräuche im Mietwesen** vom 30.5.1972 (BMM) (Art. 31, 32). Die praktische Bedeutung dieser Tatbestände war schon vorher gering, SVIT-Kommentar N 1. Immerhin bemerkenswert ist, dass missbräuchliche Kündigung (vgl. OR Art. 336 ff.) nicht mit Strafbestimmungen bewehrt wurde.

2 **Geschütztes Rechtsgut** ist die *Freiheit* des Mieters, *von den Rechtsbehelfen,* die ihm der Mieterschutz zur Verfügung stellt, ungehindert und ohne Furcht vor Sanktionen, insbesondere der Kündigung, *Gebrauch zu machen,* ebenso SVIT-Kommentar N 3, wo mit Recht die Auffassung von ZIHLMANN 257, es handle sich um ein Rechtspflegedelikt, abgelehnt wird. Mittelbar wird auch das Vermögen geschützt, ZIHLMANN a. a. O. Das Gesetz geht davon aus, dass der Mieter in einer schwächeren Position ist – in der Tat geht es beim Vermieter «nur» um materielle Werte, beim Mieter um ein elementares Bedürfnis.

3 Der Schutz erfasst **nur Wohnungs- und Geschäftsräume,** dazu dürften auch Lagerräume gehören, aber nicht Garagen, die dem privaten Gebrauch dienen, Hobbyräume oder Ferienwohnungen, die für höchstens drei Monate gemietet wurden, ZIHLMANN 257 Fn 22.

4 Der Mieter hat das Recht, **jede Art von Forderung** des Vermieters anzufechten, Beispiele im SVIT-Kommentar N 4.

5 Nicht nur die Drohung mit der Kündigung, auch die **Drohung mit anderen Nachteilen** ist verboten – in Frage kommen etwa Massnahmen wie Abstellen der Elektrizitäts- oder Wasserzufuhr, Umbau usw., SVIT-Kommentar N 5.

6 Al. 2 stellt die **Kündigung aus Rache** unter Strafe, also die repressive Reaktion auf das Ausüben oder Anmelden seiner Rechte durch den Mieter. LACHAT/MICHELI 373 kritisieren mit Recht die ausserordentliche Unbestimmtheit dieses Tatbestands, weil offenbar alle Rechte des Mieters nach OR erfasst sind, s. auch SVIT-Kommentar N 9. Es fehlt zudem eine zeitliche Begrenzung. Je später die Kündigung erfolgt, desto schwieriger dürfte es sein, das Motiv zu beweisen.

7 Al. 3 bedroht schliesslich den Vermieter mit Strafe, der nach Einleitung eines Verfahrens seine Forderung **in unzulässiger Weise durchsetzt oder durchzusetzen versucht.** S. dazu RFJ 1996 Nr. 9; Beispiele aus der Rechtsprechung zum BMM bei LACHAT/MICHELI 374.

8 Entgegen SVIT-Kommentar N 8 handelt es sich nicht um eine Übertretung, bei welcher in Abweichung von Art. 104 der **Versuch strafbar** erklärt wird. In al. 1 und 3 ist vielmehr der Tatbestand so weit formuliert, dass Versuch schon Vollendung des Tatbestands bedeutet. Bei al. 2 bleibt er dagegen straflos.

Zu **Täterschaft und Teilnahme** s. Art. 326bis. 9

Die Bestrafung erfolgt nur auf **Antrag** – die Präzisierung «des Mieters» 10
ist überflüssig.

Konkurrenzen und Abgrenzungen 11
Entgegen LACHAT/MICHELI 374f., SVIT Kommentar N 8, dürfte Kon-
kurrenz mit Drohung, **Art. 180,** kaum vorkommen. Zu **Art. 181** ist
Art. 325bis *lex specialis,* aber wegen der höheren Strafdrohung und der
Verfolgung von Amtes wegen muss Nötigung vorgehen, ebenso LACHAT/
MICHELI 375, anders unter Hinweis auf die Entstehungsgeschichte SVIT-
Kommentar N 18.

Anwendung auf juristische Personen, Handelsgesellschaften und Einzelfirmen

1. im Falle der Artikel 323–325

326

  Handelt jemand

  als Organ oder als Mitglied eines Organs einer juristischen Person,

  als Mitarbeiter einer juristischen Person oder einer Gesellschaft, dem eine vergleichbare selbständige Entscheidungsbefugnis in seinem Tätigkeitsbereich zukommt, oder

  ohne Organ, Mitglied eines Organs oder Mitarbeiter zu sein, als tatsächlicher Leiter einer juristischen Person oder Gesellschaft,

  so sind die Artikel 323–325, nach welchen besondere persönliche Merkmale die Strafbarkeit begründen oder erhöhen, auch auf die genannten Personen anzuwenden, wenn diese Merkmale nicht bei ihnen persönlich, sondern bei der juristischen Person oder der Gesellschaft vorliegen.

Art. 326 wiederholt für Art. 323–325 die Regel, die **Art. 172** für den zwei- 1
ten Titel aufstellt. Es wird deshalb auf die dort angeführte Kommentierung verwiesen.

2. im Falle von Artikel 325bis

326bis

  ¹ **Werden die im Artikel 325**^{bis} **unter Strafe gestellten Handlungen beim Besorgen der Angelegenheiten einer juristischen Person, Kollektiv- oder Kommanditgesellschaft oder Einzelfirma oder sonst in Ausübung ge-**

schäftlicher oder dienstlicher Verrichtungen für einen anderen begangen, so finden die Strafbestimmungen auf diejenigen natürlichen Personen Anwendung, die diese Handlungen begangen haben.

[2] Der Geschäftsherr oder Arbeitgeber, Auftraggeber oder Vertretene,
der von der Widerhandlung Kenntnis hat oder nachträglich Kenntnis erhält und, obgleich es ihm möglich wäre, es unterlässt, sie abzuwenden
oder ihre Wirkungen aufzuheben, untersteht der gleichen Strafandrohung wie der Täter.

[3] Ist der Geschäftsherr oder Arbeitgeber, Auftraggeber oder Vertretene eine juristische Person, Kollektiv- oder Kommanditgesellschaft,
Einzelfirma oder Personengesamtheit ohne Rechtspersönlichkeit, so findet Absatz 2 auf die schuldigen Organe, Organmitglieder, geschäfts-
führenden Gesellschafter, tatsächlich leitenden Personen oder Liquidatoren Anwendung.

Eingefügt durch BG vom 15.12.1989 über die Änderung des OR, in Kraft
seit 1.7.1990.

Materialien und **Lit.** zu Art. 325bis.

1   Abs. 1 enthält eine besondere Regelung für die **Teilnahme an Widerhandlungen** gemäss **Art. 325**bis. Die Präzisierung ist überflüssig, weil dort
nicht etwa «der Vermieter» als Täter genannt ist, also kein Sonderdelikt
vorliegt wie z.B. in den Art. 163 ff. Zwischen Täterhandlung und obliga-
torischer Berechtigung besteht kein Zusammenhang, a.M. SVIT-Kommentar N 14, weil nur der Vermieter nach OR legitimiert wäre, die Drohung gegenüber dem Mieter zu verwirklichen (worauf es aber nicht
ankommt). Art. 325bis kennt auch keine Besonderheiten im subjektiven
Tatbestand, welche Anlass zu einer solchen Zusatzbestimmung geboten
hätte (vgl. z.B. aArt. 162).

2   Abs. 2 enthält ein **echtes Unterlassungsdelikt** für die Person, welche sich
als Geschäftsherr, Arbeitgeber, Auftraggeber oder aus einem anderen
Grund vertreten lässt und nicht gegen Missbräuche des Vertreters i.S.v.
Art. 325bis einschreitet. Der Garant von Gesetzes wegen ist nicht nur verpflichtet, die Missbräuche zu verhindern, er muss auch einschreiten,
wenn er erst nachträglich davon Kenntnis erhält. Es trifft ihn also quasi
eine *«Wiedergutmachungspflicht»*. Vorausgesetzt ist, dass eine Eingriffs-
möglichkeit besteht. Diese Pflicht entsteht nicht, wenn es beim Versuch
geblieben ist. SVIT-Kommentar N 15 meint, es mache sich schon strafbar, wer mangels Sorgfalt vom Verstoss keine Kenntnis hatte. Für diese
Annahme bietet der Gesetzestext keine Grundlage – es ist sind für den
subjektiven Tatbestand eine gesicherte Kenntnis des Missbrauchs und
der Wille, eine Eingriffs- bzw. Wiedergutmachungsmöglichkeit nicht zu
ergreifen, vorausgesetzt.

3   Weil Abs. 2 ein Sonderdelikt schafft, Geschäftsherr, Arbeitgeber oder
Auftraggeber aber häufig juristische Personen sind, bedurfte es (entge-

gen SVIT-Kommentar N 15) einer Bestimmung, welche die **Strafbarkeit der Organe**… vorsieht. Diese Regel findet sich in Abs. 3.

326ter Übertretung firmenrechtlicher Bestimmungen

Wer für ein im Handelsregister eingetragenes Unternehmen eine Bezeichnung verwendet, die mit der im Handelsregister eingetragenen nicht übereinstimmt und die irreführen kann,

wer für ein im Handelsregister nicht eingetragenes Unternehmen eine irreführende Bezeichnung verwendet,

wer für ein im Handelsregister eingetragenes oder nicht eingetragenes Unternehmen ohne Bewilligung eine nationale, territoriale oder regionale Bezeichnung verwendet,

wer für ein im Handelsregister nicht eingetragenes ausländisches Unternehmen den Eindruck erweckt, der Sitz des Unternehmens oder eine Geschäftsniederlassung befinde sich in der Schweiz,

wird mit Haft oder mit Busse bestraft.

Eingefügt durch BG vom 17.6.1994, in Kraft seit 1.1.1995

Diese Bestimmung wurde sinngemäss aus dem (gleichzeitig aufgehobenen) BG vom 6.10.1923 betr. **Strafbestimmungen zum Handelsregister- und Firmenrecht** übernommen. Erfasst wird ein geringfügiges formelles Unrecht – es handelt sich um ein sehr *abstraktes Gefährdungsdelikt*. Sogar auf das Erfordernis einer Täuschungsabsicht wurde verzichtet, Botsch. 1991 1086.   1

Al. 1 setzt zweierlei voraus: Der Täter muss für sein Unternehmen eine Bezeichnung verwenden, die nicht mit derjenigen, die im Handelsregister eingetragen ist, übereinstimmt; zudem muss die Gefahr bestehen, dass jemand durch die unrichtige Bezeichnung irregeführt wird. Die Täuschung muss deshalb *erheblich* sein und der Vorsatz muss jedenfalls die *Möglichkeit* einer Irreführung mit umfassen. Eine falsche Bezeichnung etwa aus ästhetischen Gründen bleibt straflos.   2

Al. 2 bedroht dasselbe Verhalten bezüglich einer nicht im Handelsregister eingetragenen Unternehmung mit Strafe. «Irreführend» heisst nichts anderes als «irreführen können».   3

Während al. 1 und 2 relative Verbote enthalten, findet sich in **al. 3** das absolute Verbot, geographische Bezeichnungen ohne Bewilligung zu verwenden, auch wenn sie sachlich richtig sind. Hier ist eine *Gefährdung kaum mehr auszumachen*. Es handelt sich um eine blosse Ordnungswidrigkeit.   4

Al. 4 betrifft wiederum eine Täuschung. Strafbar macht sich, wer auf irgendwelche Weise den Eindruck erweckt, ein ausländisches Unternehmen, das nicht im Handelsregister eingetragen ist, habe seinen Sitz oder eine Niederlassung in der Schweiz. HRegV Art. 45 verbietet die Verwen-   5 dung nationaler Bezeichnungen ohne besondere Bewilligung, was die Beschränkung auf nicht eingetragene Unternehmungen erklärt.

6   Zum Verbot der unbefugten Verwendung von **Wappen** s. BG vom 5.6.1931 zum Schutz öffentlicher Wappen und anderer Zeichen, SR 232.21 mit der Strafbestimmung in Art. 13.

326 quater   Unwahre Auskunft durch eine Personalvorsorge-einrichtung

Wer als Organ einer Personalvorsorgeeinrichtung gesetzlich verpflichtet ist, Begünstigten oder Aufsichtsbehörden Auskunft zu erteilen und keine oder eine unwahre Auskunft erteilt, wird mit Haft oder mit Busse bestraft.

Eingefügt durch BG vom 17.6.1994, in Kraft seit 1.1.1995.

1   Art. 326 quater ist ein kombiniertes echtes Unterlassungs- bzw. Begehungsdelikt. Die Verpflichtung, Auskunft zu erteilen, ist in **ZGB Art. 89** bis **II** statuiert, der durch Art. 13 II der VO über die Erhaltung des Vorsorgeschutzes und der Freizügigkeit vom 12.11.1986, SR 831.425, konkretisiert wird. Überdies macht sich strafbar, wer der Verpflichtung zu wahrheitsgetreuer Information der Aufsichtsbehörden aus ZGB Art. 84 nicht nachkommt. Für Einzelheiten s. Botsch. 1991 1088 f. Strafbar ist nur die vorsätzliche Begehung.

327   Wiedergeben und Nachahmen von Banknoten oder amtlichen Wertzeichen ohne Fälschungsabsicht

1. Wer, ohne die Absicht zu fälschen, schweizerische oder ausländische Banknoten so wiedergibt oder nachahmt, dass die Gefahr einer Verwechslung mit echten Noten geschaffen werden kann, insbesondere wenn die Gesamtheit, eine Seite oder der grösste Teil einer Seite einer Banknote auf einem Material und in einer Grösse, die mit Material und Grösse des Originals übereinstimmen oder ihnen nahekommen, wiedergegeben oder nachgeahmt wird,

wer, ohne die Absicht zu fälschen, schweizerische oder ausländische amtliche Wertzeichen so wiedergibt oder nachahmt, dass die Gefahr einer Verwechslung mit echten Wertzeichen geschaffen werden kann,

wer solche Gegenstände einführt, anbietet oder in Verkehr bringt,

wird mit Haft oder mit Busse bestraft.

2. Handelt der Täter im Sinne von Ziffer 1 Absätze 1 und 2 fahrlässig, so wird er mit Busse bestraft.

3. Die Wiedergaben oder Nachahmungen oder die Druckerzeugnisse, welche sie enthalten, werden eingezogen.

Fassung gemäss BG vom 17.6.1994, in Kraft seit 1.1.1995.

Zur Teilrevision 1950: BBl 1949 I 1290 f. Sten. 1949 StR 644, 1950 NR 151, 227 ff., StR 141, 158, NR 473, StR 260 ff., NR 532 f.; zur Teilrevision 1995 Botsch. in BBl 1991 II 1090 ff.

Max Raggenbass, Strafrechtlicher Schutz von Banknoten – Der revidierte Straftatbestand gemäss Art. 327 StGB, SJZ 92 1996 57.

Art. 327 wurde auf **Vorschlag der Schweizerischen Nationalbank** hin ohne Vernehmlassung **revidiert,** die Anpassung wurde als dringend angesehen. Die alte Regelung hatte sich als ungenügend erwiesen, so dass zum Schutze der Banknoten regelmässig das URG herangezogen würde, was nach dessen Revision auf Schwierigkeiten stossen würde. Mit der Revision sollte die Präventivwirkung erhöht werden – das Vertrauen in die schweizerischen Banknoten sei so gross, dass das Publikum selbst grobe Fälschungen entgegennehme. Technische Entwicklungen erlaubten aber besonders getreue Nachbildungen mit entsprechend erhöhter Verwechslungsgefahr, Botsch. 1090 f.   1

Geschütztes Rechtsgut ist «die Sicherheit des Zahlungsverkehrs und das Vertrauen in die schweizerischen Banknoten», mittelbar auch das Vermögen, Botsch. 1090, Raggenbass 57. Dass insbesondere schweizerische Noten geschützt werden sollen, überzeugt angesichts der Gleichstellung ausländischer Banknoten und Wertzeichen kaum. Die Bestimmung ergänzt Art. 240 ff. um ein weiter vorverlagertes abstraktes Gefährdungsdelikt, ähnlich Raggenbass 57, 59.   2

Angriffsobjekt sind in al. 1 Banknoten, in al. 2 andere, im Gegensatz zu aArt. 327 nicht nur amtliche Wertzeichen. Zu «Banknote» s. Art. 240 N 2, zu «amtlichen Wertzeichen» Art. 245, wobei die Postwertzeichen in Art. 328 getrennt erfasst sind. Die Botsch. versäumt zu sagen, was übrigbleibt.   3

Die Täterhandlung, **Wiedergeben oder Nachahmen,** besteht in der Herstellung von Sachen, welche dem Original ähnlich sind, auch wenn keine genaue Übereinstimmung auch nur angestrebt ist. Farbliche Veränderungen, auch blosse Schwarzweisskopien sind nicht ausgenommen, ebensowenig Änderungen im Format – die Nationalbank nimmt Ähnlichkeit noch an, solange die Grösse einer Seite um weniger als 50 % verändert wurde, Botsch. 1091 f. Vor allem hinsichtlich der Banknote glaubte der Gesetzgeber in entfernte Details gehen zu müssen um klarzustellen, dass diese Begriffe ausserordentlich weit auszulegen sind. Zu den ähnlichen Materialien gehören etwa Papier oder papierähnliche Stoffe schlechthin – eine Ausnahme bilden erst Alternativen wie Metall oder Marzipan, Botsch. 1092, auch einseitige Abbildung erfüllt den Tatbestand, ferner solche, auf denen ein Teil abgedeckt ist. Raggenbass 59 hält für entscheidend, «dass der Täter den Reproduktionen ein Aussehen, eine Bezeichnung oder eine Aufmachung verleiht, wodurch ein höherer als der wirkliche Wert vorgespiegelt wird» – m.E. eine verfehlte Analogie zur Warenfälschung, zumal Täuschungsabsicht gar nicht vorausgesetzt ist.   4

5   **Entscheidend** ist die Schaffung einer **Gefahr der Verwechslung,** wobei
    der Gesetzgeber offenbar mit einem ausserordentlich zerstreuten Publi-
    kum gerechnet hat. RAGGENBASS 60 hält einen Aufdruck wie «Speci-
    men» nicht für ausreichend, um Verwechslungsgefahr auszuschliessen.
    Nach aArt. 327 wurde eine Gefährdung bei typischen Werbekarten ver-
    neint, SJZ 69 (1973) Nr. 110, was kaum mehr gelten dürfte.

6   Strafbar ist auch die **Einfuhr** oder das **Inverkehrbringen.**

7   **Subjektiv** fällt vor allem ein negatives Merkmal auf: Der Täter handelt
    ohne (ernsthafte) **Täuschungsabsicht.** Liegt diese vor, kommen Art. 240 ff.
    zur Anwendung. Der Vorsatz muss sich auf die Täterhandlung und die
    Verwechslung beziehen. Strafbar ist aber das Verhalten gemäss al. 1 und
    2 auch bei Fahrlässigkeit! Zur Begründung weist Botsch. 1093 darauf hin,
    das man damit *in Deutschland «gute Erfahrungen gemacht»* habe, Vor-
    satz sei eben schwer nachzuweisen.

8   Ziff. 3 schreibt die **Einziehung** vor, was angesichts von Art. 58 überflüssig
    ist, anders RAGGENBASS 60.

9   **Konkurrenzen und Abgrenzungen**
    Art. 246 kann nicht in Konkurrenz zu Art. 327 stehen, weil dort Täu-
    schungsabsicht vorausgesetzt ist; **Art. 240 ff.** gegenüber ist Art. 327 subsi-
    diär.

328 Nachmachen von Postwertzeichen ohne Fälschungs-absicht

   **1. Wer Postwertzeichen des In- oder Auslandes nachmacht, um sie als
   nachgemacht in Verkehr zu bringen, ohne die einzelnen Stücke als Nachmachungen kenntlich zu machen,**

   wer solche Nachmachungen einführt, feilhält oder in Verkehr bringt,

   wird mit Haft oder mit Busse bestraft.

   2. Die Nachmachungen werden eingezogen.

1   **Art. 328** ist ein subsidiärer Gefährdungstatbestand zu Art. 245; strafbar
    ist das Herstellen von Faksimiles ohne entsprechende Kennzeichnung,
    also die Schaffung einer Verwechslungsgefahr. Ist das Wertzeichen nicht
    mehr als solches in Geltung, so ist Art. 328 entgegen HAFTER BT II 585 f.,
    REHBERG IV 461 und STRATENWERTH BT II § 34 N 17 nicht anwendbar,
    denn das ehemalige Postwertzeichen ist zur (Sammler-)*Ware* geworden
    und untersteht allenfalls Art. 155. Ein strafrechtlicher Sonderschutz für
    Markensammler aus Art. 328 ist nicht gerechtfertigt (vgl. *mutatis mutan-
    dis* BGE 77 IV 175, 82 IV 193 f.). Ziff. 2 ist neben Art. 58 überflüssig.

329 Verletzung militärischer Geheimnisse

1. Wer unrechtmässig

in Anstalten oder andere Örtlichkeiten eindringt, zu denen der Zutritt von der Militärbehörde verboten ist,

militärische Anstalten oder Gegenstände abbildet, oder solche Abbildungen vervielfältigt oder veröffentlicht,

wird mit Haft oder mit Busse bestraft.

2. Versuch und Gehilfenschaft sind strafbar.

HERBERT NEHER, Verletzung militärischer Geheimnisse nach schweizerischem Militärstrafrecht, Diss. ZH 1972, 59 f.

Art. 329 schützt militärische Geheimnisse schon gegen abstrakte Gefährdung. Es braucht keine Beeinträchtigung eines Geheimnisses, BGE 112 IV 87. Zunächst wird quasi «Kasernenfriedensbruch» als Offizialdelikt unter Strafe gestellt, sodann die Abbildung militärischer Objekte. Dabei ist nicht vorausgesetzt, dass der Geheimbereich überhaupt berührt wird. Gegenüber Verletzungsdelikten (Art. 267, 274; MStG Art. 86, 106) ist mit BGE 112 IV 86, NEHER 60, REHBERG IV 463 und STRATENWERTH BT II § 60 N 9 Subsidiarität auszunehmen. Eine gegen BGE 112 IV 86 (Bildreportage mit Fotos des Militärstraflagers Zugerberg) gerichtete Beschwerde (B 12708/87, u.ö.) wurde von der EKMR für unzulässig erklärt. 1

330 Handel mit militärisch beschlagnahmtem Material

Wer Gegenstände, die von der Heeresverwaltung zum Zwecke der Landesverteidigung beschlagnahmt oder requiriert worden sind, unrechtmässig verkauft oder erwirbt, zu Pfand gibt oder nimmt, verbraucht, beiseiteschafft, zerstört oder unbrauchbar macht, wird mit Haft bis zu einem Monat oder mit Busse bestraft.

Art. 330 bedroht mit wirklichkeitsfremd milder Strafe den Handel mit Waren, die zu militärischen Zwecken i.w.S. aus dem Verkehr genommen und zu *res extra commercium* gemacht wurden. 1

331 Unbefugtes Tragen der militärischen Uniform

Wer unbefugt die Uniform des schweizerischen Heeres trägt, wird mit Haft bis zu acht Tagen oder mit Busse bestraft.

Zum Tragen der Uniform sind in der Regel nur Militärpersonen befugt – Ausnahmen sind etwa denkbar bei Sonderbewilligungen für Theater und Film. Ist ein Sondertatbestand des MStG erfüllt – in Frage kommt vor allem Art. 73, Missbrauch und Verschleuderung von Material – geht dieser vor, Sem.jud. 1944 129. Dienstpflichtige unterstehen dem MStG, Art. 2, 1

73, Sem.jud. 1944 130. Zur Bewilligung zum Tragen der Uniform ausser Dienst s. z.B. DR (SR 510.107.0) Ziff. 55 III.

332 Nichtanzeigen eines Fundes

Wer beim Fund oder bei der Zuführung einer Sache nicht die in den Artikeln 720 Absatz 2 und 725 Absatz 1 des Zivilgesetzbuches vorgeschriebene Anzeige erstattet, wird mit Busse bestraft.

1   Art. 332 setzt eine **verlorene** (dazu Art. 137 N 6) oder dem Täter «durch Wasser, Wind, Lawinen oder andere Naturgewalt oder zufällige Ereignisse» **zugekommene** (ZGB Art. 725 I) Sache voraus. BGE 71 IV 93 und BJM 1962 87 wenden Art. 332 auch auf den Fall gemäss ZGB Art. 720 III, Ablieferungspflicht bei «Fund» in einem bewohnten Hause oder in einer dem öffentlichen Gebrauch oder Verkehr dienenden Anstalt, an, anders unter Hinweis auf die ausdrückliche und einzige Nennung von Abs. 2 im Gesetzestext ZBJV 114 (1978) 453; dieser Auffassung ist zuzustimmen – die von den beiden übrigen Urteilen praktizierte Analogie verletzt Art. 1.

2   Der Finder ist «**nicht** unbedingt zu einer **sofortigen Meldung** beim nächsten Polizeiposten» verpflichtet, ZBJV 85 (1949) 219. Strafbar ist der Täter, der sich die Sache zunächst aneignet, dann aber gleichentags dem Eigentümer zurückbringt, wenn kein Strafantrag gestellt wurde, AGVE 1951 Nr. 33. Der Finder muss der Polizei über die Umstände des Funds Auskunft geben, BJM 1961 96 (m.E. fragwürdig).

3   Subjektiv ist **Vorsatz** gefordert – der Täter muss wissen, dass er es mit einer verlorenen bzw. zugekommenen Sache zu tun hat, BGE 85 IV 192 f., wo offengelassen wird, ob die Meldepflicht bei Wegfall des Irrtums neu entstehen könne. Die Frage ist zu bejahen.

4   **Konkurrenzen und Abgrenzungen**
Art. 137 gegenüber ist Art. 332 subsidiär, namentlich bei Mängeln am subjektiven Tatbestand und beim Fehlen des Strafantrags, BGE 71 IV 93, 85 IV 191 (zu aArt. 141).

Drittes Buch:

Einführung und Anwendung des Gesetzes

Erster Titel:

Verhältnis dieses Gesetzes zu andern Gesetzen des Bundes und zu den Gesetzen der Kantone

1. Bundesgesetze

VE 1911 Art. 9 VE 1915 Art. 355 f. Erl.Z. III 5 f. 2. ExpK VIII 7 ff. VE 1916 357 f. E Art. 350 f. Botsch. 76 f. Sten.NR 508 f., 550 ff., StR 237 f. NR 713 f., StR 335.

JEAN GAUTHIER, *Droit administratif et droit pénal,* ZSR 90 (1971) II 325; DERS., *La loi fédérale sur le droit pénal administratif,* in Mémoires publiés par la Faculté de Droit de Genève, Genf 1975, 23; DERS., *Les problèmes juridiques et pratiques posés par la différence entre le droit criminel et le droit administratif pénal,* Rapport national Suisse, RIDP 1988 399; GUIDO JENNY, Tatbestands- und Verbotsirrtum im Nebenstrafrecht, ZStrR 107 (1990) 241; PETER NOLL, Die neueren eidgenössischen Nebenstrafgesetze unter rechtsstaatlichen Gesichtspunkten, ZStrR 72 (1957) 361; DERS., Nebenstrafrecht und Rechtsgleichheit, ZStrR 74 (1959) 29; ROBERT PFUND, Verwaltungsrecht – Strafrecht (Verwaltungsstrafrecht), ZSR 90 (1971) II 107; DERS., Der Entwurf eines Bundesgesetzes über das Verwaltungsstrafrecht, ZBl 74 (1973) 58; ROBERT ROTH, *Réflexions sur la place du droit pénal fiscal au sein de la législation pénale accessoire,* in ASA 52 (1984) 529; DERS., *Les sanctions administratives: un nouveau droit (pénal) sanctionnateur?* in Le rôle sanctionnateur du droit pénal, Fribourg 1985, 125; HANS SCHULTZ, Übersicht über die Rechtsprechung zu den Nebenstrafgesetzen des Bundes seit dem 1. Januar 1942, ZStrR 68 (1953) 450.

333 Anwendung des allgemeinen Teils auf andere Bundesgesetze

[1] Die allgemeinen Bestimmungen dieses Gesetzes finden auf Taten, die in andern Bundesgesetzen mit Strafe bedroht sind, insoweit Anwendung, als diese Bundesgesetze nicht selbst Bestimmungen aufstellen.

[2] Ist in einem andern Bundesgesetze die Tat mit Freiheitsstrafe von mehr als drei Monaten bedroht, so finden die allgemeinen Bestimmungen über die Verbrechen und die Vergehen Anwendung, andernfalls die allgemeinen Bestimmungen über die Übertretungen, wobei, statt auf Gefängnis, auf Haft zu erkennen ist.

[3] Die in andern Bundesgesetzen unter Strafe gestellten Übertretungen sind strafbar, auch wenn sie fahrlässig begangen werden, sofern nicht nach dem Sinne der Vorschrift nur die vorsätzliche Begehung mit Strafe bedroht ist.

[4]**Die Begnadigung richtet sich stets nach den Vorschriften dieses Gesetzes.**

1   Der **Zweck** von Art. 333 wird in BGE 78 IV 71 so umschrieben: «Alle strafbaren Handlungen des Bundesrechts sollen nach einheitlichen allgemeinen Normen beurteilt und gesühnt werden. Abweichungen gelten als Ausnahme, und solche sind nur dort anzunehmen, wo sie sich aus dem Gesetz klar ergeben», zustimmend PFUND, ZSR 165, mit Kritik am angeblichen Sondercharakter des Fiskalrechts SCHULTZ 451.

2   Eine gewisse **Vereinheitlichung** brachte das **VStrR,** dessen allgemeine Regeln allerdings in einigen Punkten vom StGB abweichen und dessen Anwendungsbereich beschränkt ist auf Fälle, bei denen «die Verfolgung und Beurteilung von Widerhandlungen einer Verwaltungsbehörde des Bundes übertragen» ist, Art. 1. Dies trifft z.B. nicht zu für das Schweizerische Milchlieferungsregulativ, SR 916.351.3, BGE 102 Ib 221; oder für die Lebensmittelgesetzgebung, BGE 104 IV 142. Das VStrR gilt hingegen für das Bundesfiskalstrafrecht, BGE 104 IV 266, so dass insofern die frühere Rechtsprechung zu diesem Bereich überholt ist (BGE 68 IV 108, 72 IV 189, 74 IV 25); dasselbe gilt für Urteile zum PVG (BGE 97 IV 33) oder zum Getreidegesetz (SR 916.111.0; BGE 83 IV 122). Auch spätere Erlasse können vom Allgemeinen Teil des StGB abweichen, BGE 101 IV 93 E. 3c. Nachdem BGE 116 IV 266 den Strafcharakter der Hinterziehungsbusse anerkannt hat, muss der Allgemeine Teil des StGB grundsätzlich auch im Fiskalstrafrecht gelten.

3   Die **abweichende Regelung geht vor,** wenn sie im Gesetz (im materiellen Sinne, BGE 101 IV 94) explizit (z.B. BGE 98 IV 142, Pra 35 [1946] 519, RS 1963 Nr. 6) oder implizit, auch durch qualifiziertes Schweigen, zum Ausdruck kommt, BGE 72 IV 190, 74 IV 26; ein qualifiziertes Schweigen darf angenommen werden, wenn der fragliche Regelungsbereich, z.B. die Verjährung, vollständig normiert ist, BGE 83 IV 124 f., 177.

4   **Probleme** der Geltung des Allgemeinen Teils im Nebenstrafrecht stellten sich zum *Geltungsbereich von Art. 1:* Art. 1 N 7, STRATENWERTH AT I § 4 N 6; hinsichtlich *Art. 2 StGB:* BGE 89 IV 36 (Steinemann; SVG), 89 IV 120 (Lischer; SVG), 97 IV 237 (Schwab; Ausverkaufsordnung, SR 241.1); *Strafbarkeit der juristischen Person:* BGE 104 IV 141 (Liwo GmbH; LMV), s. auch Art. 1 N 45 f.; *Verbotsirrtum:* BGE 120 IV 214 (URG); *Rechtfertigungsgründe:* BGE 120 IV 208 (URG); *Strafzumessung:* BGE 68 IV 108 (Herzig; ZG, Bussenumwandlung, dazu auch Rep. 1985 382), 72 IV 189 (Desaules; ZG, Bemessung der Busse), 78 IV 67 (Flury; MFG, Wirtshausverbot), 98 IV 142 (Süess; Spielbankengesetz, SR 935.52, Rückfall); *Verjährung:* BGE 74 IV 25 (Vallat; ZG), 83 IV 125 (Pantet; Getreidegesetz), 83 IV 176 (Blanc, ZG), 84 IV 92 (Barbotte u.a.; MSchG), 101 IV 93 (BB über Massnahmen zur Stabilisierung des Baumarktes vom 20.12.1972), 102 Ib 219 (Moser; Milchlieferungsregulativ), 104 IV 266 (zu VStrR Art. 11 IV), 117 IV 475 (MSchG, aUVG); *Kon-

kurrenz: BGE 97 IV 33 (PVG); *Gerichtsstand:* BGE 120 IV 31 (BdBSt);
Art. 305 II gilt im Zollstrafrecht nicht, ZR 54 (1955) Nr. 145.

Abs. 3 vermutet, dass Übertretungen des Nebenstrafrechts auch bei fahr-   5
lässiger Begehung strafbar sind – skeptisch zur Vernunft dieser Vermutung Pfund, ZSR 218 ff., s. auch Roth, *sanctions administratives,* 145 f.,
Jenny 241 ff. Der Begriff «Übertretung» ist i.S.v. Art. 101 zu verstehen,
BGE 98 IV 142. Das Erfordernis des Vorsatzes kann sich auch aus der
Verweisung auf das BG über das Bundesstrafrecht von 1853 ergeben,
BGE 98 IV 143. Im Einzelfall ist zu prüfen, ob nicht stillschweigend Vor-
satz verlangt ist, BGE 103 IV 203 f. Bei fahrlässigem Fahren trotz Füh-
rerausweisentzugs nimmt das BGer Strafbarkeit an, befreit aber von der
Mindeststrafdrohung, BGE 117 IV 304 ff.

334 Verweisungen auf aufgehobene Bestimmungen

**Wird in Bundesvorschriften auf Bestimmungen verwiesen, die durch
dieses Gesetz aufgehoben werden, so sind diese Verweisungen auf die
entsprechenden Bestimmungen dieses Gesetzes zu beziehen.**

Art. 334 verliert mit fortschreitender Reform des Nebenstrafrechts (z.B.   1
BetmG, vgl. BGE 77 IV 28) an Bedeutung. Wo die Verweisung auf durch
das StGB abgeschaffte Gesetze für die Auslegung von Bedeutung ist,
behält sie diese bei, vgl. BGE 98 IV 143 E. 2b betr. Übertretungen
gemäss Spielbankengesetz (SR 935.52): die Verweisung auf das BG über
das Bundesstrafrecht von 1853 führt zum Schluss, dass sie nur bei Vorsatz
strafbar sind.

2. Gesetze der Kantone

335 Polizei- und Verwaltungsstrafrecht. Steuerstrafrecht

**1. Den Kantonen bleibt die Gesetzgebung über das Übertretungs-
strafrecht insoweit vorbehalten, als es nicht Gegenstand der Bundesge-
setzgebung ist.**

**Sie sind befugt, die Übertretung kantonaler Verwaltungs- und Prozess-
vorschriften mit Strafe zu bedrohen.**

**2. Die Kantone sind befugt, Strafbestimmungen zum Schutze des kan-
tonalen Steuerrechts aufzustellen.**

VE 1911 Art. 8 Erl.Z. 1 ff. VE 1915 Art. 357 ff. Erl.Z III 6 f. 2. ExpK VIII 17 ff. VE
1916 Art. 359. E Art. 352. Botsch. 77 f. Sten.NR 505 f., 550 ff., 565 ff., StR 237 ff., NR
714, StR 335, NR 753 ff.

Frédéric Comptesse, Das Strafgesetzbuch und die strafrechtliche Nebengesetzge-
bung (insbes. des Kantons Zürich), SJZ 39 (1942/43) 105; Peter Johannes Michael

VON CASTI-WERGENSTEIN, Der Steuer- und Abgabebetrug im schweizerischen Recht, Diss. SG 1992; CHARLES CORNU, *Du Partage de la Législation entre la Confédération et les Cantons en matière de Droit Pénal,* Genève 1943; HENRI DESCHENAUX, *Loi fédérale sur la concurrence déloyale et pouvoir des cantons en matière de police du commerce et de l'industrie,* JdT 1945 IV 91; JEAN GRAVEN, *Le vol d'usage de bicyclette,* ZStrR 59 (1945) 324; ERNST HAFTER, Das eidgenössische Strafrecht und die Vorbehalte zugunsten der Kantone im Sinne des Art. 335 des schweizerischen Strafgesetzbuches, ZSR 58 (1939) 1a; GUIDO JENNY, Zur Frage der Konkurrenz zwischen Steuerstrafrecht und gemeinem Strafrecht im Bereiche der Urkundenfälschung, ZStrR 97 (1980) 121; ERICH JUCKER, Die kantonalen Vorbehalte im schweizerischen Strafgesetzbuch, Diss. ZH 1946; BLAISE KNAPP, in Kommentar BV, Art. 64bis, Basel, Zürich und Bern 1986; Konferenz Staatlicher Steuerbeamter, Nachsteuer und Steuerstrafrecht, Bericht einer Expertenkommission an den Regierungsrat des Kantons Zürich vom 5. Januar 1994, Muri/Bern 1994; IVAN OUKHTOMSKY, Die Abgrenzung zwischen schweizerischem und kantonalem Strafrecht, Diss. BE 1946; ANDRÉ PANCHAUD, *Le droit pénal réservé aux cantons par l'art. 335 du code pénal suisse,* ZSR 58 (1939) 55a; LOUIS PYTHON, *La répression des infractions aux lois cantonales et le code pénal suisse,* JdT 1945 IV 130; DERS., *Note sur le droit pénal cantonal,* JdT 1943 IV 123; PAUL REICHLIN, Der «Wille des Gesetzgebers» und das kantonale Übertretungsstrafrecht, ZSGV 1941 97; HANS SCHULTZ, Die eigenmächtige Heilbehandlung: eine kantonalrechtliche Lösung? ZStrR 107 (1990) 281; FERDINAND ZUPPINGER, Das Steuerstrafrecht im Entwurf zu einem Bundesgesetz über die Harmonisierung der direkten Steuern der Kantone und Gemeinden, FS Hans Nef, Zürich 1981, 315.

1 Mit dem Erlass des StGB machte der Bund von der ihm in **BV Art. 64bis** erteilten Kompetenz Gebrauch, das Strafrecht der Schweiz zu kodifizieren. Die Kompetenz konnte sich **nur** auf das sog. **Kernstrafrecht** beziehen – in diesem (etwas unbestimmten) Bereich hebt Art. 400 kantonales Strafrecht auf. Art. 335 enthält einerseits einen Verzicht auf die Ausübung der Bundeskompetenz im Bagatellbereich, einen echten Gesetzgebungsvorbehalt, SCHULTZ I 74, SCHWANDER Nr. 92, 94, s. auch W. BECKMANN, Das Bagatelldelikt und seine Behandlung im Strafgesetzbuch der Schweiz, Baden-Baden 1982, 79 ff. Bei der Beratung des Gesetzesentwurfs in den Räten wurde ausdrücklich auf die Übernahme zahlreicher Übertretungen ins StGB verzichtet, dazu HAFTER 6a ff. Der Vorbehalt für das Verwaltungs-, Prozess- und Steuerstrafrecht ist dagegen unecht, weil dem Bund in diesen Bereichen keine allgemeinen Kompetenzen zustehen, a.M. nur REICHLIN 97. Die Grundregel von Art. 335 gibt nur wenig bestimmte Hinweise für die Abgrenzung der Kompetenzen – es ist jeweils eine eingehende Prüfung des betroffenen Regelungsbereiches nötig, auch in den Fällen gemäss Ziff. 1 II.

2 Soweit auch **Gemeinden** Strafbestimmungen erlassen, gilt dieses Recht aus der Optik des Bundes als kantonales, BGE 96 I 25 (von Euw), 104 IV 105.

3 Unabhängig von Art. 335 setzt das **Verfassungsrecht** der kantonalen Gesetzgebungskompetenz Grenzen. Einerseits geht gemäss UeBestBV Art. 2 Bundesrecht kantonalem Recht vor. Dabei ist einerseits an das Will-

kürverbot, BV Art. 4, zu denken, das nicht nur den Grundsatz von Art. 1 mitenthält, BGE 73 IV 138 E. 5 (Robert), sondern auch den Grundsatz «keine Strafe ohne Schuld», BGE 101 Ia 110, 103 Ia 228, RDAF 1989 446, Rep. 1971 26, andererseits an die Grundrechte, vgl. z.B. BGE 78 I 299 (Ciné Spectacles S. A., Meinungsäusserungs-, Kunstfreiheit), 92 I 35 E. 8 (Rassemblement jurassien; Versammlungsfreiheit), 117 Ia 472 (Meinungsäusserungsfreiheit, Versammlungsfreiheit), BJM 1956 218 (Nichteinhalten der Wartefrist gem. ZGB Art. 150, nicht mehr zulässig nach EGMR, Urteil F. c. CH, Nr. 128).

Der Begriff der **Übertretung** *(contravention de police)* in Ziff. 1 I ist im Sinne von Art. 101 zu verstehen, BGE 69 IV 7 ff. (Clavel), HAFTER 13a f., h.M. Die Kantone dürfen somit keine Freiheitsstrafe über drei Monate Haft (Art. 101, 39) androhen, sie sind freilich an die Höchstbusse gemäss Art. 106 I nicht gebunden, BGE 69 IV 11. Inhaltlich ist der Begriff trotz dem französischen Wortlaut nicht beschränkt auf Ruhestörung und Gefährdung der Sicherheit, er umfasst auch Taten im Grenzbereich des Kernstrafrechts, SCHULTZ 75, s. unten N 6.   4

Die Verhängung von freiheitsentziehenden **Massnahmen** in Verbindung mit Übertretungen ist nach bundesgerichtlicher Praxis zulässig, BGE 69 IV 185 (Frey), 73 I 42 (Weber); mit Recht warnt STRATENWERTH AT I § 4 N 21 vor Verletzung der Verhältnismässigkeit (vgl. Art. 104 II).   5

Grundsätzlich dürfen die Kantone eine Tat nicht schon dann «zur **Übertretung** erheben, wenn sie nicht vom eidgenössischen Gesetz mit Strafe bedroht ist. Die Nichtaufnahme eines Tatbestandes in das Strafgesetzbuch kann bedeuten, dass er überhaupt straflos zu bleiben habe. Das trifft dann zu, wenn das Strafgesetzbuch die Angriffe auf ein Rechtsgut durch ein *geschlossenes System von Normen* regelt. Behandelt es dagegen ein bestimmtes strafrechtliches Gebiet überhaupt nicht oder stellt es nur einen Teil der Tatbestände daraus unter Strafe, um den von Kanton zu Kanton wechselnden Ansichten über die Strafwürdigkeit einer Handlung Rechnung zu tragen, so bleibt Raum für kantonales Übertretungsstrafrecht», BGE 89 IV 95 f., ebenso 121 IV 248, 117 Ia 473 ff., 115 Ia 274, 104 IV 291, 96 I 32, 81 IV 126, 165, 74 IV 109, 71 IV 47, 70 IV 85, 132, 68 IV 41, 110, 112. Dies trifft insbesondere zu auf Wald- und Feldfrevel, Ausbeutung der Leichtgläubigkeit, nachlässige Beaufsichtigung von Geisteskranken, Halten wilder Tiere, Gefährdung durch Tiere, Inverkehrbringen verdächtiger Lebensmittel und unreifen Obstes, Störung der Ruhe, Beunruhigung der Bevölkerung, Trunkenheit, Landstreicherei und Bettel, Ungehorsam gegen die Polizei, Weigerung der Namensangabe, Verhinderung der Aufsicht über Geisteskranke, Abreissen amtlicher Bekanntmachungen und Beseitigung einer Leiche, HAFTER 10a, s. auch BGE 81 IV 330 zur Streichung des Tatbestandes der Amtspflichtverletzung. Andererseits dürfen die Kantone nicht das Bundesstrafrecht dadurch ergänzen, dass sie erweiterte Tatbestände schaffen, indem sie Tatbestandsmerkmale weglassen, z.B. den Schaden bei Sachentziehung   6 gemäss aArt. 143, BGE 70 IV 133. Insbesondere darf kantonales Recht nicht «dem Sinn und Geist bundesrechtlicher Vorschriften widersprechen», BGE 99 Ia 508.

7   **Kasuistik**

1. Titel: BGE 74 I 136 (ZH): Unterlassung der Meldung von Schwangerschaftsabbrüchen gemäss Art. 120 – zulässig. Die Frage, ob ein Kanton Strafbestimmungen im Bereich der modernen Medizinaltechnik, insbesondere der Fortpflanzungstechnologie, aufstellen dürfe, ist nach den in N 6 aufgestellten Kriterien zu bejahen, wenn nicht gar Ziff. 1 II (mit der Möglichkeit höherer Strafen) anzuwenden ist, weil das Gesundheitswesen weitgehend Aufgabe der kantonalen Verwaltung ist; dagegen spricht jedoch, dass es nicht um eine Verwaltungsordnung geht, sondern um die Regulierung menschlichen Verhaltens, vgl. **BGE 115 Ia 272 ff.; BGE 116 IV 19 f.:** Unterlassung der Nothilfe: Die Kantone haben «mit Inkrafttreten des neuen Art. 128 StGB jegliche Gesetzgebungskompetenz in diesem Bereich verloren».

2. Titel: BGE 72 IV 54 (Möri): Feld- und Waldfrevel zulässig, ebenso Extr.Fr. 1951 132, 1964 103, PKG 1955 150, wobei es sich allerdings um Sachen von geringem Wert (s. Art. 172ter) handeln muss; krit. TRECHSEL/NOLL 34; **70 IV 130 (Aygalenq):** Entwendung zum Gebrauch ohne Vermögensschädigung (*in casu* Fahrrad, jetzt SVG Art. 94.3) darf nicht mit Strafe bedroht werden, krit. GRAVEN 338 ff.; **RS 1977 Nr. 256 (NE):** Fahrlässige Hehlerei darf nicht mit Strafe bedroht werden; **BGE 104 IV 109 f. E. 4:** Der Kanton darf «das unbefugte Benützen fremden Eigentums durch Begehen, Befahren oder Parkieren nicht . . . zum Schutze eines andern Rechtsgutes als desjenigen der Verkehrsordnung und der Verkehrssicherheit der Übertretungsstrafe unterstellen»; **89 IV 95 ff. (Schmid):** Verunreinigung fremden Eigentums darf mit Strafe bedroht werden, wenn darunter nicht eine geringfügige Sachbeschädigung verstanden wird (wenig überzeugend!); **ZBJV 80 (1944) 384 (LU):** Fahrlässige Verunreinigung fremden Eigentums darf nicht mit Strafe bedroht werden; **ZBJV 82 (1946) 128 (BE):** Neben dem Tatbestand der Sachbeschädigung ist strafrechtlicher Schutz öffentlicher Bekanntmachungen zulässig; **BGE 70 IV 197 f. (Gottofrey):** Bettelbetrug darf vom kantonalen Recht mit Strafe bedroht werden.

3. Titel: BGE 71 IV 106 f. E. 3 (Lüdemann): Art. 173 ff. schliessen einen kantonalen Tatbestand der Amtsehrbeleidigung aus, ebenso RS 1961 Nr. 150; **86 IV 73 (Ferszt c. Servien und François):** Art. 173 ff. können nicht durch einen Tatbestand des Genfer Prozessrechts verdrängt werden.

5. Titel: Art. 187 ff. regeln die strafbaren Handlungen gegen die sexuelle Integrität abschliessend, es bleibt kein Raum für eine weitergehende Bestrafung sexueller Handlungen; Ausnahmen sind gegeben im Bereich des Polizeigüterschutzes und im Rahmen der Blankettstrafdrohung von Art. 199 (Botsch., BBl 1985 II 1093 f.). Zum alten Recht s. 1. Aufl.

11. Titel: s. N 12.

12. Titel: BGE 71 IV 105 (Lüdemann): Das StGB regelt die Delikte gegen den Frieden nicht abschliessend, zulässig ist der Tatbestand «Störung
des öffentlichen Vertrauens» (Verbreiten von Gerüchten), s. auch BGE
92 I 25; **ZBJV 121 (1985) 515:** Zulässig ist auch BE EG StGB Art. 13,
Vertrieb von Schundgegenständen, *in casu* «Tips für Sprayer»; **RS 1943
Nr. 110:** Art. 261 schützt dagegen den religiösen Frieden abschliessend.

15. Titel: BGE 81 IV 163 (Marti): Art. 285 ff. enthalten keine abschliessende Regelung, zulässig ist ein Tatbestand «Erschwerung der Aufgaben
der Polizei», s. auch BGE 104 IV 289, RS 1949 Nr. 60, 1974 Nr. 772, SJZ
54 (1958) Nr. 68, ZR 53 (1954) Nr. 120.

17. Titel: BGE 74 IV 165 (Steiner): Unterlässt es ein Jagdaufseher, Anzeige (gegen seinen Bruder) zu erstatten, so darf er nicht an Stelle von
Art. 305 (Abs. 2!) wegen Amtspflichtverletzung nach kantonalem Strafrecht verfolgt werden; **76 IV 282 (Müller):** Neben Art. 306 bleibt Raum
für Bestrafung falscher Parteiaussage, ebenso RS 1959 Nr. 26, 1960 Nr.
32. Das BGer begründet die kantonale Kompetenz freilich unter Hinweis
auf Ziff. 1 II.

18. Titel: BGE 81 IV 330 f. (Altherr): Übertretungstatbestände wegen
Amtspflichtsverletzung sind zulässig, ebenso 88 IV 71, noch offengelassen in 74 IV 168.

Auch im **Zwischenbereich zwischen Strafrecht und kantonalem Verwal-**   8
tungsrecht bleibt Raum für Polizeiübertretungen: «Soweit das ZGB und
StGB selbst verwaltungsrechtliche Vorschriften enthalten, heben sie wi-
dersprechendes kantonales Recht zwar auf. Im übrigen berühren sie dagegen das kantonale öffentliche Recht nicht und lassen zu, dass die Kantone das öffentliche, polizeiliche Interesse durch verwaltungsrechtliche
Vorschriften auch gegenüber solchen Verhältnissen zur Geltung bringen,
für die der Bund zivil- und strafrechtliche Bestimmungen aufgestellt
hat», BGE 74 I 143 f. (zur Meldepflicht von Schwangerschaftsabbrüchen
gem. Art. 120). Im Wettbewerbsrecht wird unterschieden, ob eine Übertretung nur polizeiliche Funktion hat oder auch dem lauteren Wettbewerb dient; das erstere wurde angenommen in BGE 74 IV 110 f. (Bächli;
unberechtigtes Tragen eines akademischen Titels), 82 IV 48 (Torre; Gra-
tisabgabe von Kindervelos, günstige Eintauschofferten – fraglich), s. auch
ZR 41 (1942) 92, während in BGE 84 IV 40 (Suter) das Angebot von
Aussteuern unter Privat-, statt Firmenadresse als Wettbewerbsrelevant
angesehen wurde, so dass für kantonales Recht kein Raum blieb.

Eine **Sonderregelung** enthält **SVG Art. 106 III:** «Die Kantone bleiben zu-   9
ständig zum Erlass ergänzender Vorschriften über den Strassenverkehr,
ausgenommen für Motorfahrzeuge und Fahrräder sowie für Eisenbahn-
fahrzeuge». Eine unzulässige Vorschrift über den Strassenverkehr war
das Waadtländer Verbot, Automobilisten mittels Lichthupe vor einer
Geschwindigkeitskontrolle zu warnen, BGE 104 IV 291; zulässig dagegen

die Zürcher Vorschrift für den Halter, über die Identität des Fahrers Auskunft zu geben, BGE 107 IV 149, s. auch ZR 78 (1979) Nr. 91. Fraglich Extr.Fr. 1977 113, wonach kantonale Vorschriften über das Parkieren der Jäger zulässig seien, vgl. auch BGE 118 Ia 138.

10   Bei der Aufstellung von **Strafbestimmungen zum Schutz ihres Verwaltungsrechts, Ziff. 1 II,** sind die Kantone völlig frei, vorausgesetzt, es steht ihnen die Kompetenz der Gesetzgebung zu, BGE 78 I 307, und der Bundesgesetzgeber hat das Verhalten nicht bereits selber mit Strafe bedroht, BGE 117 Ia 473 ff., 115 Ia 273 ff., 104 IV 291, 101 Ia 110, 92 I 35, 86 IV 74, 81 IV 330; insbesondere ist der Begriff «Übertretung» hier, im Gegensatz zu Abs. 1, *nicht im technischen Sinne* zu verstehen – es sind auch Vergehensstrafen zulässig, Knapp N 32; Stratenwerth AT I § 4 N 22. Sondertatbestände entsprechend VStrR Art. 14, 15, können als *leges speciales* Art. 146, 251 vorgehen – fehlt es daran, so ist gemäss StGB zu urteilen, BGE 112 IV 20 ff. (Urkundenfälschung und Betrugsversuch um ein Stipendium). Das BGer meint a.a.O. S. 24, «nach der herkömmlichen Auslegung von Art. 335 Ziff. 1 Abs. 2 StGB» sei den Kantonen eine dem VStrR analoge Privilegierung verwehrt, ohne dies zu belegen; m.E. hat der Bundesgesetzgeber aber demonstriert, dass Betrug und Urkundenfälschung z.N. der Verwaltung nicht zum Kernstrafrecht gehören – weshalb die Kantone nicht ebenfalls entsprechende Sondertatbestände sollten aufstellen können, ist nicht einzusehen, auch wenn die Privilegierung an sich fragwürdig ist, im gleichen Sinne Schultz, ZBJV 124 (1988) 6 f.; s. aber Pra. 81 (1992) Nr. 175 (AVIG, Schlechtwetterentschädigung), wo das BGer seine Praxis bestätigt.

11   Dasselbe (N 10) gilt für die **Übertretung von Prozessvorschriften,** wobei besonders an Strafandrohung in Zivilurteilen zu denken ist, z.B. BE ZPO Art. 403: BGE 96 II 261 (Cataphote Corp. c. Jenaer Glaswerke Schott & Gen.), ZBJV 87 (1951) 540 m.krit.Anm. Waiblinger; NW ZPO § 151 I: BGE 69 IV 210 (Barmettler). Art. 292 tritt in diesen Fällen hinter die kantonale Vorschrift zurück, irreführend BGE 96 II 26 (Idealkonkurrenz – solche Konkurrenz besteht nur zwischen dem Ungehorsams- und dem materiellen Tatbestand, z.B. UWG, BGE 79 II 420). Als prozessrechtlicher Tatbestand wurde auch angesehen die Verweigerung von Auskunft über den Fahrer durch den Halter eines Motorfahrzeuges, BGE 107 IV 149; falsche Aussage einer Partei, die nicht unter Art. 306 fällt, BGE 76 IV 282, RS 1959 Nr. 26, 1960 Nr. 32. Auch hier sind Vergehensstrafen zulässig, BGE 86 IV 74. S. auch 117 Ia 493 (Zwangsmassnahmen und Strafen gegen widerspenstige Zeugen).

12   Noch weitere Strafgesetzgebungskompetenz haben die Kantone schliesslich gemäss **Ziff. 2** im **Steuerrecht,** BGE 112 IV 23, zu den verschiedenen Lösungen von Casti-Wergenstein 162 ff.. Problematisch ist hier das Verhältnis zum gemeinen Recht, insbes. zur Urkundenfälschung, eingehend Jenny a.a.O. Vorrang hat das (mit schwacher Legitimation privilegierende) Steuerstrafrecht, wenn die Urkunde *a priori* nur für steuerliche

Zwecke bestimmt ist (s. auch STRATENWERTH AT I § 4 N 23), BGE 81 IV
168 (Küffer; Lohnausweis). Art. 251 geht nach älterer Praxis schon vor,
wenn die Urkunde nur objektiv zur Beweisführung in anderem Zusammenhang geeignet ist, BGE 84 IV 166 (Frank u.a.; Grundstückkauf), 91
IV 192 (Grumbach), 92 IV 44 (Alder), 101 IV 57, 103 IV 36 – kaufmännische Buchhaltung. BGE 106 IV 39 f. verlangt, dass sich der Täter solch
weiterer Beweiseignung bewusst sei; 108 IV 28 ff. schliesslich beschränkt
die Anwendung von Art. 251 auf Fälle, in denen eine weitere Verwendung der Urkunde mindestens in Kauf genommen wurde. Die Rechtsprechung gilt für kantonales wie für eidgenössisches Steuerrecht. S. auch
BGE 108 IV 182 ff.

Der allgemeine Teil des StGB gilt nicht von Bundesrechts wegen für das   13
kantonale Strafrecht, BGE 71 IV 51, RDAF 1989 446 (zu Art. 18), Rep.
1966 344; es kann z.B. die juristische Person gebüsst werden, BGE 101
Ia 110. Der Kanton kann ferner den Allgemeinen Teil grundsätzlich
übernehmen, aber Ausnahmen vorsehen, z.B. bei der Verjährung,
LGVE 1986 I Nr. 46. Soweit Bestimmungen des Allgemeinen Teils aber
verfassungsrechtlichen Gehalt haben, bindet das Verfassungsrecht die
Kantone, BGE 117 Ia 491, 112 Ia 112, 103 I 96, 96 I 28, 73 IV 138, RJN
1986 91, SJZ 62 (1966) Nr. 119 (keine Strafe ohne Gesetz), 103 Ia 227 f.
(keine Strafe ohne Schuld). Wo das kantonale Recht die Regeln des Allgemeinen Teils übernimmt, will es Rechtseinheit herstellen und schliesst
sich deshalb automatisch späteren Revisionen an, BGE 96 I 33 (betr. Änderung der Verjährungsfrist in Art. 109). Das Recht des allgemeinen
Teils wird in diesem Fall zu kantonalem Recht und seine Verletzung
kann nicht mit Kassationsbeschwerde gerügt werden, BGE 69 IV 211, 71
IV 51, 72 IV 141. Auch die Übernahme der Gerichtsstandsregelung der
Art. 346 ff. untersteht diesem Grundsatz, BGE 71 IV 222 (Bischof).

Während mit der **Kassationsbeschwerde** gemäss BStP Art. 269 I die Ver-   14
letzung kantonalen Rechts nicht gerügt werden kann, z.B. BGE 69 IV 12,
186, ist dieses Rechtsmittel gegeben, wo behauptet wird, es sei kantonales Recht an Stelle von Bundesrecht angewandt worden oder umgekehrt,
BGE 89 IV 95, 101 IV 376 (m.w.Hinw.), 104 IV 107, 290, 107 IV 148. Weil
in diesen Fällen allemal der Satz «Bundesrecht bricht kantonales Recht»,
UebBestBV Art. 2, angesprochen ist, steht auch die staatsrechtliche Beschwerde offen, z.B. BGE 99 Ia 507, wobei die Frage frei geprüft wird,
BGE 96 I 716 m.w.Hinw., 97 Ia 835, 99 Ia 508.

Zweiter Titel:
Verhältnis dieses Gesetzes zum bisherigen Recht

VE 1911 Art. 5-7. VE 1915 Art. 360 ff. Erl.Z. III 8 f. 2. ExpK VIII 35 ff. VE 1916 Art. 360 ff. E Art. 353 ff. Botsch. 78 f. Sten.NR 567 f., StR 238 f., NR 714 f., Revision: VE 1993 Art. 336 ff., S. auch Art. 2.

336 Vollziehung früherer Strafurteile

Die Vollziehung von Strafurteilen, die auf Grund der bisherigen Strafgesetze ergangen sind, unterliegt folgenden Beschränkungen:

a. Wenn dieses Gesetz die Tat, für welche die Verurteilung erfolgt ist, nicht mit Strafe bedroht, so darf die Strafe nicht mehr vollzogen werden.

b. Ein Todesurteil darf nach dem Inkrafttreten dieses Gesetzes nicht mehr vollstreckt werden; die Todesstrafe ist in einem solchen Falle von Rechtes wegen in lebenslängliche Zuchthausstrafe umgewandelt.

c. Wenn ein Gefangener vor dem Inkrafttreten dieses Gesetzes in mehreren Kantonen oder von mehreren Gerichten desselben Kantons zu Freiheitsstrafen verurteilt worden ist und beim Inkrafttreten dieses Gesetzes von den verhängten Freiheitsstrafen noch mehr als fünf Jahre zu verbüssen hätte, so setzt das Bundesgericht auf sein Gesuch eine Gesamtstrafe gemäss Artikel 68 fest. Das Bundesgericht überträgt die Vollziehung dieser Gesamtstrafe einem Kanton und legt den dadurch entlasteten Kantonen nach freiem Ermessen einen Kostenbeitrag auf.

d. Wenn ein Gefangener zur Zeit des Inkrafttretens dieses Gesetzes seine Strafe verbüsst und eines andern, vor diesem Zeitpunkte verübten, mit Freiheitsstrafe bedrohten Verbrechens oder Vergehens schuldig erklärt wird, so spricht der Richter, der das Urteil fällt, eine Gesamtstrafe aus und rechnet dem Verurteilten die auf Grund des ersten Urteils verbüsste Strafzeit an.

e. Die Bestimmungen dieses Gesetzes über die bedingte Entlassung finden auch auf Verurteilte Anwendung, die vor dem Inkrafttreten dieses Gesetzes bestraft worden sind.

1 Art. 336 gilt sinngemäss **auch bei späteren Gesetzesänderungen,** sofern sich die Frage stellen kann, nicht bei lit. b und c. Die Revision durch BG vom 18.3.1971 verwies mit einer eigenen Übergangsregelung auf Art. 336, dazu BGE 97 I 921.

Art. 336 gilt **nur für Strafen,** nicht für sichernde Massnahmen, BGE 97 I 921 ff.   2

Grundsätzlich richtet sich der **Strafvollzug nach neuem Recht,** SJZ 39 (1942/43) 180.   3

Lit. a) führt nicht zur Aufhebung eines unter altem Recht ergangenen Urteils, sondern untersagt lediglich den Vollzug der Strafe, BGE 68 IV 91 E.4.   4

Lit. b): Einer Wiedereinführung der Todesstrafe im bürgerlichen Strafrecht stünde die Ratifikation des 6. Zusatzprotokolls zur EMRK, SR 0.101.06, entgegen.   5

Lit. c) ermöglicht in sehr beschränktem Masse eine «Korrektur», wie sie allgemein Art. 350.2 vorsieht, vgl. BGE 68 IV 13. Die hohe Schwelle – noch fünf Jahre zu verbüssen – schützte das Bundesgericht vor einer Flut von Gesuchen. Eine Kumulation von Strafen desselben Gerichts war nicht zu erwarten.   6

Lit. d) sichert die Anwendung von Art. 68.2 bei Verurteilungen vor und nach dem 1.1.1942, BGE 68 IV 10 f. (Ingold und Senn). Die zweite Tat muss aber vor dem ersten Urteil (nicht vor dem 1.1.1942) begangen sein, BGE 68 IV 14. Es ist auch unwesentlich, ob die erste Strafe ganz, teilweise oder gar nicht verbüsst wurde, RS 1943 Nr. 240. Richtigerweise hätte von einer Zusatzstrafe gesprochen werden sollen.   7

Lit. e) betrifft nur die Entlassung selber, nicht die Bemessung der Probezeit, BGE 68 IV 119 f. Die bedingte Entlassung aus einer Massnahme richtet sich nach neuem Recht, weil die neue Regelung als zweckmässiger angesehen wird, nicht mit Rücksicht auf Art. 336, BGE 97 I 923, s. auch Art. 2 N 12.   8

VE 1993 sieht im wesentlichen eine Streichung der mittlerweile gegenstandslos gewordenen lit. b)-d) vor. Lit. a) soll beibehalten werden, wobei sich der neue Art. 336 nicht mehr nur auf Strafen, sondern auch auf Massnahmen bezieht. Die Regelung betreffend die bedingte Entlassung (lit. e) wird in die besonderen Übergangsbestimmungen zur Einführung des revidierten Allgemeinen Teils integriert.   9

337 Verjährung

¹ Die Bestimmungen dieses Gesetzes über die Verfolgungs- und die Vollstreckungsverjährung finden auch Anwendung, wenn eine Tat vor Inkrafttreten dieses Gesetzes verübt oder beurteilt worden ist und dieses Gesetz für den Täter das mildere ist.

² Der vor Inkrafttreten dieses Gesetzes abgelaufene Zeitraum wird angerechnet.

1   Art. 337 gilt **analog bei späteren Gesetzesänderungen,** BGE 77 IV 207
(Baumann; zur Revision von Art. 109 durch BG vom 5.10.1950), 78 IV
129 (Persen c. Julen; nach Revision von Art. 27 und 72.2.II durch BG vom
5.10.1950), 105 IV 9 (zum VStrR), 120 IV 6 ff. (Primarlehrer A.; zur Revision der Art. 187 ff. durch BG vom 21.6.1991). Zur «Lex Furgler» BGE
113 II 181. Es handelt sich lediglich um eine Bekräftigung des Grundsatzes von Art. 2. Eine Ausnahmeregelung brachte Art. 75bis, dazu dort N 7.

2   Sofern das **Nebenstrafrecht** nichts anderes vorsieht, ist Art. 337 sinngemäss anwendbar, BGE 113 II 182 f.

338   Rehabilitation

**¹ Die Rehabilitation richtet sich nach den Bestimmungen dieses Geset-
zes auch bei Urteilen, die auf Grund der bisherigen Strafgesetze ausgefällt worden sind.**

**² Ebenso richtet sich die Löschung der Eintragung eines vor Inkrafttre-
ten dieses Gesetzes ergangenen Urteils im Strafregister nach den Bestimmungen dieses Gesetzes.**

1   Art. 338 ist **nicht anwendbar auf Urteile nach altem Recht, soweit dieses**
(als kantonales) **weiterhin gilt,** BGE 71 IV 54 (Plüss). Die Bestimmung
wurde auch auf Löschung der bedingten Massnahme eines Jugendlichen,
der sich bewährt hatte, angewandt, ZR 45 (1946) Nr. 137. Der Grundsatz
der *lex mitior* ist im Gesetzestext nicht erwähnt, woraus RS 1943 Nr. 122
schloss, Art. 338 habe Art. 2 II derogiert. Mit dem Wortlaut von Art. 2 ist
diese Auffassung vereinbar, denn die Tat wurde vor Inkrafttreten des
neuen Rechts *beurteilt.* Schliesslich ist sie insofern konsequent, als auch
bei anderen Sanktionen eine Änderung nicht vorgesehen ist, wenn das
neue Recht eine Milderung bringt, mit Ausnahme von Art. 336 b) und c).
Zur Rehabilitation Art. 77 ff., zur Löschung Art. 80, 99.

2   Als Konsequenz der vorgesehenen Streichung der Nebenstrafen nach
Art. 51, 53, 54, 55 und 56 und der Revision der Bestimmungen über das
Strafregister, sieht der *VE 1993* die Aufhebung des Art. 338 vor.

339   Auf Antrag strafbare Handlungen

**1. Bei Handlungen, die nur auf Antrag strafbar sind, berechnet sich
die Frist zur Antragstellung nach dem Gesetz, unter dessen Herrschaft
die Tat verübt worden ist.**

**2. Wenn für eine strafbare Handlung, die nach dem früheren Gesetze
von Amtes wegen zu verfolgen war, dieses Gesetz einen Strafantrag erfordert, so läuft die Frist zur Stellung des Antrages vom Inkrafttreten dieses Gesetzes an.**

War die Verfolgung bereits eingeleitet, so wird sie nur auf Antrag fort-geführt.

3. Wenn für eine Handlung, die nach dem frühern Gesetze nur auf Antrag strafbar war, dieses Gesetz die Verfolgung von Amtes wegen ver-langt, so bleibt das Erfordernis des Strafantrages für strafbare Handlun-gen, die unter der Herrschaft des alten Gesetzes begangen wurden, be-stehen.

Art. 339 **gilt auch bei späteren Gesetzesänderungen,** BGE 78 IV 48 (Poch c. Genné; zur Revision von Art. 217 durch BG vom 5.10.1950), s. auch BGE 119 IV 318 (zum Antragsrecht der Behörde nach Art. 217 II), PKG 1951 Nr. 63.   1

Eine **Erneuerung** des Strafantrags ist nicht erforderlich, wenn der oder die Verletzte schon unter dem alten Recht eindeutig die Verfolgung und Bestrafung verlangt hatte, obgleich ein Amtsdelikt vorlag, BGE 78 IV 48. S. auch BGE 68 IV 69, 86, 101 (unproblematische Anwendung von Art. 339).   2

Zum **Strafantrag** Art. 28 ff.   3

Dritter Titel:
Bundesgerichtsbarkeit und kantonale Gerichtsbarkeit

HANS BISCHOF, Die sachliche Zuständigkeit im schweiz. Strafprozess, Diss. ZH 1947.

1. Bundesgerichtsbarkeit

VE 1911 Art. 11 f., 14. VE 1915 Art. 363 ff. Erl.Z. III 9 ff. 2. ExpK VIII 42 ff. VE 1916 Art. 364 ff., 370. E Art. 375 ff., 363. Botsch. 79 f. Sten.NR 568 ff., StR 240 f. 297, NR 715 ff. StR 335.

PETER HUBER, Einige Probleme aus dem Bereich des gerichtspolizeilichen Ermittlungsverfahrens im Bundesstrafprozess, ZStrR 101 (1984) 391; BLAISE KNAPP in Kommentar BV, Art. 64bis, Basel, Zürich und Bern 1986; WERNER LÜTHI, Die Gerichtsbarkeit in Bundesstrafsachen, ZStrR 61 (1946) 325; MARKUS PETER, Bundesstrafgerichtsbarkeit und kantonale Gerichtsbarkeit, ZStrR 87 (1971) 166; DERS., Ermittlungen nach Bundesstrafprozess, Kriminalistik 1973 516; RAINER J. SCHWEIZER, Notwendigkeit und Grenzen einer gesetzlichen Regelung des Staatsschutzes, ZBl 92 (1991) 285.

1 Grundsätzlich belässt **BV Art. 64bis II** das Strafverfahren den Kantonen – Bundesgerichtsbarkeit bildet deshalb die Ausnahme.

2 Zur **Strafgerichtsorganisation des Bundes** HAUSER/SCHWERI § 9; PIQUEREZ 75 ff.; SCHMID StP N 361 ff.

3 **In der Regel** werden Bundesstrafsachen gem. BStP Art. 18 an die Kantone **delegiert.** Bundesstrafverfahren bilden die Ausnahme, dazu HUBER 400. Zuständig für die Delegation ist teils das EJPD, teils die Bundesanwaltschaft, s. Verordnung über die Zuständigkeit der Departemente und der ihnen unterstellten Amtsstellen zur selbständigen Erledigung von Geschäften vom 28.3.1990, SR 172.011, Art. 9 lit. d und 12 lit.e.

340 Umfang

1. Der Bundesgerichtsbarkeit unterstehen:

die strafbaren Handlungen des ersten und vierten Titels sowie der Artikel 139 [heute: 140], **156, 187** [190] **und 188** [189], sofern sie gegen völkerrechtlich geschützte Personen gerichtet sind;

die strafbaren Handlungen der Artikel 137–145 [137–141, 144, 160, 172ter], sofern sie Räumlichkeiten, Archive und Schriftstücke diplomatischer Missionen und konsularischer Posten betreffen;

die Geiselnahme nach Artikel 185 zur Nötigung von Behörden des Bundes oder des Auslandes;

die Verbrechen und Vergehen der Artikel 224–226;

die Verbrechen und Vergehen des zehnten Titels betreffend Metallgeld, Papiergeld und Banknoten, amtliche Wertzeichen und sonstige Zeichen des Bundes, Mass und Gewicht;

die Verbrechen und Vergehen des elften Titels, sofern Urkunden des Bundes in Betracht kommen;

die strafbaren Handlungen des Artikels 260bis sowie des dreizehnten bis fünfzehnten und des siebzehnten Titels, sofern sie gegen den Bund, die Behörden des Bundes, gegen den Volkswillen bei eidgenössischen Wahlen, Abstimmungen, Referendums- oder Initiativbegehren, gegen die Bundesgewalt oder gegen die Bundesrechtspflege gerichtet sind; ferner die Verbrechen und Vergehen des sechzehnten Titels und die von einem Bundesbeamten verübten Amtsverbrechen und Amtsvergehen (18. Titel) und die Übertretungen der Artikel 329–331;

die politischen Verbrechen und Vergehen, die Ursache oder Folge von Unruhen sind, durch die eine bewaffnete eidgenössische Intervention veranlasst wird.

2. Die in besondern Bundesgesetzen enthaltenen Vorschriften über die Zuständigkeit des Bundesgerichts bleiben vorbehalten.

Ziff. 1 in der Fassung gemäss BG vom 9.10.1981.

Kriterien für die Unterstellung strafbarer Handlungen unter Bundesstrafgerichtsbarkeit sind: «die Wahrung der Sicherheit des Landes; der Schutz von Einrichtungen und Funktionen des Bundesstaates, der Träger von Bundesämtern und ihrer Integrität; der nahe Zusammenhang mit der Verwaltungs- oder doch Aufsichtstätigkeit des Bundes; der Schutz der Allgemeinheit vor besonderen Gefahrenquellen; öffentliche Interessen des Landes an einem einheitlichen Verfahrensrecht», PETER, ZStrR 87 (1971) 167, sowie völkerrechtliche Verpflichtungen, wobei auch andere Kontrollmethoden, z.B. Meldepflicht, Zentralstelle, zur Verfügung stehen, vgl. z.B. Art. 358.   1

Al. 1 und 2 erleichtern die Erfüllung der Pflichten, welche die Schweiz durch Ratifizierung der **Wiener Übereinkommen** vom 18.4.1961 über diplomatische Beziehungen, SR 0.191.01, und vom 24.4.1963 über konsularische Beziehungen, SR 0.191.02, übernommen hat, SCHULTZ, ZStrR 101 (1984) 139. Zur (fehlenden) Exterritorialität von Botschaftsareal BGE 109 IV 157, s. auch KRAFFT in ZStrR 101 (1984) 141 ff.   2

Urkunden des Bundes gem. al. 6 sind nicht nur öffentliche Urkunden i.S.v. Art. 110.5 II, sondern auch solche des rechtsgeschäftlichen Verkehrs, z.B. SBB-Abonnement, BGE 71 IV 154 (Müller), Transportbewilligung, JdT 1972 III 118. Vorausgesetzt ist, dass die Urkunde «von einer Behörde oder einem Beamten des Bundes, sei es in Ausübung staatlicher   3

Hoheit, sei es in Erfüllung öffentlicher Aufgaben oder gewerblicher Verrichtungen, ausgestellt wird», BGE 96 IV 163 (Lebedinsky).

4 **Al. 7** listet **Delikte gegen die äussere und innere Sicherheit,** die **Institutionen** und die **Rechtspflege** des Bundes auf. Im Einzelfall ist nicht zu prüfen, ob und inwiefern Bundesinteressen berührt sind, so aber ZBJV 112 (1976) 345 m.krit.Anm. Schultz. «Bundesgewalt» ist ein Oberbegriff für Bundesbeamte und Bundesbehörden, BGE 70 IV 217. Ob sich Begünstigung auch gegen die Rechtspflege des Bundes (s. z.B. BGE 96 IV 162 f.) richtet, wenn dessen Zuständigkeit erst nach Art. 344 durch Vereinigung begründet wurde, ist m.W. noch nicht entschieden worden – für die Zeit vor der Vereinigung ist die Frage zu verneinen, für die Zeit nachher zu bejahen.

5 Eine **Erweiterung** des Katalogs gemäss Ziff. 1 findet auch auf vor dem Inkrafttreten begangene Taten Anwendung, BGE 109 IV 158 – Verfahrensregeln unterstehen nicht dem Rückwirkungsverbot, s. Art. 1 N 11.

5a Eine **Anpassung** von Art. 340 **an die Revision des 2. Titels** wurde offenbar vergessen. Die Lücke sollte und könnte rasch geschlossen werden – der Katalog wäre zu ergänzen durch Art. 141bis, 143, 143bis und 144bis.

6 Bei den «**besonderen Bundesgesetzen**» gemäss **Ziff. 2** sind beispielsweise zu erwähnen: Garantiegesetz (SR 170.21) Art. 6, 8 (dazu BGE 80 IV 162 ff.); Verantwortlichkeitsgesetz (SR 170.32) Art. 14 V; Geschäftsverkehrsgesetz (SR 171.11) Art. 64; VStrR Art. 21 III; Kriegsmaterialgesetz (SR 514.51) Art. 23 (dazu BGE 96 IV 162 f.); BG betreffend die Wasserbaupolizei (SR 721.10) Art. 13bis; Atomgesetz (SR 732.0) Art. 36; Rohrleitungsgesetz (SR 746.1) Art. 46a; Luftfahrtgesetz (SR 748.0) Art. 98; PVG Art. 66; TTVG Art. 59; BG über das Münzwesen (SR 941.10) Art. 9; BG über aussenwirtschaftliche Massnahmen (SR 946.201) Art. 8; BG über die Kautionen der ausländischen Versicherungsgesellschaften (SR 961.02) Art. 20.

7 Im **Verwaltungsstrafverfahren** kann der Bundesrat immer an das Bundesstrafgericht überweisen, VStrR Art. 21 III. In den übrigen Fällen, die von einem Gericht zu beurteilen sind, weil eine Freiheitsstrafe in Frage kommt oder weil es der Betroffene verlangt (VStrR Art. 21 I, II), überweist die Verwaltung die Sache nach abgeschlossener Untersuchung zuhanden des zuständigen Gerichts an die kantonale Staatsanwaltschaft, VStrR Art. 73 I. Zum Verwaltungsstrafverfahren Peter, ZStrR 90 (1974) 341 ff., 93 (1977) 363 ff.; Schmid StP N 920 ff.

8 Bei **Missachtung der Bundesgerichtsbarkeit** ist der Bundesanwalt zur Nichtigkeitsbeschwerde befugt, BGE 71 IV 153 – eine nachträgliche Delegationsverfügung heilt jedoch den Mangel, Huber 401. Dem Betroffenen steht gegen die Zuweisung an einen Kanton kein Rechtsmittel offen, BGE 80 IV 135 f. Zur Tragweite der Delegationsverfügung BGE 113 IV 105. Zu Verfahrenseinstellung in Delegationsstrafsachen und Opportunitätsprinzip, BGE 119 IV 92 ff.

341 Bundesassisen

Das Bundesgericht urteilt mit Zuziehung von Geschworenen über

a. Hochverrat gegen die Eidgenossenschaft (Art. 265);

b. Aufruhr und Gewalttat gegen die Bundesbehörden;

c. Verbrechen und Vergehen gemäss den Artikeln 299 und 300;

d. politische Verbrechen und Vergehen, die Ursache oder Folge von Unruhen sind, durch die eine bewaffnete eidgenössische Intervention veranlasst wird;

e. Straffälle, in denen eine Bundesbehörde einen von ihr ernannten Beamten den Bundesassisen überweist.

Lit. b in der Fassung gemäss BG vom 5.10.1950.

Lit. vor Art. 340.

Art. 341 übernimmt, zum grösseren Teil wörtlich, **BV Art. 112.** Das Bundesgericht kann allerdings nicht prüfen, ob Abweichungen verfassungskonform seien (BV Art. 113 III), BGE 70 IV 216.   1

Das Verfahren vor Bundesassisen stellt eine **juristische Rarität** dar; seit 1848 wurden nur 16 solche Prozesse durchgeführt, der letzte 1933, HAUSER/SCHWERI § 9 I; s. auch SCHMID StP N 369 f.   2

Der Begriff **«Bundesbehörden»** wird eng ausgelegt, beschränkt auf die verfassungsmässigen Staatsbehörden, nämlich Bundesversammlung, Bundesrat, Bundesgericht und eidgenössisches Versicherungsgericht, aber nicht auf einzelne Mitglieder, BGE 70 IV 216 (Christen), dazu LÜTHI 161 ff. Auch der Begriff «Gewalttat» ist – im Vergleich zu «Gewalt» in Art. 285 – eng auszulegen, LÜTHI 163.   3

Der Hinweis auf bewaffnete **Intervention** bezieht sich auf BV Art. 16.   4

342 Bundesstrafgericht

Das Bundesstrafgericht beurteilt die Straffälle, die der Bundesgerichtsbarkeit unterstellt sind und nicht nach Massgabe dieses Gesetzes in die Kompetenz der Bundesassisen fallen.

Vgl. Art. 340, 341.

2. Kantonale Gerichtsbarkeit

343

Die kantonalen Behörden verfolgen und beurteilen nach den Verfahrensbestimmungen der kantonalen Gesetze die unter dieses Gesetz fallenden strafbaren Handlungen, soweit sie nicht der Bundesgerichtsbarkeit unterstehen.

Vgl. BV Art. 64bis II; Art. 340, 365 ff. Der einheitlichen Auslegung des Gesetzes dient die Nichtigkeitsbeschwerde an den Kassationshof des Bundesgerichts gem. BStP Art. 268, dazu HAUSER/SCHWERI § 104, OBERHOLZER 564 ff., SCHMID StP N 1082 ff.

3. Zusammentreffen von strafbaren Handlungen oder Strafbestimmungen

344

1. Ist jemand mehrerer strafbarer Handlungen beschuldigt, von denen die einen dem Bundesstrafgerichte, die andern der kantonalen Gerichtsbarkeit unterstellt sind, so kann der Bundesrat auf Antrag der Bundesanwaltschaft die Vereinigung der Strafverfolgung und Beurteilung in der Hand der Bundesbehörde oder der kantonalen Behörde anordnen.

Dasselbe gilt, wenn eine Handlung unter mehrere Strafbestimmungen fällt, von denen die einen vom Bundesgericht, die andern von einem kantonalen Gericht anzuwenden sind.

2. Ist jemand mehrerer strafbarer Handlungen beschuldigt, von denen die einen den Bundesassisen, die andern dem Bundesstrafgericht oder der kantonalen Gerichtsbarkeit unterstellt sind, so sind die Bundesassisen ausschliesslich zuständig.

Dasselbe gilt, wenn eine Handlung unter mehrere Strafbestimmungen fällt, von denen die einen von den Bundesassisen, die andern vom Bundesstrafgericht oder vom kantonalen Richter anzuwenden sind.

MARKUS PETER, Erste Erfahrungen mit dem Bundesgesetz über das Verwaltungsstrafrecht, ZStrR 93 (1977) 353, 374 ff. **Lit.** vor Art. 340.

1   Art. 344 verwirklicht beim Zusammentreffen von Bundes- und kantonaler Gerichtsbarkeit das **Vereinigungsprinzip** (subjektive Konnexität, vgl. Art. 68, 350). Bei objektiver Konnexität (Art. 349) sollte analog vorgegangen werden, PETER, ZStrR 87 (1971) 200, m.krit.Hinw. in Fn 111 auf den abweichenden Entscheid im Béliers-Prozess, wo Teilnehmer an der kantonalen Gerichtsbarkeit unterstehenden Straftaten nicht vom Bundesstrafgericht mitbeurteilt wurden.

Über die **Vereinigung** wird **nach freiem Ermessen** entschieden, sie sollte   2
die Regel bilden. Bei der Zuweisung an einen bestimmten Kanton kann
sich die zuständige Behörde (N 4) nach Art. 346 ff. richten oder von diesen Regeln abweichen, Pra 40 (1951) Nr. 32. Der Entscheid ist bindend, s.
Art. 351 N 3. Die kantonalen Behörden dürfen einer Zuweisung nicht
durch Einstellung des Verfahrens ausweichen, was dagegen der Bundesanwaltschaft zusteht, PETER, ZStrR 87 (1971) 201. Werden weitere Taten
bekannt, so ist ein neuer Entscheid gemäss Art. 344 zu fällen, wenn der
beauftragte Kanton nicht bereit ist, die Beurteilung zu übernehmen, Pra
40 (1951) Nr. 32, PETER a.a.O. 200.

Die Zuständigkeit der **Bundesassisen** zieht obligatorisch alle real oder   3
ideal konkurrierenden Taten mit.

Zuständig ist, wie für die Delegation (N 3 vor Art. 340), das EJPD bzw.   4
die Bundesanwaltschaft (Verordnung über die Zuständigkeit der Departemente und der ihnen unterstellten Amtsstellen zur selbständigen Erledigung von Geschäften vom 28.3.1990, SR 172.011, Art. 9 lit. d und 12
lit. e.), mit Ausnahme der Ermächtigungsdelikte, BStP Art. 105, Verantwortlichkeitsgesetz (SR 170.32) Art. 15.

Der betroffene Kanton kann die Zuweisung mit **Verwaltungsbeschwerde**   5
anfechten, HUBER 400; dem Betroffenen steht höchstens die Aufsichtsbeschwerde offen, VPB 1978 Nr. 87.

Im **Verwaltungsstrafrecht** ist eine analoge Anwendung von Art. 344 nicht   6
zulässig, BGE 121 IV 331; anders noch VPB 1978 Nr. 87; PETER, ZStrR
93 (1977) 374 ff., fordert eine präzise gesetzliche Regel.

Zum **Militärstrafrecht** trifft MStG Art. 221 eine analoge Regelung – zu-   7
ständig ist das EMD. MStG Art. 220 regelt überdies die objektive Konnexität, s. dazu BGE 81 IV 262 MStG.

Vierter Titel:

Die kantonalen Behörden. Ihre sachliche und örtliche Zuständigkeit. Rechtshilfe

1. Sachliche Zuständigkeit

345

1. **Die Kantone bestimmen die Behörden, denen die Verfolgung und Beurteilung der in diesem Gesetze vorgesehenen, der kantonalen Gerichtsbarkeit unterstellten strafbaren Handlungen obliegt.**

Die Beurteilung von Übertretungen kann auch einer Verwaltungsbehörde übertragen werden.

2. **Die Kantone bestimmen die Behörden, die den Beschluss des Richters auf Verwahrung, Behandlung oder Versorgung von Unzurechnungsfähigen oder vermindert Zurechnungsfähigen zu vollziehen oder diese Massnahmen aufzuheben haben.**

VE 1911 Art. 17. VE 1915 Art. 366. Erl.Z. III 11 f. 2. ExpK VIII 55 f. VE 1916 Art. 371. E Art. 364. Botsch. 81. Sten.NR 573 ff., StR 241 f., NR 717.

PIERRE CAVIN, *Droit pénal fédéral et Procédure cantonale,* ZSR 65 (1946) 1a; FRANÇOIS CLERC, *Initiation à la justice pénale en Suisse,* Neuchâtel 1975; FRÉDÉRIC-HENRI COMPTESSE, Das Verhältnis des Bundesstrafrechts zum kantonalen Strafprozessrecht, ZSR 65 (1946) 61a; ANDREAS DONATSCH, Gedanken zur Revision des kantonalen Steuerstrafrechts, StR 1992 457 ff., 522 ff.; BLAISE KNAPP, in Kommentar BV, Art. 64bis, Basel, Zürich und Bern 1986; PETER NOLL, Strafprozessrecht, Vorlesungsskriptum, Zürich 1977; DERS., Zur Frage der Vereinheitlichung des Strafprozessrechts in der Schweiz, in FS Max Guldener, Zürich 1973, 231 ff.; LUKAS MORSCHER, Die Aufhebung des Verzeigungsverfahrens in der Basler Strafprozessordnung und die Neuregelung des Strafbefehlsverfahrens gemäss Ratschlag und Entwurf vom 27. April 1993, BJM 1995 196 ff.; PETER MÜLLER und BERNARD WERZ, Rechtliche und technische Probleme bei Telematiksystemen zwischen Bund und Kantonen, ZBl 89 (1988) 189 ff.; HANS FELIX PFENNINGER, Eidgenössisches Strafrecht und kantonales Strafprozessrecht, SJZ 51 (1955) 197; HANS SCHULTZ, Rechtseinheit ohne Einheit des Rechts, in Einheit und Vielfalt des Strafrechts, FS Karl Peters, Tübingen 1974, 429 ff.; MAX WAIBLINGER, Zur Vereinheitlichung des schweizerischen Strafprozessrechts, ZStrR 67 (1952) 217.

1 Komplementär zu Art. 365 und in Ausführung von BV Art. 64bis II verweist Art. 345 auf die kantonale **Strafgerichtsorganisation**.

Aus Ziff. 1 II ergibt sich, dass **Verbrechen und Vergehen nur von Ge-**   2
richten beurteilt werden dürfen, s. auch EMRK Art. 6.1. Zulässig sind
Strafbefehls- oder -mandatsverfahren, in welchen eine nichtrichterliche
Behörde einen Urteilsvorschlag erlässt, der durch Annahmeerklärung
oder Verzicht auf Einsprache zum Urteil wird. S. auch Art. 31 N 6,
EGMR, Urteil Deweer, Nr. 35. Dagegen ist VStrR Art. 21 I (Zuständigkeit der Verwaltung zur Ausfällung von Bussen) mit EMRK Art. 6.1
nicht vereinbar. Demgegenüber hatte Cavin 23a in Art. 345.1 I einen
verfassungsrechtlich bedenklichen Übergriff auf die kantonale Souveränität erblickt!

Ziff. 1 II ist nach EGMR, Urteil Belilos, Nr. 132, EuGRZ 16 (1989) 21,   3
mit EMRK Art. 6.1 **nicht vereinbar,** weil der Gerichtshof die von der
Schweiz bei der Ratifikation angebrachte auslegende Erklärung nicht mit
der Wirkung eines Vorbehalts gemäss EMRK Art. 64 gelten liess (s. auch
Donatsch 526 f.); anders im gleichen Fall BGE 108 Ia 314, wo allerdings
auch das Bundesgericht bemerkt, dass eine richterliche Entscheidung
vorzuziehen wäre (S. 316). Zum Urteil Belilos Mark Villiger in recht 7
(1989) 59.

Zum **Jugendstrafrecht** s. Art. 369.   4

Ziff. 2 bezieht sich nach klarem Wortlaut nur auf Art. 43 und 45 – ein   5
Sinn für diese Bestimmung ist **nicht ersichtlich,** zweifelnd auch Schultz
VE 252.

Der ganze Artikel könnte ersatzlos **gestrichen** werden.   6

2. Örtliche Zuständigkeit

VE 1911 Art. 18 ff. VE 1915 Art. 367 ff. Erl.Z III 12 ff. 2. Exp.K. VIII 64 ff. VE 1916
Art. 372 ff. E Art. 365 ff. Botsch. 81 f. Sten.NR 573 ff., StR 241 ff. NR 717.

Felix Bänziger, Wie Gerichtsstandsstreitigkeiten die Wahrheitsfindung behindern, ZStrR 105 (1988) 336; Louis Couchepin, *Les conflits de compétence intercan-
tonaux en matière pénale et le recours au Tribunal fédéral au sens de l'article 351 CP,*
ZStrR 63 (1948) 101; Bruno Frank, Die Gerichtsstandsordnung des Schweizerischen Strafgesetzbuches und das Gerichtsstandsfestsetzungsverfahren, Diss. BE
1956; André Panchaud, *Le for de l'action pénale,* JdT 1959 IV 66; ders., Gerichtsstand in Strafsachen, SJK 899; Erhard Schweri, Interkantonale Gerichtsstandsbestimmung in Strafsachen, Bern 1987; Max Waiblinger, Die Bestimmung des Gerichtsstandes bei Mehrheit von strafbaren Handlungen oder von Beteiligten, ZStrR
57 (1943) 81.

Die **Bundesrechtliche Regelung** der örtlichen Zuständigkeit (in Abwei-   1
chung von BV Art. 64bis) war **notwendig,** um Konflikte unter den Kantonen zu lösen und «interkantonal wie innerkantonal die Durchführung
und Anwendung der materiellen Bestimmungen des StGB» sicherzustellen, BGE 91 IV 53, s. auch Couchepin 110, Waiblinger 81. Eine solche
Regelung hatte schon in BStP Art. 260 ff. bestanden, insoweit aufgeho-

ben gemäss Art. 398 II o). Die Regelung dient «der reibungslosen Handhabung des Gesetzes, der raschen und zweckmässigen Strafverfolgung», BGE 68 IV 56; immer wieder betont die AK das Ziel der Beschleunigung, z.B. BGE 74 IV 126 (Held), 78 IV 206, 86 IV 67, s. auch EMRK Art. 6.1 Zur besonderen Zielsetzung in Art. 350 s. dort N 1.

2 **Die praktische Bedeutung ist gross.** Für die Kantone besteht ein starkes Interesse, Strafverfahren abzuwälzen, um Arbeit und Kosten (vgl. aber BGE 107 IV 158, wo 180 000 Fr. einzuziehen waren, was zu positivem Kompetenzkonflikt führte!) zu sparen, BÄNZIGER a.a.O. Die Rechtsprechung der AK ist durchzogen von Spuren dieser Interessenlage. So bleibt ein Gerichtsstand trotz Einstellung des Verfahrens (Art. 350) bestehen, denn «[d]ie Kantone sollen nicht dadurch, dass sie den Gerichtsstandsverhandlungen aus dem Wege gehen oder sie verzögern und über die in ihrem Kanton verübte Handlung vorweg einen Einstellungsbeschluss fassen ... sich der Pflicht entziehen können, die Verfolgung der in anderen Kantonen verübten Handlungen zu übernehmen», BGE 76 IV 207, ähnlich 96 IV 94. Um Missbräuchen zu wehren, behält sich die AK die vorläufige rechtliche Würdigung der verfolgten Tat vor, BGE 91 IV 54, sie hat sogar deutlich punitive Kostenauflagen verfügt, BGE 86 IV 195, oder angedroht, BGE 95 IV 37 E. 4, und umgekehrt positiv motivierende Lösungen angestrebt, BGE 92 IV 60. BGE 120 IV 282 E. 3 verurteilt Zürcher Behörden zur Entschädigung an den Gesuchsteller, s. auch BGE 122 IV 171.

3 Die **Interessenlage der Parteien** ist demgegenüber weniger deutlich. Sie kann auf unterschiedlicher Praxis der Kantone beruhen (implizit BGE 113 Ia 171, wo von geringeren innerkantonalen Unterschieden die Rede ist), auf Bequemlichkeit (Nähe des Wohnorts) oder auf der Gerichtssprache, BGE 91 IV 111, 69 IV 86 f., Sem.jud. 1980 591.

3a Das **Gesuch um Bestimmung des Gerichtsstandes** kann jederzeit gestellt werden. Der Gesuchsteller (Behörde oder Privater) muss sein Gesuch aber rechtzeitig einreichen, d.h. sobald ihm dies nach den konkreten Umständen zugemutet werden kann – es darf nicht bis unmittelbar vor Fällung des erstinstanzlichen Urteils zugewartet werden; weil die Beschwerdeführer eine ihnen von der kantonalen Staatsanwaltschaft gesetzte angemessene Frist nicht wahrten, war ihr Gesuch missbräuchlich und deshalb unzulässig, BGE 120 IV 149.

4 Die Gerichtsstandsregelung weist einen **eigenartigen Rechtscharakter** auf. Einerseits sollten möglichst klare Kriterien gesetzt werden, die einen raschen, eindeutigen Entscheid ermöglichen, andererseits geben BStP Art. 262, 263 der AK die Kompetenz, aus Zweckmässigkeitsgründen anders zu entscheiden, dazu N 13 ff., und auch die Kantone können abweichende Vereinbarungen treffen, BGE 119 IV 102, 120 IV 281 f., 286, s. auch Art. 351 N 6. Die betroffenen Personen (Verfolgter, Antragssteller, Kläger, Anzeiger) haben keinen Rechtsanspruch auf den «natürlichen» Richter, BGE 69 IV 87, 71 IV 62, 72 IV 195, GVP-SG 1954 Nr. 45, auch

nicht auf Beurteilung mehrerer Delikte durch einen einzigen Richter, BGE 97 IV 55 f. (anders noch 87 IV 46). BGE 69 IV 131 (Eisenhart) betont sogar, dass auf die Interessen des Beschuldigten (Art. 217) in Art. 346 ff. nicht Rücksicht genommen wird. Wichtiger ist, dass überhaupt entschieden wird, als dass der Entscheid Art. 346 ff. genau entspricht.

Ein **Zeuge** kann den Gerichtsstand nicht bestreiten, weil er nicht Partei im Strafverfahren ist. OHG Art. 8 gibt dem **Opfer** kein Mitspracherecht, also auch keinen Anspruch auf Vernehmlassung zum Gesuch des Beschuldigten um Bestimmung des Gerichtsstandes, BGE 120 IV 282 ff.   4a

Der **Geltungsbereich der Art. 346 ff.** umfasst zunächst das von den Kantonen zu beurteilende Bundesstrafrecht, einschliesslich Nebenstrafrecht, sofern es keine besondere Regelung (z.B. VStrR Art. 22) erfahren hat, BGE 69 IV 132, 88 IV 47; wird das StGB auf vor seinem Inkrafttreten begangene Taten angewandt, so gelten Art. 346 ff. ebenfalls, BGE 68 IV 4, 60, 69 IV 89. Die Gerichtsstandsregeln des StGB finden keine Anwendung, wenn die Bundesbehörden eine Strafsache allein oder durch Verbindung gemäss Art. 344 an einen Kanton delegiert haben, s. Art. 351 N 3. Sonderregeln finden sich vor allem in VStrR Art. 22 und MStP Art. 26 ff.   5

Das StGB regelt den Gerichtsstand nicht nur inter-, sondern **auch innerkantonal**, BGE 106 IV 93, 113 Ia 168 f., FRANK 8, doch ist die AK nicht zur Entscheidung kompetent, S. Art. 351 N 1; SCHMID StP N 417. Kantonales Strafrecht untersteht Art. 346 ff. nicht, eine eigenständige Regelung ist möglich, aber «aus praktischen Gründen kaum zu empfehlen», BGE 113 Ia 169, 106 IV 94, 88 IV 47 E. 1 (Dayer). Übernommen wurde die bundesrechtliche Ordnung z.B. in Bern, ZBJV 82 (1946) 117, und St. Gallen, StPO Art. 21, nicht in der Waadt, SJZ 61 (1965) Nr. 119. Während die AK SG sich dieselbe Freiheit zuerkennt wie das Bundesgericht (BStP Art. 262/ 263), GVP-SG 1972 Nr. 40, 1986 Nr. 58, ist die AK BE weniger flexibel, ZBJV 97 (1961) 308.   6

Einziehung von Vermögenswerten aus strafbaren Handlungen (BetmG), die nicht in der Schweiz verfolgt werden, fallen in die Kompetenz des Kantons, auf dessen Gebiet sie sich befinden, BGE 109 IV 53. **Entschädigungsbegehren** wegen strafprozessualer Eingriffe in persönliche Rechte hat der Kanton zu beurteilen, der die Massnahmen angeordnet und durchgeführt hat, BGE 108 Ia 16 ff., BJM 1982 269.   7

Das Gesetz stellt eine **Hierarchie** der materiellen Zuständigkeitsregeln auf mit der Rangfolge: Ort des Tatverhaltens (Art. 346 I 1. Satz) – Ort des Erfolgseintritts (Art. 346 I 2. Satz) – Wohnort (Art. 348 I 1. Satz) – Heimatort (Art. 348 I 2. Satz), BGE 73 IV 59 f., 76 IV 270, 86 IV 65, 70 E. 3, 224 f., 87 IV 44, 92 IV 158.   8

Ausgangspunkt für die Festsetzung des Gerichtsstandes ist die dem Verfolgten **vorgeworfene Tat** – auf die effektiv begangen kann nicht abgestellt werden, weil es ja erst darum geht, die Behörden zu bestimmen, die   9

den Sachverhalt zu untersuchen haben, BGE 69 IV 40, 71 IV 167, 74 IV 124, 87 IV 44, 97 IV 149 ff., 98 IV 63 (Rohner), 146, 112 IV 63, 113 Ia 170, 113 IV 109, 116 IV 85. «Massgebend ist dabei stets die Verdachtslage, wie sie sich zur Zeit des bundesgerichtlichen Enscheides darstellt», BGE 112 IV 63, 113 Ia 170 – der Verdacht der kantonalen Behörden ist nur dann unverbindlich, wenn er sich «von vornherein als haltlos erweist», BGE 97 IV 149, 98 IV 63, 113 IV 110. Nicht zu hören ist deshalb der Einwand des Beschuldigten, er habe eine bestimmte Tat gar nicht verübt, BGE 74 IV 125. Es kommt nur auf die effektive Verfolgung an, eine theoretisch mögliche zukünftige Änderung der Prozesslage (Rückzug des Strafantrags) darf nicht berücksichtigt werden, BGE 98 IV 146. Zur selbständigen rechtlichen Würdigung des behaupteten Sachverhalts durch die AK s. Art. 350 N 5.

10   Führen die materiellen Kriterien (N 8) zu keinem Ergebnis, weil z.B. zwei gleich schwere Taten in zwei Kantonen verfolgt werden, so gilt das *forum praeventionis:* Zuständig sind «die Behörden des Ortes …, wo die Untersuchung zuerst angehoben wurde», Art. 346 II, 349 I 3. Satz, III, 349 II, 350.1 II. Dieses Kriterium ist auch heranzuziehen, wenn die übrigen nicht geklärt werden konnten, BGE 87 IV 45. Hinter dieses formelle Kriterium tritt die Berücksichtigung des Schwergewichts der deliktischen Tätigkeit zurück, BGE 71 IV 59 (Sigg). Die *ratio legis* liegt in der Vermutung, dass die Untersuchung dort, wo sie am längsten hängig ist, auch am weitesten fortgeschritten sei, BGE 69 IV 47, obwohl eine aktive Untersuchung gar nicht vorausgesetzt wird, s. z.B. BGE 71 IV 59. Es kommt auch nicht auf die Grösse des Zeitvorsprungs an, BGE 96 IV 94 f. (50 Minuten!).

11   Die **Untersuchung** ist **«angehoben»** «wenn eine Straf-, Untersuchungs- oder Polizeibehörde durch die Vornahme von Erhebungen oder in anderer Weise zu erkennen gegeben hat, dass sie jemanden einer strafbaren Handlung verdächtige», BGE 114 IV 77, 86 IV 130, 75 IV 140. Es genügt schon eine Verfolgungshandlung gegen unbekannte Täterschaft, BGE 114 IV 77, 68 IV 6, 53 f., unabhängig davon, ob sie die Verjährung unterbricht, BGE 68 IV 6. In Sem.jud. 1984 333 genügte die Suche nach gestohlenen Waren. «Anhebung» der Untersuchung ist insbesondere die blosse Entgegennahme einer Anzeige oder eines Strafantrags, BGE 68 IV 6, 53, 71 IV 59, 72 IV 95, 75 IV 140 f., 86 IV 63, 130, 98 IV 63, 109 IV 57 f., 114 IV 78, sofern sie nicht «zum vornherein völlig haltlos» erscheint, so dass ihr keine Folge zu geben, BGE 106 IV 34, Sem.jud. 1979 9, oder die Behörde von vornherein örtlich gar nicht zuständig ist, BGE 72 IV 95, 73 IV 59, RS 1962 Nr. 187, Sem.jud. 1979 9. Eine mündliche Anzeige gilt selbst dann, wenn die kantonale Prozessordnung Schriftform vorschreibt, BGE 114 IV 79 (GE). Die Führung eines Sammelverfahrens und die vorläufige Abklärung gerichtsstandsrelevanter Sachverhaltmerkmale ist kein Anheben der Untersuchung, BGE 92 IV 60, s. auch Art. 351 N 4; SCHMID StP N 392, ebensowenig die Weiterleitung einer Strafanzeige durch den nichtzuständigen an einen möglicherweise zuständigen Kan-

ton, BGE 121 IV 40. Ist die Untersuchung noch in keinem Kanton, in welchem Ausführungshandlungen erfolgten, angehoben worden, stellt die AK auf diejenigen Ausführungshandlungen ab, mit welchen «in aller Regel die strafbare Tätigkeit zu Ende geführt wird, bzw. auf die letzte Ausführungshandlung, die nach dem Dafürhalten des Täters zum Eintritt des Erfolges führen sollte», BGE a.a.O. Kasuistik bei SCHWERI N 128 ff.

Ein *forum secundum praeventionis* zieht BGE 112 IV 141 f. zur Lösung   12
eines sehr komplexen Falles mit 16 Beteiligten (in verschiedenen Gruppierungen) an ca. 110 Delikten bei. Die AK stellt fest, dass davon 61 auf SG und TG entfallen, die übrigen auf 12 weitere Kantone. Innerhalb des markanten Schwergewichts wird der Kanton für zuständig erklärt, in dem die Untersuchung zuerst angehoben wurde, vgl. auch BGE 99 IV 17 f.

Treffen **mehrere strafbare Handlungen** zusammen und erscheinen sie als   12a
eine natürliche Handlungseinheit (also objektiv als ein einheitliches, zusammengehörendes Geschehen) oder als eine juristische Handlungseinheit (alle Handlungen werden durch einen Gesamtvorsatz getragen, Kollektivzusammenhang, in der älteren Rechtsprechung fortgesetztes Delikt), so bestimmt sich der Gerichtsstand nach Art. 346; ist dies nicht der Fall, gilt Art. 350 I, BGE 112 IV 61 ff., 118 IV 91 ff.

BStP Art. 262 und 263 erlauben ein Abweichen vom Gerichtsstand   13
gemäss Art. 346 ff. aus Gründen der Zweckmässigkeit und tragen damit einen erheblichen *Unsicherheitsfaktor* in die Regelungsmaterie. Die Forderung von WAIBLINGER 88, die AK möge Richtlinien für die ausserordentliche Gerichtsstandsbestimmung aufstellen, wurde nicht erfüllt – die Entscheidungen werden ausdrücklich «von Fall zu Fall» getroffen, BGE 94 IV 47, 86 IV 199; PANCHAUD 5, 7; SCHMID StP N 416.

Der **Anwendungsbereich der Ausnahmeregel** wurde über Art. 349/350   14
hinaus erstreckt auf Fälle gemäss *Art. 346* mit mehreren Begehungsorten, BGE 69 IV 43, 71 IV 160, 72 IV 194, 79 IV 57, 85 IV 205; auf *Art. 347,* BGE 79 IV 57 (zwei Redaktoren wegen desselben Gedichts beschuldigt); auf das Verwaltungsstrafrecht, *VStrR Art. 22 II,* SCHWERI N 363 f. (BGE 91 IV 222 und 97 IV 56 hatten die Frage der Anwendbarkeit auf ZG Art. 96 offengelassen); und auf das Jugendstrafrecht, *Art. 372,* SCHWANDER Nr. 490a, SCHWERI N 398. Inhaltlich kann in den Fällen gem. *Art. 349, 350* sowohl eine Trennung als eine abweichende Zuständigkeit beschlossen werden, BGE 95 IV 40.

Die **Kompetenz** gemäss BStP Art. 262/263 fällt **ausschliesslich der AK** zu,   15
nicht etwa einer kantonalen Behörde, BGE 87 IV 47. Nur im gegenseitigen Einvernehmen können Kantone von Art. 346 ff. abweichende Regelungen treffen, s. Art. 351 N 6. BGE 73 IV 57 verweist auf die ausschliessliche Kompetenz der AK als ein Argument gegen die Anfechtung des Gerichtsstandes mit Nichtigkeitsbeschwerde gem. BStP Art. 268.

Als Ausnahmeregel sollen BStP Art. 262/263 **mit Zurückhaltung** gehand-   16
habt werden, die Gründe für ein Abweichen von der Regel müssen «trif-

tig» sein, BGE 69 IV 86, 88 IV 43, 99 IV 182 E. 3, 117 IV 89, 117 IV 89, 94 f., 121 IV 227, sich gar «gebieterisch aufdrängen», BGE 68 IV 6, 76 IV 207 f., 86 IV 63, 131, 112 IV 141, 116 IV 86.

17   Einerseits dienen die Ausnahmebestimmungen dazu, **«besonderen prozessualen Schwierigkeiten»** zu wehren, insbesondere Verzögerungen, BGE 68 IV 7 (Wenzin), 124 ff. (Frey), 99 IV 17. Deshalb wird davon kein Gebrauch gemacht, wenn die Untersuchung fast abgeschlossen ist, BGE 98 IV 151. Es geht ferner nicht darum, jede Unbequemlichkeit zu vermeiden, BGE 69 IV 86. BGE 70 IV 90 lässt die Frage offen, ob überhaupt private Interessen zu berücksichtigen seien.

18   Andererseits ermöglichen es BStP Art. 262/263, dem materiellen Gesichtspunkt insofern zum Durchbruch zu verhelfen, als die Verfolgung am Ort des **Schwergewichts der deliktischen Tätigkeit** geschehen soll; WAIBLINGER 88 fordert in diesem Sinne eine «large Interpretation». BGE 69 IV 39 warnt allerdings vor kleinlichen Abwägungen – die Grundregel ist zu befolgen, «wenn nicht das Missverhältnis zwischen den im einen und den in einem anderen Kanton begangenen Taten ganz auffällig für die Anerkennung eines anderen Gerichtsstandes spricht», s. auch BGE 67 I 55, 69 IV 43, 72 IV 96, 85 IV 206, 86 IV 64, 117 IV 95 f. Ein Überwiegen der Delikte im Verhältnis 24:11 (BGE 99 IV 17 f.) oder 17:1 (Sem.jud. 1983 537) erfüllt diese Anforderungen (vgl. auch BGE 112 IV 141, N 12), aber nicht «gut die Hälfte», BGE 86 IV 64. Als Faustregel gilt: «Wenn mehr als zwei Drittel einer grösseren Anzahl von vergleichbaren Straftaten auf einen einzigen Kanton entfallen, kann *in der Regel* davon ausgegangen werden, dass in diesem Kanton ein Schwergewicht besteht, welches es rechtfertigt, vom gesetzlichen Gerichtsstand abzuweichen», BGE 123 IV 26.

19   Die AK verweist vor allem in früheren Entscheiden auf **zusätzliche Kriterien,** insbesondere den Wohn- und Heimatort, BGE 69 IV 40 E. 4, 71 IV 160, 72 IV 96, 73 IV 143, 85 IV 206, 86 IV 64. Auf den Heimatkanton wurde insbesondere im Hinblick auf mögliche Massnahmen gem. Art. 42 hingewiesen, deren Kosten ihm «am besten zugemutet werden», BGE 73 IV 144, 86 IV 64. Ferner werden die Auswirkungen der strafbaren Handlung erwähnt, BGE 69 IV 43 (Ablieferung verfälschter Milch), 85 IV 206 (Angriff auf die öffentliche Sittlichkeit durch Zuhälterei).

20   Nicht selten werden **BStP Art. 262/263 als Hilfsargument** herangezogen, etwa bei unklaren Verhältnissen, BGE 71 IV 160, im Grenzbereich zwischen Art. 346 ff. und 372, BGE 86 IV 199, 96 IV 26, zur Begründung einer konkludenten Anerkennung des Gerichtsstands, BGE 88 IV 43 ff., 119 IV 104, RS 1984 Nr. 726, oder bei Beurteilung der Frage, ob nach Ausfällung eines Strafmandats noch mit dem Verfahren eines andern Kantons vereinigt werden soll.

21   Eine **Änderung des Gerichtsstandes,** der durch Vereinbarung oder durch die AK (BGE 72 IV 41) festgelegt wurde (gelegentlich spricht die AK auch von «Wechsel», wenn noch kein Entscheid vorlag, z. B. BGE 76 IV

206, 73 IV 142), ist möglich, aber *nur aus triftigen Gründen* zulässig, BGE 117 IV 94 f., 113 Ia 170 f., 107 IV 159, 98 IV 208, 97 IV 150, 260, 96 IV 93 f., 85 IV 210, 78 IV 206, 72 IV 41, 71 IV 61, 69 IV 46, Sem.jud. 1980 591, 1976 568. «Darunter sind Gründe zu verstehen, die eine nachträgliche Änderung, sei es im Interesse der Prozessökonomie, sei es zur Wahrung anderer, neu ins Gewicht fallender Interessen, wegen veränderter Verhältnisse aufdrängen. Die Änderung soll die Ausnahme bilden», BGE 72 IV 41, 107 IV 159, 119 IV 106; nach neuer Praxis, SCHWERI N 481: Gründe, welche «prozessökonomisch eine Änderung der Zuständigkeit gebieterisch nahelegen». Namentlich *das Bekanntwerden schwererer Delikte* kann ein solcher Grund sein, sofern zusätzliche Anforderungen erfüllt sind: Es muss sich um ein erheblich schwereres Delikt handeln und es muss sich das Schwergewicht der Delinquenz dadurch verlagern, BGE 72 IV 41 (mit irrigem Vergleich zwischen aArt. 137.2 und 144 III). Ein Wechsel ist (aus psychologisch-taktischen Gründen) auch angebracht, wenn irrtümlich, auf unvollständiger Grundlage, ein Gerichtsstand anerkannt wurde, die Untersuchung dann aber Tatsachen ans Licht bringt, die den Entscheid als unrichtig erscheinen lassen. Auch in diesem Fall ist die Änderung nicht obligatorisch, aber der «‹triftige Grund› ist hier weiter auszulegen», BGE 96 IV 94, vgl. auch 94 IV 47.

Kein triftiger Grund zum Wechsel liegt vor, wenn die Untersuchung der   22
schwersten Tat, die den Gerichtsstand begründete, aufgehoben wurde, BGE 113 Ia 171, 71 IV 62, SJZ 61 (1965) Nr. 115, ZBJV 79 (1943) 334, es sei denn, es liegen besondere Voraussetzungen gemäss. BStP Art. 263 vor, BGE 73 IV 142, vgl. auch 76 IV 207. Z.B.: wenn der (gerichtsstandsbegründende) Wohnsitz gewechselt wurde, BJM 1968 87; wenn nur die Verdachtslage sich verschoben hat, von vornherein aber Zweifel an den relevanten Sachverhaltsmerkmalen bestanden, BGE 78 IV 207 f., 97 IV 150 f. – entscheidend sind objektive Kriterien, nicht subjektive Vorstellungen; beim Tod eines Beschuldigten, BGE 107 IV 160; wenn die Untersuchung weit vorangeschritten ist und die Anfechtung des Gerichtsstands verschleppt wurde, BGE 97 IV 260. Weitere Kasuistik bei SCHWERI N 482 ff.

Nach dem Wechsel braucht eine neu zuständige Behörde das Verfahren   23
«keineswegs von vorne aufzunehmen», sie kann sich auf die vorliegenden Untersuchungsergebnisse stützen, BGE 94 IV 48, 96 IV 96.

Besteht eine **spezielle gesetzliche Regelung,** *in casu* BdBSt Art. 132,   24
kommt Art. 346 nicht zur Anwendung, vgl. Art. 333, BGE 120 IV 30 f.

Ein Gerichtsstand *sui generis* entsteht dann, wenn ein Kanton die **Aus-**   25
lieferung an einen anderen Kanton gem. Art. 352 II **verweigert,** BGE 118 IV 379.

Zum Gerichtsstand im **Kinder- und Jugendlichenstrafrecht** s. Art. 372.   26

In Fällen, bei welchen der Gerichtsstand vom für die Verfolgung und Be-   27
urteilung eines **Antragsdeliktes** zuständigen Kanton infolge «Zusam-

mentreffens mehrerer Handlungen (Art. 350 Ziff. 1 Abs. 1 StGB) bzw. Prävention (Art. 350 Ziff. 1 Abs. 2 StGB) oder eines Entscheides der Anklagekammer (Art. 263 f. BStP) in einen andern Kanton verschoben wird, [muss] dieser Kanton den an sich am richtigen Ort form- und fristgerecht eingereichten Strafantrag anerkennen und den Fall im aktuellen Stadium übernehmen», BGE 122 IV 256 f.

346 Gerichtsstand des Ortes der Begehung

[1] Für die Verfolgung und Beurteilung einer strafbaren Handlung sind die Behörden des Ortes zuständig, wo die strafbare Handlung ausgeführt wurde. Liegt nur der Ort, wo der Erfolg eingetreten ist oder eintreten sollte, in der Schweiz, so sind die Behörden dieses Ortes zuständig.

[2] Ist die strafbare Handlung an mehreren Orten ausgeführt worden, oder ist der Erfolg an mehreren Orten eingetreten, so sind die Behörden des Ortes zuständig, wo die Untersuchung zuerst angehoben wurde.

1   **Primär** zuständig ist der Richter am Ort der Begehung, **wo der Täter sich vorwerfbar verhalten hat** *(forum delicti commissi).* Entgegen Art. 7, wo es um die Anwendung des Gesetzes geht und Lücken zu vermeiden sind, kommt es hier, wo Kollisionsprobleme gelöst werden sollen, zunächst nicht auf den Ort des Erfolgs an (s. aber N 6), FRANK 28, BGE 68 IV 56 ff., 71 IV 59, 73 IV 59, 86 IV 224 (Golder c. Schenini), 113 Ia 170, dazu krit. SCHULTZ, ZBJV 125 (1989) 48; unzulässig abweichend RS 1962 Nr. 36.

2   **Entscheidend** ist der gegenüber dem Täter erhobene **Vorwurf,** dazu Vb 9.

3   Das Verhalten ist nur relevant, wenn mindestens das **Stadium des Versuchs** erreicht wurde (Art. 21 N 2 ff.). Straflose Vorbereitungshandlungen begründen keinen Gerichtsstand, BGE 72 IV 95, 81 IV 72, 91 IV 171, 115 IV 272, 119 IV 253, ZR 66 (1967) Nr. 137.

4   Beim **Unterlassungsdelikt** ist massgebend der Ort, wo der Täter hätte handeln sollen, FRANK 32, HAUSER/SCHWERI § 33 N 8, BGE 108 IV 171, 98 IV 207, abweichend (Aufenthaltsort des Täters) SCHWERI N 76. Bei Bringschulden an einen Gläubiger im Ausland muss jedoch auf den Aufenthaltsort in der Schweiz abgestellt werden, BGE 82 IV 68 f. (Zistler c. Zistler), 99 IV 181 f., was sich damit rechtfertigen lässt, dass schon hier i.S.v. Art. 21 mit der Ausführung begonnen wurde, vgl. STRATENWERTH AT I § 15 N 1 ff.

5   Für Einzelfragen des Tatorts s. **Art. 160** N 14, **163** N 15, **173** N 20, **217** N 20, **220** N 6.

6   Wurde die **Tat im Ausland begangen,** so ist Begehungsort i.S.v. Art. 346 I der Ort des Erfolgseintritts, BGE 86 IV 68 (Pache; zu aArt. 157). Dasselbe gilt, wenn sich der Ausführungsort in der Schweiz nicht ermitteln

oder nicht bestimmen lässt, FRANK 33, SCHWERI N 96, vgl. BGE 71 IV
157. Die schweizerische Gerichtsbarkeit nach den Art. 3-7 darf «nicht offensichtlich auszuschliessen» sein, BGE 122 IV 167. Zum «Erfolg» Art. 7
N 6. Wurde die Tat bloss versucht, kommt es auf den Ort an, wo der Erfolg hätte eintreten sollen.

Bei **Ausführung einer Tat an verschiedenen Orten** ist jeder Aus-   7
führungsort *gleichwertig* – es gilt das *forum praeventionis* (Vb 10, 11)
ohne Rücksicht auf die Bedeutung einzelner Tatbeiträge, BGE 71 IV 56.
Ein Anwendungsfall ist die mittelbare Täterschaft, ausgeführt ist die Tat
sowohl dort, wo der mittelbare Täter, wie auch dort, wo der Tatmittler
aktiv wurde, BGE 85 IV 203 (Amacker), 78 IV 252 f. Werden die Verhaltensweisen jedoch unterschiedlich subsumiert (z.B. Betrug oder
Veruntreuung?), ist nach Art. 350 vorzugehen, BGE 75 IV 138. Verschiedene Begehungsorte finden sich vor allem bei Dauer- und Kollektiv-
delikten, z.B. aktive Zuhälterei, wenn die Prostituierte an mehreren
Orten anschafft, BGE 85 IV 205 (mit Abweichen gemäss BStP Art. 263);
gewerbsmässiger Betrug, BGE 86 IV 63, 91 IV 171 (Äberli), RS 1962
Nr. 188. Hat der Täter ausserdem Einzeltaten begangen, die nicht in den
Kollektivzusammenhang gehören, ist nach Art. 350 vorzugehen – die wegen einer solchen Tat angehobene Untersuchung begründet kein *forum
praeventionis*, BGE 108 IV 144. Das *forum praeventionis* gilt auch, wenn
der Erfolg einer Auslandstat an mehreren Orten eingetreten ist, BGE
106 IV 33 f.

Zur **Abgrenzung von Art. 372** (Jugendstrafverfahren) s. dort N 3.   8

347   Gerichtsstand der Presse

[1] **Bei strafbaren Handlungen, die im Inlande durch das Mittel der
Druckerpresse begangen wurden, sind, soweit für sie die Verantwortlichkeit besonders geordnet ist, ausschliesslich die Behörden des Ortes zuständig, wo die Druckschrift herausgegeben wurde. Ist jedoch der Verfasser der Druckschrift bekannt und hat er seinen Wohnort in der
Schweiz, so sind die Behörden des Wohnortes gleichfalls zuständig. In
diesem Falle wird das Verfahren da durchgeführt, wo die Untersuchung
zuerst angehoben wurde.**

[2] **Ist der Ort der Herausgabe unbekannt, so sind die Behörden des
Ortes zuständig, wo die Schrift gedruckt wurde.**

[3] **Ist auch dieser Ort unbekannt, so sind die Behörden des Ortes
zuständig, wo die Druckschrift verbreitet wird. Erfolgt die Verbreitung
an mehreren Orten, so sind die Behörden des Ortes zuständig, wo die
Untersuchung zuerst angehoben wird.**

[4] **Kann der Täter an keinem dieser Orte vor Gericht gestellt werden,
weil sein Wohnortskanton die Zuführung verweigert, so sind die Behörden seines Wohnortes zuständig.**

FRANZ RIKLIN, Schweizerisches Presserecht, Bern 1996; **Lit.** vor Art. 346 und zu Art. 27.

1   Die **Sonderregelung für Pressedelikte** soll den «fliegenden Gerichtsstand» vermeiden, der gelten würde, wenn in Anwendung von Art. 346 jede Verbreitung des Druckwerks als Begehungsort zu behandeln wäre, BGE 66 I 227, 83 IV 118 (Steiner c. Vögele), 89 IV 182 (Düringer u. Jetzer), 102 IV 39 (Knaut c. Metzger u. Bogert). In lockerer Analogie zur Kaskadenhaftung gemäss Art. 27 sieht Art. 347 eine «Kaskadenzuständigkeit» vor. Werden strafbare Handlungen durch das Mittel von *Radio und Fernsehen* begangen, gilt Art. 346 (Ausführungsort), weil kein entsprechender Sondergerichtsstand besteht, RIKLIN § 6 N 17, BGE 119 IV 252 m.w.Hinw.; s. auch SCHMID StP N 402.

2   Zum Begriff des **Pressedelikts** s. Art. 27 N 2–4.

3   Ist der **Verfasser** (dazu Art. 27 N 5) bekannt, so gilt keine Sonderregelung und gemäss Art. 346 müsste der Ort seiner Handlung den Gerichtsstand bestimmen. Abweichend davon ist gemäss Art. 347 I der Richter am Wohnort (s. Art. 348 N 4) des Verfassers zuständig, wenn dieser in der Schweiz liegt. Obschon der (bekannte) Verfasser gemäss Art. 27 (s. N 6) allein strafbar ist, besteht der Gerichtsstand seines Wohnsitzes neben demjenigen des Herausgabe-, Druck- oder Verbreitungsorts, wobei der Vorrang beim *forum praeventionis* (N 10, 11 vor Art. 346) liegt. Gemäss ZBJV 111 (1975) 239 soll der Untersuchungsrichter einen Antragsteller auf die Wahlmöglichkeit hinweisen; zur Wahlmöglichkeit bei Antragsdelikten s. auch BGE 114 IV 181 ff.

4   In erster Linie sieht Art. 347 im übrigen den Gerichtsstand des **Herausgabeorts** vor, des Orts, wo das Erzeugnis auf dem Weg zur Verbreitung aus der Hand gegeben wird, «‹von dem aus› (also nicht etwa an dem) die Druckschrift an die Öffentlichkeit» gelangt, BGE 89 IV 182, 83 IV 115 ff., 116 IV 83 ff., ZR 68 (1969) Nr. 46, insbesondere der Ort der Übergabe an die Post. Dazu gehört nicht der Ort, von dem aus die Herausgabe angeordnet wurde, BGE 83 IV 117, aber auch nicht der Ort der Verbreitung, der Übergabe an Adressaten, BGE 89 IV 181. SJZ 84 (1988) Nr. 58 weicht von der Regel ab: Der «Blick» wird zu einem grossen Teil in Adligenswil / LU herausgegeben, im übrigen an verschiedenen Poststellen; als Herausgabeort wird jedoch Zürich angenommen, mit der im Impressum angegebenen Adresse – generell sei auf das Domizil des Herausgebers einer Zeitung abzustellen. Hinsichtlich derselben Druckschrift können mehrere Herausgabeorte bestehen, BGE 66 I 227, 83 IV 118, 89 IV 183, wobei das *forum praeventionis* gilt, 88 IV 48, 89 IV 183, Kasuistik bei SCHWERI N 178–184, s. auch RIKLIN § 6 N 8.

5   Ist der Herausgabeort unbekannt, so sind die Behörden am **Ort des Druckes** zuständig, dazu Art. 27 N 11.

6   Ist auch der Druckort unbekannt, so liegt der Gerichtsstand am **Ort der Verbreitung,** wobei das *forum praeventionis* den Ausschlag gibt. «Ver-

breitung» bedeutet dasselbe wie Inverkehrbringen (Art. 155 N 10) oder in Umlaufsetzen (Art. 242 N 2). In diesem Fall kommt es doch zum «fliegenden Gerichtsstand», BARRELET N 1219.

Ein **Abweichen von der Regelung des Art. 347** ist gemäss BStP Art. 262 f.   7
möglich, BGE 79 IV 57 (Rupff), und z.B. dann zweckmässig, wenn die Veröffentlichung desselben Textes in zwei Zeitungen mit verschiedenen Verantwortlichen zu beurteilen ist, BGer a.a.O. Besteht z.B. zwischen mehreren Delikten ein enger sachlicher Zusammenhang, so kann sich ein einheitlicher Gerichtsstand rechtfertigen, BGE 114 IV 181 ff. (mehrere, in derselben Zeitung erschienene, ehrverletzende Artikel).

Subsidiär ist die Behörde am **Wohnort des «Täters»** zuständig, wenn ein   8
Kanton gestützt auf Art. 352 II die Zuführung an den nach Art. 347 I–III zuständigen Kanton verweigert – diese Regel ist ohne Wirkung für den Verfasser, der nur an seinem Wohnsitz zu verfolgen ist (N 3).

Art. 347 **gilt nicht für ausländische Presseerzeugnisse.** Sie unterliegen   9
dem fliegenden Gerichtsstand des Verbreitungsortes (N 6), BGE 102 IV 39 m.w.H., Vi SJZ 73 (1977) Nr. 62.

Art. 347 **gilt nicht bei Übertretungen des kantonalen Rechts,** BGE 88 IV   10
47 E. 1, SJZ 61 (1965) Nr. 119.

348   Gerichtsstand bei strafbaren Handlungen im Auslande

[1] **Ist die strafbare Handlung im Auslande verübt worden, oder ist der Ort der Begehung der Tat nicht zu ermitteln, so sind die Behörden des Ortes zuständig, wo der Täter wohnt. Hat der Täter keinen Wohnort in der Schweiz, so sind die Behörden des Heimatortes zuständig. Hat der Täter in der Schweiz weder Wohnort noch Heimatort, so ist der Gerichtsstand an dem Orte, wo der Täter betreten wird, begründet.**

[2] **Ist keiner dieser Gerichtsstände begründet, so sind die Behörden des Kantons zuständig, der die Auslieferung veranlasst hat. Die kantonale Regierung bestimmt in diesem Falle die örtlich zuständige Behörde.**

Lit. vor Art. 346.

Bei Art. 348 handelt es sich um eine **Auffangnorm:** Wann immer das   1
StGB anzuwenden ist, muss auch ein schweizerischer Gerichtsstand feststehen. Art. 346 bedarf insbesondere der Ergänzung für den Fall, dass der Begehungsort nicht in der Schweiz liegt oder nicht bekannt ist. Es reicht, wenn die schweizerische Gerichtsbarkeit nicht offensichtlich auszuschliessen ist, BGE 122 IV 166 ff. Eine weitere Ergänzung findet sich in BetmG Art. 24: Für Einziehung von Vermögenswerten aus Drogenhandel ist, wenn kein schweizerischer Gerichtsstand besteht, der Kanton zuständig, auf dessen Gebiet sie liegen, dazu BGE 109 IV 53.

Eine **Auslandstat** i.S.v. Art. 348 liegt nur vor, wenn weder Ausführungs-   2
noch Erfolgsort in der Schweiz liegen, das StGB also gestützt auf

Art. 4–6bis Anwendung beansprucht, BGE 92 IV 158, 86 IV 65, 73 IV 59. Die Zuständigkeit der Schweizer Justiz kann sich auch aus Übernahme der Strafverfolgung gemäss IRSG Art. 85 ff. ergeben, vgl. BGE 119 IV 118 f., wo allerdings wegen Vorliegens der schweizerischen Gerichtshoheit eine Übernahme im technischen Sinne nicht in Frage kam.

3   Der **Begehungsort war** z. B. **nicht zu ermitteln** (unklare Kantonsgrenze), als auf dem Vierwaldstättersee im Grenzbereich zwischen Luzern und Nidwalden Fischnetze geleert und versenkt wurden, BGE 71 IV 157 (Mathis). Wird der Begehungsort später bekannt, ist der Gerichtsstand zu wechseln, SCHWERI N 194, sofern das Verfahren nicht unmittelbar vor dem Abschluss steht, vgl. N 22 vor Art. 346.

4   Der Begriff **Wohnort** *(résidence, dimora)* unterscheidet sich vom «Wohnsitz» *(domicile, domicilio)* gemäss ZGB Art. 23 durch stärkere Pragmatik: «Der Wohnort befindet sich ohne Rücksicht darauf, ob dem Beschuldigten die Niederlassung bewilligt ist, am Orte des Mittelpunkts seines Lebens, in der Regel also dort, wo er für sich und seine Familie eine Wohnung eingerichtet hat und bewohnt oder wo er gewöhnlich nächtigt»; denn «[w]esentlich ist, dass eine Strafbehörde rasch und auf einfache Weise feststellen kann, dass ihr Gerichtsbarkeit zur Verfolgung des Beschuldigten zusteht»; am so definierten Wohnort ist der Verfolgte bekannt und die Behörden können «seiner am besten habhaft werden», BGE 76 IV 269, best. in 97 IV 152, 119 IV 118.

5   **Massgeblich** ist der **Zeitpunkt der Verfolgung,** nicht der Tat. Liegt ein ausländisches Übernahmebegehren vor, so ist auf den Zeitpunkt der Weiterleitung durch das EJPD abzustellen, BGE 76 IV 270, 119 IV 118.

6   Hat der Verfolgte schweizerischer Nationalität keinen Wohnort in der Schweiz, so sind die Behörden am **Heimatort** zuständig – besteht mehr als ein Heimatort, so gilt das *forum praeventionis* (N 10, 11 vor Art. 346), FRANK 40, SCHWERI N 200.

7   Der Ausländer ohne Wohnort in der Schweiz wird verfolgt, wo er **betreten** wurde, d. h., wo er «anwesend ist und von den Strafverfolgungsorganen in Kenntnis der gegen ihn bestehenden Verdachtsmomente erstmals aufgegriffen wird», wobei die kantonale Zugehörigkeit der Beamten (Nacheile, Art. 356) keine Rolle spielt, FRANK 40 f.

8   Fehlt einer dieser Anknüpfungspunkte, so ist der Kanton zuständig, der (zuerst) die **Auslieferung** veranlasst hat.

9   Sind Auslandstaten mehrerer **Mittäter** in der Schweiz zu verfolgen, so gilt Art. 349 II analog: *forum praeventionis,* BGE 86 IV 130.

10 Zu **kantonalen Übertretungen** s. BJM 1960 17 (der Tatbestand der Widerhandlung gegen das Eheverbot ist gemäss EGMR, Urteil F. c. CH, Nr. 128, nicht mehr anzuwenden).

349   Gerichtsstand der Teilnehmer

[1] **Zur Verfolgung und Beurteilung der Anstifter und Gehilfen sind die Behörden zuständig, denen die Verfolgung und Beurteilung des Täters obliegt.**

[2] **Sind an der Tat mehrere als Mittäter beteiligt, so sind die Behörden des Ortes zuständig, wo die Untersuchung zuerst angehoben wurde.**

Lit. vor Art. 346, vor und zu Art. 24 f.

Art. 349 dient dem **Zweck,** bei Beteiligung Mehrerer an einer strafbaren   1
Handlung *(objektive Konnexität)* eine einheitliche Beweiswürdigung,
Subsumtion (vorbehältlich Art. 26) und Strafzumessung zu ermöglichen,
BGE 109 IV 57, 95 IV 40, 73 IV 204, 69 IV 87 (Chevalley). Der Teilneh-
mer wird deshalb am gleichen Ort wie der Täter verfolgt, auch wenn der
Schwerpunkt seines Handelns anderswo lag, BGE 69 IV 86 f.

Der Begriff der **Teilnahme** ist weiter gefasst als in Art. 24 f. Dazu   2
gehören auch Fälle, in denen ein einheitlicher Sachverhalt je nach Art
der Beteiligung unter verschiedene Tatbestände fällt, z.B. Art. 118/119,
BGE 70 IV 88 (Porret); SVG Art. 96/100.2, BGE 90 IV 237 (Boss); s.
auch BGE 73 IV 204 f. zu BG über die Handelsreisenden (SR 943.1) Art.
14 Ia. Nicht mehr als Teilnahme gelten Hehlerei und Begünstigung
(sofern nicht Teilnahme an der Vortat gegeben ist), BGE 77 IV 123 f.
(Limacher), 98 IV 149 f., RS 1949 Nr. 171, kritisch FRANK 69; Abweichungen sind gemäss BStP Art. 262 f. aus Zweckmässigkeitsgründen
möglich, SCHWERI N 212, was insbesondere bei fahrlässiger Nebentäterschaft in Frage kommt, SCHWERI N 234. Bei Anstiftungsversuch,
Art. 24 II, gilt Art. 346, SCHWERI N 220.

Für **Mittäter** gilt die *Konzentrationsmaxime* wie bei Teilnahme i.e.S. –   3
Anknüpfungspunkt ist das *forum praeventionis* (N 10, 11 vor Art. 346).
Die Regel wirkt sich nur aus, wenn nach den allgemeinen Grundsätzen
verschiedene Gerichtsstände vorlägen, z.B. wegen getrennter Aus-
führungsorte BGE 70 IV 89, 71 IV 60, 72 IV 194, 95 IV 40, 109 IV 57, 122
IV 169, Sem.jud. 1980 591. Steht für zwei Mittäter bereits ein Gerichtsstand fest, so ist diesbezüglich ohne Bedeutung, ob es einen dritten Mittäter gibt, BGE 71 IV 109. Bei Verstössen gegen BetmG Art. 19.1 sind
die «Anforderungen an die Annahme einer Mittäterschaft eher hoch anzusetzen», BGE 118 IV 401.

Art. 349 setzt voraus, dass die Beteiligten **gleichzeitig verfolgt** werden,   4
FRANK 69 f., SCHWERI N 213, wobei diese Autoren eine Ausnahme vorsehen für den Fall, dass das erste Verfahren bereits ins Rechtsmittelstadium gelangt ist. BGE 73 IV 204 f. weicht davon ab (krit. FRANK 70 Fn.
70), was m.E. zweckmässig ist, weil auch eine getrennte Beurteilung
durch die gleiche Behörde noch Einheitlichkeit der Beurteilung verspricht. Wird das Verfahren gegen einen Beteiligten eingestellt, soll der
Gerichtsstand nicht geändert werden, SCHWERI N 216.

5 Bei **mittelbarer Täterschaft** gibt zwischen dem Ort, wo der Hintermann, und dem, wo der Tatmittler handelte, das *forum praeventionis* den Ausschlag, BGE 78 IV 252 f., 85 IV 203.

6 Liegt **gleichzeitig subjektive Konnexität** vor, wird Art. 349 mit Art. 350.1 I kombiniert. Am Ort der schwersten Tat werden Teilnehmer auch verfolgt, wenn sie an einer anderswo begangenen Tat beteiligt waren. Bei Mittätern gibt der Ort der schwersten Tat eines Mittäters den Ausschlag, allenfalls das *forum praeventionis*, BGE 109 IV 57, 95 IV 40, RS 1970 Nr. 102. Dadurch können sehr komplex verzweigte Verfahren entstehen, s. z.B. BGE 112 IV 140, wo eine Lösung nach dem *forum secundum praeventionis* getroffen wurde, s. N 12 vor Art. 346. Das Vereinigungsprinzip kann zu einer derartigen Überladung eines Prozesses führen, dass dieser nicht mehr innert vernünftiger Frist (EMRK Art. 6.1) abgeschlossen werden kann – droht diese Gefahr, sollte abgetrennt werden.

7 Bei **Auslandsbeziehungen** ergeben sich differenzierte Lösungen. Handelten mehrere Mittäter nur im Ausland, erfolgt eine Vereinigung in analoger Anwendung von Art. 349 II, BGE 86 IV 130. Für Teilnehmer an einer im Ausland verübten Tat, deren Erfolg in der Schweiz eintritt (Art. 118), besteht Gerichtsstand in der Schweiz gemäss Art. 346, BJM 1961 271. SJZ 56 (1960) Nr. 126 bejaht aber auch schweizerische Zuständigkeit für den Gehilfen zu einer im Ausland verübten Abtreibung, selbst wenn diese möglicherweise nicht strafrechtlich verfolgt wird.

8 Ein **Antragsrecht** für die Festlegung des Gerichtsstandes haben Gehilfe und Anstifter auch dann, wenn der Täter einen Gerichtsstand bereits anerkannt hat, BGE 76 IV 271 (Studer).

9 **Abweichungen** gemäss BStP Art. 262/3: BGE 68 IV 124, 69 IV 47 f., 86, 70 IV 90, 95 IV 40, 112 IV 141, 120 IV 285, s. N 13 ff. vor Art. 346.

350 Gerichtsstand bei Zusammentreffen mehrerer strafbarer Handlungen

1. Wird jemand wegen mehrerer, an verschiedenen Orten verübter strafbarer Handlungen verfolgt, so sind die Behörden des Ortes, wo die mit der schwersten Strafe bedrohte Tat verübt worden ist, auch für die Verfolgung und die Beurteilung der andern Taten zuständig.

Sind diese strafbaren Handlungen mit der gleichen Strafe bedroht, so sind die Behörden des Ortes zuständig, wo die Untersuchung zuerst angehoben wird.

2. Ist jemand entgegen der Vorschrift über das Zusammentreffen mehrerer strafbarer Handlungen (Art. 68) von mehreren Gerichten zu mehreren Freiheitsstrafen verurteilt worden, so setzt das Gericht, das die schwerste Strafe ausgesprochen hat, auf Gesuch des Verurteilten eine Gesamtstrafe fest.

Lit. vor Art. 346.

Art. 350 regelt den Gerichtsstand bei **Realkonkurrenz** (Art. 68) *(subjektive Konnexität),* «wenn dem Täter mehrere strafbare Handlungen vorgeworfen werden, die bei Anwendung der übrigen Gerichtsstandsbestimmungen an verschiedenen Orten zu verfolgen wären», BGE 76 IV 267 f. Nicht darauf, wo die schwerste Tat verübt wurde, sondern wo sie zu verfolgen ist, kommt es an, BGE 71 IV 158 f. (Mathis). Die Bestimmung dient dem kriminalpolitischen Ziel, den Täter unter Berücksichtigung aller Umstände für sämtliche ihm zu einem gewissen Zeitpunkt vorgeworfenen Taten zu einer Gesamtsanktion zu verurteilen (vgl. auch Art. 344), BGE 68 IV 5, 70 IV 92, WAIBLINGER 8; sie gilt aber auch, wenn im zuständigen Kanton (z.B. wegen besonderer Verfahren bei Übertretung oder Ehrverletzung) keine Vereinigung zu erwarten ist, BGE 95 IV 35. Art. 350 gilt nicht, wenn zwei Personen eine gleichartige Handlung (Veröffentlichung desselben ehrverletzenden Gedichts) vorgeworfen wird, BGE 79 IV 55.

«Verfolgt» ist jemand, wenn gegen ihn eine Untersuchung angehoben wurde, «Verfolgung … liegt vor, wenn eine Straf-, Untersuchungs- oder Polizeibehörde durch Vornahme von Erhebungen oder auf andere Weise zu erkennen gegeben hat, dass sie jemanden einer strafbaren Handlung verdächtigt, oder wenn eine solche Handlung wenigstens zum Gegenstand einer Strafanzeige oder (bei Antragsdelikten) eines Strafantrags gemacht worden ist», BGE 75 IV 140 f. *In casu* wurde behauptet, der Betroffene habe im Tessin einen Raub versucht – weil die dort zuständigen Behörden keinen Anlass zur Einleitung eines Verfahrens sahen (was die AK nicht zu kritisieren hat, s. auch BGE 76 IV 206) und auch keine Anzeige vorlag, war nicht nach Art. 350 vorzugehen. Eidgenössisches Recht bestimmt jedoch, mit welcher Handlung die Verfolgung beginnt – bejaht für das Sühneverfahren des Zürcher Ehrverletzungsprozesses, BGE 68 IV 6, 74 IV 187 ff. (Scamara), 85 IV 248; dementsprechend hat die AK darüber zu entscheiden, BGE 91 IV 54.

Die **Verfolgung endet** mit dem **Sachurteil,** BGE 68 IV 122, 123, 70 IV 93, 95 IV 40, 106 IV 159, 111 IV 46; eine Missachtung dieses Urteils würde den Grundsatz *ne bis in idem* verletzen, vgl. SCHWERI N 249. Schon gar nicht möglich ist ein Vorgehen nach Art. 350 bei Widerruf des bed.StrV, ZR 48 (1949) Nr. 187. Der Schuldspruch allein *(in casu* war noch eine psychiatrische Begutachtung hängig) hindert die Vereinigung dagegen nicht, BGE 111 IV 46 f. Rechtskraft tritt nicht ein, wenn gegen ein Strafmandat Einspruch erhoben, BGE 95 IV 36, oder wenn die Wiedereröffnung des Verfahrens nach einem Kontumazialurteil verlangt wurde, BGE 99 IV 16. Vereinigung wird auch wieder möglich, nachdem das Urteil erster Instanz kassiert wurde, FRANK 61 Fn 33. Immerhin kann das Vorliegen eines (nicht rechtskräftigen) Urteils Grund zur Trennung sein, nach der erstinstanzlichen Verurteilung wird die Vereinigung unzweckmässig, FRANK 61, WAIBLINGER, ZStrR 57 (1943) 92, vgl. auch BGE 102 IV 244.

4   **Einstellung** der Untersuchung wegen der schwersten Tat führt nicht zu einem Wechsel des Gerichtsstands; auch wenn die Vereinigung noch gar nicht getroffen wurde, bleibt die Zuständigkeit bestehen, BGE 71 IV 60, 76 IV 206 f. Die Kantone sollen sich insbesondere nicht durch taktische Einstellung ihrer Verfolgungspflicht entschlagen können. Anders entschied BGE 73 IV 142, wo während des Verfahrens in Zürich nur vorübergehend eine Untersuchung im Tessin hängig gewesen war, s. auch SCHWERI N 275. Die Verfolgung läuft weiter, solange auch nur eine subsidiäre Privatstrafklage geführt wird, SJZ 51 (1955) Nr. 102. Zur Wiedereröffnung einer aufgehobenen Voruntersuchung ZBJV 112 (1976) 386.

5   Die **Schwere** einer Tat bestimmt sich (anders als bei Art. 2, s. dort N 11) **nach der abstrakten Methode,** «nach dem rein formalen Merkmal der auf die einzelne Tat angedrohten Strafe», BGE 71 IV 165, ebenso BGE 68 IV 52 (Bugmann), 69 IV 37, 61 (Calori), 75 IV 95, 92 IV 155, 117 IV 87 u.v.a. In erster Linie ist der obere, subsidiär der untere Strafrahmen zu berücksichtigen, BGE 76 IV 264, Sem.jud. 1984 333. Die rechtliche Subsumtion des vorgeworfenen Sachverhalts liegt in der Kompetenz der AK, BGE 112 IV 63, 92 IV 155, 91 IV 54.

6   Merkmale, die bloss die **Strafzumessung** beeinflussen, sind nicht zu berücksichtigen, z.B. Rückfall, BGE 69 IV 37, 71 IV 167, 98 IV 146, Konkurrenz, BGE 69 IV 37, 71 IV 167, 98 IV 151 (anders noch 68 IV 52), aufrichtige Reue (offengelassen in BGE 98 IV 146). Eine Ausnahme bildet der Versuch, BGE 75 IV 95, 98 IV 146, 105 IV 158, krit. FRANK 64, sofern die Strafdrohung im übrigen gleich ist; versuchte Einzeltaten eines gewerbsmässigen Delikts wiegen dagegen gleich schwer wie die vollendeten, BGE 105 IV 159. Ohne Einfluss auf die Schwere ist das Antragserfordernis, BGE 98 IV 146. Taten Jugendlicher gelten gemäss BGE 96 IV 28 grundsätzlich als milder, s. auch Art. 372 N 3.

7   **Qualifikations- und Privilegierungsmerkmale** der Tatbestände des Besonderen Teils, die den Strafrahmen verschieben, sind dagegen zu berücksichtigen, BGE 71 IV 165 ff., 75 IV 95, 113 IV 110, wobei eine einstweilige Würdigung vorgenommen werden muss und darf – Ausweichen auf das *forum praeventionis* (N 10, 11 vor Art. 346) soll nach Möglichkeit vermieden werden, s. auch FRANK 65. Für den Entscheid ist ohnedies nur das vorgeworfene Verhalten massgeblich, BGE 71 IV 167, 74 IV 125, 98 IV 63, s. dazu N 9 vor Art. 346.

8   Der zuständige Kanton ist **verpflichtet,** die Strafverfahren wegen weniger schwerer Taten zu übernehmen – er bedarf dazu keiner Ermächtigung des anderen Kantons, BGE 81 IV 69 (Stutz). Ist ein Kanton auf Grund eines Übernahmebegehrens (i.c. DDR) zur Verfolgung verpflichtet worden, so bleibt er zuständig, auch wenn gleich schwere Taten in einem andern Kanton verfolgt werden, Rep. 1966 110.

9   Ein **Abweichen** von der Regel des Art. 350.1 I ist gemäss BStP Art. 263 in Ausnahmefällen aus Gründen der Zweckmässigkeit, z.B. zur Vermei-

dung besonderer Schwierigkeiten, möglich, BGE 68 IV 7 (Wenzin), 69 IV 39, 99 IV 17, 117 IV 89, 121 IV 227, 123 IV 25 f., insbesondere besteht *kein Anspruch auf gemeinsame Beurteilung*, BGE 97 IV 56, 95 IV 35, 91 IV 59, 84 IV 11. Haben umgekehrt die beteiligten Kantone eine abweichende Lösung getroffen, so weicht die AK davon «nicht ohne Not» ab, BGE 74 IV 126, zumal sie die dabei bekundete Verständigungsbereitschaft schätzt, BGE 78 IV 204. S. im übrigen N 13 ff. vor Art. 346. Ein Abweichen vom ordentlichen Gerichtsstand aus wichtigen Gründen verletzt den Anspruch auf einen gesetzlichen Richter gemäss EMRK Art. 6.1 nicht, EKMR B 16875/90, VPB 55 Nr. 49.

Sind **mehrere schwerste Taten** mit derselben Strafdrohung zu verfolgen, so gilt das *forum praeventionis*, s. N 10, 11 vor Art. 346. 10

Ziff. 2 enthält eine **Korrekturmöglichkeit** für den Fall, dass trotz Art. 350 und 68 (inkl. Ziff. 2, BGE 68 IV 13) unabhängig voneinander mehr als eine Freiheitsstrafe anstelle von Gesamt- oder Zusatzstrafe ausgefällt wurde. Dazu kann es etwa kommen, wenn ein entscheidungsreifer Fall beurteilt wird, obschon sich ein früheres Urteil im Rechtsmittelstadium befindet, vgl. BGE 102 IV 243 f., dazu Art. 68 N 19. Der Anspruch besteht nicht, wenn Freiheitsstrafe und Busse oder wenn mehrere Bussen in verschiedenen Urteilen ausgefällt wurden. Dagegen muss in ausdehnender Interpretation auch der Fall erfasst werden, wo im einen Urteil Freiheitsstrafe, in einem andern eine freiheitsentziehende Massnahme ausgesprochen wurde. 11

Zur **Kombination mit objektiver Konnexität** s. Art. 349 N 6. 12

Bei **natürlicher oder juristischer Handlungseinheit** gilt Art. 346, BGE 118 IV 91 ff.; vgl. N 12a vor Art. 346. 13

351 Streitiger Gerichtsstand

Ist der Gerichtsstand unter den Behörden mehrerer Kantone streitig, so bezeichnet das Bundesgericht den Kanton, der zur Verfolgung und Beurteilung berechtigt und verpflichtet ist.

Lit. vor Art. 346.

Art. 351 (vgl. auch BStP Art. 264) gibt dem Bundesgericht die Kompetenz zum Entscheid in **Kompetenzkonflikten zwischen Kantonen.** Innerkantonale Streitigkeiten müssen auf kantonaler Ebene beigelegt werden, BGE 91 IV 52 f. (Jesumann c. Trümpy), 106 IV 94, auf Bundesebene kommt höchstens staatsrechtliche Beschwerde wegen Willkür in Frage, BGE 113 Ia 168, Schweri N 520. Ein *positiver Kompetenzkonflikt* (selten, vgl. aber BGE 107 IV 158) liegt vor, wenn mehrere Kantone ihre Zuständigkeit behaupten, ein *negativer,* wenn kein Kanton sie anerkennt. Darüber hinaus liegt ein «Streit» auch vor, wenn sich zwar die Kantone einig sind, aber der Beschuldigte oder der Bundesanwalt das Ergebnis 1 anficht, BGE 67 I 151, 68 IV 4 (Wenzin), 69 IV 189, 70 IV 88, 71 IV 58, 73 IV 207. Handelt es sich um ein Antragsdelikt, so besteht kein Gerichtsstandskonflikt, wenn das Erfordernis nur in einem Kanton erfüllt ist, BGE 89 IV 177, 180, 73 IV 107 und N 8.

2   Grundsätzlich ist **nur die Anklagekammer** des Bundesgerichts (BStP Art. 264) kompetent, im Streit um die örtliche Zuständigkeit zu entscheiden, BGE 73 IV 56 f. (in Abweichung von 69 IV 191, 70 IV 94, 71 IV 74), 74 IV 190, 76 IV 114 (Angel), 91 IV 53, 109, 106 IV 159 – die Anfechtung mit der Nichtigkeitsbeschwerde, BStP Art. 268, ist ausgeschlossen, ZR 89 (1990) Nr. 41. Der *Kassationshof* entscheidet dagegen, ob überhaupt schweizerische Gerichtsbarkeit, BGE 102 IV 38, 82 IV 67 f., oder ob kantonale oder Bundesgerichtsbarkeit gegeben sei, BGE 80 IV 135 f.

3   **Keine Entscheidungsbefugnis** hat die AK in **Delegationsstrafsachen,** wenn der Bundesrat einem Kanton gemäss BStP Art. 18/254 die Strafverfolgung übertragen hat, auch wenn eine Bundes- mit einer kantonalen Strafsache nach Art. 344.1 I vereinigt wurde, BGE 69 IV 34, 71 IV 153, 81 IV 264 f., 82 IV 123, 97 IV 257 (Kunz u. Bürki), 99 IV 48 f., Pra 40 (1951) Nr. 32. Eine solche Vereinigung ist gemäss VPB 1978 Nr. 87 auch im Verwaltungsstrafverfahren möglich. Dasselbe gilt im Verhältnis zur *Militärgerichtsbarkeit* (MStG Art. 221), BGE 81 IV 265 f., 92 IV 59. Die Übertragung an einen nach Auffassung der Betroffenen unzuständigen Kanton muss mit Verwaltungsbeschwerde angefochten werden, BGE 81 IV 266 f., 92 IV 59, VEB 1956 Nr. 75. Eine Ausnahme gilt nur dann, wenn Übertragung an die bürgerliche Gerichtsbarkeit ohne Nennung eines zuständigen Kantons verfügt wurde, BGE 92 IV 59. Werden nach der Verfügung gemäss Art. 344 weitere strafbare Handlungen entdeckt, so hat das EJPD zunächst zu entscheiden, ob sie mit den übrigen zu vereinigen seien; ist dies nicht der Fall, hat die AK den zuständigen Kanton zu bestimmen, Pra 40 (1951) Nr. 32. Die AK ist auch nicht an einen Verwaltungsentscheid gem. VStrR Art. 73 gebunden, BGE 97 IV 54, 91 IV 220, 82 IV 125. Zur Sonderregelung im Jugendstrafverfahren Art. 372 1 III, N 8.

4   **In erster Linie** haben **die kantonalen Behörden** sich mit der örtlichen Zuständigkeit zu befassen und *von Amtes wegen* die ersten **Abklärungen** über die vorgeworfenen Sachverhalte und ihre Subsumtion zu treffen, BGE 71 IV 167, 78 IV 252, 81 IV 73, 94 IV 47, 107 IV 79 f., insbesondere über den Begehungs-, evtl. Erfolgsort, BGE 73 IV 64. Handelt es sich um ein Antragsdelikt, so hat der Kläger Nachforschungen anzustellen, BGE 73 IV 63. Die AK selber trifft keine Erhebungen, BGE 73 IV 62, 81 IV 72, 98 IV 63. Solche Vorerhebungen und Sammelverfahren schaffen *kein Präjudiz* für die Zuständigkeit des betreffenden Kantons – es wäre «unbillig», sie als Anerkennung der Gerichtsbarkeit zu deuten, BGE 73 IV 144, 86 IV 132, 94 IV 47; anders in BGE 88 IV 44, weil die Auseinandersetzung verschleppt worden war, s. aber auch das Beispiel bei BÄNZIGER 343, das Skepsis an der «Unschädlichkeit» von Sammelverfahren weckt. Die AK ist an die Subsumtion durch kantonale Behörden nicht gebun-

den, BGE 112 IV 63, 92 IV 155. Ein förmlicher Entscheid über die örtliche Zuständigkeit ist weder erforderlich noch zweckmässig, BGE 74 IV
189, 78 IV 250, 86 IV 136, doch sollten Beschwerdelegitimierte (N 8, 9)
unterrichtet werden, FRANK 94.

Will eine Behörde ihre (kantonale) Zuständigkeit ablehnen, so ist sie   5
verpflichtet, von Amtes wegen mit den Behörden des Kantons, den sie
für zuständig hält, **Verbindung aufzunehmen** und über die Zuständigkeit
zu verhandeln, BGE 78 IV 250, 86 IV 135, 87 IV 46, 91 IV 220, 100 IV 125,
122 IV 168 f., JdT 1957 III 49, RS 1984 Nr. 726, Sem.jud. 1975 166. Versäumt sie dies, so kann die Fortführung der Untersuchung als konkludente Anerkennung des Gerichtsstands gedeutet werden, BGE 88 IV 44.

Eine **Vereinbarung** kann von der Regelung gemäss Art. 346 ff. abwei-   6
chen, wenn sich dies als zweckmässig erweist, BGE 69 IV 39, 72 IV 195,
74 IV 126, 79 IV 57, 83 IV 119, s. auch Art. 350 N 9. Dabei ist der Entscheid für die Gerichte des Kantons grundsätzlich bindend – will er die
Gerichte selber für zuständig erklären, so muss für rasche Entscheidung
(vor Abschluss der Untersuchung) gesorgt sein, BGE 78 IV 207 (wo von
einer solchen Lösung abgeraten wird), Sem.jud. 1983 516. Auch Anerkennung durch *konkludentes Verhalten* ist möglich, BGE 119 IV 104, 85
IV 210, 88 IV 45. Zwingende Voraussetzung für ein Abweichen vom gesetzlichen Gerichtsstand ist aber ein «örtlicher Anknüpfungspunkt zum
Gebiet jenes Kantons, in dem der Gerichtsstand bestimmt werden soll»,
BGE 120 IV 282 m.w.Hinw.

Kommt es zu keiner Einigung, so muss die kantonale Behörde von **Am-**   7
tes wegen die AK anrufen, BGE 71 IV 59 f., 73 IV 62, 78 IV 249, 83 IV
117, 86 IV 135, 87 IV 46, 91 IV 220, 99 IV 48, RS 1984 Nr. 726, Sem.jud.
1975 166.

Legitimiert zur Anrufung der AK sind in erster Linie die kantonalen   8
Behörden. Sodann auch die Bundesanwaltschaft, wenn sie gemäss BStP
Art. 279, 310, 311 zur Nichtigkeitsbeschwerde befugt ist, BGE 91 IV 109,
220. **Der Verfolgte** kann sich auch dann an die AK wenden, wenn sich die
Kantone geeinigt haben, der Gerichtsstand unter ihnen also gar nicht
strittig ist, BGE 67 I 151, 68 IV 4, 69 IV 189, 70 IV 88, 71 IV 58, 73 IV 56,
92 IV 158. Teilnehmern ist die Anrufung nicht verwehrt, wenn der
Haupttäter den Gerichtsstand anerkannt hat, BGE 76 IV 271. Der Beschuldigte kann ferner bei Antragsdelikten die Zuständigkeit bestreiten,
auch wenn in dem Kanton, den er für zuständig hält, kein Antrag gestellt
wurde, BGE 89 IV 180 f. – dem Kanton selber ist dies, weil nur einen
potentiellen, hypothetischen Konflikt ansprechend, verwehrt, BGE 73
IV 207, 89 IV 176 f. Zu den Wirkungen eines Strafantrages, welcher bei
einer unzuständigen Behörde eingereicht wurde BJM 1992 273.

Der Verletzte kann, wenn er auch **Strafantragsteller** ist, die AK in den-   9
selben Fällen anrufen wie der Verfolgte, BGE 92 IV 157 f., 99 IV 47 f.
(ursprünglich war er nur beim negativen Kompetenzkonflikt zugelassen;
BGE 88 IV 143 f. dehnte auf Fälle des positiven Kompetenzkonflikts

aus). Geht es um ein **Offizialdelikt,** so sind Verletzter, Strafkläger, allenfalls Anzeiger, nur bei negativem Konflikt legitimiert, die AK anzurufen, BGE 71 IV 58 (Sigg), 73 IV 62 (Göldi), 78 IV 250, 79 IV 55, 83 IV 117, 86 IV 134 (Hufschmid).

10 Der Antrag auf Gerichtsstandsbestimmung ist **nicht gesetzlich befristet,** doch muss er jedenfalls vor dem Sachurteil erster Instanz gestellt werden, BGE 68 IV 122 (Lätt), 69 IV 52, 191 (Wüthrich), 70 IV 95 (Weber), 106 IV 159, 120 IV 149, (zum Sonderfall in BGE 111 IV 46 s. Art. 350 N 3). Das Gesuch soll aus Gründen der Verfahrensbeschleunigung eingereicht werden, sobald es dem Gesuchsteller nach den konkreten Umständen zugemutet werden kann, BGE 120 IV 149. Vor allem soll der Verfolgte nicht abwarten können, ob ihm das Urteil des eventuell zuständigen Gerichts behagt, s. auch Art. 350 N 3. Eine Ausnahme gilt für den Fall, dass die schweizerische Gerichtsbarkeit selber angefochten wird, BGE 82 IV 67, 106 IV 159. Die AK hat aber «stets verlangt, dass der Beschuldigte, der den Gerichtsstand bestreiten will, das in einem Zeitpunkt tue, in dem das Verfahren noch nicht so weit gediehen ist, dass sich eine Änderung des Gerichtsstandes mit dem Erfordernis einer raschen Abwicklung der Strafverfolgung nicht mehr verträgt», BGE 86 IV 67, s. auch 72 IV 194, 85 IV 209, RS 1971 Nr. 35. BStP Art. 262/263 geben der AK die Kompetenz, auf (zu) späte Berichtigung des Gerichtsstandes zu verzichten, BGE 72 IV 194. Umgekehrt besteht gegenüber einer späteren Änderung des Gerichtsstands nach BStP Art. 263 besondere Zurückhaltung, BGE 98 IV 151. Eine kantonale Regelung, welche den Antrag auf Festsetzung des Gerichtsstands befristet (AGVE 1970 Nr. 44: bis zur Zustellung der Anklageschrift), ist für die AK *unbeachtlich,* vgl. aber BGE 120 IV 149 ff.

11 Die **Diligenzpflicht trifft auch die kantonalen Behörden:** Wird die Anrufung der AK pflichtwidrig verschleppt, so lehnt diese eine Neufestsetzung ab, BGE 87 IV 47, 94 IV 47, der Kanton hat durch Hinauszögern seine Gerichtsbarkeit faktisch anerkannt, BGE 88 IV 45.

12 Die **Regelung des Verfahrens** vor der AK wurde bewusst der Praxis überlassen, BGE 87 IV 145 f. Hier ist zu erwähnen, dass keinerlei Ausschöpfung eines kantonalen Instanzenzuges verlangt wird, BGE 73 IV 62, 83 IV 117, 100 IV 126. Das Gesuch muss inhaltlich alle Angaben aufweisen, die für eine Entscheidung (ohne weiteren Beizug der Akten) erforderlich sind, BGE 121 IV 226, 116 IV 175, 112 IV 143, 107 IV 79, 79 IV 45, s. auch N 4; es ist jedoch an keine Form gebunden, BGE 116 IV 175. Zur Vertretung sind nur Anwälte und Hochschullehrer zugelassen, BGE 89 IV 180. Der Präsident der AK kann dem Gesuch aufschiebende Wirkung erteilen, vgl. BGE 72 IV 193 (Sexauer), COUCHEPIN 118, SCHWERI N 506. Mit ihrem Entscheid hebt die AK kantonale Gerichtsstandsentscheidungen mit Wirkung *ex tunc* auf, BGE 74 IV 190. Dass die AK bereits einen Entscheid gefällt hat, steht einer erneuten Anrufung nicht entgegen, doch wird nur bei Vorliegen wesentlicher neuer Umstände (Revision) vom früheren Entscheid abgewichen werden, BGE 72 IV 40, 95 IV 43, 98

IV 208. Für weitere Fragen s. das Kreisschreiben der AK an die Kantonsregierungen betreffend das Verfahren bei interkantonalen Gerichtsstandsstreitigkeiten in Strafsachen vom 31.1.1946, abgedruckt bei Schweri Anhang I, 181 f., ferner Schweri N 560 ff. Wird das Gesuch vom Beschuldigten gestellt, sind nicht dieselben Anforderungen an die Begründung zu stellen, «da der Beschuldigte sich in der Regel nicht auf Gerichtsstandsverhandlungen zwischen den Kantonen stützen kann und schon deshalb über weniger Angaben verfügt», BGE 117 IV 93.

2a. Amtshilfe im Bereich der Polizei

Botschaft zum Bundesgesetz über den Datenschutz (DSG) vom 23.3.1988, BBl 1988 II 413 ff.; Zusatzbotschaft zum Datenschutzgesetz vom 16. Oktober 1990, BBl 1990 III 1221 ff.; Sten.NR 1991, 2172, 2323; 1992, 393, 1267; Sten. StR 1990, 870.

Urs Maurer, Nedim Peter Vogt (Hrsg.), Kommentar zum Schweizerischen Datenschutzgesetz, Basel und Frankfurt am Main 1995; Peter Müller, Die Grundzüge des Entwurfs für ein schweizerisches Datenschutzgesetz, ZBl 85 (1988) 425 ff.; ders., Impulse und Widerstände bei der Polizeigesetzgebung des Bundes, AJP 6 (1997) 420; Rainer J. Schweizer, Ausbau der Ermittlungskompetenzen in Bund und Kantonen, in Stefan Trechsel (Hrsg.), Geldwäscherei. Prävention und Massnahmen zur Bekämpfung, Zürich 1997, 39; ders., Entwicklungen im Polizeirecht von Bund und Kantonen, AJP 6 (1997) 379; Hansjörg Stadler, Bemerkungen zur Teilrevision vom 1. Juli 1993 des Bundesgesetzes über die Bundesstrafrechtspflege im Zusammenhang mit dem eidgenössischen Datenschutzgesetz, ZStrR 112 (1994) 286; Eugen Thomann, Interkantonale polizeiliche Zusammenarbeit, AJP 6 (1997) 412.

Zweck der Art. 351bis ff. ist die Schaffung einer **gesetzlichen Grundlage** für den Informationsaustausch zwischen Bund und Kantonen auf dem Gebiet der Strafverfolgung. Im Einzelnen handeln die neuen Artikel von den Bestimmungen über das automatisierte Fahndungssystem RIPOL, den Datenaustausch über INTERPOL, den Erkennungsdienst des Schweizerischen Zentralpolizeibüros und die Erteilung von Auskünften über hängige Strafverfahren, Botsch. 1990 1222.

a. Automatisiertes Fahndungssystem (RIPOL)

351bis

¹ **Der Bund führt zusammen mit den Kantonen ein automatisiertes Personen- und Sachfahndungssystem (RIPOL) zur Unterstützung von Behörden des Bundes und der Kantone bei der Erfüllung folgender gesetzlicher Aufgaben:**

　　a. Verhaftung von Personen oder Ermittlung ihres Aufenthaltes zu Zwecken der Strafuntersuchung oder des Straf- und Massnahmenvollzugs;

b. **Anhaltung bei vormundschaftlichen Massnahmen oder fürsorgerischer Freiheitsentzug;**

c. **Ermittlung des Aufenthaltes vermisster Personen;**

d. **Kontrolle von Fernhaltemassnahmen gegenüber Ausländern nach dem Bundesgesetz vom 26. März 1931 über Aufenthalt und Niederlassung der Ausländer;**

e. **Bekanntgabe von Aberkennungen ausländischer Führerausweise;**

f. **Ermittlung des Aufenthaltes von Führern von Motorfahrzeugen ohne Versicherungsschutz;**

g. **Fahndung nach abhandengekommenen Fahrzeugen und Gegenständen;**

[2] Folgende Behörden können im Rahmen von Absatz 1 über das RIPOL Ausschreibungen verbreiten:

a. **das Bundesamt für Polizeiwesen;**

b. **die Bundesanwaltschaft;**

c. **die Zentralbehörde zur Behandlung internationaler Kindsentführungen;**

d. **das Bundesamt für Ausländerfragen;**

e. **das Bundesamt für Flüchtlinge;**

f. **die Oberzolldirektion;**

g. **die Militärjustizbehörden;**

h. **die Zivil- und Polizeibehörden der Kantone.**

[3] Personendaten aus dem RIPOL können für die Erfüllung der Aufgaben nach Absatz 1 folgenden Behörden bekanntgegeben werden:

a. **den Behörden nach Absatz 2;**

b. **den Grenzstellen;**

c. **dem Beschwerdedienst des Eidgenössischen Justiz- und Polizeidepartements;**

d. **den schweizerischen Vertretungen im Ausland;**

e. **den Interpolstellen;**

f. **den Strassenverkehrsämtern;**

g. **den kantonalen Fremdenpolizeibehörden;**

h. **weiteren Justiz- und Verwaltungsbehörden.**

[4] Der Bundesrat:

a. **regelt die Einzelheiten, insbesondere die Verantwortung für die Datenbearbeitung, die Kategorien der zu erfassenden Daten, die Aufbewahrungsdauer der Daten und die Zusammenarbeit mit den Kantonen;**

b. **bestimmt die Behörden, welche Personendaten direkt ins RIPOL eingeben, solche direkt abfragen oder denen Personendaten im Einzelfall bekanntgegeben werden können;**

c. **regelt die Verfahrensrechte der betroffenen Personen, insbesondere die Einsicht in ihre Daten sowie deren Berichtigung, Archivierung und Vernichtung.**

Eingefügt durch Ziff. 1 des BG vom 19.6.1992, in Kraft seit 1.7.1993.

Lit. vor Art. 351bis.

RIPOL («*système de recherche informatisé de police*») ist ein effizientes,   1
aktuelles **Fahndungssystem,** welches eine rasche Überprüfung von Daten ermöglicht. Es steht unter der Aufsicht des Dienstes für Datenschutz im Bundesamt für Justiz.

Ablauf: Bevor Ausschreibungen über RIPOL verbreitet werden können,   2
prüft das Bundesamt für Polizeiwesen, ob sie die gesetzlichen Anforderungen erfüllen. Ausnahmsweise kann in dringenden Fällen auf die vorgängige Prüfung verzichtet werden, die Kontrolle muss aber nachgeholt werden. Fahndungen von untergeordneter Bedeutung können die Kantone in ihrem Gebiet oder in einer bestimmten Region selbständig ins RIPOL einspeisen und wieder aufheben. Nach den zur Zeit massgeblichen Richtlinien des Bundesamtes für Polizeiwesen können nur Fahndungen, wo es um mehr als 20 Tage Haft oder Gefängnis oder Bussen ab 500 Franken geht, in der ganzen Schweiz verbreitet werden, bei regionalen Fahndungen gilt diese Regelung nicht.

In Abs. 1 wird bestimmt, zu welchen **Zwecken** Ausschreibungen im   3
RIPOL vorgenommen werden dürfen. Diese Aufzählung ist abschliessend, Botsch. 1990 1239.

Eine Ausschreibung ist nur zulässig, sofern sie für die **Erfüllung einer**   4
gesetzlichen Pflicht notwendig ist (Verhältnismässigkeitsprinzip).

Abs. 2 führt die Behörden auf, welche befugt sind, direkt oder mittels   5
einer Mitteilung an das Bundesamt für Polizeiwesen Ausschreibungen zu **veranlassen.**

Abs. 3 legt fest, welche Behörden **Abfragen** über RIPOL vornehmen   6
dürfen. In erster Linie gehören dazu diejenigen, die befugt sind, Ausschreibungen zu verbreiten. Die in lit. b bis h aufgeführten Behörden dürfen ausschliesslich Informationen abrufen. Mittels Zugriffsbeschränkungen wird dafür gesorgt, dass die Behörden nur die zur Erfüllung ihrer Aufgaben notwendigen Daten abfragen können, Botsch. 1990 1240.

Abs. 4 schliesslich beauftragt den **Bundesrat** mit der Schaffung von   7
Detailregeln und der Bestimmung von Zuständigkeiten. Er ist dieser Verpflichtung mit Erlass der Verordnung über das automatisierte Fahndungssystem (RIPOL-Verordnung) vom 19.6.1995, SR 172.213.61, nachgekommen.

b. Zusammenarbeit mit INTERPOL

351ter Zuständigkeit

[1] **Das Bundesamt für Polizeiwesen nimmt die Aufgabe eines Nationalen Zentralbüros im Sinne der Statuten der Internationalen Kriminalpolizeilichen Organisation (INTERPOL) wahr.**

[2] **Es ist zuständig für die Informationsvermittlung zwischen den Strafverfolgungsbehörden von Bund und Kantonen einerseits sowie den Nationalen Zentralbüros anderer Staaten und dem Generalsekretariat von INTERPOL andererseits.**

Eingefügt durch Ziff. 1 des BG vom 19. Juni 1992, in Kraft seit 1. Juli 1993.

Lit. vor Art. 351bis.

1   Art. 351ter bezieht sich auf Art. 32 der Statuten von **INTERPOL,** s. auch Art. 1 der Verordnung über das Nationale Zentralbüro INTERPOL Schweiz vom 1. Dezember 1986 (SR 172.213.56).

351^{quater} Aufgaben

[1] **Das Bundesamt für Polizeiwesen vermittelt kriminalpolizeiliche Informationen zur Verfolgung von Straftaten und zur Vollstreckung von Strafen und Massnahmen.**

[2] **Es kann kriminalpolizeiliche Informationen zur Verhütung von Straftaten übermitteln, wenn aufgrund konkreter Umstände mit der grossen Wahrscheinlichkeit eines Verbrechens oder Vergehens zu rechnen ist.**

[3] **Es kann Informationen zur Suche nach Vermissten und zur Identifizierung von Unbekannten vermitteln.**

[4] **Zur Verhinderung und Aufklärung von Straftaten kann das Bundesamt für Polizeiwesen von Privaten Informationen entgegennehmen und Private orientieren, wenn dies im Interesse der betroffenen Person ist und deren Zustimmung vorliegt oder nach den Umständen vorausgesetzt werden kann.**

Eingefügt durch Ziff. 1 des BG vom 19. Juni 1992, in Kraft seit 1. Juli 1993.

Lit. vor Art. 351bis.

1   Die **Aufgabe** des Nationalen Zentralpolizeibüros beschränkt sich im wesentlichen auf das Weiterleiten von Daten und die Prüfung der Frage, ob im Einzelfall Auskunft erteilt oder angefordert werden kann, Botsch. 1988, 509. Gemeint ist in Abs. 1–3 der Austausch mit den Strafverfolgungsbehörden des Bundes und der Kantone einerseits, dem INTERPOL-Generalsekretariat und den Zentralstellen anderer Staaten andererseits, Art. 351ter.

Abs. 1 betrifft den Austausch von Informationen zum Zweck der Verfolgung von Straftaten und zur **Vollstreckung** von Strafen und Massnahmen. Er ist obligatorisch.   2

Abs. 2 betrifft den – fakultativen – Datenaustausch zur **Verhütung** von Straftaten. Vorausgesetzt ist einmal ein erheblicher, auf konkrete Sachverhaltselemente gestützter Tatverdacht, andererseits eine bestimmte Prognose, dass mit der Begehung einer Straftat zu rechnen ist. Die Tatsache, dass schon der Verdacht eines Vergehens (Art. 9) genügt, gibt der Bestimmung ein sehr weites Anwendungsgebiet – die Behörde wird im Einzelfall prüfen müssen, ob die Preisgabe persönlicher Daten mit dem Verhältnismässigkeitsgrundsatz vereinbar ist.   3

Abs. 3 bezieht sich, rechtsstaatlich unbedenklich, auf **nichtkriminalpolizeiliche Informationen** im Zusammenhang mit Vermissten oder Unbekannten. Als Beispiel werden dringliche Meldungen an die Alarmzentrale des Touring-Clubs der Schweiz genannt, Botsch. 1988 508. S. auch Art. 351^{septies}.   4

Abs. 4 regelt in wenig klarer Weise die **Einbeziehung von Privatpersonen** in Fahndung und Verbrechensverhütung. Einerseits können Informationen von Privaten entgegengenommen (*scil.* und weiter bearbeitet) werden, andererseits kann das BAP auch Privatpersonen informieren. Das Einverständnis ist vor allem für die Weiterverwertung wichtig – wo orientiert wird, ist es kaum sinnvoll, eine Zustimmung einzuholen. Mitunter dürfte es schwierig sein zu entscheiden, was im Interesse der betroffenen Person liegt, etwa dann, wenn ein Anschlag auf sie vorbereitet wird. Es handelt sich um einen Rechtfertigungsgrund zu Art. 320.   5

351^{quinquies} Datenschutz

¹ Der Austausch kriminalpolizeilicher Informationen richtet sich nach den Grundsätzen des Rechtshilfegesetzes vom 20. März 1991 sowie nach den vom Bundesrat als anwendbar erklärten Statuten und Reglementen von INTERPOL.

² Für den Austausch von Informationen zur Suche nach Vermissten, zur Identifizierung von Unbekannten und zu administrativen Zwecken gilt das Bundesgesetz vom 19. Juni 1992 über den Datenschutz.

³ Das Bundesamt für Polizeiwesen kann den Zentralbüros anderer Staaten Informationen direkt vermitteln, wenn der Empfängerstaat den datenschutzrechtlichen Vorschriften von INTERPOL untersteht.

Eingefügt durch Ziff. 1 des BG vom 19. Juni 1992, in Kraft seit 1. Juli 1993.

Pius M. Huber, Internationale Rechtshilfe in Strafsachen und internationale Amtshilfe in Steuersachen, Gesetzestextausgabe mit Anmerkungen, Muri b. Bern 1995; **Lit.** vor Art. 351bis.

1   Die internationale Zusammenarbeit in Strafsachen wird für die Schweiz durch das **IRSG** (SR 351.1) geregelt, soweit es um gerichtliche Verfahren geht. Art. 351quinquies erklärt nun jene Regeln als anwendbar im Bereich des Austausches von Informationen **auf kriminalpolizeilicher Ebene.** Es muss also auch hier geprüft werden, ob die allgemeinen Voraussetzungen für die Gewährung von Rechtshilfe vorliegen, z.B. ob nicht ein Fiskaldelikt verfolgt wird. Dadurch wird sichergestellt, dass es nicht zu Eingriffen in das Grundrecht auf Achtung der Privatsphäre kommt, ohne dass die im Rechtshilfegesetz allgemein für Grundrechtseingriffe zugunsten fremder Strafverfolgung vorgeschriebenen Bedingungen erfüllt sind. Gleichzeitig wird das Bestehen einer hinreichenden gesetzlichen Grundlage sichergestellt, Botsch. 1988 509. Für die INTERPOL-Bestimmungen s. SR 172.213.56 Anhang 1 und 2.

2   Der **Datenschutzbeauftragte** kann prüfen, ob die Grundsätze des IRSG und der INTERPOL-Reglemente eingehalten werden, DSG Art. 31 II. Seine Stellung ist jedoch so schwach, dass ein wirksamer Schutz kaum zu erhoffen ist. Einerseits bedarf der Datenschutzbeauftragte einer Einwilligung des BAP, andererseits ist er nicht berechtigt, einen Fall der Datenschutzkommission vorzulegen, wenn keine gütliche Einigung mit dem BAP zustandekam. Er hat also ausschliesslich beratende Funktion, Botsch. 1988 509.

3   In den Fällen von **Abs. 2,** also beim Austausch nichtkriminalpolizeilicher Informationen, sind dem Datenschutzbeauftragten keine Beschränkungen auferlegt – das DSG gilt.

4   Auch beim **direkten Informationsaustausch** nach Abs. 3 gelten, neben den ausdrücklich erwähnten datenschutzrechtlichen Vorschriften von INTERPOL, die Grundsätze des IRSG, Botsch. 1988 510.

351sexies Finanzhilfen und Abgeltungen

Der Bund kann Finanzhilfen und Abgeltungen an INTERPOL ausrichten.

Eingefügt durch Ziff. 1 des BG vom 19. Juni 1992, in Kraft seit 1. Juli 1993.

1   Art. 351sexies schafft die gesetzliche Grundlage für die Entrichtung von finanziellen Beiträgen an INTERPOL.

c. Zusammenarbeit bei der Identifizierung von Personen

351^{septies}

¹ Das Schweizerische Zentralpolizeibüro registriert und speichert erkennungsdienstliche Daten, die von Behörden der Kantone, des Bundes und des Auslandes bei Strafverfolgungen oder bei der Erfüllung anderer gesetzlicher Aufgaben erhoben und ihm übermittelt worden sind. Es vergleicht diese Daten untereinander, um eine gesuchte oder unbekannte Person zu identifizieren.

² Es teilt das Ergebnis seiner Abklärung der anfragenden Behörde, den Strafverfolgungsbehörden, welche gegen die gleiche Person eine Untersuchung führen, sowie anderen Behörden mit, welche zur Erfüllung ihrer gesetzlichen Aufgabe die Identität dieser Person kennen müssen.

³ Der Bundesrat:

a. regelt die Einzelheiten, insbesondere die Verantwortung für die Datenbearbeitung, die zu erfassenden Personen und ihre Verfahrensrechte, die Aufbewahrung der Daten und die Zusammenarbeit mit den Kantonen;

b. bezeichnet die Behörden, die für die Einsicht in die Daten sowie deren Berichtigung und Vernichtung zuständig sind.

Eingefügt durch Ziff. 1 des BG vom 19. Juni 1992, in Kraft seit 1. Juli 1993.

Art. 351^{septies} schafft die Grundlage für eine **weitere Datenbank** sämtlicher erkennungsdienstlicher Daten, die beim Schweizerischen Zentralbüro in kriminalpolizeilichem oder anderem Zusammenhang anfallen. Die Nutzungsmöglichkeit dieser Dateien ist jedoch beschränkt: Sie soll nur der Identifizierung gesuchter oder unbekannter Personen dienen. Eine solche Dienstleistung wird nicht nur den Strafverfolgungsbehörden hinsichtlich Verdächtiger erbracht, sondern allen Behörden, die aus irgendwelchen Gründen und in irgendwelchem Zusammenhang die Identität einer Person kennen müssen. Dabei ist wohl insbesondere an Behörden zu denken, die sich mit Ausländern befassen. Auch hier wurde der Bundesrat mit dem Erlass von Detailregelungen beauftragt, die bisher noch nicht vorliegen.

1

Die **Rechtfertigung** einer so weitgehenden Regelung dürfte darin liegen, dass die Identität einer Person als Faktum angesehen wird, welches eine Geheimhaltung kaum rechtfertigt. So wird etwa auch von Verdächtigen, die nicht verpflichtet sind, irgendwelche Aussagen zu machen, verlangt, dass sie ihre Identität preisgeben. Abs. 3 b) lässt erkennen, dass ein Verfahren für Einsichtnahme, Berichtigung und Vernichtung von Eintragungen vorgesehen ist.

2

3. Rechtshilfe

VE 1911 Art. 24 ff.VE 1915 Art. 373 ff. Erl.Z. III 14 ff. 2. ExpK VIII 81 ff. VE 1916 Art. 378 ff. E Art. 371 ff. Botsch. 82 ff. Sten.NR 573 f. 577 ff. StR 242 ff. NR 717 f. StR 335 f. NR 753 f.

Tʜ. Bopp, Interkantonale Rechtshilfe in Strafsachen, ZBJV 129 (1993) 149; Pierre Cornu, *L'application du concordat sur l'entraide judiciaire dans la pratique des autorités de poursuite pénale,* ZStrR 115 (1997) 31; Jean Graven, *L'assistance intercantonale dans le domaine de la répression pénale,* RDPC 1947–1948, 689; Hansruedi Müller, Das Rechtshilfekonkordat in der Praxis, ZStrR 115 (1997) 3; Gérard Piquerez, *Asile politique et extradition intercantonale, quelques réflexions suggérées par l'arrêt Hêche,* RJJ 1993 89; Rudolf Trüb, Die interkantonale Rechtshilfe im Schweizerischen Strafrecht, Diss. ZH 1950.

1 **«Rechtshilfe ...** ist jede Massnahme, um die eine Behörde im Rahmen ihrer Zuständigkeit in einer hängigen Strafverfolgung für die Zwecke dieser Verfolgung ersucht wird», BGE 79 IV 182; ähnlich 86 IV 228 f., 87 IV 141, 96 IV 183, 102 IV 220, 118 IV 378, 119 IV 89. Art. 352 ff. (s. auch BStP Art. 27 ff., 252) sollen «dafür sorgen, dass die Behörden eines Kantons in einem andern solche Prozesshandlungen vollziehen lassen können, die sie mit Rücksicht auf die Gerichtshoheit des andern Kantons nicht selber vornehmen dürfen», BGE 73 IV 139 f. Rechtshilfe kann bestehen in der Fahndung nach bekannten und unbekannten Tätern, BGE 79 IV 182, der Befragung von Zeugen, BGE 86 IV 137, RS 1963 Nr. 103bis, der Edition von Akten, BGE 71 IV 174, der Zuführung, BGE 68 IV 95, der Einholung von Auskünften über die finanziellen Verhältnisse für die Strafzumessung, BGE 87 IV 141, usw. *Keine Rechtshilfe* ist dagegen «die Beschaffung von Auskünften, die jedem daran Interessierten erteilt werden», BGE 73 IV 139 f., weil dabei keine Hoheitsgewalt ausgeübt wird, die blosse Duldung von Zwangsmassnahmen (Beschlagnahme in Postämtern), BGE 96 IV 183 f., oder die Vornahme von Zwangsmassnahmen aus eigener Kompetenz und im eigenen Interesse (Festnahme eines Verdächtigen, für dessen Beurteilung ein anderer Kanton zuständig ist, offengelassen in BGE 69 IV 234). Rechtshilfe kann darin bestehen, dass der ersuchte für den ersuchenden Kanton tätig wird (Art. 352), oder darin, dass Behörden des ersuchenden Kantons gestattet wird, auf dem Gebiet des ersuchten Kantons Prozesshandlungen vorzunehmen (Art. 355).

2 Lange Zeit stellte die Praxis der Strafverfolgung die **Strafvollstreckung** gleich, BGE 86 IV 229 mit Hinweis auf die Pflicht zur Zuführung auch von «Verurteilten» gem. Art. 352 II, best. in BGE 87 IV 141, 96 IV 183, 102 IV 220, sehr zurückhaltend dagegen noch BGE 68 IV 94 f. BGE 106 IV 214 ff. ändert diese Praxis in einem Urteil zu VStrR Art. 30, das aber offensichtlich trotz anderem Wortlaut auch für Art. 352 ff. gelten soll. Die AK verweist zur Begründung auf die Möglichkeit der Verweigerung der Rechtshilfe, auf die Regelung der Bussenvollstreckung in Art. 380, auf Art. 49.2, wonach Bussen auf dem Weg der Schuldbetreibung (mit

seinen eigenen Rechtsmitteln) zu vollstrecken sind, so dass eine Kompetenz der AK systemwidrig wäre, auf die fehlende Befristung bei Anrufung der AK und auf die Rechtsungleichheit, die einerseits gegenüber dem Bestraften, andererseits gegenüber sonstigen Forderungen der Verwaltung entstehen würde. Diese Argumente tragen ungeachtet BStP Art. 252 I auch für die Rechtshilfe gemäss Art. 352 ff., s. aber Art. 352 N 3.

Das Gesuch um **Befreiung eines Zeugen vom Amtsgeheimnis** kann zwar   3
im Interesse der Strafverfolgung stehen, betrifft aber keine Straf-, sondern eine *Verwaltungssache*. Ob die Voraussetzungen für eine Entbindung vom Geheimnis nach BtG Art. 28 III vorliegen, ist nicht von der AK, sondern von den zuständigen Verwaltungsbehörden zu entscheiden, BGE 102 IV 220 ff. in Abweichung von 86 IV 139 (offengelassen in 96 IV 183).

Nach dem Grundsatz *locus regit actum* ist für die Durchführung der   4
Rechtshilfe das **Recht des ersuchten Kantons** (bzw. des Bundes, BGE 86 IV 140 E. 2a) anzuwenden, was ihre Zulässigkeit und ihre Form anbelangt, BGE 71 IV 174, 87 IV 141, 119 IV 88. Dadurch darf jedoch die Effektivität der Rechtshilfe nicht in Frage gestellt werden, vor allem dürfen nicht Massnahmen abgelehnt werden, die im kantonalen Prozess zulässig wären, BGer a.a.O. *Zulässig* war die Weigerung der Aktenedition bei einem Anwalt, BGE 71 IV 171 (LU), ähnlich RS 1953 Nr. 251, wo jedoch das Recht des ersuchten Kantons (AI) bei Einwilligung des Klienten die Beschlagnahme zulässt; die Verweigerung von Auskünften der Steuerbehörde wegen strikten Amtsgeheimnisses, BGE 87 IV 142 ff. (GE); die Verweigerung der Beschlagnahme gegenwärtiger oder zukünftiger Guthaben zur Kostensicherung, RS 1963 Nr. 36 (BE – ob es sich um Rechtshilfe handelte, ist m.E. fraglich). Die Anwendung des lokalen Prozessrechts kann praktisch zu Schwierigkeiten führen, TRÜB 88; mit Recht lässt RS 1963 Nr. 103bis die Beeidigung des Zeugen zu, obschon BE StV dies nicht vorsieht, weil der Eid für ein Auslieferungsgesuch an England unerlässlich war.

Art. 352 ff. verpflichten zu Rechtshilfe in **Strafsachen des Bundesrechts**   5
und wurden ergänzt durch VStrR Art. 30. BV Art. 67 beauftragt den Bund mit der Regelung der «Auslieferung der Angeklagten von einem Kanton an den andern», ohne sich auf das Bundesstrafrecht zu beschränken. BGE 85 I 107 f. anerkennt mit Hinweis auf 36 I 51, dass die Pflicht zur Rechtshilfe bei der Anwendung kantonalen Strafrechts auf Gewohnheitsrecht beruht.

Art. 352 ff. regeln nur die **interkantonale** (einschliesslich des Verhältnisses Bund-Kanton) Rechtshilfe. Wo innerhalb eines Kantons mehrere Gerichtsbezirke bestehen, muss selbstverständlich ebenfalls die gegenseitige Rechtshilfe gesichert sein. «Sie wickelt sich weitgehend formfrei ab», HAUSER/SCHWERI § 44 N 30, kann aber auch, wie in St. Gallen, StP Art. 25 II, eine Bewilligung voraussetzen. Die internationale Rechtshilfe   6 ist durch das IRSG und durch multi- und bilaterale Staatsverträge geregelt, Lit. bei HAUSER/SCHWERI § 21, s. auch OBERHOLZER 109 ff.

7   Art. 352 ff. enthalten Mindestvorschriften; die Kantone sind frei, weitergehende Bestimmungen aufzustellen, OBERHOLZER 108 f. Mit **dem Konkordat über die Rechtshilfe und die interkantonale Zusammenarbeit in Strafsachen** vom 5.11.1992 (SR 351.71; es sind alle Kantone beigetreten, ISMV 3/96 S. 7) wurden Grundlagen für eine effizientere Zusammenarbeit der Kantone geschaffen. Insbesondere erhalten Strafverfolgungsorgane die Kompetenz, Verfahrenshandlungen in einem anderen Kanton vorzunehmen. Der betroffene Kanton muss allerdings, ausser in dringenden Fällen, vorgängig benachrichtigt werden. Anwendbar ist nicht das Recht des Orts, wo die Handlung vorgenommen wird, sondern das Recht des mit der Sache befassten Kantons, Art. 4.

352   Verpflichtung gegenüber dem Bund und unter den Kantonen

[1]In Strafsachen, auf die dieses Gesetz oder ein anderes Bundesgesetz Anwendung findet, sind der Bund und die Kantone gegenseitig und die Kantone unter sich zur Rechtshilfe verpflichtet. Insbesondere sind Haft- und Zuführungsbefehle in solchen Strafsachen in der ganzen Schweiz zu vollziehen.

[2]Ein Kanton darf einem andern Kantone die Zuführung des Beschuldigten oder Verurteilten nur bei politischen oder durch das Mittel der Druckerpresse begangenen Verbrechen oder Vergehen verweigern. Im Falle der Verweigerung ist der Kanton verpflichtet, die Beurteilung des Beschuldigten selbst zu übernehmen.

[3]Der Zugeführte darf vom ersuchenden Kantone weder wegen eines politischen noch wegen eines durch das Mittel der Druckerpresse begangenen Verbrechens oder Vergehens, noch wegen einer Übertretung kantonalen Rechts verfolgt werden, es sei denn, dass die Zuführung wegen einer solchen Straftat bewilligt worden ist.

1   **Strafsachen** sind auch Übertretungen, TRÜB 65 f.

2   Die ersuchte Behörde hat **nicht zu prüfen,** ob die verlangte Massnahme für die ersuchende Behörde rechtmässig oder gar zweckmässig sei, BGE 68 IV 95, 79 IV 183, 115 IV 71, 117 Ib 80, 119 IV 89, RS 1952 Nr. 13. Wird ein Rechtsmittel erhoben, kann die Rechtsmittelbehörde des ersuchten Kantons eine Rüge nur prüfen, wenn diese die formellen Voraussetzungen der Rechtshilfe und die Ausführung der Massnahmen betrifft. Es stellt deshalb keine Verletzung von BV Art. 4 dar, wenn die Rechtsmittelbehörde des ersuchten Kantons auf Rügen gegen die materielle Zulässigkeit der ersuchten Massnahmen nicht eintritt, BGE 120 Ia 114 ff. (anders noch BGE 117 Ia 6 ff., vgl. auch 118 Ia 338). Welche Art von

Handlungen der ersuchende Kanton verlangen darf und in welcher Form diese vorzunehmen sind, bestimmt sich nach dem Prozessrecht des ersuchten Kantons, BGE 121 IV 315.

Abs. 2 sieht die **Zuführung von Verurteilten,** also zur Strafvollstreckung   3 vor, BGE 68 IV 95. Darauf beschränkt sich aber die Pflicht zur Rechtshilfe gemäss Art. 352 ff. zum Straf*vollzug,* vgl. Art. 374, 380, Vb 2.

Bei **politischen und Pressedelikten** darf nur die Auslieferung, nicht die   4 übrige Rechtshilfe verweigert werden. Die Bestimmung ist in BV Art. 67 angelegt, es gilt aber der Grundsatz *«aut dedere aut punire»,* BGE 118 IV 379, HAUSER/SCHWERI § 44 N 32. Der **Begriff des politischen Delikts** ist umstritten. In der 1. Aufl. wurde vorgeschlagen, ihn auf die Tatbestände des 13., 14. und 16. Titels, also auf absolut politische Delikte zu beschränken; PETER, ZStrR 87 (1971) 173 nennt zu BStP Art. 105 die Tatbestände des 13.–15. Titels, ebenso HUBER, ZStrR 101 (1984) 397. Die AK des BGer lehnt es im Urteil *Direction de la police du canton de Berne c. Département de la justice, de la santé et des affaires sociales du canton du Jura* betreffend Vollstreckung der gegen Pascal Hêche wegen des Attentats auf den Gerechtigkeitsbrunnen in Bern, BGE 118 IV 379 ff. E. 4, ab, den Begriff auf bestimmte Titel des Besonderen Teils zu beschränken und übernimmt aus dem internationalen Auslieferungsrecht den Begriff des relativ politischen Delikts. Demnach kann irgendeine Straftat «politisch» sein, wenn sie aus politischen Beweggründen begangen wurde, wobei die politischen Umstände sowie die Motive und Ziele des Täters zu berücksichtigen sind. Einerseits muss ein enger Zusammenhang zwischen der Tat und dem politischen Ziel (dem Kampf gegen die Staatsgewalt) bestehen, andererseits muss der Angriff auf Rechtsgüter Dritter in einem angemessenen Verhältnis zum politischen Ziel stehen; die Tat muss wenigstens zu einem gewissen Grade verständlich erscheinen. Nach diesen Kriterien lag kein politisches Delikt vor. Mit Recht lehnt es das Bundesgericht ab, den Begriff des politischen Delikts in Art. 352 II weit auszulegen, wie es Autoren um die Jahrhundertwende vorgeschlagen hatten. Schwer verständlich ist, dass es schliesslich dennoch zu einer sehr extensiven Auslegung des Begriffs gelangt, u.a. mit völlig unbelegtem Hinweis auf die EMRK und der Bemerkung, dass der Kanton befürchten könnte, das Urteil (das vom Bundesgericht zweimal überprüft worden war!) sei nicht von einem unabhängigen Richter gefällt worden. Das Urteil verletzt krass die Regel, dass Ausnahmen eng auszulegen seien, und weckt den Verdacht, dass politische Überlegungen den Ausschlag gaben. Die Bestimmung erscheint – trotz Jurakonflikt – anachronistisch. Zum Pressedelikt Art. 27 N 4.

Abs. 3 übernimmt den **Grundsatz der Spezialität.** Der Hinweis auf Über-   5 tretungen kantonalen Rechts dürfte vor dem Gewohnheitsrecht (s. Vb 5) nicht standhalten.

353 Verfahren

[1] **Der Verkehr in Rechtshilfesachen findet unmittelbar von Behörde zu Behörde statt.**

[2] **Telegraphisch oder telephonisch übermittelte Haftbefehle sind sofort schriftlich zu bestätigen.**

[3] **Die Beamten der Polizei haben auch unaufgefordert Rechtshilfe zu leisten.**

[4] **Ein Beschuldigter oder Verurteilter ist vor der Zuführung an den ersuchenden Kanton von der zuständigen Behörde zu Protokoll anzuhören.**

Lit. und Bem. vor Art. 352.

1 Der **direkte Verkehr** vereinfacht das Verfahren, BGE 115 IV 69 f., 118 IV 374 f.; im Gegensatz zum Gerichtsstandsverfahren besteht kein Bedürfnis nach Zentralisierung. Dagegen müssen Hierarchien in der Weise respektiert werden, dass Untersuchungsrichter sich zwar direkt an Beamte der gleichen Stufe, aber nicht unmittelbar an die Polizei eines andern Kantons wenden dürfen, während die Polizeiorgane direkt untereinander in Kontakt treten können.

2 **Haftbefehle** können zweckmässig per Telefax übermittelt werden, in diesem Fall ist aber das Originaldokument nachzuschicken.

3 **Polizeibeamte** sind insbesondere verpflichtet, strafbare Handlungen dem zuständigen Kanton zu melden, Trüb 79, und im RIPOL ausgeschriebene Personen festzunehmen.

4 Die **Pflicht zur Anhörung** vor «Auslieferung» ist i.V.m. Art. 352 II, III zu verstehen. Ist die Stellungnahme des Betroffenen schon bekannt oder beabsichtigt der Kanton, die Auslieferung zu verweigern, kann auf eine formelle Befragung verzichtet werden, BGE 118 IV 374.

354 Unentgeltlichkeit

[1] **Die Rechtshilfe wird unentgeltlich geleistet. Immerhin sind Auslagen für wissenschaftliche oder technische Gutachten durch die ersuchende Behörde zu ersetzen.**

[2] **Artikel 27 Absatz 1** [heute: Art. 27bis Abs. 1] **des Bundesstrafrechtspflegegesetzes bleibt vorbehalten.**

[3] **Werden einer Partei Kosten auferlegt, so sind ihr im gleichen Masse die bei Leistung der Rechtshilfe entstandenen Kosten zu überbinden, auch wenn die ersuchende Behörde zum Ersatz nicht verpflichtet ist.**

Lit. und Bem. vor Art. 352.

Die **Kostenfreiheit** gilt auch im Ehrverletzungsprozess, selbst im Privat- 1
strafklageverfahren, ZR 43 (1944) Nr. 22, ebenso bei gewohnheitsrechtli-
cher Rechtshilfe in kantonalen Strafsachen, BGE 85 I 107 ff.

Abs. 1 umschreibt die **Ausnahmen abschliessend.** BGE 69 IV 235 f. 2
stellte fest, dass der abweichende Abs. 2 von BStP Art. 252 stillschweigend (Art. 398 I) aufgehoben worden sei. Demnach sind auch Verpfle-
gungskosten für Untersuchungshäftlinge nicht zu vergüten. S. aber BGE
116 IV 90 ff., wonach, bei einem Streit über die Tragung der Untersuchungskosten bis zur Bestimmung des Gerichtsstandes, der endlich als
zuständig erklärte Kanton dem bis dahin mit der Untersuchung betrauten Kanton die aussergewöhnlichen Untersuchungskosten zu ersetzen
hat.

Bei **Rechtshilfe** der Kantone **zugunsten des Bundes** sieht BStP Art. 27bis 3
Entschädigung vor. Sie umfasst auch weitergehende Auslagen für Zeugen, für Einrichtung der notwendigen Lokalitäten und für die Verpflegung von Untersuchungsgefangenen.

RS 1963 Nr. 126 bezeichnet analog Art. 354 das **Verfahren bis zur Fest-** 4
setzung des Gerichtsstands in einem anderen Kanton als kostenlos, vgl.
auch BGE 116 IV 90 ff. Um Rechtshilfe i.S.v. Art. 352 dürfte es sich dabei
nicht handeln, N 1 vor Art. 352 (betr. BGE 69 IV 234), die Kosten sind
autonom dem verfolgenden Kanton erwachsen und teilen das Schicksal
der Verfahrenskosten, Abs. 3.

Die örtliche Zuständigkeit nach Art. 346 ff. umfasst auch die Kompetenz, 5
im Endurteil über die Tragung der Kosten des Verfahrens und der UH
durch den Angeschuldigten zu entscheiden, welche **ausserhalb der inter-**
kantonalen Rechtshilfe in einem anderen Kanton entstanden sind. In
einem solchen Fall ist das Recht dieses anderen Kantons anzuwenden,
BGE 121 IV 34 ff.

355   Amtshandlungen in andern Kantonen

¹ Eine Strafverfolgungsbehörde oder ein Gericht darf eine Amtshand-
lung auf dem Gebiete eines andern Kantons nur mit Zustimmung der
zuständigen Behörde dieses Kantons vornehmen. In dringenden Fällen
darf die Amtshandlung auch ohne Zustimmung der zuständigen Behörde
vorgenommen werden, indessen ist diese unverzüglich unter Darlegung
des Sachverhaltes davon in Kenntnis zu setzen.

² Anwendbar ist das Prozessrecht des Kantons, in dem die Handlung
vorgenommen wird.

³ Die in einem andern Kanton wohnenden Personen können durch die
Post vorgeladen werden. Zeugen dürfen einen angemessenen Vorschuss
der Reisekosten verlangen.

⁴ Zeugen und Sachverständige sind verpflichtet, der Vorladung in
einen andern Kanton Folge zu leisten.

[5] **An Personen, die in einem andern Kanton wohnen, können Entscheide und Urteile sowie Strafbefehle und Strafmandate nach den für Gerichtsurkunden aufgestellten Vorschriften des Postverkehrsgesetzes vom 2. Oktober 1924 zugestellt werden, auch wenn eine ausdrückliche Annahmeerklärung des Angeschuldigten nötig ist, um das Strafverfahren ohne dessen Einvernahme oder ohne gerichtliche Beurteilung abzuschliessen. Die Unterzeichnung der an den Absender zurückgehenden Empfangsbestätigung gilt nicht als Annahmeerklärung des Angeschuldigten.**

Abs. 5 in der Fassung gemäss BG vom 18.3.1971.

AmtlBull NR 1969 177, 1970 534; StR 1970 129 f.

Lit. und Bem. vor Art. 352. Zu Art. 355 SJZ 60 (1964) 108.

1   **Anordnung der Telefonüberwachung** durch einen ausserkantonalen Untersuchungsrichter fordert keine Rechtshilfe vom Kanton, auf dessen Gebiet ein Anschluss durch Bundesbehörden abgehört wird, ZBJV 122 (1986) 36 f. Die Zustellung einer Urkunde in französischer Sprache an einen Deutschschweizer, der sie nicht versteht, ist zwar gültig, gibt aber Anspruch auf Wiedereinsetzung, wenn das Gesuch binnen 10 Tagen nach Vorliegen einer Übersetzung gestellt wird, RS 1976 Nr. 147 (NE). Ob diese Rechtsprechung, wenn es sich um eine Anklageschrift handelt, vor EMRK Art. 6.3 a) standhält, ist fraglich.

2   Abs. 2 ist **nicht** anwendbar **bei Schadenersatzbegehren** wegen ungerechtfertigter UH, welche von einem Kanton auf Ersuchen eines anderen vollzogen wurde, BGE 118 Ia 337 ff.

3   Zur Zulässigkeit von Prozesshandlungen in einem anderen Kanton gestützt auf das **Konkordat über die Rechtshilfe** und die interkantonale Zusammenarbeit in Strafsachen (SR 352.71): BGE 122 I 85 ff.

356 Nacheile

[1] **Die Beamten der Polizei sind berechtigt, in dringenden Fällen einen Beschuldigten oder einen Verurteilten auf das Gebiet eines andern Kantons zu verfolgen und dort festzunehmen.**

[2] **Der Festgenommene ist sofort dem nächsten zur Ausstellung eines Haftbefehls ermächtigten Beamten des Kantons der Festnahme zuzuführen. Dieser hört den Festgenommenen zu Protokoll an und trifft die erforderlichen weitern Verfügungen.**

Lit. und Bem. vor Art. 352.

1   Der Festgenommene muss einem **Haftrichter** i.S.v. EMRK Art. 5 III vorgeführt werden.

357　Anstände zwischen Kantonen

Anstände in der Rechtshilfe zwischen Bund und Kantonen oder zwischen Kantonen entscheidet das Bundesgericht. Bis dieser Entscheid erfolgt, sind angeordnete Sicherheitsmassregeln aufrechtzuerhalten.

Lit. und Bem. vor Art. 352.

Zuständig ist gemäss BStP Art. 252 III die **Anklagekammer,** BGE 115 IV 69, 118 IV 374, 121 IV 314.　1

Voraussetzung für die Zuständigkeit der AK ist, dass der Anstand ein Problem der **Rechtshilfe** betrifft, dazu N 1–3 vor Art. 352.　2

Die Anrufung der AK ist an **keine Frist** gebunden, BGE 79 IV 182, 86 IV 230, 106 IV 216, 121 IV 314 f.　3

Legitimiert sind die Kantone bzw. der Bund. Nur diese haben zu entscheiden, wer zu ihrer Vertretung berechtigt ist, BGE 87 IV 139.　4

358　Mitteilung bei Pornographie

Stellt eine Untersuchungsbehörde fest, dass pornographische Gegenstände (Art. 197 Ziff. 3) in einem fremden Staat hergestellt oder von dort aus eingeführt worden sind, so informiert sie sofort die zur Bekämpfung der Pornographie eingesetzte Zentralstelle der Bundesanwaltschaft.

Fassung gemäss Ziff. 1 des BG vom 21. Juni 1991.

Art. 358 erklärt sich aus der Verpflichtung, welche die Eidgenossenschaft durch Ratifizierung des **Internationalen Übereinkommens** zur Bekämpfung der Verbreitung unzüchtiger Veröffentlichungen vom 4.5.1910, SR 0.311.41 (Art. 3), und des Internationalen Übereinkommens zur Bekämpfung der Verbreitung und des Vertriebes von unzüchtigen Veröffentlichungen vom 12.9.1923, SR 0.311.42 (Art. IV), übernommen hat, s. auch VO über die Mitteilung kantonaler Strafentscheide vom 28.11.1994, SR 312.3, Art. 1 Nr. 6. Die Bestimmung ist **überflüssig,** wie z.B. das Fehlen einer Parallelnorm zu Art. 196 zeigt, vgl. Internationales Übereinkommen zur Bekämpfung des Mädchenhandels vom 4.5.1910, SR 0.311.32 (Art. 7). Der Begriff «pornographischer Gegenstand» muss eng, d.h. eingeschränkt auf harte Pornographie i.S.v. Art. 197.3, ausgelegt werden. Der Jugendschutz rechtfertigt die Alarmierung der Zentralstelle nicht – aArt. 212 löste auch keine Meldepflicht aus.　1

Das Wort **sofort** ist dahin zu verstehen, dass keine weiteren Massnahmen abzuwarten sind, z.B. eine Stellungnahme des Verdächtigen o.ä.　2

Vierter Titel^{bis}: Mitteilung bei strafbaren Handlungen gegenüber Unmündigen

Vierter Titel^{bis} eingeführt durch BG vom 23.6.1989, in Kraft seit 1.1.1990.

Botsch. vom 26. 6. 1985, BBl 1985 II 1060 ff.

358bis Mitteilungspflicht

Stellt die zuständige Behörde bei der Verfolgung von strafbaren Handlungen gegenüber Unmündigen fest, dass weitere Massnahmen erforderlich sind, so informiert sie sofort die vormundschaftlichen Behörden.

1 Art. 358bis übernimmt und verallgemeinert die bis zur Revision schon in Art. 134.2 und 135.2 vorgesehene Meldepflicht. **Drei Änderungen** sind getroffen worden.

2 Auslösend sind **irgendwelche strafbaren Handlungen** gegenüber Unmündigen. Eine Einschränkung liegt darin, dass «weitere Massnahmen erforderlich» sein müssen. Dabei ist an fürsorgerisches und erzieherisches Eingreifen gedacht, aber auch ein Wechsel der mit der Betreuung beauftragten Person ist denkbar.

3 **Verpflichtet** ist die «zuständige Behörde». Nicht erst der Richter, sondern schon die zur Einleitung einer Strafuntersuchung zuständige Justizbehörde muss melden, vgl. Art. 66bis N 6. Dadurch soll eine frühzeitige Reaktion ermöglicht werden, was zusätzlich in dem etwas unbestimmten Wort «sofort» zum Ausdruck kommt. Gemeint ist: unmittelbar nach der Feststellung, dass Massnahmen erforderlich sind; ob ein Straftatbestand tatsächlich vorliegt, ist nicht entscheidend – im Zeitpunkt der Untersuchung darf eine solche Feststellung gar nicht getroffen werden, EMRK Art. 6.2.

4 Präzisiert ist schliesslich der **Adressat:** Die Mitteilung muss sich an die Vormundschaftsbehörde richten, der es dann obliegt, weitere Stellen (Schule, Jugendamt …) einzuschalten.

358ter Mitteilungsrecht

Ist an einem Unmündigen eine strafbare Handlung begangen worden, so sind die zur Wahrung des Amts- und Berufsgeheimnisses (Art. 320 und 321) verpflichteten Personen berechtigt, dies in seinem Interesse den vormundschaftlichen Behörden zu melden.

Sten. NR 1989 1035 ff.

Art. 358ter enthält einen **Rechtfertigungsgrund** i.S.v. Art. 32 für die Verletzung des Amts- und Berufsgeheimnisses. In erster Linie ist an das Geheimnis des Opfers gedacht, die Bestimmung muss aber auch gelten, wenn sich der Täter dem Geheimnisträger anvertraut hat. Mit Recht hat sich der Gesetzgeber auf die Einräumung eines Mitteilungs*rechts* beschränkt. Der Geheimnisträger verfügt über ein freies Ermessen.   1

Die **Voraussetzung,** dass eine strafbare Handlung begangen wurde, ist insofern zu eng, als nicht ein rechtskräftiges Urteil abgewartet werden muss. Es genügt, dass der Geheimnisträger ernsthafte Gründe hat, dies anzunehmen. Die Botsch. 1062 betont, dass in diesem Punkt ein Sachverhaltsirrtum vorliegen kann.   2

Irreführend ist die Vorschrift, dass das Mitteilungsrecht **im Interesse des Tatopfers** auszuüben sei. Gemeint ist nur, dass mit der Offenbarung dem Opfer *nicht geschadet* werden darf. In dieser Hinsicht trifft den Geheimnisträger die Pflicht sorgfältiger Abwägung aller Interessen. Die Vorschrift ist kaum justiziabel – nur bei eigentlichem Missbrauch fällt die Rechtfertigung dahin. Zulässig ist, was die Botsch. 1062 betont, auch die Mitteilung im Interesse anderer Unmündiger, die vor ähnlichen Taten geschützt werden müssen.   3

Analog Art. 358bis sind als **Adressat** nur die vormundschaftlichen Behörden genannt. Es ist somit nicht am Geheimnisträger zu entscheiden, wem er das Geheimnis offenbaren will.   4

Fünfter Titel:
Strafregister

VE 1911 Art. 29. VE 1915 Art. 379 ff. Erl.Z. III 16 ff. 2. ExpK VIII 105 ff. VE 1916 Art. 384 ff. E Art. 377 ff. Botsch. 84 f. Sten.NR 580 ff. StR 254 ff. 297 f. NR 718 f. StR 336. NR 753 ff. StR 354.

ERNST RÜEGG, Das Strafregisterrecht in der Schweiz, ZStrR 76 (1960) 391; JÜRG GIGER, Das neue Strafregisterrecht, ZStR 111 (1993) 197.

Zum Strafregisterrecht s. auch Art. 62, 80, 99, VO über das Strafregister vom 21.12.1973, SR 331, hier: VO.

359 Registerbehörden

Strafregister werden geführt:

a. bei dem Schweizerischen Zentralpolizeibüro über alle Personen, die im Gebiete der Eidgenossenschaft verurteilt worden sind, sowie alle über im Auslande verurteilten Schweizer;

b. in den Kantonen von einer durch diese zu bezeichnenden Amtsstelle über alle Personen, die von den Behörden des Kantons verurteilt worden sind, sowie über alle verurteilten Kantonsbürger.

1 Die **Aufzählung** der Register ist **nicht abschliessend.** VO Art. 22 I ermächtigt die Kantone, «über Verurteilungen aufgrund des kantonalen Rechts besondere Kontrollen» zu führen, in welche auch Bussenurteile unter 500 Franken wegen eidgenössischer Übertretungen eingetragen werden können.

1a Mit der Aufhebung von VZV Art. 123 IV und OBV Art. 5 sind **die kantonalen Verkehrsstrafkontrollen** abgeschafft worden. Eine Übergangsregelung, welche bestimmte, dass ein Eintrag dem Richter nur noch gemeldet werden durfte, wenn zwischen alter und neuer Tat nicht mehr als 5 Jahre verstrichen waren, galt bis 1.1.1997 (GIGER 201).

2 **Gemeinden** dürfen keine Strafregister mehr führen (RÜEGG 400), auch nicht für Verurteilungen nach kommunalem Recht.

3 SCHULTZ VE 254 schlägt Streichung von lit. b) vor, weil «*Teleproces*» den Kantonen direkten Zugang zum Zentralpolizeibüro eröffnet; ebenso der *VE 1993.*

360 Inhalt

In die Strafregister sind aufzunehmen:

a. **die Verurteilungen wegen Verbrechen und Vergehen;**

b. **die Verurteilungen wegen der durch Verordnung des Bundesrates zu bezeichnenden Übertretungen dieses oder eines andern Bundesgesetzes;**

c. **die aus dem Ausland eingehenden Mitteilungen über dort erfolgte, nach diesem Gesetze vormerkungspflichtige Verurteilungen;**

d. **die Tatsache, dass eine Verurteilung mit bedingtem Strafvollzug erfolgt ist;**

e. **die Tatsachen, die eine Änderung erfolgter Eintragungen herbeiführen.**

Lit. vor Art. 359.

Verbrechen und Vergehen sind in Art. 9 definiert. Auch militärische Verurteilungen werden registriert, VO Art. 9.1. Urteile nach kantonalem Strafrecht kommen nicht ins Zentralstrafregister, ZR 68 (1969) Nr. 47. Wird wegen Zurechnungsunfähigkeit *freigesprochen* oder von einer Bestrafung Umgang genommen (Art. 20, 21 II, 23 II, 33 II 2. Satz, 66bis, 171 II, 171bis I, 173.4, 177 II, III, 187.3, 188.2, 192 II, 193 II, 197.2 II, 260 II, 261bis II, 304.2, 308 I) hat *kein Eintrag* zu erfolgen, KURT in ZStrR 62 (1947) 406 ff., SCHULTZ II 202, auch wenn Massnahmen (Art. 10, 43) angeordnet werden. Auf die Höhe der Strafe kommt es dagegen nicht an, VO Art. 9.1, STRATENWERTH AT II § 14 N 118. Ferner sind die persönlichen Massnahmen (ausser Art. 57) einzutragen, VO Art. 10 I.   1

Übertretungen sind in Art. 101 definiert, in diesem (engeren, vgl. Art. 335.1 II) Sinne ist der Begriff auch hier zu verstehen, BGE 96 IV 31. Gemäss VO Art. 9.2 bzw. 9.2^{bis} werden nur Verurteilungen zu Haft oder zu Busse ab 500 Franken eingetragen (vgl. die Kritik bei GIGER 203 f.). Ist die Verurteilung zusammen mit einem eintragungspflichtigen Urteil ergangen, so wird auch die Übertretung eingetragen, VO Art. 10 II, was schwierige Strafausscheidung (Art. 68) vermeidet.   2

Die eintragungspflichtigen **Änderungen** sind in VO Art. 9.5 und 6 detailliert aufgelistet: Löschung, Widerruf, Rehabilitation, vorzeitige, bedingte, probeweise, endgültige Entlassung aus Strafen und Massnahmen, nachträgliche Änderung oder Anordnung des Vollzugs der Strafe, Bussenumwandlung, Begnadigung und Amnestie sowie Aufhebung des Urteils.   3

Nicht eingetragen werden: gegen Kinder verhängte Massnahmen und Disziplinarstrafen, wegen Übertretungen ausgesprochene Bussen und die Umwandlung der Bussen in Haft (VO Art. 9.2^{bis} vorbehalten), (z.B. zivilrechtliche, militärische) Ordnungs- und Disziplinarstrafen und die Kosten, VO Art. 12, BGE 72 I 253 (OR Art. 943). S. auch Art. 99 N 2 f.   4

5   Der Eintrag ist **keine Strafe,** Begnadigung ist deshalb in dieser Hinsicht
    ausgeschlossen, RS 1964 Nr. 22.

6   Der *VE 1993* sieht eine wesentliche Vereinfachung vor: weiterhin einge-
    tragen werden Verurteilungen wegen Verbrechen und Vergehen, sofern
    eine Sanktion ausgesprochen wurde, und Entscheide, die eine Änderung
    eingetragener Tatsachen bewirken (z.B. Begnadigung, Rückversetzung,
    Festsetzung der Strafart usw.); ferner Verurteilungen von Jugendlichen
    zu einer Freiheitsentziehung und Einweisung in eine geschlossene Ein-
    richtung.

361 Massnahmen und Strafen betreffend Jugendliche

**In das Strafregister sind auch aufzunehmen die gegenüber Jugend-
lichen wegen eines Verbrechens oder Vergehens verhängten Massnahmen und Strafen, mit Ausnahme des Verweises und der Busse. Die wegen eines Vergehens erfolgten Eintragungen sind von vorneherein als
gelöscht zu behandeln.**

Fassung gemäss BG vom 18.3.1971.

Botsch. 1965 601; Sten. NR 1969 177 f., Sten. StR 1967 83 f., 1970 130.

Lit. vor Art. 359.

1   Der Eintrag erfolgt auch, wenn die Massnahme von einer **Administrativ-
    behörde** ausgesprochen wurde, SJZ 40 (1944) 43.

2   **Nicht einzutragen** sind die Verurteilungen zu einer Arbeitsleistung, VO
    Art. 11 I, der Aufschub des Entscheides gem. Art. 97, VO Art. 11 II sowie
    die gegen Kinder (Art. 82) ausgefällten Sanktionen, VO Art. 12.1. Die in
    RS 1945 Nr. 167 geäusserte Meinung, auch Massnahmen gemäss Art. 92
    seien nicht einzutragen, gilt m.E. nur für den Fall *fehlender* Zurech-
    nungsfähigkeit.

3   S. auch **Art. 99** N 1, 2.

4   Zum *VE 1993* s. Art. 360 N 6.

362 Mitteilung der vormerkungspflichtigen Tatsachen

[1] **Alle vormerkungspflichtigen Tatsachen sind dem Schweizerischen
Zentralpolizeibüro mitzuteilen.**

[2] **Das Zentralpolizeibüro trägt die ihm gemeldeten Tatsachen in das
zentrale Strafregister ein und teilt sie dem Heimatkanton oder dem
Heimatstaate des Verurteilten mit.**

Lit. vor Art. 359.

Art. 362 entspricht im *VE 1993* Art. 361. Die Mitteilung an den Heimat- 1
kanton kann allerdings eingeschränkt werden, weil «*Teleproces*» den
Kantonen direkten Zugang zum Zentralpolizeibüro ermöglicht.

363 Mitteilung der Eintragungen

[1] **Gerichtlichen und andern Behörden des Bundes, der Kantone oder
der Gemeinden ist auf Ersuchen ein amtlicher Auszug aus dem Strafregister zu verabfolgen.**

[2] **An Privatpersonen dürfen keine Auszüge aus dem Strafregister abgegeben werden. Jedermann hat jedoch das Recht, Registerauszüge, die
seine Person betreffen, zu verlangen.**

[3] **Der Bundesrat ist befugt, für Registerauszüge, die zu besondern
Zwecken ausgestellt werden, einschränkende Bestimmungen aufzustellen.**

[4] **Ein gelöschter Eintrag darf nur Untersuchungsämtern, Strafgerichten, Strafvollzugsbehörden und den für die Rehabilitation und die Löschung zuständigen Gerichten mitgeteilt werden, unter Hinweis auf die
Löschung, und nur wenn die Person, über die Auskunft verlangt wird, in
dem Strafverfahren Beschuldigter oder dem Strafvollzug Unterworfener
ist oder wenn ein Verfahren zur Rehabilitation oder Löschung hängig ist.
Ein gelöschter Eintrag ist auch den Verwaltungsbehörden bekanntzu-
geben, die für die Erteilung und den Entzug von Führerausweisen
gemäss den Artikeln 14 und 16 des Strassenverkehrsgesetzes.**

Abs. 3 eingefügt durch BG vom 5.10.1950. Abs. 4 in der Fassung gem. BG
vom 18.3.1971.

Zur Revision 1950: BBl 1949 I 1291 f., Sten. StR 1949 466 f., Sten. NR 229. – Zur Revision 1971: Botsch. 1965 601 f., Sten. NR 1969 178 ff., 1970 534 ff., Sten. StR 1967 84,
1970 130.

Lit. vor Art. 359.

Gelöschte Einträge dürfen nur den in Abs. 4 abschliessend aufgezählten 1
Behörden mitgeteilt werden, und zwar mit dem paradoxen Vermerk
«gelöscht». Auf dem vom Betroffenen eingeholten Auszug sind sie nicht
ersichtlich. Die gelöschte Eintragung darf z.B. nicht vermerkt werden auf
der Mitteilung an eine kantonale Sanitätskommission, BGE 95 I 17 E. 6a,
s. auch 73 IV 30 f. Gemäss SCHULTZ VE 257 f. soll die Regelung präzisiert
werden – vor allem sollen in Leumunds- und Polizeiberichten gelöschte
Einträge nicht erwähnt werden, ebenso *VE 1993*.

Soweit gelöschte Einträge mitgeteilt werden, dürfen sie auch **Beachtung** 2
finden, z.B. zur Beurteilung des Vorlebens, Art. 63, BGE 69 IV 202 f.; im
Zusammenhang mit einer Zusatzstrafe, so dass die Höchstdauer für den
bedingten Strafvollzug überschritten wird, BGE 94 IV 50 (s. Art. 41 N 8);
oder für die Annahme von Rückfall, ZBJV 111 (1975) 409.

2a   Wann ein Eintrag **gelöscht** wird, ist in MStG Art. 41.4, 49.4, 80, 96 IV und 99 bzw. Art. 32.4, 34.4 und 59 geregelt.

3   Gewisse Eintragungen werden auch aus dem Register **entfernt,** VO Art. 13, 24, «Bereinigung». Besteht für die betroffene Person aus anderen Gründen noch eine Eintragung, so wird die zu entfernende Stelle unleserlich gemacht – die Tatsache eines Eintrags bleibt also erkenntlich. Entfernt wird der Eintrag:

Gemäss VO Art. 13:
   a) beim Tod der betroffenen Person;
   b) bei Vollendung des 80. Lebensjahres (neue Urteile werden gar nicht mehr eingetragen);
   c) bei Verurteilungen zu einer Freiheitsstrafe bis zu drei Monaten oder zu einer Busse, 1 Jahr nach der Löschung gemäss Art. 80 und 99 StGB oder Art. 59 MStG;
   d) bei Verurteilungen zu einer bedingten Freiheitsstrafe bis zu drei Monaten fünf Jahre nach Ablauf der Probezeit, bei solchen von 3–18 Monaten zehn Jahre nach Ablauf der Probezeit, wenn ihr Eintrag aufgrund von 41.4 oder 96 StGB bzw. Art. 32.4 MStG gelöscht wurde;
   e) bei Verurteilungen zu einer Busse fünf Jahre nach Ablauf der Probezeit, wenn der Eintrag aufgrund von Art. 49.4 StGB oder 34.4 MStG gelöscht wurde;
   f) bei Verurteilungen zu einer Massnahme oder Einschliessung (Art. 91, 92, 95), wenn seit dem Urteil zehn Jahre, bei Einweisung in eine Anstalt nach Art. 91.2 15 Jahre verstrichen sind.

VO Art. 24:
   g) bei den vor dem 1.1.1992 in den Strafregistern eingetragenen Verurteilungen zu einer Busse von mehr als 500 Franken wegen Übertretungen, vorbehalten bleibt VO Art. 9.2[bis];
   h) bei den vor dem 1.1.1992 in den besonderen kantonalen Kontrollen eingetragenen Verurteilungen zu einer Busse bis zu 500 Franken wegen Übertretung des Bundesrechts, vorbehalten bleibt VO Art. 22 I (vgl. Art 359 N 1);
   i) betreffend Einweisung eines Jugendlichen in eine Erziehungsanstalt nach dem früheren Art. 91.3, wenn seit dem Urteil zehn Jahre verstrichen sind;
   j) bei bestehenden Eintragungen, die Art. 361 nicht mehr vorsieht;
   k) bei bestehenden Eintragungen betreffend Jugendliche, die zum Zeitpunkt der Tat das 14., aber nicht das 15. Altersjahr zurückgelegt hatten.

Zur Entfernung der Einträge aus dem Zentralstrafregister s. GIGER 206 ff., STRATENWERTH AT II § 14 N 120 ff.

4   Die aus dem Strafregister entfernten Vorstrafen dürfen bei der Strafzumessung **berücksichtigt** werden, BGE 121 IV 3 ff.; «die Entfernung kann

allerdings ein Indiz dafür sein, dass der Vorstrafe für die Sanktion keine grosse Bedeutung mehr zukommt», BGE a.a.O.

Der *VE 1993* sieht im Gegensatz zum *status quo* und zum SCHULTZ VE   5
eine Entfernung der Einträge von Amtes wegen vor; ein entfernter Eintrag ist demzufolge physisch vernichtet und, zumindest durch das Mittel des Strafregisters, nicht mehr rekonstruierbar (VE 1993 Art. 362).

363bis Bekanntgabe hängiger Strafuntersuchungen

¹ **Das Schweizerische Zentralpolizeibüro speichert während zwei Jahren die Gesuche von Strafjustizbehörden des Bundes und der Kantone um Strafregisterauszüge. Es erfasst:**

a. **die anfragende Behörde;**

b. **die Personalien der beschuldigten Person;**

c. **die Beschuldigung (Verbrechen und Vergehen) und**

d. **das Datum der Zustellung des Registerauszuges.**

² **Ersucht eine Strafjustizbehörde im Rahmen eines Strafverfahrens um einen Strafregisterauszug, gibt ihr das Schweizerische Zentralpolizeibüro Daten nach Absatz 1 bekannt, soweit diese die gleiche Person betreffen.**

³ **Die Strafjustizbehörde meldet dem Schweizerischen Zentralpolizeibüro Freisprüche oder Einstellungsverfügungen in Verfahren, für welche nach Absatz 1 ein Strafregisterauszug eingeholt worden ist. Das Schweizerische Zentralpolizeibüro vernichtet anschliessend die nach Absatz 1 gespeicherten Daten.**

⁴ **Der Bundesrat:**

a. **regelt die Einzelheiten, insbesondere die Verantwortung für die Datenbearbeitung, die Verfahrensrechte der betroffenen Personen und die Zusammenarbeit mit den Kantonen;**

b. **bezeichnet die Behörden, die für die Einsicht in die Daten sowie deren Berichtigung und Vernichtung zuständig sind.**

Eingefügt durch Ziff. I des BG vom 19.6.1992, in Kraft seit 1.7.1993.

Botsch. vom 16.10.1990, BBl 1990 III 1243 f.

Lit. vor Art. 359.

Diese Bestimmung wurde zusammen mit den Art. 351bis ff. eingeführt.   1
Einerseits soll den Strafverfolgungsbehörden eine **Information über parallel laufende Verfahren** zur Verfügung gestellt werden, andererseits ist die Speicherung solcher Daten in der Zeit beschränkt worden.

Die Aufzählung in **Abs. 1** ist abschliessend.   2

Nach Abs. 1 ist nur die Speicherung der Anfragen von eidgenössischen   3
und kantonalen **Strafjustizbehörden** zulässig. Aus Abs. 1 lit. c ergibt sich,

dass die Daten nur dann gespeichert werden dürfen, wenn diese Strafjustizbehörden ein **Verbrechen oder Vergehen** verfolgen.

4   Die **Frist** von 2 Jahren stellt einen Bezug zu Art. 80, insbes. Ziff. 2 II al. 3, her. Es erschiene stossend, wenn zwar der Strafregistereintrag nach Art. 80 gelöscht würde, nicht aber die nur auf eine Strafuntersuchung und nicht auf ein rechtskräftiges Urteil gründende Anfrage einer Strafjustizbehörde, Botsch. 1244. Nach zwei Jahren wird der Eintrag allerdings nicht nur «gelöscht», sondern vernichtet – Abs. 3 muss auch für Zeitablauf gelten.

5   Abs. 2 begründet die **Pflicht** des Schweizerischen Zentralpolizeibüros zur Mitteilung der in Abs. 1 genannten Daten; es wird ihm kein Ermessensspielraum eingeräumt.

6   Desgleichen müssen die anfragenden Strafjustizbehörden dem Schweizerischen Zentralpolizeibüro **Freisprüche und Einstellungsverfügungen** in den Fällen, bei welchen Auskünfte eingeholt wurden, mitteilen (Abs. 3), denn damit wird der Eintrag nicht nur gegenstandslos sondern irreführend.

7   **Abs. 4** ermächtigt den Bundesrat, Einzelheiten sowie Zugriffs- und Bearbeitungszuständigkeiten zu regeln. Auf einen einschlägigen Erlass wurde jedoch im Hinblick auf die bevorstehende Neuorganisation (informatisiertes, zentrales Strafregister mit *on-line*-Anschluss der Kantone) verzichtet.

364 Vollziehungsbestimmung

Der Bundesrat erlässt durch Verordnung die ergänzenden Vorschriften über das Strafregister und stellt die Formulare fest.

Ausser der VO über das Strafregister ist eine Verordnung über die Gebühren beim Zentralstrafregister vom 3.3.1982 veröffentlicht, SR 331.1.

Sechster Titel:
Verfahren

VE 1911 Art. 30 ff., 34 f. VE 1915 Art. 385 ff. Erl.Z. III 19 ff. 2. ExpK VIII 142 ff., 161. VE 1916 Art. 390 ff. 395. E Art. 384 ff., 389. Botsch. 85 ff. Sten.NR 586 f., StR 247, NR 719, StR 336, Verfassungsentwurf 1995 zur Reform der BV.

PIERRE CAVIN, *Droit pénal fédéral et Procédure cantonale,* ZSR 65 (1946) 1a; FRANÇOIS CLERC, *Initiation à la justice pénale en Suisse,* Neuchâtel 1975; FRÉDÉRIC-HENRI COMPTESSE, Das Verhältnis des Bundesstrafrechts zum kantonalen Strafprozessrecht, ZSR 65 (1946) 61a; ANDREAS DONATSCH, Gedanken zur Revision des kantonalen Steuerstrafrechts, StR 1992 457, 522; BLAISE KNAPP, in Kommentar BV, Art. 64bis, Basel, Zürich und Bern 1986; PETER NOLL, Strafprozessrecht, Vorlesungsskriptum, Zürich 1977; DERS., Zur Frage der Vereinheitlichung des Strafprozessrechts in der Schweiz, in FS Max Guldener, Zürich 1973, 231; LUKAS MORSCHER, Die Aufhebung des Verzeigungsverfahrens in der Basler Strafprozessordnung und die Neuregelung des Strafbefehlsverfahrens gemäss Ratschlag und Entwurf vom 27. April 1993, BJM 1995 196; PETER MÜLLER und BERNARD WERZ, Rechtliche und technische Probleme bei Telematiksystemen zwischen Bund und Kantonen, ZBl 89 (1988) 189; HANS FELIX PFENNINGER, Eidgenössisches Strafrecht und kantonales Strafprozessrecht, SJZ 51 (1955) 197; HANS SCHULTZ, Rechtseinheit ohne Einheit des Rechts, in Einheit und Vielfalt des Strafrechts, FS Karl Peters, Tübingen 1974, 429; MAX WAIBLINGER, Zur Vereinheitlichung des schweizerischen Strafprozessrechts, ZStrR 67 (1952) 217.

BV Art. 64bis II belässt das Strafprozessrecht in der **Kompetenz der Kantone.** Eine Vereinheitlichung wurde immer wieder gefordert, z.B. HAUSER/SCHWERI § 13 m.Hinw., WAIBLINGER 217, im Zuge der «Reformvorschläge Justiz» hat das EJPD eine Expertenkommission eingesetzt, welche zum Schluss kam, dass das Strafprozessrecht vereinheitlicht werden sollte (vgl. Reform der Bundesverfassung, Erläuterungen zum Verfassungsentwurf 1995, 281). Arbeiten an einem Entwurf für eine eidgenössische Strafprozessordnung sind aufgenommen worden.   1

Abgesehen von den in Art. 365 erwähnten Bundesgesetzen hat insbesondere die **staatsrechtliche Rechtsprechung des Bundesgerichts** eine vereinheitlichende Wirkung, die seit Inkrafttreten der EMRK noch erhöhte Bedeutung erlangt hat, s. z.B. TRECHSEL, ZStW 100 (1988) 667 m.w.Hinw.   2

365 Verfahren der kantonalen Strafbehörden

[1] **Die Kantone bestimmen das Verfahren vor den kantonalen Behörden.**

² **Vorbehalten sind die Vorschriften dieses Gesetzes und die Bestimmungen des Bundesstrafrechtspflegegesetzes betreffend das kantonale gerichtliche Verfahren und die Nichtigkeitsbeschwerde bei Anwendung eidgenössischer Strafgesetze.**

Lit. vor Art. 365 und zum Strafprozessrecht.

1 Mit bundesrechtlichen Vorschriften für das kantonale Strafverfahren werden vor allem **drei Zwecke** verfolgt: die richtige und einheitliche Anwendung des StGB, die Vermeidung von Kompetenzkonflikten und der Schutz geschriebener und ungeschriebener verfassungsmässiger Rechte (einschliesslich EMRK).

2 Der **richtigen Anwendung des StGB** dienen vor allem Bestimmungen dieses Gesetzes. Aus dem Grenzbereich materielles/formelles Recht wurde die Regelung des Strafantrags, Art. 28–31, und der Verjährung, Art. 70–75bis, ins StGB aufgenommen. In zahlreichen Fällen schreibt das Gesetz besondere Untersuchungen vor, Art. 13, 42.1 II, 43.1 III, 44.1 II, 83, 90, 100 II, s. auch Art. 394–396 zur Begnadigung und Art. 397 zur Wiederaufnahme des Verfahrens. S. ferner BStP Art. 247–267 und die Regelung der Nichtigkeitsbeschwerde, BStP Art. 268 ff. Kantonales Prozessrecht soll «der vollen Auswirkung des materiellen Bundesrechts nicht hindernd im Wege stehen», BGE 69 IV 158.

3 Der **Vermeidung von Kompetenzkonflikten** dienen Art. 340–344 für die Abgrenzung der Kompetenzen zwischen Bund und Kantonen, Art. 346–357 und 372 für örtliche Zuständigkeit und Rechtshilfe.

4 **Im Dienst des Grundrechtsschutzes** steht zunächst Art. 345.1 I, der die Beurteilung von Vergehen und Verbrechen durch eine richterliche Behörde vorschreibt, ferner Art. 27.3 II, der dem Schutz der Pressefreiheit dient, und Art. 179^octies, Schutz der Privatsphäre.

5 **Kasuistik**
BGE 69 IV 91 (Koch): Die Kantone (*in casu* TG) dürfen vorschreiben, dass Amtsehrverletzung im Strafverfahren, die übrigen Ehrverletzungen aber nach Zivilprozessrecht beurteilt werden, bestätigt in **84 IV 172 (Kessler c. Bolthauser),** wo allerdings im Ausschluss von Blutsverwandten als Zeugen eine Verletzung des Grundsatzes der Beweisfreiheit, BStP Art. 249, erblickt wird; **69 IV 156 (Duttweiler c. Kugler und Wieser):** Wird der Ehrverletzungsprozess nach Regeln der ZPO durchgeführt, so bewirken die Aufforderung zur Einreichung einer Klageantwort und die Einreichung derselben eine Unterbrechung der Verjährung; **73 IV 207 (ZH):** Es ist zulässig, nur die Einreichung einer Privatstrafklage als Strafantrag wegen Ehrverletzung gelten zu lassen, nicht die Übersendung der Akten samt Antrag aus einem andern Kanton; **79 IV 36 (Guex):** Das kantonale Recht (NE) kann bestimmen, dass das Verfahren eingestellt wird, wenn der Angeschuldigte während der Hängigkeit eines Rechtsmittels stirbt; **81 IV 42, 45 f. (W):** Auch die Wiederaufnahme richtet sich grundsätzlich, trotz Art. 397, nach kantonalem Recht; **84 IV 11**

(Bachmann): Art. 68 verlangt nicht, dass mehrere Taten eines Angeschuldigten *stets in einem* Verfahren zu beurteilen seien; **86 IV 223 (Golder c. Schenini):** Das kantonale Recht bestimmt, ob die Frist gemäss Art. 29 durch Einreichung des Antrags bei einer örtlich nicht zuständigen Behörde gewahrt ist, s. auch Art. 29 N 12; **94 IV 145 (Valsangiacomo):** Im kantonalen Prozessrecht können für die Unterscheidung zwischen Tat- und Rechtsfragen andere Kriterien als die vom Kassationshof zu BStP Art. 269 I erarbeiteten gelten, bestätigt in **99 IV 128 (Capozzi).**

Ungeklärt ist die Frage, ob und in welchem Rahmen das **Opportunitätsprinzip** im kantonalen Prozessrecht zulässig sei. Ein u.ö. Urteil des BGer vom 18.6.1987 i.S. A. u. S. c. P. lehnt jede Einstellung eines Verfahrens aus Opportunitätsgründen ab, weil die Durchsetzung von Bundesrecht nur den Schranken unterliege, die das Bundesrecht selber vorsieht (unter Hinweis auf BGE 104 IV 109, 290, 91 I 202). BGE 109 IV 49 f. scheint dagegen ein Opportunitätsprinzip im Bagatellbereich zuzulassen (m.w.Hinw. auf Lit.). Dem ist zuzustimmen; eingehend zur beschränkten Zulässigkeit des Opportunitätsprinzips in Delegationsstrafsachen (es muss der förmliche Entscheid einer Justizbehörde vorliegen) BGE 119 IV 94 ff. 6

366 Parlamentarische Immunität. Strafverfolgung gegen Mitglieder der obersten Behörden

[1] **Die Bestimmungen des Bundesgesetzes vom 9. Dezember 1850 über die Verantwortlichkeit der eidgenössischen Behörden und Beamten und des Bundesgesetzes vom 26. März 1934 über die politischen und polizeilichen Garantien zugunsten der Eidgenossenschaft bleiben in Kraft.**

[2] **Die Kantone bleiben berechtigt, Bestimmungen zu erlassen, wonach:**

a. **die strafrechtliche Verantwortlichkeit der Mitglieder ihrer gesetzgebenden Behörden wegen Äusserungen in den Verhandlungen dieser Behörden aufgehoben oder beschränkt wird;**

b. **die Strafverfolgung der Mitglieder ihrer obersten Vollziehungs- und Gerichtsbehörden wegen Verbrechen oder Vergehen im Amte vom Vorentscheid einer nicht richterlichen Behörde abhängig gemacht und die Beurteilung in solchen Fällen einer besondern Behörde übertragen wird.**

JAKOB EUGSTER, Die Immunität bei Verletzung militärischer Geheimnisse in den eidgenössischen Räten, ZStrR 61 (1946) 165; BRIGITTA M. GADIENT, Die parlamentarische Immunität im Bund, Festschrift der Bundesversammlung zur 700-Jahr-Feier der Eidgenossenschaft: Das Parlament – «Oberste Gewalt des Bundes»? Bern 1991, 281; FRITJOF HAFT und ERIC HILGENDORF, Die Entwicklung der parlamentarischen Redefreiheit: eine historische Skizze, Festschrift für Jürgen Baumann, Bielefeld 1992, 575; OTTO KONSTANTIN KAUFMANN, Die Verantwortlichkeit der Mitglieder der obersten Bundesbehörden, ZBl 54 (1953) 353; REGULA LANZ-BAUR, Die parlamentarische Immunität in Bund und Kantonen der Schweizerischen Eidgenossenschaft, Diss. ZH 1963; ALFRED MUFF, Die Strafverfolgung gegen die obersten administrativen und richterlichen Beamten der Kantone, Diss. ZH 1947; NICCOLÒ RASELLI, Die Ermächtigung zur Strafverfolgung gegen Mitglieder der obersten kantonalen Behörden, Festschrift SKG, Bern 1992, 137; SCHWARZ, Die parlamentarische Immunität der schweizerischen Bundesversammlung, Kriminalistik 1963 445; WALTER THALMANN, Vom neuen Verantwortlichkeitsgesetz des Bundes, ZBl 59 (1958) 321; MARIANGELA WALLIMANN-BORNATICO, Die parlamentarische Immunität der Mitglieder des National- und Ständerates, ZBl 89 (1988) 351.

1 **Art. 366 I** enthält eine **blosse Verweisung,** welche klarstellt, dass das StGB nicht etwa als *lex posterior* dem VG und dem GarG derogiert. Mittlerweile gilt das neue VG, das spätere Änderungen des StGB nicht berührt.

2 Der **Zweck der politischen Immunität** liegt darin, den Parlamentariern eine besondere, schrankenlose Meinungsäusserungsfreiheit zuzusichern für Äusserungen im Rat, und im übrigen der richterlichen (bzw. polizeilichen) Gewalt ungehinderten Zugriff auf Mitglieder von Legislative und Exekutive, welche das politische Leben stören könnten, zu verwehren (Gewaltentrennung). Insbesondere soll verhindert werden, dass Tätigkeiten des Bundes durch kantonale Strafverfolgungsmassnahmen gegen seine Beamten gehemmt werden.

3 Die **parlamentarische Immunität,** VG Art. 2 II, bedeutet in erster Linie Straffreiheit für alle Äusserungen in den Räten und ihren Kommissionen, THALMANN 324, z.B. bei Ehrverletzung oder Geheimnisverrat, kritisch dazu KAUFMANN 357. Es bleibt die politische Verantwortlichkeit, KAUFMANN 354 f. Dieselbe Regel gilt für Äusserungen der Bundesräte vor dem Parlament, aber nicht im Bundesrat, THALMANN 324 f.

Andere strafbare Handlungen im Zusammenhang mit der Amtstätigkeit der Parlamentarier dürfen nur verfolgt werden, wenn die eidgenössischen Räte dafür die **Ermächtigung** erteilen, VG Art. 14 I – der Entscheid darf sich nach Gründen der politischen Opportunität richten, BGE 107 IV 192.

Schliesslich dürfen Parlamentarier **während der Session** nur mit ihrer oder des Rates *Zustimmung* überhaupt strafrechtlich verfolgt werden, GarG Art. 1. Vorbehalten bleibt bei politischen Straftaten die Ermächtigung gemäss BStP Art. 105. Die Verweigerung der Verfolgungsermächtigung gegen Beamte kann mit Verwaltungsgerichtsbeschwerde angefochten werden, BGE 106 Ib 173, ihre Erteilung ist unanfechtbar, THALMANN 326. Kasuistik zum Nationalrat bei WALLIMANN-BORNATICO 356 f.

4 Die **Kantone können** für ihre Parlamente **analoge Regeln vorsehen,** z.B. in der Verfassung, Extr.Fr. 1951 119. Als «Äusserung» können auch schriftliche Eingaben gelten, BGE 113 Ia 189, z.B. Interpellationen oder kleine Anfragen. Der Schutz erstreckt sich aber nicht auf Wiederholung der Aussage ausserhalb der parlamentarischen Sphäre, BGE 31 II 716, vgl.auch 53 I 56. Für den Regierungsrat gilt die Immunität nur, wenn sie ausdrücklich vorgesehen ist, vgl. Sem.jud. 1973 85. Mitgliedern von Ge-

meindeparlamenten darf keine Immunität zugesichert werden, Rep. 1986
161, THORMANN/VON OVERBECK, Art. 366 N 3.

Abs. 2 lit. b belässt den **Kantonen** das Recht, **ebenfalls** ein Ermäch- 5
tigungsverfahren vorzusehen, was eine Ausnahme vom prozessualen
Legalitätsprinzip schafft. Die Ausnahme ist aber beschränkt auf die obersten
Behörden, was THORMANN/VON OVERBECK Art. 366 N 5 wohl zu Unrecht
als «willkürlich» bezeichnen: Der Bundesgesetzgeber wollte offenbar
nicht Verfahrenshindernisse für alle kantonalen Beamten ermöglichen.
Das Verfolgungsprivileg gilt nach Ausscheiden aus dem Amt weiter,
PKG 1979 Nr. 37. Der Ermächtigungsentscheid kann auch einer richterlichen Behörde übertragen werden, JdT 1948 IV 29, BGE 120 IV 80 f.
Wie im Bundesrecht dürfen dabei Gründe der politischen Opportunität
herangezogen werden. Ob «die nach kantonalem Recht zuständige
Behörde im … Einzelfall die bundesrechtlich zulässige Regelung des
Kantons nicht willkürlich ausgelegt und den Entscheid aus sachlich vertretbaren Gründen getroffen hat», kann vom Bundesgericht nicht überprüft werden, BGE 106 IV 44 f. *Mitgliedern eines Gemeinderates* darf
m.E. keine Immunität zugebilligt, ihre Verfolgung wegen Übertretungen
im Amt nicht vom Vorentscheid einer (richterlichen oder nichtrichterlichen) Behörde abhängig gemacht werden; BGE 120 IV 80 f. lässt die
Frage offen.

Schliesslich ist es zulässig, für die Beurteilung höchster Magistraten **Son-** 6
dergerichte vorzusehen. In Zürich kann z.B. der Kantonsrat über Regie-
rungsräte urteilen, s. ZR 77 (1978) Nr. 111. Eine solche Regelung ist mit
der EMRK vereinbar, EKMR, Crociani u.a., B 8603, 8722, 8723, 8729/
79, DR 22 147.

Verschiedene Kantone haben von der Ermächtigung nach Abs. 2 lit b 6a
keinen Gebrauch gemacht, so namentlich SH, GL, UR, NW, TI, VS und
VD, RASELLI 140 ff.

S. auch Bem. vor **Art. 8.** 7

367 Verfahren bei Übertretungen

**Die in diesem oder in andern Bundesgesetzen vorgesehenen Über-
tretungen sind, soweit sie der kantonalen Gerichtsbarkeit unterliegen,
nach dem Verfahren zu behandeln, das der Kanton für Übertretungen
vorschreibt.**

Art. 367 schreibt den Kantonen vor, die bundesrechtlichen Übertretun- 1
gen (sofern sie nicht, wie Art. 329-331, der Bundesgerichtsbarkeit unterliegen und die Verfolgung auch nicht delegiert wurde, vgl. SJZ 43 [1947]
174) nach demselben Verfahren zu beurteilen, wie es für kantonale Übertretungen vorgesehen ist. Dabei ist vor allem an **summarische Verfahren**
(Strafbefehl, Strafmandat u. ä.) gedacht, THORMANN/VON OVERBECK zu

Art. 367. Eine ähnliche Regelung enthält für das Adhäsionsverfahren BStP Art. 248. S. auch Art. 345.1 II.

368 Kostentragung

Die Kantone bestimmen, unter Vorbehalt der Unterstützungspflicht der Verwandten (Art. 328 ZGB), wer die Kosten des Vollzuges von Strafen und Massnahmen zu tragen hat, wenn weder der Betroffene selbst noch, falls er unmündig ist, die Eltern die Kosten bestreiten können.

Fassung gemäss BG vom 18.3.1971.

FRANÇOIS CLERC/MICHELE RUSCA, *Les frais d'exécution,* in Mensch und Umwelt, Fribourg 1980, 391.

1   **Art. 368** ist **systematisch falsch eingeordnet** – die Bestimmung müsste im achten oder neunten Titel stehen, weil sie nicht das Verfahren, sondern den Straf- und Massnahmenvollzug betrifft, CLERC/RUSCA 393 f.

2   Die Bestimmung **kann auf zwei Arten verstanden werden,** als blosser Erlaubnissatz, der den Kantonen die Möglichkeit gibt, Vollzugskosten dem Betroffenen aufzuerlegen, in diesem Sinn VPB 46 (1982) Nr. 51, SOG 1992 Nr. 40 S. 100 ff., oder als autonome und bindende Regelung der Kostenauflage, so ZBJV 119 (1983) 502 f. m.Anm. SCHULTZ, CLERC/RUSCA 396 ff., vgl. auch BGE 106 II 287.

3   Die Auflage der **Vollzugskosten an den Betroffenen** lässt sich höchstens dann rechtfertigen, wenn dieser über ausreichende Mittel verfügt – in aller Regel wird sie dem Resozialisierungszweck materiell und psychologisch zuwiderlaufen, auch ihre Verfassungsmässigkeit ist fraglich, CLERC/RUSCA 402 f., SCHULTZ a.a.O. (N 2). Die Bestimmung ist deshalb **abzuschaffen.**

4   *VE 1993* sieht vor, dass die Kosten des Strafvollzugs derjenige Kanton zu tragen hat, dessen Gerichte das Urteil gefällt haben. Die Kosten des Massnahmenvollzugs sind vom Urteils- und vom Wohnsitzkanton zu tragen, vorbehalten bleibt der Rückgriff auf frühere Wohnsitzkantone.

Siebenter Titel:
Verfahren gegen Kinder und gegen Jugendliche

VE 1911 Art. 40 ff. VE 1915 Art. 392 ff. Erl.Z. III 23 ff. 2. ExpK IX 186 f. 188 ff.
VE 1916 Art. 396 ff. E Art. 390 ff. Botsch. 88 ff. Sten.NR 753 ff., StR 354, NR 789.

HEINZ HERMANN BAUMGARTEN, Ambulante und stationäre Interventions- und Sozialisationshilfen nach schweizerischem Jugendstrafrecht, Luzern 1978; PAUL BEGLINGER, Das Jugendstrafverfahren im Kanton Zürich, Diss. ZH 1972; HERMANN BRASSEL, Behördenorganisation im Jugendstrafverfahren der Kantone, Zürich 1978; VALY DEGOUMOIS, *Les principes de la procédure pénale applicable aux mineurs en Suisse,* Diss. NE 1957; MARIANNE GIRSBERGER, Grundzüge des Jugendstrafverfahrens mit besonderer Berücksichtigung der Kantone Aargau und Waadt, Diss. ZH 1973; ROBERT HÄNNI, Der Umgang mit Kindern und Jugendlichen am Beispiel eines schweizerischen Jugendgerichts, in Göppinger/Vossen (Hrsg.), Humangenetik und Kriminologie, Stuttgart 1984, 181; JÖRG HAUG, Das Jugendstrafverfahren im Kanton Schwyz, Diss. FR 1963; PETER HUBER, Das Jugendstrafverfahren im Kanton Uri, Diss. BE 1975; BERND HÜBNER/THOMAS WILHELMS, Erziehung oder Tatvergeltung? Eine sozialwissenschaftliche Studie zur schweizerisch-deutschen Jugendstrafrechtspflege, Wuppertal 1982; FRITZ LANG, Die Untersuchungshaft im Jugendstrafverfahren unter besonderer Berücksichtigung der Ostschweizer Kantone, Diss. ZH 1979; WALTER LOOSLI, Die neue Ordnung der bernischen Jugendrechtspflege, ZBJV 108 (1972) 393; MARIA VON MONAKOW, Die Behördenorganisation des Jugendlichenstrafprozesses in den kantonalen Einführungsgesetzen zum schweizerischen Strafgesetzbuch, Diss. BE 1942; TITUS JOHANNES PACHMANN, Das Jugendstrafverfahren des Kantons Obwalden, Diss. ZH 1978; SCHWEIZERISCHE VEREINIGUNG FÜR JUGENDSTRAFRECHTSPFLEGE (Hrsg.), Richtlinien für das Jugendstrafverfahren vom 15.4.1971, Lausanne/Winterthur 1971; DIES. (Hrsg.), Behördenorganisation im Jugendstrafverfahren der Kantone, Zürich 1978; JEAN ZERMATTEN, *Réflexions sur les réalités de la justice des mineurs et la séparation des fonctions judiciaires,* ZStrR 107 (1990) 367; PATRICK ZWEIFEL, *La procédure et le droit applicable aux mineurs dans le canton de Vaud,* Diss. Laus. 1960; **Lit.** vor Art. 82.

VE 1993 sieht die Aufhebung des siebenten Titels vor, weil das Jugendstrafrecht aus dem StGB ausgegliedert und Gegenstand eines Spezialgesetzes werden soll.

369 Zuständige Behörden

Die Kantone bezeichnen die für die Behandlung der Kinder und der Jugendlichen zuständigen Behörden.

Die **Kantone** sind gemäss **BV Art. 64**[bis] zur Regelung des Strafverfahrens kompetent, was Art. 369 hinsichtlich der Behördenorganisation im

1

Jugendstrafrecht bestätigt. Die Bestimmung hat aber Bedeutung als *lex specialis* zu Art. 345, wo *(argumentum e contrario* aus Ziff. 1 II) vorge-schrieben ist, dass Verbrechen und Vergehen nur von Gerichten beurteilt werden dürfen. Für Kinder und Jugendliche können hier Verwaltungs-behörden zuständig erklärt werden, BGE 68 IV 158 f., 78 IV 150. Nich-tigkeitsbeschwerde an den Kassationshof des Bundesgerichts ist auch ge-gen Urteile einer Verwaltungsbehörde zulässig, BGE 68 IV 158 f., 70 IV 121. Zur Vereinbarkeit mit der EMRK s. N 5.

2 Mit **«Behandlung»** ist hier **Untersuchung** und **Beurteilung** gemeint. Bis zur Revision 1971 hatte das Gesetz nur von der «zuständigen Behörde» gesprochen, ob eine richterliche Instanz vorzusehen sei, war umstritten, THORMANN/VON OVERBECK N 2 vor Art. 369. Wenn seither gewisse Entscheide einer «urteilenden» Behörde zugewiesen werden, so bedeu-tet dies nicht, dass eine Trennung vorgeschrieben wäre: Untersuchungs- und Urteilsbehörde können oder sollen sogar identisch sein, weil es vor allem auf gute Kenntnis des Täters zur sicheren Beurteilung ankommt, BOEHLEN Art. 369 N 4 m.w.Hinw. (anders für Erwachsene BGE 112 Ia 292, 113 Ia 73), zur urteilenden Behörde i.S.v. Art. 93 BGE 120 IV 19 f. Sogar der Vollzug wird zweckmässigerweise derselben Behörde anver-traut, BOEHLEN Art. 369 N 5. Schliesslich können für Kinder und Ju-gendliche verschiedene oder dieselben Instanzen vorgesehen werden. Auch hier befürwortet BOEHLEN Art. 369 N 3 Identität; m.E. sprechen aber auch Argumente für eine Trennung: Für Jugendliche mag es ge-rechtfertigt sein, einen Jugend**richter** einzusetzen, während die damit verbundene Stigmatisierung Kindern erspart bleiben sollte.

3 Kinder und Jugendliche fallen **nie** unter **Bundesstrafgerichtsbarkeit,** BOEHLEN Art. 369 N 1 – entsprechende Vorschriften fehlen im BStP. Die praktische Bedeutung dieser Einschränkung dürfte angesichts des Kata-logs in Art. 340 gering sein – am ehesten wäre eine Tat gemäss Art. 225, fahrlässige Gefährdung durch Sprengstoff, denkbar – in diesem Fall *muss* an den nach Art. 372 zuständigen Kanton delegiert werden. Auch Son-derverfahren (z. B. wegen Ehrverletzung) müssen dem Jugendstrafver-fahren weichen, GVP-SG 1972 S. 99.

4 Wesentlich ist, dass die Kantone **spezialisierte Organe** vorsehen, vgl. die Angaben bei SCHULTZ II 246 und die Spezialliteratur; es dürfen nicht einfach die Behörden der Erwachsenenstrafrechtspflege für zuständig erklärt werden, STETTLER VE 192. Zur Abgrenzung des Anwendungs-bereichs VStGB 1 Art. 1, s. Art. 89 N 2 ff.

5 Inwiefern die **Verfahrensgarantien von EMRK Art. 6** auch im Kinder- und Jugendlichenstrafrecht anwendbar sind, ist weiterhin ungeklärt, so schon SCHULTZ II 246, STETTLER VE 195 f., offengelassen in EGMR, Ur-teil Nortier, Nr. 267 § 38, bejaht in Sem.jud. 1985 465, wonach Personal-union untersuchende/urteilende Behörde unzulässig ist, zustimmend HOTTELIER, Sem.jud. 1989 133, ablehnend PIQUEREZ, Sem.jud. 1989 114. Aus der Sonderregelung von EMRK Art. 5 I d lässt sich im Vergleich

zu Art. 5 I a schliessen, dass jedenfalls Erziehungsmassnahmen auch durch eine Verwaltungsbehörde angeordnet werden können, Trechsel EMRK 209, s. aber EGMR, Urteil Bouamar, Nr. 129. Dasselbe gilt für die besondere Behandlung. Problematisch sind die Strafen, vor allem Einschliessung, Art. 95. Dass EMRK Art. 6.1 den Ausschluss der Öffentlichkeit zum Schutz der «Interessen von Jugendlichen» vorsieht, lässt eher darauf schliessen, dass von der Anwendbarkeit von Art. 6 ausgegangen wird. Zweifellos anwendbar ist EMRK Art. 5 – B 8500/79, X c. CH, DR 18 238, erklärt auch die Freiheitsentziehung zur Beobachtung für vereinbar mit Ziff. 1 d; s. auch den Bericht der EKMR vom 12.3.1987 zu B 10929/84, Jon Nielsen c. DK; der Gerichtshof kam demgegenüber zum Schluss, dass die Einweisung eines 12jährigen Jungen in eine geschlossene Anstalt durch die Inhaberin der elterlichen Gewalt keine Freiheitsentziehung sei, EGMR, Urteil Nielsen, Nr. 144.

370 Freiwillige Mitwirkung

Zur Durchführung der Erziehungshilfe und der Schutzaufsicht können geeignete freiwillige Vereinigungen und Privatpersonen herangezogen werden.

Fassung gemäss BG vom 18.3.1971

Verena Lüdi, Die Schutzaufsicht im Jugendstrafrecht der Schweiz, Diss. ZH 1951; **Lit.** vor Art. 369.

Art. 370 dient dem erzieherischen Zweck des Jugendstrafrechts, dem   1
informelle, private Betreuung grundsätzlich besser angemessen ist als amtliche Intervention. Andererseits wird auch eine besondere fachliche Qualifikation gefordert, Rehberg, Sanktionen (vor Art. 82), 13, die allerdings fürsorgliche Zuwendung und persönliches Engagement kaum zu ersetzen vermag. Im Kanton Waadt wurden gute Erfahrungen gemacht, s. Boehlen Art. 84 N 12 m.Hinw.

Auch im **Erwachsenenstrafrecht** können private Vereinigungen beigezo-   2
gen werden, Art. 379.1 I.

371 Verfahren

[1] Die Kantone ordnen das Verfahren gegen Kinder und gegen Jugendliche.

[2] [aufgehoben]

Fassung gemäss BG vom 18.3.1971.

S. Bem. zu Art. 369. Ein Verzeichnis der Rechtsquellen findet sich bei Heine/ Locher (vor Art. 82) 193 ff. Zum Recht auf amtliche Verteidigung bejahend BGE 111 Ia 81.

372 Zuständigkeit der Behörden

1. Für das Verfahren gegen Kinder und gegen Jugendliche sind die Behörden des Wohnsitzes oder, wenn das Kind oder der Jugendliche sich dauernd an einem andern Ort aufhält, die Behörden des Aufenthaltsortes zuständig. Übertretungen werden am Begehungsort verfolgt.

In Ermangelung eines Wohnsitzes oder eines dauernden Aufenthaltes finden die allgemeinen Bestimmungen über den Gerichtsstand Anwendung.

Bestehen zwischen Kantonen Anstände über die Zuständigkeit, so entscheidet der Bundesrat.

2. Die schweizerische Behörde kann von einer Strafverfolgung absehen, wenn die zuständige Behörde des Staates, in dem sich der Täter dauernd aufhält, ein Verfahren wegen dieser Tat eingeleitet hat oder einzuleiten sich bereit erklärt.

Die nach Ziffer 1 zuständige schweizerische Behörde kann auf Ersuchen der ausländischen Behörde auch die Beurteilung von Kindern und Jugendlichen übernehmen, die eine strafbare Handlung im Ausland begangen haben, sofern sie Schweizer sind oder in der Schweiz Wohnsitz haben oder sich dauernd in der Schweiz aufhalten. Die schweizerische Behörde wendet ausschliesslich schweizerisches Recht an.

Ziff. 1 I 2. Satz und Ziff. 2 eingeführt durch BG vom 18.3.1971

François Clerc, *Du for des poursuites dirigées contre les délinquants mineurs, coupables d'infractions à la législation pénale cantonale,* SJZ 40 (1944) 82; Bruno Frank, Die Gerichtsstandsordnung des Schweizerischen Strafgesetzbuches und das Gerichtsstandsfestsetzungsverfahren, Diss. BE 1956; Hildegard Herforth, Der Gerichtsstand im schweizerischen Jugendstrafrecht, Diss. ZH 1947; Pierre Jeanneret, *De l'autorité compétente pour juger les mineurs délinquants,* ZStrR 68 (1953) 223; Erhard Schweri, Interkantonale Gerichtsstandsbestimmung in Strafsachen, Bern 1987; Niklaus Witschi, Die Übernahme der Strafverfolgung nach zukünftigem schweizerischem Recht, Diss. BE 1977; E. Wolfer, Der Gerichtsstand im Jugendstrafrecht, SJZ 39 (1942/43) 125.

1   Als *lex specialis* **zu Art. 346 ff.** bestimmt Art. 372 den Ort, der Lebensmittelpunkt des jungen Täters ist, als Gerichtsstand. Ob schweizerisches Strafrecht anzuwenden sei, ist jedoch nach den allgemeinen Regeln, Art. 3–7, zu entscheiden, ZBJV 112 (1976) 383. Damit wird dem Charakter des *Jugendstrafrechts als Täterstrafrecht* Rechnung getragen: Er soll dort beurteilt werden, wo man ihn und seine Lebensumstände am besten kennt und Informationen über ihn am einfachsten zu beschaffen sind, VPB 43 Nr. 18, Boehlen Art. 372 N 2, Jeanneret 224, Schweri N 321. Überdies soll der Jugendliche durch das Verfahren nicht aus der gewohnten Umgebung gerissen werden, VPB 43 Nr. 18. Die Regel ist auch zu befolgen, wenn mehrere Kinder oder Jugendliche an derselben Tat beteiligt waren – Art. 349 gilt nur für Erwachsene, Herforth 90 f., Wolfer 128; abweichend innerkantonal AGVE 1983 Nr. 27: Wohnsitz des Haupttäters.

Art. 372 gilt nur für **Verbrechen und Vergehen des eidgenössischen Strafrechts.** Dass Übertretungen (SVG!) nach dem ordentlichen Gerichtsstand beurteilt werden, rechtfertigt sich aus Prozessökonomie und dem Grundsatz der Verhältnismässigkeit. Art. 372 gilt auch innerkantonal, vgl. BGE 86 IV 197. Für kantonales Strafrecht können die Kantone abweichende Regelungen treffen, SJZ 41 (1945) Nr. 91, 42 (1946) Nr. 24 (EJPD), Clerc a.a.O.   2

Probleme um die **Altersgrenze** regelt in Anlehnung an die frühere Praxis (BGE 85 IV 247, 252, 86 IV 197, 96 IV 25) VStGB 1 Art. 1, dazu auch Art. 89 N 2 ff. Strafbare Handlungen, die vor und nach dem 18. Geburtstag begangen wurden, sind stets gemeinsam, BGE 85 IV 249, 255, 86 IV 199, 96 IV 26, SJZ 55 (1959) Nr. 67, und grundsätzlich im Verfahren für Erwachsene zu beurteilen; Jugendstrafrecht kann dagegen angewendet werden, wenn die Untersuchung vor dem 20. Geburtstag eingeleitet wurde und eine Massnahme des Jugendstrafrechts in Frage kommt, VStGB 1 Art. 1 II. Der Entscheid darüber ist nach Zweckmässigkeit zu treffen und präjudiziert die Zuständigkeit, BGE 107 IV 79.   3

Der **Wohnsitz** des Kindes oder Jugendlichen befindet sich gemäss ZGB Art. 25 II am Wohnsitz von Vater und Mutter oder, wenn eine Vormundschaft besteht, am Sitz der Vormundschaftsbehörde. Haben die Eltern getrennten Wohnsitz, so befindet sich der Wohnsitz des Kindes bei dem Elternteil, bei dem es sich *tatsächlich aufhält*, E. Bucher, Berner Kommentar, Art. 25 N 58. Dort hat das Kind den Mittelpunkt seiner Lebensbeziehungen, vgl. SJZ 40 (1944) Nr. 48, 45 (1949) Nr. 55.   4

Als Alternative ist ausschlaggebend der **Ort dauernden Aufenthalts;** dieser Anknüpfungspunkt wird als **subsidiär** bezeichnet, Boehlen Art. 372 N 3; der Forderung nach einschränkender Auslegung (Schweri N 342, Wolfers 127) ist nicht zuzustimmen – ausschlaggebend müssen die tatsächlichen Verhältnisse sein, der Mittelpunkt der Lebensbeziehungen. Deshalb kann auch ZGB Art. 26, wonach der «Aufenthalt … zum Zweck des Besuches einer Lehranstalt und die Unterbringung einer Person in einer Erziehungs-, Versorgungs-, Heil- oder Strafanstalt» keinen Wohnsitz begründet, nicht unbesehen auf den Begriff des «dauernden Aufenthalts» übertragen werden – jeder Fall ist eingehend zu prüfen. So kann der Wohnsitz bei den Eltern immer noch Lebensmittelpunkt sein, auch wenn die Tochter auswärts eine Lehre absolviert und unter der Woche bei der Lehrmeisterin wohnt: BGE 86 IV 198, wo darauf abgestellt wurde, ob «der Ortswechsel auch zu einer Lockerung der Bindungen des Jugendlichen zum elterlichen Wohnsitz» geführt habe; ebenso das EJPD, SJZ 39 (1942/43) Nr. 68, RS 1945 Nr. 211, 1946 Nr. 132. Mehrjähriger Aufenthalt bei «Ersatzeltern» geht dem gesetzlichen Wohnsitz vor, RS 1945 Nr. 211 (EJPD). Ausnahmsweise kann auch der Aufenthalt in einer Vollzugseinrichtung (z.B. Erziehungsheim) als «dauernd» i.S.v. Art. 372 angesehen werden, wenn er das einzig geographisch stabile Element im Leben des Betroffenen bildet, VPB 43 Nr. 18; verneint in SJZ 39   5

(1942/43) Nr. 37, 45 (1949) Nr. 55, s. auch E. HAUSER, ZStrR 56 (1942) 332 ff.

6   **Massgeblicher Zeitpunkt** ist derjenige der Eröffnung des Verfahrens, nicht derjenige der Tat, BOEHLEN Art. 372 N 4, SCHWERI N 343, vgl. auch Art. 348 N 5. Verändern sich im Laufe des Verfahrens die Verhältnisse, so entsteht ein Konflikt zwischen dem «Ort der besseren Kenntnis» und dem «Ort der neuen Verwurzelung». Ausnahmsweise kommt für die Beurteilung ein Wechsel zum neuen Wohnsitz oder Aufenthaltsort in Betracht, SJZ 40 (1944) Nr. 216, 42 (1946) Nr. 372, 52 (1956) Nr. 146, 58 (1962) Nr. 108, zumal von dorther jedenfalls der Vollzug ambulanter Massnahmen besser überwacht werden kann, SJZ 40 (1944) Nr. 49. Die Berücksichtigung der zukünftigen Entwicklung ist m.E. für die Festsetzung des Gerichtsstandes nicht legitim, ebenso BOEHLEN Art. 372 N 4, HERFORTH 70, anders SJZ 58 (1962) Nr. 108.

7   Hat der Täter **keine Beziehung** i.S.v. Abs. 1 **zur Schweiz,** ist er z.B. nur zum Delinquieren eingereist (vgl. SV in BGE 112 IV 1), so gelten die ordentlichen Regeln über den Gerichtsstand, Art. 346–351, ZBJV 112 (1976) 383, SJZ 38 (1941/42) Nr. 157.

8   **Kompetenzkonflikte** regelt der Bundesrat, der diese Aufgabe mit Art. 9 lit. e der Verordnung über die Zuständigkeit der Departemente und der ihnen unterstellten Amtsstellen zur selbständigen Erledigung von Geschäften vom 28.3.1990, SR 172.011, an das EJPD delegiert hat. Von der Zuständigkeit der Verwaltung versprach man sich ein rascheres Verfahren, BOEHLEN Art. 372 N 8, HERFORTH 103 f. Ziff. 1 III gilt aber nur, solange die Anwendung von Art. 372 nicht selber strittig ist. Kommt auch die Anwendung des Verfahrens gegen Erwachsene in Frage, so ist die Anklagekammer des Bundesgerichts zuständig (vgl. Art. 351), BGE 85 IV 247, 252, 86 IV 197, 96 IV 25. Die kantonalen Behörden müssen jedoch die Untersuchung schon vor deren Entscheid soweit vorantreiben, dass die Frage, ob eine jugendrechtliche Massnahme in Betracht fällt, wenigstens vorläufig von der Anklagekammer beurteilt werden kann, BGE 107 IV 80.

9   **Ziff. 2** soll auch im internationalen Bereich die Beurteilung straffälliger Kinder und Jugendlicher am Ort des Mittelpunktes ihrer Lebensbeziehungen ermöglichen oder doch erleichtern. Im Vergleich zum Erwachsenenstrafrecht tritt hier die Bedeutung rechtsstaatlicher und formeller Probleme in den Hintergrund, weil auch wichtiger ist, dass man sich des jungen Menschen annimmt, als dass seine Tat geahndet wird. Zum Verhältnis zu IRSG Art. 82 WITSCHI 101 f.

10   Der **letzte Satz** ist *lex specialis* zu Art. 3–6.

373 Kostentragung

Die Kantone bestimmen, unter Vorbehalt der Unterstützungspflicht der Verwandten, wer die Kosten der gegen Kinder und Jugendliche angeordneten Massnahmen und Strafen zu tragen hat, wenn weder der Versorgte noch die Eltern die Kosten bestreiten können (Art. 284 ZGB[1])

[1] Heute Art. 293 ZGB

Fassung gemäss BG vom 18.3.1971

Lit. vor Art. 82, 369.

Art. 373 entspricht **fast wörtlich Art. 368.**   1

Geregelt wird die Auferlegung der **Vollzugskosten.** Verfahrenskosten   2
werden nach kantonalem Verfahrensrecht liquidiert, vgl. Art. 371. Zu
den Verfahrenskosten gehören die Kosten von Beobachtung und Begutachtung, Art. 83, 90, zu den Vollzugskosten die Kosten des vorläufigen
Antritts einer Massnahme, BOEHLEN Art. 373 N 2, VEB 18 Nr. 97.

In erster Linie trägt **der Verurteilte** die Vollzugskosten, was nur in selte-   3
nen Fällen («Wohlstandsverwahrlosung») realisierbar sein dürfte.

Es folgen die **Eltern** und die **Verwandten** – nach ZGB Art. 328 fallen als   4
Verwandte nur die (Ur-)Grosseltern in Betracht – Geschwister sind nur
unterstützungspflichtig, «wenn sie sich in günstigen Verhältnissen befinden», was (im Nachgang zu den Eltern!) für das Jugendstrafrecht eher
selten sein dürfte.

Erst wenn die in N 3/4 erwähnten **Privatpersonen die Kosten** des Voll-   5
zugs **nicht tragen,** kommt die kantonale Regelung zum Zuge – die Kantone sind jedoch nicht verpflichtet, die Kosten zu überwälzen, BGE 74 I
30, Art. 373 ermächtigt sie nur dazu, RS 1983 Nr. 488. Für Verzicht auf
Kostenerhebung bei Einschliessung BOEHLEN Art. 373 N 3.

Interkantonal gilt für alle Kantone ausser Glarus, Freiburg, Wallis und   6
Genf das Konkordat über die Kosten des Strafvollzugs vom 23.6.1944,
SR 342.

Achter Titel:
Strafvollzug. Schutzaufsicht

VE 1911 Art. 51 ff., 54 ff. VE 1915 Art. 39 ff. Erl.Z. III 24 ff. 2. ExpK IX 195 ff., 207 ff., 224 ff., 239 ff.; vgl. auch Beilagenband. VE 1916 Art. 401 ff., 404 ff., 409 f. E Art. 395 f., 398 ff., 403 f. Botsch. 90 ff., Sten.NR 590 ff., StR 248 ff., 298, NR 720 f., StR 337, NR 753 ff., StR 354, NR 781.

1. Im allgemeinen

374 Pflicht zum Strafvollzuge

¹**Die Kantone vollziehen die von ihren Strafgerichten auf Grund dieses Gesetzes ausgefällten Urteile. Sie sind verpflichtet, die Urteile der Bundesstrafbehörden gegen Ersatz der Kosten zu vollziehen.**

²**Den Urteilen sind die von Polizeibehörden und andern zuständigen Behörden erlassenen Strafentscheide und die Beschlüsse der Einstellungsbehörden gleichgestellt.**

1 **Art. 374** bestätigt einerseits BV Art. 64bis, der den Strafvollzug in Abs. 3 implizit den Kantonen belässt und dem Bund nur die Kompetenz zu zweckgebundenen Beitragszahlungen überträgt, andererseits verpflichtet er die Kantone, auf Grund des StGB gefällte Urteile auch zu vollziehen.

2 Die Verpflichtung aus Art. 374 I umfasst auch **normative Aufgaben,** der Kanton muss die entsprechenden Reglementierungen erlassen, soweit der Bundesrat seine Kompetenz gemäss Art. 397bis nicht genutzt hat (BGE 99 Ib 46, Möglichkeit der Halbgefangenschaft gemäss Art. 39.3 II). Die Bestimmung kann eine kantonale Rechtsgrundlage für die Anordnung von Sicherheitshaft während des Kassationsverfahrens nicht ersetzen, Sem.jud. 1972 594.

  Konkretisiert wird die Normierungspflicht in *VStGB 1 Art. 6 I;* hat der Kanton keine Regelung über die Aussetzung des Vollzugs an einem Kranken erlassen, so kann auch das Bundesgericht keine Lösung treffen, BGE 100 Ib 273.

3 Art. 374 verpflichtet **nur zum Vollzug von Urteilen des eigenen Kantons** und – gegen Entschädigung – solchen der Bundesbehörden. Kein Kanton ist verpflichtet, das Urteil eines anderen Kantons zu vollstrecken, BGE 68 IV 94, s. aber Art. 352 N 4. Die Verpflichtung zur Vollstreckung um-

fasst nicht auch die Pflicht, Rechtshilfe anzufordern (BGE 68 IV 95: «Der ersuchende Kanton kann jederzeit auf die Rechtshilfe verzichten»).

Als **«eigenes»** gilt ein **Urteil** nicht nur, wenn der Schuldspruch und die   4
Sanktion von einem kantonalen Gericht erlassen wurden, sondern auch bei Widerruf des in einem «fremden» Urteil angeordneten bedingten Strafvollzugs, BGE 101 IV 265 E. 6 (in einem solchen Fall braucht nicht die Bundesbehörde nach BStP Art. 241 I den Vollstreckungskanton zu bezeichnen).

Der Urteilskanton kann die Vollstreckung auch einem anderen Kanton   5
übertragen, was im Rahmen der Konkordate (SR 343.1–3) institutionalisiert ist. In Einzelfällen können die Kantone unter sich besondere Vereinbarungen treffen – der Verurteilte hat keinen Anspruch auf Regelung durch einen bestimmten Kanton, sondern nur darauf, dass über einzelne Fragen entschieden und dass ohne Willkür eine Gleichbehandlung mit anderen Gefangenen unter angemessener Berücksichtigung der Besonderheiten seines Falles angestrebt wird, BGE 106 Ia 177 (bernische Behörde zuständig zum Verbot der Aushändigung von Broschüren an eine Verurteilte, die vom Kanton Zürich zur Vollstreckung übernommen wurde). Der Urteilskanton bleibt gegenüber dem Bund «für die Erreichung des Strafzweckes verantwortlich» (a.a.O. 179) – eine reichlich leere These, zumal eine Erfolgskontrolle ohnehin nicht besteht.

Bezüglich der **Kostenregelung** s. Konkordat über die Kosten des Straf-   6
vollzugs, SR 342, dem alle Kantone ausser Glarus, Freiburg, Wallis und Genf beigetreten sind.

Abs. 2 stellt den gerichtlichen Verurteilungen die Strafentscheide von   7
Verwaltungsbehörden und die **Beschlüsse der Einstellungsbehörden** gleich, wobei vor allem an die Anordnungen von Massnahmen für zurechnungsfähige Täter zu denken ist, THORMANN/VON OVERBECK Art. 374 N 3.

375 Anrechnung der Sicherheitshaft

¹ **Auf die zu vollziehende Freiheitsstrafe ist unverkürzt die Haft anzurechnen, die der Verurteilte zwischen der Fällung des letzten Urteils und dem Beginne der Vollziehung der Freiheitsstrafe erlitten hat.**

² **Hat der Angeklagte trölerisch ein Rechtsmittel ergriffen, so wird die Dauer der dadurch verlängerten Sicherheitshaft nicht angerechnet.**

Abs. 2 in der Fassung gemäss BG vom 18.3.1971

Lit. zu Art. 69.

Art. 375 geht davon aus, dass eine Verzögerung der Vollstreckung durch   1
den Staat zu vertreten ist, so dass die Zeit, welche ein Verurteilter bis dahin in Haft verbringt, auf die Strafzeit angerechnet werden muss.

2   Art. 375 wendet sich nur an die **Vollzugsbehörde** – entscheidet ein Richter über Anrechnung, so hat er Art. 69 anzuwenden, was auch für eine Kassationsinstanz gelten soll, BGE 81 IV 21, 102 Ib 254, STRATENWERTH AT II § 7 N 132, a.M. REHBERG II 89, RUEDIN, Die Anrechnung der Untersuchungshaft, Diss. ZH 1979, 77 f. (vgl. aber a.a.O. S. 26).

3   **Letztes Urteil** ist das Urteil, welches der Vollstreckbarkeit der Strafe vorausgeht, BGE 81 IV 21, 105 IV 241. Wird der Kassationsbeschwerde ans Bundesgericht aufschiebende Wirkung erteilt (BStP Art. 272 VII), ist es das Urteil des Kassationshofes oder des kantonalen Gerichts nach Rückweisung, s. auch RUEDIN a.a.O. 26.

4   Zur **Sicherheitshaft** i.S.v. Art. 375 gehört auch die *Auslieferungshaft,* wobei die Anrechnung verkürzt werden kann, wenn der Verurteilte selber das Auslieferungsverfahren zu vertreten hat (z.B. bei Flucht), BGE 102 Ib 253. Keine Sicherheitshaft liegt vor beim *vorläufigen Strafantritt,* RS 1952 Nr. 40, die im Vollzug verbrachte Zeit ist Strafvollzug – die Frage der (Nicht-)Anrechnung stellt sich gar nicht.

5   **Abs. 2** schliesst **Anrechnung bei trölerischem Rechtsmittel** aus, was rechtsstaatlich nicht unbedenklich ist, STRATENWERTH AT II § 7 N 132; weil nur Rechtsmittel mit Suspensiveffekt das Problem entstehen lassen (bei anderen Rechtsmitteln haben es die Behörden zu vertreten, wenn der Verurteilte in Sicherheitshaft bleibt), in diesen Fällen aber das Gericht nach Art. 69 zu entscheiden hat (N 2), kommt die Bestimmung nur bei Rückzug eines Rechtsmittels zur Anwendung.

6   *VE 1993* sieht die Streichung des Art. 375 vor, weil VE Art. 53 die Anrechnung der Untersuchungshaft regelt und VE Art. 100 die Sicherheitshaft der Untersuchungshaft gleichstellt, so schon SCHULTZ AT II 95 und DERS. VE 259 f.

2. Verdienstanteil

MICHAEL HEISING, Die Entlohnung der Gefangenenarbeit, Basel 1968.

1   **Art. 376–378** regeln summarisch die **finanzielle Situation Verurteilter im Freiheitsentzug.** Von der ihm in Art. 397bis I m) eingeräumten Kompetenz zu näherer Regelung hat der Bundesrat keinen Gebrauch gemacht, VStGB 1 Art. 6 I. Insbesondere bleibt offen, welche Instanz des Kantons die Regelung zu treffen hat und welche Kriterien dabei zu verfolgen sind, BGE 106 I a 290 (Groupe Action Prison, Michel Glardon und Jean-Pierre Garbade c. Vaud).

2   Der **Hauptzweck** des Verdienstanteils *(Pekulium)* besteht darin, dem Verurteilten den Wiedereintritt in das bürgerliche Leben dadurch zu erleichtern, dass er bei Entlassung über Mittel für seinen Unterhalt während der Arbeitssuche verfügen kann. Daneben soll dem Gefange-

nen ermöglicht werden, gewisse Auslagen während des Vollzugs zu tätigen, schliesslich dient die Regelung auch erzieherischen Zwecken (Art. 376: «bei gutem Verhalten»), BGE 102 Ib 255 f., 103 Ia 414 f., 106 IV 381.

Die Bestimmungen gelten im **Straf- und im Massnahmenvollzug,** selbst 3 dann, wenn eine Arbeit zugewiesen wird, zu welcher der Insasse nach StGB nicht verpflichtet ist (Art. 43, 44, im Gegensatz zu Art. 37.1 II, 37bis.3, 42.3, 100bis.3). Sie finden keine Anwendung, wo sich der Verurteilte die Arbeit selber beschafft, z.B. bei Haft, Art. 39.3 II 2. Satz, bei Halbfreiheit, Art. 37.3 II, VPB 45 Nr. 59, oder bei Freizeitarbeit, VPB 48 Nr. 70; abweichend BGE 106 Ia 291, wo vom französischen Text ausgegangen wird, der keinen dem Wort «zugewiesen» entsprechenden Begriff enthält.

Art. 376 ff. gelten *nicht für die Untersuchungshaft;* nicht unbedenklich BGE 106 Ia 362 (Groupe Action Prison und Marie-Jo Glardon c. Genf), wo die Prinzipien implizit übertragen werden, obwohl beispielsweise der Erziehungsauftrag für Untersuchungshaft nicht besteht – richtig die waadtländer Lösung, vgl. BGE 106 Ia 290.

Das System des Pekuliums ist **rechtsstaatlich vertretbar** (BGE 106 Ia 4 288 ff., EMRK Art. 4.3 a, EKMR B 3134/67, Ann. 11.552), weckt aber kriminalpolitisch erhebliche Bedenken, weil es als entwürdigend empfunden wird. STRATENWERTH AT II § 3 N 36 weist mit Recht darauf hin, dass der Strafgefangene «ausser mit dem Entzug seiner Freiheit, mit der Konfiskation fast seines ganzen Arbeitsertrages bestraft» wird.

Zum Verdienst durch **«Freizeitarbeit»** VPB 48 Nr. 70: Der Insasse hat 5 «Anspruch auf 75% des nach Abzug der Umtriebsaufwendungen verbleibenden Nettoverdienstes».

Mit Recht forderte SCHULTZ VE 221, den Ersatz dieses Systems der Belohnung durch angemessene Entlöhnung (unter Abzug eines Kostgeldes), was zu entsprechender Anpassung der Art. 376 ff. führt, VE 260 ff. *VE 1993* regelt das Arbeitsentgelt der Gefangenen in Art. 83 und sieht die Streichung der heutigen Art. 376 bis 378 vor.

376 Grundsatz

Personen, die nach diesem Gesetz in eine Anstalt eingewiesen werden, soll für die ihnen zugewiesene Arbeit bei gutem Verhalten und befriedigender Arbeitsleistung ein Verdienstanteil zukommen, dessen Höhe von den Kantonen bestimmt wird.

Fassung gemäss BG vom 18.3.1971.

Art. 376 begründet den Anspruch des Gefangenen auf ein Pekulium (in- 1 sofern unrichtig SJZ 78 [1982] Nr. 50), das jedoch nur einen Teil des Gegenwertes seiner Arbeit betragen darf, BGE 106 Ia 291. Es handelt sich «um ein besonderes Instrument im Strafvollzug, das heute vor allem

Resozialisierungszwecken dient», VPB 48 Nr. 70 – eine fragwürdige Vorstellung.

2   Der Kanton darf **Abzüge** vornehmen zur Deckung von Schäden, die der Verurteilte schuldhaft, z.B. bei Flucht, verursacht hat; diese Abzüge dürfen jedoch nicht so hoch sein, dass der Hauptzweck des Verdienstanteils (Vb 2) vereitelt wird, BGE 102 Ib 255 f., 106 IV 381 f. Die Ehefrau des Verurteilten kann zur Deckung von Unterhaltsansprüchen nicht auf das Pekulium greifen, SJZ 78 (1982) Nr. 50.

377 Verwendung während des Freiheitsentzuges

[1] Der Verdienstanteil wird den Insassen der Anstalt während der Dauer der Freiheitsentziehung gutgeschrieben.

[2] Das Anstaltsreglement bestimmt darüber, ob und wie weit während der Dauer der Freiheitsentziehung aus diesem Verdienstanteil Ausgaben zugunsten des Insassen oder dessen Familie gemacht werden dürfen.

Marginale in der Fassung gemäss BG vom 18.3.1971

Lit. vor Art. 376.

1   Der Verdienstanteil wird entsprechend seinem Hauptzweck (N 2 vor 376) grundsätzlich nur **gutgeschrieben, nicht ausbezahlt.**

2   **In der Regel** erhält der Insasse jedoch **die Hälfte** zur freien Verfügung im Vollzug (einschliesslich Urlaub), HEISING 45, z.B. Zürich, BGE 103 Ia 415, Waadt, BGE 106 IV 381 f. Hinsichtlich dieser Mittel, die er selber verwaltet, gelten die Beschränkungen von Abs. 2 nicht, RS 1963 Nr. 38, BR, anders implizit BGE 106 IV 382. Der andere Teil kommt auf ein *Sperrkonto*.

3   Das **Anstaltsreglement** braucht die Verwendung gemäss Abs. 2 nicht im Detail zu regeln, BGE 106 Ia 288. Zulässig sind vor allem Auslagen im Dienste der Wiedereingliederung, wie Ausbildungskosten sowie Leistungen an Krankenversicherung und AHV. Im übrigen besteht eine strikte Bindung an das Anstaltsreglement: BGE 103 Ia 414 f., wonach das Reglement für Regensdorf die Bezahlung einer Brille aus dem Sperrkonto nicht zuliess.

378 Verwendung nach der Entlassung

[1] Bei der Entlassung aus der Anstalt verfügt die Anstaltsleitung nach freiem Ermessen, ob der Betrag ganz oder teilweise dem Entlassenen, den Organen der Schutzaufsicht, der Vormundschaftsbehörde oder der Armenbehörde zu sachgemässer Verwendung für den Entlassenen auszubezahlen sei.

² **Das Guthaben aus Verdienstanteil, sowie die auf Rechnung des Guthabens ausbezahlten Beträge dürfen weder gepfändet noch mit Arrest belegt noch in eine Konkursmasse einbezogen werden. Jede Abtretung oder Verpfändung des Guthabens aus Verdienstanteil ist nichtig.**

Bei Entlassung nimmt die Anstaltsleitung die Liquidierung des Pekuliums vor, das restlos ausbezahlt wird. Bei endgültiger Entlassung eines nicht Bevormundeten ist in der Regel der gesamte Betrag dem Entlassenen auszuhändigen.   1

Der gesamte Geldbetrag ist **privilegiert** und vor Zwangsvollstreckungsmassnahmen geschützt. Dies gilt entgegen BGE 106 IV 381 nach aussen schon während des Vollzugs, SJZ 78 (1982) Nr. 50 – Abzüge für Schadenersatz (Art. 376 N 2) sind aber zulässig, weil auch erzieherisch begründet. Das Privileg gilt nicht für Gegenstände, die aus dem Pekulium bezahlt wurden, ZR 80 (1981) Nr. 36.   2

3. Schutzaufsicht

379

1. Die Kantone haben die Schutzaufsicht für die gesetzlich vorgesehenen Fälle einzurichten. Sie können sie auch geeigneten freiwilligen Vereinigungen übertragen.

Für jeden Schützling wird ein Fürsorger bezeichnet.

2. Die Schutzaufsicht ist von dem Kanton auszuüben, der sie verfügt hat. Vorbehalten bleiben die Möglichkeit der Abtretung des Strafvollzuges oder der Schutzaufsicht an einen andern Kanton und die Regelung des Vollzuges bei Zusammentreffen mehrerer Strafen und Massnahmen.

Übersiedelt der Schützling in einen andern Kanton, so hat dessen Schutzaufsichtsamt auf Ersuchen des Kantons, der die Schutzaufsicht verfügt hat, bei der Bestellung des Fürsorgers mitzuhelfen.

Ist der Schützling aus dem Vollzugskanton ausgewiesen, so bleibt die Ausweisung für die Dauer der Schutzaufsicht aufgeschoben.

Fassung gemäss BG vom 18.3.1971.

HANS SCHULTZ, Schutzaufsicht oder Bewährungshilfe? Zur Reform des Rechts der Schutzaufsicht, in Festschrift zum 75jährigen Jubiläum des Schutzaufsichtsamtes des Kantons Bern, Bern 1987.

Zur **Schutzaufsicht** Art. 47; zum Beizug privater Vereinigungen im Jugendstrafrecht Art. 370.   1

Ziff. 2 II steht der durchgehenden Betreuung entgegen, s. SCHULTZ a.a.O. und DERS. VE 263.   2

3 **Ziff. 2 III** ist insofern **obsolet,** als BV Art. 45 I die Ausweisung eines Schweizers aus einem Kanton nicht mehr zulässt. *VE 1993* sieht denn auch vor, die Bestimmung zu streichen.

VE 1993 sieht grundsätzlich Beibehaltung von Ziff. 1 I vor. Die Betreuung soll «in der Regel» nicht mehr durch den Urteils-, sondern durch den Wohnsitzkanton vorgenommen werden.

4. Bussen, Kosten, Einziehung, Verfall von Geschenken, Schadenersatz

380 Vollstreckung

[1] **Die auf Grund dieses oder eines andern Bundesgesetzes oder des kantonalen Übertretungsrechtes ergangenen rechtskräftigen Urteile sind mit Bezug auf Bussen, Kosten, Einziehung von Gegenständen, Verfall von Geschenken und andern Zuwendungen und Schadenersatz in der ganzen Schweiz vollstreckbar.**

[2] **Den Urteilen sind die von Polizeibehörden und andern zuständigen Behörden erlassenen Strafentscheide und die Beschlüsse der Einstellungsbehörden gleichgestellt.**

1 **Art. 380** ersetzt ein Rechtshilfe-Konkordat vom 18.2.1911 und erklärt jedes rechtskräftige Urteil und jeden gleichgestellten Entscheid für in der ganzen Schweiz vollstreckbar, RS 1945 Nr. 55, 1959 Nr. 38; in dieser Hinsicht war denn auch das Urteil Hêche bezüglich Schadenersatz Verfahrenskosten und Auslagen im Kanton Jura uneingeschränkt zu vollstrecken, BGE 118 IV 393 E. 8. Die Bestimmung wendet sich nur an die Vollzugsbehörde, ungenau BGE 79 IV 176.

2 Die **Vollstreckung von Bussen** richtet sich nach SchKG Art. 49.2 – der Aufenthaltskanton ist nicht verpflichtet, sie durch Polizeibeamte zuhanden des Urteilskantons einzuziehen, BGE 68 IV 96.

3 Zur **internationalen Vollstreckung von Adhäsionsurteilen** s. HAUSER/REHBERG, Strafgesetzbuch, II. Aufl. Zürich 1986, zu Art. 380.

381 Verfügungsrecht

[1] **Über die auf Grund dieses Gesetzes verhängten Bussen, Einziehungen und verfallen erklärten Geschenke und andern Zuwendungen verfügen die Kantone.**

[2] **In den von den Bundesassisen und vom Bundesstrafgericht beurteilten Straffällen verfügt darüber der Bund.**

Über die **eingezogenen Werte** verfügen die Kantone vorbehältlich Art.   1
60 völlig frei, BGE 84 IV 6, zustimmend WAIBLINGER, ZBJV 96 (1960) 87
f. In einem u.ö. Urteil vom 16.7.1984 hat das BGer diese Auffassung aufgegeben (bestätigt in BGE 117 IV 345 ff.); aus der Einziehung soll keine
zusätzliche Vermögensstrafe werden. Kann das eingezogene Gut verwertet werden, muss ein allfälliger Überschuss (nach Abzug der Kosten,
Busse usw.) herausgegeben werden. Die Einziehung auch des Verwer-
tungserlöses ist «durch den Sicherungszweck der Massnahme nicht mehr
gedeckt und daher unverhältnismässig».

Neunter Titel:
Anstalten

VE 1911 Art. 43 ff. VE 1915 Art. 408 ff. Erl.Z. III 29 ff. 2. ExpK IX 244 ff.; auch Beilagenband, bes. 30 ff. VE 1916 Art. 412 ff. E Art. 406 ff. Botsch. 93 ff. Sten.NR 595 ff., StR 251 ff., 298 ff., NR 721 ff., StR 337, NR 753 ff.

1. Anstalten

VE 1993 sieht zwei wesentliche Neuerungen vor. Zum einen soll der Bund gemäss Art. 382 II, einem Vorschlag von Schultz folgend, die Aus- und Fortbildung des Anstaltspersonals fördern, zum andern sind in einem neuen Art. 386 Bestimmungen über die gemeinnützige Arbeit vorgesehen.

382 Pflicht der Kantone zur Errichtung

¹Die Kantone sorgen dafür, dass die den Vorschriften dieses Gesetzes entsprechenden Anstalten zur Verfügung stehen.

²Die Kantone können über die gemeinsame Errichtung von Anstalten Vereinbarungen treffen.

Fassung gemäss BG vom 18.3.1971.

E 406-408. Sten.NR 599 f. Vgl. auch 2. ExpK IX 244 ff. Beilagenband zum Protokoll der 2. ExpK 30 ff., 277 ff.

Lit. vor Art. 35.

1   Die **Pflicht zur Errichtung und zum Betrieb von Vollzugsanstalten** folgt aus der in Art. 374 statuierten Pflicht zum Strafvollzug. Das BG vom 18.3.1971 schreibt in den Schlussbestimmungen, Art. II (s. nach Art. 401) eine Frist von 10 – für Anstalten gemäss Art. 93ter 12 – Jahren vor.

2   **Der Bund** leistet finanzielle Beiträge gemäss BG vom 5.10.1984, SR 341 resp. VO vom 29.10.1986, SR 341.1.

3   Zur gemeinsamen Erfüllung ihres Vollzugsauftrags haben sich die Kantone **in drei Konkordaten** zusammengeschlossen:
Konkordat Ostschweiz, SR 343.1: Zürich, Glarus, Schaffhausen, Appenzell A. Rh., Appenzell I. Rh., St. Gallen, Graubünden und Thurgau.
Konkordat Nordwest- und Innerschweiz, SR 343.2: Uri, Schwyz, Obwalden, Nidwalden, Luzern, Zug, Bern, Solothurn, Basel-Stadt, Basel-Landschaft und Aargau.

Konkordat Westschweiz, SR 343.3: Freiburg, Waadt, Wallis, Neuenburg, Genf, Jura, und, mit Besonderheiten, Tessin.

383 Pflicht der Kantone zum Betriebe

¹ Die Kantone sorgen dafür, dass die Anstaltsreglemente und der Betrieb der Anstalten diesem Gesetz entsprechen. Sie sorgen dafür, dass den in Erziehungsanstalten eingewiesenen Jugendlichen eine Berufslehre ermöglicht wird.

² Die Kantone können über den gemeinsamen Betrieb von Anstalten Vereinbarungen treffen oder sich das Mitbenützungsrecht an Anstalten anderer Kantone sichern.

S. Bem. zu 382. SCHULTZ VE 264 ff. schlägt eine besondere Bestimmung über die Zusammenarbeit des Vollzugspersonals im Dienst der Vollzugsziele vor.

384 Zulassung von Privatanstalten

Die Kantone können mit Privatanstalten, die den Anforderungen dieses Gesetzes entsprechen, Vereinbarungen treffen über die Einweisung in Trinkerheilanstalten, andere Heilanstalten und Pflegeanstalten, offene Anstalten für Verwahrte, Heime für die zeitweilige Unterbringung bedingt Entlassener oder Entlassungsanwärter, Erziehungsheime für Kinder und Jugendliche, Beobachtungsanstalten, Erziehungsheime für besonders schwierige Jugendliche sowie Arbeitserziehungsanstalten für Frauen.

Fassung gemäss BG vom 18.3.1971.

Art. 384 ermöglicht die «**Privatisierung**» für eine grosse Zahl **kriminalrechtlicher Sanktionen.** Ausgenommen ist insbesondere der freiheitsentziehende Strafvollzug i.e.S. bis zum Beginn der Halbfreiheit (vgl. VPB 45 Nr. 59; in den USA und in England sind mit privaten Strafvollzugsanstalten sehr unterschiedliche Erfahrungen gemacht worden) sowie die Arbeitserziehung an Männern. Von besonders grosser praktischer Bedeutung sind private Einrichtungen zur Behandlung von Betäubungsmittelsüchtigen, s. auch BetmG Art. 15a III.

2. Räume und Anstalten für die Einschliessung Jugendlicher

385

Die Kantone sorgen dafür, dass für die Einschliessung Jugendlicher (Art. 95) geeignete Räume oder Anstalten zur Verfügung stehen.

Fassung gemäss BG vom 18.3.1971.

1   **Art. 385** hat neben Art. 382 **keine selbständige Bedeutung** mehr, nachdem jene Bestimmung nicht mehr enumerativ, sondern generell zur Errichtung der erforderlichen Anstalten verpflichtet. Immerhin lässt der Wortlaut («Räume») erkennen, dass baulich eigenständige Anstalten nicht unbedingt erforderlich sind. Zu den Vollzugsmodalitäten der Einschliessung s. Art. 95.3.

386–390

Aufgehoben durch Art. 7 Abs. 2 des BG vom 6.10.1966 über Bundesbeiträge an Strafvollzugs- und Erziehungsanstalten, SR 341.

VE 1993 schlägt, wie schon SCHULTZ VE 267 ff. eine neue Bestimmung (Art. 386) über die gemeinnützige Arbeit vor.

5. Aufsicht der Kantone

391

Die Kantone unterstellen die für den Vollzug von erzieherischen und sichernden Massnahmen bestimmten Privatanstalten sowie die Erziehungshilfe und die Unterbringung in einer Familie (Art. 84 und 91) einer sachgemässen, insbesondere auch ärztlichen Aufsicht.

Fassung gemäss BG vom 18.3.1971.

HANS FELIX PFENNINGER, Die Aufsicht über den Strafvollzug in den schweizerischen Kantonen, ZStrR 70 (1955) 279.

6. Oberaufsicht des Bundes

392

Der Bundesrat hat über die Beobachtung dieses Gesetzes und der dazu gehörigen Ausführungsbestimmungen zu wachen (Art. 102 Ziff. 2 BV).

VICTOR KURT, Die Aufgaben des Bundes im Strafvollzug, ZStrR 70 (1955) 325, *329 ff.*

Die Oberaufsicht des Bundesrats (s. auch BStP Art. 247 II, 2. Satz) er- 1 folgt **reaktiv,** auf Beschwerde hin, und **aktiv,** z.B. durch Kreisschreiben, KURT 334 f., NOLL, ZStrR 75 (1959) 315. Gemäss VwVG Art. 73 Abs. 1 lit. c) und OG Art. 98 lit. g) ist nunmehr die Verwaltungsgerichtsbeschwerde ans Bundesgericht gegeben, SCHULTZ I 72 mit Hinweisen auf die entsprechende Praxis.

Die *Aufsichtsbeschwerde an den Bundesrat* ist insoweit *subsidiär,* als erst kantonale Beschwerdemöglichkeiten und die staatsrechtliche Beschwerde zu ergreifen sind, VPB 42 Nr. 56.

Weil Art. 392 nur bestätigt, was aus BV Art. 102 Ziff. 2 hervorgeht, 2 schlägt VE SCHULTZ 270 ersatzlose Streichung vor; dem folgt *VE 1993.*

7. Übergangsbestimmungen

393

Aufgehoben gemäss BG vom 18.3.1971.

Zehnter Titel:

Begnadigung. Wiederaufnahme des Verfahrens

1. Begnadigung

VE 1911 Art. 62 ff. VE 1915 Art. 418 ff. Erl.Z. III 35 ff. 2. ExpK IX 280 ff., 299 ff. VE 1916 Art. 423 ff. E Art. 417 ff. Botsch. 97 f. Sten.NR 603 ff., StR 255 f. NR 722 ff., StR 337 f., NR 756 ff., StR 354 ff.

FRANÇOIS CLERC, *De l'exercice du droit de grâce par les cantons sous l'empire du Code pénal suisse,* ZStrR 73 (1958) 92; DERS., *L'amnistie en Suisse,* in Mélanges Bouzat, Paris 1980, 65; R. FREY, Die Begnadigungspraxis im Kanton Zürich, SJZ 54 (1958) 67; LOUIS GUISAN, *Réflexions sur la grâce,* Der Strafvollzug in der Schweiz 42 (1963) 37; AMÉDÉE KASSER, *La grâce en droit fédéral et en droit vaudois,* Diss. Laus. 1991; NOËLLE LANGUIN, CLAUDINE LUCCO-DENEREAZ, CHRISTIAN-NILS ROBERT, ROBERT ROTH, *La grâce, institution entre tradition et changements,* Lausanne 1988; GEORG MÜLLER, Reservate staatlicher Willkür – Grauzonen zwischen Rechtsfreiheit, Rechtsbindung und Rechtskontrolle, in FS Hans Huber, Bern 1981, 111; NIKLAUS WALTER REAL, Die Begnadigung im Kanton Aargau, Diss. ZH 1981; ARTHUR SCHLATTER, Die Begnadigung im Kanton Zürich, Diss. ZH 1970; MARC SPESCHA, Keine Gnade bei politisch motivierten Straftaten, plädoyer 4/1994 23; HANS W. VOKINGER, Amnestie und Begnadigung, SJZ 71 (1975) 74; MARIANGELA WALLIMANN-BORNATICO, Die Amnestie, SJZ 81 (1985) 196; MAX ZIEGLER, Die Begnadigung im Kanton Basel-Stadt, BJM 1962 70.

1   **Begnadigung** ist der (eventuell teilweise oder bedingte) **Verzicht auf Vollstreckung** einer vollstreckbaren Strafe, der von einer nichtrichterlichen Behörde nach Billigkeit ausgesprochen wird. Während die ältere Auffassung in der Begnadigung einen Akt willkürlicher Huld sah, ist sie heute als Institut der Rechtsordnung anzusehen, BGE 107 Ia 106, REAL 31 ff., SCHLATTER 25, SCHULTZ I 255. Zum Begriff auch BGE 80 IV 11, 84 IV 141 ff.

2   Die **materiellen Voraussetzungen der Begnadigung** sind nirgends vorgeschrieben, sie sind «abstrakt formulierbaren, einheitlichen Regeln» nicht zugänglich, BGE 107 Ia 105. Allgemein wird vorausgesetzt, dass der Verurteilte «begnadigungswürdig» sei, d.h. grundsätzlich eine rechtstreue Gesinnung zeige und nicht liederlich oder arbeitsscheu sei; ferner soll eine unbillig erscheinende Härte des Gesetzes ausgeglichen werden, z.B. bei hohem Strafminimum. Weitere Begnadigungsgründe sind langer Zeitablauf zwischen Urteil und Vollstreckung, besonders verdienstvolles oder jedenfalls völlig integres Verhalten seit der Verurteilung. Die Begnadigung soll dagegen grundsätzlich *nicht Korrektur am Urteil* sein (eine Ausnahme für krasse Fehlurteile kennt z.B. die Praxis von Basel-Stadt,

vgl. BGE 103 Ia 433 m.w.Hinw.), nicht kriminalpolitische Entscheidungen des Gesetzgebers durchkreuzen (RS 1965 Nr. 91 – Fahren in angetrunkenem Zustand) und auch nicht mit sozialen Nachteilen, wie sie regelmässig mit der Freiheitsstrafe verbunden sind (Verdienstausfall, Familientrennung), begründet werden, GVP-SG 1980 Nr. 65, FREI 69 ff., GUISAN 44, REAL 125 ff., SCHLATTER 50 ff. Zulässig sind auch politische Erwägungen, BGE 107 Ia 106. Das Begnadigungsrecht ist «nach dem Willen des Bundesgesetzgebers ... mit grösster Zurückhaltung auszuüben», BGE 106 Ia 135, ebenso GVP-SG 1980 Nr. 65. Für eine gründliche Untersuchung und Analyse der Begnadigung in den romanischen Kantonen s. LANGUIN u.a., KASSER 221 ff.

Auf Begnadigung besteht **«kein Rechtsanspruch,** der etwa demjenigen gleichgestellt werden könnte, dass der Beschuldigte im Zweifelsfalle nicht verurteilt werden darf», BGE 95 I 544, 106 Ia 132; eine bedingte Entlassung macht die Begnadigung gegenstandslos, BGE 117 Ia 86. Der zuständigen Behörde steht ein «weitestgehendes freies Ermessen» zu, BGE 95 I 544, ein «praktisch kaum begrenzbares freies Ermessen» – der Entscheid muss sich zwar «auf sachliche Gründe ... stützen können», was aber ein sanktionsloses rechtspolitisches Postulat ist, BGE 107 Ia 105 f. Bleibt somit materiell nur (aber immerhin) ein kaum geschützter, minimaler Kern eines Rechtsanspruchs, so besteht doch ein voller *Anspruch auf Entgegennahme und Behandlung eines Begnadigungsgesuchs,* BGE 106 Ia 132. Für «eine sehr lockere Bindung» der Begnadigungsbehörde an das Recht MÜLLER 113.   3

Das Bundesgericht schliesst aus diesen Feststellungen, dass der Entscheid über ein Gnadengesuch keiner **Begründung** bedarf, BGE 95 I 546, 107 Ia 104 ff., 117 Ia 86, ZBl 96 (1995) 140, s. auch ZH StPO § 494, dagegen MÜLLER 111 ff., 123, REAL 202 f., SCHLATTER 71, SCHULTZ I 255, ZBJV 118 (1982) 545 f. Die Argumentation des Bundesgerichts befriedigt nicht. Muss der Entscheid auf sachlichen Gründen beruhen, so sollen diese auch offengelegt werden; nur dadurch lässt sich belegen, dass die Begnadigung nicht willkürlich praktiziert wird.   4

Das **Rechtsmittel** der staatsrechtlichen Beschwerde steht offen bei Verletzung des Anspruchs auf Entgegennahme und Behandlung des Begnadigungsgesuchs, BGE 95 I 543, (Niederberger; Zulässigkeit der Zürcher Regelung, wonach der Regierungsrat in weniger schweren Fällen über Vorlage von Gesuchen an den Kantonsrat entscheidet); 106 Ia 131 (Unzulässigkeit einer aargauischen Verwirkungsfrist von 30 Tagen), u.ö. Urteil Flury vom 14.7.1944, zit. in 106 Ia 133 (Unzulässigkeit einer Beschränkung des Gnadenrechts auf Verurteilungen zu mindestens einem Jahr Freiheitsstrafe); 117 Ia 84 ff. (Verletzung von Parteirechten, welche dem Gesuchsteller in beschränktem Umfang auch in einem Begnadigungsverfahren zustehen); BJM 1957 48, (Urteil des BGer vom 1.12.1956 i.S. Heim), vgl. auch BGE 106 IV 135. In einem isolierten Entscheid vom 29.4.1960 hielt sich der Bundesrat gestützt auf Art. 392 für zuständig, RS   5

1962 Nr. 159. Für Nichtigkeitsbeschwerde CLERC, *grâce,* 112 ff., s. auch BGE 84 IV 139 (Ronc).

Der *materielle Entscheid* ist gemäss BGE 107 Ia 106 *unanfechtbar,* s. auch ZBl 96 (1995) 136 ff. Steht aber die Handhabung des Begnadigungsrechts unter dem Willkürverbot von BV Art. 4 (so auch REAL 39), so wäre eine gewisse, wenn auch sehr eingeschränkte Kontrolle durch das Bundesgericht doch möglich und wünschbar, zumal der Kanton die Begnadigung in Strafsachen nach Bundesrecht und nicht aus eigener Souveränität ausübt, s. Art. 394 N 1.

5a   Die Ausübung des Begnadigungsrechts stellt **keine richterliche Tätigkeit** i.S.v. BV Art. 58 dar, Urteil der I. Öffentlichrechtlichen Abteilung des Bundesgerichts vom 17.6.1994, ZBl 96 (1995) 140.

5b   Im Vollzug einer Freiheitsstrafe nach **Widerruf** einer Begnadigung besteht **kein Anspruch auf richterliche Haftprüfung** nach EMRK Art. 5.4. Der Kontrolle der Rechtmässigkeit ist schon mit dem Strafurteil genüge getan, BGE 118 Ia 107 f., EGMR, Urteil De Wilde, Ooms und Versyp («belgische Landstreicher»), Nr. 12 § 76, deutsch in: GOLSONG/PETZOLD/FURRER, Entscheidungen des Europäischen Gerichtshofes ..., Bd. 2 S. 201.

6   **Abolition** ist die Niederschlagung eines einzelnen Verfahrens vor Urteilserlass. Sie ist verwandt mit dem prozessualen Opportunitätsprinzip, wird aber von einer politischen Instanz gehandhabt. Dem schweizerischen Recht ist sie fremd.

7   **Amnestie** ist die kollektive Begnadigung oder Abolition bezüglich bestimmter Tatbestände oder Sachverhalte. Sie ist von den beiden Räten der Bundesversammlung in gesonderter Verhandlung zu beschliessen, BV Art. 85 Ziff. 7 i.V.m. 92, *argumentum e contrario.* S. hiezu CLERC, *amnistie,* VOKINGER a.a.O. mit Beispielen, WALLIMANN-BORNATICO a.a.O. Zum «Amnestiegesuch» für südamerikanische Drogentransporteurinnen und andere Drogendelinquenten ISMV 2/1987 S. 5 ff., 8 ff. Für Aufnahme einer Gesetzesbestimmung ins StGB SCHULTZ VE 270 ff.; s. auch die (abgelehnte) parlamentarische Initiative Fischer-Sursee über die Amnestie im Hinblick auf die 700-Jahr-Feier der Eidgenossenschaft (eingereicht am 21.6.1988), ISMV 1991 H. 1 S. 23.

394 Zuständigkeit

Das Recht der Begnadigung mit Bezug auf Urteile, die auf Grund dieses oder eines andern Bundesgesetzes ergangen sind, wird ausgeübt:

a. in den Fällen, in denen die Bundesassisen oder das Bundesstrafgericht oder eine Verwaltungsbehörde des Bundes geurteilt haben, durch die Bundesversammlung;

b. in den Fällen, in denen eine kantonale Behörde geurteilt hat, durch die Begnadigungsbehörde des Kantons.

Art. 394 verteilt die **Kompetenz** zur Begnadigung zwischen Bund und   1
Kantonen. Grundsätzlich kommt das Gnadenrecht im Zusammenhang
mit Bundesstrafrecht dem Bund zu – die Kantone wurden eingesetzt, um
die Bundesversammlung zu entlasten, BGE 84 IV 143, 106 Ia 133. Die
Begnadigung bei Urteilen auf Grund kantonalen Strafrechts fällt ausschliesslich in die Kompetenz des Kantons, JdT 1944 IV 92; s. auch
KASSER 159 ff.

Urteil i.S.v. Art. 394 ist die Entscheidung, mit welcher die Strafe verhängt   2
wird, und Folgeentscheidungen, z.B. Widerruf des bedingten Strafvollzugs (BGE 101 Ia 283) oder Umwandlung einer Busse in Haft (ZBl. 48
[1947] 487, VEB 18 Nr. 13).

Die **Bundesversammlung** behandelt Begnadigungsgesuche in gemein-   3
schaftlicher Verhandlung, BV Art. 92.

Für Urteile von **Militärstrafgerichten** erklärt MStG Art. 232b lit. a) den   4
Bundesrat und, nachdem er ernannt wurde, den General für zuständig,
eine Lösung, die wohl praktisch, aber kaum mit BV Art. 85.7 vereinbar
ist, s. VOKINGER 75.

Die **Kantone** sind in *Organisation und Handhabung* des Begnadigungs-   5
rechts weitgehend *frei*. Immerhin muss die Kompetenzverteilung sachlich gerechtfertigt sein, BGE 95 I 545 (s. auch Vb 5). Wird auf dem
Gnadenwege der bedingte Strafvollzug gewährt, so ist nur die Begnadigungsbehörde zum Widerruf kompetent, BGE 84 IV 139.

BGE 106 Ia 134 lässt offen, ob die **Kantone** zur **Gesetzgebung** über die   6
materiellen Voraussetzungen befugt seien – die Frage ist mit dem u.ö.
Urteil Flury vom 14.7.1944 und SCHULTZ I 254 aus dem in N 1 gegebenen
Grund zu verneinen.

395 Begnadigungsgesuch

[1] **Das Begnadigungsgesuch kann vom Verurteilten, von seinem gesetzlichen Vertreter und, mit Einwilligung des Verurteilten, von seinem Verteidiger oder von seinem Ehegatten gestellt werden.**

[2] **Bei politischen Verbrechen und Vergehen und bei Straftaten, die mit
einem politischen Verbrechen oder Vergehen zusammenhängen, ist
überdies der Bundesrat oder die Kantonsregierung zur Einleitung des
Begnadigungsverfahrens befugt.**

[3] **Die Begnadigungsbehörde kann bestimmen, dass ein abgelehntes Begnadigungsgesuch vor Ablauf eines gewissen Zeitraums nicht erneuert
werden darf.**

Lit. und Bem. vor und zu Art. 394.

396 Wirkungen

¹**Durch Begnadigung können alle durch rechtskräftiges Urteil auferlegten Strafen ganz oder teilweise erlassen oder die Strafen in mildere Strafarten umgewandelt werden.**

²**Der Gnadenerlass bestimmt den Umfang der Begnadigung.**

Lit. und **Bem.** vor und zu 394.

1   **Gegenstand** der Begnadigung kann nur eine **Strafe,** nicht eine Massnahme sein, BGE 106 IV 135 f., RS 1945 Nr. 57. Von praktischer Bedeutung ist namentlich die Urteilspublikation, Art. 61. Richtig SJZ 59 (1963) Nr. 170, AGVE 1964 Nr. 34, RS 1962 Nr. 159, SCHULTZ I 256; unrichtig der Bundesrat in SJZ 66 (1970) 16, wonach Begnadigung möglich sei. Eine Massnahme ist auch die Arbeitserziehung gemäss Art. 100bis, BGE 106 IV 136, und die Eintragung ins Strafregister, BJM 1957 47.

2   Die Strafe muss **vollstreckbar** sein, was die Rechtskraft des Urteils voraussetzt. Auch andere Vollstreckungshindernisse stehen der Begnadigung entgegen, s. FREY 68. Nach dem Vollzug ist keine Begnadigung mehr möglich, GVP-SG 1961 Nr. 82.

3   Mit der Begnadigung kann auf den Vollzug der ganzen Strafe oder eines Teils davon verzichtet werden **(quantitative Begnadigung)** oder es kann die Strafe durch eine mildere Strafart ersetzt werden **(qualitative Begnadigung),** z.B. Gefängnis statt Zuchthaus, was freilich ohne praktischen Wert ist. Bedeutsam ist dagegen die Umwandlung einer unbedingten in eine bedingte Strafe, wobei zum Widerruf die Begnadigungsbehörde, nicht etwa der Richter der neuen Straftat zuständig ist, BGE 84 IV 140, BJM 1962 144. Eine Abkürzung der Probezeit einer bedingten Strafe auf dem Gnadenwege ist nicht möglich, weil die Probezeit keine Härte darstellt, ZSGV 47 (1946) 124. Die Begnadigungsbehörde ist an das gesetzliche System der Strafen gebunden, sie kann z.B. nicht auf eine Strafe von 7 Monaten Zuchthaus reduzieren oder für eine Strafe von über 18 Monaten den bedingten Vollzug anordnen, REAL 94 f., SCHLATTER 44, SCHULTZ I 256.

4   Die Begnadigung lässt das **Urteil unangetastet.** Deshalb bleibt es beim Eintrag ins Strafregister, SJZ 66 (1970) Nr. 6, BJM 1957 47, RS 1964 Nr. 22; abweichend RS 1967 Nr. 184. Wird ein Täter durch mehrere Urteile zu Strafen verurteilt, die als Gesamtstrafe die Grenze von 18 Monaten gemäss Art. 41.1 I übersteigt, so ist der bedingte Vollzug ausgeschlossen, selbst wenn eine Strafe gnadenweise erlassen wurde und der Rest unterhalb der Grenze bleibt, BGE 80 IV 11. Ist wegen einer erneuten Verurteilung ein bedingter Strafvollzug gemäss Art. 41.3 I zu widerrufen, so braucht der Ausgang eines Begnadigungsverfahrens für die neue Strafe nicht abgewartet zu werden, ZR 45 (1946) Nr. 128; durch Begnadigung wird die neue Verurteilung nicht einmal zum «leichten Fall», BGE 83 IV 3. Wo das Gesetz eine Rechtsfolge von der früheren *Verbüssung* einer

Strafe abhängen lässt, stellt es dieser den Erlass durch Begnadigung gleich, Art. 67.1 II, 81 I; Ausnahme: Art. 41.1 II.

2. Wiederaufnahme des Verfahrens

VE 1911 Art. 67. VE 1915 Art. 423. Erl.Z. III 37. 2. ExpK IX 308 ff. VE 1916 Art. 421. Botsch. 99. Sten.NR 603, StR 255 f.

397

Die Kantone haben gegenüber Urteilen, die auf Grund dieses oder eines andern Bundesgesetzes ergangen sind, wegen erheblicher Tatsachen oder Beweismittel, die dem Gerichte zur Zeit des frühern Verfahrens nicht bekannt waren, die Wiederaufnahme des Verfahrens zugunsten des Verurteilten zu gestatten.

BEAT BRÜHLMEIER, Die Wiederaufnahme des Verfahrens, in Aargauisches Strafprozessrecht, Aarau 1961, 221; FRANÇOIS CLERC, *Des conditions de fond du pourvoi en révision visé par l'art. 397 du Cps,* in Festgabe zur 80. Generalversammlung des Schweiz. Juristenvereins, Neuchâtel 1946, 37; DERS., *De quelques problèmes de procédure en matière de révision (Art. 397 Cps),* ZStrR 61 (1946) 229; DERS., Die Wiederaufnahme des Verfahrens zugunsten des Verurteilten, SJK Nr. 955; DERS., *De la preuve du «fait nouveau» en matière de révision,* ZStrR 69 (1954) 253; GIAN CARLO CRESPI, *Rilievi sulla revisione a favore del condannato secondo l'art. 397 CPS,* ZStrR 77 (1961) 277; ADAM-CLAUS ECKERT, Die Wiederaufnahme des Verfahrens im schweizerischen Strafprozessrecht, Berlin 1974; DERS., Landesbericht Schweiz, in Jescheck/Meyer (Hrsg.), Die Wiederaufnahme des Strafverfahrens im deutschen und ausländischen Recht, Bonn 1974, 585; RAINER FRANK, Die Wiederaufnahme des Verfahrens im ausländischen Strafprozessrecht. Eine rechtsvergleichende Darstellung des französischen, italienischen, schweizerischen und österreichischen Rechts als Beitrag zu einer Reform des deutschen Wiederaufnahmerechts, Göttingen 1965; JEAN GAUTHIER, *Procédure pénale et revision des arrêts du Tribunal fédéral,* in J.-J. LEU, J.-F. POUDRET, PH. JUNOD, P. MOOR, J. GAUTHIER, *L'organisation judiciaire et les procédures fédérales,* 101, Lausanne 1992; DIETER GERSPACH, Die Wiederaufnahme im aargauischen Strafprozess, Diss. ZH 1973; YVES MAUNOIR, *La révision pénale en droit Suisse et Genevois,* Diss. GE 1950; FRANÇOIS DE MONTMOLLIN, *La révision pénale selon l'art. 397 CPS et les lois vaudoises,* Thèse de licence, Laus. 1981; OTTO MÜLLER, *Revisio propter nova,* ZStrR 61 (1946) 31; HANS FELIX PFENNINGER, Das Rechtsmittel der Wiederaufnahme im Schweizerischen Strafgesetzbuch, SJZ 43 (1947) 165; MAX WAIBLINGER, Die besonderen richterlichen Aufgaben im wiederaufgenommenen Verfahren, ZStrR 75 (1959) 389; HANS WALDER, Die Wiederaufnahme des Verfahrens in Strafsachen nach Art. 397 StGB, insbesondere auf Grund eines neuen Gutachtens, in Berner Festgabe zum Schweizer Juristentag 1979, 341.

Die **Wiederaufnahme des Verfahrens** *(Revision)* ist ein ausserordentliches Rechtsmittel, das die Überprüfung eines rechtskräftig beurteilten Falles ermöglicht, wenn neue Tatsachen oder Beweismittel die Sachver- 1 haltsfeststellung, auf der das Urteil ruht, ins Wanken bringen. Eine *revisio in iure* kann damit jedoch nicht erwirkt werden, BGE 69 IV 139 (Bay), 75 IV 181 (Kamm), 92 IV 179 (Müller), RS 1985 Nr. 846, Sem.jud. 1986 87.

2   Die **Entstehungsgeschichte** von Art. 397 zeigt, dass ursprünglich ein Gegengewicht zur Einschränkung des Begnadigungsrechts geschaffen werden sollte (obwohl die Institute nichts gemein haben), CLERC, *conditions de fond, 45 f.,* CRESPI 279 f., ECKERT 43, MAUNOIR 123, DE MONTMOLLIN 49, THORMANN/VON OVERBECK Art. 397 N 1. Es war jedenfalls zu erwarten, dass die Möglichkeit der Wiederaufnahme das Bedürfnis nach Begnadigung mindern würde, PFENNINGER 166. Weil in der Folge die Einschränkung des Begnadigungsrechts auf schwere Fälle wegfiel, wurde das Beibehalten der Wiederaufnahme vor allem mit Leerformeln begründet. Art. 397 ist ein Fremdkörper im StGB, mit BV Art. 64bis kaum vereinbar. Insbesondere dient er, weil auf die Sachverhaltsfeststellung ausgerichtet, nicht der einheitlichen Anwendung von Bundesrecht, WALDER 342. Die Bestimmung *könnte ersatzlos gestrichen* und das Wiederaufnahmerecht wieder ganz den Kantonen überlassen *werden* (was SCHULTZ VE *nicht* vorsieht).

3   Im **Verhältnis zum kantonalen Prozessrecht** stellt Art. 397 **Mindestanforderungen** auf, BGE 69 IV 137 f., 88 IV 40 (Ray), 111 (Zimmermann), 92 IV 181 (Müller), BJM 1983 22 – «grosszügigere» Regelungen sind mit dem Bundesrecht durchaus vereinbar. Die Bestimmung enthält nicht nur, wie der Wortlaut nahelegt, einen Gesetzgebungsauftrag an die Kantone, sondern bildet eine direkt anwendbare Grundlage für die Wiederaufnahme, BGE 69 IV 135, 100 IV 251, 106 IV 47, SJZ 65 (1969) Nr. 140, ZR 54 (1955) Nr. 70, dazu kritisch CLERC, *conditions de fond,* 47 ff., MÜLLER 40, zustimmend MAUNOIR 155, PFENNINGER 170. Weil Art. 397 nur als Schutzinstrument für den Verurteilten konzipiert ist, MAUNOIR 125, PFENNINGER 169, kann die Zulassung der Wiederaufnahme als solche nicht Bundesrecht verletzen, BGE 107 IV 136, RS 1981 Nr. 47. Das Verfahren der Wiederaufnahme wird durch das kantonale Prozessrecht geregelt.

4   **Gegenstand der Wiederaufnahme** können Urteile in der Sache, Folgeentscheidungen und Strafbescheide von Verwaltungsbehörden sein. Wiederaufnahme ist insbesondere zulässig gegen einen Strafbefehl, wenn von der Möglichkeit der Einsprache nicht Gebrauch gemacht wurde, BGE 100 IV 248 (Iten); RS 1986 Nr. 133, 1962 Nr. 40, 1961 Nr. 38; SJZ 65 (1969) Nr. 140, 60 (1964) Nr. 220, Sem.jud. 1984 94. Für Ordnungsbussen gemäss OBG gilt dies nicht, weil sich Art. 397 nur an die Kantone richtet und eine entsprechende bundesrechtliche Grundlage fehlt, BGE 106 IV 206, RS 1986 Nr. 133. Wiederaufnahme gegen einen Entscheid des Jugendanwalts: RS 1965 Nr. 92; gegen den Widerruf des bedingten Strafvollzugs: BGE 75 IV 181 (*in casu* nur rechtlicher Fehler), 83 IV 3 (Holderegger), 86 IV 77 (Sigrist); RS 1985 Nr. 846, 1961 Nr. 37; Sem.jud. 1974 376; dasselbe muss für die Rückversetzung gemäss Art. 38.4 gelten. Nach

vorherrschender und richtiger Auffassung ist Wiederaufnahme auch möglich bei Freispruch mangels Zurechnungsfähigkeit, verbunden mit einer Massnahme (Art. 43), CLERC, *conditions de fond,* 62, CRESPI 293, MAUNOIR 152, a.M. ECKERT, Wiederaufnahme, 49, und bei Schuldspruch unter Umgangnehmen von Strafe, DE MONTMOLLIN 60. Ausgeschlossen ist dagegen die Wiederaufnahme gegen eine Kostenauflage, SJZ 62 (1966) Nr. 94. Die Wiederaufnahme gegen Einstellungs-, Aufhebungs- oder Ablehnungsbeschlüsse (z.B. PKG 1984 Nr. 43) richtet sich gegen den Verdächtigten und ist in Art. 397 nicht geregelt.

Das Rechtsmittel ist **subsidiär** – nur wenn ein Urteil in Rechtskraft er- 5 wachsen ist, kann Wiederaufnahme beantragt werden, BGE 100 IV 250. Im Gegensatz zur Begnadigung (Art. 396 N 2) ist ohne Bedeutung, ob noch eine Strafe zu vollstrecken ist, BGE 69 IV 137, Sem.jud. 1948 260, 1986 87. Auch Verjährung ist kein Hindernis für die Revision, JdT 1961 III 95, Sem.jud. 1986 87.

Neu sind Tatsachen oder Beweismittel, die das **Gericht nicht berücksich-** 6 **tigt** hat, weil sie ihm nicht zur Kenntnis gelangt sind, nicht jedoch wenn es deren Tragweite falsch gewürdigt hat, BGE 122 IV 66 ff. Ob sie dem Ver- urteilten bekannt waren, ist unwichtig, BGE 69 IV 138, 116 IV 357, AGVE 1948 178. Neu sind die Tatsachen auch, wenn sie sich zwar in den Akten finden, von der entscheidenden Behörde aber übersehen wurden, BGE 122 IV 68 f., 99 IV 184 (Golta), 109 IV 174, noch offengelassen in 75 IV 184; *Voraussetzung* ist aber, *dass der Richter,* hätte er davon Kenntnis gehabt, *anders entschieden hätte* und dass sein Entscheid auf Unkenntnis und nicht auf Willkür beruht, BGE 122 IV 68 f. Anders, wenn die Tatsa- che mindestens als Hypothese erwogen wurde, BGE 80 IV 42 (Getz- mann), SJZ 53 (1957) Nr. 4, 55 (1959) Nr. 61. Die Tatsache darf aber *nicht erst nach* dem Urteil entstanden sein, RS 1959 Nr. 36, ZR 60 (1961) Nr. 48. Tatsachen zwischen Kontumazial- und Bestätigungsurteil können berücksichtigt werden, JdT 1966 III 57. Ob Tatsachen oder Beweismittel neu sind, ist eine Frage der Sachverhaltsfeststellung, BGE 109 IV 174. Es ist zulässig, die Neuheit einer Tatsache mit einem alten Beweismittel zu beweisen, BGE 116 IV 357.

Tatsache ist alles, was Gegenstand der Beweisführung bildet, MAUNIER 7 133. Dazu gehören nicht nur Haupttatsachen, sondern *auch Indizien und Hilfstatsachen,* WALDER 343 f.; das Vorliegen des Strafantrags, RS 1964 Nr. 12; dagegen nicht Verfahrensmängel wie verspätete Einsprache, SJZ 59 (1963) Nr. 135.

Von praktischer Bedeutung bei neuen **Beweismitteln** ist vor allem das 8 (psychiatrische) *Gutachten.* Nach ständiger Praxis des Bundesgerichts ist es nur als Tatsache zu berücksichtigen – eine neue *Würdigung* der Tatsa- chen sei kein Revisionsgrund, BGE 73 IV 43 (Regazzoni), 76 IV 36, 78 IV 51, 81 IV 45, 92 IV 178, 101 IV 249; SJZ 53 (1957) Nr. 4, BJM 1985 40, PKG 1961 Nr. 22. Differenzierend WALDER 350 ff.

9   Die neue Tatsache oder das neue Beweismittel müssen (entsprechend
    dem italienischen Text: «*esistono*») **tatsächlich vorliegen,** BGE 92 IV 180
    (Praxisänderung; die frühere Rechtsprechung hatte Glaubhaftmachen
    genügen lassen, 73 IV 44, 77 IV 214, 81 IV 44, 86 IV 78), SJZ 66 (1970) Nr.
    136, RS 1969 Nr. 22. Dies bedeutet, «dass der Nachweis des neuen Vor-
    bringens im Zeitpunkt des Zulassungsentscheides erbracht sein muss,
    nicht aber, dass er schon zur Zeit der Einreichung des Gesuches geleistet
    sein müsse», BGE 92 IV 182. In BGE 116 IV 360 f. präzisiert das Bun-
    desgericht seine Rechtssprechung: Es genüge für die Wiederaufnahme
    der Nachweis, dass ein Freispruch möglich, d.h. wahrscheinlich sei; es
    dürfe aber «der Nachweis einer solchen Wahrscheinlichkeit nicht da-
    durch verunmöglicht werden, dass ein jeden begründeten Zweifel aus-
    schliessender Beweis betreffend die neue Tatsache verlangt» werde. Die
    Glaubwürdigkeit eines neuen Zeugen ist z.B. erst im wiederaufgenom-
    menen Verfahren zu würdigen.

10 Schliesslich muss die neue Tatsache oder das neue Beweismittel **erheb-
    lich** (*sérieux*) sein. Dies bedeutet zunächst einen bestimmten Grad der
    Wahrscheinlichkeit, dass die Nova zu einer Abänderung des angefochte-
    nen Urteils führen. Nach neuerer Praxis ist eine Revision nicht bereits zu-
    zulassen, wenn «eine Änderung des früheren Urteils nicht geradezu als
    unmöglich oder als ausgeschlossen betrachtet werden» muss, das Wort
    «möglich» ist im Sinne von sicher, höchstwahrscheinlich oder wahr-
    scheinlich zu verstehen, BGE 116 IV 362, 120 IV 249, vgl. auch 122 IV 67.

10a Ein Vergleich des angefochtenen mit dem hypothetischen Urteil, das auf
    der neuen Tatsache oder dem neuen Beweismittel beruht, muss überdies
    ergeben, dass dieses **für den Verurteilten bedeutend milder** ist als jenes,
    das Novum muss geeignet sein, «die der Verurteilung zugrunde liegen-
    den Feststellungen so zu erschüttern, dass auf Grund des veränderten
    Sachverhalts ein wesentlich milderes Urteil möglich ist», BGE 92 IV 179,
    116 IV 356, 117 IV 42, 120 IV 248, vgl. auch 122 IV 67. Wesentlich gün-
    stiger ist das neue Urteil schon dann, wenn es zum Freispruch in einem
    Punkt (von mehreren) kommt, ohne dass dadurch das Strafmass beein-
    flusst würde, BGE 101 IV 317, 109 IV 174, 116 IV 356. Dabei ist vom an-
    gefochtenen Urteil, wie es ist, nicht wie es hätte sein sollen, auszugehen,
    BGE 69 IV 139. Ob das Novum zu einer anderen Sachverhaltsfeststel-
    lung geführt hätte, ist Tatfrage, BGE 92 IV 179, 72 IV 45 f.

11 **Erheblich war z.B.:** Eine amtliche Aktennotiz, wonach die Reichweite
    nicht bewilligter Walkie-Talkies für Kinder sehr gering sei, BGE 120 IV
    247; ein psychiatrisches Gutachten, wonach eine ambulante Massnahme
    mit Strafaufschub anstelle der unbedingten Strafe treten sollte, BGE 117
    IV 41; Aussagen eines Zeugen, welche die Glaubhaftigkeit eines wichti-
    gen Belastungszeugen in Zweifel ziehen, BGE 116 IV 354; die Mahnung
    als Voraussetzung des Widerrufs des bedingten Strafvollzugs wegen
    Missachtung einer Weisung, BGE 75 IV 183 (*in casu* hatte die Vorinstanz
    aber Art. 41.3 I falsch interpretiert); die Bezahlung des Militärpflichter-
    satzes vor der Verurteilung, RS 1964 Nr. 69; Widerruf der Anschuldigung

und des Geständnisses, RS 1965 Nr. 92; Ermittlung des wahren Schuldigen, der unter dem Namen des Verurteilten gehandelt hatte, Sem.jud. 1977 246.

Nicht erheblich war z.B.: die Zahlungsunfähigkeit des Militärpflichtersatzschuldners, BGE 69 IV 135; ein psychiatrisches Gutachten, das die Zurechnungsfähigkeit als «in etwas höherem Grade» herabgesetzt betrachtet, 76 IV 34 (insbesondere wäre die Anordnung einer Massnahme nicht «erheblich milder»); ein psychiatrisches Gutachten, das einem Sexualdelinquenten geringe theoretische Intelligenz attestiert, 77 IV 210; ein psychiatrisches Gutachten, das einem Abtreiber, der die Tat auch schon vor dem Unfall mehrmals begangen hatte, einen Hirnschaden mit Einfluss auf die psychischen Funktionen attestiert, 78 IV 51, 57, vgl. auch 81 IV 42, 101 IV 249, RS 1949 Nr. 88; die Tatsache, dass ein Dritter Verkäufer des veruntreuten Wagens war, für den ein Eigentumsvorbehalt zugunsten einer Garage bestand, 82 IV 183; Begnadigung bezüglich einer Straftat in der Probezeit, 83 IV 3; die Tatsache, dass ein Mordopfer homosexuell veranlagt war, 90 IV 255 f.; ein Gutachten, dem die Revisionsinstanz die Überzeugungskraft abspricht, 92 IV 183; die geringfügige Verminderung des Deliksbetrags, ZR 53 (1954) Nr. 132; ein neues Indiz für eine bekannte, als unwesentlich angesehenen Tatsache, RS 1969 Nr. 155; Aussagen eines Dritten, die denjenigen des Verurteilten im Verfahren widersprechen, Rep. 1980 167.   12

Im **wiederaufgenommenen Verfahren** hat der Richter von der Lage im Zeitpunkt seines Urteils, *ex nunc,* auszugehen, BGE 107 IV 137, 86 IV 77 (Sigrist), 85 IV 235 (Mühlematter); kritisch SCHULTZ, ZBJV 98 (1962) 132 betr. die Strafzumessung; WAIBLINGER 396 ff. betr. Verjährung. Zur Verjährung s. BGE 114 IV 138 ff., 85 IV 169 (Freivogel), N 12 vor Art. 70. So war z.B. eine bedingte Strafe von 8 Monaten auf 5 Monate herabgesetzt worden, musste aber unbedingt ausgesprochen werden, weil inzwischen bereits ein Widerrufsgrund entstanden war, BGE 86 IV 77; seit dem angefochtenen Urteil erstellte Gutachten liessen den Verzicht auf neue Begutachtung zu, BGE 101 IV 249 f.; war der Verurteilte zur Zeit des angefochtenen Urteils ein Jugendlicher, im wiederaufgenommenen Verfahren dagegen erwachsen, so ist Erwachsenenstrafrecht anzuwenden, BRÜHLMEIER 231. Es gilt aber das Verbot der *reformatio in peius,* BGE 114 IV 142, SCHULTZ, ZBJV 97 (1961) 173, (noch offengelassen in BGE 85 IV 235). Es obliegt dem Richter, ein neues Urteil registerrechtlich so zu behandeln, «wie wenn es im Zeitpunkt des aufgehobenen gefällt worden wäre», BGE 114 IV 138 ff.   13

Gegen die Ablehnung eines Wiederaufnahmegesuchs ist die **Nichtigkeitsbeschwerde** gemäss BStP Art. 268 gegeben, wenn behauptet wird, die Revisionsinstanz habe den Sachverhalt falsch gewürdigt, insbesondere die Erheblichkeit der Nova, BGE 72 IV 45, 92 IV 179, SJZ 81 (1985) Nr. 27, oder die Prozessfähigkeit zu Unrecht verneint, BGE 88 IV 111 (bejaht für urteilsfähigen Geisteskranken – anders noch AGVE 1961 177).   14

Der Kassationshof kann keine aufschiebende Wirkung nach BStP Art. 272 VII anordnen, BGE 88 IV 41.

15 **Staatsrechtliche Beschwerde** ist einzulegen, wenn geltend gemacht wird, die Revisionsinstanz habe den Sachverhalt willkürlich falsch festgestellt, BGE 72 IV 45 (Richter), es seien klare Zuständigkeitsregeln des kantonalen Rechts, BGE 81 IV 45 f., oder Verfahrensrechte i.S.v. BV Art. 4 verletzt worden, BGE 107 Ia 102: keine Verletzung des rechtlichen Gehörs, wenn dem Gesuchsteller die Akten eines anderen Verfahrens, auf die er sich beruft, nicht zur Einsicht zugestellt werden, weil ihre Kenntnis vermutet wird.

16 **EMRK Art. 6** ist auf das Wiederaufnahmeverfahren nicht anwendbar, EKMR B 7761/77, DR 14.171.

17 Ein weiterer bundesrechtlicher Revisionsgrund ist mit **OG Art. 139a, Verletzung der Europäischen Menschenrechtskonvention,** eingeführt worden. Vorausgesetzt ist, dass der EGMR oder das Ministerkomitee eine Verletzung der Konvention in einem (soweit hier von Interesse: Straf-) Verfahren durch schweizerische Justizbehörden festgestellt hat. Unbefriedigend ist, dass eine Wiederaufnahme im Rahmen einer gütlichen Einigung gemäss EMRK Art. 28 b) nicht vorgesehen ist. Wiederaufnahme muss das einzige Mittel sein, das eine Wiedergutmachung ermöglicht. Stellt das Bundesgericht fest, dass die kantonale Vorinstanz zuständig ist, überweist es ihr die Sache – eine kantonale Rechtsgrundlage für die Wiederaufnahme ist nicht erforderlich. Hatte der Fehler keinen Einfluss auf den Ausgang des Verfahrens, z.B. bei übermässiger Verfahrensdauer, besteht kein Anspruch auf Revision – Wiedergutmachung kann durch Bezahlung einer Entschädigung, erfolgen, ELISABETH FISCHER, Revision und Erläuterung, Rdz. 8.23, in GEISER/MÜNCH (Hrsg.), Prozessieren vor Bundesgericht, Basel 1996.

Elfter Titel:
Ergänzende und Schlussbestimmungen

VE 1911 Art. 1, 2, 4, 68. VE 1915 Art. 424 ff. Erl.Z. III 38 ff. 2. ExpK IX 312 ff. VE 1916 Art. 429 ff. E Art. 422 ff. Botsch. 99 ff. Sten.NR 605 f., StR 256 f., NR 725 f., StR 338, StR 355, 363 ff., NR 789 f., StR 382, NR 807 f., StR 403.

397bis Befugnis des Bundesrates zum Erlass von ergänzenden Bestimmungen

[1] Der Bundesrat ist befugt, nach Anhören der Kantone, ergänzende Bestimmungen aufzustellen über

a. den Vollzug von Gesamtstrafen, Zusatzstrafen und mehreren gleichzeitig vollziehbaren Einzelstrafen und Massnahmen,

b. die Übernahme des Vollzuges von Strafen und Massnahmen durch einen andern Kanton,

c. die Beteiligung des Heimat- und Wohnkantons an den Kosten des Vollzuges von Strafen und Massnahmen,

d. das Vorgehen, wenn ein Täter zwischen der Begehung der Tat und der Beurteilung oder während des Vollzuges einer Strafe oder Massnahme von einer Altersstufe in eine andere übertritt, sowie wenn die strafbaren Handlungen in verschiedenen Altersstufen verübt wurden,

e. den tageweisen Vollzug von Haftstrafen und Einschliessungsstrafen von nicht mehr als zwei Wochen, sowie den Vollzug von Einschliessungsstrafen in besondern Lagern und ähnlichen Einrichtungen,

f. den Vollzug der Haftstrafen und Einschliessungsstrafen in der Form, dass der Verurteilte nur die Freizeit und die Nacht in der Anstalt zu verbringen hat,

g. den Vollzug von Strafen und Massnahmen an kranken gebrechlichen und betagten Personen,

h. die gänzliche Entfernung des Strafregistereintrags,

i. die Arbeit in den Anstalten und die Nachtruhe,

k. die Anstaltskleidung und die Anstaltskost,

l. den Empfang von Besuchen und den Briefverkehr,

m. die Entlöhnung der Arbeit und der Freizeitbeschäftigung.

² Der Bundesrat kann über die Trennung der Anstalten für Frauen auf Antrag der zuständigen kantonalen Behörden besondere Bestimmungen aufstellen.

³ Der Bundesrat kann über die Trennung der Anstalten des Kantons Tessin auf Antrag der zuständigen kantonalen Behörde besondere Bestimmungen aufstellen.

⁴ Der Bundesrat ist befugt, zwecks Weiterentwicklung der Methoden des Straf- und Massnahmenvollzugs versuchsweise für beschränkte Zeit vom Gesetz abweichende Vollzugsformen zu gestatten.

Eingefügt durch BG vom 18.3.1971.

1   **Art. 397**bis erteilt dem Bundesrat sehr weitgehende Möglichkeiten zum Eingriff in die Kompetenz der Kantone zur Durchführung des Strafvollzugs gemäss BV Art. 64bis. Er hat davon teilweise Gebrauch gemacht in VStGB 1-3, SR 311.01-03. Seine Kompetenz ist fakultativ, BGE 100 Ib 274. Die Kantone sind verpflichtet, die notwendigen Regelungen zu erlassen, solange der Bundesrat keine Anordnungen getroffen hat, BGE 99 Ib 48, 118 Ib 132. Insbesondere lassen sich keine subjektiven Rechte aus der Kompetenz des Bundesrats ableiten, BGE 100 Ib 273 f.

2   **Abs. 1 a):** VStGB 1 Art. 2, VStGB 3 Art. 2. Mit den detaillierten Regeln über den Besuchs- und Briefverkehr von Gefangenen in VStGB 1 Art. 5 hat der Bundesrat seine Rechtssetzungskompetenz nicht überschritten, BGE 115 IV 4 ff.

3   **Abs. 1 b):** VStGB 1 Art. 3.

4   **Abs. 1 c):** Der Bund hat keine entsprechende Regelung erlassen.

5   **Abs. 1 d):** VStGB 1 Art. 1; Abs. 4 ist gesetzeskonform, BGE 111 IV 7 f. S. im einzelnen Art. 89 N 2 ff.

6   **Abs. 1 e):** VStGB 1 Art. 4 I, II, erweitert durch VStGB 3 Art. 1 I, II für Halbgefangenschaft.

7   **Abs. 1 f):** VStGB 1 Art. 4 III, VStGB 3 Art. 1 (mit dem StGB und Art. 397bis in Einklang, BGE 111 IV 7). Es ist zulässig, die Halbgefangenschaft auszuschliessen, wenn der Verurteilte in den letzten fünf Jahren eine (BGE 106 IV 107 f.) resp. drei Freiheitsstrafen verbüsst hat, BGE 115 IV 131 f.; sie darf auch auf einzelne Strafen oder Strafen kürzerer Dauer beschränkt werden, BGE 102 Ib 139. Für die Berechnung der Höchstdauer von sechs Monaten sind mehrere Strafen zu addieren, BGE 113 IV 8.

8   **Abs. 1 h):** Art.13 der VO über das Strafregister vom 21.12.1973 (SR 331), BGE 121 IV 3 ff.

9   **Abs. 1 i), k):** VStGB 1 Art. 6 I beauftragt die Kantone mit der Regelung dieser Fragen.

11 **Abs. 1 l):** VStGB 1 Art. 5.

Abs. 1 m): VStGB 1 Art. 6 I beauftragt die Kantone mit der Regelung   12
dieser Fragen; s. auch Art. 376–378.

Abs. 2: VStGB 2.   13

Abs. 3: keine Regelung.   14

Abs. 4: VStGB 3 Art. 3–5 (Wohn- und Arbeitsexternat). Die Bestim-   15
mung verbietet das Einführen neuer Sanktionen, SCHULTZ VE 274 f.

Verschiedene Kompetenzen des Bundesrats sollen nach *VE 1993* in Be-   16
stimmungen des Allgemeinen Teils bzw. des Dritten Buches geregelt
werden, deshalb ist die Streichung von Abs. 1 lit. c, d, e, f, h, i, k, l, m, sowie von Abs. 2 und 4 vorgesehen.

398   Aufhebung von Bundesrecht

[1] Mit dem Inkrafttreten dieses Gesetzes sind die damit in Widerspruch
stehenden strafrechtlichen Bestimmungen des Bundes aufgehoben.

[2] Insbesondere sind aufgehoben:

a. das Bundesgesetz vom 4. Februar 1853 über das Bundesstrafrecht
der schweizerischen Eidgenossenschaft; das Bundesgesetz vom 30. Juli
1859 betreffend die Werbung und den Eintritt in den fremden Kriegs-
dienst; der Bundesbeschluss vom 5. Juni 1902 betreffend Revision von
Artikel 67 des Bundesgesetzes vom 4. Februar 1853 über das Bundesstrafrecht; das Bundesgesetz vom 30. März 1906 betreffend Ergänzung
des Bundesstrafrechts vom 4. Februar 1853 in bezug auf die anarchisti-
schen Verbrechen; das Bundesgesetz vom 8. Oktober 1936 betreffend
Angriffe auf die Unabhängigkeit der Eidgenossenschaft;

b. das Bundesgesetz vom 24. Juli 1852 über die Auslieferung von Verbrechern oder Angeschuldigten; das Bundesgesetz vom 2. Februar 1872
betreffend Ergänzung des Auslieferungsgesetzes; das Konkordat vom 8.
Juni 1809 und 8. Juli 1818 betreffend die Ausschreibung, Verfolgung,
Festsetzung und Auslieferung von Verbrechern oder Beschuldigten, die
diesfälligen Kosten, die Verhöre und Evokation von Zeugen in Krimi-
nalfällen und die Restitution gestohlener Effekte;

c. Artikel 25 Ziffer 3 des Schuldbetreibungs- und Konkursgesetzes;

d. das Bundesgesetz vom 1. Juli 1922 betreffend Umwandlung der
Geldbusse in Gefängnis und die in andern Bundesgesetzen enthaltenen
Bestimmungen über die Umwandlung der Bussen;

e. Artikel 55–59 des Bundesgesetzes vom 24. Juni 1902 betreffend die
elektrischen Schwach- und Starkstromanlagen;

f. Artikel 36, 37, 42, 43, 44, 47, 49–52 und 53 Absatz 2 des Lebensmittelgesetzes;

g. Artikel 30 und 32 des Bundesgesetzes vom 24. Juni 1909 über Mass
und Gewicht;

h. Artikel 66–71 des Bundesgesetzes vom 7. April 1921 über die Schweizerische Nationalbank;

i. in Artikel 38 Absatz 3 des Bundesgesetzes vom 14. Oktober 1922 betreffend den Telegrafen- und Telefonverkehr, die Worte: «und der Kantone»;

k. vom Bundesgesetz vom 2. Oktober 1924 betreffend den Postverkehr, Artikel 56 Absatz 1; Artikel 58, soweit er Postwertzeichen betrifft; Artikel 62 Ziffer 1 Absatz 4; in Artikel 63 die Worte: «und der Kantone»;

l. das Bundesgesetz vom 19. Dezember 1924 betreffend den verbrecherischen Gebrauch von Sprengstoffen und giftigen Gasen;

m. das Bundesgesetz vom 30. September 1925 betreffend Bestrafung des Frauen- und Kinderhandels sowie der Verbreitung und des Vertriebes von unzüchtigen Veröffentlichungen;

n. Artikel 13–18, 23–25 und 27 des Bundesgesetzes vom 3. Juni 1931 über das Münzwesen;

o. Artikel 9, 10, Ziffern 1 und 4, Artikel 19–21, 27 Absatz 2, Artikel 71, 72, 260, 261, 262 Absätze 1 und 2, Artikel 263, Absätze 1, 2 und 4, Artikel 327–330, 335–338 des Bundesstrafrechtspflegegesetzes;

p. Artikel 1–7 des Bundesbeschlusses vom 21. Juni 1935 betreffend den Schutz der Sicherheit der Eigenossenschaft.

1 **Art. 398 Abs. 1** gilt für das StGB mit den seitherigen Änderungen, BGE 101 IV 261 (Art. 41.3 III geht BStP Art. 341 I vor).

2 Die Aufzählung in **Abs. 2** ist exemplarisch, also nicht abschliessend, dazu NOLL, ZStrR 74 (1959) 29, *34 ff.* So hat z.B. Art. 354 I BStP Art. 252 II ersetzt, BGE 68 IV 235.

3 *VE 1993* sieht die Streichung von Art. 398 vor («einmal aufgehoben, immer aufgehoben»).

399 Abänderung von Bundesrecht

Mit dem Inkrafttreten dieses Gesetzes werden die nachstehenden Bestimmungen des Bundesrechts wie folgt abgeändert:

a. Artikel 3 Ziffer 15 des Bundesgesetzes vom 22. Januar 1892 betreffend die Auslieferung gegenüber dem Auslande erhält folgenden Wortlaut: …

b. in den Artikeln 39, 40 und 41 des Lebensmittelgesetzes ist die Freiheitsstrafe Haft;

c. Artikel 11 letzter Absatz des Bundesgesetzes vom 2. Oktober 1924 betreffend Betäubungsmittel erhält folgenden Wortlaut: …

d. Artikel 262 Absatz 3 des Bundesstrafrechtspflegegesetzes erhält folgenden Wortlaut: ...

e. Artikel 263 Absatz 3 des Bundesstrafrechtspflegegesetzes erhält folgenden Wortlaut: ...

Lit. a) ist seit Inkrafttreten des IRSG obsolet.   1

Lit. b) muss an das BG über Lebensmittel und Gebrauchsgegenstände   2
vom 9.10.1992, SR 817.0, angepasst gelesen werden. Strafbestimmungen
sind die Art. 47 ff.; Art. 47 droht Gefängnis, bei Gewerbsmässigkeit oder
Gewinnsucht bis zu fünf Jahren, an.

Lit. c) ist seit Inkrafttreten des BetmG vom 3.10.1951 obsolet.   3

Lit. d): BStP Art. 262 III: «Die Anklagekammer des Bundesgerichts kann   4
die Zuständigkeit bei Teilnahme mehrerer an einer strafbaren Handlung
anders als in Artikel 349 des Schweizerischen Strafgesetzbuches bestimmen».

Lit. e): BStP Art. 263 III: «Die Anklagekammer des Bundesgerichts kann   5
die Zuständigkeit beim Zusammentreffen mehrerer strafbarer Handlungen anders als in Artikel 350 des Schweizerischen Strafgesetzbuches bestimmen».

400 Aufhebung kantonalen Rechts

¹ Mit dem Inkrafttreten dieses Gesetzes sind die strafrechtlichen Be-
stimmungen der Kantone aufgehoben.

² Vorbehalten bleiben die strafrechtlichen Bestimmungen der Kantone
über Gegenstände, die dieses Gesetz der kantonalen Gesetzgebung ausdrücklich überlassen hat.

Abs. 1 entspricht Art. 2 der Übergangsbestimmungen der BV.   1

Abs. 2: S. Art. 335.   2

VE 1993 sieht die Streichung von Art. 400 vor.   3

400bis Übergangsbestimmungen betreffend den Schutz der persönlichen Geheimsphäre

**1. Jeder Kanton bezeichnet eine einzige richterliche Behörde zur Ge-
nehmigung der Überwachung nach Artikel 179**^{octies}.

**2. Während der ersten drei Jahre nach dem Inkrafttreten des Artikels
179**^{octies} **können die kantonalen Strafuntersuchungsorgane unter den
Voraussetzungen von Artikel 66 des Bundesstrafrechtspflegegesetzes die
amtliche Überwachung des Post-, Telefon- und Telegrafenverkehrs bestimmter Personen anordnen oder technische Überwachungsgeräte ein-**

setzen, solange das kantonale Recht die ausdrückliche gesetzliche Grundlage im Sinne dieses Gesetzes nicht enthält.

Der kantonale Polizeidirektor kann diese Massnahmen auch anordnen, um eine strafbare Handlung, die den Eingriff rechtfertigt, zu verhindern, wenn bestimmte Umstände auf die Vorbereitung einer solchen Tat schliessen lassen.

Als richterliche Genehmigungsbehörde gilt der Präsident der kantonalen Anklagekammer oder, wenn keine besondere Anklagekammer besteht, der Präsident des Obergerichts.

Das Verfahren richtet sich sinngemäss nach den Artikeln 66bis, 66ter und 66quater Absatz 1 des Bundesstrafrechtspflegegesetzes.

Eingeführt durch BG vom 23.3.1979

1   Vgl. Art. 179octies.

2   *VE 1993* sieht die Aufhebung von Abs. 2 vor.

401 Inkrafttreten dieses Gesetzes

[1] Dieses Gesetz tritt mit dem 1. Januar 1942 in Kraft.

[2] Die Kantone haben die nötigen Einführungsbestimmungen bis zum 31. Dezember 1940 dem Bundesrat zur Genehmigung vorzulegen. Versäumt ein Kanton diese Frist, so erlässt der Bundesrat vorläufig, unter Anzeige an die Bundesversammlung, die erforderlichen Verordnungen an Stelle des Kantons.

1   Zum zeitlichen Geltungsbereich s. Art. 2.

Schlussbestimmungen der Änderung vom 18. März 1971[1]

II[2]

Die nach diesem Gesetz erforderliche Anstaltsreform[1] ist von den Kantonen so bald als möglich, spätestens jedoch innert zehn Jahren nach Inkrafttreten der revidierten Bestimmungen durchzuführen. Für Heime und Anstalten nach Artikel 93ter des Gesetzes beträgt diese Frist längstens zwölf Jahre. Der Bundesrat trifft in der Zwischenzeit die nötigen Anordnungen.

III

1. Das Verhältnis der neuen Bestimmungen zum bisherigen Recht bestimmt sich nach den Regeln der Artikel 336 Buchstabe *e*, 337 und 338.

2. Artikel 100bis Ziffer 4 gilt nur bis zur Schaffung einer geschlossenen Arbeitserziehungsanstalt.

3. Die Folgen, welche die bisherige Gesetzgebung des Bundes und der Kantone an die Einstellung in der bürgerlichen Ehrenfähigkeit knüpfte, gelten nicht für die Amtsunfähigkeit (Art. 51).

Artikel 1 des Bundesgesetzes vom 29. April 1920[3] betreffend die öffentlich-rechtlichen Folgen der fruchtlosen Pfändung und des Konkurses erhält folgenden Wortlaut:

…

Die Folgen der in früheren Urteilen ausgesprochenen Einstellungen in der bürgerlichen Ehrenfähigkeit fallen mit dem Inkrafttreten dieses Gesetzes dahin, soweit sie nicht die Wählbarkeit in Behörden und öffentliche Ämter betreffen.

4. Artikel 241 Absatz 1 des Bundesstrafrechtspflegegesetzes[4] wird wie folgt geändert:

…[5]

---

[1] BG vom 18. März 1971, in Kraft seit 1. Juli 1971 (AS **1971** 777 807; BBl **1965** I 561) und für die Art. 49 Ziff. 4 Abs. 2, 82–99, 370, 372, 373, 379 Ziff. 1 Abs. 2, 385 und 391 in Kraft seit 1. Jan. 1974 (AS **1973** 1840).
[2] Fassung gemäss Ziff. I des BB vom 7. Okt. 1983, in Kraft bis 31. Dez. 1985 (AS **1983** 1346; BBl **1983** III 405).
[3] [BS **3** 78; AS **1986** 122 Ziff. II 4. AS **1995** 1227 Anhang Ziff. 7]
[4] SR **312.0**
[5] Text eingefügt im genannten BG.

Verordnung (1)
zum Schweizerischen Strafgesetzbuch (VStGB 1)

vom 13. November 1973

Der Schweizerische Bundesrat,

gestützt auf Artikel 397bis des Schweizerischen Strafgesetzbuches[1]
und Ziffer II des Bundesgesetzes vom 18. März 1971[2] betreffend
Änderung des Schweizerischen Strafgesetzbuches,

verordnet:

Art. 1
Übertritt des Täters in eine andere Altersstufe

¹ Auf den Täter, der zur Zeit der Tat ein Jugendlicher war und gegen
den die Untersuchung vor dem zurückgelegten 20. Altersjahr eingeleitet
wird, bleibt das Verfahren gegen Jugendliche anwendbar.

² Hat sich ein Täter teils vor und teils nach dem zurückgelegten 18. Altersjahr strafbar gemacht, so ist das Verfahren gegen Erwachsene anwendbar. Wird die Untersuchung vor dem zurückgelegten 20. Altersjahr
des Täters eingeleitet und bedarf er voraussichtlich einer Massnahme des
Jugendrechts, so kann das Verfahren gegen Jugendliche angewendet
werden.

³ Hat sich ein Täter teils vor und teils nach dem zurückgelegten 18. Altersjahr strafbar gemacht und ist er zu bestrafen, so ist Artikel 68 Ziffer 1
StGB sinngemäss anwendbar. Die Strafdrohung für die vor dem zurückgelegten 18. Altersjahr begangene Tat bestimmt sich nach Artikel 95
StGB und gilt in jedem Fall als leichter als die Freiheitsstrafen des Erwachsenenrechts.

⁴ Hat sich ein Täter teils vor und teils nach dem zurückgelegten 18. Altersjahr strafbar gemacht und bedarf er einer Massnahme, so ist diejenige
Massnahme des Jugend- oder Erwachsenenrechts anzuordnen, die dem
Zustand des Täters angepasst ist. Ordnet der Richter eine Massnahme
des Jugendrechts an, so erkennt er auch auf die Strafe des Erwachsenenrechts, schiebt aber im Fall einer Freiheitsstrafe deren Vollzug auf und
entscheidet erst vor der Entlassung aus der Massnahme, ob und wieweit
die Freiheitsstrafe im Zeitpunkt der Entlassung noch vollstreckt werden
soll.

AS **1973** 1841
[1] SR **311.0**
[2] SR **311.0** am Schluss, SchlB Änd. vom 18. März 1971

⁵ Hat sich ein Jugendlicher teils vor und teils nach dem zurückgelegten 15. Altersjahr strafbar gemacht, so sind das Verfahren gegen Jugendliche sowie sinngemäss Absatz 3 Satz 1 und Absatz 4 anwendbar.

Art. 2

Gleichzeitig vollziehbare Freiheitsstrafen und Massnahmen

¹ Treffen Zuchthausstrafen miteinander oder mit Gefängnis- oder Haftstrafen im Vollzug zusammen, so sind die Strafen gemeinsam gemäss Artikel 37 StGB zu vollziehen.

² Treffen Gefängnisstrafen im Vollzug zusammen, so sind sie gemeinsam wie folgt zu vollziehen:

a. gemäss Artikel 37 StGB bei einer Gesamtdauer von mehr als drei Monaten;

b. gemäss Artikel 37bis Ziffer 1 Absatz 1 StGB bei einer Gesamtdauer von nicht mehr als drei Monaten;

c. gemäss Artikel 37bis Ziffer 2 StGB bei einer Gesamtdauer von nicht mehr als drei Monaten einschliesslich einer Reststrafe im Sinne dieser Gesetzesbestimmung.

³ Treffen Haftstrafen und eine Gefängnisstrafe im Vollzug zusammen, so sind sie gemeinsam entsprechend der Dauer der Gefängnisstrafe gemäss den Artikeln 37, 37bis Ziffer 1 Absatz 1 oder Ziffer 2 StGB zu vollziehen.

⁴ Treffen Haftstrafen und mehrere Gefängnisstrafen im Vollzug zusammen, so sind sie gemeinsam entsprechend der Gesamtdauer der Gefängnisstrafen gemäss Absatz 2 Buchstaben *a, b* oder *c* zu vollziehen.

⁵ Der früheste Zeitpunkt der bedingten Entlassung berechnet sich auf Grund der Gesamtdauer der Strafen, die gemeinsam vollzogen werden; auch eine Reststrafe wegen Widerrufs der bedingten Entlassung darf dabei angemessen berücksichtigt werden.

⁶ Treffen Haftstrafen im Vollzug zusammen, so sind sie gemeinsam gemäss Artikel 39 StGB zu vollziehen; hat der Verurteilte zwei Drittel ihrer Gesamtdauer und wenigstens drei Monate verbüsst, so kann ihn die zuständige Behörde entsprechend Artikel 38 StGB bedingt entlassen.

⁷ Treffen Verwahrungen nach Artikel 42 StGB miteinander oder mit Freiheitsstrafen im Vollzug zusammen, so sind sie gemeinsam zu vollziehen, wobei die Strafen in den Verwahrungen untergehen. Der früheste Zeitpunkt der bedingten Entlassung ist aufgrund der Verwahrung, die am längsten dauert, und der Gesamtdauer der in den Verwahrungen untergehenden Strafen zu berechnen; auch eine Reststrafe wegen Widerrufs der bedingten Entlassung darf dabei angemessen berücksichtigt werden.

⁸ Treffen Massnahmen nach den Artikeln 43, 44 oder 100bis StGB miteinander, mit einer Verwahrung nach Artikel 42 StGB oder mit Freiheitsstrafen im Vollzug zusammen, so ist von der zuständigen Behörde vorerst die am dringlichsten oder zweckmässigsten erscheinende Massnahme oder Strafe zu vollziehen und der Vollzug der andern aufzuschieben; vorbehalten bleiben die Artikel 38 Ziffer 4 Absatz 5 und 41 Ziffer 3 Absatz 4 StGB. Ob und wieweit die aufgeschobenen Massnahmen oder Strafen später noch vollstreckt werden sollen, entscheidet der Richter, der auf die zum Vollzug gelangte Massnahme oder Strafe erkannt hat, im Sinne der Artikel 43, 44, 45 oder 100ter StGB.

Art. 3

*Gleichzeitig vollziehbare Freiheitsstrafen und Massnahmen
aus verschiedenen Kantonen*

¹ Treffen Freiheitsstrafen aus verschiedenen Kantonen im Vollzug zusammen, so ist der gemeinsame Vollzug gemäss Artikel 2 Absätze 1–6 in der Regel von dem Kanton zu übernehmen und anzuordnen, dessen Richter auf die längste Strafe erkannt hat.

² Jeder Kanton trägt die Vollzugskosten der von seinem Richter ausgesprochenen Freiheitsstrafe selbst, auch die Kosten der bedingt oder wegen einer Massnahme aufgeschobenen Strafe, deren Vollzug vom Richter eines andern Kantons angeordnet wurde.

³ Der gemeinsame Vollzug von Verwahrungen und Freiheitsstrafen aus verschiedenen Kantonen gemäss Artikel 2 Absatz 7 ist in der Regel von dem Kanton zu übernehmen und anzuordnen, dessen Richter die Verwahrung bzw. die erste Verwahrung angeordnet hat.

⁴ Dem Kanton, der den gemeinsamen Vollzug gemäss den Absätzen 1 oder 3 übernommen hat, stehen die den Vollzug betreffenden Verfügungskompetenzen auch in bezug auf die Freiheitsstrafen und Verwahrungen aus den andern Kantonen zu.

⁵ Treffen aus verschiedenen Kantonen Massnahmen nach den Artikeln 43, 44 oder 100bis StGB miteinander, mit einer Verwahrung nach Artikel 42 StGB oder mit Freiheitsstrafen im Vollzug zusammen, so verständigen sich die zuständigen Behörden der Urteilskantone darüber, welche Massnahme oder Strafe gemäss Artikel 2 Absatz 8 als erste zu vollziehen ist. Der Vollzug ist in der Regel von dem Kanton zu übernehmen und anzuordnen, dessen Richter auf die als erste zu vollziehende Massnahme oder Strafe erkannt hat.

⁶ Bei Schweizer Bürgern kann der Heimat- oder Wohnkanton von dem gemäss den Absätzen 3 oder 5 bestimmten Vollzugskanton den Vollzug der Massnahme gemäss dem Konkordat vom 23. Juni 1944[1]) über die Kosten des Strafvollzugs übernehmen.

¹) SR **342**

Art. 4

Tageweiser Strafvollzug und Vollzug in der Form der Halbgefangenschaft

[1] Den Kantonen ist gestattet, für Einschliessungsstrafen (Art. 95 StGB), Haftstrafen und kurze Gefängnisstrafen (Art. 37bis StGB) den tageweisen Vollzug und den Vollzug in der Form der Halbgefangenschaft einzuführen.

[2] Der tageweise Vollzug ist nur für Strafen von nicht mehr als zwei Wochen zulässig.

[3] Beim Vollzug in der Form der Halbgefangenschaft setzt der Verurteilte beim Strafantritt seine bisherige Arbeit oder eine begonnene Ausbildung ausserhalb der Anstalt fort und verbringt nur die Ruhezeit und die Freizeit in der Anstalt.

Art. 5

Empfang von Besuchen und Briefverkehr

[1] Der Empfang von Besuchen und der Briefverkehr sind nur soweit beschränkt, als es die Ordnung in der Anstalt gebietet. Die Anstaltsleitung kann wenn nötig im Einzelfall weitere Einschränkungen verfügen.

[2] Soweit tunlich, ist dem Eingewiesenen der Verkehr mit den Angehörigen zu erleichtern.

[3] Besuche und Briefverkehr sind nur unter Kontrolle gestattet. Die Anstaltsleitung kann aber insoweit auf die Überwachung von Besuchen und des Briefverkehrs verzichten, als sie annehmen darf, dass ihr Vertrauen nicht missbraucht wird.

[4] Die Anstaltsleitung kann innerhalb der allgemeinen Anstaltsordnung Geistlichen, Ärzten, Rechtsanwälten, Verteidigern, Notaren, Vormündern und Personen mit ähnlichen Aufgaben den freien Verkehr mit den Eingewiesenen gestatten.

[5] Vorbehalten bleiben Artikel 46 Ziffer 3 StGB, Artikel 36 des Wiener Übereinkommens vom 24. April 1963[1] über konsularische Beziehungen sowie andere für die Schweiz verbindliche völkerrechtliche Regeln über den Besuchs- und Briefverkehr.

Art. 6

Kantonale Bestimmungen

[1] Die Kantone erlassen Bestimmungen über

– den Vollzug von Strafen und Massnahmen an kranken, gebrechlichen und betagten Personen,

[1] SR **0.191.02**

– die Arbeit in den Anstalten und die Nachtruhe,

– die Anstaltskleidung und die Anstaltskost sowie

– die Entlöhnung der Arbeit und der Freizeitbeschäftigung.

[2] Geltende und neue kantonale Bestimmungen über die in Absatz 1 aufgezählten Gegenstände sowie ergänzende kantonale Bestimmungen zu Artikel 5 sind dem Eidgenössischen Justiz- und Polizeidepartement mitzuteilen.

[3] …[1]

Art. 7[2]

Übergangsbestimmung zu Artikel 93ter Absatz 2 StGB

Bis zur Schaffung einer Anstalt für Nacherziehung kann die zuständige Behörde einen Jugendlichen, der sich in einem Erziehungsheim als untragbar erweist und nicht in ein Therapieheim gehört, je nach den persönlichen Umständen in eine Anstalt für Erstmalige (Art. 37 Ziff. 2 Abs. 2 StGB), eine freier geführte Anstalt (Art. 37 Ziff. 3 Abs. 2 StGB), eine Arbeitserziehungsanstalt (Art. 100bis StGB) oder für die Dauer von längstens drei Monaten in eine Haftanstalt (Art. 39 StGB) einweisen.

Art. 8

Inkrafttreten

[1] Diese Verordnung tritt am 1. Januar 1974 in Kraft.

[2] Artikel 7 gilt längstens bis 31. Dezember 1983.[3]

---

[1] Aufgehoben durch Ziff. I der V vom 19. März 1990 (AS **1990** 518).
[2] Fassung gemäss Ziff. I der V vom 16. Nov. 1983, in Kraft seit 1. Jan. 1984 (AS **1983** 1616).
[3] Es handelt sich um Art. 7 in der Fassung vom 13. Nov. 1973 (AS **1973** 1841).

Verordnung 2
zum Schweizerischen Strafgesetzbuch (VStGB 2)

vom 6. Dezember 1982

Der Schweizerische Bundesrat,

gestützt auf Artikel 397bis Absatz 2 des Strafgesetzbuches (StGB)[1],

verordnet:

Art. 1

Besondere Regelungen über Vollzugsanstalten für Frauen

[1] Das Eidgenössische Justiz- und Polizeidepartement kann auf Antrag der zuständigen kantonalen Behörden für einzelne Vollzugsanstalten für Frauen Regelungen bewilligen, die von den Bestimmungen der Artikel 37, 39, 42 und 100bis StGB über die Trennung der Anstalten abweichen, wenn:

a. die geringe Platzzahl die gesetzlich vorgeschriebene Trennung nicht erlaubt, die Anstalt aber trotzdem einem ausgewiesenen Bedürfnis entspricht und einen zweckentsprechenden, individuellen Vollzug der Strafen und Massnahmen gewährleistet, oder

b. der Vollzugszweck sich dank einer anderen Trennung besser erreichen lässt.

[2] Die Bewilligung kann befristet oder an Bedingungen oder Auflagen geknüpft werden.

Art. 2

Übergangsbestimmung zu Artikel 100bis StGB

Bis zur Schaffung einer Arbeitserziehungsanstalt für Frauen hat die zuständige Behörde eine Frau, die sich einer Massnahme nach Artikel 100bis StGB unterziehen muss, je nach den persönlichen Umständen in ein Erziehungsheim für weibliche Jugendliche, eine Frauenstrafanstalt oder eine andere geeignete Anstalt einzuweisen.

Art. 3

Inkrafttreten

Diese Verordnung tritt am 1. Januar 1983 in Kraft.

AS **1982** 2237
[1] SR **311.0**

Verordnung 3
zum Schweizerischen Strafgesetzbuch (VStGB 3)

vom 16. Dezember 1985 (Stand am 1. Januar 1996)

Der Schweizerische Bundesrat,

gestützt auf Artikel 397bis Absatz 4 des Strafgesetzbuches (StGB)[1],

verordnet:

Art. 1

Halbgefangenschaft

[1] Das Eidgenössische Justiz- und Polizeidepartement (Departement) kann einem Kanton bewilligen, auch Gefängnis und Einschliessungsstrafen (Art. 36 und 95 StGB) von drei bis sechs Monaten in der Form der Halbgefangenschaft (Art. 4 Abs. 3 der V (13 vom 13. Nov. 1973[2]) zum StGB) zu vollziehen.[3]

[2] Das Departement kann die Halbgefangenschaft ferner für den Vollzug von Gefängnis- und Einschliessungsstrafen von sechs Monaten bis zu einem Jahr bewilligen, sofern der Kanton die für diese Vollzugsdauer notwendige Betreuung der Verurteilten gewährleistet.[4]

[3] Ausgenommen sind Reststrafen, die durch Anrechnung der Untersuchungshaft oder aus anderen Gründen entstanden sind.[5]

[4] Das Departement kann einem Kanton bewilligen, Privatanstalten, die den Anforderungen des Strafgesetzbuches entsprechen, den Vollzug von Gefängnis- und Einschliessungsstrafen in der Form der Halbgefangenschaft zu übertragen. Privatanstalten unterstehen der Aufsicht der Kantone.[6]

Art. 2

Strafvollzug in einer Massnahmeanstalt

[1] Das Departement[6] kann einem Kanton bewilligen, Gefängnis- und Zuchthausstrafen ausnahmsweise in einer bestimmten Anstalt für den Vollzug von Massnahmen (Art. 43 und 44 StGB) zu vollziehen.

AS **1985** 1941
[1] SR **311.0**
[2] SR **311.01**
[3] Fassung gemäss Ziff. I der V vom 19. März 1990, in Kraft seit 1. Mai 1990 (AS **1990** 519). Siehe auch die SchlB dieser Änderung am Ende des Textes.
[4] Eingefügt durch Ziff. I der V vom 4. Dez. 1995 (AS **1995** 5273).
[5] Ursprünglich Abs. 2
[6] Fassung gemäss Ziff. I der V vom 19. März 1990, in Kraft seit 1. Mai 1990 (AS **1990** 519).

² Der Vollzug in dieser Form darf nur verfügt werden, wenn der Richter eine ambulante Behandlung angeordnet hat und diese in einer Strafanstalt nicht ausreichend gewährleistet werden kann.

³ Diese Einweisungen dürfen die Massnahmeanstalt ihrem Zweck nicht entfremden.

Art. 3
Wohn- und Arbeitsexternat

¹ Das Departement kann einem Kanton bewilligen, Massnahmen an Erwachsenen und jungen Erwachsenen (Art. 42, 43, 44 und 100bis StGB) ausnahmsweise ausserhalb der Anstalt unter deren Aufsicht zu vollziehen.

² Der Vollzug in dieser Form darf nur verfügt werden, wenn begründete Aussicht besteht, dass er entscheidend dazu beiträgt, den Zweck der Massnahme zu erreichen.

Art. 3a[1]
Gemeinnützige Arbeit

¹ Das Departement kann einem Kanton bewilligen, Freiheitsstrafen bis zu einer Dauer von höchstens drei Monaten in der Form der gemeinnützigen Arbeit zu vollziehen. Der Vollzug in dieser Form darf nur mit Zustimmung des Verurteilten verfügt werden.

² Die gemeinnützige Arbeit ist so auszugestalten, dass die Eingriffe in die Rechte des Verurteilten mit jenen anderer Vollzugsformen insgesamt vergleichbar sind. Ein Tag Freiheitsentzug entspricht vier Stunden gemeinnütziger Arbeit. Pro Woche müssen in der Regel mindestens zehn Stunden gemeinnütziger Arbeit geleistet werden.

Art. 4
Ergänzende Bedingungen und Auflagen

Das Departement kann seine Bewilligung an Bedingungen und Auflagen knüpfen.

Art. 5
Auswertung der Erfahrungen

¹ Die Kantone werten die Erfahrungen mit den in dieser Verordnung erwähnten Vollzugsformen aus und berichten dem Departement periodisch darüber.

² Das Departement bestimmt den Zeitpunkt der Berichterstattung sowie die für die Auswertung nötigen statistischen und andern Angaben.

---

[1] Eingefügt durch Ziff. I der V vom 4. Dez. 1995 (AS **1990** 519). Fassung gemäss Ziff. I der V vom 4. Dez. 1995 (AS **1995** 5273). Siehe auch die SchlB dieser Änd. am Ende des Textes.

Art. 6

Kantonale Erlasse

[1] Die Kantone erlassen die Ausführungsbestimmungen.

[2] Sie regeln wenn nötig Zuständigkeit, Organisation und Verfahren der kantonalen Behörden, die im Einzelfall verfügen. Gegen Entscheide letzter kantonaler Instanzen bleibt die Verwaltungsgerichtsbeschwerde an das Bundesgericht vorbehalten (Art. 103 ff. des Bundesrechtspflegegesetzes[1]).

[3] ...[2]

Art. 7[3]

Inkrafttreten und Geltungsdauer

[1] Diese Verordnung tritt am 1. Januar 1986 in Kraft und gilt bis zum 31. Dezember 1995.

[2] Die Geltungsdauer dieser Verordnung wird bis zum 31. Dezember 2001 verlängert.[4]

Übergangsbestimmung zu Art. 1 Abs. 1[5]
Kantone, welche die Halbgefangenschaft für Strafen von mehr als drei Monaten aufgrund einer Genehmigung nach altem Recht eingeführt haben, bedürfen keiner Bewilligung, solange die entsprechenden kantonalen Rechtsgrundlagen unverändert bleiben. Die an die Genehmigung kantonaler Erlasse geknüpften Bedingungen und Auflagen behalten ihre Gültigkeit.

Übergangsbestimmung zu Art. 3a[6]
Kantone, denen das Departement die Einführung der gemeinnützigen Arbeit nach altem Recht bewilligt hat, bedürfen aufgrund dieser Änderung keiner neuen Bewilligung.

---

[1] SR **173.110**
[2] Aufgehoben durch Ziff. I der V vom 19. März 1990 (AS **1990** 519).
[3] Fassung gemäss Ziff. I der V vom 19. März 1990, in Kraft seit 1. Mai 1990 (AS **1990** 519).
[4] Eingefügt durch Ziff. I der V vom 4. Dez. 1995 (AS 1995 5273).
[5] AS **1990** 519
[6] AS **1995** 5273

Sachregister

(Die Zahlen in fetter Schrift verweisen auf die Gesetzesartikel, Randnote (N) auf die Randnote des entsprechenden Artikels)

Q

R